Helmuth Nürnberger

GESCHICHTE DER DEUTSCHEN LITERATUR

Bayerischer Schulbuch Verlag

© 2006 Bayerischer Schulbuch Verlag GmbH, München,
Düsseldorf, Stuttgart
www.oldenbourg-bsv.de

25. völlig neu bearbeitete Auflage 2006 R E
Druck 10 09 08 07 06
Die letzte Zahl bezeichnet das Jahr des Drucks.
Alle Drucke dieser Auflage sind untereinander unver-
ändert und im Unterricht nebeneinander verwendbar.

Lektorat: Carola Jeschke, Haimhausen
Umschlaggestaltung: Lutz Siebert-Wendt, München
Innengestaltung: Ⓢ sans serif, Berlin
Herstellung: Heidemarie Braun, Heiko Jegodtka
Reproduktion: Repro Ludwig, Zell am See
Druck: Appl, Wemding
ISBN   3-7627-2531-4
ISBN 978-3-7627-2531-2

Allgemein bekannte Abkürzungen sind nicht verzeichnet.

Aut.	Autobiografie	Lspe.	Lustspiele
Ber.	Bericht	N.	Novelle
Dr.	Drama	Nn.	Novellen
Drn.	Dramen	Pr.	Prosa
E	Erzählung	R.	Roman
e.	entstanden	Sch.	Schauspiel
En.	Erzählungen	Tl.	Teil
Es.	Essay	Tle.	Teile
Ess.	Essays	Tr.	Tragödie
Fsp.	Fernsehspiel	Trn.	Tragödien
G.	Gedichte	Trsp.	Trauerspiel
Hsp.	Hörspiel	Trspe.	Trauerspiele
Hspe.	Hörspiele	u. d. T.	unter dem Titel
K.	Komödie	U.	Uraufführung
Lsp.	Lustspiel		

INHALT

VON DEN ANFÄNGEN BIS ZUR STAUFERZEIT (800–1180)   9

Stichworte zur politischen Geschichte 10 – Gesellschaft und Kultur 10 – **Germanische Dichtung 11** – Götter- und Heldenlieder 11 – *Hildebrandslied* 12 – Merseburger Zaubersprüche 13 – Bibelübersetzung des Ulfilas 13 – **Althochdeutsche und altsächsische Dichtung 14** – *Wessobrunner Gebet* 16 – *Muspilli* 16 – *Heliand* 16 – Otfrid von Weißenburg 17 – **Lateinische Dichtung 18** – *Waltharius* 18 – Hrotsvith von Gandersheim 18 – *Ruodlieb* 19 – Liturgische Dichtung 20 – **Frühmittelhochdeutsche Dichtung 21** – Geistliche Buß- und Heilsdichtung 21 – Frauendichtung und -literatur 22 – Weltliche Dichtung Geistlicher 23 – Spielmannsdichtung 24

HÖFISCH-RITTERLICHE DICHTUNG (1170–1280)   25

Stichworte zur politischen Geschichte 25 – Gesellschaft und Kultur 26 – Europäische Literatur 26 – **Epik der Stauferzeit 26** – Heinrich von Veldeke 26 – Hartmann von Aue 27 – Wolfram von Eschenbach 28 – Gottfried von Straßburg 29 – **Mittelhochdeutsche Lyrik 30** – Spruchdichtung 30 – Minnesang 31 – Walther von der Vogelweide 35 – **Heldenepos 36** – *Nibelungenlied* 36 – *Kudrunlied* und die Zyklen um Dietrich von Bern 38 – **Ausklang der ritterlichen Dichtung. Die höfische Dorfpoesie 39** – Neidhart 39 – Ulrich von Lichtenstein 39 – Wernher der Gartenaere 40 – Der Stricker 40 – Konrad von Würzburg 40

SPÄTMITTELALTER (1250–1500)   41

Stichworte zur politischen Geschichte 42 – Gesellschaft und Kultur 42 – Europäische Literatur 43 – **Predigtliteratur, Mystik und Scholastik 43** – Kanzel- und Lesepredigt 44 – Religiöse Frauengemeinschaften 44 – Umgestaltung der Theologie 45 – Meister Eckhart 45 – Heinrich Seuse 46 – Elsbeth Stagel 46 – Nikolaus von Kues 46 – **Geistliches und weltliches Schauspiel 47** – Oster- und Weihnachtsspiele 47 – Geistliches Volksdrama 48 – Neidhartspiele 48 – Fastnachtsspiele 49 – **Epische Literatur in Vers und Prosa 49** – Prager Vorhumanismus 49 – *Der Ackermann aus Böhmen und der Tod* 50 – Heinrich Wittenwiler 51 – Prosaroman und Volksbuch 53 – **Lieddichtung 53** – Der Mönch von Salzburg 53 – Volkslied 53 – Meistersang 54 – Oswald von Wolkenstein 55

ANBRUCH DER NEUZEIT (1470–1600)   57

Stichworte zur politischen Geschichte 58 – Gesellschaft und Kultur 58 – Europäische Literatur 58 – **Renaissance und Humanismus 59** – Celtis 60 – Gelehrte Frauen 60 – Erasmus von Rotterdam 60 – Hutten 61 – **Lutherbibel und evangelisches Kirchenlied 62** – Luther 62 – Bibelübersetzungen vor Luther 63 – Luther als Übersetzer 64 – Geistliche Lieder 65 – **Prosa der Reformationszeit 65** – Brant 66 – Murner 67 – Fischart 67 – Wickram 68 – Das Volksbuch von Dr. Faust 69 – **Drama der Reformationszeit 69** – Waldis 69 – Moralität 70 – Hans Sachs 70

BAROCK (1600–1720)   71

Stichworte zur politischen Geschichte 72 – Gesellschaft und Kultur 72 – Europäische Literatur 73 – **Sprachkultur. Poetik und Rhetorik 73** – Opitz 73 – Poetiken und Gesprächsspiele 74 – Sprachgesellschaften 75 – **Lyrik 76** – Gryphius 76 – Angelus Silesius 77 – Paul Gerhardt 78 – Spee 78 – Fleming 79 – Marinismus 80 – Günther 81 – Epigrammatik 81 – Logau 82 – **Lehr- und Kunstdrama. Musiktheater 83** – Jesuitendrama 83 – Protestantisches Schultheater 84 – Lohenstein 85 – Musiktheater 86 – **Roman 86** – Formtypen 86 – Grimmelshausen 87 – Beer 88 – Reuter 89 – **Predigtliteratur und mystische Prosa 89** – Abraham a Santa Clara 89 – Böhme 90

AUFKLÄRUNG (1720–1785)   91

Stichworte zur politischen Geschichte 92 – Gesellschaft und Kultur 92 – Europäische Literatur 93 – **Rationalismus und Didaktik 93** – Philosophische Grundlagen 93 – Lehrdichtung 95 – Brockes 95 – Gottsched 97 – Gellert 98 – **Empfindsamkeit und literarisches Rokoko 99** – Anakreontik 100 – Pietistisches Schrifttum 101 – Klopstock 102 – Wieland 104 – Sophie von La Roche 106 – **Kritik und Toleranz 107** – Lessings Lebensgang 107 – Lessing als Kritiker 108 – Bühnenwerke bis zu *Nathan* 109 – *Nathan der Weise* und die Toleranzidee 111 – Lichtenberg 112 – **Sturm und Drang 112** – Hamann 113 – Der junge Herder 113 – Der junge Goethe 115 – Dramatiker des Sturm und Drang 120 – Der Göttinger Hain 122 – Claudius 122 – Bürger und die Ballade 123 – Erzählliteratur 124 – Schillers Jugenddramen 124 – *Don Carlos* – »Traumbild eines neuen Staates« 127

KLASSISCHE UND GEGENKLASSISCHE DICHTUNG (1786–1825)   129

Stichworte zur politischen Geschichte 131 – Gesellschaft und Kultur 131 – **Frühklassik 132** – Weimar als Musenhof und als literarisches Zentrum 132 – Wieland in Weimar und Oßmannstedt 135 – Herder in Weimar 137 – Goethes erstes Weimarer Jahrzehnt 138 – **Hochklassik 142** – Goethes Italienreisen und Wendung zur Antike 142 – Schillers historische und ästhetische Schriften. Gedankendichtung 143 – Goethe und Schiller – gemeinsames Wirken 146 – Goethes Schaffen vom *Wilhelm Meister* bis zur *Natürlichen Tochter* 148 – Schillers klassische Dramatik 149 – **Gegenklassiker 154** – Jean Paul 154 – Hölderlin 156 – Kleist 160 – **Das literarische Umfeld 165** – Moritz 165 – Forster 166 – Hebel 167 – Caroline von Wolzogen 167 – Unterhaltungsliteratur 167

ROMANTIK (1797–1840)   169

Gesellschaft und Kultur 171 – Weltliteratur 172 – **Frühromantik (Jenaer Romantik) 173** – Tieck 175 – Novalis 177 – August Wilhelm Schlegel 178 – Friedrich Schlegel 179 – **Hochromantik (Heidelberger Romantik) 179** – Brentano 180 – Achim von Arnim 182 – Görres 182 – Jacob und Wilhelm Grimm 183 – **Goethes Alterswerk 184** – Die Epoche der *Wahlverwandtschaften* 184 – *West-östlicher Divan* 186 – *Wilhelm Meisters Wanderjahre. Novelle* 187 – Alterslyrik 187 – *Faust* 188 – **Romantische Geselligkeit und Briefkultur 190** – Caroline Schlegel-Schelling 190 – Dorothea Schlegel 192 – Rahel Varnhagen 192 – Bettine von Arnim 192 – Karoline von Günderrode 193 – Politische und literarische Vereinigungen 193 – **Spätromantik 193** – Berliner Romantik 193 – Chamisso 194 – Werner 194 – Dichtung der Freiheitskriege 195 – E. T. A. Hoffmann 196 – Eichendorff 197 – Schwäbische Schule 199 – Uhland 199 – Kerner 200 – Schwab 200 – Hauff 200 – München 200

ZWISCHEN RESTAURATION UND REVOLUTION (1815–1848)   201

Stichworte zur politischen Geschichte 202 – Gesellschaft und Kultur 203 – Weltliteratur 204 – **Widersprüchliche Grundzüge der Epoche 204** – Weltschmerzliche »Zerrissenheit« 205 – Biedermeier 206 – Programmatik der Jungdeutschen 207 – Vormärzdichtung 208 – **Zeitschriftsteller und Publizistik. Zweckformen 209** – Börne 209 – Heine 210 – Gutzkow 212 – **Drama 213** – Grillparzer 213 – Raimund 218 – Nestroy 219 – Patriotische und unterhaltsame Tagesgrößen 220 – Immermann 221 – Grabbe 221 – Büchner 222 – Hebbel 224 – **Lyrik und Versepik 225** – Rückert 225 – Platen 225 – Heines vormärzliche Lyrik und Versepen 226 – Annette von Droste-Hülshoff 227 – Lenau 228 – Mörike 229 – Lyrik des Vormärz 230 – Freiligrath 231 – Dingelstedt 231 – Herwegh 231 – Fontane 232 – **Erzählprosa 233** – Der historische Roman 235 – Gotthelf 235 – Erzählwerke Mörikes 237 – Stifter 238 – Sealsfield 239 – Droste-Hülshoff, *Die Juden-buche* 241 – Büchner, *Lenz* 242 – Grillparzer, *Der arme Spielmann* 242

BÜRGERLICHER REALISMUS UND GRÜNDERZEIT (1848–1890)   243

Stichworte zur politischen Geschichte 245 – Gesellschaft und Kultur 245 – Weltliteratur (1851–1875) 246 – **Erzählprosa 246** – Der historische Roman 248 – Der Münchner Dichterkreis 250 – Dorfgeschichte und Dorfroman. Ghettogeschichte 251 – Erneuerung des Plattdeutschen 252 – Reuter 252 – Alte und neue Zeitdichter 253 – Freytag 253 – Stifters Romane 254 – Storm 255 – Keller 257 – Fontanes Weg zum Berliner Zeitroman 261 – C. F. Meyer 263 – Raabe 265 – **Sachliteratur und Essayistik 268** – Geschichtsschreibung 268 – Kulturgeschichte 270 – Biografie und Autobiografie 271 – Reiseberichte 272 – **Drama 275** – Historische (Kostüm-)Dramen 275 – Hebbels reife Dramatik 276 – Richard Wagner 278 – Anzengruber 279 – Wildenbruch 280 – **Lyrik, Versepik und Epigrammatik 280** – Politik und Geschichte 280 – Enttäuschte und bekehrte Unruhestifter 281 – Versepik und Bildergeschichten 281 – Epigonaler Klassizismus 283 – Ausklang des Erlebnisgedichts 283 – Neuniederdeutsche Dichtung 285 – Meyers Versdichtung. Dinggedicht und Symbolismus 285

NATURALISMUS UND SPÄTREALISMUS (1880–1898)   287

Stichworte zur politischen Geschichte 289 – Gesellschaft und Kultur 289 – Weltliteratur (1876–1890) 290 – **Drama des Naturalismus 291** – Hauptmann 291 – Sudermann 294 – Das Milieu der Provinz 295 – **Prosa des Naturalismus 295** – Michael Georg Conrad 295 – **Lyrik des Naturalismus 298** – Liliencron 298 – **Der österreichische Spätrealismus 299** – Marie von Ebner-Eschenbach 301 – Saar 302 – Jüdische Autoren aus Galizien 303 – **Fontanes und Raabes Spätwerk 305** – Von *Irrungen, Wirrungen* zu *Der Stechlin* 305 – Briefwerk und Autobiografie 308 – Altersgedichte 309 – Raabes Altersromane 309

STILPLURALISMUS DER JAHRHUNDERTWENDE (1890–1914)   311

Stichworte zur politischen Geschichte 314 – Gesellschaft und Kultur 315 – Weltliteratur (1891–1910) 315 – **Sachliteratur und Essayistik 316** – Nietzsche 317 – Literatur und Sprache 318 – Literatur und Kritik 319 – Literatur, Geschichte und Politik 320 – Ricarda Huch 322 – **Lyrik und Versepik 323** – Nietzsches Gedichte 323 – Spitteler 324 – George 324 – George und Hofmannsthal 325 – Religiöse und erotische Aufschwünge 326 – Hofmannsthal 328 – Neuromantische Balladendichtung 329 – Rilke 330 – Morgenstern 332 – **Drama 333** – Naturalismus und Neuromantik 333 – Wedekind 335 – Schnitzler 336 – Hofmannsthal. Theater und Präexistenz 339 – Die Komödien, das »erreichte Soziale« 340 – **Prosa 342** – Keyserling 342 – Münchner und Berliner Boheme 344 – Wien 344 – Niedergang der Heimatliteratur 346 – Grenzüberschreitungen 347 – Im Wilhelminischen Reich 349 – Heinrich Mann 350 – Thomas Mann 351 – Hesse 353 – Musil 353

EXPRESSIONISMUS UND PRAGER DEUTSCHE LITERATUR (1910–1925)   355

Stichworte zur politischen Geschichte 357 – Gesellschaft und Kultur 357 – Weltliteratur (1911–1920) 358 – **Lyrik 358** – Else Lasker-Schüler 359 – Benn 360 – Trakl 361 – Georg Heym 362 – Stadler 363 – **Drama 366** – Kokoschka 367 – Sternheim 367 – Toller 370 – Barlach 371 – Kaiser 371 – Jahnn 372 – **Prosa 372** – Döblin 373 – Carl Einstein 374 – **Dadaismus 375** – **Deutsche Literatur in Prag 376** – Kafka 379 – Ernst Weiß 382 – Werfel 383 – Einzelgänger und Versprengte 383

VON DEN KAISERREICHEN ZUR DIKTATUR:
WEIMARER UND ÖSTERREICHISCHE REPUBLIK (1918–1938)   385

Stichworte zur politischen Geschichte 387 – Gesellschaft und Kultur 387 – Weltliteratur (1921–1935) 388 – **Sachliteratur und Essayistik 388** – Geschichte und Kulturgeschichte 388 – »Konservative Revolution« 390 – Ernst Jünger 391 – Der Weltkrieg in Autobiografie und Reportage 392 – Kisch, Reportagen 393 – Joseph Roth, Publizistik 394 – Journalisten zwischen Rechts und Links 394 – Tucholsky 395 – Stefan Zweig 396 – Benjamin 397 – **Drama 397** – Hofmannsthals Spätwerk 398 – Österreich als Thema der Bühne 399 – Galionsfigur der Republik – Gerhart Hauptmann 401 – Brecht 403 – Marieluise Fleißer 405 – Friedrich Wolf 406 – Bruckner 406 – Zuckmayer 407 – Horváth 407 – **Lyrik 409** – Rilkes orphisches Spätwerk 410 – Katholische Erneuerung und evangelische Bekenntnisdichtung 410 – Formenstrenge und Nihilismus 413 – Die Dichter der *Kolonne* 415 – Loerke 415 – Brechts *Hauspostille* 416 – Großstadtkunst. Chanson und Gebrauchslyrik 417 – Mascha Kaléko 419 – **Erzählprosa (Deutschland)** 420 – *Der Zauberberg*, ein »Entbildungsroman« 420 – Heinrich Mann und Jakob Wassermann 421 – Hesse und Hauptmann 422 – Weltkriegsromane 423 – Arnold Zweig 425 – Carossa 425 – Feuchtwanger 426 – Religiöse Romane 426 – Zwischen Tradition und Moderne 427 – Anna Seghers 428 – Fallada 429 – Kästner, *Fabian* 430 – Heimatromane 430 – **Erzählprosa (Österreich)** 430 – Schnitzlers Spätwerk 431 – Musils Weg zum polyhistorischen Roman 432 – Broch, *Die Schlafwandler* 434 – Roths Heimkehrer- und Habsburgromane 435 – Geschichte und Gegenwart 437 – Perutz 437 – Canetti 438

LITERATUR IM EXIL (DER EXODUS 1933 UND DANACH)   439

Stichworte zur politischen Geschichte 442 – Weltliteratur (1936–1950) 442 – **Sachliteratur und Essayistik 443** – Klaus Mann 443 – Bürgerkrieg und Internierung 445 – Joseph Roths einsamer Weg 445 – Zersplitterung des Exils 446 – Thomas Manns publizistisches Engagement 448 – Historische Biografien und Autobiografien 448 – **Erzählprosa (Autoren aus Deutschland)** 450 – Vom *Josephs*-Roman zum *Doktor Faustus* 450 – Heinrich Manns *Henri Quatre* und späte Prosa 452 – Klaus Manns Exilromane 454 – Gegenwart im Spiegel von Mythos und Geschichte 455 – Zeitgeschichte bei Arnold Zweig und Anna Seghers 456 – **Erzählprosa (Autoren aus Österreich)** 457 – Österreicher und Alt-Österreicher 457 – Joseph Roths Flucht und Ende 459 – Ein Bestsellerautor: Franz Werfel 460 – Broch, *Der Tod des Vergil* 461 – **Drama 462** – Zeitstücke 462 – Geschichtsdrama und Parabel 464 – Brechts Weg zum epischen Theater 465 – Boulevardkomödien 468 – **Lyrik 469** – Politische Lyrik 469 – Nelly Sachs 472 – Surrealistische Lyrik 473 – Nachhall des Schreckens 474

LITERATUR IM DRITTEN REICH UND DER FRÜHEN NACHKRIEGSZEIT (1933–1949)   475

Stichworte zur politischen Geschichte 480 – Gesellschaft und Kultur 481 – **Sachliteratur und Essayistik 482** – Gelenkte und »unabhängige« Publizistik 482 – Geschichtserzählung und Essayistik 484 – Tagebuch und Autobiografie. Berichte und Reden 485 – Fremder Ort und Identitätsfindung 488 – Eine »Zwischenzeit« 489 – »Warum schweigt die junge Generation?« oder Deutsche Kalligraphie 490 – **Drama und Hörspiel 491** – Langemarck-Mythos und Thingspiel 492 – Vom Expressionismus zum Nationalsozialismus 494 – Die Rückkehr der Klassiker 496 – Hauptmanns letzte Bühnenwerke 498 – Neubeginn 1945 498 – Wolfgang Borchert 499 – Exkurs: Hörspiel 500 – **Lyrik 501** – Lieder auf den Führer und die »Bewegung« 502 – Klage der Opfer 502 – Christliche Lyrik 504 – Gedichte Hermann Hesses 505 – Wilhelm Lehmann 505 – Wortmagie und Natur 506 – Huchel 507 – Neuorientierung – mit alten Mitteln? 508 – Benns *Statische Gedichte* 510 – Eich 510 – **Erzählprosa 511** – »Desinvoltura« auf Marmorklippen 513 – Geschichtsromane, affirmativ 514 – (Geschichts-)Dichtung aus christlichem Geist 515 – Bergengruen 517 – Elisabeth Langgässer 518 – Reinhold Schneider 519 – Untergrundliteratur 520 – Komplexe Beziehungen 520 – Hesses *Das Glasperlenspiel* 522 – Nach 1945 – Werke des Übergangs 523 – Hermlin 524 – Neubeginn in der Wirklichkeit 525

DIE DEUTSCHSPRACHIGE LITERATUR IN DER SCHWEIZ (SEIT 1945)   527

Einheit in der Vielfalt 527 – Die Situation nach 1945 528 – Schriftsprache und Mundart 529 – Das andere Geschlecht 529 – Stichworte zur politischen Geschichte 530 – Gesellschaft und Kultur 503 – Weltliteratur (außereuropäische Literatur) (1951–1990) 530 – **Sachliteratur und Essayistik 531** – Die Schriftsteller und die Asylpolitik 531 – Thomas Manns Rückkehr nach Europa 532 – Hesses letzte Jahre in Montagnola 533 – Geschichtsschreibung, Biografie und Autobiografie 534 – Literaturkritik und Germanistik 535 – Journalismus und Literatur 536 – Max Frisch – Tagebücher 537 – Helvetische Bewältigungsversuche 538 – Hildesheimer 539 – Marti 541 – **Drama. Hörspiel und Fernsehspiel 541** – Frischs Bühnenwerk 541 – Dürrenmatt 543 – Im Schatten der Großen 545 – Widmer 546 – Erkurs: Hör- und Fernsehspiel 547 – **Lyrik 548** – Wirklichkeitserfahrung und -aussage 549 – Mundartgedicht und »Bärner Umgangsschprach« 551 – Eugen Gomringer – Konkrete Poesie 552 – **Erzählprosa 553** – Frisch als Erzähler 554 – Erzählwerke Dürrenmatts 555 – Die Erfahrung des Absurden – Wolfgang Hildesheimer 556 – Um 1960 und später: Eine neue Generation 557 – Diggelmann 558 – Otto F. Walter 558 – Adolf Muschg 559 – Nach Paris und Berlin – Paul Nizon, Urs Jaeggi 560 – Bichsel 561 – Späth 561 – Burger 562 – Selbstanalyse und Not der Existenz 562 – Hürlimann 564 – Weibliches Schreiben und männlich dominierte Literatur 564

DIE LITERATUR IN ÖSTERREICH UND IN SÜDTIROL (SEIT 1945)   567

Der Wiedergewinn der Unabhängigkeit 567 – Literatur und geschichtliches Erbe 568 – Von der Casa d'Austria zum Forum Stadtpark 569 – Der habsburgische Mythos verblasst 571 – Stichworte zur politischen Geschichte 572 – Gesellschaft und Kultur 572 – Weltliteratur (Ostmittel- und Südeuropa) (1951–1990) 573 – **Sachliteratur und Essayistik 573** – Reinhold Schneider, *Winter in Wien* 574 – Tumler, *Das Land Südtirol* 574 – Der fünfte Stand – die Intellektuellen 575 – Tagebuch und Autobiografie 577 – Canettis autobiografisch-essayistisches Werk 579 – Sperber 580 – Jean Améry 581 – Die Aktualität von Auschwitz – H. G. Adler und Ruth Klüger 582 – Das alltägliche, unentdeckte Österreich – Karl-Markus Gauß 583 – **Drama. Hörspiel und Fernsehspiel 584** – Von 1945 bis zu den frühen Sechzigern 585 – »Wiener Gruppe« und »Grazer Forum« – Theater und Antitheater 587 – Wolfgang Bauers »naturalistisches Provokationstheater« 588 – Handke 590 – Bernhard 591 – Turrini 594 – Mitterer 595 – Elfriede Jelinek 596 – Entwicklungen der Neunzigerjahre 597 – Exkurs: Hörspiel 598 – Exkurs: Fernsehspiel 600 – **Lyrik 601** – »Sonett« kommt nicht von »so nett« 601 – Zwei programmatische Zeitschriften – *Der Turm* und *Plan* 602 – Zwischen gestern und morgen 603 – Ingeborg Bachmann 604 – Czernowitz und die Literatur der Bukowina 606 – Celan 607 – Rose Ausländer 609 – Christine Lavant 609 – Fried 610 – Artmann 611 – Jandl 612 – Friederike Mayröcker 613 – Kritische Dialektdichtung 613 – Das lustvolle, subversive Spiel mit der Sprache 614 – **Erzählprosa 615** – Zand 616 – Fritsch 616 – Ilse Aichinger 617 – Herzmanowsky-Orlando 618 – Güterslohь 619 – Zurückgekehrte Emigranten 619 – Doderer 620 – Formkunst und Tradition 622 – Boulevardromane 622 – Romanciers aus Galizien und der Bukowina 622 – Erzähler aus Böhmen 623 – Tiroler Autoren 623 – Marlen Haushofer 624 – Ingeborg Bachmanns Prosa 625 – »Alles ist die Hölle« – Thomas Bernhard 626 – Die Grazer Literaturszene 627 – Prosa Handkes 629 – Kritische Heimatliteratur 630 – Neue Erzählentwürfe 632 – Letzte Welten – Christoph Ransmayr 633 – Giftgas und Computerspiele – Josef Haslinger 634 – Frauenbiografien – Marlene Streeruwitz 635 – Schlaflose Liebe und Magie – Robert Schneider 635 – Geboren nach Auschwitz – Robert Schindel 636 – Sprachmächtiger Archivismus – Wolf Haas 636

DIE LITERATUR IN DER DEUTSCHEN DEMOKRATISCHEN REPUBLIK (1949–1990)   637

Literatur und Nation 637 – Die Schriftsteller und ihr Staat. Johannes R. Becher 638 – Heimkehrer und Flakhelfer – die Kriegsgeneration. Literaturpolitik im Zeichen der Abgrenzung 640 – Literatur des »Bitterfelder Weges« 642 – Der geteilte Himmel. Ende des Prager Frühlings 643 – Die Ära Honecker. Ausbürgerung Biermanns 644 – Das Ende 645 – Stichworte zur politischen Geschichte 646 – Gesellschaft und Kultur 646 – Weltliteratur (osteuropäische Literatur) (1951–1990) 647 – **Sachliteratur und Essayistik 647** – Die Zeitschrift *Sinn und Form* 648 – Wege und Irrwege der Literaturtheorie 650 – Reiseberichte und Reportagen 652 – Autoren über andere und sich selbst 653 – Frauenprotokolle, -tagebücher, -briefe 655 – Rückblicke und Autobiografien 655 – **Drama. Hörspiel und Fernsehspiel 656** – Theaterlandschaft im Sozialismus 657 – Brechts Weg nach Berlin 660 – Das Berliner Ensemble 663 – Gegenwartsstücke. Industrie- und Agrodramen 667 – Hacks 669 – Heiner Müller 672 – Volker Braun 674 – Fragen der jüngeren Vergangenheit. Dokumentartheater 676 – Problemstücke der jüngeren Generation 676 – Hein 678 – Exkurs: Hörspiel 678 – Exkurs: Fernsehspiel, Literaturverfilmung 679 – **Lyrik 682** – Agitprop und Klassizismus 682 – Zwei Meister – Bert Brecht und Peter Huchel 684 – Erich Arendt 685 – Maurer 686 – »Eine schwächlich gezimmerte Gartenlaube« 686 – Ein »Eisheiliger« – Stephan Hermlin 687 – Bobrowski 688 – Einzelgängerinnen 689 – Kunert 690 – Die »sächsische Dichterschule« 691 – Kunze 692 – Sarah Kirsch 693 – Biermann 694 – Rückblicke. Fehlende Hoffnungen 696 – **Erzählprosa 697** – Zielsuchende aus aller Welt 698 – Drei Generationen 698 – Gründerjahre 700 – Anna Seghers' Spätwerk 702 – Stefan Heym 702 – Erwin Strittmatter 704 – Vieldeutige Heimat – Johannes Bobrowski 704 – Fühmann 705 – Der Schriftstellerfunktionär Hermann Kant 705 – »Märkische Forschungen« Günter de Bruyns 706 – Loest 707 – Christa Wolf 708 – Windungen des »Bitterfelder Weges« 709 – Die »Ankunft im Alltag« und die Vergangenheit 709 – Feminismus in der Erzählkunst 710 – Irmtraud Morgner 710 – Rolf Schneider 711 – Prosa für die junge Generation 711 – Jurek Becker 713 – Fries 713 – Christa Wolfs *Kassandra* und spätere Prosa 714 – Günter de Bruyns Roman *Neue Herrlichkeit* 715 – Prosa Christoph Heins 715

DIE LITERATUR IN DER BUNDESREPUBLIK DEUTSCHLAND (1949–1990)   717

Literatur und Demokratie 717 – Zäsuren im Zeitstrom 719 – Häuser und Schauplätze 720 – Die Leser 723 – Stichworte zur politischen Geschichte 723 – Gesellschaft und Kultur 724 – Weltliteratur (nord- und westeuropäische Literatur) (1951–1990) 725 – **Sachliteratur und Essayistik 725** – Das »Sachbuch« 726 – Standortbestimmungen 728 – Autobiografie und Tagebuch 728 – Die Intellektuellen und der Staat 730 – Theater-, Kunst- und Literaturkritik 730 – Biografien 732 – Reiseberichte 733 – Soziale Reprotagen und Protokolle 734 – Wallraff 734 – **Drama. Hörspiel und Fernsehspiel 735** – Das Subventionstheater als »imaginäres Museum« 735 – Werktreue. Beuys, das Pferd und Iphigenie 736 – Irrationale Mächte 737 – Satire und absurdes Theater 739 – Dokumentarische Zeitstücke 739 – Hochhuth 740 – Peter Weiss 741 – Politisierung der Spielpläne 743 – Dorst 745 – Sozialkritische Dialektstücke 746 – Kroetz 747 – Spätzeit des Theaters – die Achtzigerjahre 748 – Botho Strauß 748 – Exkurs: Hörspiel 749 – Exkurs: Film und Fernsehspiel 751 – **Lyrik 753** – Stereotypen und Wandlungen des Naturgedichts 753 – Benns Spätwerk 754 – Marie Luise Kaschnitz 756 – Die »intellektuelle Heiterkeit des Gedichts« 756 – Konkrete Poesie 758 – Heißenbüttel 758 – Höllerer 759 – Kirschen, Blut und Windhühner – Günter Grass 759 – Zeitdichtung und Politik 760 – Rühmkorf 761 – Enzensberger 761 – Meckel 763 – Wondratschek 763 – Krüger 763 – Die Grammatik der Frauen 764 – »Auf festen Versesfüßen« – Ulla Hahn 765 – Parodie und Komik 765 – **Erzählprosa 766** – Nossack 767 – Erzählung und Meditation – Marie Luise Kaschnitz 768 – Schreibtische in Paris und anderswo 768 – »Innere Emigranten« in der »Restauration« 769 – Erzählkunst und Religion 769 – Späte Prosa Ernst Jüngers 770 – Rechtskonservativismus und Ost-West-Konflikt 771 – Die Spannweite des Trivialen 771 – Kusenberg 773 – Koeppen 773 – Hermann Lenz 774 – Arno Schmidt 775 – Andersch 776 – Böll 776 – Siegfried Lenz 778 – Grass 780 – Walser 781 – Eine Generation von Zeitzeugen 782 – Max von der Grün und die »Gruppe 61« 784 – Prosa von Peter Weiss 784 – Die »Kölner Schule« des Neuen Realismus 785 – Kempowski 786 – Härtling 787 – Fichte 787 – Achternbusch 788 – Die »Neue Innerlichkeit« 789 – Erzählerinnen weiblicher Emanzipation 789 – Brigitte Kronauer 791 – Entwicklungen der Achtzigerjahre 792 – Jugendliteratur 792 – **Grenzgänger. DDR-Autoren im Westen 794** – Dissidenten der Fünfzigerjahre 794 – Johnson 795 – Vom Mauerbau bis zur Ausbürgerung Biermanns 797 – Brasch 800 – Der große Exodus 801 – Monika Maron 804

AUSBLICK. DIE LITERATUR DER GEGENWART (SEIT 1990)   805

Deutsche Debatten 805 – Von der Bonner zu Berliner Republik 806 – Literatur und Massenkultur 807 – Stichworte zur politischen Geschichte 808 – Gesellschaft und Kultur 808 – Weltliteratur (seit 1991) 809 – **Sachliteratur und Essayistik 809** – Die Intellektuellen und die Wende 809 – Der deutsch-deutsche Literaturstreit 810 – »Wende-Literatur«. DDR-Kritik und »Ostalgie« 811 – Autobiografie, Tagebuch und Zeitgeschichte 811 – »Heimatkunde« in Gänsefüßchen. Reiseberichte 813 – »Unheimliche Heimat« – W. G. Sebald 813 – Gedenkjahre und Biografien 814 – **Drama 814** – »Postdramatisches Theater« 815 – Dramatiker der einstigen DDR 816 – **Lyrik 817** – Ost-West-Reminiszenzen 818 – Die Zweiteilung im Ästhetischen 819 – **Erzählprosa 820** – Die Gegenwart des Vergangenen 820 – Die DDR und die Wiedervereinigung im Roman 822 – Popromane 825 – Transkulturelle Erfahrungen 825 – Die Rumäniendeutschen 826 – Liebe und Liebesverlust 826 – Vielfältiger Reichtum, »Schriftstellerverrücktheit« (W. Genazino) 827 – In Klagenfurt und anderswo – neue Erzähler 828 – Die Sache des Menschen 828

WEITERFÜHRENDE LITERATUR, QUELLENANGABEN   829

PERSONENREGISTER   837

WERKREGISTER   848

LEGENDEN DER KAPITELEINGANGSBILDER   863

BILDNACHWEIS   864

VON DEN ANFÄNGEN BIS ZUR STAUFERZEIT 800–1180

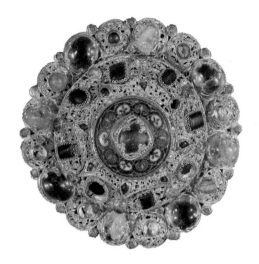

Die deutschsprachige Literatur des Mittelalters, besonders ihre Anfänge, ist nur unvollständig überliefert. Soweit sie nur mündlich tradiert wurde, lässt sie sich, wenn überhaupt, nur mittelbar erschließen. In noch stärkerem Maße als es für Geschichtsschreibung ohnedies gilt, bedeutet daher die Darstellung dieser frühen Literaturepoche den Rekonstruktionsversuch eines in seinem Umfang nicht sicher bestimmbaren Ganzen. Zwar sind schon früh von kunstsinnigen Mäzenen Sammlungen unternommen worden, um eine systematische Erfassung konnte es sich indes nicht handeln und auch von einem kontinuierlichen Interesse späterer Generationen kann nicht gesprochen werden. Die überlieferten Bestände gerieten daher vorübergehend wieder in Vergessenheit und bedurften der Neuentdeckung. Um eine solche haben sich zunächst die Humanisten, später die Romantiker besonders verdient gemacht. Die philologische Fachwissenschaft, die daran anschloss, hat ungeachtet der eingangs bezeichneten Grenzen ein riesiges Stoffgebiet gesichtet, das nur Experten annähernd zu überblicken vermögen. Große Themen und Sujets der Dichtung des Mittelalters haben in Werken späterer Autoren oder in anderen Künsten – etwa der Oper – fruchtbar fortgewirkt und sind so bis in die Gegenwart lebendig geblieben.

Wie jede Renaissance ist auch die der älteren deutschen Literatur mitbestimmt durch ihre Entstehungsbedingungen. Das ist nicht ohne problematische Folgen geblieben. Die junge Wissenschaft der Germanistik, die sich in einer zunehmend vom Geist des Nationalismus bestimmten Zeit etablierte, verband mit der Erforschung einer deutschen Nationalliteratur auch politische Vorhaben. Einen geistigen Beitrag zu leisten zur staatlich noch nicht vollendeten Einswerdung der Nation setzten sich manche ihrer Wortführer zum Ziel. Eine solche Vorgehensweise war keineswegs auf Deutschland beschränkt und ihre produktive Kraft ist nicht zu verkennen. Literatur wirkt jedoch ihrem Wesen nach grenzüberschreitend, und so muss die Beschränkung auf die Erscheinungsformen einer vermeintlich eigengesetzlichen Nationalliteratur jederzeit fragwürdig bleiben. Dies gilt vermehrt für eine Epoche wie das Mittelalter, die den Begriff der Nation dem modernen Verständnis nach noch gar nicht kannte. Die deutsche Literatur dieser Zeit ist ohne ihre europäischen Zusammenhänge so wenig zu denken wie das europäische Mittelalter insgesamt ohne das Christentum und die lateinische Literatur. Daneben sind auch die Einwirkungen aus dem – partiell überlegenen – arabisch-islamischen Kulturkreis zu berücksichtigen. Erst in Verbindung mit der stilbildenden Tradition erhielten die autochthonen Quellen eine Fassung, aus der sich der Strom neuen geschichtlichen Lebens entwickeln konnte. Die Mythisierung eines vermeintlichen Erbes unter rassischen und völkischen Aspekten, wie sie in den zwei zurückliegenden Jahrhunderten modisch wurden – der realitätsferne Kult des Germanischen, ein romantisiertes Bild des Mittelalters und des „Reiches" – mündeten demgegenüber zuletzt in Barbarei.

Den Kontext für ein stärker rationales, zugleich tieferes Verständnis vermag nur die Berücksichtigung der geschichtlichen Gegebenheiten zu liefern, die Europa auch kulturell konstituieren halfen und die vermehrt zu erforschen eine Aufgabe der Gegenwart ist.

Stichworte zur politischen Geschichte

Die Ursprünge für die Ausbildung eines gemeinsamen politischen Bewusstseins germanischer Stämme auf Territorien des späteren Deutschlands und damit die Grundlagen für die Entstehung einer deutschen Sprache und Literatur reichen weit hinter den hier dargestellten Zeitraum zurück. Noch vor Beginn der christlichen Zeitrechnung kommen germanische Stämme im Zuge kriegerischer Auseinandersetzungen mit den an Rhein und Donau vordringenden Römern und auf ausgedehnten Wanderzügen mit der mittelmeerischen Kultur und dem Christentum in Berührung. Die Goten gelangen ans Schwarze Meer und in den Raum der unteren Donau. Ende des 4. Jahrhunderts geraten die Stämme erneut in Bewegung: Beginn der Völkerwanderung. 476 Ende des Weströmischen Reiches. 493–526 Theoderich der Große (in der Sage Dietrich von Bern genannt). 498–911 das Frankenreich unter den Merowingern und Karolingern. Einigung aller Franken durch den Merowinger Chlodwig, der sich nach dem Sieg über die Alemannen mit 3000 Adligen taufen lässt.

Karl der Große (768–814) unterwirft die Sachsen. Er wird 800 in Rom zum Kaiser gekrönt und übernimmt das Erbe des Weströmischen Reiches. Unter seiner und seines Nachfolgers, Ludwigs des Frommen, Regierung schreitet der politische und religiöse Zusammenschluss der zum fränkischen Reich gehörigen Stämme voran: Franken und Sachsen, Baiern und Alemannen, von Staat und Kirche gelenkt, nehmen eine von der übrigen germanischen Welt abweichende Entwicklung. 843 endet mit dem Vertrag von Verdun die Reichseinheit. Der Staat Karls des Großen wird geteilt in einen germanischen Osten unter Ludwig dem Deutschen, in ein Mittelreich Lotharingien unter Lothar und in einen romanischen Westen unter Karl dem Kahlen. 880 wird nach dem Aussterben der Familie Lothars das Mittelreich zwischen dem ostfränkischen und dem westfränkischen Reich aufgeteilt. Saône, Maas und Schelde bilden die Grenze. Unter den sächsischen Königen und Kaisern (919–1204) und der folgenden Dynastie der Salier (1024–1125) wird das ostfränkische Reich zur führenden Macht Europas. Kaiser und Papst ringen um die Vorherrschaft. Höhepunkt: Heinrichs IV. Auseinandersetzung mit Papst Gregor VII. Beginn der Kreuzzüge.

Gesellschaft und Kultur

Ein ausgebildetes Schrift- und Buchwesen haben die Germanen zunächst nicht entwickelt. An die Stelle der Runen, deren Zeugnisse größtenteils verloren sind, treten erst unter dem Einfluss der antiken und christlichen Kultur die aus dem griechischen und römischen Alphabet entwickelten Schriftzeichen. Die ältesten Mitteilungen über die altgermanische Kultur verdanken wir der *Germania*

(ca. 100 n. Chr.) des Tacitus. Die Angaben späterer, lateinisch und griechisch schreibender Autoren (Ammianus Marcellinus, Julian Apostata, Cassiodor, Prokop, Gregor der Große und andere) beziehen sich nicht mehr auf die Verhältnisse vor den großen Wanderungen.

Die germanische Bauern- und Kriegerkultur beruht auf den Lebensformen der Sippe und Gefolgschaft; ihre Leitwerte sind Treue, Ehre, Tapferkeit, Rache. In einem Jahrhunderte dauernden Prozess werden die germanischen Anschauungen vom eindringenden Christentum umgeformt. Die Kirche erhält und fördert die Kenntnis der lateinischen Sprache, der Sprache des katholischen Gottesdienstes. Der erste Missionar in Germanien ist der Ire Columbanus. Der Angelsachse Bonifatius organisiert die Kirche im fränkischen Raum. Die Klöster dienen als Stützpunkte der Missionierung. Einer der bedeutendsten Vermittler zwischen Antike und Christentum ist Aurelius Augustinus (354–430), der in den 13 Büchern der *Bekenntnisse (Confessiones)* und den 22 Büchern *Vom Gottesstaat (De civitate Dei)* alles Weltliche dem Wirken des Göttlichen unterordnet. Augustinus bestimmt die Richtung des neuen abendländischen Geschichtsdenkens. Die Regel des Benedikt von Nursia gewinnt für das Mönchswesen besondere Bedeutung.

Unter Karl dem Großen wächst ein gebildeter Priesterstand heran. Wahrscheinlich auf seinen Befehl angefertigt ist eine Abschrift des ersten deutschen Buches, eines Wörterverzeichnisses, das nach einem lateinischen Synonymenlexikon, das mit dem Wort »abrogans« beginnt, als *Deutscher Abrogans* bezeichnet wird. Die reich ausgestatteten Klöster werden Zentren des geistigen Lebens.

Unter den Ottonen verstärkt sich zunächst der Einfluss des antiken Kulturguts. Die Ausbildung des Ritterstandes setzt jedoch neue Akzente: Weltliche Dichter treten mit Mönchen und Geistlichen in Wettstreit, am Ausgang der Epoche übernehmen sie die Führung. Eine vom burgundischen Kloster Cluny ausgehende Reform ergreift das Mönchstum, dann den Weltklerus und Laien. Sie fordert strenge Zucht, Zurückdrängung aller der religiösen Disziplin fremden Einwirkungen durch Laien (aber auch durch Bischöfe) auf die Klöster und durchdringt den Alltag. Diese Reform bereitet auch die Kreuzzüge geistig vor.

Große Dokumente bildender Kunst aus germanischer Zeit fehlen. Nur kleine Dinge sind erhalten: Schmuckgegenstände, vom Goldschmied angefertigt, Spangen, Nadeln, Fibeln, Schilde mit Zellenmosaik, Flechtornamente auf Bändern, auf denen sich Tiergestalten verschlingen. Funde zahlreicher Instrumente (Bronzeluren aus der Zeit zwischen 1100 und 600 v. Chr., dann Hörner und Trompeten).

In christlicher Zeit wird die frühgermanische Tierornamentik weitergebildet. Erzgusswerke: Bernwardssäule und Bernwardstür des Doms in Hildesheim. Entfaltung der Wandmalerei und der Buchmalerei. Evangeliare. Reliquiare. Elfenbeinskulpturen (St. Galler Mönch Tutilo). Goldschmiedearbeiten. Architektur: Aachen, Pfalzkapelle; Lorsch, »Königshalle« (Triumphtor auf dem Weg zur Klosterbasilika). Beginn der Romanik: Dom zu Quedlinburg, Stiftskirche zu Gernrode. Abteikirche Maria Laach, Dome zu Mainz, Worms, Speyer, Bamberg, Naumburg.

Die Anfänge der deutschen Musik in den Klöstern der merowingischen und karolingischen Zeit ergeben sich aus der Verschmelzung der heidnisch-nordischen mit der christlich-südlichen Musik, während diese, rein vokal und einstimmig, allein der Liturgie und der Verkündigung dient, scheint jene eine mehrstimmige instrumentale Faktur besessen zu haben.

Notker Balbulus (um 840–912): Musiktheorie der Sequenz. Sein Mitbruder Tutilo: Tropenverfasser und Komponist.

Germanische Dichtung

Götter- und Heldenlieder

Urformen der Dichtung, Sprichwort und Rätsel, Zaubersprüche und mythologische Verse, sind schon in früher Zeit bei den Germanen vorhanden. Während der Völkerwanderung entstand dann als dichterische Vergegenwärtigung kriegerischen Lebens bei den Goten das Heldenlied, das auch von den anderen germanischen Stämmen aufgenommen wurde. Da die Überlieferung fast ausschließlich mündlich erfolgte, sind viele germanische Lieder verloren gegangen; einzelne kamen, vermutlich über Dänemark, in den Norden Europas und sind in verwandelter Gestalt in der *Edda* erhalten geblieben. Ebenso bewahren die nordischen Sagas altes gemeingermanisches Gut.

Mit dem Namen Edda bezeichnet man zwei altisländische Werke. Verfasser der so genannten *Jüngeren Edda* ist der Isländer Snorri Sturluson (etwa 1178–1241). Nach ihm wird sie auch *Snorra Edda* genannt. Sie ist ein Lehrbuch der nordischen Kunstdichtung der Skalden. Durch ein Missverständnis wurde der Name auch auf die *Ältere Edda* oder die *Lieder-Edda* übertragen (*Edda* des Sämund), eine Sammlung von 30 Liedern und Liederbruchstücken aus dem 8. bis 12. Jahrhundert, aufgezeichnet im 13. Jahrhundert. Sie enthält Heldenlieder wie das *Wölundlied*, das *Alte Sigurdlied*, das *Atlilied*, Götterlieder und Spruchdichtung. Diese ältere Edda wurde 1643 von dem isländischen Bischof Sveinsson wieder entdeckt und 1912–20 von Felix Genzmer vorbildlich übersetzt. Die Sagas sind auf Island entstanden; dorthin waren im 9. und 10. Jahrhundert aus Norwegen zahlreiche germanische Bauern ausgewandert, weil sie sich in ihrer Freiheit durch König Harald bedroht fühlten. Bei Festen auf größeren Bauernhöfen oder auf dem Thing traten dort Geschichtenerzähler auf, die solche Sagas, ein Mittelding zwischen Familienroman und Chronik, vortrugen. Wenn die Sagas in ihrer heutigen Form auch erst aus dem 13. und 14. Jahrhundert stammen, so geben sie doch ein klares Bild der früheren, vom Christentum noch nicht berührten Bauern- und Kriegerkultur. Bekannt sind die Sagas vom weisen Njall, von Egil Skalagrimsson und von Gisli dem Geächteten.

Unter den mythologischen Liedern der *Edda* ist besonders eindrucksvoll das Gedicht *Völuspa* (Weissagung der Seherin), das über altgermanische Welt- und Göttervorstellungen Aufschluss gibt.

In der Urzeit, da »nicht war Sand noch See noch Salzwogen«, schufen die Götter Midgard, die grünende Erde und ordneten den Lauf der Sonne und der Gestirne. Schicksalsmächtige Frauen (Nornen) bestimmten das Leben der Menschen. Das Glück der Frühzeit dauerte nicht lange, Unheil und Krieg kamen in die Welt. Odin muss, um Zukunftswissen zu erkaufen, sein Auge am Nornenquell verpfänden, und der lichte Gott Baldur fällt durch die Tücke des bösen Loki. Die Zeit der Götterdämmerung naht. Der Aufstand der Naturgewalten gegen die kampfbereiten Götter wird mit einer Schlacht enden, in der auch Odin fällt. »Die Sonne verlischt, das Land sinkt ins Meer / vom Himmel stürzen die heitern Sterne.«
Aber neues Land wird aus den Fluten steigen. Die glückliche Urzeit wird von neuem erstehen. »Wieder werden die wundersamen / goldenen Tafeln im Gras sich finden, / die vor Urtagen ihr eigen waren.«

So dachte man in germanischer Frühzeit über Erschaffung, Untergang und Neubeginn der Welt. Kampf erfüllt Himmel und Erde, aber am Ende siegen die Lichtgötter über die Mächte der Finsternis. Die mythologischen Lieder erzählen ferner vom Schicksal der einzelnen Götter, von Begegnungen mit Riesen und Kobolden, von Kämpfen mit Drachen und Ungeheuern, vom Streit um die in den Gebirgen versteckten und von Zwergen behüteten Goldschätze.
Über den germanischen Alltag berichtet die *Spruchdichtung* der *Edda*. Sie mahnt dem Leben mit Vorsicht zu begegnen, sich selbst treu zu bleiben, Freundschaft zu pflegen, über aller Wehrbereitschaft nicht die einfachen Tugenden zu vergessen und auf Nachruhm bedacht zu sein.

Gut ist ein Hof,
ist er groß auch nicht:
daheim ist man Herr;
dem blutet das Herz,
der erbitten die Kost
zu jeder Mahlzeit sich
muss.

Von seinen Waffen
gehe weg der Mann
keinen Fuß auf dem Feld:
nicht weil man gewiss,
wann des Wurfspießes
draußen man bedarf.

Wenn du einen Freund hast,
dem du fest vertraust
und dem du Gutes begehrst,
tausch mit ihm Gedanken
und bedenk ihn mit Gaben,
suche oft ihn auf.

Besitz stirbt,
Sippen sterben,
du selbst stirbst wie sie;
doch Nachruhm
stirbt nimmermehr,
den der Wackere gewinnt.

(FELIX GENZMER)

Hildebrandslied

Von den bewegten Jahrhunderten der Völkerwanderung erzählen die balladenartigen *Heldenlieder*. Sie berichten von Kriegszügen und Abenteuern, konzentrieren sich auf wenige Personen und heben die Höhepunkte der Handlung heraus, wobei die Erzählung meistens in einen erregten Dialog übergeht. Wichtig ist nicht das äußere Geschehen, sondern die innere Haltung. Die Treue zu Gefolgsherrn, Freund und Sippe führt zu tragischen Konflikten; die Rache ist unabweisbare Pflicht.

Vor versammeltem Kriegsvolk wurden die Lieder von Sängern vorgetragen. Diese bildeten einen eigenen Stand und zogen von Fürstenhof zu Fürstenhof. So gelangten Stoffe der Heldenlieder des 5. und 6. Jahrhunderts aus dem gotisch-burgundischen und langobardisch-fränkischen Raum schließlich in die nordische Sammlung der *Edda*, wie das *Alte Sigurdlied* und das *Atlilied*, die von der Rache Brunhilds, der Ermordung Sigurds (= Siegfrieds), von dem grimmen Atli (= Attila) und dem Untergang der Burgunden berichten. Im *Nibelungenlied* wurden später diese Stoffe in epischer Form neu gestaltet.

In fränkischer Zeit erlassene Bestimmungen der Kirche untersagten die mündliche Verbreitung von Sprachdokumenten des Heidentums. Aus diesem Verbot lässt sich auf das Vorhandensein einer Volksliteratur schließen, von der es jedoch keine durchgehende Verbindung zur schriftlichen Hof- und Klosterliteratur der Karolingerzeit gibt. Die dichterischen Werke der germanischen Stämme sind daher, soweit erkennbar, viel stärker untereinander als mit der folgenden, vom Christentum inspirierten Literatur verwandt, in der sie nur bruchstückhaft und verwandelt fortleben.

»Hildebrandslied«

Das einzige Denkmal eines Heldenlieds in Stabreimen, das wegen seiner isolierten Stellung viele Fragen aufwirft, ist das in fragmentarischer Form (es fehlen der Schluss und anscheinend auch Verse im laufenden Text) erhaltene *Hildebrandslied*. Es führt in den Sagenkreis um die so genannte Rabenschlacht (bei Ravenna), in dem der germanische Heerführer Odoaker (Otacher), der den letzten weströmischen Kaiser Romulus Augustulus absetzte, und der vom oströmischen Kaiser entsandte Ostgotenkönig Theoderich als Dietrich von Bern fortlebt.

Der Waffenmeister Hildebrand folgte seinem Herrn Dietrich von Bern (= Verona), der vor Odoaker floh, in die Verbannung. Sein Sohn blieb zurück und stieg unter Odoaker zum Heerführer auf. Als Hildebrand das Land nach 30 Jahren mit einem Heer zurückerobern will, muss er den Kampf mit dem eigenen Sohn aufnehmen, da er ihn nicht überzeugen kann, dass er sein Vater ist. Hier bricht das Lied ab. Sehr wahrscheinlich hat der Vater den Sohn erschlagen.

Um 800 haben zwei Mönche des Klosters Fulda diese Stabreimdichtung (68 alliterierende Langzeilen) auf die Innenseiten der Deckel eines lateinischen Kodex geschrieben, so weit der Platz reichte.

Die wichtigste Eigentümlichkeit des altgermanischen Verses ist seine rhythmische Struktur, deren Grundlage die betonten Silben bilden. Es handelt sich nicht um einen musikalischen, sondern um einen rhetorisch-pathetischen Langvers aus zwei Hälften, von denen jede mindestens zwei betonte Silben enthalten muss. Eine Obergrenze für betonte Silben gibt es nicht, ebenso ist die Zahl der unbetonten Silben beliebig.

Stabreim oder Alliteration beruht auf dem Gleichklang im Anlaut von betonten Wörtern. Es reimen alle Vokale miteinander, die Konsonanten nur bei gleichem Laut. Der Stabreim ist ein weiteres bestimmendes Kennzeichen des altgermanischen Verses; gleiche Anfangslaute werden Stäbe oder Reimstäbe genannt. Die Langzeile des Verses hat zwei, höchstens drei Stäbe; diese tragen den Sinn. Der Anfang des Hildebrandsliedes lautet:

Ik gihôrta dat seggen,
dat sih urhêttun   aenon muotîn,
Hiltibrant enti Hadubrant   untar heriun tuêm
sunufatarungo: iro saro rihtun,
garutun se iro gûdhamun,   gurtun sih iro suert ana,
helidos, ubar hringâ,   dô sie tô dero hiltiu ritun.

Ich hörte das sagen / dass sich ausforderten einzeln bei der Be-
gegnung / Hildebrand und Hadubrand zwischen den Heeren
beiden, / Vater und Sohn. Sie sahen nach ihrer Rüstung, / be-
reiteten ihre Brünnen, banden sich ihre Schwerter um, / die
Helden über die Ringe, da ritten sie zu jenem Kampf.

(HANS NAUMANN)

Merseburger Zaubersprüche

Magische Sprüche reichen tief in die Vergangenheit
zurück. Hilfreiche Kräfte werden darin angerufen um
feindliche Mächte abzuwehren. Solche Zauberformeln
entstanden aus einzelnen Worten, Lautklängen, Zahlen, denen man heilende oder bannende Kräfte bei-
maß, und entwickelten sich im Laufe der Zeit oft zu
zweiteiligen Sprüchen: Auf den einleitenden Bericht,
der vom Anlass oder früheren Erfolg des Spruches erzählt, folgt der eigentliche Zauberspruch.

Zwei alte Zaubersprüche in Stabreimform, genannt
nach ihrem Fundort, der Dombibliothek zu Merse-
burg, sind erhalten geblieben, eingetragen im 10. Jahrhundert auf dem ursprünglich leeren Vorsatzblatt in
einem Missale. Der erste Spruch soll dazu dienen, Gefangene aus feindlicher Haft zu befreien (Lösezauber).
Der zweite war für die Heilung der Beinverrenkung
eines Pferdes bestimmt und zeigt noch den alten germanischen Götterglauben. Die fünf Langzeilen berichten von einer beispielhaften Situation und den
Bemühungen der Götter. Erst Wotan gelingt die Heilung. Die drei Schlussverse enthalten die Einrenkungs-
formel, den eigentlichen Zauberspruch.

Uol ende Uuodan   uuorun zi holza
dû uuart demo Balderes uolon   sîn uuoz birenkit.
thû biguolen Sinthgunt,   Sunna era suister;
thû biguolen Friia,   Volla era suister,
thû biguolen Uuodan   sô hê uuola conda:
sôse bêrenki   sôse bluotrenkî
sôse lidirenkî:
bên zi bêna   bluot zi bluoda,
lid zi geliden,   sôse gilîmida sîn!

Vol und Wodan fuhren zu Holze.
Da ward dem Balders-Fohlen sein Fuß verrenkt ·
Da beschwor ihn Sinthgunt · Sonne ihre Schwester ·
Da beschwor ihn Frija · Volla ihre Schwester ·
Da beschwor ihn Wodan · er der's wohl konnte.

Wie die Beinrenke · so die Blutrenke ·
So die Gliedrenke:
Bein zu Beine · Blut zu Blute ·
Glied zu Gliede · wie wenn sie geleimt sei'n.

(FRIEDRICH VON DER LEYEN/KARL WOLFSKEHL)

Phol (Uol) ist Balder, nach dem Bericht der *Edden* ein
Sohn Odins und der Frigg, der mildeste und gerechtes-
te aus dem Göttergeschlecht der Asen, dessen Verehrung in Deutschland nur durch diesen zweiten Merseburger Spruch bezeugt ist. In der Folgezeit wurde der
Zauberspruch zum Heilspruch oder Segen. Statt der
heidnischen Götter wurden Christus, Maria und die
Heiligen angerufen, etwa im *Wiener Hundesegen* und
im *Lorscher Bienensegen.* Im Kindervers (»Heile, heile,
Segen«) lebt der Zauberspruch weiter.

Bibelübersetzung des Ulfilas

Während der Völkerwanderung kamen die Germanen
in engere Berührung mit der römischen Kultur und
den Lehren des Christentums. Die Westgoten nahmen
unter ihrem Bischof ULFILAS (auch Wulfilas, um 311
bis 383) das arianische Christentum an. Ulfilas stammte von kappadokischen Kriegsgefangenen ab, ein
Halbgote, der mehrsprachig aufwuchs. Er übersetzte
die Bibel ins Gotische. Dabei schuf er neue Begriffe
und anstelle der bisherigen Runen eine neue Schrift.

Dieses wichtige Denkmal germanischer Sprachge-
schichte ist in mehreren fragmentarisch erhaltenen
Handschriften überliefert. Die bedeutendste befindet
sich in der Universitätsbibliothek von Uppsala, der so
genannte *Codex argenteus:* 330 Blätter, davon erhalten
187 Blätter purpur gefärbten Pergaments mit silbernen
und goldenen Buchstaben.

Ein Beispiel der klangvollen gotischen Sprache gibt
das Vaterunser (Matthäus 6, 9 ff.):

Atta unsar, thû in himinam,
weihnai namô thein,
quimai thiudinassus theins,
wairthai wilja theins,
*   swê in himina, jah ana airthai.*
hlaif unsarana thana sinteinan
gif uns himma daga, jah aflêt uns
thatei skulans sijaima,
swaswê jah weis aflêtam
thaim skulam unsaraim.
jah ni briggais uns in fraistubnjai;
ak lausei uns af thamma ubilin.
untê theina ist thiudangardi
jah mahts jah wulthus in aiwins,
*   amen.*

Codex argenteus der gotischen Bibelübersetzung, 6. Jh.
Abschrift von Teilen der gotischen Bibelübersetzung des
Ulfilas auf purpurrotem Pergament in Silber-, z. T. auch in
Goldschrift

baren Gemeinschaften von Staat und Kirche nebeneinander existieren und erst am Ende der Zeiten für
immer voneinander geschieden werden. Den Gottesstaat bilden die Engel und die aus Gnade erwählten
Heiligen, ihn leitet das Prinzip der Gottesliebe. Aus
dem Zustand irdischer Verderbtheit werden die Menschen durch Gottes Gnade erlöst, wenn sie gläubig
dem auf die Erde gesandten Gottessohn nachfolgen.
Augustinus schloss die *Confessiones* mit einem Gebet,
dessen letzte Sätze lauten:

Semper quietus es quoniam tua quies tu ipse es.
Et hoc intellegere quis hominum dabit homini?
quis angelus angelo?
quis angelus homini?
A te petatur, in te quaeretur, ad te pulsetur:
sic, sic accipietur, sic invenietur, sic aperietur.

Du bist ewig ruhevoll, denn du bist deine Ruhe!
Dies zu greifen, wer von den Menschen gäbe es dem
    Menschen?
Wer von den Engeln einem Engel?
Wer von den Engeln einem Menschen?
Von dir muss man es bitten, in dir muss man es suchen,
    an deine Tür muss man klopfen.
So wird man auch erhalten, so wird man finden, so wird
    aufgetan.   (HERMANN HEFELE)

Die Rhetorik wird hier, wie Ernst Robert Curtius sagt,
Poesie. Die *Confessiones* verbinden Spätantike und frühes Mittelalter und haben die lateinische und deutsche
christliche Hymnendichtung beeinflusst.
Mit den Verheißungen des Beistandes Christi und des
ewigen Lebens gewannen die Missionare die Germa-
nenvölker, forderten Abkehr von den alten Göttern,
dafür unbedingte Hingabe an Christus und Demut vor
Gott.

Althochdeutsche und altsächsische Dichtung

Aus germanischen, antiken und christlichen Elementen erwuchs im Laufe der Jahrhunderte eine einheitliche Kultur. Seit Chlodwigs Bekehrung und der plan-
mäßigen Mission durch irische und angelsächsische
Mönche, besonders seit dem Wirken des Bonifatius
(um 672/675–754), hatte sich das Christentum im Frankenreich verbreitet. Karl der Große war bemüht, die
antike Reichsidee des römischen Imperiums auf sein
Fränkisches Reich zu übertragen und ein christliches

Die Bibelübersetzung des Ulfilas war ein bedeutender
Anfang. Doch dauerte es noch lange, bis die germanische Welt das Christentum auch innerlich annahm.
Wie weit sie vorerst hinter den Mittelmeerländern
zurückstand, wird deutlich, wenn man bedenkt, dass
kurze Zeit nach Ulfilas dort bereits AURELIUS AU-
GUSTINUS (354–430) wirkte, der einflussreichste Kirchenlehrer des Abendlandes. Er übte durch seine Bücher, vor allem durch die *Bekenntnisse (Confessiones)*,
die erste Selbstbiografie von weltliterarischem Rang,
und durch seine philosophisch-theologische Streitschrift nach der Einnahme Roms durch die Westgoten
(410) *Vom Gottesstaat (De civitate Dei)* eine große Wirkung auf die christliche Welt aus.
Der Verlauf der Geschichte ist für Augustinus ein be-
ständiges Ringen zwischen zwei Welten, der im Diesseits begründeten irdischen Welt, der Civitas mundi,
und der Bürgerschaft des Himmels, der Civitas coeles-
tis. Es sind zwei unsichtbare Reiche, die in den sicht-

Imperium zu schaffen. Nach Neigungen und Lebensweise erscheint Karl zwar noch als germanischer Völkerwanderungsfürst. So veranlasste er zum Beispiel eine Sammlung alter germanischer Heldenlieder, die leider verloren gegangen ist. Er ließ das Denkmal des Theoderich, des germanischen Herrschers und Sagenhelden, aus Ravenna holen und vor der Kaiserpfalz in Aachen aufstellen. Aber seinen Bildungswillen bestimmten die Anschauungen der Antike. Er studierte die lateinische Sprache und baute die Aachener Pfalzkapelle nach byzantinisch-antikem Muster. Das humanistische Bildungsgut der freien Künste, der Artes liberales, d. h. der Tätigkeiten, die eines freien Mannes würdig sind (Grammatik, Rhetorik, Dialektik, Arithmetik, Geometrie, Musik, Astronomie), wurde Fundament seiner Bildungs- und Schulreform. Er zog die bedeutendsten Gelehrten der Zeit an seinen Hof und an die von ihm gegründete Akademie: den Angelsachsen Alkuin aus York, den Langobarden Petrus von Pisa, die Franken Angilbert und Einhard, den Westgoten Theodulf. Einhard schrieb die lateinische Biografie des Kaisers, die *Vita Caroli Magni*, nach dem Muster Suetons. In gleicher Weise förderte Karl das Christentum. Der christliche Glaube sollte den jungen germanischen Völkern ein überweltliches Ziel geben und zugleich eine Klammer des Fränkischen Reiches bilden. Karl förderte die lateinische Bildung, damit die Ausdruckswelt der Heiligen Schrift erschlossen und der tiefere Sinn der Evangelien verstanden werden konnte.

So schuf Karl der Große die Grundlagen für eine abendländische Kultur. Seine Erhebung zum Kaiser nach römischem Ritus im Jahre 800 war ein symbolischer Akt. Der germanische Fürst wurde zum hohenpriesterlichen Kaiser und Schutzherrn der Christenheit, andererseits zum Nachfolger der römischen Cäsaren und zum Repräsentanten des Abendlandes. Einhard betont, dass Karl unwillig gewesen sei, die Krone zu empfangen, aber sein Unwille kann sich nur gegen die Formen der Kaisererhebung gerichtet haben.

Als gemeinsame Sprache der germanischen Osthälfte des karolingischen Reiches entwickelt sich die »theodisca lingua«. Ein früher Beleg vom Jahre 788 zeigt die Verwendung dieses Begriffs auf einer Reichsversammlung: Franken und Baiern, Langobarden und Sachsen haben für Fahnenflucht eine übereinstimmende Bezeichnung, wie ausdrücklich betont wird. Noch deutlicher lassen die *Straßburger Eide* von 842 den sprachlichen Zustand des Reiches erkennen: Das Heer des östlichen Staatsverbands, dem es bestimmt ist,

Reiterstatue Karls des Großen, 10. Jh., Bronze

»deutsch« zu werden, wird vom Herrscher des Westreichs in der »theodisca lingua« angesprochen.

Im Zusammenhang mit den Bemühungen, die antiken und christlichen Texte zu erschließen und zu begreifen, entwickelte sich die althochdeutsche Literatur. »Die althochdeutsche Literatur ist der literarische Niederschlag jenes Prozesses, der aus Germanen Deutsche werden lässt.« (W. Betz) Im Gegensatz zur mündlich überlieferten germanischen Dichtung handelte es sich um eine buchmäßige Literatur; an die Stelle der germanischen Sänger traten schriftkundige Mönche und Geistliche, deren literarische Absichten Mission und Bildung waren.

Begonnen wurde mit den Übersetzungen von Wörtern oder Wortgruppen aus dem Lateinischen. Die Übersetzungen wurden zwischen den Zeilen (Interlinearglossen) oder am Rand (Marginalglossen) eingezeichnet. Von diesen Verdeutschungen von Wort zu Wort gingen die Mönche dann dazu über, größere Sinnzusammenhänge fortlaufend zu übertragen. Damit das Volk in deutscher Sprache seinen Glauben bezeugen konnte, wurden das Vaterunser, das Apostolische Glaubensbekenntnis, Gebete, Beichtformeln und Taufgelöbnisse ins Deutsche übertragen. Die Klöster tauschten auf Wunsch des Kaisers ihre Übersetzungen und Glossierungen untereinander aus, sodass eine reiche Auswahl in den verschiedenen Dialekten überliefert ist. Im Mittelpunkt dieser Kulturarbeit standen die Klöster und Stifte Fulda, St. Gallen, Reichenau, Murbach (Elsass), Würzburg, St. Emmeram in Regensburg, Freising, Tegernsee, Mondsee, Weißenburg, Lorsch, Mainz und Trier. Sie wurden auf wirtschaftlichem und geistigem Gebiet führend. Der gelehrte Abt HRABANUS MAURUS (um 784–856), Schüler des Alkuin, Leiter der Klosterschule Fulda und seit 847 Erzbischof von Mainz, machte vor allem Fulda durch die Klosterbibliothek zu einem geistigen Zentrum. Um 830 übersetzte man dort eine Evangelienharmonie (d. h. Zusammenfassung der vier Evangelien in einem fortlaufenden Bericht) des Syrers Tatian.

Aus der Versenkung in die christliche Heilslehre sind die ersten deutschen Dichtungen entstanden: als Stabreimdichtung das *Wessobrunner Gebet*, das *Muspilli*, der *Heliand* und als Reimdichtung Otfrids *Krist*, eine Evangelienharmonie.

»Wessobrunner Gebet«

Der Titel ist die irreführende Benennung für einen aus zwei Teilen zusammengefügten Text in deutscher Sprache: der neun Zeilen umfassende erste Teil ist Anfang eines Schöpfungsgedichts in Stabreimen, der zweite Teil ein Gebet um den rechten Glauben in althochdeutscher Prosa, Abwandlung einer ursprünglich lateinischen Gebetsformel. In der rheinfränkischen Urfassung – um 800 – ist es nicht erhalten. Die »de poeta« überschriebenen stabreimenden Verse des ersten Teils lassen bairische Mundart erkennen. Wahrscheinlich wurden sie in Regensburg oder in Fulda zu Beginn des 9. Jahrhunderts aufgeschrieben. Man entdeckte sie im oberbayerischen Benediktinerkloster Wessobrunn auf den Rändern einer kostbaren Handschrift. Zum hier abgedruckten ersten Teil, dem Wessobrunner Schöpfungsgedicht, gibt es u. a. Parallelen in der *Völuspa* und im *Wafthrudnirlied* der *Edda*.

Dat gafregin ih mit firahim firiuuizzo meista,
dat ero ni uuas noh ûfhimil,
noh paum … noh pereg ni uuas
n i… nohheinig noh sunna ni scein
noh mâno ni liuhta noh der mâreo sêo

Dô dar niuuiht ni uuas enteo ni uuenteo,
enti dô uuas der eino almahtîco cot,
manno miltisto enti dâr uuârun auh manake mit inan
cootlîhe geistâ. enti cot heilac …

Das erfuhr ich als der Wunder größtes,
Dass die Erde nicht war noch der Himmel oben,
Noch Baum noch Berg war,
Noch Sonne schien […].
Noch Mond leuchtete, noch das herrliche Meer.

Da dort nichts war bis zu den äußersten Enden,
Da war der eine allmächtige Gott,
Der Männer mildester und viele mit ihm
Herrliche Geister. […] Und der heilige Gott […]

»Muspilli«

Das *Muspilli*, Anfang des 9. Jahrhunderts entstanden, stammt ebenfalls aus Bayern, aus dem Kloster Emmeram zu Regensburg; es ist eingezeichnet auf den ursprünglich leer gebliebenen Blättern einer Handschrift, die 829 dem Knaben Ludwig (dem späteren König Ludwig dem Deutschen) gewidmet wurde. Seinen Namen hat es nach dem im Text genannten *muspilli*, vermutlich der Bezeichnung eines feurigen Weltuntergangs beziehungsweise des letzten Gerichts. 106 Langzeilen des Gedichts sind überliefert, Anfang und Schluss sind verloren gegangen. Das Werk spricht vom Schicksal des Menschen nach dem Tod, sodann vom großen göttlichen Gericht. Es erinnert, christlich abgewandelt, an die Weltuntergangskatastrophen der *Edda (Völuspa)*; es will erschrecken und warnen.

Der Mond fällt, das Erdenrund brennt,
Kein Stein mehr steht, wenn der Gerichtstag ins Land
Fährt mit Feuer, die Menschen zu richten.

»Heliand«

Dieses große Epos aus der Zeit um 830, etwa 6000 Langzeilen im Stabreim, ist eine ganz neuartige religiöse Dichtung. Ein unbekannter niedersächsischer Geistlicher schrieb sie im Auftrag Ludwigs des Frommen.

Nach der Vorlage der aus den vier biblischen Überlieferungen zusammengezogenen Evangelienharmonie des syrischen Theologen Tatian und eines Kommentars zum Matthäus-Evangelium von Hrabanus Maurus wird das Leben Jesu in poetischer Weise erzählt. Die Sprache ist altsächsisch und reich an schmückenden Beiwörtern. In der Form der altgermanischen Langzeile mit Alliteration folgt der Dichter angelsächsischen Vorbildern. Die Sätze greifen über mehrere Zeilen hinweg (so genannter Bogenstil), der Stabreim wird mit großer Freiheit gehandhabt.

Der Autor wollte seinen germanischen Standesgenossen das Evangelium mitteilen und sie für Christus gewinnen. Dabei hat er ihnen zwar einige Zugeständnisse gemacht, aber er verkündete kein germanisiertes Christentum, sondern eher ein eigenwilliges, freies, in dem das Dasein als schöne Schöpfung Gottes erkannt wird. Er bot ihnen die Lehre in neuer, dennoch vertrauter Sprache, mit Bezug auf ihnen bekannte Sitte, immer aber durchdrungen von der Größe der Verkündigung. Der Autor betont das Heldentum des zum Tode bereiten Erlösers. Ihm ist vor allem wichtig, die Sachsen empfänglich zu machen für die Friedensbotschaft des Evangeliums. So verweilt er einerseits zwar bei der Szene, in der Petrus für Christus das Schwert zieht, verschweigt aber andererseits Christi Friedensgebot nicht.

Da erboste sich
Der schnelle Schwertdegen, Simon Petrus:
Ihm wallte wild der Mut, kein Wort mocht er sprechen,
So härmt es ihn im Herzen, als sie den Herrn ihm da
Zu greifen begehrten.[…] Blitzschnell zog er
Das Schwert von der Seite und schlug und traf
Den vordersten Feind mit voller Kraft,
Davon Malchus ward durch des Messers Schärfe
An der Rechten Seite mit dem Schwert gezeichnet
[…] Da sprach der Sohn des Herrn
Zu Simon Petrus: Dein Schwert stecke,
Das scharfe, in die Scheide […], denn wer da Waffenstreit,
Grimmen Gerkampf, gerne üben mag,
Der soll von des Schwertes Schärfe umkommen.

(KARL SIMROCK)

Otfrid von Weißenburg (um 800 – um 870)

Otfrid ist der erste namentlich bekannte Dichter unserer Literatur. Er war Mönch im elsässischen Kloster Weißenburg und Schüler des gelehrten Hrabanus Maurus. In den Sechzigerjahren des 9. Jahrhunderts schuf er mit seinem *Evangelienbuch (Liber evangeliorum theodisce conscriptus)*, einer Evangelienharmonie, eine Bibeldichtung, für die er zum ersten Mal in deutscher Sprache den Endreim und – allerdings nicht konsequent durchgeführt – den Wechsel von Hebung und Senkung verwandte. Wie in der Stabreimdichtung stellte er jeweils zwei Halbverse zu einer Langzeile zusammen.

In der lateinischen Vorrede seines Werkes »Cur scriptor hunc librum theotisce dictaverit« ist Otfrids Stolz auf sein Frankentum bemerkbar. Er will zeigen, dass auch ein Franke zu großer Geistesschöpfung fähig ist. Er möchte die anstößigen, d. h. heidnischen Gesänge verdrängen, die noch immer im Umlauf sind. Er hat sich vor allem an angehende Kleriker gewandt und den biblischen Bericht vom Leben und Sterben Christi daher in der Weise eines Predigers mit gelehrten theologischen Erörterungen, mit moralischen und allegorischen Auslegungen durchsetzt. Mit zarten Worten

Aus Otfrids *Evangelienbuch*, 9. Jh., Einzug in Ägypten

spricht er von der Jungfrau Maria, zu der Gabriel »auf dem Pfade der Sonne, der Straße der Sterne, dem Weg der Wolken« niederschwebt.

In der Karolingerzeit war Dichtkunst allein auf Lateinisch und in antiken Formen denkbar. Deshalb ist es nicht verwunderlich, dass Otfrid seine Dichtung in der Volkssprache rechtfertigen muss. »Von einigen Brüdern […], vor allem aber von einer hochzuverehrenden Frau Judith« (gemeint ist vielleicht die Witwe Kaiser Ludwigs I., des Frommen) wurde er »dringend gebeten, einen Teil der Evangelien in deutscher Sprache aufzuschreiben, damit das Volk von der Süßigkeit der Sprache […]« ergriffen würde. Abgesehen von einer kleinen Verslegende, dem von Otfrids Dichtung abhängigen *Georgslied*, und dem ersten politischen Gedicht, dem *Ludwigslied*, das den Sieg des westfränkischen Karolingers Ludwig III. über die Normannen verherrlicht (beide von anonymen Verfassern), endete mit der Evangelienharmonie Otfrids die althochdeutsche Reimkunst, und es ist etwa eineinhalb Jahrhunderte keine größere deutschsprachige Dichtung mehr überliefert.

Lateinische Dichtung

Das Zeitalter der ottonischen Kaiser hat ein anderes Gepräge als die Karolingerzeit. Die Menschen erscheinen selbstbewusster und weltoffener. Wie die politischen Kräfte drängten auch die Kräfte des Christentums zum Repräsentativen. Die Baukunst wurde führend: Dome, plastische Steinfiguren, Wandmalerei und Buchschmuck erklärten eindringlich Lehre und Bedeutung des Evangeliums. Die Aufgabe der Christianisierung war im Wesentlichen gelöst, die Geistlichen wandten sich der antiken Literatur zu und bedienten sich in ihrer Dichtung des Latein, das jetzt zur Literatursprache wurde; aber in dieser lateinischen Fassung erschienen nun auch deutsche Stoffe.

»Waltharius«

Von sicherer Beherrschung der lateinischen Sprache zeugt das in einem Dutzend Handschriften überlieferte so genannte *Waltharilied*, dessen Autorschaft und Datierung umstritten sind. Es erscheint zweifelhaft, ob es mit dem Gedicht von *Walther mit der starken Hand (Waltharius manu fortis)* identisch ist, als dessen Autor der Mönch Ekkehart von St. Gallen bezeugt ist. Die Datierungsversuche reichen von 800 bis 930; sie weisen zunehmend in die karolingische Zeit. In lateinischen Hexametern wird die Sage von Walther von Aquitanien und Hiltgund erzählt, zugleich das heidnische Heldenlied mit christlicher Bedeutung ausgestattet. Form und Kompositionsgesetz übernahm der Autor von seinem Vorbild Vergil. Joseph Victor von Scheffel hat in seinem erfolgreichen Roman *Ekkehard* (1855), einem Bestseller des 19. Jahrhunderts, die wissenschaftlich überholte ältere Auffassung von der Entstehung des *Waltharliedes* popularisiert, das Heldenepos in freier Form nachgedichtet und dadurch das *Waltharilied* in breiten Leserschichten bekannt gemacht.

Die Hunnen ziehen durch die deutschen Lande, vernichten ganze Volksstämme, schleppen Beute, Goldschätze und Geiseln fort. Es gelingt Walther von Aquitanien und Hiltgund von Burgund, die als Geiseln am Hunnenhof leben, mit den von Attila geraubten Schätzen zu fliehen. Sie kommen glücklich an den Rhein, wo König Gunther von Worms ihnen im Wasgenwald (Vogesen) seine besten Helden, unter ihnen auch Walthers Freund Hagen von Tronje, zum Kampf entgegenstellt um den Goldschatz zu erobern. Nach blutigem Streit versöhnt sich Walther mit seinem Freund, zieht in die Heimat und heiratet Hiltgund.

Im *Waltharius* haben die überlieferten Werte germanischer Dichtung, Treue, Ehre, Todesbereitschaft, noch ihre Gültigkeit, aber das Heldische wird ins Derbe und Spielmännische gewandt: Der heroische Stoff endet in einem grotesken Schluss, bei dem die überlebenden Recken grimmig über ihre Wunden scherzen.

Die beiden folgenden Übersetzungsproben zeigen die Spannweite der Ausdrucksmöglichkeiten in der Schilderung sehr verschiedener Vorgänge: Aufbruch zur Schlacht und festliches Gepränge.

Dröhnend hallte vom Hufschlag die Erde,
Wie dumpfer Donner schütterten die Schilde,
Im Gefild rings wogte ein eiserner Wald,
Wie am äußersten Saume der Erde die Sonne
Sich leuchtend des Morgens dem Meere enthebt.
Auf den Rossen ging's rasch durch Saône und Rhône
Und mit Mord und Brand in die Marken hinein.

Der Festtag kam und mit großen Kosten
Rüstete Walther ein reiches Gastmahl.—
Die Üppigkeit saß auf dem Ehrenplatz oben.
In die herrlich mit Teppich verhangene Halle
Trat der Hunnenherrscher; der Held empfing ihn
Und führt' ihn zum Hochsitz, der festlich geschmückt war
Mit Purpur und Seide. Etzel setzte
Sich nieder und nahm zwei Fürsten zu Nachbarn;
Den Übrigen wies ihre Plätze Walther.
An hundert Tafeln schmausten die Hunnen
Und schwitzten schier ob der Schar der Gänge.
War einer zu Ende, so kamen andre.
Da glühte der Met in goldenem Mischkrug;
Von goldenen Tellern aßen die Gäste,
In den Bechern wallte gewürzter Wein,
Und Walther trieb zum Essen und Trinken.

(PAUL VON WINTERFELD)

Hrotsvith von Gandersheim (um 935 – um 980)

Hrotsvit ist die erste deutsche Dichterin, die wir namentlich kennen. Sie stammte aus niedersächsischem Adel, war Nonne im von den Ottonen gestifteten und besonders geförderten Benediktinerinnenkloster Gandersheim, von der kluniazensischen Reformbewegung mitbestimmt und belesen in lateinischer und kirchlicher Literatur. Konrad Celtis hat ihre Werke im Stift St. Emmeram zu Regensburg wieder aufgefunden.

Die ersten Gedichte der gelehrten Frau behandelten Legendenstoffe, thematisch beeinflusst von dem ebenfalls lateinisch dichtenden Angelsachsen Aldhelm (um 640–709). In der *Theophuslegende* hat sie zum ersten Mal einen Bund zwischen Mensch und Teufel literarisch zum Gegenstand gemacht.
Fortsetzung des Legendenzyklus sind ihre sechs lateinischen Dramen oder dialogisierten Legenden, formal nach dem Muster des Terenz gearbeitet; sie handeln von

Märtyrerinnen und Glaubenshelden sowie der Bekehrung sündiger Weltmenschen. Stoff- und Figurenwelt des sehr realistischen römischen Komödienschreibers kehrt Hrotsvith gewissermaßen um, sie gestaltet das Lob idealer Weiblichkeit, reiner Jungfräulichkeit und büßender Einkehr. Das bedeutendste ihrer Dramen ist *Abraham*, in dessen Mittelpunkt das sündige Mädchen Maria steht, das sich unter Abrahams Leitung zu einem Leben der Entsagung entschließt und sich Gott weiht. Bei aller Frömmigkeit und moralischer Lehrhaftigkeit verrät Hrotsvith Weltoffenheit, ein erstaunliches Vermögen in der Schilderung seelischer Vorgänge und gelegentlich sogar Humor. Im *Dulcitius* erzählt sie von den erotischen Nachstellungen, denen drei fromme Schwestern ausgesetzt sind, die ihr Verfolger in einen Küchenraum sperrt. Als er nachts dort eindringt, verblendet Gott seine Wahrnehmungskraft und lässt ihn Töpfe und Schüsseln umarmen. Hrotsvith beschrieb auch in einem Epos die *Taten Ottos des Großen (Gesta Oddonis)* und in einem zweiten die *Gründung des Klosters Gandersheim*.

Um 1040 entstand das satirische Epos *Ecbasis cuiusdam captivi*, wahrscheinlich das Werk eines lothringischen Mönches. Im Prolog bekennt der Verfasser, ein fauler, mit dem Namen »Eselein« gestrafter Klosterschüler gewesen zu sein, der nach einem vergeblichen Fluchtversuch in der Haft zu dichten beginnt, um sich an Arbeit zu gewöhnen. Er beschreibt dann – sinnbildlich – den übermütigen Ausbruch eines Kälbchens aus seinem Stall, die Begegnung mit dem Wolf und die glückliche Wiedereinbringung. Das dem Horaz verpflichtete Werk steht am Beginn der deutschen und europäischen Tierdichtung.

»Ruodlieb«

Dieser älteste und sehr handlungsreiche Roman des deutschen Mittelalters bietet ein umfassendes Zeitbild. Von einem unbekannten Mönch im Kloster Tegernsee wurde er um 1050, also bereits zur Zeit der Salier, in lateinischen Hexametern verfasst. Von der Handschrift sind von den ursprünglich wahrscheinlich rund 4000 Versen 2306 erhalten.

Der Held Ruodlieb wird von seinem Lehnsherrn schlecht behandelt und verlässt die Heimat. Bei einem fernen König gelangt er zu hohem Ansehen, wird aber durch einen Brief seiner Mutter zurückgerufen. Beim Abschied wählt er statt Gold zwölf Weisheitslehren, die er in einer Folge von Abenteuern erprobt. Nach seiner Heimkehr ist er bei der Vermählung eines Neffen beteiligt und gewinnt selbst die Aussicht auf eine reiche Heirat. Hier bricht die Handschrift ab.

Hrotsvith von Gandersheim,
Holzschnitt von Albrecht Dürer, 1501
Von Hrotsvith von Gandersheim gibt es kein Porträt;
Albrecht Dürer schuf zur Druckausgabe ihrer Werke,
die Konrad Celtis veranstaltete, einen Holzschnitt, auf
dem sie Kaiser Otto I. und dem Erzbischof von Mainz
ihre Werke überreicht.

Das Werk überrascht durch viele in die Zukunft weisende Züge. Ruodlieb gehört dem neuen Ritterstand an, der zu Großmut, Selbstbeherrschung und Höflichkeit verpflichtet ist. Der Verfasser nimmt manches von der kommenden höfischen Ritterdichtung vorweg. Er erzählt spannend und humorvoll und ist ein für seine Zeit ungewöhnlich scharfer Beobachter. Er berichtet vom Leben am Hof und auf der ritterlichen Burg ebenso wirklichkeitsgetreu wie von dem im Dorf und auf der Landstraße.

NOTKER III. von St. Gallen (LABEO oder TEUTONICUS, um 950–1022) suchte als Lehrer der Klosterschule durch Übersetzungen und deutsche Erklärungen den Schülern antike Texte zu vermitteln. Es war eine neuartige Form: nicht Übertragungen im eigentlichen Sinn, sondern ein lateinisch-deutscher Mischtext mit Erläuterungen. So wurden Werke von Boethius, Vergil,

Darstellung einer lateinischen Osterfeier
Drei Mönche, die Frauen (Maria Magdalene, Maria, Mutter des
Jakobus, und Salomé) darstellend, kommen mit Weihrauch-
gefäßen an das im Mittelschiff der Kirche aufgestellte Grab
Christi, in dem ein Engel ihnen die Auferstehung verkündet.

hunderts belegte Großform der mittelhochdeutschen
Lyrik, der Leich, ein aus verschiedenen Abschnitten
zusammengesetztes vokales Musikstück, ist mit der
Sequenz strukturell verwandt.

Etwa vierzig Texte und Melodien werden Notker sicher
zugeschrieben. Einige von ihnen wurden im 16. Jahrhundert sogar in das lutherische Gesangbuch aufgenommen, so sehr galten sie immer noch als Ausdruck
tiefer Religiosität.

Ein schönes Beispiel bietet seine Ostersequenz:

Dem aus Grabesnacht
Auferstandenen Heiland huldigt die Natur:
Blum' und Saatgefild
Sind erwacht zu neuem Leben.
Der Vögel Chor
Nach des Winters Raureif singt sein Jubellied.
Heller strahlen nun
Mond und Sonne, die des Heilands Tod verstört.
Und im frischen Grün
Preist die Erde den Erstandenen,
Die, als er starb,
Dumpf erbebend ihrem Einsturz nahe
schien […].

(PAUL VON WINTERFELD)

Terenz übersetzt, aber auch Werke der Bibel, wie das
Buch Hiob oder Psalmen, übertrug er in seine Mischsprache.

Liturgische Dichtung

Neben dem weltlichen Epos, dem Drama und dem
Versroman fand auch lateinische Lyrik Zuspruch.
In Gestalt der Sequenzen wurde sie schon in karo-
lingischer Zeit gepflegt. Seit etwa 860 beschäftigte
sich NOTKER I. von St. Gallen (BALBULUS oder DER
STAMMLER, um 840–912), ebenfalls Lehrer an der
Klosterschule, mit dieser von nordfranzösischen Mön-
chen entwickelten Form.

Die Sequenz war ursprünglich ein Jubelruf, der an die
letzte, lang ausgehaltene Silbe des Alleluja im Graduale
der Messe angefügt wurde. Diesem wurden dann Worte
unterlegt, damit die Gläubigen die schwierige Melodie
besser behalten konnten. Um 885 sammelte Notker die
von ihm geschaffenen Sequenzen in einem dem Verlauf
des Kirchenjahres folgenden (im Original nicht erhaltenen) *Buch der Hymnen (Liber Ymnorum)*, von wo
aus sie weite Verbreitung in verschiedenen Hymnen-
sammlungen fanden. Im Zeitalter der Ottonen wurden die reimlosen Strophenpaare der Sequenz auch
zur Wiedergabe weltlicher, schwankhafter und politischer Stoffe verwendet. Die seit dem Ende des 12. Jahr-

In derselben Zeit, als die Sequenzen entstanden, wurde
die Liturgie durch andere Gesangsformen, die so genannten Tropen, freie, musikalisch komponierte Prosa-
einlagen, erweitert.

Unter Tropen verstand man Einlagen im gregoriani-
schen Kirchengesang, z. B. beim Beginn der Messe:
»Gloria patri et filio et spiritu sancto sicut erat in prin-
cipio et nunc et semper et in saecula saeculorum.«
(»Ehre sei dem Vater und dem Sohne und dem Heiligen Geist, wie es war im Anfang und jetzt und in alle
Ewigkeit.«) Dann erweiterten sich die Tropen zu mu-
sikalisch-dramatischen Wechselgesängen und wurden
in Text, Melodie und Dialogform vor allem an den
Weihnachts- und Osterfeiertagen selbstständige Teile
der Liturgie. Aus solchen Wechselgesängen entwickelte sich später das mittelalterliche geistliche Drama. Am
bekanntesten geworden ist der *St. Gallener Ostertropus*
aus der Mitte des 10. Jahrhunderts, der vor dem Beginn
der Messe aufgeführt wurde. Zwei mit der Dalmatika
bekleidete Priester stellten die Engel dar. Mit Palm-
zweigen näherten sie sich dem in ein Grab verwande-
ten Altar. Dann traten drei in weiße Messgewänder gekleidete Priester, die die Frauen darstellten, Weih-
rauchfässer schwingend, zum Grab. Nun folgte der
Wechselgesang, der sich an Matth. 28, 5–7 anlehnt.

Die Engel: *Quem quaeritis in sepulcro, o christicolae?*
Die drei Frauen: *Jesum Nazarenum crucifixum, o caelicolae.*
Die Engel: *Non est hic, surrexit sicut praedixerat.*
    Ite, nuntiate, quia surrexit de sepulcro.
Die drei Frauen: *Surrexit enim, sicut dixit dominus.*
    Ecce praecedet vos in Galilaeam:
    ibi eum videbitis.
    Alleluia! alleluia!

Die Engel: *Wen suchet ihr im Grabe, Christusliebende?*
Die drei Frauen: *Jesum von Nazareth, den Gekreuzigten,*
    Himmelsbewohner.
Die Engel: *Er ist nicht hier, er ist auferstanden, wie er*
    geweissagt hat. Geht, verkündet, dass er aus dem Grabe
    auferstanden ist.
Die drei Frauen: *Er ist auferstanden, wie der Herr gesagt hat.*
    Er geht euch voraus nach Galilaea.
    Dort werdet ihr ihn sehen.
    Hallelujal! Halleluja!

Die Wechselgesänge wurden von Chören aufgenommen und beschlossen.

Diese Kernszene wurde im Laufe der Zeit vor allem in den oberrheinischen und bayerischen Klöstern erweitert. Ähnlich wurde die Weihnachtsgeschichte dramatisiert, zu selbstständigen Schauspielen geformt und später auch außerhalb der Kirchen dargestellt.

Frühmittelhochdeutsche Dichtung

Die frühmittelhochdeutsche Dichtung beginnt in den letzten Jahrzehnten des 11. Jahrhunderts annähernd gleichzeitig an verschiedenen Orten, wobei vor allem Bayern, Österreich (die alte bayrische Ostmark) und das Gebiet des unteren Rhein mit Köln als Literaturlandschaften Bedeutung gewinnen. Auch die ältesten überlieferten Zeugnisse des Minnesangs weisen in den bayrisch-österreichischen Raum und werden daher als donauländischer Minnesang bezeichnet.

Geistliche Buß- und Heilsdichtung

Der Neubeginn einer deutschsprachigen Literatur fällt zeitlich mit dem schnellen Vordringen einer kirchlichen Reformbewegung zusammen, deren wichtigstes Zentrum das Kloster Cluny in Südburgund darstellt. Die Aufgaben, die die Ottonen den Geistlichen stellten, die Pflege des zeremoniellen, gesellschaftlichen und diplomatischen Verkehrs sowie die Ausstattung der Bischofssitze und Klöster mit Herrschaftsrechten und Territorialbesitz, hatten den Klerus von seiner eigentlichen Bestimmung abgelenkt und die Kirchenzucht

gelockert. Im Investiturstreit, der grundsätzlichen Frage, ob das Recht Bischöfe einzusetzen dem Kaiser oder dem Papst zustand, gipfelte der Machtkampf zwischen Staat und Kirche. Auch die Laien waren in diesen Konflikt verstrickt, der ihnen ein vertieftes Verständnis des Glaubens abverlangte. Der Weg, sie für die Forderungen der Kirche auch innerlich zu gewinnen, führte über den Gebrauch ihrer Sprache. Die von den Geistlichen verfasste frühmittelhochdeutsche Literatur diente der religiösen Bildung und Erziehung.

Über das Kloster Hirsau im Schwarzwald breitete sich die kluniazensische Reform in Deutschland aus. Ebenso wie die vom Kloster Gorze bei Metz ausgehende lothringische Reform forderte sie die Wiederherstellung der Strenge des Klosterlebens, betonte aber noch stärker als diese ein streng hierarchisches Prinzip, das auch im weltlichen Leben Fortsetzung findet. Die Mönche predigten Abkehr von der Welt (contemptus mundi) und schärften das Sündenbewusstsein der Gläubigen. Der Gruß der Kartäusermönche »Memento mori« wurde zum Thema der Bußpredigten.

Vom kluniazensischen Geist erfüllt waren auch die zahlreichen Nachdichtungen biblischer Geschichten, die Legenden, Jenseitsvisionen und Mahnpredigten der frühmittelhochdeutschen Epoche. Die zentralen Themen waren Sorge um das Seelenheil und Aufforderung zur Buße. Aber bereits die *Altdeutsche Genesis* (um 1060–80, auch *Wiener Genesis* genannt), deren Hauptinhalt das 1. Buch Mose bildet und mit der die epische Bibeldichtung der Epoche beginnt, enthält auch Elemente einer poetischen Erzählung.

Das in zwei Fassungen überlieferte *Ezzolied* (zwischen 1057 und 1061) des Bamberger Domherrn EZZO, ein für ein erlesenes Publikum gedichteter Hymnus, in der Überarbeitung zu einer Predigt umgeformt, entwirft in sorgfältiger Gliederung der Strophen und feierlich ernster Sprache ein Bild des Weltlaufs von der Erschaffung des Menschen bis zur Erlösung durch Christi Opfertod.

Da erschien uns die Sonne / da erschien uns Gottes Sohn.
Über alles Menschliche hinaus / in menschlicher Gestalt:
Am Ende der Zeiten / den Tag brachte er uns vom Himmel
    herab.

Das *Annolied* (um 1080), ein anonymes Versepos, beginnt mit einem heilsgeschichtlichen Abriss. Es folgen die Darstellung der Weltgeschichte, die bei Anno, dem Erzbischof von Köln, endet und ein Preislied auf Anno: Es wird von seinem Wirken, seinem Tod und einem Wunder an seinem Grab berichtet.

Quod homo ſecreta di ñ debet
plus ſcrutari quá ipſe uult manſe
Q uod ſili di nar̃ in ſtare
mundo morte ſua diaboli ſupauit
τ electi ſuos ad hereditatē ſuã re
V erba oſee de eade re. ſuper
Q d corp̃ ſilii di in ſepulchro
p̃ triduu iacens reſurrexit. τ homi

m̃ tua uentans de morte ad uitã
oſtenſa ē. ſilii eos apparuit
Q d ſilii di a morte reſurgent. diſ
cipulis ſuis frequent ad corroboran
Q d ſilio di aſcendente ad pa
tr̃ ſponſa ei diuerſiſ ornamentis ſun
ſ datæ.

Hildegard von Bingen: *Scivias*, Eibinger *Scivias*-Faksimile
Aus der Trinität (obere Kreise) und dem Lichtstrahl des
Wortes geht die Schöpfung hervor. Nach Adams Übertretung
des Gehorsamsgebots entwickelt sich die Heilsgeschichte
des Menschen: Die Heiligen erscheinen wie Sterne im Dunkel,
der Erlöser errettet den alten Adam.

HEINRICH VON MELK (2. Hälfte 12. Jh.), vermutlich
ein Laienbruder ritterlicher Herkunft, wandte sich in
seinem Gedicht *Erinnerung an den Tod (Von des tôdes
gehugde)* und in einem weiteren, das vom Priester-
leben handelt, um 1160 gegen Wohlleben und Sitten-
losigkeit des Klerus, Hochmut und Weltlust des Adels.
Gegen diese beiden Stände richten sich seine Anklagen, das bäuerliche Dasein beachtet er nur insoweit, als
er die weibliche Putzsucht auch dort im Vordringen
sieht. Die Bußpredigten dieses »armen Knecht Gottes«
– wie er sich selbst bezeichnet – bilden den Höhepunkt, aber auch das Ende der asketischen Literatur.
Die Marienpoesie, die sich neben den Zeugnissen
der Weltabkehr entwickelte, schlägt innige und zarte
Töne an. Ein Augsburger Kleriker, der sich PRIESTER
WERNHER nennt, erzählt ein *Marienleben (Driu liet
von der maget,* 1172); die annähernd 5000 Verse umfassende Dichtung berichtet zunächst nach apokryphen
Quellen von den Eltern und der Jugend Marias, von
der Geburt Christi an nach dem Zeugnis der kanoni-

schen Evangelien. Maria tilgt die Schuld Evas, sie erfüllt
den Heilsplan. Die *Mariensequenz* aus dem schweizerischen Kloster Muri preist in der Sprache des Hymnus
das Wunder der Unbefleckten Empfängnis und der
jungfräulichen Geburt.

Frauendichtung und -literatur

Die erste namentlich bekannte Autorin, die in deutscher Sprache dichtete, ist FRAU AVA (gest. wahrscheinlich 1127), eine Einsiedlerin (Incluse) vermutlich
adliger Abkunft, die sich nach einem Leben in der Welt
in ein Kloster zurückzog (den Tod einer »Ava inclusa«
1127 verzeichnen die Melker Annalen). Ava ist nach eigener Angabe Mutter zweier Söhne, die sie geistlich
beraten haben und von denen einer bereits nicht mehr
lebt. In zwei Handschriften überliefert ist eine um 1120
entstandene Darstellung der Heilsgeschichte, zum
überwiegenden Teil ein *Leben Jesu.* Die Ergänzungen
behandeln das *Leben Johannes des Täufers,* die *Sieben
Gaben des hl. Geistes,* den *Antichrist* und das *Jüngste
Gericht.* Die schlichte Erzählung, die den Perikopen
des Kirchenjahres folgt, mit volkstümlichen Entsprechungen zu den Osterspielen gelegentlich über den
Evangelienbericht hinausgeht, ist in 3388 Reimpaar-
versen gestaltet. Als gereimte Laienpredigt, auch als
Christenlehre aus Laienmund ist das Werk Avas bezeichnet worden, das insofern auch ein Dokument für
die Bildung der (adligen) Frau darstellt.

HILDEGARD VON BINGEN (1098–1179), aus adligem
Geschlecht, war Äbtissin des Benediktinerinnenklos-
ters Rupertsberg bei Bingen. Mit ihren Werken – Aufzeichnungen ihrer Visionen und Gespräche mit Christus, Lehrbuch einer christlichen Sittenlehre in prophetischen Bildern – beginnt das mystische Schrifttum
Deutschlands. Ihr Buch *Scivias (Wisse die Wege),* das
die Theologie der Zeit spiegelt, fand nicht nur große
Aufmerksamkeit bei den Zeitgenossen sowie päpst-
liche Anerkennung, sondern führte zu einem Briefwechsel mit Friedrich I. Barbarossa und dem Theologen und Ordensreformer Bernhard von Clairvaux.
Daneben entstanden selbstvertonte Lieder, historische
und naturkundliche Abhandlungen. Einsicht in die
Medizin und Pharmazie des 12. Jahrhunderts bietet ihr
Werk *Physica.*

Das *Arnsteiner Mariengebet* ist als deutscher Eintrag in
ein Psalterium des 1139 gegründeten Prämonstraten-
serklosters Arnstein an der Lahn überliefert. Als Autorin wird die Witwe des Gründers, Gräfin GUDA VON
ARNSTEIN vermutet, die bei dem Kloster als Klausne-
rin lebte und 1179 gestorben ist.

Weltliche Dichtung Geistlicher

Im Laufe des 12. Jahrhunderts wurde die Buß- und Heilsdichtung durch neue Tendenzen und Formen zurückgedrängt. Eine neue Zeit kündigte sich an, in der die höfisch-ritterliche Gesellschaft in Deutschland die Führung übernahm. Die Kreuzzüge, zu denen die Kirche aufrief, weiteten zugleich den Blick in die Welt und erschlossen ein vielfältiges Leben. Noch immer waren zwar die Geistlichen aufgrund ihrer Bildung die Träger der Literatur, aber sie mussten, wollten sie Erfolg haben, neue, unverbrauchte Stoffe in ihre Dichtung aufnehmen. Das Interesse gehörte nun auch den weltlichen Abenteuern sowie den neu aufkommenden ritterlichen Übungen und Gebräuchen. Burleske und derbe Szenen wurden ebenfalls in die Darstellung einbezogen. Man fasst diese Literatur, die der eigentlich ritterlich-höfischen Dichtung vorangeht, als vorhöfische Epik zusammen.

Die *Kaiserchronik* (1135–1150), das wohl in Regensburg entstandene Werk eines Geistlichen, schildert in mehr als 17 000 Versen die Geschichte des römischen Weltreichs und seines deutschen Erben, beginnend mit Julius Cäsar, bis zum Jahr 1147. Dabei nimmt die römische Periode (über 14 000 Verse) den breitesten Raum ein, obgleich das republikanische Rom fast ganz ausgespart bleibt. Als der maßgebliche Förderer dieser Dichtung wird der Bayernherzog Heinrich der Stolze vermutet, danach gehen deren Anfänge wohl noch vor 1139, Heinrichs Todesjahr, zurück. Die Darstellung erhebt den Anspruch auf geschichtliche Wahrheit, ist allerdings vielfach willkürlich und reich ausgeschmückt mit Sagen und Legenden.

Ein Beispiel für die Verbindung von Abenteuer und christlicher Zielsetzung ist das *Alexanderlied,* das ein moselfränkischer Kleriker, der PFAFFE LAMPRECHT, um 1150, vermutlich in Köln, einer französischen Vorlage, der *Alessandreide* eines von ihm Alberich von Bisinzo (Besançon) genannten Autors, nachdichtete und in dem zum ersten Mal in Deutschland ein antiker Stoff bearbeitet wurde.

Das Alexanderlied behandelt die Jugend sowie den persischen und indischen Feldzug des großen Königs. Alexander dringt über Indien hinaus bis zu den unübersteigbar hohen Mauern des Paradieses vor. Auf die Aufforderung zur Übergabe hin erhält er eine Mahnung, die ihn zu Rückzug und innerer Einkehr veranlasst. Besonders beliebt waren die in die Dichtung eingestreuten orientalischen Märchen, vor allem die Episode von den Blumenmädchen, die im Frühjahr aus den Blütenkelchen erblühen und im Herbst mit den Blumen verwelken.

Rolandslied, Heidelberger Handschrift, 12. Jh.
Die Zeichnung zeigt Roland auf dem Schlachtfeld von Roncevalles inmitten von getöteten Heiden.

Dichterisch bedeutender als das *Alexanderlied* – das im Wesentlichen eine Übersetzung darstellt – ist das *Rolandslied* des Regensburger PFAFFEN KONRAD, das zwischen 1145 und 1170 nach der Vorlage des altfranzösischen Nationalepos *Chanson de Roland* entstand. Es erzählt von den Feldzügen Karls des Großen gegen die spanischen Mauren und besingt Kampf und Tod seines Neffen Roland im Pyrenäental von Roncesvalles (Runzeval).

Der heidnische König von Saragossa hat sich zum Schein Karl dem Großen unterworfen, aber nach Karls Abzug überfällt er die von Roland geführte Nachhut des Heeres in den Pyrenäen. In dem anhebenden fürchterlichen Ringen vollbringen Roland und die Seinen unerhörte Heldentaten, aber schließlich erliegen sie der Übermacht, und zuletzt fällt auch Roland. Um den Märtyrertod zu sterben hat dieser das meilenweit vernehmbare Horn Olivant erst geblasen, als keine Hilfe mehr möglich war. Doch ist es nicht zu spät zur Rache: Karl kehrt zurück und vollzieht ein blutiges Strafgericht an den Verrätern.

Konrad verfährt selbstständiger mit seiner Quelle als Lamprecht und ändert sie in wesentlichen Zügen. Das deutsche *Rolandslied* ist nicht wie seine Vorlage ein patriotischer Hymnus, sondern preist den christlichen

Ritter, der im Kampf gegen die Heiden zur Ehre Gottes Kreuzfahrt und Tod auf sich nimmt.

Eine Fülle neuer Stoffe bot sich in diesen Jahrzehnten an: neben französischen, spätgriechischen und byzantinischen auch heimische Sagen, orientalische Fabeln und Erzählungen der Kreuzritter, dazu Berichte von Rittern aus Italien, England und Frankreich, wo bereits die Kultur der höfischen Unterhaltung in ereignisreichen Abenteuergeschichten bekannt war.

Spielmannsdichtung

Ihren Namen erhielt sie von den Spielleuten, d.h. Gauklern, Fahrenden und Possenreißern, die heimatlos und wenig geachtet von Hof zu Hof, von Dorf zu Dorf zogen und gegen Lohn ihre Kunststücke und Späße vorführten. Ihnen schrieb man in diesen Epen den derben, possenhaften Ton zu, die Freude an listenreicher Erfindung, den bedenkenlosen Griff in das bereitliegende heimische und fremde Erzählgut. Drei Versepen, die auch als Legendenromane bezeichnet werden, *Salman und Morulf, Oswald* und *Orendel*, die in alten Handschriften nicht überliefert sind, aber ins 12. Jahrhundert zurückdatiert werden, bieten Beispiele für die komplizierte Überlieferungslage. Die Originale, auf denen die erhaltenen Texte beruhen, lassen sich nicht mehr rekonstruieren.

Heute glaubt man nicht mehr, dass die so genannte Spielmannsdichtung von Spielleuten verfasst wurde. Wer ein solches Epos dichtete oder vorlas, musste eine Klosterschule besucht und sich ein Mindestmaß von Bildung angeeignet haben. Andererseits finden sich Merkmale des den Spielleuten zugeschriebenen Stils auch in der Literatur von Geistlichen. Die Bedeutung des »spilemans« – eine Bezeichnung, die insofern zutrifft, als die mündliche Verbreitung der Dichtungen durch Spielleute erfolgt ist – bleibt vage.

Die zwei wichtigsten Werke der Spielmannsdichtung, die Epen *König Rother* und *Herzog Ernst*, lassen sich mittels sprachlicher Merkmale als Werke rheinischer Dichter bestimmen, die aber für Auftraggeber in Bayern schrieben. Der Versroman *König Rother* entstand um 1150, die Quelle ist wahrscheinlich eine langobardische Heldensage, daneben sind historische Reminiszenzen verarbeitet. Kern der Fabel ist das in der Dichtung der Zeit verbreitete Motiv der Brautwerbung.

Rother, König von Sizilien, lässt durch Boten um die Tochter des Kaisers Konstantin in Konstantinopel werben, die Gesandten werden jedoch in den Kerker geworfen. Da segelt Rother selbst nach Konstantinopel. Er gibt sich als ein von König Rother geächteter Ritter aus und es gelingt ihm, in die Kemenate der Schönen zu kommen und ihre Liebe zu erringen. Mit ihrer Hilfe befreit er die Gefangenen und entführt sie selbst im Verlauf mancherlei weiterer Abenteuer nach seinem Stammsitz Bari.

In einem zweiten Teil des Epos lässt Konstantin seine Tochter nach Konstantinopel rückentführen. Nachdem Rother, der nun mit Heeresmacht ausgezogen ist, ihrem Vater im Kampf gegen die heidnischen Babylonier beigestanden hat, kann er die Kaisertochter ein zweites Mal für sich gewinnen. Wieder in Italien gebiert Rothers Gattin einen Thronfolger, Pippin, den späteren Vater Karls des Großen. Als Pippin volljährig wird, gehen Rother und seine Frau ins Kloster.

Auch dieses große, mit der politischen Geschichte der Zeit vielfach verknüpfte Epos – in Rother hat man Roger II., den Herrn des süditalienisch-sizilischen Normannenreiches, und seine Werbung um eine byzantinische Kaisertochter 1143/44 wieder erkannt – zeigt im Bild der ritterlichen Gesellschaft neben Abenteuerlust und Weltfreude noch religiöse Askese. Wichtig scheint dem Autor des *Rother* vor allem die Freude am Erzählen. Er fügt sich den Sympathien seiner Gönner – Roger II. hatte welfische Interessen gegen den Staufer Konrad III. unterstützt –, aber er füllt den von Sage und Geschichte vorgeprägten Stoff mit lebendigen Charakteren und sensibel gestalteten Begebenheiten, die auf die Minnedichtung vorausweisen.

Um 1178 entstand – möglicherweise in Bamberg, wie die fiktive Quellenangabe angibt, und wiederum mit welfischer Blickrichtung –, strenger und sachlicher als der *Rother*, das Epos *Herzog Ernst*. Es stellt ein Beispiel früher Geschichtsdichtung dar, denn die historischen Vorlagen sind kaum verhüllt: Es geht um den Konflikt zwischen Otto I. und seinem Sohn Liudolf und die Empörung Ernsts II. von Schwaben gegen Konrad II. Zentrales Thema ist mithin der Kampf zwischen Kaiser und Herzog und die anschließende Versöhnung der Kontrahenten. In den zahlreichen, sich um die Haupthandlung rankenden Nebenerzählungen steht die Verherrlichung der Tapferkeit im Mittelpunkt.

Herzog Ernst wird von einem Verwandten bei seinem Stiefvater Kaiser Otto zu Unrecht beschuldigt und fällt in Ungnade. Als der Verleumder überdies sein Land verwüstet, erschlägt er ihn. Der Acht verfallen unternimmt er eine Fahrt zum Heiligen Grab und kämpft im Morgenland gegen die Heiden um die Gnade seines Stiefvaters wiederzugewinnen. Dabei erlebt er seltsame Abenteuer am Magnetberg und am Karfunkelberg, mit Schnabelleuten, Greifen, Pygmäen, menschlichen Gestalten mit Vogelköpfen, Giganten, Zyklopen. Bei der Rückkehr überreicht er dem Kaiser den kostbaren Edelstein, den »Waisen«, der dann später in der deutschen Kaiserkrone strahlt. Beim Weihnachtsfest in Bamberg erlangt er die Verzeihung des Kaisers.

HÖFISCH-RITTERLICHE DICHTUNG 1170–1280

Dem hohen Mittelalter gelang trotz der starken Spannungen zwischen Kaisermacht und Papsttum die Gestaltung einer einheitlichen Kultur. Die mittelhochdeutsche Dichtung lebt aus dem Gegensatz zwischen hoch gespanntem Ideal und der oft barbarischen Wirklichkeit der Stauferzeit. Sie ist Adelsdichtung, perspektivisch gebundene ritterliche Standesliteratur. Als soziale Erscheinung kann sie, wie das Rittertum insgesamt, nur in Verbindung mit dem Lehnswesen verstanden werden, das durch das Dienstverhältnis des Lehnsmanns zum Lehnsherrn ebenso gekennzeichnet ist wie durch das den Beteiligten gemeinsame Ethos. In Erfüllung seiner Aufgaben dient der Ritterstand, der neben freien Adligen auch ursprünglich Unfreie (Ministerialen) umfasst, einer göttlichen Ordnung und tritt, wenngleich mit anderer Zielsetzung, gleichberechtigt neben den geistlichen Stand (vergleichbar dem in der Realität zu keiner Zeit unproblematischen Verhältnis von Kaiser und Papst). Unterschiedslos wird in der staufischen Dichtung der berittene Waffenträger als Ritter bezeichnet; die ungeteilte Aufmerksamkeit gilt vielmehr der Frage, ob er sich in der Nachfolge des ihn verpflichtenden Tugendideals bewährt.

Die Autoren – immer seltener Geistliche, oft »Fahrende« – sind abhängig von der Gunst ihrer adligen Mäzene. Sie rühmen die ritterliche Lebensform, in der äußere und innere Wohlbeschaffenheit sich harmonisch verbinden. Genügt ein Ritter dem idealen Anspruch nicht, so darf es sich allenfalls um ein vorübergehendes Versagen handeln, das Ziel bleibt unverrückt. Am Hofe des Fürsten entfaltet das adlige Leben seinen vollen Glanz.

Die staufische Dichtung hätte ohne geeignete verbale Ausdrucksmittel nicht entstehen können. Noch um 1150, zur Zeit des Regierungsantritts von Friedrich I. Barbarossa, dominierte im deutschen Sprachraum ein lateinisch-geistliches Element. In wenigen Jahren formte sich eine dialektfreie mittelhochdeutsche Literatursprache, die ein Verstehen über die Stammesbereiche hinaus überhaupt erst ermöglichte.

Stichworte zur politischen Geschichte

Die Hohenstaufen (1138–1250) bringen eine Reihe bedeutender Herrscher hervor. Die entscheidenden Probleme der Regierungszeit Friedrichs I. Barbarossa (1152–1190) sind der Zwiespalt zwischen Staufern und Welfen, die Rivalität mit dem Papst und die Selbstständigkeitsbestrebungen der von Papst Alexander III. unterstützten lombardischen Städte. Friedrichs auf fünf Italienzügen unternommener Versuch, die kaiserliche Macht wiederherzustellen, endet nach wechselvollen Kämpfen mit einem Kompromiss (Friede von Venedig 1177). Die Auseinandersetzung mit den Welfen gipfelt im Sturz Heinrichs des Löwen. Der Beendigung der Kämpfe in Italien folgt eine Epoche glanzvoller Herrschaft, die von den deutschen Dichtern bereits zu Lebzeiten des Herrschers als Friedensära verklärt wird. Auf dem »Hoftag Jesu Christi« zu Mainz 1188 nimmt Friedrich das Kreuz; 1190 ertrinkt er beim Baden im Fluss Saleph in Anatolien.

Unter Heinrich VI. (1190–1197) erreicht die Staufermacht den Höhepunkt, bricht aber nach dem Tod des Kaisers zusammen. In Deutschland kommt es erneut zum Streit zwischen Staufern und Welfen. Unter Friedrich II. (1212–1250) verlagert sich das Gewicht der staufischen Herrschaft nach

Unteritalien und Sizilien, während im Norden die Herausbildung des Territorialfürstentums beginnt. Die Schwächung der königlichen Gewalt führt zu einer zunehmenden Rechtsunsicherheit (Fehdewesen). Während der ganzen Zeit werden die Kreuzzüge fortgesetzt.

Gesellschaft und Kultur

Grundlegend für das Verständnis der realen Bedingungen mittelalterlicher Kultur ist deren europäische Verflechtung. Bei der Herausbildung des Rittertums, das zur gesellschaftlichen Elite aufsteigt, ist zunächst Frankreich führend. Die Kreuzzüge bringen die europäischen Ritter in enge Berührung miteinander. Im weiteren Zusammenhang führen die Feldzüge und zeitweiligen Eroberungen im Morgenland zu einer konfliktbelasteten, für das Abendland gleichwohl bereichernden Begegnung zwischen dem westlichen Christentum und Byzanz sowie der islamischen Welt. Griechische und arabische Wissenschaft und Philosophie sowie die Errungenschaften einer verfeinerten Zivilisation finden Eingang in Westeuropa.

In Deutschland bildet das staufische Rittertum die höfische Kultur glanzvoll aus. Seine rechtliche Grundlage ist das Lehnswesen. Neben den Geburtsadel treten die im Dienst des Hochadels aufgestiegenen Ministerialen (unfreier Adel).

Die ritterliche Erziehung zielt auf die Versöhnung von Welt- und Gottesdienst. Die höfische Kultur ist gesellschaftliche Kultur, Zugehörigkeit zur Gesellschaft wird als »vröude«, als Steigerung des Daseins erlebt, sie schenkt dem Einzelnen den »hôhen muot«. Aus diesen höfischen Anschauungen erwächst auch der Frauendienst, der für den künftigen Ritter früh beginnt: Die »heimgezogenen« Kinder wurden nicht hoch geachtet, der Heranwachsende musste lernen, in der Fremde und von unten zu dienen. Bereits im Alter von etwa sieben Jahren dient er der Gattin seines Herrn als Page, ehe er mit etwa 14 Jahren zum Knappen aufsteigt und nach weiteren sieben Jahren den Ritterschlag empfängt.

Vollendung der romanischen Dome von Mainz, Worms, Speyer, Bamberg, Naumburg, Limburg a. d. Lahn. Baubeginn des Straßburger Münsters und des Kölner Doms. Die Steinfiguren der Adamspforte am Bamberger Dom, der Bamberger Reiter, die Stifterfiguren des Naumburger Doms, die Plastiken vom Südportal des Straßburger Münsters (Ecclesia und Synagoge).

Die bedeutendsten Vertreter des höfischen Minnesangs, der sich in Anlehnung an die Kunst der Trouvères und Troubadours entwickelt, sind Dichter und Musiker zugleich.

Europäische Literatur

Morgenländisches Sagen- und Märchengut bereichert die Literatur des Abendlands. Anreiz und Vorbild der Ritterpoesie kommen aus Frankreich, Burgund, Brabant. In der Troubadourpoesie und in den Chansons de geste, in der französischen Helden- und Kunstepik, war die Grundhaltung einer ritterlichen Lebensführung vorgezeichnet. Quelle und Stoffwelt der keltisch-französischen Romane bildete neben den Sagen von Alexander und Karl dem Großen der

Sagenkreis um den britannischen König Artus, der um 500 sein Land gegen die vordringenden Sachsen verteidigt hatte. An seinem prächtigen Hof versammelten sich die literarisch berühmten Helden der Zeit wie Erec, Iwein, Gawein, Parzival. Sein Leben war das Vorbild höfischer Kultur, zu seiner Tafelrunde zu gehören galt als Auszeichnung.

Den Sagen dieser Stoffwelt hatte Chrétien de Troyes (um 1140–vor 1190) in seinen Artusromanen *Erec und Enide* (*Érec et Énide*, nach 1170), *Lancelot* und *Yvain oder der Löwenritter* (*Yvain ou le chevalier au lion*, zwischen 1180 und 1190) klassische Form gegeben. Diese Erzählwerke belehrten die adlige französische Gesellschaft über Sitte, Frauen- und Gottesdienst. In ihnen fanden auch deutsche Dichter inhaltliche und formale Leitbilder. Die regelmäßig gebauten Reimpaarverse des deutschen höfischen Epos und der reine Reim lassen französischen Einfluss erkennen.

Epik der Stauferzeit

Die Meister der höfischen Epik, die keltische und antike Sagenstoffe zu einem Idealbild ritterlicher Kultur verarbeiteten, sind Heinrich von Veldeke, Hartmann von Aue, Wolfram von Eschenbach und Gottfried von Straßburg. Ihr bedeutendstes Vorbild ist der französische Epiker Chrétien de Troyes, mit seinen der Artuswelt entnommenen Versromanen. Ob die Rezeption und die Anregung zu deutschsprachigen Bearbeitungen dieser Romane zuerst über den Niederrhein (wofür vor allem geografische Gründe sprechen) oder über den Eisenacher Dichterhof Hermanns I. von Thüringen (um 1155–1217) führten, ist unsicher. Der Roman *Tristrant und Isalde* (um 1170) des EILHART VON OBERGE (2. Hälfte 12. Jh.) war am Niederrhein schon bekannt, ehe der kunstsinnige Landgraf nach 1180 im größeren Umfang mäzenatisch tätig wurde.

Heinrich von Veldeke (um 1140 – um 1200)

Heinrich von Veldeke, auch Heinric van Veldeken, entstammte einem Ministerialengeschlecht aus der Gegend von Maastricht. Er besaß Lateinkenntnisse und scheint insgesamt eine gute Schulbildung genossen zu haben. Er begegnet 1174 in Kleve, wo ihm die Handschrift seines fast vollendeten *Eneas* gestohlen wurde, und neun Jahre später in Thüringen, wo er sie zurückerhielt und vor 1190 vollendete. Er beschrieb in über 6000 Versen Leben und Wunder eines Maastrichter Lokalheiligen (*Sente Servas*) und dichtete Minnelieder nach französischem Vorbild.

Heinrich von Veldekes etwa 13 500 Reimpaarverse umfassendes Epos *Eneas* (in der Literatur meist *Eneide* genannt) ist eine Übersetzung und Adaption des anonymen anglonormannischen *Roman d'Enéas* (um 1160),

der seinerseits eine Bearbeitung von Vergils *Aeneis* darstellt. Der Stoff, Äneas' Flucht aus Troja, das Liebesabenteuer mit Dido, die Kämpfe mit den Latinern und
endlich die Verbindung des Helden mit Lavinia, ist in
die Gedankenwelt des mittelalterlichen Rittertums verlegt. Das in einem dutzend teils nur unvollständigen
Handschriften überlieferte Werk hat die Ausbildung
der Ritterepik nicht nur inhaltlich stark beeinflusst.
Heinrich von Veldeke schuf die erste deutsche Dichtung in der neuen ebenmäßigen Form: regelmäßige
Verse, reine Reime und eine weitgehend mundartfreie
Sprache. »Er impfete das erste rîs in tiutscher zunge«,
würdigte ihn später Gottfried von Straßburg.

Angeregt durch den *Eneas* des Heinrich von Veldeke
und wieder gefördert durch das Mäzenatentum des
Landgrafen Hermann wählten zwei Geistliche weitere
antike Stoffe: HERBORT VON FRITZLAR (12./13. Jh.)
verfasste einen Trojaroman *(Daz liet von Troye)*, die
kürzende Bearbeitung (weniger als 20 000 Verse statt
30 000) der *Estoire de Troie* des Benoît de Sainte-Maure;
ALBRECHT VON HALBERSTADT (um 1280) übertrug
direkt aus dem Lateinischen Ovids *Metamorphosen*,
wobei er die Götter- und Heldengeschichten des Rö-
mers dem Geschmack der frühhöfischen Epoche an-
passte. Noch immer fehlte es an weltlichen Autoren,
die gelehrten Geistlichen waren daher unentbehrlich,
wenn sie dem neuen Lebensgefühl des Rittertums
auch weniger nahe standen.

Hartmann von Aue (um 1168–um 1219)

Hartmann lebte nach seinen eigenen Angaben als »dienest-
man« (Ministeriale) eines Herrengeschlechts von Ouwe
(Eglisau) in Schwaben. Seine Bildung (»ein ritter sô gelêret
was, daz er an den buochen las, swaz er dar an geschriben
vant«) verdankte er wahrscheinlich der Reichenauer Klosterschule. Er kannte die Antike und die kirchlichen Lehren
und nahm an einem Kreuzzug teil (1189 oder 1197).

Hartmann war der Erste, der das Bild höfischer Klassik
voll entfaltete. Ritter und Dame sind durch die Minne
verbunden. Sie gibt dem höfischen Dasein Wert, sie
entspringt aus dem Adel der Gesinnung und bewährt
sich durch die »triuwe«. Minnedienst und ritterliche
Freude am kämpferischen Abenteuer stehen in einem
ausgewogenen Gleichgewicht. Das epische Werk umfasst die Dichtungen *Erec, Gregorius, Der arme Heinrich*
und *Iwein*. In der Behandlung des Stoffes und der Sprache sind bestimmend die Begriffe »mâze« und »zuht«,
Maß und Zucht. Für die beiden höfischen Epen *Erec*
und *Iwein* hat Chrétien de Troyes mit seinen Epen um
die Ritter der Artusrunde die Vorlage geliefert.

Hartmann von Aue
Der arme Heinrich

Erec ist von der Liebe zu seiner Gemahlin Enite so gefesselt, dass er in Gefahr gerät, seine Ritterpflichten zu ver-
nachlässigen, d. h., sich zu »verliegen«. Ein Vorwurf Enites
schreckt ihn auf. Er zieht auf Abenteuer aus, zwingt aber
seine Frau ihn zu begleiten. In den sich steigernden Gefahren bewährt er sich als Ritter, Enite als treue, liebende Gattin. So ist am Schluss des Romans das rechte Maß für Liebe
und ritterliche Ehre gefunden.

Christliches Gedankengut beherrscht Hartmanns *Gregorius*, eine Legende von Schuld und Gnadenwahl mit
einem ausführlichen predigthaften Prolog über das
Problem von Beichte und Buße.

Gregorius hat – unwissentlich wie Ödipus – seine Mutter
geheiratet. Er büßt 17 Jahre, an einem meerumspülten Fels
angekettet, freiwillig seine Schuld und wird danach
zum Papst erhoben: »nu ist niemens sünde also grôz, des
gewalt die helle entslôz, des gnâde sî noch mêre.«

Das Epos ist die erste Legende im höfischen Stil; in dieser Gestalt wurde Literatur für die Adelsgesellschaft zu
einem Medium der Reflexion über tief greifende Erfahrungen von Verhängnis und Schuld, Buße und Er-

lösung. 1951 hat Thomas Mann das Gregorius-Thema in seinem Roman *Der Erwählte* behandelt.

Der arme Heinrich ist Hartmanns bekannteste legendenhafte Erzählung, die zeigt, wie doppelte Hingabe Gottes Gnade herbeiführt.

Der Ritter Heinrich hat ein übermütiges Leben geführt und darüber Gott vergessen. Dieser straft ihn mit dem Aussatz, von dem ihn nur der freiwillige Opfertod eines unschuldigen Mädchens befreien kann. Die Tochter eines Bauern ist dazu bereit, doch im letzten Augenblick verhindert Heinrich, von Mitleid gerührt, das Opfer des Mädchens und akzeptiert sein Leid. Da gibt Gott dem Ritter die Gesundheit zurück und das Mädchen wird trotz ihres niedrigen Standes seine Frau.

Hartmann von Aues zweiter großer Artus-Roman *Iwein* (um 1200) ist inhaltlich ein Gegenstück zum *Erec*.

Iwein vergisst über ritterlichen Abenteuern seine Gemahlin Laudine, d. h., er vernachlässigt den Minnedienst und verletzt also das Gebot von Maß und Zucht. Aber bei weiteren Kämpfen erweist er sich als Beschützer der Armen und Unterdrückten. Schließlich wird ihm von Laudine verziehen.

Sowohl seinem Gehalt als auch seiner Form nach kann Hartmanns *Iwein* neben der Quelle, des *Yvain* des Chrétien de Troyes, bestehen. »Der Iwein galt den Zeitgenossen und gilt auch heute als das eigentliche Meisterwerk Hartmanns.« (H. de Boor).

Wolfram von Eschenbach (um 1170 – um 1220)

Der Dichter wurde bei Ansbach in Mittelfranken geboren. Über sein Leben sind wir nur durch seine eigenen Aussagen unterrichtet. Er war fränkischer Ritter, seit etwa 1203 am Hof Hermanns von Thüringen, wo er Walther von der Vogelweide begegnet sein mag. Er ist in seine Heimat zurückgekehrt. Sein Grab in der Frauenkirche von Eschenbach (1917 in Wolframs-Eschenbach umbenannt) war noch im 17. Jahrhundert zu sehen. Er lebte weiter in der Volkssage. Die Meistersinger rechneten ihn zu den zwölf alten Meistern.

In den Jahren 1200 bis 1205 schrieb Wolfram Minnelieder und Tagelieder, in denen schon das Grundmotiv des Epikers deutlich wurde: wahre Liebe in der Ehe. Bekannt geworden ist er aber vor allem durch seine Epen: *Parzival*, sein Hauptwerk, *Willehalm* und *Titurel*.
Der *Parzival* entstand zwischen 1200 und 1210, Wolfram nennt zwar als Quelle den unvollendeten *Perceval* des Chrétien de Troyes, aber was er mit diesem Werk schuf, war etwas völlig Neues und Eigenes, eine Dichtung vom Weg und Streben des Menschen, ein früher »Entwicklungsroman«.

Wolfram von Eschenbach mit Knappe,
Manessische Liederhandschrift, 14. Jh.

Nach dem Tod des Vaters Gahmuret wächst Parzival bei seiner Mutter Herzeloyde in einer einsamen Waldsiedlung auf. Parzival erfährt nichts vom ritterlichen Leben, dessen Gefahren sein Vater erlag. Aber der Wunsch, sich als Ritter zu bewähren, treibt ihn, den reinen Toren, in die Welt; die Mutter stirbt darüber vor Kummer. Er gelangt an den Hof des Königs Artus, erschlägt seinen Verwandten Ither und kommt endlich zum greisen Ritter Gurnemanz, der ihn höfische Sitte und ritterliche Waffenkunst lehrt und ihn anweist, bescheiden zu sein und nicht viel zu fragen. Parzival befreit die in ihrer Burg belagerte Königstochter Kondwiramurs und vermählt sich mit ihr. Sehnsucht nach der Mutter, von deren Tod er nichts weiß, und Tatendrang treiben ihn wieder fort. Er kommt zur Gralsburg und sieht den Gralskönig Amfortas, dessen Kampfwunde nicht heilt und der große Qualen leidet, aber nicht sterben kann, weil der Gral ihn am Leben hält. Amfortas könnte erlöst werden durch Parzivals Mitleid und die Frage nach der Ursache der Qual – aber dieser bleibt, wie Gurnemanz ihn gelehrt hat, stumm und kehrt an den Artushof zurück. Dort spricht Kundrie, die Gralsbotin, den Fluch über ihn aus: Parzival ist nicht wert, Artusritter zu sein.
Wieder zieht er in die Welt: Er hadert mit Gott, fühlt sich verstoßen und verzehrt sich in Sehnsucht nach dem Gral, den er aus eigener Kraft gewinnen möchte und nicht wiederfinden kann, sowie nach seiner Gemahlin Kondwiramurs. Endlich, an einem Karfreitag, trägt ihn sein Pferd,

dem er die Zügel freigibt, zum Einsiedler Trevrizent, seinem Oheim. Hier hört er, dass seine Mutter gestorben ist, hier weist Trevrizent ihn auf den Weg der Reue und Gnade und hier erfährt er das Geheimnis des Grals. Der Gralskönig Amfortas sei durch einen vergifteten Speer im Kampf gegen einen Heiden verwundet worden. Eine Inschrift am Gral habe bekundet, dass er von einem Ritter erlöst werden könne, der ihn aus Mitleid nach seinem Leiden frage. Parzival, nun zum christlichen Ritter geworden, vertraut sich der Gnade Gottes an. Nach vielen Kämpfen und dem läuternden Zusammentreffen mit seinem Halbbruder Feirefiz wird ihm von Kundrie im Kreis der Artusritter verkündet, dass er von Gott zum Gralskönig bestimmt sei. Er kommt zur Gralsburg, stellt jetzt die erlösende Frage nach dem Leiden des Amfortas und wird als dessen Nachfolger zum Herrn des Grals. Er trifft seine Gemahlin Kondwiramurs wieder und seine Söhne Loherangrin und Kardeiz, die sie geboren hat.

Das Epos ist aus einer Fülle von Einzelepisoden aufgebaut. Zahlreiche Gestalten kreuzen den Weg Parzivals. Zu ihnen gehört der streitbare, mit Abenteuern glänzende Held Gawan, der das Ideal eines Artusritters verkörpert. Doch Parzival wächst über die höfischritterliche Meisterschaft hinaus: Irrtümer und Zweifel, Umwege und Leiden führen ihn auf den Weg zu Gott. Parzivals Entwicklung bietet eine Analogie zur Heilsgeschichte: Unschuld, Sündenfall, Erlösung. Mit dem von ihm errungenen Gralskönigtum erfährt das Ideal des Artusritters eine neue Prägung. Gawan gilt nun nicht mehr als Vorbild. Parzivals geistlich überhöhtes Rittertum ist nicht weltverneinend, sondern vereinigt Göttliches und Menschliches.

Zusammenfassend schließt der Dichter sein mehr als 25 000 Verse umfassendes Epos mit den Worten:

Swes lebn sich sô verendet,
daz got niht wirt gepfendet
der sêle durch des lîbes schulde,
und der doch der werlde hulde
behalten kan mit werdekeit,
daz ist ein nütziu arbeit.

Wer so lebt, dass die Seele nicht durch sein irdisches Leben entweiht wird, und wer gleichwohl mit redlicher Tüchtigkeit in der Welt sich auch die Liebe der Menschen zu erwerben gewusst hat, dem lohnt sich alle Mühe und Leid des Lebens.

(ULRICH PRETZEL)

Adolf Muschg hat in seinem Roman *Der Rote Ritter* (1993) Wolframs *Parzival* mit großer sprachlicher Sensibilität historisch exakt, aber zugleich als »ein Bedeutungsspiel zwischen Mittelalter und Gegenwart« (M. Diercks) nacherzählt.

Die weiteren Epen Wolframs liegen nur fragmentarisch vor. Der *Titurel* handelt in kunstvollen Strophen von der tragischen Liebesgeschichte der frommen Einsiedlerin Sigune, die dem toten Verlobten die Treue hält und die Vereinigung im Tode mit ihm herbeisehnt. Im *Willehalm* erzählt Wolfram nach einer französischen Vorlage von den Kämpfen des Grafen Wilhelm von Toulouse gegen die heidnischen, aber ritterlich geachteten Sarazenen. Christen und Heiden stehen sich nicht mehr unversöhnlich gegenüber. Dem Schrecken des Heidenkrieges wird der Gedanke an Liebe und Versöhnung gegenübergestellt, der in der Vorstellung wurzelt, dass alle Menschen durch Gott miteinander verwandt sind.

Gottfried von Straßburg (um 1200)

Was man von seinen äußeren Lebensumständen zu wissen glaubt, ist erschlossen, nicht durch Urkunden gesichert. Sein berühmtes Epos *Tristan*, das er zwischen 1200 und 1210 anonym nach einer anglonormannischen Quelle schrieb, blieb Fragment. Vermutlich war er von bürgerlichem Stand, Stadtbürger von Straßburg, vielleicht Geistlicher. Wegen seiner umfassenden Bildung wurde er Meister genannt. Die Heidelberger Liederhandschrift verzeichnet unter seinem Namen auch Lyrik, doch können ihm nur zwei Sprüche sicher zugeschrieben werden.

Dieser dritte große Epiker des deutschen Mittelalters steht der literarischen Tradition und Kultur des Westens, deren Eleganz und Klarheit, näher als Wolfram. Gottfrieds Sprache und Verse sind voller Wohlklang, virtuos und melodisch. Auch in anderen Punkten unterscheiden sich die beiden: Wolfram erhielt keine gelehrte Bildung und betont dies auch, Gottfried erweist sich als ein Kenner der Literatur, der anerkennend und kritisch Stellung nimmt. Er lehnt Wolframs Kunst ab und tadelt dessen nicht so biegsame und oft dunkle Sprache. Er ist auf die Schönheit des Diesseits ausgerichtet und stellt das Geschehen psychologisch differenziert dar. Nicht um die Ideale einer Standespoesie ist es ihm zu tun, sondern um die Fallstricke und Forderungen des realen Lebens. Das große Thema von Gottfrieds Epos *Tristan* ist die Macht der Liebe.

Tristan wird, im Unterschied zu Parzival, schon in früher Jugend mit den Idealen ritterlicher und höfischer Vollkommenheit bekannt gemacht. Für seinen Oheim, König Marke von Cornwall, besiegt er im Zweikampf Morolt von Irland, der von Cornwall hohen Zins forderte. Doch er wird von dessen vergiftetem Schwert verwundet und nur Morolts Schwester kann die Wunde heilen. Als Spielmann (Tantris der Narr) verkleidet, sucht er sie auf. Er wird geheilt und unterrichtet ihre Tochter Isolde in der Musik. König Marke hört nach Tristans Rückkehr von Isoldes Schön-

Gottfried von Straßburg: *Tristan und Isolde*,
Münchner Handschrift, 13. Jh.

zukommt, die unbezwingliche Neigung zu gegenseitiger Hingabe. So wird in diesem Werk zwar einerseits ein Höhepunkt der durch die Minne geprägten höfischen Liebeskultur erreicht, zugleich aber auch deutlich, dass der Strom der Leidenschaft diese Kultur zu durchbrechen und aufzulösen vermag.

Bei Rudolf von Ems und Konrad von Würzburg finden sich die durch Gottfried eingeleiteten neuen Entwicklung fortgebildet.

Mittelhochdeutsche Lyrik

Die mittelhochdeutsche Lyrik entfaltete sich in zwei verschiedenen Formen: Spruchdichtung und Minnesang. Überliefert ist diese Lyrik, vor allem die höfische, in schönen, mit kunstvoll gezirkelten Initialen und dekorativen Schnörkeln geschmückten Sammelhandschriften. Stilisierte Bilder der Minnesänger sind den Liedern beigegeben. Die wichtigsten bekannten Sammelhandschriften sind:

Die *Kleine Heidelberger Liederhandschrift;* sie entstand gegen Ende des 13. Jahrhunderts im Elsass (Straßburg) und enthält 34 mit Autorennamen oder mit Sammlernamen bezeichnete fortlaufende Abschnitte mittelhochdeutscher Minnelyrik.

Die *Weingartner Liederhandschrift* mit 31 Dichtern und 25 Miniaturen; sie stammt aus dem Anfang des 14. Jahrhunderts und ist vermutlich in Konstanz entstanden. Die Dichter sind nach sozialer Abstufung geordnet.

Die *Große Heidelberger Liederhandschrift,* auch *Manessische Liederhandschrift* genannt; aus der ersten Hälfte des 14. Jahrhunderts, entstanden in Zürich, benannt nach der Patrizierfamilie Manesse, die eine große Sammlung von Liedern besaß; mit 140 Dichtern und 137 Miniaturen.

Die *Heidelberger Liederhandschrift* und die *Jenaer Liederhandschrift;* mit Melodien, enthalten vorwiegend Spruchdichtungen.

Die *Benediktbeurer Handschrift* enthält die lateinische Vagantendichtung der *Carmina Burana.*

Spruchdichtung

Unter der Spruchdichtung versteht man lehrhafte, volkstümlich gehaltene, meist einstrophige Dichtungen. Die Spruchdichter waren oft abhängig von reichen Herren, »Fahrende«, meist nichtadliger Herkunft. Ihre Themen nahmen sie aus allen Bereichen des alltäglichen, politischen und religiösen Lebens, aus der allge-

heit und schickt ihn zum zweiten Mal nach Irland, damit er für ihn um Isolde werbe. Auf der Heimfahrt trinken beide versehentlich einen Liebestrank, der für Isolde und König Marke bestimmt war, und sind nun bis zum Tod verbunden. Isolde heiratet zwar König Marke, aber die Leidenschaft reißt sie und Tristan hin zu Betrug und Ehebruch, bis König Marke beide vom Hof verbannt. In einer Waldgrotte in paradiesischer Landschaft verbringen sie selige Tage. Später kehrt Isolde zu König Marke zurück. Tristan nimmt fremde Kriegsdienste und trifft auf eine andere Isolde: Isolde Weißhand. Hier bricht das Epos ab.

Nicht die gemäß den Bedingungen höfischer Zucht geordnete Minne wird Tristan und Isolde zum Schicksal, sondern die bezwingende Macht des Eros, der die Liebenden verleitet, die Gesetze der Gesellschaft und Sitte zu brechen. In ihren »edelen herzen« wirkt schon vor dem Liebestrank, dem nur symbolische Bedeutung

meinen Lebenserfahrung der sprichworthaften Volksweisheit und der christlichen Heilslehre. Daneben finden sich viele persönliche Sprüche: Lob hilfsbereiter Gönner, Tadel geiziger Herren, Ermahnung zur Freigebigkeit; Sprüche, die gelegentlich die Form der Fabel annahmen, gesungen vorgetragen und gesammelt auch schriftlich verbreitet wurden.

Die älteste, noch recht schlichte Spruchsammlung ist unter dem Namen Spervogel überliefert, doch unter diesem Namen verbergen sich zwei verschiedene Verfasser: Der ältere HERGER oder Kerling lebte um 1150, seine 28 überlieferten Sprüche zeugen von der Frömmigkeit, aber auch von der Armseligkeit und Not eines alt gewordenen Fahrenden; der jüngere SPERVOGEL, der der Sammlung den Namen gab, dichtete seine Sprüche etwa eine Generation später und hat sich in einer höheren sozialen Schicht bewegt.

Der große Meister der Spruchdichtung war WALTHER VON DER VOGELWEIDE, der auch den Minnesang zu höchster Blüte brachte.

Um 1230, also um die Zeit von Walthers Tod, widmet sich FREIDANK (Ende d. 12. Jh.–1233?), ein bürgerlicher Fahrender aus Schwaben, der Spruchdichtung. Unter dem Titel *Bescheidenheit* (= Unterscheidungsvermögen, Urteilsfindung) hat er eine Sammlung von meist zweizeiligen gereimten Sinnsprüchen geschaffen. Freidank berührt sich in seiner Weltanschauung zwar zuweilen noch mit Walther, aber seine Sprüche, allgemeiner und unpersönlicher, richten sich auf das praktische Leben aus. Sie sind schlicht und einprägsam und hatten deshalb eine starke Wirkung. Um 1440 schuf Oswald von Wolkenstein aus den Sprüchen der *Bescheidenheit* ein Gedicht, das weite Verbreitung fand.

Gote dienen âne wanc
deist aller wîsheit anevanc.

Swer sînes mundes hât gewalt,
der mac mit êren werden alt.

Ez trinkent tûsent ê den tôt
ê einer stürbe in durstes nôt.

Gewisse vriunt, versuochtiu swert
diu sint ze noeten goldes wert.

Anevanc und ende
stênt in gotes hende.

Minnesang

Obwohl auch einzelne Berufsdichter das Minnelied, die Hauptform der höfischen Lyrik, gepflegt und sich mit dieser Gattung auseinander gesetzt haben, ist der Minnesang eigentlich die Domäne adliger Dilettanten.

Unter den großen Erzählern der Zeit sucht man vergebens einen freien Adligen, die epischen Werke sind Auftragsarbeiten, materiell garantiert durch fürstliche Gönner und ideel von diesen mitgeprägt. Die Kunst des Minnesangs dagegen ist Herrenkunst, die der Selbstdarstellung in der höfischen Gesellschaft diente. Nach dem Verständnis der Autoren war das Dichten eine Beschäftigung, die unter den Standespflichten sicher nicht an erster Stelle stand. So erwähnt HUGO VON MONTFORT (Graf Hugo von Montfort-Bregenz-Pfannberg, 1357–1423), zur Entschuldigung eventueller formaler Mängel, dass er viele seiner Gedichte »ze rossen« gemacht habe, also während er zu Pferd – durch Wälder und Auen – unterwegs sein musste: »So han ich vil geticht in welden und in owen / und darzuo geriten.« Auf der anderen Seite hat ULRICH VON LICHTENSTEIN sein Leben so dargestellt, als ob es im Wesentlichen aus Turnierreisen (etwa der berühmten Venusfahrt) und Frauendienst bestanden hätte.

Nicht nur in Frankreich – der erste uns bekannte Troubadour gegen Ende des 11. Jahrhunderts ist Wilhelm IX., Graf von Poitiers und Herzog von Aquitanien, mächtiger als sein eigener König –, auch in Deutschland gehörten die Dichter häufig dem Hochadel an. Die *Manessische Liederhandschrift* stellt an den Anfang eine Miniatur, welche einen Herrscher auf dem Thron, das Zepter in der Hand, die Krone auf dem Haupt zeigt. Es ist Barbarossas Sohn (der spätere Heinrich VI.), »Keiser Heinrich«. Von ihm sind aus seiner Jugend drei Minnelieder erhalten: »ê ich mich ir verzige, ich verzige mich ê der Krone« (»ehe ich auf sie verzichtete, würde ich eher auf die Krone verzichten«). Die Geliebte wird also höher geschätzt als alles andere auf der Welt.

Die Themen des Minnesangs waren Frauenverehrung und Minnedienst. Diese Minnepoesie ist nur aus den Formen des Lehnswesens heraus zu verstehen. Wie der Dienstmann dem Lehnsherrn, so fühlte sich der Sänger der besungenen Herrin untertan. Nach höfischer Sitte begab er sich als Vasall in den Dienst einer verheirateten Frau, warb um ihr Wohlwollen und erwartete den Lohn in der Form von »gruoz« und »hulde«. Immer war es Gesellschaftskunst, höfische Unterhaltung und Verpflichtung.

Die Form des Liedes war ursprünglich einstrophig, später meistens mehrstrophig. Die einzelnen Liedstrophen sind oft dreigegliedert: Zwei gleiche Versgruppen, die so genannten Stollen, bilden den Aufgesang, der darauf folgende Abgesang hat vielfach größeren Umfang. Eine besondere Gruppe bildete der Leich (von gotisch laiks = Tanzlied); er hat ungleiche Versgruppen und ist

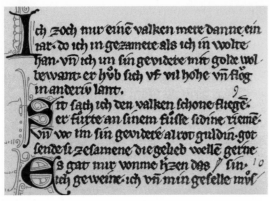

Der Kürenberger: *Ich zôch mir einen valken*

An diese alte Liedkunst knüpften die Lieder eines Kürenberger und eines »Dietmar von Eist« an, die dem eigentlich höfischen Minnesang vorangehen.

DER KÜRENBERGER, Österreicher aus ritterlichem Geschlecht, wohl aus der Gegend von Linz, ist der erste namentlich bekannte deutsche Lyriker; er dichtete um 1150 bis um 1170 Lieder von ein bis zwei kurzen Nibelungenstrophen, in denen der Ritter oft die Frau zur Sprecherin seiner Gefühle macht. Berühmt ist das Lied vom Falken:

Ich zôch mir einen valken mêre danne ein jâr.
Dô ich in gezamete als ich in wolte hân
und ich im sîn gevidere mit golde wol bewant,
er huop sich ûf vil hôhe und floug in anderiu lant.

Sît sach ich den valken schône fliegen:
er fuorte an sînem fuoze sîdîne riemen,
und was im sîn gevidere alrôt guldîn.
Got sende si zesamene die gerne geliep wellen sîn!

Ich zog mir einen Falken länger als ein Jahr.
Als ich ihn gezähmt, wie ich ihn haben wollte,
und sein Gefieder mit Gold geschmückt hatte,
hob er sich hoch auf und flog davon.

Seither sah ich den Falken schön fliegen:
er führte an seinem Fuße seidene Fesseln
und sein Gefieder war ganz rotgolden.
Gott sende sie zusammen, die einander gerne
     liebhaben wollen.

(MAX WEHRLI)

formal verwandt mit der Sequenz. Alle Lieder wurden gesungen, wohl meistens mit Fidelbegleitung. Jedes Lied hatte seine eigene Melodie (»wîse«). Der Textdichter war zugleich Komponist und Sänger.

Im Laufe der Zeit entstanden verschiedene Arten des Minneliedes: der Liebesmonolog, die Liebesbotschaft, der Wechsel (von Männer- und Frauenstrophen) und das Tagelied, das die Trennung eines Paares nach unerlaubter Liebesnacht beim Morgengrauen besingt. Auch das Kreuzlied als Aufforderung zur Kreuzfahrt und das Klagelied als Totenklage über den Tod eines Verstorbenen bildeten ihre spezifischen Formen aus.

Die Entwicklung des Minneliedes erfolgte in Stufen: 1. die einheimische Tradition, in der sich das Kunstlied aus dem Volkslied entwickelte und von der lateinischen Vagantenlyrik angeregt wurde, 2. die Nachbildung der romanisch-provenzalischen Troubadourpoesie, 3. die Verschmelzung heimischer Tradition mit romanischem Einfluss. Bei Walther von der Vogelweide und Hartmann von Aue tauchen Mädchenlieder auf, deren Motive von der so genannten höfischen Dorfpoesie aufgenommen und weiterentwickelt wurden.

Die einheimische Ritterlyrik ist nur durch einige Liebeslieder bekannt, die sich in Handschriften gefunden haben. In Reim und Versbau sind diese Lieder, in denen fast immer das Mädchen die Werbende ist, einfach gestaltet. Sie wurden auf Tanz- und Frühlingsfesten gesungen. Am Schluss eines lateinischen Liebesbriefs einer Nonne steht das folgende Lied:

dû bist mîn, ich bin dîn:
des solt dû gewis sîn.
dû bist beslozzen
in mînem herzen,
verlorn ist daz slüzzelîn:
dû muost immer drinne sîn.

Ebenso vorhöfisch wirkt noch das älteste in der *Manessischen Liederhandschrift* überlieferte Tagelied, das fälschlich DIETMAR VON EIST (um 1140–um 1170), Mitglied einer freiherrlichen Familie in Oberösterreich, zugeschrieben wurde (vielleicht identisch mit einem Dietmar von Aist, der 1171 starb). Das archaisch-einfache Lied drückt unmittelbares Gefühls- und Liebeserleben im Gespräch zwischen Mann und Frau aus.

»Slâfest du, friedel ziere?
man wecket uns leider schiere:
ein vogellîn sô wol getân
daz ist der linden an das zwî gegân.«

»Ich was vil sanfte entslâfen:
nu rüefstu kint Wâfen.
liep âne leit mac niht gesîn.
swaz du gebiutst, daz leiste ich, friundin mîn.«

Diu frouwe begunde weinen.
»du rîtest und lâst mich einen.
wenne wilt du wider her zuo mir?
owê du füerest mîn fröide sament dir!«

»Liegst, Liebster, noch im Schlummer?
Man weckt uns früh, o Kummer!
Ein Vöglein schwang sich aus dem Nest
Und flog zum Lindenbaum hoch ins Geäst.«

»Ich lag im Schlaf geborgen.
Da riefst du mir voll Sorgen.
Lieb ohne Leid das kann nicht sein.
Was du gebietest, leist ich, Liebste mein.«

Die Frau zerfloss in Tränen:
»Du reitest und lässt mir Sehnen.
Wann willst du wieder her zu mir?
O wehe, du entführst mein Glück mit dir.«

(WALTER FISCHER)

Im klassischen Minnesang wird der Mann allein von seiner Sehnsucht sprechen, die Frau ist abwesend. Neben dieser heimischen Liebespoesie beeinflusste auch die lateinische Vagantenlyrik, die in ganz Europa verbreitet war, den Minnesang. Ihre Verfasser waren die von Hochschule zu Hochschule ziehenden Scholaren oder Kleriker (»Vaganten«), die in ihren Liedern sinnenfrohe Weltlust ausdrückten, bald übermütig und frech, bald voller Kummer, auch kritisch über kirchliche Zustände. So entstanden Tanz-, Natur- und Liebeslieder, wie zum Beispiel:

Floret silva nobilis
floribus et foliis.
ubi est antiquus
meus amicus?
hinc equitavit,
eia, quis me amabit?

Floret silva undique,
nach mine gesellen ist mir we
gruonet der walt allenthalben
wa ist min geselle alse lange?
der ist geriten hinnen,
owe, wer sol mich minnen?

Es grünt der Wald, der edle,
Mit Blüten und mit Blättern,
Wo ist mein Vertrauter,
Mein Geselle? –
Er ist hinweggeritten!
Eia! Wer wird mich lieben?

Es grünt der Wald allenthalben.
Nach meinem Gesellen ist mir weh.
Es grünt der Wald allenthalben.
Wo bleibt mein Geselle so lange? –
Er ist hinweggeritten!
Oh weh! Wer wird mich lieben?

(WOLFGANG SCHADEWALDT)

Carmina Burana,
Münchner Handschrift, 13. Jh.

Die einzelnen Verfasser dieser *Carmina Burana* (*Beuren'sche Lieder*, nach der Handschrift im Kloster Benediktbeuern) sind unbekannt. Die besten Lieder werden dem ARCHIPOETA (lateinisch = Erzpoet, zwischen 1125 und 1140–nach 1165) genannten Dichter zugewiesen, der zum Gefolge Friedrichs I. Barbarossa und seines Kanzlers Rainald von Dassel gehörte. In dem berühmten *Meum est propositum* fasste er die Themen der Vagantenlyrik zusammen.

Der eigentliche höfische Minnesang wurde von fremdem Vorbild maßgeblich beeinflusst. Seine künstlerische und gesellschaftliche Form wurde zuerst am Hofe der muslimischen Fürsten von Córdoba ausgebildet. Die Anschauung der Minne in diesem spanisch-arabischen Kulturkreis ging auf antikes Erbe zurück, wurde weitergetragen nach Südfrankreich und dort mit Elementen verschmolzen, die der eigenen sozialen Struktur entnommen waren. Anders als in Deutschland gab es in der Provence den von seiner Dame auch lehnsrechtlich abhängigen Ritter. Das französische Rittertum übernahm die verfeinerten Formen des gesellschaftlichen Verkehrs und das neue Frauenbild; ein »esprit chevaleresque« wurde gepflegt mit eigenen Regeln, die sich aus dem Standeskodex der höfischen Gesellschaft ergaben. Vorbildlich war der Hof der Eleonore von Aquitanien (um 1122–1204, aus dem Hause Poitou), Gattin zuerst des französischen Königs Ludwig VII., dann König Heinrichs II. von England.

Die provenzalische Dichtung entstand ungefähr um 1100 und beschränkte sich auf Lyrik. Ihre Sänger hießen Troubadours (sehr wahrscheinlich von italienisch trovare = finden: mot et son, neue Strophen und Melodien). Inhalt der Lyrik war Lob und Preis der verheirateten Frau. In der Herrin feierte der Troubadour ein Ideal. So konventionell entsagend die Huldigung im Allgemeinen war, so konnte die schwärmerische Liebe doch leicht in echte Leidenschaft umschlagen; sie wurde deshalb von der Gesellschaft eifersüchtig überwacht. Daher die »Heimlichkeit« des Minneliedes, das keine Namen nannte, sondern sich in einer nur dem Sänger und seiner Herrin verständlichen Sprache ausdrückte.

Die bekanntesten Troubadours waren Wilhelm von Poitiers (auch »Wilhelm von Poitou«), Marcabru, Bernart de Ventadour, Bertrand de Born, aus Uhlands legendärer Ballade bekannt.

Auf dreifachem Wege wurde die von arabisch-römischer Tradition genährte Kunst der Troubadoure aus der Provence nach Deutschland gebracht: über Burgund an den Oberrhein in die Schweiz, über Nordfrankreich in die Niederlande (Heinrich von Veldeke), von dort in die Rheinlande (Friedrich von Hausen) sowie nach Mitteldeutschland (Heinrich von Morungen) und schließlich über Oberitalien nach Österreich, wo die ältesten deutschen Minnesänger nachzuweisen sind.

Der Dienst an der Frau war auch im deutschen Minnesang – den die Germanisten Karl Lachmann und Moritz Haupt in seinen Anfängen »Minnesangs Frühling« nennen – Konvention und höfische Unterhaltung. Doch drängte der deutsche Minnesang immer wieder über die vorgegebene Schablone hinaus, wobei mittellateinische, christlich-kirchliche und volksliedhafte Anregungen Eingang fanden und den Eindruck persönlichen Erlebnisses vermitteln halfen. Vor allem an drei Fürstenhöfen wurde in Deutschland der Minnesang gepflegt: am staufischen Hof, am thüringischen Hof des Landgrafen Hermann und am babenbergischen Hof in Wien.

Der bekannteste und die romanische Form vollendet beherrschende Dichter des staufischen Hofes war FRIEDRICH VON HAUSEN (um 1150–1190), der wie sein Herr und Freund Friedrich I. Barbarossa auf dem dritten Kreuzzug in Kleinasien starb. Er war der erste große Vertreter des klassischen Minnesangs und auch der Dichter des ersten Kreuzliedes, in dem er den Zwiespalt zwischen Minnedienst (militia amoris) und Kreuzfahrerpflicht (militia dei) zum Ausdruck bringt:

Mîn herze und mîn lîp diu wellent scheiden,
diu mit ein ander varnt nu mange zît.
Der lîp will gerne vehten an die heiden:
Sô hât iedoch daz herze erwelt ein wîp
vor al der werlt. Daz müet mich iemer sît,
daz si ein ander niene volgent beide.
Mir habent diu ougen vil getân ze leide.
Got eine müeze scheiden noch den strît.

Mein Herz und mein Leib wollen sich trennen, die schon so lange miteinander gezogen sind. Der Leib begehrt, gegen die Heiden zu kämpfen; das Herz hingegen hat sich vor aller Welt eine Frau erkoren. Das quält mich seither ständig, dass sie so auseinander streben. Mir haben meine Augen viel Schmerz zugefügt. Gott allein möge diesen Streit noch schlichten.

(INGEBORG GLIER)

Bodenständiger als Friedrich von Hausen war HEINRICH VON VELDEKE; am Thüringer Hof passte er seine niederländische Mundart der mitteldeutschen an und übte außer durch sein großes höfisches Epos *Eneas* auch durch seine Lieder starken Einfluss auf seine Zeitgenossen aus.

Der tonangebende Dichter des Thüringer Hofes aber war HEINRICH VON MORUNGEN (um 1150–1222). Er hatte die provenzalischen und antiken Vorbilder so verarbeitet, dass er aus ihnen das deutsche Lied entwickeln und zu einem hohen Grad der Vollendung bringen konnte. Er blieb beim Motivkreis der Minne, aber es kamen erlebnishaft starke Töne hinzu, die ihn als einen großen Lyriker ausweisen.

Formenreicher war der Minnesang am Babenberger Hof in Wien. Hierher kam aus dem Elsass REINMAR VON HAGENAU (um 1160–um 1200). Er lebte lange am Hofe Leopolds V., den er auf seinem Kreuzzug begleitete. Er war der Lehrer Walthers von der Vogelweide und ein Meister des klassischen Minnesangs, dem er völlig neue, schmerzlich-elegische Töne gab. Er analysiert die Stimmungen des Herzens, reflektiert über seine Traurigkeit, spricht von der sehnenden

Minne und feiert ihren Verzicht, dem sie sich unterwirft, ohne an Stärke zu verlieren: Gerade darin liegt für ihn Maß, die Rechtfertigung der Minne. Deshalb hat Uhland ihn den »Scholastiker der unglücklichen Liebe« genannt.

Die Kraft des Minnesangs in seiner ursprünglichen Form schien erschöpft. Walther von der Vogelweide, Reinmars bedeutendster Schüler, folgte anfangs seinem Lehrer, fand aber bald zu eigenen Positionen.

Walther von der Vogelweide (um 1170–um 1230)

Walther ist neben Wolfram der größte deutsche Dichter des Mittelalters. Er wurde im österreichischen Sprachgebiet geboren und begann um 1190 am Wiener Hof zu dichten. 1198, nach dem Tod Friedrichs I. von Österreich, verließ er Wien, um unter die »Fahrenden« zu gehen, von Hof zu Hof zu wandern und um die Gunst eines Gönners zu werben. Kraft und Treffsicherheit des Wortes, Bildung, mutiger, ritterlicher Geist hoben ihn bald aus der Menge der Fahrenden heraus. Dies verhinderte nicht, dass er lange ein unstetes Wanderleben führen musste, das ihn durch ganz Deutschland bis nach Frankreich, Italien und Ungarn brachte. Seine Gönner waren Bischof Wolfger von Passau, Landgraf Hermann von Thüringen, an dessen Hof er einige Zeit lebte, Philipp von Schwaben und endlich Friedrich II., der ihm 1220 in Würzburg ein kleines Lehen überließ. Walthers Jubel darüber ist kennzeichnend für die soziale Rangordnung, die letztlich nicht durch künstlerische Leistung, sondern durch Landbesitz bestimmt wurde: »Ich hân mîn lêhen, al die werlt, ich hân mîn lêhen.« Um 1230 ist er dort gestorben. »Hér Walther von der Vogelweide, / swer des vergaeze, der taet mir leide«, sagte um 1300 der Bamberger Dichter Hugo von Trimberg.

Als Minnesänger beginnt Walther in der Art seines Lehrers Reinmar mit Liedern der hohen Minne. Aber unter dem Einfluss der Lyrik Heinrichs von Morungen wendet er sich bald von Reinmars melancholischem Ton ab. Er lockert das konventionelle Schema und spricht unmittelbar aus, was er empfindet. So macht er den Schritt vom Ästhetischen und Höfischen zum Ausdruck von Freude und Innigkeit.

Walthers Huldigung der vornehmen Dame gilt der Schönheit und dem inneren Adel zugleich. Durch ihre Tugenden ist sie eine Zierde des Landes, zu dem er sich rühmend bekennt: »tugent und reine minne, / swer die suochen wil, / der sol komen in unser lant: da ist wünne vil; / lange müeze ich leben dar inne!«

Walthers Minnelied durchbricht die Künstlichkeit der Standespoesie. Für ihn ist die Liebe nicht nur Gunst der Herrin, sondern Zusammenklang der Herzen: »Saget mir ieman, waz ist minne? / minne ist zweier herzen wünne; / teilent sie gelîche, sost diu minne dâ.«

Walther von der Vogelweide,
Manessische Liederhandschrift, 14. Jh.

Seine Lieder wenden sich daher nicht nur an die Dame der Gesellschaft, sondern auch an das Mädchen niederen Standes, an das »herzeliebe frowelîn«, das ihm seine Liebe schenkt und dessen gläsernes Ringlein ihm lieber ist als das Gold einer Königin. Anmut und Güte, Treue und Zuneigung bedeuten mehr als soziale Herkunft und verleihen wahre Schönheit. Gerade aus solchen Liedern der so genannten *niederen Minne*, seinen Mädchenliedern, spricht ritterlicher Anstand, Schalk, Empfindung und heitere Gelöstheit. In dieser Art dichtete er die Lieder *Herzeliebes frowelîn*, *Umb einen zwîvellîchen wân*, *Muget ir schouwen*, *Nemt, frouwe, disen kranz* sowie das berühmte *Under der linden an der heide*. Diese Lieder, durch die das neue Ideal der »ebenen«, gegenseitigen Liebe geformt wird und in denen auch die Natur unmittelbar eingefangen ist, haben die weitere Entwicklung der Lyrik stark beeinflusst.

Als Spruchdichter ragt Walther weit über seine Vorgänger hinaus. Er gibt der Spruchdichtung das große Thema: Kaiser und Reich im staufischen Sinn, Kampf gegen den Papst. Er wird damit zum ersten politischen Dichter in Deutschland, der aber in seiner Parteinahme seinen Förderern verpflichtet blieb. Er hat zunächst den Staufer Philipp von Schwaben, dann den welfischen Gegenkönig Otto unterstützt, um sich schließlich dem jungen Friedrich (II.) zuzuwenden. »Man erweist sich der Verse des Dichters unwürdig, wenn man aus ihnen ein anderes Bild ihres Schöpfers zusammensetzt, als sie selber überliefern. Er war kein Fiedler im lockigen Haar mit treuem Herzen und edlem Sinn. Er war einer, den Leben und Schicksal herumgestoßen und geschunden hatten […].« (P. Wapnewski) Walthers bildkräftige Sprüche wirken durch Lebensweisheit und Weitblick ihrer Aussage. Doch so heftig er sich gegen den politischen Machtanspruch des Papstes und der Kirche wandte, war er doch ein frommer Christ: Er zeigt sich überzeugt, dass der göttliche Auftrag für Kaiser und Reich die weltliche Ordnung sei, für Papst und Kirche aber die Verkündigung des Heils.

Die *Große Heidelberger Liederhandschrift* enthält ein Bild Walthers in der Gebärde des aus der Antike übernommenen Autorenbildes, in dem das Mittelalter auch den Autor des biblischen Buches, den von Gott inspirierten Evangelisten, sah. Nachdenklich sitzt er da, in sich gekehrt, ein Bein über das andere geschlagen.

Ich saz ûf eime steine,
und dahte bein mit beine:
dar ûf satzt ich den ellenbogen.
ich hete in mîne hant gesmogen
daz kinne und ein mîn wange.
dô dâhte ich mir vil ange,
wie man zer welte solte leben.
deheinen rât kond ich gegeben,
wie man driu dinc erwurbe,
der keines niht verdurbe.
diu zwei sint êre und varnde guot,
daz dicke ein ander schaden tuot;
daz dritte ist gotes hulde,
der zweier übergulde.
die wolte ich gerne in einen schrîn.
jâ leider desn mac niht gesîn,
daz guot und weltlich êre
und gotes hulde mêre
zesamene in ein herze komen.
stîg unde wege sint in benomen:
untriuwe ist in der sâze,
gewalt vert ûf der strâze,
fride unde reht sint sêre wunt.
diu driu enhabent geleites niht, diu zwei enwerden ê gesunt.

Ich saß auf einem Stein / und schlug ein Bein über das andere. / Darauf stützte ich den Ellenbogen. / Ich hatte in meine Hand geschmiegt / das Kinn und meine eine Wange. / So erwog ich in aller Eindringlichkeit, / wie man auf dieser Welt zu leben habe. / Keinen Rat wußte ich zu geben, / wie man drei Dinge erwerben könne, / ohne daß eines von ihnen verloren-

ginge. / Zwei von ihnen sind Ehre und Besitz, / die einander oft Abbruch tun; / das dritte ist die Gnade Gottes, / weit höher geltend als die beiden andern. / Die wünschte ich in ein Gefäß zu tun. / Aber zu unserm Leid kann das nicht sein, / daß Besitz und Ehre in der Welt / und dazu Gottes Gnade / zusammen in ein Herz kommen. / Weg und Steg ist ihnen verbaut, / Verrat lauert im Hinterhalt, / Gewalttat zieht auf der Straße, / Friede und Recht sind todwund: / bevor diese beiden nicht gesunden, haben die Drei keine Sicherheit.*

(PETER WAPNEWSKI)

Walthers Alterslyrik ist geprägt von religiöser Entsagungsstimmung: Er erlebte den beginnenden Niedergang des Reiches und der höfischen Zucht; die Spruchreihe im Zusammenhang mit den Kreuzzugsvorbereitungen Friedrichs II. zeigt Schwermut an: »nu sul wir fliehen hin ze gotes grabe«. Im selben Jahr, 1227, entsteht die *Elegie*, die beginnt: »owê war sint verswunden alliu mîniu jâr! / ist mir mîn leben getroumet, / oder ist ez wâr? / diu welt ûzen schoene, wîz, grüen unde rôt / und innân swarzer varwe, vinster sam der tôt.« (»O weh! Wohin sind verschwunden all meine Jahre? / Habe ich mein Leben geträumt, oder ist es wahr? / Die Welt ist äußerlich schön, weiß, grün und rot / und innen von schwarzer Farbe, finster wie der Tod.«)

Heldenepos

Neben der höfisch-ritterlichen Epik, dem höfischen Minnesang und der Spruchpoesie bringt das staufische Zeitalter eine weitere große dichterische Leistung hervor: das Heldenepos.

In seinen Wurzeln reicht es mit Motiven und Gestalten in die Ereignisse der Völkerwanderung zurück: In die Zeiten, als Attila, der Hunnenkönig, das Reich der Burgunden zerstörte und König Gunther mit seinem ganzen Heer unterging. Diese Stoffe greift ein unbekannter Dichter um 1200, also noch zu Lebzeiten Wolframs und Walthers, auf und schafft das *Nibelungenlied*.

»Nibelungenlied«

Das großartigste Beispiel eines Heldenepos bietet das *Nibelungenlied*, das nach den Schlussworten der letzten Strophe auch *Der Nibelunge Not* genannt wird.

Nach dem Untergang des Burgundenreiches und dem Tod König Gunthers im 5. Jahrhundert stirbt der Hunnenkönig Attila in der Hochzeitsnacht. Eine andere Fassung der Sage verbindet die Geschehnisse: Attila habe Kriemhild, die Schwester des Burgundenkönigs Gunther, zur Ehe gezwungen und sie habe den Tod ihrer Brüder an Attila gerächt. So hat es, mit einigen Änderungen, das *Alte Atlilied* der *Edda* überliefert; eine entscheidende Änderung aber erfuhr die Sage durch einen bayerischen Dichter im 8. Jahrhundert. Bei ihm lässt Kriemhild um des Nibelungenhorts willen die Brüder umbringen, und hier wird auch die Gestalt Hagens wichtig. Eine andere Quelle und Vorlage des Werks, eine Siegfried- und Brunhildendichtung, die sich im *Alten Sigurdlied* der *Edda* niedergeschlagen hat, erzählt: Siegfried hat im Kampf mit Zwergen die Tarnkappe und den unheilvollen Schatz gewonnen. Er kommt zu den Burgunden und begehrt König Gunthers Schwester Kriemhild zur Frau. Zuvor aber muss er Brunhild für Gunther gewinnen, was ihm mithilfe der Tarnkappe gelingt. Als Brunhild später bei einem Streit mit Kriemhild von dem Betrug erfährt, verpflichtet sie Hagen zum Rächer ihrer Ehre. Hagen tötet Siegfried auf einer Jagd im Odenwald und versenkt den Nibelungenhort im Rhein. Brunhild findet bald nach Siegfried den Tod und Kriemhild sinnt auf Rache gegen Hagen und die mitschuldigen Brüder. Nach Jahren nimmt sie die Werbung des Hunnenkönigs Etzel an und lädt die Brüder und Hagen in Etzels Reich, wo die Burgunden überfallen und den Hunnen ausgeliefert werden. Hagen, der sich weigert, den Ort zu verraten, wo er den Schatz versenkt hat, wird mit Siegfrieds Schwert von ihr erschlagen. Sie wird dafür von Hildebrand, dem Waffenmeister Dietrichs von Bern, getötet.

Beide Quellen und Stoffkomplexe hat ein bayerisch-österreichischer Dichter, wohl in Passau beheimatet, um 1200 im Nibelungen-Epos vereinigt. Seine besondere Leistung besteht darin, dass er die Gestalt der Kriemhild zur tragenden Figur der Dichtung macht. Ihre Entwicklung vom Mädchen zur Ehefrau und endlich über Verzweiflung und Trauer zur wütenden Rächerin verbindet beide Teile; Kriemhilds Wesen und Schicksal sind bestimmend für den Ablauf der Handlung vom Anfang bis zum Ende des großen Epos.
Der Dichter hat Geist und Tragik der alten germanischen Sage in gewandelter Zeit lebendig werden lassen. Hinter der höfischen Ritterkultur, die einzelne Teile des Liedes bestimmt, wird der heidnische Geist der Vergangenheit spürbar.
Aus der reichen handschriftlichen Überlieferung (es sind etwa 35 Handschriften erhalten, davon 11 vollständige) ragen drei besonders hervor, allerdings repräsentiert keine von ihnen das Original.
a) Die Hohenems-Münchener Handschrift, 1275–1300 entstanden, bis etwa 1780 in Hohenems in Vorarlberg, seit 1810 in der Staatsbibliothek in München; 2316 Strophen, von Karl Lachmann seiner Ausgabe von 1826 zugrunde gelegt.
b) Die St. Gallener Handschrift, etwa 1250. 2379 Stro-

Nibelungenlied, Hundshagensche Handschrift, 15. Jh.

phen; galt der Forschung lange als die dem Original am nächsten stehende, älteste und zuverlässigste – eine Auffassung, die inzwischen wieder umstritten ist.
c) Die Hohenems-Laßbergische Handschrift, früher in Hohenems, jetzt in Donaueschingen; mit 2439 Strophen am umfangreichsten. Bearbeitung.
Die strophische Form, in der das Lied geschrieben ist, ist die so genannte Nibelungenstrophe. Gegenüber den gefällig fließenden Reimpaaren des höfischen Epos hebt diese Strophe die betonten Silben kraftvoll heraus und verlangt einen feierlich langsamen Vortrag. Die einzelne Strophe besteht aus vier Langzeilen, die durch eine Zäsur (Einschnitt) in zwei Halbzeilen (An- und Abvers) mit je 4 und 3 Hebungen zerfallen; nur der letzte Abvers hat vier Hebungen. Die Anfangsstrophe des Epos lautet:

Uns ist in alten maeren   wunders vil geseit
von helden lobebaeren   von grôzer arebeit
von vröuden, hochgezîten,   von weinen und von klagen,
von küener recken strîten,   muget ir nu wunder hoeren sagen.

Sprachlich und kompositorisch ist das *Nibelungenlied* ungleichmäßig ausgeführt. Bildkräftig sind im ersten Teil Höhepunkte, wie der Streit der Königinnen und Siegfrieds Tod, gestaltet. Der zweite Teil zeigt die ganze Unerbittlichkeit des Liedes. Noch in der Zeit der Aufklärung wenig beachtet ist es erst von der Romantik wieder in seinem Wert erkannt worden. Wenn auch schon Goethe auf das Lied hinwies, so hat doch erst die Übersetzung von Karl Simrock (1827) es weiten Kreisen zugänglich gemacht.

Immer wieder haben auch Dichter der Neuzeit den Stoff aufgegriffen und neu gestaltet. Im 19. Jahrhundert stellen Friedrich Hebbels Trilogie *Die Nibelungen* und Richard Wagners *Ring des Nibelungen* die bedeutendsten Versuche dar, den tragischen und mythischen Gehalt der Sage wieder lebendig zu machen. Emanuel Geibels dramatische und epische Nachdichtungen sind nicht anders als manche Bearbeitungen aus neuerer Zeit bereits wieder vergessen: Börries Freiherr von Münchhausen und Agnes Miegel dichteten Balladen, von Max Mell stammt eine dramatische Dichtung in zwei Teilen *Der Nibelunge Not* (1944/51), die mythische und christliche Elemente verbindet, wobei zu erinnern bleibt, dass die Uraufführung des ersten Teils im letzten Kriegsjahr erfolgte, als die missverständliche Benutzung im völkisch-kriegerischen Geist nahe lag. Eine eindrucksvolle zweiteilige Verfilmung schuf Fritz Lang (1922/24).

»Kudrunlied« und die Zyklen um Dietrich von Bern

Das zweite große Heldenepos, das *Kudrunlied* (niederdeutsch *Gudrunlied*), wurde ebenfalls von einem bairisch-österreichischen Dichter, möglicherweise von einem Geistlichen, im 13. Jahrhundert – vermutlich nicht vor 1320 und nicht nach 1350 – verfasst. Erst 1817 ist es von Alois Primisser wieder entdeckt worden. Im Unterschied zum *Nibelungenlied*, das in vielen Handschriften erhalten ist, gibt es nur eine Handschrift des *Kudrunliedes* – und zwar im *Ambraser Heldenbuch*, einer kostbaren Sammelhandschrift älterer Dichtung, die Maximilian I. um 1514/16 durch den Schreiber Hans Ried anfertigen ließ, benannt nach dem Fundort Schloss Ambras bei Innsbruck.

Das Lied ist überwiegend in der so genannten Kudrunstrophe abgefasst, deren erste beiden Langverse dem metrischen Schema der Nibelungenstrophe entsprechen. Der dritte und vierte Langvers erinnern an die Titurelstrophe Wolframs von Eschenbach. Daneben treten auch reine Nibelungenstrophen auf.

Während der Schauplatz des *Nibelungenliedes* der fränkisch-bayerisch-österreichische Raum ist, spielt die Kudrunhandlung im Nordseeraum. Das bestimmt die Art des Liedes, in dem der Seefahrergeist der Wikinger und Normannen lebt.

Das Epos besteht aus drei Teilen, von denen der erste eine kurze Erzählung der Vorgeschichte darstellt.

Erster Teil: Hagen, Sohn des Königs Sigebant von Irland, wird von einem Greifen auf eine Insel entführt, findet dort drei ebenfalls von Greifen geraubte Königstöchter und heiratet nach seiner Heimkehr die schönste von ihnen, Hilde. Ihrer beider Tochter wird auch Hilde genannt.

Hildeteil: Hagen, nun König von Irland, droht, jeden zu erschlagen, der um seine Tochter wirbt. König Hetel von Hegelingen schickt dennoch drei Werber, die, als Kaufleute verkleidet, Hilde entführen. Es kommt zu einem blutigen Kampf zwischen Hagen und Hetel, den Hilde schlichtet. Sie wird Hetels Gemahlin.

Kudrunteil: Um Kudrun, Hetels und Hildes Tochter, werben Siegfried von Moorland, Herwig von Seeland und Hartmut von Ormanie (Normandie). Kudrun schenkt dem tapferen Herwig ihr Herz, wird aber von Hartmut und seinem Vater Ludwig entführt. In der Schlacht auf dem Wülpensande wird Hetel von Ludwig erschlagen. Es gelingt den Normannen, in der Nacht mit Kudrun zu entfliehen. Dreizehn Jahre lang weist Kudrun Hartmuts Werbung zurück und nimmt es auf sich, niedrige Magddienste zu verrichten. Endlich erscheinen Herwig, Kudruns Bruder Ortwin und der Held Wate mit einem Heer, erstürmen die Normannenburg und befreien Kudrun. König Ludwig und seine Frau werden erschlagen, die Geschwister Hartmut und Ortrun aber auf Kudruns Bitten verschont. Eine dreifache Hochzeit beschließt die Handlung: Herwig gewinnt Kudrun, Hartmut Kudruns Gefährtin Hiltburg und Ortwin Ortrun.

In dem versöhnlichen Schluss wird die Einwirkung des höfischen Geistes spürbar. Als Preislied weiblicher Leidenskraft und Seelengröße hat das Kudrunlied die Zeit überdauert. »Nicht der Held, wie tüchtig und herrlich er auch geschildert wird, ist der Mittelpunkt, sondern eine Frau; aber ich weiß nicht, wo die Hoheit der Seele, die sie mitten in der Erniedrigung offenbart, mit solcher Schönheit, Tiefe und Wahrheit sonst geschildert wäre.« (W. Grimm) Die epische Form des Liedes trägt Züge des vorhöfischen Spielmannsepos. Der heroische Charakter der germanischen Heldendichtung tritt zurück. Während das *Nibelungenlied* dem Gesetz der Rache folgt, siegen im *Kudrunlied* Vergebung und christlicher Versöhnungswille.

Über den berühmten Helden der deutschen Sage, Dietrich von Bern, der im *Nibelungenlied* an Etzels Hof auftritt, hat es ein nicht überliefertes Epos gegeben. In einer Reihe von Dichtungen, die im Lauf des 13. Jahrhunderts entstanden sind, leben Einzelzüge daraus fort: im Doppelepos *Orinit und Wolfdietrich* (seit 1220, vier Fassungen), in einem zwischen Spanien und der Steiermark spielenden Epos *Biterolf und Dietleib* (um 1250) und der Erzählung vom Zwergenkönig Laurin (um 1250), dem Herrscher des Rosengartens (Dolomiten).

Ausklang der ritterlichen Dichtung. Die höfische Dorfpoesie

Walther von der Vogelweide klagte im Verlauf seiner Elegie *Owê war sint verswunden*, dass, wohin er sich auch wende, niemand mehr frohgemut sei, dass Tanzen und Singen über den Sorgen zergehe. Seine Trauer ist ständische Klage. Er spürt den Niedergang der höfischen Kultur und der mit ihr verbundenen ritterlichen Dichtung. Der kulturelle Wandlungsprozess setzte sich auch nach seinem Tode fort. Das hohe Minnelied wurde durch die »ungefügen Töne« der »höfischen Dorfpoesie« abgelöst, in der sich Verspottung des anmaßenden Bauerntums und Verballhornung des Minnesangs mischten. Kritik und Parodie des als überlebt Empfundenen traten in den Vordergrund. Ein Zeitgenosse Walthers, Neidhart, wird zum wichtigsten Vertreter des neuen Stils.

Neidhart (um 1180–1245)

Neidhart, nach dem »knappe« oder auch »ritter von Riuwental«, der in einer Anzahl von Neidharts Liedern auftritt und wohl nur eine Kunstfigur mit symbolisch gemeintem Namen darstellt, auch Neidhart von Reuental genannt, lebte vermutlich zunächst in Bayern (in einem seiner Kreuzzugslieder nennt er selbst Landshut), später an der Residenz der Babenberger in Wien. Er ist ein jüngerer Zeitgenosse Walthers und Wolframs, die ihn nennen, zwischen 1210 und 1220 ein bekannter Sänger. Sein Schaffen lässt sich auf die Zeit von 1200–40 eingrenzen, zuletzt wirkte er wohl als Hofsänger bei Herzog Friedrich II.

Wegen der stereotypen Naturschilderungen mit Frühlingsmotiven einerseits, Klagen über das Ende des Sommers andererseits werden Neidharts Lieder nach Sommer- und Winterliedern unterschieden. Sie schildern Mädchen und Burschen beim Tanz in übermütiger Lebensfreude. Es geht nicht mehr um die Ideale der Minne, sondern allein um erotische Erfüllung. Neidhart vermischt zuweilen den hohen Stil des höfischen Minneliedes mit Grob-Komischem und parodiert aus überlegener Sicht.

Das umfangreiche, allerdings nicht jederzeit sicher abzugrenzende Gesamtwerk hat eine über 300 Jahre andauernde lebendige Wirkungsgeschichte ausgelöst. Neidharts Lieder wurden um- und weitergedichtet, auch Nachdichtungen (Pseudo-Neidharte) entstanden. Der Dichter ist als Bauernfeind selbst zur legendären Figur der Schwankliteratur geworden, so in Wittenwilers *Ring*. Moderne Nachdichtungen legte 1981 Dieter Kühn in seinem Buch *Herr Neidhart* vor.

Ulrich von Lichtenstein (um 1200/1210–1275)

Ulrich stammte aus der steirischen Linie der reich begüterten Familie, wurde in der Steiermark geboren, am Hof des Markgrafen von Istrien erzogen und 1237 zum Ritter geschlagen. Er war Truchsess, Marschall und oberster Richter der Steiermark und spielte auch in den Herzogtümern Österreich und Kärnten eine bedeutende politische Rolle.

Die von Ulrich selbst betitelte Verschronik *Frauendienst* (1255) beschreibt eine Turnierfahrt von Venedig durch Österreich an die böhmische Grenze. Die Darstellung schreckt vor keiner Übertreibung zurück: So sendet der Ritter den im Turnier angebrochenen, abgehackten Finger der umworbenen Herrin als Pfand. Die *Manessische Liederhandschrift* zeigt ihn wie er bei Mestre mit Frau Venus als Helmzier dem mit kämpfenden Ungeheuern bevölkerten Adriatischen Meere entsteigt. Der *Frauendienst*, in gewisser Weise der erste deutsche Ich-Roman, ist kontrovers interpretiert worden: als Autobiografie, als hochstilisierte reine Dichtung, als politischer Schlüsselroman.

Auch die Form des Tagelieds wird von Ulrich von Lichtenstein ironisch übersteigert: Der Tagesanbruch bringt nicht den Abschied, sondern die Dame versteckt den Ritter für eine weitere Nacht. Auch eine in Form eines Streitgesprächs zwischen einem Ritter und einer Dame verfasste, zuletzt vom Autor geschlichtete Minnelehre, die den Verfall der wahren Minne beklagt, geht auf Ulrich zurück (*Frauenbuch,* 1257). Gerhart Hauptmann hat ihn zum Helden einer Komödie gemacht (*Ulrich von Lichtenstein,* 1939).

Eine neue Zeit kündigte sich an. Politische und kirchliche Kämpfe, gesellschaftliche Zerrüttung waren an der Tagesordnung. 1245 hatte Papst Innozenz IV. auf dem Konzil von Lyon Friedrich II. feierlich abgesetzt. Gegenkönige, Heinrich Raspe, Landgraf von Thüringen, und Wilhelm von Holland, erhoben sich in Deutschland. Die Nachfolger der Epiker wuchsen in eine »freudlos gewordene« Welt hinein. Ihre Unsicherheit zeitigte eine Tendenz zu nurmehr äußerlicher Bewahrung. Die Themen der Zeit schienen vorgebildet, die Formgebung war festgelegt. Die Schüler ahmten die Muster der Meister nach. Aus der Kunst der Großen wurde Künstelei. Die Artusromane fanden zahlreiche Nachahmungen, die kirchliche Literatur der Legenden erschien neu bearbeitet, neben den Epen wurden kurze Verserzählungen gepflegt. Formen der Novelle bildeten sich heraus, die im ritterlichen, bürgerlichen und bäuerlichen Milieu spielten. Auch Freidanks Spruchweisheit war keine Ritterlehre mehr, sondern wandte sich an außerhöfische Kreise.

Das Bürgertum der aufblühenden Städte wurde seiner Stärke bewusst und gewann eine Vormachtstellung gegenüber den Rittern und Bauern; in Schwänken und Spielen werden sie beide verspottet. Das bedeutendste dichterische Dokument für den Niedergang des Rittertums, das da und dort schon zum Raubrittertum entartete, ist die um 1280 entstandene erste Dorfgeschichte, Wernhers *Helmbrecht*.

Wernher der Gartenaere
(zweite Hälfte des 13. Jahrhunderts)

Unter dem Namen Wernher der Gartenaere verbirgt sich wahrscheinlich ein fahrender Sänger, der im bayerischen Innviertel beheimatet gewesen sein soll.
Hier spielt vermutlich auch die Erzählung *Meier Helmbrecht*, die Wernher selbst erlebt haben will.

Der jugendlich-schöne Helmbrecht dünkt sich als reicher Bauernsohn zu gut und will es den Rittern gleichtun. Auf einem ihm vom Vater überlassenen Hengst und mit einer von Mutter und Schwester gearbeiteten »Sammethaube« verlässt er – Parodie des Parzival – den elterlichen Hof, bringt es aber nicht zum Gralssucher, sondern nur zum Kumpanen von vagabundierendem Gesindel, mit dem zusammen er sich auf Raub und Plünderung verlegt; er wird bekannt unter dem Namen »Bauernschreck«. Seine Bande wird ausgehoben, die Raubritter werden gehenkt. Helmbrecht wird nach mittelalterlichem Brauch als Zehnter begnadigt, geblendet und verstümmelt, kehrt nach Hause zurück, wird aber vom Vater verstoßen, da er die göttliche Ordnung durchbrochen hat – »din ordenunge ist der pfluoc«. Die Bauern hängen ihn schließlich auf.

Diese kurze Verserzählung, bietet ein gesellschaftskritisches Zeitbild: Verfall des Rittertums, Überheblichkeit des Bauernstandes (der Einfluss Neidharts wird spürbar), Auflösung der Ständeordnung. Die Darstellungsart kehrt sich von der idealistischen Form der Ritterpoesie ab und naturalistischer Wirklichkeitswiedergabe zu.

Der Stricker (um 1200–um 1250)

Zu diesem Zeitpunkt entstand die erste deutsche Schwanksammlung: Die zwölf Erzählungen vom *Pfaffen Âmîs*, verfasst von einem aus Franken gebürtigen Fahrenden von bürgerlicher Herkunft, der sich zumeist in Österreich aufgehalten hat und auf den auch geistliche Dichtungen, Fabeln sowie zwei Ritterromane zurückgehen, genannt Der Stricker. Hat Neidhart das veräußerlichte Rittertum mit Spott bedacht, so werden vom Stricker die Torheiten der Kleriker und in Verbindung damit auch die der übrigen Stände dem Gelächter preisgegeben.

Der Pfaffe Âmîs zieht durch die Welt und weiß die Leichtgläubigkeit der Menschen auszunutzen. Zwischen Paris und Konstantinopel erlebt er gleichsam einen geistlichen Aventiurenroman. Am Ende steht der Eintritt in ein Zisterzienserkloster, die Abtswürde und ein seliger Tod.

Wo man sich noch der alten Formen bediente, veränderte sich doch der innere Gehalt. Neben den umfangreichen Epen begann sich die kurze, bürgerlichem Lebensstil angepasste Versnovelle durchzusetzen.
RUDOLF VON EMS (um 1200–um 1254) schrieb im Auftrag Konrads IV., des letzten staufischen Königs, eine unvollendet gebliebene, umfangreiche gereimte *Weltchronik* (um 1250), die besonders von Laien viel gelesen wurde, weil sie für diese einen Ersatz für die nicht zugängliche Bibel bildete; daneben höfische Epen (*Alexander, Wilhelm von Orlens*), die Legende *Barlaam und Josaphat* und die Verserzählung *Der gute Gerhard (Der guote Gêrhart)*. Dabei handelt es sich um die Lebensgeschichte eines demütigen Kölner Kaufmanns, die dieser dem auf seine Frömmigkeit stolzen Kaiser Otto erzählt. Eine himmlische Stimme hatte den Monarchen auf Gêrhart, ein Beispiel wahrer Gottesfurcht, aufmerksam gemacht. Bürgerliche, nicht fürstliche Tugend wird vom Autor gewürdigt.

Konrad von Würzburg (um 1225–1287)

Vermutlich in Würzburg geboren etablierte sich Konrad nach Anfängen in Franken und am Niederrhein nach 1260 in Basel. Dort und in der Oberschicht Straßburgs fand er Mäzene. In Basel ist er auch gestorben.

Der von den Meistersingern als einer der zwölf alten Meister verehrte Berufsdichter wandte sich als Bürgerlicher vor allem an die städtischen Patrizier. Konrad war literarisch gebildet, formgewandt und vielseitig. Als sein literarisches Vorbild hat er Gottfried von Straßburg genannt. Er schrieb einen Legendenroman *Engelhard*, nach französischem Vorbild einen über 20 000 Verse zählenden Roman *Partonopier und Meliur*, der auch Motive der antiken Dichtung (Amor und Psyche) aufnimmt, schließlich in über 40 000 Versen einen Fragment gebliebenen *Trojanerkrieg*. Wie Herbort von Fritzlar folgt er der Vorlage des Benoît de St. Maure, ergreift jedoch als Erzähler nicht Partei, sondern schildert die Vorgänge als ein unausweichliches Verhängnis, deren Düsternis nur durch Kunst erhellt wird. Neben den drei Epen hat Konrad einen Marienpreis (*Die goldene Schmiede*), einige kleine Verserzählungen (*Otto mit dem Barte, Der Schwanritter*) und knapp gefasste Legenden (*Alexius, Silvester, Pantaleon*) gedichtet, in denen sich die Form der späteren Novelle abzeichnet.

SPÄTMITTELALTER
1250–1500

Die Literatur des späten Mittelalters im deutschen Sprachraum ist sehr umfangreich, aber weniger gut als die anderer Epochen erschlossen. Literarisch steht sie im Schatten der vorangegangenen Stauferzeit. Im Zeitraum von nur annähernd fünf Jahrzehnten, zwischen dem Mainzer Hoffest 1184 und dem Tod Walthers um 1230, war die mittelhochdeutsche Dichtung zur Erfüllung ihrer Möglichkeiten gelangt. Von dem, was danach kam, blieben nur wenige Werke in der ursprünglichen Form zeitüberdauernd. Die germanistische Forschung hat, nicht zuletzt im Banne der einflussreichen *Geschichte der deutschen Literatur* (1883) von Wilhelm Scherer (1841–1886), das ungünstige Vorurteil mehr verstärkt als korrigiert. Auch im Vergleich mit benachbarten Künsten (in Baukunst und Malerei wurde die Gotik als genuiner Ausdruck deutschen Wesens verstanden) erschien die Literatur des Spätmittelalters eher Niedergang und Verfall zu zeigen. Von »einer der großen Lücken unserer Geschichtsschreibung« hat daher der Mittelalterforscher Peter Wapnewski noch 1960 gesprochen. Inzwischen zeichnet sich ein vermehrtes Interesse und ein erweiterter europäischer Kontext ab: »Dantes *Divina Commedia*, der *Rosenroman*, Chaucers *Canterbury Tales*, Wittenwîlers *Ring*, die Lyrik François Villons und Oswalds von Wolkenstein, die Prosawerke der deutschen und niederländischen Mystiker stellen Gipfelpunkte in der Entwicklung der spätmittelalterlichen Literatur dar.« (W. Erzgräber) Es ist nicht abschwächend, sondern ergänzend gemeint, wenn dieser Feststellung der Hinweis folgt, dass der Blick nicht

nur auf die Glanzleistungen gerichtet sein dürfe. Für die Literatur des Spätmittelalters sind die gängigen Gebrauchsformen charakteristisch, weil sie über die Rolle des Geschriebenen im Leben der verschiedenen Stände Auskunft geben – eine massenhaft überlieferte, verwirrend vielförmige, zeitgebundene Produktion, die folgenreich war für die weitere Entwicklung.

Mit dem Ende des 13. Jahrhunderts werden die ritterlichen Anschauungen von bürgerlichen Vorstellungen verdrängt, löst sich die mittelalterliche Welt in ihrer Rangordnung, der sozialen Abstufung, auf. Der Umbruch der Zeit führt zu starken sozialen, politischen und geistigen Spannungen. Die Dichtungsformen des höfischen Epos und des Minnesangs verlieren an Bedeutung und werden nur epigonenhaft weiter gepflegt. Zwar werden Elemente der ritterlichen Dichtung vom Bürgertum in Volksbuch, Volkslied und Meistersang übernommen, aber im Ganzen spricht sich in diesen Formen ebenso wie im geistlichen und weltlichen Schauspiel vor allem der Geist der neuen, aufstrebenden Schicht aus.

Die mittelalterliche theologisch-philosophische Wissenschaft der Scholastik, vorbereitet durch Albertus Magnus, kommt durch Thomas von Aquin zur Vollendung. Sprache und Dichtung werden jedoch stärker durch aktuelle religiöse Aktivitäten bereichert. Die Predigt erlebt einen Aufschwung durch die neu gegründeten Orden der Franziskaner und Dominikaner. In Nonnenkonventen entwickelt sich die Mystik. Das Bestreben zielt darauf ab, Glaubensinhalte nicht in her-

Straßburger Münster
Die Rosette über dem Hauptportal

Der Tod Kaiser Friedrichs II. (1250) markiert das Ende der Stauferzeit. Unter dem machtlosen Konrad IV. (1228–1254) und im bis 1273 währenden Interregnum Verfall der königlichen Zentralgewalt. Konradin, der Sohn Konrads IV. und letzte Hohenstaufe, wird 1268 auf Veranlassung Karls I. von Anjou in Neapel enthauptet. Seit 1273 deutsche Könige aus verschiedenen Häusern. 1278 Sieg Rudolf I. (von Habsburg) über Přemysl Otakar II. von Böhmen bei Dürnkrut (Marchfeld). Erstarken der Landesfürsten und der Städte. Blütezeit der Hanse. 1291 Schweizer Eidgenossenschaft schließt den »Ewigen Bund«; Fall von Akkon, der letzten Hauptstadt des Kreuzfahrerstaates. Bonifaz VIII. erhebt mit der Bulle *Unam sanctam* 1302 Anspruch auf universale Herrschaft des Papsttums, sieben Jahre später jedoch erzwingt Philipp IV., der Schöne, nach langwierigen juristischen und fiskalischen Streitigkeiten zwischen dem französischen Staat und der Kirche die Verlegung der römischen Kurie nach Avignon: danach siebzig Jahre nur französische Päpste im Machtbereich der Krone. 1346–1378 Kaiser Karl IV. aus dem Hause Luxemburg, er regiert in Prag. 1348 Eindringen der Pest (der »schwarze Tod«). 1356 die Goldene Bulle. 1378–1417 Großes Abendländisches Schisma (Kirchenspaltung). 1414–1418 Konzil zu Konstanz. Hinrichtung von Jan Hus und seinem Schüler Hieronymus von Prag. 1419 bis 1436 Hussitenkriege in Böhmen und in den Nachbarländern. 1453 Eroberung Konstantinopels durch die Türken, Untergang des Oströmischen Reiches. 1453–1519 Kaiser Maximilian I., der »letzte Ritter«.

Gesellschaft und Kultur

Mit dem Ende der Kreuzzüge und der imperialen Politik der Kaiser verliert der Ritterstand seine militärische Aufgabe, zudem verändert die Einführung des Schießpulvers seit der Mitte des 14. Jahrhunderts grundlegend die Kriegstechnik. Landflucht infolge der raschen Zunahme der Bevölkerung. Die Städte werden zu Mittelpunkten des wirtschaftlichen und kulturellen Lebens. Übergang von der Natural- zur Geldwirtschaft. Bürger und Handwerker fordern die Teilnahme am Stadtregiment. 1280 Aufstände der Textilarbeiter in Frankreich. Wiederholte Hungersnöte in Deutschland. Das Auftreten der Pest vermehrt die allgemeine Unruhe und Unsicherheit.

Die erste deutsche Papiermühle wird 1390 in Regensburg errichtet. Damit tritt anstelle des teuren Pergaments ein preisgünstigeres Material, das nach der Erfindung des Buchdrucks 1440 durch Johann Gutenberg nicht nur die vermehrte Produktion der im engeren Sinn literarischen Werke, sondern auch einer vielförmigen Gebrauchsliteratur über Landbau und Hauswirtschaft, Handwerk, Kriegswesen und Seefahrt, Heil- und Kochkunst ermöglicht.

In Prag wird 1348 die erste mitteleuropäische Universität gegründet; weitere Neugründungen von Universitäten im 14. Jahrhundert erfolgen in Wien, Heidelberg, Köln, Erfurt; im 15. Jahrhundert: Greifswald, Freiburg im Breisgau, Basel, Leipzig, Rostock, Ingolstadt, Trier, Mainz. Der Versuch einer grundlegenden kirchlich-religiösen Reform auf dem Konzil von Konstanz scheitert.

kömmlicher definierter Terminologie, sondern in einem erst zu findenden deutschen Wortschatz zu verstehen. Die bedeutendsten Vertreter sind Mechthild von Magdeburg, später Meister Eckhart von Hochheim und seine Schüler Johannes Tauler und Heinrich Seuse.

Aus Italien kommenden Anregungen folgend beginnt sich im so genannten Vor- oder Frühhumanismus auch in Deutschland ein neues Menschenbild zu entwickeln. Aus der Sphäre des Prager Hofes entsteht ein großes dichterisches Dokument des neuen Wirklichkeitsbewusstseins, der *Ackermann* des Johann von Tepl. In der spannungsreichen Persönlichkeit und in der Dichtung des Tiroler Ritters Oswald von Wolkenstein, kündigt sich bereits das Lebensgefühl der Renaissance an. Wie kein anderer deutscher Dichter des Mittelalters eröffnet dieser »letzte Minnesänger« und »erste moderne Mensch«, adliger Rebell, Dichter und Komponist der Anschauung und Phantasie ein weites Feld.

Entfaltung der Gotik: Dome und Kirchen in Straßburg, Köln, Wien, Ulm, Freiburg im Breisgau, München, Regensburg u. a. Die Spätgotik entwickelt eine eigentümlich deutsche Ausdrucksform im Kirchenbau: Danzig, Soest, Dinkelsbühl, Nürnberg (Lorenzkirche). Plastik: Propheten, Tugenden, Zehn Jungfrauen an der Westfassade des Straßburger Münsters; das Heilige Grab am Freiburger Münster. Die deutsche Malerei entwickelt sich als Tafelmalerei: Konrad von Soest (um 1370–nach 1422), Meister Francke (um 1380–nach 1430), Stephan Lochner (um 1400/1410–1451), Konrad Witz (um 1400–um 1445/46), Hans Multscher (um 1400–vor 1467), Martin Schongauer (um 1450–1491), Michael Pacher (um 1435–1498). Anregungen aus der niederländischen Kunst: Jan van Eyck (um 1390–1441, Genter Altar), Rogier van der Weyden (1399/1400–1464), Hugo van der Goes (um 1440–1482), Hans Memling (zwischen 1433 und 1440–1494), Dirk Bouts (zwischen 1410 und 1420–1475). In Italien: Giotto di Bondone (1266?–1337) in Florenz, Donatello (um 1386–1466), Fra Angelico (um 1401/02–1455), Masaccio (1401–1429), Filippo Lippi (um 1406–1469), Leonardo da Vinci (1452–1519) in Mailand.

Seit der zweiten Hälfte des 14. Jahrhunderts tritt in Deutschland eine weltliche mehrstimmige Kunstmusik auf. Entstehung einer eigenständigen Orgelmusik mit Konrad Paumann (um 1415–1473).

Europäische Literatur

England: Bibelübersetzung des John Wycliffe (Wiclif, vor 1330–1384) nach der *Vulgata*, sein N. T. 1383; Geoffrey Chaucer (um 1343–1400), *Die Canterbury-Geschichten* (*The Canterbury Tales,* um 1387–1400).

Frankreich: *Der Rosenroman* (*Le roman de la rose,* 1225 bis 1230 und um 1275–1280); François Villon (1431/32–1463?), *Das kleine Testament* (*Le petit testament,* 1456), *Das große Testament* (*Le grant testament,* G., 1461).

Italien: Dante Alighieri (1265 bis 1321), *Die Göttliche Komödie* (*La Divina Commedia,* um 1307–1321); Francesco Petrarca (1304–1374), *Das Buch der Lieder* (*Canzoniere,* G., 1366); Giovanni Boccaccio (1313–1375), *Das Dekameron* (*Il Decamerone,* Nn., 1348–1353).

Predigtliteratur, Mystik und Scholastik

In der ständisch gegliederten Welt des Mittelalters war es schwierig, zumeist unmöglich, den Platz, der einem durch Geburt zugewiesen war, gegen einen anderen zu tauschen. Im Spätmittelalter aber veränderte sich das Verhältnis der Stände zueinander insgesamt. Die Städte stiegen zu vermehrter Bedeutung empor, die Belebung des Handels machte sie reich. Mit der wachsenden politischen und finanziellen Macht wuchsen Stolz und Selbstbewusstsein der Bürger. Neben den Höfen wurden die größeren Städte zu Zentren der Kultur. Werkfrommer Sinn und Repräsentationsbedürfnis sorgten für aufwendige kirchliche und weltliche Bauten, Aufträge an Künstler und die Veranstaltung geistlicher Spiele. Kaufleute und Handwerker organisierten sich in Gilden und Zünften, die auch in sozialen Werken miteinander konkurrierten.

Schwerer als dieser wirtschaftliche und kulturelle Aufschwung wogen jedoch die äußeren und inneren Gefährdungen des Lebens, die keine Sicherheit aufkommen ließen. Krieg war fast allgegenwärtig im damaligen Europa, er schleppte sich endlos hin in dynastischen Auseinandersetzungen wie zwischen England und Frankreich, aber er verschlang auch Staaten und Mächte infolge einer einzigen Niederlage wie 1389 das serbische Reich im Treffen auf dem Amselfeld. Die christlichen Waffen unterlagen nicht nur im Kampf gegen Andersgläubige. Auch die als ketzerisch betrachteten Hussiten erwiesen sich als unbesiegbar. Für regionale Beunruhigung sorgte das ungezügelte Fehdewesen. Das Jahrzehnte während Schisma innerhalb der abendländischen Kirche irritierte den frommen Glauben, betraf doch der sich ausschließende Anspruch zweier, gelegentlich dreier Päpste, die sich und ihre Anhänger wechselseitig mit dem Interdikt belegten, mittelbar auch das eigene Seelenheil. Die verheerenden Epidemien, welche um die Mitte des 14. Jahrhunderts zwischen einem Viertel und der Hälfte der Bevölkerung dahinrafften, hinterließen tiefe Spuren.

Keine Epoche ist so vom Tod geprägt wie das Spätmittelalter. Es scheint, als ob alle Gedanken und Phantasien der Menschen um ihn kreisten. Daher verband sich die zunehmende Wendung zum Diesseits auch mit Ansätzen asketischer Laienbewegung und mystischer Religiosität. Ein Beispiel bietet der aus reichem Bürgerhaus stammende Franz von Assisi (1181–1226), der die absolute Armut wählte. In seinem *Sonnengesang (Il cantico delle creature)* hat er seiner Spiritualität, die Liebe zur Schöpfung mit Weltentsagung verknüpfte, dichterischen Ausdruck gegeben.

Widerstreitende Tendenzen, innerhalb derer auch zerstörerische Kräfte sich Bahn brachen, ergeben ein Bild voller Gegensätze. Einerseits maßvolle Lebensführung, solidarischer Bürgersinn, private Andacht, andererseits zügellose Erregung, wenn der Strom der Geißelbrüder über das Land zog, Verurteilte grausam aufs Rad geflochten, Andersgläubige fanatisch verfolgt wurden und die Angst vor der Pest Flucht in Aberglauben und Zauberei nahe legte. Die Vorstellungen von Diesseits und Jenseits scheinen nicht mehr wie im hohen Mittel-

Berthold von Regensburg, Wiener Handschrift
Seine Predigten hatten solchen Zulauf, dass er oft im Freien –
hier von der Außenkanzel der Kirche herab – predigte.

religiöse Alltagspraxis ausgerichtete, franziskanisch-schlichte geistliche Lehre Davids von Augsburg das Laienpublikum (nicht zuletzt in den Nonnenkonventen) noch stärker in seinen Bann gezogen zu haben.

Religiöse Frauengemeinschaften

Vermehrt wird der sprachschöpferische Prozess in den Schriften und Predigten der Mystiker fassbar, die daher für die deutsche Literatur insgesamt von Bedeutung sind. Das Wort Mystik stammt aus dem Griechischen. Mysterium bedeutet Geheimnis (»myein« = die Augen schließen). Der Mensch erlebt in der Sinnenwelt die Vereinigung seiner Seele mit Gott und Christus. Zugrunde liegt eine subtile geistliche Erfahrung, die sich eigentlich der Sprache entzieht – und umso mehr nach Ausdruck verlangt. Wenn wir heute von »Eindruck«, »Einfluss« oder »Zufall« reden, wenn wir etwas »wesentlich« oder »ursprünglich« nennen, wenn wir etwas »begreifen« oder »nachfühlen« – so sind das Wendungen, die von Mystikern geprägt wurden. Es entsteht eine Prosa, die in Kraft und Form von nachhaltiger Wirkung ist.

Frauen spielten in diesem Prozess schon früh eine wichtige Rolle. Neben institutionalisierten Frauenorden entwickelten sich von der Armutsbewegung inspirierte Gemeinschaften unverheirateter und verwitweter Frauen, die in größerer Selbstständigkeit, als es die Ehe ermöglichte, ein dem Evangelium verpflichtetes Leben zu führen suchten. Die Bewegung ging von belgischen Städten aus, der Name »Begine« ist vermutlich von der Kleidung aus ungefärbter Wolle (frz. »beige«) abgeleitet. Die Beginen kannten keine ewigen Gelübde und ihr Verhältnis zur institutionellen Kirche war nicht spannungsfrei, obgleich sie Förderung und geistliche Anleitung, besonders durch Zisterzienser und Dominikaner, fanden. Der Gebrauch der Volkssprache anstelle des herkömmlichen Latein erlaubte es, der individuellen religiösen Erfahrung vermehrt Ausdruck zu geben. Für die Frauenmystik gewann in solchem Zusammenhang die vom Hohen Lied geprägte Vorstellung, Gottesliebe als Geschlechterliebe wahrnehmen und darstellen zu können, besondere Bedeutung. Das *St. Trudberter Hohelied* (um 1160, benannt nach einem Kloster bei Freiburg i. Br.), für Nonnen gedichtet, hat den Gedanken der Christusbrautschaft zuerst in den Mittelpunkt gestellt.

MECHTHILD VON MAGDEBURG (um 1207–um 1282), die im Beginenhof in Magdeburg, später bei den Zisterzienserinnen von Helfta lebte, schuf mit ihrer Schrift *Das fließende Licht der Gottheit*, der größten dichte-

alter in einer umfassenden Weltanschauung aufeinander abgestimmt und versöhnt, sondern emotional jähem Wechsel unterworfen.

Kanzel- und Lesepredigt

Wie tief der Umbruch der Zeit die Menschen ängstigte (denn mehr noch als das Sterben fürchtete man den unvorbereiteten Tod, Fegefeuer und Hölle), ist den Bußpredigten der Bettelmönche, Dominikaner und Franziskaner, zu entnehmen. Eindringlich mahnen sie ihr Publikum sich nicht in den Wirren der Welt zu verlieren und verweisen auf den Heiland in der Not und Gefahr des irdischen Lebens. Die bedeutendsten Kanzelredner des 13. Jahrhunderts waren DAVID VON AUGSBURG (um 1200 oder 1210–1272) und sein Schüler BERTHOLD VON REGENSBURG (um 1210–1272).

Die Predigten dieser wortmächtigen Theologen bereicherten die deutsche Sprache: Berthold zog durch ganz Süddeutschland, die Schweiz, Österreich, Böhmen und Ungarn. Seine Predigten wurden von ihm selbst nur lateinisch herausgegeben, aber von den Zuhörern zum Teil auch in mittelhochdeutscher Sprache nachgeschrieben. In der Schriftfassung scheint die auf die

rischen Schöpfung der deutschsprachigen Frauenmystik, zugleich das wichtigste Zeugnis der Mystik vor Meister Eckhart. Das Original in Mittelniederdeutsch ist verloren, nur in der alemannischen Fassung Heinrichs von Nördlingen (etwa 1344) ist das Werk erhalten. In locker chronologischer Folge werden Aufzeichnungen der verschiedensten Art geboten: Visionen, Brautmystik, Lebensberichte, autobiografische Bemerkungen, Gebete, Hymnen, Litaneien, Marienlob, Erzählungen und Lehrdialoge. In religiöser Inbrunst und prophetischer Ekstase weiß die Verfasserin ihrer Christusliebe immer neuen Ausdruck zu verleihen: Erstmals findet damit leidenschaftliches seelisches Erleben in deutscher Prosasprache Form.

Die frühe Mystik, gekennzeichnet durch die vergleichsweise unmittelbare, unreflektierte Aussage, ist von der späteren spekulativen Ausformung durch Meister Eckhart und seine Schüler durch die Scholastik des 13. Jahrhunderts getrennt.

Umgestaltung der Theologie

Nicht allein die neu aufgekommenen Erfahrungsweisen, auch ältere Denkrichtungen und »Schulen« charakterisieren die Zeit. Zunächst blieb die im Mittelalter entwickelte Scholastik führend, die jedoch durch das Bekanntwerden des Aristoteles und anderer Denker eine tief greifende Veränderung erfuhr und in großen systematischen Werken, den Summen, literarischen Ausdruck fand.

Das Wort Scholastik kommt von schola (Schule), scholasticus (Lehrer) und bezeichnet die theologisch-philosophische, die mittelalterliche Wissenschaft schlechthin, die es als ihre Aufgabe ansah, mit Hilfe der Philosophie die Glaubenslehren rational zu begründen und so die Spannung zwischen Glauben und Wissen auszugleichen. Die jahrhundertelange Gelehrtenarbeit der Scholastik reicht von ANSELM VON CANTERBURY (1033–1109) über PETRUS ABAELARDUS (1079–1142) und ALBERTUS MAGNUS (Albert von Bollstädt, um 1200–1280) bis zu THOMAS VON AQUIN (um 1225 bis 1274), dem bedeutendsten Kirchenlehrer des Mittelalters, und dem schottischen Franziskaner JOHANNES DUNS SCOTUS (um 1266–1308).

Diese Theologen stehen beispielhaft für die Perioden des so genannten Universalienstreits, d. h. der philosophischen Frage, ob den Ideen objektive Realität zuzusprechen sei oder ob sie als subjektive Bildungen zu betrachten sind, die nur im erkennenden Subjekt entwickelt werden. Die beiden erstgenannten vertraten ohne Einschränkung die Auffassung der Realität der

Universalien »ante rem«, also einen Idealismus im platonischen Sinn (erste Periode). Albertus Magnus, der durch seine Kommentare die Werke des Aristoteles neu erschlossen hatte, und Thomas von Aquin nahmen in dem Disput eine vermittelnde Stellung ein: »Universalia sunt in re«, das bedeutete die Immanenz der Form im Stoff, eine – allerdings nicht vorgängige – Realität der Ideen (zweite Periode). Der Aquinate fasste die Scholastik in einem umfassenden Gedankengebäude zusammen. In seiner *Summe der Theologie* (*Summa theologica*, 1267–73) weist er den Menschen als jenes Geschöpf aus, durch das Diesseits und Jenseits verbunden sind. Die Liebe Gottes, die ihm die Sinne öffnet, hilft dem Menschen das Übernatürliche zu erkennen und zu verstehen. Sein Streit mit Duns Scotus über die Willensfreiheit ging der dritten Periode im Universalienstreit voraus: »Universalia sunt post rem« oder »Universalia sunt nomina«, lautete die auch Nominalismus genannte Lehre, die für die Wissenschaften und ein neues Verständnis der Welt von unabsehbarer Bedeutung war. Glauben und Wissen sahen sich auf getrennte Wege verwiesen. Wenn aber der Glaube der Vernunfterkenntnis unzugänglich war, gewann die mystische Schau vermehrtes Gewicht.

Scholastisches Denken führte in den Werken der vergleichsweise mehr spekulativen Mystik der Dominikaner – im Unterschied zu den stärker gefühlsbetonten Zisterziensern und Franziskanern – zu einer vertieften Erfassung der christlichen Lehre; auf dem »Weg nach innen«, in der »unio mystica«, wurde die göttliche Ewigkeit schon im zeitlichen Leben erfahren.

Meister Eckhart (um 1260–1327)

Eckhart von Hochheim stammte aus einem ritterlichen Geschlecht, das zu Hochheim bei Gotha ansässig war. Als Kleriker hat er verantwortungsvolle kirchliche Ämter bekleidet, vertrat in Paris 1302 den Orden der Dominikaner an der Universität, leitete danach von 1303 bis 1311 die Ordensprovinz Sachsen. Anschließend lehrte er wieder in Paris, dann in Straßburg, bis er 1322 den Ruf nach Köln auf den Lehrstuhl für Dogmatik des Albertus Magnus erhielt. 1326 eröffnete der Erzbischof von Köln gegen ihn einen Prozess, weil er »bei der Predigt in der Landessprache gewisse Dinge vortrage, welche leicht die Hörer zur Ketzerei verleiten könnten«. Eckharts Berufung an den Papst wurde abgelehnt, doch kamen die Prozessakten nach Avignon. Vor seiner Abreise dorthin ist Eckhart gestorben. 1329 wurden 28 Sätze aus seinen Schriften und Predigten von Papst Johannes XXII. als Irrlehren verurteilt. Seine Predigten wurden von seinen Zuhörern nachgeschrieben und sind infolgedessen nur in unzuverlässigen Fassungen erhalten. Besonders wertvoll sind neben den Predigten seine Reden der Unterscheidung sowie sein *Büchlein der geistlichen Tröstung*.

Eckharts Sichtweise führte in bisher kaum entdeckte Bereiche von Geist und Seele. Sein Thema war die Befreiung des Menschen durch Einswerden mit dem göttlichen Willen, die »unio mystica«.

[…] swenne sich der mensche bekeret von ime selber unde von allen geschaffen dingen, als vil du daz tuost, als vil wirst du geneiget unde geseliget in dem fünkelin der sele, daz zit noch stat nie beruorte. Dirre funke widerseit allen creaturen und enwil niht dan got bloz, als er in imme selben ist.

So »entselbsten« sich die Menschen und nehmen mit Gott teil an der Schöpfung der Welt.

Trotz der Erkenntnis: »was clarheit an göttlicher nature si, daz ist unsprechlich«, suchte Eckhart unermüdlich nach Worten, das Glaubensgeheimnis begreiflich zu machen. Dadurch wurde er zu einem der großen Sprachschöpfer. Zudem verdanken wir Eckhart eine deutsche philosophische Terminologie.

Seine bedeutendsten Schüler, die sich auch nach seiner Verurteilung nicht von ihm abwendeten, waren Johannes Tauler und Heinrich Seuse.

JOHANNES TAULER (um 1300–1361) war Dominikaner in Straßburg und Prediger in Basel. Erhalten sind – neben zahlreichen unechten Traktaten – 80 echte Predigten und einige Briefe. Bei Tauler tritt die Spekulation zurück, er wirkte mehr als Seelsorger und Prediger im Sinne einfacher Gläubigkeit.

Heinrich Seuse (Suso, wahrscheinlich 1295–1366)

Seuse wurde in Konstanz oder in Überlingen geboren. Er stammt aus dem Geschlecht der Herren von Berg, trägt den Namen aber nach der vermutlich aus Überlingen stammenden Mutter, der »Seuserin«. Er wurde 1308, regelwidrig früh, von den Eltern als Novize ins Kloster der Dominikaner, dem so genannten Inselkloster, in Konstanz gegeben, erhielt seine höhere theologische Ausbildung als Schüler Eckharts in Köln, kehrte 1330 ins Inselkloster zurück, wurde dort Lesemeister (Lektor der Theologie), ab 1335 Seelsorger in oberrheinischen und schweizerischen Frauenkonventen. Als in den Streitigkeiten zwischen Kaiser und Papst unter Ludwig dem Bayer, in denen die Konstanzer Dominikaner zum Papst hielten, dieser über die Stadt das Interdikt verhängte, wurden seine Anhänger, also auch die Mönche des Inselklosters, aus der Stadt verwiesen. Von 1339/46 fand der Konvent Zuflucht in Diessenhofen, wo Seuse zeitweilig Prior war. Gestorben in Ulm, dessen Konvent er seit 1348 angehörte. 1831 von Gregor XVI. selig gesprochen.

Seuse war ein treuer Hüter von Eckharts Lehre, die er aber nicht unkritisch übernahm. Im *Büchlein der Wahrheit*, seiner ersten literarischen Arbeit, suchte er

dessen pantheistisch klingende Theorien mit der Hl. Schrift und der kirchlichen Tradition in Übereinstimmung zu bringen. Einer die freigeistige Mystik verkörpernden, »das namenlos Wilde« benannten Gestalt, die sich auf einen »hohen meister« beruft, legte er gefährliche Äußerungen Eckharts in den Mund, stellte ihr aber andere Sätze von diesem entgegen, die als konsensfähig gelten konnten. In ausdrücklicher Ablehnung einer libertinistischen Weiterbildung Eckharts verknüpfte er die Mystik mit dem sakramentalen Leben der Kirche. Da er frühzeitig in fremde Sprachen übersetzt wurde, gewann seine Passionsmystik auch im europäischen Rahmen Bedeutung.

In seinem *Büchlein der ewigen Weisheit*, in dem der Gottsucher als geistlicher Minnediener, die Weisheit als seine Geliebte erscheint, verbinden sich Marien- und Minnedienst. Von Seuse stammt die erste deutsche Selbstbiografie, die bezeichnend ist für die mystische Kraft in der Beobachtung seelischer Vorgänge. In der Schlussredaktion seiner Vita (dem so genannten »Exemplar«) hat er die Dominikanerin Elsbeth Stagel als die Impulsgeberin für dieses Werk genannt.

Elsbeth Stagel(in) (um 1300–um 1360)

Elsbeth Stagel, Dominikanerin aus Zürcher Ratsfamilie, lebte seit frühester Jugend im Kloster Töss bei Winterthur. Sechsunddreißigjährig wählte sie Heinrich Seuse »für immer« zu ihrem geistlichen Führer. Seuses Selbstbiografie geht im Entwurf und zu großen Teilen auf sie zurück, ebenso die Redaktion seines »großen Briefbuchs«. Ihre dichterische Übersetzung von lateinischen Sprüchen Seuses lässt ihre literarische Bildung und ihre kongeniale schriftstellerische Fähigkeit erkennen. Ihr Verhältnis zu Seuse entspricht dem für das späte Mittelalter typische Schema Beichtvater / Seelenführer und geistliche Tochter, geht aber über eine nur abhängige Rolle weit hinaus.

Nikolaus von Kues (1401–1464)

Die deutsche Mystik blühte im 13. und 14. Jahrhundert, hat aber in der Folgezeit immer wieder Erneuerer und Nachfolger gefunden. So ist im Hauptwerk des gelehrten Kardinals und zeitweiligen Bischofs von Brixen Nikolaus von Kues (Nicolaus Cusanus), *Vom gelehrten Nichtwissen* (*Docta ignorantia*, 1440), der Wille lebendig, die Gegensätzlichkeiten des Seins in der in Gott begründeten Einheit zu versöhnen und dadurch zu vereinen. Diese Coincidentia oppositorum, der Ineinsfall der Gegensätze, bildet für Nikolaus von Kues die Grundperspektive der Göttererkenntnis.

Lucas van Leyden: Das große Ecce homo, 1510
Der Stich gibt einen guten Eindruck von den mittelalterlichen Passionsspielen um 1500.

Geistliches und weltliches Schauspiel

Das geistliche Spiel ist aus der kirchlichen Liturgie hervorgegangen, mithin wie das Drama der Antike kultischen Ursprungs. Das *Osterspiel von Muri* (um 1250, nach dem Benediktinerkloster im schweizerischen Aargau, wo die Handschrift entdeckt wurde) gilt als das älteste deutschsprachige Schauspiel. Sein Verfasser scheint die älteren lateinischen Spiele (mit wenigen Einfügungen auf Deutsch) von Klosterneuburg und Benediktbeuren (um 1220) gekannt zu haben. Das in höfischer Verssprache für ein gebildetes Publikum bestimmte Spiel hat das spätere geistliche Schauspiel in Deutschland jedoch nicht erkennbar beeinflusst.

Oster- und Weihnachtsspiele

Deutsche Osterspiele sind seit dem 13. Jahrhundert aus verschiedenen Sprachlandschaften überliefert. Sie zeigen eine Vielzahl von Formtypen und lassen sich nicht sicher auf eine gemeinsame Quelle zurückführen. Das *Innsbrucker Osterspiel* ist aus einer aus dem Jahr 1391 stammenden Abschrift bekannt, aber vermutlich Jahrzehnte älter, siedelt es doch die Päpste in Avignon an.

Der Teufel tritt auf, seine potenziellen Opfer werden warnend vorgeführt. Streit- und Prügelszenen sorgen für derbe Belustigung. Vor dem Schlusschor *Christ ist erstanden* werden die Zuschauer ermahnt, an die mitwirkenden »armen schuler« zu denken, die »nicht zu essen« hätten. Einen im eigentlichen Sinn dramatischen Aufbau zeigt erst das *Rheinische Osterspiel* (1460).

Ein anderer Spielkreis, der analog zum Osterspiel entstand (ebenfalls zunächst in lateinischer, dann in deutscher Sprache) und in der Form des Krippenspiels bis in die Gegenwart überdauert hat, behandelt die Feste der Weihnachtszeit. Das lateinische *Benediktbeurer Weihnachtsspiel* (um 1200), das in der Handschrift der *Carmina Burana* überliefert ist, folgt einer weiträumigen theologischen Konzeption. Es ist dreiteilig (auf ein Prophetenspiel folgt das eigentliche Weihnachtsspiel, dann ein Spiel vom ägyptischen König) und sollte vermutlich am 28. Dezember (Tag der unschuldigen Kinder) aufgeführt werden. Das Programm der späteren deutschsprachigen Versionen ist volkstümlicher, stellt die Hirten und die drei Könige in den Mittelpunkt.

Oberammergauer Passionsspiele, 1984

Geistliches Volksdrama

Im 14. Jahrhundert hat der ursprüngliche Spielkreis der Oster- und Weihnachtsspiele vielfältige Erweiterung gefunden. Inszeniert wurden die Stücke zunächst vom städtischen Klerus, später bildeten sich bürgerliche Passionsbruderschaften, welche die Aufführungen organisierten und finanzierten. Durch die Einfügung neuer Szenen und die damit verbundene größere Zahl von Mitspielenden wuchs der Anteil der Laien. Zugleich setzten sich die volkssprachlichen Versionen durch. Die Spiele wurden vom Altarraum auf den Platz vor der Kirche und schließlich auf den Marktplatz verlegt. Dargestellt fand man die zentralen Ereignisse der Heilsgeschichte, darüber hinaus weitere der Bibel entnommene Vorgänge. In Eisenach wurde 1321 das *Thüringische Zehnjungfrauenspiel* aufgeführt, das auch Maria, Engel und den Teufel zum Personal zählt, ferner Tanz, Ball- und Würfelspiel als leichtsinnige Vergnügungen der fünf törichten Jungfrauen auf die

Bühne bringt. Die erbarmungslose Härte, mit der ihr Ende geschildert wird, erschütterte nach den Berichten der Zeitgenossen die Zuschauer tief.

Aus dem *Redentiner Osterspiel* (um 1464) entwickelte sich das Passionsspiel, das seine Blütezeit im 15. und 16. Jahrhundert hatte und im deutschsprachigen Raum andere Formen des geistlichen Spiels zurückdrängte. Die meisten Spiele lassen sich drei großen Aufführungskreisen zuordnen, dem Frankfurter, Tiroler und alemannischen Kreis. Die Aufführungen der umfangreichen Spiele erstreckten sich oft über mehrere Tage mit gelegentlich tausenden von Mitwirkenden. Sie vergegenwärtigten den ganzen Ablauf von Passion und Auferstehung und waren insofern auch Ausdruck eines gewandelten Christusbildes, das weniger den Weltenherrscher (Christus Pantokrator) als, dem spätmittelalterlichen Lebensgefühl entsprechend, den leidenden Christus vergegenwärtigte. Im 16. Jahrhundert ging die Tradition der Passionsspiele zurück. Vom Protestantismus abgelehnt hat sie sich im katholischen Oberdeutschland noch einige Zeit erhalten, ist dann aber auch dort größtenteils ausgestorben. Das berühmte *Oberammergauer Passionsspiel* ist erst im 17. Jahrhundert aufgrund eines Gelübdes der Gemeinde eingerichtet worden.

Andere Spiele betrafen Maria, Propheten und Heilige sowie das 1264 eingeführte Fronleichnamsfest, dem im gemeineuropäischen Rahmen die größte Bedeutung zukam. Auch Legenden und Gleichnisse wurden dramatisiert und dargestellt. Das *Spiel von Theophilus* (um 1450), der sich dem Teufel ergibt, aber trotzdem gerettet wird, weist auf das spätere Faustdrama hin. Die mittelniederdeutsche *Bordesholmer Marienklage* (um 1475) behandelt die Leidensgeschichte aus der Perspektive der Frauen und Jünger, die Aufführung erfolgte im Rahmen der Karfreitagsliturgie. Weitere Marienklagen sind aus Königsberg, aus Lichtenthal und aus Prag überliefert. Das von einem Mühlhauser Geistlichen verfasste *Spiel von Frau Jutten* (um 1490) dramatisiert die Legende von der Päpstin Jutta, die es gewagt hat, mit Geist und Wissenschaft der Männer zu konkurrieren. Durch Reue und Buße sowie die Fürsprache Marias erlangt sie Vergebung. Bei allem Ernst kam in diesen Spielen auch der Humor, vor allem in Teufelsszenen, nicht zu kurz.

Neidhartspiele

Aus St. Paul in Kärnten stammt das von einem Fahrenden verfasste, nur unvollständig überlieferte, 58 Verse umfassende *St. Pauler Neidhartspiel* (um 1350, auch

Neidhart mit dem Veilchen), das am Beginn des weltlichen Schauspiels im deutschen Sprachraum steht. Es bildet einen drastischen Beleg für die Abneigung, die dem wegen seiner Dichtungen als »Bauernfeind« verrufenen Minnesänger entgegengebracht wurde. (Neidhart führt die Herzogin von Österreich und ihr Gefolge zu dem von ihm gefundenen und mit seinem Hut bedeckten ersten Veilchen. In seiner Abwesenheit vertauschen die Bauern das Veilchen mit Kot.) Bereits das *Sterzinger Neidhartspiel* ist wesentlich umfangreicher, das *Große Tiroler Neidhartspiel* zählt 68 Sprechrollen und nähert sich so vom Umfang her den weiter entwickelten geistlichen Spielen. Stoffgeschichtlich stehen diese Spiele in Verbindung mit den Schwankerzählungen um Neidhart, die in dem Schwankbuch *Neidhart Fuchs* (um 1500) gesammelt sind.

Fastnachtsspiele

Um 1430 beginnt als ein anderes weltliches Gegenstück zum geistlichen Spiel das Fastnachtsspiel, das in seiner literarisch-theatralischen Form um 1600 wieder aus der Literatur verschwindet (als umfassende Bezeichnung für alle spielartigen Veranstaltungen der Fastnachtszeit findet es auch später noch Verwendung). Nur an wenigen Orten, vor allem in Nürnberg und Sterzing, lässt sich von einer literarischen Gestaltung des Fastnachtsspiels sprechen. Jahreszeitfeste, vor allem das Frühlingsfest mit der Vertreibung des Winters, gaben Anlass zu allerlei Scherz und Mummenschanz. Derbe Szenen aus dem Alltag, Ehestreit und Gerichtshändel waren nicht minder beliebt. Stets wurde der Bauer als roh und tölpelhaft verspottet. Erst Hans Sachs hat das Fastnachtsspiel wieder auf ein höheres Niveau gebracht. Bekannt geblieben von den Verfassern der älteren Nürnberger Fastnachtsspiele sind HANS ROSENPLÜT (Anfang des 15. Jhs. – um 1470) und HANS FOLZ (? – 1505/1515, *Ein spil vom konig Salomon und Markolffo,* um 1490, das auch als Volksbuch erschienen ist).

Epische Literatur in Vers und Prosa

Auch die umfangreiche epische Literatur spiegelt die Änderung der gesellschaftlichen Rahmenbedingungen und des geistigen Klimas. Die Berührung mit dem in Italien aufblühenden Humanismus bewirkte neue Anschauungen über den Menschen, seine Stellung und Aufgabe in der Welt.

Prager Vorhumanismus

Karl IV. aus dem Hause Luxemburg, 1346 zum römischen König gewählt, 1347 auch König von Böhmen, residierte auch als Kaiser in dem von ihm großzügig geförderten Prag. 1348 gründete er dort die erste Universität im Reich nördlich der Alpen. Auf seiner Romreise zur Kaiserkrönung 1354–55 begleitete ihn JOHANN VON NEUMARKT (vor 1320–1380, aus einer deutschen Bürgerfamilie in Hohenmaut, Böhmen), zu dieser Zeit der bedeutendste Repräsentant des Prager geistigen Lebens, der in der Hofkanzlei aufgestiegen und seit 1353 Kanzler war. Johann von Neumarkt kam auf dieser Reise in Berührung mit Persönlichkeiten der italienischen Frührenaissance, dem Politiker Cola di Rienco (Rienzi, um 1313–1354) und Francesco Petrarca. Der große Dichter und Humanist hielt sich später im diplomatischen Auftrag der mailändischen Herzöge seinerseits an der Moldau auf, woraus sich ein freundschaftlicher Briefwechsel mit Johann von Neumarkt entwickelte. Bald nach Antritt seiner Kanzlerschaft hatte dieser mit einer Neuordnung des Schriftwesens der kaiserlichen Kanzlei begonnen, die zur Einführung von *Formelbüchern* führte, die Urkunden- und Briefentwürfen zugrunde gelegt wurden. Diese häufig abgeschriebenen und nachgeahmten Formulare trugen zur Entwicklung eines verbindlichen Kanzleistils und in ihren deutschen Teilen zur Entwicklung einer neuhochdeutschen Schriftsprache bei.

Die Korrespondenz mit dem von ihm bewunderten Petrarca wirkte auf Johann von Neumarkt zurück, der sich selbst als Übersetzer und Herausgeber geistlicher Schriften betätigte. Sein Stil zeigt die Bemühung, zur Schaffung einer deutschen Kunstprosa beizutragen, in der die mundartliche Zersplitterung durch eine allgemein verständliche Sprachform überwunden wurde. Im Auftrag des Kaisers, der seinerseits eine autobiografische Schilderung seiner Jugend und eine *Wenzelslegende* verfasste, übertrug er das damals dem Augustinus zugeschriebene, tatsächlich aus dem 13. Jahrhundert stammende *Buch der Liebkosungen* (*Liber soliloquiorum animae ad deum,* um 1357–63), das später für die Prosa des *Ackermann aus Böhmen* des Johann von Tepl bedeutsam wurde und aus dem dort direkt zitiert wird. Johann von Neumarkt (er war auch Kleriker, Bischof von Leitomischl, zuletzt von Olmütz) hat ferner aus drei von verschiedenen Autoren stammenden lateinischen *Briefen über den heiligen Hieronymus* eine deutschsprachige Darstellung redigiert und für die Damen der Hofgesellschaft ein *Höfisches Gebetbuch* verfasst, das sich in die Frauenklöster, volkstümlichen Orden und von da in das Bürgertum verbreitete. »Bei der Wiedergabe ins Deutsche bemühte sich Johann von Neumarkt um eine zwar höfisch gehobene, aber warme und deutliche Sprache, um Klarheit der Gedanken und Lebensnähe des Ausdrucks. Er ist bestrebt, nicht bloß zu übersetzen, sondern gute deutsche Prosa zu schreiben; er gebraucht in mitunter kunstbewusst abgewogenen Satzgefügen Auflösungen, er umschreibt, erklärt und fügt ein.« (H. Rupprich) Seine Bibliothek enthielt das wohl erste Exemplar von Dantes Werken in Mitteleuropa.

Humanistische Impulse vermittelte auch die in vier Nationen (böhmisch, polnisch, sächsisch und bayerisch) gegliederte Universität, zugleich mit Anregungen für eine reformierte, franziskanisch inspirierte Frömmigkeit. Deutsche und tschechische Studenten, die Karl IV. nach England sandte (seine Tochter war mit dem König von England verlobt), brachten aus Oxford die Lehren des Vorreformators Wyclif mit, auf denen später der Prager Magister Jan Hus fußte. Bis zum Auszug der Deutschen 1409 nahm Prag als Studienort in Mitteleuropa den ersten Platz ein.

Aus dem Umkreis des Prager Hofes stammt auch der *Ackermann*, jene Dichtung, in der sich der neue Sprachwille und ein verändertes Wirklichkeitsbewusstsein eindrucksvoll aussprechen.

»Der Ackermann aus Böhmen und der Tod«

Der Autor ist Johann von Tepl, geb. um 1350 in Sitbor/Böhmen. Der Vater war (vermutlich nach seiner Verwitwung) Pfarrer. Johann von Tepl (oder auch von Saaz, die Schreibung des Namens wechselt) hat in Prag oder an einer italienischen oder französischen Universität studiert und war in der Prager Kanzlei tätig. Später war er Notar und Schulvorsteher in Saaz, 1411 übersiedelte er als Protonotar nach Prag. Dort ist er drei Jahre später gestorben. Auf ihn gehen vier *Formelbücher* zurück, auch einige Verse sind überliefert. Als Autor des *Ackermann* ist er erst 1933 mit Sicherheit ermittelt worden.

Johann von Tepls große Prosadichtung ist ein Streitgespräch zwischen einem Witwer und dem Tod, der ihm die Frau genommen hat. »Ich bins genannt ein ackermann, von vogelwat (aus Federn) ist mein pflug, vnd wone in Behemer Lande« – dieser »Ackermann« ist in Wahrheit ein gelehrter Schreiber. Seine Selbstvorstellung enthüllt, in welche Traditionszusammenhänge er gehört. Alle Stilmittel der antiken, vom Mittelalter rezipierten und tradierten Rhetorik stehen ihm zu Gebote, ja der lateinische Begleitbrief an einen Freund charakterisiert das Werk geradezu als eine Stilübung. Streitgespräche mit ähnlichem Thema hat es bereits

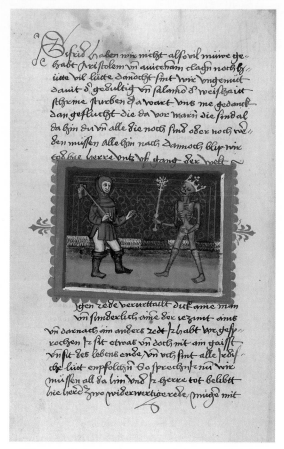

Johann von Tepl: *Der Ackermann aus Böhmen und der Tod*, Werkstatt Ludwig Henfflin, um 1470

vorher gegeben, allerdings in lateinischer Sprache. Inhaltlich fußt der Autor stark auf Motiv- und Gedankengut spätmittelalterlicher deutscher Dichtung, man hat besonders auf Gesellschaftslied und Meistergesang hingewiesen. Insofern ist es nicht verwunderlich, dass die im *Ackermann* vom Tod vorgetragenen Argumente sich eng mit Auffassungen des annähernd eine Generation jüngeren Oswald von Wolkenstein berühren, der sich andererseits von des Ackermanns Auflehnung gegen den Tod noch nicht berührt zeigt.

In leidenschaftlicher Anklage, maßlos vor Schmerz, fordert der Kläger vom Tod, dem Mörder seiner Frau, Rechenschaft.

Ir habt unwiderbringenden raub an mir getan. Weget es selber, ob ich icht billich zürne, wüte und klage: von euch bin ich freudenreiches wesens beraubet, tegelicher guter lebetage entweret und aller wünnebringender rente geeußert. Frütig und fro was ich vormals zu aller stund; kurz und lustsam was mir alle tag und nacht, in gleicher maße freudenreich, geuden-

reich sie beide; ein jegliches jar was mir ein gnadenreiches jar. Nu wirt zu mir gesprochen: schab ab! bei trübem tranke, auf dürrem aste, betrübet, swarz und zersorten beleib und heule on underlass! Also treibet mich der wind, ich swimme dahin durch des wilden meeres flut, die tünnen haben überhand genommen, mein anker haftet ninder. Hierumb ich on ende schreien wil: ir Tod euch sei verfluchet!

Der Tod weist den Ackermann zurück und deutet auf die Eitelkeit und Hinfälligkeit alles irdischen Seins, über das Gott ihm die Macht verliehen hat.

Noch ist das aller gröste, das ein mensche nicht gewissen kan, wenn, wo oder wie wir über es urblüpfling fallen und es jagen zu laufen den weg der tötlichen. Die bürde müssen tragen herren und knechte, man und weib, jung und alt, reich und arm, gut und böse. O leidige zuversicht, wie wenig achten dein die tummen. Wann es zu spate ist, so wellen sie alle frum werden. Das ist alles eitelkeit über eitelkeit und beswerung der sele. Darumb lass dein klagen sein und trit in welchen orden du wilt: du findest gebrechen und eitelkeit darinnen! Jedoch kere von dem bösen und tue das gute, suche den fride und tue in stete, über alle irdische dinge habe lieb rein und lauter gewissen! Und das wir dir rechte geraten haben, des komen wir mit dir an Got, den ewigen, den großen und den starken.

Die Streitenden treten vor Gott und dieser urteilt, dass beide Recht haben: Dem Kläger gebührt die Ehre, dem Tod aber der Sieg in diesem Kampf.

In dieser Dichtung stoßen zwei Weltanschauungen und zwei Zeitalter aufeinander. Auf das Mittelalter verweist die Rede des Todes von der Eitelkeit der Welt und der Hinfälligkeit des Menschen, auf die beginnende Renaissance die Hingabe an das Diesseits, an den Wert der Schöpfung und des Menschen, wie der Ackermann sie als sein Recht begreift. Gott, dem sich am Ende der Dichter im Gebet anvertraut, bleibt jedoch unangefochten Richter.

Die kunstvolle Prosa, der Reichtum der Bilder, die weit gespannten Perioden dieses singulären Werks, die in der dichterischen Durchbildung weit über alles Rhetorische hinausführen, haben kein Beispiel in seiner Zeit und sind im späteren Humanismus nicht wieder erreicht worden.

Der *Ackermann* fand im 15. und 16. Jahrhundert große Verbreitung, aber keine der überlieferten Handschriften und aus dieser Zeit stammenden Drucke kommt aus dem böhmischen Raum. Die Ursache dafür liegt wahrscheinlich in den bald nach der Entstehung des Werks einsetzenden Hussitenkriegen und den darauf folgenden politischen Erschütterungen und Kämpfen. Unter diesen Umständen war auch den humanistischen Bestrebungen im Umkreis des Prager Hofes ein fort-

gesetzter Erfolg nicht beschieden. Der deutsche Frühhumanismus (die neuere Forschung spricht einschränkend von Vorhumanismus) blieb zunächst ein regionales Phänomen, vertreten nur durch eine kleine Oberschicht. Dies gilt auch für die gelehrten Zirkel in Wien, wo Enea Silvio Piccolomini (1405–1464, 1458 Pius II.), damals Sekretär Kaiser Friedrichs III. – der ihn in Frankfurt zum Dichter gekrönt hatte – Vorlesungen über antike Autoren hielt. Er ist für Autoren der damals an Ausdehnung wachsenden Übersetzungsliteratur von Bedeutung gewesen, so für NIKLAS VON WYLE (um 1410–nach 1478), der u. a. eine Liebesnovelle des späteren Papstes (*Euryalus und Lukretia*, e. 1444) übertragen hat, für HEINRICH STEINHÖWEL (1412–1482/ 83), der u. d. T. *Von den sinnrychen erluchten wyben* 1473 Boccacios *De claris mulieribus* (*Über berühmte Frauen*) verdeutschte, und für ALBRECHT VON EYB (1420–1475), der Komödien des Plautus übersetzte. Mit ihm fand erstmals antike Dramatik unmittelbar Eingang in die deutsche Literatur.

Der *Ackermann* hat im deutschen Sprachraum aber auch nicht erkennbar anregend gewirkt, während in Böhmen schon um 1409 ein tschechisches Gegenstück, *Das Weberlein (Tkadleček)*, entstand, als dessen Autor der Text einen Ludvik von Hradek (= Königgrätz) nennt. Vielmehr scheint es für die Epoche kennzeichnend, dass bedeutende und unter gewissen Gesichtspunkten sehr wohl vergleichbare Autoren ohne sich gegenseitig zu beeinflussen, ja ohne Kenntnis voneinander schrieben und so auf den ersten Blick isoliert nebeneinander zu stehen scheinen. Eine wichtige Gemeinsamkeit zeigt sich jedoch in ihrem Verhältnis zur Tradition. Erstmals in der Geschichte der deutschen Literatur beobachtet man, dass gerade durch die uneingeschränkte Verfügbarkeit des literarischen Traditionsgutes geistige Unabhängigkeit und künstlerische Originalität möglich werden.

Annähernd zeitgleich mit dem *Ackermann* (und mit dem Hauptteil der Lieder Oswalds von Wolkenstein) entstand das nur in einer einzigen Handschrift überlieferte komisch-didaktische Epos *Der Ring*, eines der wichtigsten Werke der deutschen spätmittelalterlichen Literatur, aus der Feder eines weitgehend unbekannten Verfassers.

Heinrich Wittenwîler (um 1400)

So wenig ist von den Entstehungsumständen des *Ring* bekannt, dass in der Forschung zwei verschiedene Personen als Autor in Betracht gezogen werden: Ein Meister Heinrich von Wittenwîler, zwischen 1387 und 1395 in Konstanz

Elisabeth von Nassau-Saarbrücken: *Herpin*

Notar und Advokat der bischöflichen Kurie, und ein Heinrich Wittenwîler, genannt Müller, aus Wängi im Thurgau, dort und in Lichtensteig/Toggenburg zwischen 1395 und 1436 bezeugt. Für den einen sprechen die in seiner Dichtung aufscheinenden juristischen Kenntnisse, für die anderen die Mundart und die Vertrautheit mit der Mundart und der Landschaft um Lichtensteig. Die Handschrift des *Ring* befindet sich im thüringischen Meiningen, sie wird in das erste Jahrzehnt des 15. Jahrhunderts datiert.

Das dreiteilige Werk umfasst annähernd 10000 Reimpaarverse, die an einigen besonderen Stellen durch Abschnitte in Prosa unterbrochen sind (denn bereits wird einer Sprache, die auf Vers und Reim verzichtet, größere Glaubwürdigkeit und Überzeugungskraft zugebilligt). Der Autor will, wie er mit dem allegorischen Titel in Aussicht stellt, »ze ring umb« umfassend belehren, das Publikum aber auch durch Satire unterhalten, damit es sich der Lehre nicht verschließt. In der Handschrift sind, wie im Vorwort erläutert wird, ernste Passagen mit roter Farbe, das »törpelleben« der Menschen darstellende mit grüner Farbe gekennzeichnet. Das Grundgerüst des Epos ist einem in der Neidhart-Tradition stehenden Bauernhochzeitsschwank aus dem frühen 14. Jahrhundert *Von Metzen hochzit* entnommen, doch geht Wittenwîlers Intention weit über die bloße Bauernsatire hinaus. »Er istr ein gpaur in meinem muot, / Der unrecht lept und läppisch tuot«, nicht jemand, der »Sich mit trewer arbait nert«. Auch die anachronistisch gewordenen Lebensformen des Adels bilden Angriffspunkte der Satire. Durch solche Zielrichtung gibt sich der *Ring* letztlich als für ein stadtbürgerliches Publikum bestimmtes Werk zu erkennen.

Erster Teil: Der junge Bauer Bertschi Triefnas zu Lappenhausen im Tal zu Grausen, will die abschreckend hässliche Mätzli Rüerenzumph zur Frau gewinnen. Auf dem Dorfanger erscheint er zum Turnier, begleitet von zwölf Gesellen, die auf Eseln und Ackergäulen reiten. Ein Turniergast erscheint – es ist Neidhart, der sie alle aus dem Sattel hebt und belehrt, was wahre Ritterpflicht sei. Pech verfolgt Bertschi auch weiterhin: Als er im Kuhstall zudringlich wird, landet er auf dem Misthaufen, als er der Unerreichbaren – Mätzlis Vater hat sie auf dem Speicher eingesperrt – einen Minnebrief zuwerfen will, fliegt ihr das in einen Stein gewickelte Schreiben an den Kopf. Ohnedies sind die Brautleute Analphabeten, sodass Schreiben und Lesen nicht ohne Hilfe möglich sind. Mätzli opfert dem Apotheker dafür ihre Jungfernschaft. – 2. Teil: Bertschis Familie berät die Vor- und Nachteile der geplanten Verbindung, wobei viele gute Lehren, wahre Tugendprogramme für alle Lebenslagen vorgetragen werden. Der Bauer Lastersack erörtert in zehn Punkten die Glaubensfrage. Mithilfe der Frauen kommt es zur Hochzeit, die in wüster Völlerei und in einem Raufhandel um ein Mädchen endet. – 3. Teil: Der Hochzeitsstreit wächst sich zu einem Krieg zwischen den Dörfern Lappenhausen und Nissingen aus. Dabei finden beide Seiten Unterstützung von historischen Helden der Vergangenheit und der Dichtung (Artusrittern, Dietrich von Bern usw.), aber auch von außermenschlichen Helfern aus der Märchen- und Sagenwelt wie Riesen, Hexen und Zwergen. Lappenhausen wird erobert und völlig zerstört, nur Bertschi bleibt, in einem Heuschober versteckt, am Leben. Er zieht sich, ein früher Simplicius, als Einsiedler in den Schwarzwald zurück.

Der Autor zeigt die Welt in dem von ihm gehandhabten Zerrspiegel so grotesk denaturiert und hässlich, dass es zuweilen scheinen mag, als spotte er pessimistisch sogar über seine eigenen Lehren und seine beziehungsvoll ins Spiel gebrachte literarische Bildung. Aber der satirische Erfindungsreichtum, der nichts und niemanden verschont, die derbe Vitalität, die auch das Obszöne nicht scheut, haben das Leben auf ihrer Seite und lassen den *Ring* als ein großes Dokument seiner Epoche erkennen.

Prosaroman und Volksbuch

Prosaromane schufen Frauen aus dem Hochadel nach französischer Vorlage, beziehungsweise durch Übersetzung aus dem Französischen. ELISABETH GRÄFIN VON NASSAU-SAARBRÜCKEN (1397–1456) übertrug 1437 den Roman von *Loher (Lother)*, einem natürlichen Sohn Karls des Großen aus französischer Prosa, in die ihn ihre Mutter, Gräfin Margarete von Vaudémont, aus dem Lateinischen übersetzt hatte. Ebenfalls nach französischer Vorlage erzählte sie den Helden- und Liebesroman von *Hug Schapeler* (*Hugo Capet*, entstanden vor 1437), der, obwohl er nicht ritterlicher Abkunft ist, die Hand der Königstochter und den Thron gewinnt. ELEONORE HERZOGIN VON (VORDER-)ÖSTERREICH (1433–1480) legte die Geschichte eines königlichen Liebespaars vor, das nach mannigfachen, durch Verleumdung erlittenen Leiden glücklich wieder vereinigt wird (*Pontus und Sidonia*, nach 1448, vor 1465). Zugrunde lag dieser Übersetzung der Roman *Ponthus et Sidoine* von Geoffrey de la Tour Landry, der damals noch ein zweites Mal und in anspruchsvollerer Weise ins Deutsche übertragen wurde. Beim Publikum setzte sich jedoch die geringerwertige Fassung durch, wurde wiederholt neu aufgelegt und zum »Volksbuch«.

Dieser Vorgang ist charakteristisch, denn nach diesem Muster entwickelte sich eine Literatur eigener Art: sprachlich kaum auf formalen Glanz bedacht, inhaltlich anspruchsloser, im Ganzen schlichter und auch derber. In der Romantik hat Joseph Görres dafür einen eigenen, später bestrittenen Gattungsbegriff eingeführt (»die teutschen Volksbücher«, 1807).

Die Volksbücher haben das Erbe der ritterlichen Epik übernommen. Deutsche höfische Epen und französische ritterlich-märchenhafte Reimdichtungen wurden in Prosa umgesetzt. Ursprünglich für Adel und vermögendes Bürgertum bestimmt, wurden sie nach Erfindung des Buchdrucks zur beliebten Lektüre breiter Leserschichten. Noch Goethe war als Knabe glücklich, wenn er beim Büchertrödler die löschpapierenen Hefte von der schönen *Melusine* (1456), vom Kaiser *Oktavianus* (1535), von *Fortunatus* (1508) und *Die schöne Magelone* (1527), diese »schätzbaren Überreste der Mittelzeit«, für ein paar Kreuzer erwerben konnte. Nicht weniger beliebt waren *Tristan und Isolde* (1484), *Herzog Ernst* (1493), *Die Haimonskinder* (1604) und *Alexander* (1444). Es war in erster Linie der Stoff, der bei diesen Um- und Nachdichtungen durch unbekannte Verfasser interessierte; wenn dabei Form und Vers verloren gingen, so gewannen die Volksbücher andererseits durch ihre Naivität.

Wir gestehen es offenherzig: Diese Gedichte erscheinen wiederum viel reiner und poetischer in den später manchen zuteil gewordenen prosaischen Bearbeitungen. Hier ist durch Wegschneiden des Geschwätzigen das Ganze strenger zusammengefasst, und die reizend naive Sprache der eben entstehenden Prosa spricht das Poetische viel klarer aus als jene oft mühsam sich aneinander drängenden Reime. (W. Grimm)

Von den Volksbüchern *Till Eulenspiegel* (1515), *Die Schiltbürger* (1597) und *Doktor Faust* (1587) wird später noch die Rede sein.

Lieddichtung

Der Mönch von Salzburg

In mehr als hundert Handschriften (mehr als von jedem anderen deutschen mittelalterlichen Lyriker) ist eine Sammlung von Liedern aus der zweiten Hälfte des 14. Jahrhunderts überliefert, deren unbekannter Verfasser sich »der munch« (MÖNCH VON SALZBURG) nennt und am Hof des prunkliebenden Erzbischofs von Salzburg Pilgrim II. von Puchheim (reg. 1365–96) lebte, nach einer unbewiesenen Vermutung sogar mit ihm identisch ist. Es handelt sich um mehr als 50 geistliche und 56 weltliche Lieder, denen z. T. auch musikalische Notierungen für Melodie und Instrumentalbegleitung beigefügt sind, darunter die frühesten Beispiele weltlicher Mehrstimmigkeit im deutschen Sprachraum. Beide Liedgruppen zeichnet ein großer Formenreichtum aus, so steht neben einem kunstvollen Marienpreis das bis in die Gegenwart lebendig gebliebene *Josef, lieber neve mein*. Das Tagelied wird variiert und parodiert: Magd und Knecht müssen nach dem Mittagsschlaf im Stroh voneinander Abschied nehmen, weil das Horn des Hirten sie mahnt, dass »dy kchü noch ungemolchen« sind.

Volkslied

Während die Menge in Kirchen und auf Plätzen den Predigern und Bettelmönchen lauschte, die zur Umkehr und inneren Einkehr ermahnten, war ein anderer Teil des Volkes auf Wanderschaft. Landsknechte, Handwerker, Bürger, Studenten feierten mit den Bauern und Mädchen vor der Dorflinde den Frühling und fanden sich in den Trink- und Zunftstuben der Städte zusammen. In solchem Gemeinschaftsleben wurden die erst später gesammelten Volkslieder gepflegt. Sie wurden mündlich überliefert, mitunter auf Blättern verbreitet und in Sammlungen festgehalten.

Den Ausdruck »Volkslied« hat Johann Gottfried Herder, in Anlehnung an englische Bezeichnungen wie »popular song« oder »popular poetry«, geprägt. Er betonte, dass im Gegensatz zum Kunstlied das Volkslied von seiner Melodie untrennbar sei. Die Romantiker, mit ihnen Ludwig Uhland in seiner *Geschichte des deutschen Volksliedes*, vertraten die Ansicht, dass das Volk dieses Liedgut geschaffen habe. Demgegenüber bewiesen Adalbert von Keller in der Einleitung zu seinen *Volksliedern aus der Bretagne* und John Meier in seinen Forschungen *Kunstlieder im Volksmund* (1906), dass die meisten Volkslieder von Kunstliedern abstammen.

Der Ausdruck besagt mithin nicht Ursprung aus dem Volk, sondern Übernahme durch das Volk. Auch die Volkslieder sind wie Kunstlieder ursprünglich individuelle Schöpfungen einzelner Dichter. Aber das Volk fühlte sich durch sie angesprochen, und bei der mündlichen Weitergabe im Gesang wurde manches umgebildet und dem eigenen Empfinden angepasst, d. h. »zersungen«. Dieses Zersingen oder Umsingen konnte in der Veränderung des Textes bestehen, im Weglassen einzelner Partien oder im Anfügen neuer Verse und Kehrreime; schließlich konnten auch verschiedene Lieder miteinander verschmolzen werden. So entstand ein Text, in dem die Empfindungen in einer Art formuliert waren, dass sie jedes empfängliche Gemüt ansprachen; Gedanken und Gefühle wurden durch wiederkehrende Sinnbilder ausgedrückt (das goldene Ringelein, das zerbrochene Mühlrad, Rose und Lilie usw.).

Die Lieder behandeln den ganzen Spielraum subjektiver Erfahrung: Sehnsucht und Liebe, Treue und Verrat, Reise- und Wanderlust, Abschied und Tod. Die Jahreszeiten und die mit ihnen wechselnden Stimmungen bilden ein unerschöpfliches Thema: Frühjahrsfreude, Sommerglück, Wehmut des Herbstes, Strenge des Winters. Das Volkslied, das seine Blütezeit vom 14. bis zum 16. Jahrhundert hatte, sucht und findet den schlichten, natürlich wirkenden Ausdruck, der gleichwohl nicht ohne vieldeutige Ober- und Untertöne ist. Zu den schönsten dieser Lieder gehören: *Ich hört ein Sichlein rauschen, Es waren zwei Königskinder, Das Lied aus Graubünden, Ich stund auf hohem Berge* oder das von der *Frau Nachtigall*. In Trink- und Standesliedern kommt derber Humor zum Ausdruck, werden die Stände verspottet, der Lebensgenuss in lustiger Gesellschaft gepriesen, wird mit Galgenhumor vom bitteren Ende der »armen Schwartenhälse« erzählt.

Die historischen Volkslieder behandeln Geschichtsereignisse, erzählen von bekannten Persönlichkeiten und vom Leben ungewöhnlicher Menschen. Dabei beschäftigt sich die Phantasie besonders gern mit kühnen, verfemten Rechtsbrechern. So sind die Lieder von der Schlacht bei Pavia und bei Näfels, von der Schlacht bei Sempach, von der schönen Bernauerin, von Klaus Störtebeker, von Eppele von Gailingen, dem berühmten Wegelagerer, und von dem Lindenschmitt entstanden.

Das Volkslied hat zarte Töne gefunden: *Es ist ein Ros entsprungen, Es ist ein Schnitter, der heißt Tod* oder *Wenn der Jüngste Tag will werden*: »Wenn der Jüngste Tag will werden, / Da fallen die Sternlein auf die Erden, / Da beugen sich die Bäumelein, / Da singen die Waldvögelein, / Da kommt der liebe Gott gezogen / Auf einem großen Regenbogen // ›Ihr Toten, ihr sollt auferstehn! / Ihr sollt vor Gottes Gerichte gehn! / Ihr sollt treten auf die Spitzen, / Da die lieben Englein sitzen! / Ihr sollt treten auf die Bahn!‹ / Der liebe Gott nehm' uns alle in Gnaden an.«

Die ersten Volksliedsammlungen entstanden schon um die Mitte des 15. Jahrhunderts.

1454: *Das Augsburger Liederbuch*
1455: *Das Lochamer Liederbuch*
1471: Das so genannte *Liederbuch der Klara Hätzlerin* aus Augsburg (Abschreiberin von Beruf), zusammengestellt für einen Patrizier. Die Sammlung enthält Spruchgedichte, erzählende und didaktische Gedichte, weltliche und geistliche Lieder. Von bekannten Dichtern sind darin vertreten: Heinrich der Teichner, Suchenwirt, Muskatplüt, Suchensinn, der Mönch von Salzburg, Oswald von Wolkenstein.
1500: *Das Münchener Liederbuch*, des Nürnberger Humanisten Hartmann Schedel
1539: *Frische teutsche Liedlein* von Georg Forster; 5 Teile
1778/79: *Volkslieder* von Johann Gottfried Herder. Diese Sammlung enthält Lieder anderer Völker. (Zweite Auflage 1807 u. d. T. *Stimmen der Völker in Liedern*)
1805/08: *Des Knaben Wunderhorn* von Achim von Arnim/ Clemens Brentano
1817: *Altdeutsche Volks- und Meisterlieder* von Johann Joseph Görres
1844: *Alte hoch- und niederdeutsche Volkslieder* von Ludwig Uhland. Erste größere nach wissenschaftlichen Gesichtspunkten geordnete Sammlung.

Meistersang

Die Um- und Fortbildung der höfischen Kunst in bürgerliche Dichtung gelang nicht immer in gleicher Weise. Das zeigte sich bei den bildungsbeflissenen Handwerkern der aufblühenden Städte, die dem ritterlichen Minnesang nacheiferten. Sie verehrten Walther von der Vogelweide und Wolfram von Eschenbach als ihre Vorbilder, und da die Minnesänger der späteren Zeit als Meister angeredet wurden, nannten sie sich Meistersinger. Seit dem 14. Jahrhundert schlossen sie sich in süddeutschen Städten wie Mainz, Worms, Ulm, Nürnberg, Augsburg zu Singschulen zusammen um sich im einstimmigen Einzelvortrag kunstvoller Lieder zu üben. Das Wichtigste erschien ihnen die strenge Befolgung der Regeln, die sie bei den alten Meistern entdeckt haben wollten und in der so genannten »Tabulatur« niedergelegt hatten: genaue Vorschriften über Silbenzahl, Reime, Aufbau und Inhalt des »Tones«. »Merker« zeichneten beim Wettsingen sorgfältig alle Verstöße auf. Man musste in der Singschule eine lange Lehrzeit durchmachen und wurde erst zum Meister ausgerufen, wenn man einen neuen Ton, das heißt Text, Strophenform und Melodie, erfunden hatte.

Die »Meistersinger« glaubten dichten zu können, wenn sie fleißig Regeln und Muster studierten. Sie brachten es aber meistens nur zu platten Reimereien, die bald vergessen wurden. Richard Wagner hat in seiner Oper *Die Meistersinger von Nürnberg* ein Bild von diesen Gruppierungen gegeben. Dennoch sind später aus Handwerkerstuben Meister wie Hans Sachs und Albrecht Dürer hervorgegangen, die das Gelernte in Dichtung und Kunst verwandelten.

Die vielfältigen künstlerischen Möglichkeiten am Ende der Epoche spiegelt die Lieddichtung eines Tiroler Adligen, dessen lange weitgehend vergessenes Werk eine nachhaltige Renaissance erfahren hat.

Oswald von Wolkenstein,
Vorsatzblatt der Innsbrucker Pergamenthandschrift, 1432,
Bildnis von Antonio Pisanello oder aus dessen Schülerkreis

Oswald von Wolkenstein (1376?–1445)

Geboren wahrscheinlich auf Burg Schöneck im Pustertal, gestorben in Meran, ist Oswald der erste deutsche Dichter über den aufgrund der Quellenlage – er hat zahlreiche ihn betreffende Urkunden und Akten selbst gesammelt – eine historisch-kritische Biografie geschrieben werden konnte (Anton Schwob, O.v.W., 1977). Sein Leben ist von atemberaubender Abenteuerlichkeit: Feldzüge, Handelsreisen, eine Pilgerfahrt ins Heilige Land, verschiedene diplomatische Missionen trieben den »Hemingway seiner Zeit« – wie man ihn ausschmückend genannt hat – kreuz und quer durch Europa, Nordafrika und den Vorderen Orient. Ein Höhepunkt seines Lebens war die Teilnahme am Konstanzer Konzil.

Das sehr vielschichtige und formenreiche Werk (Liebeslieder, Trinklieder, Spott- und Scheltlieder, Reiseberichte in Liedform, Gefangenschaftslieder, religiöse Dichtung usw.) zeigt schon ein Aufbrechen der erstarrten mittelalterlichen Traditionen, denen Oswald noch verpflichtet ist. Die hervorgehobene soziale Stellung gab ihm nicht nur innere Unabhängigkeit, sondern erlaubte ihm auch, seinem künstlerischen Selbstbewusstsein entsprechend für den eigenen Nachruhm

zu sorgen: Er ließ nicht nur die Texte, sondern auch die Melodien seiner Lieder in zwei kostbaren Handschriften aufzeichnen. Beide Handschriften enthalten Individualbilder des Dichters – die ersten der deutschen Literaturgeschichte.

Wie kein anderer mittelalterlicher Lyriker hat Oswald zahlreiche Einzelheiten aus seinem Leben in seinen Liedern überliefert, doch ist nicht wirklichkeitsgetreue Wiedergabe sein Ziel. In den Details, aus denen er seine Texte gefügt hat, sind Erlebnis und literarischer Topos häufig untrennbar miteinander verschmolzen. Ein Lied, in dem er im Alter von etwa vierzig Jahren Rückschau hält, beginnt mit dem Auszug des »Helden« aus der Tiroler Heimat in die Welt:

Es fügt sich, do ich was von zehen jaren alt,
ich wolt besehen, wie die werlt wer gestalt.
Mit ellend, armüt mangen winkel, haiss und kalt,
hab ich gebawt bei cristen, Kriechen, haiden.
Drei pfennig in dem peutel und ain stücklin brot,
das was von haim mein zerung, do ich loff in not.
Von fremden freunden so hab ich manchen tropfen rot
gelassen seider, das ich wand verschaiden.

Ich loff ze füss mit swerer büss bis das mir starb
mein vatter zwar, wol vierzen jar, nie ross erwarb,
wann aines roupt, stal ich halbs zu mal mit valber varb,
und des geleich schied ich da von mit laide.
Zwar renner, koch, so was ich doch und marstaller,
auch an dem rüder zoch ich zu mir, das war swer,
in Kandia und anderswo, ouch widerhar,
vil mancher kittel was mein bestes klaide.

*Es fügte sich, als ich zehn Jahre alt war, / da wollte ich die Welt
kennen lernen. / In Not und Armut, in manchem heißen, manchem kalten Winkel / habe ich seither gehaust, bei Christen,
Orthodoxen, Heiden. / Drei Pfennige und ein Stücklein Brot
im Beutel / waren meine Wegzehrung von daheim, als ich ins
Elend lief. / Von falschen Freunden habe ich seitdem manchen
Tropfen / Blut gelassen, dass ich schon zu sterben glaubte. /
Ich lief zu Fuß wie ein Büßer, vierzehn Jahre lang, / bis mein
Vater starb, und nie kriegte ich ein Pferd, / nur eines, einen
falben: halb raubte und halb stahl ich ihn / und auf die glei-
che Weise wurde ich ihn wieder mit schaden los. / Ich war
Laufbote, Koch, wahrhaftig, und Pferdemeister, / auch am
Ruder zog ich, das war schwer, / bis nach Kreta und sonstwo-
hin und wieder zurück. / Oft war ein einfacher Kittel mein
bestes Kleid.*

(BURGHART WACHINGER)

Nicht ohne Effekthascherei zählt Oswald die Länder
auf, in die seine Fahrten geführt haben: »Gen Preussen,
Littwan, Tartarei, Türkei uber mer, / gen Frankreich,
Lampart, Ispanien [...]« Auch die zehn Sprachen
nennt er, mit deren Hilfe er sich in der Fremde durchschlagen konnte: »franzoisch, mörisch, katlonisch und
kastilian, / teutsch, latein, windisch, lampertisch, reu-
schisch und roman«. Die Fahrten der frühen Jahre, die
der Sänger hier nur summarisch erwähnt, sind nicht
mehr zu datieren, während spätere Unternehmungen
wie die Pilgerreise ins Heilige Land oder die Gesandt-
schaftsreise nach Portugal sich mit einiger Sicherheit
festlegen lassen. Nicht zuverlässige Angaben zu seinem
Werdegang zu geben, sondern die Stilisierung von Erlebnissen ins Exemplarische hat Oswald offenbar beabsichtigt. So entsteht eine poetische Biografie, die
zwischen individueller und literarischer Erfahrung
angesiedelt ist – mit dem Ergebnis, dass Oswald in Interpretationen sowohl als »der letzte Minnesänger«
wie als »der erste moderne Mensch« bezeichnet worden ist.

Die Bedeutung vorgeprägter literarischer Muster lässt
sich besonders gut an seinen Liebesliedern verdeutlichen; mehr als ein Drittel seines Werks ist der Minne-
thematik gewidmet oder enthält Motive aus diesem
Bereich: verfasst zu einer Zeit, als die traditionelle Minnelyrik als Standespoesie auch für den weltlichen Adel

wohl schon an Attraktivität verloren hatte. Das Verhältnis von historischer Realität und literarischer Umsetzung lässt sich wegen der relativ günstigen Quellenlage – die zugrunde liegenden biografischen Fakten
sind hinlänglich bezeugt – an den Gefangenschaftslie-
dern ablesen. Die Hafterlebnisse gehören zu den zentralen autobiografischen Themen Oswalds, für seine
innere Biografie stellen sie die entscheidende Wende
dar. Wenn Oswald das Motiv vor dem Hintergrund des
eigenen Erlebens behandelt, seine eigenen Leiden schildert, durfte er bei seinen Zeitgenossen von der Aktualität und Übertragbarkeit dieser Erfahrungen ausgehen, da die spätmittelalterlichen Rechtsverhältnisse
die Bedrohung durch Gefangennahme und Einker-
kerung zu einer allgemeinen machte.

Ebenso wie bei der Umdeutung einer diplomatischen
Mission 1415 in eine ritterliche Abenteuerfahrt (mit be-
ziehungsvoller Auszeichnung durch eine schöne Königin) hat Oswald allerdings auch bei der Darstellung
seiner Gefangenschaften konsequent geflunkert: Die
Erbauseinandersetzung um die Burg Hauenstein wird
zu einer prekären Minneaffäre umstilisiert, sogar in
seinem Streit mit dem Landesherrn sieht er die einstmals Geliebte verwickelt. In einer Frauenschelte stellt
er sich in die traditionelle Reihe berühmter Männer
von Adam über Aristoteles und Alexander bis zu Johannes dem Täufer, die durch weibliche Bosheit Schaden genommen haben: »ouch ward betoubet (verführt), / gevangen durch ains weibes list / der von Wolkenstein.«

Nicht nur als Dichter, auch als Musiker ist Oswald lebendig geblieben. Wiederum bildet die Voraussetzung
die in seinem Fall so günstige Überlieferung. Die lyrische Dichtung des Mittelalters ist gesellschaftliche Vor-
tragskunst, die nur als sprachlich-musikalische Einheit
umfassend interpretierbar ist. Aber der weitaus größte
Teil der Melodien ist verloren. So beschäftigt sich die
musikwissenschaftliche Forschung mit Oswald nicht
nur um seiner selbst willen, sondern um weiterführende Aufschlüsse zu erlangen. Allerdings hat die Untersuchung der mehrstimmigen Liedsätze, die in Oswalds Werk zu finden sind, seine Selbstständigkeit als
Komponist im zunehmenden Maße infrage gestellt.
Oswald hat die Schöpfungen italienischer und west-
europäischer Komponisten lediglich neu textiert und
für seine Zwecke adaptiert.

Dieter Kühn hat Oswald als »Liedermacher« bezeichnet. In seinem Buch *Ich Wolkenstein* (1977) hat er Oswalds Werk für das moderne Bewusstsein zu erschließen gesucht, nicht zuletzt durch neue Übersetzungen.

ANBRUCH DER NEUZEIT
1470–1600

Die Zeit ist gekennzeichnet durch Ereignisse, die auf allen Gebieten eine neue Sicht der Welt erkennen lassen. Die in Italien aufblühende Renaissance stellt dem Mittelalter ein verändertes Bild des auf sich selbst gestellten, allseitig gebildeten Menschen entgegen, fordert die Freiheit der Wissenschaft und bringt in der Politik den Typ des Machtmenschen hervor, den Niccolò Machiavelli in *Der Fürst* (*Il principe*, 1532) beschreibt. Zum Vorbild wird die Antike, deren Erforschung und Pflege sich der Humanismus widmet: Wahre Bildung ist für ihn nur durch die Kenntnis der römisch-griechischen Kultur möglich; diese erfordert intensive philologische Bemühung. Die an Höfen und Universitäten gegründeten literarischen Gesellschaften tragen wissenschaftlichen Charakter.

Erwachsen sind Renaissance und Humanismus zunächst aus einer auf geistliche Erneuerung zielenden Spiritualität, wie sie in der Mystik ebenso wie bereits bei Franz von Assisi und Dante zum Ausdruck kommen. In den Werken Dantes und Francesco Petrarcas kündigt sich zugleich das erwachende italienische Nationalgefühl an, das die auch staatliche Wiederbelebung des Gemeinwesens zum Ziel hat.

Die Flucht griechischer Gelehrter aus dem von den Osmanen eroberten Konstantinopel (1453) trug zur Intensivierung der kulturellen Bestrebungen in dieser schöpferischen Epoche bei, die »Renaissance« als umfassenden Begriff nicht kannte. Von »rinascita« spricht in Italien Giorgio Vasari, der mit Lebensbeschreibungen berühmter Maler, Bildhauer und Architekten (*Le vite de' più eccellenti architetti, pittori et sculptori italiani*, erschienen 1550, erweiterte Fassung 1568) am Beginn der italienischen Kunstgeschichte steht. Als Epochenbezeichnung erscheint »Renaissance« zuerst bei dem französischen Historiker Jules Michelet (1798–1874).

Der bedeutendste Humanist, Erasmus von Rotterdam, sucht einen harmonischen Ausgleich von Antike und Christentum in einem christlichen Humanismus. Auch hierin zeigt sich der enge Zusammenhang der humanistischen Kultur mit dem Mittelalter, auf das sich auf philosophischem Gebiet wesentliche Ansätze der neuen Denk- und Schaffensweisen zurückführen lassen.

In Deutschland wird der Humanismus zurückgedrängt durch die Reformation Martin Luthers, der das religiöse Leben auf den in der Bibel geoffenbarten Glauben an die göttliche Gnade und Erlösung gründet. Gegenüber der weltlich-wissenschaftlichen Richtung anderer Länder wird das deutsche geistige Leben durch die Fragen des Glaubens und durch eine leidenschaftliche religiöse Auseinandersetzung bestimmt.

Das große literarische Ereignis ist Luthers Bibelübersetzung, durch die der Grund zur hochdeutschen Gemeinsprache gelegt wird. Luther begründet auch das protestantische Kirchenlied. Im Übrigen ist die deutsche Literatur der Reformationszeit durch den konfessionellen Kampf und die mit ihm verbundene Polemik bestimmt. So tragen die Werke von Sebastian Brant, Thomas Murner und Johannes Fischart wesentlich satirischen Charakter. Im Reformationsdrama werden die Fragen des Glaubens diskutiert (Burkhard Waldis;

Jedermann-Spiel). Schließlich blüht eine reiche, oft recht derbe Schwankliteratur, die in Sammlungen wie Jörg Wickrams *Rollwagenbüchlein* zusammengefasst wird. In Hans Sachs findet das städtische Bürgertum noch einmal einen poetischen Sprecher; seine bleibende Leistung liegt in zahlreichen gereimten Schwänken, Fastnachtsspielen und Spruchgedichten.

Die deutsche Dichtung vermag die geistige Bewegung der Epoche nicht in ebenbürtiger Weise darzustellen. Anders als die Literatur der romanischen Länder und Englands findet sie nicht zu stilistischer Einheit. Die Humanisten pflegen die lateinische Dichtung, nur Ulrich von Hutten greift in seinem national gefärbten Humanismus auf die deutsche Sprache zurück.

Stichworte zur politischen Geschichte

Die Vereinigung des spanischen Weltreiches unter Karl V. (1519–1556) mit Deutschland in Personalunion führt zum Kampf um die politische Vorherrschaft in Europa zwischen den Dynastien Habsburg und Valois, der zunächst zugunsten des Kaisers verläuft. 1517 Luthers Thesenanschlag. 1524/25 der große Bauernkrieg in Deutschland. Festigung der deutschen Territorialstaaten. 1529 die Türken vor Wien. 1546 Tod Luthers und Schmalkaldischer Krieg, der die Stellung Karls V. im Reich zunächst befestigt, dann aber in eine Erschütterung der habsburgischen Macht mündet. Der Gedanke des universalen Kaisertums scheitert an den neuen Nationalstaaten Westeuropas, der stärker gewordenen Stellung der deutschen Territorialfürsten und am Protestantismus. 1555 Augsburger Religionsfriede: Die Kompromisslösung in der Konfessionsfrage gibt den Landesfürsten (»cuius regio, eius religio«) und den freien Städten Entscheidungsfreiheit. Karl V. dankt ab und überlässt das Reich seinem Bruder Ferdinand, Spanien mit den überseeischen Besitzungen seinem Sohn König Philipp. Das Konzil von Trient (1545–63) festigt das Dogma und gibt der reformierten katholischen Papstkirche für vier Jahrhunderte ihre nachtridentinische Gestalt. 1562–98 Hugenottenkriege in Frankreich. Seit 1556 spanische Herrschaft in den Niederlanden. 1558–1603 Elisabeth I. von England. 1568 Beginn des Freiheitskrieges der Niederländer. 1588 Niederlage der spanischen Armada im Kampf gegen die englische Flotte.

Gesellschaft und Kultur

1492 entdeckt Kolumbus Amerika, 1498 Vasco da Gama den Seeweg nach Ostindien. Die erste Weltumsegelung glückt. Kopernikus stürzt mit seiner Schrift *Über die Bewegung himmlischer Welten* (*De revolutionibus orbium coelestium*, 1543) das ptolemäische Weltbild des Mittelalters: Sie erweitert den Raum ins Unermessliche und erschließt eine sphärische Ordnung, in der die Erde und zahllose Planeten kreisen. Seit der Erfindung des Buchdrucks ist für die neuen Erkenntnisse und Lehren die Möglichkeit größerer Verbreitung geschaffen. Die um 1440 von Johannes Gutenberg

aus Mainz erfundene Kunst mit beweglichen Metalllettern zu drucken, die immer wieder für weitere Drucke verwendet werden konnten, bringt eine große Wandlung für das Schrifttum. Zu Beginn des 16. Jahrhunderts beläuft sich die Zahl der gedruckten Bücher bereits auf zehn bis zwölf Millionen. Die Werke der Dichter, bisher nur in einzelnen Handschriften überliefert, können nun in vielen Exemplaren erscheinen. Lieder und Anekdoten, satirische Gedichte und Schwänke, Flugschriften gehen von Hand zu Hand. Jeder, der lesen kann, vermag sich selbst ein Urteil bilden.

Die städtisch-bürgerliche Kultur entfaltet sich in Deutschland vor allem im süddeutschen Raum. Malerei: Albrecht Dürer (1471–1528), Kupferstiche (Ritter, Tod und Teufel; Hieronymus im Gehäus; Melancholie), Holzschnitte (Passionen; Marienleben), Bildnisse (Selbstporträts; Adam und Eva; Apostelbilder). Hans Holbein d. J. (1497–1543). Hans Baldung, gen. Grien (1484/85–1545). Lucas Cranach d. Ä. (1472–1553). Albrecht Altdorfer (um 1480–1538). Matthias Grünewald (um 1460/80 – vor 1528, Isenheimer Altar 1512–16). Plastik: Peter Vischer d. Ä. (um 1460–1529). Adam Krafft (um 1460–1508/09). Tilman Riemenschneider (um 1460 bis 1531). Veit Stoß (um 1647/48–1533). Baukunst: Ott-Heinrichs-Bau des Heidelberger Schlosses.

Italien: Leonardo da Vinci (1452–1519, Das Abendmahl). Michelangelo (1475–1564, Deckenfresken in der Sixtinischen Kapelle, Mediceer-Gräber). Raffael (1483–1520). Giorgione (1478–vor 1510). Correggio (um 1489–1534). Tizian (um 1488–1576). Italienische Hochrenaissance. In den Niederlanden: Lucas van Leyden (um 1489 od. 1494–1533). Pieter Bruegel d. Ä. (zw. 1525 u. 30–1569).

Martin Luther und Johann Walther (1496–1570) schaffen den deutschen Choral. Orlando di Lasso (um 1532–1594), 1564 als Leiter der Hofkapelle nach München berufen, Höhepunkt in der Entwicklung der Chorpolyphonie (über 2000 Werke). Als sein künstlerischer Gegenpol wirkt Giovanni Palestrina (um 1525–1594) in Rom.

Europäische Literatur

England: Thomas Morus (1477/78–1535), *Utopia* (*De optimo rei publicae statu deque nova insula Utopia*, 1516); Edmund Spenser (1552–1599), *Die Feenkönigin* (*The Faerie Queene*, Ep., 1590–96); William Shakespeare (1564–1616), *Romeo und Julia* (*Romeo and Juliet*, Tr., 1595?), *Hamlet* (Tr., 1600f.), *Othello* (Tr., 1604), *Macbeth* (Tr., 1605 f.).

Frankreich: François Rabelais (um 1494–1553), *Gargantua und Pantagruel* (*Gargantua et Pantagruel*, R., 1532–64); Pierre de Ronsard (1524–1585), *Liebesgedichte* (*Amours*, G., 1572–78); Michel de Montaigne (1533–1592), *Essays* (*Essais*, 1580–95).

Italien: Gian Francesco Bracciolini (gen. Il Poggio, 1380 bis 1459), *Das Buch vom Adel* (*De nobilitate liber*, 1440); Ludovico Ariosto (1474–1533), *Der rasende Roland* (*Orlando furioso*, Ep., 1516); Torquato Tasso (1544–1595), *Das befreite Jerusalem* (*La Gerusalemme liberata*, Ep., 1581).

Portugal: Luis de Camões (1524–1580), *Die Lusiaden* (*Os Lusíadas*, Ep., 1572).

Spanien: Miguel de Cervantes (1547–1616), *Don Quijote* (*El Ingenioso Hidalgo Don Quijote de la Mancha*, R., 1605–15).

Renaissance und Humanismus

In einem Brief an den Nürnberger Humanisten und Ratsherrn Willibald Pirckheimer bekannte sich Ulrich von Hutten begeistert zu der neuen Zeit, die um 1500 begonnen hatte: »Ich will mich bemühen, immer Hutten zu bleiben, niemals mir selbst untreu zu werden, sondern die krummen Pfade des Lebens gerade durchzuwandeln […]. O Jahrhundert, o Wissenschaften! Es ist eine Lust zu leben […]. Die Studien regen sich, die Geister blühen auf. Du aber, Barbarei, nimm einen Strick und erwarte deine Verbannung.«

Über dieser Zeit steht das Motto: »Entdeckung der Welt, Entdeckung des Menschen.« In stürmischer Entwicklung wurden die überlieferten Vorstellungen durch neue Anschauungen verdrängt, die ein verändertes Lebensgefühl hervorbrachten. Die Menschen wollten sich klar werden über ein wirklichkeitsnäheres Verständnis der Welt, die Ordnung und Schönheit des Kosmos.

Der italienische Dominikaner Giordano Bruno (1548 bis 1600) lehrte, dass das Weltall unendlich, unser Sonnensystem nur eines von unzähligen, unsere Erde gleich einem Atom sei. Gott ist nach seiner Auffassung nicht außerhalb oder über, sondern im Universum, letztlich das All selbst. Jeder Weltkörper stellt eine Stufe, d.h. einen möglichen Grad der Vollkommenheit dar. Im Menschen lebt die Sehnsucht, dem einen, allen Welten innewohnenden Sein, dem Urquell des Wahren, Guten, Schönen zuzustreben. Zwischen ihnen und der unendlichen Form vermittelt die Kunst, die wahre Philosophie, die zugleich Poesie, Malerei und Musik ist. Im Streben nach seiner Selbstvollendung kann der Mensch auch dem Tod mit Fassung begegnen.

In Politik und Kunst kam es zu umwälzenden Neuerungen. Die Nationalstaaten des neueren Europa begannen sich herauszubilden. Moderne Stadtstaaten entstanden zuerst in Italien. Machiavelli erklärte in seinem Buch *Der Fürst*, entstanden 1513, gedruckt 1532, die Erhaltung des Staates – gleich mit welchen Mitteln – zum obersten Ziel der Politik. Ethische Überlegungen, z.B. wie der Staat das Wohl der Bürger befördern könne, traten demgegenüber in den Hintergrund. Zu erklären ist Machiavellis Zielsetzung aus der Tatsache, dass in der Renaissance die Macht der politischen Gewalten ständig bedroht war.

Italien, die Heimat der Renaissance, war das Land bedeutender Künstler. Die Reihe großer Schöpfer, die in der Frührenaissance mit Giotto, Donatello, Masaccio, Filippo Lippi eingesetzt hatte, setzte sich in der späteren Renaissance durch Leonardo da Vinci, Michelangelo, Raffael, Tizian fort – damit sind nur die bedeutendsten Namen genannt. Leonardo da Vinci und Michelangelo verkörperten zugleich das Ideal eines universalen Genies, das dieser Zeit als höchstes Ziel galt.

Was Entdecker, Forscher, Philosophen und Künstler hervorbrachten, blieb nicht auf einen kleinen Kreis beschränkt. Das von Italien ausgehende Diesseitsgefühl belebte auch die deutsche Kunst und Wissenschaft. Die Städte waren durch den Handel mit dem Orient und Italien reich geworden. Neben den Fürsten wurden die Handelsherren Mäzene der Kunst. Kaiser Maximilian sammelte Ritterepen und beschäftigte den Erzgießer Peter Vischer, die Maler Albrecht Dürer und Hans Burgkmair. Friedrich der Weise von Sachsen förderte Dürer und Lucas Cranach; der Kardinal Albrecht von Brandenburg, Erzbischof von Mainz und Magdeburg, gab Grünewald Aufträge. Albrecht V. von Bayern legte den Grund zu großen Kunstsammlungen. Augsburg wurde die Stadt der Maler Holbein und Burgkmair, Nürnberg die Stadt Dürers sowie des älteren und jüngeren Peter Vischer, Würzburg die Stadt Tilman Riemenschneiders.

Im Sinne der Renaissance widmete sich der in der Schweiz geborene Arzt, Naturforscher und Philosoph PARACELSUS VON HOHENHEIM (1493–1541) den Rätseln des Lebens. Paracelsus' Medizin gründete auf Erfahrung, Experiment und Naturbeobachtung. Er bekämpfte die herrschende Schulmedizin (Viersäftelehre). Seine Vorlesungen hielt er auf Deutsch, ebenso schrieb er seine Bücher in deutscher Sprache.

Aus dem Willen, die Natur zu beobachten und zu ergründen, entwickelte sich die moderne Wissenschaft. Allerdings bedienten sich auch Quacksalber und Zauberkünstler der neuen Verfahrensweise und täuschten ein übernatürliches Wissen vor, das ihnen zuletzt den Ruf eintrug, mit dem Teufel im Bunde zu sein.

Was von solchen magischen Künsten und sündiger Vermessenheit erzählt wurde, kreiste um den sich großer Zauberkunst rühmenden Doktor Georg Faust (um 1480–1540). Sagen und Legenden woben sich um seine Gestalt. Er soll in Wittenberg Medizin und Theologie studiert und, nachdem er den Teufel beschworen, ein lästerliches Leben geführt haben, bis dieser ihn zu sich holte. Der unbekannte Erzähler der *Historia von D. Johann Faust* griff auf die Faustsage zurück, die zu Lebzeiten des historischen Faust entstanden war.

In solchen unruhigen Zeiten, wie sie durch Paracelsus und Faust gekennzeichnet sind, formten sich schließlich die neuen Einsichten zu einem geschlossenen Weltbild im Humanismus.

Der Name Humanismus leitet sich ab aus den wieder aufgenommenen »studia humanitatis«, dem Studium der griechischen und römischen Schriftsteller Homer, Thukydides, Aristoteles, Plautus, Terenz, Cicero, Catull, Livius, Ovid, Tacitus. Zwar hatte die Antike im ganzen Mittelalter in den Studien nachgewirkt, aber erst jetzt wurde sie zum Vorbild der Lebensführung. Nur auf dem Weg über die Kenntnis der römisch-griechischen Kultur schien wahre Bildung möglich. Dies erklärt den Eifer, mit dem die Humanisten klassische Texte aufspürten, kommentierten und herausgaben sowie das starke Selbstgefühl der lateinisch schreibenden Gelehrten. Wie in der Ottonenzeit wurde das Latein zur Dichtersprache der Gebildeten. »Ein Humanist ist ein Mensch, der die menschlichen Dinge liebt; der Kunst und Literatur, besonders die Griechenlands und Roms, dem trockenen Licht der Vernunft oder der mystischen Flucht ins Unbekannte vorzieht.« (E. R. Curtius)

JOHANNES REUCHLIN (1455–1522) aus Pforzheim war der berühmteste Gräzist seiner Zeit und verfasste die erste hebräische Grammatik. Er war Priester und ein Gegner der Reformation, aber er vertrat mutig die Forderungen der Philologie. Als der konvertierte Jude Pfefferkorn die Verbrennung aller hebräischen Bücher forderte, widersprach ihm Reuchlin und geriet darüber in einen Streit mit dem Kölner Domkapitel, in dem er zwar verurteilt wurde, aber, unterstützt von der Gelehrtenwelt ganz Deutschlands, moralisch als Sieger hervorging.

Konrad Celtis (1459–1508)

Der Franke Conrad Celtis oder Celtes, eigentlich Bickel oder Pickel, war der Sohn eines Weinbauern. Er studierte an mehreren Universitäten, hielt als Magister in Leipzig Vorlesungen über alte Sprachen und Dichtkunst, wurde in Nürnberg 1487 durch Kaiser Friedrich III. als erster Deutscher zum Poeta laureatus gekrönt, war Prinzenerzieher und Professor für Rhetorik in Wien.

Celtis wurde von den Zeitgenossen der »Erzhumanist« genannt. Sein Versuch, eine Dichterakademie nach italienischem Vorbild zu gründen, scheiterte in Krakau, gelang jedoch in Wien und in Heidelberg. Er besang in eleganten lateinischen Versen, in vier Liebschaften eine symbolische Lebensreise (*Vier Bücher der Liebe, Quatuor libri amorum*, 1502).

Vier Frauen stehen für vier Schauplätze, zugleich für vier Himmelsrichtungen: Hasilina vertritt den Osten (Krakau), Elsula den Süden (Regensburg), Ursula den Westen (Mainz), Barbara den Norden (Lübeck), zugleich aber auch vier Lebensalter, vier Temperamente, vier Tages- und Jahreszeiten. Insgesamt erscheint die Vierzahl in neun Bedeutungen. Den Liebeserlebnissen sind Gedichte zugeordnet, darunter vier Naturgedichte, die um Flüsse bzw. das Meer kreisen: Weichsel, Donau, Rhein und eine Schiffsreise nach Thule.

Die vier Elegien stehen im topografischen Zusammenhang mit einem geplanten Werk Celtis' über Deutschland (*Germania illustrata).* Inhaltlich bilden sie einen Lobgesang auf die sinnliche Liebe und ihre Allgewalt, wie sie in solcher Diesseitszugewandtheit nur vor dem Hintergrund des neuen Lebensgefühls der Renaissance und im Rückgriff auf die Antike erklärbar ist.

In seinem bewegten Wanderleben versuchte Celtis überall das humanistische Studium zu fördern, widmete sich aber auch der deutschen Vergangenheit, veröffentlichte einen Kommentar zur Germania des Tacitus. In einem Briefwechsel entwickelte er gemeinsam mit der Ordensfrau bzw. Äbtissin des Nürnberger Klaraklosters CARITAS PIRCKHEIMER (1467–1532) Überlegungen, wie eine lateinische Literaturtradition deutscher Provenienz geschaffen werden könnte. Die Entdeckung der Werke Hrotsviths von Gandersheim, die Celtis herausgab, wurde für beide zum wichtigen historischen Beleg einer solchen Tradition.

Gelehrte Frauen

In seiner Vorrede zur Hrotsvith-Ausgabe sah Celtis Caritas Pirckheimer in direkter Nachfolge der gebildeten Nonne. Caritas Pirckheimer, privilegiert durch ihre Herkunft aus einer reichen, seit Generationen an italienischen Universitäten gebildeten Humanistenfamilie, korrespondierte auch mit anderen bedeutenden Gelehrten. Briefe, in denen sie ihre humanistisch-christliche Anschauungen vertrat, wurden 1515 gedruckt und fanden Verbreitung. Ihre *Denkwürdigkeiten* (1524–28) geben eine detaillierte Darstellung der Reformationszeit in Nürnberg.

Während Caritas Pirckheimer die katholische Spielart eines christlichen Humanismus vertrat, tat dies aus protestantischer Sicht OLYMPIA MORATA (1526–1555), deren Wertschätzung bei Zeitgenossen ihre geplante Krönung zur Poeta laureata zeigt, die ihr früher Tod verhinderte. Stilistische und sprachliche Souveränität zeichnen ihre Werke aus. Überliefert sind Briefe, Vorlesungen, Dialoge, eine Lobrede, griechische und lateinische Epigramme, poetische Paraphrasen zu Psalmen. Der bedeutendste humanistische Gelehrte war Erasmus, der »König der Wissenschaften«.

Erasmus von Rotterdam (1465/66 oder 1469–1536)

Erasmus, eigentlich Gerard Gerards, unehelicher Sohn eines Geistlichen, studierte im Augustinerkloster Steyn bei Gouda, verließ den Orden, lernte Frankreich, England, Italien, Deutschland kennen, lebte später in Basel, wo er auch starb. Mit fast allen großen europäischen Gelehrten war er bekannt und stand mit ihnen in Briefwechsel. Um 3000 Briefe von ihm sind überliefert. Er gab griechische und lateinische Autoren heraus wie Aristoteles, Cicero, Seneca. Seine erste Druckausgabe des griechischen Neuen Testaments wurde grundlegend für Luthers Bibelübersetzung.

Man hat Erasmus den »ersten Europäer« genannt. Damit wird der Umkreis seines Denkens deutlich: Er kam aus der niederländischen religiösen Erneuerungsbewegung der »devotio moderna« und suchte eine Versöhnung jener Elemente, die das Fundament des Abendlandes bildeten. In den Evangelien entdeckte er Wahrheiten, die er in anderer Gestalt bei Platon, Sokrates und Seneca gefunden hatte. So verbanden sich für ihn Weisheit und Maß der Antike mit den ethischen Forderungen des Christentums. Die Tugend war für ihn lehrbar im sokratischen Sinn, sie sollte sich in einem christlichen Humanismus mit Toleranz und Liebe zu den Menschen vereinen und ohne Zwang in Freiheit wachsen.

Diese Religiosität unterschied sich von der Luthers. Als Erasmus 1524 die Schrift *Diatribe oder Untersuchung über den freien Willen (De libero arbitrio diatribe sive collatio)* veröffentlichte, antwortete Luther 1525 mit der Gegenschrift *Vom unfreien Willen (De servo arbitrio)*. In diesen beiden Streitschriften wird der Gegensatz zwischen Humanismus und Reformation deutlich. Erasmus sah in der Vernunft und im Willen ein göttliches Geschenk und in gelehrter Frömmigkeit die Möglichkeit vor Gott zu bestehen. Er fand im menschlichen Geist einen göttlichen Funken, der dem Suchenden hilft, den rechten Weg selbst zu finden. Leugne man die Willensfreiheit, so habe es keinen Sinn, von Gottes Gerechtigkeit und Barmherzigkeit zu sprechen. Wie die anderen Humanisten fühlte Erasmus sich bekräftigt durch den Rückgriff auf die antiken Quellen. Demgegenüber betonte Luther die Nichtigkeit des Menschen, die Ohnmacht seines Willens und seiner Vernunft. Anmaßend handelt der Mensch, der kraft seiner Vernunft Gott ergründen zu können glaubt. Gott ist nach Luther über aller Vernunft; Sinn und Rettung liegen allein im Glauben. Erst durch die Gnade Gottes, die der Mensch in Glauben und Gebet zu erringen sucht, ist er »ein freier Herr über alle Dinge und niemand untertan«. »Erasmus war für das Zeitalter Leos X., was Voltaire für Friedrich II. gewesen ist: das Orakel, der Gesetzgeber und Richter in Sachen Bildungsbestrebungen des zivilisierten Europa.« (A. Salzer/ E. v. Tunk)

Erasmus von Rotterdam, Gemälde von Hans Holbein d. J., 1523

Ulrich von Hutten (1488–1523)

Ulrich von Hutten stammte aus fränkischem Adel, kam mit zehn Jahren in die Klosterschule Fulda, aus der er 1505 nach Köln entfloh, wurde 1506 in Frankfurt/Oder Magister, führte studierend und dichtend ein Wanderleben in Deutschland und Italien, diente auch als Landsknecht und wurde 1517 in Augsburg von Maximilian I. zum Dichter gekrönt und zum Ritter geschlagen. In die geistigen Kämpfe der Zeit verstrickt und engagiert Partei nehmend, Anhänger Luthers, der sich aber, ebenso wie Erasmus, von ihm distanzierte, fand zuletzt durch die Hilfe Ulrich Zwinglis (1484–1531) Asyl auf der Insel Ufenau bei Zürich, wo er einsam und syphiliskrank starb.

Für Erasmus war der Humanismus eine europäische Angelegenheit, für Hutten wurde er eine deutsche.
Sein eigentliches Ziel war die Erneuerung des auf eine starke Ritterschaft gegründeten deutschen Kaisertums, das er unabhängig von Rom und der lokalen Macht der Fürsten wünschte. Er schloss sich der Reformation an, weil er in ihr ein Mittel sah, seine politischen Ziele zu verwirklichen, isolierte sich aber in zuletzt auswegloser Weise. Gegenüber Luther, dem Mann aus dem Volk, blieb er in seinen ständischen Vorurteilen befangen. Aber er brach auch mit dem Humanismus und dessen gelehrter Betriebsamkeit.
Huttens Latein ist selbst von Erasmus als meisterhaft anerkannt worden. Neben dem Humanisten CROTUS

RUBEANUS (um 1480–um 1545) ist er vermutlich der bedeutendste Mitverfasser der satirischen *Dunkelmännerbriefe* (*Epistolae obscurorum virorum*, 1515–17). Diese als echt ausgegebenen und echt wirkenden Briefe angeblicher Mönche sind in Küchenlatein geschrieben und sollen die scholastische Spitzfindigkeit und klerikale Unbildung der Gegner Reuchlins zeigen.

Seit 1520 schrieb Hutten seine Dialoge und Kampfschriften in deutscher Sprache (*Gespräch büchlin*, 1521). Auch einige seiner ursprünglich lateinisch verfassten Arbeiten übertrug er nachträglich ins Deutsche. In dem Dialog *Arminius* (1529) feierte er als Erster den Anführer der Germanen in der Schlacht im Teutoburger Wald (9. n. Chr.) als nationales Vorbild.

Mit der Kirche, dem Kaiser und seinen humanistischen Genossen zerfallen, wandte er sich in der gereimten *Clag vnd vermanung gegen den übermässigen, vnchristlichen gewalt des Bapsts zu Rom vnd der vngeistlichen geistlichen* (1520) in deutscher Sprache unmittelbar an breitere Volkskreise:

Latein ich vor geschriben hab,
Das was eim yedem nit bekannt,
Yetzt schrey ich an das vatterlandt
Teütsch nation in irer sprach […].
Yetzt ist die zeit zu heben an
Vmb freyheit kryegen, got wills han […].
Herzu, ir frommen Teutschen all,
Mit gottes hilf, der warheit schall,
Ir landsknecht, und ir reuter gut,
Vnd all, die haben freyen mut!
Den aberglauben tilgen wir,
Die warheit bringen wider hir […].
Wer wolt in solchem bleiben dheim
Ich habs gewagt, das ist mein reim.

David Friedrich Strauß und Conrad Ferdinand Meyer haben im 19. Jahrhundert das Bild Huttens der Vergessenheit entrissen: der Philosoph durch eine glänzend geschriebene Biografie, der Dichter durch seine epische Versdichtung *Huttens letzte Tage*.

Lutherbibel und evangelisches Kirchenlied

Auch in einer Zeit, die zunehmend durch die weltlich-wissenschaftliche Kultur und das ästhetische Lebensideal bestimmt wurde, blieb für Deutschland die religiöse Frage das zentrale Problem. Die konfessionelle Spaltung und Auseinandersetzung durchzog das ganze geistige Leben. Wissenschaft, Kunst und Politik wurden als Mittel in diesem Kampf eingesetzt, auch die Literatur wurde religiösen und konfessionellen Zwecken untergeordnet. Dass dennoch Sprache und Dichtung einen unabsehbaren Fortschritt zu verzeichnen haben, ist eine Folge der sprachschöpferischen Genialität Luthers und seiner entscheidenden Leistung: der Bibelübersetzung.

Martin Luther (1483–1546)

Der Reformator wurde in Eisleben als Sohn eines Bergmanns geboren. 1505 wurde er Augustinermönch, 1508 Lehrer der Dialektik und Ethik in Wittenberg, 1510–11 war er in Rom. Eine Polemik gegen den Ablassprediger Tetzel führte 1517 zum Anschlag der 95 Thesen an die Schlosskirche von Wittenberg. 1520 Androhung des Kirchenbannes durch eine Bulle Leos X., die von Luther öffentlich verbrannt wurde. Auch 1521 auf dem Reichstag zu Worms lehnte er jeden Widerruf ab; die Reichsacht wurde über ihn verhängt. Seine Freunde brachten ihn auf der Wartburg bei Eisenach in Sicherheit. 1525 heiratete er Katharina von Bora. 1534 beendete er seine Bibelübersetzung. Er starb 1546 in seiner Geburtsstadt Eisleben.

Luther trug – wie die Humanisten – Züge, durch die er sich als Sohn seines Jahrhunderts ausweist. In seiner Glaubenskraft, seinem ungestümen Selbstbewusstsein und Freiheitsdrang mag man Renaissancezüge erkennen. Mit dem Humanismus verband ihn die Rückkehr zu den Quellen, das philologische Bemühen um den Urtext, das Vertrauen auf die Kraft des Wortes. Aber entscheidend ist bei Luther das, was ihn in einen Gegensatz zur Welt der Wissenschaft und des Humanismus brachte. Nach vielen schweren inneren Kämpfen sah er im Glauben das einzig haltbare Fundament des menschlichen Daseins. Alle Weisheit lag für ihn in der Bibel begründet, er lehnte das humanistische Vertrauen auf die Vernunft und die weltliche Bildung ebenso ab wie die sozialrevolutionäre Bewegung der Bauern, die sich auf seine Verkündigung von der Freiheit eines Christenmenschen beriefen. Zunächst mahnte er zum Frieden. »Dass die Obrigkeit böse und unrecht ist, entschuldigt keine Rotterei noch Aufruhr.« Als die Revolution ausbrach, publizierte er die auch von einem Teil seiner Anhänger mit Entsetzen aufgenommene Flugschrift *Wider die mörderischen und räuberischen Rotten der Bauern* (1525).

So stand er in vielem dem Mittelalter innerlich näher als der ihn umgebenden modernen Welt. Seine für die deutsche Literatur wichtigste Leistung ist die Bibelübersetzung und sein Beitrag zur Entstehung des protestantischen Kirchenlieds. Aber auch Luthers Schriften (*An den christlichen Adel deutscher Nation* und *Von der*

Ausschnitt aus dem Gemälde „Die Auferstehung des Lazarus" von Lukas Cranach d. J., 1558, Blasiuskirche Nordhausen
Das Bild zeigt Luther im Kreis von Persönlichkeiten der Reformationszeit, ganz rechts Philipp Melanchthon, anschließend Kaspar Cruciger, Justus Jonas, Erasmus von Rotterdam und Johannes Bugenhagen.

Freiheit eines Christenmenschen, 1520) seine Briefe und Nachdichtungen des Äsop'schen Fabeln (*Etliche Fabeln aus dem Esopo verdeutscht,* mit einer Vorrede über den Nutzen der Fabel, 1530) sind bedeutende literarische Dokumente.

Bibelübersetzungen vor Luther

Die erste Übersetzung der Heiligen Schrift ins Lateinische war kurz vor 200 in Italien erfolgt. Diese frühe Bibelübersetzung wurde von dem gelehrten Hieronymus, Idealgestalt des Humanisten, verbessert. Seine Fassung, die *Vulgata,* wurde 1546 auf dem Konzil von Trient zur allein beglaubigten Bibel der katholischen Kirche erklärt.

Eine gotische Bibel schuf Ulfilas, der Bischof der Westgoten, etwa 360. Die mittelalterlichen Bibelübersetzungen enthielten zunächst nur den Psalter und Teile des Neuen Testaments, die für Lesungen im Gottesdienst Verwendung fanden. Chronikalisch bezeugt, ist eine deutschsprachige Gesamtbibel aus der ersten Hälfte des 14. Jahrhunderts (Kloster Königsfelden, Schweiz), doch ist keine Handschrift aus der Zeit vor 1400 überliefert, die auf eine vollständige Übersetzung zurückgeht. Einen Wandel bewirkte die Einführung des Buchdrucks: Die erste vollständige, nach dem Drucker Johann Mentelin benannte Bibel erschien 1466 in Straßburg. Sie erschien in überarbeiteter Fassung 1476 in Augsburg und 1483 in Nürnberg, doch spiegelte die *Mentelbibel,* die auf einer älteren Übersetzung beruhte, weder den aktuellen Sprachstand noch die Forschungen der Humanisten zum Bibeltext.

Insgesamt gab es vor Luther 14 hochdeutsche und drei niederdeutsche Bibeldrucke; sie gingen alle von der *Vulgata* aus.

Luther als Übersetzer

Luthers Übertragung der Bibel erschien 1534 bei Hans Lufft in Wittenberg und war ein Wendepunkt auf dem Weg zu einer einheitlichen neuhochdeutschen Schriftsprache schon dadurch, dass er als meistgedruckter Autor seiner Zeit normsetzend wirkte. Der Germanist Wilhelm Scherer nannte sie »das größte literarische Ereignis des 16. Jahrhunderts, ja der ganzen Epoche von 1348–1648. Hier war der Grundstein einer allen Ständen gemeinsamen Bildung gelegt.« In ihr erfüllte sich das jahrhundertealte Bemühen um Eindeutschung der Bibel.

Anders als seine Vorgänger griff Luther auf den griechischen und hebräischen Urtext zurück. In seinen Tischreden und besonders in seinem *Sendbrief vom Dolmetschen* (1530) sprach er über seine Übersetzungen, bei denen er sich, um allen Deutschen verständlich zu sein, in der Sprachform dem Gebrauch der kaiserlichen und sächsischen Kanzleien anschloss:

Ich habe keine […] eigene Sprache im Deutschen, sondern brauche der gemeinen deutschen Sprache, dass mich beide, Ober- und Niederländer, verstehen mögen. Ich rede nach der sächsischen Kanzlei, welcher nachfolgen alle Fürsten und Könige in Deutschland.

Aber Luther ging weiter. Er wagte es, seine Übersetzung dem aktuellen Sprachgebrauch anzupassen. Wie eine solche Übersetzung auszusehen habe, legte er in seinem Sendbrief dar:

Man muss nicht die buchstaben inn der lateinischen sprachen fragen, wie man soll deutsch reden wie diese esel tun, sondern man muss die mutter im hause, die kinder auff der gassen, den gemeinen man auff dem marckt drumb fragen und den selbigen auff das maul sehen, wie sie reden, und darnach dolmetschen; so verstehen sie es denn und merken, dass man deutsch mit in redet.

Wie Luther ausführte, verlangte die Sprache der Bibel vom Übersetzer nicht allein Bildung, sondern »ein recht frum trew, vleißig, forchtsam, christlich, geleret, erfarn, geübet herz«. Er genügte dieser Forderung mittels einer Sprache, die reich ist an treffsicheren Prägungen, an Bildern voll Innigkeit, Schlichtheit und Größe.

So gelang es ihm, die Bibel nicht nur zu übersetzen, sondern sie wahrhaft einzudeutschen. Schon bei der Ausgabe des Buches *Theologia Deutsch* im Jahre 1516 zeigte er sich bewegt, dass er »in deutscher Zunge« seinen Gott also höre und finde, wie er ihn bisher nicht gefunden habe. So sollte nun auch die Bibel in seinem »geliebten Deutsch« zu seinen Landsleuten sprechen:

Als wenn Christus spricht: Ex abundantia cordis os loquitur. Wenn ich den eseln sol folgen, die werden mir die buchstaben furlegen und also dolmetschen: »Aus dem überfluss des herzen redet der mund«. Sage mir: Ist das deutsch geredt? Welcher Deutscher verstehet solchs? Was ist »überfluss des herzen« für ein ding? Das kan kein Deutscher sagen, er wollt denn sagen, es sei, dass einer allzu ein groß herz habe oder zu vil herzes habe, wiewol das auch noch nicht recht ist. Denn »überfluss des herzen« ist kein deutsch, so wenig, als das deutsch ist »überfluss des hauses, überfluss des Kachelofens, überfluss der bank«. Sondern also redet die mutter im haus und der gemeine man: »Wes das herz vol ist, des gehet der mund über.« Das heißt gut deutsch geredt, des ich mich geflissen und leider nicht allwege erreicht noch troffen habe. Denn die lateinischen buchstaben hindern aus der maßen seer, gut deutsch zu reden.

Der Vergleich einer Bibelstelle in der *Vulgata* und in der Bibelübersetzung Luthers von 1545 zeigt, wie frei Luther mit seiner Vorlage umgegangen ist.

Dominus regit me, et nihil mihi deerit: in loco pascuae ibi me collocavit. Super aquam refectionis educavit me, me super semitas iustitiae, animam meam convertit. Deduxit propter nomen suum.

Der Herr ist mein Hirte, mir wird nichts mangeln. Er weidet mich auff einer grünen Awen, und füret mich zum frischen Wasser. Er erquicket meine Seele, er füret mich auff rechter Straße, umb seines Namens willen.

Luther war jedoch Humanist genug um die Errungenschaften der abendländischen Bildung beim Übersetzen nicht aus dem Auge zu verlieren. Er benutzte neben dem lateinischen Text das von Erasmus herausgegebene griechische Neue Testament. Wie gründlich er an der Übersetzung gearbeitet hat, zeigt seine Niederschrift dieser Stelle vom Jahre 1523/24:

Der herr ist meyn hirtte, myr wirt nichts mangeln. (Er hatt mich lassen). Er lesst mich weyden (ynn der wonung des grases) da viel gras steht, und (neeret) furet mich (am) (ans) zum wasser (gutter ruge) das mich (erquicket) erkület. Er (keret nidder) erquicket meyne seele, er furet mich auf rechte (m)-r (pfad) straße umb seyns namens willen.

Herder sagte, Luther sei es gewesen, »der die deutsche Sprache, einen schlafenden Riesen, aufgeweckt und losgebunden« habe. Neben religiöser Ergriffenheit und philologischer Akribie bedurfte es einer dichterischen

Kraft, um ein Werk wie die Bibel in deutscher Sprache wiederzugeben und für alles – den nüchternen Geschichtsbericht und die Glut der Propheten, die besinnliche Spruchweisheit und die apokalyptische Verheißung, die philosophische Epistel und Christi Wort und Leben – jeweils das rechte Wort und die rechte Sprachmelodie zu finden. Weil das in überzeugender Weise gelungen war, wurde die Übersetzung bereits zu Luthers Lebzeiten ein ungeheurer Erfolg.

Geistliche Lieder

Das von der Gemeinde im Gottesdienst gesungene volkssprachliche Lied geht weit ins Mittelalter zurück, zum Teil handelt es sich dabei um Umdichtungen lateinischer Hymnen und Sequenzen. Luther hat auch für die Entwicklung dieser Liedform wesentliche Anstöße gegeben. Seine Lieder fanden zunächst in Einblattdrucken Verbreitung. Zwischen Mitte 1523 und Mitte 1724, Luthers »Liederjahr«, entstanden insgesamt 24 Lieder, zwei Drittel seiner Lieddichtung überhaupt. Das von Johann Walter besorgte *Geistliche Gesangk Buchlein* (Wittenberg 1524), zu dem Luther eine Vorrede geschrieben hat, fasst sie zusammen. Die Sammlung wurde wiederholt erweitert, die letzte von Luther besorgte Ausgabe enthielt 36 Lieder (*Geistliche Lieder*, Wittenberg 1543).

Gelobet seist du, Jesu Christ,
Dass du Mensch geboren bist.
Von einer Jungfrau, das ist wahr,
Des freuet sich der Engel Schar.

In diesem Lied lehnte sich Luther an ein altes, aus dem 14. Jahrhundert überliefertes Weihnachtslied an, in anderen Liedern an lateinische Hymnen (*Mitten wir im Leben sind*), an Gebete und an den Katechismus oder an Psalmen (so paraphrasiert *Aus tiefer Not schrei ich zu dir* den 130. Psalm). Auch das Lied *Ein feste Burg ist unser Gott*, das man »die Marseillaise des 16. Jahrhunderts« genannt hat und zum Festlied des Reformationstages wurde, zeigt Anklänge an den Psalter (46. Psalm). Ursprünglich weltliche Lieder wie *Vom Himmel hoch, da komm ich her* wurden zu geistlichen umgeformt.
Die Bedeutung dieses Liedschaffens, für die reformatorische Glaubenspraxis war groß und behielt auch während der fortschreitenden Säkularisation emotionale Bedeutung. (»Wenn das Wirtschaftsbuch nicht stimmt / Und das Debet den Credit überklimmt, / Geben die alten Luther-Lieder / Trost und Contenance wieder«, dichtete Theodor Fontane Weihnachten 1865.) Im

Anschluss an Luther ist ein umfangreiches Korpus geistlicher Lieder entstanden. Die evangelischen Kirchengesangsbücher wurden von dieser Produktion des 16. Jahrhunderts entscheidend geprägt. Die Autoren kamen auch aus dem Umkreis der Böhmischen Brüder, sodass auch übersetzte tschechische Lieder Aufnahme fanden (MICHAEL WEISSE, um 1499–1534, *New Gesengbuchlen*, 1531). Als Liederdichterin ist ELISABETH CRUCIGER (um 1500–1535) in Erinnerung geblieben.

Prosa der Reformationszeit

Der Glaubenskampf zehrte an den Kräften der Menschen. Das Land wurde mit Streitschriften für und wider die Reformation überschwemmt: mit Satiren, Pamphleten, Streitgesprächen. Die verheißungsvollen frühhumanistischen Anfänge einer Kunstprosa wurden nicht weiter entwickelt. Die beliebtesten literarischen Kampfmittel in dieser Zeit waren Satire und Schwank. Die Satire, die in Vers oder Prosa Torheiten und Laster verspottet, gab es schon bei den Griechen; doch erst in der römischen Literatur wurde sie zur selbstständigen Gattung. Der Schwank bringt seine pointierten, komischen, zuweilen auch nicht gerade anständigen Begebenheiten in Versen und Prosa. In Frankreich und Italien wurden diese Schwankerzählungen ausgebildet in den französischen Fabliaux und den Facetien des Gian Francesco Bracciolini (gen. Il Poggio).
Boccaccio verhalf in seinem Novellenzyklus *Das Dekameron* (*Il Decamerone*, 1384 entstanden) der geistvollschwankhaften Novelle zu einem Welterfolg, und das italienische Drama, die Commedia dell'arte, brachte den Schwank auf die Bühne. Besondere Charaktertypen bildeten sich allmählich heraus. Während die französische und italienische Schwankliteratur sich mehr im Allgemein-Menschlichen bewegte, geißelte der deutsche Schwank oft die sozialen und moralischen Missstände. So beispielsweise die volkstümliche Sammlung *Schimpf vnd Ernst. Parabolen vnd hystorien nützlich vnd gut zuo besserung der Menschen*, die der Franziskaner JOHANNES PAULI (nach 1450–zwischen 1530/1533) 1522 herausbrachte.
Von satirischer Art ist das gereimte niederdeutsche Tierepos *Reynke de Vos*, das auf einem älteren Spielmannsgedicht beruht und im Jahr 1498 in Lübeck erschien. Derber Humor und heftige Zeit- und Ständekritik mit moralischen Erläuterungen in Prosa verhal-

Till Eulenspiegel, Druck J. Grieninger, 1515

fen dem Werk zu großer Wirkung. In durchsichtiger Verhüllung spiegeln sich im Tierreich König Nobels menschliche Verhältnisse und Verirrungen. Goethe hat in seinem Epos *Reineke Fuchs* den alten Stoff aufgegriffen.

Angriffsfreudige Satire ist auch das Kennzeichen der Volksbücher *Die Schiltbürger* und *Till Eulenspiegel*. Bei beiden handelt es sich um eine Sammlung von Schwänken, die um den Mittelpunkt einer Stadt bzw. Person gruppiert sind. *Die Schiltbürger* (1598) ursprünglich unter dem Titel *Das Lalebuch* 1597 in Straßburg erschienen, vereinigen Geschichten von kleinbürgerlicher Torheit und Indolenz. Ein späterer Bearbeiter hat das Städtchen Schilda in Sachsen zum Schauplatz dieser vergnüglichen Begebenheiten gemacht.

Rücksichtsloser sind die Schalkstreiche, die man Till Eulenspiegel zuschrieb; schlagfertiger Mutterwitz, aber auch schadenfrohe Bosheit kennzeichnen sie. In der niederdeutschen Urfassung des Volksbuches lebt Eulenspiegel als Bauernknecht im 14. Jahrhundert in der Gegend von Braunschweig und Lübeck. Er verdingt sich bei den Städtern, führt alle Befehle wörtlich aus

und schädigt seine Herren, ohne dass sie ihm etwas anhaben können. Es ist die Rache des Bauern am Städter, der die »Bauerndummheit« verspottet hat.

Eulenspiegel kommt zum Ledergerber, der ihn beauftragt das Leder im Zuber gar zu machen. Eulenspiegel fragt, welches Holz er dazu nehmen solle. Der Gerber antwortet ihm: »Was ist es fragens not, wan ich kein holtz uff den holtzhüsern hett, so het ich noch wol so vil stül und bencke, da mit du das Leder gar machest.« Eulenspiegel zerschlägt alle Stühle und Bänke, macht unter dem Kessel ein Höllenfeuer und kocht das Leder, anstatt es zu lohen. Resigniert stellt der Gerber fest: »er pfleget alles das zu thun, als man in heißet.«

Der Eulenspiegelstoff ist in wiederholten Bearbeitungen in die deutsche und europäische Literatur eingegangen.

Das närrische Treiben, das in den Schwänken begegnet, hat Thema und Rahmen für die Werke von Sebastian Brant, Thomas Murner und Johannes Fischart gegeben. Sie bezogen sich auf die Narrenfeste, die seit dem frühen Mittelalter als Volksfeste gefeiert wurden und bei denen sich bestimmte Formen herausgebildet hatten wie der Karren oder das Schiff, auf denen sich die Narren der Öffentlichkeit präsentierten.

Sebastian Brant (1457 oder 1458–1521)

Sebastian Brant, in Straßburg geboren, studierte in Basel, wo er später Professor und Dekan der juristischen Fakultät wurde; von 1503 an lebte er als Stadtschreiber in Straßburg und wurde von Kaiser Maximilian I., dessen Aufstieg er mit lateinischen Gedichten und deutsch-lateinischen Flugschriften unterstützt hatte, zum Kaiserlichen Rat ernannt. Er stand den Humanisten nahe und war ein Gegner Luthers.

Sein Hauptwerk, neben Marien- und Heiligengeschichten, ist das große moralisch-satirische Lehrgedicht *Das Narren Schyff* (1494). Brant verstand es, Volkstümlichkeit und Gelehrsamkeit zu vermischen. Das Werk ist nach humanistischer Art mit Reminiszenzen aus antiker Literatur ausgeschmückt, war aber dank der Verwendung von Sprichwörtern und Holzschnitten sowie seiner anschaulichen Sprache geeignet, weite Kreise der bürgerlichen Mittelschicht zu erreichen. Es wurde von den Zeitgenossen begeistert aufgenommen, im deutschen Sprachraum der größte Bucherfolg vor Goethes *Werther*.

Die menschlichen Laster und Untugenden, werden personifiziert vorgestellt. Der Katalog der sieben Todsünden und der Dekalog bieten dafür ebenso Anregungen wie die Alltagstorheiten. Der Dichter lädt die Narren auf sein Schiff zur Fahrt nach Narragonien:

Studenten, Spieler, Gecken, Geizhälse, Kirchenschänder, Wucherer, Ehebrecher. Die Satire wird zur ernsten Mahnung und Deutung der Zeit.

Mit Sorge sah Brant den »Abgang des Glaubens«, Schwäche und Verfall des Reiches. Eindringlich wandte er sich an die Landesherren:

Ihr seid Regierer doch der Lande:
Wacht auf! Und wälzt von euch die Schande,
Dass man euch gleicht dem Steuermann,
Der, wenn der Sturmwind zieht heran,
Sich schlafen legt. Ihr sollt's nicht machen
Wie Hund und Wächter, die nicht wachen.

Steht auf! Ermannt euch aus dem Traum!
Fürwahr, schon liegt die Axt am Baum.
Ach Gott! Wollt'st unsre Häupter lenken,
Dass deine Ehre sie bedenken,
Nicht ihren Eigennutz allein:
Dann kann der Sorg' ich ledig sein!

Thomas Murner (1475–1537)

Thomas Murner, geboren in Oberehnheim im Elsass, trat in das Minoritenkloster zu Straßburg ein, empfing mit 19 Jahren die Priesterweihe, studierte an sieben Universitäten, u. a. in Paris, Prag, Wien und Krakau, wurde Doktor der Theologie und beider Rechte. Als Prediger und Schriftsteller in Straßburg, Basel und Bern tätig. Maximilian I. krönte ihn 1505 als Dichter. Nach der Rückkehr von einer Englandreise, wo er von Heinrich VIII. aufgenommen worden war, zerfiel er mit dem Rat der immer mehr zur Reformation neigenden Stadt Straßburg und hatte zuletzt eine kleine Pfründe in seinem Geburtsort.

Der streitbare Mann hat mehr als 50 Schriften hinterlassen. *Doctor Murners Narren Beschwerung* (1512), eine Zeitsatire in Paarreimen, erinnert an Sebastian Brant: »Wo ich hingreiff, do findt ich narren […].« In mehr als 90 Kapiteln lässt er seine Narren bald selbst reden, bald mit scharfem Witz und Hohn abkanzeln. In *Die Schelmen Zunfft* (1512) wird auch die Kirche nicht geschont. Luther wurde von ihm zunächst als Bundesgenosse betrachtet und auch als dieser 1520 sich in aller Form von der Kirche trennte, zur Disputation eingeladen. Erst als Luther nur kurz und verletzend antwortete, hat ihn Murner in der Schrift *Von dem großen Lutherischen Narren* (1522) schonungslos bekämpft. Humorvoll sind seine Satiren *Die Mühle von Schwindelsheim* (1515) und *Die Geuchmat* (1519). In der Mühle ist dem Müller sein Esel abhanden gekommen – und siehe da: Er sitzt im Rat. In der *Geuchmat* (= Narrenwiese) verspottet er die anachronistische bürgerliche Nachahmung des höfisch-ritterlichen Minnedienstes. In Wortspielereien und sprichwörtlichen Reden übt er seinen Witz.

Der Büchernarr aus *Das Narren Schyff* von Sebastian Brant, 1494

Entwickelte sich Murner zunehmend zum Gegner der Reformation, so fand sie in Fischart einen streitbaren Verteidiger.

Johann Fischart (1546–1590)

Johann Fischart, genannt Mentzer, war der Sohn eines wohlhabenden Gewürzhändlers in Straßburg, besuchte das dortige berühmte Gymnasium, bereiste Italien, Frankreich, England und die Niederlande, war Advokat am Reichskammergericht in Speyer und wurde 1585 Amtmann in Forbach bei Saarbrücken, wo er auch starb. Seine Beziehungen zu den Hugenotten und zum französischen Geistesleben verstärkten seine Gegnerschaft zum Katholizismus und zu den Jesuiten.

Sein Hauptwerk ist die *Affentheurliche und ungeheurliche Geschichtsschrift vom Leben, Rhaten und Thaten der Helden Gargantoa und Pantagruel* (1575, ab der zweiten Auflage *Geschichtsklitterung* genannt), eine freie und stark erweiterte Bearbeitung des ersten Buches von Rabelais' komischem Heldenroman *Gargantua et Pantagruel*. In dieser grotesken Satire gegen staatliche, kirchliche und gesellschaftliche Irrwege, gegen Sittenverderbnis und Grobianismus ist alles ins Phantastische und Riesenhafte verzerrt. Der Held ist ein gewaltiger Fresser und Säufer, sechs Männer schaufeln ihm Senf in den Mund zum Salat.

Fischart war umfassend gebildet und ein Kenner alter und neuer Sprachen. Dieses Wissen nutzte er, um auf volkstümliche Weise bürgerlich-calvinistische Vorstellungen zu vermitteln. Er überwältigt die Leser durch Sprachkunst, Wortwitz und Wortspiel; Rabelais' Wortwirbel wird von Fischart noch überboten, zum Beispiel wenn er vom Tanzen spricht:

da danzten, schupften, hupften, lupften, sprungen, sungen, hunkten, schwangen, rangen, plöchelten, fußköpfelten, gumpelten, plumpeten, rammelten, hammelten, gaukelten, rädleten, burzleten, balleten, jauchseten, gigaleten, ermglockten, handruderten, armlaufeten, warmschnaufeten (ich schnauf auch schier!).

Seine Lust an Assoziationen und Wortschöpfungen, das Spiel mit der Sprache, geht an die Grenze des Verstehbaren. Wie er erklärt, wollte er mit seinem Werk, das Sprache als künstlerisches Material verfügbar macht, ein »verwirrtes ungestaltes Muster der heut verwirrten ungestalten Welt« (Vorrede) geben.

Mit der Gegenreformation setzt sich Fischart 1580 temperamentvoll und angriffslustig auseinander in seiner, einer französischen Quelle folgenden, grotesken Satire *Die wunderlichst unerhörtest Legend und Beschreibung des abgeführten, quartierten, gevierten und viereckechten vierhörnigen Hütleins* (1580, gemeint ist der Jesuitenhut). In *Eulenspiegel Reimenweisz* (1572) erweiterte und versifizierte er das Volksbuch. Sein episches Gedicht *Das Glückhafft Schiff von Zürich* (1576) erzählt von einer Schützenfestfahrt Zürcher Bürger, die einen Hirsebrei noch warm an einem Tag von Zürich nach Straßburg bringen und so beweisen, dass sie im Ernstfall zu schneller Hilfe fähig sind.

Jörg Wickram (um 1505–vor 1562)

Wickram war der uneheliche Sohn eines Patriziers und Ratsvorsitzenden in Colmar. Mit dem Makel seiner Geburt behaftet konnte er erst nach der Erbschaft eines Hauses dort das Bürgerrecht erwerben. Seine Literaturkenntnisse eignete er sich autodidaktisch an. 1546 gründete er in seiner Vaterstadt, in der sich damals die bedeutende Colmarer Liederhandschrift befand, eine Meistersingerschule; daneben war er als Ratsdiener tätig. Seinen sozialen Aufstieg beschloss er als Stadtschreiber in Burgkheim am Rhein, wie er sich seit 1555 selbst bezeichnet. Im selben Jahr beklagte er ein schweres Krankenlager. Sein Schaffen bricht Jahre vor seinem Tod ab.

Jörg Wickram: *Das Rollwagen büchlin*, Titel, 1555
Das Werk wendet sich an die auf Rollwagen
zur Messe reisenden Kaufleute.

Berühmt und beliebt wurde seine Schwanksammlung *Das Rollwagen büchlin* (1555), aus der die Freude am derb-komischen Erzählen in der Art der Fastnachtsspiele spricht. Als Reiselektüre und »Wegkürzer« dienten solche Sammlungen bei langen Fahrten im Rollwagen über Land und bei Reisen auf dem Schiff. Es ging, besonders in den auf Wickrams Werken folgenden Sammlungen, wenig zimperlich zu.

Durch Übersetzungen und Umdichtungen französischer Ritterromane vermittelte Jörg Wickram dem deutschen Bürgertum die Kenntnis höfischer Kunst. Dann schrieb er selbst Romane über Stoffe, die immer stärker dem bürgerlichen Leben entnommen waren. In seinem Entwicklungsroman *Des Jungen Knaben Spiegel* (1554) wird der Bauernsohn dem Adligen gegenübergestellt und das natürliche, einfache Leben bejaht; alles ist praktisch, schlicht, weder höfisch noch abenteuerlich. Am bekanntesten ist sein später, von Clemens Brentano neu herausgegebener Roman *Der Goldtfaden* (1557), »ein schöne liebliche und kurtzweilige Histori von eines armen hirten son, welcher auß seinem fleißigen studieren, underdienstbarkeyt und Ritterlichen thaten eines Grafen Tochter uberkam«. Hier erreicht der »Held« zwar höfische Ehren, aber das Interesse gilt dem bürgerlichen Milieu und Ethos, genau wie in dem Familienroman *Von guten und bösen Nachbarn* (1556), der ein Idealbild bürgerlichen Lebens entwirft. Auch mit biblischen Dramen und Fastnachtsspielen, satirischen und didaktischen Schriften sowie einer Bearbeitung der *Metamorphosen* des Ovid ist Wickram hervorgetreten.

Das Volksbuch von Doktor Faust

1587 erschien in Frankfurt am Main das Volksbuch *Historia von D. Johann Fausten*. Es ist aus reformatorischer Perspektive geschrieben und stellt Faust als warnendes Beispiel für den Hochmut des Wissenschaftlers und die Genusssucht des neuzeitlichen Menschen dar. Verführbar und ohne festen Glauben, wird er gleichsam zu einem Gegenbild Luthers.

Das Werk lässt bereits Helena (als Buhlteufel) auftreten, kennt einen gemeinsamen Sohn Fausts und Helenas und sogar einen Famulus Wagner. Aber es ist noch ein weiter Weg von diesem Volksbuch zu Goethes Faustdrama, von dem anrüchigen Gesellen zu dem Menschen, der rastlos nach Klarheit und Erlösung strebt. Ein Funke des Forschergeistes der Renaissance steckte allerdings bereits im Helden des Volksbuchs; daher hat der Stoff seine Anziehungskraft über Jahrhunderte ausgeübt.

Historia von D. Johann Fausten, 1587

Drama der Reformationszeit

Das Vorbild des antiken Dramas von Terenz, Plautus, Seneca und die Glaubensspannungen der Reformation bewirkten eine neue Form. Die Skala der Spielarten reichte vom ernsten geistlichen Drama bis zum dramatischen Schwank oder Fastnachtsspiel.

Der Berner Staatsmann, Maler und Holzschnitzer NIKLAS MANUEL (eigentlich Alleman, genannt Manuel Deutsch, um 1484–1530) vertrat einen kämpferischen Protestantismus (*Vom Papst und seiner Priesterschaft*, 1524) und gilt als der bedeutendste Autor des Schweizer Volksschauspiels. Der aus Niederösterreich stammende sächsische Pfarrer PAUL REBHUN (1505

bis 1546) stellte seine volkstümlichen Bibeldramen ebenfalls in den Dienst der lutherischen Sache (*Ein geistlich Spiel von der gottfurchtigen und keuschen Frauen Susannen*, 1535; *Ein Hochzeitsspiel auf die Hochzeit zu Cana Galileae*, 1538).

Burkard Waldis (um 1490–1556)

Der aus Allendorf (Hessen) gebürtige ehemalige Franziskaner trat 1524 zum Protestantismus über, wurde Zinngießer in Riga, war 1536–40 wegen »ketzerischer Umtriebe« eingekerkert, trat in den Dienst des Landgrafen Philipp von Hessen, starb als Pfarrer in Alterode.

Das in Riga zur Aufführung gelangte niederdeutsche Stück *De parabell vam vorlorn Szohn* (1527) ist in Sprache und Dramatik ein bedeutendes Dokument der Reformationsdichtung. Die Idee des Dramas ist im 15. Lukaskapitel enthalten: »Ich sage euch: Also wird auch Freude im Himmel sein über einen Sünder, der Buße tut, vor 99 Gerechten, die der Buße nicht bedürfen.«

Der erste Akt schildert das Elend des verlorenen Sohnes, der zweite seine Rückkehr und Aufnahme durch den Vater. Der Gegensatz zwischen dem reumütig zurückkehrenden, der Gnade Gottes sich überlassenden, und dem daheim gebliebenen Sohn, der sich nach der Rückkehr seines Bruders mit Vorwürfen gegen diesen wendet, macht die polemische Tendenz der Fabel deutlich.

Waldis – der auch als Fabeldichter hervorgetreten ist – vertritt kämpferisch Luthers Lehre, besonders die Rechtfertigung allein aus dem Glauben. Formal handelt es sich um das erste deutsche Drama, das nach antikem Vorbild in Akte eingeteilt ist.

Moralität

Als Moralität (von frz. moralité) wird eine Sonderform des spätmittelalterlichen Dramas bezeichnet, die mittels Personifizierung und Allegorisierung abstrakter Eigenschaften (so von Tugenden und Lastern) den Kampf um die Seele der als Typus dargestellten Hauptfigur veranschaulicht. In Deutschland hat sich diese Spielart lehrhafter Dichtung erst zur Reformationszeit durchgesetzt.

Beliebt war etwa das Jedermannthema. Als der Tod vor Jedermann, dem reichen Mann, erscheint, verlassen ihn Freunde, Kraft, Schönheit, Verstand; nur die guten Werke, in Gestalt einer weiblichen allegorischen Figur, treten mit ihm vor Gottes Thron.

Das Spiel um Jedermann geht auf die berühmte englische Moralität *Jedermanns Vorladung* (*The Somonynge of Everyman,* wohl zwischen 1461 und 1484 entstanden, Erstdruck um 1509) zurück. Dasselbe Thema taucht in der Reformationszeit auch auf im *Spiel vom reichen Mann und vom armen Lazarus.* Ebenso wie Jedermann in der Todesstunde allein vor Gottes Thron steht, so hier der Reiche als ihn mitten im Genuss der Tod holt. 1911 hat Hugo von Hofmannsthal in seinem *Jedermann,* dem *Spiel vom Sterben des reichen Mannes,* das alte Stück für die Salzburger Festspiele erneuert.

Zahlreiche Stoffe des Alten und Neuen Testaments wurden in der Reformationszeit dramatisch bearbeitet. Auch eine Anzahl von politischen Spielen mit patriotischer Tendenz erschien. Die Humanisten bearbeiteten Stoffe des Terenz, Plautus, Aristophanes, ferner die anonyme französische Farce *Maistre Pierre Pathelin* (um 1465), und verschmolzen humanistisch-lateinische mit volkstümlich-deutscher Tradition.

Der Unterhaltung des bürgerlichen Publikums in den Städten diente vor allem das Fastnachtsspiel; in Nürnberg wurde es zu einem Höhepunkt gebracht durch einen »Schuhmacher und Poet dazu«.

Hans Sachs (1494–1576)

Hans Sachs wurde in Nürnberg geboren und ist dort gestorben. Fünf Jahre Wanderschaft durch Bayern, Österreich, West- und Norddeutschland vermittelten dem Handwerksgesellen viel Erfahrung. 1519 heiratete er und 1520 wurde er Meister. Die Nürnberger Singschule wurde durch ihn berühmt.

Er war Handwerker und gleichzeitig ein überaus produktiver Dichter. Über 4000 Meisterlieder, hunderte von Schwank- und Spruchgedichten, 125 Schauspiele, Tragödien und Komödien, 85 Fastnachtsspiele, Fabeln und Streitgespräche sind von ihm überliefert.

Fast alles, was ihm bei seiner umfangreichen Lektüre begegnete – antike Stoffe, Legenden, Erzählungen in Volksbüchern, biblische Geschichten, neuere politische, soziale, religiöse Vorgänge – brachte er in Gedicht- oder Dramenform und sammelte es in 34 eigenhändig geschriebenen Bänden. Lebendig geblieben sind am ehesten die Fastnachtsspiele und Schwänke. In treuherzig anmutenden Knittelversen spiegeln sie die bürgerliche Alltagswelt und wirken durch volksnahen Humor (*Sankt Peter mit den Landsknechten im Himmel; Sankt Peter mit der Geiß; Das Schlauraffen Landt*). Der Poet träumt von einem Jungbrunnen, in den die alten, gebrechlichen Leute steigen und aus dem sie dann »schön, wohlgefarb, frisch, jung, und gesund herausspringen«:

Ich stieg in jungbrunnen zu baden;
ab zu kumen des alters schaden.
In dem einsteigen ich erwacht,
meins verjüngens ich selber lacht;
dacht mir: Ich muss nun bei mein tagen
die alten haut mein lebtag tragen,
weil kein kraut auf erd ist gewachsen
heut zu verjüngen mich, Hans Sachsen.

Hans Sachs hat das Fastnachtsspiel zu größerer theatralischer Wirkung gebracht. Seine Hauptfiguren waren die böse Ehefrau (seine eigene gebar ihm sieben Kinder), der dumme Bauer, der lüsterne Pfaffe, der listige Scholar. Seine besten Fastnachtsspiele sind *Der farendt Schueler im Paradeiss, Das Narren Schneyden, Die ungleichen Kinder Evae.*

Spott und Scherz sind bei ihm getragen von praktisch-bürgerlichem Sinn und Verständnis für die menschlichen Schwächen. Seine Verklärung in Richard Wagners Oper *Die Meistersinger von Nürnberg* (1868) und Goethes Huldigung in dem Gedicht *Erklärung eines alten Holzschnitts vorstellend Hans Sachsens poetische Sendung* haben das Bild des Dichters lebendig erhalten.

BAROCK 1600–1720

Als Barockdichtung wird die Literatur der auf die Renaissance folgenden Epoche bezeichnet. Sie umfasst das 17. Jahrhundert und wird zu Beginn des 18. Jahrhunderts von der Aufklärungsliteratur abgelöst.

Der Begriff »Barock« ist von der bildenden Kunst auf den Stil des 17. Jahrhunderts insgesamt übertragen worden. In der Tat zeigen Lebensgefühl und Gestaltungswille dieser Zeit Merkmale, wie sie die barocke Kunst aufweist: Gegensätzliche Energien prallten in dynamischer Unruhe aufeinander – anders als in der Renaissance, die Kräfte zu sammeln und zu geschlossenem Ausdruck zu vereinigen suchte.

Die Spannungen zwischen Diesseits und Jenseits, Welt und Gott, Lebenshunger und Todesangst, Vergänglichkeit und Ewigkeit bestimmten das menschliche Leben. Die Erweiterung des Gesichtskreises durch die analytische Naturforschung, die Einsicht in die Verknüpfung von Ursache und Wirkung im Experiment vermittelten eine neue Erfahrung der Wirklichkeit. Der Mensch sah sich in seinem Selbstgefühl bestärkt und gleichwohl durch Leid und Tod wie selten zuvor in Frage gestellt, denn Seuchen, Kriege und Katastrophen zeigten ihm die Vergänglichkeit alles Irdischen.

Das Wort »barock« wird zumeist – die Etymologie ist nicht eindeutig – abgeleitet aus dem portugiesischen »barocco« und bezeichnet eine unregelmäßige, »schiefrunde« Perle, also etwas von der Regel Abweichendes. Von Johann Joachim Winckelmann (*Gedancken über die Nachahmung der Griechischen Wercke in der Mahlerey und Bildhauer-Kunst,* 1755) und von seinen Schülern wurde die Barockästhetik als dem klassizistischen Ideal widerstreitend bekämpft. Bis über die Mitte des 19. Jahrhunderts hinaus wurde »barock« in abwertendem Sinn gebraucht (»absonderlich«, »schwülstig«). Die Kunsthistoriker Jacob Burckhardt und Heinrich Wölfflin (*Renaissance und Barock,* 1888) haben entscheidend zu einer Neubewertung beigetragen.

In der Ausbildung des Barock als einer zunächst katholisch-höfischen Kulturbewegung gingen die romanischen Länder voran. In Deutschland verzögerten die geistigen und kriegerischen Auseinandersetzungen der Glaubenskämpfe die Entfaltung der kulturellen Kräfte. Das Fehlen eines dominierenden Hofes und einer Hauptstadt bedeuteten einen Mangel, wenn es um die Ausbildung eines allseits anerkannten Stils ging. Bei seiner Ausdehnung nach Mittel- und Nordeuropa wurde der Barock auch durch den Protestantismus und durch das Bürgertum aufgenommen, im Zuge dieser Entwicklung tief greifend umgeformt, sodass sich ein nicht selten widersprüchliches Gesamtbild ergibt.

Die Barockliteratur ist keine Erlebnisdichtung im modernen Sinn. Sie will ihr Publikum durch vorgegebene Themen und Formen in bestimmter Weise belehren und kulturell prägen. Ihre Träger sind zunächst der Hofpoet und der Gelehrte.

Die Dichter waren humanistisch geschult und standen im Dienst adliger oder fürstlicher Mäzene. Die Aristokratie der Höfe – nur die Niederlande bilden eine Ausnahme – übernahm die Führung der Gesellschaft, die innere Spannungen in einem formenreichen Zeremoniell ausbalancierte und im Gottesgnadentum des Herrschers weltlichen Machtwillen und göttlichen Abglanz vereinigt sah.

Die deutsche Literatur des 17. Jahrhunderts folgte der Entwicklung im süd- und westeuropäischen Ausland in zeitlichem Abstand und gewann erst allmählich eine den besonderen Verhältnissen angemessene eigene Prägung. Ungeachtet bedeutender Einzelleistungen erlangte sie auch keinen solchen Bekanntheitsgrad wie die bildenden Künste und die Musik. Sie stand zunächst vor der Aufgabe, den Vorsprung Westeuropas nachbildend aufzuholen, den zeitgemäßen Stil zu erlernen und sich aus der Bürgerlichkeit der vergangenen Jahrhunderte zu lösen.

Die dichterischen Gattungen gewannen Vorrang in zeitlich abgestufter Reihung: die Lyrik in den Dreißiger- und Vierzigerjahren, in den beiden folgenden Jahrzehnten das Drama, zuletzt der Roman.

Das protestantische und katholische Kirchenlied wurde im besonderen Maße durch Angelus Silesius, Paul Gerhardt und Friedrich von Spee bereichert; die weltliche Lyrik durch Andreas Gryphius, Paul Fleming und durch die »virtuosen« Dichter, die den gezierten Stil auf die Spitze trieben, aber auch die Ausdrucksmöglichkeiten der deutschen Sprache erweiterten, so besonders Philipp von Zesen und Christian Hofmann von Hofmannswaldau. Die Lyrik wird auch durch die Barockmystik (Jakob Böhme) gefördert.

Das Schauspiel erhält wichtige Anregungen durch das lateinische Jesuitendrama. Gryphius erweist sich als die bedeutendste Kraft auch der Bühnenkunst.

Der Roman steht besonders stark unter ausländischem Einfluss. Von bleibender Bedeutung sind die Werke von Grimmelshausen, vor allem sein großer Roman *Der abentheurliche Simplicissimus*, daneben die Romane des als Autor lange unbekannt gebliebenen Österreichers Johann Beer.

Die Sinngedichte Friedrich von Logaus und die Predigten Abraham a Santa Claras sind von charakteristischer Eigenart. Johann Christian Günther, Christian Weise und Christian Reuter weisen über die Barockzeit hinaus in das Aufklärungszeitalter, in dem eine neue bürgerliche Literatur entsteht.

Die deutschsprachige Barockdichtung hat wesentliche Voraussetzungen für die weitere poetische Entwicklung geschaffen, aber zu ihrer Zeit nur ein begrenztes Publikum erreicht. Weite Verbreitung fanden hingegen weiterhin die Schwank- und Reimdichtung der Vergangenheit und die kirchliche Erbauungsliteratur. Nur das – im strengen Sinn nicht barocke – protestantische Kirchenlied und die realistisch-volkstümliche Dichtung, wie sie Grimmelshausen vertrat, bilden Ausnahmen.

Wieder entdeckt wurde die Literatur des Barock im 20. Jahrhundert, zuerst im Zeichen des Expressionismus. Die germanistische Forschung zeigte sich zunächst bemüht, ein geistesgeschichtliches Gesamtbild zu entwerfen, erkannte aber schon bald die Unterschiedlichkeit der künstlerischen Erscheinungen, die nebeneinander bestanden haben. So suchte sie später vermehrt den Prozess der Wandlung und Umformung zu erfassen, der – Teil eines europäischen Prozesses – die Literatur zwischen Renaissance und Aufklärung kennzeichnet. Weniger als eine Stil- als eine Epochenbezeichnung für die Literatur des 17. Jahrhunderts hat der Begriff »Barock« seine Bedeutung behalten.

Stichworte zur politischen Geschichte

Die auf dem Konzil von Trient (1545–1563) begonnene, von den Jesuiten geleitete Gegenreformation und der unversöhnliche Gegensatz zwischen Katholiken und Protestanten führen zum Dreißigjährigen Krieg (1618–1648). Der Glaubenskrieg verbindet sich mit der Auseinandersetzung der Großmächte, die auf deutschem Boden ausgetragen wird, und endet mit einer furchtbaren Verwüstung großer Teile des Reiches, dessen Ohnmacht im Westfälischen Frieden besiegelt wird. Gleichzeitig erfolgt der Aufstieg Frankreichs unter Ludwig XIV. (1643–1715), dessen Absolutismus musterhaft für ganz Europa wird. Die kulturelle Vorbildrolle Frankreichs in Deutschland wird auch durch die kriegerischen Spannungen zwischen den Nachbarländern nicht beeinträchtigt (Annexion Straßburgs, Verheerung der Pfalz). Im Südosten des Reiches wird der Angriff der Türken, die vergeblich Wien belagern, durch den Sieg am Kahlenberg (1683) abgewehrt. Nach den Erschütterungen der Großen Revolution (1641–1649) und der Vertreibung der Stuarts (1688) beginnt England die Eroberung der Weltmeere.

Gesellschaft und Kultur

Die kulturelle Führung geht vom Bürgertum der Städte auf die Höfe über, in denen sich nach dem Vorbild Ludwigs XIV. die barocke Gesellschaft um den absoluten Fürsten als Mittelpunkt sammelt. Während das Volk unter den Folgen des Dreißigjährigen Krieges leidet, entfaltet sich dort ein Lebensstil aufwendiger Repräsentation. Der »politische« Mensch, der weltklug Personen und Verhältnisse zu nutzen versteht, und der noch allseitig gebildete Gelehrte sind Leitbilder dieser Gesellschaft. Die Erfahrungswissenschaften gewinnen an Ansehen, während Metaphysik und Theologie an Bedeutung verlieren. Galileo Galilei (1564–1642), Johannes Kepler (1571–1630), Sir Isaac Newton (1643–1727) liefern durch ihre mathematischen, astronomischen und physikalischen Entdeckungen grundlegende Bausteine zu einem neuen technisch-wissenschaftlichen Weltbild.

Aber weiterhin wirken die religiösen Mächte auf die Menschen ein: Sie führen in der Auseinandersetzung von Reformation und Gegenreformation zu erbittertem geistigen Streit und kriegerischen Katastrophen, verfestigen sich in konfessionell gebundener, dogmatischer Frömmigkeit und suchen Befreiung in einer von mystischen Zügen durchwirkten Spiritualität.

Die Spannungen zwischen diesen verschiedenen Richtungen und Anschauungen – vitale Daseinsfreude, wissenschaftlicher Erkenntnisdrang und religiöse Erschütterung – treiben auch die künstlerischen Gestaltungskräfte.

Die maßvolle Ausgewogenheit der Renaissance weicht in Architektur, Skulptur und Malerei bewegtem Leben und majestätischem Prunk. Die Künstler dienen mit ihren Werken der Verherrlichung von Fürst und Gesellschaft, Kirche und Staat. In diesem Sinne wirken in Italien Michelangelo (1475–1564) und Gian Lorenzo Bernini (1598–1680), in den Niederlanden Peter Paul Rubens (1577–1640), Anthonis van Dyck (1599–1641), Rembrandt (1606–1669), Frans Hals (1580/85–1666), in Spanien Diego Velázquez (1599–1660), Bartolomé Esteban Murillo (getauft 1618–1682), in Frankreich Claude Lorrain (1600–1682).

Deutschland ist durch die Verwüstungen des Krieges schwer getroffen, aber der Lebenswille verlangt umso stärker sein Recht. Trotz der Zerstörung und Verarmung weiter Landstriche und Städte entwickeln sich die bildenden Künste zu neuer Blüte. In den Bauten von Andreas Schlüter (um 1660–um 1714, Berliner Schloss), Johann Bernhard Fischer von Erlach (1656–1723, Karlskirche in Wien), Johann Lukas von Hildebrandt (1668–1745, Belvedere in Wien), Cosmas Damian Asam (1686–1739) und Egid Quirin Asam (1692 bis 1750, Johann Nepomuk-Kirche, München, Asamkirche), Johann Dientzenhofer (1665–1726, Schloss Pommersfelden) und Jakob Prandtauer (1660–1726, Stift Melk) erscheinen der Ausdruck von Macht und das Bekenntnis des Glaubens in meisterlicher Weise verbunden. Balthasar Permoser (1651–1732) wirkt als Hofbildhauer in Dresden.

Die Barockmusik – wie die Musik etwa zwischen 1600 und 1750 seit etwa 1920 überwiegend genannt wird – ist durch das Vorherrschen des Generalbasses bestimmt. Die Epoche ist auch als Zeitalter des konzertierenden Stils bezeichnet worden. Die Gattungen der Oper, der Kantate, des Oratoriums entstehen (Claudio Monteverdi, 1567–1643; Heinrich Schütz, 1585–1672; Siegmund Gottlieb Staden, 1607–1655; Alessandro Scarlatti, 1660–1725; Georg Philipp Telemann, 1681–1767; Johann Sebastian Bach, 1685–1750; Georg Friedrich Händel, 1685–1759).

Mit Bezug auf Hauptwerke (wie Bachs *Kunst der Fuge*) ist allerdings bemerkt worden, dass wesentliche Stilmerkmale des Barock (ausgeprägte Kontraste, Exaltation) sich in ihnen nicht wieder finden, ein Hinweis, der ein weiteres Mal auf die Problematik aller Epochenbezeichnungen aufmerksam macht. Sicherlich ist die geistliche Musik dieser Zeit für viele spätere Generationen jedoch zum vollendeten Ausdruck christlichen Fühlens geworden – in einer dem religiösen Ernst des Barocks adäquaten Weise.

Europäische Literatur

Frankreich: Pierre Corneille (1606–1684), *Der Cid* (*Le Cid*, Tr., 1637), *Der Lügner* (*Le menteur*, K., 1644); Molière (1622 bis 1673), *Der Menschenfeind* (*Le misanthrope*, K., 1667), *Tartuffe* (*Le Tartuffe ou L'imposteur*, K., 1669); Jean Racine (1639– 1699), *Bérénice* (Tr., 1670), *Athalie* (Tr., 1691); Jean de La Fontaine (1621–1695), *Fabeln* (*Fables*, 1668–94); François VI., Duc de La Rochefoucauld (1613–1680), *Reflexionen oder Sentenzen und moralische Maximen* (*Réflexions ou Sentences et maximes morales*, 1665).

Großbritannien: John Milton (1608–1674), *Das verlorene Paradies* (*Paradise Lost*, Ep., 1667–74).

Italien: Giambattista Marino (1569–1625), *L'Adone* (Ep., 1623); Giambattista Basile (1575-1632), *Pentamerone* (Märchen, 1634).

Spanien: Luis de Góngora (1561–1627), *Einsamkeiten* (*Soledades*, G., um 1613); Lope de Vega (1562–1635), *Dorothea* (*La Dorotea*, R, 1632); Pedro Calderón de la Barca (1600–1681), *Der standhafte Prinz* (*El principe constante*, Versdrama, 1636); *Der Richter von Zalamea* (*El alcalde de Zalamea*, Versdrama, um 1640).

Sprachkultur. Poetik und Rhetorik

Die Kultur des Barock im deutschen Sprachraum ist in ihren Anfängen durch das Vorherrschen fremder Sprachen bestimmt: Das Jesuitendrama war lateinisch, die Libretti der Opern italienisch, die eingewanderten Schauspieltruppen brachten das Englische auf die Bühnen. Das dieser Sprachen unkundige Publikum war für sein Verständnis auf die szenischen Mittel angewiesen, die auch aus diesem Grund effektvoll eingesetzt wurden. Ein weiteres Mal – wie einst zu Zeiten Heinrich von Veldekes – bedurfte es eines Vermittlers, der die fremden Kunstwelten dem Deutschen erschloss und zugleich normbildend zu wirken vermochte: Am Beginn der deutschsprachigen Barockdichtung, Haupt der – wie man früher periodisierte – »ersten Schlesischen Dichterschule«, steht, weniger ein starkes poetisches Talent, als ein Anreger und Organisator.

Martin Opitz (1597–1639)

Opitz wurde in Bunzlau geboren, erhielt eine humanistische Schulbildung, konnte aber infolge der Kriegswirren kein regelrechtes Studium absolvieren. Reiste als Hofmeister nach Holland und Dänemark, hielt sich seit 1623 meistens am Hof zu Liegnitz auf, wurde 1625 am Wiener Hof zum Dichter gekrönt und 1627 als »Opitz von Boberfeld« vom Kaiser geadelt. Er diente dann den schlesischen Herzögen trat später als Historiograph in den Dienst des polnischen Königs und starb in Danzig an der Pest.

In seinem *Buch von der deutschen Poeterey* (1624), in »welchem alle ihre eigenschafft und zuegehör gründtlich erzehlet / vnd mit exempeln außgeführt wird«, entwickelte der »Vater der deutschen Dichtung« seine Kunstlehre, für die ihm die *Ars poetica* des Horaz, italienische Renaissance-Poetiken, Dichter der Pléiade – einer französischen Dichterschule des 16. Jahrhunderts – und der Niederländer Daniel Heinsius (1580–1655) als Vorbilder dienten. Er verlangte das Studium der antiken und westeuropäischen Poesie um eine den anderen europäischen Literaturen ebenbürtige Dichtung zu schaffen. Wie in der Renaissance so galt auch jetzt die lateinische Rede- und Dichtkunst als das maßgebliche Vorbild. Das Geheimnis der literarischen Wirkung lag für Opitz im rhetorischen Element. Unter Dichtkunst verstand er die Beherrschung der Sprachmittel, durch die nach klassischen Mustern ein Sachverhalt in geschmückter und gepflegter Rede umschrieben wird. Im Nutzen und Ergötzen sah er »der Poeterei vornehmsten Zweck«. Dabei ging es ihm zugleich um die Anerkennung der gesellschaftlichen Aufgabe des Dichters.

Das *Buch von der Deutschen Poeterey* war ein vom Umfang her eher schmales Werk; wohl gerade darum übten die in acht Kapiteln übersichtlich dargestellten Thesen auf die Literatur der folgenden Jahrzehnte eine kaum zu überschätzende Wirkung aus. Folgenreich waren besonders jene Anweisungen, die Opitz in dem Kapitel »Von der Zubereitung und Zier der Worte« gab. Er verlangte, dass der Dichter Fremdwörter und mundartliche Ausdrücke vermeide, machte Vorschriften für Redeschmuck, Wortwahl und Wortstellung und entwickelte die Begriffe der einzelnen Gattungen. Von Bedeutung war dabei seine Bestimmung der Tragödie, die grundsätzlich nur von hoch gestellten Personen handeln dürfe, die Komödie dagegen »bestehet in schlechtem (d. h. bürgerlichem) wesen unnd personen [...]«.

Während der Knittelvers des 16. Jahrhunderts zwischen vier Hebungen regellos eine oder mehrere Senkungen zugelassen hatte, forderte Opitz, dass Hebung und Senkung regelmäßig abwechseln und der Versakzent mit dem Wortakzent übereinstimmen sollte. Er empfahl für die deutsche Dichtung den Jambus und Trochäus und als Vers aus der romanischen Metrik den Alexandriner (sechshebigen Jambus mit Zäsur nach der dritten Hebung). So schreibt er in seiner *Poeterey*:

Nachmals ist auch ein jeder verß entweder ein iambicus oder trochaicus; nicht zwar das wir auff art der griechen unnd la-

teiner eine gewisse größe der sylben können inn acht nemen, sondern das wir aus den accenten unnd dem thone erkennen welche sylbe hoch unnd welche niedrig gesetzt soll werden. Ein Jambus ist dieser:
Erhalt uns, Herr bey deinem wort.
Der folgende ein Trochéus:
Mitten wir im leben sind.

Für den Alexandriner, der in der Folge zum am häufigsten verwendeten Vers der deutschen Barockliteratur wurde, schrieb er, anders als das im Französischen der Fall war, den regelmäßigen Wechsel von betonten und unbetonten Silben als verpflichtend vor – eine wirkungsvolle, aber etwas starre Form, die dem Ausdrucksbedürfnis schon bald nicht mehr genügte.

Opitz hat sich in allen Gattungen barocker europäischer Literatur versucht, in Ode, Sonett, Epigramm, Lehrgedicht, Tragödie, Staatsroman. Er war auch ein gewandter Übersetzer. In der Vorrede zu seinen *Acht Büchern Teutscher Poematum* (1625, erweiterte und metrisch verbesserte Ausgabe seiner *Teutschen Poemata*, 1624) wies er darauf hin, dass er einen Teil des Buches aus fremden Sprachen übertragen habe, um Vorbilder einer anspruchsvollen und formenreichen Poesie zu geben. Neben theatralisch auf Wirkung berechneten Gedichten hat er zuweilen auch einen liedhaften Ton gefunden; so in der dem Franzosen Pierre de Ronsard (1525–1585) nachgebildeten Ode, die wie folgt beginnt: »Ich empfinde fast ein Grauen, / Dass ich, Plato, für und für / Bin gesessen über dir; / Es ist Zeit, hinaus zu schauen / Und sich bei den frischen Quellen / In dem Grünen zu ergehn, / Wo die schönen Blumen stehn / Und die Fischer Netze stellen.«

Mit seiner Textbearbeitung der *Pastoral-Tragikomödie von der Daphne* (1627), der ersten, von Heinrich Schütz komponierten deutschen Oper – die Partitur ist verloren – hat Opitz das Libretto als dichterische Gattung begründet. Ebenso führte er mit dem Schäferspiel *Schäfferey von der Nymphen Hercinie* (1630), ein Vorklang zur Anakreontik, die Form des Pastorale in die deutsche Literatur ein. An die 100 Schäfereien dieses Typs sind im 17. Jahrhundert entstanden. (→ S. 86)

Poetiken und Gesprächsspiele

Ihrem didaktischen Anspruch gemäß stimmten Poetiken und Rhetoriklehrbücher des Barock in ihren Zielen weitgehend überein. Dichtung erschien als eine lehrbare Kunst. Neben Opitz seien noch AUGUST BUCHNER (1591–1661, *Kurzer Weg-Weiser zur Deutschen Tichtkunst*, 1663; *Anleitung Zur Deutschen Poeterey*, postum 1665), Buchners Schüler PHILIPP VON ZESEN

(1619–1689, *Deutscher Helikon*, 1640/41), JOHANN KLAJ, (1616–1656, *Lobrede der Teutschen Poeterey*, 1645), JUSTUS GEORG SCHOTTEL (Schottelius, 1612–1676, *Teutsche Vers- oder ReimKunst*, 1645) und GEORG PHILIPP HARSDÖRFFER (1607–1658) mit dem sprechenden Titel *Poetischer Trichter, Die Teutsche Dicht- und Reim Kunst ohne Behuf der lateinischen Sprache, in VI. Stunden einzugießen* (1647–53) genannt. Zesen hat im Anschluss an Buchner, aber abweichend von Opitz, den Wechsel zwischen jambischen, trochäischen und daktylischen Versfüßen als erlaubt erklärt, um mit solchen Mischformen die Eindeutschung antiker Metren zu erleichtern. Bei ihm und den Nürnbergern Klaj und Harsdörffer lässt die Betonung der Sprachartistik den Einfluss des Marinismus erkennen.

Als ein »Lehrbuch der Poetik mit angeschlossenen Übungen« (I. Böttcher) erscheinen über weite Teile die umfänglichen von Harsdörffer verfassten *Frauenzimmer Gesprächsspiele*, die nach dem Muster italienischer Spielbücher der Renaissance gearbeitet sind. In acht Teilen mit insgesamt 300 Spielen, die nach »Leichten Schertz- und Lustspielen« und »Schweren Kunst- und Verstandspielen« unterschieden sind, wird einer Spielgesellschaft von sechs Personen mit lehrhafter Tendenz ein reicher Wissensstoff gefällig unterbreitet. In dieser für Deutschland neuartigen literarischen Form gilt aus mehr als nur galanter Rücksicht besonderes Augenmerk den Frauen: Der Verfasser weiß um ihre Fähigkeiten und beklagt zugleich ihre mangelnde Ausbildung.

Die Sprachgesellschaften

Opitz' Bestrebungen im Dienst der deutschen Sprache wurden im besonderen Maße von den Sprachgesellschaften aufgenommen und weitergeführt.

Diese Vereinigungen bildeten sich in Deutschland nach dem Vorbild der 1582 entstandenen florentinischen »Accademia della Crusca«. Die erste Gruppierung dieser Art war die »Fruchtbringende Gesellschaft«, später nach ihrem Emblem auch »Palmenorden« genannt. Sie wurde 1617 durch Fürst Ludwig von Anhalt-Köthen in Weimar gegründet. Neben Opitz gehörten ihr u. a. die Dichter Logau, Zesen und Gryphius an; sie erwies sich als die bedeutendste und wirksamste Gründung. 1633 folgte die »Aufrichtige Tannengesellschaft« in Straßburg, 1636 die »Musikalische Kürbishütte« in Königsberg, 1643 die »Deutschgesinnte Genossenschaft«, 1644 der »Hirten- und Blumenorden an der Pegnitz« in Nürnberg und 1656 der »Elbschwanenorden« in Hamburg.

Programm der »Fruchtbringenden Gesellschaft«, Kupferstich von M. Merian, 1636
Dass »Alles zu Nutzen« sein kann, wird am Beispiel des Palmbaums gezeigt: Seine Früchte kann man essen, seine Blätter zum Flechten und Dachdecken und sein Holz zum Schiffbau verwenden. Nach diesem Emblem hieß die »Fruchtbringende Gesellschaft« auch »Palmenorden«.

Diese Vereinigungen wollten der Pflege der deutschen Sprache dienen, die von fremden Einflüssen befreit und hoffähig gemacht werden sollte. Der sprachlichen Erneuerung sollte die sittliche entsprechen. Die Mitglieder hatten in ihren Dichtungen die Reim- und Stilgesetze zu beachten und Fremdwörter zu meiden; ferner wurden von ihnen Übersetzungen aus fremden Sprachen verlangt. Die meisten bedeutenden, aber auch viele mittelmäßige Autoren des Jahrhunderts gehörten Sprachgesellschaften an. Die betont intellektuelle Ausrichtung führte zu formalen Experimenten, zu virtuosen und bizarren Spielereien.

Der Rahmen von Sprachgesellschaften bot auch für Frauen die Möglichkeit zu schriftstellerischer Tätigkeit. Speziell SIGMUND VON BIRKEN (1626–1681) und der »Pegnesische Blumenorden« förderten Frauen und ihre Werke, sodass 1706 etwa 20% der Mitglieder Frauen waren, unter ihnen Catharina Regina von Greiffenberg und MARIA KATHARINA STOCKFLETH (um 1633 bis 1692), die vor allem auf epischem Gebiet tätig war.

Hinter den Bestrebungen der Gesellschaften verbarg sich der Wille zu einem neuen Lebensstil. Alles, was irgendwie ans Gewöhnliche erinnerte, wurde verbannt, Vornehmheit und entschiedener Kunstwille gefordert. In der Formbeherrschung sollte sich die Meisterschaft erweisen. Zeitüberdauernde Wirkung blieb freilich nur dem Werk Einzelner vorbehalten.

Lyrik

Im Gegensatz zum Lyrikverständnis späterer Zeiten ist das typische barocke Gedicht ein sorgfältig durchdachtes und gegliedertes Gebilde, Spracharchitektur. Es variiert feststehende Muster ohne persönliche Erlebnisse vorauszusetzen und orientiert sich am Anspruch der Gesellschaft. Der überlieferte Kanon lyrischer Formen – im besonderen Maße das Sonett – kommt dem Dichter dabei ebenso zur Hilfe wie das klassische Versmaß der Zeit, der zweigeteilte, antithetisch nutzbare Alexandriner.

In den Vierzigerjahren gelangten diese vorgegebenen Formen durch Andreas Gryphius und Paul Fleming, durch Angelus Silesius und Paul Gerhardt zu so vollendeter Gestaltung, dass sie zu einem Bestandteil des Schatzes deutscher Lyrik wurden. In der zweiten Hälfte des Jahrhunderts führen das Eindringen des italienischen Marinismus und übersteigerte Anspannung zu zuweilen künstlich anmutenden Formen, die aber gleichwohl Geist und Sprachwitz besitzen.

Andreas Gryphius (1616–1664)
Andreas Gryphius, eigentlich Greif, wurde als Sohn eines Pfarrers in Glogau geboren, verlor seine Eltern früh und erlebte als junger Mensch die Gräuel des Dreißigjährigen Krieges. Er reiste in Holland, Frankreich, Italien und erwarb eine umfassende Bildung. Stark beeinflusst wurde er von Seneca, Shakespeare, dem Holländer Joost van den Vondel und dem Jesuitendrama. Seit 1650 war er Syndikus der evangelischen Landstände in Glogau. Seine gesammelten Werke erschienen erstmals 1663.

Als Lyriker und Dramatiker ist Gryphius der bedeutendste Dichter des deutschen Barock. Seine lyrische Leistung liegt auf dem Gebiet des Sonetts, der Ode, des Epigramms. Die Vergänglichkeit alles Seins, die Allgegenwärtigkeit des Todes hat er erschütternd spürbar gemacht, seine *Son- und Feyrtags-Sonnete* (1639) bestätigen es ebenso wie die grausig-visionären *Kirchhoffs-Gedancken* (1656). Die zeitübliche Vanitas-Thematik erweist sich als bestimmend für sein Werk.

Andreas Gryphius. Stich von Philipp Kilian. Als Legende findet sich ein lateinisches Lobgedicht auf den Dichter.

Es ist alles eitel

Du siehst, wohin du siehst, nur Eitelkeit auf Erden.
Was dieser heute baut, reißt jener morgen ein:
Wo itzund Städte stehn, wird eine Wiesen sein,
Auf der ein Schäfers-Kind wird spielen mit den Herden.
Was itzund prächtig blüht, soll bald zertreten werden.
Was itzt so pocht und trotzt, ist morgen Asch und Bein.
Nichts ist, das ewig sei, kein Erz, kein Marmorstein.
Itzt lacht das Glück uns an, bald donnern die Beschwerden.
Der hohen Taten Ruhm muss wie ein Traum vergehn.
Soll denn das Spiel der Zeit, der leichte Mensch, bestehn?
Ach! was ist alles dies, was wir vor köstlich achten,
Als schlechte Nichtigkeit, als Schatten, Staub und Wind,
Als eine Wiesen-Blum, die man nicht wieder findt.
Noch will, was ewig ist, kein einig Mensch betrachten.

Von Deutschlands Schicksal im Dreißigjährigen Krieg sprechen seine

Tränen des Vaterlandes. Anno 1636

Wir sind doch nunmehr ganz, ja mehr denn ganz verheeret!
Der frechen Völker Schar, die rasende Posaun,
Das vom Blut fette Schwert, die donnernde Kartaun
Hat aller Schweiß und Fleiß und Vorrat aufgezehret.

Die Türme stehn in Glut, die Kirch ist umgekehret,
Das Rathaus liegt im Graus, die Starken sind zerhaun,
Die Jungfern sind geschändt, und wo wir hin nur schaun,
Ist Feuer, Pest und Tod, der Herz und Geist durchfähret.
Hier durch die Schanz und Stadt rinnt allzeit frisches Blut.
Dreimal sind schon sechs Jahr, als unser Ströme Flut,
Von Leichen fast verstopft, sich langsam fortgedrungen.
Doch schweig ich noch von dem, was ärger als der Tod,
Was grimmer denn die Pest und Glut und Hungersnot:
Dass auch der Seelen Schatz so vielen abgezwungen.

Angesichts von so viel Elend und irdischer Nichtigkeit konnte nur der Glaube an eine höhere Welt und der Ausblick auf den Lohn der Ewigkeit dem Menschen, der sich über das Irdische erhoben hat, genügen.
Die Spannung zwischen Vergänglichkeitsbewusstsein und christlichem Auferstehungsglauben war so stark, dass ausgiebig Sprachmittel wie Steigerung, Antithese und Gleichnis genutzt wurden, um das Erlebnis wiederzugeben. Das gab Gryphius' Gedichten trotz der gebändigten Form dynamische Kraft und Leidenschaft. Bei ihm war die rhetorische, pathetische Sprache Ausdruck persönlicher Erfahrung. (→ S. 84)
Zu den wenigen Frauen, denen die Zeitverhältnisse er erlaubten, sich dichterisch zu äußern, zählt die niederösterreichische Protestantin CATHARINA REGINA VON GREIFFENBERG (1633–1694), deren *Geistliche Sonnette / Lieder und Gedichte* (1662) von Sigmund von Birken, dem Oberhaupt des »Pegnesischen Blumenordens«, in Nürnberg veröffentlicht wurden. Ihre leidenschaftliche religiöse Meditation befähigt sie zu Wortfindungen, die in ihrer Gewagtheit noch über die Sprache von Andreas Gryphius hinausgehen.

Sehnlichster Weisheit-Wunsch
Zu vorgenommenen Lobewerk

Ach, dass die Weisheit wär ein Pfeil und mich durchdrüng,
Ein Glanz und mich erhellt', ein Wasser und mich tränkte,
Ein Abgrunds-Tief' und sie mich ganz in sie versenkte,
Ein Adler, der mit mir sich zu der Sonne schwüng:
Ein helle Quell, so in die Sinnen rinnend spräng!
Ach! Dass den Kunst-Geist sie mir aller Weisen schenkte!
Dass nur was Würdigs ich zu Gottes Lob erdenkte
Und seiner Wunder Preis nach Wunsch durch mich erkling!
Ich suche je nicht Lob, die Selbst-Ehr sei verflucht!
Gott! Gott! Gott! ist der Zweck, den ihm mein Kiel erkoren.
Ich bin der Pinsel nur: sein Hand malt selbst die Frucht;
Ihr ziemt die Ehr, wird was aus meinem Sinn geboren.
Aus Gottes Trieb kann ja kein Teufels-Laster fließen.
Mein einigs Flugziel ist; zu Jesus Christus' Füßen!

Aus dem spannungsreichen barocken Zeitgefühl erwuchs das Bedürfnis sich des Daseins und Wirkens

Gottes aus innerer Erfahrung zu vergewissern. Die Sicherheit, welche die sich befehdenden Konfessionen nicht zu geben vermochten, suchte man, indem man Gottes Willen und Wesen unmittelbar erfahren wollte. So erhob sich in Europa von Spanien bis nach Schlesien im 17. Jahrhundert eine neue Welle der Mystik.
Als bedeutender Vertreter dieser Mystik auf protestantischer Seite war der philosophische Schriftsteller Jakob Böhme vorangegangen. Als von Böhme beeinflusst, erweist sich auch der Denker und Dichter Angelus Silesius.

Angelus Silesius (1624–1677)

Der Sohn eines polnischen Adligen und einer Schlesierin hieß eigentlich Johannes Scheffler. Geboren in Breslau, wo er auch das Elisabeth-Gymnasium absolvierte, studierte er in Straßburg, Leiden und Padua, wurde Leibarzt das Herzogs von Oels, später Hofmedikus in Wien. Nach seinem Übertritt zum Katholizismus 1653 nannte er sich Angelus Silesius. Er trat in den Franziskanerorden ein und empfing 1661 die Priesterweihe. Eine polemische Schrift, die er 1673 an den Kaiser richtete *(Gerechtfertigter Gewissenszwang oder Erweiß / dass man die Ketzer zum wahren Glauben zwingen könne und solle)*, zeigt ihn als zuletzt fanatischen Verfechter der Gegenreformation. Er starb in Breslau.

Von den geistlichen Liedern der Sammlung *Heilige Seelen-Lust oder geistliche Hirten-Lieder der in ihren Jesum verliebten Psyche* (1657) sind einige in die Gesangbücher beider Konfessionen aufgenommen worden. Für diese Lieder übernimmt der Autor Motive der weltlichen Pastoral- und Liebesdichtung und sucht sie seinem geistlichen Zweck nutzbar zu machen. Wie er erklärt »mit einfältigen Worten«, tatsächlich jedoch mit großem Raffinement, beschreibt er die religiösen Erfahrungen der Seele. *Sie begehret verwundet zu sein von ihrem Geliebten, Sie muntert sich aus dem Getöne der Kreaturen zu seinem Lobe auf, Sie vermahnet zur Nachfolge Christi* sind Titel solcher Lieder. *Sie beklagte die verfallenen Augen Jesu Christi* stellt die Kontrafaktur von Opitz' seinerzeit bekanntem Gedicht *Ihr schwartzen Augen / ihr* dar:

Ihr keuschen Augen ihr, mein allerliebstes Licht,
Das meinem Bräutigam und Heiland itzo bricht,
Ihr Augen voller Huld,
Voll himmlischer Lust,
Was habt dann ihr verschuld,
Dass ihr verbleichen must? (→ S. 82)

Die Frömmigkeit, die sich in den Werken Angelus Silesius' aussprach, brachte im 17. Jahrhundert auch das protestantische Kirchenlied zu neuer Blüte. Der bedeutendste Liederdichter neben JOHANNES HEERMANN (1585–1647)

und MARTIN RINCKART (1586–1649), dem Autor des Liedes *Nun danket alle Gott*, ist Paul Gerhardt.

Paul Gerhardt (1607–1676)

Paul Gerhardt stammte aus Gräfenhainichen in Sachsen, wurde 1651 Probst in Mittenwalde in der Mark, 1657 Diakon an der Nikolaikirche in Berlin, geriet über kirchlich-religiöse Fragen in Konflikt mit dem Großen Kurfürsten, wurde 1666 suspendiert. Zwei Jahre später wurde er Archidiakon in Lübben an der Spree, wo er auch starb.

1666/67 erschien die Sammlung *Pauli Gerhardi geistliche Andachten bestehend in hundert und zwanzig Liedern*, darunter 55 eigene Schöpfungen, die übrigen als Um- und Nachdichtungen.

Gerhardts Schaffen markiert eine neue Phase in der geistlichen Lieddichtung nach Luther. Für die Haus- und Familienandacht war ein Bedürfnis nach schlichtem Ausdruck entstanden, dem Gerhardt mit seinen das persönliche Erlebnis betonenden Liedern entgegenkam.

Die güldne Sonne
Voll Freude und Wonne
Bringt unsern Grenzen
Mit ihrem Glänzen
Ein herzquickendes, liebliches Licht.

Mein Haupt und Glieder,
Die lagen darnieder;
Aber nun steh ich,
Bin munter und fröhlich,
Schaue den Himmel mit meinem Gesicht.

Gerhardts Lieder gehören bis heute zum Kanon des evangelischen Gesangbuches, so z. B. auch:

Nun ruhen alle Wälder,
Vieh, Menschen, Städt und Felder,
Es schläft die ganze Welt;
Ihr aber, meine Sinnen,
Auf! Auf! Ihr sollt beginnen,
Was eurem Schöpfer wohlgefällt. […]

Der Tag ist nun vergangen,
Die güld'nen Sternlein prangen
Am blauen Himmelssaal.
Also werd ich auch stehen,
Wenn mich wird heißen gehen
Mein Gott aus diesem Jammertal.

Das Passionslied *O Haupt voll Blut und Wunden* ist in die *Matthäuspassion* (1729) von Johann Sebastian Bach eingegangen. Auch in das katholische Liedgut fanden einige von Gerhardts Liedern Aufnahme.

Die katholische Lyrik wurde in der Zeit der Gegen-reformation von der spanischen Mystik beeinflusst. Ihr bedeutendster Liederdichter war Friedrich Spee von Langenfeld.

Friedrich Spee von Langenfeld (1591–1635)

Geboren in Kaiserswerth bei Düsseldorf, Jesuit, Prediger und Professor der Moraltheologie in Würzburg und Köln, war der Dichter ein mutiger Bekämpfer der Hexenprozesse, wie sein 1631 erschienenes Werk *Cautio criminalis* (etwa *Vorsicht bei der Rechtsprechung*) zeigt. Er starb nach der Pflege von Pestkranken in Trier.

Spees lyrisches Schaffen, das zum großen Teil in der Sammlung *Trutz Nachtigall* (e. 1630, postum erschienen 1649) Aufnahme gefunden hat, ist von verinnerlichter Glaubenskraft ebenso geprägt wie von einem vergleichsweise wirklichkeitsgesättigten Blick auf die Welt. Im Stil des Volksliedes klagt er in seinem *Traur-Gesang von der Not Christi am Ölberg in dem Garten* und endet:

Der schöne Mon will untergahn,
Für Leid nit mehr mag scheinen;
Die Sternen lahn ihr Glitzen stahn,
Mit mir sie wollen weinen.

Kein Vogel-Sang noch Freuden-Klang
Man höret in den Luften;
Die wilden Tier traurn auch mit mir
In Steinen und in Kluften.

Gemütvoll ist *Ein kurz poetisch Christ-Gedicht von Ochs und Eselein bei der Krippen*:

Der Wind auf leeren Straßen
Streckt aus die Flügel sein,
Streicht hin gar scharf ohn Maßen
Zur Bethlems Krippen ein.
Er brummlet hin und wider
Der fliegend Winter-Bot,
Greift an die Gleich und Glieder
Dem frisch vermenschten Gott.[…]
Mit dir nun muss ich kosen,
Mit dir, o Joseph mein,
Das Futter misch mit Rosen
Dem Ochs und Eselein.
Mach deinen frommen Tieren
So lieblichs Misch-Gemüs,
Bald, bald ohn Zeit-Verlieren
Mach ihn den Atem süß. […]

Zuletzt sehen sich Ochs und Eselein aufgefordert, »'s nacket Kind« mit »süßem Rosenwind« zu wärmen. Eine strenge Trennung von geistlichen und weltlichen Liederdichtern ist in der Barockzeit nicht möglich. Sowohl Opitz wie Gryphius dichteten geistliche Gesänge, desgleichen SIMON DACH (1605–1659), das Haupt des Königsberger Dichterkreises (= »Musikalische Kürbishütte«). Der größte Teil von Dachs Dichtungen besteht jedoch aus zahllosen auf Bestellung gefertigten Hochzeits- und Begräbnisgedichten, mit denen er seinen Lebensunterhalt verdiente. Gelegentlich findet er einen warmen Volkston, wenn auch das bekannte Lied *Ännchen von Tharau* wahrscheinlich nicht, wie man lange angenommen hat, von ihm, sondern von seinem Freund HEINRICH ALBERT (1604–1651) stammt.

Paul Fleming (1609–1640)

Der Pfarressohn Paul Fleming, in Hartenstein im sächsischen Vogtland geboren, besuchte die Thomasschule, danach die Universität in Leipzig und schloss vorläufig mit dem Magistergrad in Medizin ab. 1634/35 in Reval, Verlobung mit Anna Niehusen, eine der drei Töchter des Kaufmanns Heinrich Niehusen, die »bei Flemings Anwesenheit in Reval seine Dichtergabe viel in Anspruch nahmen« (J. M. Lappenberg). Fünf Jahre reiste er mit einer Gesandtschaft durch Russland und Persien. In Leiden beendete er seine medizinischen Studien. Auf einer Reise nach Reval starb er, erst 31 Jahre alt, in Hamburg.

Fleming begann mit Freundschafts-, Geselligkeits- und Liebesliedern, in denen ein sicheres Gefühl für die Form spürbar wird. Er ist der gewandteste deutsche Vertreter des Petrarkismus, jener nach den Laura-Sonetten Petrarcas benannten Schreibweise, in der Frauenpreis und Liebesklage eine feste Verbindung eingehen. Selbst in seinen kürzesten Liebesgedichten ist ein Ausdruck subjektiver Erfülltheit und Innigkeit, der über die geläufigen Formen der zeitgenössischen Barockdichtung hinausgeht. Das zeigt das Gedicht *Flehen der Liebe* über die Verbindung von Ich und Du:

Wenn du mich könntest lieben,
O du mein Ich,
Gleich wie ich dich,
So wär' ich ohn Betrüben [...]

Fleming pflegte wie Gryphius die Vanitas-Thematik, wusste sie jedoch mit dem Bekenntnis zur Forderung des Tages und einem christlich geprägten Stoizismus zu verbinden, der die düstere Klage aufhellt und ihr einen ansatzweise persönlichen Ausdruck gibt.

An Sich

Sei dennoch unverzagt! Gib dennoch unverloren.
Weich keinem Glücke nicht. Steh höher als der Neid,
Vergnüge dich an dir, und acht es für kein Leid,
Hat sich gleich wider dich Glück, Ort und Zeit verschworen.
Was dich betrübt und labt, halt alles für erkoren,
Nimm dein Verhängnüs an. Lass alles unbereut.

Paul Fleming: *Teütsche Poemata*,
Titelkupfer von D. Diriksen nach M. C. Hirt, 1642
Das Titelkupfer zeigt einen Faun, der ein Pergamentblatt mit dem Titel in der Hand hält, während ein anderer es an einem Baum befestigt, im Hintergrund eine Waldlandschaft mit musizierendem Liebespaar.

Tu, was getan muss sein, und eh man dir's gebeut.
Was du noch hoffen kannst, das wird noch stets geboren.
Was klagt, was lobt man doch? Sein Unglück und sein
                                      Glücke
Ist ihm ein jeder selbst. Schau alle Sachen an:
Dies alles ist in dir. Lass deinen eitlen Wahn,
Und eh du förder gehst, so geh in dich zurücke.
Wer sein selbst Meister ist und sich beherrschen kann,
Dem ist die weite Welt und alles untertan.

Eine Sammlung von Flemings Liebes- und Trinkliedern, Oden, Sonetten und Epigrammen erschien postum 1642 unter dem Titel *Teütsche Poemata*.

Hofmann von Hofmannswaldau,
Stich von Phil. Kilian nach Georg Schulz

Marinismus

Die inneren Spannungen, die der Barocklyrik eigen waren, veräußerlichten sich im Laufe der Zeit zur virtuosen Manier galanter Verschnörkelung und überspitzter Pointierung. Inhalt und Versform dienten zu allerlei Sprachexperimenten.

Solch gezierter Stil machte in allen europäischen Ländern Schule. Man nannte diese Manier in Spanien nach dem Dichter Luis de Góngora (1561–1627) Gongorismus, in Italien nach dem Dichter Giambattista Marino (1569–1625) Marinismus, in England nach John Lylys (1553/54–1606) Roman *Euphues, Die Anatomie des Verstandes* (*Euphues or: The Anatomy of Wit*, 1758) und dessen Fortsetzung *Euphues und sein England* (*Euphues and His England*, 1580) Euphuismus, in Frankreich Style précieux. In der deutschen Barocklyrik wurde die virtuose Manier, deren Autoren man der so genannten zweiten schlesischen Schule zuordnete, etwa durch Philipp von Zesen vertreten. Ein Beispiel für den fast schon parodistisch wirkenden Stil der galanten Marinisten bildet das allegorische Sonett eines unbekannten Verfassers (möglicherweise Christian Hofmann von Hofmannswaldau):

Amanda, liebstes Kind, du Brustlatz kalter Herzen,
Der Liebe Feuerzeug, Goldschachtel edler Zier,
Der Seufzer Blasebalg, des Trauerns Löschpapier,
Sandbüchse meiner Pein und Baumöl meiner Schmerzen.
Du Speise meiner Lust, du Flamme meiner Kerzen,
Nachtstühlchen meiner Ruh, der Poesie Klistier,
Des Mundes Alekant, der Augen Lustbrevier,
Der Komplimenten Sitz, du Meisterin der Scherzen,
Der Tugend Quodlibet, Kalender meiner Zeit,
Du Andachtsfackelchen, du Quell der Fröhlichkeit,
Du tiefer Abgrund du voll tausend guter Morgen,
Der Zungen Honigseim, des Herzens Marzipan,
Und wie man sonsten dich mein Kind beschreiben kann.
Du Lichtputz meiner Not und Flederwisch der Sorgen.

Bei Zesen und seinen Zeitgenossen findet man neben Übertreibungen und abstrusen Bildern, neben Manier und Schwulst aber immer wieder auch echte Poesie. So zeichnen sich die Gedichte der Nürnberger Poeten Georg Philipp Harsdörffer und Johann Klaj sowie Sigmund von Birken durch Laut- und Klangmalereien aus. CASPAR STIELER (1632–1707) veröffentlichte unter dem Pseudonym Filidor der Dorfferer eine Sammlung temperamentvoller und kecker Soldaten- und Liebeslieder (*Die geharnschte Venus*, 1660).

CHRISTIAN HOFMANN VON HOFMANNSWALDAU (1617 bis 1679), geboren und gestorben in Breslau, zusammen mit Daniel Casper von Lohenstein Hauptvertreter der so genannten zweiten schlesischen Schule, übertraf die anderen Mitglieder an Virtuosität. Hofmannswaldau ist Wegbereiter des deutschen Marinismus. Er konnte sich nicht genug tun an gesuchten Bildern, eleganten Pointen, spielerischer Raffinesse. Hofmannswaldaus Gedichte sind sinnenfreudig und galant, kennen aber gleichwohl die Klage über die Vergänglichkeit des Diesseitigen. Gryphius' Schwere bei der Behandlung des ernsten Themas sucht er zu vermeiden, seine Stärken sind vielmehr Musikalität, sprachlicher Wohlklang und geistreiche Spannung.

Wo sind die Stunden
Der süßen Zeit,
Da ich zuerst empfunden,
Wie deine Lieblichkeit
Mich dir verbunden?
Sie sind verrauscht, es bleibet doch dabei,
Dass alle Lust vergänglich sei.

Das reine Scherzen,
So mich ergetzt
Und in dem tiefen Herzen
Sein Merkmal eingesetzt,
Lässt mich in Schmerzen;
Du hast mir mehr als deutlich kundgetan,
Dass Freundlichkeit nicht ankern kann. [...]

Ich schwamm in Freude,
Der Liebe Hand
Spann mir ein Kleid von Seide.
Das Blatt hat sich gewandt,
Ich geh im Leide.
Ich wein itzund, dass Lieb und Sonnenschein
Stets voller Angst und Wolken sein.

Erst Jahrzehnte später ließ aufbrechende Subjektivität die barocken Muster lyrischer Produktivität zugunsten einer unvermittelten Aussage des Ich endgültig zurück.

Johann Christian Günther (1695–1723)

Günther, geboren in Striegau (Strzegom) in Niederschlesien, Gymnasiast in Schweidnitz, Student in Frankfurt/ Oder und Wittenberg, lebte ein leidenschaftliches, gehetztes Leben. Familie und Gesellschaft hatten für seine Eigenwilligkeit kein Verständnis. Der Vater, Stadtarzt in Striegau, hatte ihn ebenfalls zum Mediziner bestimmt und wollte von ihm, der sich einer brotlosen Kunst widmete, nichts wissen, die Geliebte, Magdalene Eleonore Jachmann, die ihn inspirierte, verließ ihn schließlich. Gestorben in Jena.

Ein Teil von Günthers Dichtung war auch Selbstbekenntnis und wurde jedenfalls in der Folge bereitwillig als solches verstanden. Das gab ihr die in die Zukunft weisende Bedeutung.

Ach Gott, mein Gott, erbarme dich!
Was Gott? was mein? und was Erbarmen?
Die Schickung peitscht die ausgestreckten Armen
Und über mich
Und über mich allein

Kommt weder Tau noch Sonnenschein,
Der doch sonst auf der Erden
Auf Gut' und Böse fällt.
Die ganze Welt
Bemüht sich, meine Last zu werden.

Der »deutsche Ovid« identifizierte sich mit dem exilierten antiken Dichter, aber auch mit Hiob. Die Tragik des persönlichen Schicksals verband sich mit einer Problematik der Form. Für die Auftragsgedichte, die er um des Lebensunterhalts willen schrieb, reichten die vorgegebenen Muster aus; wo aber das Herz sprach, sprengten seine Worte die Formelwelt der spätbarocken Lyrik. Er bediente sich zwar der vorgegebenen Muster, hatte aber mit den gesellschaftlichen Anschauungen gebrochen, die sich darin ausdrückten. Sein Abendlied (*Der Feierabend ist gemacht*) ist Erlebnisdichtung im barocken Gewand. Modern in seiner unverhüllten Anklage wirkt das Gedicht *Nach der Beichte an seinen Vater,* dessen erste Strophe lautet:

Mit dem im Himmel wär es gut,
Ach, wer versöhnt mir den auf Erden?
Wofern es nicht die Liebe tut,
Wird alles blind und fruchtlos werden.
Wer glaubt wohl, hartes Vaterherz,
Dass so viel Unglück, Flehn und Schmerz
Der Eltern Blut nicht rühren sollen?
Ich dächt, ich hätt in kurzer Zeit
Die allerhärteste Grausamkeit
Bloß durch mein Elend beugen wollen.

Wanderdichter und Außenseiter der Gesellschaft, der es verschmähte, Hofdichter zu werden, und als freier Schriftsteller zu seiner Zeit nicht leben konnte, war Günther Opfer mehr der deutschen Zustände als der eigenen Veranlagung.

Erst nach Günthers Tod erschien die Sammlung seiner *Deutschen und lateinischen Gedichte* (1724). Sie bezeugte das individuelle und sozialhistorische Schicksal eines Autors, der auf neue und ungewohnte Weise sein Leben zum Gegenstand der Dichtung gemacht hatte. Goethe bezeichnete ihn in *Dichtung und Wahrheit* als den ersten unmittelbaren Frühsubjektivisten. Aber er hat ihn auch mit den Worten abqualifiziert: »Er wusste sich nicht zu zähmen, und so zerrann ihm sein Leben wie sein Dichten.« Seiner eigenen Zeit ein Ärgernis, wies Günther mit seinem Lebensgefühl und seinem künstlerischen Gestaltungswillen weit in die Zukunft, ja, über die Aufklärung hinaus. Die Dichter des Sturm und Drang erkannten in ihm den Gleichgesinnten.

Epigrammatik

Das Epigramm, eine aus der Antike stammende Form der Dichtung, die in lateinischer Sprache auch während des Mittelalters gepflegt wurde, fand in Renaissance und Barock Eingang in die deutschsprachige Literatur. Muster war der Römer Martial, den Opitz 1639 in Auswahl ins Deutsche übertrug, dann auch der neulateinische englische Dichter John Owen (um 1560–1622), der »englische Martial«, der zunächst ins Niederdeutsche übersetzt wurde.

In der epigrammatischen Dichtung der Barockzeit, noch immer nur unzureichend erschlossen, lebt bereits ein aufklärerischer Geist, ein auf das Diesseits gerichteter witziger und moralischer Ernst. Aber auch das geistliche Epigramm ist zahlreich vertreten.

Angelus Silesius fand das Vorbild für seine mystische Epigrammatik bei dem Dichter DANIEL CZEPKO VON REIGERSFELD (1605–1660), dessen Bekanntschaft ihm durch den Anhänger Jacob Böhmes ABRAHAM VON FRANKENBERG (1593–1652) vermittelt worden war. Mit seinen handschriftlich verbreiteten Schriften und Epigrammen ein Vertreter der schlesischen Mystik (*Sexcenta Monodisticha Sapientum*, 1655) war Czepko mit seinen weltlichen Schäfer-, Liebes- und Lehrdichtungen zugleich ein Schüler von Martin Opitz.

ANGELUS SILESIUS nannte seine *Geistreichen Sinn- und Schlussreimen* (1657) in der zweiten, vermehrten Auflage *Cherubinischer Wandersmann* (1674), ein Titel, unter dem sie noch heute bekannt sind.

Das mystische Erlebnis entzieht sich dem rationalen Nachvollzug ebenso wie der Nachempfindung. Die Erfahrung des Mystikers spricht von seiner Versenkung in das innere Selbst, von der Berührung der Gegensätze, die in Gott aufgehoben werden, vom Einswerden mit Gott in der Stille. Gott ruht in der Seele und sie in Gott. Im mystischen Erlebnis, von Ort und Zeit gelöst, von allem Begrifflichen befreit, hat sie das Aufgehen im Unendlichen erfahren. Im Gleichnis, in Bildern und kühnen paradoxen Formulierungen sucht sie Ausdruck für das Unaussprechliche.

Ich weiß nit, was ich bin, ich bin nit, was ich weiß:
Ein Ding und nit ein Ding; ein Stüpfchin und ein Kreis.

Gott hat sich nie bemüht, auch nie geruht, das merk,
Sein Wirken ist sein Ruh'n und seine Ruh sein Werk.

Wär Christus tausendmal in Bethlehem geboren
Und nicht in dir – du bliebst auf ewiglich verloren.

Halt an, wo läufst du hin? Der Himmel ist in dir;
Suchst du Gott anderswo, du fehlst ihn für und für.

Die Rose, welche hier dein äußres Auge sieht,
Die hat von Ewigkeit in Gott also geblüht.

In Trost und Süßigkeit kennst du dich selbst nicht, Christ;
Das Kreuze zeigt dir erst, wer du im Innern bist.

Mensch, werde wesentlich! Denn wann die Welt vergeht,
So fällt der Zufall weg, das Wesen, das besteht.

Friedrich von Logau (1604–1655)

Friedrich Freiherr von Logau, geboren in Brockuth bei Nimptsch, stammte aus einer alten, aber verarmten schlesischen Adelsfamilie. Er wurde Beamter am Hof des Herzogs von Brieg, Mitglied der »Fruchtbringenden Gesellschaft«; gestorben in Liegnitz.

Logau hat seine Epigramme unter dem Pseudonym Salomon von Golaw veröffentlicht; in der letzten Ausgabe waren es *Deutscher Sinn-Getichte Drey Tausend* (1654). Diese Gedichte charakterisierten die Fehlentwicklungen der Zeit und erneuerten die alte Spruchdichtung. Knappheit und Kraft zeichnen seine Sprache aus:

Alles machet mein und dein,
Dass man nicht kann friedlich sein.

Alamode-Kleider, Alamode-Sinnen
Wie sich's wandelt außen, wandelt sich's auch innen.

Deutsche sind so alte Leute,
Lernen doch erst reden heute;
Wann sie lernen doch auch wollten,
Wie recht deutsch sie handeln sollten.

Krieg hat den Harnisch weggelegt, der Friede zieht ihn an,
Wir wissen, was der Krieg verübt, wer weiß, was Friede kann?

Tod ist ein langer Schlaf; Schlaf ist ein kurzer Tod;
Die Not, die lindert der, und jener tilgt die Not.

Lange vergessen, ist Logau durch Lessing, der seine tolerante und unabhängige Gesinnung sowie seine Parteinahme gegen jeden Gewissenszwang teilte, wieder entdeckt worden. Logaus Sinngedicht

Und willst du weiße Lilien zu roten Rosen machen
Küss eine weiße Galathee; sie wird errötend lachen

wurde der Ausgangspunkt für Gottfried Kellers *Sinngedicht*.

Auch ANDREAS GRYPHIUS schrieb scharf geschliffene Epigramme. Einem Fürsten, der sich rühmt, dass sein Land frei von Ketzern sei, hält er vor:

Dass dein Land, wie du sprichst, nie Ketzerei gezimmert,
rührt daher, dass es sich niemals um Gott bekümmert.

Genannt seien ferner die Epigrammatiker GOTTFRIED WILHELM SACER (1635–1699, *Reim dich, oder ich fresse dich*, 1673) und CHRISTIAN WERNICKE (1661–1725, *Überschrifte Oder Epigrammata*, 1697–1701), in deren Arbeiten sich niederdeutsch-bürgerlicher Geist und eine insgesamt größere Distanz zur barocken Kultur ausspricht.

Lehr- und Kunstdrama. Musiktheater

Das Barocktheater diente vor allem der Repräsentation; hier löste sich die Spannung der Epoche in einem Stil pathetischer Darstellung. In der Bühnenkunst wurden Kirche und Staat verherrlicht und die Richtlinien eines vorbildlichen gesellschaftlichen Verhaltens festgelegt. Der Spanier Calderón gestaltete in seinen Dramen das große Welttheater des menschlichen Lebens. In Frankreich, das unter Ludwig XIV. eine Blütezeit seiner Literatur erlebte, erscheinen in den Dramen

Nicolaus von Avancini: *Pietas victrix*, 1659
Der Stoff vom Sieg Konstantins d. Gr. über den Tyrannen Maxentius gab Gelegenheit zu glänzenden Schlachtszenen, Gesichten in den Wolken, Phaeton auf dem Sonnenwagen und anderen Bühneneffekten, die der Sinnenfreudigkeit der Zeitgenossen entgegenkamen.

von Corneille, Racine, Molière Menschen, die ihre Leidenschaften ihrer Erkenntnis unterordnen und kraft ihrer Vernunft die Verworrenheit der Welt belächeln.

Im deutschen Sprachraum wirkte die konfessionelle Grenze bestimmend auch auf Inhalte und Formen der Literatur, die im Süden und Westen katholisch, im Nordosten protestantisch geprägt war. Die mit didaktischer Zielsetzung geübte Bühnenkunst ließ die Unterschiede besonders deutlich hervortreten. An den Schulen katholischer Orden wurde das Theater ebenso in den Dienst (gegen-)reformatorischer Zwecke gestellt wie an den protestantischen Lateinschulen. Am nachhaltigsten wirkten die Bestrebungen der Jesuiten. Das für den Geist des Barock repräsentative Werk stellt die am Ende des 16. Jahrhunderts entstandene Kunstform der Oper dar, die das Ideal des Gesamtkunstwerks vorwegnimmt. Aus der Musikkultur Italiens hervorgegangen und noch lange in allen ihren Elementen italienisch dominiert, ist sie zwar an allen größeren deutschen Höfen gegenwärtig, doch kann von einer Eindeutschung nur eben ansatzweise die Rede sein.

Das Jesuitendrama

Die streitbare Gesellschaft Jesu, tragende Macht der Gegenreformation, hat den Barockgeist besonders stark vertreten und in Kunst und Dichtung verbreitet. Als Vorbild galt den Jesuiten der Stifter des Ordens: IGNA-TIUS VON LOYOLA (1491–1556), ein Organisator großen Stils, der die ursprünglich gewählte Laufbahn als Soldat nach einer schweren, bei der Verteidigung von Pamplona erlittenen Verwundung mit dem geistlichen Beruf vertauscht hatte. 1540 wurde der von ihm gegründete Orden »Societas Jesu« vom Papst bestätigt. In strenger Askese und militärischer Zucht wurde er eine Kampfgemeinschaft mit der Aufgabe, zu missionieren und abgefallene Gläubige zur Kirche Petri zurückzuführen. In hervorragenden, über ganz Europa verbreiteten Gymnasien wurde die Wissenschaft des Mittelalters mit der modernen Forschung vereint.

Das Jesuitendrama war lateinisch geschrieben und seine Einübung ein fester Bestandteil des Schulunterrichts. Daneben wurde es auf eigenen Bühnen in München, Wien, Ingolstadt, Köln als Volksschauspiel mit großer Pracht aufgeführt um Glanz und Macht der Kirche darzustellen und die Menschen zur inneren Umkehr zu bewegen. Die Zuschauer, die des Lateins unkundig waren, erhielten eine kurze deutsche Inhaltsangabe und wurden im Übrigen mitgerissen durch das Schaubild virtuoser religiöser Propaganda. Die Bühne arbeitete mit den Mitteln der Oper, mit Ballett- und Massenszenen; Musik, Wort, Tanz, Darstellung vereinten sich zu mächtiger Gesamtwirkung.

Wie die Kirchen der Jesuiten schon in ihrem Schmuck und in der festlichen Liturgie des Gottesdienstes die Herrlichkeit von Himmel und Paradies der Vergänglichkeit alles Irdischen gegenüberstellten, so spielten auch ihre Dramen diese Gegensätze aus. Himmel und Hölle waren der Schauplatz, allegorische Figuren die Träger der Handlung. Eine doppelte oder drei kubisch geschlossene Bühnen standen nebeneinander. Wechselseitig hob sich vor ihnen der Vorhang. Schneller Szenenwechsel erlaubte die Illusion übernatürlicher Erscheinungen und Ereignisse.

Zu den wichtigsten Autoren gehört der Schwabe JACOB BIDERMANN (1578–1639). Sein Drama *Cenodoxus* (U. 1602) prangert Hohlheit und Eitelkeit eines lasterhaften, scheinbar frommen Pariser Gelehrten an.

Während Freunde seinen Tod beklagen und ihn wie einen Heiligen verehren, steht, parallel zu seinem Begräbnis, seine Seele vor Christus zu Gericht. Der Humanismus der Renaissance, die Emanzipation des Individuums werden in der Person des Doktors (»cenodoxia« heißt »eitle Ruhmsucht«) verurteilt. Vergeblich richtet der Tote sich auf und beklagt seine »ewige Verdambnuß«. Ein Teilnehmer am Leichenbegängnis, Bruno, entsagt der Welt und wird Gründer des Ordens der Kartäuser.

Noch weitere elf Stücke Bidermanns wandten sich in ähnlicher Weise mit missionarischer Belehrung an das Publikum.

Der Jesuit NICOLAUS VON AVANCINI (1611–1686), ein Südtiroler Adliger, war der erfolgreichste Repräsentant des Jesuitendramas in Wien. Neben Schuldramen verfasste er 33 allegorische Festspiele, darunter *Die siegende Frömmigkeit* (*Pietas victrix*, 1659). Das Stück behandelt den Sieg Konstantins des Großen über Maxentius 312 und deutet auf die künftige Rolle des Hauses Habsburg voraus.

Protestantisches Schultheater

Humanistischen Geist vermittelten die protestantischen Lateinschulen, die die Sieben Freien Künste (Artes liberales) pflegten, also Grammatik, Rhetorik und Dialektik als sprachliche, Arithmetik, Geometrie, Astronomie und Musik als mathematische Künste. In diesem Zeichen wurden antike Autoren, die wie Plautus und Terenz als musterhaft galten, ebenso aufgeführt wie von Mitgliedern des Lehrkörpers geschriebene Stücke, die zumeist auf biblischen und historischen Stoffen basierten, aber auch Komödien einschlossen. Im Laufe einer den gesamten Zeitraum der Barockdichtung umfassenden Praxis änderte sich allmählich die zugrunde liegende Tendenz: Die geistlichen Inhalte traten zurück, auf dem Wege über das Drama der Märtyrer und Tyrannen kam man zum politischen Trauerspiel und zuletzt – die Aufklärung kündigte sich an – zur Belehrung in praktischer Lebenskunst. Der Zittauer Schulrektor CHRISTIAN WEISE (1642–1708) wollte erziehen und nützliches Wissen vermitteln. Daher sollte die Dichtung nach seinen eigenen Worten »naturell und ungezwungen« sein. Der Hörer beziehungsweise der Leser, denn Weise schrieb auch Gedichte, die wie in Verse gesetzte Prosa anmuten (*Der grünenden Jugend überflüssige Gedanken*, 1668), sollte gleichsam durch die Dichtung übertölpelt werden; er »meinet Zucker zu lecken und schlucket Arznei ein«. Der barocke Überschwang wurde durch formloses Moralisieren ersetzt.

Das Schultheater hatte seinen Platz in den Städten, in denen sonst allenfalls Wandertruppen gastierten. Daher ist seine Bedeutung für die Theaterkultur erheblich und die Grenze zur anspruchsvollen Dichtung fließend, wie der Blick auf Breslau zeigt, an dessen beiden Gymnasien das schlesische Kunstdrama entstand. Kein Geringerer als Gryphius hat für die dortige Schulbühne geschrieben.

ANDREAS GRYPHIUS' Dramen, angesiedelt zwischen Himmel und Hölle, sind einerseits durch die Erkenntnis bestimmt, »wie nahe Höh und Fall beysammen« stehen, andererseits durch die Einsicht: »Ein unverzagt Gemüth steht, wenn der Himmel fällt, / Und steigt im Untergang und trotzt die große Welt.« (*Großmütiger Rechtsgelehrter / oder Sterbender Aemilius Paulus Papinianus*, 1659) Heldentum heißt bei Gryphius so viel wie Märtyrertum. Die Größe des Menschen beweist sich dadurch, dass er beständig ist und seinem Gewissen treu bleibt.

Für den Dialog seiner heroischen Tragödie wählte Gryphius den Alexandriner, den Vers der französischen klassischen Tragödie. Dem antiken Chor entsprechend schloss er die einzelnen Akte durch so genannte »Reyen« ab. Er arbeitete mit grellen Effekten und Gegensätzen. Aber seine pathetischen Übersteigerungen waren keine bloße Deklamation, sondern Zeichen der Erschütterung. Sein *Leo Armenius, oder Fürsten-Mord* (1657) spielt am byzantinischen Kaiserhof; das Stuart-Drama *Ermordete Majestät oder Carolus Stuardus König von Gross Brittannien* (1657) hat er unter dem Eindruck der Hinrichtung Karls I. von England geschrieben. In *Cardenio und Celinde, oder Unglücklich Verliebte* (1657) beschreibt er die Folgen unbeherrschter Leidenschaft. Der Tragödie *Catharina von Georgien* (1657), einem Märtyrerdrama, liegt eine historische Begebenheit zugrunde:

Georgien (auch Gurgistan genannt) ist von den Persern überfallen worden und die noch jugendliche christliche Königin Catharina hat sich in das Lager des Feindes begeben, um Frieden zu erbitten und so ihrem Sohn Tamaras die Herrschaft zu erhalten. Doch der Schah, von Liebe zu ihr ergriffen, lässt sie an seinen Hof bringen, verlangt ihre Hand und den Übertritt zum mohammedanischen Glauben. Sie widersteht seinen Forderungen und bleibt standhaft bis zum qualvollen Märtyrertod.
Catharina, zum Sterben bereit, um Christi Gottheit zu ehren, nimmt von ihren Hofdamen mit folgenden Worten Abschied (Ende des 4. Aktes, Schauplatz: der Königin Zimmer):

Ade! Die Zeit verläuft. Nehmt diese letzten Küsse,
Ihr, die ich zwar in Arm, doch mehr ins Herz einschließe!
Der Uns nun von der Welt und eurer Seiten nimmt,
Hat, wie und wenn ihr Uns nachfolgen sollt, bestimmt.
Cassandra, nimm den Ring! Ihr, diese Perlenschnüre!
Den Demant Salome, Serena die Saphire!
Nehmt an zu guter Nacht die Steine von dem Haar,
Die Ketten und was noch von Schmuck Uns übrig war,
Und denkt an Unsern Tod! Hiermit bleibt Gott befohlen!
Wofern der Höchst euch noch wird in Gurgistan holen,
So zeigt dem Tamaras und allem Landvolk an:
Der möge nicht vergehn, der wie Wir sterben kann!

Theatralisch, allegorisch baut sich das Bühnenbild auf mit der Szenenanweisung: »Der Schauplatz lieget voll Leichen, Bilder, Kronen, Szepter, Schwerter. Über dem Schauplatz öffnet sich der Himmel, unter dem Schauplatz die Hölle.«
Die beiden Lustspiele von Gryphius, *Horribilicribrifax. Teutsch. Wehlende Liebhaber* (1663) und *Absurda comica. Oder Herr Peter Squentz* (1658), zeigen ebenfalls, diesmal in komischer Art und grotesker Übertreibung, den Gegensatz von nichtigem Schein und echtem Sein. Sie geben Aufschneider in der Art Falstaffs oder ungerechtfertigtes Selbstvertrauen ängstlicher Bürger der Lächerlichkeit preis. Die Figuren der Lustspiele stammen getreu der Vorschrift von Opitz aus dem niederen Volk, der feierliche Vers der Tragödien ist hier

durch Prosa ersetzt. In *Absurda comica. Oder Herr Peter Squentz* bringt Gryphius in Anlehnung an das Rüpelspiel aus Shakespeares *Sommernachtstraum* Handwerker auf die Bühne.

Der Schulmeister Peter Squentz hat zu Ehren des durch den Ort reisenden Landesherrn ein Trauerspiel *Pyramus und Thisbe* gedichtet. Die ebenso eifrigen wie ungebildeten Schauspieler machen bei der Aufführung Fehler über Fehler und geraten sich deshalb in die Haare.

Horribilicribrifax (zusammengesetzt aus horribilis = schrecklich, cribrum = durch Kampf entscheiden und facere = machen) karikiert das Maulheldentum feiger Soldaten. Gryphius bringt zwei solcher Prahlhänse auf die Bühne, den Horribilicribrifax und den Daradiridatumtarides, bombastische Großsprecher; das Vorbild für sie liefert der *Der prahlerische Offizier (Miles gloriosus)* des Plautus, der auch noch in Lessings *Minna von Barnhelm* in der Person des Riccaut de la Marlinière erkennbar ist. Das Kauderwelsch der Halbgebildeten wird von Gryphius in einem Sprachgemisch aus französischen, italienischen, lateinischen und griechischen Brocken verspottet. Horribilicribrifax wirbt in dieser Art um die vornehme, begüterte Coelestina:

Nobilissima dea, cortesissima nimfa! Occhio del mondo: Durchlauchtigste unter allen Schönen! Berühmteste unter den Fürtrefflichsten! Übernatürlichste an Vollkommenheit! Unüberwindlichste an Tugenden! Euer untertänigster, leibeigener Sklav, der durch die Welt berühmte Capitain Horribilicribrifax von Donnerkeil, Herr auf Blitzen und Erbsass auf Kartaunenknall, präsentiert, nebst Verwünschung unsterblicher Glückseligkeit, seiner Kaiserin bei angehendem Morgen seine zwar wenige, doch jederzeit bereitwilligste Dienste!

Anlässlich einer höfischen Hochzeit entstand das Lustspiel *Verlibtes Gespenste* (1660), in dem für Gesang bestimmte lyrische Versformen mit dem herkömmlichen Alexandriner abwechseln; zusammen mit der Bauernkomödie in schlesischer Mundart *Die gelibte Dornrose* (1661) feiert das Doppelspiel die gegen alle Widerstände siegreiche Macht der Liebe.

Daniel Casper von Lohenstein (1635–1683)
Eigentlich Daniel Casper (den erblichen Adelstitel mit dem Prädikat »von Lohenstein« erhielt sein Vater erst 1670), geboren in Nimptsch (Mittelschlesien), studierte Jura in Leipzig und Tübingen, unternahm eine Bildungsreise in die Schweiz und in die Niederlande, wurde Anwalt und Syndikus in Breslau und vorübergehend Regierungsrat im Fürstentum Oels. Der auch mit diplomatischen Aufgaben betraute kaiserliche Rat widmete sich der Poesie nur in Nebenstunden. Gestorben in Breslau.

Daniel Casper von Lohenstein: *Epicharis,* Titelkupfer, 1665
Auf dem Titelkupfer besichtigt Nero mit Poppaea Sabina, von
Lanzen- und Fackelträgern begleitet, die Folterkammer.

Lohenstein ist nach Gryphius der bedeutendste deutsche Theaterdichter des Jahrhunderts. Die meist weiblichen Helden seiner Dramen werden von starken Affekten bewegt, sie erleiden und verursachen grausame Schicksale. Lohenstein hat den dämonischen Frauencharakter auf der Bühne eingeführt, für den im Jesuitendrama noch kein Platz gewesen war. Nach dem ersten Drama *Ibrahim Bassa* (1653), das er als Fünfzehnjähriger für die Breslauer Schulbühne schrieb, beginnt mit *Cleopatra* (1661), einer intrigenreichen Staatsaktion, die auf den Selbstmord des Antonius und den späteren der Titelheldin hinausläuft, die Reihe der Frauendramen. *Agrippina* und *Epicharis* (beide 1665) behandeln Stoffe aus dem Umkreis des Kaisers Nero; das Theater schwelgt in Folter und Mord, Verrat und eifersüchtiger Liebe. *Sophonisbe* (1680) tötet ihre Kinder und sich selbst im Dienst der Staatsräson. *Ibrahim Sultan* (1673), das zuletzt entstandene Drama Lohensteins, gestaltet die Verworfenheit des Mannes, der mit Gewalt die unschuldige Ambre zwingt ihm zu Willen zu sein, dann aber gerichtet und erwürgt wird; auch im Jenseits wird ihm nicht vergeben werden.
Man hat die Dramen Lohensteins wegen der in ihnen dargestellten Gräuel für unspielbar erklärt; sie sind aber zu seiner Zeit im weiten Umkreis aufgeführt worden. Sie sind reich an Spannung, doch ist diese ganz in die äußere Handlung verlegt. Eine seelische Entwicklung kennen Lohensteins Gestalten nicht, sondern sie werden unvermittelt von ihren freilich in sich widerspruchsvollen Leidenschaften und Interessen bewegt.

Mit stoischer Gelassenheit ertragen sie die Schrecken der Welt, zu denen sie ihrerseits beitragen, ausgeliefert der Mechanik ihrer Triebe.

Musiktheater

MARTIN OPITZ gab seinem Libretto für Heinrich Schütz' Oper *Daphne*, die im April 1627 auf Schloss Hartenfels bei Torgau anlässlich einer Fürstenhochzeit zur Aufführung gelangte – es handelte sich bei seinem Text um die freie Übersetzung einer italienischen Bearbeitung des Stoffes – ein Vorwort mit auf den Weg, in dem er sich von der Auffassung distanzierte, dass es sich bei diesem Werk um eine Neubelebung des antiken griechischen Dramas handle. Auch reflektierte er über eine von ihm vorgenommene dramaturgische Veränderung: Er hatte von der Verwandlung der Nymphe in einen Lorbeerbaum nicht nur erzählen lassen, sondern die Metamorphose auf die Bühne gebracht.
GEORG PHILIPP HARSDÖRFFER, der Librettist der zweiten deutschsprachigen Oper (*Seelewig,* ein »Geistliches Waldgedicht«, Musik von Siegmund Gottlieb Staden, 1644) ging noch weiter: Er fügte dem christlich moralisierenden Schäfer- und Nymphenspiel eine zweite Handlungsebene hinzu, auf der künstlerische Probleme erörtert werden. Die italienische Oper wird als zu empfindlich für einen rauen Boden bezeichnet, es bedürfe einer eigenständigen deutschen Oper um heroische Taten und christliche Tugenden zu feiern. Harsdörffer schrieb gewissermaßen bereits eine Oper über die Oper, aber der in Mittel- und Norddeutschland unternommene Versuch zur Herausbildung eines deutschen Musikdramas (1678 Gründung der Oper am Gänsemarkt in Hamburg) blieb zunächst ohne weitere Ergebnisse. In den katholischen Territorien blieb die Vorherrschaft der italienischen und im geringeren Maße der französischen Oper unangefochten.

Roman

Der Barockroman kam in Deutschland erst spät zur Entfaltung, wurde dann aber umso eifriger gelesen. Er war in besonderem Maße von ausländischen Vorbildern abhängig.

Formtypen

Man unterscheidet zwei bzw. drei Richtungen. Der so genannte heroisch-galante Roman bildete den ritterlichen *Amadisroman* aus Spanien und Frankreich fort.

Auf tausenden von Seiten werden die Geschichten fürstlicher Persönlichkeiten und Familien geschildert, Staatsumwälzungen in exotischen Ländern, Abenteuer- und Liebesgeschichten, dies alles angefüllt mit allgemeinem Wissen und geschichtlich-geografischen Anmerkungen. Diese »wild gewordenen Enzyklopädien«, wie Eichendorff sie nannte, zeigen jedoch eine bedeutende Kompositionskunst. Obwohl zum Beispiel *Die durchleuchtige Syrerinn Aramena* (1669–73) des HERZOGS ANTON ULRICH VON BRAUNSCHWEIG (1633 bis 1714) 38 Episoden und 17 Hochzeitspaare zählt, ist doch alles mit erstaunlichem Geschick verwoben – allerdings in einer schwülstigen, gezierten Sprache. Der Roman und seine Handlung sind vor dem Hintergrund des »welfischen Musenhofs« des Herzogs August d. J. von Braunschweig (1579–1666) und seiner Frau Sophie Elisabeth (1613–1676), selbst Komponistin und Anregerin von Gemeinschaftsdichtungen und einem regen Theaterleben, zu sehen. Ein erster, fragmentarischer Entwurf des Romans geht anscheinend auf Anton Ulrichs Schwester Sibylla Ursula (1629–1671) zurück. Ähnlich wie *Aramena* sind die heroisch-galanten Romane des Schlesiers HEINRICH ANSELM VON ZIGLER UND KLIPHAUSEN, 1663–1696 (*Die asiatische Banise oder blutiges doch mutiges Pegu*, 1689) und des Daniel Casper von Lohenstein (*Großmütiger Feldherr Arminius oder Hermann*, postum 1689) beschaffen.

Der Schäferroman, der an die antike bukolische Idyllendichtung anknüpft, ist von dem ersten Typus insofern abgehoben, als er den höfisch-politischen Anspruch nicht teilt. Eines der europäischen Vorbilder, *Das Arkadien der Gräfin Pembroke* (*The Countess of Pembroke's Arcadia*, 1590) des Engländers Sir Philip Sidney (1554–1586), wurde von Opitz übersetzt und beeinflusste den Roman *Ritterholds von Blauen Adriatische Rosemund* (1645) des PHILIPP VON ZESEN, der hier Motive der Schäferdichtung verwendet, aber in der Schilderung der hoffnungslosen Liebe zwischen einem protestantischen Adligen aus Schlesien und einer vornehmen Katholikin aus Venedig schon ins Bürgerliche, Private, Psychologische und Zeitnahe vorstößt.

Den Gegensatz zu diesen Formen des Barockromans bildet der volkstümlich-realistische Schelmenroman Auch für ihn war Spanien Vorbild. Im Mittelpunkt der *novela picaresca* steht der Picaro, ein aus einer niederen sozialen Schicht stammender Schelm und (Anti-)Held, der Spitzbube aus dem Volk, der sich mit kleineren und größeren Schelmenstücken durchs Leben schlägt und die Reichen gewandt überlistet. Dieser Romantyp zielte auf eine satirische Spiegelung der Wirklichkeit,

wie sie zum Beispiel JOHANN MICHAEL MOSCHEROSCH (1601–1669) aus Straßburg in seinem Prosawerk *Wunderliche und Warhafftige Gesichte Philanders von Sittewald* (1640–43) bot, das bitter und humorvoll die Zustände der Zeit kritisiert. Das bedeutendste Beispiel der volkstümlich-realistischen Romandichtung gab Grimmelshausen.

Hans Jakob Christoffel von Grimmelshausen (um 1621–1676)

Grimmelshausen stammte aus Gelnhausen in Hessen, geriet als Trossbub unter die Soldaten und war in einem bewegten Leben Gastwirt, Burgvogt und schließlich 1667 bischöflich-straßburgischer Schultheiß von Renchen im Schwarzwald, wo er auch starb. Als Protestant geboren, trat er – über Zeitpunkt und Beweggründe ist nichts bekannt – zur katholischen Kirche über.

Sein Roman *Der abentheurliche Simplicissimus Teutsch* erschien 1669. Grimmelshausen hat daneben noch weitere »simplicianische« Erzählungen verfasst, die mit seinem Hauptwerk in losem Zusammenhang stehen (*Die Ertzbetrügerin und Landstörtzerin Courasche*, 1670; *Der seltzame Springinsfeld*, 1670; *Das wunderbarliche Vogel-Nest*, 1672).

In locker aneinander gereihten Episoden erzählt und kommentiert der Ich-Erzähler sein Leben aus der Sicht des Einsiedlers, nachdem er Stadien der »Tumbheit«, Narrheit, Sünde, Strafe durchlaufen hat. Das Jahrhundert des Dreißigjährigen Krieges bildet zeitlich den Hintergrund. Grimmelshausen verband eigene Erlebnisse mit freier Erfindung und mit geläufigen literarischen Motiven. Märchen, Satiren, Schwänke gingen in den Roman ein. Grimmelshausens Darstellung erreicht – angeregt durch Moscherosch – einen bisher nicht gekannten Grad von Realismus.

Der junge Simplicius wächst abseits der Welt bei einem Spessartbauern heran. Das Anwesen seines Ziehvaters wird von plündernder und mordender Soldateska verwüstet. Ein Einsiedler nimmt den Heimatlosen auf, nennt ihn wegen seiner Weltfremdheit Simplicius, unterrichtet ihn im Lesen und Schreiben und belehrt ihn über das Christentum. Nach dem Tod des Einsiedlers wagt Simplicius sich in die Welt. Er wird Soldat und kommt nach Westfalen, wo er sich durch seine verwegenen Raubzüge einen Namen macht. Nach Paris verschlagen lernt er Schein und Laster der adligen Gesellschaft kennen und wird endlich, vom Glück verlassen, zum Spießgesellen eines Räubers. Er heiratet, erlebt Enttäuschungen, gibt sich mit Alchimie und Naturwissenschaften ab und taucht durch das Innere der Erde zu den Elementargeistern, die ihm seltsame Geheimnisse verraten. Nach abenteuerlichen Fahrten kehrt er schließlich in

Hans Jakob Christoffel von Grimmelshausen:
Der abentheurliche Simplicissimus Teutsch, Titelkupfer, 1669
Das phantastische Fabeltier des Titelkupfers stellt sich als
grotesk hässliches Zwitterwesen aus Fisch, Vogel, Ente, Mensch
mit Satyrkopf und Satyrbein dar. Es verweist in einem Bilderbuch auf einzelne Episoden des Romans. Mit dem Entenfuß
zertritt es die Masken menschlicher Torheit, die Simplizissimus
im Laufe seines Lebens hat ablegen müssen.

zeitgeschichtlicher Hintergrund, aber darüber hinaus
Sinnbild für die Wandelbarkeit alles Irdischen. Das
Motto ist in den Worten enthalten: »Also ward ich bei
Zeiten gewahr, dass nicht Beständigeres in der Welt ist
als die Unbeständigkeit selbsten.« Angesichts des To-
des sagt sich Simplicius:

*Dein Leben ist kein Leben gewesen, sondern ein Tod; deine
Tage ein schwerer Schatten, deine Jahre ein schwerer Traum,
deine Wollüste schwere Sünden, deine Jugend eine Phantasie
und deine Wohlfahrt ein Alchimistenschatz, der zum Schorn-
stein hinaus fährt und dich verlässt, ehe du dich dessen versie-
hest. Du bist durch viel Gefährlichkeiten dem Krieg nach-
gezogen und hast in demselbigen viel Glück und Unglück eingenommen, bist bald hoch, bald nieder, bald groß, bald klein,
bald reich, bald arm, bald fröhlich, bald betrübt, bald beliebt,
bald verhasst, bald geehrt, bald veracht gewesen, aber nun du,
meine arme Seel, was hast du von dieser ganzen Reis zuwegen
gebracht? [...] Als ich nach meines Vaters seligem Tod in diese
Welt kam, da ward ich einfältig und rein, aufrecht und redlich, wahrhaftig, demütig, eingezogen, mäßig, keusch, fromm
und andächtig, bin aber bald boshaftig, falsch, verlogen, hof-
färtig und überall ganz gottlos worden, welche Laster ich alle
ohne einen Lehrmeister gelernet. Ich nahm meine Ehr in Acht,
nicht ihrer selbst, sondern meiner Erhöhung wegen. Ich beobachtete die Zeit, nicht solche zu meiner Seligkeit wohl anzule-
gen, sondern meinem Leib zunutz zu machen. [...] Ich sah
nur auf das Gegenwärtige und meinen zeitlichen Nutz und
gedachte nicht einmal an das Künftige, viel weniger, dass ich
dermaleinst vor Gottes Angesicht müsse Rechenschaft geben!*

Grimmelshausen hat auch religiös-erbauliche und heroisch-galante Romane geschrieben, die, anders als
seine satirischen Romane, vergessen sind (*Historie
vom Keuschen Joseph in Ägypten*, 1666; *Dietwald und
Amelinde*, 1670; *Proximus und Lympida*, 1672). Hingegen ragt sein Simplicissimus weit über das Schema des
Schelmenromans und die von ihm benutzte Predigt-
und Erbauungsliteratur sowie die üblichen Schwanksammlungen hinaus. Er ist, obwohl die Handlung oft
von Anekdoten überwuchert wird, die einzige große
epische Dichtung über die schreckliche Wirklichkeit
des Dreißigjährigen Krieges aus der Sicht eines Betroffenen.

Johann Beer (1655–1700)

Johann Beer, geboren in St. Georgen im Attergau, Gastwirtssohn aus protestantischer Familie, auch musikalisch
begabt, besuchte Klosterschulen und die Lateinschule in
Passau, emigrierte um 1669 mit den Eltern aus Glaubens-
gründen nach Regensburg, schloss seine Ausbildung auf
dem dortigen Gymnasium ab, war Sänger, später Konzertmeister und Bibliothekar des Herzogs von Sachsen-
Weißenfels; Komponist und Musiktheoretiker. Tod durch
Jagdunfall.

den Schwarzwald zurück und wird Einsiedler. In der zweiten Fassung des Romans ist noch ein weiteres Kapitel hin-
zugefügt: Simplicius erleidet auf dem Weg nach Jerusalem
Schiffbruch und wird nach vielen Abenteuern und Entbehrungen zusammen mit einem Zimmermann auf eine
einsame Insel im Indischen Ozean verschlagen. Hier findet
er Frieden. Später gerät ein holländischer Kapitän dorthin
und bringt Aufzeichnungen des Simplicius aus seinen letzten Jahren nach Europa.

Weder die Gestalt des Helden noch die Handlung – so
abwechslungsreich diese auch ist – bestimmen letztlich Eigenart und Bedeutung des Romans, sondern das
religiöse Grundthema. Der Dreißigjährige Krieg ist

Beer war der volkstümlichste Erzähler des deutschen Barock nach Grimmelshausen. Sein *Simplicianischer Welt-Kucker* (R., 1677–79) knüpft bereits im Titel an dessen populärstes Werk an, vermag Ernst und Bedeutung des Vorbilds allerdings nicht zu erreichen. Beer schrieb noch weitere Schelmen- und parodistische Ritterromane- und -erzählungen (*Der berühmte Narren-Spital*, 1681; *Der neuausgefertigte Jungfernhobel*, 1681; *Der verliebte Österreicher*, 1704; *Ritter Hopffen-Sack von der Speckseiten*, 1678; *Prinz Adimantus*, 1678), auch wenig anspruchsvolle »politische« Romane (*Der Politische Feuermäuer-Kehrer*, 1682), daneben *Deutsche Epigrammata* (1691) und *Musikalische Discurse* (1719) unter mehreren, zunächst unentschlüsselt gebliebenen Pseudonymen; erst 1932 hat der Literarhistoriker Richard Alewyn ihn in seinem Rang wiederentdeckt. In seinen Romanen *Zendorii à Zendoriis Teutsche Winternächte* (1682) und *Die Kurtzweiligen Sommer-Täge* (1683), in Personenkreis und Handlung eng zusammengehörige Werke, beschreibt er seine Heimat, das Salzkammergut, und die Welt des oberösterreichischen Landadels.

Die Reihe der Autoren von Schelmenromane schließt ein verbummelter Leiziger Student.

Christian Reuter (1665–nach 1712)

In Kütten bei Halle geboren, besuchte der Bauernsohn das Merseburger Domgymnasium und studierte von 1688 an länger als ein Jahrzehnt und ohne Abschluss in Leipzig erst Theologie, dann Jura. Er schrieb Komödien, und als die Wirtin des Gasthauses »Zum roten Löwen«, die ihn wegen Mietschulden hinausgeworfen hatte, sich in *L' Honnête Femme oder Die ehrliche Frau zu Plißine* als Schlampampe samt der dazugehörigen Familie auf der Bühne wieder zu erkennen glaubte, ging sie zu Gericht. Reuter wurde auf zwei Jahre relegiert. Nachdem er in einer zweiten Komödie *La Maladie et la Mort de L'honnête Femme, das ist: Der ehrlichen Frau Schlampampe Krankheit und Tod* (1796), in seinem Roman *Schelmuffsky* und in einer weiteren Satire *Letztes Denk- und Ehrenmal der weiland gewesenen Frau Schlampampe* (1697) sein Vorgehen wiederholte, wurde der Roman konfisziert und Reuter endgültig von der Universität ausgeschlossen. In ähnlicher Weise scheiterte Reuter als Sekretär eines Kammerherrn in Dresden, als er in seiner Komödie *Graf Ehrenfried* (1700) einen Aristokraten satirisch behandelte und dabei auch den aus politischen Rücksichten erfolgten Konfessionswechsel Augusts des Starken erwähnte. Sein weiterer Weg führte nach Berlin, wo er sich mit höfischen Auftragsdichtungen (*Das glückselige Brandenburg*, Kantate, 1705; *Passionsgedanken*, Oratorium, 1708) über Wasser hielt. Nach 1712 fehlen Lebenszeichen.

Reuters satirischer Roman *Schelmuffskys Curiöse und sehr gefährliche Reisebeschreibung zu Wasser und Land* (1696/97) ist als Parodie auf die phantastischen populären Reiseromane und Simpliziaden verfasst. In der närrischen und grotesken Lügengeschichte wird das übliche Aufgebot barocker Erzählkunst in derber, aber witziger Manier lächerlich gemacht.

Der Ich-Erzähler, Schelmuffsky – er trägt die Züge des bereits aus der Schlampampe-Komödie bekannten ältesten Sohn der Gasthauswirtin –, ist ein ungebildeter Narr, der sich mit dem Bericht über seine vorgebliche Kavalierstour selbst dem Spott aussetzt. Seine Erzählung führt von Schelmerode nach Hamburg, weiter nach Stockholm, Amsterdam, Indien, London und Spanien, später nach Venedig, und Rom. Er besteht Liebesabenteuer (in Gasthöfen!), Duelle, Kämpfe mit Seeräubern und küsst dem Papst die Füße. Mittellos kommt er zuletzt nach Hause.

Im *Schelmuffsky* endet der Barockroman – und mit ihm die Epoche in Desillusionierung. Darin steckte indirekt ein aufklärerisches Moment, gleichwohl war Reuter im 18. Jahrhundert weitgehend vergessen und wurde erst von den Romantikern wiederentdeckt. Achim von Arnim, der den *Schelmuffsky* einen »deutschen Donquichote« nannte, gab Episoden daraus, zusammen mit dem Motiv der Narrensuche in CHRISTIAN WEISES Roman *Die drey ärgsten Erz-Narren in der ganzen Welt* (1672), einen Platz in seiner Novellensammlung *Der Wintergarten*.

Predigtliteratur und mystische Prosa

Außer den Romanen Grimmelshausens, Beers und Reuters ist von der Barockprosa nur noch wenig lebendig. Die Prosa der Predigt ist in den Schelt- und Mahnreden eines Augustinermönchs bekannt geblieben.

Abraham a Santa Clara (1644–1709)

Sein weltlicher Name war Johann Ulrich Megerle. Er ist in Kreenheinstetten in der Nähe von Konstanz geboren und besuchte die Lateinschule in Meßkirch sowie geistliche Gymnasien in Ingolstadt und Salzburg (sein Onkel Abraham von Megerle, Altöttinger Kanonikus, war vom Kaiser wegen seiner Verdienste in der Kirchenmusik nobilitiert worden, der Benediktiner Otto Aicher aus Rott in Niederbayern wirkte in Salzburg als Professor für Poesie und war von großem Einfluss auf den Kanzelredner), mit achtzehn Jahren Augustiner-Barfüßer in Maria-Brunn bei Wien, wurde 1677 kaiserlicher Hofprediger in Wien, später auch Prior, Prokurator und Definitor der deutsch-böhmischen Provinz seines Ordens. Er starb in Wien.

Ohne Schonung eines Standes geißelte er als Kanzelredner die Weltlichkeit seiner Zeit. Dabei gab er seinen Worten durch Witz und Geist, Komik und Derbheit seiner Vergleiche eine Anziehungskraft, die ihn zum volkstümlichsten Prediger des Jahrhunderts machte. Unter dem Eindruck der Pest hielt er seine Totentanzpredigt *Merk's Wienn* (1680):

O Mensch, lass dir's gesagt sein, lass dir's klagt sein, schrei es aus, alles, allen, allenthalben: Es muss gestorben sein, nicht vielleicht, sondern gewiss! Wann sterben ist nicht gewiss; wie sterben ist nicht gewiss; wo sterben ist nicht gewiss; aber sterben ist gewiss.
Auf den Frühling folgt der Sommer, auf den Freitag folgt der Sambstag, auf das Drei folgt das Viere, auf die Blühe folgt die Frucht, auf den Fasching folgt die Fasten, – ist gewiss; auf das Leben folgt der Tod: Sterben ist gewiss.

Leben und Glas, wie leicht bricht das!
Leben und Gras, wie bald verwelkt das!
Leben und Has, wie bald verlauft das!

Das Leben ist allein beständig in der Unbeständigkeit, und wie ein Blatt auf dem Baum, auf dem Wasser ein Flaum, ein Schatten an der Wand, ein Gebäu auf dem Sand sich kann rühmen geringfügiger Beständigkeit, noch minder darf ihm zumessen das menschliche Leben.

Das umfangreichste Werk des kaiserlichen Hofpredigers stellt eine Art Predigthandbuch dar, das in vier Teile gegliedert zwischen 1686 und 1695 erschienen ist und später oft nachgedruckt wurde. *Judas Der Ertz-Schelm / Für ehrliche Leuth / Oder: Eigentlicher Entwurff / und Lebens-Beschreibung des Ischariotischen Bößwicht* sammelt unter häufiger Benutzung der *Legenda aurea* (um 1270) des Jacobus de Voragine biblische Geschichten, antike und mittelalterliche Sagenmotive, die, vermischt mit Auslegungen und Mahnreden, Judas zugeordnet werden. Die gereimte Fischpredigt des Antonius von Paudia, die sich im ersten Teil des Werkes findet, hat Achim von Arnim bearbeitet in *Des Knaben Wunderhorn* aufgenommen.
Angesichts der Türkengefahr verfasste Abraham 1683 die Heerpredigt *Auf, auf, ihr Christen*. Schiller hat sich durch diese Ansprache zu seiner Kapuzinerpredigt in *Wallensteins Lager* anregen lassen.
Fernab jeder gängigen literarischen Klassifizierung, oftmals nur unter Gleichgesinnten verbreitet, in besonderen Fällen aber doch darüber hinaus von Wirkung, entstanden von religiöser Inbrunst erfüllte Prosaschriften, die von dem intuitiven Verhältnis ihrer Autoren zu Gott und prophetischen Erfahrungen berichten. Ihr bedeutendster Vertreter, Jakob Böhme, kommt wiederum aus dem schlesischen Kulturraum.

Jakob Böhme (1575–1624)

Böhme ist als Sohn eines armen Bauern an der böhmischen Grenze bei Görlitz in Alt-Seidenberg geboren und soll als Knabe in der Lausitz Hirte gewesen sein. Später wurde er Schuhmacher. Er war Autodidakt, las Werke von Paracelsus und mystische Schriften und geriet in Streit mit der lutherischen Kirche in Görlitz. Sein Hauptwerk trägt den Titel *Aurora, das ist: Morgenröthe im Aufgang und Mutter der Philosophiae* (e. 1612). Er starb in Görlitz.

In visionärer Bildersprache schrieb Böhme seine Gesichte nieder:

Das Wesen aller Wesen ist nur ein einiges Wesen, scheidet sich aber in seiner Gebärung in zwei Prinzipia, als in Licht und Finsternis, in Freud und Leid, in Böses und Gutes, in Liebe und Zorn, in Feuer und Licht […]. Also muss es sein, dass das Licht in der Finsternis offenbar werde; sonst stünde das Licht in der Finsternis stille und gebäre keine Frucht. So ist eines wider das andere gesetzt, die Freude wider die Pein und die Pein wider die Freude, auf dass erkannt werde, was böse oder gut sei. Denn so keine Pein wäre, so wäre ihr die Freude nicht offenbar. So aber ist alles im freien Willen: wie sich ein jedes einführet in Böses oder Gutes, also gehet's in seinem Laufe, und ist eines nur des andern Offenbarung. Denn so kein Nacht oder Finsternis wäre, so wüsste man nichts vom Lichte oder Tage: Also hat sich der größte Gott in Unterschiedlichkeit eingeführet zu seiner Beschaulichkeit und Freudenspiel.

Mit der Entfernung und Entlassung aus dem göttlichen Urgrund entsteht nach Jakob Böhme das Böse, aber mit dem Verzicht auf die »selbstheit« vermag der Mensch in die göttliche All-Einheit zurückzukehren. Die Unmittelbarkeit des Gotteserlebens, die »unio mystica«, war Böhmes Erfahrung, die er in überquellenden Bildern auszudrücken suchte.
Wie über Angelus Silesius und andere Autoren hat Böhme über den Schlesier QUIRINUS KUHLMANN (1651–1689), auf die geistliche Lyrik des Barock eingewirkt, und zwar in besonderer Weise. Für Kuhlmann, der seine Dichtung als Prophetie verstand und in Moskau als Ketzer den Feuertod starb, bedeutete die Begegnung mit Böhmes Schriften eine entscheidende Erfahrung. Sein Hauptwerk, *Der Kühlpsalter*, der in acht Bücher mit insgesamt 117 Gesängen von 1684 bis 1686 erschien (zwei weitere Bücher blieben unausgeführt) ist dadurch wesentlich inspiriert worden. *Der Kühlpsalter* ist eine Dichtung von singulärer Eigenart, expressiv, von zuweilen auch gewollt anmutender Dunkelheit. Der Gliederung des Werkes liegt eine komplizierte Zahlensymbolik zugrunde. Unter dem Titel *Neubegeisterter Böhme, begreifend 150 Weissagungen* hat Kuhlmann 1674 von dieser Leseerfahrung berichtet.

AUFKLÄRUNG 1720–1785

Dem Barockzeitalter folgte im 18. Jahrhundert das Zeitalter der Aufklärung, wobei den Jahrzehnten zwischen 1680 und 1730 Übergangscharakter zukommt. Ebenso wie das Barock war die Aufklärung eine europäische Bewegung. Sie ging vom französischen Rationalismus und vom englischen Empirismus aus. Der Rationalismus sah in der Vernunft (lat. ratio) des Menschen das ordnende Prinzip für eine allgemein gültige Erkenntnis der Dinge. Der Empirismus leitete alle Erkenntnis aus der Sinneserfahrung (Empirie) ab.

Die Aufklärungsdichtung bediente sich ihrem Wesen entsprechend mit Vorliebe der Formen Lehrgedicht, satirisches Epigramm, lehrhafte Fabel, erzieherisches Drama. Nach französischem Vorbild und unter dem unmittelbaren Einfluss der Wolff'schen Philosophie stellte Johann Christoph Gottsched in dem *Versuch einer Critischen Dichtkunst vor die Deutschen* die Regeln für die Aufklärungsdichtung auf, was ihn für die Dauer einer Generation in Deutschland zur maßgebenden literarischen Autorität machte. Er wurde, mitverursacht durch Lessings vernichtende Kritik, umso gründlicher gestürzt und ist danach auch in der Literaturgeschichtsschreibung zumeist in negativer Erinnerung geblieben.

Das lehrhafte Naturgedicht vertraten Barthold Hinrich Brockes, Albrecht von Haller und Ewald von Kleist, der Fabel gab der außerordentlich populäre Christian Fürchtegott Gellert eine gefällige Form.

Als der repräsentative Schriftsteller der deutschen Aufklärung erscheint Gotthold Ephraim Lessing, in dieser Stellung bereits im 18. Jahrhundert nicht zuletzt wegen der Unbestechlichkeit seines Wahrheitsstrebens anerkannt. In seinen kritischen Schriften (*Briefe, die neueste Literatur betreffend, Laokoon oder Über die Grenzen der Malerei und Poesie, Hamburgische Dramaturgie*), die Ästhetik und Gattungstheorie bereicherten, und in seinen Dramen (*Minna von Barnhelm, Emilia Galotti, Nathan der Weise*), die dem bürgerlichen Schauspiel zum Durchbruch verhalfen, gründet sein Beitrag für die Erneuerung der deutschen Dichtung aus dem Geiste der Humanität.

Vom Barock her entfaltete sich auch in der Dichtung der graziöse Stil des so genannten Rokoko. Das Rokoko, eine Spätblüte der höfischen Kultur, wird künstlerisch bedeutsam vor allem in bildender Kunst und Musik. Die Rokokodichtung, die sich nach französischem Vorbild entwickelte und den heiteren Lebensgenuss preist (Friedrich von Hagedorn, Johann Wilhelm Ludwig Gleim, Johann Nikolaus Götz, Johann Peter Uz, Salomon Geßner), gipfelt in süddeutscher Färbung im Werk Christoph Martin Wielands, der durch die weltmännische Eleganz seines Stils und den geschickten Ausgleich von Moral und Sinnenfreude überzeugte und das gebildete Publikum zu Lesern gewann. Als Berater und Herausgeber fungierte er bei dem moralisch-empfindsamen Erstlingsroman der Sophie von La Roche *Die Geschichte des Fräuleins von Sternheim*, der die Autorin zur berühmtesten deutschen Schriftstellerin in der zweiten Hälfte des 18. Jahrhunderts werden ließ.

Gottfried Wilhelm Leibniz   Christian Wolff

Ergänzend zur dominierenden Verstandeskultur und kritisch gegenüber dem als zu verspielt und genießerisch wahrgenommenen Rokoko erhebt sich um die Mitte des Jahrhunderts eine Gegenbewegung, die vom Gefühl und seiner subjektiven Wahrheit ausgeht. Friedrich Gottlieb Klopstock verkörpert für sein Publikum Würde und Anspruch des Dichters, seine *Oden* und sein Epos *Der Messias* sind vom Pathos einer erhabenen Leidenschaft erfüllt. Die in der englischen Literatur blühende Empfindsamkeit findet im Schaffen der Hamburger Brockes und Hagedorn ein Einfallstor nach Deutschland und trifft sich mit dem in die gleiche Richtung wirkenden, noch stärker innerlich betonten Pietismus. Den entscheidenden Anstoß gibt Jean-Jacques Rousseau, der eine ursprüngliche Gefühlskultur und die »Rückkehr zur Natur« fordert. In Frankreich hilft er die politische Revolution vorbereiten, in Deutschland wird seine Lehre von den Autoren des Sturm und Drang begierig aufgenommen.

Der Sturm und Drang, eine dem deutschen Sprachraum eigentümliche Erscheinung, ist ebenfalls eng mit Aufklärung und Empfindsamkeit verbunden, aber im Ausdruck dynamischer als diese. Johann Georg Hamann und Johann Gottfried Herder leiteten durch ihre Schriften diese Bewegung ein, die den emotionalen Kräften des Menschen vermehrt Freiraum zu eröffnen sucht. Die Forderungen der Freiheit, Ursprünglichkeit, schöpferischen Genialität, Volkstümlichkeit wurden auf effektvolle Weise von den »Kraftgenies« Friedrich Maximilian Klinger, Heinrich Leopold Wagner, Jakob Michael Reinhold Lenz im Drama, auf stärker gemütsbetonte Weise durch die lyrische Dichtung des Göttinger Hains (Ludwig Christoph Heinrich Hölty, Johann Heinrich Voß) und durch Matthias Claudius

entfaltet. Gottfried August Bürger schuf aus dem Geist der Volksdichtung die ersten deutschen Kunstballaden *(Lenore)*. Johann Jakob Wilhelm Heinse den ersten deutschen Künstlerroman *(Ardinghello und die glückseligen Inseln)*. Im Werk des jungen Goethe, Wortführer der Geniegeneration, und in den Jugenddramen Schillers hat der Sturm und Drang seinen dichterisch stärksten Ausdruck gefunden.

Stichworte zur politischen Geschichte

Im Spanischen Erbfolgekrieg (1701–14) und als Folge des Nordischen Krieges (1700–21) scheitert der hegemoniale Anspruch Ludwigs XIV. von Frankreich. Zu Österreich als neuer vielsprachiger Großmacht gehören weit verstreute Gebiete, den Kernbereich bildet aber nach den Siegen über die Türken weiterhin der Donauraum. Englands Einfluss auf dem Kontinent wächst, die von ihm betriebene Politik der »balance of power« wird bestimmend. Das Inselreich beherrscht die Meere und steigt zur Weltmacht auf. Schweden verliert seine Großmachtstellung, an seine Stelle tritt Russland, das sich unter Zar Peter I., dem Großen, aus seiner Abgeschlossenheit löst und unter Katharina II., der Großen, vermehrt Europa zuwendet. Friedrich II., der Große, erkämpft in drei Kriegen um Schlesien Preußen einen Platz neben Österreich und fördert durch seine Persönlichkeit die Anfänge eines deutschen Nationalbewusstseins. Joseph II., der Sohn Maria Theresias, versucht in Österreich die Grundsätze der Aufklärung nach preußischem Vorbild durchzusetzen (Josephinismus). Jenseits des Ozeans entsteht im Unabhängigkeitskrieg gegen England (1775–83) in den Vereinigten Staaten von Amerika der erste moderne demokratische Bundesstaat der Geschichte (4.7.1776 Unabhängigkeitserklärung, 1789 Inkrafttreten der Verfassung).

Gesellschaft und Kultur

Deutschland erholt sich nur langsam von den Folgen des Dreißigjährigen Krieges. Frankreichs kulturelle Vormachtstellung bleibt ungebrochen.

Die Aufklärung, die das Leben in Staat, Kirche, Wissenschaft und Gesellschaft mithilfe der natürlichen Vernunft und des gesunden Menschenverstands neu begründen will, zeigt am Ende des 17. Jahrhunderts zunächst in England und Frankreich Wirkungen. In England entwickelt sich eine empiristische Philosophie, vorzüglich vertreten durch Francis Bacon (1561–1626), Thomas Hobbes (1588–1679), John Locke (1632–1704, *An Essay Concerning Human Understanding*, 1690) und David Hume (1711–1776), die in der Sinneswahrnehmung und Erfahrung die Quelle aller Erkenntnis sieht und dadurch den Fortschritt der Naturwissenschaft fördert. In Frankreich wird die Aufklärung philosophisch eingeleitet durch René Descartes (1596 bis 1650), politisch bedeutsam durch Montesquieus (1689 bis 1755) Forderung nach einem konstitutionellen Staat, als allumfassendes Weltbild dargeboten in dem großen Wörterbuch der Enzyklopädisten Jean Baptiste Le Rond d'Alembert (1717–1783) und Denis Diderot (1713–1784). Von beiden

Seiten wird das deutsche Geistesleben entscheidend beeinflusst, wenngleich die bestehende staatliche und konfessionelle Zersplitterung hemmend wirkt. Die großen Handelsstädte, Hamburg, Zürich, Leipzig, gewinnen als Zentren der Bildung vermehrt Bedeutung. Die Gedanken der Aufklärung werden durch das aufblühende Zeitschriften- und Zeitungswesen in weiten Kreisen verbreitet und fördern im Bürgertum eine freiere, selbstbewusstere Haltung, die sich im zunehmenden Protest gegen absolutistische Willkür äußert. Im Schulwesen setzen sich neue, vernunftgemäße Erziehungsgrundsätze durch, die im von August Hermann Francke (1663–1727) geleiteten Pädagogium und in der Mustererziehungsanstalt von Johann Bernhard Basedow (1724–1790) Erfüllung finden. Es entsteht eine maßgeblich didaktisch inspirierte Kinder- und Jugendliteratur.

Weitere große Bauten des Barock, das allmählich in das Rokoko übergeht: Balthasar Neumann (1687–1753), Residenz Würzburg, Neresheim, Vierzehnheiligen; Matthäus Pöppelmann (1662–1736), Zwinger in Dresden; Dominikus Zimmermann (1685–1766), Wallfahrtskirche Wies; Johann Michael Fischer (1692–1766), Ottobeuren, Zwiefalten; Schlösser in Schleißheim, Nymphenburg, Sanssouci.

Die führenden Maler des Rokoko sind in Frankreich Jean Antoine Watteau (1684–1721), Jean Honoré Fragonard (1732 bis 1806), François Boucher (1703–1770), Maurice-Quentin de La Tour (1704–1788); in England William Hogarth (1697 bis 1764), Thomas Gainsborough (1727–1788), Sir Joshua Reynolds (1723–1792); in Italien Giovanni Battista Tiepolo (1696–1770); in Deutschland Daniel Nikolaus Chodowiecki (1726–1801), Anton Graff (1736–1813).

Musik: Johann Sebastian Bach (1685–1750, *Matthäuspassion*, 1729) und Georg Friedrich Händel (1685–1759, *Der Messias*, 1742) stehen am Ausgang des musikalischen Barock. Ansätze zu einer neuen Musik: die Mannheimer Schule seit 1744 bis 1778 (Johann Stamitz, 1717–1757, Franz Xaver Richter, 1709–1789), am Berliner Hof (Carl Heinrich Graun, 1703/04–1759, Carl Philipp Emanuel Bach, 1714 bis 1788, Franz Benda, 1709–1786), in London (Johann Christian Bach, 1735–1782), in Paris und Wien (Christoph Willibald von Gluck, 1714–1787, *Orfeo et Euridice*).

Europäische Literatur

Frankreich: Voltaire (1694–1778), *Mohammed* (*Mahomet*, Tr., 1741), *Candide* (R., 1758), *Die Jungfrau von Orléans* (*La Pucelle d'Orléans*, Ep., 1755); Pierre-Augustin Caron de Beaumarchais (1732–1799), *Der Barbier von Sevilla oder Die nutzlose Vorsicht* (*Le Barbier de Séville, ou La précaution inutile*, K., 1775), *Der tolle Tag oder Figaros Hochzeit* (*La folle journée, ou Le mariage de Figaro*, K., 1778); Jean-Jacques Rousseau (1712–1778), *Julie oder Die neue Heloise* (*Julie ou La Nouvelle Héloïse*, R., 1761), *Emil oder Über die Erziehung* (*Émile ou De l'éducation*, R., 1762), *Die Bekenntnisse* (*Les confessions*, 1782–88).

Großbritannien: Jonathan Swift (1667–1745), *Reisen in verschiedene ferne Länder der Erde. Von Lemuel Gulliver* (*Travels into Several Remote Nations of the World. By Lemuel Gulliver*, R., 1726); Daniel Defoe (um 1660–1745), *Das Leben und die seltsamen Abenteuer des Robinson Crusoe* (*The Life and Strange Surprising Adventures of Robinson Crusoe*, R., 1719); Samuel Richardson (1689–1761), *Pamela oder Die belohnte Tugend* (*Pamela, or Virtue Rewarded*, R., 1740); *Clarissa oder Die Geschichte einer jungen Dame* (*Clarissa, or The History of a Young Lady*, R., 1747/48); Henry Fielding (1707–1754), *Die Geschichte des Tom Jones, eines Findlings* (*The History of Tom Jones, a Foundling*, R., 1749); Laurence Sterne (1713–1768), *Leben und Meinungen des Herrn Tristram Shandy* (*The Life and Opinions of Tristram Shandy Gentleman*, R., 1759–67); Oliver Goldsmith (1728–1774), *Der Landpfarrer von Wakefield* (*The Vicar of Wakefield*, R., 1766); Robert Burns (1759–1796), *Gedichte* (*Poems*, 1786).

Italien: Carlo Goldoni (1707–1793), *Der Diener zweier Herren* (*Il servitore di due padroni*, K., 1746); Carlo Gozzi (1720–1806), *Turandot* (*Turandot*, K., 1762).

Rationalismus und Didaktik

Philosophische Grundlagen

Der Rationalismus war während des 17. Jahrhunderts im französischen Klassizismus zur herrschenden Lebensanschauung geworden. Man stützte sich auf die *Meditationen über die metaphysischen Grundlagen der Philosophie* (*Meditationes de prima philosophia*, 1641) von René Descartes, der dem Glauben des Mittelalters die Selbstgewissheit menschlichen Geistes gegenüberstellte, in dem er die einzige unbezweifelbare Realität erblickte; denn, so argumentierte Descartes, an allem kann ich zweifeln, nur nicht daran, *dass* ich zweifle, d. h. denke (cogito, ergo sum). So wurde Descartes zum Begründer eines kritischen Rationalismus, für den die Vernunft das maßgebliche Forum der Erkenntnis ist.

Im 18. Jahrhundert stellten dann Denis Diderot, Pierre Bayle (1647–1706), Montesquieu und vor allem Voltaire den erlahmenden Kräften der französischen feudalen Gesellschaft den Gedanken einer politischen Ordnung entgegen, in der Freiheit und Gleichheit herrschen sollten. Sie proklamierten die Macht der Vernunft als Voraussetzung für ein menschenwürdiges Leben und übertrugen ihr die Herrschaft über Gebiete, für die bisher der religiöse Glaube bestimmend war.

Auch von dem nüchternen und praktischen Geist Englands gingen wichtige Einflüsse aus. Die Lehren von Thomas Hobbes, John Locke und David Hume, die in Erfahrung und Sinneswahrnehmung die Grundlage und Erkenntnisquelle für Denken und Urteilen sahen, blieben ebenfalls nicht auf philosophische Zirkel beschränkt. Moralische Wochenschriften wie *The Tatler*, *The Spectator* und *The Guardian* von Richard Steele

(1672–1729) und Joseph Addison (1672–1719) erweiterten mit Abhandlungen, Glossen und Genrebildern das Urteilsvermögen und kritische Potenzial ihrer Leser, die davon auch Gebrauch zu machen wussten. Nach dem Sturz der absoluten Monarchie in der unblutigen Glorreichen Revolution war für das Bürgertum der Weg zu kontrollierter Teilhabe an der Macht geebnet. Noch bevor die französische und englische Aufklärung Deutschland erreichten, hatte GOTTFRIED WILHELM LEIBNIZ (1646–1716) sein philosophisches System entworfen. In der Welt, so führte er aus, walte eine »prästabilierte Harmonie«, die Zweck und Sinn des Lebens vorherbestimme. In ihr ist von Gott, dem Schöpfer und Erhalter der Welt, von Urbeginn an auch das Gegensätzliche verbunden.

Leibniz wurde als Sohn eines Professors der Moralphilosophie polnischer Herkunft in Leipzig geboren, studierte dort und in Jena Philosophie und Jurisprudenz, unternahm Reisen nach England, Rom, Wien und Paris, wurde 1676 Bibliothekar und Historiograph am hannoveranischen und braunschweigischen Hof. 1770 holte ihn die Königin Sophie Charlotte, eine gebürtige welfische Prinzessin, Gattin Friedrichs I., »die philosophische Königin«, nach Berlin, wo er die Sozietät der Wissenschaften, die spätere Akademie, errichtete und gleiche Gründungen in Wien und St. Petersburg anregte. Leibniz war ein universaler Geist: Philosoph, Mathematiker, Jurist, Politiker, Historiker, Diplomat. Er starb in Hannover.

Eine geraffte Darlegung seiner Ideen bietet die französisch geschriebene *Monadologie* (1714), die er für den Prinzen Eugen von Savoyen verfasste und die gegen den großen jüdischen Philosophen des 17. Jahrhunderts Baruch von Spinoza (1632–1677) gerichtet ist.
Die äußere Mechanik des auf der Basis von Ursache und Wirkung sich abwickelnden Naturablaufs stehe, so lehrte Leibniz, im Einklang mit der über allem und in allem waltenden Kraft des Geistigen und Vernünftigen. Dieses harmonische Miteinander von Materie und Geist, von Schöpfung und Schöpfer, von Welt und Mensch, von Mensch und Gott, werde anschaulich in einem lebendigen Stufenreich zahlloser Einheiten, von ihm Monaden genannt. Sie entwickelten sich aus kleinsten, ihrer selbst noch unbewussten Einheiten bis zur allumfassenden Monade: zu Gott, in dem sich Leben und Bestimmung des Ganzen vollende.
Wie Lebenshaltung und wissenschaftliches Denken von Leibniz einen Bruch mit dem Barock bedeuteten, so auch seine Sprachauffassung. In seinen *Unvorgreiflichen Gedanken betreffend die Ausübung und Verbesserung der deutschen Sprache* gab er den Deutschen den

Rat, sich von der barocken Rhetorik sowie von den Schmuckformeln und dem Vorbild der Antike zu lösen und die Sprache als den »Spiegel des Verstandes« anzusehen. »Die Sprache ist ein rechter Spiegel des Verstandes und daher für gewiss zu halten, dass, wo man insgeheim wohl zu schreiben anfängt, dass allda auch der Verstand gleichsam wohlfeil und zu einer kurrenten Ware geworden.«
Leibniz begründete keine Schule, aber das ganze 18. Jahrhundert in Deutschland wurde letztlich von seinen Ideen mitbestimmt; später knüpfte der Idealismus an seine Vorstellungen an. Zunächst wurden diese nahezu ausschließlich von CHRISTIAN WOLFF (1679–1754), dem »Papst der Philosophie« vermittelt, der hauptsächlich in Halle lehrte.
In zahlreichen Büchern hat Wolff seine »vernünftigen Gedanken« über alle möglichen Lebensgebiete niedergelegt. Er ließ sie in deutscher Sprache erscheinen und schuf damit die Grundlage für eine deutschsprachige philosophische Terminologie. Er gab aber auch in breiten Schichten jenen Vorstellungen vermehrten Rückhalt, in denen man fortan das Wesen der Aufklärung sah: eine auf Nützlichkeit und moralische Besserung abzielende Verstandeskultur; einen optimistischen Fortschrittsglauben, der geringschätzig auf die noch nicht vom Licht des Verstandes erhellte Vergangenheit zurückschaute; eine mit Überlieferung und Tradition brechende Neuordnung aller menschlichen Beziehungen in Staat, Kirche und Gesellschaft.
Aufklärung beinhaltet einen Vorgang geistiger Befreiung. IMMANUEL KANT (1724–1804) hat ihn mit einer knappen Formel umschrieben, wenn er auf die Frage: Was ist Aufklärung? die Antwort gab: »Sapere aude! Habe Mut, dich deines eigenen Verstandes zu bedienen!«
Für die Literatur war es ein Gewinn, dass mit der neuen Denkweise auch Klarheit und Schnörkellosigkeit des Ausdrucks gefordert waren. Allerdings machten sich weiterführende Ansprüche schon bald geltend. Durch die Epoche ging ein empfindsamer und religiöser Unterstrom, der später in Klopstocks Dichtung mitreißend zu Tage trat. Den lehrhaften Dichtungen der ersten Jahrhunderthälfte fehlte noch die unbefangene Souveränität, die das spätere Werk Lessings auszeichnete, der mit seinen bürgerlichen Schauspielen der Aufklärungsliteratur einen Platz im Leben gab, der umstritten blieb, aber nicht mehr übersehen werden konnte.

Promenade in Leipzig, Stich von Bergmüller nach einer Zeichnung von Rosmesler, um 1775

Lehrdichtung

Die bürgerliche Aufklärung hat zunächst in der didaktischen Poesie ihr bevorzugtes literarisches Medium gefunden. Das vernunftgeleitete Verständnis der Welt betraf alle Bereiche des Lebens, und dementsprechend ausgedehnt ist die Themenvielfalt der zahlreichen Lehrgedichte, in die sie sich mit den Moralischen Wochenschriften teilen. So groß ist die moralische und pädagogische Zuversicht, dass ästhetische Zweifel an Sinn und Möglichkeit künstlerischer Behandlung der oftmals durchaus unpoetischen Stoffe nicht aufkommen. Das Lehrgedicht tritt gleichsam an die Stelle des religiösen Erbauungsbuches. Es gibt moralphilosophische, naturwissenschaftliche, juridische und balneologische Gedichte, auch solche, die die Landsitze von Mäzenen beschreiben – »topographische Panegyrik« (R. Alewyn) – oder die Poesie selbst thematisieren, Letzteres nicht ohne Hinweise auf die mit ihr möglicherweise verbundenen moralischen Gefahren.

So facht in Adelheid ein kützelnder Roman
Von süßen Träumen voll, der Lüste Feuer an.
Die Geilheit, die er ihr in feinen Zügen schildert,
Erhitzt das junge Herz, und Adelheid verwildert.

Verstopfe, Kind! dein Ohr, wenn die Sirene singt,
Weil ihrer Stimme Gift sofort zum Herzen dringt.

(MAGNUS GOTTFRIED LICHTWER, 1719–1783)

Die Grundhaltung ist rationalistisch, aber es ist ein Rationalismus, der auch das Gemüt zu befriedigen sucht. Die didaktische Poesie trägt nicht nur die Kenntnisse der Wissenschaft über Ackerbau und Tierhygiene vor; sie beschreibt auch Größe und Schönheit der Natur. Die entstehende Naturdichtung sieht Gottes Allmacht in seiner Schöpfung, deren einzelnen Erscheinungsformen sie sorgsam aufspürt und erfahrbar macht.
Voran ging in dieser Art von Dichtung ein Hamburger Patrizier.

Barthold Hinrich Brockes (1680–1747)

Brockes stammte aus vermögender Kaufmannsfamilie, wurde nach einem juristischen Studium in Halle, Jena und Leiden sowie ausgedehnten Bildungsreisen, seit 1714 auch reich verheiratet, 1720 Hamburger Senator, später kaiserlicher Pfalzgraf und 1735 Amtmann in der Hamburgischen Enklave Ritzebüttel (Cuxhaven). Bewährte sich in Gesandtschaftsreisen, widmete sich jedoch überwiegend der Poesie. Nachdem er zunächst eine »Teutschübende Gesellschaft« begründet hatte, ließ er ihr 1724 die »Patriotische

Johann Christoph Gottsched

Luise Adelgunde Gottsched

Gesellschaft« folgen, die nach englischem Muster eine Mo-
ralische Wochenschrift *(Der Patriot)* herausgab. Er über-
setzte 1740 Alexanders Popes (1688–1744) *Versuch über den
Menschen* (*An Essay on Man*, 1733/34) und 1744 das Epos *Die
Jahres-Zeiten* (*The Seasons*, 1728) des schottischen Dichters
James Thomson (1700–1748). Gestorben in Hamburg.

Durch Brockes, wie später durch seinen Landsmann
Hagedorn, drang »der englische Geschmack breit nach
Deutschland, noch bevor Breitinger auf die Epik eines
Milton oder Lessing auf die angelsächsische Dramatik hinwiesen« (H. W. Jäger). Das Hauptwerk des Dichters bildete die in neun Bänden erschienene Gedichtsammlung *Irdisches Vergnügen in Gott* (1721–48), die
neben eigenen Gedichten auch Übersetzungen enthält.
Brockes' Ziel war der Nachweis der sinnerfüllten und
vernünftigen Schönheit göttlicher Schöpfung. Sorgfältig und sensibel beschrieb er die einzelnen Erscheinungen bis hin zum »bewundernswerten Stäubchen«;
seine Verse zeigen ein entdeckungsfreudiges und ge-

nau aufnehmendes Naturgefühl, etwa in seiner *Kirschblüte bei Nacht*:

Ich sahe mit betrachtendem Gemüte
Jüngst einen Kirschbaum, welcher blühte,
In kühler Nacht beim Mondenschein;
Ich glaubt, es könnte nichts von größrer Weiße sein.
Es schien, als wär ein Schnee gefallen;
Ein jeder, auch der kleinste Ast,
Trug gleichsam eine rechte Last
Von zierlich-weißen runden Ballen.
Es ist kein Schwan so weiß, da nämlich jedes Blatt
– Indem daselbst des Mondes sanftes Licht
Selbst durch die zarten Blätter bricht –
Sogar den Schatten weiß und sonder Schwärze hat.

Ein Oratorium zeigt Brockes noch dem Barock verpflichtet, zugleich reflektiert er den Optimismus und
Utilitarismus der Aufklärung.

Auch der Schweizer ALBRECHT VON HALLER (1708
bis 1777) besang die Natur als ein Meisterstück des
Schöpfers gründlich und mit einem feierlichen Ernst,
der noch die Bewunderung Schillers fand:

Du hast den Elefant aus Erden aufgetürmet
Und seinen Knochenberg beseelt.

Haller, der sich zu einem der größten Gelehrten des 18. Jahrhunderts entwickelte, ist in seinen lyrischen Anfängen neben Brockes auch Lohenstein, also dem Spätbarock, verpflichtet. Die universitären Pflichten haben ihn als Dichter bald verstummen lassen. In seinem Lehrgedicht in Alexandrinern *Die Alpen* (1729), Frucht einer botanischen Gebirgswanderung, hat er zum ersten Mal auf die Majestät der Berge verwiesen. Ihre Bewohner und ihr der Natur nahes Leben stellt er den Städtern als Beispiel vor Augen. In Harmonie mit dem jahreszeitlichen Geschehen, das in Lehrgedichten gern moralisch gedeutet wurde, und in Verbindung mit den Lebensaltern lebt auch die Tierwelt.

Das Vieh verlässt den Stall und grüßt den Berg mit Freuden,
Den Frühling und Natur zu seinem Nutzen kleiden.

Der preußische Major und Freund Lessings EWALD CHRISTIAN VON KLEIST (1715–1759), der im Siebenjährigen Krieg bei Kunersdorf tödlich verwundet wurde, beschrieb auf den Spuren James Thomsons *(The Seasons)* in seinem Lehrgedicht *Der Frühling* (1749) die Natur in Hexametern, indem er ausführlich gestaltete Einzelszenen malerisch aneinander reihte. Lessings Major von Tellheim trägt Züge Kleists. Gleim besorgte die Sammlung seiner Briefe, Karl Wilhelm Ramler eine Werkausgabe.

Zwischen 1730 und 1760 sind an die 250 Lehrgedichte oder, wie man auch sagte, »dogmatische Gedichte« erschienen. Danach wandte sich der Geschmack des Publikums anderen Formen zu, die Gedichte fanden keine Käufer, also auch keine Verleger mehr. Ein Epigramm des Fabeldichters GOTTLIEB KONRAD PFEFFEL (1736–1809) beschreibt ironisch den Überdruss:

V: *Warum so trüb?*
A: *Ach Freund, mir stahl ein Bösewicht*
   Mein ungedrucktes Lehrgedicht.
V: *Der arme Dieb!*

Der maßgebende didaktische Dichter der Zeit ist Johann Christoph Gottsched, der dem Gedankengut Christian Wolffs folgte.

Johann Christoph Gottsched (1700–1766)

Geboren in Judittenkirchen bei Königsberg, an der dortigen Universität zum Magister promoviert, flüchtete Gottsched vor preußischen Werbern (er besaß das Gardemaß der »langen Kerls«, der Lieblingssoldaten Friedrich Wilhelms I.) nach Sachsen, wurde 1729 Dozent der Philoso-

phie und Poesie, 1734 Professor der Logik und Metaphysik in Leipzig, wo er auch starb.

Als überzeugter Anhänger der Wolff'schen Aufklärungsphilosophie legte er in seinem *Versuch einer critischen Dichtkunst vor die Deutschen* (1730) im Anschluss an die *L'art poétique* (1674) des Franzosen Nicolas Boileau (1639–1711) die Grundsätze einer neuen »vernünftigen« Dichtung nieder: Ihre Aufgabe sei zu ergötzen und zu nützen, d. h. zu belehren, zu gutem Geschmack zu erziehen, tugendhafte Gesinnung zu vermitteln und die Natur zu beschreiben; ihre strenge Regelmäßigkeit dulde weder Phantasie noch überströmendes Gefühl, ihre Regeln im Einzelnen (Einheit von Ort, Zeit und Handlung im Drama, Gebrauch des Alexandriners) seien aus dem Drama der französischen Klassik abzuleiten, das Gottsched als Vorbild betrachtete und durch Übersetzung und Nachahmung auf der deutschen Bühne heimisch machen wollte. Als Vorbild wurde auch Opitz hervorgehoben.

Schon bald nach seiner Ankunft in Leipzig betätigte sich Gottsched als Wortführer einer literarischen Gesellschaft, deren Ziel die Pflege einer klaren deutschen Schriftsprache war; aus diesen Bemühungen ist seine »nach den Mustern der besten Schriftsteller« gearbeitete *Grundlegung einer deutschen Sprachkunst* (1748) hervorgegangen. Auch journalistisch war er aktiv und bediente sich als Herausgeber der *Vernünftigen Tadlerinnen* (1725/26) und des *Biedermann* (1727–29) des Musters der Moralischen Wochenschriften. Er verbündete sich mit der als »die Neuberin« berühmt gewordenen CAROLINE NEUBER (1697–1760), der Prinzipalin einer Wandergruppe, Schauspielerin und Autorin von Werken, die von ihrer Gruppe aufgeführt wurden. Beider Bemühen war es, das Theater von Hanswurstiaden und blutrünstigen Exzessen zu säubern und dadurch zugleich den Schauspielerstand zu heben.

Drama und Theater dienten in Deutschland nur noch als Belustigungen für das ungebildete Volk. Berufsschauspieler gab es seit dem Ende des 16. Jahrhunderts, als englische Schauspieltruppen mit Dramen Shakespeares in grober, auf Sensation und Posse abgestellter Weise gastierten. Im 17. Jahrhundert hatten sich deutsche Wandertruppen gebildet, die in den Vorstädten effektvoll-schauerliche »Staatsaktionen« darstellten; während der Pausen führte der Hanswurst oder Pickelhering in unmanierlichen Zwischenspielen mit Zoten und Späßen das große Wort. Der Beruf des Schauspielers galt nicht als ehrbar.

Antoine Watteau: Gilles, nach 1720
Gilles, der Hanswurst der Commedia dell'arte, lässt in einer
resignierten Geste die Arme sinken. Auf seinem Gesicht liegt
ein eher skeptischer als trauriger Anflug von Lächeln.

Für Gottsched und seine Mitstreiterin ging es darum, das Vorurteil der Gebildeten gegen das Theater zu entkräften. Eine Puppe des Hanswurst wurde auf der Bühne öffentlich verbrannt. In der Tragödie *Der sterbende Cato* (1732), in der er weiterhin den im Barock bevorzugten Alexandriner verwendete, gab der Professor ein Beispiel seiner moralisierenden Dichtkunst. Er rief die jungen Dramatiker auf, zu einem Sammelwerk für die Bühne beizutragen und veröffentlichte von 1741 bis 1745 sechs Bände u. d. T. *Deutsche Schaubühne*. Aber zu dieser Zeit war der Widerstand gegen seine normative Poetik bereits erstarkt. Johann Jakob Bodmer und Johann Jakob Breitinger, zwei Schweizer, waren seine ersten ernsthaften Gegner. Auch Caroline Neuber hatte sich im Streit von ihm getrennt.

LUISE ADELGUNDE GOTTSCHED (1713–1762) arbeitete mit ihrem Mann in wissenschaftlicher und literarischer Hinsicht zusammen. Sie übersetzte neben moralischen Wochenschriften aus dem Englischen (*The Spectator, The Guardian*) vor allem Dramen aus dem Französischen (u. a. von Molière und Voltaire). Mit ihren Komödien (*Die ungleiche Heyrath*, 1743, *Die Hausfranzösin*, 1744, *Der Witzling*, 1745, und *Das Testament*,

1745) begründete sie die so genannte sächsische Typenkomödie der Frühaufklärung. In diesen Stücken wird der bezeichnende Charakterfehler einer Bühnenfigur bloßgestellt und lächerlich gemacht, bis ein Vertreter der vernünftigen Lebensweise korrigierend eingreift. Die Gottschedin verstand sich selbst als Tragödin. Das einzige noch erhaltene abendfüllende Drama in diesem Bereich, *Panthea* (1744), hielt sie für ihre wichtigste und gelungenste Arbeit.

Für didaktische Zielsetzungen besonders geeignet war auch die Fabel, die daher in der ersten Hälfte des Jahrhunderts bei Autoren und Publikum gleichermaßen beliebt ist und weiteste Verbreitung findet. Man solle den Kindern nicht Märchen erzählen, fordert Christian Wolff in seiner *Philosophia practica universalis* (1738/39, 2 Bde.), sondern ihnen durch »Fabeln die Tugenden und Lastern vorstellen, damit sie beyde nicht allein kennen lernen, sondern auch einen Trieb zu jenen, und einen Abscheu vor diesen bekommen«. Aber nicht nur die Kinder finden Gefallen an dieser belehrenden Form, die damals, dem von La Fontaine geschaffenen Stil entsprechend, eine Entwicklung zur anmutigen Verserzählung durchläuft, sodass die Gattungsgrenzen zu verschwimmen beginnen. Dagegen hat Lessing später polemisiert und die Fabel wieder auf ihren philosophisch-moralischen Kern zurückzuführen gesucht, ohne einen vergleichbaren Erfolg zu erzielen.

Wie kein anderer beherrschte Gellert die Kunst, »dem, der nicht viel Verstand besitzt, / die Wahrheit durch ein Bild zu sagen«.

Christian Fürchtegott Gellert (1715–1769)

Gellert wurde in Hainichen (Sachsen) als Sohn eines unbemittelten Predigers unter elf Geschwistern geboren, besuchte die Fürstenschule St. Afra in Meißen, studierte – aus materiellen Gründen mit Unterbrechungen – in Leipzig Theologie, später Literatur und Philosophie, wurde dort 1747 Privatdozent, 1751 Professor für Poesie und Rhetorik, später auch für Moral. Führender Mitarbeiter der *Bremer Beiträge*. Nach einer längeren, von Hypochondrie überschatteten Lebensphase in Leipzig gestorben.

Der populärste Dichter jener Jahrzehnte verband sein aufklärerisches Gedankengut mit pietistisch ausgerichtetem Christentum und praktischer Lebensklugheit. Die Klarheit, Natürlichkeit und Anmut seiner Sprache, die leicht begreifliche Lehre, die seine Pointen vermitteln, machen seine gereimten *Fabeln und Erzählungen* (1. Teil 1746, 2. Teil 1748, 3. Teil *Lehrgedichte und Erzählungen* 1754; endgültige Ausgabe 1769) zu einer vergnüglichen Lektüre (*Der Blinde und der Lahme*,

Der Maler, Der Prozess, Der Bauer und sein Sohn, Das Kutschpferd).

Goethe erzählt in *Dichtung und Wahrheit*, welch großes Ansehen der »gute« Gellert bei allen Ständen genoss. Die Studenten drängten sich zu seinen Vorlesungen. Friedrich II. ließ ihn bei einem Aufenthalt in dem von preußischen Truppen besetzten Leipzig zu sich kommen und unterhielt sich mit ihm über den Stand der deutschen Literatur. Einer von Friedrichs Generälen verschonte die Stadt um seinetwillen mit Einquartierung, ein Bauer kam mit einer Fuhre Holz vor seiner Wohnung vorgefahren, um ihm für seine Fabeln zu danken.

Das Kutschpferd

Ein Kutschpferd sah den Gaul den Pflug im Acker ziehn,
Und wieherte mit Stolz auf ihn.
Wenn, sprach es, und fieng an, die Schenkel schön zu heben,
Wenn kannst du dir ein solches Ansehn geben?
Und wenn bewundert dich die Welt?
Schweig, rief der Gaul, und lass mich ruhig pflügen,
Denn baute nicht mein Fleiß das Feld,
Wo würdest du den Haber kriegen,
Der deiner Schenkel Stolz erhält.

Die ihr die Niedern so verachtet,
Vornehme Müßiggänger, wisst,
Dass selbst der Stolz, mit dem ihr sie betrachtet,
Auf ihren Fleiß gegründet ist.
Ist der, der sich und euch durch seine Händ ernährt,
Nichts bessers, als Verachtung werth?
Gesetzt, du hättest bessre Sitten:
So ist der Vorzug doch nicht dein.
Denn stammtest du aus ihren Hütten:
So hättest du auch ihre Sitten.
Und was du bist, und mehr, das würden sie auch seyn,
Wenn sie, wie du, erzogen wären.
Dich kann die Welt sehr leicht, ihn aber nicht entbehren.

Gellert führte eine ausgedehnte Korrespondenz; das Buch *Briefe nebst einer praktischen Abhandlung von dem guten Geschmack in Briefen* (1751) stellt seinen Beitrag zur Entwicklung der Briefkultur dar. Der Roman *Das Leben der schwedischen Gräfin von G…* (1746/48, 2 Bde.) leitet die Entwicklung zum empfindsamen Familienroman ein. Im Anschluss an die englische sentimental comedy und die französische comédie larmoyante schrieb er auch Lustspiele (»Rührkomödien«) wie *Die Betschwester* (1745) und *Die zärtlichen Schwestern* (1747), die er in seiner (von Lessing aus dem Lateinischen übersetzten) *Abhandlung für das rührende Lustspiel* (1751) auch theoretisch begründete. Die *Geistlichen Oden und Lieder* (1757) wurden zum Teil vertont von Carl Philipp Emanuel Bach, Adam Hiller und Ludwig van Beethoven, der *Die Ehre Gottes in der Natur* (»Die Himmel rühmen des Ewigen Ehre«) komponierte. Gellerts Schriften bildeten, wie Goethe rühmt, »für lange Zeit das Fundament der sittlichen Kultur der Deutschen«.

Empfindsamkeit und literarisches Rokoko

Auch die Empfindsamkeit war eine gesamteuropäische Erscheinung. In England und Frankreich gewann sie zuerst deutlichere Konturen, was soziologisch damit zu erklären ist, dass sie, wie die Aufklärung insgesamt, überwiegend vom Bürgertum getragen wurde. Im deutschsprachigen Raum setzte sie sich, begleitet vom Pietismus, um 1740 durch. Empfindsamkeit bedeutet, dass nicht nur der Kopf, sondern auch das Herz aufgeklärt werden soll, wobei das Herz sowohl für Gefühl als auch für Tugend steht. Der Literatur erschloss sich ein weites Feld.

Ebenso triumphierte im literarischen Rokoko, dem Zeitgeist entsprechend, die Vernunft, aber in Verbindung mit heiterer Leichtigkeit des Daseins, anmutiger Sinnlichkeit und weltmännischer Lebenskunst. »Tugend und Freude sind ewig verwandt«, verkündete Johann Ludwig Gleim, und unter diesem Motto stand die Rokokodichtung bis hin zu Wieland, ihrem bedeutendsten Vertreter.

Die Bezeichnung Rokoko stammt vom französischen rocaille (= Grotten- und Muschelwerk) und bedeutet die Auflösung starrer Formen im Spiel gefälliger Bewegung. Vor allem im Frankreich Ludwigs XV. war das Rokoko zur Blüte gelangt. Hier gab sich der Adel einer verfeinerten, oftmals unbedenklich-frivolen Genusskultur hin. Die Bilder von Watteau, Fragonard, Boucher gestalten den Reiz dieser graziösen Welt voll verspielter Naturnähe und allgegenwärtiger Erotik. Die Götter Bacchus, Amor, Venus-Cythere erscheinen, Grazien tändeln in Grotten, Mädchen tanzen im Reigen, die schlafende Schöne wird im Hain überrascht.

JOHANN JAKOB BODMER (1698–1783) aus Greifensee/ Kanton Zürich und der Zürcher JOHANN JAKOB BREITINGER (1701–1776) sprachen zwar wie Gottsched von der moralischen Nützlichkeit der Poesie, aber der starren Forderung, dass nur die Vernunft den Dichter leiten solle, setzten sie die These entgegen, dass der Dichter, von der Phantasie geführt, »die Gesichte des Wunderbaren« darzustellen habe.

Die Phantasie übertrifft alle Zauberer der Welt; sie stellet uns nicht alleine das Wirkliche in einem lebhaften Gemälde vor Augen und macht die entferntesten Sachen gegenwärtig, sondern sie zieht auch mit einer mehr als zauberischen Kraft das, so nicht ist, aus dem Stande der Möglichkeit hervor, teilet ihm dem Scheine nach eine Wirklichkeit mit und machet, dass wir diese neuen Geschöpfe gleichsam sehen, hören und empfinden. (J. J. Bodmer, *Critische Abhandlung von dem Wunderbaren in der Poesie,* 1740)

So unbedeutend sie als Dichter waren, so anregend waren die beiden Schweizer als Kritiker. Sie wiesen auf John Milton hin, dessen umfangreiches Epos *Das verlorene Paradies* (*Paradise Lost,* 1667) Bodmer übersetzte. Sie zitierten ein Wort des Earl of Shaftesbury (1617 bis 1713): »A poet is indeed a second maker, a just Prometheus under Jove« und interpretierten es im Leibniz'schen Sinn, dass der Dichter wie ein Gott die zahllosen möglichen Welten vor sich habe, aus dieser Fülle schöpfe und sie in der Dichtung versinnbildliche. Sie gründeten den Literatenkreis »Gesellschaft der Mahler«, gaben eine moralische Wochenschrift *Discourse der Mahlern* heraus und machten Zürich zu einem Forum ästhetischer Auseinandersetzung. So wurde der Süden des deutschen Sprachraums in das literarische Leben, an dem bisher hauptsächlich Schlesien, Sachsen, Hamburg und Berlin teilhatten, mit einbezogen.

Anakreontik

Als beliebte Literaturform des Rokoko entstanden die zierlichen Versgebilde der »poesie fugitive«. Man bezeichnet diese in ganz Europa verbreitete Richtung der Lyrik als Anakreontik: Der griechische Dichter Anakreon wurde – neben Horaz, Theokrit und Catull – als Meister solcher heiteren Dichtung gerühmt. Der Motivkreis der Anakreontik war klein: Immer wieder wurden Liebe, Wein, Geselligkeit gefeiert. Im Schäferkostüm scherzte man in einer idyllischen Landschaft, zielte in Versen auf Witz und Pointe.

In Deutschland blieb die Anakreontik auf literarische Kreise und Freundschaftszirkel beschränkt, die sich in Hamburg, Halberstadt und Zürich, im Berlin Friedrichs II. und in dem »Klein-Paris« genannten Leipzig zusammenfanden. War der geistige Gehalt dieser spielerischen Reimkunst auch nur wenig beständig, so wurden doch die sprachlichen Ausdrucksmittel gelockert und zur Wiedergabe des Flüchtig-Zarten befähigt.

FRIEDRICH VON HAGEDORN (1708–1754), ein wohlhabend gewordener Hamburger, Sohn eines dänischen Staatsrats, war einer der ersten Dichter in Deutsch-

land, die sich solcher gesellig-geistreichen Kleindichtung zuwandten. Auch er war dem aufklärerischen Geist der Lehrdichtung verpflichtet, aber er war von weniger strenger Gemütsart als der gleichaltrige Schweizer Haller, mit dem er zwar England betreffende Bildungserfahrungen, aber nicht den auf Gelehrsamkeit gerichteten Ehrgeiz teilte. Vom Literaturstreit zwischen Leipzig und Zürich hielt er sich fern, betrieb vielmehr die Poesie als Liebhaberei und Lebenskunst. Die Bände *Versuch einiger Gedichte oder erlesener Proben poetischer Nebenstunden* (1729), *Versuch in poetischen Fabeln und Erzehlungen* (1738), *Moralische Gedichte* (1750) sind Zeugnisse dafür. Alles ist bunt, anziehend und voller Anspielungen. Jedem Einfall, jeder Wendung gibt er die entsprechende Form, im Lied, in der Fabel oder in Verserzählungen (darunter *Johann, der muntere Seifensieder*). Das Pathetische wird vermieden, gewandt fließen die Verse dahin wie in der Ode *Der Tag der Freude.*

Ergebet euch mit freiem Herzen
Der jugendlichen Fröhlichkeit:
Verschiebet nicht das süße Scherzen,
Ihr Freunde, bis ihr älter seid [...].
Umkränzt mit Rosen eure Scheitel,
(Noch stehen euch die Rosen gut)
Und nennet kein Vergnügen eitel,
Dem Wein und Liebe Vorschub tut.
Was kann das Toten-Reich gestatten?
Nein! lebend muss man fröhlich sein.
Dort herzen wir nur kalte Schatten:
Dort trinkt man Wasser, und nicht Wein.

In ähnlichem Geist dichteten JOHANN PETER UZ (1720–1796), der 1746 eine Gesamtübersetzung des Anakreon vorlegte, JOHANN NIKOLAUS GÖTZ (1721 bis 1781) und der »Dichtervater« dieses Kreises, JOHANN WILHELM LUDWIG GLEIM (1719–1803), der in selbstloser Weise junge Autoren förderte. In seinem *Versuch in scherzhaften Liedern* (1744/45) wird immer wieder das Thema der Lebenslust und des Lebensgenusses variiert. Unter dem Eindruck des Siebenjährigen Krieges fand er in den *Preussischen Kriegsliedern in den Feldzügen 1756 und 1757 von einem Grenadier* (1758) auch balladeske Töne.

Im Umkreis von Gleim ist ANNA LUISA KARSCH (1722 bis 1791) zu finden, die sich den Zeitgeist so weit zunutze machte, dass sie mit ihrer Gelegenheitsdichtung schlecht und recht ihren Lebensunterhalt bestreiten konnte. Sie, die aus einfachsten Verhältnissen stammte und sich ihre Bildung autodidaktisch angeeignet hatte, schrieb nicht »für den Ruhm und für die Ewigkeit«, sondern sang »süßklingend [...] der Seele Gefühl« zum Vergnügen ihrer Freunde und Bewunderer. Sie schrieb ihre Gedichte – auch nach vorgegebenen Reimen – wie mühelos und folgte damit für ihre Leser nicht nur der Natur, sondern wurde zu einer Allegorie der Natur schlechthin. In gedrucktem Zustand – sie ließ 1763 *Auserlesene Gedichte* erscheinen, die buchhändlerisch durchaus erfolgreich waren – mussten sich ihre für den Tag geschriebenen Verse allerdings dem Vergleich mit anderen, kunstgemäß verfassten, stellen, der nicht immer zu ihren Gunsten ausfiel. Ihre Verehrer blieben ihr dennoch treu. So schrieb ihr Goethe 1775: »Schicken Sie mir doch auch manchmal was aus dem Stegreife, mir ist alles lieb und wert, was treu und stark aus dem Herzen kommt, mag's übrigens aussehen wie ein Igel oder wie ein Amor.«

Die Schäferdichtung, vom Barock übernommen, wandelte sich im Rokoko zur empfindsamen Idylle. Hirten und Hirtinnen bevölkerten ein künstliches Naturparadies mit wolkenlosem Himmel und Nachtigallen. Am besten traf diese poetische Stimmung der Schweizer SALOMON GESSNER (1730–1788), der die ländlichen Idyllen mit eigenen Kupferstichen illustrierte. Theokrits Hirtenlieder und Vergils Eklogen waren seine Vorbilder. Bevor er seine *Idyllen* (1756) herausgab, hatte er die Idylle *Daphnis und Chloe* des Longos übersetzt. Die Zeitgenossen schwärmten für seine Kunst. So beschreibt Geßner den Frühling:

Salomon Geßner: Die Kaskade, Gouache, 1786
Neben Idyllendichtungen entstanden Ideallandschaften, die Geßners Sehnsucht nach einem »goldenen Weltalter, das gewiss einmal gewesen ist« (Vorrede zu den Idyllen, 1756) zeigen.

Welche Symphonie, welch heilig Entzücken jagt mir den gaukelnden Morgentraum weg? Ich sehe, o himmlische Freude, ich seh dich lachenden Jüngling, dich Lenzen! Aurora im Purpurgewand führt dich im Osten herauf; der frohe Scherz, das laute Gelächter und Amor – schon lächelt er hin nach den Büschen und Fluren, den künftigen Siegen entgegen, und schwingt den scharf gespannten Bogen und schüttelt den Köcher; auch die Grazien mit umschlungenen Armen begleiten dich, fröhlicher Lenz.

Pietistisches Schrifttum

Für das Entstehen einer neuen, empfindsamen Dichtung war auch der Pietismus von Bedeutung. Er stimmte mit der Aufklärung in der Absage an dogmatische Unfreiheit überein, betonte aber, dass der Mensch nicht allein denkendes Wesen sei, sondern ein Gottesbild in sich trage, durch das er den Schöpfer erfühlen und erfahren könne.

Gegen Ende des 17. Jahrhunderts hatte sich mit PHILIPP JACOB SPENER (1635–1705) und AUGUST HERMANN FRANCKE (1663–1727) innerhalb des Protestantismus eine pietistische Richtung abgezeichnet, die

Gott mit dem Herzen erfassen wollte. Durch Buße und Erkenntnis seiner Sündhaftigkeit sollte der Mensch zum »Gnadendurchbruch« seines Glaubens gelangen und Vergebung erfahren. Die so »Erweckten« fanden sich in der von NIKOLAUS LUDWIG REICHSGRAF VON ZINZENDORF (1700–1760) geleiteten Herrnhuter Brüdergemeinde zu Gemeinschaften brüderlichen Geistes zusammen. Zahlreiche Selbstbiografien (von Spener und Francke, später von JOHANN HEINRICH JUNG-STILLING, 1740–1817), ausgehend vom auf Latein geschriebenen Vorbild von ANNA MARIA SCHURMANN (1607–1678), *Eukleria* (1673), Bekenntnisschriften und Briefe zeugen für die pietistische Verinnerlichung. Ein Muster solcher Selbstbetrachtung sind die *Bekenntnisse einer schönen Seele* in Goethes Roman *Wilhelm Meisters Lehrjahre*. Lyrischen Ausdruck fand die fromme Innigkeit im Kirchenlied GERHARD TERSTEEGENS (1697–1769), der als Seidenbandweber und Prediger in Mülheim an der Ruhr unter Armen wirkte (*Geistliches Blumengärtlein inniger Seelen oder kurze Schlussreime,*

Betrachtungen und Lieder, 1729). Seine Lieder *Ich bete an die Macht der Liebe* und *Gott ist gegenwärtig*, die in das protestantische Gesangbuch aufgenommen wurden, gehören zu den schönsten des Pietismus.

Friedrich Gottlieb Klopstock (1724–1803)

Klopstock verband pietistisches Grundgefühl, das ihm das Elternhaus übermittelte, mit schwungvoller, weltbejahender Begeisterung. Er durchbrach die Aufklärungsformeln, sprach das Lebensgefühl der Jugend an, gab dem Kreis um Bodmer und Breitinger neue Impulse; was bei diesen Theorie geblieben war, erfüllte er in seiner Dichtung.

Klopstock, Sohn eines Stiftsadvokaten in Quedlinburg, besuchte das dortige Gymnasium und die Fürstenschule Pforta an der Saale bei Naumburg, studierte in Jena und Leipzig. Als Vierundzwanzigjähriger veröffentlichte er die drei ersten Gesänge seines Epos *Der Messias*, die ihn berühmt machten. Dann wurde er zunächst Hauslehrer in Langensalza, folgte 1750 dem Angebot Bodmers, den *Messias* in Zürich zu vollenden, enttäuschte den Gastgeber aber durch seine weltoffene Gesinnung: Er ritt, schwamm, tanzte und war weder dem Wein noch den Mädchen abgeneigt. Die Einladung des dänischen Königs, der ihm einen Ehrensold aussetzte, nach Kopenhagen zu kommen, erwies sich als ihm gemäßer und mündete in einen fast zwanzigjährigen Aufenthalt im Kreis von humanistisch gebildeten deutschen und dänischen Dichtern und Gelehrten, deren publizistisches Organ die moralische Wochenschrift *Der Nordische Aufseher* bildete. 1754 heiratete Klopstock Meta Moller, die er in seinen Oden als Cidli besungen hatte. Er starb in Hamburg, wo er seit 1770 vorwiegend ansässig gewesen war.

Was Klopstock wünschte: das Übergewicht des Intellekts zu vermindern, sich ohne Moralisieren und ohne Sündenbewusstsein der Größe und Schönheit der Schöpfung hinzugeben, sich mit Gleichgesinnten in Freundschaftsbünden zusammenzufinden, das entsprach den Bedürfnissen vieler und mag die ungewöhnliche Wirkung erklären helfen, die von seiner Person und seiner Kunst ausging.

Klopstock wollte nur Dichter sein und hat diesem Beruf die Würde eines Sehers und Propheten gegeben. Er verfügte über eine erhabene und leidenschaftliche Sprache, in der er große Gedanken und Empfindungen formulierte; er benutzte die Form der horazischen und griechischen Ode und später freie Rhythmen, um den poetischen Ausdruck vom Zwang des Reims und der strengen Versmaße zu lösen.

1771 erschien die erste Ausgabe seiner *Oden*. Große Themen werden behandelt: Gott und Natur, Freundschaft und Liebe, Freiheit und Vaterland, Tod und Ewigkeit. Für Goethe, Schiller, Hölderlin war diese Lyrik Vorbild. Wie tief die Menschen seiner Zeit von Klopstock ergriffen wurden, zeigt eine Szene in den *Leiden des jungen Werthers*, die auf Klopstocks *Die Frühlingsfeier* (1759) anspielt:

Wir traten ans Fenster. Es donnerte abseitwärts, und der herrliche Regen säuselte auf das Land, und der erquickendste Wohlgeruch stieg in aller Fülle einer warmen Luft zu uns auf. Sie stand auf ihren Ellenbogen gestützt, ihr Blick durchdrang die Gegend; sie sah gen Himmel und auf mich, ich sah ihr Auge tränenvoll, sie legte ihre Hand auf die meinige und sagte: »Klopstock!« Ich erinnerte mich sogleich der herrlichen Ode, die ihr in Gedanken lag, und versank in dem Strome von Empfindungen, den sie in dieser Losung über mich ausgoss. Ich ertrug's nicht, neigte mich auf ihre Hand und küsste sie unter den wonnevollsten Tränen. Und sah nach ihrem Auge wieder – Edler! hättest du deine Vergötterung in diesem Blicke gesehen, und möcht' ich nun deinen so oft entweihten Namen nie wieder nennen hören!

Klopstocks entsprechende Verse lauten: »Seht ihr den neuen Zeugen des Nahen, den fliegenden Strahl? / Höret ihr hoch in der Wolke den Donner des Herrn? / Er ruft: Jehovah! Jehovah! / Und der geschmetterte Wald dampft; // Aber nicht unsere Hütte! / Unser Vater gebot / Seinem Verderber, / Vor unserer Hütte vorüberzugehen! // Ach, schon rauscht, schon rauscht / Himmel, und Erde vom gnädigen Regen! / Nun ist, wie dürstete sie! Die Erd' erquickt [...]«

Nicht weniger deutlich zeigen Klopstocks Freundschafts- und Liebesoden, Preislieder auf die Natur die Kraft seines Gefühls. In der Ode *Der Zürchersee* (1750), schildert er eine Seefahrt nach der Au in der Gesellschaft junger Freunde:

Schön ist, Mutter Natur, deiner Erfindung Pracht
Auf die Fluren verstreut, schöner ein froh Gesicht,
Das den großen Gedanken
Deiner Schöpfung noch e i n m a l denkt.[...]

Aber süßer ist noch, schöner und reizender,
In dem Arme des Freunds wissen ein Freund zu sein!
So das Leben genießen,
Nicht unwürdig der Ewigkeit! [...]

Oh, so bauten wir hier Hütten der Freundschaft uns!
Ewig wohnten wir hier; ewig! Der Schattenwald
Wandelt' uns sich in Tempe,
Jenes Tal in Elysium!

Auch den vaterländischen Gesang hat Klopstock mit empfindungsstarkem Pathos erneuert (*Der Hügel und der Hain, Unsere Sprache*). Neben der hymnischen Sprache hatte er auch zarte und schlichte Töne, wie in den Gedichten *Die frühen Gräber, Mondnacht* oder

Titel der Separatausgabe der ersten drei Gesänge
Die Titelvignette zeigt eine an einen Baum gelehnte Leier und
spielt auf Horaz' Ode an die Leier als »gelinde Besänfterin
aller Mühen« an.

Das Rosenband

Im Frühlingsschatten fand ich sie;
Da band ich sie mit Rosenbändern:
Sie fühlt' es nicht, und schlummerte.

Ich sah sie an; mein Leben hing
Mit diesem Blick an ihrem Leben:
Ich fühlt' es wohl und wusst' es nicht.

Doch lispelt' ich ihr sprachlos zu,
Und rauschte mit den Rosenbändern:
Da wachte sie vom Schlummer auf.

Sie sah mich an; ihr Leben hing
Mit diesem Blick an meinem Leben,
Und um uns ward's Elysium.

Klopstocks Lyrik unterscheidet sich durch Ausdruckswillen und Subjektivität wesentlich von der überladenen Formkunst des Spätbarock und dem spielerischen Rokoko, sie macht das Erlebnis zur Dichtung, verbindet Klangfülle und Sinntiefe, fordernde Strenge und

hymnische Ausdruckskraft; ihre kühnen Wortprägungen und Satzfügungen haben die deutsche Sprachform erweitert; sie schafft »nicht nur mit ihrem neuen Ausdruckswillen die Voraussetzungen für das Erlebnislied Goethes, sondern auch für den hymnischen Ton Hölderlins« (P. Böckmann).

Das Hauptwerk ist der *Messias*. Die drei ersten Gesänge des biblischen Epos in Hexametern erschienen 1748 in der Zeitschrift *Neue Beiträge zum Vergnügen des Verstandes und des Witzes*, aber erst nach 25 Jahren, 1773, war das Gesamtwerk in zwanzig Gesängen abgeschlossen. Das Vorbild war Miltons *Verlorenes Paradies*.

Sing, unsterbliche Seele, der sündigen Menschen Erlösung,
Die der Messias auf Erden in seiner Menschheit vollendet,
Und durch die er Adams Geschlechte die Liebe der Gottheit
Mit dem Blute des heiligen Bundes von neuem geschenkt hat.
Also geschah des Ewigen Wille. Vergebens erhub sich
Satan wider den göttlichen Sohn; umsonst stand Juda
Wider ihn auf: Er tats und vollbrachte die große Versöhnung.
Aber, o Tat, die allein der Allbarmherzige kennet,
Darf aus dunkler Ferne sich auch dir nahen die Dichtkunst?

Diese Eingangsverse nennen Thema und Inhalt des *Messias*: Der erste Teil erzählt die Leidensgeschichte, Christi Ringen mit dem Vater auf dem Ölberg, der zweite Teil Auferstehung und Himmelfahrt. Aber die tatsächlichen Vorgänge bleiben im Hintergrund, geschildert werden die Gedanken, Empfindungen und Gefühle der Jünger und Engel und aller Mitspieler des großen Passions- und Erlösungswerkes sowie vor allem die Ergriffenheit des betrachtenden Dichters. Das Heilsgeschehen vollzieht sich auf einer kosmischen Bühne, auf der Geisterchöre von Himmel und Hölle mitwirken. Die Gebete des Erlösers werden von den Engeln vor den Thron Gottes gebracht. In religiöser Inbrunst sinkt der Dichter vor dem Messias und der Majestät Gottes nieder, von seinen Lippen strömen Preisgesänge auf Erlösung und Unsterblichkeit.

Nach Thematik und Intention mag man sich an Händels gleichzeitig entstandenes Oratorium *Der Messias* erinnert fühlen. Auf Klopstocks Zeitgenossen wirkte seine Sprachgewalt wie eine Offenbarung, vor allem die der ersten Gesänge, die für den Durchbruch einer neuen Dichtungs- und Lebensform in Deutschland entscheidend wurden. Bodmer schrieb: »Miltons Geist ruht auf dem Dichter«, Herder nannte den *Messias* das erste klassische Buch deutscher Sprache nach Luthers *Bibel*. Vollständig gelesen wurde das Riesenwerk allerdings nur von wenigen, und die deutschen Sprachgrenzen vermochte es nie zu überschreiten.
Die Glorifizierung germanischen Heldenmutes in Hermann dem Cherusker gewidmeten Festspielen *Hermanns Schlacht* (1769), *Hermann und die Fürsten* (1784),

Hermanns Tod (1787) – vom Dichter nach den darin vorgetragenen Bardengesängen als Bardiets bezeichnet – kommt aus dem erwachenden patriotischen Zeitgefühl (das erste der drei Bardiets ist dem vaterländisch gesinnten Kaiser Joseph II. gewidmet) und weist voraus auf die Hermann-Dichtungen des 19. Jahrhunderts, von denen manche von einem aggressiven Nationalismus geprägt erscheinen. Auch in der Nachwirkung Klopstocks zeigen sich mythisierende Tendenzen: Wilhelm Dilthey nannte ihn »eine nordische Natur«, rühmte seinen »Sinn für die unfassliche unbestimmte Größe« und sah sein Werk »den tiefsten Offenbarungen der germanischen Musik verwandt, die unmittelbar vor ihm und neben ihm in Bach und Händel hervortrat«.

Der Dichter des *Messias* verfasste auch Trauerspiele über biblische Stoffe (*Der Tod Adams*, 1757; *Salomo*, 1764), schrieb über *Die deutsche Gelehrtenrepublik* (1774) und *Über Sprache und Dichtkunst* (3 Bde., 1779/80).

Christoph Martin Wieland (1733–1813)

Wieland wurde als Sohn eines Pfarrers im schwäbischen Oberholzheim bei Biberach an der Riß geboren. Nach dem Jurastudium in Tübingen war er von 1752 bis 1759 in Zürich Gast bei Bodmer und Hauslehrer in verschiedenen Patrizierfamilien, danach Hofmeister in Bern, von 1760 an Kanzleiverwalter in Biberach. Angeregt durch den Kontakt mit dem von französischer Kultur geprägten Grafen Stadion, einem Vertreter der katholischen Aufklärung, auf dem benachbarten Schloss Warthausen, erschloss sich Wieland der Stil des Rokoko. 1769 ging er als Professor der Philosophie und schönen Wissenschaften nach Erfurt, 1772 berief ihn Herzogin Anna Amalia von Sachsen-Weimar aufgrund seines Erziehungs- und Staatsromans *Der goldne Spiegel* als Erzieher ihrer beiden Söhne nach Weimar.

Unter dem Einfluss pietistischer Erziehung und der ersten Gesänge des Klopstock'schen *Messias* waren Wielands frühe dichterische Versuche schwärmerisch und empfindsam, bis er die Welt des Rokoko mit ihrer ironischen Ablehnung allen Überschwangs, ihrem klugen Maßhalten im Genuss kennen lernte. Dieser Lebensstil wurde nun in seinen Versen und in seiner Prosa spürbar, in denen das aufklärerische Rokoko seine Vollendung fand. Geist und Anmut von Wielands Kunst hat man als der Mozarts verwandt empfunden, dessen Lieblingsdichter er war. Allerdings erschöpft sich die Spannweite seines Schaffens – wie die Mozarts – nicht in einer solchen Bestimmung. In Weimar hat Wieland seinen Platz neben Goethe und Schiller als Autor einer

Christoph Martin Wieland, Ölgemälde von Johann Friedrich Tischbein

– wie sein Biograf, Friedrich Sengle, es nannte – »humoristischen Klassik«.

Bereits in den Biberacher Jahren entstanden seine Übertragungen der meisten Werke Shakespeares: 22 Dramen in Prosa, *Ein Sommernachtstraum* in Versen. In dieser Übersetzung lasen Herder, Goethe und Schiller Shakespeares Werk, auf ihr beruht Shakespeares große Wirkung auf das deutsche Geistesleben vom Sturm und Drang bis zur Romantik. Von seinen Übersetzungen antiker Schriftsteller gelten manche noch immer als unübertroffen (*Episteln* und *Satiren* des Horaz; Lukian, *Sämtliche Werke;* Cicero, *Briefe*).

Wieland war überaus belesen. Aus der Antike waren ihm alle wichtigen Autoren vertraut, aus der Renaissance und dem Barock Ariost, Cervantes, Shakespeare, aus seiner Zeit vor allem die bedeutenden französischen Schriftsteller.

Er übernahm von dort Stoffe und Motive und erschloss sie in seinen Romanen und Erzählungen für die deutsche Literatur: Lebenskunst der Griechen, spätantike Philosophie, Feen- und Zaubermärchen des Orients. Dadurch gewann er das anspruchsvolle Publikum aus den gesellschaftlich führenden Schichten, das sich der französischen Literatur zugewandt hatte, der deutschen zurück.

Mit seinem in Hexametern abgefassten, Fragment gebliebenen Epos *Cyrus* (1759), das die Taten eines großen Feldherrn und Menschen schildert, warb er auf dem Höhepunkt des Siebenjährigen Krieges – allerdings vergeblich – um die Gunst Friedrichs II. von Preußen. Seine eleganten *Comischen Erzählungen* (1765, e. 1761/62), in denen er Stoffe der griechischen Mythologie ironisierte, befriedigten auch den frivolen Geschmack. Der Roman *Der Sieg der Natur über die Schwärmerey, oder Die Abentheuer des Don Sylvio von Rosalva* (1764, 2 Bde.), wie der Untertitel ankündigt, eine *Geschichte, worinn alles Wunderbare natürlich zugeht*, orientierte sich an vergleichsweise modernen Vorbildern, an Cervantes, Fielding und Sterne.

Nicht zu viele Ritterromane wie Don Quijote, sondern zu viele Feenmärchen hat Don Sylvio gelesen, sein bauernschlauer Gefährte heißt Pedrillo, und mit ihm zusammen führt er seine wahnhaften Kämpfe. Ausgezogen, um eine in einen Schmetterling verwandelte Prinzessin zu suchen, findet er stattdessen eine junge, reiche Witwe. Ihre Lebensklugheit und die Entdeckung, dass die im Roman erzählte Ritterfahrt des Prinzen Biribinker nicht Realität, sondern Fiktion darstellt, bewirken Don Sylvios Heilung.

Vermehrt philosophisch-humane Züge trägt Wielands nächster Roman, der sein bedeutendster werden sollte: *Geschichte des Agathon* (1766/67, Neufassung 1794, 2 Bde.). Sein zentrales Thema bildet die vom Dichter selbst erlebte Wandlung eines frommen Enthusiasten (der sich und andere nicht recht zu überzeugen vermag) zum tugendhaften Genießer, der eine sinnlich-vernünftige Lebensform findet.

Der schöne athenische Jüngling Agathon genießt im Apollontempel zu Delphi eine schwämerisch-religiöse Erziehung, fällt nach einer platonischen Liebe aber in Athen Intrigen zum Opfer und wird von Seeräubern in die Sklaverei verkauft. Sein Herr, der Sophist Hippias, will ihn zu seiner materialistischen Weltanschauung bekehren und bedient sich zu diesem Zweck auch der Hetäre Danae. Zwischen ihr und Agathon entwickelt sich, entgegen Hippias' Absicht, echte Liebe. Als Hippias nun Agathon Danaes Vergangenheit entdeckt, flieht dieser und gewinnt am Hof des Dionysius von Syrakus eine angesehene Stellung. Aber er scheitert unter dem absolutistischen Tyrannen ebenso wie einst in der attischen Demokratie. Der kluge Herrscher Tarents, Archytas, befreit ihn aus dem Gefängnis und macht ihn mit seinem idealistischen Staatswesen bekannt. Agathon findet den Lebenssinn in der Erkenntnis, dass »der Mensch ebenso unfähig sei ein bloßes Tier als ein bloßer Geist zu sein […], dass jede höhere Stufe der Weisheit und Tugend, die er erstiegen hat, seine Glückseligkeit erhöhe«.

Titelkupfer zu *Der goldne Spiegel oder Die Könige von Scheschian*, gestochen von C. Kohl nach einer Zeichnung von J. H. Ramberg, 1794

Mit Wielands *Agathon* beginnt der deutsche Bildungs- und psychologische Entwicklungsroman. Das Werk wurde von Lessing in der *Hamburgischen Dramaturgie* als »der erste und einzige Roman für den denkenden Kopf, von klassischem Geschmacke« begrüßt. Der große Kritiker fragte sich – so sehr haftete dem herkömmlichen Roman noch das Element des Phantastischen an –, ob man überhaupt von einem Roman sprechen dürfe. Tatsächlich hatte Wieland in Anlehnung an Fieldings *History of Tom Jones* bewusst von der »Geschichte« des Agathon gesprochen. Ihn leitete das Vorbild des realistisch geprägten modernen englischen Romans, wie Richardson, Fielding und Sterne ihn repräsentierten. Eine Gattung mit bisher unentdeckten, erstaunlichen Möglichkeiten trat, wie CHRISTIAN FRIEDRICH VON BLANKENBURGS (1744–1796) *Versuch über den Roman* (1774) erörtert, nunmehr aus dem Schatten des Epos heraus.

Wieland pflegte weiterhin auch diese Form: In heiter-belehrender Art lässt er in der Verserzählung *Musarion oder Die Philosophie der Grazien* (1768) die Titelheldin ihre Lebensweisheit vorbringen. Die anmutige Griechin widerlegt schalkhaft sowohl den schwärmerischen wie auch den asketischen Philosophen und führt ihren Geliebten zu maßvollem, Sinnenfreude und Seelenschönheit verbindendem Liebesglück.

Die literarischen Erfolge dieser Jahre brachten Wieland in Verbindung mit seinen Beziehungen zum kurmainzischen Hof die Berufung als Professor der Philosophie an die Universität Erfurt ein. Dort entstand der Roman *Der goldne Spiegel oder Die Könige von Scheschian* (1772, Neufassung 1794, 4 Bde.), in dem im Sinne des aufgeklärten Absolutismus humanistische, von Rousseau beeinflusste Ideale und Forderungen vorgetragen werden.

Der indische Sultan Schach-Gebal lässt sich von der Sultanin Nurmahal und dem Philosophen Danischmend (die Rahmenhandlung folgt dem Beispiel der *Märchen aus 1001 Nacht*) die Geschichte des in 300 Kleinstaaten zersplitterten Königreichs Scheschian erzählen, das der absoluten Herrschaft eines Tatarenfürsten zum Opfer fällt und nach der damit verbundenen vorübergehenden äußeren Konsolidierung in Misswirtschaft und Armut versinkt. Das Elend des Volkes führt zur Revolution. Ein von einem Weisheitslehrer angeleiteter Neffe des ermordeten letzten Königs übernimmt die Herrschaft, die er im aufgeklärten Sinne ausübt und durch Beschneidung der Privilegien des Adels und des Einflusses der Priester die Wohlfahrt des Landes fördert. Aber sein Werk ist nicht von Dauer, die guten Vorsätze ermüden und Scheschian wird zur Beute benachbarter Königreiche.

Dieser skeptische Fürstenspiegel in der Tradition des didaktischen Staatsromans trug dem Autor zwar nicht die erhoffte Berufung nach Wien – Wieland hatte auf den jungen Joseph II. gezielt, der an der Seite Maria Theresias reformierend wirkte –, aber doch ein Engagement als Prinzenerzieher in Weimar ein. (→ S. 135)

Sophie von La Roche (1730-1807)

Sophie Gutermann von Gutershofen wurde in Kaufbeuren geboren, verbrachte ihre Kindheit und Jugend jedoch größtenteils in Augsburg, wohin ihr Vater als Dekan des medizinischen Kollegiums berufen worden war. Sie genoss die Erziehung einer Gelehrtentochter. Ihre erste Verlobung mit dem italienischen Leibarzt des Fürstbischofs, Gian Lodovico Bianconi, von dem sie in das Studium der Mathematik, des klassischen Altertums und der Kunstgeschichte eingeführt worden war, wurde auf Befehl des Vaters aus konfessionellen Gründen gelöst, ihre zweite mit Christoph Martin Wieland blieb ebenfalls ohne Aussicht auf eine Heirat. 1753 vermählte sie sich mit dem kurmainzischen Rat und Sekretär des Grafen Stadion, Großhofmeister des Erzbischofs von Mainz, Georg Michael Frank von Lichtenfels, genannt von La Roche, mit dem sie acht Kinder hatte. (Ihre älteste Tochter Maximiliane, die den Frankfurter

Großkaufmann Pietro Antonio Brentano heiratete, wurde die Mutter von Clemens und Bettina Brentano, der Frau Achim von Arnims). Den Jahren in Mainz und auf dem Landgut Warthausen folgten, nachdem La Roche Konferenzminister des Erzbischofs von Trier mit Sitz in Koblenz-Ehrenbreitstein geworden war, der gesellschaftlich glänzende Lebensabschnitt am Hof des Kurfürsten (1771–80). In dieser Zeit gelangte Sophie von La Roche literarisch zu Ruhm und empfing in ihrem Salon führende Autoren der Zeit. 1875 wurde ihr Mann nobilitiert, 1778 Kanzler des Erzbistums, 1780 allerdings gestürzt. Danach lebte das Ehepaar in Speyer und Offenbach. Unterbrochen wurden diese Jahre von ausgedehnten Reisen, die sie – ungewöhnlich für die Zeit – selbstständig unternahm. Bis in ihre letzte Lebenszeit schriftstellerisch tätig, ist sie in Offenbach gestorben.

Sophie von La Roche hat ein ausgedehntes Werk (insgesamt 37 Buchausgaben) hinterlassen, ihre Bedeutung gründet aber hauptsächlich auf ihrem ersten, 1771 von Wieland anonym herausgegebenen Roman *Geschichte des Fräuleins von Sternheim.*

Der, wie der Untertitel erklärt, »von einer Freundin derselben aus Original-Papieren und anderen zuverlässigen Quellen gezogene« zweibändige Roman, schildert die Schicksale eines Mädchens, dem zwar eine sorgfältige Erziehung zuteil wurde, das aber seine Eltern früh verlor und von berechnenden Verwandten dem Landesfürsten als Mätresse zugeführt werden soll. Diesem Vorhaben verweigert sich Sophie, sie fällt jedoch der List eines Verführers, Lord Derby, zum Opfer, der eine Scheinhochzeit arrangiert und sie nach wenigen Wochen verlässt, weil er ihres Bildungsanspruchs überdrüssig ist. Derby kehrt nach England zurück, wohin ihm Sophie, die zunächst unter falschem Namen an einer Gesindeschule unterrichtet hat, folgt, nachdem sie eine adlige englische Dame kennen gelernt hat, von der sie auf ihren Landsitz Summerhall eingeladen wird. Damit sein Fehlverhalten gesellschaftlich nicht ruchbar wird, lässt Derby sie entführen und einkerkern, aber treue Diener retten sie und von zwei zu ihrer Hilfe herbeigeeilten Verehrern wird schließlich Lord Seymour ihr Mann. An seiner Seite entwickelt sie sich zur vorbildlichen Gattin und Mutter in einer nicht patriarchalisch dominierten Ehe.

Deutlich lässt das überwiegend in Briefen ausgeführte empfindsame Werk das Vorbild Richardsons erkennen (nicht zufällig spielt die Handlung zur Hälfte in England); seinerseits ist der Roman auf Goethes *Werther* nicht ohne Wirkung geblieben. Auch Herder zeigte sich beeindruckt. Die Zeitgenossen spürten in diesem ersten von einer Frau geschriebenen bürgerlichen deutschen Roman eine neue Sensibilität bei der Darstellung vor allem der weiblichen Charaktere und einen glaubwürdigen sozialen Anspruch, wie er den Grundsätzen der Aufklärung zu vernünftiger und zugleich tugendhafter Lebensführung gemäß war. »Ich wollte nun einmal ein papiernes Mädchen erziehen, weil ich meine eigenen nicht mehr hatte«, schrieb rückblickend die Verfasserin, »und da half mir meine Einbildungskraft aus der Verlegenheit und schuf den Plan zu Sophiens Geschichte.«

Diese Geschichte war nicht ohne klischeehafte Züge (die verfolgte Waise, Scheinhochzeit, Entführung usw.) und tatsächlich ist der Roman zum Vorbild des trivialen Frauenromans im folgenden Jahrhundert geworden. Ungewöhnlich aber war, dass hier die Heldin (wenn auch zunächst falsch) aus eigenem Entschluss handelt und ihr Leben in einer lasterhaften Umwelt verantwortungsbewusst gestaltet. Die Umstände der Veröffentlichung und Wielands behutsame Erklärungen lassen erkennen, welche Widerstände es zu überwinden galt.

Sophie von la Roche hat in ihren späteren Romanen noch weitere »papierne Mädchen« geschaffen, und wurde zur beliebtesten deutschen Schriftstellerin der zweiten Hälfte des 18. Jahrhunderts. Auch veröffentlichte sie Berichte über ihre Reisen und gab 1783–84 die Zeitschrift *Pomona. Für Deutschlands Töchter* heraus.

Gotthold Ephraim Lessing, Gemälde
(zugeschrieben Georg Oswald May), 1767

Kritik und Toleranz

Die unterschiedlichen Ansätze, die im Jahrhundert der Aufklärung erkennbar werden, das Individuum aus dem Zustand geistiger Unfreiheit zu befreien, bilden einen nicht leicht erkennbaren Zusammenhang. Weder die Verheißungen der Leibniz'schen Philosophie, dass eine allmächtige Vorsehung dem Erdenbürger den Weg bereite, sich stufenweise Gott zu nähern, noch die Kräfte des Pietismus, die den dogmatischen Glaubenszwang durchbrachen, hatten jenen Menschen geschaffen, in dem sich das Lebensgefühl der Aufklärungszeit kristallisierte und für alle fassbar aussprach. Dies geschah durch Lessing. Mit unbestechlicher Klarheit und planvollem Denken trat er für das ideale Ziel einer von Vernunft geleiteten Humanität ein.

Lessings Lebensgang

GOTTHOLD EPHRAIM LESSING (1729–1781) stammte aus einem lutherischen Pfarrhaus in Kamenz (Oberlausitz). Auf der Fürstenschule St. Afra in Meißen erhielt er eine gediegene Bildung, studierte in Leipzig Theologie, gab dann dieses Studium auf, erweiterte seine philologischen Kenntnisse und wandte sich schließlich dem Theater zu. In Leip-

zig trat er auch mit der Neuberin und ihrer Schauspieltruppe in Verbindung, die 1748 sein Lustspiel *Der junge Gelehrte* aufführte. Als Schriftsteller und gelegentlicher Mitarbeiter an Zeitschriften führte er ein ungesichertes Dasein, lebte an unterschiedlichen Orten, war in Leipzig, Wittenberg, Berlin, 1760–65 Sekretär des preußischen Generals Tauentzien in Breslau, 1767–68 in Hamburg Kritiker und Dramaturg am Nationaltheater und endlich seit 1770 als Bibliothekar in Wolfenbüttel in fester Stellung. Erst im Alter von 47 Jahren konnte er heiraten, doch schon nach zwei Jahren starb seine Frau an den Folgen einer Geburt. »Meine Frau ist tot. Und diese Erfahrung habe ich nun auch gemacht. Ich freue mich, dass mir viel dergleichen Erfahrungen nicht mehr übrig sein können zu machen, und bin ganz leicht.« Zuvor hatte er mitgeteilt: »Ich wollte es auch einmal so gut haben wie andere Menschen, aber es ist mir schlecht bekommen«, schrieb er an seinen Freund Eschenburg. Lessing starb 1781 in Braunschweig.

Lessing verstärkte den Prozess der Aufklärung, indem er die Bestimmung des Menschen aus bloß vernunftsgemäßem Denken und Lernen in tatkräftiges Handeln und fortgesetztes Streben nach Erkenntnis verlegte. Über die Aufklärung hinaus bereitete Lessing so die klassische deutsche Dichtungs- und Humanitätsidee vor. Nichts kennzeichnet den Geist des Autors besser als sein Bekenntnis in der Schrift *Eine Duplik* (1778):

Nicht die Wahrheit, in deren Besitz irgendein Mensch ist oder zu sein vermeinet, sondern die aufrichtige Mühe, die er angewandt hat, hinter die Wahrheit zu kommen, macht den Wert des Menschen. Denn nicht durch den Besitz, sondern durch die Nachforschung der Wahrheit erweitern sich seine Kräfte, worin allein seine immer wachsende Vollkommenheit besteht. Der Besitz macht ruhig, träge, stolz.

Wenn Gott in seiner Rechten alle Wahrheit und in seiner Linken den einzigen immer regen Trieb nach Wahrheit, obschon mit dem Zusatze, mich immer und ewig zu irren, verschlossen hielte und spräche zu mir: wähle! – ich fiele ihm mit Demut in seine Linke und sagte: Vater, gib!, die reine Wahrheit ist ja doch nur für dich allein.

Lessing wirkte auf doppelte Weise: als Kritiker und als Dichter.

Lessing als Kritiker

Seine theoretischen Schriften gaben das Muster einer »produktiven Kritik« (Fr. Schlegel). Es ging immer um mehr als den einzelnen Fall. Lessing kämpfte für ein lebendiges literarisches Leben und für ein erneuertes Theaterwesen. Vorurteilsfrei, gewissenhaft, unerschrocken und, wo es sein musste, schonungslos setzte er sich für diese Ziele ein, mit seinem klaren, eleganten und kämpferischen Stil einer der großen Meister deutscher Prosa.

Briefe, die neueste Literatur betreffend (1759–65) hat er zusammen mit seinen Freunden FRIEDRICH NICOLAI (1733–1811) und MOSES MENDELSSOHN (1728–1786) herausgegeben. Sie behandeln die gesamte zeitgenössische Dichtung von Gottsched bis Klopstock. Von den insgesamt 333 Briefen stammen, erkennbar an der unverwechselbaren Sprache, 55 von Lessing. In dem berühmt gewordenen 17. *Literaturbrief* ging er zum offenen Angriff gegen Gottsched über, der ein »französierendes« Theater geschaffen habe, »ohne zu untersuchen, ob dieses französierende Theater der deutschen Denkungsart angemessen sei oder nicht«. Wie die Literaturtheorie Gottscheds lehnte Lessing auch die rationalistische Gesellschaftstragödie der Franzosen ab. Shakespeares Dramen seien natürlich und ursprünglich: »Auch nach dem Muster der Alten die Sachen zu entscheiden, ist Shakespeare ein weit größerer tragischer Dichter als Corneille, obgleich dieser die Alten sehr wohl und jener fast gar nicht gekannt hat.«

In ihrer polemischen Form berücksichtigte seine Auseinandersetzung mit der Regelpoetik nur unzureichend die eigenständigen Voraussetzungen und künstlerischen Möglichkeiten der Idee des classicisme, der aus französischer Sicht die reinste, wenn nicht die einzige Möglichkeit einer »Klassik« (um die deutsche Wortbildung des 19. Jahrhunderts zu verwenden) darstellte. Es ging dem furchtlosen Kritiker im Widerstreit mit geltenden Autoritäten nicht um ausgleichende Gerechtigkeit. Er suchte neue Wege für das deutsche Drama, das dem englischen verwandt sei, und teilte in diesem *Literaturbrief* das Bruchstück eines *Doktor Faust* mit, das, als altes Volksdrama ausgegeben, tatsächlich von ihm selbst stammte.

Die Verteidigung Shakespeares betrieb Lessing auch in seiner *Hamburgischen Dramaturgie* (1767/69). Er besprach darin die in Hamburg aufgeführten Stücke. Das Werk ist Vorbild moderner Theaterkritik geworden. Lessing knüpfte an, den einzelnen, scheinbar zufälligen Gegenstand an, um an ihm Grundsätzliches zu erörtern. Am Beispiel der Tragödie zeigte er, dass die französische Poetik Aristoteles falsch verstanden habe, vor allem sein Gesetz von den drei Einheiten des Ortes, der Zeit und der Handlung. Aristoteles verlange nicht sklavisch, dass die Handlung eines Stückes an ein und demselben Ort und innerhalb von 24 Stunden sich ereigne, grundsätzlich fordere er nur die Einheit der Handlung, die in der Einheit der Charaktere begründet sei. Die Durchformung der Handlung von den Charakteren aus biete nicht die französische Tragödie, sondern das englische Drama. Shakespeare verwirkliche die wahren Gesetze der Poesie; seine Dramen erfüllten die Forderung des Aristoteles, Furcht und Mitleid zu erregen in dem Sinne, dass die Theaterbesucher sich in das dargestellte Schicksal einbezogen fühlen und durch ihre Anteilnahme am Leben des Helden geläutert würden.

In seiner Abhandlung *Laokoon oder Über die Grenzen der Malerei und Poesie* (1766) ging er von einer Bemerkung Johann Joachim Winckelmanns (1717–1768) über die antike Laokoon-Plastik aus. In der Auseinandersetzung mit Winckelmann suchte er die verschiedenen Gesetze und Darstellungsmöglichkeiten der bildenden Kunst und der Dichtkunst zu klären. Die bildende Kunst stelle das im Raum Sichtbare, also das Nebeneinander dar, die Poesie dagegen arbeite mit dem Mittel der Sprache und sei eine Kunst der Zeitfolge, da die von der Phantasie geschaffenen Vorstellungsbilder nacheinander folgten. Dort Schilderung und Zustand; hier Handlung und Vorgang. Wie aber kann der Dichter trotzdem eine anschauliche Vorstellung hervorrufen? Lessing weist auf die antiken Vorbilder hin, wo die ruhende Erscheinung nicht beschrieben, sondern in Bewegung und Handlung umgesetzt und die Schönheit durch ihre Wirkung dargestellt wird.

Zwei weitere von Lessing geplante Teile des *Laokoon*

sind unausgeführt geblieben. Im Nachlass gefundene Entwürfe deuten darauf hin, dass er in ihnen das Drama behandeln wollte, das er in einem Brief an Nicolai (26.5.1769) als die höchste Gattung der Poesie bezeichnet hat, weil in ihr wirkliche Personen handelnd vorgeführt würden.

Lessings Auffassung von Dichtkunst war für seine Zeit von großem und befreiendem Einfluss. Goethe schrieb in diesem Zusammenhang: »Man muss Jüngling sein um sich zu vergegenwärtigen, welche Wirkung Lessings Laokoon auf uns ausübte, indem dieses Werk uns aus der Region eines kümmerlichen Anschauens in die freien Gefilde der Gedanken hinriss.« Als Musterbeispiele für eine analytische Untersuchungsweise können Lessings kritische Abhandlungen, die dem Nachdenken über die Grundlagen der Kunst wertvolle Anregungen bieten, noch immer gelten.

Bühnenwerke bis zu »Nathan der Weise«

Lessing hat es selbstkritisch abgelehnt, als Dichter bezeichnet zu werden. Gleichwohl ist auch sein dichterisches Werk für die deutsche Literatur von weitreichender Bedeutung. Seine drei Dramen *Minna von Barnhelm oder Das Soldatenglück* (1767), *Emilia Galotti* (1772) und *Nathan der Weise* (1779, U. 1783) sind über zwei Jahrhunderte hinweg auf der Bühne lebendig geblieben. Ihre dialektisch zugespitzte Sprache wendet sich zwar an den Verstand der Besucher, aber die handelnden Personen sind aus lebendiger Anschauung geschaffen, und die führenden Gestalten vertreten jene Natürlichkeit und Menschlichkeit, die Lessing selbst auszeichnete.

Diesen Meisterdramen gingen die Lustspiele *Der junge Gelehrte* (1754, U. 1748), *Der Mysogin* (e. 1748), *Die alte Jungfer* (e. 1749), die Schauspiele *Die Juden* (1754, U. 1749) und *Der Freygeist* (1755, e. 1749) sowie das Trauerspiel *Miß Sara Sampson* (1755) voraus. Sie sind nicht in dem damals noch üblichen Alexandriner, sondern in Prosa geschrieben. Schon in ihnen fällt die Kunst der Charakterisierung auf. Diese Frühwerke konnten sich nicht auf der Bühne behaupten, wenngleich bereits *Der junge Gelehrte* Lessing viel Anerkennung eintrug und *Miß Sara Sampson*, historisch betrachtet, eine Schlüsselstellung für das damals sich entwickelnde bürgerliche Trauerspiel zukommt.

Die Handlung des ersten großen Lustspiels, *Minna von Barnhelm oder Das Soldatenglück* beruht auf Ereignissen aus Lessings Zeit. Goethe nennt es »die wahrste Ausgeburt des Siebenjährigen Krieges, von vollkommenem norddeutschem Nationalgehalt«. Diese Beziehung auf eine aktuelle Wirklichkeit war etwas Neues und Gewagtes.

Das sächsische Edelfräulein Minna von Barnhelm findet nach dem Ende des Siebenjährigen Krieges ihren Bräutigam, den preußischen Major von Tellheim, in Berlin wieder. Er hatte ihr Herz gewonnen, weil er edelmütig den sächsischen Landständen einen Teil der Kriegssteuer vorgestreckt hatte. Die preußische Kriegskasse in Berlin erkennt aber diese Schuld nicht an, und so glaubt Tellheim als »verabschiedeter, in seiner Ehre gekränkter Offizier, ein Krüppel, ein Bettler«, sein Verlöbnis mit Minna von Barnhelm lösen zu müssen. Er kann es mit seinem Ehrbegriff nicht vereinbaren, von einer Frau, die er liebt, abhängig zu sein. Minna greift zur List und erklärt, sie sei von ihrem Oheim wegen ihres Verlöbnisses mit einem preußischen Offizier enterbt worden. Jetzt ist es für Tellheim selbstverständlich, ihr zur Seite zu stehen. Der im rechten Augenblick eintreffende Onkel Minnas, der Graf von Bruchsal, sowie ein Handschreiben des Königs, das Tellheims Ehre wiederherstellt und ihm sein Vermögen zurückgibt, führen alles zum guten Ende. Auch aus dem derben Wachtmeister Just, Tellheims treuem Gefährten, und Minnas hübscher Kammerzofe Franziska wird ein Paar.

Hinter den im scharf zugespitzten Dialog effektvoll herausgearbeiteten Zusammenstößen treffen in diesem Drama Menschen von unverwechselbarer Eigenart aufeinander. Der allzu korrekte Major, das listenreiche Adelsfräulein, Tellheims »boshafter Engel«, der biedere Wachtmeister, die kecke Kammerzofe verkörpern nicht nur charakteristische Typen des Theaters und regionale Gegensätze wie preußische Strenge und sächsische Lebensgewandtheit, sondern sind vom Autor individuell erfasst und künstlerisch gehoben. Ein Schimmer von Rokokograzie liegt über der rauen Wirklichkeit. Der Konflikt zwischen Ehre und Liebe wird aufgelöst in heiteres, anmutiges Spiel.

Die Bedeutung dieses Lustspiels für die deutsche Bühne liegt aber vor allem im sittlichen Gehalt. Lessings Kunst besteht in der zwanglosen Verbindung von Spiel, Wort und Gesinnung. Sie führt den Menschen aus einer von Vorurteilen eingeengten Lebenshaltung in eine Sphäre freier Menschlichkeit. Tellheim überwindet seinen starren Ehrbegriff, als die Situation seine Hilfsbereitschaft zu verlangen scheint, aber auch Minna wächst im Laufe des Spiels, das ihr Vertrauen und Wagemut abfordert, mittels derer sie allein den durch die Umstände veränderten Bräutigam wiedergewinnen kann. So finden zuletzt Charakterstärke und Liebesvermögen zusammen.

»Die Komödie«, schreibt Lessing, »will durch Lachen bessern, aber eben nicht durch Verlachen.« Ein Ge-

Nathan der Weise, Inszenierung Fritz Wisten,
Deutsches Theater, Berlin 1945
Paul Wegener als Titelfigur mit Agatha Poschmann als Recha
und Gerda Müller als Daja

haben; der blühende Mann, voller Ansprüche, voller Ruhm-
begierde, der seines ganzen Körpers, seiner ganzen Seele mächtig war; vor dem die Schranken der Ehre und des Glückes
eröffnet standen; der Ihres Herzens und Ihrer Hand, wenn er
schon Ihrer noch n i c h t würdig war; täglich würdiger zu
werden hoffen durfte. – Dieser Tellheim bin ich ebenso wenig,
als ich mein Vater bin. Beide sind gewesen. – Ich bin Tellheim,
der Verabschiedete, der an seiner Ehre Gekränkte, der Krüppel, der Bettler. – Jenem, mein Fräulein, versprachen Sie sich:
Wollen Sie diesem Wort halten?
Das Fräulein: Das klingt sehr tragisch! – Doch, mein Herr, bis
ich jenen wieder finde – in die Tellheims bin ich nun einmal
vernarret –, dieser wird mir schon aus der Not helfen müssen.
– Deine Hand, lieber Bettler! (2. Aufzug, 9. Auftritt)

Die Fabel der *Emilia Galotti* geht auf den römischen
Geschichtsschreiber Livius zurück. Dieser erzählt, wie
Lessing 1758 an Nicolai schrieb, »das Schicksal einer
Tochter, die von ihrem Vater umgebracht wird, dem
ihre Tugend werter ist als ihr Leben […]«. Wiederum
verlegt der Autor die Handlung in die Gegenwart. Er
entwickelt sie mit strenger Folgerichtigkeit als ein
»gutes Exempel dramatischer Algebra« (F. Schlegel).

Der regierende Fürst von Guastalla entführt mithilfe seines
skrupellosen Kammerherrn Marinelli die Tochter des greisen Odoardo Galotti, Emilia, die mit dem Grafen Appiani
verlobt ist, an ihrem Hochzeitstag auf sein Lustschloss.
Appiani, der sich gegen den Überfall zur Wehr setzt, wird
durch die Häscher des Fürsten ermordet. Odoardo erfährt
durch die frühere Geliebte des Fürsten, die Gräfin Orsina,
die zugunsten Emilias ihren Platz räumen musste, von dieser Gewalttat. Emilia erbittet vom Vater den Tod, weil sie
sich ihrer selbst nicht sicher glaubt (»Was Gewalt heißt, ist
nichts; Verführung ist die wahre Gewalt«); sie stirbt in seinen Armen.

In *Minna von Barnhelm* das Motiv der Ehre, in *Emilia
Galotti* das der Tugend: Das Thema ist das unverletz-
liche Ich, der »Charakter«. Ungleich schärfer als naturgemäß die Komödie zeigt Lessings Trauerspiel die Bedrängnis des Einzelnen im Konflikt mit der Macht, der
im äußersten Fall nur noch den Tod als Ausweg zu-
lässt, soll die Integrität der Persönlichkeit bewahrt werden. Der Stoff war aktuell wie eh und je: Aus Lessings
Stück spricht die Empörung des aufgeklärten Bürgertums über die selbstherrliche Willkür der Fürsten und
die willfährigen Höflinge in den großen und kleinen
Feudalstaaten, über die als anachronistisch empfundenen gesellschaftlichen Verhältnisse insgesamt. Die
Charakter- und Milieustudien (die Mätresse Orsina,
der Höfling Marinelli), der lebendige Dialog sicherten
dem Werk fortdauernde Wirkung. Lessing hatte es den
Forderungen seiner *Hamburgischen Dramaturgie* ge-

spräch zwischen Minna und Tellheim bietet ein Beispiel für seine unverwechselbare Sprache:

v. Tellheim: *Mein Fräulein, ich bin nicht gewohnt zu klagen.*
Das Fräulein: *Sehr wohl. Ich wüsste auch nicht, was mir an
einem Soldaten nach dem Prahlen weniger gefiele als das
Klagen. Aber es gibt eine gewisse kalte, nachlässige Art, von
seiner Tapferkeit und von seinem Unglücke zu sprechen –*
v. Tellheim: *Die im Grunde doch auch geprahlt und geklagt
ist.*
Das Fräulein: *Oh, mein Rechthaber; so hätten Sie sich auch
gar nicht unglücklich nennen sollen. – Ganz geschwiegen oder
ganz mit der Sprache heraus. – Eine Vernunft, eine Notwendigkeit, die Ihnen mich zu vergessen befiehlt? – Ich bin eine
große Liebhaberin von Vernunft, ich habe sehr viel Ehrerbie-
tung für die Notwendigkeit. – Aber lassen Sie doch hören, wie
vernünftig diese Vernunft, wie notwendig diese Notwendigkeit ist.*
v. Tellheim: *Wohl denn; so hören Sie, mein Fräulein – Sie
nennen mich Tellheim; der Name trifft ein. – Aber Sie meinen,
ich sei der Tellheim, den Sie in Ihrem Vaterlande gekannt*

mäß gestaltet, die Handlung in einen Tag zusammengefasst, aber den Wechsel des Schauplatzes zugelassen.

»Nathan der Weise« und die Toleranzidee

In den Jahren nach der Entstehung der *Minna von Barnhelm* und der *Emilia Galotti* wurde Lessing durch die von ihm (unter der Tarnung »aus den Schätzen der herzoglichen Bibliothek zu Wolfenbüttel«) veröffentlichte Arbeit *Fragmente eines Ungenannten* des verstorbenen Hamburger Theologen und Philosophen Hermann Samuel Reimarus (1694–1768) in Kämpfe mit dem orthodoxen Hamburger Hauptpastor Johann Melchior Goeze (1717–1768) verwickelt. Dies führte dazu, dass es Lessing verboten wurde, wissenschaftliche Schriften unzensiert zu veröffentlichen. Daraufhin beschloss er, sich auf seine »alte Kanzel«, das Theater, zurückzuziehen, und er begann die Arbeit an seinem dritten großen Drama: *Nathan der Weise*. Er wählte die Versform, wie sie Shakespeare gepflegt hatte, fünffüßige ungereimte Jamben (Blankvers). Das Stück, für das er die ungewöhliche Gattungsbezeichnung »Dramatisches Gedicht« benutzte, spielt in Jerusalem zur Zeit der dritten Kreuzzuges.

Der Tempelherr Leu von Filnek, in der Gefangenschaft des Sultans Saladin, rettet die von dem Juden Nathan an Kindes Statt angenommene Recha aus einem brennenden Haus. Von tiefer Neigung zu ihr ergriffen, bittet er den Juden um ihre Hand. Die Handlung besteht nun in einer Aufklärung über die Verwandtschaft der handelnden Personen und in der Läuterung der Leidenschaft des Tempelherrn, denn: Recha ist seine Schwester. Sie stammen beide aus der Ehe des jüngeren Bruders des Sultans, Assad, mit einer Christin. Assad verließ die Heimat und gab seine Religion um seiner Ehe mit der Christin willen auf. Sein Sohn, der Tempelherr, kehrt ins Heilige Land zurück und findet dort seine Schwester Recha, ohne dass er weiß, wer sie ist, im Hause des Juden Nathan wieder. Obwohl Nathan bei einer Judenverfolgung durch die Kreuzritter seine Frau und seine sieben Söhne verloren hat, ist er nicht verbittert, sondern lässt die anderen Religionen gelten. Auf die Frage Saladins, welche Religion er für die wahre halte, antwortet er mit der Ringparabel, die Lessing von Boccaccio übernommen hat (Boccaccio, *Das Decameron*, in deutscher Übersetzung 1472/73, I. Buch, 3. Geschichte). Ein Ring, der »die geheime Kraft« hat, seinen Träger »vor Gott und Menschen angenehm zu machen«, wurde seit Generationen jeweils vom Vater dem liebsten seiner Söhne vererbt. Da dem letzten Besitzer des Ringes seine drei Söhne gleich lieb waren, ließ er neben dem echten Ring zwei so täuschende Nachahmungen herstellen, dass der Vater selbst den eigentlichen Ring nicht mehr erkennen konnte. Der Richter, vor den die eifernden Söhne treten, jeder mit dem Anspruch, den originalen Ring zu besitzen, gibt folgenden Rat:

> Hat von
> Euch jeder seinen Ring von seinem Vater:
> So glaube jeder sicher seinen Ring
> Den echten. – Möglich; dass der Vater nun
> Die Tyrannei des Einen Rings nicht länger
> In seinem Hause dulden wollen! – Und gewiss;
> Dass er euch alle drei geliebt, und gleich
> Geliebt: Indem er zwei nicht drücken mögen,
> Um einen zu begünstigen. – Wohlan!
> Es eifre jeder seiner unbestochnen,
> Von Vorurteilen freien Liebe nach!
> Es strebe von euch jeder um die Wette,
> Die Kraft des Steins in seinem Ring' an Tag
> Zu legen! komme dieser Kraft mit Sanftmut,
> Mit herzlicher Verträglichkeit, mit Wohltun,
> Mit innigster Ergebenheit in Gott;
> Zu Hülf'! Und wenn sich dann der Steine Kräfte
> Bei euern Kindes-Kindeskindern äußern:
> So lad' ich über tausend tausend Jahre
> Sie wiederum vor diesen Stuhl. Da wird
> Ein weiser Mann auf diesem Stuhle sitzen
> Als ich; und sprechen.

Der Konflikt zwischen Vertretern der drei monotheistischen Weltreligionen entwickelt sich zum Drama der Humanität. *Nathan der Weise* ist das Glaubensbekenntnis Lessings, mit dem er – das ist ihm wohl bewusst – nicht Wirklichkeit beschreibt, sondern ein Ideal verkündet. Es soll die Aufgabe gezeigt werden, die dem Menschen im Umgang mit dem Nächsten erwächst und die, so entspricht es auch dem späteren Humanitätsbegriff der Klassik, in Hilfsbereitschaft, Selbstlosigkeit, tätiger Liebe, Duldsamkeit gegenüber jeder religiösen Überzeugung besteht. Mit seiner bereits im Zusammenhang mit den *Fragmenten* vorbereiteten, zuletzt erschienenen Abhandlung *Die Erziehung des Menschengeschlechts* (1780) hat Lessing sein jahrzehntelanges Bemühen, Aufgabe und Leistung der Religion zu bestimmen, abgeschlossen. Er suchte einen Weg, der gleich weit von Dogmatismus wie von Freigeisterei entfernt war. Nur fortschreitende geistige Entwicklung und Streben nach humaner Vollendung verleihen dem Menschen die volle Würde. Gottes erzieherische Weisheit führt die Menschheit stufenweise dem letzten sittlichen Ziel entgegen: »Die Zeit wird kommen, sie wird gewiss kommen, die Zeit der Vollendung – da der Mensch das Gute tun wird, weil es das Gute ist, nicht weil willkürliche Belohnungen darauf gesetzt sind.«
Dieser so sicher ausgesprochene Gedanke, dass sich der Sinn der Geschichte erfüllen wird in dem Streben des Menschen nach einer Haltung reiner Humanität und freien Innewerdens des göttlichen Willens, wirkte weiter im deutschen Idealismus.

Ein Lessing in mancher Hinsicht verwandter Geist, ein Meister der Satire, des Essays und der Kritik war Georg Christoph Lichtenberg.

Georg Christoph Lichtenberg (1742–1799)

Lichtenberg, als achtzehntes Kind eines Generalsuperintendenten in Oberramstadt bei Darmstadt geboren, war infolge eines Sturzes in der Kindheit verwachsen. Sein Leben ist eng mit Göttingen verbunden: Er kam 1763 zum Studium an die Georgia Augusta und absolvierte dort das übliche triennium academicum, einen dreijährigen Kurs in Philosophie, Mathematik, Physik und weiteren Wissenschaften, war danach vier Jahre Hofmeister vermögender englischer Studenten und wurde 1770 in Göttingen außerordentlicher Professor. 1775 erhielt er ein Ordinariat. Zwei Reisen, die ihn 1769 und 1774–75 nach London führten, festigten mittelbar ebenfalls seine Verbindung mit der stark nach England hin orientierten Göttinger Universität. Er starb in Göttingen.

Die seit früher Jugend gepflegten Tagebücher (*Sudelbücher*, erstmals erschienen unter dem Titel *Bemerkungen vermischten Inhalts*, 1800–06) enthalten jene Fülle funkelnder und geistsprühender Aphorismen über Literatur, Politik, Pädagogik, durch die er sich den bekannten französischen Moralisten François VI., Duc de La Rochefoucauld (1613–1680), Jean de La Bruyère (1645–1696) und Nicolas de Chamfort (1741–1794) ebenbürtig zeigt und in denen wohl auch der Einfluss von Swift, Fielding und Sterne spürbar wird (in Reiseberichten, in *Briefe aus England*, 1776/78, betont er, wie sehr er sich diesem Land verpflichtet fühlt). Noch heute wirkt er durch seine vorurteilslose Selbstbeobachtung. Wenn er bemerkt: »Die erste Satire wurde gewiss aus Rache gemacht« oder »Die letzte Hand an sein Werk legen, das heißt es verbrennen« oder wenn er (rhetorisch) fragt: »Ich möchte wohl wissen, wie es um unsere deutsche Literatur in manchen Fächern stehen würde, wenn wir keine Engländer und Franzosen gehabt hätten?«, so führen solche pointierten Hinweise mitten in psychologische, moralische und ästhetische Kernprobleme.

Sturm und Drang

»Die literarische Epoche, in der ich geboren bin«, schrieb Goethe in *Dichtung und Wahrheit*, »entwickelte sich aus der vorhergehenden durch Widerspruch.« Damit bezeichnete er den Umbruch, der sich im dritten Viertel des 18. Jahrhunderts im literarischen Leben

Georg Christoph Lichtenberg, Bleistiftzeichnung von Georg Heinrich Wilhelm Blumenbach (Zuschreibung unsicher, vielleicht auch Selbstporträt)

Deutschlands vollzog. Die jungen Autoren, von denen diese Bewegung ausging, stellten der Verstandeskultur der Aufklärung die Forderungen des Gefühls entgegen. Sie forderten Freiheit für den produktiven Geist und dessen Recht auf Individualität. Daraus resultierten einmal ein Rückgriff auf Klopstocks und Lessings Vorstellungen über die religiös-sittliche Bestimmung des Menschen und zum andern eine Hinwendung zur Natur, für die der Einfluss Rousseaus von bestimmender Bedeutung war. Vor allem in seinem Roman *Emil oder Über die Erziehung* (*Émile ou De l'éducation*, 1762), den Goethe das »Naturevangelium der Erziehung« nannte, fordert er, von der Natur zu lernen, denn: »Unter den Elementen herrscht Einklang, unter den Menschen Chaos.« Ausdrücklich widersetzt er sich dem Anspruch, der Vernunft die größte Bedeutung beizumessen: »Le sentiment est le plus que la raison.« (Das Gefühl ist mehr als die Vernunft.) Rousseaus Schriften veränderten Europa, sie waren von unübersehbaren Konsequenzen auch für den Bestand der Gesellschaft. Ererbte Vorrechte, überkommene Standesprivilegien wurden der Kritik unterzogen. Der *Gesellschaftsvertrag* (*Du contrat social, ou Principes du droit politique*, 1762) erklärte alle Menschen als von Natur frei und gleich. Das Volk, das sich im Gesellschaftsvertrag zusammenschließt, um Freiheit und Gleichheit zu sichern, ist der wahre Träger der Souveränität. Rousseaus *Gesellschaftsvertrag* war bei seinem Erscheinen eine Utopie, aber das Bürgertum in Frankreich sah in dem Genfer Uhrmachersohn den Propheten besserer Zeiten und forderte in der Revolution von 1789 seine Rechte.

Herder schrieb unter dem Eindruck seiner Lektüre Rousseaus: »Hat man je etwas Wunderbareres gesehen als ein schlagendes Herz mit seinen unerschöpflichen Reizen? Ein Abgrund innerer dunkler Kräfte, das wahre Bild der organischen Allmacht [...]. Unser Denken hängt ab vom Empfinden.« Ähnlich äußerten sich Hamann, der junge Goethe, der junge Schiller, später Hölderlin.

Weniger als einen Bruch mit der Aufklärung, wie Goethes Formulierung von einer »deutschen literarischen Revolution« es nahe legt, denn als eine kritische Ergänzung derselben versteht die neuere Forschung den Sturm und Drang. In der Aufbereitung gesellschaftskritischer Themen der Aufklärung verfährt er gelegentlich noch radikaler als diese.

Die poetischen Gattungen boten dem Ausdruckswillen der opponierenden Schriftsteller unterschiedliche Möglichkeiten: Die drängende Kraft entlud sich in Dramatik, die gelöste Empfindung in Lyrik. Gedankliche Tiefe und Dynamik kamen von Herder, der seinerseits im Verständnis von Sprache und Poesie durch seinen Freund und Lehrer Hamann beeinflusst wurde.

Johann Georg Hamann (1730–1788)

Hamann stammte aus einer Arztfamilie in Königsberg und studierte dort zunächst (ohne Abschluss) Theologie und Jura. Ab 1751 war er als Hauslehrer in Riga und auf livländischen Gütern, ab 1755 in Handelsgeschäften tätig, die ihn nach London und Amsterdam führten. Dort gab er das Vorhaben, sich wirtschaftlich zu betätigen, auf und erfuhr aufgrund ausgedehnter Bibellektüre eine Bekehrung. Nach erneuter Hauslehrertätigkeit in Riga entwickelte er sich seit der Rückkehr in die Vaterstadt zum Schriftsteller und wurde 1764 Redakteur der *Königsberger Gelehrten Zeitung*. Später war er genötigt, seinen Unterhalt als Zöllner und als Packhofverwalter zu verdienen. 1787 pensioniert, starb er während eines Aufenthalts in Münster, zu dem die Fürstin Adelheid Amalia von Gallitzin (1748–1806) und ihr katholischer Freundeskreis ihn mit Rücksicht auf seine bedrohte Gesundheit eingeladen hatten.

Luther und Jakob Böhme, Glaube und Mystik waren die geistige Grundlage für Hamanns »sybillinisch« (Goethe) redende Bücher (*Sokratische Denkwürdigkei-*

ten, anonym 1759; *Kreuzzüge eines Philologen,* 1762). Nichtwissen, das Sokrates selbst einräumt, wird von Hamann als »Glaube« interpretiert, der Einsicht in die Grenzen des Intellekts und insofern zugleich Hinwendung zur Botschaft der Bibel darstellt. Diese bedarf keiner »vernünftigen« Exegese, denn Gott ist in seiner Schöpfung »Poet am Anfang der Taten«, sein Werk setzt sich in der menschlichen Kreativität fort, sodass christliche und poetische Existenz synomyme Bedeutung erlangen. Dementsprechend wählte der »Magus aus dem Norden« (Friedrich Karl von Moser) zur Darstellung seiner philosophischen und religiösen Auffassungen einen bilderreichen, nicht selten bewusst verrätselten Stil – »je dunkler, desto inniger«, wie er als Ziel formulierte. Die Sprache hat für Hamann ihren Ursprung in Gott und ist wie das dichterische Schaffen Abglanz seines kreativen Wirkens.

Sinne und Leidenschaften reden und verstehen nichts als Bilder. In Bildern besteht der ganze Schatz menschlicher Erkenntnis und Glückseligkeit. Der erste Ausbruch der Schöpfung und der erste Eindruck ihres Geschichtsschreibers – die erste Erscheinung und der erste Genuss der Natur vereinigen sich in dem Worte: Es werde Licht! Hiermit fängt sich die Empfindung von der Gegenwart der Dinge an.

Hamanns Schriften sind systemlos und ungeordnet, oft fragmentarisch, wirkten aber gerade dadurch stark auf die Generation der Stürmer und Dränger. Sie fanden Rousseaus Naturauffassung bei ihm wieder und fühlten sich besonders durch sein Verständnis der Sprache bestätigt: Sie ist göttlichen Ursprungs. Aus der Kraft des Herzens und der unmittelbaren Anschauung gewonnen, ist sie die »Mutter der Vernunft«. Die Poesie aber, so erfuhren die jungen Dichter von Hamann, ist die »Muttersprache des Menschengeschlechts«.

Der junge Herder

JOHANN GOTTFRIED HERDER (1744–1803) wurde in Mohrungen, einer kleinen, seit 1758 von russischen Truppen besetzten ostpreußischen Stadt, als Sohn eines »untersten Schullehrers« geboren. Ein deutsch-baltischer Wundarzt erkannte seine Begabung und wollte ihn zum Chirurgen ausbilden lassen, aber Herder, der bei der ersten Sektion in Ohmacht fiel, wechselte zur Theologie. Während dieses Studiums in Königsberg stand er unter dem Einfluss von Kant und Hamann. Von 1764 bis 1769 wirkte er als Lehrer an der Domschule und als Prediger in Riga. Von dort unternahm er eine Seereise nach Nantes.

Für die Gedankenwelt des jungen Herder ist das *Journal meiner Reise 1769* (postum 1846) – besonders aufschlussreich. Der Schreiber befindet sich in einer un-

Johann Gottfried Herder, 1744

Natur, das sollte dein Standpunkt sein mit dem Jüngling, den du unterrichtest. Stelle dich mit ihm aufs weite Meer und zeige ihm Fakta und Realität und erkläre sie ihm nicht mit Worten, sondern lass ihn sich alles selber erklären!

Ein halbes Jahr blieb Herder in Nantes und Paris, wo er sich mit dem Französischen vertraut machte und d'Alembert kennen lernte. Dann nahm er das Angebot des Erbprinzen von Eutin an, sein Begleiter auf einer europäischen Bildungsreise zu sein, und reiste über Hamburg, wo er mit Lessing und Matthias Claudius zusammentraf, an den holsteinischen Fürstenhof. Bereits nach wenigen Wochen löste er, weil er sich als halber Domestik behandelt fühlte, seinen Vertrag und ging über Darmstadt, wo er seiner späteren Frau, Caroline Flachsland (1750–1809), begegnete, wegen einer Augenoperation nach Straßburg. Dort traf er im Herbst 1770 mit Goethe und dessen Kreis zusammen. Im folgenden Jahr wurde er Konsistorialrat und Oberpfarrer in der kleinen Residenz Bückeburg der Grafen zu Schaumburg-Lippe. 1776 erhielt er durch Goethes Vermittlung die Berufung als Generalsuperintendent und Hofprediger nach Weimar.

»Will jemand«, schrieb Goethe später in *Dichtung und Wahrheit*, »unmittelbar erfahren, was damals in dieser lebendigen Gesellschaft leidenschaftlich denkender und fragender junger Männer gedacht, gesprochen und verhandelt worden ist, der lese den Aufsatz Herders über Shakespeare in dem Heft *Von deutscher Art und Kunst*.« Diese 1773 erschienene, von Herder besorgte Sammlung von Aufsätzen enthält neben Beiträgen Goethes *(Von deutscher Baukunst)* und des Osnabrücker Historikers Justus Möser (1720–1794, *Deutsche Geschichte)* vor allem Herders Abhandlung *Shakespeare* sowie den *Auszug aus einem Briefwechsel über Ossian und die Lieder alter Völker*. Die fremde Dichtung, die Herder einem neuen Verständnis erschloss, sollte als Ansporn dienen, eine gleichwertige Nationaldichtung zu schaffen. »Je entschiedener unsere Werke deutsch und modern sind, umso verwandter werden sie den Griechen sein.«

Voller Bewunderung sprach Herder von der schöpferischen Kraft Shakespeares, »der hundert Auftritte einer Weltbegebenheit mit dem Arm umfasst, mit dem Blicke ordnet, mit der einen durchhauchenden, alles belebenden Seele erfüllet.« Zwar hatte schon Lessing auf Shakespeares Größe hingewiesen, aber den »Shakespeare von innen« in seinen Bedingtheiten sehen konnte wohl erst Herder, der in seiner Abhandlung sagte: »Shakespeare ist des Sophokles Bruder.« Für Herder war Dichtkunst »eine Welt- und Völkergabe, nicht ein Privaterbteil einiger feiner, gebildeter Männer«. Homers Epen, die hebräische Poesie der Bibel, James

gewissen Stimmung des Aufbruchs. Das Meer weckt in ihm den »Philosophen auf dem Schiffe« und so entstehen Pläne und Entwürfe zu späteren Unternehmungen und Werken, die sich unmittelbar allerdings noch auf eine künftige Tätigkeit in Livland beziehen. Herder reist in der Gewissheit, dass man ihn in Riga, wo man seine pädagogischen Fähigkeiten erkannt hat, halten will. Darüber hinaus hofft er, der sich glücklich schätzt, der dürftigen Enge Preußens entkommen zu sein, auf Wirkungsmöglichkeiten in Russland insgesamt, wie die Reformen Katharinas II. sie für ihn besonders im Schulwesen eröffnen mochten. Sprachlich ist das Tagebuch ein Dokument des Sturm und Drang.

Was gibt ein Schiff, das zwischen Himmel und Erde schwebt, nicht für weite Sphäre zu denken! Alles gibt hier dem Gedanken Flügel und Bewegung und weiten Luftkreis: das flatternde Segel, das immer wankende Schiff, der rauschende Wellenstrom, die fliegende Wolke, der weite, unendliche Luftkreis! Auf der Erde ist man an einen toten Punkt angeheftet und in den engen Kreis einer Situation eingeschlossen [...]. So ward ich Philosoph auf dem Schiffe. – Philosoph aber, der es noch schlecht gelernt hatte, ohne Bücher und Instrumente aus der Natur zu philosophieren. – Hätte ich dies gekonnt, welcher Standpunkt, unter einem Maste auf dem weiten Ozean sitzend, über Himmel, Sonne, Sterne, Mond, Luft, Wind, Meer, Regen, Strom, Fisch, Seegrund philosophieren und die Physik alles dessen aus sich herausfinden zu können! Philosoph der

Macphersons (1736–1796) Dichtungen um Ossian sowie die Werke Shakespeares zählte er zur Naturdichtung, vor allem aber die Lieder, die mit ihren ahnungsreichen Symbolen, ihrem gefühlsstarken, sprunghaften Stil, ihrer bildhaften Erzählweise den poetischen Genius der Völker ausdrückten. Herders und Goethes Beiträge in *Von deutscher Art und Kunst* wurden »das ästhetische Manifest des Sturm und Drang« (S. A. Jørgensen).

Herder hat den Begriff »Volkslied« geschaffen und verstand darunter alle liedhafte Dichtung, in der sich das Volk unmittelbar ausspricht; es war für ihn »der ewige Erb- und Lustgesang des Volkes«. Bereits 1773 plante er eine Sammlung deutscher und übersetzter englischer Volkslieder herauszugeben, konnte diese Absicht aber erst fünf Jahre später verwirklichen.

Herders Sammlung *Volkslieder* (1778/79), die nach seinem Tod in einer revidierten Ausgabe u. d. T. *Stimmen der Völker in Liedern* erschien, enthielt neben nordischen, slawischen, livländischen und lettischen Texten, schottischen Balladen, sizilianischen Reimen, spanischen Romanzen, französischen Weisen auch Lieder von Shakespeare, Goethe und Matthias Claudius. Herders Sammlung übte nicht nur in Deutschland eine starke Wirkung aus, sie machte auch Sprachforscher in anderen Ländern auf alte, bis dahin wenig beachtete dichterische Schöpfungen aufmerksam (sie führte sogar dazu, solche zu erfinden). Wie gut Herder sich in Sprache und Mentalität fremder Völker einzufühlen verstand, zeigen seine Übersetzungen, so die folgende Nachdichtung eines estnischen Hochzeitsliedes.

Schmück dich, Mädchen, eile, Mädchen,
schmücke dich mit jenem Schmucke,
der einst deine Mutter schmückte.
Lege an dir jene Bänder,
die die Mutter einst anlegte.
Auf den Kopf das Band des Kummers,
vor die Stirn das Band der Sorge;
sitze auf den Sitz der Mutter,
tritt auf deiner Mutter Fußtritt.
Weine, weine nicht, o Mädchen;
wenn du bei dem Brautschmuck weinest,
weinest du dein ganzes Leben.

Im Zusammenhang mit Herders Anschauungen über die Volkspoesie steht auch die Abhandlung *Über den Ursprung der Sprache* (1772). Die Bedeutung der Sprache liegt für Herder nicht nur darin, dass sie praktische Verständigung ermöglicht oder Begriffe und Gedanken sachgemäß wiedergibt, sondern sie lehrt den Menschen sich selbst zu erkennen und ist in ihrer Entwick-

Goethe im Alter von dreißig Jahren

lung ein Spiegel seiner Vernunft: Quell des Denkens und Fühlens, das Reservoir, in dem die Erfahrungen und Leistungen von Jahrhunderten gespeichert werden. Sie wandelt sich entsprechend der Lebensart eines Volkes, daher ist sie bei einem jungen Volk farbig und sinnlich, das heißt poetisch, und neigt sich desto mehr der abstrakten und begrifflichen Form zu, je älter ein Volk wird. (→ S. 137)

Der junge Goethe

JOHANN WOLFGANG GOETHES (1749–1832) Vorfahren väterlicherseits waren Landwirte, Handwerker, Gastwirte, in Thüringen ansässig. Der Vater, Johann Caspar Goethe (1710–1782), durch Erbschaft vermögend, war der Erste, der eine akademische Ausbildung hatte. Er heiratete Katharina Elisabeth Textor (1731–1809), die Tochter des Frankfurter Stadtschultheiß, und kaufte den Titel eines »Kaiserlichen Rates«. Schon frühzeitig zog er sich, da er nicht zu den alteingesessenen Familien gehörte und daher ein öffentliches Amt von Bedeutung nicht erhalten konnte, ins Privatleben zurück. Er unternahm eine große Italienreise, widmete sich der Verwaltung seines Besitzes, seinen Liebhabereien und besonders der Erziehung seines Sohnes, der sorgfältig geplanten Privatunterricht erhielt. Dazu zählten Latein, Griechisch, Hebräisch, Französisch und Italienisch. Früh wurden so in Goethe der Sinn für Sprache und die Beherrschung des Wortes geweckt. Hierzu kam Unterricht in Geschichte und in den Naturwissenschaften.

Goethes Mutter stammte aus alter, süddeutscher Beamtenfamilie. Frau Aja – so nannten Goethes Freunde sie später nach dem Volksbuch von den vier Haimonskindern – war eine Frau voller Natürlichkeit und Gemütskraft. Sie erkannte ihr eigenes Wesen in ihrem Sohn, wenn sie von ihm sagte, er sei »stets heiter und froh und anderen das Gleiche gönnend«.

Goethe wuchs neben seiner jüngeren Schwester (Cornelia, verh. Schlosser, 1750–1777) auf. Die Eltern gaben ihm jeweils das Beste ihrer gegensätzlichen Natur mit, »des Lebens ernstes Führen«, wie er sie in einem scherzhaften Altersgedicht dem Vater, die »Frohnatur« und Fabulierlust, wie er sie der Mutter zuschreibt.

Die großen Ereignisse in Goethes Kindheit waren der Umbau des aus ursprünglich zwei Häusern bestehenden väterlichen Hauses am Frankfurter Großen Hirschgraben und die französische Besetzung Frankfurts während des Siebenjährigen Krieges, für den Heranwachsenden die frühe Begegnung mit einer anderen Nation, denn nicht nur wurde nun auf der städtischen Bühne französisches Theater gespielt, sondern ein gebildeter Offizier, der Königsleutnant de Thoranc, war im Elternhaus einquartiert und empfing dort viele Besuche. Im Frühjahr 1764 erlebte der Knabe dann die Krönung Josephs II. zum Kaiser.

Mit 16 Jahren ging Goethe an die Universität Leipzig, um nach dem Willen des Vaters Jura zu studieren. Eine Welt galanter Formen, geselliger Unterhaltungen, gefälligen Theaterspielens lernte er in diesem »Klein-Paris« kennen. Das juristische Studium vernachlässigte er und die Vorlesungen Gottscheds und Gellerts enttäuschten ihn. Dafür förderte ihn der Akademiedirektor und Freund Winckelmanns Adam Friedrich Oeser (1717–1799), bei dem er Zeichenunterricht nahm. Seine Verliebtheit in die Gastwirtstochter Käthchen Schönkopf endete in Eifersucht – und zeitigte erste poetische Versuche.

In den kleinen Sammlungen *Das Buch Annette* (Hs., 1767), *Oden an meinen Freund Behrisch* (Hs., 1767) und *Neue Lieder* (1770) hat Goethe frühe Gedichte zusammengestellt. Das Eigene tritt darin hinter dem Zeitgeschmack des Rokoko noch ebenso zurück, wie in dem wohl einer verlorenen Vorstufe (*Aminta*, 1765) folgenden Schäferspiel *Die Laune des Verliebten* (1767): neun Auftritte in Alexandrinern vor arkadischer Szenerie, jedoch angeregt durch das eigene Erlebnis.

Und so begann diejenige Richtung, von der ich mein ganzes Leben über nicht abweichen konnte, nämlich dasjenige, was mich erfreute oder quälte oder sonst beschäftigte, in ein Bild, ein Gedicht zu verwandeln und darüber mit mir selbst abzuschließen, um sowohl meine Begriffe von den äußeren Dingen zu berichten, als mich im Innern deshalb zu beruhigen. Die Gabe hierzu war wohl niemand nötiger als mir, den seine Natur immerfort aus einem Extreme in das andere warf. Alles, was daher von mir bekannt geworden, sind nur Bruchstücke einer großen Konfession. (*Dichtung und Wahrheit*, 7. Buch)

Auf die Leipziger Zeit geht auch das später verfasste und wiederholt überarbeitete Lustspiel *Die Mitschuldigen* (1768/69) zurück, eine Typenkomödie nach Art der Commedia dell'arte (und mit Anleihen bei Lessing), aber auffällig durch die skeptische und desillusionierende Darstellung menschlicher Beziehungen.

Eine schwere Krankheit zwang Goethe im Sommer 1768 nach Frankfurt zurückzukehren. Um den langsam Genesenden bemühte sich die pietistisch-spiritualistische Freundin der Mutter, Susanne Katharina von Klettenberg (1723 bis 1774); seine damalige Lektüre einiger neuplatonisch-mystischer Werke hat in Goethes späteren Dichtungen Spuren hinterlassen. Nach der Genesung ging er im Frühjahr 1770 nach Straßburg, an dessen Universität die Rechtswissenschaften in einer stärker praxisbezogenen Weise gelehrt wurden. Die Entdeckung der Gotik angesichts des Münsters, Freude an der Natur, ein anregender Freundeskreis, die Begegnung mit Herder und die Liebe zu Friederike Brion gaben diesem Aufenthalt Bedeutung.

In dithyrambischer Form huldigte Goethe Erwin von Steinbach, dem Erbauer des Münsters. Sein Aufsatz *Von deutscher Baukunst* (1772) behandelt den besonderen Charakter der gotischen Kunst und stellt sie der klassischen gleich. Entscheidenden Einfluss hat damals Herder auf ihn genommen. Er erschloss ihm seine Sicht Homers und der alttestamentlichen Dichtung, sodass Goethe die Dichter der Antike fortan mit anderen Augen las und sich vor allem Homer und Pindar zuwandte. Herder machte ihn mit Hamanns Schriften bekannt und wies ihn auf Rousseau, Macphersons *Ossian* und Shakespeare hin. In der Rede *Zum Schäkespears Tag* (1771) rühmt Goethe den Briten als Naturkraft und Menschenschöpfer: »Seine Stücke drehen sich alle um den geheimen Punkt (den noch kein Philosoph gesehen und bestimmt hat), in dem das Eigentümliche unseres Ichs, die prätendierte Freiheit unseres Wollens mit dem notwendigen Gang des Ganzen zusammenstößt.«

Im Oktober lernte Goethe Friederike Brion (1752 bis 1813), eine Pfarrerstochter in Sesenheim, kennen, an die er so persönlich geformte, ausdrucks- und bildstarke Gedichte richtete wie das *Mailied*, *Willkommen und Abschied* und *Kleine Blumen, kleine Blätter*. Mit den Sesenheimer Liedern begann eine neue Epoche der deutschen Lyrik.

Nachdem Goethe im August 1771 zum Lizentiaten der Rechte promoviert hatte, kehrte er nach Frankfurt zurück. Unruhig nannte er sich selbst den Wanderer. In *Wandrers Sturmlied* und *An Schwager Kronos* beschwor er die »sturmatmende Gottheit«.

Entwürfe und Pläne überstürzten sich: *Mahomet* und *Prometheus* blieben Dramenfragmente, als große Hymnen entstehen in reimlosen freien Rhythmen *Mahomets Gesang* (1773), *Prometheus* und *Ganymed* (1774). Im Leben des genialen Religionsstifters, in der Rebellion des Titanen und im Rollenlied des schönen Knaben, den Zeus zum Mundschenk der Götter gewählt hat, findet das Selbstgefühl Ausdruck.

Aus der Straßburger Zeit stammte auch der Plan, die Geschichte des fränkischen Ritters Gottfried von Berlichingen nach dessen Selbstbiografie dramatisch zu gestalten. Die erste Fassung, *Geschichte Gottfriedens von Berlichingen mit der eisernen Hand, dramatisiert,* folgte nach Herders Urteil der Shakespeare'schen Dramenform noch allzu deutlich (»Shakespeare hat Euch ganz verdorben«). Mithilfe des Darmstädter Freundes Johann Heinrich Merck (1741–1791) wurde das Drama umgearbeitet, gestrafft und geglättet; es erschien 1773 unter dem Titel *Götz von Berlichingen, ein Schauspiel.*

Götz von Berlichingen liegt in Fehde mit dem Bischof von Bamberg. Der Reichsritter beruft sich auf ein gewachsenes Naturrecht, der Bischof auf die neuen, abstrakten Normen des römischen Rechts. Adelbert von Weislingen, ein Vertrauter des Bischofs, einst mit dem Ritter befreundet, befindet sich gefangen in dessen Hand. Er versöhnt sich mit Götz und verlobt sich mit dessen Schwester. Die gegensätzlich gearteten Männer geraten jedoch erneut in Konflikt, als Weislingen nach Bamberg zurückkehrt und der schönen Intrigantin Adelheid von Walldorf verfällt. Götz trifft wegen Landfriedensbruches die Reichsacht. Durch Verrat gefangen gesetzt wird er von seinem Freund Franz von Sickingen befreit. Er schwört Urfehde, zieht sich auf seine Burg zurück, übernimmt jedoch für kurze Zeit die Führung des soeben ausgebrochenen Bauernaufstands. Wieder kommt er vor Gericht. Weislingen, von Adelheid vergiftet, zerreißt sterbend das Todesurteil über Götz – zu spät, dieser stirbt im Heilbronner Gefängnis.

Das Stück war heftig umstritten. Rezensenten erklärten es für unspielbar. Am klar aufgebauten französischen Drama geschulte Literaturliebhaber missbilligten die Fülle von Gestalten und Szenen (54-mal wechselt der Schauplatz). Friedrich II. von Preußen nannte in seiner Schrift *De la littérature allemande* (1780), in der er gegen Shakespeare als schlechtes Vorbild polemisierte, den *Götz* eine »imitation détestable de ces mauvaises pièces anglaises« (eine »abscheuliche Nachahmung dieser üblen englischen Stücke«). Aber stärker noch war die Zustimmung zu den lebensechten Charakteren, den wirkungsvollen Kontrasten: hier Kraft und Mut zum Kampf, dort Glanz, Schönheit, Witz, aber auch Verlogenheit und Untreue. Im Gefolge von

Goethes Sensationsstück wurden nun Ritterdramen beliebt, wie noch Kleists *Käthchen von Heilbronn* erkennen lässt.

Auf Wunsch des Vaters ging Goethe im Frühjahr 1772 nach Wetzlar, um dort am Reichskammergericht zu arbeiten. Hier, verliebte er sich in die Tochter eines verwitweten Amtmanns des Deutschen Ordens, Charlotte Buff (1753 bis 1828), deren Verlobten, den hannoverschen Legationssekretär Johann Christian Kestner er kannte. Im Deutschordenshof hat er die Neunzehnjährige, die Zweitälteste von zwölf Geschwistern, denen sie die Mutter ersetzte, oft besucht, aber seine aussichtslose Neigung veranlasste ihn, Wetzlar im September ohne Abschied zu verlassen. Auf der Rückfahrt nach Frankfurt besuchte er in Ehrenbreitstein Sophie von La Roche, deren Tochter Maximiliane er ebenfalls umwarb. Anfang des Jahres 1774 heiratete »Maxe« den in Frankfurt ansässigen italienischen Kaufmann Pietro Antonio Brentano. Goethe, der wieder im Elternhaus lebte, war nun häufig Gast bei dem jungen Paar, allerdings zeigte Brentano weniger geduldiges Verständnis als Kestner. Es kam zu Eifersuchtsszenen. Diese Erlebnisse verwoben sich in Goethes Phantasie mit der Liebe zu Lotte und dem Schicksal des Juristen Carl Wilhelm Jerusalem in Wetzlar, der, kurz nachdem Goethe die Stadt verlassen hatte, aus hoffnungsloser Liebe zur Frau eines Vorgesetzten Selbstmord beging.

Im Rückblick auf diese Erlebnisse und damit verbundenen Gefährdungen schrieb Goethe im Frühjahr 1774 den Brief- und Tagebuchroman *Die Leiden des jungen Werthers.* Von Kestner ließ er sich einen ausführlichen Bericht über das Ende des unglücklichen Jerusalem schicken, den er in vielen Details und zuweilen wörtlich benutzt hat. Formal orientierte er sich an den Briefromanen des Engländers Richardson und an Rousseaus *Julie oder Die neue Heloise,* 1761 zunächst u. d. T. *Lettres de deux amans, habitans d'une petite ville au pied des Alpes (Briefe zweier Liebenden aus einer kleinen Stadt am Fuße der Alpen)* erschienen.

Aus einer kleinen Stadt, die ohne eigenen Reiz, aber schön gelegen ist, schreibt Werther einem Freund in Briefen von seinem Erlebnis der Natur, das er bis hin zum Gefühl religiöser Einswerdung in einer Weise empfindet, für die es letztlich keine Worte gibt. Als er bei einem ländlichen Ball Lotte im Kreis ihrer Geschwister kennen lernt, überwältigt ihn ein weiteres Mal sein Gefühl. Unwiderstehlich fühlt er sich zu dem Mädchen, das schon vergeben ist, hingezogen. Die Rückkehr ihres Verlobten veranlasst zum Versuch, der hoffnungslosen Liebe in ein Amt fern von Lotte zu entfliehen. In seiner neuen Umgebung fühlt er sich jedoch eingeengt, und die Kränkung, die er als Bürgerlicher in einer Adelsgesellschaft erfährt, gibt ihm Grund zu erneutem Bruch. Er kehrt zu Lotte zurück, die inzwischen geheiratet hat. Verzweifelt versenkt er sich in die düstere Welt Ossi-

Lotte im Ballkleid, schneidet Brot für ihre Geschwister, als Werther sie zum Ball abholen will.
Daniel Chodowiecki

ans, dessen Gesänge er übersetzt hat und die er in dem letzten Zusammensein vor dem Selbstmord vorliest.

Werthers Bereitschaft und Fähigkeit zu empfinden ist schrankenlos, ob es sich nun um das Erlebnis der Liebe, der Natur oder der Hingabe an einfache Menschen und Kinder handelt. Es liegt darin von Anfang an ein selbstzerstörerischer Zug, weil er aller festen Formenwelt widerstreitet und die von der Wirklichkeit errichteten Schranken als Käfig empfinden lässt, aus dem sich das Ich zu befreien sucht. Künstlerisch handelte es sich um eine so bisher nicht formulierte Erfahrung, eine säkularisierte unio mystica.

Am 10. Mai
Eine wunderbare Heiterkeit hat meine ganze Seele eingenommen, gleich den süßen Frühlingsmorgen, die ich mit ganzem Herzen genieße. Ich bin allein und freue mich meines Lebens in dieser Gegend, die für solche Seelen geschaffen ist wie die meine. Ich bin so glücklich, mein Bester, so ganz in dem Gefühl von ruhigem Dasein versunken, dass meine Kunst darunter leidet. Ich könnte jetzt nicht zeichnen, nicht einen

Strich, und bin nie ein größerer Maler gewesen als in diesen Augenblicken. Wenn das liebe Tal um mich dampft und die hohe Sonne an der Oberfläche der undurchdringlichen Finsternis meines Waldes ruht und nur einzelne Strahlen sich in das innere Heiligtum stehlen, ich dann im hohen Grase am fallenden Bache liege und näher an der Erde tausend mannigfaltige Gräschen mir merkwürdig werden; wenn ich das Wimmeln der kleinen Welt zwischen Halmen, die unzähligen, unergründlichen Gestalten der Würmchen, der Mückchen näher an meinem Herzen fühle, und fühle die Gegenwart des Allmächtigen, der uns nach seinem Bilde schuf […].

Schönheit und Schmerz eines ganz im Gefühl wurzelnden Lebens finden in bisher unbekannter Weise Ausdruck. Wenn Werther im folgenden Herbst die Natur ein »ewig verschlingendes, ewig wiederkäuendes Ungeheuer« nennt, so zeigt dies den Wandel, der in ihm vorgegangen ist. Alles Äußere ist in diesem epische und lyrische Bestandteile verschmelzenden Roman, so empfanden es die vom Wertherfieber ergriffenen Leser, ein Spiegel des Inneren. Mit Werther lebten sie die Subjektivität eines »verwöhnten Herzens«. Von seinem

Gefühl her bemächtigten sie sich der Welt und wandelten sie nach ihrer Vorstellung so, wie sie ihrer bedurften. Lagen nicht auch sie in Streit mit der Wirklichkeit, sobald diese sich ihren Empfindungen nicht fügte? Die Unmöglichkeit einen Liebestraum zu verwirklichen und die Unfähigkeit sich den Forderungen des Alltags anzupassen war ihnen nicht unbekannt.

Das *Werther*-Fieber ergriff vor allem die Jugend. Auch eine Reihe von Selbstmorden löste der Roman aus, von Werther-Garderobe, Werther-Parfum und Werther-Nippes zu schweigen. Der *Werther* war die erste deutsche Dichtung, die weit über Deutschland hinaus Wirkung hervorrief. Noch General Bonaparte trug ihn bei seinem ägyptischen Feldzug bei sich. Als er Kaiser Napoleon geworden war, unterhielt er sich beim Fürstentag in Erfurt mit der Dichter-Exzellenz aus Weimar über – den *Werther*. Goethe war bis an sein Lebensende für viele nur der Verfasser dieses seines ersten Romans.

Der *Götz* hatte seinen Verfasser bekannt gemacht, der *Werther* machte ihn berühmt. Bedeutende Männer der damaligen Zeit suchten Goethe auf oder warben um seine Freundschaft: der philosophisch-theologische Schriftsteller JOHANN KASPAR LAVATER (1741–1801), Verfasser der *Aussichten in die Ewigkeit* (1768–78, 4 Bde., eine phantasievolle Darstellung des Lebens nach dem Tode, deren dritten Band Goethe rezensierte) und der *Physiognomischen Fragmente zur Beförderung der Menschenkenntnis und Menschenliebe* (1775, ein Sammelwerk von auf Bildnissen beruhenden Charakteristiken, zu dem Goethe sogar Beiträge lieferte); der Pädagoge Johann Bernhard Basedow, mit dem zusammen Goethe Lavater in Ems besuchte und von dem er in *Dichtung und Wahrheit* amüsant erzählt; der Philosoph Friedrich Heinrich Jacobi, der später in seinem Roman *Eduard Allwills Papiere* das ursprünglich enge, später entfremdete Verhältnis zu Goethe behandelte; die Dichter Wilhelm Heinse und sogar Klopstock.

Man war überrascht, als er, der unbestrittene Führer der Sturm-und-Drang-Jugend, in der folgenden Zeit mit den regel- und theatergerechten Dramen *Clavigo* (1774) und *Stella. Ein Schauspiel für Liebende* (1775) hervortrat. Zwar waren auch diese Dramen, die beide in Hamburg uraufgeführt wurden, poetische Beichten: Der treulose Held wird feinsinnig gezeichneten Frauengestalten gegenübergestellt. Aber das persönliche Erlebnis ist durch den Filter der bühnengerechten, eher konventionellen Form gegangen (Konzentration auf wenige Schauplätze und kurzer Handlungszeitraum; »gemischte Charaktere« nach dem Vorbild Lessings). Die Anregung zum *Clavigo* erhielt Goethe durch eine Flugschrift von Beaumarchais. Sein Held war nach Goethe »der Pendant zum Weislingen im *Götz*, viel

mehr Weislingen selbst in der ganzen Rundheit einer Hauptperson«.

Der liebenswürdige, aber haltlose Clavigo ist durch sein Wort an Marie Beaumarchais gebunden. Bestärkt durch seinen Freund Carlos verlässt er jedoch das kranke Mädchen um seiner gesellschaftlichen und künstlerischen Laufbahn willen. Maries Bruder erreicht, dass Clavigo zu seiner Braut zurückkehrt, doch lässt er sich durch Carlos zum zweiten Mal zur Treulosigkeit verleiten. Marie stirbt, an ihrem Sarg tötet ihr Bruder Clavigo, der sterbend bereut.

Die Uraufführung von *Clavigo* war ein Erfolg, hingegen untersagte der Senat der Hansestadt nach der Premiere von *Stella* aus moralischen Gründen weitere Aufführungen. Aber nicht nur seiner Problematik und der von Goethe gezeigten Lösung wegen, sondern auch aus künstlerischen Gründen blieb das Stück weiterhin umstritten.

Der Edelmann Fernando, der seine Gattin Cäcilia um der jungen Stella willen verlassen hatte, einige Jahre später aber Reue verspürte und zu Cäcilia zurückkehren wollte, hatte, nachdem er diese nicht fand, Kriegsdienste genommen, aus denen er zu Beginn des Stückes zurückkehrt – zu Stella. Zu dieser ist aber – unkundig der Zusammenhänge – auch Cäcilia unterwegs, weil die Tochter Lucie bei Stella eine Anstellung als Gesellschafterin finden soll. In der Wirtsstube des Posthauses begegnen sich, ohne einander zu erkennen, zunächst Vater und Tochter, in Stellas Gutshaus sodann die beiden verlassenen Frauen. Stella zeigt Cäcilia ein Porträt ihres Geliebten – diese sieht bestürzt, es ist ihr Mann. Lucie erkennt in dem Porträt den Offizier aus dem Posthaus. Cäcilia und Lucie entfernen sich, und der heimkehrende Fernando ist glücklich in Stellas Armen. Als er dann Cäcilia wieder sieht, will er mit dieser und Lucie fortgehen. Er gesteht Stella den Grund, diese fällt in Ohnmacht (Ende des vierten Aktes). Im fünften Akt erklärt Stella sich bereit, auf Fernando zu verzichten, dieser will sich erschießen. Da erscheint Cäcilia und erzählt die Geschichte vom Grafen von Gleichen, der mit zwei Frauen glücklich lebte. Die Lösung ist gefunden: Ehe zu dritt.

Das war nach dem *Werther* ein weiterer literarischer Skandal. In *Stella* deuten einzelne Züge auf Anna Elisabeth Schönemann (1758–1817), in Goethes Gedichten Lili genannt (*Lilis Park; An Lili*). Zu ihr, einer Frankfurterin aus der großen Gesellschaft, bahnte sich ein Verhältnis an, das Goethe wieder in innere Konflikte führte. »Liebe, Liebe, lass mich los«, lautet es in seinem Gedicht *Neue Liebe, neues Leben*. Ohne Abschied von ihr, mit der er verlobt war, entzog er sich der ihn beengenden Bindung durch eine Reise in die Schweiz. Aber auch diese Reise mit den Grafen Christian zu Stolberg-Stolberg und Friedrich Leopold zu Stolberg-

Stolberg sowie einem Graf Haugwitz befriedigte ihn nicht. In Zürich entstand das Gedicht *Auf dem See*, das Goethes seelische Verfassung in drei spannungsreichen Strophen wiedergibt:

Auf dem See

Und frische Nahrung, neues Blut
Saug' ich aus freier Welt;
Wie ist Natur so hold und gut,
Die mich am Busen hält!
Die Welle wieget unsern Kahn
Im Rudertakt hinauf,
Und Berge, wolkig himmelan,
Begegnen unserm Lauf.

Aug', mein Aug', was sinkst du nieder?
Goldne Träume, kommt ihr wieder?
Weg, du Traum, so gold du bist:
Hier auch Lieb' und Leben ist.

Auf der Welle blinken
Tausend schwebende Sterne,
Weiche Nebel trinken
Rings die türmende Ferne;
Morgenwind umflügelt
Die beschattete Bucht,
Und im See bespiegelt
Sich die reifende Frucht.

In diese lyrisch so reiche Frühzeit gehören, diesem ebenbürtig, auch die Gedichte *An Belinden, Sehnsucht, Im Herbst 1775* und die Ballade *Der König in Thule*.

Auf dem St. Gotthard kehrte Goethe, so sehr Italien ihn lockte, um und begab sich wieder »in Lilis Park«. Aber daneben war er produktiv, schrieb am *Urfaust*, dessen Szenen – sie wurden erst 1887 von dem Germanisten Erich Schmidt wieder aufgefunden – zwischen 1773 und 1775 entstanden, und an *Egmont*, mit dessen Niederschrift er 1775 begann. Dieses Drama wurde erst 1787 vollendet, es wurzelt jedoch mit dem Glauben des Helden an seine Berufung noch in der Frankfurter Geniezeit.

Privat und beruflich stand Goethe noch immer am Scheideweg. Er hatte die Verlobung mit Lili Schönemann nach langem Zögern gelöst. In ihrer Nähe in Frankfurt zu bleiben war ihm unmöglich. Um sich aus äußeren und inneren Wirren zu lösen, nahm er die Einladung des Herzogs Carl August an, nach Weimar zu kommen. (→ S. 138)

Dramatiker des Sturm und Drang

Der Sturm und Drang, das lassen die Lebensdaten der Autoren erkennen, war in seinem Kern ein Anliegen der Jugend: ein Plädoyer für Individualismus und Eigenständigkeit. Natur, Gefühl, Leidenschaft waren die Leitworte; politische, sittliche, ästhetische Freiheit das Ziel.

Das Theater bildete für den gesellschaftlichen Protest das am besten geeignete Forum. Daher war die Ausdrucksform des Sturm und Drang vor allem das Drama. Das Hauptthema war der Konflikt zwischen dem natürlichen Menschen und der bestehenden Ordnung. In Goethes *Götz*, später in Schillers *Räubern*, wurde diese Auseinandersetzung wirkungsvoll ausgetragen. Die Auflehnung gegen politische und soziale Unfreiheit behandelte exemplarisch Schillers *Kabale und Liebe*, ein Stück, das nach Erich Auerbach »wie kaum ein anderes ein Dolchstoß in das Herz des Absolutismus« war.

Als Krücken, die nur für den Hinkenden hilfreich, sonst aber hinderlich seien, hatte Edward Young (1683 bis 1765) in seinen *Gedanken über die Originalwerke* (*Conjectures on Original Composition*, 1759) die Regeln in der Literatur bezeichnet. HEINRICH WILHELM VON GERSTENBERG (1737–1823) zog in seinem *Versuch über Shakespeares Werke und Genie* (1767) die Autorität des Aristoteles in Zweifel. Gerstenberg hatte als Anakreontiker in der Nachfolge Gleims begonnen (*Kriegslieder eines königlich dänischen Grenadiers bei Eröffnung des Feldzugs*, 1762), mit seinem *Gedicht eines Skalden* (1766) seinerseits auf Klopstock anregend gewirkt. Bedeutsam wurde er vor allem als Literaturkritiker und Dramatiker. Sein Hauptwerk, die seinerzeit viel beachtete Tragödie *Ugolino* (1768, U. 1769), entspricht Gerstenbergs Forderung nach Ursprünglichkeit und Befreiung von Konventionen. Das Stück, dessen grausiger Stoff den Parteikämpfen der italienischen Renaissance entnommen ist – Dante schildert das Ende Graf Ugolinos in seiner *Göttlichen Komödie* –, steht am Beginn der Tyrannei und Herrscherwillkür anklagenden Dramen.

Um den jungen Goethe, den anerkannten geistigen Führer, sammelte sich eine Gruppe von Dramatikern, die den neuen Lebensstil propagierten. Dem Selbstbewusstsein der Autoren entsprach allerdings – außer bei den Dramen der späteren »Klassiker« – kein bleibender dichterischer Erfolg. Erst im 20. Jahrhundert haben einzelne ihrer Werke wieder vermehrte Beachtung gefunden.

Das im amerikanischen Unabhängigkeitskrieg spielende Drama *Sturm und Drang* (1777) von FRIEDRICH MAXIMILIAN KLINGER (1752–1831), dessen Titel ursprünglich *Wirrwarr* lautete, gab der ganzen Richtung den Namen. Klinger produzierte in schneller Folge, fast gleichzeitig mit *Wirrwarr* entstanden die Trauerspiele

Otto (1775), *Das leidende Weib* (1775) und *Die Zwillinge* (1776), die Schauspiele *Simsone Grisaldo* (1776) und *Die neue Arria* (1776). In diesen wie auch in späteren Werken – er hat während seiner Karriere beim russischen Militär, in dem er bis zum Generalleutnant aufstieg, noch eine Reihe von Dramen und umfangreichen Romanen geschaffen (u. a. *Fausts Leben, Thaten und Höllenfahrt*, 1791; *Geschichte Raphaels de Aquillas*, 1793) – gibt sich Klinger als Gegner der feudalen Gesellschaftsordnung zu erkennen. Seine Sprache und Charaktere sind von explosiver Vitalität.

Gegen Klingers *Die Zwillinge* unterlag in einem Wettbewerb der Schröder'schen Schauspielergesellschaft JOHANN ANTON LEISEWITZ (1752–1806) mit seinem Trauerspiel *Julius von Tarent* (1776). Hier wie dort geht es um einen Bruderzwist und Leisewitz durfte, ungeachtet der grell-sensationellen Handlung, für sich in Anspruch nehmen, das bessere Stück geschrieben zu haben, das »eher in der Lessing- als in der Goethe- (oder Shakespeare-)Nachfolge« (P. Ohrgaard) steht. Schiller hat Leisewitz' Drama geschätzt, wie die *Räuber*, die das Thema erneut aufnehmen, es bezeugen.

Julius und Guido von Tarent lieben beide die schöne Blanca. Aus Rücksicht auf das Staatswohl lässt Fürst Constantin, der Vater der Brüder, das Mädchen in ein Kloster bringen. Als Julius Blanca zu entführen versucht, wird er von Guido, der dieselbe Absicht hegt, getötet. Der greise Vater richtet Guido mit eigener Hand und wird Mönch, Blanca fällt aus Schmerz über Julius' Tod in Wahnsinn.

HEINRICH LEOPOLD WAGNER (1747–1779) lieferte in seinem Trauerspiel *Die Kindesmörderinn* (1776) um ein durch einen adligen Offizier vergewaltigtes Bürgermädchen eine auch durch die stoffliche Berührung mit Goethes Gretchendrama bekannt gebliebene Tragödie, der er – denn das grob-sensationelle Stück stieß auf heftige Ablehnung – später eine Lustspielfassung folgen ließ (*Evchen Humbrecht oder Ihr Mütter merkt's euch!*, 1779). Der Vater der Titelfigur, Metzgermeister Humbrecht, wurde zum Vorbild für den Musikus Miller in Schillers *Kabale und Liebe* und für Meister Anton in Hebbels *Maria Magdalene*. Peter Hacks hat 1963 eine Bearbeitung u. d. T. *Die Kindermörderin. Ein Lust- und Trauerspiel nach Heinrich Leopold Wagner* vorgelegt. Wagner übersetzte auch Werke von Montesquieu, Louis-Sébastien Mercier (u. a. 1776 dessen antiklassizistische Abhandlung *Neuer Versuch über Schauspielkunst, Du théâtre ou nouvel essai sur l'art dramatique*) und Shakespeare (*Macbeth*, 1779).

Die stärkste dichterische Begabung neben Goethe und Schiller war der aus Livland gebürtige Pfarrerssohn JAKOB MICHAEL REINHOLD LENZ (1751–1792). Als Hofmeister zweier Barone wurde er in Straßburg mit Goethe bekannt und trat nun – er blieb länger als dieser im Elsass – in rascher Folge mit Gedichten, Abhandlungen, Bearbeitungen (*Lustspiele nach dem Plautus für das deutsche Theater*, 1774), vor allem aber mit eigenen Dramen hervor (*Der Hofmeister oder Vortheile der Privaterziehung*, 1774, *Die Soldaten*, 1776, *Der neue Menoza*, 1776), die mit psychologischer Beobachtungsschärfe und drastischem Naturalismus soziale Probleme ausleuchten.

Der Hofmeister Läuffer wird im Hause des Majors von Berg in Insterburg als Lehrer nicht ernst genommen, um seinen Lohn geprellt und gedemütigt. Ein Neffe des Majors, Fritz, Sohn eines Geheimrats, der im Gegensatz zu seinem Bruder öffentliche Schulen befürwortet, ist mit Gustchen, der Tochter des Hauses, verlobt. Als er nach Halle auf die Universität geht, bleibt Läuffer mit Gustchen zurück. Er soll mit ihr »alle Morgen etwas aus dem Christentum« durchnehmen, aber sie wird von ihm schwanger, will ins Wasser gehen und wird nur durch Glück gerettet. Läuffer flieht und kastriert sich zur Strafe für sein Vergehen. Ungeachtet seiner Verstümmelung heiratet er ein Mädchen vom Lande. Fritz, der zurückgekommen ist, nimmt Gustchen und das Kind zu sich. Er verspricht dem Säugling, dass er ihn nicht durch Hofmeister erziehen lassen wolle.

Welche dichterischen Möglichkeiten Lenz hatte, zeigen auch einige seiner Gedichte, die man lange Zeit seinem großen Vorbild Goethe zuschrieb. Seinen Spuren folgte er in zumeist unglücklicher Weise. Vergeblich suchte er in Weimar dauerhaft Fuß zu fassen; nach einem Konflikt veranlasste Goethe seine Ausweisung. Lenz fiel zeitweise in geistige Verwirrung und starb in Moskau in größtem Elend.

Lenz' Schicksal ist – auch in Verbindung mit Neubearbeitungen und -editionen seiner Werke – wiederholt nachgestaltet worden. Georg Büchner hat ihm die berühmte Erzählung *Lenz* gewidmet, Gert Hofmann legte seinem Hörspiel *Die Rückkehr des verlorenen Jakob Michael Reinhold Lenz nach Riga* (1978) sowie der gleichnamigen Novelle (1980) das biblische Gleichnis vom verlorenen Sohn als Handlungsmodell zugrunde, Sigrid Damm schrieb seine Biografie (*Vögel, die verkünden Land. Das Leben des Jakob Michael Reinhold Lenz*, 1987) und veranstaltete eine sorgfältige Werkausgabe. Bertolt Brecht hat den *Hofmeister* 1950 neu bearbeitet, ebenso die *Soldaten*, die auch in einer Neubearbeitung (1956) von Heinar Kipphardt erschienen und über die Bernd Alois Zimmermann eine gleichnamige Oper (1956) schrieb.

(→ S. 124)

Wesentlich anderer Art als diese Dramatiker war eine Gruppe von Dichtern, die man im weiteren Sinn gleichfalls zum Sturm und Drang zählt, im engeren Sinn als den Göttinger Hain bezeichnet. Von Goethe als »Knaben« verspottet pflegten sie vor allem die Lyrik.

Der Göttinger Hain

Im Herbst 1772 schloss sich eine Gruppe Göttinger Studenten, die Klopstock als Ideal des schöpferischen Schriftstellers verehrten und Wieland als Repräsentanten eines verzärtelten Rokoko ablehnten, zu einem Bund zusammen, den sie nach Klopstocks Ode *Der Hügel und der Hain* den »Göttinger Hain« oder »Hainbund« nannten. Das Organ des Bundes war eine zunächst von HEINRICH CHRISTIAN BOIE (1744–1806) nach französischem Vorbild redigierte Anthologie, die als *Göttinger Musenalmanach für das Jahr 1770* zuerst erschienen ist und bis 1804 fortgesetzt wurde, obwohl sich die Mitglieder des Bundes nach Abschluss ihres Studiums um 1776 wieder zerstreuten. Seitens der Professoren, Lichtenberg eingeschlossen, war ihr »rasendes Odengeschnaube« (A. G. Kästner) heftiger Kritik begegnet. Zumeist handelte es sich bei den Hainbunddichtern um Theologen. Im Geiste von Klopstocks Bardenlyrik forderten sie »Deutschheit, Tugend, Freiheit«. Sie waren sich einig in schwärmerischer Naturliebe und in der Ablehnung aller Tyrannei.

Die zartesten und dichterisch reinsten Töne findet der jung verstorbene hannoveranische Pfarrerssohn LUDWIG CHRISTOPH HEINRICH HÖLTY (1748–1776). Seine Gedichte, veröffentlicht als schmales Bändchen, sind Ausdruck eines innigen Naturgefühls. Er trifft den Volkston in seinen Liedern *O wunderschön ist Gottes Erde* und *Wer wollte sich mit Grillen plagen?* Über manchen seiner Gedichte liegt ein Hauch von Schwermut und Ahnung des baldigen Endes.

Auftrag

Ihr Freunde, hänget, wann ich gestorben bin,
Die kleine Harfe hinter dem Altar auf,
Wo an der Wand die Totenkränze
Manches verstorbenen Mädchens schimmern.

Der Küster zeigt dann freundlich dem Reisenden
Die kleine Harfe, rauscht mit dem roten Band,
Das, an der Harfe fest geschlungen,
Unter den goldenen Saiten flattert.

»Oft«, sagt er staunend „tönen im Abendrot
Von selbst die Saiten, leise wie Bienenton;
Die Kinder, hergelockt vom Kirchhof,
Hörten's und sahn, wie die Kränze bebten.«

Zum »Hainbund« gehörte auch der Gymnasialrektor in Eutin und spätere Professor in Heidelberg JOHANN HEINRICH VOSS (1751–1826), der, beiläufig bemerkt, der Autor der dritten Strophe von Höltys *Auftrag* ist. Seine Idyllen in Hexametern *Der siebzigste Geburtstag* (1781) und *Luise* (1795) enthalten breit ausgemalte, wirklichkeitsnahe Bilder ländlichen und bürgerlichen Behagens, stiller Zufriedenheit und häuslichen Glücks. Seine eigentliche Leistung aber ist die meisterhafte Übersetzung von Homers *Ilias* und *Odyssee* sowie anderer Werke des griechischen Altertums, mit denen er seiner Zeit ein neues Verhältnis zur Antike erschloss.

Weitere Mitglieder des Hainbunds waren die Grafen CHRISTIAN (1748–1821) und FRIEDRICH LEOPOLD ZU STOLBERG-STOLBERG (1750–1819), JOHANN MARTIN MILLER (1748–1776), KARL FRIEDRICH CRAMER (1752 bis 1807) und JOHANN FRIEDRICH HAHN (1753 bis 1779). Matthias Claudius, Gottfried August Bürger, Christian Friedrich Daniel Schubart und – als einziger Dramatiker – Johann Anton Leisewitz, waren dem »Hain« mehr oder weniger lose verbunden.

Matthias Claudius (1740–1815)

Claudius wurde als Pfarrerssohn in Reinfeld bei Lübeck geboren. Er studierte in Jena Theologie und Jura übernahm dann in Hamburg 1768 eine Stelle als Redakteur. 1770–75 gab er die Zeitung *Der Wandsbecker Bothe* heraus. Ein weiteres Zeitungsprojekt scheiterte, seit 1785 erhielt er ein Gehalt vom dänischen Kronprinzen. Gestorben in Hamburg.

Keiner seiner Zeitgenossen hat den Ton schlichter Natürlichkeit so getroffen wie Matthias Claudius. Herder nannte ihn in einem Brief an Gleim einen »Knaben der Unschuld, voll Mond, Licht und Lilienduft der Unsterblichkeit in der Seele«. Doch Claudius war gleichzeitig ein kritischer Beobachter, ein Mann von festen Glaubensgrundsätzen und ein begabter Poet.

Seine stärkste schriftstellerische Neigung galt dem Journalismus. Er lebt heute als der Wandsbecker Bote fort. Unter dem Titel *Asmus omnia secum portans oder Sämtliche Werke des Wandsbecker Bothen* gab er im Eigenverlag als Buch heraus, was er selbst in dieser 1771 bis 1775 von ihm betreuten Zeitung veröffentlicht hatte. Zu seinen gelegentlichen Mitarbeitern gehörten so bedeutende Autoren wie Herder, Lessing, Goethe, Bürger, Voß und Hölty. Von Claudius selbst stammten zahlreiche Prosaaufsätze, Geschichten, Kritiken, Rezensionen, Briefe und Gedichte. So gab er etwa als fürsorglicher Vater Ratschläge für das Leben:

Die Zeit kommt allgemach heran, dass ich den Weg gehen muss, den man nicht wiederkömmt. Ich kann dich nicht mitnehmen; und lasse dich in einer Welt zurück, wo guter Rat nicht überflüssig ist.[…].
Es ist nichts groß, was nicht gut ist; und nichts wahr, was nicht bestehet.[…] Scheue niemand so viel als dich selbst. Inwendig in uns wohnet der Richter, der nicht trägt und an dessen Stimme uns mehr gelegen ist als an dem Beifall der ganzen Welt und der Weisheit der Griechen und Egypter. […] Erwarte nichts vom Treiben und den Treibern; und wo Geräusch auf der Gasse ist, da gehe fürbass. […] Tue das Gute für dich hin, und bekümmre dich nicht, was daraus werden wird. Wolle nur einerlei, und das wolle von Herzen. […] Tue keinem Mädchen Leides und denke, dass deine Mutter auch ein Mädchen gewesen ist. Sage nicht alles, was du weißt, aber wisse immer, was du sagst. […] Sitze nicht, wo die Spötter sitzen, denn sie sind die elendesten unter allen Kreaturen. Nicht die frömmelnden, aber die frommen Menschen achte und gehe ihnen nach. […] Wenn du Not hast, so klage sie dir und keinem andern. Habe immer etwas Gutes im Sinn. (An meinen Sohn Johannes, 1799)

Seine Gedichte haben einen unverwechselbaren und die wechselnden Moden und Zeiten überdauernden Ton. Sie sprechen zu Menschen verschiedener Art und Bildung *(Wiegenlied, Das Lied hinter dem Ofen zu singen, Die Sternseherin Lise, Der Tod und das Mädchen, Der Mond ist aufgegangen).* Wie schwerer Glockenton klingt Claudius' nur vier Zeilen umfassendes Gedicht *Der Tod*, mit ebenfalls nur vier, gleichsam unaufhaltsamen Zeilen kommt das Gedicht *Die Liebe* aus. So sind auch seine Verse auf den Tod der Kaiserin Maria Theresia, die an das Ende des Bayerischen Erbfolgekrieges erinnern, von ergreifender Einfachheit.

Auf den Tod der Kaiserin

Sie machte Frieden! Das ist mein Gedicht.
War ihres Volkes Lust und ihres Volkes Segen,
Und ging getrost und voller Zuversicht
Dem Tod als ihrem Freund entgegen.
Ein Welteroberer kann das nicht.
Sie machte Frieden! Das ist mein Gedicht.

Gottfried August Bürger und die Ballade

GOTTFRIED AUGUST BÜRGER (1747–1794), der ein zerrissenes und unglückliches Leben führte, spricht eine andere Sprache als Claudius, doch auch er bemühte sich um eine volkstümliche Dichtung, die er in seiner Schrift *Über Volkspoesie. Aus Daniel Wunderlichs Buch* (1776) feierte und in Liedern und Balladen gestaltete. Die Sammlung alter englischer Balladen durch Bischof Percy (*Reliques of Ancient English Poetry*, 1765), die *Fragments of Ancient Poetry Collected in the Highlands of Scotland*, die James Macpherson als Übersetzung alter

gälischer Lieder des blinden Helden und Sängers Ossian ausgab, sowie Herders Einsichten in das Wesen des Volksliedes haben Bürger zu seinen Balladen angeregt.

Das Wort »Ballade« leitet sich ab vom ital. ballare = tanzen. Ballata ist ein zum Tanze gesungenes, strophisches Lied. Die Ballade des Mittelalters steht als »Volksballade« in lockerem Zusammenhang mit dem Heldenlied. Die Entwicklung der deutschen »Kunstballade« setzte im 18. Jahrhundert mit Bürger ein. Goethe schuf seine naturmagischen Balladen und wetteiferte im so genannten Balladenjahr 1798 mit Schillers ethisch ausgerichteten Ideenballaden. Uhlands geschichtliche sowie die naturmagischen Balladen wurden fortgeführt im Balladenwerk Mörikes, der Droste, Conrad Ferdinand Meyers und Fontanes, am Beginn des 20. Jahrhunderts durch Börries von Münchhausen, Agnes Miegel und Lulu von Strauß und Torney.

Bürgers Ballade *Lenore*, die 1774 im *Göttinger Musenalmanach* erschien, begeisterte die junge Generation. Stärker als alle folgenden Balladen überzeugte sie durch Rhythmus, energische Steigerung, Klangmalerei und eine völlige Entsprechung von Inhalt und Form:

Lenore klagt über den vermeintlich untreuen Liebhaber, der aus dem Siebenjährigen Krieg nicht zurückgekehrt ist. Erst hofft sie, dann ist sie enttäuscht und verfällt schließlich der Verzweiflung. Eines Nachts holt sie der in der Schlacht bei Prag gefallene Geliebte, auf einem grausigen Geisterritt in seine Gruft zur Totenhochzeit. Hierbei wird der Schauer des Spuks in Wortwahl und Rhythmus deutlich:

Komm, schürze, spring und schwinge dich! […]
Wie flogen Anger, Heid' und Land!
Wie donnerten die Brücken! […]
Kam's hurre! hurre! nachgerannt,
Hart hinter's Rappen Hufen, […]
Wie flogen rechts, wie flogen links
Die Hügel, Bäum' und Hecken.[…]
Rasch auf ein eisern Gittertor
Ging's mit verhängtem Zügel,
Mit schwanker Gert' ein Schlag davor
Zersprengte Schloss und Riegel.

Popularität errang Bürger außer mit seiner *Lenore* und seinem *Lied vom braven Mann* auch durch sein Erzählwerk *Wunderbare Reisen zu Wasser und zu Lande, Feldzüge und lustige Abentheuer des Freiherrn von Münchhausen* (1786). Die Vorlage bildeten die in London erschienenen Münchhausen-Erzählungen von Rudolf Erich Raspe, die er übersetzt und durch Hinzufügung hannoverscher Schwänke und Elemente aus Swift und Lukian erweitert hatte. Der Freiherr Karl Friedrich Hieronymus von Münchhausen (1720–1797) lebte in Westfalen.

Wenige Jahre vor dem Ende seines leidenschaftlichen und sorgenvollen Lebens wurde Bürger durch Schillers harte Kritik (*Über Bürgers Gedichte*, 1791) schwer getroffen.

Bürger in manchem verwandt war der schwäbische Schulmeister, Organist und Kapellmeister CHRISTIAN FRIEDRICH DANIEL SCHUBART (1739–1791); volkstümliche Anschaulichkeit und großes Pathos standen ihm in gleicher Weise zur Verfügung. Seine Offenheit trug ihm eine zehnjährige Haft auf dem Hohenasperg ein, die der württembergische Herzog Karl Eugen ohne ordentliches Gerichtsverfahren verhängt hatte. Den Groll gegen solche Willkür schrieb er sich in dem anklagenden Gedicht *Die Fürstengruft* von der Seele.

Erzählliteratur

Die »Geniezeit« brachte, zumeist in der Nachfolge des *Werther,* auch zahlreiche Romane hervor, von denen einige für die Entwicklung der Gattung von Bedeutung waren, wenn sie auch ihr Publikum mittlerweile größtenteils verloren haben. Gerade bei den interessantesten von ihnen tritt der autobiografische Charakter in den Vordergrund. Oftmals bevorzugen die Autoren die Form einer monologischen Korrespondenz oder ausgedehnter Briefwechsel, in der sich das seelische Bekenntnis glaubhaft und vermeintlich unbefangen darstellt. So schrieb JAKOB MICHAEL REINHOLD LENZ bereits 1776 einen Briefroman *Der Waldbruder* (erschienen 1797 in Schillers *Horen*), dessen Held bezeichnenderweise den Namen »Herz« trägt. Herz scheitert an den Hindernissen, die ihm das äußere Leben entgegenstellt, und an seiner melancholischen Stimmung, die ihn nur zu gern in eine Welt der Phantasie ausweichen lässt. In einem zweiten kritischen Roman, *Zerbin oder die neuere Philosophie* (1776), erörtert er, gewissermaßen alternativ, ein Scheitern aus vorheriger übergroßer Anpassung an ständischen Normen: Ein bürgerlicher Gelehrter, begeht, nachdem er ein zur Kindesmörderin gewordenes Bauernmädchen verlassen hat, im Bewusstsein seiner Schuld Selbstmord. FRIEDRICH HEINRICH JACOBI (1743–1819) entwickelte in seinem Roman *Aus Eduard Allwills Papieren* (1775/76, umgearbeitet 1781, dann u. d. T. *Eduard Allwills Papiere*) den Charakter seines ganz in seinen Empfindungen lebenden und ihnen ausgelieferten Helden in Briefen von Frauen. Auch sein Roman *Woldemar* (1779) gestaltet die Erfahrung der Unbeständigkeit des reinen Gefühls, das höchstes Glück zu schenken vermag, in der Krise aber zur Ursache der Selbstzerstörung wird. Der Hainbunddichter Johann Martin Miller verknüpfte in

Siegwart. Eine Klostergeschichte (1776) das an Werther und Lotte erinnernde Schicksal seines Liebespaares Siegwart-Marianne mit einer gemütvollen Darstellung des Klosterlebens als rettenden Hafen für unglücklich Liebende und sah sich durch einen großen Erfolg beim Publikum belohnt. Naturgemäß zeitigte der *Werther*-Enthusiasmus aber auch die *Werther*-Parodie. Diese schrieb bereits 1775 FRIEDRICH NICOLAI mit *Die Freuden des jungen Werther.*

WILHELM HEINSE (1746–1803) verfasste mit *Ardinghello und die glückseligen Inseln* (1787) den ersten deutschen Künstlerroman. Das Werk ist die Frucht einer mehrjährigen Italienreise, die Heinse 1780 zu Fuß angetreten hatte. Der Süden wurde dem in den materiell und geistig bedrückenden Lebensumständen eines kleinen norddeutschen Duodezfürstentums aufgewachsenen, von Gleim protegierten einstigen Hauslehrer in Halberstadt, karg entlohnten Übersetzer und Redakteur zu einem befreienden Erlebnis. Schauplatz und Handlungszeit des *Ardinghello* ist die italienische Renaissance, eine Epoche starker Individualitäten und Schicksale, die der Autor eindrucksvoll zu gestalten weiß. Heinse ist, wie auch seine Briefe und Tagebücher belegen, ein kenntnisreicher und sensibler Beobachter der Gesellschaft, der Kunst und Natur. Seine Prosa ist geistreich und sinnlich zugleich, der Held seines Ich- und Briefromans *Ardinghello* nicht nur ein Künstler, sondern auch weltgewandter Politiker, Krieger und Liebhaber. Später schrieb Heinse, der 1786 Vorleser und Privatbibliothekar des Erzbischofs von Mainz wurde, noch die Romane *Hildegard von Hohenthal* (1795/96) und *Anastasia und das Schachspiel* (1803). Äußerlich nun ein gewandter Hofbeamter, pflegte er seine radikalen Überzeugungen weiterhin in seinen der Öffentlichkeit unbekannten Tagebüchern.

Bühnen- und Erzählwerke hatten das Publikum für die Themen des Sturm und Drang sensibilisiert, die Gefühle heftig bewegt oder auch nur in sanfte Schwingungen versetzt. Die Aufregung erreichte die Klimax, als der zweiundzwanzigjährige Absolvent einer fürstlichen Musterlehranstalt als Dramatiker an die Öffentlichkeit trat.

Schillers Jugenddramen

Johann Christoph Friedrich (1802: von) Schiller wurde am 10. November 1759 in Marbach am Neckar geboren. Sein Vater, Johann Caspar Schiller (1723–1796), diente seit 1753 als Feldscher (Wundarzt), später als Werbeoffizier in der württembergischen Armee, nahm am Siebenjährigen Krieg teil und war zuletzt Major und Intendant der Hofgärtnereien auf dem herzoglichen Lustschloss Solitude bei Stuttgart. Die Kindheit des jungen Schiller, der zunächst in der Obhut der Mutter, der Marbacher Gastwirtstochter Elisabeth Dorothea Kodweiß (1732–1802), und zusammen mit einer zwei Jahre älteren Schwester in materiell sehr beengten Verhältnissen aufwuchs, blieb vom Wanderleben des Vaters, das die Familie nach Lorch und Ludwigsburg führte, bestimmt. In seinen religiösen Interessen gefördert war es zunächst der Wunsch des Knaben, Pfarrer zu werden. 1773 musste er jedoch auf nachdrücklichen Wunsch des Landesfürsten, des Herzogs Karl Eugen, in die neu gegründete »Militär-Pflanzschule« auf der Solitude (später »Herzogliche Militär-Akademie«) eintreten. Nachdem die »Karlsschule« nach Stuttgart verlegt worden war, studierte er Medizin und verließ die Schule, die er als Folter empfunden hatte, 1780 mit der Bestallung zum Regimentsmedikus. Nach zwei unerlaubten, mit der Uraufführung der *Räuber* verbundenen Reisen nach Mannheim und dem Verbot des Herzogs, fernerhin »Comoedien zu schreiben«, flüchtete er im September 1782 mit seinem Freund, dem Musiker Andreas Streicher (1761–1833), unter falschem Namen aus Württemberg. Die Mutter eines Schulfreundes, Henriette von Wolzogen (1745–1788), bot dem Mittellosen und schon früh gesundheitlich Gefährdeten auf ihrem Gut Bauerbach bei Meiningen Zuflucht. Im Juli 1783 kehrte Schiller nach Mannheim zurück, wo der Intendant des Nationaltheaters Wolfgang Heribert Freiherr von Dalberg (1750–1806) ihm die Stelle eines Theaterdichters angeboten hatte, mit der Verpflichtung, jährlich drei Dramen zu liefern. Aber es folgten Krankheit, Intrigen von Schauspielern: Schiller geriet wieder in Not, und Dalberg löste den Vertrag, weil Schiller das neue Drama nicht rechtzeitig abschließen konnte. Da boten ihm unbekannte Verehrer in Leipzig-Gohlis ihre Hilfe an. Von 1785 bis 1787 war er Gast im Hause des Juristen Christian Gottfried Körner (1756–1831), der ihm ein selbstloser Freund wurde und blieb. In diesen zwei glücklichen Jahren, in denen das Lied *An die Freude* entstand, schloss er die Arbeit an seinem dramatischen Gedicht *Don Karlos* ab. Schiller konnte es wagen, sich 1787 nach Weimar, diesem literarischen Mittelpunkt, zu begeben, um sich in der Nähe von Goethe, Wieland und Herder durch seine geschichtlichen Studien eine Existenz zu gründen.

Der Drill in der militärisch geführten Karlsschule belastete den Zögling, dessen Hauptinteresse inzwischen die Literatur bildete. Er entwarf Dramen und schrieb Festgedichte, stürzte sich in Geselligkeit und führte mit den Kameraden leidenschaftliche Diskussionen, erfüllt von den Ideen der Sturm-und-Drang-Dichtung und in Opposition gegen eine auf Zwang und äußere Repräsentation gestellte gesellschaftliche und staatliche Ordnung. In seinem Erstlingsdrama *Die Räuber* (1781) hat er, angeregt durch Schubarts Erzählung *Zur Geschichte des menschlichen Herzens* (1775), dem Hass gegen Tyrannei Ausdruck gegeben. Die erfolgreiche Uraufführung am 13. Januar 1782 besorgte Dalberg.

Schiller als Eleve der Karlsschule, getuschter Schattenriss

Karl und Franz sind die beiden Söhne des alten Grafen Moor. Der jüngere, gewissenlose Franz will Herr auf dem elterlichen Schloss werden. Als Karl nach einem wilden Leben den Vater bittet, zurückkehren zu dürfen, fälscht Franz den Brief, stellt den Bruder als Verbrecher hin und versucht Amalie, Karls Braut, zu gewinnen. Der Vater verstößt Karl. Verzweifelt stellt sich dieser, »eine verirrte, große Seele«, an die Spitze einer Räuberbande, um »Rächer und Rechtsprecher im Namen der Gottheit zu sein«, kann aber Gräueltaten seiner Gefährten nicht verhindern. Von Heimweh getrieben, zieht er mit der Bande in die Heimat nach Franken und findet den Vater im Hungerturm. Der alte Graf stirbt vor Erregung, als er Karl als Räuber vor sich sieht. Franz tötet sich nach gotteslästerlichen Reden selbst und Amalie stirbt auf ihre Bitte von der Hand Karls, der sich dem Gericht stellt um seine Frevel zu büßen.

Ohne Rücksicht auf psychologische Wahrheit werden die Szenen zur äußersten Wirkung getrieben, die Gestalten zu Trägern absoluter Prinzipien gemacht: Schillers dramatischer Instinkt erweist sich in der Vehemenz, mit der das Verlangen nach Freiheit, die Empörung über das »schlappe Kastratenjahrhundert« und moralischen Verfall vorgetragen werden. Franz ist der Urbösewicht aus nihilistischem Prinzip, Karl gleichsam ein gefallener Erzengel, ein Revolutionär aus enttäuschter Sohnesliebe: »[...] da steh ich am

Rand eines entsetzlichen Lebens und erfahre nun mit Zähneklappern und Heulen, dass zwei Menschen wie ich den ganzen Bau der sittlichen Welt zugrund richten würden.« Sich selbst überwindend geht er dem Tod entgegen.

Wenn auch vieles in diesem Erstlingswerk überzogen erscheint, in der Grundidee und dem Pathos ist es schon typisch für Schiller. Es hat den Elan, die Leidenschaft der Sprache, das sichere Gefühl für Bühnenwirksamkeit. Augenzeugenberichte überliefern, das Theater habe zeitweise einem »Irrenhause« geglichen, sie verzeichnen »rollende Augen, geballte Fäuste, stampfende Füße, leisere Aufschreie im Zuschauerraum. […] Es war eine allgemeine Auflösung wie im Chaos, aus dessen Nebeln eine neue Schöpfung hervorbricht.«

Nach seiner Flucht aus Württemberg hoffte Schiller in Mannheim, das inzwischen beendete historische Drama *Fiesco, ein republikanisches Trauerspiel*, zur Aufführung zu bringen. Der Handlung lag eine Adelsverschwörung aus der Geschichte Genuas zugrunde, in historischem Gewand ging es um den Konflikt von Macht und Moral. Aber Dalberg, der Schiller selbst auf den Stoff aufmerksam gemacht hatte, lehnte das Stück auch nach einer Umarbeitung zunächst ab. Die Uraufführung in Bonn 1783 u. d. T. *Die Verschwörung des Fiesco zu Genua* blieb ohne überzeugenden Erfolg, auch die fernere Rezeption zwiespältiger als die anderer Schiller'scher Dramen.

Genua 1547: Eine Gruppe Adliger, unter ihnen der redliche Republikaner Verrina, aber auch korrupte Opportunisten wie Calcagno und Sacco, hat sich gegen den Tyrannen Andreas Doria und seinen zynischen Neffen Gianettino, der Verrinas Tochter Berta Gewalt angetan hat, verschworen und ist bemüht, den populären Grafen Fiesco von Lavagna auf ihre Seite zu ziehen. Fiesco erstrebt wie die Verschwörer insgeheim den Umsturz, hält seine wahren Absichten aber lange verborgen. Ein von Gianettino ins Werk gesetztes Komplott, das mit Hilfe eines gedungenen Mörders, des Mohren Muley Hassan, auf Fiescos Beseitigung zielt, liefert ihm endlich den Vorwand, zum Aufrührer zu werden, ohne sein ehrgeiziges Machtstreben erkennen zu lassen. Er setzt sich an die Spitze der Verschwörung und gewinnt Muley Hassan für seine eigenen Intrigen. Verrina durchschaut ihn: »Den Tyrannen wird Fiesco stürzen, das ist gewiss; Fiesco wird Genuas gefährlichster Tyrann werden, das ist gewisser.« Der Aufstand beginnt, Bertas Bräutigam Bourgognino tötet Gianettino, aber auch Fiescos Frau Lenore wird irrtümlich von ihrem Mann getötet. Der siegreiche Verschwörer begreift das verhängnisvolle Versehen als eine Prüfung seines Herzens »für die nahe Größe«. Ohne auf Verrinas Warnungen zu hören, legt er den Purpurmantel

an – da stößt ihn der Republikaner von einer Planke ins Meer. Mit Verrinas Worten: »Ich geh zum Andreas« endet das Drama.

Schiller interessierte an dem Stoff die Verirrung eines begabten und tatkräftigen Menschen, der sich – ähnlich wie Karl Moor in den *Räubern* – gegen verderbte Verhältnisse auflehnt, aber dabei selbst in sie verstrickt. Nicht minder dürften ihn die Konflikte der politischen Welt gereizt haben, der großen Staatsaktion, die er als Dramatiker später meisterhaft darstellen lernte. Keine überzeugende Lösung gab es, wie die verschiedenen (auch von fremder Hand stammenden) Umarbeitungen zeigen, für den Schluss des Dramas. So bleibt Fiesco in der so genannten »Mannheimer Bühnenfassung«, nachdem er seinem Machtstreben entsagt hat, als »Genuas glücklichster Bürger« am Leben, in anderen Versionen wird er erdolcht oder begeht Selbstmord.

In Bauerbach vollendete Schiller sein drittes Bühnenwerk, *Luise Millerin* (1784), das auf Vorschlag des Schauspielers August Wilhelm Iffland (1759–1814), damals Dalbergs Regisseur in Mannheim, später in *Kabale und Liebe. Ein bürgerliches Trauerspiel* umbenannt wurde. Das Drama prangert Intrigen und Willkürakte an, gegen die es an den kleinen absolutistischen Fürstenhöfen kaum Rechtsmittel gab.

Ferdinand, Sohn des Präsidenten von Walter, soll nach dem Willen des Vaters, des eigentlichen Machthabers einer kleinen Residenz, Lady Milford, die verabschiedete Geliebte des Fürsten, heiraten, um diesen auf diese Weise »im Netze seiner Familie« zu halten. Ferdinand lernt die Lady, die viel für das Land getan hat, achten, aber er liebt Luise, die Tochter des Stadtmusikus Miller. Da der Versuch des Präsidenten, die Liebenden mit Gewalt zu trennen, misslingt – Ferdinand, der die Vergangenheit des Vaters kennt, droht ihm mit der Enthüllung, »wie man Präsident wird« –, setzt die Kabale ein. Luisens Vater wird ins Gefängnis geworfen. Es gelingt Wurm, dem Sekretär des Präsidenten, Luise so einzuschüchtern, dass sie, um den Vater zu retten, einen Liebesbrief an den erbärmlichen Hofmarschall von Kalb schreibt. Diesen Brief spielt Wurm, der selbst Absichten auf Luise hat, Ferdinand in die Hände. Von Eifersucht zur Raserei getrieben, zwingt Ferdinand Luise, mit ihm in den Tod zu gehen. Von der Sterbenden erfährt Ferdinand die Intrige, der er zum Opfer gefallen ist, verzeiht aber ihrem Wunsche gemäß dem Vater, der sich daraufhin selbst der Justiz ausliefert.

Schiller setzt den Protest gegen den Missbrauch der Macht, wie Lessing ihn in *Emilia Galotti* formuliert, fort. Doch er übertrifft Lessing im Aufbau und dynamischen Rhythmus der Handlung, in der realistischen Schilderung beengter Bürgerlichkeit, die ständische

Anmaßung als göttliche Weltordnung hinnimmt, in der Enthüllung der lasterhaften Umgebung eines Fürsten, der seine Untertanen – für den Krieg in Amerika vermietete Soldaten – wie eine Ware in Zahlung gibt.

Vor diesem Hintergrund vollzieht sich das tragische Schicksal der Liebenden, die einander selbst zugrunde richten. Ferdinands Arglosigkeit und Luisens Bindung an den Vater und die religiösen Normen lassen sie der Kabale erliegen. Als Ferdinand bereit ist, alles für die Geliebte zu opfern, um irgendwo ein neues Leben zu beginnen, entsagt Luise »einem Bündnis, das die Fugen der Bürgerwelt auseinander treiben und die allgemein ewige Ordnung zugrund stürzen würde«. Sie ergibt sich in die »gottgewollten Abhängigkeiten«, zeigt aber in dieser Entsagung selbstlose Tapferkeit und Seelengröße. Ferdinands jugendlicher Idealismus ist jedoch ohne Menschenkenntnis und nicht fähig, ihr Handeln zu verstehen.

»Don Carlos« – »Traumbild eines neuen Staates«

Drei Jahre nach *Kabale und Liebe*, 1787, wurde in Hamburg das Drama *Don Carlos* uraufgeführt, das stofflich wohl ebenfalls noch auf eine Anregung Dalbergs zurückgeht und von dem mehrere autorisierte Fassungen in Blankversen vorliegen, dazu eine Bühnenfassung in Prosa. In der ersten Buchausgabe lautete der Titel *Dom Karlos. Infant von Spanien*, dazu kam in der gekürzten Fassung von 1805 der Untertitel *Ein dramatisches Gedicht*. Heute wird der Titel zumeist *Don Carlos* geschrieben. Die Überlänge des Stücks – ursprünglich mehr als 6200 Verse – nötigt, ungeachtet der von Schiller bereits vorgenommenen Striche, in der Theaterpraxis zu weiteren Kürzungen.

Die Tragödie spielt am Ende des 16. Jahrhunderts. Philipp II., König von Spanien, hat Elisabeth von Valois geheiratet, die ursprünglich für seinen Sohn, Don Carlos, bestimmt war. Marquis Posa, Carlos' Freund, der aus den Niederlanden an den königlichen Hof zurückkehrt, will den Prinzen für die Freiheitsbestrebungen der Niederländer gewinnen. Die Königin bittet Carlos, seiner Neigung zu ihr zu entsagen und sich dem Glück seiner Völker zu widmen: »Elisabeth war Ihre erste Liebe, Ihre zweite sei Spanien.« Philipp, der seinem Sohn bereits misstraut, lehnt es ab, ihm das Heer in Flandern anzuvertrauen. Die Prinzessin Eboli, die ihrerseits den Prinzen liebt, spielt dem König Informationen über ein heimliches Einverständnis zwischen der Königin und Carlos zu. Nun lenkt Posa, um den Freund zu retten, den Verdacht auf sich, und versucht so, Carlos' Entkommen zu ermöglichen. Philipp, dessen Vertrauen er gewonnen hat, bereitet er damit eine schmerzliche Enttäuschung, die dessen Menschenverachtung erneu-

ert. Posa wird erschossen, der Fluchtplan Carlos' entdeckt. Der König liefert seinen Sohn der Inquisition aus.

Don Carlos war zunächst als Familientragödie angelegt. Dafür haben nach Schillers eigener Angabe Shakespeares *Hamlet* und Leisewitz' *Julius von Tarent* anregend gewirkt, während er mit den historischen Vorlagen sehr frei verfuhr. Allerdings hatte seine bedeutendste französische Quelle, die *Histoire de Dom Carlos, fils de Philippe II* (1691, dt. 1784) des Abbé César-Vichard de Saint-Réal (1639–1692), in novellistischer Weise von der historisch nicht belegten Liebesbeziehung zwischen der Königin und dem Infanten berichtet. Dort wurde zugleich ein schwärmerisch idealisiertes Bild von Carlos entworfen und der Vater, kontrastierend, mit grausam-despotischen Zügen gezeichnet. Schillers Bauerbacher Entwurf und Briefäußerungen zum *Don Carlos* stellen den Konflikt zwischen dem Sohn und der Welt des Vaters noch in den Mittelpunkt und entsprechen somit dem Erfahrungshorizont der Jugenddichtungen.

Während der langen Entstehungszeit erfuhr das Drama eine wesentlich veränderte Motivierung. Zwar müssen Carlos und Elisabeth, wie schon Ferdinand und Luise, der Tyrannis erliegen, aber ihr privates Drama erweitert sich durch die Figur des Marquis Posa zur politischen Tragödie. Posa, eine periphere Erfindung Saint-Réals, Opfer von Philipps Eifersucht, der ihn ermorden lässt, ist im ersten Vorabdruck aus dem Drama in Schillers Zeitschrift *Thalia* noch eine Nebenfigur, ausgewiesen als »Kammerjunker des Prinzen«. Nun wird er zu seinem vertrauten Freund und Mentor. In entscheidender Weise hilft er Carlos, sich selbst zu finden, als dieser seine fürstliche Sendung über der persönlichen Befangenheit zu versäumen droht.

Einst war's ganz anders. Da warst du so reich
[...] ein ganzer Weltkreis hatte
In deinem weiten Busen Raum. Das alles
Ist nun dahin, von einer Leidenschaft,
Von einem kleinen Eigennutz verschlungen,
Dein Herz ist ausgestorben ... O Karl,
Wie arm bist du, wie bettelarm geworden,
Seitdem du niemand liebst als dich.

Posas Mahnung bedarf es jedoch im Verlauf der Entwicklung, die Carlos' Charakter während der Ausarbeitung des Dramas erfährt, nicht mehr. Wie kein anderer der jugendlichen Helden Schillers verkörpert der Infant das edelste Wollen und wird – in völliger Umkehrung der historischen Realität – zum Vorkämpfer für höhere Menschlichkeit, von dem die lasterhaften Versuchungen des Hofes abprallen und den sein Tod noch im Scheitern vor den Zwängen der Machtausübung bewahrt. Die Freundschaft mit Posa trägt zu der einzigartigen Stellung, die er in Schillers Werk genießt, wesentlich bei, denn keiner seiner Vorgänger, nicht Karl Moor, nicht Ferdinand von Walter, hatte einen ebenbürtigen, ja überlegenen Freund als Gefährten an seiner Seite. Die Verehrer des Dichters haben den besonderen Glanz dieser Konstellation empfunden – Hölderlin spricht in Rücksicht auf den *Don Carlos* von der »Zauberwolke [...], in die der gute Gott meiner Jugend mich hüllte, dass ich nicht zu frühe das Kleinliche und Barbarische der Welt sah, die mich umgab«. Schillers gewachsene Freiheit und Reife drückt sich darin aus, dass er fähig war, dieses Dioskurenpaar zu schaffen, dem er einen Zug von gleichsam unverwelklicher Idealität verlieh.

Vermehrte Tiefe und Differenzierung lässt auch die Gestalt des Königs erkennen, dessen Einsamkeit Schiller in ergreifender Weise gestaltet hat. Noch Thomas Manns *Tonio Kröger* wird davon Zeugnis ablegen, wenn der empfindsame Tonio seinen Freund Hans Hansen vergeblich für Literatur zu interessieren sucht: »[...] es geht einem durch und durch, denn es ist ein schrecklich starrer und strenger König. Aber man begreift es so gut, dass er geweint hat, und mir tut er eigentlich mehr Leid, als der Prinz und der Marquis zusammengenommen.«

Philipp, so erweist sich in einigen Episoden, vermag mit königlicher Würde und unabhängig von den selbst geschaffenen Konventionen zu handeln. Dieser Philipp ist nicht einfach ein Despot, sondern ein gemischter Charakter, der fähig scheint, die Forderung, die Posa an ihn heranträgt, zu prüfen und sie sich gegebenenfalls zu Eigen zu machen: »Stellen Sie der Menschheit / verlornen Adel wieder her.« Der »sonderbare Schwärmer« – wie Philipp ihn nennt – ist sich im Grunde seines Herzens darüber im Klaren, dass sein Projekt, das »kühne Traumbild eines neuen Staates«, wie er es dem Freund gegenüber nennt und als Vermächtnis hinterlässt, zu früh kommt. »Das Jahrhundert / Ist meinem Ideal nicht reif. Ich lebe / Ein Bürger derer, welche

kommen werden«, gesteht er Philipp – verräterische Worte, in denen er zum Sprachrohr des Dichters selbst wird.

Herzog Alba und Pater Domingo, Beichtvater des Königs, Vertreter der überkommenen Ordnung, spüren die drohende Veränderung und treffen, erklärte Widersacher Carlos', ihre Vorkehrungen:

Sein Herz erglüht für eine neue Tugend,
Die, stolz und sicher und sich selbst genug,
Von keinem Glauben betteln will. Er denkt!
Sein Kopf entbrennt von einer seltsamen
Chimäre – er verehrt den Menschen – Herzog,
Ob er zu unserm König taugt?

Trotz der sich kreuzenden Motive hält der dramatische Schwung der Szenen, die geglückte Zeichnung der Charaktere und der Glanz der Sprache die Zuhörer bis zum Schluss in Bann. Auch der Vater-Sohn-Konflikt und das Thema der opferbereiten Freundschaft treten hinter die großen Szenen zurück, in denen der Marquis den enttäuschten Monarchen für die Idee der Freiheit und Menschenwürde zu gewinnen sucht und ihm das Bild eines neuen Staates entwirft. Welchen Sinn aber haben die Opfer des Idealismus, wenn Carlos und Posa zum Scheitern verurteilt sind? Nur scheinbar sind sie nutzlos. Der Sieg der Inquisition ist nach der Überzeugung des Autors ein Scheinsieg, weil sich die heiligen Rechte auf die Dauer nicht unterdrücken lassen. Zuvor aber muss sich das Ideal der Humanität am Widerstand einer erbarmungslosen Wirklichkeit bewähren.

Wie weit sich Schiller inzwischen vom Sturm und Drang wegentwickelt hat, zeigt sich in vielen Zügen seines *Don Carlos*. Zum ersten Mal verwendete er den Blankvers, den er fortan in seiner Dichtung beibehielt; das bedeutete bewusste Hinwendung zur Klassizität, zu einer idealisierenden Sprache, die das Chaotische ausschloss. Er mäßigte die Subjektivität seiner früheren Dramen, zeichnete König Philipp weniger als Tyrannen denn als Vertreter einer realistischen Macht- und Zwangspolitik und arbeitete am Ende mit dem Auftreten des Großinquisitors den Gegensatz der Ideen heraus.

(→ S. 143)

KLASSISCHE UND GEGENKLASSISCHE DICHTUNG 1786–1825

Der Begriff »Klassik« für die (zeitlich mehr oder weniger eng eingegrenzte) schöpferische Epoche der deutschen Literatur um 1800 ist in der Literaturgeschichtsschreibung gebräuchlich, aber nicht unumstritten, und wird in einigen neueren Darstellungen zugunsten eher neutraler Bezeichnungen, die sich an Daten der allgemeinen Geschichte orientieren (Gerhard Schulz, *Die deutsche Literatur zwischen Französischer Revolution und Restauration*, 1983–89), bewusst vermieden. Die Problematik ergibt sich zunächst aus den unterschiedlichen Bedeutungen des Begriffs »Klassik«. Der seit der Renaissance als Bezeichnung für das Vorbildliche und Mustergültige verwendete Normbegriff war definiert durch sein Verhältnis zur Antike. Die klassischen Werke der antiken Literatur waren in diesem Sinne vorbildlich auch für die »klassischen« Werke der west- und mitteleuropäischen Nationalliteraturen, die eben durch die Nähe zu ihnen kanonischen Rang gewannen. Regional vollzog sich eine solche Ausprägung zu verschiedenen Zeiten. So haben sich das goldene Zeitalter der spanischen Literatur, die elisabethanische Literatur in England, die französische Klassik unter Ludwig XIV. um vieles früher als in Deutschland ausgebildet, wo man die Jahre, in denen Goethe und Schiller sich nach der Abkehr vom Sturm und Drang den aus der Antike abgeleiteten Forderungen unterstellten, als Klassik bezeichnet hat. Den Einklang von Stoff und Idee, Gehalt und Gestalt in zeitlos gültiger Dichtung darzustellen bildete ihr erklärtes Vorhaben in diesen wohl auch als Hochklassik bezeichneten Jahren.

Im weiteren Sinne versteht man unter einer klassischen Epoche jene Zeit künstlerischen Schaffens, die durch ein besonderes Neben- und Miteinander großer Schöpfernaturen gekennzeichnet ist. Auch in diesem Verständnis stellen die Jahre um 1800 eine Blütezeit der deutschen Literatur dar, aber sie erscheint in ihren Umrissen nunmehr weiträumiger und um Erscheinungen bereichert, die den normativen Forderungen nicht entsprechen, sondern als »Gegenklassiker« (F. Martini) begriffen werden müssen: Jean Paul, Hölderlin, Kleist folgen ihrem eigenen künstlerischen Gesetz und widerstehen dem Einordnungsversuch. Ihr Beispiel macht deutlich, dass auch das scheinbar allgemein gültige Regelwerk der nationalen Klassik einem spezifischem Verständnis und einer situationsgebundenen Begrenzung unterlag, kurz, eine »Weimarer Klassik« darstellte, deren Absolutheitsanspruch andere Autoren nicht anerkannten und sprengten.

Die auch sonst bekannte Schwierigkeit der Abgrenzung von Epochen hat für die Zeit um 1800 ihren Hauptgrund in der großen zeitlichen und räumlichen Nähe, in der unterschiedliche literarische Strömungen und Denkrichtungen auf den Plan treten.

Viele Fäden verknüpften das klassische Weimar mit dem benachbarten Jena, dessen Universität ebenfalls eine Glanzzeit durchlief und das ab 1800 zum Zentrum der Frühromantik wurde. Hochklassik und Frühromantik existieren nebeneinander, und ungeachtet der Abgrenzungsbestrebungen bleibt das Werk Goethes und Schillers von der neuen Stil- und Geistesrichtung

Laokoon
Marmorgruppe aus dem ersten Jahrhundert vor Christus,
die 1506 in Rom wieder aufgefunden wurde.

nicht unberührt. Schiller gestaltet seine *Jungfrau von Orleans* als »romantische Tragödie« und Goethe vollzieht nach Schillers Tod eine Hinwendung zur Romantik, deren bedeutendstes Zeugnis die *Wahlverwandtschaften* darstellen. Nicht grundlos hat daher bereits Heinrich Heine die strikte Trennung von Klassik und Romantik vermieden, als er zusammenfassend von der »Kunstperiode« sprach. Neuere literaturgeschichtliche Darstellungen sind ihm in dieser Auffassung gefolgt (Gert Ueding, *Klassik und Romantik. Deutsche Literatur in Zeitalter der französischen Revolution*, 1987).

Die Zeit zwischen 1775 und 1810 ist gekennzeichnet durch eine Fülle dichterischer Erscheinungen und Schöpfungen, und es ist nur natürlich, dass die beteiligten Autoren eine innere Entwicklung durchlaufen, die jedem Schema widerstrebt. Die Sturm-und-Drang-Zeit Goethes und Schillers ist der Auftakt zur klassischen Reife. Nach Schillers Tod tritt Goethe mit

seiner Altersdichtung nochmals in eine neue Epoche seines Schaffens ein. Scheinbar unberührt von den ins Auge fallenden beherrschenden literarischen Richtungskämpfen behauptet sich eine mehr regional wirksame Literatur wie das gleichzeitige Werk Hebels, das hohe Kunst und Volkstümlichkeit in seltener Weise vereinigt.

Dass sich zwischen den verschiedenen Dichtern dieser Epoche Spannungen und Gegensätze ergaben, ist verständlich. Eine genau bestimmbare Gemeinsamkeit lässt sich für den dichterischen Reichtum der »Goethezeit« – wie Hermann August Korff diese Epoche bezeichnet hat – nicht finden. Wohl aber lässt sich erkennen, dass diese Zeit durch die Ideen der Aufklärung, die Innerlichkeit von Pietismus und Empfindsamkeit, die Entfaltung irrationaler Kräfte im Sturm und Drang vorbereitet wurde.

Seit der Renaissance und dem Humanismus war man in Deutschland um die antiken Bildungswerte bemüht und dabei im Wesentlichen von der römischen Antike ausgegangen. Eine neue Epoche in der Begegnung mit dem antiken Geist wurde durch Johann Joachim Winckelmann eingeleitet. Durch seine *Gedancken über die Nachahmung der griechischen Wercke in der Malerei und Bildhauerkunst* (1755) und durch seine *Geschichte der Kunst des Alterthums* (1764/67) schuf er das Griechenbild, das weit bis ins neunzehnte Jahrhundert hinein maßgebend war. Antike und Griechentum waren für Winckelmann nicht Anlass zu gelehrter antiquarischer Beschäftigung, sondern er stellte sie als Vorbild mitten in das gegenwärtige Leben und Kunstschaffen. »Das allgemeine Kennzeichen der griechischen Meisterstücke ist eine edle Einfalt und stille Größe sowohl in der Stellung als im Ausdruck. So wie die Tiefe des Meers allzeit ruhig bleibt, die Oberfläche mag noch so wüten, ebenso zeiget der Ausdruck in den Figuren der Griechen bei allen Leidenschaften eine große und gesetzte Seele.«

Die Dichter der klassischen Epoche, die in ihrer Welt- und Kunstanschauung sowohl den Rationalismus als auch den Gefühlsüberschwang des Sturm und Drang überwanden, von beiden Bewegungen aber Wesentliches übernahmen, konnten sich auf die Werke des Königsberger Philosophen Immanuel Kant stützen. In seiner *Kritik der reinen Vernunft* (1781) untersuchte er die Quellen und Möglichkeiten der rationalen Erkenntnis. Er wies das menschliche Denken in seine Grenzen. Religiöse Überzeugungen können wissenschaftlich weder bewiesen noch widerlegt werden, denn »übersinnliche Gegenstände sind für uns keine

Gegenstände unserer theoretischen Erkenntnis«. Auf der anderen Seite sicherte Kant durch seine philosophische Untersuchung die Zuverlässigkeit rationaler Wissenschaften, soweit sie sich auf die diesseitige Erfahrung beschränken.

Mit seiner Untersuchung *Kritik der praktischen Vernunft* (1788) setzte Kant auch die Grenzen der Gefühlswelt fest. Das sittliche Tun darf nicht auf Gefühl und Stimmung beruhen, sondern muss um seiner selbst willen geschehen und auf der Norm gründen, die als »kategorischer Imperativ« in unserem Gewissen lebt. Die Würde des Menschen beruht darauf, dass er diesem Imperativ ohne Rücksicht auf persönliche Neigung und ungeachtet der Folgen gehorcht. Diese Fähigkeit gibt ihm die Gewissheit der Freiheit und ist der Kern seiner Humanität.

Stichworte zur politischen Geschichte

Die Französische Revolution von 1789 wird in Deutschland zunächst von vielen begrüßt, nach der Hinrichtung Ludwigs XVI. aber überwiegend abgelehnt. Napoleon, der das Erbe der Revolution antritt, verändert im Laufe seiner Kriege die staatlichen und politischen Verhältnisse Deutschlands. Durch den Reichsdeputationshauptschluss 1803 werden die geistlichen Territorien beseitigt und die deutschen Mittelstaaten vergrößert. Franz II. legt 1806 die deutsche Kaiserkrone nieder, nachdem sich 16 Reichsfürsten unter französischem Protektorat zum Rheinbund zusammengeschlossen haben. Bereits 1804 hatte er den Titel eines Kaisers von Österreich angenommen. Preußen, das zwischen 1795 und 1806 eine Friedenszeit erlebt, bricht im gleichen Jahr, nach der Niederlage von Jena und Auerstedt, zusammen und verliert einen großen Teil seines Staatsgebietes. Die Reformer (Freiherr vom Stein, Scharnhorst) arbeiten am inneren und äußeren Wiederaufbau Preußens. 1809 Niederlage Österreichs im erneuten Kampf gegen Napoleon. 1812 Katastrophe des napoleonischen Heeres in Russland. 1814 Erster Pariser Friede. Restauration der Bourbonen, erstmals auf dem Kontinent Staatsform der konstitutionellen Monarchie mit dem Bürgertum als politisch führender Schicht. 1815 Wiener Kongress mit dem Ziel, das Gleichgewicht der Mächte und legitime Regierungen wiederherzustellen (Restauration).

Gesellschaft und Kultur

In Frankreich wird die überkommene Gesellschaftsordnung, das Ancien régime, durch die Revolution von 1789 zerbrochen. Die von Napoleon geschaffene neue Ordnung des französischen Staatslebens verbindet die Traditionen des Königtums mit dem Erbe der Revolution und führt auch zu einer neuen, beispielgebenden Kodifikation des Rechts im Code Napoléon. In England, wo unter der Einwirkung der Großen Revolution von 1688 und der Staatstheorien von John Locke die persönlichen Rechte weiter ausgebaut werden, beginnt eine industrielle Revolution.

Völlig anders sind die Voraussetzungen in Deutschland. Entscheidende gesellschaftliche und wirtschaftliche Veränderungen bleiben aus. Erst die Siege und Eroberungen Napoleons führen zu Reformen (in den Staaten des neu gegründeten Rheinbunds nach französischem Vorbild, in Preußen als Reaktion auf die militärische Niederlage). Die Restauration nach 1815 führt in einigen der deutschen Klein- und Mittelstaaten zur teilweisen Rücknahme der Reformen.

Ein ungleich günstigeres Bild bietet das Deutschland um 1800 auf geistigem Gebiet. Im Bereich der Philosophie führt das Auftreten Kants, der Grund und Grenzen der rationalen Erkenntnis und das Wesen der sittlichen Bestimmung ergründet, zu einer »kopernikanischen Umkehr«. Von ganz anderen Ausgangspunkten her wird durch Pestalozzi das Erziehungswesen von Grund auf gewandelt und erneuert. Winckelmanns schon früheres Wirken kommt jetzt zur vollen Geltung und erschließt die griechische Antike auf neue, für die Klassik und die ganze Zukunft höchst folgenreiche Weise. Alle diese verschiedenen Bemühungen schlagen sich nieder in der großen Bildungsreform, die Wilhelm von Humboldt durchführt und in deren Zusammenhang 1810 die Berliner Universität gegründet wird. In den Mittelpunkt der Bildung stellt Humboldt das in der Weimarer Klassik entwickelte Ideal einer auf der Antike gründenden harmonischen Humanität.

Die bildende Kunst ist durch das Vorbild der Antike bestimmt, das Typische wird bevorzugt. Klassizistischer Idealismus.

Plastik: Berthel Thorvaldsen (1770–1844); Antonio Canova (1757–1822); Johann Gottfried Schadow (1764–1850), *Kronprinzessin Luise von Preußen und ihre Schwester Friederike*, 1795; Christian Rauch, *Königin Luise*, 1817.

Baukunst: Karl Friedrich Schinkel (1781–1841); Leo von Klenze (1784–1864).

Malerei: Jacques-Louis David (1748–1825), *Der ermordete Marat*, 1793; Jean-Auguste Dominique Ingres (1780–1867), *Tu Marcellis eris*, 1819; Johann Heinrich Wilhelm Tischbein (1751–1829), *Goethe in der Campagna*, 1786/88; Joseph Anton Koch (1768–1839), *Landschaft mit Regenbogen*, 1805.

Musik: Die »Wiener Klassik« bildet mit Joseph Haydn (1732–1809), Wolfgang Amadeus Mozart (1756–1791) und Ludwig van Beethoven (1770–1827) ein Ereignis von europäischem Rang und findet als ein solches auch im Ausland Anerkennung. Die »Vorklassik« (1778 Umzug des Kurfürsten Karl Theodor von Mannheim nach Mainz, damit verbunden Ende der »Mannheimer Schule«) findet durch Haydns Tätigkeit am Hof des Fürsten Esterházy (Sinfonien, Streichquartette, Klaviersonaten) und ab 1781 mit Mozarts Umzug nach Wien schöpferische Fortsetzung. Seit 1770 die Sonate meist viersätzig; dieser Aufbau wird auch für Sinfonie, Streichquartett und andere Formen der Kammermusik maßgeblich; dreiteiliger Sonatensatz; Entwicklung eines neuen Klavierstils. Mozart pflegt sowohl den italienischen Stil der Opera seria und der Opera buffa als auch den deutschen des Singspiels. Seine großen Opern stellen den Höhepunkt des Musiktheaters dar: *Die Entführung aus dem Serail* (1782); *Die Hochzeit des Figaro* (*Le nozze di Fi-*

garo, 1785); *Don Giovanni* (1787); *So machen's alle* (*Cosi fan tutte*, 1790); *Die Milde des Titus* (*La clemenza di Tito*, 1791); *Die Zauberflöte* (1791).

Beethoven komponiert sowohl absolute als auch programmatische Musik (VI. Sinfonie *Pastorale*); insgesamt neun Sinfonien, 32 Klaviersonaten (»Das neue Testament der Klavierliteratur«, Hans von Bülow), Kammermusik; Oper *Fidelio*.

Weltliteratur s. Romantik (→ S. 172 f.).

Frühklassik

Als Frühklassik oder Vorklassik wird in der Literaturgeschichtsschreibung der Zeitraum verstanden, der als Vorbereitungsphase der Klassik im engeren Sinn (Hochklassik) betrachtet werden kann, die zumeist mit dem Beginn der engen Zusammenarbeit zwischen Goethe und Schiller 1794 datiert wird. Da als zeitliche Begrenzung der Klassik insgesamt verschiedene Daten genannt werden, ergeben sich analog auch für der Beginn der »Frühklassik« wechselnde Jahreszahlen. Die vorliegende Darstellung setzt mit der Ankunft Wielands und Goethes in Weimar ein.

Weimar als Musenhof und als literarisches Zentrum

Der Schauplatz der seit der so genannten staufischen Klassik um 1200 großartigsten Entfaltung der deutschen Literatur war, besonders in europäischem Maßstab betrachtet, denkbar provinziell. Das Herzogtum Sachsen-Weimar, hervorgegangen aus den wiederholten Erbteilungen des Hauses Wettin, zählte im letzten Drittel des 18. Jahrhunderts wenig über 100 000 Einwohner, von denen zwei Drittel zur Landbevölkerung zählten. Der Rest verteilte sich auf einige mittlere und kleine Städte. Die herzogliche Familie residierte in Weimar unter improvisierten Bedingungen, denn das Stadtschloss Wilhelmsburg war 1774 durch einen Brand zerstört worden. Die Fertigstellung des Neubaus verzögerte sich wegen der widrigen Zeitumstände und der schlechten Kassenlage bis 1803. Weimar zählte 1785 rund 6500 Einwohner, die hauptsächlich durch den Hof ihr Auskommen fanden. Industrie gab es keine, die Stadt lag abseits der großen Handelswege, sodass sich ein kaufmännisches Patriziat zu keiner Zeit hatte entwickeln können. Diese Duodezresidenz unterschied sich äußerlich kaum von anderen thüringischen Kleinstädten: Straßenbeleuchtung gab es nur in der Nähe des Schlosses und der Häuser der Honoratioren. Am Morgen versammelte der Stadthirt mit dem Horn das städtische Vieh und brachte es am Abend wieder von der Weide zurück. Noch nach 1800 gab es Tage, an denen nicht ein einziger Einwohner eines der vier Stadttore passierte, doch rechnete man damals immerhin bereits mit etwa 20 Fremden am Tag, auf die acht Gasthöfe warteten.

Die geistige und kulturelle Geschichte Weimars hatte nicht erst mit den Literaten begonnen, die eine kunstbeflissene Fürstin und ihr nicht weniger ehrgeiziger Sohn in ihren Umkreis zogen. Die Stadt lag im Kerngebiet der Reformation. In der Stadtkirche, die auch als Grablege der Herzogsfamilie diente, hatte Luther gepredigt und Bach die Orgel gespielt. Gleichwohl standen sich bei der Ankunft Goethes 1775 das geistige Weimar und das bürgerliche Weimar – anders ausgedrückt, ein kleiner Zirkel von Intellektuellen im Umkreis des Hofes und die überwiegende Mehrheit der Einwohnerschaft – mit wenigen Ausnahmen fremd gegenüber. Über das künstlerische Leben in der Stadt konnte man weiterhin mehr aus den Korrespondenzen auswärtiger Zeitschriften und Zeitungen als aus den *Weimarischen Wöchentlichen Anzeigen* erfahren. Verglichen mit Frankfurt, Goethes Geburtsort, war diese Residenz ein Nest.

Herzogin Anna Amalia (1739–1807), von Geburt eine braunschweigische Prinzessin und eine Nichte Friedrichs II. von Preußen, hat die Grundlagen dafür geschaffen, dass Weimar zum historisch bedeutendsten Kulturzentrum Deutschlands wurde. Der Vergleich des Weimarer Hofes mit dem Hof der Braunschweiger in Wolfenbüttel, wo es ein ständiges Theater und die berühmte Bibliothek gab, an der Leibniz und Lessing tätig gewesen waren, fiel zu Ungunsten der Stadt an der Ilm aus. Die Herzogin, die in Wolfenbüttel verschiedene Schauspielertruppen, darunter die der Neuberin, gesehen hatte, italienische Opern kannte und sprachenkundig war, wollte das von Anfang an ändern, wenngleich die finanzielle Lage ihres verschuldeten Miniaturstaats trostlos war und keine Sprünge erlaubte. Ihr früh verstorbener Gemahl, Herzog Ernst August Constantin, unterstützte sie, aber der erste Anlauf misslang: 1758, im dritten Jahr des Siebenjährigen Krieges, musste das neu eingerichtete Hoftheater und die Hofkapelle zunächst wieder aufgegeben werden. Während Anna Amalias fast zwei Jahrzehnte dauernder Regentschaft, die sie für den älteren ihrer beiden Söhne, Carl August, ausübte, fehlte es jedoch nicht an weiteren Initiativen: Sie ließ das Grüne Schloss, ursprünglich ein Sommersitz der Herzogsfamilie, in eine Bibliothek umbauen und machte sie öffentlich zugänglich.

Georg Melchior Knaus: Tafelrunde der Anna Amalia, 1795
Im Tafelrunde-Zimmer des Weimarer Wittumspalais versammelte sich erst wöchentlich, später monatlich die Freitagsgesellschaft.

(Später wurde Goethe der langjährige Direktor dieser Sammlung, die für die Erforschung der Klassik bildungsgeschichtlich große Bedeutung gewann.) Sie holte erneut Schauspielertruppen nach Weimar, die – das war ungewöhnlich für einen kleinen Hof – auch deutsche Stücke zeigten, so Lessings *Minna von Barnhelm,* und sie stand in Liebhaberaufführungen selbst auf der Bühne. Ihr Hauptaugenmerk aber galt der Ausbildung ihrer Söhne zu aufgeklärten Fürsten. Als Lehrer engagierte sie zunächst Professoren vom berühmten Gymnasium Collegium Carolinum in Braunschweig. Zusätzlich berief sie 1772 Wieland für die Erziehung in Literatur und Philosophie.

Zwar musste sie sich schon bald davon überzeugen, dass der heiter-skeptische Autor des *Goldnen Spiegels* das Amt des Prinzenerziehers eher lässig ausübte, aber sie entzog ihm ihre Gunst nicht. Seine Dichtungen hat sie in den folgenden Jahrzehnten anscheinend mehr als die Goethes und Schillers geschätzt. Er war ein ausgezeichneter Gesellschafter, versöhnlich, witzig und besonnen. Auch fehlte es Wieland in dem, worauf es ihm ankam, nicht an Hartnäckigkeit. Er versäumte es nicht, folgenreiche Akzente zu setzen. Bereits 1773

gründete er nach dem Vorbild des *Mercure de France* seine Monatsschrift *Der Teutsche Merkur,* die sich zur wichtigsten deutschen Literaturzeitschrift der Goethezeit entwickelte. Er vermittelte Karl Ludwig von Knebel (1744–1834), einen literarisch gebildeten, auch selbst poetisch und als Übersetzer tätigen ehemaligen preußischen Offizier, als Erzieher des für den Militärberuf bestimmten Prinzen Constantin, dem jüngeren Bruder von Carl August. Knebel wiederum, der Wieland und Goethe verehrte, stellte 1774 in Frankfurt die Beziehung zwischen diesem und Carl August her.

Nach der Mündigkeitserklärung und Heirat Carl Augusts lebte Anna Amalia, nunmehr von amtlichen Pflichten entlastet – sie hatte sich auch um soziale Werke und um das Universitäts- und Schulwesen verdient gemacht –, noch vermehrt ihren ästhetischen Neigungen (sie dichtete, malte und komponierte, 1776 schrieb sie die Musik zu Goethes Singspiel *Erwin und Elmire*) und sorgte dafür, dass von dem »Weimarer Musenhof« auch unter ihrem für die schönen Künste weniger begabten Sohn kräftige Impulse ausgingen. Nach dem Regierungsantritt Carl Augusts gab es in Weimar genau genommen zwei Höfe mit unterschiedlichen

Vorlieben, den Hof des Regenten und den Anna Amalias in ihrem Wittumspalais, an dem man zwangloser lebte und wo bei Konzerten, Leseabenden und Diners Adel und Bürgertum nicht streng geschieden waren.

Für Aufmerksamkeit über die Grenzen des Ländchens hinaus sorgte zunächst Wieland, und dies vor allem mit seinem *Merkur*. Eine lebenslange Pension – noch war es in Deutschland nicht möglich, als »freier Schriftsteller« sein Auskommen zu finden – befreite ihn von materiellen Sorgen, im Kreis der Herzogsfamilie blieb er auch nach dem Regierungsantritt eine gern gesehene Erscheinung. Er schrieb Singspiele für den Hof (darunter, zum 17. Geburtstag des Erbprinzen, wiederum als eine Art Fürstenspiegel *Die Wahl des Herkules*). Bei der jungen Generation sorgte er durch seine Glätte zuweilen für Anstoß, so antwortete Goethe auf seine *Briefe über das Singspiel »Alceste«* im ersten Band des *Teutschen Merkur* 1773 im folgenden Jahr mit der beißenden Farce *Götter, Helden und Wieland,* in der sich Euripides' und Wielands Figuren über dessen assimiliertes Verständnis der Antike beschwerten. Die ungebärdigen Mitglieder des Hainbundes entzündeten damals ihre Pfeifen an Wielands Schriften. Wieland wiederum hat Goethes Farce sogleich im *Merkur* rezensiert und »allen Liebhabern der pasquinischen Manier« das »Meisterstück von Persiflage« empfohlen. Nicht nur Shakespeare könne Goethe sein, das habe er mit dem *Götz* gezeigt, sondern, wie man jetzt sehe, auch Aristophanes. Sein Schüler, der junge Fürst, hätte sich in den folgenden Jahren schwerlich so engagiert gezeigt, bedeutende Literaten nach Weimar zu holen – auch dergleichen war damals nicht Brauch an kleinen deutschen Höfen –, wenn ihm nicht im bildungsfähigsten Alter eine Persönlichkeit vom Rang Wielands begegnet wäre.

Allerdings stand dem Erbprinzen, der, achtzehnjährig, im September 1775 die Regierung übernahm, der Sinn nach jüngeren Vertrauten. Während der Bildungsreise nach Paris, auf die man ihn Ende 1774 geschickt hatte, ging ihm der Wunsch in Erfüllung, Goethe kennen zu lernen. Sogleich lud er ihn nach Weimar ein. Ein Jahr später suchte er, anlässlich seiner Vermählung mit der Darmstädter Prinzessin Luise, Goethe in dessen Elternhaus in Frankfurt auf und erneuerte die Einladung, der Goethe im nächsten Jahr folgte. Vom Herzog in jeder Weise bevorzugt, blieb er für immer.

Dem zweiten schöpferischen Geist, der nach Weimar kam, folgte bald der dritte: Schon wenige Wochen nach seiner Ankunft setzte sich Goethe für die Berufung Herders zum Generalsuperintendenten ein. Gegen den als Freigeist, wohl auch als Mystiker verrufenen Theologen erhob sich, geführt vom Oberkonsistorium, heftiger Widerstand, der nicht zuletzt mit der Kritik zusammenhing, die Goethe selbst inzwischen auf sich gezogen hatte, weil es den Anschein hatte, dass er den Herzog in ein kraftgenialisches Treiben hineinzog, das weder seiner Person noch der Regierung des Landes zuträglich war. Aber Carl August stand Goethe zur Seite und der umstrittene Mann wurde berufen.

In der Folge entwickelte Herder eine ausgedehnte praktische und – als er sich in den meisten seiner reformerischen Ansätze enttäuscht sah – literarische Tätigkeit. Wiederholt plante er, Weimar zu verlassen, aber der Herzog wusste ihn durch Erleichterungen in seiner äußeren Lebensstellung zu halten.

Als Letzter unter den vier Großen, die im Zentrum der Weimarer Klassik stehen, kam Schiller, und auch er fand Carl Augusts Unterstützung. 1787, während Goethes Italienreise, weilte er das erste Mal in der Residenz. Zwei Jahre später wurde er als außerplanmäßiger Professor (zunächst ohne Gehalt) an die von den vier sächsischen Herzogtümern gemeinsam getragene, aber auf dem Territorium Sachsen-Weimars gelegene Universität Jena berufen. Der 1794 einsetzenden Freundschaft mit Goethe folgte fünf Jahre später der endgültige Umzug nach Weimar, wo Schiller bis zu seinem Tode wohnhaft blieb. So zielbewusst und ergebnisreich wirkte der ein Jahrzehnt während Freundschaftsbund der beiden Dichter, dass der Begriff »Weimarer Klassik« nicht selten mit ihrem Duumvirat gleichgesetzt wurde. Für das Gesamtbild dieser literarischen Hochperiode darf das spannungsvolle Nebeneinander Goethes, Schillers, Wielands und Herders sowie das literarische Umfeld nicht vernachlässigt werden. Die Absicht Goethes und Schillers – die das Wort ›Klassik‹ noch nicht kannten – war es nicht, zu *den* beiden deutschen Klassikern stilisiert zu werden. In seinem Aufsatz *Literarischer Sansculottismus* (1795) hat gerade Goethe einen vorsichtigen Gebrauch der Ausdrücke »klassischer Autor, klassisches Werk« angemahnt. Später hat ihm seine Mutter die Zukunft prophezeit: »[…] und du und Schiller ihr seid hernach Classische Schriftsteller – wie Horaz Lifius – Ovid u wie sie alle heißen […] was werden alsdann die Professoren Euch zergliedern – auslegen – und der Jugend einpleuen.« (25.12.1807)

Ebenso wenig darf der zeitgeschichtliche Hintergrund unberücksichtigt bleiben. Die Frühklassik ist überwiegend noch Teil des Ancien régime, der zu Ende gehenden Feudalzeit; fehlte es auch wie in Beaumarchais'

Le mariage de Figaro nicht an Vorzeichen, so handelte es sich doch um politisch vergleichsweise ereignislose Tage. Ein Musenhof mit seinen Rokokozügen, wie die Herzogin Anna Amalia ihn pflegte, passte da hinein ebenso wie der Regierungsstil der Herzogsfamilie, der über einen aufgeklärten Absolutismus niemals hinausging. Die Französische Revolution und was ihr folgte, änderte die inneren und äußeren Bedingungen zwar von Grund auf, aber zwischen dem Frieden von Basel (1795) und der Schlacht bei Jena und Auerstädt (1806), erlebte das mit Preußen verbündete thüringische Herzogtum ein Jahrzehnt des Friedens.

Carl August hatte sich vehement für den Anschluss der deutschen Klein- und Mittelstaaten an diesen von Preußen mit dem revolutionären Frankreich geschlossenen Sonderfrieden ausgesprochen. Es war ein moralisch fragwürdiger Vertrag, aber einer seiner Nebeneffekte war die Neutralität Sachsen-Weimars in den folgenden, für die deutsche Literatur so bedeutsamen Jahren. Die Hochblüte der Klassik fiel gewissermaßen in eine geschichtliche Windstille.

Die Dichter und Intellektuellen sahen sich in einem Spannungsverhältnis zwischen ihrer zunächst eher positiven Einstellung zur Revolution und den eingegangenen Bindungen an das Fürstenhaus. Als ein entschiedener Gegner des drohenden gesellschaftlichen Umbruchs, weil ein ebenso entschiedener Parteigänger der »Ordnung«, hat sich von Anfang an nur Goethe erwiesen. Später sympathisierte er mit den von Napoleon geschaffenen Verhältnissen und hatte entsprechende Schwierigkeiten mit dem Widerstand der Deutschen und dem folgenden Befreiungskampf gegen »seinen Kaiser«. Insgesamt verlief die durch die Gräuel der Pariser Schreckensherrschaft genährte Absage an den revolutionären Prozess weniger als Rückzug auf vorrevolutionäre Positionen, denn als Überhöhung in einen idealen Raum der geistigen Auseinandersetzung. Das gab der Weimarer Klassik ihren apolitischen (wie ihre Gegner argumentierten, gerade darum politisch restaurativen) Charakter.

Später hing die Entwicklung zeitweise an einem Faden, denn die Niederlage Preußens 1806 hätte sehr leicht das Ende des Herzogtums Sachsen-Weimar, auf dessen Territorium die Entscheidungsschlacht geschlagen worden war, zur Folge haben können. Zeitweilig schien Carl August nurmehr ein besiegter preußischer General. Indessen wollte es die Ironie der Geschichte, dass er – ein Verwandter des Zaren – nicht als entthronter Herzog, sondern als Großherzog aus den napoleonischen Wirren hervorging.

Christoph Martin Wieland,
Feder in Schwarz, aquarelliert, von A. E. Stark

Wieland in Weimar und Oßmannstedt

Von 1772 bis 1775 wirkte Wieland als Prinzenerzieher in Weimar, danach lebte er dort und auf seinem Landgut im nahe gelegenen Oßmannstedt der Literatur und seiner zahlreichen Familie. In freundschaftlichem Umgang mit allen Großen des Herzogtums – als maître du plaisir des Musenhofs zog er sich nach Goethes Ankunft neidlos zurück –, als Dichter geehrt, aber umstritten, blieb er als Herausgeber und Übersetzer bis zu seinem Tod produktiv. Die Auseinandersetzung um seine *Alceste* hat das betont freundschaftliche Verhältnis zu Goethe nicht getrübt; erst durch dessen enge Bindung an Schiller verlor es an Intensität.

In der relativen Muße der ersten Weimarer Jahre – sein Hofamt als Prinzenerzieher stand für Wieland nicht an erster Stelle – entstand der Roman *Die Abderiten. Eine sehr wahrscheinliche Geschichte* (1774–80, erweitert 1781, 2 Bde.). Das Werk ist eine Satire, die erste gelungene seit dem Barock, auf die deutschen Kleinstädter. Schauplatz ist das Schilda oder Krähwinkel des Altertums, Abdera, die Heimat des »lachenden« Philosophen Demokrit. Gemeint sind Zürich, Biberach, Erfurt, Orte, an denen die Bürger dem Dichter das Leben oft sauer gemacht hatten. »Nirgends findet man eingeschränktere Seelen, härtere Köpfe, kältere Herzen – als in kleinen Republiken.« Berühmt sind die Teile des Romans, in denen der Prozess um des Esels Schatten geschildert wird:

Ein Reisender hatte einen Esel gemietet und in der Mittagshitze in dessen Schatten ausgeruht. Der Eseltreiber erhob nachträglich Ansprüche, weil die Mietsumme nur das Reittier, nicht aber den Esel als Schattenspender betraf. Bei der Klärung des Rechtsfalls wendet sich der Zorn des Volkes gegen den armen Esel.

Einen Höhepunkt in Wielands Schaffen bildet sein *Oberon* (1780). Die Bewunderung, die das Epos bei seinem Erscheinen fand, war groß. »Hier sind«, berichtete Wieland 1780 in einem Brief, »die Aktien meines Kredits beim Herzog, Goethe und beim hiesigen Publiko überhaupt um 100 Prozent durch dieses Werklein gestiegen.« Tatsächlich schrieb Goethe an Lavater: »*Oberon* wird, solange Poesie Poesie, Gold Gold und Kristall Kristall bleiben wird, als ein Meisterstück poetischer Kunst geliebt und bewundert werden.« (3. 7. 1780)

Hüon von Bordeaux, ein Paladin Karls des Großen, hat ohne seine Schuld dessen zweiten Sohn, den bösen Scharlott, getötet. Der Kaiser legt ihm als Sühnetat auf, im Thronsaal des Kalifen von Bagdad vor versammeltem Hof, dem, der zur Linken des Herrschers steht, den Kopf abzuschlagen, des Kalifen Tochter Rezia dreimal zu küssen und von ihm endlich vier Backenzähne und eine Hand voll Barthaare als Geschenk zu erbitten. Unterwegs begegnet ihm nach ersten Abenteuern der Elfenkönig Oberon, der sich von seiner Gemahlin Titania getrennt hat, weil sie einer Ehebrecherin Hilfe leistete. Er ist bereit, sich mit ihr zu versöhnen, wenn er zwei Liebende findet, die auch in Gefahr und Not unverbrüchlich zueinander halten. Hüon vollbringt mit Oberons Hilfe die ihm auferlegten Taten und gewinnt die schöne Rezia zur Braut, aber entgegen Oberons Forderung vereinen sich die Liebenden, bevor sie getraut sind. Zur Strafe müssen sie viele Prüfungen bestehen. Doch sie bewähren sich und halten einander die Treue. Hüon gewinnt des Kaisers Gnade zurück und auch Oberon und Titania versöhnen sich.

Im Gewand des Mittelalters lebt hier Rokoko als heiteres Spiel. Als Quellen diente ein Auszug aus einem französischer Ritterroman um Huon de Bordeaux, Chaucers *Canterbury Tales* (auf dem Umweg über Alexander Pope, 1688–1744), Motive aus *Tausendundeine Nacht* und aus Shakespeares *Sommernachtstraum*. Diese Anregungen hat Wieland mit überlegener Freiheit verwertet und dem Epos einen tiefen ethischen Gehalt gegeben. Sein Elfenkönig ist Diener des gött

lichen Willens, im Unglück ein leidender Geist, der sich aber nach der Versöhnung mit Titania wieder in einen blühenden Jüngling verwandelt. Geisterwelt und Wirklichkeit, Zauber und ironische Desillusionierung gehen ineinander über: Die, wie es den poetischen Vorbildern entspricht, pathetisch angerufene Muse wird gebeten, auf dem Kanapee Platz zu nehmen und »fein gelassen« zu erzählen. Die achtzeiligen gereimten, rhythmisch frei behandelten Strophen sind von beschwingter Musikalität.

Noch einmal sattelt mir den Hippogryphen, ihr Musen,
Zum Ritt ins alte romantische Land!
Wie lieblich um meinen entfesselten Busen
Der holde Wahnsinn spielt! Wer schlang das magische Band
Um meine Stirne? Wer treibt von meinen Augen den Nebel,
Der auf der Vorwelt Wundern liegt?
Ich seh, in buntem Gewühl, bald siegend, bald besiegt,
Des Ritters gutes Schwert, der Heiden blinkende Säbel.

Auch in den Werken, die dem *Oberon* noch folgten, zielt Wieland auf den Ausgleich von Verstand und Gemüt, Vernunft und Sinnlichkeit. Der Geist der Aufklärung und zugleich die Lebenskunst des Rokoko, die seine eigene war, leben darin fort. Es ist eine betont diesseitige Philosophie, die darauf abzielt, dass die Tugend um ihrer selbst willen gelebt wird.

Das Letzte und Höchste zu wissen, bleibt dem Menschen unerreichbar. Dafür möge er die Welt und nicht am wenigsten sich selbst mit leiser Ironie sehen. Was Natur und Schicksal gewähren, genieße er vergnügt und entbehre gern den Rest. Unterwürfig dem Geschick, nie geneigt, die Welt für ein Elysium oder eine Hölle zu halten.

Als Gastgeber in Oßmannstedt und als Herausgeber förderte Wieland junge Dichter, auch wenn sie – wie Heinrich von Kleist – ganz anders geartet waren als er. *Der Teutsche Merkur* (seit 1790 *Neuer Teutscher Merkur*), in dem auch seine eigenen Schriften, ferner Teile seiner Übersetzungen antiker Schriftsteller zuerst erschienen, bot dafür die geeignete Plattform. Als Autor wandte er selbst sich zuletzt ganz der Prosaerzählung zu (*Geheime Geschichte des Philosophen Peregrinus Proteus*, R., 1791, 2 Bde.; *Agathodämon*, R., 1799; *Aristipp und einige seiner Zeitgenossen*, R.-Fragment., 1800/01, 4 Bde.), musste sich jedoch, obwohl besonders der *Aristipp* die Vorzüge seiner Kunst unvermindert erkennen lässt, mit der geringeren Beachtung durch die Zeitgenossen abfinden. An Bühnenwerken sind die Trauerspiele *Johanna Gray* (1758) und *Clementina von Porretta* (1760) sowie das lyrische Drama *Die Wahl des*

Hercules (1773) zu nennen, Übersetzungen umfassen Shakespeares theatralische Werke (1762–66, 8 Bde.) und antike Schriftsteller (Aristophanes, Euripides, Xenophon u. a.).

Goethe hielt ihm 1813 in der Weimarer Loge die Gedenkrede *Zu brüderlichem Andenken Wielands,* in der er ihn als Weltbürger und Wahlverwandten der Griechen feierte. »Er hat sein Zeitalter sich zugebildet, dem Geschmack seiner Jahresgenossen sowie ihrem Urteil eine entscheidende Richtung gegeben.«

Herder in Weimar

Zusammen mit seinem Amt als Generalsuperintendent und Hofprediger übernahm Herder in Weimar auch die Aufsicht über das Schulwesen und über das Armen- und Waisenhaus. Später stieg er zum Vizepräsidenten des Oberkonsistoriums auf. Neben den umfangreichen, oft wenig befriedigenden Amtsgeschäften entfaltete er eine umfangreiche Publikationstätigkeit. Das Verhältnis zu Goethe entwickelte sich nach anfänglichen Irritationen über das Genietreiben bei Hof freundschaftlich und mündete in den Jahren 1783–95 auch bei gemeinsamen Aufenthalten in Karlsbad in vertrauensvolle und produktive Zusammenarbeit. Dann führten die unterschiedliche Einstellung zur Revolution in Frankreich, Goethes von Herder beneidete Freundschaft mit Schiller, familiäre Konflikte und Herders durch Krankheit geförderte Reizbarkeit zu einem völligen Bruch. Herders Ablehnung Kants blockierte auch sein Verhältnis zu Schiller. Zunehmend vereinsamt ist er in Weimar gestorben.

Herder war Goethes engster Briefpartner während dessen italienischer Reise, nahm Anteil am Erscheinen der Werkausgabe, versah die letzte Durchsicht der *Iphigenie* und verbesserte die Hexameter in *Reineke Fuchs.* Aber er war nicht der Mann für eine dienende Rolle, und die bestmöglichen Entfaltungsmöglichkeiten für sich selbst fand er nicht.

Bereits in Bückeburg hatte er an seinen *Ideen zur Philosophie der Geschichte der Menschheit* (1784–91) zu arbeiten begonnen; in Weimar schloss er die Arbeit ab, in der er den Gang der Menschheitskultur von der Frühzeit bis ins Mittelalter darstellt. Er weckt den Sinn für geschichtliches Werden und erfasst jede geschichtliche Erscheinung in ihrer Besonderheit, ihrer Abhängigkeit von Landschaft, Klima und Zeitgeist. »Jede Nation hat ihren Mittelpunkt der Glückseligkeit in sich wie die Kugel ihren Schwerpunkt«, schreibt er. Die Geschichtsschreibung müsse »eine Physiologie des ganzen Nationalkörpers sein: der Lebensart, Bildung, Sitte und Sprache, nicht eine Geschichte von Königen, Schlachten, Kriegen, Gesetzen und elenden Charakteren, sondern eine Geschichte des Ganzen der Menschheit und

Ein Abend in der Gartenlaube am Goethe'schen Hause in Weimar (von links: Wieland, Schiller, Herzog Carl August, Herder, Goethe). Holzstich von 1789 nach einer Zeichnung von Heinrich Merte

ihrer Zustände, Religionen, Denkarten«. Jedes Volk hat seinen besonderen Auftrag im Rahmen des Schöpfungsplanes. Im Zusammenwirken von Nationen und genialen Persönlichkeiten entsteht dann jene allumfassende Humanität, zu der die Menschheit bestimmt ist und die auf Gott als das höchste Ziel ausgerichtet ist.

Ich wünschte, dass ich in das Wort Humanität alles fassen könnte, was ich bisher über des Menschen edelste Bildung zur Vernunft und Freiheit, zu feineren Sinnen und Trieben, zur zartesten und stärksten Gesundheit, zur Erfüllung und Beherrschung der Erde gesagt habe: Denn der Mensch hat kein edleres Wort für seine Bestimmung als er selbst ist, in dem das Bild des Schöpfers unserer Erde, wie es hier sichtbar werden konnte, ausgedrückt lebt.

Herder hinterließ ein ungeachtet seines Umfangs fragmentarisches Werk. Anregend ist er auch nach seinem Tode geblieben. Besonders auf die slawischen Völker in Südosteuropa hat er eine tiefe Wirkung ausgeübt und zur Erweckung ihres geschichtlichen Bewusstseins beigetragen (*Über die neuere Deutsche Litteratur.*

Goethes Gartenhaus

Erste Sammlung von Fragmenten, 1767/68; Kritische Wälder. Oder Betrachtungen, die Wissenschaft und Kunst des Schönen betreffend, 1769; Wie die Alten den Tod gebildet, 1774; Älteste Urkunde des Menschengeschlechts, 1774–76; Von der Ähnlichkeit der mittleren englischen und deutschen Dichtkunst, 1777; Vom Geist der ebräischen Poesie (1782/83); Briefe zur Beförderung der Humanität, 1793/94; Postum: Der Cid. Geschichte des Don Ruy, Grafen von Bivar. Nach spanischen Romanzen, 1803/04).

Goethes erstes Weimarer Jahrzehnt

Bei Goethes Entscheidung für Weimar haben nicht literarische Interessen die bestimmende Rolle gespielt. Ihn lockte der Hof und die Nähe des Fürsten, die ihm Möglichkeiten der persönlichen Entfaltung in Aussicht stellten, wie sie eine bürgerliche Existenz auch dann nicht gewährte, wenn man wie Goethe aus reichem Haus stammte und bereits ein erfolgreicher Schriftsteller war. Tatsächlich schien das Leben in Weimar Goethe seinem dichterischen Beruf zunächst zu entfremden.

Am 7. November 1775 traf Goethe, zusammen mit dem Hofmarschall von Kalb, der ihn in Heidelberg abgeholt hatte, in Weimar ein. Er fand sich in der fürstlichen Familie von Jugend umgeben: Der seit kurzem regierende Herzog war 18 Jahre, seine Gemahlin Luise ein Jahr jünger. Selbst die Herzogin-Mutter Anna Amalia zählte erst 36 Jahre. Er

wurde rasch der Freund des Herzogs und übernahm eine Reihe von Hof- und Staatsaufgaben. Am 14. Februar 1776 schrieb er an eine vertraute Freundin, die »liebe Tante« Johanna Fahlmer:

Eine herrliche Seele ist die Fr[au] von Stein, an die ich so was man sagen mögte geheftet und genistelt bin. Louise und ich leben nur in Blicken und Sylben zusammen. Sie ist und bleibt ein Engel. Mit der Herz[oginn] Mutter hab ich sehr gute Zeiten, treiben auch wohl allerley Schwänck und Schabernack. Sie sollten nicht glauben wie viel gute Jungens und gute Köpfe beysammen sind, wir halten zusammen, sind herrlich untereins und dramatisieren einander, und halten den Hof uns vom Leibe.

Goethe trug in der ersten Weimarer Zeit die Werthertracht, einen blauen Frack mit gelber Weste, Stulpenstiefel, Zopf: Das wurde für die Herren des Hofes Mode. An Carl Augusts burschikosen Landpartien und Trinkgelagen nahm er zunächst teil, und hat sich dadurch bei den ältern Beamten des Herzogtums, aber auch bei seinen literarischen Kollegen – Klopstock schrieb ihm mahnende Briefe – nicht nur Freunde erworben. Schon bald aber wurde er dem jungen Herzog ein mäßigendes Vorbild. Carl August ernannte ihn 1776 zum Geheimen Legationsrat, 1779 zum Geheimrat; 1782 wurde er auf Vorschlag des Herzogs von Kaiser Joseph II. geadelt und leitete seitdem die gesamten Staatsfinanzen. Goethe begleitete den Herzog auf seinen Inspektionen durch das Land und reiste 1779 mit ihm in die Schweiz. Auf der Rückreise nahmen sie in Stuttgart an einem Festakt der Militärakademie teil, bei dem der Eleve Schiller Goethe zum ersten Mal sah.

Die sieben Jahre ältere Charlotte von Stein, die zur Hofgesellschaft gehörte, lernte Goethe bereits im ersten Monat seiner Anwesenheit in Weimar kennen. Die aus einer kleinen Adelsfamilie stammende, mit einem glänzenden Kavalier, dem Oberstallmeister von Stein, verheiratete Frau war vielseitig gebildet, Mutter von mehreren Kindern, in ihrer Ehe enttäuscht, eine sanfte, graziöse Schönheit. Goethe liebte sie seit dem ersten Zusammentreffen. Die mehr als zehn Jahre währende Freundschaft, die mit Goethes Italienreise und seiner anschließenden Bindung an Christiane Vulpius endete, war für die Entwicklung seiner Persönlichkeit und Kunst von größter Bedeutung. Goethes Briefe an Charlotte (die ihren, die sie zurückforderte, sind nicht erhalten) erheben sich oft zu reiner Dichtung:

Meine Seele ist fest an die deine angewachsen, ich mag keine Worte machen, du weißt dass ich von dir unzertrennlich bin und dass weder Hohes noch Tiefes mich zu scheiden vermag. Ich wollte dass es irgend ein Gelübde oder Sakrament gäbe, das mich dir auch sichtlich und gesetzlich zu Eigen machte, wie werth sollte es mir seyn. Und mein Noviziat war doch lang genug um sich zu bedenken. Adieu. Ich kan nicht mehr Sie schreiben wie ich eine ganze Zeit nicht du sagen konnte. [...] Noch etwas von meiner Reiseandacht. Die Juden haben Schnüre mit denen sie die Arme beym Gebet umwickeln, so wickle ich dein holdes Band um den Arm wenn ich an dich mein Gebet richte, und deiner Güte Weisheit, Mäsigkeit und Geduld theilhaft zu werden wünsche. […] Leb wohl, ich kan nicht von dir kommen wenn nicht des Blätgens Ende wie zu Hause die Thüre mich von dir noch schied. Neunheiligen, d. 12. März Montags um halb 11 Nachts 81. G.

Hin und wieder konnte Goethe sich aus dem gesellschaftlichen Leben in das stille Gartenhaus an der Ilm zurückziehen, das er erworben hatte. Die öffentlichen Pflichten und das höfische Leben, ebenso die jugendlich-unhöfischen Eskapaden an der Seite des Herzogs, befriedigten ihn auf die Dauer nicht. Wäre Charlotte von Stein nicht gewesen, so hätte er Weimar wahrscheinlich wieder verlassen. Der »glühende Platonismus« (D. Borchmeyer) dieser nach den gesellschaftlichen Spielregeln erlaubten Beziehung trug zwar dazu bei, Spannungen aufzubauen, die auf Befreiung drängten, aber der ihm auferlegte, in gewisser Weise selbst gewählte und von ihm bejahte Verzicht war künstlerisch produktiv.

Die Weimarer Lyrik ist im Vergleich mit der Dichtung der Frankfurter Sturmzeit im Ausdruck gedämpft. Die in die Briefe eingestreuten Gedichte an Frau von Stein rühmen Adel und Seelenkraft der Geliebten. In ihrer Nähe und in der Natur findet Goethe Frieden *(An den Mond)*. In dem 1776 am Ettersberg geschriebenen *Wandrers Nachtlied* werden persönliche Empfindungen zu zeitlosen Gleichnissen des Seelenlebens.

Wandrers Nachtlied

Der du von dem Himmel bist,
Alles Leid und Schmerzen stillest,
Den, der doppelt elend ist,
Doppelt mit Erquickung füllest,
– Ach, ich bin des Treibens müde,
Was soll all der Schmerz und Lust?
Süßer Friede,
Komm, ach komm in meine Brust!

Das folgende Gedicht *Ein Gleiches* (der Titel bezieht sich auf *Wandrers Nachtlied*) schrieb Goethe am 6. September 1780 auf dem Kickelhahn bei Ilmenau an die Wand einer einfachen Holzhütte.

Ein Gleiches

Über allen Gipfeln
Ist Ruh,
In allen Wipfeln
Spürest du
Kaum einen Hauch;
Die Vögelein schweigen im Walde.
Warte nur, balde
Ruhest du auch.

»Die Götter wissen allein, was sie wollen, und was sie mit uns wollen, ihr Wille geschehe«, schrieb er. Die Hymne *Grenzen der Menschheit* spricht von der Begrenztheit alles Irdischen, das Gedicht *Das Göttliche* anerkennt das ewige Sittengesetz.

Goethes Empfinden hat sich in dieser Weimarer Zeit auch in die Bereiche des elementaren Daseins hinein erweitert und vertieft *(Gesang der Geister über den Wassern)*. In den Balladen *Der Fischer* und *Erlkönig* wird die Dämonie der Natur, in seinen ersten Mignon- und Harfnerliedern die Schwermut und Sehnsucht eines einsamen Menschen gestaltet. Im 13. Kapitel des Romans *Wilhelm Meisters Lehrjahre* steht die »wehmütige, herzliche Klage« des alten Harfners, die Wilhelm Meister »in die Seele drang«:

Wer nie sein Brot mit Tränen aß,
Wer nie die kummervollen Nächte
Auf seinem Bette weinend saß,
Der kennt euch nicht, ihr himmlischen Mächte.

Ihr führt ins Leben uns hinein,
Ihr lasst den Armen schuldig werden,
Dann überlasst ihr ihn der Pein,
Denn alle Schuld rächt sich auf Erden.

Während der zwölf Jahre der Freundschaft mit Frau von Stein arbeitete Goethe an jenem Werk, das seine Wandlung von Sturm und Drang zu klassischer Form am deutlichsten zeigt: *Iphigenie auf Tauris*. Die erste Fassung in Prosa wurde 1779, die endgültige Fassung in Jamben 1786 in Italien abgeschlossen. Der Stoff der Tragödie des Euripides wurde von Goethe wesentlich verändert.

Iphigenie, von ihrem Vater Agamemnon zum Sühneopfer bestimmt, ist von der Göttin Diana in ein barbarisches Land entführt worden. Zu Beginn des Dramas ist sie als Priesterin Dianas auf Tauris im Land des Skythenkönigs Thoas, den sie dazu gebracht hat, die Menschenopfer abzuschaffen. Thoas möchte sie heiraten. Aus Zorn über ihre Weigerung befiehlt er, zwei Fremdlinge, die auf der Insel gelandet sind, zu opfern. Es sind, ohne dass Iphigenie dies weiß, ihr Bruder Orest und dessen Freund Pylades. Orest hat die Mutter Klytämnestra erschlagen, da sie die Schuld trägt am Tod Agamemnons, des Vaters. Von den Rachegöttinnen, den Erinnyen, verfolgt, findet Orest keine Ruhe. Doch Apollo hat ihm Erlösung von seiner Schuld versprochen, wenn er die Schwester aus Tauris nach Griechenland bringe. Der Orakelspruch meine, so glaubt Orest, das im Tempel von den Barbaren verehrte Götterbild der Diana, der Schwester des Apoll: Sich dieses Bildes zu bemächtigen ist sein Ziel. Iphigenie erkennt in dem unglücklichen Orest ihren Bruder. Ihre Reinheit und Sanftmut verscheuchen die Rachegeister. Als Orest und Pylades dem falsch verstan-

G. M. Kraus: Aufführung der *Iphigenie*
mit Goethe als Orest und Corona Schröter als Iphigenie, 1779

»Klarheit und Maß, sittliche Bändigung und Ruhe der Seele, was Goethe in Charlotte von Steins Existenz verwirklicht fand, macht die geistige Substanz seines gräzisierenden Schauspiels aus.« (K. Viëtor) Sein Drama kopiert nicht die griechische Form und Lebensdeutung, sondern »verherrlicht das Ideal einer Menschlichkeit, in der sich die verfeinerte Sittlichkeit christlichen Abendlandes mit der Sehnsucht nach der Schönheit griechischer Kunst verbindet«. (Auf der Reise nach Rom sah 1786 Goethe in Bologna ein Gemälde der Heiligen Agatha des von ihm als Erneuerer der Antike verehrten Raffael; er gelobte, seine Iphigenie nichts sagen zu lassen, was die Heilige nicht sagen könne.)

Wie sich dieser Wille zur seelischen Erhöhung in der Sprache durchsetzte, kann ein Vergleich der Prosafassung mit der endgültigen Fassung verdeutlichen. Heißt es in jener: »Mein Verlangen steht hinüber nach dem schönen Lande der Griechen, und immer möcht ich übers Meer hinüber« – so lautet die entsprechende Stelle in dem Eingangsmonolog jetzt folgendermaßen:

Und an dem Ufer steh' ich lange Tage,
Das Land der Griechen mit der Seele suchend;
Und gegen meine Seufzer bringt die Welle
Nur dumpfe Töne brausend mir herüber.

Iphigenie auf Tauris erschien 1787. Im selben Jahr kamen Schillers *Don Carlos*, Mozarts *Don Giovanni*, der dritte Teil von Herders *Ideen zur Philosophie der Geschichte der Menschheit* heraus, sowie Kants *Kritik der praktischen Vernunft*, Werke, die auf die Selbstbesinnung des Menschen und auf seine Verantwortung vor der Gesellschaft verweisen.

An seinen in Frankfurt begonnenen Trauerspiel *Egmont* (U. 1789) arbeitete Goethe während seines ersten Weimarer Jahrzehnts zu verschiedenen Zeiten; auch dieses Drama konnte er erst in Italien vollenden. Nachdem der Uraufführung in Mainz eine erfolglose Erstaufführung 1791 in Weimar gefolgt war, ließ sich das Stück erst in Schillers eingreifender Bearbeitung, die den »Salto mortale in eine Opernwelt« am Schluss wegließ, 1796 auf dem Theater durchsetzen. Später ermöglichte Beethovens *Bühnenmusik zu Egmont* (Op. 84, U. 1814) die Rückkehr zur Originalfassung.

Hintergrund der Handlung ist der Freiheitskampf der Niederlande gegen die spanische Herrschaft. Herzog Alba ist mit seinem Heer in den Niederlanden erschienen, um den Aufruhr niederzuwerfen. Er sieht im Grafen Egmont und in Wilhelm von Oranien die Hauptschuldigen, die das Volk gegen die Spanier aufwiegeln. Oranien flieht rechtzeitig, Egmont überhört alle Warnungen im Bewusstsein des gu-

denen Auftrag des Orakels gemäß das Bild der Diana rauben und Iphigenie entführen wollen, tritt sie, unfähig zur Lüge, offen vor König Thoas hin und erreicht von ihm die Erlaubnis zur Rückkehr mit Orest und Pylades in die Heimat.

Auf dem Geschlecht der Tantaliden, dem Orest und Iphigenie entstammen, lastet nach der Sage der Fluch der Götter. Während im antiken Drama das Schicksal mit eherner Gewalt herrscht, bestimmt bei Goethe der zur Selbstvollendung aufgerufene freie Mensch die Handlung. Durch die Kraft ihres Seelenadels erlöst Iphigenie den Bruder von der Schuld und der Verfolgung durch die Rachegöttinnen, wird aber im weiteren Verlauf des Dramas selbst gefährdet. Pylades fordert von ihr, dass sie der »ehernen Hand der Not« gehorchen und durch eine Lüge die Flucht ermöglichen solle. Iphigenie ruft die Götter zu Hilfe: »Rettet mich und rettet euer Bild in meiner Seele.« Die Olympier, an die sie sich wendet, sind von anderer Art als die grausamen Götter, von denen das Parzenlied kündet. Iphigenie enthüllt den Fluchtplan und gibt sich dem König Thoas preis: »Verdirb uns – wenn du darfst.«

ten Gewissens und im Vertrauen auf das Volk, das sich ihm in dem hingebend liebenden Bürgermädchen Klärchen verkörpert. Er wird verhaftet und hofft vergeblich auf Hilfe. Gestärkt durch eine Traumvision, in der ihm Klärchen als Genius der Freiheit erscheint, geht er mutig in den Tod.

Goethe hat die seinem Drama zugrunde liegenden Vorgänge, die 1568 in die Hinrichtung der Grafen Egmont und Hoorn mündeten, nach historischen Quellen gestaltet. Dem Jesuiten Famianus Strada (*De bello Belgico*, 1640) folgt er stellenweise fast wörtlich, aber insgesamt machte er von seiner poetischen Freiheit regen Gebrauch. Die Aktualität des Stoffes – den 1788 auch Schiller in seiner *Geschichte des Abfalls der Vereinigten Niederlande von der spanischen Regierung* behandelt hatte – lag für die Zeitgenossen in der durch die Reformen Josephs II. in den damals österreichischen Niederlanden ausgelösten »Revolution«, einer Aufstandsbewegung aus konservativer Geisteshaltung zur Verteidigung überlieferter ständischer Rechte und Lebensformen gegen den modernen zentralistischen Staat. Mit einer solchen, der französischen Revolution tendenziell gegenläufigen Bewegung sympathisierte Goethe, der damit als Diener seines Herzogs Partei nahm, denn das Vorgehen Josephs II. bedrohte auch die Unabhängigkeit der deutschen Mittel- und Kleinstaaten. In Rom ist Goethe sogar von österreichischen Agenten beschattet worden, weil er als Mitglied des herzoglichen Conseils im Verdacht stand, mit seiner Reise politische Ziele zu verfolgen.

Wie Götz von Berlichingen ist Egmont ein Kämpfer für die Freiheit, der am Ränkespiel der Gegenseite zugrunde geht. Aber er ist durch seine Stellung und seinen geschichtlichen Rang über den fränkischen Ritter hinausgehoben. Und weil der »finstre Toledaner« Alba ein Vertreter der Staatsräson ist, wird aus der persönlichen Auseinandersetzung ein Zusammenstoß zwischen dem Einzelnen und dem Staat, zwischen Macht und Recht.

Andererseits ist das Drama trotz des historischen Hintergrundes, der lebendigen Volksszenen und der spannenden Dialoge, in denen über politische Machtprobleme diskutiert wird, auch ein lyrisch-dramatisches Gedicht, in dem Goethe dem Helden eigene Züge verliehen hat. Egmont handelt mit der traumhaften Sicherheit eines Menschen, der auf seine innere Stimme vertraut. Schicksalsglaube und Vertrauen in das Leben bedeuteten für Goethe Ausdruck des »Dämonischen«, das er in sich selbst spürte. Es duldet keinen Widerspruch und kein Ausweichen und führt den Menschen in jene Verstrickung von Freiheit und Verhängnis, in

der die Tragik nicht auf persönlicher Schuld, sondern auf dem Gehorsam gegenüber dem Schicksal beruht. Wie die *Iphigenie* ist auch Goethes zweites Seelendrama, *Torquato Tasso* (1790), aus den Erfahrungen der Weimarer Zeit hervorgegangen, allerdings in mittelbarer Weise, denn die Identifikation mit dem Schicksal der Hauptfigur des Stückes erlaubten seine eigenen Erfahrungen gerade nicht. Noch in Weimar konzipiert, wurde der *Tasso* in Italien und nach der Rückkehr von dort vollendet. Er habe, schrieb Goethe, in dieses Drama »des Herzensblutes mehr als billig transfundiert«. Ähnlich wie im *Werther*, mit dem es manches gemein hat, handelt es sich in dem Drama, wie Goethe in einem Gespräch mit der Frau Herders im März 1789 sagte, um »die Disproportion des Talents mit dem Leben«. Der endgültigen Fassung liegt die Tasso-Biografie des Abbate Pierantonio Serassi, erschienen in Rom 1785, zugrunde.

Tasso lebt am Hof des Herzogs Alfons II. von Ferrara. Zur Hofgesellschaft gehören die Schwester des Fürsten, Prinzessin Leonore von Este, deren Freundin Gräfin Leonore Sanvitale und Staatssekretär Antonio Montecatino. Tasso überreicht dem Herzog sein gerade beendetes Epos *Das befreite Jerusalem*, dessen Erfolg den Spott Antonios über leicht erworbenen Dichterruhm erregt. Zugleich weckt die Bewunderung der Prinzessin Tassos leidenschaftliches Selbstbewusstsein. Der Gegensatz zwischen Staatsmann und Dichter steigert sich, bis Tasso schließlich den Degen gegen Antonio zückt. Der Herzog sucht, beide zurechtweisend, den Streit zu schlichten. Tasso will den Hof verlassen. Er wirbt um die Prinzessin, doch diese weist seinen Antrag zurück. Der in der Kunst beheimatete Dichter muss sich eingestehen, dass er in der Welt gescheitert ist.

So beschreibt Leonore Tassos Erscheinung:

Sein Auge weilt auf dieser Erde kaum;
Sein Ohr vernimmt den Einklang der Natur;
Was die Geschichte reicht, das Leben gibt,
Sein Busen nimmt es gleich und willig auf:
Das weit Zerstreute sammelt sein Gemüt,
Und sein Gefühl belebt das Unbelebte.
Oft adelt er, was uns gemein erschien,
Und das Geschätzte wird vor ihm zu nichts. (I,1)

Voll Phantasie träumt Tasso von einer goldenen Zeit, in der »erlaubt ist, was gefällt«. Die Prinzessin, die Züge der Frau von Stein trägt, gibt die Antwort der Gesellschaft: »Erlaubt ist, was sich ziemt.« Was Tasso fehlt, hat Antonio: Selbstbeherrschung, Weltklugheit, praktischen Verstand, Tatkraft. Tasso lässt das gesellschaftliche Maß vermissen, schwankt zwischen übertriebenem Dank und jäh hervorbrechendem Miss-

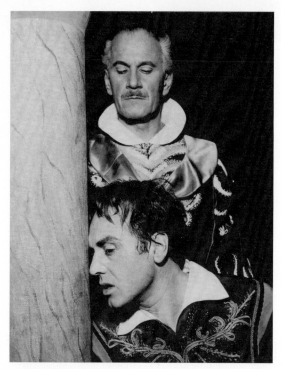

Torquato Tasso
Renaissance-Theater Berlin o. J., Will Quadflieg (Tasso),
Werner Hessenland (Antonio)

trauen. Ständig wird er zwischen den Forderungen seines Künstlertums und den Pflichten am Hof hin- und hergerissen. Aus seiner ichbezogenen Phantasiewelt findet er nicht heraus.

Hochklassik

Die erste Italienreise Goethes 1786–88 und der Umzug Schillers zunächst nach Jena, dann nach Weimar markieren den endgültigen Abschluss der Sturm-und Drang-Zeit. Mit Beginn der engen Zusammenarbeit Goethes und Schillers 1794, die bis zu Schillers Tod anhält, tritt die Weimarer Klassik in ihre entscheidende Phase ein, innerhalb derer sie von den beiden befreundeten Dichtern mit klar umrissener Zielsetzung geprägt wird.

Goethes Italienreisen und Wendung zur Antike
Die einstigen literarischen Weggefährten hatten Goethes Karriere in Weimar in Sorge um seine künstlerische Zukunft überwiegend mit Enttäuschung verfolgt.

Die Beziehung zu Klopstock ging darüber zu Bruch. Aber die weitere Entwicklung bestätigte die Befürchtungen nicht.

Als Goethe zur Kur in Karlsbad weilte, reiste er am 3. September 1786 heimlich nach Italien: über den Brenner, den Gardasee, Verona, Venedig nach Rom, wo er am 29. Oktober ankam. Während dieser Zeit schrieb er ein Reisetagebuch für Charlotte von Stein. Nach viermonatigem Aufenthalt fuhr er weiter nach Neapel und Sizilien, war im Juni 1787 wieder in Rom, blieb dort bis Ende April 1788 und reiste mit Unterbrechungen in Florenz, Parma, Mailand nach Weimar zurück, wo er am 18. Juni eintraf. In dem autobiografischen Werk *Italienische Reise* (1816/17) hat er später aufgrund von Briefen und Tagebüchern seine Erfahrungen und Eindrücke zusammengestellt.

Nach der Rückkehr aus Italien trat Goethe im Einverständnis mit dem Herzog von den meisten bisherigen Ämtern zurück. Die persönlichen Beziehungen zum Hof wurden distanzierter. Die Verbindung zu Frau von Stein hatte aufgehört, als er die 23-jährige Christiane Vulpius, Schwester des Schriftstellers Christian August Vulpius in sein Haus aufnahm. 1789 wurde der Sohn August geboren (vier weitere Kinder starben in den folgenden Jahren bald nach der Geburt).

Eine höfische Verpflichtung führte Goethe 1790 als Begleiter der Herzogin Anna Amalia nach Venedig. 1791 übernahm er (bis 1817) die Leitung des Weimarer Hoftheaters, das er zu einer Stilbühne klassischer Art machte, 1792 bis 1793 begleitete er den Herzog in dem Ersten Koalitionskrieg und nahm an der Belagerung von Mainz teil (*Campagne in Frankreich; Belagerung von Mainz*, 1822 als fünfter Teil von *Aus meinem Leben*).

Goethe wünschte sich, als er 1786 nach Italien aufbrach, von den vielfältigen Bindungen, in die ihn der zehnjährige Weimarer Aufenthalt verstrickt hatte, zu befreien, um sich innerlich wieder zu finden:

O, wie fühl' ich in Rom mich so froh! Gedenk' ich der Zeiten,
Da mich ein graulicher Tag hinten im Norden umfing,
Trübe der Himmel und schwer auf meine Scheitel sich senkte,
Farb- und gestaltlos die Welt um den Ermatteten lag,
Und ich über mein Ich, des unbefriedigten Geistes
Düstre Wege zu spähn, still in Betrachtung versank.
Nun umleuchtet der Glanz des helleren Äthers die Stirne;
Phöbus rufet, der Gott, Formen und Farben hervor.
Sternhell glänzet die Nacht, sie klingt von weichen Gesängen,
Und mir leuchtet der Mond heller als nordischer Tag.
Welche Seligkeit ward mir Sterblichem! Träum' ich?
                   Empfänget
Dein ambrosisches Haus, Jupiter Vater, den Gast?

(Römische Elegien VII)

Die *Römischen Elegien* (1795) sind zwischen 1788–90 entstanden, von Goethe aber auf Rat seiner Freunde zunächst nicht veröffentlicht worden. Die Weimarer Gesellschaft, die, Frau von Stein eingeschlossen, Goethes Verhältnis mit Christiane Vulpius als Provokation empfand, hätte bei frühzeitigem Bekanntwerden dieser Dichtung wohl zu einem biografischen Kurzschluss geneigt. Eine vollständige Ausgabe existiert erst seit 1914. Im Versmaß der Distichen (Wechsel von Hexametern und Pentametern) und nach dem Vorbild der großen römischen Elegiker (Tibull, Properz, Ovid) gestaltet, ist Goethes Absicht erkennbar, antike Formen und Stoffe für die deutsche Literatur zu erschließen. Die unverhüllte Erotik ist nicht Selbstzweck, sondern Teil dieses Vorhabens. Der Mann aus dem Norden lernt an der Seite der römischen Geliebten fühlen und sehen, poetische Produktion und sinnliche Erfahrung fließen zusammen: »Oftmals hab' ich auch schon in ihren Armen gedichtet / Und des Hexameters Maß leise mit fingernder Hand / Ihr auf den Rücken gezählt.« Ein wesentlich anderes, distanziertes Verhältnis zu Italien lassen die 1790 entstandenen *Venezianischen Epigramme* erkennen, die ebenfalls erst 1795 publiziert wurden: Frucht des unlustig erlebten Aufenthalts in der Lagunenstadt. Einen der Angriffspunkte des in ihnen vorherrschenden Räsonnements bildet die französische Revolution, der Goethe – anders als die meisten anderen Autoren seiner Zeit, die ein eher gespaltenes Verhältnis zeigen – von Anfang an ablehnend gegenüberstand. In einem Lustspiel um die Halsbandaffäre *Der Großkophta* (1792) und in *Der Bürgergeneral* (1793), künstlerisch wenig bedeutende Stücke, hat er diese Ablehnung zuerst auf die Bühne gebracht.

Auch die Nach- und Umdichtung des alten niederdeutschen Tiergedichts *Reineke Fuchs* (1794) in ein Hexameter-Epos – Goethe benutzte Gottscheds Prosa-Übersetzung und den Neudruck des niederdeutschen Textes von 1498 – ist Auseinandersetzung mit den Zeitumständen. In satirisch-humoristischer Weise wird das Bild einer feudalen Gesellschaft entworfen und illusionslos, bis hin zur dichterischen Mitfeier des Triumphs einer skrupellosen Schlauheit, bewertet.

Goethe wandte sich wieder stärker der Wissenschaft und Forschung zu. Naturwissenschaftliche Studien hatte er bereits in Leipzig und in Straßburg begonnen. Die Abhandlung *Über den Granit* (1784), die in seinem geologischen Denken eine besondere Rolle spielt, gilt als Teil eines geplanten Romans über das Weltall. Neue Anregungen gaben ihm der Aufenthalt in Weimar, wo er sich besonders dem Bergbau und der Forstwirtschaft widmete, und schließlich die italienische Reise. Diese naturwissenschaftlichen Forschungen erstreckten sich in universaler Weise auf die Gebiete der Mineralogie, Botanik, Anatomie, Farbenlehre und Morphologie und führten zu Anschauungen und Erkenntnissen, die Goethes Weltanschauung und Dichtung mitbestimmten. Er ging eigene, von der Wissenschaft seiner Zeit abweichende Wege und stellte sich in seiner Farbenlehre in scharfen Gegensatz zu der herrschenden Lehre Newtons.

Goethe wollte über die Erforschung der Einzelheiten hinaus zu einer Gesamtansicht vom inneren Aufbau und den wirkenden Gesetzen des Lebens und der Natur kommen. Dafür war sein Aufenthalt unter dem südlichen Himmel bedeutungsvoll. In Italien erfuhr er Kunst und Natur in klassischer Formbildung. In ihren einzelnen Erscheinungen offenbarten sich ihm die allem zugrunde liegenden Urformen. So sah er hinter allem Pflanzenwachstum die Urpflanze als Grundgestalt. Aus solchem Urtypus entwickeln sich nach seiner Ansicht die einzelnen, unendlich zahlreichen Abwandlungen. Bei dieser Metamorphose der organischen Welt bleibt zwar immer das artbildende Grundphänomen erhalten – »und die seltenste Form wahrt im Geheimen das Urbild« –, aber es werden in unerschöpflichem Wandel immer neue individuell bestimmte Formen und Gestaltungen geschaffen (*Versuch, die Metamorphose der Pflanzen zu erklären*, 1790). In dem Gedicht *Die Metamorphose der Pflanzen* (1798) und in den späteren Versen *Eins und alles* (1821) hat Goethe diesen Prozess poetisch dargestellt.

In der Polarität von Einheit und Fülle, Gesetz und Mannigfaltigkeit ließ sich für Goethe alles Leben erfassen. Die Grundbegriffe dieser naturwissenschaftlichen Weltanschauung waren auch diejenigen von Goethes klassischer Kunstlehre. Er wandte sich dem urbildlich Einfachen zu, in dem der ganze Reichtum späterer Entfaltung beschlossen liegt, er suchte im Typischen das Bleibende, das die Fülle des Lebens bewirkt, er wollte im individuellen Menschenbild das Gültige erkennbar machen. Typus und Gesetz, Gestalt und Form wurden auch zu Leitbegriffen seiner Kunst. (→ S. 146)

Schillers historische und ästhetische Schriften. Gedankendichtung

In der zweiten Hälfte des Jahres 1887 lebte Schiller mit Unterbrechungen in Weimar, verkehrte mit Wieland und Herder und widmete sich im Anschluss an den soeben beendeten *Don Carlos* historischen Studien. »Alles macht mir hier seine Glückwünsche, dass ich mich in die Geschichte geworfen, und am Ende bin ich ein solcher Narr, es selbst für vernünftig zu halten«, schrieb er an Körner (19. 12. 1887). Die Berufung an die Universität Jena (März 1789), wo er

Johann Heinrich Wilhelm Tischbein: Goethe in der Campagna, 1788
»Ich soll in Lebensgröße als Reisender, in einen weißen Mantel gehüllt, in freier Luft auf einem umgestürzten Obelisken sitzend, vorgestellt werden, die tief im Hintergrund liegenden Ruinen der Campagna di Roma überschauend.« (Italienische Reise, 29. Dezember 1786) Im Vordergrund ein Relief, das Orest und Pylades vor Iphigenie zeigt, im Hintergrund das turmartige Grabmal der Metella und Reste eines Aquädukts.

eine zunächst unbesoldete, später karg dotierte Professur erhielt, entsprach seinen Wünschen, erwies sich aber schon bald als Last. 1790 heiratete er Charlotte von Lengefeld, in deren elterlichem Hause in Rudolstadt die erste, enttäuschend verlaufene Begegnung mit Goethe erfolgt war. Die Lehrtätigkeit gab er 1791 krankheitshalber wieder auf. Auf eigene Bitte hin wurde er 1794 von Herzog Carl August zum »fürstlichen Rat« ernannt: Geistige Unabhängigkeit als freier Schriftsteller zu bewahren war ohne Mäzene und die dafür notwendigen Verbindungen nicht möglich. Die Beanspruchung durch die Geschichtsprofessur, seine Zeitschrift Thalia und die literarischen Arbeiten brachten ihn, dessen Gesundheit durch die früheren Entbehrungen geschwächt war, mehrmals dem Tode nahe. Durch Vermittlung des jungen dänischen Dichters Jens Bagessen, der ihn in Weimar besucht hatte, empfing Schiller 1791 von dem dänischen Erbprinzen Friedrich Christian Herzog von Schleswig-Holstein-Augustenburg und dessen Finanz-

minister Heinrich Ernst Graf Schimmelmann eine dreijährige Pension. 1802 erhielt er den erblichen Adel.

Als erstes Geschichtswerk Schillers, das wie die Dramen dem Thema Freiheit galt, erschien 1788 die Geschichte des Abfalls der Vereinigten Niederlande von der spanischen Regierung. Seine Lehrtätigkeit in Jena eröffnete er mit der Antrittsvorlesung Was heißt und zu welchem Ende studiert man Universalgeschichte? (26. Mai 1789, zuerst gedruckt in Wielands Teutschem Merkur). Sie enthält eine Gegenüberstellung des »Brotgelehrten«, dem das Studium nur Mittel zum Zweck ist, und des »philosophischen Kopfes«, der über die Fachgrenzen hinaus zu universaler Erkenntnis strebt. Der Historiker bringt in der Weltgeschichte ein teleologisches Prinzip zur Geltung.

Ein edles Verlangen muss in uns entglühen, zu dem reichen Vermächtnis von Wahrheit, Sittlichkeit und Freiheit, das wir von der Vorwelt überkamen und reich vermehrt an die Folgewelt wieder abgeben müssen, auch aus unsern Mitteln einen Beitrag zu legen und an dieser unvergänglichen Kette, die durch alle Menschengeschlechter sich windet, unser fliehendes Dasein zu befestigen.

Nachdem Schiller die akademische Tätigkeit aufgegeben hatte, begann er mit der Darstellung der *Geschichte des Dreißigjährigen Krieges* (1791/92, 2 Bde.; 1793 vermehrt 3 Bde.), die ihm zugleich als Vorarbeit für den *Wallenstein* diente. Damals hat er sein Verhältnis zur Geschichte dahingehend bestimmt, sie sei für ihn »nur ein Magazin für meine Phantasie, und die Gegenstände müssen sich gefallen lassen, was sie unter meinen Händen werden« (10. Dezember 1788). Illusionslos war er der Auffassung, dass der Zufall die Weltgeschichte bestimme. Mit umso größerer Entschiedenheit wandte er sich darum philosophischen und ästhetischen Studien zu, besonders den Schriften Kants, in denen ihn vor allem die Erkenntnis des Sittlichen interessierte. Der Mensch verwirklicht nach Kant die Idee des Guten, wenn dieses um seiner selbst willen, nicht aus Zweckmäßigkeitsgründen getan wird. Er trägt das Unbedingte des sittlichen Gesetzes als kategorischen Imperativ in sich. Indem er seinem Gewissen folgt, verwirklicht er in sich eine absolute, ewige Welt reiner Ideen. Im Glauben an sie ist er frei. Kant bestärkte Schiller in der Überzeugung, dass der Mensch leisten kann, was das Sittengesetz verlangt.

Es ist gewiss von einem Sterblichen kein größeres Wort noch gesprochen worden, als dieses Kantische, was zugleich der Inhalt seiner ganzen Philosophie ist: Bestimme dich aus dir selbst, so wie das in der theoretischen Philosophie: Die Natur steht unter dem Verstandesgesetz. Diese große Idee der Selbstbestimmung strahlt uns aus gewissen Erscheinungen der Natur zurück, und diese nennen wir Schönheit. (An Körner, 18. Dezember 1793)

In einem wesentlichen Punkt weicht Schiller von Kant ab: Dieser hatte das Sinnliche vom Übersinnlichen getrennt und betont, dass Natur und Geist, Sinnlichkeit und Vernunft, Neigung und Pflicht zwei verschiedenen Reichen angehören. Schiller war zu sehr Künstler, um diesen Gegensatz hinzunehmen. Er galt für ihn als überwunden, »wenn sich das sittliche Gefühl aller Empfindungen des Menschen endlich bis zu dem Grade versichert hat, dass es dem Affekt die Leitung des Willens ohne Scheu überlassen darf und nie Gefahr läuft, mit den Entscheidungen desselben im Wider-

spruch zu stehen«. Die Abhandlung *Über Anmut und Würde* (1793) führt diesen Gedanken aus. Wenn der Mensch das Gute nicht im Kampf mit seinen sinnlichen Trieben und Gelüsten vollbringt, sondern es freudig zu bejahen vermag, wird das Sittliche zu seiner eigentlichen Natur. Er hat dann die Harmonie von Pflicht und Neigung, von Leib und Seele hergestellt und verkörpert als »schöne Seele« den Zustand der Anmut, der im Gedicht *Das Ideal und das Leben* (1795) dargestellt ist:

Aber dringt bis in der Schönheit Sphäre,
Und im Staube bleibt die Schwere
Mit dem Stoff, den sie beherrscht, zurück.
Nicht der Masse qualvoll abgerungen,
Schlank und leicht, wie aus dem Nichts gesprungen,
Steht das Bild vor dem entzückten Blick.
Alle Zweifel, alle Kämpfe schweigen
In des Sieges hoher Sicherheit;
Ausgestoßen hat es jeden Zeugen
Menschlicher Bedürftigkeit.

Wird der Einklang gestört und stehen die Neigungen der Pflicht entgegen, dann hat allerdings im Sinne Kants die sittliche Aufgabe den Vorrang. Die schöne Seele muss sich in die erhabene verwandeln, der Zustand der Anmut in den der Würde. »Das Erhabene verschafft uns einen Ausgang aus der sinnlichen Welt, worin uns das Schöne gern immer gefangen halten möchte.« In der Freiheit des Willens und im Bewusstsein seiner Würde erhebt sich der Mensch dann über »menschliche Bedürftigkeit« (*Vom Erhabenen*, 1793; *Über das Erhabene*, 1801).

Welche Bedeutung in diesem Zusammenhang die Kunst besitzt, entwickelte Schiller in der Schrift *Über die ästhetische Erziehung des Menschen, in einer Reihe von Briefen* (1795), ein an den Herzog von Schleswig-Holstein-Augustenburg adressierter Fürstenspiegel, der in Verbindung mit den Ereignissen der französischen Revolution zu lesen ist. Schiller will zeigen, dass der Vollzug der Aufklärung auch ohne Revolution möglich sei, eigentlich sogar nur ohne eine solche, denn es sei die Schönheit, die den Weg zur Freiheit eröffne. Die Kunst offenbart als Reich der Schönheit, in der sinnliche und geistig-seelische Elemente in einer höheren Einheit verbunden sind, die eigentliche Bestimmung des Menschen, denn sie stellt jene innere Harmonie und Freiheit seiner Seele wieder her, die Voraussetzung der Humanität ist. »Es gibt keinen anderen Weg, den sinnlichen Menschen vernünftig zu machen, als dass man denselben zuvor ästhetisch macht.« Und: »Es kann, mit einem Wort, nicht mehr die Frage sein, wie er von der Schönheit zur Wahrheit übergehe, die dem Vermögen nach schon in der ersten liegt.« Die Abhandlung, die philosophische Spekulation und geschichtliche Erfahrung verbindet, zeigt »eine deutsche Lösung: keine Utopie, sondern nur eine Hoffnung« (G. Schulz). In der veränderten Fassung von 1794/95 nach der Begegnung mit Goethe in Jena ausgeführt, stellt sie zugleich »das entscheidende theoretische Dokument der Weimarer Klassik« (H. Mayer) dar.

In einer weiteren Abhandlung *Über naive und sentimentalische Dichtung* (1795/96) suchte Schiller sich über den Unterschied zwischen seiner Dichtung und jener der Antike, aber auch der Goethes, klar zu werden. Seine Präzisierung der Begriffe »naiv« und »sentimentalisch« macht eine Standortbestimmung des Modernen möglich. Die Griechen der Antike waren naiv (»einig mit sich selbst und glücklich«), noch ganz eins mit der Natur: Auf diese Stufe gehört auch Goethe. »Der Dichter […] *ist* entweder Natur, oder er wird sie *suchen*. Jenes macht den naiven, dieses den sentimentalischen Dichter.« Der sentimentalische Künstler – und damit charakterisiert Schiller sich selbst – ist nicht realistisch, sondern idealistisch bestimmt, seine Größe liegt nicht in der Anmut der Erscheinung, sondern in der Würde der Gesinnung.

In seiner so genannten Gedankenlyrik legte Schiller in großen Linien den Gang der Menschheitsgeschichte und die Sendung der Kunst dar. Sie ist Ausdruck seines Glaubens an ein kommendes Zeitalter, in dem sich die Ideale durchsetzen werden. Von der befreienden Kraft der Kunst handelte bereits das Gedicht *Die Künstler* (1789):

Der Menschheit Würde ist in eure Hand gegeben,
Bewahret sie!
Sie sinkt mit euch! Mit euch wird sie sich heben!
Der Dichtung heilige Magie
Dient einem weisen Weltenplane,
Still lenke sie zum Ozeane
Der großen Harmonie!

Ständig umkreist Schillers Lyrik den Kampf zwischen Ideal und Wirklichkeit: 1795 in *Das Ideal und das Leben* und in *Der Spaziergang*. Hier folgt er dem Weg der menschlichen Kultur von primitiven Anfängen zum selbstbewussten, freien Leben. Auf Anstieg und Höhe folgen Abstieg, Niedergang und wiederum Neubeginn:

Ewig wechselt der Wille den Zweck und die Regel, in ewig
Wiederholter Gestalt wälzen die Taten sich um;
Aber jugendlich immer, in immer veränderter Schöne
Ehrst du, fromme Natur, züchtig das alte Gesetz.

Immer dieselbe, bewahrst du in treuen Händen dem Manne,
Was dir das gaukelnde Kind, was dir der Jüngling vertraut,
Nährest an gleicher Brust die vielfach wechselnden Alter:
Unter demselben Blau, über dem nämlichen Grün
Wandeln die nahen und wandeln vereint die fernen
Geschlechter,
Und die Sonne Homers, siehe! Sie lächelt auch uns.

Während Schillers theoretische Schriften naturgemäß nur ein begrenztes Publikum fanden, hatte diese auf die Antike und die idealistische Philosophie ausgerichtete Lyrik eine ähnliche Breitenwirkung wie *Das Lied von der Glocke* (1799), das an den Ablauf eines Glockengusses anknüpft und das bürgerliche Leben in typischen Bildern idyllischer oder balladenhafter Art ausbreitet.

Goethe und Schiller – gemeinsames Wirken

Die elf Jahre während Freundschaft und Zusammenarbeit zwischen Goethe und Schiller begründete die Weimarer Klassik. In dieser Beziehung war Schiller zunächst der Werbende.

Das erste, für Schiller enttäuschende Zusammentreffen erfolgte am 9. September 1788 im Hause der Frau von Lengefeld in Rudolstadt. Auch weitere sporadische Begegnungen brachten keine Annäherung. Goethe scheint nicht bemerkt zu haben, dass der ihm »verhasste« Dichter der *Räuber* längst eine andere Entwicklung genommen hatte. Im Banne der Kunstanschauungen Italiens stand er dem Enthusiasmus Schillers skeptisch gegenüber. In ihm schien ihm der Sturm und Drang zu begegnen, den er selbst inzwischen überwunden hatte. Schiller seinerseits versöhnte sich nicht leicht mit der zur Schau gestellten Kälte Goethes, der sich ihm als ein »Egoist in ungewöhnlichem Grade« darstellte: »Dieser Mensch, dieser Goethe ist mir einmal im Wege, und er erinnert mich so oft, dass das Schicksal mich hart behandelt hat. Wie leicht ward *sein* Genie von seinem Schicksal getragen, und wie muss *ich* bis auf diese Minute noch kämpfen.« (An Körner, 2. Februar und 9. März 1789). Erst das Jahr 1794 brachte im Anschluss an einen Vortrag in der Naturforschenden Gesellschaft in Jena die Annäherung in einem Gespräch über naturwissenschaftliche Fragen. Schiller bezeichnete Goethes Auffassung der Metamorphose der Pflanzen als eine »Idee«, während sie für Goethe Erfahrung war. So entwickelten sie zwar gegensätzliche Ansichten, aber »Schillers Anziehungskraft«, schreibt Goethe, »war groß, er hielt alle fest, die sich ihm näherten«. Schillers ausführlicher Brief vom 23. August 1794, in dem er Goethes Wesen deutete, und ein zweiter Brief vom 31. August 1794 mit einer Darstellung des eigenen Entwicklungsgangs begründeten die Freundschaft.

Lange schon habe ich, obgleich aus ziemlicher Ferne, dem Gang Ihres Geistes zugesehen und den Weg, den Sie sich vorgezeichnet haben, mit immer erneuerter Bewunderung be-

*merkt. Sie suchen das Notwendige der Natur, aber Sie suchen
es auf dem schwersten Wege, vor welchem jede schwächere
Kraft sich wohl hüten wird. Sie nehmen die ganze Natur zusammen, um über das Einzelne Licht zu bekommen; in der
Allheit ihrer Erscheinungsarten suchen Sie den Erklärungs-
grund für das Individuum auf. Von der einfachen Organisation steigen Sie, Schritt vor Schritt, zu den mehr verwickelten
hinauf, um endlich die verwickelste von allen, den Menschen,
genetisch aus den Materialien des ganzen Naturgebäudes zu
erbauen. Dadurch, dass Sie ihn der Natur gleichsam nach-
erschaffen, suchen Sie in seine verborgene Technik einzudringen. Eine große und wahrhaft heldenmäßige Idee, die zur
Genüge zeigt, wie sehr Ihr Geist das reiche Ganze seiner Vorstellungen in einer schönen Einheit zusammenhält.*

Auch das Verbindende hat Schiller formuliert:

*Beim ersten Anblicke zwar scheint es, als könnte es keine
größere Opposita geben, als den spekulativen Geist, der von
der Einheit, und den intuitiven, der von der Mannigfaltigkeit
ausgeht. Sucht aber der erste mit keuschem und treuem Sinn
die Erfahrung, und sucht der letzte mit selbsttätiger freier
Denkkraft das Gesetz, so kann es gar nicht fehlen, dass nicht
beide einander auf halbem Wege begegnen werden.*

Schillers Zeitschrift *Die Horen* bildete eine Plattform
für die gemeinsame Arbeit. 1795 erschienen dort Goethes *Unterhaltungen deutscher Ausgewanderten*, eine
folgenreiche Gelegenheitsdichtung, handelt es sich
doch um den ersten deutschen Novellenzyklus. Nach
dem Vorbild von Boccaccios *Decamerone* ist eine Reihe
von Geschichten durch eine Rahmenhandlung verbunden, die zugleich der Reflexion über das Erzählte
dient. Die Binnenerzählungen folgen aufeinander in
aufsteigender Ordnung der Gattungen, sie führen über
Gespenster- und Liebesgeschichten zu anspruchsvollen moralischen Novellen. Auf eine von ihnen hat Hofmannsthal in seiner Erzählung *Das Erlebnis des Marschalls von Bassompierre* (1905) zurückgegriffen, auf
eine andere Emil Strauß in seiner Novelle *Der Schleier*
(1920). An den Schluss stellte Goethe *Das Märchen*, das
»an nichts und an alles erinnert« und rational nicht zu
erschöpfen ist.

In enger Zusammenarbeit entstanden (und erschienen
in Schillers *Musen-Almanach für das Jahr 1797*) die nach
dem Vorbild des römischen Epigrammatikers Martial
geschaffenen *Xenien* (Xenia = kleine Geschenke). In
hunderten von Distichen (Zweizeiler aus je einem
Hexameter und einem Pentameter) setzten sie sich mit
von ihnen kritisch beurteilten Literaten auseinander. Dabei schoss Schiller die schärfsten Pfeile auf
die »trivialen und eselhaften Gegner« der Weimarer
Dioskuren ab. Die *Xenien* enthielten aber auch Lob für

Das Goethe-Schiller-Denkmal in Weimar,
Ernst Rietschel, 1857

von Goethe und Schiller bewunderte Geister (Kant
und Lessing).

*Den Philister verdrieße, den Schwärmer necke, den Heuchler
Quäle der fröhliche Vers, der nur das Gute verehrt.*

Im Winter des Jahres 1797/98 dichteten beide im Wettstreit Balladen, die dann in Schillers *Musen-Almanach
für das Jahr 1798* erschienen. Sie ergänzten und kritisierten sich, legten einander Stoffe vor und unterwarfen
sich dem gegenseitigen Urteil. Von Schiller erschienen
Der Taucher, *Der Ring des Polykrates*, *Ritter Toggen-
burg*, *Die Kraniche des Ibycus*, *Der Handschuh* und *Der
Gang nach dem Eisenhammer*. *Die Bürgschaft* und *Der
Kampf mit dem Drachen* folgten ein Jahr später. Damit
hatte Schiller die Ideenballade geschaffen, in der sich
innere Spannungen und Konflikte, der Widerstreit
von Freiheit und Notwendigkeit ausdrücken; die sittlichen Ideen werden in symbolischem, dramatisch ge-
schildertem Geschehen deutlich. Goethe war mit *Der
Schatzgräber*, *Die Braut von Korinth*, *Der Gott und die
Bajadere*, *Legende* und *Der Zauberlehrling* beteiligt.
Anders als in den früheren Balladen *Der Fischer* und

Erlkönig, die um Zauber und Geheimnis der Natur kreisen, näherte er sich allmählich der Schiller'schen Ideenballade. Im folgenden Jahrhundert und noch darüber hinaus trug besonders die Schule zur Popularität dieser Balladen und ihrer Autoren bei.

Schiller hatte sich nach seinen philosophischen Studien wieder verstärkt der Dichtung zugewandt. Er rang sein Werk einem kranken Körper ab, der bereits vom Tode bedroht war. Unbeirrt setzte er zu einer neuen, gewaltigen Anstrengung an. Er kehrte zur Tragödie zurück und schuf in ununterbrochener Folge im Zeitraum von fünf bis sechs Jahren die Reihe seiner Meisterdramen. Als Leiter des Weimarer Hoftheaters stand Goethe Schiller bei, dem deutschen Drama die klassische Form zu geben. (→ S. 149)

Seit 1799 wohnte Schiller ständig in Weimar. Über das wachsende Verständnis der beiden Großen füreinander und ihre Gegensätzlichkeiten berichtet der elfjährige Briefwechsel, der bis zum Tode Schillers dauerte und eines der wertvollsten Dokumente der deutschen Klassik darstellt. Die Diskussion kreiste um die Stoffe und Gegenstände ihrer Arbeiten, um Fragen der künstlerischen Form und des literarischen Lebens in Deutschland, aber auch um persönliche Anliegen und Sorgen. Schiller mahnte den Älteren, die Arbeit am *Faust* wieder aufzunehmen, und nahm Stellung zu dem in den ersten Jahren der Freundschaft fortschreitenden *Wilhelm Meister*. Dankbar schrieb Goethe, der sich zum ersten Mal wirklich verstanden fühlte: »Sie haben mir eine zweite Jugend verschafft und mich wieder zum Dichter gemacht, welches zu sein ich so gut wie aufgehört hatte.«

Goethes Schaffen vom »Wilhelm Meister« bis zur »Natürlichen Tochter«

Angeregt durch Schiller nahm Goethe die Arbeit an seinem Theaterroman wieder auf, den er bereits im Februar 1777 unter dem Titel *Wilhelm Meisters theatralische Sendung* begonnen hatte. Briefe und Tagebücher berichten von allmählichen Fortschritten. Bis zum November 1785 wurde das sechste Buch abgeschlossen, das siebente begonnen – aber danach die Arbeit unterbrochen. Als 1787–90 zum ersten Mal Goethes Schriften in acht Bänden erschienen, war der Roman nicht dabei. Nun begann die Umarbeitung und Fortsetzung des Werks, das sich zum großen Bildungs- und Entwicklungsroman *Wilhelm Meisters Lehrjahre* (1795/96) gestaltete. Jedes Buch ging, sobald es fertig war, im Manuskript an Schiller nach Jena, der ausführlich, kritisch und beratend, Stellung dazu nahm.

Wilhelm Meister, der Sohn eines Kaufmanns, fühlt sich zur Bühne hingezogen. Nach schmerzlichen Erfahrungen mit der jungen Schauspielerin Mariane gerät er in den Kreis wandernder Theaterleute. Die liebenswürdig-leichtsinnige Philine hält ihn in dieser Umgebung ebenso fest wie das rätselhafte Mädchen Mignon und ein alter Harfner, deren er sich annimmt. Wilhelm gründet eine eigene Theatergruppe und lernt Shakespeare kennen. Als seine Truppe überfallen und ausgeplündert, er selbst verwundet wird, rettet ihn eine edle Dame, worauf er mit seinen Schauspielern bei dem Theaterdirektor Serlo unterkommt. Hier schaltet Goethe die *Bekenntnisse einer schönen Seele* ein (es handelt sich um den Lebenslauf der Susanne von Klettenberg, der verstorbenen pietistischen Freundin Goethes). Wilhelm wendet sich vom Theater ab und gerät in die erlesenen Lebenskreise Lotharios und Nataliens. Lothario gehört der geheimen Turmgesellschaft an, die Wilhelm schon mehrmals belehrt und gewarnt hat. Dieser verbindet sich mit Natalie, seiner ehemaligen Retterin, und begibt sich mit Felix, seinem Sohn aus der Verbindung mit Mariane, nach Italien, der Heimat der verstorbenen Mignon.

Wilhelm Meister sucht wie in der ersten Fassung des Romans (eine Abschrift des »Urmeisters« wurde 1910 aufgefunden und im folgenden Jahr veröffentlicht) sein Lebensziel zunächst in der Theaterwelt. Dieser Versuch endet zwar mit einer Enttäuschung, trägt aber doch zu seiner Kunst- und Weltkenntnis bei. In Shakespeare begegnet ihm der Genius der dramatischen Kunst, in den *Bekenntnissen einer schönen Seele* der innere Reichtum einer weltabgekehrten Lebensform. In Mignon und im Harfner spürt er geheimnisvolle Schicksalsmächte. Mithilfe der Turmgesellschaft überwindet er seine auf Selbstbildung bedachte, zur Passivität verführende Lebensart. Er sieht ein, dass es notwendig ist, »um anderer willen zu leben und seiner selbst in einer pflichtmäßigen Tätigkeit zu vergessen«. In Natalie verkörpert sich solches Leben tätiger Liebe und harmonischer Menschlichkeit. Durch den Bund mit ihr und die Erziehungsaufgabe an seinem Sohn Felix findet er Tiefe und Form.

In den ersten vier Büchern des *Wilhelm Meister* hat Goethe die ursprüngliche Fassung der *Theatralischen Sendung* verarbeitet; in dieser wird lebhafter erzählt als in den folgenden Büchern, die mehr betrachtend ausgerichtet sind. Poetischer Geist und innerer Gehalt haben dem Werk, das für Tieck, Jean Paul, Mörike, Stifter, Keller zum Vorbild für die Gattung des Entwicklungs- oder Bildungsromans geworden ist, eine einzigartige Bedeutung verschafft. Der *Wilhelm Meister* ist zugleich aber auch ein handlungs- und gestaltungsreicher *Zeit*roman über Deutschland vor der Französischen Revolution.

Im selben Jahr, 1796, in dem er den *Wilhelm Meister* abschloss, begann Goethe sein Epos *Hermann und Dorothea* (1797). Wie Schiller sah er im Epos die höchste poetische Gattung; Anregung kam auch von Johann Heinrich Voß' Idyll *Luise*. Nach dem klassischen Grundsatz, dass »der Stil auf den tiefsten Grundlagen der Erkenntnis ruht, auf dem Wesen der Dinge, insofern es uns erlaubt ist, es in sichtbaren und greiflichen Gestalten zu erkennen«, entwarf Goethe in typischen Zügen ein Bild jenes Bürgertums, auf dem die damalige deutsche Kultur beruhte.

Goethe hat den Stoff der Geschichte protestantischer Flüchtlinge entnommen, die, 1731 aus dem katholischen Salzburg vertrieben, bis nach Ostpreußen auswanderten. Er übertrug den Vorgang in die jüngere Gegenwart: Elsässer fliehen vor der Revolution und den Koalitionskriegen ins rechtsrheinische Land.

Hermann, der Sohn des reichen Wirts vom Goldenen Löwen in einem ungenannt bleibenden Städtchen, bringt aus dem Zug der Vertriebenen Dorothea als Braut heim. Er handelt gegen den Willen des Vaters, nach dessen Wunsch er ein reiches Bürgermädchen heiraten soll. Aber das Verständnis der Mutter, das Zureden von Pfarrer und Apotheker, letztlich jedoch Wesen und Erscheinung Dorotheas führen alles zum guten Ende.

Die neun mit den Namen der Musen überschriebenen Gesänge umfassen jeweils annähernd 100 bis 300 Hexameter. Auch das Versmaß des Epos dient dem Gesetz der Ordnung: Den chaotischen Kräften der Revolution werden die bewahrenden der bürgerlichen Sitte und Familie gegenübergestellt. Am Ende des Epos sagt Hermann:

Denn der Mensch, der zur schwankenden Zeit auch
schwankend gesinnt ist,
Der vermehrt das Übel und breitet es weiter und weiter;
Aber wer fest auf dem Sinne beharrt, der bildet die Welt sich.

Beunruhigt von den Schrecken der Französischen Revolution setzte sich Goethe weiterhin auch dichterisch mit diesem Ereignis auseinander. Bedeutend ist von diesen Versuchen das Trauerspiel *Die natürliche Tochter*, das bei der Uraufführung in Weimar 1803 distanzierte Aufnahme fand, der erste Teil einer geplanten Trilogie in dem er den idealisierenden klassischen Stil am konsequentesten folgte. Unter der Kühle hochstilisierter Verse ist dennoch Erschütterung spürbar.

Der von einem Herzog mit Zustimmung des Königs betriebene Plan, seine »natürliche«, d. h. unehelich geborene Tochter Eugenie nach dem Tod ihrer Mutter zu legitimieren und ihr einen ihrer Abkunft und Gesinnung entsprechenden Platz in der Gesellschaft zu geben, wird durch eine Intrige ihres Bruders vereitelt. Sie wird entführt und kann der Isolation auf einer einsamen Fieberinsel nur dadurch entgehen (ihr Versuch, in ein Kloster aufgenommen zu werden, scheitert), dass sie in eine bürgerliche Ehe willigt und damit auf alle hochfliegenden Wünsche verzichtet. Zurückgezogen wartet sie in ihrem neuen Stand darauf, dem Vaterland später liebend zu dienen und sich so ihrer hohen Abstammung würdig zu zeigen. »Denn wenn ein Wunder auf der Welt geschieht, / geschieht's durch liebevolle treue Herzen.«

Goethe entnahm den Stoff den *Mémoires historiques* (1798) von Stéphanie-Louise de Bourbon-Conti. Auf der Bühne hat sich sein Drama nicht durchsetzen können. Das Ziel des Autors, den chaotischen Kräften der Zeit Werke streng gefügter Ordnung entgegenzusetzen, in denen die Idee der Humanität gerettet wird durch die Kraft der Entsagung, ist auch in der *Natürlichen Tochter* bestimmend. Seine Überzeugung, dass Revolutionen in den Regierenden, nicht in den Regierten ihre Ursache haben, ließ das Stück zu einer symbolischen Auseinandersetzung mit Krisenerscheinungen in der ständischen Gesellschaft werden, »weit entfernt von der weltgeschichtlichen Gewalt des revolutionären Vorgangs« (W. Benjamin). Im Sommer 1804 beschäftigte Goethe sich mit einer Fortsetzung, zuletzt mit der Absicht, die ursprünglich geplante Trilogie durch eine zweite fünfaktige Tragödie abzuschließen. Dazu liegt nur ein Schema vor. (→ S. 184)

Schillers klassische Dramatik

Im Gegensatz zu seinen Jugenddramen, in denen Schiller das Recht des Gefühls gegen Gesellschaft und Fürsten verteidigte, gestaltete er in seinen späteren Dramen große historische Stoffe, zunächst den *Wallenstein*, bestehend aus den Teilen *Wallensteins Lager*, *Die Piccolomini* und *Wallensteins Tod*, den er nach dreijähriger Arbeit 1799 beendete.

Im Mittelpunkt der Handlung steht Wallensteins Verrat am Kaiser. Der Feldherr will den langen Krieg beenden und selbst eine führende Stellung erringen. Der Wiener Hof argwöhnt, dass das ihm ergebene Heer, die abenteuernde Soldateska, ihn zum Hochverrat verlocken könne, und fordert von ihm, Böhmen zu räumen und dem spanischen Infanten in den Niederlanden 6000 Mann abzutreten. Will Wallenstein seine Macht behaupten, ist er zum Handeln gezwungen. Er nimmt Verbindung mit den Schweden auf und versucht gegen den Willen des Kaisers allein »Europens Schicksal in den Händen zu tragen«. Seine geschäftigen Freunde, vor allem Illo und Terzky, entlocken durch ein Scheinmanöver auf einem Festbankett seinen Generalen eine unbedingte Ergebenheitserklärung für den Feldherrn. Von seinen nächsten Waffengefährten unterschreibt Max Piccolomini nicht, und dessen Vater Octavio nur zum Schein. Der Realist Octavio sieht in Wallenstein den Verräter am Kaiser, der die »alten engen Ordnungen« übertreten hat. Der ideal gesinnte Max Piccolomini kann nicht an den Treubruch des Feldherrn glauben, dem er schwärmerisch zugetan ist und dessen Tochter Thekla er liebt. Wallenstein, astrologiegläubig, wartet auf eine günstige Sternenkonstellation, und schließlich kann er nicht mehr zurück. Er hat mit dem Verrat gespielt und muss, als sein Unterhändler von den Kaiserlichen gefangen genommen wird, den Weg zu Ende gehen. Von Octavio gewonnen, fallen die Generale und der größere Teil des Heeres von ihm ab. Max sucht den Tod im Kampf, und in Wallensteins eigenen Reihen wappnen sich seine Mörder. Er wird in Eger von zwei Hauptleuten seines Obersten Buttler in jenem Augenblick erstochen, als – scheinbar – die Schweden nahen, um sich mit seinen Truppen zu vereinigen.

Schillers *Wallenstein* ist nach Goethes Worten »so groß, dass in seiner Art zum zweiten Mal nichts Ähnliches vorhanden ist«. Die Trilogie macht eine weltgeschichtliche Epoche lebendig, vergegenwärtigt alle Möglichkeiten politischer Existenz und geschichtlicher Aktion, umfasst die Tragödie des Idealisten wie des Realisten. Wallensteins Persönlichkeit wird bereits im ersten Teil der Trilogie, ohne dass er selbst auftritt, durch die Charaktere seiner Soldaten und ihre Haltung ihm gegenüber charakterisiert. Schon im Prolog heißt es: »Von der Parteien Gunst und Hass verwirrt / Schwankt sein Charakterbild in der Geschichte. [...]. Denn seine Macht ist's, die sein Herz verführt, / Sein Lager nur erkläret sein Verbrechen.«

In *Wallensteins Lager* werden die Voraussetzungen, die das Unternehmen des Feldherrn möglich machten, geschildert. Noch wird das Heer durch die Verehrung für den Feldherrn zusammengehalten, aber es sind schon erste Ansätze erkennbar, die später zum Abfall der Truppen führen. In den *Piccolomini* wird die Szene in den Kreis der hohen Offiziere und der Diplomatie verlegt. Wallenstein tritt zum ersten Mal auf, in der großen Auseinandersetzung mit dem kaiserlichen Abgesandten souverän die Lage beherrschend. Aber sein Spiel wird durch Octavios Gegenspiel durchkreuzt und seine Handlungsfreiheit in Zwang verwandelt.

Dass aber letztlich nicht die Umstände sein Schicksal bestimmen, sondern die Entwicklung durch ihn selbst bewirkt wird, zeigt im letzten Teil der Trilogie das unterschiedliche Ende des Realisten Wallenstein und des Idealisten Max Piccolomini. Max geht unter, weil er, vor die Entscheidung gestellt zwischen der Treue zu

Friedrich von Schiller, Pastellgemälde
von Ludowike Simanowicz, 1793

seinem Kaiser und der zu seinem Feldherrn zu wählen, den Tod sucht, um seine sittliche Freiheit zu bewahren. Wallensteins Tragik ist anderer Art. Er folgt dem politischen Kalkül, nicht moralischen Entscheidungen. Zwar glaubt er an die Sterne, aber auch sie will er in den Dienst seiner ehrgeizigen Pläne stellen. Verstrickt in sein Ränkespiel, hat er in Wahrheit die Freiheit des Handelns eingebüßt. Er wird zum Opfer der Umstände, die den Zaudernden gerade in dem Augenblick beherrschen, da er seine Handlungsfreiheit zurückgewinnen möchte.

Wär's möglich? Könnt ich nicht mehr, wie ich wollte?
Nicht mehr zurück, wie mir's beliebt? Ich müsste
Die Tat vollbringen, weil ich sie gedacht [...].
Beim großen Gott des Himmels! Es war nicht
Mein Ernst, beschloßne Sache war es nie.
In dem Gedanken bloß gefiel ich mir;
Die Freiheit reizte mich und das Vermögen.
War's Unrecht, an dem Gaukelbilde mich
Der königlichen Hoffnung zu ergötzen?
Blieb in der Brust mir nicht der Wille frei,
Und sah ich nicht den guten Weg zur Seite,
Der mir die Rückkehr offen stets bewahrte?
Wohin denn seh ich plötzlich mich geführt?

*Bahnlos liegt's hinter mir, und eine Mauer
Aus meinen eignen Werken baut sich auf,
Die mir die Umkehr türmend hemmt!*
(*Wallensteins Tod*, I, 4)

In tragischer Ironie fühlt Wallenstein sich nach seinem entscheidenden Schritt umso freier und des Erfolgs sicher. Wenn sein Untergang trotzdem tragisch ist, so wegen seiner zur Herrschaft berufenen Größe und der Würde, mit der er die Schicksalsschläge erträgt.

Schiller erkennt als Grundgesetz seiner Tragödie, »dass der Mensch nur auf tragische Weise zu Gott gelange und dass die Ordnung des Ewigen auf Erden nur durch Schuld und Scheitern hindurch verwirklicht werden könne«. Das Leben des Menschen ist gekennzeichnet durch die Spannung zwischen Freiheit und Schicksal, Macht und Gerechtigkeit, Schuld und Sühne. Aus diesem Zwiespalt entstehen die Konflikte, »die die irdische Situation des Menschen zwischen notvollem Leiden und überwindender Freiheit erschließen«. Dies ist das Grundthema der folgenden Werke Schillers.

Das Drama *Maria Stuart* (1800) schildert wieder ein machtpolitisches Ringen, doch zugleich den persönlichen Kampf der leidenden Königin um innere Freiheit und Läuterung.

Maria Stuart, Königin von Schottland, ist in der Hoffnung auf Unterstützung zur Königin Elisabeth vor einem Aufstand nach England geflüchtet. Für Elisabeth aber ist sie die Nebenbuhlerin, die den englischen Thron beansprucht, sowie die Stütze der katholischen Partei. Sie lässt Maria, um die sich sowohl der leidenschaftliche junge Mortimer als auch der unzuverlässige Leicester, Elisabeths Liebhaber, bemühen, gefangen setzen und durch ein englisches Gericht zum Tode verurteilen. Höhepunkt des Dramas ist die unheilvolle Begegnung der beiden Königinnen. Elisabeth sieht in Maria nicht nur die Rivalin um den Thron, sondern auch, von Eifersucht gequält, die immer noch schöne, einst viel begehrte Frau. Sie will sie politisch vernichten und menschlich demütigen. Da erwacht Marias leidenschaftlicher Stolz und mit einer Überlegenheit, die den Tod nicht fürchtet, fordert sie Elisabeth heraus:

*Der Thron von England ist durch einen Bastard
Entweiht, der Briten edelherzig Volk
Durch eine list'ge Gauklerin betrogen.
– Regierte Recht, so läget Ihr vor mir
Im Staube jetzt, denn i c h bin Euer König.* (III, 4)

Elisabeth unterschreibt das Urteil, und Maria, die würdig den Tod erwartet, stirbt auf dem Schafott. Scheinheilig entlässt Elisabeth ihren Sekretär Burleigh wegen übereilter Urteilsvollstreckung aus dem Dienst. Mortimer tötet sich selbst, Leicester flieht nach Frankreich.

Die Braut von Messina, Inszenierung Ruth Berghaus,
Freie Volksbühne, Berlin 1990
Elisabeth Trissenaar als Donna Isabella

Das Geschehen vollzieht sich innerhalb von drei Tagen. Die Versuche Mortimers und Leicesters, Maria zu retten, beschleunigen die Katastrophe. Was an Sinnlichkeit, Selbstsucht und Verstellung in Maria lebt, endet in diesen Tagen, während Elisabeth sich in Heuchelei und Unwahrheit verstrickt. Der Gegensatz der Königinnen wird scharf betont. Elisabeth, politisch Siegerin und trotz ihrer berechnenden Härte nicht ohne tragische Züge, bleibt vereinsamt zurück. Maria sieht in dem ungerechten Urteil die Sühne für frühere Schuld und erhebt sich in freier Selbstbestimmung in den Bereich des Erhabenen.

Sein nächstes Drama *Die Jungfrau von Orleans* (1801) nannte Schiller eine »romantische Tragödie«. Er behält den klassisch-klaren Aufbau bei, aber die Handlung umfasst auch Legendenhaftes und Übernatürliches.

Schillers Wohnhaus, Weimar, Schreibtisch

Trotz der Massenszenen will die Handlung nicht historische Vorgänge, sondern die innere Geschichte der Heldin wiedergeben, die den Glauben des Dichters bezeugt, dass der Mensch im Zustand der Erhabenheit mithilfe seines »absolut moralischen« Vermögens und seiner Freiheit alle Widerstände der eigenen sinnlichen Natur und die der Welt überwinden kann. Schiller will auch nicht, wie später Bernard Shaw in seinem Drama *Die heilige Johanna* (*St. Joan*, 1923), die Heilige psychologisch deuten. Im Leben Johannas schildert er vielmehr »das Heldentum einer im Ewigen verankerten Seele, das mit einer Art mystischer Naivität in die Geschichte hineinwirkt und sie so in Legende verwandelt« (B. v. Wiese). Johanna, die im Kampf um die Freiheit des Vaterlandes in die Verklärung eingeht, verkörpert für Schiller den unbedingten sittlichen Adel. Sein Drama ist ein Gegenpol zu Voltaires komischem Epos *La Pucelle d'Orléans* (1762), das den Wunderglauben verspottet. In dem Gedicht *Das Mädchen von Orleans* hat er die ironische Haltung Voltaires kritisiert:

Krieg führt der Witz auf ewig mit dem Schönen,
Er glaubt nicht an den Engel und den Gott [...]
Doch, wie du selbst aus kindlichem Geschlechte,
Selbst eine fromme Schäferin wie du,
Reicht dir die Dichtkunst ihre Götterrechte,
Schwingt sich mit dir den ew'gen Sternen zu.
Mit einer Glorie hat sie dich umgeben;
Dich schuf das Herz, du wirst unsterblich leben.

Träume, Ahnungen, Orakel, das Walten dunkler Schicksalsmächte bestimmen die Handlung von Schillers Trauerspiel mit Chören *Die Braut von Messina oder Die feindlichen Brüder* (1803). Die Fabel, auf wenige typische Gestalten ausgerichtet, spielt im Sizilien der Normannenzeit.

Da beängstigende Träume den fürstlichen Eltern geweissagt haben, dass ihre Tochter den Brüdern Don Manuel und Don Cesar den Tod bringen werde, ließ die Mutter das Mädchen heimlich im Kloster erziehen. Eines Tages scheinen Glück und Versöhnung wieder in das durch Bruderzwist zerrüttete Königshaus einzukehren. Beide Brüder wollen der Mutter ihre Braut, die Mutter ihnen die tot geglaubte Schwester zuführen. Das Mädchen, das beide lieben, ist ihre Schwester. Cesar ersticht den Bruder, als er die Geliebte in dessen Armen sieht. Die Mutter klärt das furchtbare Verhängnis auf. Cesar ersticht sich selbst zur Sühne für seine Untat an der Bahre des Bruders.

In diesem Trauerspiel nähert Schiller sich der antiken Tragödie. Nach ihrem Vorbild führt er Chöre ein, die, nach seinem Vorwort *Über den Gebrauch des Chors*

Johanna wird von Gott zu ihrer Mission berufen. Sie stirbt nicht wie in der historischen Realität als von einem parteiischen Gericht verurteilte Hexe, sondern im Kampf und fühlt sich, die Vision der Gottesmutter vor Augen, in den Himmel emporgehoben.

Der Hundertjährige Krieg zwischen Frankreich und England bildet den Hintergrund des Geschehens. Die Lage Frankreichs ist verzweifelt, die Engländer stehen vor Orleans. Da reißt das einfache Landmädchen Johanna kraft ihrer göttlichen Berufung die verzagenden Truppen zur Begeisterung und zum Sieg über den Feind mit und geleitet Karl VII. nach Reims. Doch auf dem Siegeszug wird sie ihrer Sendung untreu. Sie hatte gelobt, mit voller Hingabe ihrer Aufgabe zu dienen und keinem Mann ihre Neigung zuzuwenden. Aber beim Anblick des englischen Heerführers Lionel empfindet sie Liebe und vermag den von ihr im Zweikampf Besiegten nicht zu töten. Damit ist ihre Kraft erloschen. Sie sühnt ihre Schuld, indem sie den Vorwurf, mit dem Teufel im Bunde zu sein, schweigend hinnimmt, und gerät in englische Gefangenschaft. Als eine neue französische Niederlage droht, gewinnt sie den Glauben an ihre Sendung wieder, sprengt die Ketten, mit denen die Feinde sie fesselten, und führt ihre Landsleute zum Sieg. Tödlich verwundet sieht sie, wie der Himmel sich öffnet und Maria ihr die Arme entgegenstreckt.

in der Tragödie, die »großen Resultate des Lebens zu ziehen und die Lehren der Weisheit auszusprechen« haben. Und wie in Sophokles' *Ödipus* wird die Handlung analytisch entfaltet: »Alles ist schon da, es wird nur herausgewickelt.« (An Goethe am 2. Oktober 1797) Aber im Gegensatz zum antiken Drama sind für Schiller Zufall und Schicksal nicht Mächte, die jenseits von Göttern und Menschen wirken, sie können sich nur auswirken, wo und so weit ihnen der Charakter der Handelnden Raum gibt. Die persönliche Schuld der Angehörigen des leidenschaftlichen Geschlechts macht ihr Schicksal aus, aber auch die Überwindung des Verhängnisses ist in die Hand opferbereiter Menschen gelegt. Für Don Cesar gibt es nur eine Möglichkeit, die Freiheit wiederzugewinnen; versöhnt auf ewig will er mit dem Bruder im Haus des Todes ruhen. Die Schlussworte des Chors lauten:

Erschüttert steh ich, weiß nicht, ob ich ihn
Bejammern oder preisen soll sein Los.
Dies eine fühl ich und erkenn es klar:
Das Leben ist der Güter höchstes nicht,
Der Übel größtes aber ist die Schuld.

Schillers letztes vollendetes Drama, *Wilhelm Tell* (1804), ist ein Festspiel. Sein geschichtlicher Kern ist die Erhebung der Schweizer Urkantone Schwyz, Uri und Unterwalden, als ihr Gebiet der österreichischen Hausmacht einverleibt werden soll. Schillers Quellen waren das *Chronicon Helveticum* des Aegidius Tschudi (1505–1527) sowie die *Geschichten schweizerischer Eidgenossenschaft* (5 Bde., 1780–1808) von Johannes von Müller (1752–1809). Aus eigener Anschauung kannte er die Schweiz nicht.

Die Schweizer lehnen sich auf gegen die Tyrannei der kaiserlichen Landvögte als Helfershelfer der österreichischen Herzöge. Auf dem Rütli beschließen die Abgesandten der Urkantone, das Joch gegebenenfalls mit Gewalt abzuschütteln. Sie schwören den Eid: »Wir wollen sein ein einzig Volk von Brüdern, / In keiner Not uns trennen und Gefahr.« Da erwächst ihnen aus ihrer Mitte ein Retter: Wilhelm Tell, der ihren ärgsten Peiniger, den Vogt Geßler, in der hohlen Gasse bei Küßnacht niederschießt. Tells Tat wird zum Fanal, Adel und Volk erheben sich, um für die Freiheit zu kämpfen.

Das Schauspiel schildert die Verbundenheit eines Volkes aus Geschichte, politischem Geschehen und Heimatliebe. Auch Tell, der nach dem Grundsatz lebt: »Der Starke ist am mächtigsten allein«, steht für sein leidendes Volk und fühlt sich mit ihm herausgefordert, als er von Geßler gezwungen wird, den Apfel vom Kopf seines Kindes zu schießen. Das Schicksal hat ihm die entscheidende Tat auferlegt. Schamlose Despotie rechtfertigt den Tyrannenmord. Im Willen Gottes selbst ruht das Recht auf Freiheit als Grundlage menschlicher Würde. So kann Stauffacher auf dem Rütli sagen:

Wenn der Gedrückte nirgends Recht kann finden,
Wenn unerträglich wird die Last – greift er
Hinauf getrosten Mutes in den Himmel
Und holt herunter seine ew'gen Rechte,
Die droben hangen, unveräußerlich
Und unzerbrechlich wie die Sterne selbst. (II, 2)

Das Stück hat während der napoleonischen Kriege und auch später eine starke, zuweilen problematische Wirkung ausgeübt. Es wurde zum »Urbild der volkstümlich-nationalen Festspiele« (D. Borchmeyer), Schiller selbst, der bestritten hat, dass es Zweck der Poesie sein könne, »Nationalgefühle in dem Bürger zu entzünden«, wurde als patriotischer Festspieldichter gefeiert. Max Frisch hat in *Wilhelm Tell für die Schule* (1971) dem nationalen Tell-Mythos ironisch neu erzählt.

Immer mehr wandte sich Schiller von Shakespeare ab und den Griechen und ihrer analytischen Tragödie zu. Mustergültig erschien ihm, wie er am 2. Oktober 1797 an Goethe schrieb, *König Ödipus* von Sophokles. Aus der Vorgeschichte ergibt sich die Spannung, und diese Spannung beherrscht die folgende Handlung und klingt nicht ab, mag die Handlung noch so zusammengesetzt sein. Das war für Schiller die ihm gemäße Form. Er stellte dem Schicksal den sich in innerer Freiheit selbst bestimmenden Menschen entgegen. Der revolutionäre Schiller der Jugenddramen ist in seinem Glauben an die mögliche Verwirklichung von Würde und Freiheit bis zuletzt derselbe geblieben. Gewandelt hat sich nur der Inhalt seines Freiheitsbegriffs, den er immer tiefer erfasste. Goethe hat für sein Schaffen die Formel gefunden:

Durch alle Werke Schillers geht die Idee von Freiheit, und diese Idee nahm eine andere Gestalt an, so wie Schiller in seiner Kultur weiterging und selbst ein anderer wurde. In seiner Jugend war es die physische Freiheit, die ihm zu schaffen machte, und die in seine Dichtungen überging, in seinem späteren Leben die ideelle.

Trotz Krankheit und Hinfälligkeit arbeitete Schiller unentwegt weiter. Fortgesetzt beschäftigte ihn die Bühne auch theoretisch: *Über den Grund des Vergnügens an tragischen Gegenständen* (1792, Abh.); *Die Schaubühne als moralische Anstalt betrachtet* (1784,

Aufs.). Übersetzungen bzw. Bearbeitungen liegen zu Shakespeare (*Macbeth*, 1801), Gozzi (*Turandot*, 1802) und Racine (*Phädra*, 1805) vor. Auf einer Liste von Stoffen, die ihn zur Bearbeitung reizten, standen noch mehr als dreißig Titel. Vorarbeiten existieren zu *Warbeck*, *Die Malteser*, *Die Prinzessin von Celle*, *Die Gräfin von Flandern* u. a. Von seinem letzten Drama *Demetrius* (e. 1805) sind der erste Akt und die ersten drei Szenen des zweiten Aktes ausgeführt. Das Stück sollte die Tragödie eines falschen Zaren behandeln. Da ereilte den Dichter am 9. Mai 1805 der Tod. Der Sitte der Zeit gemäß trug man ihn in aller Stille zu Grabe.

Gegenklassiker

Die Sonderstellung dreier großer Autoren der Goethezeit – Jean Pauls, Friedrich Hölderlins und Heinrich von Kleists – hat in der Literaturgeschichtsschreibung zu unterschiedlichen Versuchen geführt, ihr Verhältnis zu den Epochen zu bestimmen. So sind, wenn auch unter Vorbehalt, Jean Paul und Hölderlin der Klassik, Kleist der Romantik oder dem »Umkreis der Romantik«, oder alle drei der (Früh-)Romantik zugeordnet worden. Auch als »die großen Außenseiter« sind sie bezeichnet worden, die dem »Gesetz der eigenen Form« folgen und deren Standort am ehesten als »zwischen Klassik und Romantik« zu bestimmen sei. Eine in jedem Betracht befriedigende Definition ist nicht erkennbar. Die vorliegende Darstellung folgt der Fritz Martinis, der im Hinblick auf die drei Genannten von »gegenklassischer Dichtung« spricht. Diese Bezeichnung unterstreicht die Eigenart der schöpferischen Kräfte, die gegen die einengende Form des Weimarer klassischen Bildungsprogramms in der Epoche selbst lebendig waren. »Sie hatten an dem Klassischen und an dem Romantischen teil, ohne darin aufzugehen; ja, sie widerlegten die Schöpfungen der Klassiker und Romantiker, indem sie ihrem eigenen Genius gehorchten.« (F. Martini)

Jean Paul (1763–1825)

Aus der Enge einer kleinbürgerlichen Umwelt suchte Jean Paul den Weg in das Universum seiner Poesie. Verschiedene Strömungen der Zeit und der Literatur wirkten auf sein Wesen und Werk ein: die Literatur der englischen Erzähler, vor allem Sterne und Fielding, die Aufklärung, die bürgerliche Empfindsamkeit, der deutsche Realismus, die Romantik. Er brachte dies alles in einen sehr persönlichen und eigenartigen Zusammenhang, der in der Verbindung von Humor, tiefsinniger Komik und Kritik, Empfindung und Witz, überströmendem Gefühl, Fülle des Details, liebevoller Beschränkung und weltoffener Neigung weder in der Klassik noch in der Romantik seinesgleichen hat. Ihn fesselte das Spiel mit den Möglichkeiten der Sprache, des Aufbaus und der Form, wie sie sich in Abschweifungen, Einschiebseln, Vor- und Nachreden, Schnörkeln und erzählerischen Umwegen ausdrücken. Das lässt seine Romane und Erzählungen zu keiner leichten, aber tiefen und launigen Lektüre werden. Sie leiten eine neue Epoche deutscher Prosa ein, weil sie aufnahmefähig sind für alles, was seine Zeit geprägt hat, sind phantasievoll, skurril und fabulierfreudig.

Jean Paul (eigentlich Johann Paul Friedrich Richter) stammte aus ärmlichen Verhältnissen. Er wurde als Sohn eines Lehrers in Wunsiedel im Fichtelgebirge geboren und hatte eine schwere Jugend. Der Vater starb früh. In Leipzig studierte Jean Paul Theologie und andere Wissenschaften. Wegen seiner Schulden musste er die Stadt verlassen und lebte seit 1784 abwechselnd in Hof und Schwarzenbach, später bald als Lehrer, bald als Schriftsteller in Leipzig, Weimar, Berlin, Meiningen, Coburg, dann ständig in Bayreuth. Der Weimarer Aufenthalt bereicherte ihn durch Herders Freundschaft, machte aber auch sein gespanntes Verhältnis zu Schiller und Goethe offenbar. In Meiningen gab er mit F. Genz und Johann Heinrich Voß das *Taschenbuch für 1801* heraus. 1808 gewährte ihm der Fürstprimas des Rheinbunds, Karl Theodor von Dalberg, eine später von Bayern übernommene Pension. Jean Paul starb, seit 1824 erblindet, in Bayreuth.

Jean Paul ist sowohl Schöpfer des großen Seelenromans, als auch der Idylle. In ihnen versenkt er sich anspruchslos in die Leiden und Freuden eines bescheidenen, kleinbürgerlichen Daseins. In seinen großen Romanen sinnt er den Rätseln des Lebens nach und lässt die »hohen Menschen« Liebe und Freundschaft, Verhängnis und Tod erleben. Zuweilen stürzt er den Leser aus dem Dampfbad der Rührung« in das »Kühlbad der Satire«. Mit Jean Pauls Worten heißt dies:

Ich konnte nie mehr als drei Wege, glücklich zu werden, auskundschaften. Der erste, der in die Höhe geht, ist, so weit über das Gewölk des Lebens zu drängen, dass man die ganze äußere Welt mit ihren Wolfsgruben, Beinhäusern und Gewitterableitern von weitem unter seinen Füßen nur wie ein eingeschränktes Kindergärtchen liegen sieht. Der zweite ist, gerade herabzufallen ins Gärtchen und da sich so einheimisch in einer Furche einzunisten, dass, wenn man aus seinem warmen Lerchennest heraussieht, man ebenfalls keine Wolfsgruben, Beinhäuser und Stangen, sondern nur Ähren erblickt, deren jede für den Nestvogel ein Baum und ein Sonnen- und Regen-

Die Liebe zum Kleinen, zu den Menschen von bescheidener Genügsamkeit, zu beschränkten Lebensverhältnissen zeigt sich besonders in den Erzählungen *Leben des vergnügten Schulmeisterlein Maria Wuz in Auenthal* (1793) und *Leben des Quintus Fixlein, aus 15 Zettelkästen gezogen* (1796), wobei die zuerst entstandene Idylle im noch höheren Maße märchenhafte Züge aufweist. Der Schulmeister Wuz erscheint als geplagter Alumnus, als verliebter Bräutigam, als Kantor und Schulmeister und schließlich als Sterbender. Er ist reinen Herzens und zeigt stets dasselbe kindliche Gemüt. Nach einem bitteren Schulalltag philosophiert er:

»Abends [...] lieg' ich auf alle Fälle, sie mögen mich den ganzen Tag zwicken und hetzen wie sie wollen, unter meiner warmen Zudeck und drücke die Nase ruhig ans Kopfkissen, acht Stunden lang.« – Und kroch er endlich in der letzten Stunde eines solchen Leidenstages unter sein Oberbett, so schüttelte er sich darin, krempte sich mit den Knien bis an den Nabel zusammen und sagte zu sich: »Siehst du, Wuz, es ist doch vorbei.«

Auch die empfindsame Titelfigur des Romans *Blumen-, Frucht- und Dornenstücke oder Ehestand, Tod und Hochzeit des Armenadvokaten F. St. Siebenkäs im Reichsmarktflecken Kuhschnappel* (1796/97, 3 Bde.) lebt in bescheidenen Verhältnissen, aber der idyllische Charakter bleibt in diesem Werk nicht gewahrt. Siebenkäs rebelliert gegen eine ebenso brave wie hausbackene Frau, befreit sich durch einen inszenierten Scheintod aus dem geistfremden Milieu und eilt in die Arme einer poetisch-zarten Geliebten. Wie in seinen anderen Romanen hat Jean Paul auch hier Einschübe vorgenommen, so zum Beispiel die *Rede des toten Christus vom Weltgebäude herab, dass kein Gott sei,* die Victor Hugo und Fjodor Dostojewski, Søren Kierkegaard und Friedrich Nietzsche beeindruckte.

Der erste der größeren Romane, die Jean Paul zu Beginn des 19. Jahrhunderts zum beliebtesten Dichter machten, ist *Hesperus oder 45 Hundsposttage* (1795, 3 Bde.) mit dem Untertitel *Eine Lebensbeschreibung,* ein Erziehungsroman, gewidmet »dem höheren Menschen, der unser Leben, das nur in einem Spiegel geführt wird, kleiner findet als sich und den Tod«. Eine bizarre Handlung, feinfühlige Menschen, philosophische Ideen und Humor – wie zum Beispiel in der Leichenrede, die der »Held« Viktor auf sich selber hält. Jean Pauls bedeutendstes Werk ist der Roman *Titan* (1800–03, 4 Bde.). Die rätselhaften Zusammenhänge,

Jean Paul dichtend in seiner Gartenlaube bei Bayreuth, kolorierte Zeichnung von Ernst Förster

in denen die Personen leben, werden erst spät erhellt, sodass sich der Leser nur langsam zurechtfindet.

Albano, der Held des Romans, erfährt nach mancherlei Irrungen als regierender Fürst in der Heirat mit der Prinzessin Idoine Erfüllung seines Strebens. Albano ist das Ideal, das Jean Paul vom Menschen vorschwebte. Nach sorgfältiger Erziehung hat er die große Welt kennen gelernt und sich zu dem vorbildlichen Fürsten entwickelt, der Energie und Gefühl, Tatkraft und Menschlichkeit in sich vereint.

Den Idealgestalten stehen die Entarteten gegenüber, so der interessante Roquairol, ein »Abgebrannter des Lebens«; sie geben dem Dichter Gelegenheit, sich gegen den Titanismus der Zeit, die Ich-Vergötterung und den Kult egozentrischer Selbstvollendung zu wenden. Jean Paul selbst schrieb in einem Brief: »Titan sollte heißen Anti-Titan. Jeder Himmelsstürmer findet seine Hölle; wie jeder Berg zuletzt seine Ebene aus einem Tale macht. Das Buch ist der Streit der Kraft mit der Harmonie.«

Der unvollendete humoristische Roman *Flegeljahre* (1804/05, 4 Bde.), eine Biografie, vermittelt eine Vorstellung von Jean Pauls inneren Spannungen: In den Gestalten der beiden Brüder, des träumerischen Walt und des weltklugen Vult werden der Mensch des Gefühls und der Mensch der Tat charakterisiert.

Eine große Erbschaft soll Walt zufallen, wenn er mithilfe Vults lernt, sich auf die Wirklichkeit des Lebens einzustellen. Diese Thematik wird von einer Fülle bizarrer Einfälle umspielt, zu denen auch jener gehört, dass beide Brüder einen Roman »Hoppelpoppel oder das Herz« schreiben wollen – und dass sich beide in die Tochter des Generals Zablocki verlieben. Aber beide Brüder bleiben, was sie waren: Walt der Schwärmer, Vult der Mensch mit dem Wirklichkeitssinn.

Jean Pauls politische Schriften *Friedenspredigt an Deutschland* (1809) und *Dämmerungen für Deutschland* (1809) antworten auf den Aufstieg Napoleons. Intensiver als viele seiner Zeitgenossen hat er sich mit den Gründen für die damalige problematische Situation in Deutschland befasst. Die Französische Revolution wertet er positiv und ermutigt den Zukunftsglauben; er kennt die Gesetzlichkeit der Geschichte; dass die Menschheit sich aus dem Kriegsgetümmel auf eine höhere Stufe der Entwicklung erheben werde, ist seine Hoffnung.

Zu befürchten ist vielleicht nach einer Zeit, wo die Kanonen die Stunden schlugen und die Schwerter sie zeigten, dass ein Fürst sich und sein Volk am besten zu beraten glaubt, wenn er eine ewige Kriegserklärung organisiert, alle Stände verdeckt zum Wehrstand, alle Schulen zu Kriegs- und Fechtschulen einschmilzt, sodass am Ende Pflug und Feder und das Geräte aller Musen nur das Trieb- und Federwerk einer langsameren Kriegsmaschine werden und er selber ein Großsultan [...]. Bisher waren die Geschichtskapitel mit Krieg gefüllt, unter welche der Frieden einige Noten setzte. Seit der Schöpfungsgeschichte treibt dieses wahre perpetuum mobile des Teufels die Vernichtungsgeschichte fort. Der Friede war bisher nur eine blühende Vorstadt mit Landhäusern und Gärten vor der Festung des Krieges, der jene bei jedem Anlass niederschoss.

Das Urteil über Jean Paul bewegt sich in Extremen. Bewunderer auf der einen Seite: Stifter, Gotthelf, C. F. Meyer, Stefan George, der ihn einen Vater der impressionistischen Kunst nennt, Hofmannsthal. Ebenso bedeutend die, die ihn ablehnten: Goethe, Schiller, Heine. Nietzsche, der sich bei bestimmter Gelegenheit beeindruckt von Jean Paul zeigte, nannte ihn gleichwohl »ein Verhängnis im Schlafrock«. Treffend hat Madame de Staël in *Über Deutschland* (*De l'Allemagne*, 1810) über ihn geschrieben:

Jean Pauls Romane sprengen jede herkömmliche Form; sie sind so grunddeutsch, dass nicht einmal alle Deutschen etwas mit ihnen anfangen können, geschweige denn Ausländer. Leider schadet die äußerliche Originalität, die er erstrebte, der innerlichen, die er hat. Seine Wirkung steht und fällt mit der Fähigkeit und Willigkeit des Lesers, mitzugehen.

Jean Paul wusste um die Probleme seiner Art zu schreiben:

Wenn ich die kleinste Schleuse aufziehe, so schießt so viel Wasser zu, dass allzeit mehr Räder in Gang kommen, und also mehr gemahlen wird, als ich wollte. Das körperliche Uhrgehäuse zerspringt so früh, dass ich sterbe, ohne mein halbes Ich aus- oder abgeschrieben zu haben.

Der Handlungsablauf in Jean Pauls Romanen ist daher meist außerordentlich verwickelt. Eine Inhaltswiedergabe kann zudem keine Vorstellung geben von der Fülle der Situationsschilderungen, Stimmungen, Landschaftsbilder, von den zahllosen Anspielungen, von den vielen Einschüben, Beobachtungen, Assoziationen, Themen (*Die unsichtbare Loge*, R., 1793, 2 Bde.; *Des Feldpredigers Schmelzle Reise nach Flätz*, E., 1809; *D. Katzenbergers Badereise*, R., 1809, 2 Bde.; 2. vermehrte Auflage 1823, 3 Bde.; *Leben Fibels*, E., 1811; *Der Komet, oder Nikolaus Marggraf*, R.-Fragment, 1820–22). Die Einheit liegt in der inneren Form, in Empfindung und Seelentiefe. Hugo von Hofmannsthal schrieb über Jean Pauls Werke:

Den großen Romanen [...] waren mehr oder minder lose jene unvergleichlichen [...] Stücke eingefügt, die wahrhaftige Gedichte sind [...]. Diese Gedichte, ohne Silbenmaß, aber von der zartesten Einheit des Aufschwunges und Klanges, sind die Selbstgespräche und Briefe der Figuren, ihre Ergießungen gegen die Einsamkeit oder gegen ein verstehendes Herz, ihre Träume, ihre letzten Gespräche und Abschiede, ihre Todes- und Seligkeitsgedanken; oder es sind Landschaften, Sonnenuntergänge, Mondnächte, aber Landschaften und Mondnächte der Seele mehr als der Welt. Die deutsche Dichtung hat nichts hervorgebracht, was der Musik so verwandt wäre, nichts so Wehendes, Ahnungsvolles, Unendliches. [...] In diesen Gesichten und Ergießungen ist die Ferne bezwungen, der Abgrund des Gemüts, den von allen Künsten nur die tönende ausmisst. (Blick auf Jean Paul. 1763–1913, 1913).

Friedrich Hölderlin (1770–1843)

In der Dichtung Hölderlins verbanden sich griechischer und deutscher Geist, antiker Formwille und mythische Gestaltungskraft. Seinen Zeitgenossen ein Fremdling, zerbrach Hölderlin, »von Apollon geschlagen«, an der Anspannung seines dichterischen Wollens. Erst ein Jahrhundert später wurde er wieder entdeckt.

Hölderlin, geboren 1770 als Sohn eines Juristen und Klosterhofmeisters in Lauffen am Neckar, nach dem frühen Tod des Vaters und des Stiefvaters von der Mutter allein erzogen, besuchte das Maulbronner Seminar und als Stipendiat das Tübinger Stift, wo er zusammen mit den späteren Philosophen Hegel und Schelling studierte. Da er sich nicht entschließen konnte, Pfarrer zu werden, nahm er eine Hauslehrerstelle an, zuerst im Hause der Frau von Kalb, der Freundin Schillers und Jean Pauls, dann nach einem Aufenthalt in Jena – wo er Vorlesungen Fichtes hörte, Goethe und Schiller begegnete – 1796 bei dem Bankier Gontard in Frankfurt am Main. Die Frau des Bankiers, Susette Gontard, wurde die Diotima seiner Lieder. 1798 kam es zu einem Zerwürfnis mit Gontard. Hölderlin lebte danach in Homburg, Stuttgart, Nürtingen. Erste Zeichen einer psychischen Erkrankung machten sich bemerkbar, als er 1802 aus Bordeaux, wo er als Hauslehrer tätig gewesen war, zurückkehrte. Man gab den Willenlosen schließlich 1807 beim Tischlermeister Zimmer in Tübingen zur Pflege, wo er im Erkerzimmer des Turms am Neckar – heute Hölderlinturm benannt – noch viele Jahre seines Lebens verbrachte. Eine von dem französischen Germanisten Pierre Bertaux stammende These zieht Hölderlins geistige Erkrankung in Zweifel und postuliert stattdessen ein bewusstes Verstummen. Auch Peter Weiss' Drama *Hölderlin* (1971), das den Dichter als verhinderten Revolutionär begreift, ist in solchem Zusammenhang zu lesen. Die zeitweilig starke Politisierung von Literatur und germanistischer Forschung sicherte diesen Auffassungen besondere Aufmerksamkeit.

Der junge Hölderlin schwärmte mit seinen Studiengenossen Schelling und Hegel für die Ideale der Menschheit im Sinne Rousseaus und der französischen Revolution. Literarisch begann der Schüler der Griechen auch als Schüler Schillers. Wahrheit, Freiheit, Schönheit, Freundschaft verherrlichte er ähnlich wie Schiller in seinen Jugendhymnen *An die Freiheit, An die Göttin der Harmonie, An die Menschheit, Dem Genius der Kühnheit* und anderen. Auf der Suche nach einer neuen Humanitätsreligion rang er um den Einklang von Mensch, Natur und Gottheit.

Die Natur war für ihn die Elementarwelt von Äther, Sonne und Erde: Hölderlin näherte sich ihr nicht wie Goethe betrachtend und forschend, sondern lebte sich in hymnischem Aufschwung in sie ein. Auch erkannte er, wie seine Übersetzungen von Trauerspielen des Sophokles (*Ödipus der Tyrann; Antigone*, 1804) und zahlreicher Hymnen zeigen, anders als die Weimarer Klassiker im Griechentum neben den apollinisch-klaren auch rauschhaft-dionysische Züge. So verhielt sich Goethe von Anfang an ablehnend, zog Schiller sein anfängliches Entgegenkommen bald zurück.

Was Hölderlin in seiner Phantasie erträumt hatte, wurde für ihn in Frankfurt im Haus des Bankiers Gontard Wirklichkeit. In Gontards Frau Susette verkörperte sich dem jungen Dichter die »ewige Schönheit«. Hölderlin nannte sie Madonna, dann Griechin, am liebsten Diotima in Erinnerung an eine Seherin aus

Friedrich Hölderlin,
Pastellzeichnung von Franz Karl Hiemer, 1792

Platons *Gastmahl*. So schrieb er im Februar 1797 an seinen Freund Neuffer:

Noch bin ich immer glücklich wie im ersten Moment. Es ist eine ewige fröhliche heilige Freundschaft mit einem Wesen, das sich recht in dies arme geist- und ordnungslose Jahrhundert verirrt hat! Mein Schönheitssinn ist nun vor Störung sicher […]. Mein Verstand geht in die Schule bei ihr, und mein uneinig Gemüt besänftiget, erheitert sich täglich in ihrem genügsamen Frieden […]. Ich dichte wenig und philosophire beinahe gar nicht mehr. Aber was ich dichte, hat mehr Leben und Form; meine Phantasie ist williger, die Gestalten der Welt in sich aufzunehmen, mein Herz ist voll von Lust; und wenn das heilige Schicksal mir mein glücklich Leben erhält, so hoff' ich künftig mehr zu thun als bisher.

Hölderlins Lyrik fand, nachdem er Frankfurt verlassen musste, einen eigenen Ton: in den strengen Formen antiker Versmaße eine ergreifende Seelenmusik, in prägnanter Kürze eine unerschöpfbare Fülle. Seine großen Themen sind die Feier der Natur durch den frommen Menschen (*Die Eichbäume, Des Morgens*), der Preis der Liebe (die Diotima-Gedichte), die Verehrung der hohen himmlischen Mächte, die Hingabe an das griechische Ideal als das Ziel und Vorbild des Strebens nach Ganzheit, Schönheit und Frömmigkeit. Die dichterische Sendung ist Glück und Pflicht zugleich:

An die Parzen

Nur einen Sommer gönnt, ihr Gewaltigen!
  Und einen Herbst zu reifem Gesange mir,
    Dass williger mein Herz, vom süßen
      Spiele gesättiget, dann mir sterbe.

Die Seele, der im Leben ihr göttlich Recht
  Nicht ward, sie ruht auch drunten im Orkus nicht;
    Doch ist mir einst das Heil'ge, das am
      Herzen mir liegt, das Gedicht, gelungen,

Willkommen dann, o Stille der Schattenwelt!
  Zufrieden bin ich, wenn auch mein Saitenspiel
    Mich nicht hinab geleitet. Einmal
      Lebt' ich, wie Götter, und mehr bedarfs nicht.

Er gedenkt seiner Kindheit, da er »im Arme der Götter«, im Einklang mit dem Göttlichen aufwuchs *(Da ich ein Knabe war)*. Inzwischen ist solche beseligende Einheit gestört: Die Welt scheint ihm entgöttert, die Menschen müssen sich mit irdischer Gebundenheit und ungewissem Schicksal abfinden:

Hyperions Schicksalslied

Ihr wandelt droben im Licht
  Auf weichem Boden; selige Genien!
    Glänzende Götterlüfte
      Rühren euch leicht,
        Wie die Finger der Künstlerin
          Heilige Saiten.

Schicksallos, wie der schlafende
  Säugling, atmen die Himmlischen;
    Keusch bewahrt
      In bescheidener Knospe,
        Blühet ewig
          Ihnen der Geist,
            Und die seligen Augen
              Blicken in stiller
                Ewiger Klarheit.

Doch uns ist gegeben,
  Auf keiner Stätte zu ruhn,
    Es schwinden, es fallen
      Die leidenden Menschen
        Blindlings von einer
          Stunde zur andern,
            Wie Wasser von Klippe
              Zu Klippe geworfen,
                Jahrlang ins Ungewisse hinab.

In den Jahren der Gemeinschaft mit »Diotima« vollendete Hölderlin seinen Roman *Hyperion oder Der Eremit in Griechenland* (1797/99, 2 Bde.), einen lyri-

schen Briefroman, der den Einfluss von Heinses *Ardinghello* zeigt. Die äußere Handlung hat nur untergeordnete Bedeutung gegenüber den seelischen Erfahrungen des Schreibenden, dessen Gefühl in einer Sprache voller Musikalität nach Ausdruck sucht.

Hyperion, der rückschauend seinem deutschen Freund Bellarmin von seinem Leben berichtet, wächst in der Mitte des 18. Jahrhunderts in Südgriechenland naturverbunden auf. Sein weiser Lehrer Adamas führt ihn in die Heroenwelt des Plutarch und die Götterwelt, sein tatkräftiger Freund Alabanda in die Pläne zur Befreiung Griechenlands ein. In Kalaurea lernt er Diotima kennen. Sie gibt ihm die Kraft zur Tat. Er nimmt im Jahre 1770 am Aufstand gegen die Türken teil. Die Rohheit der eigenen Leute, »eine Räuberbande«, stößt ihn ab. Er wird verwundet, Alabanda muss fliehen und Diotima stirbt. Hyperion geht nach Deutschland, aber das Leben dort scheint ihm unerträglich. Im vorletzten Brief an Bellarmin schreibt er.

So kam ich unter die Deutschen. Ich forderte nicht viel und war gefasst, noch weniger zu finden. Demütig kam ich, wie der heimatlose blinde Ödipus zum Tore von Athen, wo ihn der Götterhain empfing und schöne Seelen ihm begegneten; – Wie anders ging es mir! – Barbaren von Alters her, durch Fleiß und Wissenschaft und selbst durch Religion barbarischer geworden, tief unfähig jedes göttlichen Gefühls, verdorben bis ins Mark zum Glück der heiligen Grazien, in jedem Grad der Übertreibung und der Ärmlichkeit beleidigend für jede gut geartete Seele, dumpf und harmonienlos, wie die Scherben eines weggeworfenen Gefäßes – das, mein Bellarmin! waren meine Tröster. – Es ist ein hartes Wort, und dennoch sag' ichs, weil es Wahrheit ist: Ich kann kein Volk mir denken, das zerrissner wäre, wie die Deutschen. Handwerker siehst du, aber keine Menschen, Denker, aber keine Menschen, Priester, aber keine Menschen, Herrn und Knechte, Jungen und gesetzte Leute, aber keine Menschen. [...] Ein jeder treibt das Seine, wirst du sagen, und ich sag' es auch. Nur muss er es mit ganzer Seele treiben, muss nicht jede Kraft in sich ersticken, wenn sie nicht gerade zu seinem Titel passt, muss nicht mit dieser kargen Angst, buchstäblich heuchlerisch das, was er heißt, nur sein, mit Ernst, mit Liebe muss er das sein, was er ist, so lebt ein Geist in seinem Tun, und ist er in ein Fach gedrückt, wo gar der Geist nicht leben darf, so stoß' ers mit Verachtung weg und lerne pflügen! Deine Deutschen aber bleiben gerne beim Notwendigsten, und darum ist bei ihnen auch so viele Stümperarbeit und so wenig Freies, echt Erfreuliches.

Allein die Natur, »der himmlische Frühling«, hält ihn in Deutschland zurück. So bleibt er, lebt »wie mit Genien [...] mit den blühenden Bäumen« und findet in der Schönheit, die ihn umgibt, zu sich selbst.
Der Roman ist das Bekenntnis einer Subjektivität, vor deren Forderungen die Wirklichkeit nicht genügen

kann und die sich ihrerseits der Wirklichkeit versagt. Erlebnisse der Freundschaft, der Liebe und der Natur, der Seelenbund mit Alabanda wecken Hyperions geistige Kräfte, die Begegnung mit Diotima gibt seinem Leben Erfüllung, denn »was ist alles, was in Jahrtausenden die Menschen taten und dachten, gegen einen Augenblick der Liebe«. Die besonders im Schlussbrief hymnisch gefeierte Natur wird als gotterfüllter Raum verehrt.

An der vergangenen Größe des Griechentums misst Hölderlin Deutschland, von dem er das Höchste fordert und darum am tiefsten enttäuscht wird. Es ist kein Widerspruch, wenn er später 1798–1800 den Deutschen huldigt. Ist dieses Volk, »tatenarm und gedankenvoll«, vielleicht zu Großem berufen?

Der *Gesang des Deutschen*, die erste seiner Hymnen in antiken Strophen, beginnt:

O heilig Herz der Völker, O Vaterland!
Allduldend gleich der schweigenden Mutter Erd’
Und allverkannt, wenn schon aus deiner
Tiefe die Fremden ihr Bestes haben. […]

Du Land des hohen ernsteren Genius!
Du Land der Liebe! Bin ich der deine schon,
Oft zürnt’ ich weinend, dass du immer
Blöde die eigene Seele leugnest.

In der Ode *Heidelberg* rühmt Hölderlin »der Vaterlandsstädte Ländlichschönste«, doch hindert sein Heimatgefühl nicht den Blick in die Ferne, die Beziehung zu den Ursprüngen des Lebens in Asien. So verbinden seine Stromgedichte *Der Main, Der Neckar, Der Rhein, Am Quell der Donau* fühlbare Nähe mit zeitlicher Ferne. Mit den Flüssen wandern seine Gedanken in die Weite und lassen ihn Zusammenhänge erkennen. Am Lauf der Ströme liest er die göttliche Fügung im Weltenlauf ab. Germanien, Hellas, Asien sind nachbarlich verwandt. Der Rhein ist ein Heros, der sich, seiner Bestimmung folgend, gegen alle Widerstände den Weg in die Freiheit und in die göttliche Heimat erkämpft.

Fragment geblieben ist Hölderlins religiös-mythische Tragödie *Der Tod des Empedokles* (1797/1800), die zweite der drei verschiedenen Fassungen dieses Themas. Im Empedokles, dem griechischen Naturphilosophen aus dem 5. Jahrhundert v. Chr., der als Priester und Dichter vom Volk nicht verstanden wurde und sich zur Sühne für alle in den Krater des Ätna stürzte, mag Hölderlin ein Symbol der eigenen Bestimmung gesehen haben. Durch seinen Tod kehrt Empedokles zur Natur zurück, aus der Vereinzelung in die Einheit, um wiederzukehren im All der Natur. Er stirbt freudig, denn

er weiß: »Am Tode entzündet nur das Leben sich zuletzt.«

Die volle Wendung zum Religiösen vollziehen die späten, zu freien Rhythmen übergehenden Hymnen. In dunkler, geballter Sprache verkünden sie prophetisch die Wende der Zeit und die kommende Wiederkehr der Götter (*Der Archipelagus, Brot und Wein, Versöhnender, der du nimmer geglaubt, Der Einzige, Patmos*). Christus, der als »Fackelschwinger, des Höchsten Sohn«, unter die Schatten herabkommt, nimmt bei Hölderlin die Züge des persönlichen Heilands an, der sich durch seine Einzigartigkeit von den anderen Himmlischen (Dionysos und Herakles) unterscheidet. Das alle Hymnen krönende Gedicht *Patmos* spricht von Christus als dem Ersten der Himmlischen.

Die alte Zeit, in der die Götter unmittelbar gegenwärtig waren, ist zu Ende. Aber Christus bleibt über den Tod hinaus mit seinen Jüngern verbunden und wirkt als göttlicher Geist in der Glaubensüberlieferung. Es bricht die Zeit des Übergangs an – die »liebende Nacht«, in der »nirgend ein Unsterbliches mehr zu sehen ist auf grüner Erde«, in der »einiges verloren geht und von der Rede verhallet der lebendige Laut«. Aber dann wird mit Christus das Göttliche wiederkehren und ein neuer Tag auf Erden anbrechen.

Patmos war Hölderlins letzte vollendete Hymne. Nunmehr bestätigte sich, was seine Verse in der Schlussstrophe des Gedichts *Am Quell der Donau* angekündigt hatten: »Jetzt aber endiget, seligweinend, / Wie eine Sage der Liebe, / Mir der Gesang […].« Doch hat er auch in der Zeit seiner langen Erkrankung gelegentlich Gedichte geschrieben, die er häufig mit falschem Datum als »Scardanelli« unterzeichnete.

Im 19. Jahrhundert fast unbekannt, war Hölderlin für Stefan George ein »Eckstein der nächsten deutschen Zukunft und Rufer des neuen Gottes«. Den Dichtern wurde er ein mythischer Seher, den Philosophen ein Denker. Erst durch die zwischen 1913 und 1923 erschienene Gesamtausgabe des aus dem George-Kreis stammenden Norbert von Hellingrath ist Hölderlin einem größeren Publikum bekannt geworden. Den Machthabern des Dritten Reiches war er ein für Propagandazwecke brauchbarer deutscher Jüngling, seine Gedichte begleiteten in Feldpostausgaben viele Soldaten in den Zweiten Weltkrieg. Doch begann, mitten im Krieg, besorgt von Friedrich Beißner und Adolf Beck, auch die Stuttgarter Ausgabe (1943–1985) zu erscheinen, eine Edition, die den bei Hölderlin überaus komplizierten Problemen der Handschriftenüberlieferung und Lesartenwiedergabe mit höchster Sorgfalt gerecht wird.

Von 1975–2001 erschienen, herausgegeben von Dietrich Eberhard Sattler, eine zweite historisch-kritische Ausgabe, die Frankfurter Ausgabe. Mithilfe einer neuen Editionstechnik sucht sie die Entstehung des Werkes und damit die literarische und politische Entwicklung Hölderlins deutlich zu machen.

Heinrich von Kleist (1777–1811)

Kleist, gleichermaßen unübertrefflich als Dramatiker und als Novellist, schuf, begabt mit einer genialen Kraft des Wortes, ein Werk fern der Zucht klassischer Harmonie. Unruhe und Besessenheit mit gelegentlich psychopathologischen Zügen kennzeichnen seine Dichtung ebenso wie traumhafte Sicherheit des Empfindens, psychologischer Scharfblick, exzessives Glücksverlangen und trockener Witz.

Kleist wurde am 18. Oktober 1777 als Sohn einer alten Offiziers- und Adelsfamilie geboren. 1792 trat er ins Heer ein, nahm aber schon 1799 seinen Abschied und studierte in Frankfurt an der Oder. Die Beschäftigung mit der Philosophie Kants stürzte ihn in eine schwere Krise. Begleitet von seiner Stiefschwester Ulrike reiste er im April 1801 über Halberstadt (Besuch bei Gleim) nach Paris und von dort in die Schweiz. Anfang 1803 besuchte er Wieland in Osmannstedt, im März brach er zu einer Fußreise über Mailand nach Paris auf, weiter nach Boulogne-sur-Mer, wo damals Napoleon eine Invasionsarmee gegen England sammelte. Nach körperlichem und seelischem Zusammenbruch kehrte er nach Deutschland zurück. 1805/06 war er als Beamter in Königsberg tätig. Im Januar 1807 wurde er vor den Toren Berlins verhaftet und blieb mehrere Monate in Gefangenschaft in Frankreich. Danach arbeitete er bis 1809 publizistisch in Dresden; zusammen mit Adam Müller gründete er die Zeitschrift *Phöbus*. Kleist teilte den verbreiteten Hass auf Napoleon und versuchte die Deutschen zu einem gnadenlosen Kampf anzuspornen. 1810/11 gab er in Berlin die *Berliner Abendblätter* heraus, die aber ebenso wie der *Phöbus* erfolglos blieben. Enttäuscht und mittellos beging er am 21. November 1811 zusammen mit Henriette Vogel am Wannsee in Berlin Selbstmord.

Den *Aufsatz, den sichern Weg des Glücks zu finden und ungestört – auch unter den größten Drangsalen des Lebens – ihn zu genießen,* hat der junge Militär wohl noch vor 1799 verfasst. Bereits im Titel lässt er einen etwas pedantisch-steifen Optimismus der Aufklärung nicht minder deutlich erkennen als die Denkübungen, die Kleist seiner Verlobten Wilhelmine von Zenge zur Verbesserung ihrer Bildung vorlegte. Mehr aufgrund eines Missverständnisses brach dieses Kalkül wenig später zusammen. Der Student, der die Offizierslaufbahn quittiert hatte, leitete aus der Philosophie Kants die

Heinrich von Kleist, Kreidezeichnung seiner Braut Wilhelmine von Zenge

Auffassung ab, dass es für den Menschen keine Möglichkeit zur Erkenntnis der Wahrheit gäbe. Er berichtet darüber in einem Brief vom 22. März 1801 an Wilhelmine von Zenge:

Ich hatte schon als Knabe (mich dünkt am Rhein durch eine Schrift von Wieland) mir den Gedanken angeeignet, dass die Vervollkommnung der Zweck der Schöpfung wäre. Ich glaubte, dass wir einst nach dem Tode von der Stufe der Vervollkommnung, die wir auf diesem Sterne erreichten, auf einem andern weiter fortschreiten würden, und dass wir den Schatz von Wahrheiten, den wir hier sammelten, auch dort einst brauchen könnten. Aus diesen Gedanken bildete sich so nach und nach eine eigne Religion, und das Bestreben, nie auf einen Augenblick hienieden stillzustehen, und immer unaufhörlich einem höhern Grade von Bildung entgegenzuschreiten, ward bald das einzige Prinzip meiner Tätigkeit. B i l d u n g schien mir das einzige Ziel, das des Bestrebens, W a h r h e i t der einzige Reichtum, der des Besitzes würdig ist. […]. Vor kurzem ward ich mit der neueren, so genannten Kantischen Philosophie bekannt – und dir muss ich jetzt daraus einen Gedanken mitteilen […]. Wenn alle Menschen statt der Augen grüne Gläser hätten, so würden sie urteilen müssen, die Gegenstände, welche sie dadurch erblicken, s i n d grün – und nie würden sie entscheiden können, ob ihr Auge ihnen die Dinge zeigt, wie sie sind, oder ob es nicht etwas zu ihnen hinzutut, was nicht ihnen, sondern dem Auge gehört. So ist es mit dem Verstande. Wir können nicht entscheiden, ob das, was wir Wahrheit nennen, wahrhaft Wahrheit ist, oder ob es uns nur so scheint. Ist das Letzte, so i s t die Wahrheit, die wir hier sammeln, nach dem Tode nicht mehr – und alles Bestreben, ein Eigentum sich zu erwerben, das uns auch in das Grab folgt, ist vergeblich –

Von dieser Überlegung »tief in seinem heiligsten Innern [...] verwundet«, sagt Kleist zusammenfassend: »Mein einziges, mein höchstes Ziel ist gesunken, und ich habe nun keines mehr –«

Diese so genannte Kant-Krise ist nicht Ausdruck einer wirklichen Auseinandersetzung mit der Lehre des Philosophen. Vielmehr stieß Kleist auf eine Formulierung, die seiner eigenen Lebensstimmung entsprach, in der er seine persönliche Erfahrung zu entdecken glaubte. Kleist fand nicht wie Schiller Trost in den großen Ideen, die allem Geschehen zugrunde liegen und dem Menschen die Kraft geben, Widerstände der Welt zu besiegen. Vielmehr war es die Frage nach der Bestimmung des Menschen, die zum Grundthema von Kleists Dramen wurde: Wie kann sich der Mensch, der aus der Gewissheit und Sicherheit des Gefühls lebt, gegenüber der trügerischen Sinnenwelt, gegenüber Zufall, Zwang und Widrigkeit des Schicksals behaupten?

In seinem wahrscheinlich 1801 in Paris entworfenen fatalistischen Trauerspiel *Die Familie Schroffenstein* (1803), in dem das Thema von Shakespeares *Romeo und Julia* abgewandelt wird und zwei feindliche Familien das Leben ihrer Kinder vernichten, erweist sich das Schicksal, die Verkettung der Verhängnisse, denen der Mensch ausgeliefert ist, als übermächtig. Verblendung und Frevel zerstören das Glück der Liebenden, das Drama wird zur Schicksalstragödie.

Künstlerische Meisterschaft zeigt Kleist in der Tragödie *Robert Guiskard, Herzog der Normänner* (Fragment 1808). Er begann sie 1803 während seines Schweizer Aufenthalts. Wieland, dem er einige Szenen vorlas, urteilte danach: »Wenn die Geister des Aischylos, Sophokles und Shakespeare sich vereinigten, eine Tragödie zu schaffen, sie würde das sein, was Kleists *Tod Guiskard des Normannen*, sofern das Ganze demjenigen entspräche, was er mich damals hören ließ.« Doch Kleist zweifelte an seinem Können und verbrannte das Manuskript im selben Jahr in Paris. Er hat dann später aus der Erinnerung den ersten Akt wiederhergestellt. Zehn Auftritte sind erhalten. Die Fabel des Dramas enthielt ein Aufsatz in Schillers *Horen* von 1797.

Robert Guiskard ist nach dem Tod seines Bruders, unter Umgehung von dessen Sohn Abälard, zum Herzog des Normannenreiches in Apulien erhoben worden. Er führt einen Feldzug, um die Rechte seiner Tochter Helena, der verwitweten und vertriebenen griechischen Kaiserin, zu wahren, aber unmittelbar vor der Eroberung von Byzanz befällt ihn und viele seines Volkes die Pest. Er versucht dem Schicksal zu trotzen und die aufflackernde Zwietracht im eigenen Heer zu ersticken.

Dem Unheil, das in Pläne und Entwürfe der Menschen eingreift, stehen hier nicht mehr – wie in Kleists erstem Drama – rührende oder engstirnige Menschen gegenüber, sondern ein Fürst, der zu herrschen gewohnt ist, will dem Tod, der seine Umgebung und ihn selbst bedroht, die Durchführung seines Planes abringen.

Kleists Absicht, den betörenden Schein des Daseins durch die unzerstörbare Kraft des Gefühls zu meistern, ist das Thema seiner Komödie *Amphitryon* (1807). Der Stoff geht zurück auf den griechischen Mythos, nach dem Zeus-Jupiter Alkmene in der Gestalt ihres Gatten Amphitryon aufsucht; aus dieser Verbindung geht ein Sohn, Herakles, hervor. Nach dem römischen Komödiendichter Plautus hatte auch Molière diesen Stoff in einer Gesellschaftskomödie verwandt – Kleist aber gibt seinem »Lustspiel nach Molière« einen neuen Sinn. »Der antike Sinn in Behandlung des Amphitryon ging auf Verwirrung der Sinne [...]. Kleist geht auf die Verwirrung des Gefühls hinaus«, urteilte Goethe.

Als der Feldherr Amphitryon zu seiner Frau Alkmene heimkehrt und dort auf den zweiten Amphitryon trifft, entstehen Verwicklung und Gefühlsverwirrung, die sich erst lösen, als Jupiter sich als Gott zu erkennen gibt und Amphitryon verkündet: »Dir wird ein Sohn geboren werden, dess' Name Herkules.« Das Stück schließt mit dem Seufzer »Ach!« der Alkmene.

Kleist hat über Molière hinaus dem Stoff eine eigene Tiefe gegeben, durch die Alkmene zum Urbild weiblicher Treue wird. Denn in dem Gott liebt sie nur ihren Gatten Amphitryon, die Verkörperung seines Wesens. Die Verwechslung wird so zum Beweis für die Reinheit von Alkmenes Liebe zu Amphitryon. Allen Betörungen setzt sie ihr innerstes Gefühl entgegen, sodass selbst Jupiter sie preist als ein Geschöpf »so urgemäß dem göttlichen Gedanken in Form und Maß und Sait' und Klang«.

Den Ernst dieser Fragestellung und Thematik, welcher die Komödie bis an die Grenze der Tragik heranführt, hat Kleist durch die traditionelle Parallelhandlung auf der Dienerebene humorvoll gespiegelt: zwischen Merkur, Sosias und dessen Frau Charis (Merkur als Sosias).

Die Anregung zum Lustspiel *Der zerbrochne Krug* (1811, U. 1808) gab ein Kupferstich nach Debucourts Gemälde *La cruche cassée*, das Ludwig Wieland – einen Sohn des

Dichters –, den Dramatiker und Novellisten Johann Heinrich Daniel Zschokke (1771–1748) und Kleist in der Schweiz zu einem dichterischen Wettkampf veranlasste. Der damals entstandene Entwurf ist später in Königsberg beendet worden. Die Weimarer Uraufführung dieses realistischen Meisterstücks wurde durch die von Goethe vorgenommenen Eingriffe jedoch zu einem vollständigen Misserfolg.

Dorfrichter Adam hat sich in Evchens Zimmer eingeschlichen, ist aber verscheucht worden und hat beim Sprung aus dem Fenster einen Krug zerbrochen. Die Mutter bezichtigt Evchens Bräutigam Ruprecht dieser Tat und klagt ihn vor dem Richter Adam an. Dieser möchte den Prozess niederschlagen, muss ihn aber durchführen, da ein Gerichtsrat zur Inspektion eingetroffen ist. Adam versucht durch Drohungen Evchen zum Schweigen zu bringen und den Verdacht von sich abzulenken, verfängt sich aber so in seinen eigenen Fragen und Antworten, dass er sich schließlich selbst entlarvt.

Dorfrichter Adam lügt; von ungehemmter Sinnlichkeit verleitet, missbraucht er verschlagen sein Amt. Doch hat ihm Kleist in seiner derb-realistischen Schilderung so viele Züge von breiter Behäbigkeit mitgegeben, dass ein heiteres Ende zu erwarten ist. In *Der zerbrochne Krug* handelt es sich wieder um eine trügerische Welt, in der ausgerechnet der Täter zugleich Richter ist. Aber da der Sünder sich in der eigenen Schlinge fängt, entsteht aus drohender Tragik befreiender Humor. Adams Gegenbild ist das Mädchen Eve, die von ihrem Bräutigam unbedingtes Vertrauen fordert, ein Vertrauen, das sich durch den äußeren Anschein nicht beirren lässt.

Die Tragödie *Penthesilea* (1808) ist für Kleists Schaffen besonders aufschlussreich. Er hat den Stoff der griechischen Sage entnommen, aber frei gestaltet.

Nach einem alten Gesetz dürfen sich die Amazonen nur mit jenem Mann verbinden, den sie im Krieg besiegt haben. Penthesilea, Königin der Amazonen, und Achill, der Griechenfürst, die vor Troja einander begegnen, werden von leidenschaftlicher Liebe zueinander erfasst, sodass jeder den anderen für sich gewinnen will. Im ersten Zweikampf erweist sich Achill als der Stärkere, die Königin aber, die sich irrtümlich als Siegerin glaubt, offenbart ihm ihr Gefühl. Nachdem er erfahren hat, was das Gesetz der Amazonen Penthesilea gebietet, fordert er sie, in der Absicht sich scheinbar von ihr besiegen zu lassen, noch einmal zum Kampf. Voll Scham und Enttäuschung über ihre erste Niederlage verkennt Penthesilea Achills Vorhaben, fällt in rasender Hassliebe den Wehrlosen an und zerfleischt ihn. Als sie das Geschehene begreift, folgt sie dem Geliebten in den Tod.

»Mein innerstes Wesen liegt darin«, hat Kleist von dieser Tragödie gesagt. Und tatsächlich hat er in keinem anderen Drama den Abgrund menschlicher Existenz so tief ausgelotet und sprachlich vergegenwärtigt wie in der *Penthesilea*. Der Tod der Königin ist Ausdruck ihrer Leidenschaft und Verzweiflung:

Denn jetzt steig ich in meinen Busen nieder,
Gleich einem Schacht, und grabe, kalt wie Erz,
Mir ein vernichtendes Gefühl hervor.
Dies Erz, dies läutr ich in der Glut des Jammers
Hart mir zu Stahl; tränk es mit Gift sodann,
Heißätzendem, der Reue, durch und durch;
Trag es der Hoffnung ewgem Amboss zu,
Und schärf und spitz es mir zu einem Dolch;
Und diesem Dolch jetzt reich ich meine Brust:
So! So! So! So! Und wieder. – Nun ists gut.

Prothoe, eine der Fürstinnen der Amazonen, spricht die Schlussworte des Dramas über Penthesilea:

Sie sank, weil sie zu stolz und kräftig blühte!
Die abgestorbne Eiche steht im Sturm,
Doch die gesunde stürzt er schmetternd nieder,
Weil er in ihre Krone greifen kann.

Der Theaterdirektor Goethe, dem Kleist dieses Trauerspiel als Fragment mit einem ehrfurchtsvollen Brief sandte, antwortete kühl-ablehnend. Das Stück ist zu Lebzeiten Kleists nicht aufgeführt worden.

Das romantische Ritterschauspiel *Käthchen von Heilbronn oder Die Feuerprobe* (1810) scheint einer anderen Welt anzugehören. Die Amazonenkönigin, »halb Furie, halb Grazie«, und Käthchen, die kindhaft liebliche, die dem Grafen Wetter vom Strahl in schwärmerischer Hingabe durch alle Erniedrigung folgt, in der Sicherheit ihres Gefühls alle Proben besteht und schließlich, als man in ihr die Tochter des Kaisers erkennt, dem geliebten Manne angetraut wird, gehören jedoch nach Kleists Aussage »wie das + und – der Algebra zusammen und sind ein und dasselbe Wesen nur unter entgegengesetzten Bedingungen gedacht« (an Heinrich Joseph von Collin, 8. Dezember 1808).

Was der Amazonenkönigin, als Waffenträgerin in das mörderische Geschehen verstrickt, im Zwiespalt der Pflichten versagt ist, das ist Käthchen möglich: die völlige Hingabe an die innere Stimme. Daher entwickelt sich in der *Penthesilea* die Liebeshandlung zur Katastrophe, während im *Käthchen von Heilbronn* die zarte Holunderbuschszene auf ein glückliches Ende vorausweist. Kleist verwendet dabei die üblichen Mittel der romantisch-märchenhaften Ritterstücke.

In den Jahren 1806/07 war der Staat Friedrichs des Großen nach den Schlachten von Jena und Auerstedt zusammengebrochen. Zu der Sorge um die eigene Existenz quälte Kleist das eifersüchtige Interesse an der Zukunft Preußens und Deutschlands. Im Herbst 1807 ging er nach Dresden, wo er mit Adam Müller die Zeitschrift *Phöbus* herausgab, in der sich die Besten der Nation sammeln sollten. Doch das Blatt hatte keinen Erfolg. 1808 stand Napoleon auf der Höhe seiner Macht. Aus Kleists Hass gegen den Eroberer, den er einen »der Hölle entstiegenen Vatermördergeist« nannte, wuchs 1809 sein Drama *Die Hermannsschlacht*, ein Bild der Vergangenheit (Vernichtung der Römer im Teutoburger Wald) zur Mahnung an die Gegenwart: eine dichterische Aufforderung an Preußen und Österreich zur Einheit und Gemeinsamkeit gegen den Korsen. Aber Napoleons Sieg über die Österreicher bei Wagram vernichtete alle Hoffnungen. Kleist kehrte nach Berlin zurück und versuchte sich mit den *Berliner Abendblättern* eine Existenzgrundlage zu schaffen.

Für diese Zeitung, die allerdings nur ein halbes Jahr bestand, schrieb er seine Anekdoten (zum Beispiel *Anekdote aus dem letzten preußischen Kriege; Der Branntweinsäufer und die Berliner Glocken*). Dort erschien auch seine Abhandlung *Über das Marionettentheater* (1810), bei der es ihm wie in seinen Dramen um den Mittelpunkt der Existenz geht. Die Marionette wird vom Puppenspieler von einem zu fühlenden Schwerpunkt her gelenkt und überwindet mit graziöser Leichtigkeit die Trägheit der Materie, weil jene Kraft, die über sie herrscht, größer ist als die andere, die sie an die Erde fesselt. Die Menschen haben durch Reflexion und Bewusstsein die Sicherheit und damit auch die Grazie verloren, die nur möglich ist im »Stand der Unschuld«. Doch »das Paradies ist verriegelt und der Cherub hinter uns«. Also müssen die Menschen zu der höheren Stufe vorstoßen, auf der sie im vollendeten, das heißt überwundenen Bewusstsein wieder zur Unschuld, zur Einheit von Natur und Geist und zur Gefühlssicherheit zurückfinden. Der Schluss der Abhandlung, die als Dialog verfasst ist, lautet:

»Wir sehen, dass in dem Maße, als, in der organischen Welt, die Reflexion dunkler und schwächer wird, die Grazie darin immer strahlender und herrschender hervortritt [...]. So findet sich auch, so die Erkenntnis gleichsam durch ein Unendliches gegangen ist, die Grazie wieder ein; so, dass sie, zu gleicher Zeit, in demjenigen menschlichen Körperbau am reinsten erscheint, der entweder gar keins oder ein unendliches Bewusstsein hat, d.h. in dem Gliedermann, oder in dem Gott.«
»Mithin [...] müssten wir wieder von dem Baum der Erkenntnis essen, um in den Stand der Unschuld zurückzufallen?« »Allerdings, [...] das ist das letzte Kapitel von der Geschichte der Welt.«

Das Käthchen von Heilbronn, 4. Akt, 2. Szene
Der Graf vom Strahl belauscht Käthchen im Schlaf und erfährt das Geheimnis ihres Traums.
Gemälde von Moritz von Schwind

In seinem letzten Drama zeigt Kleist einen solchen Weg, der den Menschen über sich selbst hinaus zur inneren Vollendung führt. In Friedrichs II. *Mémoires pour servir à l'histoire de la Maison de Brandebourg* wird erzählt, dass der Prinz von Homburg sich gegen den Befehl zu einem Gefecht fortreißen ließ und so der Todesstrafe schuldig wurde, obwohl er den Sieg über die Schweden errang. Dieses Faktum war Anlass für das Schauspiel *Prinz Friedrich von Homburg* (e. 1809–11). Von diesem Theaterstück sagte Heine, es sei »gleichsam vom Genius der Poesie selbst« geschrieben.

Der schlafwandelnde Prinz, vom Ruhm und von der Liebe zu Prinzessin Natalie, der Nichte des Kurfürsten, träumend, wird von einer adligen Gesellschaft, an deren Spitze der Kurfürst steht, am Vorabend der Schlacht von Fehrbellin (1675), übermütig genarrt. Am folgenden Morgen überhört er die Schlachtorder und greift gegen den Befehl des Kurfürsten zu früh in den Kampf ein. Er erringt den Sieg über die Schweden, doch das Kriegsgericht muss ihn, der gegen die Order verstoßen hat, zum Tode verurteilen. Angesichts dieser Drohung vertraut der Prinz, seinem Gefühl folgend, zunächst ganz dem Kurfürsten, dann aber, als er sich getäuscht wähnt, bemächtigt sich seiner Todes-

Prinz Friedrich von Homburg, Inszenierung Peter Stein, Schaubühne Berlin, 1972
Bruno Ganz als Prinz von Homburg, Katharina Tüschen als Kurfürstin, Peter Lühr als Kurfürst

angst. Doch er überwindet sich und bejaht die Richtigkeit des Rechtsspruchs; darauf spricht ihn der Kurfürst, der Strenge und Güte vereint, frei. Homburg gewinnt Natalie.

Drei Phasen durchläuft der Prinz. Sein erstes »gefühlvolles« Handeln ist in Wahrheit ichbezogen, ein unbeherrschter Griff nach Ruhm und Glück. Darum hält dieses Gefühl nicht stand und endet in völligem Zusammenbruch, als er dem offenen Grab gegenübersteht. Geleitet von der Weisheit des Kurfürsten und zur Selbstverantwortung aufgerufen, überwindet der Prinz jedoch die Todesfurcht. Der Kurfürst macht ihn selbst zum Richter seiner Tat: Er könne sich seine Freiheit erkaufen, wenn er erkläre, dass ihm Unrecht widerfahren sei. Selbst zur Entscheidung aufgerufen erkennt der Prinz die Rechtmäßigkeit des Urteils.
Das Drama scheint mit der Hinrichtung zu enden. Die Szene spielt wiederum im nächtlichen Garten des Schlosses. Mit verbundenen Augen wird der Prinz bei Trommelklang herbeigeführt: »Nun, O Unsterblichkeit, bist du ganz mein«, sind seine Worte, »Du strahlst mir, durch die Binde meiner Augen, / Mit Glanz der tausendfachen Sonne zu.« Seltsam entrückt glaubt er den »Duft der Nachtviole« wahrzunehmen, als ein begleitender Offizier ihm eine Blume reicht, antwortet er: »Ich will zu Hause sie in Wasser setzen.« Dann verbreitet sich ein »Glanz« – der Kurfürst erscheint mit fackeltragendem Gefolge –, die Begnadigung wird ausgesprochen, mehr noch: Der Prinz empfängt den Siegeskranz und die Hand Natalies.
Dieser Durchbruch vollzieht sich in der nüchternen Wirklichkeit des brandenburgischen Staates. Das Gesetz, dem er sich unterordnet, und die Forderung des Gefühls sind versöhnt. Entsprechend verbindet die Sprache Kargheit und Glanz, Strenge und Glück.
Auch die Wiener Uraufführung dieses Dramas war ein Misserfolg und mündete in ein Aufführungsverbot, ebenso war das Stück in Berlin jahrzehntelang verfemt. »Man begriff erst langsam (Heine, Hebbel), dass hier dem Preußentum durch die Versöhnung des Staatlichen mit der verstehenden, gütigen, und auch ein wenig ironischen Menschlichkeit des Kurfürsten und mit der traumhaften Gefühlskraft des Prinzen seine größte dichterische Gestaltung gegeben worden war.« (F. Martini)
Kleists oftmals nachgeahmten, gleichwohl unwiederholbaren Stil zeigt auch die Prosa seiner acht Novellen, die mit seinem dramatischen Werk in Zusammenhang stehen. *Das Erdbeben in Chili* (1807) entfesselt alle Schrecken der heillosen Welt des Zufalls, denen der

Mensch preisgegeben ist. Im Hass der verständnislosen Gesellschaft, im Aufruhr der Elemente und im Wüten der fanatischen Menge gehen die Liebenden unter, die bedingungslos ihrem Herzen folgten. *Die Marquise von O…* (1808), eine Frau vom Seelenadel der Alkmene, widersteht in unbeirrbarer Sicherheit Anfechtungen eines unbegreiflichen Schicksals. In Kleists umfangreichster und bekanntester Novelle *Michael Kohlhaas* (Teildruck 1808) mit dem Untertitel *Aus einer alten Chronik* vollzieht sich wiederum eine Auseinandersetzung zwischen Individuum und Staat.

Dem Rosshändler Michael Kohlhaas, in der Mitte des 16. Jahrhunderts an der Havel lebend, werden bei einer Handelsfahrt zwei wertvolle Rappen auf einer sächsischen Burg durch schlechte Behandlung ruiniert. Nach vergeblicher Klage greift Kohlhaas zur Selbsthilfe, brennt die Burg nieder und wird mit seiner Schar zum Schrecken des Landes. Ein Vermittlungsversuch Luthers scheitert. Die adelige Sippe erreicht die Verurteilung des gefangenen Kohlhaas zu Rad und Galgen, doch der Kurfürst von Brandenburg erzwingt die Auslieferung seines Untertans. Der muss zwar seine Taten mit dem Tode büßen, doch seine Söhne werden vom Kurfürst für das erlittene Unrecht entschädigt.

»[…] die Welt würde«, heißt es zu Beginn der Novelle, »sein Andenken haben segnen müssen, wenn er in einer Tugend nicht ausgeschweift hätte. Das Rechtsgefühl aber machte ihn zum Räuber und Mörder.« Wie ein Besessener besteht Kohlhaas auf seinem Recht. Tausende von Unschuldigen müssen mit ihrem Leben büßen, Städte und Dörfer werden in Schutt und Asche gelegt. Es geht Kohlhaas – echt »kleistisch« – um die Verwirklichung des Unbedingten. Bei der Maßlosigkeit in seinem Kampf um das Recht macht er sich schuldig. Aber nachdem sein Rechtsanspruch erfüllt wird, nimmt er den Tod willig als Sühne auf sich.

Aus der breit angelegten Chronik, die seine Vorlage war, hat Kleist eine Erzählung von drängender Spannung gemacht: das tragische Schicksal eines Menschen, der durch sein Tun und seinen Tod die Notwendigkeit einer gerechten staatlichen Ordnung bezeugt.

Das Bettelweib von Locarno und *Die heilige Cäcilie oder Die Gewalt der Musik* schrieb Kleist im Winter 1810/11 für seine *Berliner Abendblätter*, *Die Verlobung in St. Domingo* für die Berliner Zeitschrift *Der Freimüthige*, zusammen mit *Der Findling* und *Der Zweikampf* erschienen sie 1811 in Buchform.

Als Kleists Unternehmen der *Berliner Abendblätter* gescheitert war, sah er keine weitere Existenzmöglichkeit mehr. Seine politischen Hoffnungen waren zerbrochen, die Familie hatte ihn aufgegeben. Sein Leben nannte er

»das allerqualvollste, das je ein Mensch geführt hat«. Mit Henriette Vogel, die sich unheilbar krank glaubte, ging er in den selbst gewählten Tod. Am Morgen seines Todestages schrieb er an seine Schwester Ulrike:

Du hast an mir getan, ich sage nicht, was in Kräften einer Schwester, sondern in Kräften eines Menschen stand, um mich zu retten: die Wahrheit ist, dass mir auf Erden nicht zu helfen war. Und nun lebe wohl; möge Dir der Himmel einen Tod schenken, nur halb an Freude und unaussprechlicher Heiterkeit, dem meinigen gleich: Das ist der herzlichste und innigste Wunsch, den ich für Dich aufzubringen weiß.

Das literarische Umfeld

Die Versuchung ist groß, die Zeit der Weimarer Klassik vor allem aus der Perspektive ihrer Wortführer und ihrer berühmten Werke zu betrachten. Tatsächlich bietet diese Literaturepoche jedoch, ebenso wie jede andere der neueren Zeit, ein vielgestaltiges Bild unterschiedlicher Kräfte und Tendenzen. Dazu zählen Autoren wie Karl Philipp Moritz, die wesentliche, wenngleich weniger bekannte Beiträge zur Entwicklung des neuen Bildungsideals und Kunststils geleistet haben, aber durch widrige Lebensumstände in den Hintergrund gedrängt wurden, jedoch auch solche wie Georg Forster, die in einem scharfen Gegensatz zur politischen Haltung der »Klassiker« verharrten. Einzelgänger wie Johann Peter Hebel schufen Dichtungen von bleibendem Wert, entziehen sich aber jeder Einordnung in die gängigen Kategorien. Schließlich kannte die Zeit eine umfangreiche Unterhaltungs- und Trivialliteratur, die weiter verbreitet war als die Werke der zeitüberdauernden Dichter. Die »meistgelesenen Weimarer Autoren hießen nicht Wieland, Goethe oder Schiller, sondern Kotzebue und Vulpius« (D. Borchmeyer).

Karl Philipp Moritz (1756–1793)

Der Sohn eines Unteroffiziers und Militärmusikers wurde in Hameln geboren, durchlebte eine schwere Kindheit und kam mit zwölf Jahren bei einem Hutmacher in die Lehre. Ein Pfarrer, der seine Begabung erkannte, sorgte für seine Aufnahme in ein Gymnasium, das er jedoch ohne Abschluss verließ. Mittellos versuchte er sich in verschiedenen Berufen – als Schauspieler, Lehrer, Konrektor und Redakteur –, unternahm ausgedehnte Fußreisen, trat in Italien mit Goethe in freundschaftlichen Verkehr, weilte um die Jahreswende 1788/89 in Weimar und war seit 1789 als Professor für Altertumskunde an der Kunstakademie in Berlin tätig, wo er, erst 37 Jahre alt, an Tuberkulose gestorben ist.

Unbekannt: Drei Romreisende (Mitte: Karl Philipp Moritz), 1788. Das früher Johann Heinrich Wilhelm Tischbein zugeschriebene Gemälde zeigt drei Männer, die sich mit der Antike beschäftigen. Es steht in der Tradition der Bildnisse von Romreisenden, die seit der Mitte des 18. Jahrhunderts in Rom entstanden.

Moritz' Bericht *Reisen eines Deutschen in England im Jahre 1782* (1783) ließ ihn als Schriftsteller bekannt werden. Seine bedeutendste Leistung ist der psychologische Roman *Anton Reiser* (1785–90), der autobiografische Züge trägt und den Heine »eines der wichtigsten Denkmäler seiner Zeit« genannt hat – Moritz vermittelt die materiellen und seelischen Nöte eines begabten, aber armen jungen Menschen aus jener unteren Mittelschicht, die es in feudaler Gesellschaft schwer hatte und sich mit den gegebenen Verhältnissen nicht mehr abfinden wollte. *Anton Reiser* ist die negative Variante der harmonisierenden Bildungsromane.

Auch nach der Rückkehr aus Italien blieben Goethe und Moritz in Gedankenaustausch über Kunst und Naturwissenschaft. Weitere Werke Moritz' sind der *Versuch einer deutschen Prosodie* (1786), der die Jambenfassung der *Iphigenie* beeinflusste, das Romanfragment *Andreas Hartkopf* (1786–93), die Abhandlung

Über die bildende Nachahmung des Schönen (1788), die für die Stiltheorie der Klassik von Bedeutung war, und ein *Grammatisches Wörterbuch der deutschen Sprache* (1793/94).

Johann Georg Adam Forster (1754–1794)

Der in Nassenhuben bei Danzig geborene Pfarrerssohn begleitete schon als Elfjähriger seinen naturwissenschaftlich interessierten Vater auf einer im Auftrag Katharinas II. unternommenen Russlandreise. Nach der Übersiedlung der Familie nach England begleitete er den Vater während der zweiten großen Expedition Cooks (*A Voyage Towards the South Pole and Round the World*, 1777, 2 Bde., dt. 1779/80). Forster wurde 1778 Professor für Naturgeschichte in Kassel und gab gemeinsam mit Lichtenberg das *Göttingische Magazin der Wissenschaften und der Literatur* heraus. Nach einer aus privaten Gründen übernommenen Professur in Wilna und dem Scheitern der Pläne für eine weitere Weltumseglung wurde Forster Bibliothekar der Universität in Mainz. Begeisterter Anhänger der Revolution wurde er 1792 Mitglied, 1793 Präsident des jakobinischen Klubs »Gesellschaft der Freunde der Freiheit und Gleichheit«. Während Forster noch in Paris weilte, um im Auftrag des rheinisch-deutschen Nationalkonvents den Anschluss von Mainz an die Französische Republik vorzuschlagen, wurde die Stadt durch preußische Truppen der Koalitionsarmee erobert. Forster blieb bis zu seinem Tod im Exil in Paris.

Die *Reise um die Welt* machte den jungen Forster in der Gelehrtenwelt auch in Deutschland berühmt. Für die deutsche Literatur noch wichtiger wurde eine weitere Reise, die er zusammen mit Alexander von Humboldt (1769–1859) unternahm (*Ansichten vom Niederrhein, von Brabant, Holland, England und Frankreich im April, Mai und Junius 1790*, 1791–94, 3 Bde.). Die *Ansichten* sind aus echten Briefen an seine Frau, die Schriftstellerin Therese Huber (1764–1829), und an Freunde hervorgegangen, verleugnen nicht die bewusst gepflegte Subjektivität, sind aber rhetorisch durchgeformt und behandeln kenntnisreich wirtschaftliche, politische und kulturelle Verhältnisse, geografische und naturkundliche Gegebenheiten. Einige der im Titel genannten Länder waren, wenngleich in unterschiedlicher Weise, in die revolutionären Prozesse der Epoche verstrickt. Forster urteilt aus der Perspektive eines aufgeklärten Demokraten und ist in seiner Parteinahme sicher (*Noch etwas über Menschenrassen*, Es., 1786; *Darstellung der Revolution in Mainz*, Fragment, 1843, e. 1793; *Über die Beziehung der Staatskunst auf das Glück der Menschheit*, Es., 1794).

An seiner Position änderte sich auch nichts, als sich die bürgerliche Intelligenz in Deutschland zunehmend von den Schreckensmeldungen aus Frankreich abgestoßen zeigte und man ihn des Verrats bezichtigte (*Pa-rische Umrisse*, Fragment, 1794).

Johann Peter Hebel (1760–1826)

Johann Peter Hebel steht mit seinem Werk und sei-ner Weltanschauung zwischen den Zeiten. Seine reli-giöse Überzeugung und sein pädagogischer Eifer ver-binden ihn mit dem Aufklärungszeitalter Lessings, und in mancher Beziehung ist er Matthias Claudius verwandt; mit seiner Naturliebe und der Wendung zu Volkstum und Landschaft steht er der Romantik nahe, als Erzähler zeigt er Züge des späteren Realismus.

Als Kind einfacher Leute 1760 geboren, wuchs Hebel teils in Hausen im badischen Wiesental, teils in Basel auf. Er stu-dierte Theologie und war seit 1791 Lehrer, seit 1808 Direktor des Gymnasiums in Karlsruhe. 1819 wurde er Prälat und Vorsteher der evangelischen Landeskirche in Baden. Ein-siedlerisch trauerte er in seiner städtischen Wohnung um die Heimat und um seine Jugendliebe, die schöne, kluge Pfarrerstochter Gustave Fechte, die zu heiraten er sich nicht entschließen konnte. Obgleich er in der Stadt nie Aleman-nisch sprach, gilt er als der Erwecker der neueren mund-artlichen Poesie. Er starb in Schwetzingen.

Hebel trat zunächst mit *Alemannischen Gedichten* (1803) hervor. Er gab in ihnen die Welt im Medium der alemannischen Sprache und im Geist des alemanni-schen Volkstums wieder. Durch diese Gedichte wurde der Bann, der bisher auf der Dialektdichtung lag, ge-brochen. Goethes Rezension der *Alemannischen Ge-dichte* gipfelt in der Feststellung, dass Hebel auf »die anmutigste Weise das Universum verbaure«.
Seit 1808 gab Hebel im *Rheinländischen Hausfreund* einen mustergültigen Volkskalender heraus. Er hat sei-ne Beiträge dann 1811 im *Schatzkästlein des rheinischen Hausfreundes* zusammengefasst. In diesen Kalenderge-schichten und Anekdoten, in denen er neben eigenen Schöpfungen auch altes Erzählgut aus Chroniken und Volksbüchern neu formte, hat Hebel meisterhaft Ein-fachheit der Sprache, kunstvolle Form, liebenswür-dige Belehrung und sittlichen Gehalt so verbunden, dass Menschen aller Stände und jeden Alters sich in gleicher Weise angesprochen fühlen. Berühmt wur-den: *Kannitverstan* und *Unverhofftes Wiedersehen*.

Caroline von Wolzogen (1763–1847)

Caroline Freifrau von Wolzogen, geborene von Lengefeld, geschiedene von Beulwitz, wurde 1790 die Schwägerin Schil-lers, dem sie in Freundschaft verbunden war. Ihre 1794 ge-schlossene Ehe mit dem Diplomaten Wilhelm von Wolzo-gen ließ die zeitweilig sehr angesehene Schriftstellerin am

kulturellen und politischen Leben Weimars und (seit 1825) Jenas teilnehmen. Eine Erzählung ihres Lebens und ihrer Beziehung zu Schiller gab Renate Feyl (*Das sanfte Joch der Vortrefflichkeit*, R., 1999).

Als Autorin war Caroline von Wolzogen erfolgreich mit dem Roman *Agnes von Lilien* (1798), der anonym in Schillers *Horen* erschien und zeitweilig sogar für ein Werk Goethes gehalten wurde. Sowohl in diesem wie in ihrem späteren Roman *Cordelia* (1840, 2 Bde.) be-dient sie sich allerdings vorgegebener Muster und eines überlieferten Rollenverständnisses für weibliche Cha-raktere, zu dem sie sich umso entschiedener bekennt, je mehr sie ihre Leser an der Wahrheit des Erzählten zweifeln lässt. Stets von neuem resümieren ihre *Erzäh-lungen* (1826, 2 Bde.), was die Titelheldin von *Stumpf-näschen* – ein Wesen von innerer Schönheit, aber leider ohne griechische Nase – gefühlvoll erklärt: »Unser Glück ruht nur in dem Zirkel einer männlichen Brust.« Im Rückblick erscheinen diese »klassizistischen Mär-chen« wie »Musterbücher für Soap Operas« (U. Nau-mann). Stets geht es um die Liebesschicksale einer un-schuldigen jungen Frau und bevorzugt um Dreiecks-geschichten – Agnes von Lilien bürgt dabei mit ihrem Namen gleich zweifach für Unschuld (Agnes = Lamm). Ein Drama um die Dichterin Sappho, *Der leukadische Fels* (1792), blieb Fragment.
Mit ihrer 1830 erschienenen Biografie *Schillers Leben, verfasst aus Erinnerungen der Familie, seinen eignen Briefen und den Nachrichten seines Freundes Körner* hat Caroline von Wolzogen die zum damaligen Zeitpunkt vollständigste Darstellung von Schillers Leben gegeben und authentische Quellen gesichert, auf die auch die späteren Biografien fußten. Allerdings griff sie ausblen-dend und harmonisierend in das Material ein, denn erklärtermaßen wollte sie das Leben Schillers »mehr im Idealen halten«. So hat sie ein Bild des Heroen Schiller entworfen, das für das deutsche Bildungsbür-gertum lange bestimmend geworden ist, die realen Umstände seines Lebens und der Weimarer Verhält-nisse aber verzeichnete.

Unterhaltungsliteratur

AUGUST HEINRICH JULIUS LAFONTAINE (1758–1831), vom Studium her Theologe, war mit mehr als 100 Ti-teln einer der bekannten Romanschriftsteller seiner Zeit und der Lieblingsautor Friedrich Wilhelms III. und der Königin Luise. Besonders erfolgreich war *Klara du Plessis und Klairant. Eine Familiengeschichte französi-scher Emigrirten* (R., 1794).

Hauptsächlich handelt es sich um eine rührende, Standesgrenzen übergreifende Liebesgeschichte, die die Tochter des Vicomte du Plessis mit dem Pächterssohn Klairant verbindet, ohne dass ihrer Neigung dauerhafte Erfüllung winkt. Daran vermag auch die Abschaffung des Adels durch die Revolution nichts zu ändern, denn der Vicomte du Plessis flüchtet mit seiner Familie nach Koblenz und teilt dort das von Hochmut und Illusionen bestimmte Leben der Emigranten, während Klairant in der Revolutionsarmee kämpft, obwohl er ihre Schrecken verurteilt. Schließlich kommt es mithilfe der Gräfin du Plessis doch zur Heirat und einem zweimonatigen Zusammensein in einer Waldhütte, bis der Vicomte Klairant verhaften lässt. Erst als seine Frau stirbt und Klara dahinwelkt, ändert er zu spät seine Meinung: Auch Klara stirbt. Klairant überlässt dem Erzähler in Briefen den Stoff der Geschichte, dann verliert sich seine Spur.

Gleichaltrig mit Lafontaine ist CARL GOTTLOB CRAMER (1758–1817), ein aus Sachsen stammender Predigtamtskandidat und späterer thüringischer Forstmeister, der es auf annähernd 70 Titel brachte, darunter der Roman *Hasper a Spada. Eine Sage aus dem 13. Jahrhundert* (1792–94), der zu einem Vorbild der wieder modisch werdenden Ritterromane wurde, *Fräulein Runkunkel und Baron Sturmdrang* (R., 1800) und *Rasereien der Liebe* (R., 1801). Der ebenfalls aus Sachsen stammende HEINRICH SPIESS (1755–1799) schrieb zunächst Ritterschauspiele (*Klara von Hoheneichen*, 1790), dann aber Geister- und Schauerromane, wie sie durch die englischen Gothic novels beliebt geworden waren. AUGUST (1785: VON) KOTZEBUE (1761–1819), in Weimar geboren, russischer Staatsrat, auch Theaterdirektor am Hof in St. Petersburg, verfasste annähernd 230 Bühnenstücke und war der bei weitem populärste deutsche Unterhaltungsdramatiker seiner Zeit. Am erfolgreichsten war das Ehebruchdrama *Menschenhass und Reue* (1789), das in vielen europäischen Ländern und sogar in New York gespielt wurde und das ihn verleitete, dutzendweise weitere sentimentale Familiendramen zu produzieren. Als charakteristisch für Trivialliteratur und künstlerisch verderblich erweist sich auch im Fall Kotzebues gerade eine solche Serienproduktion. Der Publikumsliebling von 1800 hat mit seinem Lustspiel *Die deutschen Kleinstädter* (1803) immerhin anregend auf Gogols *Revisor* gewirkt, in Erinnerung geblieben aber ist er nur durch seine Ermordung als vermeintlich russischer Spion, die 1819 die Karlsbader Beschlüsse und in Verbindung mit diesen

Jahrzehnte verschärfter literarischer Zensur auslöste. CHRISTIAN AUGUST VULPIUS (1762–1827), der durch Goethes Vermittlung 1791 eine Anstellung beim Theater, 1798 bei der Bibliothek in Weimar erhielt, begann mit anspruchslosen Bühnenstücken (*Oberon und Titania oder Jubelfeier der Wiederversöhnung*, 1783; *Betrug über Betrug oder Die schnelle Bekehrung*, 1785) und Räuber- und Schauerromanen, mit denen er als Zwanzigjähriger in einer »Bibliothek der Romane« debütierte. *Die Abenteuer des Ritters Palmendos*, 1783 und 1786 in zwei Teilen erschienen, stellen bereits eine Vorform zum *Rinaldo Rinaldini, der Räuberhauptmann* (1797 bis 1800, 3 Bde.) dar, der ihn berühmt machen sollte, in viele europäische Sprachen übersetzt wurde und ein »Bestseller« war – ein Muster wirksamer Unterhaltungsliteratur. Der populäre Typus des edlen Räubers, der zur Selbsthilfe greift und die Armen unterstützt, wurde hier ein weiteres Mal trivialisiert. Mehr als 60, zumeist mehrbändige Romane gehen auf Vulpius, der zuletzt Oberbibliothekar und Großherzoglicher Rat wurde, zurück. Als junger Mann hatte er auch ein *Glossarium für das Achtzehnte Jahrhundert* (1788) zusammengestellt, in dem unter »Vaterland« zu lesen steht: »eine Fratze, welche nur schwachköpfichte Menschen amusirt«, und unter »Stand, hoher«: »ein Vollmachtsbrief, alles cum privilegio zu thun, was ein Niedriger nicht ohne Strafe zu thun wagen darf«. Die Welt ist ein »Narrenhaus«, ein »Lazareth des Elends«, ein »Tempel oder ein Bordell«, ein »Ort, wo, wie Götens Werther sagt, nicht leicht einer den andern versteht«.

Als die stärkste Begabung unter den deutschen Schriftstellerinnen im ersten Viertel des 19. Jahrhunderts gilt JOHANNA SCHOPENHAUER (1766–1838), die Mutter Arthur Schopenhauers, die seit 1805 verwitwet, in Weimar lebte. Nach *Novellen, fremd und eigen* (1818) erschien im folgenden Jahr der erste Teil ihres Romans *Gabriele* (2 Bde., 1819/20), die Geschichte einer jungen Adligen und ihres Strebens nach Selbstständigkeit, zugleich ein Zeitbild gesellschaftlicher Verhältnisse in kleinen Residenzstädten, auf dem Lande und in den böhmischen Bädern. Johanna Schopenhauer schrieb auch Reiseberichte (*Erinnerungen einer Reise durch England und Schottland 1803–1805*, 1813; *Reise durch das südliche Frankreich*, 1818, u. a.), nachdem sie 1819 ihr Vermögen verloren hatte, lebte sie von den Erträgen ihrer Feder.

ROMANTIK 1797–1840

Keine Erscheinung der deutschen Geistesgeschichte ist so vieldeutig und umstritten, so anregend und zugleich in ihren Wirkungen so problematisch gewesen wie die Romantik. »Die heterogensten Ausgangspunkte und widersprüchlichsten Wertungen bestimmen das wissenschaftliche Romantikbild unseres Jahrhunderts.« (H. Prang, 1968) In die Auseinandersetzung mischte sich daher zuletzt auch Resignation. Die insgesamt stärker pragmatisch orientierte angelsächsische Germanistik hat unter diesen Umständen ihr Ziel eher in der wenigstens teilweisen Abwehr von Irrtümern als in weiteren spekulativen Deutungen gesehen und auf den gelehrten Streit mit trockener Vernunft und verhaltener Komik reagiert. *Einige weit verbreitete Missverständnisse über die deutsche Romantik* ist ein bereits 1916 erschienener Aufsatz eines amerikanischen Forschers betitelt, der die Definitionen der deutschen Romantik nach drei Klassen unterteilt, in denen entweder das Verb, das Adjektiv oder das Substantiv vorherrscht. Mithilfe des Adjektivs wurde die Romantik definiert als »ästhetisch«, »bizarr«, »katholisch«, »dynamisch«, »emotional«, »fehlerhaft«, »gotisch«, »hedonisch«, »phantasievoll«, »jakobinisch«, »unkantisch«, »schlüpfrig«, »mittelalterlich«, »national«, »geheimnisvoll«, »progressiv«, »phantastisch«, »reaktionär«, »subjektiv«, »teutonisch«, »universal«, »vage«, »hexenbesessen«, »exotisch«, »jugendlich« und »fanatisch« (A. W. Porterfield). Tatsächlich lassen die Überfülle gegensätzlicher Züge, die sich in der Romantik zusammenfinden, jeden Versuch, sie begrifflich zu fassen, als

vergeblich erscheinen. Gleichwohl wurde sie von Anfang an als etwas Zusammenhängendes wahrgenommen und noch in der Gegenwart faszinieren genuinromantische Texte durch ihre unvergängliche Poesie.
Die Abgrenzung von den Epochen »Aufklärung« und »Klassik« ist nicht selbstverständlich. Von der älteren Forschung ist die Polarität von Aufklärung und Romantik betont worden. Tatsächlich fehlt es weder an Äußerungen von Romantikern, die sich polemisch mit der als »westlich« charakterisierten Aufklärung auseinander setzen, noch an späteren kritischen Stellungnahmen bei fortschrittlich gesinnten Literaten und Intellektuellen, die Freiheit und Demokratie als humane und übernationale Werte gegen eine als gegenaufklärerisch verstandene, mythische Sicht des Lebens verteidigten. In den politisch-ideologischen Kämpfen des 19. und 20. Jahrhunderts konnte die rational nicht fassbare Romantik sowohl als Refugium nationaler Selbstbesinnung wie auch als »Quellgrund« einer irrationalen und gesellschaftlich reaktionären Weltanschauung erscheinen. Ein der Epoche eigentümlicher oder doch von ihr bevorzugter Wortschatz von vager Bedeutung (»Volk«, »Volkstum« usw.) vermochte sowohl die eine wie die andere Auffassung zu stützen. Neuere Forscher haben dagegen Zusammenhänge zwischen Aufklärung und Frühromantik gesehen und von einer »Dialektik der Aufklärung« (Th. W. Adorno; M. Horkheimer) gesprochen.
Kaum weniger verwickelt ist das vermeintlich polare Verhältnis von Klassik und Romantik. Zwar wurde

»romantisch« von den Beteiligten selbst in der Bedeutung von »modern« als Gegensatz zum Klassischen, also Antiken, verstanden und auf die Dichtung des christlichen Mittelalters sowie auf Shakespeare, die italienische und spanische Literatur bezogen. Der Reichtum an Übersetzungen von Werken der Weltliteratur in der Romantik ist charakteristisch für dieses Interesse. Aus der Perspektive einer europäischen Literaturkritik sind die von der Germanistik vorgenommenen Grenzziehungen jedoch schwer verständlich, und nicht nur Goethe und Schiller, Hölderlin und Kleist (»Klassiker« und »Gegenklassiker«), sondern auch die »Romantiker« Novalis und Brentano, erscheinen als Autoren derselben Epoche. Die räumliche und zeitliche Nähe der Vorgänge erschwert zusätzlich eine auf Ausschließlichkeit bedachte Sonderung. Doch ist aus dem Abstand von fast zwei Jahrhunderten auch zu berücksichtigen, dass die Epochenbegriffe längst ein Eigenleben gewonnen haben. Sie beinhalten nicht nur die Phänomene, die sie beschreiben, sondern darüber hinaus die Summe der Bemühungen um ihr Verständnis, ihre Wirkungsgeschichte. Eine eher unkonventionelle Zuordnung wie die von Goethes Spätwerk zum Romantik-Kapitel will als Denkanstoß und als Hinweis auf komplizierte Beziehungen verstanden werden.

Das Wort »romantisch« ist aus dem Englischen entlehnt worden. Die Bezeichnungen »Romanticism« und »romantic« diente dazu, das Überspannte und Irrationale des galanten Barockromans zu kennzeichnen (»like the old romances«). In diesem Sinne beginnt noch Wieland sein Versepos *Oberon* als einen Ritt »ins alte romantische Land«. Auch die Bedeutung von »mittelalterlich« klingt an, wenn Schiller seine *Jungfrau von Orleans* als »romantische Tragödie« bezeichnet. Die Romantiker, die sich des Wortes bedienten, verstanden es in einem noch weiterführenden Sinne, nämlich als eine nicht endgültig zu definierende Bezeichnung einer progressiven Denkrichtung und Poesie. Die geistigen Anfänge reichen bis in die Zeit der Mystik und des Pietismus zurück. Unmittelbar ist der Zusammenhang mit dem Sturm und Drang sowie dem Weltbild Hamanns und Herders.

Die Dichtung der Romantik entstand zwischen 1797 – also in der Zeit der Hochklassik – und 1830, als bereits eine andere Geisteshaltung herrschend wurde. Ricarda Huch gliedert ihr berühmtes Werk über die Romantik in Blütezeit, Ausbreitung und Verfall. Andere Autoren unterscheiden eine frühe oder ältere Romantik mit Jena als Mittelpunkt, eine späte oder jüngere Romantik mit dem Zentrum Heidelberg. Von besonderer Bedeutung für beide Perioden ist Berlin, wie es überhaupt neben den genannten noch weitere Schauplätze gibt (Wien, München, Dresden), denn die Beteiligten ließen es an häufigem Ortswechsel nicht fehlen, bestehende Zirkel lösten sich auf und bildeten sich in veränderter Zusammensetzung neu. Kennzeichnend für die Epoche sind weniger Einzelgänger als gesellige Kreise; häufig spielten in ihnen Frauen eine bedeutende Rolle, auch wenn sie als Autorinnen nicht namentlich in Erscheinung traten.

Die Frühromantik ist stark philosophisch und kritisch orientiert und steht in manchem der Klassik nahe. Ihre theoretischen Grundlagen entwickeln die Brüder Schlegel in der Programmzeitschrift *Athenäum*. Nach Wilhelm Heinrich Wackenroders auf einen andächtig-schlichten Ton gestimmten (möglicherweise von Ludwig Tieck etwas redigierten) Bekenntnissen *(Herzensergießungen eines kunstliebenden Klosterbruders)* und Tiecks vielseitig anregenden Prosaschriften *(Franz Sternbalds Wanderungen, Genoveva, Der gestiefelte Kater)* wird die Frühromantik durch Novalis auf die dichterische Höhe geführt. Die *Hymnen an die Nacht* und der Roman *Heinrich von Ofterdingen* sind Ausdruck seines »magischen Idealismus«, einer universalen, traum- und todeswilligen Geistigkeit.

Die im Folgenden als Hochromantik bezeichnete jüngere Heidelberger Romantik sucht die Bindung an die Gemeinschaft, an Kirche und Staat. Sie sammelt die Zeugnisse des Allgemeingeistes in den Volksbüchern (Johann Joseph von Görres), Volksmärchen (Brüder Grimm) und Volksliedern (*Des Knaben Wunderhorn*, herausgegeben von Achim von Arnim und Clemens Brentano) und entnimmt daraus und aus dem wieder belebten, idealisierten Mittelalter entscheidende Antriebe für das eigene Schaffen. Im Zusammenhang damit entsteht das Werk der Brüder Grimm, die die deutsche Philologie und Altertumswissenschaft begründen. Brentano hat in Lyrik, Märchen und Erzählung den Geist der Heidelberger Romantik dichterisch unmittelbar ausgedrückt. Arnim hat in seinen *Kronenwächtern* das Beispiel eines historischen Romans geschaffen. Ein gleichgesinnter Kreis von Romantikern sammelt sich in Berlin um Friedrich de la Motte Fouqué *(Undine)* und Adelbert von Chamisso, dem das Meisterwerk seines *Peter Schlehmihl* gelang. Die vaterländisch-nationale Richtung der Romantik wird am entschiedensten vertreten durch die Dichter der Befreiungskriege Ernst Moritz Arndt, Max von Schenkendorf und Theodor Körner.

Die stärkste Wirkung auf die Zukunft hat Joseph von

Eichendorff ausgeübt, der durch seine Lyrik und durch den *Taugenichts* für weite Kreise die Epoche schlechthin verkörpert. Sein Schaffen fällt zum großen Teil bereits in die Spätzeit der Romantik. Ebenso das Werk E. T. A. Hoffmanns, in dessen Erzählungen Alltags- und Phantasiewelt, deren geheimnisvolles Ineinander die frühere Romantik schildert, in unversöhnlichen Gegensatz gerät; seine *Phantasiestücke* mit den Motiven gespensterhaften Spuks und Grauens haben die Weltliteratur stark beeinflusst.

Zur Spätromantik zählen ferner die schwäbischen Romantiker Ludwig Uhland, Justinus Kerner, Gustav Schwab und Wilhelm Hauff, in deren Arbeiten sich bereits die Biedermeierzeit ankündigt. In Verbindung zu diesem Kreis stehen auch Eduard Mörike und Wilhelm Waiblinger; weitere Linien führen zu Friedrich Theodor Vischer und David Friedrich Strauß.

Den politischen Hintergrund der romantischen Epoche bilden die Erschütterung der europäischen Staatenwelt als Folge der Französischen Revolution, Napoleons Aufstieg und Kaisertum, sein Sturz, der Wiener Kongress, die Heilige Allianz und die Restauration sowie die liberal-demokratischen und nationalen Unabhängigkeitsbewegungen. Die Romantik, die gegenläufige Bewegungen in sich vereinigt, erweist sich dabei als eine sowohl fortschrittliche als auch konservative Kraft. Der Widerstand gegen die Gewaltherrschaft Napoleons (»Die Nationalitäten siegen über das Empire«) und die späteren Befreiungskämpfe in Griechenland und Polen, die weltweite Unterstützung fanden, wurden vom romantischen Appell an das Nationalgefühl genährt. Anderseits hat sich das positive Verhältnis der Romantik zu den überlieferten geschichtlichen Mächten, zu Staat und Religion, als eine Hilfe für die Politik der Restauration erwiesen. Daraus ergibt sich ein verändertes Verhältnis des Einzelnen zur Gesellschaft, des Dichters zum Staat, eine so bis dahin nicht gekannte Ideologisierung des sozialen Lebens. Was Ursache scheint, ist dabei immer auch Wirkung: revolutionäre und kriegerische Umwälzung sowie politisches Kalkül auf der einen Seite, die Sprengkraft nationaler und völkischer Ideen, romantische Staatslehre und Geschichtsmythen auf der anderen stoßen zusammen und geben dem historischen Prozess einen dramatischen und gelegentlich stark irrationalen Charakter. Dies ist in seinen Auswirkungen weit über den hier geschilderten Zeitraum der literarischen Romantik hinaus zu beobachten, wie etwa die nationalen Unabhängigkeitsbewegungen zeigen, die auch im 20. Jahrhundert Fortsetzung gefunden haben.

Stichworte zur politischen Geschichte s. »Klassische und gegenklassische Dichtung« (→ S. 131) und »Zwischen Restauration und Revolution« (→ S. 202 f.).

Gesellschaft und Kultur

In der Romantik spricht sich das Lebensgefühl der um 1770 geborenen Generation aus, dem einerseits eine philosophisch-kritische Besinnung, andererseits ein verstärkter Subjektivismus und Irrationalismus zugrunde liegen.

Die philosophischen Grundlagen legt Johann Gottlieb Fichte in seiner *Wissenschaftslehre* (wichtigste Fassungen 1797/98, 1801, 1804 und 1810), in der er die absolute Freiheit des schöpferischen Geistes verkündet. Nach Friedrich Wilhelm Joseph von Schelling (*Ideen zu einer Philosophie der Natur*, 1797; *Von der Weltseele*, 1798) sind Natur und Geist eine allbeseelte Einheit. Schleiermacher hat in dem Sinn für dieses unendliche Ganze das Wesen der Religion gesehen (*Über die Religion. Reden an die Gebildeten unter ihren Verächtern*, 1799, verändert 1821).

Die Romantik durchdringt alle Gebiete des geistig-kulturellen Lebens und begünstigt die Ausbildung beziehungsweise die Entstehung der Kulturwissenschaften: Germanistik, Indologie, Romanistik, allgemeine Sprachwissenschaften, Rechtsphilosophie, Staatslehre, Archäologie, Geschichte. Der Sinn für das Individuell-Eigenartige, für organisches Wachstum, und das Geschichtlich-Gewordene kommt zum Ausdruck in der historischen Schule der Rechtswissenschaft (Friedrich Carl von Savigny), in einer neuen Staatslehre (Adam Müller), vor allem in der Neubegründung der Philologie. Die germanistische Wissenschaft der Brüder Grimm erschließt Mittelalter und Frühzeit und ist wegweisend in Märchen-, Sagen- und Sprachforschung, leistet jedoch einen problematischen Beitrag zum Verständnis der Romantik als spezifisch »deutscher« Epoche. Auch Medizin und Naturwissenschaften, die durch neue Entdeckungen eine stürmische Entwicklung durchlaufen, werden »romantisiert«, so z. B. von Henrik Steffens die Mineralogie und Geologie und von Johann Wilhelm Ritter die Physik in seiner Schrift über den Galvanismus. Gotthilf Heinrich Schubert veröffentlicht seine *Ansichten von der Nachtseite der Naturwissenschaft* (1808).

Samuel Pepys hat 1666 den Begriff des Romantischen von der Romanliteratur auf Architektur und Landschaft übertragen: Er nennt Windsor Castle »the most romantic castle that is in the world« und gibt damit ein frühes Beispiel für den Bedeutungswandel der ursprünglich abfällig gebrauchten Bezeichnung. Auch später lässt sich die Kunst der Romantik jedoch stilistisch nicht formal definieren; nur gedanklich gewinnt sie Gestalt, aber auch dies nicht im Sinne einer abschließenden Prägung, sondern in einer Aufeinanderfolge immer neuer Bestimmungsversuche. Wie niemals zuvor in der Kunstgeschichte gehen ihr theoretische Erörterungen voraus, die auch in der romantischen Literatur ihren Platz gefunden haben. Die romantische Malerei und Zeichnung entwickelt sich dementsprechend später als die Wortkunst. Gruppenbildungen von (oft sehr jungen) Künstlern spielen eine bedeutende Rolle.

Versuch auf den Parnass zu gelangen, kolorierter Kupferstich aus *Ansichten der Literatur und Kunst unseres Zeitalters*, Berlin 1803
A. W. Schlegel führt den Zug an, es folgen F. Schleiermacher, Wilhelm von Schütz, Tieck, Novalis (auf Stelzen), A. F. Bernhardi,
F. Schlegel (im Kopfstand), Klingemann, Sophie Bernhardi, Schelling, die Herausgeber der Zeitschrift *Apollon*, Garlieb Merkel (mit
Peitsche), Johann Bernhard Vermehren, Goethe und Amalie von Imhoff. Links oben versucht Kotzebue die anderen am Aufstieg zu
hindern, rechts oben unterstützen sie die Mitarbeiter der *Zeitung für die elegante Welt*.

Malerei: Die großen romantischen Maler sind Caspar David Friedrich (1774–1840) und Philipp Otto Runge (1777 bis 1810). In Rom schließt sich die romantisierende deutsch-christliche Malergemeinschaft der Nazarener zusammen, als deren wichtigste Vertreter Peter von Cornelius (1783 bis 1867), Julius Schnorr von Carolsfeld (1794–1872) und Johann Friedrich Overbeck (1789–1869) gelten. Ludwig Richter (1803–1884) und Moritz von Schwind (1804–1871) leiten zum Biedermeier über. – Architektur: Kennzeichnend ist die Rückwendung zur Gotik (Neugotik); Karl Friedrich Schinkel (1781–1841), der bedeutendste deutsche Architekt der Epoche, baut jedoch sowohl antikisch als auch neugotisch und fertigt gelegentlich alternative Entwürfe. Die Plastik bewahrt einen klassizistischen Grundcharakter, der aber malerisch gelockert erscheint.

Musik: Für das Selbstverständnis der Romantiker ist die Musik als die gleichsam »heilige Kunst« von höchster Bedeutung. Aber noch später als die bildende Kunst wird die Musik »romantisch«; der Terminus findet dafür jedoch umso länger Anwendung. In der Zeit der literarischen Romantik behaupten »klassische« Komponisten noch ihre führende Stellung, vollendet Beethoven, seine *Missa solemnis* und die Neunte Symphonie. Carl Maria von Weber (1786–1826) komponiert höchst populäre »romantische« Opern *(Der Freischütz, Oberon)*. Franz Schubert (1797 bis 1828), Felix Mendelssohn-Bartholdy (1809–1847), Robert Schumann (1810–1856) wirken durch ihre Sinfonik, Liedkunst und Klaviermusik. Zahlreiche Gedichte der romantischen Dichter finden kongeniale Vertonung.

Der Ausdruck von Stimmungswerten in Harmonie, Melodie und Klang, bei starker Betonung des Inhaltlichen und Subjektiven, findet vermehrt Pflege. Demgegenüber tritt die Rücksicht auf die harmonischen und kompositorischen Regeln zurück. Schubert ist beispielgebend für die Entwicklung des Lieds zu einer durchkomponierten Form. Beethoven verkörpert bereits den Typus des freien, nicht mehr im Dienste eines adligen Brotherrn stehenden Künstlers. Auch der Interpret und Virtuose gewinnt zunehmend Selbstständigkeit und großes gesellschaftliches Ansehen. Aus der neuen Stellung des schöpferischen Musikers entwickelt sich in der Folge die Trennung der ernsten von der leichten Musik.

Weltliteratur

Während eine der Weimarer Klassik entsprechende Epochenbezeichnung für die Zeit um 1800 im außerdeutschen Sprachraum nicht verwendet wird, ist Romantik als eine den europäischen Literaturen gemeinsame Erscheinung allgemein eingebürgert, sie wird jedoch inhaltlich und zeitlich unterschiedlich beschrieben.

Dänemark: Hans Christian Andersen (1805–1875), *Märchen* (*Eventyr*, vier Sammlungen 1835–66), *Der Improvisator* (*Improvisatoren*, R., 1835), *Das Märchen meines Lebens*, 1847 (*Mit Livs Eventyr*, Autobiografie, erw. dänische Fassung 1855).

Frankreich: Mme de Staël (1766–1817) macht in *Über Deutschland* (*De l'Allemagne*, 1813) das französische Publikum mit deutschen Autoren und romantischen Ideen bekannt; François René de Chateaubriand (1768–1848), *Genius des Christentums* (*Génie du christianisme*, 1802); Alphonse de Lamartine (1790–1869), *Poetische Betrachtungen* (*Méditations poétiques*, 1820), gefühlsbetonte Lyrik. Viktor Hugo (1802–1885), *Cromwell* (Dr., 1827) mit programmatischer Vorrede, *Hernani* (Dr., 1830), *Der Glöckner von Notre Dame* (*Notre Dame de Paris*, R., 1831); Alfred de Vigny (1797–1863), *Chatterton* (Dr., 1835). Abgleiten des romantischen Dramas ins Rühr- und Spektakelstück: Alexandre Dumas père (1802–1870) und A. D. fils (1824 bis 1895). Gegenbewegung des Antiromantismus.

Großbritannien und Irland: William Wordsworth (1770 bis 1850) und Samuel Taylor Coleridge (1772–1834), *Lyrische Balladen* (*Lyrical Ballads*, G. 1798); Robert Southey (1774 bis 1843); Jane Austen (1775–1815), *Emma* (R., 1816); Lord Byron (1788–1824), der Dichter des Weltschmerzes, prägt das Lebensgefühl der Zeit (Byronismus); Percy Bysshe Shelley (1792–1822), *Hellas* (Dr., 1822); John Keats (1795–1821); Gothic Novels (Schauerromane), die sich seit Horace Walpoles (1717–1797) *Schloss von Otranto* (*The Castle of Otranto*, 1764) zu einem in ganz Europa populären Genre entwickeln: Gregory Lewis (1775–1818), *Der Mönch* (*The Monk*, 1796); Charles Maturin (1780–1824), *Melmoth der Wanderer* (*Melmoth the Wanderer*, 1820); Mary Shelley (1797–1851), *Frankenstein* (R., 1831); der Schotte Sir Walter Scott (1771 bis 1832) begründet den modernen Geschichtsroman (*Waverley Novels*, 48 Bde.).

Italien: Vittorio Alfieri (1749–1803), *Alceste* (Tr., 1797); Ugo Foscolo (1778–1827), *Die letzten Briefe des Jacopo Ortis* (*Ultime lettere di Jacopo Ortis*, R., 1802); Alesssandro Manzoni (1785–1873), *Die Verlobten* (*I promessi sposi*, R., 1825/26); Silvio Pellico (1789–1854), *Meine Gefängnisse* (*Le mie prigioni*, Autobiogr., 1832); Giacomo Leopardi (1798–1837); Weltschmerzdichtung, *Gesänge* (*Canti*, G., 1831).

Russland: Alexander S. Puschkin (1799–1837), *Eugen Onegin* (Versroman, 1823–30); Michail J. Lermontow (1814–1841), *Ein Held unserer Zeit* (*Geroj našego vremeni*, R., 1840).

USA: Washington Irving (1783–1859), *Rip van Winkle* (E., 1819); James Fenimore Cooper (1789–1857), *Der letzte Mohikaner* (*The Last of the Mohicans*, R., 1826).

Der Reichtum der »Weltliteratur« – ein erstmals von August Wilhelm Schlegel 1892 eingeführter, von Goethe vermehrt bekannt gemachter Begriff – wurde dem deutschen Publikum von den Romantikern in einem bisher nicht gekannten Umfang durch Übersetzungen erschlossen. Shakespeare-Übersetzungen von A.W. Schlegel, Tieck, Dorothea Tieck, Graf Baudissin. Übersetzungen von Dante, Calderón, Lope de Vega, Cervantes, Camões. Der spätromantische Lyriker und Orientalist Friedrich Rückert übersetzte meisterhaft arabische, indische, chinesische und persische Dichter.

Frühromantik (Jenaer Romantik)

In der kleinen, Weimar benachbarten und durch viele institutionelle und persönliche Beziehungen mit der Residenz verbundenen Universitätsstadt Jena sammelten sich nach 1795 einige junge Leute, die es an Bewunderung für die im Umkreis des Hofes wirkenden »Klassiker« nicht fehlen ließen, aber dennoch, eigenem Bedürfnis folgend, andere Wege einzuschlagen gewillt waren. Wortführer waren die Brüder August Wilhelm Schlegel und Friedrich Schlegel, die 1798 mit Berlin als Verlagsort die Zeitschrift *Athenäum* gründeten, in der sie ihre Meinungen über Kunst und Dichtung darlegten. Goethes *Wilhelm Meister* fand darin das höchste Lob. Unendlichkeit, Universalität, Freiheit, Individualität lauteten Stichworte, mit denen sie ihre eigene Lebens- und Kunstauffassung bezeichneten. Im 116. Athenäumsfragment definierte Friedrich Schlegel:

Die romantische Poesie ist eine progressive Universalpoesie. Ihre Bestimmung ist nicht bloß, alle getrennten Gattungen der Poesie wieder zu vereinigen und die Poesie mit der Philosophie und Rhetorik in Berührung zu setzen. Sie will und soll auch Poesie und Prosa, Genialität und Kritik, Kunstpoesie und Naturpoesie bald vermischen, bald verschmelzen.

Der Dichter wird aufgefordert, dem Bekannten die Würde des Unbekannten zu geben. Die von den Sinnen wahrgenommene Wirklichkeit ist nur Schein. Die »wahre Wirklichkeit« liegt hinter der sichtbaren Welt verborgen, sie erschließt sich nur dem ahnenden Gefühl, der Vision, der Phantasie. Diese frühen Romantiker lehnten auch die klassische Forderung nach Maß und Form, Klarheit und Harmonie ab. Sie betonten die spannungsreiche Vielfalt des Lebens und wagten den Durchbruch ins Grenzenlose. Beweglich und geistreich, bald poetisch, bald kritisch, spielten sie mit dem Wort, zauberten Stimmungen hervor, die sie im nächsten Augenblick wieder zerstörten, spotteten über falsche Selbstgenügsamkeit und schlossen sich selbst von skeptischer Betrachtung nicht aus. Diese selbstherrliche Freiheit des Geistes, die »romantische Ironie«, mit der sie die Illusion, die ihr Werk erzeugte, wieder aufhoben, war eine typische Ausdrucksform der jungen Romantiker.

So gewannen sie überraschend neue Einblicke in das seelisch-geistige Geschehen und gaben Anregungen auf allen Lebensgebieten; bahnten ein neues Verständnis des Mittelalters an, das sie der Antike zur Seite stellten, und förderten durch Übersetzungen das Verständnis der Weltliteratur.

Sie leisteten ihr Bestes oft in philosophischer Besinnung. In ihrer steten Bewegtheit und Unruhe, ihrer Sehnsucht nach dem Unendlichen stellte sich die Frage nach dem Urgrund allen Lebens, nach dem Ziel des Weltgeistes, nach den Zusammenhängen zwischen Ich und Weltall. Theologen und Philosophen wie Schleiermacher, Fichte, Schelling haben auf diese Fragen Antworten gegeben, die dem romantischen Wollen entsprachen.

FRIEDRICH DANIEL ERNST SCHLEIERMACHER (1768 bis 1834) wurde in seiner schlesischen Heimat in herrnhuterischer Frömmigkeit erzogen, mit der er jedoch später brach. Seit 1796 war er Prediger an der Charité in Berlin, pflegte zu den Romantikern engen Kontakt und arbeitete mit an Schlegels Programmzeitschrift *Athenäum*. 1810 wurde er Professor der Theologie an der neu gegründeten Universität.

In seiner Schrift *Über die Religion. Reden an die Gebildeten unter ihren Verächtern* (1799) und in seinen *Monologen, Betrachtungen über den Wert des Lebens* (1800) wandte er sich gegen die Spätaufklärer, gegen Dogmatismus und Rationalismus. Religion war für Schleiermacher Anschauung des Universums aus dem Innern des Gemüts; sie bestand im Gefühl einer »schlechthinnigen Abhängigkeit« von Gott.

Die Religion lebt ihr ganzes Leben auch in der Natur, aber in der unendlichen Natur des Ganzen, des Einen und Allen; was in dieser alles Einzelne und so auch der Mensch gilt und wo alles und auch er treiben und bleiben mag in dieser ewigen Gärung einzelner Formen und Wesen, das will sie in stiller Ergebenheit im Einzelnen anschauen und ahnden.

Das Selbstbewusstsein des Ichs betonte JOHANN GOTTLIEB FICHTE (1762–1814), der 1794 eine Professur für Philosophie in Jena erhalten hatte. Kants Lehre war für ihn eine Offenbarung, die Sicherheit bot in schwankender Zeit. Über Kant hinaus billigte er dem Menschen nicht nur die Fähigkeit zu, mithilfe der Anschauungsformen und Kategorien die Außenwelt zu erfassen, sondern er erkannte im »reinen Ich« eine im höchsten Sinn produktive Kraft: »›Kehre deinen Blick von allem, was dich umgibt, ab und in dein Inneres‹, ist die erste Forderung, welche die Philosophie an ihre Lehrlinge tut. Es ist von nichts, was außer dir ist, die Rede, sondern lediglich von dir selbst!« Das war eine Bestätigung der romantischen Forderung nach absoluter Geistesfreiheit und Meisterung des Lebens durch Phantasie.

Fichte wurde 1799 seiner religiösen Anschauung wegen als Professor in Jena entlassen. Er ging nach Berlin, verkehrte ebenfalls im Kreis der Romantiker und hielt Privatvorlesungen. Seine *Reden an die deutsche Nation* (1807/08) wurden folgenreich für die Entwicklung des Nationalgedankens. 1810 wurde er der erste Rektor der Berliner Universität.

Kurze Zeit lehrte neben Fichte auch FRIEDRICH WILHELM JOSEPH SCHELLING (1775–1854) in Jena. Absolvent des Tübinger Stifts, mit Hölderlin und Hegel befreundet, wurde er 1798 durch Goethe an die Universität berufen. Mit seinen *Ideen zu einer Philosophie der Natur* (1797), mit *Von der Weltseele* (1798) und *Erster Entwurf eines Systems der Naturphilosophie* (1799) begründete er die romantische Philosophie. Sein Thema ist die Einheit von Natur und Geist. Natur ist für ihn dessen unbewusste Erscheinung, die Materie ist schlummernder Geist, eine erste Entfaltung der Weltvernunft. Die sich stufenweise entwickelnden Kräfte vereinen sich im Organismus der Weltseele, die sich der künstlerischen Intuition offenbart. So kam Schelling dem kosmischen Verlangen der Romantiker und ihrer Sehnsucht nach Universalität entgegen.

WILHELM HEINRICH WACKENRODER (1773–1798) steht – nicht ohne legendäre Verklärung – am Beginn der frühromantischen Dichtung. Die Erscheinung des Jungverstorbenen – im Bewusstsein der Späteren – und sein schmales Werk sind von seinem Freund Ludwig Tieck mitgeformt worden.

Als Sohn eines höheren Beamten studierte Wackenroder 1793/94 in Erlangen auf Wunsch des Vaters die Rechte. Zusammen mit seinem Schulfreund Tieck erschloss sich ihm auf Wanderungen durch Franken die Schönheit der Natur sowie altdeutsche Baukunst und Malerei, insbesondere in Nürnberg. In der Nähe Erlangens, in Banz, Bamberg und Pommersfelden, stand er vor fränkischem Barock, und im Bamberger Dom nahm er ergriffen an einem festlichen Hochamt teil. In der süddeutsch-katholischen Kultur, so folgerte er, überbrückte die Kunst jene Kluft, die sich seit der Neuzeit zwischen dem Leben des Volkes und den gesellschaftlichen Daseinsformen aufgetan hatte.

Im Herbst 1796 erschien anonym Wackenroders Buch *Herzensergießungen eines kunstliebenden Klosterbruders* (1797), das einzige zu seinen Lebzeiten veröffentlichte Werk. Ludwig Tieck schrieb zu der zweiten Auflage, dass Wackenroder »ohne alle Absicht darauf im Schreiben verfiel, seine Worte einem von der Welt abgeschiedenen Geistlichen in den Mund zu legen, denn er dachte bei diesen Ergießungen anfangs nicht daran, sie durch den Druck auch anderen als seinen vertrautesten Freunden mitzuteilen«. Der Gegensatz zur klassischen Kunstauffassung Winckelmanns, die das

Ludwig Tieck sitzt dem Bildhauer David d'Angers Modell für seine Büste

18. Jahrhundert beherrschte, wird deutlich in dem Satz: »Nicht bloß unter italienischem Himmel, unter majestätischen Kuppeln und korinthischen Säulen, auch unter Spitzengewölben, krausverzierten Gebäuden und gotischen Türmen wächst wahre Kunst hervor.« Tieck, der schon die *Herzensergießungen* (in nicht sicher bestimmbarem Umfang) überarbeitet und herausgegeben hatte, ergänzte und veröffentlichte aus Wackenroders Nachlass auch dessen *Phantasien über die Kunst, für Freunde der Kunst* (1799), die andeutend schon das romantische Erlebnis der Musik und der Malerei, die spätere romantische Poesie der Natur enthielten und auf die problematischen Gestalten der romantischen Romane hinwiesen. »Die Kunst«, so leg-

te Tieck in den *Phantasien* einem Musiker in den Mund, »ist eine verführerische, verbotene Frucht; wer einmal ihren innersten, süßesten Saft geschmeckt hat, der ist unwiederbringlich verloren für die tätige, lebendige Welt.« Als ein »täuschender, trüglicher Aberglaube« wird die Kunst radikal in Frage gestellt.

Ludwig Tieck (1773–1853)

Tieck, geboren in Berlin als Sohn eines Seilermeisters, studierte (ohne Abschluss) in Halle, Erlangen und Göttingen Theologie, Philologie und Geschichte, debütierte von 1794 bis 1798 mit Erzählungen, vor allem im Almanach *Straußfedern* des Berliner Verlegers Friedrich Nicolai, half auch bei der Ausarbeitung von Sensationsromanen, gewann aber ab 1796 in Jena im Kreise der Romantiker schnell literarisch an Profil. 1798 Heirat mit Amalie Alberti, 1801 Umzug nach Schloss Ziebingen in der Neumark, 1803 Beginn der lebenslangen Beziehung zu Gräfin Henriette Finckenstein, 1805 bis 1808 Aufenthalt in Rom, 1817 Reisen nach England (Shakespeare-Studien) und Frankreich, 1819 Umzug nach Dresden, Tätigkeit für das Theater, 1842 von Friedrich Wilhelm IV. als Schauspielberater und Hofrat nach Berlin berufen, wo er bis zu seinem Tode blieb.

Tieck stand in seiner Frühzeit den aufklärerischen Kreisen Berlins nahe. Dass er dann eine führende Stellung unter den Romantikern errang, verdankte er dem Geschick, Anregungen und Zeitstimmungen aufzunehmen und weiterzugeben. Mit Wackenroder begeisterte er sich für das Mittelalter und suchte in der naiven Einfalt alter Volksdichtung eine Zuflucht vor der eigenen Problematik, von der sein erster Roman, *Geschichte des Herrn William Lovell* (1795/96, 3 Bde.), Zeugnis ablegt.

In seinen *Volksmärchen* (1797), die er unter dem Pseudonym Peter Leberecht herausgab, erzählte er selbst erfundene oder den alten deutschen Volksbüchern nachempfundene Märchen wie die Geschichte von den vier Haimonskindern und von der schönen Magelone. Außerdem veröffentlichte er darin sein Märchendrama *Der gestiefelte Kater* mit der bezeichnend romantischen Vermischung des Wunderbaren mit dem Wirklichen. Der Kater, den der Knabe Gottlieb beim Tode des Vaters erbt, kann plötzlich sprechen und verschafft ihm durch Witz und Überlegenheit großes Glück. Das Stück löst jede Ordnung auf. Die Spieler fallen aus ihren Rollen, die als Zuschauer Mitspielenden kritisieren, unterhalten sich über den mutmaßlichen Fortgang des Stückes, der Dichter selbst tritt auf: ein echtes Beispiel romantischer Ironie. Die *Volksmärchen* enthalten auch die frei erfundene Geschichte *Der blonde Eckbert*, das grausame und dämonische Märchen von Schicksal, Schuld und Verstrickung, in dem die Ehe eines Geschwisterpaares und sein Untergang dargestellt wird.

Tiecks lyrischer Künstlerroman *Franz Sternbalds Wanderungen. Eine altdeutsche Geschichte* (1798), den er zusammen mit Wackenroder entworfen hatte, ist Fragment geblieben:

Ein junger Maler aus Nürnberg verlässt seinen Lehrer Dürer, um nach den Niederlanden zu Lucas van Leyden und nach Italien zu wandern. Er bewundert die sinnesfrohen Werke Tizians und Corregios, doch erlebt er vor dem *Jüngsten Gericht* Michelangelos eine künstlerische Bekehrung (seine geplante Rückkehr nach Nürnberg, die ihn symbolisch an Dürers Grab führen sollte, ist unausgeführt

geblieben). In Italien gerät er in phantastische Liebesabenteuer; eine prägende seelische Entwicklung erfährt er jedoch nicht, er bleibt der romantische Träumer und Wanderer, der er von Anfang an war. Die Handlung ist locker gefügt, Gedichte, Bekenntnisse, Naturschilderungen folgen in lose aneinander gereihten Szenen.

Dem ablehnenden Urteil Goethes stand das begeisterte Lob Friedrich Schlegels gegenüber; die in dem Roman enthaltenen Gedichte nannte Madame de Staël zum Teil Meisterwerke.

Für Tiecks Dramen *Leben und Tod der heiligen Genoveva* (1800) und *Kaiser Octavianus* (1804) lieferten altdeutsche Volksbücher den Stoff. Es sind breit angelegte Szenenfolgen, in denen die epischen und lyrischen Elemente den dramatischen Gehalt überwiegen und die eher für die »Bühne der Phantasie« als für das Theater geeignet sind. Der Prolog des *Kaiser Octavianus* enthält die programmatischen Verse:

Mondbeglänzte Zaubernacht,
Die den Sinn gefangen hält,
Wundervolle Märchenwelt,
Steig auf in der alten Pracht!

In der ausklingenden Romantik schuf Tieck zwischen 1820 und 1840 in Dresden über vierzig vorwiegend historisch-realistisch geprägte Novellen. In einer der frühen historischen Novellen *Der Aufruhr in den Cevennen* (1826, begonnen 1820) ist der Einfluss Walter Scotts spürbar. Am schönsten ist Tieck die Poetisierung der Realität in der Novelle *Des Lebens Überfluß* (1838) geglückt, deren beherrschende Stimmung freiwillige Resignation ist. Sein letztes größeres Werk war *Vittoria Accorombona* (1840), das »Meisterwerk seiner Reifezeit« (R. Paulin), ein historischer Roman aus der Zeit der italienischen Renaissance.

In einer Welt rücksichtsloser Gewalt und bedenkenloser Immoralität verkörpert die Dichterin Vittoria Accorombona (1557–1585) die vollkommene Schönheit. Mit Rücksicht auf ihre Familie heiratet sie einen Nepoten des Kardinals Montalto, des späteren frommen Papstes Sixtus V. Als ihr Ehemann ermordet wird, hält man sie für die Täterin und kerkert sie in der Engelsburg ein, sie wird aber von ihrem Geliebten, dem Grafen Bracciano, befreit und vorübergehend am Gardasee in Sicherheit gebracht. Jedoch auch Bracciano, ihr jüngerer Bruder und schließlich sie selbst fallen Anschlägen zum Opfer, die Mutter und ihr ältester Bruder werden wahnsinnig – das angesehene Geschlecht der Accorombona ist vernichtet.

Tiecks Interesse an dem Stoff geht bis auf das Jahr 1792 zurück, als er die Tragödie *The White Devil* von John

Webster kennen lernte. *Vittoria Accorombona* ist ein düsteres Werk, resignativ auch in dem, was es über die Existenz des Künstlers mitzuteilen weiß – Tasso tritt in einer Nebenhandlung auf. Ungebrochen wirkt dennoch die Faszination durch das Schöne. Der Roman hat seinen Platz zwischen Heinses *Ardinghello* und den Renaissance-Novellen C. F. Meyers.

Wie auch andere Romantiker hat Tieck als Vermittler fremdsprachiger Literatur Bedeutendes geleistet. Zu seiner Übertragung von Cervantes' *Don Ouijote* schreibt Thomas Mann: »Wie Tiecks Übersetzung, dieses heiter und reich gebildete Deutsch der klassisch-romantischen Zeit, unsere Sprache auf ihrer glücklichsten Stufe, mich entzückt, kann ich nicht sagen.« (*Meerfahrt mit Don Quijote*)

Novalis (1772–1801)

Georg Philipp Friedrich Freiherr von Hardenberg, geboren auf Gut Oberwiederstedt bei Mansfeld, entstammte einer verarmten Adelsfamilie, sein Vater war Direktor der kursächsischen Salinen. Pietistisch erzogen, naturwissenschaftlich und musisch begabt und gebildet, besuchte er die Universitäten Jena, Leipzig und Wittenberg und trat in Verkehr mit Schiller und den Kreis um die Brüder Schlegel. Trotz seiner dichterischen Neigungen beendigte er seine juristischen und mathematisch-naturwissenschaftlichen Studien, trat 1794 zu Tennstädt (zwischen Thüringer Wald und Harz) in die Verwaltungspraxis ein und wurde 1800 Amtshauptmann im Thüringer Bergkreis. 1795 hatte er sich mit der 13-jährigen Sophie von Kühn verlobt, deren früher Tod ihn tief erschütterte. Zwar verlobte er sich nach Sophiens Tod noch einmal (mit Julie von Charpentier), starb aber bald darauf an Schwindsucht. Novalis (lat. = Neubruch) ist der von Hardenberg gewählte Dichtername.

Novalis kam aus dem schlesischen, herrnhutischen Pietismus. Er war die zarteste und zugleich universalste Gestalt der frühen Romantik. Seine Beschäftigung mit Philosophie und Naturwissenschaft sollte über dem dichterischen Werk nicht vergessen werden. Als Poet nach einem Wort Schleiermachers »ebenso tiefsinnig […] als klar und lebendig« erschloss er sich durch seine ungewöhnliche Glaubens- und Liebeskraft den Zugang zu der vom lebendigen Geheimnis durchwirkten Welt. Das Sterben seiner jungen Braut gab seinem Empfinden eine besondere Richtung; er fühlte sich mit der Geliebten über den Tod hinaus verbunden, der ihm die Erlösung zum wahren, höheren Leben, zum Einklang mit dem gotterfüllten Kosmos bedeutete. In klangvoller Sprache sprechen seine *Hymnen an die Nacht* (1800) von der Erfahrung eines höheren Daseins.

Novalis, Stahlstich von Eduard Eichens nach einem Gemälde von Franz Gareis, 1845

Abwärts wend ich mich zu der heiligen, unaussprechlichen, geheimnisvollen Nacht. Fernab liegt die Welt – in eine tiefe Gruft versenkt – wüst und einsam ist ihre Stelle. In den Saiten der Brust weht tiefe Wehmut. In Tautropfen will ich hintersinken und mit der Asche mich vermischen. – Fernen der Erinnerung, Wünsche der Jugend, der Kindheit Träume, des ganzen langen Lebens kurze Freuden und vergebliche Hoffnungen kommen in grauen Kleidern, wie Abendnebel nach der Sonne Untergang. In andern Räumen schlug die luftigen Gezelte das Licht auf. Sollte es nie zu seinen Kindern wiederkommen, die mit der Unschuld Glauben seiner harren?
Was quillt auf einmal so ahndungsvoll unterm Herzen und verschluckt der Wehmut weiche Luft? Hast auch du ein Gefallen an uns, dunkle Nacht? Was hältst du unter deinem Mantel, das mir unsichtbar kräftig an die Seele geht? Köstlicher Balsam träuft aus deiner Hand, aus dem Bündel Mohn. Die schweren Flügel des Gemüths hebst du empor. Dunkel und unaussprechlich fühlen wir uns bewegt [...]. Wie arm und kindisch dünkt mir das Licht nun – wie erfreulich und gesegnet des Tages Abschied. (Aus der 1. Hymne, Athenäum-Fassung)

Die Nacht verwischt alle Grenzen, sie vereint den Menschen auf mystische Weise mit der Gottheit; der Tod hat seine Schrecken verloren.

Ausdruck eines »magischen Idealismus«, wie Novalis seine Weltanschauung nannte, ist sein unvollendeter Roman *Heinrich von Ofterdingen* (1802, e. 1799), mit dem er ein romantisches Gegenbild zum *Wilhelm*

Meister schaffen wollte. So sehr er diesen als Kunstwerk bewunderte, so prosaisch erschien er ihm in seiner Beschränkung auf die diesseitige Wirklichkeit und ökonomischen Zwecke, so verspottete er ihn als »Wallfahrt nach dem Adelsdiplom«.

Novalis' Roman hat wenig Handlung. Er sollte aus den zwei Teilen *Erwartung* und *Erfüllung* bestehen, aber nur der erste Teil ist ausgearbeitet. Heinrich von Ofterdingen soll nach mittelalterlicher Sage als Spruchdichter auf der Wartburg vor dem Landgrafen Hermann von Thüringen in Wettstreit mit Walther von der Vogelweide und Wolfram von Eschenbach getreten sein und auch Beziehungen zu Klingsohr, dem Meister magischer Wissenschaft, gehabt haben.

Heinrich ist der Sohn eines Eisenacher Bürgers. Die »blaue Blume« weckt Sehnsucht in ihm. Von der Mutter begleitet, reist er nach Augsburg. Unterwegs wird er durch tiefsinnige Unterhaltungen und Träume in das Geheimnis von Natur und Geschichte eingeführt. In Augsburg lernt er den Dichter Klingsohr kennen. Dessen Tochter Mathilde erscheint ihm als verkörperte Poesie. »Aus ihren großen ruhigen Augen sprach ewige Jugend. Auf einem lichthimmelblauen Grunde lag der milde Glanz der braunen Sterne. Ihre Stimme war wie ein fernes Echo […].« Mit einem romantischen Märchen, das Klingsohr erzählt, schließt der erste Teil.

In Novalis' symbolischen Roman verfließen die Grenzen zwischen Wirklichkeit und Märchen. Alles steht mit allem in geheimnisvollem Zusammenhang, in allem walten geistige Kräfte, der Dichter aber als der eigentliche Mensch versteht die Sprache der Dinge und erkennt den seelenhaften Grund der Wirklichkeit. Seine Entwicklung, die das Thema des Romans ist, steht unter dem Zeichen der Sehnsucht nach einer Lebenserfüllung, für die Novalis das Sinnbild der »blauen Blume« verwendet. Im Traum hat Heinrich sie zum ersten Mal gesehen, ein Symbol der Weltkräfte Poesie und Liebe. In Mathilde findet er sie verkörpert, und an ihrer Seite soll er – in der geplanten Fortsetzung – König in jenem verklärten Reich sein, dem sich der Dichter als Verwandler und Erlöser der Welt zugehörig fühlt.

In der Sammlung *Geistliche Lieder* (1802, e. 1799) ist die Erinnerung an die Tage der Kindheit im pietistischen Elternhaus spürbar. Das Drüben und das Hier gehen ineinander über.

Nach Novalis sollte die Religion wieder das Fundament des Staates, die religiöse Einheit des Mittelalters, das alte christliche Europa erneuert werden. Diese Idee der Wiedergeburt eines geeinten Abendlandes nach der »Periode des Unglaubens« entwickelte der Dichter in dem Aufsatz *Die Christenheit oder Europa* (1826, e. 1799):

> *Aus dem heiligen Schoße eines ehrwürdigen europäischen Konziliums wird die Christenheit aufstehn, und das Geschäft der Religionserweckung nach einem allumfassenden, göttlichen Plan betrieben werden. Keiner wird dann mehr protestieren gegen christlichen und weltlichen Zwang, denn das Wesen der Kirche wird echte Freiheit sein, und alle nötigen Reformen werden unter der Leitung derselben als friedliche und förmliche Staatsprozesse betrieben werden.*

In konzentrierter Form hat Novalis seine Anschauungen in den aphoristischen Fragmenten ausgesprochen, deren erste Sammlung er 1798 unter dem Titel *Blütenstaub* im *Athenäum* veröffentlichte. Das Schlüsselwort lautet: »Nach innen geht der geheimnisvolle Weg. In uns oder nirgends ist die Ewigkeit mit ihren Welten, die Vergangenheit und Zukunft.«

Postum erschienen das Fragment eines Romans *Die Lehrlinge zu Sais* (1802), die gedankenreichen *Fragmente* (1901), der *Briefwechsel mit Friedrich Schlegel* (1957).

Das Zentrum der Jenaer Romantik war das Haus von Caroline und August Wilhelm Schlegel, in dem 1799 auch Friedrich Schlegel und Dorothea Veit Wohnung nahmen und in das stets viele Gäste kamen, darunter das Ehepaar Tieck, Schelling, Novalis und Schleiermacher. Man lebte und arbeitete gewissermaßen alternativ zur bürgerlichen Familie zusammen, von der Konzeption geleitet, in Selbstbestimmung und in Gleichberechtigung der Geschlechter neue und freiere Formen menschlichen Miteinanders zu entwickeln. Zwar setzten die unterschiedlichen Charaktere und Biografien der Beteiligten diesem Versuch bald ein Ende, aber das Streben nach gemeinsamer Betätigung und anregendem Austausch in geeigneten Formen der Geselligkeit blieb für die Romantik bis zuletzt charakteristisch.

August Wilhelm Schlegel (1767–1845)

August Wilhelm (von) Schlegel (1815 geadelt) wurde als Sohn des Generalsuperintendenten Johann Adolf Schlegel, der selbst kunsttheoretische Schriften publiziert hat, in Hannover geboren. Das Studium der Theologie vertauschte er mit dem der Philologie und widmete sich bei seinem Lehrer Christian Gottlob Heyne (1729–1812) in Göttingen besonders der antiken Dichtung. 1796 heiratete er in Jena Caroline Michaelis-Böhmer, später Schelling, und wurde 1798 dort Professor. Seit 1801 Privatgelehrter in Berlin, seit 1804 bei Madame de Staël am Genfer See und Begleiter auf ihren Reisen, wurde er 1818 Professor für Kunst- und Literaturgeschichte in Bonn, wo er sich vor allem dem Studium der orientalischen Literatur widmete.

Als Kritiker und vor allem durch Vorlesungen hat August Wilhelm Schlegel die Geschichte und Theorie von Literatur und Kunst im Geist der Romantik gedeutet und erhellt. Seine Vorlesungen *Über dramatische Kunst und Literatur* (1809–11) wurden in mehrere Sprachen übertragen. Durch seine Übersetzungen von Calderón, Petrarca, Dante, Ariost und Tasso hat er das Verständnis für die Weltliteratur im deutschen Sprachraum entscheidend gefördert. Seine (in Gemeinschaftsarbeit entstandene) Shakespeare-Übersetzung machte das Werk des englischen Dichters in Deutschland allgemein bekannt und ist bis in die Gegenwart lebendig geblieben. Schlegel selbst übertrug 17 Dramen; Tiecks Tochter Dorothea und Graf Wolf von Baudissin führten die Übersetzung zu Ende (1825–49).

Friedrich Schlegel (1772–1829)

Geboren in Hannover, begann Friedrich (von) Schlegel (1815 geadelt) auf Wunsch des Vaters eine Banklehre, die er bald aufgab, danach ein Studium der Rechte in Göttingen und Leipzig, seit 1793 der Altertumskunde. Freier Schriftsteller und früh berühmt, aber fortwährend in materiell bedrängten Verhältnissen. 1801 Habilitation in Jena, 1804 Heirat mit Dorothea Veit, der Tochter Moses Mendelssohns. 1808 Übertritt zum Katholizismus und Übersiedlung nach Wien, 1815–18 österreichischer Legationsrat beim Bundestag in Frankfurt. Gestorben in Dresden.

Der jüngere der beiden Brüder fasste im Anschluss an Schiller und Goethe zunächst die Antike als Vorbild auf (*Griechen und Römer*, 1797). In Jena entwickelte er sich unter dem Einfluss Fichtes zum eigentlichen Theoretiker der Romantik. Im *Athenäum* veröffentlichte er seine geistreichen *Fragmente*. Er leitete die neue Poesie aus der Sehnsucht nach dem Unendlichen ab und bezeichnete sie als »progressive Universalpoesie«, die mithilfe der Phantasie alle Gattungen der Poesie vereinigt.

Seine Talente wurden am stärksten spürbar im Aphorismus, im Fragment und in kritischer Charakteristik. Bahnbrechend wirkte z. B. seine Würdigung von Lessing und von Goethes *Wilhelm Meister,* in dem er ein entscheidendes Ereignis seiner Epoche sah. Sein künstlerisches Schaffen war wenig erfolgreich; geniale Einfälle, Paradoxa des Intellekts überwogen die dichterische Gestaltungskraft. Seine *Lucinde* (1799) ist ein Fragment gebliebener Roman über die romantische

August Wilhelm Schlegel — Friedrich Schlegel

Ehe, die gekennzeichnet ist durch die Gleichrangigkeit von Mann und Frau, frei von bürgerlichen Zwängen. Das Buch stieß in der zeitgenössischen Öffentlichkeit auf heftige Kritik, der sich auch Schiller anschloss, fand jedoch die Verteidigung Schleiermachers (*Vertraute Briefe über Friedrich Schlegels Lucinde,* 1800). Der Roman trägt auch formal erstaunlich moderne Züge.

Nach seiner Konversion zum Katholizismus und dem Umzug nach Wien hielt Friedrich Schlegel dort, wie es romantische Konvention war, Vorlesungen über Geschichte, Philosophie und Dichtung (*Geschichte der alten und neuen Literatur*, 1815), in denen die religiösen Züge seiner Ideenwelt vermehrt hervortraten. Ein Jahr vor seinem Tode begann er Vorlesungen auch in seinem letzten Wohnsitz Dresden. Ludwig Tieck, im deutschen »Elbflorenz« auf der Höhe seines Ansehens und für seine Verehrer noch immer der »König der Romantik«, konnte sich mit dem »Dictator im Christentum« nicht befreunden, »keiner […] konnte den alten Friedrich in ihm wiederfinden« (R. Huch).

Hochromantik (Heidelberger Romantik)

Die Romantiker, die sich 1805 in Heidelberg sammelten, dachten weniger programmatisch, weniger theoretisch und kritisch als die Jenenser Gruppe, aber nicht weniger schöpferisch. Romantisches Denken und Fühlen setzte sich nun auf allen Gebieten des Lebens durch, in der Rechtswissenschaft wie in der Philologie und Naturwissenschaft, in der Malerei und Musik wie in der Staatslehre.

Die zerstörerische Not der wiederholten Kriege und der Druck der napoleonischen Herrschaft, verstärkten das nationale Interesse, das nun erst breite Schichten ergriff. Er zwang auch die Romantiker zur Auseinandersetzung mit der Politik. Im Jenaer Kreis hatte das Hauptinteresse einer Revolution des Denkens gegolten. Die Vorgänge in Paris erschienen nur als ein Teil dieses Prozesses, und wohl nicht einmal als der wichtigste. »Die Französische Revolution, Fichtes Wissenschaftslehre und Goethes *Wilhelm Meister* sind die größten Tendenzen des Zeitalters«, hatte Friedrich Schlegel im *Athenäum* formuliert. Anders als eine Philosophie und ein Roman hatte sich die als »Tendenz« des Zeitalters allzu abstrakt bezeichnete Revolution als ein Ereignis erwiesen, das tief und oft zerstörerisch in das Leben der Menschen eingriff. Die aus der Abschaffung des Königtums hervorgegangene französische Republik hatte sich mittlerweile zum die Hälfte Europas beherrschenden Empire Napoleons fortentwickelt. In ihrer Abwehr einer realen Tyrannei nahm die Heidelberger Romantik konservative Züge an. Sie betonte die Bindungen des Menschen an Volk, Staat und Kirche, sie lebte sich in volkstümliches Wesen und Dichten ein, sammelte und erneuerte Volkslieder, Volksbücher und Märchen und suchte in geschichtlicher Besinnung Trost und Halt. Im Mittelalter, das nicht zerrissen schien wie die Gegenwart, sah sie des Reiches Herrlichkeit verkörpert; es war durchwirkt von Kräften des Glaubens, des Gemüts und der Phantasie, eine organische Einheit, die den Menschen in Geborgenheit umfing. Die Liebe zur Natur und zur Heimat vereinte sich mit dem Stolz auf das geschichtliche Erbe und der Verpflichtung gegenüber einem den Deutschen gemeinsamen Vaterland. Zunehmend tendierte die politische Romantik fortan zu einer an der Vergangenheit orientierten Staatsauffassung, wurde selbst eine der Wurzeln der altkonservativen Theorie.

Wie Jena bildete Heidelberg nur einige Jahre das Zentrum der Romantiker; dann verlagerte sich dieses nach Berlin. Der geistige Zusammenhang ist eng, denn einige der wichtigsten Autoren erscheinen hier wie dort. So hat der junge Eichendorff, der später neben E.T.A. Hoffmann durch seine Dichtung dem romantischen Empfinden die weiteste Wirkung sicherte, während seines Studiums in Heidelberg im geselligen Kreis von Achim von Arnim und Clemens Brentano vielfältige Anregungen empfangen. Gleichwohl liegt das Hauptgewicht seines Schaffens auf der Berliner Zeit, während der aus Berlin stammende Arnim, der 1808 in die preußische Hauptstadt zurückkehrte und sich ab 1814

ganz auf seinem märkischen Gut Wiepersdorf niederließ, seine produktivste Phase in Verbindung mit den Heidelberger Freunden durchlief. »Heidelberg ist selbst eine prächtige Romantik«, hat Eichendorff in seinen Erinnerungen geschrieben (*Erlebtes*, Aut., 1857). »Der Vaterlandsstädte ländlichschönste«, von der Hölderlin gedichtet hat, wurde – bis hin zum Kommerslied und zur Operette – zum Inbegriff der Romantik.

Clemens Brentano (1778–1842)

Clemens Maria Brentano, der Älteste im Kreise der Heidelberger Romantiker, geboren in Ehrenbreitstein, war der Sohn des aus Italien eingewanderten Kaufmanns Pietro Antonio Brentano aus seiner zweiten Ehe mit Maximiliane von La Roche. Der vom Vater ursprünglich zum Kaufmann bestimmte Knabe, der einer bürgerlichen Berufsausbildung widerstrebte (Geschäftsbriefe schrieb er in Versen und warnte Kunden mit Faxen und Grimassen vor dem Ankauf der in Frage stehenden Waren), studierte zunächst als 15-Jähriger ergebnislos ein Semester in Bonn und erhielt schließlich mit Unterstützung seiner Großmutter Sophie von La Roche und Goethes Mutter die Erlaubnis zum Studium in Halle. Nach dem Tod des Vaters 1787 wandte er sich ganz der Literatur zu. In Jena begegnete er im Kreise der Romantiker der als Romanautorin, Lyrikerin und Übersetzerin tätigen Frau eines Professors SOPHIE MEREAU, geb. Schubert (1770–1806), die er, nachdem sie sich von ihrem Mann hatte scheiden lassen, 1803 heiratete. In Göttingen befreundete er sich mit dem märkischen Junker Achim von Arnim, den er 1804 in Heidelberg wieder traf und mit dem zusammen er die Sammlung *Des Knaben Wunderhorn* herausgab. Nach dreijähriger Ehe starb Brentanos Frau, eine bald danach geschlossene zweite Ehe endete unglücklich. Das folgende Jahrzehnt lebte er überwiegend in Berlin, 1817 kehrte er dort unter dem Einfluss der späteren Schriftstellerin Luise Hensel zum Katholizismus zurück. Von 1819–24 zeichnete er in Dülmen in Westfalen die Visionen und Reden der stigmatisierten Nonne Anna Katherine Emmerick in einem zuletzt 24-bändigen Werk auf, das ihm als katholischen Erbauungsschriftsteller einen enormen Erfolg bescherte, während sein eigenes dichterisches Schaffen – von dem er sich distanzierte – in Vergessenheit geriet (*Das bittere Leiden unseres Herrn Jesu Christ nach den Betrachtungen der A. K. Emmerich*, 1833, weitere Titel postum). Nach dem Tod der Ordensfrau begann für Brentano wieder ein unruhiges Leben, bis er in Aschaffenburg starb.

Brentano war ein unstet-genialischer Mensch, wie er selbst sagte, im »unversöhnlichen Kampf mit dem eigenen Dämon«. In ihm hat sich die Romantik vielleicht am sinnfälligsten verkörpert. Von deutschen, italienischen und französischen Vorfahren empfing er unterschiedliche Anlagen. Wirklichkeit und Traum gingen in seinem Denken und Fühlen ineinander über, wie besonders das lyrische Werk erkennen lässt.

Seine Gedichte, von denen er viele in seine Märchen, Erzählungen und in den früheren Roman *Godwi oder das steinerne Bild der Mutter. Ein verwilderter Roman von Maria* (1801/02, 2 Bde.) eingefügt hat, sind voller Musik und bezauberndem Wohllaut in der Bekundung von Sehnsucht, Traum und Liebe. So etwa *Abendständchen, Sprich aus der Ferne, Wiegenlied, Säusle, liebe Myrte* oder die abschließenden Verse des Märchens *Gockel, Hinkel und Gackeleia*.

Was reif in diesen Zeilen steht,
Was lächelnd winkt und sinnend fleht,
Das soll kein Kind betrüben,
Die Einfalt hat es ausgesät,
Die Schwermut hat hindurchgeweht,
Die Sehnsucht hats getrieben;
Und ist das Feld einst abgemäht,
Die Armut durch die Stoppeln geht,
Sucht Ähren, die geblieben,
Sucht Lieb, die für sie untergeht,
Sucht Lieb, die mit ihr aufersteht,
Sucht Lieb, die sie kann lieben,
Und hat sie einsam und verschmäht
Die Nacht durch dankend im Gebet
Die Körner ausgerieben,
Liest sie, als früh der Hahn gekräht,
Was Lieb erhielt, was Leid verweht,
Ans Feldkreuz angeschrieben:
O Stern und Blume, Geist und Kleid,
Lieb, Leid und Zeit und Ewigkeit.

Godwi mischt Elemente von Goethes *Wilhelm Meister*, Tiecks *William Lovell* und Schlegels *Lucinde* zu einem Ganzen, das schon bei den Zeitgenossen wenig Beifall fand. Die Stoffe der geistvoll kombinierten Märchen sind Sagen des Rheingaues *(Rheinmärchen)* und dem *Pentamerone* (1634) des Neapolitaners Giambattista Basile *(Italienische Märchen)* entnommen. Sie fanden zunächst keinen Verleger, später beurteilte Brentano sie selbst als »sehr obenhin gesudelt« und lehnte die Veröffentlichung ab, sodass ein vollständiger Druck erst 1846/47 zustande kam. Was die Märchen in seiner Überarbeitung an Naivität und Klarheit des Aufbaus einbüßten, gewannen sie an Phantasie und graziösem Witz hinzu.

Die Rheinmärchen, in denen die Melusinensage nachklingt, handeln von Sündenfall und Erlösung, ihr Held ist der junge Müller Radlauf, dessen Mühle vom Rhein getrieben wird, ein (wie sich später erweist) Sohn der Naturgöttin Lureley, in deren Schloss in den Tiefen des Rheins die Mainzer Kinder leben, die Prinz Mauseohr mit seiner Rattenfängerpfeife ins Wasser gelockt hat. Radlauf verfolgt der Fluch der Starenkönigin Adlaster, doch ist es ihm, der zu-

Achim von Arnim   Clemens Brentano

letzt zum König von Mainz aufsteigt, bestimmt, das durch die Vorväter verursachte Unheil – sie waren mit Elementargeistern verheiratet, aber sie haben das Tabu missachtet, ihnen nachzuforschen – zum Guten zu wenden.

Die italienische Quelle liegt Brentanos schönes Tier- und Waldmärchen, das zugleich sein berühmtestes ist, *Gockel, Hinkel und Gackeleia* (erste Fassung 1811, Überarbeitung 1838), zugrunde.

Dass Brentano auch den schlicht-realistischen Ton beherrscht, zeigt sich in der Erzählung *Geschichte vom braven Kasperl und dem schönen Annerl* (e. 1817), der zwei wahre Begebenheiten, ein Freitod und ein Kindsmord, zugrunde liegen, die Brentano zu einer verschmolz. Tue deine Pflicht und gib Gott allein die Ehre: Vor dem Hintergrund dieses Grundthemas spielt das Geschehen.

Der Dichter wird in einer Frühlingsnacht auf offener Gasse von der 88-jährigen Großmutter des schönen Annerl, die einen »Schreiber« vor sich zu haben glaubt, gebeten, eine Bittschrift an den Herzog abzufassen. Dabei erzählt sie die Geschichte ihres Enkels, des Ulanen Kaspar, der Annerl liebte. Er ist Soldat geworden, um sich die »Ehre« zu verdienen, aber als er erlebt, dass sein Vater und sein Stiefbruder als Diebe gefangen genommen werden, ist seine Soldatenehre verletzt, und er erschießt sich. Auch Annerls Leben ist zerstört; sie wurde von einem Adeligen verführt und hat »um der Ehre willen« ihr Kind getötet. Der Gnadenakt des Herzogs, durch den sie vor dem Schafott bewahrt werden soll, kommt zu spät.

Das blutige Dorfschicksal wird gemildert durch den volkstümlichen Berichtstil, in dem die Großmutter die Vorgeschichte erzählt – und am Ende bewirkt, dass Annerl und Kasperl ein »ehrliches Grab« zugestanden wird.

Unvollendet geblieben sind die *Chronika eines fahrenden Schülers* (1818), eine mittelalterliche Lebens- und Familiengeschichte, geschrieben im Stil einer alten Legende, sowie die *Romanzen vom Rosenkranz* (Ep., 1805 ff.). Keine Chance auf der Bühne hatte wegen seiner Handlungsvielfalt und Überlänge (14 000 Verse) das Drama *Die Gründung Prags* (1815, e. 1812), zu dem Brentano auf einer Reise nach Böhmen und Wien die Anregung empfing und das den Sagenstoff um die Fürstin Libussa aufgreift, den später auch Grillparzer behandelt hat, und das Lustspiel *Ponce de Leon* (1804, e. 1801).

Brentanos nachhaltigste Leistung war die mit seinem Freund Achim von Arnim durchgeführte Sammlung *Des Knaben Wunderhorn* (1806–08). In ihr sind volksliedhafte Gedichte vom späten Mittelalter bis zur damaligen Gegenwart aus vielen Drucken und Büchern zusammengestellt, vielfach von den beiden Freunden verändert, umgedichtet und ergänzt. Ein unbekannter oder vergessener Reichtum schöpferischer Kraft wurde hier ausgebreitet und erneuert und sollte weiter wirken. Die deutsche Lyrik von Eichendorff und Mörike bis zu Storm ist dieser Sammlung aufs stärkste verpflichtet; vieles daraus ist vertont worden.

Achim von Arnim (1781–1831)

Ludwig Achim von Arnim, geboren in Berlin, stammte aus altem, märkischem Adel. Als Student schloss er die lebenslange Freundschaft mit Brentano, mit dem zusammen er *Des Knaben Wunderhorn* herausgab. 1611 heiratete er dessen Schwester Bettine. Nach ausgedehnten Reisen und dem Feldzug 1813/14 zog er sich 1814 auf sein Gut Wiepersdorf zurück, wo er bis zu seinem Tode lebte.

Im Gegensatz zum unsteten Brentano war Arnim gefestigt und besonnen, aber als Dichter teilte er das romantische Leiden am Überfluss des Nicht-Gestaltbaren. »Manchmal«, sagt Wilhelm Grimm von ihm, »war der Becher zu klein, und der Wein strömte über, oder er war zu groß und wurde nicht bis zum Rande gefüllt, immer aber war der Duft, der davon aufstieg, rein und erfrischend.« Es ging ihm bei seiner Kunst nicht um ein Spiel der Phantasie, sondern es sollte die Nation an ihre große Vergangenheit und deren Werte erinnert werden. Die von Arnim herausgegebene *Zeitung für Einsiedler* (1808, später als Buch unter dem Titel *Tröst Einsamkeit* zusammengefasst) war die Programmschrift der Heidelberger Romantik.

In seinem Roman *Armut, Reichtum, Schuld und Buße der Gräfin Dolores* (1810, 2 Bde.) bot Arnim, in Auseinandersetzung mit Goethes *Wahlverwandtschaften* und

nicht ohne politische Tendenz (der Ehebruch der Gräfin erfolgt am 14. Juli, dem Tag des Sturms auf die Bastille), »eine wahre Geschichte zur lehrreichen Unterhaltung armer Fräulein«, Kritik an der moralischen Verderbtheit von Angehörigen des Adels in der Gegenwart, aber auch das Beispiel vorbildlicher Gesinnung und Tätigkeit. Arnims künstlerische Mittel zeigten sich dem programmatischen Vorhaben nicht gewachsen. Eine unbändige Fülle von Einschüben und Episoden zerstört hier wie in seinen Dramen die Wirkung. Mehr Beifall fand sein unvollendeter historischer Roman *Die Kronenwächter* (1817/54, 2 Bde.), der das Weiterleben der staufischen Reichsidee zur Zeit Maximilians I. schildert. Die Kronenwächter sind ein Geheimbund, der die Kaiserkrone bewacht und bewahrt, bis »ein von Gott Begnadeter alle Deutschen zu einem großen friedlichen gemeinsamen Leben vereinigen wird«. Wenn Arnim sich zur knappen Form, zu einem beinahe Kleist'schen Stil zwang, konnten dichte Erzählungen wie *Der tolle Invalide auf dem Fort Ratonneau* (1818) und *Die Majoratsherren* (1819) – diese auch auf E. T. A. Hoffmann weisend – entstehen.

Der Wintergarten (Nn., 1809) vereinigt, ähnlich wie Boccaccios *Decamerone* und Goethes *Unterhaltungen deutscher Ausgewanderten*, eine Gruppe von Personen zu Erzählungen. Arnim schrieb auch die Romane *Hollins Liebesleben* (1802) und *Ariels Offenbarungen* (1804), vaterländische Gedichte (*Kriegslieder*, 1806) und die Dramen *Halle und Jerusalem* (1811 nach Gryphius' *Cardenio und Celinde*) und *Die Gleichen* (1819).

Der dritte im Heidelberger Triumvirat, war ein universaler Geist und als Politiker, Forscher und Religionsphilosoph tätig.

Joseph Görres (1776–1848)

Johann Joseph (von) Görres wurde in Koblenz als Sohn eines deutschen Vaters und einer italienischen Mutter geboren. In Bonn studierte er ohne Abschluss Medizin und Naturwissenschaften, engagierte sich 1793 im republikanischen Klub seiner Vaterstadt und gelangte 1799 nach Paris, wo eine Audienz beim »ersten Konsul« Napoleon Bonaparte zu seiner Enttäuschung verlief, er jedoch künstlerische Anregungen empfing, die ihm den Weg zur Romantik wiesen. Die *Reflexionen über den Fall Teutschlands und die Bedingungen seiner Wiedergeburt* (1810) zeigen ihn bereits als entschiedenen Gegner Napoleons. Seit 1814 gab Görres den *Rheinischen Merkur* heraus, in dem er temperamentvoll für nationale Wiedergeburt und Gemeingeist, aber auch für die Rechte des Volkes eintrat. 1816 wurde das Blatt verboten; 1819 musste Görres nach Straßburg fliehen. 1827 berief König Ludwig von Bayern ihn nach München, wo er 1837 Professor für Geschichte, 1839 geadelt wurde: einer der Wortführer der »ultramontanen«, katholischen Partei.

Im Vor- und Nachwort zu seiner Sammlung *Die Teut-schen Volksbücher* (1807) gab Görres einen umfassen-den Bericht über Inhalt und Art dieser Bücher. Er erweckte die Geschichte von der schönen Magelone, vom Kaiser Octavianus, vom Herzog Ernst, vom ewi-gen Juden u.a. zu neuem Leben und förderte das Ver-ständnis für Volksdichtung und altdeutsche Art. Görres hielt in Heidelberg als Erster eine germanistische Vor-lesung an einer deutschen Universität. Er bot leben-dige Charakteristiken von Volkserzählungen, mythen-geschichtliche Erörterungen und dichterische Nach-erzählungen volkstümlicher Prosa des ausgehenden Mittelalters, wie es zuvor nur vereinzelt durch Tieck und Brentano geschehen war.

Die Bestrebungen der Heidelberger Romantiker, das deutsche Altertum und die volkstümliche Dichtung zu erschließen, wurden besonders durch das Werk Jacob und Wilhelm Grimms gefördert.

Jacob Grimm (1785–1863) und Wilhelm Grimm (1786–1859)

Die Brüder, zeitlebens eng verbunden, waren nach ihrem Studium zunächst in Kassel tätig, wo sie das *Hildebrands-lied* auffanden und 1812 zusammen mit dem *Wessobrunner Gebet* veröffentlichten. Als Professoren in Göttingen ge-hörten sie dann zu den »Göttinger Sieben«, die um ihrer verfassungstreuen Haltung willen 1837 entlassen und des Landes verwiesen wurden. Seit 1841 lehrten beide in Berlin.

Der Name der Brüder Grimm ist für immer verbun-den mit ihren *Kinder- und Hausmärchen*, die 1812–15 erschienen. Sie übernahmen diese Märchen nur zum Teil aus mündlicher Überlieferung; andere fanden sie in altdeutschen Schwanksammlungen, in der französi-schen Märchensammlung von Charles Perrault (1628 bis 1703), in manchen Quellen vom ausgehenden Mit-telalter bis ins 18. Jahrhundert. Sie wollten jedoch kein wissenschaftliches Quellenwerk schreiben, sondern er-zählten, was sie vorfanden, in schlichter Sprache nach und schufen so ein Volksbuch, das wie kein anderes die sprachliche und geistige Erziehung vieler Generatio-nen von Kindern bestimmt hat. So sind diese Märchen nicht ursprüngliches Volksgut, sondern ein Kunst-werk, das Überliefertes bewahrte und erneuerte. Die *Kinder- und Hausmärchen* wurden nach Luthers Bibel das meistgedruckte deutsche Buch.

Jacob Grimm wurde – unter Mitwirkung seines Bru-ders – der Begründer der Germanistik als Literatur- und Sprachwissenschaft. Sein Hauptwerk als Sprach-forscher ist die historische *Deutsche Grammatik* (1819/ 37, 4 Tle.). Ferner gab er die *Deutschen Rechtsalter-*

Jacob und Wilhelm Grimm,
Gemälde von Elisabeth Jerichau, 1855

tümer (1828), die *Deutsche Mythologie* (1835) und die *Geschichte der deutschen Sprache* (1848) heraus; sein Bruder Wilhelm beschrieb *Die deutsche Heldensage* (1829), gemeinsam gaben die Brüder *Deutsche Sagen* (1816/18, 2 Bde.) heraus und begründeten zusammen das umfassende *Deutsche Wörterbuch* (32 Bde.), eine Bestandsaufnahme des neuhochdeutschen Sprach-schatzes seit Luther, die erst 1961 abgeschlossen wurde. Eine von den Brüdern besorgte Zeitschrift (*Altdeut-sche Wälder*, 1813–16),war ebenfalls dazu bestimmt, »das Studium und den Geist des Altertums […] bele-ben zu helfen«.

Im Zusammenhang mit diesen Anfängen der deutschen Philologie entwickelte sich auch die deutsche Mund-artenforschung. Der Oberfranke JOHANN ANDREAS SCHMELLER (1785–1852), der Herausgeber des *Muspil-li*, des *Heliand* und der *Carmina Burana*, schuf 1821 eine Grammatik der bayerischen Mundarten und 1827–36 ein vierbändiges *Bayerisches Wörterbuch*. Es wurde von Jacob Grimm als das beste Wörterbuch be-zeichnet, »das von irgendeinem deutschen Dialekt be-steht, ein Meisterwerk, ein Muster für alle Arbeiten auf diesem Gebiete«.

Goethes Alterswerk

Der Tod Herders (1803), Schillers (1805) und Wielands (1813) ließ von den Großen Weimars Goethe allein zurück. In den folgenden Jahrzehnten behielt die Stadt an der Ilm ihre literarische Bedeutung nurmehr durch ihn. Wie niemand anders repräsentierte er das geistige Deutschland. Viele Persönlichkeiten aus ganz Europa kamen, um den berühmten Dichter zu sehen. Die Romantiker huldigten ihm, wenngleich ihr Schaffen die Zeit Goethes und Schillers bereits als eine vergangene erscheinen ließ. Die prägende Periode der Weimarer Klassik war zu Ende; in Goethes Spätwerk, das vom veränderten Zeitgeist nicht unberührt bleibt, findet sie ihren Ausklang. Goethe ist als Kritiker der romantischen Bestrebungen zuweilen herb (so in den Gesprächen mit Eckermann, 1829: »Das Classische nenne ich das Gesunde, und das Romantische das Kranke«), zuweilen distanziert (*Zahme Xenien*, e. 1820 bis 27) hervorgetreten. Gleichwohl nahm er als Beobachtender und als Gestaltender vieles auf, was über den Ideen- und Formenkreis seiner klassischen Periode hinausging. Bezeichnenderweise zeigte er sich eher bereit, romantische Dichter des Auslands (Adam Mickiewicz, Alessandro Manzoni, Sir Walter Scott, vor allem Lord Byron) als solche des deutschen Sprachraums anzuerkennen. Goethe vollendete seine letzten Dichtungen als ein Einsamer, dessen Ruhm von der jüngsten Generation auch als Last empfunden wurde.

Der Tod Schillers im Mai 1805 erschütterte Goethe, der selber schwer erkrankt war, tief. An seinen Freund Zelter schrieb er: »Ich dachte, mich selbst zu verlieren, und verliere nun einen Freund und in demselben die Hälfte meines Daseins.« Im *Epilog zu Schillers Glocke* (1810, 2. Fassung 1817) hat er Schillers Größe gewürdigt.
Das folgende Jahr brachte einschneidende zeitgeschichtliche und in Verbindung damit auch private Veränderungen. 1806 endete mit der Niederlegung der Kaiserkrone durch Franz II. nicht nur das römisch-deutsche Reich; französische Truppen besetzten nach der vernichtenden Niederlage der preußischen Armee bei Jena und Auerstädt Weimar. Die Auflösung des mit Preußen verbündeten Herzogtums erschien als reale Gefahr. In Verbindung damit war auch Goethes berufliche und materielle Existenz in Weimar bedroht. In dieser Situation legalisierte er seine langjährige Verbindung mit Christiane Vulpius – die durch ihr tapferes Eintreten die Plünderung seines Hauses verhindert hatte – durch die kirchliche Trauung. Damit waren Kritik und Klatsch der Weimarer Gesellschaft an dem Paar nicht ein für allemal beseitigt, aber ein größeres Maß von Akzeptanz stellte sich ein.
Napoleon verschonte Weimar mit Rücksicht auf die familiären Verbindungen der Herzogsfamilie nach Russland. Als er 1808 zum Fürstentag nach Erfurt kam, ließ er sich Goethe und Wieland vorstellen und zeichnete beide aus. Goethe hat von Napoleon auch nach dessen Sturz als »seinem Kaiser« gesprochen und das ihm verliehene Kreuz der Ehrenlegion mit Stolz getragen. Den politischen Ereignissen der Jahre 1813–15 hielt er sich fern. Er schrieb nach Beendigung der Freiheitskriege für das Berliner Nationaltheater das allegorische Festspiel *Des Epimenides Erwachen* (1815), versenkte sich auf Anregung des Kunstgelehrten Sulpiz Boisserée in die mittelalterlich-christliche Bau- und Bildkunst und beschäftigte sich mit dem *Nibelungenlied*. Den nationalistischen Tendenzen der Epoche widerstrebte seine Bildungsidee, besonders der Verurteilung Frankreichs stimmte er nicht zu: »Wie hätte auch ich, dem nur Kultur und Barbarei Dinge von Bedeutung sind, eine Nation hassen können, die zu den kultiviertesten der Erde gehört und der ich einen so großen Teil meiner Bildung verdanke.«

Die Epoche der »Wahlverwandtschaften«

Gefährdung und Krise, das zeitweilige Versiegen der Produktionskraft, kennzeichnen in Goethes Leben das Jahrfünft nach Schillers Tod ebenso wie eine Folge neuer Werke, die durch ein distanziertes Bewusstsein geprägt erscheinen. Beginnend mit *Mächtiges Überraschen* entstanden 1807 und 1808 in Jena siebzehn Sonette, die später zu einem Zyklus zusammengefasst wurden.

Mächtiges Überraschen

Ein Strom entrauscht umwölktem Felsensaale
Dem Ozean sich eilig zu verbinden;
Was auch sich spiegeln mag von Grund zu Gründen,
Er wandelt unaufhaltsam fort zu Tale.

Dämonisch aber stürzt mit einem Male –
Ihr folgen Berg und Wald in Wirbelwinden –
Sich Oreas, Behagen dort zu finden,
Und hemmt den Lauf, begrenzt die weite Schale.

Die Welle sprüht und staunt zurück und weichet,
Und schwillt bergan, sich immer selbst zu trinken;
Gehemmt ist nun zum Vater hin das Streben.

Sie schwankt und ruht, zum See zurückgedeichet;
Gestirne, spiegelnd sich, beschaun das Blinken
Des Wellenschlags im Fels, ein neues Leben.

Beschrieben wird ein Vorgang von jäher Gewalt. Die Strom-Metapher lässt zunächst an Goethes Jugendlyrik denken (*Mahomets Gesang*). Im mythologischen Bild (Oreas ist eine Bergnymphe), in einer Sprache voll elementarer Poesie, gefügt in die festen Maße des Sonetts wird das Naturdrama vergegenwärtigt. Die regelmäßig gebauten Strophen halten die widerstreitenden Kräfte (Fluss, bewegter Berg) im Gleichgewicht. Im Schlussbild scheinen Chaos und Kosmos versöhnt. Weniger und mehr als die Erfahrung lehrt, wird hier beschrieben. Getrennt »von jeglichem Besinnen«, so hatte, will man dem Sonett *Nemesis* glauben, ein annähernd Sechzigjähriger die Neigung zu einer Achtzehnjährigen, Minna Herzlieb (1789–1865), Pflegetochter des Jenaer Buchhändlers Karl Friedrich Ernst Frommann, als »Sonettenwut und Raserei der Liebe« erlebt. Handwerklicher Ehrgeiz im Umgang mit einer umstrittenen, eben wieder aktuell gewordenen Form war allerdings auch dabei. Zacharias Werner, gleichfalls im Frommann'schen Hause in Jena anwesend und einige weitere Bekannte teilten das vierzehnzeilige Fieber.

Ein Besuch im Bodetal 1805, von dem die auch als *Annalen* bekannten *Tag- und Jahreshefte* berichten, mochte für die Gestaltung anregend gewesen sein. Damals meinte Goethe die Erscheinungen weniger mit dem Blick des Künstlers als des Naturforschers zu erfassen. Dem in der Natur liegenden Gesetz nachzuspüren war ihm in wachsendem Maße Antrieb seines Schaffens. So stellte sich für ihn die Frage, wie sich Naturgesetz und sittliche Freiheit zueinander verhalten. Gleichnishaft sah er den Vorgang naturbedingter Anziehung und Abstoßung in der Chemie, wo die Elemente einer chemischen Verbindung aufgrund einer stärkeren Affinität (Wahlverwandtschaft) zu anderen Elementen ihre ursprüngliche Verbindung lösen und sich in anderer Form neu gruppieren. Unter dem Hinweis auf solche naturwissenschaftlichen Vorgänge ging Goethe in dem 1809 erschienenen psychologischen Roman *Die Wahlverwandtschaften* den sittlichen Fragestellungen des menschlichen Lebens nach.

Eduard, »ein reicher Baron im besten Mannesalter«, und Charlotte haben sich nach wechselvollem Schicksal gefunden. Ihr Leben verändert sich, als Ottilie, eine junge Verwandte, und ein befreundeter Hauptmann in ihr Haus kommen. Eine unentrinnbare Wahlverwandtschaft bestimmt das Verhalten dieser vier Menschen. Eduard liebt Ottilie und weiß sich wieder geliebt, Charlotte und der Hauptmann fühlen sich ihrerseits zueinander hingezogen. Der Zwang des Naturgesetzes führt bis zum doppelten geistigen Ehebruch: Das Kind Eduards und Charlottes hat Ottilies Augen und die Züge des Hauptmanns. Während das eine Paar die Kraft zur Entsagung findet, unterliegen Eduard und Ottilie ihrem Verhängnis. Ein Unglücksfall lässt Ottilie am Tode von Charlottes und Eduards Kind schuldig werden. Sie verzehrt sich in Schmerz und Schuldgefühl und verweigert als Büßende jede Nahrung. Sie stirbt, Eduard stirbt bald nach ihr.

»Es wird gezeigt, wie, erst nachdem die wahlverwandte Anziehung eine Beziehung nach dem Willen der Natur hergestellt hat, die eigentliche humane, die sittlich-persönliche Aufgabe sich stellt. Nicht blind zu gehorchen, sondern selbst zu wählen, ist des Menschen Bestimmung.« (K. Viëtor)

Den für Goethes Schaffen im Alter charakteristischen Symbolstil zeigt auch das Fragment gebliebene Festspiel *Pandora* (1810, e. 1807/08), das anlässlich des Tilsiter Friedens (1807) entstanden ist. Goethe folgt einer Fassung des Mythos, in der die Büchse der Pandora ausschließlich gute Gaben enthält, die allerdings nicht für Realität genommen werden dürfen, denn sie sind reiner ästhetischer Schein. Die Gefahr, vor der Schiller in seinen Briefen *Über die ästhetische Erziehung* gewarnt hatte, sich durch die verführerische Macht des Schönen vom Wirklichen und den damit verbundenen Pflichten abziehen zu lassen, wird von Goethe in ein mythisches Bild gefasst. Bei Beginn des Festspiels hat Pandora ihren Gatten Epimetheus bereits verlassen, sie tritt nicht auf. Aber Goethe dachte an *Pandoras Wiederkehr* (so der ursprünglich geplante Titel), wie bei Wieland und Herder, die den Stoff ebenfalls behandelt hatten, sollte seine Dichtung Glück verheißend enden.

Im Oktober 1809 begann Goethe mit der Niederschrift seiner Autobiografie *Aus meinem Leben. Dichtung und Wahrheit*; die ersten drei Teile erschienen 1811–14, ihr letzter Teil 1833. Mit 60 Jahren schien es ihm an der Zeit, zurückzublicken, den Gehalt des Erreichten sichtbar zu machen und in den Zusammenhang der deutschen Kultur und Literatur zu stellen. Bis in seine letzten Jahre hat er an dem klassischen Erzählwerk gearbeitet und aus dem Abstand des Alters die großen Etappen seines Lebens beschrieben; die Frankfurter Kindheit, die Leipziger Studentenzeit, die Tage stürmischen Aufbruchs in Straßburg mit der Sesenheimer Idylle, die ruhelose Getriebenheit in Wetzlar und Frankfurt.

Mit der Übersiedlung nach Weimar brechen die Erinnerungen ab, die er mit dem symbolischen Bild der Konstellation am Himmel begonnen hatte und mit dem mythologischen Bild des Wagenlenkers, Worten aus *Egmont*, beschloss:

Kind, Kind! nicht weiter! Wie von unsichtbaren Geistern gepeitscht gehen die Sonnenpferde der Zeit mit unsers Schicksals leichtem Wagen durch und uns bleibt nichts als, mutig gefasst, die Zügel festzuhalten, und bald rechts, bald links, vom Steine hier, vom Sturze da, die Räder wegzulenken. Wohin es geht, wer weiß es? Erinnert er sich doch kaum, woher er kam.

Marianne von Willemer

»West-östlicher Divan«

Im Sommer des Jahres 1814 lernte Goethe die Gedichte des mittelalterlichen persischen Dichters Hafis (Hafez, 14. Jahrhundert) in der Übersetzung von Joseph von Hammer-Purgstall (1774–1856) kennen. Sie ließen ihn einen heiter-bedeutungsvollen Liedstil entwickeln, in dem sich orientalische Formen mit eigenen verbinden, lässig gehandhabte Versgebilde von zeitloser Altersweisheit und zugleich tiefer Empfindung. Goethe vereinigte sie in der Gedichtsammlung *West-östlicher Divan* (1819).

Der Metaphorik des Gedichts *Selige Sehnsucht*, mit dem das erste Buch der Sammlung, das *Buch des Sängers*, schließt, liegt die Vorstellung der Polarität von Licht und Dunkel zugrunde. Es vereinigt das Motiv der Liebe und das Motiv der Religion, die in späteren Büchern *(Buch der Liebe, Buch Suleika, Buch des Parsen, Buch des Paradieses)* weiter ausgeführt werden.

Als Goethe auf einer Reise an Rhein und Main MARI-ANNE VON WILLEMER (1784–1860), die Frau eines ihm befreundeten Frankfurter Bankiers, kennen lernte und eine gegenseitige Zuneigung zwischen ihnen erwuchs, entstand aus Marianne von Willemers und seinen Gedichten im *Buch Suleika* der schönste Teil der *Divan*-Sammlung. Ohne Namensnennung nahm Goethe Mariannes Lieder *(Hochbeglückt in deiner Liebe, Was bedeutet die Bewegung, Ach, um deine feuchten Schwingen)* mit geringen Änderungen in den *Divan* auf. Sie galten lange als Perlen Goethischer Poesie. Die Autorschaft Marianne von Willemers wurde 1869 durch eine Veröffentlichung von Herman Grimm bekannt.

Ach, um deine feuchten Schwingen,
West, wie sehr ich dich beneide:
Denn du kannst ihm Kunde bringen,
Was ich in der Trennung leide.

Die Bewegung deiner Flügel
Weckt im Busen stilles Sehnen;
Blumen, Augen, Wald und Hügel
Stehn bei deinem Hauch in Tränen.

Doch dein mildes sanftes Wehen
Kühlt die wunden Augenlider;
Ach, für Leid müsst' ich vergehen
Hofft' ich nicht zu sehn ihn wieder.

Eile denn zu meinem Lieben,
Spreche sanft zu seinem Herzen;
Doch vermeid' ihn zu betrüben
Und verbirg ihm meine Schmerzen.

Sag' ihm aber, sag's bescheiden:
Seine Liebe sei mein Leben,
Freudiges Gefühl von beiden
Wird mir seine Nähe geben.

Das abschließende Ghasel im *Buch Suleika* feiert und umspielt, religiösen Preisliedern vergleichbar, mit immer neuen Namen die Eigenschaften der Geliebten.

In tausend Formen magst du dich verstecken,
Doch, Allerliebste, gleich erkenn' ich dich;
Du magst mit Zauberschleiern dich bedecken,
Allgegenwärtige, gleich erkenn' ich dich.

An der Zypresse reinstem, jungem Streben,
Allschöngewachsne, gleich erkenn' ich dich;
In des Kanales reinem Wellenleben,
Allschmeichelhafte, wohl erkenn' ich dich.

Wenn steigend sich der Wasserstrahl entfaltet,
Allspielende, wie froh erkenn' ich dich;
Wenn Wolke sich gestaltend umgestaltet,
Allmannigfaltige, dort erkenn' ich dich.

An des geblümten Schleiers Wiesenteppich,
Allbuntbesternte, schön erkenn' ich dich;
Und greift umher ein tausendarm'ger Eppich,
O Allumklammernde, da kenn' ich dich.

Wenn am Gebirg der Morgen sich entzündet,
Gleich, Allerheiternde, begrüß' ich dich;
Dann über mir der Himmel rein sich ründet,
Allherzerweiternde, dann atm' ich dich.

Was ich mit äußerm Sinn, mit innerm kenne,
Du Allbelehrende, kenn' ich durch dich;
Und wenn ich Allahs Namenhundert nenne,
Mit jedem klingt ein Name nach für dich.

»Wilhelm Meisters Wanderjahre«. »Novelle«

In dem letzten Roman *Wilhelm Meisters Wanderjahre oder die Entsagenden* (1821, weitreichende Umarbeitung 1829) bildet das weitere Leben Wilhelm Meisters den lockeren Rahmen für Erzählungen, Briefe, Abhandlungen, Aussprüche der Weisheit. *Sankt Joseph der Zweite, Die pilgernde Törin, Wer ist der Verräter?, Das nussbraune Mädchen, Der Mann von fünfzig Jahren, Die neue Melusine* stellen in die Rahmenhandlung eingefügte selbstständige Novellen dar (auch die *Wahlverwandtschaften* waren ursprünglich als eine solche Novelle geplant), die durch ihre jeweilige Problematik die Haupthandlung zu variieren und ergänzen bestimmt sind. Deren Gewicht verlagert sich dem Ende der *Lehrjahre* entsprechend von der Erziehung zur allseitig gebildeten Persönlichkeit auf den Dienst an der Gemeinschaft. Letztes Ziel ist nicht mehr die individuelle Vollendung und die Befriedigung ästhetischer Bedürfnisse, sondern die Meisterung des Lebens durch Arbeit, Entsagung und praktische Tätigkeit, nicht vage allgemeine Bildung, sondern Beschränkung auf das Wesentliche und die gestellte Aufgabe. In diesem Sinn lässt Goethe eine der Gestalten des Romans sagen:

Narrenspossen sind eure allgemeine Bildung und alle Anstalten dazu. Dass ein Mensch etwas ganz entschieden verstehe, vorzüglich leiste, wie nicht ein anderer in der nächsten Umgebung, darauf kommt es an.

Als Wilhelm Meister einmal nach der rechten Weise zu leben fragt, erhält er die Antwort:

Denken und Tun, Tun und Denken, das ist die Summe aller Weisheit, von jeher anerkannt, von jeher geübt, nicht eingesehen von einem jeden. Beides muss wie Aus- und Einatmen sich im Leben ewig fort hin und wieder bewegen; wie Frage und Antwort sollte eins ohne das andere nicht stattfinden.

Im zweiten Buch der *Wanderjahre* schildert Goethe in der Pädagogischen Provinz eine Idealform der Erziehung, die praktische Berufsausbildung und theoretischen Unterricht verbindet. Er verwertete Gedanken Rousseaus und Pestalozzis, auch wusste er von der Anstalt des Schweizer Sozialpädagogen Philipp Emanuel von Fellenberg. Der junge Mensch soll so geführt werden, dass er von Ehrfurcht erfüllt ist vor dem, was über uns, vor dem, was uns gleich ist und vor dem, was unter uns ist. So stellen sich die drei Religionen dar: die heidnische, die philosophische, die christliche, und in der Pädagogischen Provinz, so erfährt Wilhelm, bekennt man sich zu allen dreien, »denn sie zusammen bringen eigentlich die wahre Religion hervor«.

Aus diesen drei Ehrfurchten entspringt die oberste Ehrfurcht, die Ehrfurcht vor sich selbst, und jene entwickeln sich abermals aus dieser, so dass der Mensch zum Höchsten gelangt, was er zu erreichen fähig ist, dass er sich selbst für das Beste halten darf, was Gott und Natur hervorgebracht haben, ja, dass er auf dieser Höhe verweilen kann, ohne durch Dünkel und Selbstheit wieder ins Gemeine gezogen zu werden.

Das dritte Buch der *Wanderjahre* ist das Buch der großen Gemeinschaften. Auswandererbund, amerikanische Utopie, europäischer Siedlungsplan machen fast die ganze Rahmengeschichte aus – mit Makarie, jener »Menschen erkennenden Freundin«, als Höhepunkt. Adelige Mitglieder der Turmgesellschaft wandern gemeinsam mit Handwerkern nach Amerika aus, um in diesem von Tradition unbelasteten Kontinent ein neues Staatswesen nach den Grundsätzen eines humanen Sozialismus zu bilden.

Als Goethe 1826 an die neue Bearbeitung und Vollendung der *Wanderjahre* ging, stieß er wieder auf den Plan zur *Wunderbaren Jagd*, und fand nun die Form für den Stoff in der *Novelle* (1828), in der ein ausgebrochener Löwe durch den Gesang und das Flötenspiel eines Knaben besänftigt wird. »Zu zeigen, wie das Unbändige, Unüberwindliche oft besser durch Liebe und Frömmigkeit als durch Gewalt bezwungen werde, war die Aufgabe dieser Novelle«, bemerkte Goethe gegenüber Eckermann und fügte die seither viel zitierte Definition hinzu: »Wir wollen es Novelle nennen; denn was ist eine Novelle anders, als eine sich ereignete unerhörte Begebenheit.« Den jederzeit drohenden Ausbruch des Elementaren und der Leidenschaften sowie seine mögliche Bändigung deutet Goethe in einer Nebenhandlung an. Der junge Honorio rettet die Frau des Fürsten, indem er einen ebenfalls ausgebrochenen Tiger erschießt. Danach erbittet er kniend als Lohn für seine Tat – Urlaub und die Vergünstigung einer Reise.

Alterslyrik

Am 10. Juni 1823 machte Johann Peter Eckermann seinen ersten Besuch bei Goethe, der den Druck von Eckermanns *Beiträgen zur Poesie mit besonderer Hinweisung auf Goethe* (1823) bei Cotta vermittelt hatte. Goethe veranlasste Eckermann, in Weimar zu bleiben, und gewann an ihm einen hingebungsvollen Mitarbeiter. Die von Eckermann gesammelten *Gespräche mit Goethe in den letzten Jahren seines Lebens* (3 Bde., 1836–48) zeugen wie der umfangreiche Briefwechsel der letzten Jahre, vor allem jener mit Karl Friedrich Zelter, von Goethes Lebensweisheit und Wesensart.

In den letzten fünf Jahren seines Lebens ordnete Goethe sein gesamtes Werk als Ausgabe letzter Hand. Die Menschen, die ihm nahe gewesen waren, starben vor ihm: 1816 Christiane, deren oft verkannte Existenz an der Seite des

Ernst Barlach: Faust tanzt mit der jungen Hexe,
Holzschnitt, 1923

Noch einmal wurde Goethe 1823 in Karlsbad und
Marienbad durch die Begegnung mit der 18-jährigen
Ulrike von Levetzow (1804–1899) zu leidenschaftlicher
Liebesdichtung angeregt. Es war ein letzter Ausbruch
des Gefühls, gebändigt durch Entsagung, festgehalten
in den unvergänglichen Versen der noch auf der Rückreise aus Böhmen entstandenen *Elegie* (bekannt als
»Marienbader Elegie«), die das Mittelstück der 1823/24
entstandenen Gedichte der *Trilogie der Leidenschaft*
(1827) bildet.

In unsers Busens Reine wohnt ein Streben,
Sich einem Höhern, Reinern, Unbekannten
Aus Dankbarkeit freiwillig hinzugeben,
Enträtselnd sich den ewig Ungenannten;
Wir heißen's: fromm sein! – Solcher seligen Höhe
Fühl' ich mich teilhaft, wenn ich vor ihr stehe.

»Faust«

Die letzten Lebensjahre widmete der greise Goethe seinem *Faust*, den er 60 Jahre früher begonnen hatte und
mit dem er sich noch zwei Monate vor seinem Tod beschäftigte. Er bestimmte, dass der zweite Teil des *Faust*,
den er versiegelt in seinem Schreibtisch aufbewahrte,
erst nach seinem Tode veröffentlicht werden sollte.
Den Stoff seines zweiteiligen Dramas entnahm Goethe
der Faustsage aus dem Volksbuch *Historia von D. Joh.*
Fausten (1587). Auf diesem beruhte das Faustdrama
des Engländers Christopher Marlowe, das im 17. Jahrhundert durch englische Komödianten nach Deutschland kam und im Puppenspiel fortlebte. In dieser Form
lernte Goethe als Kind die Sage kennen. Zwischen 1773
und 1775 schrieb er die Szenen seines *Urfaust* nieder,
der erst ein Jahrhundert später wieder entdeckt wurde.
Mit einigen neuen Szenen (*Hexenküche, Wald und*
Höhle), aber ohne den ursprünglichen Schluss erschien
1790 eine sprachlich geglättete Form: *Faust. Ein Frag-*
ment. Die endgültige Fassung von *Faust, Erster Teil,* erschien 1808. *Faust, Zweiter Teil,* wurde nach Goethes
Tod 1832 veröffentlicht.
Die *Zueignung,* das *Vorspiel auf dem Theater* und der
Prolog im Himmel gehen der eigentlichen Dichtung
voran. Im *Prolog im Himmel* wettet Mephisto mit Gott,
dass es ihm gelingen werde, Faust von seinem idealen Streben abzubringen, »wenn Ihr mir die Erlaubnis
gebt, / Ihn meine Straße sacht zu führen!«
Gott überlässt Faust Mephisto mit den Worten: »Solang' er auf der Erde lebt, / Solange sei dir's nicht
verboten. / Es irrt der Mensch, solang' er strebt.« Aber
er sagt auch: »Ein guter Mensch in seinem dunklen
Drange / Ist sich des rechten Weges wohl bewusst.«

großen Mannes Sigrid Damm eine gerechte Würdigung
zuteil werden ließ (*Christiane und Goethe,* 1998), 1827 Charlotte von Stein, 1828 sein fürstlicher Freund Carl August
von Weimar, 1830 sein Sohn August in Rom, dessen schwieriges Leben ebenfalls im Schatten des Berühmten gestanden hatte. Goethes Tod folgte am 22. 3. 1832 in Weimar.

Weisheit des Alters bildet den Grundton der späten
Lyrik, die in den Gedichten *Proœmion* (1817), *Eins*
und Alles (1821), *Vermächtnis* (1829) gipfelt. *Urworte.*
Orphisch (1820), ein Zyklus von Stanzen, deutet das
Spiel der Mächte, die das Dasein bestimmen. Der erste
Spruch, *Dämon* betitelt, weist auf die Besonderheit der
Individualität.

Wie an dem Tag, der dich der Welt verliehen,
Die Sonne stand zum Gruße der Planeten,
Bist alsobald und fort und fort gediehen
Nach dem Gesetz, wonach du angetreten.
So musst du sein, dir kannst du nicht entfliehen,
So sagten schon Sibyllen, so Propheten;
Und keine Zeit und keine Macht zerstückelt
Geprägte Form, die lebend sich entwickelt.

Der Anfang des Dramas zeigt Fausts Verzweiflung über die Nutzlosigkeit menschlichen Forschens, das keine wahre Erkenntnis vermittle. Er will mithilfe der Magie zur Wahrheit gelangen. Als ihn auch bei diesem Versuch der beschworene Erdgeist in seine Schranken weist, greift er zum Giftbecher; doch durch die Osterglocken und den Chor der Gläubigen wird er dem Leben zurückgewonnen. Auf dem Spaziergang, den er mit seinem Famulus Wagner unternimmt, nähert sich ihm ein Pudel, als dessen »Kern« sich Mephisto entpuppt. Mephisto will Fausts Sehnsucht durch sinnliche Genüsse befriedigen, dafür soll er ihm verfallen sein, wenn er zum Augenblick sagt: »Verweile doch, du bist so schön.« Mephisto weiß den durch Zaubertrank verjüngten Faust in die unselig-selige Liebe zu Margarete (Gretchen) zu verstricken, deren Hingabe indirekt zum Tode der Mutter und des Bruders führt. Um der Schande zu entgehen tötet sie das Kind, das sie von Faust empfangen hat. Vom Wahnsinn verwirrt, erwartet sie im Kerker die Todesstrafe. Faust, den Mephisto durch Besuch der Walpurgisnacht ablenken will, wird von Gretchens Bild verfolgt. Er versucht sie mit der Hilfe Mephistos zu befreien; die Gefangene aber, zur Buße bereit, wendet sich schaudernd von ihm ab. Eine Stimme von oben verheißt ihr göttliche Vergebung. Faust wird von Mephisto fortgerissen.

In einer formen- und geheimnisreichen Handlung geht Faust im zweiten Teil des Dramas als ein Verwandelter durch die Welt: Er hat die Verzweiflung über Gretchens Ende in einem Vergessen spendenden Schlaf überwunden.

Mephisto bringt ihn an den Hof des Kaisers, wo ein üppiges Fest den inneren Verfall des Reiches verdeckt. Auf Wunsch des Kaisers lässt Faust, der zu den »Müttern« hinabgestiegen ist, mit Zauberkraft Helenas Bild erscheinen. Er wird dann noch einmal in seine alte gotische Behausung zurückgebracht, wo jetzt sein ehemaliger Famulus Wagner herrscht und in der Retorte den Homunculus, einen künstlichen Menschen, fabriziert. Homunculus geleitet Faust nach Griechenland zur »Klassischen Walpurgisnacht«. Das unmöglich Scheinende gelingt: Aus der Unterwelt holt Faust Helena, das Urbild der Schönheit, herauf und gewinnt ihre Liebe. In dem Helena-Drama des dritten Aktes scheinen die Grenzen von Raum und Zeit überwunden. Norden und Süden, Deutschtum und Antike, griechisches Altertum und deutsches Mittelalter sind in der Verbindung von Helena und Faust symbolisch vereint. Aber nach dem Tod ihres Sohnes Euphorion (er trägt die Züge des von Goethe geschätzten Dichters Lord Byron) entschwindet Helena wieder in die Unterwelt. – Faust sehnt sich nach Tätigkeit; mit der Hilfe Mephistos macht er sich um den Kaiser verdient und erhält zum Dank das Land zu Lehen, das er dem Meere abringen will, um dort »mit freiem Volk auf freiem Grund« zu stehen. Aber auch dabei verstrickt er sich erneut in Schuld und Unrecht (Philemon und Baucis). Rastlos tätig bis zum Ende, erblindet er. Dem Wohl der Allgemeinheit dient sein letztes Tun. Im Vorgefühl des Glücks,

das ihm diese Arbeit gewähren wird, den Augenblick genießend, ereilt ihn der Tod. Göttliche Gnade und Liebe heben ihn, der dem Wortlaut der Wette nach Eigentum des Mephisto ist, in den Himmel empor, wo ihn Gretchen als »heilige Büßerin« erwartet und ihn zu der Schar der Seligen geleitet.

Gerettet ist das edle Glied
Der Geisterwelt vom Bösen,
Wer immer strebend sich bemüht,
Den können wir erlösen.
Und hat an ihm die Liebe gar
Von oben teilgenommen,
Begegnet ihm die selige Schar
Mit herzlichem Willkommen.

Dem Drama liegt die Erfahrung eines reichen Lebens zugrunde. Im Eingangsmonolog und den Erdgeistszenen wird Goethes titanischer Lebenswille aus der Zeit des Sturm und Drang spürbar, in der Schülerszene Spott über totes Gelehrtenwissen. Den Kern des *Urfaust* bildet die Gretchentragödie.

Der reife Dichter erhob das individuelle Schicksal des *Urfaust* ins Typische und in universale Zusammenhänge. Vorbild schöner Vollendung wird die in Helena verkörperte griechische Klassik. Zuletzt wandelt Goethe klassische Selbsterlösung in das Werk göttlicher Gnade, die dem strebenden, aber bis ans Ende schuldhaft irrenden Menschen zuteil wird. Das Drama endet als Erlösungsdrama, für das Goethe sich der Symbole der Kirche poetisch bedient.

Längst wirkte sein Werk auch jenseits der deutschen Grenzen, so wie durch ihn in Deutschland das Verständnis für Weltliteratur gefördert wurde. Der alte Goethe war zuversichtlich, dass sich fortschreitend eine weltumspannende Humanität ausbreiten werde. Bereits Goethes Zeitgenossen haben eine ganze Epoche der deutschen Literatur als von ihm geprägt betrachtet – zeitweilig mischten sich in diese Sicht jedoch entschiedene Vorbehalte. Auch war Goethe noch nicht der »Olympier«, eine Bezeichnung, die zu seinen Lebzeiten nicht belegt ist und vor 1870 nur selten verwendet wurde. Mit der Reichsgründung trat seine Rezeption in ein neues Stadium, die Freigabe des Nachlasses eröffnete ein riesiges Arbeitsfeld und um Leben und Werk rankte sich eine gigantische Philologie, deren grundlegendes Werk die im Auftrag der Großherzogin Sophie von Sachsen erschienene »Weimarer« oder Sophien-Ausgabe (143 Bde., 1887–1919) bildet. Bereits 1883 erwickelte darüber hinaus Erich Schmidt das Programm einer Faust-Philologie als Sonderforschungsbereich.

Romantische Geselligkeit und Briefkultur

Friedrich Schleiermachers Aufsatz *Versuch einer Theorie des geselligen Betragens,* den er 1779 im *Berlinischen Archiv der Zeit und ihres Geschmacks* veröffentlichte, lässt gleich eingangs erkennen, eine wie große Bedeutung der Autor seinem Thema beimisst: »Freie, durch keinen äußern Zweck gebundene und bestimmte Geselligkeit wird von allen gebildeten Menschen als eins ihrer ersten und edelsten Bedürfnisse laut gefordert.« Solche Geselligkeit dient unmittelbar der ästhetisch-moralischen Bildung und steht dem Kunstschönen, das ebenfalls keinem Zweckdenken unterworfen ist, nahe. Mithin geht es beim geselligen Betragen um »den Kern der Humanisierung der Gesellschaft«. Worauf Schleiermacher zielt, ist die Kultur der Salons, wie er sie in Berlin verwirklicht gefunden hatte. Thematisch ist sie durch keine Rücksichten der Nützlichkeit gebunden, institutionell jedoch in der häuslichen Welt verankert – also in der Welt der Frauen, die so ein Ideal humaner Bildung als ihre eigenste Domäne gestalten. Das französische Wort Salon wird unter den in Deutschland gegebenen Zeitumständen nicht überall verwendet. Es gibt wechselnde Bezeichnungen und auch sachliche Unterschiede in Zusammensetzung und Organisation, zuweilen auch eine noch ungenügende Kenntnis über die realen Bedingungen der Salonkultur, wie beispielsweise an der Legende zu erkennen ist, die sich um »Rahels Dachstube« gebildet hat. Aber an dem letztlich übereinstimmenden Charakter solcher Geselligkeit als einem für die romantische Geisteshaltung kennzeichnenden Phänomen kann kein Zweifel sein, ebenso wenig an der besonderen Rolle, die Frauen in solchem Zusammenhang gespielt haben. So formuliert es auch Schleiermacher in seinem Aufsatz, dass sich nämlich die »gute Lebensart«, und das ist eben die »bessere Geselligkeit [,] bei uns zuerst unter den Augen und auf Betrieb der Frauen bildet«.

In der Romantik konnten sich Art und Einfühlungskraft der Frau so gut entfalten, dass sie zum ersten Mal eine aktive und anerkannte Rolle im geistigen und literarischen Leben einer Epoche spielte. Frauen wurden das belebende Element der Jenaer Romantik und der Berliner Salons. Ihre erst zu einem Teil erschlossenen Tagebücher und Briefe berichten von den in den »Gesellschaftszimmern« – eine Bezeichnung, die Henriette Herz bevorzugte – geführten Diskussionen, an denen die bedeutendsten Intellektuellen und Künstler teilnahmen. Die seit der Empfindsamkeit aufblühende Briefkultur galt im besonderen Maße als Domäne der Frau. Allerdings bezeichnete solche Anerkennung immer auch eine Grenze. Nur zum weitaus geringeren Teil – und nicht notwendigerweise dem für spätere Zeiten interessantesten – beruht ihr Beitrag zur Literatur der Epoche auf selbstständigen Publikationen; vielmehr gründet er im besonderen Maße auf Anregung, anonymer Mitarbeit und eben nicht oder nicht unmittelbar zur Veröffentlichung bestimmten Formen, wie Tagebuch und Brief es sind. Noch weniger als die Geschichte der Männer, die in ihren Werken fortleben, lässt sich die der schreibenden Frauen daher abgelöst von ihrer Biografie darstellen und verstehen.

Caroline Schlegel-Schelling (1763–1809)

Die Tochter des Göttinger Orientalisten Johann David Michaelis (1717–1791), die mit Sprachen und Literatur aufgewachsen war – sie lernte Englisch, Französisch und Italienisch, war eine passionierte Leserin und Theatergängerin – kehrte 1788 nach einer vierjährigen gleichgültigen Ehe an der Seite eines Mannes, den die Eltern ihr ausgesucht hatten, mit ihrer Tochter verwitwet in die Vaterstadt zurück, entschlossen, zunächst nicht wieder zu heiraten. Der Göttinger Student August Wilhelm Schlegel machte ihr den Hof und hielt weiterhin Briefkontakt zu ihr, als er Hofmeister in Amsterdam wurde und Caroline 1793 ins revolutionäre Mainz zog, wo eine Freundin aus Göttingen lebte: Therese, die Tochter des berühmten Altphilologen Christian Gottlob Heyne (1729–1812), die Frau Georg Forsters (später Therese Huber). In Mainz hatte sie eine flüchtige Beziehung mit einem französischen Offizier. Vor der drohenden Rückeroberung von Mainz durch preußische Truppen floh Caroline aus der Stadt, wurde aber als vermeintliche Republikanerin auf der Festung Königstein inhaftiert. Sie wollte Gift nehmen, als sie entdeckte, dass sie schwanger war, aber Friedrich Wilhelm II. bewilligte ihre Freilassung, und Schlegel besorgte ihr mithilfe des Verlegers Göschen einen Unterschlupf in der Nähe von Leipzig. Die Rückkehr nach Göttingen wurde der nach der Geburt des zweiten Kindes gesellschaftlich Geächteten als »Jakobinerin« verboten. 1795 nahm sie, ohne Liebe, vielmehr um sich und ihrem Kind einen Beschützer zu geben, die Werbung Schlegels an und zog mit ihm nach Jena. Die großen Jahre der Frühromantik begannen, aber schon 1800 kam es zum Bruch. Sie verließ Jena mit dem jungen Schelling, verlor aber bald darauf – und erlebte es mit Schuldgefühlen – durch eine plötzliche Erkrankung ihre Tochter. Erst drei Jahre später löste sie die Ehe mit Schlegel und heiratete Schelling, mit dem sie bis zu ihrem Tod in München lebte.

Friedrich Schlegel, damals Student in Leipzig, hat Caroline in der Zeit nach ihrer Haft in Königstein kennen gelernt und zeigte sich von ihrer Tapferkeit und Selbstständigkeit überwältigt. »Die Überlegenheit ihres

Leseabend bei Ludwig Tieck in Dresden, Holzstich nach einer Zeichnung von Ludwig Pietsch
Tieck war als glänzender Vorleser berühmt und hielt seine Leseabende vor namhaften Besuchern.

Verstandes über den meinigen habe ich sehr frühe gefühlt. Es ist mir aber noch zu fremd, zu unbegreiflich, dass ein *Weib* so sein kann […].« Er hat diesen Eindruck später in seiner *Lucinde* festgehalten. Auch in Jena dominierte ihre Persönlichkeit und sie schlug ihre Umgebung intellektuell in den Bann. Sie arbeitete mit an der Jenaer Literaturzeitung und am *Athenäum*, wirkte beratend (aber nicht immer glücklich) bei der Shakespeare-Übersetzung mit. Ihre glänzend geschriebenen Briefe vermitteln auch nach ihrer Trennung von Schlegel interessante Einblicke in die kunstbegeisterte Zeit.

Oh, mein Freund, wiederhole es Dir unaufhörlich, wie kurz das Leben ist und dass nichts so wahrhaft existiert als ein Kunstwerk. Kritik geht unter, leibliche Geschlechter verlöschen, Systeme wechseln, aber wenn die Welt einmal auf- *brennt wie ein Papierschnitzel, so werden die Kunstwerke die letzten lebendigen Funken sein, die in das Haus Gottes gehen – dann erst kommt Finsternis.* (An A. W. Schlegel, 1. März 1801)

So begeistert sie ihre Zustimmung äußerte, über so viel Spott, Witz, Ironie verfügte sie in der Ablehnung. Schelling nannte sie an ihrem Totenbett »eine seltsame Frau, von männlicher Seelengröße, von dem schärfsten Geist, mit der Weichheit des weiblichsten, zartesten, liebevollsten Herzens vereinigt«. Als selbstständige Schriftstellerin ist sie jedoch lediglich mit einer Abhandlung *Über die Darstellung des Ion auf dem Berliner Theater* (1802) sowie mit wenigen, längst vergessenen Rezensionen hervorgetreten.

In Jena kreuzte sie den Weg ihrer damaligen Schwägerin, der Frau Friedrich Schlegels.

Dorothea Schlegel (1763–1839)

Die älteste, hochgebildete Tochter Moses Mendelssohns heiratete 1783 auf Wunsch des Vaters den Berliner Bankier Simon Veit. 1798 verließ sie Veit, mit dem sie vier Kinder hatte, und folgte Friedrich Schlegel, eine Bekanntschaft aus dem Salon ihrer Freundin Henriette Herz, in eine freie, erst 1804 in Paris legitimierte Verbindung. Damals trat sie zum Protestantismus, 1808 mit ihm zur katholischen Kirche über. Gestorben in Frankfurt am Main.

Dorothea Veit, die es wagte, ihre Versorgungsehe mit einem vermögenden und wohlbeleumundeten, allerdings unliterarischen Mann um eine Verbindung mit dem neun Jahre jüngeren, brillanten, aber in völlig ungesicherten Verhältnissen lebenden Friedrich Schlegel willen aufzugeben, hat in dieser Liebesverbindung ihre Rolle darin gesehen, uneingeschränkt dem Werk des Mannes zu dienen. Um zum Lebensunterhalt beizutragen wurde sie zur Schriftstellerin, aber Schlegel veröffentlichte sowohl ihren unvollendeten Roman *Florentin* (1801) als auch ihre Bearbeitungen altfranzösischer Ritterromane und ihre vorbildliche Übersetzung von Madame de Staëls Roman *Corinna* unter seinem Namen. Die gesellschaftliche Diskriminierung, die sie sich durch den Ausbruch aus ihrer ersten Ehe zuzog, wurde noch dadurch verstärkt, dass Friedrich Schlegel in dem für viele seiner Zeitgenossen anstößigen Roman *Lucinde* leicht erkennbar seine Beziehung zu ihr darstellte. »Dame Luzifer«, wie Schiller sie nannte, hat die Schmähungen mit Rücksicht auf das von ihr bewunderte Werk ihres Mannes bewusst in Kauf genommen. »Ich denke aber wieder: alle diese Schmerzen werden vergehen, mit meinem Leben, und das Leben auch mit, und alles, was vergeht, sollte man nicht so hoch achten, dass man ein Werk drum unterließe, das *Ewig* seyn wird.« (An Schleiermacher, 8. 4. 1799)

HENRIETTE HERZ, geb. de Lemos (1764–1847), väterlicherseits portugiesischer Herkunft, machte ihren Salon in Berlin zu einem Treffpunkt der Frühromantiker, in dem jedoch auch die Brüder Humboldt, Fichte, Schleiermacher und Schadow verkehrten. Neben ihren Erinnerungen stellen auch ihr Briefwechsel mit Schleiermacher und dem jungen Ludwig Börne wertvolle Dokumente dar.

Rahel Varnhagen (1771–1833)

Rahel Levin wurde als Tochter eines wohlhabenden jüdischen Kaufmanns und Bankiers geboren. Sie führte seit Anfang der 90er-Jahre im Elternhaus einen literarischen Salon, in dem sich die Grenzen der ständischen Gesellschaft verwischten. Ihr geistreiches Verständnis für Menschen und Dinge fesselten alle, die mit ihr bekannt wurden. 1814 heiratete sie den Diplomaten und Schriftsteller Karl August Varnhagen von Ense (1785–1858) und lebte mit ihm 1816–19 in Karlsruhe, wo er preußischer Geschäftsträger am badischen Hof war. Nach seiner wohl aus antisemitischen Gründen erfolgten Abberufung kehrte sie mit ihm, der seinerseits kulturgeschichtlich bedeutsame Tagebücher hinterlassen hat, nach Berlin zurück und pflegte erneut ihren Salon, der gesellschaftlich noch vermehrte Ausstrahlung gewann.

Rahel Levins Briefwechsel mit dem 16 Jahre jüngeren Alexander von der Marwitz (1814 unweit von Paris gefallen) zählt zu den schönsten der deutschen Literatur. »In Wahrheit war es so, dass die Briefe der älteren Frau und des jungen Mannes, der Jüdin und des Junkers, zusammengenommen ein Ganzes an vollkommener Menschlichkeit darstellen, indem ein jeder dem andern beitrug, was ihm mangeln mochte. Das hat es in Deutschland einmal gegeben.« (W. Killy)

Bettine von Arnim (1785–1859)

Bettine (eigentlich Elisabeth) Brentano, die Tochter von Pietro Antonio Brentano und seiner zweiten Frau, Maximiliane, geb. von La Roche, fand durch ihre Herkunft früh Zugang zu literarischen Kreisen, in denen sie durch ihr exzentrisches Wesen allerdings nicht geringe Irritationen auslöste. Sie heiratete 1811 Achim von Arnim, den Freund ihres Bruders, mit dem sie sieben Kinder hatte, dessen ländlichen Wohnort Wiepersdorf sie aber nach Möglichkeit mit dem geselligeren Berlin vertauschte. Dort ist sie, seit 1831 Witwe, gestorben.

Die Schwester von Clemens Brentano, sprühend lebendig und phantasievoll, besaß ein außerordentliches Gespür für künstlerische und menschliche Besonderheit. Sie hat in Frankfurt zu Füßen von Goethes Mutter gesessen und sich von ihr aus der Jugend ihres Sohnes erzählen lassen. Aus diesen Erinnerungen, aus *Dichtung und Wahrheit* und aus ihrem Briefwechsel mit Goethe formte sie ihr Wahres und Erfundenes mischendes Buch *Goethes Briefwechsel mit einem Kinde* (1835), eine Art Briefroman, mit dem sie als Fünfzigjährige ein erstes Mal an die Öffentlichkeit trat und sofort berühmt wurde. Ihren Anteil an Goethes 1807/08 entstandenen Sonetten hat sie darin unbedenklich übertont. Auf diese erste Darstellung für sie wichtiger Begegnungen folgten *Die Günderrode* (1840) und *Clemens Brentanos Frühlingskranz* (1844). Sie nahm am politischen Leben teil und ermahnte vor allem in ihrem Werk *Dies Buch gehört dem König* (1843), das sie Friedrich Wilhelm IV. widmete, zur sozialen Fürsorge. Für dieses Buch gewährte ihr die Zensur noch Freiraum, sie sah sich allerdings mit dem Vorwurf konfrontiert, dass sie, wie die gewaltsam niedergeworfenen Weberunruhen zeigten, in unverantwortlicher Art Hoffnungen genährt habe, die in noch größere Enttäuschung mündeten. Auf die von ihr geplante Dokumentation *Mein Armenbuch* musste sie verzichten, weil sie keine Druckerlaubnis mehr erhalten hätte.

Karoline von Günderrode (1780–1806)

Die Tochter eines markgräflich-badischen Regierungsrats wurde in Karlsruhe geboren und kam nach dem frühen Tod ihres Vaters als 16-Jährige in das evangelische adlige Damenstift nach Frankfurt: Es war die übliche standesgemäße Versorgung einer unvermögenden Tochter, die ein Leben ohne klösterliche Enge, aber auch ohne begründete Zukunftsaussichten einschloss. Lektüre und schon bald auch eigene literarische Produktivität boten Zuflucht, aber keine dauernde Befriedigung. Ablenkung bot auch die Freundschaft mit Bettine Brentano, in deren Kreis die Günderrode eine große Wirkung ausübte. Ihre Liebe zu Friedrich Carl von Savigny blieb unerwidert. Das Scheitern ihrer Beziehung zu dem verheirateten Heidelberger Sprachwissenschaftler Friedrich Creuzer (1771–1858) trieb sie zu Winkel am Rhein in den Freitod.

Unter dem männlichen Decknamen Tian veröffentlichte die Günderrode *Gedichte und Phantasien* (1804) und *Poetische Fragmente* (1805), eine bereits im Druck befindliche weitere Sammlung, *Melete* betitelt, wurde von Creuzer nach ihrem Freitod zurückgezogen. Das Interesse der Nachwelt, zuerst durch das Briefbuch Bettine von Arnims genährt, gilt weniger den Texten als dem Leben der Dichterin. Eine erfundene Begegnung der Günderrode mit Kleist beschreibt Christa Wolf in *Kein Ort. Nirgends* (1979).

Politische und literarische Vereinigungen

Neben den Begegnungen in Salons und Freundeszirkeln erscheint auch eine nach bestimmten Regeln und Zielsetzungen organisierte Form der Geselligkeit – politisch-literarische Gesellschaften. So begründete Achim von Arnim 1811 in Berlin die »Christlich-deutsche Tischgesellschaft«, der Intellektuelle und Künstler angehörten, die sich durch konservative und patriotische Haltung auszeichneten und die den von Kleist redigierten *Berliner Abendblättern* nahe stand. Die Vereinigung nahm Adlige und Bürgerliche auf, aber nur Akademiker. Grundsätzlich ausgeschlossen waren auch Frauen und Juden. Zu den Mitgliedern zählten Clemens Brentano, Johann Gottlieb Fichte, Heinrich von Kleist, der Staatstheoretiker Adam Heinrich Müller (1779–1829), der 1808 mit Kleist die Zeitschrift *Phöbus* herausgegeben hatte, in Berlin die Opposition gegen die preußischen Reformen organisieren half und

mit seinen aus Vorträgen entstandenen *Elementen der Staatskunst* (1809) den folgenreichsten Beitrag zur romantischen Staats- und Gesellschaftslehre leistete, Friedrich Carl von Savigny, der Verleger Julius Eduard Hitzig (1780–1849). Die Vereinigung wurde 1816 von Brentano als »Christlich-germanische Tischgesellschaft« fortgeführt. Hitzig gründete 1824 die Mittwochsgesellschaft, der die bedeutendsten Berliner Schriftsteller angehörten.

Spätromantik

Berliner Romantik

Neben Jena und Heidelberg war besonders Berlin für die Entwicklung der Romantik wichtig. Dort waren Wackenroder und Tieck aufgewachsen, dort hatten die Brüder Schlegel mehrere Jahre gewirkt und dorthin waren Brentano und Arnim von Heidelberg aus übergesiedelt. In den Jahren vor den Befreiungskriegen war Berlin mit den Salons der Rahel Levin und der Henriette Herz und Arnims »Christlich deutscher Tischgesellschaft« Mittelpunkt einer zunehmend politisch akzentuierten Gesellschaftskultur, die gleitend in die Spätphase der Romantik überging, zu der auch Fouqué und Chamisso zählten, die aus Familien französischer Emigranten stammten, sowie Eichendorff und E. T. A. Hoffmann, die als Beamte in Berlin tätig waren.

FRIEDRICH DE LA MOTTE FOUQUÉ (1777–1843), Nachfahr altadeliger Hugenotten, zunächst Offizier und mit Kleist bekannt, gewann durch Bühnenwerke und Ritterromane ein großes Publikum, erlebte aber noch selbst das Verblassen seines Ruhms. Die Dramen-Trilogie *Der Held des Nordens* (*Sigurd der Schlangentöter*; *Sigurds Rache*; *Aslauga*, 1808–10) ist noch für Richard Wagners späteren *Ring des Nibelungen* von Einfluss gewesen. Sein Roman *Der Zauberring* (1813, 3 Bde.) war der Lieblingsroman des preußischen Kronprinzen und späteren »Romantikers auf dem Thron«, Friedrich Wilhelm IV. »Centaurische Romane« spottete Ludwig Börne, und Georg Brandes resümierte 1875 über den *Zauberring:* »Poesie für Kavallerieoffiziere [...]. Das Einzige, was Fouqué in diesem Roman zu bewältigen gelingt, sind die Pferde.«
Unverändert lebendig geblieben ist nur sein Märchen *Undine* (1811), das E. T. A. Hoffmann, Albert Lortzing und in unserer Zeit Hans Werner Henze zu Vertonungen anregte.

Die Wassernixe Undine, seelenlos geboren, verbindet sich trotz der Warnung ihres Oheims Kühleborn mit einem menschlichen Ritter zur Ehe, erhält durch die Liebe des Mannes eine Seele und hat dadurch an Leid und Glück der Menschen teil. Dem treulosen Gatten nimmt sie das Leben durch einen Kuss, dann muss sie in die Wasserwelt zurückkehren, denn wenn ein Elementargeist durch den Gemahl über Wasser beleidigt wird, verliert er die Seele.

Adelbert von Chamisso (1781–1838)

Eigentlich Louis Charles Adelaide de C., geboren auf Schloss Boncourt in der Champagne, kam mit seinen vor der Revolution flüchtenden Eltern nach Berlin und wurde dort Page der Königin Friederike Louise. 1798 trat er als Fähnrich ins preußische Heer ein. Während seine Angehörigen nach Frankreich zurückkehrten, blieb er in Deutschland. 1815–18 fuhr er auf der Brigg »Rurik« mit einer russischen Expedition um die Welt. Gestorben in Berlin.

Chamisso schloss sich dem Kreis der Berliner Romantiker an. Gefühlvoll wird in seiner von Uhland beeinflussten Sammlung *Gedichte* (1831) die vergangene Zeit verklärt. Daneben beobachtet und schildert er realistisch und mit sozialen Zügen Berliner Verhältnisse, das Leben der Kinder und die schwere tägliche Arbeit einfacher Menschen. Die Erzählung *Peter Schlemihls wundersame Geschichte* (1814), eine Mischung von romantischem Märchen und realistischer Novelle, brachte Chamisso Weltruhm und wurde in fast alle Literatursprachen übersetzt.

Der Held der Geschichte hat einem geheimnisvollen Alten für das Glückssäcklein des Fortunat seinen Schatten gegeben. Aber trotz seines Reichtums wird der Schattenlose gemieden; er fühlt sich vereinsamt und um sein Leben betrogen. Der Alte erscheint wieder und bietet ihm die Rückgabe des Schattens gegen die Verschreibung seiner Seele an. Schlemihl schlägt das Angebot aus, wirft den Säckel fort und findet Siebenmeilenstiefel, auf denen er durch die Welt eilt, bis er schließlich Ruhe findet und sich dem Studium der Natur widmet, das ihm die Gesellschaft der Menschen ersetzt und seinem Leben einen produktiven Inhalt gibt.

Schattenlos zu werden, heißt so viel wie die Heimat zu verlieren und von der menschlichen Gemeinschaft ausgeschlossen zu sein. Darunter litt der Dichter, der zwischen zwei Vaterländern, zwischen Frankreich und Deutschland, stand. »Wo ich auch bin«, klagte er, »entbehre ich des Vaterlandes. Boden und Menschen sind mir fremd, darum muss ich mich immer sehnen. Ich hatte kein Vaterland mehr und noch kein Vaterland.« Aus solcher Isolierung ist der *Schlemihl* entstanden. Wie der Schatten so ist das Vaterland ein natürlicher Besitz, der als selbstverständliches Gut angesehen und dessen Bedeutung erst bei seinem Verlust erkannt wird. Wie Schlemihl hat Chamisso den Schmerz, heimatlos zu sein, durch das Studium der Natur zu überwinden gesucht.

Ein zwischen Triebhaftigkeit und schwärmerischem Mystizismus schwankender exaltierter Charakter war der einzige erfolgreiche Bühnenautor der deutschen Romantik.

Zacharias Werner (1768–1823)

Der Sohn eines Universitätsprofessors studierte in Königsberg Staatswissenschaften und Jura, hörte Philosophie bei Kant, lebte dann in Warschau und Berlin, wo er mit E. T. A. Hoffmann, Hitzig, Iffland und A. W. Schlegel verkehrte. 1807 verließ er den Staatsdienst, besuchte Goethe in Weimar, bereiste die Schweiz, Frankreich und Italien, trat 1810 zum Katholizismus über, wurde 1814 Priester und wirkte als Kanzelprediger in Wien. Dort ist er auch gestorben.

Werner genoss zunächst die Protektion des preußischen Königspaares und des berühmten Schauspielers August Wilhelm Iffland, der das neue, von Langhans erbaute Nationaltheater auf dem Berliner Gendarmenmarkt leitete. Werners Doppel-Drama *Die Söhne des Tals* (*Die Templer auf Cypern*; *Die Kreuzesbrüder*, 1803/1804) und das Schauspiel *Martin Luther, oder Die Weihe der Kraft* (1807), das im besonderen Maße nationale mit sakraler Bedeutung verband, gelangten dort zur Uraufführung. Die historischen Dramen Werners zeigen eine religiöse Grundstimmung, höhere Mächte lösen die irdische Verstrickung. Mystisches Empfinden tritt in den Dienst der Bühnenwirksamkeit, grelle Effekte geben der Handlung unruhige Züge.

Die Tragödie *Wanda, Königin der Sarmaten* (1810), die mit Kleists *Penthesilea* unter einigen Aspekten vergleichbar ist, wurde im Gegensatz zu diesem Werk von Goethe für die Weimarer Bühne angenommen. 1810 folgte dann in Weimar die Aufführung der Schicksalstragödie *Der vierundzwanzigste Februar* (1815), die aus einer Folge peinlicher Zufälle und einer Anzahl äußerlicher Requisiten ein unentrinnbares Schicksal ableitete. Es handelte sich um die Weiterführung der in Schillers *Braut von Messina* gestalteten Schicksalsidee.

Weitere Dichtungen Werners waren die Dramen *Das Kreuz an der Ostsee* (1806) und *Attila, König der Hunnen* (Tr., 1808) mit Anklängen an Napoleon, ein langes Gedicht in Nibelungenstrophen *Die Weihe der Unkraft* (1814), in dem er die Aussagen seines Lutherdramas widerrief, *Cunegunde die Heilige, Römisch-Deutsche Kaiserin* (Dr., 1815), in der das Bild der Königin

Luise aufleuchtete, und *Die Mutter der Makkabäer* (Dr., 1820).

Werners *Der vierundzwanzigste Februar* zog in den folgenden Jahren eine Reihe weiterer Schicksalsdramen von verschiedenen Autoren nach sich, die – dunkel empfunden – die anonyme und undurchschaubare Macht der Verhältnisse zu gestalten suchten. ADOLF MÜLLNER (1774–1829) verfasste *Die Schuld* (1813) und *Der 29. Februar* (1812), ERNST CHRISTOPH VON HOUWALD (1778–1845) *Die Heimkehr* (1821) und *Das Bild* (1821), Grillparzer *Die Ahnfrau* (1817). Parodien ließen nicht auf sich warten: *Der Schicksalsstrumpf* (1818) von IGNAZ FRANZ CASTELLI (1781–1862), *Die verhängnisvolle Gabel* (1826) von August Graf von Platen.

Dichtung der Freiheitskriege

Von 1806 bis 1813 war Berlin französisch besetzt und die deutschen Länder insgesamt in der Hand Napoleons. Dem Zwang zur Bundesgenossenschaft, der angesichts der immer neuen Kriege einem fortgesetzten Blutzoll und drückenden materiellen Lasten gleichkam, antwortete wie in anderen Ländern Europas nationaler Protest, der in Kampf und Befreiung mündete. Die patriotische und die romantische Zeitstimmung haben sich vor 1813 wechselseitig gestützt.

Adam Müllers Vorlesungen in Dresden *Über deutsche Wissenschaft und Literatur* (1806), Fichtes *Reden an die deutsche Nation* (1807–08) gehören ebenso in diesen Zusammenhang wie die Aufrufe Friedrich Schlegels und Wilhelm von Humboldts sowie die Publizistik Heinrich von Kleists (*Katechismus der Deutschen, abgefasst nach dem Spanischen, zum Gebrauch für Kinder und Alte, in sechzehn Kapiteln*, 1809). ERNST MORITZ ARNDT (1769–1860) wandte sich mit Flugschriften, Liedern und mit seinem Buch *Geist der Zeit* (1805–18, 4 Tle.) in leidenschaftlicher Anklage gegen eine Epoche, die »arm, ohne Unschuld und ohne Geist, zu klug für die Erde, zu feig für den Himmel« sei. Seine besten Lieder sind Fragen an das Volk, das er aus der Lethargie aufrütteln und zur Opferbereitschaft ermahnen will (*Was ist des Deutschen Vaterland?*, *Was blasen die Trompeten?*, *Wer ist ein Mann?*). Arndt versuchte in seinen Landsleuten das Gefühl für Freiheit und soziale Gerechtigkeit zu stärken. Das war nicht nur sein Ruf im Kampf gegen Napoleon, sondern auch seine Mahnung in der folgenden Reaktionszeit. Sein lauterer Charakter wurde auch von seinen Gegnern anerkannt. 1848 zog der unermüdliche Kämpfer als Abgeordneter in das Frankfurter Parlament ein. Wertvoll sind seine Lebensberichte *Erinnerungen aus dem äußeren Leben*

Ernst Ludwig Kirchner, Farbholzschnitt zu *Peter Schlemihls wundersame Geschichte*, 1915

(1840) und *Meine Wanderungen und Wandelungen mit dem Freiherrn Karl Friedrich vom Stein* (1858). THEODOR KÖRNER (1791–1813), der Sohn von Schillers Freund Gottfried Körner, errang in Wien als patriotischer Dichter große Bühnenerfolge (*Zriny*, U. 1812) und setzte seine Begeisterung als Kriegsfreiwilliger in die Tat um. Jugendliches Pathos prägte seine Lieder (*Du Schwert an meiner Linken*, *Was glänzt dort vom Walde im Sonnenschein?*). Körner starb den Soldatentod. Freunde haben die Gedichte in der Sammlung *Leier und Schwert* (1814) zusammengefasst. MAX VON SCHENKENDORF (1783–1817) rief zum Kampf auf für die Ideale von Freiheit und Einheit in einem gesamtdeutschen Kaisertum. Sein Lied *Freiheit, die ich meine, die mein Herz erfüllt* blieb lange bekannt.

Fontanes großer Geschichtsroman *Vor dem Sturm. Roman aus dem Winter 1812 auf 13* (1878) und seine historische Novelle *Schach von Wuthenow. Erzählung aus der Zeit des Regiments Gensdarmes* (1883) geben ein kenntnisreiches Bild des damaligen Berlin und den Einfluss romantischen Empfindens auf das geistige und politische Geschehen. Sturz und Wiederaufstieg Preußens erscheinen mit diesen Vorgängen eng verbunden. In Berlin trug die Romantik aber auch ihre schärfsten Kämpfe mit der realistischen Wirklichkeitsauffassung aus. Diesem Konflikt gab E. T. A. Hoffmann eine eigenwillige und zuweilen exzentrische Form.

Ernst Theodor Amadeus Hoffmann (1776–1822)

E. T. A. Hoffmann wurde in Königsberg als Sohn eines höheren Justizbeamten geboren, studierte Jura und Musik, wurde Beamter in Posen und im damals preußischen Warschau. Von 1806 an lebte er, nach dem Zusammenbruch Preußens entlassen, als Künstler in Berlin, ging dann nach Bamberg, wo er Dirigent, Bühnenbildner und Dramaturg war. Nach vorübergehender Kapellmeistertätigkeit in Dresden und Leipzig trat er wieder in den preußischen Staatsdienst und wurde 1816 Kammergerichtsrat in Berlin. Dort verkehrte er mit Brentano, Fouqué, Chamisso und traf sich mit dem Schauspieler Ludwig Devrient in der Weinstube von Lutter und Wegner. Hoffmann starb in Berlin.

Hoffmann war Dichter, Musiker, Maler, ein universal begabter Künstler, aber auch ein hervorragender Jurist. Seiner dichterischen Traumwelt stand eine ernüchternde Wirklichkeit gegenüber, die er scharf beobachtete. Am Klavier, am Schreibtisch wurde der Beamte zum Geisterkönig im Reich der Wunder. Seine Phantasie lehrte ihn dämonische Träume.

Ich meine, dass die Basis der Himmelsleiter, auf der man hinaufsteigen will in höhere Regionen, befestigt sein müsse im Leben, sodass jeder nachzusteigen vermag. Befindet er sich dann, immer höher und höher hinaufgeklettert, in einem phantastischen Zauberreich, so wird er glauben, dies Reich gehöre auch noch in sein Leben hinein und sei eigentlich der wunderbar herrlichste Teil desselben.

So wird ihm ungewiss, was Wirklichkeit und was Traum ist. Der Phantasiewelt kommt die eigentliche Realität und Wahrheit zu, während der Alltag gespenstische und bestürzende Züge annimmt und seinen Realitätscharakter verliert.

Die gemäße Form für diese Erfahrung hat Hoffmann im Märchen gefunden. Mit großem erzählerischen Können hat er in dem Märchen *Der goldene Topf* (1814), das in den *Phantasiestücken in Callots Manier* (En., 1814/15, 4 Bde.) enthalten ist, Alltägliches und Märchenhaftes ineinander verflochten und so in der Geschichte des romantischen Kunstmärchens noch einmal einen Höhepunkt geschaffen.

Der Student Anselmus, der die Welt mit den Augen eines Poeten betrachtet, verliebt sich unter einem Holunderbaum in ein grünes Schlänglein. Vergebens versucht die philiströse Welt ihn zurückzugewinnen. Im Hause des Archivarius Lindhorst, der in Wahrheit ein Geisterfürst ist, gewinnt er nach manchem Spuk die Tochter Serpentina, eben jenes geliebte Schlänglein, und wird mit ihr zu einem seligen Leben nach Atlantis entrückt. »Ist denn«, fragt Lindhorst, »überhaupt des Anselmus Seligkeit etwas anderes als das Leben in der Poesie, der sich der heilige Einklang aller Wesen als tiefstes Geheimnis der Natur offenbart?«

Diesen Einklang, in dem für Augenblicke alle Spannungen überwunden sind, erlebte Hoffmann vor allem in der Musik. In seinen Geschichten um Kapellmeister Johannes Kreisler hat er sich selber dargestellt: Kreisler zeigt – wie es der Auffassung des Dichters entspricht –, dass Kunst und Leben untrennbar verbunden sind, dass Musik die Seele von der Wirklichkeit erlöst und in das übersinnliche Reich des Schönen und Dichterischen hebt. In dem Roman *Lebensansichten des Katers Murr nebst fragmentarischer Biografie des Kapellmeisters Johannes Kreisler in zufälligen Makulaturblättern* (R., 1820–22, 2 Bde.) tritt der Komponist selbst auf.

Murr, das Musterbeispiel eines philiströsen und eingebildeten Alltagswesens, hat die Blätter des Manuskripts, das die Biografie Kreislers enthält, benutzt, um auf die Rückseite seine Lebenserinnerungen zu schreiben. Durch ein angeblich drucktechnisches Versehen werden Seiten nacheinander gedruckt, sodass – ein bezeichnender Einfall Hoffmanns – die banale Geschichte des Katers mit den Bekenntnissen des Kapellmeisters verbunden wird.

Das Ergebnis ist wahrhaftig ein Beispiel äußerster romantischer Ironie. So amüsant Liebe und Leben des banausischen Katers erzählt sind, so verwirrend sind die Erlebnisse Kreislers an einem kleinen Fürstenhof. Hoffmann will durch ihn das Leiden des Künstlers in der Welt darstellen.

Wenn Hoffmanns Phantasie Wunder und Geheimnisse erschloss, wurden mit den guten auch böse Geister entfesselt. Diese Nachtseite des Daseins – Grausig-Abenteuerliches, seltsame Dämonen- und Teufelserscheinungen, Wahnsinn, furchtbare Verbrechen – hat er vor allem in dem Roman *Die Elixiere des Teufels. Nachgelassene Papiere des Bruders Medardus, eines Kapuziners* (1815/16, 2 Bde.) und in dem Erzählzyklen *Phantasiestücke in Callots Manier* (1814/15, 4 Bde.) und *Nachtstücke* (1816/17, 2 Bde.) dargestellt.

Die Sammlung *Die Serapionsbrüder* (1819–21) enthält Hoffmanns bekannteste Erzählungen. Mit der Spannung einer Kriminalnovelle erzählt die unheimliche Geschichte *Das Fräulein von Scuderi* ein weiteres Mal von der Gefährdung des Künstlers: Der am Tage fleißig arbeitende Goldschmied Cardillac ermordet nachts die Käufer, um sich wieder in Besitz der von ihm geschaffenen Schmuckstücke zu setzen. Das Thema der tiefgründigen Erzählung *Die Bergwerke zu Falun*, dessen sich schon Johann Peter Hebel mit seiner hohen schlichten Kunst unter dem Titel *Unverhofftes Wiedersehen* im *Schatzkästlein des rheinischen Hausfreundes* angenommen hatte, wurde in dramatischer Form von

E. T. A. Hoffmann, Selbstbildnis

Hugo von Hofmannsthal behandelt. Wie Wirklichkeit und Poesie im Empfinden eines Kindes verschmelzen, lehrt das Märchen *Nußknacker und Mäusekönig* (von Tschaikowsky in seinem Ballett *Der Nußknacker* vertont). *Meister Martin der Küfner und seine Gesellen* spielt im Alt-Nürnberger Milieu der Meistersinger und Zünfte und schildert den Wettbewerb der drei Gesellen Martins um dessen schöne Tochter Rosa. Diese Erzählung hat Richard Wagner zu seiner komischen Oper *Die Meistersinger von Nürnberg* angeregt.

Ein graziöses Spiel ist das phantastische Märchen *Prinzessin Brambilla* (1821). Es ist ein Karnevalsspaß nach Callot'schen Kupferstichen mit heiteren Verwechslungen: Die Prinzessin ist gleichzeitig eine Näherin und der Prinz ein Schauspieler. Baudelaire nannte dieses traumartige Märchenspiel »einen Katechismus der hohen Ästhetik«. Weitere Märchen Hoffmanns, die viel gelesen wurden, sind *Klein Zaches, genannt Zinnober* (1819) und – nur zwei Monate vor seinem Tod erschienen – *Meister Floh* (1822).

Hoffmann hatte eine starke Wirkung auf die Weltliteratur: Victor Hugo, Edgar Allan Poe, Charles Baudelaire, Nikolaj Gogol, Anton Tschechow nahmen die Motive der »schwarzen Romantik« auf.

Da die dunklen Töne in Hoffmanns Werk bekannt waren, ist es verständlich, dass man ihm gelegentlich ein Werk zuschrieb, das 1804 anonym erschien und durch seine bizarren, mystisch-phantastischen Züge Aufsehen erregte. Als Verfasser dieser *Nachtwachen* von Bonaventura, die auch Caroline Schelling, Gottlob Wetzel und Clemens Brentano zugeschrieben wurden, hat man nunmehr ERNST AUGUST FRIEDRICH KLINGEMANN (1777–1831) ermittelt.

Ein Findling, der nach abenteuerlichem Leben als Nachtwächter endet, berichtet von seiner Vergangenheit und den Erlebnissen während seiner nächtlichen Rundgänge. Die Nacht, bei Novalis ein heiliges Geheimnis, ist hier zum Mantel schändlicher Laster geworden: In sechzehn Nächten vollzieht sich mit Untreue, Betrug und anderen Verbrechen ein fratzenhaftes Treiben, von dem sich der Erzähler in Verzweiflung abwendet. Am Ende steht das Nichts – ein abgründiges Werk der Romantik.

Mit Joseph von Eichendorff, dem jüngsten Sohn der scheidenden Romantik, wie Paul Heyse sagte, klang die romantische Bewegung aus.

Joseph von Eichendorff (1788–1857)

Geboren auf Schloss Lubowitz (Oberschlesien), begann er das juristische Studium 1805 in Halle, setzte es 1807 in Heidelberg fort (Begegnung mit Görres, Arnim und vielleicht Brentano), 1809 in Berlin (Umgang mit Adam Müller, Arnim und Brentano), 1810 in Wien, wo er Dorothea und Friedrich Schlegel kennen lernte und sein Studium abschloss. Nach Staatsexamen und Teilnahme am Befreiungskrieg, trat er 1816 in den preußischen Staatsdienst, machte sich in Danzig um den Ausbau der Marienburg verdient und wurde 1831 Vortragender Rat im Kultusministerium in Berlin. 1844 trat er in den Ruhestand. Gestorben in Neiße.

Von keinem anderen deutschen Lyriker sind so viele Lieder zum Eigentum des Volkes geworden oder durch Vertonungen (von Robert Schumann und Hugo Wolf) weltweit verbreitet worden: *O Täler weit, o Höhen, In einem kühlen Grunde, Es war, als hätt' der Himmel, Wem Gott will rechte Gunst erweisen, Es schienen so golden die Sterne, Nach Süden nun sich lenken*. Sehnsucht, das Zauberwort der Romantik, ist auch die Dominante Eichendorff'scher Lieder, eine Sehnsucht, in der Erinnerung und Heimweh, Wanderfreude und Drang in die Ferne, Ausblick in die Zukunft und Aufblick zu Gott verbunden sind.

Der Abend

Schweigt der Menschen laute Lust:
Rauscht die Erde wie in Träumen
Wunderbar mit allen Bäumen,
Was dem Herzen kaum bewusst,
Alte Zeiten, linde Trauer,
Und es schweifen leise Schauer
Wetterleuchtend durch die Brust.

Des Knaben Wunderhorn, Goethe und Matthias Claudius waren Vorbilder, aber zugleich handelt es sich um eine eigenständige Kunst symbolischer Formeln, die stimmungsvoll miteinander verbunden sind. In Aussage und Fügung jedem zugänglich, breitet Eichendorff den Reichtum der Natur aus. Motive und Situationen wiederholen sich: das Rauschen der Wälder, das Wogen der Ähren, der Blick von der Höhe auf das stromdurchzogene Tal, die abendliche und nächtliche Stille. Eichendorff spricht von der fernen Welt seiner Kindheit (sogar das »Wogen der Ähren« ist historisch geworden, seit kurzhalmige Sorten angebaut werden), gleichwohl handelt es sich um keine »Heimatkunst«: Eichendorffs Landschaftsbilder sind stets stilisiert.

Mondnacht

Es war, als hätt' der Himmel
Die Erde still geküsst,
Dass sie im Blütenschimmer
Von ihm nun träumen müsst.

Die Luft ging durch die Felder,
Die Ähren wogten sacht,
Es rauschten leis die Wälder,
So sternklar war die Nacht.

Und meine Seele spannte
Weit ihre Flügel aus,
Flog durch die stillen Lande,
Als flöge sie nach Haus.

Eichendorffs Romantik ist ohne Zerrissenheit, eine Kunstwelt ungebrochener Religiosität, der auch die Natur zum Zeichen der Nähe Gottes wird.

Der Einsiedler

Komm, Trost der Welt, du stille Nacht!
Wie steigst du von den Bergen sacht,
Die Lüfte alle schlafen,
Ein Schiffer nur noch, wandermüd,
Singt übers Meer sein Abendlied
Zu Gottes Lob im Hafen.

Die Jahre wie die Wolken gehn
Und lassen mich hier einsam stehn,
Die Welt hat mich vergessen;
Da tratst du wunderbar zu mir,
Wenn ich beim Waldesrauschen hier
Gedankenvoll gesessen.

O Trost der Welt, du stille Nacht!
Der Tag hat mich so müd gemacht,
Das weite Meer schon dunkelt,
Lass ausruhn mich von Lust und Not,
Bis dass das ewge Morgenrot
Den stillen Wald durchfunkelt.

Viele Lieder Eichendorffs sind ursprünglich eingestreut in seine Prosa erschienen. Sein insgesamt von einer lyrischen Grundstimmung getragener Roman *Ahnung und Gegenwart* (1815), dessen Titel auf eine Anregung Dorothea Schlegels zurückgeht und dessen Handlung in der Zeit vor den Freiheitskriegen spielt, ist ein Bildungsroman mit Anklängen an Goethes *Wilhelm Meister* sowie an die Romane Arnims, Brentanos und Tiecks. Der Verlockung durch die Phantasie steht die Pflicht zu Besinnung und die damit verbundene Aufgabe gegenüber, gemäß Gottes erkennbarem Willen, für die Erneuerung der Welt tätig zu sein. Das Ziel, dem Eichendorff seinen Helden entgegenführt, ist die Ordnungswelt des katholischen Glaubens.

Der junge Graf Friedrich wandert nach Abschluss seines Studiums zu Schiff und zu Pferd donauabwärts, erlebt Abenteuer mit Räubern, Herzensverwirrungen mit jungen Mädchen (eins von ihnen folgt ihm als Knabe verkleidet) und einer leidenschaftlichen Gräfin, kämpft mit den Tirolern gegen Napoleon, ist vom Treiben der (Adels-)Gesellschaft enttäuscht und versagt sich ihr zuletzt. Während sein Freund Graf Leontin mit seiner Frau nach Amerika auswandert, findet er Frieden im Kloster, das er nicht mehr verlassen wird.

Unter den Novellen – bei denen *Das Marmorbild* (1818) die Lockung und Überwindung der Sinnenlust zum Thema hat und *Das Schloß Dürande* (1837) eine tragische Episode der französischen Revolution behandelt – ist *Aus dem Leben eines Taugenichts* (1826) das eigentlich vollkommene Werk und wohl das am meisten gelesene der Romantik.

Mit der Geige unter dem Arm geht der Müllerssohn auf Wanderschaft, »einen ewigen Sonntag im Gemüte«. Als Gärtner und Zöllner liebt er eine vermeintliche Schlossdame. Wandernd, fahrend kommt er nach Italien und schließlich nach verwirrenden Abenteuern auf ein Schloss bei Wien, wo seine Hochzeit mit der angeblichen Gräfin, einer Nichte des Pförtners, stattfindet. »Und es war alles, alles gut.«

Nicht die lose geknüpfte Handlung ist das Wesentliche im *Taugenichts*, sondern die Stimmung. Traumseligkeit, Wanderlust, Sommernächte, in denen die Brunnen verschlafen rauschen, Paläste, Gärten und verkleidete Gräfinnen, Glück, Liebe und Gesang: So zeichnet Eichendorff das Wunschbild unbeschwerter Daseinsfreude. »Musik, Gehenlassen, ziehender Posthornklang, Fernweh, Heimweh, Leuchtkugelfall auf nächtlichen Park, törichte Seligkeit, sodass einem die Ohren klingen und der Kopf summt vor poetischer Verzauberung und Verwirrung. Aber auch Volkstanz im Sonntagsputz und wandernde Leierkasten […] Gesundheit, Frische, Einfalt, Frauendienst, Humor, Drolligkeit, innige Lebenslust und eine stete Bereitschaft zum Liede, zum reinsten, erquickendsten, wunderschönsten Gesang.« (Thomas Mann)

Im Zusammenhang mit Eichendorffs Bemühungen um die Restauration der Marienburg entstand sein Drama *Der letzte Held von Marienburg* (1830), das ebenso wie das vorangegangene Schauspiel *Ezelin von Romano* (1828) vergessen ist. Lediglich *Die Freier* (Lsp., 1833), eine Verwechslungskomödie, die zu Lebzeiten Eichendorffs nur einmal, 1849, aufgeführt wurde, hat sich in Bearbeitungen lange auf der Bühne, auch der Schulbühne, behauptet – ein Nachklang seiner Wiener Theatereindrücke. Von Eichendorffs geistiger Nähe zu Wien und der katholischen Welt Österreichs zeugen indirekt auch seine Übersetzungen Calderóns, Grillparzers Lieblingsautor (*Geistliche Schauspiele*, 1846–53, 2 Bde), und seine literaturhistorischen Schriften (*Über die ethische und religiöse Bedeutung der neueren romantischen Poesie in Deutschland*, 1847; *Geschichte der poetischen Literatur Deutschlands*, 1857, 2 Bde.). »Der geistige Ort von Eichendorffs Dichtung liegt auf einer Linie zwischen schlesisch-österreichischem Barock und Hofmannsthal.« (W. Rasch)

Schwäbische Schule

Einen Übergang von der Romantik zur bürgerlich bestimmten Dichtung des 19. Jahrhunderts bildet die so genannte Schwäbische Schule oder Schwäbische Romantik. Die Dichter dieser Gruppe standen dem Heidelberger Kreis nahe. Sie bauten keine Feenreiche auf, zeigten freilich auch wenig von der Problematik der kommenden Zeit. Schwäbische Landschaft, Sage und Geschichte boten ihnen viele Anregungen zu Lied und Ballade. Ihre Poesie war leicht fasslich und gemütvoll, dem Wesen der Menschen angepasst.

Ludwig Uhland (1787–1862)

Der Sohn eines Universitätssekretärs wurde in Tübingen geboren. Obwohl er in seinen ersten Universitätsjahren Jura studiert hatte, hing sein Herz an der Poesie und der Erforschung altdeutscher Sprachdenkmäler. 1830 erhielt er die Professur für deutsche Sprache und Dichtung in Tübingen. Als ihm 1833 die Regierung einen Urlaub zur Ausübung des Landtagmandats verweigerte, verließ er den Staatsdienst und wurde Privatgelehrter. 1848 wählte man ihn in die Frankfurter Nationalversammlung, in der er sich bis zu ihrer gewaltsamen Auflösung für eine demokratisch

legitimierte künftige Reichsgewalt einsetzte. In seiner Geburtsstadt ist Uhland, der durch »Bescheidenheit, Einfachheit« (Annette von Droste-Hülshoff) auch als politischer Bürger überzeugte, gestorben.

Die erste, später mehrfach erweiterte Sammlung seiner *Gedichte* erschien 1815. Prägnante Anschauung und schlichter Ernst seiner Verse sicherten ihr im 19. Jahrhundert kanonisches Ansehen und den größten Verkaufserfolg nach Heines *Buch der Lieder*. Es sei, sagte Eichendorff von Uhlands Dichtungen, »eine durchaus deutsche, das heißt gläubige Poesie, die es noch ehrlich ernst mit sich und ihrem Gegenstand meint, und daher unmittelbar trifft wie das Volkslied«. Beispiele seiner sangbaren Lyrik bieten *Der gute Kamerad, Der Wirtin Töchterlein, Der Schmied, Des Schäfers Sonntagslied, Die Kapelle* und *Frühlingsglaube*.

Die linden Lüfte sind erwacht,
Sie säuseln und weben Tag und Nacht,
Sie schaffen an allen Enden.
O frischer Duft, o neuer Klang!
Nun, armes Herze, sei nicht bang!
Nun muss sich alles, alles wenden.

Uhlands kunstbewusste Rekonstruktion einer volksliedhaften Form ist allgemein verständlich, bietet Aussagen und Erfahrungen, wie sie jeder machen kann. Kennzeichnend sind seine Worte: »Für eine Poesie für sich, vom Volke abgewendet, eine Poesie, die nur die individuellen Empfindungen ausspricht, habe ich nie Sinn gehabt.«

Stärker noch als die Lyrik im engeren Sinn wirkte Uhlands Balladen- und Romanzendichtung. In der Pariser Nationalbibliothek studierte er 1810/11 eingehend Werke der mittelalterlichen Literatur. Nach seiner Rückkehr machte er die Gestalten der Heldensage zu Hauptfiguren seiner Balladen: *Siegfried, Kaiser Karl, Roland*. Später verwendete er auch Stoffe aus der Geschichte seiner Heimatregion (*Graf Eberhard der Rauschebart*) und entwickelte im Laufe der Jahre eine zunehmend geschlossene Balladenform. Auch die Stoffe für seine ausgereiftesten Balladen *Taillefer, Bertran de Born* und *Das Glück von Edenhall* sind Sage und Geschichte entnommen.

Weniger glücklich war Uhland im dramatischen Schaffen. Seine beiden historischen Dramen *Ernst, Herzog von Schwaben* (1818) und *Ludwig der Bayer* (1819; U. 1826) sind nicht ohne Bezug zu den politischen Gegenwartsproblemen, aber mehr lyrisch-episch ausgeführt und ohne Bühnenwirksamkeit.

Uhland schrieb die erste Walther-Biografie (*Walther von der Vogelweide, ein altdeutscher Dichter*, 1822) sowie Studien über die französischen Troubadours und stellte die kommentierte Sammlung *Alte hoch- und niederdeutsche Volkslieder* zusammen (1844/45).

Justinus Kerner (1786–1862)

Der in Ludwigsburg geborene Mediziner empfing in seinem Weinsberger Haus unterhalb der Burgruine Weibertreu neben vielen Dichtern Besucher aller Stände und politischen Richtungen. Unter dem Einfluss Gotthilf Heinrich Schuberts, dessen *Ansichten von der Nachtseite der Naturwissenschaft* (1808) die Romantiker stark beeindruckten, wandte er sich dem Spiritismus zu. Er glaubte, dass der Mensch durch magnetischen Schlaf, Epilepsie, Verzückungen, Siderismus (Metallfühlen) der Weltseele sowie dem Leben der Geister und Gestirne näher kommen könne. Gestorben in Weinsberg.

Kerner verfasste Lieder, von denen manche sehr populär wurden (*Dort unten in der Mühle; Wohlauf! noch getrunken den funkelnden Wein; Preisend mit viel schönen Reden*), Balladen (*Kaiser Rudolfs Ritt zu Grabe*), Erzählprosa und Autobiografisches (*Das Bilderbuch aus meiner Knabenzeit*, 1849). Er zeichnete die Vision der an nervösen Störungen leidenden Kaufmannsfrau Friederike Hauffe in Prevorst, einem Dorf im Oberamt Marbach, auf und veröffentlichte sie als Buch unter dem Titel *Die Seherin von Prevorst. Eröffnungen über das innere Leben der Menschen und über das Hineinragen einer Geisterwelt in die unsere* (1829, 2 Bde.). Sein Roman *Die Reiseschatten* (1811) integriert neben lyrischen auch dramatische Partien.

Gustav Schwab (1792–1850)

Der Sohn eines renommierten Gelehrten vertauschte sein Elternhaus, das in Stuttgart einen Mittelpunkt literarischer Geselligkeit bildete, zunächst mit dem Tübinger Stift, gewann auf einer Bildungsreise nach Norddeutschland noch Zugang zum Kreis der Spätromantik, wurde nach fünfjähriger Vikariatszeit (Gymnasial-)Professor für klassische Literatur und zuletzt Oberkonsistorialrat, dem die Aufsicht über die höheren Schulen in Württemberg oblag. Er leitete nach dem Tod Wilhelm Hauffs von 1827–32 den Literaturteil des Cotta'schen *Morgenblatt für gebildete Stände* und gab 1833–38 mit Adelbert von Chamisso den *Deutschen Musenalmanach* heraus. Gestorben in Stuttgart.

Schwab lebt nicht durch originäre dichterische Schöpfungen, sondern als literarischer Vermittler fort. Er ist durch einzelne Balladen (*Der Reiter und der Bodensee*) bekannt geblieben, besonders aber als Nacherzähler. Seine Sammlungen *Die Deutschen Volksbücher* (1836/

1837, 2 Bde.) und *Die schönsten Sagen des klassischen Altertums* (1838–40, 3 Bde.) haben Generationen von Lesern gefunden. Er schrieb eine Schiller-Biografie (1840) und hat auch als Pädagoge durch seine *Mustersammlungen* deutscher Lyrik und Prosa »mit Rücksicht auf den Gebrauch in Schulen« anregend gewirkt.

Wilhelm Hauff (1802–1827)

Dem in Stuttgart geborenen Sohn eines Juristen blieben für seine literarische Entwicklung nur wenige Jahre. Er studierte Theologie, bewarb sich aber um kein Pfarramt, sondern war, um Zeit für seine literarischen Arbeiten zur Verfügung zu haben, zunächst als Hauslehrer tätig. Zu Beginn des Jahres 1827 übernahm er die belletristische Redaktion des *Morgenblatts für gebildete Stände*.

Hauff wurde durch den viel gelesenen Sir Walter Scott zu seinem Roman *Lichtenstein* (1826) angeregt, der dem Publikumsgeschmack ebenfalls entsprach. Dieser Ritterroman aus der Vergangenheit seiner schwäbischen Heimat verbindet gefühlvolle Erzählung und volkstümliche Milieuschilderung in einer Mischung von Dichtung und Wahrheit. Auch durch seine *Märchen* (1826) ist Hauff weithin bekannt geworden.

München

Nachdem Joseph Görres 1827 von König Ludwig I. nach München berufen worden war (dort vollendete er zwischen 1836 und 1842 sein fünfbändiges Hauptwerk *Die christliche Mystik*), entwickelte sich München zeitweilig zur Bastion einer ausgeprägt katholischen Romantik, dem »Hauptquartier der katholischen Propaganda«, wie Heine polemisierte. Ein Treffpunkt für Romantiker war die Stadt schon früher gewesen. 1805 war Schelling mit seiner Frau Caroline gekommen und als Universitätslehrer geblieben; 1826 hatte der von Jakob Böhme beeinflusste Philosoph und Theologe Franz Xaver von Baader (1765–1841) dort eine Professur erhalten. Brentano, mit Görres von Jugend auf befreundet, nahm seinen letzten Wohnsitz nun ebenfalls in München. In ihrem Verhältnis zum Protestantismus suchten diese katholischen Romantiker überwiegend nicht die Kontroverse, sondern die Überwindung der Spaltung in einer universalen Kirche. Angesichts der realen Gestalt der Kirche blieb ihr Trachten Utopie, doch hat besonders das Wirken von Görres zum Erstarken des deutschen Katholizismus im 19. Jahrhundert wesentlich beigetragen. Diesem blieb die letzte Zuspitzung in der Auseinandersetzung mit dem aufrührerischen Zeitgeist erspart – er starb kurz vor der Revolution von 1848.

ZWISCHEN RESTAURATION UND REVOLUTION 1815–1848

Die Jahrzehnte zwischen dem Wiener Kongress und der bürgerlichen Revolution von 1848 sind geprägt vom Wirken gegensätzlicher politischer Kräfte, die auf die Literatur von tiefer Wirkung waren, von dieser aber auch mitbestimmt wurden. Die Suche nach einem Epochennamen, der den damit vorgegebenen polaren Tendenzen gerecht wird, hat noch nicht zu einer allgemein akzeptierten Lösung geführt. Die Vorschläge reichen von dem ursprünglich kulturgeschichtlichen Begriff »Biedermeier« bis zum politisch-progressiven »Vormärz« und dem literarischen Stilbegriff »Frührealismus«, ohne dass eine dieser Bezeichnungen uneingeschränkt überzeugen konnte, zumal »Vormärz« zuweilen für den genannten Zeitraum insgesamt, bei anderer Gelegenheit auch nur für die Jahre von 1840 bis 1848 benutzt wird. Auch der von Friedrich Sengle für seine umfangreiche Epochendarstellung gewählte, von ihm wertneutral verstandene Titel *Biedermeierzeit. Deutsche Literatur im Spannungsfeld zwischen Restauration und Revolution 1815 bis 1858* (1972 bis 80, 3 Bde.) blieb ungeachtet des immensen Stoffes, den das gelehrte Werk souverän verarbeitet, Episode. Immerhin scheint die Zielrichtung der literarischen Entwicklung klar: Es handelt sich, wie der Titel einer älteren Geschichte der deutschen Dichtung zwischen Romantik und Naturalismus formuliert, um das Verhältnis von »Idee und Wirklichkeit« (F. Koch), den Weg von der »Kunstperiode« zur literarischen Moderne. Durchgesetzt hat sich in der jüngeren Forschung auch die zeitliche Begrenzung nach Eckdaten der allgemeinen Geschichte, für die 1848 als Abschluss der Restaurationsepoche die wichtigste Zäsur bildet. Eine politische und literarische Untergliederung erlauben die Februarrevolution in Frankreich (1830) und der Thronwechsel in Preußen (1840). Die erste dieser internen Zäsuren führte zu vermehrten Restriktionen durch die staatliche Gewalt, die zweite begünstigte (alsbald enttäuschte) Hoffnungen auf ein größeres Maß von Liberalität und demokratischer Selbstbestimmung. Der Vormärz mündet in die Märzrevolution 1848, deren Scheitern die Rahmenbedingungen für das Schaffen und die Biografie vieler Künstler einschneidend veränderte.

Als eine Zeit des Übergangs, wohl auch nur der Epigonen, ist die »Biedermeierzeit« ursprünglich verstanden worden. Inzwischen sind einige Autoren, die dem Publikum seinerzeit weitgehend unbekannt blieben, in ihrem herausragenden Rang erkannt worden und haben mit ihren Werken der Epoche insgesamt ein schärferes Profil gegeben. Vermehrte Anteilnahme hat die Restaurationszeit aber auch insofern gefunden, als Spätergeborene, die ihrerseits eine »Restauration« erlebten, in den Erfahrungen von damals sich selbst wiederzuerkennen glaubten.

Solche Aktualisierung birgt für das Verständnis Chancen und Risiken zugleich. Der Abstand, der die Gegenwart von der Vergangenheit trennt, scheint verringert, der Nutzen besserer Kenntnis plausibel. Man findet, was man sich zu entdecken vorgenommen hat, und begreift es als das, was man kennt. »Wozu aber überhaupt Geschichte, wenn wir nicht bereit sind, den magischen Kreis des Modernen zu durchbrechen, zu relativieren und, ohne Angst vor der nötigen Umstellung, in ein anderes, fremdes Land zu gehen?« (F. Sengle) Um den Abstand zu ermessen, der die Zeit nach den napoleonischen Kriegen von der Gegenwart trennt, genügt es, sich die damaligen und heutigen Verkehrsmittel und Nachrichtenwege zu vergegenwärtigen. Sie sollten sich schon bald gründlich ändern, aber noch hatte die überkommene Lebensweise das Übergewicht, und dies nicht nur im Sinne einer äußeren Bewegungsfreiheit.

Das Bürgertum, von der Mitarbeit am Staat ausgeschlossen, entschädigte sich durch die vermehrte Pflege privater Kultur. Die Geselligkeit, die man dabei entwickelte, trug gelegentlich spielerische Züge. 1850 wurde daher in den *Fliegenden Blättern* dieser vormärzliche Spießer, zusammengesetzt aus »Biedermann« und »Bummelmaier« als »Gottlieb Biedermaier« verspottet. Der Name – »Biedermeier« – wurde auf den Kunststil und schließlich auf die gesamte Epoche bis zu den Märztagen 1848 übertragen.

Mit den angenommenen Stilmerkmalen des Biedermeier haben gerade die wichtigen Literaturwerke der Zeit wenig oder nichts zu tun. Dies gilt sowohl für bedeutende Nachklänge aus Klassik und Romantik als auch für den beginnenden Realismus, der in unterschiedlichen Zusammenhängen erkennbar wird. Am ehesten trägt noch die weit verbreitete Unterhaltungs- und Trivialliteratur biedermeierliche Züge. Diese Literatur ist aber inzwischen fast ganz vergessen, nur der sprechende Name ist geblieben, der nunmehr an dem haftet, was oftmals gerade im Widerspruch zum biedermeierlichen Geist entstand.

Der erste Abschnitt des Kapitels fasst die geistigen und emotionalen Grundzüge der Epoche und die in die schöngeistige Literatur hineinwirkenden philosophischen Auffassungen zusammen. Die vier sich anschließenden Abschnitte folgen dem Schema der Gattungen, deren Grenzen sich allerdings nicht immer eindeutig bestimmen lassen. Eine Neigung zu Mischformen ist der Epoche als romantisches Erbe überkommen.

Obgleich die Auswahl aus der unübersehbaren Masse des tatsächlich Geschriebenen unvermeidlicherweise vereinfacht, tritt die Vielfalt der Erscheinungen, die Gleichzeitigkeit des Ungleichen zutage. In der ästhetischen Theorie wurden von manchen Autoren die Forderungen der klassisch-romantischen Zeit noch verteidigt, von anderen hingegen schon die Eindrücke einer gewandelten Lebenswirklichkeit verarbeitet. Das hohe Drama ist durch Franz Grillparzer, den größten Dramatiker Österreichs, vertreten, das Wiener Volkstheater im besonderen Maße durch Ferdinand Raimund und Johann Nepomuk Nestroy – Letzterer zugleich ein Satiriker, der auch in der Gegenwart zu den meistgespielten älteren Autoren zählt. Ansätze einer kritisch-realistischen Dramatik bieten Christian Dietrich Grabbe, Georg Büchner und Friedrich Hebbel. In der Nachwirkung der Romantik und unter dem bestimmenden Einfluss Sir Walter Scotts entfaltet sich mit Willibald Alexis der historische Roman, der in der zweiten Hälfte des Jahrhunderts in der Gunst des Publikums weiter an Boden gewinnen wird. Im epischen Schaffen sind Jeremias Gotthelf und Adalbert Stifter, in der Lyrik Heinrich Heine, Annette von Droste-Hülshoff und Eduard Mörike die wichtigsten Autoren. Die Unruhe und Zerrissenheit der Zeit spiegelt die Weltschmerz-Dichtung August von Platens und Nikolaus Lenaus. In der politischen Dichtung, die Tendenz und pathetische Anklage nicht scheut (Ferdinand Freiligrath, Georg Herwegh), aber auch in literarischen Zweckformen wird der Anspruch auf Durchsetzung der Menschenrechte und einer gerechteren sozialen Ordnung dominierend.

Stichworte zur politischen Geschichte

Der Wiener Kongress bestätigt die Vormachtstellung der Staaten, die als Hauptgegner Napoleons aufgetreten waren. England baut seine See- und Kolonialmacht aus, Russland dringt durch den Erwerb von Kongresspolen nach Mitteleuropa vor, Österreich sichert sich durch die souveräne Diplomatie seines Staatskanzlers Metternich weit reichenden Einfluss bei der Neuordnung Europas, die im Sinne der Legitimität und der Restauration vonstatten geht. Das besiegte Frankreich, an dessen Spitze zunächst die Bourbonen zurückkehren, wird geschont, der Kirchenstaat wiederhergestellt. Von der Lombardei und Venetien aus kontrolliert Österreich Italien, das nach Metternich, nur einen »geographischen Begriff« darstellt. An die Stelle des Heiligen Römischen Reiches Deutscher Nation tritt unter Österreichs Führung der Deutsche Bund, gebildet von 35 souveränen deutschen Fürsten und vier freien Städten. Preußen wird zur deutschen Vormacht am Rhein. Die Hoffnungen der deutschen Patrioten auf Einigung und konstitutionelle Entwicklung Deutschlands erfüllen sich zunächst nicht. Der Widerstand vor allem der studentischen Jugend (Burschenschaft, Wartburgfest) löst die so genannten Demagogenverfolgungen aus (Karlsbader Beschlüsse, 1819), bei denen Preußen vorangeht. Auch Universitätslehrer (Friedrich Ludwig Jahn, Ernst Moritz Arndt, später die »Göttinger Sieben«, Hoffmann von Fallersleben) werden aus im Einzelfall unterschiedlichen Anlässen Opfer politischer Verfolgung.

Die Julirevolution von 1830 in Frankreich, die Revolution in Brüssel, die zur Unabhängigkeit Belgiens führt, erschüttern die Restauration noch nicht in ihren Grundfesten, dagegen stärkt die Pariser Februarrevolution 1848 die demokratischen Kräfte (Wahlrecht für alle). Im März 1848 folgt die Revolution in mehreren deutschen Ländern und im österreichischen Kaiserstaat, die zum Sturz Metternichs führt; der Badische Aufstand (April 1848) erstrebt als Staatsform die Republik. Die Nationalversammlung in der Paulskirche sucht die deutsche Einheit zu schaffen, scheitert aber am Widerstand der Regierungen von Preußen und Österreich, die die regionalen Aufstandsbewegungen mit militärischen Mitteln unterdrücken.

Gesellschaft und Kultur

Das 19. Jahrhundert, dessen bestimmende Züge mit der Restauration nach Napoleons Sturz sichtbar werden und noch die ersten Jahrzehnte des 20. Jahrhunderts beherrschen, steht im Zeichen eines folgenreichen Wandels auf sozialem, wirtschaftlichem, wissenschaftlichem und religiösem Gebiet. Noch verhältnismäßig stabil in seinen staatlichen Ordnungen und – das ist ein Werk der Diplomatie – überwiegend eine Epoche des Friedens, ist es aufgrund seiner geistigen und materiellen Antriebskräfte eine eher chaotische Epoche, gegenüber früheren Zeiten in seinen Abläufen beschleunigt und auch in seinem Selbstverständnis widerspruchsvoll. Die technisch-wirtschaftliche Umwälzung ist enorm. 1819 fährt das erste Dampfschiff von Amerika nach Europa, 1835 wird die erste deutsche Eisenbahn zwischen Nürnberg und Fürth eröffnet. Samuel Morse konstruiert den elektromagnetischen Schreibtelegraphen (patentiert 1838). Louis Daguerre und Joseph Niepce erfinden die Fotografie (1839). Justus Liebigs Agrikulturchemie (1840) leitet eine neue Epoche der Landwirtschaft ein. Die elektrische Kraft wird angewandt.

Die Ausweitung des Buchmarkts gibt der Literatur auch politisch vermehrtes Gewicht. Die staatlichen Instanzen bedienen sich bei ihren Abwehrmaßnahmen unterschiedlicher Formen der Zensur. Umfangreichere Publikationen, die ein kaufkräftiges Publikum voraussetzen, unterliegen lediglich einer Nachzensur; für solche geringeren Umfangs hingegen besteht die Verpflichtung zur Vorzensur (also vor Drucklegung). Die Verlage reagieren hierauf in unterschiedlicher Weise: Steht der Stuttgarter Cotta-Verlag für weitgehende Anpassung an die Kontrollmaßnahmen mit dem Ziel ungefährdeter Geschäftstätigkeit, so strebt der Hamburger Campe-Verlag danach, sich als Organ der oppositionellen Schriftsteller zu profilieren. Für die Autoren sind die Zensurmaßnahmen nicht selten existenzbedrohend. Mit Hilfe partieller Zugeständnisse, auch durch Ortswechsel (bis hin zum Weg ins Exil) suchen sie sich ihnen zu entziehen. Drucktechnische Tricks und andere Manöver dienen den Verlagen dazu, die Zensur zu umgehen. Neben den Buchhändlern und Bibliothekaren, Rezensenten und Zensoren tritt mit den Literaturwissenschaftlern eine weitere kritische Instanz auf den Plan, die im Laufe des Jahrhunderts zunehmend an Bedeutung gewinnen wird. »Germanistik« wird 1828 von Wolfgang Menzel als

Thadden'sche Pressefreiheit, vormärzliche Karikatur
Die politische Zensur von Druckerzeugnissen wurde seit den Karlsbader Beschlüssen von 1819 im gesamten Deutschen Bund verschärft. Viele Karikaturen, die durch die Zensurparagraphen nicht erfasst wurden, sind Zeugnisse des Protestes.

»deutsche Wissenschaft« definiert: Zunächst ist das noch die Lehre vom Germanischen Recht, die polemisch-programmatisch der »Romanistik« (Lehre vom Römischen Recht) entgegengesetzt wird. Auf dem ersten Germanistentag 1848 in Frankfurt am Main wird Jacob Grimm dann auch »Sprachforschung, selbst Poesie« als germanistische Disziplinen vorstellen. Es erscheinen nunmehr zahlreiche Literaturgeschichten (zwischen 1830 und 1855 gibt es bereits 46 Gesamtdarstellungen der deutschen Literatur), die die sehr unterschiedlichen Positionen ihrer Autoren ausdrücken, überwiegend jedoch eine antifeudale Tendenz zeigen. Die Germanistik wird ihre bürgerliche Prägung auch nicht verleugnen, wenn sie sich nach der gescheiterten Revolution 1848 der direkten politischen Parteinahme weitgehend enthält.

Malerei: Peter von Cornelius (1783–1867), Fresken und Historienbilder; Ferdinand Waldmüller (1793–1865), Landschaften und Porträts; Ludwig Richter (1803–1884); vor allem Landschafts- und Tiermaler; Carl Spitzweg (1808 bis 1885) schildert mit viel Humor die Welt des Biedermeier; Eugène Delacroix (1798–1863), *Die Freiheit führt das Volk an* (1830); Honoré Daumier (1808–1879), politische und satirische Lithographien in *La Caricature* (1831).

In der Architektur beginnt mit dem Ende des Klassizismus (um 1820) die Vorherrschaft des Historismus, dessen Hauptkennzeichen die Nachahmung historischer Baustile ist. Die gleichzeitige Wiederaufnahme mehrerer vergangener Stilformen lässt in manchen vom Historismus geprägten Städten (München, Wien) eine Art Architekturmuseum entstehen.

Musik: Albert Lortzing (1801–1851) pflegt in seinem Opernschaffen die Tradition des deutschen Singspiels: *Zar und*

Zimmermann oder die zwei Peter (U. 1837); *Der Wildschütz oder die Stimme der Natur* (U. 1842, nach Kotzebues Lustspiel *Der Rehbock*); romantischer Konvention verpflichtet ist *Undine* (1845, nach Fouqué); Richard Wagner (1813 bis 1883) bringt in Dresden zunächst seinen *Rienzi* (1842) zur Aufführung, der ihm die Stelle als Kapellmeister einträgt, es folgen *Der fliegende Holländer* (1844) und *Tannhäuser und der Sängerkrieg auf der Wartburg* (1845).

Weltliteratur

Frankreich: Stendhal (d. i. Henri Beyle, 1783–1842), *Rot und Schwarz* (*Le rouge et le noir*, R., 1830), *Die Kartause von Parma* (*La chartreuse de Parme*, R., 1839); Honoré de Balzac (1799–1850), *Menschliche Komödie* (*La comédie humaine* 1830/50, Zyklus von 91 Romanen und Erzählungen); George Sand (1804–1876), *Consuélo* (R., 1843); Alfred de Musset (1810–1857), *Bekenntnisse eines Kindes seiner Zeit* (*La confession d'un enfant du siècle*, R., 1836), *Die Nächte* (*Les nuits*, G.-Zyklus, 1835–37).
Großbritannien und Irland: Charles Dickens (1812–1870), *Oliver Twist* (R., 1837/38), *David Copperfield* (R., 1848/50), *Große Erwartungen* (*Great Expectations*, R., 1861); William Makepeace Thackeray (1811–1863), *Jahrmarkt der Eitelkeit* (*Vanity Fair*, R., 1847/48), *Henry Esmond*, (R., 1852); Charlotte Brontë (1816–1855), *Jane Eyre* (R., 1847); Emily Brontë (1818–1848), *Sturmhöhe* (*Wuthering Heights*, R., 1847).
Russland: Nikolaj Gogol (1809–1852), *Die toten Seelen* (*Mёrtvye duši*, R., 1842/55).
USA: James Fenimore Cooper, *Der Spion* (*The Spy*, R., 1821), *Lederstrumpferzählungen* (*Leatherstocking Tales*, 1823–1841); Edgar Allan Poe (1809–1849), *Der Doppelmord in der Rue Morgue* (*The Murders in the Rue Morgue*, E., 1841), *Der Rabe und andere Gedichte* (*The Raven and other Poems*, 1845).

Widersprüchliche Grundzüge der Epoche

Das letzte große System der Philosophie, das Hegel am Anfang des Jahrhunderts geschaffen hatte, erfuhr durch seine Schüler eine folgenreiche Weiterentwicklung und Umkehrung.
GEORG WILHELM FRIEDRICH HEGEL (1770–1831), 1805 Professor in Jena, 1816 in Heidelberg, folgte 1817 einem Ruf an die Berliner Universität, wo er bis zu seinem Tode lehrte und eine einflussreiche, allerdings schon bald zerstrittene Schule begründete. Eine erste Ausgabe seiner *Sämtlichen Werke* erschien in 19 Bänden postum 1832–40. Hegel schuf ein System, das weit über Deutschland hinaus Bedeutung erlangte. Er begriff die Erscheinungen der Geschichte und Kultur als Offenbarungen des Weltgeistes, der im Menschen zu immer größerem Bewusstsein seiner selbst gelangt.

Das Gesetz dieses Bewusstseinsprozesses erblickte Hegel in der Dialektik. Danach setzt jedes Wissen zum einen voraus, dass der Geist sich in ein erkennendes Subjekt und sein Objekt auseinander setzt – für Hegel der Ursprung des menschlichen Seins im Gegensatz zum bewusstlosen des Tieres –, zum andern wird der Akt der Erkenntnis erst dadurch möglich, dass der nach außen gesetzte Gegenstand, die Welt der Erscheinungen, wieder zurückbezogen wird auf das Ich und somit die Trennung (analysis) wieder aufgehoben wird in der Einheit des Bewusstseins (synthesis). Ihm bietet sich auf einer höheren Stufe ein neuer Gegenstand dar, und so schreitet das individuelle und geschichtliche Leben zu immer größerem Bewusstsein fort. Sich diesen organisch-geistigen Prozess des geschichtlichen Wachstums von Anfang an zu verdeutlichen, darin sah Hegel die Aufgabe seiner Philosophie. Für sie ist die Welt ebenso das äußere Erscheinungsbild des Innern, wie dieses den Inhalt des Wahrgenommenen ausmacht: Beides ist letztlich identisch im absoluten Geist, der den Menschen die Dinge und die Dinge den Menschen jeweils in besonderer Weise zuordnet.

Solche Gestalten des absoluten Geistes sind nach Hegel die großen Epochen der Geschichte, und sie repräsentieren sich am reinsten in der Kunst. In ihr tritt der Weltgeist am sinnlichen Material unmittelbar in Erscheinung. Hegel führte dabei den Begriff der Schönheit auf die ursprüngliche Bedeutung von »Scheinen« zurück: Im Kunstwerk treten Form und Gehalt so zueinander, dass sie identisch werden, sich gegenseitig durchleuchten und hinter der äußeren Erscheinung den inneren Zusammenhang der Welt zum Vorschein bringen. Damit hat Hegel für Kunst und Dichtung – neben Geschichte, Recht, Staat, Religion und Philosophie – ein neues Verständnis eröffnet, das angesichts der bestehenden Orientierungsschwierigkeiten eine ermutigende Zukunftsperspektive zu enthalten schien, wenngleich es an Gegnerschaft und Ironie nicht fehlte; Grillparzers bissige Epigramme legen ebenso Zeugnis davon ab wie Heines Spott in *Die Stadt Lucca*:

Ich schilderte ihm nun [einem »alten Eidechserich«, mit dem der Reisende in den Felsen der Apenninen philosophiert], *wie in der gelehrten Karawanserai zu Berlin die Kamele sich sammeln um den Brunnen Hegel'scher Weisheit, davor niederknien, sich die kostbaren Schläuche aufladen lassen und damit weiterziehen durch die märkische Sandwüste.*

Wie die Dialektik Hegels und der damit verbundene Fortschrittsglaube in der Literatur ihren Niederschlag fanden, lässt der *Schlussgesang* von Nikolaus Lenaus Versepos *Die Albigenser* erkennen, der die (aufhebbare) Tragik einer zunächst zwar gescheiterten, in der Perspektive aber siegreichen religiösen und sozialen Reformbewegung vergegenwärtigt. Die letzten Verse lauten:

Das Licht vom Himmel lässt sich nicht versprengen,
Noch lässt der Sonnenaufgang sich verhängen
Mit Purpurmänteln oder dunklen Kutten;
Den Albigensern folgen die Hussiten
Und zahlen blutig heim, was jene litten;
Nach Huß und Ziska kommen Luther, Hutten,
Die dreißig Jahre, die Cevennenstreiter,
Die Stürme der Bastille und so weiter.

Unsicher blieb allerdings in gewisser Weise die Auslegung von Hegels System, und sie entzweite die Schüler des Philosophen in Rechts- und Linkshegelianer. Die Benennung stammt vom Religionsphilosophen DAVID FRIEDRICH STRAUSS (1808–1874), selbst ein Schüler Hegels, der die Kritiker seines Buches *Das Leben Jesu, kritisch bearbeitet* (1835/36), das den Autor sein akademisches Lehramt kostete, in Rechte und Linke teilte. Der Streit um das auf historischer Quellenkritik beruhende Buch betraf allerdings nur einen Nebenaspekt des folgenreichen Konflikts der beiden Richtungen. Die Rechtshegelianer wurden zu Stützen der Restauration, weil sie dem Staat als höchster Erscheinungsform des Geistes das Recht zubilligten vom Einzelnen Unterordnung zu fordern; die Linkshegelianer zu Revolutionären, wenn sie, wie KARL MARX (1818–1883) und FRIEDRICH ENGELS (1820–1895), das System »vom Kopf auf die Füße« stellten, nämlich den Begriff des Geistes durch die sinnlichen Bedürfnisse, die Dialektik der Ideen durch die Dialektik des Klassenkampfes ersetzten. Das Jahr 1848 sah nicht nur die bürgerliche Revolution, sondern auch das Erscheinen des *Kommunistischen Manifests*.

LUDWIG FEUERBACH (1804–1872) stellte mit seinem religionskritischen Hauptwerk *Das Wesen des Christentums* (1841) die Grundlagen des christlichen Glaubens in Frage. Feuerbachs antimetaphysische Religionsphilosophie, die er in seinen *Grundsätzen der Philosophie der Zukunft* (1843) fortsetzte, war für Marx' und Engels' Denken ebenso von Einfluss wie auf die Ausbildung eines skeptischen Relativismus in der gebildeten Öffentlichkeit. Von Hegel und Feuerbach ausgehend, entwickelte MAX STIRNER (d. i. Johann Kaspar Schmidt, 1806–1856; *Der Einzige und sein Eigentum*, 1845) ein System der extremen Individualismus.

Lord Byron

Weltschmerzliche »Zerrissenheit«

Der *Schlussgesang* der *Albigenser* enthält auch die rhetorische Frage: »Woher der düstre Unmut unsrer Zeit, / Der Groll, die Eile, die Zerrissenheit?« Die Antwort lautet, das »Sterben in der Dämmerung« trage die Schuld, das herbe Schicksal, das »lang ersehnte Licht« nicht mehr schauen zu dürfen, sondern in seinem »Morgengrauen« zu Grabe zu gehen. »Zerrissen«, »Zerrissenheit« sind Leitworte der Epoche, die am »Weltschmerz« krankt, oder, um es mit dem Namen des vornehmsten Repräsentanten dieses Leidens zu sagen, am Byronismus.

Der englische Dichter George Gordon Noël, Lord Byron (1788–1824) hat durch sein exzentrisches Leben ebenso wie durch seine Dichtung die Epoche in Atem gehalten. Seine Teilnahme am Freiheitskrieg der Griechen, die er bei der Belagerung von Missolunghi durch den Tod besiegelte, trug nicht wenig zur Legendenbildung bei, wenngleich er recht unspektakulär an Malaria starb. In seinem (effektvoll zelebrierten) Leiden an der Welt und am Leben, dem Weltschmerz des Dichters, erkannte sich eine Generation.

Der Rückblick auf die Dichtungen der Empfindsamkeit und auf das Werther-Fieber zeigt, dass es sich dabei um ein wiederkehrendes Phänomen handelt, das durch die Zeitumstände jedoch vermehrte Bedeutung gewann. Der Übergang von der scheidenden Romantik zu einem weithin entgötterten Realismus disponierte im besonderen Maße für weltschmerzliche

Arthur Schopenhauer,
Gemälde von Angilbert Goebel, 1859

befriedigten, ziellosen Willen. Leben ist Leiden, denn kaum hat der Wille sein Ziel erreicht, so jagt er auch schon dem nächsten nach. Es gibt nur eine Erlösung aus diesem unerträglichen Zustand: »Die Verneinung des Willens zum Leben.« Der Wille muss durch Askese abgetötet oder in der reinen, weltfreien Kontemplation, wie sie dem Künstler eigen ist und besonders aus der Musik spricht, überwunden werden.

Viele bedeutende Geister wie Grillparzer, Hebbel, Raabe, die unter dem ruhelosen Fortschrittsglauben und der Profanierung des Daseins litten, bejahten Schopenhauers Pessimismus. Eine Nebenwirkung dieser Philosophie war das Bewusstsein wachsender Entfernung von Kunst und Gesellschaft. Die Kunst trat in einen Gegensatz zum Leben, das sie ja zu »erlösen« bestimmt war. Vermehrt sah sich der Künstler in der Außenseiterrolle, von der die zahlreichen Künstlerdramen, -romane und -novellen handeln.

Biedermeier

Zunächst denkt man auch heute noch bei Biedermeier an eine behagliche Wohnkultur mit schön geschwungenen Möbeln, dem runden Tisch, geschaffen für den Lichtkreis der Lampe, die damals begann die Kerzen zu ersetzen. So hübsch die Kleidermode mit Bändern und Schleifen, so gemütlich die Belustigungen, die Volksfeste mit Leierkastenmännern und Kremserfahrten waren, durch alles ging ein Zug genügsamer Privatheit. In den Genrebildern von Hosemann, Schwind, Spitzweg wird die wirklichkeitsscheue Haltung des Biedermeier, dieses Hinträumen im Nachglanz der Romantik, lebendig. Dennoch gibt es auch positive Seiten in der biedermeierlichen Existenz: Bescheidenheit, Pflege der Vergangenheit, Pflichterfüllung, Hingabe an die stillen Dinge, echte Familienkultur.

Die Dichtung des Biedermeier spiegelt die Kultur des Bürgertums, macht aber auch die inneren Spannungen der Zeit deutlich. Die Anspruchslosen genossen die zierlichen Verse der Goldschnittalmanache. Darüber erhob sich das Schaffen der großen Dichter dieser Epoche. Auch bei Grillparzer, Mörike, Droste-Hülshoff, Gotthelf und Stifter sind biedermeierliche Züge festzustellen: hegendes Bewahren des Erbes, Abwehr des Titanischen, Verklärung von Alltag und stillem Glück, Familien- und Heimatgefühl. Aber das biedermeierliche Etikett reicht nicht aus, ihre Kunst zu erfassen. So sehr sie sich der klassisch-romantischen Tradition verpflichtet fühlten, so deutlich empfanden sie die Spannung zwischen Idealismus und Realismus und spürten den Zwiespalt der Zeit.

Stimmungen. Byrons Klage teilten viele empfindsame Geister dieser Zeit. Es war die Klage eines Leopardi und Manzoni in Italien, eines Puschkin und Lermontow in Russland, eines Musset in Frankreich.

Dieses »zu eigener Qual geborene Talent« (Goethe) schuf mit seinem Epos *Ritter Harolds Pilgerfahrt* (*Childe Harold's Pilgrimage*, 1812–18) und dem dramatischen Gedicht *Manfred* (1818) bewunderte Vorbilder weltschmerzlicher Poesie und gab dem Lebensüberdruss, dem Leiden an der Disharmonie des Lebens einen gefühlvollen Ausdruck. Noch der junge Fontane nimmt am Bug des Schiffes, das ihn 1844 nach England trägt, halb und halb parodistisch eine Napoleonpose ein (er hüllt sich fester in seinen Mantel von Marengotuch) und rezitiert gegen das anbrandende nächtliche Meer selbst übersetzte Verse aus *Childe Harold's Pilgrimage*.

Das Lebensgefühl des Weltschmerzes fand seinen Ausdruck auch in einem pessimistischen Werk der Philosophie, das, zunächst wenig beachtet, in der zweiten Hälfte des Jahrhunderts epochale Bedeutung gewann. Im Jahr der Karlsbader Beschlüsse, 1819, legte ARTHUR SCHOPENHAUER (1788–1860) sein wichtigstes Buch, *Die Welt als Wille und Vorstellung*, in erster Fassung vor (endgültige Fassung 1847). Nicht im Geist sieht Schopenhauer das Wesen der Welt, sondern in dem stets un-

Die Programmatik der Jungdeutschen

Im Jungen Deutschland vollzieht sich die Abkehr von der klassisch-romantischen Tradition. Es ist bezeichnend für die Bewegung des Jungen Deutschland, dass sie stark von Frankreich beeinflusst wurde. Aufklärerisch-liberales Gedankengut, die Forderung nach Emanzipation der Frau, Ideen der Juli-Revolution von 1830 drangen von hier aus nach Deutschland. In Paris hielten sich in dieser Zeit – außer Heinrich Heine – Ludwig Börne, Karl Gutzkow und Heinrich Laube auf. Die lebendige Verbindung der Literatur mit der politischen, weltanschaulichen und sozialen Gegenwart bildete für die junge Generation von 1830 ein dringend gefordertes Wunschziel. Als literarische Schule ist das Junge Deutschland jedoch zuerst durch das Verbot 1835 bekannt geworden, für das eine polemische Rezension von Karl Gutzkows Roman *Wally, die Zweiflerin* (1835) durch WOLFGANG MENZEL (1798–1873) auslösend war. Eine Einheit haben die im Beschluss des Bundestages genannten Autoren ursprünglich nicht gebildet. Es sind namentlich Heinrich Heine, Karl Gutzkow, Heinrich Laube, Ludolf Wienbarg und Theodor Mundt, zu denen man als Vorläufer noch Ludwig Börne sowie FERDINAND GUSTAV KÜHNE (1806–1888) und ERNST ADOLF WILLKOMM (1810 bis 1886, *Die Europamüden. Modernes Lebensbild*, R., 1838, 2 Bde.) hinzuzählen wird, während Heine eine Sonderstellung beansprucht, denn er kann wohl als ein Vorbild, aber nicht als Mitglied der Gruppierung betrachtet werden. Literaturgeschichtlich wurde der Begriff des Jungen Deutschland wiederholt von dem ursprünglichen Kreis auch auf die Lyriker des Vormärz ausgedehnt, die die gleichen revolutionären politischen und sozialen Ziele verfolgten. Es war die durch die französische Julirevolution von 1830 ermutigte Stimmung, die zu Begriffsbildungen wie *Das junge Europa* (so der Titel einer Romantrilogie von Heinrich Laube, 1833–37) oder »Giovine Italia« führte.

In der französischen Form »La jeune Allemagne« findet sich 1833 die erste Anwendung auf deutsche Verhältnisse. LUDOLF WIENBARG (1802–1872) veröffentlichte 1834 als Privatdozent in Kiel 24 Vorlesungen, die er *Ästhetische Feldzüge. Dem jungen Deutschland gewidmet* überschrieb. Sein Programm bildet die theoretische Grundlage der Bewegung und »lebt der frohen Hoffnung, dass […] eine Wiedergebärung der Nation, eine poetische Umgestaltung des Lebens, eine Ergießung des heiligen Geistes, eine freie, natürliche, zwanglose Entfaltung alles Göttlichen und Menschlichen in uns möglich sei«.

Silberarbeiter J. Westermayer und Familie, anonym, 1847

Zwar erschienen zwischen 1834 und 1839 Börnes *Briefe aus Paris* neben den Gedichten Eichendorffs und Mörikes, neben Gutzkows *Wally, die Zweiflerin*, die Gedichte der Droste und der *Bauernspiegel* von Jeremias Gotthelf. Tonangebend aber wurde in dieser Zeit das Junge Deutschland. Da die Schriften der inkriminierten Autoren insgesamt verboten wurden – mit der Begründung, dass ihre Tendenz alle bisherigen Begriffe von Christentum, Obrigkeit, Eigentum und Ehe erschüttere –, schlossen die Verfasser sich zur Abwehr zusammen.

THEODOR MUNDT (1808–1861) proklamierte in seinem Roman *Madonna. Unterhaltungen mit einer Heiligen* (1835) Recht und Glück der freien Liebe. »Das freie Weib ist souverän; sie entscheide, sie spreche, denn sie darf reden!« Unter dem Titel *Charlotte Stieglitz, ein Denkmal* veröffentlichte er im gleichen Jahr die Biografie der Schriftstellerin CHARLOTTE SOPHIE STIEGLITZ (1806–1834), die sich das Leben genommen hatte, um ihrem schriftstellerisch dilettierenden

Mann zur Entfaltung seiner künstlerischen Fähigkeiten zu verhelfen. Obwohl George Sand und die schreibenden Romantikerinnen als Vorbilder galten, wurde das Thema der weiblichen Emanzipation noch überwiegend aus männlicher Sicht behandelt. Erst in den Vierzigerjahren traten Frauen als Lyrikerinnen und Romanautorinnen vermehrt hervor.

In der Negation der idealistischen Überlieferung und dem Willen zur Darstellung sozialer Lebensverhältnisse in Vergangenheit und Gegenwart standen Sealsfield, Grabbe und Büchner dem Jungen Deutschland nahe, wenn sie auch ein Weltbild eigener Art entwickelten.

Die fortschrittlichen Ideale des Jungen Deutschland wurden ebenfalls von den politischen Lyrikern der Dreißiger- und Vierzigerjahre vertreten. Sie verfochten das Recht auf Freiheit und Forderungen des aufstrebenden Arbeiterstandes und setzten oft ihre Existenz für die Erreichung ihrer Ziele aufs Spiel.

Vormärzdichtung

Verzweigte Beweggründe ließen das Jahr 1840 zu einem Schwellenjahr für das Erstarken des nationalen Bewusstseins in Deutschland werden. Die wachsende Wirtschaftskraft stimulierte das Selbstgefühl und die durch französische Expansionsbestrebungen angeheizte Rheinkrise brachte in die vorübergehende politische und literarische Stagnation nach dem Zerfall des Jungen Deutschland neue Bewegung. Eine Flut patriotischer Lyrik, deren berühmtesten Ausdruck das *Rheinlied* von NIKOLAUS BECKER (1809–1845) darstellt (»Sie sollen ihn nicht haben, / Den freien deutschen Rhein«), ergoss sich über das Land. Damit begann die letzte Phase einer radikalen, zur Märzrevolution hin führenden Politisierung der Literatur, der »Vormärz« in engerer Sinn.

In seiner Autobiografie hat Theodor Fontane – aus dem Abstand des Alters – die mit dem Regierungsantritt König Friedrich Wilhelms IV. verbundenen Hoffnungen beschrieben, die seine Generation vorübergehend erfüllten.

Denn mit dem Sommer 1840, oder was dasselbe sagen will mit dem am 7. Juni erfolgten Tode Friedrich Wilhelms III., brach für Preußen eine neue Zeit an, und ich meinerseits stimmte nicht bloß in den überall um mich her auf Kosten des heimgegangenen Königs laut werdenden Enthusiasmus ein, sondern fand diese ziemlich illoyale Begeisterung auch berechtigt, ja pflichtmäßig und jedenfalls im hohen Maße gesinnungstüchtig. [...] Es war zuzugestehen – und darin lag die Rechtfertigung für vieles, was geschah und nicht geschah –, dass es po-litisch nicht so weiterging; die Stürme von 89 und 13 hatten nicht umsonst geweht [...].

Die Hoffnungen erwiesen sich als verfrüht, 1843 nahm Preußen die Zugeständnisse an die Presse zurück und ergriff erneut Maßnahmen gegen oppositionelle Schriftsteller. In Paris, London, Brüssel und Zürich wuchs die Zahl der deutschen Emigranten, die 1848 bei über 200 000 lag. Viele von ihnen blieben politisch nicht untätig. Man suchte und fand Wege die Zensur zu umgehen. Was im Gegenzug zu den Auswanderern über die deutschen Grenzen zurückfloss, war Zündstoff für die in den Hauptstädten wachsende revolutionäre Gärung.

»Und alles waren Worte, Worte, Worte«, hat Fontane im Alter mit einem versteckten Hamlet-Zitat selbstkritisch über die jungen Dichter geschrieben, die wie er in der Nachfolge Georg Herweghs auf den Plan traten. Rhetorisch brillant und gewissermaßen fachmännisch sind die Tendenzpoeten von Heine in seinem *Atta Troll* abgefertigt worden.

Die Ansätze einer künftigen realistischen Literatur entfalteten sich nicht bevorzugt in der Vormärzlyrik, die den Tag beherrschte. Aber sie waren vielerorts gegeben, denn der Zug der Zeit zu vermehrter Wirklichkeitsnähe wirkte in allen Gattungen und auch da, wo der Zusammenhang mit der Tradition nicht aufgekündigt wurde.

Zuweilen allerdings trat er, wie im Werk des jungen Büchner, radikal zu Tage – dann allerdings geriet er in unversöhnlichen Widerstreit mit den äußeren Bedingungen und drang über einen begrenzten Umkreis zunächst nicht hinaus. Nicht notwendig handelte es sich um Kunst im herkömmlichen Sinne.

Die von Büchner entworfene, von dem Pfarrer und Butzbacher Rektor Friedrich Ludwig Weidig (1791 bis 1837) inhaltlich und sprachlich bearbeitete Flugschrift *Der Hessische Landbote* (1834), die sich erstmalig auch der Statistik als Waffe bediente, gewann ihren Elan aus dem republikanischen Antrieb, der ein Dokument agitatorischer Publizistik zu politischer Dichtung werden ließ. »Friede den Hütten, Krieg den Palästen«, lautete die streitbare, von Nicolas Chamfort entlehnte Parole, für die Weidig mit Folter und Tod büßte. *Der Hessische Landbote* war die kompromissloseste soziale Kampfschrift vor dem *Kommunistischen Manifest*: »Das Leben der Vornehmen ist ein langer Sonntag, sie wohnen in schönen Häusern [...] *Das Volk aber liegt vor ihnen wie Dünger auf dem Acker.*«

Das revolutionäre Wort hatte das poetische eingeholt und überholt, aber es blieb im Deutschland des Vormärz eine schnell erstickte Flamme.

Zeitschriftsteller und Publizistik. Zweckformen

Neun Druckseiten umfassten die annähernd 1000 Exemplare des *Hessischen Landboten,* die überwiegend nachts in mehreren Orten Oberhessens ausgestreut wurden, hingegen 160 Bände – mit Anlagen rund 30 Meter Akten – allein im Großherzogtum Hessen die Protokolle des Untersuchungsverfahrens, mit dem die Behörden der republikanischen Verschwörung nachspürten. Die Polizei- und Justizbehörden reagierten noch empfindlicher als die Zensur, die sich mitunter laxer zeigte, wenn Publikationen aufgrund ihres Preises nur für vermögende Käufer erreichbar waren.

Die Publizistik der Restaurationszeit trägt noch gewissermaßen aristokratische Züge, sie ist durch die Schwelle von 1848 von dem im zunehmenden Maße für ein Massenpublikum bestimmten Zeitungs- und Zeitschriftenwesen der zweiten Jahrhunderthälfte geschieden. Ihre Breitenwirkung ist dadurch enger begrenzt, ihr Beitrag zum geistigen Gespräch eigenständiger. Die Autoren finden den Maßstab ihres Wirkens noch in den Moralischen Wochenschriften der Aufklärung und in den publizistischen Organen der Kunstperiode. Die »Zeitschriftsteller« sind in ihrer Auseinandersetzung mit der Gegenwart nicht spezialisiert. Ihre Kompetenz ist die der kritischen Intellektuellen.

Ludwig Börne (1786–1837)

Börne, eigentlich Juda Löb Baruch, stammte aus Frankfurt am Main, wo er im Getto unter schwierigen Verhältnissen aufwuchs. 1803 begann er ein Medizinstudium in Berlin, verkehrte in den Salons von Rahel Varnhagen und Henriette Herz und trat zum Protestantismus über. Danach Studium der Kameralistik in Halle, Heidelberg und Gießen, 1808 Dr. phil. Er besorgte als Herausgeber oder Redakteur mehrere Blätter: ab 1818 *Die Waage* (1821 wegen Angriffen auf Metternich verboten); ab 1819 die *Zeitung der freien Stadt Frankfurt,* die er noch schneller wieder aufgeben musste, danach die Wochenschrift *Die Zeitschwingen.* 1822 wich er dem Druck der Reaktion und ging nach Paris, führte danach mehrere Jahre ein Wanderleben zwischen seiner Geburtsstadt, Heidelberg, Stuttgart und Berlin, bis er nach der Julirevolution 1830 endgültig in Paris seinen Wohnsitz nahm, wo er das Blatt *La Balance* redigierte. Schon früh lungenleidend ist Börne in Paris gestorben.

Die Konflikte mit den Behörden, in die Börne mit seinem ersten Periodikum *Die Waage,* einem »Tagebuch der Zeit«, geriet – das Blatt sollte »das bürgerliche Leben, die Wissenschaft und die Kunst, vorzüglich aber die heilige Einheit jener drei« behandeln –, hat er im

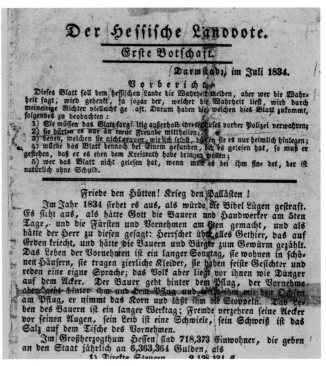

Die Flugschrift *Der Hessische Landbote*

Jahr der Karlsbader Beschlüsse u. d. T. *Denkwürdigkeiten der Frankfurter Zensur* (1819) beschrieben; später sah er sich gezwungen, zu mehr indirekten Formen der Kritik überzugehen, die er aber selbst offen legte (*Bemerkungen über Sprache und Stil,* 1829). Seine Hauptwerke stellen die vom deutschen Bundestag alsbald verbotenen, zum Teil in der französischen Hauptstadt erschienenen *Briefe aus Paris* (1832) und die anschließenden *Neuen Briefe aus Paris* (1833/34) über die Julirevolution und ihre Auswirkungen dar. Neben Heines *Französischen Zuständen* bilden sie die bedeutendste Auseinandersetzung mit der Entwicklung in Frankreich aus deutscher Sicht. Börne schrieb über die Selbstverständlichkeit der Menschenrechte, besonders die Rechte des dritten und vierten Standes. Der überzeugte Republikaner, der sich auf dem Hambacher Fest von der Jugend gefeiert sah, erscheint in seiner Radikalität (»Die Zeiten der Theorien sind vorüber, die Zeit der Praxis ist gekommen«) dem jungen Georg Büchner des *Hessischen Landboten* verwandt. Bereits der Seidenweberaufstand von Lyon war ihm Anlass gewesen, die Staatsmänner zu mahnen, »dass man nicht gegen die Armen, sondern gegen die Armut zu Felde ziehen müsse«; schon habe der »Krieg der Armen gegen die Reichen« begonnen.

Ludwig Börne   Karl Gutzkow

Börne sah die Verhältnisse in der französischen Gesellschaft nicht unkritisch, aber als uneingeschränkt fortschrittlich im Verhältnis zu den Zuständen in Deutschland. In seiner Streitschrift *Menzel, der Franzosenfresser* (1837) stellte er den demokratischen Patriotismus und die Idee der Völkerfreundschaft dem reaktionären Nationalismus entgegen. Wolfgang Menzel war Herausgeber des tonangebenden Cotta'schen *Morgenblatts für die gebildeten Stände* und einer bereits 1828 erschienenen *Geschichte der deutschen Literatur*. Lange hatte er in Börne einen Verbündeten gesehen, weil er wie dieser ein Gegner Goethes war, wenn auch aus anderen Gründen.

Börnes Literaturkritiken – bedeutend war er schon früh als Theaterkritiker – sind wie seine politischen Artikel von rücksichtslosem Wahrheitseifer erfüllt. Er forderte die Schriftsteller auf, sich für den gesellschaftlichen und geistigen Fortschritt einzusetzen und durch Witz und Polemik zu wirken. Aber er trennte die für den Tag bestimmte journalistische Schreibweise von der im eigentlichen Sinn ästhetischen Kunst, die er unpolitisch wünschte. Die Aufgabe der Tagesschriftstellerei sei es, die Voraussetzungen für eine solche ideale Kunst erst wieder zu schaffen. Vorbilder sah er sowohl in Jean Paul (*Denkrede auf Jean Paul*, 1826) als auch in Byron, weil sie sowohl ihr Schaffen als auch ihr Leben an die Sache der Freiheit setzten.

Börne sah sich heftigen antisemitischen Angriffen ausgesetzt; seinerseits erstrebte er die Verschmelzung eines reformierten Judentums mit der deutschen Kultur. Glücklos war seine Polemik gegen Heine, der in seiner Schrift *Über Ludwig Börne* (1840) mit äußerster Schärfe zurückschlug, und gegen Goethe, in dem er nur den »Despotendiener« erkannte. Im Unterschied zu Menzel stellte er Goethes Genie nicht in Frage, machte ihm aber gerade darum sein Verhalten zum Vorwurf: »Dir ward ein hoher Geist, hast du je die Niedrigkeit beschämt? Der Himmel gab dir eine Feuerzunge, hast du je das Recht verteidigt? Du hattest ein gutes Schwert, aber du warst immer nur dein eigener Wächter!« (Tagebuch) Bereits durch ihre Titel beredt sind weitere polemische Werke Börnes wie *Monographie der deutschen Postschnecke* (1821); *Die Kunst, in drei Tagen ein Originalschriftsteller zu werden* (1823). Er wirkte auch vermittelnd, übersetzte *Worte des Glaubens* (1834) von Félicité Robert de Lamennais, dem Vorkämpfer eines vom Staatskirchentum befreiten Katholizismus.

Friedrich Engels hat in Börne den »Bannerträger der deutschen Freiheit« gesehen. Der bürgerliche Demokrat und spätere Geschichtsprofessor in Zürich Johannes Scherr (1817–1886) hingegen datierte »die Julirevolution der deutschen Literatur [...] von dem Auftreten Heinrich Heines, der mit seinen Reisebildern, deren erster Band 1826 erschien [...], ein neues Morgenrot über dem deutschen Dichterwald aufgehen ließ«.

Heinrich Heine (1797–1856)

Harry Heine wurde in Düsseldorf geboren, das schon 1796 durch französische Truppen besetzt worden war und 1806 unter unmittelbare französische Herrschaft kam. Er war der Sohn eines jüdischen Kaufmanns. Im Herbst 1819 ging er nach Bonn und hörte neben juristischen Vorlesungen auch bei August Wilhelm Schlegel und bei Moritz Arndt. Nach Studien in Göttingen und Berlin, wo er im Kreis Rahel Varnhagens verkehrte, und nach dem Übertritt zum Christentum lebte er seit 1831 in Paris und kam nur noch auf gelegentlichen Reisen nach Deutschland. 1837 erkrankte er an Rückenmarksschwindsucht, die ihn während seiner letzten Jahre in die »Matratzengruft« bannte. 1841 Heirat mit Crescence Eugénie Mirat. Er ist auf dem Friedhof Montmartre begraben.

In Heine sind ein Lyriker höchsten Ranges, ein brillanter Prosaschriftsteller und ein revolutionärer Demokrat und Publizist zu einer faszinierenden Erscheinung vereinigt. Er war ein Nachfahre der Romantik; er selbst bezeichnete sich als deren »letzten und abgedankten Fabelkönig«. Das Volkslied, das die Romantiker gepflegt und gesammelt hatten, hat er in seinen Liedern nachgestaltet. Aus romantischer Quelle stammte auch die geistige Haltung, mit der er die eigenen Schöpfungen ironisch in Frage stellte. Aber hier setzte die Abkehr von der Romantik ein. Seine Ironie war scharf, der Wechsel zwischen Begeisterung und Pessimismus verwirrend. Aus dem heiteren Spiel des Darüberstehens wurde bei ihm der jähe Bruch zwischen ergriffenem Gefühl und entlarvender Parodie. Vom Ro-

Napoleons Einzug in Düsseldorf am 3. November 1811, Radierung nach einer Zeichnung von J. Petersen

mantiker löste sich der Skeptiker ab, der Wahrheit und Schein, Ernst und Spott, Hingabe und Zynismus verwirrend durch- und miteinander spielen und die Kunst zum Aktionsfeld bewusster ästhetischer Virtuosität werden ließ.

Heines *Reisebilder* erschienen in der Buchausgabe zwischen 1826 und 1831 in vier Teilen, der erste besteht aus den Abschnitten *Die Heimkehr, Die Harzreise, Die Nordsee, 1. Abt.* Besonders die *Harzreise* ist gesellschaftskritisch grundiert, eine Philippika gegen den Wissenschaftsbetrieb und das Spießertum in Göttingen, das den Ausgangspunkt der Wanderung des Studenten bildet, die er in Ilsenburg enden lässt (Weimar, ein weiteres Ziel, bleibt ausgespart). Der zweite Teil *(Die Nordsee, 2. und 3. Abt., Ideen. Das Buch le Grand. Briefe aus Berlin)* knüpft an einen Badeaufenthalt auf Norderney eine Auseinandersetzung mit der »Zerrissenheit« der Epoche sowie mit dem kritisch beurteilten Adel, während *Ideen. Das Buch le Grand* Düsseldorfer Jugenderinnerungen und ein verklärtes Bild Napoleons bietet. Der dritte Teil *(Italien. I. Reise von München nach Genua. II: Die Bäder von Lucca)* nimmt erneut das Napoleon-Thema auf (Besuch des Schlachtfelds von Marengo) und enthält Heines vernichtenden Angriff auf Platen. Der abschließende vierte Teil *(Italien III. Die Stadt Lucca. Englische Fragmente)* kritisiert in der Darstellung des klerikalen Lucca Staatskirchentum und Restauration (die von der Hl. Allianz erneuerte Verbindung von »Thron und Altar«) sowie die in Heines Sicht negative Entwicklung der politischen Emanzipation in England. Das auserwählte Volk einer neuen Religion der Freiheit, zu der sich Heine bekennt, sind die Franzosen.

Heines Prosa zeigt meisterhafte Sprachbeherrschung und Klarheit der Diktion. Der Zyklus seiner impressionistischen, einfallsreichen Reisebilder gab dem modernen Feuilleton ein bewundertes und oft nachgeahmtes Vorbild.

Wesentliche Bedeutung für Heines weiteres Schaffen gewann die Emigration nach Paris im Mai 1831. Fortan veröffentlichte er in zwei Sprachen: *Zur Geschichte der Religion und Philosophie in Deutschland* (1835) und *Die romantische Schule* (1836) zuerst französisch, *Französische Zustände* (1840) und *Lutetia* (1854) deutsch. Bereits die Titel dieser Publikationen verweisen auf Heines Mittlerrolle zwischen den beiden Nationen. In Paris hatte er Zugang zu den führenden Künstlerkreisen. Er kannte Victor Hugo, Alexandre Dumas, Pierre Jean de Béranger, George Sand und Honoré de Balzac; aber auch den Komponisten Giacomo Meyerbeer und emigrierte deutsche Literaten wie Börne. Mit Karl Marx war er befreundet. Die französische Regierung gewährte ihm eine Pension, Heine genoss Paris, wo er 1841 auch heiratete und »bis am Hals im süßesten Gesellschaftsleben« schwamm. »Fragt Sie jemand, wie ich mich hier befinde, so sagen Sie: ›Wie ein Fisch im Wasser‹, oder vielmehr, sagen Sie den Leuten, dass wenn im Meer ein Fisch den andern nach seinem Befinden fragt, so antwortet dieser: ›Ich befinde mich wie Heine in Paris.‹«

Dabei war er überaus produktiv. Über die Entwicklung in Deutschland hielten ihn Besucher von dort auf dem Laufenden. Er arbeitete für die Augsburger *Allgemeine Zeitung*, bereits ab 1833 auch für französische Blätter. Er lehnte die in Deutschland grassierende Tendenzpoesie ab und stritt sich mit Börne, dessen Auffassungen er als bürgerlich-liberal und in einer nur vorgeblichen Radikalität befangen tadelte (*Über Ludwig Börne. Eine Denkschrift*, 1840). Zugleich ironisierte und verwarf er die Flucht der Romantiker ins Mittelalter und forderte eine neue Literatur, in der Politik und Kunst verbunden waren. (→ S. 226)

Karl Gutzkow (1811–1878)

Der Sohn eines Bereiters beim Prinzen Wilhelm wuchs in den Dienerschaftsquartieren des Berliner Schlosses auf. Das 1829 begonnene Studium der Theologie brach er ab, dann auch das der Philologie. Nach der Julirevolution wandte er sich ganz der Literatur und dem Journalismus zu. Er entwickelte sich zu einem kenntnisreichen Kritiker, der Büchners Talent erkannte. Das Erscheinen seines Romans *Wally, die Zweiflerin* 1835 büßte er mit einem Monat Gefängnis. 1837 wurde er in Hamburg Herausgeber des *Telegraph für Deutschland*, dessen zwölf Jahrgänge die Presselandschaft des Vormärz mitbestimmten, obgleich Gutzkow an dem Prozess fortschreitender Politisierung nicht mehr teilnahm. Das 1835 gegen die Jungdeutschen erlassene Schreib- und Druckverbot betraf auch ihn, erst 1842 wurde es gemildert. Während seine Altersgenossen, die sich in der literarischen Opposition zusammenfanden, aus akademischen und vermögenden Familien stammten, zeigt seine Entwicklung fortdauernd die Spuren des Kampfes um gesellschaftliche Anerkennung.

Gutzkow habe wie jeder gute Schriftsteller zeitlebens *zwischen* allen Stühlen gesessen, hat Arno Schmidt das Wirken Gutzkows kommentiert. Der überaus rührige Autor, der an vielen Zeitschriften mitgearbeitet hat (Gutzkow war einer der ersten Berufsschriftsteller, der auf den Ertrag seiner Feder angewiesen war), verschrieb sich keiner herrschenden Auffassung dauerhaft und uneingeschränkt, aber mit der veränderten Rolle der Literatur war es ihm ernst.

Die Schriftstellerei ist kein Spiel schöner Geister, kein unschuldiges Ergötzen, keine leichte Beschäftigung der Phantasie mehr; sondern der Geist der Zeit, der unsichtbar über allen Köpfen waltet, ergreift des Schriftstellers Hand und schreibt im Buch des Lebens mit dem ehernen Griffel der Geschichte.

Dichter und Schriftsteller sollten nicht mehr wie bisher im Dienste der Musen, sondern im Dienste des Lebens – das hieß der aktuellen Fragen – stehen, die bestehenden Verhältnisse in Staat und Gesellschaft der Kritik unterzogen, die Literatur als Mittel der politischen Agitation und der Sozialkritik eingesetzt werden. Für solche Vorhaben war die feuilletonistische Art der Darstellung besonders geeignet und daher in dieser Zeit beliebt.

Auch Reiseschilderungen durften sich unter solchen Umständen politischen Interesses beim Publikum (und der Zensur!) vergewissert halten, besonders wenn sie Länder betrafen, die geeignet waren, als Vorbilder konstitutioneller Entwicklung zu dienen. Der aus schlesischem Adel stammende Magnat HERMANN FÜRST VON PÜCKLER-MUSKAU (1785–1871) profitierte mit den Darstellungen seiner europäischen Reisen von dieser Entwicklung (*Briefe eines Verstorbenen*, 1830–32, 4 Bde.). Inzwischen kommt seinen Schilderungen ein eher kulturhistorisches Interesse zu – der Nachruhm des Fürsten gründet auf seinen Gärten im englischen Stil, die er in Muskau und Branitz anlegen ließ. Hoch verschuldet bereiste er vergeblich England um in der englischen Oberschicht eine vermögende Braut zu finden, eine Absicht, die sich bei seiner Landung auf der Insel aber bereits herumgesprochen hatte. Es lässt die zunehmende Verschärfung des Zeitgeists erkennen, dass die jungdeutschen Autoren mit dem liberal gesinnten, ebenfalls zeitgemäß »zerrissenen« Aristokraten zumeist noch sympathisierten (Heine stellt sogar eine Äußerung Pückler-Muskaus über Byron dem vierten Teil seiner *Reisebriefe* als Motto voran), während Herwegh ablehnend blieb (der Titel seiner ersten Buchpublikation *Gedichte eines Lebendigen* ist direkte Anspielung auf die *Briefe eines Verstorbenen*). Auch das abstrakte und idealisierte Bild des englischen Staates, den man irrtümlich als Muster der konstitutionellen Monarchie verstand, eben jener Staatsform also, um deren Einrichtung und faktische Durchsetzung sich die oppositionellen Liberalen bemühten (»Seit Jahren blickt' ich nach England wie die Juden in Ägypten auf Kanaan«, schrieb der junge Fontane 1844), erfuhr jetzt durch die Schilderungen von GEORG WEERTH (1822–1856) und Friedrich Engels Berichtigungen. Ihr soziales und wirtschaftliches Interesse galt bevorzugt den Folgen der Frühindustrialisierung. Engels' Buch *Die Lage der arbeitenden Klassen in England* (1845) eröffnete die Ansicht auf ein Pandämonium.

Nicht nur aufgrund ihrer Erfahrungen in Frankreich und England schrieben deutsche Autoren – Reisende oder Exilautoren im eigentlichen Wortsinn – vergleichend über die in der »Heiligen Allianz« verbundenen und gefesselten mittel-, süd- und osteuropäischen Länder. Auch die Begegnung mit dem in voller Entfaltung seiner Kräfte befindlichen Nordamerika floss in ihre Auffassung ein. Den Amerikaromanen von CHARLES SEALSFIELD ging seine anonym in London erschienene Analyse des Metternich'schen Regierungssystems voran (*Austria as it is or Sketches of the Continental Courts*, 1828); sie begründete seinen Ruf als republikanischer Publizist, konnte aber innerhalb der österreichischen Grenzen nur illegal verbreitet werden und ist erst mit einhundertjähriger Verspätung in deutscher Sprache erscheinen (*Österreich, wie es ist oder Skizzen von Fürstenhöfen des Kontinents*, 1919).

Die Blumengärten vom Turmbalkon des Schlosses in Muskau aus gesehen, Lithographie von H. Mützel, aus Hermann Fürst von Pückler-Muskau, *Andeutungen über Landschaftsgärtnerei* (1834)

Drama

Während der ersten Hälfte des 19. Jahrhunderts und noch weit darüber hinaus, stellt das Drama »den eigentlichen Maßstab der Kulturhöhe« (F. Sengle) dar, es erscheint als »die gebildetste aller dichterischen Formen« (E. v. Feuchtersleben). Die ästhetischen Lehrmeister und das Verständnis des Publikums stimmten in dieser Auffassung überein; was zu wünschen übrig ließ, war indessen die Praxis. Das ausgebreitete Theaterwesen der Zeit, das neben den Hofbühnen auch zahlreiche Stadttheater umfasste, täuschte einen vielfach nur eingebildeten Reichtum vor. Die Dramen der Schillerepigonen, Rührstücke und Gesellschaftslustspiele beherrschten die Bühnen. Autoren wie Grillparzer zogen sich von der Bühne zurück, Kleist und Büchner blieben dem Publikum so gut wie unbekannt.

Der entscheidende Beitrag zum deutschen Theater der Epoche kam zunächst aus Wien, wo Franz Grillparzer mit seinen Dramen gleichrangig an die Seite der Weimarer Klassiker trat, Raimund und Nestroy die Tradition des Wiener Volkstheaters erneuerten.

Franz Grillparzer (1791–1872)

Grillparzer wurde als Sohn eines Rechtsanwalts in Wien geboren. Nach dem Tod des Vaters musste er sein Rechtsstudium unterbrechen und wurde Hofmeister beim Grafen Seilern. Der Schriftsteller und Burgtheater-Dramaturg JOSEPH SCHREYVOGEL (1768–1832) brachte sein schnell geschriebenes Stück *Die Ahnfrau* mit großem Erfolg heraus. Durch Vermittlung eines adligen Gönners kam Grillparzer ins Finanzministerium und war 1818–1823 als Hoftheaterdichter verpflichtet. Mit Argwohn verfolgte die Zensur seine dichterischen Pläne, die Intrigen der Hofkreise erschwerten ihm die berufliche Entfaltung ebenso wie ein nervöses, selbstquälerisches Naturell. Die Mutter, schwermütig, musikalisch, endete durch Selbstmord. Auf einer Deutschlandreise im Jahre 1826 besuchte Grillparzer Goethe. »Es sah aus wie die Begegnung des Kahlenbergs mit dem Olymp. Tragisch, weil der Kahlenberg unterschätzt wurde.« (J. Roth) Nach weiteren großen Bühnenerfolgen wird 1838 sein Lustspiel *Weh dem, der lügt!* vom Publikum abgelehnt. Grillparzer zog sich aus dem öffentlichen Leben zurück und verschloss seine weiteren Werke im Schreibtisch. Es wurde einsam um ihn. Ende der Sechzigerjahre inszenierte Heinrich Laube seine Werke neu mit Erfolg im Burgtheater. Als Grillparzer 1872 starb, ehrte man ihn mit einem prunkvollen Leichenbegängnis. Katharina Fröhlich, seine »ewige Braut«, wurde Erbin des Nachlasses.

Grillparzers ganze Existenz war auf sein Künstler- und Dichtertum ausgerichtet. 1827 charakterisierte er sich selbst in seinem Tagebuch:

Für mich gab es nie eine andere Wahrheit als die Dichtkunst. In ihr habe ich mir nie den kleinsten Betrug, die kleinste Abweichung vom Stoffe erlaubt. Sie war meine Philosophie, meine Physik, Geschichte und Rechtslehre, Liebe und Neigung, Denken und Fühlen. Dagegen hatten die Dinge des wirklichen Lebens, ja seine Wahrheit und Ideen für mich ein Zufälliges, ein Unzusammenhängendes, Schattenähnliches, das mir nur unter der Hand der Poesie zu einer Notwendigkeit ward. Vom Augenblick an, als mich ein Stoff begeisterte, kam Ordnung in meine Teilvorstellungen, ich wusste alles, ich erkannte alles, ich erinnerte mich auf alles, ich fühlte, ich liebte, ich freute mich, ich war ein Mensch. War dieser Zustand vorüber, trat wieder das alte Chaos ein. Mein ganzer

Das k. k. priv. Theater an der Wien in einer festlichen Ausschmückung zum vierzigsten Jahrestag des Regierungsantritts von Kaiser Franz I., 1832

Anteil blieb immer der Poesie vorbehalten, und ich schaudere über meinen Zustand als Mensch, wenn die immer seltener und schwächer werdenden Anmahnungen von Poesie endlich ganz aufhören sollten.

Grillparzers Werk wurde von verschiedenen Einflüssen bestimmt. Noch immer war in Wien die Tradition des Barocktheaters lebendig, das auf volkstümliche Weise in den Zauber- und Rührstücken der Vorstadttheater weiterlebte. Grillparzer verband die phantasievolle und mimische Theaterkunst der Wiener Volksbühne mit der hohen Sprachkultur und humanen Gesinnung der Weimarer Dramen zu einem einzigartigen Ganzen, in dem die überraschend modernen Züge seines psychologischen Realismus deutlich wurden.

Bereits Grillparzers erstes Stück *Die Ahnfrau* (1817) machte seinen Namen in Europa weithin bekannt. Das düstere Sujet mit dem Thema der Erbschuld schließt mit seinen starken Effekten an die Schicksalsdramen von Zacharias Werner und Adolf Müllner an, aber die barocken Elemente durchdringen den schauerlichen Stoff mit hohem Pathos. Die Vorstellung, die Schuld der Ahnen werde bis ins letzte Glied eines belasteten Geschlechts gerächt, ist in Grillparzers eigenem Familienschicksal mitbegründet.

Im Stil und in der Sprache der klassischen Seelentragödie behandelt das Trauerspiel *Sappho* (1819, U. 1818) die Spannung von Kunst und Leben. Formal ist das Drama mit Goethes *Iphigenie,* thematisch mit *Tasso* verwandt. Dem Stoff liegt die Sage zugrunde, dass die griechische Dichterin Sappho auf Lesbos, von Phaon verschmäht, sich aus Verzweiflung vom Felsen stürzt. Bereits dieses frühe Werk lässt Grillparzers subtile Kunst in der Zeichnung von Frauengestalten erkennen.

Sappho kehrt als sieggekrönte Dichterin von Olympia heim, wo sie dem jungen, schönen Phaon begegnet ist, den sie für sich zu gewinnen hofft. »Gar ängstlich steht sich's auf der Menschheit Höhn / Und ewig ist die arme Kunst gezwungen, / Zu betteln von des Lebens Überfluss.« Sie sagt es, wie die Regieanweisung lautet, »mit ausgebreiteten Armen«, aber sie muss erfahren, dass ihr der Ruhm nicht Phaons Liebe sichert, die Melitta, ihrer fast noch kindlichen Dienerin, mühelos zufällt. Mit Eifersucht verfolgt Sappho die beiden Liebenden, lässt die Flüchtenden gefangen nehmen, sieht aber ein, dass sie von den Göttern zu viel gefordert hat: Liebe und Kunst. Sie verzeiht dem Paar und wählt für sich selbst den Tod, »den Menschen Liebe und den Göttern Ehrfurcht« zollend.

Die Trilogie *Das goldene Vließ* (1822, U. 1821), bestehend aus *Der Gastfreund*, *Die Argonauten* und *Medea*, ist Grillparzers umfangreichstes Werk. Das Vorbild der *Medea* des Euripides ist darin in moderner Weise psychologisch vertieft und verfeinert. Das Vlies als Symbol des Fluches, der auf einer bösen Tat liegt, spielt nur noch äußerlich eine Rolle. In Wahrheit steigt das Verhängnis aus dem Inneren des Menschen auf.

Jason erscheint an der Spitze der Argonauten in Kolchis, um seinen Landsmann Phryxus zu rächen, den der Barbarenkönig Aietes in der Gier nach dem goldenen Vlies ermordet hat. Medea, die zauberkundige Tochter des Aietes, entbrennt in Liebe zu Jason, verhilft ihm zum goldenen Vlies und folgt ihm nach Griechenland. Nach dem plötzlichen Tod von König Pelias werden sie aus Thessalien vertrieben. Das Paar und seine zwei Kinder finden Medeas wegen nirgends auf Dauer Aufnahme, die Barbarin ist des Mordes verdächtig. Der Aufenthalt bei König Kreon in Korinth bringt die Katastrophe. Jason wendet sich Kreons Tochter Kreusa zu und verstößt die Heimatlose. Als auch ihre Kinder sich von ihr abwenden, tötet Medea Kreusa und die eigenen Kinder. Jason ruft sie zu: »Trage! Dulde! Büße!« und sucht selbst Sühne in Delphi.

Das Trauerspiel *König Ottokars Glück und Ende* (U. 1825) behandelt den Konflikt zwischen Přemysl Otokar II. von Böhmen und dem Grafen Rudolf von Habsburg, der als Rudolf I. die lange Reihe römisch-deutscher Kaiser aus der Familie Habsburg eröffnet. Der mächtige, aber durch seine Erfolge verblendete Böhmenkönig wird von dem noch unberühmten Grafen besiegt, der nicht durch geniale Gaben glänzt, aber das positive Gegenbild des Maßvollen verkörpert und das Recht auf seiner Seite weiß.

Nach militärischen Siegen und dem Erwerb großer Territorien durch Erbschaften wähnt Ottokar den Zeitpunkt für das höchste Ziel seines Ehrgeizes gekommen: die Kaiserkrone. Die widerrechtliche Trennung von seiner ersten Frau und eine neue Ehe dienen scheinbar ebenfalls seinem Aufstieg, tragen aber bereits entscheidend zu seinem Scheitern bei. Ein erstes Mal besiegt, empfängt er kniend von Rudolf, auf den die Wahl der Kurfürsten gefallen ist, seine

Länder zu Lehen, wird aber von einem verräterischen Gefolgsmann und durch den Spott seiner Frau zu erneuter Auflehnung verleitet und fällt in der Schlacht.

Der *Ottokar* endet mit »Heil! Heil! Hoch Österreich! Habsburg für immer!«-Rufen patriotisch in der Darstellung vaterländischer Geschichte und loyal im Lobpreis des Herrscherhauses (insofern wenig anders als Kleists *Prinz Friedrich von Homburg* mit: »In Staub mit allen Feinden Brandenburgs!«). Gleichwohl stieß auch dieses Drama auf die mit der Problematik des Vielvölkerstaates verknüpften Bedenken der Zensur (man fürchtete, die Tschechen zu verärgern) und gelangte erst mit zwei Jahren Verspätung auf die Bühne. Das Publikum wird an den Aufstieg und Fall Napoleon Bonapartes gedacht haben. Die Konzeption geht jedoch in einem solchen aktualisierenden Verständnis nicht auf. Die Tradition des spanischen Barocktheaters, der Grillparzer verpflichtet ist, kommt zu Wort, wenn Ottokar seine Verblendung erkennt; der vormals Mächtige gewinnt als Erkennender religiöse und ästhetische Würde. Nicht der individuelle Vorgang steht im Mittelpunkt des Interesses, sondern das Beispielhafte menschlichen Handelns. Rudolf, der von sich sagt: »Was sterblich war, ich hab es ausgezogen / Und bin der Kaiser nur, der niemals stirbt«, spricht über Ottokar das Urteil:

Die Welt ist da, damit wir alle leben,
Und groß ist nur der ein' alleinge Gott!
Der Jugendtraum der Erde ist geträumt,
Und mit den Riesen, mit den Drachen ist
Der Helden, der Gewalt'gen Zeit dahin.

Die antike Sage von Hero und Leander liegt der Tragödie *Des Meeres und der Liebe Wellen* (1840, U. 1831) zugrunde. Grillparzer hat den Stoff, wie der Titel zeigt, bewusst romantisch behandelt.

Hero begegnet am Tage ihrer Priesterinnenweihe dem schönen, schwermütigen Leander, der in leidenschaftlicher Liebe zu ihr entflammt. Auch in Hero erwacht die Liebe mit einer Bedingungslosigkeit, die ihr ganzes Sein erfüllt. Ein Licht, das sie ans Fenster stellt, soll Leander den Weg weisen, wenn er des Nachts über den Bosporus zu ihr schwimmt. Der Oberpriester, der Verdacht geschöpft hat, lässt das Licht erlöschen, während Hero schläft. Leander ertrinkt, die Wellen spülen den Leichnam an den Strand zu Heros Füßen, die ihm in den Tod folgt.

Hero, gewillt zum priesterlichen Dienst und weltabgewandter Sammlung, erfährt die elementare Gewalt der Liebe, die sich ihrer so sehr bemächtigt, dass nur

Franz Grillparzer. Stahlstich von Karl Kotterba,
nach einer Zeichnung von Matthias Grillhofer, o. J.

täuschte es die Erwartungen des Publikums gründlich. An die Stelle naiver Moralunterweisung trat eine dem Anschein nach pedantische Lebensfremdheit, der Autor hatte in seinem tiefsinnigen Stück »den Kontrast zwischen den Ansprüchen der göttlich-unbedingten und denen der irdisch-unbedingten Sphäre lustspielhaft zugespitzt« (J. Kaiser).

Das Stück spielt in germanisch-christlicher Frühzeit. Der Titel betrifft das Versprechen des Küchenjungen Leon, den von den Germanen gefangen gehaltenen Neffen des Bischofs zu befreien, ohne sich der Lüge zu bedienen. Dem Wortlaut, aber nicht ganz dem Sinne nach, hält er sich an das Versprechen. Er sagt tatsächlich die Wahrheit – mit der nicht ganz unbeabsichtigten Wirkung, dass man ihm nicht glaubt und für harmlos hält. Da es denn in der »buntverworrenen« Welt nun einmal nicht ohne Trug und Lug geht und Leon aus wahrer Nächstenliebe gehandelt hat, wird ihm verziehen und er bekommt die germanische Häuptlingstochter Edrita zur Frau.

Der feine Humor um Wahrheit und Lüge blieb unverstanden, wohl aber fühlte sich der Wiener Adel durch die derb-komische Darstellung des germanischen Adels verletzt und boykottierte das Stück, das nach nur drei Wiederholungen vom Spielplan abgesetzt wurde.

Grillparzers weitere dramatische Arbeiten wurden – mit Ausnahme des unvollendeten Trauerspiels *Esther* (1863) – erst nach seinem Tode bekannt.

In dem von Lope de Vega beeinflussten, 1855 vollendeten Drama *Die Jüdin von Toledo* (1872) ist das beherrschende Thema die erotische Leidenschaft:

König Alfons von Kastilien vergisst über der sinnlichen Liebe zu der schönen Jüdin Rahel seine Pflicht als Herrscher. Als seine Frau Eleonore und die Stände des Reiches Rahel ermorden lassen, zeigt er sich jedoch mit einem Male von seiner Leidenschaft befreit und übt sich wieder in seiner königlichen Rolle. Der Kreuzzug gegen die Mauren soll seine und der Stände Buße sein. Esther, Rahels Schwester, die »in die Mitte des Theaters tretend«, die Großen verklagt, die »ein Opfer sich geschlachtet aus den Kleinen / Und reichen sich die annoch blutge Hand«, zieht diese Anklage zurück, als sie wahrnimmt, dass ihr Vater Isaak auch in dieser Situation sich nur um sein Gold sorgt. »Wir stehn gleich jenen in der Sünder Reihe«, lauten die Schlussworte, »verzeihn wir denn, damit uns Gott verzeihe«.

Auch in seinem Drama *Libussa* (1872, U. 1874, vollendet 1848) geht es Grillparzer um Möglichkeiten und Sinn des Staates als Garanten für Recht und Sittlichkeit. Nur zögernd und als Durchgangsstadium wird die geschichtliche Entwicklung bejaht.

noch diese Liebe in ihr handelt, als sie dem Geliebten nachstirbt. Der magische Zauber des Eros, die tragische Nachbarschaft von Liebe und Tod, von höchster Lebenserfüllung und Todesbereitschaft tritt in der sprachlichen Gestaltung vollendet hervor.

In seinem Märchenspiel *Der Traum ein Leben* (1840, U. 1834) nahm Grillparzer den Stil des Volkstheaters auf. Der Titel erinnert an das Drama *Das Leben ein Traum* des spanischen Dichters Calderón, mit dem Grillparzer sich ebenso wie mit Lope de Vega intensiv beschäftigt hat. In Grillparzers handlungsreichem Spiel, das die barocken Elemente betont, erlebt der abenteuerlustige Rustan im Traum jene unselige Verstrickung, in die ihn die ersehnte Heldenrolle stürzen würde. Sein Ehrgeiz fällt von ihm ab, er empfindet das Gefährliche der Größe und das Täuschende des Ruhms: »Eines nur ist Glück hienieden, / Eins: des Innern stiller Frieden / Und die schuldbefreite Brust.«

Der Stoff des Lustspiels *Weh dem, der lügt!* (1840, U. 1838) stammt aus der Chronik (*Historia Francorum*, 6. Jahrhundert) des Bischofs Gregor von Tours, mit der Grillparzer sich bereits 1818 beschäftigte. Da ihm die Komik des Wiener Volkstheaters mit seiner Verbindung rührender und grotesker Elemente fehlt, ent-

Libussa, Inszenierung Peter Stein, Salzburger Festspiele 1997.
Dörte Lyssewski als Libussa, Christian Nickel als Primislaus

Die aus göttlichem Geschlecht stammende, seherisch begabte böhmische Fürstentochter Libussa, hat nach dem Tod ihres Vaters Krokus die Herrschaft übernommen. Ihr Schicksal wird der Mann, den sie heiratet, Primislaus, mit dem zusammen sie Prag gründet, dessen männliche Unrast sie aber zerstört. Visionär verkündet sie, wie nach dem Hader egoistischen Strebens einst die »Zeit der Seher und Begabten« aufsteigen wird.

Dann kommt die Zeit, die jetzt vorübergeht,
Die Zeit der Seher wieder und Begabten.
Das Wissen und der Nutzen scheiden sich
Und nehmen das Gefühl zu sich als Drittes:
Und haben sich die Himmel dann verschlossen,
Die Erde steigt empor an ihren Platz,
Und Götter wohnen wieder in der Brust,
Und Menschenwert heißt dann ihr Oberer und Einer.
(5. Aufzug)

Das Drama *Ein Bruderzwist in Habsburg* (U. 1872), 1828 begonnen, 1844 erstmals abgeschlossen, aber noch mehrmals umgearbeitet, ist der tragische Ausdruck habsburgischer Problematik. Rudolf II., der einsame Cäsar auf dem Hradschin – die historische Figur ist souverän umgedeutet –, zeigt noch in seiner Schwäche menschliche Größe. Grillparzer hat in ihr gewis-

sermaßen die Summe seiner Existenz gegeben, die eigene Handlungsunfähigkeit und Verbitterung nicht schonend. Rudolf erkennt die Bedrohung des Reiches durch einen Religions- und Bruderkrieg. Enttäuscht von den Menschen wendet er sich der Schöpfung zu:

Ich glaub' an Gott und nicht an jene Sterne,
Doch jene Sterne auch, sie sind von Gott.
Die ersten Werke seiner Hand, in denen
Er seiner Schöpfung Abriss niederlegte,
Da sie und er nur in der wüsten Welt.
Und hätt' es später nicht dem Herrn gefallen,
Den Menschen hinzusetzen, das Geschöpf,
Es wären keine Zeugen seines Waltens
Als jene hellen Boten in der Nacht
Der Mensch fiel ab von ihm, sie aber nicht.
Wie eine Lämmerherde ihrem Hirten,
So folgen sie gelehrig seinem Ruf
So heut als morgen, wie am ersten Tag.
Drum ist in Sternen Wahrheit, im Gestein,
In Pflanze, Tier und Baum, im Menschen nicht.
Und wer's verstünde, still zu sein wie sie,
Gelehrig fromm, den eignen Willen meisternd,
Ein aufgespanntes, demutsvolles Ohr,
Ihm würde leicht ein Wort der Wahrheit kund,
Die durch die Welten geht aus Gottes Munde. (1. Aufzug)

Johann Wolfgang von Goethe (l.) begrüßt den in den Gefilden der Seligen angelangten
Raimund, Aquarell von Johann Christian Schoeller

In Zurückhaltung bis zu vermeintlicher Untätigkeit
sieht Rudolf die einzige Rettung vor dem drohenden
Chaos. Sein Wissen und sein Gewissen machen ihn
unfähig zum Handeln, in dem, »ob so nun oder so, der
Zündstoff liegt, der diese Mine donnernd sprengt gen
Himmel«. Heldentum besteht für ihn nicht im willensstarken Tun, sondern im leidenden Ertragen, im
Bewahren der inneren Freiheit durch Verzicht, Entsagung und gehorsames Sich-Einfügen in die Schranken
der sittlichen Ordnung. Aber die Gegenkräfte, die »frechen Söhne der Zeit«, sind zu mächtig, er kann den
Ausbruch des Krieges nicht verhindern. Resigniert
bekennt er: »Wir haben's gut gemeint, doch kam es
übel.« Als ein »Dichter der letzten Dinge«, hat Grillparzer sich verstanden, sein nachgelassenes Habsburg-
Drama berührt als dichterische Prophetie.   (→ S. 242)

Ferdinand Raimund (1790–1836)

Eigentlich F. Jacob Raimann, geboren in Wien als Sohn
eines früh verstorbenen Drechslermeisters, war Zuckerbä-
ckerlehrling, entlief seinem Lehrherrn und wurde Schauspieler, 1823 Theaterdichter, 1827–1830 Direktor des Theaters in der Leopoldstadt. Freitod in Pottenstein (Niederösterreich).

Raimund hat wie Grillparzer schwer am Leben getragen, dabei war er sowohl als Schauspieler wie auch als
Theaterdichter außerordentlich erfolgreich. Der Lehrling, der auf den Rängen des Burgtheaters Gebäck und
Erfrischungen verkaufte, entdeckte seine Begeisterung
für die Bühne. Der spätere berühmte Komiker, der
hauptsächlich in Wien auftrat, aber auch Gastrollen in
München, Hamburg, Berlin und Prag spielte, war ein
schwermütiger, von Todesahnungen erfüllter Mensch,

der sich zuletzt wegen einer ungefährlichen Bisswunde aus Angst vor der Tollwut erschoss.

Die üblichen Zauberpossen und Märchenspiele des Wiener Volkstheaters (namhafte Vorläufer Raimunds waren JOSEPH ALOIS GLEICH, 1772–1841; KARL MEISL, 1775–1853; ADOLF BÄUERLE, 1786–1859) wurden durch ihn zu Kunstwerken erhoben. Kindliches Spiel und schmerzliche Weisheit, Übermut und Wehmut, phantastischer Märchenzauber und realistische Beobachtung, Musik, Wort und Mimik vereinen sich in seinen Dramen, die das Auge ebenso zu befriedigen suchen wie das Herz.

Raimunds Erstling, *Der Barometermacher auf der Zauberinsel* (1823), hatte seine Quelle im Volksbuch vom *Fortunatus*; *Der Diamant des Geisterkönigs* (1824) in der Sammlung *Tausendundeine Nacht*. In Anlehnung an Shakespeare entstand *Die gefesselte Phantasie* (1828), anderes wie *Moisasurs Zauberfluch* (1827) und *Die unheilbringende Zauberkrone* (1829) folgt wiederum morgenländischen oder antiken Vorbildern. Drei bedeutende Werke ragen aus seiner Produktion hervor: *Das Mädchen aus der Feenwelt oder Der Bauer als Millionär* (U. 1826), *Der Alpenkönig und der Menschenfeind* (U. 1828) – beide wiederum im Wiener Milieu spielend – und *Der Verschwender* (1834), alle drei Zaubermärchen oder Zauberspiele.

Das Mädchen aus der Feenwelt schließt die Geschichte einer Besserung in eine allegorische Rahmenhandlung ein. Der plötzlich reich gewordene, protzige Bauer Fortunatus Wurzel wird krank und kommt erst wieder zu Kraft und Gesundheit, als sein Reichtum vergangen ist und er die Nichtigkeit des Daseins erkannt hat. – *Der Alpenkönig und der Menschenfeind* ist die Geschichte vom reichen Rappelkopf, der die Menschen hasst und vom Alpenkönig Astralagus geheilt wird, der sich ihm als sein Doppelgänger gegenüberstellt. Im Spiegel erkennt der Misanthrop sein eigenes unerträgliches Wesen. Das heilt ihn und weckt wieder die Güte des Herzens in ihm. – Auch *Der Verschwender* hat eine Zauberhandlung. Der reiche Flottwell gerät durch seine Verschwendungssucht in Armut und findet bei seinem ehemaligen Diener, dem Tischler Valentin, Aufnahme. Besonders wirksam sind Szenen im kleinbürgerlichen Tischlerhaus – Valentins Hobellied wurde zum Volkslied.

Da streiten sich die Leut' herum
Wohl um den Wert des Glücks,
Der eine heißt den andern dumm,
Am End' weiß keiner nix.
Das ist der allerärmste Mann,
Der andre oft sehr reich.
Das Schicksal setzt den Hobel an
Und hobelt s' beide gleich. [...]

Zeigt sich der Tod einst mit Verlaub
Und zupft mich: Brüderl, kumm,
Da stell' ich mich im Anfang taub
Und schau' mich gar nicht um.
Doch sagt er: Lieber Valentin
Mach keine Umständ. Geh!
Da leg ich meinen Hobel hin
Und sag der Welt Adje!

In der Ehrlichkeit, Einfalt und in dem Fatalismus des Tischlers Valentin lebt das barocke Grundthema von der Eitelkeit der Welt verwandelt – säkularisiert – fort. Das in Raimunds Werk nur verhalten anklingende gesellschaftskritische Element findet verstärkt Ausdruck im Schaffen Nestroys.

Johann Nestroy (1801–1862)

Johann Nepomuk Nestroy wurde in Wien als Sohn eines Advokaten tschechischer Herkunft geboren, studierte zunächst Jura, wurde dann Opernsänger, 1823 Schauspieler. Während seiner Berufspraxis – er galt als großes komisches Talent und spielte viele Helden seiner Stücke selbst – entwickelte er sich zum Bühnenautor. Von 1854 bis 1860 war er Direktor des Leopoldstädter Theaters; gestorben in Graz.

Der »Wiener Aristophanes« ist ironischer und skeptisch-satirischer als Raimund. Nahezu achtzig Possen hat Nestroy verfasst, deren Handlung zumeist populären englischen und französischen Stücken folgt. Die Zaubermotive verwendet Nestroy im Gegensatz zu Raimund hauptsächlich als Mittel der Situationskomik und des Bühneneffekts. Seine Stärke ist der aggressive und pointierte Sprachwitz, mit dem er seinem Wiener Publikum den Spiegel vorhält. Das Zauberspiel geht bei ihm in Gesellschaftssatire mit tiefen sozialen und psychologischen Einblicken über (*Zu ebener Erde und erster Stock oder Die Launen des Glücks*, 1838, U. 1835); Nestroy ist auch ein Meister der Parodie.

Seinen ersten großen Erfolg errang er mit *Der böse Geist Lumpazivagabundus oder Das liederliche Kleeblatt* (1835, U. 1833), die Komödie dreier leichtsinniger Handwerksburschen, die das große Los gewinnen. Nur an der Oberfläche ein Besserungsstück, zeigt es eher die letztendliche Unveränderlichkeit menschlicher Schwächen und Laster. Diese pessimistische Einsicht ergibt sich auch aus der Posse *Die Familien Zwirn, Knieriem und Leim oder Der Weltuntergang* (1834), die eine Art Fortsetzung des *Lumpazivagabundus* darstellt. Ein besonderer Rang eignet dem Stück *Der Talisman* (1840), der Geschichte des Titus Feuerfuchs, in der Handlung und satirischer Gehalt zu völliger Übereinstimmung gelangen. Um seiner Karriere willen muss

Johann Nestroy als Knieriem und als Blasius Rohr

Feuerfuchs seine roten Haare verbergen, bis ihm ein Vermögen zuteil wird, das ihn von der Rücksicht auf die gesellschaftlichen Vorurteile befreit. Dieser versöhnlich wirkende Schluss ist insofern trügerisch, als in Wahrheit nur eine unbegründete Meinung gegen eine andere ausgetauscht wurde: Nun ist es der Reichtum, der das positive Vorurteil begründet und das mit der Rothaarigkeit verbundene negative entkräftet.

Einen Jux will er sich machen (1844, U. 1842) beschreibt den Versuch des Kolonialwaren-Kommis Weinberl, der Enge seines Lebens zu entkommen. Der Versuch misslingt, die Bescheidung im Gegebenen stellt den fragwürdigen Verzicht auf ein legitimes Ziel dar. *Der Zerrissene* (1845, U. 1844) parodiert das modische Lebensgefühl der »Zerrissenheit«. Erst eine wirkliche Gefahr und die Hilfe einer Frau wirken heilend: »Jetzt seh ich's erst, […] dass ich wirklich ein Zerrissener war. Die ganze eh'liche Hälft hat mir g'fehlt.«

Aus Nestroys Monologen und Dialogen ließe sich eine Sammlung prägnanter Aphorismen zusammenstellen, die private bis zu überpersönliche Beobachtungen auf die witzigste Art formulieren (»Die edelste Nation unter allen Nationen ist die Resignation«; »Die Nerven von Spinngeweb', d'Herzen von Wachs und d'Köpferl von Eisen, das ist ja der Grundriss der weiblichen Struktur«).

Patriotische und unterhaltsame Tagesgrößen

JOHANN LADISLAV PYRKER VON OBERWART (1772 bis 1847), Zisterzienser, Abt, dann Bischof und Patriarch von Venedig, schrieb historische Dramen aus der vaterländischen Geschichte. EDUARD VON BAUERNFELD (1802–1890) war mit seinen Stücken voll gefälliger Dialogkunst ein ständiger Lieferant der Wiener Burg. Er griff viele Stoffe auf, anfangs fast ausschließlich aus dem Bereich des Unterhaltsamen, verherrlichte dann in dem historischen Schauspiel *Ein deutscher Krieger* (1844) die Einigung unter der Führung Österreichs und erlebte in hohem Alter noch die Aufführung seiner Tragödie *Des Alkibiades Ausgang* (1883) im Burgtheater. FRIEDRICH HALM, eigentlich Eligius Freiherr von Münch-Bellinghausen (1806–1871), war einer der erfolgreichsten Dramatiker am Burgtheater, das sich zu dieser Zeit Grillparzers genialen Dramen verschloss. Hofkreise sahen in dem aristokratischen Autor eine Art Nationaldichter. Von seinen zahlreichen bühnenwirksamen, aber nicht sonderlich tiefen Stücken ist das beste wohl *Mit Verbot und Befehl* (Lsp., 1857), das mit dem komödiantischen Motiv der Verwechslung arbeitet. ERNST ELIAS NIEBERGALL (1815 bis 1843) aus Darmstadt ist der einzige unter den zahlreichen Verfassern von Lokalpossen zu jener Zeit, der sich mit einem Stück neben den Autoren aus Wien auf der Bühne halten konnte. Sein mundartliches Lustspiel *Datterich* (1841) handelt von einem liederlichen, ewig durstigen Genie, einem kleinstädtischen Falstaff, der mit Angebereien über die Umwelt triumphiert.

Karl Leberecht Immermann (1796–1840)

Der Sohn einer preußischen Beamtenfamilie, in Magdeburg geboren, nahm am Krieg gegen Napoleon teil, wurde Jurist und 1827 Landgerichtsrat in Düsseldorf, außerdem für einige Zeit Leiter des Düsseldorfer Theaters, das er zu einer »Deutschen Musterbühne« zu entwickeln suchte und zu dem er vorübergehend auch Grabbe heranzog. Die wertvollen Lebenserinnerungen sind u. d. T. *Memorabilien* (1840–43) erschienen. Gestorben in Düsseldorf.

Immermanns Leben und Werk ist bestimmt durch das Verhängnis, zwischen den Zeiten zu stehen. Wie wenige erkannte er die Krise und den Umbruch seiner Epoche, rang aber lange um gültige dichterische Gestaltung. Nüchtern, illusionslos sah er in die Zukunft, empfand jedoch die Schatten der Vergangenheit zu dunkel, als dass er die Kraft zum befreienden Wort gefunden hätte. Als erfolgreicher Theaterleiter bewies er Kenntnis der Bühnen, löste sich aber in seinen eigenen Dramen nur schwer von den klassischen Vorbildern. Sein *Trauerspiel in Tirol* (1827, Neubearbeitung 1834 u. d. T. *Andreas Hofer, der Sandwirt von Passeyer*) fand Goethes und Heines Anerkennung. Am besten geglückt ist die historische Tragödie *Alexis* (1832). Im Weltanschauungsdrama *Merlin. Eine Mythe* (1832) blieb das Gespräch in Auseinandersetzungen über den Zwiespalt von Mensch, Gott und Welt stecken.

(→ S. 234)

HEINRICH LAUBE (1806–1884) erwarb Verdienste als Leiter des Leipziger Stadttheaters, später als langjähriger Direktor des Wiener Burgtheaters. Er hat Erzählungen und Dramen geschrieben, die wie seine Romantrilogie *Das junge Europa* (1833/37) heute vergessen sind. Über seine dramaturgischen Einsichten und Erfahrungen berichtete er in Aufsätzen (*Briefe über das*

deutsche Theater, 1846/47; *Das Burgtheater*, 1868; *Das norddeutsche Theater*, 1872; *Das Wiener Stadttheater*, 1875) und Erinnerungsbüchern, die sich gegen die bürokratische Bevormundung der Schaubühne aussprechen. Auch KARL GUTZKOW war mit historischen Lustspielen erfolgreich (*Zopf und Schwert*, 1844; *Das Urbild des Tartuffe*, 1847, U. 1844), eroberte die Bühne aber schon vorher mit einem Künstlerdrama (*Richard Savage oder der Sohn einer Mutter*, 1839) und blieb bekannt vor allem mit der Tragödie *Uriel Acosta* (1846).

Dem Jungen Deutschland war ein aufklärerisches Element und zukunftsgläubiger Optimismus eigen. Anders vollzog sich die Abkehr von der idealistischen Tradition bei dem Dramatiker Grabbe, dessen revolutionärer Wille sich mit Pessimismus und dem Fatalismus seiner Weltsicht verband.

Christian Dietrich Grabbe (1801–1836)

Der Sohn eines Zuchthausaufsehers in Detmold nahm nach dem gescheiterten Versuch, Schauspieler zu werden, ein vorher begonnenes Studium wieder auf, wurde nach Ablegung des juristischen Examens Militärgerichtsbeamter im Leutnantsrang, aber wegen Undiszipliniertheit und Trunksucht entlassen. 1834 ging er nach Düsseldorf, wo Karl Immermann ihn an seinem Theater beschäftigte, 1836 kehrte er nach Detmold zurück, wo er, an Rückenmarkschwindsucht erkrankt, physisch und psychisch erschöpft, im selben Jahr starb.

Grabbe war, fern der Aktualität der Jungdeutschen, aber nicht ohne radikalen gesellschaftskritischen Bezug, ein Nachfahre des Sturm und Drang, genial und selbstzerstörerisch, eine ursprüngliche Naturbegabung, seelisch gefährdet. Er konnte sich nicht lösen von der Vorstellung, dass »allmächtige Bosheit den Weltkreis lenke«; der Mensch schien ihm dazu bestimmt, »dass über ihn die Hölle triumphiere«. Solches Schicksal wollte er bannen durch die Darstellung großer Helden und seiner Zeit so den Sinn für Größe und Erhabenheit wiedergeben, Bourgeoisielüge, Klassenjustiz, Soldatenmisshandlung demaskieren. Hinter seinen gesteigerten Heldenbildern werden Skepsis und Verzweiflung sichtbar.

Schon die Titel seiner Dramen machen seinen Willen zur Gestaltung heldisch-tragischer Taten deutlich. In der Tragödie *Don Juan und Faust* (1829) stellt er die Titanen des Genusses und des geistigen Strebens einander gegenüber, so die zwei Seelen, an denen Goethes Faust leidet, auf zwei Personen verteilend. Beide bleiben, wie Grabbe selbst, unerlöst. Das Drama *Napoleon oder Die hundert Tage* (e. 1831, U. 1869) zeigt, wie die

Christian Dietrich Grabbe

Georg Büchner (1813–1837)

Büchner, geboren in Goddelau bei Darmstadt, stammte väterlicherseits aus einer Familie von Medizinern, Wundbadern und Dorfchirurgen, aus der im zunehmenden Maße wissenschaftliche Begabungen hervorgingen, während die Veranlagung zur Literatur in der mütterlichen Linie erkennbar wird. Er studierte in Straßburg und Gießen Naturwissenschaften, Philosophie und Medizin, musste Gießen aber wegen seiner politischen Aktivitäten verlassen. Ein Spitzel hatte die Gründung der von ihm mit einem Freund ins Leben gerufenen »Gesellschaft der Menschenrechte« verraten. Büchner floh erst nach Straßburg und wurde dann – von der hessischen Justiz inzwischen steckbrieflich gesucht – Privatdozent für Vergleichende Anatomie an der Universität in Zürich. Dort starb er, 24-jährig, an einem Nervenfieber. Seine Dissertation über das Nervensystem der Barbe *(Mémoire sur le système nerveux du barbeau)* ist postum erschienen.

Engagiert erlebte Büchner die Wandlung der Zeit mit. Er hielt wenig vom liberalen Bürgertum, das sich als Vorkämpfer einer besseren Zukunft fühlte, und von dessen politischer Dichtung. Er drängte zur Tat, zum Kampf gegen materielles Elend und religiösen Fanatismus, sein Ziel war eine soziale Revolution. Agitatorisch führte er diesen Kampf in den von ihm redigierten und im Geheimen verbreiteten Flugschriften des *Hessischen Landboten*. Allerdings bedeutete das Studium der französischen Revolution bereits für den 21-jährigen eine enttäuschende Erfahrung. Er schrieb an seine Braut:

Schon seit einigen Tagen nehme ich jeden Augenblick die Feder in die Hand, aber es war mir unmöglich, nur ein Wort zu schreiben. Ich studirte die Geschichte der Revolution. Ich fühlte mich wie zernichtet unter dem grässlichen Fatalismus der Geschichte. Ich finde in der Menschennatur eine entsetzliche Gleichheit, in den menschlichen Verhältnissen eine unabwendbare Gewalt, Allen und Keinem verliehen. Der Einzelne nur Schaum auf der Welle, die Größe ein bloßer Zufall, die Herrschaft des Genies ein Puppenspiel, ein lächerliches Ringen gegen ein ehernes Gesetz, es zu erkennen das Höchste, es zu beherrschen unmöglich. Es fällt mir nicht mehr ein, vor den Paradegäulen und Eckstehern der Geschichte mich zu bücken. Ich gewöhnte mein Auge ans Blut. (Gießen, nach dem 10. März 1834)

Die fatalistische Stimmung solcher brieflichen Äußerungen beherrscht auch Büchners erstes Drama *Dantons Tod* (verstümmelt 1835, vollständig zuerst 1879; U. 1902). Sein Danton, Genie und engagierter Politiker, glaubt nicht mehr an die Revolution, denn jegliches Handeln ist nutzlos, die Menschen sind »Puppen, von unbekannten Gestalten am Draht gezogen«.

vier Jahre später entstandene Tragödie *Hannibal* (1835, U. 1818), den großen Einzelnen, den Handelnden, der dem Zufall, der Trägheit der Masse, der Macht der Verhältnisse ausgesetzt ist; es zeigt Napoleon aber auch in seiner geschichtlichen Begrenztheit: »Er ist kleiner als die Revolution, nicht er, die Revolution lebt noch in Europa.« Kampfszenen nehmen einen breiten Raum ein. Dieses erste Massendrama der Literatur führt eine ganze Schlacht auf der Bühne vor und bringt damit realistisch-naturalistische Elemente ins Drama.

Weitere Geschichtsdramen Grabbes sind *Herzog Theodor von Gothland* (1827, e. 1822), *Marius und Sulla* (1827, e. 1823), *Kaiser Heinrich der Sechste* (1830). Sein letztes Werk *Die Hermannsschlacht* (1838) ist vorwiegend ein Landschaftsgemälde mit Schlachtszenen.

Der Gedanke an die Heimat hat mich auf etwas aufmerksam gemacht, was mir so nahe lag, nämlich ein großes Drama aus der Hermannsschlacht zu machen; alle Täler, all das Grün, alle Bäche des lippischen Landes, das Beste der Erinnerungen aus meiner [...] Kindheit und Jugend, soll darin grünen, rauschen und sich bewegen.

In Grabbes früher, aus seiner Studentenzeit stammenden Komödie *Scherz, Satire, Ironie und tiefere Bedeutung* (1827, U. 1876) wird das Leben im Allgemeinen und die Literatur im Besonderen verspottet; der Dichter Rattengift ist der modische Literat, die tiefere Bedeutung ist die Einsicht in die Sinnlosigkeit der Welt.

Die Tatkraft des Revolutionärs schlägt um in Passivität.

Danton, der des Blutvergießens müde ist, versäumt es, rechtzeitig seinem Nebenbuhler, dem radikalen Doktrinär Robespierre, entgegenzutreten. Erst als er gefangen gesetzt wird, rafft er sich zu einer großartigen Verteidigungsrede auf. Aber seine Feinde, die ihn noch als Gefangenen fürchten, fällen das Todesurteil. In zynischer Gefasstheit nimmt Danton von seinen Freunden Abschied: »Die Welt ist das Chaos. Das Nichts ist der zu gebärende Weltgott.«

Büchner schrieb das Drama, ständig von Verhaftung bedroht – »die Darmstädter Polizeidiener waren meine Musen« –, 1835 binnen weniger Wochen nieder. Er hat manches in den Reden wörtlich aus Geschichtsquellen übernommen. Karl Gutzkow ermöglichte um den Preis redaktioneller Eingriffe die Veröffentlichung, die ungekürzte Edition besorgte Karl Emil Franzos.
In Zürich schrieb Büchner das phantasievolle Lustspiel *Leonce und Lena* (1836). Vielstimmig in seiner Leichtigkeit, die Trauer und Poesie, Heiterkeit, Ironie und melancholische Langeweile enthält, zeigt es bereits durch das Zitat vor der ersten Szene (»O wär' ich doch ein Narr! / Mein Ehrgeiz geht auf eine bunte Jacke«) den Einfluss Shakespeares. Die »Vorrede« stellt zwei Haltungen einander gegenüber: Alfieri: »E la fama?« Gozzi: »E la fame?« In die Handlung der Liebeskomödie baut Büchner eine Satire ein. Die Bauern, die vor Hunger kaum stehen können, müssen bei der Vorbeifahrt des Serenissimus Spalier bilden:

Landrat: Gebt Acht, Leute, im Programm steht: »Sämtliche Untertanen werden von freien Stücken, reinlich gekleidet, wohl genährt, und mit zufriedenen Gesichtern sich längs der Landstraße aufstellen.« Macht uns keine Schande!
Schulmeister: Seid standhaft! Kratzt euch nicht hinter den Ohren und schnäuzt euch die Nasen nicht (mit den Fingern), so lang das hohe Paar vorbeifährt und zeigt die gehörige Rührung, oder es werden rührende Mittel gebraucht werden. Erkennt, was man für euch tut: Man hat euch gerade so gestellt, dass der Wind von der Küche über euch geht und ihr auch einmal in eurem Leben einen Braten riecht. Kennt ihr noch eure Lektion? He? Vi!
Die Bauern: Vi!
Schulmeister: Vat!
Die Bauern: Vat!
Schulmeister: Vivat!
Die Bauern: Vivat!
Schulmeister: So, Herr Landrat. Sie sehen, wie die Intelligenz im Steigen ist. Bedenken Sie, es ist Latein. Wir geben aber auch heut Abend einen transparenten Ball mittelst der Löcher in unseren Jacken und Hosen und schlagen uns mittelst unseren Fäusten Kokarden an die Köpfe. (3. Akt, 2. Szene)

Georg Büchner

Ein Bild von Not und Elend des kleinen Mannes hat Büchner in seinem *Woyzeck* (1875, e. 1836) gezeichnet. Das soziale Drama zeigt am Beispiel des Soldaten Woyzeck das Leiden und Ausgeliefertsein des anonymen Menschen.

Woyzeck, der zu medizinischen Experimenten missbrauchte, verachtete Soldat, ersticht in der dumpfen Aufgewühltheit seines Gefühls aus Eifersucht Marie, die er liebt und die sich vergnügungslustig und leichtsinnig mit einem Tambourmajor abgegeben hat. Getrieben, gehetzt, verstört geht er ins Wasser.

Woyzeck wird zum Sinnbild des wehrlosen, gequälten, von Herkunft und Milieu abhängigen Menschen, dessen Handeln bestimmt und gebunden ist, der in seiner ausweglosen Einsamkeit zum Verbrecher wird. Büchner drückt in diesem Drama die fatalistische Weltverzweiflung in dem Märchen aus, das die Großmutter den Kindern erzählt und das in Wahrheit ein Anti-Märchen ist:

Es war einmal ein arm Kind und hat kei Vater und kei Mutter, war alles tot, und war Niemand mehr auf der Welt. Alles tot, und es is hingangen und hat greint Tag und Nacht. Und weil auf der Erde niemand mehr war, wollt's in Himmel gehn, und der Mond guckt es so freundlich an; und wie's endlich zum Mond kam, war's ein Stück faul Holz. Und da is es zur Sonn gangen, und wie's zur Sonn kam, wars ein verreckt Sonneblum und wie's zu den Sternen kam, waren's klei goldene

Maria Magdalene, Inszenierung Amélie Niermeyer,
Thalia-Theater Hamburg 1995
Sylvie Rohrer als Klara, Dirk Ossig als Leonhard

Mück, die waren angesteckt wie der Neuntöter sie auf die Schlehe steckt. Und wie's wieder auf die Erd wollt, war die Erd ein umgestürzter Hafen, und es war ganz allein. Und da hat sich's hingesetzt und geweint, und da sitzt es noch und is ganz allein.

Büchner hat in seiner Straßburger Zeit auch zwei Dramen von Victor Hugo (*Marie Tudor* und *Lucretia Borgia*) übersetzt, das Fragment der Erzählung *Lenz* sowie möglicherweise ein (verschollenes) Drama über Pietro Aretino verfasst. (→ S. 242)

Friedrich Hebbel (1813–1863)

Hebbel war der Sohn eines armen Maurers zu Wesselburen in Dithmarschen und durchlebte eine harte Jugend. Erst mit zweiundzwanzig Jahren konnte er die Vorbereitung zum Studium beginnen. In Hamburg wurde er von der Näherin Elise Lensing aufgenommen, die ihm in seiner trostlosen finanziellen Lage half. 1836 zog er, um sein Studium zu vollenden, nach Heidelberg, von dort nach München. 1839 kehrte er in äußerster Not zu Fuß nach Hamburg zurück, wo ihn Elise Lensing, die Mutter seiner beiden unehelichen, früh verstorbenen Kinder, erneut unterstützte. Die seit 1841 erscheinenden Dramen besserten seine materielle Lage nicht, endlich gewährte ihm sein Landesherr, der dänische König Christian VIII., ein Reisestipendium. In Paris vollendete Hebbel sein Trauerspiel *Maria Magdalene* und kam 1845 nach Wien. Dort heiratete er die Burgschauspielerin Christine Enghaus und konnte fortan in Geborgenheit die großen Tragödien schreiben. 1849 Feuilletonredakteur der *Österreichischen Reichszeitung*. 1862 Reisen nach Paris und London. Tod in Wien.

Hebbels Dramen wollen »das Individuum im Kampf zwischen seinem persönlichen und dem allgemeinen Weltwillen« darstellen. Schon für die frühen Dramen, die geniale *Judith* (1840) und die Märtyrertragödie *Genoveva* (1843), gelten Hebbels Worte: »Die Gottheit selbst, wenn sie zur Erreichung großer Zwecke auf ein Individuum unmittelbar einwirkt und sich dadurch einen willkürlichen Eingriff ins Weltgetriebe erlaubt, kann ihr Werkzeug vor Zermalmung durch dasselbe Rad, das es einen Augenblick aufhielt und anders lenkte, nicht schützen.«

Nur einmal hat Hebbel ein Gegenwartsdrama geschrieben, das bürgerliche Trauerspiel *Maria Magdalene* (1844). Er verwertet darin Erfahrungen aus seiner Münchner Zeit und betont in seinem Tagebuch, dass er durch das einfache Lebensbild selbst zu wirken und die Reflexion zu vermeiden suche. »Ganz Bild, nirgends Gedanke [...]. Das ist schwerer als man denkt, wenn man gewohnt ist, die Erscheinungen und Gestalten, die man erschafft, immer auf die Ideen, die sie repräsentieren, überhaupt auf das Ganze und Tiefe des Lebens und der Welt zurückzubeziehen.« Der Konflikt entsteht aus dem Milieu selbst, aus der Isolation der in kleinbürgerlicher Enge aufeinander angewiesenen und dennoch ohne Verbindung nebeneinander herlebenden Menschen.

Klara, die Tochter des Tischlermeisters Anton, ist mit dem Schreiber Leonhard verlobt. Dieser verlässt sie, obwohl sie von ihm ein Kind erwartet, angeblich weil ihr Bruder Karl des Diebstahls bezichtigt wird, in Wahrheit, um eine bessere Partie einzugehen. Als Klaras Jugendgeliebter von ihrem Fehltritt hört, zieht er sich zurück (»Darüber kann kein Mann hinweg«), tötet aber den Schreiber Leonhard im Duell. Meister Anton schwört, dass er sich umbringen werde, falls Klara ihm Schande mache. Diese stürzt sich voller Verzweiflung in den Brunnen. Ihr Vater Anton bleibt vernichtet zurück. »Ich verstehe die Welt nicht mehr.«

Anders als in Lessings *Emilia Galotti* und in Schillers *Kabale und Liebe*, den großen bürgerlichen Trauerspielen der Vergangenheit, will Hebbel zeigen, »dass das Tragische nicht aus dem Zusammenstoß der bürgerlichen Welt mit der vornehmen [...] abgeleitet ist, sondern ganz einfach aus der bürgerlichen Welt selbst, aus ihrem zähen und in sich selbst begründeten Verharren auf den patriarchalischen Anschauungen und ihrer Unfähigkeit, sich in verwickelten Lagen zu helfen«. (→ S. 276)

Friedrich Rückert   August Graf von
Platen-Hallermünde

Lyrik und Versepik

Noch immer behauptete im ästhetischen Bewusstsein der aristokratische Vers den Vorrang vor der demokratischen Prosa, und daher handelte es sich bei der Mehrzahl neuer epischer Dichtungen um Verserzählungen und Idyllen. Allerdings rechnete man sie eher der Lyrik als der Epik zu. Die Trennung zwischen den Gattungen wurde als weniger tief wahrgenommen als die zwischen Versepik und Erzählprosa. Die späteren Editionen und Literaturgeschichten sind diesem Beispiel zumeist gefolgt. Die versifizierten Schöpfungen der Biedermeierzeit sind dem Umfang nach eher klein (ausgedehnte Epen waren bei den Verlegern nur schwer unterzubringen), und ihr Reiz besteht zumeist in ihrem Wohlklang oder – wenn es sich um satirische Epen handelt – im durch die Versform zugespitzten Witz.

Annette von Droste-Hülshoff und Eduard Mörike, die großen Lyriker der Epoche, sind zu ihren Lebzeiten nur von einem kleinen Kreis gewürdigt worden. Auch Heinrich Heine, dessen *Buch der Lieder* (1827) später in keinem bürgerlichen Bücherschrank fehlte und weltweit zu Ruhm gelangte, war zunächst kein Erfolg. Zehn Jahre vergingen, ehe der ersten Auflage von 2000 Exemplaren eine zweite folgte. Friedrich Rückert, August von Platen und Nikolaus Lenau waren es, die die Gunst des Publikums gewannen.

Friedrich Rückert (1788–1866)
Rückert, aus Schweinfurt gebürtig, war wie Uhland Gelehrter und Dichter zugleich. Er studierte von 1805 bis 1808 in Würzburg und Heidelberg Philologie und Rechte, habilitierte sich in Jena, unterrichtete am Gymnasium in Hanau und wurde 1826 auf Empfehlung des berühmten Orientalisten Joseph von Hammer-Purgstall Professor für orientalische Philologie in Erlangen, 1841 in Berlin. Seit 1848 lebte er auf seinem Landgut in Neuses bei Coburg.

Der Gymnasiallehrer und Privatgelehrte debütierte im Kriegsjahr 1814 unter dem Pseudonym Freimund Raimar oder Reimer mit einem Band *Deutsche Gedichte*, der 74 *Geharnischte Sonette* enthielt. In der Folgezeit war er besonders als stilistisch gewandter Nachdichter aktiv, so in dem sechsbändigen Sammelwerk fernöstlicher Gedanken- und Spruchdichtung *Die Weisheit des Brahmanen* (1836–39). Rückerts eigenes lyrisches Schaffen, gipfelt in dem Zyklus *Liebesfrühling* (1844) und in den von Gustav Mahler vertonten *Kindertotenliedern* (postum 1872). Der Formenreichtum übertrifft nicht selten den poetischen Gehalt, doch seine Fähigkeit, den Volkston zu treffen, hat viele seiner Lieder lebendig erhalten. Rückerts gemütvolle Art trug ihm den Namen eines »Patriarchen der biedermännischen Hauspoesie« ein. Seine wichtigste Leistung ist die durch Goethes *Divan* angeregte Nachdichtung und Übertragung persischer, indischer und arabischer Poesie.

August Graf von Platen-Hallermünde (1796–1835)
Platen, geboren in Ansbach, stammte aus alter, aber verarmter Adelsfamilie. Er war Kadett, königlich-bayerischer Page, 1814–18 Offizier. Dann studierte er sechzehn Semester lang in Würzburg und Erlangen Rechtswissenschaft, Philosophie, Naturwissenschaften, vor allem aber Sprachen. Eine erste Italienreise 1824 ließ ihn seine künftige Wahlheimat entdecken, Deutschland entfremdete er sich fortan mehr und mehr. Seine homoerotische Veranlagung, die Heine in seinem Literaturstreit mit Platen rücksichtslos ans Licht zog, verstärkte noch seine Isolation. Eine Pension Ludwigs I. von Bayern ermöglichte ihm den dauernden Aufenthalt in Italien, wo er in Syrakus starb.

Platens Tagebücher zeugen von seinen inneren Kämpfen: Er war Aristokrat, aber ohne die Mittel, seinem Stande gemäß zu leben, er fühlte sich in einer Zeit der

Heine auf der Reise nach Paris, Mai 1831
In Frankfurt porträtiert von Moritz Oppenheim

seiner Begabung zur Form sprechen auch seine Balladen, vor allem *Das Grab im Busento. Der Pilgrim von St. Just* erzählt in knapper Form von Kaiser Karl V., dem müden, entsagenden Herrscher über zwei Erdteile. Platens Balladen leben heute noch, während seine satirischen Komödien (*Die verhängnisvolle Gabel*, 1826; *Der romantische Ödipus*, 1829), die sich gegen literarische Erscheinungen seiner Zeit richteten, und sein Epos *Die Abassiden* (1833) vergessen sind.

Heines vormärzliche Lyrik und Versepen

Das Werk, das Heines europäischen Ruhm begründete, war das *Buch der Lieder*, in dem 1827 die bisherigen Lyriksammlungen zusammengetragen wurden: *Junge Leiden, Lyrisches Intermezzo, Die Heimkehr, Aus der Harzreise* und *Die Nordsee.* Als Erster gestaltete er im *Nordsee*-Zyklus das Meer und fand für dessen mythische Größe eine neue Sprache in freien Rhythmen.

Sternlos und kalt ist die Nacht,
Es gärt das Meer;
Und über dem Meer, platt auf dem Bauch,
Liegt der ungestaltete Nordwind,
Und heimlich, mit ächzend gedämpfter Stimme,
Wie'n störriger Griesgram, der gut gelaunt wird,
Schwatzt er ins Wasser hinein,
Und erzählt viel tolle Geschichten,
Riesenmärchen, totschlaglaunig.

Scheinbar einfache, das Gemüt anrührende Gedichte wie *Im wunderschönen Monat Mai, Du bist wie eine Blume, Es fiel ein Reif in der Frühlingsnacht, Ich hab im Traum geweinet* sind kunstvoll mit sicherem rhythmischem Gefühl geformt.

Leise zieht durch mein Gemüt
Liebliches Geläute.
Klinge, kleines Frühlingslied,
Kling hinaus ins Weite.

Kling hinaus bis an das Haus,
Wo die Blumen sprießen,
Wenn du eine Rose schaust,
Sag, ich lass' sie grüßen.

Viele der lyrischen Schöpfungen Heines – dem *Buch der Lieder* folgte die Sammlung *Neue Gedichte* (1844) – sind von Franz Schubert und Robert Schumann kongenial vertont worden. Sein bekanntestes Lied *Ich weiß nicht, was soll es bedeuten*, dessen Thema er Clemens Brentano verdankte, ist zum Volkslied geworden. Heine gelang es, seinen Versen den Ton der Erlebnislyrik zu geben und zugleich doch ironische Distanz durch-

Verbürgerlichung der strengsten Kunst verpflichtet, sein Schönheitsverlangen blieb unter dem deutschen Himmel unbefriedigt.

Tristan

Wer die Schönheit angeschaut mit Augen,
Ist dem Tode schon anheim gegeben,
Wird für keinen Dienst der Erde taugen,
Und doch wird er vor dem Tode beben,
Wer die Schönheit angeschaut mit Augen.

Ewig währt für ihn der Schmerz der Liebe,
Denn ein Tor nur kann auf Erden hoffen,
Zu genügen einem solchen Triebe:
Wen der Pfeil des Schönen je getroffen,
Ewig währt für ihn der Schmerz der Liebe.

Ach, er möchte wie ein Quell versiechen,
Jedem Hauch der Luft ein Gift entsaugen
Und den Tod aus jeder Blume riechen:
Wer die Schönheit angeschaut mit Augen,
Ach, er möchte wie ein Quell versiechen.

Schon die Titel seiner Gedichtbände *Ghaselen* (1821), *Der Spiegel des Hafis* (1823), *Sonette aus Venedig* (1825) zeugen von seiner Vorliebe für antike und orientalische Versmaße. Von der großen Breite und Reichweite

schimmern zu lassen, sodass er auch seine modern gestimmten Leser befriedigte, die das widerspruchsvolle
Verhältnis von Idealität und Realität in der Zeitstimmung empfanden. Auch in seinen Romanzen weiß er
Stimmungsvolles mit Witz zu verbinden. *Nach Frankreich zogen zwei Grenadier'* zum Beispiel ist ein Stim-
mungsbild von starker Dramatik, zugleich Ausdruck
der in ganz Europa verbreiteten Bewunderung für Napoleon.

Seine dichterische Auseinandersetzung mit den Tendenzpoeten enthält das Versepos *Atta Troll. Ein Sommernachtstraum* (1843). In allegorischer Einkleidung
verspottet er das »vage unfruchtbare Pathos« einer
künstlerisch unzulänglichen, mit falschem Anspruch
auftretenden Zeitdichtung. Atta Troll ist ein Tanzbär,
»Sehr schlecht tanzend, doch Gesinnung / Tragend in
der zottgen Hochbrust, / Manchmal auch gestunken
habend; / Kein Talent, doch ein Charakter!«

An Shakespeare erinnert auch der Titel der nächsten
Versdichtung Heines: *Deutschland. Ein Wintermärchen*
(1844), eine satirische Abrechnung.

In 27 Caputs (caput = Kapitel) beschreibt der Autor eine
Reise, die er im Herbst 1843 von Paris über Aachen, Köln,
Paderborn und Minden in das vom großen Brand verwüstete Hamburg unternimmt, um seine dort lebende Mutter
– »das Vaterland wird nicht verderben, / Jedoch die alte
Frau kann sterben« – sowie seinen Verleger Campe zu besuchen. Die einzelnen Stationen vermitteln aktuelle politische Erfahrungen, dienen aber auch der Vergegenwärtigung problematischer Zusammenhänge der deutschen
Geschichte. Die Visitation durch preußische Zöllner, das
preußische Militär, der Dombau in Köln, der Teutoburger
Wald – »das ist der klassische Morast, / Wo Varus stecken
geblieben« –, ein geträumter Besuch bei Kaiser Barbarossa
im Kyffhäuser und viele weitere Episoden geben dem Autor Gelegenheit, seine kritischen Gedanken zu äußern oder
den Leser erraten zu lassen. In einem weiteren Traum begegnet der Reisende in der Hansestadt der Göttin Hammo-
nia, Tochter der Schellfischkönigin, die ihn im Nachtstuhl
Kaiser Karls die deutsche Zukunft riechen lässt, und dem
Zensor mit seiner Schere, der ihm »auf den Leib« rückt:
»Er schneidet ins Fleisch – Es war die beste Stelle.«

Heines Satire schließt mit dem »Rat« an den König von
Preußen, er möge nicht nur die toten Dichter ehren,
sondern auch die lebenden schonen und nicht beleidigen. Sie verfügen über Waffen furchtbarer »als Jovis
Blitz«:

Kennst du die Hölle des Dante nicht,
Die schrecklichen Terzetten?
Wen da der Dichter hineingesperrt,
Den kann kein Gott mehr retten –

Annette von Droste-Hülshoff, Gemälde von J. Sprick, 1888

Kein Gott, kein Heiland erlöst ihn je
Aus diesen singenden Flammen!
Nimm dich in Acht, dass wir dich nicht
Zu solcher Hölle verdammen. (→ S. 280)

Annette von Droste-Hülshoff (1797–1848)

Anna Elisabeth Freiin von Droste-Hülshoff, altem
westfälischem Adel entstammend, die bedeutendste
deutsche Dichterin des 19. Jahrhunderts, schien durch
Herkunft, Glauben und friedliche Abgeschlossenheit
gegen Anfechtungen und innere Ruhelosigkeit geschützt. Aber sie hatte ein leidenschaftliches Gemüt,
das sie nur durch erzwungene Haltung und das Pflichtgefühl gegenüber dem katholischen Glauben zu bän-
digen vermochte.

Annette von Droste-Hülshoff wurde im Wasserschloss
Hülshoff geboren und lebte seit 1826 auf dem Witwensitz
ihrer Mutter im Rüschhaus bei Münster, später auf Schloss
Meersburg am Bodensee, wo sie anfangs Gast bei ihrer
Schwester war, dann in ihrem Rebhäuschen vor Meersburg
wohnte. Sie erhielt sorgfältigen Privatunterricht, Matthias
Sprickmann, der dem »Göttinger Hain« nahe gestanden
hatte, führte sie in die Literatur ein, später war sie mit A.W.
Schlegel und dem Germanisten Karl Simrock, mit Adele
Schopenhauer, Gustav Schwab und Ludwig Uhland be-

kannt. Eine späte Liebe verband sie mit dem Schriftsteller LEVIN SCHÜCKING (1814–1883), Autor zahlreicher kulturhistorischer Romane und Novellen (*Die Ritterbürtigen*, R., 1846, 3 Bde.), der 1841 Bibliothekar ihres Schwagers, des als Germanist bekannten Freiherrn Josef von Laßberg, war. Mit Schücking zusammen arbeitete sie an dem Werk *Das malerische und romantische Westfalen* (1841), das dieser zusammen mit Ferdinand Freiligrath herausgab. Im Jahr der Revolution starb sie in Meersburg, 51 Jahre alt. Zu ihrem späteren Ruhm hat Schücking wesentlich beigetragen (*Annette von Droste-Hülshoff. Ein Lebensbild*, 1862).

Annette von Droste-Hülshoff hat nicht nur ihrer westfälischen Heimat mit den weiten Kornfeldern und Wiesen, dem Heideland, den Weihern und gefährlichen Moorgründen durch ihre Dichtung Gestalt gegeben, sie hat auch der lyrischen Aussage (*Gedichte*, 1838; vermehrt *Gedichte*, 1844) neue Bezirke des Naturlebens erschlossen, hat die leisen Geräusche der Natur, verschwimmende Farbnuancen, das wimmelnde Kleinleben in Wald und Heide aufgenommen und mit aller Genauigkeit in ihrer Lyrik dargestellt.

Sie verzichtet auf die Wiederholung herkömmlicher Weisen und gängiger Fügungen. Herb und streng in der Sprache, eigenwillig im Rhythmus, projiziert sie nicht – wie etwa Lenau – eigene Stimmungen in die Natur, sondern erfasst mit einer Fülle oft völlig neuer Worte, Nuancen von Farben, Lauten, Bewegungen, wie die Natur sie ihr bietet.

Dunkel, Dunkel im Moor,
Über der Heide Nacht,
Nur das rieselnde Rohr
Neben der Mühle wacht,
Und an des Rades Speichen
Schwellende Tropfen schleichen.

Unke kauert im Sumpf,
Igel im Grase duckt,
In dem modernden Stumpf
Schlafend die Kröte zuckt,
Und am sandigen Hange
Rollt sich fester die Schlange.

So beginnt *Das Hirtenfeuer*. Von ähnlicher Faszination sind Gedichte wie *Im Grase, Durchwachte Nacht, Mondesaufgang, Die tote Lerche, Der Heidemann* und

Der Weiher

Er liegt so still im Morgenlicht,
So friedlich, wie ein fromm Gewissen;
Wenn Weste seinen Spiegel küssen,
Des Ufers Blume fühlt es nicht;
Libellen zittern über ihn,

Blaugoldne Stäbchen und Karmin,
Und auf des Sonnenbildes Glanz
Die Wasserspinne führt den Tanz;
Schwertlilienkranz am Ufer steht
Und horcht des Schilfes Schlummerliede;
Ein lindes Säuseln kommt und geht,
Als flüstre's: Friede! Friede! Friede!

Besonders in ihren Balladen hat die Droste das Dämonische der Natur zum Ausdruck gebracht (*Der Knabe im Moor, Die Vergeltung, Der Geierpfiff, Die Schlacht im Loener Bruch*), wie überhaupt diese Form der Dichtung wohl ihre stärkste, auf jeden Fall ihre nachhaltigste Leistung war.

Eine Sammlung ihrer religiösen Lyrik ist *Das geistliche Jahr* (postum 1851), ein Zyklus von Gedichten auf die Sonn- und Feiertage des Jahres, in denen sie um Gnade und Befreiung des »trockenen Herzens« ringt.

Welchen inneren Stürmen die Droste ausgesetzt war, die so still und beherrscht schien, wird in manchen ihrer Briefe oder Gedichte deutlich, in denen ihre Leidenschaft elementar hervorbricht.

Am Turme

Ich steh auf hohem Balkone am Turm,
Umstrichen vom schreienden Stare,
Und lass gleich einer Mänade den Sturm
Mir wühlen im flatternden Haare;
O wilder Geselle, o toller Fant,
Ich möchte dich kräftig umschlingen,
Und, Sehne an Sehne, zwei Schritte vom Rand
Auf Tod und Leben dann ringen!

Nicht minder bedeutend als die Lyrikerin ist die Novellistin.

(→ S. 241)

Nikolaus Lenau (1802–1850)

Lenau, eigentlich Nikolaus Niembsch Edler von Strehlenau, wurde in Csatád geboren. Er entstammte einer österreichischen Offiziersfamilie und kam mit siebzehn Jahren nach Wien. Er studierte dort ohne Abschluss Rechtswissenschaft, Philosophie und Medizin. In Stuttgart, wo er in Cotta seinen Verleger fand, verkehrte er unter anderem mit Justinus Kerner. Seine Unruhe trieb ihn zu ausgedehnten Reisen durch Europa, 1832 sogar nach Amerika, von wo aus er aber im nächsten Jahr enttäuscht zurückkehrte. Er starb, geistig umnachtet, in der Irrenanstalt Oberdöbling bei Wien.

Elterliches Erbe und Zeitumstände bewirkten Lenaus Zerrissenheit. Er verzehrte sich in Weltschmerz und innerer Unrast, der Ausdruck echten, ausweglosen Kummers mischte sich mit einer pathetischen und sehnsuchtsvollen Gebärde. Am stärksten wirkte seine

Naturlyrik (*Gedichte*, 1832), zu der die schönen Schilf-
und Waldlieder zählen:

Schilflied

Auf dem Teich, dem regungslosen,
Weilt des Mondes holder Glanz,
Flechtend seine bleichen Rosen
In des Schilfes grünen Kranz.

Hirsche wandeln dort am Hügel,
Blicken in die Nacht empor;
Manchmal regt sich das Geflügel
Träumerisch im tiefen Rohr.

Weinend muss mein Blick sich senken;
Durch die tiefste Seele geht
Mir ein süßes Deingedenken
Wie ein stilles Nachtgebet.

In seinen episch-lyrischen Dichtungen (*Faust*, 1836;
Savonarola, 1837; *Die Albigenser*, 1842) gelangte Lenau
nicht über Mischformen hinaus, immer wieder wurde
der Zusammenhang des Dargestellten durch widerspruchsvolle Gedanken und Gefühle zerrissen.

Eduard Mörike (1804–1875)

Mörike ist der schwäbischen Raum eigentümlich, wie
der Droste die westfälische Landschaft. Spät hat man
in ihm den großen Lyriker der nachklassischen Zeit erkannt, und erst durch die Vertonungen Hugo Wolfs
wurde er in weiteren Kreisen gewürdigt.

Mörike, Arztsohn in Ludwigsburg, verlor früh den Vater
und studierte später wie die meisten schwäbischen Dichter
Theologie. Er besuchte das Seminar in Urach und das Tübinger Stift. Nach manchen Versuchen, sich mit einem anderen Beruf eine Existenz zu gründen, musste er als Pfarrvikar lange Zeit von einer Stelle zur anderen wandern.
Während dieser Zeit verlobte er sich 1829 mit der Pfarrerstochter Luise Rau, löste aber die Verbindung später wieder.
1834 wurde er endlich Pfarrer in Cleversulzbach, ließ sich
aber bereits 1843 pensionieren, weil Krankheit und Predigt-
scheu ihm sein Amt unleidlich machten. 1851 heiratete er
die katholische Offizierstochter Margarethe von Speeth,
ging nach Stuttgart und lehrte dort von 1851 bis 1866 Literatur am Katharinenstift. Seine letzten Jahre verbrachte er in
Lorch, Nürtingen und Stuttgart.

Es war ein Missverständnis, dass man in Mörike lange
nur den gemütvollen Pfarrherrn sah, der dann und
wann schöne Verse schrieb. Hinter diesem scheinbar
idyllischen Sein stand ein Mensch, der es schwer hatte,
die Gegensätze Kunst und Leben, Beruf und Berufung,
behagliches Glück und innere Not in seiner Dichtung
auszugleichen.

Eduard Mörike

Originell wurde Mörike von Gottfried Keller charakterisiert, der ihn den Sohn des Horaz und einer feinen
Schwäbin nannte. Als Nachkomme Horaz' ergriff ihn
der Zauber der Antike, als Schwabe hatte er den Sinn
für das Volkstümliche. Sein schöpferisches Vermögen
wurde von den Formkräften des klassischen und antiken Erbes bestimmt, aber auch die heimischen Sagen
und Mythen waren ihm vertraut, und er besaß fein-
fühliges Verständnis für die Natur.
Etwas von den dämonischen Mächten erfuhr Mörike
schon in den Jahren 1823/24 bei seiner Begegnung mit
Maria Meyer, die als Peregrina in sein Werk einging. In
der dritten Peregrina-Ode deutete der Dichter ihre geheimnisvolle Herkunft an:

– Wie? wenn ich eines Tags auf meiner Schwelle
Sie sitzen fände, wie einst, im Morgen-Zwielicht,
Das Wanderbündel neben ihr,
Und ihr Auge, treuherzig zu mir aufschauend,
Sagte: da bin ich wieder
Hergekommen aus weiter Welt!

Maria Meyer hat ein unstetes Leben geführt; abenteu-
ernd und schwärmend überließ sie sich ihren Stimmungen. Mörike erlebte seine Liebe zu ihr in einer Mischung von Bezauberung und Grauen:

Ein Irrsal kam in die Mondscheingärten
Einer einst heiligen Liebe.
Schaudernd entdeckt' ich verjährten Betrug.
Und mit weinendem Blick, doch grausam,
Hieß ich das schlanke,
Zauberhafte Mädchen
Ferne gehen von mir.
Ach, ihre hohe Stirn
War gesenkt, denn sie liebte mich;
Aber sie zog mit Schweigen
Fort in die graue
Welt hinaus.

Krank seitdem,
Wund ist und wehe mein Herz.
Nimmer wird es genesen!

Als ginge, luftgesponnen, ein Zauberfaden
Von ihr zu mir, ein ängstig Band,
So zieht es, zieht mich schmachtend ihr nach!

Als der Pfarrvikar Mörike sich im Jahre 1829 mit der Pfarrerstochter Luise Rau verlobte, schien sein Weg in traditionelle Bahnen zu münden. Aber nach vier Jahren wurde die Verlobung gelöst. Von 1834 bis 1843 verlebte Mörike seine vielleicht glücklichsten Jahre in Cleversulzbach an der Seite von Mutter und Schwester, »mit Citronenfaltern und Sommerblumen, mit Obst und Rosensegen und möglichst wenig Predigten, aber ganz erfüllt von der Freiheit des Herzens und der Wärme des Humors«, bemüht um Maß und Harmonie:

Gebet

Herr! schicke, was du willt,
Ein Liebes oder Leides.
Ich bin vergnügt, dass beides
Aus deinen Händen quillt.

Wollest mit Freuden
Und wollest mit Leiden
Mich nicht überschütten!
Doch in der Mitten
Liegt holdes Bescheiden.

Die Stilmittel und Motive seiner Lyrik umfassen Humor *(Das Märchen vom sicheren Mann)* und Idylle *(Der alte Turmhahn)*, Liebesleid *(Peregrinalieder)* und Todesgedenken *(Denk es, o Seele)*.
Mörike hört der »Erdenkräfte flüsterndes Gedränge«, und was ihm die Natur offenbart, fasst er in unvergessliche Bilder. Er hat in Verszeilen wie *Gelassen stieg die Nacht ans Land, Früh, wenn die Hähne krähn, Ein Tännlein grünet, wo, Frühling lässt sein blaues Band wieder flattern durch die Lüfte, O flaumenleichte Zeit der dun-*

keln Frühe! Worte für Farbwirkungen und Stimmungen gefunden, die den Impressionismus der folgenden Epoche vorwegzunehmen scheinen. Die Erfahrung des Moments gewinnt zeitlose Form und Bedeutung.

Septembermorgen

Im Nebel ruhet noch die Welt,
Noch träumen Wald und Wiesen:
Bald siehst du, wenn der Schleier fällt,
Den blauen Himmel unverstellt,
Herbstkräftig die gedämpfte Welt
In warmem Golde fließen.

Mörikes Balladen verbinden Geheimnisse der Natur und menschliches Schicksal: *Der Feuerreiter, Schön-Rohtraut, Die traurige Krönung, Die Geister am Mummelsee, Das verlassene Mägdlein.* Auch ein schöner Gegenstand wird zum Anlass für ein Gedicht:

Auf eine Lampe

Noch unverrückt, o schöne Lampe, schmückest du,
An leichten Ketten zierlich aufgehangen hier,
Die Decke des nun fast vergessnen Lustgemachs.
Auf deiner weißen Marmorschale, deren Rand
Der Efeukranz von goldengrünem Erz umflicht,
Schlingt fröhlich eine Kinderschar den Ringelreih'n.
Wie reizend alles! lachend, und ein sanfter Geist
Des Ernstes doch ergossen um die ganze Form –
Ein Kunstgebild' der echten Art. Wer achtet sein?
Was aber schön ist, selig scheint es in ihm selbst.

Mörikes zeitlose Kunst bildet gleichsam einen Gegenpol zu der den Forderungen der Gegenwart verpflichteten politischen Dichtung, die seit 1840 verstärkt das Tagesgeschehen beherrschte. (→ S. 237)

Lyrik des Vormärz

Im Vormärz kam der Lyrik eine tragende Rolle zu. Zeitweilig war Georg Herwegh der populärste unter den damals führenden Autoren, der schon länger erfolgreiche Ferdinand Freiligrath allerdings wohl von noch nachhaltigerer Wirkung. Daneben sind Hoffmann von Fallersleben und Franz von Dingelstedt zu nennen. Im Gefolge dieser Wortführer bemühten sich zahlreiche begeisterte junge Schreiber – unter ihnen der noch unbekannte Theodor Fontane – um Aufmerksamkeit. Es war ein Aufschwung, der bald mit der sich wieder verschärfenden Zensur in Konflikt geriet und mit dem Scheitern der Revolution verebbte.
AUGUST HEINRICH HOFFMANN VON FALLERSLEBEN (1798–1874) verlor um seiner *Unpolitischen Lieder* (1840/41) willen, die in Wahrheit politische Lieder

waren, seine Stellung als Breslauer Professor der Germanistik. In Band 2 der *Unpolitischen Lieder* erschien dann das Lied *Deutschland, Deutschland über alles*, das er auf Helgoland gedichtet und zunächst als Flugblatt veröffentlicht hatte. Auf Haydns Melodie der österreichischen Kaiserhymne gesungen wurde es 1922 zur deutschen Nationalhymne erklärt. Der politische Professor hat jedoch auch reizvolle Kinderlieder geschrieben *(Alle Vögel sind schon da, Kuckuck, Kuckuck, ruft's aus dem Wald, Ein Männlein steht im Walde).* (→ S. 281) ANASTASIUS GRÜN (eigentlich Alexander Graf von Auersperg, 1806–1876), war mit Lenau befreundet. In den Tagen der Metternich'schen Unterdrückung war er – neben KARL ISIDOR BECK (1817–1879) – der führende österreichische Freiheitsdichter, besonders durch die Gedichtsammlung *Spaziergänge eines Wiener Poeten* (1831), die anonym erschien.

Auch politisch aktive Frauen wie LOUISE ASTON (1814 bis 1871) und LOUISE OTTO (1819–1895), die zuerst 1847 mit einem Gedichtband *Lieder eines deutschen Mädchens* hervortrat, schrieben engagierte Lyrik. Thematisiert wurde nicht nur der Emanzipationsgedanke, sondern auch die soziale Problematik, insbesondere das Weberelend (Aston, *Lied einer schlesischen Weberin*, Otto, *Im Hirschberger Tale*).

Ferdinand Freiligrath (1810–1876)

Freiligrath stammte aus Detmold, der Kaufmannslehrling bildete sich im Selbststudium weiter. Wurde 1839 freier Schriftsteller. Nach der Veröffentlichung von *Ein Glaubensbekenntnis* (1844) floh er zunächst nach Brüssel und lebte dann in London als Kaufmann; 1848 kehrte er zurück, trat dem Kommunistenbund bei und wurde neben Karl Marx Redakteur der *Neuen Rheinischen Zeitung*. Emigrierte 1851 nach Belgien und in die Schweiz, nachdem er sich entschlossen hatte, literarisch für die Opposition einzutreten, wurde 1868 amnestiert und starb in Cannstatt, wo er seit 1874 lebte.

Freiligraths erster, der Orientpoesie Victor Hugos verpflichteter Band *Gedichte* (1838) gewann das Publikum durch seine in glühenden Farben ausgemalte exotische Thematik. Das Fernweh des jungen Dichters, das darin zum Ausdruck kam, ließ sich als Zivilisationskritik verstehen, aber noch nicht als politischer Protest. Für sein Gedicht *Aus Spanien* (1841) erhielt Freiligrath auf Empfehlung Alexander von Humboldts sogar ein jährliches königliches Ehrengehalt zugesprochen. Erst in der Folge wandte er sich, dem Zug der Zeit und besonders dem Einfluss von Hoffmann von Fallersleben folgend, der politischen Dichtung zu. Nach dem Erscheinen von *Ein Glaubensbekenntnis*

(G., 1844) verzichtete er auf das Ehrengehalt. Der an die französische Revolution gemahnende Titel *Ça ira* (1846) und die Sammlung *Neue politische und soziale Gedichte* (1849) zeigt das Fortschreiten seiner Parteinahme an, die allerdings ein Gefühlssozialismus blieb und die Richtung später änderte. (→ S. 281)

Franz Dingelstedt (1814–1881)

Dingelstedt, in Halsdorf bei Kassel geboren, studierte in Marburg Theologie und Philologie, wurde als junger Lehrer in Kassel wegen freiheitlicher politischer Äußerungen strafversetzt, vollzog als Korrespondent der Augsburger *Allgemeinen Zeitung* in Paris und London eine politische Wendung nach rechts, wurde später Dramaturg und Intendant an großen Bühnen in Stuttgart (1846), München (1851), Weimar (1857) und Wien (1867–1880). 1876 in den Freiherrnstand erhoben, gestorben in Wien.

Es sind die *Lieder eines kosmopolitischen Nachtwächters* (1842), die Dingelstedts Bedeutung für die Lyrik des Vormärz begründen. Von den vier Zyklen der Sammlung erörtern allerdings nur die beiden ersten politische Themen: Der erste Zyklus, *Nachtwächters Stillleben*, beschreibt des Wächters Weg durch eine Kleinstadt und schließt ironisch mit der Aufforderung nächst Gott den Landesherrn zu loben; der zweite Zyklus, *Nachtwächters Weltgang*, beschreibt seine Reise durch die deutschen Länder und führt ihn über Duodezresidenzen bis nach Berlin und Wien – mit dem voraussehbaren Ergebnis, dass erst politische Einheit und Freiheit (und zwar beide gleichermaßen!) die bestehenden Verhältnisse zu bessern vermöchten.

Georg Herwegh (1817–1875)

Der Stuttgarter Gastwirtssohn reagierte als Schüler sensibel auf die Scheidung der Eltern, wurde als 19-Jähriger aus dem Tübinger Stift verwiesen und entzog sich dem Militärdienst durch Desertion in die Schweiz. 1837 hatte er in Fanny Lewalds Zeitschrift *Europa* zu publizieren begonnen. Nach dem enormen Erfolg seines ersten Gedichtbands unternahm er 1842 eine Deutschlandreise, die jedoch mit der Ausweisung durch Friedrich Wilhelm IV., der ihn zuvor in Audienz empfangen hatte, einen Aufsehen erregenden Abschluss fand. Herwegh übersiedelte 1843 nach Paris, wo er seine Verehrer durch einen aufwendigen Lebensstil befremdete, und zog weitere Kritik auf sich, als sein Engagement auf Seiten der badischen Aufständischen 1848 mit Flucht in die Schweiz endete.

Noch das Dinergespräch in Theodor Fontanes Roman *Frau Jenny Treibel* und sein Erinnerungswerk *Von Zwanzig bis Dreißig* lassen die sensationelle Wirkung spüren, die Herwegh mit seinen *Gedichten eines Lebendigen* (1841–43) beschieden war, allerdings auch den

Spott, der später in kaum angemessener Weise über ihn ausgegossen wurde:

»›[...] mich in den Schoß des Ewigen verbluten [...]‹ Ja das kenn' ich, meine Gnädigste, das hab' ich damals auch nachgebetet. Aber wer sich, als es galt, durchaus nicht verbluten wollte, das war der Herr Dichter selbst. Und so wird es immer sein. Das kommt von den hohlen, leeren Worten und der Reimsucherei. Glauben Sie mir, Frau Rätin, das sind überwundene Standpunkte. Der Prosa gehört die Welt.« (Frau Jenny Treibel, 3. Kapitel).

Herwegh brachte in seine Lyrik einen revolutionären Ton von emphatischer Aggressivität: »Reißt die Kreuze aus der Erden! Alle sollen Schwerter werden, / Gott im Himmel wird's verzeihn!« Nicht minder dringlich lautete die pathetische Verpflichtung auf die Forderungen der Gegenwart: »Die Zeit ist die Madonna der Poeten, / Die Mater dolorosa, die gebären / Den Heiland soll. Drum halt die Zeit in Ehren: / Du kannst nichts Höheres, denn sie, vertreten.« (Bei einem Gemälde von Cornelius) Für den spöttischen Heine blieb Herwegh gleichwohl eine »eiserne Lerche«. In dem Gedicht Die Tendenz (1844) parodierte er die Zeitdichter:

Girre nicht mehr wie ein Werther,
Welcher nur für Lotten glüht –
Was die Glocke hat geschlagen,
Sollst du deinem Volke sagen,
Rede Dolche, rede Schwerter!

Sei nicht mehr die weiche Flöte,
Das idyllische Gemüt –
Sei des Vaterlands Posaune,
Sei Kanone, sei Kartaune,
Blase schmettre, donnre, töte!

Blase, schmettere, donnre täglich,
Bis der letzte Dränger flieht –
Singe nur in dieser Richtung,
Aber halte deine Dichtung
Nur so allgemein als möglich.   (→ S. 281)

Theodor Fontane (1819–1898)

Der in Neuruppin geborene Sohn eines Apothekers hatte von Vater- und Mutterseite her hugenottische Vorfahren, das von den Eltern gepflegte Selbstverständnis der Koloniefranzosen in Berlin ist auch auf ihn nicht ohne Einfluss geblieben. 1827 zog die Familie nach Swinemünde, wo der Heranwachsende glückliche Eindrücke empfing, die er später in dem »autobiografischen Roman« Meine Kinderjahre beschrieben hat. Fontane erhielt eine unregelmäßige Schulbildung, zunächst durch Hauslehrer in Swinemünde, später auf dem Gymnasium in Neuruppin und in der Gewerbeschule in Berlin. Er absolvierte eine Apothekerlehre

in Berlin, arbeitete als Gehilfe in Burg, Leipzig, Dresden und wieder Berlin, wo er die Revolution von 1848 miterlebte. 1850 wurde er freier Schriftsteller.

Fontanes frühe Lyrik, die er 1840 zu publizieren begann, ist epigonal, besser gelangen ihm politische Gedichte, die im Fahrwasser Herweghs entstanden, Gelegenheitsgedichte und Satirisches. Als ein Beispiel für den Übermut des 20-jährigen Apothekergehilfen sei hier eine Passage aus dem kleinen Epos Burg (postum 1928, e. 1840) zitiert, das erkennbar nach dem Vorbild von Anastasius Grüns Spaziergänge eines Wiener Poeten verfasst ist; beschrieben wird eine Aufführung von Schillers Jungfrau von Orleans in der preußischen Kleinstadt Burg:

Die Musik beginnt; – o Himmel, welche Sphärenmelodien!
Ist es nicht, als ob sechshundert Kater um die Wette schrien?
Einer geigt wie Paganini – nicht um sein Genie zu zeigen,
Weil vier seiner Saiten fehlen, muss er wohl auf einer geigen.
Gott sei Dank, die Töne schweigen, und der Vorhang rauscht
empor,
Thibaut d'Arc nebst drei Susannen tritt als echter Bauer vor,
Ein Herr Träger gab den Alten, war er auch der Kunst kein
Pfleger,
Passt er doch des Namens wegen halb zu ihrem Leichenträger.
Seine teure Ehehälfte spielte die Johanna d'Arc
Himmlisch wie seit zwanzig Jahren, und das ist ein bisschen
stark;
Schminkst du deine Runzelwangen auch mit bestem Orlean,
Macht er doch dich dicke Schachtel nie zur Maid von
Orleans.
Und der schwache König Karl ward fürwahr recht schwach
gegeben,
Lionel war pockennarbig, doch Johanna liebt das eben,
Und der arme schwarze Ritter schien – ihr glaubt vielleicht
ein Neger,
Nein – ein ungeheuer langer, etwas heisrer Schornsteinfeger.
Endlich sah ich Taschentücher statt Johannas Fahnen wallen,
Endlich ist der Witz zu Ende und der Vorhang kaum gefallen,
Hei, da brüll'n die Burger: »Bravo« [...]

Dafür fand sich damals offensichtlich kein Verleger. Wenige Jahre später schrieb derselbe Theodor Fontane seinen Romanzen-Zyklus Von der schönen Rosamunde (1850; e. 1844–47), ein glattes, sentimentales Produkt der Nachromantik, das wie ähnliche Gebilde, die weiterhin entstanden – ein besonderer Erfolg war der Amaranth (1849) von OSKAR VON REDWITZ (1823 bis 1891) – für sich genommen kein Interesse beanspruchen kann. Der junge Fontane versuchte sich in sehr verschiedenen Formen. In dem literarischen Sonntagsverein »Der Tunnel über der Spree«, einer nach der Vorbild der Wiener »Ludlamshöhe« entstandenen Dichter-

Georg Emanuel Opiz: Der Antiquar auf der Leipziger Messe, Aquarell

vereinigung, die sich hauptsächlich aus jungen Offizieren und Beamten zusammensetzte, feierte er mit Liedern auf preußische Feldherrn (*Der alte Zieten, Der alte Derffling* usw.) seine ersten Erfolge. (→ S. 261)

Erzählprosa

Die Gattungen der Erzählprosa sind in der Biedermeierzeit nicht klar geschieden. Die Bezeichnung »Roman« wird von den Autoren gelegentlich für wenig umfangreiche Texte, »Novelle« für sehr viel längere gebraucht (es gibt auch den ausdrücklich so benannten »Kleinen Roman«). Das englische Wort »novel« für Roman trug zu der Verwirrung bei. Auch die Grenze zwischen Novelle und Märchen ist fließend und gibt Anlass von »Märchennovellen« zu sprechen. Wichtiger als die Gattungsproblematik ist jedoch der schnell wachsende Anteil der Erzählprosa an der poetischen Produktion (über ihre Gleichberechtigung mit den versifizierten Formen der Epik gab es in Theorie und Praxis immer noch Streit) und der Lesehunger des Publikums, der in Verbindung mit der verbesserten Schulbildung breitere Schichten erfasste. Die »Lesewut« regierte, notorische Vielschreiber sind am Werk, aber auch Erzähler, die sich der in die Ferne und in die Vergangenheit schweifenden Phantasie zu bemächtigen wissen. Besonders für die noch berufslosen Frauen verläuft die Zeit, gemessen an der Zukunft, in ruhigeren Rhythmen und sichert der Literatur starke Wirkung auf die Vorstellungskraft.

Die Vorstellung nur »Epigonen« einer nunmehr abgeschlossenen Epoche künstlerischer Vollkommenheit zu sein, die nicht wenige Autoren belastete – sie trug zur »Zerrissenheit« der Charaktere bei –, wird also durch die Wirklichkeit insofern korrigiert, als es an zukunftsträchtigen Ansätzen keineswegs mangelt, die Teil eines umfassenderen Prozesses sind. »Der Weg der Prosaerzählformen von der Aufklärung zum programmatischen Realismus ist der unaufhaltsame Siegeszug einer formgeschichtlichen Revolution, auch in Deutschland.« (F. Sengle)

Ausländische Vorbilder spielten in der Biedermeierzeit dafür noch eine bestimmende Rolle, Balzac, George Sand und Eugène Sue, Cooper und vor allem Scott, von dessen einzigartiger Popularität Heine 1822 in seinen *Briefen aus Berlin* berichtet.

Von der Gräfin bis zum Nähmädchen, vom Grafen bis zum Laufjungen, liest alles die Romane des großen Schotten; besonders unsre gefühlvollen Damen. Diese legen sich nieder mit Waverley, *stehen auf mit* Robin dem Roten, *und haben den ganzen Tag den* Zwerg *in den Fingern. Der Roman* Kenilworth *hat gar besonders furore gemacht. [...] Von dem letzten Scottischen Roman:* Der Pirat *sind vier Übersetzungen auf einmal angekündigt.*

Scott schrieb seine Waverleyromane (so benannt nach dem 1814 erschienenen Roman *Waverley*) aus eigener Anschauung von Landschaft, Land und Leuten. Sie schildern den Menschen in seiner Beziehung zur Natur und als Produkt der Geschichte (unter dem Einfluss Herders und Goethes hat Scott auch schottische Volksballaden gesammelt und zusammengefasst herausgegeben in der Sammlung *The Minstrelsy of the Scottish Border*, 1802/03). Von seinen Romanen wurden in Deutschland *Ivanhoe*, *Quentin Durward* und *Kenilworth* am bekanntesten. Das Lob der Kenner fehlte nicht: Goethe anerkannte, wie Eckermann überliefert hat, die Gründlichkeit der Darstellung und bezeichnete Scott als den ersten europäischen Schriftsteller mit modernem Wirklichkeitssinn. Noch Fontane hat 1871 seinem »Lieblingsdichter, noch mehr Lieblings-*Menschen*« einen ausführlichen Essay gewidmet.

Scott war als Romanautor, wie viele seiner Kollegen, von denen manche dutzende von mehrbändigen Romanen verfassten, ein Vielschreiber. Die »Erzählwut«, die mit der »Lesewut« korrespondierte, findet ihre Ursache zum einen in der ursprünglich geringeren Schätzung der Prosa; zum anderen in den bedrängten wirtschaftlichen Verhältnissen auch anspruchsvoller Autoren, die sie zum raschen Produzieren zwang.

KARL LEBERECHT IMMERMANN hat mit seinem Roman *Die Epigonen. Familienmemoiren in neun Büchern* (1836, 3 Bde., daraus bereits 1825 ein Bruchstück u. d. T. *Leben und Schicksale eines lustigen Deutschen*) den ersten Zeitroman geschaffen, der die deutsche Wirklichkeit zwischen 1820 und 1830 schildert: die Wendung vom Feudalismus zur Industrie, vom Idealismus zum Materialismus, den Gegensatz von Adel und Bürgertum, von Stadt und Land und die aufbrechenden sozialen Spannungen. Als »Bruchstück aus einem Roman« begonnen, entstand in zwölfjähriger Arbeit ein kulturhistorisches Dokument, das nicht, wie Immermann es wünschte, als »ein heiteres Kunstwerk« gelesen wurde. Viel zitiert wurde die Äußerung einer Romanfigur:

Wir sind, um mit einem Wort das ganze Elend auszusprechen, Epigonen und tragen an der Last, die jeder Erb- und Nachgeborenschaft anzukleben pflegt. Die große Bewegung im Reiche des Geistes, welche unsere Väter unternahmen, hat uns eine Menge von Schätzen zugeführt, welche nun auf allen Markttischen ausliegen. Ohne sonderliche Anstrengung vermag auch die geringe Fähigkeit wenigstens die Scheidemünze jeder Kunst und Wissenschaft zu erwerben. Aber es geht mit den geborgten Ideen wie mit dem geborgten Geld: wer mit fremdem Gute leichtfertig wirtschaftet, wird immer ärmer.

Immermanns Hauptwerk ist der Roman *Münchhausen, eine Geschichte in Arabesken* (1838/39), ebenfalls ein Angriff auf den Zeitgeist der Dreißigerjahre.

Baron von Münchhausen, der volkstümliche Lügenheld, kommt als geheimnisvoller Unbekannter mit seinem gefräßigen Diener Buttervogel in das westfälische Schloss Schnick-Schnack-Schnurr, wo ein närrischer Edelmann mit seiner ältlichen, überspannten Tochter Emerentia lebt. Münchhausen verblüfft durch seine fabelhaften Erzählungen und den Plan einer Luftverdichtungsaktienkompanie, muss aber, da er als früherer Liebhaber Emerentias erkannt wird, das Weite suchen. In diese Handlung ist die Geschichte vom Oberhof eingelegt. Auf dem Oberhof, dessen Besitzer der Freigraf des Femegerichts ist, treffen und finden sich nach mancherlei Verwirrungen Oswald, in Wahrheit ein schwäbischer Graf, und Lisbeth, in Wahrheit die Tochter Münchhausens und Emerentias. – Beide Teile ergänzen einander: das gespensterhafte Schloss Schnick-Schnack-Schnurr mit seinen närrischen Bewohnern und die kraftvollen Menschen des Oberhofs: Panoptikum und reiner Ausdruck der Natur.

Mit der dörflichen Welt des Oberhofs hat Immermann die erste Bauernerzählung geschaffen, die in ihrem Realismus den Rahmen der ländlichen Idylle sprengte. In dem Freigrafen, der Zentralgestalt des Oberhofs, verkörpert Immermann das echte Bauerntum, den »Granit der bürgerlichen Gesellschaft«. Die Erzählung ist von Immermann als Symbol einer besseren Zukunft gedacht.

Es dauerte geraume Zeit, bis das Romanschaffen der nachklassischen und nachromantischen Epoche zu eigener Prägung fand. Gründlich erneuert wurde die Gattung erst am Ende der Biedermeierzeit durch Stifter und Gotthelf.

Der historische Roman

Die romantische Dichtung hatte sich der Vergangenheit verklärend zugewandt. Zwar fand Achim von Arnim in seinen *Kronenwächtern* einen engeren Anschluss an die Wirklichkeit und verband romantische und realistische Züge. Aber erst unter dem Einfluss von Walter Scott entstand der realistische geschichtliche Roman.

Als sein begabtester Schüler in Deutschland erwies sich WILLIBALD ALEXIS (1798–1871, mit bürgerlichem Namen Wilhelm Häring). In Berlin wuchs er auf, und diese Stadt wurde auch, trotz mancher Reisen, zum Mittelpunkt seines Lebens. Er begann mit einer gelungenen Mystifikation. Sein Roman *Walladmor, frei nach dem Englischen des Walter Scott* (1823/24, 3 Bde.) ließ Scott als Autor vermuten, und wurde in viele Sprachen (darunter auch ins Englische!) übersetzt. Hinter einer humorvollen Besprechung im *Monthly Magazin* meinte Alexis Scott selbst als Rezensenten zu erkennen.

Schon bald wurde Alexis der »märkische Walter Scott« genannt. Er folgte dem schottischen Autor in der Auffassung, dass »der Dichter [...] Geschichte nicht in den Staatsaktionen suchen darf, die zutage liegen, sondern den warmen Pulsschlägen, die das Leben des Volkes machen, nachgehen muss, gleich dem Bergmann, bis in die verborgenen Tiefen ihres Glaubens, ihrer eigensten Art und Sitte«. Mit der brandenburgisch-preußischen Geschichte, die er in seinen Romanen schildert, wird die Landschaft mit den Raubnestern der Ritter und Grafen, den sandigen Wegen, dunklen Föhrenwäldern und schilfbewachsenen Seen lebendig. In den märkischen Gasthäusern werden Anekdoten aus der Geschichte »des Heiligen Römischen Reiches Streusandbüchse« erzählt. Aus einer solchen Anekdote ging der trotz des ernsten Geschehens humorvolle, im 16. Jahrhundert spielende Roman *Die Hosen des Herrn von Bredow* (1846, 2 Bde.) hervor. Alexis erzählt behaglich breit; oft fehlt eine geschlossene Handlung oder wird der Zusammenhang unterbrochen. Die besten seiner Romane sind – neben der Bredow-Geschichte –

Willibald Alexis · Karl Leberecht Immermann

Cabanis (1832, 6 Bde.), *Der falsche Woldemar* (1842, 3 Bde.), *Ruhe ist die erste Bürgerpflicht* (1852, 5 Bde.), *Isegrimm* (1854, 3 Bde.); sie vermitteln ein umfassendes Bild Brandenburg-Preußens von der Mitte des 14. Jahrhunderts bis zum Zusammenbruch des preußischen Staates nach der Schlacht bei Jena und Auerstedt und dem Wiederaufstieg 1813. Bereits bei Alexis ist, wie später bei Fontane, der sich darin als Künstler freilich weit überlegen zeigen wird, der Dialog ein bevorzugtes Darstellungsmittel.

WILHELM MEINHOLD (1797–1851), ein Pfarrer aus Pommern, erzählt in Sprache und Geist des 17. Jahrhunderts in seiner Chroniknovelle *Maria Schweidler, die Bernsteinhexe* (1843) – dramatisiert u. a. von Laube 1847 –, wie eine fromme, unschuldige Frau verdächtigt wird und sich allen Anfeindungen gegenüber im Glauben behauptet.

HERMANN KURZ (1813–1873) aus Reutlingen stellte in dem vaterländischen Roman *Schillers Heimatjahre* (1843, 3 Bde.) schwäbische Zustände unter Karl Eugen gegen Ende des 18. Jahrhunderts dar. Sein zweiter Roman *Der Sonnenwirt* (1854) erzählt von einem auf die Verbrecherlaufbahn geratenen Menschen. Psychologie und Gesellschaftskritik gaben diesem Werk in die Zukunft weisende Züge. Kabinettstücke voller Humor und Lust an der Parodie sind Kurz' Erzählungen *Das Weihnachtsfest* (1856) und *Die beiden Tubus* (1859).

Jeremias Gotthelf (1797–1854)

Dieser bedeutende Erzähler hat lange nur als Heimatdichter, als »Klassiker der Dorfgeschichte«, Anerkennung gefunden. Eine Ausnahme bildet Gottfried Keller, der ihn in seinem wirklichen Rang erkannte.

Jeremias Gotthelf

Jeremias Gotthelf, mit eigentlichem Namen Albert Bitzius, wurde als Sohn eines Pfarrers in Murten (Westschweiz) geboren. Nach seinem theologischen Studium unternahm er 1821 eine Studienfahrt nach Deutschland. 1832 wurde er Pfarrer in Lützelflüh im Emmental und lebte dort »als ein wahrer geistlicher Herr, ein kluger, die Nöte seiner Bauern von Grund auf verstehender Seelsorger« bis zu seinem Tode.

Gotthelf begann erst mit 39 Jahren zu schreiben. »Ich lebte außer allem literarischen Verkehr, und keine Hand zog mich auf und nach. Was ich habe, ist daher nur Natur, und wenn etwas auch Künstlerisches gelingt, so ist es Instinkt.« In seinen Erzählungen, die Schriftdeutsch und heimische Mundart mischen, schildert er die Berner Bauern aus genauer Kenntnis ihrer Sitten. Als vorbildlich gilt eine patriarchalische Ordnung, die verwurzelt ist in der Tradition und den sittlichen Lehren des Christentums. Freiheit besteht in der Gemeinschaft nur dort, wo Liebe zum Nächsten und Ehrfurcht vor Gott herrschen. Arbeit schafft Wohlstand und Reichtum, und die Anerkennung alles Gewordenen gibt Sicherheit,

Festigkeit und Freude (*Doktor Dorbach, der Wühler*, E., 1849; *Erlebnisse eines Schuldenbauers*, R. 1852). Gotthelfs Groll gilt dem gottlosen Materialismus, er mahnt die Schweizer an das ewige Weltgericht und warnt vor dem Alkohol (*Wie fünf Mädchen im Branntwein jämmerlich umkommen*, E., 1838).

Die beiden Romane *Wie Uli der Knecht glücklich wird* (1841) und *Uli der Pächter* (1849) zeigen die Grundlinien seiner Welt- und Lebensanschauung.

Der erste Roman erzählt, wie Uli erst als Knecht vom Bodenbauer Johannes erzogen wird und dann auf einem großen, etwas verwahrlosten Hof bei Joggeli, dem Glunggenbauer, Ordnung im Äußeren und den Verhältnissen der Menschen untereinander schafft. Uli lernt dort das Vreneli, eine arme Verwandte des Hauses, kennen.
Im zweiten Roman wird aus dem Knecht der Pächter. Uli pachtet den Glunggenhof und kann mit der Hilfe Vrenelis alle Fährnisse eines Pächters durchstehen. Da stirbt sein Pachtherr, aber der Hof wird von Hagelhans im Blitzloch, Vrenelis Vater, ersteigert; einst wird der Hof ihr gehören.

Diese knappen Inhaltsangaben lassen Reichtum und Tiefe des Gotthelf'schen Werkes, das vom großen Entwicklungsroman (die Uli-Bände) über das bukolische Epos (*Die Käserei in der Vehfreude*) bis zum psychologischen Liebes- und Familienroman (*Geld und Geist oder Die Versöhnung*), reicht, nur ungenügend erkennen. Gotthelf beherrscht die ganze Skala erzählerischer Mittel von derber Komik bis zur zarten Idylle, von zugreifender Realistik bis zu typisierender Abstraktion. Sein Werk spiegelt das Universum; es erscheint als Kampfplatz, auf dem die guten und bösen Kräfte des Menschen miteinander ringen. In seinem ersten Werk *Der Bauernspiegel oder Lebensgeschichte des Jeremias Gotthelf* (1837) hat er eigene Lebenszüge und -erfahrungen in die Geschichte eines Gemeindejungen verwoben. *Wie Anne Bäbi Jowäger haushaltet und wie es ihm mit dem Doktern geht* (R., 1843/44, 2 Bde.) sollte vor Kurpfuscherei warnen und wurde zum Roman einer Frau, deren tyrannische und engstirnige Mutterliebe das Glück eines Hauses zu zerstören droht. »Das häusliche Leben ist die Wurzel von allem« heißt das Thema seines Familienromans *Geld und Geist* (1843/44); er schildert die Konflikte einer Bauernehe, die durch eine gottergebene Frau gelöst werden. *Die Käserei in der Vehfreude* (R., 1850) entwirft aus Anlass der Gründung einer Käserei das Bild einer ganzen Dorfgemeinde. Die fünf Bände von Gotthelfs *Kleinere Erzählungen* enthalten Geschichten bäuerlicher Brautwerbung (*Michels Brautschau, Wie Joggeli* eine Frau sucht, Wie Christen eine Frau gewinnt) und biedermeierlich zarte Idyllen (Das Erdbeeri-Mareili, Die Frau Pfarrerin). Von besonderem Rang sind die Erzählungen Elsi, die seltsame Magd (1843), eine tragische Geschichte aus der Franzosenzeit von 1796, die Gottfried Keller Goethes Hermann und Dorothea gleichstellte, Kurt von Koppingen (1850), die Lebensgeschichte eines Ritters aus der Zeit des Interregnums und vor allem die einzigartige Geschichte Die schwarze Spinne (1842), in der durch die Pestvision das Wissen um das Dämonische deutlich wird. Das historisch Einmalige wird, mythisch umgedeutet, zu einer Menschheitsgeschichte des Gegensatzes von Gut und Böse.

Bei der Kindstaufe in einem reichen Bauernhaus erzählt der Großvater die Sage von der schwarzen Spinne. Zur Zeit des Spätmittelalters rät die Bäuerin Christine den von einem Ritter übel geschundenen Bauern, sie sollten den Teufel zu Hilfe rufen und ihm dafür ein ungetauftes Kind versprechen. Der um seinen Lohn geprellte Teufel lässt aus Christine eine unheimliche Spinne hervorwachsen, die jedem Lebewesen, das sie berührt, den Tod bringt. Eine tapfere Mutter opfert sich und sperrt das Untier in einen geweihten Zapfen ein. Als nach zwei Jahrhunderten die Menschen wieder gottlos werden, öffnet ein Knecht mutwillig das Gefängnis der Spinne. Von neuem beginnt sie ihr furchtbares Werk, bis wiederum ein Mensch sein Leben hingibt, um sie einzusperren. Glaube, Opferbereitschaft und Ehrbarkeit haben die Gewalt des Teufels bezwungen und das in Gott geborgene Dasein gegen die stetige Drohung des Bösen abgeschirmt.

Gottfried Keller, obgleich weltanschaulich und politisch ein Gegner Gotthelfs, bekannte bei dessen Tod, »dass er ohne alle Ausnahme das größte epische Talent war, welches seit langer Zeit und vielleicht für lange Zeit lebte [...] Man nennt ihn bald einen derben niederländischen Maler, bald einen Dorfgeschichtenschreiber, bald einen ausführlichen guten Kopisten der Natur, bald dies, bald das, immer in einem günstigen beschränkten Sinne; aber die Wahrheit ist, dass er ein großes episches Genie ist.«

Erzählwerke Eduard Mörikes

EDUARD MÖRIKE hatte seinen Jugendroman Maler Nolten (1832, 2 Bde.) als Novelle geplant, aber das im Gefolge von Goethes Wilhelm Meister entstandene Werk wuchs zu einem tragisch endenden Künstler- und Seelenroman, in dem sich manches eigene Erleben spiegelt. Die romantisch-verworrene Handlung wird durch die eingestreuten Peregrina-Lieder und das Schattenspiel Der letzte König von Orplid unterbrochen. Später milderte Mörike die romantischen Elemente. Nach seinem Tod hat sein Freund Julius Klaiber die Umarbeitung zu Ende geführt.

In seinem idyllischen Märchen Das Stuttgarter Hutzelmännlein (1853), mit der in Blaubeuren spielenden Historia von der schönen Lau, hat Mörike die Heiterkeit und Verträumtheit seiner schwäbischen Heimat eingefangen. Sein Meisterwerk aber ist die Novelle Mozart auf der Reise nach Prag (1855).

Mozart und seine Frau, die in Prag der Erstaufführung des Don Juan beiwohnen wollen, geraten auf dem Schloss eines kunstliebenden Grafen in eine adelige Gesellschaft, bei der sie Verständnis und Verehrung finden. Mozart trägt am Klavier aus dem neuen Werk vor. Er »löschte ohne weiteres die Kerzen der beiden neben ihm stehenden Armleuchter aus, und jener furchtbare Choral ‚Dein Lachen endet vor der Morgenröte!' erklang durch die Totenstille des Zimmers. Wie von entlegenen Sternenkreisen fallen die Töne aus silbernen Posaunen, eiskalt, Mark und Seele durchschneidend, herunter durch die blaue Nacht.« Der Erzähler fährt fort: »Es folgte nun der ganze lange, entsetzensvolle Dialog, durch welchen auch der Nüchternste bis an die Grenzen menschlichen Vorstellens, ja über sie hinaus gerissen wird, wo wir das Übersinnliche schauen und hören und innerhalb der eigenen Brust von einem Äußersten zum andern willenlos uns hin und her geschleudert fühlen.« Eugenie, die Nichte des Grafen, empfindet, »dass dieser Mann sich schnell und unaufhaltsam in seiner eigenen Glut verzehre, dass er nur eine flüchtige Erscheinung auf der Erde sein könne, weil sie den Überfluss, den er verströmen würde, in Wahrheit nicht ertrüge.«

Mörike erzählt von Mozart und seiner Kunst als einer erfüllten Gegenwart, die nicht dauern kann. Der Tag aus seinem Leben, der hier in einer Prosa von lauterer Schönheit erzählt wird, klingt aus in dem Gedicht Denk es, o Seele!

Ein Tännlein grünet wo,
Wer weiß, im Walde,
Ein Rosenstrauch, wer sagt
In welchem Garten?
Sie sind erlesen schon,
Denk es, o Seele,
Auf deinem Grab zu wurzeln
Und zu wachsen.

Zwei schwarze Rösslein weiden
Auf der Wiese,
Sie kehren heim zur Stadt,
In muntern Sprüngen.
Sie werden schrittweis gehen
Mit deiner Leiche;
Vielleicht, vielleicht noch eh
An ihren Hufen
Das Eisen los wird,
Das ich blitzen sehe!

Adalbert Stifter, Gemälde von Bartholomäus Székely

Adalbert Stifter (1805–1868)

Stifter ist in seinem epischen Schaffen der bedeutendste Vertreter der deutschen Bürgerklassik. Erst um die Wende zum 20. Jahrhundert erkannte man den Rang seines Werkes – es war die Entdeckung eines »epischen Kontinents«.

Stifter, der Sohn eines Leinenwebers aus Oberplan im Böhmerwald, besuchte das Gymnasium der Benediktiner im Stift Kremsmünster, studierte an der Universität Wien, verdiente sich seinen Lebensunterhalt als Privatlehrer und Maler und wurde 1850 in Linz an der Donau zum Schulrat ernannt. 1865 wurde er pensioniert. Infolge einer schweren Krankheit setzte er seinem Leben selber ein Ende. Mit Mühe fand Peter Rosegger wenige Jahre nach Stifters Tod das verfallene Grab mit dem morschen Kreuz auf dem Linzer Friedhof.

In Stifters Weltbild verbinden sich Goethe'sches Denken und christliche Überlieferung; eine Humanität, die auf Maß und Sittlichkeit, Ehrfurcht, Güte und Reinheit des Herzens beruht. Wesentlich ist die Demut vor aller Schöpfung, in der das göttliche Gesetz auch im Kleinsten waltet.

Stifters Naturverbundenheit zeigt sich vor allem in den immer wieder durchgefeilten Erzählungen der

Bunten Steine (1853) mit dem Untertitel *Ein Festgeschenk*. Es sind Geschichten, die fast alle von Kindern handeln, am großartigsten in *Bergkristall*, dessen Titel ursprünglich *Der heilige Abend* hieß, und rührend in *Kalkstein*, der Geschichte des armen Pfarrers, der in der Kargheit der Natur für die Kinder sorgt. In der Vorrede zu *Bunte Steine*, in der Stifter sich programmatisch zu seiner Kunst äußerte, heißt es:

Das Wehen der Luft, das Rieseln des Wassers, das Wachsen der Getreide, das Wogen des Meeres, das Grünen der Erde, das Glänzen des Himmels, das Schimmern der Gestirne halte ich für groß; das prächtig einherziehende Gewitter, den Blitz, welcher Häuser spaltet, den Sturm, der die Brandung treibt, den Feuer speienden Berg, das Erdbeben, welches Länder verschüttet, halte ich nicht für größer als obige Erscheinungen […]. Die Kraft, welche die Milch im Töpfchen der armen Frau emporschwellen und übergehen macht, ist es auch, die die Lava in dem Feuer speienden Berge emportreibt und auf den Flächen der Berge hinabgleiten lässt.

Auch für das Seelenleben fordert Stifter Hingabe an das »sanfte Gesetz«, das sich in der alltäglichen Bewährung offenbart:

So wie es in der äußeren Natur ist, so ist es auch in der inneren, in der des menschlichen Geschlechtes. Ein ganzes Leben voll Gerechtigkeit, Einfachheit, Bezwingung seiner selbst, Verstandesgemäßheit, Wirksamkeit in seinem Kreise, Bewunderung des Schönen, verbunden mit einem heiteren, gelassenen Sterben, halte ich für groß: mächtige Bewegungen des Gemütes, furchtbar einherrollenden Zorn, die Begier nach Rache, den entzündeten Geist, der nach Tätigkeit strebt, umreißt, ändert, zerstört und in der Erregung oft das eigene Leben hinwirft, halte ich nicht für größer. […] Wir wollen das sanfte Gesetz zu erblicken suchen, wodurch das menschliche Geschlecht geleitet wird. […] Es ist das Gesetz […] der Gerechtigkeit, das Gesetz der Sitte, das Gesetz, das will, dass jeder geachtet, geehrt, ungefährdet neben dem anderen bestehe, dass er seine höhere menschliche Laufbahn gehen könne, sich Liebe und Bewunderung seiner Mitmenschen erwerbe, dass er als Kleinod gehütet werde, wie jeder Mensch ein Kleinod für alle andern Menschen ist.

Stifters erste Novellen in seiner Sammlung *Studien* (1844–50) standen unter Jean Pauls Einfluss, aber schon bald fand Stifter den eigenen Ton. Im *Hochwald* (1841) wird der Gegensatz von ursprünglicher, friedlicher Ordnung und zerstörenden Mächten im Gegeneinander der unberührten Waldlandschaft und der Wirren des Dreißigjährigen Krieges versinnbildlicht. Im *Waldsteig* (1845) gesundet ein in närrischen Einbildungen lebender Sonderling durch die Kraft der Natur und die Schlichtheit eines liebenden Mädchens. Auch *Brigitta* (1844, überarbeitete Fassung 1847) in der

Landschaft der Puszta spielend, ist die Geschichte einer Gesundung.

Stephan Murai erkennt die innere Größe der äußerlich hässlichen Brigitta und heiratet sie. Aber er ist noch nicht reif, ihre Liebe ganz zu erfassen. Die Enttäuschte weist ihn von sich und Stephan verlässt Frau und Sohn. Nach vielen Jahren kehrt er zurück und siedelt sich nahe dem musterhaft von Brigitta bewirtschafteten Gut an. Eine schwere Krankheit Brigittas führt sie einander wieder näher, aber die Erinnerung an die Vergangenheit ist noch so stark, dass sie nur Freunde bleiben wollen. Erst als Stephan unter Einsatz seines Lebens ihren von Wölfen überfallenen Sohn rettet, löst sich die Bitterkeit ihres Herzens. Am Krankenbett des Sohnes finden die Eltern endgültig zueinander.

Das Ganze wird betrachtet, miterlebt und erzählt von einem Außenstehenden, der den Major Murai auf einer Reise kennen gelernt hatte und später dessen Einladung auf sein ungarisches Gut folgte.

In *Der Hagestolz* (1845, überarbeitete Fassung 1950) erzählt Stifter die Geschichte eines Mannes, den der Verzicht auf Liebesglück um den Sinn des Lebens gebracht hat und der in kinderloser Einsamkeit endet, denn »was versäumt war, war nicht mehr nachzuholen«. Von Vereinsamung handelt auch die Geschichte vom Juden *Abdias* (1843, überarbeitete Fassung 1847). Aus den Studien sei noch *Zwei Schwestern* (1845) genannt und *Die Mappe meines Urgroßvaters*, ein Werk, das in vier Fassungen vorliegt: »Urmappe« 1841/42, »Studienmappe« 1847, »letzte Mappe« 1864, Fragment, während der Arbeit an der vierten Fassung starb Stifter. »Dass ich die *Mappe*, mein Lieblingskind, [...] so strenge beurteile, kommt eben daher, weil sie mein Lieblingskind ist und ich an demselben nur das Klarste, Edelste, Schönste sehen möchte. Dass andere nicht so strenge sein werden, weiß ich wohl, aber die anderen wissen dafür auch nicht, was mir vorgeschwebt ist, und was ich erreicht habe. [...] Schreiben musste ich es, weil es eine Seite, und ich bilde mir ein, eine gar so schöne Seite meiner Seele ist«, schreibt Stifter. Die Sammlung *Bunte Steine* (1853) enthält die Erzählung *Bergkristall*, eine Weihnachtsdichtung.

Zwei Kinder verirren sich in der Christnacht auf dem Heimweg von den Großeltern im Schneesturm des Gebirges. In rührender Weise schützt der Knabe die jüngere Schwester, die ihm vertraut. In einer Eishöhle finden sie Schutz; der schreckliche Ton des krachenden Eises schreckt sie zu ihrem Glück aus dem drohenden tödlichen Schlaf, und so erbarmt sich gleichsam die Natur selbst des unschuldigen Lebens. Das Übrige tut die Gemeinschaft des Tales, die die Kinder findet. (→ S. 254)

Der Sarstein bei Alt-Aussee, Gemälde von Adalbert Stifter

Charles Sealsfield (1793–1864)

Charles Sealsfield, geboren in Poppitz (Mähren), aus katholischer Weinbauernfamilie, hieß eigentlich Karl Postl. Auf Wunsch der Eltern wählte er den geistlichen Stand, trat in das Kloster der Kreuzherren in Prag ein und stieg zum Sekretär des einflussreichen Ordens auf. Nicht sicher bekannte Umstände veranlassten ihn 1823 mit Hilfe böhmischer Adliger zur Flucht in die Schweiz, von wo er in die USA weiterreiste. Dort lebte er als Farmer in Louisiana, dann in New York als Schriftsteller, publizierte zunächst anonym oder unter dem Pseudonym C. Sidons, später als Charles Sealsfield, war als Korrespondent in London und Paris tätig, wo er Scott, Börne und Heine kennen lernte, erledigte anscheinend auch politische Aufträge im Dienst der Bonapartisten. Seit 1832 hatte er seinen Wohnsitz in Solothurn, dort schrieb er den Hauptteil seiner Romane, weilte aber 1837 und 1853–58 erneut in den USA. Den Geburtsnamen hat er – vielleicht weil der entflohene Mönch zufolge des abgelegten Armutsgelöbnisses nach österreichischem Gesetz über sein Vermögen nicht verfügen durfte – auch noch in seinem Testament geheim gehalten. »Der große Unbekannte« (so der Titel der Biografie von Eduard Castle, 1952–55) wurde in Solothurn begraben.

Charles Sealsfield

Reich« der mit rassistischen Anklängen verbundene Germanismus (seine »Normannenphilosophie«) und, zumindest bis zum Kriegseintritt der USA 1941, die »Wahlverwandtschaften«, von denen ein Romantitel sprach (*Neue Land- und Seebilder oder die deutsch-amerikanischen Wahlverwandtschaften*, 1839/40). Auch die bereits 1944 im Manuskript abgeschlossene, auf verdienstvollen Quellenstudien beruhende Biografie Castles verrät ihre Entstehungszeit, wenn sie den »Führergestalten« in den Romanen die zeittypische Bewunderung zuteil werden lässt. In der DDR lag der Akzent dagegen auf Sealsfields nachmärzlicher Kapitalismuskritik. Die Gegenwart kann die Fragen, die das politische Bekenntnis des »großen Unbekannten« aufwirft, gelassen beurteilen, ihr Augenmerk gilt dem Autor, der aber von den gesellschaftlichen Rahmenbedingungen nicht ablösbar ist.

Postl kam aus einer, zumindest mütterlicherseits, streng gläubigen Familie und blieb Christ. An organisierter Religion war er, wie viele seiner Zeitgenossen, nicht interessiert, die konfessionelle Enge Solothurns erregte seinen Unwillen. In Prag hatte er Vorlesungen des Philosophen und Mathematikers Bernhard Bolzano (1781–1848) gehört, der 1805 Professor für philosophische Religionslehre an der Karlsuniversität geworden war, aber 1819 im Zuge der von Kaiser und Papst gegen den böhmischen Josephinismus eingeleiteten Maßnahmen zwangspensioniert wurde. Zwischen dem Sturz seines Lehrers und der Flucht aus dem Orden bestanden vermutlich Zusammenhänge, denn auch der Schüler Bolzanos war nunmehr verdächtig und ohne Karriereaussichten. Postls ungezügelte Kritik der österreichischen Verhältnisse erwuchs vor diesem Hintergrund. Bei anderer Gelegenheit hat er, in der Jugend überaus ehrgeizig, sich in Wien um ein Staatsamt bemüht und 1859 das militärisch geschlagene Österreich beredt verteidigt.

Postl-Sealsfields Biografie ist nur lückenhaft bekannt, sein Platz innerhalb der zeitgenössischen Literatur charakteristisch, gleichwohl exzeptionell. Bestimmend für sein Leben waren politisches Kalkül und praktische Ziele, sogar ein »Dichter wider Willen« (M. Brod) ist er genannt worden. Als Theologe hatte er den überkommenen Rhetorik- und Poesieunterricht erhalten, Romane waren für ihn vorzugsweise didaktisch orientiert, die Grenzen zum Reisebericht gegebenenfalls fließend. Im Vormärz als einer der bedeutendsten Erzähler gefeiert, verfiel er später der Kritik der Realisten, die seinen exzentrischen, zu Übertreibungen neigenden Stil und Formverwilderung rügten. Zumeist nur noch in bearbeiteten Ausgaben erhältlich, sanken einige Texte mit betont abenteuerlichem Einschlag zur Bubenlektüre herab, ethnographisch immer noch substanzieller als Karl May, wenngleich ohne dessen suggestive Eingängigkeit. Als die Gründerzeit dem faszinierenden Aufschwung der neuen Welt Konkurrenz zu machen begann, geriet der größere Teil des Werkes in Vergessenheit. Wie von anderen Schriftstellern blieb von ihm mehr oder weniger nur der Name lebendig, mit dem sich unbestimmte Vorstellungen, darunter auch regionaler Besitzerstolz verbanden (der deutsche Weinbauernsohn aus Mähren, der zeitweilig als »the greatest American author« gefeiert wurde). Als politischer Autor lud Sealsfield nicht nur zu seiner Zeit zur (Über-)Interpretation ein. Im Vormärz sprach sein republikanisches und antiklerikales Engagement die fortschrittlicheren Ausleger an, im »Großdeutschen

Der erste, bis 1826 während Aufenthalt in Amerika lieferte ihm den Stoff zu dem zweibändigen Reisebericht *Die Vereinigten Staaten von Nordamerika nach ihren politischen, religiösen und gesellschaftlichen Verhältnissen betrachtet* (1827). Das Werk war eine Aufforderung an das alte Europa zu aufgeklärter demokratischer Entwicklung, es hob den Kampf um politische Selbstständigkeit, den Gemeingeist auf dem amerikanischen Kontinent hervor und korrespondierte insofern mit der im folgenden Jahr erschienenen Schrift *Austria as it is or Sketches of Continental Courts*, auf die im Zusammenhang der literarischen Opposition auf dem Kontinent bereits hingewiesen wurde.

In der Folgezeit hat Sealsfield das Thema USA in vielseitiger Weise in die deutsche Literatur eingeführt. Er hat sowohl die Probleme des jungen Staatswesens als auch die Landesnatur beschrieben – Kämpfe zwischen Siedlern und Eingeborenen und Schwarz und Weiß nicht weniger als die unermessliche Prärie, ihre unvertrauten Katastrophen. Sein erster, in Pennsylvania entstandener, von Cooper beeinflusster und Englisch geschriebener Roman *The Indian Chief or Tokeah and the White Rose* (1828) beschreibt den Untergang der Indianer (Neufassung in deutscher Sprache; u. d. T. *Der Legitime und die Republikaner*, 1833). *Der Virey und die Aristokraten* (1834) und *Süden und Norden* (1843) stellen den Unabhängigkeitskrieg in Mexiko, *Das Cajütenbuch oder Nationale Charakteristiken* (1841) den Aufruhr in Texas gegen die Spanier dar. Die unterschiedlichen Sympathien des Erzählers treten in diesen Romanen deutlich zu Tage, einerseits die positive Bewertung der westwärts gerichteten angloamerikanischen Kolonisation, andererseits das ungünstige Urteil über das von sozialen Lastern und Krankheiten entstellte Mexiko und seine zur Freiheit unfähige Bevölkerung.

Wie Sealsfields Zeitgenossen über *Das Cajütenbuch* dachten, dessen erster Teil *Die Prärie am Jacinto* eine berühmte Naturschilderung enthält, lässt eine Kritik Willibald Alexis' erkennen:

Alles in seiner Schilderung lebt und atmet, Erde, Luft und Wasser. Die feuchtwarmen Dünste der Moorgründe hauchen uns an, wir spüren die Schauer des gelben Fiebers, wir hören das Gewitter, den Orkan heranziehen, den er mit neuen Worten und Ausdrücken schildert. […] Aber noch wärmer und wahrer […] ist die Porträtierung ganzer Nationen und Rassen. Mit einem kräftigen großen Pinsel wirft er Volksgemälde hin, jedes mit anderen Farben und Zügen.

Persönlich erschien Sealsfield als Vorbild, weil er das stagnierende Europa mutig mit dem neuen Kontinent vertauscht hatte, dessen Name wie ein Synonym für Freiheit und Zukunft klang. Tatsächlich artikulierte er wie die anderen Vormärzdichter das Bedürfnis nach Unabhängigkeit, aber sein Begriff von Freiheit war weniger abstrakt als der seiner Kollegen. Da er, ungeachtet mancher Irrtümer und anfechtbarer Meinungen, über mehr Weltkenntnis verfügte als viele »Zeitdichter«, schenkte ihm solche Weltnähe zugleich Abstand – auch zur Literatur. Es war sein Lebensgang, der ihn zu einer vergleichsweise singulären Erscheinung werden ließ. Was ihm zum Künstler fehlte, hat er im Vorwort zu *Morton oder Die große Tour* (R., zuerst 1835 im Zy-

Annette von Droste-Hülshoff, Jagdszene, Scherenschnitt

klus *Lebensbilder aus beiden Hemisphären*) in einer bezeichnenden Bemerkung über Goethe selbst offenbart. »Er [Goethe] schreibt ganz wie der Premierminister, der bloß Umrisse zeichnet, die sein untergeordnetes Personal auszuführen hat.« Da dachte er wohl an das hohe Staatsamt, um das er sich beworben hatte.

Droste-Hülshoff, »Die Judenbuche«

Das erzählerische Meisterstück der ANNETTE VON DROSTE-HÜLSHOFF ist die Novelle *Die Judenbuche. Ein Sittengemälde aus dem gebirgichten Westfalen* (1842). Diese mit psychologischem Realismus und dem Geheimnis des Unwägbaren, mit Spannungsmomenten und Raffung des Geschehens in lakonischen Dialogen arbeitende Prosa gerät in stilistischer Hinsicht in die Nähe der Kleist'schen Novellen.

Friedrich Mergel wächst in einer Umgebung dumpfer Vorurteile und Triebe auf. Der Vater, ein Säufer, wird eines Tages tot aufgefunden. Der Oheim Simon lebt mit seinem unehelichen Sohn Johannes in dem zwielichtigen Kreise bedenkenloser Holzdiebe, die oft Teile von Wäldern abholzen, aber nie gefasst werden. Durch Simon wird Friedrich Mergel in die unbeweisbare Mitschuld an einem Mord verstrickt. Bei einem ländlichen Tanzfest mahnt ihn der Jude Aaron, er solle ihm eine schon vor längerer Zeit gelieferte Uhr, die er protzig zur Schau trägt, bezahlen. Am nächsten Tag ist der Jude erschlagen, Friedrich aber und sein Freund Johannes sind verschwunden. Die Glaubensgenossen des ermordeten Juden kaufen die Buche, unter der sie den Stab des Ermordeten gefunden haben, und bringen an ihr die hebräische Inschrift an: »Wenn du dich diesem Orte nahest, so wird es dir ergehen, wie mir du getan hast.« Als der Mörder nach langer Zeit unerkannt heimkehrt, treibt es ihn an den Ort der Tat, wo er sich an der Buche erhängt.

Frommes Erbarmen, so sagt der Vorspruch, ist die letzte Weisheit angesichts menschlichen Ungenügens:

Wo ist die Hand so zart, dass ohne Irren
Sie sondern mag beschränkten Hirnes Wirren,
So fest, dass ohne Zittern sie den Stein
Mag schleudern auf ein arm verkümmert Sein?
Wer wagt es, eitlen Blutes Drang zu messen,
Zu wägen jedes Wort, das unvergessen
In junge Brust die zähen Wurzeln trieb,
Des Vorurteils geheimen Seelendieb?
Du Glücklicher, geborgen und gehegt
Im lichten Raum, von frommer Hand gepflegt,
Leg' hin die Waagschal, nimmer dir erlaubt!
Lass ruhn den Stein – er trifft dein eignes Haupt!

Büchner, »Lenz«

In der Erzählung *Lenz* (1839, e. 1835) gestaltete GEORG BÜCHNER mit großer Sprachkraft die Spaltung und Zerstörung einer Seele am Schicksal des Dichters Jakob Michael Reinhold Lenz; Karl Gutzkow hat sie in seiner Zeitschrift *Telegraf für Deutschland* zuerst veröffentlicht. Büchners Quellen waren das Tagebuch des Pfarrers Oberlin in Steintal, bei dem Lenz sich 1778 aufhielt, Briefe von Lenz und Goethes Darstellung in *Dichtung und Wahrheit*. Die Erzählung ist Krankheitsbericht, psychologische Studie und dichterische Vision, sie enthält ferner ein für Büchners Kunstauffassung wichtiges Gespräch über Literatur.

Ich verlange in allem – Leben, Möglichkeit des Daseins, und dann ist's gut; wir haben dann nicht zu fragen, ob es schön, ob es hässlich ist. […] Man muss die Menschheit lieben, um in das eigentümliche Wesen jedes einzudringen; es darf einem keiner zu gering, keiner zu hässlich sein, erst dann kann man sie verstehen; das unbedeutendste Gesicht macht einen tiefern Eindruck als die bloße Empfindung des Schönen, und man kann die Gestalten aus sich heraustreten lassen, ohne etwas vom Äußern hineinzukopieren, wo einem kein Leben, keine Muskeln, kein Puls, entgegenschwillt und pocht.

Anders als die Dichter idealistischer Literatur, die ihre ästhetischen Prinzipien durch ihre Gestalten laut werden ließen und die jungdeutschen Autoren, die ihre Gesinnungen geradezu demonstrativ vortrugen, ließ Büchner die szenische Situation selbst sprechen und die Gestalten expressiv »aus sich heraustreten«. Nicht nur Lenz wurde durch ihn zu einer beispielhaften Erscheinung (Peter Schneider, *Lenz*, E., 1973; Wolfgang Dihm, *Jakob Lenz*, Oper, 1979), auch die epische Technik machten Büchners Erzählung zu einem Schlüsseltext der modernen Literatur.

Grillparzer, »Der arme Spielmann«

Prosa höchsten Ranges erschien im Jahrzehnt vor der bürgerlichen Revolution auch noch andernorts – und gelangte ebenfalls erst später zu tieferer Wirkung. Im damals noch nicht zu einer Stadt vereinigten heutigen Budapest kam im Taschenbuch *Iris* FRANZ GRILLPARZERS Erzählung *Der arme Spielmann* (1847, e. 1831–44) heraus. »[…] da von deutscher Einheit, deutscher Flotte und deutscher Weltmacht nichts darin vorkommt und der darin vorkommende Landsmann von jener Tatkraft gar nichts hat, die der Nation auf einmal über Nacht angeflogen ist, so erwarte ich einen nur sehr geringen Beifall«, schrieb Grillparzer an den Herausgeber. In den folgenden Wirren der Revolutionszeit und des Krieges in Ungarn wurde *Der arme Spielmann* tatsächlich nur wenig beachtet. Stifter allerdings, der die Erzählung bereits in den Korrekturfahnen las, urteilte, sie übertreffe alles »was die neue Zeit in diesem Fach hervorgebracht hat. Hier ist menschliche Größe in dem schwächsten zerbrechlichsten Gefäße« (an G. Hekenast, Juli 1847). In seiner weiteren Wirkungsgeschichte hatte das Werk auch unter der Empfindlichkeit des Autors zu leiden. Der geborene Dramatiker maß seiner zweiten Erzählung – nach *Das Kloster bei Sendomir* (1828) – nur begrenzte Bedeutung zu. Ohnedies stand er dem Angebot einer Gesamtausgabe seiner Dichtungen ablehnend gegenüber.

Die Geschichte des Spielmanns wird vor dem Hintergrund Wiens und seiner Vororte erzählt. Bei der Kirchweih in der Brigittenau begegnet der Erzähler einem armen Musikanten, der sein Instrument mit gravitätischem Ernst, aber kümmerlichem Können spielt. Er besucht ihn in seiner dürftigen Wohnung und erfährt seine Lebensgeschichte. Als Sohn aus gutem Hause ist der Spielmann wegen seiner Unbeholfenheit und Weltfremdheit zum verspotteten Straßenmusikanten geworden. In der Lauterkeit seines Herzens und seiner unbedingten Hingabe an die Kunst ist er aber in Wahrheit der verständnislosen Umwelt innerlich überlegen. Während einer Überschwemmung opfert er selbstlos sein Leben.

1871 nahm Paul Heyse die Erzählung in seinen *Neuen Deutschen Novellenschatz* auf. Auch dieser Zeitpunkt war für die Rezeption nicht günstig. In Deutschland feierte man das nach siegreichen Kriegen in Versailles gegründete Hohenzollernreich, der Kulturkampf stand vor der Tür. Schwerlich war eine Novellenfigur denkbar, die unter solchen Umständen befremdlicher anmuten mochte, als dieser hilflose Bettelmusikant aus dem katholischen Wien.

BÜRGERLICHER REALISMUS UND GRÜNDERZEIT 1848–1890

Die Revolution von 1848 markiert auch literarisch einen Einschnitt, denn ihr Scheitern wirkte tief greifend in die künstlerische Entwicklung der Autoren ein, die sich aktiv oder durch ihre Publikationen am politischen Prozess beteiligt hatten. Nicht wenige büßten dafür mit ihrer bürgerlichen Existenz und langfristigem Exil, einige mit dem Leben. Wie der Übertritt Theodor Fontanes in die Regierungspresse zeigt, mündete materielle Abhängigkeit wohl auch in Kollaboration. Wieder andere erfuhren, enttäuscht und ernüchtert, einen Wandel ihrer Anschauungen. Mit der unabweisbaren Wirklichkeit änderte sich das Bewusstsein. An der Oberfläche betrachtet, zieht sich die Literatur im Nachmärz auf das Private oder auf nur regionale Interessen zurück. Gottfried Kellers Kritik an der »Unverantwortlichkeit der Einbildungskraft« in seinen Heidelberger Notizen zum *Grünen Heinrich*, die zum Hauptthema seines Romans wurde, ist jedoch weit über alles Persönliche hinaus auch politisch zu verstehen. Gewinn und Verlust mischten sich.

Tendenziell bereits in der ersten Hälfte des Jahrhunderts angelegt, gewann der Realismus als bestimmender Stilzug nunmehr Vorrang. Dabei blieb das künstlerische Erbe aus Klassik und Romantik dennoch verpflichtend, gewann angesichts der Absage an Rhetorik und Tendenzkunst des Vormärz sogar noch an Gewicht. Die Fragwürdigkeit der machtlosen Worte und eines leer laufenden Literaturbetriebs war nur zu deutlich hervorgetreten. Umso weniger schien die Abschilderung des Tatsächlichen und das Insistieren auf der

fortdauernden Misere zu genügen. Versuche, die neue Stilrichtung zu bestimmen, wie sie besonders in den Fünfzigerjahren unternommen wurden, sind durch das Bestreben gekennzeichnet, zwischen dem Wirklichen und einer ihm zugrunde liegenden Wahrheit zu unterscheiden. »Der Realismus«, schrieb Theodor Fontane, »will nicht die bloße Sinnenwelt […]; er will am allerwenigsten das bloß Handgreifliche, aber er will das Wahre.« (*Unsere lyrische und epische Poesie seit 1848*, 1853). Im Alter hat er auf die Rundfrage: »Lieben Sie das Ideale oder Reale?« nur scheinbar scherzhaft geantwortet: »Die Diagonale.« Die Suche nach einem Idealrealismus beziehungsweise Realidealismus bestimmte die ästhetische Debatte.

Die Literaturgeschichtsschreibung hat daher für die deutsche Spielart des Realismus in der zweiten Hälfte des 19. Jahrhunderts häufig den mit dem Namen Otto Ludwigs verbundenen, in anderem Zusammenhang jedoch bereits bei Schelling erscheinenden Begriff »poetischer Realismus« benutzt. Gemeint ist ein dichterisches Verfahren, das die Wiedergabe von Realität mit Überhöhung und ausgleichender Harmonisierung verbindet. Dahinter stand die von Hegel in seiner *Ästhetik* aufgeworfene Frage, ob und wie künstlerische Gestaltung nach dem »Ende der Kunst«, in einem prosaisch gewordenen Zustand der Welt noch möglich sei. Einen Ausweg aus diesem Dilemma bot der Versuch eines der führenden Ästhetiker, FRIEDRICH THEODOR VISCHER (1807–1887, 1870 geadelt), das gestörte Verhältnis von Poesie und Prosa mit dem Ziel einer

Rehabilitierung der Letzteren neu zu bestimmen (*Ästhetik oder Wissenschaft des Schönen*, 3 Tle., 1846 bis 57). Die »Gewinnung des Poetischen inmitten der Prosa« schien allerdings nur möglich, wenn man sich auf deren »grüne Stellen« beschränkte und ausschloss, was der angenommenen Poetizität widerstrebte.

Öfter noch als von poetischem Realismus hat Ludwig von »künstlerischem Realismus« gesprochen. Eingang in die Literaturgeschichtsschreibung hat aber statt dessen noch ein anderer Terminus gefunden – »bürgerlicher Realismus«, wie ihn auch Fritz Martini für eine große Epochendarstellung verwendet hat (*Deutsche Literatur im bürgerlichen Realismus. 1848–1898*, 1962). Unter historischem Aspekt erscheint diese Benennung konkreter, zumal sie zugleich die spezifische Interessenvertretung des realistischen Programms kennzeichnet. Aber bereits 1889 hat der Schriftsteller und Kritiker LEO BERG (1862–1908) die »hübschen Doppelschildchen« ironisiert.

Auffällig ist der lange Zeitraum, der zwischen den programmatischen Anfängen des bürgerlichen (poetischen) Realismus und dem Erscheinen der Mehrzahl jener Dichtungen liegt, die aus späterer Sicht die Epoche repräsentieren: Die theoretischen Manifeste stammen überwiegend aus den Fünfzigerjahren, Conrad Ferdinand Meyer und Theodor Storm, Fontane und Wilhelm Raabe haben ihre Hauptwerke jedoch erst in den Achtziger- und Neunzigerjahren geschrieben. Vor allem Fontane und Raabe fanden künstlerisch gewissermaßen erst ganz zu sich selbst, als sich die politischen und kulturellen Rahmenbedingungen gegenüber dem Nachmärz von Grund auf verändert hatten und mit den Naturalisten bereits eine andere Generation auf den Plan getreten war. Dagegen sind jene Autoren, die den neuen Stil zuerst erfolgreich und auch programmatisch wirksam vertreten haben, inzwischen weitgehend vergessen.

Gerade die aus heutiger Sicht wichtigsten Werke der Epoche – eine Ausnahme bildet nur der *Grüne Heinrich* – sind Spätwerke, und das gilt auch für das biologische Alter der Verfasser. Eine »Jugendbewegung« wie vergleichsweise der Sturm und Drang ist der poetische Realismus mithin nicht. Die politischen und wirtschaftlichen Rahmenbedingungen sind für diese Eigentümlichkeit mitbestimmend gewesen. Ein Zug bürgerlicher Gesetztheit geht durch die Epoche, ihre Repräsentanten haben die Stürme des Lebens bestanden und sich mit ihnen versöhnt. Oftmals, so wollen es zumindest die Romane, zeigen die kraftvollen Väter mehr Profil als ihre blassen Söhne. Ungeachtet allen

Fortschrittsglaubens dominiert ein konservatives Grundgefühl, gesättigt aus Erfahrung und Humor. Noch ist der Lebenszuschnitt zumeist provinziell, das kräftigt die Originalität.

Aber dieser Reichtum des Regionalen hat auch eine Kehrseite. Bis zur Reichsgründung 1871 fehlte in Deutschland ein großstädtisches Zentrum, das als Austragungsort der gesellschaftlichen Probleme zu dienen und die literarischen Bestrebungen zu bündeln vermochte. Zwar verbanden die Dichter des Realismus gemeinsame Ziele. Sie bewährten sich als getreue Sachwalter regionaler Besonderheiten und deren unverwechselbarer Werte. Veräußerlichung und falsches Pathos, die besonders in der »Gründerzeit« nach Errichtung des auf siegreiche Kriege gegründeten Kaiserreichs sichtbar wurden, waren ihre Sache nicht. Aber ihre Perspektive blieb die ihrer Herkunftsbezirke, oft die einer Randlage. Noch anders war die Situation in Österreich, das seit 1866 aus Deutschland ausgeschlossen war.

Die wirtschaftlichen und sozialen Lebensverhältnisse wandelten sich rasch und führten überall zu Spannungen und Gegensätzen. Dem Bürgertum erwuchs in dem aufstrebenden vierten Stand ein Klassengegner, dem Karl Marx den revolutionären Willen zum Umsturz eingab. Gegen Ende des Jahrhunderts traten die Gegensätze immer deutlicher zutage; Proletariat und Bürgertum standen sich verständnislos gegenüber. Die Industrialisierung zerstörte die kleinstädtischen und agrarischen Lebensformen des Vormärz und die Großstädte wurden bestimmend für den Rhythmus des Lebens.

Auf dem Gebiet der Naturwissenschaft und Technik überstürzten sich Epoche machende Entdeckungen, die nicht nur zur Erschließung ungeahnter Hilfsquellen für das Leben der Menschen führten, sondern auch die materialistische Weltanschauung zu rechtfertigen schienen, die der Arzt und Philosoph LUDWIG BÜCHNER (1824–1899) in *Kraft und Stoff* (1855), der »Bibel des deutschen Materialismus«, populär machte. Denken und seelisches Leben sind danach nichts anderes als das Ergebnis messbarer chemischer und physikalischer Kräfte. David Friedrich Strauß hatte in seinem *Leben Jesu* den frommen Väterglauben bereits in Frage gestellt und Ludwig Feuerbach hatte im Anschluss an sein kritisches Hauptwerk *Das Wesen des Christentums* für einen neuen Sinn des Lebens in irdischer Vollendung geworben. Nach einem durchgreifenden Säkularisierungsprozess standen weite Kreise der Kirche ablehnend oder gar feindselig gegenüber.

Dieser Wandel vollzog sich indessen nicht einheitlich. Der Geist der klassisch-romantischen Tradition blieb für viele weit über die Jahrhundertmitte hinaus ein verpflichtendes Erbe, und während des Kampfes gegen die Kirche vollzog sich in dieser eine auf soziales Handeln gerichtete Erneuerungsbewegung (Friedrich von Bodelschwingh, Theodor Fliedner, Johann Hinrich Wichern, Wilhelm Emanuel Freiherr von Ketteler, Adolf Kolping). Im Widerstreit mit dem philosophischen Positivismus, der alle Metaphysik ablehnte, übten die Werke Hegels und Schopenhauers während des ganzen Jahrhunderts eine starke Wirkung aus.

Die bevorzugte Gattung des poetischen Realismus war die Epik. Kennzeichnend sind die beseelte Wirklichkeitsauffassung und -darstellung, die Überwindung der Lebensspannungen und -dissonanzen im Humor, aber auch die Illusionslosigkeit und der angespannte Wille. Die Novelle profilierte sich als »die strengste Form der Prosadichtung« (Theodor Storm). Daneben entwickelte sich der Roman in seinen unterschiedlichen Prägungen zur künftig wichtigsten literarischen Ausdrucksform: Als Entwicklungs- und Bildungsroman im Gefolge einer spezifisch deutschen Tradition, als Geschichtsroman, wie er einem europaweiten Interesse des »historischen Jahrhunderts« entsprach, schließlich als Gesellschaftsroman, der die Fülle der Wirklichkeit, die Entwicklung von Charakteren und deren Beziehung zur Umwelt und zur Gesellschaft zum Thema hatte. Die Epoche ist auch reich an nichtfiktionaler Prosa von künstlerischem Rang (Jacob Burckhardt, Theodor Mommsen). Als der bedeutendste Lyriker erscheint Storm, neben ihm der mit einzelnen Gedichten auf die Literatur der Jahrhundertwende vorausweisende C. F. Meyer. Das Drama fand zu dieser Zeit nur in Friedrich Hebbel einen bedeutenden, die Tradition eigenwillig fortentwickelnden Vertreter. Die Formkunst des Münchener Dichterkreises, kulturhistorische Dichtung und Mundartdichtung vervollständigen den literarischen Kanon.

Neben der als geschichtsträchtig anerkannten »Hochliteratur« gibt es allerdings auch in dieser Epoche noch eine zweite in den (vermeintlichen) Niederungen des Trivialen. Dazu zählen die Reise- und Abenteuerromane von KARL MAY (1842–1912, *Durch die Wüste*, 1892; *Winnetou, der rote Gentleman*, 1893) ebenso wie die Unterhaltungsromane von EUGENIE MARLITT (eig. John, 1825–1887, *Das Geheimnis der alten Mamsell*, 1867; *Reichsgräfin Gisela*, 1869) und NATALY VON ESCHSTRUTH (1860–1939, *Gänseliesel*, 1886; *Polnisch Blut*, 1887). Die Übergänge zwischen diesen durch Wel-

ten der Respektabilität getrennten Literaturen sind gleitend, denn an Phantasie und erzählerischem Geschick fehlt es den erfolgreichen Vielschreibern nicht. Von den etablierten Kollegen – die triviale Effekte auch nicht jederzeit verschmähen – wird die »Marlitteratur« (P. Heyse) mit teils eifersüchtigem, teils anerkennendem Spott verfolgt (»O wäre doch alles, was sie geschrieben, / Das Geheimnis der alten Mamsell geblieben«) und die Literaturgeschichten behandeln sie mit vielsagender Kürze. Die Kolportageverleger und die Herausgeber der Familienblätter allerdings wissen, wo das Herz des großen Publikums schlägt.

Stichworte zur politischen Geschichte

Während wiederholte Aufstände in Polen misslingen, gelingt Italien zwischen 1857 und 1870 die Verwirklichung der nationalen Unabhängigkeit und Einheit. Otto von Bismarck, 1862 zum preußischen Ministerpräsidenten berufen, schafft im deutsch-dänischen, preußisch-österreichischen und deutsch-französischen Krieg die Grundlagen für die Gründung des kleindeutschen Hohenzollernreiches (1871). Das Habsburgerreich wird aus Deutschland verdrängt und besteht nach dem Ausgleich mit Ungarn (1867) in einer komplizierten Staatsform (»Doppelmonarchie«) bis zu seiner Auflösung 1918 fort. Berliner Kongress 1878. Österreich-Ungarn okkupiert Bosnien und die Herzegowina. Durch seine Bündnispolitik sucht Bismarck den Frieden in Europa zu wahren. Innenpolitisch wird er in Konflikte mit der katholischen Kirche (»Kulturkampf«) und mit der aufstrebenden Sozialdemokratie verwickelt (Sozialistengesetze).

Gesellschaft und Kultur

Aufkommen des vierten Standes. Karl Marx gibt 1848 das *Kommunistische Manifest* (zusammen mit Friedrich Engels) und 1867 den ersten Band seines Hauptwerkes *Das Kapital* heraus. Die deutsche Arbeiterschaft organisiert sich in Gewerkschaften und politisch in der marxistisch bestimmten Sozialdemokratischen Arbeiterpartei. Eine umfangreiche soziale Gesetzgebung des Staates setzt ein, vermag aber den Konflikt zwischen den besitzenden Klassen und dem Proletariat nicht zu überbrücken. Eine Kluft entsteht auch zwischen Arbeiterschaft und Kirche.

Der wirtschaftliche Liberalismus setzt den Freihandel, Gewerbefreiheit und Freizügigkeit durch. Städte werden zu Großstädten. Der technische Fortschritt steigert die industrielle Produktion. Bullock erfindet 1860 die Rotationsmaschine. 1851 findet in London die erste Weltausstellung statt. Die Naturwissenschaften bestimmen aufgrund überwältigender Erfolge weithin das Denken. Die materialistische, alles auf mechanisch-kausale Gesetze zurückführende Sicht der Welt wird durch die Werke Darwins (*Über den Ursprung der Arten durch natürliche Zuchtwahl*, 1859) und Ernst Haeckels (*Natürliche Schöpfungsgeschichte*, 1868) in weite Kreise getragen. Noch blüht die Geschichtswissenschaft, aber insgesamt sehen sich die Geisteswissenschaften zurückgedrängt oder veranlasst, naturwissenschaftliche Methoden zu übernehmen. Die noch junge Wissenschaft der Germanistik, vertreten durch Wilhelm Scherer (1841–1886) orientiert sich methodisch am Positivismus.

Die Philosophie Schopenhauers erlangt nach Erscheinen seiner *Parerga und Paralipomena* (1851) – die leichter zugänglich sind als sein Jahrzehnte früher erschienenes Hauptwerk *Die Welt als Wille und Vorstellung* – große Breitenwirkung: Pessimistisch stimmende Zeitereignisse wie die gescheiterte Märzrevolution, in Österreich die Niederlagen von 1859 und besonders 1866, die Hochflut bourgeoisen Besitzstrebens und blinder Fortschrittsglaube begünstigen eine Stimmung der Ohnmacht und Resignation. In den Achtzigerjahren setzt die radikale Kritik der Zeit durch Friedrich Nietzsche ein.

Malerei: Anselm Feuerbach (1829–1880), dem Rom zur zweiten Heimat wird, findet in der Antike, vermittelt durch italienische Renaissancekünstler, sein bestimmendes Ideal. Die klassizistisch-romantischen Bemühungen werden fortgesetzt von Hans von Marées (1837–1887) und Arnold Böcklin (1827–1901). Gustave Courbet (1819–1877), dessen für die Weltausstellung 1855 eingereichten Bilder größtenteils abgelehnt werden, macht sie in einer eigenen Baracke zugänglich, die er »Pavillon du Réalisme« nennt. Adolph Menzel (1815–1905, 1898 geadelt) Maler und Grafiker, *Abreise König Wilhelms I. zur Armee* (1871), *Eisenwalzwerk* (1875); Hans Thoma (1839–1924, *Schwarzwaldlandschaft*, 1867) und Wilhelm Leibl (1844 bis 1900, *Drei Frauen in der Kirche*, 1878).

Musik: Die Musik der großen klassisch-romantischen Epoche klingt in den monumentalen Sinfonien von Anton Bruckner (1824–1896), im sinfonischen, kammermusikalischen Schaffen von Johannes Brahms (1833-–1897) und den Liedern von Hugo Wolf (1860–1903, *Mörike- und Eichendorff-Lieder*, 1889; *Goethe-Lieder*, 1890) aus. Die Verbindung von Musik und Poesie erstreben Franz Liszt (1811 bis 1886, 1859 geadelt) mit Sinfonischen Dichtungen und Oratorien (*Legende von der hl. Elisabeth*, 1862), Richard Wagner mit seinen Opern, dessen noch in Dresden 1847 abgeschlossener *Lohengrin* 1850 von Liszt in Weimar uraufgeführt wird. 1859 ist Wagners *Tristan und Isolde* vollendet (U. München, 1865), 1868 die *Meistersinger von Nürnberg*. Im (zunächst provisorischen) Festspielhaus in Bayreuth erfolgt 1876 die erste vollständige Aufführung der Tetralogie *Der Ring des Nibelungen*. 1882 wird Wagners letzte Oper, das Bühnenweihefestspiel *Parsifal* uraufgeführt.

Weltliteratur (1851–1875)

England und Irland: George Eliot (1819–1880), *Die Mühle am Floß* (*The Mill on the Floss*, R., 1860), *Middlemarch* (R., 1871/72); Thomas Hardy (1840–1928), *Fern vom Treiben der Menge* (*Far from the Madding* Crowd, R., 1874).

Frankreich: George Sand (eigtl. Aurore Dupin, Baronne Dudevant, 1804-1876), *Das Findelkind* (*François le champi*, K., 1849, R., 1850), *Die Musikantenzunft* (*Les maîtres sonneurs*, R., 1853); Gustave Flaubert (1821–1880), *Madame Bovary* (R., 1857), *Salammbô*, (R., 1863), *Die Erziehung des Ge-*

fühls (*L'éducation sentimentale*, R., 1870); Victorien Sardou (1831–1908), *Fernande* (K., 1870); Alphonse Daudet (1840 bis 1897), *Briefe aus meiner Mühle* (*Lettres de mon moulin*, R., 1869); Edmond de Goncourt (1822–1896) und Jules de Goncourt (1830–1870), *Tagebuch* (*Journal*, 1851/95). Lyrik: Charles Baudelaire (1821–1867), *Die Blumen des Bösen* (*Les fleurs du mal*, G., 1857).

Norwegen: Henrik Ibsen (1828–1906), *Peer Gynt* (Dr., 1867).

Russland: Iwan Gontscharow (1812–1891), *Oblomow* (R., 1858); Iwan Turgenjew (1818–1883), *Väter und Söhne* (*Otcy i deti*, R., 1862); Fjodor Dostojewski (1821–1881), *Verbrechen und Strafe* (*Prestuplenie i nakazanie*, R., 1863); Leo Tolstoi (1828-1910), *Krieg und Frieden* (*Vojna i mir*, R., 1864/69); *Anna Karenina*, (R., 1873/76); Nikolaj Leskow (1831–1895), *Die Klerisei* (Soborjane, R., 1872).

USA: Harriet Beecher-Stowe (1811–1896), *Onkel Toms Hütte* (*Uncle Tom's Cabin*, R., 1851/52); Nathaniel Hawthorne (1804–1864), *Der scharlachrote Buchstabe* (*The Scarlet Letter*, R., 1850); Herman Melville (1819–1891), *Moby Dick*, (R., 1851), *Israel Potter* (R., 1855).

Erzählprosa

Keine andere literarische Gattung erfuhr im Europa nach 1830 einen solchen Aufschwung wie der Roman. In Westeuropa und in Russland erreichte er weltliterarischen Rang. Die deutsche Literatur hielt mit dieser Entwicklung zunächst nicht Schritt; verzögert verlief bereits die Rezeption. Aber auch im deutschen Sprachraum sind es die erzählerischen Gattungen, die der Epoche das Profil geben, wobei neben dem Roman – der bis weit ins 19. Jahrhundert hinein als ästhetisch eher zweitrangig galt – die Novelle einen ebenbürtigen Platz einnimmt.

Ursprünglich nur der Bericht eines merkwürdigen Ereignisses oder eine abenteuerliche Geschichte stellt die Novelle eine aus einfachen Anfängen hervorgegangene Gattung dar, die seit Goethes *Unterhaltungen deutscher Ausgewanderten* eine rasche Entwicklung nimmt und im Schaffen Kleists einen ersten künstlerischen Höhepunkt erreicht. Sie wird schon bald populär; bereits Theodor Mundt hat von der Novelle als dem »Deutschen Hausthier« gesprochen. Dem gewachsenen Stoffbedürfnis der Familienblätter entsprechend erlebt sie eine fragwürdige Konjunktur mit allen negativen Folgen »literarischer Fabrikware« (W. Raabe). Theodor Storm wiederum, das ist Würdigung und Mahnung zugleich, nennt sie die »Schwester des Dramas und die strengste Form der Prosadichtung«. Mit Gottfried Keller, dem »Shakespeare der Novelle«

Adolph von Menzel: Eisenwalzwerk, 1875

(P. Heyse), mit Storm und Conrad Ferdinand Meyer, dem »Tacitus« (F. Th. Vischer), findet die Novelle des Realismus kanonisches Ansehen. Für den deutschen Roman gilt dies nur mit Einschränkungen. Vom Ausland her betrachtet fehlt der Darstellung liebenswerter Sonderlinge und provinzieller Verhältnisse, der er sich – nicht anders als die Novelle – so gern widmet, jene Welthaltigkeit, die ihm Interesse und Verständlichkeit zu sichern vermöchte.

In Frankreich hat zuerst Stendhal mit *Rot und Schwarz. Chronik des XIX. Jahrhunderts (Le Rouge et le Noir. Chronique du XIXe siècle)* den neuen Typus des realistischen Romans verwirklicht. Nichts Märchenhaftes und Phantastisches, »Romaneskes« soll dem Roman länger anhaften. *Rot und Schwarz* entwirft ein schonungsloses Bild der Restaurationsepoche. Noch einmal streiten die feudalen Mächte mit dem Bürgertum um soziale Dominanz. Das weiterhin von den Idealen der Revolution bewegte individuelle Aufstiegs- und Glücksverlangen sucht sich den veränderten Bedingungen anzupassen und scheitert. Auch der in der napoleonischen Zeit handelnde und von Stendhals Italiensehnsucht erfüllte Roman *Die Kartause von Parma*

(La chartreuse de Parme) und der postum erschienene *Lucien Leuwen* enthüllen die psychologische Modernität eines Autors, der im deutschen Sprachraum erst durch Nietzsche und Heinrich Mann Anerkennung erfahren hat.

Noch Fontane erwähnt Stendhals Namen nirgends und nur sporadisch den von Balzac, dessen riesiges Werk 1833 zu erscheinen beginnt. Von ungefähr 135 geplanten Romanen und Erzählungen mit einem Bestand von zwei- bis dreitausend Figuren, die ein Gesamtbild der französischen Gesellschaft zu zeigen bestimmt waren, sind rund neunzig zur Ausführung gelangt. Der Anfang der Vierzigerjahre gewählte Gesamttitel *Comédie humaine* gemahnt an Dante. Aus der »Menschlichen Komödie« sprechen Vitalität und Pessimismus zugleich. Wie Stendhal ist Balzac, der die Massen fürchtet und einer konstitutionellen Monarchie zuneigt, von seiner Epoche angewidert und fasziniert zugleich. In dem Roman *Verlorene Illusionen (Illusions perdues)*, einem der wichtigsten des Zyklus, stellt er dar, wie auch die scheinbar autonome Kunst in der vom Finanzkapital beherrschten bürgerlichen Welt zur Ware wird.

Deutschlands militärischer Sieg 1870/71 war nicht zugleich ein moralischer über französische »Décadence«, wie der patriotische Überschwang es wollte. Das nationale Vorurteil war auch der desillusionierenden, dem strengsten ästhetischen Anspruch verpflichteten Kunst Gustave Flauberts nicht günstig. Zwar forderte FRIEDRICH SPIELHAGEN in seinen *Beiträgen zur Theorie und Technik des Romans* (1883) das Zurücktreten des Erzählers, suchte Conrad Ferdinand Meyer – was Spielhagen selbst nie gelang – mit seiner Prosa dieser Maßgabe zu entsprechen (»Bilde Künstler, rede nicht!«). Der überkommene idealistische Vorbehalt stand der kalten Objektivität (»impassibilité«) stets im Weg und verlangte den »poetischen Realisten« eigene Lösungen ab. Erst mit Émile Zola, der schon bald ein heftiges Für und Wider auslöste, gewann die deutsche Rezeption französischer Literatur, die sich in der Gründerzeit eher mit Boulevardstücken (Eugène Scribe, Victorien Sardou) und populären Romanen (Alexandre Dumas d. J.) zufrieden gegeben hatte, vermehrtes Gewicht. Die Naturalismusdebatte öffnete dann auch Flaubert, dessen künstlerische Modernität über Zola weit hinausging, den Weg.

Eine größere Rolle spielte, wie schon das Beispiel Walter Scotts zeigt, die englische Literatur. Charles Dickens erzählte von den Armen und Vernachlässigten, von der Not der Jugend, von wunderlichen Philistern und unnachgiebigen Geldleuten *(Oliver Twist, David Copperfield)*. Auch als Humorist eroberte er das Publikum. Mr. Pickwick im Roman *Die Pickwickier (The Posthumous Papers of the Pickwick Club)* – Fritz Reuters Onkel Bräsig trägt Züge von ihm – gleicht einem Don Quijote des Biedermeier, der auch einen Diener ähnlich Sancho Pansa hat. Dickens' Schilderungen der sozialen Kämpfe zwischen Arm und Reich stießen wie die Balzacs auf das idealistische Ressentiment, verfehlten aber, wie Otto Ludwig dargestellt hat, ihre Wirkung nicht *(Dickens und die deutsche Dorfgeschichte)*. Auch Freytags *Soll und Haben* lässt die Lektüre von *David Copperfield* erkennen. Fontane, der William Thackerays großen Roman *Jahrmarkt der Eitelkeit (Vanity Fair)* bereits 1852 fasziniert gelesen hatte, schrieb 1886 in seiner Rezension eines der damals modischen »Berliner Romane« (*Der Zug nach dem Westen* von PAUL LINDAU, 1839–1919):

Es fehlt uns noch ein großer Berliner Roman, der die Gesamtheit unseres Lebens schildert, etwa wie Thackeray in dem besten seiner Romane »Vanity Fair« in einer alle Klassen umfassenden Weise das Londoner Leben geschildert hat.

Damals arbeitete er an *Irrungen, Wirrungen. Frau Jenny Treibel*, der Roman der Berliner (und Hamburger) Bourgeoisie, in dem er Thackeray am nächsten kommt, war noch nicht geschrieben. Fontanes Satire gestaltete sich milder als die Thackerays, der nach seiner Meinung ein »Satiriker ohne Liebe« war.

Am stärksten ist die erzählerische Praxis einiger der deutschen Erzähler zunächst von einem russischen Autor beeinflusst worden: Iwan Turgenjew, der überwiegend in Westeuropa lebte, mit Gustav Freytag, Paul Heyse und Theodor Storm befreundet war und mit seinen Darstellungen der Lebensverhältnisse und Charaktere aus den Weiten seines Heimatlandes ein deutsches Publikum gewann. Der europäische Siegeszug der russischen Literatur begann, er erreichte um die Jahrhundertwende mit Tolstoi, Dostojewski und Tschechow seinen Höhepunkt. In seinem Verlauf wurde auch Nikolai Gogol, der mit seinem Fragment gebliebenen Hauptwerk *Die toten Seelen*, einer ironisch-pessimistischen Darstellung der russischen Provinz, der erste bedeutende Realist Russlands war, vermehrt bekannt.

Die deutschsprachigen Romanciers hielten an der überlieferten Form des Bildungsromans fest oder durchsetzten ihre Zeit-, Gesellschafts- oder sozialen Romane – die Bezeichnungen wechseln – mit Strukturelementen der Gattung. Der Bildungsroman vergegenwärtigte in der Spannung von Individualität und Gesellschaft den weitesten Spielraum für alle mit der Erziehung und Ausbildung des Einzelnen verbundenen Fragen. Allerdings war das angestrebte Gleichgewicht von Selbstverwirklichung und sozialer Rolle nicht leicht zu erreichen und zumeist das Produkt einer tätigen Resignation.

Anders als die Novelle, die als teils anspruchsvolle, teils in konventioneller Glätte weit verbreitete Erzählform ihren publizistischen Ort in den Familienzeitschriften und im Feuilleton hatte, fanden Romane vorzugsweise über die Leihbibliotheken zu den Lesern. Auch die noch immer weit verbreitete Gliederung in mehreren Bänden hing damit zusammen. Gemeinsam war Roman und Novelle der große Anteil historischer Stoffe.

Der historische Roman

Wie das Jahrhundert insgesamt ist die Literatur der Jahrzehnte nach 1848 im besonderen Maße geschichtsbezogen. Dieser allgegenwärtige »Historismus«, der mit Ausnahme der Naturwissenschaften alle akademischen Disziplinen und die gymnasiale Schulbildung einschließt, prägt das Leseinteresse der Gebildeten und stellt an die Darstellung der Vergangenheit zunehmende Ansprüche. Gefordert sind nicht mehr stereotype Helden in wechselnden Kostümen, sondern, nach dem Vorbild Scotts, ein auf gründlichen Studien beruhendes Zeitbild und historisch glaubwürdige Charaktere. Der historische Roman soll der Gegenwart dienen, Bilder der nationalen Vergangenheit entrollen und, wie die Geschichtsschreibung, aber mit vermehrter Aufmerksamkeit für die Totalität der privaten Lebensbeziehungen, politische Ideale transportieren helfen. So wird er auf den alten Wegen der romantischen Neigung zur Vergangenheit unversehens realistisch, ja »realpolitisch«, wie ein neues Stichwort lautet. Die mit dem deutsch-französischen Krieg und der Reichsgründung, dem Kulturkampf und den Sozialistengesetzen verbundenen Konflikte schienen den Rückgriff auf die Reformation, das mittelalterliche Kaisertum und die in die vaterländische Tradition großzügig einbezogenen Germanen nahe zu legen. »Gegen vaterlandslose Socialdemokraten / Hilft die Geschichte deutscher Thaten«, lautete es 1882 in einem Aufsatz *Geschichte und nationale Erziehung*, die Ableitung eines Zweizeilers aus den Tagen der Märzrevolution: »Gegen Demokraten / Helfen nur Soldaten.«

Wie Kritiker bald bemerkten, blieb die künstlerische Praxis hinter dem ideellen Anspruch weit zurück, besonders dann, wenn die von Scott empfohlene zeitliche Grenze (»Sixty years ago«) überschritten wurde. Paul Heyse sprach, um das altdeutsche Genre zu charakterisieren, von »Butzenscheibendichtung«, noch ältere Stoffe fanden ihre Meister im so genannten »Professorenroman«. In seiner Rezension von Gustav Freytags *Die Ahnen* bemerkt Fontane 1875: »Die Mehrzahl der geschichtlichen Romane ist einfach ein Gräuel.« Die Symbiose von Geschichtsroman und Nationalbewusstsein feiert insbesondere nach 1871 fragwürdige Triumphe. Gleichwohl gelingen Stifter, Meyer, Fontane und Raabe Werke von bleibendem Wert. Beabsichtigt oder nicht, leistet der historische Roman stets auch einen Beitrag zur Erhellung von Gegenwartsproblemen, denn die Perspektive des Autors ist unvermeidlich die der eigenen Zeit. Kritischen Schreibern vermögen die Masken der Vergangenheit willkommenen Schutz zu bieten.

JOSEPH VICTOR VON SCHEFFEL (1826–1886) schilderte in seinem Roman *Ekkehard. Eine Geschichte aus dem 10. Jahrhundert* (1855) die Entstehung des *Walthariliedes* und bringt es im vorletzten Kapitel zum Abdruck.

Herzogin Hadwig, die junge Witwe des Herzogs Burkhard von Schwaben, lernt bei einem Besuch von St. Gallen den jungen Mönch Ekkehard kennen und ruft ihn auf die Burg Hohentwiel, um bei ihm Lateinisch zu lernen. Ekkehard bezwingt seine Liebe zu der schönen Herzogin, schließt sie aber, nachdem er bei der Hunnenabwehr tapfer mitgekämpft hat, in der Kapelle in seine Arme. Hadwig stößt ihn zurück. Ekkehard wird eingekerkert, kann aber fliehen. Aus der Einsamkeit des Säntis schickt er ihr die Dichtung des *Walthariliedes*. Danach zieht er »hinaus in die Welt«.

Scheffel beschrieb einen naturnahen Frühling der Geschichte und bemerkte ironisch, dass von der bekannten Finsternis des Mittelalters seinerzeit im Einzelnen nichts wahrzunehmen gewesen sei. Mit der Verbindung von Wirklichkeitsnähe und Minneromantik, Gelehrsamkeit und unterhaltsamer Darstellungskunst traf er den Geschmack mehrerer Generationen von Lesern, obwohl die Handlung ungeschichtlich und psychologisch wenig begründet ist. Nicht anders der Historiker und Jurist FELIX DAHN (1834–1912), der Romane über Stoffe der Völkerwanderung und Spätantike schrieb. Sein erfolgreichster Roman behandelt den von germanischer Treue, byzantinischer List und römischem Priesterbetrug ausgefüllten Untergang des Ostgotenreiches in Italien (*Ein Kampf um Rom*, 1876, 4 Bde.). Der bedeutendste Vertreter des »Professorenromans« ist der Ägyptologe GEORG EBERS (1837–1898), *Eine ägyptische Königstochter*, 1864). JULIUS WOLFF (1834–1910), sentimental und handfest-männlich zugleich, der gründerzeitliche Trivialautor schlechthin, widmete sich, von hohen Auflagen belohnt, dem deutschen Spätmittelalter (*Der Sülfmeister*, R., 2 Bde., 1883; *Der Raubgraf*, R.,1884).

Bedeutender als die Genannten, wenngleich ebenfalls vergessen, ist MARIE LOUISE VON FRANÇOIS (1817 bis 1893), aus hugenottischem Adels- und Offiziersgeschlecht, die erst spät, aus materieller Not, zu schreiben begann. Ihre Prosa kennzeichnet ein herber, ruhiger Stil, dem es an Mitgefühl für soziales Leid nicht fehlt. In den Jahren zwischen der Französischen Revolution und den Dreißigerjahren spielt die Handlung des Romans *Die letzte Reckenburgerin* (1871, 2 Bde.)

Die alte Gräfin von Reckenburg hat die Hand einer Verwandten, Hardine von Reckenburg, Tochter eines unbegüterten Offiziers, dem jungen Prinzen August zugedacht, der als ein Sohn ihres geschiedenen Mannes Erbe des reichen Familienbesitzes werden soll. Hardine verliebt sich in den leichtsinnigen Aristokraten, aber dieser knüpft, ehe er in den ersten Koalitionskrieg zieht, ein Verhältnis mit der schönen Schankwirtstochter Dorothea Müller an, die mit dem Sohn eines Baders, Sigmund Faber, verlobt ist, der ebenfalls in den Krieg zieht. Der Prinz fällt bei Valmy, Dorothea, die ein Kind von ihm erwartet, bricht verzweifelt zusammen. Um den Toten und Dorotheas Ehe mit Faber vor einem Makel zu retten, nimmt Hardine sich des Knaben an. Als Herangewachsener verlässt August Müller seine Lehrstelle und sucht als Soldat sein Glück. Kriegsversehrt und heruntergekommen kehrt er nach der Schlacht bei Waterloo mit einem Töchterchen zurück. Er hält Hardine für seine Mutter. Diese, die inzwischen der alten Gräfin im Familienbesitz gefolgt ist, nimmt Klatsch und Verleumdung auf sich, wendet nach dem Tod August Müllers ihre Fürsorge der Tochter zu und macht sie zu ihrer Erbin. Aus nachgelassenen Papieren erfährt diese das Geheimnis ihrer Herkunft.

An Conrad Ferdinand Meyer, mit dem sie ein Briefwechsel verband, schrieb Louise von François: »Ich wollte an zwei Frauengestalten zeigen, wie die beleidigte Natur sich rächt, die versäumte sich hilft.« Der Roman gestaltet aus weiblicher Perspektive »die Aufspaltung der weiblichen Identität in eine Mutterrolle ohne Anspruch auf eigene Sinnlichkeit […] einerseits und einer Existenz mit sinnlicher Erfüllung, aber ohne ausreichende sittliche Verantwortung […] andererseits«. (P. Sprengel) Neben Novellen schrieb sie vor dem Hintergrund der preußisch-sächsischen Geschichte als zweiten Roman *Frau Erdmuthens Zwillingssöhne* (1872, 2 Bde.). In einer Schlacht der Befreiungskriege kämpfen die Zwillinge auf sächsischer (französischer) und preußischer Seite gegeneinander und legen so unfreiwillig Zeugnis ab für die noch nicht verwirklichte Einheit der Nation.

Der Münchner Dichterkreis

Die Ablösung der historisch überholten vormärzlichen Tendenzpoesie vollzog sich nicht nur im Zeichen eines in seinen Zielsetzungen gemäßigten Realismus und einer Politisierung im nationalen Geist. Eine schon bald einflussreiche Gruppe von Autoren suchte die Antwort im Neuklassizismus einer ausgeprägten Formkunst wie sie eine Generation früher Platen verkörpert hatte. Unbeeinflusst durch aktuelle Interessen soll der Künstler allein dem Schönen dienen. Wegen ihrer vorgeblichen Abstinenz von leidigen Tagesfragen fanden diese Autoren Förderung von höchster Stelle. Zum Sammlungsort der Gruppe, die ihre unpolitische Haltung nicht lange behaupten konnte, entwickelte sich München. In den Sechziger-, verstärkt in den Siebzigerjahren übte sie eine Art literarischer Herrschaft aus.

Dabei handelte es sich überwiegend um Norddeut-

sche, die dem Ruf König Maximilians II. gefolgt waren, der München neben Berlin und Wien zur geistigen Hauptstadt eines »dritten Deutschlands« zu entwickeln suchte. Paul Heyse und der vor allem als Lyriker bedeutende Emanuel Geibel waren die glänzendsten unter den »Nordlichtern«, die sich auch in einem geselligen Verein, dem »Krokodil«, zusammenfanden. Weitere Mitglieder waren der bereits erwähnte Felix Dahn, FRIEDRICH VON BODENSTEDT (1819–1892), MARTIN GREIF (1839–1911), ADOLF VON WILBRANDT (1837–1911), ADOLF FRIEDRICH GRAF VON SCHACK (1815–1894), der damals in München seine berühmte Galerie aufbaute, und WILHELM HEINRICH RIEHL, dessen einst populäre Erzählungen auf seinen volkskundlichen Studien beruhen (*Kulturgeschichtliche Novellen*, 1856).

PAUL HEYSE (1830–1914, 1910 geadelt) ist für sein Schaffen wie kaum ein anderer Dichter des Jahrhunderts zunächst geehrt und später kritisiert worden.

Der Spross einer Gelehrtenfamilie studierte klassische Philologie, Kunstgeschichte und Romanistik, begann früh zu schreiben und hatte sogleich Erfolg. Der Vierundzwanzigjährige wurde von König Maximilian mit einem großzügigen Jahresgehalt nach München berufen. Neben seiner eigenen, überaus umfangreichen Produktion, übersetzte der »sonnige und fast unanständig fruchtbare Epigone«, wie Thomas Mann ihn nannte, italienische, spanische, provenzalische und englische Dichtungen. Mit seiner Sammlung *Italienische Dichter seit der Mitte des 18. Jahrhunderts* (1888/89) hat er sich besonders als Übersetzer Alfieris, Manzonis und Leopardis verdient gemacht. 1910 wurde er als erster deutscher Dichter mit dem Nobelpreis ausgezeichnet.

Heyses literarische Produktion erstreckt sich exakt zwischen den Epochengrenzen 1848 und 1914. Er schrieb neben Gedichten an die 150 Novellen, acht Romane und bis zu 60 Dramen. Fast alles davon ist in Vergessenheit geraten, als lesenswert gelten vorzugsweise einige frühe Novellen wie *L'Arrabiata* (1853) und *Das Mädchen von Treppi* (1855). Heyse gab, beginnend mit Grillparzers *Armen Spielmann*, seit 1871 den *Deutschen Novellenschatz* heraus und beschäftigte sich mit der Novelle auch theoretisch. Er fordert in seiner Falkentheorie im Anschluss an Boccaccio eine »starke Silhouette«, einen bildhaften Kern oder Vorgang. Sein erster und zugleich bedeutendster Roman, *Kinder der Welt* (1873, 3 Bde.), beschreibt mit antiklerikaler Tendenz einen Berliner Freundeskreis konsequenter Atheisten, deren freigeistige Gesinnung mit der heuchlerischen Frömmigkeit der »Kinder Gottes« kontrastiert.

»Gesellschaft der Krokodile«, nannte sich der 1856 begründete Münchner Dichterkreis, dem unter anderen Geibel, Heyse, Dahn und Schack angehörten.

Die Berliner *Spener'sche Zeitung*, wo der Vorabdruck erschien, verlor darüber ihre Abonnenten und musste ihr Erscheinen einstellen.

Das bevorzugte Schaffensgebiet fanden die Autoren des Münchner Dichterkreises in der Lyrik, aber ihre Novellen und Gedichte wurden mit Begeisterung gelesen. Mit dem Aufkommen des Naturalismus verfielen sie, Heyse voran, einer vehementen Kritik.

Dorfgeschichte und Dorfroman. Ghettogeschichte

Vor allem die Beschränkung auf einen örtlich und gesellschaftlich eng begrenzten Wirklichkeitsbereich und die damit verbundene Authentizität in den Details erlaubt die Zuordnung von Formen der Erzählliteratur, die dörfliches Leben in den Mittelpunkt stellen, zum Realismus. Mit JEREMIAS GOTTHELF erobern sie sich schon vor der Epochengrenze von 1848 einen Platz, erreichen ihre stärkste Verbreitung aber erst im dritten Viertel des Jahrhunderts. Ab 1860 erscheinen Dorfgeschichten auch in der *Gartenlaube*. Industrialisierung und Verstädterung, als Bedrohung

erlebt, geben den im zunehmenden Maße für ein städtisches Publikum verfassten Erzählungen häufig einen rückwärts gewandten Zug, der auf problematische Aspekte der späteren Heimatliteratur vorausweist. Dorfgeschichten, zumeist nicht ausdrücklich als solche bezeichnet, haben jedoch auch die besten Erzähler der Epoche geschrieben. MARIE VON EBNER-ESCHENBACH verbindet in charakteristischer Weise Dorf und Schloss.

Der zunächst erfolgreichste Vertreter der Gattung ist BERTHOLD AUERBACH (eigentlich Moses Baruch, 1812–1882) mit der Sammlung *Schwarzwälder Dorfgeschichten* 1843/53,4 Bde.), den Erzählungen *Barfüßele* (1856) und *Joseph im Schnee* (1861) sowie späteren Sammlungen (*Nach dreißig Jahren. Neue Dorfgeschichten*, 3 Bde., 1876). Auerbach wurde oft nachgeahmt und in mehrere europäische Sprachen übersetzt. Sein Thema ist häufig der Gegensatz zwischen bäuerlicher Sitte und »höherer Sittlichkeit«. Aber anders als Gotthelf oder Keller sieht er die Welt der Bauern mehr von außen und ist nicht ohne sentimentale Züge. Nur die

Geschichte eines bäuerlichen Brandstifters in *Diethelm von Buchenberg* (1853) nähert sich Gotthelf'schem Format.

Anders LUDWIG ANZENGRUBER, der in seinen Romanen *Der Schandfleck* (1877) und *Der Sternsteinhof* (1885) eigenwüchsige Bauerncharaktere in ihrem scharfsichtig erfassten Milieu und vor dem Hintergrund ökonomischer Zwänge beschrieb. Wie in seinen Dramen ist er von aller poetischen Verklärung der Realität weit entfernt. PETER ROSEGGER (1843–1918) wiederum, Sohn eines armen Gebirgsbauern, dem Anzengrubers Schauspiel *Der Pfarrer von Kirchfeld* den Anstoß zum Schreiben gab, vermeidet das Idyllische nicht. Rosegger war zuerst Hütejunge, zog dann als Schneiderlehrling mit seinem Meister von Hof zu Hof und bildete sich autodidaktisch fort. In Romanen, Erzählungen und Skizzen, die oft autobiografisch angelegt sind (*Geschichten aus der Steiermark*, 1871; *Die Schriften des Waldschulmeisters*, 1875; *Jakob der Letzte*, 1888; *Als ich noch der Waldbauernbub war*, 1902, 3 Bde.), schildert er das Leben der Menschen auf den Berghöfen, ihre harte Arbeit, Verbundenheit mit der Natur und Liebe zu den Tieren. Sein Erfolg bei den Lesern war groß und sicherte ihm Bestsellerauflagen.

Wie die Dorfgeschichte sucht die Ghettogeschichte soziale Wirklichkeit in räumlicher und zeitlicher Begrenzung darzustellen. Ihre Anfänge lassen sich bis Heine (*Der Rabbi von Bacharach*, 1840, 1824 begonnen) zurückdatieren. Der eigentliche Begründer ist LEOPOLD KOMPERT (1822–1886) mit seinem Erstlingswerk *Aus dem Ghetto* (1848), dem er noch die Sammlungen *Böhmische Juden* (1851), *Neue Geschichten aus dem Ghetto* (2 Bde., 1860), *Geschichten einer Gasse* (2 Bde., 1865) und zwei Romane folgen ließ. Wie eine fast schon überwundene Last, mehr als ein kulturhistorisches Phänomen erscheint das Ghetto bei Kompert, der im Vorwort einer seiner Erzählbände geschrieben hat: »Dem deutschen Volk schrieb ich zu Dank, und wenn jemals eine Stimme der Anerkennung mich tief ergriffen hat, so war es jene, die mir jüngst nachrühmte, ich hätte die Welt der ›Gasse‹ für die deutsche Literatur erobert.« Für ihn, der im Ghetto von Münchengrätz geboren war, bildete es die vertraute Lebenssphäre, im Fall der Ghettoschranken sah er Gewinn und Verlust zugleich.

Erneuerung des Plattdeutschen

Seit dem 16. Jahrhundert hatte das Niederdeutsche als Literatursprache an Bedeutung verloren und nur noch für Singspiele und Dialektstücke in Hamburg sowie in komischen Rollen hochdeutscher Dramen Verwendung gefunden. Erneuerungsversuche begannen mit Johann Heinrich Voß; aber erst in der Mitte des 19. Jahrhunderts setzte eine Renaissance ein, die schon bald auch die Erzählprosa einschloss.

Fritz Reuter (1810–1874)

Der Sohn des Bürgermeisters in der zu Mecklenburg-Strelitz gehörigen Kleinstadt Stavenhagen wollte Kunstmaler werden; vom Vater zum Jurastudium bestimmt wurde er ein schlechter Schüler und verbummelter Student; als Burschenschafter in Jena 1833, nach dem Hambacher Fest, mehr zufällig Opfer der Demagogen-Verfolgung, erst zum Tode verurteilt, dann von König Friedrich Wilhelm III. zu 30 Jahren Festungshaft »begnadigt«, schließlich nach sieben Jahren entlassen. Vom Vater enterbt, fand er nach ergebnislosen Versuchen in weiteren Berufen als Vierzigjähriger zur Literatur und lebte seit 1863 als sehr erfolgreicher Schriftsteller in Eisenach.

Beobachtungsgabe, Humor und sichere Menschengestaltung machten Reuters plattdeutsche Kleinkunst, seine Erzählungen und Romane zu viel gelesenen Büchern. Gelegentliche Sentimentalität und Sorglosigkeit des Stils fielen dabei wenig ins Gewicht. Vielmehr sicherte ihm die Mundart, die neben der Hochsprache als gesellschaftlich nicht gleichrangig galt, künstlerisch ein vermehrtes Maß an Freiheit bei Kritik und Zensur. So gelang es ihm, das Plattdeutsche und das dem Hochdeutschen verräterisch angenäherte »Missingsch« des Inspektors Bräsig, seiner wirkungsvollsten Figur, weit über seine regionale Verbreitung hinaus in Deutschland bekannt zu machen. Reuter wurde zu einem exemplarischen Schriftsteller des »Realismus«, viel gelesen und vorgelesen.

Sein bedeutendstes Werk ist das niederdeutsche Textkorpus *Ut de Franzosentid* (1859), *Ut mine Festungstid* (1862), *Ut mine Stromtid* (1862/64, 3 Tle.), dessen erster Teil in die napoleonische Zeit zurückführt, während der zweite Reuters Haftjahre behandelt. Der dritte ist dem Ansatz nach ein Gesellschaftsroman. Die Handlung spielt in einer norddeutschen Landschaft um 1848 und zeigt eine Fülle origineller und närrischer Gestalten. Ganz Mecklenburg ist hier lebendig geworden, vom Adel bis hinunter zum Landstreicher; dazwischen steht der bürgerliche Mittelstand, dem Reuters Zuneigung gehört.

Der Rostocker JOHN BRINCKMANN (1814–1870) hat zur plattdeutschen Dichtung die Rahmenerzählung *Kasper-Ohm un ick* (1855) beigesteuert, die von Alt-Rostock und wie auch sein *Peter Lurenz bi Abukir* (1869) von dem Leben zur See berichtet.

Alte und neue Zeitdichter

KARL GUTZKOW, der nervöse Anreger unter den Jung-deutschen, widmete sich weiterhin den aktuellen Pro-blemen der Gesellschaft. Auf ihm lastete der Zwang, sich als Berufsschriftsteller auf dem literarischen Markt behaupten zu müssen. Der figurenreiche politi-sche Roman *Die Ritter vom Geist* (9 Bde., 1850/52) lässt das Vorbild von Eugène Sues *Die Geheimnisse von Paris* (*Les mystères de Paris*) erkennen. Die Handlung spielt in Paris und einem deutschen Staat im Spannungsfeld der Revolution von 1848. Als ein »Roman des Neben-einander«, also im Gegensatz zum traditionellen »Ro-man des Nacheinander«, ist auch *Der Zauberer von Rom* (9 Bde., 1859/61) gestaltet, in dem Gutzkow für ei-nen von der Vormacht der römischen Päpste befreiten Katholizismus wirbt.

FERDINAND KÜRNBERGER (1821–1879), gebürtiger Wiener, schrieb mit seinem Lenau-Roman *Der Ameri-kamüde* (1855) – der Titel spielt auf Wilkomms *Die Europamüden* an – einen Zeitroman, wie Österreich ihn bisher nur aus den Büchern von Charles Sealsfield kannte. Der liberale Publizist war ein Feuilletonist und Kritiker hohen Ranges – man hat ihn den »österrei-chischen Lessing« genannt. 1877/78 folgten ein Band *Novellen* sowie *Literarische Herzenssachen*, eine Samm-lung seiner Reflexionen und Kritiken zur Literatur, 1904 der Roman *Das Schloss der Frevel*. FRIEDRICH SPIELHAGEN (1829–1911) ist länger durch seine Ro-mantheorie als durch seine nur zu sehr auf Wirkung abgestellten Werke in Erinnerung geblieben. Seine Forderung nach strikter Nichteinmischung des Er-zählers hat sich nicht durchgesetzt. Zu seiner Zeit war er ein produktiver und beliebter Romancier (*Proble-matische Naturen*, 1861; *Sturmflut*, 1877). Spielhagen sei im Vergleich zu ihm »ein Heros«, sah Fontane sich noch 1872 festzustellen genötigt. OTTO LUDWIG (1813 bis 1865) erzählte in *Die Heiterethei* (1855/56) und *Aus dem Regen in die Traufe* (1857) von der Zähmung einer Widerspenstigen auf dem Lande und in seinem Haupt-werk *Zwischen Himmel und Erde* (R., 1856) vom tragi-schen Bruderzwist zweier Dachdeckersöhne. Der Ro-man vergegenwärtigt nicht nur mit realistischer Kunst Handwerk und Landschaft, er ist auch psychologisch subtil in der Erhellung seelischer Vorgänge.

Gustav Freytag (1816–1895)

Der Sohn eines Arztes aus Kreuzburg/Schlesien, studierte in Breslau bei Hoffmann von Fallersleben, in Berlin bei Lachmann und wurde 1839 Privatdozent für deutsche Sprache und Literatur in Breslau. Als ihm die Fakultät

Ut mine Stromtid,
Illustration von F. Hiddemann und H. Lüders, 1872

Vorlesungen über Kulturgeschichte verbot, gab er 1847 die akademische Laufbahn auf und übernahm 1848–61 und 1867–70 mit dem Literarhistoriker JULIAN SCHMIDT (1818 bis 1886) die Leitung der ehemals fortschrittlich-liberalen, nunmehr national-liberalen Zeitschrift *Die Grenzboten*. Er wurde 1854 Hofrat des Herzogtums Sachsen-Coburg, 1867/70 nationalliberaler Abgeordneter im Norddeutschen Reichstag. Gestorben in Wiesbaden.

Freytag wurde nach seinen jungdeutschen Anfängen der eigentliche Sprecher, Schriftsteller und Reprä-sentant des liberalen Bürgertums zu Beginn der zwei-ten Jahrhunderthälfte. Die einflussreichen *Grenzboten* stellten sich die Aufgabe, die Liberalen nach der revo-lutionären Unruhe der Vierzigerjahre für einen Kom-promiss mit den Machtverhältnissen im Nachmärz zu gewinnen.

Wie kein anderes Werk der Literatur bestätigte Frey-tags Roman *Soll und Haben* (1855, 3 Bde.) das Selbst-verständnis des deutschen Bürgertums, seinen Auf-stiegswillen und seine soliden Tugenden. Das von Juli-an Schmidt stammende Motto: »Der Roman soll das deutsche Volk da suchen, wo es in seiner Tüchtigkeit zu finden ist, nämlich bei seiner Arbeit«, stimmt damit überein. Neben antifeudalen transportierte der Roman massive rassische und völkische Ressentiments. Negative Seiten des Kapitalismus finden ihren Niederschlag als Antisemitismus, dem »ehrlichen deutschen Handelskaufmann« wird der »jüdische Geldmann« gegenübergestellt. Die Schwäche der Slawen (die Polen »haben keinen Mittelstand. [...] Das heißt, sie haben keine Kultur«) rechtfertigt deutsche Eroberung und den Führungsanspruch im Osten.

Der Roman stellt den Aufstieg des jungen Anton Wohlfahrt aus dem Kleinbürgertum zum Mitinhaber einer großen Handelsfirma dar. Wohlfahrts Strebsamkeit, Arbeitsfreude und Wohlverhalten kontrastieren mit den skrupellosen und verschlagenen Initiativen seines jüdischen Schulkameraden Veitel Itzig, der nur von Machtgier getrieben wird, und den erfolglosen Spekulationen des Barons Rothsattel, an deren Scheitern nicht zuletzt der jüdische Wucherer Mitschuld hat. Enttäuscht wendet sich Anton von der Welt des Adels ab. In der Schwester seines bürgerlichen Prinzipals findet er eine vorzügliche Frau.

Gustav Freytags zweiter, ebenfalls sehr erfolgreicher Roman, *Die verlorene Handschrift* (1864, 3 Bde.), führt Vertreter verschiedener Gesellschaftskreise zusammen (adlige Beamte, Gelehrte, Fabrikanten) und setzt sich aus nationalliberaler Perspektive kritisch mit dem Geist an den kleinen deutschen Höfen auseinander.
Der Zyklus *Die Ahnen* (R., 1872/81, 6 Bde.), in dem »die historische Entwicklung der deutschen Volkseigentümlichkeit« von den Germanen bis zur Gegenwart geschildert werden sollte, vermochte bereits die Zeitgenossen nicht in gleicher Weise wie die früheren Werke zu überzeugen; aber auch in diesem Roman führte Freytag »die bürgerliche Klasse in sein geliebtes Borussentum hinüber [...] half er der Bourgeoisie aus der idealistischen in die mammonistische, aus der schwarzrotgoldenen in die schwarzweiße Haut« (F. Mehring). Dem Stoff nach war der Roman hauptsächlich eine Ausbeute von Freytags kulturhistorischen *Bildern aus der deutschen Vergangenheit.* (→ S. 271)

Stifters Romane

ADALBERT STIFTER wagte mit seinem Bildungsroman *Der Nachsommer* (1857, 3 Bde.) einen Gegenentwurf zur Zeit als rückwärts gewandte Utopie. Seine Erzählung, ein »Gesetzbuch des Lebens« (E. Staiger), ist ein Bekenntnis zur vollkommenen Ordnung der Natur, zu in Maß und Schönheit gegründeter zuchtvoller Menschlichkeit, zu einem Leben der Innerlichkeit und Stille, Liebe und Entsagung. Nietzsche nannte den Roman eines der wenigen Werke deutscher Prosa, die »wieder und wieder gelesen zu werden« verdienen.

Der junge Heinrich Drendorf kommt auf seinen Studienwanderungen durch das oberösterreichische Alpenvorland zu einem Gutshaus, dessen Front mit herrlich blühenden Rosen bedeckt ist. Er wird vom Besitzer, dem alten Freiherrn von Risach, eingeladen einige Tage zu bleiben, sieht mit Staunen kunstvolle Möbel, wertvolle Gemälde, eine reiche Bibliothek und naturwissenschaftliche Sammlungen. Bei seinen wiederholten Besuchen auf dem Asperhof wird er Zeuge des sachkundigsten Landbaus und der Pflanzenzüchtung. Auch die Menschen, denen er begegnet, die Gräfin Mathilde Tarona und ihre Tochter Natalie vom benachbarten Sternenhof, folgen einer harmonischen Lebensordnung und verkörpern den Geist reiner Humanität. Nach einigen Jahren wagt Heinrich Natalie seine Liebe zu gestehen. Sie erfüllt sich nach weiterer Jahren des Reifens in einem Glück, an dem die Bewohner beider Gutshöfe und Heinrichs Eltern in herzlicher Liebe teilnehmen.

In dem detailreichen Roman tritt an die Stelle der Handlung ein vollkommenes Sein, »das sanfte Gesetz, wodurch das menschliche Geschlecht geleitet wird«, umgeben von der Schönheit und Ordnung der Natur. Dennoch legen sich mehrere Kreise um den Erzählkern: die Geschichte Risachs, der sein verlorenes Glück in einem Nachsommer reiner Altersfreundschaft zurückgewinnt, der Reifeprozess des jungen Drendorf durch Elternhaus, Risach und eigene Beobachtungen der Natur; die Darstellung bürgerlicher und adeliger Familienkultur, für die Risachs Wort gilt: »Alles, was im Staat und in der Menschlichkeit gut ist, kommt von der Familie.«
Auch in der Betrachtung der Geschichte suchte Stifter die urbildliche Ordnung und die Einheit der kleinen und großen Welt. In seinem von den Zeitgenossen gelangweilt abgelehnten Roman *Witiko* (1865–67, 3 Bde.), der zur Zeit Konrads III. und Friedrichs I. Barbarossa in Böhmen, Wien und Italien spielt, entwickelte er sein Geschichtsbild.

Der junge Witiko, von Seiten des früh verstorbenen Vaters Tscheche, Deutscher von Mutterseite, reitet 1138 von Passau aus in die südlichen Wälder Böhmens und nach Prag. Er nimmt an den dynastischen Kämpfen um das Erbe des Herzogs Sobeslaw teil. Ausgezeichnet durch Tapferkeit, Redlichkeit, Wahrheitsliebe und festen christlichen Glauben steigt er in seiner neuen Heimat zu einem angesehenen und reichen Herrn auf und verhilft Böhmen zusammen mit seinem Herzog zu der machtvollen Rolle, die es bei den Kreuzzügen, den Reichstagen, den lombardischen Kämpfen in der Völkerfamilie des Abendlandes spielt.

Vor dem Hintergrund der sich zuspitzenden Auseinandersetzungen zwischen Tschechen und Deutschen war auch *Witiko* ein Roman gegen die eigene Zeit. Auf

Titelblatt der Erstausgabe von *Der Nachsommer*,
P. J. N. Geiger, Stich von I. Axmann

stadt. 1864 konnte er wieder in die Heimat zurückkehren und wurde Landvogt in Husum, nach Einführung der preußischen Verwaltung Amtsrichter bzw. Oberamtsrichter. 1865 starb seine Frau Constanze nach der Geburt ihres siebten Kindes. Ein Jahr später heiratete er seine Jugendfreundin Dorothea Jensen. Erst nach 1870 begann er wieder zu schreiben. Befreundet und im Briefwechsel mit Fontane, Keller und Turgenjew. Er starb in Hademarschen bei Husum.

Storms Novellen, deren Reihe 1851 mit *Immensee* beginnt, führen in die von ihm geliebte Welt Schleswigs: ans Meer, in die Weite der Marsch, an Gräben und Hecken entlang in stille Dörfer und Häuser, in denen noch der Geist vergangener Geschlechter lebt. Die Grundmelodie seiner Dichtungen ist das Gefühl für unwiederbringlich Verlorenes, doch bildet die Bindung an Landschaft und Familie ein Gegengewicht zum Unheimlichen und Rätselhaften des Daseins. Erinnerung bildet bereits für *Immensee* (1851) ein charakteristisches Motiv.

Ein alter Mann sitzt in der Dämmerung in der Stube. Seine Augen fallen auf ein Bild. Die Vergangenheit wird lebendig, die Zeit seiner Liebe zu Elisabeth, der Gespielin von Jugend auf. Aber ihn, den Zögernden, hat ein tatkräftiger Freund beiseite gedrängt, und Elisabeth, den Bitten der Mutter nachgebend, hat diesen geheiratet. Nach Jahren findet er die Geliebte als Frau des Freundes wieder: »Meine Mutter hat's gewollt, / Den andern ich nehmen sollt', / Was ich zuvor besessen, / Mein Herz sollt' es vergessen. / Das hat es nicht gewollt.«

Individualisierung der Charaktere wird verzichtet, denn nicht dem einzelnen Menschen, sondern dem geschichtlichen Prozess gebührt Interesse. Der Erzähler befleißigt sich größter Objektivität, unterlässt Kommentare. Die Sprache ist stilisiert, spröde und verhalten, Ausdruck einer strengen Unterordnung unter das Gesetz. Allen Zweifeln am heiligen Zusammengefügtsein dieser Welt stellt Stifter seinen Glauben entgegen, dass es dem Menschen möglich sei, die göttliche Ordnung in und um sich zu verwirklichen.

Theodor Storm (1817–1888)

Der Dichter der »grauen Stadt am Meer« ist in Husum im damaligen Herzogtum Schleswig geboren, das zum dänischen Gesamtstaat gehörte, und war dort bis 1852 Rechtsanwalt wie sein Vater. Nach dem vergeblichen Kampf der Schleswig-Holsteiner 1848–50 um Unabhängigkeit von Dänemark, als ihm die Bestätigung seiner Bestallung verweigert wurde, entschloss Storm sich zur Auswanderung. Zehn Jahre war er Justizbeamter in Potsdam und Heiligen-

Diese Novelle ist bezeichnend für Storms frühe Kunst. Mit Vorliebe schildert er weiche Naturen, nicht frei von Sentimentalität. Aus diesen lyrisch getönten Erzählungen mit ihren fließenden Konturen und leisen Tönen spricht wehmütiger Verzicht. Die Menschen, an der Einsamkeit leidend, vergraben sich in ihr Inneres oder fliehen in die Vergangenheit. Noch in *Viola tricolor* (1874), in dem das Thema der zweiten Ehe behandelt wird, herrscht der elegische Ton vor. Aber dann werden Storms Novellen straffer, dramatischer. So stellt *Pole Poppenspäler* (1875), in kleinbürgerlichem Milieu spielend, eine Variation des Konfliktes zwischen Künstler und Bürger dar.

Der Kunstdrechsler Paul Paulsen erzählt, wie er zu dem Beinamen Pole Poppenspäler kam. Als Kind befreundete er sich mit Lisei, der Tochter eines Puppenspielers aus München, der mit seiner Puppenbühne nach Schleswig und auch in Pauls Heimatdorf kam. Nach Jahren findet Paul Lisei in einer mitteldeutschen Stadt wieder, wo ihr Vater eines Diebstahls bezichtigt wird. Seine Unschuld stellt sich

Theodor Storm, Radierung von Horst Janssen, 1977, nach einer Fotografie von R. Ström, 1864/65

bald heraus, Paul und Lisei ziehen mit ihm in Pauls norddeutsche Heimat und feiern dort Hochzeit. Paul gibt dem Drängen des Alten nach und lässt ihn wieder eine Vorstellung geben. Sie endet kläglich, und die Dorfbewohner nennen Paul Paulsen fortan Pole Poppenspäler. Missgunst und Spott der Dorfbewohner können aber Liseis und Pauls Glück nicht stören.

Eine herbe, tragische Stimmung liegt über den so genannten Chroniknovellen: *Renate* (1878), *Eekenhof* (1879), *Zur Chronik von Grieshuus* (1884), *Ein Fest auf Haderslevhuus* (1885) und *Aquis submersus* (1877).

Der Erzähler berichtet von dem Bild eines ertrunkenen Kindes, das er als Schüler in seiner Dorfkirche sah und dessen Signatur C. P. A. S. (»culpa patris aquis submersus«, d. i. »durch Schuld des Vaters ertrunken«) er zunächst nicht sicher aufzulösen vermag. Später entnimmt er vergilbten Aufzeichnungen die tragischen Zusammenhänge einer im 17. Jahrhundert spielenden Liebesgeschichte, die zum Tod des Kindes führten.

Carsten Curator (1878) und *Hans und Heinz Kirch* (1883) behandeln den Vater-Sohn-Konflikt. Die psychologischen Probleme in einer von materiellem Erfolgsstreben beherrschten Zeit stehen im Mittelpunkt.

Hans Adam Kirch hat sich mit unerbittlicher Strenge dem Ziel bürgerlichen Aufstiegs verschrieben. In seinem Sohn Heinz sieht er nur »den Erben seiner aufstrebenden Pläne«. Er hat kein Verständnis für dessen Eigenart und verweigert sogar dem Notleidenden seine Hilfe: Einen unfrankierten Brief lässt er ungeöffnet zurückgehen. So wird er am mutmaßlichen Tod des Sohnes schuldig, der nie mehr zurückkehrt und ihn als gebrochenen alten Mann zurücklässt.

Für Storm, der über 50 Novellen verfasst hat, war, wie er 1881 in einem zurückgezogenen »Vorwort« erklärt hat, die Novelle »die strengste und geschlossenste Form der Prosadichtung«. Das neue Verständnis der Novelle als »Schwester des Dramas« ist in diesem Sinne zu verstehen: Was das Drama in der Dichtung ist, ist die Novelle in der Prosa, und es kommt nach Storms Auffassung nur auf den Autor an, »auch in dieser Form das Höchste der Poesie zu leisten«. Die letzte Novelle, *Der Schimmelreiter* (1888), ist eine ins Mythische wachsende Erzählung.

Es ist die Geschichte des Hauke Haien, der vom Kleinknecht zum Deichgrafen aufsteigt. Gegen den Willen der Dorfbewohner baut er einen neuen Damm, der später auch bei der Sturmflut hält. Aber der alte Damm bricht, und Frau und Kind des Deichgrafen kommen in diesem Unglück um. Darauf sprengt er mit seinem Schimmel in die Wellen.

Storm vermittelt diese Vorgänge in Form einer Rahmenerzählung: Der Deichgraf auf dem Schimmel lebt in der Phantasie des Volkes weiter. Von ihm, dem Spuk, erzählen des Abends die Alten in der Wirtsstube bei geschlossenen Läden, wenn draußen der Sturm tobt. Die besondere Form entsteht durch die Absicht, zwischen Sage und Novelle zu vermitteln, mit Storms Worten den Versuch »die Deichgespenstersage auf die vier Beine einer Novelle zu stellen« (an Paul Heyse).

Auch Märchen hat Storm erzählt: *Die Regentrude* (1863/64); *Bulemanns Haus* (1864).   (→ S. 283)

Gottfried Keller (1819–1890)

Gottfried Keller stammt aus Zürich. Er verlor mit fünf Jahren den Vater, der Drechslermeister war, und lebte danach mit Mutter und Schwester in äußerst bedrängten Verhältnissen. Wegen eines Streichs wurde er aus der Industrieschule entlassen, nahm Malunterricht und wollte Landschaftsmaler werden. Studienhalber lebte er 1840–1842 in München, musste aber erkennen, dass seine Begabung nicht ausreichte. Es folgten sechs unruhige Jahre in der Heimat. 1848 erhielt er von der Züricher Kantonsregierung ein Reisestipendium. Er hörte in Heidelberg den Literarhistoriker Hermann Hettner und den Philosophen Ludwig Feuerbach, dessen Vorlesungen ihn tief beeindruckten. Bewegt berichtete er, wie dieser »die Frage eines persönlichen Gottes um- und umwandte«. Von Heidelberg ging Keller nach Berlin, wo er seinen Roman *Der grüne Heinrich* in erster Fassung vollendete. Dem Heimkehrenden bot die Vaterstadt Zürich eine Professur für Literaturgeschichte am Eidgenössischen Polytechnikum an, die er mit der Begründung ablehnte, dass ihm zu dieser Stellung die genügenden Kenntnisse fehlten. 1861 übertrug ihm Zürich das hoch dotierte Amt des Staatsschreibers, das er 15 Jahre sorgfältig verwaltete. Von 1876 bis zu seinem Tode lebte er als freier Schriftsteller weiterhin in Zürich.

Gottfried Keller ist vor allem Erzähler. Der Kritiker Ferdinand Kürnberger bezeichnet ihn als »geborenen Epiker« und erläutert dies an einem Beispiel aus dem *Grünen Heinrich*. Es handelt sich um die Beschreibung der Anatomie, »wo ein blühendes Geschlecht von Jünglingen, geleitet von gewandten Männern, mit vergnügtem Eifer einen Vorrat von Leichen zerlegte«. Musterhaft ist dieser Satz, weil er nur zeigt, was die Augen sehen, er kennt nicht Begriffe wie Mediziner, Professor, Anatomie, Seziertisch. Die Anschauungskraft des »geborenen Epikers« ist, wie Kürnberger erläutert, nicht wie bei anderen Erzählern – die er »Plastiker« nennt –

durch die Reflexion hindurchgegangen. »Bei den Plastikern können wir treu und sauber gearbeitet sehen: das Stirnband der Chriemhilt, das Armband der Chriemhilt, den Gürtel der Chriemhilt, die Schuhe der Chriemhilt – nur die Chriemhilt nicht. Bei dem Epiker Gottfried Keller tritt schmucklos, kleidlos, ein nacktes Weib herein; es ist die Chriemhilt.«

Die bürgerlich-realistische Dichtung hat in Kellers Werk ihren bezeichnendsten Ausdruck gefunden. Wie alle große Kunst weist seine Poesie über die durch Region und Epoche gezogenen Grenzen – bürgerliche und schweizerische Lebensform und Eigenart – weit hinaus.

Der Diesseitsglaube und die Forderung einer sittlichen Humanität sind die Leitlinien in Kellers Leben und Werk. Als ihm der Philosoph Ludwig Feuerbach »gleich einem Zaubervogel den Gott aus der Brust hinweggesungen« hatte, erschien ihm die Welt »klarer, strenger, aber auch glühender und sinnlicher«. In der Beschränkung auf das Diesseits fühlte er eine erhöhte Verpflichtung, in das tätige Leben einzugreifen und sich darin zu bewähren.

Welchen weiten Weg Keller zurücklegen musste und welche Gefahren ihm drohten, bis er nach Einsamkeit, Leid und Enttäuschung den Weg fand, zeigt sein autobiografischer Roman *Der grüne Heinrich* (1854/55, 2 Bde.; 2. Fassung 1879/80), in dem sich Wahrheit und Dichtung verbinden. Erste Pläne und einige nicht überlieferte Aufzeichnungen entstanden vermutlich bereits 1842 im Anschluss an den Aufenthalt in München.

Der grüne Heinrich ist das Kind des Steinmetzen Heinrich Lee und seiner Frau, der Tochter eines Pfarrers. Weil er immer eine grüne Joppe trägt, wird er der »Grüne Heinrich« genannt. Der Vater stirbt früh und hinterlässt die Seinen in Not. Die winkeligen Gassen von Heinrichs Vaterstadt, seltsame Käuze und Originale der kleinbürgerlichen Welt, die Wunder in Frau Margrets Trödlerladen beschäftigen Heinrichs erregbare Phantasie. Wegen eines dummen Streiches wird er früh der Schule verwiesen. Die Mutter will mit andauernder Sorge den Grund zu einem lebendigen Gottvertrauen in den Knaben legen, aber der eigenwillige und einsame Junge muss sich allein durch die Glaubensanfechtungen mühen, bis er sich zu einem Diesseitsbekenntnis durchringt: Er wird Landschaftsmaler, besucht dann das Heimatdorf seiner Mutter. In den beiden Frauen, die in sein Leben treten, der blassen, seelenvollen Anna und der vitalen Judith, wiederholen sich die Gegensätze, zwischen denen er schwankt, jenseitsgerichtete Frömmigkeit und Liebe zur irdischen Schöpfung.

Da er in der Heimat als Maler keine Fortschritte macht, geht er nach München an die Kunstschule, gerät in lockere

Gesellschaft, sieht sich in ein Duell verstrickt und ist zeitweilig auf dem Weg, ein modischer Pfuscher zu werden. Bittere Not und Besorgnis der Mutter rufen den völlig Verarmten nach Zürich zurück. Unterwegs kommt er in ein Grafenschloss, dessen Besitzer seine Bilder und Zeichnungen von einem Trödler aufgekauft hat. Der Graf zahlt ihm eine solche Summe, dass Heinrich Lee für Jahre hinaus aller Not enthoben ist. In die Heimat zurückgekehrt, kann er der sterbenden Mutter nur noch die Augen schließen. Er gibt die Malerei auf und widmet sich dem Verwaltungsdienst. Judith hat von Heinrichs Not gehört und sucht die Heimat wieder auf. Zwanzig Jahre leben sie als Freunde nebeneinander. Er schenkt ihr das geschriebene Buch seiner Jugend, in grüne Seide gebunden.

Der ursprüngliche Plan wurde nach dem »Feuerbacherlebnis« in wesentlichen Zügen verändert. Aus dem »elegisch-lyrischen Künstlerroman« sollte ein Bildungsroman werden, der die Entwicklung des Helden zu einer vernunftbestimmten sozialen Lebensform zeigt. Es gelang Keller jedoch in der ersten Fassung seines Romans nicht mehr (der Verleger, durch voreilige Terminzusagen getäuscht, hatte zu früh mit dem Druck begonnen), die mit dieser Änderung verbundenen Probleme in Handlung und Komposition befriedigend zu lösen. Das Auseinanderfallen in die in der Ich-Form erzählte Jugendgeschichte des Helden und in den eigentlichen Roman, vor allem aber Heinrichs Tod, widersprachen der neuen Konzeption.

Heute liest man den Roman zumeist in der vom Dichter umgearbeiteten Fassung von 1879/80, aber die Stimmen jener Freunde des Werkes, die der ersten Fassung des Romans den Vorzug gegeben haben, sind nicht verstummt. Ein Werk in zwei Ausformungen ist entstanden, die einander möglichst nicht im Wege stehen sollten, weil keine von ihnen die andere ganz ersetzen kann: im so genannten *Ur-Heinrich* ein ideell konsequentes, vom jugendlichen Reichtum der Sprache überströmendes Werk, in der Zweitfassung, die Keller ausdrücklich für die allein gültige erklärt hat, das Produkt seines abgeklärten Kunstverstandes, das sinnlich und poetisch vergegenwärtigt, was gesagt werden soll. Die Form der Ich-Erzählung und die chronologische Folge der Darstellung sind nunmehr eindeutig festgelegt, die lyrischen Partien gedämpft. Der »zypressendunkle Schluss« ist gemildert, der Tod der Mutter erscheint nicht mehr zwingend als Schuld des Sohnes, sein Münchner Duellpartner überlebt. Die glückliche Wendung, die das Leben des Dichters in seiner zweiten Hälfte genommen hatte, wirkte entdramatisierend auf das Werk zurück, Keller lässt »den Hering leben«, die aus Amerika heimgekehrte Judith wird jünger ge-

macht, um »die Resignation, die schließlich gepredigt wird, auch noch ein bisschen der Mühe wert erscheinen zu lassen«.

Auch die fünf Erzählungen des ersten Bandes der Novellensammlung *Die Leute von Seldwyla* (1856) sind ein Ertrag der für den Dichter persönlich schwierigen, künstlerisch fruchtbaren Berliner Zeit, deren Hauptergebnis die erste Fassung des *Grünen Heinrich* war. Aus dem Motivkreis der Jugendgeschichte Heinrich Lees sind Seldwyla-Erzählungen wie *Frau Regel Amrain und ihr Jüngster* und *Pankraz der Schmoller* hervorgegangen. Die Handlung spielt in einem kleinstädtischen Nirgendwo in der Schweiz, wo die Menschen die Gemütlichkeit für ihre besondere Kunst halten, wo die Männer ihrem Beruf in philiströser Selbstgerechtigkeit nachgehen oder leichtsinnig dem Schwindelgeist großer Projekte verfallen. Das wirtschaftlich-politische und geistige Klima ist so sicher bestimmt, dass Otto Ludwig den Zyklus einen Kleinstadt-Roman nennen konnte. Der Gegensatz von Sein und Schein bildet das übergreifende Thema, das in vielfachen Variationen auftritt. Am Ende stellt sich an Stelle von Trug und Phantasterei die rechte, vernunft- und naturgemäße Lebensordnung wieder her.

Während Keller den *Grünen Heinrich* nur mühsam vollenden konnte (»Ich habe [...] das letzte Kapitel [...] am Palmsonntag buchstäblich unter Tränen geschmiert und werde diesen Tag nie vergessen«, schrieb er 1855 an Hettner), ist die Arbeit an den Erzählungen rasch und scheinbar mühelos vonstatten gegangen. Sie sind von Distanz geprägt, sowohl in der Selbstdarstellung als in der Darstellung des Gemeinwesens der Seldwyler, das in seiner Mittelmäßigkeit und Beschränktheit durchschaut wird. Nur den Narren und Käuzen, »die noch vom Wunder des Lebens aus erster Hand gestreift sind« (W. Muschg), gilt des Autors Sympathie. Gegenüber harmloser Verschrobenheit zeigt Keller, wie Ricarda Huch von ihm sagte, »väterlich liebende Stellungnahme zu den Dingen«. Wo er aber Verhärtung des Herzens und Scheinheiligkeit zu beschreiben unternahm, da gibt es, wie in *Die drei gerechten Kammacher*, ein bitteres Ende.

Die Kammacher schneiden nüchtern und phantasielos die Zähne in die Kämme und gönnen sich nur sonntags ein kümmerliches Vergnügen. In dieses armselige Dasein dringt das Schicksal, als sie alle drei um die ebenso herzlose wie selbstgerechte Züs Bünzlin werben, um des Meisters Geschäft kaufen zu können. Während sie vor den Leuten und besonders bei Züs sich der friedlichsten Beredsamkeit befleißigen, belauern sie einander mit heimlichem Groll,

Gottfried Keller in München, August 1840,
Bleistiftzeichnung von Johann Salomon Hegi

der sich schließlich in einem grotesken Kampf entlädt. Bei einem Wettlauf, durch den ihr Meister zum Gaudium der Stadt entscheiden will, wem er sein Geschäft verkaufe, verlieren zwei von ihnen Besinnung, Vernunft und jegliche Menschenwürde, während der dritte schlau sich den Besitz sichert. Aber auch er hat damit nichts gewonnen; er muss mit dem Geschäft Züs Bünzlin in den Kauf nehmen. »Er hatte nicht viel Freude davon, denn Züs ließ ihm gar nicht den Ruhm, regierte und unterdrückte ihn und betrachtete sich selbst als die Quelle alles Guten.«

Die Novelle *Romeo und Julia auf dem Dorfe*, gleich meisterhaft in der Zeichnung der Charaktere wie in Aufbau und Stimmung, sprengt den Rahmen des Seldwylertums. Der Handlung liegt eine Notiz zugrunde, die Keller 1847 in der *Züricher Freitags-Zeitung* gelesen hatte.

Im Dorfe Altsellershausen bei Leipzig liebten sich ein Jüngling von neunzehn Jahren und ein Mädchen von siebzehn Jahren, beide Kinder armer Leute, die in einer tödlichen Feindschaft lebten und nicht in eine Vereinigung des Paares willigen wollten. Am 15. August begaben sich die Verliebten in eine Wirtschaft, wo sich arme Leute vergnügen, tanzten daselbst bis nachts ein Uhr und entfernten sich hierauf. Am Morgen fand man die Leichen beider Liebenden auf dem Felde liegen; sie hatten sich durch den Kopf geschossen.

Durch den von ihm gewählten Titel hat Keller seine Erzählung in die Tradition des Romeo-und-Julia-Stoffes gestellt. Das poetische Urthema der durch Streit der Eltern getrennten jungen Liebenden ist von ihm allerdings wesentlich verändert worden. Aus der Novelle

des Bandello und der Tragödie Shakespeares wurde eine Dorfgeschichte. Das Motiv der Liebe zweier Kinder aus miteinander zerstrittenen Familien findet sich auch bei Jeremias Gotthelf in dem Roman *Zeitgeist und Bernergeist*. Keller hat mit dichterischen Mitteln soziale Probleme seiner Zeit dargestellt. Sali und Vrenchen besiegeln ihre Liebe, die zu leben sie keine Hoffnung haben, mit dem Tod. Ein entwendetes Heuschiff wird Vrenchens »Aussteuer«, ihre »schwimmende Bettstelle und ein Bett, wie noch keine Braut gehabt«:

Sali […] sagte leise: »Es gibt eines für uns, Vrenchen, wir halten Hochzeit zu dieser Stunde und gehen dann aus der Welt – dort ist das tiefe Wasser – dort scheidet uns niemand mehr, und wir sind zusammengewesen – ob kurz oder lang, das kann uns dann gleich sein – .« […] er hob sie auf die hochgebettete weiche und duftende Ladung, und schwang sich auch hinauf, und als sie oben saßen, trieb das Schiff allmählich in die Mitte des Stromes hinaus und schwamm dann, sich langsam drehend, zu Tal. – Der Fluss zog bald durch hohe dunkle Wälder, die ihn überschatteten, bald durch offenes Land; bald an stillen Dörfern vorbei, bald an einzelnen Hütten; hier geriet er in eine Stille, dass er einem ruhigen See glich und das Schiff beinah stillhielt, dort strömte er um Felsen und ließ die schlafenden Ufer schnell hinter sich; und als die Morgenröte aufstieg, tauchte zugleich eine Stadt mit ihren Türmen aus dem silbergrauen Strome. Der untergehende Mond, rot wie Gold, legte eine glänzende Bahn den Strom hinauf, und auf dieser kam das Schiff langsam überquer gefahren. Als es sich der Stadt näherte, glitten im Froste des Herbstmorgens zwei bleiche Gestalten, die sich fest umwanden, von der dunklen Masse herunter in die kalten Fluten.

Zum von Berthold Auerbach in einer Rezension getadelten Titel der Erzählung (im Text erscheinen die Namen Romeo und Julia nicht) hat Keller sich auch später bekannt, den Schluss hat er 1870 im Zusammenwirken mit Paul Heyse um den Kommentar des Erzählers verkürzt. Er enthielt die für ihn bezeichnenden Sätze:

Was die Sittlichkeit betrifft, so bezweckt diese Erzählung keineswegs, die Tat zu beschönigen und zu verherrlichen; denn höher als diese verzweifelnde Hingebung wäre jedenfalls ein entsagendes Zusammenraffen und ein stilles Leben voll treuer Mühe und Arbeit gewesen, und da diese die mächtigsten Zauberer sind in Verbindung mit der Zeit, so hätten sie vielleicht noch alles möglich gemacht; denn sie verändern mit ihrem unmerklichen Einfluss die Dinge, vernichten die Vorurteile, stellen die Ehre her und erneuern das Gewissen, sodass die wahre Treue nie ohne Hoffnung ist. Was aber die Verwilderung der Leidenschaften angeht, so betrachten wir diesen und ähnliche Vorfälle, welche alle Tage im niedern Volke vorkommen, nur als ein weiteres Zeugnis, dass dieses allein es ist, welches die Flamme der kräftigen Empfindung und Leidenschaft

Die Schreibunterlage aus Gottfried Kellers Berliner Zeit

nährt und wenigstens die Fähigkeit des Sterbens für eine Her-
zenssache aufbewahrt, dass sie zum Troste der Romanzen-
dichter nicht aus der Welt verschwindet.

Als die hintergründigste Selbstdarstellung Kellers im
damals erschienenen ersten Band und in den Seldwyla-Erzählungen kann die Märchennovelle *Spiegel,*
das Kätzchen betrachtet werden. Verkörpert der sittsa-
me Kater humoristisch Kellers Dichterexistenz unter
den Bürgern? Die in der Literatur des 19. und 20. Jahrhunderts vielfach variierte Frage, wie der Künstler und
die Gesellschaft miteinander auskommen können, findet in dem Vertrag Spiegels mit dem Stadthexenmeis-
ter eine neue Abwandlung, deren Witz sich schließlich
dahingehend entpuppt, dass Spiegel in den Leckereien
des ihn mästenden Pineiß schwelgt und dennoch zu
überleben weiß.

Angeregt durch die von GOTTHARD LUDWIG KOSE-
GARTEN (1758–1818) gesammelten mittelalterlichen
Legenden und anfangs als ein Teil von *Das Sinngedicht*
geplant, schrieb Keller die *Sieben Legenden* (1872), über
denen das Wort aus dem *Grünen Heinrich* stehen

könnte: »Gott strahlt von Weltlichkeit.« Keller ersetzt
die Glaubenswelt durch ein Reich heiterer Toleranz,
die Askese durch Weltfrömmigkeit. Er wollte aus den
überlieferten Legenden eine »ehemalige, mehr profane
Erzählkunst« erstehen lassen, wobei den Gestalten allerdings »zuweilen das Antlitz nach einer anderen
Himmelsgegend hingewendet wurde, als nach welcher
sie in der überkommen Gestalt schauen«. Bereits im
Grünen Heinrich hatte Keller gezeigt, wie leicht er dem
Ton der Legende gerecht werden konnte. Der katholische Boden Bayerns hatte in diesem Roman den
Schauplatz dafür gebildet. Nunmehr beginnt Keller in
Alexandria und endet im Jenseits. Er versetzt die antiken Musen in den christlichen Himmel und lässt die
Mutter Gottes, in der Absicht, eine von einem bösen
Ritter verkaufte schöne Frau zu retten, mit dem Teufel
ringen. »Als die Jungfrau merkte, dass sie zu viel unternommen und ihre Kräfte schwanden, begnügte sie
sich, den Feind gegen Verzicht auf die Grafenfrau zu
entlassen und alsbald fuhren die himmlische und die
höllische Schönheit auseinander mit großer Gewalt.«
Entgegen Kellers ursprünglichen Plänen dauerte es

fast zwanzig Jahre, ehe 1874 der zweite Band der *Leute von Seldwyla*, bestehend aus wiederum fünf Novellen, erscheinen konnte. Am Anfang steht die komische Erzählung von einem Hochstapler wider Willen, die Geschichte des armen Schneiders Wenzel Strapinski, die ihre romantische Abkunft nicht verleugnen kann, aber in einen handfesten realistischen Schluss mündet – ein erzählerisches Meisterstück Kellers, märchenhaft wie ironisch, trivial und kunstvoll zugleich. Der heitere Ton, der auch die zweite Sammlung charakterisiert oder sie zumindest einleitet, ist aber nur deshalb möglich, weil es sich, wie das Vorwort erklärt, um eine »Nachlese« aus der »Vergangenheit und den guten lustigen Tagen der Stadt« handelt. Auch die Schweiz lassen die »Gründerjahre« und der fortschreitende Kapitalismus nicht unberührt, Seldwyla, der »wonnige Ort« hat einen Teil seiner einstigen Lebensfreude eingebüßt, und so mutet der Titel der letzten Novelle, *Das verlorene Lachen*, fast symbolisch an. Mit *Dietegen* ist auch eine historische Novelle in den Zyklus eingefügt. Die *Züricher Novellen* (1878, 2 Bde.) schildern heimatliche Geschichte. *Hadlaub* erzählt von der Entstehung der *Manessischen Liederhandschrift*, in *Der Narr auf Manegg* erscheint das Sonderlingsdasein der Künstlers zu grotesker Donquichotterie gesteigert. Umso heiterer gibt sich *Der Landvogt von Greifensee*: Wie Lessing im Nathan, wie Fontane in Dubslav von Stechlin ist Keller in Salomon Landolt – einer historischen Figur – ein erhöhtes Selbstbildnis gelungen, eine dichterische Verwirklichung dessen, was er sein wollte: Vernunft, Überlegenheit, Güte und Humor kennzeichnen den Mann, der die fünf »Flammen« seines Lebens, um die er vergeblich geworben hat, zum »Schätzekongress« nach Greifensee lädt. Auch in die Gestalt Zwinglis in *Ursula* sind eigene Züge und Ideale Kellers eingegangen. Die populärste Erzählung der *Zürcher Novellen* ist das – am frühesten entstandene – *Fähnlein der sieben Aufrechten*, das, eingebettet in die Schilderung bürgerlichen Alltagslebens, Kellers politisches Glaubensbekenntnis enthält.

Der republikanisch gesinnte Schneidermeister Hediger und der Zimmermeister Frymann gehören zum Stammtisch der sieben Aufrechten; aber bei aller Freundschaft will der reiche Frymann seine Tochter nicht dem Sohn Karl des armen Hediger zur Frau geben, sondern hat einen reich gewordenen Spekulanten ausersehen. Doch Karl versteht es, den Nebenbuhler so zu blamieren, dass Frymann auf ihn verzichtet. Die sieben alten Aufrechten ziehen mit einem eigenen Fähnlein auf das Schützenfest von 1849, aber keiner traut sich, die vorgesehene Festrede zu halten. Da

springt Karl ein, und als er nach gelungener Rede seine Tüchtigkeit auch noch im Wettschießen bewährt, bekommt er die liebliche Hermine zur Frau.

In dem Novellenzyklus *Das Sinngedicht* (1881) werden Geschichten glücklicher und unglücklicher Liebe erzählt. Die Rahmenhandlung berichtet, wie ein junger Gelehrter auszieht, um die Wahrheit von Logaus Sinngedicht »Wie willst du weiße Lilien zu roten Rosen machen? Küss eine weiße Galathee: Sie wird errötend lachen« zu erleben.

Auf einem Schloss, das er besucht, wird zwischen dem Besitzer, dessen Nichte und ihm eine Art geistiges Duell ausgefochten, in dem sie einander Geschichten über das Wesen der Liebe erzählen, über die Beziehung zwischen Sitte und Sinnlichkeit, wie sie spürbar wird durch Erröten und Lachen. Beim Geschichtenerzählen finden die beiden jungen Leute zueinander – der Rahmen schließt sich.

Kellers zweiter und letzter Roman *Martin Salander* (1886) zeigt nicht mehr den Lebensglauben der früheren Bücher, sondern am Schicksal des vertrauensvollen Salander, der immer wieder betrogen wird, die Sorge um die Gefährdung der bürgerlichen Sittlichkeit und die politische Entwicklung. Der Roman ist nicht so durchgefeilt wie die früheren Werke; Keller selbst hat es gespürt: »So geht es, wenn man tendenziös und lehrhaft sein will«, schrieb er resigniert. (→ S. 284)

Fontanes Weg zum Berliner Zeitroman

Schon als Apothekerlehrling hatte THEODOR FONTANE sich auch als Erzähler versucht (*Geschwisterliebe*, N., 1839). Für den ersten Jahrgang des »belletristischen Jahrbuchs« Argo, das er gemeinsam mit FRANZ KUGLER (1808–1858) besorgte, schrieb er 15 Jahre später, 1854, drei Novellen (*Tuch und Locke; James Monmouth; Goldene Hochzeit*). Danach trat eine Pause von fast einem Vierteljahrhundert ein. Andere Verpflichtungen hielten Fontane von der Ausführung eines schon damals geplanten Romans ab.

Fontane hat sein politisches Engagement im Vormärz und 1848 in der Autobiografie verharmlost, aber seine zuerst 1940 erschienenen Briefe an den Jugendfreund Bernhard von Lepel und die politischen Korrespondenzen, die er damals schrieb, u. a. für die radikal-demokratische *Dresdner Zeitung*, reden eine andere Sprache. Im Nachmärz vollzog er, gezwungen durch materielle Not, einen zunächst äußerlichen Parteiwechsel, der ihn zum Mitarbeiter der Presseabteilung des reaktionären preußischen Ministeriums Manteuffel werden ließ. Von Herbst 1855 bis Januar 1859 lebte er im Dienst der preußischen Regierung als Presse-agent in England, um nach Manteuffels Sturz 1860 in die Redaktion der *Neuen Preußischen (Kreuz-)Zeitung* einzu-treten. Gleichzeitig begann er mit der Arbeit an den *Wan-derungen durch die Mark Brandenburg*. Zur Vorbereitung seiner drei kriegsgeschichtlichen Werke über die Feldzüge von 1864, 1866 und 1870/71, unternahm er Reisen nach Dä-nemark, Böhmen, Süddeutschland und Frankreich. Er wechselte 1870 als Theaterkritiker zur *Vossischen Zeitung* und unternahm 1874 und 1875 zwei Italienreisen. Durch Vermittlung von Freunden wurde er 1876 Sekretär der Aka-demie der Künste in Berlin, verzichtete jedoch nach weni-gen Monaten auf die Beamtenstellung und lebte bis zu sei-nem Tode wieder als freier Schriftsteller in der Potsdamer Straße 134c.

In die Jahrzehnte der Arbeit an den *Wanderungen* und stark durch sie beeinflusst, fällt die immer wieder un-terbrochene Niederschrift von *Vor dem Sturm. Roman aus dem Winter 1812 auf 13* (1878). In der Nachfolge von Scott und Alexis entwirft Fontane in seinem ersten, in vier Bücher eingeteilten Roman ein breit angelegtes Bild der Zeit vor dem Befreiungskrieg Preußens gegen Napoleon, als patriotische Zirkel ohne Auftrag des Königs die Erhebung vorbereiteten. Das komposi-tori-sche Nebeneinander verschiedener Lebenskreise hat Fontane gegen Kritik an der langsamen Entfaltung der Handlung mit dem Hinweis auf Gutzkows »Vielheits-roman« verteidigt. *Vor dem Sturm* ist ein »von skepti-schem Geist befeuerter Geschichtsroman« (P. Demetz), der aber auch Strukturelemente des Gesellschafts-romans aufgenommen hat, wie die besonders gepfleg-te Technik des Gesprächs zeigt. In der Korrespondenz mit seinem Verleger Wilhelm Hertz erklärte Fontane seine Vorgehensweise:

Anregendes, heitres, wenn's sein kann geistvolles Geplauder, wie es hierlandes üblich ist, ist die Hauptsache an dem Buch. Dies hervorzubringen meine größte Mühe. Daher auch zum Teil die ewigen Korrekturen, weil nicht die Dinge sachlich, son-dern durch ihren Vortrag wirken. Ich möchte etwas Feines, Gra-ziöses geben. (17.6.1866)

In den Achtzigern dominieren im Prosawerk Fonta-nes, verursacht durch seine wirtschaftliche Situation und die Bedingungen des literarischen Marktes, Er-zählungen geringeren Umfangs. *Vor dem Sturm* war über einen Achtungserfolg nicht hinausgekommen. Der geplante und kapitelweise bereits ausgeführte zweite umfangreiche Roman *Allerlei Glück* (postum 1928) blieb daher unvollendet. Aber nicht nur der Um-fang, auch die Thematik wird durch äußere Gegeben-heiten mitbestimmt. Mit Rücksicht auf die Zustim-

Theodor Fontane, Skizze von Hugo von Blomberg, 1857

mung leitender Zeitschriftenredakteure orientierte sich Fontane nun vermehrt an geläufigen Novellen-konzeptionen, geplante politisch-satirische Epik blieb wiederholt unausgeführt. Über seine als Fragment überlieferte Erzählung *Sidonie von Borcke* schrieb Fon-tane 1879 an GUSTAV KARPELES (1848–1909):

Ueber das, was der Stoff werth ist, der außerdem glücklich für mich liegt, bin ich mir vollkommen klar und ich werde mir seine Behandlung nicht entgehen lassen. Aber ich kenne Pu-blikum und Pardon, unter Umständen auch Redaktionen! »Liebe, Liebe ist mich nöthig« ist einerseits der Haupt-Chor-gesang, aber diese ganze Liebe muss auf dem Patentamt ein-geschrieben sein. Man könnte sagen: so viel wie möglich, aber auch so dünn wie möglich. Das wäre vielleicht das Ideal.

Auf die balladesken Novellen *Grete Minde. Nach einer altmärkischen Chronik* (1880) und *Ellernklipp. Nach ei-nem Harzer Kirchenbuch* (1881) folgte der einem aktu-ellen Ereignis nachgebildeten Eheroman *L'Adultera* (1882), mit dem Fontane sich erstmals dem modernen Berlin und seiner Gesellschaft zuwandte. Annähernd gleichzeitig war – nochmaliger Rückgriff in die preu-ßische Geschichte – *Schach von Wuthenow. Erzählung aus der Zeit des Regiments Gensdarmes* (1883) entstan-den, ein »einsamer Gipfel der deutschen historischen

Erzählkunst« (G. Lukács). Der Selbstmord des Rittmeisters Schach kurz vor der Schlacht bei Jena wird aus mehreren Perspektiven erzählt, keine für sich allein genügt. Die zurückhaltende Psychologie ist mit einem historischen Urteil verbunden, das an der Oberfläche eindeutig erscheint, als Figurenrede aber für die Interpretation offen bleibt. Die zeitkritische Tendenz des unvollendeten Jugenddramas *Karl Stuart* (1848) ist zum Bestandteil einer polyperspektivischen Gesprächs- und Brieftechnik geworden, vom Autor gelegentlich als »Geistreichigkeiten« ironisch relativiert. Wie nahe jedoch diese seinem persönlichen Urteil stehen und dass sie nicht nur historisch gemeint sind, wird deutlich, wenn man die Äußerungen Bülows, eines frondierenden Offiziers, mit späteren Werken und Briefen Fontanes vergleicht. Nach Bülow ist der Fall Schach

durchaus Zeiterscheinung. [...] Ich habe lange genug dieser Armee angehört, um zu wissen, dass ›Ehre‹ das dritte Wort in ihr ist; eine Tänzerin ist charmant ›auf Ehre‹, eine Schimmelstute magnifique ›auf Ehre‹, ja, mir sind Wucherer empfohlen und vorgestellt worden, die superb ›auf Ehre‹ waren. Und dies beständige Sprechen von Ehre, von einer falschen Ehre, hat die Begriffe verwirrt und die richtige Ehre tot gemacht.

Julius Jacob: Der Wilhelmplatz mit dem Hotel Kaiserhof, 1886

Danach hat Fontane nur noch Erzählwerke aus der jüngeren und jüngsten Gegenwart zu Ende geführt. Mit einigen Ausnahmen – *Graf Petöfy* (1884) handelt in Wien und Ungarn, *Quitt* (1890) in Schlesien und Nordamerika, *Unwiederbringlich* (1892) in Schleswig-Holstein und Dänemark – sind die Schauplätze Berlin und die Mark. In den Gesellschaftsromanen ersteht eine Welt der Offiziere und Beamten, des Landadels und der Bourgeoisie im letzten Drittel des Jahrhunderts. Der Leser begegnet diesen Menschen im Salon, beim Diner, bei Ausflügen zu Schiff und Wagen, lernt aber auch das Kleinbürgertum und die Dienerschaft bei ihren Unterhaltungen kennen. Fontane ist zu atmosphärisch dichten Schilderungen des Dorflebens fähig, wie seine Kriminalnovelle aus dem Oderbruch *Unterm Birnbaum* (1885) zeigt. Er ist ein scharfer und kluger Beobachter der Konflikte, die sich aus der sozialen Ordnung seiner Zeit ergeben, ein erfahrener Kenner besonders des weiblichen Seelenlebens (*Cécile*, 1887). Er schreibt mit Geist, Witz, Ironie, gleich weit entfernt von Pathos wie vom Kult des Trivialen. Er ist sachlich, aber vornehm, phrasenlos, aber erregend. Fontane versteht sich als ein »Causeur« und führt seine Eigenart, die auch seine Briefe zu lesen so reizvoll macht, auf seine zum Teil französische Abstammung zurück. Sei-

ne Kunst des Dialogs lässt die Sprache selbst zum Thema seiner Romane werden. Seiner Intention getreu, Menschen so darzustellen, wie sie wirklich sind, versucht er es, sie so sprechen zu lassen, wie sie wirklich sprechen.

Nach einer ersten Niederschrift »im Brouillon« pflegte Fontane einen neuen Roman- oder Novellenstoff zunächst längere Zeit zu lagern. In wiederholten Korrekturgängen, die sich oft über Jahre hinzogen und auch die Fassung des Zeitungsvorabdrucks vor der Buchausgabe noch einmal durchfeilten, brachte er das Werk dann zum Abschluss. Die Datierung nach Erscheinungsjahren vermag daher nur einen unzureichenden Eindruck von den tatsächlichen Entstehungszeiten zu vermitteln. Seine, wie der Untertitel des Vorabdrucks lautet, »Berliner Alltagsgeschichte« *Irrungen, Wirrungen* hat er bereits 1882 konzipiert. Als sie fünf Jahre später in der *Vossischen Zeitung* erschien, trug sie ihm zwar beim Publikum heftige Kritik, aber auch die entschiedene Zustimmung der jungen naturalistischen Kritiker ein. (→ S. 272)

Conrad Ferdinand Meyer (1825–1898)

Geboren in Zürich, wo er eine geborgene Kindheit verlebte, aber sensibel und seelisch gefährdet, nach dem Tod des

Vaters (1840) unter der Obhut der streng calvinistischen Mutter, vermochte der Abkömmling einer wohlhabenden Bürgerfamilie die in ihn gesetzten Erwartungen nicht zu erfüllen. Nach Abbruch des Jurastudiums zunehmende Isolation (der »arme Conrad«), private historische und philologische Studien, 1852 Aufenthalt in der Nervenheilanstalt Préfargier bei Neuenburg. Mit Hilfe von Freunden wie dem Historiker Louis Vulliemin allmähliche Befreiung von Hemmungen und krankhafter Menschenscheu, vermehrt nach dem Tod der Mutter (1856). Hinwendung zur geliebten Schwester Betsy, mit der er Reisen nach Paris, München und Italien unternahm. Eine größere Erbschaft, eine reiche Heirat mit der Patrizierstochter Luise Ziegler 1875 («Da hat eine Million eine Million geheiratet«, Gottfried Keller) sicherten ihm vollends die Freiheit des Schreibens. Die Begegnung mit der Kunst der romanischen Länder, Übersetzungen aus dem Französischen schulten seinen Form- und Schönheitssinn. Der Krieg 1870/71 bestimmte den nach Abstammung und Erziehung frankophilen Bewunderer Bismarcks, sich für Deutschland und seine Literatur zu entscheiden. In seinem Haus zu Kilchberg arbeitete er bis zum Jahr 1892 an seinem epischen und lyrischen Werk, nunmehr ein auch von der Gesellschaft anerkannter, erfolgreicher Künstler. Dann zwang ihn ein nervlicher Zusammenbruch wieder eine Heilanstalt aufzusuchen. Er konnte heimkehren, vermochte aber nicht mehr zu schreiben. Auf dem Kilchberger Friedhof, wo auch Thomas Mann ruht, liegt er begraben.

Conrad Ferdinand Meyer

Meyer ist fast noch mehr ein Vertreter der Formkunst seiner Epoche als eines zeitbezogenen Realismus. Keller hat mit kritischem Unterton von seinem »Brokatstil« gesprochen. Ihm und seinem anderen großen Landsmann Gotthelf stand Meyer eher fremd gegenüber, Objektivität der Darstellung, wie Spielhagen sie forderte, ließ er sich jedoch in solchem Maße angelegen sein, dass die konsequent von außen dargestellten Figuren und Vorgänge schwer durchschaubar oder mehrdeutig werden. Persönlich sehnte er sich nach Frische und Gesundheit, als Künstler bevorzugte er die Maske. Weil er schutzbedürftig war und unter der Zudringlichkeit des Lebens litt, suchte er Distanz; weil die Gegenwart ihn ästhetisch unbefriedigt ließ, wandte er sich der Renaissance zu, deren Kraft und Größe ihm seine Reisen und Jacob Burckhardt mit dem Werk *Die Kultur der Renaissance in Italien* nahe gebracht hatten. Daneben aber war er durchdrungen von einem empfindlichen sittlich-religiösen Gefühl. Den Konflikt in seinem Innern suchte er im Spiegel geschichtlicher Vergangenheit zu lösen. Er stattete seine Machtmenschen mit allem Glanz aus, stellte sie aber auch vor Gericht. Die Geschichte war ihm das große Forum, auf dem die Gegensätze Pathos und Ethos, Macht und Recht, Leidenschaft und Entsagung, Politik und Sittlichkeit ausgetragen wurden. Dabei ähnelten diese Gegensätze für ihn jenen zwischen südlich-heiterem und nördlich-grüblerischem, zwischen romanischem und germanischem Wesen.

Die erste Novelle *Das Amulett* (1873) ist noch abhängig von der *Chronique du règne de Charles IX.* (1829), einem Roman Prosper Merimées. Eine Rahmenhandlung umschließt die Erinnerung an die Bartholomäusnacht (deren Schrecken soeben durch die Pariser Commune vergegenwärtigt worden waren); Erzähler ist ein Calvinist, dem von einem katholischen Schweizer Landsmann das Leben gerettet wurde. Der Roman *Jürg Jenatsch* (1876, 2 Bde.) überliefert die Geschichte des streitbaren Predigers und Feldhauptmanns im Dreißigjährigen Krieg, der seiner Treue zu Graubünden alles, auch Glauben und Gewissen, opfert und schließlich von seiner Geliebten Lukretia mit demselben Beil erschlagen wird, mit dem er einst aus politischen Gründen ihren Vater ermordet hat. Sie tut es indessen, um Jürg Jenatsch, nicht seinen Rächern zu überlassen.

Meyers psychologische Erzählkunst zeigt sich überzeugend zuerst in der Novelle *Der Heilige* (1880). Der Stoff ist von T. S. Eliot in seinem religiösen Festspiel *Mord im Dom* (1935) und von Jean Anouilh in seinem

Drama *Becket oder die Ehre Gottes* (1959) wieder aufgegriffen worden.

Thomas Becket, der Kanzler des englischen Königs Heinrich II., lässt seine Tochter Grace fern vom Hofe erziehen. Dennoch wird sie eines Tages entdeckt und das Opfer des sinnlichen Königs sowie später Opfer der Eifersucht der Königin. Thomas dient dem Herrscher tief verletzt weiter, der ihn zum Erzbischof von Canterbury macht, weil er glaubt, in ihm ein willenloses Werkzeug zu haben. Nun aber kommt Thomas in die Hand eines Herrn, der mächtiger ist als der König. Sein Ansehen und seine Macht als Erzbischof, als Asket, als Heiliger bedrängen den König. Thomas wird verbannt, und der König lässt ihn, als er nach Canterbury zurückkehrt, am Altar ermorden.

Schon bald erschienen Meyers Novellen in der von dem Schriftsteller JULIUS RODENBERG (1831–1914) herausgegebenen *Deutschen Rundschau,* der angesehensten deutschen Literaturzeitschrift. Mit großer Kunst gearbeitet sind die Novellen *Die Hochzeit des Mönchs* (1884) und *Die Versuchung des Pescara* (1887), die im Mittelalter und in der Renaissance spielen und die bevorzugte Themen Meyers entwickeln: Begehren und Verzicht, Verhängnis und Zufall, vor allem Verrat und Treue.

Die Hochzeit des Mönchs lässt Meyer durch Dante einer Veroneser Hofgesellschaft erzählen; vorgeblich improvisierend, entnimmt dieser die Charaktere seiner Erzählung dem Kreis der Zuhörer: Der Mönch Astorre wird von seinem Vater wider seinen Willen ins Weltleben zurückgeholt und soll sich als Erbe des Geschlechts mit Diana vermählen, deren Bräutigam, Astorres Bruder, bei einem Schiffsunglück ertrunken ist. Nachdem er auf die Kutte verzichtet hat, enttäuscht Astorre Diana: Er gibt seiner Leidenschaft zu Antiope nach, mit der er sich heimlich trauen lässt. Die Hochzeit endet in blutigen Gräueln.
Die Versuchung des Pescara führt in die Zeit nach der Schlacht von Pavia, als der Papst und die italienischen Fürsten von Karl V. abfallen, um Italien zu einigen. Sie versuchen den kaiserlichen Feldherrn, der seit der Schlacht an einer unheilbaren Wunde dahinsiecht, für sich zu gewinnen. Auch seine Gemahlin, die berühmte italienische Dichterin Vittoria Colonna, bedrängt ihn, dem Vaterland zu helfen. Was die Versucher aus Unkenntnis nicht in ihre Berechnung einbeziehen, ist das Wissen Pescaras um seinen baldigen Tod. Sie haben einen nicht mehr Versuchbaren versucht – Pescara stirbt im eben eroberten Mailand.

Meyers ungewöhnlich bildhaften »Brokatstil« zeigt der Schlussabsatz der Novelle nicht minder deutlich als der Eingangsatz der folgenden Novelle *Angela Borgia* (1891), der letzten, die der Dichter vollenden konnte.

Victoria trat zu dem Gatten. Pescara lag ungewaffnet und ungerüstet auf dem goldenen Bette des gesunkenen Thronhimmels. Der starke Wille in seinen Zügen hatte sich gelöst und die Haare waren ihm über die Stirn gefallen. So glich er einem jungen, mageren, von der Ernte erschöpften und auf seiner Garbe schlafenden Schnitter. (Die Versuchung des Pescara)

Als die Angetraute des Erben von Ferrara, welche die Tochter des Papstes und Donna Lucrezia genannt war, von ihrem Gatten, Don Alfonso von Este, im Triumph nach ihrer neuen Residenz geholt wurde, ritt sie, während er den glänzenden Zug anführte, in der Mitte desselben auf einem schneeweißen Zelter unter einem purpurnen Thronhimmel, den ihr die Professoren der Universität zu Häupten hielten. (Angela Borgia)

In den Novellen begegnen Meyers charakteristische Themen und Vorgehensweisen: *Gustav Adolfs Page* (1882), in Wahrheit ein knappenhaft tapferes Mädchen, opfert sich für den durch einen Verräter bedrohten König. In *Der Schuß von der Kanzel* (1877), wo Meyer einen heiteren Ton anschlägt, und *Plautus im Nonnenkloster* (1882), wo ironisches Spiel und tiefer Ernst den Gegensatz von Süden und Norden betonen, sind es Täuschungsmanöver, die den Liebenden die Heirat ermöglichen. Die Novelle *Die Leiden eines Knaben* (1883), für die Meyer als Quelle die Memoiren des Herzogs von Saint-Simon (1675–1755) benutzt, bleibt in ihrer Wirkung auf den König (die Ereignisse werden Ludwig XIV. von seinem Leibarzt Fagon erzählt) undeutlich, Konsequenzen zu ziehen, scheint er nicht geneigt. *Die Richterin* (N., 1885), in der Zeit Karls des Großen in Graubünden angesiedelt, ist die Geschichte einer »magna peccatrix«, einer großen Sünderin, die des Giftmordes an ihrem Gatten schuldig ist, der ihren Jugendgeliebten getötet hat. *Angela Borgia* kontrastiert sittliche Verderbnis mit Treue und ihrer erlösenden Kraft. Ein *Petrus Vinea* blieb Fragment. (→ S. 285)

Wilhelm Raabe (1831–1910)

Wilhelm Raabe wurde als Sohn eines Justizamtmanns in Eschershausen bei Braunschweig geboren, nach dem Tod des Vaters Besuch des Gymnasiums in Wolfenbüttel, das er 1849 ohne Reifeprüfung verlässt, Lehrling in der Creutz'schen Buchhandlung in Magdeburg. Ausgedehnte Lektüre (u.a. Jean Paul, Dickens und Thackeray), Abbruch auch dieser Ausbildung, ab 1854 in Berlin als Gasthörer Besuch philosophischer und historischer Vorlesungen, Niederschrift und Veröffentlichung der *Chronik der Sperlingsgasse* (unter dem Pseudonym Jacob Corvinus), die zu einem großen Erfolg wird. Rückkehr nach Wolfenbüttel und freier Schriftsteller. Nach der Heirat 1862 acht Jahre in Stuttgart, Verkehr mit Friedrich Theodor Vischer, Freundschaft mit Wilhelm und Marie Jensen. Seit 1870 bis zu seinem Tode zurückgezogen – auf sein Werk konzentriert, gesellig nur in der so genannten »Kleiderseller«-Runde – in Braunschweig,

Raabes Werdegang zum künstlerisch wohl modernsten Erzähler der realistischen Epoche, in der er einen ganz eigenständigen Platz einnimmt, verlief stufenweise und nicht in Übereinstimmung mit seinem äußeren Erfolg. Dieser wurde ihm nach seinem literarischen Erstling, *Die Chronik der Sperlingsgasse* (1857), Ende 1854 in Berlin begonnen, im unverhofften Maße zuteil.

Die »Chronik«, bestehend aus Aufzeichnungen des alten Schriftsteller Johannes Wacholder, bietet Skizzen aus dem Alltagsleben der Menschen in einer Alt-Berliner Gasse, die assoziativ miteinander verbunden werden. Die Erinnerungen des Erzählers reichen bis in die Zeit der Napoleonischen Kriege zurück, sodass insgesamt drei Generationen einbezogen werden. Nachmärzliche Verhältnisse, soziale Not und Auswanderung werden berücksichtigt.

Bereits in diesem Erstling orientiert sich Raabe nicht an der von der zeitgenössischen Romantheorie geforderten Objektivität, sondern erzählt, dem Vorbild des englischen humoristischen Romans im 18. Jahrhunderts folgend, mit Sympathie und leiser Ironie, gelegentlich wohl auch sentimental, aus betont subjektiver Perspektive. Maßgebend für die starke Resonanz war die geglückte Verbindung ganz unterschiedlicher Wirklichkeitselemente zu einem stimmungsvollen Ganzen.
Raabe, der es nach diesem Erfolg wagen konnte, als freier Schriftsteller zu leben – er hat nie einen Beruf ausgeübt – verfasste fortan mit großem Fleiß ein erzählerisches Werk nach dem anderen. (Drama und Lyrik spielten für ihn keine Rolle.) Die Zustimmung des Publikums ließ aber in demselben Maße nach, in dem zeitkritische Züge in Raabes Schaffen deutlicher hervortraten. In diesem Zusammenhang bildet das Jahr 1870 für ihn eine einschneidende Zäsur. Der Umzug aus dem anregenden Stuttgart, das als Verlagsstadt für den deutschen Süden den Vergleich mit Leipzig nicht zu scheuen brauchte, in das eher unliterarische Braunschweig versetzte Raabe gewissermaßen unter die Philister (wie die zeitgenössische Bezeichnung für ein materiell gesinntes Bürgertum lautete, um dessen Liebe die Musen sich nicht drängten). Der nach 1870 aufkommende gründerzeitliche Geist verstärkte das materielle Erfolgsstreben im ungeahnten Maße.

Wilhelm Raabe

Die Wunden der Helden waren noch nicht verharscht, die Tränen der Kinder, der Mütter, der Gattinnen, der Bräute und Schwestern noch nicht getrocknet, die Gräber der Gefallenen noch nicht übergrünt: Aber in Deutschland ging's schon – so früh nach dem furchtbaren Kriege und schweren Siege – recht wunderlich her. Wie während oder nach einem großen Feuersbrunst in der Gasse ein Sirupfass platzt und der Pöbel und die Buben anfangen zu lecken, so war im deutschen Volke der Geldsack aufgegangen, und die Taler rollten auch in den Gossen, und nur zu viele Hände griffen auch dort danach. Es hatte fast den Anschein, als sollte dieses der größte Gewinn sein, den das geeinigte Vaterland aus seinem großen Erfolge in der Weltgeschichte hervorholen könnte. (Vorwort von 1890 zur Erzählung *Christoph Pechlin*, 1871/72)

Raabe war ein nationalliberaler Parteigänger der Reichsgründung gewesen. In den folgenden Jahrzehnten wurde er zu einem zunehmend Einsamen, der im Schutz einer bürgerlichen Maske seinen immer anspruchsvolleren künstlerischen Zielen folgte. Als Schriftsteller in seinem Freundeskreis der »Kleiderseller« nur wenig wahrgenommen, bewältigte er diese für den schaffenden Künstler problematische Situation in herber Verschlossenheit und mit jenem hintergründigen Humor, der vielen seiner Erzählungen einen eulenspiegelhaften Ton gibt.

Seine Erzählwerke greifen in Themen und Stoffen räumlich und zeitlich weit aus, sie reichen bis ins 13. Jahrhundert zurück und schließen zuletzt noch die Jahre vor dem Ersten Weltkrieg ein. Ihre Schauplätze sind, außer allen deutschen Landschaften, Italien, Belgien, Dänemark, Norwegen, Nordamerika, Afrika, während er selbst in späterer Zeit sein Studierzimmer kaum je für Reisen verlassen hat; die Grenzen des deutschen Sprachraums überschritt er nie.

In der Nachfolge Scotts entstand *Unseres Herrgotts Kanzlei* (1862), eine Chronik der tapferen Bürgerschaft Magdeburgs in der Reformationszeit. Der Erziehungsroman *Die Leute aus dem Walde* (1863) enthält die beiden sehr verschiedenen Devisen der »Erzieher«, das viel zitierte Raabe-Wort: »Gib Acht auf die Gassen! Blick auf zu den Sternen!« 1864 erzielte Raabe mit seinem Roman *Der Hungerpastor* ein zweites Mal einen großen Publikumserfolg.

Sein Held ist Hans Unwirrsch, der Sohn eines Schuhmachers, der getrieben wird von jenem »Hunger, den so wenige Menschen begreifen und welcher so schwer zu befriedigen ist«. Nach dem frühen Tod des Vaters wird Hans von der Mutter, der Base Schlotterbeck und dem wunderlichen Onkel Grünebaum betreut. Durch Vermittlung des Professors Fackler kommt er aufs Gymnasium, später auf die Universität. Nach dem Studium der Theologie lernt er als Hauslehrer Selbstsucht und Dünkel der Gesellschaft kennen. Immer wieder kreuzt sein Jugendfreund Moses Freudenstein, dessen brutalen Egoismus Hans erst spät erkennt, seinen Weg. Am Ende findet er auf der Hungerpfarre zu Gunzenow an der Ostsee ein bescheidenes Glück an der Seite seiner Frau »Fränzchen«.

Zwei Arten des Hungers leben in diesem Bildungsroman: Der des Hans Unwirrsch wird gestillt, als er die Hungerpfarre und seine Frau erringt: »Ich habe die Wahrheit gefunden; ich habe gelernt, das Nichtige vom Echten, den Schein von der Wirklichkeit zu unterscheiden. Ich fürchte mich nicht mehr vor den Dingen, denn die Liebe steht mir zur Seite.« Sein Jugendfreund Moses Freudenstein wird verzehrt von dem Hunger nach Macht, Geld, Genuss. Als kalter Verstandesmensch arbeitet er sich zu einer glänzenden Stellung hinauf, zerstört aber durch seine Selbstsucht das eigene und fremdes Glück.

Der Roman *Abu Telfan oder Die Heimkehr vom Mondgebirge* (1868, 3 Bde.) ist dunkler getönt: »Wenn ihr wüsstet, was ich weiß, sprach Mahomet, so würdet ihr viel weinen und wenig lachen«, heißt das Motto. Kein erfolgreicher Bildungsweg steht im Mittelpunkt, sondern ein vereinsamter Außenseiter.

Titelholzstich nach einer Zeichnung von Raymond de Baux

Leonhard Hagebucher, der bei Planungsarbeiten für den Suez-Kanal in Sklaverei geraten war, kehrt nach langer Gefangenschaft aus Abu Telfan am Mondgebirge im Tumurkieland in seine Heimat Nippenburg zurück. Das Leben dort empfindet er bald durch das Philistertum, durch die überall offenbar werdende Falschheit und Lüge als neue Sklaverei. Nachdem sein Vater ihm das Haus verboten hat, ist seine einzige Zuflucht die Katzenmühle, wo die tapfere und gütige Frau Claudine, deren Mann gesellschaftlichen Intrigen zum Opfer gefallen ist, ihr Schicksal mit innerer Freiheit trägt. Hagebucher selbst wird Zeuge eines die gesellschaftliche Verlogenheit entlarvenden Skandals, dessen Opfer wiederum eine edle Frau ist. In der Fürsorge für sie findet er seine Aufgabe: »Ich bin zu einem Wächter vor einem Unglück in einer großen See von Plagen geworden und habe für jetzt mein volles Genüge daran.«

Der Schüdderump (1869, 3 Bde.), Raabes düsterster Roman, ist die Geschichte der schönen Antonie Häusler, die durch die Gemeinheit ihres reich gewordenen Großvaters zugrunde geht, so wie »alles Liebliche und Schöne in der Welt verruiniert wird«. Der »Schüdderump« ist ein Pestkarren, der im Dreißigjährigen Krieg die Leichen in die Grube kippt, ein Symbol menschlichen Unter- und Niedergangs: »Die Räder des Schüderump lassen sich so wenig aufhalten wie das Siechtum abgeschafft werden kann; denn die Gemeinheit der Menschen ist überall und jederzeit vorhanden.« Die guten Menschen sind dem Zugriff der »Kanaille« ausgesetzt, und die gewissenlosen haben in der Welt Erfolg. Aber die abseits Stehenden, die Einsamen und alle, die sich tapfer zur Wehr setzen, sind trotz ihrer Misserfolge die eigentlichen Helden des Lebens.

In seinen historischen Erzählungen wandte Raabe sich gern dem 16. und 17. Jahrhundert zu. Spannend, aber in den Charakteren nicht recht durchgeformt, ist *Die schwarze Galeere* (1861) aus der Zeit des Freiheitskampfes der Niederländer gegen die Spanier, 1599.

Trotzig verteidigen sich die Niederländer, deren »Schwarze Galeere« die Spanier fürchten. Der Kapitän des spanischen Schiffes »Andrea Doria« will Myga van Bergen mit Gewalt entführen. Ihr Verlobter Jan Norris, Steuermann der »Schwarzen Galeere«, warnt sie, wird aber von dem Spanier überwältigt und mit Myga zusammen auf dessen Schiff gebracht. Es gelingt ihm zu fliehen und die »Schwarze Galeere« vor das spanisch besetzte Antwerpen zu führen, wo die Geusen die Spanier überrumpeln, Myga van Bergen befreien und reiche Beute gewinnen.

Else von der Tanne (E., 1865) erzählt von einem Mädchen, das im Dreißigjährigen Krieg dem Aberglauben und Hexenwahn zum Opfer fällt. Kleinstädtische Wirren im Mecklenburg des 18. Jahrhunderts werden in *Die Gänse von Bützow* (E., 1866) ironisch gespiegelt.

In der Novelle *Des Reiches Krone* (1870) lässt Raabe einen greisen Erzähler die Geschichte seines Jugendfreundes und dessen Verlobter berichten. Es ist das Hohelied aufopfernder Liebe und Hingabe dieser Frau, die über die Schrecken der Lepra siegt, von der ihr Geliebter bei der Heimholung der Reichskrone nach Nürnberg befallen wird.

Raabes hintergründiger Humor spricht aus der 1867 spielenden Erzählung *Horacker* (1876), die formal an das literarische Modell der Idylle anknüpft – ein Sonntagsausflug nach einem Pfarrhaus zu Gansewinckel wird beschrieben –, seinen ernsten Hintergrund aber in dem Beistand findet, den zwei alte Lehrer, ein Pfarrer und ein Staatsanwalt, sämtlich Altliberale und innerlich im Streit mit einer jüngeren Generation von glatten Strebern, einem entlaufenen Jugendlichen, Cord Horacker, leisten. Ihre Gespräche kreisen auch um die Frage, wie es weiter gehen wird in Deutschland:

Da schwatzen sie immer drauflos, dass der Schulmeister die Schlacht bei Königgrätz neulich gewonnen habe; aber nun frage ich dich, Hedwig: Welcher denn? Der alte oder der junge? Meines Wissens nun doch einzig und allein der alte [...]. Das soll sich erst ausweisen, was für ein Siegergeschlecht die neuen heraufziehen mit ihrem ›Stramm, stramm, stramm; alles über einen Kamm.‹ (→ S. 309)

Sachliteratur und Essayistik

Im Grenzbereich von Wissenschaft und Kunst erscheinen grundlegende Werke der Geschichte und Kulturgeschichte, die das Bewusstsein der Gebildeten nachhaltig prägen und durch ihren literarischen Rang zeitüberdauernde Bedeutung gewinnen. Als hervorragende Vertreter dieses Bereichs können Jacob Burckhardt und Ferdinand Gregorovius gelten, die sich vorzugsweise dem Italien der Vergangenheit zuwenden, dessen in Klassik und Romantik erprobte Anziehungskraft auch in der zweiten Jahrhunderthälfte fortdauerte. Stärker in das Zeitgeschehen verstrickt sind Historiker wie Johann Gustav Droysen, Heinrich von Sybel, Theodor Mommsen und Heinrich von Treitschke, die ihre Schriften in den Dienst politischer Zielsetzungen stellen. Anschauliche und effektsichere Ausführung sichern ihnen Wirkung (und Verführungskraft). Populäre Gattungen bilden auch die kulturgeschichtliche Erzählung, Biografie und Autobiografie, sowie die Reiseliteratur, wie sie beispielhaft von Theodor Fontane mit Darstellungen über England und die Mark Brandenburg, Karl Emil Franzos mit solchen über »Halb-Asien« (gemeint sind Galizien und die Bukowina) gepflegt wird.

Geschichtsschreibung

In seiner Studie *Kunst als Geschichte* (*Art as History*, 1988) merkt der amerikanische Historiker Peter Paret an, dass man sich das Eingangskapitel von Leopold von Rankes *Die Staatsverwaltung des Kardinals Consalvi* (1832) um einige Zeilen Dialog erweitert, gut in Stendhals *Kartause von Parma* oder in *Rot und Schwarz* vorstellen könne. Ranke erzählt von der Herkunft des Kardinals, von der Karriere des jungen Klerikers im päpstlichen Dienst, von seiner Haft in der Engelsburg, seiner Tätigkeit als Sekretär des Konklaves in Venedig, aus dem sein Gönner Chiaramonti als Pius VII. hervorging. »Die soziale, politische und psychologische Analyse dieser ersten Seiten, geschrieben in einer Prosa, die von äußerster Konkretheit ist, ohne je an Eleganz und Klarheit zu verlieren, bereitet den Leser auf das Hauptthema der Arbeit vor und liefert den Schlüssel dazu.« Was hier von Stendhal und dem jungen Ranke gesagt wird, für den Literatur und Geschichte untrennbar waren, ließe sich auch auf andere Autoren übertragen. Zwar sind Geschichtsschreibung und Geschichtswissenschaft nicht immer identisch, die bloße Erzählung des Vergangenen ersetzt noch nicht dessen methodische Untersuchung. Aber die authentische Darstellung lässt die Grenze zwischen fiktionaler Literatur, also Literatur im engeren Sinne, und nichtfiktionaler verschwimmen.

HEINRICH VON TREITSCHKE (1834–1896) hat sich selbst nur mit Vorbehalt als wissenschaftlicher Historiker gesehen. Er schrieb Geschichte mit bewusst innen- und außenpolitischer Zielsetzung. Wie viele Gleichgesinnte erstrebte er die von einem starken Preußen geleitete staatliche Einigung der Nation und in der Folge ein von einem stabilen Bürgertum getragenes, mächtiges Deutschland. Ursprünglich ein gemäßigter Liberaler, der den preußischen Obrigkeitsstaat ablehnte und im preußischen Verfassungskonflikt im scharfen Gegensatz zu Bismarck stand, machte er mit dem Reichsgründer seinen Frieden und entwickelte sich nicht nur zu einem erbitterten Gegner der Sozialdemokratie, sondern darüber hinaus zu einem harschen Antisemiten. Auch »deutsch redende Orientalen«, besonders die unzufriedenen Intellektuellen, »heimatlose internationale Journalisten« wie Heine und Börne, wurden ihm zu Verursachern »sittlichen und geistigen Verfalls«, die »unheimische, radikale, abstrakte Ideen« einschmuggelten. Den erbarmungslosen Rassenkampf zwischen Deutschen und Slawen, der »furchtbare Härte« erfordere, hatte er bereits in seinem 1862 in den *Preußischen Jahrbüchern* erschienenen Aufsatz *Das deutsche Ordensland Preußen* beschrieben. Mit all dem kam Treitschke einer Zeitstimmung ebenso entgegen, wie er sie förderte und gewissermaßen hoffähig machte. 1873 wurde er, nach Burckhardts Absage, auf den ehemals von Ranke besetzten Berliner Lehrstuhl berufen. Nicht nur seine Vorlesungen waren glänzend besucht, der begabte Redner und Stilist fand Leser wie kein anderer deutscher Historiker (*Deutsche Geschichte im 19. Jahrhundert*, 5 Bde., 1879–94).

Der eigentliche Begründer der preußisch-kleindeutschen Schule der Geschichtswissenschaft war JOHANN GUSTAV DROYSEN (1808–1884) der sich, obgleich anspruchsvoller in Selbstverständnis und Methode als Treitschke, als Historiker ebenfalls einer politischen

Theodor Mommsen

Aufgabe verpflichtet sah. Zunächst hatte er über die griechische Antike gearbeitet (*Geschichte des Hellenismus*, 2 Bde., 1836–43), aber als Professor in Kiel an den Auseinandersetzungen um Schleswig-Holstein beteiligt, als Mitglied der Frankfurter Nationalversammlung 1848 Zeuge deren Scheiterns, verlegte er den Schwerpunkt seiner Forschungen in die Neuzeit, um der nationalstaatlichen Einigung Deutschlands als Historiker zu dienen. »Die Sache der Nation ist jetzt bei Preußen. [...] Die deutsche Macht zu sein ist seine geschichtliche Aufgabe.« 1855 erschien der erste Band seiner *Geschichte der preußischen Politik*, die Preußens Mission für das deutsche Reich vom 15. Jahrhundert an nachweisen sollte und ihn bis zu seinem Tode beschäftigte, allerdings nur bis zum Ausbruch des Siebenjährigen Krieges, 1756, führt (14 Bde., bis 1886).

Auch HEINRICH VON SYBEL (1817–1895), der 1859 die *Historische Zeitschrift* gründete und in Bonn, Marburg und München lehrte, war zu seinen Lebzeiten ein meinungsbildender Historiker (*Die Begründung des Deutschen Reiches durch Wilhelm I.*, 7 Bde., 1889–1894). Nicht selten setzen die Werke der Romanciers die Kenntnis des so vermittelten Geschichtsbilds voraus – in Zustimmung und oft nur verhaltener Kritik (den Königstiger Bismarck hatte Sybel, wie man scherzte, in einen Hauskater verwandelt).

Der erste Deutsche, der 1902 mit dem Nobelpreis für Literatur ausgezeichnet wird, ist ein Historiker,

Jacob Burckhardt

derholt hat Mommsen geäußert, dass der Geschichtsschreiber mehr vom Künstler als vom Gelehrten haben müsse, es sei seine Aufgabe, das Gewesene durch jene Phantasie zu vergegenwärtigen, welche »wie aller Poesie so auch aller Historie Mutter« sei.

»Man übertreibt kaum mit der Behauptung, dass die bedeutende deutsche Literatur des 19. Jahrhunderts ganz überwiegend Gelehrtenprosa ist; die Prosa vor allem von Historikern«, hat Joachim Fest in *Polemischen Überlegungen zur Entfremdung von Geschichtswissenschaft und Öffentlichkeit* bemerkt – veröffentlicht unter dem Titel *Noch einmal: Abschied von der Geschichte.* Historische Abrisse sind jedoch, zuweilen um des Broterwerbs willen, auch von Schriftstellern verfasst worden (Friedrich Hebbel, *Geschichte der Jungfrau von Orleans*, 1840; *Geschichte des dreißigjährigen Krieges*, 1840).

Kulturgeschichte

Der Schweizer JACOB BURCKHARDT (1818–1897) schuf mit seinem in viele Sprachen übersetzten Werk *Die Kultur der Renaissance in Italien* (1860) eine klassisch gewordene Darstellung zur Entstehung der Neuzeit und des modernen Menschen.

Burckhardt, Sohn eines reformierten Pfarrers in Basel, wechselte nach vier Semestern Theologie zum Studium der Geschichte und Kunstgeschichte. Seit 1848 war er Geschichtslehrer am Basler Pädagogium und hielt daneben Vorlesungen an der Universität, 1855 Ordinarius für Kunstgeschichte in Zürich, 1858 für Geschichte und Kulturgeschichte in Basel, wo er bis 1893 lehrte.

Burckhardts Studienwechsel von der Theologie zur Geschichtsschreibung spiegelt den Zwiespalt zwischen historischer und dogmatischer Interpretation des Christentums. An die Stelle religiöser Heilsgewissheit trat die ästhetische Anschauung der Geschichte, die mit eigenen dichterischen Intentionen verschmolz.

Die Geschichte ist und bleibt mir Poesie im größten Maßstabe; [...] ich betrachte sie [...] als einen wundersamen Prozess von Verpuppungen und neuen, ewig neuen Enthüllungen des Geistes. An diesem Rande der Welt bleibe ich stehen und strecke meine Arme aus nach dem Urgrund aller Dinge, und darum ist mir die Geschichte lauter Poesie, die durch Anschauung gemeistert werden kann.

Es war nur konsequent, dass Burckhardt auch seinen vormärzlichen Liberalismus zugunsten einer konservativen Verteidigung der Tradition gegen ihre Verneinung durch die Industriegesellschaft tauschte. Seine

THEODOR MOMMSEN (1817–1903), dessen *Römische Geschichte* (5 Bde., 1854–1885) nicht nur eine Geschichte des römischen Staates, sondern auch eine Kulturgeschichte des alten Rom darstellt und zu einem Hausbuch in den bürgerlichen Bücherschränken wird. Dabei handelte es sich eigentlich um eine Auftragsarbeit für eine Edition populärer, aber anspruchsvoller historischer Darstellungen, die der junge Leipziger Dozent für die Weidmann'sche Verlagsbuchhandlung, einen der ältesten deutschen Verlage, 1849 übernahm. Wenig später musste er wegen seiner führenden Beteiligung an den Leipziger Unruhen desselben Jahres den Universitätsdienst quittieren, förderte das Werk zunächst während der erzwungenen Zuflucht in Zürich und gelangte 1856 bis zum Abschluss des dritten Bandes. Die beiden letzten Bände, teilweise fragmentarisch, sind ein Werk des Alters. Auch Mommsen bot »Historiographie engagée«, dem Ratschlag eines Freundes »für den deutschen Salat mehr Öl als Essig« aufzubringen, vermochte er nicht zu folgen. Er komponierte seine Darstellung von vorausdeutenden Kapitelanfängen bis zu Schlusssätzen, die dem Aktschluss eines Schauspiels vergleichbar sind, mit großer stilistischer Kunst. Wie

apolitische Haltung ist nicht ohne Resignation (Rufe an deutsche Universitäten, darunter 1872 den auf die Nachfolge Rankes in Berlin, lehnte er ab). In der relativen Geborgenheit seiner Basler Studierstube schrieb er stofflich weit ausgreifende Werke, die umfassende Bildung mit künstlerischem Empfinden vereinigten. Die *Griechische Kulturgeschichte* (4 Bde., 1898–1902) und die *Weltgeschichtlichen Betrachtungen* (1905) sind postum erschienen.

Italien hatte Burckhardt sich, nachdem seine ersten Arbeiten der mittelalterlichen Geschichte Deutschlands gegolten hatten, erst im Anschluss an zwei Reisen zugewandt. Deren erste Frucht war – der Titel ist sprichwörtlich geworden – *Der Cicerone. Eine Anleitung zum Genuß der Kunstwerke Italiens* (1855). Bereits in *Die Zeit Konstantin des Großen* (1852) hatte Burckhardt sich der Frage gewidmet, wie an Grenzscheiden historischer Entwicklung Tradition gerettet werden kann. Die Antwort, wie sie der *Cicerone* gibt, ist die Ästhetisierung der Tradition. Die Kunstwerke überdauern als Repräsentation der kulturellen Entwicklung, und es ist die Aufgabe des Historikers, sie zum Zweck menschlicher Bildung in einer veränderten Gegenwart zu erschließen.

In *Die Kultur der Renaissance in Italien* ist allerdings gerade der Bereich der Kunst unausgeführt geblieben, ein Verzicht zu dem sich Burckhardt gezwungen sah, um das Werk überhaupt zum Abschluss zu bringen. Es zeigt die Meisterschaft des Autors, dass man seine Darstellung gleichwohl als ein geschlossenes Ganzes empfindet. Spätere Überarbeitungen von fremder Hand sind rückgängig gemacht worden, als verbindlich gilt die ursprüngliche Gestalt.

Das Hauptwerk von FERDINAND GREGOROVIUS (1821–1891) ist die *Geschichte der Stadt Rom im Mittelalter* (8 Bde., 1859–72), ein ebenso ehrgeiziges wie umfangreiches Unternehmen, das seinerzeit Neuland erschloss. In seiner Perspektive deutlich zeitgebunden und von Anbeginn mehr das Werk eines gelehrten Dichters als eines Historikers, bezeugt es doch ein weiteres Mal die für das »historische Jahrhundert« charakteristische enge Verbindung von Geschichte und Literatur. Für die Augsburger *Allgemeine Zeitung* begann Gregorovius zunächst aus Korsika seine Folge von Aufsätzen, die mit Vorliebe Vergangenes behandelten. Unter dem Titel *Wanderjahre in Italien* (5 Bde., 1856–77) wurden sie gesammelt und viele Male neu aufgelegt.

GUSTAV FREYTAG verfasste viel gelesene *Bilder aus der deutschen Vergangenheit* (1859–1867, 5 Bde.), eine

Jean August Dominique Ingres: Blick vom Lateran auf die Titus-Thermen, Kreidezeichnung

Schilderung des deutschen Volkslebens vom Mittelalter bis in die erste Hälfte des 19. Jahrhunderts, wobei sich die Auswahl nicht zufällig am aktuellen Interesse orientiert, so behandelte etwa *Das Nest der Zaunkönige* (1873) die Auseinandersetzungen um die deutsche Königskrone. Die Darstellung, die charakteristische zeitgenössische Dokumente, Briefe, Berichte und Erzählungen einbezieht, breitet eine Fülle von Wissen aus und macht die großen Linien der Entwicklung aus kleindeutscher Perspektive sichtbar. Dem entspricht der mahnende Appell an Preußen, seine historische Aufgabe auch in der Gegenwart zu verfolgen.

WILHELM HEINRICH RIEHL (1823–1897) war seit 1859 Ordinarius für Kulturgeschichte in München und seit 1885 Direktor des Bayerischen Nationalmuseums. Sein Verdienst ist die Begründung der deutschen Volkskunde als Wissenschaft durch sein Werk *Die Naturgeschichte des Volkes als Grundlage einer deutschen Sozialpolitik* (1853–69, 4 Bde.), in dem er, freilich in fragwürdiger Weise, »die soziale Ungleichheit als Naturgesetz« erklärte und aus den Verschiedenheiten der Geschlechter, des Klimas, der Länder und ähnlicher Kategorien ableitete.

Biografie und Autobiografie

Eine Lieblingsgattung des lesenden Publikums bildete die Biografie. Das Interesse an ihr fand seine stärkste Begründung in dem noch unerschütterten Glauben an die bestimmende Rolle großer Einzelner im geschichtlichen Prozess. Geisteswissenschaftler aller Disziplinen widmeten sich der damit verbundenen Aufgabe; monumentale Darstellungen entstanden.

JOHANN GUSTAV DROYSEN beschrieb Johann David Ludwig von Yorck (*Das Leben des Feldmarschalls Grafen Yorck von Wartenburg*, 3 Bde., 1851/ 52), der als Befehlshaber des preußischen Hilfskorps im Feldzug von 1812 ohne Befehl seines Königs die Konvention von Tauroggen geschlossen hatte – Beginn der Erhebung gegen Napoleon –, als Vertreter preußischen Geistes. Diese Biografie erzielte bis 1913 elf Auflagen und fand mithin weit größere Verbreitung als berühmte Werke der belletristischen Literatur, aus denen sich das heutige Verständnis der Epoche vorzugsweise speist. Noch weitere Historiker widmeten sich preußischen Militärs in der Zeit der Befreiungskriege, so MAX LEHMANN (1845–1929, *Scharnhorst*, 2 Bde., 1886/87) und HANS DELBRÜCK (1848–1929, *Das Leben des Feldmarschalls Grafen Neidhardt von Gneisenau*, 1894).

RUDOLF HAYM (1821–1901), der Begründer der *Preußischen Jahrbücher*, legte mehrere Biografien vor (*Wilhelm von Humboldt*, 1856; *Hegel und seine Zeit*, 1857; *Arthur Schopenhauer*, 1864; *Herder*, 2 Bde., 1880–85).

HERMAN GRIMM (1828–1901), Sohn des Germanisten Wilhelm Grimm und Schwiegersohn Bettina von Arnims, widmete sich mit Erfolg dem Leben großer Künstler (*Das Leben Michelangelos*, 2 Bde., 1860–63; *Das Leben Raffaels*, 1872; *Goethe*, 2 Bde., 1877). Ihren literarischen Höhepunkt fand die Künstlerbiografie in den die Epochen überspannenden Werken von CARL JUSTI (1832–1812), *Winckelmann und seine Zeitgenossen* (3 Bde., 1866–72) und *Diego Velasquez und sein Jahrhundert* (2 Bde., 1888). Germanisten behandelten mit positivistischer Detailfülle die literarischen Klassiker, allen voran Goethe (ERICH SCHMIDT, 1853–1913, *Lessing* 1892; RICHARD MORITZ MEYER 1860–1914, *Goethe*, 3 Bde.).

JOSEPH HILLEBRAND (1788–1871) hatte bereits 1845 Friedrich den Großen und Goethe als die vornehmlichen Gestalten genannt, die den Deutschen zur nationalen Selbstfindung verholfen hätten. Dazu habe Goethe, wie auch Schiller, seinen Beitrag geleistet, indem er sich in politisch glücklosen Zeiten einzig seinem dichterischen Beruf zuwandte und die noch nicht realisierte Einheit der Nation ideell verkörperte. Der nach 1871 entstandenen Großmacht wurden von Historikern und Germanisten in Friedrich dem Großen und Goethe ihre vermeintlichen Wegbereiter gezeigt – das Bündnis von Berlin und Weimar. Es waren Festsetzungen von schwer auslotbaren Folgen für die Nation, für die Wissenschaft und für die Rezeption der Klassiker, die in einen dem Tageslärm entrückten, idealen und zugleich unverbindlichen Rang erhoben wurden – ein Kultus, dem der alte Fontane sich vorsichtig entzog. Auch zahlreiche Autobiografien entstanden. Neben Schriftstellern widmeten sich auch Künstler, Musiker, Gelehrte und Politiker dem Selbstverständnis ihrer Herkunft und ihren Erinnerungen. Für Letztere seien hier stellvertretend genannt die Maler WILHELM VON KÜGELGEN (1802–1867), *Jugenderinnerungen eines alten Mannes* (1870) und LUDWIG RICHTER (1803 bis 1884), *Lebenserinnerungen eines deutschen Malers* (1885), der Literaturhistoriker GEORG GOTTFRIED GERVINUS (1805–1871, *Georg Gottfried Gervinus' Leben*, 1893, e. 1860), RICHARD WAGNER (*Mein Leben*, 1870–1910, e. 1865–80) und OTTO VON BISMARCK (*Gedanken und Erinnerungen*, 1898). Die revolutionär engagierte, mit führenden Künstlern und Politikern befreundete Schriftstellerin MALWIDA VON MEYSENBUG (1876–1903) schrieb die *Memoiren einer Idealistin* (3 Bde., 1876, eine französische Teilausgabe bereits 1869), denen sie noch die Ergänzung *Der Lebensabend einer Idealistin* (1898) folgen ließ. Selbstdarstellungen von Dichtern widmen sich mit besonderer Aufmerksamkeit der Kindheit: Friedrich Hebbel, *Meine Kindheit* (e. 1846–54); Theodor Fontane, *Meine Kinderjahre* (1894); Marie von Ebner-Eschenbach, *Meine Kinderjahre* (1906). Das Verhältnis von biografischer Realität und literarischer Formgebung ist nicht leicht zu bestimmen, die Grenze zum »autobiografischen Roman« – wie Theodor Fontane seine Kindheitserinnerungen selbst bezeichnet – fließend. Der mehr oder weniger fiktionale Charakter von Autobiografien wird beim Vergleich mit der Korrespondenz deutlich. Briefe werden zwar ebenfalls nicht absichtslos verfasst, bewahren aber, nach Goethes Wort, »das Unmittelbare des Daseins« auf. Bei großen Epistolographen wie Fontane gewinnt das Briefwerk eigenständige Qualität. Auch das Tagebuch bildet bei manchen Autoren so bei Friedrich Hebbel (*Tagebücher*, 2 Bde., 1885–87, postum) eine wichtige Ergänzung des Werkes.

Reiseberichte

Nicht zuletzt der Versuch, der Misere in der Heimat zu entkommen, führte THEODOR FONTANE nach England. Die in *Ein Sommer in London* (1854) und *Jenseit des Tweed* (1860) gesammelten Reiseberichte und Korrespondenzen sowie weitere ursprünglich verstreut gebliebene Arbeiten aus dieser Zeit stehen am Beginn seiner ausgebreiteten Tätigkeit als Reiseschriftsteller. Noch immer ist es anregend, London und Schottland anhand seiner allerdings sehr persönlichen Schilderungen in Augenschein zu nehmen. Besonders *Jenseit*

London Bridge: »Es lässt sich nichts Solideres denken, und wenn ich aufgefordert würde einem Fremden in London *den* Punkt zu zeigen, der mir am meisten geeignet schiene, den Charakter dieser Stadt und dieses Landes in Anschauung zu bringen, so würd' ich ihn nicht nach St. Paul und nicht nach Westminster, sondern an die granitne Brüstung dieser Brücke führen und ihn dem Eindruck dieser festen und kühn gewölbten Masse überlassen.«
(Theodor Fontane, *Ein Sommer in London*)

des Tweed, wie die meisten der Reisebücher Fontanes in kurzer Zeit geschrieben, zeigt ihn als vorzüglichen Feuilletonisten. Seine Jahre auf der Britischen Insel fanden mit der Schottlandreise, die die Erfüllung eines lang gehegten Wunsches darstellte, ihren Abschluss.

In das Kapitel *Von Edinburg nach Stirling* ist bereits ein Hinweis auf die geplanten *Wanderungen durch die Mark Brandenburg* eingeflochten, der die innere Verbindung deutlich macht, die zwischen den Themenkreisen Englands und Schottlands, der Mark und Preußen für den Dichter bestand. Im Vorwort der ersten Auflage des *Wanderungen*-Bandes *Die Grafschaft Ruppin* (1862) wird die Verbindung schottischer und märkischer Motive noch entschiedener erfolgen. Dieses Vorwort ist unter das Motto gestellt: »Erst die Fremde lehrt uns, was wir an der Heimat besitzen«, und erklärt, dass dem Dichter die ersten Anregungen zu dem neuen Werk »auf Streifereien in der Fremde«

gekommen seien. Die Örtlichkeiten, die dafür als Beispiel genannt werden, sind Mittelpunkte Fontane'scher Geschichtserfahrung. Bei einer Bootsfahrt auf dem Leven See, nach einem Besuch des auf einer Insel gelegenen Douglas-Schlosses Lochleven Castle, habe die Phantasie »ältere Bilder« (nämlich die Erinnerung an Rheinsberg) »vor die Bilder dieser Stunde« geschoben. In einer damals verfassten Rezension hat er sein Ziel werbend dargelegt:

Das Etzel'sche Buch repräsentiert [...] eine Gattung von Büchern, die wir mit dem Namen einer historisch-romantischen Reiseliteratur bezeichnen möchten. Solche Bücher gibt es in Deutschland aber immer noch zu wenig, unserer speziellen Heimat fehlen sie fast ganz. Nicht bloß der Rhein, so meinen wir, oder andere bevorzugte Flussufer haben Anspruch darauf [...], jede Quadratmeile märkischen Sandes hat ebenso gut ihre Geschichte wie das Main- und Neckarland, nur erzählt, nur gefunden muss sie werden. Es fehlt östlich der Elbe noch durchaus die Wünschelrute, die den Boden berührt und die Gestalten erstehen macht. Wer Gelegenheit genommen hat zu beobachten, wie dieser eigentümliche, wichtige Literaturzweig in England blüht, der wird uns zustimmen. Es handelt sich dabei um die Ausmünzung, um die Popularisierung unserer Geschichte. (zu: Anton von Etzel, *Die Ostsee und ihre Küstenländer*)

Die märkischen Schlösser der Hohenzollern und der alten Familien, dazu historische Stätten, die für den Aufstieg des preußischen Staates bestimmend gewesen waren, standen im Vordergrund des ursprünglichen Plans der *Wanderungen*, stärker als es die letztgültige Gliederung des schließlich auf vier Bände angewachsenen Werkes noch deutlich macht. Insgesamt sind die *Wanderungen* ein vielgestaltiges Werk, ein Unikum, dessen formale Spannweite Reisefeuilletons und statistische Tabellen zusammenschließt und das nur durch das Thema eine Einheit bleiben konnte. Fontane hat mit ihnen ein literarisch bis dahin wenig bekanntes Land erschlossen. Er erzählt Geschichten, Sagen und Anekdoten, beschreibt Menschen, Denkmäler und Stimmungen – die »historische Landschaft«. Thematisch verbunden mit dieser Stoffwelt sind auch der Band *Fünf Schlösser* (1889) und kleinere Arbeiten, die im Umkreis der *Wanderungen* entstanden. Die Unbefangenheit, mit der Fontane die Darstellungsform wechselte, ließ ein Werk ganz eigener Art entstehen, dessen Nachahmung niemandem gelungen ist und das für ihn zugleich eine epische und realistische Schule darstellte, Vorarbeit des Romanciers. Die *Wanderungen* bildeten einen Speicher für erstmals gefilterte Stoffmassen, über die er später nach Bedarf verfügen konnte.

Ein Jahrzehnt lang trat die Arbeit an den *Wanderungen* zurück hinter dem umfangreichsten Verlagsauftrag, den Fontane übernommen hat: der Darstellung der drei preußischen Kriege gegen Dänemark, Österreich und Frankreich 1864–1871. Fontane hat diese Kämpfe in mühevoller Quellensammlung auf mehr als 4000 Druckseiten beschrieben (*Der Schleswig-Holsteinische Krieg im Jahre 1864*, 1866; *Der deutsche Krieg von 1866*, 1870/71; 2 Bde., *Der Krieg gegen Frankreich 1870–1871*, 1873–76, 2 Bde.). Sein Wunsch, »den Minstrel und Wanderer auch mal als Amateurstrategen« respektiert zu sehen, erfüllte sich naturgemäß nicht, und eine ihm 1894 angebotene Neuauflage des *Schleswig-Holsteinschen Krieges* ist von ihm selbst abgelehnt worden. Umso lebendiger blieb die autobiografische Schilderung *Kriegsgefangen* (1871), die vom lothringischen Domrémy bis zur Insel Oléron führt und die ebenso

wie der folgende Bericht *Aus den Tagen der Okkupation. Eine Osterreise durch Nordfrankreich und Elsass-Lothringen 1871* (1871, 2 Bde.) Respekt und Sympathie für das Nachbarland offen bekennt. Land und Leute in Böhmen hat Fontane – wohltuend vorurteilslos – in einer Zeitungsserie *Reisebriefe vom Kriegsschauplatz* (1866) porträtiert, aus Dänemark sandte er *Reisebriefe aus Jütland* (1864) und *Kopenhagen* (1865).(→ S. 275, 281)

KARL EMIL FRANZOS (1848–1904), gebürtig aus Czortków in Ostgalizien, war Publizist und Herausgeber der ersten Büchner-Ausgabe, Novellist und Romancier. In den Sammelbänden *Aus Halb-Asien* (1876), *Vom Don zur Donau* (1878) und *Aus der großen Ebene* (1888) wie in dem Novellenband *Die Juden von Barnow* (1877) hat er das Publikum mit den sozialen und nationalen Problemen seiner östlichen Heimat bekannt gemacht. Franzos bekennt sich dazu, ein Tendenzschriftsteller zu sein – wenn, wie er einschränkend definierte, »es derjenige ist, der mit seinen Absichten einen ethischen Zweck verfolgt«. Franzos berichtete über sein Geburtsland und über seine Reisen in die angrenzenden Gebiete mit auf die Gegenwart bezogenen Wirkungsabsichten. Er verklärte das jüdische Ghetto nicht, vielmehr sollten seine »Kulturbilder«, ebenso wie seine Romane und Erzählungen, dazu beitragen, individueller Selbstbestimmung und einer gerechteren sozialen Ordnung zu dienen, Toleranz zu pflegen und das aus Vorurteilen, starren Glaubensvorschriften und Ritualen gefügte innere Ghetto seiner Landsleute aufzubrechen. Es ist historisch erklärbar, wenn auch aus späterer Perspektive ein tragischer Irrtum, dass Franzos seine Hoffnung dabei vor allem auf die deutsche Bildung gesetzt hat, die für ihn das Instrument darstellte, in den von ihm »Halb-Asien« genannten Landstrichen das Licht der Aufklärung zu verbreiten. Zusätzlich problematisch war, dass Franzos dieses »Halb-Asien« (ein von ihm geprägter Begriff) bereits »jenseits der schlesischen Grenze und jenseits der Karpathen« beginnen ließ, es umfasste mithin ganz Südpolen, Krakau nicht ausgenommen. Das Vertrauen auf die befreiende Macht deutscher Bildung teilte Franzos mit vielen seiner Zeitgenossen und auch noch solchen, die nach ihm kamen. Joseph Roth, der an die Möglichkeit der Assimilation nicht länger glaubte, hat es in seinem Essay *Juden auf Wanderschaft* (1925) bereits rückblickend formuliert: »Dem Ostjuden ist Deutschland [...] immer noch das Land Goethes und Schillers, der deutschen Dichter, die jeder lernbegierige jüdische Jüngling besser kennt als unser hakenkreuzlerischer Gymnasiast.« (→ S. 304)

Drama

In den Jahrzehnten von 1850 bis 1890 zeichnet sich eine Krise des Dramas ab, obwohl es an neuen Stücken nicht fehlt und das bürgerliche Publikum das Theater gern besucht. Zwar erkennt man noch immer im Drama die höchste dichterische Gattung (so bestätigt es maßgebend Hegels *Ästhetik*), aber die Wirklichkeit spricht eine andere Sprache. Schöpferische Leistungen, die in die Zukunft weisen, bleiben aus. Die politische Entwicklung hat daran Anteil, die Aufbruchsstimmung des Vormärz ist in Resignation umgeschlagen. Büchners revolutionäre Kunst ist fast unbekannt geblieben und daher noch ohne Wirkung. Auch Kleist wird erst selten aufgeführt. Schillers Bühnenwerke stehen in hohen Ehren (das Jahr 1859 sieht ungezählte Feiern, die dem 100. Geburtstag des nationalen Dichters gelten), doch ihre humane Botschaft erstickt im rhetorischen Schwulst geläufiger Nachahmung. »Alles tot«, bemerkt Fontane 1878 über eine Aufführung der *Jungfrau von Orleans,* »Rüstungen, in denen Gespenster stecken, und das kaum: hergesagte Rollen […].«

So wenig die populären historischen Bühnenwerke dem Geist vergangener Epochen gerecht wurden, so lebhaft war doch das Bestreben nach einem Höchstmaß historischer Authentizität zumindest in visueller Hinsicht und einem die Illusion begünstigenden Regiestil. Die von Herzog Georg II. von Sachsen-Meiningen für sein Schlosstheater begründete Truppe entsprach diesem Verlangen und wirkte durch zahlreiche Gastspiele im In- und Ausland prägend. Kostüme und Ausstattung bis hin zu einem historisch getreuen Bühnenbild wurden mit großem Aufwand und unter Zuziehung von Experten und Künstlern rekonstruiert. Auch die zahlreichen Festspiele, die bei patriotischen Anlässen aufgeführt wurden, neigten zu aufwendigem Dekor – ohne doch über das zumeist banale Konzept hinwegtäuschen zu können.

Historische (Kostüm-)Dramen

Bezeichnenderweise hat sich THEODOR FONTANE wie andere Erzähler des Realismus ursprünglich als Dramatiker versucht, ist aber mit diesem Vorhaben schon bald gescheitert. Sein 1848 geplantes Drama *Karl Stuart* war dazu bestimmt, die Parallelen zwischen dem schuldhaften Versagen Karls I. von England und Friedrich Wilhelms IV. von Preußen aufzuzeigen, wie sie sich dem Autor darstellten. Die politische Entwicklung ging über das Tendenzdrama, das Fragment blieb, hinweg. Fontanes Übersetzung des *Hamlet* wurde erst 1966 gedruckt, eine zweite Shakespeareübersetzung (*Ein Sommernachtstraum*) ist verloren. Wie er wandte sich Gottfried Keller vom Drama ab, für das er in der Reaktionszeit keine Entfaltungsmöglichkeiten sah. FERDINAND VON SAAR bearbeitete mittelalterliche Stoffe (*Heinrich IV.*, Trsp., 1865; *Die beiden Witt*, Trsp., 1875; *Benvenuto Cellini*, Sch., 1883; *Thassilo*, Tr., 1886), MARIE VON EBNER-ESCHENBACH schrieb eine *Maria Stuart in Schottland* (Tr., 1860), eine *Marie Roland* (Tr., 1867) und einen *Doktor Ritter* (Tr., 1872), auch Komödien (*Männertreu*, 1874), die nicht oder nur mit geringem Erfolg zur Aufführung gelangten. OTTO LUDWIG, im selben Jahr wie Friedrich Hebbel und Richard Wagner geboren, legte seine theoretischen Einsichten in Shakespearestudien nieder, in denen er einen scharfen Kampf gegen Schiller führt und Shakespeares Werk zum alleinigen Maß des Dramas erhebt. Die Umsetzung seiner ästhetischen Auffassungen gelang ihm aber weder in seinem bürgerlich-realistischen Schicksalsdrama *Der Erbförster* (1853), so bühnenwirksam das Stück ist, noch in seinem historischen Trauerspiel *Die Makkabäer* (1854). Ebenso wie er war auch GUSTAV FREYTAG, dessen bestes Bühnenstück die Komödie *Die Journalisten* (1854, U. 1852) bildet und der sich auch theoretisch mit der Bühnenkunst beschäftigte (*Die Technik des Dramas*, 1863), erfolgreicher als Erzähler.

Das klassische Ideendrama und die veränderte Gegenwart finden nicht mehr zusammen. Der Herausgeber der *Grenzboten*, Julian Schmidt, gleich einflussreich als Germanist wie als Kritiker, weiß es zu erklären (»unsere Zeit […] ist nicht für die Tragödie gemacht«, 1869), und die Autoren bestätigen es indirekt durch ihre Produktion, mit der sie erfolglos bleiben oder die sie gar nicht erst zu Ende bringen. Es sind dem Fundus der Geschichte entnommene, im vaterländischen Sinn aktualisierte Stoffe, die auf der Bühne wirken. PAUL HEYSE ist zeittypisch auch unter diesem Aspekt. Sein »Historisches Schauspiel« *Colberg* (1868), in Kriegszeiten wie 1870/71 und 1914 besonders gefragt (noch am Ende des Zweiten Weltkriegs wird sich ein Propagandafilm des Stoffes bemächtigen), erscheint bis zu Heyses Tod in 180 Auflagen. Gerade über diesen Liebling des Publikums wird allerdings von den Naturalisten umso gründlicher der Stab gebrochen werden. Für sie war Heyse der Inbegriff eines klassizistischen Formkünstlers, zeitfremd und glatt.

Einen anderen Verfasser historischer Stücke, KARL RUDOLF VON GOTTSCHALL (1823–1909), hat Fontane anlässlich seines Dramas *Herzog Bernhard von Weimar* (1873) gereizt besprochen:

Nicht nur Trauerspiel, sogar geschichtliches Trauerspiel! So besagt der Zettel. Und warum auch nicht? Wir sehen Kürassiere und Dragoner, alte Bekannte aus »Wallensteins Lager« her, das Rautenbanner flattert im Winde, die Schärpen sind grün und weiß, Bernhard siegt, liebt und wird vergiftet, und im Hintergrunde erhebt sich ein gotischer Turm, der vielleicht der Turm von Alt-Breisach ist. [...] Das ganze Stück ist eine dramatisierte Turner- und Sängerfahrt mit aufgelegtem Fässchen und Redeprogramm. Erste Nummer (Festrede): Gott schuf den Deutschen und freute sich. Zweite Nummer: »Sie sollen ihn nicht haben.« Drittens: »O Straßburg«. Viertens: »Die deutsche Maid« (Deklamation unter gütiger Mitwirkung einer Blondine). Fünftens: Wiederholung der Festrede.

Auch KARL GUTZKOW, der bereits im Vormärz mit Theaterstücken erfolgreich hervorgetreten war (*Uriel Acosta*, Dr., 1847; *Das Urbild des Tartüff*, Lsp., 1848), zog mit seinem Festspiel *Der Gefangene von Metz* (U. 1870) den Zorn des Theaterkritikers der *Vossischen Zeitung* auf sich. Gutzkow behandelte wiederholt vordergründig aktuelle Themen. *Der Königsleutnant* (Dr., 1852), aus Anlass der 100-Jahr-Feier Goethes entstanden, brachte die Gestalt des jungen Dichters auf die Bühne. In seinen letzten, von Krankheit überschatteten Lebensjahren, zeichnete sich die schwindende Geltung seines Werkes bereits ab.

Für die Literaturgeschichte (kaum noch für die gegenwärtige Bühne) erweist sich Hebbel als bedeutende Ausnahme. Seine Beschäftigung mit dem Nibelungenstoff, einem nationalen Mythos von säkularer Bedeutung, verbindet ihn mit einem anderen Großen des Jahrhunderts, Richard Wagner.

Hebbels reife Dramatik

Mit *Herodes und Mariamne* (1850), 1849 am Wiener Burgtheater uraufgeführt, wechselte FRIEDRICH HEBBEL von seinen im Vormärz entstandenen Prosadramen ein erstes Mal zur Jambentragödie. Wieder stehen, wie in *Judith* und in *Genoveva*, Mann und Frau einander gegenüber, und gerade aus ihrer Liebe, die für beide den höchsten Wert darstellt, erwächst die gegenseitige Zerstörung.

Herodes, König von Judäa, will die Treue seiner Frau Mariamne, der Tochter des letzten Makkabäerfürsten, über seinen Tod hinaus erzwingen. Er befiehlt, Mariamne zu töten, falls er aus Gefahr und Kampf nicht zurückkehre. Mariamne fühlt sich herabgewürdigt: Herodes gibt den Befehl ein zweites Mal, der gegenstandslos bleibt, denn er kehrt siegreich heim, aber nun zwingt Mariamne ihn durch ein großes Fest, das scheinbar seiner (zunächst vermuteten) Niederlage gilt, sie zu töten. Dem Verzweifelnden verheißen die Heiligen Drei Könige das Erscheinen des Messias und damit eine neue Zeit menschlicher Liebe und Würde.

Hebbel hat diese Tragödie psychologisch folgerichtig durchgeformt. Mann und Frau, beide außergewöhnliche Charaktere, vernichten sich gegenseitig. Mariamne empört sich gegen ihren tyrannischen Gatten, der Menschen als Sache behandelt, trägt allerdings durch ihre kompromisslose Reaktion selbst zum tragischen Geschehen bei.

> *Du hast in mir die Menschheit*
> *Geschändet, meinen Schmerz muss jeder teilen,*
> *Der Mensch ist, wie ich selbst, er braucht mir nicht*
> *Verwandt, er braucht nicht Weib zu sein, wie ich.*
> *[...] keiner will das Leben*
> *Sich nehmen lassen, als von Gott allein,*
> *Der es gegeben hat! Solch einen Frevel*
> *Verdammt das ganze menschliche Geschlecht,*
> *Verdammt das Schicksal, das ihn zwar beginnen,*
> *Doch nicht gelingen ließ, verdammst du selbst!*
> *Und wenn der Mensch in mir so tief durch dich*
> *Gekränkt ist, sprich, was soll das Weib empfinden,*
> *Wie steh' ich jetzt zu dir und du zu mir? (3. Akt, 3. Szene)*

Wie der Mensch durch sein bloßes Sein unschuldig zum Opfer wird, zeigt die Tragödie *Agnes Bernauer* (1855, U. 1852), »ein deutsches Trauerspiel«, wie der Untertitel lautet, das Drama der Augsburger Baderstochter, die – nach einem Wort des Dichters – »zu schön ist, um nicht die glühendsten Leidenschaften hervorzurufen, und doch zu niedrig gestellt, um auf einen Thron zu passen«.

Albrecht von Bayern hat Agnes Bernauer, den »Engel von Augsburg«, geheiratet. Herzog Ernst, Albrechts Vater, sieht den Staat gefährdet und fürchtet, dass die unebenbürtige Ehe Anlass zu einem kriegerischen Zwist werde, unter dem das Volk zu leiden hätte. Während der Abwesenheit Albrechts lässt er Agnes gefangen nehmen. Als sie sich voller Stolz auf ihre Liebe weigert, sich von ihrem Gemahl zu trennen, wird sie hingerichtet. Albrecht entfacht daraufhin einen Bürgerkrieg. Der Vater ermahnt ihn: »Ihre Brüder sind's, die du erwürgst, nicht die meinigen«, setzt ihn als Regenten ein und unterwirft sich dem Urteil, das der Sohn nach Jahresfrist über ihn fällen soll. Nun denkt Albrecht um und fügt sich in das Geschehene.

Agnes: Und was hab' ich verbrochen?
Preising (hebt das Todesurteil in die Höhe): Die Ordnung der Welt gestört, Vater und Sohn entzweit, dem Volk seinen Fürsten entfremdet, einen Zustand herbeigeführt, in dem nicht mehr nach Schuld und Unschuld, nur noch nach Ursach' und Wirkung gefragt werden kann! So sprechen Eure Richter; denn das Schicksal, das Euch bevorsteht, wurde schon vor Jahren von Männern ohne Furcht und ohne Tadel über Euch verhängt, und Gott selbst hat den harten Spruch bestätigt, da er den jungen Prinzen zu sich rief, der die Vollziehung allein

Die Piccolomini und *Wallensteins Tod* von Friedrich Schiller. Arthur Vollmer als Graf Isolani. „Er traf den Ton innerlich und äußerlich gleich gut und ließ den südslawischen Akzent geschickt heraushören." (Th. Fontane)

Der beste Ton von Karl Töpfer. Jenny Gross als Leopoldine von Strehlen. „Ihr Auftreten rechtfertigte den guten Ruf, der ihr als Künstlerin und den glänzenden, der ihr in der Toilettenfrage voraufgegangen war." (Th. Fontane)

aufhielt. Ihr schaudert, sucht Euch nicht länger zu täuschen, so ist's. Und wenn's einen Edelstein gäbe, kostbarer wie alle zusammen, die in den Kronen der Könige funkeln und in den Schachten der Berge ruhen, aber eben darum auch ringsum die wildesten Leidenschaften entzündend und Gute wie Böse zu Raub, Mord und Totschlag verlockend: Dürfte der Einzige, der noch ungeblendet blieb, ihn nicht mit fester Hand ergreifen und ins Meer hinunterschleudern, um den allgemeinen Untergang abzuwenden? (5. Akt, 2. Szene)

Herzog Ernst nennt Agnes »das reinste Opfer, das der Notwendigkeit im Lauf aller Jahrhunderte gefallen ist«. Die bestehende, als unveränderlich betrachtete Staatsräson – eine fortschrittlichere wird nicht diskutiert – lässt keinen Ausweg und erlaubt ihm nicht, dem Mitgefühl zu folgen, das er bitter empfindet. Der Staat ist notwendig für die Gemeinschaft; er vernichtet das Individuum, auch das schutzlose, das gegen seine Gesetze verstößt. Hebbel, der sich, beginnend mit *Mein Wort über das Drama* (1843), in Aufsätzen, Briefen und Rezensionen ausführlich über seine ästhetischen Auffassungen geäußert hat, schrieb über *Agnes Bernauer*:

»Nie habe ich das Verhältnis, worin das Individuum zum Staat steht, so deutlich erkannt.«

Auf dieses wieder in Prosa ausgeführte Drama, das sprachlich durch seine größere Natürlichkeit besticht, folgte die in Bau und Stil klassischem Maß folgende, in vorgeschichtlicher Zeit handelnde Tragödie *Gyges und sein Ring* (1856), in der wiederum das Verhältnis von Mann und Frau thematisiert ist.

König Kandaules von Lydien hat von seinem griechischen Freund Gyges einen Ring geschenkt erhalten, der unsichtbar macht. Eitel fordert er Gyges auf, ihn – mithilfe des Ringes unsichtbar – in das Schlafzimmer seiner Frau Rhodope zu begleiten, damit er sehen könne, wie schön sie sei. Gyges nimmt bei der im Stück ausgesparten nächtlichen Szene den Ring ab: Er begreift das Verwerfliche des Geschehens und will durch seine Entdeckung Kandaules zwingen, mit ihm zu kämpfen. Dazu kommt es zunächst nicht, denn Kandaules hat sich vor Gyges gestellt und sieht für ein Duell keinen Grund. Rhodope hat jedoch Verdacht geschöpft, und als sie die Wahrheit erfährt, verlangt sie von Gyges mit Kandaules zu kämpfen. Gyges tötet Kandaules, empfängt die Krone Lydiens und wird mit Rhodope getraut, die sich sofort nach der Eheschließung tötet: »Ich bin entsühnt, / Denn keiner sah mich mehr, als dem es ziemte […].«

Im *Nibelungenlied* fand Hebbel den Stoff, in dem er der Gegenwart die überzeitliche Bedeutung der germanischen Sage deutlich machen wollte und bei dessen Behandlung ihm bereits ERNST RAUPACH (1784–1852) mit *Der Nibelungen-Hort* (1834) und EMANUEL GEIBEL mit *Brunhild* (1857) vorangegangen war. Im Unterschied zu den Vorgängern beschränkte er sich nicht auf einen Teil der Sage. Die in siebenjähriger Arbeit entstandene Trilogie *Die Nibelungen* (1862, U. 1861), vom Autor wiederum als ein »deutsches Trauerspiel« bezeichnet, besteht aus dem Vorspiel *Der gehörnte Siegfried*, aus *Siegfrieds Tod* und *Kriemhilds Rache*.

Hebbel folgt dem Aufbau des hochmittelalterlichen *Nibelungenlieds*. Das Vorspiel zeigt, wie Siegfried an den Hof zu Worms kommt, sich mit den Brüdern Kriemhilds an den Wettkämpfen beteiligt und um den Preis Kriemhilds einwilligt, für Gunther auf dem Isenstein um Brunhild zu werben. *Siegfrieds Tod* handelt vom Streit zwischen Kriemhild und Brunhild und von der Ermordung Siegfrieds durch Hagen. Der letzte Teil *Kriemhilds Rache* erzählt den Untergang der Burgunden.

Der Fluch, der auf dem Nibelungenhort ruht, ist »die mythische Grundwurzel des Ganzen«. In Siegfried und Brunhild stehen sich »der letzte Riese und die letzte Riesin« der Urzeit gegenüber, mit der Bezwingung Brunhilds ist »für alle Ewigkeit« der Kampf ums Vorrecht von Mann und Frau ausgekämpft. Eine Weltenwende kündigt sich an. Kriemhilds Gattentreue und Hagens Vasallen- und Gefolgschaftstreue, die Fundamente, auf denen die alte Zeit ruhte, werden durch Maßlosigkeit fragwürdig. In ihrer starren Selbstbehauptung machen sich beide schuldig. Inmitten rauchender Trümmer übergibt Etzel Dietrich von Bern die Herrschaft:

Nun sollt' ich richten – rächen – neue Bäche
Ins Blutmeer leiten – doch es widert mich,
Ich kann's nicht mehr – mir wird die Last zu schwer –
Herr Dietrich, nehmt mir meine Kronen ab
Und schleppt die Welt auf Eurem Rücken weiter –

Dietrich übernimmt die Last »im Namen dessen, der am Kreuz erblich«. Die Epoche des Christentums beginnt.
Wie Raupach und Geibel erzielte Hebbel mit dem populären Thema einen großen Erfolg. Er erhielt für die Trilogie, die sein letztes ausgeführtes Werk darstellt, den Schillerpreis, die höchste kulturelle Auszeichnung des liberalen Bürgertums. Wie Schiller hat er einen unvollendeten *Demetrius* (1864) hinterlassen. (→ S. 284)
Friedrich Theodor Vischer hatte davor gewarnt, die Nibelungensage zu dramatisieren, weil die Bühne der Beredsamkeit bedürfe, die Größe der alten Recken aber gerade in ihrer Wortkargheit bestanden habe. Hingegen hielt er den Stoff für eine heroische Oper geeignet. Es war Richard Wagner, gleichaltrig mit Hebbel, der zur selben Einsicht gelangte und mit seinem »Bühnenfestspiel« *Der Ring des Nibelungen* (e. 1848 bis 74, U. des gesamten Rings 1876) dem Stoff die Form gab, in der er weltweit bekannt wurde.

Richard Wagner (1813–1883)

Geboren in Leipzig als Sohn eines Polizeiaktuars, der kurz nach der Geburt des Sohnes starb, besuchte die Kreuzschule in Dresden, die Thomasschule in Leipzig. Seine Laufbahn als Musiker führte ihn über Würzburg, Magdeburg, Königsberg nach Riga, von da nach Paris und Dresden, wo er 1843 auf Lebenszeit als Hofkapellmeister angestellt wird. Wegen seiner Beteiligung an der Revolution 1848 steckbrieflich verfolgt, durchlebt er unruhige Wanderjahre, bis er mit Hilfe König Ludwigs II. in einem eigens für seine Opern gebauten Festspielhaus in Bayreuth seine Idee des Musiktheaters als Gesamtkunstwerk verwirklichen kann. Tod in Venedig.

Wagner hat die Texte zu seinen musikdramatischen Schöpfungen, in denen er große Themen aus Sage und Mythos als romantische Welttragödie darstellte, selbst geschrieben. Diese Texte wollen im Zusammenhang mit Musik, Bühnenbild und -dekoration verstanden werden. Wagner schwebte ein Kunstwerk vor, das alle Sinne des Menschen ansprach und ihn als kultisches Erlebnis in seinen Bann zog. Er dachte dabei an die Antike, aber auch an mittelalterliche Darstellungen und an die Barockbühne, in denen Liturgie und dramatisches Spiel beziehungsweise ein ausgedehnter theatralischer Apparat umfassend auf den Menschen wirkten. Vorzüglich waren es Stoffe aus der deutschen Vergangenheit, die er in den Dienst der geplanten Nationaloper stellte. Er hat diese Stoffe modern behandelt, reicherte sie nicht nur mit Ideen seines Jahrhunderts an, sondern machte sie zur Austragungsstätte persönlicher Konflikte und Leiden.
Zum Verständnis von Wagners Kunst, die wesentlich auf Musik beruht, kann die Philologie nur einen begrenzten Beitrag leisten. Die Texte sind als Dichtungen unbedeutend. Der Vergleich mit den Quellen erlaubt jedoch einen Rückschluss auf Wagners Intention.
Wagners gedankliche Arbeit am *Ring* begann 1848 in Dresden, nachdem er den Plan eines *Barbarossa*-Dra-

mas aufgegeben hatte. Es war der Schritt »von der Unterwelt im Kyffhäuser zur Unterwelt der Nibelungen, vom Ur-Königtum der Deutschen zum Walvatertum der Welt« (P. Wapnewski), vom Nur-Geschichtlichen zum Mythos in und hinter der Geschichte, von den Helden der Sage zu den guten und bösen Weltenlenkern, den Göttern. Wagner sah damals die politische Revolution als Grundlage für das von ihm geplante »Kunstwerk der Zukunft« an, das den von seinen Fesseln befreiten und damit erst zur Liebe befähigten Menschen proklamieren sollte. Der *Ring* erscheint mithin als die künstlerische Verwirklichung einer politischen Utopie. Wie Hebbel ging es Wagner um das Ende eines alten und den Anbruch eines neuen Zeitalters. Die Welt der Götter, Riesen und Zwerge ist dem Fluch des Ringes – dem Gold, das er symbolisiert – verfallen; der für die Macht, die er gewährt, Verzicht auf Liebe fordert. Auch Wotan, der Höchste der Götter, kann sich diesem Verhängnis nicht entziehen und geht mit den anderen im Weltbrand unter.

Während der Entstehungszeit des Werks veränderte sich die ursprüngliche Sinngebung allerdings insofern, als der ungeachtet seiner Tragik optimistische Schluss von *Siegfrieds Tod* (Brünnhilde gibt den Ring den Rheintöchtern, also der Natur, zurück) schon 1851, mitverursacht durch Wagners Schopenhauerlektüre und politische Ereignisse, wie den Staatsstreich Napoleons III., pessimistisch abgewandelt wurde. Verbunden damit ist eine Entpolitisierung, die sich auch in der Rezeption des Werkes ausdrückte.

Das Bayreuther Festspielhaus, wo die vollendete Tetralogie erstmals aufgeführt wurde, entwickelte sich zum Wallfahrtsort des Publikums, das sich dem ästhetischen Rausch nicht selten unreflektiert überließ. Auch wo Wagner nur Untergang gestaltete, schien der Mythos voller Verheißung. Der gewalttätige, aber rassisch überlegene Siegfried wurde als Symbolfigur für die Reichsgründung verstanden, der Zwergen und Wichten (als Feindbilder ließen sich Franzosen und Juden denken) das Fürchten lehrte.

Mit mehr als üblicher Heftigkeit schieden sich an Wagner jahrzehntelang die Geister. (Opern: *Rienzi, der Letzte der Tribunen*, U. Dresden, 1842; *Der fliegende Holländer*, U. Dresden, 1843; *Tannhäuser und der Sängerkrieg auf der Wartburg*, U. Dresden, 1845; *Lohengrin*, U. Weimar, 1850; *Tristan und Isolde*, U. München, 1865; *Die Meistersinger von Nürnberg*, U. München, 1868; *Parsifal*, U. Bayreuth, 1882. – Musiktheoretische, essayistische und autobiografische Schriften: *Oper und Drama*, 1852, 3 Bde.).

Parsifal,
Inszenierung Wieland Wagner, Bayreuther Festspiele 1953

Sein musikalisches Genie trägt über problematische Züge des Werkes die sich nur der historischen Interpretation erschließen, hinweg und hat auch die schwierigste Zeit, in der es von den Machthabern des Dritten Reiches für die völkische Propaganda beansprucht wurde, zur Episode werden lassen.

Ludwig Anzengruber (1839–1889)

Sohn eines kleinen Hofbeamten bäuerlicher Abkunft, der selbst Theaterstücke verfasst hatte; war Buchhandelslehrling, Statist, Schauspieler, Schmierenkomödiant, Polizeipraktikant und Redakteur, seit 1871 freier Schriftsteller. 1876 erhielt er den Schiller-, 1887 den Grillparzerpreis. In seiner Geburtsstadt Wien gestorben.

Anzengruber hat in seinen Volksstücken das in seinem sozialen Verhalten klassengebundene österreichische Bauerntum auf die Bühne gebracht. Er zeigt es, beginnend mit dem antiklerikalen Vierakter mit Gesang *Der Pfarrer von Kirchfeld* (1870), sowohl in komischer als auch in tragischer Beleuchtung. In *Der Meineidbauer* (1871) wird ein von der Gier nach Besitz verzehrter Mensch vorgeführt, der durch Unterschlagung eines Testaments reich wird, aber schließlich zusammenbricht und erkennt, dass er sein Seelenheil nicht mit äußerlicher Frömmigkeit erkaufen kann. *Die Kreuzelschreiber* (1872) setzen auf Anraten eines reichen Großbauern ihre Unterschrift – drei Kreuze – unter eine Bittschrift gegen Neuerungen des Ersten Vatikanischen Konzils. Da veranlasst der Pfarrer, dass sich die

Ehefrauen ihren Männern verweigern, bis diese eine Sühnewallfahrt nach Rom zu unternehmen bereit sind (Nachwirkung der *Lysistrata* des Aristophanes); als aber die Dorfmädchen sich der Wallfahrt anschließen wollen, vergessen die Ehefrauen ihre Vorsätze. *Das vierte Gebot* (1877) zeigt in einer Doppelhandlung den sittlichen Verfall zweier gesellschaftlich unterschiedlich geprägter Familien, in denen Habgier und Liederlichkeit der Eltern den Kindern zum Verhängnis werden. Anzengrubers Stücke stehen in der Tradition des Wiener Volkstheaters und waren wegen der aktuellen Thematik nicht nur am Uraufführungsort erfolgreich, wenngleich sie mit der größeren Breitenwirkung von Operette und Boulevardstück auf die Dauer nicht konkurrieren konnten. Wie in den *Kreuzelschreibern* bedienen sie sich gern älterer Vorlagen (*Der G'wissenswurm,* 1874, knüpft an Molières *Le Tartuffe, Doppelselbstmord,* 1876, an Kellers *Romeo und Julia auf dem Dorfe* an). Ihr ausgeprägter Realismus trägt bereits naturalistische Züge. Feuerbachs Religionskritik ist für Anzengruber von ähnlicher Bedeutung wie für Keller gewesen. Dabei blieb er in seiner Lebensanschauung den Gedanken der Aufklärung verpflichtet, dem Gefühl nach optimistisch geprägt. Der Steinklopfer-Hanns in den *Kreuzelschreibern* ist der Sprecher seines Glaubens an das Gute in der menschlichen Natur, das sich am Ende doch durchsetzt.

Ernst von Wildenbruch (1845–1909)

Wildenbruch, geboren in Beirut, ein Enkel des bei Saalfeld gefallenen Hohenzollernprinzen Louis Ferdinand, war zunächst Offizier und wurde nach einem Jurastudium Mitarbeiter des Auswärtigen Amtes. Seit 1900 im Ruhestand, gestorben in Berlin. Als Dramatiker bald vergessen, blieb er mit einigen Erzählungen (u. a. *Kindertränen,* 1884) in Erinnerung.

Nach epischen Anfängen, die Schlachten des Krieges gegen Frankreich feierten (*Vionville,* 1874, *Sedan,* 1875), gelang Wildenbruch mit dem in Meiningen uraufgeführten Drama *Die Karolinger* (1882) ein durchschlagender Erfolg. In den folgenden Jahren wurde er mit viel zündendem Pathos der patriotische Dramatiker schlechthin. Das Schauspiel *Die Quitzows* (1888), das den Kampf des ersten Hohenzollern mit dem märkischen Adel zum Thema hatte und ihm zeitweilig auch die besondere Gunst des jungen Kaisers eintrug, wurde sein lautester Triumph. Bei aller rhetorischen Begeisterung und dem Bemühen um Schiller'sches Pathos brachte Wildenbruch es in seinen Dramen aus der deutschen und preußischen Geschichte jedoch nur zu

äußerlicher, technisch geschickter Theatralik. Nur ein Jahr später als die *Quitzows,* 1889, kam Gerhart Hauptmanns erstes soziales Drama *Vor Sonnenaufgang* auf die Bühne: Eine neue Epoche der Literatur begann.

Lyrik, Versepik und Epigrammatik

In der zweiten Hälfte des Jahrhunderts haben nicht jene Lyriker, die aus heutiger Sicht die Epoche repräsentieren, am entschiedensten die Zustimmung des Publikums gefunden, sondern die, welche den Erwartungen an stimmungsvolle »Goldschnittlyrik« am ehesten entsprachen. Auch politisch ist von dem Gold, das die Frankfurter Nationalversammlung den nationalen Farben hinzufügen wollte, im Nachmärz der deutschen Poesie wenig mehr als der Goldschnitt übrig geblieben. Synchron zur veränderten Einstellung der Leser wich die revolutionäre Unruhe der schöngeistigen Troubadoure patriotischer Erregung, um endlich in den Strom vaterländischer Begeisterung zu münden, von dem das in Versailles gegründete Reich zehrte. Befindet sich die Kunst auf der Seite der Sieger, wird sie jedoch zumeist rasch konventionell.

Die künstlerisch bleibenden Leistungen kamen eher von der Peripherie, aus dem bis 1864 dänischen Schleswig-Holstein, aus der Schweiz und immer noch aus dem Exil. Insgesamt jedoch bestätigt auch die Lyrik des bürgerlichen Realismus die epochentypische Vorherrschaft der Prosa, denn ihre bedeutendsten Vertreter sind Autoren, die auch als Erzähler bekannt geblieben sind. Grundzüge der Epoche – Abkehr von der dem Tag verpflichteten Tendenzkunst zugunsten individueller Wirklichkeitserfahrung, dichterischem Gehalt und symbolischer Überhöhung – wirkten sich dabei in übereinstimmender Weise aus.

Politik und Geschichte

HEINRICH HEINE hatte in seiner Auseinandersetzung mit den »eisernen Lerchen« des Vormärz das Recht der Poesie verfochten – einer wirklichkeitsnahen Poesie nach dem Ende der von ihm als nicht mehr zeitgemäß empfundenen »Kunstperiode«. Der vielseitigste und mit der Zeitgeschichte Deutschlands am tiefsten verbundene Autor der Jahrzehnte nach Goethes Tod starb, seit 1848 an das Krankenlager gefesselt, einen einsamen Tod in Paris.

In seiner dritten großen dreiteiligen Gedichtsammlung *Romanzero* (1851) vereinigte Heine *Historien* (über die Vergänglichkeit des Schönen), *Lamentationen* (Klagen über das Elend der Welt und die eigene Krankheit) und *Hebräische Melodien* (Gestalten aus der jüdischen Geschichte). Es folgten noch die *Gedichte 1853 und 1854* (1854). Der Ton ist illusionslos und oft bitter, aber unentmutigt. »Verlorner Posten in dem Freiheitskriege, / Hielt ich seit dreißig Jahren treulich aus«, beginnt das abschließende Gedicht *Enfant perdu* der *Lamentationen* und endet: »Ein Posten ist vakant! – Die Wunden klaffen – / Der eine fällt, die andern rücken nach – Doch fall ich unbesiegt und meine Waffen / Sind nicht gebrochen – nur mein Herze brach.« Postum erschienen *Letzte Gedichte und Gedanken* (1869), *Memoiren und neu gesammelte Gedichte, Prosa und Briefe* (1884), aber der Streit um Heine in Deutschland dauerte fort. Nach Lebens- und Bildungsgang Heine sehr unähnlich, verschieden auch in ästhetischer und politischer Betrachtungsweise, ein tiefgründiger Geschichtsdenker auf konservativer Seite, fand FRANZ GRILLPARZER, in selbst gewählter Zurückgezogenheit mit seinen zu Lebzeiten unveröffentlichten Epigrammen die dem »schweigenden Dichter« gemäße Ausdrucksform, die er wie ein Tagebuch pflegte. In ungezählten dieser nur wenige Verszeilen umfassenden Fügungen entwarf er ein hellsichtiges Bild der politischen Zustände und der kulturellen Entwicklung. Seine zumeist weniger der unmittelbaren Empfindung als dem Kalkül und der Description verpflichteten *Gedichte* (1872) – von denen allerdings das *Lied auf Radetzky* Aktualität im gegenrevolutionären Tageskampf erlangte – sind gesammelt erst in seinem Todesjahr erschienen.

Enttäuschte und bekehrte Unruhestifter

Gedichte wie *Hurrah, Germania* und *Die Trompete von Gravelotte* schrieb 1870 FERDINAND FREILIGRATH, der 1868 aus England in die Heimat zurückgekehrt war und sich dem nachmärzlichen Kompromiss anschloss, der das deutsche Bürgertum inzwischen mit den Siegern der politischen Entwicklung verband.

HOFFMANN VON FALLERSLEBEN rühmte die Arbeit und den Arbeiter, er verband ihr Lob mit dem der Ordnung.

Die Arbeit macht uns selbstbewusst und frei,
Und nur wer frei, kann wahrhaft glücklich sein.
Die Arbeit sorgt, dass du mit Anstand lebst,
Sie nährt und kleidet dich mit Weib und Kind […]
Merk's dir, mein Sohn! Mit Fleiß und Redlichkeit
Gelangst du an ein ehrenvolles Ziel.
Die Arbeit ist der Menschheit Angelstern,
Aus ihr nur sprießt des Volkes Glück und Heil.

GEORG HERWEGH dichtete das *Bundeslied für den allgemeinen deutschen Arbeiterverein* (1884):

Mann der Arbeit, aufgewacht
Und erkenne deine Macht!
Alle Räder stehen still,
Wenn dein starker Arm es will.

THEODOR FONTANE hatte mit Gedichten im *Berliner Figaro* begonnen, danach in der Nachfolge Herweghs sich in wechselnden Formen politischer Lyrik und in Übersetzungen englischer Arbeiterdichter betätigt. Nach seinem Beitritt zum literarischen Sonntagsverein »Der Tunnel über der Spree« in Berlin nahm seine Poesie eine Entwicklung, die von Natur- und Kostümballaden sowie über soziale Balladen in der Tradition Bérangers und Chamissos zu seinen Liedern auf preußische Feldherren (*Männer und Helden,* 1850) und zu seinen Nachdichtungen altenglischer Balladendichtungen führte (*Gedichte,* 1851). Fontanes Sympathien für das alte Preußen und sein Interesse an der Vergangenheit und Gegenwart Englands, das für seine geistige Entwicklung von kaum zu überschätzender Bedeutung war, wirkten bei solcher Ausprägung bestimmend mit. Als Sänger vaterländischer Ruhmestaten und als Balladendichter ist Fontane zuerst populär geworden (*Balladen,* 1861). Dabei begründete er auch mit den Preußenliedern kein neues Genre, sondern nahm eine Tradition auf, die bis auf Gleim zurückging. Aber er brachte für sein Vorhaben die Kenntnis des Chansons und des Volkslieds mit und wusste seinen Stoff anders zu packen als Gleim mit seinen anakreontischen Kunstmitteln. Hatte dieser die raffinierte Einfachheit rokokohafter Sprachkunst zum Volkstümlichen herabgeschraubt, also das Literarische popularisiert, so literarisierte nun Fontane das Populäre. Er führte den veredelten Gassenhauer in die Literatur ein, charakterisierte die Generäle und Reiterführer humorvoll als Gestalten des Volkes. Nicht auf die Kaste, sondern auf die Menschen kam es ihm an, das Heldische triumphierte in der Anekdote. (→ S. 305)

Versepik und Bildergeschichten

Den poetischen Alltag beherrschten Autoren, die auf Zerstreuung und Ablenkung zielten. Das romantisierende Versepos *Amaranth* (1849) des jungen OSKAR VON REDWITZ, das die Liebe von Ritter Jung-Walther aus dem Heere Barbarossas zum Edelfräulein Amaranth im heimatlichen Schwarzwald erzählt, das »Brevier aller Gegenrevolutionäre« (H. Roch), war geeignet, alle intellektuelle Modernität und progressive

„Meister Müller, he, heran!
Mahl Er das, so schnell Er kann!"

Hier kann man sie noch erblicken
Fein geschroten und in Stücken.

Wilhelm Busch: *Max und Moritz*, die letzten Szenen

Unrast Lügen zu strafen. Es wurde ein sensationeller Erfolg (bis 1904 vierundvierzig Auflagen) und eröffnete passend die lange Reihe sentimentaler Verserzählungen, die auch in den Jahren des Realismus erschienen sind und von OTTO ROQUETTE (1824–1896, *Waldmeisters Brautfahrt*, 1851, *Hans Haidekuckuck*, 1855) bis zu FRIEDRICH WILHELM WEBER (1813 bis 1894, *Dreizehnlinden*, 1878) reichen. Eine besonders große Leserschaft fand JOSEPH VIKTOR VON SCHEFFEL mit seinem während einer Italienreise auf Capri entstandenen Epos von Liebe, Waldeszauber und Trompetenblasen *Der Trompeter von Säckingen* (1854), das erfolgreichste Buch der folgenden Jahrzehnte, eine harmlose Idylle, die nichts von den Gefahren und Forderungen der Wirklichkeit verspüren lässt. Auch als Autor burschikoser Studentenlieder ist Scheffel in Erinnerung geblieben (*Gaudeamus. Lieder aus dem Engeren und Weiteren*, 1867). Was sangbar war, hatte für den literarischen Hausgebrauch insgesamt die besseren Chancen.

Ein neuer Gattungstyp, entwickelte sich mit der versifizierten Bildergeschichte, die dem Versepos an Beliebtheit schon bald ebenbürtig wurde (und es inzwischen längst überlebt hat). Unprätentiös, humorvoll und wirklichkeitsnah stellt sie eigentlich das genaue Gegenteil der gereimten Langweiler dar. Ihr bedeutendster Vertreter wurde WILHELM BUSCH (1832 bis 1908).

Geboren in Wiedensahl bei Hannover, besuchte er nach einem abgebrochenen Studium des Maschinenbaus in Hannover die Akademien in Düsseldorf, Antwerpen und München. Obwohl auch bildkünstlerisch begabt, blieb er als Maler zunächst erfolglos, fand aber umso mehr Beifall als

Mitarbeiter an den *Fliegenden Blättern* und mit seinen *Münchner Bilderbogen*, für die er die bekannten Verse und Bilder von *Max und Moritz* (1865) schrieb und zeichnete, die ihn neben HEINRICH HOFFMANN (1809–1894, *Struwwelpeter*, 1844; *König Nussknacker und der arme Reinhold*, 1851) zum bis in die Gegenwart populärsten Kinderbuchautor seiner Zeit machten. Seine Geschichten und Zeichnungen der Bücher sind zum »humoristischen Hausschatz des deutschen Volkes« geworden. Busch hinterließ auch autobiografische Texte (*Was mich betrifft*, 1886; *Von mir über mich*; 1893). Gestorben in Mechtshausen (Harz).

Buschs Bildergeschichten stehen in der Tradition der komischen Verserzählung sowie der karikaturistisch besetzten Kupferstichliteratur und sind Vorläufer filmischer Techniken und der Comics. Die lakonische Sprache, der konsequente Reimwitz, die pointiert komischen oder auch ironisch parodierenden Situationen verbinden sich mit den spöttischen, auch das Grausige nicht scheuenden Zeichnungen zu unwiederholbarer Einheit (*Hans Huckebein*, 1867; *Der heilige Antonius*, 1872; *Die fromme Helene*, 1872; *Fipps der Affe*, 1879; *Balduin Bählamm, der verhinderte Dichter*, 1883; *Maler Klecksel*, 1884). Buschs Kunst ist alles andere als harmlos, sondern scheint in Zeitkritik und von Schopenhauer beeinflusstem Pessimismus der seines niedersächsischen Landsmannes Wilhelm Raabe verwandt. Er durchschaut die Scheinheiligkeit der bürgerlichen Idylle und ist dabei ohne pädagogischem Optimismus. Die Erzieher sind nicht besser als die Erzogenen, vielmehr werden diese zu ihren Opfern. Als einen Moralisten, der versucht mit Witz, aber (wie er 1875 in einem Brief formuliert) »möglichst schlicht und bummlig« die Wahrheit zu sagen, lassen Busch auch seine Gedichtbände erkennen (*Kritik des Herzens*, 1874, *Zu guter Letzt*, 1904, *Schein und Sein*, 1909 postum), die sich vom populären Lyrikverständnis allerdings weit entfernten.

Epigonaler Klassizismus

Formspendend im klassizistischen Sinn war der Münchner Dichterkreis. Als Lyriker war EMANUEL GEIBEL (1815–1884, 1852 geadelt), jahrzehntelang sein unbestrittener König, allerdings bereits im Urteil der Naturalisten ein Virtuose ohne eigene Note. Schon die erste Sammlung seiner Lyrik, *Gedichte* (1840), erlebte viele Auflagen. Weitere Gedichtbände folgten, darunter auch *Heroldsrufe* (1871), die der nationalistischen Zeitstimmung ebenso entgegenkamen wie sie sie anheizen halfen: Die berühmt-berüchtigten Verse vom »deutschen Wesen«, an dem »einmal noch die Welt genesen« soll, stammen von ihm. Über den Charakter seiner Formkunst war er sich, wie das 1853 entstandene Gedicht *Der Bildhauer des Hadrian* zeigt, im Klaren:

Wohl bänd'gen wir den Stein und küren,
Bewusst berechnend, jede Zier,
Doch wie wir glatt den Meißel führen,
Nur von Vergangnem zehren wir.
O trostlos kluges Auserlesen,
Dabei kein Blitz die Brust entzückt!
Was schön wird, ist schon da gewesen,
Und nachgeahmt ist, was uns glückt.

Geibels Formtalent wurde fruchtbar in seinen Übersetzungen (*Classisches Liederbuch*, 1875). Auch Lieder im Volkston wie *Der Mai ist gekommen*, *Wer recht in Freuden wandern will* und *Dräut der Winter noch so sehr* haben die Zeiten überdauert.

FRIEDRICH BODENSTEDT mischte Reisebericht und Lyrik (*Tausend und ein Tag im Orient*, 1849/50), löste die *Lieder des Mirza-Schaffy* (1851) heraus und verfasste nach deren sensationellem Erfolg noch eine Fortsetzung (*Aus dem Nachlasse Mirza Schaffy's*, 1873). Er war ebenfalls ein bedeutender Übersetzer aus verschiedenen Sprachen, der u. a. Lermontow in Deutschland bekannt machte. Auch ADOLF FRIEDRICH GRAF VON SCHACK und PAUL HEYSE schrieben Gedichte, denen sie Geist und Wohlklang der klassisch-romantischen Zeit einzugeben versuchten – beide wissend, dass es sich dabei letztlich um den täuschenden Versuch der Wiederbelebung von Verblichenem handelte. Der nicht zum Münchner Poetenkreis gehörige FERDINAND VON SAAR, der als Lyriker aus dem Bann der

überkommenen Ästhetik ebenfalls nicht hinausfand (*Wiener Elegien*, 1893), hat in verräterischen Versen, die er der eklektizistischen Architektur der neu erbauten Ringstraße widmete, die klassizistische Kunstgesinnung unwillkürlich beleuchtet:

Einzig bist du fürwahr! Wer zählt die ragenden Bauten,
Die sich schließen zum Ring, edel und prächtig zugleich?
Hier, ein steinern Juwel, der jüngste der Dome; zum Himmel
Strebt des Doppelgetürms zierliches Stabwerk hinan;
Dort, breitfrontig, mit ernsten Arkaden das mächtige
                                        Rathaus –
Und, quadrigengekrönt, attisches Marmorgebälk.

Ausklang des Erlebnisgedichts

Der bedeutendste Lyriker der Epoche ist THEODOR STORM, der zuerst 1852 mit einem eigenen schmalen Band *Gedichte* hervorgetreten war, nachdem er zusammen mit THEODOR MOMMSEN und dessen Bruder, dem Philologen TYCHO MOMMSEN (1819–1900), Volkslieder seiner Heimat gesammelt und 1843 das *Liederbuch dreier Freunde* herausgegeben hatte. Thematisch umfassen seine Gedichte den gesamten Bereich subjektiven Erlebens: Heimatgefühl und Natur, Sehnsucht und verlorene Liebe, Erinnerung, Endlichkeits- und Totenklage. Sie sind bildkräftig und musikalisch, sinnlich und zart, das Wissen um Vergangenes gibt ihnen einen elegischen Ton. »Sobald ich recht bewegt werde, bedarf ich der gebundenen Form. Daher ging von allem, was an Leidenschaftlichem und Herbem, an Charakter und Humor in mir ist, die Spur meist in die Gedichte hinein.« Der Refrain des Gedichts *Hyazinthen* wurde zum Leitmotiv von Thomas Manns Novelle *Tonio Kröger*.

Hyazinthen

Fern hallt Musik; doch hier ist stille Nacht,
Mit Schlummerduft anhauchen mich die Pflanzen;
Ich habe immer, immer dein gedacht,
Ich möchte schlafen; aber du musst tanzen.

Es hört nicht auf, es rast ohn Unterlass;
Die Kerzen brennen und die Geigen schreien,
Es teilen und es schließen sich die Reihen,
Und alle glühen; aber du bist blass.

Und du musst tanzen; fremde Arme schmiegen
Sich an dein Herz; o leide nicht Gewalt!
Ich seh dein weißes Kleid vorüberfliegen
Und deine leichte zärtliche Gestalt. – –

Und süßer strömend quillt der Duft der Nacht
Und träumerischer aus dem Kelch der Pflanzen.
Ich habe immer, immer dein gedacht;
Ich möchte schlafen; aber du musst tanzen.

Eine völlig andere Lebenssituation beschreibt *Über die Heide.* Zunächst ist von einem für den trockenen Heideboden charakteristischen Geräusch die Rede, das den Fußgänger begleitet. Bereits in seiner in jüngeren Jahren geschriebenen Novelle *Ein grünes Blatt* hatte Storm davon erzählt, aber damals war der Wanderer ein Student, »vielleicht auch ein junger Dichter«, der sommermüde in der Heide rastend, auf seinem duftenden Kräuterpolster in Traum und Erwachen sieht, was seine Sehnsucht sucht: Eine geschuppte Schlange, dann blonde Zöpfe, die tiefblauen Augen der Schulmeisterstochter. Dagegen zeigen die vier paarweise gereimten Zweizeiler des späten Gedichts *Über die Heide* den Wanderer wirklich allein. Nach dem »Hall« der lakonischen Anfangszeilen scheint es überflüssig, von Einsamkeit, Alter und Tod noch eigens zu sprechen. Nahezu klaglos wird die trostlose Stimmung vergegenwärtigt.

Über die Heide

Über die Heide hallet mein Schritt;
Dumpf aus der Erde wandert es mit.

Herbst ist gekommen, Frühling ist weit –
Gab es denn einmal selige Zeit?

Brauende Nebel geisten umher;
Schwarz ist das Kraut und der Himmel so leer.

Wär' ich hier nur nicht gegangen im Mai!
Leben und Liebe – wie flog es vorbei!

Ein »Erlebnisgedicht« ist *Über die Heide* nur mittelbar. Storm schrieb es im Kutschwagen, als er zum Begräbnis seines Schwiegervaters fuhr. Seine privaten Lebensverhältnisse hatten sich geändert, der Künstler hatte als Novellist seine beste Zeit sogar noch vor sich. Aber die präzisierte poetische Erfahrung ist so allgemein gültig, dass sich die Frage nach den Umständen der Entstehung erübrigt.
»Gefühl ist das unmittelbar von innen heraus wirkende Leben. Die Kraft, es zu begrenzen und darzustellen, macht den lyrischen Dichter«, hat FRIEDRICH HEBBEL geäußert. Seine Lyrik (*Gedichte,* 1857) ist ernst und gedankenvoll, seltener auf Farbe, Musikalität und Weichheit gestimmt, die er sich nur zögernd erlaubt (*Abendgefühl, Nachtlied* und *Weihe der Nacht*). Das 1852 in Wien entstandene *Herbstbild* zeigt den Übergang von Reife zu Überreife in barocker Fülle und Bedeutsamkeit.

Gottfried Keller als Freischärler, Aquarell von Johannes Ruff

Herbstbild

Dies ist ein Herbsttag, wie ich keinen sah!
Die Luft ist still, als atmete man kaum,
Und dennoch fallen raschelnd, fern und nah,
Die schönsten Früchte ab von jedem Baum.

O stört sie nicht, die Feier der Natur!
Dies ist die Lese, die sie selber hält,
Denn heute löst sich von den Zweigen nur,
Was vor dem milden Strahl der Sonne fällt.

Das Versmaß – fünffüßiger Jambus, der Vers der Weimarer Klassiker, dessen sich auch Hebbel im Drama bediente – trägt hier dazu bei, der Szene eine gewisse Bühnenwirkung zu verleihen, die über die visuelle Erfahrung hinaus auf die Reflexion des Betrachters zielt. Das 1859 entstandene Epos *Mutter und Kind* ist wieder in Hexametern gehalten.
Als Lyriker ist GOTTFRIED KELLER zunächst als politische Erscheinung beurteilt worden und umstritten gewesen. Als solche gehört er in das Gefolge Herweghs und anderer Autoren des Vormärz (*Gedichte,* 1846). Der Teilnehmer an den Freischarenzügen des Sonderbundskrieges, ein zwerghaft kleiner junger Mann, skandiert und trommelt für die Fortschrittlichen in Zürich, fortgerissen von einem großen Gefühl, einer ihm unvermittelt geschenkten Flut von dichterischen

Ideen und einer ungestümen Rhetorik, der er damals noch nicht, wie er es später umso gründlicher tun wird, misstraut. In der vier Jahrzehnte später zusammengestellten Ausgabe der *Gesammelten Gedichte* (1883) kann man die lyrische Gestimmtheit jener Tage nicht wiederfinden, weil gerade die bezeichnendsten Stücke ausgeschieden und verändert worden sind. Leuchtkraft der Bilder, Bestimmtheit von Ausdruck und Umriss zeichnen Glanzstücke seiner Lyrik aus (*Stille der Nacht, Winternacht, Die kleine Passion*). Von charakteristischer Eigenart ist das kleine Gedicht in dem Zyklus *Alte Weisen*:

Du milchjunger Knabe,
Wie schaust du mich an?
Was haben deine Augen
für eine Frage getan?

Alle Ratsherrn der Stadt
Und alle Weisen der Welt
Bleiben stumm auf die Frage,
Die deine Augen gestellt!

Eine Meermuschel liegt
Auf dem Schrank meiner Bas' –
Da halte dein Ohr dran,
Drinn brümmelt dir was!

Vergegenwärtigung der Zeitlichkeit allen Lebens und weltfromme Daseinslust halten sich die Waage – der Dichter weiß um den »goldnen Überfluss der Welt«:

Abendlied

Augen, meine lieben Fensterlein,
Gebt mir schon so lange holden Schein,
Lasset freundlich Bild um Bild herein:
Einmal werdet ihr verdunkelt sein!

Fallen einst die müden Lider zu,
Löscht ihr aus, dann hat die Seele Ruh;
Tastend streift sie ab den Wanderschuh,
Legt sich auch in ihre finstre Truh.

Noch zwei Fünklein sieht sie glimmend stehn
Wie zwei Sternlein, innerlich zu sehn,
Bis sie schwanken und dann auch vergehn,
Wie von eines Falters Flügelwehn.

Doch noch wandl' ich auf dem Abendfeld,
Nur dem sinkenden Gestirn gesellt;
Trinkt, o Augen, was die Wimper hält,
Von dem goldnen Überfluss der Welt!

Neuniederdeutsche Dichtung

Am Beginn der neueren plattdeutschen Dichtung steht eine Frau, SOPHIE DETHLEFFS (1809–1864), die 1849 ihre Verserzählung *De Fahrt na de Isenbahn* erscheinen

ließ. Aber erst der Dithmarsche KLAUS GROTH (1819 bis 1899), Lehrer und späterer Honorarprofessor in Kiel, hat dem Niederdeutschen auch in der Kunstlyrik Ansehen verschafft. Mit FRITZ REUTER (*Läuschen und Rimels*, 1858), dem er vorwarf, die Mundart zu banalisieren, hat er deswegen Streit geführt. Groth stützte sich nicht allein auf die heimische Überlieferung, sondern auf Vorbilder wie Robert Burns und Johann Peter Hebel. Mit der teilweise in Verbindung mit dem Germanisten KARL MÜLLENHOFF (1818–1884) erstellten und sorgfältig komponierten Sammlung seiner gemütvollen Gedichte, *Quickborn. Volksleben in plattdeutschen Gedichten dithmarscher Mundart* (1852), ist Groth der Begründer der neuniederdeutschen Dichtung geworden, dem alsbald Autoren wie der Mecklenburger JOHN BRINCKMANN (*Vagel Grip*, G., 1859) und der Holsteiner JOHANN HINRICH FEHRS (1838–1916) folgten.

He sä mi so vel

He sä mi so vel, un ik sä em keen Wort,
Un all wat ik sä, weer: Jehann, ik mutt fort!

He sä mi vun Lev un vun Himmel un Eer,
He sä mi vun allens – ik weet ni mal mehr!

He sä mi so vel, un ik sä em keen Wort,
Un all wat ik sä, weer: Jehann, ik mutt fort!

He heel mi de Hann', un he be me so dull,
Ik schull em doch gut wen, un ob ik ni wull?

Ik weer je ni bös, awer sä doch keen Wort,
Und all wat ik sä, weer: Jehann, ik mutt fort!

Nu sitt ik un denk, un denk jümmer deran,
Mi düch, ik muss seggt hebbn: Wa geern, min Jehann!

Un doch, kumt dat wedder, so segg ik keen Wort,
Un hollt he mi, segg ik: Jehann, ik mutt fort!

Meyers Versdichtung.
Dinggedicht und Symbolismus

CONRAD FERDINAND MEYER vereinigte in der Ausgabe seiner *Gedichte* (1882) alle seit 1870 entstandenen und überarbeiteten Gedichte früherer Sammlungen (*Zwanzig Balladen von einem Schweizer*, anonym, 1864, *Balladen*, 1867, *Romanzen und Bilder*, 1870).
Wie für Meyers Novellen, so liefert die Geschichte auch den Stoff für seine Balladen und für die Verserzählung *Huttens letzte Tage* (1871):

Unter meinen poetischen Entwürfen lag eine Skizze, wo der kranke Ritter ins verglimmende Abendrot schaut, während ein Holbeinischer Tod von der Rebe am Bogenfenster eine Goldtraube schneidet. Sie bedeutet: Reif sein ist alles. Das ist der Kern, aus dem mein Hutten entsprungen ist. [...] Aufs tiefste ergriff mich jetzt der ungeheure Kontrast zwischen der in den Weltlauf eingreifenden Tatenfülle seiner Kampfjahre und der traumartigen Stille seiner letzten Zufluchtstätte. Mich rührte sein einsames Erlöschen, während ohne ihn die Reformation weiterkämpfte. [...] Ich getraute mir, Huttens verwegenes Leben in den Rahmen seiner letzten Tage zusammenzuziehen, diese füllend mit klaren Erinnerungen und Ereignissen, geisterhaft und symbolisch [...]. In jenem Winter von 1870 auf 1871 entstanden die kurzen Stimmungsbilder meiner Dichtung Schlag auf Schlag. (Mein Erstling)

Die Verserzählung vergegenwärtigt in paarweise gereimten Jamben knappe Stimmungsbilder. Der Gegensatz von Tatenfülle und Todesstille ist ein auch in Meyers Novellen wiederkehrendes Thema.

In den Balladen wird in gedrängter Form das Schicksal großer geschichtlicher Gestalten wie Michelangelo, Papst Julius II., Cromwell, Hus, Luther, Karl von England, Karl V. umrissen. Zeitlich bevorzugt Meyer wiederum Renaissance und Reformation. Da er selbst von Hugenotten abstammt, liegt ihm deren Geschichte besonders am Herzen (*Die Füße im Feuer, Hugenottenlied*). Die Legendendichtung *Engelberg* (Ep., 1872) erzählt Vorgänge aus der Gründungszeit des gleichnamigen Klosters.

Meyers Lyrik ist das Werk eines Künstlers, der an seinen Entwürfen unablässig feilt bis das Amorphe kristallisiert. Ein berühmtes Beispiel bietet ein in erster Fassung 1860 entstandenes, zunächst *Rom: Springquell* betiteltes Gedicht:

*Es steigt der Quelle reicher Strahl
Und sinkt in eine schlanke Schal'.
Das dunkle Wasser überfließt
Und sich in eine Muschel gießt.
Es überströmt die Muschel dann
Und füllt ein Marmorbecken an.
Ein jedes nimmt und gibt sogleich
Und allesammen bleiben reich,
Und ob's auf allen Stufen quillt,
So bleibt die Ruhe doch im Bild.*

1864/65 entstand eine Fassung u. d. T. *Der Brunnen*, 1870 *Der römische Brunnen*:

*Der Springquell plätschert und ergießt
Sich in der Marmorschale Grund,
Die, sich verschleiernd, überfließt
In einer zweiten Schale Rund.
Und diese gibt, sie wird zu reich,
Der dritten wallend ihre Flut,
Und jede nimmt und gibt zugleich
Und alles strömt und alles ruht.*

Zwölf Jahre später hat das Gedicht seine endgültige Gestalt bekommen:

*Aufsteigt der Strahl und fallend gießt
Er voll der Marmorschale Rund,
Die, sich verschleiernd, überfließt
In einer zweiten Schale Grund;
Die zweite gibt, sie wird zu reich,
Der dritten wallend ihre Flut,
Und jede nimmt und gibt zugleich
Und strömt und ruht.*

Zuweilen überwuchert die erlesene Sprache den Gehalt seiner Gedichte, aber seinen besten Schöpfungen sichert die plastische Kraft eine starke Wirkung. Der Schatten des Epigonalen, der sich über Teile auch von Meyers Werk gelegt hat, macht vor Werken wie *Firnelicht, Schwarzschattende Kastanie, Eingelegte Ruder, Schwüle, Im Spätboot* oder *Zwei Segel* Halt. *Zwei Segel* – ebenfalls in einem langwierigen Arbeitsprozess entstanden – ist ein rundum geglücktes »Dinggedicht« und zugleich ganz und gar symbolisch. Der knappe Ausdruck hindert nicht, sondern steigert die Bedeutungsfülle der Verse.

Zwei Segel

*Zwei Segel erhellend
Die tiefblaue Bucht!
Zwei Segel sich schwellend
Zu ruhiger Flucht!*

*Wie eins in den Winden
Sich wölbt und bewegt,
Wird auch das Empfinden
Des andern erregt.*

*Begehrt eins zu hasten,
Das andre geht schnell,
Verlangt eins zu rasten,
Ruht auch sein Gesell.*

Diese »objektive Lyrik« ist eine Frucht des Realismus, weist aber bereits auf den Symbolismus der Jahrhundertwende voraus.

NATURALISMUS UND SPÄTREALISMUS 1880–1898

In den Achtzigerjahren beginnt in der deutschen Literatur der Aufbruch in die »Moderne«, wobei es angezeigt ist, den Begriff in Anführungszeichen zu verwenden, denn er ist weder zeitlich noch inhaltlich klar definiert. Gemeinsam ist allen, die ihn damals benutzten, die Distanzierung von der Vergangenheit und das Bekenntnis zu einer oft emphatisch begrüßten Gegenwart. Die Autoren, die sich in Analogie zu den Jungdeutschen von 1830 die »Jüngstdeutschen« nennen, verstehen darunter sicherlich anderes als jene, die der Gruppe »Jung-Wien« angehören, und sie schlagen andere Wege ein, gleichwohl verbindet sie ein gemeinsames Lebensgefühl, zu dessen selbstverständlichen Voraussetzungen das durch die Naturwissenschaften veränderte Weltbild zählt. Die Namen der neu entstehenden Zeitschriften (*Jugend, Moderne Dichtung, Zukunft, Freie Bühne für modernes Leben*) verweisen ebenso auf Modernität wie die Manifeste und theoretischen Erörterungen, die dort zum Druck gelangen.

Priorität hat zunächst der Naturalismus, der sich nach Stil und geistiger Haltung vom Realismus abzugrenzen bemüht ist, obgleich er eher eine Weiterentwicklung desselben darstellt. Als überzeitliches ästhetisches Phänomen betrachtet ist der Begriff nicht neu, vielmehr handelt es sich beim Naturalistischen um eine gelegentlich schon früher verwendete Bezeichnung für eine extreme, unmittelbare Form der Wirklichkeitsdarstellung. In diesem Sinne schrieb Gottfried Keller an Paul Heyse über Büchners *Woyzeck*, er überbiete sogar Zolas *Nana* an Realismus, von *Dantons Tod* ganz

zu schweigen. Als Epochenbezeichnung umfasst der Naturalismus wenig mehr als ein in literarischer Theorie und Praxis von Aufbruchsstimmung erfülltes Jahrzehnt.

Allerdings erschwert das die chronologische Einordnung, denn der österreichische Spätrealismus und die späte Romankunst Fontanes und Raabes stellen annähernd gleichzeitige Phänomene dar. Sie sind weniger plakativ, weniger modisch, demzufolge langlebiger als der Naturalismus im engeren Sinn, der schon bald »überwunden« werden wird. Im folgenden Stilpluralismus der Jahrhundertwende finden sich dann sowohl Strömungen, die als eine Weiterentwicklung des Naturalismus verstanden werden können (Impressionismus), als auch gegenläufige, die das Eigenrecht der Dichtung betonen und sie von der alltäglichen Realität abzugrenzen suchen (Neuromantik, Symbolismus).

Ursprung und Höhepunkt der naturalistischen Bestrebungen liegen nicht in Deutschland, desgleichen sind diese in ihren Ursachen nicht durch nationale Grenzen beschränkt, sondern Ausdruck einer europäischen Krise. Die materialistische, auf mechanisch-kausalen Gesetzen gründende Weltanschauung wird durch die Werke Charles Darwins (*Über den Ursprung der Arten durch natürliche Zuchtwahl*, 1859) und Ernst Haeckels (*Natürliche Schöpfungsgeschichte*, 1868) in weite Kreise getragen. Ihrem selbstgewissen Anspruch, dem Machtwillen der Ideologien und Wirtschaftskräfte, liefert sich ein undifferenzierter Fortschrittsglaube zustimmend aus. Das »Recht des Stärkeren« wird auch auf staatlicher Ebene ausgelebt, Europa entdeckt den »Imperialismus«, das Gewinnstreben der kapitalistischen Industriegesellschaft erreicht in der Ausbeutung der globalen Ressourcen eine neue Dimension. Die Verbindung mit den geistigen und ästhetischen Traditionen des Kontinents wird darüber zunehmend fragwürdig. Vor dem Hintergrund der sich abzeichnenden Revolution aller Lebensbereiche durch Wissenschaft und Technik und der die Unabhängigkeit des Einzelnen vernichtenden kollektiven Prozesse erscheinen die überlieferten Ideale phrasenhaft, der Historismus unverbindlich, die prüde Moral scheinheilig.

Das Deutsche Reich durchlebt in den Jahrzehnten nach seiner Ausrufung bei rasch wachsender Bevölkerungszahl einen sich beschleunigenden Gestaltwandel. In Mitteleuropa dominiert es von Anfang an; schon bald erscheint es als eine aufsteigende Weltmacht, die einen »Platz an der Sonne« fordert und auch Kolonien in Besitz nimmt. Wirtschaftskraft und Wohlstand expandieren, die Wissenschaft genießt internationales Ansehen, aber das kulturelle Leben hält mit dieser Entwicklung nicht Schritt. Drama und Lyrik der Gründerzeit zählen zu den künstlerisch schwächsten der deutschen Literatur. Historische Tragödien oder Schauspiele aus antiken, mittelalterlichen oder vaterländischen Stoffen sowie bereits zur Entstehungszeit angestaubte Komödien füllen die Spielpläne, gefällige Imitationen der überkommen Erlebnisdichtung die Gedichtsammlungen. Die Rezeption der Klassiker ist veräußerlicht, die einem Schutzbedürfnis folgende sentimentale Idealisierung der Wirklichkeit verstellt einer zeitgemäßen Auseinandersetzung den Weg.

Kritik ausgelöst hat dies alles schon seit längerem, in den Achtzigerjahren aber revoltiert die junge Generation und fordert vor allem »Wahrheit«. Sie beruft sich auf die Erkenntnisse der Naturwissenschaft, deren Geist und Methode alle Bereiche des Lebens durchdrungen und sich philosophisch im Positivismus niedergeschlagen haben (Auguste Comte, 1798–1857, *Cours de philosophie positive*, 6 Bde., 1830–42). Metaphysische Spekulation scheint endgültig obsolet, die Milieutheorie des Historikers Hippolyte Taine (1828 bis 1893, *Philosophie de l'art*, 2 Bde., 1865–69) sieht im Menschen ein Stück Natur, das sich kausal aus Umwelt und Erbmasse erklären lässt. Abkehr von bürgerlichen Illusionen und Pseudoromantik, Anschluss an die unmittelbare Wirklichkeit: Das ist die Losung der Naturalisten. Ihre Wortführer kommen aus dem Ausland, es sind Émile Zola, Henrik Ibsen, Leo Tolstoi und Fjo-

dor Dostojewski – widersprüchliche Lehrmeister, aber suggestiv, ja prophetisch.

Zola, beeinflusst durch die Schriften Taines und des Physiologen Claude Bernard (1813–1878), hat die Theorie der neuen Richtung in seinen Schriften *Le roman expérimental* (1880), *Les romanciers naturalistes* und *Le naturalisme au théâtre* entwickelt. Mit wissenschaftlicher Exaktheit sammelte er Tatsachen, »documents humains«, erklärte er den Menschen aus Milieu und Vererbung. Sein zwanzigbändiges Hauptwerk, der Romanzyklus *Les Rougon-Macquart*, ist die Sozialgeschichte von fünf Generationen einer verfallenden Familie. Zola erschloss damit der literarischen Darstellung bisher unbekannte Bereiche geistiger und materieller Not und Hässlichkeit, wie sie in der Frühphase des Industriezeitalters entstanden waren.

Auch durch die Werke der skandinavischen Dichter Björnstjerne Björnson, Henrik Ibsen und August Strindberg sehen die Zeitgenossen die Wirklichkeit neu. Vor allem Henrik Ibsen prangert in seinen psychologischen Gesellschaftsdramen (*Nora oder Ein Puppenheim, Stützen der Gesellschaft, Die Wildente, Hedda Gabler, Rosmersholm*) die Lebenslügen der bürgerlichen Welt an und kämpfte gegen die »kompakte Majorität«.

Was Leben und dichterisches Werk des russischen Grafen Leo Nikolajewitsch Tolstoi für das europäische Lebensgefühl bedeuteten, ging weit über seinen Einfluss auf den Naturalismus hinaus. Auf diesen wirkte er weniger mit seinem Meisterwerk *Krieg und Frieden* als mit der Gesellschaftskritik seines Romans *Anna Karenina* und der Forderung, dass die Kunst der Wahrheit zu dienen habe. Sein Drama *Die Macht der Finsternis*, 1888 in Paris aufgeführt, wurde für den Naturalismus besonders wichtig.

Auch Fjodor Dostojewski, der Autor des Romans *Erniedrigte und Beleidigte*, fand zunächst als ein Anwalt der sozial Unterdrückten Resonanz, doch beschränkte sich seine Wirkung – so wenig wie die Tolstois oder Strindbergs – nicht auf den Naturalismus. Die folgenden Romane (*Schuld und Sühne, Die Dämonen, Der Idiot, Die Brüder Karamasow*), die unbekannte Tiefen der menschlichen Seele erschlossen, gaben der europäischen Literatur und besonders die deutschen Autoren des 20. Jahrhunderts Anstöße bis weit über den Expressionismus hinaus.

Die Analyse des sozialen und individuellen Lebens in der ausländischen Kunst erreichte Deutschland verspätet, schlug dann aber umso kräftiger durch. Zur Erhärtung der Kritik am Bürgertum kamen Impulse zur

Geltung, die von Friedrich Nietzsche ausgingen. Nicht in ihrer Parteinahme angesichts der sozialen Übel der Zeit konnten die Naturalisten bei Nietzsche Anregungen finden, wohl aber bei seiner entlarvenden Psychologie des Bildungsphilisters und seiner Ablehnung der christlichen Religion. Zolas Feststellung in *Le roman expérimental*, der metaphysische Mensch sei tot, und die Behauptung von WILHELM BÖLSCHE (1861–1939, *Die naturwissenschaftlichen Grundlagen der Poesie*, 1887), die Poesie sei nur durch eine Ablehnung des Unsterblichkeitsgedankens zu befreien, trafen sich mit Nietzsches Lehren, die in den Achtzigern ihre Wirkung allerdings erst langsam zu entfalten begannen.

In vielen Manifesten formulierte die junge naturalistische Bewegung ihr Programm: Wahrheit der Darstellung, Gegenständlichkeit des Ausdrucks, Beachtung der Kausalität, Genauigkeit des Lokalkolorits, echte Sprachform der handelnden Personen. Seelische Vorgänge sollten mit der Präzision psychologischer Forschung erhellt, Zustände mit fotografischer Treue dargestellt werden. Der Blick fiel jetzt auf die dunkle Seite der Existenz, auf den proletarischen Menschen und die Elendsquartiere der Großstadt. Das von Karl Marx und Friedrich Engels begründete philosophische System bildete den Hintergrund für soziale Ideen, die zur Diskussion herausforderten.

Die Kritik der Naturalisten galt vorzugsweise den klassizistischen Epigonen, deren namhafteste Vertreter Geibel und Heyse waren, doch wurden auch Autoren von Gegenwartsromanen wie Paul Lindau wegen ihrer Oberflächlichkeit verworfen. Die Realisten von Rang traf das Verdikt nicht, Gottfried Keller wurde von den Brüdern Hart verehrt und der wegen seiner »Berliner Alltagsgeschichte« *Irrungen, Wirrungen* umstrittene Fontane sah sich beglückt von der Jugend »auf ihren Schild erhoben« (9.5.1888 an Th. Fontane jun.) und erfolgreich verteidigt. Die »Revolution der Literatur« (K. Bleibtreu) trug mit Bezug auf den echten Realismus eben nur appellativen Charakter; jenseits des Streits um die Ismen gab es viel Gemeinsames.

Die von den Brüdern Heinrich und Julius Hart besorgte und von ihnen weitgehend selbst bestrittene, von 1882 bis 1884 in Leipzig erscheinende Zeitschrift *Kritische Waffengänge* wirkte prägend auf den Frühnaturalismus in Berlin, an dessen Südostrand in Friedrichshagen sich ein Kolonie von Künstlern ansiedelte, zu der neben vielen deutschen Literaten zeitweilig auch ausländische Dichter wie August Strindberg und der junge Knut Hamsun zählten. In München sammelten sich die Autoren um Michael Georg Conrad und seine

Monatsschrift *Die Gesellschaft*, eine kulturelle Rundschau, die 1885 zu erscheinen begann. Entscheidend für die Herausbildung des naturalistischen Stils war die gemeinsame Arbeit der Freunde Arno Holz und Johannes Schlaf. Holz begründete in seinen Streitschriften die naturalistische Praxis theoretisch. *Die Kunst. Ihr Wesen und ihre Gesetze* (1891) enthält die Formel »Kunst = Natur minus x«: Dies impliziert eine Kunst, die ausschließlich Wiedergabe der Natur sein will – abzüglich der durch die »Mängel« hervorgerufenen Minderungen.

Zum Ereignis und zum öffentlichen Eklat, zu dem der junge Kaiser und die staatlichen Instanzen restriktiv beitrugen, wurde der neue Stil in Deutschland durch Gerhart Hauptmann. Der Naturalismus im Sinne der Programmatiker blieb dagegen eine Episode. Das protokollarische Nachzeichnen von Zuständen, die lautgetreue Aufnahme von Alltagsszenen, das Aneinanderfügen von Beobachtungen im so genannten »Sekundenstil« führte zur Auflösung der Form.

Schlaf ging später zu einem lyrischen Impressionismus über. Der Impressionismus, wie er sich im Werk Detlevs von Liliencron ankündigt, schafft aus der Subjektivität der wechselnden Reize und Eindrücke. Der Übergang zwischen den beiden Stilen ist fließend, wie es ihrer inneren Verwandtschaft entspricht.

Die »Überwindung des Naturalismus«, wie sie Hermann Bahr bereits 1891 zugunsten der Neuromantik verkündete, wurde im ähnlichen Maße Programm wie einst seine Begründung. Der Naturalismus verlor mithin bereits zu einer Zeit an Kraft, als die bedeutendsten Romane Fontanes und Raabes noch ungeschrieben waren. Die Spätwerke dieser Autoren, Erfüllung und Ausklang der realistischen Epoche, sind in der vorliegenden Darstellung mit den Schriften der Naturalisten zusammengefasst worden. Dasselbe gilt für den österreichischen Spätrealismus, der eine Mittelstellung zwischen dem als »realistisch« oder »naturalistisch« bezeichneten Schaffen einnimmt.

Stichworte zur politischen Geschichte

Nach zwei Attentaten auf Kaiser Wilhelm I. tritt in Deutschland 1878 das »Gesetz gegen die gemeingefährlichen Bestrebungen der Sozialdemokratie« in Kraft und wird dreimal bis 1890 verlängert. Es vermag die bei jeder neuen Wahl größeren Erfolge der Sozialdemokratischen Partei nicht zu verhindern, und bringt ihr beim liberalen Bürgertum, dem die meisten Autoren des Naturalismus entstammen, wegen der oftmals willkürlichen Maßnahmen von Bürokratie und Polizei sogar Sympathien ein. Erst Wilhelm II. untersagt im Konflikt mit Bismarck die Wiedervorlage des

Heinrich Zille: Zirkusspiel im Hinterhof, 1922

ser Théâtre libre, einer Privatbühne, deren geschlossene Veranstaltungen der Zensur nicht unterlagen. August 1898 Gründung des Vereins Freie Volksbühne.

Die Einwohnerzahl Berlins verdoppelt sich zwischen 1870 und 1890 auf 1,57 Millionen.

Erfindung der Rotationspresse (1873) und der Setzmaschine (1884), in Verbindung damit Entwicklung der Massenpresse und der Unterhaltungsliteratur (Fortsetzungsromane).

Der in Frankreich aufkommende Impressionismus, repräsentiert durch Camille Corot (1796–1875), Éduard Manet (1832–1883), Edgar Degas (1834–1917), Claude Monet (1840–1926), Auguste Renoir (1841–1919), Alfred Sisley (1839–1899), wird in Deutschland durch Max Liebermann (1847–1935), Fritz von Uhde (1848–1911), Lovis Corinth (1858–1925) und Max Slevogt (1868–1932) vertreten. Heinrich Zille (1858–1929) stellt in Zeichnungen für die *Jugend*, den *Simplicissimus* und in Mappenwerken die proletarische Welt Berlins dar.

Der musikalische Impressionismus tritt vor allem in Frankreich (Claude Debussy, 1862–1918; Maurice Ravel, 1875 bis 1937), daneben in Spanien (Manuel de Falla, 1876–1946) und Russland (Alexandr Skrjabin, 1872–1915) in Erscheinung, in Deutschland nur peripher bei Richard Strauss (1864–1949) und Max Reger (1873–1916).

Weltliteratur (1876–1890)

Dänemark: Jens Peter Jacobsen (1847–1885), *Niels Lyhne* (R., 1880); Herman Bang (1857–1912), *Hoffnungslose Geschlechter* (*Haabløse Slaegter*, R., 1880), *Am Wege* (*Ved Vejen*, R., 1886).

Frankreich: Guy de Maupassant (1850–1893), *Ein Leben* (*Une vie*, R., 1883); Émile Zola (1840–1902), *Die Rougon-Macquart. Natur- und Sozialgeschichte einer Familie unter dem Zweiten Kaiserreich* (*Les Rougon-Macquart*, 1871–93, Romanzyklus umfasst 20 Romane).

Norwegen: Henrik Ibsen, *Stützen der Gesellschaft* (*Samfundets støtter*, Dr., 1877), *Nora oder Ein Puppenheim* (*Et dukkehjem*, Dr., 1879), *Gespenster* (*Gengangere*, Dr., 1881), *Ein Volksfeind* (*En folkefiende*, Dr., 1882), *Die Wildente* (*Vildanden*, Dr., 1884), *Rosmersholm* (Dr., 1886).

Großbritannien und Irland: George Eliot (1819–1880), *Die Mühle am Floss* (*The Mill on the Floss*, R., 1860), *Middlemarch* (R., 1871/72); Thomas Hardy (1840–1928), *Fern vom Treiben der Menge* (*Far from the Madding Crowd*, R., 1874).

Italien: Giovanni Verga (1840–1922), *Die Malavoglia* (*I Malavoglia*, R., 1881).

Russland: Fjodor Dostojewski, *Die Brüder Karamasow* (*Brat'ja Karamazovy*, R., 1879/80); Leo N. Tolstoi (1828 bis 1910), *Die Macht der Finsternis* (*I svet vo t'me svetit*, Dr., 1886).

Schweden: August Strindberg (1849–1912), *Der Vater* (*Fadren*, Dr., 1888), *Fräulein Julie* (*Fröken Julie*, Dr., 1888) *An offener See* (*I hafsbandet*, R., 1890).

USA: Mark Twain (1835–1910), *Die Abenteuer von Tom Sawyer* (*The Adventures of Tom Sawyer*, R., 1876/77); Henry James (1843–1916), *Die Europäer* (*The Europeans*, R., 1878), *Die Damen aus Boston* (*The Bostonians*, R., 1878), *Bildnis einer Dame* (*Portrait of a Lady*, R., 1881).

offensichtlich gescheiterten Gesetzes, das von Bismarck allerdings durch eine fortschrittliche Sozialgesetzgebung ergänzt worden war. 1890 Entlassung Bismarcks. Papst Leo XIII. fordert in der Enzyklika *Rerum Novarum* (1891) soziale Gerechtigkeit und Versöhnung der Klassen.

Das Zeitalter des Imperialismus beginnt, das 1914 in den Ersten Weltkrieg, »im Kern *die* große Urkatastrophe dieses Jahrhunderts« (G. Kennan) mündet. Bis dahin durchläuft das Deutsche Reich eine zweite Phase eines stürmischen industriellen Wachstums, verbunden mit starker Bevölkerungszunahme.

Gesellschaft und Kultur

In Leipzig gründet Wilhelm Friedrich 1878 einen Verlag, der besonders für den frühen Naturalismus wichtig werden wird. Im Mai 1886 schaffen der Germanist Eugen Wolff (1863–1929, *Die jüngste deutsche Literaturströmung und das Prinzip der Moderne*, 1888) und Leo Berg als Diskussionsforum für junge Schriftsteller in Berlin den Verein »Durch«. Im April 1889 in Berlin Konstituierung des Vereins Freie Bühne nach dem Vorbild des von Zola unterstützten Pari-

Drama des Naturalismus

In Ludwig Anzengruber hatte das naturalistische Drama seinen bedeutendsten Vorläufer gefunden. Aber auch ein veränderter Aufführungsstil wirkte wegbereitend. Eine Inszenierung von Shakespeares *Julius Cäsar* durch die Schauspieler des Herzogs von Meiningen 1874 in Berlin ist für die deutsche Theaterkunst durch Natürlichkeit der Sprache, Realismus der Darstellung, Zusammenspiel der Akteure und Echtheit der Requisiten bedeutsam geworden, handelte es sich bei der Beobachtung von diesen auf den Bühnen der Gründerzeit nicht selbstverständlichen Vorzügen doch um ein konsequent durchgeführtes Programm. Aber erst in Anzengrubers Todesjahr, 1889, erfolgte mit zwei Premieren, Gerhart Hauptmanns *Vor Sonnenaufgang* und Hermann Sudermanns *Die Ehre*, Stücken von allerdings ungleicher Qualität, der Durchbruch.

Gerhart Hauptmann (1862–1946)

Sohn eines Gasthofbesitzers aus Obersalzbrunn, besuchte die Breslauer Realschule und studierte an den Kunstakademien von Breslau und Dresden sowie Naturwissenschaften, Philosophie und Geschichte in Jena und Berlin, wo er in den Friedrichshagener Kreis von Wilhelm Bölsche und den Brüdern Hart kam. Er unternahm ausgedehnte Reisen, erhielt 1912 den Nobelpreis und lebte teils in Berlin, teils in Agnetendorf in Schlesien. Hier ist er 1946, zwei Tage vor der Durchführung des Ausweisungsbefehls, gestorben. Begraben auf Hiddensee.

Als Gerhart Hauptmanns erstes Schauspiel, *Vor Sonnenaufgang*, 1889 auf der »Freien Bühne« in Berlin unter ebenso großem Protest wie lebhaftem Beifall zur Aufführung gelangte, schrieb der siebzigjährige Fontane in seiner Kritik:

Gerhart Hauptmann [...] darf aushalten auf dem Felde, das er gewählt hat, und er wird aushalten, denn er hat nicht bloß den rechten Ton, er hat auch den rechten Mut und zu dem rechten Mute die rechte Kunst. Es ist töricht, in naturalistischen Derbheiten immer Kunstlosigkeit zu vermuten. Im Gegenteil, richtig angewandt (worüber dann freilich zu streiten bleibt), sind sie ein Beweis höchster Kunst.

Die Zukunft gab ihm Recht: Hauptmann wurde der wichtigste Vertreter des deutschen Naturalismus.
Das soziale Drama *Vor Sonnenaufgang* zeigt den Niedergang einer reich gewordenen, durch Trunksucht verkommenen Familie im schlesischen Kohlenrevier; der Versuch der Tochter, sich aus dem Milieu zu retten, scheitert an den Vorurteilen ihres doktrinären Lieb-

Gerhart Hauptmann,
Gemälde von Max Liebermann, 1892

habers, eines jungen idealistischen Sozialisten. Hier werden schon die Grundzüge von Hauptmanns dramatischem Schaffen deutlich: atmosphärische Dichte, sichere Darstellung der Charaktere und des Milieus, kunstvolle Verwendung der Mundart. Der Grund seiner Dichtung wird spürbar: das Mitgefühl mit dem Menschen, der von Erbe und Umwelt bestimmt und den Gewalten in seinem Innern ausgeliefert ist.
Die Aufführung des Dramas *Die Weber*, das Hauptmanns größter Erfolg werden sollte, war zunächst durch das Berliner Polizeipräsidium verboten worden. Das Stück konnte daher im Februar 1893 zunächst nur in privatem Rahmen gespielt werden. Es folgte die französische Erstaufführung im Mai 1893 im Théâtre libre in Paris. Erst nach der durch Gerichtsbeschluss erzwungenen Freigabe konnte die öffentliche Premiere auf dem Territorium des Deutschen Reiches im September 1894 im Deutschen Theater in Berlin erfolgen.

Zugrunde liegen die Ereignisse des Weberaufstandes 1844 in Schlesien, die Tragödie der hungernden Heimarbeiter, die auf ihren Bettellohn warten und schließlich, aufgereizt von Aufsässigen, das Haus des Fabrikanten stürmen. »Nimmst du m'r mei Häusl, nehm ich d'r dei Häusl. Immer druf!«, tönt es aus ihren Reihen. Militär rückt an. Von einer

Käthe Kollwitz: Der Weberzug (Blatt 4 des Zyklus *Der Weberaufstand*), Radierung, 1897

verirrten Kugel getroffen stirbt, am Fenster sitzend, der alte Weber Hilse. Gerade er hatte aus pietistisch-christlichem Geist den Aufstand abgelehnt. Man hatte ihn gebeten vom Fenster fortzugehen; er sagte: »Ich nich! Und wenn Ihr alle vollens drehnig wird'! […] Hie hat mich mei' himmlischer Vater hergesetzt. Gell, Mutter, hie bleiben mer sitzen und tun, was mer schuldig sein, und wenn d'r ganze Schnee verbrennt!«

Menschen leiden an ihrer Ohnmacht. »Und das muss anderscher wer'n, sprech ich, jetzt uf der Stelle. Mir leiden's ni mehr! Mir leiden's ni mehr, mag kommen, was da will.« Hoffnungslos ist der Ausgang dieser ersten Tragödie der Masse, aber gerade dies steigert die Erschütterung über die gequälten Menschen. Aus solcher Anteilnahme schuf Käthe Kollwitz den Zyklus ihrer Radierungen zu diesem Drama. Als bemängelt wurde, das Stück habe keinen eigentlichen Helden, wurde erwidert: »Heldlos scheint euch das Stück? Wie denn? Durch sämtliche Akte, / Wachsend ein riesiges Maß, schreitet als Heldin die Not.«

Auf die *Weber* folgten zwei Komödien, das in Schlesien angesiedelte Künstlerdrama *College Crampton* (1892) und *Der Biberpelz, eine Diebskomödie* (1893), »irgend-

wo in Berlin«, mit der Hauptmann der preußischen Bürokratie ein fragwürdiges Denkmal setzte.

Mutter Wolffen hat dem Rentier Krüger Holz sowie einen Biberpelz gestohlen. Mit der Untersuchung ist der Amtsvorsteher Wehrhahn befasst, der sich aber an der Aufdeckung des Diebstahls nur wenig interessiert zeigt, weil sein eigentliches Ziel die Verfolgung des Demokraten Dr. Fleischer ist, dem er einen Prozess wegen Majestätsbeleidigung anhängen möchte. Mutter Wolffen spielt die ihr angetragene Rolle und kann als Muster der Ehrlichkeit aus dem Gerichtsverfahren hervorgehen, ihre angeborene Schlauheit und treuherzig anmutende Verschlagenheit weiß sich der Einbildung und den Vorurteilen ihrer Mitmenschen, besonders Wehrhahns, souverän zu bedienen: »der Mann is Ihn' aber tumm, nee, horndumm, ich seh' durch mei Hihnerooge mehr wie der durch sein Glasooge, kenn' se mer glooben […].« Dieser bemitleidet Mutter Wolffen. »Die denkt, alle Menschen sind so wie sie. So ist's aber leider nicht in der Welt. Sie sieht die Menschen von außen an, unsereins blickt nun schon etwas tiefer.«

Echtheit des Berliner Vorstadtmilieus in den Achzigerjahren, Situationskomik, vor allem aber die Gestalt der Mutter Wolffen sichern dieser satirischen Komödie bei guter Darstellung stets Erfolg.

Mit der »Tragödie des Bauernkrieges« *Florian Geyer* (1896) wollte Hauptmann das historische Drama für den naturalistischen Stil gewinnen und eine soziale Volksbewegung schildern.

Der adlige Florian Geyer nimmt sich im Bauernkrieg der Sache der geknechteten aufständischen Bauern an, die die Burg des Würzburger Bischofs belagern. Doch die Bauern hören nicht auf ihn und werden wegen ihrer Uneinigkeit und ihres Radikalismus geschlagen. Auf der Flucht wird Geyer hinterrücks erschossen.

Hauptmann gibt Sprache und Atmosphäre der Reformationszeit zutreffend wieder. Geyer ist wie die Gestalten der anderen naturalistischen Dramen das Opfer des Milieus und äußerer Umstände. Er scheitert nicht nur am Gegensatz von Bauern, Bürgern und Adeligen, sondern vor allem an der Uneinigkeit der Bauern untereinander. Die Masse bereitet sich ihr eigenes Unheil und reißt den Helden mit hinein.
Die Reihe seiner naturalistischen Dramen in schlesischer Mundart setzte Hauptmann im *Fuhrmann Henschel* (1898) fort.

Der Fuhrmann bricht den Schwur, den er seiner sterbenden Frau getan hat, und heiratet die herrschsüchtige, triebhafte Magd Hanne Schäl. Ihre Lieblosigkeit und Untreue empfindet er als Strafe für den Bruch seines Schwurs und begeht Selbstmord durch Erhängen. »Ich hab's woll gemerkt in mein'n Gedanken«, sagt er, »[…] ane Schlinge ward mir gelegt, und in die Schlinge trat ich halt' nein […] schlecht bin ich gewor'n, bloß ich kann nischt dafier. Ich bin ebens halt aso' neingetapert. Meinswegen kann ich auch schuld sein. Wer weeß's?«

Zu Hauptmanns naturalistischen Dramen zählen zwei Nachzügler, die erst nach der Jahrhundertwende auf die Bühne kamen, das Schauspiel *Rose Bernd* (1903) und die »Berliner Tragikomödie« *Die Ratten* (1911).
In ähnlicher Weise wie Fuhrmann Henschel wird die Bauernmagd Rose bewusst-unbewusst schuldig, indem sie der Triebhaftigkeit der Männer nachgibt, die um sie werben. Zu Beginn des Dramas sitzt sie lachend unter einem Kirschbaum, voller Lebenslust – am Ende ist sie verstrickt in ein Lügennetz, gebrochen in seelischem Schmerz, aus Scham meineidig und schließlich eine Kindsmörderin. Als der Polizist kommt, steht sie da, »gehetzt wie a Hund«.
Die Ratten spielen in einem heruntergekommenen Quartier des Berliner Nordostens.

Im zweiten Stock einer ehemaligen Kavalleriekaserne lebt die kinderlose Frau des Maurerpoliers John, auf dem Dachboden der verkrachte Theaterdirektor Hassenreuther

Fuhrmann Henschel,
Regie Emil Lessing, Deutsches Theater Berlin 1898
Max Reinhardt als Hauffe

mit seinem Theaterfundus. Zu den anderen Hausbewohnern zählt auch das schwangere polnische Dienstmädchen Pauline Piperkarcka. Frau John hilft ihr das Baby heimlich zur Welt zu bringen, das sie ihr dann abkauft, denn sie wünscht sich für sich und ihren in Altona arbeitenden Mann ein Kind. Die folgenden Komplikationen – Pauline, von Angst ergriffen, meldet das Kind behördlich an, die Fürsorge erscheint, der gewalttätige Bruder der John erschlägt die Piperkarcka, Frau John stürzt sich nach der Rückkehr ihres Mannes aus dem Fenster, das Kind kommt ins Säuglingsheim, wo »von's Dutzend mehrschtens zehn sterben« – werfen ein grelles Licht auf diese durch die im Dachboden vermuteten Ratten symbolisierte, in Hässlichkeit ertrinkende Welt.

Hauptmann mischt Komik und Tragik, parodiert den Schauspielunterricht auf dem Dachboden, lässt Direktor Hassenreuther mit seinem Schüler Spitta Probleme der Ästhetik diskutieren: Schiller'sches Ideendrama contra Naturalismus. Er gab mit dem Stück, das von der Kritik zunächst eher ablehnend aufgenommen wurde, drei Jahre vor Beginn des Ersten Weltkriegs gleichsam ein Krisensignal für die brüchige Scheinwelt der Gesellschaft. (→ S. 296)

Hermann Sudermann (1857–1928)

Der in Heydekrug im damaligen Memelland geborene Bierbrauerssohn aus einer Mennonitenfamilie, ein Nachfahr des Dichters geistlicher Lieder Daniel Sudermann (1550–1531), studierte in Königsberg Philologie und Geschichte, wurde Hauslehrer, Chefredakteur des liberalen *Deutschen Reichsblatts,* zuletzt freischaffender Schriftsteller, als solcher ein produktiver (35 Bühnenstücke), umstrittener, aber auch überaus populärer Dramatiker und Erzähler. Gestorben in Berlin.

Sudermann begann als Journalist und Erzähler, aber bereits sein erstes Drama, *Die Ehre* (1889), das wenige Wochen nach Hauptmanns *Vor Sonnenaufgang* im Berliner Lessing-Theater uraufgeführt wurde, war ein umjubelter Erfolg.

Das Drama zeigt die damalige Berliner Situation, indem es Vorderhaus (Bürgertum) und Hinterhaus (Proletariat) kontrastiert. Im Vorderhaus wohnen Kommerzienrat Mühlingk, der eine Kaffeefirma besitzt, im Hinterhaus der invalide Papparbeiter Heinecke mit seiner Familie. Der junge Kurt Mühlingk verführt Heineckes Tochter Alma. Ihr Bruder Robert, der im Dienst der kommerzienrätlichen Firma steht, fordert für seine Schwester die Heirat. Der alte Mühlingk bietet eine hohe Abfindung, was Roberts Familie, aber nicht ihn, zufrieden stellt. Der drohende Konflikt wird entschärft, als sich Lenore Mühlingk, Roberts heimliche Liebe, zu ihm bekennt. Ein befreundeter Plantagenbesitzer macht Robert zu seinem Erben und Teilhaber, daraufhin werden die Heineckes auch im Vorderhaus akzeptiert, die »Ehre« aller Beteiligten ist gerettet.

Die Programmatiker der neuen Kunstepoche hatten so Unrecht nicht, als sie das Stück heftig kritisierten: Vom echten Naturalismus war Sudermann weit entfernt, aber was ihm an glaubwürdiger Ausführung der künstlerischen Ziele fehlte, ersetzte er durch gekonnte Theatralik. Er hat sich die naturalistische Technik angeeignet und von der populären französischen Gesellschaftskomödie gelernt, wie Dumas, Sardou und Scribe sie vertraten. Gesellschaftskritik konnte, wie Sudermann zeigte, auch bühnenwirksam sein, die moralische Entrüstung brauchbar für den Theatereffekt. Die Zuschauer merkten bei dem unterhaltsamen Stück anscheinend nicht, wie schablonenhaft die Konflikte

und Charaktere geraten waren, sie applaudierten Sudermann wie sie Hauptmann applaudiert hatten, oder, um es mit den Worten des Kritikers ALFRED KERR (1867–1948) zu sagen, der die Uraufführung erlebte:

Sie schienen vor den Stadttoren zu stehen und den König zu erwarten; der Erste, der daher kam und seinen Gang nachzuahmen wusste, wurde jubelnd begrüßt. Es war allerdings kein Fürst. Vielleicht nur eines Fürsten Leibfriseur; übrigens kein unebener Mann; mit mancher glänzenden Gabe bedacht.

Immerhin trug das Stück dazu bei, das Publikum auf die als problematisch empfundenen Stoffe und grellen Wirkungen der naturalistischen Bühnenkunst einzustimmen. Handfestes, erfolgreiches Theater lieferte Sudermann auch in seinen späteren Stücken, in dem Künstlerdrama *Sodom's Ende* (1891) und in *Heimat* (1893), wo er den Konflikt einer Schauspielerin zwischen den Konventionen ihrer Familie und den freien Ansichten der Bühnenwelt thematisierte. Noch der Film der späten Weimarer Republik hat von seinen Sujets profitiert. Die Stücke gewannen an Lokalkolorit, wenn er, wie in *Johannisfeuer* (1900), die Region seiner Herkunft, Ostpreußen, als Hintergrund nahm. Für Aufregung sorgte Sudermann weiterhin und nicht nur deswegen, weil Kritik und Publikum in ihrer Meinung schon bald weit differierten. *Sodom's Ende* wurde auf allerhöchste Weisung als unmoralisch vom Spielplan abgesetzt.

ARNO HOLZ (1863–1929) und JOHANNES SCHLAF (1862 bis 1941) gaben in dem Drama *Familie Selicke* (1890), einer Zustandsschilderung kleinbürgerlichen Milieus und Elends, ein Beispiel ihres »konsequenten Naturalismus«.

Arno Holz, geboren in Rastenburg/Ostpreußen, Apothekersohn, wurde nach literarischen Studien und Reisen nach Holland und Paris 1881 Redakteur, Schriftleiter der Zeitschrift *Freie Bühne,* dann freischaffender Schriftsteller. Befreundet (später verfeindet) mit Johannes Schlaf. Gestorben in Berlin.

Johannes Schlaf, geboren in Querfurt, Sohn eines Kaufmanns, studierte ab 1885 in Berlin Altphilologie und Germanistik, 1893 Nervenleiden, ab 1895 in Magdeburg, ab 1904 in Weimar ansässig, bis er 1937 nach Querfurt zurückkehrte, wo er bis zu seinem Tode blieb.

Schauplatz des dreiaktigen Dramas *Die Familie Selicke* ist das Wohnzimmer des Buchhalters Selicke im Norden Berlins. Am Heiligabend warten seine Frau und die vier Kinder vergeblich auf die Rückkehr des Mannes aus dem

»Comptoir«. In der Nacht kommt er mit Weihnachtsgeschenken, aber betrunken, zurück, das achtjährige Linchen stirbt an Schwindsucht. Im dritten Akt entschließt sich die älteste Tochter Toni, den Heiratsantrag des Untermieters, eines Kandidaten der Theologie, der eine Pfarrstelle auf dem Lande in Aussicht hat, abzulehnen, um Vater und Mutter zu helfen. Das letzte Wort des Dramas ist dem Bewerber überlassen: »Ich komme wieder.«

Auf der Bühne durchzusetzen vermochte das Stück sich nicht. Fontane hat es als dramatisches Neuland noch über Hauptmanns *Vor Sonnenaufgang* und Tolstois *Die Macht der Finsternis* gestellt und die glänzende Charakterzeichnung auch der Nebenfiguren gerühmt. Johannes Schlaf hat nach dem Bruch mit Holz das Drama *Meister Oelze* (1892) verfasst, das 1894 in der Berliner Freien Volksbühne uraufgeführt wurde. Es spielt im Wohnzimmer eines Tischlermeisters in einer mitteldeutschen Kleinstadt, ist im Milieu noch düsterer, in der Verwendung naturalistischer Kunstmittel (Dialekt, Sekundenstil) noch konsequenter als die *Familie Selicke,* vermochte jedoch auch nach einer Überarbeitung (1908) die Bühne nicht zu erobern.

Das Milieu der Provinz

Weiterhin spielten regionale Aspekte bei Entstehung und Wirkung der Literaturwerke eine wesentliche Rolle. MAX HALBE (1865–1944) stellte in seinen besten Dramen Menschen der preußischen Ostprovinzen dar. Sein erstes Drama *Freie Liebe* (1890) wurde von der Freien Bühne abgelehnt, *Eisgang* (1892) erzielte einen Achtungserfolg, aber mit *Jugend. Ein Liebesdrama* (1893) drang er beim Publikum durch. Halbe beschrieb, mehr vom Gefühl als von dramatischer Kraft belebt, die Tragödie einer gewaltsam zerstörten Liebe, den Opfertod eines Mädchens, das ihren Geliebten vor ihrem eifersüchtigen Stiefbruder rettet. Auch die folgenden Dramen vergegenwärtigten die lyrisch getönte Stimmung der Weichsellandschaft. Aber weder mit *Mutter Erde* (1897) noch mit dem Bauerndrama *Der Strom* (1904) hat Halbe den Anfangserfolg wieder erreicht. Der Tiroler KARL SCHÖNHERR (1867–1943), bereits ein Nachzügler, schrieb Milieudramen wie *Die Bildschnitzer* (1900), *Karrnerleut* (1905) und *Der Weibsteufel* (1914). Die Komödien von LUDWIG THOMA (1867–1921) leben von der urbayrischen Lust am Spiel. *Die Medaille* (1901) und *Die Lokalbahn* (1902) bieten treffsichere Satire, *Moral* (1909) entlarvt verlogene bürgerliche Konvention. Bei seinem Dorfdrama *Magdalena* (1912) hat man von »Hauptmann'schem Naturalismus in bayerischer Ausgabe« gesprochen.

Prosa des Naturalismus

In seinen Zielen ist der naturalistische Roman nur graduell von dem des Realismus unterschieden, aber die Wahrnehmung der Großstadt, der veränderten Arbeitsbedingungen, die damit verbundene größere Abhängigkeit des Einzelnen in der Masse geben ihm einen schonungslosen, oft grellen Anstrich, zumal es an Sicherheit im Gebrauch der geeigneten Stilmittel fehlt. Die Autoren und ihre Werke sind zumeist vergessen. Wichtiger scheint die indirekte Wirkung des Naturalismus auf die literarische Prosa der Folgezeit. Heinrich und Thomas Mann reichen mit ihren künstlerischen Anfängen in den Streit um den Naturalismus zurück. Thomas Manns erster Roman, *Buddenbrooks,* ist als »naturalistisch« nicht zureichend charakterisiert, aber er verleugnet auch nicht sein Herkommen.

Michael Georg Conrad (1846–1927)

Landwirtssohn, geboren in Gnodstadt (Franken), studierte in Genf (wo er zugleich als Lehrer und Organist tätig war), Neapel und Paris Philologie, lebte 1879–81 als Feuilletonredakteur der *Frankfurter Zeitung* in Paris, dort persönliche Begegnung mit Zola, dessen Werk er in Deutschland unermüdlich propagierte. Nahm 1882 aus Abneigung gegen das »reichspreußische Berlin« seinen Wohnsitz in München, Herausgeber der Zeitschrift *Die Gesellschaft.* Veröffentlichte 1902 *Von Emile Zola bis Gerhart Hauptmann. Erinnerungen zur Geschichte der Moderne.* Gestorben in München.

Conrad begann als Erzähler mit *Lutetias Töchter. Pariser deutsche Liebesgeschichten* (N., 1883) und wählte dann München zum Schauplatz von Novellen und Romanen. Ein geplanter Zyklus nach Art von *Les Rougon-Macquart* blieb unausgeführt; erschienen sind nur die Romane *Was die Isar rauscht* (2 Bde., 1888), *Die klugen Jungfrauen* (1889) und *Die Beichte des Narren* (1893), die Zolas enzyklopädischer Vielfalt nicht entsprechen, formal dagegen das Vorbild von Gutzkows Roman des Nebeneinander erkennen lassen. Eine eingelegte Novelle wird als »impressionistisch« bezeichnet – charakteristisch für die schon bald einsetzende labyrinthische Vielfalt der Terminologie.

Naturgemäß war die Industriemetropole Berlin der besser geeignete Schauplatz für die Demonstration des naturalistischen Konzepts. Dort hat der aus Posen stammende ursprüngliche Industriearbeiter MAX KRETZER (1854–1941) zuerst die neue Stoffwelt nach Art Zolas verarbeitet (*Bürger ihrer Zeit. Berliner Sittenbilder,* 1879; *Die beiden Genossen,* 1880; *Die Betrogenen,* 1882; *Die Verkommenen,* 1883). Sein bekanntester Roman

Titel *Moderne Dichtung*

Majestätsbeleidigung, der Geschichte eines Schlächters, dessen Betrieb dem Bau der Berliner Stadtbahn weichen muss, war er für Kretzer unmittelbar anregend gewesen.

Großstadtromane verfassten, neben Kretzer auch Paul Lindau, ERNST VON WOLZOGEN (1855–1934, *Die kühle Blonde,* 2 Bde., 1891) und der aus Böhmen gebürtige FRITZ MAUTHNER (1849–1923, *Der neue Ahasver,* 2 Bde., 1882; *Berlin W.,* 3 Bde., 1886-90), der als Sprachphilosoph in Erinnerung geblieben ist. Der aus Schottland gebürtige, in Deutschland aufgewachsene JOHN HENRY MACKAY (1864–1933) beschrieb in naturalistischer Vorgehensweise die Londoner politische Subkultur des ausgehenden 19. Jahrhunderts, Straßenschlachten zwischen Demonstranten und Polizei, in Parallelaktionen die Simultaneität als Merkmal der modernen Metropole und ihre apokalyptischen Züge (*Die Anarchisten,* 1891).

Entscheidend für die Durchbildung des naturalistischen Stils war die gemeinsame Arbeit der Freunde ARNO HOLZ und JOHANNES SCHLAF. Ihre unter dem Pseudonym Bjarne P. Holmsen erschienene Prosasammlung *Papa Hamlet* (1889) zeichnet sich durch exakte Wiedergabe von kleinsten Erfahrungseinheiten und Sinneseindrücken aus.

Die Titelgeschichte beschreibt den sozialen und moralischen Niedergang einer norwegischen Schauspielerfamilie, eines ehemaligen Hamlet-Darstellers, seiner Frau, einer ausgedienten Ophelia, und des Säuglings Fortinbras. Dieser Verfall wird Schritt für Schritt im so genannten »Sekundenstil« vorgeführt und endet mit der Ermordung des Kindes durch den Vater und dessen Erfrierungstod.

GERHART HAUPTMANN war dieser Prosastudie mit einer viel beachteten Erzählung, *Bahnwärter Thiel* (1888), vorangegangen.

Der pflichtbewusste, schweigsame Bahnwärter an der Strecke Fürstenwalde-Erkner lebt in zweiter Ehe mit der früheren Kuhmagd Lene, einer arbeitsamen, aber groben und triebhaften Frau zusammen. Seine erste Frau starb bei der Geburt ihres Sohnes Tobias. Thiel fühlt sich mehr und mehr von seiner zweiten Frau abgestoßen, die ihr eigenes Kind dem Stiefkind vorzieht und Tobias misshandelt. Deshalb verbringt er viel Zeit in seinem einsamen Stellwärterhäuschen. Durch die Unachtsamkeit Lenes wird Tobias vom Schnellzug überfahren. Thiel bringt in qualvoller Verwirrung die Frau und ihr Kind um und verfällt dem Wahnsinn.

In *Bahnwärter Thiel* steht jene Schilderung eines durch den Forst brausenden Schnellzugs – ein Beispiel naturalistischer Zustandsschilderung:

wurde *Meister Timpe* (1888), die Geschichte eines Drechslermeisters, dessen Kleinbetrieb der großstädtischen industriellen Konkurrenz unterliegt. Anders als Zola ist Kretzer mit seiner Sympathie – das zeigt den Unterschied zwischen französischem und deutschem Naturalismus – auf Seiten des herkömmlichen Handwerks, wie es sich in Werken der Romantik dargestellt findet. Kretzer sah sich von der Kritik, so von dem in vielen Themen und Bereichen tätigen KARL BLEIBTREU (1859–1929, *Revolution der Literatur,* 1886) als »ebenbürtiger Jünger Zolas« gefeiert, allerdings auch als »Armeleutemaler« und Bürgerschreck disqualifiziert. PETER HILLE (1854–1904) schrieb den Roman *Die Sozialisten* (1886), eine lose Folge von Skizzen und Erzählungen über die Ausbeutung der Arbeiter im Kapitalismus. Im folgenden Jahr veröffentlichten HERMANN CONRADI (1862–1890) »Skizzen und Studien« (*Brutalitäten,* 1887) und CONRAD ALBERTI (1862 bis 1918) »Novellen aus dem Volke« (*Plebs,* 1887), die bereits im Titel die soziale Anklage erkennen lassen. Mit

Die Sonne, welche soeben unter dem Rande mächtiger Wolken herabhing, um in das schwarzgrüne Wipfelmeer zu versinken, goss Ströme von Purpur über den Forst. Die Säulenarkaden der Kiefernstämme jenseits des Dammes entzündeten sich gleichsam von innen heraus und glühten wie Eisen.

Auch die Geleise begannen zu glühen, feurigen Schlangen gleich, aber sie erloschen zuerst. Und nun stieg die Glut langsam vom Erdboden in die Höhe, erst die Schäfte der Kiefern, weiter den größten Teil ihrer Kronen in kaltem Verwesungslichte zurücklassend, zuletzt nur noch den äußersten Rand der Wipfel mit einem rötlichen Schimmer streifend. Lautlos und feierlich vollzog sich das erhabene Schauspiel. Der Wärter stand noch immer regungslos an der Barriere. Endlich trat er einen Schritt vor. Ein dunkler Punkt am Horizont, da, wo die Geleise sich trafen, vergrößerte sich. Von Sekunde zu Sekunde wachsend, schien er doch auf einer Stelle zu stehen. Plötzlich bekam er Bewegung und näherte sich. Durch die Geleise ging ein Vibrieren und Summen, ein rhythmisches Geklirr, ein dumpfes Getöse, das, lauter und lauter werdend, zuletzt den Hufschlägen eines heranbrausenden Reitergeschwaders nicht unähnlich war. Ein Keuchen und Brausen schwoll stoßweise fernher durch die Luft. Dann plötzlich zerriss die Stille. Ein rasendes Tosen und Toben erfüllte den Raum, die Geleise bogen sich, die Erde zitterte – ein starker Luftdruck – eine Wolke von Staub, Dampf und Qualm, und das schwarze, schnaubende Ungetüm war vorüber. So, wie sie anwuchsen, starben nach und nach die Geräusche. Der Dunst verzog sich. Zum Punkte eingeschrumpft, schwand der Zug in die Ferne, und das alte heil'ge Schweigen schlug über dem Waldwinkel zusammen.

Die Novelle *Der Apostel* (1890) in der Hauptmann die seelischen Krankheitsbilder eines Christuswahns behandelt, bildet eine naturalistische Entsprechung zu Büchners Darstellung eines kranken Bewusstseins in *Lenz*.   (→ S. 333)

HERMANN SUDERMANN begann mit Erzählungen über erotische Konflikte im Stile Maupassants (*Im Zwielicht*, 1886), veröffentlichte sodann die Romane *Frau Sorge* (1887), *Der Katzensteg* (1889) und *Es war* (1894) – viel gelesene Bücher, zu deren Erfolg das Gespür des Autors für effektvolle Konstellationen ebenso beitrug wie die intuitive Vertrautheit mit ihren Schauplätzen. Humor und Kenntnis der Atmosphäre haben später auch noch dem in Königsberg angesiedelten Roman *Der tolle Professor* (1926) und Sudermanns künstlerisch bester Leistung, den *Litauischen Geschichten* (1917), von denen besonders *Die Reise nach Tilsit* bekannt ist, viele Leser gesichert.

Der aus der Dorfgeschichte hervorgegangene Heimatroman des späten 19. Jahrhunderts ist noch nicht, wie die spätere Heimatliteratur der Jahrhundertwende, durchweg antimodern, sondern, wie das Beispiel von Ludwig Anzengruber lehrt, um eine wirklichkeitsnahe Darstellung des bäuerlichen Lebens bemüht. WILHELM VON POLENZ (1861–1903) zeigte die zunehmende Krise des ländlichen Besitzes an mehreren in der Oberlausitz spielenden Erzählwerken (*Der Büttnerbauer*, 1895; *Der Grabenhäger*, 2 Bde., 1897). CLARA VIEBIG (1860–1952) gründete ihre Darstellungen des dörflichen Lebens in der Eifel (*Kinder der Eifel*, Nn., 1897; *Das Weiberdorf*, R., 1900; *Vom Müller-Hannes. Eine Geschichte aus der Eifel*, 1903) auf ihre Lektüreerfahrung des Werkes von Zola, die für die Themenwahl der »deutschen Zolaïde« bestimmend wurden. HELENE BÖHLAU (1859–1940) schrieb bittere Bücher über die Probleme einer Künstlerin in der Gesellschaft (*Der Rangierbahnhof*, R., 1895) und über die soziale Abhängigkeit der Frau (*Das Recht der Mutter*, R., 1896; *Halbtier!*, R., 1898). GABRIELE REUTER (1859–1941) stellte die Problematik weiblicher Sozialisation unter zeitgemäß »normalen« Bedingungen dar: Gerade bei bestehender Bereitschaft zur Anpassung markieren sie nicht mehr und nicht weniger als den Weg in die Krankheit (*Aus guter Familie. Leidensgeschichte eines Mädchens*, R., 2 Bde., 1895).

Der Roman beschreibt den Lebensweg einer unverheiratet bleibenden Tochter aus bürgerlichem Haus von der Konfirmation (mit der nach den Vorstellungen der Zeit ihre Heiratsfähigkeit verbunden ist) bis zu ihrer Flucht in die Geisteskrankheit zwei Jahrzehnte später. Ihre von exzessiver Lektüre genährten romantischen Erwartungen an das Leben (Byron ist ihr Lieblingsautor) finden in der Realität keine Entsprechung, ihre Bedürfnisse stimmen mit ihrem Bild von sich selbst nicht überein. »Es war nur ein fortwährender Streit zwischen ihrer individuellen Natur und dem Wesen, zu dem sie sich in lobendem Eifer nach einem ehrwürdigen Jahrtausende alten Ideal gewandelt hatte.« Die Heirat mit einem ungeliebten Mann scheitert an der Veruntreuung ihrer Mitgift, den Vorschlag eines Verwandten zu einem Leben gemeinsamer Arbeit unter Ausklammerung erotischer Beziehungen lehnt sie ab. In einer Nebenhandlung wird komplementär das korrumpierende Leben eines Dienstmädchens unter den herrschenden sozialen Bedingungen gezeigt.

Gabriele Reuter hat das Schicksal ihrer Protagonistin mahnend mit dem kriegerischen Gründungsmythos des Kaiserreichs verbunden. Agathe Haidling gehört zu einer Generation von Frauen, deren potentielle Lebenspartner auf den blutgetränkten Feldern Böhmens und Frankreichs liegen und denen noch nicht einmal die den Müttern zugebilligte »stolze Trauer« verbleibt. Den Protest gegen eine überlieferte Rolle, die zu rühmen und zu verklären aufgibt, was das eigene Leben verwüstet, ist in *Aus guter Familie* mit ironischer

Schärfe formuliert. Die Kranke beobachtet in dem von ihr aufgesuchten Bad die Heilungsuchenden:

Frauen – Frauen – nichts als Frauen. Zu Hunderten strömen sie aus allen Teilen des Vaterlandes hier bei den Stahlquellen zusammen, als sei die Fülle von Blut und Eisen, mit der das deutsche Reich zu machtvoller Größe geschmiedet, aus seiner Töchter Adern und Gebeine gesogen, und sie könnten sich von dem Verlust nicht erholen.

Sigmund Freud hat in seiner Abhandlung *Zur Übertragung der Dynamik* (1912) geurteilt, dass Reuters Roman »die besten Einsichten in das Wesen und die Entstehung von Neurosen« erlaube.

Lyrik des Naturalismus

Auch die Erneuerung der Lyrik war Teil des naturalistischen Programms. Eine Gedichtanthologie *Moderne Dichter-Charaktere* (1885), begonnen von den Brüdern HEINRICH HART (1855–1906) und JULIUS HART (1859–1930), von WILHELM ARENT (1864–?), Hermann Conradi und KARL HENCKELL (1864–1929) abgeschlossen, versammelte in kritischer Auseinandersetzung mit der als verbraucht abgelehnten bürgerlichen Literatur neben anerkannten älteren Autoren wie Ernst von Wildenbruch zahlreiche junge und jüngste Dichter. Allerdings zeigte sich schon bald, dass man über eine Erweiterung des lyrischen Themenkatalogs nicht wesentlich hinauskam. Das Interesse des Publikums blieb gering. Überdies waren gerade die begabtesten und auch erfolgreichsten der dem Naturalismus (oder Impressionismus) zuzuordnenden Talente dieser Strömung und ihrer Theorie nur oberflächlich verbunden. Konsequent verfolgte den neuen Weg Arno Holz, der daher die Entwicklung der modernen Poesie nachhaltig beeinflusst hat.

Die stärkste Wirkung übte in den Achtzigerjahren Detlev von Liliencron durch seine Dichtungen aus, die prosaische und lyrische Formen in ungewöhnlicher Weise vermischten – ein Einzelphänomen im Übergang zur Moderne.

Detlev von Liliencron (1844–1909)

Eigentlich Friedrich Adolph Axel Freiherr von Liliencron, geboren in Kiel, aus verarmtem Adel, nahm als preußischer Offizier an den Kriegen 1866 und 1870/71 teil, quittierte wegen Schulden den Dienst, wurde nach einem Aufenthalt in Amerika Beamter, zuletzt Kirchspielvogt in Kellinghusen,

musste aber auch diese Laufbahn schuldenhalber aufgeben. Von 1885 an freier Schriftsteller, unternahm Vortragsreisen, trat in dem von Ernst von Wolzogen 1901 in Berlin begründeten Kabarett »Überbrettl« auf, nahm, unterstützt durch ein ihm von Wilhelm II. gewährtes Ehrengehalt, 1909 seinen Wohnsitz bis zu seinem Tod in Alt-Rahlstedt bei Hamburg.

Besonders vor dem Hintergrund der massenhaft verbreiteten, epigonalen Lyrik der Gründerzeit wirkte Liliencrons früher Gedichtband *Adjutantenritte und andere Gedichte* (1883) neu und unverbraucht. Die Impression des Augenblicks wird in seinen Versen verdichtet und rhythmisch geformt, die Wirklichkeit löst sich wie in der impressionistischen Malerei in Punkte und Farbflecken auf, seine lyrischen Momentaufnahmen reihen Bild an Bild. Diese und die in zahlreichen folgenden Sammlungen vereinigten Gedichte (zuletzt *Letzte Ernte*, 1909) wirken, obwohl bewusst erarbeitet, wie ganz unwillkürlich wahrgenommen *(Die Musik kommt)* und machen den sinnlichen Reiz des Lebens fühlbar: »Vorne vier nickende Pferdeköpfe. / Neben mir zwei blonde Mädchenzöpfe […], / An den Rädern Gebell […] / Alles das von der Sonne beschienen / So hell, so hell.« *(Der Viererzug)*
Der schleswig-holsteinischen Landschaft gelten stimmungsvolle Verse. Gefühl für Vergänglichkeit und ein Unterton von Schwermut sprechen aus Gedichten wie *Auf dem Kirchhof* oder der *Schwalbensiziliane.*

Zwei Mutterarme, die das Kindchen wiegen,
es jagt die Schwalbe weglang auf und nieder.
Maitage, trautes Aneinanderschmiegen,
es jagt die Schwalbe weglang auf und nieder.
Des Mannes Kampf: Sieg oder Unterliegen,
es jagt die Schwalbe weglang auf und nieder.
Ein Sarg, auf den drei Hand voll Erde fliegen,
es jagt die Schwalbe weglang auf und nieder.

Sein Hauptwerk sah Liliencron, der mit Romanen und Dramen erfolglos blieb, in dem Epos *Poggfred* (1896), einer heiter-subjektiven, das Parodistische streifenden Dichtung, die Thomas Manns höchstes Lob erntete und der Bedeutung ihres plattdeutschen Titels (»Froschfrieden«) spielerisch alle Ehre macht.
Karl Bleibtreu lehnte in *Revolution der Literatur* (1886) den Lyriker als selbstständige Existenz ab, denn ein »rechter Kerl« belästige die Welt mit Gedichten allenfalls nebenbei, »neben seinen größeren Arbeiten«. Das Gedicht *Zum Eingang* in ARNO HOLZ' *Das Buch der Zeit* (1886) zeigt denn auch wenig Respekt vor den geläufigen Hervorbringungen der Kollegen:

Rudolf von Alt: Der Stephansdom vom Stock
im Eisen-Platz gesehen

Tagaus, tagein umrollt vom Qualm der Essen,
War's oft mein Herz, das laut aufschlug und schrie.
Und dennoch hab' nie vergessen
Das goldne Wort: Auch dies ist Poesie.

In *Revolution der Lyrik* (1899) bemühte er sich um eine
neue Verslehre; lehnte Reim, Metrik und Strophik ab
und forderte dafür den natürlichen Rhythmus, den
jede Aussage in sich trägt und den der Dichter zu erfassen habe. Die Sammlungen *Blechschmiede* (1. Fassung
1902) und *Dafnis. Lyrisches Portrait aus dem 17. Jahrhundert* (1904) zeigen sein parodistisches Talent, insbesondere die Vorliebe für barocken Überfluss der
Sprache, den er mit großer Textkenntnis gekonnt
nachahmt. Der von Holz erfundene Dichter Daphnis
entführt die Leser in eine amouröse Welt, die derb und
graziös zugleich ist. Der *Phantasus* (1898/99), an dem
Holz seit den Neunzigerjahren arbeitete und den er bis
1924 immer wieder umformte und erweiterte, wurde
sein lyrisches Hauptwerk, in dem er Silben-, Zeilen-
und Strophenzahl einer strengen Zahlenarchitektonik
unterwarf. Ein Beitrag zur lyrischen Moderne war das
so Entstandene zweifellos; aber mit »Naturalismus«
ließ es nicht mehr zureichend umschreiben.

Ein Liederbuch ist's dieses Mal
in rotem Maroquin gebunden
und überdies sehr warm empfunden
und wunderbar original!

Und kauft man sich dann das Idol,
dann sind's die alten tauben Nüsse,
die längst genossenen Genüsse
der aufgewärmte Sauerkohl.

Von Wein und Wandern, Stern und Mond,
vom »Rauschebächlein«, vom »Blauveilchen«,
von »Küssmichmal« und »Warteinweilchen«,
von »Liebe, die auf Wolken thront«!

Und will der Dichter hoch hinaus,
Dann streicht er die Rubrik: »Erotisch«
und hängt die Tafel: »Patriotisch!«
als Firmenzeichen vor sein Haus.

Nicht anders lautet es in Versen *An Adolf Friedrich
Graf von Schack*: »O Gott, wie ledern, respektive
blechern / ist doch der Quark von all den Versverbre-
chern [...]« Demgegenüber erklärt sich Holz, der 1883
mit einem erkennbar dem Vorbild Geibels folgenden
Gedichtband *Klinginsherz* debütiert hat, selbstbewusst
als »Kind der Großstadt und der neuen Zeit«:

Der österreichische Spätrealismus

Die Selbstfindung der österreichischen Literatur begann bereits vor den politischen Prozessen, die nach
1866 zum Ausschluss Österreichs aus den deutschen
Angelegenheiten führten. In Wien flossen viele fremde
Geistesströme ein, die im aufsteigenden Nationalismus des 19. Jahrhunderts nicht mehr selbstverständlich waren. Die veränderte Machtverteilung auf staatlicher Ebene und das Auseinandertriften der Kulturen
und des Lebensgefühls stimmten im Ergebnis überein.
Konnte Goethe die Kaiserstadt an der Donau noch
zwanglos als »unsere deutsche Hauptstadt« bezeichnen, so war eine solche Sicht spätestens nach 1848
nicht mehr angemessen.

Bestätigt wurde diese Entwicklung durch die Ereignisse
in den ersten Jahrzehnten der Regierungszeit Kaiser
Franz Josephs, kulminierend in der Niederlage von
Königgrätz. Für die Autoren der realistischen Epoche
waren sie ein Teil ihrer persönlichen Erfahrung, wenngleich vielleicht noch immer nicht in ihrer späteren
Bedeutung erkennbar, denn zwingend folgerichtig erscheinen die geschichtlichen Vorgänge stets nur im

Rückblick, zunächst aber mehrdeutig, weil im Ausgang offen. Die Deutsch schreibenden Autoren der franzisko-josephinischen Epoche – vom Revolutionsjahr 1848 bis in die Mitte des Ersten Weltkriegs – haben auf die politischen und gesellschaftlichen Wandlungen unterschiedlich reagiert. Während die einen sich weiterhin mit dem multinationalen Kaiserreich identifizierten, dessen Bewohner nun in der Mehrzahl Slawen waren, haben andere die Zukunft für die dort lebenden Deutschen in dem von Bismarck geschaffenen neuen Reich gesehen, das sich als Nationalstaat verstand. Mit der Perspektive änderten sich Stillage und Form und damit zuletzt die Aufnahmebereitschaft für das, was sie schrieben.

Seit der späten Regierungszeit Maria Theresias und dem Umbau des Staates durch Joseph II. gab es viele Begegnungen deutscher Schriftsteller mit dem kaiserlichen Wien und seiner alten Kultur; Klopstock, Lessing, Wieland und die Romantiker haben um diese Stadt geworben. Auf der anderen Seite empfanden sich Grillparzer und Stifter noch selbstverständlich als deutsche Dichter mit Weimar als Gravitationszentrum. Seit der Begründung eines eigenen österreichischen Kaisertums (1804), die dem Ende des alten Reiches (1806) vorausging, bestand eine politische Bindung allerdings nur noch im 1815 begründeten Deutschen Bund, in dem Österreich sogar noch den Vorsitz hatte. Auf literarischem Gebiet allerdings war es umgekehrt, lag das Übergewicht seit Reformation und Aufklärung im protestantischen Norden. Von Anbeginn einer dem eigenen Selbstverständnis entsprechend »österreichischen« Literatur gab es die Klage über die geringschätzige Kritik der Deutschen, wie sie JOHANNES ALOYS BLUMAUER (1755–1798) 1782 Friedrich Nicolai mitteilt, beziehungsweise über »die liebenswürdige Naivität, mit welcher West- und Norddeutsche (diese ganz vorzüglich) sich berechtigt glauben, Österreich nicht allein tief unter sich zu sehen, sondern es uns bei jeder Gelegenheit ins Gesicht zu sagen«, wie CAROLINE PICHLER (1769–1843) in ihren *Denkwürdigkeiten aus meinem Leben* (1844, 4 Bde.) festhält.

Wo lagen – kurz zusammengefasst – die besonderen Schwierigkeiten für die Entfaltung einer deutschen Literatur in Österreich beziehungsweise einer österreichischen Literatur? Zu einem Teil in den heimischen Bedingungen selbst, in der katholisch-gegenreformatorischen Prägung der Barockkultur, in der Musik und bildende Kunst dem Wortkunstwerk vorangingen. Das änderte sich grundlegend erst, als mit dem Aufstieg des jüdischen Bürgertums das besondere Verhältnis der Juden zum Wort Wirkungen zeigte. Lebendig war das Theater, gleichwohl – das Beispiel eines genuin dramatischen Dichters wie Grillparzer lehrt es – über lange Zeiträume in seinen Entfaltungsmöglichkeiten eingeschränkt durch eine rigide Zensur und die Anspruchsarmut des Publikums. In der Wertewelt des Adels – dessen Spitze, die eng begrenzte, aber überaus einflussreiche so genannte »erste Gesellschaft«, auch sprachlich europäisch geprägt war – spielte das Buch eine geringe Rolle. Man kann das bei Marie von Ebner-Eschenbach nachlesen – in der Schlossbibliothek bekommt das Hündchen der Komtesse Junge, dort wird es bestimmt nicht gestört.

Aus alledem ergab sich eine Verspätung, wohl auch das Gefühl einer Inferiorität, das es den österreichischen Schriftstellern schwer machte, ihre künstlerische Eigenart in der Begegnung und Auseinandersetzung mit ihren Kollegen im protestantischen Deutschland sicher zu vertreten. Die Entscheidung im Dualismusstreit 1866, die zu bestätigen schien, was der gesellschaftliche Prozess insgesamt vorgegeben hatte, versetzte Österreich für das Bewusstsein der Deutschen in eine Randlage. Auch Literaturgeschichte wurde fortan zumeist im kleindeutschen Geiste geschrieben. Der Kulturkampf und seine Folgen, der Konflikt zwischen säkularem Staat und katholischer Kirche nach 1870, kam verstärkend hinzu. Zwar betraf diese Auseinandersetzung auch Österreich, das die Verkündung des Unfehlbarkeitsdogmas durch das Erste Vatikanische Konzil mit der Kündigung des Konkordats beantwortete. Antirömische Affekte fehlten auch bei österreichischen Autoren nicht. Aber dies blieb gewissermaßen ein innerer Zwist auf dem Boden einer insgesamt katholischen Kultur. Im Deutschland nach 1871 hingegen grundierte der konfessionelle Hader den Kulturkampf. Hatten die Katholiken im Deutschen Bund von 1866 noch die Mehrheit der Bevölkerung gebildet, so zählten sie im jungen Hohenzollernreich weniger als ein Drittel und lebten überwiegend an der (zum Teil nicht deutschsprachigen) Peripherie. Der Staat misstraute ihnen, und sie misstrauten dem Staat. Aber nicht nur politisch, auch wirtschaftlich und sozial sahen sich die Katholiken in der Defensive; in allen führenden Berufen dominierten Protestanten, und der liberale Zeitgeist stand zu dem immer stärker integralistisch geführten Pontifikat Pius IX. in einem unaufhebbaren Widerspruch. In diesen kritischen Jahren antikatholisch zu sein erschien nicht nur als Ausdruck nationaler Gesinnung (»nach Canossa gehen wir nicht«), sondern von Bildung. Der katholische Politiker Ludwig

Windhorst nannte das den Antisemitismus der Intellektuellen. Der Triumph über Frankreich, aus dem das neue Reich hervorgegangen war, erschien gewissermaßen als Folge und Fortsetzung der Reformation, als Sieg der germanisch-protestantischen über die romanisch-katholische Welt.

Österreich und seine Geschichte geriet damit auch im Rückblick ins Abseits.

Es bedurfte wiederum ganz neuer Entwicklungen, bis das korrigiert wurde. Roger Bauer formuliert 1980 zusammenfassend: »Die beim Ordnen einer norddeutsch-protestantischen Literatur gewonnenen und benutzten Kategorien lassen sich nicht auf die süddeutsch-katholischen übertragen.«

Ungeachtet der Überfülle germanistischer Publikationen zeigt das jeweilige Gesamtbild der literarischen Entwicklung Auslassungen, und auch nahe liegende Zusammenhänge bleiben unbemerkt, wenn kein äußerer Anlass zu ihrer Wahrnehmung beiträgt. Zu den von der Forschung jahrzehntelang unzureichend berücksichtigten, dem Publikum in der Regel nicht mehr geläufigen Autoren zählen auch die österreichischen Erzähler der zweiten Hälfte des 19. Jahrhunderts. Die Epoche, die sie repräsentieren, ist eng verknüpft mit der unmittelbar auf sie folgenden Wiener Kultur der Jahrhundertwende, die inzwischen weltweit besondere Aufmerksamkeit findet. Als ein dringendes Desiderat der deutschen und österreichischen Literaturgeschichtsschreibung konnte die Einordnung der Werke Marie von Ebner-Eschenbachs und Ferdinand von Saars noch 1980 bezeichnet werden.

Die Darstellungen deutschsprachiger Autoren aus dem Staatsgebiet der einstigen Donaumonarchie reflektieren unwillkürlich auch die speziellen gesellschaftlichen Verhältnisse des vielgestaltigen Reiches, die sich aus dessen ethnischer Vielfalt ergaben, und in Verbindung damit dessen Krise. Zählen sie, wie die Ebner und Saar, auch durch ihre Herkunft zu den Repräsentanten der alten Ordnung, ist das Vorgefühl für das nahende Ende zu bemerken. Die Ordnung der Natur, die Ordnung der Welt – hinter der sich noch immer die Ordnung Gottes verbirgt –, behält das Vorrecht vor dem Anspruch des Menschen und seinen auf Veränderung zielenden Kräften, aber sie scheint bedroht und verloren. Die Sympathie der Autoren gilt oft Menschen auf der Verliererseite, ja man könnte sagen, dass die geheime Leitfigur vieler ihrer Schöpfungen Grillparzers armer Spielmann ist. Der Katholizismus – oftmals nur als veräußerlichte Staatsreligion wahrgenommen – bestimmt das kirchliche Leben, das zunehmende slawi-

sche Element das soziale. Es begegnet demzufolge ein anderer Seelenton als in der stärker fordernd auftretenden, nicht selten nationalistisch erhitzten gleichzeitigen Literatur in Deutschland. Von ausländischen Dichtern hat besonders Turgenjew auf diese österreichischen Erzähler eingewirkt. Bei anderen, wie Karl Emil Franzos, überwiegt die Kritik am Bestehenden und die Parteinahme für das neue Reich jenseits der schwarz-gelben Grenzen.

Marie von Ebner-Eschenbach (1830–1916)

Die geborene Baronin Dubsky aus altem tschechischem Adel (1843 wurde ihre Familie in den Grafenstand erhoben), geboren auf dem väterlichen Familienbesitz Zdisslawitz bei Kremsier, hat Tschechisch (von ihren Kinderfrauen) früher als Französisch, Französisch (von ihren Gouvernanten) früher als Deutsch gelernt. Sie heiratete 1848 ihren Vetter, den späteren österreichischen Feldmarschallleutnant Moritz Freiherr von E., dem sie in harmonischer, aber kinderloser Ehe verbunden blieb. Den Lebensformen des Landadels entsprechend, lebte sie sommers auf dem mährischen Schloss, winters in Wien. Gestorben in Wien.

Erscheint die äußere Biografie dieser karitativ sehr aufgeschlossenen Frau – Gertrud Fussenegger hat sie den »guten Menschen von Zdisslawitz« genannt – eher konventionell, so war die innere, gemäß dem künstlerischen Anspruch, den sie an sich stellte, sehr ungewöhnlich. Die Schriftstellerei war keine standesgemäße Beschäftigung und solange schlechte Rezensionen erschienen, sogar eine lächerliche und peinliche. Eine österreichische Aristokratin mochte Autoren fördern, aber sie schrieb nicht selbst. Nach wiederholtem Scheitern auf dramatischem Gebiet, fand die Ebner schließlich als Erzählerin und für ihre Aphorismen Anerkennung. Im Alter wurde sie als Österreichs größte Dichterin gerühmt und oft mit der Droste verglichen.

Wegen der Stoffe, Themen und Stilmittel ihrer Erzählungen ist sie als Fontane verwandt betrachtet worden. Sie beschreibt die Welt des Adels, der Bauern und Kleinbürger. Auf ungekünstelte Weise verbinden sich in ihrem Werk Menschenkenntnis, Güte und Humor, pädagogische Tendenz, Verantwortungsbewusstsein gegenüber den sozial Schwachen und ein josephinisch geprägter Katholizismus (*Božena*, R., 1876, *Dorf- und Schloßgeschichten*, 1883/86, 2 Bde.). Ihr Hauptwerk ist *Das Gemeindekind* (R., 1887/88, 2 Bde.), in dem die Entwicklung des Pavel Holub vom Sohn eines Raubmörders zum tüchtigen Menschen geschildert wird. Biedermeierliches Leben in Wien zeigt ihr Roman *Lotti, die Uhrmacherin* (1881). Allbekannt wurde ihre Ge-

Marie von Ebner-Eschenbach   Ferdinand von Saar

schichte vom Hund *Krambambuli* (1883), der zwei
Herren zu dienen gezwungen war und daran zugrunde
ging. Humoristisch geprägt sind *Die Freiherren von
Gemperlein* (1878), in denen das Motiv der feindlichen
Brüder lustspielhafte Züge erhält, und *Komtesse Muschi*
(1885). Die Dichterin schrieb bedeutende *Aphorismen*
(1880) sowie die autobiografischen Darstellungen
Meine Kinderjahre (1906) und *Meine Erinnerungen an
Grillparzer* (1916).   (→ S. 275)
Neben der Ebner ist es vor allem Ferdinand von Saar,
der die erzählende Dichtung Österreichs in der Periode
des Realismus repräsentiert.

Ferdinand von Saar (1833–1906)

Saar, dessen beide Eltern aus dem niederen Beamtenadel
stammten, verlor früh den Vater, besuchte das Schotten-
gymnasium in Wien, wurde 1849 Kadett und war von
1854–59 Offizier. Mit Hilfe aristokratischer Mäzeninnen
lebte er, entbehrungsreich genug, als freier Schriftsteller,
der erst spät Anerkennung fand. Josephine von Wertheim-
stein, in deren Wiener Salon er verkehrte, Marie Fürstin zu
Hohenlohe, die Altgräfin (später Fürstin) Salm, eine geborene Prinzessin Lichtenstein, Marie von Ebner-Eschenbach und Betty Paoli zählen zu diesen ihm befreundeten
Frauen, die oftmals auch sein erstes Publikum bildeten.
1902 als zweiter Dichter nach Grillparzer ins Herrenhaus
des Parlaments berufen. Freitod in Wien wegen schwerer
Erkrankung.

Auch Saar hat sich, wie die Ebner, vergeblich als Dramatiker versucht, was seine Entwicklung als Prosaautor
lange behinderte. So musste er, der schon 1873 den
Plan verfolgte, ein *Novellenbuch aus Österreich* herauszugeben, um den Erfolg als Erzähler lange kämpfen,
wobei ihm weniger die Kritik als die mangelnde Resonanz beim Publikum zu schaffen machte. Seinem

künstlerischen Anspruch fühlte er sich kompromisslos verpflichtet. Da er, anders als die Ebner, über kein
Vermögen verfügte, forderte ihm das herbe Verzichte
ab und versetzte ihn in fortwährende Abhängigkeit.
Allerdings – der Adlige und ehemalige Offizier ist kein
Proletarier, er verliert nicht den Kontakt zu der Klasse,
die er beschreibt. Als »Blüte und Krone der Dichtung«
hat er die Lyrik gepriesen, aber aus der großen Mehrzahl seiner kunstvoll geformten Poesien weht für den
späteren Leser der Geist eines vergangenen Jahrhunderts.

Der Ausdruck des Elegischen ist Saar besonders
gemäß. Auch seine vielen österreichischen Festgedichte sind ungeachtet der mehr oder weniger glanzvollen
Anlässe letztlich elegisch gestimmt. Die Äußerungen
seiner Naturliebe, wie wir sie auch in seinen Briefen
finden, sind stets von dem Wunsch nach Harmonie und
Frieden begleitet. Saars *Herbst,* eines unter mehreren
Herbstgedichten aus seiner Feder, sucht eine Stunde
undefinierbaren Glücks und undefinierbaren Schmer-
zes, den Augenblick der Umkehr, ein Noch-Nicht und
ein Nicht-Mehr in der Sprache zu bewahren.

Herbst

Der du die Wälder färbst,
Sonniger, milder Herbst,
Schöner als Rosenblühn
Dünkt mir dein sanftes Glühn.

Nimmermehr Sturm und Drang,
Nimmermehr Sehnsuchtsklang;
Leise nur atmest du
Tiefer Erfüllung Ruh.

Aber vernehmbar auch
Klaget ein scheuer Hauch,
Der durch die Blätter weht,
Dass es zu Ende geht.

Bereits *Innocens* (1866), ursprünglich mit dem Untertitel »ein Lebensbild«, Saars erste Novelle, trug ihm
viel Anerkennung ein. Die Geschichte eines Ordens-
priesters, der sich von der Klostergemeinschaft löst,
aber auch seiner Liebe entsagt und als Geistlicher auf
dem Vysehrad, der Prager Zitadelle, lebt, spiegelt Probleme der josephinischen Aufklärung. Kennzeichnend
für Saar ist, dass ihn der Erfolg keineswegs zu neuen
Veröffentlichungen, sondern im Gegenteil zu einer
Pause veranlasste. Erst acht Jahre später erschien die
zweite Novelle (*Marianne,* 1873), wiederum die Geschichte einer mit Verzicht endenden Liebe, die mit
dem Tod der umworbenen Frau endet.

Saar entnahm seine Stoffe der Gegenwart, über das Jahr 1848 geht er kaum je zurück. Er hat die zumeist einzeln erschienenen Erzählungen wiederholt in Sammlungen zusammengefasst (*Novellen aus Österreich*, 1877; *Schicksale*, 1888; *Nachklänge*, 1899; *Tragik des Lebens*, 1906, um nur die größeren zu nennen). Nach Thematik, Schauplatz und Problemstellung vergegenwärtigen sie eine vielgestaltige, aber in sich geschlossene Welt. Wie Fontane, der Dichter Preußens und des wilhelminischen Berlin, erzählt Saar aus unmittelbarer Anschauung: Das unterscheidet das von ihm entworfene Bild von den im Nachhinein entstandenen Darstellungen Robert Musils und Joseph Roths, durch die unsere Vorstellung von der untergegangenen Donaumonarchie heute weitgehend geprägt wird.

Der Zeitgenosse von Solferino und Königgrätz beschreibt das Leben der Offiziere in den slawischen und italienischen Garnisonen der »weißen« Armee (*Vae victis*, 1883, zuerst u. d. T. *Der General*, 1879; *Leutnant Burda*, 1887; *Außer Dienst, Conte Gasparo*, 1897), rangniedere Vertreter des Klerus, die, wie die Offiziere, oft ein materiell bescheidenes Leben führen (*Innocens*), verabschiedete adlige Beamte und Generale in ihren Stadtpalais und ländlichen Schlössern (*Das Haus Reichegg*, 1876; *Schloß Kostenitz*, 1892), Lebens- und Schaffensprobleme von Künstlern (*Die Geigerin*, 1874; *Tambi*, 1892; *Ninon*, 1896; *Sappho*, 1904), Ärzte (*Doktor Trojan*, 1896), Diener (*Fridolin und sein Glück*, 1894), aber auch – und hier verschwimmt thematisch die Grenze zum Naturalismus – Unterdrückte und Beleidigte (*Die Steinklopfer*, 1873; *Die Troglodytin*, 1888; *Die Pfründner*, 1905). Die verhaltene Trauer, die alle seine Erzählungen überschattet, ist nicht nur eine Frucht des Schopenhauer'schen Pessimismus, der in Saars Denken tatsächlich eine große Rolle spielt, sondern sie stammt auch aus einem auf Verzicht gestimmten Zeitgefühl, das Hugo von Hofmannsthal 1892 sensibel beschrieben hat. Danach variieren Saars Menschen

diese innerliche, empfindungsfeine und lebensängstliche, österreichische Grundstimmung. [...] sie umgeben sich gern mit alten, abgeblassten und abgegriffenen Dingen; das Weltfremde tut ihnen wohl, und sie stehen sehr stark unter dem rätselhaften Bann des Vergangenen [...].

In übereinstimmender Sichtweise hat Claudio Magris in seiner Studie *Der habsburgische Mythos in der österreichischen Literatur* (*Il mito absburgica nella letteratura austriaca moderna*, 1963) Saar einen mittleren Platz zwischen Grillparzer und den Autoren der Moderne eingeräumt. (→ S. 275, 283)

Jüdische Autoren aus Galizien

LEOPOLD VON SACHER-MASOCH (1836–1895) aus Lemberg, ein »österreichischer Turgenjew«, kann als Beispiel für die Vergänglichkeit literarischen Ruhms gelten (*Das Vermächtnis Kains*, Nn., 2 Bde. 1870–77; *Galizische Geschichten*, 2 Bde., 1877–81; *Polnische Judengeschichten*, 1887). Seine Darstellungen des östlichen Judentums sind zu ihrer Zeit als musterhaft empfunden worden, die Erzählung *Don Juan von Kolomea* (1866), 1872 in der *Revue des deux mondes* in französischer Übersetzung erschienen, machte in Paris Sensation. »Sacher-Masoch vereinigt das Temperament Lord Byrons mit dem der Form Merimées«, stand 1876 im *Journal de Genève* zu lesen, eines der vielen bewundernden Urteile, die diesen jüdischen Autor zu den ersten des Jahrhunderts zählen. In Frankreich ist Sacher-Masochs Name niemals ganz verblasst, während er im deutschen Sprachraum fast nur als ein psychiatrischer Begriff in Erinnerung blieb, den der Psychiater Richard von Krafft-Ebing (1840–1902) 1890 geprägt hatte. »Anlass und Berechtigung, diese sexuelle Anomalie ,Masochismus' zu nennen, ergab sich mir daraus, dass der Schriftsteller Sacher-Masoch in seinen Romanen und Novellen diese wissenschaftlich damals noch gar nicht gekannte Perversion zum Gegenstand seiner Darstellung überaus häufig gemacht hatte [...].« Dies traf in der Tat zu, denn Sacher-Masoch, der sich unter dem Druck materieller Existenzsorgen in seiner späteren Lebenszeit zum Vielschreiber entwickelte, lieferte, was Verleger und Redakteure von ihm erwarteten und wünschten. Seiner berühmtesten Erzählung *Venus im Pelz* (1869) waren noch eine Reihe zumeist historisch kostümierter Romane über grausame Herrscherinnen gefolgt. Der Verfemung des jüdischen Autors während des NS-Regimes bedurfte es in seinem Falle kaum noch – er und seine Bücher waren schon vorher der Missachtung verfallen. Erst das nach dem Zweiten Weltkrieg wieder erwachende Interesse an Galizien als literarischer Landschaft und psychologisch moderne Züge, die sich auch im Frühwerk Thomas Manns wiederfinden, haben der einen oder anderen Neuauflage seiner Erzählungen den Weg geebnet.

Sacher-Masoch dachte slawophil und war gerade darum ein treuer Anhänger des österreichischen Kaiserstaats, weil er ihn als Schutzmacht der kleinen slawischen Nationen in Ostmitteleuropa – und der Juden – sah. Ungeachtet des seit den Achtzigerjahren gerade in Wien anwachsenden Antisemitismus empfanden nicht wenige jüdische Autoren wie er und haben dem in ihren Werken Ausdruck verliehen, wie sich bis in die Zeit des

Karl Emil Franzos   Leopold von Sacher-Masoch

schen Titelfigur, ihrer Liebe zu leben, und das diesem Anspruch widerstreitende fremde Gesetz in einen tragischen Widerspruch, der mit ihrem Freitod scheinbar resignativ schließt. Insofern es der jüdischen Kaufmannstochter aber gelingt, dass Graf Agenor Baranowski sie zur Frau nimmt und ihren Sohn zum Erben erklärt, ohne dass sie vorher konvertiert hat, siegt sie über die Verhaltensnormen ihrer christlichen und ihrer jüdischen Gegner. Ihr Grabstein, der sie als Jüdin und als polnische Gräfin ausweist, symbolisiert die Überwindung des Widerspruchs, der Kommentar auf der Inschrift spricht Zuversicht aus: »Sie starb in der Dunkelheit, aber es wird einst tagen.«

Die mentalitätsgeschichtlichen Wurzeln dieser Denkweise reichen weit über die private Biografie des Autors zurück. Sie erklären sich aus dem jüdischen Schicksal insgesamt und sind unerlässlich für das Verständnis. Franzos' Vorfahren väterlicherseits waren spanische Juden, die sich vor Verfolgungen nach den Niederlanden gerettet, später in Lothringen niedergelassen hatten. Ein Urgroßvater namens Levert kam 1770 nach Galizien. Der Name Franzos wurde der Familie zu der Zeit, als man in Österreich den Juden von Amts wegen Namen gab, oktroyiert. In der Großelterngeneration löste das Deutsche als kulturelles Vorbild das Französische ab. Gleichwohl hat Franzos, wie es damals in den slawischen Ländern der Monarchie auch in bürgerlichen Familien nicht selten geschah, als erste Sprache nicht Deutsch gehört. Die Kinderfrau war Ruthenin, von ihr erfuhr er auch auf seine von ihr abgelehnte Bitte hin, ihn in die Kirche mitzunehmen, dass er Jude sei. Der Vater aber, der in Deutschland Medizin studiert und mit Stolz als einer der ersten jüdischen Studenten das schwarz-rot-goldene Band der Burschenschaft getragen hatte, lehrte den Sohn, sich als Deutscher zu fühlen und sich gleichzeitig aus Pflichtgefühl als Jude zu bekennen. Gerade weil für den an den Philosophen der Aufklärung orientierten Arzt alle Religionen gleichen Ranges waren, verleugnete er seine Herkunft nicht. Der Sohn erlebte aber auch, dass die jüdischen Bräuche und Speisegesetze in seinem Elternhaus nicht mehr beachtet wurden.

Durch seine deutschnationalen Gesinnungen geriet der junge Franzos nach 1866 in offenen Gegensatz zum Staat seiner Herkunft. Als Vertreter der Burschenschaft »Teutonia« hatte er 1868 den Burschentag in Berlin besucht und war daraufhin in Österreich trotz guter Studienleistungen vom Staatsdienst ausgeschlossen worden. Die kleine Erzählung *Der deutsche Teufel* (1888) zeigt, mit wie viel Eifer er sich für das

Biedermeier zurückverfolgen lässt. LUDWIG AUGUST FRANKL (1810–1894) schrieb einen Romanzenzyklus *Das Habsburgslied* (1832) und Versnovellen aus jüdischer Vergangenheit, wie den in Prag spielenden *Primator* (1861). Bei Joseph Roth und Franz Werfel trat dieser Wunsch nach einem habsburgischen Staat auf österreichisch-slawischer Basis noch nachträglich, also nach dem Untergang der Monarchie, zu Tage. Die prägnante Formel für diese Einstellung hatte 1848 der führende tschechische Historiker František Palacký (1798–1876) gefunden: »Es ist gewiss, dass, wenn nicht seit langer Zeit der österreichische Staat bestünde, wir im Interesse Europas und sogar der Menschheit verpflichtet wären, uns so schnell wie möglich um seine Gründung zu bemühen.«

Aus sehr anderer Gefühlslage schrieb KARL EMIL FRANZOS, der im Anschluss an seine Kulturbilder aus dem österreichischen Galizien 1877 eine erste Novellensammlung *Die Juden von Barnow* erscheinen ließ. An Buchpublikationen, die »Halb-Asien« zum Schauplatz nehmen – Franzos hat noch eine Anzahl von Romanen und Novellen aus anderen Stoffkreisen geschrieben –, folgten bis zum Jahrhundertende *Moschko von Parma* (E., 1880), *Ein Kampf um Recht* (R., 2 Bde., 1882), *Tragische Novellen* (1886), *Judith Trachtenberg* (R., 1890) und *Leib Weihnachtskuchen und sein Kind* (1896). Es sind noch vom Geist der josephinischen Aufklärung geprägte Erzählwerke. Zwar zeigen sie ohne Beschönigung die Macht der Verhältnisse, die dem Einzelnen, wenn er nur einmal gegen sie verstößt, zum Verhängnis werden, an ihrer optimistischen Grundhaltung aber halten sie dennoch fest. So führen in dem Roman *Judith Trachtenberg* der Anspruch der jüdi-

1871 geschaffene neue Reich engagierte. Damals verschlechterte sich an den österreichischen Universitäten das Klima für jüdische Studenten bereits rapide und in den deutschnationalen Verbindungen grassierte der Antisemitismus. Wie so viele assimilierte Juden sah Franzos seine geistige Heimat im Deutschland Lessings und Schillers und nahm nicht wahr, dass er längst in einem anderen lebte. Er lobt Preußen für seine »ernste, planvolle Kulturarbeit« in Posen (die indessen auf Germanisierung hinausläuft) und tadelt Österreich, weil es diese Aufgabe in Galizien vernachlässige. Er nennt »Germanisierung« ein »undeutsches Wort« für »undeutsches Tun«, aber für die autochthone Kultur in den polnischen Teilungsgebieten zeigt er weder Verständnis noch Wertschätzung.

Franzos' buchhändlerischer Erfolg auch als Novellist war groß, aber es gibt Anzeichen dafür, dass er in seiner rationalen Zuversicht zuletzt wankend wurde. Sein letzter Roman, *Der Pojaz* (postum 1905), ein in der Tradition von Karl Philipp Moritz' *Anton Reiser* und Goethes *Wilhelm Meister* stehender, mit autobiografischen Zügen ausgestatteter jüdischer Bildungsroman, legt dafür in eigenartiger Weise Zeugnis ab. Obwohl er in dem bereits 1893 abgeschlossenen Werk berechtigterweise seine bedeutendste Arbeit sah, verzichtete Franzos auf die Veröffentlichung. Vermutlich fürchtete er, ungewollt dem antisemitischen Ressentiment in die Hände zu arbeiten.

Sender (d. i. Alexander) Glatteis, ein theatralisch begabtes Kind (man nennt ihn den »Pojaz«, d. i. Bajazzo), in der Schule gehänselt, Sohn eines armen »Schnorrers«, wächst als Pflegekind in Barnow auf, wird mit 13 Jahren Lehrling bei einem Fuhrmann und kommt mit diesem nach Czernowitz, wo ihm ein Theaterbesuch zum bestimmenden Erlebnis wird. Der Direktor der Wanderbühne erkennt sein Talent, legt ihm aber als Vorbereitung das Studium der deutschen Literatur nahe, dem Sender sich in der unbenutzten, eiskalten Bibliothek des Dominikanerklosters, unterstützt von einem strafversetzten Pater, mit Leidenschaft widmet. Lungenkrank geworden, entkommt er dem Militärdienst, aber nicht der Missbilligung seiner Glaubensgenossen, denen bereits die Lektüre nicht-hebräischer Texte als schwere Sünde gilt. Unglücklich verliebt, verlässt er die Heimat, wird »ein Deutsch« und soll nach weiteren Hindernissen in einer Truppe von Schmierenkomödianten den Shylock spielen. Als die einstige Pflegemutter Rosel Kurländer ihm seine wahre Herkunft enthüllt, bricht der Mut dieses »Zerrissenen« zunächst zusammen. Er kehrt nach Barnow zurück, rettet in einer Krise Rosels Leben und begleicht so seine Schuld ihr gegenüber, aber für einen neuen Aufbruch ist es zu spät. Er stirbt in Lemberg an einem Blutsturz.

In den realen Widersprüchen, die Franzos' Werk erkennen lässt, manifestiert sich für den Blick der Späteren auch in der Literatur das aufsteigende Verhängnis. Für die Zeitgenossen steht trotz aller Krisenzeichen anderes im Vordergrund. Noch sind Grillparzers Verse: »Die Hülle liegt am Boden, das Verhüllte / Geht offen in die Welt als Untergang« (*Ein Bruderzwist in Habsburg*, III, 3) nicht Gegenwart, sondern Prophetie.

Fontanes und Raabes Spätwerk

Max Kretzers neuester Roman *Meister Timpe* sei »trostlos und langweilig«, schrieb THEODOR FONTANE im August 1888 an den Völkerpsychologen Moritz Lazarus,

und was mir das Überraschlichste ist, nach meiner Meinung ganz unrealistisch. Er hat unter'm Volk und in der Werkstatt gelebt und kann doch Beides nicht schildern. Ich lebe jetzt 55 Jahr in Berlin und habe n i c h t blos beim Prinzen Friedrich Karl zu Mittag gegessen; ich habe a u c h Volk kennen gelernt und kann nur sagen: M e i n Berliner Volk sieht anders aus. Was er gibt, sind mehr angelesene als erlebte Figuren.

Bei früherer Gelegenheit hatte Fontane geschrieben, Kretzer scheine nur dazu bestimmt, »Flaubert, Zola und den echten Realismus zu diskreditieren«. Wie sein Lob Gerhart Hauptmanns zeigt, ist dieser Vertreter einer älteren Generation weit davon entfernt, die neue Schule generell zu missbilligen. Als Erzähler hält er sich jedoch im Vergleich mit einem ihrer namhaften Vertreter für den künstlerisch Stärkeren. Über die angestrebte Lebensnähe des realistischen Stils entscheidet nicht das Programm, schon gar nicht die Bezeichnung, sondern die »Echtheit«, das künstlerische Gelingen.

Von »Irrungen, Wirrungen« zu »Der Stechlin«

Irrungen, Wirrungen (1888) hatte Fontane zunächst in der *Gartenlaube* erscheinen lassen wollen, sich dann für den Vorabdruck in der *Vossischen Zeitung* entschieden, wo ihm, wie er hoffte, »die Leser-Bataillone […] liebend und stützend zur Seite stehen« würden. Das erwies sich als ein Irrtum, die Erzählung löste zunächst heftigen Unwillen aus, sie begründete aber auch die Wertschätzung Fontanes gerade bei jüngeren Literaten. Fontane konnte von nun an auf einige maßgebliche Kritiker Berlins zählen; für sie war der Siebzigjährige jetzt einer der ersten Schriftsteller der Nation.

Lene Nimptsch, ein Mädchen aus dem Volk, verlebt einen glücklichen Sommer mit Baron Botho von Rienäcker, einem jungen Reiteroffizier. Von Anfang an weiß Lene, was er nur zögernd sich eingesteht: dass die Standesunterschiede und die gesellschaftlichen Zwänge stärker sind als die persönliche Zuneigung. Rienäcker heiratet eine reiche, junge Dame aus der Gesellschaft, Lene Nimptsch einen tüchtigen älteren Fabrikmeister. Alles verläuft ohne Aufregung, ohne lärmende Gefühle, ohne Pose. Das Tragische vollzieht sich in der Stille. »Du hast mir kein Unrecht getan«, sagt Lene beim Abschied, »hast mich nicht auf Irrwege geführt und hast mir nichts versprochen. Alles war mein freier Entschluss. Ich habe dich von Herzen liebgehabt, das war mein Schicksal, und wenn es eine Schuld war, so war es meine Schuld. Und noch dazu eine Schuld, deren ich mich, ich muss es dir immer wieder sagen, von ganzer Seele freue, denn sie war mein Glück. Wenn ich nun dafür zahlen muss, so zahle ich gern.«

Fontane klagt die Standesunterschiede nicht an und verteidigt sie nicht. Entscheidend ist für ihn, ob der Einzelne sich im gegebenen Rahmen die innere Freiheit und Lauterkeit bewahrt und ob er wie Lene Nimptsch das Unabänderliche zu tragen versteht. Seine erbitterte Ablehnung gilt der gesellschaftlichen Heuchelei. In *Stine* (1890) hat er das Thema der Liebe zwischen den Ständen noch einmal aufgegriffen, in ein gewagtes Milieu verlegt und in morbide Stimmungen getaucht: ein Übergang zur Dekadenzthematik der Jahrhundertwende.

Der in Schleswig-Holstein und Dänemark angesiedelte Roman *Unwiederbringlich* (1891) erzählt die Geschichte einer Ehe, deren Zerrüttung und deren tragisches Scheitern durch die unterschiedlichen Charaktere der Gatten unvermeidlich erscheint. Den Stoff zu diesem Werk fand der Autor – wie so oft – in einem historischen Fall.

Der charmante Mittvierziger Graf Helmuth Holk und seine Frau Christine leben mit ihren zwei Kindern in einem an der Flensburger Förde erbauten Schloss. Christine wird als grundsatzstrenge Frau von herrnhutisch geprägter Frömmigkeit geschildert, Holk dagegen als lebensfroher, in Moralfragen eher lässiger Mann. Als er ein weiteres Mal seinen Dienst als Kammerherr einer alten Prinzessin am dänischen Hof antreten muss, kommt ihm diese Abwechslung sehr entgegen. Er begegnet in Kopenhagen zwei ihn beeindruckenden Frauen, der schönen Tochter seiner Wirtin und der Gesellschafterin der Prinzessin, Ebba von Rosenberg, einem »Ausbund nicht von Schönheit, aber von Pikanterie«. Diese flirtet heftig mit Holk, der immer deutlicher merkt, was er bei seiner Frau vermisst. Nach einem gefährlichen Schlittschuhlauf der beiden »am Abgrund hin« kommt es zur gemeinsamen Nacht, die indes ein dra-

matisches Ende findet: Ein verheerender Brand bricht aus, doch Holk kann Ebba retten. Er beschließt sich von seiner Frau zu trennen und Ebba zu heiraten. Als er nach der Trennung von Christine nach Kopenhagen zurückkehrt, weist ihn Ebba jedoch ab. Einige Jahre später findet die Wiederversöhnung der Eheleute statt. Christine aber kann nicht vergessen und ertränkt sich im Meer.

»*Unwiederbringlich* ist wohl das Vorzüglichste was die R[undschau] in der reinen Kunstform des Romans *je* gebracht hat: feine Psychologie, feste Umrisse, höchst lebenswahre Charaktere u. über Alles doch ein gewisser poetischer Hauch«, schrieb Conrad Ferdinand Meyer an Julius Rodenberg, den Herausgeber der *Neuen Rundschau*, wo der Roman im Vorabdruck erschien. Die neureiche Bourgeoisie hat Fontane in der Titelgestalt seines Romans *Frau Jenny Treibel oder Wo sich Herz zum Herzen find't* (1893) aufs Korn genommen. Die Kommerzienrätin Treibel, geborene Bürstenbinder, versteht zwar prächtig in Gefühlen zu posieren, rechnet aber in Wahrheit nur nach Geld. Es sei der Zweck dieser Geschichte, schrieb Fontane seinem Sohn Theodor, »das Hohle, Phrasenhafte, Lügerische, Hochmütige, Hartherzige des Bourgeoisstandpunkts zu zeigen« (9.5.1888). Ironie und Humor verleihen der Satire bei aller Schärfe überlegene Heiterkeit. Der alte Professor Schmidt, der Jenny Treibel in ihrer Jugend geliebt hat und in dessen Haus die Welt der Bildung der Treibel'schen Welt des Besitzes gegenübergestellt ist, trägt autobiografische Züge, seine Tochter Corinna Züge von Fontanes Tochter Martha (Mete).
Eine Milieustudie des Berliner Kleinbürgertums von naturalistischer Schärfe schuf Fontane mit dem zu seinen Lebzeiten unveröffentlichten Roman *Mathilde Möhring* (postum 1907), entstanden in der ersten Hälfte der Neunzigerjahre.

»Ach, Thilde, du rechnest immer alles aus, aber du kannst auch falsch rechnen.« Die Warnung der Buchhalterswitwe Möhring scheint überflüssig zu sein: Mit Berechnung gewinnt ihre unscheinbare Tochter Mathilde den Untermieter Hugo Großmann für sich und ihre ehrgeizigen Pläne. Unter Mathildes strenger, aber sorglicher Aufsicht – bei Erkrankung von ihr gepflegt – besteht er sein Jura-Examen, heiratet sie und zieht als Bürgermeister mit seiner ambitionierten Frau in eine westpreußische Kleinstadt. Mathilde gelingt es, sich selbst und den farblosen Gatten in der dortigen gehobenen Gesellschaft zu etablieren. Als Hugo der Schwindsucht erliegt, zerbrechen ihre Zukunftspläne. Auf ihre eigenen Fähigkeiten zurückgeworfen, kehrt Mathilde zu ihrer Mutter zurück, um sie beide als Lehrerin durchzubringen.

Im Roman *Effi Briest* (1896), der wie kein anderer Fontanes Nachruhm begründet hat, wird die Heldin zum Opfer einer Verstrickung aus eigener und fremder Schuld, von menschlicher Unzulänglichkeit und erstarrter gesellschaftlicher Tradition. Die Erzählung gestaltet einen wirklichen Vorgang, der auch von dem Romancier Friedrich Spielhagen behandelt worden ist (*Zum Zeitvertreib*, 1896).

Effi von Briest, aus märkischem Landadel, wird mit dem wesentlich älteren und ehrgeizigen Baron Geert von Innstetten verheiratet, der bereits ihre Mutter umworben hatte. Die Ehe verläuft zunächst ruhig und korrekt – ohne gegenseitiges Verständnis, ohne Liebe. In Kessin, wo Innstetten Landrat ist, geht Effi – die auch in der Ehe fast noch wie ein Kind gehalten wird – ein Verhältnis mit einem verabschiedeten Offizier ein, der noch älter als Innstetten ist, aber Aufmerksamkeit für sie hat. Gleichwohl empfindet sie es als Befreiung, als ihr Mann befördert und nach Berlin versetzt wird. Sie vergisst die Episode, von der Innstetten nach Jahren durch Zufall erfährt. Er tötet den Nebenbuhler im Duell. Die Ehe wird geschieden. Das einzige Kind wird dem Vater zugesprochen, Effi ist gesellschaftlich verfemt. Sie welkt dahin. Erst kurz vor ihrem Tod nehmen die Eltern sie wieder auf.

Theodor Fontane 1896, Kreidezeichnung von Max Liebermann

In dem Gespräch mit seinem Sekundanten zeigt sich Innstetten an den von ihm selbst als äußerlich empfundenen Ehrenkodex seiner Klasse gebunden. Obwohl er »ohne jedes tiefere Gefühl von Hass oder gar von Durst nach Rache ist«, obwohl er Effi immer noch zu lieben glaubt, beharrt er darauf, die »Konsequenzen« auszulösen, von denen er wissen muss, dass sie Effis Leben zerstören werden. Sein Sekundant, der zunächst geraten hat, die Angelegenheit auf sich beruhen zu lassen, lässt sich von Innstetten überzeugen und resümiert: »[…] unser Ehrenkultus ist ein Götzendienst, aber wir müssen uns ihm unterwerfen, solange der Götze gilt.« Der Roman zeigt die Veräußerlichung der herrschenden moralischen Konventionen mit großer Schärfe. Er vermag dies gerade durch das große Maß an Verständnis, das er für die Forderungen der Gesellschaft und für das Verhalten ihrer Repräsentanten beweist. In den Verwünschungen Effis, mit denen sie zusammenbricht, als das Kind, das man in der Abneigung gegen sie erzogen hat, nicht zu ihr zu finden vermag, bricht das Urteil über diese Gesellschaft heraus:

»O gewiss, wenn ich darf. […] ich will nicht mehr, ich hass' euch, auch mein eigen Kind. […] Ein Streber war er, weiter nichts. – Ehre, Ehre, Ehre […] Und dann hat er den armen Kerl totgeschossen, den ich nicht einmal liebte und den ich

vergessen hatte, weil ich ihn nicht liebte. Dummheit war alles, und nun Blut und Mord […] Und nun schickt er mir das Kind, weil er einer Ministerin nichts abschlagen kann, und ehe er das Kind schickt, richtet er's ab wie einen Papagei und bringt ihm die Phrase bei ›wenn ich darf‹. Mich ekelt, was ich getan; aber was mich noch mehr ekelt, das ist eure Tugend.«

Immer stärker tritt in Fontanes Epik die Handlung hinter Gespräch und Zustandsschilderung zurück. So in dem kleinen Roman *Die Poggenpuhls* (1896), dem Charakterbild einer verarmten adeligen Offiziersfamilie, und besonders in dem letzten Roman *Der Stechlin* (1899), dessen Buchausgabe erst nach dem Tod des Dichters erschienen ist.

Hauptsächlicher Schauplatz des Romans ist die Landschaft zwischen Gransee und Rheinsberg mit ihrer langen Seenkette. Einer der Seen ist der sagenumwobene Stechlin. An ihm liegt das Schloss, das der alte Major a. D. Dubslav von Stechlin bewohnt. Weitere Schauplätze sind Berlin, wo Woldemar von Stechlin, der Sohn des Schlossherrn, in Garnison steht und in der Komtesse Armgard von Barby seine Frau findet, und Kloster Wutz, in dem Adelheid von Stechlin, Dubslavs Schwester, als Domina lebt. Der Anbruch einer neuen Zeit ist hintergründig das Thema dieses nach Fontanes Absicht politischen Zeitromans. Als Dubslav stirbt, geht die alte Zeit zu Ende. Er weiß um den Beginn einer neuen Epoche, aber er fühlt sich der Vergangenheit zugehörig, die ihn geprägt hat. Armgards Schwester,

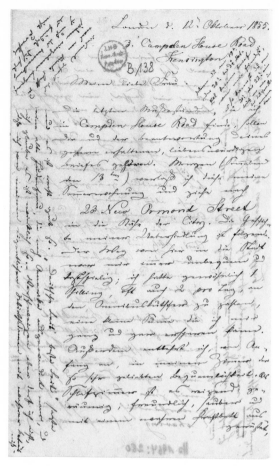

Brief Fontanes vom 8. März 1859 an seine Frau Emilie

Zeit anerkannt hat, bleiben davon unberührt und sind letztlich dafür entscheidend, dass dieser Dichter wie kaum ein anderer des 19. Jahrhunderts in Deutschland Maßstäbe des Verständnisses zu setzen vermocht hat.

Briefwerk und Autobiografie

Neben den Romancier tritt, gleichrangig, der Epistolograph. Annähernd 6000 Briefe sind überliefert, und sie bilden, weit über ihren Charakter als Lebenszeugnisse hinaus, einen wichtigen Teil des Gesamtwerks. Die Fontane-Renaissance, die nach 1945 in beiden deutschen Staaten begann und im Jahrzehnt nach der deutschen Vereinigung einen Höhepunkt erreichte, hat in neuen Briefeditionen eine wesentliche Stütze gefunden. Besonders Fontanes *Briefe an Georg Friedlaender* (1954) beeinflussten wegen ihrer scharfen Kritik an den tonangebenden Schichten der wilhelminischen Gesellschaft auch die Interpretation der vergleichsweise versöhnlichen gestimmten Zeitromane. Vermehrt ließen sie allerdings auch Fontanes Anfälligkeit für den zunehmenden Antisemitismus der Epoche erkennen. Mit der Edition des *Ehebriefwechsels* (1998, 3 Bde.) ist auch der Anteil Emilie Fontanes am Lebenswerk ihres Mannes vermehrt sichtbar geworden.

Darstellungen seines Lebens hat Fontane in zwei Büchern gegeben: in dem »autobiografischen Roman« *Meine Kinderjahre* (1894), und in *Von Zwanzig bis Dreißig. Autobiographisches* (1898) eine locker gefügte Folge von Erinnerungen (mit allerdings charakteristischen Auslassungen und Harmonisierungen). Während in *Meine Kinderjahre* vor allem die in Swinemünde verbrachte Zeit von 1827 bis 1832 beschrieben wird (mit liebevoller Aufmerksamkeit für den Vater, dem noch ein zusätzliches Kapitel *Vierzig Jahre später. Ein Intermezzo* gewidmet ist), erstreckt sich *Von Zwanzig bis Dreißig* über einen erheblich längeren Zeitraum, als es der Titel in Aussicht stellt. Eine dritte Darstellung *Kritische Jahre – Kritikerjahre*, die den Zeitraum von 1870 bis 1890 umfassen sollte, blieb unvollendet. Im Zusammenhang der autobiografischen Schriften ist auch die Biografie *Christian Friedrich Scherenberg und das literarische Berlin von 1840 bis 1860* (1885) zu sehen, denn die schriftstellerische Entwicklung des patriotischen Ependichters bot zu der seines Biografen manche Vergleichspunkte. Der künstlerisch ungleich begabtere, in seinen Anschauungen beweglichere und umgänglichere Fontane hatte in seinem einstigen Bekannten im »Tunnel über der Spree« gleichsam ein mahnendes Bild dessen vor Augen, was auch sein Schicksal als »vaterländischer Schriftsteller« hätte sein können.

Gräfin Melusine, findet in einem Gespräch mit dem christlich-sozialen Pastor Lorenzen zwischen Vergangenem und Zukünftigem versöhnende Worte: »Alles Alte, soweit es Anspruch darauf hat, sollen wir lieben, aber für das Neue sollen wir recht eigentlich leben.«

Der Stechlin ist Bekenntnis und Abschied. Der scheinbare Widerspruch zwischen Fontanes als ästhetische Vorliebe bis zuletzt lebendigen Sympathie für den märkischen Adel und seiner radikalen Kritik der überlieferten sozialen Ordnung in den Briefen an Georg Friedlaender und James Morris scheint hier auf dichterischer Ebene endgültig aufgehoben. Der Roman, der jahrzehntelang als ein Produkt nachlassender Schaffenskraft angesehen wurde, ist als Kunstwerk nicht mehr umstritten; sein politischer Gehalt wird in der Forschung hingegen unterschiedlich bewertet. Die Gelassenheit und Aufgeschlossenheit, mit der Fontane – wie sein Stechlin – das Recht der neuen veränderten

Altersgedichte

Fontanes früher Balladendichtung im »Tunnel« folgte noch »ein zweiter Balladenfrühling« (H.-H. Reuter) im Alter. Die 3., vermehrte Auflage der *Gedichte* (1889) enthält so populär gewordene Balladen wie *Die Brück' am Tay*, *John Maynard* und *Herr von Ribbeck auf Ribbeck im Havelland*. Alle Rittertümelei und historischer Ballast scheinen abgetan, Stoffe der Gegenwart, wie der Nachrichtenteil der Zeitung sie bietet, werden bevorzugt, die *Ribbeck*-Ballade ist auf einen ganz neuen, unpathetischen Ton gestimmt. In Gedichten wie *An Klaus Groth* und *Auch ein Stoffwechsel* findet sich diese Wandlung humorvoll beschrieben. Neben den Balladen entsteht so bis hin zur letzten zu Lebzeiten erschienenen Sammlung (*Gedichte*, 5. Auflage, 1898) eine umfängliche Gelegenheits- und Spruchdichtung von sprödem Reiz, kluger Bescheidenheit und Selbstironie. So personifiziert Fontane etwa das Publikum »in acht unglaublich sicheren Versen« (Th. Mann):

Publikum

Das Publikum ist eine einfache Frau,
Bourgeoishaft, eitel und wichtig,
Und folgt man, wenn sie spricht, genau,
So spricht sie nicht mal richtig.

Eine einfache Frau, doch rosig und frisch,
Und ihre Juwelen blitzen,
Und sie lacht und führt einen guten Tisch,
Und es möchte sie jeder besitzen.

Raabes Altersromane

Sehr im Unterschied zu seinem eher schwindenden Bekanntheitsgrad beim breiteren Publikum gilt WILHELM RAABE der Literaturwissenschaft als der unter den Realisten wohl entschiedenste Wegbereiter modernen Erzählens. Er verdankt diese Anerkennung seiner höchst kunstvollen, oftmals geradezu hintergründigen Vorgehensweise, in der, ähnlich wie bei Fontane, zunehmend das Wie für das Was eintritt: eine raffinierte Kunst des Zitats, die – wenn unkommentiert – dem Leser ausgebreitete Literaturkenntnisse abverlangt, polyperspektivische Darstellung und damit verbunden Relativierung des Erzählers, versteckte, den Erzählvorgang gelegentlich konterkarierende Anspielungen. Die eigentliche Handlung verliert demgegenüber fast an Interesse und scheint oft trivial genug. Bedeutende Schöpfungen des späten Raabe, wie *Das Odfeld* (1883), sind daher überhaupt nie recht bekannt geworden. Das Motto dieses im Untertitel als »eine Erzählung« bezeichneten historischen Romans, ein Zitat von Raabes Großvater, spricht vom »Schicksal Deutschlands […], dass […], wenn über die Grenzen am Oronoco Zwist entstand, er in Deutschland musste ausgemacht, Kanada auf unserem Boden erobert werden«. So wird die totale Macht der Geschichte gekennzeichnet – und es folgt jenes Geschehen, das auf einen Novembertag des Jahres 1761 konzentriert ist, die Schlacht auf dem Odfeld zwischen dem Heer unter Herzog Ferdinand von Braunschweig und den Franzosen. Über dem mit Leichen übersäten Feld wütet die Schlacht der Raben, der Odinsvögel. Der alte Magister rettet sich, als das Kloster von den Franzosen überfallen wird, mit vier jungen Menschen in eine Höhle auf dem Odfeld. Seine spätere Begegnung mit dem Herzog auf dem Schlachtfeld ist der Höhepunkt der Erzählung. In seine Klosterzelle zurückgekehrt, entlässt der Greis den ungebärdigen Raben, den er als kranken Vogel bei sich aufgenommen hatte, auf das Odfeld. »[…] fliege hin und richte ferner aus, wozu du mit uns andern in die Angst der Welt hineingerufen worden bist!« Indirekt zielt *Das Odfeld* auf die aktuelle innenpolitische Diskussion um eine von der Regierung geforderte Heeresverstärkung, die der Autor während der Niederschrift seines historischen Romans aufmerksam verfolgte. Er schloss aus der Annahme der Militärvorlage im Reichstag auf einen neuen Waffengang in Europa und malte die Schrecken des Krieges, von der die jüngere Generation keine Vorstellung mehr besaß, mahnend aus.

Wachsende Zurückhaltung und Unverständnis des Publikums gegenüber seinen in der Braunschweiger Zeit entstehenden Erzählwerken haben Raabe zeitweise bis zu Selbstmordgedanken belastet, ihn aber auch zu Zugeständnissen gedrängt, die sich mit dem eigenen literarischen Anspruch nicht vertrugen. Seine Frühwerke, von denen er sich innerlich längst distanziert hatte, waren weiterhin begehrt. Das ließ ihn 1885 die Zustimmung zu einer Neuauflage seines *Hungerpastors* geben, obwohl ihm klar sein musste, dass gerade die inhärent antisemitischen Züge dem sentimental-gefälligen Roman eine überaus fragwürdige Aktualität verliehen. Annähernd zur selben Zeit schrieb er seinen Roman *Im alten Eisen* (1886), der, Zeitungsberichten folgend, die Geschichte zweier mit ihrer toten Mutter allein gelassenen Berliner Kinder so schonungslos darstellte, wie es in der Literatur der Zeit ohne Beispiel ist. Der Autor, der mittlerweile Mühe hatte für anspruchsvolle Werke wie *Pfisters Mühle* (N., 1885) und *Unruhige Gäste* (R., 1886) passende Verlage zu finden und sich mit dem Desinteresse des *Gartenlauben*-Publikums

Der Roman *Die Akten des Vogelsangs* (1896, e. 1893–95), schildert das Leben eines genialen Mannes, den die Übermacht seines Gefühls und sein rebellischer Lebensstolz zum Scheitern bringen.

Am Totenbett von Velten Andres sehen sich Helene Trotzendorff und Karl Krumhardt wieder. Zusammen mit Velten haben sie, ungeachtet der Verschiedenheit ihres Herkommens und ihrer Anlagen, eine gemeinsame Jugend in der Vorstadt »Im Vogelsang« verlebt. Karl, der Chronist des Romans, der Beamter geworden ist, berichtet von ihren Lebensschicksalen, die Helene in eine reiche Ehe nach Amerika führten, Velten jedoch – der ihr zeitweilig nach Amerika gefolgt war – in die freiwillig gewählte Besitzlosigkeit. Karl berichtet über die Vorgänge aus großer selbstkritischer Distanz. Es geht weniger um die Einzelschicksale als um den Wandel sozialer und wirtschaftlicher Verhältnisse. Die idyllische Vorstadt »Im Vogelsang« ist der Industrialisierung gewichen und mit ihr zusammen ist eine Lebensform zerstört worden, die die drei Protagonisten noch repräsentierten und die nun keinen Ort mehr hat.

Raabes Erzählung *Hastenbeck* (1899) handelt von dem Blumenmaler Pold Wille, einem Deserteur des Siebenjährigen Krieges, und der Immeke von Boffzen, einem Waisenkind. Der Titel erinnert an die Schlacht bei Hastenbeck 1757, das schon bald in einem chauvinistischen Sinn missverstandene Motto nach einem Ausspruch des Freiherrn vom Stein: »Ich habe nur ein Vaterland. Das heißt Deutschland« ist bezeichnend für Raabes Zitiertechnik. Der (zu ergänzende) Kontext lautet: Mir sind die Dynastien in diesem Augenblick der großen Entwicklung vollkommen gleichgültig. Raabe geht es bei seinen späten historischen Dichtungen immer auch um das Zeitgeschichtliche, um das, »was über den historischen Sinn hinausging« (K. Hoppe). *Hastenbeck* wurde Raabes letztes abgeschlossenes Werk. Bereits nach den *Akten des Vogelsangs* hatte er erklärt, dass es nun des Schreibens genug sei. Der Roman *Altershausen* (1911, postum) ist nach seinem Willen Fragment geblieben.

In seinem letzten Jahrzehnt bezeichnete er sich als »Schriftsteller a. D.«. Die eigenwillige, etwas kauzige Persönlichkeit des alten Raabe hat in der Erinnerung lange dominiert und – anders als bei Fontane – den Blick auf das Werk beeinträchtigt.

Wilhelm Raabe, Gemälde von Hanns Fechner, 1893

abfinden musste, wo nach vom Herausgeber geforderten Änderungen die *Unruhigen Gäste* im Vorabdruck erschienen, versagte sich nicht dem Erfolg, dort wo er ihn fand – nämlich mit seinem Frühwerk, das auch rezeptionsgeschichtlich lange bestimmend blieb.

In *Stopfkuchen* (R., 1891) hat Raabe »die menschliche Kanaille am festesten gepackt«. Er selbst hielt den Roman für sein bestes, persönlichstes Werk.

»Eine See- und Mordgeschichte« hat er den Roman im Untertitel genannt, die Erfolgsbücher seiner Zeit parodierend. Auf See, auf der Rückreise nach Afrika, schreibt ein Chronist nieder, was er bei seinem Besuch in der Heimat erfahren hat. Und um einen Mord, der am Ende aufgeklärt wird, geht es auch. Aber wichtig ist die Geschichte Stopfkuchens, eines dicken, ob seiner Gefräßigkeit verlachten Jungen, der später ein verkrachter Student wird, in Wahrheit aber zu den innerlich freien Menschen gehört und sich als Besitzer eines verfemten Bauernhofes sein Glück erkämpft.

STILPLURALISMUS DER JAHRHUNDERTWENDE 1890–1914

Ein Kennzeichen der Literatur der Moderne ist die rasche Aufeinanderfolge neuer geistiger und künstlerischer Strömungen. Der Versuch einer Epochengliederung nach stilistischen Merkmalen begegnet dadurch vermehrten Hindernissen. Eine verwirrende Fülle unterschiedlicher Bestrebungen kennzeichnet das Ende des alten und den Beginn des neuen Jahrhunderts, keine zusammenfassende Bezeichnung vermag ohne Einschränkung zu befriedigen – sie berücksichtigen alle nur Teilaspekte. Die Grenze zur vorangehenden und zur folgenden Epoche ist durchlässig, da weiterhin auch »realistische« und »naturalistische« Kunst entsteht und sich gleichzeitig bereits Werke ankündigen, die von einem völlig anderen, »völkisch-nationalen« Geist getragen sind. Das Ende dieser kunstverwöhnten Zeit, zugleich der »Belle Epoque« des alten Europa, wird durch ein politisches Ereignis markiert, den Beginn des Ersten Weltkriegs.

Von einem Stilpluralismus, dem ein Pluralismus der Bezeichnungen entspricht, ist demnach auszugehen. Als Resümee der Diskussion erscheint in zahlreichen Arbeiten zur Fin-de-Siècle-Literatur die Klage über die Aussichtslosigkeit einer Begriffsfindung.

Es ist das Miteinander des Gegensätzlichen, das die Umbruchsperiode der Jahrhundertwende prägt. Diese Jahre sind nicht nur einer Endzeitstimmung hingegeben, wie der weit verbreitete Begriff »fin de siècle« nahe legt, sondern auch von Aufbruchseuphorie erfüllt. Von Verfall und Tod ist viel die Rede, aber zugleich ist »Leben« eines der Schlüsselworte der Zeit. Die Künstler pflegen nicht nur subtile Stimmungsreize, sondern auch einen rauschhaften, Kraft und Sinnlichkeit suggerierenden Renaissancekult. In Heinrich Manns Roman *Die Göttinnen oder die drei Romane der Herzogin von Assy* nimmt die Verherrlichung der Kraft extreme Züge an, aber sie stammt nicht aus Stärke, sondern aus »Schwäche [...], die sich für das Starke begeistert« (W. Rasch). Das ist dem Autor – wie vor ihm schon Conrad Ferdinand Meyer – bewusst und in gewisser Weise sein Thema. Wir begegnen einem allmählich aus der Mode kommenden Kostüm.

Die neuen Freiräume, die Wissenschaft und Technik dem Menschen eröffnen, fordern einen stärker sachbezogenen Selbstausdruck, und dieser kündigt sich an, mehr noch, er ist in der Architektur bereits unübersehbar gegenwärtig. Leider verstellt die Überfülle des Beliebigen den Blick, sodass manche Pionierleistung im Schatten bleibt. Auch in den Konzertsälen tritt Unvertrautes hervor, es löst Skandale aus, weil es den Hörgewohnheiten widerspricht – und das Publikum lacht.

In allen Bereichen, auch in der Dichtung, ist das wirklich Neue zunächst elitär. Die in die Zukunft weisende Literatur bedarf keines aufdringlichen Vitalismus, schon gar nicht des erdnahen Ruchs der »Heimatkunst« – einer deren erfolgreichsten Vertreter, Ludwig Ganghofer, erfreut sich allerdings der besonderen Wertschätzung des deutschen Kaisers –, sondern zehrt von der Reizbarkeit der Nerven und des Bewusstseins, die begierig sind nach neuen Erfahrungen und bei solcher Gelegenheit den Verdacht des Morbiden nicht scheuen. Der Begriff der »Décadence« spielt eine problematische Rolle, weil seine Entstehung und Entwicklung als literarhistorische Kategorie anderen Bedingungen folgt als es der Wortgebrauch üblicherweise suggeriert. Aus einem antiromantischen Kampfbegriff der konservativen Literaturkritik wird in Frankreich bereits um die Mitte des 19. Jahrhunderts ein Terminus, der mit Charles Baudelaire und Théophile Gautier zum Signum einer bestimmten Ästhetik und spätestens mit Joris-Karl Huysmans' Roman *Gegen den Strich (A rebours*, 1884) zum Epochenbegriff wird. In Deutschland, wo die Begriffsdiskussion erst um 1890 einsetzt, bleibt die pejorative Bedeutung als »Niedergang« dominant, wofür Max Nordaus 1892/93 erschienenes, zweibändiges Werk *Entartung* ein prominentes Beispiel bietet. Der Begriff des Dekadenten und der Décadence wird auf die Verfallsmomente reduziert, zur Bezeichnung der ästhetischen Qualität der Texte, ihrer vieldeutigen Symbolkunst setzt sich die aus Frankreich stammende Bezeichnung »Symbolismus« durch (dort nachgewiesen erstmals 1886). Auch die ältere Forschungsliteratur spiegelt diese Trennung der Begriffe. »Stereotyp ist die Blindheit vor den intellektuell wie künstlerisch bedeutenden Elementen der Décadence.« (K. H. Bohrer) Zu einem Teil war diese Blindheit eine gewollte, denn der Avantgardismus der Décadence-Künstler – am Rande des Abgrunds und gleichzeitig auf der Höhe der Moderne – wurde nicht durchgehend bestritten, aber das war eine Art von Fortschrittlichkeit, die den Kritikern zutiefst widerstrebte. In der charakteristischen Höherbewertung des Artifiziellen gegenüber dem »Natürlichen«, der Details gegenüber dem Ganzen (weil ein übergreifender Sinnzusammenhang nicht mehr fassbar scheint), in der Neigung zu durch Stimulantien gewonnenen Erlebnissen und im Narzissmus der Enkel einer überreifen Kultur (»den Erben lass verschwenden / an Adler, Lamm und Pfau«, dichtete der junge Hofmannsthal) sind die Angriffspunkte enthalten, deren sich die Kritik einer negativ verstandenen Décadence bedient, wenn sie »Lebensschwäche« attestiert, wo sich real ein großer ästhetischer Reichtum entfaltet. Den Opfern dieser Schwäche allerdings ist alles, was dazu verhilft, anders zu sein als die »Bürger«, willkommen. Das Unverständnis, das sie nicht ungern selbst provozieren, bedeutet ihnen letztlich Bestätigung. In der Ablehnung der bürgerlichen Welt finden sie sich alle, Bohemiens sowie Jünger Nietzsches und Georges, zusammen. Die Kluft zwischen »Künstler« und »Bürger« vertieft sich und bringt stets neue Künstlerromane, -novellen, -dra-

men hervor. Der Künstler versteht sich wohl auch, wie Thomas Manns Tonio Kröger, als in die Kunst verirrter Bürger. (Das steht wörtlich schon bei Flaubert, wenn er 1868 an George Sand schreibt: »Welche Fülle von Künstlern, die nur verirrte Bürger sind.«) Zweier Weltkriege sollte es bedürfen, anders ausgedrückt, eines zweiten Dreißigjährigen Krieges, ehe dieses Thema in der herkömmlichen Ausgestaltung zurücktrat (weil es nur noch als prätentiös erscheinen konnte) und die zugrunde liegende Problematik des Außenseiters die Autoren zu neuen Formen der Verständigung anregte. An Selbstironie der Eingeweihten fehlte es schon um die Jahrhundertwende nicht (Thomas Mann, *Im Spiegel*, 1907).

Die Epoche bringt in Wien, einem ihrer Kristallisationspunkte – »eine der Versuchsstationen für den Weltuntergang« nennt Karl Kraus, Herausgeber und zunehmend einziger Autor der seit 1899 erscheinenden Zeitschrift *Die Fackel*, die multiethnische Kaiserstadt –, eine andere Befindlichkeit, ein weicheres Lebensgefühl hervor als in Berlin und in Deutschland, München partiell ausgenommen. Hier wie dort ist sie sich jedoch einig im Widerstand gegen eine als unzulänglich empfundene Vergangenheit, zu der bereits der erst kürzlich propagierte Naturalismus zählt. Hermann Bahr, ein wendiger jüngerer Literat, der »Mann von morgen« – von »übermorgen«, wie seine Kritiker spotten – fordert 1890 seine »Überwindung«. Verbunden ist man auch, und insofern setzt man das von den Naturalisten Begonnene fort, durch das Verlangen nach einer in ihrem Wesen allerdings unbestimmten »Moderne«, die letztlich alle Bereiche des Lebens einschließt. Auch dieses übergreifende Element macht es schwer, für die Literaturepoche den zutreffenden Namen zu finden, wenngleich es an den passenden Stilfiguren nicht fehlt. Eine Frau ist wie eine Wolke, bemerkt eine Figur Eduard von Keyserlings, das ist sicherlich eine impressionistische Metapher – danach aber hebt sie die Arme ebenso wie man es von den bildlichen Darstellungen des so genannten Jugendstils kennt. Die Anfänge des Impressionismus lagen mittlerweile an die vierzig Jahre zurück. Der Jugendstil, diese erst spät, mittlerweile aber am meisten verbreitete Bezeichnung für die Kunst der Jahrhundertwende, vorzugsweise der angewandten Künste und der Architektur, verdankt seinen Namen der 1896 von dem Verleger Georg Hirth in München gegründeten illustrierten Zeitschrift *Jugend*. Auch er ist eine gesamteuropäische Erscheinung, gelangte nach jahrzehntelanger Geringschätzung in der zweiten Hälfte des 20. Jahr-

Thomas Theodor Heine: Serpentinentänzerin, 1900

das neue Verfahren nach anfänglicher Missachtung erfolgreich durchsetzte, neben Monet Camille Corot, Édouard Manet, Edgar Degas, Camille Pissarro, Auguste Renoir und Alfred Sisley, in Deutschland Max Liebermann, Lovis Corinth und Max Slevogt. Die Dichtung übernahm diese impressionistische Art, sie verbreitete sich von Frankreich über ganz Europa. Man findet sie ansatzweise bereits bei Iwan Turgenjew, dann bei Anton Tschechow, bei Knut Hamsun ebenso wie bei Gabriele D'Annunzio. Dem deutschen Sprachraum zunächst bieten die Novellen des Dänen Jens Peter Jacobsen *Mogens, Frau Fönss* und *Hier sollten Rosen stehen* sowie sein Roman *Niels Lyhne* beeindruckende Beispiele, Impressionen von zarter Kraft.

Für eine Literatur mit zielgerichteten gesellschaftlichen Intentionen (littérature engagée) blieb da wenig Spielraum. Die zugreifende Gestaltungsweise der Naturalisten wurde nuanciert, das Streben nach konturenscharfer, plastischer Wahrnehmung durch nervöse Reizbarkeit abgelöst, die Wahrheit nicht mehr in objektiver Wirklichkeitsbeschreibung, sondern in subjektiven, von Augenblick zu Augenblick wechselnden Eindrücken gesucht, die auch noch Halbtöne und Schattierungen erfassen. Die bisherige Ableitung des Menschen aus Milieu und Vererbung wandelte sich zur Analyse psychologischer Vorgänge.

Um die verfeinerte impressionistische Wortkunst, die in Deutschland unter ausländischer Anregung entstand, hat sich eine ganze Generation von Dichtern bemüht. Die Lyriker, die vom Naturalismus zum Impressionismus überleiten, sind Detlev von Liliencron und Richard Dehmel. Vorherrschende Formen waren das Gedicht, die Stimmungsnovelle und das kurze, mehr lyrisch als dramatisch gehaltene Spiel.

Auch herausragende und durchaus selbstständige Erscheinungen wie Hugo von Hofmannsthal, Rainer Maria Rilke, Thomas Mann waren dem Impressionismus verpflichtet, entwickelten sich aber über ihn hinaus. Für andere blieb der impressionistische Weg bestimmend, der, insofern er auflösend auf alle Gewissheiten wirkte, auch in Resignation münden mochte.

Obwohl die Wiener Moderne eine Kunst des Übergangs ist, die sich gegenüber verschiedenen Strömungen als offen erwies, zeigt sie doch die größte Verwandtschaft mit dem Impressionismus. Dies kommt in ihrer Empfänglichkeit für Nuancen, in ihrer Wahrnehmungskraft auch für alle Schattierungen des seelisch Erfahrbaren zum Ausdruck. Am Ende des 19. Jahrhunderts beschrieb der österreichische Physiker und Philosoph Ernst Mach die Realität als einen Komplex von

hunderts wieder zu hohem Ansehen, was auch vermehrte Aufmerksamkeit für die Wirkung der englischen Präraffaeliten auf deutsche Autoren (darunter sogar Theodor Fontane) zur Folge hatte.

Kunst und Weltbild des Naturalismus wurden durch die Sehweise des Impressionismus (= Eindruckskunst) erweitert und verfeinert. Den Namen erhielt diese Kunstrichtung von einem Bild des französischen Malers Claude Monet, das er *Impression* nannte und den Versuch erkennen lässt, den optischen Eindruck des malerischen Sujets einzufangen. Im Pointillismus beziehungsweise Neuimpressionismus wird das Bestreben die Augenblickswirkung wiederzugeben bald darauf auch über die Maltechnik definiert. Der Künstler erfasst die sich ihm darbietende Erscheinung mit tupfenhaft andeutenden Farbflecken, die sich dem Beschauer zum Bild verdichten. Um wechselnde Stimmungen festzuhalten, zieht er mit seiner Leinwand aus dem Atelier in die Natur und malt im freien, spielenden Licht. Führend in dieser Wiedergabe des flüchtigen Augeneindrucks waren in Frankreich, wo sich

Sinnesempfindungen. Hermann Bahr, der Programmatiker der Wiener Moderne, bezeichnete diese Erkenntnistheorie als eine »Philosophie des Impressionismus«. Mit ihrem Gespür für das Zeittypische und Aktuelle kamen die Literaten zu einer ganz ähnlichen Auffassung der Wirklichkeit wie Mach. Die literarische Durchleuchtung der Seele korrespondiert mit Sigmund Freuds Psychoanalyse.

Maßgebend für die Überwindung des Naturalismus war die eingangs bezeichnete Stilrichtung in Frankreich, deren ineinander fließende Tendenzen als Décadence, Symbolismus oder L'art pour l'art bezeichnet werden und die sich besonders in der Lyrik als ein Kult des Artistischen äußert. Gautier, der als Romantiker begonnen hatte, kehrte zur klassischen Tradition zurück und wurde der Ahnherr der Schule der Parnassiens (école parnassiens, nach dem von den Griechen als Sitz des Apoll und der Musen apostrophierten Berggipfel), die ihren Namen nach einer Anthologie *Le parnasse contemporaine* (1866–76) trug. Als »Lyrik des Parnass« wird diese der strengsten Form verpflichtete Dichtkunst daher ebenfalls bezeichnet, die, allem Zufälligen und Veränderlichen abhold, einem nahezu abstrakten Schönheitsideal nachstrebt, beispielhaft vertreten durch Baudelaire, Paul Verlaine, Jean Arthur Rimbaud und Stéphane Mallarmé. In Baudelaires Gedichten *Die Blumen des Bösen* (*Les fleurs du mal*, 1857, zeitgleich mit Flauberts *Madame Bovary*) verband sich der ästhetische Anspruch mit dem aus der Romantik stammenden »ennui« (= Langeweile, Ekel) vor der trivialen Wirklichkeit der Gegenwart zu einer explosiven Mischung. In der Lyrik Paul Verlaines, die gekennzeichnet ist durch ein indirekt aussagekräftiges System von Zeichen, wird der neue symbolistische Stil deutlich. Zugleich verzichtet Verlaine auf Reim und Strophenbau zugunsten einer musikalisch gestimmten und von einer Aura des Geheimnisvollen umgebenen inneren Form. Sein jüngerer Freund Rimbaud steigert in seinem *Trunkenen Schiff* (*Le bateau ivre*, 1871) solche Stimmungskunst bis zur ekstatischen Vision. Mallarmé schließlich, zu gleichen Teilen Gelehrter und Bohemien, führt die gewollt dunkle formenreiche Kunst des Symbolismus zu ihrem artistischen Höhepunkt. »Einen Gegenstand nennen, heißt drei Viertel des Genusses an einem Gedicht unterdrücken, der in dem Glück besteht, ihn nach und nach zu erraten«, erläuterte er seine Methode. Aber er schrieb auch: »Seltsamer- und eigentümlicherweise habe ich alles geliebt, was sich in dem Wort Fall zusammenfassen lässt.« Daraus, wie die Künstler die Welt sahen, ergaben sich

Forderungen, die ihrem Schaffen einige übereinstimmende Grundzüge verliehen: Anerkennung verpflichtender Werte, strenger Formgesetze in Lyrik, Epik und Drama; eine Sprache bewusster Stilisierung aber auch Lobpreis von Freiheit und seelischer Spontaneität.

Im deutschen Sprachraum, wo bereits die späte Lyrik Conrad Ferdinand Meyers den Einfluss der Symbolisten zeigt, wirkte vor allem Stefan George und sein Kreis im gedachten Sinne, im weiteren Zusammenhang auch Hofmannsthal und Rilke.

Der antibürgerliche Grundzug der frühen Moderne, der vom Naturalismus bis zum Expressionismus bestimmend ist und sich stufenweise verstärkt, hatte zur Folge, dass die Lebensform der Boheme vermehrten Zulauf gewann. Das war keine wirkliche Neuerung, stets hatten sich die Künstler in einem Spannungsverhältnis zu denen befunden, die ein wie immer geordnetes und zugleich durchschnittliches Leben führten, und dass sie von den Ausnahmezuständen, in denen sie existierten, gern berichteten, lag in der Natur der Sache, denn es sicherte ihnen aufmerksame Zuhörer. In der französischen Romantik hatte das Wort bohème, das ursprünglich Böhme, auch Zigeuner oder Zigeunerwesen bedeutete, in einem (später dramatisierten) Roman von Henri Murger seine neue Bedeutung angenommen (*Scènes de la vie de bohème*, 1851), es bezeichnete die unbürgerliche Welt der Künstler und derer, die kulinarisch daran teilhatten. Als Puccini, der anerkannte Nachfolger Verdis, aus dem Stoff eine Oper machte (*La Bohème*, 1896, nun bewunderte die festlich gekleidete Gesellschaft im rotgoldenen Interieur der Opernhäuser den armen Dichter in seiner Dachstube im Quartier Latin, wie er seine Manuskripte verbrennt, um das eiskalte Händchen seiner Mimi zu wärmen), hatten sich vor allem München und Berlin schon zu Sammelplätzen der Kunstszene entwickelt, doch zeigt auch die Wiener Kaffeehauskultur und der Zürcher Dada bohemehafte Züge. Vieles, was die Künstler, die in diesen Städten lebten, vortrugen und zu Papier brachten, ist nur vor dem Hintergrund ihrer Lebensformen zu verstehen.

Stichworte zur politischen Geschichte

Die Schriftstellerin und Pazifistin Bertha von Suttner (1843 bis 1914), Autorin des Romans *Die Waffen nieder* (1889), gründet 1891 die erste österreichische Friedensgesellschaft. Im selben Jahr Gründung des Alldeutschen Verbandes, der Großmachtpolitik, Flottenbau und Kolonialerwerb fordert. Baubeginn der Transsibirischen Eisenbahn, der 1892 eine gegen Deutschland gerichtete russisch-französische Militärkonvention folgt. 1894 wird der jüdische Hauptmann Alfred Dreyfus in Paris wegen angeblicher Spionage degradiert (1898 Revision des Prozesses). 1894–95 japanisch-chinesischer Krieg. Der aus Budapest stammende Schriftsteller Theodor Herzl (1860–1904) regt in seiner Schrift *Der Judenstaat* (1896) die Gründung eines jüdischen Staates an und wird beim ersten Zionistischen Weltkongress in Basel 1897 zum Präsidenten der Zionistischen Weltorganisation gewählt. Das Deutsche Reich »pachtet« 1898 Kiautschou und erwirbt im folgenden Jahr mit den Karolinen und Marianen ausgedehnten Inselbesitz im Pazifik. 1899 beginnt der Burenkrieg, 1900 der »Boxeraufstand« in China, der zum Eingreifen der europäischen Mächte führt. 1904/05 russisch-japanischer Krieg, der mit einer Niederlage des Zarenreichs endet, 1908 annektiert Österreich-Ungarn Bosnien und die Herzegowina.

Gesellschaft und Kultur

Die Lebensphilosophie Henri Bergsons (1859–1941) sagt der mechanistischen Weltbetrachtung ab und sucht die spontanen Kräfte (élan vital) wieder in ihr Recht einzusetzen. Bergson erkennt in der Geschichte des Lebens, auch in der Geschichte der Menschheit eine schöpferische Entwicklung. Leben bedeutet Bewegtheit, eine fließende Dauer. Hatte der Naturalismus den Blick auf die krasse Wirklichkeit, auf Not und Elend gelenkt, so suchte die Bergson'sche Lehre das Gefühl für die Macht und Kraft des Daseins zu stärken.

Trotz antibürgerlicher Tendenzen (Stilisierung des Schaffensprozesses, Widerspruch von Kunst und Leben, Boheme) bleiben Kunst und Kunstrezeption von bürgerlichem Geist geprägt. Aus Volksbühnenbewegung und Arbeiterbildungsprogrammen erwächst keine Gegenkultur, sondern sie dienen der Verbürgerlichung auch der sozial niederen Schichten. Auf dem Parteitag der Sozialdemokraten 1908 in Gotha setzt sich die Partei der Arbeiterklasse zwar mit dem Naturalismus auseinander, gelangt aber nicht zu übereinstimmenden und selbstständigen Auffassungen, die von denen der bürgerlichen Kritik nennenswert differieren. Eine Ausnahme bildet Franz Mehring *Die Lessing-Legende*, Es., 1893).

Clara Zetkin (1857–1933) begründet 1891 in Stuttgart die *Gleichheit*, eine Zeitschrift für Arbeiterinnen. Autobiografien von Arbeitern dokumentieren die Lebenswelt des Proletariats, so *Denkwürdigkeiten und Erinnerungen eines Arbeiters* (1903) von Carl Fischer (1841–1906) und *Lebensgeschichte eines modernen Fabrikarbeiters* (1905) von Moritz Theodor William Bromme (1873–1926), beide herausgegeben von Paul Göhre (1864–1928), einem ehemaligen Theologen, ferner *Jugendgeschichte einer Arbeiterin, von ihr selbst erzählt* (1909) von Adelheid Popp (1869–1939), besorgt von August Bebel.

Der Gründung der Münchner Sezession durch Fritz von Uhde (1848–1911), Wilhelm Trübner (1851–1917) und Franz von Stuck (1863–1928, geadelt 1906) folgen 1898 die der Berliner Sezession durch Max Liebermann (1847–1935) und als wichtigste dieser programmatischen Abspaltungen von der vorherrschenden akademischen Kunst 1897 die der »Vereinigung bildender Künstler Österreichs« (Wiener Sezes-

sion), die 1898 ihre erste Ausstellung eröffnet und einer Variante des um 1895 aufkommenden und bis 1910 währenden Jugendstil den Namen gibt (Sezessionsstil). Der Jugendstil, der bisher letzte gesamteuropäische Stil, für den in Deutschland besonders München, daneben Darmstadt, durch die dort von Großherzog Ernst Ludwig geförderte Künstlerkolonie, Bedeutung gewinnt, bricht mit der Nachahmung historischer Stile nicht nur in der Malerei, sondern führt zu einer Wende auch in Architektur, Kunsthandwerk und Wohnraumgestaltung. Fast alle Jugendstilkünstler beginnen als Maler, Henry van de Velde (1863 bis 1957), Joseph Maria Olbrich (1867–1908), Peter Behrens (1868–1940), Richard Riemerschmid (1868–1957), Josef Hoffmann (1870–1956) sind auch als Architekten hervorgetreten.

Musik: Gustav Mahler (1860–1911), 1897–1907 Direktor und Dirigent der Wiener Hofoper, Sinfonien; Richard Strauss, Opern (*Salome*, 1905; *Elektra*, 1909; *Der Rosenkavalier*, 1911; *Ariadne auf Naxos*, 1912, Neubearbeitung 1916; *Die Frau ohne Schatten*, 1919) und Sinfonische Dichtungen (*Don Juan*, 1889; *Tod und Verklärung*, 1891; *Also sprach Zarathustra*, 1896); Alexander von Zemlinsky (1871–1942), Lehrer Arnold Schönbergs, Opern (*Kleider machen Leute*, 1910; *Eine florentinische Tragödie*, 1917); Engelbert Humperdinck (1854–1921), Märchenopern (*Hänsel und Gretel*, 1893; *Dornröschen*, 1903); Hans Pfitzner (1869–1949), *Der arme Heinrich* (Oper, 1895); *Palästrina* (Musikalische Legende, 1917).

Weltliteratur (1891–1910)

Frankreich und Belgien: Maurice Maeterlinck (1862–1949, Nobelpreis 1911), *Pélleas et Mélisande* (Dr., 1892), *Der Schatz der Armen* (*Le Trésor des humbles*, R., 1896); Anatole France (1844–1924, Nobelpreis 1921), *Die Romane der Gegenwart* (*Histoire contemporaine*, R.-Tetralogie, 1897–1901); Stéphane Mallarmé (1842–1898), *Abschweifungen* (*Divagations*, Pr., 1897), *Ein Würfelwurf hebt den Zufall niemals auf* (*Un coup de dés jamais n'abolira le hasard*, G., 1897); Romain Rolland (1866–1944, Nobelpreis 1915), *Jean-Christophe* (R.-Zyklus, 1904–12).

Großbritannien und Irland: Oscar Wilde (1854–1900), *Salomé* (Tr., 1893), *Bunbury oder Die Bedeutung ernst zu sein* (*The Importance of Being Earnest*, K., 1895); Rudyard Kipling (1865–1936, Nobelpreis 1907), *Das Dschungelbuch* (*The Jungle Books* (1894/95), *Kim* (E., 1901); Joseph Conrad (1857–1924), *Der Neger vom »Narcissus«* (*The Nigger of the Narcissus*, E., 1897), *Das Herz der Finsternis* (*Heart of Darkness*, E., 1899), *Lord Jim* (R., 1900), *Jugend* (*Youth*, E., 1902), *Nostromo* (R., 1904); John Galsworthy (1867–1933, Nobelpreis 1932) *The Forsyte Saga* (R.-Zyklus, 1906–1921).

Italien: Italo Svevo (1861–1928), *Ein Leben* (*Una vita*, R., 1892), *Ein Mann wird älter* (*Senilità*, R., 1898).

Norwegen: Knut Hamsun (1859–1952, Nobelpreis 1920), *Victoria* (R., 1898), *Landstreicher* (*Landstrykere*, R.-Trilogie, 1904–12).

Polen: Wladyslaw Stanislaw Reymont (1867–1925, Nobelpreis 1924), *Die Bauern* (*Chlopi*, R., 1902–08).

Russland: Anton Tschechow (1860–1904), *Die Möwe* (*Cajka*, Sch., 1896), *Onkel Wanja* (*Djadja Vanja*, Sch., 1897), *Drei*

Schwestern (*Tri sestry*, Sch., 1901), *Der Kirschgarten* (*Višnë-vyj sad*, Sch., 1904).

Schweden: Selma Lagerlöf (1858–1940, Nobelpreis 1909), *Gösta Berling* (*Gösta Berlings Saga*, R., 1891), *Die wunderbare Reise des kleinen Nils Holgersson mit den Wildgänsen* (*Nils Holgerssons underbara resa genom sverige*, 1906/07).

USA: Jack London (1876–1916), *Der Ruf der Wildnis* (*The Call of the Wild*, R., 1903); Henry James, *Die Flügel der Taube* (*The Wings of the Dove*, R., 1902), *Die Gesandten* (*The Ambassadors*, R., 1903), *Die goldene Schale* (*The Golden Bowl*, R., 1904).

Sachliteratur und Essayistik

Charakteristisch für moderne Literatur ist auch die vermehrte Berücksichtigung essayistischer Formen. Nicht nur die erzählende, sondern auch die essayistische Schreibweise findet um die Jahrhundertwende weite Verbreitung, eine »Hochflut« (Klaus Günther Just, *Von der Gründerzeit bis zur Gegenwart. Geschichte der deutschen Literatur seit 1871*, 1973) im Büchermeer, von dem mit Rücksicht auf die Gesamtzahl der Titel schon damals gesprochen werden kann. Mit 35 000 Neuerscheinungen lag das deutsche Verlagswesen im letzten Jahr vor dem Ersten Weltkrieg an der Spitze der Buchproduktion in der Welt. Der auf Eingrenzung des Stoffs zielende Hinweis in einer Literaturgeschichte, die nur einen relativ begrenzten Zeitraum umfasst, gilt für einen Abriss der Gesamtentwicklung, der die nichtfiktionale Literatur nur an Beispielen behandeln kann, naturgemäß im verstärkten Maße. Ermöglicht wird das Vordringen der essayistischen Prosa zunächst durch Gegebenheiten des literarischen Marktes. Ein publikationstechnisch reich entwickeltes Zeitschriftenwesen bedient ein relativ breites, an Kunstfragen interessiertes Publikum, auch die großen Zeitungen pflegen das Feuilleton. Für die Autoren, die im wachsenden Maße als freie Schriftsteller ihr Auskommen suchen, handelt es sich dabei um eine erwünschte Einnahmequelle.

Wichtiger sind jedoch qualitative Gesichtspunkte. Innerhalb der nichtfiktionalen Literatur stellt der Essay eine Kunstform dar, derer sich auch als Dramatiker, Lyriker, Erzähler berühmte Autoren bedienten, weil sie in ihm eine Form erblickten, die zur Darstellung allgemeiner Gesichtspunkte besonders geeignet schien und zugleich ihrem ästhetischen Anspruch genügte. Als die spezifische Ausdrucksform des »nicht systematisch, sondern künstlerisch schaffenden Denkers« ist der Essay bezeichnet worden, dem es nicht um eine

streng rationale Behandlung seiner Stoffe und Probleme auf das begrifflich Fassbare geht, sondern um das »Einordnen der Werke, Gestalten, Ereignisse in die eigene Lebensbewegtheit des Betrachters« (E. R. Curtius). Der Essay tritt mithin gleichberechtigt neben die herkömmlichen Gattungen, mehr noch, man könnte aus seiner Bevorzugung auf ein latentes Unbehagen mit dem Überlieferten schließen. Die großen Romane der ersten Hälfte des zwanzigsten Jahrhunderts werden im zunehmenden Maße essayistische Stilzüge integrieren. Der Essay hat mehr Leichtigkeit als das Drama, ist schlanker als die Erzählung und luzider als das Gedicht. Hugo von Hofmannsthal, Thomas und Heinrich Mann sind neben allem anderen, was sie schreiben, auch große Essayisten, bei anderen Autoren wie Rudolf Kassner hat das essayistische Schreiben das Übergewicht.

Ein bestimmtes Muster existiert bei alledem nicht. Der Essayismus zeitigt vielfältige Formen, so finden sich beim jungen Hofmannsthal neben der einfachen kritischen Darlegung zu Beginn des neuen Jahrhunderts die Formen des dialogischen Essays, des offenen oder fingierten Briefs und der Reiserinnerung. Bei *Über Charaktere im Roman und im Drama* (1902) handelt es sich um ein imaginäres Gespräch zwischen Balzac und Joseph von Hammer-Purgstall in einem Döblinger Garten 1842. Der offene Brief – er ist, wenngleich adressatenbezogen, vom privaten, der der persönlichen Mitteilung vorbehalten bleibt, deutlich unterschieden – enthält aktuelle Stellungnahmen zu Fragen von allgemeiner Bedeutung (so, im Dienste der Verständigung zwischen Franzosen und Deutschen nach Beendigung des Ersten Weltkriegs, *An Henri Barbusse, Alexandre Mercereaux und ihre Freunde*, 1919). Fingierte Briefe nähern sich wie der nicht vollendete Zyklus der *Briefe des Zurückgekehrten* (1907) der Novellenform, transportieren dabei aber entschiedene Tageskritik. Es handelt sich bei dem Zurückgekehrten um einen weltläufigen Geschäftsmann und sein Bild von den Deutschen: »Sie erreichen das Unglaubliche – aber, es ist keine Freude unter ihnen zu leben.« Reisereminiszenzen wie *Erinnerung schöner Tage* (1908) beschreiben den Übergang erlebter Wirklichkeit eines Aufenthalts in dichterische Vision und gewinnen so symbolisches Gewicht. Dies sind nur wenige Beispiele für die nur ihrem inneren Gesetz verpflichtete essayistische Form, die sich bei dem mit Hofmannsthal befreundeten RUDOLF BORCHARDT fordernd darstellt (*Gespräch über Formen*, 1905; *Villa*, 1908). Seine nachschaffende Bemühung gilt der Übersetzung antiker und mittelalterlicher Dichtung, seine Liebe der vorindustriellen Kultur des ländlichen Italien, der Toskana zumal, seine Vorbilder sind George und vor allem Hofmannsthal (*Rede über Hofmannsthal*, Fragment 1907, im Manuskript auch u. d. T. *Hofmannsthal und die Zukunft der deutschen Dichtung*). RUDOLF KASSNER (1873–1959), von Hofmannsthal und Rilke gleichermaßen hoch geschätzt, »Essayist der dritten Stufe […] Schriftsteller für Schriftsteller«, der die »latente inzestuöse Tendenz des Essays, Literatur über Literatur zu liefern«, erkennen lässt (K. G. Just) debütiert mit *Die Mystik, die Künstler und das Leben* (1900) über englische Maler und Dichter des 19. Jahrhunderts.

An dieser Stelle soll zunächst auf das Werk Friedrich Nietzsches und seine Bedeutung für das Lebensgefühl und die Literatur der folgenden Jahrzehnte hingewiesen werden. Nietzsches Hauptschriften sind zwar bereits in den Achtzigerjahren des 19. Jahrhunderts erschienen. Sie entfalteten ihre Wirkung aber erst mit einiger Verspätung. Ein zweiter Abschnitt behandelt Hofmansthals *Chandos*-Brief im Hinblick auf die Sprachkrisis der Jahrhundertwende. Mit der literarischen Kritik und ihrer Wirkung auf das kreative Schaffen beschäftigt sich der dritte Abschnitt am Beispiel zweier Wiener Schriftsteller, Hermann Bahr und Karl Kraus. Abschließend wird das Verhältnis von Literatur und Geschichte thematisiert, wobei erneut an Friedrich Nietzsche, ausführlicher an Ricarda Huch und Thomas Mann erinnert wird.

Friedrich Nietzsche (1844–1900)

Nietzsche war Pfarrerssohn, auch beide Eltern waren Pfarrerskinder. Er ist in Röcken bei Leipzig geboren, ließ früh seine große Begabung erkennen und besuchte das berühmte Gymnasium Schulpforta, wo er nicht nur die alten Sprachen lernte, sondern sich auch mit Musik gründlich beschäftigte. Das Theologiestudium in Bonn gab er bald auf und setzte in Leipzig, wohin er seinem Lehrer, dem Gräzisten Friedrich Wilhelm Ritschl, folgte, nur die klassische Philologie fort. In Leipzig lernte er auch Richard Wagner kennen, eine Beziehung die er später in der Schweiz fortsetzen und vertiefen konnte. Noch vor dem Abschluss seiner Promotion und Habilitation, die er gleichzeitig anstrebte, wurde er 1868 auf Ritschls Empfehlung als Professor an die Universität Basel berufen. Aber schon 1879 musste er sein Amt aus Gesundheitsgründen aufgeben. Zurückgezogen lebte er meistens in Sils-Maria im Engadin. Nach einem körperlichen Zusammenbruch 1889 in Turin starb er, von seiner Schwester Elisabeth Forster-Nietzsche gepflegt, an Paralyse in Weimar.

Bereits mit seiner ersten größeren Schrift, einer gelehrten Studie, die sich gegen Schluss zur Bekenntnis-

Rudolf Borchardt   Rudolf Kassner

schrift wandelt (*Die Geburt der Tragödie aus dem Geiste der Musik*, 1872), enttäuschte Nietzsche seine wissenschaftlichen Lehrer und die Basler Kollegen, weil er die Grenzen der Fachdisziplin deutlich überschritt. Die zugrunde liegende Vorstellung eines dialektisch wirksamen Gegensatzes zwischen dem Apollinischen als der besonnenen und formenden Kraft des Künstlers und dem Dionysischen als des rauschhaften, ungestalt wirkenden Lebensdranges ist jedoch für das Lebensgefühl und das Kunstverständnis der folgenden Jahrzehnte von großer Bedeutung gewesen. Die in der *Geburt der Tragödie* entwickelten Schlüsselbegriffe erfuhren allerdings in späteren Werken insofern eine Modifikation, als Dionysos – darin von Apoll unterstützt – zu einem Gott beherrschter Lebenskraft und zum Gegenbild des christlichen Gottes wurde, den Nietzsche als welt- und lebensverneinend auffasste.

Nietzsche hatte die *Geburt der Tragödie* Wagner gewidmet, zu dessen Opernschaffen er sich zunächst mit Nachdruck bekannte. Als er 1872 in München den *Tristan* unter Hans von Bülows Leitung hörte, schrieb er an diesen: »Sie haben mir den Zugang zu dem erhabensten Kunsteindruck meines Lebens erschlossen.« Nachdem Nietzsche den *Parsifal* kennen gelernt hatte, geriet seine Beziehung zu Wagner jedoch in eine folgenschwere Krise, weil er das Werk als eine Verherrlichung des Christentums ablehnte (*Der Fall Wagner*, Es., 1888). Er verurteilte Wagners Kunst nunmehr als zersetzend und beherrscht vom Geist der Dekadenz.

Während das wilhelminische Reich unter seinem jungen Kaiser im Wettstreit mit anderen europäischen Mächten, dem imperialistischen Zeitgeist folgend, wirtschaftlich und politisch seinen »Platz an der Sonne« suchte, Wissenschafts- und Fortschrittsglaube,

Nationalgefühl und Zivilisationshochmut hohe Wellen schlugen, verkündete Nietzsche das Ende eines großen Weltalters. »Gott ist tot [...] Irren wir nicht durch ein unendliches Nichts? Haucht uns nicht der leere Raum an? Müssen nicht Laternen am Vormittag angezündet werden? Hören wir noch nichts von dem Lärm der Totengräber, welche Gott begraben?« Nietzsche sah nur eine Möglichkeit, Materialismus, Skepsis und Resignation zu überwinden und eine lebensgläubige Weltanschauung wiederzugewinnen: Der Nihilismus musste in seiner ganzen Konsequenz durchschritten werden und zur Bejahung des neuen, starken Lebens führen.

Und wisst Ihr, was mir die Welt ist? [...] Ein Ungeheuer von Kraft [...] vom Nichts umschlossen als von seiner Grenze, nichts Verschwimmendes, Verschwendetes, nichts unendlich Ausgedehntes, sondern als bestimmte Kraft einem bestimmten Raum eingelegt, und nicht einem Raum, der irgendwo leer wäre, vielmehr als Kraft überall, als Spiel der Kräfte und Kraftwillen zugleich Eines und Vieles, hier sich häufend und dort sich mindernd, ein Meer in sich selber stürmender und flutender Kraft, ewig sich wandelnd, ewig zurücklaufend, mit ungeheuren Jahren der Wiederkehr, mit einer Ebbe und Flut seiner Gestaltungen aus den einfachsten in die vielfältigsten hinaustreibend, aus dem Stillsten, Starrsten, Kältesten hinaus ins Glühendste, Wildeste, sich selber Widersprechendste, und dann wieder aus der Fülle heimkehrend zum Einfachen, aus dem Spiel des Widerspruchs zurück bis zur Lust des Einklangs sich selber bejahend noch in dieser Gleichheit seiner Bahnen und Jahre, sich selber segnend als das, was ewig wiederkommen muss, als ein Werden, das kein Sattwerden, keinen Überdruss, keine Müdigkeit kennt [...]. (Dionysos und die ewige Wiederkehr)

Nietzsches Philosophie erreichte einen ersten Höhepunkt ihrer Wirkung im Europa der Neunzigerjahre. In eine verwandte Richtung beeinflusste damals auch die von dem Franzosen Henri Bergson entwickelte Lebensphilosophie das Denken. In Deutschland war es der Geschichtsphilosoph WILHELM DILTHEY (1833 bis 1911), der sich gegen den herrschenden Positivismus und gegen jede aus der Naturwissenschaft abgeleitete Psychologie wandte und in solchem Zusammenhang auch für die Germanistik Bedeutung gewann (*Das Erlebnis und die Dichtung*, 1905; *Der Aufbau der geschichtlichen Welt in den Geisteswissenschaften*, 1910). Die willensbetonte Lebensphilosophie prägte in hohem Maße die Weltanschauung des zwanzigsten Jahrhunderts mit, in dessen erster Hälfte auch das politische Handeln. Ideologische Fehl- und Überinterpretationen, die durch irreführende Editionen des Nietzsche'schen Nachlasses begünstigt wurden, wirkten sich dabei problematisch aus.

Nietzsches bekanntestes Werk war *Also sprach Zarathustra. Ein Buch für alle und keinen* (1883/91), das in rhythmischer Prosa vom Übermenschen handelte und den Zeitgenossen aufforderte, er solle wie der Seiltänzer im Zarathustra auf dünnem, gefährlichem Seil dem Neuen entgegengehen. So wurde Nietzsche zum Programmatiker für jene Dichter, die um den »neuen Gott« rangen. Er war, wie Gottfried Benn sagte, »das Erdbeben der Epoche«. (→ S. 320, 323)

Zunächst weniger auffallend bewegte sich der Boden, auf dem man lebte, damals auch in Wien. Hofmannsthals frühe Essayistik (*Algernon Charles Swinburne*, 1893, *Gabriele d'Annunzio*, 1893 und 1894) lässt die Lektüre Nietzsches erkennen. Die Auseinandersetzung mit dem Ästhetizismus der Epoche bildete das Kernproblem seiner Reflexionen über Kunst. (»Die Grundlage des Ästhetischen ist Sittlichkeit«, wie bereits der Neunzehnjährige im Tagebuch formuliert.) Wenn diese Grundlage brüchig wurde, war das Fundament der Literatur selbst gefährdet, das Übergewicht einer Magie der Worte zerstörte das Vertrauen in die Sprache.

Literatur und Sprache

Bereits 1895 hat HUGO VON HOFMANNSTHAL in einer Rezension *(Eine Monographie)* vom »Ekel vor den Worten gesprochen«, den »unendlich komplexen Lügen der Zeit, die [...] wie Myriaden tödlicher Fliegen auf unserem armen Leben sitzen«. Das besondere Verhältnis des Dichters zur Sprache ist auch Thema des Märchenspiels *Der Kaiser und die Hexe* (1900, e. 1897). In einem auf das Jahr 1603 datierten fingierten Brief (*Ein Brief des Philipp Lord Chandos an Francis Bacon*, 1902) hat Hofmannsthal in erlesener Prosa das Thema der Sprachskepsis behandelt: den Übergang vom Sprechen ins Verstummen, vom Schweigen ins Wort.

Lord Chandos entschuldigt sich bei dem älteren Freund, dem berühmten Philosophen und Naturwissenschaftler, wegen seines neuerlichen »gänzlichen Verzichts auf literarische Tätigkeit«, der auf eine Periode reicher Produktivität und großer Pläne gefolgt sei, in der er das Dasein als eine Einheit wahrgenommen habe: Er erklärt, dass er dem vor Bacon »harmonisch ausgebreiteten Reiche der geistigen und leiblichen Erscheinungen« keine Ordnung mehr abzugewinnen vermöge: »Mein Fall ist, in Kürze, dieser: Es ist mir völlig die Fähigkeit abhanden gekommen, über irgendetwas zusammenhängend zu denken oder zu sprechen. Zuerst wurde es mir allmählich unmöglich, ein höheres oder allgemeineres Thema zu besprechen und dabei jene Worte in den Mund zu nehmen, deren sich doch alle Menschen geläufig zu bedienen pflegen. Ich empfand ein unerklärliches Unbehagen, die Worte Geist, Seele oder

Friedrich Nietzsche, Skulptur von Karl von Donndorf, 1900

losophischen Hauptwerk *Beiträge zu einer Kritik der Sprache* (3 Bde., 1901/02) und den Schweizer Sprachforscher Ferdinand de Saussure (1857–1913), der Sprache als ein ausschließlich der Kommunikation dienendes Zeichensystem ohne inhaltlichen Erkenntniswert beschrieb, da die Worte von denen, die sie benutzten, in unterschiedlicher Weise verstanden würden und ihre Bedeutung sich mit der Zeit verändere; besonders den Abstrakta fehle es daher an gleich bleibendem Wirklichkeitsgehalt. Solche Einsichten berührten sich mit der des Philosophen und Physikers ERNST MACH (1838 bis 1916), dessen Universitätslaufbahn über Graz und Prag nach Wien geführt hatte und dem die Einheit des Ichs fraglich geworden war (*Beiträge zur Analyse der Empfindungen*, 1886; 1900 u. d. T. *Die Analyse der Empfindungen und das Verhältnis des Psychischen zum Physischen*).

Literatur und Kritik

»Die Unrettbarkeit des Ich«, von der Mach sprach, wurde zum Thema auch in dem Essay *Dialog vom Tragischen* (1904) des österreichischen Schriftstellers HERMANN BAHR (1863–1934), der nicht nur als Komödienautor und Romancier, sondern auch als Kritiker, Theaterleiter und Dramaturg vermittelnd und anregend tätig war. Als Dichter (er hat mehr als vierzig Bühnenstücke verfasst) alsbald vergessen, blieb er literaturgeschichtlich doch in Erinnerung.

*Von Bahr, dem Proteus der impressionistischen Lebensanschauung, bis zu Bahr, dem Vorboten und Verkünder des Expressionismus, von Bahr, der von Marx und Mach beeindruckt ist, bis zu Bahr, dem katholischen österreichischen Patrioten, erstreckt sich eine einigermaßen schillernde geistige Existenz, die aber, trotz des verwirrenden Bildes, das sie bietet, dokumentiert, wie geistig lebendig das Österreich Kaiser Franz Josephs war, mochte diese Lebendigkeit auch das Bewusstsein der vergreisten Vaterfigur nicht mehr erreichen. (H. Lehnert, *Geschichte der deutschen Literatur vom Jugendstil zum Expressionismus*, 1978)*

Was Bahr 1889 aus Paris an Neuigkeiten über Paul Bourget, Maurice Barrès, Joris-Karl Huysmans und Maurice Maeterlinck mitgebracht hatte, kulminierte im Lob der neuen Nervenkunst, auch Décadence genannt, die er in Deutschland und Österreich bekannt machen half, ohne dass sie für ihn selbst eine maßgebende künstlerische Erfahrung war. Er setzte den ungewohnten Begriff zunächst in Anführungszeichen: »Er kam von der Romantik her und ging nach der ›Décadence‹ hin«, schrieb er über Villiers de l'Isle-Adam in einem gleichnamigen Essay. In seinem Buch

Körper nur auszusprechen [...]. Es zerfiel mir alles in Teile, die Teile wieder in Teile und nichts mehr ließ sich mit einem Begriff umspannen [...].« Chandos weiß allerdings auch von glücklichen Augenblicken zu berichten: »Es ist mir dann [...] als könnten wir in ein neues, ahnungsvolles Verhältnis zum ganzen Dasein treten, wenn wir anfingen, mit dem Herzen zu denken. Fällt aber diese sonderbare Bezauberung von mir ab, so weiß ich nichts darüber auszusagen [...].«

Der *Chandos*-Brief wurde über seine Bedeutung für die Schaffenskrise des frühreifen jungen Lyrikers hinaus als grundlegender Text für die am Beginn des Jahrhunderts aufbrechende Sprachskepsis verstanden. Was er darstellt, ist im Grunde eine Erkenntniskrise. Seine Skepsis gilt dem Zusammenhang des begrifflich Erfassten, während er dem konkreten Einzelnen, dem er »mit dem Herzen« zu begegnen mag, mit erneuerter Wahrnehmungs- und Bezeichnungskraft, gleichsam sprachgläubig, entgegentritt. Damit zeichnete sich für ihn bereits ein Weg zur Überwindung der Krise ab, die ihn jedoch lange beschäftigen sollte. Im *Schwierigen*, Hofmannsthals bedeutendster Komödie, hat die Skepsis des *Chandos*-Briefes ihre kongeniale dramatische Umsetzung erfahren.

Die Sprachproblematik beschäftigte in verschiedener, voneinander unabhängiger Weise noch andere Autoren. So FRITZ MAUTHNER in seinem sprachphi-

Die Überwindung des Naturalismus (1891) stellte er die Décadence als eine willkommene Reaktion auf die ältere Stilrichtung dar, die er eine »nervöse Romantik« und »Mystik der Nerven« nannte. Wenige Jahre später verurteilte er sie in seiner Essaysammlung *Renaissance* (1897) völlig, so auch Oscar Wilde, einen ihrer wichtigsten Vertreter. Wiederholt wurden mithin aus dem Ausland stammende Stilrichtungen, noch ehe sie sich voll entfaltet hatten, kritisch abgefertigt.

Über alles Literarische hinaus war Bahr, der während vieler Jahre auch in Berlin, Salzburg und München lebte, stets mit dem Aktuellen befasst. Politisches floss in seine Publizistik wie selbstverständlich ein, vor seiner Bekehrung zur Literatur in Paris hatte sein Interesse nahezu ausschließlich der radikalen Politik, zuerst der alldeutschen Bewegung von Georg von Schönerer, später dem marxistischen Sozialismus von Viktor Adler gegolten. 1914 veröffentlichte er eine Artikelfolge *Kriegssegen* und 1917 eine weitere, um Verständnis für Österreich werbende, u. d. T. *Schwarzgelb*. Zu dieser Zeit erfolgte seine Aussöhnung mit der Kirche.

Die Probleme und Erfahrungen, die ihn als Essayist beschäftigten, kehrten in seinen poetischen Schöpfungen wieder. In seinem Roman *O Mensch* (1910), einer von sieben ausgeführten Teilen eines geplanten zwölfteiligen Zyklus, thematisiert er auch die Sprachproblematik und den pseudoreligiösen Ästhetizismus, lässt in der Komödie *Wienerinnen* (1910) einen an Schnitzler erinnernden Doktor und in dem Schwank *Der muntere Seifensieder* (1917) den Berliner Kunsthändler und Verleger PAUL CASSIRER (1871–1926) auftreten.

KARL KRAUS (1874–1936), der Sohn eines aus einer böhmischen Kleinstadt stammenden jüdischen Fabrikanten, der als Zwanzigjähriger ein Jurastudium abbrach und Journalist wurde (seinen eigentlichen Berufswunsch, Schauspieler, konnte er sich wegen einer Rückgratverkrümmung nicht erfüllen), entwickelte sich schon bald zu Bahrs heftigstem Gegner. Dadurch entfernte er sich von dem Kreis der in den Cafés Griensteidl und Central verkehrenden Autoren und bezog in seine Satire *Die demolierte Literatur* (1896/97), deren Titel sich dem Abbruch des Griensteidl verdankte, auch Hofmannsthal mit ein. Kraus bewunderte Schnitzler und Hofmannsthal, verurteilte aber den Ästhetizismus einer Literatur, die es versäumte, sich sozial zu engagieren, und die Lebensformen, die dergleichen begünstigten.

Die Chance der von ihm gegründeten Zeitschrift *Die Fackel* lag in ihrer Unabhängigkeit; ihre Gefahr in der Besessenheit ihres Herausgebers/Autors. Die Kultur und Literatur Wiens war in mannigfacher Weise außengeleitet, neben der finanziellen Macht, die große Interessenverbände über die Presse ausübten, und Rücksichten, die der Hof forderte, flochten persönliche Freund- und Gegnerschaften sich überkreuzende Fäden. Das Theater war der Tempel der Wiener, aber gerade dort ging es mit Protektion und kollegialen Fallen unfromm zu. *Die Fackel* brachte ans Licht, was andere Blätter nicht zu bringen wagten oder schreiben wollten, und sie bediente sich dabei bevorzugt des Wächteramts der Sprache. Nur zu gern reimte sie Literatur auf Lüge.

Aber es ging Kraus wie der übereifrigen Frau in der Fabel, die die Kirche reinigen wollte und deren Boden so lange netzte, bis Gras und Unkraut in den Fugen sprossen: Nur sehr bedingt wirkte sein kritischer Anspruch klärend, vielmehr brachte seine Streitlust neue intrigante Feindschaften hervor. Der Außenseiter wurde zum pedantischen Sittenrichter, sein kritischer Sprachwitz monomanische Pedanterie. Kraus kann für sich in Anspruch nehmen, nicht dem bequemen Selbstbetrug jener erlegen zu sein, die 1914 den Krieg pathetisch feierten, um ihn dann im Pressequartier relativ unbeschadet zu überstehen. Niemals war er so hellsichtig in der Enthüllung der Phrase wie bei dieser Gelegenheit. Die Überanstrengung des Willens, zu der er neigte – kein österreichischer Zug –, lässt sein darauf bezügliches Drama *Die letzten Tage der Menschheit* bereits durch seinen Umfang erkennen.   (→ S. 399)

Die Kunst der Kritik, die vierte der literarischen Gattungen, wie sie genannt wurde, erreicht besonderen Rang, wenn sie der produktiven Würdigung eines bedeutenden Autors und der Selbstverständigung des Schreibers dient. Als ein Beispiel dafür kann THOMAS MANNS Essay *Der alte Fontane* (1910) dienen, bei dem es sich ursprünglich um die Rezension einer Ausgabe von Briefen Fontanes an seine Freunde handelt. Sie ist weit über den unmittelbaren Anlass hinaus für die Wirkungsgeschichte Fontanes wichtig geworden, lässt aber auch erkennen, mit wie viel Sympathie sich der Autor der *Buddenbrooks* in den Spuren seines Vorgängers bewegt hat.

Literatur, Geschichte und Politik

Als »Zweites Stück« seiner *Unzeitgemäßen Betrachtungen* (1873–76) hat FRIEDRICH NIETZSCHE 1874 die Streitschrift *Vom Nutzen und Nachteil der Historie für das Leben* veröffentlicht. Darin setzte er sich mit der Funktion historischen Wissens auseinander, die er in seinem Jahrhundert durch eine ziellose Ansammlung von »unverdaulichen Wissenssteinen« gestört sieht, weil sie ihre wahre Bestimmung, dem Leben zu dienen, verfehle. Er zeigt drei Arten eines nach seiner Auffassung legitimen Umgangs mit der Vergangenheit auf, eine »monumentalische«, eine »antiquarische« und eine »kritische«, aber er lässt keinen Zweifel an seiner Auffassung, dass der Maßstab auch für das Erkennen im Handeln liege. Diese Streitschrift, die einen besonderen Stolz des Jahrhunderts, die historische Wissenschaft, an empfindlicher Stelle traf, wurde zunächst kaum beachtet, nimmt aber wesentliche Gedanken seiner späteren Schriften vorweg, die ein neues Welt- und Menschenbild und eine »Umwertung aller Werte« ankündigten.

Auch in der Literatur der Jahrhundertwende fehlte es weder an geglückten noch an problematischen Beispielen für den Umgang mit Geschichte, nicht zuletzt dann, wenn sie erklärtermaßen dem Leben dienen wollte. Nicht nur die akademischen Historiker, sondern auch gelehrte Dichter beschäftigten sich mit vergangenen Erscheinungen und ihren Wirkungen auf die Gegenwart. Wohin die tagespolitischen Zielen dienende Verwertung eines historischen Stoffs führen kann, zeigt THOMAS MANNS Essay *Friedrich und die große Koalition* (1914). Darin rechtfertigte er den Bruch der belgischen Neutralität durch die nach Frankreich vordringenden Truppen, der gemäß dem Plan des deutschen Generalstabs erfolgt war und zum Kriegseintritt Englands den Anlass gab, indem er eine fragwürdige Parallele zu dem von Friedrich 1756 begonnenen Präventivkrieg herstellte.

Die Koalition hat sich ein wenig verändert, aber es ist sein Europa, das im Hass verbündete Europa, das uns nicht dulden, das ihn, den König, noch immer nicht dulden will, und dem noch einmal in zäher Ausführlichkeit, in einer Ausführlichkeit von sieben Jahren vielleicht, bewiesen werden muss, dass es nicht angängig ist, ihn zu beseitigen.

Es erinnert an den Plan eines *Friedrich*-Romans, der unausgeführt geblieben war, wenn in der Novelle *Der Tod in Venedig* der Schriftsteller Gustav von Aschenbach, als »Autor der klaren und mächtigen Prosa-Epopöe vom Leben Friedrichs von Preußen« vorgestellt wird; ihm wird auch das Wort in den Mund gelegt, dass die Kunst ein Krieg sei. Thomas Mann identifizierte den leidend seinem Werk verpflichteten Aschenbach mit dem zäh sich behauptenden König, und sich wiederum mit Aschenbach. Er selbst hatte sich seinerzeit dem Militärdienst schnellstmöglich zu entziehen gewusst, von der Realität der Schützengrä-

Nietzsches Schreibmaschine

ben wusste er nichts. Stattdessen schrieb er den patriotischen Aufsatz *Gedanken im Kriege*, der bereits im November 1914 erschien. Der Ausblick auf eine möglicherweise lange Dauer des Kampfes war noch das zutreffendste an seinen Schreibtischüberlegungen, soweit sie die politische Wirklichkeit betrafen. Aber um diese ging es ihm kaum, vielmehr suchte er einen aktuellen Ausdruck für die Probleme des Künstlers. »Krieg! Es war Reinigung, Befreiung, was wir empfanden […].«

Das »wir« traf die Haltung vieler, aber längst nicht aller Autoren, es gab um Verständigung bemühte und pazifistische Schriftsteller. Ein Beispiel bietet der Elsässer RENÉ SCHICKELE (1883–1940), der, Sohn einer Französin und aufgewachsen »zwischen den Kulturen«, seit seinen Straßburger Studentenjahren in mehreren Zeitschriftengründungen für den kulturellen Austausch mit Frankreich geworben hatte und in Paris als Korrespondent tätig war, wo er sich, nachdem er seit 1902 auch Lyrik und Erzählprosa veröffentlicht hatte, zum politischen Journalisten ausbildete. Ein Reportagenband *Schreie auf dem Boulevard* (1913), in dem der nahende Krieg spürbar ist, dokumentiert diesen Aufenthalt. Er war befreundet mit dem aus Metz stammenden Otto Flake, der Schickeles Anschauungen teilte und in seinen späteren Erzählwerken nachdrücklich vertrat, sowie mit Ernst Stadler, der, wie ein französischer Freund Schickeles, der Schriftsteller

Charles Peguy, gefallen ist. Im zweiten Kriegsjahr übernahm er die Redaktion der Zeitschrift *Die weißen Blätter,* in der die wichtigsten Autoren des Expressionismus mit Beiträgen vertreten waren. Heinrich Mann veröffentlichte dort seinen *Zola*-Essay (1915), der ein höchst kritisches Bild der aggressiven Politik des Kaiserreiches entwarf und das Zerwürfnis zwischen ihm und seinem Bruder Thomas verstärkte. (→ S. 428, 455) Thomas Mann verteidigte weiterhin die »machtgeschützte Innerlichkeit« der deutschen Kultur gegen die – pejorativ verstandene – »Zivilisation« der französischen Demokratie. Die 1917 abgeschlossenen *Betrachtungen eines Unpolitischen* (1918) sind ein Zeugnis der grundsätzlichen Auseinandersetzung, zu der er sich herausgefordert sah. Immer wieder hat er sich dabei auf Nietzsche berufen, etwa wenn er sich durch diesen in seiner Auffassung bestätigt fühlte, dass Demokratie den Verfall der Staatsform bedeute. Aber er wusste, dass er, wie er wiederholt erklärt hat, ein »Rückzugsgefecht« führte, und die Nachrichten von der Front bestätigten dies nur zu sehr. Thomas Mann zeigte sich bereit zu lernen. Seine wenige Jahre später erfolgte Wendung zur Demokratie lässt erkennen, dass er sich neuen Erfahrungen nicht verschloss.

Allerdings lag die Möglichkeit, die »machtgeschützte Innerlichkeit« im reaktionären Sinn zu verstehen, im wilhelminischen Deutschland denkbar nahe. Der Wagner-Dirigent Hans von Bülow (1839–1894), ein herausragender Repräsentant des öffentlichen Musiklebens, hat dafür 1892 vor einem Berliner Konzertpublikum ein drastisches Beispiel geliefert. Bülow, einst Sozialist, der unter Pseudonym das *Arbeiter-Bundeslied* seines Freundes Georg Herwegh vertont hatte, dezidierte nun Beethovens zunächst Bonaparte gewidmete 3. Sinfonie »Eroica« neu dem Fürsten Bismarck, dem »Bruder Beethovens«. Sodann ersetzte er die »drei Worte des Wahns: liberté, égalité, fraternité« durch »eine andere Realität«:

[…] so wenig süß und einschmeichelnd sie klingt, so nüchtern und prosaisch sie ist: Das ist gegenüber der Freiheit, Gleichheit, und Brüderlichkeit die positive Devise: Infanterie, Kavallerie und Artillerie. Ja, meine Herren [die Konzertbesucherinnen werden nicht angesprochen], *im Ernst: diese drei Worte sind nicht Worte des Glaubens, sondern der Gewissheit.*

Ricarda Huch (1864–1947)

Ricarda Huch stammte aus einer Braunschweiger Patrizierfamilie, Kusine des Dichters Friedrich Huch (1873–1913), studierte in Zürich Geschichte und Philosophie und pro-

Ricarda Huch

movierte als eine der ersten Frauen 1891 mit einer historischen Dissertation zum Dr. phil. Für das Frauenstudium hat sie selbst geworben (*Über den Einfluss von Studium und Beruf auf die Persönlichkeit der Frau,* Vortrag 1902). Sie war zunächst Lehrerin, lebte, in erster Ehe mit einem italienischen Arzt verheiratet, längere Zeit in Triest, später hauptsächlich in München und Jena. Als erste Frau 1930 in die Preußische Akademie der Künste berufen, trat sie 1933 aus und erklärte offen ihre Ablehnung der neuen Regierung. Kurz vor ihrem Tod übersiedelte sie nach Frankfurt am Main. Gestorben in Schönberg/Taunus.

Ricarda Huch schuf sich eine eigene, Dichtung und Geschichtsschreibung verbindende Form, wobei beides zu seinem Recht kam: die Beherrschung des geschichtlichen Materials und die dichterische Schau. Bahnbrechend waren ihre beiden Bücher *Blütezeit der Romantik* (1899) und *Ausbreitung und Verfall der Romantik* (1902), in denen sie ein dichterisch erfühltes und historisch fundiertes Gesamtbild der Romantik entwarf und Größe und Grenzen dieser Epoche deutlich machte. Sie hat damit ihrer Generation die – durch die fragwürdige »Neuromantik« eher verdeckte – Modernität der Romantik wieder ins Bewusstsein gerufen. In den *Geschichten von Garibaldi: Die Verteidigung Roms* (1906) und *Der Kampf um Rom* (1907), in *Das Risorgimento. Historische Porträts* (1908) und in der romanhaften Biografie *Das Leben des Grafen Federigo Confalonieri* (1910) schildert sie die Kämpfe um die italienische Einigung. Das dreibändige Meisterwerk *Der große Krieg in Deutschland* (1912/1914) vergegenwärtigt die Schreckenszeit des Dreißigjährigen Krieges. Lebendig gezeichnete Einzelbilder und -szenen ergeben das Gesamtbild eines namenlosen Verhängnisses durch alle Volksschichten. Später wandte Ricarda Huch sich mit *Luthers Glaube* (1916), *Der Sinn der Heiligen Schrift* (1919), *Der wiederkehrende Christus* (1926) weltanschaulich-philosophischen und religiösen Themen zu. (→ S. 327)

Lyrik und Versepik

Am Schluss seiner Besprechung von Hauptmanns *Vor Sonnenaufgang* beschreibt Fontane 1891 den vom Applaus auf die Bühne gerufenen Verfasser. Er hat nichts Revolutionär-Martialisches an sich, ist vielmehr ein schlank aufgeschossener junger Herr von untadeligem Rockschnitt und Manieren, sodass sich der Rezensent an das Buch eines Gerichtsmediziners erinnert fühlt, in dem es einleitend heißt: »Meine Mörder sahen alle aus wie junge Mädchen.« Noch größer als die Überraschung Fontanes war zwei Jahre später die Hermann Bahrs und seiner Freunde, als sie im Literatencafé Griensteidl einen Dichter erwarteten, dessen Aufsehen erregende Verse mit Loris oder Loris Melikow unterzeichnet waren und in dem sie einen Unbekannten von tiefer Geistesbildung und Reife vermuteten. Wer sich ihnen vorstellte, war der siebzehnjährige Hofmannsthal, der als Gymnasiast noch nicht unter eigenem Namen publizieren durfte.

Hofmannsthal war das poetische Wunder der Epoche, in der vor allem die Lyrik dichterischen Rang zurückgewann. Diese Erneuerung war allerdings nicht sein Werk allein. Er repräsentiert vielmehr die Ausnahme, das Phänomen des Vollkommenen, das keiner Entwicklung zu bedürfen schien und das nur wenige Jahre währte. Einen Werdegang in der einen oder anderen Weise hatten die anderen: der gebieterische Stefan George, der Zweite des lyrischen Doppelgestirns, das über der Jahrhundertwende stand; Richard Dehmel, der mitreißende und als skandalös umstrittene Panerotiker, der nach seinem Tod sang- und klanglos vergessen wurde; Nietzsche auf seinem Weg in die Krankheit der wortmächtigste unter den Philosophen; Rilke, der nichts war und sein wollte als Dichter, der mit zu-

weilen unfreiwillig komischen Reimen auf künstlerisch niedrigster Ebene einsetzte und in unzugänglicher Höhe und Einsamkeit mit orphischer Botschaft schloss. Ferner die religiös und mythisch Begeisterten und schon bald auch die Expressionisten.

Nietzsches Gedichte

Nicht allein auf seinen Ideen, sondern auch auf seiner Sprache beruhte FRIEDRICH NIETZSCHES faszinierende Wirkung auf die Literatur der Zeit. Er bediente sich neuer Formen der Kunstprosa und für seine Gedichte sowohl der gebundenen Form als auch freier Rhythmen. Seine Lyrik ist suggestiv und vielschichtig, sie verleiht seinem rauschhaften Selbstgefühl bindende Kraft.

Ecce Homo

Ja! Ich weiß, woher ich stamme!
Ungesättigt gleich der Flamme
Glühe und verzehr ich mich.
Licht wird alles, was ich fasse,
Kohle alles, was ich lasse:
Flamme bin ich sicherlich!

Nietzsche veröffentlichte seine Gedichte meistens im Zusammenhang seiner philosophischen Prosa. Die ungebunden schweifenden Rhythmen und der expressive Gestus der zwischen 1884 und 1888 entstandenen *Dionysos-Dithyramben* (1892) haben ihr Vorbild bei Klopstock und in Goethes Jugendlyrik. Der dritte Teil des Dithyrambus *Die Sonne sinkt* lautet:

Heiterkeit, güldene, komm!
Du des Todes
heimlichster, süßester Vorgenuss!
Lief ich zu rasch meines Wegs?
Jetzt erst, wo der Fuß müde ward,
holt dein Blick mich noch ein,
holt dein Glück mich noch ein.

Rings nur Welle und Spiel.
Was je schwer war,
sank in blaue Vergessenheit, –
müßig steht nun mein Kahn.
Sturm und Fahrt – wie verlernt' er das!
Wunsch und Hoffen ertrank,
glatt liegt See und Meer.

Siebente Einsamkeit!
Nie empfand ich
näher mir süße Sicherheit,
wärmer der Sonne Blick
– Glüht nicht das Eis meiner Gipfel noch?
Silbern, leicht, ein Fisch,
schwimmt nun mein Nachen hinaus …

Der Einsiedler von Sils-Maria war im größeren Maße ein Dichter als viele, die sich gern so bezeichneten; aber er war ein Dichter gleichsam nebenbei. Der Kopenhagener Literaturhistoriker Georg Brandes (eigentlich Morris Cohen, 1842–1927), der die bedeutende dänische Literatur dieser Zeit – und somit die europäische – wesentlich förderte, hielt 1888 als Erster Vorlesungen über Nietzsche. Die damalige deutsche Lyrik hielt er wie andere Kritiker für überwiegend epigonal. Sie von diesem Vorwurf zu befreien, der ihr seit der Gründerzeit nicht ganz zu Unrecht anhaftete, setzten sich Berufene und Unberufene zum Ziel.

Carl Spitteler (1845–1924)

Spitteler wurde in Liestal (Kanton Basel-Land) als Sohn eines Landschreibers und Oberrichters geboren. Er wuchs in Bern auf, studierte die Rechte in Basel, Theologie in Zürich und Heidelberg, wurde Hauslehrer in Petersburg und Finnland, Feuilletonredakteur der *Neuen Zürcher Zeitung*, zuletzt freier Schriftsteller. Für sein Epos *Olympischer Frühling* erhielt er 1919 den Nobelpreis. Tod in Luzern.

Spittelers Schaffen reicht in seinen Anfängen noch in die Zeit Gottfried Kellers zurück, der über sein Frühwerk sagte: »Trotz der kosmischen, mythologischen und menschheitlichen zuständlichen Zerflossenheit und Unmöglichkeit ist doch alles so glänzend anschaulich, dass man im Augenblick immer voll aufgeht.« Später war es Nietzsche, der Spittelers »unzeitgemäße« Dichtung erkannte und anerkannte, die, aus Phantasie hervorgegangen, sich von der naturalistischen Elendsschilderung abhob. Die Linie seines Schaffens führte von dem in Stil und Pathos Nietzsches *Zarathustra* verwandten Epos *Prometheus und Epimetheus* (1880/81), das ganz unbeachtet blieb, über sein Hauptwerk *Olympischer Frühling* (endgültige Fassung 1910) zur Altersdichtung *Prometheus der Dulder* (1924), einer Neufassung von *Prometheus und Epimetheus*. Der Künstler-Schöpfer ist ausgezeichnet durch Distanz zur Welt und Askese im Dienst des Werkes.

Das Epos *Olympischer Frühling* vereint in einer mythischen Traumwelt antike, indische und christliche Bilder und Szenen, aus denen sich eine tiefsinnige Deutung von Welt, Mensch und Leben ergibt. Der Grundton ist dunkel – die Fragwürdigkeit menschlichen Daseins kehrt im Leben der Götter wieder. Aber auch dieses Werk fand wenig Widerhall. Die stärkste Wirkung übte Spitteler bezeichnenderweise mit seinem Gegenwartsroman *Imago* (1906) aus, einer psychoanalytischen Darstellung unbewusster Seelenregungen.

Stefan George (1868–1933)

Heinrich Abeles, der Sohn eines Weingutsbesitzers und Gastwirts aus Büdesheim/Hessen, studierte in Berlin und München, machte Reisen durch England, die Schweiz, Italien, Spanien und Frankreich, wo er Verlaine und Mallarmé kennen lernte. In Wien kam es zur krisenhaften Begegnung mit Hofmannsthal. 1892 begründete er die *Blätter für die Kunst*. Um ihn scharte sich der so genannte George-Kreis, junge Dichter und Gelehrte wie Karl Wolfskehl, Friedrich Wolters, Friedrich Gundolf, Ernst Bertram, Ernst Kantorowicz, Ludwig Klages, Max Kommerell und der spätere Hölderlin-Herausgeber Norbert von Hellingrath. George hat auch als Übersetzer zeitgenössischer Dichtung (Mallarmé, Rimbaud, Verlaine, Rossetti, Swinburne) vermittelnd gewirkt. Er lebte ohne festen Wohnsitz, verließ 1933 Deutschland und starb bald darauf in Minusio bei Locarno.

Schon mit seinen ersten Gedichtbänden (*Hymnen*, 1890; *Pilgerfahrten*, 1891; *Algabal*, 1892), wenig beachteten Privatdrucken, stellte Stefan George sich entschieden gegen den Naturalismus. Angeregt durch die französischen und englischen Symbolisten wollte er der Kunst ihre Schönheit und Würde wiedergeben, indem er sie von der Wirklichkeit trennte. Sprache und Wort sollten nicht nur Werkzeug zur Mitteilung oder Kennzeichnung eines Sachverhalts sein, sondern Instrument zur Überwindung chaotischer Mächte. Die Gestalt Algabals ging auf den spätrömischen Priesterkaiser Heliogabalus (204–222) zurück, der in Rom einen orientalischen Sonnenkult einführte und wie der Bayernkönig Ludwig II. eine Lieblingsfigur der europäischen Décadence war. Mit den Allüren einsamer Machtvollkommenheit und ästhetisch verbrämter Grausamkeit war sie gewissermaßen ein hypertrophiertes Wunschbild von Georges Verlangen nach künstlerischer Autarkie. In seinem Gedicht *Die Spange* hat er ein Beispiel seines sprachbildnerischen Willens geschaffen:

Ich wollte sie aus kühlem eisen
Und wie ein glatter fester streif
Doch war im schacht auf allen gleisen
So kein metall zum gusse reif.
Nun aber soll sie also sein:
Wie eine große fremde dolde
Geformt aus feuerrotem golde
Und reichem blitzenden gestein.

Antik-griechische und mittelalterliche Stoffe sind in *Die Bücher der Hirten- und Preisgedichte, der Sagen und Sänge und der hängenden Gärten* (1895) verarbeitet, erstere gingen auf Anregungen Maeterlincks, letztere auf KARL WOLFSKEHL (1869–1948) zurück. Wolfskehl, vom Studium her Germanist, der in Schwabing ansässig war und sein Heim vielen Künstlern, vor allem dem Anhängerkreis Georges öffnete, blieb diesem zeitlebens in Freundschaft verbunden. Er stammte aus einer jüdischen Familie, die er weit zurückdatierte (obwohl die gesicherte Überlieferung mit der Ermordung der Mainzer Juden während des Ersten Kreuzzugs 1096 abbricht), und sah sich daher 1933 zur Emigration gezwungen, aus der er – er starb vergessen in Neuseeland – nicht zurückkehrte.

Georges Anspruch zog Jünger an. Der Gehorsam, den er bei Schwächeren fand, verstärkte seine herrscherliche Gebärde. Nur von ihm Auserwählte suchte er für seinen Kreis zu gewinnen, duldete aber keine Gleichrangigkeit neben sich. Wie Nietzsche pflegte er die Verachtung des »Pöbels«, das Sendungsbewusstsein und den Willen zur Erziehung eines neuen adeligen Menschen. Es traf ihn schwer, dass Hofmannsthal, den er sofort erkannte und dem er wohl als Einzigem Ebenbürtigkeit zugestanden hätte, sich ihm versagte. Von dieser Begegnung soll gesondert die Rede sein.

In Georges Dichtung verlagerte sich der Akzent immer stärker auf Bekenntnis und Verkündigung. Mit dem Band *Das Jahr der Seele* (1897), einem dreiteiligen Jahreszeitenzyklus, in dem er sich – ungeachtet der in der »Vorrede« ausgesprochenen Absage an alles Persönliche – auch den Ausdruck subjektiver Erfahrung erlaubte, erreichte er die Meisterschaft im symbolistischen Stil. Am Ende des Jahrhunderts folgte noch, von dem ihm befreundeten Buchkünstler Melchior Lechter (1865–1937) prachtvoll im Jugendstil ausgestattet, *Der Teppich des Lebens und die Lieder von Traum und Tod* (1900), die für das kommende Säkulum bestimmte Verheißung einer neuen ästhetischen Religion.

Der siebente Ring (1907), den George als siebentes seiner Werke erscheinen ließ, versammelt in sieben Zyklen verschiedene Themen (Zeitgedichte, Gestalten, Gezeiten, Maximin, Traumdunkel, Lieder, Tafeln). Dante, Goethe und Nietzsche werden als Vorbilder gezeigt, mit der verderbten Gegenwart wird in fast maßloser Weise abgerechnet. Im vierten Zyklus, also im Zentrum, stehen die Maximin-Gedichte (»Ich seh in dir den Gott / Den schauernd ich erkannt / dem meine andacht gilt«). In dem Band *Der Stern des Bundes* (1914) bekennt George sich, ausgehend von der mythischen Vergöttlichung des früh verstorbenen Freundes, zur Sendung des Dichters, als Mittler zwischen Gott und Welt.

Manche von Georges Versen sind in der bündischen Jugend fast populär geworden:

Stefan George

Wer je die flamme umschritt
Bleibe der flamme trabant!
Wie er auch wandert und kreist:
Wo noch ihr schein ihn erreicht
Irrt er zu weit nie vom ziel.
Nur wenn sein blick sie verlor
Eigener schimmer ihn trügt:
Fehlt ihm der mitte gesetz
Treibt er verstiebend ins all.

Er hat in seinem Bemühen um die Erneuerung der Dichtung unverbrauchte Bereiche des sprachlichen Ausdrucks erschlossen; er hat die Wirkungsgeschichte Goethes, Hölderlins und Jean Pauls in Deutschland beeinflusst und durch seine Übersetzungen Zugänge zur europäischen Geisteswelt eröffnet. Übersetzungen und Umdichtungen betreffen Baudelaire, *Die Blumen des Bösen* (1903), *Zeitgenössische Dichter* (1905), Shakespeares *Sonette* (1909) und Teile aus Dantes *Göttliche Komödie* (1912).

George und Hofmannsthal

Georges Begegnung mit Hofmannsthal, die oft beschrieben und widersprüchlich beurteilt worden ist, fällt in den Dezember 1891. In der Darstellung, die Letzterer kurz vor seinem Tod dem Literarhistoriker Walther Brecht (1876–1950) gab, vollzog sie sich so:

[…] später […] hörte ich von irgendwem im Café (es war dieses berühmte Griensteidl, wo ich oft hinging […]), es sei jetzt ein Dichter Stefan George in Wien, der aus dem Kreise von Mallarmé komme. Ganz ohne Vermittelung von Zwischenpersonen kam dann George auf mich zu; als ich ziemlich spät in der Nacht in einer englischen Revue lesend in dem Café saß, trat ein Mensch mit sehr merkwürdigem Aussehen mit einem hochmütigen leidenschaftlichen Ausdruck im Gesicht […] auf mich zu, fragte mich, ob ich der und der wäre – sagte mir, er habe einen Aufsatz von mir gelesen, und auch was man ihm sonst über mich berichtet habe, deute darauf hin, dass ich unter den wenigen in Europa sei (und hier in Österreich der Einzige) mit denen er Verbindung zu suchen habe: Es handle sich um die Vereinigung derer, welche ahnten, was das Dichterische sei.

Mit aller Macht suchte George den Jüngeren – der war noch Gymnasiast! – für sich zu gewinnen, er beeindruckte ihn, wirkte aber verstörend und beängstigend. Ein Ende Dezember 1891 entstandenes Sonett Hofmannsthals, *Der Prophet*, enthält die Verse:

Von seinen Worten, den unscheinbar leisen,
Geht eine Herrschaft aus und ein Verführen,
Er macht die leere Luft beengend kreisen
Und er kann töten, ohne zu berühren.

Noch in der viel später entstandenen Komödie *Der Schwierige* ist in der Gestalt des holsteinischen Barons Neuhoff und seinem Auftreten in der Wiener Gesellschaft ein Reflex dieser Hofmannsthal zutiefst fremden Erscheinung zu spüren. Er war mit George einig in der Suche nach erlesener Sprachform, wollte aber im Gegensatz zu ihm allen Erscheinungen gegenüber offen bleiben und sie nicht einem strengen Willen unterstellen. Seine fast instinktive Vorstellung vom Dichter (»Denn dies ist das einzige Gesetz, unter dem er steht: Keinem Ding den Eintritt in seine Seele zu wehren«), letztlich auch die vom Menschen, war eine andere als die Georges. Gleichwohl konnte die intellektuelle Werbung des Älteren, die ungewöhnliche Anerkennung, die in ihr beschlossen war, den Heranwachsenden nicht gleichgültig lassen.

Schon bald folgten Entfremdung, eine Duellforderung nach einem als beleidigend empfundenen Brief, das Eingreifen von Hofmannsthals Vater, Georges Abreise aus Wien, ohne dass es zu einer Versöhnung gekommen wäre. Später gab es wieder Begegnungen, Beiträge Hofmannsthals in Georges Zeitschrift *Blätter für die Kunst*, 1896 eine anerkennende, aber doch erkennbar distanzierte Würdigung von Georges *Büchern der Hirten und Preisgedichte*, die offene Missachtung Georges, als Hofmannsthal sich einer weniger esoterischen

Kunstausübung zuwandte, schließlich 1906 der offene Bruch in einem nicht einmal mehr eigenhändig geschriebenen Brief. Die Wege der beiden bedeutendsten lyrischen Dichter der Jahrhundertwende hatten sich für immer getrennt.

Religiöse und erotische Aufschwünge

Mit dem Versuch, die Welt in rauschhaft-intuitiver Weise und mit entfesselter Sprache zu erfassen, traten ALFRED MOMBERT (1872–1942) und THEODOR DÄUBLER (1876–1934) hervor (und wiesen bereits auf den späteren Expressionismus voraus). Mombert äußerte sein Weltallgefühl in den pathetisch-trunkenen Versen und kosmischen Bildern der Sammlungen *Tag und Nacht* (1894), *Der Glühende* (1896), *Die Schöpfung* (1897), *Der Denker* (1902), die er zum Teil später veränderte. Von Nietzsche fasziniert, stand er in Verbindung zur so genannten Charon-Gruppe (nach dem Fährmann in die Unterwelt, auch Todesdämon der Mythologie), welche sich um die gleichnamige Zeitschrift gebildet hatte, die von 1904–14 in Berlin erschien und von OTTO ZUR LINDE (1873–1938) und RUDOLF PANNWITZ (1881–1969) getragen wurde. Beide schrieben ebenfalls Gedichte, wobei Linde, der mit einer Arbeit über *Heine und die deutsche Romantik* promoviert hatte, allen einengenden Zwang ablehnte und abschätzig vom »Lulalei« der Metrik sprach, während bei Pannwitz ein Anklang an George erhalten blieb (»Ich kenne Nächte, die von Sternen scheinen, / in die wir schreitend goldne Tropfen weinen«). Däubler stammte aus Triest, sprach Italienisch wie Deutsch, entschied sich als Autor aber für die Sprache seiner deutschstämmigen Vorfahren und fasste den Plan zu einem monumentalen Epos, an dem er gegen Ende des Jahrhunderts zu arbeiten begann. Das ererbte Vermögen opferte er seinem dichterischen Beruf, er lebte als Bohemien, gern in südlichen Gegenden, zeitweilig als Mönch auf dem Berge Athos. In Subskription konnte 1910 *Das Nordlicht*, drei Bände stark und 30 000 Verse umfassend, in der so genannten Florentiner Ausgabe erscheinen. Die Dichtung beruhte auf einem eigens erschaffenen Mythos und zeitigte Wortungetüme wie »Urglutbrunstunschuld« und »Schluckgurgelwirbel«. Däubler hatte eine Gemeinde, die von seiner vitalen Persönlichkeit beeindruckt war und mit ihm die männliche Kraft der Sonne (il sole), die in der Sonettreihe »Perlen von Venedig« verherrlichte Lagunenstadt und die mediterrane Landschaft liebte, aber viele Leser fand das *Nordlicht* nicht. Däublers Einführung *Die Treppe zum Nordlicht* (1920) konnte daran so wenig ändern wie die verkürzte zweibändige Fassung, die als »Genfer Ausgabe« 1921 erschien.

Es war RICHARD DEHMEL (1863–1920), der seiner Generation als der bedeutendste zeitgenössische Lyriker galt. Er stammte aus dem wendischen Spreewald, war mit Liliencron befreundet und sagte von sich: »Ich wurzele zwischen Nietzsche und Liliencron.« Für ihn war der Künstler der Seher des Lebens, in rauschhaft-pathetischen Versen feierte er die Liebe von Mann und Frau als Inbegriff allmächtiger Erotik. Schon die Titel seiner Werke sind aufschlussreich: *Erlösungen* (G., 1891), *Aber die Liebe* (G. u. Nn., 1893), *Lebensblätter* (Nn., 1909), *Weib und Welt* (G., 1896), *Schöne wilde Welt* (G., 1913), ferner der »Roman in Romanzen« *Zwei Menschen* (1903), gebildet aus drei »Umkreisen« zu je 36 Romanzen, die ihrerseits wieder aus je 36 Verszeilen bestehen. Dehmel hat dieses Werk der auch von George umworbenen Ida Coblenz gewidmet; als Werbender blieb er Sieger.

Die erotische Empfänglichkeit verband sich mit der Hinwendung zum Sozialen. Dehmel zielte auf Überwindung von Grenzen und Klassen; wenn er einen Gegner hatte, war es der Bourgeois, nicht der Proletarier, wie seine Arbeitergedichte erkennen lassen (*Traum eines Armen, Bergpsalm, Vierter Klasse, Erntelied*). Der Refrain des dreistrophigen Gedichts *Der Arbeitsmann* spricht anrührend von dem, was den Armen aus der Sicht des Dichters am meisten fehlt:

Wir haben ein Bett, wir haben ein Kind,
Mein Weib!
Wir haben auch Arbeit und gar zu zweit,
Und haben die Sonne und Regen und Wind.
Und uns fehlt nur eine Kleinigkeit,
Um so frei zu sein, wie die Vögel sind:
Nur Zeit.

Dehmel sind Gedichte voll gesammelter Anschauungskraft wie *Die stille Stadt, Notturno* und *Manche Nacht* gelungen. Aber er erregte auch Anstoß. Der spätere Balladendichter Börries Freiherr von Münchhausen, damals noch Jurastudent, verwahrte sich öffentlich dagegen, dass Dehmel Venus, Maria und Maria Magdalena zur Figur der Venus consolatrix verschmolzen hatte, verdächtigte ihn auch (fälschlicherweise), Jude zu sein, und erstattete zuletzt Anzeige. Es kam zu einem Verfahren, in dem Dehmel verurteilt wurde, einige als gotteslästerlich bezeichnete Seiten aus *Weib und Welt* herausschneiden zu lassen.

Nicht die Anfeindungen seiner Gegner erschütterten Dehmels Stellung – dazu traf er viel zu sehr das Lebensgefühl der Zeit –, sondern das unübersehbare Versiegen seiner Kreativität, das ihn zuletzt in Stereotypien erstarren ließ. Den Beginn des Weltkriegs, von dem er sich moralische Erneuerung erhoffte, feierte er in pathetischen Versen. In einem Gedicht über die Mobilmachung hat Dehmel sogar »die deutschen Pferde« besungen und in verbrauchter Manier »Wacht« auf »Schlacht« und »Macht« gereimt. Nach dem Krieg büßte sein Werk schnell alle Wirkung ein.

Auch das Werk des aus Würzburg stammenden MAX DAUTHENDEY (1867–1918), der mit der Fülle von Farben und Tönen in seiner Landschafts- und Liebesdichtung ein typischer Impressionist war, ist nahezu verschollen. Begonnen hatte er 1893 in dem Band *Ultra-Violett* mit formstrengen Gedichten im Stil Georges, von dessen Einfluss er sich jedoch bald löste (*Singsangbuch*, 1907; *In sich versunkene Lieder im Laub*, 1908; *Lieder der langen Nächte*, 1909; *Das Lusamgärtlein. Frühlingslieder aus Franken*, 1909).

Die geflügelte Erde, ein Lied der Liebe und der Wunder um sieben Meere (1909) ist das lyrische Tagebuch seiner ersten Weltreise. Dauthendey war während des Ersten Weltkrieges in Java interniert und ist dort heimwehkrank gestorben. Er hat seine sensible Sinneskunst auch in Prosabänden bewährt: *Die acht Gesichter am Biwasee* (1911) enthalten japanische Liebesgeschichten mit Elementen aus dem Märchen.

RICARDA HUCH hatte 1891 einen ersten Band *Gedichte* erscheinen lassen, dem 1907 u. d. T. *Neue Gedichte* 60 weitere folgten, die später u. d. T. *Liebesgedichte* wiederholt neu aufgelegt wurden – »viele Gedichte für sehr viel Liebe«, wie eine Interpretin, Elisabeth Borchers, selbst eine namhafte Lyrikerin, mit sanftem Spott bemerkt. Anschließend spricht sie dann im Hinblick auf das von ihr ausgewählte, modernste dieser Gedichte bewundernd von einem »ungeheuerlichen Vorgang«, vom »sich bis zum Zerreißen spannenden Bogen, der nicht zerreißt« und von Worten, die blasphemisch genannt werden müssten, ginge es bei solcher Erhöhung des Gefühls noch um den Angesprochenen: »Der, der gemeint ist, was mag er taugen. / Die, die es sagt, hat erschaffen, was es nicht gibt.«

Wo hast du all die Schönheit hergenommen,
Du Liebesangesicht, du Wohlgestalt!
Um dich ist alle Welt zu kurz gekommen.
Weil du die Jugend hast, wird alles alt.
Weil du das Leben hast, muss alles sterben,
Weil du die Kraft hast, ist die Welt kein Hort,
Weil du vollkommen bist, ist sie ein Scherben,
Weil du der Himmel bist, gibt's keinen dort.

Gesammelte Gedichte folgten 1929, ein letzter Gedichtband *Herbstfeuer* 1944. (→ S. 347)

Hugo von Hofmannsthal (1874–1929)

Hofmannsthal, von österreichisch-böhmischer und lom-
bardischer Herkunft, wurde in Wien als Sohn eines Bank-
direktors geboren. Gymnasial- und Universitätzeit in Wien
(erste Publikationen ab 1890), Studium der Rechte (1892),
der Romanistik (1895), Promotion *Über den Sprachgebrauch
bei den Dichtern der Pléjade* (1898), abgebrochener Habili-
tationsversuch über Victor Hugo, lebte als freier Schriftsteller in Rodaun bei Wien; im Ersten Weltkrieg zunächst
Reserveoffizier, dann kulturpolitische Tätigkeit. Reisen
nach Italien, Frankreich, Griechenland, 1920 Mitbegründer
der Salzburger Festspiele. Gestorben in Rodaun bei Wien.

Die Assimilation der Familie begann mit einem Isaak
Löw Hofmann, der 1792 von Prag nach Wien gekommen war, um dem Zweiggeschäft eines Großhandels-
herrn vorzustehen. Kaiser Ferdinand I. erhob ihn, der
in Ungarn und an der Militärgrenze die Seidenkultur
entwickelt hatte, 1835 als »Edler von Hofmannsthal« in
den erbländischen Adelsstand. Die Hofmannsthals
führten die Seidenraupe auf einem Maulbeerblatt, den
Opferstock und die mosaischen Gesetzestafeln im Wappen, waren aber inzwischen italienisch versippt und
katholisch geworden. Hermann Bahr zählte sie ironisch zu den Familien, die sich in der Provinz nie wohl
fühlten, weil dort die Wirklichkeit zu stark wehe. Bei
seiner Waffenübung als Leutnant der Reserve in einem
vornehmen Kavallerieregiment 1898 im galizischen
Czortkow hätte der junge Dichter Gelegenheit gehabt,
an dieses Bonmot zu denken. Er hat aber auch dort
vorzugsweise gelesen.

Die sorgfältige Ausbildung, die man seiner glänzenden
Sprachbegabung hatte angedeihen lassen – mit fünfzehn Jahren waren ihm Homer, Dante, Voltaire, Shakespeare, Byron und Robert Browning im Original bekannt –, machten ihn zum Erben einer universalen
Kultur. Dieses reiche Bildungs- und Wissenserbe verlieh schon dem jungen Hofmannsthal eine bedrän-
gend hellsichtige Selbst- und Welterkenntnis. In seinem
Gedicht *Für mich …*, das er sechzehnjährig schrieb,
stehen die für seine Seelenhaltung und Sprachkraft
gleichermaßen charakteristischen Zeilen: »Zum Trau-
me sag ich: / ›Bleib bei mir; sei wahr!‹ / Und zu der
Wirklichkeit: / ›Sei Traum, entweiche!‹«
Sprachgefühl und Formempfinden, weitausschwin-
gend oder metaphorisch verknappt, lassen seine Gedichte zu einer befreienden oder auch beklemmenden
Hör- oder Lektüreerfahrung werden.

Hugo von Hofmannsthal, um 1915

Reiselied

*Wasser stürzt, uns zu verschlingen,
Rollt der Fels, uns zu erschlagen,
Kommen schon auf starken Schwingen
Vögel her, uns fortzutragen.*

*Aber unten liegt ein Land,
Früchte spiegelnd ohne Ende
In den alterslosen Seen.*

*Marmorstirn und Brunnenrand
Steigt aus blumigem Gelände,
Und die leichten Winde wehn.*

Hofmannsthal/Loris schrieb auch den Prolog zu
Schnitzlers *Anatol*, dessen viel zitierte Verse die Gegen-
wartserfahrung des Fin de siècle in eine Rokoko-Welt
transponieren:

*Eine Laube statt der Bühne,
Sommersonne statt der Lampen,
Also spielen wir Theater,
Spielen unsre eignen Stücke,
Frühgereift und zart und traurig,
Die Komödie unsrer Seele,
Unsres Fühlens Heut' und Gestern,
Böser Dinge hübsche Formel,
Glatte Worte, bunte Bilder,
Halbes, heimliches Empfinden,
Agonien, Episoden […]
Und ein Bologneserhündchen
Bellt verwundert einen Pfau an.*

Die Fragwürdigkeit des Daseins, das Leiden an einem Leben, in dem alles rätselhaft und dem Augenblick unterworfen ist, wird in den *Terzinen über Vergänglichkeit* spürbar. Für den jungen Hofmannsthal waren Dichtung und Welt eins. In der damit verbundenen Ästhetisierung von Welt und Leben verbarg sich allerdings eine Gefahr, die zuallererst dem Dichter selbst verderblich werden konnte. Schon früh scheint ihm bewusst gewesen zu sein, dass die traumhafte Sicherheit, mit der er sich bewegte, nicht dauern konnte.

Manche freilich …

Manche freilich müssen drunten sterben,
Wo die schweren Ruder der Schiffe streifen,
Andre wohnen bei dem Steuer droben,
Kennen Vogelflug und die Länder der Sterne.

Manche liegen immer mit schweren Gliedern
Bei den Wurzeln des verworrenen Lebens,
Andern sind die Stühle gerichtet
Bei den Sibyllen, den Königinnen,
Und da sitzen sie wie zu Hause,
Leichten Hauptes und leichter Hände.

Doch ein Schatten fällt von jenen Leben
In die anderen Leben hinüber,
Und die leichten sind an die schweren
Wie an Luft und Erde gebunden:

Ganz vergessener Völker Müdigkeiten
Kann ich nicht abtun von meinen Lidern
Noch weghalten von der erschrockenen Seele
Stummes Niederfallen ferner Sterne.

Viele Geschicke weben neben dem meinen,
Durcheinander spielt sie alle das Dasein,
Und mein Teil ist mehr als dieses Lebens
Schlanke Flamme oder schmale Leier.

Hofmannsthals lyrisches Schaffen, zu dem auch die lyrischen Versdramen zählen, endete bald nach der Jahrhundertwende. (→ S. 318, 325, 339)

Neuromantische Balladendichtung

Zunächst als Erneuerung, später mit größerer Skepsis als bloße Restauration überlieferter Formen ist die vermehrte Beschäftigung mit der Ballade verstanden worden, die vor allem auf BÖRRIES FREIHERR VON MÜNCHHAUSEN (1874–1945) zurückgeht. Er versammelte um sich in Göttingen einen Kreis von Studenten, mit denen zusammen er eine »Akademie zur Pflege der königlichen Kunst der Ballade« gründete. In mehreren von ihm besorgten Musenalmanachen (1898, 1900 bis 1903, 1923) wurden Neuschöpfungen publiziert. Als Vorbild diente der Göttinger Hain. Zugleich verstand man sich als Gegenbewegung zum Naturalismus.

Münchhausen wählte, anknüpfend an den früh vollendeten MORITZ GRAF VON STRACHWITZ (1822 bis 1847), der im Berliner literarischen Sonntagsverein »Der Tunnel über der Spree« mit Balladen erfolgreich gewesen war (*Das Herz von Douglas*) und auch auf Fontane gewirkt hatte, seine Stoffe oft aus dem deutschen und französischen Mittelalter, doch hat er diese Grenzen vielfach auch überschritten und sogar aus der Bibel geschöpft. Seine Behauptung, die Ballade sei besonderer Ausdruck niederdeutschen Wesens, begünstigte später eine rassistische Interpretation und kam der politischen Zeitstimmung weit entgegen. Seine Publikationen erreichten hohe Auflagen, obwohl (oder gerade weil) sie ein aristokratisches Element stark betonten. Seine *Mauerballade 1794*, die in der Spätphase der Französischen Revolution spielt, charakterisiert die Plebs jenseits der Mauer als »ein schmutzig Meer«, das heult »in gierigen greifenden feigen Wellen« – »Diesseits der Mauer kämpft der Edelmann«. In den Sammlungen *Balladen und ritterliche Lieder* (1908), *Das Herz im Harnisch* (1911) und *Die Standarte* (1916) reicht die Themenbreite von adliger Standesdichtung jedoch bis zur Volksballade und lyrischen Betrachtung von Landschaft und Heimat. Münchhausens Gedankenwelt ist ultrakonservativ und militant, er entwickelte sich in der Folge zu einem Sympathisanten des Nationalsozialismus, der ihn in seinen Untergang mit hineinzog, aber er ist als eklektisch verfahrender Künstler auch ein vielseitiges Formtalent.

Besonders förderte er die von ihm zur größten lebenden Balladendichterin erklärte AGNES MIEGEL (1879 bis 1964), von der er mit Anspielung auf Johannes den Täufer sagte, er sei nicht wert, ihr die Schuhriemen zu lösen. In ihrem Frühwerk (*Balladen und Lieder,* 1907) zeigt sie sich in der Stoffwahl noch Fontane verpflichtet (*Anna Bullen, Maria Stuart, Graf Bothwell*), in der Wendung von der Geschichte zum Märchen wie im Gebrauch symbolhaltiger Gesten und Metaphern stilistisch vom Jugendstil beeinflusst:

Da neigte sich
Der König still, griff eine Hand voll Erde
Aus einer Schale, drin die Rosen blühten,
Und wies sie stumm dem Suchenden.
Der stand
Ganz lange still. Dann schlug er sein Gewand
Weit um den Kronreif, dessen Steine sprühten,
So schritt er aus dem Saal. (*Die Mär vom Ritter Manuel*)

Mit ihrem *Ritter Manuel* und einigen weiteren Balladen (*Die Nibelungen, Die Frauen von Nidden, Schöne*

Agnete) hat die Autorin den Bestand der deutschen Ballade um einige bleibende Stücke vermehrt. Das ausgeprägt irrationale Element in Münchhausens Göttinger Balladenschule mit der immer wiederholten Berufung auf dunkle Schicksalsmächte, natur- und totenmagische Stoffe, Erde und Blut zwängte nicht nur den Fluss des Balladenschaffens anachronistisch in ein rückwärts gewandtes Bett. Es bestätigte in Verbindung mit dem dubiosen weltanschaulichen Credo auch ein breites, an Poesie interessiertes Publikum in zeitfernen Vorstellungen.

Als »Balladen in Prosa« sind Agnes Miegels *Geschichten aus Alt-Preußen* (1926) gelegentlich bezeichnet worden. Beginnend mit dem Versailler Frieden, d. h. mit der Abtrennung der Provinz vom übrigen Reich, wurde Ostpreußen für sie zu einem zentralen Thema, das sie über die Eroberung des Landes 1945 hinaus in Versen voll herber Schönheit pflegte, das sie allerdings auch zu einem fragwürdigen schriftstellerischen Engagement unter politisch unglücklichen Bedingungen anleitete.

LULU VON STRAUSS UND TORNEY (1873–1956), nach der Jahrhundertwende ebenfalls Mitarbeiterin an den Göttinger Musenalmanachen, stand durch ihre Herkunft der von Münchhausen angestrebten aristokratischen Dichtweise näher als Agnes Miegel. Sie hat mehrere Balladensammlungen veröffentlicht (*Balladen und Lieder*, 1902; *Reif steht die Saat*, 1919). Wie sie erklärt, hat sie »kein Organ für die Raffiniertheit, aber das tut mir auch gar nicht Leid«, sie sucht »das Große, Einfache und Starke« und gestaltet es in extremen Situationen – so die Begegnung mit dem Tod in der Ballade *Maja* »als eine Art ›Gott und die Bajadere‹ im Jugendstilgewande« (G. Weißert). Räumlich kreist sie in ihrer Dichtung um Friesland und Niedersachsen, wurde daher oft der Heimatkunstbewegung zugerechnet und ließ sich unter NS-Herrschaft unschwer für die völkische Ideologie vereinnahmen.

Rainer Maria Rilke (1875–1926)

Das Kind eines Prager mittleren Beamten und ehemaligen Militärs in kleinen Verhältnissen und einer in ihren gesellschaftlichen Ambitionen unbefriedigten, auf ihn lange bestimmend wirkenden Mutter, wurde, wofür er denkbar schlecht geeignet war, in die Kadettenschulen in St. Pölten und Mährisch-Weißkirchen geschickt, wo er »die Schrecknisse und Verzweiflungen des Bagno« empfand. Auch auf der Handelsschule in Linz versagte er, konnte sich aber privat auf die Matura vorbereiten und studierte in Prag, München und Berlin unregelmäßig Philosophie, Kunst- und Literaturgeschichte; lebte danach als freier Schriftsteller. 1899 und 1900 unternahm er mit Lou Andreas-Salomé zwei größere Reisen nach Russland; kam dann in die Künstlerkolonie Worpswede, wo er 1901 die Bildhauerin Clara Westhoff kennen lernte und heiratete. Nach Auflösung der Ehe zog er nach Paris und wurde 1905 Auguste Rodins Sekretär. Ein unstetes Wanderleben mit Reisen nach Italien und Skandinavien folgte. Von 1911/12 an war er wiederholt Gast der Fürstin Marie von Thurn und Taxis auf Schloss Duino am Golf von Triest. 1916 für drei Wochen Landsturmmann, dann im Kriegsarchiv beschäftigt, aber noch im selben Jahr entlassen, lebte zuletzt auf Schloss Muzot im Wallis. Gestorben in Val Mont, begraben in Raron.

Rilkes Lyrik, der eine breitere Wirkung beschieden war als die Lyrik aller anderen deutschsprachigen Dichter seiner Zeit, hat sich aus schlichten Anfängen entwickelt. Die frühen Sammlungen (*Leben und Lieder. Bilder und Tagebuchblätter*, 1894; *Larenopfer* 1896; *Traumgekrönt*, 1897; *Advent*, 1898; *Mir zur Feier*, 1899), melodisch und gefällig, aber auch unverbindlich und oftmals banal, spiegeln den mühsamen Weg einer außergewöhnlichen Begabung zu sich selbst. Erst *Das Buch der Bilder* (1902) lässt Rilkes Rang erkennen.

Berühmt wurde er durch seine 1899 in einer Nacht entstandene – wiederholt überarbeitete – Romanze *Die Weise von Liebe und Tod des Cornets Christoph Rilke* (1905), die das Ende eines jungen österreichischen Offiziers in den Türkenkriegen lyrisch glorifiziert. Der *Cornet* war eine jener Dichtungen, die, zuweilen sogar nach anfänglichem Misserfolg, ihr Publikum mit nachtwandlerischer Sicherheit finden, dabei aber zeitgebunden sind, und deren ungewöhnliche Wirkung sich später nicht mehr ganz nachvollziehen lässt – in diesem Fall eine zarte, sich gelegentlich aber auch bärbeißig gebende Pubertätsgeschichte von genialischem Schwung und diesem ebenbürtiger Sentimentalität.

Sagt der kleine Marquis: »Ihr seid sehr jung, Herr?«
Und der von Langenau, in Trauer halb und halb im Trotz:
»Achtzehn.« Dann schweigen sie.
Später fragt der Franzose: »Habt ihr auch eine Braut daheim,
Herr Junker?«
»Ihr?«, gibt der von Langenau zurück.
»Sie ist blond wie Ihr.«
Und sie schweigen wieder, bis der Deutsche ruft: »Aber zum
Teufel, warum sitzt Ihr denn dann im Sattel und reitet durch
dieses giftige Land den türkischen Hunden entgegen?«
Der Marquis lächelt. »Um wiederzukehren.«

Der *Cornet* erschien als Nr. 1 der Insel-Bücherei, die neue Reihe und die aktuelle Love Story, ein verlagstechnischer Coup, förderten sich gegenseitig. Viele junge Soldaten nahmen das Bändchen in ihren Tornistern mit in den Krieg, nach einem halben Jahrhundert erreichte es die Millionenauflage.

In den Jahren, die zwischen der Niederschrift und dem Erscheinen des *Cornets* lagen, hatte sich Rilke sehr verändert. Die Reisen nach Russland beeindruckten ihn tief: »Hier fand ich«, schreibt er, »jeden voll von Dunkelheit wie einen Berg, jeden bis zum Halse in seiner Demut stehend, ohne Furcht, sich zu erniedrigen, und deshalb fromm. […] Es schenkte mir die Brüderlichkeit und das Dunkel Gottes, in dem allein Gemeinschaft ist.«

Dieses Erlebnis bezeugt die Gedichtsammlung *Das Stundenbuch* (1905), dessen drei Teile *(Vom mönchischen Leben, Von der Pilgerschaft, Von der Armut und vom Tode)* unablässig von der Gotteserfahrung sprechen: Dabei handelt es sich allerdings nicht, wie die Entstehungsumstände annehmen lassen könnten, um eine Annäherung an christliche Lebens- und Glaubensformen. Gott ist überall, für den demütigen Beter unter allen Hüllen erkennbar, aber kein Wort vermag seine Grenzenlosigkeit zu ermessen.

Ich finde dich in allen diesen Dingen,
Denen ich gut und wie ein Bruder bin;
Als Samen sonnst du dich in den geringen,
Und in den großen gibst du groß dich hin.

Das pantheistische Bekenntnis geht über in soziale Prophetie und Utopie. Fast zu mühelos findet Rilke zahllose Variationen solcher Aussagen von Gott und letzten Dingen. Er erkannte das später selbst, in der Art des Stundenbuches, meinte er, hätte er noch lange fortfahren können.

Erst in der folgenden Schaffensperiode, vermittelt durch die von Clara Westhoff angeregte Begegnung mit Rodin, gewann diese fließende, musikalische Lyrik bestimmten Gehalt und feste Konturen. Während Rilkes Pariser Jahren wurden Rodin und sein Werk das bestimmende Vorbild. Die zu dieser Zeit entstandenen »Ding-Gedichte« *(Das Karussell, Die Flamingos, Die Fontäne, Die Dame vor dem Spiegel, Archaischer Torso Apollos, Der Panther)* hat Rilke in den Bänden *Neue Gedichte* (1905) und *Der Neuen Gedichte anderer Teil* (1908) gesammelt.

Verbürgt ist, dass Rodin, nachdem er den jungen Rilke kennen gelernt hatte, diesem den Rat gab, in den Zoo zu gehen, um sehen zu lernen. Ausgestattet mit einer *autorisation d'artistes*, einem Spezialausweis für bildende Künstler, der ihm am Morgen, vor Zulassung des Publikums, Einlass gewährte, hat der tierliebe Dichter viele Stunden im Jardin des Plantes verbracht.

Eines der frühen Resultate dieser Zoobesuche ist das »vielleicht schönste Tiergedicht deutscher Sprache«

Rainer Maria Rilke, Ölgemälde von Helmuth Westhoff, 1901

(W. Leppmann), *Der Panther*, das im September 1903 in der Prager Monatsschrift *Deutsche Arbeit* erschien:

Der Panther (Im Jardin des Plantes, Paris)

Sein Blick ist vom Vorübergehn der Stäbe
So müd geworden, dass er nichts mehr hält.
Ihm ist, als ob es tausend Stäbe gäbe
Und hinter tausend Stäben keine Welt.

Der weiche Gang geschmeidig starker Schritte,
Der sich im allerkleinsten Kreise dreht,
Ist wie ein Tanz von Kraft um eine Mitte,
In der betäubt ein großer Wille steht.

Nur manchmal schiebt der Vorhang der Pupille
Sich lautlos auf –. Dann geht ein Bild hinein,
Geht durch der Glieder angespannte Stille –
Und hört im Herzen auf zu sein.

Rilkes Dichtung war von überragendem Einfluss auf spätere Lyriker, von denen es viele Rilke-Epigonen gab. Seine große und lang anhaltende Wirkung hat sich im Laufe der Zeit jedoch gewandelt. Während die Lyrik mit eher kritischer Distanz aufgenommen wurde, ist die Bedeutung des *Malte Laurids Brigge* (R., 1910) für die Entwicklung des Romans im 20. Jahrhundert deutlich geworden. (→ S. 347)

Christian Morgenstern (1871–1914)

Der Sohn eines Landschaftsmalers und Professors wurde in München geboren, verlor mit zehn Jahren die Mutter, versuchte sich als Einundzwanzigjähriger mit der Herausgabe einer Zeitschrift *Deutscher Geist*, begann in Breslau bei Werner Sombart das Studium der Nationalökonomie, studierte sodann in Berlin, ebenfalls ohne Abschluss, Kunstgeschichte. Er arbeitete als Lektor bei Bruno Cassirer, als Dramaturg und Übersetzer (Ibsen, Strindberg, Hamsun) und praktizierte die »Sünde wider den heiligen Geist«, nämlich das Feuilletonschreiben. Befreundet mit Heinrich und Julius Hart. Nach langjährigem Leiden an Tuberkulose in Meran gestorben.

Morgenstern widmete sein erstes Werk *In Phantas Schloß* (1895) »dem Geiste Friedrich Nietzsches«. Sein dichterisches Werk ist gekennzeichnet von zwei durch Phantasie und Glauben bestimmten Richtungen: einmal von der sprachschöpferisch-grotesken und humoristischen Lyrik, zum anderen von den weltanschaulich-mystischen Gedichten aus anthroposophischer Sicht. Zu dieser führte ihn seine Begegnung mit Rudolf Steiner (1861–1925), dem Begründer der Anthroposophie; die Gedichtbände *Einkehr* (1910) und *Wir fanden einen Pfad* (1914) enthalten sein weltanschauliches Bekenntnis.

Für weite Kreise ist sein Name vor allem mit den grotesken, hintergründigen *Galgenliedern* (1905) verbunden, mit denen er als Student begann und deren Ton er in *Palmström* (1910), *Palma Kunkel* (1916) und *Der Gingganz* (1919) fortsetzte. Sie sind ein freies Spiel des Geistes und der Phantasie mit bizarren Einfällen und gedanklichem Witz in geschmeidiger Reimtechnik, nach seinen eigenen Worten »dumme kleine Schmetterlinge, gefangen auf der Wiese geistiger Freiheit«. Seit Morgenstern kennt man den Lattenzaun, mit Zwischenraum hindurchzuschaun, das Huhn in der Bahnhofshalle, den Seufzer auf nächtlichem Eis, das Wiesel auf seinem Kiesel im Bachgeriesel oder den wissbegierigen *Werwolf* ein Gedicht, das bei aller Verspieltheit doch die Aufmerksamkeit auf Eigentümlichkeiten der Sprache lenkt.

Der Werwolf

Ein Werwolf eines Nachts entwich
Von Weib und Kind und sich begab
An eines Dorfschullehrers Grab
Und bat ihn: »Bitte, beuge mich!«

Der Dorfschulmeister stieg hinauf
Auf eines Blechschilds Messingknauf
Und sprach zum Wolf, der seine Pfoten
Geduldig kreuzte vor dem Toten.

Christian Morgenstern, 1910

»Der Werwolf«, sprach der gute Mann,
»Des Weswolfs, Genitiv sodann,
Dem Wemwolf, Dativ, wie man's nennt,
den Wenwolf, damit hat's ein End.«

Dem Werwolf schmeichelten die Fälle.
Er rollte seine Augenbälle.
»Indessen«, bat er »füge doch
Zur Einzahl auch die Mehrzahl noch!«

Der Dorfschulmeister aber musste
Gestehn, dass er von ihr nichts wusste.
Zwar Wölfe gäb's in großer Schar
Doch »wer« gäb's nur im Singular.

Der Wolf erhob sich tränenblind –
Er hatte ja doch Weib und Kind!
Doch da er kein Gelehrter eben,
So schied er dankend und ergeben.

Ob Morgenstern dabei vielleicht auch an den gefährlichen »Wehrwolf« Hermann Löns'scher Prägung gedacht hat? Es wäre ein schöner Beleg für die entwaffnende Kraft des Humors und des unbesiegbaren Sprachwitzes.

Drama

Das dramatische Schaffen der Jahrhundertwende zeigt sowohl – im weitesten Sinn – naturalistische als auch antinaturalistische Tendenzen. Grundsätzlich ist es damit von dem der anderen Gattungen nicht unterschieden, aber die mit solcher Polarität verbundenen Wirkungen fallen stärker, eben »dramatischer«, ins Auge. Im Berichtszeitraum entstehen zahlreiche Werke, die auf eine unverklärte Wiedergabe der Realität und der dieser zugrunde liegenden Gesetze abzielen. Psychische Erscheinungen finden ihre kausale Erklärung nach jungen oder jüngsten Erkenntnissen der Wissenschaft. In anderen Werken der Literatur zeigt sich dagegen das Bestreben, die Fesseln von Ursache und Wirkung abzustreifen. Das Leben, so wird gesagt, ist vielfältiger, als die materialistische Perspektive zeigt, die unzulänglich ist und bleiben wird. Die naturalistische Kunst ermüdet, ist flügellahm; es gilt, sie durch eine beschwingtere zu ersetzen. Gelegentlich greift man dann auf ältere Formen und Denkweisen zurück (»Neuromantik« lautet eine der jetzt dafür aufkommenden Bezeichnungen), doch geht es dabei nicht mehr um Idealisierung oder Verklärung im herkömmlichen Sinne, sondern um den Gebrauch schöpferischer Freiheit, das unbefangene Spiel der Phantasie im Ausleben ihrer Bedürfnisse.

Künstler lieben die Veränderung. Eine Nebenwirkung ihrer Vorgehensweise ist diesmal eine vermehrte Aufmerksamkeit für sie selbst und ihre Probleme. Längst sind sie nicht mehr die Anwälte der überlieferten Wahrheit einer bestimmten Religion, sondern nur sich selbst verantwortlich. Unabhängigkeit bildet inzwischen sogar einen unabdingbaren Teil ihres Selbstverständnisses. Wenn sie in den Vordergrund stellen, was mehr ist als »Natur«, vielmehr künstliche, kunstreiche Schöpfung, wächst ihre risikoreiche Freiheit weiter und zugleich die Entfernung, die sie von den Nichtkünstlern, der Masse und ihren Bedürfnissen trennt. Der Druck, der auf ihnen lastet, ist groß. Wie den Glockengießer Heinrich in Gerhart Hauptmanns *Versunkener Glocke* stürzt sie ihre menschliche Schwäche in Konflikte, die poetisch zuweilen nur durch den Tod gelöst werden können.

So die Gegensätze. Es gibt auch Mischformen der miteinander streitenden Tendenzen. Für das Ineinander von Naturalismus und sich als Traumspiel gebender Überwirklichkeit bietet GERHART HAUPTMANNS *Hanneles Himmelfahrt* ein Beispiel.

Naturalismus und Neuromantik

Hannele (1893, später *Hanneles Himmelfahrt. Traumdichtung in zwei Akten*) wurde eine Woche vor der Premiere des *Biberpelz* uraufgeführt (beide Stücke in Berlin, das eine im Deutschen Theater, das andere im Königlichen Schauspielhaus), kaum mehr als ein halbes Jahr nach der ersten öffentlichen Aufführung der *Weber* und nach insgesamt sechs mit dem Anspruch der Erneuerung im Sinne einer künstlerischen Moderne ausgeführten Dramen. Die Überraschung des Publikums, das gerade begonnen hatte, sich an Hauptmanns naturalistische Darstellungsweise zu gewöhnen, war groß. Komposition und Milieu, die offene Form und die Darstellung des Elends entsprachen den Erwartungen, aber die teilweise Rückkehr zur Reimsprache und die in den Fiebervisionen einer Vierzehnjährigen vergegenwärtigte Traumwelt muteten wie die Wiederaufnahme romantisierender Kunstmittel an, unzeitgemäß für die einen, ermutigend für die anderen, die einen Saulus zum Paulus geläutert wähnten.

Hannele wird von ihrem Stiefvater, einem trunksüchtigen, verkommenen Maurer, so misshandelt und gepeinigt, dass sie ins Wasser geht. Sie wird gerettet und todkrank ins Armenhaus gebracht. In ihrer Phantasie wandeln sich die Personen der Umgebung in himmlische Erscheinungen der Engel; in der Gestalt des geliebten Lehrers sieht sie verklärt den Heiland und erlebt die Erfüllung aller Wünsche, die ihr versagt waren. Engelsgesang geleitet sie in den Todesschlaf.

In der ursprünglichen Fassung war *Hannele* dreiaktig, auf ihre erste Vision folgte nicht unmittelbar der Tod, sondern nach zeitweiliger Rückkehr in die Wirklichkeit eine zweite Vision, in der Hannele den Lehrer zu sich ins Paradies holt. Das hätte die transzendenten Bezüge des Traumspiels noch verstärkt, wenngleich auch in dieser Fassung das Stück damit schloss, dass der Arzt das Ableben konstatierte. Hauptmann entschied sich jedoch für die zweiaktige Version.

Im Personenverzeichnis werden die Erscheinungen getrennt von den handelnden Personen aufgeführt, nämlich als im »Fiebertraum« gegenwärtig, insofern konnte der Einbruch der Überwelt auch überzeugten Materialisten als plausibel gelten. Die Rekonstruktion von Träumen war in der Literatur der Jahrhundertwende ein beliebtes Kunstmittel. Aber so wie Hauptmann durch ausführliche Regieanweisungen das soziale Milieu sorgfältig darstellt (und damit als »Erzähler« gegenwärtig ist wie in allen seinen naturalistischen Dramen), so beschreibt er seine Engel als »schöne geflügelte Jünglinge mit Rosenkränzen auf den Köpfen«;

sie wirken »wie Übersetzungen eines Jugendstilbildes ins Literarische« (W. Falk). Zu Trost und Beseligung der Sterbenden legt er ihnen Verse in den Mund, deren perlender Wohlklang zum Schönsten zählt, was er als Lyriker geleistet hat, aber ebenfalls weit über das hinausgeht, was dem Erfahrungspotential des Kindes gemäß ist. Diese Engel stammen aus der Welt des Dichters und widersprechen somit den rein naturalistischen Darstellungsprinzipien.

Wir bringen ein erstes Grüßen
Durch Finsternisse getragen;
Wir haben auf unsern Federn
Ein erstes Hauchen von Glück.

Wir führen am Saum unsrer Kleider
Ein erstes Duften des Frühlings;
Es blühet von unsern Lippen
Die erste Röte des Tags.

Es leuchtet von unsern Füßen
Der grüne Schein unsrer Heimat;
Es blitzen im Grund unsrer Augen
Die Zinnen der ewigen Stadt.

Für Hannele gab es ein Vorbild in der Wirklichkeit, 1891 hatte Hauptmann im Webergebiet die dreizehnjährige, leidende Tochter einer mittellosen Witwe kennen gelernt und sich des Kindes angenommen. Als literarische Figur steht Hannele am Anfang einer ganzen Reihe von mit märchenhaften Zügen ausgestatteten, kindhaften Mädchengestalten in Hauptmanns Werk (Rautendelein in der *Versunkenen Glocke*, Pippa in *Und Pippa tanzt*, Gersuind in *Kaiser Karls Geisel*, Sidselill in *Schluck und Jau*). Seine Beziehung zu der Schauspielerin Ida Orloff, für die er *Und Pippa tanzt* schrieb und die auch das Hannele spielte, verstärkte diese Faszination.

Aufgenommen wurde das Stück höchst unterschiedlich, nicht wenige Kritiker hielten es für gänzlich verfehlt, darunter Karl Frenzel (1827–1914) und Franz Mehring, der von »Klimbim« und »Mystizismus« sprach. Auch von Verrat war die Rede. Der als Kritiker bereits pensionierte Fontane, immer gut für überraschende Urteile, aber ein alter Theaterhase, der, wie Mehring, den »Hauptmann der schwarzen Realistenbande« aufrichtig schätzte, war »bewegt, aber doch voll tiefster Bedenken« und erklärte das Stück für »verwerflich«. Ernst Barlach dagegen zollte höchstes Lob, und Erich Schmidt sah anscheinend eine Gelegenheit, Hauptmann endlich für den Schiller-Preis vorzuschlagen. Die Jury stimmte zu, aber der Kaiser kassierte ihre Entscheidung, der Preis ging an Ernst von Wildenbruch.

Eine spätere Interpretation sieht das Traumspiel als »zweiten Teil des Weberdramas« (J. Gregor), ein Urteil, das dem Verfasser vielleicht am meisten zugesagt hätte, denn angelegt war die transzendente Erfahrung in der Figur des alten Hilse auch dort. Hauptmann setzte die mit *Hanneles Himmelfahrt* begonnene Linie verstärkt fort in einem Künstlerdrama inmitten der schlesischen Nixen- und Holzmännleinwelt (*Die versunkene Glocke. Ein deutsches Märchendrama*, 1897, U. 1896), in dem Schauspiel *Der arme Heinrich. Eine deutsche Sage* (1902), nach der mittelalterlichen Verslegende des Hartmann von Aue, und in *Und Pippa tanzt! Ein Glashüttenmärchen* (1906), das im Riesengebirge spielt und seinen Titel Robert Brownings Verserzählung *Pippa geht vorüber* (*Pippa Passes*, 1841) verdankt. Auch in diesem Drama geht es letztlich wieder (symbolisch) um Kunstprobleme, wird in kunstvollen Versen ein Traumbild der Lagunen- und Glasmacherstadt Venedig entworfen. Ansichtig wird dieses Bildes ein Okarina spielender Handwerksbursche, Hellriegel, der Sehnsucht nach dem Besonderen und dem Süden in sich trägt und Pippa, seine »Märchenprinzessin«, liebt. Er erblindet beim Anblick der Eisdämonen, verliert (was er nicht wahrnimmt) Pippa durch den Tod und folgt zuversichtlich weiter seinem inneren Licht. In dieser Figur hat Hauptmann nach seiner eigenen Erklärung, den »zartesten, reinsten und jugendlichsten Teil seiner Leidenschaft« objektiviert. So tief die Kluft zwischen Bürgern und Künstlern sein mochte, auf der Bühne sah man dergleichen gern. Die schon einigen zeitgenössischen Kritikern fragwürdige, mittlerweile kaum mehr spielbare *Versunkene Glocke* wurde ein großer Erfolg, der indirekt aussagekräftig ist für die vielberufene Problematik des Künstlertums und was sie nebenher transportierte.

Der fromme Glockengießer Heinrich verlässt Weib und Kind, nachdem Berggeister seine Glocke in einem See versenkten, was er als göttliches Zeichen seines künstlerischen Versagens auffasst, und überlässt sich, um neue Kraft zu finden, seiner Liebe zur Elfe Rautendelein. Aber die neue Glocke, die alle anderen Glocken zu übertönen bestimmt ist, zerbricht, im See ertönt die versunkene Glocke. Heinrich kehrt ins Tal zurück, findet aber seine Frau nicht mehr lebend vor. Nirgends mehr beheimatet, steigt er wiederum auf den Berg und empfängt von der alten Wittichen (der Dialekt sprechenden »Großmutter«) den Zaubertrank, der ihm Rautendelein, seinen Genius, und die alte Kraft zurückschenkt, aber auch den Tod bringt.

Ein Suchender war auch der Autor, der mit *Rose Bernd* und *Die Ratten*, wie bereits dargestellt, zu seinem früheren Stil zurückkehrte. Als Bruch mochten sich ihm seine Wandlungen nicht darstellen. Sein künstlerisches, soziales und religiöses Empfinden wirkte hier wie dort, sein Gestaltungswille war unentwegt lebendig, das Maß des Gelingens allerdings unterschiedlich, und dem Beifall des Publikums zuweilen umgekehrt proportional. Den Dialekt verwendete er sowohl in seinen naturalistischen wie in den als neuromantisch bezeichneten Dramen, die nebenher auf Vers und Wohlklang setzten. Der Wechsel der Ausdrucksmittel war ein Teil des künstlerischen Prozesses und zeigte sich auch in Hauptmanns epischem Schaffen, das Prosa und Hexameterdichtungen umfasste.   (→ S. 349)

Als der künstlerische Antipode Hauptmanns – sowohl des Naturalisten als auch des »Neuromantikers« – erscheint Frank Wedekind, der eine Sonderstellung einnimmt, weil er sich weder den überlieferten noch den neu aufkommenden Tendenzen überlässt. Kritische Distanz bewahrt er auch gegenüber der Gesellschaft, denn deren (wiewohl doppelbödige) Moral und der von ihm propagierte Lebensgenuss schließen einander aus. Wie kein anderer Autor seiner Zeit hat Wedekind daher mit der Zensur zu kämpfen.

Frank Wedekind (1864–1918)

Benjamin Franklin Wedekind, in Hannover geboren, war der Sohn einer ungarischen Sängerin und eines Arztes, der 1849 nach Amerika ausgewandert war, wo er in Kalifornien zu Reichtum gelangte. Seine von Konflikten der Eltern überschattete Kindheit verlebte Wedekind auf Schloss Lenzburg im Aargau (Schweiz). Er begann als Gymnasiast zu dichten, studierte in Lausanne und München interesselos Jura, schlug sich nach Entzug der väterlichen Unterstützung bei der Firma Maggi und als Zirkussekretär durch, erbte, lebte als Bohemien in Paris, veröffentlichte anstößige Privatdrucke, schrieb seit 1896 für den *Simplicissimus* und wurde 1899 wegen Majestätsbeleidigung zu Festungshaft verurteilt. Der Stückeschreiber verpflichtete sich der Bühne auch als Dramaturg, Regisseur und Schauspieler, wirkte am 1901 gegründeten Münchner Kabarett »Die elf Scharfrichter« mit und heiratete 1906 die Schauspielerin Tilly Newes. 1908 nahm er seinen Wohnsitz in München, wo er, besonders als Dramatiker skandalumwittert, kurz vor dem Ende des Ersten Weltkriegs starb.

Nicht weniger als 15 Jahre liegen zwischen dem Druck (1891 in Zürich) und der Uraufführung (1906 in Berlin) von Wedekinds »Kindertragödie« *Frühlings Erwachen*; danach wurde das Stück, das zunächst als unspielbar gegolten und in Max Reinhardts Inszenierung, der Kürzungen unerachtet, tatsächlich zunächst einen Theaterskandal, anschließend aber einen Sensationserfolg ausgelöst hatte (117 Aufführungen), bis 1912

Frank Wedekind: *Frühlings Erwachen*, Umschlag von Frank Stassen, 1894

verboten. Wedekinds dramatische Anfänge fallen mithin noch in den Naturalismus, sind aber auch annähernd zeitgleich mit Nietzsches Arbeit an seiner späten Programmschrift *Ecce Homo*, in der er, schon von der Euphorie der Krankheit inspiriert, die christliche Moral verwarf und die Befreiung der Instinkte forderte. Das Neben- und Ineinander der geistigen und künstlerischen Tendenzen wird noch deutlicher, wenn man sich vergegenwärtigt, dass die Expressionisten in Wedekind einen Wegbereiter erkannten.

Das Stück zeigt die Verständnislosigkeit und Heuchelei, mit der die Erzieher zwei jungen Menschen begegnen, die das erwachende Gefühl zusammenführt und sie zuletzt in Angst und Tod treibt. Die Mischung von lyrisch-zarten und grotesk-zynischen Szenen knüpft deutlicher an Jakob Michael Reinhold Lenz und Georg Büchner als an den zeitgenössischen Naturalismus an. *Frühlings Erwachen* war nicht Wedekinds erstes Drama. *Der Schnellmaler* (1889) und *Kinder und Narren* (1891, später u. d. T. *Die junge Welt*) waren vorangegangen. In letzterem Stück hatte er sich über die vorgeblich naturalistischen Dichter lustig gemacht, die mit dem Notizbuch dem Leben und der Wirklichkeit auf die Spur zu kommen suchen und dabei doch immer literarisch bleiben. Er suchte das starke Leben ohne den Umweg über die Bücher. Unter dem Titel *Lulu* hat er zwei Dramen zusammengefasst, die zunächst als eines (eine »Monstretragödie«) geplant waren, dann aber in *Erdgeist* (1895, U. 1898) und *Die Büchse der Pandora* (1902, U. 1904) aufgespalten und wiederholt überarbeitet wurden.

Im Prolog zu *Erdgeist* kündigt ein Tierbändiger die »Urgestalt des Weibes« an: »Das wahre Tier, das wilde, schöne Tier, / Das, meine Damen, sehen sie bei mir.« Der Zeitungsverleger und Redakteur Dr. Schön will sich von seiner Geliebten Lulu, die er einst auf der Straße aufgelesen hat, befreien, indem er sie verheiratet. Im Verlauf des Stücks ruiniert Lulu durch ihre Affären ihre jeweiligen Männer, die durch Schlaganfall oder Selbstmord enden und zwingt Schön, sie zu heiraten. Als er sich ein weiteres Mal von ihr befreien will, erschießt sie ihn.

Die *Büchse der Pandora* zeigt Lulus Niedergang. Aus dem Gefängnis entkommen führt sie mit Schöns Sohn Alwa ein Hochstaplerleben in Paris, muss dann nach London fliehen, wo sie mit ihm und Gräfin Geschwitz, die sie liebt, als Prostituierte in ärmlichen Verhältnissen lebt. Alwa wird von einem Kunden erschlagen, die Geschwitz und Lulu werden von einem Lustmörder umgebracht.

Der starke und begabte Einzelne und die mittelmäßige Gesellschaft ist Wedekinds durchgehendes Thema: der erotisch erregte Jüngling in *Frühlings Erwachen,* der Künstler in *Der Kammersänger* (K., 1899), die Femme fatale *(Lulu)* und die Emanzipierte (*Franziska,* Sch., 1912), der Hochstapler (*Der Marquis von Keith,* Sch., 1900). Der Keith-Stoff hat Wedekind lange beschäftigt, er hat in diesem mit schärfster Satire durchgeführten, auf Sternheim vorausweisenden Drama sein »künstlerisch reifstes und geistig gehaltvollstes Stück« gesehen.

Mit dem Projekt eines »Feenpalasts« weiß Keith Münchner Geschäftsleute zu umfangreichen finanziellen Beteiligungen zu überreden, die in seine Tasche fließen. Er wirkt verführerisch auch auf seinen Jugendfreund Ernst Scholz, der sich an seiner Seite zum Genussmenschen ausbilden will, bei diesem Versuch aber scheitert und sich ins Irrenhaus zurückzieht. Keith durchschaut die nur dem materiellen Besitz verpflichtete Welt der Gesellschaft und ihrer »höheren Güter«, die nur deshalb so heißen, »weil sie aus dem Besitz hervorwachsen«. Trotz seiner Geschicklichkeit bringt man den Emporkömmling zur Strecke, weil man darin geübt ist, Geschäfte diskreter zu erledigen. Auch Keiths Freundin Gräfin Werdenfels, vormals die Verkäuferin Anna Huber, lässt ihn fallen. Der Betrüger wird aus München ausgewiesen und – das Spiel könnte anderswo von neuem beginnen, denn Keiths süffisantes Resümee besteht in dem Satz: »Das Leben ist eine Rutschbahn.«

Die Premiere des *Marquis von Keith* in Berlin war ein Flop. Für Wedekind, der bei seiner Entlassung aus der Festungshaft auf dem Königstein völlig mittellos war, folgten schwierige, allerdings literarisch fruchtbare Jahre als Textdichter für das Kabarett »Die elf Scharfrichter«, aber auch mit Tragikomödien für die Bühne, die seine Enttäuschung erkennen lassen (*So ist das Leben*, U. 1902, später u. d. T. *König Nicolo* und *Hidalla oder Sein und Haben*, 1904). Anerkennung und Erfolg stellten sich nur langsam ein.

Gefälligere Talente fanden Wege, das Nebeneinander alter und neuer Formen und Werte auf weniger radikale Weise in bühnenwirksame Stücke umzusetzen. Das Schauspiel *Hanna Jagert* (1893) des Dramatikers, Erzählers und Lyrikers OTTO ERICH HARTLEBEN (1864 bis 1905) zeigt in dem soeben aus dem Gefängnis entlassenen Verlobten der Titelheldin einen sozialen Kämpfer und ein Opfer der Sozialistengesetze, nach deren Aufhebung er soeben die Freiheit wiedergewonnen hat – in Hanna Jagert aber eine junge Frau, die sich von ihm löst und für das »Leben« entscheidet, das stärker ist als Ideologien. Sie hat sich nicht nur wirtschaftlich emanzipiert, sie wird an der Seite eines jungen Barons, von dem sie ein Kind erwartet, ihr Glück finden. Um eine Verletzung des gesellschaftlichen Tabus der vorehelichen Schwangerschaft handelte es sich immer noch, da aber am Schluss geheiratet wird, widerrief das Oberverwaltungsgericht das von der Polizei bereits verhängte Aufführungsverbot.

Von behördlichen Restriktionen und Aufführungsverboten bedrängt sah sich auch der bedeutendste Theaterdichter der Jahrhundertwende, Arthur Schnitzler.

Arthur Schnitzler (1862–1931)

Der Sohn eines angesehenen Wiener Laryngologen – der seinerseits mittelloser Herkunft aus der ungarischen Provinz war und sich rasch emporgearbeitet hatte – und einer aus dem assimilierten jüdischen Bürgertum stammenden Mutter, besuchte das Akademische Gymnasium, legte die Matura mit Auszeichnung ab, studierte ebenfalls Medizin, beschäftigte sich mit Hypnose und Suggestion und ließ sich als Facharzt für Nervenkrankheiten in Wien nieder. Einblicke in die Welt des Theaters gewann er schon als Kind, denn die Eltern der Mutter wohnten im Gebäude des Carl-Theaters, dramatische und lyrische Versuche datieren ebenfalls früh, blieben aber zunächst unbedeutend. Nach Aufgabe der Arztpraxis lebte Schnitzler als freier Schriftsteller. Er gehörte zu dem »Jung-Wien« genannten Literatenzirkel, war mit Hofmannsthal befreundet (Ausgabe des Briefwechsels 1964), schrieb umfangreiche Tagebücher, die postum 1981 zu erscheinen begannen und in zehn Bänden den Zeitraum von 1879 bis 1931 umfassen. Gestorben in Wien.

Im Mai 1880 notierte der junge Vielschreiber: »Somit hab ich bis auf den heutigen Tag zu Ende geschrieben 23, begonnen 13 Dramen, soweit ich mich erinnere.« Ab 1886 erfolgen Veröffentlichungen mit einiger Regelmäßigkeit, darunter Einakter wie 1888 *Das Abenteuer meines Lebens* (auf Kosten des Autors gedruckt), 1890 das unaufgeführt gebliebene *Alkandis Lied.*

Die erste dramatische Arbeit Schnitzlers von Rang bildete der zwischen 1888 und 1891 entstandene Zyklus *Anatol* (1892), eine Folge von Einaktern, wie sie am Jahrhundertende überall in Europa beim großstädtischen Theaterpublikum beliebt waren. Schnitzler hat sich dieser Form, für die er, wie er erkannte, eine besondere Begabung mitbrachte, auch später erfolgreich bedient (Gruppen: *Lebendige Stunden*, 1902; *Marionetten*, 1906; *Komödie der Worte*, 1915). Mit Anatol gelang ihm die Skizzierung einer unverkennbar wienerischen, aber doch zugleich epochentypischen Figur.

Dargestellt werden private Verwicklungen: Ein alleinstehender junger Herr erlebt Liebesgeschichten (ebenso viele wie Einakter) und bespricht sie mit einem Freund, der, wie er ironisch bemerkt, eigentlich nur dazu da ist, die Stichworte zu geben. Anatol ist verwöhnt, witzig, melancholisch, gelegentlich auch sentimental. Er scheut Verantwortung und lebt im Augenblick. Zwischen Spiel und Wirklichkeit zu unterscheiden fällt ihm schwer. Mangel an Eleganz erträgt er nicht, Langeweile nur momentan. Er ist empfänglich, aber ohne Kraft, sympathisch, aber ohne Charakter, seine Einsamkeit ist ohne Tiefe, aber sozusagen bodenlos.

Hofmannsthals der Buchausgabe des *Anatol* beigefügter kunstvoller Prolog dokumentiert die trotz des Altersunterschieds und der unterschiedlichen Talente fruchtbare künstlerische Beziehung zwischen beiden Dichtern. Hofmannsthal hat später vom charakteristischen Phänomen der »Schnitzler-Welt« gesprochen, es ist zu einem Teil auch die seine. Was sie und die andern Autoren der losen, »Jung-Wien« genannten literarischen Vereinigung zugehörig erscheinen lässt, ist das österreichische Lebensgefühl, die Leichtigkeit in Auftreten und Gebärde vor dem Hintergrund einer nicht weniger spezifischen Melancholie.

Nördlich des Mains wurde das gern mit Unverbindlichkeit verwechselt. Die Rezeption von Schnitzlers *Anatol* zeigt im Besonderen, was für die Décadence im Allgemeinen gilt – der Reflex wurde für das Faktum genommen, der Bote für die Nachricht bestraft. Schnitzler ist nicht Anatol, der Autor geht in seinen Gestalten nicht auf. Dass zu diesen bevorzugt auch Künstler und Halbkünstler zählen, ist nur epochentypisch. Ein bezeichnendes Beispiel dafür bildet der

Anatol, Regie Ernst Lothar, Akademietheater Wien, Robert Lindner als Anatol, Paula Wessely als Gabriele

Einakter *Literatur* (1903), fast gleichzeitig mit Thomas Manns Novelle *Tonio Kröger* entstanden.

Als Abschluss des *Anatol*-Zyklus verfasste Schnitzler alternativ den im Nachlass überlieferten Einakter *Süßes Mädel*. Dieser Titel verweist auf einen anderen durch Schnitzler geprägten literarischen Typus. Er wird die Schicksale seiner jungen Wienerinnen aus dem Volk wiederholt nach demselben Grundmuster erzählen, das Anatol in dem Satz zusammenfasst: »In der Stadt werden sie geliebt, und in der Vorstadt werden sie geheiratet.«

Schnitzler bot Zeitstücke, die Bühne und Parkett in eins setzten. Sein erstes mehraktiges Drama *Das Märchen* (1893) löste bei seiner Premiere am Deutschen Volkstheater einen Skandal aus, es wurde nach zwei Aufführungen abgesetzt. Drei Schauspielerinnen – die Alternde, die Erfolgreiche, die Anfängerin – zählen zum Figurenrepertoire dieses Schauspiels; Schriftsteller, Künstler und Theateragenten stehen ihnen gegenüber. Die erste Darstellerin der Hauptfigur ist die von Schnitzler auch persönlich adorierte Bühnendiva Adele Sandrock. Der vor und hinter den Kulissen erfahrene Autor ist in die Konflikte, die er darstellt, selbst verstrickt, aber er vermag sie zu objektivieren.

Liebelei, Verfilmung von Max Ophüls, 1933
Szene mit Magda Schneider und Wolfgang Liebeneiner

Zwei Jahre später wurde *Liebelei* (1896, U. 1895) am Burgtheater zu seinem ersten wirklichen Erfolg.

Der Student und Reserveleutnant Fritz Lobheimer fällt im Duell mit dem Ehemann der Frau, mit der er ein Verhältnis hatte, das zu lösen er nicht rechtzeitig die Kraft fand. Christine Weiring, einzige Tochter eines verwitweten Orchestermusikers, mit der er eine ihn weniger belastende Beziehung pflegte, erfährt von dem Duell erst nach seinem Begräbnis. Sie, die ihn geliebt hat, erkennt, im wie geringen Maße er sich ihr gegenüber verpflichtet fühlte (»Was bin denn ich?«). Verzweifelt verlässt sie das Haus. »Sie kommt nicht wieder!«, kommentiert der Vater ihren Weggang.

Die Tragik des Stückes liegt darin, dass es eine Tragik im Sinne des bürgerlichen Trauerspiels, an das *Liebelei* entfernt erinnert, gar nicht mehr gibt. Nur eine Illusion wurde zerstört, Christine könnte weiterleben – aber eben diese Vorstellung zerstört ihren Lebenswillen.

In *Freiwild* (U. 1896) zeigt Schnitzler das Ensemble eines kleinen Provinztheaters in seinen privaten Begegnungen mit Typen des zivilen und militärischen Publikums. Männlicher Besitzanspruch und weibliches Selbstgefühl, pseudofeudaler Ehrenkodex und bürgerliche Wertvorstellungen treffen aufeinander, zugespitzt im Problem des provozierten und gegen die geltenden Spielregeln verweigerten Duells. Die spezielle Phraseologie, gegebenenfalls auch Phrasenlosigkeit, mit der Schnitzler seine Figuren ausstattet – von Anfang an ist er, auch darin Erbe bodenständiger Tradition, ein Autor, der dem Wort misstraut – bestätigt Darsteller und Zuschauer in dem, was sie selber sind, und stellt sie gerade dadurch in Frage.

Bis zum Ausbruch des Weltkriegs, also während mehr als zweier Jahrzehnte, findet Schnitzler auch außerhalb der Donaumonarchie und des deutschen Sprachraums wachsende Anerkennung, zugleich Widerspruch in der Öffentlichkeit, gelegentlich bei der Zensur und bei einem Teil der Kritik, im zunehmenden Maß verschärft durch den in Wien grassierenden Antisemitismus. *Das Vermächtnis* (1898) wirkt wie ein gegen die Ehe und für »freie Liebe« verfasstes Tendenzstück, die Groteske *Der grüne Kakadu* (1899) verknüpft in der historischen Umbruchssituation von 1789 konsequent Ernst und Spiel, Wirklichkeit und Illusion. Nach dem Einspruch einer Erzherzogin wird das Stück vom Spielplan der Burg abgesetzt, das historische Drama *Der Schleier der Beatrice* (1900), das mit seinem an den Hauptvertreter des malerischen Neubarocks, Hans Makart, gemahnenden üppigen Kolorit dem Geschmack der großbürgerlichen Gesellschaft weit entgegenkommt, von Direktor Paul Schlenther zwar angenommen, aber nicht aufgeführt. Sein bis dahin bestes Stück – wie Hofmannsthal urteilte – wagte Schnitzler zunächst nur als Privatdruck erscheinen zu lassen: die Szenenfolge *Reigen* (1900, öffentliche Ausgabe 1903), die zuerst 1912 in Budapest aufgeführt wurde, auch in der Republik von Prozess und Skandal umwittert blieb und den Autor wie kein anderes seiner Werke als zynischen Erotiker brandmarken half. Zehn Dialoge sind in der Weise miteinander verbunden, dass jeweils nur ein (Geschlechts-)Partner ausgetauscht wird, bis sich zuletzt der Ring schließt. Wie ein mittelalterlicher Totentanz macht der Reigen des Sexus die Beteiligten gleich.

Schnitzlers Ironie ist von tiefem Ernst getragen. »Ich schreibe Diagnosen«, hat er gelegentlich über seine Arbeiten geäußert. Als kritische Analyse impressionistischer Lebensform kann das Schauspiel *Der einsame Weg* (1904) gelten, in dem an die Stelle Anatols zwei alternde Abenteurer getreten sind. Um echtes und falsches Heldentum im privaten und im politischstaatlichen Bereich kreisen die Stücke *Der Ruf des Lebens* (1906) und *Der junge Medardus* (1910). Daneben entstehen von Schnitzler als »Komödien« oder »Tragikomödien« bezeichnete Bühnenwerke, die emotional oder gedanklich mitunter dunkle Schatten werfen: *Zwischenspiel* (1906), in der Welt der Künstler, *Komtesse Mizzi oder Der Familientag* (1908), elegant-spöttisch in der Welt des Hochadels angesiedelt. Die Einsamkeit der Gestalten Schnitzlers zeigt wie kaum ein anderes Stück *Das weite Land* (1911). Die Komödie *Professor Bernhardi* (1912), intrigenreiches Problemstück um das Scheitern eines humanen jüdischen Arztes, endet humoristisch – wie man angemerkt hat, aber nur deswegen, weil der Vorhang rechtzeitig fällt. Das Werk wurde in Berlin uraufgeführt, weil die Wiener Zensur es wegen Verächtlichmachung der Staatsorgane verbot. Erst nach 1918 konnte es auch in Österreich gespielt werden.

In seiner Reifezeit bevorzugt Schnitzler als Stückeschreiber vermehrt unauffällige Kunstmittel. Kein straff gegliedertes Geschehen dominiert auf der Bühne; die Ausführung wirkt eher skizzenhaft und episodisch. Eine hoch entwickelte Technik der Andeutung tritt an die Stelle wort- und gestenreich ausgespielter Konflikte. Nicht selten sind inhaltlich wichtige Vorgänge in die Zeiträume zwischen den Akten verlegt. Der Zuschauer erlebt Schnitzlers Gestalten daher oft in scheinbar unbestimmten seelischen Zuständen. Durch Erziehung und soziale Stellung an Beherrschung und Form gewöhnt, lassen sie ihre widerstreitenden Gefühle nur in verdeckter Weise erkennen. Auch ihre Sprache ist Maske, Gedanken und Empfindungen verbergen sich hinter der wie beiläufig geführten Konversation. Aus einer zeittypischen, für sich genommen eher indifferenten Manier der Kommunikation ist – nicht anders als in den dialogischen Romanen Fontanes – durch künstlerische Behandlung ein gesellschaftlich und psychologisch charakteristisches Ausdrucksmittel geworden. Während das Vorgestellte an der Oberfläche durch luziden Charme bestrickt, spielt das eigentliche Drama im Bewusstsein und Unterbewusstsein der Figuren. Mit ihnen treibt der Autor ein kontrolliertes Spiel. Ihre Entwicklung erfolgt in bemessenen Schritten und beruht auf nachvollziehbarem Plan. (→ S. 344)

Hofmannsthal. Theater und Präexistenz

Anders als Schnitzler zog der junge HOFMANNSTHAL schon mit seinen ersten dramatischen Versuchen eine Trennungslinie zur naturalistischen Bühne. *Gestern. Dramatische Studie in einem Akt* (1891, U. 1928), *Der*

Tod des Tizian. Dramatisches Fragment (1892, U. 1901) und der lyrische Einakter *Der Tor und der Tod* (1893, U. 1891) bilden eine eng zusammengehörige Gruppe. Die beiden erstgenannten Stücke sowie das Dramenfragment *Ascanio und Gioconda* (1892) spielen in der Renaissance, *Der Tor und der Tod* in den Zwanzigerjahren des 19. Jahrhunderts.

Graziös und altklug zugleich behandelt der siebzehnjährige Verfasser von *Gestern* einen Liebesbetrug, lässt seine Hauptfigur, einen jungen Aristokraten, von seiner Maxime »Das Gestern lügt und nur das Heut ist wahr!« zu der Einsicht gelangen »Was einmal war, das lebt auch ewig fort.« Es geht um Bindung und Bindungslosigkeit, Verrat und Treue – für Hofmannsthal auch künftig zentrale Themen. *Der Tod des Tizian* (1892) beschreibt das Ende des bis zuletzt tätigen großen Malers aus der Sicht der in seiner Villa weilenden Schüler, die wissen, dass mit dem Meister eine Epoche stirbt, denn die Einheit von Kunst und Leben geht mit ihm dahin. Die durch die Villa symbolisierte Welt der Schönheit, der sie sich zugehörig fühlen, ist ihnen durch Reflexion fragwürdig geworden, die in der Ferne sichtbare Stadt, in der das (hässliche) Leben zu Hause ist, kein Teil ihrer Welt. Auch in diesem Fragment (das gleichsam verurteilt war, ein Bruchstück zu bleiben, weil es das Eigenrecht der Schönheit in nur zu schönen Versen bestreitet) kündigt sich Charakteristisches an. *Der Tor und der Tod* (1893) gestaltet die Krise des Autors als existentielle Erfahrung der – wie Hofmannsthal sie nannte – »Präexistenz«, eines traumhaften ästhetischen Zustands, auf den es um der Teilhabe am realen Leben willen zu verzichten gilt: Claudio, der Tor, wird sich dessen bewusst, dass sein Dasein unerfüllt geblieben ist. Die zahllosen, flüchtigen Erfahrungen seines Ästhetenlebens münden in Isolation, und erst der Tod macht ihm klar, dass er das Eigentliche versäumt hat.

Hofmannsthals lyrische Dramen stellen in ihrer Wortkunst seinen Gedichten ebenbürtige Kunstwerke dar. 1897 folgten, u. d. T. *Kleine Dramen* die Stücke *Der Kaiser und die Hexe*, *Das kleine Welttheater* und *Der weiße Fächer*. Das dramatische Frühwerk endet mit dem zu Lebzeiten des Dichters nicht vollständig gedruckten Drama *Das Bergwerk zu Falun* (1932, e. 1899), das den in Hebels Erzählung *Unverhofftes Wiedersehen* und in E. T. A. Hoffmanns *Serapionsbrüdern* behandelten Stoff mit verändertem Schwerpunkt aufgreift. Hebel beschrieb die Situation, in der die alt gewordene einstige Braut des vor Jahrzehnten verunglückten schönen jungen Bergmanns seiner unversehrt gebliebenen Leiche ansichtig wird. Hofmannsthal geht es um den Versuch des Bergmanns, das ihm aus einer kurzen Begegnung bekannte, strahlend schöne Antlitz der Bergkönigin wiederzusehen. Ihretwegen vergräbt er sich in den Berg, versäumt er die Braut und sein Leben.

In den frühen Dramen ist die Krise bereits vorgebildet, die Lord Chandos' fiktiver Brief-Essay beschreibt. Als Lyriker ist Hofmannsthal nach ihrer Überwindung verstummt. Auch die Prosa trat zurück, umso mehr galt im neuen Jahrhundert die Aufmerksamkeit dem Theater. Seine Bemühung darum – vieles hat er als misslungen oder unvollendbar beiseite gelegt – umfasst alle Genres: Schauspiel, Oper, Ballett und Pantomime. Für die Wahl seiner Dramenstoffe und ihre Gestaltung wurde seine Kenntnis des europäischen Theaters von der Antike über das mittelalterliche Volksschauspiel und das Barock bis zu Molière anregend und hemmend zugleich. Zunächst handelt es sich um griechische Vorlagen, die Neufassung der *Elektra* (1904) des Sophokles und ein Drama *Ödipus und die Sphinx* (1906), beide von Max Reinhardt uraufgeführt, sowie um eine Bearbeitung von Thomas Otways Tragödie *Venice Preserved* (1682), u. d. T. *Das gerettete Venedig* (U. 1905). Im Frühjahr 1906 begann seine Zusammenarbeit mit Richard Strauss, die zu einer Anzahl anspruchsvoller Opernlibretti führte und bis zu seinem Tode währte.

Strauss hatte den Wunsch geäußert, die *Elektra* zu vertonen, und freudige Zustimmung gefunden. Hofmannsthal wusste aber (er hatte alsbald Gelegenheit, sich noch vermehrt davon zu überzeugen), dass es eine schwierige Zusammenarbeit sein würde, denn nach Temperament und künstlerischem Wollen waren die beiden Künstler denkbar verschieden. Reserviert zeigten sich auch die Freunde. Schnitzler schrieb ihm 1909 nach der Erstaufführung der *Elektra* in Wien: »Einen reineren Eindruck hatt' ich zwischen Generalprobe und Aufführung, da ich gestern früh die unverstrausste *Elektra* wieder las, die etwas einfach Bewunderungswürdiges vorstellt und der ich für meinen Teil gestern Abend noch heftiger applaudiert habe als der wahrhaft mächtigen Musikbegleitung.« Doch ist das Werk als Oper und nicht auf der Schauspielbühne lebendig geblieben.

Die Komödien, das »erreichte Soziale«

Vor dem Hintergrund versteckter Tragik entstand die heitere Welt der Komödien und Libretti. Der Autor musste sich gegen ein Missverständnis behaupten, das lange währte. Seinen Kritikern, zu denen auch Freunde

zählten, die, wie George, zu Gegnern geworden waren, galt er als der etwas anämische Ästhet, der bei nachlassender Kraft seinem ursprünglichen dichterischen Beruf untreu geworden war und sich für die Niederungen des Textschreibens nicht zu gut dünkte. Die anspruchsvollen Ziele, die er sich setzte, erleichterten das Gelingen nicht.

Tatsächlich verbirgt sich in Hofmannsthals Lustspielen ein höchster moralischer Anspruch des Künstlers an sich selbst und an sein Publikum. Bereits die Definition der Komödie in *Ad me ipsum* als »das erreichte Soziale« lässt diesen Anspruch erkennen: Vergegenwärtigt werden in dieser Komödienwelt alle Schichten der Gesellschaft. Die strengen Formen der Aristokratie und die zwanglose Geselligkeit in den niederen Ständen bestehen nebeneinander; mehr noch, sie durchdringen sich. Jeder Figur eignet durch ihre Sprache, sei diese nun Natur oder wieder Natur gewordene Kunst, ein unverwechselbarer Platz. Hofmannsthal verfügt über das breit gefächerte Personenrepertoire des Wiener Volkstheaters ebenso sicher wie über das feste Ensemble der Commedia dell'arte. Daher spielen seine Komödien oder Komödienentwürfe aus gutem Grund fast ausschließlich in Österreich oder – wie *Christinas Heimreise* – in Venedig, das während einiger Jahrzehnte des 19. Jahrhunderts einen Teil der habsburgischen Monarchie gebildet hatte, musik- und theatergeschichtlich aber noch viel länger mit Österreich eng verbunden gewesen war.

Christinas Heimreise zeigt noch im Misslingen Reiz und Eigenart seiner Kunst. Hofmannsthal hat die Vorlage im zweiten Band der Memoiren Casanovas gefunden. Manche Sätze hat er wörtlich für seinen Dialog entlehnt. Er folgte einer Anregung von Joseph Kainz, aber es war nicht das erste Mal, dass der ruhelose Venezianer ihn in seinen Bann schlug. Das »Genie des Lebens«, wie er Casanova nannte, ist das Vorbild für die männliche Hauptfigur der Komödie, den Abenteurer Florindo, einen für ihn und andere seiner Zeitgenossen (wiederum sei besonders an Schnitzler erinnert) so faszinierenden wie fragwürdigen Typus.

Florindo ist dem Augenblick hingegeben, nur diesem in seiner treulosen Weise treu. Nicht zufällig hat er seinen Auftritt in Venedig, wo die Grenzen zwischen Pracht und Verfall verschwimmen, der impressionistische Mensch in der impressionistischen Stadt. Er ist kein Don Juan, der zerstört, sondern der dem Reiz des Vergänglichen ausgelieferte und mit ihm verlorene Liebhaber. Auch die Fähigkeit zu verführen und zu beglücken schöpft er, ein seiner selbst unbewusster Spieler, aus dem Augenblick. Nur für ihn sind die wiederkehrenden Situationen des Immergleichen und ist sein Verhalten, das die anderen Mitspieler und das Publikum längst durchschaut haben, überraschend. Dieser Allerlebendigste ist so berechenbar wie eine Kleist'sche Marionette.

Auch die Pointe der für sich genommen banalen Verführungsgeschichte ist bereits in Casanovas Memoiren angelegt. Der Flattergeist und Glücksritter stiftet zuletzt das Bleibende, nämlich Christinas Verbindung mit dem anderen Mann, der beständig und gerecht ist. Die Dramaturgie des Lustspiels spiegelt diesen Prozess. Auf das einer mozartischen Szenenfolge ebenbürtige improvisierte Fest im Gasthof von Ceneda des zweiten Aktes folgt der langsame dritte in Christinas heimischem Capodiponte.

Auch auf dem Wege von Übersetzungen (*Die Heirat wider Willen*, 1910, nach Molières *Le mariage forcé*) und Bearbeitungen (*Der Bürger als Edelmann*, 1911, U. 1912, nach Molières *Le bourgeois gentilhomme*) suchte Hofmannsthal sich der Komödie zu bemächtigen. 1911 war ein Schwellenjahr, damals erschienen die beiden Werke, die dauerhaft mit seiner Bühnenkunst verbunden blieben.

In der Dresdner Oper hatte der *Der Rosenkavalier. Komödie für Musik* (1911) Premiere, stofflich eine freie Erfindung, die an die Stelle des Christina-Stoffes trat, den Hofmannsthal ursprünglich für Strauss in Aussicht genommen hatte, aber doch nicht ohne Anklang an die »leichtere Muse« der Operettenkunst: Die turbulente Affäre um Oktavian und Ochs von Lerchenau ist Franz von Suppés komischer Oper *Fatinitza* nachgebildet. Das Libretto hatte Hofmannsthal in Gesprächen mit dem Schriftsteller und Diplomaten HARRY GRAF KESSLER (1868–1937) konzipiert und in einem »halb imaginären, halb realen […] Wien von 1740« angesiedelt, also zur Zeit der jungen Kaiserin Maria Theresia (nicht zufällig trägt Hofmannsthals Marschallin den Namen Marie Theres). Der Briefwechsel zwischen Hofmannsthal und Richard Strauss von Februar 1909 bis September 1910 vergegenwärtigt die aktuellen Probleme der Entstehung. Mit seinem tieferen Anliegen, das aus seiner Kritik am Ästhetizismus der Jahrhundertwende hervorging und nach mehr geselligen Formen der Kunst trachtete, blieb der Dichter allerdings allein.

Die Rolle des Librettisten forderte gerade ihm besondere Verzichte ab, musste die Sprache doch ihrer dienenden Funktion gerecht werden und darauf verzichten, selbst Musik zu sein.

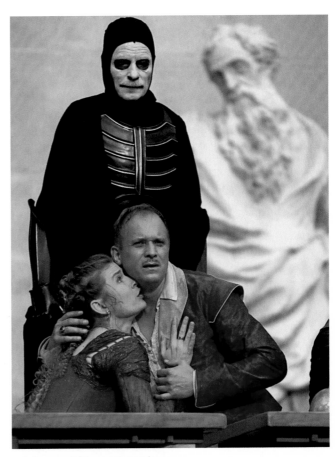

Jedermann, Salzburger Festspiele 2001,
Ulrich Tukur als Jedermann, Otto Sander als Tod,
Dörte Lyssewski als Buhlschaft

Aus der Not wurde eine Tugend, ja, ein kleines Wunder: die Sprache des »Rosenkavalier«, eine Prosa zwar, aber mit der melodischsten Mundart des deutschen Sprachraums, dem Wienerischen, als Basis, und diese versetzt mit dem Aroma einer älteren Sprachstufe, einem anmutig-zeremoniösen Rokoko, bei dem der Dichter sich nur über eines täuschte, nämlich, dass der Komponist willens oder fähig war, seine Schattierungen zu respektieren. (R. Alewyn)

Die Mahnung der Marschallin: »Leicht muss man sein; / mit leichtem Herz und leichten Händen, / halten und nehmen, halten und lassen«, bildeten auch Hofmannsthals Forderung an die Komödie. Mit dem *Schwierigen*, der bereits vor dem Weltkrieg begonnen, aber erst 1918 vollendet wurde, sollte er den Höhepunkt seiner Bühnenkunst erreichen. Um breitesten Widerhall bemüht zeigte sich jedoch ein anderes Werk, keine Komödie, auch keine Oper, sondern eine Allegorie, *Jedermann. Das Spiel vom Sterben des reichen*

Mannes (1911). Hofmannsthal bearbeitete die englische Moralität *The Somonynge of Everyman* (1509) aus dem Spätmittelalter für die von ihm in Salzburg geplanten Festspiele: Einzelheiten der Handlung, aber auch den Knittelvers entnahm er einem Stück des Hans Sachs, *Comedi vom reichen sterbenden Menschen, der Hecastus genannt* (1549).

Jedermann ist der Reiche, der sorglos dahinlebt und die Mahnungen, darauf zu achten, dass der Tod ihn eines Tages nicht unvorbereitet treffe, verlacht. Während eines üppigen Gastmahls aber naht ihm der Tod. Freunde, Verwandte verlassen Jedermann, auch sein Reichtum geht dahin, und nur seine wenigen guten Werke wollen ihn vor Gottes Thron verteidigen. Endlich entreißen der Glaube und die fürbittende Liebe der Mutter seine reuige Seele dem Teufel.

Die Uraufführung in der Inszenierung von Max Reinhardt erfolgte vor 5000 Zuschauern im Zirkus Schumann in Berlin. Von da nahm *Jedermann* seinen Weg, wie kein anderes von Hofmannsthals Werken ist es inzwischen mit seinem Namen verbunden. (→ S. 390, 398)

Eduard von Keyserling, Porträt Lovis Corinth, 1900

Prosa

Anders als im Naturalismus und im Expressionismus, deren maßgebende Vertreter jeweils annähernd gleichaltrig sind, wird die Literatur der Jahrhundertwende nicht nur von Autoren einiger weniger Jahrgänge vertreten. Das zeigt besonders die Prosa, zwischen Keyserling und Musil liegt der Altersabstand eines Vierteljahrhunderts, und doch ist Musils vielversprechendes Erstlingswerk, *Die Verwirrungen des Zöglings Törleß*, noch vor Keyserlings Hauptwerken entstanden: Während der eine, von Erinnerung geleitet, die Welt seiner Jugend bis in die feinsten Verästelungen akustisch und visuell vergegenwärtigt, ist der Blick des anderen in die Zukunft gerichtet, zielt sein intellektueller Spürsinn weniger auf Kunst als auf schonungslose Erkenntnis.

Eduard Graf von Keyserling (1855–1918)

Der Sproß einer alten baltischen Adelsfamilie – »als Gottes Atem leiser ging, / da schuf er den Grafen Keyserling«, lautet ein auf den Philosophen Hermann Graf von Keyserling (1880–1946) gemünzter Schüttelreim – wurde auf Schloss Paddern in Kurland geboren. Er besuchte die Universität Dorpat, die er wegen eines ungeklärten Vorfalls verlassen musste, lebte einige Jahre in Österreich, dann wieder in Kurland und verlegte, nachdem der väterliche Besitz an die verheirateten Brüder gefallen war, 1895 seinen dauernden Wohnsitz nach München, verbrachte aber 1899/1900 mehr als ein Jahr in Italien. Keyserling arbeitete an Alexander von Bernus' Zeitschrift *Freistatt* und am Kabarett »Die elf Scharfrichter« mit, pflegte Künstlerfreundschaften mit Peter Altenberg, Lovis Corinth, Max Halbe, Rudolf Kassner, Alfred Kubin, Rainer Maria Rilke und Frank Wedekind. Durch ein Rückenmarksleiden zunehmend ans Bett gefesselt und seit 1908 völlig erblindet, hat er seine letzten Werke diktiert. Gestorben in München. Lebenszeugnisse sind, Keyserlings Wunsch gemäß, größtenteils vernichtet worden.

Keyserlings großes Talent reifte spät. Ein früher autobiografischer Roman, *Die dritte Stiege* (1892), behandelt den vergeblichen Versuch einiger junger Intellektueller in Wien, die Arbeiter mit sozialistischen Ideen vertraut zu machen, und die folgende Rückkehr des Helden in seine baltische Heimat. Auch Dramen, Essays und Kunstkritiken gehören dieser ersten Schaffensperiode an, die Keyserling, den man gern als nostalgisch und kulturmüde beschrieben hat, mit Gegenwartsfragen beschäftigt zeigt.

Danach beschränkte er sich auf die Stoffwelt, die ihm seine Herkunft bot. Ihre durch die sozioökonomischen Veränderungen mittlerweile anachronistische Begrenztheit machte er durch episodische Einbeziehung der Arbeitswelt kenntlich. Keyserlings ästhetische Vorliebe für eine zu Ende gehende Epoche ließ ihn nicht zu einem Gegner emanzipatorischer Forderungen werden, vielmehr sicherte er ihnen mit künstlerischen Mitteln diskret einen Freiraum. Das Übergewicht der aristokratischen Sphäre blieb gleichwohl erhalten. Seine Darstellungen sind im zunehmenden Maße der Krankheit abgerungen. Die Kraft der Erinnerung ist in ihrer Genauigkeit bewundernswert, die erzählerische Technik beeinflusst durch Jacobsen, Bang und Flaubert.

Offensichtlich geht es Keyserling nicht darum, gesellschaftliche Konflikte um ihrer selbst willen darzustellen. Seinen Stoff bilden die Welt und das Leben, aus denen die Konflikte unvermeidlich hervorgehen. Die Natur ist, was der Name verheißt, und nicht nur, wie bei vielen Romanciers, Kulisse, die unter der Oberfläche der Normen und Konventionen virulente Erotik gewinnt selbstständige Bedeutung.

Als Mareile in den Gartensaal trat, verbeugten sich die Herren sporenklirrend, sie hatten dabei alle ein blankes Flackern in den Augen. Major von Tettau murmelte: »Donnerwetter«, und zog seinen Mund süß zusammen, als schlürfte er Maraschino. Mareile grüßte flüchtig und zerstreut. Sie lächelte der Fürstin Elise entgegen und tat, als sehe sie nur diese, aber all die begehrenden Männerblicke erregten ein wohliges Gefühl in ihr, als stände sie unter einer warmen Dusche. (Beate und Mareile. Eine Schlossgeschichte, 1903)

Ungeachtet der ironischen Erzähldistanz, die er lückenlos beherrscht, scheint Keyserling seinen weiblichen Charakteren mehr Fähigkeit und Bereitschaft zu eigenwilligen Entscheidungen und einer veränderten Lebensführung zuzubilligen als den männlichen, deren Begrenztheit er mit vermehrtem Spott beschreibt. Dann kann er sogar sehr direkt sein. *Beate und Mareile*, die erste seiner Schlossgeschichten, hat noch nicht die unauffällige Perfektion der letzten Erzählungen, lässt das Modell aber umso deutlicher erkennen. Die verwöhnte Hauptfigur, Günther von Tarniff, hat ihren Auftritt beim morgendlichen Bad, sein ihm noch aus der Junggesellen- und Militärzeit vertrauter Diener ist aufmerksam um ihn bemüht. Einen »reichen Baron im besten Mannesalter«, so könnten wir ihn wohl in der Sprache der *Wahlverwandtschaften* nennen, Herr auf Schloss Kaltin und seinen Wünschen entsprechend verheiratet – nämlich mit einer Freundin aus der Kindheit, einer, wie er sie sieht, »weißen« Frau von geformter Kühle, perfekte Verkörperung jener »weißen« Adelswelt ländlicher Schlösser, wo man auf der überlieferten Abgeschlossenheit besteht. Von Wahlver-

wandtschaften, wie Goethes Eduard sie erfährt, weiß er nichts, wohl aber bedarf er der ergänzenden Abenteuer mit den »roten« Frauen, denen nach seinen Vorstellungen Leben und Sinnlichkeit zuzuordnen sind. Zu diesen zählen die untergeordnete Wirtstochter Eve, sodann die künstlerisch begabte und erfahrene Inspektorstochter Mareile, von der ebenfalls unterstellt wird, dass sie anders leben darf als die Aristokratin. Tatsächlich macht sie von dieser Freiheit auch individuell Gebrauch.

»Ihr Frauen«, sagte Günther, »ihr seid nicht auszudenken.« »Ihr Frauen!«, wiederholte Mareile, »das gibt's nicht. Jede Frau ist für sich da und kommt so nicht wieder. Wie die Wolken, weißt du. Eine Wolke ist auch nur für den da, der sie gerade sieht. Also, wozu nachdenken!« Sie lächelte dabei, die Arme hoch in den Sonnenschein emporhebend.

Beate und Mareile und weitere Erzählungen, deren nomineller Schauplatz das östliche Deutschland ist, die ihr kulturelles Vorbild aber stets im Baltikum haben (*Schwüle Tage*, 1904; *Harmonie*, 1905; *Dumala*, 1907; *Bunte Herzen*, 1908; *Wellen*, 1911; *Abendliche Häuser*, 1914; *Am Südhang*, 1916; *Fürstinnen*, 1917; *Feiertagskinder*, 1919) werden zum großen Teil aus der Perspektive ihrer Figuren erzählt, das subtile Arrangement des Autors bleibt im Hintergrund. Weit über alle Typisierungen hinaus, wie sie sich beispielhaft im Grundmuster der »weißen« und »roten« Frauen zeigen, folgt der Erzähler von Werk zu Werk teilnehmend der konventionellen Erfahrung und einer individuellen Psychologie.

Als Beate in der Nacht am Bette ihrer Mutter wachte, legte die Kranke ihre Hand auf Beates Hand, eine Hand weich wie welkende Malvenblätter; und sie begann zu sprechen, leise und mühsam: »Beating – es kommt viel vor – ich weiß – nie fortgehen – nie. Die armen Männer sind so unruhig – ich weiß. Warten müssen wir – warten – sie kommen doch zu uns. Du glaubst nicht – wie viel wir – vergessen können. Und dann kommt Friede – ich weiß – ich weiß.«

Unwidersprochen bleibt dies nicht. Der Erzähler gestaltet auch Beates Empörung, die das Klischee von den »weißen« und »roten« Frauen durchbricht. Keyserlings in der deutschsprachigen Literatur damals noch nicht selbstverständliche Erzählweise hat dazu beigetragen, ihn in den Umbrüchen von Krieg und Revolution jahrzehntelang fast in Vergessenheit geraten zu lassen. Die Ironie des Künstlers wurde, ähnlich wie die Schnitzlers, übersehen oder doch unterschätzt. Sein Werk schien wie die Welt seiner weißen Schlösser, bunten Gärten und schattigen Alleen, zu der er wenig

Abstand zeigte, der Vergangenheit anzugehören. Stattdessen hat er diese Vergangenheit in Kunst überführt und bewahrt. Die makellose Schönheit seines impressionistischen Stils, die bis hin zu den letzten Erzählungen immer noch an Reiz gewinnt, entspricht nahtlos dem inhaltlich Dargestellten.

Münchner und Berliner Boheme

Solange es ihm seine Gesundheit erlaubte, war der von Corinth so differenziert wie vielsagend porträtierte Aristokrat in Münchens Schwabinger Boheme ein häufiger Gast gewesen, in der längere Zeit auch die aus einem holsteinischen Geschlecht stammende »Literaturzigeunerin« FRANZISKA (eigentlich Fanny) GRÄFIN ZU REVENTLOW (1871–1918) verkehrte. Ihr autobiografischer Roman *Ellen Olestjerne* (1903) beschreibt die Rebellion eines jungen Mädchens, das nicht bereit ist, den ihr durch die Regeln der Gesellschaft vorgeschriebenen Platz einzunehmen, und das sich als die Vorkämpferin einer neuen Zeit empfindet, für deren Durchsetzung jedes Risiko lohnt. Ibsen und Nietzsche sind ihre Vorbilder. Auch die Sicherheit der Ehe wird sie um der Freiheit eines selbstbestimmten Lebens willen verlassen. In Ernst von Wolzogens viel gelesenem Roman *Das dritte Geschlecht* (1899) dienten Gräfin Reventlow und ihr uneheliches Kind als Modell der Frauenemanzipation, wobei ihr der Autor, die Härte ihres Schicksals ins Gefällige umbiegend, als Happy End einen gut gehenden Modesalon andichtete.

Ein Bild der Berliner Boheme gab OTTO JULIUS BIERBAUM (1865–1910), der Herausgeber der im Verlag von Friedrich Fontane erscheinenden anspruchsvollen Jugendstilzeitschrift *Pan* (1895–1900), zu deren Redaktionsausschuss auch Theodor Fontane gehörte, in seinem Roman *Stilpe* (1897). In durchsichtiger Verhüllung lässt er darin seinerzeit bekannte Autoren auftreten, den Gründer des »Verlags deutscher Phantasten« PAUL SCHEERBART (1863–1915), den mit Else Lasker-Schüler befreundeten Peter Hille und STANISLAW PRZYBYSZEWSKI (1868–1927), der auch durch Arno Holz' Komödie *Sozialaristokraten* geistert. Der aus der Provinz Posen stammende Pole, der später nach Warschau ging, und nur mit seinem Frühwerk zur deutschen Literatur zählt, hat die Berliner Szene wesentlich mitbestimmt. Die drei Genannten schrieben ihrerseits Romane, u. a. Scheerbart *Münchhausen und Clarissa* (1906), die Geschichte eines Lügenbarons, der von Australien berichtet, wo es keinen Militarismus gibt, Hille den Anarchistenroman *Die Sozialisten* (1886), Przybyszewski, gläubiger Katholik, angeregt

durch Huysmans' *Là-bas* (1891), *Die Synagoge des Satans* (1897), im selben Jahr auch noch *Satans Kinder*, bei denen es sich, begreiflicherweise, um Nihilisten handelt.

Wien

In Österreich war es PETER ALTENBERG (1859–1919), der durch den Lebensstil eines konsequenten Bohemiens das Wien der Literaten amüsierte und schockierte. Karl Kraus hat ihn entdeckt und ihm ausdauernd zur Seite gestanden: »Treue im Unbestand, rücksichtslose Selbstbewahrung im Wegwurf, Unverkäuflichkeit in der Prostitution« billigte er ihm zu seinem 50. Geburtstag in der *Fackel* zu. Bereits Altenbergs Erstlingswerk *Wie ich es sehe* (1896) zeigt ihn als Meister kleiner, den Umfang von wenigen Seiten nicht überschreitender Prosatexte, die er selbst »Skizzen« nennt. Nicht Dichtungen, sondern »Extracte des Lebens« möchte er geben, denen persönliche Erlebnisse zugrunde liegen. Spätere Werke (*Semmering 1912*, 1913; *Vita ipsa*, 1918; *Mein Lebensabend*, 1919) zeigen noch deutlicher autobiografische Züge. Der aus Mähren gebürtige deutsch-jüdische Schriftsteller JAKOB JULIUS DAVID (1859 bis 1906) führte allerdings nicht aus freiem Entschluss, sondern aus wirklicher Armut ein unbürgerliches Leben. Er schrieb nach dem Vorbild Conrad Ferdinand Meyers Novellen über Stoffe der Renaissance (*Die Wiedergeborenen*, 1891) und in seiner Heimat spielende, zeitkritische Erzählwerke (*Am Wege sterben*, R., 1900; *Die Hanna*, En., 1904; *Die Mühle von Wranowitz*, N., 1904).

Vom impressionistischen Lebensgefühl berührt zeigt sich auch der junge ARTHUR SCHNITZLER. Seine literarische Arbeit stand zunächst im Zeichen der Dramatik, der Erfolg als Prosaschriftsteller begann mit der Buchausgabe seiner Erzählung *Sterben* (1895, e. 1892), deren Strenge den beobachtenden Blick des Arztes erkennen lässt. Von Schnitzlers »klinischem Realismus« hat man in diesem Zusammenhang gesprochen. Die unausweichliche Konsequenz des alles vernichtenden Todes lässt auch modische Philosophen wie Nietzsche und Schopenhauer zuletzt als »niederträchtige Poseure« entlarven. Schnitzlers desillusionierende Psychologie, seine scheinbare Gleichgültigkeit und Frivolität – nur zu bereitwillig überließ er sich den Ablenkungen, die die hedonistische Kultur Wiens für einen jungen Mann in bevorzugter Stellung bereithielt, Erfahrungen, die in sein Werk eingingen –, gab dem, was er schrieb, in den Augen des Publikums schon früh einen deprimierenden Charakter.

Erzähltechnisch ging Schnitzler neue Wege. In seiner wohl bekanntesten Erzählung *Lieutenant Gustl* (1901) hat er die noch fast unbekannte Form des inneren Monologs benutzt, für die das Vorbild in Edouard Dujardins Erzählung *Geschnittener Lorbeer* (*Les lauriers sont coupés*, 1888) gegeben war. Die Unreife des jungen Offiziers und die Hohlheit seiner Ehrvorstellungen treten dadurch grell hervor. Das kleine Prosawerk, das Schnitzler ein Ehrengerichtsverfahren und die Aberkennung des Offiziersrangs kostete, enthüllt ein weiteres Mal die Absurdität des Duells in der zeitüblichen Praxis, war verräterisch aber noch in einem viel weiteren Sinne: Am Beginn des »Zeitalters der Massen« steht eine psychologische Studie von erschreckenden Perspektiven. Sexuelle, aus unbewussten Ängsten gespeiste Aggressivität, Verbildung und Borniertheit zeigen sich in ihrer (selbst-)zerstörerischen Verbindung. Die Erzählung *Frau Berta Garlan* (1901) berichtet in Parallelhandlung, oft in der Technik der erlebten Rede, vom Schicksal zweier Frauen, von Kleinbürgertum und Kunst, von Provinz und der so lockenden wie abweisenden Hauptstadt, von erotischer Illusion und Enttäuschung. Das am sorgfältigsten ausgearbeitete Bild Wiens und seiner Menschen, wie sie Schnitzler vertraut waren, enthält der in mehrjähriger Arbeit entstandene Roman *Der Weg ins Freie* (1908), der wegen der zahlreichen kaum verhüllten Anspielungen auf reale Personen und Konstellationen zu längerer Entfremdung zwischen Schnitzler und seinem Freund Hofmannsthal führte. In Gesprächen, in wechselnden Formen monologischer Selbsterklärung und im Erzählerkommentar vermittelt der Roman Bewusstsein und Affekte seiner Gestalten. In der episodenreichen Handlung erscheint die Problematik von Antisemitismus und Zionismus, künstlerischer Existenz und Erotik verflochten, ein Zeitbild, das besonders dadurch an Wert gewonnen hat, weil es nicht im Nachhinein, also in Kenntnis der folgenden Ereignisse verfasst ist, sondern das aktuelle Verständnis spiegelt.　　(→ S. 431)

RICHARD BEER-HOFFMANN (1866–1945) führte seine Novelle *Der Tod Georgs* (1900) ebenfalls in der Technik des inneren Monologs aus. RICHARD VON SCHAUKAL (1874–1942) schrieb romantisierende Prosa (*Von Tod zu Tod*, Nn., 1902; *Kapellmeister Kreisler*, N., 1906; *Eros Thanatos*, Nn., 1906), ferner Gedichte in einem gepflegt-pathetischen, bildhaften Stil (*Tristia*, 1898; *Tage und Träume*, 1900; *Sehnsucht*, 1900). LEOPOLD FREIHERR VON ANDRIAN-WERBURG (1875–1951) veröffentlichte 1895 seine Novelle *Der Garten der Erkenntnis*, die vom Leben und frühen Tod eines Fürstensohnes in

Arthur Schnitzler, Fotografie von d'Ora (Dora Kallmus) Wien, 1910

zarten, nach innen gewandten Stimmungsbildern berichtet.

Die Prosadichtungen des jungen HUGO VON HOFMANNSTHAL umfassen Erzählungen und ein Romanfragment. Ein ebenso merkwürdiges wie kunstvolles Gefüge zeigt die Novelle *Das Erlebnis des Marschalls von Bassompiere* (1900), die auf eine in den Memoiren des französischen Aristokraten erzählten Vorgang zurückgeht, der bereits von Goethe in den *Unterhaltungen deutscher Ausgewanderten* verwendet wurde. Hofmannsthal übernimmt fast wörtlich Goethes Text, erweitert ihn aber durch neu eingeführte Motive auf fast das Vierfache des bisherigen Umfangs und verbindet in verrätselnder Symbolik Liebe und Tod. Noch verschlüsselter stellt die vorangegangene *Reitergeschichte* (1899) sich dar, deren Handlung – soweit man von einer solchen sprechen kann – 1848 in der aufständischen Lombardei angesiedelt ist. Dem Zug der »schönen Schwadron«, die in das unterworfene, glänzende Mailand eindringt, kontrastiert der Ritt eines einzelnen Soldaten durch ein hässliches Dorf, wobei sich hier wie dort erotische Motive vor- und halbbewusst geltend machen. Auch vom Erzähler nur flüchtig gestreifte Bilder und Vorgänge sind von beziehungsreicher Bedeutung. Das Fragment *Andreas oder Die*

Vereinigten (postum 1930) deutet auf einen zunächst in Österreich und in Venedig spielenden Erziehungsroman, dessen Hauptfigur, der junge Wiener Bagatelladelige Andreas von Ferschengelder, soeben seine Bildungsreise angetreten hat. Bereits in Kärnten hat sie ihn in erste Komplikationen gestürzt und in der maskenreichen Lagunenstadt erwarten ihn in einem zwielichtigen Quartier und seitens des rätselhaften Doppelwesens Maria/Mariquita weitere Abenteuer, deren schließliche Auflösung dem Autor, wie die einander zum Teil widersprechenden Ansätze des Fragments zeigen, wohl selbst noch nicht klar war. Die sinnliche Schönheit der Sprache ist sogar im Rahmen der Prosa Hofmannsthals ohne Vergleich.

Einsträngig und fremd mutet neben der symbolischen Erzählweise der genannten Autoren das Werk der einst viel gelesenen ENRICA VON HANDEL-MAZZETTI (1871 bis 1955) an, die sich in ihren kulturhistorischen Romanen Zeiten starker religiöser Spannungen zuwandte und deren erregter, expressiver Stil auf den Barock verweist. Ihren größten Erfolg errang sie mit dem aus der Stoffwelt der Gegenreformation stammenden Romanen *Jesse und Maria* (1906) und *Die arme Margaret. Ein Volksroman aus dem alten Steyr* (1919). Wiewohl durchaus zeitgebunden, war ihr Schaffen für das Nebeneinander der Konfessionen nicht ohne Wert, denn die Wiener Katholikin behandelte die Probleme im Sinne einer übergreifenden, auf Verständnis bedachten Humanität. Wie fast zu jeder Zeit war es nicht die avantgardistische oder im künstlerischen Sinn maßgebende Literatur, die die weiteste Verbreitung fand.

Niedergang der Heimatliteratur

Populär war die vieldeutige »Heimatkunst«, die für die Steiermark RUDOLF HANS BARTSCH (1873–1952, *Zwölf aus der Steiermark,* R., 1908) und weiterhin PETER ROSEGGER (*Erdsegen,* R., 1900), für Tirol RUDOLF GREINZ (1866–1942, *Bergbauern,* 1906), für den Böhmerwald HANS WATZLIK (1879–1948, *Im Ring des Ossers,* E., 1913) vertrat. Was in der Provinz begann, musste nicht dort enden, erfolgreiche Autoren blieben nicht in der Enge, aus der sie ursprünglich kamen. Wie einst Grillparzer und Ferdinand von Saar war Rosegger Mitglied des Herrenhauses (entsprechend dem britischen House of Lords), Empfänger vieler Auszeichnungen und hoher Tantiemen. In Bayern setzte sich LUDWIG GANGHOFER (1855–1920), die »oberbayrische Zither«, wie Adolf Kröner (1836–1911), geschäftstüchtiger Verleger und Besitzer der *Gartenlaube,* sagte, mit Berg-, Jagd- und Wilderergeschichten durch (*Der Jäger von Fall,* R.,

1883; *Der Klosterjäger. Roman aus dem 14. Jahrhundert,* 1892; *Die Martinsklause,* R., 1894; *Schloss Hubertus,* R., 1895; *Das Schweigen im Walde,* R., 1899, *Der Ochsenkrieg. Roman aus dem 15. Jahrhundert,* 1914). Ein Schloss Hubertus besaß er zuletzt selbst, er war arriviert, der Alpenkönig der Trivialliteratur (oder, um in der Bildwelt seiner Titel zu bleiben, ihr Platzhirsch), der als sechzigjähriger Kriegsberichterstatter für den Kaiser dann noch *Die Eiserne Zither* (1914) verfasste. Auf annähernd 30 Millionen Exemplare hat man die Gesamtauflage seiner Bücher geschätzt, dazu 30 Verfilmungen, die z. T. noch nach dem Zweiten Weltkrieg entstanden sind. Die Welt Ganghofers, in der vor allem das Berchtesgadener Land ins Blickfeld kommt, ist übersichtlich geordnet und lehrt ihr Publikum den Versuchungen der Zivilisation zu misstrauen.

Die norddeutsche Heide rühmte HERMANN LÖNS (1866–1914, *Der Wehrwolf,* R., 1910; *Dahinten in der Heide,* R., 1910), bei dem die Affinität der »Heimatliteratur« für eine fremdenfeindliche Blut- und Bodenideologie offen zum Ausbruch kam. Als »Wehrwolf« wurden noch die letzten, verzweifelten, partisanenähnlichen Kriegsinitiativen des Dritten Reiches bezeichnet. Von der Marschlandschaft erzählte der Dithmarscher Dorfpfarrer GUSTAV FRENSSEN (1863–1945, *Jörn Uhl,* R., 1901). Die Liste der Heimatkunstautoren ist lang, ihr Erfolg beim bürgerlichen Publikum war groß, was kaum überraschen kann, denn »Heimatliteratur« gab es allerorten in Europa, und sie war nicht notwendig künstlerisch wertlos. Aber direkt oder indirekt halfen die regionalen Barden der nazistischen Ideologie den Boden bereiten und 1933 trat ihr »Schrifttum« – wie man nun, das Fremdwort »Literatur« vermeidend, sagte – an die Stelle der echten Moderne, die ins Exil vertrieben wurde.

Mit ungleich größerer Originalität als Ganghofer hat LUDWIG THOMA in den Romanen *Andreas Vöst* (1906) und *Der Wittiber* (1911) sowie in den Erzählungen *Agricola* (1897) bayrische Bauern dargestellt. Er schreibt aus ihrer Seele und Welt heraus; erfasst sie in ihren Stärken und Schwächen mit Ernst oder derb-zärtlicher Komik. Sehr bekannt geworden ist Thoma durch die *Lausbubengeschichten* (1905) und den grotesk-komischen *Briefwexel eines bayrischen Landtagsabgeordneten* (1909), fortgesetzt als *Josef Filsers Briefwexel* (1912). Thoma war auch Mitarbeiter der illustrierten Wochenschrift *Simplicissimus,* die seit 1896 erschien und – gefördert durch bedeutende Zeichner – zu einem satirischen Massenblatt von großer Wirkung wurde.

Grenzüberschreitungen

Historische Stoffe behandelte, von einem wiederum sehr anderen Lebensgefühl getragen, ISOLDE KURZ (1853–1944), die Tochter des schwäbischen Dichters Hermann Kurz und Marie von Brunows, einer überzeugten Demokratin der Revolution von 1848. Nach vorübergehendem Aufenthalt in München lebte sie von 1877 bis 1914 in Florenz. Aus der Renaissance nahm sie die Stoffe ihrer *Florentiner Novellen* (1890) und ihres Romans *Nächte von Fondi* (1922), in denen Anregungen Jacob Burckhardts und eine gewisse Verwandtschaft mit der Formkunst Conrad Ferdinand Meyers bemerkbar sind, aus einem gegenwartsnäheren Italien die ihrer *Italienischen Erzählungen* (1895). Isolde Kurz kehrte später nach München zurück, die anfängliche Sympathie für die Nationalsozialisten blieb eine Episode. Ihren erzählerischen Charme zeigt das Erinnerungsbuch *Aus meinem Jugendland* (1918); der Roman *Vanadis. Der Schicksalsweg einer Frau* (1931), der ebenfalls autobiografische Züge aufweist, vermittelt eine Vorstellung von der bürgerlichen Kultur des ausgehenden 19. Jahrhunderts.

RICARDA HUCHS erster Roman, *Erinnerungen von Ludolf Ursleu dem Jüngeren* (1893), berichtet acht Jahre vor den *Buddenbrooks* vom Niedergang einer norddeutschen großbürgerlichen Familie, kein allmählicher, sondern ein plötzlicher Zusammenbruch, ausgelöst durch eine doppelte, unselige Leidenschaft, die an das Epos von Tristan und Isolde, mehr noch an die *Wahlverwandtschaften* erinnert. Die Verstrickungen im Leben seiner Angehörigen werden von einem Sohn des Hauses erzählt, der sich als Mönch ins schweizerische Kloster Einsiedeln zurückgezogen hat. Die in der Diktion des Erzählers spürbare, den Roman überschattende Melancholie, die drei der Figuren in den Freitod getrieben hat, kontrastiert mit dem starken Lebensgefühl der Heldin.

Es geht um die verhängnisvolle Liebe von Ludolfs Schwester Galeide zunächst zu ihrem verheirateten Vetter Ezard, später, als dieser nach dem Tod seiner Frau wieder ungebunden ist, zu deren Bruder Gaspard. Das Geschäft bricht zusammen, der alte Ursleu tötet sich selbst, dann Harre, sein Bruder, zuletzt die verzweifelte Galeide.

Aktuelle Erfahrungen der Autorin beschreibt der Roman *Aus der Triumphgasse. Lebensskizzen* (1902), der im Armenviertel der so genannten Römerstadt des damals noch österreichischen Triest spielt. Wieder berichtet ein Erzähler. Es entsteht ein Bild von den widersprechenden Leidenschaften der kleinen Leute, unter denen es Trunksucht, Mord, Lebensgier, aber auch wirkliche Liebe, Sehnsucht und Frömmigkeit gibt. Die Gasse wird zu einem Abbild des menschlichen Daseins überhaupt, und sie trägt ihren Namen, der von einem antiken Triumphtor herrührt, zu Recht: In ihr siegt der Wille zum Leben, wie es auch sein mag. Man kann voraussetzen, dass Ricarda Huch Raabes *Chronik der Sperlingsgasse* bekannt war, aber ihre Perspektive ist eine andere: Sie zielt auf vergangene Schönheit und Größe, mitfühlend erlebt sie den Verfall, aber sie sieht ihn mit historisch-romantischem Blick.

In dem Roman *Vita somnium breve* (»Das Leben ein kurzer Traum«, 1903), später in *Michael Unger* umbenannt, kündigt sich die Abkehr der Dichterin von der dem Lebensgefühl des Jugendstils verpflichteten Frühwerk an. In der zweiten Epoche ihres Schaffens beschäftigte sie sich, wie bereits dargestellt, vermehrt mit historischen Stoffen. (→ S. 484)

RAINER MARIA RILKE ist als Prosaautor zunächst nur mit kleineren Erzählungen hervorgetreten (*Vom lieben Gott und Anderes*, 1900). Seine Stunde kam, als er Ende 1909 in Paris seinen Roman *Die Aufzeichnungen des Malte Laurids Brigge* (1910) abschließen konnte, einen der großen deutschen Romane, die außerhalb Deutschlands entstanden sind.

Die Schwierigkeiten, die dieses Buch seinen Lesern bereitet, liegen nicht in seinem Umfang begründet (es handelt sich um knapp 250 Seiten), sondern im Fehlen einer zusammenhängenden Handlung und im sprunghaften Vorgehen des Erzählers, das manche Kritiker an ein wirbelndes Karussell erinnert hat. »Dass man erzählte, wirklich erzählte, das muss vor meiner Zeit gewesen sein«, behauptet die Titelfigur und drückt damit zweifellos die Meinung des Autors aus, wie denn der Roman überhaupt über weite Strecken autobiografische Züge trägt.

Malte Laurids Brigge ist ein 28 Jahre alter Däne, letzter Abkömmling einer Adelsfamilie, die ihre Besitzungen, so den Stammsitz Ulsgaard, wo Malte aufwuchs, verloren hat. Nun lebt er in großer Armut in Paris und zeichnet auf, zuweilen nur in Notizen, was ihm begegnet. Eingeflochten sind Jugenderinnerungen, Exkurse über Künstler wie Beethoven, Ibsen und die Duse, Zitate aus Werken von Dichtern wie Baudelaire, Historisches und Biblisches (der verlorene Sohn als Geschichte des Menschen, der nicht geliebt werden wollte). Die Aufzeichnungen beginnen mit dem Datumsvermerk »11. September, rue Toullier«.

Die Welt ist für Malte ein drohendes Rätsel. Hinter den Fassaden der Großstadt und den Gesichtern der Menschen sieht er den Verfall., spürt er Leere und Kälte. Wie wehrlos Malte den Erfahrungen einer diffusen Wirklichkeit ausgesetzt ist, zeigt die Schilderung der Wand eines zur Hälfte abgerissenen Hauses.

Man sah ihre Innenseite. Man sah in den verschiedenen Stockwerken Zimmerwände, an denen noch die Tapeten klebten, da und dort den Ansatz des Fußbodens oder Decke. Neben den Zimmerwänden blieb die ganze Mauer entlang noch ein schmutzig-weißer Raum, und durch diesen kroch in unsäglich widerlichen, wurmweichen, gleichsam verdauenden Bewegungen die offene, rostfleckige Rinne der Abortröhre. […] Am unvergesslichsten aber waren die Wände selbst. […] Und aus diesen blau, grün und gelb gewesenen Wänden, die eingerahmt waren von den Bruchbahnen der zerstörten Zwischenmauern, stand die Luft dieser Leben heraus, die zähe, träge, stockige Luft, die kein Wind noch zerstreut hatte. Da standen die Mittage und die Krankheiten und das Ausgeatmete und der jahrealte Rauch und der Schweiß, der unter den Schultern ausbricht und die Kleider schwer macht, und das Fade aus den Munden und der Fuselgeruch gärender Füße. Da stand das Scharfe vom Urin und das Brennen vom Ruß und grauer Kartoffeldunst und der schwere, glatte Gestank von alterndem Schmalze. Der süße, lange Geruch von vernachlässigten Säuglingen war da und der Angstgeruch der Kinder, die in die Schule gehen, und das Schwüle aus den Betten mannbarer Knaben. Und vieles hatte sich dazugesellt, was von unten gekommen war, aus dem Abgrund der Gasse, die verdunstete, und anderes war von oben herabgesickert mit dem Regen, der über den Städten nicht rein ist.

Das Schicksal Maltes bleibt ungewiss. Rilke, der sich in diesem Buch von eigener Gefährdung befreite, schreibt über sein Werk: »Wer der Verlockung nachgibt, und diesem Buche parallel geht, muss notwendig abwärts kommen; erfreund wird es wesentlich nur denjenigen werden, die es gewissermaßen gegen den Strich zu lesen unternehmen.« Nicht so sehr als einen Untergang, »vielmehr als eine eigentümlich dunkle Himmelfahrt in eine vernachlässigte abgelegene Stelle des Himmels« hat er den Roman gelegentlich bezeichnet.

Einige Jahre verstummte Rilke als Autor. Stattdessen sprach er sich vermehrt in Briefen über Erfahrungen und Bedrängnisse aus, er verstand die Korrespondenz als einen Teil seiner künstlerischen Produktion in Zeiten der Krise. Die Rolle des Dichters als einsam schaffenden Künstler und Seher, die ihren Ursprung in der Jahrhundertwende hatte beziehungsweise damals aktualisiert worden war, blieb auch in den folgenden Jahren, in denen sein lyrisches Schaffen den Höhepunkt erreichte, die ihm gemäße Haltung. (→ S. 410)

Nur ein Jahr früher als der *Malte* war ein anderes Werk von unverwechselbarer Eigenart erschienen, *Die andere Seite. Phantastischer Roman* (1909), aus der Feder des aus dem böhmischen Leitmeritz stammenden Zeichners und Illustrators ALFRED KUBIN (1877–1959). Neben dem Science-Fiction-Roman (KURD LASSWITZ, 1848–1910, *Auf zwei Planeten*, 2 Bde., 1897; *Aspira*, 1904) hielt um die Jahrhundertwende auch der phantastische Roman Einzug in die deutschsprachige Literatur (Paul Scheerbart, *Lesabéndio. Ein Asteroiden-Roman*, 1913). *Die andere Seite* stellt das für die damalige Zeit interessanteste Beispiel für diesen Typus dar: Es enthält den Bericht über ein im Inneren Asiens gelegenes beklemmendes Traumreich, in das der Erzähler von seinem Schulfreund Patera, der es geschaffen hat, eingeladen wurde und von dessen Untergang er aus einer Heilanstalt berichtet. Pateras Reich ist real und surreal zugleich, es trägt Merkmale des alten Europa, dessen problematische Züge ins Rätselhafte und Absurde übersteigert sind.

Mit Kubin befreundet war GUSTAV MEYRINK (1868 bis 1932), der, angeregt durch E. T. A. Hoffmann und Edgar Allan Poe, bald nach der Jahrhundertwende für den *Simplicissimus* zu publizieren begann (*Orchideen*, E., 1904; *Das Wachsfigurenkabinett*, En., 1907). Der in Prag in der Zeit Kaiser Rudolfs II. spielende Roman *Der Golem* (1915, zuerst 1913 in den *Weißen Blättern*), die Geschichte eines künstlichen Menschen, wurde sein bekanntestes Werk, ebenso wie *Die andere Seite* war es besonders für die Expressionisten von Bedeutung.

Robert Walser

keinen Erfolg versprechen. Innere Erfolge, ja. Doch was hat man von solchen? Geben einem innere Errungenschaften zu essen? Ich möchte gern reich sein, in Droschken fahren und Gelder verschwenden. Ich habe mit Kraus, meinem Schulkameraden, darüber gesprochen, doch er hat nur verächtlich die Achsel gezuckt und mich nicht eines Wortes gewürdigt. Kraus besitzt Grundsätze, er sitzt fest im Sattel, er reitet auf der Zufriedenheit, und das ist ein Gaul, den Personen, die galoppieren wollen, nicht besteigen mögen. Seit ich hier im Institut Benjamenta bin, habe ich es bereits fertig gebracht, mir zum Rätsel zu werden. [...] Vielleicht steckt ein ganz, ganz gemeiner Mensch in mir. Vielleicht aber besitze ich aristokratische Adern. Aber das Eine weiß ich bestimmt: Ich werde eine reizende kugelrunde Null im späteren Leben sein. Ich werde als alter Mann junge, selbstbewusste, schlecht erzogene Grobiane bedienen müssen, oder ich werde betteln, oder ich werde zugrunde gehen.

Walser wurde in Berlin von Paul Cassirer gefördert, auch Schriftsteller wie Hermann Hesse setzten sich für ihn ein, er vermochte sich jedoch in bürgerlicher Umwelt nicht zu behaupten und zog sich 1929 freiwillig in die Heilanstalt Waldau zurück, wo er als Schizoider betrachtet wurde und wo er, wie zuvor schon in Bern, auf anderweitig bedrucktem und beschriebenem Papier Kleinstschrift-Texte, Mikrogramme, verfasste. 1933 wurde er in die Anstalt Herisau verlegt, dort verstummte er aufgrund eines kruden Verwaltungsakts. Klarheit und Transparenz der Sprache verleihen auch diesen Texten sowie den Betrachtungen und Skizzen, die er für Zeitschriften (u.a. *Die Neue Rundschau*) und Zeitungen schrieb und in denen er Peter Altenberg nahe steht, fortwährenden Reiz.

Im Wilhelminischen Reich

So fremd eine große Begabung wie Walser in seiner Zeit blieb, so proteushaft wussten andere sich ihr anzuverwandeln. Seit seinen ersten großen Erfolgen als Dramatiker repräsentierte GERHART HAUPTMANN in den Augen der Welt die deutsche Literatur, und das blieb auch so im neuen Jahrhundert – bis 1933, als Thomas Mann ihn in dieser Rolle ablöste. Der körperlich zunehmend an die Erscheinung Goethes erinnernde Dichter stand nicht in der Gunst des Kaisers und des Hofes, aber doch im zunehmenden Maße in der des Bürgertums, das seine neuromantischen Dichtungen mit Zustimmung zur Kenntnis nahm und dessen emotionalen Nationalismus er teilte. Seine Honorare und Tantiemen erlaubten ihm in Berlin, in seinem Haus Wiesenstein in Agnetendorf/Schlesien und in Hiddensee auf Rügen einen aufwendigen Lebensstil. Das Tagebuch seiner 1907 unternommenen Griechen-

ROBERT WALSER (1878–1956), aus Biel in der Schweiz und in beengten Verhältnissen aufgewachsen, veröffentlichte die Erzählung *Fritz Kochers Aufsätze* (1904) und die an autobiografischen Bezügen reichen Romane *Geschwister Tanner* (1907), *Der Gehülfe* (1908) und *Jakob von Gunten* (1909), von denen vor allem *Der Gehülfe* in der Verbindung einer vorgeblich heiteren Atmosphäre mit versteckt-pessimistischen Ausblicken ein unheimliches Bild schweizerischer Alltagsverhältnisse entwirft. In *Jakob von Gunten*, einem allegorisch anmutenden Entwicklungsroman, erzählt die Titelfigur von ihren Erlebnissen als Zögling eines obskuren Pensionats. Die Kunst, mit der Walser die Wirklichkeit ebenso verzaubert wie enthüllt, ließ ihn zu einem Lieblingsautor Kafkas werden. Tatsächlich vermitteln bereits die ersten Sätze aus *Jakob von Gunten* eine an Kafka gemahnende Stimmung.

Man lernt hier sehr wenig, es fehlt an Lehrkräften, und wir Knaben vom Institut Benjamenta werden es zu nichts bringen, d. h., wir werden alle etwas sehr Kleines und Untergeordnetes im späteren Leben sein. Der Unterricht, den wir genießen, besteht hauptsächlich darin, uns Geduld und Gehorsam einzuprägen, zwei Eigenschaften, die wenig oder gar

landreise veröffentlichte er in bearbeiteter Form u. d. T. *Griechischer Frühling* (1908). Damit näherte er sich dem Mythos und zugleich dem Lebenskult der Gegenwart. »Neuer Glaube und Frühlingsgefühl in der deutschen Luft« sprach auch aus seinem Roman *Der Narr in Christo Emanuel Quint* (1910), dessen Anfänge bis in die Jahre 1901/02 zurückreichen und der den Höhepunkt Hauptmann'scher Prosa bildet. Die Themen einiger seiner Dramen tauchen darin wieder auf, die Welt der schlesischen Heimat, die Armut des Volkes und die Sehnsucht nach Erlösung. Der gegenüber der ursprünglichen Planung und dem Vorabdruck veränderte Titel (von *Des Menschen Sohn* über *Emanuel Quint* zum *Narren*) enthielt auch ein Element von Distanzierung, die das Werk für ein bürgerliches Leseverständnis kompatibel machte, die Ankündigung und versteckte Denunziation einer frommen Utopie.

Der Tischlergeselle Quint, ein unscheinbarer Mensch, glaubt zu fühlen, wie Christus in ihn eingeht, und will dessen Leben wiederholen. Er findet Anhänger, aber die meisten Menschen wenden sich ab, wenn er die Botschaft der Liebe predigt. Verfolgt und verspottet schleppt er sich durch Deutschland nach der Schweiz und kommt einsam im Gebirge um.

Der Roman warf für die Generation vor dem Ersten Weltkrieg, die stark unter dem Eindruck der naturwissenschaftlichen Welterklärung stand und doch auch von religiösem Verlangen erfüllt war, manches Rätsel auf, aber er wurde gelesen und diskutiert. Franz Marc schrieb aus dem Schützengraben an seine Frau über den Eindruck der Quintlektüre:

Wenn ich an das Leben Quints denke, beglückt und bedrängt mich eine ähnliche Empfindung als beim Anblick des reinen Sternenhimmels, der mir in diesen Kriegsjahren ein solcher Freund geworden ist. Durch Quints Leben geht jene abstrakt reine Linie des Denkens, nach der ich immer gesucht habe und die ich auch immer im Geist durch die Dinge hindurch gezogen habe; es gelang mir freilich fast nie, sie mit dem Leben zu verknoten, wenigstens nie mit dem Menschenleben […]. Quint hat wohl seine reine Idee manchmal mit dem Leben verknotet, dass er doch dabei rein geblieben ist, darin liegt seine göttliche Größe. (27.11.1915) (→ S. 401)

Gerhard Hauptmanns älterer Bruder CARL HAUPTMANN (1858–1921) begann ebenfalls zu schreiben, Gedichte, heimatgebundene Romane, erotische Einakter, Dramen im schlesischen Dialekt (*Ephraims Breite*, 1900) wie sein Bruder, wandte sich dann aber vom Naturalismus ab. In dem seinerzeit erfolgreichen Schauspiel *Die armseligen Besenbinder. Altes Märchen in fünf Akten* (1913) überwiegen – ähnlich wie in *Hanneles*

Himmelfahrt – neuromantische Elemente. Sein gelungenstes Werk, der Künstlerroman *Einhart der Lächler* (1907, 2 Bde.), trägt vorexpressionische Züge. Er erzählt nach dem Vorbild des Brücke-Malers Otto Mueller vom Entwicklungsgang eines Künstlers, dem die zwiespältige Herkunft – die Mutter hat ihm Zigeunerblut vererbt, der Vater ist Geheimrat – es zusätzlich erschwert, sich in der bürgerlichen Welt zurechtzufinden. Liebesbegegnungen enden durch Tod und Verzicht, die Welt der Kunst und der Bücher bleibt ihm erhalten. Nur drei Jahre nach Hesses erfolgreichem *Peter Camenzind* erschienen, verfehlte auch dieser Künstlerroman seine Wirkung nicht.

Die beiden bedeutendsten deutschen Romanautoren am Ausgang des bürgerlichen Zeitalters, Heinrich und Thomas Mann, sind von den geistigen Strömungen der Jahrhundertwende naturgemäß ebenfalls mitgeprägt. Die Auseinandersetzung mit der Décadence, die ausgiebig erörterte Künstlerproblematik ist in ihrem Werk aus einer Perspektive gestaltet, die ein Gesamtbild der gesellschaftlichen Entwicklung vermittelt. Thomas Manns *Buddenbrooks* und Heinrich Manns *Untertan* erscheinen in diesem Sinn als abschließende Dokumente.

Heinrich Mann (1871–1950)

Der älteste Sohn eines Lübecker Senators und Großkaufmanns aus alter Bürgerfamilie, fand nach Abitur und abgebrochener Buchhändlerlehre im S. Fischer Verlag Beschäftigung. Nachdem er sich auch als Maler versucht hatte, wurde er freier Schriftsteller. Reise nach Frankreich 1893 und in den folgenden Jahren mit seinem Bruder in Italien. Lebte dann in München und Berlin, wo er, inzwischen gesellschaftlich etabliert, ab 1925 seinen festen Wohnsitz nahm. Seit 1931 Präsident der Preußischen Akademie der Künste, Sektion für Dichtkunst, wurde er 1933 aus der Akademie ausgeschlossen, sein Werk unterdrückt. Er ging ins Exil, zunächst nach Frankreich, dann über Spanien nach Kalifornien. 1949 wurde er zum ersten Präsidenten der in der DDR neu gegründeten Deutschen Akademie der Künste gewählt, starb aber vor der Übersiedlung in Santa Monica (Kalifornien). 1961 auf dem Dorotheenstädtischen Friedhof in Berlin beigesetzt.

Heinrich Mann empfand die politischen und literarischen Traditionen des neueren Frankreich als richtungweisend, Stendhal, Balzac und Flaubert, auch d'Annunzio waren ihm Vorbilder. Eine leidenschaftlich unbürgerliche Gesinnung, ein ehrgeiziges Programm spricht aus der Trilogie *Die Göttinnen oder Die drei Romane der Herzogin von Assy* (1903): Wie Diana strebt die Titelheldin nach Wissenschaft und Macht, wie Minerva fördert sie die Künste, wie Venus ergibt sie sich der Liebe. Neben erträumter Renaissance in einer mediterranen Welt steht die schneidende Satire auf das Kaiserreich. *Im Schlaraffenland. Ein Roman unter feinen Leuten* (1900) karikiert die Welt des Finanzkapitals, des Journalismus und der literarischen Moden in Berlin, *Die Jagd nach Liebe* (1903) die Münchner Boheme. Weltbekannt wurde *Professor Unrat oder Das Ende eines Tyrannen* (R., 1905) – auch unter dem Titel der Filmfassung *Der blaue Engel* –, in dem Mann die moralische Verfassung des Bürgers ironisch bloßlegt: Der wilhelminische Gymnasiallehrer verfängt sich in den Netzen der von ihm verfolgten Unmoral. *Der Untertan* (R., 1918; e. 1911–14; Teilvorabdruck 1914) zielt auf einen unterwürfigen, gesinnungslosen und machtlüstern-nationalistischen Typus des Bürgertums. Der Vorabdruck wurde 1914 abgebrochen.

Der Roman beschreibt den fehlgeleiteten Bildungsweg eines Menschen in der spätbürgerlichen Gesellschaft preußisch-deutscher Prägung. Diederich Heßling wird vom Erzähler in der – freilich ironisch behandelten – Tradition des Erziehungsromans als exemplarisches Individuum betrachtet; seine Verformung stellvertretend für die seiner Generation. Da die Gesellschaft insgesamt neurotische Züge aufweist, wird der asoziale Zwangscharakter, den Diederich stufenweise entwickelt, für ihn nicht zum Hindernis, sondern zur Bedingung seines Fortkommens. Unterworfen der übermächtigen Autorität des patriarchalischen Elternhauses und der obrigkeitshörigen Schule, lernt Diederich, sich mit der Herrschaft zu identifizieren. »Fürchterlicher als Gnom und Kröte war der Vater, und obendrein sollte man ihn lieben. Diederich liebte ihn.« Auf den Anpassungswilligen warten Prämien: der Status des Korpsstudenten und Reserveoffiziers, promovierten Akademikers, Fabrikanten, bürgerlichen Ehemanns und Familienoberhaupts. Zu seiner Befriedigung bleibt er dabei dennoch ein Untertan. Nach oben und unten scheint die Stufenleiter der Herrschaft kein Ende zu nehmen. Diederich ist fixiert auf den Kaiser, aber: »Wie Diederich in der Furcht seines Herrn, hatte Guste in der Furcht des ihren zu leben. […] Die Kinder wieder mussten ihr selbst die Ehre erweisen, und der Teckel Männe hatte alle zum Vorgesetzten.«

Diese »Geschichte der öffentlichen Seele unter Wilhelm II.« – so der in der endgültigen Fassung entfallene Untertitel – erschien 1915, also mitten im Krieg, zuerst in einer russischen Übersetzung, in der Originalversion 1916 in einem Privatdruck. Es war die schärfste Abrechnung, die das Kaiserreich erfahren hat. In den *Betrachtungen eines Unpolitischen*, »Protokoll eines öffentlich geführten und trotzdem heimlichen Gesprächs mit dem Bruder« (H. Kurzke), hat Thomas Mann daraus anonym zitiert. Die deutsche Ausgabe 1918 wurde ein großer Erfolg. (→ S. 389, 421)

Thomas Mann (1875–1955)

Wie sein Bruder Heinrich in Lübeck geboren und wie dieser durch den patrizischen Zuschnitt des Elternhauses geprägt, ging Thomas Mann 1893 nach München, nachdem sein Vater gestorben, die Firma liquidiert worden war und er das Gymnasium mit der mittleren Reife verlassen hatte. Auf eine kurze Tätigkeit als Volontär bei einer Feuerversicherungsgesellschaft folgten schon bald erste Veröffentlichungen in *Die Gesellschaft, Das zwanzigste Jahrhundert* und *Simplicissimus*. 1895 und dann wieder 1896 bis 1898 lebte Thomas Mann mit seinem Bruder Heinrich in Italien. Auf kurzen Militärdienst (1900) folgte das Erscheinen der *Buddenbrooks*, 1905 die Eheschließung mit der aus vermögender Familie stammenden Katia Pringsheim (1883–1980) und ein Leben als freier Schriftsteller; davon fast drei Jahrzehnte in München. 1933 blieb Thomas Mann, der sich zur Zeit der Machtübernahme durch die Nationalsozialisten auf einer Vortragsreise im Ausland befand, zunächst in der Schweiz. 1936 wurde ihm die deutsche Staatsbürgerschaft und die Ehrendoktorwürde der Universität Bonn aberkannt, 1938 nahm er eine Gastprofessur an der Universität Princeton an und übersiedelte in die USA. Er erhielt 1944 die amerikanische Staatsbürgerschaft, reiste 1947 zum ersten Mal wieder nach Europa, 1949 nach Deutschland, wo er in Frankfurt am Main und in Weimar anlässlich der ihm verliehenen Goethe-Preise sprach. Seinen neuen Wohnsitz nahm Thomas Mann in der Schweiz, 1954 endgültig in Kilchberg. Er starb in Zürich.

Thomas Mann gab sein Debut 1894 in Michael Georg Conrads Zeitschrift *Die Gesellschaft* mit der Novelle *Gefallen*, der ersten einer Reihe kleinerer Prosaarbeiten, die 1898 im Verlag von Samuel Fischer erschienen und nach der Novelle *Der kleine Herr Friedemann* (Erstveröffentlichung 1897 in der *Neuen Rundschau*) benannt sind. Rückblickend hat Thomas Mann erklärt, er sei »überzeugt« gewesen, »dass die Kurzgeschichte, wie ich sie in der Schule Maupassants, Tschechows und Turgenjews gelernt habe, mein Genre sei; nie, so glaubte ich, würde ich es mit der großen Form des Romans aufnehmen können.« Aber es war ein Roman, *Buddenbrooks. Verfall einer Familie* (1901), der den Sechsundzwanzigjährigen sogleich berühmt machte.

Die Geschichte von Größe und Abstieg einer hanseatischen Kaufmannsfamilie führt durch vier Generationen, erstreckt sich jedoch nur über einen Zeitraum von etwa vierzig Jahren (1835–1877), da der Vertreter der ersten Generation am Beginn des Romans etwa siebzigjährig ist, der Vertreter der vierten, der Letzte der Familie, als Gymnasiast an Typhus stirbt. Der alte Johann Buddenbrook ist gebildet, kühl und selbstsicher, er ist in seinen Geschäften erfolgreich und weiß das Leben zu genießen. Der Geist des vergangenen aufgeklärten Jahrhunderts spricht aus ihm.

Heinrich und Thomas Mann, 1909

die Buddenbrooks untauglich zur Weiterführung ihrer vorherigen Bestimmung; biologischer Verfall und geistig-seelische höhere Entwicklung verlaufen umgekehrt proportional. Die Erzähltechnik folgt auf ihre Weise diesem Vorgang und geht von realistischer Darstellung stufenweise zu mehr indirekten Formen über.

Einige der großen Themen im Werk Thomas Manns wie auch deren sprachliche Behandlung sind somit schon in diesem Roman gegenwärtig: der Zwiespalt von Leben und Geist, die Sensibilität des Künstlers, der dem Leben wehrlos gegenübersteht (Hanno). Dann die mit feinsten Hinweisen arbeitende Analyse, die den Verfall nicht biologisch, sondern als psychologisches und gesellschaftliches Phänomen sieht.

Die Novelle *Tonio Kröger* (1903) steht in nahem Zusammenhang mit den *Buddenbrooks*. Auch Tonio Kröger gehört beiden Welten an, ist »Bürger« und »Künstler« und lebt im Zwiespalt. Er sehnt sich aus der Einsamkeit, mit der er sein Künstlertum bezahlen muss, nach dem einfachen Dasein, den »Wonnen der Gewöhnlichkeit«, von denen er aber, wie die Formulierung verrät, gering denkt. Ausführungen Tonios in einem Gespräch mit seiner Malerfreundin Lisaweta Iwanowna machten dies deutlich:

Man arbeitet schlecht im Frühling, gewiss, und warum? Weil man empfindet. Und weil der ein Stümper ist, der glaubt, der Schaffende dürfe empfinden. Jeder echte und aufrichtige Künstler lächelt über die Naivität dieses Pfuscherirrtums – melancholisch vielleicht, aber er lächelt. Denn das, was man sagt, darf ja niemals die Hauptsache sein, sondern nur das an und für sich gleichgültige Material, aus dem das ästhetische Gebilde in spielender und gelassener Überlegenheit zusammenzusetzen ist. Liegt Ihnen zu viel an dem, was Sie zu sagen haben, schlägt Ihr Herz zu warm dafür, so können Sie eines vollständigen Fiaskos sicher sein. [...] Das Gefühl, das warme, herzliche Gefühl ist immer banal und unbrauchbar, und künstlerisch sind bloß die Gereiztheiten und kalten Ekstasen unseres verdorbenen, unseres artistischen Nervensystems. [...] das Normale, Wohlanständige und Liebenswürdige ist das Reich unserer Sehnsucht, ist das Leben in seiner verführerischen Banalität! Der ist noch lange kein Künstler [...], dessen letzte und tiefste Schwärmerei das Raffinierte, Exzentrische und Satanische ist, der die Sehnsucht nicht kennt nach dem Harmlosen, Einfachen und Lebendigen, nach ein wenig Freundschaft, Hingebung, Vertraulichkeit und menschlichem Glück, die verstohlene und zehrende Sehnsucht [...] nach den Wonnen der Gewöhnlichkeit!

Die Verachtung ist gepaart mit heimlicher Sehnsucht; der Künstler empfindet seine Sendung als Größe und Fluch, er ist ein »verirrter Bürger«, ein »Künstler mit schlechtem Gewissen«, der das einfache Leben bloßstellt und dennoch liebt.

Sein Sohn Johann ist fromm, geschäftstüchtig und korrekt; dem Geist seiner Zeit, dem Biedermeier folgend, praktischen Sinnes. Geschäftlich ist er nur bedingt erfolgreich und erlebt einige schwere Verluste. Anlass zur Sorge geben aber vor allem die Kinder, die gesundheitliche Probleme erkennen lassen und in charakterlicher Hinsicht nicht den Erwartungen entsprechen. Allein der Erbe, Thomas, der seine Schwäche mit äußerster Selbstzucht meistert, wird dem Anspruch der Familie gerecht. Er wird Senator und macht eine glänzende Partie durch die Heirat mit einer Holländerin. Doch bringt Gerda ein fremdes Element in die Familie, ihren musikalischen Interessen ist die geschäftliche Tradition gleichgültig. Der Sohn Hanno, dessen ganze Empfänglichkeit der Kunst gehört, ist übersensibel und von geringer Lebenskraft, die bald erlischt.

Der Generationenroman hat bei aller Treue zum wirklichkeitsgemäßen Detail einen philosophischen Gehalt; seinen Wendepunkt bildet die Begegnung des Kaufmanns Thomas Buddenbrook mit der Lehre Schopenhauers. Ein unaufhaltsamer Prozess der Bewusstseinsbildung und seelischen Verfeinerung macht

Thomas Mann verfolgte die Künstlerproblematik bis 1914 noch in einigen weiteren Novellen (*Tristan*, 1903; *Schwere Stunde*, eine Schiller-Erzählung, 1905; *Der Tod in Venedig*, 1913). Als eine Künstler-Allegorie war auch der kleine Roman *Königliche Hoheit* (1909) geplant, Thomas Mann spricht in einem Brief 1903 von »einer Fürsten-Novelle, einem Gegenstück zu *Tonio Kröger*, das den Titel führen soll *Königliche Hoheit*.« Tatsächlich travestiert er seinen Künstlertypus in diesem Roman ins Höfisch-Aristokratische, so wie in den *Bekenntnissen des Hochstaplers Felix Krull* ins Kriminelle. Am *Krull* begann er 1905 zu arbeiten, und der Stoff sollte ihn fast 50 Jahre beschäftigen. (→ S. 389)

Hermann Hesse (1877–1962)

Geboren in Calw, entstammte Hesse einem pietistischen Elternhaus – der Vater war Missionsprediger – und sollte Theologie studieren. Er besuchte die Lateinschule in Göppingen, legte 1891 das Landexamen ab, floh 1894 aus dem Maulbronner Seminar. Besuchte das Gymnasium bis zum »Einjährigen«-Examen in Cannstatt, arbeitete bei einem Buchhändler und in einer Turmuhrenwerkstatt, begann 1895 eine Buchhändlerlehre in Tübingen und wurde vier Jahre später Buchhändler und Antiquar in Basel. Ab 1903 freier Schriftsteller, seit 1919 in Montagnola bei Lugano, wo er bis zu seinem Tode lebte. 1946 erhielt er den Nobelpreis.

Mit dem Entwicklungsroman *Peter Camenzind* (1904) begannen Hesses Erfolg und Popularität – er trug dem Autor den Wiener Bauernfeldpreis ein, 1909 erschien bereits das 50. Tausend. Der Roman enthält autobiografische Züge, doch ist die Lebensgeschichte, die hier erzählt wird, erkennbar literarisch bestimmt: Vorbild ist Kellers *Grüner Heinrich*, der als entscheidendes Bildungserlebnis des jungen Camenzind auch ausdrücklich genannt wird.

Auf Kindheitsjahre Camenzinds als Dorfhirte folgen Schule und Studium in Kloster und Stadt. Ein Freund, den er später durch einen Unfall verliert, führt ihn in die städtische Gesellschaft ein, doch enden diese Kontakte so unbefriedigend wie seine unerwiderte Liebe zu der Malerin Aglietti und die ebenfalls unerfüllte Liebe zu Elisabeth. Das Leben des heiligen Franziskus wird Camenzind zu einer wichtigen Erfahrung, er widmet sich der Krankenpflege; zuletzt kehrt er in sein Heimatdorf zurück.

Eine lyrisch-melancholische Stimmung, wie sie noch für viele spätere Werke Hesses charakteristisch sein sollte, erfüllt den Roman. Auch auf den jungen Brecht verfehlte die Lektüre ihre Wirkung nicht. (»Habe den Camenzind fern in Erinnerung als etwas Kühles, mit Herbstbuntheit und Herbheit gefülltes Papier«, notierte er 1920). Was Hesses Bücher für ein großes Publikum jahrzehntelang so viel Reiz und Verführungskraft lieh, scheint im *Camenzind* bereits deutlich angelegt. Es sind die konservative Sprache, die Hinwendung zu einem einfachen Leben in einer religiös erlebten Natur, der Rückgriff auf Motive der literarischen Romantik, die Distanzierung von Zivilisation und Stadt, die latenten Erwartungen entsprachen. Gegen pauschale Vorwürfe hat Hesse sich in einem offenen Brief 1951 verteidigt:

Ich bin zwar nicht bei der etwas kauzigen Eremitenhaltung Camenzinds geblieben, ich habe mich im Laufe meiner Entwicklung den Problemen der Zeit nicht entzogen und nie, wie meine politischen Kritiker meinen, im elfenbeinernen Turme gelebt – aber das erste und brennendste meiner Probleme war nie der Staat, die Gesellschaft oder die Kirche, sondern der einzelne Mensch, die Persönlichkeit, das einmalige, nicht normierte Individuum.

Der kleine Roman *Unterm Rad* (1906) erzählt, wie der Zwangsgeist einer Schule einen phantasiebegabten Knaben bedrängt – auch ein eigenes Erlebnis Hesses, das er mit vielen seiner Generation teilte. (→ S. 422)

Robert Musil (1880–1942), »Törleß«

Musil wurde in Klagenfurt geboren. In der Emigration, hat er in einem »Curriculum Vitae«, selbst seinen Lebensweg beschrieben: *Vater Alfred von Musil, altösterreichische Beamten-, Gelehrten-, Ingenieurs- und Offiziersfamilie; war lange Zeit Ordinarius an der Brünner Technischen Hochschule. [...] Keine Geschwister. Bestimmt zum Offiziersberuf entdeckt er beim Studium des Artilleriewesens seine technischen Fähigkeiten. Verlässt mit plötzlichem Entschluss die Militärschule [...] und studiert Maschinenbau. [...] 1902/03 Assistent an der Technischen Hochschule Stuttgart. Bleibt unbefriedigt und ergreift das Studium der Philosophie, vornehmlich Logik und experimentelle Psychologie. [...] Konstruiert den Musil'schen Farbkreisel, schreibt eine erkenntnistheoretische Dissertation über E. Mach, verzichtet aber auf die angebotene Möglichkeit, sich zu habilitieren, und da er mit seinem inzwischen (1906) erschienenen ersten Buch bereits internationale Resonanz gefunden hat, beschließt er den durch nichts gebundenen und von akademischen Rücksichten freien Beruf des Schriftstellers zu ergreifen.*

Schule und Pubertät bildeten aktuelle Themen. Sie haben den Erfolg von Musils Erstlingswerk *Die Verwirrungen des Zöglings Törleß* (E., 1906) begünstigt, das 1903 entstanden war und erst nach einigen Fehlschlägen durch Vermittlung Alfred Kerrs einen Verleger fand. Die Erzählung stand im Zusammenhang mit Musils Plänen zu einem großen Roman, die ihn seit

Der junge Törleß, Regie Volker Schlöndorff, 1965
Marian Seidowsky als Basini, Matthieu Carrière als Törleß

tung seelischer Prozesse und die im ungewöhnlichen Maße auf rationale Klarheit bedachte Stilhaltung fielen aber doch auf; sie wirkten wie ein hell aufblitzendes Licht in einer noch dämmerigen Landschaft und ließen nicht erwarten, dass dem jungen Schreiber eine krisenreiche, zuletzt in Isolation und Nichtbeachtung mündende Schriftstellerlaufbahn bevorstand.

Das Erzählte beruht auf persönlichen Erfahrungen Musils in der Kadettenanstalt Mährisch-Weisskirchen (wo auch Rilke Zögling war und Joseph Roths fiktiver Carl Joseph von Trotta im Roman *Radetzkymarsch*), Musil siedelte das Konvikt jedoch »im Osten des Reiches« an, »an der Strecke, welche nach Russland führt«. Wie der Erzähler vermutet, beruht die Lage der Anstalt auf dem Wunsch, die aufwachsende Jugend »vor dem verderblichen Einfluss einer Großstadt zu bewahren«. Die Gefahren, die den Zöglingen drohen, sind jedoch offensichtlich andere, und die Monotonie des Anstaltslebens und der sie umgebenden Landschaft tragen das ihre dazu bei, sie zu wecken.

Beginn des neuen Jahrhunderts beschäftigten und aus denen der *Mann ohne Eigenschaften* hervorgehen sollte. Sie behandelten das zentrale Problem des Autors, das erzählerisch zu vermitteln ihm nicht leicht fiel. Die Figur, die ihm vorschwebte (sie trägt zeitweilig den Namen »Monsieur le vivisecteur«), lebt in großer Distanz zu den Welterscheinungen und analysiert sie streng, sie macht aber auch eingreifende persönliche Erfahrungen, die das gewohnte Verhältnis zur Wirklichkeit zerstören und oftmals wie eine zweite Wirklichkeit neben der ersten anmuten. Davon zu reden und die genannte Spannung zu vermitteln, ohne sie aufzuheben, war schwierig. Nicht zufällig ist dem *Törleß* ein Motto vorangestellt, das behauptet, dass Aussprechen dem Ausgesprochenen den Wert nimmt. Es stammte aus Maeterlincks Roman *Der Schatz der Armen* (*Le trésor des humbles*, 1896). Musil schätzte den Verfasser nicht weniger als Mallarmé, den er ebenfalls kannte. Es war die Zurücknahme des Worts ins Schweigen oder ins Geheimnis, das ihn faszinierte.

Der Anfangserfolg des jüngsten in diesem Kapitel behandelten Autors beruhte also zum Teil auf einem Missverständnis, denn es ging Musil nicht eigentlich um die Probleme von Pubertät und Erziehung – und tatsächlich stieß bereits seine zweite Prosaveröffentlichung, der Erzählband *Vereinigungen* (1911), auf Ablehnung. Seine eigentümliche Schärfe in der Beobach-

Törleß, dessen Eltern in Wien leben, Sohn eines Hofrats, leidet unter den Lebensbedingungen der Militärschule, empfindet Fremdheit auch gegenüber seinen Mitschülern, obgleich das Institut gesellschaftlich angesehen ist und auch vom Adel frequentiert wird. Drei Internatsschüler, unter ihnen Törleß, die in ihrer Freizeit über Erkenntnistheorie und Ethik philosophieren, suchen sich in einem schlecht gestellten Zögling ein Opfer für ihre psychologischen Experimente. Sie machen den Schwächeren, den Schüler Basini, durch Erpressung von sich abhängig und unterwerfen ihn sadistischen Quälereien. Auch Törleß nimmt daran teil, das Verwirrende, das er erlebt, weckt seine Neugier. Die Folterungen, denen er sein Opfer aussetzt, sind psychischer Natur – ihr Ergebnis ist, dass Basini ihn verführt. Nach Aufdeckung der Vorkommnisse weiß Törleß von den homoerotischen Komplikationen abzulenken, die Anstaltsleitung hilft mit, die Zusammenhänge zu vertuschen. Törleß' Entschluss, die Schule zu verlassen, wird von den Lehrern begrüßt. Die gesellschaftlich sanktionierte, aber inhumane Wirklichkeit und die Subjektivität des Einzelgängers, der seine Isolation begreift, stehen sich fremd gegenüber.

Der *Törleß* war eine keineswegs leicht lesbare, möglicherweise missverständliche Erzählung komplizierter seelischer Vorgänge. Gleichwohl wirkte diese zunehmend suggestiv, ihr Autor als ein Zeuge für die in Wahrheit unauslotbare Befindlichkeit des Menschen Gegenwart. Sie erhielt ihre zeichenhafte Bedeutung durch das, was später geschah. (→ S. 400, 432)

EXPRESSIONISMUS UND PRAGER DEUTSCHE LITERATUR 1910–1925

Der Expressionismus, eine Kunst gesteigerten seelischen Ausdrucks, die besonders im »expressionistischen Jahrzehnt« von 1910 bis nach dem Ende des Ersten Weltkriegs um Anerkennung kämpfte und in den Zwanzigerjahren allmählich verebbte, ist nicht allein und wohl noch nicht einmal in erster Linie ein literarisches Phänomen. Wie beim Impressionismus waren auch für die expressionistische Literatur bildende Künstler die Vorgänger. Als Ausdruck eines veränderten Verhaltens gegenüber der Welt war der neue Stil zudem nicht auf Deutschland beschränkt, sondern Teil einer europäischen Kunstrevolution, für die sich verschiedene Benennungen herausgebildet haben – Futurismus für eine ursprünglich in Italien angesiedelte Gruppierung, Fauvismus für einen Zusammenschluss französischer Maler, der Fauves (= Wilde), zu der auch Künstler wie der Norweger Edvard Munch und der Belgier James Ensor zählen. In Malerei und bildender Kunst kann der Expressionismus als die deutsche Form dieser grenzüberschreitenden Bewegung bezeichnet werden, die sich bereits um die Jahrhundertwende ankündigte.

Gleichwohl dürfen die inhaltlich und formal unterschiedlichen Ausprägungen nicht übersehen werden. So fehlt dem Fauvismus – mit Ausnahme von Georges Rouault – das Pathos der sozialen Anklage, die dem deutschen Expressionismus eigentümlich ist, und er kennt keine Entsprechung zu dessen eruptiver Innerlichkeit. Auch der Futurismus, dessen Sprecher Filippo Tommaso Marinetti (1876–1944, *Manifesto futurista*,

1909) war, der einen aggressiven Antiklassizismus und den totalen Bruch mit der Tradition forderte, zeigt in seiner provozierenden und polemischen Härte, so anregend er überall in Europa wirkte, nicht den spezifischen Ausdruckswillen, wie ihn die deutschen Künstler zu ihrer Sache machten. Es ist die Faszination der durch die Technik veränderten Welt, der Rausch der Geschwindigkeit, die das Lebensgefühl verändert und die Futuristen von der überkommenen Kultur mit Geringschätzung sprechen lässt. Beim Surren des Propellers empfindet Marinetti im Flugzeug das »stürmische Bedürfnis die Worte aus dem Gefängnis der lateinischen Periode zu befreien«. Wer das nicht für gekonnte Scharlatanerie nahm, konnte nur widersprechen, wie Alfred Döblin es nachdrücklich getan hat.

In einer deutlich wahrnehmbaren Phasenverschiebung geht die Malerei der Literatur voran. Auf einer Pariser Kunstausstellung hat Julien Auguste Hervé 1901 einige Gemälde unter dem Begriff »expressionisme« zusammengefasst. In Deutschland erscheint der Begriff »Expressionismus« zuerst im Katalog der 22. Ausstellung der Berliner Sezession (April 1911), um einige der ausgestellten Maler als Nachimpressionisten zu kennzeichnen, diese selbst verwendeten den Ausdruck nicht.

Parallel dazu entwickelte sich der literarische Expressionismus als wortkünstlerische Manifestation der zwischen 1880 und 1895 geborenen Generation, die um 1910 in Erscheinung trat und, ungeachtet sehr unterschiedlicher geistiger und stilistischer Ansätze, in der Ablehnung der scheinbar prosperierenden, tatsächlich

Edvard Munch: Der Schrei, 1895

gelesen – streckenweise das Gefühl einer wachsenden Bedrohung, die Ahnung einer unabwendbaren Katastrophe vermittelt. Ein Wirbel von Kritik, Protest und Aufbruch entsteht, der vor allem von den Zeitgenossen als krasser Bruch mit der Tradition empfunden wird.

Die neue Literatur will nicht allein um ihrer selbst willen da sein. Einige ihrer Vertreter wenden sich in emphatischer Liebe dem Menschen zu, für dessen Daseinsrecht, Würde seiner Existenz – mithin gegen die Erniedrigung der sozial Schwachen – sie sich befugt fühlen zu sprechen. Es sind die Grundformen der Gesellschaft, die der Erneuerung bedürfen, aber der Weg dahin geht durch die Seele des Einzelnen, die aus Passivität und Müdigkeit zu leidenschaftlicher Entflammung geweckt werden soll. Diesem Ziel dient eine bis an die Grenzen der Ausdrucksfähigkeit gesteigerte und zuweilen überanstrengte Sprache – oder Gebärde, wenn die Sprache versagt.

Verständlicherweise galt die Abneigung der Ausdruckskünstler den anonymen Mechanismen der Verwaltung und den unüberschaubaren Wirtschaftsprozessen. Sie waren auch der wachsenden Vorherrschaft der Technik nicht im selben Maße hold wie die Futuristen, die in einem zweiten, *Tod dem Mondschein* betitelten Manifest gefordert hatten, den Planeten durch dreihundert elektrische Apparaturen zum Verblassen zu nötigen, worin sich, was ihnen ebenfalls am Herzen lag, zugleich ein Sieg über die Frauen ausgedrückt hätte, die, schlingpflanzengleich, dem Mond besonders verbunden sein sollten. Der forciert-männliche, ästhetizistische Rausch aus Stahl und Geschwindigkeit, der Marinettis Weg in den Faschismus begleitete, blieb den deutschen Expressionisten eher fremd.

Sie bevorzugten nicht länger die gröbere naturalistische oder die verfeinerte impressionistische Beobachtung, sondern den expressiven Ausbruch, die Ekstase. Der Dichter registriert und analysiert nicht, sondern er bekennt, der »salbentrunkene Schönheitskult« soll abgelöst werden durch das Pathos und Ethos einer das Wesentliche unmittelbar ergreifenden Kunst. Oskar Kokoschka beruft sich auf Edvard Munch, dem es gegeben ist, in seinen Bildern die »panische Weltangst zu diagnostizieren«. Theodor Däubler bekräftigt: »Das Tier bricht bei Munch durch, als ein voller Ausdruck seiner ganzen ungebrochenen Wesensart [...]. Die Rückkehr zum Tier durch die Kunst ist unsere Entscheidung zum Expressionismus.«

Wie kaum eine andere Epoche neigte der Expressionismus zur Propagierung der Theorie; besonders die

aber in einer tiefen Krise befindlichen bürgerlichen Gesellschaft übereinstimmte. Historisch liegen die literarischen Ursprünge des Expressionismus im 19. Jahrhundert und außerhalb des deutschen Sprachraums. Gleichwohl erinnert er in der Heftigkeit seines Auftretens an frühere kulturelle Revolten wie den Sturm und Drang. Literarische Vorbilder waren Charles Baudelaire und Arthur Rimbaud, Walt Whitman, August Strindberg, Kleist, Grabbe und Büchner.

Von 1910 bis nach Ende des Ersten Weltkriegs, in seinen Ausläufern bis etwa 1925, wirkte der Expressionismus auf das geistige Leben in Deutschland. Der jüngste Stilwille drängte die kaum noch überblickbare Fülle einzelner Erscheinungen zurück, die von dem literarischen Umbruch der Achtzigerjahre des vergangenen Jahrhunderts übrig geblieben waren, und wandte sich auch gegen einen neuen Klassizismus, der aus dem Jugendstil hervorgegangen war. Zugrunde liegt ihm eine antibürgerliche Grundstimmung, die sich mit selbstzufriedener Alltäglichkeit und schönem Schein nicht verträgt und – besonders im Lichte späteren Wissens

literarischen Programme sind zahlreich. 1917 schrieb Kasimir Edschmid in einer Abhandlung über den dichterischen Expressionismus: »... keine Fassade mehr [...] Gefühl nur der Mensch [...] der große Garten Gottes liegt paradiesisch geschaut hinter der Welt der Dinge [...] wie unser sterblicher Blick sie sieht. Große Horizonte brechen auf. Melodie der Schöpfung aus dichterischem Ruf [...]. Voll Ehrfurcht nähert Dichtung sich dem Kern der Dinge [...] nicht fotografieren, sondern schauen!«

In den Selbstzeugnissen der Expressionisten kommt das Lebensgefühl der Epoche zum Ausdruck. »Ich suche«, schreibt Paul Klee, »einen entlegenen schöpfungsursprünglichen Punkt, wo ich eine Art Formel ahne für Mensch, Tier, Pflanze, Erde, Feuer, Wasser, Luft und alle kreisenden Kräfte zugleich. Der Erdgedanke tritt vor dem Weltgedanken zurück. Die Liebe ist fern und religiös.« Auch Franz Marc fordert in seinen Briefen vom Künstler eine neue Bemühung: »Ich beginne immer mehr hinter oder besser gesagt: durch die Dinge zu sehen, ein Dahinter, das die Dinge mit ihrem Schein eher verbergen, meist raffiniert verbergen, indem sie den Menschen etwas ganz anderes vortäuschen, als was sie tatsächlich bergen. Physikalisch ist es ja eine alte Geschichte; wir wissen heute, was Wärme ist, Schall und Schwere, wenigstens haben wir eine zweite Deutung, die wissenschaftliche. Ich bin überzeugt, dass hinter dieser noch wieder eine und viele liegen.« (24. 12. 1914)

Nicht wenige der expressionistischen Künstler starben jung oder fielen im Krieg. In dem geistigen und materiellen Umbruch nach der Niederlage brach der Expressionismus als Bewegung zusammen. Entsprechend den örtlichen Gegebenheiten bietet sich dabei ein auch regional unterschiedliches Bild. Eine bestimmende Rolle hatte von Anfang an die Großstadt gespielt, für die Berlin repräsentativ war. Umso nachdrücklicher änderte sich dort das literarische Profil.

Eine Sonderstellung nimmt Prag ein. Ungeachtet ihrer Inselstellung und der relativ kurzen Dauer ihres Bestehens hat die Prager deutsche Literatur, vor allem durch Franz Kafka, weltliterarische Bedeutung gewonnen. Sie ist als künstlerische Erscheinung dem Expressionismus, in dem sich, auch für sich genommen, der Stilpluralismus der Jahrhundertwende fortsetzt, nicht deckungsgleich, hat aber zeitlich und thematisch mit ihm viele Berührungspunkte. Im Rahmen des vorliegenden Kapitels, dem sie vergleichsweise am nächsten steht, wird sie als selbstständige Einheit behandelt.

1933 wurde der Expressionismus politisch und moralisch verfemt, nicht zuletzt der vielen jüdischen Autoren wegen, die an ihm beteiligt gewesen waren. Erst nach dem Zweiten Weltkrieg begann die Wiederentdeckung, Sammlung, Neuveröffentlichung und Neubewertung des Erhaltengebliebenen. Stärker als vorher wurde nun der Expressionismus auch als soziologisches Phänomen erkannt und in seiner Auswirkung auf das gesamte gesellschaftliche Leben gewürdigt.

Stichworte zur politischen Geschichte

Auslösend für den Expressionismus ist kein einzelnes historisches Ereignis. Die expressionistischen Künstler, die sich mit den gesellschaftlichen und kulturellen Formen der Epoche insgesamt im Widerstreit befinden, suchen sich auch von den determinierend wirkenden Kräften und Traditionen der Geschichte nach Möglichkeit zu befreien. Aufrüstung und zunehmende politische Spannungen bleiben jedoch nicht ohne Einfluss auf das Lebensgefühl (1911 zweite Marokkokrise, Frankreich und Deutsches Reich am Rand des Krieges, 1912/13 Balkankriege, 28. Juni 1914 Attentat von Sarajewo, das zur österreichischen Kriegserklärung an Serbien und zum Eingreifen der anderen europäischen Großmächte in den Konflikt führt). Das jahrelange Massensterben an der Front bis zum Zusammenbruch der Mittelmächte (1918) dezimiert die expressionistische Generation und verändert das Denken. Auch die wirtschaftlichen Folgeerscheinungen des Krieges wie die Inflation (1923) verändern Stil und Wirkungsmöglichkeiten der Expressionisten.

Gesellschaft und Kultur

Theater: Der Österreicher Max Reinhardt (eigentlich Goldmann, 1873–1943) entwickelte sich zum maßgeblichen Regisseur und Theaterleiter der Epoche, der nach Wedekind auch expressionistischen Dramatikern wie Reinhard Goering zum Durchbruch verhalf und das Berliner Deutsche Theater zur führenden Bühne in Deutschland werden ließ. Er machte den Regisseur zur zentralen Persönlichkeit des Theaters, versammelte aber auch eine Elite von Schauspielern um sich (Albert Bassermann, Paul Wegener, Alexander Moissi, Werner Kraus, Friedrich Kayssler, Lucie Höflich, Eduard von Winterstein, Emil Jannings). Reinhardts Auffassung des Theaters als einer »zweiten Wirklichkeit« verlieh dem überlieferten deutschen bürgerlichen »Tempeltheater« vermehrte Bedeutung; zusammen mit dem gesellschaftskritischen Zug seiner Inszenierungen wirkte er so zunächst unterstützend auf die Möglichkeiten des expressionistischen Dramas. In den Zwanzigerjahren sah er sich dem Vorwurf der jungen Generation ausgesetzt, »kulinarisches Theater« zu machen und zog sich zunehmend nach Wien und Salzburg zurück.

Stummfilm: Nach dem Weltkrieg nimmt Deutschland einen führenden Platz im Filmschaffen ein. Der Expressionismus übt eine starke Anziehungskraft auf die Regisseure aus (Robert Wiene, *Das Kabinett des Dr. Caligari*, 1919; Friedrich W. Murnau, *Nosferatu*, 1921; Paul Wegener, *Der Golem*, 1920; Fritz Lang, *Die Nibelungen*, 1924). Die Grenzen des expressionistischen Films liegen in seiner schwierigen Rezipierbarkeit. »Das übliche Verkehrsmittel der menschlichen Seele, die Psychologie, ist sozusagen außer Betrieb gesetzt.« (R. Kurtz, *Expressionismus und Film*, 1926) Eine repräsentative Monografie schrieb Siegfried Kracauer mit *Von Caligari bis Hitler*, gekürzte dt. Ausgabe zuerst 1958 (*From Caligari to Hitler. A psychological history of the German film*, 1947).

Zeitschriften: Für die Verbreitung der neuen Ansätze in Malerei und Dichtung spielen zumeist kurzlebige Periodika eine wichtige Rolle, literarisch vor allem *Der Sturm* (Berlin 1910–32), herausgegeben von Herwarth Walden (eigentlich Georg Lewin, 1878–1941), *Die Aktion* (Berlin 1911–32), herausgegeben von Franz Pfemfert (1879–1954), *Der Brenner* (Innsbruck 1910–14), geleitet von Ludwig von Ficker (1880–1967), berühmt geworden durch die Erstdrucke der Gedichte Trakls. Kurt Hiller (1885–1972) gründet in Berlin den Literaturverein »Der Neue Club« und veranstaltet in ihm »Neopathetische Cabarets«, die zu einem wichtigen Forum für junge Autoren werden.

Verlagswesen: Verlegerisches Zentrum der expressionistischen Literatur ist der Kurt Wolff Verlag in Leipzig, der 1907/08 von Ernst Rowohlt (1887–1960) begründet wird und in dem Kurt Wolff (1887–1963), der mütterlicherseits aus der vermögenden jüdischen Bonner Familie Marx stammt, seit 1908 zunächst als Teilhaber, später als Verleger wirkt. Seit 1913 erscheint in diesem Verlag die Reihe *Der jüngste Tag*, die es bis 1921 auf 86 Nummern bringt.

In Frankreich arbeiten Maler des kubistischen und fauvistischen Stils (Georges Braque, 1882–1963; André Derain, 1880–1954; Kees van Dongen, 1877–1968; Raoul Dufy, 1877 bis 1953; Albert Marquet, 1875–1947; Henri Manguin, 1874 bis 1949; Henri Matisse, 1869–1954; Pablo Picasso, 1881 bis 1973; Georges Rouault, 1871–1958; Maurice de Vlaminck, 1876–1958) im Zusammenhang der neuen Kunstrichtung. In Deutschland zeigten Ausstellungen der »Brücke« in Dresden (Ernst Ludwig Kirchner, 1880–1938; Otto Mueller, 1874–1930; Erich Heckel, 1883–1970; Max Pechstein, 1881 bis 1955; Karl Schmidt-Rottluff, 1884–1976; zeitweilig auch Emil Nolde, 1867–1956) und der Zusammenschluss der Künstler um den »Blauen Reiter« 1909 in München (Wassily Kandinsky, 1866–1944; August Macke, 1887–1914; Franz Marc, 1880–1916; Paul Klee, 1879–1940) den expressiven Kunstwillen, der in Kandinskys Schrift *Über das Geistige in der Kunst. Insbesondere in der Malerei* bereits 1906 eine erste theoretische Begründung findet. Ein weiteres Zentrum wurde Berlin durch die 1910 von Herwarth Walden gegründete Zeitschrift *Sturm*, aber auch durch die Künstlergruppe »Die Pathetiker« mit Ludwig Meidner (1884–1966).

Musik: Zweite Wiener Schule: Arnold Schönberg (1874 bis 1951), *Gurre-Lieder* nach Jens Peter Jacobsen, 1903; George-Lieder (1908/09); Melodrama *Pierrot lunaire*, 1912; Aufgabe der harmonisch bestimmten Tonalität, danach Entwicklung der Zwölftontechnik (*Variationen für Orchester*, 1928), und seine Schüler Anton von Webern (1883–1945), *Fünf Lieder* aus George *Der siebente Ring* (1908), Trakl-Lieder (1917–21), und Alban Berg (1885–1935), *Wozzek* (Oper, 1917 bis 21), weisen der Musik neue Wege. Opernvertonun-

gen Paul Hindemiths (1895–1963) von Dramen Oskar Kokoschkas (*Mörder, Hoffnung der Frauen*, 1921) und August Stramms (*Sancta Susanna*, 1922) und Ernst Kreneks (1900–1991) von Dramen Kokoschkas (*Orpheus und Eurydike*). Opern Franz Schrekers (1878–1934, *Der ferne Klang*, 1912; *Die Gezeichneten*, 1918) und Erich Wolfgang Korngolds (1897–1957, *Violanta*, 1916; *Die tote Stadt*, 1920).

Weltliteratur (1911–1920)

Frankreich: Valéry Larbaud (1881–1957), *Fermina Márquez* (E., 1911); Marcel Proust (1871–1922), *Auf der Suche nach der verlorenen Zeit* (*A la recherche du temps perdu*, R.-Zyklus, 1913–1927); Guillaume Apollinaire (1880–1918), *Alcools* (G., 1913); Henri Barbusse (1873–1935), *Das Feuer* (*Le feu*, R., 1916).

Großbritannien und Irland: George Bernhard Shaw (1856 bis 1950, Nobelpreis 1925), *Pygmalion* (Lsp., 1912); William Butler Yeats (1865–1939, Nobelpreis 1923), *Verpflichtungen* (*Responsibilities*, G., 1914); James Joyce (1882–1941), *Ein Porträt des Künstlers als junger Mann* (*A Portrait of the Artist as a Young Man*, R., 1916).

Italien: Gabriele D'Annunzio (1863–1938), *Notturno* (R., 1916); Giuseppe Ungaretti (1888–1970), *Freude der Schiffbrüchigen* (*Allegria di naufragi*, G., 1919).

Jiddisch: Anski (1863–1920), *Der Dybuk* (Dr., 1920).

Norwegen: Knut Hamsun, *Segen der Erde* (*Markens Grøde*, R., 1917).

Russland: Maxim Gorki (1868–1936), *Meine Kindheit* (*Detstvo*, Aut., 1913/14), *Unter fremden Menschen* (*V ljudjach*, Aut., 1916); Andrej Bely, *Petersburg* (R., 1913–16); Alexander Blok (1880–1921), *Die Zwölf* (*Dvenadcat'*, Poem, 1918).

Spanien: Juan Ramón Jiménez (1881–1958; Nobelpreis 1956), *Platero und ich* (*Platero y yo*, Pr., 1916).

USA: Sherwood Anderson (1876–1941), *Winesburg, Ohio* (Kurzgeschichtenzyklus, 1919); Edith Wharton (1862–1937), *Zeit der Unschuld* (*The Age of Innocence*, R., 1920).

Lyrik

Die dichterische Leistung des Expressionismus ist in erster Linie verbunden mit den Namen großer Lyriker, von denen einige freilich nur mit einem Teil ihres Werkes dieser Epoche zuzurechnen sind und die, unabhängig voneinander, unterschiedliche Überlieferungen tradieren. Besonders die erste Phase des Expressionismus, von 1910 bis 1914, ist durch die Lyrik geprägt worden, aber die stilistischen Verschiedenheiten etwa zwischen der dem französischen Symbolismus verpflichteten Kunst Trakls, der brutalen Härte der *Morgue*-Gedichte Benns und dem zerfließenden Liebespathos des jungen Werfel scheinen unüberbrückbar. Eigenart und Vielfalt der expressionistischen Lyrik zeigt die repräsentative Sammlung von Kurt Pinthus *Menschheitsdämmerung. Symphonie jüngster Dichtung* (1920), die eingeteilt ist in die Abschnitte »Sturz und Schrei«, »Erweckung des Herzens«, »Aufruf und Empörung«, »Liebe den Menschen«. Pinthus' doppelsinniger Titel »Menschheitsdämmerung« kennzeichnet Ende und Beginn, den Untergang einer vermeintlich heilen und den Aufstieg einer neuen Welt.

JAKOB VAN HODDIS (eigentlich Hans Davidsohn, 1887 bis 1942), aus Berlin, war Mitbegründer des »Neuen Clubs« und schrieb mit dem Gedicht *Weltende*, erschienen 1911 im *Demokraten*, einem Vorläufer der *Aktion*, acht berühmt gewordene Verse, die »Marseillaise der expressionistischen Revolution« (J. R. Becher):

Dem Bürger fliegt vom spitzen Kopf der Hut,
In allen Lüften hallt es wie Geschrei.
Dachdecker stürzen ab und gehn entzwei,
Und an den Küsten – liest man – steigt die Flut.

Der Sturm ist da, die wilden Meere hupfen
An Land, um dicke Dämme zu zerdrücken.
Die meisten Menschen haben einen Schnupfen.
Die Eisenbahnen fallen von den Brücken.

Nicht minder charakteristisch ist das folgende Gedicht *Rückkehr des Dorfjungen* des Berliners ALFRED LICHTENSTEIN (1889–1914), das 1913 in der *Aktion* gedruckt wurde.

In meiner Jugend war die Welt ein kleiner Teich,
Großmütterchen und rotes Dach, Gebrüll
von Ochsen und ein Busch aus Bäumen,
und ringsumher die große, grüne Wiese.

Wie schön war dieses in die Weite Träumen
dies garnichts Sein als heile Luft und Wind
und Vogelruf und Feenmärchenbuch.
Fern schrie die fabelhafte Eisenschlange.

Else Lasker-Schüler (1869–1945)

Geboren in Elberfeld, Enkelin eines Rabbiners, Tochter eines Bankiers und Architekten, lebte Else Lasker-Schüler ein unbürgerliches, durch viele Künstlerfreundschaften (u. a. mit Peter Hille, Franz Marc) bereichertes Leben. Nach einer 1894 geschlossenen, 1903 geschiedenen Ehe, war sie von 1903 bis 1912 mit Herwarth Walden verheiratet, dessen literarische Anfänge und Begründung der Zeitschrift *Der Sturm* sie begleitete. Lasker-Schüler illustrierte, auch zeichnerisch begabt, die Originalausgaben ihrer Bücher selbst, erhielt 1932, zusammen mit Richard Billinger, den Kleistpreis, emigrierte 1934 über Ägypten nach Palästina, wo sie, verarmt und in geistiger Verwirrung, in Jerusalem starb. Sie wurde am Fuße des Ölbergs begraben.

Else Lasker-Schüler: *Die lyrische Missgeburt*, collagierte und aquarellierte Tuschzeichnung, 1909

Karl Kraus hat sie »die stärkste unwegsamste lyrische Erscheinung des modernen Deutschlands«, Gottfried Benn »die größte Lyrikerin, die Deutschland je hatte«, genannt. Ihm, ihrem »Giselheer den Barbaren«, und vielen anderen hat sie Liebesgedichte gewidmet, Georg Trakl (dem »Ritter aus Gold«), Franz Werfel (dem »Prinzen von Prag«), Franz Marc (dem »blauen Reiter«), Karl Kraus (dem »Cardinal«) fingierte und reale Briefe. In dem so entstandenen Zauberreich residierte sie als »Prinz Jussuf von Theben«.

Der Band *Die gesammelten Gedichte* (1917) vereinigt die früheren Sammlungen *Styx* (1902), *Der siebente Tag* (1905), *Meine Wunder* (1911) und *Hebräische Balladen* (1913): Er bringt Gedichte von verhaltener Musikalität und archaischer Würde, sprachliche Neuschöpfungen,

Gottfried Benn, Zeichnung von Else Lasker-Schüler

dichterische Bilder und Farbwörter voller Symbolkraft. Eine Sammlung *Mein blaues Klavier. Neue Gedichte* erschien 1943 in Jerusalem, 1962 folgten *Verse und Prosa aus dem Nachlass.*

Weltflucht

Ich will in das Grenzenlose
Zu mir zurück,
Schon blüht die Herbstzeitlose
Meiner Seele,
Vielleicht – ist's schon zu spät zurück!
O, ich sterbe unter Euch!
Da Ihr mich erstickt mit Euch.
Fäden möchte ich um mich ziehn –
Wirrwarr endend!
Beirrend,
Euch verwirrend,
Um zu entfliehn
Meinwärts!
(In der typografischen Anordnung des Erstdrucks in *Styx*)

Lasker-Schüler hat auch erzählende und autobiografische Prosa (*Der Prinz von Theben*, 1914; *Konzert*, 1932; *Das Hebräerland*, 1937) und politisch akzentuierte Dramen geschrieben.

Gottfried Benn (1886–1956)

Der Sohn eines evangelischen Pfarrers und einer französischsprachigen Schweizerin (Benn sprach gern von seiner »Mischlingsmelancholie«) wurde in Mansfeld (Westpriegnitz) geboren, wuchs in der Neumark zwischen Arbeiterkindern und den Söhnen des Grafen Finckenstein, mit denen zusammen er erzogen wurde, auf, besuchte das humanistische Gymnasium in Frankfurt/Oder, studierte nach vier Semestern Theologie und Philologie in Marburg und Berlin Medizin an der Berliner Kaiser-Wilhelm-Akademie für das militärärztliche Bildungswesen, war 1914–17 und 1935–45 Militärarzt, dazwischen und danach bis zu seinem Tode in Berlin Kassenarzt. 1951 Büchner-Preis. Die Gesamtausgabe seiner Werke erschien 1958–61, die als Selbstdarstellung wichtigen Briefe an den Bremer Großkaufmann F.W. Oelze in zwei Bänden 1977–80.

»Kunst ist eine Sache von 50 Leuten, davon noch 30 nicht normal sind«, hat Benn, der 1910 begonnen hatte Gedichte zu veröffentlichen, 1913 an Paul Zech geschrieben. Der kleine Gedichtzyklus *Morgue* (1912), die folgenden Sammlungen *Söhne* (1914) und *Fleisch* (1917) lassen die Umwertung der herkömmlichen Vorstellung von Lyrik erkennen. Es sind Enthüllungen des Zerfalls: Sie zeigen das Grauen der Verwesung, schrecken nicht vor dem Geruch von Leichenhäusern und Krebsbaracken, dem Gossenelend der Großstadt zurück. Dies wird wiedergegeben in bewusst herausforderndem Ton, mit dem in solchem Zusammenhang rücksichtslos anmutenden, sachlichen Vokabular des Mediziners, hinter dem allerdings, wie Ernst Stadler erkannte, »eine fast weibliche Empfindsamkeit und eine verzweifelte Auflehnung gegen die Tragik des Lebens und die ungeheure Gefühllosigkeit der Natur« lebendig ist. »Als ich die *Morgue* schrieb«, berichtete Benn 1934 in *Lebensweg eines Intellektualisten*, »[…], war es abends, ich wohnte im Nordwesten von Berlin und hatte im Moabiter Krankenhaus einen Sektionskurs gehabt. Es war ein Zyklus von sechs Gedichten, die alle in der gleichen Stunde aufstiegen, sich heraufwarfen, da waren, vorher war nichts von ihnen da […].«

Kleine Aster

Ein ersoffener Bierfahrer wurde auf den Tisch gestemmt.
Irgendeiner hatte ihm eine dunkelhellila Aster
zwischen die Zähne geklemmt.
Als ich von der Brust aus
unter der Haut
mit einem langen Messer
Zunge und Gaumen herausschnitt,
muß ich sie angestoßen haben, denn sie glitt
in das nebenliegende Gehirn.
Ich packte sie ihm in die Brusthöhle
zwischen die Holzwolle,
als man zunähte.
Trinke dich satt in deiner Vase!
Ruhe sanft,
kleine Aster!

Benn hielt sich von literarischen Gruppen zeitlebens fern, wurde aber von den Expressionisten als einer der ihren betrachtet und war während seiner Tätigkeit als Militärarzt in Belgien, die für ihn eine Zeit produktiven Glücks darstellte, in der auch seine *Rönne*-Prosa entstand, mit Carl Einstein und Carl Sternheim zusammengetroffen. Ein neuer Anfang beginnt mit den Bänden *Schutt* (1924) sowie *Spaltung* und *Betäubung*, beide 1925, mit der achtzeiligen Reimstrophe.

Während Else Lasker-Schüler ihren lyrischen Stil langsam entwickelt hat, ist Gottfried Benn mit seiner Lyrik wie ohne Vorbereitung hervorgetreten. Das hat – neben der ungewöhnlichen Thematik – zu dem Schock beigetragen, den seine Gedichte auslösten. Seit dem Barock war die Hinfälligkeit des Leibes so nicht mehr dargestellt worden; aber anders als im Barock schloss die Darstellung dieser Hinfälligkeit nicht den Hinweis auf das Jenseits ein, sondern meinte das unwiderrufliche Ende, von dem es in krasser Weise spricht. Auch zum allumfassenden Solidaritätsgefühl, mit dem zeitgenössische Autoren der kreatürlichen Welt begegnen, gibt es bei Benn keine Brücke, jegliches unverbindliche Pathos wird vielmehr schroff zurückgewiesen. (→ S. 374)

Dagegen feiert das Frühwerk von FRANZ WERFEL, das für die junge expressionistische Lyrik wegweisend wurde, in hymnischen Strophen die Brüderlichkeit der Menschen. Sein erster Gedichtband trug den Titel *Der Weltfreund* (1911):

An den Leser

Mein einziger Wunsch ist, Dir, o Mensch, verwandt zu sein!
Bist Du Neger, Akrobat oder ruhst Du noch in tiefer Mutter-
     hut.
Klingt Dein Mädchenlied über den Hof, lenkst Du Dein Floß
     im Abendschein
Bist Du Soldat, oder Aviatiker, voll Ausdauer und Mut.

Trugst Du als Kind auch ein Gewehr in grüner Armschlinge?
Wenn es losging, entflog ein angebundener Stöpsel dem Lauf.
Mein Mensch, wenn ich Erinnerung singe,
Sei nicht hart und löse Dich mit mir in Tränen auf!
[...]

So gehöre ich Dir und allen!
Wolle mir bitte nicht widerstehn!
O könnte es einmal geschehn,
Daß wir uns, Bruder, in die Arme fallen!

Aus einem ekstatischen Lebensgefühl erwuchs auch die frühe Lyrik von JOHANNES R. BECHER (1891 bis 1958). Stärker als Werfel war der Sohn eines wilhelminischen Oberlandesgerichtspräsidenten belastet durch die Zwänge einer rigiden Erziehung, die ihn zunächst zum Konfessionswechsel veranlasste, zu Drogen greifen, als Student in Berlin schon bald auch zum Wortführer gegen soziale Ungerechtigkeit werden ließ. Für ihn war die Erneuerung des Menschen verbunden mit der Befreiung von sexueller Repression, mit Pazifismus und sozialistischen Zielvorgaben. Gedichtband folgte auf Gedichtband: *Die Gnade eines Frühlings* (1912), *De Profundis Domine* (1913), *Verbrüderung* (1916), *Die heilige Schar* (1918), *An alle* (1919). Die Langzeilen seines mehrere Seiten umfassenden Gedichts *Der Mensch steht auf!* wechseln zwischen vernichtender Anklage der bürgerlichen Welt, der Becher entstammt (und von der er sich in seinen Ansprüchen nie ganz lösen sollte), und enthusiastischer Verheißung:

Dann dann wirst du mein Bruder sein.
Dann dann wird gekommen sein jener endliche blendende
Paradiesische Tag unsrer menschlichen Erfüllung,
Der Alle mit Allen aussöhnt.
Da Alle sich in Allen erkennen:
Da tauen die peitschenden Gestürme machtlos hin vor
  unserem glaubensvollen Wort.

Becher, der 1918 dem Spartakusbund, 1919 der KPD beitrat, die er als Abgeordneter im Reichstag vertrat, veröffentlichte weiterhin politisch-revolutionäre Gedichte (*Der Leichnam auf dem Thron*, 1924). 1933 emigrierte er zunächst nach Prag, zwei Jahre später in die Sowjetunion. Von dort kehrte er 1945 nach Berlin zurück. (→ S. 464, 470)

Georg Trakl (1887–1914)

Der Sohn eines wohlhabenden Eisenhändlers in Salzburg, stammte väterlicherseits von evangelischen Donauschwaben ab; die aus Prag stammende, kunstsinnige tschechische Mutter litt unter Depressionen und nahm wenig Anteil am Leben der Familie. Er absolvierte eine Apothekerlehre in Salzburg und ein Studium der Pharmazie in Wien. Konfliktbeladenes Verhältnis zu seiner jüngeren Lieblingsschwester Grete. Trakl wurde 1912 Militärapotheker in Innsbruck. Durch seinen Beruf hatte er Zugang zu Drogen und wurde süchtig. Bekanntschaft mit Karl Kraus und Else Lasker-Schüler. Teilnahme am Feldzug in Galizien, unter dem Eindruck der Kriegsgrauen psychischer Zusammenbruch. Tod durch eine Überdosis Kokain im Lazarett in Krakau.

Ausgehend von den französischen Symbolisten Verlaine, Rimbaud und Baudelaire sowie beeindruckt von Hofmannsthal, hat Trakl einen eigenen dichterischen Ton entwickelt. Seine Trauer ist die Hellsicht eines Dichters, der die Einsamkeit als eigentliche menschliche Situation auf sich nimmt. Die *Gedichte* (1913) und *Sebastian im Traum* (1914) sind mit den nach-

Georg Trakl, um 1912

Da macht ein Hauch mich von Verfall erzittern.
Die Amsel klagt in den entlaubten Zweigen.
Es schwankt der rote Wein an rostigen Gittern,

Indes wie blasser Kinder Todesreigen
Um dunkle Brunnenränder, die verwittern,
Im Wind sich fröstelnd blaue Astern neigen.

Immer dunkler, bedrohlicher, pessimistischer wurden Trakls Gedichte. Wendungen wie »gewaltig ängstet schaurige Abendröte im Sturmgewölk« oder »der Erde Qual ohne Ende« leiten zu der apokalyptischen Untergangsprophetie am Anfang seines Gedichts *Menschheit* über:

Menschheit vor Feuerschlünden aufgestellt,
Ein Trommelwirbel, dunkler Krieger Stirnen,
Schritte durch Blutnebel; schwarzes Eisen schellt,
Verzweiflung, Nacht in traurigen Gehirnen[...]

Trakls »einsames Saitenspiel« korrespondiert mit zunehmender Isolation. »Es ist die Seele ein Fremdes auf Erden« heißt es in dem Gedicht *Frühling der Seele.* In der Trauer seiner lyrischen Melodie wird der religiöse Grundton vernehmbar. Seine späten Gedichte sind von Hölderlin'scher Sprachgewalt und bewegen sich an der Grenze des Sagbaren. Sein letztes Gedicht *Grodek* hat man »das gewaltigste abendländische Gedicht des Weltkrieges« genannt:

Am Abend tönen die herbstlichen Wälder
Von tödlichen Waffen, die goldnen Ebenen
Und blauen Seen, darüber die Sonne
Düstrer hinrollt; umfängt die Nacht
Sterbende Krieger, die wilde Klage
Ihrer zerbrochenen Münder.
Doch stille sammelt im Weidengrund
Rotes Gewölk, darin ein zürnender Gott wohnt
Das vergoßne Blut sich, mondne Kühle.
Alle Straßen münden in schwarze Verwesung.
Unter goldnem Gezweig der Nacht und Sternen
Es schwankt der Schwester Schatten durch den schweigenden
*   Hain,*
Zu grüßen die Geister der Helden, die blutenden Häupter;
Und leise tönen im Rohr die dunkeln Flöten des Herbstes.
O stolzere Trauer! ihr ehernen Altäre,
Die heiße Flamme des Geistes nährt heute ein gewaltiger
*   Schmerz,*
Die ungebornen Enkel.

Georg Heym (1887–1912)

Geboren in Hirschberg (Schlesien), aber in Berlin aufgewachsen, nachdem sein Vater, Militärjurist, dorthin versetzt worden war. Nach Schülerstreichen Gymnasialjahre in Neuruppin. Jurastudium in Würzburg, Berlin und Jena, schließt sich 1910 dem »Neuen Club« an, muss die Referen-

gelassenen Gedichten und Prosastücken vereinigt in *Die Dichtungen* (1917). Eine Fülle abgestufter Farben, Musikalität, Sprachsinn und Sprachdeutung werden spürbar in seiner expressiven Bild- und Traumkunst, die Schmerz und Trauer über den Zerfall und in glücklicher Stunde den Anblick herbstlicher Schönheit zum Gedicht werden lässt *(Verklärter Herbst).* Das blieben Ruhepunkte auf einem Weg, den Trakl selbst als »friedlose Wanderschaft durch wildes Gestein, ferne den Abendweilern heimkehrender Herden« gekennzeichnet hat, und ihn sensibel sein ließen für Stimmungen tödlicher Depression.

Verfall

Am Abend, wenn die Glocken Frieden läuten,
Folg ich der Vögel wundervollen Flügen,
Die lang geschart, gleich frommen Pilgerzügen,
Entschwinden in den herbstlich klaren Weiten.

Hinwandelnd durch den dämmervollen Garten
Träum ich nach ihren helleren Geschicken
Und fühl der Stunden Weiser kaum mehr rücken.
So folg ich über Wolken ihren Fahrten.

darausbildung abbrechen, nachdem sich herausstellt, dass er die Staatsprüfung durch Betrug bestanden hat. Die daraufhin geplante Offizierslaufbahn kann er nicht mehr antreten: Der Versuch, einen beim Schlittschuhlauf auf der Havel verunglückten Freund, den Lyriker Ernst Balcke, zu retten, kostet ihm selbst das Leben.

Bereits als Schüler und Student beklagte Heym die Langeweile der bürgerlichen Existenz. Allerlei Streiche, die den Vater veranlassten, den Sohn nicht, wie er es wünschte, auf die Heidelberger Universität zu schicken, bezeugen dessen ungeduldige Vitalität, ebenso wie die Tagebücher (1910 nennt ein Eintrag Goethe einen »Weimarer Höfling und Kunstbonzen im Nebenberuf«), die zu Lebzeiten unveröffentlichten Dramen, Dramenfragmente (*Arnold von Brescia; Die Revolution*, über den badischen Aufstand 1848, *Der Feldzug in Sizilien*) und Gedichte. »Was ist das Leben? Eine kurze Fackel umgrinst von Fratzen aus dem schwarzen Dunkel«, heißt es in dem 1911 in der *Aktion* gedruckten Prosatext *Eine Fratze*. Heyms Spürsinn für drohendes Unheil, seine Faszination durch Zerstörung und Hässlichkeit sind in allem, was er schreibt, gegenwärtig. Eine Art Totentanzstimmung liegt über seiner Lyrik (*Der ewige Tag*, 1911; *Umbra vitae*, 1912). Und gerade in den streng gebauten Versen Heyms werden im Kontrast seine Gedichte von entfesselter Großstadt, bedrohlicher Natur, erwarteter Weltkatastrophe noch furchtbarer. Qualvoll ist der Anblick der großen, dem Untergang geweihten Städte (*Der Gott der Stadt*), dem er mit visionärer Kraft zu begegnen sucht. Selten hat sich eine Prophetie so erfüllt wie jene in seinem 1911 geschriebenen Gedicht

Der Krieg

Aufgestanden ist er, welcher lange schlief,
Aufgestanden unten aus Gewölben tief.
In der Dämmrung steht er, groß und unbekannt,
Und den Mond zerdrückt er in der schwarzen Hand.
[…]
Einem Turm gleich tritt er aus die letzte Glut,
Wo der Tag flieht, sind die Ströme schon voll Blut.
Zahllos sind die Leichen schon im Schilf gestreckt,
Von des Todes starken Vögeln weiß bedeckt.
[…]
Eine große Stadt versank in gelbem Rauch,
Warf sich lautlos in des Abgrunds Bauch.
Aber riesig über glühnden Trümmern steht,
Der in wilde Himmel dreimal seine Fackel dreht

Über sturmzerfetzter Wolken Widerschein,
In des toten Dunkels kalte Wüstenein,
Dass er mit dem Brande weit die Nacht verdorr,
Pech und Feuer träufet unten auf Gomorrh.

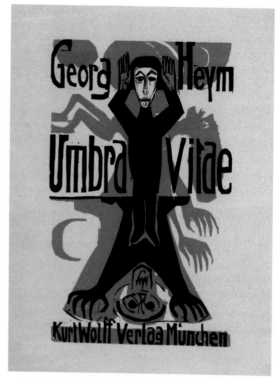

Georg Heym: *Umbra Vitae*,
Holzschnitt von Ernst Ludwig Kirchner, 1924

Ernst Stadler (1883–1914)

Der im elsässischen Colmar geborene Sohn eines Staatsanwalts, studierte Germanistik und Anglistik in Straßburg und Oxford, promovierte über Wolframs *Parzival*, wurde 1908 Privatdozent in Straßburg, 1910 Professor für Germanistik in Brüssel, fiel wenige Monate nach Kriegsausbruch bei Ypern.

Im Gegensatz zu Trakl und Heym bekennen Stadlers Gedichte (*Der Aufbruch*, 1914) Glauben und Weltliebe einer idealistischen Jugend, die sich zutraute, das Geisteserbe der Vergangenheit mit frischem Leben zu erfüllen. In ihrer Bereitschaft, einen neuen Anfang zu wagen und Verbrauchtes hinter sich zu lassen, weiß sie sich dem Wort des Angelus Silesius' verpflichtet: »Mensch, werde wesentlich.« In »grenzenlosem Sichverschenken« will Stadler »in alle Weiten drängen« (»Form ist Wollust«) und sich »ins Mark des Lebens einwühlen«, selbst in die Welt der Technik (*Fahrt über die Kölner Rheinbrücke bei Nacht*).
Ein expressionistisches Künstlergedicht Stadlers von besonderem Rang – denn seine Botschaft äußert sich nicht programmatisch, sondern entfaltet sich mittelbar – geht auf eine während der französischen Revolu-

tion zerstörte Inschrift vom Südportal des Straßburger Münsters zurück, die auf eine legendäre Bildhauerin des Mittelalters aufmerksam macht und sie zur Urheberin der beiden berühmten Portalfiguren der Ecclesia und der Synagoge erklärt: Übersetzt lautete der von Stadler als Titel verwendete lateinische Originaltext der Inschrift: »Die Gnade Gottes sei mit Sabina, von deren Hand aus hartem Stein gehauen ich als Figur hier stehe.« Nur wenige Verse widmet der Dichter der Figur der siegreichen Kirche (Ecclesia), dann wendet er sich mit umso größerer Aufmerksamkeit der Besiegten (Synagoge) zu und legt der unbekannten Bildhauerin jene Liebe und Sympathie in den Mund, die in seiner eigenen Hinwendung zu der Gedemütigten lebendig sind.

Gratia divinae pietatis adesto Savinae
De petra dura perquam sum facta figura
(Alte Inschrift am Straßburger Münster)

Zuletzt, da alles Werk verrichtet, meinen Gott zu loben,
Hat meine Hand die beiden Frauenbilder aus dem Stein
* gehoben.*
Die eine aufgerichtet, frei und unerschrocken –
Ihr Blick ist Sieg, ihr Schreiten glänzt Frohlocken.
Zu zeigen, wie sie freudig über allem Erdenmühsal throne,
Gab ich ihr Kelch und Kreuzesfahne und die Krone.
Aber meine Seele, Schönheit ferner Kindertage und mein tief
* verstecktes Leben*
Hab ich der Besiegten, der Verstoßenen gegeben.
Und was ich in mir trug an Stille, sanfter Trauer und demüti-
* gem Verlangen,*
Hab ich sehnsüchtig über ihren Kinderleib gehangen:
Die schlanken Hüften ausgebuchtet, die der lockre Gürtel
* hält,*
Die Hügel ihrer Brüste zärtlich aus dem Linnen ausgewellt,
Ließ ihre Haare über Schultern hin wie einen blonden Regen
* fließen,*
Liebkoste ihre Hände, die das alte Buch und den zerknickten
* Schaft umschließen,*
Gab ihren schlaffen Armen die gebeugte Schwermut gelber
* Weizenfelder, die in Junisonne schwellen,*
Dem Wandeln ihrer Füße die Musik von Orgeln, die an
* Sonntagen aus Kirchentüren quellen.*
Die süßen Augen mussten eine Binde tragen,
Dass rührender durch dünne Seide wehe ihrer Wimpern
* Schlagen.*
Und Lieblichkeit der Glieder, die ihr weiches Hemd erfüllt,
Hab ich mit Demut ganz und gar umhüllt,
Dass wunderbar in Gottes Brudernähe
Von Niedrigkeit umglänzt ihr reines Bildnis stehe.

Der radikalste Revolutionär der Sprache in der Zeit des Expressionismus war kein unbürgerlicher junger Poet, sondern seltsamerweise ein höherer Postbeamter aus Münster, der nebenher in Halle zum Dr. phil.

promoviert hatte und mit einer erfolgreichen Modeschriftstellerin verheiratet war, AUGUST STRAMM (1874 bis 1915). Älter als die von dem neuen Aufschwung Ergriffenen hatte er sich jahrelang vergeblich um Veröffentlichung seiner Gedichte bemüht, endlich 1913 im *Sturm* debütiert. Danach konnte er vor seinem Tod als Soldat noch die Bände *Rudimentär* (1914) und *Erwachen* (1915) sowie zwei vor dem Kriege entstandene Einakter (*Die Unfruchtbaren, Kräfte*, 1916) unterbringen. Stramm vereinzelt die Worte, löst sie aus ihrem grammatischen Zusammenhang, steigert Wortreihen und Wortwiederholungen zum Schrei oder zum Stammeln; die Wörter werden um- und neu geprägt (verbalisierte Substantive, adjektivierte Verben).

Patrouille

Die Steine feinden
Fenster grinst Verrat
Äste würgen
Berge Sträucher blättern raschlig
Gellen
Tod.

Als literarisches Thema fand der Krieg Eingang in eine patriotisch gestimmte Lyrik, die sich nicht selten zu Tönen von grellem Chauvinismus verstieg und die gemeinsames Leiden als Weg zur Gemeinschaft des Volkes auffasste, den Tod auf dem Schlachtfeld als sakrales Opfer feierte.

Neben vielen Gedichten dieser Art, die von Autoren geschrieben wurden, die aus dem Bürgertum stammten, stehen auch Dichtungen von Verfassern aus der Arbeiterschaft. Der Zusammenhang dieser Werke mit der politischen Dichtung und der sozialen Anklage, wie sie Weerth, Herwegh und Freiligrath begonnen, Gerhart Hauptmann, Kretzer und Dehmel fortgeführt hatten, ist brüchig und die gesellschaftliche Wirkung widersprüchlich.

HEINRICH LERSCH (1889–1936), der rheinische Kesselschmied, nannte seine Gedichtbände *Herz! Aufglühe dein Blut* (1916), *Deutschland!* (1917), *Mensch in Eisen* (1925); von ihm stammt der viel zitierte Vers »Deutschland muss leben, und wenn wir sterben müssen!« (*Soldatenlied*, 1914). GERRIT ENGELKE (1890–1918) war von Beruf Tüncher. Er starb in einem englischen Lazarett bei Cambrai. Seine gesammelten Dichtungen wurden unter dem Titel *Rhythmus des neuen Europa* (1921) herausgegeben. Er war die elementarste Begabung unter den Arbeiterdichtern, der mit einem von Walt Whitman beeinflussten Pathos das festliche Leben pries.

Neben Lersch und Engelke seien noch MAX BARTHEL (1893–1975), der sich später dem Nationalsozialismus zuwandte, der Sozialist und Pazifist KARL BRÖGER (1886–1944), ALFONS PETZOLD (1882–1923), ein Wegbereiter der sozialistischen Literatur in Österreich, und OTTO WOHLGEMUTH in diesem Zusammenhang genannt.

Seine anfängliche Begeisterung für den Krieg legte PAUL ZECH (1881–1946) bald ab und gestaltete in *Vor Cressy an der Marne. Balladen und auch Nachtchoräle eines armen Feldsoldaten namens Michel Michael* (1916; entstanden seit 1914) die Erfahrung des einfachen Frontkämpfers. Er veröffentlichte weitere »Passionen« gegen den Krieg (*Das Grab der Welt*, Pr., 1919; *Golgatha*, G., 1920). Zech, der vor dem Krieg zwei Jahre freiwillig als Bergarbeiter gelebt hatte, nimmt in seinen zahlreichen Dichtungen politisch und sozial eindeutig Stellung. Er ist auch als Übersetzer (von Villon, Rimbaud, Mallarmé) hervorgetreten.

Es war das Los nicht weniger expressionistischer Autoren, so gründlich vergessen zu werden, dass Neuausgaben ihrer Werke den Charakter von Rettungen haben. ALBERT EHRENSTEIN (1886–1950), aus unbemittelter jüdischer Familie, am unteren Rand der Bürgerlichkeit im Bezirk Ottakring in Wien aufgewachsen, erlebte früh, dass sich ihm die Welt versagte, eine Erfahrung, die auch nicht mehr korrigierbar war, als ihm Karl Kraus die Spalten der *Fackel* öffnete, eine von Oskar Kokoschka illustrierte Erzählung *Tubutsch* (1911) in den Wiener Literaturkreisen Anerkennung fand und der mit einer historischen Dissertation Promovierte Lektor im Verlag von Kurt Wolff wurde. Er hielt nirgends aus, bereits in seinem ersten Gedichtband *Die weiße Zeit* (1914) finden sich Verse, die zu »den bittersten Gedichten deutscher Sprache« (K. Pinthus) zählen. Sie scheuen nicht den anstößigen Ausdruck, lassen aber auch eine gelegentlich an Trakl gemahnende Trauer erkennen.

Leid

Wie bin ich vorgespannt
den Kohlenwagen meiner Trauer!
Widrig wie ein Spinne
bekriecht mich die Zeit.
Fällt mein Haar,
ergraut mein Haupt zum Feld,
darüber der letzte
Schnitter sichelt.
Schlaf umdunkelt mein Gebein.
Im Traum schon starb ich,
Gras schoß aus meinem Schädel,
aus schwarzer Erde war mein Kopf.

Die folgenden Gedichtbände (*Der Mensch schreit*, 1916; *Die rote Zeit*, 1917), mit Prosa vermischten Sammlungen (*Den ermordeten Brüdern*, 1919; *Die Nacht wird. Gedichte und Novellen*, 1920; *Dem ewigen Olymp. Novellen und Gedichte*, 1921) sowie die von Ehrenstein kritisch durchgesehenen Gesamtausgaben (*Die Gedichte*, 1919; *Mein Lied. Gedichte 1900–1931*, 1931) konnten der persönlichen Klage eines von Anbeginn scheiternden Ichs nichts eigentlich Neues mehr hinzufügen, der Krieg und der Zusammenbruch der Novemberrevolution erweiterten aber Ehrensteins Thematik und gaben ihm scharfe Satiren ein, die seine Rezeption auch später nicht zu erleichtern geeignet waren.

[...] Ich bin ein Deutscher.
Kennt Ihr meine I. G. Farben?
Deutsche! Trinkt deutschen Rhein!
Singet im Gesangverein
Deutsche Lieder vom mainischen Wein.
Wollet vor Wotan-Jehovah
Zum Beten treten,
Daß wieder bald
Im Teutoburger Biederwald
Über der Hampelmänner
Ratzenkahlgeschorene Sträflingsglatzen
Der heilige Bierabend hereinbricht.
Dann rauchen und trinken
Kugelköpfig die kegelnden Krieger
Hindenburg Gold
Und Löwenedelextraktspezialperle.
Kaiser Rotbart wächst durch den Tisch. [...]
(*Deutschland*, in *Den ermordeten Brüdern*, 1919)

Auch Ehrenstein betätigte sich als Übersetzer und Nachdichter, verdeutschte Lukian und chinesische Lyrik, darunter *China klagt. Nachdichtungen revolutionärer chinesischer Lyrik aus drei Jahrtausenden* (1924). Er starb in den USA in einem Armenhospital. Eine Renaissance begann mit der von Karl Otten besorgten Ausgabe *Gedichte und Prosa* (1961), erkennbar wird ein Werk mit untergründigen Bezügen zu Rilkes *Aufzeichnungen des Malte Laurids Brigge* (die Furcht vor dem banalen Tod) und Kafka (den Ehrenstein persönlich kannte), wenn dieser den Menschen distanziert aus nichtmenschlicher Perspektive beschreibt (*Ein Bericht für eine Akademie*, in *Ein Landarzt*, 1919).

KLABUND (eigentlich Alfred Henschke, 1890–1928, der Künstlername ist eine »Kreuzung aus Klabautermann und Vagabund«) blieb nur wenig Zeit zum Leben. Die Erfahrung, im Dritten Reich als Asphaltliterat verboten zu werden, blieb ihm erspart. Bereits als Sechzehnjähriger war er lungenkrank – aber sein bedeutendes Formtalent erlaubte ihm dennoch eine vielfältige Produktion. Er hat auch den chinesischen *Kreidekreis* sowie persische und fernöstliche Lyrik nach englischen und französischen Übersetzungen nachgedichtet.

YVAN GOLL (eigentlich Isaac Lang, 1891–1950), aus St. Dié, schrieb über sich selbst: »Yvan Goll hat keine Heimat: durch Schicksal Jude, durch Zufall in Frankreich geboren, durch ein Stempelpapier als Deutscher bezeichnet.« Er wächst zweisprachig auf, deutsch und französisch, ist ein Erbe beider Kulturen und fühlt sich doch keiner zugehörig. So steht er in einer durch geistige Gräben geteilten Welt zwischen den Fronten. Die Aufmerksamkeit für sein Werk, das teilweise in einer Art Wechselgesang mit seiner Frau CLAIRE GOLL (eigentlich Klara Aischmann, 1890–1977) entstanden ist, ist noch immer im Wachsen begriffen. Sein lyrisches Werk beginnt mit der Nachdichtung *Lothringische Volkslieder* (1912), aber schon mit *Der Panamakanal* (1914) und *Films* (1914) steht er mitten in der Bewegung der Zeit, in die er auch mit Manifesten und Programmen eingreift. Über die Aufgabe des Dichters schreibt Yvan Goll 1917 in der *Aktion*:

Und du, Dichter, schäme dich nicht, in die verlachte Tuba zu stoßen. Komm mit Sturm. Zerdonnere die Wölklein romantischer Träumerei, wirf den Blitz des Geistes in die Menge. Lass ab von den zarten Verirrungen und leichten Verzweiflungen des Regenwetters und der Dämmerungsblumen.

Licht brauchen wir: Licht, Wahrheit, Idee, Liebe, Güte, Geist! Sing Hymnen, schrei Manifeste, mach Programme für den Himmel und die Erde. Für den Geist!

Künstler, schenke uns dein großes Herz. Tritt mit deinen Flügeln ins dumpfe, arme Volk. Tritt in die schwälenden Stuben der jungen Mütter, in die schreidurchzuckten Spitäler voll Sterbender, Hoffender, tritt in die atembenommenen Kerker, in die zornverstampften Kasernen, in die Justizpaläste und die Greisenasyle.

Lächle immer und verzeih wie der Engel, der unerkannte. Je schlechter und tiefer und dumpfer sie sind, desto schöner. höher und heller sei dein Gesang.

Künstler, liebe!

Drama

Das Programm des Expressionismus enthielt keine systematische Dramaturgie. Die Formtendenzen des expressionistischen Dramas weisen weit in die Theatergeschichte zurück: Wie das geistliche Spiel des Mittelalters umfasst es räumlich die ganze irdische Welt und das Universum des Geistes; wie das Fastnachtsspiel

reiht es Szenen aneinander, deren Zusammenhang in ihrer ideellen (moralischen) Tendenz begründet liegt; wie im Sturm und Drang erlaubt die gelockerte Syntax den ekstatischen Ausdruck. Oftmals ist das Vorbild Büchners spürbar, das Nebeneinander mehrerer Einzelhandlungen, die Einfügung von Szenen, die die Situation des Helden, dessen Schicksal bereits entschieden ist, ergänzend ins Bild setzen.

Den »neuen Menschen« zu rufen, war das Ziel des expressionistischen Dramas, mit der Erfahrung, dass der meistens der alte ist, hielt es sich nicht auf. In seiner entschiedensten Ausprägung ist es ekstatisches Seelendrama, chorisches Kultspiel. Die zeitliche Einordnung wirft Fragen auf, weil die Drucke den Uraufführungen meist um ein Beträchtliches vorangehen, die Bedeutung eines Dramas aber nicht ohne seine Bühnenwirkung zu denken ist. Es zeitigte Veränderungen, die die nachexpressionistischen Jahrzehnte mitprägten.

Wichtige Anregungen vermittelte das Werk des Schweden August Strindberg, dessen Frühdramen *Der Vater* und *Fräulein Julie* durch ihre schonungslose Analyse schon den deutschen Naturalismus beeinflusst hatten. Sie waren auch für den Expressionismus bedeutsam, doch wurden jetzt besonders die Dramen des späteren, der Mystik zugewandten Strindberg maßgebend: Sein symbolisches Passionsspiel *Nach Damaskus*, eine Trilogie in 17 Stationen, ist als die »Mutterzelle des expressionistischen Dramas« (B. Diebold) bezeichnet worden. Es gibt darin nur *einen* Handelnden, den »Unbekannten«, dessen Seele zum eigentlichen Schauplatz des Geschehens wird – die anderen Gestalten gewinnen kein Eigenleben. Folgerichtig verliert der Dialog als Mittel der Kommunikation und der Auseinandersetzung an Gewicht, lange, gebärdenreiche Monologe treten an seine Stelle. Auch die dramatisch-lyrische Phantasie *Ein Traumspiel*, dessen letztes Bild, eine Christusvision, an die Thematik von *Nach Damaskus* anknüpft, zeigt die Wendung des Autors zu rückhaltlosem Subjektivismus. *Advent, Ostern* sind Lehrstücke von Gericht und Gnade.

Unter den inländischen Dramatikern galt Frank Wedekind als Wegbereiter. Sein durch Nietzsche geförderter antibürgerlicher Affekt, die allegorische Pantomime, das Ausscheiden individueller Züge zugunsten eines abstrakten, marionettenhaft wirkenden Menschenbildes fanden in unterschiedlicher Weise Fortsetzung. ALFRED DÖBLIN revoltierte in seinem spöttischen Frühwerk *Lydia und Mäxchen. Tiefe Verbeugung in einem Akt* (1906) gegen das herkömmliche Theater. Die beiden Protagonisten spielen selbst – die Schauspieler sind davongelaufen –, ermuntern die lebendig gewordenen Requisiten zum Aufstand und vertreiben Dichter und Regisseur von der Bühne. HEINRICH LAUTENSACK (1881–1919), ein Schüler Wedekinds, der von den *Elf Scharfrichtern* herkam, debütierte 1908 mit dem Drama *Hahnenkampf*. Den Wettstreit um erotische Erfüllung sowie den Konflikt zwischen kanonischem Recht und freier Liebe verfolgte er 1911 auch in *Pfarrhauskomödie* und 1916 in *Das Gelübde*. ELSE LASKERSCHÜLER behandelt in dem Schauspiel *Die Wupper* (1909, U. 1919) die aussichtslose Neigung des Arbeitersohnes Carl Pius zur Tochter eines Fabrikanten und das nicht minder unglückliche Verhältnis deren Bruders zu einer Proletarierin als symbolische Vorgänge in einer erlösungsbedürftigen Welt: Die Konstellation dieser »Stadtballade« und »bösen Arbeitermär«, wie die Dichterin ihre lyrisch getönte Szenenfolge nannte, erinnert an Sudermanns *Die Ehre*, die realistisch gezeichnete Großmutter Pius an Hauptmanns Mutter Wolffen im *Biberpelz*.

Oskar Kokoschka (1886–1980)

Der in Pöchlarn a. d. Donau geborene Sohn einer Prager Künstlerfamilie und bedeutende österreichische Maler, der in Wien die Kunstgewerbeschule besuchte, war eine Doppelbegabung. Literarisch trat er in der Zeit des Expressionismus hervor. In Wien am Cabaret *Fledermaus* beteiligt, 1910/11 in Berlin Mitherausgeber der Zeitschrift *Der Sturm*, deren »Wortkunst«-Theorie von ihm beeinflusst ist. 1919 bis 1924 Professor der Kunstakademie Dresden, später wieder in Wien, seit 1934 in Prag, emigrierte er 1938 nach London und wurde 1954 in Villeneuve am Genfer See ansässig. Gestorben in Montreux.

Kokoschka debütierte 1908 mit *Sphinx und Strohmann. Komödie für Automaten*, einem Satyrspiel, das ihn als Stichwortgeber auch für das surrealistische Drama erkennen lässt (1913 in zweiter Fassung mit dem Untertitel *Ein Curiosum*). Bereits 1907 war in Wien das die Polarität der Geschlechter als Liebeskampf behandelnde Schauspiel *Hoffnung der Frauen* entstanden, das 1910 zuerst in der Zeitschrift *Der Sturm* gedruckt wurde (dort und in 3. Fassung 1916 u. d. T. *Mörder, Hoffnung der Frauen*). In der Folge schrieb er (neben Erzählungen, Essays und Gedichten) weitere dramatische Arbeiten in einer ausdrucksvollen, der Bibel verpflichteten Sprache (*Der brennende Dornbusch*, e. 1911, 1913 in *Dramen und Bilder*). In *Hiob* (1917), der dritten Fassung von *Sphinx und Strohmann*, zeigt sich Kokoschka der Gedankenwelt des durch Selbstmord geendeten OTTO WEININGER (1880–1903, *Geschlecht und Cha-*

Oskar Kokoschka: Selbstbildnis, die Hand ans Gesicht gelegt, 1918

rakter, 1903) verpflichtet. Durch die den Druck begleitenden Graphiken wirkte Kokoschka zusätzlich provozierend.

Carl Sternheim (1878–1942)

Der in Leipzig geborene Sohn einer protestantischen Schneiderstochter und eines jüdischen Bankiers und Zeitungsbesitzers dient bei den Kürassieren, studiert von 1897 bis 1902 an verschiedenen Universitäten, geht 22-jährig eine erste Ehe ein und lässt sich, finanziell unabhängig, in Weimar als Schriftsteller nieder. 1907 zweite Ehe mit der vermögenden Thea Bauer. 1908 Umzug in das neu erbaute Schloss Bellemaison bei München, in dem das Ehepaar zahlreiche Künstler zu Gast hat. Weitere Umzüge 1912–14 erstmals nach Belgien, auf eigenen Landsitz bei Brüssel. 1920 in die Schweiz, 1922 in die Nähe Radebeuls bei Dresden, 1930 (nach dem Scheitern auch der zweiten Ehe) nach Brüssel. Vierjährige dritte Ehe mit Pamela Wedekind. Einige seiner Stücke bis 1918 verboten. In der Zeit der Weimarer Republik als Zyniker angeprangert, wird Sternheim nach 1933 Opfer der Verfemung durch die NS-Kulturpolitik. Während der deutschen Besatzungszeit, verarmt und vereinsamt, in Brüssel gestorben.

Sternheims wenig erfolgreiches Frühwerk – neben Jugenddramen schrieb er Erzählungen und Gedichte, die das Vorbild Stefan Georges und Richard Dehmels erkennen lassen – zeigt noch nicht die entschiedene Ausrichtung auf die Bürgerkomödie, durch die er in Erinnerung geblieben ist. Neben Fragen der Moral, die ihn von Anfang an beschäftigten, fesselten ihn auch religiöse Konflikte (*Judas Ischarioth*, 1901, e. 1898/99) und die Künstlerproblematik. Wie Wedekind thematisierte er die versäumte sexuelle Aufklärung. Seine Komödie *Die Hose* (1911, aus Zensurrücksichten zunächst u. d. T. *Der Riese*) brachte ihm, zusammen mit einem Gesellschaftsskandal, endlich den ersehnten Erfolg. Sternheim nannte seine Komödien und Schauspiele ironisch Darstellungen »aus dem bürgerlichen Heldenleben«, sie enthalten die ätzende Kritik jener Verhältnisse, die zur Entwicklung der wilhelminischen Gesellschaft und zu ihrem Zusammenbruch im imperialistischen Weltkrieg geführt haben. Banale Selbstzufriedenheit, Gemeinheit, Strebertum, Brutalität und Triebhaftigkeit bestimmen Haltung und Handlungsweise der Gesellschaft, darunter auch opportunistischer Emporkömmlinge aus dem Arbeiterstand. *Die Hose*, *Der Snob* (1914) und *1913* (1915), bilden eine Trilogie, ergänzt durch das Nachkriegsstück *Das Fossil* (1923).

Hauptfiguren sind Theobald Maske und seine Nachkommen, ihr Aufstieg und Ende bilden den Stoff der vier Komödien. Die erste beginnt damit, dass Frau Luise Maske auf offener Straße, während der Vorbeifahrt des Königs die Unterhose verliert, eine symbolisch gemeinte Lockerung ihrer sexuellen Unterdrückung, die ihr Ehemann Theobald, ein subalterner Beamter, mit Prügel (auf der Bühne) bestraft. Die Sorge um den finanziellen Schaden, der ihm durch die befürchtete Beeinträchtigung seiner Karriere entstehen könnte, lässt Maske Untermieter ins Haus nehmen, die sich auch bald einstellen: der adlige Lyriker Scarron und der philosophierende Friseur Mandelstam, die, zufällige Zeugen des peinlichen Vorfalls auf der Straße, hoffen, die Gunst Luise Maskes zu gewinnen. Diese ist nicht abgeneigt, aber ihr unsympathischer, in seinem Selbstbewusstsein gleichwohl nicht zu erschütternder Ehemann erweist sich – auch erotisch – als der Sieger und entschließt sich, nunmehr wirtschaftlich gestärkt, Nachwuchs zu zeugen. – Sein Sohn Christian, der *Snob,* löst sich, auf dem Weg, Generaldirektor zu werden, durch Abfindungen von seinen kleinbürgerlichen Eltern (der Vater akzeptiert dieses Verhalten, versucht nur den Preis in die Höhe zu treiben) und einer Geliebten. Er heiratet eine Gräfin und gewinnt vermehrt ihre Gunst, als er, unter Verweis auf das seinerzeitige Missgeschick der Mutter, andeutet, väterlicherseits aristokratischer Abkunft zu sein. – *1913* spielt am Vorabend des Weltkriegs. Das Stück zeigt Christian, nunmehr Exzellenz und geadelt, als auf den Tod kranken Siebzigjährigen, der mit einer seiner beiden Töchter, Sofie, um das Industrieimperium, das er hinterlässt, im Streit liegt. Die Spekulation zielt auf Krieg, die Konfession spielt bei

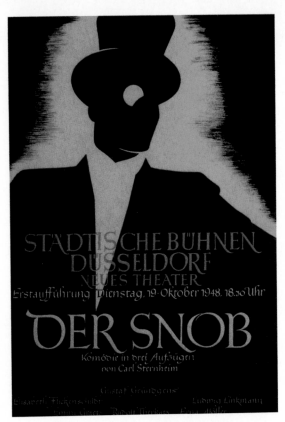

Der Snob, Plakatentwurf A. L. Thiel, Inszenierung Gustav Gründgens, Schauspielhaus Düsseldorf, 1948

den Bemühungen um die Kunden eine Rolle, und so entschließt sich Maske katholisch zu werden, um eine protestantische Werbekampagne der Tochter zu konterkarieren. Die andere Tochter, Ottilie, trägt, vom örtlichen Pastor unterstützt die *Mondnacht* von Eichendorff/Schumann vor. – *Das Fossil* spielt in der Familie der energischen Sofie, das »Fossil« ist ihr Schwiegervater, der zum Mörder wird und sich den Gerichten stellt.

Weitere Erfolgsstücke waren *Die Kassette* (1912), *Bürger Schippel* (1913) und *Tabula rasa* (1916). Die vehemente Ablehnung des Bürgers, die in ihnen zum Ausdruck kommt, ist expressionistisches Gemeingut, doch sind die entsprechenden Stilmittel bei Sternheim nur äußerliche Zutat; der ihm gemäße Ausdruck ist die abgehackte oder schnoddrige Wortmontage (»Telegrammstil«) und die überspitzte Karikatur.

Einig in der Ablehnung der Gesellschaft, mit der sie sich konfrontiert sahen, fanden die Autoren höchst unterschiedliche Antworten zu ihrer Veränderung. REINHARD JOHANNES SORGE (1892–1916) schrieb das erste im spezifischen Sinn expressionistische Drama

Der Bettler. Eine dramatische Sendung (1912), für das er den Kleistpreis erhielt. Sorge, der 1913 zum Katholizismus konvertierte, folgt als Autor einem religiösen Impuls. Die Figuren werden zu Typen, sie haben keine Namen, sondern heißen Mutter, Mädchen, Vater. Im Verlauf des Dramas büßen die Handelnden, besonders der Held des Stücks, ein Dichter, immer mehr den ohnehin schmalen Bezug zu ihrer Zeit ein. In dem zunehmend visionären Spiel soll die Welt vom Materialismus befreit und neu gestaltet werden. Sorge fiel als Soldat an der Somme, ehe er sein Vorhaben, Priester zu werden, verwirklichen konnte. Einige seiner Werke, darunter Gedichte und Epen aus franziskanischem Geist, erschienen postum (*Odysseus*, Dr., 1925, e. 1911).

Auch der Prager PAUL KORNFELD (1889–1942) ist mit seiner lyrisch-ekstatischen Sprache typisch für den frühen Expressionismus. Seiner ersten Tragödie *Die Verführung* (1916, e. 1913) folgte das Erlösungsdrama *Himmel und Hölle* (1919). »Verführung« – das ist Verführung des Helden, der in die Abgeschiedenheit geflohen war, zur Welt, in der er nochmals scheitert. Paul Kornfeld, der zeitweilig als Dramaturg bei Reinhardt in Berlin arbeitete, kehrte 1933 nach Prag zurück. Er ist im Konzentrationslager Lodz gestorben.

Bereits 1913 hatte sich auch FRANZ WERFEL dem Drama zugewandt (*Die Troerinnen*, eine freie Bearbeitung des Euripides, U. 1916). Es folgten in zeitbedingter Thematik und mit beabsichtigten Effekten – »Der Effekt ist die Moral des Dramatikers« – *Der Spiegelmensch* (1920) und *Die Mittagsgöttin* (1923), konstruiert wirkende Erlösungsdramen von nur noch literarhistorischem Interesse. Werfel wandte sich danach Stoffen der weltlichen und religiösen Geschichte zu (*Juarez und Maximilian*, 1924; *Paulus unter den Juden*, 1926; *Das Reich Gottes in Böhmen*, 1930).

FRITZ VON UNRUH (1885–1970) war Offizierssohn und wurde in der Kadettenanstalt Plön in Holstein erzogen. Er begann mit Preußendramen, in denen es um Probleme des militärischen Gehorsams ging: *Louis Ferdinand, Prinz von Preußen* (Aufführung 1911 durch Wilhelm II. verboten), *Offiziere* (1912). In den Materialschlachten des Weltkriegs wandelte er sich zum Pazifisten. In der frühen Weimarer Republik galt Unruh als einer der bedeutendsten zeitgenössischen Dichter. Die mythisch-visionäre Tragödie *Ein Geschlecht* (1918) und die Fortsetzung *Platz* (1920) riefen gegen Krieg und Gewaltherrschaft mit ethischen und politischen Forderungen zu einem humanitären Idealismus auf. *Dietrich*, der Abschluss des als Trilogie geplanten Werks, 1936 in Frankreich entstanden, blieb unaufgeführt.

Der Sohn, Inszenierung Heinrich Teweles, Deutsches Landestheater Prag, 1916, Ernst Deutsch in der Titelrolle

WALTER HASENCLEVER (1890–1940) kehrte aus dem Weltkrieg, in den er als Kriegsfreiwilliger gezogen war, ebenfalls als Pazifist zurück. *Der Sohn* (1914) brachte die Themen des Generationskonflikts und der Brüderlichkeit mit den neuen Kunstmitteln auf die Bühne. Es folgten *Der Retter* (1915), *Antigone* (1917), *Die Menschen* (1918) – dieses letzte mit dem Tenor von Werfels Erzählung *Nicht der Mörder, der Ermordete ist schuldig* – alle im expressionistischen Stil. Hasenclever nahm sich in Les Milles, Frankreich, das Leben, als sich die deutschen Truppen näherten. REINHARD GOERING (1887 bis 1936), der vor Kriegsbeginn 1914 nur einzelne Gedichte und einen Roman (*Jung Schuk*, 1913) veröffentlicht hatte und wegen Tuberkulose schon nach wenigen Wochen als Soldat beurlaubt wurde, schrieb, angeregt durch die Schlacht am Skagerrak, in Davos das Drama *Seeschlacht* (1917), dessen Aufführungen im letzten Kriegsjahr in Dresden und, inszeniert von Max Reinhardt, in Berlin dem expressionistischen Drama zum Durchbruch verhalf.

Ernst Toller und Walter Hasenclever im Gespräch

Den Schauplatz bildet der hermetisch abgeschlossene Panzerturm eines großen Kriegsschiffs, in dem sieben Kanoniere Dienst tun und der im Verlauf der Schlacht wiederholt getroffen wird. Die Gespräche der Matrosen kreisen um den Sinn beziehungsweise die Sinnlosigkeit des Geschehens, dem sie als Opfer ausgeliefert, an dem sie jedoch auch als Täter beteiligt sind. Die erschütternde Erfahrung des überlebenden Matrosen, der den Einsatz des Lebens für ein unverstandenes abstraktes Ziel zunächst für »Wahnsinn« erklärt hat, dann aber vom Rausch des Kampfes ergriffen wird, lautet:

Die Schlacht geht weiter, hörst du?
Mach deine Augen noch nicht zu.
Ich habe gut geschossen, wie?
Ich hätte auch gut gemeutert! Wie?
Aber schießen lag uns wohl näher? Wie?
Muss uns wohl näher gelegen haben?

Damit endet das Stück, das eine Bilanz der idealistischen Kriegsbegeisterung von 1914 und der folgenden langsamen Desillusionierung bietet. *Seeschlacht* wurde zu einer der »bedeutendsten deutschen Kriegsdich-

tungen« (H. Lehnert) und trug dem Autor den Kleistpreis ein. Seine folgenden Dramen schrieb Goering in einem unpathetischen Stil, der auf den Gestus der Neuen Sachlichkeit vorausweist: *Der Erste* (1918), *Die Retter* (1919) und – anknüpfend an die Selbstversenkung der deutschen Flotte – *Scapa Flow* (1919).

Ernst Toller (1893–1939)

Toller, geboren in Samotschin bei Bromberg, stammt aus jüdischer Kaufmannsfamilie, 1914 Abbruch des Jurastudiums in Grenoble und Kriegsfreiwilliger, 1916 nach schwerer Verwundung aus dem Militärdienst entlassen, 1917 erstmals wegen seiner pazifistischen Gesinnung verhaftet, trat, angeregt durch Begegnungen mit Max Weber, Gustav Landauer und Kurt Eisner für einen »ethischen Sozialismus« ein, wirkte an führender Stelle für die Räterepublik in Bayern; weigerte sich jedoch als Kommandeur der Roten Garde den Befehl zur Exekution gefangener Offiziere auszuführen. 1919 durch das Standgericht der Gegenrevolution zu fünf Jahren Festungshaft verurteilt; wurde Mitarbeiter der *Weltbühne*, emigrierte 1933 über die Schweiz, Frankreich und England in die USA, wo er, als Autor unbekannt und erfolglos, in New York den Freitod wählte.

Die Reihe von Tollers in der Haft entstandenen Bühnenwerken beginnt mit dem Stationen der eigenen Entwicklung rekapitulierenden Drama *Die Wandlung. Das Ringen eines Menschen* (1919), das den Werdegang eines Künstlers vom Kriegsfreiwilligen zum revolutionären Pazifisten beschreibt. Auch sein Drama *Masse Mensch. Ein Stück aus der sozialen Revolution des 20. Jahrhunderts* (1921), das nach der Uraufführung in Nürnberg 1920 sofort verboten wurde, trägt autobiografische Züge. Es geht um die Problematik politischen Handelns, um die mit der Gewaltausübung verbundene Preisgabe menschlichen Lebens, das der revolutionären Lehre zu opfern Toller nicht bereit war.

Sonja Irene L., eine mit einem staatstreuen Mann verheiratete Frau aus dem Bürgertum, tritt auf die Seite der Revolution, versagt sich aber, von ihrem Gewissen gedrängt, dem gewalttätigen Handeln. Dieser Haltung bleibt sie treu, als sie, eingekerkert, auf die mögliche Befreiung verzichtet, weil diese das Leben eines Wärters kosten würde und nimmt stattdessen den eigenen Tod auf sich.

Es folgten *Die Maschinenstürmer. Ein Drama aus der Zeit der Ludditenbewegung in England in fünf Akten und einem Vorspiel* (1922) und *Der deutsche Hinkemann* (1923), später *Hinkemann*, dessen schonungslose Weltsicht an Büchners *Dantons Tod* gemahnt und den Spielraum der »expressionistischen Hoffnung« bis auf den Kern verengt erscheinen lässt.

Der verstümmelt – entmannt – aus dem Krieg heimgekehrte beschäftigungslose Arbeiter Eugen Hinkemann
tritt, um etwas zu verdienen, in einer Schaubude als »deutscher Held« auf. In dieser Rolle beißt er, den es einst zu-
innerst verstörte, dass seine Schwiegermutter einen Sing-
vogel blendete, Ratten und Mäusen die Kehle durch und
schlürft ihr Blut. »Könige, Generäle, Pfaffen und Buden-
besitzer«, rühmt sich der Veranstalter, »das sind die einzigen Politiker: Die packen das Volk bei seinen Instinkten.«
Eugens Frau Grete erliegt der Werbung seines Freundes
Paul Großhahn, der mit seinem Erfolg ungehemmt prahlt
und Eugen öffentlich demütigt. Der geht mit dem Gedanken um, seine Frau zu töten, lässt aber davon ab, als er erkennt, dass sie nicht weniger hilflos und unglücklich ist als
er. Grete nimmt sich das Leben, die Schlussszene zeigt Hinkemann, wie er, demoralisiert, einen Strick flicht.

Die Einsamkeit und Not des Einzelnen vermag auch
die Revolution nicht aus der Welt zu bannen, und der
Betrug tritt auch in der Gestalt des Heilsbringers auf.
In dieser hoffnungslos scheinenden Lage sieht Toller
die Funktion der Kunst darin, die »Kraft des Traumes«
zu stärken, von der das Motto des Stückes spricht:
»Wer keine Kraft zum Traum hat, hat keine Kraft zum
Leben.« Seine »in der heiteren Kraft wachsenden Vor-
frühlings« ebenfalls im Festungsgefängnis Niederschö-
nenfeld verfasste Komödie *Der entfesselte Wotan* (1923),
Lehrstück eines politischen Betrügers, wirkt im Rückblick allerdings nicht ausschließlich heiter, sondern
»wie eine literarische Vorwegnahme des Größenwahns
Hitlers« (H. Rudloff).   (→ S. 445, 448)
Wandlungsdramen wie Toller schrieb auch Ernst Barlach, der – zusammen mit Georg Kaiser, wenn auch auf
andere Weise – das expressionistische Drama zeitweilig am wirkungsvollsten repräsentierte.

Ernst Barlach (1870–1938)

Der Arztsohn aus Wedel/Holstein verlor den Vater bereits
1884. Mit 18 Jahren zu einer Künstlerlaufbahn entschlossen,
wurde Barlach Bildhauer, Grafiker, Dramatiker und Erzähler. Nach Studien- und Akademiejahren in Paris und
Florenz, Hamburg, Dresden und Berlin sowie einer für seine Entwicklung wichtigen Russlandreise 1906 lebte er seit
1910 in Güstrow in Mecklenburg, in Opposition zur abstrakten Kunst seiner Zeit, während des Dritten Reiches
durch Aufführungsverbote und Entfernung seiner Werke
aus Kirchen und Museen zunehmend isoliert. Gestorben
in Rostock. Der vor allem als Bildhauer bedeutende Künstler liegt in Ratzeburg begraben.

Barlach übertrug den Stil seiner Plastik auf die Menschengestaltung in seinen Dramen, als deren wichtigste *Der tote Tag* (1912), *Der arme Vetter* (1918), *Die
Sündflut* (1924) und *Der blaue Boll* (1926) gelten. Ein

bestimmendes Thema ist für ihn, von seinem 1907 be-
gonnenen ersten Drama *Der tote Tag* an, das Vater-
Sohn-Verhältnis, in dem er die Beziehung zwischen
Gott und Mensch abgebildet sieht. Wie die Gestalten
von Barlachs Plastik ringen auch die Menschen seiner
Dramen, von ihrem religiösen Empfinden geleitet, um
Erlösung und Erhöhung. »Jeder Geborene wird ein-
mal ans Kreuz geschlagen.«
Aus Barlachs Nachlass erschien 1951 die Tragödie *Der
Graf von Ratzeburg*, ein grüblerisches, schwer zugäng-
liches Pilgerdrama, das in der Zeit der Kreuzzüge spielt.
Zur Zeit seines Erscheinens sah man in ihm ein protes-
tantisches Gegenstück zu Claudels *Der seidene Schuh*.

Georg Kaiser (1878–1945)

Der in Magdeburg geborene Kaufmannssohn, der auch
selbst eine Berufslaufbahn als Kaufmann begann, war in
Südamerika und Südeuropa tätig. Nach Deutschland zurückgekehrt, lebte er als freier Schriftsteller und emigrierte
1938 in die Schweiz. Erfolg- und mittellos lebte er dort bis
zu seinem Tod in Ascona.

Kaiser schrieb schon früh Dramen – insgesamt etwa 70
Bühnenwerke –, die in den Jahren 1918 bis 1933 viel
gespielt wurden. Auf die Tragikomödie *Die jüdische
Witwe* (1911), die das biblische Judith-Thema aufnimmt, und den *König Hahnrei* (1913), eine Parodie auf
den Tristanstoff, folgte das bedeutendste Stück seiner Frühzeit, das »Bühnenspiel« *Die Bürger von Calais*
(1914), das ihn nicht mehr nur als »Denkspieler« erscheinen lässt wie die früheren Dramen. Jean Froissart
(*Chronique de France*, um 1400) erzählt von diesen
Bürgern, die sich als Geisel anbieten, um Calais vor
dem Untergang zu retten. Rodin hat sie in Erz gegos-
sen, seine berühmten Skulpturen haben Kaiser den –
von ihm abgewandelten – Stoff aufgreifen lassen.

Der siegreiche König von England verlangt als Friedens-
bedingung das Leben von sechs Bürgern der Stadt Calais.
Sieben stellen sich zur Verfügung. Das Los soll einen befreien. Aber Eustache de Saint-Pierre, der sich als Erster
gemeldet hat, legt nur Todeskugeln in die Schüssel. Der
Zufall soll die Reinheit des Opferwillens nicht beeinträchtigen. Wer anderntags als Letzter auf dem Richtplatz erscheint, soll frei sein. Sie erscheinen alle, nur Eustache
nicht. Er hat sich inzwischen durch den Giftbecher den
Tod gegeben. Sein blinder Vater, zum Gerichtsplatz schreitend, verkündet seinen Tod: »Ich habe den neuen Menschen gesehen – in dieser Nacht ist er geboren!« Als die
sechs opferbereit aufbrechen, tritt ihnen ein Bote entgegen. Dem englischen König ist in der Nacht ein Sohn geboren worden. Um des neuen Menschen willen will er kein
Leben vernichten und schenkt den Opfern das Leben.

Auguste Rodin: Die Bürger von Calais, 1884–86

Hingabewillen und Opferbereitschaft werden in pathetisch gesteigerter Sprache zum Ausdruck gebracht. Wesentlich ist die Zielsetzung dieses Opfers: Es dient der Erhaltung des Hafens und der Stadt, nicht einem Widerstand bis zum Untergang im Dienst der französischen Sache. Der Kampf des »neuen Menschen« hebt die Auseinandersetzung der weltlichen Mächte auf eine höhere Ebene: Ein sakrales Geschehen unterbricht und verändert die Geschichte.

Auch das wirkungsvoll gebaute Stück *Von morgens bis mitternachts* (1916), in dem ein kleiner Bankkassierer mit unterschlagenem Geld den Lebensgenuss in der Großstadt sucht und im Selbstmord als Märtyrer endet, ist ein zeittypisches Stück. »Mit keinem Geld aus allen Bankkassen der Welt kann man sich irgendwas von Wert kaufen. […] Das Geld verschlechtert den Wert. Das Geld verhüllt das Echte – das Geld ist der armseligste Schwindel unter allem Betrug!«

In seinen Dramen *Gas I* und *Gas II* (1918–20), die zusammen mit dem vorangehenden *Die Koralle* (1917) eine Trilogie bilden, sind die Helden nicht mehr Kleinbürger, sondern Millionäre. Hier kommt es durch die alles beherrschende Technik zur Verkümmerung des Lebens. Die Fabrik, in der das Gas erzeugt wird, explo-

diert; der Millionär will den Arbeitern Ackerland geben, sie aber wollen lieber Gas erzeugen – der Staat bemächtigt sich der Fabrik für Kriegszwecke: Es wird den »neuen Menschen« nicht geben. Die Welt ist reif zum Untergang.

Hans Henny Jahnn (1894–1959)

Jahnn, geboren in (Hamburg-)Stellingen, stammte aus einer Familie von Schiff- und Instrumentenbauern, war selbst Musikwissenschaftler und Orgelbauer, widmete sich aber auch der Pferdezucht und der Hormonforschung. Seiner pazifistischen Überzeugungen wegen lebte er bereits 1915–18 im Ausland; 1933 ging er erneut zunächst in die Schweiz, lebte dann auf Bornholm, von wo er 1950 nach Hamburg zurückkehrte. Tod in Hamburg.

Jahnn begann als Dramatiker. Eine Reihe von Dramen und Dramenentwürfen des jungen Dichters blieb unaufgeführt; dann errang er 1920 mit *Pastor Ephraim Magnus* (1919; 1923 von Brecht und Bronnen aufgeführt), zugesprochen von Oskar Loerke, den Kleistpreis. Das Stück widerstreitet der überlieferten christlichen Sexualmoral und stellt ihr den Kult des jungen, schönen Leibes entgegen, dem über den Tod hinaus durch Einbalsamierung Dauer verliehen werden soll. Es folgten *Die Krönung Richards III.* (1921), *Der Arzt, sein Weib, sein Sohn* (1922), *Der gestohlene Gott* (1924) und die krasse Neubearbeitung einer antiken Vorlage, *Medea* (1926). An diese Dramen knüpfte sich eine erbitterte Diskussion. »Wohl noch niemand vor diesem Dichter ist so tief in die Qualen, Schrecknisse und Wildheiten des Körperlichen geschritten.« (O. Loerke). Während die einen die brutale Provokation seiner Dramen als verhüllte Sehnsucht nach Erlösung auslegten und auf Strindberg und Wedekind als Vorbilder verwiesen, tadelten andere Scham- und Formlosigkeit. Gerade die Form der *Medea* fand jedoch auch entschiedene Fürsprecher, als einer geglückten Umsetzung der antiken Tragödienstruktur. (→ S. 374)

Prosa

Die expressionistische Erzählkunst fand beim Publikum langsamere Aufnahme als die Lyrik und Dramatik, weil der neue Stil zur Grundbedingung aller epischen Darstellung, dem gelassenen, überlegt komponierten Vortrag in einem natürlichen Gegensatz zu stehen schien. Das Beispiel Alfred Döblins, des bedeutendsten Erzählers der Zeit, zeigt jedoch die große Bedeutung des Expressionismus für die künftigen Ausdrucksmittel des Romans. Neben Döblin hat vor allem Carl Einstein durch die Konsequenz seines neuartigen Prosastils nachträglich die Aufmerksamkeit der Forschung auf sich gezogen.

Beispielhaft für expressionistische Prosa schien zunächst KASIMIR EDSCHMID (eigentlich Eduard Schmid, 1890–1966) durch sein Frühwerk zu wirken (*Die sechs Mündungen*, Nn., 1915; *Das rasende Leben*, 1916; *Die achatnen Kugeln*, R., 1920). Mit seinem Manifest *Über den Expressionismus in der Literatur und die neue Dichtung* (1919) hat Edschmid programmatisch für sein ausgeprägt subjektivistisches Verständnis geworben: Der expressionistische Dichter »sieht nicht, er schaut. Er schildert nicht, er erlebt. […] Nun gibt es nicht mehr die Kette der Tatsachen […], nun gibt es ihre Vision.« Die Wirkung seiner Erzählweise erscheint gemindert durch gekünstelte Modernität. Eine gleichfalls etwas gewaltsame Form expressionistischer Prosa entwickelte KLABUND in seinen Romanen vom Soldaten *Moreau* (1916) und vom Propheten *Mohammed* (1917), in *Bracke* (1918) und *Franziskus* (1921). Historische Stoffe, von leidenschaftlichem Leben erfüllt, daneben auch autobiografische, wurden von diesem Autor bevorzugt. Erst 1946 wurde sein *Tagebuch im Gefängnis* veröffentlicht, ein Bericht über die Zeit in bayerischen Haftanstalten, in denen er nach der Zerschlagung der Münchner Räterepublik einsaß, der bereits die Diktatur prognostiziert.

LEONHARD FRANK (1882–1961) aus Würzburg gestaltete den antibürgerlichen Geist des Expressionismus in dem erfolgreichen Roman *Die Räuberbande* (1914), der Geschichte Würzburger Lehrlinge, die sich in der Nachfolge Karl Mays und in der Ablehnung von Schule und Elternhaus zusammenschließen. Das Stichwort für den Menschheitsglauben der Expressionisten gab er mit dem Titel seiner Novellensammlung *Der Mensch ist gut* (1917), die er »den kommenden Generationen« widmete und für die er den Kleistpreis erhielt. In dem Heimkehrerroman *Karl und Anna* (1927), der auch dramatisiert wurde, wirkte Frank in der Darstellung eines ungewöhnlichen Geschicks nach Thema und Sprache am stärksten auf die Generation zwischen den Kriegen.

Alfred Döblin (1878–1957)

Döblin wird in Stettin als Sohn eines vielseitig musisch begabten jüdischen Schneidermeisters geboren, der 1888 mit einer jüngeren Angestellten in die USA geht und die Familie im Elend zurücklässt. Übersiedlung nach Berlin, dort 1891–1900 Besuch des Gymnasiums, nebenher erste schrift-

Alfred Döblin: *Berlin Alexanderplatz*, Umschlag von Georg Salter, 1929

stellerische Versuche. Studium der Medizin, arbeitet in einer Irrenanstalt bei Regensburg, lebt von 1911–1933 als Spezialist für Nervenkrankheiten und als Kassenarzt in Berlin Ost. Mitbegründer des *Sturm*. 1924 Reise nach Polen, 1933 Flucht in die Schweiz, wird 1936 französischer Staatsbürger, entkommt 1940 über Portugal in die USA (1941 Konversion zum Katholizismus), kehrt 1945 mit den Alliierten nach Deutschland zurück, nimmt aber seinen Wohnsitz noch einmal in Paris. 1946–1951 Herausgeber der Zeitschrift *Das goldene Tor*. In Deutschland in den Jahren nach dem Zweiten Weltkrieg zunächst vergessen und isoliert, hat er als Romancier Weltruhm erlangt. Gestorben in Emmendingen bei Freiburg im Breisgau.

Bereits in dem ersten Band Erzählungen *Die Ermordung einer Butterblume* (1913; entstanden seit etwa 1903) erscheinen Wirkliches und Phantastisches in ununterscheidbarer Weise verbunden. Auch die frühen Romane (*Die drei Sprünge des Wang-lun*, 1915; *Der schwarze Vorhang*, 1919; *Berge, Meere und Giganten*, 1924) zeigen die »springende Fabulierkunst«, die Döblin von einem epischen Autor verlangte. Er forderte, dass der Dichter »dicht an die Realität dringe und sie durchstoße, um zu den einfachen, großen elementaren Grundsituationen und -figuren des menschlichen Daseins zu gelangen«. So liegt sein Werk zwischen Naturalismus und expressiver Steigerung, kritischer Bestandsaufnahme und einem Vorstoß in allgemein gültige Bezirke. Ihn beschäftigt die Frage, wie sich der schwache Mensch inmitten anonymer Kollektivmächte behaupten kann.

Sein Roman *Berlin Alexanderplatz* (1929) ist »die Geschichte von Franz Biberkopf«, der, aus dem Gefängnis entlassen, »anständig werden« will, dann aber, nachdem ihm das anfangs gelingt, »in einen regelrechten Kampf mit etwas verwickelt wird, das von außen kommt, das unberechenbar ist und wie ein Schicksal aussieht«. Die verschiedenen Stationen, die er durchlaufen muss, führen am Ende zu Einsicht und Wandlung. Es ist zugleich der Roman der Großstadt Berlin, mit ihrem Lärm und Getöse, den Bahnen und Autos und hetzenden Menschen, eine Realität, die Döblin sprachlich-stilistisch in einem Strom von Eindrücken und Beobachtungen, im Wechsel von Reportagen und Statistiken, Inseraten und Schlagertexten spürbar macht. Die erzählerische Perspektive wechselt vom Tatsachenbericht zum inneren Monolog. Technisch erinnert manches an den Roman *Ulysses* (1922) des Iren James Joyce (»Bewusstseinsstrom«) und an die Werke des amerikanischen Romanciers Dos Passos (*Manhattan Transfer*, 1925).

HANS HENNY JAHNN, dessen erster Roman *Perrudja* (1929) im selben Jahr wie Döblins *Berlin Alexanderplatz* erschien, zeigt sich auch in der Epik revolutionär und erfindungsreich in der Anwendung verschiedener Stilformen vom Monolog über Traumgesicht bis zur sachlichen Mitteilung. Erzählt wird das Leben und Scheitern des »negativen Helden« Perrudja, der vom einsamen Träumer zum Besitzer riesiger Industriebetriebe und dadurch zum unermesslich reichen Mann wird. Er fasst den Plan, ein Reich des Friedens und der Liebe zu gründen, gestützt auf einen Bund der Jugend. Die Ausführung des Vorhabens wird nicht dargestellt, der Roman bricht ab. Zwischen den Polen Einsamkeit und »Reich des Friedens« liegen für Perrudja Begierde und Krankheit, Schuld und Macht. Auch hier erinnert manches wie bei Döblin an Joyce.

Carl Einstein (1885–1940)

Geboren in Neuwied, mit drei Jahren, als sein Vater Direktor des Israelitischen Landesstifts in Baden wurde, Umzug der Familie nach Karlsruhe, Abitur im zweiten Anlauf, abgebrochene Banklehre, danach Studium der Kunstgeschichte und Philosophie in Berlin, Mitarbeit an den Zeitschriften *Die Opale, Hyperion, Die Aktion* u. a. Im Ersten Weltkrieg Soldat, nahm er 1918/19 am Spartakus-Aufstand

teil. Beschlagnahmt wurde sein Jesus-Drama *Die schlimme Botschaft*, das ihm überdies einen Prozess wegen Gotteslästerung eintrug. Übersiedlung nach Paris 1928; an seiner Zeitschrift *Documents* arbeiteten Georges Bataille und andere Dissidenten des Surrealismus mit. Freiwilliger auf republikanischer Seite im Spanischen Bürgerkrieg in Durrutis Kolonne von Anarchisten und Syndikalisten. 1938 in Frankreich interniert, nahm er sich beim Vordringen der deutschen Truppen in Lestelle-Bétharram/Basses Pyrenées das Leben.

Einstein hat ein facettenreiches, zum Teil noch unveröffentlichtes Werk hinterlassen; neben Literatur beschäftigten ihn Politik und bildende Kunst (*Negerplastik*, 1915; *Die Kunst des 20. Jahrhunderts*, 1926). Als Kunstkritiker fand er internationale Anerkennung, er propagierte den Kubismus, mit dessen Künstlern, v. a. Georges Braque, er befreundet war.

Literarisch verbunden ist Einsteins Name mit einem Roman, von dem ein Teil 1907 u. d. T. *Herr Giorgio Bebuquin* in der anspruchsvollen Zeitschrift *Die Opale* erschien: ein Anti-Roman, der sich in programmatischer Weise selbst widersprach. 1912 folgte in der *Aktion*, danach als Buch, der erweiterte Text, der jetzt den Titel *Bebuquin oder die Dilettanten des Wunders* trug. Bereits die Eingangssätze des Romans werden nicht verfehlt haben, die Leser zu verwirren.

Die Scherben eines gläsernen, gelben Lampions klirrten auf die Stimme eines Frauenzimmers: wollen Sie den Geist Ihrer Mutter sehen? Das haltlose Licht tropfte auf die zart-markierte Glatze eines jungen Mannes, der ängstlich abbog, dem Überlegen über die Zusammensetzungen seiner Person vorzubeugen. Er wandte sich ab von der Bude der verzerrenden Spiegel, die mehr zu Betrachtungen anregen als die Worte von fünfzehn Professoren. Er wandte sich ab vom Zirkus zur aufgehobenen Schwerkraft, wiewohl er lächelnd einsah, so die Lösung seines Lebens zu versäumen. Das Theater zur stummen Ekstase mied er mit stolz geneigtem Haupt: Ekstase ist unanständig, Ekstase blamiert unser Können, und ging schauernd in das Museum zur billigen Erstarrnis, an dessen Kasse eine breite verschwimmende Dame nackt saß.

Was Einstein erstrebte, war eine a-mimetische Kunst. Von (herkömmlicher) Psychologie, von Kausalität und »Beschreibung« hatte er sich in seinem ebenfalls 1912 in der *Aktion* erschienenen Essay *Anmerkungen über den Roman* ausdrücklich verabschiedet: »Das Kunstwerk ist Sache der Willkür.« Versucht hatte er allerdings noch andere Wege, als *Bebuquin* sie erkennen lässt. Im Hyperion waren 1908 seine *Verwandlungen*. *Vier Legenden* erschienen, hier ist der Ton ernst und religiös, besetzt mit Motiven des Jugendstils. 1918 folgte ein weiterer Roman *Der unentwegte Platoniker*.

Seine geistige Heimat hat dieser Künstler zunehmend im Paris der modernen Avantgarde gesehen.«Einsteins Schriften zur Kunst und Ästhetik des 20. Jahrhunderts sowie seine Intellektuellen- und zugleich Selbstkritik in der nur postum veröffentlichten *Fabrikation der Fiktionen* (1973) gehören zu den Schlüsseltexten der Moderne.« (K. H. Kiefer)

Von Einsteins avantgardistischer Prosakunst führt eine Linie zu den Erzählungen GOTTFRIED BENNS, insbesondere zu den fünf Novellen der Sammlung *Gehirne* (1916), in deren Mitte der Arzt Rönne steht. Rönne, eine dichterische Selbstdemaskierung Benns – wenngleich die Figur nicht nur individuelle, sondern exemplarische Züge trägt –, tritt auch in der Szene *Ithaka* (1914) und in der Erzählung *Alexanderzüge mittels Wallungen* (1924) auf. Was Rönne erfährt, ist die absolute Fremdheit von Ich und Welt, eine Vereinzelung, die durch sein ärztliches Wissen, die Berufspraxis, die ihn gewissermaßen zum Lügen verpflichtet, vermehrt wird. Es ist eine Erfahrung, die ironische Distanz verleiht, aber die mitmenschliche Umwelt und die Wirklichkeit insgesamt unerzählbar macht. Rönnes Versuche, sich mit einem Ganzen zu identifizieren, scheitern, ein »Flagellant der Einzeldinge«, begreift er nur Einzelnes, die Zugehörigkeit, nach der er sich sehnt, ist erreichbar allenfalls in Rausch und Traum.

Ein anderes ist, was ein provokantes Lebensgefühl, wie es bei Benn und Einstein in Erscheinung tritt, meint und was es vollbringt und bewirkt. Die Furcht vor Langeweile ließ Einstein in der *Aktion* gegen die parlamentarische Demokratie polemisieren (»Was uns fehlt: eindeutige unnachgiebige Gewalten.« *Politische Anmerkungen,* 1912). 1914 begeisterte ihn der Kriegsausbruch, 1919 kämpfte er für die Revolution. Die primitive Kunst Afrikas fand seine Aufmerksamkeit nicht zuletzt – als ein möglicher Ausweg aus der bürgerlichen Welt. Auch in deren klassisch gebildeten Vertretern sah er nur »beherrschte Dilettanten«. Die Verachtung der Normalität, der spielerisch dargestellte Sadismus trugen präfaschistische Züge. Für Benn kam die Stunde, in der ihn das moderne Künstlerbewusstsein, seine von Fremdheit und Isolation bestimmte Grundbefindlichkeit, die er durch Disziplin und Form zu beherrschen suchte – die preußische Prägung, die er in der Jugend empfangen hatte, legte diesen Versuch zusätzlich nahe –, empfänglich machte für die Halluzination eines mythischen Aufbruchs zu Gemeinschaft und Größe. Von Politik verstand er wenig, aber er fürchtete die Übermacht der literarischen Linken. (→ S. 413)

Kurt Schwitters: Ohne Titel (Merz), 1919–23
Schwitters ging phantasievoll mit ihm verfügbaren Materialien um und prägte für seine Arbeiten den Begriff »Merzkunst« (Fragmentarisierung des Wortes »Kommerz«): »Kaputt war alles, und es galt, aus den Scherben Neues zu bauen.«

Dadaismus

Ende 1915 begründete der Schriftsteller HUGO BALL (1886–1927), begleitet von der Sängerin und Schauspielerin EMMY HENNINGS (1885–1948), in Zürich, wo damals viele politische Emigranten, Künstler und Pazifisten lebten, ein Künstlerkabarett, in dem unter Mitwirkung des Publikums deutsche und französische Gedichte rezitiert wurden: Dieses »Cabaret Voltaire« entwickelte sich zum Sammelpunkt einer Gruppe von Literaten, Malern und Bildhauern, die sich dem »Dadaismus« verschrieben: Ein Federmesser, in ein deutschfranzösisches Lexikon gesteckt, berichtet die Legende, lenkte den Blick auf dada = kindliche Bezeichnung für Holzpferdchen. Eine andere Erklärung verweist auf die Bedeutung des Wortes im Rumänischen = Ja, ja. Zu den Gründern des Dada gehörte auch der von dem Futuristen Marinetti beeinflusste Rumäne TRISTAN TZARA (d. i. Sami Rosenstock, 1896–1963), ferner der rumänische Maler und Architekt Marcel Janco. Eine grundsätzliche Revolte gegen alle gültigen Konzepte in Kunst und Literatur nahm ihren Anfang, die sich alsbald ausbreitete (dem Zürich-Dada folgten New York-Dada, Berlin-Dada, Köln-Dada usw.); der Expressionismus wurde durch die neue Bewegung überspitzt und in Frage gestellt, wohl auch überholt. Nicht mehr durch emotionsgeladene Bemühung und Mahnung, Empörung und Ekstase wie ihre Vorgänger wollten die Dadaisten dem Widersinn der von gegensätzlichen Interessen und vom Krieg verwüsteten Welt begegnen, sondern durch gezielte Unlogik und Banalität, durch die Inthronisierung des Zufalls und spielerische Provokation. Auf einen *Almanach Cabaret Voltaire* (1916) folgten vier Hefte *DADA* (1917/18), besorgt von Tristan Tzara.

1917 kehrte einer der Mitbegründer, der Medizinstudent RICHARD HUELSENBECK (1892–1974), der aus dem Kreis der *Aktion* stammte und radikal moderne Gedichte schrieb (*Phantastische Gebete*, 1916), nach Berlin zurück; 1918 entstand dort der Club Dada, 1919 eine Zeitschrift *Der Dada*, auch ein *Dada Almanach,* der postulierte: »Dada will nichts, Dada wächst.« Öffentliche Lesungen von Lautgedichten fanden statt, die auf dem Spiel mit Vokalen und Konsonanten gründeten, auch Buchstabengedichte wie *fmsbw* von RAOUL HAUSMANN (1886–1971) finden sich. Der Dada gab sich in Berlin und in den anderen deutschen Zentren kommunistisch orientiert, hielt Verbindung zu zahlreichen avantgardistischen und revolutionären Zirkeln. Verlegt wurden seine Publikationen größtenteils in dem von JOHN HEARTFIELD (eigentlich Helmut Herzfelde, 1891–1968) und seinem Bruder Wieland Herzfelde (1896–1988) gegründeten Malik-Verlag.

Der bedeutendste literarische Vertreter des Dada in Deutschland war der in Straßburg geborene, als Dichter zweisprachige Bildhauer HANS (JEAN) ARP (1887 bis 1966), der 1919 von Zürich nach Köln ging und dort zusammen mit Max Ernst den Dada förderte. Seine Gedichte (*die wolkenpumpe,* 1920; *Der Vogel selbdritt,* 1920; *Weißt du, schwarzt du,* 1930; *Muscheln und Schirme,* 1939) belegen die Konsequenz seines Vorgehens und die Rückkehr der Poesie zu den einfachen Wirklichkeiten der Wörter und Laute. In Hannover arbeitete als Einzelgänger KURT SCHWITTERS (1887–1948), der vor allem durch seine Collagen berühmt geworden ist, und schrieb zunächst Gedichte im Stil August Stramms und Gottfried Benns, später das lange Gedicht *Anna Blume,* das verquere Zitate, Sprichwörter, Briefstellen und Parodien sentimentaler Lieder enthält und dem später »eine leichtfassliche Methode zur Erlernung des Wahnsinns für Jedermann« folgte, *Memoiren Anna Blumes in Blei* (1922).

Nach 1933 gab es in Deutschland für den Dada zunächst keine Zukunft mehr. Ohnedies lag das kleinbürgerliche Ressentiment mit ihm im Streit, der NS-Kulturpolitik galt er als charakteristisches Beispiel entarteter Kunst. Indessen ist das Erbe des Dadaismus in der konkreten Poesie unvermindert lebendig und dokumentiert die Lebenskraft einer ästhetischen Schule, die gerade aus dem Verzicht auf sinnstützende Moralismen und apodiktische Schulmeinungen ein neues Verhältnis zur Welt abzuleiten wusste.

Deutsche Literatur in Prag

In der ersten Hälfte des 20. Jahrhunderts entwickelte sich Prag noch einmal zu einem Zentrum der deutschen Literatur. In der mittlerweile tschechisch dominierten Stadt, in der das Deutsche die Sprache einer kleinen Minderheit geworden war, entfaltete sich eine Fülle dichterischer Talente. Oftmals wuchsen sie schon auf den Schulbänken der sechs deutschen Staatsgymnasien nebeneinander auf und stammten mit wenigen Ausnahmen aus zugewanderten jüdischen Familien. Einige von ihnen erlangten Weltruhm, wozu indirekt auch die rassischen und politischen Verfolgungen des Jahrhunderts beitrugen, denn mit den Menschen gingen auch Ideen und Werke weltweit ins Exil und fanden den gegebenenfalls einen günstigen Nährboden.

Diese erstaunliche Entwicklung hatte eine lange und in ihrer Eigenart unwiederholbare Vorgeschichte, die nebenher zu einer unterschiedlichen Entwicklung der deutschsprachigen Literatur in Böhmen (und dem benachbarten Mähren und österreichischen Schlesien) führte. Soweit diese in den deutsch besiedelten Randgebieten des böhmischen Kessels entstand, sah sie sich in ihrer geistigen Haltung zunehmend in den Nationalitätenstreit hineingezogen, der seit seinem Erwachen in der Romantik mit zunehmender Heftigkeit geführt wurde. Der Begriff des »Böhmischen«, wie ihn noch Stifter in *Witiko* beschworen hatte, brach in das Deutsche und Tschechische auseinander. Deutschsprachige Dichtungen eines gemeinsamen Vaterlandsbewusstseins, die an die sagenhaften Ursprünge (KARL EGON EBERT, 1801–1882, *Wlasta,* Ep., 1829) oder, wie andere Titel zeigen, sogar an die hussitische Geschichte anknüpften (MORITZ HARTMANN, 1821–1872, *Kelch und Schwert,* G., 1845; ALFRED MEISSNER, 1882–1885, *Žiška,* Ep., 1846) und vom einheimischen Hochadel mit gegen Wien gerichteter Spitze gefördert wurden, blieben nun aus. Die Aristokraten hatten auch keine ungelenken Petitionen mehr zu bescheiden, die mit den schlichten Worten begannen: »Ich heiße Wenzel und bin ein Böhm …« Während sich das Land zu einem der frühen Industriezentren Europas entwickelte, sahen sich die Deutschen biologisch und bald auch wirtschaftlich in der Defensive. Der langen Geschichte eingedenk, die sie mit Böhmen und den Nebenländern der böhmischen Krone verband, suchten sie mit vermehrter Heftigkeit ihre alte Vormachtstellung zu behaupten. Eine Mahnung, wie sie der einstige Prager Ordenspriester Charles Sealsfield in *Austria as it is* ausgesprochen hatte, kein Volk in Europa sei, historisch betrachtet, so unterdrückt worden wie das tschechische, blieb singulär. Vielmehr befiel der »völkische« Patriotismus auch die Dichter wie eine gefährliche Krankheit, die Literatur der randböhmischen Provinz, ihrem ursprünglichen Charakter nach natur- und heimatverbunden, verwirrte sich in ihrer Aussage bis hin zu makabrer Prophetie.

Im Ossertal ragen die Totenbretter. Und einst nach hundert Jahren wird es dem Wanderer scheinen, das ganze weithin gestreckte Grenzgebirge sei solch ein ungeheures Brett, darein mit Flammen gebrannt steht: Auf diesem Brett / hat geruht / weiland das deutsche Volk / Böhmens. (Hans Watzlik, *O Böhmen!*, R., 1917)

Anders waren die Grenzen in Prag gezogen, das im ausgeprägten Maße ein historisch gewachsenes Mit- und Nebeneinander unterschiedlicher Traditionen beherbergte, wo die Frage nach der ethnischen Zugehörigkeit aber entschieden war. Bereits Fontane nannte Prag, als er 1866 im Gefolge der preußischen Truppen dort weilte, eine tschechische Stadt. Am Ende des Jahrhunderts zählte sie etwa vierhunderttausend Einwohner, von denen 35 000 Deutsch als Umgangssprache angaben; 12 000 von ihnen waren Juden. Die Industrialisierung ließ die Einwohnerzahl sprunghaft steigen, das deutsche Element wurde dadurch weiter zurückgedrängt, verfügte jedoch unverändert über bedeutenden wirtschaftlichen und kulturellen Einfluss. Die Deutschen bildeten eine privilegierte bürgerliche Schicht, die sich weder aus der sozial tiefer gestellten Stadtbevölkerung noch aus den Zuzüglern vom Umland mehr ergänzen konnte, denn beide waren tschechisch. Diese Insellage hat auch dem Prager Deutsch seinen etwas papierenen Charakter gegeben, der allenfalls durch das so genannte Kuchelböhmisch, eine deutsch-tschechische Mischsprache des einfachen Volkes, und stehen gebliebene Besonderheiten wie dem

Die Altneusynagoge in der Josefstadt (Josefov), im Herzen des einstigen jüdischen Ghettos, ist eines der ersten gotischen Bauwerke in Prag und eine der ältesten religiös genutzten Synagogen Europas.

Prager Konjunktiv (»das Haus möchte zusammenbrechen«) etwas von seiner k. u. k. Trockenheit verlor. »Wer keinen Titel hatte und nicht reich war, gehörte nicht zu den Deutschen. Das deutsche Prag! Das waren fast ausschließlich Großbürger […]« (Egon Erwin Kisch, *Marktplatz der Eitelkeiten*) Tschechisch war vielfach das Dienstpersonal dieser Gesellschaftsschicht, darunter – das ist für die künftigen Dichter wichtig gewesen und lebt in ihren Erinnerungen fort – die Kinderfrau. Sie war gegenwärtiger als die viel beanspruchte »Gnädige«, ihr Akzent und ihre Lieder prägten sich ein. »Mich rührt so sehr / böhmischen Volkes Weise, / schleicht sie ins Herz sich leise, / macht sie es schwer«, dichtete der junge Rilke. Als die slawische Magd zeitweilig so etwas wie ein deutscher literarischer Mythos zu werden drohte (Romane wie Werfels *Barbara oder Die Frömmigkeit*, Brods *Ein tschechisches Dienstmädchen* zeugen davon), reagierten die Intellektuellen auf der Gegenseite verschnupft, aber der poetische Gewinn erwies sich doch als dauerhafter als der manchen nationalen Heldengedichts. Die junge tschechische Bourgeoisie ging selbstbewusst ihre eigenen Wege. Zuwandernde Juden freilich, auch wenn sie, wie Kafkas Vater, aus der tschechischen Provinz stammten, orientierten sich an der Oberschicht und schickten ihre Kinder auf deutsche Schulen, um ihrem Ziel, der gesellschaftlichen Anerkennung, näher zu kommen. Diese Option, die auch historisch bedingt war – denn die Dichter der Klassik waren bis in die Winkel der Ghettos verbreitet gewesen –, bewirkte, dass den Prager Juden der Antisemitismus damals mehr von tschechischer als von deutscher Seite begegnete. Den Kleinbürgern und Proletariern galten die Juden und die Deutschen gleichermaßen als Ausbeuter, 1897 kam es zu Plünderungen jüdischer Geschäfte, Kommerzialräte, wie der Vater Franz Werfels, Besitzer der Handschuhmanufakturen Werfel & Böhm, die weltweit exportierten, blickten besorgt in die Zukunft.

Der Übergang der Assimilationswilligen in akademische und künstlerische Berufe vollzog sich wie vielerorts in West- und Mitteleuropa bereits in der zweiten Generation. Den Nährboden dafür bildete das in Presse, Theater und Oper reiche Kulturleben der Stadt, das sie an den neuen geistigen Entwicklungen in Europa ohne Verzögerung teilhaben ließ. Angelo Neumann, der seit 1888 die beiden deutschen Bühnen der Stadt leitete, war einer der bedeutendsten Theatermacher seiner Zeit, ein Förderer Hauptmanns und Ibsens. Nur die tschechischen Bühnen der Stadt waren für das deutsche Bürgertum gewissermaßen weiter entfernt als die in Berlin oder Wien, und wer von der Generation der Jungen diese Kluft zu überbrücken suchte, mochte in eine Identitätskrise geraten.

Der Erzähler und Lyriker JOHANNES URZIDIL (1896 bis 1970), vom Studium her Germanist (*Goethe in Böhmen*, 1932, erw. 1962), der seiner Geburtsstadt liebevollverklärende Erinnerungen widmete (*Die verlorene Geliebte*, 1956; *Prager Triptychon*, 1960), hat rückblickend bemerkt, dass nicht weniger als vier historische Traditionen dem gebildeten Prager zur Verfügung standen beziehungsweise um ihn stritten: die deutsche, die tschechische, die jüdische (die im alten Ghetto der Stadt tiefe Wurzeln hatte) und die überformende österreichische, die aus der Wirklichkeit des Staates und seiner Institutionen kam (*Da geht Kafka*, Ess., 1965). Für das Gesagte lieferte Urzidil durch seine Herkunft gewissermaßen selbst die Bestätigung, sein Vater stammte aus einem kleinen Egerländer Dorf, seine Mutter war eine Prager Jüdin und seine spätere Stiefmutter Tschechin.

Prag, die hunderttürmige »goldene Stadt«, die in der Glanzzeit ihrer langen Geschichte auch kaiserliche Residenz und Sitz der 1348 gegründeten ersten mitteleuropäischen Universität geworden war, erschien gewissermaßen altertümlich und modern zugleich. Auch den Studenten aus der Provinz wurde sie, zumindest nachträglich, zu einem mythischen Ort (während ihrer oft langen Studienzeit profanierten sie ihn durch umstürzlerische, den Farben ihrer Verbindungen entsprechende Randale). Das blieb auch so, als Prag 1918 Hauptstadt der Tschechoslowakei wurde, die, wie noch andere Nachfolgestaaten des untergegangenen Habsburgerreiches, seine multiethnischen Probleme erbte. Mit scheinbarer Zwangsläufigkeit mündeten sie, wiewohl zweifellos durch unglückliche Zeitumstände verstärkt, in die von Station zu Station fortschreitende Katastrophe: Das Münchener Abkommen 1938 brachte die Abtrennung der deutschen Randgebiete des Landes, die Errichtung des Protektorats 1939 die Beraubung der Tschechen um ihre nationale Souveränität und die Verfolgung der Juden, der deutsche Zusammenbruch 1945 die Vertreibungen, die das jahrhundertealte Zusammenleben der beiden Völker und damit auch die Geschichte der deutschsprachigen Literatur in Böhmen beendete.

Die Prager deutsche Literatur ist weniger und mehr als ein Spiegel dieser Vorgänge. Im Unterschied zur Literatur der Randgebiete war sie niemals engstirnig, erschöpfte sich daher nicht in der Darstellung der lokalen Konflikte, sondern beschäftigt sich mit den allgemeinen Themen der Epoche. Ihre Nähe zum annähernd gleichzeitigen Expressionismus hängt damit zusammen. Aber sie reflektierte auch die besonderen Probleme der eigenen Existenz und fand für sie überpersönlichen Ausdruck. Das gelebte Miteinander der Kulturen oder vielmehr ihr sich abzeichnendes Scheitern hat sich gerade im letzten Vierteljahrhundert ihres Bestehens als künstlerisch besonders fruchtbar erwiesen. Das Werk Kafkas, das, als universales Gleichnis gelesen, weltliterarische Bedeutung gewonnen hat, bietet wohl den besten Schlüssel zum Verständnis der Welt, in der es entstanden ist. Zugleich ist die fast unüberschaubare Zahl großer und kleiner Talente, die von dem okkulten genius loci Prags zehrten, bezeichnend für die herrschende Ausnahmesituation. Wir begegnen ihnen in den Erinnerungsbüchern und Reportagen von WILLY HAAS (1891–1973, *Die literarische Welt*, 1957), Max Brod (*Der Prager Kreis. Ein literarisches Dokument*, 1966), Egon Erwin Kisch und vielen anderen. Naturgemäß sind das subjektive Würdigungen, denen es an Spitzen gegen Kollegen nicht fehlt, wie sich das etwa in dem Gesetz ausdrückt, das Brod gefunden haben wollte: »Je talentloser, desto expressionistischer.« In einem Schillers *Taucher* parodierenden

Merkvers sind die berühmten Namen selbst Literatur geworden: »Und es werfelt und brodelt und kafkat und kischt / Wie wenn Rilke mit Meyrink sich mengt.«

In seinem zunächst fast unbekannt gebliebenen ersten Gedichtband hatte der junge Rilke, einer der wenigen nichtjüdischen deutschen Dichter Prags, seine Geburtsstadt, wie er sie zu kennen glaubte, zum Thema genommen, berühmte Örtlichkeiten und Personen wie auf einer Schnur gereiht (*Larenopfer,* 1896). Über diese etwas klischeehaft anmutenden Kindheitsreminiszenzen kam er nicht hinaus, denn Rilke war nur in seinen Anfängen ein Prager Dichter: Die biografischen Daten für sich allein genommen sind für die geistigen Zusammenhänge wie auch sonst nur bedingt aussagekräftig. Thomas Mann – den die Verleihung der tschechoslowakischen Staatsbürgerschaft 1936 nach seiner Ausbürgerung aus Deutschland wieder in den Besitz eines gültigen Passes setzte – hat neben Kafka noch vier Autoren genannt, deren Erzählwerke ihm für die spezifische Prager Note in der modernen Prosa signifikant schienen und insgesamt Bedeutung für die moderne Prosa gewonnen haben: Es sind Max Brod, Ludwig Winder, Franz Werfel und Hermann Ungar. Sie alle sind jüdischer Abkunft. Eine Monographie von Margarita Pazi (*Fünf Autoren des Prager Kreises,* 1978) variiert und ergänzt diese Liste: Sie behandelt Ernst Weiß, Oskar Baum, Ernst Sommer, Paul Kornfeld und Ludwig Winder. Auch wenn man den Kreis um Autoren erweitert, die nur temporär und partiell mit der Prager Literatur verbunden sind (wie es in dieser Darstellung der leichteren Übersichtlichkeit halber geschieht), bleibt sein deutsch-jüdischer Charakter bestimmt. Die Werke und, soweit sie noch lebten, die Künstler selbst traf die auf Auslöschung zielende Verfolgung. Nicht in jedem Falle hat später die Erinnerung über das Vergessen gesiegt.

Franz Kafka (1883–1924)

Kafka (kavka = tschech. Dohle) wurde als Sohn eines jüdischen Galanteriewarenhändlers aus einem kleinen tschechischen Dorf in Südböhmen, wo der Großvater Fleischhauer war, und seiner aus dem deutsch-jüdischen Bürgertum stammenden Frau, der Brauerstochter Julie Löwy, in einem Haus, das ehemals als Kloster gedient hatte, am Rande des früheren Prager Ghettos geboren. Er besuchte von 1893–1901 das deutsche Gymnasium in der Prager Altstadt, nahe der neuen Wohnung der Familie am Altstädter Ring, studierte an der deutschen Karl-Ferdinands-Universität (die Prager Universität war 1882 geteilt worden) zunächst Germanistik und Kunstgeschichte, dann Jura und fand nach der Promotion zum Dr. jur. (1906) Anstellung bei der Arbeiter-Unfall-Versicherungsgesellschaft für das

Franz Kafka, das letzte Bild, Berlin, 1923/24

Königreich Böhmen in Prag. Bereits während seines Studiums hatte er mit größeren literarischen Arbeiten begonnen. Kafka war mit Prager Autoren, Werfel, Brod, Urzidil, bekannt bzw. befreundet, beschäftigte sich mit Grillparzer und Stifter, Flaubert und Hofmannsthal, unternahm Reisen nach Italien, Frankreich und der Schweiz, lernte in Leipzig die Verleger Rowohlt und Wolff kennen, weilte wiederholt in Sanatorien und wurde nach Ausbruch der offenen Tuberkulose (1917) vorzeitig in den Ruhestand versetzt. 1923 übersiedelte er nach Berlin, die letzte Lebenszeit verbrachte er im Sanatorium Kierling bei Wien. Seine nachgelassenen Werke wurden – gegen seinen erklärten Willen – von Max Brod gerettet und veröffentlicht.

Kafkas dichterisches Werk ist von seiner jüdischen Problematik nicht zu trennen. Er hegte große Sympathie für das Ostjudentum, beschäftigte sich mit jiddischer Literatur und war mit jiddischen Schauspielern befreundet. Zugleich wusste er, dass er assimilierter Westjude war und dass es für ihn keine Rückkehr zur Glaubenswelt und den Existenzbedingungen des alten Judentums gab. Das Verhältnis zu seinem Vater war wesentlich dadurch belastet, dass dieser unter seinen veränderten Lebensformen nicht erkennbar litt und die Ostjuden offenbar verachtete. Die Entfremdung, die er empfand (und die ihm später ein so großes

Publikum sicherte, weil sie, über seine jüdische Entfremdung hinaus, als Entfremdung des modernen städtischen Menschen schlechthin verstanden werden konnte), legte ihm Schuldgefühle und Selbsthass nahe. In einem Brief an Max Brod hat er 1921 das Schreiben als Fluchtbewegung gedeutet:

Weg vom Judentum, meist mit unklarer Zustimmung der Väter (diese Unklarheit war das Empörende) wollten die meisten, die deutsch zu schreiben anfingen, sie wollten es, aber mit den Hinterbeinchen klebten sie noch am Judentum des Vaters und den Vorderbeinchen fanden sie keinen neuen Boden. Die Verzweiflung darüber war ihre Inspiration.

Auch von Prag wollte und konnte sich Kafka – anders als Rilke – nicht lösen.

Prag lässt nicht los. Uns beide nicht. Dieses Mütterchen hat Krallen. Da muss man sich fügen oder –. An zwei Seiten müssten wir es anzünden, am Vyšehrad und am Hradschin, dann wäre es möglich, dass wir loskommen.

Kafka, der das Tschechische gut beherrschte und auch tschechische Autoren las, nimmt mit dieser Wendung in einem Brief an seinen Schulfreund Oskar Pollack 1902 charakteristischerweise eine gefühlvolle Prägung des Volksmunds auf: »maticka Praha« (Mütterchen Prag). Er war ein Gefangener, aber es war keine gewöhnliche Gefangenschaft, die er durchlitt.
Kafkas Menschen wirken wie Schemen, die sich nach einem unbekannten und unbegreiflichen Willen bewegen müssen; sie leben unter dem Druck, dass sie der Strafe verfallen seien, ohne zu wissen, wer diese über sie verhängt hat; wie im Angsttraum irren sie in einer abstrakten Szenerie umher, ohne einen Ausweg zu finden; und gerade dadurch, dass sie freikommen wollen, verstricken sie sich immer tiefer in Schuld.
Es geht nicht um eine moralische, sondern um eine existentielle Schuld des Menschen. Er büßt für ein Vergehen, von dem er nichts weiß, und sucht etwas, das er nicht kennt. Wie in einem Alptraum sind Ort und Zeit, kausale und psychologische Folgerichtigkeit aufgehoben, und doch sind die Traumelemente in dieser »verhexten« Welt nach einem präzisen Gesetz zusammengefügt. Was Kafkas »magischer Realismus« bedeutet, lässt bereits eine Inhaltsskizze des fragmentarischen Romans *Das Schloß* (1926, e. 1922) erkennen.

Der Landvermesser K. wird abgeordnet, in einem Schloss Dienst zu tun. Er gelangt in das Dorf, das unter der Herrschaft des Schlosses, einer geheimnisvollen Instanz, steht. Niemand weiß Bescheid, man lehnt ihn ab und tut befremdet. Der Versuch in das Schloss vorzudringen, um Klarheit über seinen Auftrag zu erlangen, schlägt fehl, und K. bleibt ständig auf dem Weg zu einem nie erkannten Ziel. Auch zur Dorfgemeinschaft findet er kein Verhältnis. Vergebens hofft er, die Aufnahme in das Schloss und die Zugehörigkeit zum Dorf durch untergeordnete Dienste zu erreichen. Sein Leben vergeht in entwürdigender Hoffnungslosigkeit.

Auch in dem Roman *Der Proceß* (1925, e. 1914/15) rennt der Mensch vergeblich gegen das Verhängte an.

Der Bankprokurist Josef K. wird am Morgen seines 30. Geburtstages ohne erkennbaren Grund verhaftet, darf sich aber vorerst noch frei bewegen und seinen Geschäften nachgehen. Ein Anruf befiehlt ihn zu einem ersten Verhör. Seine Schuld wird nicht genannt; vergeblich bemüht er sich zu erfahren, was man ihm vorwirft, damit er sich rechtfertigen und bis zur Anklagebehörde vordringen kann. Aber alles bleibt bei diesem ebenso unerkennbaren wie allmächtigen Gerichtswesen im Dunkel. Nach einjährigem »Prozess« wird K. zum Tode verurteilt, lebt aber zunächst weiter, bis zwei wie Schauspieler aussehende Herren, die Schergen, ihn zur Hinrichtung führen.

Kafkas innere Welt lebt in seiner kristallklaren, gleichsam echolosen Sprache, die auf Stimmungselemente verzichtet. Die Situationen, denen er seine »Helden« aussetzt, zeigen eine Nähe zum Surrealismus. In bezeichnender Paradoxie kehrt Kafka das Bibelwort um: »Wer sucht, findet nicht, wer nicht sucht, wird gefunden.« Der Mensch ist in verzweifelter Lage:

Wir sind, mit dem irdisch befleckten Auge gesehen, in der Situation von Eisenbahnreisenden, die in einem langen Tunnel verunglückt sind, und zwar an einer Stelle, wo man das Licht des Anfangs nicht mehr sieht, das Licht des Endes aber nur so winzig, dass es der Blick immerfort suchen muss und immerfort verliert, wobei Anfang und Ende nicht einmal sicher sind.

Zwar hat Kafka in seinem unvollendet gebliebenen, zunächst auch als *Der Verschollene* bezeichneten Roman *Amerika* (1927; das erste 1913 entstandene Kapitel *Der Heizer* wurde 1915 mit dem Fontane-Preis ausgezeichnet) die Hoffnung auf Lösung und Erlösung aus der heillosen Zwangswelt ausgesprochen, wie er überhaupt in diesem Werk seine Urmotive – Heimatlosigkeit in einer entfremdeten Welt, vor- und unbestimmte Schuld des Menschen, Walten einer mächtigen, unerreichbaren Instanz – in gelösterer Weise erzählt. Ein Funke der Hoffnung, dass eines Tages das befreiende Wort der unerkennbaren höheren Instanz vernehmbar wird und die Tür sich öffnet, vor der seine Menschen so trostlos verharren wie der Mann vom Lande in der dem *Proceß* eingefügten Parabel, scheint in seinem Werk dennoch nicht zu verglimmen.

Vor dem Gesetz steht ein Türhüter. Zu diesem Türhüter kommt ein Mann vom Lande und bittet um Eintritt in das Gesetz. Aber der Türhüter sagt, dass er ihm jetzt den Eintritt nicht gewähren könne. Der Mann überlegt und fragt dann, ob er also später werde eintreten dürfen. »Es ist möglich«, sagt der Türhüter, »jetzt aber nicht.« Da das Tor zum Gesetz offen steht wie immer und der Türhüter beiseite tritt, bückt sich der Mann, um durch das Tor in das Innere zu sehn. Als der Türhüter das merkt, lacht er und sagt: »Wenn es dich so lockt, versuche es doch, trotz meines Verbotes hineinzugehen. Merke aber: Ich bin mächtig. Und ich bin nur der unterste Türhüter. Von Saal zu Saal stehn aber Türhüter, einer mächtiger als der andere. Schon den Anblick des dritten kann nicht einmal ich mehr ertragen.« Solche Schwierigkeiten hat der Mann vom Lande nicht erwartet, das Gesetz soll doch jedem und immer zugänglich sein, denkt er, aber als er jetzt den Türhüter in seinem Pelzmantel genauer ansieht, seine große Spitznase, den langen dünnen schwarzen tartarischen Bart, entschließt er sich, doch lieber zu warten, bis er die Erlaubnis zum Eintritt bekommt. Der Türhüter gibt ihm einen Schemel und lässt ihn seitwärts von der Tür sich niedersetzen. Dort sitzt er Tage und Jahre. Er macht viele Versuche eingelassen zu werden und ermüdet den Türhüter durch seine Bitten. Der Türhüter stellt öfters kleine Verhöre mit ihm an, fragt ihn über seine Heimat aus und nach vielem andern, es sind aber teilnahmslose Fragen, wie sie große Herren stellen, und zum Schlusse sagt er ihm immer wieder, dass er ihn noch nicht einlassen könne. [...] Während der vielen Jahre beobachtet der Mann den Türhüter fast ununterbrochen. [...] Schließlich wird sein Augenlicht schwach und er weiß nicht, ob es um ihn wirklich dunkler wird oder ob ihn nur die Augen täuschen. Wohl aber erkennt er jetzt im Dunkel einen Glanz, der unverlöschlich aus der Türe des Gesetzes bricht. Nun lebt er nicht mehr lange. Vor seinem Tode sammeln sich in seinem Kopfe alle Erfahrungen der ganzen Zeit zu einer Frage, die er bisher an den Türhüter noch nicht gestellt hat. Er winkt ihm zu, da er seinen erstarrenden Körper nicht mehr aufrichten kann. Der Türhüter muss sich tief zu ihm hinunterneigen, denn der Größenunterschied hat sich sehr zuungunsten des Mannes verändert, »Was willst du denn jetzt noch wissen?«, fragt der Türhüter, »du bist unersättlich.« »Alle streben doch nach dem Gesetz«, sagt der Mann, »wieso kommt es, dass in den vielen Jahren niemand außer mir Einlass verlangt hat?« Der Türhüter erkennt, dass der Mann schon an seinem Ende ist, und, um sein vergehendes Gehör noch zu erreichen, brüllt er ihn an: »Hier konnte niemand sonst Einlass erhalten, denn dieser Eingang war nur für dich bestimmt. Ich gehe jetzt und schließe ihn.«

Franz Kafka: Zeichnungen

Wichtig für das Verständnis des Menschen Kafka und seines Werkes sind die *Tagebücher 1910–1923*, die Kafka selbst als »Darstellung meines traumhaften inneren Lebens« bezeichnete. Nicht weniger aufschlussreich sind Briefe und der 1919 geschriebene, annähernd 60 Druckseiten umfassende *Brief an den Vater*.

[...] niederdrückend wurden diese beständigen Vorschriften und Verbote für mich erst dadurch, dass Du, der für mich so ungeheuer maßgebende Mensch, Dich selbst an die Gebote nicht hieltest, die Du mir auferlegtest. Dadurch wurde die Welt für mich in drei Teile geteilt, in einen, wo ich, der Sklave, lebte unter Gesetzen, die nur für mich erfunden waren und denen ich [...] niemals völlig entsprechen konnte, dann in eine zweite Welt [...], in der Du lebtest, beschäftigt [...] mit dem Ausgeben der Befehle [...] und schließlich in eine dritte Welt, wo die übrigen Leute glücklich und frei von Befehlen und Gehorchen lebten. [...] In dieser Weise bewegten sich nicht die Überlegungen, aber das Gefühl des Kindes.

Kafka hat in vier Sammelbänden ausschließlich Erzählungen veröffentlicht, keine Lyrik und keine Romane. Es sind bestürzende, allegorische Märchenstücke. Sie berichten wie die postum publizierten Romane von geheimen, unbegreiflichen und grausamen Mächten, die Gehorsam verlangen und erzwingen, ohne dass den Menschen der Sinn des Gerichts offenbar ist (*In der Strafkolonie*, 1919, e. 1914). Wiederholt behandeln sie den Konflikt zwischen Vater und Sohn. In *Die Ver-*

wandlung (1915, e. 1912) geht es um die Bestrafung des Sohnes, der dem Vater seinen Platz in der Familie streitig machte. Er wird in ein widerliches Ungeziefer verwandelt – als er schließlich stirbt, hat der Vater wieder seinen ursprünglichen Platz in der Familie. In *Das Urteil* (1916, e. 1912) verurteilt der Vater den Sohn zum »Tode des Ertrinkens« – der Sohn akzeptiert das Urteil und ertrinkt. Die Sammlung *Ein Landarzt* (1919) umfasst eine Reihe von im Winter 1916/17 entstandenen kleineren Erzählungen, darunter die ironische Persiflierung des Verhältnisses von Mensch und Affe in *Ein Bericht für eine Akademie*. Der letzte von Kafka zusammengestellte Sammelband *Ein Hungerkünstler* (1924) bietet neben der Titelerzählung, die das tödliche Insistieren auf dem Schauhungern thematisiert, noch drei weitere Geschichten um die Problematik von Außenseitern *(Erstes Leid, Eine kleine Frau, Josefine die Sängerin oder Das Volk der Mäuse)*. In einem Brief bemerkt er vergleichend: »Dieses ganze Schreiben ist nichts als die Fahne des Robinson auf dem höchsten Punkt der Insel.«

Die singuläre Aufmerksamkeit, die Kafkas literarisches Werk nach dem Zweiten Weltkrieg in der westlichen Welt auf sich zog, sicherte auch seinen Briefen, soweit überliefert, stärkste Beachtung, zumal diese von den Krisen seines inneren Lebens mit bohrender Intensität berichten: *Briefe an Milena* (1952); *Briefe an Felice und andere Korrespondenz aus der Verlobungszeit* (1967); *Briefe an Ottla und die Familie* (1974).

Der Name von MAX BROD (1884–1968) bleibt in der Literaturgeschichte mit dem seines Freundes Franz Kafka verbunden, dessen seinerzeit noch unveröffentlichte Hauptwerke durch ihn bewahrt worden sind. Aus Brods Feder stammen zahlreiche, qualitativ ungleich geglückte Romane (*Ein tschechisches Dienstmädchen*, 1909; *Tycho Brahes Weg zu Gott*, 1916; *Rëubeni, Fürst der Juden*, 1925) aus böhmischer und jüdischer Stoffwelt, Gedichte, Dramen, auch biografische und literaturwissenschaftliche Arbeiten wie der bereits zitierte *Prager Kreis*. Brod war seit 1913 Zionist und emigrierte 1939 nach Israel, wo er bis zu seinem Tode lebte. Sehr nahe stand Kafka auch der blinde Dichter OSKAR BAUM (1883–1941), der sein Augenlicht als Gymnasiast in Pilsen bei einer Rauferei mit tschechischen Buben eingebüßt hatte, und nur durch seinen Tod im Prager jüdischen Krankenhaus der Deportation in ein Konzentrationslager entging; seine Frau kam in Theresienstadt um. Baum, der sich als Musiklehrer durchschlug, fand in seinem Roman *Die böse Unschuld* (1913) die Kraft zu versöhnlichem Humor.

Ernst Weiß (1884–1940)

Geboren in Brünn, besuchte dort, in Leitmeritz und Arnau das Gymnasium, studierte in Wien, Prag und Bern Medizin, war Krankenhausarzt in Prag, nahm nach dem Weltkrieg, an dem er als Militärarzt teilgenommen hatte, seinen Wohnsitz in München und Berlin, von wo er 1933 zurück nach Prag flüchtete. 1938 Emigration nach Paris, wo er sich, verarmt, beim Einmarsch der deutschen Truppen das Leben nahm.

Weiß' erste Schaffensphase ist expressionistisch beeinflusst, zeigt Menschen in außergewöhnlichen Situationen und ekstatischer Seelenverfassung (*Die Galeere*; R., 1913; *Der Kampf*, R., 1916, 1919 u. d. T. *Franziska*; *Tiere in Ketten*, R., 1918; *Mensch gegen Mensch*, R., 1919; *Stern der Dämonen*, 1921). Weiß ist ein großer Erzähler, über dessen Romane Thomas Mann schrieb: »Ein Werk von bewundernswerter künstlerischer Diskretion und melancholischer Tiefe des Lebensgefühls […] aber der kulturelle Charme geht unverwechselbar davon aus, der Geheimnis und Spezifikum der österreichischen Geistesprägung ist.« Auf *Männer in der Nacht* (1925), einen Balzac-Roman und *Boëtius von Orlamünde* (1928; 1966 u. d. T. *Der Aristokrat*) folgte *Georg Letham, Arzt und Mörder* (1931), nach dem Urteil von Alfred Kantorowicz sein bedeutendstes Buch, die Geschichte eines wegen Mordes auf eine Insel in den Tropen verbannten Arztes und seines Kampfes gegen das Gelbfieber. Weiß pflegte nunmehr einen von der Neuen Sachlichkeit beeinflussten, gemäßigten Stil.

Ein umfangreiches literarisches Werk hinterließ auch der fast vergessene LUDWIG WINDER (1889–1946), den sein journalistischer Beruf über Wien, Teplitz, Pilsen nach Prag führte, wo er von 1914 bis Ende 1938 Feuilletonredakteur der Prager Zeitung *Bohemia* war. Engagierter Förderer der deutschsprachigen Literatur in Prag, befreundet mit dem berühmten Reporter Egon Erwin Kisch und mit F. C. WEISKOPF (1900–1955), dem Autor des Romans *Das Slawenlied* (1931), war er ein scharfsichtiger sozialkritischer Beobachter der Zeit; er starb im Exil in England, wohin er 1939 emigriert war. Winder hat mehr als 3000 Beiträge allein für die *Bohemia* geschrieben, dazu kommen zwölf Romane, vier Erzählungen, drei Dramen, zwei Gedichtbände, von denen besonders *Der Thronfolger. Ein Franz-Ferdinand-Roman* (1937) zu fesseln vermag. Die Bedeutung des Werkes, das nach seinem Erscheinen in Österreich verboten wurde und dem wegen der bald darauf folgenden Besetzung Österreichs und der Tschechoslowakei eine längere Wirkung versagt blieb, liegt in der Distanz wahrenden Perspektive, aus der die habsburgische Welt dargestellt wird – nach dem Anschwellen einer nostalgischen Österreich-Literatur keine Selbstverständlichkeit. Winders *Thronfolger*, verglichen mit Roths *Radetzkymarsch* und *Kapuzinergruft*, nimmt diesen Werken nichts von ihrem Glanz, bildet aber ein aufschlussreiches Korrektiv.

Franz Werfel (1890–1945)

Werfel wurde als Sohn eines vermögenden Fabrikanten in Prag geboren und durchlebte nach der Matura eine unverbindliche Übergangsphase zwischen dem eigentlich angestrebten literarischen Beruf und der väterlichen Disposition (abgebrochene Universitätsstudien, Tätigkeit in einer Speditionsfirma in Hamburg). 1912 ging er nach Leipzig, wo er im Kurt-Wolff-Verlag zusammen mit Walter Hasenclever und Kurt Pinthus die gleichgesinnten Autoren betreute. 1915–17 als Soldat an der galizischen Front, danach im Kriegspressequartier in Wien, der »Heldenbewahranstalt«. Nach dem Krieg freier, beim Publikum sehr erfolgreicher Schriftsteller in Wien, Heirat mit Alma Mahler, der Witwe des Komponisten Gustav Mahler. Seit 1938 lebte er in Italien, der Schweiz und Frankreich im Exil, 1940 Flucht über Portugal in die Vereinigten Staaten, wo er in Beverly Hills/Kalifornien gestorben ist.

Der verwöhnte Sohn aus reichem Haus, ein nachlässiger Gymnasiast, genoss weidlich die etwas zwielichtigen Freuden der unter der bürgerlichen Decke sehr liberalen Moldaustadt, empfing aber im Zirkel literatur- und theaterbeflissener Freunde (u. a. der spätere Schauspieler Ernst Deutsch, Willy Haas, Paul Kornfeld, Johannes Urzidil, Oskar Baum), besonders in dem Literaturcafé Arco (unter den Arconauten, wie Karl Kraus spottete), wo auch junge Frauen aus der tschechischen Boheme verkehrten (u. a. Milena Jesenská, die spätere Brieffreundin Kafkas), und durch das Musikleben der Stadt (Angelo Neumanns Verdi-Inszenierungen) lebensbestimmende Anregungen. Von dem etwas älteren Max Brod gefördert, wurde das Sorgenkind der Eltern, das die vom Vater gewünschte Laufbahn in der Familienfirma nicht einschlug und soeben unwillig sein Einjährig-Freiwilligen-Jahr als Kanonier im auf dem Hradschin stationierten Feldhaubitzenregiment No. 8 absolvierte, durch den Erfolg seines ersten Gedichtbands *Der Weltfreund* (1911) zu einem in ganz Deutschland bekannten Dichter. Nach dem Vorabdruck einiger Gedichte in Karl Kraus' *Fackel* war die erste Auflage des *Weltfreunds* von 4000 Exemplaren sogleich vergriffen und musste in den folgenden Wochen mehrfach nachgedruckt werden.
Ein zweiter Lyrikband, *Wir sind. Neue Gedichte*, folgte 1913. Der Rausch expressionistischen Wortschwalls

ebbte ab, die Werfels früher Lyrik eigentümliche soziale Gebärde blieb erhalten und verband sich mit einem Ausdruck gereiften Wissens um die Glücksumstände, die das lyrische Ich vor ungezählten anderen begünstigt hatten: »Als mich dein Dasein tränenwärts entrückte / Und ich durch dich ins Unermessne schwärmte / Erlebten diesen Tag nicht Abgehärmte / Mühselig Millionen Unterdrückte?«
Nach seiner expressionistischen Frühzeit entwickelte sich Werfel zum geschickten Erzähler. Seine erprobte Ausstrahlungskraft und die populäre Form sicherten ihm ein noch breiteres Publikum. Der Erzählung *Nicht der Mörder, der Ermordete ist schuldig*, deren Titel zum geflügelten Wort wurde und einem Sammelband (1920) den Namen gab, lag der aktuelle Vater-Sohn-Konflikt zugrunde. Der forcierte Ton seiner Anfänge, der auch in Werfels Prosa bis hin zu *Verdi. Roman der Oper* (1924) noch spürbar ist, wich allmählich einer gemäßigteren Darstellungsweise. Stofflich blieben Prag und Böhmen für Werfels epische Welt lange bestimmend. Schauplatz der Novelle *Das Trauerhaus* im Zyklus *Der Tod des Kleinbürgers* (1927) ist das Prager Freudenhaus Gogo. Sie spielt in jener Sommernacht, in der die Nachricht von der Ermordung Erzherzog Ferdinands Prag erreicht – einer der vielen Reflexe, die das Attentat von Sarajewo als literarische Metapher für den Untergang der Monarchie gezeitigt hat. *Der Abituriententag – Die Geschichte einer Jugendschuld* (R., 1928) ruft die Erinnerung an die Schulzeit am Stefansgymnasium zurück, möglicherweise inspiriert durch die Wiederbegegnung mit Willy Haas und Ernst Deutsch zu Beginn des Jahres 1926, wie Werfels Biograf Ernst Jungk vermutet. *Barbara oder die Frömmigkeit* (1929) lässt in der Lebensgeschichte des Schiffsarztes Ferdinand R. als wichtigste Bezugsperson die Titelfigur des Romans hervortreten, in der sich die Kinderfrau des Autors, Barbara Šimunková, verbirgt. Erst mit *Die vierzig Tage des Musa Dagh* (1933), einer Darstellung des Genozids an den Armeniern während des Ersten Weltkriegs, einer der literarischen Vorausdeutungen auf die kommende Katastrophe des Judentums, löste sich Werfel von der Stoffwelt seiner Jugend – indirekt blieb sie dennoch gegenwärtig. (→ S. 361, 460)

Einzelgänger und Versprengte

Umstritten und von düsterer Problematik ist das Werk des aus Südmähren stammenden HERMANN UNGAR (1893–1923), einem Einzelgänger des Prager Kreises, der seinen ersten Roman *Mörder und Knaben* (1920) Max Brod gewidmet hat.

Lapidar erzählt wird das Leben eines Knaben, der lange vergeblich um die hässliche Magd Stasinka wirbt. Er ist ein Dieb, schlägt sich nach Amerika durch und holt die viel Ältere dorthin nach. Dort verkauft er Stasinka, die ein Kind von ihm erwartet, in ein Bordell. Stasinka stirbt, er, inzwischen ein vermögender Fabrikant, lernt Jahre später das Kind kennen, dessen Vater er ist. Er gibt es in das Siechenhaus, aus dem er sich befreien konnte.

Kaum weniger extrem ist die Handlung der beiden folgenden Romane, die einen Platz zwischen Expressionismus und Neuer Sachlichkeit einnehmen. *Die Verstümmelten* (1923), Ungars in Prag angesiedeltes Hauptwerk, eine mitleidlose Krankengeschichte, und *Die Klasse* (1927), eine der ungezählten Schulgeschichten der Epoche, die vom Kampf der Lehrer mit ihren Zöglingen berichten. Versöhnlicher muten die in dem postum erschienenen Band *Colberts Reise* (1930) gesammelten Erzählungen an, die Thomas Mann in einem Nekrolog für Ungar von »Dichter-Innigkeit« sprechen ließen.

Nach Erscheinungsdaten reicht die im Umkreis um das vergangene Prag entstandene deutsche Literatur in ihren Ausläufern um Jahrzehnte über ihren engeren Handlungsspielraum hinaus, wobei neben Belletristischem auch Dokumentarisches in Erscheinung tritt: PAUL WIEGLERS (1878–1949) Roman *Das Haus an der Moldau* (1933), zwei Jahre später *Der Stadtpark* von HERMANN GRAB (1903–1949), dem Jüngsten des Prager Kreises, Sohn eines bedeutenden Prager Mäzens, dessen autobiografischer Roman als die »Prager Buddenbrooks« bezeichnet worden ist. Von PAUL KORNFELD erschien postum der Roman *Blanche oder Das Atelier im Garten* (1957), der 1932 aus Berlin nach Prag zurückgekehrte Autor hatte das Manuskript vor der Deportation nach Auschwitz einer Freundin noch rechtzeitig übergeben können. Von seiner frühen Lyrik, die derjenigen Werfels ähnelt (mit dem zusammen er das Stefansgymnasium besuchte), und von seinen Dramen ist kaum etwas bekannt geblieben. Den wohl schönsten Prag-Roman überhaupt schuf Leo Perutz mit seinem Meisterwerk *Nachts unter der steinernen Brücke* (1953), in dem er das Prag Rudolfs II. zwischen Hradschin und Judenstadt vergegenwärtigte, wie es vor ihm wohl nur noch GUSTAV MEYRINK in seiner Gestaltung einer Prager Lokalsage *Der Golem* (R., 1915) gelungen war.

Eine Ausnahmestellung nimmt ERNST SOMMER (1888 bis 1955) ein, der zwar mit Prager Autoren wie Urzidil befreundet war, aber in der Provinz wohnhaft blieb und deren Anspruch gegen die literarische Hegemonie der Hauptstadt verteidigte. Er stammte aus der Iglauer Sprachinsel, studierte in Wien, wo er den Zionismus kennen lernte, mit dem sich sein erster Roman *Gideons Auszug* (1913) beschäftigt, und lebte seit 1920 in Karlsbad, einer »Hochburg des Sudetenzwistes« (M. Pazi), als Rechtanwalt. Gemeinsam mit Bruno Adler gab er 1924 die Zeitschrift *Die Provinz* heraus, in der bedeutende Autoren wie Karel Čapek schrieben, die aber schon im folgenden Jahr einging, nachdem das Prager deutsche Publikum das Blatt ignoriert hatte. Als Jude und Sozialdemokrat, der sich für die Republik einsetzte, saß Sommer auch politisch zwischen den Stühlen. Er schrieb groteske Novellen über das Justizwesen, die seine Enttäuschung zeigen, und historische Romane (*Die Templer*, 1935; *Botschaft aus Granada*, 1937) über staatliche und religiöse Verfolgung des Templerordens und der spanischen Juden. 1938 floh er nach London, nunmehr ein Anwalt des historischen Unrechts an den Tschechen. (Die Studie *Into Exile. The History of the Counter-Reformation in Bohemia*, 1943, ist Teil einer ungedruckt gebliebenen Untersuchung *Tausend Jahre böhmischer Geschichte*.) Eine Heimkehr nach Böhmen gab es für ihn als Deutschen nicht.

Längst hat sich die literarische Konfektion der »goldenen Stadt« und ihres Mythos bemächtigt, aber auch die Reihe der künstlerisch bedeutenden Leistungen setzt sich bis in die jüngere Gegenwart fort. Der Lyriker und Erzähler EMIL MERKER (1888–1972), bot in seinem Lebensbericht *Unterwegs* (1951) ein bewegendes Kapitel über das Prag seiner Studentenjahre. Als ein historisch Letzter ist der jederzeit um politische Verständigung und Ausgleich bemühte, zu verschiedenen Zeiten von den Machthabern beider Seiten zurückgesetzte Dichter und Literarhistoriker JOSEF MÜHLBERGER (1903–1985) in Erscheinung getreten (*Bogumil*, R., 1980). Aber auch die wichtigste Vertreterin der deutschsprachigen tschechischen Literatur in der Gegenwart, LENKA REINEROVÁ (1916), eine Prägerin, erzählt alte und neue Kapitel aus der komplexen Geschichte ihrer Stadt, die zwischen 1933 und 1938 noch einmal namhafte, auf der Flucht vor Hitler befindliche deutsche Autoren in ihren Mauern sah (*Es begann in der Melantrichgasse. Erinnerungen an Weiskopf, Kisch, Uhse und die Seghers*, 1985; *Die Premiere. Erinnerungen an einen denkwürdigen Theaterabend und andere Begebenheiten*, E., 1989). *Mandelduft* (En., 1998) verweist auf Teresienstadt, *Zu Hause in Prag – manchmal auch anderswo* (En., 2000) auf die Jahre des Exils.

VON DEN KAISERREICHEN ZUR DIKTATUR: WEIMARER UND ÖSTERREICHISCHE REPUBLIK 1918–1938

Als politische Epoche lässt sich die Zeit zwischen dem Sturz der beiden mitteleuropäischen Kaiserreiche und dem Beginn der nationalsozialistischen Gewaltherrschaft klar abgrenzen, als literarische nicht in gleicher Weise. Das gilt besonders für den Beginn, da der Expressionismus den Epochenstil noch einige Jahre, wenngleich mit nachlassender Kraft, beeinflusst. Erst die Inflation und ihre ernüchternden Folgen verändern das Lebensgefühl endgültig und fördern zugleich mit Skepsis und Desillusionierung ein geschärftes Wirklichkeitsbewusstsein. Davon profitieren besonders jene Gattungen, die eigengesetzlich zu realistischer Durchführung tendieren (Tatsachenbericht, Reportage, Biografie), aber auch Drama und Roman. Das Verständnis von Funktion und Form der Literatur ändert sich. Sie soll zeitbezogen, allgemein verständlich und informativ sein. Lion Feuchtwanger stellt in seinem Aufsatz *Die Konstellationen der Literatur* (1927) fest:

Produzierende und Konsumenten haben formalistischen, ästhetisch tändelnden Kram ebenso satt wie alles Ekstatische, gefühlsmäßig Überbetonte. Was Schreibende und Leser suchen, ist nicht Übertragung subjektiven Gefühls, sondern Anschauung des Objekts: anschaulich gemachtes Leben der Zeit, dargeboten in einleuchtender Form.

Ein aus der Malerei übernommener Begriff, 1923 von Gustav Friedrich Hartlaub (1884–1963) geprägt, gewinnt auch für die Literatur an Bedeutung: Die Neue Sachlichkeit wird für einige Jahre stilbestimmend. Sie bleibt den Kunstmitteln der vorangegangenen Epoche verpflichtet, doch sie passt sie den gegenwärtigen Erfordernissen an und stellt ihnen neue zur Seite.

Der Buchmarkt wird durch ökonomische Zwänge verändert, die unmittelbar mit der Inflation zusammenhängen. Nicht wenige Werke expressionistischer Autoren, die nur einem anspruchsvollen Publikum zugänglich gewesen sind, lassen sich nach Einführung der Rentenmark kaufmännisch nicht mehr kalkulieren. Die Verlagsprogramme wechseln ihr Profil. Der Roman wird zur bestimmenden Gattung und nimmt aktuelle Inhalte auf. Die Politik, die mit einer früher nie für möglich gehaltenen Intensität in das Leben großer Bevölkerungskreise eingreift, und die Psychologie, deren grundlegend neue Erkenntnisse jetzt popularisiert werden, bilden solche begierig aufgegriffenen Inhalte. Daneben finden die Erfahrungen einer Generation, die Krieg, Nachkrieg, Wirtschaftskrise und den Zusammenbruch unzerstörbar geglaubter Sicherheiten erlitten hat, ihren Niederschlag. Die Zahl der Romane ist fast unübersehbar, und sie gibt einem alten Protest der Kritik, der sich gegen diese Gattung insgesamt richtet, neue Nahrung. Auffächerungen der Bekenntnisse, tief greifende Unterschiede im künstlerischen Selbstverständnis, zuletzt unüberbrückbare Polarisierung beherrschen die literarische Szene. Die Sektion für Dichtkunst der Preußischen Akademie der Künste, 1926 gegründet, zeigt den gesellschaftlichen Rang der Literatur, aber ihre Mitglieder sind unter sich tief zerstritten. Die Verschiedenheit des Gleichzeitigen, die in jeder Epoche gegeben ist, fällt in einer innerlich zerris-

Der Weltkrieg findet aus gegensätzlicher Perspektive
Eingang in die Literatur, der damit verbundene Meinungsstreit weist auf spätere politische Trennungen
voraus. Es erscheinen Front- und Heimkehrerdichtun-
gen und -berichte, verstärkt durch die russische Revolution findet dabei auch Osteuropa größere Berücksichtigung. Die Literatur der Zwischenkriegszeit wird
so zur Auseinandersetzung mit der »Urkatastrophe«
des Jahrhunderts, dem durch das Attentat von Sarajewo ausgelösten Weltkrieg.

In der ersten österreichischen Republik, die aus dem
Zerfall des Habsburger Vielvölkerstaates hervorgegangen war – der Zusammenschluss mit Deutschland
wurde Österreich im Friedensvertrag von Saint-Germain 1919 untersagt –, fand die zumeist an die einzelnen Landschaften gebundene Heimatliteratur staatlicherseits Förderung. Noch bevor 1934 die schwierige
wirtschaftliche und innenpolitische Situation der kleinen Alpenrepublik zur Einführung einer autoritären
Staatsform führte, in der ein traditionsbewusster
österreichischer Patriotismus gepflegt wurde, fanden
kulturell-konservative Bestrebungen günstige Entfal-
tungsbedingungen. Der Prozess der Verselbstständi-
gung einer österreichischen Literatur, der bereits im
19. Jahrhundert begonnen hatte, erhielt damit weiter-
wirkende Anstöße. Die propagierte »Österreich-Idee«,
die noch stark mit Sehnsüchten nach dem verlorenen
Reich und mit großdeutschen Ordnungsvorstellungen
verbunden war, vermochte jedoch keine Barriere gegenüber der auf Expansion zielenden NS-Ideologie
zu bilden. Noch vor dem »Anschluss« im Februar 1938

Dichter-Akademie, Karikatur von Olaf Gulbransson
aus dem *Simplizissimus* vom 25.11.1929. Von links nach rechts:
Wilhelm Schäfer, Wilhelm von Scholz, Theodor Däubler,
Thomas Mann, Walter von Molo, Max Halbe,
Bernhard Kellermann, Alfred Döblin, Heinrich Mann;
im Vordergrund rechts: Ludwig Fulda

senen Zeit wie der Weimarer Republik besonders auf
und bedingt die Nachbarschaft gegensätzlich scheinender Elemente; teils wirklich unvereinbar, teils in komplizierter und verdeckter Weise aufeinander bezogen,
sind sie in ihrer Summe von verwirrender Vielfalt.
Film, Rundfunk und Schallplatte schaffen neue Wirklichkeiten. Sie sind laut, aggressiv, hektisch, sentimental. »Von diesen Veränderungen her muss man auch
die Literatur der Weimarer Republik ins Auge fassen.
Das Insistieren auf dem rein Literarischen nützt wenig.« (K. G. Just) Ein esoterisches Verständnis von Literatur, wenngleich von nicht wenigen geteilt, musste
bereits als zeitfremd erscheinen. Literatur war lediglich eine und nicht die stärkste Kraft in der Kräfte-
vielfalt der modernen Welt. Der amerikanisch beeinflusste Zeitstil der Zwanzigerjahre wird zur Zielscheibe
einer konservativen Kulturkritik. Literarische Antipo-
den sind die Vertreter der in fast allen deutschen Regionen angesiedelten Heimatkunst, die zahlreiche Romane, Erzählungen, Schauspiele hervorbringt.

gewann die Berliner Kulturpolitik in Wien reglementierenden Einfluss. Am entschiedensten setzte sich Karl Kraus, in gleicher Weise bedeutend als Satiriker, Sprachkritiker und Publizist, in der von ihm 1899 gegründeten, seit 1912 allein geschriebenen Zeitschrift *Die Fackel* mit dem »kulturellen Heimweh« nach dem alten Österreich auseinander.

Zu bemerken bleibt auch, dass die vorherrschenden Stilzüge der Zwanzigerjahre 1933 in Deutschland nicht unvermittelt enden; sie kamen aus dem Lebensgefühl der Epoche und wurden, wo es zweckdienlich war, auch gezielt anverwandelt. So konnte die aus diesen Jahren stammende, nach 1933 besonders geförderte national-konservative Dramatik sich das expressionistische Aufbruchspathos zunutze machen, knüpften die propagandistischen Masseninszenierungen der Diktatur auch an Theaterexperimente aus der Zeit der Republik an. Gleichwohl ändert sich durch den Exodus zahlreicher, darunter vieler der bedeutendsten Schriftsteller und durch die schon bald einsetzenden staatlichen Restriktionen das literarische Leben von Grund auf. Seine genuine Fortsetzung fand es in den folgenden zwölf Jahren zum weitaus größten Teil im Ausland.

Stichworte zur politischen Geschichte

Als Folge des verlorenen Krieges Ablösung der monarchischen Staatsform durch die republikanische in Deutschland und Österreich. Januar 1919 Spartakus-Aufstand in Berlin, Ermordung Rosa Luxemburgs und Karl Liebknechts durch Freikorpsangehörige. Die noch ungefestigten jungen Demokratien haben die Last der Friedensschlüsse (»Pariser Vorortverträge«, 1919 in Versailles mit dem Deutschen Reich, in Saint-Germain mit Österreich) und der Inflation zu tragen. Die permanente politische Krise der Zeit ist im hohen Maße wirtschaftlich determiniert, beruht aber gleichzeitig auf grundlegend verschiedenen weltanschaulichen Haltungen und lässt die Republiken nicht zu einem Gut werden, das die Mehrheit der Bürger zu verteidigen bereit ist. 1922 Ausgleich mit Russland im Vertrag von Rapallo, sechs Wochen später Ermordung des deutschen Außenministers Walther Rathenau durch Rechtsextremisten, Beschleunigung der Inflation. 9.11.1923 gescheiterter Hitler-Putsch in München. 1925 Wahl des greisen Feldmarschall Hindenburg zum deutschen Reichskanzler. 1926 Aufnahme Deutschlands in den Völkerbund. 1929 Börsenkrach in New York, Beginn der Weltwirtschaftskrise. Der vorübergehende Erfolg der demokratischen Kräfte wird in Deutschland durch die materielle Not breiter Schichten in Frage gestellt. 30.1.1933 Ernennung des Kabinetts Hitlers durch Hindenburg, emphatisch in Szene gesetzte Machtergreifung der Nationalsozialisten. Österreich bleibt noch eine Frist von fünf Jahren in einem bereits präfaschistischen, zunehmend in seiner Existenz bedrohten Staat. März 1938 Anschluss an das deutsche Reich.

Gesellschaft und Kultur

Dem ekstatischen Aufbruch des neuen Jahrhunderts folgt eine im Verlauf und Ausgang des Ersten Weltkriegs begründete, noch weitaus tiefere Verunsicherung des Lebensgefühls. Ungeachtet der politischen und wirtschaftlichen Schwierigkeiten entfaltet sich jedoch, teilweise in neuen Formen, ein vielfältiges kulturelles Schaffen, das große Aufmerksamkeit im In- und Ausland findet. Spätestens nach dem Ende des Expressionismus kann von einem bestimmten Stil der Epoche nicht mehr gesprochen werden, vielmehr entwickeln sich die einzelnen Künste in eigenständiger Weise. Mit Hilfe der neuen Medien (Film, Rundfunk) sehen sich breite Kreise der Bevölkerung aktiv in den allgemeinen Kulturprozess einbezogen. Die weltweite wirtschaftliche Krise in den letzten Jahren der Republik (Kurssturz an der New Yorker Börse am 25.10.1929) wirkte sich auch auf die Künste aus, führte u. a. zur Schließung vieler Theater und auf den verbliebenen Bühnen zur Zurückdrängung des Zeitstücks zugunsten leichter Operetten- und Komödienware. Der staatlich kontrollierte Rundfunk, der ab 1923 zunehmend an Bedeutung gewinnt, steht zwar seinem Selbstverständnis gemäß über den Parteien und der Tagespolitik, richtet sich jedoch in der Praxis stark an den bürgerlichen Interessen aus und wird bereits vor 1933 zunehmend rechtslastig.

Die Universum-Film-Aktiengesellschaft (Ufa), 1917 auf Betreiben der Obersten Heeresleitung zum Zwecke der Filmpropaganda gegründet, ist eine Hinterlassenschaft des Krieges; ihre Loyalität gilt nicht der Republik, sondern den Geldgebern, den Banken und der Wirtschaft; 1927 von dem deutschnationalen Politiker Hugenberg saniert und 1933 ein publizistisches Instrument des NS-Staates. In und um Berlin (Babelsberg) entsteht eine zunächst exportintensive Filmindustrie, die zweitgrößte nach Hollywood. Nach der Währungsreform Ende 1923 zunehmende künstlerische (massenweise Produktion billiger Unterhaltungs-, Militär-, Operettenfilme), auch ökonomische Krise, verstärkt durch die vor allem in Amerika geförderte Entwicklung des Tonfilms und das überlegene Vorbild der »Russenfilme« (Sergej Eisenstein, *Panzerkreuzer Potemkin*, 1926, Wsewolod Pudowkin, *Sturm über Asien*, 1928, usw.). Politisierung der Filmschaffenden, Bemühungen um den sozialkritischen oder sozialistischen Film (Slatan Dudow/Bert Brecht, *Kuhle Wampe*, 1932). Die Ufa beginnt 1929 mit der Produktion von Tonfilmen und erzielt sowohl mit anspruchsvollen Literaturverfilmungen (*Der blaue Engel*, 1930, nach Heinrich Manns *Professor Unrat*), Unterhaltungsfilmen als auch nationalen Filmen über preußische Stoffe (Friedericus-Rex-Filme) große Erfolge.

Die auch als Magischer Realismus bezeichnete Neue Sachlichkeit wird um 1923/24 in der Malerei stilbestimmend (bevorzugte Genres sind Stillleben und Porträt). Zweckbetonte Formgebung in Architektur, Innenraumgestaltung und Kunsthandwerk. Politisch-satirische Lithographien und Zeichnungen (John Heartfield, d. i. Helmut Herzfeld, 1891–1968; George Grosz, 1893–1959). 1928 Gründung des Kampfbunds für deutsche Kultur durch Alfred Rosenberg, der ältere völkisch-nationale und antimoderne

Bestrebungen (August Julius Langbehn, 1851–1907, *Rembrandt als Erzieher*, 1890; Ferdinand Avenarius, 1856–1923) verstärkt weitergeführt.

Durchbruch des Jazz in Deutschland 1924/25. Oper: Ernst Krenek, *Jonny spielt auf* (1927); Kurt Weill, *Die Dreigroschenoper* (1928), *Aufstieg und Fall der Stadt Mahagonny* (1930), Hanns Eisler (1898–1962), führend in der Arbeitermusikbewegung (Agitprop-Lieder).

Ausdruckstanz (German Expressionistic Dance), wesentlich in Dresden-Hellerau begründete, von der Körperreformbewegung beeinflusste freie, das heißt nicht ballettmäßig kodifizierte Tanzrichtung (Mary Wigman, 1886 bis 1973; Harald Kreutzberg, 1902–1968; Gret Palucca, 1902 bis 1993).

Weltliteratur (1921–1935)

Frankreich: Raymond Radiguet (1903–1923), *Den Teufel im Leib* (*Le diable au corps*, R., 1923); André Gide (1869–1951, Nobelpreis 1947), *Die Falschmünzer* (*Les faux-monnayeurs*, R., 1925); François Mauriac (1885–1970, Nobelpreis 1952), *Die Einöde der Liebe* (*Le désert de l'amour*, R., 1925); Jean Cocteau (1889–1963), *Orphée* (Sch., 1926); Paul Claudel (1868–1955), *Der seidene Schuh* (*Le soulier de satin*, Dr., 1929–1930); Antoine de Saint-Exupéry (1900–1944), *Nachtflug* (*Vol de nuit*, R., 1931); André Malraux (1901–1976), *Conditio humana* (*La condition humaine*, R., 1933).

Großbritannien und Irland: Winston Churchill (1874 bis 1965), *Meine frühen Jahre* (*My Early Life*, Aut., 1930); James Joyce, *Ulysses* (R., 1922); Thomas Stearns Eliot (1888–1965, Nobelpreis 1948), *Das wüste Land* (*The Waste Land*, Poem, 1922), *Mord im Dom* (*Murder in the Cathedral*, Dr., 1935); Virginia Woolf (1882–1941), *Mrs. Dalloway* (R., 1925), *Die Fahrt zum Leuchtturm* (*To the Lighthouse*, R., 1927), *Orlando* (R., 1928).

Italien: Luigi Pirandello (1867–1939, Nobelpreis 1934), *Sechs Personen suchen einen Autor* (*Sei personaggi in cerca d'autore*, Dr., 1921); Italo Svevo (1861–1928), *Zeno Cosini* (*La coscienza di Zeno*, R., 1923); Eugenio Montale (1896–1981, Nobelpreis 1975), *Die Knochen des Tintenfischs* (*Ossi di seppia*, G., 1925); Ignazio Silone (1900–1978), *Fontamara* (R., 1933).

Jiddisch: Israel Joshua Singer (1893–1944), *Josche* (*Josche Kalb*, R., 1932); Isaac Bashevis Singer (1904–1991, Nobelpreis 1978), *Satan in Goraj* (*Der Sotn in Goraj*, R., 1935).

Jugoslawien: Miroslav Krleža (1893–1981), *Bankett in Blitwien* (*Banket u Blitvi*, R., 1938).

Norwegen: Sigrid Undset (1882–1949, Nobelpreis 1928), *Olav Audunssohn* (*Olav Audunssøn*, R., 1925–1927).

Polen: Bruno Schulz (1892–1942), *Die Zimtläden* (*Sklepy cynamonowe*, En., 1934).

Russland (UdSSR): Wladimir Majakowski (1883–1930), *Die vierte Internationale* (*IV Internacional*, Poem, 1922); Isaak Babel (1894–1941), *Reiterarmee* (*Konarmija*, 1926); Michail Scholochow (1905–1984, Nobelpreis 1965), *Der stille Don* (*Tichij Don*, R., 1928–1940); Vladimir Nabokow (1899 bis 1977), *Luschins Verteidigung* (*Zaščita Lužina*, R., 1929); Iwan Bunin (1870–1953, Nobelpreis 1933), *Im Anbruch der Tage* (*Žizn' Arsen'eva*, E., 1927–39).

Spanien: Miguel de Unamuno (1864–1936), *Die Agonie des Christentums* (*La agonia del cristianismo*, Ess., 1925); José Ortega y Gasset (1883–1955), *Der Aufstand der Massen* (*La rebelión de las masas*, Es., 1930).

Tschechoslowakei: Jaroslav Hašek (1883–1923), *Die Abenteuer des braven Soldaten Schweyk während des Weltkriegs* (*Osudy dobrého vojáka Švejka za světové války*, R., 1921).

USA: John Dos Passos (1896–1970), *Drei Soldaten*, (*Three Soldiers*, R., 1921); Theodore Dreiser (1871–1945), *Eine amerikanische Tragödie* (*An American Tragedy*, R., 1925); Francis Scott Fitzgerald (1896–1940), *Der große Gatsby* (*The Great Gatsby*, R., 1925); Thornton Wilder (1897–1975), *Die Brücke von San Luis Rey* (*The Bridge of San Luis Rey*, R., 1927); Sinclair Lewis (1885–1951, Nobelpreis 1930), *Elmer Gantry* (R., 1927); William Faulkner (1897–1962, Nobelpreis 1949), *Schall und Wahn* (*The Sound and the Fury*, R., 1929).

Sachliteratur und Essayistik

Der geschichtliche Umbruch des Ersten Weltkriegs und seine Folgen stellte überlieferte Sicherheiten in Frage, eröffnete neue Perspektiven und nährte das Bedürfnis nach geistiger Orientierung. Die Kunst konnte dieses Verlangen nur bedingt befriedigen, sah sie sich doch mit ihren überlieferten Formen selbst in den Wertewandel miteinbezogen. Die nichtfiktionale Prosa eroberte sich daher einen besonderen Platz. Anders als im 19. Jahrhundert stand dabei nicht wissenschaftliche Geschichtsschreibung im Vordergrund, sondern politische, literarische und kulturkritische Essayistik und journalistische Berichterstattung, wie es dem transitorischen Charakter der Umbruchszeit entsprach.

Geschichte und Kulturgeschichte

Als Begründer der Geistes- und Ideengeschichte hat FRIEDRICH MEINECKE (1862–1954) die Entwicklung der deutschen Geschichtsschreibung entscheidend mitbestimmt (*Weltbürgertum und Nationalstaat*, 1908; *Die Idee der Staatsräson in der neueren Geschichte*, 1924; *Die Entstehung des Historismus*, 1936). Politisch ursprünglich konservativ, wandte sich Meinecke im Ersten Weltkrieg als Gegner der deutschen Annexionsbestrebungen der bürgerlichen Linken zu. Er trat für die Demokratie ein und lehnte später den Nationalsozialismus bedingungslos ab. Auch der aus Baden gebürtige Historiker FRANZ SCHNABEL (1887–1966) hat die gegnerische oder zumindest skeptische Haltung der meisten seiner damaligen Fachkollegen gegenüber der Weimarer Republik nicht geteilt. Die Aufgabe des Historikers sah er ausdrücklich darin, »politischer Erzieher und geschichtlicher Denker zugleich« zu sein. Er schrieb sein Hauptwerk, die *Deutsche Geschichte im 19. Jahrhundert* (4 Bde., 1929–1937) mit süddeutsch-katholischem, zugleich liberal-bürgerlichem Akzent. Der Österreicher HEINRICH RITTER VON SRBIK (1878 bis 1951), Meineckes geisteswissenschaftlicher Methode im zunehmenden Maße verpflichtet, suchte, ausgehend von der Existenz eines in sich homogenen gesamtdeutschen Volkes und dessen Recht auf einen gesamtdeutschen Staat, die alten Gegensätze zwischen Großdeutsch und Kleindeutsch »im Interesse der geschichtlichen Wahrheit und Gerechtigkeit« zu überwinden (*Metternich. Der Staatsmann und der Mensch*, 3 Bde., 1925–54; *Deutsche Einheit. Idee und Wirklichkeit vom Heiligen Reich bis Königgrätz*, 4 Bde., 1935–42). Sein Versuch, die Stellung Österreichs unter dem Gesichtspunkt der deutschen Einheit zu verstehen (*Österreich in der deutschen Geschichte*, 1936), lief unter den politischen Zeitumständen auf eine ideologische Vorbereitung des »Anschlusses« hinaus, den er 1938 grundsätzlich begrüßte, wenn er auch der sogleich einsetzenden politischen und kulturellen »Gleichschaltung« ablehnend gegenüberstand.

Der Kulturpessimismus fand seinen stärksten Ausdruck bei OSWALD SPENGLER (1880–1936) in seinem größtenteils schon vor dem Weltkrieg geschriebenen Hauptwerk *Der Untergang des Abendlandes. Umrisse einer Morphologie der Weltgeschichte* (2 Bde., 1918–22). Ausgehend von einer Zyklentheorie, wie sie bereits Herder und Jacob Burckhardt vertreten hatten, stellte Spengler die abendländische Kultur als eine von acht Hochkulturen (nach der ägyptischen, babylonischen, indischen, chinesischen, antiken, arabischen und mexikanischen) in ihrer organischen Entfaltung und ihrem Niedergang dar. Er wählte den später viel zitierten Titel des Werkes 1912 im Anschluss an die Agadir-Krise des Vorjahres, in der er den Beginn einer Folge von Kriegen sah. Spengler, der sich zunächst zum Dichter bestimmt gefühlt hatte, verstand die Preußen als die Römer der Neuzeit, denen die historische Aufgabe zufiel, das Abendland in seiner Spätphase durch Eroberung zu einigen, so wie einst Rom im abschließenden Übergang von der Kultur zur Zivilisation die hellenistische Welt zu beherrschen bestimmt gewesen sei. Anders als er prognostiziert hatte, verloren die Mittelmächte den Krieg, das Erscheinen des ersten Bandes fiel in das Jahr ihrer Kapitulation. Gleichwohl fanden Spenglers beziehungsreiche Kombinationen, besonders seine Darstellung des abendländischen Kulturzerfalls, großen Widerhall (50 Auflagen bis 1924). Wie noch an-

dere seiner Publikationen, die gegen Erscheinungsformen der Massendemokratie polemisierten und eine Apologie des autoritären Staates darstellten (*Preußentum und Sozialismus*, 1920; *Jahre der Entscheidung*, 1933), und wie die pessimistischen Zeitanalysen anderer Kulturkritiker und Universitätsgelehrter wirkten sie sich eher als Belastung denn als Hilfe für die aktuellen Probleme der jungen Republik aus.

Zu deren Sachwaltern entwickelten sich vielmehr Heinrich und Thomas Mann, die in schriftstellerisch glänzenden Darstellungen ihre bereits im wilhelminischen Deutschland begonnene Essayistik in zahlreichen zeitkritischen Beiträgen fortführten. Auch wenn sie sich genuin literarischen Erscheinungen zuwandten, blieb der politische Zeitbezug erkennbar, war mithin nicht ohne eine didaktische Komponente. Bis in die Mitte der Zwanzigerjahre galt HEINRICH MANN noch vor seinem Bruder als repräsentativer Schriftsteller der Republik. Der in dem Sammelband *Macht und Mensch* (1919) enthaltene Essay *Kaiserreich und Republik* verbindet entschiedene Kritik an der Vergangenheit mit optimistischem Ausblick auf die Zukunft. Es folgten die Bände *Sieben Jahre* (1929), *Geist und Tat* (1931) und *Das öffentliche Leben* (1932). Die Häufung der Titel in der Endphase von Weimar lässt Heinrich Manns rastlose Bemühung um die politische Zukunft Deutschlands erkennen. Er engagierte sich für die deutschfranzösische Verständigung und für die Paneuropa-Idee des Grafen Coudenhove-Kalergi, vertauschte 1928 München als Wohnort mit dem kosmopolitischen Berlin und wurde drei Jahre später Präsident der Preußischen Akademie der Künste, Sektion für Dichtkunst. Sein öffentliches Ansehen stand damals auf dem Höhepunkt, 1932 wurde er sogar als Kandidat für das Amt des Reichspräsidenten vorgeschlagen. THOMAS MANN legte die Sammelbände *Rede und Antwort* (1922), *Bemühungen* (1925) und *Die Forderung des Tages* (1930) vor. Während Heinrich Mann, so weit es sich um Kunst und Literatur handelte, in erster Linie französische Schriftsteller darstellte (Voltaire, Choderlos de Laclos, Stendhal, Balzac, Hugo, Flaubert und George Sand, Anatole France, Zola), würdigte Thomas Mann vorzugsweise deutsche Künstler und Philosophen (Lessing, Goethe, Schopenhauer, Platen, Fontane, Storm, Wagner), behandelte aber auch die großen Russen und Skandinavier.

Mit seiner Rede *Von deutscher Republik* (1922) stellte sich Thomas Mann programmatisch hinter die Demokratie von Weimar, die er während ihrer Spätphase in der Auseinandersetzung mit dem Nationalsozialismus entschieden verteidigen sollte. Im zunehmenden Maße zeigte er sich bereit, im Hinblick auf die Forderung des Tages zu argumentieren und gegebenenfalls die politische von der ästhetischen Sphäre klar zu trennen. In der Rede von 1922 hatte er noch den emotionalen Aufbruch von 1914 als die Geburtsstunde der Republik bezeichnet, Novalis, Nietzsche und Stefan George zu ihren Kronzeugen erklärt. Demgegenüber enthält die *Deutsche Ansprache* (1930) eine sehr viel nüchternere Analyse der realen Möglichkeiten und formuliert, dass »der politische Platz des deutschen Bürgertums heute an der Seite der Sozialdemokratie« sei.(→ S. 420)

»Konservative Revolution«

Während des Weltkriegs publizierte HUGO VON HOFMANNSTHAL eine Anzahl von Aufsätzen zu Fragen der österreichischen Geschichte und Geistesgeschichte (*Grillparzers politisches Vermächtnis*, 1915; *Österreich im Spiegel seiner Dichtung*, 1916; *Maria Theresia*, 1917; *Die österreichische Idee*, 1917 u.a.). Bis zum Beginn des Krieges hatte er keinen Versuch unternommen, seine für ihn selbst unproblematische Zugehörigkeit zum geistigen Deutschland und seine österreichische Landsmannschaft genau abzugrenzen. Weimar war für den Wiener Dichter, bildlich gesprochen, nicht ferner als Salzburg oder das noch mit österreichischen Erinnerungen besetzte Venedig. Mit der Partnerschaft im Krieg und der sich abzeichnenden Existenzkrise der Donaumonarchie änderte sich das, politisch nahm das Antlitz Deutschlands für ihn zunehmend preußische Züge an (*Preuße und Österreicher* ist ein vergleichendes Schema von 1917 betitelt), er schreibt von Deutschlands österreichischer Aufgabe, denn »Österreich bedarf ohne Unterlass des Einströmens deutschen Geistes«, um die besondere ihm gestellte Aufgabe »an seinen Slawen« erfüllen zu können. Er versteht den Krieg – Thomas Manns damaliger Position nicht unähnlich – als die große Konterrevolution der europäischen Mitte gegen den Westen, setzt 1914 gegen 1789, die Idee der Ordnung gegen die der Freiheit. Von der Sorge um das alte Kaiserreich geleitet, das er als ein organisches Ganzes, nicht als ein Sammelbecken miteinander zerstrittener und nach Selbstbestimmung strebender Nationen verstand, verirrte er sich, wenn seine Rede politisch wurde, noch gründlicher als zeitweilig Thomas Mann. Was man von Hofmannsthals Operndichtungen gesagt hat, das Licht, das in seinen Zeremonien aufleuchte, sei »das eingefangene Licht von längst erloschenen Sternen« (J. Vogel), ließe sich mit größerem Recht von den Ordnungsvorstellungen

sagen, die seinen kulturpolitischen Schriften zugrunde lagen.

Der Zusammenbruch der Donaumonarchie 1918 bedeutete für ihre Bewohner das Ende einer mehrhundertjährigen gemeinsamen Geschichte. Anders als im Deutschen Reich hatte der Wechsel von der monarchischen zur republikanischen Staatsform den Zerfall des Staates selbst zur Folge. Hofmannsthals Klage, er habe »mit dem Zusammenbruch Österreichs das Erdreich verloren […] in welches ich verwurzelt bin […]«, wurde von vielen seiner Mitbürger geteilt. Die kleine Alpenrepublik, die der Friedensvertrag vom einstigen Großstaat übrig ließ und zur Selbstständigkeit verurteilte, konnte ihnen das vertraute größere Österreich nicht ersetzen. »Meine Heimat habe ich behalten, aber Vaterland habe ich keines mehr, außer Europa«, schrieb Hofmannsthal 1926 an den befreundeten Schweizer Historiker Carl Jacob Burckhardt. An seiner Verantwortung im geistigen Sinn der Nation, dem Volksganzen gegenüber hielt er fest, und sie betraf nach dem erfolgten Zusammenbruch in vermehrter Weise auch Deutschland. Was er für notwendig ansah, war nicht weniger als eine »Gegenbewegung gegen jene Geistesumwälzung des sechzehnten Jahrhunderts, die wir in ihren zwei Aspekten Renaissance und Reformation zu nennen pflegen«, eben die »konservative Revolution«. So sollte den zerstörerischen Kräften der Zeit, die auch und gerade von Deutschland ausgegangen waren, Einhalt geboten werden. Seinen erzieherischen Vorgaben suchte er mit einer Fülle von Initiativen gerecht zu werden: mit den *Neuen deutschen Beiträgen*, dem *Deutschen Lesebuch* (1922–23, 2 Bde.), seinem Vortrag in der Münchner Universität *Das Schrifttum als geistiger Raum der Nation* (1927) und mit dem Vorwort zur Sammlung *Wert und Ehre deutscher Sprache* (1927).

Der Münchner Vortrag spricht – wie es später, das ahnte Hofmannsthal nicht, in der NS-Kulturpolitik üblich sein sollte – von »Schrifttum« anstelle von »Literatur«, weil diesem Wort »der unglückliche Riss in unserem Volk zwischen Gebildeten und Ungebildeten« im Wege steht. In Frankreich, das zum Vergleich herangezogen wird, schaffe die Sprache jenen ungeteilten geistigen Raum, an dem es in Deutschland fehle, die Einheit von Gesellschaftlichem und Geistigem, zwischen dem Schreibenden und dem Volk. Dem gleichsam eigenbrötlerischen Zug der deutschen Sprache sucht Hofmannsthal zum einen durch das verklärte Vorbild Frankreichs zu begegnen – die »konservative Revolution« ist europäisch orientiert –, zum anderen durch Menschen, die, wie sie in Nietzsches *Unzeitgemäßen*

Betrachtungen genannt werden, »Suchende« sind. Dabei unterscheidet Hofmannsthal zwischen jenen, die sich zwar dem Geist und dem Wissen verschrieben, aber darüber die Verbindung mit den ungelehrten Menschen verloren haben, und den »wirklich Suchenden«, die mit dem Leben und der Gesellschaft alltäglich verbunden sind. Ihnen eignet ein »strengeres, männlicheres Gehaben«, eine »fast grimmige Festigkeit gegenüber der Verführung«, und sie sind fähig, Gemeinschaft zu bilden. (Im Vorwort zu *Wert und Ehre deutscher Sprache* verwendet Hofmannsthal noch unbefangen das Wort »Volksgemeinschaft«.) Das war, wie alles, was von Hofmannsthal kam, groß gedacht und Ausdruck seines eigenen steten Bemühens um Lebensnähe, aber zugleich verfänglich und, wie sich in den folgenden Jahren erweisen sollte, in grotesker Weise umkehrbar. Die »neue deutsche Wirklichkeit, an der die ganze Nation teilnehmen« konnte, wurde nicht von jenen bestimmt, die der Dichter meinte. Thomas Mann, »vorerst nur ein Vernunftrepublikaner« (H. Kurzke), dessen tiefere Sympathien wie die von Hofmannsthal noch den Mächten der Vergangenheit gehörten, hat in seinem Vortrag *Die Stellung Freuds in der modernen Geistesgeschichte*, den er 1929 ebenfalls an der Münchner Universität hielt, der Versuchung der »konservativen Revolution« unter Berufung auf Nietzsches Abwendung von Wagner entschieden abgesagt.

Nur dem durch Bewusstmachung und analytische Auslösung führenden Willen zur Zukunft gebührt der Name der Revolution. Man muss das heute der Jugend sagen. Es gibt keine Predigt und keinen Imperativ des großen Zurück.

Oft mehr eine Fessel als Hilfe bedeutete für Hofmannsthal die Unterstützung seines aus einer alten jüdischen Familie in Königsberg stammenden Freundes RUDOLF BORCHARDT (1877–1945), der ebenfalls die Verteidigung der überlieferten deutschen und europäischen Kultur zu seiner Aufgabe machte, aber bei der Propagierung seiner Thesen einen doktrinären Zug nicht zu verleugnen vermochte (*Schöpferische Restauration*, Rede, 1927). Borchardt, der 1922 seinen ständigen Aufenthalt in Italien genommen hatte, schrieb kulturkritische, literarische und historische Abhandlungen in dem ihm eigentümlichen preziösen Stil (*Villa*, 1908). Breitere Wirkung erzielte er mit seinen Anthologien (*Deutsche Denkreden*, 1925; *Ewiger Vorrat deutscher Poesie*, 1926; *Der Deutsche in der Landschaft*, 1927). Der Ruf nach Strenge und dem Erlebnis neuer Gemeinschaft war verbreitet. Er stützte sich nicht allein auf vergangene Epochen, wie auf die Zeit Napoleons

Verlagsprospekt

und der Romantiker, die Hofmannsthal beschwor, sondern auch auf die Erfahrung des modernen Krieges und der Technik.

Ernst Jünger (1895–1998)

Der Sohn eines Apothekers, geboren in Heidelberg, verlebte seine Kindheit in Hannover, floh als Gymnasiast 1913 aus dem Elternhaus und ließ sich in Verdun für die Fremdenlegion anwerben, aus der er durch Vermittlung des Auswärtigen Amtes aus Nordafrika zurückgeholt wurde. »Wir werden ein wenig zu wild geboren und heilen die gärenden Fieber durch Tränke von bitterer Art«, hat er in seinem Bericht über dieses Abenteuer geschrieben (*Afrikanische Spiele*, 1936). Freiwilliger im Ersten Weltkrieg, mehrfach verwundet und mit dem Pour le mérite ausgezeichnet, 1919 bis 1923 Reichswehroffizier, studierte dann Zoologie und Philosophie. Seit 1925 freier Schriftsteller, wohnhaft in Leipzig, Berlin und Goslar, ab 1939 in Kirchhorst bei Hannover. Wiederholte Reisen im Mittelmeerraum. Im Zweiten Weltkrieg im Stab des deutschen Militärbefehlshabers von Paris, 1944 wegen »Wehrunwürdigkeit« entlassen. Erhielt 1945 bis 1949 Publikationsverbot; 1950 Übersiedlung nach Wilflingen am Fuß der Schwäbischen Alb. Träger mehrerer Literaturpreise. Gestorben in Riedlingen.

Jüngers Publikationen *In Stahlgewittern. Ein Kriegstagebuch* (1920 im Selbstverlag), *Der Kampf als inneres Erlebnis* (1922), *Das Wäldchen 125. Eine Chronik aus den Grabenkämpfen 1918* und *Feuer und Blut* (beide 1925) sowie seine Erzählung *Sturm* (1923) beschreiben, gestützt auf Notizen, die er während der Kämpfe anfertigte, jenen »soldatischen Typus, den die hart, blutig und pausenlos abrollenden Materialschlachten« heranbildeten und der, wie er glaubte, berufen war, die bürgerliche Epoche abzulösen. Die Druckfassung von *In Stahlgewittern* wurde von ihm – ein für Jüngers Arbeitsweise charakteristischer Zug – in Auseinandersetzung mit aktuellen Herausforderungen wiederholt überarbeitet. Dominante Zeitströmungen forderten ihn zum Widerspruch heraus, die Richtung des Widerstands wechselte.

Die zweite Macht, der er durch geistige Widerstandskraft einen tieferen Sinn abringen wollte, war die Technik, der auch Spengler für den aktuellen »Kampf ums Dasein« bestimmende Bedeutung zugemessen hatte. In seinem Buch *Der Arbeiter. Herrschaft und Gestalt* (1932) entwirft Jünger das Bild einer Zukunft, in der der Arbeiter das Gesetz der Technik in sich aufgenommen und damit deren Tyrannei innerlich überwunden hat; er ist »Träger eines Höchstmaßes von aktiven Tugenden, von Mut, Bereitschaft und Opferwillen«.

In *Das abenteuerliche Herz. Aufzeichnungen bei Tag und Nacht* (1929) geht es um das Abenteuer der Wirklichkeit schlechthin, um Analysen des Zeitgeistes, die durch Aufdeckung der Zusammenhänge die »Überwindung der Vernichtungswelt« erreichen wollen. Jünger dehnt seine Interessen auf sehr verschiedene Bereiche von der Pflanze bis zum Vokal, vom Traum bis zum Landschaftsbild aus, unterstützt von einer präzisen, virtuosen Sprache voller epigrammatischer Schärfe.

Die Bedeutung von Jüngers Veröffentlichungen in der Zeit der Weimarer Republik erschöpft sich nicht in seiner Sicht der damaligen politischen und gesellschaftlichen Ordnung. Zweifellos aber lief seine Argumentation, besonders im *Arbeiter*, auf eine vollständige Negation der Republik und ihrer Einrichtungen hinaus. Die Empfehlung der Heeresgliederung als künftige Form der Gesellschaft begünstigte den auf Revanche bedachten Militärgeist und den sich ausbreitenden Faschismus. Jünger denunzierte die unmittelbar gegebenen sozialen Probleme der Zeit und übertrug ein aus Barbarei und Ästhetizismus gemischtes Bewusstsein besonders auf die bündische Jugend, in deren Reihen er viel gelesen wurde. (→ S. 485)

Der Weltkrieg in Autobiografie und Reportage

Ungeachtet Jüngers Bestreben den Krieg stilistisch distanziert zu behandeln, ist seine Darstellung stark emotionalisiert, ja lustbetont, wenn er das blutige Geschehen unmittelbar – den Kampf Mann gegen Mann – schildert. Neben solchen exzessiven Zeugnissen stehen solche anderer Autoren, die sich dem Rausch des Krieges beziehungsweise der abstrakten Tötungsmaschinerie der modernen Waffen nicht überließen und zumindest intellektuell Abstand zu wahren suchten. HANS CAROSSA wurde die Unpersönlichkeit des modernen Krieges zum Paradigma seiner Unmenschlichkeit. Er stellte ihr seine an der Klassik geschulte, humane Wertewelt gegenüber, was nicht ohne Verdrängung abging (*Rumänisches Tagebuch*, 1924, wieder veröffentlicht 1934 u. d. T. *Tagebuch im Kriege*).

Eine autobiografische Einschaltung in der Erzählung *Geheimnisse des reifen Lebens* (1936) bestätigt diese Erfahrung und wiederholt die für Carossa charakteristische Vorgehensweise. Der Erzähler berichtet von einem jungen österreichischen Artillerieoffizier, der ihn in seinem Unterstand bewirtet und gleichzeitig durchs Telefon seine Befehle zum Beschießen feindlicher Stellungen gibt. Der Gegner, über den kein unfreundliches Wort fällt, scheint für diesen Offizier wenig mehr als ein Schwarm schädlicher Insekten zu bedeuten. Bei der nächtlichen Lektüre von Homers *Ilias*, die Kampfszenen ganz anderer Art entwirft, reflektiert der Dichter:

Stolz und groß bemächtigt sich die Technik unserer kleinen Welt; die Flamme der Seele aber scheint schwächer und schwächer zu brennen, so wie ein Planet, im Fernrohr betrachtet, wohl mehr Einzelheiten erkennen lässt, aber an Leuchtkraft abnimmt. Wie oft in jener Frühzeit geschieht es, dass zwei Krieger, die sich den tödlichen Kampf ansagen, einander noch als göttlich oder göttergleich bezeichnen! So stark war das Gefühl für die Würde des Menschengesichts, auch wenn ein Feind es trug. Und nun fragt sichs: Können wir mit unseren Gegnern verfahren wie mit einer Masse antlitzloser Larven, ohne selbst larvenhaft zu werden? Verläuft am Ende hier die feine Linie, wo uns die äußerste Vollendung der Maschine [...] in eine glänzende Entartung hinüberführt? Hat von hier aus vielleicht schon die Auflösung des alten heiligen Menschenbildes begonnen?

Ebenso wie in den zahlreichen Weltkriegsromanen wurde der Krieg in Reportagen und Autobiografien aus ungleicher Perspektive und mit unterschiedlichen Absichten beschrieben. Diese berichteten aus dem mildernden, zuweilen verklärenden Abstand, jene vermochten ein großes Maß von Authentizität mit unmittelbarer Wirkung zu verbinden, standen freilich auch in Gefahr bis hin zu gewissenloser Propaganda tendenziös zu entgleisen. Der unabsichtlichen Äußerung kommt in solchem Zusammenhang die stärkste Glaubwürdigkeit zu, ihre Verarbeitung zum charakteristischen Zeugnis aber ist eine Frage der Auswahl, wie der von Philipp Witkop in Verbindung mit den deutschen Unterrichtsministerien besorgte Band *Kriegsbriefe gefallener Studenten* (1928) erkennen lässt. Angesichts der zeitlichen Nähe und der großen Zahl Betroffener war eine emotionslose Verarbeitung des Stoffes zunächst gar nicht möglich, und auch die Frage der literarischen Qualität trat hinter dem Übermaß des Erlebten und Erlittenen zurück.

Egon Erwin Kisch (1885–1948), Reportagen

Geboren in Prag, Sohn eines Tuchhändlers, wurde Journalist und arbeitete für Prager und Berliner Zeitungen *(Prager Tagblatt, Bohemia, Berliner Tageblatt)*, trat 1919 der Kommunistischen Partei bei, wurde 1921 aus Österreich ausgewiesen, 1933 in Berlin verhaftet, abgeschoben, kämpfte in Spanien, lebte illegal in vielen Ländern, ab 1940 in Mexiko. Mitarbeit an der Zeitschrift *Freies Deutschland*. Kisch kehrte 1946 in die Tschechoslowakei zurück. Tod in Prag.

Das Werk des großen Reporters ist geprägt von der geschichtsbeladenen Atmosphäre seiner Vaterstadt, in der Tschechen, Deutsche und Juden, wie bereits dargestellt, in wachsender Entfremdung mit- und nebeneinander lebten. Kisch hat das Wissen um diese Spannungen produktiv verarbeitet, ein Jäger intrikater Zusammenhänge, aber auch jederzeit motiviert, das scheinbar Alltägliche als versteckte Sensation zu begreifen. Er hatte bereits einige Jahre als Journalist gearbeitet, als ihm seine Teilnahme am Ersten Weltkrieg den großen Stoff zutrug. Seine eher zurückhaltende, durch die Tatsachen beredte Beschreibung der Niederlage der k. u. k. Südarmee in Serbien 1914 hat er zunächst u. d. T. *Soldat im Prager Korps* (1922), später unter der anklagenden Überschrift *Schreib das auf, Kisch* (1929) veröffentlicht. »Die Darstellung des Drina-Rücküberganges sollte und müsste in jedes Schullesebuch aller Sprachen aufgenommen werden […]. Goethe pries die Chance der Zeitgenossen, die bei Valmy dabei sein durften – die Drina hatte die Chance, dass Kisch dabei gewesen«, schrieb der wegen seiner sensiblen Diktion als »Marquis Prosa« gerühmte Kritiker und Feuilletonist ALFRED POLGAR (1873–1955) in der *Weltbühne*.

Der *Prager Pitaval* enthält Stoffe, die Weltgeschichte gemacht haben, so die Enthüllungen über den erzwungenen Selbstmord eines österreichischen Stabs-

In: A-I-Z. Die Arbeiter-Illustrierte Zeitung aller Länder. Berlin, Jahrgang 9, 1930, Nummer 36

offiziers wegen Spionage für Russland (*Der Fall des Generalstabschefs Redl*, 1924). Kischs Entwicklung führte von der zunächst tendenzlosen Reportage – zu der er sich noch im Vorwort seiner Sammlung *Der rasende Reporter* (1925) bekennt – zur *Reportage als Kunstform und Kampfform*, wie eine 1935 in Paris gehaltene Rede betitelt ist. Wie niemand anders hat Kisch die Reportage zu einem Instrument des gesellschaftskritischen Kampfes ausgebaut. Genannt seien noch die Berichte aus der Sowjetunion *Zaren, Popen, Bolschewiken* (1927), *Paradies Amerika* (1930), *Asien gründlich verändert* (1932), *Landung in Australien* (1937) und *Entdeckungen in Mexiko* (1945). Die Spannweite seines journalistischen Œuvres wird bereits aus den Titeln der Sammelbände deutlich.

Kisch, ein tschechisch-jüdischer Schriftsteller deutscher Sprache, wird als der »rasende Reporter«, nicht als Romancier (*Der Mädchenhirt*, 1914) oder als Lustspieldichter (*Die gestohlene Stadt*, 1922, eine Komödie um die preußische Belagerung von Prag 1757) in Erinnerung bleiben. Anders Joseph Roth, dessen journalistisches Werk, das er hauptsächlich als Korrespondent der *Frankfurter Zeitung* geschrieben hat, nach der Wiederentdeckung dieses Autors in den Fünfzigerjahren weithin im Schatten seiner Romane und Erzählungen geblieben ist.

Joseph Roth (1894–1939), Publizistik

Roth stammte aus Brody in Galizien, hatte jüdische Eltern, wuchs ohne Vater auf, besuchte das Gymnasium in Brody, die Universität in Wien (Studium der Germanistik bei Walther Brecht), diente seit 1916 als Freiwilliger in der k. u. k. Armee und lebte seit 1918 als Journalist, zunächst in Wien, ab 1921 in Berlin *(Berliner Börsen-Courier, Vorwärts).* Er wurde 1923 Mitarbeiter am *Prager Tagblatt* und an der *Frankfurter Zeitung,* für die er jahrelang Europa als Korrespondent bereiste. Bereits 1920 begann er auch Romane und Erzählungen zu veröffentlichen. 1933 ging er in die Emigration, seine an Schizophrenie erkrankte Frau wurde in einer deutschen Heilanstalt ermordet. Roth war befreundet mit Benno Reifenberg, dem Feuilletonchef der *Frankfurter Zeitung,* und mit Stefan Zweig, der ihn in seinen letzten Jahren materiell unterstützte. Von 1936–38 lebte er mit der Schriftstellerin Irmgard Keun zusammen, die Deutschland ebenfalls aus politischen Gründen verlassen hatte. Schon früh Alkoholiker, ist er in einem Pariser Armenhospital gestorben.

Roth hatte bereits als Student in Zeitungen zu publizieren begonnen, aber erst nach der Rückkehr aus dem Krieg, als er das Studium aus Geldnot nicht wieder aufnehmen konnte, verlegte er sich ganz auf den literarischen Erwerb. Wie Kisch ist Roth ein hellsichtiger Zeitkritiker, und wie dieser hat er höchst informative Reiseberichte geliefert *(Reise in Russland,* 1926). Vorangegangen war die Artikelfolge *Im mittäglichen Frankreich* (fortgeführt in einem unvollendet gebliebenen Buchprojekt *Die weißen Städte),* die seine von Sehnsucht nach der mediterranen Welt ausgelöste Erschütterung während der Reise durch Südfrankreich 1924 erkennen lässt – als »ein Franzose aus dem Osten; ein Europäer […], ein Mittelmeermensch, wenn Sie wollen, ein Römer und ein Katholik«, hat Roth sich selbst verstanden. Sein 1927 erschienener Essay *Juden auf Wanderschaft* beschreibt das jüdische Leben in Osteuropa und in den »westlichen Ghettos« – in Wien, Berlin, Paris und Amerika – aus betont subjektiver Perspektive.

Dieses Buch verzichtet auf den Beifall und die Zustimmung, aber auch auf den Widerspruch und sogar die Kritik derjenigen, welche die Ostjuden missachten, verachten, hassen und verfolgen. Es wendet sich nicht an jene Westeuropäer, die aus der Tatsache, dass sie bei Lift und Wasserklosett aufgewachsen sind, das Recht ableiten, über rumänische Läuse, galizische Wanzen, russische Flöhe schlechte Witze vorzubringen. Dieses Buch verzichtet auf die »objektiven« Leser, die mit einem billigen und sauren Wohlwollen von den schwanken Türmen westlicher Zivilisation auf den nahen Osten hinabschielen und auf seine Bewohner; aus purer Humanität die mangelhafte Kanalisation bedauern und aus Furcht vor Ansteckung arme Emigranten in Baracken einsperren, wo die Lösung eines sozialen Problems dem Massentod überlassen bleibt. Dieses Buch will nicht von jenen gelesen werden, die ihre eigenen durch einen Zufall der Baracke entronnenen Väter oder Urväter verleugnen. Dieses Buch ist nicht für Leser geschrieben, die es dem Autor übelnehmen würden, dass er den Gegenstand seiner Darstellung mit Liebe behandelt, statt mit »wissenschaftlicher Sachlichkeit«, die man auch Langeweile nennt. […] Der Verfasser hegt die törichte Hoffnung, dass es noch Leser gibt, vor denen man die Ostjuden nicht zu verteidigen braucht […].

Roth bereiste 1927 das Saargebiet *(Briefe aus Deutschland),* 1930 Mitteldeutschland. In seinem Beitrag *Der Merseburger Zauberspruch,* dessen Titel an das althochdeutsche Sprachdenkmal aus dem 10. Jahrhundert anknüpft, behandelt er die Zerstörung des Dorfes Runstedt, das bestimmt ist, dem Kalibergbau zu weichen. Dabei thematisiert er nicht nur Zusammenhänge von Wirtschaft, Chemie und Krieg, sondern gelangt über die politische Diagnose hinaus zu einer grundsätzlichen Erörterung des Verhältnisses von Mensch und Natur. Die Stimmung auswegloser Depression, die seinen Reisebericht aus dem Leuna-Revier beherrscht, ist dieselbe, die auch in seinem damals entstehenden »altösterreichischen Roman«, dem *Radetzkymarsch,* vorwiegt. (→ S. 435)

Journalisten zwischen Rechts und Links

Die sachliche, gelegentlich auch pseudo-sachliche Stilform der Reportage entsprach neuen Bedürfnissen des Medienmarktes. Die Welt der Technik, der Großindustrie und der diesen verbundenen sozialen Probleme hatte in die überlieferten Gattungen nur wenig Eingang gefunden. Die Veränderungen in den Industriezentren, besonders im Ruhrrevier, zogen die Reporter an. Neben Kisch *(Stahlwerke in Bochum, vom Hochofen aus gesehen)* und HEINRICH HAUSER (1901–1955, *Schwarzes Revier,* 1930) hat ERIK REGER (1893–1954) instruktiv über diese Region berichtet *(Ruhrprovinz).* Er verwertete seine Kenntnisse auch in einem Reportageroman über Krupp *(Union der festen Hand,* 1931), für den er den Kleist-Preis erhielt, eine Kritik kapitalistischer Produktionsverhältnisse.

Das Feuilleton der großen Zeitungen blieb von den politisch-wirtschaftlichen Richtungskämpfen nicht unberührt. Artikel wie Roths *Merseburger Zauberspruch* wirkten anstößig, zumal darin metierkritisch darauf aufmerksam gemacht wurde, dass die Zeitungen Nachrichten über Vorgänge wie in Runstedt herunterspielten, wenn nicht überhaupt unterdrückten. SIEGFRIED KRACAUER (1889–1966), durch den die soziologisch orientierte Filmkritik in Deutschland begründet wurde, war 1921 Mitarbeiter der *Frankfurter Zeitung* geworden. Er hatte sich dort als Rezensent einen Namen gemacht, jedoch zunehmend einer materialistisch orientierten Gesellschaftsanalyse genähert, wie eine berühmt gewordene Studie über das »Stehkragenproletariat« in der modernen Massenkultur bezeugt (*Die Angestellten*, 1930). Er musste seinen Redaktionsstuhl in Frankfurt räumen und wurde 1933 endgültig entlassen. Die Abwendung der Zeitung von ihrem ursprünglich liberalen Kurs deutete sich schon 1924 in der Entscheidung gegen Joseph Roth als Pariser Korrespondenten an. FRIEDRICH SIEBURG (1893–1964) übernahm die begehrte Position, die er, sprachlich gewandt und kenntnisreich, in nationalkonservativem Geist vertrat (*Gott in Frankreich*, 1929). Die im Kaiserreich von Julius Rodenberg begründete einflussreiche Literaturzeitschrift *Deutsche Rundschau* führte RUDOLF PECHEL (1882–1961) seit 1919 in antidemokratischem Geist weiter.

Nicht immer ging es um »rechte« oder »linke« Gesinnung; angesichts der fortbestehenden materiellen Abhängigkeiten – »catilinarische Existenzen« hatte Bismarck einst die mittellosen, daher oft käuflichen Journalisten genannt – handelte es sich schlechthin um Sicherung der Existenz. Im Sommer 1929 nahm Joseph Roth Beziehungen zu den *Münchner Neuesten Nachrichten* auf, der Vorgängerin der *Süddeutschen Zeitung*. F. C. Weiskopf schrieb über Roths Übertritt unter dem Titel *Rot und Schwarz*, also mit Anspielung auf Stendhal: »Das stocknationalistische Münchner Blatt hat den großen Reporter, den glänzenden Stilisten, den Schriftsteller von Rang, Joseph Roth, einfach im Versteigerungswege erstanden, wie man etwa einen Posten Papier oder Druckerschwärze ersteht.« Eine Berliner Zeitung nahm Roths Heimkehrerroman *Die Flucht ohne Ende* ins Visier und titelte sarkastisch: *Ware Schriftsteller. Nun hat die Flucht ein Ende.*

Roth schrieb für das Münchner Blatt, wie stets mit souveränem Witz, über die verschiedenartigsten Themen. Es seien einige Sätze aus *Bücherbesprechung* ausgewählt, der Selbstironie wegen, mit der er das journalistische Handwerk behandelt:

Die Bücher kommen zentnerweise in die Redaktionen der Zeitungen und werden in einem wenig benutzten Zimmer aufgestapelt. So dürften die Leichenkammern zu Zeiten der Pest ausgesehen haben. Die Bücher beginnen zu modern, noch ehe sie aufgeschnitten oder aufgeschlagen werden, schöne, gut gebundene, solide Leichen. Allmählich setzen sie fremden Staub an und entwickeln eigenen. Nichts zu machen: Jeder Tag bringt neue Bücher. – Fast jeden Tag kommen immerhin auch Rezensenten oder junge und ältere Leute, die sich berufen fühlen, Bücher zu rezensieren. Von allen Möglichkeiten Honorare bei einer Zeitung zu verdienen, scheint die Buchrezension die ergiebigste. Zu einer »Reportage« gehört Phantasie. Um eine politische Nachricht von Bedeutung zu erfahren: dazu gehören Verbindungen, Geschicklichkeit und Glück. Gedichte, zu deren Herstellung man gar keine Verbindung und möglichst wenig Glück braucht, die man also immer bei sich trägt, werden nur zu Ostern und zu Weihnachten gedruckt. Feuilletons sind überflüssig und meist schon an stabilere Mitarbeiter voraushonoriert. Leitartikel schreiben seit dreißig Jahren Männer von Ruf, deren Unsterblichkeit garantiert ist. Auch Theaterkritiker bleiben am Platz und leben lange. Nur die Buchrezensenten sind sterblich, auswechselbar und nicht fest besoldet.

Kurt Tucholsky (1890–1935)

Tucholsky, geboren in Berlin, stammte aus jüdischem Bürgerhaus (der Vater war Direktor einer Handelsgesellschaft), er beschloss das Jurastudium in Genf und Jena 1914 mit der Promotion. Seine journalistische Tätigkeit begann er mit Satiren, zeitkritischen Gedichten, Theaterkritiken und Glossen, trat aber schon bald auch als Erzähler (*Rheinsberg. Ein Bilderbuch für Verliebte*, 1912) hervor. Ging 1924 als Korrespondent der *Weltbühne* und der *Vossischen Zeitung* nach Paris, veröffentlichte 1925 den Reisebericht *Ein Pyrenäenbuch* und übersiedelte 1929 nach Schweden. 1933 aus Deutschland ausgebürgert, wählte er zwei Jahre später, schwer erkrankt und nach Verbrennung seiner Bücher seiner Tantiemen beraubt, in Hindas bei Göteborg den Freitod.

Tucholskys ausgedehntes Werk »umschließt wie wenig anderes den Zeitgeist der Republik« (N. Frei). Der ersten Veröffentlichung 1907 im *Ulk*, einer Satire über Wilhelm II., folgten über 2500 weitere; sie erschienen im sozialdemokratischen *Vorwärts*, im *Berliner Tageblatt*, in der *Vossischen Zeitung*, im *Prager Tagblatt* und in *Die literarische Welt*. Sein eigentliches Forum wurde die von SIEGFRIED JACOBSOHN (1881–1926) ursprünglich u. d. T. *Die Schaubühne* gegründete Zeitschrift *Die Weltbühne*, deren Chefredakteur er nach dem Tode Jacobsohns zeitweilig war. Für seine Artikel wählte er (mit thematischer Zuspitzung) die Pseudonyme Kaspar Hauser, Ignaz Wrobel, Theobald Tiger und Peter Panter.

Schon 1923 sprach der engagierte Publizist, der seine

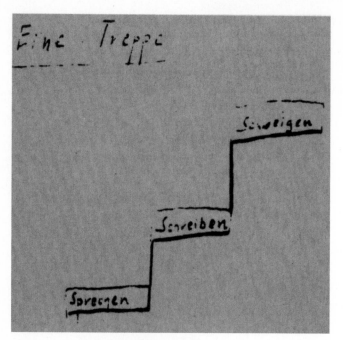

Aus Kurt Tucholskys *Sudelbuch*

Lebensdarstellungen berühmter Persönlichkeiten, die ein großes Publikum fanden, spiegeln sie nur in indirekter Weise. Der international erfolgreichste Schriftsteller der Weimarer Republik war EMIL LUDWIG (1881 bis 1948), der 1932 die Schweizer Staatsbürgerschaft annahm (*Goethe*, 3 Bde., 1912; *Rembrandt*, 1923; *Napoleon*, 1925; *Wilhelm II.*, 1926, *Michelangelo*, 1930; *Schliemann*, 1932). Die Bücherverbrennungen, ein Jahr später, betrafen auch ihn. Ein Comeback gab es für ihn nicht. Die veränderte Zeit ließ seine Biografien so schnell altern, wie sie entstanden waren.

Stefan Zweig (1881–1942)

Zweig wurde als Sohn eines vermögenden jüdischen Industriellen in Wien geboren, studierte Germanistik und Romanistik in Berlin und Wien und promovierte zum Dr. phil. Dem Völkerfrieden verpflichtet war seine Freundschaft mit Romain Rolland. Er lebte seit 1919 in Salzburg, emigrierte 1938 nach England, 1941 nach Brasilien, wo er in Petropolis bei Rio de Janeiro den Freitod wählte.

Der große Erfolg, den Stefan Zweig zwischen den beiden Weltkriegen für sich verbuchen konnte, gründet ebenfalls zu einem großen Teil auf nichtfiktionaler Prosa, auf biografischen und essayistischen Arbeiten sowie historischen Momentaufnahmen. *Drei Meister* (1920) behandelte Dickens, Balzac und Dostojewski, *Der Kampf mit dem Dämon* (1925) Hölderlin, Kleist und Nietzsche, *Drei Dichter ihres Lebens* (1928) Casanova, Stendhal, Tolstoi, *Die Heilung durch den Geist* (1931) Mesmer, Baker-Eddy, Freud; daneben erschienen von ihm Monographien über *Frans Masereel* (1923, zusammen mit ARTHUR HOLITSCHER, 1869–1941), *Romain Rolland* (1921), *Marceline Desbordes-Valmore* (1920) und stark romanhafte Biografien, zunächst über *Fouché* (1929) und *Marie Antoinette* (1932). Die *Sternstunden der Menschheit. Fünf historische Miniaturen* (1927), postum (1943) auf zwölf »Miniaturen« erweitert, ließen das erzählerische Verfahren des Autors, seine Neigung zur Zuspitzung geschichtlich bedeutsamer Vorgänge bis zur Entladung im dramatischen Augenblick besonders deutlich erkennen. Zweigs Raffinement, freilich auch die Grenzen, die ihm gezogen waren, werden an ihnen rasch deutlich. (→ S. 448)
Zwei marxistisch gebildete Schriftsteller, beide eine unverkennbar individuelle wissenschaftliche Prosa schrieben, ERNST BLOCH (1885–1977, *Geist der Utopie*, 1918 und 1923; *Thomas Münzer als Theologe der Revolution*, 1923, *Spuren*, 1930) und Walter Benjamin, debütierten noch in der Weimarer Zeit, aber die stärkste Wirkung entfalteten beide erst nach 1945.

Welt, das Feuilleton, politisierte, von sich als einem »aufgehörten Schriftsteller«, so sehr beherrschte ihn in Bezug auf die Entwicklung in Deutschland die Resignation. Der Weimarer Republik, die er eine »negative Monarchie« nannte, gab er – nicht anders als Joseph Roth – nach der Wahl Hindenburgs keine Chance mehr. Die Probleme der deutschen Gesellschaft der Zwanzigerjahre kommen bei ihm zur Sprache, darüber hinaus reicht sein Blick weit ins europäische Umfeld. Tucholsky wurde viel gelesen, musste aber alsbald erkennen, dass dies nicht genügte; er hatte, wie er bemerkte, Erfolg, aber keine Wirkung. Die zunehmende Distanzierung des enttäuschten Autors von der politischen Wirklichkeit, die so weit ging, dass er sich zuletzt weigerte, deutsche Zeitungen zu lesen, ist ihm von Weggefährten und Anhängern verübelt worden. Die von ihm skizzierte »Treppe« Sprechen-Schreiben-Schweigen macht einen Erklärungsversuch, der selbst gewählte Tod führte noch über die letzte Stufe hinaus. (→ S. 418)
Völkisch-nationale, bürgerlich-liberale, radikal-demokratische und sozialistische Autoren stritten um ihren Platz in und für die Republik, deren größter Mangel augenscheinlich der Mangel an Republikanern war. Aber längst nicht alle Neuerscheinungen der riesigen Sachbuchliteratur nahmen an den politischen Auseinandersetzungen teil. Die populärwissenschaftlichen

Walter Benjamin (1892–1940)

Als Sohn eines Kaufmanns in großbürgerlichen Verhältnissen in Berlin geboren und aufgewachsen, studierte Benjamin in Freiburg i. B., Berlin und München Philosophie und wurde 1919 in Bern mit der Arbeit *Der Begriff der Kunstkritik in der deutschen Romantik* summa cum laude promoviert. Der Versuch der Habilitation in Frankfurt a. M. scheiterte. Ab 1926 Mitarbeit an der *Frankfurter Zeitung*, der *Literarischen Welt* und der *Zeitschrift für Sozialforschung*, dem Organ der »Frankfurter Schule«. Briefwechsel mit den Vertretern der Kritischen Theorie MAX HORKHEIMER (1895–1973) und THEODOR W. ADORNO (1903 bis 1969), der 1955 die erste Ausgabe ausgewählter Werke Benjamins besorgte; Freundschaft mit Brecht und Ernst Bloch. 1933 Emigration nach Paris, hier ab 1935 Mitarbeiter des Instituts für Sozialforschung. 1939 interniert. Freitod in Port Bou (Spanien) wegen drohender Auslieferung an die Gestapo.

Benjamin hat sowohl durch literaturwissenschaftliche Studien als durch essayistische Arbeiten bestimmenden Einfluss auf die Entwicklung der Kulturwissenschaften besonders in der zweiten Hälfte des 20. Jahrhunderts ausgeübt. Er beherrschte die Formen der Prosa von der profunden Abhandlung (*Goethes Wahlverwandtschaften*, 1924/25; *Ursprung des deutschen Trauerspiels*, 1928; *Das Kunstwerk im Zeitalter seiner technischen Reproduzierbarkeit*, 1936; *Über einige Motive bei Baudelaire*, 1939) bis zur kleinen, oft nur wenige Sätze umfassenden Prosa (*Einbahnstraße*, 1928). Im »Denkbild« und im geschliffenen Aphorismus gelingt ihm in seltener Weise die sinnliche Vergegenwärtigung auch abstrakter Überlegungen. Sein gesamtes Denken ist – im Gegensatz zur zeitgenössischen Phänomenologie – auf das Konkrete der Geschichte und des Lebens konzentriert. Seine den großen Autobiografien des 19. Jahrhunderts ebenbürtigen Erinnerungsbilder (*Berliner Kindheit um Neunzehnhundert*, postum 1950) vergegenwärtigen in von persönlicher Erfahrung gespeisten Miniaturen das wilhelminische Zeitalter.

Gut schreiben
Der gute Schriftsteller sagt nicht mehr, als er denkt. Und darauf kommt viel an. Das Sagen ist nämlich nicht nur der Ausdruck, sondern die Realisierung des Denkens. So ist das Gehen nicht nur der Ausdruck des Wunsches, ein Ziel zu erreichen, sondern seine Realisierung. Von welcher Art aber die Realisierung ist: ob sie dem Ziel präzis gerecht wird oder sich geil und unscharf an den Wunsch verliert – das hängt vom Training dessen ab, der unterwegs ist. Je mehr er sich in Zucht hat und die überflüssigen, ausfahrenden und schlenkernden Bewegungen vermeidet, desto mehr tut jede Körperhaltung sich selbst genug, und desto sachgemäßer ist ihr Einsatz. Dem schlechten Schriftsteller fällt vieles ein, worin er sich so auslebt wie der schlechte und ungeschulte Läufer in den schlaffen

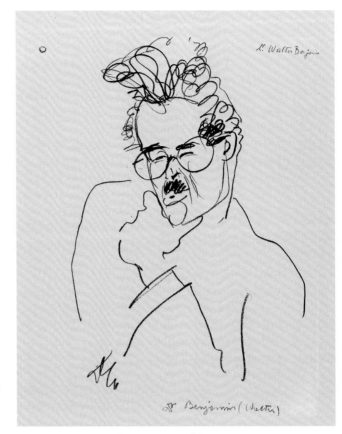

Walter Benjamin, Karikatur von B. F. Dolbin

und schwungvollen Bewegungen der Glieder. Doch eben darum kann er niemals nüchtern das sagen, was er denkt. Es ist die Gabe des guten Schriftstellers, das Schauspiel, das ein geistvoll trainierter Körper bietet, mit seinem Stil dem Denken zu gewähren. Er sagt nie mehr als er gedacht hat. So kommt sein Schreiben nicht ihm selber, sondern allein dem, was er sagen will, zugute.

Drama

Im Zusammenhang mit der bereits vor dem Weltkrieg begonnenen, 1919 vollendeten Komödie *Der Schwierige* zitierte Hugo von Hofmannsthal ein Wort des Novalis: »Nach verlorenen Kriegen muss man Lustspiele schreiben.« Die provokant anmutende Äußerung kennzeichnet seinen künstlerischen Ernst nicht minder als seine um Haltung bemühte konservative Gesinnung. Der Riss, der durch Gesellschaft und Literatur ging, wird deutlich, wenn man sein damaliges Schaffen mit der Produktion des jungen Brecht, seine Auffassung von Wesen und Aufgabe der Kunst mit der Theorie sozialistischer Autoren vergleicht, wie sie Erwin Piscator und Friedrich Wolf Ende der Zwanzigerjahre formulierten: »Kunst *heute* ist Scheinwerfer und *Waffe!*« (F. Wolf, *Kunst ist Waffe!*, Ess., 1928) In den Antworten, die von »Rechts« und »Links« auf die drängenden Fragen der Zeit gegeben wurden, verbargen sich allerdings auch Probleme des Generationswechsels und der unterschiedlichen individuellen Entwicklung. Ein Autor wie Gerhart Hauptmann, der durch die Direktheit seiner künstlerischen Aussage und als Anwalt der sozial Benachteiligten zum »Hauptmann der schwarzen Realistenbande« (Th. Fontane) geworden war, verwaltete nun seinen Ruhm mit einer gewissen wortreichen Unverbindlichkeit.

Hofmannsthals Spätwerk

Das Lebensgefühl der Dramatikergeneration zwischen Expressionismus und Neuer Sachlichkeit traf das Novalis-Zitat sicherlich nicht. Ohne wesentlichen Widerhall blieb alles, was Hofmannsthal in seinem letzten Lebensjahrzehnt unternahm – »aussichtslos«, wie Hermann Broch in einem großen Essay *Hofmannsthal und seine Zeit* (1951) rückblickend erklärt. Gleichwohl gelang ihm mit der Erzählung *Die Frau ohne Schatten* und dem Libretto zur gleichnamigen Oper, die in Richard Strauss' Vertonung 1919 in Wien uraufgeführt wurde, eine geheimnisreiche Dichtung, die mit ihrem Prüfungs- und Läuterungsmotiv stofflich an das Libretto zu Mozarts *Zauberflöte* (1791) von Emanuel Schickaneder (1751–1812) erinnert, und mit dem *Schwierigen* eins der schönsten Lustspiele der an Werken heiterer Bühnenkunst eher armen deutschen Literatur. Dem Theater und dem eigenen dramatischen Schaffen – Komödien und Libretti, geistlichen Spielen und Tragödien – galt weiterhin seine angespannte Aufmerksamkeit. Zahlreiche Fragmente und unausgeführt gebliebene Pläne lassen das Ausmaß dieser oftmals vergeblichen Bemühung erkennen.

Die Charakterkomödie *Der Schwierige* (U. 1921) spielt in der Welt der österreichischen Aristokratie, deren Lebensart und Stil geistreich pointiert dargestellt werden, die als sozialer Schauplatz aber zugleich symbolisch verstanden sein will. Das Ensemble der Salongesellschaft entspricht der Figurenwelt der Commedia dell'arte.

Hans Karl Bühl, der Schwierige, ein liebenswerter und nobler Charakter, ist durch das Kriegserlebnis noch scheuer geworden und überzeugt, »dass es unmöglich ist, den Mund aufzumachen, ohne die heillosesten Konfusionen

anzurichten«. Er erklärt, Reden basiere auf einer »indezenten Selbstüberschätzung«. Diese Abneigung lässt ihn nicht nur konventionelle Gesellschaften fliehen, sie macht ihn auch untauglich als Werber um die ihm wesensgemäße Helene Altenwyl. Die beste Unterhaltung findet er beim Clown Furlani und seiner gestischen Sprache. Umgeben von einer Anzahl weiblicher und männlicher Personen, die allesamt ein handfesteres, wenngleich keineswegs zutreffenderes Verhältnis zur Wirklichkeit haben als er, kann Karl Bühl sich den familiären und gesellschaftlichen Verpflichtungen jedoch nicht völlig entziehen, wobei er durch sein zuweilen rätselhaft scheinendes Benehmen allerlei Verwirrung anrichtet. Seine Sprachskepsis wird im komödienhaften Spiel sowohl bestätigt als auch widerlegt. In einer dialogisch dezenten Szene, in der er als Werber für einen Dritten, seinen Neffen Stanislaus, auftritt, gewinnt er wie absichtslos die geliebte Frau – allerdings nur weil sie, die ihn intuitiv versteht, das standesgemäß Unmögliche tut und ihm nachgeht.

Im Anschluss an den *Schwierigen*, der in München uraufgeführt wurde, schuf Hofmannsthal eine weitere Konversationskomödie: *Der Unbestechliche* (U. 1923), zugedacht dem berühmten Mimen Max Pallenberg (1877–1934), der die hintergründige Dienergestalt der Titelrolle bei der Uraufführung in Wien gespielt hat. Der Theaterdichter sei ohne den Schauspieler ein Nichts, schrieb Hofmannsthal damals an Carl Jacob Burckhardt, »so werde ich denn vermutlich mit zweiundfünfzig so wie Wilhelm Meister mit sechsundzwanzig hinter einer wandernden Truppe herziehen«. Über den Diener als das Gewissen und die Karikatur der Herrschaft hatte Hofmannsthal sich schon 1893 in einem Aufsatz über den Biedermeierdramatiker Eduard von Bauernfeld geäußert, der Typus, der ihm vor Augen stand, gehörte allerdings wie die in der Republik nach Abschaffung des Adels ihrer Vorrechte ledige Aristokratie bereits einem älteren Österreich an.

Geistige Welt und religiöse Symbolik des *Jedermann* bilden den Hintergrund für das *Salzburger Große Welttheater*, das nach dem Vorbild von Calderóns Fronleichnamsspiel *Das große Welttheater* (*El gran teatro del mundo*, 1675) entstand. Es geht darin um die Befriedung des sozialen Kampfes durch das Mysterium einer überirdischen Wirklichkeit. Als der enterbte Bettler die Axt gegen die tausendjährige Weltordnung erhebt, faltet die Weisheit ihre Hände für ihn zum Gebet und der Bettler erlebt eine Verwandlung, er ist, wie Hofmannsthal schreibt, »mit einem Schlag ein Weiser geworden, oder ein Christ oder ein Erleuchteter […] wo die Verteilung der Macht und der Glücksgüter ihm als eine gleichgültige Sache erscheint«.

Das war katholischer Barock und wurde nicht im roten Wien, sondern während der Salzburger Festspiele vor dem Hochaltar der Kollegienkirche in Szene gesetzt, wo es von Fischer von Erlachs Architektur gleichsam beglaubigt wurde. Wie die Motive der antiken Mythologie, die der Dichter fernerhin für die Oper nutzte (*Die ägyptische Helena*, U. 1928, frei nach der *Helena* des Euripides), verteidigte er das europäische Erbe als unentbehrlichen Besitz. Hofmannsthal dachte an die Wiederaufnahme weiterer mittelalterlicher Volksstücke wie das *Radstädter Gerichtsspiel* und an Jakob Bidermanns barockes Drama *Cenodoxus*. Zugrunde lag stets das Bestreben, die angemessene Sprache für eine Wirklichkeit zu finden, die rätselhafter erschien denn je. »Nur in Symbolen, nie eigentlich können wir das Leben fassen«, argumentierte er. Das bedeutete für sein auf Verbindung mit der Allgemeinheit angelegtes Denken zugleich die Verwendung einer symbolischen Sprache, die durch den Zusammenhang mit der Tradition verständlich war, nicht hermetisch wie die aus dem Symbolismus hervorgegangene moderne Dichtung.

Das gelang ihm – »ein großer Komödienschreiber und ein ermüdender Symbolist« (G. Hensel) –, wenn er mit leichter Hand zu Werk ging, besser, als wenn er das Bedeutende plante. Der Zusammenbruch der alten Ordnung, für die das Habsburgerreich exemplarisch stand, quälte Hofmannsthal vor allem im Hinblick auf die ungewisse Zukunft. »Wer wird dann die Herrschaft antreten?« – mit dieser Frage beschäftigte er sich in seinem letzten Bühnenwerk *Der Turm*, zu dem er sich durch Calderóns Drama *Das Leben ein Traum* (*La vida es sueño*, 1636) anregen ließ und von dem zwei Fassungen vorliegen.

Die erste Fassung (1925) der Tragödie spielt »in einem Königreich Polen, aber mehr der Sage als der Geschichte« des siebzehnten Jahrhunderts. Prinz Sigismund ist von seinem Vater, dem König Basilius, wegen eines Orakels in den Turm verbannt worden. Der von Julian, Gouverneur des Turms und Sigismunds Erzieher, ins Werks gesetzte Versuch einer Versöhnung mit dem Vater misslingt, jedoch nötigt der Aufstand von Adel und Volk Basilius zur Abdankung und rettet Sigismund vor dem Tod. Sein Versuch, eine gewaltlose Herrschaft zu errichten, scheitert am aufrührerischen Soldaten Olivier, der sich zum Herrn der Massen gemacht hat und Sigismund ermorden lässt. Die Utopie des durch den Kinderkönig begründeten ewigen Friedensreiches gibt dem Drama einen versöhnlichen Abschluss.

Die zweite Fassung (1927, U. 1928), die sich von der ersten vor allem in Bezug auf die beiden letzten Akte unterscheidet, endet ohne klar umschriebene Hoffnung. Olivier wird noch brutaler zum machtlüsternen Emporkömmling, die Gestalt des Kinderkönigs fehlt. Keine neue Ordnung wird sichtbar, nur das Zeichen des Widerstands, das Sigismund setzt.

In seinem Tagebuch vermerkte Hofmannsthal: »Der Turm: Darzustellen das eigentlich Erbarmungslose unserer Wirklichkeit, in welche die Seele aus einem dunklen mythischen Bereich, hineingerät.« Der persönliche Ton dieser Klage ist unverkennbar. Die letzten Worte Sigismunds im Drama lauten: »Gebet Zeugnis, ich war da, wenngleich mich niemand gekannt hat.«

Österreich als Thema der Bühne

Hofmannsthal war bei weitem nicht der einzige Autor, dem die historische Rolle der Donaumonarchie, die einigende »österreichische Idee«, von der Leopold von Andrian-Werburg sprach, zum Schlüsselthema wurde. Die Antworten auch der Dramatiker waren allerdings vielfach differenziert und gelegentlich diametral verschieden. Der Vielvölkerstaat, der »habsburgische Völkerkerker«, wie ihn Gegner nannten, war in der Realität umstritten.

Nicht in symbolischer Überhöhung, sondern in rückhaltloser Entschleierung des Geschehens, dessen Zeuge er war, sah KARL KRAUS, Autor und der Herausgeber der *Fackel*, seine Aufgabe, und er besorgte sie, wie stets, vor allem durch Sprachkritik. Als Theaterdichter ist sein Name mit dem monumentalen epischen Drama *Die letzten Tage der Menschheit* (1922) verbunden, dessen erste Fassung bereits 1918/19 in der *Fackel* erschien. Mit seinen rund 800 Druckseiten und einer extrem hohen Anzahl von Personen ist es ungekürzt allerdings eher auf einem »Marstheater« als auf einer irdischen Bühne aufführbar, wie dem Autor selbst bewusst war: eine Abrechnung mit der österreichischen Welt, und zwar besonders in der Zeit des Weltkrieges – die Handlung setzt mit dem Attentat von Sarajewo ein –, die an Schärfe kaum zu überbieten ist. Das Stück ist vor allem Dokumentartheater, daneben aber auch Phantasmagorie, Monolog, Zeitstück, Kabarett und Revue. Die Lügen und Unzulänglichkeiten der »großen Zeit« – die der Autor, wie er ironisch bemerkt, schon kannte, als sie noch ganz klein war – werden unnachsichtig aufgezeigt, eine größere Anzahl historischer Persönlichkeiten der Zeitgeschichte, auch Schriftsteller wie Ganghofer und Dehmel, treten unter ihrem Namen auf. Über ein Drittel des Textes ist Vorlagen entnommen. »Die unwahrscheinlichsten Gespräche, die hier geführt werden«, kommentierte Kraus, »sind wörtlich gesprochen worden; die grellsten Erfindungen sind Zitate.«

Das Drama hat auf viele Autoren politischer Zeitstücke stilbildend gewirkt, auch auf Brecht blieb es nicht ohne Einfluss, nimmt es doch den lehrhaften Gestus des epischen Theaters vorweg. Kraus selbst hat in keinem seiner späteren Stücke – von denen noch die »magische Operette« *Literatur oder Man wird doch da sehn* (1921) genannt sei – die Leistung der *Letzten Tage* wieder erreicht.

Das bedeutendste von drei u. d. T. *Europäische Trilogie* vereinigten Dramen FRANZ THEODOR CSOKORS (1885 bis 1969), *Dritter November 1918. Ende der Armee Österreich-Ungarns,* wurde 1937 im Burgtheater uraufgeführt. Es bestimmte die »österreichische« Identität sinnbildlich in ähnlicher Weise wie Joseph Roth in seinen Essays und Romanen.

In einem Militärlazarett in den Karawanken empfangen genesende österreichische Offiziere aller Nationalitäten Nachrichten vom Zusammenbruch der Armee und von beginnenden Auseinandersetzungen zwischen einzelnen Völkern des Reiches. Während sie sich zur Heimkehr in ihre Herkunftsländer rüsten, zerbricht auch unter ihnen die bisherige Kameradschaft. Der dienstälteste Offizier, ein Oberst Radosin, begeht Selbstmord. Bei seiner Beisetzung wirft ihm jeder der Offiziere eine Handvoll Erde namens seines neu entstandenen kleinen Vaterlands nach, nur der jüdische Arzt sagt: »Erde aus Österreich.« Mit den ersten Schüssen zwischen einem Slowenen und einem Kärntner endet das Drama. (→ S. 586)

Die »Erde«, von der der Arzt sprach, war von anderer Art als die der Offiziere. Sie bezeichnete weniger einen sicheren Besitz als einen Mangel und eine (nicht länger reale) Hoffnung. Der gerade in Wien, der größten jüdischen Gemeinde Mitteleuropas, grassierende Antisemitismus war das eine; das andere war die historische Chance, die in der Überwindung des Nationalismus durch eine Übernation gelegen war. Als »Österreicher sans phrase« hat Joseph S. Bloch die Juden bezeichnet. »Wenn eine spezifisch österreichische Nationalität konstruiert werden könnte, so würden die Juden ihren Grundstock bilden.« Der Zerfall des Vielvölkerstaates in kleinere ethnische Einheiten isolierte und bedrohte vermehrt die Minderheiten, mit dem späteren Aufstieg des NS-Staates zur dominierenden Macht in Ostmitteleuropa wurde das Warten auf den Messias zum Warten auf den Tod, wie Isaac B. Singer in seinem Roman *Die Familie Morzat* dargestellt hat.

ARTHUR SCHNITZLER vollendete sein Versdrama *Der Gang zum Weiher* (1926), das zur Zeit Kaiser Josephs II. spielt, FELIX BRAUN (1885–1973) aktualisierte habsburgische Geschichte mit *Karl der Fünfte* (1936),

ALEXANDER LERNET-HOLENIA (1897–1976) schrieb in der Nachfolge Schnitzlers, Bahrs und Hofmannsthals Konversationsstücke wie die *Österreichische Komödie* (1926), wo der alte Diener befindet: »Früher warns Herren, jetzt seins Leut!« HERMANN BAHR wiederum knüpfte erkennbar an einen Schnitzler-Titel an, wenn er eine 1920 entstandene Komödie *Ehelei* nannte. ROBERT MUSIL veröffentlichte ein um Beziehungsprobleme kreisendes Schauspiel *Die Schwärmer* (1921). Alfred Döblin sprach ihm dafür den Kleist-Preis zu, aber bei der Uraufführung 1929 blieb das Stück, »worin die Leute sich pausenlos zerfasern« (A. Kerr), erfolglos. Ihn trieb sein kritischer Intellekt dazu, sich von allem Phrasenhaften und Lügerisch-Konventionellen zu befreien, auch das war, wenn nicht eine Auseinandersetzung mit dem Thema Österreich, so doch auf Wiener Boden gewachsen, ein Vorklang seines unvollendeten großen Romans *Der Mann ohne Eigenschaften.*

Als 1918 mit dem Zerfall des Habsburgerstaates die universalistische Tradition des alten Reiches endete, erschien der dritte Band der *Literaturgeschichte der deutschen Stämme und Landschaften* (4 Bde., 1912–28) des Germanisten JOSEF NADLER (1884–1963). Das besonders in der späteren vierten Auflage wegen der darin enthaltenen Zugeständnisse an die Auffassungen und Terminologie des Nationalsozialismus disqualifizierte Werk übte mit seinen Österreich-Abschnitten, vor allem mit seinen bayerisch-österreichischen Barock-Kapiteln, große Wirkung auf österreichische Intellektuelle, auch auf Hofmannsthal, aus, der sich zu seiner »unsäglichen Erquickung« darin bestätigt fand, dass sein vielfältiges dichterisches Schaffen »ganz aus einer Wurzel, der österreichischen«, entsprossen war. Nadler, Böhme und Katholik, von bäuerlich-proletarischer Herkunft, war ein Schüler des Germanisten AUGUST SAUER (1855–1926), der in einer Prager Rektoratsrede (*Literaturgeschichte und Volkskunde,* 1907) die deutsche Literaturgeschichte als Teil einer umfassend verstandenen Kulturgeschichte aufgefasst hatte. In der historisch-geografischen Grundlegung seines Ansatzes ging Nadler von der These aus, dass die geschichtliche Entwicklung der einzelnen Stämme eine fundamentale Bedeutung für die Genese und Ausformung der deutschen Literatur besitze. Als den zweiten von drei großen räumlichen Entwicklungszügen bezeichnete er den an der Donau, mithin auf römischem Kulturboden, wo eine »Umbildung des antiken Literaturerbes und sein Verschmelzen mit den volkstümlichen Elementen« stattgefunden habe. Was die »österreichische Idee« an politischer Realität eingebüßt hatte, wurde ihr somit von der Philologie als geistiger Besitz wiedergegeben. Hofmannsthal wurde nicht müde, für Nadler und sein Werk zu werben und dessen Auffassungen für seine kulturpolitischen Aktivitäten zu nutzen. Tatsächlich brachte die bayrisch-österreichische Theatertradition, deren besondere Bedeutung Nadler herausgearbeitet hatte, weiterhin Autoren traditionell-katholischer und bäuerlich-konservativer Prägung hervor.

MAX MELL (1882–1971), dem Studium nach Germanist, mit Hofmannsthal befreundet und von ihm gefördert, bemühte sich wie dieser um die Erneuerung des mittelalterlichen Mysterienspiels und des barocken Theaters. So entstanden Legendenspiele wie *Das Wiener Kripperl von 1919* (1921), das bei den Salzburger Festspielen uraufgeführte *Apostelspiel* (1922), *Das Schutzengelspiel* (1923), *Das Nachfolge-Christi-Spiel* (1927), aber auch *Das Spiel von den deutschen Ahnen* (1935). Im *Wiener Kripperl* ist die Heilige Nacht in die Großstadt verlegt, der Erzengel erscheint in der Gestalt eines Straßenbahnschaffners. Die Stücke sind gekennzeichnet durch lebensvolle Typik der Gestalten und schlichte Frömmigkeit, durch praktisches Christentum und naive Parteinahme wider Atheismus und Revolution. Auf Mells unter den gegebenen Umständen problematische Erneuerung des Nibelungenstoffes ist bereits hingewiesen worden. RICHARD BILLINGER (1893–1965) aus St. Marienkirchen in Oberösterreich, stand wie Mell dem bäuerlichen Barock nahe, aber im Unterschied zu Mell war es dessen sinnlich-vitale Seite, die seine Dramen ins Licht stellen und von der auch die Lyrik spricht, mit der er debütierte (*Über die Äcker* und *Lob Gottes*, 1923, zusammen u. d. T. *Sichel am Himmel*). Die bäuerliche Welt ist in Billingers Theaterstücken von heidnischen Elementargeistern belebt, seine Menschen erfüllt eine Mischung von Kraft, Wildheit und religiösem Überschwang – bis zur Dämonie und zum Mord. Der Aufbruch solcher Gewalten und der Gegensatz von Stadt und Land sind wesentliche Motive in den Dramen *Rauhnacht* (1931), *Stille Gäste* (1933) und *Der Gigant* (1937, im Geiste der NS-Propaganda verfilmt von Veit Harlan unter dem Titel *Die goldene Stadt*, 1942). Seinem historischen Schauspiel *Die Hexe von Passau* (1935) gab er die Prägung einer alten Volksballade.

Billinger schrieb gegen die Städte (in denen seine Stücke aufgeführt wurden) und gegen die Zivilisation. In dem Drama *Rosse* (1931, auch als Oper von Winfried Zillig) kämpft ein mit seinen Pferden auf mystische

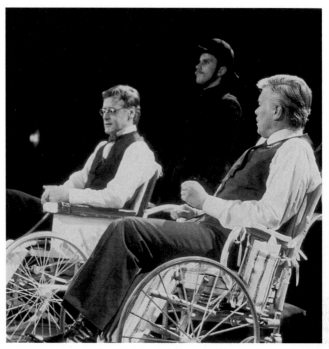

Die letzten Tage der Menschheit, Regie Hans Hollmann, Wiener Festwochen 1980
Helmut Lohner als Nörgler, Peter Weck als Optimist. Konzerthaus Wien

Weise verbundener Knecht bis zu seinem Tode vergeblich gegen Traktoren. Die Erde und das bäuerliche Leben bildeten für Billinger letzte Werte. Diejenigen, die daraus eine politische Doktrin zu machen fähig waren, standen schon bereit.

Galionsfigur der Republik – Gerhart Hauptmann

Als der Kaiser abgedankt hatte, trauerte GERHART HAUPTMANN, wie er dem Tagebuch anvertraute, der Hohenzollernmonarchie nicht nach. Sein Patriotismus jedoch war ungebrochen und ließ ihn das Wort »deutsch« bei öffentlichen Stellungnahmen, etwa anlässlich der Wahlen zur Nationalversammlung, freigiebig verwenden. Damals sah er zum ersten Mal »den deutsche(n) Genius ganz auf sich selbst gestellt, um sein Land, sein Haus, seinen Tempel aufzurichten. Das ist zu verstehen als ein weltgeschichtlicher Augenblick, dem deutsche Jahrtausende in wechselvollen Geschicken entgegenreiften. Lasst uns alle seiner würdig sein!« Er sprach von deutscher Einheit, deutscher Wiedergeburt, über den Glauben an Deutschland, und wurde bei Lesungen umjubelt. Es war bezeichnend für die junge Republik – auch die spätere Wahl Hindenburgs zum Reichspräsidenten zeigte es an –, dass sie als

Leitbilder zu ihrem Gedeihen weiterhin überdimensionaler Vaterfiguren bedurfte, deren imposante Erscheinung über ihren realen Status hinwegtäuschte. Allerdings fehlte es im raubeinigen Berlin durchaus nicht an Spott auch von befreundeter Seite. In der Berliner Philharmonie las Hauptmann 1921 aus dem *Großen Traum*, aus seinem neuen Epos *Till Eulenspiegel* und »aus der *Versunkenen Glocke* seligen Angedenkens« (H. Daiber). Der Kritiker ALFRED KERR reimte danach (und nummerierte die Verse wie seine Theaterkritiken mit römischen Zahlen):

I.
Der Dichter war im Frack erschienen.
Er las bald langsam, bald geschwind
Hexameter; darauf Terzinen
(die nicht so leicht verständlich sind).

Die Hörerschaft kam in die größte
Begeisterung; das sah man bald;
Sie drang, zur besseren Verstehste,
Nach vorn – wo nötig mit Gewalt.

Am Lesetisch glomm seine Lampe
Friedfertig … doch das Publikum
Erstürmte die Orchesterrampe
Und schmiss zwei Paukenkessel um.

Der Dichter ward von Alten, Jungen
Mit thyrsisch-wilden Huldigungen
Umzaust, umzingelt und umrungen,
So dass er lesend fast entgleiste.
(Na, weißte -!)

II.
Zwar manchem sperrten sieben Siegel
Sein Werk, das in die Mystik führt,
(Indes das Epos »Eulenspiegel«
Auch Fragen unserer Zeit berührt) –
Jedoch ein Sturm, bei dem die Schranken
Der Höflichkeit in Trümmer sanken,
Erschwoll … ihm tiefbeglückt zu danken.

III.
Der Gerhart war ersichtlich froh,
Indem er gegen Neun entfloh.

Einen Höhepunkt erreichte der Hauptmann-Kult anlässlich seines 60. Geburtstags (die Festspiele in Breslau brachten die Aufführung von 14 seiner Dramen). Der Reichspräsident kam, ehrte den Jubilar durch eine Ansprache und verlieh ihm als Ersten den »Adlerschild des Reiches«. Die Berliner Studentenschaft allerdings distanzierte sich mehrheitlich von ihm, weil er, »nachdem er sich als Republikaner bekannt hat, nicht mehr als charakterfester Deutscher zu betrachten sei« (Graf Kessler, *Tagebuch*). Klaus Mann fesselte

Skizze zu einer Probe der *Winterballade* von Gerhart Hauptmann. Von links nach rechts: Max Reinhardt, Gerhart Hauptmann, Rainer Maria Rilke, Margarete Hauptmann, Emil Orlik, 1917

»das zugleich Elementare und Unzulängliche dieser Dichternatur«, der Vater fand »etwas Attrappenhaftes, bedeutsam Nichtiges«. Er hat ihn als Mynheer Peeperkorn im *Zauberberg* verewigt.

Hauptmann vollendete die bereits vor Kriegsbeginn geplante »Dramatische Phantasie« *Der weiße Heiland* (U. 1920), ein Stück um Montezuma, Cortez, Las Casas und den Eroberungszug spanischer Truppen in Mexiko sowie die stofflich verwandte dramatische Dichtung *Indipohdi* (1920, U. 1922). Bei der zugrunde liegenden Sage vom »weißen Heiland« handelte es sich um die Überlieferung eines indianischen Volkes, der Erlöser seiner Sünden werde als Gottmensch mit weißer Hautfarbe erscheinen. Hauptmann entlieh aus Shakespeares *Sturm* Prospero als Hauptgestalt, ließ ihn als schiffbrüchigen Bettler auf eine einsame Insel mit indianischer Bevölkerung gelangen und als philosophischen Priesterkönig regieren, bis ihn sein gewalttätiger Sohn, der ebenfalls auf die Insel verschlagen wird, vertreibt. Prospero endet, das wiederum ist Hölderlins *Tod des Empedokles* nachgebildet, im Krater des Vulkans. In der Tragödie *Veland* (1925), die ebenfalls auf seine neuromantische Zeit zurückging, nahm Hauptmann den Stoff der Wielandsage auf und gab ihr vermehrt mythische Züge.

Zwei weitere Dramen waren gegenwartsnäher und weniger von Bildungselementen gespeist. *Dorothea Angermann* (U. 1926) gestaltet das Schicksal einer unter der Herzenskälte und Heuchelei ihres Vaters leidenden schlesischen Pfarrerstochter, *Vor Sonnenuntergang*

(U. 1932) die Altersliebe eines verwitweten reichen Geheimrats und den daraus entstehenden Konflikt mit den erbberechtigten Kindern. Unter Hauptmanns in der Zeit der Republik abgeschlossenen Dramen nimmt dieses Werk durch seinen gesellschaftskritischen Realismus den ersten Platz ein. (→ S. 423)

Die zunehmende Politisierung des öffentlichen Lebens trat ungleich stärker in Werken der deutschen als der österreichischen Literatur hervor. Zur magnetischen Wirkung Berlins auf die Schriftsteller trug dies nicht wenig bei. Sie führte auch den jungen Bert Brecht aus der bayerischen Provinz in die Metropole.

Bert[olt] Brecht (1898–1956)

Brecht, geboren in Augsburg als Sohn eines kaufmännischen Angestellten, späteren Fabrikdirektors, begann früh zu schreiben. »Während meines 9jährigen Eingewecktseins an einem Augsburger Realgymnasium gelang es mir nicht, meine Lehrer wesentlich zu fördern«, berichtete er 1922 Herbert Ihering. Der Lateinlehrer verlangte die Demission des aufmüpfigen Schülers vom Gymnasium wegen Beleidigung des Horaz. Nach dem Abitur (1917) schrieb Brecht sich an der Münchner Universität ein, besuchte das Seminar des Theaterwissenschaftlers Artur Kutscher und lernte Frank Wedekind kennen, den er bewunderte. Wegen eines angeborenen Herzfehlers wurde er erst kurz vor Kriegsende eingezogen und diente als Sanitätssoldat in einem Augsburger Reservelazarett. Dort erlebte er die Revolution und wurde, ohne politisch bereits ernsthaft engagiert zu sein, Mitglied des Soldatenrats. Von 1919–21 war er formal weiterhin Student, aber zunehmend literarisch tätig, wobei sich schon früh seine Neigung zeigte, kollektiv zu produzieren. Freundschaften, auch die zahlreichen Verhältnisse mit Frauen, nutzte er dabei vorbehaltlos im Interesse des eigenen Schaffens. Errang früh erste Erfolge als Dramatiker (1922 Kleist-Preis, zuerkannt durch Herbert Ihering), wurde Dramaturg und Regisseur in München, 1924–26 bei Max Reinhardt in Berlin. 1922 Eheschließung mit der aus Wien gebürtigen Opernsängerin Marianne Zoff (1925 geschieden), 1929 mit der Schauspielerin Helene Weigel, ebenfalls eine Wienerin, die seine 1926 begonnene Marx-Lektüre anregte. 1933 Exil mit den Stationen Tschechoslowakei, Österreich, Schweiz, Frankreich, Dänemark; 1941 über Schweden, Finnland und die Sowjetunion in die USA. 1947 Rückkehr nach Europa, zunächst in die Schweiz. Mitarbeiterinnen an seinem Werk waren vor allem Elisabeth Hauptmann (ab 1924 bis zu seinem Tod), Margarete Steffin (ab 1932 bis zu ihrem Tod) und Ruth Berlau (ab 1933). 1948 Übersiedlung nach Berlin (Ost), 1949 (mit Helene Weigel) Gründung des Berliner Ensembles. Gestorben in Berlin, auf dem Dorotheenstädtischen Friedhof begraben.

In Brechts dramatischem Frühwerk zeichnet sich die Wende vom Expressionismus zur Literatur der Zwanzigerjahre besonders deutlich ab. Er begann mit sozial-

Baal, Regie Klaus Emmerich, Residenztheater München
Jan-Gregor Kremp als Baal, Tanja Schleiff als Johannes

revolutionären Werken und Anklagen gegen die bürgerliche Gesellschaft im Gefolge von Villon, Büchner, Verlaine und Rimbaud. Sein erstes Bühnenwerk *Baal*, entstanden 1919 in Augsburg, nach Milderung allzu anstößiger Stellen 1922 erschienen und 1923 in Leipzig uraufgeführt, verdankt seinen Namen (Baal ist die Bezeichnung für eine heidnische Gottheit im Alten Testament) möglicherweise Georg Heyms Gedicht *Der Gott der Stadt*. Auslösend wirkte Hanns Johsts Drama *Der Einsame. Ein Menschenuntergang* (U. 1917) über Grabbe, das Brecht als pathetisch und metaphysisch heftig missbilligte. Baal ist Dichter, ein Lyriker, wie andere Helden expressionistischer Dramen vor ihm, aber er ist nicht wie der Held von Johsts Drama bereits durch seinen Namen legitimiert. Johsts Grabbe hört Beethoven, Baal singt für Alkohol in der Kneipe; er ist nicht wie Grabbe verzweifelt, er bejaht den Rausch. Es besteht kein Geniekult um ihn, sondern er ist, was er scheint: Anarchie und Mythos, dessen Lieder in die *Hauspostille* eingehen werden, außerordentliche Provokationen und als solche nicht abzuschwächen. *Trommeln in der Nacht* ursprünglich u. d. T. *Spartakus* und als Drama bezeichnet (nach 1950 als Komödie), in

Erinnerung an die Novemberrevolution und den Spartakusaufstand im Januar 1919 geschrieben und nach wiederholten Umarbeitungen 1922 in den Münchner Kammerspielen uraufgeführt, weist bereits über die in *Baal* noch vorherrschende subjektive Perspektive hinaus. In der »Komödie« steckt ein sozialkritisches Drama. Existenzen, wie eine Nachkriegsgesellschaft sie hervorbringt, bilden das Personal und sind so beschaffen, dass dem Zuschauer das Lachen vergeht.

Der Heimkehrer Andreas Kragler, der vier Jahre als vermisst galt, stört durch sein Erscheinen die Verlobungsfeier seiner einstigen Braut Anna Balicke, die sich auf Drängen ihres Vaters mit einem zynischen Geschäftsmann, dem Kriegsgewinner Murk, eingelassen hat, von dem sie nun ein Kind erwartet. Der Spartakusaufstand ist im Gang, Balicke bringt Kragler, dem sich Anna wieder zuwendet mit den Kommunisten in Verbindung, und dieser und Anna begeben sich ins umkämpfte Zeitungsviertel. Es zeigt sich indessen, dass er nicht auf der Seite der Aufständischen kämpfen will. »Mein Fleisch soll im Rinnstein verwesen, daß eure Idee in den Himmel kommt? Seid ihr besoffen?«

Brecht gestaltete und desillusionierte; ein Klassenkämpfer war er noch nicht, für die Rolle des Märtyrers fühlte er sich wie auch später nicht geschaffen. Das expressionistische Pathos verband sich bei ihm mit provozierender Entlarvung bürgerlicher und kleinbürgerlicher Verhältnisse. 1923 folgte in erster Fassung *Im Dickicht der Städte. Der Kampf zweier Männer in der Riesenstadt Chicago,* zunächst nur *Im Dickicht* betitelt (die zweite Fassung folgte 1927). Das Stück spielt 1912, das Amerika von damals ist nun in den Zwanzigerjahren für Deutschland Modell. Es ist die Auseinandersetzung zweier Konkurrenten im Kapitalismus, aber darin verbirgt sich der »Kampf an sich«, wie Brecht sagt, der auch von der »puren Lust am Kampf« ausdrücklich spricht. Das Stück beeindruckte und provozierte durch seine Sprachgewalt, die Aufführungen waren regelmäßig von Skandalen begleitet. Brecht, den damals der Boxsport besonders fesselte, hatte mit *Im Dickicht* nicht nur dem mitleidlosen Leben in der Großstadt ein archaisches Denkmal gesetzt, er wies vielmehr bereits auf das absurde Theater voraus.
Mit der Komödie *Mann ist Mann* (1927, U. 1926) vollzieht sich die entscheidende Annäherung an Brechts spätere Theorie. Bereits der ausführliche Untertitel des Stücks ist episches Theater: *Die Verwandlung des Packers Galy Gay in den Militärbaracken von Kilkoa im Jahre neunzehnhundertfünfundzwanzig. Lustspiel in elf Bildern und mit einem Zwischenspiel für das Foyer »Das Elefantenkalb«.*

Galy Gay, ein Mann, »der nicht nein sagen kann«, verlässt seine Hütte für eine Besorgung. Nachdem er einer Witwe beim Heimtragen der Einkäufe geholfen hat, überreden ihn drei Soldaten beim Appell für einen Kameraden einzuspringen, den sie nach einem Pagodenraub zurückgelassen haben, weil er ein Büschel Haare verloren hat, das sie verraten könnte. Nachdem der in der Pagode zurückgebliebene Soldat vom Bonzen, der ihn als Gott vorführt, nicht wieder herausgegeben wird, soll Galy Gay ganz an seine Stelle treten. Dieser weigert sich zunächst, kann aber dann dem Geschäft, das ihm angetragen wird, nicht widerstehen. Er verleugnet seine Frau, die ihn sucht, wird schrittweise weiter »ummontiert« und zuletzt zur »Kriegsmaschine«.

Herr Bertolt Brecht behauptet: Mann ist Mann.
Und das ist etwas, was jeder behaupten kann.
Aber Herr Bertolt Brecht beweist auch dann
Daß man mit einem Menschen beliebig viel machen kann.
Hier wird heute abend ein Mensch wie ein Auto ummontiert
Ohne daß er irgend etwas dabei verliert.

Die Sprache in *Mann ist Mann* erscheint gegenüber den früheren Stücken deutlich verändert. Ihre Ursprünglichkeit wird aufgegeben zugunsten der Verwendung verschiedener Stilebenen, die einem didaktischen Ziel dienen. Spiel- und Kommentarebene erläutern einander, die Figuren erklären sich selbst. Andererseits dienen nun die Songs nicht mehr der Personengestaltung, sondern wenden sich an das Publikum, das dadurch einen Informationsvorsprung zu dem Geschehen auf der Bühne gewinnt und die vorgeführte Parabel durchschauen kann.
Brechts größter Erfolg wurde *Die Dreigroschenoper* (U. 1928), die Kurt Weill vertonte und die eine Erneuerung von John Gays *Bettleroper* (*Beggar's Opera*, 1728) war, wobei er den damaligen Angriff auf die konservative Adelsschicht in die Anklage gegen die bürgerlich-kapitalistische Gesellschaft umwandelte. Brechts Leistung sind unter anderem die Songs und Balladen, eine Mischung aus Moritat, sozialkritischer Satire und Zynismus. Der Kampf zwischen dem Bandenchef Mackie Messer und dem Bettlerkönig Peachum bietet sich komödiantisch dar, in Art und Treiben der Gangster spiegelt sich die Handlungsweise der gesellschaftlich Etablierten.
Aufstieg und Fall der Stadt Mahagonny (1929, U. 1930), wieder mit der Musik von Weill, zeigt die »Stadt der Freude« mit ihren Ausschweifungen, in der für Geld alles zu haben ist: Anklage und Fest der Anarchie. *Die heilige Johanna der Schlachthöfe* (1932, U. 1959) ist mit ihren unregelmäßigen Jamben eine Parodie auf Schillers *Jungfrau von Orleans,* Schauplatz und Thema sind die Fleischfabriken Chicagos und die Wirtschaftskrise

mit ihren Preis- und Lohnkämpfen. Johanna, Leutnant bei der Heilsarmee, will den Arbeitern helfen, aber sie fordern Änderung durch Gewalt. Der Streik wird niedergeschlagen, Johanna von den Fleischhändlern als Märtyrerin kanonisiert.

Brecht thematisierte grundsätzliche Fragen der Dramaturgie und schuf unter den Stichworten »Verfremdungseffekt« und »episches Theater« eine auf seine agitatorisch-mimische Bühne ausgerichtete Theorie. »Einen Vorgang oder einen Charakter verfremden«, erklärte er, »heißt zunächst einfach, dem Vorgang oder dem Charakter das Selbstverständliche, Bekannte, Einleuchtende zu nehmen und über ihn Staunen und Neugierde zu erzeugen.« Die Zuschauer sollten desillusioniert werden, damit sie zu den Vorgängen auf der Bühne Distanz gewannen; das Drama sollte als politisch pointiertes, mit pantomimischen Elementen ausgestattetes Lehrstück aufklärend wirken. Das epische Theater stand mithin im Gegensatz zum Illusionstheater, das, weil es zu Einfühlung und Identifikation einlädt, den Abstand verringert oder aufhebt. Brecht wirkte damit polarisierend auch auf jüngere Autoren. (→ S. 416)

Einer seiner frühen zeitweiligen Weggefährten war ARNOLT BRONNEN (1895–1959). Mit seinem ersten, von Brecht mit Regieanweisungen versehenen Drama *Vatermord* (1920), das durch den Inzest von Mutter und Sohn zusätzlich provozierte, verursachte er in Berlin einen Theaterskandal. Aus dem Weltkrieg ohne festen Halt zurückgekehrt, gehörte Bronnen zu jenen nicht so seltenen Autoren, die für wechselnde Weltanschauungen anfällig waren. Er schrieb noch weitere sich avantgardistisch gebende, teils postexpressionistische, teils neonaturalistische Stücke (*Die Geburt der Jugend*, 1922; *Exzesse*, 1923) und landete schließlich im rechtsradikalen Lager (*Rheinische Rebellen*, 1924). Das war im Ergebnis nicht sehr viel anders bei HANNS JOHST, dem späteren Präsidenten der Reichsschrifttumskammer, der den Helden seines Dramas *Der König* (1920) scheitern ließ, weil er mit Liebe regieren wollte, und 1932 einen *Schlageter* vorlegte. Bronnens Biografie sollte nach 1945 noch weitere überraschende Ausschläge zeigen.

Marieluise Fleißer (1901–1974)

Marieluise Fleißer, eigentlich Haindl, geboren in Ingolstadt, besuchte ein klösterliches Internat in Regensburg und studierte Germanistik und Theaterwissenschaft in München, wo sie Lion Feuchtwanger und den Studenten Bert Brecht kennen lernte. Seit 1923 Veröffentlichungen in Stefan Großmanns Zeitschrift *Das Tagebuch* und in Zei-

tungen. Feuchtwanger und Ihering förderten sie, entscheidend wurde der Einfluss Brechts. Auf sein Anraten brach sie das Studium ab, konnte sich aber als freie Autorin nicht behaupten und Brecht erst 1926 nach Berlin folgen. 1933 wurden ihre Bücher verbrannt, die unerwünschte Autorin zog sich in das gegen sie aufgebrachte Ingolstadt zurück, wo sie eine Vernunftehe (1935–1958) schloss und in kleinen Verhältnissen als Geschäftsfrau lebte. Erst in den Sechzigerjahren fand sie wieder Aufmerksamkeit und wurde auch durch Fernsehfassungen ihrer neu aufgeführten Stücke bekannt. Gestorben in Ingolstadt.

Marieluise Fleißers erstes, von Feuchtwanger an Brecht vermitteltes Drama, der es auf der Jungen Bühne des Berliner Deutschen Theaters zur Aufführung brachte, verweist bereits durch seinen Titel *Fegefeuer in Ingolstadt* (1926) auf die katholisch-provinzielle Welt ihrer Herkunft. Wie die Autorin erklärt, ist das Stück, das in einer verlorenen Urfassung bereits 1924 u. d. T. *Die Fußwaschung* vorlag, aus der Kollision ihrer Erziehung im Institut der Englischen Fräulein und ihrer Begegnung mit Feuchtwanger sowie den Werken Brechts hervorgegangen. »Das hat sich nämlich nicht vertragen.« Das nur scheinbar simple, von der Autorin mit großer Sicherheit eingesetzte Mittel, das »Rudelgesetz der Kleinstadt«, dessen Bedingungen und spezifische Beengtheit aufzuzeigen, war die Sprache, mit der die Figuren sich selbst ausdrücken oder aber – was gerade charakteristisch ist – nicht auszudrücken vermögen. Ähnlich wie bei Ödön von Horváth erweist sich das soziale Drama als Drama der Sprachlosigkeit.

Die Fleißer schrieb weitgehend intuitiv; Brecht stets mit Kalkül. In der Praxis bedeutete das wohl, dass er sie zu fördern und durchzusetzen vermochte, in ihren kreativen Möglichkeiten aber auch beschnitt (noch als sie in den Siebzigerjahren ihre Stücke für eine Werkausgabe überarbeitete, orientierte sie sich an seinem Vorbild). Ihr nächstes Stück, die »Komödie« *Pioniere in Ingolstadt* (U. 1928 in Dresden), wurde in der folgenden Aufführung am Berliner Schiffbauerdamm (1929) zu einem Theaterskandal, nach dem Urteil eines Kritikers Vorbote für »den Kulturbankerott des Theaters«. Brecht hatte dazu durch drastische Verschärfungen der Dialoge beigetragen, die Autorin sah sich auch in ihrer Heimatstadt diffamiert. Ihr Entschluss, die Beziehung zu Brecht zu beenden, den sie als einzige der Frauen, die mit ihm arbeiteten, ausgeführt hat, mündete in das Verhältnis zu einem rechtsnationalen Dichter und einen in seiner Tragweite von ihr zunächst nicht verstandenen, unüberbrückbaren Zwiespalt. Was ihr die Befreiung erleichterte, war, dass sie für die Nazis die »Asphaltliteratin« blieb. (→ S. 430, 746)

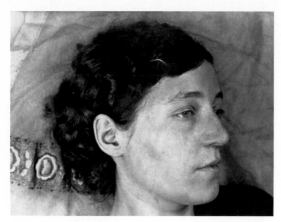

Marieluise Fleißer, 1932

Der Regisseur und Theaterleiter ERWIN PISCATOR (1893–1966) war wie Wolf durch Teilnahme am Weltkrieg Pazifist und Sozialist geworden. 1920 eröffnete er in Berlin das Proletarische Theater, 1924 übernahm er die dortige Volksbühne, 1929 legte er die Summe seiner Erfahrungen in Buchform vor *(Das politische Theater)*. Die »Piscator-Bühne« arbeitete mit einer neuen Technik, verwendete Fotoprojektionen, dokumentarische Filmszenen, Lichtmaschinerie, Drehbühne und den Marsch auf einem laufenden Band. Alfred Kerr äußerte allerdings bereits 1926 bezeichnende Skepsis: »Piscator ist Spielwart für kommende Massen. Das bleibt gewiss. Auch für kommende Menschen? Nicht so gewiss.«

Der intellektuelle Wortführer jener Dramatiker, die noch vor Brecht im parteipolitischen Interesse ein sozialistisches Theater erstrebten, war Friedrich Wolf.

Friedrich Wolf (1888–1953)

Als Sohn einer bürgerlich-liberalen Familie in Neuwied geboren, wurde Wolf im Ersten Weltkrieg, an dem er als Bataillonsarzt teilnahm, zum entschiedenen Kriegsgegner. 1918 Mitglied des Arbeiter- und Soldatenrats in Dresden, 1921 Arzt und Torfarbeiter in der von Heinrich Vogeler gegründeten Gemeinschaftssiedlung Kriegsbeschädigter bei Worpswede, danach bis 1933 an verschiedenen Orten als Arzt tätig, seit 1928 Mitglied der KPD. Wolf emigrierte 1933 über Österreich und die Schweiz nach Frankreich und schließlich in die Sowjetunion, wo er 1943 Mitbegründer des »Nationalkomitees Freies Deutschland« wurde. 1949 und 1950 Nationalpreis der DDR, 1950/51 erster Botschafter der DDR in Polen. Gestorben in Lehnitz.

Von weltanschaulich noch überwiegend emotional bestimmten Anfängen in einer Reihe dem Expressionismus verpflichteter Dramen *(Das bist du*, U. 1919), die eine pazifistische und antizivilisatorische Tendenz zeigen, entwickelte sich Wolf zum kämpferischen Sozialisten. Kennzeichnend für ihn ist dabei die bruchlose Übereinstimmung zwischen persönlicher Haltung und künstlerischer und publizistischer Produktion, die sich auf neue Formen wie Hörspiel *(Krassin rettet Italia*, 1929) und Filmdrehbuch erstreckten. Auf das Bauernkriegsdrama *Der arme Konrad* (1924) folgten in Auseinandersetzung mit dem Abtreibungsparagraphen 218 das seinerzeit populäre Drama *Cyankali* (1929). *Tai Yang erwacht* (1930) behandelt den revolutionären Prozess in China, *Die Matrosen von Cattaro* (1931) eine Meuterei und die Gründe ihres Scheiterns auf einem österreichischen Panzerkreuzer. (→ S. 463, 667)

Ferdinand Bruckner (1891–1958)

Bruckner, eigentlich Theodor Tagger, wurde als Sohn einer französischen Mutter und eines Fabrikanten in Wien geboren, studierte in Wien und Paris, trat mit Gedichten und Erzählungen sowie als Herausgeber der Zeitschrift *Marsyas* (1917/18), ab 1920 auch mit Dramen hervor; gründete 1923 das Renaissance-Theater in Berlin, ging 1933 über Österreich nach Frankreich, 1936 in die USA. Studien über die Folklore der Farbigen (*Negerlieder*, 1944). 1953 Dramaturg am Schillertheater und am Schlossparktheater in Berlin. Gestorben in Berlin.

Bruckner hat nach gescheiterten Versuchen im expressionistischen Stil bühnenwirksame Dramen geschrieben, deren sozialpsychologische Tendenz schon in den Titeln deutlich wird. In der mittleren Phase der Weimarer Republik sind das: *Krankheit der Jugend* (1928, U. 1926), *Die Verbrecher* (1929, U. 1928), *Die Kreatur* (1930). Effektvoll in Handlungsführung und Dialog, in der Grundhaltung sachlich und desillusionierend, inszenieren sie Zeitgeschichte und unterlegen auch dem historischen Drama eine aktuelle Argumentation (*Elisabeth von England*, 1930). Bruckner zeigte den Kampf zwischen Fortschritt und Reaktion in der Geschichte und nahm Partei.

Der englische und der spanische Hof, Elisabeth und Philipp, protestantischer und katholischer Absolutismus stehen einander gegenüber und werden auf der von Bruckner entwickelten »Simultanbühne« gleichzeitig vorgestellt. Aus den sieben parallelen Spielhandlungen in *Die Verbrecher* sind in dem *Elisabeth*-Drama zwei geworden. Die Vorbereitungen für die Expedition der spanischen Armada und deren Abwehr verlaufen in charakteristisch unterschiedlicher Weise: Der Kronrat Elisabeths berät über die Bewilligung der notwendigen Gelder, Philipp betet mit seinen Räten. Elisabeth rechtfertigt sich in einer großen Rede vor den Lords, Philipp verkündet seine religiöse Sendung.

Im historischen Prozess sind die einander wesensfernen Mächte aufeinander bezogen. Untergang der Armada und Tod Philipps sind Zeichen für den Sieg von Humanität und Vernunft. (→ S. 462, 465, 468, 586)

Carl Zuckmayer (1896–1977)

Der in Nackenheim/Rheinhessen geborene Sohn eines Fabrikanten und einer jüdisch-evangelischen Mutter aus einer Verlegerfamilie wurde Soldat im Weltkrieg, studierte dann unregelmäßig und ohne Abschluss in Heidelberg bei Karl Jaspers, Friedrich Gundolf und Alfred Weber, seit 1920 in Berlin. Er wurde 1922 Dramaturg in Kiel (nach Theaterskandal entlassen), 1923 in München, folgte 1924 Brecht an Reinhardts Deutsches Theater in Berlin. 1925 freier Schriftsteller. Drehbuch zu *Der blaue Engel* nach *Professor Unrat* von Heinrich Mann. 1933 Emigration nach Österreich, 1939 in die USA, Farmer in Vermont, 1946 als amerikanischer Staatsbürger und als Beamter des War Department, Rückkehr nach Europa, seit 1958 in Saas-Fee (Schweiz). Gestorben in Visp.

In Zuckmayer erwuchs der Bühne ein Talent, wie nicht zuletzt Theaterdirektoren es brauchen. Er begann mit expressionistischen Dramen, wechselte aber schon bald das Genre. Mit dem Lustspiel *Der fröhliche Weinberg* (1925), für das er den Kleist-Preis erhielt, fand er seinen eigenen Ton und erzielte bei dem des problembeladenen Pathos müden Publikum einen ungewöhnlichen Erfolg. Die Handlung dieses postexpressionistischen Volksstücks (»Sic transit gloria expressionismi«, resümierte Alfred Kerr) ist unkompliziert, auf der Bühne setzen, wo sie stagniert, fröhliche Raufereien und Gesänge ein: Schwung und Durchschlagskraft liegen in der leichtgewichtigen, lockeren Atmosphäre. Ein dreiaktiges Spiel, fröhlich, wie schon sein Titel es ausweist, ein Triumph der Dörfler mit ihrem unbeschwert rheinischen Humor, denen gegenüber die Städter voll Bildungsdünkel und ernstem Gehabe die Unterlegenen sind.

»Beifallsstürme vom Parkett bis zu den Rängen, von den Rängen bis ins Parkett wieder hinunter – so einig sah man das Publikum bei keinem französischen Schwank, bei keinem amerikanischen Melodrama«, schrieb Herbert Ihering. Zuckmayer hatte aus der genauen Kenntnis seiner südwestdeutschen Heimat geschrieben und charakteristische Typen, den Kriegsveteranen, den (jüdischen) Weinhändler, den Bürokraten, auf die Bühne gebracht.

Ebenfalls in Rheinhessen, aber zur Zeit Napoleons, spielt die Handlung des stärker gesellschaftskritisch akzentuierten Stückes *Schinderhannes* (1927). Der volkstümlich verklärte Helfer der Armen ist einer historischen Gestalt, dem Räuberhauptmann Johann Bückler,

nachgebildet. Allerdings kann man auch einen gegen Versailles gerichteten Zeitbezug des Stückes erkennen: Den Zuschauern war die Nachkriegszeit, in der sie selbst lebten, nur zu genau bekannt, sodass sie sich in die napoleonische Besatzungszeit unschwer hineinfinden konnten.

Ein Volksstück ist auch *Katharina Knie* (1929, U. 1928): Die Seiltänzerin Katharina zieht das schwere Leben der »Fahrenden« der bürgerlichen Sicherheit vor. Allerdings erscheint das Stück zu einer Zeit – zwischen Inflation und Weltwirtschaftskrise –, da es um bürgerliche Sicherheit in Deutschland höchst schlecht bestellt ist. Die Protagonisten des Spiels sind in ihrer Arbeitsdisziplin, Liebe zum Beruf und menschlichen Zuverlässigkeit den entgleisten Bürgern eher überlegen. So entsteht ein »etwas gemütvolles Genrebild«, mit dem sich auch der Bürger identifizieren kann und das sentimentaler Effekte nicht ganz entbehrt.

Am bedeutendsten, Satire und Tragikomödie zugleich, ist *Der Hauptmann von Köpenick* (1931): Der kleine Mann schlägt auf Gehorsam und Uniformen gestützte Autorität mit ihren eigenen Waffen. Der schon vor Zuckmayer, unter anderen von WILHELM SCHÄFER (1868–1952), bearbeitete Stoff ist 1931 keineswegs nur ein historisches Rührstück aus der Zeit des preußischen Militarismus, sondern eine beredte Warnung, ein Stück Verteidigung der Demokratie. (→ S. 464)

Ödön von Horváth (1901–1938)

Horváth, geboren in Fiume (Rijeka) als Sohn eines ungarischen Diplomaten und seiner deutschen Frau, verlebte seine Kindheit in großen Städten Mittel- und Südosteuropas, begann 1919 bei Artur Kutscher in München Theaterwissenschaft zu studieren, dazu etwas Philosophie und Germanistik, wurde 1920 Mitarbeiter am *Simplicissimus* und an der *Jugend*, 1923 freier Schriftsteller in Murnau, 1924 in Berlin. Horváth emigrierte 1934 nach Österreich, 1938 über Ungarn in die Schweiz, wurde während eines Gewitters über Paris auf den Champs-Elysées gegenüber dem Théâtre Marigny von einem herabstürzenden Ast getötet.

Horváth war, einer Selbstäußerung zufolge, eine typisch alt-österreichisch-ungarische Mischung:

[…] magyarisch, kroatisch, deutsch, tschechisch – mein Name ist magyarisch, meine Muttersprache ist deutsch. Ich spreche weitaus am besten Deutsch, schreibe nurmehr Deutsch, gehöre also dem deutschen Kulturkreis an, dem deutschen Volke. Allerdings: der Begriff »Vaterland«, nationalistisch gefärbt, ist mir fremd […] Ich habe keine Heimat und leide natürlich nicht darunter, sondern freue mich meiner Heimatlosigkeit, denn sie befreit mich von einer unnötigen Sentimentalität.

Geschichten aus dem Wienerwald, Regie Heinz Hilpert
Deutsches Theater Berlin 1931
Peter Lorre, Lucie Höflich, Frieda Richard,
Carola Neher, Heinrich Heininger, Hans Moser

pital. Die Schwarz-Weiß-Zeichnung des alten Volksstücks, die erhalten bleibt, gewinnt Bedeutung für die weltanschauliche Auseinandersetzung.

In Bayern war Horváth früh mit rechtsextremistischen Organisationen in Berührung gekommen. Daran erinnert das 1928 entstandene Stück *Sladek oder die schwarze Armee,* eine »Historie aus dem Zeitalter der Inflation«, das nach leichter Überarbeitung u. d. T. *Sladek, der schwarze Reichswehrmann* 1929 uraufgeführt, wegen des Misserfolgs der ersten Vorstellung aber nicht ins Repertoire übernommen wurde. Der veränderte Titel dieser zweiten Fassung ist insofern zutreffender, als es Horváth vorrangig um die Umstände ging, die einen Einzelnen veranlassten, sich einer paramilitärischen Organisation anzuschließen und um die Erfahrungen, die ihn dort erwarteten. Horváth übernahm nun Piscators Auffassung des Dramas als eines Schauplatzes gesellschaftlicher Kräfte, die das durch die Klassenzugehörigkeit determinierte Verhalten des Einzelnen bedingen. Bei Bruckner und bei Marieluise Fleißer hatte er die besondere Aufmerksamkeit für die Sprache gefunden, die, da sie eine bestimmte Stellung im sozialen Gefüge anzeigt, als Instrument der Analyse eingesetzt werden konnte.

Wenn Sprachkonventionen den Menschen entmündigen, sodass er sich selbst nicht mehr artikulieren kann, es vielmehr Autoritäten sind, die durch ihn sprechen – Behörde und Kirche, Schule und Polizei, Wissenschaft und Propaganda – ist eine unmittelbare Erörterung relevanter politischer Sachverhalte auf der Bühne nicht mehr nötig, sogar nicht mehr möglich. Konsequent schärfte Horváth seine Sensibilität für das detektivische Vermögen der Sprache, Zusammenhänge aufzudecken und Unbewusstes mittelbar zum Vorschein zu bringen. Dabei fand er in Nestroy ein weiteres Vorbild, das in hundert Jahren an Witz und Genie nichts eingebüßt hatte. In den beiden 1931 uraufgeführten Stücken *Italienische Nacht* und *Geschichten aus dem Wienerwald* wird die Sprache zum Korrelat kleinbürgerlichen Bewusstseins. Die sentimentalen Übermalungen aus Romantik und Folklore verblassen. Bloßgelegt werden die durch einen langen Krankheitsprozess pervertierten Triebe, die deformierte Natur. Sexualität und Sadismus reden religiös verbrämt. In einer Variante zu *Geschichten aus dem Wienerwald* sagt Oskar: »Ich bete für Marianne. Ich stelle mir vor, sie ist so mit Pfeilen durchbohrt, wie der heilige Sebastian – und dann kommt sie in die Hölle für ihre Untaten und Verbrechen und Todsünden, ewig ins Feuer –.« Horváths Volksstücke sind die Kontrafaktur des Volksstücks, so

Er begann mit einem historischen Drama, dessen Held ein Anführer aus den ungarischen Bauernkriegen des 16. Jahrhunderts ist. Die Übersiedlung nach Berlin 1924 bedeutete für den Stückeschreiber die entscheidende Weichenstellung. Dort sah er die Dramen Brechts, Zuckmayers, Bruckners und der Fleißer, wurde mit den Regisseuren Piscator und Reinhardt, den Kritikern Kerr und Ihering bekannt.

Sein erstes auf einem Theater gespieltes Stück war die *Revolte auf Côte 3018* (später unter dem Titel *Die Bergbahn*), ein Volksstück in vier, nachher in drei Akten, 1927 in Hamburg ohne Erfolg aufgeführt. Er versuchte darin die herkömmliche Form des Volksstücks zu aktualisieren und ihm, anders als er es bei Zuckmayer gesehen hatte, eine neue Dimension zu geben. Die Natur ist Verhängnis, fremd und unberechenbar wie die neuen Gewalten es sind, die wie Naturmächte in das Leben der Menschen eingreifen: die Baugesellschaft, das Ka

wie das Publikum es kannte, wie Brechts *Hauspostille* die Kontrafaktur des religiösen Erbauungsbuches ist. »Eine große, eine einzige Gemeinheit«, schrieb ein Blatt des rechtsnationalen Medienzaren und Parteiführers der Harzburger Front Alfred Hugenberg über die Uraufführung der *Geschichten aus dem Wienerwald* am 2. November 1931 unter Heinz Hilperts Regie, und der *Völkische Beobachter* befand, dass der »Salonkulturbolschewist« Horváth den »deutschen Menschen nichts, aber auch gar nichts zu sagen« habe. Das Stück wurde dennoch ein großer Erfolg und in zwei Monaten achtundzwanzig Mal wiederholt. »Horváth gibt Anlass zu der stärksten Aufführung, die man seit langem gesehen«, urteilte Alfred Kerr. Der »Balkanliterat« und »Mitleid erregende Dilettant« (R. v. Schaukal), der einen Monat zuvor, zusammen mit Erik Reger den Kleist-Preis erhalten hatte, war durchgesetzt. Aber nur noch das Volksstück *Kasimir und Karoline* (U. 1932) hatte in Leipzig Premiere, dann unterband die Machtübernahme Hitlers jede Möglichkeit weiterer Aufführungen von Horváths Stücken auf deutschen Bühnen. Die bittersten Dramen der Zeit spielten nunmehr auf der Straße. (→ S. 437, 459, 463)

Lyrik

Entschiedener als andere Gattungen widersetzt sich die Lyrik einer wie immer gearteten Instrumentalisierung. Der hoch entwickelte sprachliche Kristallisationsprozess, der sie auszeichnet, begründet zugleich ihre Autonomie, eine Eigengesetzlichkeit, die sie unverfügbar macht – in gewisser Weise auch gegenüber den bewussten Intentionen des Autors. Andererseits ist mit Recht kritisiert worden, dass gerade Lyrik nur allzu oft allein auf ästhetische Typologien hin befragt worden ist und dem poetischen Wort eine Abgehobenheit zugeschrieben wurde, die es von den realen Gegebenheiten entfernt. Was die Dichter sangen, war von esoterischer Schönheit – und unverbindlich.

Ein Kapitel wie das vorliegende, das, wie bereits die Überschrift erkennen lässt, die politische Perspektive in den Vordergrund rückt, vermag der Eigenart lyrischer Phänomene mithin nicht durchgehend gerecht zu werden. Auch bleibt zu berücksichtigen, dass die Einteilung in Epochen zum oft langsamen Reifen dichterischer Werke in einem unvermeidbaren Gegensatz steht und somit Entwicklungslinien durchtrennt, besonders dann, wenn »Epochen«, wie sie die Forschung konstituiert, in raschem Wechsel aufeinander folgen. Aber gleichgültig, aus welcher Perspektive man den behandelten Zeitraum betrachtet und wie man ihn benennt – wie unterschiedlich Lyrik beschaffen sein kann, lässt er besonders deutlich erkennen, und die Fragwürdigkeit aller Klassifizierung haftet zuletzt an jedem literaturgeschichtlichen Überblick. Es handelt sich stets um eine mit Vorbedacht gewählte Betrachtungsweise, die, auswählend, ein bestimmtes Erscheinungsbild der literarischen Phänomene und die Besonderheiten ihrer Wirkung zu fassen sucht. Sie bevorzugt das Allgemeine vor dem Besonderen, das Vergleichbare vor dem, was den speziellen Reiz des Einzelwerks ausmacht und also unvergleichbar ist. Keine Perspektive vermag die Literatur einer Zeit in ihrer Bedeutung abschließend zu erfassen, vielmehr wird diese durch veränderte Fragestellungen der jeweiligen Gegenwart immer von neuem modifiziert.

Die zeitliche Entfernung wirkt sich dabei bestimmend aus, mit dem wachsenden Abstand verselbstständigt sich das Werk. Die Biografie der Autoren lehrt, dass fast alle von ihnen in ihrem Schaffen durch die Zeitgeschichte betroffen waren, aber die Frage danach – auch die nach ihrer persönlichen Integrität und Glaubwürdigkeit – verliert im Zuge der Rezeption an Bedeutung, weil nur noch die Wirkung zählt, die das Werk weiterhin selbst ausübt. Für die Zeitgenossen dagegen ist die Frage nach dem Wechselverhältnis zwischen dem, was Literatur mitteilt und den Bedingungen ihrer Entstehung beziehungsweise dem Standort der Autoren nicht gleichgültig, sondern sogar geboten. Der Gegenwartsautor, der selbst nicht mit der Elle der Ewigkeit messen kann, darf auch nicht mit dieser gemessen werden.

Der alte Gegensatz zwischen »reiner« und politischer Lyrik brach zwischen den Weltkriegen erneut auf. Ersetzt man »politische Lyrik« durch »Gebrauchslyrik« – eine Bezeichnung, die zu dieser Zeit in Umlauf kam – eröffnet sich terminologisch ein noch breiteres Spektrum für eine Kunst des Gedichts, die sich den alltäglichen Lebensverhältnissen der Menschen möglichst unmittelbar zu öffnen suchte. Ein (partei)politisches Interesse war damit zunächst nicht notwendig verbunden. Indessen sind die Vertreter der »reinen« Lyrik fast ausnahmslos konservativ, die Wortführer der Gebrauchslyrik progressiv eingestellt, ob sie sich nun als parteilich gebunden verstehen oder nicht. Das macht deutlich, wie Literatur und Politik auch dann aufeinander bezogen sind, wenn es sich scheinbar nur um ästhetische Phänomene handelt.

Rilkes orphisches Spätwerk

Für eine nur mittelbar mit Lyrik beschäftigte Öffentlichkeit, besonders auch für das bürgerliche Publikum waren die Zwanzigerjahre noch immer die Zeit Georges, Hofmannsthals und Rilkes. Gesamtausgaben, die nun erschienen, gaben diesen Autoren ein unverwechselbares Profil. Im Unterschied zu Hofmannsthal schrieben George und Rilke jedoch weiterhin Gedichte, Letzterer hatte einen wesentlichen Teil seines Werkes sogar noch vor sich.

RAINER MARIA RILKE, der 1921 das kleine Walliser Schloss Muzot bezogen hatte, konnte dort im folgenden Jahr in einem kurzen Zeitraum gedrängtester Produktion seine ein Jahrzehnt zuvor in Duino begonnenen *Duineser Elegien* (1923) vollenden. Gleichzeitig entstand der zweiteilige Gedichtzyklus *Die Sonette an Orpheus. Geschrieben als ein Grab-Mal für Wera Ouckama Knoop* (1923), einer in jungen Jahren an Leukämie verstorbenen Tänzerin. Insgesamt handelt es sich um zehn Elegien und 53 Sonette. Rilke hat Lou Andreas-Salomé berichtet, wie erschüttert und gleichzeitig befreit er den Schaffensprozess erlebte:

Wunder. Gnade. Alles in ein paar Tagen. Es war ein Orkan wie auf Duino damals: alles, was in mir Faser, Geweb war, Rahmenwerk war, hat gekracht und sich gebogen […] Ich bin hinausgegangen und habe das kleine Muzot, das mirs beschützt, das mirs, endlich, gewährt hat, gestreichelt wie ein großes altes Tier. (11. Februar 1922)

Wie die Gedichte erkennen lassen, zielt der späte Rilke nicht mehr auf Darstellung allein; er will »rühmen« und die »reinsten inneren Möglichkeiten« des Daseins erschließen. Die *Duineser Elegien* forderten das Rühmen, die *Sonette an Orpheus* vollzogen es. Es sind Schöpfungen, in denen der Dichter nach seinem Empfinden einer höheren Sendung gemäß handelt. Sein Lied feiert das Leben und Tod umfassende unvergängliche Sein, verleiht den Erscheinungen Gültigkeit und hat zugleich heilende Bedeutung. Der mythische Sänger Orpheus, der sich in die Unterwelt gewagt hat, ist die zeitlose Verkörperung solcher dichterischen Existenz.

Nur wer die Leier schon hob
auch unter Schatten,
darf das unendliche Lob
ahnend erstatten.

Nur wer mit Toten vom Mohn
aß, von dem ihren,
wird nicht den leisesten Ton
wieder verlieren.

Mag auch die Spiegelung im Teich
oft uns verschwimmen:
wisse das Bild.

Erst in dem Doppelbereich
werden die Stimmen
ewig und mild.

Mehr noch als die *Sonette an Orpheus* haben die *Duineser Elegien,* eine in ausgeprägtem Maße hermetische Dichtung, seit ihrem Erscheinen unterschiedliche Deutungen erfahren. Nach Anspruch und Gehalt erinnern sie an im Umkreis des Weltkriegs entstandene »Weltgedichtzyklen« wie *Das wüste Land (The Waste Land,* 1922) von Thomas Stearns Eliot und die *Cantos (The Cantos,* 1917–59) von Ezra Pound. Thematisch eröffnen sie ein Geflecht von Entsprechungen und Polaritäten – etwa in der Klage über die Schwäche des Menschen und seine innere Leere (Zweite und Vierte Elegie), im Lob des heldischen Daseins und der Verherrlichung der Liebe (Sechste und Siebente Elegie), alles beschlossen von der Zehnten Elegie, die eine mythisch-allegorische »Landschaft der Klagen« als Ursprungsort der Freude heraufruft. Das eigenartige Wechselverhältnis von Klage und Freude, das die Dichtung des späten Rilke auszeichnet, klingt auch noch aus seiner selbstverfassten, so schönen wie rätselvollen Grabschrift: »Rose, oh reiner Widerspruch, Lust, / Niemandes Schlaf zu sein unter soviel / Lidern.«

Zu den kleineren lyrischen Dichtungen Rilkes zählen die beiden Requien auf die Malerin Paula Modersohn-Becker und den jungen Dichter und Baudelaire-Übersetzer WOLF GRAF VON KALCKREUTH (1887–1906), der sich als Einjährig-Freiwilliger erschossen hatte (*Requiem,* 1909) sowie *Das Marienleben* (1913). In Zeiten geringerer Produktivität behalf er sich nicht selten mit Übersetzungen. Neben Prosa (von Maurice de Guérin, André Gide, Paul Valéry) hat er *Poems from the Portuguese* von Elizabeth Barrett Browning frei übertragen (*Elizabeth Barrett Brownings Sonette aus dem Portugiesischen,* 1908), ferner *Vierundzwanzig Sonette der Louise Labé* (1917), einer Dichterin aus dem 16. Jahrhundert, und Sonette von Michelangelo.

Katholische Erneuerung und evangelische Bekenntnisdichtung

Auch in der religiösen Lyrik zeigte sich das zeittypische Bemühen um eine der veränderten Gegenwart gemäße Sprache und Gestaltung. Das bedeutete eine Absage an den Überschwang des Expressionismus, ohne dass nun dessen Spur in den Werken ganz erlosch. In einer Vielfalt von Aussagen traten unterschiedliche Intentionen ans Licht. Die umstürzenden Erfahrungen von Krieg und Nachkrieg, die Säkularisierungstendenzen, die im Übergang von der Monarchie zur Republik zu Tage traten, ließen auch den christlichen Glauben nicht unberührt. Die Herausforderung betraf, wenn auch in unterschiedlicher Weise, denn die andersartige historische Prägung wirkte sich noch bestimmend aus, beide Konfessionen.

Katholische Dichtung von Rang hatte es seit den Tagen der Romantik bis zur Wende zum 20. Jahrhundert nicht mehr gegeben. Die 1903 von dem Publizisten Carl Muth (1867–1944) gegründete Kulturzeitschrift *Hochland* bildete eine erste Plattform für den (auch innerkirchlich schwierigen) Versuch, das geistige Ghetto aufzubrechen. Zu einer zweiten katholischen Revue von Rang entwickelte sich nach dem Weltkrieg Ludwig von Fickers ursprünglich dem frühen Expressionismus und vor allem Georg Trakl verbundene Zeitschrift *Der Brenner*. Zwischen dem Engagement für Trakl und der Hinwendung zum Katholizismus gab es eine untergründige Korrespondenz. Im Brenner-Kreis war man empfänglich für Trakls Farbsymbolik, für Gedichte, die den barocken Glanz Salzburgs feiern *(Die schöne Stadt)*, seine »fast spanische Bilderwelt«, wie ein Mitglied des Kreises, JOSEPH LEITGEB (1897–1952, *Musik der Landschaft,* G., 1935), schrieb und für seine Vision der Gethesemane-Nacht, die man aus seinem *Gesang einer gefangenen Amsel* herauslas:

Dunkler Odem im grünen Gezweig.
Blaue Blümchen umschweben das Antlitz
Des Einsamen, den goldenen Schritt
Ersterbend unter dem Ölbaum.
Aufflattert mit trunknem Flügel die Nacht.
So leise blutet Demut,
Tau, der langsam tropft vom blühenden Dorn.
Strahlender Arme Erbarmen
Umfängt ein brechendes Herz.

Ohne konfessionelle Verengung zu erfahren, entwickelte sich der *Brenner* zu einer auch geistesgeschichtlicher Prosa aufgeschlossenen Literaturzeitschrift, die religiös inspirierte Autorinnen und Autoren, wie den – ebenfalls dem Expressionismus nahe stehenden – Südtiroler JOHANN GEORG OBERKOFLER (1889–1962, *Stimmen aus der Wüste,* G., 1921; *Triumph der Heimat,* G., 1925), MARTINA WIED (1882–1957, *Bewegung,* G., 1919) bis späterhin Christine Lavant förderte. Wichtigster Mentor war der Württemberger Essayist, Vergil- und Kierkegaard-Übersetzer THEODOR HAECKER (1879

bis 1945), der 1921 zum Katholizismus konvertierte (*Über Kardinal Newmans Glaubensphilosophie,* 1921; *Christentum und Kultur,* 1927; *Betrachtungen über Vergil, Vater des Abendlandes,* 1932). Dass auch Peter Altenberg, Karl Kraus und Hermann Broch für den *Brenner* schrieben, trug entscheidend dazu bei, dem 1915 in ein Jahrbuch umgewandelten Periodikum einen überkonfessionellen Zuschnitt zu geben.

Anregend auf die Entfaltung einer katholischen Literatur wirkte ferner die Anthologie *Der weiße Reiter* (1920) mit Werken zumeist süddeutsch-österreichischer Autoren. Die dichterisch stärkste Natur unter ihnen war der Freunden und journalistischen Berufskollegen eher als ein schwäbischer Eigenbrötler bekannte, von Hofmannsthal und Rudolf Borchardt bewunderte KONRAD WEISS (1880–1940) – »mächtig und schwerfällig von Gestalt, mit einem von blonden Ringellöckchen eingerahmten Engelskopf, der von Ignaz Günther hätte sein können« (A. Hübscher). Seine Gedichtsammlungen sind überwiegend in den Zwanzigerjahren erschienen (*Tantum dic verbo,* 1919; *Die cumäische Sybille,* 1921; *Das Herz des Wortes,* 1929; *Das Sinnreich der Erde,* 1939).

Der Bauernsohn aus Rauenbretzingen bei Schwäbisch Hall, studierte zunächst sieben Semester katholische Theologie, wechselte aber nach dem Entschluss, nicht Priester zu werden, zunächst nach München, dann nach Freiburg, wo er Kunstgeschichte und Germanistik betrieb. Nach dem Abbruch des Studiums arbeitete er von 1905 bis 1920 in der Redaktion des *Hochland*. Nach Meinungsverschiedenheiten mit Muth, besonders als dieser den im Kurt Wolff Verlag erschienenen Band *Tantum dic verbo* unbeachtet ließ, ging Weiß 1920 als Kunstreferent zu den *Münchner Neuesten Nachrichten,* für die er bis zu seinem Tod tätig war. Von seinen Kunstreisen berichtet *Deutschlands Morgenspiegel,* (1950, 2 Bde.). Schrieb auch Dramatisches (*Konradin von Hohenstaufen,* Tr., 1938) und Erzählprosa (*Die Löwin,* E., 1928).

Weiß verarbeitet expressionistische Anregungen, aber seine dichten, zuweilen sperrigen Texte bedürfen zu ihrem Verständnis mehr noch des theologischen Hintergrunds. Die Gedichte thematisieren die Welt als göttliche Schöpfung, wobei die Sprache – das »Wort«, aus dem die Schöpfung kommt – zur Meditationsquelle wird. In der Sprache wendet sich das Geschöpf bekennend zu seinem Ursprung und findet sich in einem geheimnisvollen Akt selbst. Katholischer Kultus und christliche Ikonographie sind so sehr Teil von Weiß' Fühlen und Denken, dass sie auch in seinen Gedichten wie eine zweite Natur gegenwärtig sind.

Konrad Weiss   Gertrud von le Fort

GERTRUD VON LE FORT. Ihre *Hymnen an die Kirche* (1924), gegliedert in Prolog und drei Zyklen, bieten eine der Psalmensprache verwandte rhythmische Prosa. Die Hymnen stellen ein Zwiegespräch dar: Der nach Gott verlangenden Seele antwortet dieser durch die Stimme der Kirche, so in der Hymne *Heiligkeit der Kirche*:

Ich habe noch Blumen aus der Wildnis im Arme, ich habe noch Tau in meinen Haaren aus Tälern der Menschenfrühe, Ich habe noch Gebete, denen die Flur lauscht, ich weiß noch, wie man die Gewitter fromm macht und das Wasser segnet.
Ich trage noch im Schoße die Geheimnisse der Wüste, ich trage noch auf meinem Haupt das edle Gespinst grauer Denker; Denn ich bin Mutter aller Kinder dieser Erde: Was schmähest du mich, Welt, dass ich groß sein darf wie mein himmlischer Vater?
Siehe, in mir knien Völker, die lange dahin sind, und aus meiner Seele leuchten nach dem Ewgen viele Heiden!
Ich war heimlich in den Tempeln ihrer Götter, ich war dunkel in den Sprüchen aller ihrer Weisen. Ich war auf den Türmen ihrer Sternsucher, ich war bei den einsamen Frauen, auf die der Geist fiel.
Ich war die Sehnsucht aller Zeiten, ich war das Licht aller Zeiten, ich bin die Fülle der Zeiten.
Ich bin ihr großes Zusammen, ich bin ihr ewiges Einig.
Ich bin die Straße aller ihrer Straßen: Auf mir ziehen die Jahrtausende zu Gott!

Der Konradweiß ist ein Klopfkäfer, der am liebsten im Gestühl katholischer Kirchen oder im Holz der Altäre bohrt. Er erzeugt dabei mit seinem harten Kopf ein klopfendes, stark rhythmisches Geräusch, wodurch er manchmal die Frommen stört. Der Konradweiß hört mit seinem Klopfen auf, wenn die Orgel spielt, woraus man auf sein musikalisches Gehör geschlossen hat. Umso lebhafter klopft er bei der Predigt in einem seltsamen Gegentakt zum Takt des Predigers. (Franz Blei, *Bestiarium literaricum, das ist: Genaue Beschreibung Derer Tiere Des Literarischen Deutschlands,* 1920).

Weiß' Sprache setzt sich über Grammatik und Syntax hinweg, wirkt oft dunkel – als Ort der Begegnung mit Gott sucht sie ein Ungeheures zu artikulieren.

Ein Hymnus dachte ich zu sein Dir, Herr.

Nun steh ich wieder da am Weg,
betroffen, wie die Senke dieses Hangs
mit mir die Erde trifft und mich des Weges Härte.
[…]
Nie geht das Feld zu Ende dieses Gangs,
und nie verlierst du auch die Last des Hangs,
die Not des Sagens,
so weiter geh den Weg, die Last des Tragens
von einem Fuße auf den andern legend.

Die Weiß' Gotteserfahrung zugrunde liegende Vater-Kind-Beziehung findet – leichter zugänglich – auch Ausdruck in einer unverbildeten Freude an der kindlichen Welt, von der *Die kleine Schöpfung* (1926) Zeugnis ablegt. Nach einem Wanderspruch geht ein Hahn einen Tag lang »mit dem Kind zu zwein / in die goldne Zeit hinein«.

Vergleichsweise konventioneller im Ausdruck, aber getragen von einem Strom religiösen Gefühls und gläubiger Liebe zur Kirche ist die geistliche Dichtung von

Gertrud von le Forts Kirchenverständnis schließt alles Vorchristliche ein, begreift das Wachstum der Kirche als Vollendung der Schöpfung. Ihr »katholisches« Denken spricht auch aus ihren *Hymnen an Deutschland* (1932), die Schicksal und Sieg des Reichsgedankens im Sinne der Heilsgeschichte entwickeln. Irdisches und Himmlisches gerieten dabei noch stärker in Konflikt, und besonders zum Zeitpunkt des Erscheinens gab der zählebige Reichsmythos Anlass zu Missverständnissen, obwohl das Reich der Dichterin gewiss ein sehr anderes war als das der Tagesaktualität.

Die Hinwendung zu geistlicher Lyrik repräsentiert auf protestantischer Seite RUDOLF ALEXANDER SCHRÖDER (1878–1962). Der Sohn eines Bremer Kaufmanns und Mitbegründer der Bremer Presse – deren in Typografie und Ausstattung musterhaften Produkte, ähnlich wie die Bücher des katholischen Verlegers Jakob Hegner (1882–1962), bewusst den industriell gefertigten Massenprodukten des Buchmarkts entgegengestellt wurden –, der vertraute Freund Hofmannsthals, entwickelte sich zu einem der Wortführer jener Dichter, denen die Überlieferung des klassischen und christlichen Erbes am Herzen lag. Er erarbeitete seine Übersetzungen von Homers *Odyssee* und *Ilias*, des Vergil,

Horaz und der großen Engländer und Franzosen im »Gefühl des Eingegliedertseins in einen jahrtausende-alten Zusammenhang«. Die Verquickung von Religiö-sem und Nationalem (oder was in diesem Sinne ge-lesen werden konnte) ist auch bei Schröder spürbar, er nannte als Themen seiner Lyrik »Staatsbewusstsein, Heldenverehrung, Ehrfurcht des Brotes, Gottesan-dacht«, denen er in den Formen des Sonetts, der Ele-gie, der Ode Ausdruck gab. Bereits seit der Jahrhun-dertwende hatte er Gedichtbände veröffentlicht, 1910 dann *Deutsche Oden*, 1914 *Neue deutsche Oden* sowie die Gedichtsammlung *Heilig Vaterland*. Aber nicht in diesen 1940 gesammelten *Weltlichen Gedichten*, son-dern in religiös bestimmter Lyrik, dem Band *Mitte des Lebens* (1930), gab er sein Eigentliches. Aus dem Ästhe-ten wurde ein Bekennender, dem Wort der Bibel und dem Vorbild Paul Gerhardts verpflichtet. Später ging er immer stärker von der Aussage individueller Erfah-rung zur Chorlyrik über und kehrte damit zum Ur-sprung des protestantischen Kirchenliedes zurück (*Die geistlichen Gedichte*, 1949; *Hundert geistliche Ge-dichte*, 1951).

INA SEIDEL, hat sich vor allem durch ihre Romane als protestantische Dichterin ausgewiesen. Sie hatte je-doch mit Lyrik begonnen (*Gedichte*, 1914), veröffent-lichte im zweiten Jahr des Krieges den Band *Neben der Trommel* (G., 1915), eine Klage um die Gefallenen, und hat auch in den Jahren der Republik weitere Bände fol-gen lassen, von denen manche bereits durch ihren Ti-tel auf das emotional bewegte Ethos der Verfasserin hinweisen, die als Lyrikerin noch sicher aus der For-mensprache der Tradition schöpfte (*Weltinnigkeit*, 1918; *Neue Gedichte*, 1927, in zweiter vermehrter Ausga-be u. d. T. *Die tröstliche Begegnung*, 1933).

Terzinen vom Leiden

Das überlittne Leiden, das sich nimmer
In Tränen, Seufzern und Geschrei erweiset,
Das nur noch da ist. Dauerhaft und immer,

Wie eine Krankheit, die im Blut umkreiset:
Sie wird nicht besser und wird nicht mehr schlimmer,
Du duldest still, dass deine Kraft sie speiset –

Das überlittne Leiden ist nicht Ende,
Doch großer Wandlung erstes Atemholen,
Die erste Neigung hin zur tiefsten Wende,

Der du dich willig, wenn schon ganz verstohlen,
Hingibst, dass sie dich löste und entbände,
Und ihm, der lautlos naht auf Flügelsohlen,

Leicht überliefert in die sanften Hände.

Noch andere Lyriker sind zu nennen: der katholische Schlesier FRIEDRICH BISCHOFF (1896–1976), der seine Heimat durch »Dank- und Lobgesang« verherrlich-te (*Die Gezeiten*, 1925; *Schlesischer Psalter*, 1936) sowie GEORG VON DER VRING (1889–1968), dessen reiches lyrisches Werk in den Sammlungen *Muscheln* (1913) und *Südergast* (1925) zu erscheinen begann. Als Dich-ter des Religiösen ist er im Ausdruck verhalten; zwar scheut er nicht die Frage nach Sinn und Ziel göttlichen Waltens, lässt sie jedoch unbeantwortet (*Kummerberg*). Was immer er anpackt, sein Gefühl für das Natürliche und Einfache gibt seinen Versen die anspruchslos wir-kende, jedoch kunstvolle Form. Nicht grundlos hat man ihn den Matthias Claudius seiner Zeit genannt. *Nachtlied, Kleiner Faden Blau* sind solche in ihrer Art vollendete Gedichte. Von der Vring beherrscht auch die Kunst ausdrucksvoller Verkürzung.

Schwarz

Nacht ohne dich.
Wer wird mein Herz bewahren?
Der Mond erblich.
Die Vogelwolken fahren.
Vorüberstrich
Ein Schwarm von schwarzen Jahren.

Formenstrenge und Nihilismus

GOTTFRIED BENN verwendete in seinem kleinen Ge-dichtzyklus *Schutt* (1924) achtzeilige Strophen mit weiblich-männlich alternierenden Kreuzreimen und wechselnder Taktfüllung – eine Form, die für ihn bis etwa 1930 die vorherrschende blieb und die er auch später noch virtuos handhabe. Kunstvolle Fügung war Zuflucht und Gegenmacht – die einzige, die ver-blieben war – in einer als sinnlos erfahrenen Welt. Vor einem sterilen Klassizismus schützte ihn seine Spra-che, die der Lyrik neue Ausdrucksbereiche erschloss (Fremdwörter, medizinische Fachausdrücke, Argot), allerdings auch provozierend wirkte: Der »Medizyni-ker« (K. Hiller) war ein Ärgernis für viele, einen »grim-migen Widersacher der christlichen Kultur« (H. E. Holthusen) hat man in ihm gesehen. Wie schwer es war, den radikalen Nihilismus zu leben, zeigte das Jahr 1933, als Benns Anfälligkeit für die heroische Pose des Nationalsozialismus erkennbar wurde.

Der Band *Spaltung. Neue Gedichte* (1925) sammelte den Ertrag der ersten sechs Nachkriegsjahre, die in der Ausgabe der *Gesammelten Gedichte* (1927) nochmals vermehrt erschienen: Vorzugsweise handelte es sich, in Fortentwicklung des von Schiller und Hölderlin ent-

wickelten Ideengedichts, um Auseinandersetzung mit den geistigen Strömungen der Zeit wie Spenglers Geschichtstheorie und der Psychologie C. G. Jungs, aber auch um Liebesgedichte und zynisch-lockere Zeitgedichte. Den Höhepunkt der Ideendichtung bildete der für Paul Hindemith geschriebene Oratoriumstext *Das Unaufhörliche* (1931), der von der Kritik mit Rilkes *Duineser Elegien* verglichen worden ist. (→ S. 490, 510)
Die letzte Gedichtsammlung von STEFAN GEORGE, *Das neue Reich* (1928), bekannte sich zu »Volk« und »Reich«. Gemeint war, wie die George-Adepten versichern, ein »Reich des Geistes« von Hölderlin'scher Art, aber es ist erklärlich, dass auch in diesem Fall die gewählte Terminologie Autor und Werk zum Objekt heftiger Kontroversen werden ließ.

Aus dem Kreis um George kam ursprünglich auch der Lyriker, Erzähler, Dramatiker, Essayist und vor allem anspruchsvolle Übersetzer RUDOLF BORCHARDT. Er übertrug Dante (*Vita Nuova*, 1922; *Göttliche Komödie*, 1922/30), und zwar in eine dem Mittelhochdeutschen angelehnte Kunstsprache, ferner Homer, Pindar, Tacitus und provenzalische Lyrik. Für seine eigenen Gedichte nutzte er traditionelle Formenmuster zur Erörterung zivilisationskritischer Inhalte (*Jugendgedichte*, 1913; *Die Schöpfung aus Liebe*, 1923; *Vermischte Gedichte*, 1924). WILHELM VON SCHOLZ (1874–1969) schrieb, übereinstimmend mit dem konservativ geprägten, zum Neuklassizismus tendierenden Charakter seines Gesamtwerks, streng gefügte, in ihren Anfängen noch der Neuromantik zuzuordnende symbolhafte Lyrik (*Frühlingsfahrt*, G., 1896; *Der Spiegel*, G., 1902; *Die Häuser*, G. 1923).

Am stärksten umstritten unter dem Aspekt asketischer Formkunst ist das Werk des Österreichers JOSEF WEINHEBER (1892–1945). Er begann als Expressionist, zeigte sich besonders von Trakl beeinflusst, änderte dann aber die Richtung seines Schaffens und appellierte an geistige Werte eines heroischen Daseins (*Der einsame Mensch*, 1920; *Von beiden Ufern*, 1923; *Boot in der Bucht*, 1926); Erziehung zur Opferbereitschaft und die Erneuerung der strengen Kunst großer Vorbilder wurden bestimmend: *Adel und Untergang* (1934, e. 1926); *Späte Krone* (1936); *Zwischen Göttern und Dämonen* (1938). Er schrieb Oden und Sonette, Elegien und Hymnen. Ungewöhnliche Könnerschaft im Gebrauch nahezu aller überlieferten Formen zeichnet ihn aus: »Ich konnte bei fast gelöschtem Bewusstsein, im Halbschlaf, Verse mit den schwierigsten Metren bilden, die, niedergeschrieben, hinterher kaum einer Korrektur bedurften.« Eigener Haltlosigkeit und eigenen Ungenügens

Josef Weinheber, Bronzeplastik, Gottlieb Schäfer

bewusst, unterwarf er sich seinem leidenschaftlichen Kunstwillen. Sein Talent und der Ruhm, der ihm nach *Adel und Untergang* zuteil wurde, schützten ihn jedoch weder moralisch vor der Versuchung durch die Faschisten, die ihn beizeiten umwarben, noch künstlerisch vor dem Leerlauf eines der Zeit nicht entsprechenden Klassizismus.

Das im 16. Wiener Gemeinbezirk Ottakring geborene, vernachlässigte Kind (die Eltern lebten getrennt) eines Metzgers, Viehhändlers und späteren Gastwirts kam noch im Vorschulalter in die Korrektionsanstalt in Ober-Sankt-Veit, nach dem Tod der Eltern in das Mödlinger Waisenhaus, arbeitete dann in der Metzgerei einer Verwandten und wurde 1912 Postbeamter in Wien. Von den Jahren in Mödling berichtet der autobiografische Roman *Das Waisenhaus* (1925). Weinheber unternahm ab 1925 Reisen durch Frankreich, Italien, Dalmatien und die Schweiz, wurde 1932 freier Schriftsteller. Von den Nationalsozialisten sehr gefördert, empfing er mehrere Literaturpreise, wurde Dr. h. c., Professor, Akademiemitglied in Wien. Seit langem zum Trunk und zu Depressionen neigend, wählte er im April 1945 in Kirchstetten bei Wien den Freitod.

Weinhebers schwere Kindheit und autodidaktischer Bildungsgang hatten an seiner Vergottung der Kunst ihren Anteil. Kunst und Religion hatten in seinen Augen die gleiche Aufgabe: »Religion hebt den Tod des Fleisches auf – durch Glauben, Kunst hebt den Tod des

Geistes auf – durch Form.« Was dabei für ihn als Künstler wichtiger war, unterlag keinem Zweifel. Ungeachtet des Könnens, das er sich zubilligte, betonte er doch mit gewissermaßen anspruchsvoller Demut: »Du gabst im Schlafe, Gott, mir das Gedicht. / Ich werde es im Wachen nie begreifen.« Als der Zweifel an seinem Werk ihn übermannte – und das bereitete sich lange vor – brach er zusammen. Dabei hatte sich sein Talent nicht nur beim Gebrauch der klassischen Metren gezeigt. Für seine naiv-sinnliche Seite sprechen die Sammlungen *Wien wörtlich* (1935) – teilweise in Wiener Mundart – und sein »erbauliches Kalenderbuch für Stadt- und Landleute« *O Mensch gib acht* (1936). Weinheber konnte, was Benn und George nie vermocht hätten, volkstümlich dichten. Als einen populären Doppelgänger Hofmannsthals, einen Plebejer neben Blaublütigen, aber eine Verkörperung desselben Wienertums ist er gesehen worden. Von den gewaltsamen Irrwegen des Ästhetizismus bietet »Josef Weinhebers Glück und Ende« (W. Muschg) ein trauriges Lehrbeispiel. (→ S. 501)

Die Dichter der »Kolonne«

Im Dezember 1929 begann in Dresden eine literarische Monatsschrift zu erscheinen, deren Name *Die Kolonne* das Zusammengehörigkeitsgefühl ihrer Autoren ausdrückte. Die Gruppe propagierte keinen literarischen Umbruch, sie zeigte sich fast konventionell in der Verwendung hergebrachter lyrischer Formen, aber anspruchsvoll in ihrer sprachlichen Expressivität. Das Ziel war nicht Veränderung der Gesellschaft, sondern ein neues Verhältnis zur Natur, die Begegnung mit einer umfassenderen und tieferen Wirklichkeit.

Nicht alle Autoren der *Kolonne* waren Anfänger, vielmehr zeigten sie sich durch unterschiedliche Erfahrungen vorgeprägt: Hermann Kasack hatte bereits zwei expressionistisch angehauchte Lyrikbände veröffentlicht (*Der Mensch*, 1918; *Die Insel*, 1920) und die Halbjüdin Elisabeth Langgässer mit christlichen Gedichten begonnen (*Der Wendekreis des Lammes. Ein Hymnus der Erlösung*, 1924). Den Ton der Zeitschrift traf von Anfang an PETER HUCHEL, der sich für seinen Gedichtzyklus *Der Knabenteich* (1932) noch im Erscheinungsjahr von ihr preisgekrönt sah.

Der Titel *Der Knabenteich* verweist auf ein Genre, das Huchel mit Meisterschaft beherrschte: das Kindheitsgedicht, von dem auch seine »Naturlyrik« ihren besonderen Reiz empfängt, wird sie doch gewissermaßen mit der unverbrauchten Erlebniskraft eines Kindes erfahren.

Damals

Damals ging noch am Abend der Wind
Mit starken Schultern rüttelnd ums Haus.
Das Laub der Linde sprach mit dem Kind,
Das Gras sandte seine Seele aus.
Sterne haben Sommer bewacht
Am Rande der Hügel, wo ich gewohnt:
Mein war die katzenäugige Nacht,
Die Grille, die unter der Schwelle schrie.
Mein war im Ginster die heilige Schlange
Mit ihren Schläfen aus milchigem Mond.
Im Hoftor manchmal das Dunkel heulte,
Der Hund schlug an, ich lauschte lange
Den Stimmen im Sturm und lehnte am Knie
Der schweigsam hockenden Klettenmarie,
Die in der Küche Wolle knäulte.
Und wenn ihr grauer schläfernder Blick mich traf,
Durchwehte die Mauern des Hauses der Schlaf.

Wolfgang Koeppen und GÜNTER EICH waren noch ohne in die Augen fallende lyrische Meriten, immerhin hatte Letzterer 1928 in einer von Willi Fehse und Klaus Mann besorgten *Anthologie jüngster Lyrik* als Einundzwanzigjähriger mit spätexpressionistischen Gedichten sein Debut gegeben.

Der Anfang kühlerer Tage

Im Fenster wächst uns klein der Herbst entgegen,
Man ist von Fluss und Regen überschwemmt,
Was eben Decke war und Licht, wird Regen
Und fällt in uns verzückt und ungehemmt.

Der Mond wird hochgeschwemmt. Im weißen Stiere
Und in den Fischer kehrt er ein.
Uns überkommen Wald und Gras und Tiere,
Vergessne Wege münden in uns ein.

Uns trifft die Flut, wir sind uns so entschwunden,
Dass alles fraglich wird und voll Gefahr.
Wo strömt es hin? Wenn uns das Boot gefunden,
Was war dann Wirklichkeit, was Wind, was Haar?

Danach ist Eich als Lyriker lange verstummt, aber als er sich nach 1945 wieder zu Wort meldete, war der Zusammenhang mit seiner frühen Kunst, Zeichen sprechen zu lassen, bemerkbar.

Künstlerisches und menschliches Vorbild der *Kolonne*-Autoren war Oskar Loerke, als Lektor und Förderer junger Talente im selben Maße beachtenswert wie als Autor.

Oskar Loerke (1884–1941)

Der Sohn eines Hof- und Ziegeleibesitzers in Jungen an der Weichsel (Westpreußen), studierte ohne Abschluss Germanistik, Geschichte und Musik in Berlin, war ab 1907 zunächst freier Schriftsteller, dann zeitweilig als Dramaturg tätig und wurde 1917 Lektor im S. Fischer Verlag. 1926 wurde er Mitglied der Preußischen Akademie der Künste, 1928 Sekretär ihrer Sektion für Dichtkunst, ein Posten, den er 1933 aufgeben musste. Gestorben in Berlin.

Loerke gehörte eigentlich noch der expressionistischen Generation an, aber er hat das Erbe des Expressionismus verändert. Seine nicht leicht zugängliche herbe Poesie kreist um die Wunder der Schöpfung, das Geheimnis des Kosmos, den »grünen Gott« der Natur. Dem überlieferten Gegensatz von Stimmungs- und Gedankenlyrik setzte er die These entgegen: »Das höchste Gelingen vorausgesetzt, ist in unserer Kunst der Gedanke ganz Gefühl, das Gefühl ganz Gedanke, beides Anschauung.« *(Das alte Wagnis des Gedichts)*
Die »sanfte, abendliche, große Melodie« lebt in Versen, die vom Sachlich-Gegenständlichen zur Unendlichkeit von Dingen und Landschaften vorstoßen. »Da und dort Muscheln aufheben und Meer in ihnen rauschen hören«, nannte Loerke das Ziel seiner Poesie. Schon die Titel seiner Gedichtbände sind bezeichnend: *Wanderschaft* (1911); *Pansmusik* (1929, zuerst 1916 u. d. T. *Gedichte*), *Der längste Tag* (1926), *Atem der Erde* (1930), *Der Silberdistelwald* (1934), *Der Wald der Welt* (1936). Ihm ist die Seinsgewissheit des »Grünen Gottes« und seiner Wandlungen gegenwärtig: Die Gegenüberstellung zweier Gedichte, eines frühen und eines späteren, macht Loerkes Weg als Lyriker deutlich:

Die Einzelpappel

Darüber stehn wie eiternde Geschwüre
die Wolken.
Drin klafft, wie wenn er ewig bluten werde,
ein wunder Spalt von roter Fieberfarbe,
und einen schwarzen Finger reckt die Erde,
der zitternd wühlt und umrührt in der Narbe.
Hilf mir, ich lasse dich nicht!

Titelgedicht des Bandes *Pansmusik:*

Heut fährt der Gott der Welt auf einem Floße.
Er sitzt auf Schilf und Rohr,
Und spielt die sanfte, abendliche, große
Und spielt die Welt sich vor.
Er spielt das große Lied der Welt zur Neige,
Tief aus sich her den Strom
Durch Ebnen mit der Schwermut langer Steige
Und Ewigkeitsarom …

In dem Aufsatz *Das alte Wagnis des Gedichts* sagt Loerke am Anfang über das Gedicht: »In seinem Schicksal vollzieht sich apokalyptisch das von mancher Welt-stunde über alle Kunst verhängte Schicksal«, und am Schluss: »Mögen viele echte Gebilde der strengen und bittren Gnadenwahl des Schicksals nicht lange standhalten, der Funke ihres Geistes wird weitergehen; der künstlerische Geist ist durch Missverständnis und Nichtbeachtung ebenso wenig auszutilgen wie das Phänomen des Lebens selbst.«
Die Kolonne stellte ihr Erscheinen Ende 1932 ein, aber der Zusammenhalt des Autorenkreises überdauerte Hitlers Machtantritt. Als zukunftsreich erwies sich vor allem ihr künstlerisches Programm, das erst nach dem Ende der nationalsozialistischen Herrschaft zu voller Wirkung gelangte – in solchem Maße, dass in den Sechzigerjahren die Vertreter der Naturlyrik sich heftiger Polemik ausgesetzt sahen, weil man den Erfolg dieser sich unpolitisch gebenden Richtung vor dem Hintergrund der eingetretenen Katastrophen als anachronistisch empfand. Oder was sonst bedeutete der Weg »zu Nieswurz und Beifuß und wieder einmal zum Mythos und auf jeden Fall an die Peripherie der Gesellschaft?« (P. Hamm in der von ihm besorgten Lyrikanthologie *Aussichten*, 1966) So wenig gerecht das im Einzelnen war, es beleuchtete doch scharf das Phänomen einer weitgehenden Identität tonangebender gesellschaftlicher und künstlerischer Gruppen über die zwölf Jahre des Tausendjährigen Reiches hinweg. So sammelte etwa FRIEDRICH SCHNACK (1888–1977), der nach expressionistischen Anfängen (*Vogel Zeitvorbei*, 1922) zu mehr traditionellen Formen zurückgekehrt war (*Palisander*, 1933), seine Gedichte in dem Band *Die Lebensjahre* (1951) – und ähnlich viele andere. Nichts daran war unnatürlich, und doch vermittelte es einer späteren Generation ein Gefühl von Stillstand.
Naturlyrik und religiöse Lyrik bewahrten die ihnen eigentümliche Substanz; Letztere verdichtete sich in den Jahren der Verfolgung zu einer »Lyrik des Kreuzes«, das Gericht und Verheißung, Erschütterung und Geborgenheit zugleich bedeutete. Aber sie vertraten nicht das Ganze der Welt, so wenig wie der von Gottfried Benn propagierte Geschichtspessimismus und heroische Nihilismus. Diesem selbstbewussten König unter den lyrischen Dichtern begegnete ein »literarischer Gegenkönig« (P. Rühmkorf) – Bert Brecht.

Brechts »Hauspostille«

BERTOLT BRECHT hat als Lyriker zu Unrecht im Schatten des Dramatikers gestanden. Ihm gelang es, die der »Gebrauchslyrik« gezogenen Grenzen durch die Schaffung eines neuen Gedichttyps zu überschreiten. *Bertolt Brechts Hauspostille. Mit Anleitungen, Gesangsnoten und einem Anhange* (1927) war nach Gesichtspunkten der Verwendung in sechs (später fünf) Lektionen eingeteilt. Wie der ironisch gemeinte Titel (Postille bedeutet: »Erklärung des vorangestellten Bibeltextes«) trugen auch die Lektionen Überschriften, die dem Horizont der religiösen Erfahrungswelt, den Mustern der Erbauungsliteratur entnommen waren *(Bittgänge, Exerzitien, Psalmen),* unter denen sich aber ein antichristlicher Inhalt gesammelt fand. Die lyrische Produktion eines Jahrzehnts ist in ihnen geordnet, vom Dichter mit erklärenden Hinweisen versehen, einem didaktischen Zweck dienstbar gemacht. Der Leser soll lernen; die Kontrafaktur der christlichen Handreichung wird ihm in der von den Lehren der Religion nicht regierten, sondern nur vernebelten Welt eine Hilfe sein. Das Schlusskapitel besteht aus einem einzigen Gedicht *Gegen Verführung,* dessen letzte Verse lauten:

Laßt euch nicht verführen
Zu Fron und Ausgezehr!
Was kann euch Angst noch rühren?
Ihr sterbt mit allen Tieren
Und es kommt nichts nachher.

»Überhaupt empfiehlt es sich, jede Lektüre mit dem Schlusskapitel zu beschließen«, lautet die Anleitung zum Gebrauch der einzelnen Lektionen. Ebenso wie in den Postillentexten taucht die Gefühlswelt des Lesers unnachsichtig in dieselbe Lauge herben Spotts, die auch die 1926 entstandene Gruppe von Gedichten *Aus einem Lesebuch für Städtebewohner* durchtränkt.

Laßt eure Träume fahren, daß man mit euch
Eine Ausnahme machen wird.
Was eure Mutter euch sagte
Das war unverbindlich.
Laßt euren Kontrakt in der Tasche
Er wird hier nicht eingehalten.

Laßt nur eure Hoffnungen fahren
Daß ihr zu Präsidenten ausersehen seid.
Aber legt euch ordentlich ins Zeug
Ihr müßt euch ganz anders zusammennehmen
Daß man euch in der Küche duldet.

Ihr müßt das Abc noch lernen.
Das Abc heißt:
M a n   w i r d   m i t   e u c h   f e r t i g   w e r d e n.

Denkt nur nicht nach, was ihr zu sagen habt:
Ihr werdet nicht gefragt.
Die Esser sind vollzählig.
Was hier gebraucht wird, ist Hackfleisch.

(Aber das soll euch nicht entmutigen!)

Bertolt Brecht, 1922

Brechts Vorgehen ist konsequent und gibt dem lyrischen Gebilde eine neue Funktion. Es ist geeignet, seine Vorbehalte gegen die eigene Lyrik (sie »hat mehr privaten Charakter«, hatte er noch 1926 in einem Interview erläutert) zu entkräften oder doch zu mildern, denn das einzelne, unter mehr subjektiven Bedingungen entstandene Gedicht fand nun im Zusammenhang mit anderen einen neuen Stellenwert. Der Gegensatz zur Lyrik und zu den Lyriksammlungen der bisherigen Erlebnisdichtung ist vollständig. Da Brecht freilich geradlinig Vision durch Beschreibung ersetzt, die Welt ausschließlich immanent begreift, von Kälte, Finsternis und Verderben als dem selbstverständlich Gegebenen ausgeht, erhalten seine Gedichte einen elementaren Zug, der sie Gebilden, die aus einem ursprünglichen Naturgefühl hervorgegangen sind, vergleichbar macht. (→ S. 441, 465)

Großstadtkunst. Chanson und Gebrauchslyrik
Die »goldenen Zwanzigerjahre« der krisengeschüttelten Republik waren so glänzend nicht; die Entzauberung ist längst erfolgt. Und doch hatte die spätere Verklärung in der Erinnerung von Beteiligten insofern einen realen Kern, als der politische Umbruch von 1918 die Abstreifung vieler konventioneller Fesseln bedeu-

tete, die zwar längst gelockert gewesen waren, aber eben doch noch bestanden hatten. Die Ausbreitung der Kleinkunstbühnen nach Abschaffung der kaiserlichen Vorzensur (1922 gab es in Deutschland annähernd 80 Kabaretts) bietet ein Beispiel dafür.

In den großen Städten entwickelte sich ein verändertes Lebensgefühl, und es war nicht schon darum leicht zu nehmen, weil es sich oftmals anspruchslos äußerte. Die konservative Kritik beklagte die Absenkung des Niveaus, aber die neue Großstadtkultur war vital und unverbraucht; politisch betrachtet wirkte sie demokratisierend.

WALTER MEHRING (1896–1981), der als Sohn eines sozialdemokratischen Publizisten und einer Sängerin in der Berliner Boheme aufwuchs, schrieb Gedichte und Chansons für Max Reinhardts Kabarett »Schall und Rauch« (etwa die Parodie *Einfach klassisch! Eine Orestie mit glücklichem Ausgang*, 1919, in der Friedrich Ebert, der neue Reichspräsident, als Ägysth erscheint) und begründete selbst das »Politische Cabaret«. Das *Ketzerbrevier* (1921) behandelte in des Autors eigener Auflistung »Hochstapelei in Sach- und Ewigkeitswerten; Schmalz und Weltanschauung; Pornographie; Vaterlandsliebe und Hurrahsozialismus; Lust- und Fememord; Landsknechtstum im Solde jeder Demagogie«. Die Parodie liturgischer Gebetsformen und christlichen Liedguts in den Teilen *Schwarze Messe* und *Weiße Messe* des *Ketzerbreviers* nahm die Gesänge des Mr. Peachum in Brechts *Dreigroschenoper* vorweg. Mit Faszination (und Entrüstung) über den sich ausbreitenden Amerikanismus beschäftigte sich das Gedicht *Tempo Synkopen*, das beim Stepdance rezitiert wurde:

Sie kommen
    von weit her übers Meer
    The Jazzband – the Jazzband
und blasen wie das wilde Heer
und rasen wie ein Wildenheer
    von New Orleans bis Westend
    Es hüpfen wie das kangoroo
der Frackmensch und der Nackte –
– der Buffalo – das Steppengnu
stampeden nach dem Takte:
    I want to be
    I want to be
    I want to be home in Dixie
    and cowboys rings
    bei scharfen drinks!
Gieß ein, sweetheart, und mix sie!
Und bist du, wo die Dollars spring'n
Und finstre Nigger keifen,
dann hörst du die Skylight-Angels singen
– was die Spatzen von den Dächern pfeifen .

Mehrings Chansons und Songs wurden von damals berühmten Diseusen vorgetragen, viele hat Friedrich Hollaender komponiert (gesammelt u. d. T. *Die Gedichte. Lieder und Chansons,* 1929). Mehrings Parodien beziehen sich nicht eigentlich auf die Literatur, sondern auf die Gesellschaft, die er besonders in den Anfangsjahren der Republik als restaurativ kritisierte – das war die alte Oberschicht des Kaiserreichs, die kleinbürgerlichen Schichten als Massenbasis der Nationalsozialisten bekam er nicht in den Blick. Dies gilt ähnlich, wenn auch im verringerten Maße, für den Kabarettdichter Erich Weinert, der sich zunehmend bemühte, ein proletarisches Publikum anzusprechen (*Der verbogene Zeitspiegel,* 1922). (→ S. 471)

Von vergleichsweise unverbindlicher Komik, aber von großer Breitenwirkung war der Boheme-Künstler, Kunstmaler und Rezitator (auch im Kabarett »Schall und Rauch«) JOACHIM RINGELNATZ (1883–1934).

Ringelnatz, eigentlich Hans Bötticher, geboren in Wurzen a. d. Mulde, ein Sohn des Jugendschriftstellers Georg Bötticher, ging ohne Wissen der Eltern als Schiffsjunge zur See. Er arbeitete in ungefähr 30 Berufen, vom Akteur in einer Schlangenbude auf dem Weihnachtsmarkt bis zum Bibliothekar und Archivar, seit 1909 auch als Kabarettdichter (bis 1933 in vielen Städten). Über seine Soldatenzeit schrieb er das Buch *Als Mariner im Krieg* (Pr., 1928). Gestorben in Berlin.

Es ist der skurrile Humor Morgensterns, den Ringelnatz in burlesken Improvisationen und kecken Versgebilden fortentwickelt hat. »Die Worte fügen, schmiegen sich in sein Gefühl, in seine kapriziösen Gedankengänge, in alle Windungen und Krümmungen dieses waghalsigen Humors. Seine Verse, auch die knitteligsten noch, sind so glatt und rund, als wären sie auf einer Töpferscheibe gedreht« (A. Polgar). Zu seinen zahlreichen Publikationen zählen *Die Schnupftabaksdose. Stumpfsinn in Versen* (1912), *Turngedichte* (1920), *Kuttel Daddeldu* (G., 1920), *Kinder-Verwirr-Buch* (1931). Alles war schrullig und phantasievoll wie das bekannte Gedicht von den zwei Ameisen, die nach Australien reisen wollten, denen aber schon bei Altona auf der Chaussee die Beine weh taten. Ringelnatz' Schaffen kulminierte im Band *Gedichte dreier Jahre* (1932); von den Nationalsozialisten wurde er als entartet unterdrückt.

KURT TUCHOLSKY übertrug seine tiefe Abneigung gegen das Kaiserreich auf die Republik, die er als glücklose Fortsetzung dieses Reiches ansah – ein Impuls, der freilich lähmend auf die Notwendigkeit wirkte, sie zu verteidigen. Er begann seine journalistische Tätigkeit mit zeitkritischen Gedichten, Besprechungen und Glossen. Präzise Formulierungen und geistreiche Pointen waren ihm ebenso geläufig wie das Heiter-Verspielte, das in seiner Erzählung *Rheinsberg, ein Bilderbuch für Verliebte* (1912) zum Ausdruck kam. Seinen einzigen Roman schrieb Tucholsky in Schweden: *Schloß Gripsholm* (1931); im selben Jahr erschien der Sammelband *Lerne lachen, ohne zu weinen*.

Tucholsky vermochte ein verändertes Lebensgefühl auszudrücken, wie es aus den folgenden Versen des Gedichts *Augen in der Groß-Stadt* spricht:

> Wenn du zur Arbeit gehst
> am frühen Morgen,
> Wenn du am Bahnhof stehst
> mit deinen Sorgen
>   da zeigt die Stadt
>   dir asphaltglatt
> im Menschentrichter
> Millionen Gesichter;
> Zwei fremde Augen, ein kurzer Blick,
> die Braue, Pupillen, die Lider –
> Was war das? vielleicht dein Lebensglück ...
> vorbei, verweht, nie wieder.

ERICH KÄSTNER hat sich selbst den »Sänger des täglichen Krams« genannt. In dieser Rolle – er kam zur rechten Zeit – wurde er schnell ein Star, denn er war schlagfertig und witzig, nicht gefühllos, aber niemals gefühlig. Zuweilen sehr schnoddrig, sprach er aus, was er erlebte und sah. Als er aus einer Leipziger Redaktion wegen seines Gedichts *Nachtgesang eines Kammervirtuosen* (»Du meine letzte Neunte Sinfonie / Wenn du das Hemd anhast mit den roten Streifen«) hinausgeworfen wurde, ging er nach Berlin und fand dort sein bestes Publikum. Er schrieb über die neuen Verhältnisse der Großstadt und die alten Übel der deutschen Gesellschaft: »Dort wachsen unterm Schlips Gefreitenknöpfe. / Und unsichtbare Helme trägt man dort. / Gesichter hat man dort, doch keine Köpfe. / Und wer zu Bett geht, pflanzt sich auch schon fort.« »Der Moralist«, sagte er, »pflegt seiner Epoche keinen Spiegel, sondern einen Zerrspiegel vorzuhalten. Die Karikatur, ein legitimes Kunstmittel, ist das Äußerste, was er vermag.« Bis 1933 veröffentlichte er vier Gedichtbände (*Herz auf Taille*, 1928; *Lärm im Spiegel*, 1929; *Ein Mann gibt Auskunft*, 1930; *Gesang zwischen den Stühlen*, 1932) und erlebte als Augenzeuge die Bücherverbrennung, die auch ihn betraf: »Gegen Dekadenz und moralischen Verfall! Für Zucht und Sitte in Familie und Staat! Ich übergebe den Flammen die Schriften von Heinrich Mann, Ernst Glaeser und Erich Kästner!«

Mascha Kaléko (1907–1975)

Die Tochter eines russischen Vaters und einer österreichischen Mutter in Schidlow (heute Chrzanow) im damals österreichischen Galizien geboren, kam während des Ersten Weltkriegs nach Marburg, 1918 nach Berlin, und wurde von dem Feuilletonisten Monty Jacobs für die *Vossische Zeitung* entdeckt. Sie gewann rasch Anerkennung beim Publikum und bei berühmten Kollegen wie Thomas Mann, Hermann Hesse, Alfred Polgar. Emigrierte 1938 in die USA, von wo sie 1960 nach Israel übersiedelte. Lebte dort – wie vor ihr Else Lasker-Schüler – unbekannt und isoliert, erwog zuletzt die Rückkehr nach Berlin. Gestorben in Zürich.

Ähnlich wie für Joseph Roth bedeutete die Herkunft aus Galizien für Mascha Kaléko bereits im Berlin der Weimarer Republik eine Belastung, die sie daher in ihren Selbstäußerungen zu kaschieren versuchte. Die unerwünschten ostjüdischen Zuwanderer stießen auf Ablehnung, oftmals Verachtung. Auch in ihrer lebenslangen Heimatlosigkeit (ungeachtet des literarischen Erfolgs) ist Mascha Kaléko mit ihrem großen Landsmann vergleichbar. Anders als für ihn aber bedeutete Berlin für sie eine Wahlheimat, aus der sie nur die Zeitumstände vertrieben. Ihr *Lyrisches Stenogrammheft*, das ihren frühen Ruhm besiegelte – die Sammlung gehört zu den am weitesten verbreiteten deutschen Gedichtbänden –, erschien im Januar 1933, wenige Monate später zählte sie zu den durch die Bücherverbrennung betroffenen Autoren. Aber so groß war damals ihr Erfolg bei den Lesern, dass noch 1934 ihr *Kleines Lesebuch für Große* herauskam und Ernst Rowohlt 1935 eine Neuauflage wagte.

Schlagfertigkeit, Melancholie, ein Schuss Sentimentalität, ostjüdische Welterfahrung, dazu ein besonderes Gespür für die Berliner Atmosphäre –, all diese Ingredienzen ergaben den unverwechselbaren Charme von »Mascha«, dem »weiblichen Ringelnatz«, wie man sie auch nannte (dass Ringelnatz vielleicht ein »männlicher Kaléko« war, auf diese Idee kam keiner). Ihre »Zeitungsgedichte« trafen genau das Lebensgefühl einer jungen Generation von Großstädtern in wirtschaftlich schwierigen Jahren – und auch das folgender Generationen, wie der nach 1945 erneute Erfolg zeigt. Der Sieg der Nationalsozialisten, der Mascha Kaléko vorübergehend aller Wirkungsmöglichkeiten in Deutschland beraubte, Exil und Isolation fanden ihren Niederschlag in herben Gedichten und Epigrammen. Sie artikulierte auch die unerfüllten Wünsche der Jugend angesichts der alltäglichen Erwachsenenwelt:

Interview mit mir selbst

Ich bin vor nicht zu langer Zeit geboren
In einer kleinen, klatschbeflissenen Stadt,
Die eine Kirche, zwei bis drei Doktoren
Und eine große Irrenanstalt hat.

Mein meistgesprochenes Wort als Kind war ›nein‹.
Ich war kein einwandfreies Mutterglück.
Und denke ich an jene Zeit zurück:
Ich möchte nicht mein Kind gewesen sein.

Im letzten Weltkrieg kam ich in die achte
Gemeindeschule zu Herrn Rektor May.
– Ich war schon zwölf, als ich noch immer dachte,
Dass, wenn die Kriege aus sind, Frieden sei.

Zwei Oberlehrer fanden mich begabt,
Weshalb sie mich – zwecks Bildung – bald entfernten;
Doch was wir auf der hohen Schule lernten,
Ein Wort wie ›Abbau‹ haben wir nicht gehabt.

Beim Abgang sprach der Lehrer von den Nöten
Der Jugend und vom ethischen Niveau –
Es hieß, wir sollten jetzt ins Leben treten.
Ich aber leider trat nur ins Büro.

Acht Stunden bin ich dienstlich angestellt
Und tue eine schlecht bezahlte Pflicht.
Am Abend schreib ich manchmal ein Gedicht.
(Mein Vater meint, das habe noch gefehlt.)

Bei schönem Wetter reise ich ein Stück
Per Bleistift auf der bunten Länderkarte.
– An stillen Regentagen aber warte
Ich manchmal auf das so genannte Glück …

Aus dem Nachlass erschien der Band *In meinen Träumen läutet es Sturm* (1977). Unverändert sprachen daraus die direkte Vorgehensweise, Witz und die allem verbalen Nebel abholde Deutlichkeit. Besonders auf diese legte sie, »ein armer Großstadtspatz / im Wald der deutschen Dichtung«, mit spöttischem Stolz Gewicht: »Weiß Gott, / ich bin ganz unmodern, / Ich schäme mich zuschanden: / Zwar liest man meine Verse gern, / doch werden sie – verstanden.«

Erzählprosa (Deutschland)

Der Übergang vom Kaiserreich zur Republik bezeichnet in der Erzählkunst den endgültigen Sieg des Romans über das Epos. Noch um die Jahrhundertwende hatte diese älteste und historisch wichtigste Form epischer Dichtung, wie das Beispiel Dehmels, Däublers, Dauthendeys und Spittelers lehrt, eine nicht unbeträchtliche Rolle gespielt. PAUL ERNST (1866–1933)

wagte in den Zwanzigerjahren sogar einen Erneuerungsversuch mit seinem umfangreichen Werk *Das Kaiserbuch* (3 Bde., 1923/28), ein »Versepos der Deutschen«, in der die Welt der Sachsen-, Salier- und Stauferkaiser dargestellt wird. Das *Kaiserbuch* bildete gewissermaßen den Schlussstein seiner Rückbesinnung auf die klassische Tradition, der er bereits in seinen Novellen und Dramen sowie theoretisch Ausdruck verliehen hatte (*Der Weg zur Form*, Ess., 1906; *Ein Credo*, Ess., 1912; *Der Zusammenbruch des Idealismus*, Ess., 1919). Ernst, der als Sozialist und Naturalist begonnen hatte, war mit den Jahren immer konservativer geworden, und sein Ruf nach moralischer Erneuerung blieb im deutschen Bildungsbürgertum keineswegs ungehört. Thomas Manns Aschenbach in *Der Tod in Venedig* entspricht diesem Künstlertypus, wenn er auch nicht Ernsts Züge trägt. 1931/32 richteten führende deutsche Universitätsgelehrte, unterstützt von über 100 weiteren Ordinarien der Geisteswissenschaften an die schwedische Akademie in Stockholm den Antrag, Ernst den Nobelpreis zu verleihen. Angesichts des veränderten Lebensgefühls und der aktuellen Probleme war das *Kaiserbuch* zum Zeitpunkt seines Erscheinens bereits ein Anachronismus. Unvermeidlich wirkte der Zwang der Form hemmend auf den Stoff. Zeitüberdauernde Schöpfungen sind auf diese Weise nicht mehr gelungen, was sich der Moderne widersetzte, fiel restaurativ und epigonal hinter sie zurück. Der Roman, formal weitaus wandlungsfähiger als das Epos, eröffnete einen leichteren Zugang zur aktuellen Wirklichkeit.

»Der Zauberberg«, ein »Entbildungsroman«

Mit seinem – nach *Buddenbrooks* – zweiten großen Roman *Der Zauberberg* (1924) wollte THOMAS MANN zunächst nur »etwas wie ein Satyrspiel« zu *Der Tod in Venedig* (1912) schreiben, zu jener Novelle also, in der ein erfolgreicher Schriftsteller aus einem scheinbar gefestigten, asketischen Künstlerdasein durch Schönheit und Leidenschaft in einen tödlichen Rausch gezogen wird. Tatsächlich entwickelte sich das begrenzte Vorhaben zu einem »Dokument der europäischen Seelenverfassung und geistigen Problematik im ersten Drittel des 20. Jahrhunderts«.

Der junge Schiffsbauingenieur Hans Castorp, ein früh verwaister Hamburger Patriziersohn, besucht seinen an Tuberkulose erkrankten Vetter in einem Davoser Sanatorium. Der Aufenthalt, der nur drei Wochen umfassen soll, dehnt sich über Jahre aus, bis zum Beginn des Krieges 1914, denn Hans Castorp, der dem verfänglichen Reiz des Ortes erliegt, wird selbst krank. Das Gesellschaftsleben, die Gespräche der Bewohner des Sanatoriums, die außerhalb der bürgerlichen Welt stehen, sich aber eben deshalb auch ungehemmt verhalten, spiegeln die Atmosphäre des fiebernden, müden Europa. Für die verschiedenen geistigen Strömungen der Zeit stehen charakteristische Gestalten wie der humanistisch geprägte Literat Settembrini und der seiner »kommunistischen« Doktrin verpflichtete Jesuit Naphta, der sich im Duell mit Settembrini selbst erschießt, ferner der saloppe Chefarzt Behrend, sein psychoanalytisch experimentierender Assistent Krokowski und Mynheer Peeperkorn, eine dem Lebensgenuss zugewandte, gänzlich unintellektuelle »Persönlichkeit«. Castorp verliebt sich in die schöne Clawdia Chauchat, eine kirgisenäugige Russin. Sieben Monate, bis zur Liebesnacht mit ihr, währt der erste Teil des Romans, sieben Jahre der zweite.

Die Darstellung lebt von der scharfgeschliffenen Form des geistreich-ironischen Sprachtons. Zunehmend wird dabei der »Zeitroman« zu einer epischen Darstellung des Problems der Zeit an sich, die in der Erfahrung Castorps zu einer Funktion des Bewusstseins wird. Wie in *Buddenbrooks* ändert auch im *Zauberberg* der Erzähler allmählich seine Kunstmittel. Indem das Verhältnis von Erzählzeit und erzählter Zeit sich beständig verschiebt, verweist der Roman auf die Relativität dessen, was in der Wirklichkeit unmittelbar gegeben scheint. Fragwürdig ist die Wirklichkeit des Erzählten aber auch insofern, als das vordergründige Geschehen von zuweilen sogar mehrdeutiger symbolischer Bedeutung ist. So wird der Zauberberg zum Venusberg und zum Hades, seine Ärzte nehmen Züge der Höllenrichter Mynos und Radamanth an. Märchenhafte Elemente wechseln mit kältester Ironie, erst vom Schluss her wird die leitmotivische Komposition überschaubar. Castorp wird in dieser »hermetischen Retorte« in vielfältiger Weise vom Leben gebildet oder vielmehr »entbildet«, denn um einen Bildungsroman im konventionellen Sinne handelt es sich nicht, sondern um eine »gewaltige Entgrenzungsphantasie« (H. Kurzke) im Dienst des Lebens. Der Lernprozess des Protagonisten gipfelt im einzigen gesperrt gedruckten Satz des Romans (den er bald wieder vergisst): »Der Mensch soll um der Güte und Liebe willen dem Tode keine Herrschaft einräumen über seine Gedanken«, lautet es in dem zentralen Kapitel *Schnee*. Als der Erzähler Castorp fast gleichgültig in den Krieg entlässt, beendet er den Roman mit der Frage: »Wird auch aus diesem Weltfest des Todes, auch aus der schlimmen Fieberbrunst, die rings den regnerischen Abendhimmel entzündet, einmal die Liebe steigen?«

Der Zauberberg, dessen außerordentlicher Rang sogleich Anerkennung fand, wurde ungeachtet seines künstlerischen Anspruchs auch ein Publikumserfolg. Da Thomas Mann bereits 1913 mit dem Roman begonnen hatte, stellte er auch einen Spiegel seiner seitherigen Entwicklung und seiner gegenwärtigen Haltung dar. Als Geschichtsprofessor Cornelius figurierte der Autor in der scheinbar der privaten Sphäre verpflichteten Erzählung *Unordnung und frühes Leid* (1925), die

hintergründig aber ebenfalls die Zeitwirren erkennen lässt. Noch klarer enthielt *Mario und der Zauberer* (N., 1930) die Warnung vor den totalitären Tendenzen des europäischen Faschismus.   (→ S. 448, 450)

Heinrich Mann und Jakob Wassermann

HEINRICH MANN schrieb als Fortsetzung des *Untertan* die literarisch sehr viel weniger bedeutenden Romane *Die Armen* (1917) und *Der Kopf. Roman der Führer* (1925). Im dritten Band dieser *Das Kaiserreich* betitelten Trilogie verwertet er bereits Erfahrungen aus der Republik. Ebenso wie die in diesen Jahren entstandenen Essays erörtert *Der Kopf* eindringlich das Verhältnis von Geist und Macht. Ein Rückgang des künstlerischen Gelingens ist auch bei den in den späten Zwanzigerjahren erscheinenden »Romanen der Republik« unübersehbar, die vom Film und vom Kriminalroman beeinflusst sind und von denen am ehesten *Die große Sache* (1930) erwähnenswert scheint. Unter den Novellen ragt *Kobes* (Fragment, 1929) hervor.(→ S. 443) Zur selben Zeit wie Thomas und Heinrich Manns Aufstieg als Schriftsteller vollzog sich auch der von JAKOB WASSERMANN (1873–1934) aus Fürth. Seine Prosa gewann das Publikum vor allem durch ihr psychologisches Raffinement, die Aktualisierung historischer Stoffe im Medium modernen Empfindens. Bereits vor der Jahrhundertwende hatte er begonnen, Romane zu veröffentlichen (*Melusine*, 1896; *Die Juden von Zirndorf*, 1897). In dem Roman *Caspar Hauser oder Die Trägheit des Herzens* (1908) erzählt er in enger Anlehnung an die damals bekannten Tatsachen von dem Unglücklichen, der im Alter von sechzehn Jahren verwahrlost in Nürnberg aufgegriffen worden war und in dem man einen Erbprinzen von Baden vermutete, das Opfer einer dynastischen Intrige: ein Stoff, der das Sensationsbedürfnis stets von neuem anregte, bis sein legendärer Charakter mit Hilfe der Wissenschaft nachgewiesen wurde. *Das Gänsemännchen* (R., 1915), beeinflusst durch Jean Paul und E. T. A. Hoffmann, beschrieb Doppelehe und Künstlerschicksal eines romantischen Musikers. Nach dem Krieg folgten *Christian Wahnschaffe* (R., 2 Bde., 1919), ein Gesellschaftsroman mit religiösen Grundzügen – einem »Franz-von-Assisi-Stoff«, wie Wassermann ihn verstanden wissen wollte –, sodann sein erfolgreichster Roman *Der Fall Maurizius* (1928), mit einer Rudolf Borchardt nachgebildeten Hauptfigur, ferner *Etzel Andergast* (R., 1931) und *Joseph Kerkhovens dritte Existenz* (R., postum 1934). Wassermanns Novellen erschienen in einer vierbändigen Sammlung u. d. T. *Der Wendekreis* (1920–24).

Thomas Mann, mit Wassermann befreundet, hat 1935 gegen dessen Romane geltend gemacht, dass sie »zu romanhaft« seien. Besonders manche seiner späteren Erzählwerke zeigen kolportagehafte Züge. Wie im Falle vieler anderer jüdischer und oppositioneller Autoren hängt seine schon bald einsetzende Nichtbeachtung aber auch damit zusammen, dass er 1933 gezielt dem Vergessen überantwortet wurde. Mit der Problematik der Assimilation setzte er sich wiederholt auseinander (*Das Los der Juden*, Es., 1904; *Mein Weg als Deutscher und Jude*, 1921). Als er in seinen *Selbstbetrachtungen* (1933) Deutschland als Herd des Antisemitismus bezeichnete, erfolgte sein Ausschluss aus der Preußischen Akademie der Künste, aus der er seinen Rücktritt bereits erklärt hatte.

Hermann Hesse und Gerhart Hauptmann

In HERMANN HESSES Roman *Demian. Die Geschichte einer Jugend* (1919), den er zunächst unter dem Namen Emil Sinclair (nach Hölderlins Freund Isaac von Sinclair) veröffentlichte, wird ein gewandelter Hesse erkennbar. Die fiktive Autobiografie dokumentiert auch Stationen seiner persönlichen Entwicklung.

Hesse hatte sich während der Weltkriegsjahre in der Schweiz ganz in den Dienst der Gefangenenfürsorge gestellt. Er gründete und redigierte den *Sonntagsbote(n) für deutsche Kriegsgefangene*, war Mitredakteur der *Deutsche(n) Internierten zeitung* und gab eine Kriegsgefangenen-Bücherei heraus. Obwohl er sich freiwillig als Landsturmmann angeboten hatte, sah er sich in der deutschen Presse als »Verräter«, »Gesinnungslump« und »Drückeberger« verunglimpft – man verzieh ihm nicht, dass er sich von den nationalistischen Hasstiraden vieler Schriftsteller distanziert und in völkerversöhnlichen politischen Aufsätzen und in offenen Briefen *(O Freunde, nicht diese Töne)* für den Frieden eingesetzt hatte. Die bitteren Erfahrungen dieser Zeit wurden für ihn durch private Probleme verschärft. Eine psychoanalytische Therapie, besonders die Begegnung mit den Schriften C. G. Jungs, waren für ihn damals eine bestimmende Lebenshilfe.

Die Selbstzweifel und Bekenntnisse der ersten Romane und die romantische Verträumtheit, die noch der Vagabundenroman *Knulp* (1915) deutlich erkennen lässt, sind dem Bewusstsein der eigenen Bestimmung gewichen. Hesses Grundthema wird erkennbar: Der Mensch, der zwischen Sinnlichkeit und Sittlichkeit, Trieb und Geist steht, muss diese Spannung auf sich nehmen und sein geistiges Selbst verwirklichen. »Das Leben eines jeden Menschen ist der Weg zu sich selber«, sagt Hesse im Vorwort zu *Demian*. In der Legende *Siddharta. Eine indische Dichtung* (1922), der Reise-

Hermann Hesse, 1927

erfahrungen zugrunde liegen, findet der Ausgleich geistiger und sinnlicher Mächte in östlicher Mystik Erfüllung. Der junge Brahmane Siddharta ist am Ziel seiner Wahrheitssuche und imstande, »den Gedanken der Einheit zu denken, die Einheit fühlen und einatmen zu können«. In dem Roman *Der Steppenwolf* (1927) bricht noch einmal die fast nihilistische Verzweiflung über die Gespaltenheit des Menschen, eine menschliche und eine wölfische Natur, durch. Aber Hesse betont, dass »das Buch [...] keineswegs das Buch eines Verzweifelten ist, sondern das eines Gläubigen«.

Die Polarität von Natur und Geist, Askese und Ekstase ist auch das Thema der im Mittelalter spielenden Erzählung *Narziß und Goldmund* (1930).

In einem Kloster wachsen Narziß und Goldmund zusammen heran. Narziß bringt dem künstlerisch begabten Gefährten zum Bewusstsein, dass er nur auf dem Weg über die sinnenhafte Hingabe an die Natur zu sich selbst kommen kann. Goldmund folgt der Lockung der Sinne und gerät in den Wirbel des Weltlebens. Am Ende holt ihn Narziß aus den Händen des Henkers ins Kloster zurück; dort legt Goldmund in Kunstwerken von seinen Erfahrungen Rechenschaft ab. Er stirbt im Bewusstsein erfüllten Lebens.

Die Morgenlandfahrt (E., 1932) greift wiederum auf klassische und romantische Motive zurück: den Wanderer, den Bund der Wissenden um ein Reich des Geistes und der Seele, den Weg nach innen: »Unser Morgenland war ja nicht nur ein Land und etwas Geographisches, sondern es war die Heimat und Jugend der Seele, es war das Überall und Nirgends, war das Einswerden aller Zeiten.« Die Erzählung weist bereits auf Hesses ein Jahrzehnt später erschienenes großes Alterswerk *Das Glasperlenspiel* voraus. (→ S. 522)

GERHART HAUPTMANN schrieb mit *Der Ketzer von Soana* (1918) eine fern von christlicher Jenseitserwartung im Diesseits angesiedelte Erzählung. Ein junger Priester liebt ein Mädchen, gibt sein bisheriges Leben auf und führt mit ihr im Gebirge ein Hirtendasein, eine elementare, panisch-heidnische Existenz. »Ich weiß selbst nicht«, schrieb Hauptmann, »wieso ich das Griechentum in seiner ganzen Nacktheit so erleben und darstellen musste.« Der Roman *Die Insel der großen Mutter oder das Wunder von Ile des Dames* (1924) erzählt von einem Frauenstaat auf einer utopischen Insel des Altertums, dessen Ende gekommen ist, als die Frauen Mütter von Söhnen werden, die zu Männern heranwachsen und das Matriarchat beenden. Das Epos *Till Eulenspiegel* (1927) schildert in Hexametern die Abenteuer, Streiche, Gaukeleien, Gesichte, Träume Tills, des großen Kampffliegers, Landfahrers, Gauklers und Magiers. Als entlassener Soldat des Ersten Weltkrieges und als modern gebildeter faustischer Eulenspiegel irrt er durch Deutschland. (→ S. 488, 498)

Zehn Jahre nach Ende des Ersten Weltkrieges wurde dort der Krieg selbst zu einem beherrschenden Thema der Literatur.

Weltkriegsromane

Die Anschauungen widersprachen sich krass, doch fällt nicht nur ein sachliches Gegeneinander, sondern auch ein zeitliches Nacheinander bei der Musterung der nationalistischen Kriegsromane und der Anti-Kriegsromane ins Auge. Die Autoren der letzteren Gruppe traten zuerst hervor oder suchten wie LUDWIG RENN (eigentlich Arnold Vieth von Golßenau, 1889–1979) für seinen Roman *Krieg* (1928, vollendet 1925) bereits einige Jahre früher vergeblich nach einem Verleger. Ihre kritische, nicht selten ausgeprägt pazifistische Einstellung teilten sie mit den Heimkehrern der expressionistischen Generation, deren Zeit auf dem literarischen Markt aber zunächst abgelaufen war. Mit der wachsenden Krise der Republik melden sich verstärkt die Autoren der antidemokratisch eingestellten, aber betont patriotischen Kriegsromane zu Wort und gewannen bald die Oberhand.

Krieg war der autobiografische Roman eines aus einer Professorenfamilie stammenden Offiziers: Renn versuchte ohne subjektive Wertung eine sachliche Bestandsaufnahme. Sie wirkt aufklärerisch aus sich selbst heraus, denn die Erfahrung der Kameradschaft unter den Frontsoldaten ist das einzig positive Moment in einem ansonsten sinnlosen Inferno. Ebenso wie bei dem aus proletarischer Sicht schreibenden Sohn eines Gemeindehirten ADAM SCHARRER (1889–1948, *Vaterlandslose Gesellen*, R., 1930) ist die kritische Intention unverkennbar. Ablehnung des Krieges, wenn auch in mehr passiver Weise, spiegelt auch *Soldat Suhren* (R., 1927) von GEORG VON DER VRING, der wie Renn als Offizier am Weltkrieg teilgenommen hatte. Auch seine folgenden Romane *Camp Lafayette* (1929) und *Der Wettlauf mit der Rose* (1932) legen davon indirekt Zeugnis ab. Den Krieg der Marine beschrieb desillusionierend (wie einst Reinhard Goering) THEODOR PLIEVIER (1892–1955, bis 1933 Plivier, *Des Kaisers Kulis,* R., 1930). Die geistige Nähe dieser Autoren zur Neuen Sachlichkeit bedingt es, dass die Romanform eine Veränderung zur gelegentlich nur lose verbundenen Zustandsschilderung erfährt (EDLEF KÖPPEN, 1893–1939, *Heeresbericht,* 1930; ALEXANDER MORITZ FREY, 1881 bis 1957, *Die Pflasterkästen,* 1929). Auf Arnold Zweigs Zyklus *Der große Krieg der weißen Männer* wird noch gesondert einzugehen sein.

Zu einem sensationellen Erfolg entwickelte sich ERICH MARIA REMARQUES (eigentlich Erich Paul Remark, 1898–1970) Roman *Im Westen nichts Neues* (1929), der zu den bisher genannten Antikriegsromanen nur bedingt passt. Nur 18 Monate nach seinem Erscheinen war er in dreieinhalb Millionen Exemplaren verbreitet und wurde, in 32 Sprachen übersetzt, ein Welterfolg. »Dieses Buch«, erklärte der Autor in einer Vorbemerkung, »soll weder eine Anklage noch ein Bekenntnis sein. Es soll nur den Versuch machen, über eine Generation zu berichten, die vom Kriege zerstört wurde – auch wenn sie seinen Granaten entkam.« Der Roman erschien im selben Jahr wie Ernest Hemingways *In einem anderen Land (A Farewell to Arms)*, und es war in beiden Romanen die Sprache der »lost generation«, die ihr Publikum gewann. In *Der Weg zurück* (R., 1931) beschrieb Remarque als Fortsetzung zu *Im Westen nichts Neues* – wie Ludwig Renn in *Nachkrieg* (1930) und Joseph Roth in seinen Heimkehrerromanen – die Erfahrungen der zurückgekehrten Soldaten. Politisch wurde er von Links (weil er über die Ursachen des

Im Westen nichts Neues, Verfilmung von Lewis Millstone, 1930

Krieges schwieg) und Rechts (weil er die patriotischen Legenden entlarvte) attackiert. Unter künstlerischem Aspekt stimmte die Kritik sogar überein. Tatsächlich konnte Remarque, der die Front fast nur aus Erzählungen von Kameraden kannte, eine bereits aus seinen schriftstellerischen Anfängen stammende Neigung zu melancholischem Pathos auch in seinem Kriegsroman nicht verleugnen. Er hatte mit Darstellungen zur Künstler- und zur Dekadenzproblematik begonnen (*Die Traumbude,* R., 1920; *Leitfaden der Decadence,* 1924) und pflegte nach seinem Bestsellererfolg einen luxuriösen Lebensstil. »Irgend etwas fehlt mir an seinem gesicht«, schrieb Brecht, »wahrscheinlich ein monokel.« Gleichwohl war Remarque wie niemandem sonst gelungen, auf das Gefühl zu wirken, wenn es darum ging, die Absurdität und Perversion des modernen Krieges anschaulich zu machen. (→ S. 771)
ERNST GLAESER (1902–1963) war zu jung, um noch Soldat zu werden. Dennoch wurde ihm, dem Angehörigen einer »Zwischengeneration«, der Weltkrieg zum Schlüsselerlebnis. Der erfolgreiche Roman *Jahrgang 1902* (1928) berichtet nicht von der Front, sondern von den Eltern (»La guerre, ce sont nos parents«, äußert der französische Freund des Ich-Erzählers). Die moralische Fragwürdigkeit der bürgerlichen Vorkriegsgesellschaft ließ den Autor dieses über weite Strecken

autobiografischen Romans zum KPD-nahen Mitglied des Bundes proletarisch-revolutionärer Schriftsteller werden. Die Fortsetzung von *Jahrgang 1902* schrieb er u. d. T. *Frieden* (1930). Auch seine Bücher wurden 1933 verbrannt, er selbst emigrierte.
Anders die zahlreichen Romane und Berichte, die ein werthaltiges und insgesamt positives Bild des Krieges entwickelten. Sie genossen auch unter der Herrschaft der Nationalsozialisten, die sie indirekt vorbereiten halfen, hohes Ansehen. Pragmatisch betrachtet war ihr geistiger Ahnherr Ernst Jünger, der das »innere Erlebnis des Krieges« als Erster gefeiert hatte. Im glanzlosen Alltag der Republik wurde dieses Erlebnis hymnisch verklärt und als Rettungsmittel in den wirtschaftlichen und politischen Schwierigkeiten ausgegeben. Das versöhnte auch mit der militärischen Niederlage oder half sie umdeuten: »Wir mussten den Krieg verlieren, um die Nation zu gewinnen«, formulierte FRANZ SCHAUWECKER (1890–1964, *Aufbruch der Nation,* R., 1930; *Der Glaube an Deutschland,* R., 1931).
Der Krieg war ein großer Stoff auch für kleine Talente; im zunehmenden Maße wurde er zu einem der verbreitetsten Themen der Erzählliteratur. Anders als die Bemerkung Remarques es wahrhaben will, sprechen viele Autoren nur zu beredt von ihrer seelischen Verletzung, ist ihr Stil weicher als die Vorgänge, die sie beschreiben. Ob JOSEF MAGNUS WEHNER (1891–1973, *Sieben vor Verdun,* 1930) und WERNER BEUMELBURG (1899–1963, *Sperrfeuer um Deutschland,* 1929; *Gruppe Bosemüller,* 1930) das Grauen der Materialschlacht, EDWIN ERICH DWINGER (1898–1981) in seiner Romantrilogie *Die deutsche Passion* die Leiden in den Gefangenenlagern und den auf die Revolution in Russland folgenden Bürgerkrieg schildert (*Die Armee hinter Stacheldraht,* 1929; *Zwischen Weiß und Rot,* 1930; *Wir rufen Deutschland,* 1932), KARL BENNO VON MECHOW (1897–1960) den bereits anachronistischen Krieg der Kavallerie (*Das Abenteuer,* 1930), PAUL ALVERDES (1897 bis 1979) in *Die Pfeiferstube* (1929) vom mitleidenden Gefühl der Soldaten erzählt – nichts davon erwies sich als zeitüberdauernd. Die allzu vielen Kriegsromane und -berichte bildeten vielmehr einen problematischen Lesestoff, besonders für die nachwachsende Jugend, die den Krieg und die Vergangenheit nicht mehr aus eigener Erfahrung kannte. Autoren, in deren Büchern die bejahende Einstellung zum Krieg mit Parteinahme gegen den aus dem Osten drohenden Bolschewismus verknüpft war, sahen sich überdies schon bald von den Nationalsozialisten gefördert, deren Ideologie sie sich im wachsenden Maße anpassten. Dwinger, der

1921 zunächst Siedler geworden war, wurde Erbhofbauer, dann Reichskultursenator.

Arnold Zweig (1887–1968)

In Glogau geboren, studierte der Sohn eines Sattlers Sprachen, Kunstgeschichte und Nationalökonomie an verschiedenen Universitäten, darunter München, Berlin und Göttingen. Nach Fronteinsatz in Serbien und Frankreich Verwendung in der Presseabteilung des Ostfrontstabs, von 1919 bis 1923 lebte er als freier Schriftsteller am Starnberger See, gehörte dann in Berlin zur Redaktion der *Jüdischen Rundschau*. 1933 emigrierte Zweig nach Palästina und wurde Mitherausgeber der Zeitschrift *Orient* in Haifa. 1948 kehrte er nach Berlin zurück, wurde 1953 Präsident der Ostberliner Deutschen Akademie der Künste und lebte zuletzt, fast erblindet, in Berlin-Niederschönhausen. Für das Drama *Ritualmord in Ungarn. Jüdische Tragödie* (1914; in einer Neufassung 1918 unter dem Titel *Die Sendung Semaels*, Fsp., 1964) erhielt er 1915 den Kleist-Preis.

Zweigs Werk reicht von Dramen und Essays (*Caliban oder Politik und Leidenschaft*, 1927, zum Thema des Antisemitismus) bis zu Romanen und Novellen. Bekannt geworden war er durch seine *Novellen um Claudia* (1912), ein »Roman in Novellen«. Den »großen Krieg der weißen Männer«, wie er in Anspielung auf die Indianerliteratur ironisch formulierte, behandelte er in einem Zyklus, der acht Romane umfassen sollte und 1927 mit *Der Streit um den Sergeanten Grischa* eröffnet wurde.

Grigorij Iljitsch Paprotkin, genannt Grischa, flieht, von Heimweh getrieben, aus einem deutschen Gefangenenlager, aber die Flucht misslingt. Als er sich auf Rat seiner Geliebten als Überläufer ausgibt, verschlechtert sich seine Lage, weil er nun von den Deutschen als Spion verdächtigt wird. Bereits zum Tode verurteilt, scheint er gerettet, als seine wahre Identität bekannt wird. Generalquartiermeister Schieffenzahn, in dem Ludendorff porträtiert ist, verlangt dennoch die Hinrichtung, der zuständige Divisionskommandeur, der altpreußisch geprägte General von Lychow, widersetzt sich. Es beginnt eine Auseinandersetzung der Interessen, in der das Recht unterliegt. Grischa stirbt und mit ihm das Vertrauen in die Rechtsstaatlichkeit Deutschlands.

Der *Grischa*-Roman sollte der bedeutendste des geplanten Zyklus bleiben, dessen einzelne Teile sich thematisch an wichtigen Etappen des Weltkriegsgeschehens orientieren. Sie entstanden jedoch nicht in der damit vorgegebenen chronologischen Reihenfolge: Nur *Junge Frau von 1914* (1931), über den Weg einer Tochter aus großbürgerlichem Haus zur Kriegsgegnerin, erschien noch in der Republik, *Erziehung vor Verdun* (1935) und

Einsetzung eines Königs (1937) in der Zeit des Exils, *Die Feuerpause* (1954) und – der erste Band des Zyklus – *Die Zeit ist reif* (1957) nach Zweigs Rückkehr aus Palästina. Der letzte Band *Das Eis bricht* (postum 1969) blieb unvollendet. (→ S. 456)

Hans Carossa (1878–1956)

Carossa, geboren in Bad Tölz, väterlicherseits aus italienischer Familie, wuchs zunächst bei Pflegeeltern auf. Sein Vater, Medizinstudent, der sich der elterlichen Bestimmung zum Ordensgeistlichen durch Austritt aus dem Kloster entzogen hatte, durfte die Mutter seines Sohnes erst heiraten, als er sein Studium abgeschlossen hatte. Carossa ergriff den Beruf des Vaters, praktizierte in Seestetten, München und Passau, und war im Ersten Weltkrieg Bataillionsarzt. Obwohl er bereits in der Schulzeit schrieb, begann er erst spät zu publizieren: *Gesammelte Gedichte* (1910, auf Empfehlung Hofmannsthals), einen Gedichtzyklus *Ostern* (1913) und den autobiografischen Bericht *Eine Kindheit* (1922). Er lebte zuletzt in Rittsteig bei Passau.

Carossa, dessen Schaffen, wie zahlreiche Übersetzungen zeigen, auch im Ausland bis weit in die Fünfzigerjahre große Beachtung fand, verkörperte in einer für die Zeitgenossen überzeugenden Weise dichterische Berufung und ärztlichen Beruf. Den Konflikt zwischen beiden Bestimmungen gelang es ihm zu harmonisieren, er fand dabei in Goethe lebenslang sein Vorbild. Seine zumeist autobiografischen Bücher sind sicher eingefügt in Kultur und Landschaft des bayerischen Lebensraums, dem Carossa entstammte. Neben Goethe sind auch Stifter und Rilke Vorbilder für Carossas Stil und seine in die Sphäre des Religiösen mündende Weltfrömmigkeit. Die Aufgabe des Arztes zu heilen stand Carossa auch als Dichter vor Augen, wobei ihn die medizinische Erfahrung leitete, dass der hilfreiche Einsatz jedweder Mittel eine Frage des rechten Maßes ist. Sein dementsprechend begrenzter Gegenentwurf zu einer als heillos empfundenen Zeit entsprach dem Bedürfnis vieler Menschen, wobei die Frage der künstlerischen Modernität außer Betracht blieb. Carossas Sprache war in verräterischer Weise konventionell, aber er stand gewissermaßen für das »alte Wahre«.
Nur die frühe Erzählung *Doktor Bürgers Ende* (1913, später u. d. T. *Die Schicksale Doktor Bürgers*), Carossas »Werther«, schließt düster durch den Freitod des jungen Arztes, der die geliebte Frau trotz seiner ärztlichen Fähigkeiten nicht vor dem Tode retten kann. Noch hat der junge Arzt es nicht gelernt, sein Mitempfinden zu beherrschen und die seinem Beruf gezogenen Grenzen anzuerkennen. Den künstlerischen Durchbruch brachte *Der Arzt Gion* (R., 1931).

Der Roman erzählt von der an Leukämie erkrankten Magd Emerenz, die ihr uneheliches Kind zur Welt bringt, obwohl sie Gion gewarnt hat, dass sie die Geburt nicht überleben wird – und von der knabenhaften jungen Bildhauerin Cynthia, die sich für die schöne, fast archaisch anmutende Frau zunächst als Modell interessiert, sie aber später bei sich aufgenommen hat. Durch dieses Erlebnis und durch einen seltsamen Vorgang in ihrem Atelier (während sie für Emerenz die Totenwache hält, zerbrechen Tonfiguren, die sie zu begießen versäumt hat), erfährt Cynthia eine Wandlung. Sie erkennt ihre Liebe zu Gion, den sie in einem wegen Emerenz entstandenen Streit tätlich angegriffen und der diesen Affront beherrscht hingenommen hatte. Sie heiraten und nehmen das elternlose Neugeborene, gewissermaßen als ihr erstes Kind, in die Ehe auf. (→ S. 392, 488, 504)

Lion Feuchtwanger (1884–1958)

Jacob Arje, geboren in München, Sohn eines Fabrikanten, studierte in München und Berlin Germanistik, Philosophie und Anthropologie (Promotion 1907). War Theaterkritiker an der *Schaubühne* (seit 1918 *Weltbühne)* in Berlin, wohin er 1925 übersiedelte; 1933 Reise in die USA, Exil in Südfrankreich (Sanary/Var), gründete 1936 mit Brecht und Willi Bredel die Zeitschrift *Das Wort,* reiste 1937 in die UdSSR, wurde 1940 in Frankreich interniert, entkam in die USA, lebte seit 1941 in Pacific Palisades (Kalifornien), wo er auch starb. Erhielt 1953 den Nationalpreis der DDR.

Feuchtwanger war ein vielseitiger Autor, der sich in den verschiedensten literarischen Formen ausdrückte. Er begann als Dramatiker, sein späterer Roman *Jud Süß* geht auf einen 1917 entstandenen Entwurf für die Bühne zurück. Er bearbeitete Stücke von Aischylos (*Die Perser,* 1917) und Aristophanes (*Eirene* und *Die Acharner* zusammengefasst u. d. T. *Friede,* 1918). *Die Kriegsgefangenen* (1919), 1917 von der Zensur zunächst verboten, behandelt die Liebe zwischen einer preußischen Baronesse und einem Franzosen. In Kooperation mit Brecht schrieb er ein *Leben Eduards des Zweiten von England* (U. 1924) und *Kalkutta: 4. Mai* (1925). Sein »dramatischer Roman« *Thomas Wendt* (1920) wirkte anregend auf Brechts Konzeption des epischen Theaters.

Den künstlerischen Durchbruch und fortdauernden Erfolg brachten Feuchtwanger seine Romane: Ihre Zeitbezogenheit, die Spannung, die er dem jeweiligen Geschehen zu geben wusste, die klare Zeichnung der Charaktere machten sie zu viel gelesenen Büchern. Zunächst überwiegend in der DDR, später auch in der Bundesrepublik Deutschland, erlebten sie zahlreiche Neuauflagen.

Bekannt wurde Feuchtwanger durch seinen im 14. Jahrhundert spielenden Roman über das Schicksal und einsame Leben der Margarete von Tirol (*Die häßliche*

Lion Feuchtwanger, um 1930

Herzogin Margarete Maultasch, 1923). Ein Erfolg wurde auch der Roman *Jud Süß* (1925), dem ebenfalls ein historisches Schicksal – in diesem Fall des 18. Jahrhunderts – zugrunde liegt.

Offensichtlich waren solche Stoffe eine Feuchtwanger anziehende, seinem Talent entsprechende Ausdrucksform. Es folgten vor seiner Emigration noch *Erfolg. Drei Jahre Geschichte einer Provinz* (1930), eine Auseinandersetzung besonders mit der bayerischen Justiz; dann *Die Geschwister Oppenheim* (1933; 1948 unter dem Titel *Die Geschwister Oppermann*), die Darstellung einer jüdischen Berliner Familie. (→ S. 455)

Religiöse Romane

Der wachsende Anteil, den Frauen am literarischen Leben nahmen, wies formal und thematisch in sehr verschiedene Richtungen, fand Aufmerksamkeit aber vor allem in Schöpfungen, die der Erlebnissphäre der Frau besonders gemäß schienen. GERTRUD VON LE FORT (1876–1971) galt als die bedeutendste Erscheinung der katholischen Literatur ihrer Zeit.

Die Offizierstochter aus Minden in Westfalen entstammte einer Hugenottenfamilie, die aus Savoyen über Genf nach Deutschland gekommen war. Sie studierte evangelische Theologie, Geschichte und Philosophie, war in Heidelberg Schülerin von Ernst Troeltsch, dessen *Glaubenslehre* sie 1925 herausgab. 1927 trat sie in Rom zum Katholizismus über. Beziehungen zur Zeitschrift *Hochland*, 1950 Mitherausgeberin der Zeitschrift *Das literarische Deutschland.* Gestorben in Oberstdorf.

Ihr Hauptwerk, der zweiteilige, autobiografische Züge tragende Roman *Das Schweißtuch der Veronika* (*Der römische Brunnen*, 1928; *Der Kranz der Engel*, 1946) beschreibt die seelische Entwicklung einer Konvertitin vor dem Hintergrund weltanschaulicher Auseinandersetzungen; er gipfelt im Zusammenstoß eines modernen, von Nietzsche ausgehenden Atheismus mit der christlichen Heilslehre.

Der erste Band spielt in Rom. Veronika, das »Spiegelchen«, ein junges deutsches Mädchen, erlebt durch die Menschen ihrer Umgebung die ewige Stadt in dreifacher Gestalt: als die antike Metropole eines lebensfrohen Heidentums, als den Schauplatz dionysisch-dunkler Verworrenheit und als Roma sacra der Christenheit. Veronika folgt inmitten dieser verwirrenden Eindrücke der Gnade, die sie erfährt, und konvertiert zur katholischen Kirche. – Der zweite Band spielt nach dem Ersten Weltkrieg in Heidelberg. Veronika lebt als Studentin im Hause ihres Vormunds, eines liberalen Professors. Enzio, ein junger Dichter, den sie in Rom kennen lernte, kehrt aus dem Krieg zurück. Er hat, verwundet, ihre Hilfe gespürt, er liebt sie, wie sie ihn. Es ist Enzios Unglaube, sein Hass gegen die Kirche, seine Idee eines neuen Reiches, der zwischen ihnen steht, der aber auch Veronika zu dem Versuch treibt, sich für ihn zu opfern; sie ist bereit, sich ohne den Segen des Sakraments mit ihm zu verbinden. Als sie zusammenbricht und an den Rand des Wahnsinns gerät, wird Enzios Starrheit gebrochen.

Die im zweiten Teil des Romans dargestellten Erfahrungen mit den atheistischen Mächten des Dritten Reiches stellen eine Belastung für die Einheit des Werkes dar, weil der symbolische Charakter des ersten Bandes unter der zeittypischen Auseinandersetzung leidet. Dennoch bleibt *Das Schweißtuch der Veronika* ein christlicher Roman von exemplarischem Interesse, charakteristisch für das Bild der römischen Kirche zwischen Tridentinum und Zweitem Vaticanum.

Um die Abwehr der Mächte, die sich dem christlichen Heilsgedanken entgegenstellen, geht es auch in den übrigen Erzählwerken Gertrud von le Forts. Im Roman *Der Papst aus dem Ghetto* (1930) mit dem Untertitel *Die Legende des Geschlechtes Pier Leone* stehen gegeneinander die mit der Kraft der Gnade ausgerüstete Kirche und das nach Macht strebende jüdische Geschlecht der Pier Leone. Die Briefnovelle *Die Letzte am Schafott* (1931), die Georges Bernanos seinem Drama *Dialogues des Carmélites* (1949) zugrunde gelegt hat, erzählt die Geschichte einer furchtsamen, aber durch die Gnade Gottes zur Blutzeugin berufenen Ordens-

frau (als Film *Opfergang einer Nonne*, Regie R. Bruckberger, 1959). (→ S. 412, 515, 769)

INA SEIDEL (1885–1974) zeigte sich in ihrem Werk wesentlich bestimmt durch drei Motivkreise: den weiblichen, den religiösen und den geschichtlichen. Ihre biografisch-historischen Romane behandeln geistige Strömungen in verschiedenen Epochen. Aufgabe und Größe der Frau liegen für sie im mütterlichen Bereich. In religiöser Hinsicht spricht sie aus protestantisch-humanem Ethos.

In Halle als Tochter eines Arztes geboren, aus literarisch begabter Familie, war Ina Seidel infolge einer Kindbettinfektion seit 1908 schwer gehbehindert; ab 1914 in Eberswalde, ab 1923 in Berlin, wo ihr Mann an die Neue Kirche am Gendarmenmarkt berufen worden war. Seit 1934 lebte sie in Starnberg.

Im Mittelpunkt des Romans *Das Labyrinth* (1922) steht das Leben Georg Forsters in den Revolutionsjahren 1792/93. In der selben Epoche, mit den Hauptschauplätzen Mainz und Berlin, spielt ihr Hauptwerk *Das Wunschkind* (1930), das von der Kraft einer Mutter und der Geschichte ihres Sohnes handelt, der, wie sie ahnt, im Krieg gegen Napoleon fallen wird. Der Roman mündet in das Bekenntnis: »Aber der Tag wird kommen – und er *muss* kommen, da die Tränen der Frauen stark genug sein werden, um gleich einer Flut das Feuer des Krieges für ewig zu löschen.« (→ S. 413, 516, 769)

Zwischen Tradition und Moderne

Die Spaltung der deutschen Gesellschaft zwischen den Weltkriegen zeigt sich auch im erzählerischen Schaffen seinerzeit sehr bekannter, teils sogar berühmter, inzwischen allerdings mehr oder weniger vergessener Autoren. PAUL ERNST unternahm den Versuch einer Erneuerung der Novelle im Anschluss an die italienische Novellistik des Mittelalters. Seine *Komödiantengeschichten* (1920) und *Spitzbubengeschichten* (1920) und die *Geschichten von deutscher Art* (1928) enthalten einige durch sprachliche Kraft und straffe Handlungsführung ausgezeichnete Erzählungen. *Erdachte Gespräche* (1921) führen historische Persönlichkeiten in fiktiven Dialogen zusammen. WILHELM VON SCHOLZ war erfolgreich mit *Perpetua. Der Roman der Schwestern Breitenschnitt* (1926), einer im Augsburg des Spätmittelalters angesiedelten Kloster- und Hexengeschichte um helle und dunkle Lebensmächte, die in den beiden Schwestern verkörpert sind und der Erzählung einen gnostischen Anstrich geben – gemäß dem Selbstverständnis des Autors als »symbolischer

Realist«. Die Halbfranzösin ANNETTE KOLB (1870 bis 1967), Wahlmünchnerin, zeichnete ihre Frauengestalten leicht, ironisch und psychologisch vielseitig, wie ihre Romane *Das Exemplar* (1913), *Daphne Herbst* (1928) und der mit autobiografischen Elementen durchsetzte Roman *Die Schaukel* (1934) zeigen. OTTO FLAKE (1880–1963), geboren in Metz, gleichermaßen verpflichtet der deutschen wie der französischen Kultur (Übersetzer Stendhals und Balzacs, Herausgeber Montaignes), stellte die Gesellschaft seiner Zeit in Romanen dar, deren Handlung oft in der ihm vertrauten Umgebung Baden-Badens spielt (*Hortense oder Die Rückkehr nach Baden-Baden,* 1933). Zwischen 1913 und 1928 erschienen, teilweise in Überarbeitung, seine *Romane um Ruland*, ein fünfteiliger Bildungsroman, das Hauptwerk seines frühen Schaffens, Bücher der Toleranz und des Friedens, mit einer idealistischen, zuweilen antidemokratischen Komponente. Daneben schrieb Flake philosophische, kulturkritische und essayistische Prosa. Aus der Feder von RENÉ SCHICKELE erschien die Romantrilogie *Das Erbe am Rhein* (*Maria Capponi,* 1925; *Blick auf die Vogesen,* 1927; *Der Wolf in der Hürde,* 1931) über eine elsässische Familie und die von ihm erhoffte Zukunft des Elsass als eines zwei Nachbarländern »gemeinsamen Gartens«, »worin deutscher und französischer Geist ungehindert verkehren, sich einer am anderen prüfen und die neuen Denkmäler Europas errichten« sollten. Indirekt sprach er von sich selbst, wenn er hinsichtlich des Romans *Jean-Christophe* von Romain Rolland 1926 erklärte: »Es ist kein deutsches und kein französisches, es ist ein europäisches Werk – wie, nebenbei gesagt, jedes Werk und jede Tat, die sowohl für Deutschland wie für Frankreich Gültigkeit hat.« Wie schon früher trug ihm seine frankophile Gesinnung Angriffe aus dem nationalen Lager ein; bereits 1932 verlegte Schickele, der französischer Staatsbürger war, enttäuscht seinen Wohnsitz nach Vence in der Provence. RUDOLF BORCHARDT sammelte vier Erzählungen in dem Band *Das hoffnungslose Geschlecht* (1929), darunter *Der unwürdige Liebhaber:* eine in der Welt des Landadels angesiedelte, in den kunstvollen Dialogen an Fontane erinnernde, aber ohne dessen Versöhnlichkeit durchgeführte Ehebruchsgeschichte. BRUNO FRANK (1887 bis 1945), Sohn eines Bankiers aus Stuttgart, verfasste, beeinflusst von Thomas Mann und Lion Feuchtwanger, mit denen er befreundet war, hauptsächlich historische Romane und Novellen, wie *Tage des Königs* (1924), drei Erzählungen um Friedrich den Großen, sowie *Trenck. Roman eines Günstlings* (1926). Der Livländer FRANK THIESS (1890–1977) eröffnete sein Erzählwerk mit einem Sittengemälde des baltischen Adels vor 1914 (*Die Verdammten,* R., 1922). In den folgenden Romanen *Der Leibhaftige* (1924), *Das Tor zur Welt* (1926), *Abschied vom Paradies* (1927), *Der Zentaur* (1931), als Zyklus zusammengefasst unter dem Titel *Jugend,* wollte er die junge Generation über sexuelle Verwirrung, seelenlose Sachlichkeit und Verfall hinweg zu einer »geistigen, von geistigen Schichten getragenen Kultur« führen. Thieß, der mit der Untersuchung *Die Stellung des Schwaben zu Goethe* (1915) promoviert hatte, suchte, wie so viele, »das Deutsche in seinem wahren Bereich, in der Welt des Geistes und der Forschung«. 1933 wurden einige seiner Werke verboten, obgleich Thieß sich, wie die Zukunft zeigte, der Verführung durch den »Führer« nicht verschloss. Bereits einer anderen Generation gehört IRMGARD KEUN (1905–1982) an: Tochter eines Fabrikanten, war sie zunächst Schauspielerin in Greifswald und Hamburg, bevor sie Schriftstellerin wurde. 1931 veröffentlichte sie ihren ersten Roman *Gilgi, eine von uns,* 1932 den Bestseller *Das kunstseidene Mädchen.* Sie schrieb »mit dem Tempo und Timbre einer sport-, film- und jazzversessenen Zeit: ein Glitzerding selber, kess, scharf, komisch und von tiefer Menschenkenntnis« (Rumler). KLAUS MANN, der älteste Sohn Thomas Manns, hatte als noch nicht Zwanzigjähriger zu veröffentlichen begonnen (*Vor dem Leben,* 1925; *Kindernovelle,* 1926), 1929 einen historischen Titel *Alexander. Roman der Utopie* erscheinen lassen, aber erst mit dem Roman *Treffpunkt im Unendlichen* (1932) fand er seinen eigenen Ton. Was Gustav Gründgens ihm einst in Aussicht gestellt hatte, er sei vielleicht berufen, der Wegweiser der neuen Jugend zu werden, fand darin eine Bestätigung zumindest insofern, als es Klaus Mann gelungen war, die eigene existentielle Not als Sohn des berühmten Schriftstellervaters zum Gleichnis für das Verlorenheitsgefühl einer zutiefst unsicheren Generation werden zu lassen.

Anna Seghers (1900–1983)

Seghers, eigentlich Netty Radványi, geb. Reiling, Tochter eines Antiquitätenhändlers und Kunstsachverständigen aus Mainz, die ab 1919 in Köln und Heidelberg Sinologie, Geschichte und Kunstgeschichte studierte, 1924 mit einer Arbeit über *Jude und Judentum im Werk Rembrandts* promovierte, 1928 der KPD beitrat, floh 1933 vor der Gestapo nach Frankreich. Im Exil hat sie unentwegt politisch gearbeitet, auch als der Krieg sie weiter nach Mexiko vertrieb, wo sie mit anderen emigrierten Schriftstellern wie Bodo Uhse, Ludwig Renn und Alexander Abusch die Zeitschrift

Freies Deutschland herausgab. 1947 kehrte sie zurück und nahm ihren Wohnsitz in Berlin (Ost). 1947 erhielt sie für den Roman *Das siebte Kreuz* den Büchner-Preis, von 1952 bis 1978 war sie Vorsitzende des Schriftstellerverbandes der DDR. Gestorben in Berlin.

Bereits in der Weimarer Republik sah die überzeugte Sozialistin ihre Aufgabe im politischen Roman. Schon ihre erste Novelle *Aufstand der Fischer von St. Barbara* (1928), für die sie von Hans Henny Jahnn den Kleist-Preis zugesprochen erhielt und die 1934 von Erwin Piscator in der UdSSR verfilmt wurde, zeigt durch knappe Darstellung von Gruppenschicksalen und proletarischer Solidarität, Parteinahme für Unterdrückte und Verfolgte ihre erzählerische Qualität und bevorzugte Thematik. Die Hungerrevolte einer bretonischen Fischergruppe gegen Reeder und Händler scheitert, ohne dass die revolutionäre Hoffnung darüber zerbricht. Der Stil ist expressiv ohne Überschwang, die Neue Sachlichkeit hat zu sich selbst gefunden. »Diese Prosa ist höchsten Ranges. Nichts Zwischenzeitliches darf zum Vergleich herangezogen werden. Sie erfüllt sich in der kleinen Form, der Skizze, der Novelle, dem Kurzroman.«(K. G. Just).

Anna Seghers, 1929

Der Aufstand der Fischer von St. Barbara endete mit der verspäteten Ausfahrt zu den Bedingungen der vergangenen vier Jahre. Man kann sagen, dass der Aufstand eigentlich schon zu Ende war, bevor Hull nach Port Sebastian eingeliefert wurde und Andreas auf der Flucht durch die Klippen umkam. Der Präfekt reiste ab, nachdem er in die Hauptstadt berichtet hatte, dass die Ruhe an der Bucht wiederhergestellt sei. St. Barbara sah jetzt wirklich aus, wie es jeden Sommer aussah. Aber längst, nachdem die Soldaten zurückgezogen, die Fischer auf der See waren, saß der Aufstand noch auf dem leeren, weißen, sommerlich kahlen Marktplatz und dachte ruhig an die Seinigen, die er geboren, aufgezogen, gepflegt und behütet hatte für das, was für sie am besten war.

Die Titelgeschichte der Sammlung *Auf dem Wege zur amerikanischen Botschaft* (1930) beschreibt eine Demonstration gegen einen Justizmord, der Roman *Die Gefährten* (1932) das Schicksal verfolgter Revolutionäre im Gefängnis, die durch ihr Eintreten füreinander die trennenden Schranken ihrer unterschiedlichen Herkunft überwinden. (→ S. 456)

Hans Fallada (1893–1947)

Fallada, eigentlich Rudolf Ditzen, Sohn eines Landrichters und späteren Reichsgerichtsrats, wurde in Greifswald geboren, besuchte in Berlin, Leipzig und Rudolstadt das humanistische Gymnasium, musste aber wegen eines Duells und eines missglückten Selbstmordversuchs die Schule verlassen. Tätigkeit auf dem Lande als Gutseleve und Rechnungsführer, aber drogenabhängig und wiederholt in Heil- und Entziehungsanstalten. Gefängnisstrafe wegen Unterschlagung. Als Lokalreporter beim *Generalanzeiger* in Neumünster war er mit dem von den Nationalsozialisten politisch ausgemünzten so genannten Landvolkprozess befasst. 1933 erwarb Fallada einen Landsitz, lebte zurückgezogen und wich in die Unterhaltungsliteratur aus. 1944 erneute Entziehungskur wegen Trunksucht. Nach dem Zusammenbruch des Dritten Reiches 1945 Übersiedlung nach Berlin, dort gestorben.

Der Juristensohn, der – wie Georg Heym und Johannes R. Becher nach krisenreicher Jugend – sich der Literatur zuwandte, veröffentlichte bereits 1920 seinen ersten Roman (*Der junge Goedeschall*, 1920). Mit seinem Roman über den Landvolkprozess *Bauern, Bonzen, Bomben* (1930) gelang ihm sein erstes wichtiges Buch. Danach wurde *Kleiner Mann – was nun?* (R., 1932) ein in viele Sprachen übersetzter Sensationserfolg. Die Zeit war offen für Bücher, die auf die Nöte der Massen hinwiesen, und Fallada war wirklich der Chronist des »kleinen Mannes«, den er verstand und von dem er sich verstanden sah.

Wer wie Fallada in den letzten Jahren der Weimarer Republik Aufmerksamkeit auf sich zog, wurde, auch wenn er eben erst zu publizieren begann, in der einen oder anderen Weise zum Autor der politischen Krise. So Erich Kästner, ein »Sohn des Volks mit Witz, ein Literat mit Geist, ein Volksfreund, ein Freund der Vernünftigen, ein Weltfreund, ein konsequenter deutscher Poet« (H. Kesten).

Erich Kästner (1899–1974), »Fabian«

Kästner, geboren in Dresden, entstammt dem Kleinbürgertum; Lehrerseminar, Promotion zum Dr. phil., Redakteur an der *Neuen Leipziger Zeitung,* dann freier Schriftsteller (Mitarbeit an der *Weltbühne* und der *Frankfurter Zeitung*). 1934 und 1937 verhaftet, Einschränkung der Publikationsmöglichkeiten. 1945–48 Feuilletonredakteur der *Neuen Zeitung.* 1957 Büchner-Preis. Gestorben in München.

Kästners Bedeutung beruht vor allem auf seinen Kinderbüchern (1928 erschien der Roman *Emil und die Detektive,* 1930 *Pünktchen und Anton*) und auf seiner »Gebrauchslyrik«, wie er selbst seine Verse nannte. Tucholskys Kritik an Kästner: »Das ist reinlich und gut gemeint, doch da langt es nicht. Da pfeift einer im Sturm, bei Windstärke 11, ein Liedchen« gilt vermehrt für den satirischen Roman *Fabian. Die Geschichte eines Moralisten* (1931).

Der zweiunddreißigjährige Germanist Dr. Jakob Fabian, zeitweilig Adressenschreiber, nun Werbetexter, wartet auf den »Sieg der Anständigkeit«, ist aber ein genauer Beobachter seiner Zeit. Berlin ist für Fabian ein »Irrenhaus. Im Osten residiert das Verbrechen, im Zentrum die Gaunerei, im Norden das Elend, im Westen die Unzucht und in allen Himmelsrichtungen wohnt der Untergang«. Er erlebt den Freitod seines Freundes, des Literaturwissenschaftlers Labude, dem man vorlügt, seine Habilitationsschrift sei abgelehnt worden. Fabian stirbt, als er ein Kind retten will, das gar nicht in Gefahr ist, denn es kann schwimmen. »Fabian ertrank. Er konnte leider nicht schwimmen.«

Stilistisch ist der Roman noch der Neuen Sachlichkeit zuzurechnen, weist aber durch Überzeichnung und Verzerrung über sie hinaus. Er sollte nach Kästners Worten vor dem Abgrund warnen, dem sich Deutschland und Europa näherten. Autor der Großstadt, der Kästner seiner Natur nach war, suchte er mit angemessenen, und das konnte nur bedeuten, mit allen Mitteln in letzter Minute Gehör zu finden. (→ S. 419, 792)
Ein anderes Profil zeigte die Literatur der Provinz.

Heimatromane

FRIEDRICH GRIESE (1890–1975) schrieb die Romane *Winter* (1927) und *Der ewige Acker* (1930). Der herbe Balladenstil AGNES MIEGELS kennzeichnet auch ihre zahlreichen Novellen (*Gang in die Dämmerung,* 1954), den Roman über den Kampf der Stedinger Bauern, *Lucifer* (1907), und den Roman aus der Wiedertäuferzeit, *Der jüngste Tag* (1922).
Nicht notwendig war, was aus der Provinz kam, auch dem Geiste nach provinziell. OSKAR MARIA GRAF (1894–1967), als Lyriker von Rilke entdeckt und geför-

dert (*Die Revolutionäre,* G., 1918; *Amen und Anfang,* G., 1919), gewann mit sozialkritischen autobiografischen Bekenntnisbüchern (*Frühzeit. Jugenderlebnisse,* 1922; *Wir sind Gefangene. Ein Bekenntnis aus diesem Jahrzehnt,* 1927) die Anerkennung der Kritik und ein breites Publikum. Der durch Herkunft und mühsame Jugend mit bayerischem Volkstum, aber auch mit Münchner Boheme- und Anarchistenkreisen vertraute Autor –»Provinzschriftsteller, Spezialität: Ländliche Sachen« ließ er auf seine Visitenkarten drucken – konnte gestalten und schrieb auch in seinen fiktiven Erzählwerken einen anschaulichen Stil (*Chronik von Flechting,* 1925; *Das Bayrische Dekameron,* 1928; *Kalender-Geschichten,* 1929). Vor der Verfolgung durch die Nationalsozialisten flüchtete er 1933 zunächst nach Wien und veröffentlichte dort in der *Arbeiter-Zeitung* seinen Protest gegen die Bücherverbrennungen *Verbrennt mich!* Über die Tschechoslowakei, wo er von 1934 bis 1936 lebte und wo er seinen Roman *Der Abgrund* (1936) über den Wiener Arbeiteraufstand 1934 schrieb, führte Grafs Weg weiter ins zuletzt amerikanische Exil.

MARIELUISE FLEISSER verfasste Erzählprosa, vor allem Kurzgeschichten (*Ein Pfund Orangen,* 1929; *Mehlreisende Frieda Geier. Roman vom Rauchen, Sporteln, Lieben und Verkaufen,* 1931; *Andorranische Abenteuer,* 1932; *Avantgarde,* 1963; *Abenteuer im Englischen Garten,* 1969), die knapp, realistisch, humorvoll und volksnah ist; als »Marieluise Fleißer aus Ingolstadt« hatte sie sich auf dem Titelblatt von *Ein Pfund Orangen* den Lesern vorgestellt. Ihre Wirkung, vor allem ihre späte Renaissance, gründet jedoch stärker auf ihrer Dramatik. Wie einst LENA CHRIST (1881–1920, *Erinnerungen einer Überflüssigen,* Aut., 1912; *Die Rumplhanni,* R., 1916) vermochte sie die Provinz zu zeigen, wie sie war: unwahr und eng, beschränkt auch in Aberglauben und Scheinchristlichkeit.

Erzählprosa (Österreich)

Der Zerfall der Donaumonarchie – des bis dahin zweitgrößten Flächenstaates in Europa – bedeutete für die deutschsprachige Literatur dieses Raumes eine grundlegende Veränderung. Sieht man von der vergleichsweise kleinen Alpenrepublik ab, die auch künftig den Namen Österreich führte und in der man, abgesehen von einer Minderheit Slowenen, Deutsch sprach, so handelte es sich bei den Nachfolgestaaten um Gründungen, die kulturell nicht deutsch dominiert waren und ihre eigene Literatur und Sprache pflegten. Zwar waren auch sie wie der untergegangene Vielvölkerstaat zumeist ethnisch gemischt und schlossen sogar rein deutschsprachige Randgebiete oder Inseln ein, aber ein verbindender Charakter kam dem nicht mehr zu. Der staatliche Ordnungsrahmen und die jahrhundertelange gemeinsame Geschichte hatten jene Einheit in der Vielfalt hervorgebracht, von der die deutschen Autoren in der Vergangenheit maßgeblich profitierten. In der Epoche des Realismus erlaubte der multikulturelle Charakter »Zwischeneuropas« die Darstellung ungezählter unverwechselbarer Details, die Besonderheit einer »österreichischen« Literatur gründete wesentlich auf den damit verbundenen Erfahrungen, die sie von der spezifisch »deutschen« unterschied. Damit hatte es nun, zunächst politisch, in der weiteren Perspektive aber auch gesellschaftlich und sozial, ein Ende. Allerdings zeigt die nach 1918 entstandene Literatur, dass die Erinnerung an das Verlorene stimulierend wirkte und das größere Österreich von einst sogar vermehrt in den Mittelpunkt der Betrachtung rückte. Die wichtigsten Werke, die in solchem Zusammenhang zu berücksichtigen sind, entstanden überhaupt erst jetzt und sie stammten zum Teil von Autoren, die mit dem Staat ihrer Eltern nur frühe Jugendeindrücke verbanden, die mithin über etwas schrieben, was für sie keinen sicheren Besitz aus eigener Kenntnis darstellte, ihrem Denken aber dennoch eine bestimmte Richtung gab. Das Verhältnis dieser auf die Vergangenheit bezogenen Werke zur Gegenwart war problematisch, weil sie auch im besten Fall nicht mehr zu bieten vermochten als eine rückwärts gewandte Utopie.

Die Ursachen dafür reichten weit hinter die aktuelle Krise zurück. Als Charakteristikum der österreichischen Literatur ist oftmals eine im Verhältnis zur literarischen Entwicklung in Deutschland größere Nähe zur Tradition hervorgehoben worden. Diese Eigenart zeigte sich nicht nur in einem vergleichsweise konservativen Verhältnis zur Sprache, sondern auch in der weniger scharf abgegrenzten Weise, in der sich der Epochenwandel vollzog. So bereitete sich der Übergang zur Moderne im Spätrealismus vergleichsweise unauffällig vor, ein programmatischer Umbruch wie im gleichzeitigen deutschen Naturalismus fehlt. Keine Gegenwart äußerte sich so bestimmend, dass nicht auch die Formen und das Lebensgefühl einer älteren Zeit fühlbar nachwirkten. Zurückhaltender im vitalen Anspruch war dieses Jetzt jedoch zugleich offen für

Künftiges. Dass der den österreichischen Autoren nachgesagte Traditionalismus nicht als eine einseitig rückwärts gewandte Haltung verstanden werden darf, hat Thomas Mann 1936 in seiner Antwort auf eine Rundfrage hervorgehoben:

Die spezifische Besonderheit der österreichischen Literatur ist zwar nicht leicht zu bestimmen, aber jeder empfindet sie, und wenn die grimme Zeit nicht den letzten Rest von Sympathie für Kulturmilde und geistige Anmut in ihm zerstört hat, so liebt und bewundert er diese unzweifelhafte Besonderheit. Rundheraus gesagt, halte ich die österreichische Literatur in allen Dingen des artistischen Schliffes, des Geschmackes, der Form – Eigenschaften, die doch wohl nie aufhören werden, in der Kunst eine Rolle zu spielen und die keineswegs epigonenhaften Charakters zu sein brauchen, sondern den Sinn für das Neue und Verwegene nicht ausschließen – der eigentlich deutschen für überlegen. Das hängt mit einer Rassen- und Kulturmischung zusammen, deren östliche, westliche, südliche Einschläge das Österreichertum überhaupt und nach seinem ganzen Wesen von dem Deutschtum, wie es historisch geworden ist, national abheben und ein deutschsprachiges Europäertum von süddeutscher Volkhaftigkeit und mondän gefärbter Bildung zeitigen – höchst liebenswert und höchst unentbehrlich. (Gibt es eine österreichische Literatur?)

Die österreichische Erzählkunst des 20. Jahrhunderts bestätigt diese Stellungnahme. Bereits um die Jahrhundertwende haben Schnitzler und Beer-Hofmann durch Verwendung differenzierter erzählerischer Techniken der Prosaliteratur neue Wege erschlossen. Zwischen den Kriegen waren es vor allem Robert Musil und Hermann Broch, die das Formspektrum des Romans erweiterten.

Schnitzlers Spätwerk
Im letzten Kriegsjahr verfasste ARTHUR SCHNITZLER die Novelle *Casanovas Heimfahrt* (1918): Vor dem glücklich gezeichneten Hintergrund italienischer Landschaft und Kultur, insofern aus österreichischer Feder eine unzeitgemäße Vergegenwärtigung schönen Friedens, zeigt sie phrasenlos die durch den Glanz ihrer Vergangenheit faszinierende, in ihrem Verfall jedoch abstoßende Gestalt des Verführers. Zum Polizeispitzel herabgesunken, mit einem bigotten Traktat gegen Voltaire beschäftigt, das erotische Glück durch Betrug erschleichend, wird Casanova zum Verräter an sich selbst.

Eine andere, bereits 1917 vollständig ausgearbeitete Novelle *(Wahn)* blieb zunächst unveröffentlicht. Es ist bezeichnend für Schnitzlers Kunstauffassung, dass er sie damals noch »durch das pathologische Sujet« für »nicht ganz zu rechtfertigen« ansah. »Das rein pathologische ist nun einmal für die Kunst verloren.« Die Novelle erschien erst 1931 u. d. T. *Flucht in die Finsternis*, als nicht nur die Stimmung des Autors, sondern auch die Zeitumstände sich weiter verdüstert hatten.

Der Übergang von der Monarchie zur Republik berührte Schnitzler nicht existentiell, für den Blick des Mediziners und Psychologen handelte es sich dabei wohl eher um ein Oberflächenphänomen. Ein Schriftsteller in der Tradition der Aufklärung, der er war – wenngleich ohne deren Optimismus –, fühlte er sich eher gedrängt, den »Snobismus« seines Freundes Hofmannsthal zu tadeln. Er sah in den aktuellen Veränderungen »eine weitere Etappe auf dem Weg, den die Demokratie bis zu ihrem endgültigen Sieg über den Absolutismus im weitesten Sinn zu gehen hat«. Aber mit der alleinigen Ausnahme des Fragments *Zug der Schatten* siedelte er seine Stoffe auch weiterhin in der Zeit vor dem Kriege an und ließ die Probleme der Gegenwart allenfalls mittelbar zu. Vergegenwärtigt man sich die ungewöhnliche Präzision im Detail und die atmosphärische Dichte, die für Schnitzlers Kunst kennzeichnend sind, so wird die selbst auferlegte Beschränkung verständlich. »Das wird unsere Generation nicht mehr übersehen und schon gar nicht mehr gestalten können«, äußerte er sich zu politischen Gegenwartsfragen. Schon bald galt er als der »Dichter einer versunkenen Welt«. Während seine Stücke zunehmend seltener gespielt wurden, verlagerte sich das Gewicht seines Schaffens auf die Prosa. Die schon bald berühmte, in der Darstellung der Schauspielerin Elisabeth Bergner auch als Film erfolgreiche Erzählung *Fräulein Else* (1924), ausgeführt in der Technik des inneren Monologs, machte, anders als *Lieutenant Gustl*, eine Frau zur Hauptfigur. Es folgten die korrespondierende Erzählung *Die Frau des Richters* (1925) und die in der Darstellung des Verhältnisses zweier Ehegatten zueinander streng symmetrisch gearbeitete *Traumnovelle* (1926). *Spiel im Morgengrauen* (E., 1927), eine Offiziers- und Spielergeschichte, exemplifiziert in ihrem spannungsreichen Verlauf die bestimmende Macht des Zufalls: Die kühl berechnete Rache eines einstigen »süßen Mädels« an ihrem gleichgültigen Liebhaber von einst, wird, anders als beabsichtigt, für diesen zur tödlichen Falle. Den Abschluss von Schnitzlers Prosaschaffen bildet der Roman *Therese. Chronik eines Frauenlebens* (1928), der noch einmal wesentliche Themen desillusionistischer Erzählhaltung vereinigt.

Der »Darsteller der Topographie der Wiener Seelenverfassung um 1900« (E. Friedell) war bei seinem Tode vielerorts vergessen. Von antisemitischer Seite hatte er zu Lebzeiten besonders heftige Schmähungen erfahren und die weitere Verfemung war zunächst programmiert. Eine Renaissance in Europa setzte in den frühen Sechzigerjahren ein. Die Namen Max Ophüls (1902 bis 1957) und Luc Bondy (1958) stehen für bedeutende Film- und Hörspieladaptionen.

In den USA riss die Beschäftigung mit Schnitzler dagegen niemals ab. Emigranten trugen dazu ebenso bei wie die weltweite Aufmerksamkeit für das Werk Sigmund Freuds. Dieser war sich der weit reichenden Übereinstimmung bewusst, die zwischen seiner und Schnitzlers Auffassungen mancher psychologischen und erotischen Probleme bestand. Er rühmte in einem Brief an Schnitzler 1922 dessen Determinismus und Skepsis – »was die Leute Pessimismus heißen« –, das »Ergriffensein von den Wahrheiten des Unbewussten, von der Triebnatur des Menschen, Ihre Zersetzung der kulturell-konventionellen Sicherheiten, das Haften Ihrer Gedanken an der Polarität von Lieben und Sterben [...]. So habe ich den Eindruck gewonnen, dass Sie durch Intuition – eigentlich aber in Folge feiner Selbstwahrnehmung – alles das wissen, was ich in mühseliger Arbeit an anderen Menschen aufgedeckt habe.«

Was Schnitzler darstellte, war eine in sich schlüssige und abgeschlossene Welt, »repräsentativ für ein Land, eine Epoche, eine Monarchie« (J. Roth). Den Versuch, das Irrationale mit rationalen Mitteln zu erfassen, unternahm, ausgreifender in der Zielsetzung, auch Robert Musil, als er sich in seinem unvollendet gebliebenen und wohl unvollendbaren Roman *Der Mann ohne Eigenschaften* den geistigen Problemen der Zeit zuwandte.

Musils Weg zum polyhistorischen Roman

ROBERT MUSIL hat die Möglichkeiten, die ihm aufgrund seines erfolgreichen technischen, philosophischen und psychologischen Studiums offen standen, ausgeschlagen, um sich ganz der Literatur zu widmen. Sein teilweise bereits zitiertes »Curriculum vitae« lässt diese Suche nach der eigentlichen Bestimmung erkennen:

1911/14 Praktikant und Bibliothekar an der Technischen Hochschule Wien. 1914 Redakteur an der Zeitschrift Die Neue Rundschau, *Berlin. 1914–1918 als Offizier an der italienischen Front [...] Ende 1918–1920 in besonderer schriftstellerischer Tätigkeit im Staatsamt des Äußeren. 1920–1922 Fachbeirat im Bundesministerium für Heereswesen [...] Wird, neben seiner Hauptarbeit, Theaterkritiker (Prager Presse), schreibt Essays u. a., geht schließlich nach Berlin, weil dort die Spannungen und Konflikte des deutschen Geisteslebens fühlbarer sind als in Wien. 1933 kehrt er nach Errichtung des »Dritten Reichs«, obwohl kein äußerer Zwang auf ihn wirkt, Deutschland den Rücken. Lebt in Wien, alles für die Vollendung seines Hauptwerkes opfernd.*

Musil hat diese Haltung auch im Exil, in dem er bis zu seinem Tod in Genf zuletzt unter schwierigsten Bedingungen zu arbeiten gezwungen war, beibehalten. Kennzeichnend für sein Schaffen auch in den Zwanzigerjahren ist eine Stilhaltung, die bereits in seinem Roman *Die Verwirrungen des Zöglings Törleß* hervorgetreten war und die er selbst als ein »Zugleich von Genauigkeit und Seele« kennzeichnete. Musil hat in Berlin über Ernst Mach promoviert (*Beitrag zur Beurteilung der Lehren Machs*, 1908), aber er empfing auch von Novalis, Nietzsche und Maeterlinck wichtige Anregungen. Seine Kritik des Irrationalismus ist angeregt und geschärft durch die romantische Ironie. Der charakteristische Vertreter dieser Denkart in seinem Werk ist eine wiederkehrende männliche Hauptfigur, die wissenschaftlich, also rational geprägt, intellektuell ruhelos und daher besonders der konventionellen Phrase abhold agiert. Im Austausch mit einer als Stichwortgeber fungierenden Partnerin sind ihr bezeichnende Äußerungen in den Mund gelegt. Im Roman *Der Mann ohne Eigenschaften* ist das Ulrich, der, wenn seine Geliebte Diotima auf der Fahrt durch den Wienerwald die Verse zitiert: »Wer hat Dich, du schöner Wald, aufgebaut so hoch da droben«, erwidert: »Die Niederösterreichische Bodenbank.« Im Schauspiel *Die Schwärmer* (1921) ist es Thomas, der formuliert: »Das menschlichste Geheimnis der Musik ist ja, dass es mit Hilfe eines getrockneten Schafdarms gelingt, uns Gott nahe zu bringen.«

Die Darstellung pubertärer Erlebnisse und makabrer Vorgänge im Internat (*Die Verwirrungen des Zöglings Törleß*) hatte bereits, über die psychologischen Beobachtungen hinaus, auf die schmale Grenze zwischen dem Rationalen und Irrationalen hingewiesen. Diesen Zwischenbereich kennt auch der Band *Drei Frauen* (Nn., 1924) mit den Novellen *Grigia, Die Portugiesin* und *Tonka,* die formal dem klassischen Novellenmuster entsprechen – bis hin zur »unerhörten Begebenheit«. Gleichwohl sind sie in Sprache und Thematik der Zeit Musils gemäß, der mit seinem ausgeprägten Gefühl für Differenzierung einer der großen deutschen Stilisten war.

Der frühe Ruhm, den er mit seinem ersten Roman errungen hatte, war allerdings rasch verblasst. Sein erzählerisches Hauptwerk *Der Mann ohne Eigenschaften*

Robert Musil, Bronzeplastik von Fritz Wotruba, 1937

beschäftigte ihn bereits seit Anfang der Zwanzigerjahre. Der erste Band mit den Teilen *Eine Art Einleitung* und *Seinesgleichen geschieht* erschien 1930, der (unvollständige) zweite Band *Ins tausendjährige Reich* Ende 1932 (vordatiert 1933). Die Wirkung war gering, ironisch veröffentlichte Musil daraufhin Prosa u. d. T. *Nachlaß zu Lebzeiten* (1936). Als er 1938 von Wien in die Schweiz emigrierte, erschien er in Zürich und Genf als ein fast Unbekannter. Materiell, aber auch schriftstellerisch, war seine Bedrängnis zuletzt groß, weil er seinen Roman nicht zum Abschluss zu führen vermochte. Erst 1952 erfolgte die Gesamtausgabe des über 1600 Seiten umfassenden Werkes, dessen Geschehen in dem knappen Zeitraum von 1913 bis 1914 spielt.

Ulrich, der Mann ohne Eigenschaften, hat seinen Beruf aufgegeben. Da erreicht ihn die Aufforderung an einer geplanten »vaterländischen Aktion«, der satirisch akzentuierten »Parallelaktion« teilzunehmen, in der sich führende Kreise Wiens um die Vorbereitung einer großen Volksfeier zum siebzigjährigen Herrscherjubiläum Kaiser Franz Josephs im Jahre 1918 bemühen, wobei es sich nicht zuletzt darum handelt, dem dann ebenfalls fälligen dreißigjährigen Jubiläum des deutschen Kaisers in würdiger Weise zu begegnen. Als Mitarbeiter dieses Unternehmens, für das man angestrengt nach einer leitenden Idee sucht, kommt Ulrich mit einflussreichen Persönlichkeiten (die verschlüsselte Porträts historischer Persönlichkeiten darstellen) und den ungelösten geistigen Fragen der Zeit in Berührung. Er entzieht sich dem sinnlosen Leerlauf dieses Unternehmens (die Beteiligten ahnen nicht, dass das Jahr 1918 den Sturz der beiden Kaiserreiche bringen wird). Zusammen mit der von ihm geliebten, unglücklich verheirateten Schwester Agathe, der er beim Begräbnis seines Vaters wieder begegnet, versucht er ein neues Leben zu beginnen, weiß aber, dass der »andere Zustand« kein dauernder sein, der Weg »ins tausendjährige Reich« nur ein »augenblickhaftes Innewerden einer anderen Wirklichkeit« vermitteln kann. Er zieht in den Krieg.

Ulrich ist der »Möglichkeitsmensch«, der sich für keine der gegebenen Ordnungen entscheiden kann, weil er ihre Unzulänglichkeit durchschaut. Die Handlung ist nur der Ansatzpunkt für die Ausbreitung eines riesigen Panoramas der Epoche unmittelbar vor der Katastrophe des Weltkriegs, das der polyhistorisch gebildete Erzähler entwirft. »Der Zusammenbruch der Kultur ist in der Tat das, was der Sommer 1914 eingeleitet hat«, sagte Musil. Dieser Zusammenbruch wird mit Nüchternheit und spöttischem Ernst in subtiler Analyse dargestellt. Die Welt ist zersplittert, die Menschen leben »ohne Eigenschaften«, der Relativismus hat alle ergriffen, nichts steht fest: »Es gibt kein Ja, an dem nicht ein Nein hinge.« Ein ironischer Zusammenhang der Dinge wird deutlich in der Parallelität des Strebens aller Personen – sie dokumentieren verzerrt Ulrichs Bemühungen, seine Eigenschaften und Talente sinnvoll einzusetzen, das heißt »das Gesetz des rechten Lebens« zu finden.

Der Roman bietet nebeneinander kulturkritische Gesellschaftssatire, philosophische Betrachtungen und Essays. Die Sachlichkeit und abstrahierende Prägnanz des Stils vermitteln eine Fülle neu gesehener Details und Bilder, wie schon die einleitende Schilderung Wiens erkennen lässt. Vorangestellt ist dieser Schilderung ein Absatz von bezeichnender Genauigkeit und Ironie.

Über dem Atlantik befand sich ein barometrisches Minimum; es wanderte ostwärts, einem über Russland lagernden Maximum zu, und verriet noch nicht die Neigung diesem nördlich auszuweichen. Die Isothermen und Isotheren taten ihre Schuldigkeit. Die Lufttemperatur stand in einem ordnungsgemäßen Verhältnis zur mittleren Jahrestemperatur, zur Temperatur des kältesten wie des wärmsten Monats und zur aperiodischen monatlichen Temperaturschwankung. Der Auf- und Untergang der Sonne, des Mondes, des Lichtwechsels des Mondes, der Venus, des Saturnringes und viele andere bedeutsame Erscheinungen entsprachen ihrer Voraussage in *den astronomischen Jahrbüchern. Der Wasserdampf in der Luft hatte seine höchste Spannkraft, und die Feuchtigkeit der Luft war gering. Mit einem Wort, das das Tatsächliche recht gut bezeichnet, wenn es auch etwas altmodisch ist: Es war ein schöner Augusttag des Jahres 1913.* (→ S. 568)

Neben Musil war Hermann Broch der bedeutendste österreichische Romancier und Essayist seiner Zeit.

Hermann Broch (1886–1951), »Die Schlafwandler«
Hermann Broch als Sohn eines jüdischen Textilfabrikanten in Wien geboren, studierte 1903–1906 an der Technischen Hochschule in Wien und an der Textilhochschule in Mühlhausen (Elsass), trat 1907 in die väterliche Firma ein, leitete sie später bis 1927, wurde als führendes Mitglied des Österreichischen Industriellenverbandes auch mit den Problemen der Arbeiter bekannt, zog sich 1928 aus dem Berufsleben zurück und studierte bis 1931 noch einmal in Wien: Mathematik, Philosophie und Psychologie. Lebte seit 1935 als freier Schriftsteller in Tirol und in der Steiermark, wurde 1938 durch die Gestapo verhaftet, durch Vermittlung von Freunden im Ausland, darunter James Joyce, freigelassen; emigrierte in die USA, wurde 1950 Professor für deutsche Literatur an der Yale-Universität und zum Nobelpreis vorgeschlagen. Tod in New Haven.

Gemessen an einem älteren Begriff von schöner Literatur war Broch eigentlich mehr ein Denker als Dichter. Was ihn zur Literatur führte, war die Hoffnung mit ihren Mitteln zu einem Gesamtbild der menschlichen Existenz gelangen zu können, wie das von Einzelwissenschaften nicht mehr zu erwarten war. Er beschäftigte sich in seinen philosophischen und psychologischen Studien eingehend mit den Problemen des »Wertzerfalls« im Massenzeitalter, des »wertentlassenen Menschen«. Künstlerisch hat er diese Probleme in der Romantrilogie *Die Schlafwandler* (1931/32) gestaltet. Dabei handelt es sich um eine Darstellung der Entwicklungen und Krisen in Deutschland über die Blütezeit der Wilhelminischen Ära bis zur Revolution 1918.

Der erste Teil *Pasenow oder Die Romantik* entführt in das Berlin von 1888. Es ist eine Welt des Militärs und des märkischen Landadels, der Duelle und geistreichen Unterhaltungen – die Welt Fontanes eigentlich, den Broch aber nicht gelesen zu haben erklärte – und zeigt am Beispiel des jungen Joachim von Pasenow die Leere eines gleichgültigen Lebens hinter der Fassade ritualisierter Verhaltensweisen. Die knapp bemessene Handlung erzählt von Pasenows Beziehung zum Animiermädchen Ruzena und seiner Eheschließung mit der jungen Adligen Elisabeth Baddensen, der er Züge einer himmlischen Mutter verleiht. »Romantisch« sind in Brochs Wortgebrauch die Selbsttäuschungen des Bewusstseins mit Hilfe derer Pasenow versucht, sich die Illusion einer noch von Werten besetzten

Welt zu erhalten. Gleichwohl sind Stimmungen der Angst und Unsicherheit fühlbar. »Umgeben von all den vielen schönen, toten Dingen, die um sie angesammelt und aufgehäuft waren, umgeben von den vielen, schönen Bildern, ahnte Elisabeth dennoch, dass die Bilder an die Wand gehängt waren, als sollten sie die Mauern verstärken […].« Wie in Thomas Manns *Buddenbrooks* spielt auch der Verfall der Familie eine tragende Rolle. Größere innere Freiheit als Pasenow besitzt der Industrielle Bertrand, nach dem der Romanzyklus ursprünglich insgesamt benannt werden sollte und der erkennbar – obwohl Broch das bestritten hat – Züge des Autors trägt. Er fordert den Verzicht auf alles, was einem nicht oder nicht mehr wesensgemäß entspricht. – Der zweite Teil *Esch oder Die Anarchie* spielt 1903 im Raum Köln unter kleinen Angestellten und Arbeitern, hilflosen Opfern der im Vergleich zur kultivierten Apokalypse von 1888 verrohten Welt. Der zu wahnhaften Vorstellungen neigende Buchhalter Esch, wegen eines von ihm nicht verschuldeten Buchungsfehlers entlassen, nimmt sich des Mädchens Ilona an, das als Zielscheibe eines Messerwerfers arbeitet und sucht, »um den großen Buchungsfehler dieser Welt zu tilgen«, nach dem dafür Schuldigen. Sein Opfer und Gegenspieler ist Bertrand, der nach einer neuen Form des Lebens sucht, aber weiß, dass »erst das Nichts kommen muss«. Der Ästhet, der sich – wie eine Figur Stefan Georges – in seinem Park vor dem irdischen Getriebe versteckt, begeht Selbstmord, um sich für seine mangelnde Anteilnahme am Leben zu bestrafen. Auch Eschs Ansätze zu einem neuen Leben scheitern: Die mystische Übersteigerung von Erotik und Liebe (er heiratet die Schankwirtin Mutter Hentjen) wird als »schlafwandlerische« Flucht in Scheinwerte entlarvt. – Der dritte Teil *Huguenau oder Die Sachlichkeit* handelt 1918 und bringt die Katastrophe, damit aber auch die Wende im Prozess des Wertzerfalls. Esch ermordet den skrupellosen, nur noch egozentrischen Antrieben folgenden Geschäftsmann Huguenau, dessen Zeitungsverlag er zuvor gekauft hat. Pasenow wird wahnsinnig – der »Romantiker« und der »Anarchist« treten von der Bühne ab, an ihrer Stelle werden weitere Figuren eingeführt, deren Lebenslinien sich überkreuzen und verschlingen, so in der Liebesgeschichte eines Heilsarmeemädchens in Berlin, vorgetragen von einem Ich-Erzähler, dem Züge Bertrands eignen. Der Roman wird zu einem Mikrokosmos des zersplitterten Wertsystems, auch formal vielgestaltig, rein philosophische Darstellung mit Lyrischem und optimistischer Weissagung verbindend. Einige der Romanfiguren finden sich zu einer Gemeinde zusammen, die der Zukunft mit Mut begegnet.

Wie in *Buddenbrooks* und im *Zauberberg* begegnen wir mithin im Fortschreiten des Romans einem Wechsel des erzählerischen Verfahrens. Den ersten Teil beherrscht noch die traditionelle realistische Erzählweise, der zweite verwendet den inneren Monolog in der Art von James Joyce, der dritte umschließt den Essay über den Wertezerfall mit erzählerischen Partien und bringt zudem dramatische, lyrische und aphoristische

Hermann Broch, um 1946/47

Passagen. Die Popularität dieser Romane und die von Döblins *Berlin Alexanderplatz* erreichten die *Schlafwandler* allerdings nicht. Der ungünstige Erscheinungstermin kurz vor Beginn der Hitler-Herrschaft trug dazu bei, doch liegt der Hauptgrund in der Schwierigkeit des Werkes. Was Broch vom Roman theoretisch forderte (*Das Weltbild des Romans,* Es., 1930), war hochkompliziert und konnte nur mit einem kleinen Rezipientenkreis rechnen. (→ S. 461)

Neben Musils und Brochs Romanen und Romanentwürfen nimmt sich die Erzählkunst Joseph Roths vergleichsweise konventionell aus. »Ein sehr hübsch geschriebener Kasernenroman«, soll Ersterer gegenüber Soma Morgenstern über den *Radetzkymarsch* geurteilt haben, »was finden sie daran?« Aber Roth war nicht nur ein glänzender Stilist, sondern auch ein überaus hellsichtiger politischer Kopf und Psychologe.

Roths Heimkehrer- und Habsburgromane

JOSEPH ROTH ist als Erzähler den französischen (Flaubert), russischen (Gogol) und österreichischen (Saar) Realisten des 19. Jahrhunderts verpflichtet. Seine ersten Romane, die ihrer Erscheinungsweise und Bestimmung wegen – sie erschienen in Fortsetzungen, das in der *Arbeiter-Zeitung* gedruckte *Spinnennetz* erst 1967 als Buch – auch als »Zeitungsromane« bezeichnet wur-

Joseph Roth in Nizza, 1934

gelassen werden. Einer der beiden älteren Söhne fällt im Weltkrieg, der andere ist vermisst, die Mutter stirbt darüber, die Tochter wird wahnsinnig. Da sagt Mendel seinem Glauben ab: »Mendel hat den Tod, Mendel hat den Wahnsinn, Mendel hat den Hunger, alle Gaben Gottes hat Mendel. Aus, aus, aus ist es mit Mendel Singer.« Seine Glaubensgenossen sehen in ihm dennoch den Auserkorenen; der Verzweifelte erfährt die Gnade. Es erfüllt sich die Prophezeiung eines Rabbis, dass der kranke Sohn einst genesen werde. Menuchim, der ein berühmter Komponist und Dirigent geworden ist, kommt nach Amerika und nimmt den Vater zu sich, der nun ausruhen kann »von der Schwere des Glücks und der Größe der Wunder«.

Roths bekanntester Roman ist der *Radetzkymarsch* (1932), der im letzten Jahr der Weimarer Republik, als sich der Sieg der Nationalsozialisten abzeichnete, im Vorabdruck in der *Frankfurter Zeitung* zu erscheinen begann. Am Schicksal von vier Generationen einer slowenischen Familie wird der innere Zerfall der Habsburger Monarchie dargestellt. Das Geschehen umfasst die Zeit von 1859 bis 1916, von der verlorenen Schlacht bei Solferino bis zum Tod Kaiser Franz Josephs I., doch beginnt die Haupthandlung erst um die Jahrhundertwende. Das Vorangegangene wird im ersten Kapitel gerafft erzählt, behält aber seine bestimmende Bedeutung bis zuletzt. Das »Requiem auf Österreich« (F. Heer) ist nicht ohne verklärende Züge, enthält in vielen Episoden aber doch eine scharfe unausgesprochene Kritik. Roths Stil lässt die persönliche Anteilnahme des Autors fühlbar werden, ohne darum an Objektivität einzubüßen. Nur zum kleineren Teil geht es um eine rationale Analyse der historischen Vorgänge, vielmehr um die als Verhängnis empfundene Vergegenwärtigung eines unabwendbaren Endes.

In der Schlacht von Solferino rettet der Infanterieleutnant Trotta dem jungen Kaiser das Leben. Er wird befördert, ausgezeichnet und geadelt; seinen bäuerlichen Vorfahren, seinem Vater, der Gendarmeriewachtmeister an der südlichen Grenze ist, wird er dadurch entfremdet. Als er nach Jahren im Lesebuch seines Sohnes eine patriotisch verkitschte Darstellung seiner Geschichte entdeckt, beschwert er sich und nimmt, als er erfolglos bleibt – nur der Kaiser deutet ihm in einer Audienz Verständnis und seine weitere Gnade an –, den Abschied. Er veranlasst, dass sein Sohn nicht Soldat wird, sondern studiert, aber das Bild (sogar im wörtlichen Sinne) des Helden von Solferino, bestimmt weiterhin das Leben der Nachfahren. Der Sohn erreicht den Rang eines Bezirkshauptmanns in Mähren. Pflichtbewusstsein und spartanische Haltung machen ihn – neben dem Kaiser, mit dem er viele übereinstimmende Züge hat, weil er ständig bemüht ist, sich diesem Vorbild anzugleichen – zum eigentlichen Helden des Romans. Seine Liebe, deren Äußerungen freilich so gut wie nie die gezo-

den (*Das Spinnennetz*, 1923; *Hotel Savoy*, 1924; *Die Rebellion*, 1924), entstanden in Verbindung zu seinen journalistischen Arbeiten. In *Die Flucht ohne Ende* (R., 1927) nimmt er Elemente der Neuen Sachlichkeit auf, von der er sich später distanziert (*Schluß mit der »Neuen Sachlichkeit!«* in *Die literarische Welt*, 1930). Diese frühen Zeitromane sind noch anklägerisch, nicht überwiegend traurig-ironisch und melancholisch wie die späteren vom Untergang der österreichischen Monarchie. Dennoch zeigen sie bereits Roths Eigenart und sprechen seine vom Intellekt geprägte, witzige und kühle Sprache, die von Anfang an von gläsern-glatter Durchsichtigkeit und Perfektion ist und auf deren Grund man Trauer errät. In seinem *Hiob. Roman eines einfachen Mannes* (1930) hat Roth, der seiner galizischen Heimat zeitlebens seelisch verbunden blieb, Leiden und Größe des Ostjudentums gestaltet.

Mendel Singer, »fromm, gottesfürchtig und gewöhnlich«, wie er in Anspielung auf den Beginn des Buches Hiob der Bibel charakterisiert wird, »ein ganz alltäglicher Jude«, wird durch eine Folge von Ereignissen, die ihn in Leid und Unglück stürzen, seiner Durchschnittlichkeit enthoben: Der erste seiner Söhne muss den Militärdienst absolvieren, der dem Glauben der Familie zuwiderläuft, der zweite flieht nach Amerika, der dritte ist als Kind epileptisch und geistig zurückgeblieben; die einzige Tochter lässt sich mit Kosaken ein. Als Mendel Singer mit Frau und Tochter in die USA auswandert, muss Menuchim, der kranke Sohn, zurück-

genen Schranken zu überschreiten vermögen, gilt unverbrüchlich seinem einzigen Sohn, der zunächst bei der Kavallerie dient und der mit einer sicheren Karriere rechnen darf, weil die Gnade des Kaisers über ihn wacht. Aber der junge Offizier entzieht sich der ihm vorgeschriebenen Rolle, er spürt unbewusst den herannahenden Untergang und fühlt sich dem Anspruch, der an ihn gestellt wird, nicht gewachsen. Seine Beziehungen zu Frauen enden in Konflikten und Schuldgefühlen. Er ist traurig als Liebhaber, als Spieler, zuletzt als Trinker. Zu Beginn des galizischen Feldzugs 1914 fällt er, als er für seine durstigen Soldaten Wasser holen will. Der Bezirkshauptmann, der den Tod des Sohnes nicht verwinden kann, stirbt 1916, als sich der unglückliche Ausgang des Krieges bereits abzeichnet, fast zur gleichen Zeit wie der Kaiser – »[...] sie konnten beide Österreich nicht überleben«. (→ S. 445)

Geschichte und Gegenwart

STEFAN ZWEIG (hatte als Erzähler, wie seine erste, noch in der Monarchie erschienene Novellensammlung (*Erstes Erlebnis*, 1911) zeigt, von Schnitzler nicht minder wie von Ferdinand von Saar gelernt. Doch vergröberte er die Technik dieser Autoren und opferte ihre Zurückhaltung zugunsten publikumswirksamer Sensationen. In den Novellenbänden *Amok* (1922) und *Verwirrung der Gefühle* (1927) sucht er Freuds psychoanalytische Diagnostik zu popularisieren und in einer affektbetonten Sprache die vom Unbewussten gesteuerten Nöte und Aufschwünge seiner Menschen Gestalt werden zu lassen. Der Südsteiermärker MAX MELL schrieb Erzählungen über Stoffe seiner Heimat (*Steirischer Lobgesang*, 1938) und Gedichte, die sich als von Hofmannsthal und von Rilke beeinflusst erweisen. ALBERT PARIS GÜTERSLOH, der als Expressionist mit stark abstrakter Sprache begonnen hatte, protestierte in *Die tanzende Törin* (R., 1910, Neufassung 1913) gegen das dekadente Wien und ließ 1922 die Romane *Innozenz oder Sinn und Fluch der Unschuld* und *Der Lügner unter Bürgern*, die Geschichte eines jungen Hochstaplers, folgen. HEIMITO VON DODERER, der sich für diesen von ihm verehrten Autor eingesetzt hat (*Der Fall Gütersloh. Ein Schicksal und seine Deutung*, Es., 1930), fand für seine erzählerische Frühwerke (*Die Bresche. Ein Vorgang in 24 Stunden*, E., 1924; *Das Geheimnis des Reichs, Roman aus dem russischen Bürgerkrieg*, R., 1930), zunächst nur wenig Beachtung. Anders ALEXANDER LERNET-HOLENIA (1897–1976), der seine große Formbegabung nutzte, um dem Publikum zu geben, was es verlangte: spannende Handlung und ein interessantes Milieu. Er schrieb Kriminal- und Abenteuerromane, auch »Militärromane«, wie er selbst etwas abschätzig sagte. Da er sich mit der Welt nach 1918

niemals abgefunden hat, gestaltete er in ihnen die vergangenen Lebensformen, die er liebte (*Die Abenteuer eines jungen Herrn in Polen*, R., 1931; *Die Standarte*, R., 1934). BRUNO BREHM (1892–1974) behandelte in einer Romantrilogie die Vorgeschichte des Weltkriegs bis zum Attentat von Sarajewo (*Apis und Este*, 1931), den Zusammenbruch der Monarchie im Weltkrieg (*Das war das Ende*, 1932) und die wiederholten Restitutionsversuche Karls I. (*Weder Kaiser noch König*, 1933), wobei er bereits erkennen ließ, dass eine großdeutsche Lösung zur Neuordnung des Südostraums die Aufgabe eines neuen Reiches sei. ÖDÖN VON HORVÁTH begann als Prosaerzähler mit *Sportmärchen* (1924). Sein 1930 erschienener, Ernst Weiß gewidmeter, Romanerstling *Der ewige Spießer, Erbaulicher Roman in drei Teilen* beschrieb die Dämonologie des Kleinbürgertums, die bestimmt war, fast unmittelbar in die Dämonologie des Nationalsozialismus einzumünden. FRIEDRICH TORBERG (1908–1979, eigentlich Kantor-Berg) schrieb mit seinem ersten Roman *Der Schüler Gerber hat absolviert* (1930) ein bleibendes Werk der Kritik an der bürgerlichen Schule.

Leo Perutz (1884–1957)

Perutz wurde in Prag geboren und wuchs in einer Kaufmannsfamilie auf, die 1899 nach Wien übersiedelte. Dort blieb er wohnhaft, bis er nach dem Anschluss Österreichs an Deutschland über Italien nach Palästina emigrierte, wo er in Tel Aviv zurückgezogen lebte. Zunächst Versicherungsmathematiker (Erfinder der »Perutz'schen Ausgleichsformel«), im Weltkrieg schwer verwundet, konnte er es sich nach literarischen Erfolgen Anfang der Zwanzigerjahre erlauben, als freier Schriftsteller zu leben. Allerdings blieb er in Israel als Autor isoliert und auch ein Comeback im deutschen Sprachraum gelang zu seinen Lebzeiten nicht mehr. Er ist in Bad Ischl, das er im Sommer regelmäßig besuchte, gestorben.

Perutz' historische und abenteuerlich-phantastischen Romane sind in einer klaren, schmucklosen Sprache verfasst, die mit den hintergründig spannenden Fabeln wirkungsvoll kontrastiert (*Die dritte Kugel*, R., 1915; *Zwischen neun und neun*, R., 1918; *Der Marques de Bolibar*, R., 1920; *Wohin rollst du, Äpfelchen …*, R., 1928; *St. Petri Schnee*, R., 1933; *Der schwedische Reiter*, R., 1936). Er könne einem Fehltritt Franz Kafkas mit Agatha Christie entsprungen sein, hat Friedrich Torberg von Perutz gesagt, und tatsächlich geht von der schlackenlosen Rationalität seiner Erfindungen und ihrer gefährlichen Doppelbödigkeit eine unheimliche Wirkung aus, man begegnet gewissermaßen Mathematik und Mystik. Dem Prager Kreis ist dieser Autor auch

Titel

ner literarische Szene beeinflusst, wie Äußerungen Hermann Brochs erkennen lassen. 1946 erschien der Roman u. d. T. *Autodafé* in England, 1948 zum zweiten Mal auf Deutsch, auch diesmal mit geringer Wirkung. Erst die dritte deutsche Ausgabe, 1963, die in eine Phase stärkerer Rezeption des Gesamtwerks fiel, setzte den Roman durch.

Der Privatgelehrte Peter Kien, als Sinologe eine wissenschaftliche Kapazität höchsten Ranges, hat sich in seiner umfangreichen Bibliothek von der Umwelt abgeschlossen, weil es ihm nicht lohnend erscheint, sich mit ihr zu beschäftigen. Jedoch weiß den Monomanen seine langjährige Haushälterin Therese, eine ungebildete, aber besitzgierige ältere Frau, durch gespielte ehrfürchtige Sorgfalt für ein Buch (Willibald Alexis' *Die Hosen des Herrn von Bredow*, eine von ihm verachtete Ausgabe aus seiner Schülerzeit, die er ihr widerwillig zur Lektüre überlassen hat) zur Heirat zu verführen. Die Verbindung, die Therese dazu nutzt, ihn planmäßig auszuplündern, endet in einer Katastrophe: Nach fortgesetzten Machtkämpfen wirft sie ihn hinaus. In seiner Odyssee durch das Pandämonium der modernen Großstadt, in deren Verlauf er einer Reihe zwielichtiger Gestalten begegnet, verliert der weltfremde Gelehrte allmählich vollends den Verstand: Er tätigt in verschiedenen Buchhandlungen niemals ausgeführte Bestellungen für eine zweite Sammlung, hält Ansprachen an diese imaginäre Bibliothek, die er für seine wahre Geliebte ansieht und nimmt Huldigungen seiner Bücher entgegen. Der Besuch seines Bruders Georges aus Paris schafft vorübergehend Erleichterung. Georges ist seit zwei Jahren Direktor einer Irrenanstalt, nachdem die Frau seines Vorgängers, die ihn liebte – sie war ihrerseits die dritte Frau ihres Mannes, die beiden ersten hatte er in die Irrenanstalt gesteckt –, durch einen Giftmord für die Vakanz gesorgt hatte. Ursprünglich Frauenarzt, ist Georges nun ein berühmter Psychiater, der sich so sehr in seine Patienten einlebt, dass er Heilerfolge als Beeinträchtigung ihrer Originalität bedauert – eine Originalität, die tiefgründiger ist als alles, was ihm Romane zu bieten vermögen. Er führt seinen Bruder in seine Wohnung und in seine Bibliothek zurück – dass dieser ein Irrsinniger ist, realisiert er nicht. Nach seiner Abreise folgt das fatale Ende: Kien verbrennt lachend mitsamt seiner Bibliothek.

Canetti hatte für sein Buch, das ursprünglich als Teil eines Romanzyklus geplant war, der unausgeführt blieb (*Comédie Humaine an Irren*), den Titel *Kant fängt Feuer* vorgesehen. Es ist in einfachem Stil und nicht ohne – allerdings erschreckenden – Humor geschrieben. Auf die Darstellung einer durchgehend absurden Welt war das Publikum von 1935 gleichwohl noch nicht vorbereitet. Wie in den Romanen Musils und Brochs gewinnen die gedanklichen Erörterungen selbstständige Bedeutung; sie stehen zum essayistischen Werk Canettis in enger Beziehung. (→ S. 579)

stilistisch nicht zuzuordnen, aber wie sehr er der Moldaustadt in der Erinnerung verbunden blieb, zeigt der in Israel entstandene, aus fünfzehn eigenständigen Erzählungen – nicht in chronologischer Folge – raffiniert zusammengefügte Roman *Nachts unter der steinernen Brücke* (1953) über das Prag des 17. Jahrhunderts.

Elias Canetti (1905–1994), »Die Blendung«

Canetti wurde in Rustschuk (Bulgarien) als Kind wohlhabender jüdisch-spanischer Eltern geboren; verlebte Kindheit und Jugend in England, der Schweiz und Österreich. Seine ersten Sprachen neben dem Bulgarischen waren Spagniolisch (ein spätmittelalterliches Spanisch, das sich unter den Sephardim, den von der iberischen Halbinsel ausgewanderten Juden, erhalten hatte) und Englisch. 1924–1929 Studium in Wien (Doktor der Chemie), daneben Hinwendung zur Literatur. Canetti emigrierte 1938 über Paris nach England und lebte fortan in London und Zürich als freier Schriftsteller. Zunehmend tendierte er zu essayistischen Arbeiten und führte mit großer Sorgfalt Tagebuch. 1967 Großer Österreichischer Staatspreis für Literatur, 1972 Büchner-Preis, 1981 Nobelpreis. Gestorben in Zürich.

Der 1935 in Wien erschienene, auf das folgende Jahr vordatierte Roman *Die Blendung* (1936) fand beim deutschen Publikum zunächst kaum Beachtung. Allerdings war er bereits 1931 durch Lesungen einem kleinen Hörerkreis bekannt geworden und hatte die Wie-

LITERATUR IM EXIL
DER EXODUS 1933 UND DANACH

Wer von Exilliteratur spricht, meint zumeist die Werke der in der Hitlerzeit vertriebenen Autoren. Die Wortbedeutung reicht weiter, aber neben dem aktuellen Sachverhalt verblasst das historisch Zurückliegende. Um das Wort ist eine Aura von getrübter Erinnerung und unerledigter Schuld – von jeher war das so, wenn nicht Verdrängung die Probleme beiseite schob. Emotional beladen war und ist alles für die Beteiligten, was mit der Sache und dem Wort »Exil« zusammenhängt. »Denk ich an Deutschland in der Nacht, / Dann bin ich um den Schlaf gebracht«, dichtete Heinrich Heine, der vor Thomas Mann wohl bekannteste deutsche Exildichter, und weiter: »Nach Deutschland lechzt' ich nicht so sehr, / Wenn nicht die Mutter dorten wär; / Das Vaterland wird nie verderben, / Jedoch die alte Frau kann sterben.« Als 1887 in Düsseldorf vergeblich für ein Heine-Denkmal geworben wurde, zollte der berühmte Paul Heyse den vorgeblichen politischen Fehleinschätzungen des großen Sohnes der Stadt pathetisch Nachsicht: »Mögen dem Dichter Heinrich Heine auch manche Fehler anhaften: Was von ihm heute noch in deutscher Sangeslust und deutschem Sangesschmerz durch die Saiten unserer vaterländischen Harfe rauscht, es schwebt hoch über diesen irdischen Irrtümern, die mit seinem sterblichen Teil zu Grabe gegangen.« Auch viele Schriftsteller, die das Deutschland der NS-Zeit verlassen hatten, fanden, obwohl sie doch das Urteil der Geschichte auf ihrer Seite hatten, für ihr Verhalten wenig Verständnis, wie 1945 die Kontroverse zwischen Thomas Mann, Walter von Molo

und Frank Thieß deutlich werden ließ. Am meisten zu leiden unter der Verdrängung des geschehenen Unrechts hatten jene Autoren, die, nachdem sie einmal vergessen waren, vergessen blieben. Literarische Totenerweckungen sind selten.

Zeitlich, räumlich und personell haftet dem Begriff der Exilliteratur eine gewisse Unschärfe an. Autoren, die sich aus politischen Gründen genötigt sahen, das Land ihrer Herkunft zu verlassen und vorübergehend oder für immer in der Fremde tätig zu werden, hat es unter allen europäischen Nationen gegeben. Die Eingrenzung des Begriffs auf einen bestimmten Zeitraum – nämlich der zwölf Jahre des »Tausendjährigen« Dritten Reiches –, die ihn fast zu einer Epochenbezeichnung werden lässt, hat eine besondere Ursache, sie ist quantitativ, aber auch qualitativ bedingt. Es waren, wie man geschätzt hat, um die 2000 literarisch Tätige – Schriftsteller, Verleger, Lektoren, Journalisten –, die den vorübergehend über weite Teile des Kontinents ausgedehnten Herrschaftsbereich Hitlers verließen, und es handelte sich dabei um eine Elite. Wer sie vertrieb, beraubte das geistige Deutschland um unersetzliche Kräfte und vernichtete die Moderne. So entsprach es schon damals der Meinung der freien Welt und dem Selbstverständnis der Emigranten. Mit dem, was sie im Exil schrieben, warben sie für eine andere Kultur, als die, die in Berlin an der Macht war. Wohin sie durch die Zeitumstände auch immer verschlagen wurden, die Sprache blieb ihnen als sicherer Besitz. Es war die durchgebildete Sprache einer großen humanen Tradition, nicht die missbrauchte des sich römisch gebenden Nazismus oder deutschen Faschismus, die Victor Klemperer als LTI = Lingua Tertii Imperii satirisch entlarvte. »Wo ich bin, ist Deutschland«, erkärte Thomas Mann bei seiner Ankunft in Amerika.

Die antisemitische Rassenverfolgung und -gesetzgebung zwang vor allem Juden zur Auswanderung. Ihr Anteil am literarischen Leben war seit Jahrzehnten überdurchschnittlich groß; doch traf die Verfolgung auch »arische« Schriftsteller, deren politische Gesinnung unerwünscht war. Wieder andere, wie Stefan George, emigrierten aus Protest, obwohl man sich bereit zeigte, sie zu dulden, oder sich bemühte, sie für die eigenen Zwecke zu gewinnen.

Der genannte Zeitraum bildet eine nur ungefähre Grenze, weil manche Autoren – so etwa René Schickele 1932 – schon im Vorfeld der nationalsozialistischen »Machtergreifung« wegen des bedrohlichen politischen Klimas ihren Wohnsitz im Ausland nahmen. Hermann Hesse war schon 1919 in die Schweiz übersiedelt; einen unmittelbaren Zusammenhang mit den Ereignissen des Jahres 1933 gab es nicht, aber sein großer Altersroman, *Das Glasperlenspiel*, konnte trotz aller Bemühungen des Verlegers Peter Suhrkamp nicht in Deutschland erscheinen.

Die räumlichen Bedingungen veränderten sich im Zuge der fortschreitenden Verfolgung. So war die Tschechoslowakei mit einer relativ funktionierenden bürgerlich-demokratischen Ordnung – der letzten in Mitteleuropa – bis zum Münchner Abkommen 1938 ein bevorzugtes Asylland, in dem vor allem die Hauptstadt Prag mit deutschsprachigen Verlagen, Theatern, Zeitungen und einem literarisch motivierten Publikum lockte. Ein halbes Jahr später war mit der deutschen Besetzung der Rest-Tschechoslowakei alles vorüber und die dort beheimateten deutschen Autoren wurden nun überwiegend selbst zu Asylsuchenden. Ebenfalls 1938 war Österreich von Hitler »heimgeholt« worden (schon vorher musste es sich von Berlin ausgehenden Forderungen fügen und trug autoritäre Züge). Eine weitere Massenflucht setzte ein. Die Aufnahmepraxis der Schweiz war restriktiv, die Sowjetunion bot Zuflucht nur für der Parteidoktrin ergebene Kommunisten. Im letzten Jahr vor dem Krieg gewann Großbritannien eine gewisse Bedeutung. Frankreich, wie im 19. Jahrhundert ein von vielen Autoren begehrtes Asylland, bot seit 1940, als der größere Teil des Landes unter deutsche Kontrolle geriet und die französische Regierung in Vichy zur Zusammenarbeit mit der Besatzungsmacht genötigt war, keinen Schutz mehr. Auch

Belgien, Holland, Dänemark und Norwegen fielen in diesem Jahr in deutsche Hände, 1941 der Balkan. Inzwischen waren die USA das wichtigste Zielland geworden. Auch nach Mexiko, wo sich nicht zuletzt ehemalige Spanienkämpfer zusammenfanden, nach Südamerika und Palästina, sogar nach China und Neuseeland kamen Schriftsteller.

Unterschiedlich wie der von den deutschen Behörden oder den Organisationen der Partei auf die missliebigen Autoren ausgeübte Druck war auch deren jeweilige Situation im Exil, die stark von ihren materiellen Umständen und den Verhältnissen im Gastland abhängig war. Viele nahmen sich das Leben wie Walter Benjamin, Carl Einstein, Walter Hasenclever, Kurt Tucholsky, Ernst Weiß, Alfred Wolfenstein und Stefan Zweig. Der Schriftsteller und Philosoph Theodor Lessing (1872–1933) erlag in Marienbad einem Anschlag der Gestapo. Von denen, die das Kriegsende 1945 erlebten, kehrten manche sofort, andere erst nach Jahren, einige gar nicht wieder nach Deutschland zurück. Sie arbeiteten nun im Ausland. Auch dadurch bleibt der Begriff Exilliteratur unscharf, die inhaltliche und zeitliche Abgrenzung gegenüber der gleichzeitigen innerdeutschen Literatur und der darauf folgenden Epoche ist nicht ohne Übergänge möglich. Zu beachten bleibt auch, dass die Verfolgung von Literatur nicht erst 1933 begann, sondern eine Anzahl von Autoren sich bereits während des Kaiserreichs und der Weimarer Republik gesellschaftlicher Diffamierung und Publikationsbeschränkungen ausgesetzt sah. Das Jahr 1933 bezeichnet insofern einen Einschnitt vor allem im biografischen Sinn: Es scheidet Wege, die bisher nebeneinander verliefen, aber bereits getrennt waren. Für die »linken« Literaten, mit einigen Einschränkungen auch für die liberalen, zeichnete sich in Hitlers künftigem Deutschland kein Wirkungsfeld und keine gesicherte Existenz mehr ab. Die »rechten« blieben zurück; sie befanden sich in der missverständlichen Lage, ein anderes, »besseres« Deutschland in einem politischen Gemeinwesen repräsentieren zu sollen, dessen verbrecherische Züge, für den, der sehen wollte, schon bald hervortraten. Der Konflikt zwischen den Kontrahenten war programmiert und wurde mit rhetorischer Verve ausgetragen. »Erst die große Gebärde gegen die ›Zivilisation‹ – eine Gebärde, die, wie ich weiß, den geistigen Menschen nur zu stark anzieht –; plötzlich ist man beim Kultus der Gewalt und dann schon beim Adolf Hitler«, hat Klaus Mann 1933 in der Auseinandersetzung mit Gottfried Benn geschrieben. Dieser antwortete, wie sein Herausforderer es bereits unterstellt hatte, auf die rationale, in der Forderung des Tages begründete und auf sie zurückführende Argumentation mit einer nebelhaften Erörterung, die sich auf weiträumige historische Perspektiven bezog. Erst viel später hat er seinen Irrtum bekannt. Zunächst ergab die Kontroverse nur die Unvereinbarkeit der Meinungen, die alsbald in Sprachlosigkeit versiegte. Die Unstimmigkeiten endeten nach 1945 in Westdeutschland während vieler Jahre nicht und trugen dazu bei, dass manche der Rückkehrer ihren Wohnsitz in Nachbarländern nahmen oder erneut auswanderten.

Schwierig und oft entwürdigend waren die Bedingungen, unter denen die Exilautoren sich behaupten mussten, eigentümlich und unverwechselbar die Entstehungsumstände ihrer Arbeiten. Nach dem Fall Österreichs lebten nur noch jene Autoren, die in der Schweiz Aufenthalt genommen hatten, im deutschen Sprachraum, und es gab nur dort noch ein deutsches Publikum, das nicht seinerseits zerstreut lebte. Das hatte besonders für die Dramatiker entscheidende Konsequenzen. Aber solange die militärischen Erfolge Hitlers anhielten, schließlich auch Ost- und Südosteuropa erfassten, war auch die Schweiz gefährdet und schien die Flucht kein Ende nehmen zu sollen. Bert Brecht hat die Situation der Gejagten wiederholt in Versen vergegenwärtigt.

1940
Auf der Flucht vor meinen Landsleuten
Bin ich nun nach Finnland gelangt. Freunde
Die ich gestern nicht kannte, stellten ein paar Betten
In saubere Zimmer. Im Lautsprecher
Höre ich die Siegesmeldungen des Abschaums. Neugierig
Betrachte ich die Karte des Erdteils. Hoch oben in
*   Lappland*
Nach dem Nördlichen Eismeere zu
Sehe ich noch eine kleine Tür.

Staatsbürgerschaftsurkunden, Pässe, Visa wurden zum Überleben nötige Instrumente.

Erhabener Vizekonsul, geruhe
Deiner zitternden Laus
Den beglückenden Stempel zu gewähren!

Hoher Geist
Nach dessen Ebenbild die Götter gemacht sind
Erlaube, daß deine unerforschlichen Gedanken
Für eine Sekunde unterbrochen werden!

Viermale
Ist es mir gelungen, bis zu dir vorzudringen.
Einige meiner Worte
Ausgedacht in schlaflosen Nächten
Hoffe ich in deine Nähe gelangt.

Plakat zur Ausstellung »Entartete Kunst«

So beginnt der erste Teil der *Ode an einen hohen Würdenträger,* der zweite Teil wendet sich an einen Ausführenden:

Keine Angst, kleiner Mann hinter dem Pult!
Deine Oberen
Werden dir schon den Stempel nicht übelnehmen.
In monatelangen Inquisitionen
Hast du den Applikanten durchforscht.
Jedes Haar auf seiner Zunge kennst du.
Nicht einen Buchstaben deiner Vorschriften
Hast du übersehen. Keine Fangfrage
Hast du vergessen, mach jetzt der Qual ein Ende!
Haue das Stempelchen herein, deine Oberen
Werden dich schon nicht auffressen!

War die Zuflucht gefunden, mochte ein international bereits bekannter, auch im Gastland gelesener Autor die Arbeit ohne unmittelbare Bedrohung seiner Existenz fortsetzen können. Für den Verlag und Vertrieb von Romanen wurde außerhalb Deutschlands eine neue Organisation aufgebaut. Wer dagegen in der Fremde kein Publikum hatte, war als Schriftsteller zum Untergang verurteilt; er fristete, wenn er mittellos war, durch Gelegenheitsaufträge, einen neu angenommenen Beruf oder durch Hilfe Dritter sein Leben. Brechts Gedicht *Hollywood* glossiert diese Abhängigkeit: « Jeden Morgen, mein Brot zu verdienen / Gehe ich auf den Markt, wo Lügen gekauft werden. / Hoffnungsvoll / Reihe ich mich ein zwischen die Verkäufer.»

Die Problematik des Exils blieb unlösbar; die Beendigung eines für den Schriftsteller auf die Dauer unerträglichen Zustands, der Trennung vom Lebensraum seiner Sprache, setzte den militärischen Sieg über Deutschlands voraus.

Rückkehr

Die Vaterstadt, wie find ich sie doch?
Folgend den Bomberschwärmen
Komm ich nach Haus.
Wo denn liegt sie? Wo die ungeheueren
Gebirge von Rauch stehen.
Das in den Feuern dort
Ist sie.

Die Vaterstadt, wie empfängt sie mich wohl?
Vor mir kommen die Bomber. Tödliche Schwärme
Melden euch meine Rückkehr. Feuersbrünste
Gehen dem Sohn voraus.

Was Brecht direkt und kämpferisch ansprach, fasste Else Lasker-Schüler in eine persönliche Klage, die das angesprochene verlorene Du und die unerreichbar gewordene vertraute Lebenswelt von einst im selben Atemzug meint. Klaus Mann veröffentlichte *Das Lied der Emigrantin* (so der ursprüngliche, auf Wunsch der Autorin geänderte Titel) 1934 in seiner Zeitschrift *Die Sammlung*.

Die Verscheuchte

Es ist der Tag in Nebel völlig eingehüllt,
Entseelt begegnen alle Welten sich –
Kaum hingezeichnet wie auf einem Schattenbild.

Wie lange war kein Herz zu meinem mild …
Die Welt erkaltete, der Mensch verblich.
– Komm bete mit mir – denn Gott tröstet mich.

Wo weilt der Odem, der aus meinem Leben wich?
Ich streife heimatlos zusammen mit dem Wild
Durch bleiche Zeiten träumend – ja, ich liebte dich …

Wo soll ich hin, wenn kalt der Nordsturm brüllt?
Die scheuen Tiere aus der Landschaft wagen sich
Und ich vor deine Tür, ein Bündel Wegerich.

Bald haben Tränen alle Himmel weggespült,
An deren Kelchen Dichter ihren Durst gestillt –
Auch du und ich.

Stichworte zur politischen Geschichte

1933 Emigration führender Künstler, Wissenschaftler, Politiker aus Deutschland (bis 1939 etwa 60 000). 1933/34 Aus der Staatskrise in Österreich (Austrofaschismus gegen Austromarxismus und Nationalsozialismus) geht der »christlich-deutsche Bundesstaat Österreich auf berufsständischer Grundlage« hervor; Ende der Ersten Republik. 1935 Weltschriftstellerkongress »Zur Verteidigung der Kultur« in Paris. 1935–36 Italienische Eroberung Abessiniens. 1936–39 Bürgerkrieg in Spanien. 1937 Beginn des japanisch-chinesischen Krieges, 1939 Britisch-polnischer Beistandspakt. Italien besetzt Albanien. Kriegserklärung Großbritanniens und Frankreichs an Deutschland. 1939/40 Krieg der UdSSR gegen Finnland, das unterliegt und Karelien abtritt. 1940 Zusammenbruch Frankreichs, Kriegseintritt Italiens auf deutscher Seite. UdSSR gliedert sich die baltischen Staaten ein. 1941 Italienischer Angriff auf Griechenland. Japan bombardiert Pearl Harbour, Krieg im Pazifik und Südostasien. Auch Deutschland und Italien erklären den USA den Krieg. 1942 weitestes Vordringen der Japaner, danach Wende des Krieges. 1943 Italien kapituliert und erklärt Deutschland den Krieg. 1944 Alliierte Landung in der Normandie. 1945 Potsdamer Konferenz über das besiegte Deutschland. Nach Abwurf von zwei Atombomben Kapitulation Japans. Wiederherstellung der Republik Österreich (Zweite Republik).

Weltliteratur (1936–1950)

Argentinien: Jorge Luis Borges (1899–1986), *Fiktionen* (*Ficciones*, En., 1944).

Chile: Pablo Neruda (1904–1973, Nobelpreis 1971), *Der große Gesang* (*Canto General*, G., 1950).

Dänemark: Tania Blixen (1885–1962), *Afrika, dunkel lockende Welt* (*Den afrikanske Farm*, Aut., 1937), *Wintergeschichten* (*Vinter-Eventyr*, En., 1942).

Frankreich: Georges Bernanos (1888–1948), *Tagebuch eines Landpfarrers* (*Journal d'un curé de campagne*, R., 1936); Roger Martin du Gard (1881–1958, Nobelpreis 1937), *Der Sommer 1914* (*L'été 1914*, R., 1936); Antoine de Saint-Exupéry, *Der Kleine Prinz* (*Le petit prince*, Märchen, 1943); Jean-Paul Sartre (1905–1980, Nobelpreis 1964 abgelehnt), *Der Ekel* (*La nausée*, R., 1938), *Die Fliegen* (*Les mouches*, Dr., 1943); Jean Giraudoux (1882–1944), *Undine* (*Ondine*, Sch., 1939); Jean Anouilh (1910–1987), *Antigone* (Sch., 1944); Saint-John Perse (1887–1975, Nobelpreis 1960), *Winde* (*Vents*, G., 1946); Albert Camus (1913–1960), *Die Pest* (*La peste*, R., 1947); Nathalie Sarraute (1902–1999), *Porträt eines Unbekannten* (*Portrait d'un inconnu*, R., 1948); Simone de Beauvoir (1908–1986), *Das andere Geschlecht* (*Le deuxième sexe*, Es., 1949).

Großbritannien und Irland: Graham Greene (1904–1990), *Die Kraft und die Herrlichkeit* (*The Power and the Glory*, R., 1940); Christopher Fry (1907–2005), *Ein Phönix zu viel* (*A Phoenix too Frequent*, K., 1946), *Die Dame ist nicht fürs Feuer* (*The Lady's Not for Burning*, K., 1948).

Guatemala: Miguel Angel Asturias (1899–1974, Nobelpreis 1967), *Der Herr Präsident* (*El señor presidente*, R., 1946).

Italien: Carlo Levi (1902–1975), *Christus kam nur bis Eboli* (*Cristo si é fermato a Eboli*, R., 1945).

Jugoslawien: Ivo Andrić (1892–1975, Nobelpreis 1961), *Die Brücke über die Drina* (*Na Drini ćuprija*, R., 1945).

Norwegen: Knut Hamsun, *Auf überwachsenen Pfaden* (*På gjengrodde Stier*, Aut., 1949).

Schweden: Astrid Lindgren (1907–2002), *Pippi Langstrumpf* (*Pippi Långstrump*, 1945), *Wir Kinder aus Bullerbü* (*Alla vi barn i Bullerbyn*, 1947).

Spanien: Federico García Lorca (1898–1936), *Bernarda Albas Haus* (*La casa de Bernarda Alba*, Dr., 1945); Camilo José Cela (1916, Nobelpreis 1989), *Pascal Duartes Familie* (*La familia de Pascual Duarte*, R., 1942).

Tschechoslowakei: Jaroslav Seifert (1901–1986, Nobelpreis 1984), *Bozena Nemcovás Fächer* (*Vejíř Boženy Nemcové*, G., 1940).

USA: William Faulkner, *Absalom, Absalom!* (R., 1936), *Das Dorf* (*The Hamlet*, R., 1940), *Griff in den Staub* (*Intruder in the Dust*, R. 1948); Ernest Hemingway (1899–1961), *Wem die Stunde schlägt* (*For Whom the Bell Tolls*, R., 1940); John Steinbeck (1902–1968), *Früchte des Zorns* (*Grapes of Wrath*, R., 1939); Thomas Wolfe (1900–1938), *Gewebe und Fels* (*The Web and the Rock*, R., 1939), *Es führt kein Weg zurück* (*You Can't Go Home Again*, R., 1940); Richard Wright (1908 bis 1960), *Sohn dieses Landes* (*Native Son*, R., 1940).

Klaus Mann als Soldat der US Army

Sachliteratur und Essayistik

Für die nichtfiktionale Literatur der Exilautoren bildete die Auseinandersetzung mit der Diktatur und den unterschiedlichen Ausprägungen des europäischen Faschismus, vorzugsweise des deutschen Nationalsozialismus, das beherrschende Thema. Daneben begann auch die Entwicklung in der Sowjetunion, der Terror des Stalinismus, eine Rolle zu spielen. Die aktuellen Probleme totalitärer Herrschaft, sozialer Ordnung, rassischer und religiöser Toleranz wurden in der Form der historischen Biografik auch indirekt behandelt, wobei die Grenze zum Geschichtsroman fließend blieb. Mit zunehmender Dauer des Exils entstanden vermehrt Autobiografien und in Form von Tagebüchern und Berichten fixierte persönliche Erinnerungen, aber nur der geringere Teil davon gelangte sogleich zum Druck. Durch postume Veröffentlichungen wie der Tagebücher Thomas Manns hat sich das Bild des Exils und einzelner Autoren in den folgenden Jahrzehnten noch wiederholt verändert.

HEINRICH MANN, in den ersten Jahren der Emigration unbestritten deren geistiges Haupt, veröffentlichte bereits 1933 – in Paris auf Französisch, in Amsterdam auf Deutsch – sein erstes Buch außerhalb Deutschlands, in dem er seine entschiedene Absage an den Nationalsozialismus erneut formulierte. Nach Zolas Kampfschrift *Mes haines* nannte er es *Der Haß* – gemeint war der Hass der neuen Machthaber, Hitlers, Görings, der »Bestie mit Mystik«, Goebbels', des »verkrachten Literaten«, auf Kultur und Humanität. Weitere Aufsätze, Polemiken, Aufrufe folgten (*Es kommt der Tag*, Ess., 1936; *Mut*, 1939). Das Exil bedeutete für ihn zunächst kaum eine Last, so sehr fühlte er sich in Frankreich geistig zu Hause: Er forderte den »übernationalen Staat«, denn »das Vaterland in Gestalt des bisherigen Macht- und Nationalstaats hat jeden Sinn verloren«, und als »seinen nächsten Anfang, den Bundesstaat Deutschland-Frankreich«. Präsident des »Komitees zur Schaffung einer deutschen Bibliothek der verbrannten Bücher« konnte er im Mai 1934 in Paris die »Deutsche Freiheitsbibliothek« einweihen. (→ S. 449)

Klaus Mann (1906–1949)

Der älteste Sohn Thomas Manns, geboren in München, besuchte zunächst dort das Gymnasium, dann private Schulen, versuchte sich früh als Stückeschreiber, Kritiker und

Schauspieler, war verlobt mit Pamela Wedekind, machte mit seiner Schwester Erika weltweite Reisen, lebte oftmals ohne festen Wohnsitz in exzessivem Stil. Ging 1933 nach Paris, dann nach Amsterdam, berichtete 1934 vom Moskauer Schriftsteller-Kongress und widmete sich auch in Vortragsreisen durch die USA der Auseinandersetzung mit den totalitären Bewegungen des antikommunistischen Spektrums. 1937 Erwerb der tschechischen Staatsbürgerschaft, Heroin-Entziehungskur in Budapest, 1938 Reporter im Spanischen Bürgerkrieg, danach Exil in den USA. 1941/42 Herausgeber der Zeitschrift *Decision*. 1943 Eintritt in die US-Armee, in der er 1944 am Feldzug in Italien teilnahm. Nach Kriegsende wechselnde Aufenthalte in Rom, Amsterdam, New York, Kalifornien. Freitod in Cannes.

Der Sohn eines weltweit berühmten Autors zu sein hat Klaus Mann, der selbst Schriftsteller werden wollte, bereits in seiner ersten Autobiografie *Kind dieser Zeit* (1932) »die bitterste Problematik des eigenen Lebens – und zugleich die höchste Verpflichtung« genannt. Vorbild und Ruhm des »Zauberers« bildeten für ihn, dem sich viele Türen anfangs nur zu leicht öffneten, eine lebenslange Belastung. Überdies gab es noch den kaum minder berühmten Dichter-Onkel, der ihm zwar in vielem näher stand als der Vater, aber doch zu der brieflichen Bemerkung Anlass gab, es sei »ja schrecklich, dass in unserer Familie so gut wie alles schon einmal formuliert worden ist«. Autor aus eigenem Recht ist Klaus Mann überzeugend erst durch Hitler geworden. Im Widerstand gegen den Totalitarismus von rechts fand er die Rolle, die noch nicht »formuliert« war und die er als eine Herausforderung bisher unbekannten Ausmaßes verstand. Ungeachtet seiner Jugend war er weltläufiger als viele andere, verfügte über Verbindungen zu einflussreichen Intellektuellen und lebte, anders als sein Vater, in Opposition zur bürgerlichen Welt, die in seinen Augen das Schauspiel beschämender Eigensucht und Schwäche bot. Auch durch verlegerische Rücksichten war er nicht beschwert. In Aufsätzen, offenen Briefen, Vorträgen warb er um europäische, schon bald atlantische Solidarität gegen die als mörderisch erkannte Barbarei. 1933 übernahm er, befreundet mit Fritz H. Landshoff, der in Amsterdam den deutschsprachigen Querido-Verlag ins Leben gerufen hatte, die Leitung der neu gegründeten Zeitschrift *Die Sammlung*. Die Unterstützung des Vaters fand er zunächst nicht (dieser distanzierte sich nach Erscheinen der ersten Nummer sogar öffentlich), wohl aber die seines Onkels Heinrich, mit dessen frankophiler, einem demokratischen Sozialismus zugewandten Gedankenwelt er insgesamt sympathisierte. Heinrich Mann, André Gide und Aldous Huxley bildeten das

Patronat der Zeitschrift, für die Klaus Mann Autoren verschiedenster Couleur als Mitarbeiter zu gewinnen suchte. Tatsächlich trifft man unter den Beiträgern auf zahlreiche bekannte Namen, aber manche zogen ihre Zusage wieder zurück, weil ihnen das bereits Erschienene zu radikal war. *Die Sammlung* hielt sich bis 1935. In Berlin erkannte man die Bedeutung des Blatts, entzog Klaus Mann die deutsche Staatsbürgerschaft, der Präsident der Reichsschrifttumskammer erwog einen Anschlag, um ihn mit Hilfe einer Geiselnahme gefangen zu setzen.

»Fallen wir also auf keinen Edelfaszismus herein, den irgendein Ästhetizismus als dernier cri empfiehlt!«, hatte Klaus Mann bereits 1927 geschrieben. Mit dem von ihm einst verehrten Gottfried Benn, der sich 1933 vorübergehend zur »Bewegung« bekannte, setzte er sich öffentlich auseinander und schrieb 1937 den Essay *Gottfried Benn. Die Geschichte einer Verirrung*, der zum Auslöser der kunsttheoretischen Diskussion über den Expressionismus wurde. Diese Kontroverse hatte einen aktuellen Bezug, denn es gab vom NSD-Studentenbund ausgehende, anfänglich auch vom Propagandaministerium unterstützte Bestrebungen, den italienischen Futurismus für das Dritte Reich zu adaptieren. Klaus Manns zweite Autobiografie ist zuerst in englischer Sprache erschienen (*The Turning Point. Thirty-Five Years in this Century*, 1942). Die deutsche Ausgabe (*Der Wendepunkt. Ein Lebensbericht*, postum 1952) im Manuskript 1949 abgeschlossen, ist, wie der Autor betont, keine Übersetzung, sondern ein neues Buch. In erster Fassung endet die Erzählung mit dem Eintritt in die US-Armee 1943, in zweiter Fassung September 1945 nach Ende des Krieges im Pazifik, als auch Japan kapituliert hatte. Als »Wendepunkt« erscheint nunmehr weniger das Persönliche als die historische Situation, die nach Meinung des Verfassers noch immer die Chance zu einem »Bündnis zwischen Ost und West, zwischen Sozialismus und Demokratie« beinhaltete. Insbesondere die Zeitgebundenheit vieler politischer Auslassungen lassen das Buch in beiden Gestalten zu einer wichtigen Quelle für das Verständnis der behandelten Epoche werden; dazu kommen die gute Kenntnis der Exilszene, Familiengeschichtliches – das Interesse an den Manns als einer exemplarischen spätbürgerlichen Künstlerfamilie wuchs besonders im letzten Viertel des 20. Jahrhunderts stetig an. Der Entschluss des Autors, Soldat zu werden, kam aus politischer Überzeugung, aber auch aus dem »Todeswunsch« von dem die im *Wendepunkt* ergänzten Tagebuchblätter nachdrücklich sprechen. Klaus Mann wurde an der Italienfront in der psychologischen Kriegführung eingesetzt – das Dilemma europäischer Intellektueller zwischen Blut und Tinte endete auch in diesem Fall bald wieder bei Manuskripten. Als Sonderberichterstatter der US-Armeezeitung *The Stars and Stripes* sah er das zerstörte Deutschland wieder. In den USA war er zuvor vom FBI als »ein sehr aktiver Agent des Comintern« überwacht worden. Das war er so wenig wie die vielen anderen deutschen Autoren, die ebenfalls aufmerksam beobachtet wurden, aber die »aufrichtige Verständigung zwischen Ost und West« blieb, der politischen Entwicklung zum Trotz, noch lange seine Hoffnung. Als 1948 die Kommunisten in der Tschechoslowakei die Regierung an sich rissen und der Außenminister Jan Masaryk Selbstmord beging, weilte er in Prag und schrieb darüber – beschönigend, wie gesagt werden muss. Seinem letzten Essay gab er den Titel *Die Heimsuchung des europäischen Geistes* (1949).   (→ S. 454)

Bürgerkrieg und Internierung

Für zahlreiche Intellektuelle, die das Vordringen des Faschismus in Europa mit Erbitterung verfolgten, bildete die Verteidigung der spanischen Republik gegen die von Deutschland und Italien unterstützte Militärrevolte eine Möglichkeit, aktiv für die Demokratie einzustehen. Auch deutsche Schriftsteller berichteten von dort, ERNST TOLLER bereits vor Ausbruch der Kampfhandlungen (*Das neue Spanien*, 1932); sie traten in die Internationalen Brigaden ein (WILLI BREDEL, 1901 bis 1964, GUSTAV REGLER, 1898–1963, Ludwig Renn, BODO UHSE, 1904–1963, insgesamt mehr als zwanzig), aber während sie in zunehmend aussichtsloser Lage gegen die Übermacht kämpften, machten die fast gleichzeitig stattfindenden Moskauer Schauprozesse ihr Eintreten für die Volksfront in Spanien zu einer auch ideell verlorenen Sache. Einige, nicht alle, wandten sich früher oder später von der kommunistischen Partei ab und wurden zu rückhaltlosen Kritikern der einstigen Heilslehre. Nach dem Sieg der Falangisten führte der Weg für manche weiter in französische Internierungslager (in solche oftmals brutal verwaltete Camps wurden nach Beginn des Kriegs gegen Deutschland auch in Frankreich lebende Emigranten eingewiesen). Über ihre Erfahrungen berichteten (auch in erst später in Buchform erschienenen Reportagen) Egon Erwin Kisch (*Unter Spaniens Himmel*, postum 1960), SOMA MORGENSTERN (1890–1976) aus Galizien (*Flucht in Frankreich*, postum 1998), BRUNO FREI (d. i. Benedikt Freistadt, 1897–1986) aus Pressburg (*Die Männer von Vernet*, 1950), ALFRED KANTOROWICZ (1899–1979,

Spanisches Tagebuch, 1948), ARTHUR KOESTLER (1905–1983) aus Budapest (*Ein spanisches Testament*, 1938; *Sonnenfinsternis*, 1940, deutsch 1946) und Klaus Mann (*Das Wunder von Madrid*, postum 1993).

Joseph Roths einsamer Weg

Noch andere Exilautoren sahen sich von Anfang an zu kompromissloser Auseinandersetzung gestimmt. JOSEPH ROTH verließ nach eigener Darstellung noch am 30. Januar, wahrscheinlicher am folgenden Tag, Berlin und lebte fortan überwiegend in Frankreich, hauptsächlich in Paris. »Jede Hoffnung ist *aufzugeben*, endgültig, gefasst. Stark, wie es sich gehört«, schrieb er im März 1933 von dort an Stefan Zweig. »Zwischen uns und ihm ist Krieg. Jeder Gedanke an den Feind wird mit dem Tode bestraft. Alle Schriftsteller von Graden, die dort geblieben sind, werden den literarischen Tod erleiden.« Er prophezeite das Ende: »Diese ›nationale Erneuerung‹ geht bis zum äußersten Wahnsinn. [...] Hitler endet im Desastre oder in der Monarchie.« Roth sympathisierte im Exil mit monarchistischen Kreisen um Otto von Habsburg, agitierte für die Wiederherstellung der Monarchie als letzte Hoffnung zur Rettung eines freien Österreichs. Den Versuch einer metaphysischen Auslegung des Zeitgeschehens enthält seine Studie *Der Antichrist* (1934), verfasst »als eine Warnung und eine Mahnung, damit man den Antichrist erkenne, in allen Gestalten, in denen er sich zeigt.« An René Schickele schrieb er: »Der Antichrist ist Freund und Feind. Und am Ende sitzt schon ein Teilchen von ihm in mir selber. [...] Das ist die Zeit: Man erkennt nicht Christus – er ist zu weit – sondern seinen Feind.« Er sah sich in seinem Pessimismus bestätigt, denn er hatte bereits 1920 vor dem Hakenkreuz gewarnt. Zur polemischen Auseinandersetzung mit den Wegen und Irrwegen der Geschichte diente ihm fortan alles, was er schrieb, sowohl wenn er das französisch-deutsche Verhältnis behandelte (*Clemenceau*, Es., 1939), als wenn er in kaum verhüllter Selbstinterpretation seine Gedanken über Österreich und seine Dichter (*Grillparzer*, Es., 1937) vortrug: »Sein Groll gegen das Herrschende kam [...] von ›rechts‹, nicht von ›links‹. Spanisch war er wie die Habsburger, römisch wie der Papst: der einzige konservative Revolutionär, den die Geschichte Österreichs kennt.« (K. Mann) Verschuldet und gesundheitlich durch den Alkohol zerrüttet, geriet er immer stärker ins politische Abseits. Da er gegen die Linke (»Sie sind mitschuldig an unserem Schicksal«) ebenfalls heftig Partei ergriff und sein mystifizierendes Spiel um die Restauration zusätzlich Verwirrung stiftete, blieben seine publizistischen Wirkungen auf kleine Emigrantenblätter beschränkt.

Er [...] befremdete die Herren von der Presse durch bizarre politische Theorien [...]. Glasigen Blicks, aber sonst in würdig-zusammengenommener Haltung, hielt er Cercle in den Kaffeehäusern von Paris, Wien, Amsterdam und anderen Metropolen. [...] Kollegen und Bewunderer umgaben ihn, während er mit einer nicht geheuren, vielleicht verzweifelt scherzhaft gemeinten Begeisterung vom kaiserlichen Gedanken schwärmte und dabei ein dunkles Gläschen nach dem andern kippte. [...] Der Dichter Roth beging langsamen Selbstmord, trank sich mählich zu Tod. (Klaus Mann, *Der Wendepunkt*)

Der Antichrist erreichte ebenfalls nur ein kleines Publikum: Der problematische Versuch, den Teufel einzufangen, war auch Roth misslungen, er entdeckte ihn überall, im Kino, unter den Kommunisten und in der Kirche, kurz, er verteufelte die Zeit. Nach dem »Anschluss« Österreichs brach Roth zusammen. Die letzte Arbeit vor seinem Tod, die zunächst nicht gedruckt wurde, trägt den Titel *Die Eiche Goethes in Buchenwald* (1939). Die Liebe des einstigen Germanistikstudenten aus Galizien zur deutschen Literatur und der Hass des Exilschriftstellers gegen die nazistische Barbarei sind in diesem Artikel verschmolzen. (→ S. 459)

Zersplitterung des Exils

Zu Roths Begräbnis versammelten sich Leute aller politischen Richtungen und waren sich uneins, zu welcher er gehöre. Das hatte seine Ursache in der Proteusnatur des »Mythomanen« (D. Bronsen), war aber auch Ausdruck der Spaltung innerhalb der Emigration, die nur in der Ablehnung der deutschen Gegenwart einig war. Die Autoren lebten nicht nur über alle Welt verstreut, sie bildeten politisch verschiedene Lager und waren oft persönlich zerstritten. Wie einst im Vormärz fanden die in der Heimat aufgerissenen Gräben im Exil Fortsetzung. Über 400 Zeitschriften bezeugen den Versuch kleiner und größerer Gruppenbildungen; nur wenige dieser Blätter brachten es auf mehrere Jahrgänge. In Paris gab es von 1933 bis 1940 das von Leopold Schwarzschild besorgte linksliberale *Neue Tagebuch,* für das auch Roth schrieb. Die in der Sowjetunion herausgegebene Zeitschrift *Das Wort,* für die Bert Brecht, Willi Bredel und Lion Feuchtwanger redaktionell zeichneten, bestand von 1936 bis 1939. Den angestrebten Ruf der Überparteilichkeit büßte das Blatt schnell ein, als es sich gezwungen sah, die von Stalin inszenierten Schauprozesse gutzuheißen. Mitarbeiter

wurden verhaftet und verschwanden auf Nimmerwiedersehen. Nachdem man in Moskau das Interesse an der Volksfrontbewegung in Westeuropa verloren hatte, wurde *Das Wort* kommentarlos eingestellt. In Chile gab Paul Zech *Deutsche Blätter* heraus, in Mexiko, wo Anna Seghers, Ludwig Renn und Bodo Uhse Zuflucht gefunden hatten, erschien von 1941 bis 1946, besorgt von Bruno Frei, später von Alexander Abusch, die Zeitschrift *Freies Deutschland.*

Das Wort wurde zum Schauplatz der zunächst von Klaus Mann und Bernhard Ziegler (d.i. Alfred Kurella, 1895–1975) geführten, für die Zukunft wichtigen Expressionismus- oder Expressionismus-Realismus-Debatte. Während Mann von Benns Formkult und einem »atavistischen Komplex« sprach, führte Kurella dessen Haltung auf seine soziale Herkunft zurück, erklärte den Expressionismus als »eine von den vielen bürgerlich ideologischen Strömungen, die später im Faschismus münden«, und forderte von den antifaschistischen Schriftstellern, sich im Interesse des wahren Realismus von den Resten dieser Formkunst zu befreien. Er schrieb in Übereinstimmung mit Georg Lukács (1885 bis 1971), der die Kritik am Expressionismus bereits 1934 in der ebenfalls in der Sowjetunion erscheinenden Zeitschrift *Internationale Literatur* vorweggenommen hatte. Als Ernst Bloch geltend machte, dass dem von den Expressionisten im Weltkrieg vertretenen Pazifismus ein revolutionärer Charakter zuzubilligen sei und die »Avantgarde innerhalb der spätkapitalistischen Gesellschaft« Anerkennung verdiene, antwortete Lukács mit dem Aufsatz *Es geht um den Realismus* (1938). Wie die Expressionisten mache Bloch den Fehler, den Bewusstseinszustand der Menschen in der imperialistischen Epoche mit der objektiven Wirklichkeit zu verwechseln. Die großen Realisten der Vergangenheit bis hin zu den Brüdern Mann seien das Vorbild für eine volkstümlich-realistische Literatur, die geeignet wäre, auch politisch zu wirken. Die Auseinandersetzung fand ihre Fortsetzung in einem Briefwechsel von Lukács mit Anna Seghers, die eine Verurteilung der Avantgarde – der Moderne – ablehnte, und in Aufsätzen und Äußerungen von Brecht, die zum Teil erst später publiziert wurden (*Weite und Vielfalt der realistischen Schreibweise,* 1954). Der Streit um den Realismus blieb für die Literaturpolitik der Sowjetunion, wo 1934 auf dem 1. Unionskongress der Sowjetschriftsteller der »sozialistische Realismus« propagiert worden war, und für die späteren Satellitenstaaten ein bestimmendes Problem.

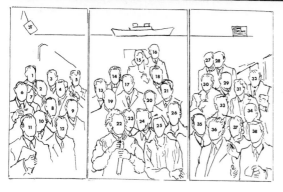

Arthur Kaufmann: Arts and Sciences Finding Refuge
in the U.S.A. – Die geistige Emigration
1 Berthold Viertel, 2 Fritz Lang, 3 Günther Anders,
4 Ernst Toch, 5 Ernst Bloch, 6 Arthur Kaufmann,
7 Elisabeth Musset-Kaufmann, 8 Max Wertheimer,
9 Emanuel Feuermann, 10 Arnold Schönberg, 11 George Grosz,
12 Joseph Floch, 13 Heinrich Mann, 14 Paul Zucker,
15 Luise Rainer, 16 Ulrich Friedemann, 17 Otto Klemperer,
18 Paul Tillich, 19 Arnold Zweig, 20 William Stern,
21 Ferdinand Bruckner, 22 Albert Einstein, 23 Klaus Mann,
24 Thomas Mann, 25 Erika Mann, 26 Ludwig Renn,
27 Curt Valentin, 28 Hans Jelinek, 29 Bruno Frank,
30 Erwin Piscator, 31 Lotte Goslar, 32 Oskar Maria Graf,
33 Benedikt Fred Dolbin, 34 Kurt Goldstein, 35 Kurt Weill,
36 Max Reinhardt, 37 Helene Thimig, 38 Ernst Toller

Das wichtigste Publikationsforum für die in die USA emigrierten Schriftsteller war die deutsch-jüdische Zeitschrift *Aufbau*, deren Bestimmung allerdings die Inkulturation der Einwanderer in die amerikanische Gesellschaft und nicht die Auseinandersetzung mit den Verhältnissen in Deutschland war – diesem Ziel diente Klaus Manns bald am Geldmangel gescheiterte *Decision*. Zum literarisch anspruchsvollsten Periodikum des Exils in den USA entwickelte sich die ebenfalls nur kurzlebige Zeitschrift *Maß und Wert*, ein von Thomas Mann mit Unterstützung von Konrad Falke (d. i. Karl Frey, 1880–1942, Übersetzer von Dantes *Göttliche Komödie*) besorgtes Sorgenkind des von zahlreichen Verpflichtungen in Anspruch genommenen

Herausgebers, das von 1937 bis 1940 erschien. Bereits der Titel lässt Thomas Manns Vorhaben erkennen. So wie er für sich selbst in Anspruch nahm, das wahre Deutschland zu repräsentieren, sollte das Blatt sich nicht im politischen Tageskampf verausgaben, allerdings ohne es dabei an Entschiedenheit fehlen zu lassen. »Maß ist Ordnung und Licht«, lautete es in seinem einleitenden Essay, »das Anti-Barbarische, der Sieg der Form, der Sieg des Menschen.« Wiederholt berief er den Geist Goethes zur Verteidigung der deutschen Freiheit, gleich die erste Nummer brachte einen Vorabdruck aus seinem im Entstehen begriffenen Roman *Lotte in Weimar*. Auch die Modernen fanden Berücksichtigung, im zweiten Heft Kafka, im dritten Musil.

Thomas Manns publizistisches Engagement

Obwohl an Thomas Manns Ablehnung der Berliner Machthaber von Anfang an kein Zweifel bestehen konnte, hatte er, von den politischen Vorgängen auf einer Vortragsreise im Ausland überrascht, aus unterschiedlichen Rücksichten, zur Enttäuschung auch von Freunden und Angehörigen, lange gezögert, die Brücken nach Hause abzubrechen. Inzwischen war alles entschieden, der im November 1936 erfolgten Annahme der tschechischen Staatsbürgerschaft war Anfang Dezember die Ausbürgerung aus Deutschland und noch im selben Monat die Aberkennung des Ehrendoktorats der Universität Bonn gefolgt. Thomas Mann antwortete darauf in einem schon bald berühmt gewordenen Brief an den Dekan der Philosophischen Fakultät (er wurde als Flugschrift verbreitet, die erste Auflage von zehntausend Exemplaren war binnen weniger Tage vergriffen):

Seit ich ins geistige Leben trat, habe ich mich in glücklichem Einvernehmen mit den seelischen Anlagen meiner Nation, in ihren geistigen Traditionen sicher geborgen gefühlt. Ich bin weit eher zum Repräsentanten geboren als zum Märtyrer, weit eher dazu, ein wenig höhere Heiterkeit in die Welt zu tragen, als den Kampf, den Hass zu nähren. Höchst Falsches musste geschehen, damit sich mein Leben so falsch, so unnatürlich gestaltete. Ich suchte es aufzuhalten nach meinen schwachen Kräften, dies grauenhaft Falsche, – und eben dadurch bereitete ich mir das Los, das ich nun lernen muss, mit meiner ihm eigentlich fremden Natur zu vereinigen. [...]
Das Geheimnis der Sprache ist groß; die Verantwortlichkeit für sie und ihre Reinheit ist symbolischer und geistiger Art, sie hat keineswegs nur künstlerischen, sondern allgemein moralischen Sinn, sie ist die Verantwortlichkeit selbst, menschliche Verantwortlichkeit schlechthin, auch die Verantwortung für das eigene Volk, Reinerhaltung seines Bildes vorm Angesicht der Menschheit, und in ihr wird die Einheit des Menschlichen erlebt, die Ganzheit des humanen Problems, die es niemandem erlaubt, heute am wenigsten, das Geistig-Künstlerische vom Politisch-Sozialen zu trennen und sich gegen dies im Vornehm-›Kulturellen‹ zu isolieren; diese wahre Totalität, welche die Humanität selber ist und gegen die verbrecherisch verstieße, wer etwa ein Teilgebiet des Menschlichen, die Politik, den Staat, zu ›totalisieren‹ unternähme. Ein deutscher Schriftsteller, an Verantwortung gewöhnt durch die Sprache [...] – und sollte schweigen, g a n z schweigen zu all dem unsühnbar Schlechten, was in meinem Lande an Körpern, Seelen und Geistern, an Recht und Wahrheit, an Menschen und an dem Menschen täglich begangen wird?

Der Brief nach Bonn, von dem René Schickele voraussagte, er werde sich dereinst in deutschen Lesebüchern finden, steht am Anfang eines rückhaltlosen publizistischen Engagements, mit dem Thomas Mann bis 1945 am Kampf gegen Hitler teilnahm. Seine Bibliografie verzeichnet von 1937 bis Kriegsende über dreihundert Beiträge neben dem im engeren Sinn schriftstellerischen Werk, darunter auch 55 von der englischen BBC nach Deutschland gesendete Radiobotschaften (*Deutsche Hörer!*), die sämtlich in der einen oder anderen Weise politisch akzentuiert sind. Gelegentlich kommen dabei auch literarische Probleme zur Sprache, so wenn er den gehassten Diktator in einem *Bruder Hitler* betitelten, 1939 im Pariser Blatt *Das neue Tagebuch* erschienenen Beitrag auf dessen gescheitertes Künstlertum anspricht. Überwiegend vermeidet er jede Identifikation, schreibt kämpferisch und mit großer Härte.

Beim jüngsten britischen Raid über Hitlerland hat das alte Lübeck zu leiden gehabt. Das geht mich an, es ist meine Vaterstadt. Die Angriffe galten dem Hafen, den kriegsindustriellen Anlagen in Travemünde, aber es hat Brände gegeben in der Stadt, und lieb ist es mir nicht, zu denken, dass die Marienkirche, das herrliche Renaissance-Rathaus oder das Haus der Schiffer-Gesellschaft sollten Schaden gelitten haben. Aber ich denke an Coventry – und habe nichts einzuwenden gegen die Lehre, dass alles bezahlt werden muss. (Deutsche Hörer!)

Historische Biografien und Autobiografien

Eine Jugend in Deutschland (Aut., 1933) von ERNST TOLLER, eine der ersten Veröffentlichungen des Amsterdamer Querido-Verlags, erzählt das Leben des Autors bis zu seiner Entlassung aus der Festungshaft 1924. Der Intention des »deutschen Dantons« gemäß, handelt es sich um mehr als die Geschichte eines Einzelnen, vielmehr um die Erfahrung der Generation, die das Scheitern der Revolution von 1918 aktiv erlebte und ihre Niederlage 1933 bestätigt fand. Die Vorrede ist auf den Tag der Bücherverbrennung datiert. Das in eine Vielzahl bildkräftiger Szenen gegliederte Werk erklärt wie wenige andere Darstellungen wesentliche Elemente der deutschen Problematik (politische Unerfahrenheit, Klassenjustiz, Obrigkeitsdenken): ohne satirische Überzeichnung, in einem direkten, von Ernst und Wahrheitsliebe geprägten Stil. Tollers künstlerische Sensibilität bleibt stets Instrument, er schließt mit einem Wort der Hoffnung, ist, wie er erklärt, »nicht müde«.

Völlig anders gestimmt ist STEFAN ZWEIGS Erinnerungsbuch *Die Welt von Gestern* (1942), der Abschied von dem Europa, das er kannte, das er liebte und ohne das er nicht leben wollte – eine Bindung, die er durch den freiwilligen Tod besiegelte.

Seine Biografie *Triumph und Tragik des Erasmus von Rotterdam* (1934) hat Zweig in *Die Welt von Gestern*

»eine verschleierte Selbstdarstellung« genannt. Es ist aufschlussreich, beide Bücher zusammen zu sehen, denn zweifellos aktualisiert der Autor den historischen Stoff zur Darstellung der eigenen Problematik. Zweig wirbt um Verständnis für sein Unvermögen im Streit der konkurrierenden Massenbewegungen (Faschismus-Sozialismus) Partei zu nehmen, sein irenischer Geist verschließt sich jedem Totalitarismus und sucht Bestätigung bei Erasmus, den er als Gegenspieler Luthers zeigt (wobei Luther Züge Hitlers annimmt). Historisch anfechtbar, fand das Buch wie die anderen Biografien Zweigs gleichwohl ein großes Publikum und gewann noch vor seinem Erscheinen auch die Zustimmung Thomas Manns, der in einem Brief den »Mythos unserer Existenz (denn alles wiederkehrend Typische ist mythisch)« darin ausgesprochen fand. In *Castellio gegen Calvin. Ein Gewissen gegen die Gewalt* (1946) hat Zweig die Frage nach dem rechten Humanismus dann schärfer gestellt und sich über die Kurzlebigkeit der Diktaturen optimistisch geäußert. Abermals gab es in *Das Wort* eine Diskussion, an der sich wieder Alfred Kurella und Ludwig Marcuse (1894 bis 1971, *Der Fall Humanismus*) beteiligten. In den historischen Romanen der Zeit klang das Thema immer wieder an.

ANNETTE KOLB war bereits 1917 wegen ihres pazifistischen Engagements ein erstes Mal emigriert, damals in die Schweiz. Sie verließ Deutschland 1933 erneut, ging zunächst nach Paris – ihre Muttersprache war im wörtlichen Sinn das Französische, sie war die Tochter einer französischen Pianistin und eines Wittelsbachers –, floh 1941 aus der besetzten Stadt über die Schweiz in die USA, von wo sie 1945 schleunigst nach Paris (wo sie künftig im Winter lebte) und München zurückkehrte. Sie hatte 1931 im *Uhu* einen scharfen Angriff gegen den Faschismus veröffentlicht *(Alle Männer in Europa haben versagt!! Ein paar Ausrufezeichen von Annette Kolb)*, aber um sich im Exil parteilich zu engagieren, war sie schon zu weit von der Gegenwart entfernt. Nach Geist und Lebensform war sie eher eine Frau des 18. als des 20. Jahrhunderts (eine »Dame, die weiß, dass ›Gesellschaft‹ gleichbedeutend ist mit festem Horizont, und das Wissen darum macht sie tolerant und offen«, A. Soergel/C. Hohoff), die Katastrophen von 1914 und 1933 hatte sie kommen sehen, früh hatte sie für die deutsch-französische Verständigung geworben *(Sieben Studien*, 1906, mit dem Motto »L'âme aux deux patries«; *Dreizehn Briefe einer Deutsch-Französin*, 1916), mit vielem war sie fertig, auch mit dem Thema der Emanzipation, über das sie in einem impressionistisch hingetupften Stil in der Art Eduard von Keyserlings gespottet hatte. Im Exil erschienen ihre Bücher über Musiker: *Mozart* (1937, zuerst 1929 in der *Vossischen Zeitung*), *Franz Schubert* (1941) und *König Ludwig II. von Bayern und Richard Wagner* (1947), Zeugnisse ihres musischen Geistes. In *Glückliche Reise* (1940) hat sie eine Fahrt nach New York 1939, in *Memento* (1960) die Jahre des Exils – ein Exil mehr des Geschmacks und des Geistes als der Politik – beschrieben.   (→ S. 428)

HEINRICH MANN, dem sein Name und sein vorgerücktes Alter bei Kriegsbeginn das französische Internierungslager erspart und dem amerikanische Freunde die gemeinsam mit Feuchtwanger, Werfel und Golo Mann unternommene Flucht über die Pyrenäen ermöglicht hatten, schrieb in den USA, wo er als Schriftsteller nicht bekannt war und in zunehmender Isolierung lebte, sein Memoirenwerk *Ein Zeitalter wird besichtigt* (1945, e. 1943/44). Wie Zweigs *Welt von gestern* war es Lebensrückschau und Epochenbilanz zugleich – im Verhältnis zu Zweig noch mehr das letztere und im Unterschied zu ihm von einem optimistischeren Ton bestimmt, denn seine politische Vorstellungswelt hatte er sich im Wesentlichen unverändert bewahrt. Aber er lebte in Kalifornien in einer als geschichtsfremd wahrgenommenen Umwelt und die Erinnerung an den Kontinent seiner Herkunft, an Heines mit dem Genius der Freiheit verlobte »Jungfer Europa«, verließ ihn nicht. Der Bericht über die Tage in Portugal ist in tiefe Trauer getaucht. Der Name des Schiffes »Nea Hellas«, mit dem er nach Amerika fuhr, erinnerte ihn daran, dass auch Griechenland zu den Ländern zählte, die der Eroberung anheim fielen, die Abreise empfand er als endgültig:

Der Blick auf Lissabon zeigte mir den Hafen. […] Er erschien mir unbegreiflich schön. Eine verlorene Geliebte ist nicht schöner. Alles, was mir gegeben war, hatte ich an Europa erlebt, Lust und Schmerz eines seiner Zeitalter, das meines war; aber mehreren anderen, die vor meinem Dasein liegen, bin ich auch verbunden. – Überaus leidvoll war dieser Abschied.

Nach Alma Mahler-Werfels und Golo Manns Erinnerung lag Heinrich Mann schon bald seekrank in der Kabine und zeichnete Frauen. Auch die nichtfiktionale Literatur fügt hinzu und lässt weg, überhöht die Wirklichkeit oder persifliert die verklärte Erinnerung. Die historische Biografie und die Autobiografie im besonderen Maße ist ein Kunstgebilde, notwendig und unverwechselbar persönlich. Die elegische Wahrheit der Literatur und die leidvolle Gebrochenheit der Existenz bestehen nebeneinander.   (→ S. 452)

Erzählprosa
(Autoren aus Deutschland)

Publikationschancen hatten in der Emigration am ehesten die Autoren erzählender Prosa. Zwar war es für die Verlage schwierig, deutschsprachige Neuerscheinungen, denen der heimische Markt verschlossen war, wirtschaftlich zu kalkulieren, aber wie kein anderes Medium vermochte das Buch sein oftmals verstreut lebendes Publikum zu erreichen und der mit dem Exil verbundenen Isolation entgegenzuwirken. Wenn ein Romancier in der westlichen Welt genügend bekannt war – oder sich in der Sowjetunion aus politischen Gründen gefördert sah – wurde er günstigenfalls übersetzt und gelegentlich erschien die Übersetzung früher als das Original. Nur in seltenen Fällen schrieben die Exilautoren selbst in der Sprache des Gastlandes.

Die Aktivität einiger Verleger fiel unter diesen Umständen besonders ins Gewicht. In den Niederlanden waren es Emanuel Querido und Gerard de Lange, in deren Verlagshäusern Lion Feuchtwanger, Heinrich Mann, Joseph Roth und Ernst Toller – um nur diese zu nennen – erschienen. Kundige Literaten wie Hermann Kesten und Walter Landauer, die selbst emigriert waren, sorgten als Lektoren für die Betreuung. In Amsterdam hatte bis Mai 1940 annähernd ein Viertel der insgesamt erschienenen Exilliteratur seinen Ursprung. In Prag erweckte Wieland Herzfelde vorübergehend den Malik-Verlag zu neuem Leben, in der Schweiz, die von deutscher Besetzung verschont blieb, engagierte sich der Zürcher Verleger Emil Oprecht für die Exilautoren – sozialistische und bürgerliche. Er verlegte Ernst Bloch, Ludwig Renn, F. C. Weiskopf und Friedrich Wolff, aber auch Thomas Manns Zeitschrift *Maß und Wert*. Der S. Fischer Verlag, der 1935 geteilt wurde, wechselte unter der Leitung Gottfried Bermann Fischers mit den Werken, die in Deutschland nicht mehr vertrieben werden durften, zunächst nach Wien, dann nach Stockholm. Sein wichtigster Autor war Thomas Mann. In der Sowjetunion verbreiteten nach planwirtschaftlichen Prinzipien geleitete Verlage, so der Verlag für fremdsprachliche Literatur, Werke von Exilautoren.

Vom »Josephs«-Roman zum »Doktor Faustus«

THOMAS MANNS vierteiliger Romanzyklus *Joseph und seine Brüder*, vom Autor zunächst wiederum nur als ein Werk begrenzten Umfangs geplant (eine »Novelle«), wurde Ende 1926 begonnen und ist zur Hälfte noch in Deutschland entstanden. Beim Machtantritt Hitlers lagen die beiden ersten Romane der Tetralogie abgeschlossen vor, waren aber noch nicht erschienen (*Die Geschichten Jaakobs*, 1933; *Der junge Joseph*, 1934). Die damit verbundenen Unsicherheiten des Vertriebs, die auch die Zukunft des S. Fischer Verlages betrafen, haben dazu beigetragen, Thomas Manns Entscheidung für das Exil längere Zeit in der Schwebe zu halten. Der dritte Roman erschien in Wien (*Joseph in Ägypten*, 1936); der abschließende Band in Stockholm (*Joseph, der Ernährer*, 1943).

Thomas Manns Vorhaben hatte seit Beginn der Niederschrift im Dezember 1926 im hohen Maße an Brisanz gewonnen. Als Protest gegen die verderbliche Mythologie und den Rassenwahn des Faschismus hat er das Werk in dem Vortrag *Joseph und seine Brüder* (1942) selbst bezeichnet. »Einen Roman des jüdischen Geistes zu schreiben war zeitgemäß, gerade weil es unzeitgemäß schien.« Über die aktuelle Problematik führte seine Idee jedoch weit hinaus, es ging um »Urvorkommnisse des Menschenlebens, Liebe und Hass, Segen und Fluch, Bruderzwist und Vaterleid, Hoffahrt und Buße, Sturz und Erhebung [...] ein humoristisches Menschheitslied«. Der Bericht im Alten Testament, wo von Joseph und seinen Brüdern die Rede ist, wird zum psychologischen Roman. Thomas Mann erklärt die Kulturgeschichte des Glaubens als Naturgeschichte des Menschen und deutet den Mythos nach den Erkenntnissen der modernen Psychologie. Aus dem mythischen Dunkel führt er in die »vernünftige« Wirklichkeit des Lebens.

»Tief ist der Brunnen der Vergangenheit. Sollte man ihn nicht unergründlich nennen?«, beginnt das »Höllenfahrt« genannte »Vorspiel«, das die biblische Erzählung von den Anfängen Israels zur Mythenwelt des Vorderen Orients in Beziehung setzt und – ehrfürchtig raunend und zugleich ironisch verspielt – immer tiefer in die Abgründe des Geschichtlichen hinabtaucht. Vor diesem Hintergrund erscheint die Geschichte Josephs und seiner Brüder bereits als Spätzeit. *Die Geschichten Jaakobs* berichten in weit ausholender Breite und unter Vernachlässigung der Chronologie von den Zeiten, wo Gott mit den Erzvätern, den Herdenkönigen, einen Bund schloss, von Jaakobs Vater Abraham, seinem eigenen Leben und dem Lieblingssohn Joseph. Der Erzähler schafft Szenen von burleskem Humor um Isaac und Jaakob und gibt Joseph, der »gesalbt ist mit dem Salböl des Witzes«, die Züge eines sich in jeder Lage behauptenden »Schelmensohnes«, eines begabten Träumers, der zur Angeberei und hemmungslosem Mitteilungsbedürfnis neigt. – *Der junge Joseph* erzählt im Wechsel zwischen epischer Erzählung – reich an neu erfundenen Szenen und Figuren – und gedanklichen, religionsphilosophischen Erörterungen die weiteren Schicksale dieser Künstlernatur, einer »Art von mythischem Hochstapler«, im Kreis seiner Brüder bis zur Gefangensetzung im Brunnen und zum Verkauf. – Josephs Wandlung und Aufstieg zum Hausmeier Peteprês (Potiphars) in Ägypten und seine erneute Gefangennahme, als er sich dem Werben Peteprês Frau entzieht, bildet den Inhalt des dritten Romans. – Schließlich beschreibt *Joseph, der Ernährer* Josephs glückhafte Rolle als Traumdeuter des Pharao Echnaton, seine Erhöhung und kluge Wirtschaftspolitik im Dienste sozialer Gerechtigkeit, die Wiederbegegnung mit den Brüdern und die Weitergabe des Erstgeburtssegens als die dem Stamm Juda zugedachte Verheißung.

Thomas Mann zeigt an Josephs Geschichte das Fortschreiten von der religiös-patriarchalischen, nomadischen Frühkultur zur ethisch-rationalistischen, städtischen Spätkultur: »Ich erzählte die Geburt des Ich aus dem mythischen Kollektiv, des abrahamitischen Ich, welches anspruchsvollerweise dafür hält, dass der Mensch nur dem Höchsten dienen dürfe, woraus die Entdeckung Gottes folgt. Der Anspruch des menschlichen Ich auf zentrale Wichtigkeit ist die Voraussetzung für die Entdeckung Gottes, und von Anbeginn ist das Pathos für die Würde des Ich mit dem für die Würde der Menschheit verbunden.« *(Joseph und seine Brüder)* Die sprachliche Virtuosität übertraf alles bis dahin von Thomas Mann Geleistete.

Lotte in Weimar (R., 1939), künstlerischer Ausdruck der langjährigen Beschäftigung um Werk und Persönlichkeit Goethes, entstand in dreijähriger Arbeit zwischen dem dritten und vierten Teil des *Josephs*-Romans. Thomas Mann ließ sich vom Besuch der verwitweten Hofrätin Charlotte Kestner, geb. Buff, in Weimar 1816 zu einer weiteren beziehungsreichen Auseinandersetzung mit der Problematik dichterischer Existenz anregen.

62-jährig fährt Charlotte, 44 Jahre nach den Werthertagen in Wetzlar, nach Weimar, um Goethe wiederzusehen. Im Gasthof »Zum Elephanten«, wo sie logiert, erscheinen nacheinander Besucher, die Goethe in der einen oder anderen Weise nahe stehen: Sekretär Riemer, Adele Schopenhauer – die Schwester des Philosophen –, auch Goethes Sohn August. Sie erfährt, wie die Weimarer Gesellschaft vom Ruhm Goethes zehrt und zugleich unter dem Unnahbaren leidet, das von ihm ausgeht. Erst im siebenten Kapitel des Romans wird Goethe selbst eingeführt, sein Denken und seine Weltsicht im inneren Monolog dargestellt. Die Wiederbegegnung von Goethe und Lotte beim Diner verläuft für die Frau enttäuschend. Sie ist dieselbe geblieben, eingesponnen in die Gewohnheiten ihres Lebens, während das Genie sich mit vielfältigen Interessen beschäftigt zeigt und sein Inneres hinter kühler Förmlichkeit verbirgt. Dennoch erweist sich Lotte dem großen Mann durch ihre Menschlichkeit ebenbürtig. In einer zweiten, zwischen Vision und Wirklichkeit schwebenden Begegnung, die Lottes

Thomas Mann in Pacific Palisades, »in der Sofaecke« schreibend, 1947

Rückreise vorangeht, spricht Goethe sich über das Lebensgesetz aus, dem er sich verpflichtet weiß und das er verzichtend auf sich nimmt.

Der alte Goethe erscheint nicht im verklärenden Glanz menschlicher Vollendung, sondern in ironisch umspielter Fragwürdigkeit, wie es dem skeptischen Geist des Erzählers entspricht. Am Ende der traumhaften zweiten Begegnung sagt Goethe zu Lotte: »Liebe Seele, lass mich dir innig erwidern, zum Abschied und zur Versöhnung. Du handelst vom Opfer, aber damit ist's ein Geheimnis und eine große Einheit wie mit Welt, Leben, Person und Werk, und Wandlung ist alles. Den Göttern opferte man, und zuletzt war das Opfer der Gott.«

Eine Abrechnung mit dem deutschen (und eigenen) Wesen ist der Roman *Doktor Faustus. Das Leben des deutschen Tonsetzers Adrian Leverkühn, erzählt von einem Freunde* (1947), für den Thomas Mann das *Volksbuch vom Dr. Faust* sowie Biografisches aus dem Leben Nietzsches und Hugo Wolfs heranzog. Mit großer Kompositionskunst sind verschiedene Sprach- und Erfahrungsebenen ineinander verwoben.

Ein fingierter Erzähler, der klassische Philologe Serenus Zeitblom, beginnt 1943, als die militärische Niederlage Deutschlands bereits absehbar ist, mit Aufzeichnungen über Leben und Tod seines Freundes Adrian Leverkühn, eines hervorragenden Komponisten. Wieder sind Genialität und Krankheit in der Persönlichkeit eines Künstlers verbunden, der zugleich Repräsentant von Kultur und Geschichte seines Landes ist – einer schuldhaften Geschichte, die in der Biografie Leverkühns, wie der Erzähler erkennt, ihr Pendant findet. Der Überspannung der Kräfte, Rausch und Laster, die um des »Werkes« willen in Kauf genommen werden, folgt notwendig die Tendenz zum Abgrund. Die in die Tiefe ziehenden Kräfte sind symbolisiert in dem Pakt, den Leverkühn mit dem Teufel schließt. Der Teufel verspricht Erfolge, fordert aber Verzicht auf Liebe und Gesundheit. Das Gnadengeschenk der Musik erweist sich als dämonische Macht, die, anstatt Erlösung zu bringen, das Chaos der Welt entfesselt. Leverkühn bricht zusammen, als er die ersten Takte seines Werkes »Doktor Fausti Weheklag« spielt, und endet im Wahnsinn. Für das bedrohte deutsche Volk, dem »sein Bestes durch Hybris und Teufelsgeist zum Bösen ausschlug«, faltet der Erzähler fürbittend die Hände.

Im *Doktor Faustus* ist der Teufel, mit dem Adrian Leverkühn einen Pakt schließt, nicht das Gegenprinzip Gottes, sondern der »Herr des Enthusiasmus«, der Vermittler und Förderer künstlerischer Schöpferkraft. »Der Teufel sitzt in Gott, der Gott sitzt im Teufel.« In *Die Entstehung des Doktor Faustus. Roman eines Romans* (1949) hat Thomas Mann von der Zeit der Niederschrift des Werkes berichtet, das er – im Unterschied zu anderen seiner Bücher, die sich aus kleinen erzählerischen Vorhaben entwickelten – von Anfang an als ein Vorhaben von besonderem Rang betrachtet hat.
Die späte Prosa schließt mit Schöpfungen des Humors, Ausdruck einer späten Kultur. *Der Erwählte* (R., 1951) nimmt die Gregorius-Legende des höfischen Dichters Hartmann von Aue zum Ausgangspunkt einer im freien Spiel der Phantasie und in virtuosen Sprachformen entwickelten Umdichtung, die in der ironisch-geistvollen Darstellung dennoch die christliche Vorstellung von Sünde und Gnade bewahrt.

Gregorius ist das Kind der Zwillingsgeschwister Wiligis und Sibylla, nach der Geburt in einem Fässchen auf dem Meer ausgesetzt, von Fischern geborgen und in einem Kloster erzogen. Er geht auf Ritterfahrt, um seine Eltern zu suchen, und gelangt schließlich nach Bruges, dessen bedrängte Königin er zur Frau gewinnt. Die Königin ist seine Mutter. Als er die Wahrheit erfährt, nimmt er eine unerhörte Buße auf sich: 17 Jahre verbringt er auf einer abgelegenen Insel, schrumpft dort zur Größe eines Igels ein. Schließlich wird »das Wesen« zum Papst gewählt, erhält

seine menschliche Gestalt zurück und wird ein würdiger Nachfolger Petri, vor dem eines Tages eine alte Frau zur Beichte erscheint: die Mutter und Gattin.

Der »verspielte Stil-Roman« als »Endform der Legende« (Th. Mann), der den Inzest tiefenpsychologisch deutet, ist in einer mit mittelhochdeutschen, altfranzösischen, englischen und amerikanischen Elementen angereicherten, artifiziellen Sprache erzählt und in einer aus Zitaten der literarischen Überlieferung zusammengefügten, nicht im historisierenden Stil vergegenwärtigten Kunstwelt angesiedelt.
Thomas Manns Alterswerk ist mithin zum großen Teil eine Leistung des schweizerischen, später amerikanischen Exils. Die bisherigen Themen wurden fortgeführt und abgewandelt; Analyse des bürgerlichen Zerfalls, Kulturkritik, Psychologie der künstlerischen Existenz in einen noch umfassenderen Rahmen gestellt. Die Desillusionierung wurde weiter vorangetrieben, spürbar ist wachsender Pessimismus: »Was im Innersten sich auftut, ist die Zweideutigkeit des Lebens, die Paradoxie des Lebendigen.« (→ S. 532)

Heinrich Manns »Henri Quatre« und späte Prosa

Klarer als für seinen Bruder war für HEINRICH MANN der Weg ins Exil vorgezeichnet. Dort vollendete er 1937 den zweibändigen Roman über König Heinrich IV. von Frankreich: *Die Jugend des Königs Henri Quatre* (1935) und *Die Vollendung des Königs Henri Quatre* (1938) – weder »verklärte Historie« noch »freundliche Fabel«; ein »wahres Gleichnis«, ein Bild des französischen Volkskönigs, des »Abgesandten der Vernunft und des Menschenglücks«.
Schon 1925, als Heinrich Mann eine Reise durch Südfrankreich unternahm, hatte ihn der Plan zu einer Romanbiografie Heinrichs IV. von Navarra (1553–1610) beschäftigt. Er besuchte die Geburtsstadt Pau in Südfrankreich und begann mit dem Quellenstudium, darunter den ergiebigen Erinnerungen des Ministers Sully, Briefen von Zeitgenossen, älteren Biografien und Gesamtdarstellungen der Epoche.

»Der Knabe war klein, die Berge waren ungeheuer«, beginnt der Roman. Heinrich verlebt seine frühe Kindheit in der unberührten Landschaft der Pyrenäen, im kleinen Königreich Navarra, dessen Erbe er ist, in Gesellschaft von Bauernkindern. Seinen Vater Anton von Bourbon, Heerführer im Dienste der Valois und zumeist am französischen Hof, lernt er kaum kennen. Die erste religiöse Unterweisung empfängt er im protestantischen Glauben der Mutter, die zusammen mit Admiral Coligny das Haupt der mit dem katholischen Herrscherhaus Frankreichs rivalisierenden Hugenottenpartei bildet. Sie nimmt den Siebenjährigen mit nach Paris, der, als ihre auf die Vereinigung von Frankreich und Navarra zielenden Pläne scheitern, dort festgehalten und als potentieller Thronanwärter nun katholisch erzogen wird. Frankreich muss ihm als zerrissen und durch das intrigante, von Giftmorden belastete Hofleben zusätzlich geschwächt erscheinen. Nach dem Tode des Vaters kann er nach Navarra zurückkehren, wird Statthalter einer südfranzösischen Provinz und führt, als seine Mutter unter mysteriösen Umständen in Paris gestorben ist, ein Hugenottenheer gegen die Hauptstadt. Dort sucht man den »Zaunkönig« durch die Verbindung mit Margarete von Valois, einer Tochter Katharinas von Medici, zu zähmen. In der Bartholomäusnacht werden viele Hugenotten getötet. Heinrich, den man gezielt verschont hat, wird gezwungen, zum Katholizismus überzutreten, er muss sogar an einem Kriegszug gegen das hugenottische La Rochelle teilnehmen. Als halber Gefangener am Hof lernt er sich zu verstellen; wie Hamlet wartet er auf seine Stunde. Es gelingt ihm, zu den Hugenotten zu fliehen, wo er wiederum den Glauben wechselt – nicht aus Gewissenlosigkeit, sondern in der Absicht, das Religiöse den Möglichkeiten und dem Ziel einer größeren Humanität unterzuordnen. Er lernt den Philosophen Montaigne kennen, der ihm den Ciceronischen Leitsatz übermittelt: »Nihil est tam populare quam bonitas.« (Nichts ist so volkstümlich als die Güte.) Nach dem Tod Heinrichs III. wird er legitim König von Frankreich, kann aber sein Recht nicht nutzen, das katholische Paris verschließt dem »Ketzer« die Tore. Abermals konvertiert Heinrich (»Paris ist eine Messe wert«). Im Edikt von Nantes gewährt er Religionsfreiheit, beginnt soziale Reformen und plant einen Bund der europäischen Nationen. Seine Geliebte Gabrielle d'Estrées wird ermordet, er selbst fällt als Opfer der Jesuiten. Von einer Wolke herab verkündet er in französischer Sprache ein Goldenes Zeitalter und den Ewigen Frieden.

Der Roman entwirft das Gemälde einer schöpferischen Epoche der europäischen Geschichte, die noch im Scheitern dem auf Vernunft und Wissen begründeten Menschenbild des Humanismus zum Sieg verhilft. Heinrich ist wohlwollend, klug und kämpferisch zugleich: »Es ist geboten, dass Humanisten streitbar sind und zuschlagen, sooft feindliche Gewalten die Bestimmung des Menschen aufhalten wollen«, lautet die Lehre des Königs. Nach dem pessimistischen Zeitbild des *Untertan* schuf Heinrich Mann mit seinem *Henri Quatre* den optimistischen Gegenentwurf, zeigt er den Herrscher als Repräsentanten von Macht und Güte. Die Renaissance bot dafür ein Modell, Inspiration und Kraft aber schenkten ihm vor allem die Kämpfe der Gegenwart, auf die anzuspielen er an keiner Stelle versäumt. Heinrich Mann hat für diesen Roman alles aufgeboten, was ihm an Wissen und Können zur Verfü-

Heinrich Mann in Los Angeles in den Vierzigerjahren

gung stand und darüber hinaus seiner geistigen Verbindung mit Frankreich beredt Ausdruck gegeben – im wörtlichen Sinne, denn die »Moralités«, die Heinrichs Jugend begleiten, und die »Allocution« des Königs, die das Werk beschließt, sind in klassischem Französisch abgefasst. »Ich wollte, dass Deutsch und Französisch sich dies eine Mal durchdrängen.«

Mit dem *Henri Quatre* hatte Heinrich Mann den Zenit seines Schaffens überschritten, doch entstanden auch im amerikanischen Exil noch weitere Romane. Die Zeitgeschichte, nicht zuletzt seine persönlichen Erfahrungen (Aufmerksamkeit und Ehrungen, die ihm seitens der UdSSR und der DDR zuteil wurden, Nichtbeachtung und Misstrauen, mit denen man ihn in den USA und der Bundesrepublik bedachte) ließen ihn sein Bekenntnis zum Sozialismus auch sowjetischer Prägung ohne Einschränkung vertreten. Bei aller Unterschiedlichkeit der Thematik handelt es sich durchweg um politische Romane (*Lidice*, 1943; *Der Atem*, 1949; *Empfang bei der Welt*, postum 1956). *Die traurige Geschichte von Friedrich dem Großen* (postum 1960) blieb Fragment. »Es wäre das Gegenstück zum *Henri*«, schrieb der Autor. »Die Überspannung der Kräfte, das ist er.«

Klaus Manns Exilromane

Auch für KLAUS MANN bildete die Politik in der Krise des Jahrhunderts die bestimmende Kategorie seines Denkens, auch er fühlte sich zur Parteinahme verpflichtet – zuweilen bis zur Ignorierung der Wirklichkeit –, auch er schrieb politisch intendierte Romane. Einer Konzeption Max Brods folgend, der in der *Sammlung* menschliche Schmerzen in »heilbare und unheilbare« eingeteilt hatte, ließ er gleichwohl auch Abstand erkennen. Den »eklatanten Optimismus« der sowjetischen Schriftsteller teilte er nicht:

Vielleicht darf diese kämpfende Generation nur den Optimismus kennen. Aber die nächste – dessen bin ich sicher – wird nicht mehr glauben, die menschliche Einsamkeit sei eine Verschuldung des Kapitalismus, der schauer- und liebevolle Blick auf den Tod eine kleinbürgerliche Marotte, der Schmerz der Liebe ein Ablenkungsmanöver vom Klassenkampf. Diese Generation wird von der Literatur etwas anderes wollen als ein Hohes Lied auf die Kollektivierung der Landwirtschaft. Sie wird durstig sein nach anderen Tönen und sie wird hören wollen Rufe aus einer anderen Tiefe. (Heute und Morgen)

Er erwartete einen neuen *Werther* und schrieb mit dem Exilroman *Flucht in den Norden* (1934), dem seinerzeit ersten Versuch einer Darstellung des Lebens in der Emigration, zur Hälfte einen Liebesroman. Noch offener erklärte er sich selbst in *Symphonie pathétique* (1935), einem Tschaikowsky-Roman. Thematisiert sind Erfahrungen des Künstlers (Tschaikowskys Wissen um die Fragwürdigkeit großer Teile des eigenen Werkes) und des Homosexuellen (bis hin zu der Vision des Geliebten, der die Züge der eigenen Mutter trägt). Die mit der Wahl der Titelfigur notwendig verbundene Transposition des Romans ins 19. Jahrhundert hat Klaus Mann, wie er bekennt, genossen. Was ihn verwirrte, war die zur Zeit der Niederschrift auch in der Sowjetunion aktuelle Tendenz, Homosexualität als Perversion zu verfolgen, und das nach dem so genannten Röhm-Putsch in der Öffentlichkeit entstandene Verdikt der SA-Führungsschicht als einer Clique von Päderasten, das von der Propaganda zynisch genährt wurde. »Homosexualität ist eine Liebe wie andere auch, nicht besser, nicht schlechter«, schrieb er 1934 in einem zu Lebzeiten unveröffentlicht gebliebenen Aufsatz *(Homosexualität und Fascismus)*.

Der satirische Roman *Mephisto. Roman einer Karriere* (1936, Dramatisierung durch Ariane Mnouchkine, 1979; Verfilmung durch István Szabó, 1981) über den Aufstieg eines Schauspielers im Dritten Reich mit Gustav Gründgens als Vorbild, ging auf eine Anregung Hermann Kestens zurück. »Im Ganzen: Der Hauptstadt erzählt, wie man Intendant wird. Ich glaube, solch ein Stoff könnte Ihnen sehr gelingen«, schrieb Kesten nach der Lektüre von *Symphonie pathétique* mit Anspielung auf *Kabale und Liebe*. Das Buch wurde zu einem »Schlüsselroman«, obwohl Klaus Mann, wie er erklärte, Gründgens nicht porträtieren, sondern einen Typus beschreiben wollte, einen dem »Untertan« seines Onkels nicht unähnlichen, überdies von sexuellen Minderwertigkeitsgefühlen angetriebenen Ehrgeizling. Tatsächlich weist die Romangestalt nicht nur von Gründgens übernommene Züge auf (und unterdrückt andererseits dessen Homoerotik). Es handelte sich wohl eher um einen Akt handwerklicher Opportunität als den eines latenten Ressentiments. Der ehemals mit ihm befreundete und mit seiner Schwester Erika verheiratete preußische Staatsrat stand dem Verfasser deutlich vor Augen. Im Personal des Romans erkannte man jedoch eine Anzahl weiterer Persönlichkeiten des Kulturlebens der Republik, Johst, Reinhardt, die Bergner und Gottfried Benn. Der Rechtsstreit, der 1966 zum Verbot der weiteren Verbreitung des Romans in der Bundesrepublik führte, wurde aber doch nur wegen Gründgens ins Werk gesetzt. Die Allgemeinheit sei nicht daran interessiert, hieß es in der Urteilsbegründung, »ein falsches Bild über die Theaterverhältnisse nach 1933 aus der Sicht eines Emigranten zu erhalten«. Eine Neuausgabe erschien trotz des formal fortbestehenden Verbots 1981 und fand nun ein Millionenpublikum.

Klaus Manns letzte und umfangreichste Prosaerzählung wurde *Der Vulkan. Roman unter Emigranten* (1939), den er selbst »vielleicht meine beste Arbeit« genannt hat und die annähernd zeitgleich mit *Escape to Life* (1939) entstand, einer Reportage, die er zusammen mit seiner Schwester Erika verfasste. Diese Auftragsarbeit erschien ihm nur als ein Who's Who des Exils, umso engagierter nutzte er dagegen seine umfassende Personenkenntnis für eine fiktive Verknüpfung der mannigfaltigsten Schicksale. Das künstlerische Interesse für die Gestrandeten und Abseitigen trat dabei nur zu deutlich hervor, als Präsentation tadelsfreier antifaschistischer Widerstandskämpfer konnte der Roman gewiss nicht gelten; er erregte Anstoß, aber auch Lob. Die politische Problematik, die alle betrifft, steht in diesem aufrichtigen Buch neben dem allerpersönlichsten, das bedeutete im Hinblick auf den Verfasser wiederum die Homosexualität. Der »Vulkan« ist das Leben, als ein solcher wird es erfahren. »Hütet euch«, mahnt der auktoriale Erzähler seine Figuren. »Furchtbar ist der Vulkan. Das Feuer kennt kein Erbarmen. Ihr verbrennt, wenn ihr nicht sehr schlau und behutsam seid.«

Gegenwart im Spiegel von Mythos und Geschichte

RENÉ SCHICKELE hatte seine Zuflucht in Vence gesucht, wo er die französische Staatsbürgerschaft erwarb und bis zu seinem Tode 1940 lebte. Sein geschickt erfundener und stimmungsvoller Roman *Die Witwe Bosca* (1933) ist bereits eine Frucht des neuen Exils, das er in Rücksicht auf seine Zweisprachigkeit und Liebe zur Provence allerdings fast mehr als eine Wahlheimat empfinden durfte.

Der alternde Notar Burguburu stellt Juliette Bosca nach, die als Witwe eines Majors der Kolonialtruppen ins Dorf gekommen ist und der er ihre zur Schau gestellte Trauer nicht glaubt. Aber nicht nur sie, sein »vergnügter Grabengel«, fesselt ihn, sondern auch die ehemalige Krankenschwester Pauline Tavin, sein »ewiger Frühling«. Die beiden Frauen sind verfeindet (denn die Tavin hat einst den Major gepflegt), aber ihre Kinder, Sybille und Paul, sind ineinander verliebt. Viele Verwicklungen: Burguburu heiratet Juliette, leidet aber schon bald unter ihrer Tyrannei, Sybille erfährt von Frau Tavin, dass ihr Vater sie einst geliebt hat, sie ist glücklich, das ihr von ihrer Mutter vermittelte strenge Vaterbild abstreifen zu können. Paul, nun Kunststudent in Paris, hat ein Verhältnis mit einer anderen, findet zu Sybille zurück, die ihm verzeiht, aber durch eine versöhnende Geste im Auto einen Unfall verursacht, dem sie erliegt. Burguburu erwürgt seine hartherzige Frau, die die Entschädigungssumme der Autobusgesellschaft nicht für einen Grabstein verwenden will, wird vom Schwurgericht freigesprochen und begegnet am Grab von Mutter und Tochter seinem »ewigen Frühling« Pauline. Nun gilt das alte provençalische Wort: »Eines Morgens wachst du auf und hast einen neuen Schatz.«

»Die Landschaft des französischen Südens«, schrieb Thomas Mann, »ist die eigentliche Heldin dieses Romans, und ihre Bewegtheit würde an einen anderen Wahlprovençalen, an van Gogh, denken lassen, wenn nicht bei Schickele die Intensität und Heftigkeit der Schilderung fortwährend durch Anmut humanisiert wäre.« Noch weitere Erzählprosa folgte (*Die Flaschenpost*, R., 1937; *Le retour*, E., 1938, deutsch 1939 u. d. T. *Heimkehr*).

LION FEUCHTWANGER schrieb auch im Exil umfangreiche und viel gelesene Erzählwerke. Zu dem bereits 1932 erschienenen Roman *Der jüdische Krieg* traten *Die Söhne* (1935) und *Der Tag wird kommen* (1945; später unter dem Titel *Das gelobte Land*); die drei Werke bildeten zusammen die *Josephus-Trilogie*. Ebenso erweiterte er die früher erschienenen Romane *Erfolg* und *Die Geschwister Oppenheim* durch den Roman *Exil* (1940) zur Trilogie *Der Wartesaal*.

In der *Josephus-Trilogie* gab er eine Geschichte des jüdischen Volkes im ersten Jahrhundert nach Christus, gestaltete darin aber gleichzeitig Probleme und Geschehnisse der Gegenwart. Sein ursprünglicher Plan war es, die Idee des Weltbürgertums und des Friedens jeder Form von Chauvinismus entgegenzustellen. Diese Konzeption änderte er jedoch mit dem Aufkommen und der Ausbreitung des Nationalsozialismus: Aus Josephus, dem opportunistischen Utopisten und Vertrauten der römischen Kaiser, wird ein Verteidiger des Volkes, für das er sein Leben hingibt. In *Exil* werden Feuchtwangers Moskauer Eindrücke dargestellt und wird die schwere Entscheidung eines deutschsprachigen Autors für das Exil deutlich.

Zwei große Romane hat Feuchtwanger der Französischen Revolution gewidmet (ebenso wie sein Drama *Die Witwe Capet*, 1956). *Die Füchse im Weinberg* (2 Bde., 1947/48, auch unter dem Titel *Waffen für Amerika*) geht zurück auf ein Bühnenstück Feuchtwangers und auf sein Interesse für die »merkwürdige Erscheinung [...], dass so verschiedene Menschen wie Beaumarchais, Benjamin Franklin, Lafayette, Voltaire, Ludwig der Sechzehnte und Marie Antoinette, ein jeder aus sehr anderen Gründen, zusammen helfen mussten, die Amerikanische Revolution zum Erfolg zu führen, und durch sie auch die Französische«. In dem Roman *Narrenweisheit oder Tod und Verklärung des Jean-Jacques Rousseau* (1952) betont er die Rolle des Volkes, von dem allein »die große Änderung« kommen könne. Feuchtwanger glaubte an den Fortschritt in der Geschichte. Seine Bereitschaft für Neues und Schöpferisches war immer präsent. Er verfasste seine historischen Romane »für die Vernunft [...] gegen Dummheit und Gewalt«, gegen das »Versinken in die Geschichtslosigkeit«. JOACHIM MAASS, der erst 1939 in die USA emigrierte, wo er Fernsehautor, Lektor, später Professor für deutsche Literatur wurde, schrieb dort seinen Roman *Das magische Jahr* (1945), der 1944 zuerst in englischer Sprache erschienen ist. RUDOLF BORCHARDT veröffentlichte *Volterra* (Pr., 1935) und einen Roman unter dem sehr Borchardt'schen Titel *Vereinigung durch den Feind hindurch* (1937).

Nach der Verbrennung seiner Bücher und zeitweiliger Internierung verließ auch PAUL ZECH 1934 Deutschland. Fortan lebte er in Prag, Paris, Triest, ab 1937 in Südamerika, wo er sich als Hausierer, Klavierspieler, Fabrikwächter durchschlug. Er beschäftigte sich mit

Lion Feuchtwanger im französischen Internierungslager
Les Milles 1940

der Geschichte der Indianer und vertrat wie bisher die Sache der sozial Unterdrückten. Er starb in Buenos Aires, von seinen im Exil entstandenen Arbeiten sind manche erst postum erschienen: *Kinder von Paranà* (R., 1952), *Die Vögel des Herrn Langfoot* (R., 1954), von ihm gesammelte und bearbeitete Indiolegenden (*Die schwarze Orchidee*, 1947) sowie indianische Liebesgeschichten (*Die grüne Flöte von Rio Beni*, 1955). Andere Werke sind unveröffentlicht geblieben.

Zeitgeschichte bei Arnold Zweig und Anna Seghers

Auch die unmittelbare Auseinandersetzung mit dem Nationalsozialismus konnte den Charakter eines Resümees tragen. Dies besonders dann, wenn es sich nicht wie 1933 um einen ersten, überwiegend intellektuellen Protest handelte, sondern das Wissen um die seit Jahren andauernde Schreckensherrschaft die Darstellung vertiefte. So erzählt ARNOLD ZWEIG in seinem Roman *Das Beil von Wandsbek*, den er 1943 zunächst auf hebräisch erscheinen ließ (deutsch 1947), die auf einer wahren Begebenheit beruhende Geschichte eines Metzgers, der sich aus wirtschaftlicher Not bereit erklärt, für die NS-Justiz den Henker zu machen. Als die Menschen ihn wortlos ächten, nimmt sich zunächst seine Frau das Leben, dann er selbst.
(→ S. 700)

ANNA SEGHERS behandelte die Zeitgeschichte in mehreren Werken: *Der Kopflohn. Roman aus einem deutschen Dorf im Spätsommer 1932* (1933) stellt einen SA-Mann und einen oppositionellen Arbeiter einander gegenüber, *Der Weg durch den Februar* (1935) behandelt den Aufstand der Wiener Arbeiter gegen Dollfuß, *Die Rettung* (1937) das Schicksal arbeitsloser Bergleute in der Zeit der großen Wirtschaftskrise und der nationalsozialistischen Machtübernahme. Weltberühmt wurde *Das siebte Kreuz. Roman aus Hitlerdeutschland* (1942), Darstellung der Flucht von sieben Gefangenen aus einem Konzentrationslager.

Oktober 1937. Die Häftlinge haben ihren Plan ausgeführt, der Lagerkommandant lässt sieben Platanen als Kreuze herrichten, an denen die Ausbrecher, sobald man ihrer habhaft geworden ist, sterben sollen. Einer stellt sich freiwillig, einer entzieht sich der Gefangennahme durch den freiwilligen Tod, vier werden wieder gefangen, darunter Ernst Wallau, ein erfahrener Kommunist, der allen Folterungen trotzt und seine Gefährten nicht verrät. Das siebte Kreuz, Symbol der Hoffnung, bleibt leer. Flucht und Verfolgung ergeben einen Zweikampf, in dessen Verlauf der überlebende Flüchtling, Georg Heisler, sich zwar mit Verrat konfrontiert sieht (seine Freundin Leni, inzwischen die Frau eines SS-Mannes, weist ihm die Tür), aber auch die Solidarität vieler Menschen erfährt (darunter ein jüdischer Arzt, ein früherer Lehrer, ein Pfarrer, eine Kellnerin, die ihr Leben und das ihrer Angehörigen aufs Spiel setzen, um das seine zu retten). Er entkommt auf einem holländischen Schleppkahn ins Ausland.

Obwohl Anna Seghers seit Jahren außerhalb Deutschlands lebte, gelang es ihr, die dortigen Lebensverhältnisse unter den Bedingungen der Diktatur sicher zu vergegenwärtigen. Szenen voll dichterischer Imaginationskraft zeichnen den Roman nicht weniger aus, so die Beschreibung der Nacht, die Heisler eingeschlossen im Mainzer Dom verbringt, dessen Dunkel immer wieder von außen partiell erleuchtet wird.

Georg stockte der Atem. Quer durch das Seitenschiff fiel der Widerschein eines Glasfensters, das vielleicht von einer Lampe erhellt wurde aus einem der Häuser jenseits des Domplatzes oder von einer Wagenlaterne, ein ungeheurer, in allen Farben glühender Teppich, jäh in der Finsternis aufgerollt, Nacht für Nacht umsonst und für niemand über die Fliesen des leeren Domes geworfen, denn solche Gäste wie Georg gab es auch hier nur alle tausend Jahre. – Jenes äußere Licht, mit dem man vielleicht ein krankes Kind beruhigt, einen Mann verabschiedet hatte, schüttete auch, solange es brannte, alle Bilder des Lebens aus. Ja, das müssen die beiden sein, dachte Georg, die aus dem Paradies verjagt wurden. […] Ja, das muss das Abendmahl sein, als er schon wusste, dass er verraten wurde, ja, das muss der Soldat sein, der mit dem Speer stieß, als er

Anna Seghers, *Das siebte Kreuz*
Titelholzschnitt von Leopoldo Méndez für die
deutschsprachige Erstausgabe, die 1942 im Exilverlag
El Libro Libre, Mexiko, erschien.

*schon am Kreuz hing ... Er, Georg, kannte längst nicht mehr
alle Bilder. Viele hatte er nie gekannt, denn bei ihm daheim
hatte es das alles nicht mehr gegeben. Alles, was das Alleinsein
aufhebt, kann einen trösten. Nicht nur was von anderen
gleichzeitig durchlitten wird, kann einen trösten, sondern
auch was von andern früher durchlitten wurde. – Dann erlosch das äußere Licht. Es war noch finsterer als vorher. Georg
dachte an seine Brüder, besonders seinen kleinsten [...].*

Dem Roman *Transit* (1948, spanische und englische
Ausgabe bereits 1944), in Marseille entstanden, liegen
persönliche Erfahrungen von Anna Seghers zugrunde,
deren Fluchtweg 1941 über die in der »freien Zone«
Frankreichs gelegene Hafenstadt führte. Eindringlich
wird die Situation einer Gruppe von Emigranten vergegenwärtigt, die auf das rettende Schiff wartet und
sich zugleich dem Kampf mit der Bürokratie ausgeliefert sieht. Der Ich-Erzähler ist ein junger deutscher
Arbeiter, der im Konzentrationslager war, aber auf den
»Transit« verzichtet und sich bereithält für die Résis-
tance. *Der Ausflug der toten Mädchen* (E., 1946) berichtet auf zwei Zeitebenen, in der sich Gegenwart und Ver-

gangenheit überlagern: In die Schilderung eines sorg-
losen Schulausflugs während des Ersten Weltkriegs
sind Ausblicke auf die späteren Schicksale der Beteiligten eingefügt. Keiner der fünfzehn Lebensläufe von
Lehrerinnen und Schülerinnen, von denen erzählt
wird, gleicht dem andern. Anna Seghers schrieb diese
Erzählung nach einem schweren Unfall, noch gesundheitlich geschwächt, 1943 in Mexiko. In der Glut eines
tropischen Mittags von Erinnerung heimgesucht, verwandelt sie sich in die Lyzeistin Netty Reiling von
einst, die mexikanische Landschaft in die Umgebung
von Mainz. So mächtig diese Erinnerung ist, sie ist
nicht nur rückwärts gewandt, sondern mit der Frage
nach der Zukunft verbunden. Wie im *Siebten Kreuz*
geht es um das Verhalten durchschnittlicher Menschen
unter ungewöhnlichen Bedingungen, den Zwängen
und Verführungen des Dritten Reiches. (→ S. 702)

Erzählprosa (Autoren aus Österreich)

Nicht nur in Deutschland, auch in Österreich entschieden sich einzelne Schriftsteller bereits zu einem
Zeitpunkt für das Exil, als eine unmittelbare Notwendigkeit dazu noch nicht bestand. Sie fürchteten das
Hitlerregime im nahen Deutschland und beurteilten
die Aussichten für die künftige Unabhängigkeit Österreichs pessimistisch, zumal es umgekehrt unter ihren Kollegen nicht an solchen fehlte, die mit den Nationalsozialisten sympathisierten und den Anschluss
der wirtschaftlich schwachen Republik an das Dritte
Reich wünschten. Stefan Zweig entschloss sich bereits
1934 seinen Wohnsitz in London zu nehmen. Musil
emigrierte im August 1938 nach Zürich, weil sein jüdischer Verlag nach dem deutschen Einmarsch unter
kommissarische Leitung gestellt worden war. Das Angebot eines anderen Verlags, den *Mann ohne Eigenschaften* zu übernehmen und die Schwierigkeiten im
Propagandaministerium auszuräumen, lehnte er ab.
Er wollte in der Sticklluft der Diktatur nicht leben.

Österreicher und Alt-Österreicher

Häufiger als deutsche Schriftsteller haben österreichi-
sche im Exil auch in der Sprache des Gastlands ge-
schrieben – so Hermynia Zur Mühlen, ROBERT NEU-
MANN (1897–1975), Arthur Koestler und Hilde Spiel.
Seitdem existiert »eine kleine Enklave österreichischer
Literatur in englischer Sprache« (S. Patsch). Der große

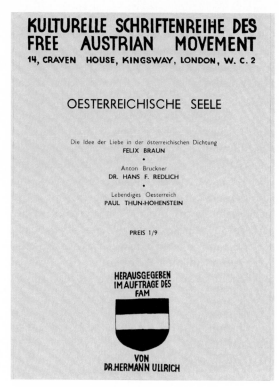

KULTURELLE SCHRIFTENREIHE DES
FREE AUSTRIAN MOVEMENT
14, CRAVEN HOUSE, KINGSWAY, LONDON, W. C. 2

OESTERREICHISCHE SEELE

Die Idee der Liebe in der österreichischen Dichtung
FELIX BRAUN
•
Anton Bruckner
DR. HANS F. REDLICH
•
Lebendiges Oesterreich
PAUL THUN-HOHENSTEIN

PREIS 1/9

HERAUSGEGEBEN
IM AUFTRAGE DES
FAM

VON
DR. HERMANN ULLRICH

Titelblatt einer Schriftenreihe der Exilorganisation
»Free Austrian Movement« (FAM)

Parodist Robert Neumann hat sich über seinen ersten Versuch, als Autor das mütterliche Idiom zu wechseln, allerdings voller Selbstironie geäußert. Danach war sein Buch in einer Sprache geschrieben »die Nichtengländer für Englisch halten, Engländer für ›irgendwoher von den Äußeren Hebriden vielleicht‹ oder Amerikanisch, Amerikaner ebenfalls für Amerikanisch, ›aber nicht von dorther, wo ich zu Hause bin‹«. Als Charakteristikum der österreichischen Exilliteratur ist ferner eine »Steigerung des Österreichbewusstseins« und eine »Steigerung der Hinwendung zum Religiösen« (J. P. Strelka) hervorgehoben worden. Erstere lässt besonders die Erzählprosa erkennen. Die »Alt-Österreicher«, wie man die aus dem größeren Österreich der Kaiserzeit stammenden Autoren genannt hat, empfanden den eingetretenen Verlust umso stärker, je mehr Südosteuropa zur Beute der Diktatur und rassischer Verfolgung wurde.

STEFAN ZWEIG veröffentlichte 1938 seinen ersten Roman, der sein einziger bleiben sollte: *Ungeduld des Herzens*, die Geschichte der Verstrickung eines jungen k.-u.-k.-Offiziers in Mitleid und Liebe. Als letzte Erzählung entstand die *Schachnovelle* (1942), geprägt

von dem Zweig eigenen, psychologisch-intuitiven Stil. ERNST WEISS schrieb im Exil die Romane *Der arme Verschwender* (1936) – von Thomas Mann als Beispiel österreichischer Dichtung gerühmt – und *Ich – der Augenzeuge* (postum 1963). Das Manuskript wurde nur durch einen Zufall gerettet.

Bei dem »armen Verschwender« handelt es sich um den Sohn eines berühmten Augenarztes und Dozenten, der, selbst Mediziner, zunächst von seinem Vater skrupellos ausgenutzt, später auch im Umgang mit Frauen und Freunden immer wieder ein Opfer seiner selbstlosen Freundlichkeit und Güte wird. – Auch der »Augenzeuge« ist Arzt und Moralist, er heilt im Lazarett in Pasewalk den Hysteriker Hitler, der sein Leben und das ungezählter anderer zerstören wird. Er macht eine Entwicklung durch, engagiert sich politisch und geht nach Spanien, um an der Seite der Republik zu kämpfen.

Ernst Weiß' deprimierende Erfahrung lautete: »Wir haben das Letzte, das zu fassen, zu begreifen, auszudenken war, erlebt – und nichts hat sich geändert«, das bedeutete aus seiner Perspektive: Die Lehre des Weltkriegs hatte den Menschen nicht verändert. ALBERT DRACH schrieb im französischen Exil den nicht minder ernüchternden Roman *Das große Protokoll gegen Zwetschkenbaum*, den er erst 1964 veröffentlichen konnte.

Wenn ein Werk der Exiljahre erst in der Nachkriegszeit gedruckt wurde, welcher Epoche ist es zuzuordnen? Oft erweist sich seine Rezeption durch die Verspätung fortdauernd beeinträchtigt. Ein Beispiel bietet MARTINA WIED mit ihren in Schottland entstandenen oder zu Ende geführten Romanen (*Das Einhorn*, 1948; *Das Krähennest. Begebnisse auf verschiedenen Ebenen*, 1951; *Die Geschichte des reichen Jünglings*, 1952; *Der Ehering*, 1954). Der zuerst genannte Roman verweist bereits durch seinen Titel – das Einhorn ist das Wappentier Schottlands – auf die Lokalität seiner Entstehung, Edinburgh und Glasgow, der Stoff auf die Intention der Autorin, schottische und habsburgische Geschichte zu verbinden. Es handelt sich um den Weg des letzten Stuart ins Exil am Hof des Großherzogs Leopold von Toskana. *Das Krähennest* ist ein zur Zeit des Luftkriegs über England spielender Schul- und Internatsroman, der persönliche Erlebnisse der Autorin zum Hintergrund hat, die ihre deutsche Muttersprache im britischen Exil unterrichtete. *Die Geschichte des reichen Jünglings*, Martina Wieds Hauptwerk, ein über 800 Seiten umfassender Entwicklungsroman, reflektiert nur wenige unmittelbar auf England bezogene Eindrücke, dafür umso mehr die großen Fragen des Jahrhunderts.

Er spielt nach dem Ersten Weltkrieg hauptsächlich in Krakau – wo auch *Der Ehering* zum Teil angesiedelt ist – und vergegenwärtigt am Beispiel Osteuropas die politischen Umwandlungen und den geistigen Wertewandel der Zeit.

Der junge Adam Leontjew, Sohn einer Industriellenfamilie aus der »Rauchstadt« Dymno – gemeint ist Lodz, das polnische Manchester –, nimmt am Verteidigungskrieg gegen die bis Warschau vorgedrungene Sowjetarmee 1920–22 teil, sucht sich aber aus den Bindungen seiner bürgerlich-kapitalistischen Herkunft zu befreien und ein gerechteres Leben zu führen. Das Studium in Krakau, wo er auf dem Wawel ein Zimmer bewohnt, lässt ihn nicht nur mit den Traditionen der Stadt, sondern auch mit ihrer rebellischen Jugend bekannt werden. Er trifft einen intellektuell verführerischen ungarischen Grafen, der ihn mit der Forderung Christi an den reichen Jüngling verlocken will. (Diese Begegnung spiegelt Martina Wieds Auseinandersetzung mit Georg Lukács, den sie in Wien als Verbannten des Horthy-Regimes persönlich kennen gelernt hat.) Adam Leontjew wird auf sein bürgerliches Erbe verzichten. Aber er wird sich auch von der kollektiven sozialistischen Heilslehre nicht einfangen lassen. Hindurchgegangen durch ein historisch-politisches Labyrinth, findet er Zuflucht in England und bleibt ein Einzelgänger, der nur die hilfreiche Erscheinung des Einen hat, der nichts ist »als eine strahlende Helligkeit, ein blendendes, herrliches, furchtbares Licht, das mir die Augen versengt und das Herz«.

Martina Wied erhielt 1952 den Österreichischen Staatspreis für Literatur, geriet aber schnell in Vergessenheit (in Polen wurde sie länger beachtet), nicht anders die Aristokratin HERMYNIA ZUR MÜHLEN (1883–1951), die bis zu ihrem Tod in England blieb und deren auf Englisch verfasste Romane (*We Poor Shadows*, 1943; *Came the Stranger*, 1946, deutsch u. d. T. *Als der Fremde kam*; 1947; *Guest in the House*, 1947) zum Teil gar nicht ins Deutsche übersetzt wurden. Erfolgreicher war HILDE SPIEL (1911–1990) mit ihrem in Italien handelnden Roman *Flute and Drums* (1939, deutsch u. d. T. *Flöte und Trommeln*, 1949), der den Auftakt für ihr späteres, auch im deutschen Sprachraum sicher verankertes Werk bildete. Für ARTHUR KOESTLER, der erst als Siebzehnjähriger vom Ungarisch seines Vaters zur Sprache seiner österreichischen Mutter wechselte, blieb das Deutsche zeitbedingt eine Durchgangsstation, sein umfangreiches essayistisches und novellistisches Werk erschien auf Englisch. LUDWIG WINDER schrieb im Exil den Roman *Die Pflicht* (postum 1949, zuerst englisch u. d. T. *One Man's Answer,* 1944) über die Widerstandsbewegung im Protektorat, der 1939 besetzten Rest-Tschechoslowakei.

ÖDÖN VON HORVÁTHS Romane *Ein Kind unserer Zeit* (1938) und *Jugend ohne Gott* (1938) zeigen die Not des Kleinbürgertums zwischen den Kriegen, das zum Nährboden für den Faschismus wird. Horváths Interesse gilt der materiellen Dürftigkeit, aber stärker noch der seelischen Verfassung der Menschen, die sich als der gefährlichste soziale Krankheitsherd erweist.

Joseph Roths Flucht und Ende

JOSEPH ROTHS Roman um Napoleon (*Die hundert Tage*, 1935) ist zum Teil in Nizza entstanden, wo er mit Heinrich Mann, der an seinem *Henri Quatre* arbeitete, und mit Hermann Kesten, der *Ferdinand und Isabella* (1936, 1952 u. d. T. *Sieg der Dämonen*) unter der Feder hatte, zeitweilig in einem Hause wohnte – ein Wettstreit in Geschichtsromanen, von denen im Exil so viele entstanden. Ihn selbst stieß das Genre schon bald ab: »Das ist das erste und letzte Mal, dass ich etwas ›Historisches‹ mache«, schrieb er an René Schickele. »Der Antichrist persönlich hat mich dazu verführt. Es ist unwürdig, einfach unwürdig, festgelegte Ereignisse noch einmal formen zu wollen – und respektlos.« In Wahrheit war er mit den »festgelegten Ereignissen« in überaus freier und auch unglaubwürdiger Weise umgegangen. Erfolgreicher griff Roth auf die Stoffwelt seiner Herkunft zurück. *Tarabas. Ein Gast auf dieser Erde* (R., 1934) schildert die Wege und Irrwege eines Sohnes im ukrainischen Russland, in Amerika und wieder in der (zuletzt polnischen) Heimat. »Glänzender Stoff«, kommentierte Roth sich selbst gegenüber Stefan Zweig, »fern von Dtschld., aber mit deutlicher Beziehung dazu, spielt im östlichen Grenzland. [...] St. Julien l'hospitalier auf modern, statt der Tiere: Juden.« Die meisterhafte Erzählung *Der Leviathan* (postum, Teildruck u. d. T. *Der Korallenhändler*, 1934) führt ebenfalls nach Wolhynien und nach Odessa (der letzte Schauplatz aber, dem die Sehnsucht des jüdischen Kaufmanns Nissen Piscenik gilt, ist das Meer, in dessen Tiefen der Leviathan haust). In einem russischen Restaurant in Paris erfolgt die *Beichte eines Mörders* (R., 1936), dem der Autor seinen tiefen Pessimismus in den Mund gelegt hat. »Damals wollte ich noch die Hölle auf Erden, das heißt, ich dürstete nach Gerechtigkeit.«
Im österreichischen Galizien spielen *Das falsche Gewicht* (R., 1937) und *Die Büste des Kaisers* (E., 1935). In dieser zuerst französisch u. d. T. *Le buste de l'empereur* erschienenen kleinen Arbeit ist Roths östliche Erzählwelt besonders deutlich und in sehr mythisierender Weise mit dem habsburgischen Ordo verbunden. Wien, die Kaiserstadt, kehrt im Spätwerk Roths in zwei

Das falsche Gewicht, Regie Bernhard Wicki, 1974
Helmut Qualtinger als Eichmeister Anselm Eibenschütz

Roths Verzweiflung über den seit langem befürchteten, im »Anschluss« verwirklichten Verlust der Unabhängigkeit Österreichs äußerte sich nunmehr in fast haltloser Weise. Obwohl Themen des ersten Habsburg-Romans variiert werden, Figuren wieder auftreten oder in Verbindung mit der Figurenwelt des *Radetzkymarsch* erfunden sind, stellt die *Kapuzinergruft* jedoch nicht, wie oft behauptet wurde, nur eine Fortsetzung des *Radetzkymarsch* dar. Beide Romane sind in Bezug auf Gehalt und künstlerische Technik recht verschieden. Der Erzähler der *Kapuzinergruft* kritisiert Fehlentwicklungen und verweist auf nicht verwirklichte Möglichkeiten der Geschichte. Dabei fällt dann auf die Rolle Wiens, »der verzärtelten, viel zu oft besungenen Haupt- und Residenzstadt, die, einer glänzenden, verführerischen Spinne ähnlich, in der Mitte des gewaltigen schwarz-gelben Netzes saß«, ein anderes Licht.

In Roths letzter Erzählung *Die Legende vom heiligen Trinker* (postum 1939) klingt das Exilthema indirekt noch einmal an. Mit seinem Clochard Andreas, einem »Mann von Ehre, aber ohne feste Adresse«, dem wiederholt auf wunderbare Weise geholfen wird und dem doch nicht dauerhaft geholfen werden kann, der aber bis zuletzt bemüht bleibt, in der Kirche der »kleinen Therese« von Lisieux, das Geld zurückzugeben, das er von einem Unbekannten empfing, hat er einen zarten und versöhnten Schlussstrich seines dichterischen Werkes gezogen. Postum erschienen die Romanfragmente *Der stumme Prophet* (1965, Teildruck 1929), *Erdbeeren* (1974) und *Perlefter. Die Geschichte eines Bürgers* (1978).

Ein Bestsellerautor: Franz Werfel

FRANZ WERFEL schrieb noch im französischen Exil den Roman *Der gestohlene Himmel* (1939, später u. d. T. *Der veruntreute Himmel. Die Geschichte einer Magd*), mit dem er gewissermaßen Abschied von Österreich nahm, denn der Bericht des Erzählers trägt autobiografische Züge. Publikumswirksam, »eine Groteske, in der sich eine Legende verschlingt«, wie Werfel sagte, wurde der Roman (der auch als Film erfolgreich war) durch die im Hauptteil dargestellte Figur der Teta. Als Motto schickte der Autor ein Wort von Jean Paul voraus: »Es ist, als hätten die Menschen gar nicht den Mut, sich recht lebhaft als unsterblich zu denken.«

Der Lebensplan Tetas, einer böhmischen Köchin, läuft darauf hinaus, sich durch die Gebete ihres Neffen Mojmir, für dessen Ausbildung zum Priester sie ihre sämtlichen Ersparnisse opfert, einen Platz in der ewigen Seligkeit zu sichern. Als Teta sich endlich zur Ruhe setzt und in der Nähe

Romanen wieder: *Die Geschichte von der 1002. Nacht* (1939) webt einen Scheherezadenreigen amouröser Verwicklungen um einen Staatsbesuch des Schahs von Persien in der Donauresidenz, die nun fast selbst wie eine Stadt aus dem Morgenland erscheint. Zugleich werden soziale Schicksale unbestechlich geschildert. In keinem anderen seiner Romane ist Roth so nah an Schnitzler, so nah der Labilität von Jung-Wien. In *Die Kapuzinergruft* (R., 1938) treten die Züge von Melancholie, die bereits im *Radetzkymarsch* sichtbar geworden sind, verstärkt in Erscheinung. »Mein stärkstes Erlebnis war der Krieg und der Untergang meines Vaterlandes, des *einzigen,* das ich je besessen«, hatte Roth 1932 im Vorwort zum Vorabdruck seines Romans *Radetzkymarsch* geschrieben. Aus Sicht des Erzählers heißt es rückblickend über die Zeit der Monarchie:

Alles, was wuchs, brauchte viel Zeit zum Wachsen; und alles, was unterging, brauchte lange Zeit, um vergessen zu werden. Alles aber, was einmal vorhanden gewesen war, hatte seine Spuren hinterlassen und man lebte dazumal von den Erinnerungen, wie man heutzutage lebt von der Fähigkeit, schnell und nachdrücklich zu vergessen.

von Mojmirs vermeintlicher Pfarre ihren Lebensabend verbringen will, muss sie erkennen, dass sie einem Schwindler aufgesessen ist. Um sich ein weiteres Mal Verdienste zu erwerben, unternimmt sie eine Pilgerfahrt nach Rom. Man kann den Himmel nicht kaufen und Gnade nicht erzwingen, so lernt sie auf dieser Reise zuletzt verstehen. Im Petersdom bricht sie zusammen; vor ihrem Tode erfährt sie, dass der Papst ihrer im Gebete gedenken wird. – Die Rahmenhandlung beschreibt kontrastierend das Leben im Hause der kunstsinnigen Familie Argan, bei der Teta gedient hat.

Werfel katholisierte, anscheinend hielt nur die Solidarität mit den verfolgten Juden ihn ab, zu konvertieren. *Das Lied von Bernadette* (1941) erzählt die im Wesentlichen nach Quellen gestaltete Geschichte der Tagelöhnerstochter Bernadette Soubirous, der in Lourdes die Muttergottes erschien. Werfel und seine Frau hatten im Sommer 1940 auf der Flucht vor den Deutschen einige Wochen in dem Pyrenäenort geweilt. Der Roman wurde – auch in der amerikanischen Verfilmung – ein Welterfolg.

Ein armes, von Hause aus recht alltägliches Mädchen wird als Vierzehnjährige von der Erscheinung einer schönen Dame überrascht, die ihr einen Auftrag gibt, und von dieser Stunde an erleidet das Dasein des Kindes eine unbegreifliche Verwandlung. Noch siebzehnmal wiederholt sich die Vision, um dann für immer auszubleiben; aber das Wunder dringt in die Wirklichkeit herein, und an der Stelle, wo die holdselige Frau gestanden, bricht als Bürgschaft himmlischer Gnade aus dem Boden eine Quelle hervor, die wunderbare Heilungen wirkt. Bernadette bezahlt dieses Erlebnis, das bald die ganze Welt beschäftigt, mit dem Verzicht auf irdisches Glück. (H. Carossa)

1946 erschien *Stern der Ungeborenen. Ein Reiseroman,* die utopische Reise des Dichters »F. W.« als Bote des »primitiven 20. Jahrhunderts« in die Zeit nach hunderttausend Jahren. Er findet die Menschen unverändert, den irreligiösen Fortschritt problematisch. Aber: »Wir nähern uns auch Gott durch die Zeit, indem wir uns vom Anfang aller Dinge weg und dem Ende aller Dinge zu bewegen.« (→ S. 468)

Hermann Broch, »Der Tod des Vergil«

Stets von neuem suchten die Schriftsteller den Überblick, die Zusammenfassung: Der groß angelegte Roman *Der Tod des Vergil* (1945) von HERMANN BROCH, dessen Keimzelle eine kleine Erzählung bildet (*Die Heimkehr des Vergil*, 1935), stellt einen in der dritten Person erzählten Monolog des sterbenden Dichters dar, in dem sich Gegenwart, Erinnerung und Zukunftsvision verbinden. Die Eindrücke, Fieberphan-

Zeitgleich mit der deutschen Ausgabe erschien 1945 die englischsprachige Ausgabe in New York

tasien und Träume Vergils, die der Roman mit großer Sprachkraft vergegenwärtigt, sowie die von ihm imaginierten Figuren sind Ausdruck Brochs eigener Erfahrungen und Erwartungen, im besonderen Maße seiner Auseinandersetzung mit der Todesproblematik.

Auf Befehl des Augustus hat eine römische Flotte den kranken Dichter ehrenvoll von Athen nach Brundisium (Brindisi) gebracht. Der Weg vom Hafen zum Kaiserpalast konfrontiert ihn mit Elend und Triebhaftigkeit des Volkes. Er leidet unter der Einsicht, als »Wortemacher« nur dem Schönen gedient, das Menschliche und die Liebe vernachlässigt zu haben. Zum Befremden seiner Freunde will er sein Werk, die *Äneis*, die der Ausdruck seines Wesens ist, vernichten. Augustus, für den die Kunst allerdings nur eine dienende Rolle zum Nutzen des Staates hat, hält ihn davon ab. Erst im visionär gestalteten Schlusskapitel findet Vergil, der Mensch eines Untergangszeitalters, sterbend zu seinem wahren Selbst.

Broch blieb in Amerika: Zur Zeit der Weimarer Republik spielt die Handlung des dreiteiligen Romans *Die Schuldlosen* (*Die Vorgeschichten; Die Geschichten; Die Nachgeschichten*, 1949/50), in der er das Verhalten jener Menschen beschreibt, die durch Gedankenlosigkeit und Apathie die Entwicklung zum Nationalsozialismus begünstigten. Die elf Erzählungen aus denen der Roman besteht, enthüllen mit bitterer Konsequenz scheinbare Schuldlosigkeit als die eigentliche Schuld. Broch fand wie Kafka erst nach seinem Tod allgemein Beachtung; man sah in beiden und Musil die Gestalter einer Endzeit.

Drama

Wie die Autoren der anderen Gattungen brauchten die Exildramatiker ein Publikum, aber zusätzlich bedurften sie eines Theaters und seines Apparats. Als die Emigration begann, standen ihnen noch die deutschsprachigen Bühnen Österreichs und der Tschechoslowakei offen; damit hatte es im Frühjahr beziehungsweise im Herbst 1938 ein Ende. Was das Münchner Abkommen von der Tschechoslowakei übrig ließ und noch bis März 1939 formal unabhängig existierte, bot keine Plattform mehr für in Berlin unliebsame oder gar verfolgte Schriftsteller. Somit blieb nur die Schweiz als Zuflucht; und tatsächlich ist besonders das Zürcher Schauspielhaus unter der Leitung von Oskar Wälterlin für die Exildramatik und mittelbar für das künftige deutsche Theater wichtig geworden: Dort arbeiteten bedeutende Regisseure wie Leopold Lindtberg und Kurt Hirschfeld, Schauspieler wie Therese Giehse, Wolfgang Langhoff und Leonard Steckel. In Süd- und Mittelamerika boten eigens gegründete Exilbühnen die Plattform für gelegentliche Aufführungen, darunter die von P. Walter Jacob gegründete Freie Deutsche Bühne, Buenos Aires. Einer breiteren Wirksamkeit stand der Patriotismus der dort lebenden Deutschen entgegen, der von Berlin geschickt genährt wurde. Thematisch waren die Wahlmöglichkeiten der Autoren ebenfalls begrenzt. Bereits vor 1938 war Österreich nicht mehr wirklich frei, die NS-Kulturpolitik übte massiven Einfluss aus, und auch in anderen Exilländern waren die diplomatischen Vertretungen Deutschlands bemüht, nichts aufkommen zu lassen, was dem Ansehen des Reiches schaden konnte. In der Sowjetunion bestanden zwar einige deutsche Theater, für die sich kommunistische Exilschriftsteller engagierten, so in der Republik der Wolgadeutschen, wenngleich kunst-ideologische Vorgaben – der geforderte »sozialistische Realismus«, eigentlich ein »stalinistischer Klassizismus« (M. Reich-Ranicki) – einengend wirkten. Nach Unterzeichnung des Nichtangriffspakts zwischen dem Deutschen Reich und der Sowjetunion 1939 suspendierte Stalin jedoch jegliche Unterstützung des Antifaschismus und Hitlers Angriff 1941 setzte den Initiativen der Dramatiker zunächst ein Ende. Die Wolgadeutsche Republik wurde aufgelöst, die deutsche Bevölkerung nach Sibirien deportiert, das Land Kriegsgebiet.

Ungeachtet aller Schwierigkeiten entstanden, wie ermittelt wurde, in der Emigration weit über 700 Theaterstücke, über 100 Hörspiele und um die 400 Drehbücher, Letztere zum größeren Teil ein Ergebnis der von amerikanischen Filmgesellschaften großzügig gewährten Anstellungsverträge, die den Einwanderern ein garantiertes Einkommen nachzuweisen erlauben sollten. Bertolt Brecht, Alfred Döblin, Leonhard Frank, Heinrich Mann, Walter Mehring, Alfred Neumann, Alfred Polgar und Wilhelm Speyer kamen in den Genuss solcher befristeter Starthilfen, die sie zu regelmäßiger Arbeitszeit in einem Büro der Studios verpflichteten. Verwertet wurde von den von ihnen erstellten Scripts so gut wie nichts (nur Brechts *Hangmen also die* wurde verfilmt), die zumeist sehr europäisch geprägten Schriftsteller fanden sich in Hollywood – »dieser Filmgegend« (H. Mann) – im Besonderen noch schlechter zurecht als in der Neuen Welt im Allgemeinen. Heinrich Mann, der für Warner Brothers arbeitete, wurde nach einem Jahr durch einen Zettel an der Tür über seine Entlassung informiert.

Die Exildramatik begann mit Zeitstücken, dem Versuch einiger Autoren zu den Vorgängen in Deutschland direkt Stellung zu nehmen.

Zeitstücke

FERDINAND BRUCKNER, der unmittelbar nach Hitlers Ernennung zum Reichskanzler emigriert war, schrieb unter dem Eindruck von Zeitungsberichten über die beginnende Judenverfolgung das Schauspiel *Die Rassen*, das Ende 1933 in Zürich im Beisein namhafter deutscher Emigranten uraufgeführt wurde. Behandelt wird der Konflikt eines deutschen Studenten zwischen seiner Liebe zu einem jüdischen Mädchen und seiner zeitweiligen Anfälligkeit für den Nationalsozialismus; zeittypische Verhaltensweisen (etwa die ablehnende Haltung assimilierter »Westjuden« gegenüber den als rückständig abgelehnten Ostjuden) werden zur Dis-

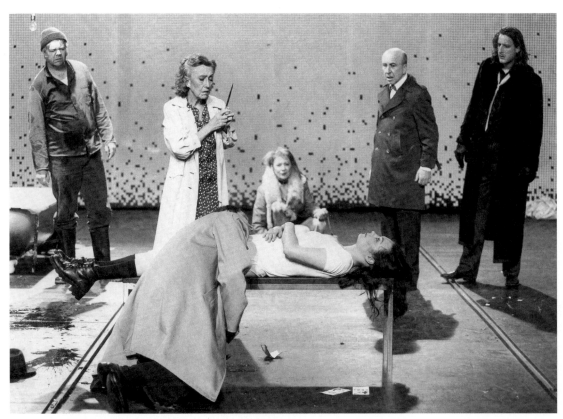

Glaube Liebe Hoffnung, Regie Wolfgang Maria Bauer, München 2001
Lorenz Gutmann (Tierpfleger), Heidy Foster (Frau Amtsgerichtsrat), Herbert Rhom (Präparator), Gabriele Dossi (Maria),
Julia Richter (Elisabeth), Gert Burkard (Vizepräparator), Michael Birnbaum (Baron)

kussion gestellt. Die Schauspiele *Denn seine Zeit ist kurz* (1945) und *Die Befreiten* (1945), die in englischer Übersetzung am Broadway uraufgeführt wurden, handeln im von den Deutschen besetzten Norwegen und in einem von den Amerikanern befreiten italienischen Dorf, thematisiert werden das Widerstandsrecht (mit einem tiefgläubigen Geistlichen als Hauptfigur) und das Verhältnis von innerer und äußerer Freiheit.

Die Fehleinschätzung der nach 1933 entstandenen Lage durch das deutschnationale oder nationalliberale jüdische Bürgertum erörterte auch FRIEDRICH WOLF in seinem Schauspiel *Professor Mamlock* (1938, U. 1934 jiddisch in Warschau; deutsch in Zürich). Die mit traditionellen dramaturgischen Mitteln entwickelte Geschichte eines jüdischen Mediziners, Chefarzt eines Berliner Krankenhauses, zu Beginn des NS-Regimes, der, als er seinen Irrtum erkennt, den Freitod wählt, während sein Sohn als überzeugter Kommunist in den Widerstand geht, setzte sich als meistgespieltes Stück der Exildramatik durch, wozu besonders zahlreiche

Aufführungen in der Sowjetunion beitrugen. In der DDR besorgte Konrad Wolf, der Sohn des Dichters, 1960 eine eindrucksvolle Verfilmung. Friedrich Wolfs Schauspiel *Floridsdorf* (U. 1936 vor österreichischen Sozialdemokraten in einem Arbeitertheater in Toronto), 1934 im Moskauer Exil entstanden und von ihm selbst als zweiter Teil seiner *Matrosen von Cattaro* bezeichnet, behandelte den Wiener Arbeiteraufstand gegen den Staatsstreich der Dollfuß-Regierung. Über den sozialistischen Widerstand in Deutschland schrieb Wolf in *Das trojanische Pferd* (U. Moskau, 1936), während GUSTAV VON WANGENHEIM (1895–1975) dieses Thema in *Helden im Keller* (1934), den »Anschluss« Österreichs in *Die Friedensstörer* (U. Moskau 1938) vergegenwärtigte. ERNST TOLLER ließ sich durch den Widerstand der Bekennenden Kirche zu seinem Drama *Pastor Hall* (1938) anregen, das allerdings im Exil unaufgeführt blieb, aber 1939 in englischer Sprache gedruckt und 1940 verfilmt wurde. Eine Sonderstellung nimmt *Glaube Liebe Hoffnung. Ein kleiner*

Totentanz von ÖDÖN VON HORVÁTH ein, der noch für die Aufführung in Deutschland bestimmt war, aber dort 1933 nicht mehr gespielt werden konnte. Die Premiere erfolgte unter dem verändertem Titel *Liebe, Pflicht und Hoffnung* drei Jahre später am Theater der 49 am Schottentor, einer Kellerbühne in Wien.

Das Stück besteht aus fünf Bildern: Elisabeth, ein mittelloses Mädchen, will ihren Körper für 150 Mark an das anatomische Institut verkaufen, um einen Wandergewerbeschein erwerben zu können. Weil das nicht möglich ist, leiht ihr ein Präparator das Geld. – Der Präparator erfährt, dass sie das Geld zur Zahlung einer Buße wegen unerlaubten Straßenhandels verwendet hat und zeigt sie an. – Elisabeth, die vierzehn Tage Arrest bekommen hat, lernt den Polizisten Alfons Klostermeyer kennen, der ihr die Ehe verspricht. – Klostermeyer lebt bei seiner Braut, aber als er von ihrer Vorstrafe erfährt, verstößt er sie. – Elisabeth, die sich in den Fluss gestürzt hat, wird samt ihrem Retter in die Polizeiwache gebracht. Während man den Retter feiert, stirbt das Mädchen. Alfons und der Präparator leugnen ihre Bekanntschaft mit ihr. Die überlebenden Beteiligten gehen zu einer vaterländischen Parade.

Der Stoff beruht auf Tatsachen. Horváth hat sein Thema, den »gigantischen Kampf zwischen Individuum und Gesellschaft«, wie er in einer Randbemerkung erklärt, mit größter Knappheit durchgeführt. Die Parabel wird zur Passion. Auch weiterhin schrieb er Zeitstücke, die nicht so sehr die aktuelle politische Krise behandelten als die Verhältnisse, die sie ermöglichten, Situationen, die seine Figuren nicht durchschauen. *Don Juan kommt aus dem Krieg* (e. 1936, U. 1952 in Wien u. d. T. *Don Juan kommt zurück*) gehört in diesen Zusammenhang. Don Juan ist ein verführter, unfreiwilliger Verführer, er sucht in den zahllosen Frauen, die ihm begegnen, die eine, die er zuerst verlassen hat, seine Braut, eine Tote. Das Stück spielt in der Nachkriegszeit und in der Inflation, aber es ist, wie Horváth kommentiert, »nur eine scheinbar vergangene Zeit, denn von einer etwas höheren Warte aus gesehen leben wir noch immer in der Inflation, und es ist nicht abzusehen, wann sie zu Ende gehen wird«. Im noch stärkeren Maße suchte Horváth in seinem Drama *Der jüngste Tag* (U. Mährisch-Ostrau, 1937) das Zeitstück symbolisch zu überhöhen. Die enge Welt seiner Alltagscharaktere, die er, samt deren irrationalen Sehnsüchten, intuitiv erfasst, war so spezifisch geprägt, dass er auf betont aktuelle Kennzeichnungen verzichten konnte. Aber neben dem Zeittypischen, das determinierend wirkte, gab es noch einen privaten Rest, den er andeutend zu erfassen suchte. Hatte er die Dialoge sei-

ner Volksstücke wiederholt durch die Regieanweisung »Stille« strukturiert, so erweiterte er nun gleichsam den Handlungsspielraum durch einen Gedankenspielraum. (→ S. 468)

JOHANNES R. BECHER verfasste die dramatische Dichtung *Schlacht um Moskau* (U. 1942 in Mexiko, später u. d. T. *Winterschlacht*). Wegen der ungünstigen Rezeptionsbedingungen verlor das Zeitstück für die Autoren allmählich an Bedeutung, fand nach 1945 aber Erneuerung im Spätwerk von CARL ZUCKMAYER, das einen Grenzfall zwischen Exil- und Nachkriegsdramatik bildet, der nicht zufällig große Aufmerksamkeit erregte und gleichzeitig heftig umstritten war. Das gilt besonders für das in den USA entstandene, am Zürcher Schauspielhaus uraufgeführte Drama *Des Teufels General* (1946).

Der deutsche Luftwaffengeneral Harras, ein sympathisch gezeichneter Draufgänger und Frauenheld, hat sich dem NS-Regime, obwohl er sich über dessen Verwerflichkeit und militanten Ziele keine Illusion macht, aus fliegerischem Engagement zur Verfügung gestellt und eine erfolgreiche Karriere absolviert. Im dritten Kriegsjahr, 1941, gerät die von ihm verantwortete Flugzeugproduktion durch unerklärliche Abstürze in Schwierigkeiten. Von der Gestapo unter Druck gesetzt, wird er bei seinem Versuch, die Unfälle aufzuklären, zunächst mit den Opfern des Krieges konfrontiert; dann bekennt ihm sein Chefingenieur Oderbruch, dass er die Zwischenfälle selbst herbeigeführt hat, um das verbrecherische Regime zu schwächen. Er versucht Harras auf seine Seite zu ziehen. Dieser lehnt ab, verrät jedoch Oderbruch nicht, sondern besteigt eine von diesem präparierte todbringende Maschine.

Zuckmayer war zu seinem Stück durch den Tod des populären Generaloberst Ernst Udet angeregt worden. Das nach der Zürcher Uraufführung auf vielen deutschen Bühnen gespielte Stück, das die Frage des Widerstands nur in unzureichender Weise behandelte und deswegen auch heftig kritisiert wurde, fand gleichwohl ein aufnahmebereites Publikum. Der dringend wünschenswerten Analyse stand es eher im Wege; auch Zuckmayers Versuch einer Neufassung (1966) vermochte daran nichts zu ändern. (→ S. 532)

Geschichtsdrama und Parabel

Mehr noch als der Erzähler sah sich der Dramatiker herausgefordert, Zeitkritik, im besonderen Maße die Auseinandersetzung mit dem Nationalsozialismus, zum Thema zu machen. Auf direktem Weg war dies jedoch nicht immer möglich. Im Exil entstanden daher zahlreiche historische Schauspiele und Komödien, die entweder tatsächlich ein Ausweichen in eine unproblematische Vergangenheit darstellen oder aber eine historische Situation zum Vorwand nehmen, um für die Darstellung der eigentlich angestrebten Problematik eine Bühne und ein Publikum zu gewinnen.

Es lag auf der Linie dieser Dramatik, dass FERDINAND BRUCKNER in der Emigration mehrere historische Stücke schrieb, die, kaum verschlüsselt, die nationalsozialistische Diktatur zum Thema hatten. Erfolgreich war er mit dem 1945 in New York entstandenen zweiteiligen Schauspiel *Simon Bolivar,* dem wiederum vor allem die Thematik und Deutung der divergierenden Begriffe Diktatur, Humanität und Freiheit zugrunde liegen, in diesem Fall dargestellt durch den südamerikanischen Befreiungshelden. In allen Fällen wirkte Bruckner zusätzlich durch seinen psychologischen Scharfsinn, der methodisch an Freud orientiert war und auch die Sprache als Mittel der Charakterisierung benutzte.

Der Österreicher FRITZ HOCHWÄLDER (1911–1986), der bereits in der Republik als Stückeschreiber hervorgetreten war (*Jehr,* 1933; *Liebe in Florenz,* 1936), schrieb in der Emigration das später sehr erfolgreiche Schauspiel *Das heilige Experiment* über den Jesuitenstaat in Paraguay, das bei der Uraufführung 1943 im Städtebundtheater Biel-Solothurn jedoch fast ohne Widerhall blieb.

Der »Gottesstaat« der Jesuiten, eine Enklave sozialer Gerechtigkeit für die Indios, ist Gegenstand einer Intrige der weißen Kolonialherren am Madrider Hof. Es geht um Tee, Silber und Sklaven. Eine im Auftrag des Königs durchgeführte Untersuchung ergibt die Haltlosigkeit der gegen die Patres vorgebrachten Anschuldigungen. Dennoch wird ihr Staat zerschlagen, werden die Jesuiten deportiert. »Weil ihr Recht habt, müsst ihr vernichtet werden.« – Das Geschehen ist verdichtet auf einen Tag, an einem Ort, die Handlung wird aus den Dialogen entwickelt. (→ S.586)

Von größter Bedeutung für eine neue Theorie und Praxis des Theaters in den folgenden Jahrzehnten war die Arbeit Bert Brechts, die er unter den im Exil gegebenen Umständen allerdings nicht ohne Kompromisse zu leisten vermochte.

Brechts Weg zum epischen Theater

Während der Zeit seiner Emigration entstanden BERT BRECHTS bedeutendste Bühnenwerke. Begabung und Theaterleidenschaft trugen ihn auch als Dramatiker über alles nur Doktrinäre und Lehrhafte hinaus. Der soziale Gehalt und die kämpferische Botschaft seiner Stücke waren von lang anhaltender Wirkung.

Bereits seit dem missglückten Münchner Putsch von 1923 stand Brecht als Autor zersetzend geltender Antikriegsgedichte ganz oben auf der Liste der im Fall einer Regierungsübernahme durch die Nationalsozialisten zu Verhaftenden. Über Prag, Wien, Zürich, Paris führte sein Weg in die Emigration, bis er Ende 1933 in Dänemark für längere Zeit zur Ruhe kam. Unter Mitarbeit von Margarete Steffin und der Dänin Ruth Berlau widmete er sich auf Fünen in großer Zurückgezogenheit seinen Stücken. 1939 floh er weiter nach Schweden, wo er auf einer kleinen Insel in der Nähe von Stockholm gute Arbeitsmöglichkeiten fand.

In Form einer Parabel suchen *Die Rundköpfe und die Spitzköpfe. Reich und reich gesellt sich gern* (e. 1932–34, U. Kopenhagen, 1936) die Rassenlehre des NS-Staats als kapitalistisches Manöver zu erklären. Für den Marxisten Brecht ist der Faschismus unlöslich mit dem Kapitalismus verbunden, er sah in der NS-Herrschaft eine geplante Maßnahme, aber gerade die Rassenideologie eignete sich für diese Argumentation nicht. Die Szenenfolge *Furcht und Elend des Dritten Reiches* (1938, e. 1935–38) – der Titel ist im Anschluss an Balzacs *Splendeur et misère des courtisanes* formuliert – stellen den tristen Alltag hinter dem schönen Schein des NS-Staates dar, Volksgemeinschaft und Verrat, Arbeitsdienst und Konzentrationslager. 1934 entstanden *Die Horatier und die Kuriatier* (1938), sein letztes »Lehrstück«, das Modelle des Verhaltens in wechselnden Situationen vorstellt.

Die Gewehre der Frau Carrar (1937), ein Einakter, der einer Idee des irischen Dramatikers John Millington Synge folgt (*Riders to the Sea,* 1904), schildert die Wandlung der Teresa Carrar, die ihre Söhne vom Krieg fernhalten will und auch die Herausgabe der Gewehre verweigert, die ihr Mann versteckt hatte. Als die Faschisten den älteren der Söhne, Juan, den sie zum Fischen geschickt hat, in seinem Boot niederschießen, geht sie mit dem erst fünfzehnjährigen José selbst an die Front. Die agitatorische Wirkung des Stückes, das zunächst den Titel *Generale über Bilbao* trug, ist stark. Brecht hat hier auf seine epische, nichtaristotelische Technik verzichtet, um die Menschen unmittelbar anzusprechen. Umso mehr praktizierte er dieses Verfahren in *Mutter Courage und ihre Kinder. Eine Chronik aus dem Dreißigjährigen Krieg* (e. 1939, U. Zürich, 1941). Angeregt wurde er durch die Geschichte der Marketenderin Lotta Svärd in dem Epos *Fähnrich Stahl Erzählungen* des finnischen Nationaldichters Johan Ludvig Runeberg (1804–1877) und Grimmelshausens *Landstörzerin Courasche* sowie den *Simplicissimus.* Brecht schrieb, in

Die Gewehre der Frau Carrar, Helene Weigel in der Titelrolle,
Berliner Ensemble 1952

witzig und nüchtern, keine Emotion aufkommen zu
lassen bestimmt sind. Da diese gleichwohl – auch gegen die erklärte Absicht des Autors – sich fast unvermeidlich einstellt, entsteht ein bewegendes Gegen-
und Miteinander.

Brecht war überzeugt, dass die überlieferten Formen
des Zeitstücks und des Geschichtsdramas, ungeachtet
ihrer stofflichen Aktualität, nicht mehr genügten. Das
im Zürcher Schauspielhaus entwickelte Aufführungs-
modell der *Mutter Courage* ist von ihm später für das
Berliner Ensemble übernommen worden.

Zwei Monate nach dem Blitzkrieg gegen Polen verfasste Brecht im November 1939 in Schweden das Hörspiel
Das Verhör des Lukullus (U. Radio Beromünster, Mai
1940). Es zeigt den berühmten Feldherrn und Schlem-
mer vor dem Gericht der Unterwelt, das seine guten
und bösen Taten abwägt. Für ihn sprechen nur der
Koch, der Bäcker und ein Kirschbaum, den Lukullus
aus Asien mitbringen ließ.

Wenn alle Siegesbeute
Der beiden Asien schon längst vermodert ist
Wird jedes Jahr aufs neue den Lebenden
Dann diese schönste deiner Trophäen noch
Im Frühling mit den blütenweißen
Zweigen im Wind von den Hügeln flattern.

Aber das entlastet Lukullus nicht. »Ein Kirschbaum!«,
stellt der Lehrer fest. »Die Eroberung / Hätte er machen
können mit / Nur einem Mann!« Achtzigtausend sind
wegen Lukullus gestorben, und er wird verurteilt. In
den USA hat Brecht später über Paul Dessau vergeblich versucht, Igor Strawinsky für die Vertonung des
Stückes zu gewinnen. Auch Dessau zögerte, aber nach
Kriegsende kam es zwischen ihm und Brecht in Berlin
zur Zusammenarbeit. Nur ergaben sich dort Probleme, an die man in den USA nicht gedacht hatte.

Der gute Mensch von Sezuan (1943, e. 1938/42) spielt in
einem legendären China. Das Parabelstück demonstriert, dass der Befehl der Götter, »gut zu sein und doch
zu leben«, kaum zu erfüllen ist.

Wang, ein obdachloser Wasserverkäufer, begegnet drei
Göttern, die auf der Erde nach einem guten Menschen suchen. Vergeblich bemüht er sich um ein Nachtquartier für
sie. Sie finden es schließlich bei der Dirne Shen Te, die sie
selbstlos aufnimmt. Mit dem Geld, das ihr die Götter
schenken, will sie sich fortan ehrlich durchschlagen, aber
ihre Güte bringt sie immer wieder ins Elend, sodass sie hin
und wieder die Maske eines hartherzigen Vetters Shui Ta
annehmen muss, der das Leben besteht. Die Götter ziehen
sich zurück. Das Stück schließt mit dem von einem Schauspieler vorgetragenen Epilog:

zwölf Bildern ausgeführt, ein undogmatisches Stück
gegen den Krieg – Mutter Courage will sich und ihre
Kinder mit ihrem Geschäft durchbringen. Aber der
Krieg, durch den ihr Handel floriert, nimmt ihr die
Kinder. Sie leidet darunter, ohne zu begreifen, dass der
Krieg immer der Nehmende ist.

Mit ihrem Marketenderwagen und ihren Kindern ist Mutter Courage im Frühjahr 1642 in Südschweden unterwegs.
Ein Werber überredet, während sie dessen Begleiter einen
Schnalle verkaufen will, ihren Sohn Eilif Soldat zu werden.
Ihr zweiter Sohn Schweizerkas kommt als Zahlmeister vors
Kriegsgericht und wird erschossen, weil sie zu lange um
das Lösegeld feilscht. Auch Eilif wird hingerichtet, weil er
eine Bäuerin umgebracht hat. Die stumme Tochter Katrin,
die durch Trommelschläge die Stadt Halle vor einem Überfall warnt, wird von den Soldaten erschossen. Zuletzt
spannt sich die Courage allein vor den Wagen. »Ich muß
wieder in'n Handel kommen.«

Die durch Überschriften angekündigten Szenen sind
in der Art einer Chronik aneinander gereiht. Unterbrochen werden sie von kommentierenden Songs, die,

Verehrtes Publikum, jetzt kein Verdruß:
Wir wissen wohl, das ist kein rechter Schluß.
Vorschwebte uns: die goldene Legende.
Unter der Hand nahm sie ein bitteres Ende.
Wir stehen selbst enttäuscht und sehn betroffen
Den Vorhang zu und alle Fragen offen.
Dabei sind wir doch auf Sie angewiesen
Daß Sie bei uns zu Haus sind und genießen.
Wir können es uns leider nicht verhehlen:
Wir sind bankrott, wenn Sie uns nicht empfehlen!
Vielleicht fiel uns aus lauter Furcht nichts ein.
Das kam schon vor. Was könnt die Lösung sein?
Wir konnten keine finden, nicht einmal für Geld.
Soll es ein andrer Mensch sein? Oder eine andre Welt?
Vielleicht nur andere Götter? Oder keine?
Wir sind zerschmettert und nicht nur zum Scheine!
Der einzige Ausweg wär aus diesem Ungemach:
Sie selber dächten auf der Stelle nach
Auf welche Weis' dem guten Menschen man
Zu einem guten Ende helfen kann.
Verehrtes Publikum, los, such dir selbst den Schluß!
Es muß ein guter da sein, muß, muß, muß!

Das Schauspiel *Leben des Galilei* (1943; e. 1938/39, dritte Fassung 1955) behandelt das Problem der Verantwortung des Wissenschaftlers gegenüber der Gesellschaft. Galileis Entdeckung, dass die Erde sich um die Sonne drehe, steht im Gegensatz zur Lehre der Kirche. Unter dem Druck der Inquisition widerruft er, bekennt aber am Schluss des Dramas:

Ich hatte als Wissenschaftler eine einzigartige Möglichkeit. In meiner Zeit erreichte die Astronomie die Marktplätze. Unter diesen ganz besonderen Umständen hätte die Standhaftigkeit eines Mannes große Erschütterungen hervorrufen können. Hätte ich widerstanden, hätten die Naturwissenschaftler etwas wie den hippokratischen Eid der Ärzte entwickeln können, das Gelöbnis, ihr Wissen einzig zum Wohle der Menschheit anzuwenden! Wie es nun steht, ist das Höchste, was man erhoffen kann, ein Geschlecht erfinderischer Zwerge, die für alles gemietet werden können. [...] Einige Jahre lang war ich ebenso stark wie die Obrigkeit. Und ich überlieferte mein Wissen den Machthabern, es zu gebrauchen, es nicht zu gebrauchen, es zu mißbrauchen, ganz wie es ihren Zwecken diente.

Brechts allein quantitativ ungewöhnlich reiche Produktivität hielt auch im finnischen und amerikanischen Exil an. In dem schwankhaften, ungemein bühnenwirksamen Volksstück *Herr Puntila und sein Knecht Matti* (1948; e. 1940/41, nach einem finnischen Stück von Hella Wuolijoki) ist der Herr jeweils nur im Rausch menschlich. Für Knechte ist es nur dann erträglich, »wenn sie erst ihre eigenen Herren sind«. Matti verlässt seinen Herrn. Herr Puntila aber ist mit seiner »Lust am

Mutter Courage und ihre Kinder, Regie Leopold Lindtberg, Therese Giehse als Mutter Courage, Schauspielhaus Zürich 1940/41

Leben« so vital gezeichnet, dass hier die Tendenz gegen die Herrenklasse überspielt wird.

In New York und Santa Monica entstanden unter Mitarbeit von Lion Feuchtwanger *Die Gesichte der Simone Machard* (U. Frankfurt, 1957) und *Schweyk im Zweiten Weltkrieg* (U. Warschau, 1957) nach dem Roman von Jaroslav Hašek und ursprünglich als Oper für Kurt Weill geplant. Hanns Eisler vertonte die Songs, darunter *Das Lied von der Moldau*.

Am Grunde der Moldau wandern die Steine.
Es liegen drei Kaiser begraben in Prag.
Das Große bleibt groß nicht und klein nicht das Kleine.
Die Nacht hat zwölf Stunden, dann kommt schon der Tag.

Der kaukasische Kreidekreis (1949), 1944 entstanden, wurde zuerst 1948 in englischer Sprache in Northfield/ Minnesota uraufgeführt. Die deutsche Uraufführung erfolgte 1954 am Berliner Theater am Schiffbauerdamm. Das Stück beruht auf einem alten chinesischen Singspiel, das Brecht in der Übersetzung Klabunds kennen gelernt hatte. Er umgab das Spiel mit einer lehrhaften Rahmenhandlung, die Musik schrieb Paul Dessau.

Das erste Bild (Vorspiel) behandelt den Streit um Besitzrechte an einem Tal in der Sowjetunion. Den Mitgliedern zweier Kolchosen werden zwei Geschichten vorgeführt, die sich im letzten Bild als zusammengehörige erweisen. In der einen geht es um Michel, das Kind der Gouverneursfrau Natella Abaschwili, das von seiner Mutter bei ihrer Flucht während eines Umsturzes in Stich gelassen und von der Magd Grusche unter vielen Mühen gerettet wurde. Grusche heiratet sogar, um das Kind besser zu schützen, einen ungeliebten Mann. Nach Ende der Unruhen – der gestürzte Großfürst ist wieder an die Macht gelangt – lässt die Gouverneursfrau ihr Kind suchen, um das Erbe ihres ermordeten Mannes an sich zu bringen. Nachdem Soldaten Michel abgeholt haben, soll ein Prozess endgültig über die Rückgabe entscheiden. Nun wird zunächst ausführlich die Geschichte des Dorfrichters Azdak dargestellt, der den fliehenden Großfürsten nicht verraten hat und für seine »besonderen« Urteile bekannt ist. Azdak unterwirft die beiden Frauen der Probe des Kreidekreises: Grusche verzichtet darauf, das Kind gewaltsam aus dem Kreis zu ziehen, um es für sich zu gewinnen, und erweist sich dadurch im Unterschied zur natürlichen Mutter Natella als die wahre Mutter. Abschließend wird den Kolchosmitgliedern vom Sänger die Lehre des Stücks vergegenwärtigt: Eigentum wird nicht durch einen Besitztitel erworben, sondern durch sorgende Arbeit.

Brecht legte es darauf an, weder Grusche noch Azdak als gute und vorbildliche Charaktere erscheinen zu lassen. »Man sollte niemals vom Charakter einer Figur ausgehen, denn der Mensch hat keinen Charakter.« Grusches gute Tat an dem Kind ist zunächst ein »Unfall«, erst allmählich wächst sie in ihre soziale Rolle hinein. Azdak, der mit biblischer Weisheit handelt (sein Urteil gleicht dem König Salomos im ersten Buch der Könige) ist kein unbestechlicher Richter, sondern er nimmt von den Reichen – lässt sich aber nicht durch sie bestechen. Nach Brechts scheinbar widerspruchsvollen Äußerungen ist er »der niedrigste, verkommenste aller Richter«, dann wieder »ein völlig lauterer Mann, ein enttäuschter Revolutionär, der einen verlumpten Menschen« spielt. Im Stück findet diese Dialektik ihre Auflösung in der Inszenierung und Erläuterung des vieldeutigen Geschehens durch den Rhapsoden.

Der kaukasische Kreidekreis, vielleicht Brechts schönstes Drama, rückt durch seinen humanen Gehalt in die Nähe von Lessings *Nathan:* Der Jude, der ein Kind seiner christlichen Verfolger rettet, als Pflegevater aufzieht und deswegen vor Gericht gestellt werden soll, handelt gerecht und wird zuletzt von allen Beteiligten als der wirkliche Vater des Kindes angesehen. Rechas rhetorische Frage: »Aber macht denn nur das Blut den Vater? Nur das Blut?« ließe sich in vergleichbarer Weise auf Grusche, Michels soziale Mutter, anwenden. Das

Vorspiel des Stücks, das oftmals als »das politische Mäntelchen« missdeutet worden ist, erhebt zusammen mit dem poetischen Beispiel die Lehre ins Allgemeine. (→ S. 469, 660)

Boulevardkomödien

Chancen bot den Autoren das Unterhaltungsstück, für das es im kommerziellen Theater jederzeit Bedarf gab. Nicht notwendig ermangelt es der zeitkritischen Bezüge, die es gelegentlich ins Absurde übersteigert. Dazu gehören FERDINAND BRUCKNERS *Heroische Komödie* (1938) um Madame de Staël, die noch während der »hundert Tage« (Napoleons gescheiterter Wiederkehr von Elba) für die Ziele der Französischen Revolution kämpft, und FRANZ WERFELS Bühnenwerk *Jacobowski und der Oberst. Komödie einer Tragödie* (e. 1941/42, U. deutsche Fassung, Basel 1944), das vor dem Hintergrund des französischen Zusammenbruchs 1940 die gemeinsame Flucht eines polnischen Obersten, seiner französischen Geliebten und des Exilpolen Jacobowsky beschreibt. Mit trickreicher Lebensgewandtheit und Galgenhumor bringt der kleine jüdische Händler den starrsinnigen polnischen Edelmann glücklich nach England, weiß ihn sogar ein Stück weit von seinem Antisemitismus zu kurieren (1958 erfolgreich verfilmt). ERNST TOLLERS Komödie *Nie wieder Friede!* (1936) handelt im Staate Dunkelstein, GUSTAV VON WANGENHEIM verspottete in *Stürmisches Wiegenlied* (1936) die rassistischen Züchtungsexperimente, WALTER HASENCLEVER beschrieb in der Komödie *Münchhausen* (1934, U. 1948) Deutschland als ein Märchenland (»Deutschland – das ist Münchhausen«) und in *Konflikt in Assyrien* (postum 1959, e. 1937/38, englische Uraufführung 1939), nach dem Buch Esther des Alten Testaments, die Verfolgung der Juden als Sündenböcke und ihre Rettung.

Den scheinbar umgekehrten Weg ging ÖDÖN VON HORVÁTH: Wie in *Don Juan kommt aus dem Krieg* zeigte er bekannte Gestalten der Literatur in neuen Situationen und aktuelle Nöte als die Wiederkehr des Ewig-Gleichen; bereits über *Die Unbekannte aus der Seine* (K., e. 1933, U. 1949) liegt ein Schleier der Resignation. Es war das erste Stück, das er schrieb, nachdem er Deutschland verlassen hatte, und es blieb – wie noch andere, die folgten – zu seinen Lebzeiten unaufgeführt. Horváth ist durch das Exil nicht entwurzelt worden – sicher zugehörig ist er nirgends gewesen –, aber der Verlust noch nicht gefestigter Bindungen traf ihn mehr als andere, denen zumindest die Sprache ein sicherer Besitz war. Seine Inconnue ist von traumhafter Verlorenheit, ein Überall und Nirgends umgibt sie, das der Seine so fern ist wie der Donau. Die Figurenrede ist simpel und wie wahllos, der Reiz des Stückes, in dem Poesie und Sentimentalität sich mischen, liegt paradoxerweise in seiner Trivialität. Das Niveau der Sprache ist nicht höher als das der Figuren, das begründet die immanente und durchaus unbeabsichtigt erscheinende Trauer, die von Horváths Gestaltungsweise ausgeht. Aber er konnte nun auch völlig entgleisen. Sein im Filmmilieu spielendes Gelegenheitslustspiel *Mit dem Kopf durch die Wand* (1935), hat er selbst als völlig misslungen bezeichnet (»ich machte Kompromisse, verdorben durch den neupreußischen Einfluss, und wollte ein Geschäft machen, sonst nichts«). *Figaro lässt sich scheiden* (e. 1935), eine Fortsetzung der beiden Komödien von Beaumarchais, wurde 1937 in Prag uraufgeführt und sogar ein Erfolg. Die Revolution, die sich in Beaumarchais' Stücken bereits ankündigte, hat begonnen.

Die Bewohner von Graf Almavivas Schloss werden zunächst auf dem Weg ins Exil, später in ihren neuen Lebensverhältnissen gezeigt. Figaro betreibt einen Friseursalon in Großhadersdorf, Cherubino ein Nachtcafé, der Graf ist ohne Einsicht und kann sich nicht anpassen. Dem sich verändernden Leben zugewandt und doch beständig sind die Frauen, die Gräfin und Susanne, die Figaro vorwirft: »Manchmal redest du schon wie unsere Kundschaft.« Sie will ein Kind, er will nur in Großhadersdorf überleben, sie trennen sich. Später kehrt Figaro in das Land der Revolution zurück, wird Verwalter von Almavivas Schloss, versöhnt sich mit Susanne und räumt seinem aus dem Gefängnis entlassenen, mittellos gewordenen einstigen Herrn, dem Susanne beigestanden hat, ein Zimmer ein. Im Schloss untergebrachte Kinder, die den Grafen als Verbrecher ansehen, ermahnt er: »Wenn ihr mal den Grafen Almaviva treffen solltet, dann müsst ihr ihn anständig grüßen, höflich und artig sein, denn er ist ein alter Mann und ihr seid's Lausbuben.«

Krasse Szenen der ursprünglichen Fassung, in denen der Graf die Perlen seiner Frau verkauft und von einem Freund von einst verleugnet wird, hatte Horváth mit Rücksicht auf das Publikum der Uraufführung gestrichen. Noch weitere Bühnenwerke entstanden in rascher Folge: *Ein Dorf ohne Männer* (Lsp., U. Prag, 1937) nach Motiven des Romans *Die Frauen von Selitschje* von Kálmán Mikszáth, *Der jüngste Tag* (Sch., U. 1937 in Mährisch-Ostrau) und zuletzt *Pompeji, Komödie eines Erdbebens* (U. Wien, 1959 postum).

Lyrik

Ungeachtet der ungünstigen Publikationschancen wurden auch im Exil viele Gedichte geschrieben. Zum erheblichen Teil gelangten sie erst später, nach der Rückkehr der Autoren oder postum zum Druck, aber um die 200 Gedichtbände sind während der Verfolgung erschienen. Formal und inhaltlich zeichnet sich ein breites Spektrum ab. Neben bekannten Lyrikern bürgerlicher oder sozialistischer Provenienz finden sich neue Namen. Das Werk von Nelly Sachs, das bisher durch eine eher konventionelle Schreibweise geprägt war, gewann unter dem Leidensdruck an Tiefe und Qualität. Die politische und soziale Auseinandersetzung wurde durch eigenständige junge Stimmen bereichert (Erich Arendt, Stephan Hermlin). Künstlerisch am entschiedensten der Moderne verpflichtet erscheint das Werk von Yvan Goll.

Politische Lyrik

Die politische Lyrik des deutschen Exils findet ihren Meister in BERT BRECHT. Er veröffentlichte die Sammlungen *Lieder Gedichte Chöre* (1934) und *Svendborger Gedichte* (1939), aber auch Einzelnes in der Exilpresse und in der Zeitschrift *Das Wort*. Wie die zu Beginn des Kapitels mitgeteilten Proben zeigen, gelingt es ihm in einem fast journalistischen Sinne die Tagesaktualität zu spiegeln. Die veränderte Situation, in der er sich als Künstler befindet, weiß er parodistisch zu glossieren (»ich gehe nicht mehr ›im walde so für mich hin‹, sondern unter polizisten«) und in Bezug auf die sich daraus ergebenden Forderungen klar auszulegen: »Wir leiten unsere Ästhetik, wie unsere Sittlichkeit von den Bedürfnissen unseres Kampfes ab.« (*Weite und Vielfalt der realistischen Schreibweise*) Die in den *Svendborger Gedichten* enthaltenen *Deutschen Satiren* und die *Deutsche Kriegsfibel* bieten dafür ebenso bezeichnende Beispiele wie durch kunstvolle Einfachheit ausgezeichnete Lehrgedichte (*Legende von der Entstehung des Buches Taoteking auf dem Weg des Laotse in die Emigration; Fragen eines lesenden Arbeiters*). Brecht fühlt sich gebunden an seinen gesellschaftlichen Auftrag und übt die gebotene Disziplin (*Schlechte Zeit für Lyrik; Die Literatur wird durchforscht werden*). Der glänzende Agitator wird vom Dichter immer noch übertroffen. Das Gedicht *An die Nachgeborenen* schließt:

Ihr, die ihr auftauchen werdet aus der Flut
In der wir untergegangen sind
Gedenkt
Wenn ihr von unseren Schwächen sprecht
Auch der finsteren Zeit
Der ihr entronnen seid.
Gingen wir doch, öfters als die Schuhe die Länder wechselnd
Durch die Kriege der Klassen, verzweifelt
Wenn da nur Unrecht war und keine Empörung.

Dabei wissen wir doch:
Auch der Haß gegen die Niedrigkeit
Verzerrt die Züge.
Auch der Zorn über das Unrecht
Macht die Stimme heiser. Ach, wir
Die wir den Boden bereiten wollten für Freundlichkeit
Konnten selber nicht freundlich sein.

Ihr aber, wenn es so weit sein wird
Daß der Mensch dem Menschen ein Helfer ist
Gedenkt unsrer
Mit Nachsicht.

Die Mitglieder des 1928 entstandenen Bundes proletarisch-revolutionärer Schriftsteller – Intellektuelle aus dem Bürgertum wie Brecht gehörten ebenso dazu wie Autoren aus der Arbeiterklasse – zielten auch mit ihren lyrischem Werk auf Agitation. Maßnahmen zur Unterdrückung der oppositionellen Stimmen begannen sofort nach der Regierungsbildung durch die Nationalsozialisten. ERICH WEINERT (1890–1953) büßte 1933 durch den Terror der SA auch seine Manuskripte ein, darunter zahlreiche ungedruckte Gedichte. Er ging ins Exil, setzte sich im Saargebiet gegen dessen Rückgliederung an Deutschland ein, verfasste in Spanien das *Lied der Internationalen Brigaden* (1936) und übersetzte Dichtungen von Autoren anderer Länder über den Bürgerkrieg (teilweise gesammelt in *Camaradas*, 1951). Aus dem französischen Internierungslager gelangte er in die Sowjetunion und trat dort während des Krieges gegen Deutschland mit massenwirksamen Texten als Propagandist auf. Weinert bediente sich dabei konventioneller Formen, sein Pathos mutet vormärzlich an, aber er war ein begabter Vortragender, ein »Sprechdichter«, der sein Publikum mitriss. Als politische Waffe wurde die Lyrik auch von JOHANNES R. BECHER eingesetzt, der jedoch jede agitatorische Simplifizierung ausdrücklich ablehnte, die pathetische Überhöhung suchte. Zunehmend bevorzugte er Sonett, Hymne und Ode als geeignete Ausdrucksmittel, den propagierten sozialistischen Realismus in seinem Zusammenhang mit der klassischen Tradition darzustellen. Seine beruflichen und parteiamtlichen Funktionen (seit 1935 war er in Moskau Chefredakteur der

Fotogramm aus der *Kriegsfibel*

Zeitschrift *Internationale Kultur*, Mitglied des Zentralkomitees der KPD) trugen dazu bei, den von ihm vertretenen ästhetischen und kulturpolitischen Auffassungen repräsentative Bedeutung zu leihen. Der von Becher selbst als exemplarisch angesehene Gedichtband seiner Exiljahre, die Sammlung *Der Glückssucher und die sieben Lasten. Ein Hohes Lied* (1938), fand Thomas Manns in der damaligen Situation vermutlich mehr als nur gefällige Anerkennung (»ein großes Buch, wahrscheinlich ist es das repräsentative Gedichtbuch unserer Zeit und unseres schweren Erlebens […] Seine Besonderheit und Schönheit und Anziehungskraft für mich liegt in der Verbindung von Überlieferung und Zukunft, die es darstellt – von Form und Revolution«). Becher veröffentlichte während des Krieges weitere Gedichtbände (*Deutschland ruft*, 1942; *Dank an Stalingrad*, 1943). Seine spätere künstlerische Entwicklung hat Thomas Manns glattes Lob nicht bestätigt. Die peinlich genaue Adaption literarischer Muster, die sich in Gedichten wie *Tränen des Vaterlandes Anno 1937* im Anschluss an Gryphius fast von Zeile zu Zeile verfolgen lässt, verrät die tiefe Unsicherheit des Verfassers, die sich ungeachtet seiner herausgehobenen Stellung auch nach seiner Rückkehr nach Deutschland zeigen sollte. Bechers an den Tag gelegte politische Willfährigkeit war freilich keineswegs grundlos. Der psychische Druck der auf den deutschen Emigranten im sowjetischen Exil während der stalinistischen Säuberungen lastete, war enorm. Das Sonett erlebte insgesamt eine Renaissance. Seiner festgefügten Form – die auch dem Autor Halt gibt – haben sich damals und später viele bürgerliche Dichter, die keine Maßregelung zu fürchten hatten, bedient.   (→ S. 638)

Anders WALTER MEHRING, der keiner Doktrin verpflichtet war, allerdings auch nur knapp der Verhaftung entging, denn die scharfzüngigen Kommentare des streitbaren Individualisten passten letztlich noch weniger zum »völkischen« Geist als die der parteipolitischen Widersacher. Mehring floh nach Österreich, 1938 nach Frankreich, wurde dort interniert und gelangte 1941 in die USA. Seine »guten Lieder eines bösen Spotts« *Und Euch zum Trotz* (1934) gingen herausfordernd zum Gegenangriff über wie der folgende Text *Von der Kröte, die groß wie ein Ochs sein wollte* zeigt.

Als von Sümpfen noch prangte GERMANIA,
eine Ochsenkröte einen Auerochs sah –
gleich ihr von Wotans Auge besonnt …
Begann die Kröte mit wildem Wehen
sich aufzunorden und aufzublähen –
besah sich im Sumpfe:
»Bin ich nicht ebenso blond?«
»Nein!«, grollte der Sumpf.
»Du bist rassisch verpatzt!« –
Drauf die Kröte in ihrem ochsensüchtgen
Wahn wollte zur Ur-Kröte sich ertüchtgen –
übt Stechschritt, Kniebeuge, Sturmlauf –
 bis sie platzt!

Die – wie in der Tierfabel, Mehring beruft sich ausdrücklich auf La Fontaine – folgende »Moral«, verschärft wenn möglich noch die Polemik: Nicht jede Unke sei schon eine Norne, nicht »jedes Wasserstoffsuper-Demi Sex / Eine rein ar'sche Schöne – / von hinten wie von vorne …« In den USA schlug Mehring sich mühsam mit Gelegenheitsarbeiten durch, verfasste Filmdrehbücher, Hörspiele und veröffentlichte einen Gedichtband *No Road Back* (1944). 1953 kehrte er aus dem Exil zurück, fand aber als Autor nur noch wenig Resonanz. Der zufällige Verlust eines umfangreichen Manuskripts bedeutete eine weitere Etappe in der Auslöschung seines Lebenswerks.

Noch am Anfang seines Weges zum politischen Dichter stand der Wiener ERICH FRIED, der 1938, nach der Verhaftung seines Vaters, nach London flüchtete und nach Ausübung verschiedener Berufe (bis 1968 Mitar-

beiter der BBC) dort als freier Schriftsteller ansässig wurde. Für seine ersten Publikationen (*Deutschland*, G., 1944; *Österreich*, G., 1945) ist THEODOR KRAMER (1897–1958) wichtig gewesen, der durch Fürsprache Thomas Manns ebenfalls in England Asyl fand. Kramer, Sohn eines jüdischen Gemeindearztes, Weltkriegsinvalide und Vagant, der nirgends recht zu Hause war, »ein sozialistischer Heimatdichter«, wie Fried ihn nannte, blieb bis 1957 in England. Er war ein sehr produktiver Lyriker, sein vierter Gedichtband *Mit der Ziehharmonika* war bereits 1936 erschienen, nun folgten fünf weitere Gedichtbände von *Verbannt aus Österreich* (1942) bis *Vom schwarzen Wein* (1956). In Österreich kümmerte man sich um den »Dichter der armen Menschen unserer Zeit« (B. Kreisky) auch nach 1945 nur wenig. Kramer schrieb das Gedicht *Requiem für einen Faschisten*, in dem er von dem Versäumnis mangelnder Aufklärung der Un- und Desinformierten, also einer Mitschuld der Intellektuellen sprach.

Für RUDOLF BORCHARDT wandelte sich der schon zu Beginn des Jahrhunderts bevorzugte Aufenthalt in der Toskana 1933 in ein unfreiwilliges Exil, das ihm nach dem Frontwechsel Italiens keinen Schutz mehr bot. Die Sammlung *Jamben* suchte er 1936 vergeblich in Wien zum Druck zu bringen. Der rigorose Zeitkritiker, für den die expressionistische Literatur nur eine »giftig-schillernde Seifenblase«, Brecht nur ein »talentloser Dialogisierer von ödem Radau« war, hat sich mit besonderer Schärfe gegen das Dritte Reich gewehrt. Er hasste und verachtete jenes Gebilde, für das er die Bezeichnung findet »schamloses Sodom hinterrücks und Schilda vorn«. Die literarischen Gegner des Nationalsozialismus, die von ganz rechts kommen, sind seine erbittertsten Feinde, weil sie fühlen, dass Hitler nicht nur für die kurze Zeit seiner Herrschaft, sondern für alle Zukunft das Deutschland zerstört hat, dem sie anhängen; der Sieg über ihn wird nicht ihr Sieg sein. Zugleich verliert die Unterscheidung zwischen »innerer« und »äußerer« Emigration im Hinblick auf einen Autor wie Borchardt an Gewicht. Bereits im Kaiserreich, wie es unter Wilhelm II. sich darstellte, wollte er nicht leben, nur als Kriegsfreiwilliger kehrte er zurück, um danach der Republik den Rücken zu kehren. Aber weniger als mit den Emigranten von 1933 scheint er – bei aller sonstigen Verschiedenheit – mit »Daheimgebliebenen« wie Rudolf Alexander Schröder und Friedrich Percyval Reck-Malleczewen geistig verbunden. Borchardt wurde 1944 verhaftet. In Innsbruck ließ ihn ein unbekannt gebliebener Offizier frei. Während der weiteren Flucht starb er in Trins (Tirol).

Nelly Sachs

Wir Geretteten,
Aus deren hohlem Gebein der Tod schon seine Flöten schnitt,
An deren Sehnen der Tod schon seinen Bogen strich –
Unsere Leiber klagen noch nach
Mit ihrer verstümmelten Musik.
Wir Geretteten,
Immer noch hängen die Schlingen für unsere Hälse gedreht
Vor uns in der blauen Luft –
Immer noch füllen sich die Stundenuhren mit unserem
   tropfenden Blut.
Wir Geretteten,
Immer noch essen an uns die Würmer der Angst.
Unser Gestirn ist vergraben im Staub.
Wir Geretteten
Bitten euch:
Zeigt uns langsam eure Sonne
Führt uns von Stern zu Stern im Schritt.
Lasst uns das Leben leise wieder lernen.

So beginnt ihr *Chor der Geretteten*. Der Einfluss der biblischen Bücher der Propheten und Psalmisten sowie christlich-mystischer und jüdisch-chassidischer Schriften wird in ihrer reimlosen Lyrik erkennbar, die um die Sinndeutung des von Dulderschaft und Tod gekennzeichneten jüdischen Lebensweges kreist.

Bezeichnend sind bereits die Titel ihrer Gedichtsammlungen: *In den Wohnungen des Todes*, 1947; *Sternverdunklung*, 1949; *Und niemand weiß weiter*, 1957; *Flucht und Verwandlung*, 1959. Über das Leiden eines Volkes hinaus steht das Erduldete zugleich stellvertretend für jegliches Leid in der Welt (*Fahrt ins Staublose. Gesammelte Gedichte*, 1961; *Späte Gedichte*, 1965).

Als ihr der Friedenspreis des Deutschen Buchhandels zuerkannt wurde, kehrte sie erstmals nach Deutschland zurück, um für die Ehrung zu danken, und um

den neuen deutschen Generationen zu sagen, dass ich an sie glaube; über alles Entsetzliche hinweg, was geschah, glaube ich an sie [...] Lassen Sie uns gemeinsam der Opfer im Schmerz gedenken und hinausgehen aufs Neue, um wieder und wieder zu suchen [...], wo [...] eine neue Aussicht schimmert, ein guter Traum, der seine Verwirklichung in unseren Herzen finden will.

Längst nicht allen, die sich zur Emigration gezwungen sahen, wurde der politische Kampf selbstverständlicher Bestandteil des Lebens in der Fremde. Dies gilt insbesondere für die aus rassischen Gründen Verfolgten, die nur zögernd und widerwillig begriffen, warum man sie aus einem Land verdrängte, in dem sie kulturell verwurzelt waren und als dessen loyale Bürger sie sich betrachteten. Ihre Klage ist weicher, als die der parteipolitisch Engagierten und vergleichsweise zeitlos im Ausdruck.

Nelly Sachs (1891–1970)

Nelly Sachs, geboren in Berlin, war das einzige Kind wohlhabender jüdischer Eltern. Sie beschäftigte sich mit Literatur und Kunst, veröffentlichte *Legenden und Erzählungen* (1921), die das Vorbild Selma Lagerlöfs erkennen lassen, mit der sie seit ihrem 15. Lebensjahr korrespondierte, und schrieb Gedichte, die vorzugsweise der Formen- und Gefühlswelt der Romantik verpflichtet sind. Eine im Insel-Verlag geplante Ausgabe kam nach dem Machtantritt Hitlers nicht mehr zustande. 1940 gelang ihr zusammen mit ihrer Mutter durch Hilfe von Selma Lagerlöf in letzter Minute die Ausreise nach Schweden. Längere Aufenthalte in Sanatorien und Kliniken. Übersetzerin schwedischer Lyrik, Friedenspreis des Deutschen Buchhandels 1965, Nobelpreis 1966. Gestorben in Stockholm.

Die Erfahrungen der Leidensjahre in Deutschland und die Schreckensnachrichten von dort, die sie in Schweden erreichten, gaben der Dichtung von Nelly Sachs einen neuen Inhalt. »Meine Metaphern sind meine Wunden«, schrieb sie in einem Brief. Sie verlor durch die Shoa nahe und nächste Anverwandte und Freunde. An ihren im Konzentrationslager ermordeten Bräutigam erinnert die 1944/45 entstandene Totenklage *Dein Leib im Rauch durch die Luft* im Gedichtband *In den Wohnungen des Todes* (1947). Dort entstand aus der Erinnerung an die Verfolgung jene Lyrik, die ihr vielleicht erst die Kraft zum Überleben gab.

Der junge Wiener Germanist HEINZ POLITZER (1910 bis 1978) hatte den lebensrettenden Weg ins Exil gewählt, angesichts einer völlig ungewissen Zukunft offenbar bangen Herzens, mit einem für seine Jahre fast zu ernsten, rückwärts gewandten Blick – »mit Frösteln«, wie es das Gedicht *Grenzübertritt* beschreibt (*Gedichte*, 1941).

Härter noch betroffen waren Autoren der älteren Generation, deren Entwicklung im gewissen Sinne abgeschlossen war und die der Fremde nicht ohne inneren Widerstand begegneten. MAX HERRMANN-NEISSE (1886–1941), der sich nach seiner Vaterstadt Neisse (Nysa) in Schlesien nannte, war den Kreisen der *Weißen Blätter* und der *Aktion* zugehörig gewesen und hatte von *Ein kleines Leben* (1906) bis *Musik der Nacht* (1932) eine Reihe von Gedichtbänden veröffentlicht. Hellsichtig und entschlossen verließ er Deutschland nach dem Reichstagsbrand, obwohl er kein Jude war, und starb fast vergessen im englischen Exil. Auch dort schrieb er Gedichte, »mehr klagend als anklagend« (H. Bienek), die zum Teil erst postum erschienen sind (*Um uns die Fremde*, 1936; *Heimatfern*, 1945): »Doch hier wird niemand meine Verse lesen, / ist nichts, was meiner Seele Sprache spricht; / ein deutscher Dichter bin ich einst gewesen, / jetzt ist mein Leben Spuk wie mein Gedicht.«

KARL WOLFSKEHL verschlug die Emigration 1933 zunächst nach Italien, 1938 bis nach Neuseeland; sie bedeutet in seinem Schaffen einen deutlichen Umbruch. Er vertiefte sich in die Welt des alttestamentarischen Glaubens und wandte sich als Übersetzer der hebräischen Dichtung zu. Sein Gedichtband *Die Stimme spricht* (1934) beginnt mit der Strophe:

Herr! Ich will zurück zu Deinem Wort.
Herr! Ich will ausschütten meinen Wein.
Herr! Ich will zu Dir, ich will fort.
Herr! Ich weiß nicht aus und nicht ein!
Ich bin allein.

Neuseeland bedeutete für Wolfskehl »das antarktische Thule«, der gelehrte Autor fühlte sich abgeschnitten von allem, was einst sein Leben bedeutet hatte, seinen Büchern und dem Austausch mit Freunden. Das Gedicht *1939. II.* spricht eine Grunderfahrung der Emigranten aus:

Wir warten, sind vom Warten längst ergraut
Getrennt von allen, die uns nahe waren,
Von allen, die wir lieben, täglich sahen,
Wir sehen nicht mehr, lieben nicht mehr, warten
Auf unser Wiedersehn und Wiederlieben,

Yvan und Claire Goll

Wir warten, warten, warten auf das Warten,
Es ist die tiefste Folter der Verbannung,
Und unser Bau stürzt ein, auf Sand gebaut.

Der einstige »Dionysos« der Schwabinger Boheme verstand sich – verarmt und erblindet – zuletzt als Hiob (*Hiob oder die vier Spiegel* und *Sang aus dem Exil*, G.-Zyklen, postum 1950).

Das Bestreben nach religiöser Deutung des Erfahrenen ließ jüdische Autoren wiederholt nach dem Buch Hiob des Alten Testaments greifen. Auch YVAN GOLL verfasste ein vierteiliges Gedicht *Hiob* (postum 1960, e. 1948/49).

Surrealistische Lyrik

Goll nimmt als Exil-Autor eine besondere Stellung ein, weil er die in Frankreich von Louis Aragon, Philippe Soupault und André Breton vertretene Kunst- und Literaturbewegung des Surrealismus für die deutsche Literatur erschlossen hat. Wie Hans (Jean) Arp dichtete er französisch, übertrug aber viele seiner Gedichte selbst ins Deutsche. Anderes wurde von seiner Frau Claire Goll übersetzt, für die er zahlreiche Liebesgedichte geschrieben hat.

Der Surrealismus dekonstruierte die konventionelle Sprache und die überlieferten literarischen Formen, sagte der Logik und Rationalität ab und überließ sich dem Strom der Assoziationen und des Traums. Die vom Verstand möglichst unzensierte, gleichsam »automatische«, passive Schreibweise (»écriture automatique«) zielte auf die Erweiterung des Bewusstseins, sie zeitigte eine kühne, verwirrende Bildwelt von großem ästhetischem Reiz.

Das Gedicht *Heute großes Schlachtfest (Lied der Unbesiegten)* gehört zu den von Goll selbst aus dem Original ins Deutsche übertragenen Dichtungen. Die später durch Celans *Todesfuge* berühmt gewordene Metapher »Schwarze Milch der Frühe« findet sich dort (und in einem anderen Gedicht Golls) vorgebildet.

Schwarze Milch des Elends
Wir trinken dich
Auf dem Weg ins Schlachthaus
Milch der Finsternis

Man gibt uns Brot
Weh! Es ist aus Staub
Unser Schrei steigt rot
Aus dem Schlachthof auf

In unsrem Höllenwein
Aus der Reben Glut
Aus Schädeln und Bein
Gärt Luzifers Blut

Aus den Augen wächst Klee
Den Mord zu beweinen
Und der Ahnen Armee
Wacht unter den Steinen

Uhu der Dunkelheit
Wird den Racheruf schrein
Wölfe werden die Söhne sein
Reißende Grausamkeit

Schwarze Milch des Elends
Wir trinken dich
Auf dem Gang ins Schlachthaus
Milch der Finsternis

Das maschinenschriftliche Manuskript der deutschen Fassung des Gedichts ist auf den 14. Januar 1942 datiert. Die bei Goll auch als »goldene« oder »graue Milch« auftauchende »schwarze Milch« war eine jener Metaphern, auf denen der leichtfertige Vorwurf des Plagiats gründete, der später quälend auf Celan lastete. Chronologisch unterliegt es in diesem Fall jedoch keinem Zweifel, dass Goll die Priorität gebührt.

Bei anderer Gelegenheit bereitet die Erschließung und textgetreue Edition von Golls lyrischem Werk, dessen Erscheinen bereits durch die Machtergreifung Hitlers beeinträchtigt wurde – so lag der erst 1967 erschienene Band *Die Antirose* (*L'Antirose*, 1965) bereits 1932 in Fahnen vor –, große Schwierigkeiten, die dazu beigetragen haben, die Rezeption zu verzögern. Goll hat auch als Übersetzer von Gedichten Mallarmés, Trakls vermittelnd zwischen den beiden Sprachen gewirkt, in denen er selbst dichtete.

Claire Goll hat auch ein eigenständiges literarisches Œuvre hinterlassen; ebenso PAULA LUDWIG (1900 bis 1974), die Yvan Goll während vieler Jahre verbunden war und *Dem dunklen Gott* Liebesgedichte schrieb (*Gedichte*, postum 1986). Österreich, Schweiz, Frankreich, Portugal, Brasilien lauten die Stationen ihrer Wanderschaft.

Der Nachhall des Schreckens

So wenig wie die Wirkungen des Dritten Reiches endeten die des Exils mit der deutschen Kapitulation. Das 1945 entstandene Gedicht *Beim Lesen deutscher KZ-Berichte* von HANS SAHL (1902–1993) hält fest, dass die Berichte über den wirklichen Umfang des Vorgefallenen auch auf Überlebende des Exils verstörend wirkte. Umso mehr betonte er, gegen Adorno gewandt, die Bedeutung der Lyrik als dem subjektivsten Medium der Dichtung, weil »nur im Gedicht sich sagen lässt, was sonst jeder Beschreibung spottet«.

Der geborene Dresdner kehrte nach einem vorübergehenden Deutschlandaufenthalt 1953–58 erst 1989 endgültig aus den USA in die Bundesrepublik zurück. Inzwischen empfand er, dass ihm als Zeitzeugen eine mit Skepsis aufgefasste neue Rolle zugefallen war:

Die Letzten

Wir sind die Letzten.
Fragt uns aus.
Wir sind zuständig.
Wir tragen den Zettelkasten
Mit den Steckbriefen unserer Freunde
Wie einen Bauchladen vor uns her.
Forschungsinstitute bewerben sich
Um die Wäscherechnungen Verschollener,
Museen bewahren die Stichworte unserer Agonie
Wie Reliquien unter Glas auf.
Wir, die wir unsre Zeit vertrödelten,
Aus begreiflichen Gründen,
Sind zu Trödlern des Unbegreiflichen geworden.
Unser Schicksal steht unter Denkmalschutz.
Unser bester Kunde ist das
Schlechte Gewissen der Nachwelt.
Greift zu, bedient euch.
Wir sind die Letzten.
Fragt uns aus.
Wir sind zuständig. (*Wir sind die Letzten*, G., 1976

LITERATUR IM
DRITTEN REICH UND DER
FRÜHEN NACHKRIEGSZEIT
1933–1949

Mit dem Jahr 1933 veränderte sich die literarische Situation in Deutschland schnell, und nichts wurde wieder, wie es einmal gewesen war. Dabei handelte es sich zunächst nicht um einen grundlegenden Wechsel der Ideen, Stile und Formen, die der Nationalsozialismus zum größeren Teil weder ersetzen konnte noch wollte, weil er aus ihr erwachsen war oder doch Nutzen zog. Die Literatur der »Bewegung« hatte ihre Ursprünge im Kaiserreich. Die Heimatkunst der Jahrhundertwende, in der unterschiedliche antimoderne Strömungen zusammenflossen, bildete ihren ersten, noch unbestimmten Nährboden. Gerade die konservativen Kräfte, so wenig sie es später wahrhaben wollten, hatten Hitler Vorschub geleistet, ungeachtet des Widerstands hellsichtiger Einzelner, die bis zum Ende der Republik den Kampf um die Demokratie nicht verloren gaben. Nun war die Entscheidung gefallen. Der Machtantritt der Nationalsozialisten drängte nicht nur die international bekanntesten Autoren ins Exil, sondern er drückte dem künstlerischen Schaffen daheim den völkisch-nationalen Stempel auf, der nach dem Anschluss Österreichs und der deutschsprachigen Randgebiete Böhmens und Mährens 1938 für »Großdeutschland« insgesamt bestimmend wurde.

Zwar kamen, wie in der Folge erkennbar wurde, Ansätze für die künftige Entwicklung auch von Schriftstellern, die in Deutschland überlebten oder dort der Verfolgung zum Opfer fielen, aber die besten Traditionen der deutschen Literatur repräsentierten in den Augen der Welt nunmehr die Exilautoren. Die Legitimation für die notwendige geistige Erneuerung, so empfanden sie es selbst, lag bei ihnen.

Es handelte sich um einen Aderlass von wahrhaft bestürzendem Umfang, gleichwohl hat es den Anschein, dass er – von den unmittelbar Betroffenen abgesehen – in seiner vollen Bedeutung zunächst nicht wahrgenommen wurde. Nicht immer wurde der Exodus sogleich publik, wohl auch als nur vorübergehend betrachtet. Zurückhaltung lag oftmals im Interesse der Schriftsteller selbst, die Stimmen derer jedoch, die sich sogleich klar positionierten, drang kaum nach Deutschland durch. Die entstandenen Lücken füllte eine Literatur künstlerisch zweiten Ranges, die allenfalls regional von Interesse war. Von der Parteidichtung im engeren Sinn ist nach dem katastrophalen Ende 1945 nichts geblieben.

Eigentümlich waren auch die Umstände, unter denen künftig in Deutschland geschrieben und veröffentlicht wurde. Weniger was sie vorzeigt, als was ihr fehlt, charakterisiert die Literatur im Dritten Reich. Bei der Erörterung der gesellschaftlichen und ästhetischen Fragestellungen, die sie in den Zwanzigerjahren beschäftigt hatten, sind ihr nun Fesseln angelegt, zum größeren Teil verschwinden sie ganz. Auch über die neuerdings gegebenen Probleme vermag sie sich unter den Arbeitsbedingungen in einer Diktatur nicht offen zu äußern. Daher erscheint, obwohl auch weiterhin Bücher von literarischer Qualität und unter Lebensgefahr abgefasste authentische Tagebücher entstehen, zunächst nichts, was ein insgesamt zutreffendes Bild der Epoche

Bücherverbrennung am 11. Mai 1933

zu vermitteln geeignet wäre. Für eine illegal verbreitete Widerstandsliteratur bleibt kaum Spielraum.

Gewiss geht, was in den Buchhandlungen ausliegt, nur zu einem Teil mit dem herrschenden Geist konform. Immer wieder findet der Eingeweihte zwischen den Zeilen Äußerungen des Un-Einverständnisses, verschlüsselte Zitate, Zeichen der Zurückhaltung, des Sich-Versagens: Solche Befunde einer »Inneren Emigration« – der erste bekannte Beleg für diesen Ausdruck findet sich in einer Tagebucheintragung Thomas Manns im November 1933 – können indessen nicht den Gesamteindruck verändern, dass diese Literatur der Daheimgebliebenen ohne Perspektive ist, ratlos und verstört, irregeworden an vielen inzwischen entwerteten Begriffen oder noch immer in ihrem Bann. Ein vieldeutiger und eher verschwommener Irrationalismus vertritt die intellektuelle Durchdringung der heillosen Gegenwart, Werte von einst sind Leerformeln geworden, die längst zynisch dazu missbraucht werden, von aktuellen Erfordernissen abzulenken.

Durch Gesetze, administrativen Druck und gezielte Ausschreitungen, denen man aber den Anschein kämp-

ferischer Reinigungsakte gab, griffen die Nationalsozialisten bereits 1933 massiv in das literarische Leben ein. In der Nacht zum 11. Mai fanden in den Universitätsstädten Bücherverbrennungen statt, bei denen Werke unerwünschter Autoren, die nun als »entartet« galten, symbolisch den Flammen übergeben wurden. Am 22. September folgte das Reichskulturkammergesetz, das alle Kulturäußerungen unter die Zensur des Staates stellte. Das neu geschaffene Reichsministerium für Volksaufklärung und Propaganda bildete die Zentrale für ein umfassendes System obrigkeitlicher Lenkung: Die dem Ministerium nachgeordnete Reichskulturkammer leitete die verschiedenen Berufskammern, in der Mitglied zu sein für die künstlerisch Tätigen obligatorisch war. Das bedeutete Berufsverbot für Juden und politische Gegner, erlaubte darüber hinaus beliebige Manipulation. Es war der Überorganisation und dem rivalisierenden Ehrgeiz der verschiedenen Behörden und Parteiorganisationen zu danken, dass sich da zuweilen Freiräume auftaten, die Zuflucht erlaubten. Das Dritte Reich erwies sich nicht durchgehend als der monolithische Führerstaat, der es zu sein vorgab, sondern als ein Interessendschungel mächtiger Potentaten, von denen manche, wie Joseph Goebbels und Alfred Rosenberg, selbst literarisch tätig waren und sich mit Schützlingen umgaben. Solche Desorganisation erzeugte allerdings auch fortwährende Unsicherheit und Sorge. Der Krieg und sein spätestens seit 1942 unglücklicher Verlauf veranlassten weitere Eingriffe des Staates, zuletzt im Sinne einer skrupellosen Durchhaltepropaganda, in deren Dienst auch Werke der Literatur und Filme *(Der große König; Kolberg)* gestellt wurden.

Die Gleichschaltung der Preußischen Akademie der Künste hatte bereits 1933 begonnen, als zunächst deren Präsident Heinrich Mann ausgeschieden war. Thomas Mann, Döblin, Leonhard Frank, Kaiser, Mombert, Schickele, Unruh, Wassermann, Werfel und Ricarda Huch folgten. Wie für die vertriebenen Professoren der Universitäten fanden sich auch für sie schon bald Nachfolger, die ihnen freilich weder der internationalen Geltung noch dem literarischen Range nach entsprachen. Carossa und Ernst Jünger lehnten die Mitgliedschaft ab.

Die sechs Friedens- und die sechs Kriegsjahre des auf tausendjährige Dauer veranschlagten Reiches begannen – mit ihnen die der LTI, der Lingua Tertii Imperii, wie man die Sprache der Zeit ihrer heroisch sich gebenden Großmannssucht wegen sarkastisch genannt hat (Victor Klemperer, *LTI. Notizbuch eines Philologen*, 1947). In ihrer verlogenen Pathetik blieb sie bis zuletzt, was sie war. Vor dem Hintergrund der sich abzeichnenden Niederlage mündete sie über die Proklamation des »totalen Krieges« in die totale Niederlage.

Das Ende des Zweiten Weltkriegs bildete daher historisch eine tiefe Zäsur. Für die am Krieg beteiligten Staaten und für die Menschen der vom Krieg betroffenen Territorien galt dies freilich in unterschiedlicher Weise. Von den deutschsprachigen Ländern hatte die Schweiz am Krieg nicht teilgenommen, erlangte Österreich die 1938 verlorene Eigenstaatlichkeit zurück und suchte seinen Platz bei den einst von der deutschen Expansionspolitik bedrängten, nunmehr befreiten Nationen. Auch im in vier Besatzungszonen aufgeteilten Deutschland wurde der Zusammenbruch als Chance zu einem Neuanfang verstanden. Demgegenüber stand jedoch die Erfahrung eines katastrophalen politischen Scheiterns, das der deutschen Geschichte den Sinn zu nehmen schien, drohten aktuelle Not und der Ausblick auf eine höchst ungewisse Zukunft. Der italienische Regisseur Roberto Rosselini gab einem von ihm gedrehten Film den suggestiven Titel *Deutschland im Jahre Null* (1947), womit er weniger die reale Situation

als eine noch lange nachwirkende Stimmung bezeichnete.

Für die deutsche Literatur begann 1945 ebenfalls eine neue Entwicklung, wenngleich, wie sich später zeigte, im künstlerischen Sinn noch keine neue Epoche. Woher hätten die dazu fähigen Kräfte, die frischen Ausdrucksweisen so unvermittelt auch kommen sollen – die jüngere Generation musste die eigene Orientierung erst finden, die ältere griff wie selbstverständlich die unerledigten alten Fragen auf. Was sich in der politischen Nachkriegskonstellation abzeichnete, war die Fortsetzung der bereits 1933 angebahnten Trennung. Das Ende der nationalsozialistischen Gewaltherrschaft, das, für sich genommen, den Zusammenschluss der geteilten Literatur hätte ermöglichen können, vollzog sich unter Bedingungen, die in den Jahren nach 1945 neue geistige und kulturelle Grenzziehungen bewirkten.

»Die Zeit, der wir entgegengehen«, hatte Johannes R. Becher bereits 1942 in der UdSSR geschrieben, »bedarf wie kaum eine in unserer Geschichte der Literatur.« Die Militäradministration in der sowjetischen Besatzungszone betrieb eine gezielte Kulturpolitik. Im September 1945 erschien der Befehl »über die Konfiskation nazistischer und militaristischer Literatur« zur »schnelleren Ausmerzung der nazistischen Ideen und des Militarismus«. Noch im Jahr des Zusammenbruchs kamen, teilweise in Neuauflagen, Bücher von im Widerstand bewährten prokommunistischen Schriftstellern wie Johannes R. Becher und Willi Bredel heraus. Auch Werke des kulturellen Erbes, darunter in der Hitlerzeit verfemte, fanden um ihres humanistisch-aufklärerischen Grundzuges willen Anerkennung und Pflege.

Johannes R. Becher, Anna Seghers, Friedrich Wolf, Ludwig Renn, Willi Bredel, später auch Bertolt Brecht, Arnold Zweig und der dänische Schriftsteller Martin Andersen Nexö nahmen ihren Wohnsitz in der DDR und bildeten die durch Privilegien ausgezeichnete literarische Führungsschicht. Aber auch Autoren wie Thomas Mann, Lion Feuchtwanger, Oskar Maria Graf, die nicht wieder aus dem Ausland zurückkehrten – Heinrich Mann starb vor der geplanten Heimkehr –, wurden der Öffentlichkeit in Erinnerung gerufen und nach Möglichkeit neu verlegt. Die Literatur und das literarische Leben, die sich nach 1945 auf dem Gebiet der späteren DDR entwickelten, hatten ihren Kern in der sozialistischen Kunst der Dreißigerjahre – so war etwa Gustav von Wangenheim vor 1933 Autor und Leiter des kommunistischen Theaterkollektivs »Truppe 1931« gewesen – sowie in der Exilliteratur, die weit mehr als in Westdeutschland anerkannt und Vorbild wurde.

Der im Juni 1945 gegründete »Kulturbund zur demokratischen Erneuerung Deutschlands« integrierte und lenkte, die kulturpolitische Monatsschrift *Aufbau* war sein wichtigstes Organ. Der im Juli 1945 lizensierte Aufbau-Verlag, der sich zum bedeutendsten Literaturverlag der späteren DDR entwickeln sollte, übernahm das Programm der Exilverlage Malik und Querido. Bemühungen wurden unternommen, während des Dritten Reichs in Deutschland verbliebene Autoren wie den kranken Gerhart Hauptmann, BERNHARD KELLERMANN (1879–1951, *Der Tunnel*, R., 1913; *Der neunte November*, R., 1920, verändert 1946) und Hans Fallada zur Mitarbeit zu gewinnen. Ricarda Huch entzog sich der befürchteten Vereinnahmung noch im Jahre vor ihrem Tode durch Übersiedlung nach Westdeutschland.

Einen sozialen Umbruch und damit verbundenen gesellschaftspolitischen Neuanfang wie in der Sowjetischen Besatzungszone hat es in den drei westlichen Besatzungszonen nicht gegeben. Das Ausmaß der Zerstörungen in deren Territorium war jedoch besonders groß. Der Krieg ließ materielle Verwüstung und Leere zurück, aber auch einen moralischen Zusammenbruch über den materiellen hinaus, nachdem der tatsächliche Umfang der während der NS-Zeit verübten Verbrechen deutlich wurde. Dennoch war die vielberufene »Stunde Null« allenfalls ein gedachter Augenblick. Überall begann nach dem Ende der Kampfhandlungen das Aufräumen; die Überlebenden organisierten mit den vorhandenen Mitteln die nächste Zukunft. Ein völliger Neuanfang war nicht möglich, auch dort nicht, wo man ihn ernsthaft wollte.

Die Bedingungen für literarische Aktivitäten waren nicht grundsätzlich anders als die für den wirtschaftlichen, kulturellen und staatlichen Wiederaufbau insgesamt. »Mit dem Jahre Null war es nichts. Auch nicht im Bereich der Literatur. [...] keine Erneuerung der Sprache als Voraussetzung eines umfassenden Neubeginns. Erst recht kein Traditionsverlust an epischen Formen.« (H. Mayer) Es gab Schriftsteller und solche, die es werden wollten, mit Plänen und Ideen, Manuskripte, die auf Veröffentlichung warteten (wiewohl in den Jahren der NS-Zeit weniger in den Schreibtischen sich angesammelt hatte, als manche Erwartungen es wollten), Verleger und Buchhändler, die ihre Geschäfte wieder in Gang zu setzen bemüht waren. Alle Anstrengungen waren beeinträchtigt durch wirtschaftliche Dürftigkeit und fehlende Kenntnis.

In den Jahren der Reichsschrifttumskammer und der Rassengesetze, der Diktatur und des Krieges war die Verbindung mit dem literarischen Leben der Welt verloren gegangen. Die Bücherverbrennungen nach der Machtergreifung hatten in der Zerstörung der Bibliotheken und privaten Büchersammlungen durch Kriegshandlungen Fortsetzung gefunden. Das literarische Publikum von einst war durch Judenmord und Exilierung dezimiert, fast ausgelöscht. Die Jahrgänge, die im Dritten Reich aufgewachsen waren, kannten die große deutsche und ausländische Literatur des Jahrhunderts nicht. Nur das Bedürfnis nach intellektueller Auseinandersetzung und neuer weltanschaulicher Orientierung war gegeben.

Ein geistiger Klärungsprozess war erforderlich, tief greifender als es vielen bewusst war, aber die ältere Generation vermochte ihn nur unzureichend zu unterstützen. Wurde dieser Prozess nicht, wie es in der Sowjetischen Besatzungszone geschah, mit dem Ziel einer gesellschaftlichen Umwälzung politisch gelenkt (was gravierende Probleme anderer Art schuf), musste er fast notwendig eine Phase durchlaufen, in der die Wortführer einer wie immer profilierten Tradition in den Vordergrund traten. Wissen und Können, Erfahrung und Ansehen, soweit es das in Deutschland noch gab, waren auf ihrer Seite. Zugleich waren die »Wissenden« nicht immer frei von Ressentiments. Die Erziehungsprogramme der Besatzungsmächte, die Kriegsverbrecherprozesse und Entnazifizierungsverfahren schlugen Wunden und weckten Spott. Der Erfolg von Ernst von Salomons Roman *Der Fragebogen* (1951) sollte es schon bald erweisen.

Die Jugend hatte dem zunächst nichts entgegenzusetzen als ein verändertes Zeitgefühl und die Erfahrung einer elementaren Not, wie sie Wolfgang Borchert in *Draußen vor der Tür* als Erster auszusprechen wusste. Das einstige Bürgertum, aus dem die Literaturgesellschaft sich größtenteils zusammengesetzt hatte, suchte in tiefer Irritation nach Werten, die überdauert hatten und an die wieder anzuknüpfen möglich schien. Daraus ergab sich die ungewöhnlich starke Wirkung von Autoren, die eine christliche Problematik vertraten. Manche von ihnen waren – wie etwa Reinhold Schneider – durch ihr Bekenntnis in den Jahren der Verfolgung persönlich legitimiert. Die Frage nach der moralischen Glaubwürdigkeit verdrängte die nach dem künstlerischen Rang, den zu beurteilen man auch über wenig Maßstäbe verfügte. Der Anspruch, den einige Vertreter der »Inneren Emigration« erhoben, war nicht gering, wie der öffentliche Streit mit Thomas Mann zeigt, den sie mit falschen Argumenten führten.

Zerstörte Bibliothek, London 1940

Am 13. August 1945 bat in der *Münchner Zeitung* der Schriftsteller WALTER VON MOLO (1880–1958), der in der Weimarer Republik auch kulturpolitisch gewirkt hatte (Mitbegründer des P.E.N.-Clubs, 1928–30 Präsident der preußischen Dichterakademie), Thomas Mann »mit aller, aber wahrhaft aller Zurückhaltung, die uns nach den furchtbaren zwölf Jahren auferlegt ist«, als »guter Arzt« nach Deutschland zurückzukehren und die Krankheit der Nation heilen zu helfen. Wenige Tage später, noch ehe die ausweichende Antwort darauf bekannt war, äußerte sich Frank Thieß in der *Münchner Zeitung*. Er sprach von einem von Hitler niemals eroberten »inneren Raum«, den die »Innere Emigration« geschaffen habe, und setzte die äußere gegenüber der inneren Emigration herab, weil es leichter gewesen sei, die deutsche Tragödie von den »Logen- und Parterreplätzen des Auslands« her zu verfolgen, anstatt auszuharren: »Wir erwarten dafür keine Belohnung, dass wir unsere kranke Mutter Deutschland nicht verließen. Es war für uns natürlich, dass wir bei ihr blieben.« Thomas Mann antwortete im Oktober 1945 mit großer Bitterkeit im *Augsburger Anzeiger:* »Es mag Aberglaube sein, aber in meinen Augen sind Bücher, die von 1933–1945 in Deutschland überhaupt gedruckt

werden konnten, weniger als wertlos und nicht gut in die Hand zu nehmen. Ein Geruch von Blut und Schande haftet ihnen an. Sie sollten alle eingestampft werden.« Die Polemik, in die auch Manfred Hausmann, Alfred Döblin und Hans Egon Holthusen eingriffen, setzte sich noch Jahre fort. 1949 äußerte sich Thomas Mann anlässlich der Goethe-Feiern zu dem Streit, »der in Deutschland geht um mein Werk und meine Person«: »Das ist nicht Literaturkritik mehr, es ist der Zwist zwischen zwei Ideen von Deutschland, eine Auseinandersetzung nur anlässlich meiner, über die geistige und moralische Zukunft dieses Landes.« 1945 schien der einzuschlagende Weg ungewiss und von Einflüssen abhängig, die niemand in Deutschland berechnen konnte.

Neben vielen Tageszeitungen – von denen einige, wie die von HANS HABE (1911–1977) mit amerikanischer Lizenz begründete *Neue Zeitung,* sich ein gutes Feuilleton angliederten – entstanden das Nachrichtenmagazin *Der Spiegel* (1947) sowie eine Reihe von politischen und literarischen Zeitschriften. Durch Zulassungen und Verbote nahmen die Besatzungsbehörden Einfluss auf diesen Prozess. Bereits 1945 kamen mit britischer Lizenz in Göttingen *Die Sammlung*, mit ameri-

Bedingungslose Uebergabe! »Wir haben im Jahre erklärt – und ich wiederhole es sofort – daß bedingungslose Waffenniederlegung nicht die Vernichtung oder Versklavung des deutschen Volkes bedeutet. Das deutsche Volk wird das, was es aus seinem eigenen Willen zu machen gewillt ist [...]

Titelblatt der ersten Ausgabe vom 15. August 1946
mit dem programmatischen Artikel von Alfred Andersch
Das junge Europa formt sein Gesicht

Vor dem rauchgeschwärzten Bild dieser abendländischen Ruinenlandschaft, in der der Mensch taumelnd und gelöst aus allen überkommenen Bindungen irrt, verblassen alle Wertmaßstäbe der Vergangenheit. Jede Anknüpfungsmöglichkeit nach hinten, jeder Versuch, dort wieder zu beginnen, wo 1933 eine ältere Generation ihre kontinuierliche Entwicklungslaufbahn verließ, [...], wirkt angesichts dieses Bildes wie eine Paradoxie.

Die Zeitschrift fand auch politisch eine so starke Resonanz (es gab sogar Stimmen, die eine *Ruf*-Partei forderten), dass die amerikanische Besatzungsmacht nach Erscheinen der sechzehnten Nummer eingriff. Der drohende Lizenzentzug zwang den Verleger, Richter und Andersch zu entlassen; an ihre Stelle trat ERICH KUBY (1910–2005), der sich aber auch nicht lange halten konnte und zur *Süddeutschen Zeitung* ging. Aus dem Mitarbeiterkreis des *Ruf* – und auf dem Umweg über den Versuch einer weiteren Zeitschriftengründung, der ebenfalls behördlicherseits blockiert wurde – entstand, von Hans Werner Richter geleitet, die »Gruppe 47«, ein loser Zusammenschluss von etwa 100 Schriftstellern und Kritikern, die für die Literatur in der Bundesrepublik Deutschland von bestimmender Bedeutung geworden ist. Während sich in den Fünfzigern politisch und gesellschaftlich eine restaurative Tendenz durchsetzte, erarbeitete man hier in Gruppenkritik Maßstäbe für eine neue Literatur, war man mit Selbstverständlichkeit zeitkritisch und antiautoritär, der gesellschaftlichen Verantwortung des Schriftstellers verpflichtet.

Die außerordentliche Beachtung, die den alljährlichen Zusammenkünften der Gruppe schon bald gezollt wurde, war für die Preisträger in der Zeit der zunehmenden Kommerzialisierung der Literatur von großer Bedeutung. Wer auf dem »elektrischen Stuhl« – hinter dem Vorlesepult – sich behauptete, war zumeist auch bald in der Öffentlichkeit durchgesetzt.

Eine aktive Rolle spielte die Vereinigung zwanzig Jahre, nominell bestand sie dreißig Jahre. Die 1968 geplante Zusammenkunft in Prag kam wegen der Besetzung der Tschechoslowakei durch Truppen des Warschauer Paktes nicht zustande. Danach unterblieben weitere Treffen. 1977 wurde die »Gruppe 47« von Richter offiziell aufgelöst.

Stichworte zur politischen Geschichte

30. Januar 1933 Adolf Hitler Reichskanzler. 27. Februar Reichstagsbrand. 21. März »Tag von Potsdam«, kulthaft inszenierte Verbindung von Preußentum und Nationalsozialismus anlässlich der Wiedereröffnung des Reichstags als Fest der nationalen Versöhnung. März 1936 Rheinland-Besetzung. März 1938 Anschluss Österreichs. September

kanischer in Heidelberg *Die Wandlung,* mit französischer in Freiburg *Die Gegenwart* heraus. In München begann 1946, herausgegeben von Alfred Andersch und HANS WERNER RICHTER (1908–1993), Autor des Romans *Die Geschlagenen* (1949), die Zeitschrift *Der Ruf. Unabhängige Blätter der jungen Generation* wieder zu erscheinen, die zunächst in amerikanischen Gefangenenlagern – wo Andersch, Richter und Walter Kolbenhoff sich zuerst getroffen hatten – als »Zeitung der deutschen Kriegsgefangenen« publiziert worden war. Für eine künftige deutsche Demokratie hatte das Blatt bereits in den Camps geworben. Nun trat neben dem demokratischen auch der sozialistische Gesichtspunkt bestimmend hervor, den Richter mit der Notwendigkeit eines völligen Neuanfangs begründete:

1938 Sudetenkrise und Münchner Abkommen, November 1938 gesteuerter Pogrom (»Reichskristallnacht«), Zerstörung der Synagogen. März 1939 Böhmen und Mähren deutsches Protektorat. Mit dem deutschen Überfall auf Polen (1. September 1939) beginnt ein zunächst europäischer Krieg, der sich bis 1941 mit dem Kriegseintritt Japans und den USA weltweit ausdehnt und deutscherseits nach dem Angriff auf die Sowjetunion 1941 als Vernichtungskrieg, vor allem gegen das europäische Judentum, geführt wird. Mit der bedingungslosen Kapitulation Deutschlands (8. Mai 1945), das in vier Besatzungszonen eingeteilt wird, Ende des Krieges in Europa.

Bodenreform in der Sowjetischen Besatzungszone. Beginn des Kalten Krieges zwischen West und Ost, als dessen Folge sich zwei deutsche Staaten herausbilden.

Gesellschaft und Kultur

Mai 1933 Bücherverbrennungen in deutschen Universitäts- und Großstädten. September 1933 Gründung der Reichskulturkammer mit sieben Einzelkammern, darunter der Reichsschrifttumskammer und der Reichspressekammer. Schriftsteller oder Journalisten, die nicht Mitglied sind oder ausgeschlossen werden, dürfen ihren Beruf nicht ausüben. April 1935 »Anordnung über schädliches und unerwünschtes Schrifttum«, die bis 1939 zur Indizierung von 4715 Einzeltiteln und 565 Gesamtverboten führt. Im April 1940 Verbot aller Werke »voll- oder halbjüdischer Verfasser«. Einrichtung einer »Parteiamtlichen Prüfungskommission zum Schutze des nationalsozialistischen Schrifttums« mit monatlich erscheinender Bibliografie sowie eines »Amtes für Schrifttumspflege« zur »Förderung aller Schriften unserer arteigenen Ideenwelt«.

Die Vision vom »nordischen Menschen« prägt ein rassistisches Schönheitsideal, das bei großen Sportveranstaltungen (1936 Olympiade in Berlin) und völkischen Festen ebenso propagiert wird wie in Werken der offiziell geförderten Kunst, Reinheit des »arischen Blutes« auf Kosten angeblich rassisch Minderwertiger bis hin zur Vernichtung »lebensunwerten Lebens« erstrebt und das »gesunde Volksempfinden« populistisch und antiintellektuell anheizt. Zum »schönen Schein des Dritten Reiches« (P. Reichel) gehört auch die angestrebte Ästhetisierung der Alltagswelt, so die Einrichtung eines eigenen Amtes »Schönheit der Arbeit« innerhalb der NS-Gemeinschaft »Kraft durch Freude«, die Pflege des Films und volkstümlicher Musik (»Wunschkonzerte« im Rahmen des Winterhilfswerks), Körperertüchtigung und moderner Maschinensport (Rennfahrer und Flieger als Volkshelden), Autobahn- und Automobilbau (Volkswagen).

»Was in der Kunst erlaubt ist, / Und was ihr Sinn überhaupt ist, / Bestimmt ein provinzialer / Ansichtskartenmaler«, lautete ein boshafter Vierzeiler von Alfred Kerr. Die durch die NS-Kunstdoktrin propagierte »arteigene Kunst« umfasst heroisierende Monumentalskulpturen und Denkmäler (Arno Breker, 1900–1991; Josef Thorak, 1889–1952), versteinerte nackte Idealkörper, eine »Kunst für das Volk« und zugleich »über dem Volk« (K. Wolbert), die monumental-erhabene weibliche Aktskulptur als Sexualobjekt

und Siegesgöttin zugleich. Ähnlich die Malerei, die Themen wie »Frau und Mutter«, »Mensch und Landschaft« sowie »Lob der Arbeit« bevorzugt aufgreift. 1937 Große Deutsche Kunstausstellung in München, gleichzeitig mit einer »Schandausstellung« von Werken als degeneriert und zersetzend geltender Künstler. Die »Entartete Kunst« wird 1938 auch in Berlin in einer Ausstellung gezeigt.

Monumentale Staatsarchitektur mit repräsentativen Bauten (Albert Speer) und großen Aufmarschplätzen, begonnen und teilweise verwirklicht in Nürnberg, München und Berlin, das zur »Welthauptstadt Germania« ausgebaut werden soll. Nach dem »Anschluss« Österreichs nahm auch Linz einen bevorzugten Platz in Hitlers Bauplänen ein. »Zusammen mit einigen ausgesuchten Architekten konzipierte er die Neugestaltung zahlreicher deutscher Städte und Anlagen, die erdrückendes Übermaß, mangelnde Anmut und antikisierende Formelemente zu einem Eindruck feierlich gebändigter Leere vereinigten.« (J. Fest, *Hitler*)

Bevorzugt bedient sich die kulturelle Propaganda auch der Musik, die als eine spezifisch deutsche Kunst gerühmt wird (was nicht ausschließt, dass eine große Zahl deutsch-jüdischer Komponisten und Musiker geächtet und vertrieben werden): Begründet durch Hitlers besondere persönliche Beziehung zum Werk Richard Wagners, gewinnen die Bayreuther Festspiele für das Dritte Reich fast repräsentativen Charakter – ein für die Rezeption des Wagner'schen Werkes folgenreicher Vorgang. In Deutschland verbliebene Komponisten sehen sich unterschiedlichen Maßnahmen der Staatsmacht ausgesetzt. So wird Richard Strauss zunächst erster Präsident der Reichsmusikkammer, verliert dieses Amt aber wegen einer Kontroverse um seine Oper *Die schweigsame Frau*, für die Stefan Zweig das Libretto geschrieben hat. Paul Hindemith (1895–1963) sieht seine Sinfonie *Mathis der Maler* (1934) von Goebbels zunächst als Ausdruck der »deutschen Seele« gerühmt, die Aufführung der gleichnamigen Oper aber später auf Anordnung Hitlers verboten, der ältere »zersetzende« Werke des Meisters nicht vergessen hat. Als Exponenten deutscher Musik gefördert, zugleich als kulturelles Aushängeschild benutzt, werden auch Komponisten wie Hans Pfitzner (1869–1949) sowie weitere damals und später berühmte Dirigenten, die sich mit dem NS-Regime arrangieren, um auf ihr künstlerisches Wirken nicht verzichten zu müssen. Die Meinungen über die von ihnen übernommene Rolle, so über Herbert von Karajans (1908–1989) spöttisch bemerktes »vorauseilendes Mitläufertum«, bleiben geteilt. Die Diskussion über das vom Künstler zu fordernde Verhalten unter einer menschenverachtenden Diktatur, der er durch sein Wirken den Anschein vermehrter Legitimität geben kann, ist nach 1945 mit besonderer Intensität im Hinblick auf die Rolle der großen Musikinterpreten wie Wilhelm Furtwängler (1886–1954) und Clemens Krauss (1893–1954) geführt worden. Carl Orffs (1895–1982) Karriere als Komponist begann im Wesentlichen erst während des Dritten Reiches (*Carmina Burana*, 1937; *Catulli Carmina*, 1943).

Weltliteratur (1936–1950) s. Literatur im Exil (→ S. 442f.).

Völkischer Beobachter

Sachliteratur und Essayistik

Obgleich seit Januar 1933 im Vollbesitz der Staatsmacht, derer sie sich ohne Skrupel bedienten, ließen die nationalsozialistischen Führer in dem Bestreben nicht nach, ihre Herrschaft auch ideologisch zu befestigen und die Massen zielgerichtet zu indoktrinieren. Die dafür dienlichen Instrumente waren eine mit Perfektion gehandhabte Propaganda und eine rigide Zensur, die als solche nur im geringeren Maße als in früheren Epochen öffentlich in Erscheinung zu treten brauchte, weil die alle Bereiche umfassende Lenkung des geistigen Lebens wie eine Vorzensur wirksam war. Mehr noch als die poetischen Gattungen unterlag die nichtfiktionale Literatur der damit verbundenen Überwachung. In ihr schlug sich aber auch vermehrt nieder, was sich, zuweilen nur in privaten, auf unabsehbare Zeit nicht für den Druck geeigneten Aufzeichnungen, oppositionell regte oder entschiedenes Widerstandszeugnis war.

Essayistische Prosa führte in den Hitlerjahren ein Schattendasein. Als eine Form der Erörterung, die Gedanken in der Schwebe hielt und nicht notwendig zu bestimmten Ergebnissen führte, begegneten ihr Misstrauen und Ablehnung. Der Essay galt gewissermaßen als undeutsch, eine zu überwindende Form, hingegen erlebte er nach 1945 eine Blütezeit. Das Bedürfnis nach Wiederherstellung einer literarischen Öffentlichkeit und nach geistiger Klärung war damals groß, die neu entstandenen Zeitschriften – von denen viele die Währungsreform allerdings nicht überlebten – boten dafür ein geeignetes Forum.

Gelenkte und »unabhängige« Publizistik

Die im Eher-Verlag erscheinende Tageszeitung *Völkischer Beobachter. Kampfblatt der nationalsozialistischen Bewegung Großdeutschlands* war das maßgebende Presseorgan der NSDAP, nach der »Machtergreifung« auch der Reichsregierung. Der zu einem ausgedehnten Pressekonzern erweiterte Verlag kontrollierte den größten Teil der verbliebenen Zeitungen und unterlag selbst der Lenkung durch das nach der Machtergreifung begründete Reichsministerium für Volksaufklärung und Propaganda unter der Leitung eines der engsten Mitarbeiter Hitlers, Joseph Goebbels. Im November 1936 dekretierte er das Verbot der Kritik:

Da auch das Jahr 1936 keine befriedigende Besserung der Kunstkritik gebracht hat, untersage ich mit dem heutigen Tage endgültig die Weiterführung der Kunstkritik in der bisherigen Form. An die Stelle der bisherigen Kunstkritik, die in völliger Verdrehung des Begriffes »Kritik« in der Zeit jüdischer Kunstüberfremdung zum Kunstrichtertum gemacht worden war, wird ab heute der Kunstbericht gestellt; an die Stelle des Kritikers tritt der Kunstschriftleiter. Der Kunstbericht soll weniger Wertung, als vielmehr Darstellung und damit Würdigung sein [...] Nur Schriftleiter werden in Zukunft Kunstleistungen besprechen können, die mit der Lauterkeit des Herzens und der Gesinnung der Nationalsozialisten sich dieser Aufgabe unterziehen.

Brecht schrieb dazu sein bissiges Gedicht *Verbot der Theaterkritik*, in dem er unterstellte, dass es sich eigentlich um ein Verbot der Kritik an der Regierung und ihres theatralischen Gebarens handele. »Wo käme man hin / Wenn jeder kritisieren könnte / Daß der Reichsjugendführer Baldur zu stark geschminkt ist [...] es darf / Nicht einmal gesagt werden, was gespielt wird / Wer die Vorstellung finanziert und / Wer die Hauptrolle spielt.« In der Praxis lief die Verordnung darauf hinaus, dass literarische Maßstäbe als zweitrangig galten, wenn weltanschauliche Gesichtspunkte Vorrang beanspruchten – das aber war die Regel, und wirkliche Sicherheit gab es auch für die Stars der kulturellen Szene nicht, die sich ansonsten großzügig gefördert sahen. Wie kein anderes Herrschaftssystem definierte sich das NS-Regime über die Kunst, ohne doch ihre Autonomie zu respektieren. Der Minister für Propaganda redete von der »Lauterkeit des Herzens« mit dem Zynismus der Macht.

Wer in den Spalten des *Völkischen Beobachters* als »zersetzend« oder »artfremd« angeprangert wurde, hatte kaum Möglichkeiten sich zu wehren. Noch schonungsloser stellte die Zeitung der SS *Das Schwarze Korps* Schriftsteller oder Wissenschaftler an den Pranger, deren Regimetreue zweifelhaft schien oder die interessierten Hintermännern wie dem für die geistige Schulung und Erziehung der NSDAP zuständigen Reichsleiter Alfred Rosenberg (1893–1946, *Der Mythos des*

20. Jahrhunderts, 1930; *Blut und Ehre*, 4 Bde. 1935–41) und dem zunehmend mächtigen Reichsführer SS Heinrich Himmler im Wege standen. Dazu zählten Gottfried Benn ebenso wie der mit Ernst Jünger befreundete, bedeutende Staatsrechtslehrer CARL SCHMITT (1888–1985, *Der Begriff des Politischen*, 1928), obgleich beide, Schmitt in fragwürdigster Weise, sich 1933 zunächst zustimmend auf den erfolgten Umbruch eingestellt hatten. »Eine echte, neue, geschichtliche Bewegung ist vorhanden, ihr Ausdruck, ihre Sprache, ihr Recht beginnt sich zu entfalten, sie ist typologisch gesehen, weder gut noch böse, sie beginnt ihr Sein«, hatte Benn in einer Rundfunkrede im Februar 1933 erklärt. In seinen Augen war »das Geschehen legitimiert als anthropologische Wende, weil es gegen das naturalistische Chaos formprägende, konstruktive Prinzipien zur Geltung brachte: Zucht und Ordnung, die Erneuerungsweisen schöpferischer Macht« (D. Wellershoff). Akzeptierte Benn Macht als Quelle der Kunst, so Schmitt als die des Rechts. Aber das *Schwarze Korps* hatte Benn so wenig seine *Morgue*-Gedichte wie Schmitt seine Nähe zum politischen Katholizismus (*Römischer Katholizismus und politische Form*, 1922) und seine Bekanntschaften mit Juden vergessen. Jener sah sich als »Nachfolger« der »Tucholsky, Kerr, Kästner« und ihrer »widernatürlichen Schweinereien«, als »warmer Bruder« und »Judenjunge«, dieser wegen seines »Papismus« diffamiert (und aller Ämter enthoben).

Als der finsterste Antisemit erwies sich der Gauleiter von Franken Julius Streicher mit seinem Wochenblatt *Der Stürmer*, dessen schmutzige Hetzartikel sogar auf Sympathisanten der Bewegung abstoßend wirkten (denen Schmitt aber nun Beifall zollte).

Dagegen lässt die 1940 begründete politische Wochenzeitschrift *Das Reich*, für die Goebbels selbst die hoch bezahlten Leitartikel schrieb und die einen relativ liberalen Kulturteil enthielt, das Bestreben erkennen, unter Intellektuellen und im Ausland – nicht zuletzt in den bereits eroberten Nachbarstaaten – das beschädigte deutsche Ansehen wiederherzustellen und eine künftige Vormachtstellung des europäischen Faschismus, wie sie nach dem Sieg über Frankreich in den Bereich des Möglichen zu rücken schien, als erträglich darzustellen. Für *Das Reich* und seine gleichsam napoleonische Attitüde schrieben bekannte Gelehrte wie Eduard Spranger, Carl Schmitt, Heinrich Ritter von Srbik und Benno von Wiese, hochrangige Offiziere, renommierte Schriftsteller und Dichter wie Manfred Hausmann, Wolfgang Koeppen, Karl Krolow, Wilhelm Lehmann, Oskar Loerke, noch wenig bekannte Nachwuchsauto-

ren wie Franz Fühmann, Albrecht Goes, August Scholtis und Franz Tumler, auch bürgerliche Journalisten, die anderswo kein Auskommen mehr fanden und die angebotene partielle Freiheit zu nutzen suchten. Man stößt auf Feuilletons von Friedrich Luft und Rezensionen von Theodor Heuss – manche Beiträge sind exzellent, und doch ist das Blatt mit seinem sorgfältig abgezirkelten Freiraum insgesamt von einer trostlosen Verlogenheit, so wenn der »Warthegau«-Brief von einer Posener Mozart-Aufführung sagt: »Auch so, auf tanzenden Füßen, kam Deutschland in dieses Land.«

Die letzte, schon seit Jahren schwer bedrängte Bastion einer unabhängigen Presse, die *Frankfurter Zeitung*, musste 1943 auf ausdrücklichen Befehl Hitlers ihr Erscheinen einstellen. Der geforderte Gedenkartikel zum 75. Geburtstag von DIETRICH ECKART (1868–1923), dem »Ahnherrn des nationalsozialistischen Lyrik« und Autor des »Sturmlieds« mit dem Aufruf »Deutschland, erwache«, der zur Kampfparole der Partei wurde, war vom zuständigen Redakteur mit allzu durchsichtiger Ironie verfasst worden.

Viele der zahlreichen Literaturzeitschriften – allein die »konservative Revolution« in ihren verschiedenen Gruppierungen hatte eine Fülle von ihnen hervorgebracht, mit ihnen konkurrierten Blätter der linksbürgerlichen Intelligenz wie *Die Weltbühne* oder *Das Tage-Buch* – gingen nach 1933 ein oder wurden im Ausland fortgesetzt, weil ihre Herausgeber und Redakteure sowie die Mehrzahl der Autoren sich zur Emigration gezwungen sahen. Der Nachfolger Tucholskys als Redakteur der als pazifistisch besonders verhassten *Weltbühne* CARL VON OSSIETZKY (1889–1939) erhielt den Friedensnobelpreis 1936 während der Haft in einem Konzentrationslager, in das er nach dem Reichstagsbrand verbracht worden war.

Die traditionsreiche *Neue Rundschau* aus dem jüdischen S. Fischer Verlag überdauerte, wenngleich wiederholt vom Verbot bedroht, dank der Bemühungen des Verlagsbuchhändlers PETER SUHRKAMP (1891 bis 1959), der 1933 zunächst die Redaktion des Blatts, später auch die Leitung des Verlags übernahm, dem er zuletzt seinen »arischen« Namen gab. Das ersparte ihr freilich nicht das Dilemma, in das sie wie alle ähnlich gerichteten Unternehmungen geriet und das der vormalige Besitzer in der Rückschau beklagte:

Es war eine Illusion, ein ehrenwertes, aber von vornherein zum Misserfolg verurteiltes Unterfangen. Der Versuch, in verschlüsselter Sprache und in komplizierten Wendungen und Drehungen Kritik zu üben, war nur einem sehr kleinen Kreis von »Eingeweihten« verständlich und wog nicht das

Carl von Ossietzky mit seinen Verteidigern im
»Weltbühnen-Prozess« vor dem Reichsgericht in Leipzig 1931,
angeklagt aufgrund eines Artikels, in dem er die geheime
Aufrüstung entlarvte; wegen »Geheimnis- und Landesverrats«
zu 18 Monaten Gefängnis verurteilt

Geschichtserzählung und Essayistik

RICARDA HUCH entwarf in ihrem dreibändigen Erzählwerk *Deutsche Geschichte* ein Bild der historischen
Entwicklung bis zum Untergang des ersten Reiches
(*Römisches Reich Deutscher Nation*, 1934; *Das Zeitalter
der Glaubensspaltung*, 1937; *Untergang des Römischen
Reiches Deutscher Nation*, 1949). Die neuen Machthaber in Deutschland hatten geglaubt, in der Beschwöre-
rin des alten Reichsgedankens, die sie besonders in den
Zwanzigerjahren war, eine Parteigängerin zu finden;
stattdessen sahen sie sich mit einer erklärten Gegnerin
konfrontiert. Ricarda Huch war, wie sie sich selbst sah,
»ein geborener Protestant mit einer Vorliebe für Revolutionen und Rebellionen«. Im besonders eindrucksvollen ersten Band ihrer *Deutschen Geschichte* beschrieb sie das Reich als Entwurf eines auf Freiheit,
Recht und Verantwortung gegründeten Gemeinwesens. Was sie zeigte, waren heilkräftige Bilder. In den
aktuellen Bedrängnissen der jeweiligen Gegenwart
stets um Ausgleich bemüht, stellte sie der Maschinerie des modernen Machtstaates die Idee eines auf den
Gemeinsinn seiner Bürger und die Selbstständigkeit
der Teile gegründeten organischen Ganzen gegenüber.
Der NS-Führerstaat reagierte auf ihre Relativierung
der kaiserlichen Zentralgewalt mit gehässigen Rezensionen, der bereits früher abgeschlossene dritte Teil
des Werkes konnte erst nach Kriegsende erscheinen.

Auch für REINHOLD SCHNEIDER bildete die Geschichte ein Zentrum seiner literarischen Bemühungen. Neben Dramen und Erzählwerken über historische Stoffe, auf die später zurückzukommen sein wird,
schrieb er Monographien über Personen und Länder
der europäischen Geschichte, wobei biografische Darstellung und Elemente theologischer Deutung zusam-
mentreten: Zu den bereits in der Endphase der Republik erschienenen Titeln *Das Leiden des Camões oder
Untergang und Vollendung der portugiesischen Macht*
(1930) und *Philipp II. oder Religion und Macht* (1931)
traten nun *Die Hohenzollern. Tragik und Königtum*
(1933) und *Das Inselreich. Gesetz und Größe der britischen Macht* (1936), in dem sich Schneiders Hinwendung zum Christentum vermehrt ausspricht. Sein Verständnis der Geschichte ist tragisch bestimmt, der
Dichter ringt um den heilsgeschichtlichen Sinn und
kann daher zum Zeitgeschehen nicht schweigen. Unter
den Autoren, die das Gewissen während des Hitlerre-
gimes wach gehalten haben, verdient Schneider, der
1942 Publikationsverbot erhielt, besondere Erwähnung.
Über das Kreuz als Mittelpunkt der christlichen Dichtung findet er in Verbindung mit Werner Bergengruen

*bittere Opfer auf, das mit essayistischen Arbeiten gebracht
werden musste, die dem Nazismus huldigten. Mit tiefem
Schmerz sah ich […] den Verfall unserer Zeitschrift, die einst
ein freiheitlich gesinntes, fortschrittliches Deutschland repräsentiert hatte.*

FRIEDRICH SIEBURG, als vielseitiger Publizist bereits
erfolgreich ausgewiesen (die Zeiten seiner stärksten
Wirksamkeit als konservativer Kultur- und Literaturkritiker standen aber erst bevor), stellte sich 1933 dem
Regime zur Verfügung (*Es werde Deutschland. Politische
Analyse*, 1933), und das blieb in seinem Fall keine kurzfristige Verirrung. Das Schicksal habe es die Deutschen
gelehrt, dass ein Volk unter Umständen eines Tages
zwischen sich selbst und der Humanität wählen müsse, die Franzosen hätten sich gegenüber Frankreich ins
Unrecht gesetzt, weil sie sich zu sehr an das Humane
hielten, erklärte er 1941 in einer Ansprache in Paris, um
fortzufahren: »Hier, in dieser Douce France, ist mein
Charakter hart geworden. Frankreich selbst hat meine
Erziehung zum Kämpfer und zum Nationalsozialisten
in die Hand genommen.« Der Bewunderer der französischen Kultur und seine französischen Sympathisanten trafen sich in der Bereitschaft zu fataler Kollaboration.

und Rudolf Alexander Schröder sowie mit Joseph Rossé, dem Leiter eines Kolmarer Verlags, Zugang zum aktiven Widerstand, Priester und Theologen halfen seine Texte – Erzählungen und kleine Schriften – zu verbreiten. 1945 wurde er wegen Hochverrats angeklagt. Nur das Kriegsende verhinderte die Aburteilung.

Dem Essayisten und Prosaisten Schneider geht es um die religiöse Problematik der Macht. Der tragische Konflikt erwächst aus der Erkenntnis, dass die Macht ergriffen und verwaltet werden muss, aber ihren Träger zu zerstören droht. Gefordert ist eine wiederum religiös bestimmte Entscheidung. Das egoistische Machtstreben, der Verrat am göttlichen Auftrag der Geschichte, soll durch intellektuelle Einsicht und im Vertrauen auf die göttliche Gnade überwunden werden.

Grundlegend anders als bei Ricarda Huch und Reinhold Schneider werden Geschichte und Gegenwart, das Verständnis der modernen Wirklichkeit und ihrer Probleme von ERNST JÜNGER behandelt, allerdings keineswegs in einem irreligiösen Sinn. Die wiederholte Lektüre der Bibel als auch theologischer Schriftsteller wie Boethius und Pascal sowie der großen Autoren des literarischen französischen Katholizismus (Huysmans, Bloy, Bernanos) sind dafür ebenso bezeichnend wie seine langjährige Freundschaft mit dem von ihm bewunderten Carl Schmitt. Jünger wurde im Zweiten Weltkrieg zu einem Homo religiosus, der unter dem 1. Mai 1945 notierte: »Wir müssen den Weg, den Comte vorgezeichnet hat, zurückfinden: von der Wissenschaft über die Metaphysik zur Religion.« Die römische Kirche, wie Schmitt sie gerühmt hatte, im »Glanz einer weltgeschichtlichen Machtform« und »juridischen Rechtsform«, aber auch in ihrer »ästhetischen Form des Künstlerischen« kam Jüngers Stilempfinden entgegen. Bis zu seiner Konversion 1996 sollte allerdings noch ein halbes Jahrhundert vergehen, und der erst nach seinem Tod bekannt gewordene Schritt wirkte auch dann noch überraschend genug.

Die politischen Veränderungen in Deutschland 1933 fanden in Jüngers Schaffen zunächst keinen direkten Widerhall; er schwieg. Die Essaysammlung *Blätter und Steine* (1934) verweist stofflich und in Bezug auf die Entstehungszeit der acht Essays in die Weimarer Zeit zurück, aber auch auf die beginnende Zeit der Verfolgung von Literatur voraus, wie Vorwort und Textauswahl erkennen lassen. Neben einer »Studie zum Untergange der bürgerlichen Welt« (*Die Staub-Dämonen*, über Kubins Zeichnungen) steht der Essay *Über den Schmerz*, der streckenweise freilich eher wie eine Manifestation der Empfindungslosigkeit anmutet.

Im März 1921 wohnte ich dem Zusammenstoße einer dreiköpfigen Maschinengewehrbedienung mit einem Demonstrationszug von vielleicht fünftausend Teilnehmern bei, der eine Minute nach dem Feuerbefehl, ohne daß es auch nur einen Verletzten gegeben hätte, von der Bildfläche verschwunden war. Der Anblick hatte etwas Zauberhaftes; er rief jenes tiefe Gefühl der Heiterkeit hervor, von dem man bei der Entlarvung eines niederen Dämons ergriffen wird.

In den folgenden Jahren bewirkte die Erfahrung der inhumanen Tyrannei eine Veränderung in Jüngers Schaffen. In seinem 1936 erschienenen Bericht *Afrikanische Spiele* beschreibt er seine Begegnung mit der Fremdenlegion nicht als heroisches Abenteuer, sondern als pubertären Gymnasiastenstreich. Im Frühjahr 1939, als er vom baldigen Kriegsbeginn überzeugt war, bedachte er die Folgerungen, die sich daraus für seine literarische Arbeit ergeben würden: »Auf alle Fälle hat dann die Feder ganz zu ruhen, bis auf das Tagebuch. Die Arbeit muß den Augen übertragen werden, denn an Schauspiel wird kein Mangel sein.« (16. April 1939)

Tagebuch und Autobiografie. Berichte und Reden

Der von Jünger nunmehr angestrebte Typus des Tagebuchs beruht auf einem Neben- und Ineinander von Textsorten und findet sich im 19. Jahrhundert bereits bei Hebbel, auf den er sich in *Gärten und Straßen* ausdrücklich bezieht: »Begonnen: Hebbels Briefe, eine Lektüre, die mich neben seinen Tagebüchern schon öfters im Leben stärkte und kräftigte.« In ganz unsystematischer Weise verbindet das Tagebuch das Persönlichste mit dem Allgemeinsten, alltägliche Notizen mit Reflexionen über politische und philosophische Zusammenhänge, Beobachtungen über Vorgänge in der Natur, Lektüreerfahrungen und Arbeitspläne. Anders als der Autor des (traditionellen) Romans, der vor der Aufgabe steht, Reflexion durch Handlung zu ersetzen, bedarf der Tagebuchschreiber solcher Erfindung nicht; er vergegenwärtigt seine Erfahrung der Welt, indem er das, was ihm alltäglich widerfährt, seine Gedanken und Träume festhält.

Die Spontaneität dieser Aufzeichnungen ist allerdings geformt durch Vorgaben des Autors, wie sie seinem Bewusstsein und Stilwillen entsprechen. Jünger sieht die Gegenwart und mehr noch die Zukunft mit pessimistischen Augen: »Wir sind nun inmitten der Bestialität, die Grillparzer voraussagte« (*Strahlungen*, 6. April 1942) – eine Anspielung auf das berühmte Diktum des Wiener Dichters über den Unheilsweg des Nationalismus. Er sieht auch das eigene Werk verloren und die unverrückbar gezogenen Grenzen:

Unsere Freiheit liegt in der Entdeckung des Vorgeformten [...]. Das Höchste, was wir so erreichen können, ist eine Ahnung vom unveränderlichen Maß des Schönen – so wie der Blick in der Ägäis unter dem Wellenspiel des Meeres am Grund die alten Urnen und Statuen errät. (Gärten und Straßen)

Er zitiert nun häufiger Schopenhauer als Nietzsche, dessen Kult der Stärke und Lehre vom Übermenschen seine Attraktivität offenbar für ihn verloren hat, liest mit Zustimmung die *Tröstungen (Consolationes)* des Boethius und fordert von sich selbst »immer ein Auge für die Unglücklichen. Dem Menschen ist die Neigung angeboren, das echte Unglück nicht wahrzunehmen, ja mehr als das: Er wendet die Augen von ihm ab.« (1. Januar 1943) Aber er pflegt auch die »Desinvoltura«, eine Haltung ästhetischer, kühl-heiterer Distanz, wie sie sein Formverlangen ihm auferlegt.

Es handelt sich insgesamt um sechs Tagebücher, die den Zeitraum von Anfang April 1939 bis Dezember 1948 umfassen und von denen nur das erste, *Gärten und Straßen* (1942), noch im Krieg erschienen ist. Es erstreckt sich zeitlich bis zum Juli 1940 und gelangte noch im Erscheinungsjahr auch in einer französischen Ausgabe im Verlag Gallimard zum Druck *(Routes et jardins)*. Jünger war damals bereits dem Stab des deutschen Militärbefehlshabers in Paris zugeordnet und unterhielt in dieser Zeit viele Kontakte zu französischen Künstlern und Intellektuellen. Davon berichtet bereits das *Erste Pariser Tagebuch*, das bis Oktober 1942 reicht, sowie – nach der Unterbrechung durch die *Kaukasischen Aufzeichnungen*, Frucht einer im Winter 1942/43 dorthin unternommenen Reise – das *Zweite Pariser Tagebuch* (Februar 1943 bis August 1944). Die *Kirchhorster Blätter*, die von Jüngers Entlassung wegen »Wehrunwürdigkeit« aus der Wehrmacht – wohl im Zusammenhang der Ereignisse des 20. Juli – bis zum bevorstehenden Kriegsende April 1945 führen, und *Die Hütte im Weinberg. Jahre der Okkupation* beschließen das Konvolut, das vollständig 1958 u. d. T. *Strahlungen* publiziert wurde.

Anders als in seinen Aufzeichnungen aus dem Ersten Weltkrieg berichtet Jünger nunmehr mit aufmerksamer Sorgfalt auch von scheinbar beiläufigen Vorgängen. Ein Eintrag von der Westfront:

Kaffeestunde in der Schilfhütte, während deren ich die Tagebücher nachtrage. Eine Wachskerze aus der Lüneburger Heide steht auf dem blauen, geleerten Ingwerglase, das sie im Schmelzen mit gelben Fäden übersponnen hat. Die blaue Flamme umzittert eine gelbe Aura, ein feinster Lichtstaub, in dem sich die Materie zerstreut (5. Januar 1940).

Die Haltung der »Desinvoltura« nimmt Jünger auch ein, wenn er während des Feldzugs in Frankreich die verlassenen Landschaften, »ein ungeheures Foyer des Todes«, und die Verwüstungen beschreibt, die hinter den vordringenden Truppen zurückbleiben. Er sammelt botanische Beobachtungen, Träume, Lektüreeindrücke und auffallende Begegnungen mit der gleichen disziplinierten Sicherheit und Kälte. Eine berüchtigte Passage stammt aus Jüngers letzter Zeit in Paris. Der Pour-le-Merite-Träger erlebt den Luftkrieg nun im Hotel:

Alarme, Überfliegungen. Vom Dache des »Raphael« sah ich zweimal in Richtung von Saint-Germain gewaltige Sprengwolken aufsteigen, während Geschwader in großer Höhe davonflogen. Ihr Angriffsziel waren die Flußbrücken. Art und Aufeinanderfolge der gegen den Nachschub gerichteten Maßnahmen deuten auf einen feinen Kopf. Beim zweiten Mal, bei Sonnenuntergang, hielt ich ein Glas Burgunder, in dem Erdbeeren schwammen, in der Hand. Die Stadt mit ihren roten Türmen und Kuppeln lag in gewaltiger Schönheit, gleich einem Kelche, der zu tödlicher Befruchtung überflogen wird. [...] (27. Mai 1944)

Am 10. August 1944, damit schließt das *Zweite Pariser Tagebuch*, ging Jünger noch einmal durch die Straßen der Stadt, zitiert nach der Begegnung mit einem französischen Schriftsteller ein Gedicht und fährt fort: »Die Verse brachten mich auf den Gedanken, bei meiner Arbeit über den Nihilismus den Dandyismus als eine seiner Vorstufen einzubeziehen.« (→ S. 513)

Die Kriegsaufzeichnungen von FELIX HARTLAUB (1913 bis 1945) enthalten die Beobachtungen des künstlerisch hoch begabten jungen Soldaten in Deutschland, Paris und Rumänien. Auch im »Führerhauptquartier«, wohin er 1942 als historischer Sachbearbeiter abkommandiert wurde, zeichnete er heimlich jeden Tag seine Eindrücke auf. Hartlaub ist seit den letzten Kriegstagen in Berlin verschollen. Einer ersten Ausgabe seiner Aufzeichnungen (*Von unten gesehen*, 1950) folgten weitere (*Im Sperrkreis. Aufzeichnungen aus dem Zweiten Weltkrieg*, 1984), 2002 erschien zusammen mit unbekannten Briefen und Entwürfen eine kritische Edition *In den eigenen Umriss gebannt*.

Jünger und Hartlaub waren künstlerisch hoch ambitioniert, sie formten ihre Erinnerungsprosa auch im Hinblick auf eine spätere Veröffentlichung. Andere Tagebücher von existentiell unmittelbar Betroffenen zeigen eine andere Stilhaltung.

JOCHEN KLEPPER (1903–1942), dem sein Roman *Der Vater* die Chance eröffnet hätte, ein favorisierter Autor des Regimes zu werden, blieb an der Seite seiner jüdischen Frau und entschied sich zusammen mit ihr und ihrer gleichfalls als Jüdin geltenden Tochter aus erster Ehe angesichts der beiden Frauen drohenden Deportation für den gemeinsamen Freitod. Gerade dieser Entschluss stellte den gläubigen evangelischen Christen, der die Verfolgung als Fügung Gottes ertrug, vor eine unerhörte Entscheidung. Seine Tagebücher aus den Jahren 1932 bis 1942 wurden von Reinhold Schneider herausgegeben (*Unter dem Schatten deiner Flügel*, 1956). Der Romanist VICTOR KLEMPERER (1881 bis 1960), der in Dresden gelehrt hatte, beschrieb in einem mit akribischer Genauigkeit verwegen geführten Tagebuch, dessen Auffindung nicht nur den Schreiber selbst, sondern auch weitere darin erwähnte Personen schwer belastet hätte, wie er die zwölf Jahre währende und sich stufenweise bis zur Unerträglichkeit steigernde Judenverfolgung erlebte. Diese erst Jahrzehnte später erschienenen Aufzeichnungen (*Ich will Zeugnis ablegen bis zum Letzten. Tagebücher 1933–41; 1942–45*, 2 Bde., 1995) stellen ein einmaliges Dokument der Alltagswirklichkeit im Dritten Reich dar – insofern die Entrechtung und Demütigung der jüdischen Mitbürger sich doch mehr oder weniger vor den Augen der übrigen Bevölkerung vollzog. War Jochen Klepper seinen jüdischen Angehörigen in den Tod gefolgt, so überlebte Klemperer durch die selbstlose Unterstützung seiner nichtjüdischen Frau. Die Wirkung dieses Dokuments bei seinem Erscheinen war groß und zog die Veröffentlichung auch weiterer Tagebuchaufzeichnungen Klemperers nach sich (*Leben sammeln, nicht fragen wozu und warum. Tagebücher 1918–1932*, 1996; *So sitze ich denn zwischen allen Stühlen. Tagebücher 1945–1949*, 1999).

THEODOR HAECKER, der 1933 wegen seines Aufsatzes über das Hakenkreuz, das er als Symbol der sinnlosen Bewegung, des bloßen »Drehs«, verspottete, vorübergehend verhaftet worden war, 1935 Redeverbot erhielt und nach 1938 nicht mehr gedruckt werden durfte, führte in überwiegend nächtlichen Meditationen eine im höchsten Maße persönliche, in seiner Intensität an die Tagebücher Kierkegaards erinnernde Auseinandersetzung mit seinem Gott und dem »Reich der Finsternis«, das ihn umgab und das er klarblickend durchschaute (*Tag- und Nachtbücher. 1939–1945*, 1947). Haecker erlebte das Erscheinen dieser Aufzeichnungen nicht, die zu den bedeutendsten Bekenntnisbüchern der neueren christlichen Literatur zählen. Bittere Verachtung der Verfolger spricht aus dem ebenfalls postum erschienenen *Tagebuch eines Verzweifelten* (1947) VON FRIEDRICH PERCYVAL RECK-MALLECZEWEN

Victor Klemperer

(1884–1945), der im KZ Dachau gestorben ist. Es war eine Verachtung unter der dieser aus Ostpreußen stammende, am Chiemsee ansässig gewordene Konservative selbst am meisten litt: »Ich weiß wohl, dass man dieses Deutschland von ganzem Herzen hassen muss, wenn man es wirklich liebt.« Es war »die Tragödie des deutschen Widerstands« (K. Harpprecht), die Reck-Malleczewen so formulierte. ERNST WIECHERT (1887 bis 1950, *Der Totenwald. Ein Bericht*, 1946) überlebte die Haft, die in seinem Fall nur drei Monate währte, weil das Regime weiterhin an ihm interessiert war. An Wiecherts Verurteilung des Faschismus konnte kein Zweifel bestehen. Schon im Juli 1933 und nochmals 1935 wandte er sich in Ansprachen vor Münchner Studenten offen gegen den Missbrauch der Macht – letztere Rede wurde 1937 in der von Brecht, Bredel und Feuchtwanger redigierten Exilzeitschrift *Das Wort* veröffentlicht. Zur selben Zeit waren seine Romane in den KZ-Büchereien zugelassen und durften auch, nachdem er selbst inhaftiert worden war, weiterhin erscheinen. Offenbar wurde Wiechert nicht nur als ein von einer großen Leserschaft, besonders der Jugend, verehrter Autor geschont, sondern man war mit dem Weltbild dieser Romane auch weithin einverstanden. Gemessen an den bisher genannten Zeugnissen wirken einige autobiografische Darstellungen namhafter Autoren, die damals ebenfalls erschienen, relativ konventionell. GERHART HAUPTMANN legte Rechenschaft über sein Leben in drei Werken ab. *Das Abenteuer meiner Jugend* (1937, 2 Bde.), besonders geglückt, erzählt von frühen maßgeblichen Erfahrungen, das *Buch der Leidenschaft* (1930, 2 Bde.) über die von Ehewirren erfüllte Zeit zwischen 1894 und 1904. *Im Wirbel der Berufung* (1936) führt in die erste dichterische Zeit und die Welt der Bühne. HANS CAROSSA berichtete in *Das Jahr der schönen Täuschungen* (1941) von seiner Studienzeit in München. In Reden (*Wirkungen Goethes in der Gegenwart,* 1938) bemühte er sich um die Vergegenwärtigung des Humanen. Carossa mied die Nazis, wann immer es ihm möglich schien. Nur einmal ließ er sich ein Gedicht auf den Führer abringen. Die Ernennung zum Präsidenten der Europäischen Schriftstellervereinigung 1941 erfolgte gegen seinen Willen. Er bewirkte durch seine Intervention die Befreiung Alfred Momberts aus einem Vernichtungslager und protestierte gegen die geplante Zerstörung von Passau – ein Kämpfer war er gleichwohl nicht. Wie Carossa das Dritte Reich zu überstehen suchte, lässt eine Passage aus seinem Buch *Ungleiche Welten* (1951) erkennen, in dem sich viele seiner Leser wiedererkannt haben dürften:

Wir glaubten nach jeder neuen Gewalttat nun sei das Höchstmaß der Brutalität erreicht, nun müssten Besinnung, Lockerung, Milderung eintreten. Ein Glück für uns, dass wir noch nicht ganz erkannten, welch dichtes Netz von Unredlichkeit und Bosheit über das Land geworfen war; wie wäre es sonst möglich gewesen, immer noch mit Mut und Lust dem eigenen Tagwerk nachzugehen.

Fremder Ort und Identitätsfindung

Ernst Jünger hat in *Gärten und Straßen* den Niedergang des Reiseberichts beklagt, den er seit der Romantik einer verzerrenden Sentimentalisierung ausgeliefert sah. Es handelte sich weiterhin um eine der am häufigsten gebrauchten nichtfiktionalen Formen. Die Mobilität nahm zu, und an den unterschiedlichsten Interessen, über das Erlebte zu berichten, fehlte es nicht. Seit 1939 waren es nicht mehr Reisen, die den hauptsächlichen Grund für Ortsveränderungen bildeten. Krieg und Nachkrieg verpflanzten Millionen als Soldaten, Zwangsverschickte, Umsiedler und Flüchtlinge quer durch Europa. Damit waren zumeist leidvolle, im Einzelfall auch befreiende Eindrücke verbunden. FRIEDRICH SIEBURG ließ als Korrespondent der *Frankfurter Zeitung* bereits vor dem Krieg Sammlun-

gen seiner anschaulichen und kenntnisreichen Essays und Reiseberichte erscheinen (*Polen. Legende und Wirklichkeit,* 1934; *Neues Portugal. Bildnis eines alten Landes,* 1937; *Afrikanischer Frühling. Eine Reise,* 1938; *Blick durchs Fenster. Aus zehn Jahren Frankreich und England,* 1939; *Die stählerne Blume. Eine Reise nach Japan,* 1939). Nach Aufhebung des über ihn verhängten Publikationsverbotes meldete er sich schon bald mit einer eigenständigen Veröffentlichung (*Schwarzweiße Magie: Über die Freiheit der Presse,* 1949) zurück. ERHART KÄSTNER (1904–1974), als Soldat in der Ägäis stationiert, veröffentlichte 1942 einen Band *Griechenland,* dem 1946 *Kreta* folgte – sie vermitteln eine Erfahrung sinnlichen Glücks, wie es vor ihm ähnlich Gerhart Hauptmann in *Griechischer Frühling* bezeugt hatte. Bedeutender noch das *Zeltbuch von Tumilad* (1949), Dokument einer mehrjährigen Kriegsgefangenschaft in der afrikanischen Wüste, ein »Buch der Rettung in der vom Nichtig-Leeren und von der Verzweiflung bedrohten Welt«: Wie Kästner dort als Schriftsteller zu sich selbst gefunden hat und insofern auch das zuvor Erlebte in eine neue Beleuchtung rückte, zeigen seine Werke im folgenden Vierteljahrhundert.

Groß war aber auch die Versuchung, im gesteigerten Maße für literarische Anfänger, in historische Schauplätze und Konstellationen das eigene naive Aufbruchsgefühl und die vermeintlich neu geschaffenen Fakten hineinzulesen. GERTRUD FUSSENEGGERS (1912) in Prag und Kukus erlebten, zuerst 1943 in der Zeitschrift *Das Innere Reich* erschienenen *Böhmische Bezauberungen* (1944) lassen es erkennen. Noch als die Fundamente des Dritten Reiches wankten, erschienen solche irregeleiteten und irreführenden Berichte über die historischen Beziehungen zwischen Deutschen und Tschechen, die hinter unwillkürlichem Wohlwollen für die Natur des slawischen Volkes einen inakzeptablen Hegemonitätsanspruch geltend machen. Unerträglich die Beschreibung des jüdischen Friedhofs in Prag, die nichts von den Existenzbedingungen im Ghetto zu wissen scheint (verfasst von einer promovierten Historikerin). Der Text bestürzt umso mehr, als Gertrud Fussenegger sich bei vorangegangenen Schreibanlässen gerade keiner rassistischen Argumentationsweisen bedient, ihnen in der *Mohrenlegende* (1937) sogar so deutlich widersprochen hatte, dass die Erzählung als »Mitleidswerbung für Andersrassige« auf Weisung des Amtes Rosenberg aus dem Handel gezogen wurde. Welcher Sinneswandel bewirkte die Veränderung, oder, wenn es sich um einen solchen nicht handelte, was veranlasste die Autorin zu einer Zeit, da

Das Innere Reich

Zeitschrift für Dichtung, Kunst und deutsches Leben

Herausgeber: Paul Alverdes und Karl Benno von Mechow

Ihre regelmäßige Mitarbeit haben zugesagt:

Ernst Bacmeister / Ludwig Friedrich Barthel / Werner Bergengruen / Alexander Berrsche / Rudolf G. Binding / Hans Friedrich Blunck / Bruno Brehm / Georg Britting / Hermann Burte / Hans Carossa / Hermann Claudius / Edwin Erich Dwinger Hans Heinrich Ehrler / Gertrud von le Fort / Joachim von der Goltz / Fritz von Graevenitz / Hans Grimm / Paula Grogger / Johannes Haller / Rudolf Huch / Hanns Johst / E. G. Kolbenheyer / Hans Leifhelm / Max Mell / Agnes Miegel / Rudolf Mirbt E. Wolfgang Möller / Karl Alexander von Müller / Dr. Owlglaß / Hans Pfitzner Wilhelm Pinder / Wilhelm Schäfer / Gerhard Schumann / Ina Seidel / Eduard Spranger / Hermann Stehr / Emil Strauß / Otto Freiherr von Taube / Ludwig Tügel / Josef Magnus Wehner / Ernst Wiechert / Julius Zerzer / Leopold Ziegler

Monatlich erscheint ein Heft zum Einzelpreise von 1.80 Mk. Ermäßigter Abonnementspreis bei Vierteljahrsbezug 1.60 Mk. je Heft. Bezug durch alle Buchhandlungen.

Verlag Albert Langen · Georg Müller · München

Anzeige für *Das Innere Reich*

die als »Endlösung« umschriebene Ermordung von Millionen Juden im Gange war, der schlimmsten antisemitischen Propaganda dienstbar zu sein? Weder ihre Kenntnis der national bunt gesprenkelten Welt Mitteleuropas, die sie als Tochter eines österreichischen Offiziers in vielen Garnisonen früh zu erwerben Gelegenheit hatte, noch ihr Selbstverständnis als Christin, das sie als Autorin später glaubwürdig zum Ausdruck brachte, boten vor der nationalen Hybris Schutz. Jüngers Ablehnung der sentimental, also subjektiv gefärbten Reiseberichte, die Gottfried Kellers Kritik an der »Unverantwortlichkeit der Einbildungskraft« wieder aufnimmt, findet vor dem Hintergrund der politischen Katastrophe grausame Bestätigung. (→ S. 522)

Eine »Zwischenzeit«

Im Vergleich zur vorzugsweise ästhetisch ausgerichteten Essayistik der Jahrhundertwende trat nach 1945, dem Gebot der Stunde entsprechend, eine fast unbegrenzte Themenvielfalt in Erscheinung. Der Essay, um es mit einem damals viel gebrauchten Wort zu sagen, wurde existentiell.

Die »Zwischenzeit« (G. Hay) der Jahre 1945 bis 1949, also vom Kriegsende bis zur Gründung der Bundesrepublik Deutschland und der Deutschen Demokratischen Republik, kannte in Ansätzen auch noch eine gesamtdeutsche literarische Diskussion. Sie betraf im besonderen Maß die Frage der (Mit-)Schuld an den in der NS-Zeit verübten Verbrechen, die als moralisches Problem unmittelbar gegeben war und durch die Nürnberger Prozesse, die Entnazifizierung und die Umerziehungsprogramme der Alliierten beeinflusst wurde. Der Psychiater und Philosoph KARL JASPERS (1883–1969, *Die Schuldfrage*, 1946), die 1933 nach Frankreich, 1940 in die USA emigrierte Soziologin und Politologin HANNAH ARENDT (1906–1975, *The Origins of Totalitarism*, 1951), eine Schülerin von Jaspers und des für die Ausbildung des damals aktuellen (vorwiegend französischen) Existentialismus wegweisenden Philosophen MARTIN HEIDEGGER (1889–1976, *Sein und Zeit*,

1927), der Historiker FRIEDRICH MEINECKE und viele andere Wissenschaftler und Schriftsteller beteiligten sich an dieser Diskussion, die auf hohem Niveau geführt wurde, allerdings von begrenzter Breitenwirkung blieb.

Anders als nach dem Ersten Weltkrieg gab es keine Dolchstoßlegende, keinen verklärenden Blick zurück. Die Entzauberung des Vergangenen war vollständig. Leidensberichte ehemaliger Häftlinge über die Verhältnisse in den Gestapo-Gefängnissen und Konzentrationslagern erschienen zahlreich, wer wollte, konnte sich informieren. Allerdings gab es auch noch wenig konkrete Analysen (ein frühes Beispiel für eine solche bietet Eugen Kogon, 1903–1987, *Der SS-Staat. Das System der deutschen Konzentrationslager*, 1947, im folgenden Jahr um ein Kapitel »Der Terror als Herrschaftsinstrument« erweitert). Verbreitet war gleichwohl das Verdrängen, der von den drückenden Lebensumständen geforderte Blick nach vorn ohne ernstliche Rücksicht auf das Vergangene. Das täuschte darüber hinweg, dass die Denkweisen und sozialen Strukturen, die den NS-Staat ermöglicht hatten, nicht so vollständig verschwunden waren, wie es der Blick auf die Ruinenlandschaft von 1945 und das neu sich regende Leben glauben machen konnte.

Für die literarische Bestandsaufnahme gewannen die Arbeiten von HANS EGON HOLTHUSEN Bedeutung: *Der späte Rilke* (Es., 1949) und *Die Welt ohne Transzendenz* (Es., 1949), eine kritische Auseinandersetzung mit dem späten Thomas Mann. Von noch länger währendem Einfluss war GOTTFRIED BENNS Rückkehr in die literarische Szene – von ihm selbst zunächst ohne erkennbare Befriedigung unternommen. »Wenn man wie ich«, äußerte er sich, einer Einladung der Redaktion folgend, im Juli 1948 in der Zeitschrift *Merkur*, »die letzten fünfzehn Jahre von den Nazis als Schwein, von den Kommunisten als Trottel, von den Demokraten als geistig Prostituierter, von den Emigranten als Renegat, von den Religiösen als pathologischer Nihilist öffentlich bezeichnet wird, ist man nicht so scharf darauf, wieder in diese Öffentlichkeit einzudringen.« Mit seiner – von ihm so genannten – »Berliner Novelle« *Der Ptolemäer* (1947) gab er einen Lagebericht über das Leben in der zerstörten Hauptstadt und mit *Ausdruckswelt* (1949) eine Sammlung verstreuter Prosa aus der Zeit seines Schweigens. Benns elitärer Ästhetizismus, seine Absage an die überlieferte Geschichte versagten dem Leser jeden bequemen Trost – und traf umso sicherer ein unbefriedigtes intellektuelles Bedürfnis. Seine Prosa (1949 erschien *Der Ptolemäer* ver-

mehrt um die Texte *Weinhaus Wolf* und *Roman des Phänotyp* aus den Jahren 1937/38 beziehungsweise 1944) begleitete und unterstützte das Wiedererscheinen seiner Lyrik.

»Warum schweigt die junge Generation?« oder Deutsche Kalligraphie

Auf einer weniger radikalen Ebene, an ein breiteres Publikum gerichtet, fehlte es nicht an Appellen, die zu einem neuen Aufbruch mahnten, an Äußerungen der Erschütterung über das Geschehene, an Erklärungsversuchen und Beschwörungen verlorener Tradition. Ebenso merkwürdig wie bezeichnend erscheint in diesem Zusammenhang ein Artikel von HANS WERNER RICHTER, dem späteren Gründer der »Gruppe 47«, in der Zeitschrift *Der Ruf*:

Selten in der Geschichte eines Landes, das einen Krieg und mehr als einen Krieg verlor, hat sich eine derartige Kluft zwischen zwei Generationen aufgetan, wie heute in Deutschland. In Deutschland redet eine Generation, und in Deutschland schweigt eine Generation. Und während die eine sich immer mehr in das öffentliche Gespräch hineinflüchtet, während sie, gleichsam in eine Wolke von bußfertigem Weihrauch gehüllt, in die beruhigenden Schatten der Vergangenheit flieht, versinkt die andere immer mehr für das öffentliche Leben in ein düsteres, nebelhaftes Schweigen. Spricht die eine, die ältere Generation, der anderen, ihr nachfolgenden, jede geistige und sittliche Fähigkeit mit professoraler Selbstverständlichkeit ab, so sieht die jüngere nur mit erstaunter Gleichgültigkeit diesem seltsamen Gebaren zu und schweigt. (*Warum schweigt die junge Generation?*, 2.9.1946)

Richter hatte den Finger auf eine Wunde gelegt, die sich so schnell nicht schließen sollte. Auch als die Jugend nicht mehr schwieg – und daran, dass sie hörbar wurde, hatte gerade die »Gruppe 47« wesentlichen Anteil – blieb eine Kluft zwischen den Generationen, die bis in die Sechzigerjahre weiter wirkte. Dafür gab es viele Gründe, die in der Folge auch thematisiert wurden und von denen hier zunächst nur einer stellvertretend benannt werden soll, weil es sich dabei um ein sprachliches, mithin genuin literarisches Phänomen handelt. Aufgegriffen wurde auch dieses Thema im *Ruf* und zwar in einem Artikel von GUSTAV RENÉ HOCKE (1908–1985):

Wir begegneten zahlreichen jungen Schriftstellern. Einige von ihnen vertrauten, in wohltemperierter Bescheidenheit, noch nicht ganz der eigenen Originalität. Aufgeweckt hatten sie sich umgesehen, wie die Erfolgreichen im neueren deutschen Schrifttum die Kunst der Prosa meisterten. Diese Übersicht hatte sie verwirrt. Warum? – Einer von ihnen sagte es schroff:

Wir tasten uns durch beängstigendes Gestrüpp wortereicher Perioden durch, die meist zweierlei vermissen lassen: Klarheit der Form und Unmittelbarkeit der Aussage. Eine eigenartete kunstgewerbliche Fertigkeit, dadurch gekennzeichnet, dass mit brillanten Mitteln halb oder ganz Unnützes gebastelt wird, tritt einem entgegen. Wir spüren zwar den übereifrigen Drang, die Worte behutsam zu wählen, die Satzrhythmen zum Wohllaut abzuwägen, sowie hin und wieder Archaismen, vorzugsweise aus der älteren Goethezeit, einzustreuen. Aber was wird eigentlich gesagt? Verstehen Sie: g e s a g t! Wir bewundern die Fertigkeit, aber diese ebenso gepflegte wie gebildete Seminaristensprache spricht uns nicht mehr an. Sie ist zu artistisch. Ein anderer erhob Einspruch. Er meinte, wie es beim Malen weniger auf das Sujet als auf das Malerische ankomme, so sei es mit der Prosa beschaffen. Wichtig sei es, dass das Wort wohltönender geworden sei und der Satz reicher und geschmeidiger. Ein Älterer meinte, das erscheine nur denen neuartig und in vielerlei Beziehung nachahmenswert, die nicht gerade als Kenner des älteren Goethe, Merediths oder Prousts zu bezeichnen seien. Lächelnd fügte er hinzu, dass diesen die symbolistische Prosa der Marmorklippen auch überraschender gekommen sei als Jünger selbst, der den französischen Symbolisten Huysmans unumwunden für sich entdeckt hatte. – Dieses Gespräch gibt berechtigten Anlass zu einigen Bemerkungen über die Wandlungen, die sich allmählich in unserem literarischen Stilempfinden vollziehen [...]. (Deutsche Kalligraphie oder Glanz und Elend der modernen Literatur, 15. 11. 1946)

Hocke ermutigt in seinen folgenden Bemerkungen die jungen Schriftsteller sich zu ihrer eigenen, reinen, weil unverstellten Sprache zu bekennen. Die von ihnen getadelte ästhetisierende Prosa sei ein Produkt der Hitlerzeit, in der die Notwendigkeit bestanden habe, das eigentlich Gemeinte zu verschleiern, beziehungsweise der Zensur keine Angriffsflächen zu bieten. Darüber habe sich allmählich die Aussage zugunsten der Form immer mehr verflüchtigt, bis schließlich artistische Meisterschaft ohne wesentlichen Inhalt verblieben sei. Auch habe sich der Blick mehr nach innen als nach außen gerichtet, eine seinerzeit legitime Inversion, für die aber nunmehr die Berechtigung fehle und zu deren Überwindung sich auch bereits Ansätze zeigten. Noch mangele es an den richtigen Büchern, aber in den Zeitschriften zeigten sich Proben eines unverstellten Blicks auf die Wirklichkeit in guter Sprache – nicht in »geistesgeschichtlichen Abstraktionen« und auch nicht »in merkwürdig verkapselten Novellen«, sondern in kaleidoskopartigen Berichten über das gegenwärtige Deutschland.

Die historischen Beispiele, die Hocke zur Verdeutlichung seiner These des Weiteren anführt, das Verhältnis des Realisten Balzac zu dem Romantiker Chateaubriand und der Calligrafisti (»Schönschreiber«)

zu den Contenutisti (»Inhaltlern«) um die Jahrhundertwende in Italien, lassen erkennen, dass es sich um ein wiederkehrendes Problem handelt – und noch nicht einmal um ein spezifisch deutsches, wie man das geschilderte problematische Verhältnis zur Tradition zu bezeichnen versucht sein könnte. Es geht tatsächlich um die Wahrheit der Sprache, die keinen ein für allemal zu erwerbenden Besitz darstellt, sondern stets neu gefunden sein will.

Drama und Hörspiel

Das Spannungsverhältnis von Politik und Theater, das in den Weimarer Jahren zur »kraftvoll begonnenen ästhetischen Revolutionierung und Politisierung des Theaters« geführt hatte, wandelte sich unter nationalsozialistischer Regie zur »Theatralisierung der Politik« (P. Reichel). Nicht zufällig hatte Hanns Johsts Drama *Der König* den jungen Adolf Hitler so tief beeindruckt, dass er sich, wie er dem Autor anvertraute, ein Schicksal wie das jenes Königs wünschte, der als ein vom Volk unverstandener Erneuerer scheiterte, um im Untergang eine glorifizierte Wiederauferstehung zu erleben. Wie Joseph Goebbels erklärte, war die Politik »eigentlich die größte und edelste aller Künste«, sie verwandelte »eine amorphe Masse in ein lebendiges Volk [...] Deshalb gehören auch Kunst und Politik zusammen.« Hanns Johst hat es sinngemäß gleichlautend formuliert: »Die Gestalt des Dichters kämpft mit dem Instrument des Theaters um die Gestalt der Masse.«

Weniger eindeutig war die Entwicklung der Spielpläne in der Praxis, denn neue Stücke machten von Anfang an nur einen Bruchteil des breiten und vielfältig gemischten Repertoires aus, das auch nachdem die Werke der verfemten oder missliebigen Autoren von den Bühnen verschwunden waren, seine Anziehungskraft für das konservative Publikum behielt. Die zurückliegende Blütezeit des Theaters hatte eine große Anzahl bedeutender Regisseure und Schauspieler hervorgebracht, von denen viele in Deutschland blieben und bis zur Schließung der Theater 1944 künstlerische Qualität gewährleisteten. Die meisten von ihnen traten auch nach 1945 wieder an. Es lag im Wesen ihres Berufs, dass dieselben Mimen Rollen höchst unterschiedlicher Geisteshaltung verkörperten (Hemmungen traten eher selten zu Tage), und so zum Anschein einer problematischen Kontinuität beitrugen, die vor allem in den drei westlichen Besatzungszonen bemerkbar war. Die Theater in Ost und West nahmen eine unterschiedliche Entwicklung.

Langemarck-Mythos und Thingspiel

Die Stücke, die schon bald nach der Machtübernahme, gefördert durch das Propagandaministerium, in Szene gingen, zeigten künstlerisch überdeutliche Schwächen, ließen aber in Ansätzen bereits die Vorstellungen des neu ernannten »Reichsdramaturgen« Rainer Schlösser erkennen, der eine durchgreifende Erneuerung des Theaters anstrebte, in der das Erlebnis nationaler Gemeinschaft zum Ausdruck kommen sollte. RICHARD EURINGER (1891–1953) schrieb eine *Deutsche Passion 1933* (1933) über den unbekannten gefallenen Soldaten des Weltkriegs, der eine Stacheldrahtkrone trägt und, wiederauferstanden, den jüdischen Ungeist besiegt, von KURT EGGERS (1905–1943) stammte *Das Spiel von Job dem Deutschen* (1933), der von Gott für seine leidensbereite Treue zu seinem Statthalter auf Erden ernannt wird. HEINRICH ZERKAULEN (1892–1954) dramatisierte in *Jugend von Langemarck* (1933) den verlustreichen (und vergeblichen) Sturm unzureichend ausgebildeter Regimenter von Freiwilligen an der Front in Belgien.

Der Mythos von Langemarck war bereits während des Ersten Weltkriegs, genährt durch einen Bericht der Heeresleitung vom 9. November 1914, entstanden: »Westlich Langemarck brachen junge Regimenter unter dem Gesang ›Deutschland, Deutschland über alles‹ gegen die erste Linie der feindlichen Stellungen vor und nahmen sie.« Auch Adolf Hitler stand damals an der Front in Flandern. Seine Beschreibung der »Feuertaufe« in *Mein Kampf* (1925–27, 2 Bde.) verrät »ungewöhnliche stilistische Sorgfalt« und »spürbare Bemühung um poetische Erhöhung«, aber auch »wie unvergesslich sich ihm dieses Erlebnis eingeprägt hat« (J. Fest, *Hitler*). Bereits während des Weltkriegs und während der Weimarer Republik wuchs, wie Philipp Witkops seinerzeit weit verbreitete Sammlung *Kriegsbriefe gefallener Studenten* (1928) erkennen lässt, der Mythos um den patriotischen Opfergang der Jugend, der eine Verheißung für die Zukunft in sich bergen sollte. In HANS REHBERGS (1901–1963) *Preußische Komödie. In drei Tagen* (1940, e.1932) sind dem »Jüngling« die Worte in dem Mund gelegt: »Ich fiel bei Langemarck. Wir waren die Ersten einer neuen Zeit. Durch Langemarck lebt Preußen.« Zerkaulens Drama, das am 9. November 1933 an mehreren Bühnen uraufgeführt wurde, war nur eins von drei neuen Schauspielen, die in diesem Jahr das Thema aufgriffen. Zerkaulen, Sohn

eines Schusters, der aus einem betont national geprägten Elternhaus kam (»Mein Vater sprach das Wort Deutschland aus, wie er das Wort Gott aussprach«, *Erlebnis und Ergebnis*, 1939), beschwor ein sakrales, keiner kritischen Reflexion zugängliches Deutschlandbild, an dem er auch in späteren Stücken wie seinem Schauspiel *Der Reiter* (1937) – der Reiter aus dem Bamberger Dom als charismatische Symbolfigur des Deutschen – festhielt.

Die Titel weiterer Stücke sprechen für sich: KURT KLUGE (1886–1940), *Ewiges Deutschland*; GUSTAV GOES, *Aufbricht Deutschland*; KURT HEYNICKE (1891 bis 1985), *Der Weg ins Reich* (1935). Die Aufführungen fanden in Messehallen und Sportstadien, auf Freilichtbühnen oder auf »Thingplätzen« statt, die in der Art antiker Amphitheater angelegt waren. Organisatorische und technische Kunstgriffe – Aufmärsche, Lautsprecher und Lichteffekte – verstärkten den sinnlichen Eindruck. Diese zunächst gut besuchten Stücke wurden als »Thingspiele« bezeichnet, obwohl sie dramaturgisch eher vom modernen Regiestil Max Reinhardts und Erwin Piscators, vom kommunistischen Agitprop und von den mittelalterlichen Mysterien- und Passionsspielen als von einem nebelhaften Germanentum beeinflusst waren. Die Chorpartien gemahnten an die antike Tragödie und den evangelischen Gemeindegesang. Unübersehbar war die Verwandtschaft mit den Inszenierungen der Reichsparteitage und Gedenkfeiern der NS-Bewegung. Das führte später zu einer Konkurrenz, die sich zu Ungunsten der Thingspiele entwickelte. Modellcharakter trug das während der Berliner Olympiade uraufgeführte *Frankenburger Würfelspiel* (1936) von EBERHARD WOLFGANG MÖLLER (1906–1972), das zur Eröffnung der von Werner March auf dem Olympiagelände erbauten Dietrich-Eckart-Bühne (der heutigen Waldbühne) mit großem Aufwand (Regie: Matthias Wiemann, 1200 Mitwirkende) gezeigt wurde.

Als »Prototyp eines NS-Dramatikers« (K. G. Just) ist Möller bezeichnet worden. Auch in Gedichten (*Erste Ernte*, 1934) und in Kantaten, in denen er eine alte Form mit aktuellen Inhalten zu füllen suchte (*Berufung der Zeit*, 1935), hatte er sich zum Nationalsozialismus bekannt, galt manchen Kritikern als »zu mystisch«, aber doch als vielversprechendes Talent.

Möller wuchs als Sohn eines Bildhauers in Berlin auf und empfing schon im Elternhaus entscheidende Anregungen durch den von ihm als »Gesetzgeber« verehrten Paul Ernst. Er schrieb bereits als Gymnasiast Dramen, sah ein Stück über die Siebenbürger Bauern als Neunzehnjähriger gedruckt, studierte Philosophie und Theaterwissenschaft

Sophokles, *König Ödipus,* Regie Max Reinhardt, Zirkus Schumann Berlin 1910.
Thingspiele wurden u. a. vom Regiestil Max Reinhardts beeinflusst.

und fand mit einem Weltkriegsdrama (*Douaumont oder die Heimkehr des Soldaten Odysseus,* U. 1929 in Essen und Dresden) breitere Aufmerksamkeit. Er wurde 1933 Chefdramaturg in Königsberg, 1934 in die Theaterabteilung des Propagandaministeriums geholt und genoss – in Opposition zum Kreis um Alfred Rosenberg – die Förderung Schlössers, Goebbels' und von Schirachs. Möller schrieb in der NS-Zeit noch eine Reihe weiterer Stücke, darunter das Struensee-Drama *Der Sturz des Ministers* (1937) und *Der Untergang Carthagos* (1938). 1940 wurde Möller Kriegsberichterstatter der Waffen-SS, sah sich aber 1941 als »Kulturbolschewist« angegriffen – für ihn »das Ende aller Illusionen« (*Russisches Tagebuch,* 1971). Von 1945 bis 1948 interniert (zuletzt auf dem Hohenasperg), schrieb er noch vier Romane und Dramatisches, das ungedruckt blieb. Gestorben in Bietigheim.

Das *Frankenburger Würfelspiel* behandelt einen brutalen Vorgang in der Zeit der Gegenreformation in Oberösterreich, der zu einem blutig niedergeworfenen Bauernaufstand geführt hatte. Das Stück war geeignet, starke Emotionen auszulösen, umso mehr als die Schauspieler über die Rampe hinweg das an 20 000 Menschen zählende Publikum direkt ansprachen. Die Anklage richtet sich gegen die Verantwortlichen, allen voran gegen den – als Erzherzog auch aus Grillparzers

Ein Bruderzwist in Habsburg bekannten – Kaiser Ferdinand II.

Er thronte,
ein blutiger Kanzlist der Hölle, höher
als alle Milde reicht und alle Einsicht,
im Jahre sechszehnhundertfünfundzwanzig,
im Jahre des Verhängnisses. Es waren
die Letzten noch bereit für ihn zu sterben.
Es waren Bauern, und er ließ sie sterben,
weil sie nicht wollten, dass verhasste Priester
sie um den Glauben brachten, den sie hatten.
Er aber hatte kein Erbarmen, sondern
verschloss die Augen, als sie auf ihn hofften,
und ließ die Hunde auf sie los, Krobaten,
und hergelaufenes Pack aus allen Ländern.
Die brachen ihnen das Genick und machten
aus einem starken Volk ein Volk von Bettlern
und einen Schinderplatz aus ihren Äckern.

Goebbels hatte den Stoff selbst ausgewählt. Hitler, der zusammen mit Vertretern des diplomatischen Corps an der Uraufführung teilnehmen wollte, kehrte im letzten Augenblick um, wie Möller vermutet, weil man ihn vor zu diesem Zeitpunkt politisch unerwünschten Sympathiekundgebungen österreichischer Teilneh-

Frankenburger Würfelspiel, Regie Matthias Wiemann, Dietrich-Eckart-Bühne, Olympiade 1936

mer warnte. Während Schlösser (*Das Volk und seine Bühne*, 1935) und Möller in späteren Tonbandinterviews argumentierten, dass es ihnen nicht um bestimmte Inhalte, sondern um eine Erneuerung des Theaters in großen Formen ging, lässt das Verhalten der politischen Führer die zielgerichtete Instrumentalisierung erkennen (situationsbedingt auch Reserve gegen eine revolutionäre Massenkunst, die letztlich unberechenbare Züge trug).

Vom Expressionismus zum Nationalsozialismus

Anders als Zerkaulen, der Kriegsfreiwilliger gewesen war, hatte Möller den Ersten Weltkrieg als Heranwachsender in einem allerdings ebenfalls betont national geprägten Elternhaus erlebt. Er hatte sich anfänglich noch an expressionistischen Vorbildern orientiert, aber während nicht wenige Angehörige der expressionistischen Generation das Fronterlebnis zu Pazifisten werden ließ, machte er es, wie das *Douaumont*-Drama zeigt, zu seinem literarischen Anliegen. In *Kalifornische Tragödie* (1930), in *Panamaskandal* (1930) und in der bereits 1932 entworfenen Komödie *Rothschild siegt bei Waterloo* (U. 1934) schrieb er kritisch über Korruption, Materialismus und Börsengeschäfte, wie es damals auch in der linken Literatur Gemeingut war, sympathisierte mit Bakunin und dem Gedanken der permanenten Revolution. Aber es war ein Zeitstück von rechts, das ihm vorschwebte, das ein neues Verhältnis des Einzelnen zur Gemeinschaft begründen sollte, und ein Theater, das diesem Verhältnis Ausdruck verlieh. Dabei geriet er wiederholt mit parteiamtlichen Stellen in Konflikt. Ein 1931 entstandenes Drama *Baranow oder die Gerechtigkeit in Russland* wurde 1933 zurückgezogen, der *Untergang Cathagos* auf Veranlassung Rosenbergs schon bald von den Spielplänen gestrichen. Möllers letztes politisches Drama *Das Opfer* (1941) behandelte, wiederum zeitgerecht, denn es ging im übertragenen Sinn um den »Abwehrkampf« im Osten, eine Begebenheit aus den Türkenkriegen.

In anderer Weise bezeichnend sind Lebensgang und literarische Entwicklung des erheblich älteren HANNS JOHST (1890–1978), der zu hohen staatlichen Ämtern und Parteiwürden aufstieg.

Der in Seerhausen / Oschatz geborene Sohn eines Volksschullehrers, der in Leipzig aufwuchs, wollte ursprünglich Missionar werden und arbeitete in Bethel als Pfleger. Später studierte er in München, Wien und Berlin ohne Abschluss Kunstgeschichte und Philosophie und war Schauspieler, 1914 Kriegsfreiwilliger. In den Zwanzigerjahren lebte er als Autor in der Nähe von München. 1935–45 Präsident der Reichsschrifttumskammer und der Preußischen Akademie der Dichtung. 1945 von den Alliierten interniert, im Zuge der Entnazifizierung 1949 als Hauptschuldiger eingestuft und bis 1955 mit Publikationsverbot belegt. Gestorben in Ruhpolding.

Johsts während des Weltkriegs erschienene Dramen (*Die Stunde der Sterbenden*, 1914; *Der junge Mensch. Ein ekstatisches Szenarium*, 1916; *Der Einsame. Ein Menschenuntergang*, 1916) und Gedichte (*Wegwärts*, 1916) entsprachen in ihrer expressionistischen Grundstimmung dem Zeitgeist und fanden Gehör. Das große Sterben wurde von Johst pathetisch verklärt: »Es ist eine rasende Wollust jung zu sein und um die Verzückung des Todes zu wissen.« Der verlorene Krieg, die Nüchternheit und Alltäglichkeit der krisenbeladenen Republik enttäuschten ihn. Mittlerweile auch durch Romane profiliert, galt er mit proklamatorischen Aufsätzen (*Wissen und Gewissen*, 1924, erschienen in der Sammlung *Schollenbücher*) nun als ein Autor der »Völkisch-Nationalen«.

Mit seinem Drama *Thomas Paine* (1928) glaubte er endgültig den Durchbruch zum politischen Schriftsteller gefunden zu haben. In diesem Stück ging es nicht vorrangig um historische Treue im Hinblick auf Titelfigur und Zeithintergrund der Revolution in Nordamerika und Frankreich, auch nicht um eine folgerichtig fortschreitende Handlung, sondern um die emotionale Wirkung auf das Publikum, das in einer Reihe von effektvollen Szenen mit einer Idee vertraut gemacht wurde – hier der Idee des »jungen Amerika«. Die erste Szene spielt in einer Redaktionsstube in Europa und zeigt die Enge der bürgerlichen Erwerbswelt, die letzte zeigt den Bug eines Schiffes, das Paine nach Amerika trägt. Nachdem das Licht auf der Bühne erloschen ist, ertönt »aus dem Dunkel, hymnisch« der Schlussruf: »Wir Kameraden, wir!« Dabei handelt es sich um den Refrain eines von Paine bei früherer Gelegenheit gesungenen Liedes von der Weite Amerikas und der Tatkraft der jungen Nation. In einer Krise des Unabhängigkeitskampfes, als die Armee der Aufständischen von den Engländern eingeschlossen war und die Lage hoffnungslos schien, hat er mit diesem Lied die Gefährten aufgerüttelt – eine im Sinn von Johsts Wirkungsabsichten schlüssige Lösung. Die Überwindung der Krise ist möglich durch das unbedingte Wollen eines Einzelnen, der als Träger der Idee die Zukunft gewinnt. Diesem Grundmuster, das die nationalsozialistische Dramaturgie nur zu übernehmen brauchte – und dem

man bis zu den Durchhaltefilmen am Ende des Zweiten Weltkriegs (*Der große König*; *Kolberg*) immer wieder begegnet – fehlte eigentlich nur eines: eine aktuelle Bestimmung der »Idee« selbst. Johst fand sie in der Gedankenwelt Hitlers, der er sich rückhaltlos verschrieb, aber eigentlich gehörte es zum Erfolgsgeheimnis der »Bewegung« und des »Führers«, dass eine durchgreifende rationale Präzisierung fehlte und im Grunde gar nicht zu wünschen war. Der »Idee« eigneten unbestimmte Möglichkeiten. Sie versprach – Brecht hatte es in seiner *Hauspostille* und in *Aus einem Lesebuch für Städtebewohner* treffend charakterisiert und parodiert – vielen vieles, auch einander Widersprechendes, und letztlich war der Glaube an den Führer wichtiger als jedes Programm. »Die Not, die Verzweiflung, das Elend unseres Volkes braucht Hilfe. [...] die Hilfe kommt aus der Wiedergeburt einer Glaubensgemeinschaft«, hat Johst in einem Aufsatz *Vom neuen Drama* 1933 formuliert.

Sein erfolgreichstes Drama *Schlageter* (1933) handelt von einem Freikorps-Offizier, der im so genannten »Ruhrkampf« 1923 Sprengstoffattentate gegen die Alliierten ausführte und von einem französischen Kriegsgericht zum Tode verurteilt wurde. Seine Verklärung zur nationalen Kultfigur begann schon bald nach der Hinrichtung. Offensichtlich in Anlehnung an einen gefallenen französischen Offizier, der von Napoleon mit dem Titel »premier grenadier de France« geehrt worden war, feierte Johst Schlageter als »ersten Soldaten des Dritten Reiches«. Gefühlswelt und Sprache seines Dramas, das er »in liebender Verehrung und unwandelbarer Treue« Adolf Hitler widmete, nähern sich immer wieder dem kultischen Rausch.

Alexandra: *Sie lieben Deutschland wie einen Glauben ...*
und
Sie glauben an Deutschland wie an einen Gott!
Aber ob Sie Gegenliebe finden?
Schlageter: *Als ob eine Passion je danach fragen würde!*
Ich liebe, liebe ... Ist das nicht Glückes genug?

Das Stück endet mit Schlageters Hinrichtung, die abschließende Regieanweisung fordert stärkste theatralische Effekte:

Stimme des französischen Kommandanten: A mon commandement – feu! Vorher werden die Scheinwerfer langsam eingezogen, sodass die Feuergarbe der Salve wie greller Blitz durch Schlageters Herz in das Dunkel des Zuschauerraums fetzt.
Alles Licht erlöscht jäh. Vorhang stürzt herab.
Die Motore donnern, die Clairons gellen Triumph. Einen Au-

genblick lang, dann jähe und unbedingte Stille … Totenstille. Licht im Zuschauerraum.

Schlageter enthält auch den Satz: »Wenn ich Kultur höre, […] entsichere ich meinen Browning.« Johst verachtete den »ganzen Weltanschauungssalat«, huldigte umso enthusiastischer dem Führer und sah sich selbst mit Auszeichnungen überhäuft: Er wurde Preußischer Staatsrat, Präsident der Deutschen Akademie der Dichtung, Reichskultursenator und SS-Brigadeführer, erhielt als Erster den Preis der NSDAP für Kunst und Wissenschaft und die Wartburg-Dichter-Rose. Auch nach dem Tod des von ihm verklärten Diktators und dem Ende des Reiches schrieb er weiter, übersetzte im Internierungslager für die Zeitschrift *Lancelot* neuere französische Dichtung und ließ gleich nach Aufhebung des über ihn verhängten Publikationsverbotes einen Roman *Gesegnete Vergänglichkeit* (1955) erscheinen.

Die Rückkehr der Klassiker

Das durch innen- und außenpolitische Erfolge gefestigte Regime bediente sich in seinem Bedürfnis nach Größe vermehrt bei den Klassikern, mit einer auf Maß und Ordnung zielenden Tendenz auch innerhalb des verfügbaren Spektrums. Konkret lief das auf einen Sieg des Klassizistischen über das Romantische, Goethes und Schillers über Shakespeare hinaus, der zunächst als einer der »großen Befreier des germanischen Geistes« gefeiert worden war, bis die »Shakespearomanie« als »typisch undeutsch« der Kritik verfiel. Das Bekenntnis zu Weimar diente der historischen Legitimation beim konservativen Bildungsbürgertum, der »Einheit von Potsdam und Weimar, von deutschem Macht- und Ehrgedanken mit seelisch-schöpferischer Gestaltungskraft«, die Alfred Rosenberg vor dem »Kampfbund für deutsche Kultur« bereits 1930 in der Klassikerstadt beschwor. Baldur von Schirach, Sohn eines Rittmeisters der preußischen Gardeküraissiere und letzten Großherzoglichen Theaterintendanten in Weimar, schon früh ein Vertrauter Hitlers und später zeitweilig Reichsjugendführer, legte im Rahmen dieses Treffens vor Hitlerjugend und bündischen Jugendgruppen ein Bekenntnis zu »Weimars Kulturboden« und für »Rasse und Volkstum« ab – bei Fackelschein.

Nichts konnte den Missbrauch, der da erfolgte, deutlicher bezeugen als das Konzentrationslager Buchenwald, das in unmittelbarer Nähe Weimars errichtet worden war. Von einer Verteidigung des überlieferten

Plakat, 1935

Humanitätsideals der Klassik seitens der germanistischen Fachwissenschaft war nichts oder wenig zu spüren. Aufmärsche, Paraden und Fackelzüge hatten das Bild Weimars bereits in den Zwanzigerjahren geprägt, auf der Bühne des Nationaltheaters wurde die »Blutfahne« des 9. November 1923 beim ersten Reichsparteitag der NSDAP nach Hitlers Festungshaft an die neu geschaffene SS übergeben. Und es ist nicht der Hitler im Braunhemd, sondern im korrekten Smoking, der nun die Aufführung von Wagners *Walküre* im Nationaltheater besucht.

Eine neue Bühnendichtung von Rang blieb in der NS-Zeit aus. Das begründete die Vormachtstellung von Autoren des 18. und 19. Jahrhunderts, die, neben Unterhaltungsschriftstellern der Gegenwart, an denen man nicht sparte, die Spielpläne bestimmten. Eindrucksvolle Inszenierungen, wie sie Jürgen Fehling, Heinrich George, Gustav Gründgens und andere bis zuletzt erstellten, sowie das durchgehend hohe handwerkliche Niveau der Schauspieler sorgten dafür, dass sich das Theater insgesamt als ein geeignetes Instrument erwies, die Bedürfnisse des Publikums zu befriedigen – es sorgte für festliche Erhebung ebenso wie für die unpolitische Zerstreuung im Alltag, derer man, besonders in den Kriegsjahren, zunehmend bedurfte.

Die Logen im Wiener Burgtheater bei der Festaufführung zum 80. Geburtstag von Gerhart Hauptmann am 17. November 1942

Die Perversion des NS-Kulturbetriebs resultierte aus dem Zusammenspiel unterschiedlichster Faktoren, Parteigläubigkeit und Anpassungsbereitschaft verhalfen seinen Vertretern zu ungewöhnlichen Karrieren. MIRKO JELUSICH, der seine Romanbiografien geschichtlicher Persönlichkeiten in Richtung auf den aktuellen Führerkult stilisierte, wurde nach dem Anschluss Österreichs zum kommisarischen Leiter des Wiener Burgtheaters ernannt; 1943 erhielt er den Grillparzer-Preis der Stadt Wien für ein Drama *Samurai* (1943). MAX MELL, der sowohl vor 1938 als auch 1945, gewissermaßen als ein zeitloser katholischer Repräsentant Alt-Österreichs zum kulturellen Establishment zählte, blieb auch während der Hitlerjahre im Wesentlichen unangefochten und sah sein Drama *Der Nibelunge Not* (1944) erfolgreich am Burgtheater aufgeführt. Schon 1933 hatte er als Mitglied der Sektion für Dichtkunst an der Preußischen Akademie der Künste einen Aufruf unterzeichnet, in dem »die Politik des Volkskanzlers Adolf Hitler« zu unterstützen versprochen wurde. Zum 60. Geburtstag empfing er 1942 aus den Händen Schirachs – nunmehr Gauleiter in Wien und Reichsstatthalter – den Ehrenring der Stadt Wien. Unterstützung erhielten die Nationalsozialisten auch von ausgeprägt konservativen, dem Neuklassizismus

zuzurechnenden Autoren wie WILHELM VON SCHOLZ, der sich historischen Stoffen zuwandte (*Claudia Colonna*, Dr., 1941) oder berühmte ältere Stoffe adaptierte (*Das deutsche große Welttheater. Freie Neuschöpfung nach Calderón,* 1941). ERWIN GUIDO KOLBENHEYER (1878–1962) interpretierte die historische Auseinandersetzung zwischen Kaisertum und Papsttum (*Gregor und Heinrich*, 1934), die bereits Paul Ernst inspiriert hatte (*Canossa*, Tr., 1908), als Auseinandersetzung zwischen der »mittelländischen« und der »nordischgermanischen« Lebenswelt (Regiebemerkungen 1940) und sah zwei »Rassemenschen von geistiger Leidenschaft« im Duell, das folgerichtig den willensstarken jungen Heinrich über den mehr vergeistigten Gregor obsiegen lässt. Der Vergangenheit wandten sich auch jüngere Autoren mit mehr oder weniger Glück zu: SO HANS REHBERG mit einem Zyklus von Preußen-Dramen (*Der große Kurfürst*, Sch., 1934; *Friedrich I.*, K., 1935; *Friedrich Wilhelm I.*, Sch., 1935; *Kaiser und König*, Sch., 1935; *Der Siebenjährige Krieg*, Sch., 1937). Es war der Versuch, ähnlich wie in Shakespeares Historien, völkische Geschichte darzustellen, wobei die Staatswerdung Preußens, wie es üblich war, als Keimzelle der nationalen Einigung aufgefasst wurde. Rehberg sah sich von Gründgens gefördert, wurde viel gespielt, war aber auch sehr umstritten. Sein Versuch, die Charaktere der preußischen Könige aus ihrer Menschlichkeit heraus zu entwickeln, anstatt ihre heroischen Züge zu betonen, erbrachte gewissermaßen unpreußische Ergebnisse. »Rehberg [kann] der Bühne manche Anregung geben«, formulierte eine Literaturgeschichte, »Preußen aber verdankt ihm nichts.« (A. Mulot, *Die deutsche Dichtung unserer Zeit*, ²1944) Nach dem Krieg schrieb Rehberg, beginnend mit *Heinrich VII.* (U. 1949) noch eine Reihe von Dramen, die ihm aber kein Comeback bescherten und zum Teil unaufgeführt blieben.

Hauptmanns letzte Bühnenwerke

GERHART HAUPTMANN bot die Vorgeschichte des berühmten Hamlet, in dem er eigene Art und Problematik zu erkennen glaubte, in *Hamlet in Wittenberg* (1935). Seine szenische Totenklage *Die Finsternisse* (1947, e. 1937) ist einem jüdischen Freund gewidmet, an dessen Beerdigung er 1934 als einziger Nichtjude teilgenommen hatte. Im letzten Kriegsjahr hat er das Manuskript dieses unter dem Eindruck der Judenverfolgung entstandenen Stückes, das über die Ursachen des Unheils schweigt, vernichtet, die postum erschienene Fassung ist eine Rekonstruktion.

Hauptmanns bedeutendste dramatische Altersdichtung, *Die Atriden-Tetralogie*, ist während des Zweiten Weltkriegs entstanden. Sie besteht aus den Teilen *Iphigenie in Aulis* (1944, U. 1943), *Agamemnons Tod* und *Elektra* (1948 postum, U. 1947) sowie *Iphigenie in Delphi* (1941). Sie stellt insofern die vollständigste Dramatisierung der Atridensage dar, als aus der Antike keine vierteilige Fassung überliefert ist, die *Iphigenie in Delphi* vielmehr einen nicht ausgeführten Plan Goethes weiterführt, auf den Hauptmann 1940 bei einer gelegentlichen Lektüre der *Italienischen Reise* gestoßen war. Er führte diesen Teil der Tetralogie zuerst aus, wobei er sich jedoch besonders von Goethes Gestaltung des Stoffes weit entfernt.

Vielmehr ging er noch hinter Sophokles und Euripides bis auf Aischylos' *Orestie* zurück und stellte die keinen Ausweg gewährende Gewalt des Mythos in seiner die Menschen bestimmenden und vernichtenden Form wieder her. Keine reine Menschlichkeit entsühnt, wie bei Goethe, Frevel und Schuld der unseligen Atriden. Düster und chaotisch erscheint die unter einem Fluch stehende Welt, vor allem in den unmittelbar unter dem Eindruck des bevorstehenden Kriegsendes geschriebenen Teilen, die wie eine Vergegenwärtigung des Zeitgeschehens anmuten. Hauptmann hat sich zu einer sol-

Die Illegalen, Ernst Wilhelm Borchert als Illegaler, Inszenierung des Hebbel-Theaters Berlin 1946

chen Deutung seiner – selten gespielten und auf der Bühne wenig erfolgreichen – Tetralogie nicht ausdrücklich bekannt. Vielmehr entsprach sie seinem Verständnis der Tragödie schlechthin: »Es kann nicht geleugnet werden […], Tragödie heißt: Angst, Not, Gefahr, Pein, Qual, Marter, heißt Tücke, Verbrechen, Niedertracht, heißt Mord, Blutgier, Blutschande, Schlächterei […]. Eine wahre Tragödie sehen hieß, beinahe zu Stein erstarrt, das Angesicht der Medusa erblicken«, hatte er bereits 1907 während seiner Griechenlandreise geschrieben *(Griechischer Frühling)*.

Neubeginn 1945

Bemühungen, die Theater, die 1944 sämtlich geschlossen worden waren, wieder zu bespielen, setzten, zunächst gelenkt von der sowjetischen Militäradministration, schon in den ersten Monaten nach Kriegsende ein. Am 7. September 1945 erfolgte unter der Intendanz des aus sowjetischem Exil zurückgekehrten Gustav von Wangenheim im wieder eröffneten Deutschen Theater in Berlin die Premiere von Lessings Drama der Toleranz *Nathan der Weise*, das auf den

Bühnen des Dritten Reiches nicht hatte gespielt werden dürfen. Nicht weniger als 75 Bühnen mit regel-
mäßigem Spielplan gab es 1946 auf dem Territorium
der späteren DDR, die die Klassiker, Repertoirestücke
des 19. Jahrhunderts, aber auch moderne existentialis-
tische Autoren aufführten. Was geeignet schien, einer
antifaschistischen Bewusstseinsbildung dienlich zu
sein, fand bevorzugt Aufnahme.

Noch war Berlin eine zwar von den Besatzungsmäch-
ten nach Sektoren verwaltete, aber kulturell ungeteilte
Stadt. *Die Illegalen* (U. 1946), ein Versuch auf die wenig bekannte Tätigkeit im politischen Untergrund aufmerksam zu machen, von GÜNTHER WEISENBORN
(1902–1969), der am Widerstand teilgenommen und
das Zuchthaus überlebt hatte, wurde im »Studio 1946«
des im Westen gelegenen Hebbeltheaters uraufgeführt. Das Stück ging danach über fast alle deutschen
Bühnen. Auch *Professor Mamlock*, die Tragödie eines
jüdischen Arztes, von Friedrich Wolf, der im Herbst
1945 aus dem sowjetischen Exil nach Berlin (Ost) zurückgekehrt war, wurde ein Theatererfolg. Aber so
wenig wie später Brecht an seine Spielweise vor 1933
konnte Wolf an den von ihm in der Weimarer Republik repräsentierten Stil des Agitproptheaters direkt
wieder anknüpfen. Schauspieler und Publikum waren geprägt vom Stil des Göring-Theaters, und die
offizielle Kulturpolitik, die dem Zusammenwirken aller anerkannten demokratischen Kräfte zu dienen bemüht war, förderte eine Bühnenkunst im Geiste des
sowjetischen Theatermachers Konstantin Stanislawski
(1863–1938), die gesellschaftliche Wahrheit auf dem
Umweg über die individuelle suchte und auf Wahrhaf-
tigkeit des Ausdrucks zielte.

Auch in den vom Bombenkrieg stärker betroffenen
Westzonen begannen die Theater trotz der schwierigen
materiellen Bedingungen, nach Kriegsende bald wieder zu spielen: vielfach auf Notbühnen, aber bis zur
Währungsreform, die eine erste ökonomische Krise
brachte, unbeeinträchtigt durch wirtschaftliche Zwän-
ge. Ausländische Autoren standen im Vordergrund.
Das französische Theater hatte die Tradition auf moderne Weise fortentwickelt und Figuren des antiken
Mythos neu interpretiert. Paul Claudel und Georges
Bernanos thematisierten katholische Gläubigkeit,
Jean-Paul Sartre, Jean Anouilh und Albert Camus Erschütterung der menschlichen Existenz, Pessimismus
und Mut. In England verknüpfte T. S. Eliot klassischen
Humanismus und christliches Ethos mit moderner
Sicht der Welt, erneuerte das mittelalterliche Mirakel-
spiel und legte seinen Gesellschaftskomödien meta-

physische Entscheidungen zugrunde. Das amerikanische Theater entwickelte durch Eugene O'Neill und
Thornton Wilder neue dramatische Formen.

Wolfgang Borchert (1921–1947)

Borchert wurde in Hamburg-Eppendorf als Sohn eines
Lehrers und der aus Mecklenburg stammenden Heimat-
schriftstellerin Hertha Borchert (Erzählungen im *Quick-
born*, in *Mooderspraak*) geboren, schrieb Gedichte (erste
Veröffentlichungen 1938) und Theaterstücke (*Yorick, der
Narr!*), begann eine Buchhandelslehre und nahm heimlich
Schauspielunterricht. 1941 spielte er an der Landesbühne
Osthannover, dann Soldat. Angeborene Leberkrankheit
zu spät diagnostiziert, wiederholt vor Gericht und wegen
mündlicher und schriftlicher Äußerungen gegen Staat und
Partei zu Gefängnis verurteilt. Frühjahr 1945 Flucht aus
französischer Kriegsgefangenschaft und Heimkehr, kurze
Zeit Regieassistent am Hamburger Schauspielhaus. Fort-
schreitende Erkrankung, gestorben in Basel.

Borchert hatte Fronterlebnisse, Verwundung und Gefängnis hinter sich, als er im Mai 1945 fieberkrank
nach Hamburg zurückkehrte. Sein Heimkehrerstück
Draußen vor der Tür (1947) entstand im Herbst 1946 in
wenigen Tagen. Zunächst als Hörspiel gesendet und in
dieser Fassung mehrfach wiederholt, wurde es neben
Zuckmayers *Des Teufels General* zum erfolgreichsten
Bühnenwerk der Nachkriegszeit, das auch mehrfach
übersetzt wurde. Es war die Anklage einer ernüchter-
ten, betrogenen Jugend. Die Uraufführung fand am
Tag nach Borcherts Tod in den Hamburger Kammerspielen statt.

Der aus der Gefangenschaft in Sibirien heimkehrende
Unteroffizier Beckmann ist, wie die Vorbemerkung sagt,
»einer von denen, die nach Hause kommen und die dann
doch nicht nach Hause kommen, weil für sie kein Zuhause
mehr da ist. Und ihr Zuhause ist dann draußen vor der Tür.
Ihr Deutschland ist draußen, nachts im Regen, auf der
Straße. Das ist ihr Deutschland.« Als Beckmann das Bett
bei seiner Frau besetzt findet, will er sich in der Elbe er-
tränken, aber diese, »eine alte Frau«, schickt ihn wieder an
Land. »Ein Mädchen« hilft ihm, da kehrt deren verschollener Mann, ein »Einbeiniger«, zurück. Beckmann flieht,
will sich erneut töten, »der Andere«, sein Alter Ego, hält
ihn zurück. Gepeinigt von Kriegserinnerungen und dem
Schuldgefühl, dass auch er Soldaten in den Tod geführt hat,
sucht Beckmann »den Oberst«, seinen einstigen Vorgesetzten auf, dem er seine Verantwortung zurückgeben will –
aber der versteht ihn nicht und lacht ihn aus. Beckmanns
Eltern haben Selbstmord begangen, ein Kabarettdirektor
will ihm keine Anstellung geben, da es ihm an heiterer Gelassenheit fehlt, im Traum begegnet ihm der liebe Gott, ein
hilfloser Greis. Beckmann findet auf seine Fragen keine
Antwort.

Wolfgang Borchert, 1945

tischen Hörspielen (Alfred Döblin, Hermann Kasack) und »Realismus« aus der Feder sozialistischer Autoren (Johannes R. Becher, Walter Benjamin, Bert Brecht, Friedrich Wolf). Manche der experimentierfreudigen Autoren arbeiteten auch beruflich beim Funk wie ARNO(LD) SCHIROKAUER (1899–1954), Redakteur des Mitteldeutschen Rundfunks, der die lyrische Montage pflegte. Er wechselte 1933 zu Radio Bern und emigrierte später in die USA. Musik und Geräusche wurden bis hin zu »akustischen Filmen« (auch als »Hörbilder« bezeichnet) dem Wort zugeordnet und verstärkten seine Wirkung.

Erste theoretische Grundlegungen stammen von Brecht (*Radiotheorie 1927 bis 1932*) und Alfred Döblin (*Literatur und Rundfunk*). Brecht zielt im Sinne seiner Dramatik auf die Aktivierung des Hörers, seine Arbeiten für den Funk bildeten einen wichtigen Teil seiner *Versuche*. Das Schauspiel *Die heilige Johanna der Schlachthöfe*, das vor 1933 nicht aufgeführt werden konnte, hatte seine Premiere in der Hörspielfassung, die 1932 in Berlin ausgestrahlt wurde. Eine Arbeitstagung »Dichtung und Rundfunk« (Kassel 1929) tendierte demgegenüber zum reinen Stimmenhörspiel, das mithin »mehr die Bewegung im Menschen als die Menschen in Bewegung« zu zeigen bestimmt schien (R. Kolb, *Das Horoskop des Hörspiels*, 1932), wie es sich später in der Bundesrepublik entwickeln sollte. Dagegen konnte sich vor 1933 noch keine bestimmte Form der Hörspiels musterhaft durchsetzen.

Die »Machtergreifung« unterbrach diese verheißungsvolle Entwicklung (die Zeit um 1930 ist als eine erste Blütezeit des deutschen Hörspiels rückblickend bezeichnet worden), insofern enge Zielvorgaben künftig die Richtung bestimmten. Im Exil entstanden allerdings weitere Funkbeiträge, die an die nunmehr verfemte Tradition der Republik anknüpften (Brecht, Hanns Eisler, Anna Seghers). *Der Prozeß der Jeanne d'Arc zu Rouen 1431* (1937) von Anna Seghers wurde von Brecht 1954 für sein Berliner Ensemble zum Bühnenstück umgearbeitet.

Gründlich erschlossen ist die Geschichte des Hörspiels in der Hitlerzeit, wie etwa das Beispiel Günter Eichs zeigt, noch nicht. Was gesendet wurde und von wem, ruht, soweit es überdauert hat, größtenteils in den Archiven. Neben eindeutig »braunen« Autoren (Richard Euringer, Hanns Johst, Wolfgang Eberhard Möller) arbeiteten für die Rundfunkanstalten auch solche, die in einem ambivalenten, wenn nicht sogar distanzierten Verhältnis zum Dritten Reich standen (Günter Eich, Peter Huchel, Horst Lange). Auch für das nationalsozialistische Hörspiel gilt, dass es bereits vor 1933 durch Beiträge völkischer Autoren vorbereitet wurde. Oftmals chorisch strukturiert, sollte es wie die Thingspiele das Gemeinschaftserlebnis vermitteln und ähnlich wie diese ist die »kultische« Form der Hörspiels vor allem den ersten Jahren der NS-Herrschaft zuzurechnen. Daneben und danach entstand auch anderes, wie etwa PETER HUCHELS *Margarethe Minde. Eine Dichtung für den Rundfunk* (1939).

Huchel hatte schon vor 1933 für den Funk gearbeitet. Nachdem seine Pläne, ins Exil zu gehen, gescheitert waren, seine frühere Bindung an die von Willy Haas besorgte Zeitschrift

Das Stück trägt expressionistische und allegorische Züge. In seiner Wirkung verstärkt durch Borcherts im Oktober 1947 entstandenes Antikriegsmanifest *Dann gibt es nur eins!* blieb es in der Bundesrepublik in Verbindung mit der Frage der Wiederbewaffnung lange aktuell. (→ S. 526)

Exkurs: Hörspiel

Zu den von der nationalsozialistischen Propaganda zielstrebig und mit großem Erfolg eingesetzten Instrumenten zählte noch vor den Printmedien der Rundfunk, der die Stimme des Führers, die Marsch- und Weihemusik der Festakte und Staatsbegräbnisse, die Fanfaren der Sondermeldungen im privaten und öffentlichen Raum allgegenwärtig machte. Ein vergleichsweise subtiles akustisches Werbemittel bildete daneben die noch junge literarische Gattung des Hörspiels.

Um eine eigene Erfindung handelte es sich dabei nicht, denn die Geschichte des Hörspiels hatte bereits in den Zwanzigern begonnen, in Deutschland mit HANS FLESCH (1895–1945), *Zauberei auf dem Sender* (1924). Aus diesem Jahr stammt auch die Sammelbezeichnung »Hörspiel« für die gelegentlich unter anderen Namen (»Funkdrama«, »Funkspiel«, »Hörbild«, »Hördrama« u. a.) ausgestrahlten Sendungen. In der Folge wurden unterschiedliche Ansätze erprobt. Was zunächst überwog, war die Adaptierung klassischer Dramen, die sogar in Sendezyklen wie »Die Dramatiker des 19. Jahrhunderts«, »Das Volksstück«, »Das deutsche Schäferspiel in Wort und Musik« zusammengefasst wurden. Daneben gab es Katastrophenszenarien, die suggestive Inszenierung unerklärlich scheinender, akustisch wahrnehmbarer Phänomene (*Spuk* nach E. T. A. Hoffmann), den Inneren Monolog in bürgerlich-humanis-

Titel der Erstausgabe

Margarethe Minde wurde 1939, wenige Wochen vor Beginn des Zweiten Weltkriegs, nur ein einziges Mal gesendet. Literarische Hörspiele verschwanden nunmehr fast völlig aus den Programmen, weil es neben den massiveren Formen der Propaganda keinen Platz mehr für sie gab. Kriegshörspiele, wie Hans Rehberg sie schrieb, traten an ihre Stelle, bis 1942, als die Frontlage sich verschärfte, auch das entfiel.

Als die deutschen Rundfunkanstalten 1945 unter dem Patronat der Besatzungsmächte ihre Tätigkeit wieder aufnahmen, wurden bald wieder die ersten Hörspiele gesendet und fanden, wie das Beispiel Borcherts zeigt, ein großes Publikum. Die eigentliche Blütezeit des Hörspiels in den Fünfzigern stand noch bevor. Allerdings war die Entwicklung in Ost und West ein weiteres Mal verschieden.

Lyrik

Die lyrische Dichtung der Zeit bietet ein widersprüchliches Bild. Nur an der propagandistisch gefärbten Schauseite des partei- und behördlich geförderten Literaturwesens weist sie insoweit übereinstimmende Züge auf, dass man sie als signifikant für den vorgeblichen völkischen Aufbruch und den Kunstwillen des autoritären Staates betrachten kann. Zwar suggerierte die herrschende Phraseologie allenthalben, eine neue Literaturepoche habe begonnen, und es fehlte nicht an gezielter Förderung von Autoren, die sich willfährig zeigten oder die sich mit mehr oder weniger Glück umdeuten und vereinnahmen ließen. Propagandistisch blieb das zunächst keineswegs wirkungslos, aber für die weitere künstlerische Entwicklung war es von geringer Bedeutung. Das gilt vor allem für die Dichtung JOSEF WEINHEBERS, der sein großes Formtalent nunmehr ungehemmt in den Dienst des Zeitgeistes stellte (*Kammermusik*, 1939; *Blut und Stahl*, 1941; *Den Gefallenen*, 1941). Sein umstrittenes Werk wurde durch seine persönliche Haltlosigkeit auch intellektuell diskreditiert. Eine von Josef Nadler besorgte historisch-kritische Ausgabe der *Werke* (1953/56) blieb ebenso wie eine vorangegangene Auswahl der Gedichte (*Über alle Maßen aber liebte ich die Kunst*, 1952) literarisch ohne nachhaltige Wirkung, wenngleich es an Weinheber gewidmeten Dissertationen und Interpretationen in den Fünfzigerjahren nicht fehlte.

In ähnlicher Weise gilt dies für den vielfältig produktiven, auch vermittelnd tätig gewesenen WILL VESPER (1882–1962, *Kranz des Lebens*, G., 1934), der mit weit verbreiteten Gedichtanthologien (*Die Ernte der deutschen Lyrik* u.a.) und als gewandter Nacherzähler mittelalterlicher Dichtung hervorgetreten ist, mit dessen Na-

Die literarische Welt ihr Ende gefunden hatte, er im Propagandaministerium als einstiger Mitarbeiter des »Judenblattes« und wegen seiner früheren Kontakte zu Brecht, Bloch und Benjamin in Verruf geraten war, benötigte er die Brotarbeiten für den Rundfunk, um seine Familie zu ernähren. Die Freundschaft mit Günter Eich half ihm dabei. Seine Margarete Minde ist eine Brandstifterin wie die Heldin in Fontanes Novelle – die überlieferten Akten bestätigen das (Vor-)Urteil nicht –, aber bewusstseinsklarer und willensstärker als sie. Ihre Anklage gegen die Herrschenden in Tangermünde mochte manchem Hörer zu denken geben: »Verruchte Heuchler, Meineidsschwörer, Ratsherrn, / Die Hüter einer Ordnung, die Verbrechen schützt! / Ausräuchern sollte man dies Rattenloch.«

Hans Mayer hat die »dramatische Kraft« dieser Dichtung »staunenswert« genannt. Huchel selbst hat sich um seine Arbeiten für den Funk später nicht mehr gekümmert, das im Nachlass überlieferte Typoskript der *Margarethe Minde* erschien postum. Die sowjetischen Kulturoffiziere waren besser informiert, sie betrauten den Autor, der 1945 aus der Kriegsgefangenschaft zurückgekehrt war, im Nachkriegsberlin mit der Einrichtung einer Hörspielabteilung im Haus des Rundfunks in der Masurenallee (eine Verpflichtung, der sich Huchel baldmöglichst entzog).

men jedoch die Erinnerung an seine schrankenlose Ergebenheit für das »Reich« und seine Haltung als aggressiver Kulturfunktionär verbunden bleibt, die sein Sohn Bernward Vesper in seinem autobiografischen Bericht *Die Reise* (1977) anklagend beschrieben hat.

Ohne nachdrückliche Behinderung haben zwischen 1933 und 1945 aber auch Autoren veröffentlicht beziehungsweise überhaupt erst zu veröffentlichen begonnen, die keine oder doch eine nur oberflächliche Berührung mit der NS-Ideologie zeigten. Einige von ihnen wurden später sogar zur so genannten »Nullpunkt«-Generation gezählt: Günter Eich, Johannes Bobrowski, Marie Luise Kaschnitz, Karl Krolow, Horst Lange, Oda Schaefer, Wolfdietrich Schnurre, Wolfgang Weyrauch. Auch ältere Autoren, die bereits einen Namen hatten, veröffentlichten, bei mehr oder weniger großer Distanz zur offiziellen Kulturpolitik, weiterhin Gedichte. Nach 1945 fuhren sie zu publizieren fort, ließen wohl auch abschließende Sammlungen ihrer Dichtungen erscheinen. Bei dem Versuch, das Jahr 1945 als literarische Wegscheide zu bestimmen, handelt es sich mithin gerade im Hinblick auf Lyrik mehr um die Absage an die politische Vergangenheit und um ein moralisches Bekenntnis als um eine klar bezeichnete künstlerische Grenze. Die Parteidichtung im engeren Sinn allerdings verschwand nahezu spurlos.

Lieder auf den Führer und die »Bewegung«

Das Liedgut der »Bewegung« speiste sich aus sehr verschiedenen Quellen. Die patriotische Dichtung des 19. Jahrhunderts, beginnend mit den Dichtern der Befreiungskriege, war daran beteiligt, anderes stammte aus der Zeit des »Wandervogels« und der Kriegslyrik des Ersten Weltkriegs. Manches wurde, nur oberflächlich gewandelt, von konkurrierenden Parteien übernommen, die sich bereits selbst auf Adaptionen stützten (»In Flandern sind viele gefallen« – »In Leuna sind viele gefallen« – »In München sind viele gefallen«). Hier wie dort bedurften die Ideologien des Gemeinschaftslieds, das das Ich zum Wir umformen half. Brecht hat mit seiner Parodie des Horst-Wessel-Liedes die Gattung insgesamt glossiert.

Der Schlächter ruft: Die Augen fest geschlossen,
Das Kalb marschiert in ruhig festem Tritt.
Die Kälber, deren Blut im Schlachthof schon geflossen,
Marschiern im Geist in seinen Reihen mit.

Nach 1945 wurde die jüngere Generation von NS-Dichtern wie HEINRICH ANACKER (1901–1971, *Die Fanfare,* 1934), HERYBERT MENZEL (1906–1945, *Im Marsch-*

schritt der SA, 1933; *Gedichte der Kameradschaft,* 1936), HERBERT BÖHME (1907–1971, *Des Blutes Gesänge,* 1935), BALDUR VON SCHIRACH (1907–1974, *Die Fahne der Verfolgten,* 1933), GERHARD SCHUMANN (1911 bis 1995, *Fahne und Stern,* 1934; *Die Lieder vom Reich,* 1935; *Wir aber sind das Korn,* 1936; *Wir dürfen dienen,* 1937; *Bewährung,* 1940), samt ihren Versen auf Marschkolonnen, Fahnen und Trommeln, schnell vergessen. Mit prophetischer Ironie hat ausgerechnet Josef Weinheber im Gespräch mit Reinhard Piper 1940 dieser Lyrik nur fünf Jahre gegeben: »Des is a bissl Theodor Körner, den liest auch kein Mensch mehr [...]« (R. Piper, *Bücherwelt. Erinnerungen eines Verlegers,* 1979) Eine Ausnahme bildete HANS BAUMANN (1914–1988), Dichter und Komponist von Fahrten- und Kampfliedern für die Hitlerjugend (*Der helle Tag,* 1938), auf den auch das bereits 1932 entstandene berühmt-berüchtigte Lied von den »morschen Knochen« zurückgeht, unfreiwillig-treffender Ausdruck der gedankenlosen Barbarei in verführten Köpfen:

Es zittern die morschen Knochen
der Welt vor dem roten Krieg.
Wir haben den Schrecken gebrochen,
für uns wars ein großer Sieg.
Wir werden weitermarschieren,
wenn alles in Scherben fällt,
denn heute gehört uns Deutschland
und morgen die ganze Welt.

Aber Baumann schrieb auch Gedichte, die auf ästhetisch unverfänglich scheinendem Niveau an die Erfahrung von Ferne und Bewährung mahnten, an einen ritterlich getönten, vagen Auftrag (die Landnahme im Osten spukte allerorten) und eine im Hintergrund virulente Reichsmystik *(Ausfahrt)*. Wieder andere Strophen nahmen Stimmungen der Jugendbewegung auf, mit denen Baumann nach 1945 bald wieder erfolgreich war (*Es geht eine helle Flöte,* G., 1950). Seine Gedichte fanden nach 1945 Eingang in über 200 Liederbücher (zum Gebrauch in der Schule, bei der Bundeswehr und den Gewerkschaften). Mit kulturhistorischen Sachbüchern, Übersetzungen, Sammlungen von Kindergedichten aus anderen Sprachen, Sprachspielereien für Kinder trug er, wiederholt preisgekrönt, ebenfalls zur deutschen Kinder- und Jugendbuchliteratur nach dem Zweiten Weltkrieg bei.

Klage der Opfer

Kein größerer Abstand ist in Rücksicht auf das lyrische Schaffen dieser Zeit denkbar, als der, der die Leidenden von den Handelnden, die Opfer von den Tätern trennt. Die Berlinerin GERTRUD KOLMAR (d. i. Gertrud Chodziesner, 1894–1943), in Auschwitz verschollen, war eine Lyrikerin mit starkem Naturgefühl, die in ihren Gedichten elementare und visionäre Bildkraft zeigt, auch Begabung zum Balladesken hatte. Bezeichnend sind schon die Titel ihrer Gedichtsammlungen, von denen mehrere postum erschienen sind: *Gedichte* (1917), *Preußische Wappen* (1934), *Die Frau und die Tiere* (1938), *Welten* (1947), *Das Wort der Stummen. Nachgelassene Gedichte* (1978). Es geht in ihren Gedichten nicht um politische Themen oder Äußerungen des Widerstands, sondern – gleichwohl mit den Zeitläuften verbunden – um Allerpersönlichstes.

Mein Sohn

Ach ich weiß schon, so wird's sein:
Brüste muss ich neigen ihm, ihn tränken,
Seinen kleinen Kittel bald verschenken;
Lange Locken werden abgeschnitten,
Und mit fröhlich unbedachten Tritten
Hüpft er in sein sechstes Jahr hinein.

Und ich weiß schon, so wird's sein:
Bücher packen, rasch zur Schule laufen.
Stifte schärfen. Geld! und Hefte kaufen.
Zahl und Nam will seine Träume haben,
Lehrersprüche, Reden fremder Knaben
Dringen in mein liebstes Köpfchen ein.

Ach, ich weiß schon, er wird sein
Seines Vaters Kraft und meine Schwäche:
Hart und trotzig höhnt er, wenn ich spreche,
Schlägt mit Wissen mich, das nie ich lerne,
Und ich find in seinem Augensterne
Täglich heller einen kalten Schein.

Und ich weiß schon, so wird's sein:
Nächte dürfen glühn, ihn züngelnd drängen,
Eine rote Pforte wird er sprengen,
Lässt mein Blut in seinen Adern blitzen –
Aber ich will müd, vergeblich sitzen
Eines Abends und bin ganz allein.

Gertrud Kolmar hatte kein Kind. Aus ihrem Gedicht, einer sehnsüchtigen Phantasie, spricht das Leiden an versagter Mutterschaft. Mit anderen Kunstmitteln ist das Gefühl beglückender Befreiung in dem Gedicht *Frühling 1946* von ELISABETH LANGGÄSSER gestaltet worden, deren älteste Tochter Cordelia Edvardson deportiert worden war, aber das KZ überlebte und über ihre Haft berichtet hat (deutsche Übersetzung u. d. T. *Gebranntes Kind sucht das Feuer*, 1986). Das subjektive Erlebnis der Dichterin ist aufgehoben in der Begegnung mit der wiedererwachten Natur, die ihrerseits als

Gertrud Kolmar, 1920

Ausdruck mythischer Gestalten verstanden wird. Nicht von Auschwitz, sondern vom »eisenhaften Glanz« im Auge der Gorgo und vom »Kind Nausikaa« ist die Rede, dem sich das mütterliche Empfinden zuwendet.

Frühling 1946

Holde Anemone,
bist du wieder da
und erscheinst mit heller Krone
mir Geschundenem zum Lohne
wie Nausikaa?

Windbewegtes Bücken,
Woge, Schaum und Licht!
Ach, welch sphärisches Entzücken
nahm dem staubgebeugten Rücken
endlich sein Gewicht?

Aus dem Reich der Kröte
steige ich empor,
unterm Lid noch Plutons Röte
und des Totenführers Flöte
grässlich noch im Ohr.

Sah in Gorgos Auge
eisenharten Glanz,
ausgesprühte Lügenlauge
hört' ich flüstern, dass sie tauge
mich zu töten ganz.

Anemone! Küssen
lass mich dein Gesicht:
Ungespiegelt von den Flüssen
Styx und Lethe, ohne Wissen
um das Nein und Nicht.

Ohne zu verführen,
lebst und bist du da,
still mein Herz zu rühren,
ohne es zu schüren –
Kind Nausikaa!

Nausikaa, in der *Odyssee* die mädchenhafte Tochter der Königs Alkinoos, die sich des schiffbrüchigen Odysseus annimmt und ihn zu ihrem Vater bringt, erscheint hier selbst als Gerettete – eben dadurch aber wird sie zur Retterin, zum Zeichen der Auferstehung.

Christliche Lyrik

Der Gegensatz zwischen Nationalsozialismus und Christentum war unüberbrückbar, auch da, wo die braunen Machthaber aus taktischen Gründen den Konflikt zunächst nicht suchten und so genannte »Deutsche Christen« trügerisch auf ihre Seite zogen. Gläubige Schriftsteller konnten angesichts des offenkundigen Unrechts nicht neutral bleiben, wobei sie aber auf Rückendeckung durch die Amtskirche kaum hoffen konnten. Manche verstummten, andere nutzten die Möglichkeiten der religiösen Sprache für eine indirekte Anklage, die gegebenenfalls von der Zensur toleriert wurde und insofern größere Wirkungsmöglichkeiten bot. In Ansätzen gab es daneben eine Untergrundliteratur, in der auch Gedichte zirkulierten. Es war das unerschrockene Bekenntnis, das den Sonetten REINHOLD SCHNEIDERS Achtung eintrug.

Allein den Betern kann es noch gelingen,
Das Schwert ob unsern Häuptern aufzuhalten
Und diese Welt den richtenden Gewalten
Durch ein geheiligt Leben abzuringen.

Denn Täter werden nie den Himmel zwingen:
Was sie vereinen, wird sich wieder spalten,
Was sie erneuern, über Nacht veralten,
Und was sie stiften, Not und Unheil bringen. [...]

ROBERT VON RADETZKY (1899–1989), in Moskau als Sohn deutsch-baltischer Eltern geboren, der in der Hitlerzeit schwieg, veröffentlichte erst 1948 einen ersten Gedichtband (*An die toten Freunde*, 1948) und gab zwei Jahre die Anthologie *Die Dichterbühne* (1950) heraus – ein Autor von strenger Spiritualität, sensibel in Reim und Wortwahl, formal der Tradition verpflichtet, die er jedoch in mehreren weiteren Gedichtbänden, bis hin zu *Ehe denn das Rad zerbreche* (1982), unauffällig weiterentwickelte. Mit Versen von tiefer Bescheidenheit, Naturnähe und Glaubenskraft stand er gleichsam außer der Zeit.

Wie die finger zweier lieben hände,
die in sinnendem verharren ruhn,
ineinander ihre wünsche tun,
dass gebet sie vorbereitet fände:

also lebten, schien es, ohne ende,
die uns teuer waren, aber nun
weißt du kaum, wo die gebeine ruhn
unter asche fürchterlicher brände.

Alle fäden, noch so fest gesponnen,
riss gewalt erbarmungslos entzwei,
wer dem großen untergang entronnen,
fragt, ob dies die alte erde sei?

Bis die hände ineinandergeschmiegt
das erinnern, das den tod besiegt.

Bei anderen Dichtern erscheint das christliche Bekenntnis verbunden mit dem unverändert behaupteten Vertrauen in metaphysische Seinskonzepte und in die für unzerstörbar angesehene Ordnung der Natur. WERNER BERGENGRUEN legte die Gedichtbände *Die Rose von Jericho* (1936), *Der ewige Kaiser* (1937) und *Die verborgene Frucht* (1938) vor. Die Schuldproblematik umkreist der Band *Dies irae* (1945), der schon während des Krieges illegal verbreitet wurde. Als Bergengruen seine gesammelten Gedichte 1950 unter dem Titel *Die heile Welt* veröffentlichte, wurde dieser Titel, anders als er gemeint war, für das veränderte Bewusstsein der jüngeren Generation allerdings zunehmend zum Reizwort. Hinter solcher Reserve stand indirekt der von Theodor W. Adorno 1949 in einem Aufsatz erhobene Vorwurf, es sei barbarisch nach Auschwitz Gedichte zu schreiben (*Kulturkritik und Gesellschaft*, 1949). Adornos Polemik richtete sich gegen das glatte Mittelmaß von Autoren, die den Eindruck erweckten, zu schnell mit der schrecklichen Vergangenheit ins Reine gekommen zu sein und so das Misstrauen der Jüngeren weckten.

HANS CAROSSAS *Abendländische Elegie* (1946), die den Abstand, der ihn von der heillosen Gegenwart trennte, zu zeigen bestimmt war – zugleich mit den Bindungen, die er sich zu bewahren bemühte –, zirkulierte zunächst nur im Untergrund. Seine während des Krieges entstandenen Gedichte erschienen u. d. T. *Stern über der Lichtung* (1946). Die Gesamtausgabe (*Gesammelte Gedichte*, 1948) vereinte Naturbilder, Gedanken um Geburt und Tod als Sinnbilder menschlicher Existenz – Gedankenlyrik, die den Ordnungsglauben klassisch-humanistisch begründet.

Gedichte Hermann Hesses

Wie als Erzähler blieb HERMANN HESSE auch als Lyriker ein Freund seiner Leser, die er nicht zuletzt in Krisenzeiten bereicherte und führte, umso mehr als seine Verskunst von mehr andeutenden Jugendgedichten zu sicherem Ausdruck auch diffuser Stimmungen reifte.

Im Nebel

Seltsam, im Nebel zu wandern!
Einsam ist jeder Busch und Stein,
Kein Baum sieht den andern,
Jeder ist allein.

Voll von Freunden war mir die Welt,
Als noch mein Leben licht war,
Nun, da der Nebel fällt,
Ist keiner mehr sichtbar.

Wahrlich, keiner ist weise,
Der nicht das Dunkel kennt,
Das unentrinnbar und leise
Von allen ihn trennt. [...]

Nach langen Wochen der Krankheit entstand 1941 das Gedicht *Stufen*.

Wie jede Blüte welkt und jede Jugend
Dem Alter weicht, blüht jede Lebensstufe,
Blüht jede Weisheit auch und jede Tugend
Zu ihrer Zeit und darf nicht ewig dauern.
Es muß das Herz bei jedem Lebensrufe
Bereit zum Abschied sein und Neubeginne,
Um sich in Tapferkeit und ohne Trauern
In andre, neue Bindungen zu geben.
Und jedem Anfang wohnt ein Zauber inne,
Der uns beschützt und der uns hilft, zu leben.

Wir sollen heiter Raum um Raum durchschreiten,
An keinem wie an einer Heimat hängen,
Der Weltgeist will nicht fesseln uns und engen,
Er will uns Stuf' um Stufe heben, weiten.
Kaum sind wir heimisch einem Lebenskreise
Und traulich eingewohnt, so droht Erschlaffen;
Nur wer bereit zu Aufbruch ist und Reise,
Mag lähmender Gewöhnung sich entraffen.

Es wird vielleicht auch noch die Todesstunde
Uns neuen Räumen jung entgegensenden,
Des Lebens Ruf an uns wird niemals enden ...
Wohlan denn, Herz, nimm Abschied und gesunde!

Herber in sich verschlossen war die moderne Naturlyrik. In Wilhelm Lehmann, der zunächst als Romancier hervorgetreten war, erwuchs ihr ein besonderes Talent.

Gottfried Bermann-Fischer, Hermann Hesse, Samuel Fischer, Montagnola 1933

Wilhelm Lehmann (1882–1968)

Geboren in Puerto Cabello, Venezuela, Sohn eines Lübecker Kaufmanns, Kindheit und Jugend in Norddeutschland, studierte in Tübingen, Straßburg, Berlin und Kiel Germanistik und Anglistik, 1905 Promotion (Dr. phil.). 1923 Kleist-Preis, Gymnasiallehrer in Kiel, Wickersdorf in Thüringen und Eckernförde, wo er auch nach seiner Pensionierung lebte. Eng befreundet war er mit Oskar Loerke, verbunden auch mit dem Kritiker und Lektor des S. Fischer-Verlages Moritz Heimann (1868–1925).

Erst im sechsten Lebensjahrzehnt hat Lehmann seinen ersten Gedichtband (*Die Antwort des Schweigens*, 1935) vorgelegt. Für den Titel des zweiten griff er auf eine Prägung des ein Jahr zuvor verstorbenen Oskar Loerke zurück (*Der grüne Gott*, 1942). Lehmann bewunderte Loerke, eiferte ihm nach in seinem Verhältnis zur Sprache und erwies sich ihm in der Richtung seines Schaffens auch dann noch verpflichtet, als er seine andersartige spätere Entwicklung zu erklären unternahm (*Warum ich nicht wie Oskar Loerke schreibe*, 1967). Er sieht im Dichter den »Bewahrer des Konkreten«, ge-

bunden an die »Orthodoxie der fünf Sinne«, die zugleich seine Stärke ist, denn »wirklich Gesehenes wächst
aus eigener Kraft zu Vision«.

Nicht weniger bezeichnend ist der Titel seiner Sammlung *Entzückter Staub* (1946). Aus dem scheinbar Be-
deutungslosen und der unerschöpflichen Vielfalt der
Natur- und Pflanzenwelt steigt die Ahnung einer großen kosmischen Einheit auf, in die Bezüge von Sage,
Geschichte und Mythos, die Erinnerung an Apoll und
Daphne, an Merlin und Oberon verwoben sind. So wie
Loerke in der Muschel das Weltrauschen vernimmt, so
bekennt Lehmann: »Das All, in dir verengt wie Wind
im Rohr, / treibt sich aus deinem Mund hervor«. Aus
der Verbindung von genauester Wahrnehmung und
versponnener Rückkehr in sich selbst entsteht seine
»orphische« Lyrik, von ihm selbst zuletzt gesammelt in
den Bänden *Meine Gedichtbücher* (1957) und *Ab-
schiedslust* (1962).

Fliehender Sommer

Marguerite, Marguerite,
Weiße Frau in goldner Haube –
Erstes Heu wölbt sich zum Schaube.
Kuckuck reist, als er es sieht.

Pappel braust wie ein Prophet.
Aus dem vielgezüngten Munde
Stößt sie orgelnd ihre Kunde.
Elster hüpft, die sie versteht.

Pappel, du, in Weisheit grau,
Diene ich dir erst zur Speise,
Fall ich ein in eure Weise,
Kuckuck, Elster, weiße Frau.

Lehmanns poetologische und kritische Schriften kreisen auch um Fragen der Rezeption. »Wirkungen der
Literatur seien mir Wirkungen der Dichtung, genauer
des Gedichts. Weitaus größer ist unter den Deutschen
die Zahl derer, denen eine Sonate ein musikalisches
Geschehen bedeutet, als derer, denen ein Gedicht ein
sprachliches Ereignis.« *(Wirkungen der Literatur)* Ein
weiterer Aufsatz ist betitelt: *Wie liest man ein Gedicht?*

Der Möglichkeit, Gedichte zu lesen, steht vor allem im Wege
die Unfähigkeit, wörtlich zu lesen. Einer gedankenlosen Vor-
eingenommenheit gemäß sollen Gedichte unbestimmte Sonn-
tagsgefühle ausdrücken, während sie im Gegenteil aufmerk-
sam Tatbestände festhalten. Es ist dem Dichter aufgegeben,
die Assoziationen, die jedes Wort umgeben, auf das Ziel einer
Ordnung hin zu regeln, seine allegorische, wissenschaftliche,
propagandistische Alltagsvernutztheit abzuwischen, sein Wort
das sehen und empfinden zu lassen, was meistens nicht mehr
gesehen und empfunden wurde und wird […] wiederum No-
valis: »Man ist heutzutage zu wenig darauf bedacht gewesen,

Wilhelm Lehmann

die Leser anzuweisen, wie das Gedicht gelesen werden muss
[…] Jedes Gedicht hat seine Verhältnisse zu den mancherlei
Lesern und den vielfachen Umständen. Es hat seine eigene
Umgebung, seine eigene Welt, seinen eigenen Gott.«

Lehmann war sich als Lyriker seiner Mittelstellung
bewusst. Er hat einer jüngeren Generation – u. a. Elisabeth Langgässer, Karl Krolow, Günter Eich und Peter
Huchel, die das naturmagische Gedicht in unterschiedlicher Weise weiterentwickelten – wesentliche Anregungen vermittelt.

Wortmagie und Natur

Die Lyrik von GEORG BRITTING (1891–1964) ist als das
süddeutsche Gegenstück zur Verskunst des Holsteiners Lehmann bezeichnet worden. Der aus Regensburg gebürtige, in München gestorbene Dichter hat sie
hauptsächlich in den Bänden *Der irdische Tag* (1935),
Rabe, Roß und Hahn (1939), *Lob des Weines* (1944), *Die
Begegnung* (1947) und *Unter hohen Bäumen* (1951) gesammelt.

Beim ersten Eindruck scheint es, als ob in der Flut der Bilder und Vorstellungen, den Nuancen und Schattierungen noch einmal der Impressionismus aufersteht. Aber die Details entstammen hier nicht der Reizbarkeit der Nerven, sondern einer vitalen und sinnenfrohen Liebe zur Welt. Die Kraft von Bild und Sprache belässt den Dingen der Natur, Landschaft und Tier die ursprüngliche Würde: Die Welt strahlt farbenprächtig in ihrer Eigenart und Fremdheit. Britting ist knapp im Duktus, ein anspruchsvoller Metriker.

Gras

Fettes Gras. Der Panzerkäfer klettert
Schillernd halmempor.
Beuge dich! Ganz tief das Ohr!
Hörst du, wie es klirrt und schmettert?

Wie sich die Eisenringe wetzen!
Gelbes Gold das Schuppenhemd.
Die gestielten Augen widersetzen
Sich den Menschenaugen fremd.

Blau der Stahlhelm. Und die Fühler
Tasten jeder Rispe Rand.
Weht ein Wind her. Kühler
Trifft er deine griffbereite Hand.
Flügel schwirrn. Er fliegt davon.
Fernhin in sein gräsern Käferland. (→ S. 521)

HORST LANGE (1904–1971) vergegenwärtigte in seinen Gedichten, die seit 1928 erschienen (*Nachtgesang*, 1928; *Zwölf Gedichte*, 1933; *Gesang hinter den Zäunen*, 1939), die schlesische Landschaft seiner Herkunft vor dem Hintergrund literarischer Tradition: der schlesischen Barockdichtung und der Kunst seines Landsmanns Georg Heym. Seine stimmungsvolle Kunst schreibt der Natur eine Gewalt über den Menschen zu, die diesen zuletzt selbst als Teil der Natur erscheinen lässt. Wie ODA SCHAEFER (1900–1988), die aus der baltischen Familie des Autors berühmter Memoiren Wilhelm von Kügelgen stammte und in zweiter Ehe mit Lange verheiratet war, hatte er zunächst in der Zeitschrift *Die Kolonne* publiziert und galt nun als Vertreter eines »magischen Realismus«. Von Oda Schaefer erschienen nach dem Krieg zunächst die Bände *Irdisches Geleit* (1946) und *Kranz des Jahres* (1948), denen später noch die *Grasmelodie* (1959) und *Der grüne Ton* (1973) folgten. »Später steckten mich Germanisten in die lavendelduftende Schublade der Naturlyriker«, hat sie in für die Nachkriegszeit aufschlussreichen Erinnerungen (*Die leuchtenden Feste über der Trauer*, 1977) über die Zuordnung ihrer in sensibler Weise eigenständigen Gedichte zum Epochenstil geschrieben.

ELISABETH LANGGÄSSER legte nach dem nun ein Jahrzehnt zurückliegenden *Wendekreis des Lammes* zwei weitere Zyklen vor, *Die Tierkreisgedichte* (1935), in denen Elemente der antiken Naturwelt und des Mythos lebendig werden, und, vermehrt christlicher Anschauung verpflichtet, *Der Laubmann und die Rose* (1947). Symbolisiert der Laubmann die zur Erlösung drängende Natur, so die Rose Maria. Religiöse Erfahrung und theologische Argumentation als mögliche Reaktionsweisen auf die apokalyptische Gegenwart verknüpften so das in seiner Substanz eher zeitlose Naturgedicht mit aktuellen Problemen. Aber diese von Sinnbildern dunkle Verskunst, die in die Feier der chaotischen Natur liturgische Klänge einzubringen bemüht war, befremdete umso mehr. Stephan Hermlin hat das Problem bereits 1947 präzis benannt, als er die Weigerung der poetischen Sinndeuter beklagte, die Dinge »in ihrer grauenhaften und merkwürdigen Einfachheit darzustellen«. Die Unmöglichkeit, offen zu sprechen, habe »zwölf Jahre hindurch die Dichtung der Stillen im Lande auf das Gebiet des Außermenschlichen gedrängt. Aus der grotesken und blutigen Furchtbarkeit des Faschismus wucherte eine Welt blinder, vegetativer Kräfte, eine dämonisierte Natur […].« Elisabeth Langgässers *Metamorphosen* (postum 1951) blieben Fragment.

Als der ausdrucksstärkste unter den naturmagischen Dichtern erscheint Peter Huchel, einer der großen deutschen Lyriker des Jahrhunderts.

Peter Huchel (1903–1981)

Geboren als Beamtensohn in Berlin-Lichterfelde, aufgewachsen auf dem Bauerngehöft seines Großvaters in Alt-Langerwisch in der Mark, besuchte Huchel das Gymnasium in Potsdam. Erste Gedichte 1925 in der *Vossischen Zeitung* und in Paul Westheims Zeitschrift *Das Kunstblatt*. Studium der Philosophie und Literaturwissenschaft in Berlin, Freiburg im Breisgau und Wien, lebte von 1927 an einige Jahre als Übersetzer und Landarbeiter in Frankreich, auf dem Balkan und in der Türkei, wurde nach der Rückkehr aus sowjetischer Kriegsgefangenschaft 1945–48 Lektor, Sendeleiter und Dramaturg beim Berliner Rundfunk. 1949–62 Herausgeber der Zeitschrift *Sinn und Form*. 1951 Nationalpreis der DDR. Nachdem er gezwungen worden war, die Leitung der Zeitschrift abzugeben, lebte er acht Jahre isoliert, verfemt und überwacht in seinem Haus in Wilhelmshorst. 1963 Fontane-Preis, 1971 Übersiedlung in die Bundesrepublik. Gestorben in Staufen bei Freiburg/Br.

Huchel zog seinen Gedichtband *Der Knabenteich* nach der »Machtergreifung« zurück. Mit Hörspielen (*Dr. Faustens Teufelspakt und Höllenfahrt*, 1933; *Die Magd* und das Kind, 1935; *Maria am Weg*, 1935; *Der letzte Knecht*, 1936; *Hans Sonnenburg*, 1936; *Brigg Santa Fé*, 1936; *Zille Martha*, 1938) und in der Zeitschrift *Das Innere Reich* veröffentlichten Versen trat er weiterhin hervor. Die nach dem Krieg erschienene neue Sammlung seiner Lyrik nannte er knapp *Gedichte* (1948).

Auch Huchels Lyrik ist der Tradition des deutschen Naturgedichts verpflichtet, doch bleiben der Mensch, Gesellschaft und Geschichte für seine Kunst bestimmende Faktoren. Auffallend ist schon von Huchels Anfängen an die Intensität der sozialen Wirklichkeitserfahrung, die Solidarität mit den Besitzlosen, wie sie aus dem Rollengedicht *Der polnische Schnitter* spricht (»Acker um Acker mähte ich, / kein Halm war mein Eigen«). Er kennt sein Herkunftsland, die Mark und ihre Menschen, genau. »Die Natur ist für mich etwas sehr Grausames, die Kindheitsidylle wurde sehr schnell zerstört, weil ich bald die Knechte und Mägde, die Zigeuner und Ziegelstreicher, die polnischen Schnitter kennen lernte.« Huchel sieht die Natur nicht als zeitlose Gegebenheit, sondern im Zusammenhang mit der formenden und zerstörenden Tätigkeit des Menschen. Aufmerksam beobachtet er die historischen Veränderungen. Die Bodenreform in der DDR hat er in dem Fragment gebliebenen Zyklus *Das Gesetz* (1950) gefeiert: »Deine Pfähle schlag ein / ackersuchendes Volk.« Seine Gedichte aus dem Krieg beschreiben die Erfahrungen seiner Soldatenzeit und des Zusammenbruchs mit einer Andreas Gryphius ebenbürtigen Kunst (*Bericht des Pfarrers über den Untergang seiner Gemeinde*; *Der Treck*). In dem Gedichtkreis *Der Rückzug* lebt barockes Vergänglichkeitsbewusstsein; zugleich entsteht zwischen der natürlichen und der von den Menschen verderbten Dingwelt eine unlösliche Verbindung.

> *Ich sah des Krieges Ruhm.*
> *Als wärs des Todes Säbelkorb,*
> *durchklirrt vom Schnee, am Straßenrand*
> *lag eines Pferds Gerippe.*
> *Nur eine Krähe scharrte dort im Schnee nach Aas,*
> *wo Wind die Knochen nagte, Rost das Eisen fraß.*

Das Gedicht *Heimkehr* beginnt und schließt:

> *Unter der schwindenden Sichel des Mondes*
> *kehrte ich heim und sah das Dorf*
> *im wässrigen Dunst der Gräben und Wiesen.*
> *[...]*
>
> *Aber am Morgen,*
> *es dämmerte kalt,*
> *als noch der Reif*
> *die Quelle des Lichts überfror,*

> *kam eine Frau aus wendischem Wald.*
> *Suchend das Vieh, das dürre,*
> *das sich im Dickicht verlor,*
> *ging sie den rissigen Pfad.*
> *Sah sie schon Schwalbe und Saat?*
> *Hämmernd schlug sie den Rost vom Pflug.*
>
> *Da war es die Mutter der Frühe,*
> *unter dem alten Himmel*
> *die Mutter der Völker.*
> *Sie ging durch Nebel und Wind.*
> *Pflügend den steinigen Acker,*
> *trieb sie das schwarzgefleckte*
> *sichelhörnige Rind.* (→ S. 415, 500, 648, 685, 797)

Neuorientierung – mit alten Mitteln?

Für die umfangreiche Produktion von Gedichten im literarischen Niemandsland von 1945 fehlt es nicht an äußeren Gründen: Die Lyrik bewährt sich als diejenige poetische Gattung, die es dem Autor erlaubt, ohne besondere Vorkehrungen sich zu äußern, wenig Druckkapazität und Papier zu ihrer Publikation benötigt und die Zensur relativ komplikationslos durchläuft. Leid und Mangel, Erschütterung und Hoffnung suchen ihren spontanen Ausdruck im Gedicht.

In gewissem Sinne führte das zu einer Überproduktion, die rasch veraltete. Nach dem wesentlich durch Lyrik geprägten literarischen Expressionismus dominieren in den Nachkriegsjahren ein zweites Mal im Lauf weniger Jahrzehnte Gefühl und lyrisch gebundene Reflexion. Anders als im Expressionismus aber handelt es sich zunächst nicht um den Einsatz neuer künstlerischer Mittel. Kennzeichnend ist vielmehr die Weiterverwendung überlieferter Formen. Selbstbehauptung und ästhetisches Bedürfnis antworten so auf die überall gegenwärtige Trümmerwelt der Städte, die als apokalyptische Kulisse das neu sich ansiedelnde literarische Leben umgibt.

Sonette schreiben MARTHA SAALFELD (1898–1976; *Deutsche Landschaft*, 1946), WOLF VON NIEBELSCHÜTZ (*Posaunenkonzert*, 1947), RUDOLF HAGELSTANGE (*Venezianisches Credo*, 1945), HANS EGON HOLTHUSEN (1913–1997; *Klage um den Bruder*, 1947), und mit ihnen viele junge und alte, der Tradition sich überantwortende Autoren.

Auch das literarische Vermächtnis von ALBRECHT HAUSHOFER (1903–1945), der als eines der letzten Opfer des Naziregimes in Berlin-Moabit hingerichtet worden ist, ist so beschaffen (*Moabiter Sonette*, 1946). In Sonettzyklen und -kränzen, in Terzinen und Stanzen zeigt sich existentielle Erschütterung poetisch gefasst und es wird rhetorisch argumentiert. So wie diese

Peter Huchel

Gedichte dargeboten werden, werden sie aufgenommen: Sie sind geistige Hilfen zum Überleben, Denkmäler des Unglücks und der Trauer, aber auch erwachender Hoffnung.

Das Werk schon früher überwiegend der lyrischen Tradition verpflichteter Autoren reicht noch in die Nachkriegsliteratur hinein und naturgemäß bleiben diese Autoren sie selbst, auch wenn sie sich im Einzelnen heiterer und gelöster geben.

FRIEDRICH GEORG JÜNGER (1898–1977), der von der hymnischen Dichtung Klopstocks und Hölderlins ausgegangen war (*Gedichte*, 1934; *Der Krieg*, 1936; *Der Taurus*, 1937, *Der Missouri*, 1940), mutet nun gelegentlich liedhaft an (*Der Westwind*, 1946; *Die Silberdistelklause*, 1947) – und dies wird sich auch in der Folge so fortsetzen (*Iris im Wind*, 1952; *Ring der Jahre*, 1954; *Schwarzer Fluß und windweißer Wald*, 1955; *Es pocht an der Tür*, 1968).

PETER GAN (eigentlich Richard Moering, 1894–1974) entwickelt in seiner poetisch-schlauen Lyrik philosophischen Humor (*Die Holunderflöte*, 1949, Auswahlband *Preis der Dinge*, 1956). Freude an Wortspiel und Variation, Sensibilität für das weniger Beachtete kennzeichnen die Denk- und Klangformen dieser Poesie; sie

hat nicht nur dort, wo sie Seifenblasen und Flockenfall besingt, etwas Schwebendes. Auch in den späteren Gedichten (*Schachmatt*, 1957; *Die Neige*, 1961), in denen ein dunkler Ton unüberhörbar ist, wird die befreiende Pointe und die gelassene Haltung bewahrt.

RUDOLF ALEXANDER SCHRÖDER führt, sammelnd und auswählend, sein bewusst auf Wiederholung zielendes künstlerisches Werk zu Ende (*Auf dem Heimweg*, 1946; *Gute Nacht*, 1947; *Alten Mannes Sommer*, 1947). Während einiger Übergangsjahre gilt er nun als großer alter Mann der Literatur.

Der Deutschböhme EMIL MERKER gab der Sammlung seiner schwermütig-leidenschaftlichen Lyrik den Titel *Die große Trunkenheit* – gegründet auf die Bände *Verzückte Erde* (1931), *Der Kreuzweg* (1934) und *Der Bogen* (1940).

Lebenskranz

Oh, wer hat, wer hat den blumenbunten
dornenreichen Lebenskranz gewunden?

Prangt und prahlt darin das Blümlein Kerngesund,
stirbt daneben gleich das Pflänzchen Herzenswund.

Fleht's: Vergiss-mein-nicht, blauäugig, tränenscheu,
ist verweht schon längst die flüchtige Männertreu.

Duften bitter sehr die beiden herben,
welkenden Kräutlein: Sterben und Verderben.

Flammt der blinde Hass. Was flammt noch so?
Brennende Liebe brennt gleich lichterloh.

Tröstlich reimt auf Not: das liebe Brot,
grausam auf der Wangen Rot: der Tod.

Grausam reimt die heiße Frage: Gott?
Ewig nur mit Satans kaltem Spott.

O, wer hat den Lebenskranz, den träumebunten,
tränennassen, wer hat ihn gewunden?

ALBRECHT GOES (1908–2000) fasste seine volkstümliche Lyrik aus schwäbisch-romantischer Tradition (*Heimat ist gut*, 1935; *Der Nachbar*, 1940; *Die Herberge*, 1947) – wiederholt war er mit Beiträgen auch in *Das Reich* zu lesen gewesen – in dem Band *Gedichte 1930 bis 1950* (1950) zusammen. Das Jahr 1950 war reich an Sammelbänden.

Die »moderne Humanitas«, als deren Kronzeugen RUDOLF HAGELSTANGE (1912–1984) in einem gleichnamigen Vortrag (1951) André Gide und Saint-Exupéry berief, soll den »Defekten des zeitgenössischen Menschen« das Leitbild des edlen und geistigen Menschen entgegenstellen. Die 1944 in Italien entstandene und illegal in Verona gedruckte Sammlung *Venezia-*

Gottfried Benn, 1952

ständnis derer, die sich aller überkommenen Sicherheiten verlustig wussten. Die bruchstückhaften Sätze, das überwiegend substantivische Wortmaterial, die unvertrauten Fremdwörter der *Statischen Gedichte* machten bei der Entrümpelung der geistigen Landschaft keine Umstände. Zeile für Zeile ereignete sich hier – nicht ohne snobistische Gebärde – eine Absage an die »Kalligraphen« von besonderer Art, die dem Lebensgefühl und den erlittenen Verletzungen des Publikums entsprach: Der so lange isolierte Autor avancierte zu einer Kultfigur, zum »Phänotyp der Stunde«.

Die Welt zerdacht. Und Raum und Zeiten
und was die Menschheit wob und wog,
Funktion nur von Unendlichkeiten –
die Mythe log.

Woher, wohin – nicht Nacht nicht Morgen,
kein Evoë, kein Requiem,
du möchtest dir ein Stichwort borgen –
allein bei wem? (Verlorenes Ich)

Das Gedicht *Einsamer nie* – ist bereits im Jahr der Olympiade in Berlin, 1936, entstanden, die zu einem Triumph Hitlers wurde, weil Deutschland vorübergehend weltweit Anerkennung genoss.

Einsamer nie als im August:
Erfüllungsstunde – im Gelände
die roten und die goldenen Brände,
doch wo ist deiner Gärten Lust?

Die Seen hell, die Himmel weich,
die Äcker rein und glänzen leise,
doch wo sind Sieg und Siegsbeweise
aus dem von dir vertretenen Reich?

Wo alles sich durch Glück beweist
und tauschst den Blick und tauschst die Ringe
im Weingeruch, im Rausch der Dinge –:
dienst du dem Gegenglück, dem Geist.   (→ S. 728, 754)

Besondere Signifikanz für die unmittelbare Gegenwart und ihre Darstellung im Gedicht – nämlich in der so genannten Trümmer- oder Kahlschlagliteratur – gewann hingegen ein anderer Gedichtband, der im selben Jahr wie die *Statischen Gedichte* erschien – Günter Eichs *Abgelegene Gehöfte* (1948).

Günter Eich (1907–1972)
Eich wurde in Lebus als Sohn eines Guts- und Ziegeleipächters geboren und studierte nach dem Abitur in Leipzig in Berlin und Paris ohne Abschluss Sinologie. Kontakte zur *Kolonne*. Von 1933 bis 1940 verfasste er für den Berliner Rundfunk über 160 teilweise umfängliche Texte. Dann Wehrdienst und amerikanische Kriegsgefangen-

nisches Credo wurde die verbreitetste Gedichtspublikation der ersten Nachkriegsjahre. Den Glauben, »dass wir zu neuem Leben auferstehen im Geiste«, bekannten auch die Bände *Strom der Zeit* (1948) und *Zwischen Stern und Staub* (1953). Aber bereits in *Venezianisches Credo* wird sichtbar, dass Hagelstanges Kunst die Konvention nicht überschreitet. Er war ein Autor des Übergangs, nach einem Wort Hans Egon Holthusens, das Heinrich Böll aufgenommen hat, »eigentlich der allererste Autor dieses Staates, in dem wir leben«.

Gottfried Benns »Statische Gedichte«
Nach seiner kurzzeitigen, von ihm alsbald bereuten Annäherung an das Regime hat GOTTFRIED BENN auf Publikationen bis 1945 fast ganz verzichtet und sich zudem auf ältere Arbeiten beschränkt (*Ausgewählte Gedichte 1911–1936*, 1936). An das 1938 gegen ihn erlassene Schreibverbot hatte er sich allerdings nicht gehalten. Nach Kriegsende zunächst ein weiteres Mal unerwünscht, wuchs sein Ruhm in den folgenden Jahren schnell (*Statische Gedichte*, 1948; *Trunkene Flut. Ausgewählte Gedichte*, 1949). Die den Schreibenden vertraute Erfahrung des unüberbrückbaren Gegensatzes von Kunst und Leben fand in Benns Gedichten sprachlich neuartigen, intellektbetonten Ausdruck, und sie entsprach dem »modernen« pessimistischen Zeitver-

schaft. Gründungsmitglied der »Gruppe 47«. Wiederaufnahme der Tätigkeit für den Funk (Hörspiele). 1953 Heirat mit Ilse Aichinger, mit der er zurückgezogen in Groß-Gmain bei Salzburg lebte. Gestorben in Salzburg.

Eich war, wie bereits die Wahl des seinerzeit eher abgelegenen Studienfachs Sinologie andeutet, ein ausgeprägter Individualist und Einzelgänger. Politisch eher uninteressiert ließ er sich durch das lockende Angebot der Mitarbeit beim Rundfunk auch zur Mitwirkung bei der Herstellung von Propagandasendungen gewinnen (*Die Rebellion in der Goldstadt*, Hsp., 1940). Quantitativ war er damals produktiver als in den 25 Jahren nach dem Krieg – was indirekt wohl auch einen Hinweis auf die langsame Ausbildung seiner Kunstmittel gibt. In der Kriegsgefangenschaft kehrte er wieder zur Lyrik zurück, mit der er noch in der Weimarer Republik begonnen hatte. Die *Abgelegenen Gehöfte* enthielten noch ältere, nach »naturmagischem« Muster ausgeführte Gedichte, daneben aber auch neue, die mit den herkömmlichen Vorstellungen von der Themen- und Wortwelt lyrischer Gebilde gezielt kontrastierten, sie hießen *Lazarett* oder *Latrine*, reimten »Hölderlin« auf »Urin«. Ein weiteres Mal wurde der überlieferte Zauber der Wörter in Acht und Bann getan – und ein neuer begründet. Gerade in der Reduktion auf das unmittelbar Gegenständliche, der lakonischen Aneinanderreihung simpler Aussagesätze gewann das Gesagte neues Gewicht. *Inventur*, die Bestandsaufnahme eines Kriegsgefangenen, erschienen zuerst in der von Hans Werner Richter besorgten Anthologie *Deine Söhne, Europa* (1947), wurde als das wohl meistzitierte Gedicht der Nachkriegszeit berühmt.

Dies ist meine Mütze,
dies ist mein Mantel,
hier mein Rasierzeug
im Beutel aus Leinen.

Konservenbüchse:
Mein Teller, mein Becher,
ich hab in das Weißblech
den Namen geritzt.

Geritzt hier mit diesem
kostbaren Nagel,
den vor begehrlichen
Augen ich berge.

Im Brotbeutel sind
ein Paar wollene Socken
und einiges, was ich
niemand verrate,

so dient es als Kissen
nachts meinem Kopf.
Die Pappe hier liegt
zwischen mir und der Erde.

Die Bleistiftmine
lieb ich am meisten:
Tags schreibt sie mir Verse,
die nachts ich erdacht.

Dies ist mein Notizbuch,
dies meine Zeltbahn,
dies ist mein Handtuch,
dies ist mein Zwirn.   (→ S. 415, 749, 754)

Erzählprosa

Aus dem Abstand eines halben Jahrhunderts bildet die deutschsprachige Erzählprosa im Machtbereich des Dritten Reiches ein Kapitel von nurmehr historischem Interesse; dauernde Wirkungen gingen von ihr, wie kaum überraschen kann, nicht aus. Autoren, die Zeitanalyse und Gesellschaftskritik in den Mittelpunkt ihres Romanschaffens stellten – die Besten von ihnen mit künstlerisch modernen Mitteln –, hatten Deutschland fast ohne Ausnahme verlassen. Die Verfemung der »zersetzenden Literatur« durch die NS-Kulturpolitik bedeutete auch die Absage an Gegenwartsnähe, Rationalität und Klarheit. An die Stelle der »entarteten Kunst« trat, wie ein Witzwort feststellte, die »entkunstete Art«. Die im übertragenen Sinn anachronistische Gegenbewegung gegen die Entwicklungslinien der modernen Literatur führte in einen Provinzialismus, der in der Erzählprosa besonders deutlich wurde. Gleichwohl greifen alle pauschalen Urteile zu kurz, besonders auch im Hinblick auf die politische Einstellung der (oftmals eher indifferenten) Autoren und ihre Motive. Letztlich handelt es sich um ebenso viele Einzelfälle wie Köpfe, und der im Interesse besserer Übersicht unvermeidliche Versuch, sie zu gruppieren, bleibt ein Notbehelf. Auch für die in Deutschland verbliebenen Romanciers und Novellisten galt, dass sie nur zu einem kleinen Teil erklärte Nationalsozialisten waren. Viele der Älteren, die sich als national-konservativ oder völkisch-national verstanden, sympathisierten nur partiell mit dem neuen Staat. Sie zeigten sich beeindruckt von den Erfolgen, abgestoßen von den Exzessen, distanziert im weiteren Verlauf des Krieges, aber auf ihre Produktion wirkten sich diese Schwankungen, wenn überhaupt, nur sehr indirekt aus. Sehr viel deutlicher spiegelten die Erzählwerke christlicher

Schriftsteller den Konflikt mit dem Unrechtsregime, das in der Tradition protestantischer Staatsauffassung doch immer von Gott gesetzte Obrigkeit blieb. Wiederum anders lag es mit Angehörigen der jüngeren Generation, die Mitläufer und Werkzeuge des Zeitgeistes wurden, der vorgeblich gerade die Jugend zu seinen Pionieren zählte. Später sagten sie ihrem unkritischen Irrtum mehr oder weniger deutlich ab und wurden Schriftsteller wie andere auch.

Vor die »Schwierigkeiten beim Schreiben der Wahrheit« (B. Brecht) sahen sich gleichwohl alle gestellt. Einen verlockenden Freiraum, auch der Tarnung, eröffnete differenzierten Geistern das große Haus der Geschichte, wo sie freilich mit den völkischen Aposteln und den geeichten NS-Barden unversehens zusammentrafen, denn neben den der »Scholle« zugewandten Dichtungen über Agrarprobleme – der so genannten Blut- und Boden-Literatur oder »Blubo«, wie ihre Kritiker spotteten – und den ungezählten Darstellungen von Krieg und Soldatentum waren es bestimmte Epochen der deutschen Vergangenheit, die bevorzugte Themen bildeten.

So wies die Darstellung der Reich-Rom-Problematik, die man bereits mit Hermann dem Cherusker beginnen ließ und die im Kampf zwischen Kaiser- und Papsttum gipfelte, absichtsvoll auf die weltanschauliche Auseinandersetzung zwischen »nordischem« Nationalsozialismus und römischem Christentum voraus. Der Konflikt zwischen Barbarossa und Heinrich dem Löwen versinnbildlichte die Spannung zwischen Lebensraum erschließender Ostkolonisation (ein Thema von politischer Brisanz, handelte es sich doch um das schon in *Mein Kampf* propagierte Leitziel des Führers schlechthin) und irregeleiteter Liebe zum Verderben bringenden »welschen« Südland, die auch Felix Dahn wieder aktuell werden ließ (*Ein Kampf um Rom* zählte zu den Bestsellern der Hitlerzeit). Für die nationale Aufgabe der Kolonisation stand der Herzog, für die Italienzüge Barbarossa. Der preußisch-österreichische Dualismus, in dem Preußen seiner vorgeblichen historischen Aufgabe gemäß die Oberhand behielt, war überwölbt von der Sehnsucht nach einem einigen Großdeutschland, die 1938 Erfüllung gefunden hatte. Historisch betrachtet war dies alles fragwürdig im höchsten Maße und aus dem Blickwinkel der literarischen Moderne zumeist obsolet. Nur zeitgeschichtlich bleibt diese umfangreiche Produktion aufschlussreich, im Hinblick auf ihre Grundtendenzen, Darstellungsmittel und Anpassungen thematischer Art, mit denen sie auf politische Veränderungen reagierte.

Im Zentrum der affirmativen Geschichtsdichtung standen stets Führergestalten, die als solche kaum hinterfragt wurden (»Männer machen Geschichte«). Die Autoren der »Inneren Emigration« bevorzugten Gewissenskonflikte und die Problematik der Macht, was sie nicht immer davor schützte, wider ihren Willen vereinnahmt zu werden. In fatale Nachbarschaft gerieten auch Nachfahren der Heimatkunstbewegung der Jahrhundertwende, die mit dem, was sie schrieben, keiner Ideologie zu dienen meinten (ihr aber doch unwillkürlich vorarbeiteten), und Weltkriegsteilnehmer, die von ihren soldatischen Erfahrungen zehrten. Die Einsicht, dass auch das, was keine Politik sein wollte, politischen Stellenwert besaß, schien wenig verbreitet (und ließ auch in der späteren so genannten »Rechtfertigungsliteratur« auf sich warten). Der alteingewurzelte Glaube an ein abgehobenes Reich des Geistes und der Kunst trug sonderbare Früchte.

Doch fällt es schwer, sich die Rezeptionsbedingungen von Werken der »Inneren Emigration« zutreffend zu vergegenwärtigen. Bereits die Bedeutung des Begriffs ist umstritten. Meint er nur die Distanz zur Gewaltherrschaft (und eine damit möglicherweise verbundene Resignation) oder schließt er den Widerstand als unentbehrliche Komponente ein? Die Autoren schrieben für ein Publikum, das sich auf Andeutungen und Verschlüsseltes verstand, sowie mit Rücksicht auf eine Zensur, deren Reaktionen immer nur vermutet werden konnten und die aus dem Abstand noch schwerer nachzuvollziehen sind. Nachträglich mutet irritierend an, dass der *Völkische Beobachter* Werner Bergengruens Roman *Der Großtyrann und das Gericht* 1935 mit dem Satz begrüßte: »Das ist *der* Führerroman der Renaissancezeit.« War der »Kunstberichterstatter« unaufmerksam gewesen oder ein insgeheim ironischer Sachwalter seines Metiers, öffnete er (auftragsgemäß?) ein Ventil für das anspruchsvollere Publikum oder hatte Bergengruen dem Führerkult tatsächlich ungewollt Vorschub geleistet, indem er der Einsamkeit des Gewaltherrschers wissende, gleichsam majestätische Züge lieh? Ein Artikel in *Das Reich* beginnt mit den als Zitat nicht kenntlich gemachten Sätzen: »Tief ist der Brunnen der Vergangenheit. Sollte man ihn nicht unergründlich nennen?« So lautete, Literaturfreunde wussten es, der Anfang von Thomas Manns *Josephs*-Roman, dessen erster Teil, *Joseph und seine Brüder*, noch in Deutschland erschienen war. Sein Autor aber war inzwischen zur Unperson geworden, sein Name, wie der anderer Exilautoren, erschien, wenn überhaupt, nur noch in polemischem Zusammenhang.

»Desinvoltura« auf Marmorklippen

ERNST JÜNGERS Roman *Auf den Marmorklippen*
(1939) bietet ein herausragendes Beispiel für die unterschiedliche Aufnahme, die einzelne Werke der »Inneren Emigration« bei der Leserschaft und der späteren
Kritik gefunden haben.

Der Roman spielt in einer nicht sicher bestimmbaren Zeit
– es sind vielmehr alle Zeiten gegenwärtig, Jünger arbeitet
bewusst mit Anachronismen – und in einem aus Elementen von Wald-, Sumpf-, Weide- und Kulturlandschaft zu-
sammengesetzten südlichen Raum, der entfernt an die Gegend um den Bodensee erinnert. Die Wälder und Sümpfe
bilden das Reich des Oberförsters, der »den Pflug, das
Korn, die Rebe und die gezähmten Tiere« hasst und das
Kultur- in Waldland zurückverwandeln will. In der an-
grenzendem Campagna, uraltem Weideland, leben rohe,
aber tapfere und treue Hirten wie der alte Belovar, im Kul-
turland an der Marina in seinem Kloster der edle Pater
Lampros, ein Gelehrter und ein Hüter der Ordnung, die
dort »fast seit Carolus' Zeiten unversehrt gewaltet, denn ob
fremde Heere kamen oder gingen, immer blieb das Volk,
das dort die Reben zieht, bei Sitte und Gesetz.« Über dieser
Landschaft erheben sich die Marmorklippen, wo in der
Rautenklause, einem Landhaus, der Erzähler und sein den
altrömischen Namen Otho tragender Bruder ansässig geworden sind. Frühere Kampfgefährten des Oberförsters
und der »Mauretanier«, einer ordensähnlichen Vereinigung in einem verlorenen Krieg, suchen sie nun ein ihren
botanischen Studien gewidmetes gewaltfreies Leben zu
führen. Aber es kommt zu Kämpfen, an denen auch die
Bluthunde des Oberförsters, die Jagdhunde Belovars und
die Schlangen Erios beteiligt sind. Braquemart, ein Unter-
führer des Oberförsters, wird getötet, die Klause samt dem
Herbarium der Brüder zerstört. Diese kehren in ihre süd-
lich gelegene Heimat nach Alta Plana zurück.

Das Buch wurde vielfach als ein Schlüsselroman verstanden, durch den Jünger den Nationalsozialismus
und seine Führer treffen wollte (der verachtete »Oberförster« = Hermann Göring, ein Weltkriegskämpfer,
wie die Brüder Ernst und Friedrich Georg Jünger, im
Dritten Reich neben seinen anderen Würden auch
Reichsjägermeister). Der Autor selbst widersprach nach
1945 dieser Deutung des Werkes, das er zu Recht nicht
als bloße Allegorie verstanden wissen wollte, wohl
auch in Verachtung des damals weit verbreiteten Bemühens, sich als unbelastet oder gar als Gegner des
NS-Regimes darzustellen. Anspielungen auf politische
Zeitereignisse wie die Machtkämpfe zwischen SA und
SS (der anarchische Oberförster gegen den zielbewuss-
ten Nihilisten Braquemart) sind jedoch offensichtlich.
Der Roman wurde von den einen als Zeugnis für Jüngers politische Wandlung verstanden, von anderen als

Ernst Jünger, Gemälde von Rudolf Schlichter, um 1929

ein weiterer Beleg für Jüngers elitär-ästhetisches Weltbild und seinem dazu passenden manierierten Stil
(»Herrenreiterprosa«, wie F. J. Raddatz zusammenfassend bemerkte). Der utopische Nachkriegsroman
Heliopolis. Rückblick auf eine Stadt (1949), den Jünger
nach Aufhebung des über ihn verhängten Publikationsverbots vorlegte, trug indirekt zur Fortsetzung
dieser Auseinandersetzung bei, denn in dem dargestellten Kampf zwischen zwei ideologischen Systemen,
die von einem »Landvogt« und einem »Prokonsul« an-
geführt werden, siegt zwar die kultiviertere und
menschlich höherrangige Partei des Letzteren, sie ist
jedoch so wenig wie die des Landvogts frei von faschis-
toiden Zügen. Es war die Unabhängigkeit seines Denkens, die auch Jüngers Gegnern weiterhin Respekt ab-
nötigte, ein Denken, das zwar keine der von ihm früher
behaupteten Positionen schlankweg preisgab, aber
doch im steten Fluss seiner Studien und Reflexionen
eine kontinuierliche Entwicklung zeigte hin zu einem
theologisch bestimmten Humanismus. (→ S.728, 729)
Allerdings beruhte die starke Wirkung von *Auf den
Marmorklippen*, indirekt auch auf dem Mangel an an-
derweitiger intellektueller Herausforderung. Es ist be-

zeichnend für das geistige Klima und die künstlerische Unfreiheit im »Tausendjährigen Reich«, dass es den Zeitroman, wenn man von gefälliger Unterhaltungsware (HEINRICH SPOERL, 1887–1955, *Die Feuerzangenbowle*, R., 1933; *Der Maulkorb*, E., 1936) und drittrangiger Zustimmungsliteratur absieht, so gut wie nicht gekannt hat. Weder Anhänger noch Kritiker des Regimes sahen sich versucht (oder konnten es wagen), die Gegenwart zu beschreiben, wie sie war. Auch Autoren der Weltkriegsgeneration, die in der Darstellung der Nachkriegsnöte »realistisch« zu Werke gegangen waren, stellten, sofern sie sich zur vorgeblich neuen Zeit bekannten, den sieghaften Führerstaat, der sich als Erfüllung der deutschen Geschichte verstand, in seinen offenkundigen Unrechtstaten und Mängeln nicht in Frage. Der Gegensatz zwischen der parteiamtlichen Selbststilisierung und Propaganda und der des Pathos entkleideten Wirklichkeit wäre nur mit den Mitteln der Parodie oder der Satire zu bewältigen gewesen – mit der voraussichtlichen Folge des Publikationsverbots und weiterer unabsehbarer Konsequenzen. Der hochdekorierte Frontoffizier und Autor von *In Stahlgewittern* war ein Sonderfall, gegen den einzuschreiten die Machthaber lange zögerten.

Anders als mit Gegenwartsdichtungen lag es mit dem Geschichtsroman, der viele Möglichkeiten eröffnete, auswählend und gegebenenfalls verschleiernd vorzugehen. Nicht zum ersten und nicht zum letzten Mal wurde er in Zeiten politischer Bedrängnis von den Schriftstellern bevorzugt. Im 19. Jahrhundert hatten nicht wenige bedeutende Autoren historische Romane geschrieben – und noch viel mehr Epigonen. Es handelte sich um eine eingeführte, beim Publikum beliebte, aber umstrittene Schreibart, besonders in der Verbindung von Roman und Biografie, die um 1930 wieder lebhaft diskutiert wurde. »Keine Zeit, behaupte ich, war reicher an biografischen Romanen als die unsere.« (G. K. Brand)

Geschichtsromane, affirmativ

Kurz gesagt, es gab Autoren, die schon im Vorhof der Diktatur mit dieser Melkkuh geliebäugelt hatten. Die Geschichte hielt große Stoffe bereit, erregend für viele, die sich zwischen zwei Weltkriegen selbst als ohnmächtige und leidende Mitspieler überdimensionaler historischer Stücke empfanden – Tragödien, deren Sinn nicht deutlich war. Dagegen war offensichtlich, dass die Friedensverträge das propagierte Recht auf Selbstbestimmung der Völker nur partiell eingelöst hatten.

Die Romane von BRUNO BREHM und MIRKO JELUSICH (1886–1969) können in diesem Zusammenhang als beispielhaft gelten. Brehm empfing für seine Romantrilogie über das Ende der Habsburger Monarchie (*Apis und Este; Das war das Ende; Weder Kaiser noch König*) den Nationalpreis der Berliner Machthaber, eine Würdigung, die zweifellos weniger der künstlerischen Leistung als der Gesinnung galt, die Brehm auch in der Folgezeit auszeichnete. In *Zu früh und zu spät* (R., 1936) behandelte er den erfolglosen Kampf Österreichs gegen Napoleon 1809. »Hier an der Donau lebt das große, einige Deutschland«, legt er Heinrich von Kleist in den Mund, der auf den Schlachtfeldern bei Wien die Entscheidung miterleben will. Die Niederlage verdeutlicht, dass der nationale Auftrag Österreichs an Preußen übergegangen ist.

Mirko Jelusich, der nach dramatischen Anfängen und neben erotischen Erzählwerken (*Der Thyrsosstab. Ein Don-Juan-Roman aus unseren Tagen*, 1920; *Die sieben Todsünden*, 1931) bereits 1929 einen *Cäsar* vorgelegt hatte, dessen italienische Ausgabe ihm eine Privataudienz bei Mussolini eintrug, schrieb mit seinem *Cromwell* (1933) eine »kaum noch getarnte Hitlerbiografie« (K. Müller, *Das lange Leben der literarischen Antimoderne Österreichs seit den 30er-Jahren*, 1990). Es folgten *Hannibal* (1934), *Der Löwe* (1936), *Der Ritter* (1937), *Der Soldat* (1939) und vor allem *Der Traum vom Reich* (1941), ein Prinz-Eugen-Roman, in dem die Entsprechungen zur politischen Gegenwart mit Händen zu greifen sind. Gemeinsam ist allen diesen »Führer«-Romanen, dass ihre Helden nicht nur mit mächtigen beziehungsweise übermächtigen äußeren Feinden zu kämpfen haben, sondern auch mangelndes Verständnis, Durchhaltevermögen, Gefolgschaftstreue in den eigenen Reihen überwinden müssen. Dies im besonderen Maße bedingt ihre heroische Einsamkeit und gegebenenfalls ihr tragisches Scheitern. Dass die historische Situation und die Motive der Handelnden oft bis zur Unkenntlichkeit verfälscht wurden, hat die Forschung besonders an *Der Löwe* und an *Der Traum vom Reich* gezeigt.

Brehm war ein redlicher Freund, der bedrängten Kollegen, wie Leo Perutz, nach Kräften zu helfen suchte, aber an seiner gläubigen Ergebenheit für den charismatischen Retter der »Ostmark« keinen Zweifel ließ (*Tag der Erfüllung*, 1939) und – gleich anderen – umso mehr entgleiste, je länger der militärische Siegeszug Hitlers andauerte. (Für die Berichterstattung von der Ostfront nach dem deutschen Angriff auf die Sowjetunion bietet JOSEF MARTIN BAUER, 1901–1970, der spätere Autor des Erfolgsromans *So weit die Füße tragen*, 1955, unsägliche Beispiele.) Jelusich identifizierte sich von Anfang an mit dem neuen Deutschland, wie seine Haltung im Anschluss an den XI. Weltkongress des Internationalen P.E.N.-Clubs zwei Wochen nach der Bücherverbrennung 1933 im damals italienischen Ragusa (Dubrovnik) zeigt. Die Frage, ob der Kongress sich für die verfolgten Schriftsteller einsetzen solle, spaltete die österreichischen Mitglieder der Vereinigung und führte zum Exodus Jelusichs und anderer deutschnationaler Schriftsteller. Sowohl er als auch Brehm waren aber nach 1945 bald wieder mit neuen Publikationen zur Hand. Die älteren Erfolgstitel erschienen zum Teil in Neubearbeitungen (so Brehms Trilogie 1951 u. d. T. *Die Throne stürzen*) und mit bezeichnenden Kürzungen. In der Neuauflage von *Der Traum vom Reich*, Jelusichs erfolgreichstem Roman, fehlte 1979 das Kapitel über die Verwüstung eines in jüdischem Besitz befindlichen Palais, die in der Erstfassung in der Art eines Wiener Volksfests inszeniert war.

In ebenfalls ungleich gröberer Weise als Brehm entwarf ROBERT HOHLBAUM (1886–1955) in *Zweikampf um Deutschland* (R., 1936) ein negatives Bild des nachrevolutionären österreichischen Kaiserstaats zwischen 1848 und 1870. Zu seiner überaus umfangreichen Produktion zählen *Stein. Der Roman eines Führers* (1934), *Prinz Eugen* (R., 1943), *Der Held von Kolberg* (R. 1944) und *Die Front der Herzen* (R., 1944). Hohlbaum fungierte auch als Herausgeber (*Heldische Prosa*, 1934) und war ein literaturpolitisch einflussreicher Opportunist, der vor der Denunziation jüdischer Kollegen nicht zurückscheute (J. Sonnleitner, *Die Geschäfte des Herrn Robert Hohlbaum. Die Schriftstellerkarriere eines Österreichers in der Zwischenkriegszeit und im Dritten Reich*, 1989). Seine Schriften wurden 1945 zunächst zur Gänze verboten, aber bereits ab 1950 publizierte er wieder Romane und erhielt 1951 den Adalbert-Stifter-Preis. Die Bibliografie seiner Werke verzeichnet als letzten Titel *Des reifsten Weines später Segen* (G., 1967). Der aus Mähren stammende WALTER VON MOLO schrieb einen *Eugenio von Savoy. Heimlicher Kaiser des Reichs* (1936), einen Kleist-Roman (*Geschichte einer Seele*, 1938), einen vierteiligen Schiller-Roman (*Ums Menschentum; Im Titanenkampf; Die Freiheit; Den Sternen zu*, 1912–16), eine preußische Trilogie *Der Roman meines Volkes* (*Fridericus*, R., 1918; *Luise*, R. 1919; *Das Volk*, R. 1922) und einen Roman über Friedrich List (*Ein Deutscher ohne Deutschland*, 1931). Als Verfasser mythisierender Prosa sind HJALMAR KUTZLEB

(1885–1959) mit *Der erste Deutsche* (R., 1934) – das ist der unverwüstliche Hermann der Cherusker – und OTTO GMELIN (1886–1940), der im letzten Hohenstaufen einen todesbereiten Helden für die Jugend schuf (*Konradin reitet*, E., 1933), zu nennen, ferner FRANZ SPUNDA (1889–1963), der das Griechentum als eine Vorform des Deutschtums entdeckte und mit germanischen Heroen erfolgreich war (*Wulfila*, R., 1936; *Alarich*, R., 1937).

Wie kein anderer geschichtsmythischer Romancier sah sich ERWIN GUIDO KOLBENHEYER von den Nazis geehrt, so für seinen Roman aus der Zeit Meister Eckharts *Das gottgelobte Herz* (1938).

(Geschichts-)Dichtung aus christlichem Geist

Einen ungleich höheren Anspruch stellten christliche Autoren, wenn sie sich der Geschichte zuwandten. Oftmals handelte es sich dabei um versteckte Regimekritik, die aber im einen oder anderen Fall zugleich an Werte appellierten, denen sich auch die braunen Machthaber verpflichtet wähnten.

JOCHEN KLEPPERS Roman *Der Vater* (1937) beschreibt Leben und Gestalt des preußischen Königs Friedrich Wilhelm I., besonders auch im Verhältnis zu seinem Sohn, dem späteren Friedrich II. (dem Großen). Der König empfindet sein Amt als schweren Auftrag, er opfert seine individuellen Wünsche und Gefühle um Gottes Willen der staatlichen Ordnung. »Könige müssen mehr leiden können als andere Menschen«, eine Äußerung Friedrich Wilhelms, ist als Motto dem Roman vorangestellt. Obwohl der Autor 1937 aus der Reichsschrifttumskammer ausgeschlossen wurde, fand der Roman enormen Zuspruch, sodass Klepper 1938 zwei ergänzende Dokumentationen herausgeben konnte (*In Tormentis Pinxit. Briefe und Bilder des Soldatenkönigs* und *Der Soldatenkönig und die Stillen im Lande. Berichte, Briefe und Gespräche*). Der Erfolg des Buches lässt indirekt auf die Gewissenskonflikte auch vieler Leser schließen.

GERTRUD VON LE FORT, die im Dritten Reich mit mehreren ihrer Werke hohe Auflagen erzielte, nahm in dem Roman *Die Magdeburgische Hochzeit* (1938) die Zerstörung der Elbestadt im Dreißigjährigen Krieg zum Thema. Mit der Einheit des Glaubens ist auch die Einheit des Reiches zerbrochen und das Zeichen Christi wird im entscheidenden Augenblick von beiden Parteien um machtpolitischer Interessen willen verraten: »Wo bisher das Gebot stand, alles Irdische den Rechten der heiligen Religion aufzuopfern, da wird künftig das Gesetz stehen, dass man die Rechte

Jochen Klepper   Luise Rinser

der heiligen Religion allem Irdischen opfert. Diese Rechte werden es sein, die man überall und immer zuallererst preisgibt.« Die Erzählungen *Die Opferflamme* (1938), *Die Abberufung der Jungfrau von Barby* (1940) und *Das Gericht des Meeres* (1943) sind Beiträge zum Gefühlsleben der Frau. (In dem 1934 erschienenen Essay *Die ewige Frau* hatte die Autorin bereits auf katholischer Religiosität und Dogmatik fußende Aussagen über die Frau in ihren Existenzbereichen als Jungfrau, Braut und Mutter vorgetragen.) Nach 1945, als der zweite Teil ihres Hauptwerks *Das Schweißtuch der Veronika* erschien, setzte sich ihr Erfolg unverändert fort (*Die Consolata*, E., 1947). INA SEIDEL führte in dem Roman *Lennacker* (1938) durch zwölf Generationen einer sächsischen Pastorenfamilie von der Reformation bis zum 20. Jahrhundert, und zwar derart, dass Lennacker, heimgekehrt aus dem Ersten Weltkrieg, in zwölf Fieberträumen die Geschichte von zwölf Vorfahren, protestantischen Geistlichen, erlebt. Mit *Unser Freund Peregrin. Aufzeichnungen des Jürgen Brook* (1940) schrieb sie ihre beste Erzählung.

STEFAN ANDRES (1906–1970) hatte nach dem abgebrochenen Studium der katholischen Theologie 1928 begonnen Erzählungen und Romane zu veröffentlichen. Er schrieb zurückgezogen (Andres' Frau war Halbjüdin) seine Erzählung *El Greco malt den Großinquisitor* (1936), die Auseinandersetzung eines Künstlers mit Gewissenszwang und autoritärer Herrschaft, auslegbar sowohl im Hinblick auf die dargestellte Epoche der Inquisition als auch auf die ideologische Tyrannei der Gegenwart. Mit seiner Familie zog Andres 1937 nach Positano bei Salerno, von wo er erst 1950 zurückkehrte. Reich an Situationen, Gestalten und Landschaften ist der in Griechenland spielende Roman *Der Mann von Asteri* (1939), die Geschichte eines aus dem Moselland stammenden Weinbauern. *Der gefrorene Dionysos* (1943, später u. d. T. *Die Liebesschaukel*), eine psychologische Künstlernovelle hat ihren Schauplatz erkennbar in Positano (in der Novelle Citta Morte genannt). Andres' erfolgreichstes Werk war die Erzählung *Wir sind Utopia* (1942): Ein exkommunizierter Mönch, der aus seinem Kloster geflüchtet ist, auf Seiten der Falange im spanischen Bürgerkrieg gekämpft hat und in Gefangenschaft geriet, findet, in seine ehemalige Zelle eingesperrt, während einer dramatischen Beichtszene zu seinem Priesterberuf zurück. Er verzichtet darauf, sich und seine Mitgefangenen durch eine Bluttat zu retten und geht mit ihnen in den Tod. »Gott liebt die Welt, weil sie unvollkommen ist. Wir sind Gottes Utopia, aber eines im Werden.« Weitere Romane mit zeitgeschichtlichem Hintergrund erschienen in rascher Folge: *Die Hochzeit der Feinde* (1947) eine französisch-deutsche Liebesgeschichte aus der Besatzungszeit nach dem Ersten Weltkrieg, *Ritter der Gerechtigkeit* (1949), angesiedelt in Italien nach der Landung der Alliierten, eine nach Wahrheit und Recht fragende Auseinandersetzung mit politischen Verhaltensweisen. Schließlich die Trilogie *Die Sintflut* (*Das Tier aus der Tiefe*, 1949; *Die Arche*, 1951; *Der graue Regenbogen*, 1959).

EDZARD SCHAPER (1908–1984), aus Ostrowo/Posen, lebte von 1930–44 in Estland und Finnland, von deren Art und Landschaft manche seiner Bücher bestimmt sind. Seit 1927 erschienen von ihm Romane. *Der Henker* (1940) ist ein baltischer Adliger, der als russischer Offizier während der Revolution 1905 etliche Todesurteile fällt. Von der Bevölkerung an seine Verantwortung gemahnt, wendet er sich später den unschuldig Leidenden zu.

Seine religiöse Erfahrung, dass Schuld durch Aufopferung gesühnt werden kann, hat Schaper in seinen Romanen *Die sterbende Kirche* (1936) und *Der letzte Advent* (1949) am Beispiel einer Ostkirchengemeinde eindrucksvoll gestaltet. Brutale Verfolgung führt nahezu zur Vernichtung des orthodoxen Christentums, aber im Zusammenstoß mit den gottlosen Mächten ersteht die wahre Urkirche in den wenigen zum Tod bereiten Gläubigen neu. Es muss »der Geist Christi von Zeit zu Zeit seine Kirche abwerfen und in göttlicher Nacktheit sich nur in den Herzen Herberge suchen«.

LUISE RINSER (1911–2002) debütierte mit *Die gläsernen Ringe* (E., 1941). Bald danach erhielt sie Publikationsverbot und wurde vorübergehend inhaftiert (*Ge-*

fängnistagebuch, 1946). Die Geschichte eines entflohenen jüdischen Gefangenen, der Zuflucht bei zwei Frauen findet, beschrieb sie in *Jan Lobel aus Warschau* (E., 1948).

Werner Bergengruen (1892–1964)

Bergengruen, Sohn eines Arztes, stammte aus dem damals russischen Riga, besuchte aber das Gymnasium in Deutschland und studierte in Marburg, München und Berlin (ohne Abschluss) hauptsächlich Rechtswissenschaft und Literaturgeschichte. 1914 Freiwilliger im deutschen Heer, nach dem Krieg als Kornett in der Baltischen Landwehr, die gegen die Rote Armee kämpfte, setzte dieses Engagement als Redakteur zweier ostpolitischer Zeitschriften fort und wurde 1927 freier Schriftsteller. 1936 trat er zum Katholizismus über und zog mit seiner Familie nach Solln bei München (1942 nach Zerstörung seines Hauses für vier Jahre nach Tirol). 1937 wurde er aus der Reichsschrifttumskammer ausgeschlossen. Von 1946–58 lebte er in Zürich (zwischenzeitlich 1948/49 in Rom), danach in Baden-Baden.

Bergengruen hat von sich gesagt, er schildere die »Verwirrung und Reinigung« des Einzelnen und des gesamten Organismus und es komme ihm auf die »metaphysische Pointe« an. Eine von innen oder außen kommende schicksalhafte Gefahr stellt seine Menschen in Entscheidungssituationen. Die metaphysische Pointe meint, dass die damit verbundenen Versuchungen ein Weg zur Läuterung sind und dem Menschen den Sinn des neutestamentlichen Wortes vermitteln, das Bergengruen seinem Roman *Am Himmel wie auf Erden* voranstellte: »Fürchtet euch nicht!« Novellen, die am Anfang seines Schaffens stehen (*Das Buch Rodenstein,* Nn., 1927; *Die Feuerprobe,* N., 1933), hat er bis zuletzt in großer Zahl geschrieben, darunter seinerzeit sehr bekannte wie *Die drei Falken* (1937) und *Der spanische Rosenstock* (1940). Persönlich ein guter Erzähler und Vorleser, hat er in seinen sonderbaren, spukhaften und auch kuriosen Geschichten (*Der Tod von Reval,* En., 1939) Versagen und Bewährung des Menschen, seine Reaktion auf die »unerhörte Begebenheit« in den Mittelpunkt gestellt.

In *Die Feuerprobe,* einer Geschichte aus dem 16. Jahrhundert, erweist sich eine des Ehebruchs angeklagte Frau nach Empfang des Bußsakraments zunächst als unschuldig. Da kehrt ihr vermisst geglaubter Liebhaber zurück, und die Liebe zwischen beiden flammt wieder auf. Sie stirbt, als sie zum zweiten Mal das glühende Eisen berührt und mit dem Schrei: »Ich brenne!« zusammenbricht.

Als politisch unzuverlässig galt Bergengruen der Gestapo wegen seines anonym veröffentlichten Gedicht-

Werner Bergengruen, um 1951

zyklus *Der ewige Kaiser* und seiner Lebensführung insgesamt. Dokumente seiner klar ablehnenden Haltung dem NS-Regime gegenüber sind aber auch seine vor 1945 entstandenen Romane, neben *Der Starost* (1938, in erster Fassung u. d. T. *Der große Alkahest,* 1926), vor allem *Der Großtyrann und das Gericht* (1935) und *Am Himmel wie auf Erden* (1940).

In den Romanen weitet sich die Fabel zur Darstellung allgemeiner Verhältnisse. Schnell wird der Bezug zur Gegenwart deutlich. Der Erzähler selbst weist darauf hin, so in der Präambel zu *Der Großtyrann und das Gericht:* »Es ist in diesem Buch zu berichten von den Versuchungen der Mächtigen und der Leichtverführbarkeit der Unmächtigen und Bedrohten.«

Der Gewalthaber der Renaissancestadt Cassano verlangt die Aufdeckung eines Mordes. Die Hüter der öffentlichen Ordnung flüchten sich in Ausreden, Verleumdungen werden ins Werk gesetzt, nur ein Unschuldiger meldet sich als Mörder, um durch sein Opfer das Gemeinwesen zu retten. Da erklärt der Tyrann, selbst der Täter gewesen zu sein, und schickt sich an, die Lügner zu bestrafen. Ein alter Geistlicher wirft ihm vor, er habe eine viel größere Schuld auf sich geladen als sie, weil er wie Gott sein wollte. Der Tyrann beugt sich und verkündet, »in Verbindung mit seinen Bürgern einen neuen Staat zu gründen, wo die Tugenden des öffentlichen Lebens herrschen sollen«.

Auch in *Am Himmel wie auf Erden* geht es um die Frage, wie die Menschen in Katastrophenzeiten reagieren.

Eine Sintflut bedroht nach einer Prophezeiung im Jahr 1524 Berlin. Um die sich ausbreitende Angst zu steuern, wird ein Ausreiseverbot verhängt, gleichwohl verlässt auch der Kurfürst zusammen mit seiner Geliebten unter einem Vorwand die Stadt. Als zur fraglichen Zeit ein Gewitter mit heftigem Regen einsetzt, ereignen sich Exzesse und es bricht Panik aus. Die Geliebte des Kurfürsten und ihr Mann, der seine entführte Frau wiedergewinnen wollte, werden erschlagen. Endlich gelingt es dem Kurfürsten, der zu seiner Pflicht zurückgefunden hat, die Ordnung wieder herzustellen. »Was sich in der Tiefe an echtem Golde verbarg, ist in langem schmerzlichen Prozess herausgeläutert worden; was sich als Unrat abgesetzt hatte, wurde aufgewühlt und trübte das ganze Bild.«

Bergengruen schrieb auch das Kinderbuch *Zwieselchen* (1938) und eine Biografie über E.T.A. Hoffmann (1939). In der Nachkriegszeit fand Bergengruen starke Resonanz und seine alten und neuen Werke (*Die Sultanrose,* E., 1946; *Das Beichtsiegel,* N., 1946; *Das Feuerzeichen,* R., 1949) wurden in zahlreichen Auflagen verbreitet.   (→ S. 504, 769)

Das Gleiche gilt für Elisabeth Langgässer, die sich erzählerisch ganz anderer Kunstmittel bediente.

Elisabeth Langgässer, 1950

Elisabeth Langgässer (1899–1950)

Elisabeth Langgässer, eigentlich E. L. Hoffmann, geboren in Alzey, verbrachte ihre Jugend in Darmstadt, Mainz und Worms, war Lehrerin in Hessen, 1923/30 Dozentin für Pädagogik an der Sozialen Frauenschule in Berlin, erhielt 1932 einen ersten Literaturpreis. Als Halbjüdin wurde sie 1936 mit Berufsverbot belegt, 1944 trotz multipler Sklerose dienstverpflichtet. In ihrem Todesjahr erhielt sie den Büchner-Preis. Gestorben in Rheinzabern.

Elisabeth Langgässer hat bereits in den Dreißigern mehrere Bände Prosa veröffentlicht (*Proserpina. Welt eines Kindes,* R., 1932; *Triptychon des Teufels,* Nn., 1932; *Der Gang durch das Ried,* R., 1936). Schon damals gaben antike, germanische und christliche Elemente ihrer Erzählweise einen Zug ins Mythische, aber der Grundton blieb, vielleicht unter dem Einfluss der *Kolonne,* doch vergleichsweise realistisch. Der Roman *Das unauslöschliche Siegel* (1946), der trotz Schreibverbots bereits während der NS-Zeit entstanden war, ein durch Proust, Joyce und Kafka beeinflusstes, künstlerisch dennoch selbstständiges Werk, erweist sich dagegen als entschieden antinaturalistisch. Er machte Elisabeth Langgässer für einige Jahre zu einer der meistbeachteten Autorinnen der Nachkriegszeit.

Wegen einer Heirat ist Lazarus Belfontaine zum katholischen Glauben übergetreten. Am siebenten Jahrestag der Taufe bleibt der blinde Bettler aus, der das menschliche Symbol von Belfontaines Wandlung ist. Belfontaine fällt vom Glauben ab und ergibt sich dem Teufel. Nach außen fromm, lebt er in Sünde, bis die ihm bigamistisch verbundene Suzette ermordet wird und er sich wieder für Gott entscheidet. Er wird ein Bettler, seine Spur verliert sich.

Die Geschichte des wohlhabenden und angesehenen Kaufmanns, der glaubenslos, überwiegend um äußerer Vorteile willen, aber auch von der Unruhe seines Herzens getrieben, die Taufe empfangen hat, die sich nach Wandlungen, Erschütterungen, Abstürzen als das »unauslöschliche Siegel« seines Lebens erweist, ist mit einer Vehemenz und Bereitschaft, »in tellurische und in satanische Bereiche« (G. Kranz) einzudringen, erzählt, die auch katholische Kritiker erschreckte. Die Darstellung ist durchsetzt von Träumen, Gesprächen, Monologen und Erinnerungen, die Sprache reich an Metaphern; im Unheimlichen, Hintergründigen und Unergründlichen des Lebens wird Gott offenbar. Das Werk »ist das Gegenteil eines psychologischen Romans und ist darum auch nichts weniger als eine Bekehrungsgeschichte. […] Es ist die Geschichte einer Gnadenwahl.« (W. Grenzmann)

Auch die *Märkische Argonautenfahrt* (R., 1950), in der sieben Überlebende des Zweiten Weltkriegs auf dem Weg nach einem märkischen Kloster sind, kreist um Sünde und Gnade, Trieb und Geist. Erzähltechnisch liefert die Pilgerfahrt den Rahmen für eine Reihe von Novellen, die aus den Schicksalen der Beteiligten und aus Begebenheiten unterwegs hervorgehen. Die wesentliche Veränderung gegenüber dem *Unauslöschlichen Siegel* liegt darin, dass an die Stelle des Teufels das Nichts getreten ist. (→ S. 503, 507, 754)

Reinhold Schneider (1903–1958)

Schneider wurde in Baden-Baden als zweiter Sohn eines Hoteliers in einer konfessionell gemischten Ehe geboren und nach dem Glauben der Mutter katholisch erzogen. Er begann früh mit literarischen Versuchen, wagte es aber nach dem Abitur nicht, zu studieren, sondern begann ein landwirtschaftliches Praktikum, dann eine kaufmännische Ausbildung. 1922 Tod des Vaters, der sein Vermögen in der Inflation verloren hat, seelischer Zusammenbruch und Selbstmordversuch des Sohnes. Ausgedehnte Lektüre und Sprachstudien, entscheidender Einfluss Unamunos, der Schneiders Aufmerksamkeit auf Portugal lenkte. 1928 freier Schriftsteller. Ausgedehnte Reisen und Aufenthalte in Portugal, Spanien, Italien, England, Frankreich. 1932–37 wohnt Schneider in Potsdam (Verkehr im Kreise des deutschen Kronprinzen, befreundet mit Jochen Klepper, Leopold Ziegler, Otto Heuschele und dem Maler Leo von König), seit 1938 in Freiburg/Breisgau, im Winter 1957/58 in Wien. 1952 Ritter des Ordens Pour le mérite (Friedensklasse). Gestorben in Freiburg.

Schneiders Erzählkunst ist wie sein Gesamtwerk tragisch bestimmt und mündet in die Erfahrung des Religiösen. Spanische Schriftsteller (Miguel de Unamuno) und Mystiker (Johannes vom Kreuz, Theresia von Avila) spielten dabei eine zentrale Rolle. An den Ersteren schrieb er Ende 1926:

Seit ich im Herbst Ihr Buch »Del sentimento tragico de la vida« [1913, dt. Das tragische Lebensgefühl, 1925] gelesen habe, vergeht kein Tag, an dem Sie nicht auf mich wirken. […] Ich ahnte, dass ein Mann dahinterstände, der an die eigensten Geheimnisse meines Lebens zu rühren vermag […] Bei der inneren Ungewissheit, in der ich lebe, bei dem schweren äußeren Druck, der auf mir lastet, unfrei wie ich bin und doch vielleicht auf dem Wege zur Freiheit, ist es für mich ein Trost zu wissen, dass ein Mann, der die Welt wie Sie sieht, meine Zeit mit mir teilt.

Taganrog (E., 1936) ist die Geschichte einer verborgenen Schuld. Es geht um das historisch nicht beweisbare, aber doch mögliche Ende des Zaren Alexander I.,

Reinhold Schneider, Gemälde von Leo von König, 1940

der der Macht entsagt, um die Schuld zu büßen, die, seit er den Thron seines bei einer Palastrevolte ermordeten Vaters bestieg, auf ihm lastet. Buße und Verzicht bilden ein für Schneider charakteristisches Thema, das auch in seinen späteren Papstdramen Gestaltung fand. Seine bekannteste Erzählung, *Las Casas vor Karl V.* (1938), plante er ursprünglich als wissenschaftliche Biografie über den Dominikaner Bartolomé de Las Casas (1474–1566), der vergeblich versucht hatte, die Ausbeutung der von den Konquistadoren versklavten Indios zu mildern. Die Erzählung findet in der Disputation vor Kaiser Karl V., in der Las Casas gegen das im Namen der Religion verübte Unrecht aufbegehrt, ihren Höhepunkt. Las Casas' Verteidigung der gequälten Indios lässt den Entstehungsanlass des Textes, den Protest gegen die Verfolgung der Juden, erkennen. Die Erzählung *Der Tröster* (1943, e. 1934) entstand unter dem Eindruck der ersten verlässlichen Nachrichten aus dem KZ Dachau. In den Bänden *Das getilgte Antlitz* (1946) und *Der fünfte Kelch* (1953) sind die Prosadichtungen Schneiders gesammelt. (→ S. 484, 504, 574)

Liedblatt aus dem Moorlager Börgermoor

Untergrundliteratur

Von der Öffentlichkeit kaum wahrgenommen, weil polizeilich wirkungsvoll unterdrückt, gab es dennoch eine Widerstandsliteratur, die, in verlorener Lage zum Äußersten entschlossen, mit offenen Karten spielte. Es waren sozialistische und kommunistische Autoren, die zum Teil in der Illegalität lebten und ihre Texte unter größten Schwierigkeiten herstellten und verbreiteten. Am besten bekannt ist JAN PETERSEN (eigentlich Hans Schwalm, 1906–1969), Autor des 1936 in Bern erschienenen Romans *Unsere Straße*, »geschrieben im Herzen des faschistischen Deutschland 1933/34«, wie es im Untertitel heißt. Das Manuskript der Ich-Erzählung über den Terror und den Widerstand in einem Arbeiterviertel in Berlin-Charlottenburg schmuggelte Petersen, in zwei Kuchen eingebacken, über die Grenze und konnte zunächst 1935 einen Auszug in Paris publizieren. Er war der Mann mit der schwarzen Maske, der auf dem dortigen Internationalen Schriftstellerkongress von der Existenz einer illegalen Literatur in Deutschland

berichtete. Petersen war seit 1931 Mitglied des Bundes proletarisch-revolutionärer Schriftsteller (BPRS) und gab in dessen Auftrag bis zur Aushebung durch die Gestapo die Zeitschrift *Hieb und Stich* heraus. Ein frühes Zeugnis zur in Deutschland herrschenden Barbarei bildete auch der Roman *Die Moorsoldaten. 13 Monate Konzentrationslager* (1935) des Regisseurs und Schauspielers WOLFGANG LANGHOFF (1901–1966) über die im Konzentrationslager Börgermoor verbrachte Zeit. Langhoff konnte 1934 in die Schweiz entkommen, das *Lied der Moorsoldaten* aus seinem Roman, der eigentlich einen Tatsachenbericht darstellt, kursierte als heimliche Lagerhymne. Wenn sie nicht im Ausland publiziert wurden, erschienen solche Texte naturgemäß erst sehr viel später im Druck, wie die 1944 im KZ entstandene Novelle *Esther* (1959) von BRUNO APITZ (1900–1979).

Komplexe Beziehungen

Im Zeichen des Ost-West-Konflikts, der schon wenige Jahre nach Kriegsende offen zu Tage trat, fand der linke, »antifaschistische« Widerstand gegen Hitler Anerkennung fast nur in der DDR. Der Widerstand von rechts beziehungsweise die »Innere Emigration«, die man ihm bereitwillig zuordnete, ging in das westliche Bewusstsein ein – mit Auslassungen, was die Vor- und Nachgeschichte der Katastrophe betraf. Eine Untersuchung von Ernst Loewy (*Literatur unterm Hakenkreuz. Das Dritte Reich und seine Dichtung*, 1966) dokumentiert, was auch die Hochschulgermanistik zunächst nur zögernd erörtert hatte: »Der Ungeist wurde weder mit der ›Machtübernahme‹ der Nationalsozialisten geboren, noch verschwand er mit dem unseligen Ende des ›Tausendjährigen Reiches‹.«

Für Vernunft und Gewissen gab es zu jeder Zeit zwingende Gründe genug, dem Nationalsozialismus abzusagen; zu seiner diffusen Ideologie jedoch zeigte auch das Werk manches berühmten Autors Verbindungen. Das lief dann oft auf eine Art Burgfrieden hinaus, zumal das Regime keineswegs daran interessiert war, gegen diese Autoren offen vorzugehen, wie es schonungslos gegen Sozialisten und Pazifisten geschah. Viel eher wünschte es, sich ihrer zu bedienen.

Gerhart Hauptmanns Erzählungen stellten niemanden und nichts in Frage (*Das Meerwunder*, E., 1934; *Der Schuss im Park*, N., 1942). Die Prosa Hans Carossas war weiterhin stark autobiografisch geprägt. Die *Geheimnisse des reifen Lebens* (E., 1936) transportierten Kindheits- und Jugenderinnerungen. EMIL STRAUSS (1866 bis 1960), seit Jahrzehnten ein populärer, von Hermann

Hesse hoch geschätzter Erzähler (»eine schönere, gesündere Prosa schreibt heute niemand«), der das vorindustrielle ländliche Leben gegen den Asphalt der Großstadt und die »teuflische, stinkende Maschinenwelt« verteidigte, ließ den Helden seines Romans *Lebenstanz* (1940) Mordphantasien an linken, jüdischen Politikern hegen, zu deren Realisierung er sich lediglich zu alt fühlte (»nun, es gibt ja noch junge wie Graf Arco«), und von einem »fürstlichen Mann« und Retter träumen. Er wurde im Dritten Reich hoch geehrt und erhielt 1956 den Professorentitel. Der ebenfalls viel gelesene FRANK THIESS, der seinen Roman aus der Inflationszeit *Der Leibhaftige* (1924) 1933 mit einem Vorwort versah, das ihn den neuen Machthabern zu empfehlen geeignet war, wich, nachdem er mehr Distanz gewonnen hatte, in die Geschichte aus und schrieb mit *Das Reich der Dämonen* (1941) eine Darstellung des byzantinischen Reiches zur Zeit der Kaiserin Theodora und bis zum Tod Kaiser Justinians. Als Kritik an der Diktatur und damit der Gegenwart wurde der schnell vergriffene Roman verboten. Nun wandte sich Thieß, der damals vorzugsweise in Rom lebte, der Musik zu und schrieb einen zweiteiligen *Caruso. Roman einer Stimme* (*Neapolitanische Legende*, 1942, und *Caruso in Sorrent*, 1946). WILL VESPER veröffentlichte Gesamtausgaben seiner Novellen (*Geschichten von Liebe, Traum und Tod,* 1937) und seiner Erzählungen (*Kämpfer Gottes,* 1938). Merkwürdig erging es ERNST WIECHERT, der nach seiner Entlassung aus dem KZ unter Gestapoaufsicht gestellt wurde und Schreibverbot erhielt, dessen wohl bekanntester Roman *Das einfache Leben* (1939) gleichwohl erscheinen konnte. Wiechert hatte damals schon eine ganze Reihe von Romanen und Erzählungen veröffentlicht, auch Autobiografisches (*Wälder und Menschen. Eine Jugend,* 1936). Er schrieb über ein naturverbundenes Leben, über schicksalsergebene, in Pflichterfüllung selbstlos verharrende Frauen (*Die Majorin,* R. 1934), über Dichter und ihre Werke (*Von den treuen Begleitern,* Ess., 1936 und 1938), über Metaphysisches (*Eine Mauer um uns baue,* Ess., 1937) und wirkte auf seine Leser wie ein Palliativ. Die Machthaber waren raffiniert genug, ihn zuletzt in Ruhe zu lassen. Im letzten Kriegsjahr begann er mit der Niederschrift seines zeitkritischen Romans *Die Jerominkinder* (2 Bde., 1945–47), der den Ursachen der Katastrophe nachspürte, therapeutisch aber doch ein erneutes Hohelied auf die deutsche Innerlichkeit war. Wiechert blieb noch ein Dutzend Jahre ein viel gelesener Autor, dann verlief sich sein Publikum.

Die Prosa GEORG BRITTINGS behandelte Alltagsschicksale von allgemeiner Bedeutung. In den Bänden *Der bekränzte Weiher* (1937) und *Das gerettete Bild* (1938) beschrieb er schmerzliche Erfahrungen und Erlebnisse junger Menschen als Ausdruck einer das ganze Menschenleben durchziehenden Bedrohung: Auch hier wird, wie in den Gedichten, das Moment des Unheimlichen spürbar. Sein einziger Roman *Lebenslauf eines dicken Mannes, der Hamlet hieß* (1932) zeigt den dänischen Prinzen als feisten Pessimisten, der zwar seinen Vater rächt, sich dann aber mit seinem Sohn in eine Klosterzelle zurückzieht. Die Regierung überlässt er seiner Mutter und Polonius. In acht selbstständigen, lose aufeinander bezogenen Episoden wird in strengem Berichtsstil erzählt.

HORST LANGES erster Roman *Schwarze Weide* (1937) erweist sich dem Erlebnis der heimatlichen schlesischen Landschaft ebenso verpflichtet wie den literarischen Traditionen dieser Provinz. Kriegserfahrungen sind in den Roman *Ulanenpatrouille* (1940) und die Erzählung *Leuchtkugeln* (1944) eingegangen – letztere von Carl Zuckmayer als die beste deutsche Prosadichtung aus dem Zweiten Weltkrieg bezeichnet. Lange war auch ein begabter Hörspielautor (*Spuk in den zwölf Nächten,* U. 1933; *Der Nächtliche,* U. 1935; *Schattenlinie,* U. 1936, nach Joseph Conrad; *Goldgräber in Schlesien,* U. 1936 – um nur einige Titel zu nennen).

Ein dankbares Sujet bildete weiterhin die Kavallerie, vor allem für einstige Kavallerieoffiziere. ALEXANDER LERNET-HOLENIA schrieb die Romane *Mars im Widder* (1941) und *Beide Sizilien* (1942) – nach dem Namen eines Dragonerregiments –, sein gelungenstes Werk. Der schon ältere RUDOLF G[EORG] BINDING (1867 bis 1938), im Ersten Weltkrieg Rittmeister, verkörperte in exemplarischer Weise das bürgerliche Bild des ritterlichen Gentlemans. Er fand mit seinen in formstrenger Prosa geschriebenen Legenden und Erzählungen von der himmlischen (*St. Georgs Stellvertreter,* 1909) und der irdischen Reiterei (*Wir fordern Reims zur Übergabe auf,* 1914) ungezählte Leser. Zum neuen Staat hatte er sich in einem offenen Brief an Romain Rolland (*Antwort eines Deutschen,* 1933) bekannt, weil dieser »in der Tat nach seiner Idee dem am nächsten kommt, was ich vom Staate […] fordern würde«. Der Sohn eines berühmten Strafrechtslehrers hielt zu seiner jüdischen Lebensgefährtin, seinen jüdischen Verlegern und Freunden, trat der NSDAP nicht bei und beantragte eine Ehrung Thomas Manns zu dessen 70. Geburtstag. Die Ernennung zum stellvertretenden Akademiepräsidenten jedoch akzeptierte er und wurde so eine jener auch im Ausland angesehenen Persönlichkeiten, die das Regime salonfähig machten. Seine Novelle *Der Opfergang* (1912) lieferte – nach Bindings Tod – das Sujet für einen der bekanntesten Harlan-Filme. HEIMITO VON DODERER veröffentlichte *Ein Mord, den jeder begeht* (R., 1938) und *Ein Umweg* (R., 1940). JOACHIM MAASS (1901–1972), Sohn eines Hamburger Kaufmanns, Journalist und freier Schriftsteller, der bis 1936 u. a. für die *Vossische Zeitung* schrieb, ein »Schüler« Thomas Manns, wie er gelegentlich bezeichnet wurde, verfasste in distanziertem Stil vornehmlich Romane, darunter den Kindheits- und Jugendroman *Die unwiederbringliche Zeit* (1935), eine psychologisch grundierte Familiengeschichte mit Anklängen an Dostojewskis *Ein Testament*. Auch theoretisch schrieb er über die Ästhetik des Dichterischen (*Die Geheimwissenschaft der Literatur*, Es., 1949).

Der Südtiroler FRANZ TUMLER (1912–1998), der den weitaus bedeutenderen Teil seiner Werke nach dem Zweiten Weltkrieg geschrieben hat, zeigte sich in der Frühphase seines Schaffens von völkischen und nationalen Ideen beeinflusst (*Im Jahre 38*, 1939; *Österreich ist ein Land des deutschen Reiches*, 1940). Aber bereits die Erzählung *Das Tal von Lausa und Duron* (1935), die von der Zerstörung eines ladinischen Dorfes im Ersten Weltkrieg berichtet, ließ sein großes Talent erkennen. Die Erzählung *Der erste Tag* (1940) beschreibt mit autobiografischen Bezügen den Berufsanfang eines Lehrers.

(→ S. 574, 623)

Die gleichaltrige GERTRUD FUSSENEGGER debütierte mit *Geschlecht im Advent. Roman aus deutscher Frühzeit* (1937), der im 10. Jahrhundert spielt, und einer im selben Jahr erschienenen, auf Versöhnung zwischen den Völkern gestimmten *Mohrenlegende*. In den Kriegsjahren griff sie vorwiegend Gegenwartsstoffe auf (*Der Brautraub*, 1939; *Eines Menschen Sohn*, 1941; *Eggebrecht*, 1943), kehrte dann aber wieder, was ihren künstlerischen Mitteln besser entsprach, zu Historischem zurück. Mit dem ersten Band einer Romantrilogie *Die Brüder von Lasawa* (1948) begann sie ihre Darstellung der Geschicke Böhmens durch die Jahrhunderte und damit auch die des Nebeneinanders von Tschechen und Deutschen, das in der Ausweisung der Letzteren soeben sein Ende gefunden hatte.

(→ S. 573, 578, 609, 623)

Hermann Hesses »Das Glasperlenspiel«

HERMANN HESSE widmete seinen Roman *Das Glasperlenspiel. Versuch einer Lebensbeschreibung des Magister Ludi Josef Knecht samt Knechts hinterlassenen Schriften* (2 Bde., 1943) »den Morgenlandfahrern«. Dieses Alterswerk, das in Opposition zu dem nationalsozialistischen Deutschland geschrieben wurde, stellt die Vorgänge dar, als seien sie rückschauend vom Jahr 2200 her erzählt. Wie bei Thomas Manns ungefähr gleichzeitig entstandenem *Doktor Faustus* handelt es sich um eine groß angelegte Auseinandersetzung mit der Epoche.

Nach Überwindung der Weltkriege leben in mönchischer Gemeinschaft in Kastalien, einer Art Pädagogischer Provinz, Menschen, die den Grundformen des zeitlosen Daseins im Orden dem »Glasperlenspiel« nachsinnen. »Was die Menschheit an Erkenntnissen, hohen Gedanken und Kunstwerken in ihren schöpferischen Zeitaltern hervorgebracht, was die nachfolgenden Perioden gelehrter Betrachtung auf Begriffe gebracht und zum intellektuellen Besitz gemacht haben, dieses ganze ungeheure Material von geistigen Werten wird vom Glasperlenspieler so gespielt wie eine Orgel vom Organisten, und diese Orgel ist von einer kaum auszudenkenden Vollkommenheit.«

Der Roman schildert, wie Josef Knecht, ein früh verwaister Knabe, nach sorgfältiger Erziehung und Vorbereitung zum Amt des Glasperlenspielmeisters aufsteigt. Das Spiel verleiht ihm zwar die Heiterkeit des Wissenden, aber die Musik der Sphären lässt ihn nicht hinüberschauen in die geschichtliche Welt des handelnden Menschen. Er leidet darunter, nicht mit ihnen zu empfinden. Zwei Freunde bringen diesen »Wärmehauch des Lebens« in seine Arbeit, der weltliche Plinio Designori und der Benediktinerpater Jakobus, der die kastalische Ordensgemeinschaft reserviert betrachtet.

Josef: Sie meinen, Pater es fehle uns das Fundament der Theologie? Pater: Ach, von Theologie wollen wir gar nicht reden, davon seid ihr noch allzuweit entfernt. Es wäre euch schon mit einigen einfacheren Fundamenten gedient, mit einer Anthropologie zum Beispiel, einer wirklichen Lehre und einem wirklichen Wissen vom Menschen. Ihr kennt ihn nicht, den Menschen, nicht seine Bestialität und nicht seine Gottesbildschaft. Ihr kennt bloß den Kastalier, eine Spezialität, eine Kaste, einen aparten Züchtungsversuch. […] Ihr seid große Gelehrte und Ästhetiker, ihr Kastalier, ihr messet das Gewicht der Vokale in einem alten Gedicht und setzt seine Formel zu der einer Planetenbahn in Beziehung. Das ist entzückend, aber es ist ein Spiel. Ein Spiel ist ja auch euer höchstes Geheimnis und Symbol, das Glasperlenspiel. Ich will auch anerkennen, daß ihr den Versuch machet, dies hübsche Spiel zu so etwas wie einem Sakrament zu erheben, oder mindestens zu einem Mittel der Erbauung. Aber Sakramente entstehen nicht aus solchen Bemühungen, das Spiel bleibt Spiel.

Josef Knecht, der selbst fühlt, dass Geist und Leben sich zu einem Ganzen vereinen müssen, legt seine hohen Würden ab und kehrt in die »verbotene und minderwertige« Welt zurück, um sich der Erziehung eines jungen Menschen zu widmen. Sein Tod ist fast eine Legende: Er ertrinkt mit dem Blick zur aufgehenden Sonne in einem eisigen Bergsee.

Der Ton liegt in diesem Alterswerk auf der wert- und wegweisenden Abstraktion. Die Richtung dieses Weges hat Hesse in einer Äußerung über Goethes *Wilhelm Meister* erklärt:

In Wilhelm Meister ist, wenn irgendwo, die Religion für alle zu finden, die keines überkommenen Bekenntnisses mehr fähig sind und denen doch die bange Einsamkeit des glaubenslosen Gemütes unerträglich ist. Kein Gott wird hier gelehrt, kein Gott gestürzt, kein irgend reines Verhältnis der Seele zur Welt wird abgelehnt. Verlangt wird nicht Griechentum noch Christentum, einzig der Glaube an den Wert und die schöne Bestimmung des Menschen, zu lieben und tätig zu sein.

Knechts Tod lässt die Frage offen, ob der im Roman eingeschlagene Weg einer »Neubegründung des Geistes gegenüber dem Leben« (L. Völker) erfolgreich sein würde. Fast scheint es, als zögere der Autor, sie zu beantworten. Hesse hat auf die unerhörte Herausforderung der Zeit künstlerisch in einer eher konventionellen Weise geantwortet. Die außerordentliche Popularität, die sein Werk bereits zu seinen Lebzeiten, nach vorübergehender Abschwächung noch mehr nach seinem Tode gewann und die bis in die Gegenwart weltweit andauert, sodass Hesse noch immer der am meisten verbreitete deutsche Schriftsteller des 20. Jahrhunderts überhaupt sein dürfte, findet ihre Erklärung nicht im Ästhetisch-Artifiziellen. Seine geistige Offenheit, das unverkennbare Bemühen, sich als ein Suchender den Fragen des Lebens zu stellen, sein menschliches Ethos, das er gegen alle Anfechtungen behauptete, nicht zuletzt Hilfsbereitschaft und Verständnis, die er gerade für die Probleme junger Menschen aufbrachte, gewannen ihm viele Sympathien. Immer wieder bot Hesse Möglichkeiten der Identifizierung, nicht nur in zuweilen missverständlicher Weise als *Steppenwolf*-Autor, sondern als sensibler Interpret menschlicher Grunderfahrungen. (→ S. 533)

Nach 1945 – Werke des Übergangs

Als eine Literatur der Sprachfindung hat Heinrich Böll die deutsche Nachkriegsliteratur 1966 in seinen *Frankfurter Vorlesungen* beschrieben. Für den Roman traf das in besonderer Weise zu. Die großen epischen Darstellungen der ersten Jahrhunderthälfte waren »Endbücher«, wie sie der aus Prag stammende, in die USA emigrierte Geschichtsphilosoph und Literarhistoriker

Erich von Kahler (1885–1970) 1948 im Hinblick auf die »Endschrift der Endschriften«, den *Doktor Faustus* von Thomas Mann, genannt hat. Es waren gewissermaßen Anti-Romane, in denen die Form sich selbst aufhob. Wie Thomas Mann schrieb, kam auf »dem Gebiet des Romans nur das noch in Betracht [...] was kein Roman mehr« war. Im Deutschland von 1945 konnte man sich auch hierüber erst nach und nach schlüssig werden. Die Fäden der literarischen Tradition waren abgerissen und ließen sich nur allmählich wieder knüpfen. Die Epik des Dritten Reiches konnte den Jungen kein Vorbild sein, die Werke des Exils waren nur ausnahmsweise erreichbar. Zudem gewährten die bedrückenden Lebensumstände keinen Spielraum zur Abfassung größerer Prosawerke: Weder die materiellen Existenzbedingungen der Schreibenden waren dafür eingerichtet, noch eignete sich die Monotonie des täglichen Lebens als Rohstoff für die Romanwelt, die nach Formenvielfalt und Differenzierung verlangte.

Autoren, die dennoch Romane verfassten, suchten ihren Stoff symbolisch und poetisch zu überhöhen. Der Ausdruck der unmittelbaren Erfahrung findet sich nicht zufällig in den kleinen Prosaformen: Die Kurzgeschichte wird nun während einiger Jahre die von nicht wenigen Schriftstellern bevorzugte Form.

Aber nicht die junge und jüngste Generation, sondern etablierte Autoren dominierten. Die von vielen gewünschte grundlegende Erneuerung konnte begreiflicherweise nicht von ihnen kommen.

HERMANN KASACK (1896–1966) schrieb mit *Die Stadt hinter dem Strom* (R., 1947) ein bezeichnendes Werk jener Übergangszeit, die mit dem Zusammenbruch 1945 begonnen hatte: Beladen mit den Trümmern der Vergangenheit und noch ohne eigene Konturen.

Der Orientalist und Archäologe Robert Lindhoff wird von der Behörde der Stadt hinter dem Strom als Archivar in ihren Dienst berufen. In dieser Stadt, die dem Totenreich entspricht, setzen die Verstorbenen das irdische Treiben so lange in einem scheinhaften Dasein fort, bis sie sich vom Lebenswillen gelöst haben und in das Reich des unpersönlichen Nichts eingehen. Lindhoff erkennt in der Totenstadt die Merkmale der Zeit: Not, Bürokratie, Auslieferung an die Diktatur. Nach der Rückkehr in das Land der Lebenden legt er dort seinen Bericht vor. Danach überquert er wieder und jetzt für immer den Strom.

In der Darstellung der surrealistischen Welt ist der Einfluss Kafkas spürbar, in der psychologischen Behandlung jener von James Joyce. Die Vision geht in Zeitkritik über, der Diagnose folgt die Prognose, die den westlichen Menschen in seine Schranken verweist, denn im

Archiv der Stadt, in dem Lindhoff arbeitet, überwiegen die Zeugnisse aus dem chinesisch-tibetanischen Kulturkreis: Ihnen ist, weil sie wertbeständiger sind, der Vorzug gegeben.

Kasack, der bereits 1916 expressionistische Lyrik veröffentlicht hatte, dessen ursprünglich ekstatischer Stil danach eine Wandlung zu klarer Diktion durchlief, wurde mit diesem Roman vorübergehend zu einem viel diskutierten Autor. Er setzte den eingeschlagenen Weg fort in der utopischen Erzählung *Der Webstuhl* (1949), einer Allegorie des Beamtenstaates, sowie in dem Roman *Das große Netz* (1952), einer Satire auf die moderne Zivilisation. 1953 folgte die Erzählung *Fälschungen*, in der das Problem von Schein und Sein am Beispiel einer Kunstfälschung untersucht wird.

ERNST KREUDER (1903–1972) machte bereits in der ersten Nachkriegszeit auf sich aufmerksam durch seinen »romantischen Roman« *Die Gesellschaft vom Dachboden* (1946), in dem eine Gruppe junger phantasievoller Menschen den Zwang des Alltags durchbricht und von dem Zufluchtsort »Dachboden« aus eine geheimnisvolle Reise unternimmt; 1947 folgten die zugleich sanften und skurrilen Prosastücke *Die Geschichte durchs Fenster* und *Schwebender Weg*, 1948 der Roman *Die Unauffindbaren*, der von Mitgliedern eines Geheimbunds handelt, die sich dem Abenteuer einer Traumexistenz überlassen, die ihnen Sinn und Poesie des Menschenlebens erschließt. Kreuder verbannt die »heillose und verwüstete Realität« aus seinem Werk, und nicht von ungefähr stellt er als Motto über die *Unauffindbaren* das Wort Jean Pauls: »Die Dichtung ist kein platter Spiegel der Gegenwart, sondern Zauberspiegel der Zeit, die nicht ist.« 1956 folgte noch der Roman *Agimos oder die Weltgehilfen:* Diesmal stellte der Autor, der drei Jahre zuvor mit dem Büchner-Preis ausgezeichnet worden war, in einer geheimen Akademie eine Gegenwelt zur bürgerlichen Gesellschaft dar und verpflichtete sie auf die Werte, denen auch die Gesellschaft vom Dachboden gedient hatte.

Bereits 1942 hatte WOLF VON NIEBELSCHÜTZ (1913 bis 1960) den Roman *Der blaue Kammerherr* (1949) begonnen, zu dem eine Libretto-Idee Hofmannsthals für Richard Strauss' *Danae oder die Vernunftheirat* die Anregung gegeben hatte: ein fast 1000 Seiten starker »galanter Roman in vier Bänden«, gewidmet »den Humorlosen beider Hemisphären«. Seit dem Krieg war es das erste Werk eines deutschen Autors, das unbefangen der Phantasie und der Schönheit huldigte und die Trümmerwelt mittels Rokoko-Kulissen vergessen machen wollte. Seine Heldin, die Prinzessin Danae

von Myrrha, ist die Thronerbin eines erdachten Fürstentums in der Ägäis; ihre Heirat soll einen Bankrott verhindern. Niebelschütz mischt Geschichte und Poesie, Magie und Vernunft und entwirft die Utopie einer absoluten Monarchie, die Gerechtigkeit und Frieden vermittelt. (1959 folgte der Mittelalter-Roman *Die Kinder der Finsternis*.)

Stephan Hermlin (1915–1997)

Hermlin, eigentlich Rudolf Leder, geboren in Chemnitz, aus deutsch-jüdischer Familie, trat 1931 als Gymnasiast dem Kommunistischen Jugendverband Deutschlands bei und leistete 1933–36 illegale politische Arbeit in Berlin. Die Emigration 1936 führte Hermlin zunächst nach Ägypten, Palästina und England, er kam 1937 nach Frankreich, diente 1940 in der französischen Armee und ging 1941 in die Schweiz, wo er interniert wurde. Im Exil erschienen die ersten Gedichte. Nach dem Krieg arbeitete er mit Hans Mayer beim Frankfurter Rundfunk, übersiedelte 1947 nach Berlin (Ost), wo er verschiedene offizielle Funktionen ausübte, von denen er 1963 zurücktrat. 1950, 1954 und 1975 erhielt er den Nationalpreis der DDR, 1981 organisierte er den Friedenskongress deutscher Schriftsteller im geteilten Berlin. Gestorben in Berlin.

Hermlins Erzählung *Der Leutnant Yorck von Wartenburg* entstand Anfang 1945 in der Schweiz, erschien im selben Jahr in einem westdeutschen Verlag und wurde in der Sowjetischen Besatzungszone beziehungsweise in der DDR wiederholt nachgedruckt. Die frei erfundene Handlung verknüpft Personen und Vorgänge aus dem Umkreis des 20. Juli mit solchen des Nationalkomitees Freies Deutschland, dem Hermlin in der Exilzeit angehörte. Die Erzählung war der erste Versuch einer literarischen Gestaltung des gescheiterten Attentats, über dessen weitere Ziele der Öffentlichkeit erst wenige Informationen vorlagen. »Der Verfasser […] erzählt nicht von deutscher Geschichte, sondern von einer deutschen Möglichkeit«, erklärte Hermlin in einem 1953 verfassten Nachwort.

Durch eine ihm zugespielte Nachricht zu vergeblicher Hoffnung ermutigt, erlebt der jüngste der Verschwörer den Exekutionsakt vorübergehend wie einen Fiebertraum: Er wähnt sich befreit und auf die Seite derer geführt, die gegen die verbrecherische Herrschaft kämpfen. Die vermeintlichen Gegner werden zu Bundesgenossen, in der Heimat beginnt der erlösende Aufstand. Dann fühlt er das Ende des Traums wie »einen schrecklichen, nicht enden wollenden Sturz«, gleichwohl empfindet er an der Schwelle des Todes »keinen Schmerz und keine Furcht mehr«.

Ein Yorck von Wartenburg war in das Attentat verwickelt, mit der Titelfigur der Erzählung hat er jedoch

nur wenig gemeinsam. Hermlin zielte mit der Namens-
wahl auf einen anderen Yorck, den General, der 1812
eigenmächtig die Konvention von Tauroggen unterzeichnet hatte, die dem Frontwechsel Preußens gegen
Napoleon vorausging. Symbolisch gemeint war Hermlins Erzählung auch insofern, als die Todesvision des
jungen Offiziers nach Russland und in schnellem Bewusstseinswandel den Aristokraten an die Seite des
werktätigen Volkes führt.

Anregend hatte eine im Sezessionskrieg spielende Erzählung von Ambrose Bierce (*An Occurence at Owl
Creek Bridge*, 1891) gewirkt. Auf diese seine amerikanische Vorlage hatte Hermlin zunächst selbst hingewiesen, die Notiz 1953 aber unterdrückt. Aus historischem, allerdings in sich nicht stimmigem Material
formte er eine fiktive Erzählung, verlegt in die Psyche
seiner Figur, was real nicht gestaltbar war, weil es der
Wirklichkeit nicht entsprach. Im Nachwort von 1953
hat er sich von dem »Generalsputsch« distanziert, der
»so elend endete, wie er unzulänglich geplant war« und
»zur Grundlage westdeutscher Politik geworden« sei.
Das stimmte nun wiederum keineswegs und war allenfalls geeignet, die Erzählung für den Hausgebrauch der
DDR kompatibel zu machen. Hermlin bewegte sich
mit seinem Yorck – bei dem er ursprünglich wohl an
Stauffenberg dachte – damals wie vorher letztlich zwischen allen Stühlen. Die Erzählung erscheint als ein
singuläres, gleichwohl charakteristisches Produkt ihrer
Entstehungszeit, bezeichnend nicht zuletzt durch die
Hölderlin-Zitate, die die Figuren im Munde führen.
Problematisch – und aus der Feder eines jüngeren Autors eher zeit*fern*, mutet die spröde, gelegentlich pre-
ziöse Sprache der Erzählung an – eine Eigentümlichkeit, die Hermlin nie ganz abzustreifen vermochte.

Der Leutnant Yorck von Wartenburg war nur einer von
mehreren kämpferischen Texten, die Hermlin damals
schrieb und in denen er im europäischen Rahmen die
Auseinandersetzung mit dem Faschismus führte (*Reise eines Malers in Paris*, 1947; *Die Zeit der Einsamkeit*,
1951). Der bedeutendste unter ihnen ist die 1949 in
Warschau und Berlin entstandene Erzählung *Die Zeit
der Gemeinsamkeit* – ein »Meisterwerk, das in der Bewältigungsliteratur seinesgleichen sucht« (V. Wehde-
king / G. Blamberger). Es geht um die politischen und
moralischen Grundlagen des Aufstands im Warschauer
Ghetto. Die Erinnerungsarbeit, die partiell mit ergrei-
fendem Ernst geleistet wird, erscheint beeinträchtigt
durch politische Kompromisse (etwa der Würdigung
der Kommunistischen Partei als maßgebliche Initia-
torin der Revolte). Die Trauer um die Opfer bleibt

Stalingrad im Format der Rowohlt-Rotations-Romane, 1947

nicht abstrakt: Im Mittelpunkt der Handlung steht ein
junges Liebespaar, dessen gemeinsame Zeit mit dem
Tod des Mädchens endet. Das Schicksal ihres Freundes, der einen tagebuchähnlichen Brief hinterlassen
hat, bleibt ungewiss. Es ist der Autor / Ich-Erzähler, der
gelegentlich eines Besuchs mit Bewunderung den
Wiederaufbau der Stadt beobachtet und im zerstörten
Ghetto den Erzählrahmen schließt. (→ S. 655, 687)

Neubeginn in der Wirklichkeit

Die unterschiedlichen Erfahrungen der Heimkehrer
aus Ost und West fanden durch die ungleichen Ziele
und Praktiken der Siegermächte mehr oder weniger
günstige Entfaltungsmöglichkeiten. In der Sowjetischen Besatzungszone bildete eine der ersten Neuerscheinungen THEODOR PLIEVIERS Roman *Stalingrad*
(1945, 1962 dramatisiert), ein mit Mitteln der Reportage gestalteter Bericht über die Entscheidungsschlacht
des Ostfeldzugs. Es ist ein Antikriegsroman, aber ohne
pazifistische Züge, denn Recht und Notwendigkeit der
Verteidigung sind klar erkennbar. Am Schluss des Ro-

mans gehen die Hauptfiguren, ein hoher deutscher Panzeroffizier und ein Soldat aus einem Strafbataillon, in der übereinstimmenden Überzeugung in die Gefangenschaft, für eine Zukunft zu arbeiten, in der ein Verbrechen wie dieser Krieg nicht mehr möglich ist.

Plieviers *Stalingrad* erschien im sowjetischen Machtbereich vor dem Hintergrund der »verordneten Revolution«, die den 8. Mai 1945 als Tag der Befreiung vom Faschismus feierte. In den westlichen Besatzungszonen verband sich mit diesem Datum, ungeachtet aller Re-Education, viel stärker das Gefühl der Niederlage, daher waren die Voraussetzungen für das Erscheinen eines vergleichbaren Werkes nicht gegeben. (Die Fortsetzungen der geplanten Romantrilogie, *Moskau,* 1952, und *Berlin,* 1954, zeigten unter dem Einfluss von Plieviers Übersiedlung nach Westdeutschland 1947 den Einsatz anderer Stilmittel und eine weniger eindeutige Tendenz.) Was die Überlebenden zu sagen wissen, ist pessimistischer und ohne Zukunftsversprechen.

WALTER KOLBENHOFF (1908–1993; eigentlich Walter Hoffmann) konnte seinen in amerikanischer Kriegsgefangenschaft entstandenen Roman *Von unserem Fleisch und Blut* 1947 erscheinen lassen. Er schildert in expressiver Sprache den Amoklauf eines 17-jährigen durch Propaganda verhetzten Hitlerjungen. Als künstlerisch überzeugender erwies sich der folgende Roman *Heimkehr in die Fremde* (1949), der Not und Kälte der Nachkriegsjahre aus der Optik eines Ich-Erzählers mit erkennbar autobiografischen Zügen beschreibt.

WOLFGANG BORCHERT wurde im Jahr der Uraufführung von *Draußen vor der Tür* auch als Erzähler bekannt. Die Sammlungen seiner Kurzgeschichten *Die Hundeblume. Erzählungen aus unseren Tagen* und *An diesem Dienstag. Neunzehn Geschichten* galten ebenfalls vor allem den Opfern der Kriegs- und Nachkriegszeit und breiteten die Schrecken der jüngsten Gegenwart ohne Kommentar vor dem Leser aus. Postum wurden sie, besorgt von Peter Rühmkorf, noch durch *Die traurigen Geranien und andere Geschichten aus dem Nachlass* (1962) ergänzt. Borcherts Stil ist gekennzeichnet durch äußerste Wort- und Satzkürze, angestrebt wird die unmittelbare Aussage. »Wir brauchen keine Dichter mit guter Grammatik«, hat Borchert geschrieben. »Zu guter Grammatik fehlt uns Geduld. Wir brauchen die mit dem heißen, heiser geschluchzten Gefühl. Die zu Baum Baum und zu Weib Weib sagen und ja sagen und nein sagen: laut und deutlich und dreifach und ohne Konjunktiv.« Wiederholung, Reihung und rhythmische Gliederung dienen diesem Ziel, Parodie und Groteske der Abrechnung mit dem Gewesenen. Das Pathos ist rational kalkuliert: Es handelt sich um »außerordentlich kunstvolle Renaivisierungsverfahren« (P. Rühmkorf). Die erste Stunde der Nachkriegszeit verlangte nach einer solchen Weise des Vorgehens. Borchert war ihr Mann und wurde danach als Autor von Kurzgeschichten, die von der erschütternden Erfahrung der Zeit sprachen, viele Jahre der bevorzugte Dichter der Schule. Die Frage nach dem Daseinsgrund war beherrschend für die neue deutsche Literatur, und sie verlangte nach Aufnahme aller Erfahrungen, die zu ihrer Beantwortung dienen konnten.

DIE DEUTSCHSPRACHIGE LITERATUR IN DER SCHWEIZ SEIT 1945

Im von imperialistischen Kriegen, sozialen Revolutionen, weltanschaulichen und nationalen Vormachtkämpfen erschütterten zwanzigsten Jahrhundert gab es im kontinentalen Europa einen Staat, der Neutralität und Frieden bewahren konnte – die Schweiz.

Einheit in der Vielfalt

Wer eine Schweizer Schule durchläuft, weiß, was die Schweizer sind: eine Willensnation. Aufgrund einer besonderen geschichtlichen Entwicklung sowie zur Erreichung gemeinsamer politischer und gesellschaftlicher Ziele ist *eine* Nation aus *vier* Volks- oder Sprachgruppen erwachsen. Im Verlauf dieses Prozesses blieb die Schweiz auch literarisch mehrsprachig, es entwickelte sich daher keine Schweizer Literatur, sondern nur Literaturen in der Schweiz, von denen, bedingt durch die unterschiedlichen Bevölkerungsanteile, die deutschsprachige die bedeutendste, die kleinste – die rätoromanische – jedoch im besonderen Maße für die Schweiz charakteristisch ist, denn sie tritt nur dort in Erscheinung. Die Nähe Frankreichs, Italiens und Deutschlands hatte zur Folge, dass die Mehrzahl der einheimischen Autoren ihre Aufmerksamkeit über die Grenzen hinweg den literarischen Zentren zuwandte, denen sie sich verpflichtet wusste und von denen die für sie relevanten Anstöße kamen. Auch ein entschiedener Patriot wie Gottfried Keller war, was das künstlerische Schaffen anbetrifft, der Auffassung, dass »wenn etwas herauskommen soll, so habe sich jeder an das große Sprachgebiet zu halten, dem er angehört«

(an Ida Freiligrath, 20.12.1880). In der Gegenwart schreibt ein Schweizer deutschsprachiger Autor, ähnlich wie ein österreichischer, für den gesamten deutschen Sprachraum, und die Bedingungen des literarischen Marktes erinnern ihn daran, dies zu berücksichtigen. Die modernen Lebensumstände tragen ebenfalls zu umfassender Vernetzung bei. Die Sorge, Schweizer Autoren könnten im Zuge der wirtschaftlichen Konzentrationsprozesse in einer von Deutschen und Österreichern beherrschten Literaturszene anonym bleiben, gehört jedoch fast schon der Vergangenheit an. Adolf Muschg hatte das Dilemma der kulturellen Identität eines kleines Landes 1980 zugespitzt formuliert: »Um an ihr, wie recht und billig, zweifeln zu dürfen, brauchen wir von unsern deutschen Freunden ein Benehmen, als gäbe es sie.« (*Gibt es eine schweizerische Nationalliteratur?*) Ein neuerer Aufriss betont demgegenüber die von der jüngsten Generation bereits als selbstverständlich empfundene europäische Perspektive: »Die patriotische Hymne ist verklungen, das Kampflied gegen die helvetische Enge nur noch von fern zu hören.« (Pia Reinacher, *Je Suisse – zur Lage der aktuellen Schweizer Literatur*, 2003)

Ein komplexes, häufig krisenhaftes Verhältnis von Nähe und Ferne, gesuchter Größe und wiederum zäh verteidigter Abgeschlossenheit im Kleinen ist für das Geistesleben der Schweiz wiederholt kennzeichnend gewesen. Noch die bedeutendsten Autoren des 19. Jahrhunderts sind durch diesen Hintergrund mitbestimmt: Gotthelf, Keller und C. F. Meyer, dessen ausgreifender Renaissancekult im dichterischen Werk mit der gepflegten Sesshaftigkeit seiner patrizischen Lebensverhältnisse kontrastieren. Das Bewusstsein, in einem bürgerlich geprägten Kleinstaat zu leben – was für das *un*bürgerliche Künstlerempfinden eine Verdoppelung des Kleinen und Engen bedeutete –, hat sich zwischen den Weltkriegen oftmals in Biografie- und Schaffenskrisen niedergeschlagen. »Ist es ein Zufall, dass sich die begabtesten Schriftsteller in Helvetien nicht heimisch fühlen konnten? Ist es ein Zufall, dass die bedeutendsten Autoren der Robert-Walser-Generation schon in jungen Jahren dahinstarben?« (D. Fringeli, *Dichter im Abseits*, 1974) Als im Einsturz der überkommenen europäischen Ordnung Faschismus und Nationalsozialismus zur Macht gelangten und auch die Zukunft der Schweiz als unabhängiger Staat gefährdet schien, vereinigten sich Intellektuelle und Künstler zur Verteidigung der »Willensnation«, ihre loyale Parteinahme schränkte jedoch in der aktuellen Situation unvermeidlich die Unabhängigkeit ihres Urteils ein, wenn es sich um fragwürdige Aspekte der Schweizer Politik handelte.

Die Situation nach 1945

Mit dem Sturz der Diktatoren in Rom und Berlin wich dieser Druck, vor allem aber konnten die deutschsprachigen Autoren der Schweiz über die zurückliegenden Unrechtstaten und ihre Ursachen mit größerer Unbefangenheit schreiben als die in Deutschland und Österreich verbliebenen Zeitzeugen. Sie hatten miterlebt und Anteil genommen, waren aber vergleichsweise unbelastet: Bürger eines Landes, das, bei allem »sacro egoismo«, insgesamt eine Haltung des Maßes und der Vernunft gezeigt hatte. Die Schweiz, »neutral, mehrsprachig, französisch beeinflusst, von westlicher Luft durchweht«, war, wie Thomas Mann seinen Serenus Zeitblom sagen ließ, »ihres winzigen Formats unerachtet, weit mehr ›Welt‹, weit mehr europäisches Parkett als der politische Koloss im Norden« (*Doktor Faustus*). Demokratie zu erlernen und zu leben war den Deutschen nach zwei verlorenen Weltkriegen erst wirklich aufgegeben, für die Schweizer, die sich den Frieden bewahrt hatten, war sie ein selbstverständlicher Besitz. Niemals vorher und nachher war der Vorsprung, den die Schweiz gegenüber Deutschland als politisch erfolgreich handelndes Gemeinwesen gewonnen hatte, so ausgeprägt wie nach dem Zweiten Weltkrieg. Besonders Max Frisch und Friedrich Dürrenmatt, die beiden überragenden Erscheinungen der Schweizer Nachkriegsliteratur, haben aus dieser Situa-

tion Gewinn gezogen. Befreiend wirkte in diesem Zusammenhang, dass beide Autoren das besiegte Deutschland nicht allein auf die Anklagebank setzten und das Land ihrer Herkunft keineswegs als einen Sonderfall betrachteten, der gegenüber ideologischen Versuchungen jederzeit immun gewesen sei. Frisch bereiste 1946 erstmals wieder das Nachkriegsdeutschland und reflektierte über seine Eindrücke mit Besonnenheit und Anteilnahme:

Was geschehen müsste?
Das erste ist Nahrung, die allerdings auch bei den Siegern teilweise fehlt und das andere, was man vorschlagen möchte, wäre die Erlaubnis für junge Deutsche, dass sie für einige Zeit in andere Länder reisen können. Viele sind zwar schon draußen gewesen; sie kennen die Normandie und Kaukasus, aber nicht Europa; sie lernten alles nur als Sieger kennen. Jedenfalls ist es nicht möglich, dass sie in ihrem Land, selbst wenn sie das Verlangen danach haben, zu einer Übersicht gelangen können; es fehlen ihnen nicht nur die Nachrichten, es fehlt die Entfernung; sie sehen die Besatzung, deren Fehler sie als eigenes Alibi verwenden […]. Andererseits zeigt es sich fast ohne Ausnahme, dass junge Deutsche, die ein halbes oder fast ein ganzes Jahr in einem andern Land sind, vieles anders sehen, und sicher können es nur Deutsche sein, die es den Deutschen sagen. (Nachtrag zur Reise)

Für die deutschsprachige Literatur in der Schweiz bedeutete das Jahr 1945 einen Einschnitt, aber noch weniger als in Deutschland und Österreich einen Neuanfang. Während der faschistischen Herrschaft über große Teile Europas hatte die Schweiz auch geistig eine wesentlich bewahrende Funktion erfüllt. Sie war das einzige Gebiet des deutschen Sprachraums, in dem intellektuelle Freiheit erhalten blieb, ein Land der Hoffnung – freilich nicht selten der unerfüllten – für viele Exilsuchende, darunter auch vertriebene Literaten. Die Schweiz war Thomas Manns erste Zuflucht nach dem 30. Januar 1933, und sie wurde nach dem Zweiten Weltkrieg sein bewusst gewählter letzter Wohnsitz. In den Jahren nach der Annexion Österreichs war das Zürcher Schauspielhaus, die »Pfauenbühne«, das letzte deutsche Theater von Rang mit einem unabhängigen Spielplan. Leopold Lindtberg inszenierte dort bereits 1934 die deutsche Uraufführung von Friedrich Wolfs *Professor Mamlock* (in Zürich u. d. T. *Professor Mannheim*), als nachdrückliche Anklage gegen das, was in Deutschland geschah. In den Kriegsjahren zählten 1940 Georg Kaisers *Der Soldat Tanaka*, 1941 Brechts *Mutter Courage*, 1943, ebenfalls von Brecht, *Der gute Mensch von Sezuan* und *Galileo Galilei*, 1944 Kaisers *Zweimal Amphitryon* – »ein höchst aktuelles Kriegsverführerdrama« (W. Mittenzwei), »eine Lektion in Friedensliebe« (G. Hensel) – zum bewusst antitotalitären Programm des Hauses. Von der dort geleisteten Arbeit, an der viele emigrierte Künstler teilhatten, führten Traditionslinien zur deutschsprachigen Dramatik der Schweiz in der Nachkriegszeit und zur Bühnenkunst in der DDR, besonders am Deutschen Theater in Berlin. Anderthalb Jahre nach Kriegsende erfolgte in Zürich – mit starker Resonanz – die Uraufführung von Zuckmayers *Des Teufels General*, 1948 spielte man in Anwesenheit des Autors *Herr Puntila und sein Knecht*. Brecht war nach seiner Rückkehr aus den USA im Jahr zuvor selbst an die Limmat gekommen, noch bedeuteten das Schauspielhaus am Pfauen und die dortigen Freunde für ihn in Europa den einzig sicheren Rückhalt. Als er von Zürich nach (Ost-)Berlin reisen wollte, wurde ihm die Fahrt durch die amerikanische Besatzungszone verwehrt. Für in der Schweiz beheimatete Autoren hingegen gab es nun wieder die Möglichkeit, sich unbehelligt in Deutschland zu bewegen. Räumliche Nähe und geistige Distanz zum deutschen Schauplatz bildeten die wesentlichen Charakteristika.

Schriftsprache und Mundart

Was die Schweiz von Deutschland trennte, lag in Politik und Geschichte begründet, wobei letztere aufgrund jahrhundertealter, gemeinsamer Überlieferungen auch verbindend wirkte. Die stärkste Gemeinsamkeit lag in der Sprache, wenngleich in einem keineswegs unkomplizierten Sinn, denn das bodenständige kulturelle Leben verlief im Dialekt und dies sogar im zunehmenden Maße. »In Basel heißt Arnold Böcklin *Beckli*, in Zürich Gottfried Keller *Kchäller* und in Bern Robert Walser *Wauser*, ich heiße *Wipmr*, Peter Bichsel heißt *Bichsu*, Peter Weber *Währ*, und nur Adolf Muschg heißt Muschg. [...] Wir Schweizer lernen Hochdeutsch in der Schule, wie eine Fremdsprache.« (U. Widmer) Autoren wie Robert Walser, der nie Dialekt schrieb, haben die Fremdheit der Hochsprache als eine Chance betrachtet, dem Kunstcharakter der Literatur Genüge zu tun. Aber nicht jederzeit sind die Ausdrucksmöglichkeiten sicher gegeben. Die Schweizer Literatur ist insofern noch immer eine Literatur, die schweigt, *ver*schweigt. Auch darin liegt, künstlerisch betrachtet, eine Chance, weil Literatur von Gewicht immer auch vom Ungesagten lebt, das in der Korrespondenz mit dem Ausgesprochenen vernehmbar wird.

Das aktuelle Problem der Schweiz war die Auseinandersetzung mit der manipulierten modernen Massen- und Konsumgesellschaft, die keine Tradition anerkennt und die Identität auch der Schweizer Kultur bedroht; eine Identität, die aber von den Schriftstellern oft selbst als problematisch empfunden wird, wenn sie politischen und geistigen Provinzialismus bedeutet. Das »Unbehagen am Kleinstaat« ist in vielen Texten spürbar.

Nach 1968 – die Studentenbewegung erreichte in Ausläufern auch die Schweiz – trat die Auseinandersetzung über die damit verbundenen Fragen in ein neues Stadium. Durch Abspaltung vom seit 1912 bestehenden Schweizerischen Schriftsteller-Verband (»SSV«, ursprünglich »Verein«) bildete sich 1970 die »Gruppe Olten«. Der unmittelbare Anlass dafür war bezeichnenderweise sprachlicher Natur, der Konflikt entzündete sich an dem vom Eidgenössischen Justiz- und Polizeidepartement herausgegebenen *Zivilverteidigungsbuch*, dessen patriotische Rhetorik »mit einer erschreckend einfach konstruierten Freund/Feind Schablone« (F. Dürrenmatt) einherging.

Der »Gruppe Olten«, in der zunehmend auch weltpolitisch debattiert wurde, schloss sich die Mehrheit der prominenten deutschsprachigen Schriftsteller an, Dürrenmatt wandte sich allerdings später wieder von ihr ab. Der Balanceakt zwischen der Wahrnehmung gesellschaftlicher Aufgaben und dem »eigentlichen«, künstlerischen Auftrag gelang auch in der Schweiz nicht ohne heftige Ausschläge des Pendels.

Neue Verlage und Literaturzeitschriften entstanden, die den Autoren, die bisher in der Bundesrepublik veröffentlicht hatten, eine Plattform zur Erörterung boten. Das Warten, als eine spezifisch bodenständige Tugend, wurde von den im Nachgang der Achtundsechziger-Bewegung tonangebenden Autoren entschieden in Frage gestellt. »Wenn der liebe Gott Schweizer gewesen wäre, würde er heute noch auf den richtigen Moment warten, um die Welt zu erschaffen«, sekundierte ihnen Hugo Loetscher, erfahrener Journalist und vielseitiger Schriftsteller (*Der Waschküchenschlüssel und andere Helvetica*, 1983).

Das andere Geschlecht

Besonders die Autorinnen zeigten vermehrte Ungeduld. Sie hatten dazu, etwa im Vergleich zum benachbarten Österreich, besonderen Grund, denn anders als dort waren die Männer in einem möglichen Kanon repräsentativer Namen noch fast gänzlich unter sich. Nun entstand gegen Ende des Jahrhunderts eine relativ ausgedehnte Frauenliteratur, die auch Wiederentdeckungen einschloss. ANNEMARIE SCHWARZEN-

BACH (1908–1942, *Das glückliche Tal*, E., postum 1987), die zu Lebzeiten in der Schweiz fast unbeachtet geblieben war, wurde mit einem Male bekannt, allerdings war das neu erwachte Interesse wohl zum erheblichen Teil persönlicher Natur, genährt von ihren verwirrenden Lebensumständen. Der biografische Voyeurismus, der besonders Autorinnen betrifft – auch solche, die, anders als Annemarie Schwarzenbach, ein künstlerisch abgeschlossenes Werk hinterlassen –, ist kennzeichnend für eine Übergangssituation, in der literarische Betätigung von Frauen noch immer nicht in vollem Maße Normalität geworden ist.

Stichworte zur politischen Geschichte

Die auch im Zweiten Weltkrieg bewahrte Neutralität der Schweiz – aus Sorge vor einer möglichen deutschen Invasion in steter Alarmbereitschaft der Armee – war, wie sich zum Teil erst Jahrzehnte später erwies, auch durch Zugeständnisse an Berlin (Waffen- und Warenlieferungen, Transportwege für die Wehrmacht, Transaktionen der Banken) erkauft; zusammen mit den Restriktionen in Fragen der Asylgewährung ergaben sich daraus nachträglich auch innenpolitische Belastungen. Hilfe für Notleidende aller Nationen wurde von staatlichen und privaten Hilfsorganisationen auch in der Nachkriegszeit geleistet. Genf wurde Sitz vieler Organisationen der UN, die Schweiz in die UNESCO aufgenommen (1948), Mitglied des Europäischen Wirtschaftsrates OEEC (1950), beteiligte sich an der Gründung der Europäischen Freihandelszone EFTA (1960) und trat dem Europarat bei (1963). Ablehnende Volksentscheide über die Trennung von Staat und Kirche (1980), über den Beitritt der Schweiz zu den Vereinten Nationen (1986) und zur Initiative »Ja zu Europa« (2001), die für die Aufnahme von Beitrittsverhandlungen mit der Europäischen Union (EU) eingetreten war. 2002 positives Votum für UNO-Beitritt. 1978 Begründung des neuen (französischsprachigen) Kantons Jura (République et Canton du Jura).

Gesellschaft und Kultur

1971 Einführung des Frauenstimm- und -wahlrechts auf Bundesebene, 1981 zustimmendes Referendum für die Herstellung der Rechtsgleichheit von Männern und Frauen.
Carl Gustav Jung (1875–1961), Psychologe und Psychiater, Begründer der Züricher Schule der analytischen Psychologie. Mit dem Biologen und Psychologen Jean Piaget (1896–1980), der die Entwicklungspsychologie des Kleinkinds erforschte (*Das Erwachen der Intelligenz beim Kinde – La naissance de l'intelligence chez l'enfant*, 1936) und als Beauftragter der UNESCO international an der Reform des Erziehungswesens mitwirkte, sowie der aus Polen stammenden Psychologin Alice Miller (1923, *Das Drama des begabten Kindes*, 1979; *Im Anfang war Erziehung*, 1980; *Du sollst nicht merken*, 1981) nimmt die Schweiz führenden Anteil an der Kindheitsforschung.
Le Corbusier (eigentlich Charles Édouard Jeanneret, 1887 bis 1965), Maler und international maßgebender Architekt. Als ein weiterer Wegbereiter der modernen Baukunst gilt der Winterthurer Max Bill (1908–1994), auch Bildhauer abstrakter Plastiken. Formale Strenge und modernes Materialbewusstsein kennzeichnen auch Bauten von Architekten wie Mario Botta (1943), die seit den Sechzigerjahren bevorzugt im Tessin entstehen. Porträtplastiken von Alexander Zschokke (1894–1981), Alberto Giacometti (1901–1966), Popart von Peter Travaglini (1927) und Urs Lüthi (1947), Materialbilder von Dieter Roth (1930). Führende Leistungen auf graphischem Gebiet, auch Gebrauchs- und Werbegraphik (z. B. Buchumschläge von Celestine Piatti, 1922).

Weltliteratur (außereuropäische Literatur) 1951–1990

Ägypten: Naǧīb Mahfūz (1912, Nobelpreis 1988), *Zwischen den beiden Palais* (*Bayn al-qasrayn*, R.-Trilogie, 1956–57).
Argentinien: Julio Cortázar (1914–1984), *Rayuela – Himmel und Hölle* (*Rayuela*, R., 1963).
Australien: Patrick White (1912–1990, Nobelpreis 1973), *Zur Ruhe kam der Baum des Menschen nie* (*The Tree of Man*, R., 1955).
Brasilien: Jorge Amado (1912–2001), *Gabriela wie Zimt und Nelken* (*Gabriela, cravo e canela*, R., 1958).
Chile: Gabriela Mistral (1889–1957, Nobelpreis 1945), *Die Kelter* (*Lagar*, G., 1954); Isabel Allende (1942), *Das Geisterhaus* (*La casa de los espiritus*, R., 1982).
Israel: Amos Oz (1939), *Mein Michael* (*Mikhael sheli*, R., 1968).
Japan: Yasunari Kawabata (1899–1972, Nobelpreis 1968), *Tausend Kraniche* (*Senbazuru*, R., 1952).
Kanada: Margaret Eleanor Atwood (1939), *Der Report der Magd* (*The Handmaid's Tale*, R., 1985).
Kolumbien: Gabriel García Márquez (1928, Nobelpreis 1982), *Hundert Jahre Einsamkeit* (*Cien anos de soledad*, R., 1967); *Die Liebe in den Zeiten der Cholera* (*El amor en los tiempos de colera*, R., 1985), *Der General in seinem Labyrinth* (*El general en su laberinto*, R., 1989).
Kuba: Alejo Carpentier (1904–1980), *Barockkonzert* (*Concierto barroco*, N., 1974); Miguel Barnet (1940), *Der Cimarrón* (*Biografia de un cimarrón*, R., 1966).
Mexiko: Octavio Paz (1914–1998, Nobelpreis 1990), *Das Labyrinth der Einsamkeit* (*El laberinto de la soledad*, Es., 1950), *Salamander* (*Salamandra*, G., 1962), *Rückkehr* (*Vuelta*, G., 1976); Carlos Fuentes (1928), *Terra Nostra* (R., 1975).
Nigeria: Wole Soyinka (1934, Nobelpreis 1986), *Der Löwe und die Perle* (*The Lion and the Jewel*, Dr., 1963).
Peru: Mario Vargas Llosa (1936), *Der Hauptmann und sein Frauenbataillon* (*Pantaleón y las visitadoras*, R., 1973), *Flaubert und »Madame Bovary«. Die ewige Orgie* (*La orgía peroetua. Flaubert y »Madame Bovary«*, Es., 1975).
Saint Lucia: Derek Walcott (1930, Nobelpreis 1992), *Mittsommer* (*Midsummer*, G., 1984).
Südafrika: Nadine Gordimer (1923, Nobelpreis 1991), *Anlass zu lieben* (*Occasion for Loving*, R., 1963), *Eine Laune der Natur* (*A Sport of Nature*, R., 1987); J. M. Coetzee (1940, Nobelpreis 2003), *Warten auf die Barbaren* (*Waiting for the Barbarians*, R., 1980).

Türkei: Kemal Yasar (d. i. Kemal Sadik Gögceli, 1922), *Memed mein Falke* (*Ince Memed*, R., 1955).

USA: Eugene O'Neill (1888–1953, Nobelpreis 1936), *Eines langen Tages Reise in die Nacht* (*A Long Day's Journey into Night*, Dr., 1956); Ernest Hemingway (Nobelpreis 1954), *Der alte Mann und das Meer* (*The Old Man and the Sea*, E., 1952); John Steinbeck (Nobelpreis 1962), *Jenseits von Eden* (*East of Eden*, R., 1952); Vladimir Nabokov, *Lolita* (R., 1955), *Sprich, Erinnerung, sprich* (*Speak, Memory*, Aut., 1966); Saul Bellow (1915–2005, Nobelpreis 1976), *Mr. Sammlers Planet* (*Mr. Sammler's Planet*, R., 1970), *Humboldts Vermächtnis* (*Humboldt's Gift*, R., 1976); Toni Morrison (1931, Nobelpreis 1993), *Salomons Lied* (*Song of Salomon*, R., 1977), *Teerbaby* (*Tar Baby*, R., 1981), *Menschenkind* (*Beloved*, R., 1987); Sylvia Plath (1932–1963), *Die Glasglocke* (*The Bell Jar*, R., 1963), *Ariel* (G., 1965); John Updike (1932), *Ehepaare* (*Couples*, R., 1968), *Das Gottesprogramm* (*Roger's Version*, R., 1986), *Rabbit in Ruhe* (*Rabbit at Rest*, R., 1990); Philip Roth (1933), *Portnoys Beschwerden* (*Portnoy's Complaint*, R., 1969), *Täuschung* (*Deception*, R., 1990). (→ S. 573, 647, 725)

Sachliteratur und Essayistik

Die Schweiz war neutral und bot Zuflucht – bedingungsweise. Das Recht auf Asyl schien durch die freiheitlichen Traditionen und die liberale Gesetzgebung des Gemeinwesens gewährleistet. Der Bundesrat jedoch bezeichnete dieses Recht als eine Angemessenheitsfrage, machte also die Opportunität zur Richtschnur seines Handelns. Die Schweiz war stolz auf ihren Ruf als Asylland, den sie unter europäischen Intellektuellen seit altersher genoss und den zahlreiche aus Bürgerinitiativen hervorgegangene Hilfseinrichtungen weiterhin rechtfertigten. Die offizielle Politik der Behörden zwischen 1933 und 1945 entsprach ihm allerdings in keiner Weise, wie sich besonders in der Nichtanerkennung rassisch Verfolgter als politischer Flüchtlinge zeigte. Wenn die Folgen dieser Entscheidung auch nicht von Anfang an erkennbar sein mochten, gab sie nach 1945 doch Anlass zu scharfer Kritik gerade schweizerischer Künstler, die sich mit der zwiespältigen Rolle ihres Heimatlandes nicht zu identifizieren bereit waren.

Die Schriftsteller und die Asylpolitik

Der Konflikt tritt als gezielter Angriff wie als beiläufige Anspielung oder als untergründiges Ressentiment in Erscheinung. HEINRICH WIESNER formulierte gewohnt lapidar: »Ich habe nicht gewusst, dass es die humanitäre und die amtliche Schweiz gegeben hat.« (*Schauplätze. Eine Chronik*, 1969). Max Frisch, eine

Reihe von Jahren älter als Wiesner, war schon früher durch das Leben belehrt worden:

1936, als ich eine Studentin aus Berlin, Jüdin, heiraten wollte und im Stadthaus Zürich die erforderlichen Papiere abholte (Geburtsurkunde, Heimatschein usw.), erhielt ich unverlangt einen amtlichen Arier-Nachweis mit dem Stempel der Vaterstadt. Leider habe ich das Dokument damals auf der Stelle zerrissen. Die Schweiz war nicht von Hitler besetzt; sie war, was sie heute ist; unabhängig, neutral, frei usw. (Tagebuch 1966–1971)

Später wurden Flüchtlinge, in deren Pass ein »J« gestempelt war, bereits an der Grenze zurückgewiesen – zur Einführung dieses Stempels war es 1938 im Zusammenwirken deutscher und schweizerischer Beamten gekommen. Die Flüchtlinge aus unmittelbar politischen, im Sinne der Asylgesetzgebung zulässigen Gründen, darunter viele Schriftsteller, fanden sehr unterschiedliche Aufnahme. Der befristeten Aufenthaltserlaubnis folgte nur in seltenen Fällen eine Arbeitserlaubnis, der geforderte Verzicht auf jedwedes tagespolitische Engagement war zwar aus der Perspektive der Behörden verständlich, stand aber im Widerspruch zu den Erfahrungen der Betroffenen, die sich zur Parteinahme verpflichtet fühlten. Eine Einrichtung wie das 1933 von Erika Mann begründete und noch im selben Jahr von München nach Zürich verpflanzte Kabarett »Die Pfeffermühle«, das »erfolgreichste und wirkungsvollste theatralische Unternehmen der deutschen Emigration« (K. Mann, *Der Wendepunkt*) mit Therese Giehse als künstlerischem Mittelpunkt, blieb eine Ausnahme, deren Tage gezählt waren. Der Zürcher Kantonsrat untersagte 1937 ausländischen politischen Kabaretts weitere Auftritte (»Lex Pfeffermühle«), die anderen Kantone schlossen sich dieser Verfügung weitgehend an, nach einer missglückten Gastspielreise in die USA löste sich das Ensemble auf. Unabhängig von sonstigen Erwägungen wachte die Administration darüber, dass die Zahl der politischen Flüchtlinge nicht zu groß wurde. Bei Kriegsende lebten in der Schweiz etwa 180 emigrierte deutsche Schriftsteller, eine handverlesene Auswahl aus der weitaus größeren Zahl derjenigen, die sich um Aufnahme bemüht hatten. Wer berühmt war und politisch nicht störe, konnte auf wohlwollende Duldung hoffen, jedenfalls so lange ihm das Geld nicht ausging, wie Alfred Kerr und seine Familie erfuhren (Judith Kerr, *Als Hitler das rosa Kaninchen stahl*, *When Hitler Stole Pink Rabbit*, R., 1961). Für mittel- und einflusslose Schreiber blieb die Schweiz bestenfalls eine

Durchgangsstation. Das von dem Schweizer Autor WALTER LESCH (1898–1958) begründete Zürcher Kabarett »Cornichon«, das von 1934 bis 1951 bestand, setzte sich schon früh für die Emigranten ein, die staatliche Flüchtlingspolitik wurde nirgends schärfer angegriffen, aber eine mehr als mahnende Wirkung konnte mit den Waffen des Kabaretts naturgemäß nicht erzielt werden. Als »Davidsschleuder der Emigranten« (W. Mittenzwei) hat es gleichwohl ehrende Würdigung erfahren.

Ein begehrtes Gastland blieb die Schweiz dennoch, und dies nicht nur wegen ihrer Naturschönheiten und Lebensqualität, sondern weiterhin auch aus politischen Rücksichten. Wolfgang Hildesheimer nahm 1957 seinen Wohnsitz im Kanton Graubünden, er hat dort länger als in jedem anderen Land gelebt und wurde 1983 Schweizer Ehrenbürger. Wie Alfred Andersch, Emmy Ball-Hennings, Stefan George, Hans Habe, Hermann Hesse, Georg Kaiser, Mascha Kaléko, Rudolf Kassner, Oskar Kokoschka, Emil Ludwig, Thomas und Golo Mann, Theodor Plievier, Alfred Polgar, Erich Maria Remarque und Carl Zuckmayer ist er in der Schweiz gestorben. Diese Autoren waren nach Denkart und Schreibweise völlig verschieden, aber ein kompliziertes Verhältnis zu Deutschland hatten sie allesamt. Die 1945 einsetzende deutsche Teilung sorgte für zusätzliche Spannungen.

CARL ZUCKMAYER, der 1958 im Wallis ansässig geworden war, schloss seine 1966 erschienene Autobiografie *Als wär's ein Stück von mir. Horen der Freundschaft* mit einem Zitat aus dem im selben Jahr empfangenen Bürgerbrief: »Ewige Rechte und ewige Freundschaft soll man befestigen mit Schrift, weil im Laufe der Zeit vergangener und vergänglicher Dinge bald vergessen wird.« In anrührender Weise hat er beschrieben, was die Ansiedlung in Saas-Fée für ihn bedeutete. Er versagte es sich, als Fremder über Land und Leute zu schreiben, dennoch handelte es sich für ihn um eine Rückkehr ins deutsche Sprachgebiet:

Denn hier höre ich Deutsch. Hier spricht man, auch für andere Deutschschweizer, oft schwer verständlich, das alte Alemannisch aus der Zeit Karls der Großen. Was hier gesprochen wird, ist dem Althochdeutschen wohl näher verwandt als jede andere deutsche Mundart. Hört man zwei Leute auf dem Feld oder auf der Gasse miteinander reden, besonders wenn es zwei alte Frauen sind, so versteht man kein Wort, sondern glaubt in Island zu sein. Aber es ist ein überraschendes Abenteuer, in die Grammatik und Inflexion dieser Sprache einzudringen. Vielfach enden die Deklinations-, auch die Verbalformen wie im ältesten Deutsch auf ›iu‹ oder ›u‹. Die Leute heißen die ›Litu‹. Und der Plural von Frau, ›Fruwe‹, heißt

›Frowini‹. Wie gern bin ich in einem Land, in dem ich die Frauen ›Frowini‹ nennen kann! Schon die Monatsnamen klingen wie ein althochdeutsches Gedicht [...].   (→ S.737)

Thomas Manns Rückkehr nach Europa

Als sich Thomas Mann 1952 zur Rückkehr nach Europa entschloss, ersparte ihm die Entscheidung für die Schweiz, zwischen West- und Ostdeutschland zu wählen.

Unfreiwillig politisch Partei zu nehmen, war das, was er gerade vermeiden wollte. Den Kalten Krieg der Weltmächte und Wirtschaftssysteme beobachtete er mit zwiespältigen Empfindungen, die Bundesrepublik, die »amerikanische Lieblingskolonie« samt ihrer »lächerlichen Wirtschaftsblüte« (an K. Mampell, 17.5.1954), liebte er nicht, zumal ihm dort im Widerspruch zu öffentlichen Ehrungen viel Abneigung oder doch Desinteresse gerade auch von Literaten begegnete, bis hin zu der von ihm als »Rasselbande« bezeichneten »Gruppe 47«. Die Staatsorgane der DDR, anders als die der Bundesrepublik, umwarben ihn, das Ungleichgewicht war noch bei seiner Beerdigung spürbar, mit geflissentlicher Aufmerksamkeit und organisiertem Jubel. Solcher Inanspruchnahme wünschte er sich ebenfalls zu entziehen, zumal er bereits erfahren hatte, dass dies in der konkreten Situation schwierig war. Bei seiner Deutschlandreise aus Anlass von Goethes 200. Geburtsjahr 1949, als er in Frankfurt und Weimar geehrt wurde und hier wie dort dieselbe Rede hielt (*Ansprache im Goethejahr*), hatte er über das Weimar benachbarte KZ Buchenwald – man hatte ihn darauf aufmerksam gemacht, dass es wieder mit Häftlingen belegt war – geschwiegen, weil er sich als Gast nicht dazu befugt fühlte, einzugreifen. Die Folge waren neue Irritationen, die unterschwellig fortwirkten, und seine Distanz zur Entwicklung in der Bundesrepublik nicht eben verminderten.

Mit der Schweiz hingegen verbanden ihn viele Beziehungen literarischer und politischer, sogar familiärer Art (eine Großmutter war Schweizerin), Erinnerungen an viele Reisen und die ersten Exiljahre, Anhänglichkeit an ein Kulturdeutschland, das zugleich europäische Züge trug, und sein in Davos spielender großer Roman. Zu Schweizer Zeitungen und Periodika, ihren Redakteuren und Kritikern wie EDUARD KORRODI (1885–1955) und Max Rychner pflegte er Kontakte. In der *Neuen Zürcher Zeitung* war bereits 1920 ein Vorabdruck aus dem *Zauberberg* und 1934 der im Anschluss an seine erste Amerikareise entstandene Essay *Meerfahrt mit Don Quijote* erschienen, in dem sein fachgerechtes Verständnis der humoristischen Elemente des Cervantes-Romans mit der ironischen Schilderung eigenen Befindens reizvoll zusammenfloss. Die Zürcher *Weltwoche* bildete in Amerika »sozusagen vom ersten bis zum letzten Buchstaben« seine regelmäßige Lektüre. Ein *Brief über die Schweiz* (1923), ein *Gruß an die Schweiz* (1934), Briefe und Tagebücher bestätigen diese jahrzehntelange Verbindung, gern streute er »in Äußerungen über die landschaftliche Schönheit der Schweiz seinen lübischen Puderzucker« (Th. Sprecher). Und in der Schweiz wollte er begraben sein.

So bezog der in diesen Jahren weltweit Geehrte, der als Doyen der deutschen Literatur betrachtet wurde und sich selbst so empfand, nach einer erneuten Europareise, die ihn auch nach Österreich und München geführt hatte, Weihnachten 1952 zunächst ein Haus mit geliehenen Möbeln in Erlenbach bei Zürich und im April 1954 in Kilchberg, wo einst C. F. Meyer gelebt hatte, zum letzten Mal ein eigenes Haus. Naturgemäß wurde er damit nicht zu einem Schweizer Schriftsteller – so wenig wie einst Hermann Hesse, als er das kaiserliche Deutschland verließ –, aber wo anders wäre er in einer Darstellung, die der deutschen Teilung nach 1945 Rechnung trägt, zu situieren, nachdem er die Entscheidung für das eine oder andere Deutschland absichtlich vermieden hatte? In dem kurzen Zeitraum, der ihm noch zu leben blieb, änderte sich an dieser Entscheidung nichts mehr.

Thomas und Katia Mann beim Signieren eines Buches

Thomas Manns essayistisches Werk erfuhr ganz zuletzt noch einige bemerkenswerte Ergänzungen: *Gerhart Hauptmann* (1953), *Versuch über Tschechow* (1954), *Versuch über Schiller* (1955). Besonders den rühmenden Worten über Tschechows und Schillers unauffällige Arbeitsdisziplin merkt man die Beteiligung des Autors an, nicht minder gilt das für die in der Zürcher *Weltwoche* erschienene Besprechung einer Briefedition *Noch einmal der alte Fontane* (1954), abschließendes Zeugnis für eine annähernd ein halbes Jahrhundert während künstlerische Sympathie. Die Essayistik dieses oftmals als »poeta doctus« apostrophierten Autors beruht, wie die im Rahmen der Großen Frankfurter Ausgabe 2002 begonnene vollständige und durch Heinrich Detering reich kommentierte Edition erkennen lässt, auf einem vergleichsweise schmalen Fundus von prägenden Lektüreerfahrungen, die unter Bewahrung eines großen Maßes von Kontinuität in dichterischer Weise anverwandelt, verfeinert und ausgestaltet werden.

Die seit 1975 – zwanzig Jahre nach Thomas Manns Tod – der Forschung zugänglichen und publizierten Tagebücher enthalten ein riesiges, mit größter Akribie geführtes Depot von Informationen zu Epoche und Werk bis hin in die unscheinbarsten Bereiche des alltäglichen Lebens.

Tagebuch führte Thomas Mann bis Ende Juli 1955, zwei Wochen vor seinem Tod. Er hatte damit als Gymnasiast begonnen, aber der größere Teil des Materials ist nicht überliefert, sondern von ihm selbst vernichtet worden. Ein erstes Mal hatte er es 1896 »ganz besonders warm […]. Ich verbrenne nämlich meine sämtlichen Tagebücher!« (An O. Grautoff, 17.2.1896) Einen besonderen Einschnitt bildete das Jahr 1933, fürchtete der Schreiber doch durch die miss-bräuchliche Verwendung der in München zurückgebliebenen Aufzeichnungen über sein Privatleben kompromittiert zu werden. Die Gefahr wurde damals abgewendet, Thomas Mann entschloss sich jedoch 1944 und 1945 in Kalifornien erneut zur Reduzierung des umfangreichen Bestandes. Vollständig überliefert sind die seit 1933 geführten Tagebücher. Eine Eintragung vom 29. Dezember 1952 weist rückblickend auf den Neubeginn hin: »*Bedeutender, denkwürdiger Tag* in der Epoche meiner Aufzeichnungen seit Arosa 1933. Neunzehn Jahre, seit wir München verließen, das wir eben wieder festlich besuchten, 14 Jahre Amerika und nun Rückkehr in die Schweiz ›zur Verbringung des Lebensabends‹. Sind unterdessen allerdings zu alten Leuten geworden.«(→ S. 553)

Hesses letzte Jahre in Montagnola

Hermann Hesse sammelte seine politischen Aufsätze und Betrachtungen, zurückgreifend bis in das Jahr 1914, unter dem an Tolstoi gemahnenden Titel *Krieg und Frieden* (1946, erweitert 1949). Seine Empfehlung zur Loslösung vom Nationalgefühl, die den *Brief nach Deutschland* (1946) kennzeichnete, löste in Westdeutschland viele ablehnende Erwiderungen aus, während man im kommunistischen Machtbereich kritisierte, dass Hesse mit seiner pazifistischen Einstellung nicht auf der Höhe des gesellschaftlichen Kampfes stehe. Insgesamt aber wurde Hesse, ähnlich wie Thomas Mann, nach 1945 mit Ehrungen überhäuft, die mit der Verleihung des Nobelpreises 1946 ihren Höhepunkt fanden.

Hesses Briefwechsel mit Thomas Mann wurde postum 1968, der mit Peter Suhrkamp 1969 veröffentlicht. Bereits 1951 erschien eine erste Auswahl seiner *Briefe*, der noch zu seinen Lebzeiten zwei erweiterte Ausgaben folgten.

Nicht die Korrespondenz mit mehr oder weniger berühmten Partnern, auch keine Werkstattberichte dominieren in diesen Sammlungen, die als gleichberechtigter Bestandteil in die Ausgabe der *Gesammelten Werke* aufgenommen wurden, sondern persönliche Stellungnahmen und Erfahrungsberichte. In ganz ungewöhnlichem Umfang haben sich Tausende von Lesern, zumeist junge Leute, mit Fragen um Rat an ihn gewandt. Er hat sich der damit verbundenen Korrespondenzlast mit großer Selbstdisziplin gestellt. »Ihr Brief ist an einen Augenleidenden und mit Post Überhäuften gerichtet, darum fasse ich mich kurz, aber eine Antwort scheint mir doch Pflicht, weil Ihr Ruf mir verständlich ist und mich getroffen hat.« Wenn die Auswahlsammlungen ein gewissermaßen stilisiertes Bild von dem Briefschreiber Hesse entwerfen, so in der Absicht, seine Anschauungen klar zum Ausdruck zu bringen. Er verstand sich weder als Seelsorger noch als Arzt und repräsentierte seiner Absicht nach – anders als Thomas Mann – nur sich selbst. Tatsächlich lebte er fast in demselben Maße nach innen wie Thomas Mann nach außen lebte. Dass er, der insgesamt fünfzig Jahre in Bern und im Tessin ansässig war, ein noch engeres Zugehörigkeitsgefühl zur Schweiz entwickelte als dieser, bedarf keiner Erklärung. Zu den drei sein Leben bestimmenden Bildungsmächten zählte er neben dem christlichen und nahezu völlig unnationalistischen Geist des Elternhauses und der Lektüre der großen Chinesen den »Einfluss des einzigen Historikers, dem ich je mit Vertrauen, Ehrfurcht und dankbarer Jüngerschaft zugetan war: Jacob Burckhardt«. *(Geleitwort* zu *Krieg und Frieden)*

Geschichtsschreibung, Biografie und Autobiografie

Der Namensvetter und Verwandte des berühmten Historikers, der schweizerische Diplomat CARL J(ACOB) BURCKHARDT (1891–1974), der einstige Freund Hofmannsthals, schloss sein literarisches Hauptwerk, die Biografie *Richelieu,* 1967 ab.

Das Werk bietet, wenngleich Persönlichkeit und Wirken des Kardinals und Staatsmanns stets im Mittelpunkt stehen, nicht nur die Biografie eines Einzelnen, sondern in einer Anzahl weiterer eindringlicher Porträts bedeutender politischer Persönlichkeiten, ein umfassendes Zeitbild, das, wie Burckhardt ausdrücklich erklärt, nicht auf Erforschung neuer Quellen (das Vorhandene war bereits ausgewertet), sondern auf seiner Darstellungsgabe, psychologischen und diplomatischen Erfahrung und Reife beruht. Die lange Entstehungszeit (der erste Band *Der Aufstieg zur Macht* war bereits 1935 erschienen) hängt mit Burckhardts anderweitigen beruflichen Verpflichtungen als Hoher Kommissar des Völkerbundes in Danzig, Präsident des Roten Kreuzes und Botschafter in Paris zusammen – der zweite und dritte Band *Behauptung der Macht und kalter Krieg* (1965) und *Großmachtpolitik und Tod des Kardinals* (1966) erforderten aber auch im vermehrten Maße die Erstellung eines weiträumigen Panoramas. Der vierte Band enthält das *Register* (1967).

Der 1954 mit dem Friedenspreis des deutschen Buchhandels ausgezeichnete Autor, dessen persönliche Integrität und konservative Geisteshaltung weithin Anerkennung fanden, schrieb rückblickend über literarische Freunde sowie über die Erfahrungen eines diplomatischen und gelehrten Lebens (*Erinnerungen an Hofmannsthal,* 1948; *Reden und Aufzeichnungen,* 1952; *Meine Danziger Mission 1937–39,* 1960; *Gestalten und Mächte,* 1961; *Betrachtungen und Berichte,* 1964).

JEAN RUDOLF VON SALIS (1901–1996), aus altberühmter Graubündener Familie, war wie Burckhardt in den Großstädten Europas bewandert und in seinem Denken bürgerlich-aristokratisch geprägt. Als Historiker ein Schüler Friedrich Meineckes, arbeitete er zunächst fast ein Jahrzehnt in Paris und auch als angesehener Pressekorrespondent, wobei ihn zunächst das deutschfranzösische Verhältnis besonders beschäftigte. Während des Zweiten Weltkriegs war er für Radio Beromünster als Kommentator tätig, dreimal wurde von deutscher Seite vergeblich seine Absetzung verlangt (*Weltchronik 1939–1945,* 1966). Seinem entschiedenen Engagement in der Kriegszeit vorangegangen war (»Ich musste Distanz zum andrängenden Tagesgeschehen finden«) die Monographie über *Rainer Maria Rilkes Schweizer Jahre* (1936). Das Buch gründete auf der persönlichen Bekanntschaft mit Rilke, die Salis, wie noch andere Begegnungen (Thomas Mann) stark beeindruckt hatten. Seine späteren Arbeitsgebiete umfassen sowohl internationale Zusammenhänge (*Weltgeschichte der neuesten Zeit,* 3 Bde., 1951–60), als auch die engere Heimat (*Schwierige Schweiz,* 1968). Salis publizierte auch zahlreiche Essays (*Niedergang oder Wandlung der Kultur?,* 1958; *Im Lauf der Jahre. Über Geschichte, Politik und Literatur,* 1962) und Lebenserinnerungen (*Grenzüberschreitungen,* 2 Bde., 1975 bis 1978), persönlich ein »Causeur, an Fontanes Dubslav von Stechlin gemahnend«, wie Friedrich Dürrenmatt festhielt. Der Schriftsteller und Germanist ROBERT FAESI (1883–1972) veröffentlichte seine Erinnerungen an bedeutende Autoren und die literarischen Verhältnisse in der Schweiz der Zwischenkriegszeit u. d. T. *Erlebnisse – Ergebnisse* (1963).

Mit HANS KÜNG (1928) erwuchs dem ökumenischen Dialog ein Theologe, der bereits mit seiner Dissertation *Rechtfertigung. Die Lehre Karl Barths und eine katholische Besinnung* (1957) Aufmerksamkeit erregte – auch bei der Glaubenskongregation in Rom. Die mit dem Zweiten Vatikanischen Konzil verbundenen Reformimpulse und kurialen Gegenbewegungen, das 1979 über Küng verhängte kirchliche Lehrverbot weckten breite Aufmerksamkeit für sein theologisches Werk, aber auch für Publikationen, die über sein engeres Fachgebiet hinausgriffen (*Die Kirche*, 1967; *Christentum und Weltreligionen*, 1984; *Dichtung und Religion*, zusammen mit Walter Jens, 1985). Der erste Band seiner Memoiren, *Erkämpfte Freiheit* (2002), endet mit seinem 40. Geburtstag, kirchengeschichtlich drei Jahre nach Konzilsschluss, zeitgeschichtlich mit dem Beginn der Studentenrevolte in Tübingen, wo Küng lehrte.

Literaturkritik und Germanistik

Die Literaturkritiker MAX RYCHNER (1897–1965, *Welt im Wort*, Ess., 1948; *Sphären der Bücherwelt*, Ess., 1952; *Zwischen Mitte und Rand*, Ess., 1964), von 1939–62 Feuilletonchef der Zürcher Zeitung *Die Tat*, und WERNER WEBER (1919, *Figuren und Fahrten*, Ess., 1956; *Zeit ohne Zeit*, Ess., 1959; *Tagebuch eines Lesers*, Ess., 1965; *Forderungen*, Ess., 1970), bis 1973 Chef des Feuilletons der einflussreichen *Neuen Zürcher Zeitung*, danach Ordinarius für Literaturkritik an der Universität Zürich, vermittelten zwischen der germanistischen Wissenschaft und der literarischen Öffentlichkeit, zwischen der viersprachigen schweizerischen und der europäischen Kultur. Die Korrespondenz zwischen Carl Jacob Burckhardt und Max Rychner, die bis in dessen Todesjahr reicht (*Briefe 1926–1965*, 1970), ergänzt das Bild der Schreiber, wie es ihre Publikationen vermitteln, um zeitkritische Bekenntnisse und Einsichten, die zunächst dem privaten Bereich vorbehalten blieben. Letztlich hatten beide in ihrem Wirkungsbereich erlebt, wie wenig der Einzelne im Konflikt mit widerstreitenden Entwicklungen der Epoche zu bewirken vermag und schnellfertige Klischees die Vorstellungen verändern. Rychner überblickte noch die gesamte klassische Literatur und die der klassischen Moderne, nicht zuletzt diese universelle Bildung ließ ihn zum Briefpartner Burckhardts werden, Weber aber beeinflusste, verständnisvoll und ermutigend, die entstehende Literatur. Unterrepräsentiert auch im kritischen Fach sind Frauen, eine Ausnahme bildet die Theater- und Literaturkritikerin ELISABETH BROCK-SULZER (1903–1981, *Theater. Kritik aus Liebe*, 1954; *Der Roman des 19. Jahrhunderts*, 1982), die sich besonders um Dürrenmatt verdient gemacht hat (*Friedrich Dürrenmatt. Stationen seines Werkes*, 1960).

Der Basler Germanist WALTER MUSCHG (1898–1965), dessen Hauptwerk die zuerst 1948 erschienene *Tragische Literaturgeschichte* darstellt, beschrieb u. d. T. *Die Zerstörung der deutschen Literatur* (1956) deren Schicksale in der NS-Zeit. Bis weit in die Sechziger-

jahre hinein wurde die Universitätsgermanistik der Nachkriegszeit durch die von EMIL STAIGER (1908 bis 1987) in Zürich begründete Schule der werkimmanenten Interpretation beeinflusst (*Die Kunst der Interpretation*, 1955; *Stilwandel*, 1963; *Spätzeit. Studien zur deutschen Literatur*, 1973; *Gipfel der Zeit, Studien zur Weltliteratur*, 1979). Staigers Rede *Über Literatur und Öffentlichkeit*, 1966, löste in Kritik und Verteidigung zeitgenössischer Autoren den Zürcher Literaturstreit aus. Auch der Zürcher Literaturprofessor PETER VON MATT (1937) wirkte mit Aufsätzen, Essays und Interpretationen weit über den akademischen Raum hinaus (*… fertig ist das Angesicht. Zur Literaturgeschichte des menschlichen Gesichts*, 1983; *Liebesverrat. Die Treulosen in der Literatur*, 1989; *Das Schicksal der Phantasie. Studien zur deutschen Literatur*, 1994).

ADOLF MUSCHG ist als Germanist vor allem mit einer bedeutenden – sehr persönlichen – Monographie über *Gottfried Keller* (1977) hervorgetreten. Unter dem Titel *Geschichte eines Manuskripts* schrieb er den einleitenden Essay zum postum veröffentlichten, schon bald nach seinem Erscheinen erörterten autobiografischen Bericht *Mars* (1977) von FRITZ ZORN (Pseudonym, 1944–1976), einem Millionärssohn, der, den Krebstod vor Augen, mit der Welt abrechnet, aus der er kommt.

Ich bin jung und reich und gebildet; und ich bin unglücklich, neurotisch und allein. Ich stamme aus einer der allerbesten Familien des rechten Zürichseeufers, das man auch die Goldküste nennt. Ich bin bürgerlich erzogen worden und mein ganzes Leben lang brav gewesen. Meine Familie ist ziemlich degeneriert, und ich bin vermutlich auch ziemlich erblich belastet und milieugeschädigt. Natürlich habe ich auch Krebs, wie aus dem vorher Gesagten eigentlich selbstverständlich hervorgeht.

»In einer unheilbaren Gesellschaft ist sein Tod keine Ausnahme, sondern der Normalfall«, beschloss Adolf Muschg sein Vorwort zu *Mars*. »Wir werden weiter so sterben, solange wir weiter so leben. Das ist das wirklich Erschütternde an diesem Buch.« Als Gastdozent für Poetik in Frankfurt behandelte Muschg 1980 den therapeutischen Sinn literarischer Tätigkeit (*Literatur als Therapie? Ein Exkurs über das Heilsame und das Unheilbare*, 1981). *Besprechungen 1961–1979* erschienen gesammelt ebenfalls 1980. Literaturkritisch betätigten sich noch andere Schriftsteller der jüngeren Generation wie URS WIDMER, der durch Studienerfahrungen als Romanist (»Frankreich und seine Literatur waren für mich von Anfang an sehr wichtig, wichtiger zuweilen als die deutsche Literatur«, Interview) und Berufs-

Hugo Loetscher   Niklaus Meienberg

erfahrungen als Lektor geprägt war und der in seinen Grazer poetischen Vorlesungen die besondere Situation der Schweizer Schriftsteller und die Rolle der Literatur in einer marktwirtschaftlich organisierten Gesellschaft erörterte (*Die sechste Puppe im Bauch der fünften Puppe im Bauch der vierten und andere Überlegungen zur Literatur,* 1992). Ähnliches galt für Autoren wie Hermann Burger, Dieter Fringeli und Erwin Jaeckle, zwischen deren literarischen Tätigkeitsbereichen eine enge Wechselwirkung bestand. Die Gräben zwischen Literatur, Literaturkritik und Universitätsgermanistik, erschienen weniger ausgeprägt als in den deutschsprachigen Nachbarländern.

Journalismus und Literatur

Bewusster noch als einst Joseph Roth, der ironisch für den »Einbruch der Journalisten in die Nachwelt« geworben hatte, vermittelte HUGO LOETSCHER (1929) zwischen dem Ansprüchen der Sachberichterstattung und einer subjektiv inspirierten, literarischen Form. Seit 1969 lebte er als freier Schriftsteller, aber er blieb dem journalistischen Handwerk verbunden. In seinen so informativen wie phantasievollen Reisebüchern (vor allem Südafrika und der ferne Osten bildeten das Ziel seiner Erkundungen) überschritt er die engen Grenzen des Kleinstaats – und die eines überholten Literaturbegriffs (*Zehn Jahre Fidel Castro. Reportage und Analyse,* 1969; *Portugal – Geschichte am Rande Europas,* 1983). In seinen Münchner Poetikvorlesungen 1988 erläuterte er seine Auffassung anhand der Relation von Begriff und Metapher: »Einmal eine Sprache, die sich als Auseinandersetzung mit der Wirklichkeit versteht, und einmal eine, die Wirklichkeiten erschafft.« (*Vom Erzählen erzählen,* 1988)

Was Loetscher erstrebte, war keineswegs neu: Er hat sich auf Daniel Defoe als Vorbild berufen, auf eine Verfahrensweise des Prosaschriftstellers, wie sie seit dem 18. Jahrhundert, also mit Beginn des wissenschaftlichen Zeitalters, nicht ungewöhnlich war, Faktenmaterial als Quelle für die eigene Imaginationskraft zu sammeln. Ferner tendierte die Reportage als Kunstform längst zu farbigen, ja suggestiven Darstellungsweisen. Bemerkenswert ist die Konsequenz, mit der der gelernte Politikwissenschaftler und Soziologe zwar exakt recherchierte, sein Wissen aber letztlich in den Dienst der Fiktion stellte. Die Kritik hat mit Bezug auf einige seiner Bücher von »Reportageromanen« gesprochen: Die materielle und soziale Not im nordöstlichen Brasilien wird im Monolog eines Fremden vor einem soeben verstorbenen Kind, der kleinen Fatima, vergegenwärtigt (*Wunderwelt. Eine brasilianische Begegnung,* 1979).

Loetschers erstes Buch trug den Titel *Abwässer – ein Gutachten* (1963). Worum geht es? Zunächst: Die nüchterne Ankündigung hält, was sie verspricht. Ein »Inspektor der Abwässer« erstattet der Regierung auftragsgemäß Bericht über die Kanalisation einer Stadt und über die für sein Amt (um das er sich auch für die Zukunft bewirbt) erforderliche Qualifikation. Dabei bleibt es jedoch nicht: Er fügt Geschichten ein (zuweilen genügen ihm auch Hinweise auf Merkwürdigkeiten), die *über* den unterirdischen Gewässern spielen, aber eine für die Beteiligten mehr oder weniger verborgene Beziehung zu ihnen haben. Der Inspektor weiß mehr über die Menschen des Gemeinwesens, die über und mit den Abwässern leben, als was sie den Unkundigen erkennen lassen, sein Blick ist für die geheimen und dunklen Ströme ihrer Seelen geschärft. Der Erzählton ist nicht elegisch. Trauer und Lachen, Schönheit und Grauen wechseln einander ab.

Loetschers Sympathie für das Utopische hielt ihn nicht davon ab, dem Erreichbaren tatkräftig nachzustreben. Der auch mit Bezug auf die schöngeistige Literatur hochgebildete Redakteur (»keine Alpen ohne den Zauberberg, und keine Anden ohne den großen Gesang von Neruda, kein Manhattan ohne den Transfer von Dos Passos und keine Mancha ohne die Windmühlen von Don Quichotte«) blieb stets auch ein geachteter Bürger. Anders NIKLAUS MEIENBERG (1940–1993): Für eine Reihe seiner Leser und für eine Reihe der Zeitungsredaktionen überschritt die Auseinandersetzung mit der Schweiz, die der »Guerillero/Rambo mit Kopf und Schreibmaschine«, der »ewige Berserker«, die »journalistische Saftwurzel« führte, auf nicht tolerier-

bare Weise gebotene Grenzen. In einer »Berufsberatung« *Wer will unter die Journalisten* (1972) beschreibt
er Arbeitsplatz und Erfahrungen eines resignierten
Kollegen:

Nun sitzt er still hinter seinem Pültchen und redigiert. Ge-
striegelt und geputzt. Heruntergeputzt. Brauchbar. Gereift.
Ein angesehenes Mitglied der Redaktion mit seinem launigen
Stil. Er hat gemerkt, dass zwischen Denken und Schreiben ein
Unterschied ist, und so abgestumpft ist er noch nicht, dass er
glaubt, was er schreibt. Aber er sieht jetzt ein, dass Journalis-
mus eine Möglichkeit ist, sein Leben zu verdienen, so wie Erd-
nüsschen verkaufen und Maronirösten.

Peter Bichsel

Meienberg ließ sich nicht »herunterputzen« und
machte keinen Unterschied zwischen Denken und
Schreiben, darum hielt er es in keiner Redaktion lange
aus – nicht einmal als freier Korrespondent. Er arbeitete für die *Neue Zürcher Zeitung* (ungedruckt), die
Weltwoche (Bruch 1969), den *Tages-Anzeiger* (Schreibverbot 1976), für den *Stern* (»ein Haifischaquarium,
wo jeder nach dem fettesten Brocken und jeder nach
jedem schnappt und wo die Haifische sich in Sardinen
verwandeln, sobald die obersten Chef-Haifische erscheinen«). Er verfasste an die 300 Texte, die auch in
Buchform erschienen (*Reportagen aus der Schweiz*,
1975; *Die Erschießung des Landesverräters S.*, 1976; *Ein*
Hitler-Attentat, 1980; *Heimsuchungen*, 1986). Seine Re-
cherchemethoden »nicht auf den Hauptstraßen, sondern auf Nebenwegen«, und hohe literarische Qualität
zeichnen seine Arbeit aus, Peter von Matt sieht ihn in
der Tradition Heines: »Die Bandbreite der Formen,
die Fülle der Bilder, die Fülle der literarischen Mittel,
die er in einem scheinbar einfachen Text zusammen-
bringt, das macht ihn so einzigartig.« Dem »totalen
Erwartungsdruck, einerseits von rechts (was macht er
jetzt wieder Böses?) und von links (was tut er wieder
für uns?)«, hat er wohl auf Dauer nicht standgehalten,
er schied freiwillig aus dem Leben.

»Die Realität erschlägt die Phantasie« – auch RETO
HÄNNY (1947) musste diese Erfahrung machen und
stellte den Satz des Österreichers Josef Winkler als
Motto seiner Aufarbeitung der Ereignisse des Jahres
1980 in *Zürich, Anfang September* (1981) voran, als die
Polizei »in einem das Leben, das Andere fürchtenden
Land« mit brutaler Gewalt gegen Jugendliche vorging.
Über den Vorgang vermag Hänny keine Reportage zu
schreiben, er ist involviert, versucht als Beteiligter in
einer genauen, komplizierten, poetischen Sprache die
dem Geschehen zugrunde liegenden Mechanismen zu
eruieren. Sprache und Schrift besitzen für ihn eine ei-

gene Dynamik, »führen den ersten Einfall des Schriftstellers […] in unvermutete Richtungen, und nur dort,
im dichtesten Wald der Zusammenhänge, von denen
ich nichts ahnte, bevor ich zu schreiben begann, finde
ich meinen mir eigenen Weg; erwachsen, ohne mein
Zutun, Bedeutungen; schreibend entdecke ich eine
Welt: *meine* Welt.« So werden dieser sowie andere Texte (*Ruch – ein Bericht*, 1979; *Flug*, 1985; *Am Boden des*
Kopfes. Verwirrungen eines Mitteleuropäers in Mittel-
europa, 1991) zu Gesamtkompositionen, in denen er
Momente des historischen, politischen und kulturellen Umfelds kritisch beleuchtet.

Unter den Autoren, deren im engeren Sinn poetisches
Werk durch autobiografisch geprägte nichtfiktionale
Schriften eine wesentliche Ergänzung erfährt, ist zu-
allererst Max Frisch zu nennen.

Max Frisch (1911–1991) – Tagebücher

Der in Zürich geborene Sohn eines Architekten studierte
nach dem Abitur zunächst 1931–33 Germanistik in Zürich,
arbeitete als Reporter (seit 1931 freier Mitarbeiter der *Neuen*
Zürcher Zeitung) in der Tschechoslowakei und in den Bal-
kanländern, studierte dann 1936–40 Architektur, unterhielt
von 1941–55 in Zürich ein Architekturbüro, wandte sich
aber immer stärker der Literatur zu. Heiratete 1942 Constanze von Meyenburg (1955 Scheidung). Begegnungen mit
Peter Suhrkamp und Bertolt Brecht. Wechselnde Wohnsitze, u. a. Rom (1960–65 mit Ingeborg Bachmann), Berzona
(Tessin), Berlin und New York. 1958 Büchner-Preis, 1976
Friedenspreis des Deutschen Buchhandels. Gestorben in
Zürich.

»Lebensgang und intellektuelle Entwicklung, Werkge-
schichte und persönliche Daseinserfahrung« erscheinen bei Max Frisch »eng miteinander verknüpft«
(J. H. Petersen). Autobiografische und essayistische
Aufzeichnungen sind neben Drama und Erzählprosa
für das Gesamtwerk von großer Bedeutung. Reise-

schilderungen und -skizzen stehen am Beginn seiner publizistischen Tätigkeit, auch Erfahrungsberichte in Tagebuchform (*Blätter aus dem Brotsack. Tagebuch eines Kanoniers*, 1940). Noch bei anderer Gelegenheit hat sich Frisch des Journals bedient (*Tagebuch mit Marion*, 1947). Als ertragreich erwies sich diese Form besonders dann, wenn sie keiner thematischen Einengung unterlag, sondern ungebunden, bruchstück- und bekenntnishaft ausbreitete, was den Schreiber beschäftigte. In dieser für ihn charakteristischen Weise hat Frisch schon früh Stoffe und Motive behandelt, die dann, oft nur wenig verändert, in seinen Stücken und Romanen wiederkehrten. Die Anregung, das *Tagebuch mit Marion* fortzusetzen, stammte von Peter Suhrkamp, der den bis dahin nicht sonderlich erfolgreichen Schreiber für seinen Verlag gewann (*Tagebuch 1946–1949*, 1950). Der gelernte Architekt beschrieb europäische Städte, der angehende Dramatiker Begegnungen mit Brecht und skizzierte neue Stücke, der künftige Erzähler steuerte Kurzgeschichten und Anekdoten bei – dies alles und mehr – ästhetische Aphorismen, Reflexionen – ergab das Bild eines vielseitigen Talents und eines ohne Einschränkung der Gegenwart zugewandten Menschen, der klarer und kühler dachte als der Rezensent der *Neuen Zürcher Zeitung*, den man mit Beiträgen über Carossa, Wiechert und verwandte Autoren möglicherweise noch in Erinnerung hatte.

Eine weitere Publikation, die auch politische Tagesfragen wie den Prager Frühling und den Vietnamkrieg erörtert, folgte, als Frisch bereits international arriviert war (*Tagebuch 1966–1971*, 1972). Der protokollierende Berichtstil (nicht immer ohne modernistischem Anflug) war Frisch offensichtlich so gemäß, dass er ihn auch für seine Erzählwerke von *Stiller* und *Homo faber* bis *Montauk* verwendete.

Eine Anzahl von (Dankes-)Reden und öffentlichen Stellungnahmen, die als Forderung des Tages zu leisten waren, ergänzen das essayistische Werk. Das Bändchen *Wilhelm Tell für die Schule* (1971) bot noch einmal Gelegenheit für eine ironisch gefärbte, entmythisierende Auseinandersetzung. (→ S. 541)

Helvetische Bewältigungsversuche

ADOLF MUSCHG sammelte seine Essays und Reden, die sich mit der Schweiz und ihrem Verhältnis zu Europa befassen, in dem Band *Die Schweiz am Ende. Am Ende die Schweiz. Erinnerungen an mein Land vor 1991* (1990). PAUL NIZON analysierte die Schweiz im *Diskurs in der Enge* (1970) und in *Swiss made. Porträts, Hommagen, Essays* (1971). Die Schweiz bedeute »Engnis der Enge«, die erzählende Literatur leide »eindeutig an Stoffschwierigkeiten« und komme ohne »Weltanschauung« nicht aus. Flucht in verschiedenster Form sei die Konsequenz. Auch Nizon »floh« 1977 nach Paris. Diese Flucht behandelte der »Autobiografie-Fiktionär«, wie er sich in seinen Frankfurter Poetik-Vorlesungen (*Am Schreiben gehen*, 1985) bezeichnet. Notizen (*Das Auge des Kuriers*, 1994), Essays (*Über den Tag und durch die Jahre*, 1994), ein Journal (*Die Innenseite des Mantels*, 1996) und eine Reisebeschreibung (*Abschied von Europa*, 2003) sammeln bis in die jüngste Gegenwart seine Reflexionen. HEINRICH WIESNER (1925) bezeichnete die von ihm in *Schauplätze* bevorzugte Form historischer Vergegenwärtigung als »Chronik«, in die er, scheinbar kommentarlos – der unausgesprochene Kommentar ergibt sich aus dem gesammelten Material und seiner Anordnung – eintrug, was er »nicht gewusst« habe. Der »heutige Lichtenberg der Schweiz«, als den die Kritik Wiesner ob seines aphoristischen Talents begrüßte, ging den Fragen, die ihn beschäftigten, auf den Grund, Lakonismus bildete den Ausdruck seines rauen Ernstes. Ihn ärgerten das Militär (»Der Krieg beginnt beim Gefreitenwinkel«), die Kirche (»Welcher Gott denn ist tot?«), die gefälligen Spießer (»Wer sich nach jeder Seite verbeugt, zeigt auch jeder den Hintern«), die vorschnellen Antworten (»Schlagfertigkeit liefert Denken als Fertigprodukt«), und er ließ sich in seinem Trotz nicht beirren (»Schreiben, um einmal Deutsch zu reden«). Wie viele Schweizer Dichter war er Lehrer und strich sich gewissermaßen selbst alle unnötigen Adjektive an (*Lakonische Zeilen*, 1965; *Die Kehrseite der Medaille. Neue lakonische Zeilen*, 1972). Seine Auseinandersetzung mit der übermächtigen Figur des Vaters währte lang (*Der Riese am Tisch*, 1979). Der Sohn eines Steinbrucharbeiters und Kleinbauern hatte einen mühsamen Bildungs- und Berufsweg durchlaufen – geordneter immerhin als der von WALTER MATTHIAS DIGGELMANN, dem unehelichen Sohn einer Vollwaisen, dem Gefängnis und Heilanstalt nicht erspart blieben. Die Stationen seiner Biografie sind in den Erfahrungen seiner Romanfiguren gespiegelt, aber er hat auch offen autobiografische Texte hinterlassen. Sein letztes Lebensjahr beschreibt der Bericht *Schatten. Tagebuch einer Krankheit* (1979).

Zusehends kritischer stellte sich PETER BICHSEL zur Schweiz, wie sein Aufsatz *Des Schweizers Schweiz* (1969) erkennen lässt. Die Folge war ein direktes Engagement in der Kommunal- und Landespolitik, das wiederum zu einer größeren Zurückhaltung als »nur« schöngeis-

tiger Schreiber führte. Bichsels *Geschichten zur fal-*
schen Zeit (1979) stellen eine erste Sammlung seiner
Zeitungskolumnen dar, die er für sich selber unter-
treibend »Politschnulzen« nannte. Danach erschienen *Irgendwo anderswo. Kolumnen 1980–1985* (1986),
Im Gegenteil. Kolumnen 1986–1990 (1990), *Gegen un-*
seren Briefträger konnte man nichts machen. Kolum-
nen 1990–1994 (1995), *Alles von mir gelernt. Kolumnen*
1995–1999 (2000). Bichsel wurde als Kolumnist viel gelesen. Politischen Aufsätze aus zwanzig Jahren sammelt der Band *Die Totaldemokraten* (1998).
Auseinandersetzung mit der Schweiz bedeutete allerdings auch Loslösung von der Welt bürgerlichen Herkommens und seinen bereits als anachronistisch empfundenen Sicherheiten. Der von Fritz Zorn in *Mars*
geschilderte Konflikt findet sich (als Krise, nicht als
Katastrophe) bei KURT GUGGENHEIM (1896–1983) in
seinem Bericht *Sandkorn für Sandkorn. Die Begegnung*
mit J.-H. Fabre (1959), in dem er einleitend seine Anfänge als Schriftsteller beschreibt, bereits vorgebildet.

Die Unaufrichtigkeit meiner damaligen Lebensführung war
weniger äußerlicher denn innerlicher Art. Sohn eines Kauf-
manns, bestimmt, dessen Nachfolge anzutreten, und bereits
auch in dessen Kontor tätig, im Hause der Eltern durchaus
eingeordnet in bürgerliche Wohlhabenheit, ironisierte und
belächelte ich bei jeder Gelegenheit dieses auf Besitz und
Gelderwerb sich gründende Dasein. Aus Gerechtigkeit, aus
Mitleid mit den Armen, aus politischen Gründen – das sozia-
listische, das soziale Zeitalter hatte begonnen, – wegen per-
sönlicher, psychologischer Ursachen, – eine neue Generation
zog herauf und schickte sich an, die am Weltkrieg und seiner
ihm nachfolgenden Wirrnis schuldigen Väter zu stürzen –
war ich gegen das unmoralische Leben der Villenbesitzer am
Zürichberg, zu denen wir gehörten. Obgleich ich in der kanto-
nalen Handelsschule eine erstklassige kaufmännische Ausbil-
dung genossen hatte, war ich außerstande, in der Ausübung
des Handels im Allgemeinen und in der Kolonialwaren-
agentur meines Vaters im Besonderen, etwas Notwendiges
und der Gemeinschaft Nützliches wahrzunehmen. […] Ich
wurde bolschewistischer Tendenzen geziehen, auch meine
Vaterlandsliebe wurde angezweifelt, worauf ich frech zu ent-
gegnen pflegte, der Patriotismus zeige sich nicht in Worten,
sondern, in Friedenszeiten, in einer wahrheitsgemäß ausge-
füllten Steuerdeklaration.

Wolfgang Hildesheimer (1916–1991)

Geboren in Hamburg, wanderte 1933 mit seiner Familie
nach Palästina aus, lebte von 1937–39 in London, danach
wieder als englischer Informationsoffizier in Palästina.
1946–1949 Dolmetscher beim Nürnberger Prozess, seit
1950 freier Schriftsteller. 1966 Büchner-Preis. Nahm seinen
Wohnsitz in der Schweiz. Gestorben in Poschiavo (Graubünden).

Wolfgang Hildesheimer

Dass Hildesheimer kein bodenstämmiger Schweizer
Autor war, lassen *Die letzten Zettel* erkennen, deren
Veröffentlichung 1986 sein Verstummen als Schriftsteller begleitete. Da hat er neben anderen Materialien
und Einfällen gesammelt, was kein Einheimischer zur
Verwertung vorgesehen hätte, Anzeigen (»Laut Bünd-
ner Zeitung gestorben: Luzi Flütsch-Flütsch; Nachruf auf die jüngst verstorbene Ida Wütschi-Bratschi
1904–1979«) und Schweizer Ortsnamen (»Rotzloch,
Vuorz, Niederbipp, Vaz, Untervaz, Hunzenschwil.
Andererseits: Winterthur, Solothurn, Ilanz, Malans«).
Die »Ernst-Unernst-Skala« der *Letzten Zettel* war, wie
er bekannte, »weit«. In dem großen Melancholiker
steckte, wie selbstverständlich, ein bedeutender Humorist, der Schwermut folgte der Spaß.
Wie andere deutsche Autoren war Hildesheimer beeindruckt vom in Frankreich aus dem Theater des
Existenzialismus von Samuel Beckett, Eugène Ionesco
und Arthur Adamov weiterentwickelten Theater des
Absurden, einem Theater, das seine Thesen nicht mehr
philosophisch erörterte, sondern unvermittelt in seine
Formensprache umsetzte. Er war jedoch der Einzige,
der sich in einer Theorie des Absurden versucht hat.

Das Absurde war selbstverständlich für die Literatur keine neue Erfahrung, aber in der zertrümmerten und entgötterten Welt nach 1945 schlug seine Stunde, und wenn man mit der Erfahrung des Absurden nicht wie mit einer Mode umging (was ebenso selbstverständlich weit verbreitet war), sondern es ernst meinte, waren die Konsequenzen unübersehbar.

Ein Vortrag Hildesheimers in Erlangen 1960 behandelte das absurde Theater, Vorlesungen in Frankfurt 1967 absurde Prosa (James Joyce und Georg Büchner) inhaltlich mit relativ geringen, auf die Eigenart der Gattungen beschränkten Unterschieden. Das Kernthema erörterte Hildesheimer im Anschluss an Camus, ohne doch wie dieser ein letztlich positives Resümee zu ziehen. In einer Welt ohne Transzendenz bleibt die Würde des Menschen – so Camus' *Der Mythos von Sisyphos* – durch seine Revolte gegen das unveränderliche Schicksal bewahrt (*Le mythe de Sisiphe. Essay sur l'absurde*, 1942). Wie Camus' Roman *Die Pest* lehrte, eröffnete sich ihm darüber hinaus der Weg praktischer Solidarität (*La peste*, 1947).

Hildesheimer kam zu einem anderen, ungleich pessimistischeren Ergebnis. »Der absurde Dramatiker mag – so denke ich – im Leben bereit sein, sich für eine gute Sache einzusetzen, auch wenn sie, wie gute Sachen es nun einmal an sich haben, verloren ist. Im Theater aber sind weder die gute Sache noch sein Einsatz am Platz.« Er erblickte die Aufgabe der Literatur des Absurden vielmehr darin, den Menschen immer von neuem mit seiner Situation zu konfrontieren, damit er sich mit der Vernunftwidrigkeit der Welt abfinden lerne. Zugleich sah er ein, dass sich das Publikum mit einer Haltung konstanter Melancholie nicht zufrieden geben würde. Damit war der Autor, der zu seiner Botschaft stand, am Ende seiner Sendung. Die Wirklichkeit versagte sich ihm.

Das Verhältnis von Realität und Fiktion war eines der zentralen Themen Hildesheimers, wohl das wichtigste überhaupt, und verwehrte ihm zuletzt die Worte. Denn was gab es noch zu sagen, wenn man wie er die Auffassung bezweifelte, »dass die Erfindungen des Schriftstellers noch das Gewicht erlangen können, einer großen humanen Sache zu dienen«? Er erklärte den Versuch, »unsere Situation anhand fiktiver Modelle in den Griff zu bekommen«, für »gescheitert« (*Vom Ende der Fiktionen*, 1975). In einem Interview hat er diese Überzeugung später noch entschiedener formuliert:

Es ist mir unverständlich, wie sich jemand heute noch hinsetzen und eine fiktive Geschichte schreiben kann, die unsere

Gesellschaft oder Symptome unserer Gesellschaft wiedergibt, der Schriftsteller unserer Zeit hat von unserer Realität keine Ahnung mehr. (Stern, 14.4.1984)

In dem Sammelband *Das Ende der Fiktionen* (1984) weisen 13 zu den Themen Kunst, Künstler und Judentum gesammelte Reden auf Hildesheimers Pessimismus hin, der für die Literatur keine Zukunft sieht. Damals erklärte er, dass er nun nicht mehr schreiben werde. Er verstummte als Autor nicht völlig, aber er suchte immer wieder den Gestus des Schweigens zu betonen, der seinem Werk von Anfang an eingeschrieben gewesen war.

Er blieb auch skeptisch, was die Darstellung von Wirklichkeit betraf, obwohl ihm mit seinem *Mozart* (1977) ein zu Recht bewundertes Werk moderner Biografik (und zugleich sein auch international erfolgreichstes Buch) gelungen war: Seine Zweifel (das Buch wuchs langsam) hatten sich als produktiv erwiesen, er hatte nicht die Illusion der Nähe genährt, sondern die Fremdheit des Genies gezeigt. Was so entstand, ist die Frucht einer lebenslangen besonderen Faszination, doch hat Hildesheimers enges Verhältnis zur Tonkunst auch in anderem Zusammenhang seinen Niederschlag gefunden (*Die Musik und das Musische*, 1967).

Der historischen Biografie als Gattung stand Hildesheimer dezidiert misstrauisch gegenüber. In den Anmerkungen zu *Mary Stuart. Eine historische Szene* (1971) erklärte er sie für »bestenfalls Spekulation, schlimmstenfalls Kitsch«. Ein Erzählversuch über den Roncalli-Papst *Exerzitien mit Papst Johannes. Vergebliche Aufzeichnungen* (1979) wurde aufgegeben, denn in der Dreieckskonstellation Gott-Papst-Autor, von der Hildesheimer ausging, war »dieser Papst für den Autor weniger fassbar als Gott für den Papst«.

Bei der Arbeit am *Mozart*, so erklärte Hildesheimer in einem Interview, habe er begriffen, dass man eigentlich nur über den eine Biografie schreiben könne, »der nicht existiert hat«. Diese Möglichkeit ergab sich für ihn mit *Marbot* (1981), der Lebensdarstellung eines englischen Kunsthistorikers aus dem ersten Drittel des 19. Jahrhunderts, bei der es sich im Hinblick auf das historische Ambiente um eine faktengetreue Biografie handelt (zahlreiche historische Persönlichkeiten sind in Marbots Leben hineinverwoben und werden aus dem Blickwinkel des Wissenschaftlers dargestellt), die Hauptfigur jedoch ist eine fiktive Gestalt. Im Erfinden von Lebensläufen hatte Hildesheimer sich bereits in seinen *Lieblosen Legenden* (1952) mit satirischem Augenzwinkern geübt. Diesmal war es ihm »todernst, buchstäblich todernst. [...] In *Marbot* [...] ist ein Leben geschildert, und zwar so wie es nach meiner Meinung geschildert werden sollte, hätte es Marbot gegeben.«

(→ S. 548, 556)

Kurt Marti (1921)

Geboren in Bern, studierte nach zwei Semestern Rechtswissenschaft Theologie in seiner Vaterstadt und in Basel (u. a. bei Karl Barth). Arbeitete im Dienst der ökumenischen Kirche ein Jahr in Paris, wurde dann Pfarrer in Leimiswil, Niderlenz und 1961–83 an der Nydeggkirche in Bern. Kolumnist in der Zeitschrift *Reformatio*.

Marti, Theologe und Humanist, sammelte kritische Reflexionen u. d. T. *Moderne Literatur. Entwurf zu einer Begegnung zwischen Glaube und Kunst* (1963) und *Die Schweiz und ihre Schriftsteller – Die Schriftsteller und ihre Schweiz* (1966). Er hat mehrere Bände mit gesammelten Predigten vorgelegt, von dem »politischen Tagebuch« *Zum Beispiel Bern 1972* (1973), dessen Publikation zu einem Prozess führte, wölbt sich ein Bogen zu den »Notizen« des Prosabandes *Zärtlichkeit und Schmerz* (1979), die das gesellschaftliche, zugleich christliche Engagement des Autors akzentuieren. Der Band schließt mit dem Satz: »Wunsch, dass Gott ein Tätigkeitswort werde.«

In den Achtzigerjahren wirkte Marti auf seine Leser vor allem durch weitere Tagebuchpublikationen. Vermehrt autobiografische Züge trägt der Band *Unruhe und Ordnung. Aufzeichnungen, Abschweifungen 1980 bis 1983* (1984). Angeregt durch Fragen, die an den Schreiber herangetragen wurden, wechseln chronologisch angeordnete Eindrücke des Tages mit ausgedehnten Reflexionen über die eigene Herkunft und das mit diesen Erfahrungen verbundene Bild der Welt und des Menschen. Die für Mitteilungen und Darstellungsweisen unterschiedlichster Art offene und authentisch erscheinende Form des Diariums hat durch Marti eine fesselnde Variation erfahren. Zugleich bezeichnend und tragikomisch berührt, dass die Spannungen der Biografie, auf die der Titel verweist, durch einen Fehler in der Herstellung zunächst gerade verdeckt wurden – »Ruhe und Ordnung« stand in der ersten Ausgabe zu lesen. Es folgten das betont umweltbezogene *Tagebuch mit Bäumen* (1985) und *Högerland. Ein Fußgängerbuch* (1990), das, unter besonderer Berücksichtigung der Marti vertrauten Gegend um Bern, die gefährdete schweizerische Landschaft ins Blickfeld rückt (»Höger« = Hügel). Der Band *Red' und Antwort. Rechenschaft im G'spräch* (1988) sammelt Zeitungsinterviews aus einem Vierteljahrhundert.

(→ S. 551)

Drama. Hörspiel und Fernsehspiel

Ob die Schweizer, die Deutschschweizer zumal, denn eigentlich dramatisch begabt seien, oder ob ihnen, Abkömmlingen eines bäuerlichen Landes, nicht vielmehr die von ihren bedeutendsten Dichtern bevorzugte epische Form die gemäße wäre, ist in der Schweiz wiederholt erörtert worden, gelegentlich sogar mit dramatischer Heftigkeit. Nach dem Ende des Zweiten Weltkriegs konnte der Streit vorübergehend als erledigt gelten. Max Frisch und Friedrich Dürrenmatt nahmen eine Reihe von Jahren auf den Bühnen des deutschen Sprachraums den ersten Platz ein und gewannen weltweit Ansehen. Danach wurde es um Schweizer Dramatiker wieder still, die eingangs genannte Frage war somit wieder aktuell, verlockte aber kaum noch zur Diskussion. Die Generation nach Frisch und Dürrenmatt war nicht arm an Autoren, aber ihr bevorzugtes Feld blieb die Erzählliteratur, und Ausflüge in die Bühnenkunst bildeten eher die Ausnahme. Dem Theater insgesamt fehlte es nicht an einem unterstützungswilligen Publikum, eher schon an kluger Wegweisung. Es war der Lyriker und Kritiker HANS RUDOLF HILTY (1925–1994), Herausgeber der für neue Entwicklungen aufgeschlossenen Literaturzeitschrift *hortulus* (1951 bis 1964), der 1964 eine Reihe von Einaktern und Szenen verschiedener Autoren u. d. T. *Modernes Schweizer Theater* veröffentlichte.

Max Frischs Bühnenwerk

Frischs erstes Bühnenstück *Santa Cruz* entstand 1944, zwei Jahre später wurde es, wie fast alle seine noch folgenden Stücke, im Zürcher Schauspielhaus uraufgeführt. Es berichtet von einer Frau, die zwei Leben lebt, eines mit ihrem Gatten, einem Militär, Schlossbesitzer und Mann der Ordnung, und ein zweites mit einem Abenteurer, dem »Vaganten« Pelegrin, dem sie einmal realiter, später nur noch in ihren Träumen nach Santa Cruz, dem Ort der Sehnsucht, gefolgt ist. Mit der Rückkehr des alt gewordenen Abenteurers, der bei der Wiederbegegnung im Schloss der Eheleute stirbt, endet die betont lyrische »Romanze«.

Noch bevor *Santa Cruz* gespielt wurde, war Frischs zweites Stück, *Nun singen sie wieder* (1945), der »Versuch eines Requiems«, zur Aufführung gelangt, seiner Dramaturgie nach fast ein Traumstück wie die Abenteuerromanze. Aber das gilt nicht für den Inhalt: Es geht um den Gesang im Krieg erschossener Geiseln, den die Überlebenden hören, kein privates Drama mithin, sondern ein gesellschaftliches und zu einem

Zeitpunkt in Szene gesetzt, als in Westdeutschland und in Österreich an eine solche Auseinandersetzung noch nicht zu denken war.

In *Die Chinesische Mauer. Eine Farce* (U. 1946, Neufassung 1955) scheint die Zeit aufgehoben: Das Personal besteht neben dem »Heutigen«, der als Erzähler auftritt, dem »glorreichen Kaiser Tsin Sche Hwang Ti« und weiteren, chinesischen Figuren, noch aus einem Dutzend aus Literatur und Geschichte berühmter Persönlichkeiten, im Inhaltsverzeichnis »Masken« genannt. Es sind, wie der »Heutige« sie nennt, »Figuren, die unser Hirn bevölkern, und insofern [...] durchaus noch lebendig«, aber keineswegs in fragloser Übereinstimmung mit ihrer Rolle.

Der Spanier: *Mein Name ist Don Juan.*
Der Heutige: *Von Sevilla? Don Juan Tenorio?*
Don Juan: *Sie irren sich! Sie kennen mich vom Theater –*
(Ad spectatores): *Ich komme aus der Hölle der Literatur. Was hat man mir schon alles angedichtet! Einmal nach einem Gelage, das ist wahr, ging ich über den Friedhof (der Abkürzung wegen) und stolperte über einen Totenkopf. Und musste lachen, Gott weiß warum. Ich bin jung, ich hasse das Tote; das ist alles. Wann habe ich Gott gelästert? Das beichten die Ehebrecherinnen von Sevilla, und ein Pfaff, Gabriel Tellez, hat es in Verse gebracht; ich weiß. Strafe Gott ihn für seine dichterische Phantasie! Einmal kam ein Bettler, das ist wahr, und ich hieß ihn fluchen, denn ich bin ein Tenorio, Sohn eines Bankiers, und mir ekelte, in der Tat, vor den Almosen der Tenorios. Was aber wissen Brecht und sein Ensemble sonst von mir? Im Freudenhaus, das ich nicht nötig habe, spiele ich Schach: schon hält man mich für intellektuell. Liebe zur Geometrie! Was immer ich tue oder lasse, alles wird mir verdeutet und verdichtet. Wer hält das aus? Ich möchte sein, jung wie ich bin, und nichts als sein. Wo ist das Land ohne Literatur? Das ist es, meine Damen und Herren, was ich suche: das Paradies.*

Die Haupthandlung kreist um ein zur Zeit der Niederschrift des Stücks noch unvertrautes Phänomen, das ein nie vorher gekanntes Schreckenspotential enthält: die Atombombe, die alle bisherigen Schutzmaßnahmen – und wären sie so gewaltig wie die Chinesische Mauer – außer Kraft setzt. Ohne Optimismus, aber entschieden argumentiert der Autor für neue politische und gesellschaftliche Verhaltensweisen in der durch die Entdeckungen der Physik veränderten Welt. Dabei ist ihm nur zu genau bewusst, dass die Gefahren, die den Menschen bedrohen, im Menschen selbst schlummern und die seltenen Fälle, in denen ein Einzelner der tödlichen Regel zu widerstreiten wagt, die Ausnahme bleiben (*Als der Krieg zu Ende war*, U. 1949; *Graf Oederland*, U. 1951, umgearbeitet 1956 und 1961).

Was Frischs geistige Haltung bestimmte, zugleich auszeichnete, war die kritische Neugier und Offenheit des durch kein einengendes Vorverständnis gebundenen Intellektuellen. Diese ihm als Lebensrolle gemäße Existenzform füllte er verantwortungsbewusst aus. Als Theaterdichter blieb er Brecht und seinem Verständnis der sozialen Zeitprobleme verpflichtet, wahrte aber dennoch Abstand. Wie Dürrenmatt in seinem Essay *Theaterprobleme* (1955) hätte Frisch sagen können: »Brecht denkt unerbittlich, weil er an vieles nicht denkt.«

In der Komödie *Don Juan oder Die Liebe zur Geometrie* (U. Zürich/Berlin, 1953, Neufassung 1962) liebt Don Juan nicht die Frauen, sondern die Geometrie und verlässt die Frauen, um sich nicht zu verlieren. Aber er endet als Gefangener einer Frau, obwohl er so weit geht, seine Höllenfahrt vorzutäuschen. Don Juan ist gefangen im öffentlichen Vorurteil, das er nicht gewollt hat, dem er aber erst spät zuwiderhandelte, festgelegt auf ein bestimmtes Tun und sein notwendiges Ergebnis. Der Verführer ist zum Verführten geworden, ein Opfer seines Rufs, der ihm Taten auferlegt, vor denen er flieht. Die Ironie dieser Komödie liegt darin, dass der Kampf des Don Juan gegen das Bild, das alle von ihm haben, eine ständige Bestätigung dieses Bildes ist.

Eine Anmerkung von Frisch besagt: »Ein reflektierter Don Juan also! [...] Dann allerdings ist sein Medium [...] das Theater, das darin besteht [...], dass es zu Verwechslungen kommt.« In dem bitteren, politisch hintergründigen Spiel *Biedermann und die Brandstifter. Ein Lehrstück ohne Lehre* (U. 1958) muss es der spießige und geschäftstüchtige Biedermann büßen, dass er das Böse nicht erkennen will. Seine Kompromissbereitschaft veranlasst ihn, zwei Brandstiftern Hilfe zu leisten, bis er mit diesen zusammen verbrennt. Dieses Drama ist – neben *Stiller* – Frischs wichtigste Auseinandersetzung mit der von ihm als problematisch angesehenen Mentalität der Schweiz.

In *Andorra* (U. 1961), einem »Stück in zwölf Bildern«, auf das im Tagebuch bereits die Skizze *Der andorranische Jude* hinweist, nimmt ein junger Mann, fälschlich für einen Juden gehalten, schließlich die Rolle an, die das Vorurteil ihm zudiktiert, und geht an seiner Umwelt, die sich bedenkenlos an ihm versündigt, zugrunde. Die Mahnung, sich von seinem Nebenmenschen kein vorgefasstes Bild zu machen, wird hier zu einem Gericht über Heuchelei und Selbstgerechtigkeit. *Biographie: Ein Spiel* (U. 1968) setzt den Versuch in Szene, das Leben aufgrund der gewonnenen Einsichten mit anderem Ergebnis noch einmal zu leben. Der Versuch misslingt dem Mann, der die Frau, von der er sich

scheiden lässt, noch einmal heiratet, ihr gelingt er –
sie geht einfach fort. *Triptychon. Drei szenische Bilder*
(deutsche Erstaufführung Wien, 1981) wurde zunächst
auf französischen und polnischen Bühnen gespielt.
Die Szenen handeln von Liebe, vorzugsweise aber von
Sterben und Tod, der als eine Erstarrung des Lebens
aufgefasst wird: Es ergibt sich nichts Weiteres mehr,
was geschehen ist, ist geschehen, und das ist alles. Auch
im Schattenreich kommt man mit der Geliebten nicht
weiter, denn weder sie noch man selbst haben sich
geändert. Bleibt man aber nach dem Tod des Partners
im Leben allein zurück, ist der Vorwurf, nicht geliebt
zu haben, unerträglich. Wie ein zweiter Orpheus folgt
der Liebende der dritten Szene der Geliebten, aber
nicht, um sie ins Leben zurückzuholen, sondern um
wie sie zu enden.   (→ S. 547, 554)

Friedrich Dürrenmatt (1921–1990)

Der in Konolfingen (Kanton Bern) geborene Pfarrerssohn,
Enkel des Politikers und Herausgebers der *Berner Volkszeitung* Ulrich Dürrenmatt, studierte in Bern und Zürich
Literatur, Philosophie und Naturwissenschaften, verzichtete darauf, zu promovieren, arbeitete als Grafiker, Journalist (Theaterkritiker) und Kabarettist, zunehmend aber als
freier Schriftsteller. Er erhielt 1986 den Büchner-Preis. In
Neuchâtel, wo er seit 1952 wohnte, gestorben.

Als Dürrenmatts erstes Stück *Es steht geschrieben* (U.
1947; Neufassung 1967 u. d. T. *Die Wiedertäufer*) im
Zürcher Schauspielhaus uraufgeführt wurde, war die
Höflichkeit des Publikums noch polizeilich gewährleistet. Pfeifen war in einem Schweizer Theater nicht
erlaubt, Zuwiderhandelnde wurden aus dem Saal befördert. An diesem Abend aber pfiffen zunächst so viele, dass die Polizei machtlos war. Es waren die Schauspieler, die die Aufführung retteten und zuletzt sogar
zu einem erfolgreichen Abschluss brachten.
Um Glaubensfragen kreist auch das auf der Bühne
wenig erfolgreiche, von Dürrenmatt zurückgezogene
Drama *Der Blinde* (U. Basel, 1948), das in der Zeit des
Dreißigjährigen Krieges spielt. Im Mittelpunkt steht
ein blinder, greiser Herzog, ein neuer Hiob, der von
einem intrigierenden Nihilisten über die wahre Lage
seines Landes – das er im Frieden und glücklich wähnt
– getäuscht wird. Der gewissenlose Abenteurer steigt
zum Statthalter auf, tötet den Sohn des Herzogs, verführt seine Tochter – dies alles in der teuflischen Absicht, den Glauben des Fürsten zu zerstören. Aber er
höhnt vergeblich, sein Werk misslingt.
Dürrenmatt war zumindest damals noch ein religiös,
ja theologisch bestimmter Schriftsteller, er entwickelte

Andorra, Regie Fritz Kortner, Schiller Theater Berlin 1962,
Klaus Klammer als Andri

sich jedoch in der Folge zu einem der Intention nach
antimetaphysischen Autor. Sein dramatisches Werk
umfasst nicht weniger als 27 Stücke. Er setzte starke
und effektvolle theatralische Mittel und typische Figuren ein; die groteske oder tragikomische Handlung belebte er durch interessante, auch kabarettistische Einfälle und witzige Dialoge. Nur auf solche Weise ließ
sich nach seiner Ansicht die Heillosigkeit der Zeit aufzeigen, denn »die Tragödie setzt Schuld, Not, Maß,
Übersicht, Verantwortung voraus. In der Wurstelei
unseres Jahrhunderts, in diesem Kehraus der weißen
Rasse, gibt es keine Schuldigen und keine Verantwortlichen mehr. Alle können nichts dafür und haben es
nicht gewollt. [...] Uns kommt nur noch die Komödie
bei.« *(Theaterprobleme)* Gleichwohl wird Dürrenmatt
im Gegensatz zu Brecht nicht die gesellschaftlichen
Verhältnisse, sondern den Menschen als Verursacher
ansehen. Wie Max Frisch verknüpfte er moralische
Analyse mit Ironie und Parodie, um sich dadurch den
notwendigen Abstand für die Darstellung von Zeitproblemen und menschlicher Ohnmacht zu sichern.
Auch ihm ging es um die Frage, wie sich der Mensch
unter dem Druck von Macht und Schuld behauptet,
welchen Standort er einnehmen kann, um als Mensch
zu bestehen. Wiederholt hat Dürrenmatt sich mit dem
Thema Theater und Wirklichkeit auseinander gesetzt.
Die Tatsache, dass der Mensch, der an sich auch ohne
Theater auskommen könnte, sich dennoch hin und
wieder mit ihm abgibt, muss, so folgerte er, »etwas mit

Der Besuch der alten Dame, Therese Giehse als
Claire Zachanassian, Gustav Knuth als Ill, Regie Otto Wälterlin,
Schauspielhaus Zürich 1956

weist, fügt er sich ein, ein ironischer Held, der nachgedacht hat und sich dem ihm ursprünglich aufgetragenen Verhaltensmuster entzieht.

Die Ehe des Herrn Mississippi (U. München, 1952), Dürrenmatts zweite Komödie und von Anfang an sehr erfolgreich, handelt von der Unveränderlichkeit des Menschen. Als Hauptpersonen fungieren drei Weltverbesserer, der Staatsanwalt Mississippi, der das Gesetz Moses wieder einzuführen beabsichtigt, der Kommunist Saint-Claude, der die Lehre Karl Marx' gewaltsam durchsetzen will, und ein christlicher Arzt, der ständig betrunken ist. Alle drei sind verbunden mit der Giftmischerin Anastasia, an der Mississippi und Saint-Claude zugrunde gehen. Um der Gerechtigkeit oder Freiheit willen wird gemordet – das ist die absurde Folge aus dem Willen zur Veränderung der Welt. In solchem Zusammenhang verstecken Dürrenmatts unverfänglich scheinende Titel nicht selten den ironischen Sinn: so auch *Ein Engel kommt nach Babylon* (U. München, 1953) – die verkörperte Gnade stiftet Verwirrung und Revolution.

Zu einem Welterfolg wurde *Der Besuch der alten Dame* (U. Zürich, 1956). Das Stück, das in Hollywood verfilmt wurde und Gottfried von Einem als Vorwurf für eine Oper diente, ist »eine tragische Komödie«, in deren Verlauf der Firnis der Ehrbarkeit von einem Gemeinwesen abblättert.

In Güllen, einem kleinen Ort in der Schweiz, ging die Liebschaft eines jungen Paares auseinander, als das Mädchen ein Kind bekam. Ill, der Mann, der die reiche Krämerstochter heiraten wollte, leugnete die Vaterschaft. Jahrzehnte später kehrt die Verschmähte nach Jahren im Bordell als Witwe eines vielfachen Multimillionärs unter dem geheimnisträchtigen Namen Claire Zachanassian zurück. Sie hat dafür gesorgt, dass der Ort verarmte, nun bietet sie eine Milliarde, wenn man ihr Ill tot ausliefert. Nach anfänglicher Entrüstung wächst die Bereitschaft, auf das lockende Angebot einzugehen, Ill wird unter geschickter Mitwirkung Claires, die mit ihm die Plätze ihrer einstigen Liebe besucht, daran gewöhnt, sich für das Gemeinwohl zu opfern. Ein Turner erwürgt ihn, Claire nimmt ihn im mitgebrachten Sarg mit sich fort nach Capri, wo sie dem Jugendfreund ein würdiges Grabmal bauen wird, in Güllen schwimmt man in Geld.

In der Unerbittlichkeit des Geschehens durch diese Form von Rache und Einsicht wird etwas spürbar, das an die Strenge der antiken Tragödie denken lässt. Nach *Frank V., Oper einer Privatbank* (U. Zürich, 1959), vertont von Paul Burkhard, eine »Neufunktionierung« (H. Mayer) des Themas der *Dreigroschenoper* – Brecht zeigt den Gangster als Bürger, Dürrenmatt den Bürger

der Struktur der menschlichen Wirklichkeit zu tun haben. Nur die Frage nach der Beziehung, die zwischen der Struktur des Theaters und der Struktur der menschlichen Wirklichkeit besteht, hat einen Sinn.« Die Wirklichkeit selbst hielt er für unveränderbar. Seine stets wiederholte Komödienidee bestand darin, jedem Stoff die schlimmstmögliche Wendung zu geben. *Romulus der Große* (U. Basel, 1949, mehrere Neufassungen bis 1980), von Dürrenmatt als »ungeschichtliche historische Komödie« bezeichnet, ist nach Stoff und Durchführung nicht viel mehr als ein Schwank. Allerdings deuten Geschichtsmüdigkeit und Pessimismus, die darin zu Tage treten, auf einen tieferen Kern. Durch gezielte Untätigkeit sucht Romulus den nach seiner Überzeugung unvermeidlichen und verdienten Untergang des römischen Reiches zu beschleunigen, in die unheroische Rolle, die der Eroberer Odoaker ihm zu-

als Gangster – folgte eine weitere tragische Komödie, *Die Physiker* (U. Zürich, 1962). Es geht um die Gefährdung der Menschheit durch technischen Fortschritt.

Ein genialer Atomphysiker hat sich ins Irrenhaus geflüchtet, um seine weltzerstörende Formel geheim zu halten. Zwei andere Physiker sollen im Auftrag östlicher und westlicher Geheimdienste diese Formel auskundschaften. Als es ihnen misslingt, bleiben auch sie als vorgeblich Irre dort. Zusammen ermorden sie die drei Krankenschwestern, von denen sie durchschaut werden. Nachdem der echte Physiker seine Forschungsergebnisse vernichtet hat, planen sie die Flucht, da stellt sich heraus, dass die Irrenärztin, die Einzige wirklich Irre, sich eine Kopie der Formel verschafft hat. Nun werden die drei Scheinkranken ebenfalls verrückt – das Verhängnis ist nicht mehr aufzuhalten.

Aus einem berühmten antiken Lehrbeispiel für Weltwunder wird in der Komödie *Herkules und der Stall des Augias* (U. Zürich, 1963) eines für das Versagen der Demokratie. Herkules, der die dringend notwendige Arbeit allerdings nur aus finanziellen Gründen übernommen hat, scheitert an den Schwierigkeiten, die ihm die Interessenvertreter und der Egoismus der Parlamentarier bereiten. Die Komödie *Der Meteor* (U. Zürich, 1966) führt ein weiteres Mal eine der von Dürrenmatt stets mit Ingrimm und Selbstironie gezeichneten Künstlergestalten vor. Der Nobelpreisträger Schwitter ist ein Dramatiker, der nicht sterben kann, der aber denen Tod oder Ruin bringt, die mit ihm in Verbindung stehen und ihn in seinem alten Atelier besuchen, wohin er sich geflüchtet hat, nachdem er in der Klinik verschieden, aber vom Tode auferstanden ist – ein Wunder, das nur dem Pfarrer und der Heilsarmee zur Erbauung gereicht. Das Stück schließt mit dem Aufschrei: »Wann krepiere ich denn endlich?«

Bearbeitungen folgten: *König Johann* (U. Basel, 1968, nach Shakespeares *King John*) ist die Geschichte eines so dummen wie brutalen Königs, der im Interesse seiner Auseinandersetzung mit dem Adel dem Volk größere Rechte gewährt: die Magna Charta. *Play Strindberg* (U. Basel, 1969) verschärft Strindbergs *Totentanz*, in zwölf »Runden« spielen Schauspieler mit ironischer Distanz den verknappten und dadurch in der Wirkung gesteigerten Text der Vorlage. *Titus Andronicus* (U. Düsseldorf, 1970, nach Shakespeare) entlastet den Mohr Aaron von seiner Mitschuld an dem blutigen Geschehen, da er sich nur für die Ungerechtigkeit rächt, die ihm widerfahren ist.

Im zunehmenden Maße begann Dürrenmatt sich zu wiederholen: *Porträt eines Planeten* (U. Düsseldorf, 1970), *Urfaust* (U. Zürich, 1970, nach Goethe), *Der Mitmacher. Ein Komplex* (U. Zürich, 1973), *Die Frist* (U. Zürich, 1977), *Die Panne* (U. Basel, 1979) bis hin zu *Achterloo* (U. Zürich, 1983) entwarfen das Bild einer sich – soweit dies überhaupt noch möglich war – immer stärker verdüsternden Welt, in der Sinnlosigkeit und Irrsinn regieren. Die Effekte wurden greller, die Begründungen fadenscheiniger, die Unwahrscheinlichkeit des Dargestellten nahm zu. Am Ende eines in der ganzen Welt verbreiteten Lebenswerkes versagte die Kritik immer deutlicher ihre Zustimmung, Premieren scheiterten, denn auch das Publikum war der nicht enden wollenden Klimax überdrüssig, zu einem Teil schon mit anderen Fragen, Hoffnungen und Enttäuschungen beschäftigt. Bereits an der Wende zum historisch-politischen Theater der Sechzigerjahre war Dürrenmatt nicht mehr beteiligt. Er hatte sich ausgeschrieben. (→ S. 547, 555)

Im Schatten der Großen

Die Tochter des Verlegers Otto Walter, SILJA WALTER (1919), als Ordensfrau der Benediktinerinnenabtei Fahr bei Zürich Sr. Maria Hedwig, trat bereits vor ihrem Eintritt ins Kloster 1948 mit Märchen- und Mysterienspielen hervor (*Dornröschen*, 1946/47; *Der Frauenschuh*, 1948). Ihr jüngerer Bruder, der Romancier OTTO F. WALTER, wandte sich während einer mehrjährigen Schaffenspause als Erzähler dem Theater zu: *Elio oder Eine fröhliche Gesellschaft* (Sch., 1965) und *Die Katze* (Sch., 1967) erscheinen jedoch eher als Werke des Protestes gegen die »verdammte Bühne, die alles so eindeutig macht«, allerdings die Möglichkeit eröffnet, einen Satz durch eine Gebärde ersetzen zu können, »was ich für besonders geglückt halten würde«. Walter schrieb poetisches und zugleich symbolisch überhöhtes Theater, *Elio* erinnerte an Frischs *Santa Cruz*, *Die Katze* übte sich ebenfalls in Schuld und (kompliziert präsentierter) Erinnerung. WALTER MATTHIAS DIGGELMANN, arbeitete zeitweise als Dramaturg und verfasste selbst Dramen (*Menschen glücklich machen oder Das Spiel von Arm und Reich,* U. Bern, 1974; *Kriegsspiele,* U. Esslingen, 1975; *Die letzte Adresse,* U. Zürich, 1976; *Der Star oder Auch Betrüger machen Karriere,* U. Memmingen, 1980) und Drehbücher (*Ein reicher Mann stirbt,* 1969).

ADOLF MUSCHG schrieb das satirisch geprägte »kleinbürgerliche Trauerspiel« *Rumpelstilz* (U. Zürich, 1968, auch als Fernsehspiel), die Geschichte eines hypochondrischen Gymnasiallehrers, der seine Familie mit einem eingebildeten Krebsleiden tyrannisiert, während es zuletzt seine Frau ist, die an einem Karzinom stirbt.

Urs Widmer

Die Aufgeregten von Goethe (U. Zürich, 1970), ein »politisches Drama in vierzig Auftritten«, thematisiert selbstkritisch eigene Versäumnisse: »Er ist Theologe und Literat. Die lieben den Streit, bis es etwas kostet«, heißt es von einer Figur dieses Stückes über eine misslungene Revolution, die scheitern musste, weil die, die andere aufstachelten, zuletzt selbst den Einsatz scheuten. Auch *Kellers Abend. Ein Stück aus dem neunzehnten Jahrhundert* (U. Basel, 1975) bewegt das Thema der Revolution. Der Titel lässt nicht erkennen, dass der Vorgang, der Muschg durch seine Arbeit an der Biografie des Dichters bekannt war, in einem Tumult geendet hatte: Kellers Zusammentreffen mit in die Ereignisse von 1848 verwickelten Persönlichkeiten am Vorabend seines Dienstantritts als Zürcher Staatsschreiber. Das Stück wurde von keinem Theater nachgespielt, auch mit *Watussi oder Ein Stück für zwei Botschafter* (U. Bern, 1977, 1973 zunächst als Fernsehspiel, 1978 auch Hörspiel) blieb Muschg der Bühnenerfolg versagt.

Anders erlebte HANSJÖRG SCHNEIDER (1938), der bei Walter Muschg über Jakob van Hoddis promoviert hatte, ein Mitglied der »Gruppe Olten«, die Zeit der Studentenrevolte: »Alles schien möglich zu sein. [...] Die Hoffnung, dass die Welt vernünftig eingerichtet werden könne, bestimmte das Denken«, bemerkte er in autobiografischen Notizen (*Wüstenwind*, 1984). Er schrieb – auf Hochdeutsch, aber auch auf Schwyzerdütsch – als Abrechnung gemeinte »Schweizer Stücke«, die in der Welt der Hirten und Bauern (*Sennentuntschi*,

U. Zürich, 1972; *Der Erfinder*, U. Zürich, 1973), der Heimarbeiter (*Der Brand von Uster*, U. Köln, 1975) oder im Gefängnis spielen (*Brod und Wein*, U. Zürich, 1973). Wiederholt hat er auf klassische Vorlagen und Sagen zurückgegriffen (*Der Schütze Tell*, U. Krems, 1975; *Das Kalbsfell*, nach Grimmelshausen, U. Malakoff bei Paris, 1978; *Der liebe Augustin*, U. Zürich, 1979; *Lysistrate*, U. Bern, 1982; *Orpheus. Szenen aus dem Hades*, U. Zürich, 1985; *Die Schöne und das Tier*, U. Zürich, 1986). »Alle möchten gern ein wirkliches Leben haben, niemand hat es«, hat er über sein Orpheus-Drama geschrieben.

Urs Widmer (1938)

Geboren in Basel als Sohn des Gymnasiallehrers und Übersetzers Walter Widmer, studierte Urs Widmer Germanistik, Romanistik und Geschichte in Basel, Montpellier und Paris und promovierte über das Thema *1945 oder die »Neue Sprache«* (1966). Er wurde Lektor im Walter Verlag und bei Suhrkamp, seit 1967 in Frankfurt/M. ansässig, Mitbegründer des »Verlags der Autoren« sowie ein überaus produktiver Stückeschreiber, Erzähler, Essayist und Übersetzer. 1976 Hörspielpreis der Kriegsblinden. 1984 Rückkehr in die Schweiz, lebt in Zürich.

Widmers erstes Bühnenwerk war das H. C. Artmann gewidmete »Kriminalstück in drei Akten« *Die lange Nacht der Detektive* (U. Basel, 1973).

Die Geburtstagsfeier des 80-jährigen berühmten Meisterdetektivs Shylock Hoames mündet in eine Nacht der Enttäuschungen für die übrigen anwesenden Detektive, die ebenfalls alt geworden sind und denen es nicht gelingt, einen Mordfall, der sich in ihrer Mitte ereignet hat, aufzuklären. Hoames selbst löst den Fall – es handelte sich um die Tat eines seiner Schüler, der immer im Schatten gestanden hat und nun bei dem Versuch, einen unlösbaren Fall zu konstruieren, ebenfalls gescheitert ist.

Es folgten zwei Stücke über Stadtstreicher (*Nepal*, U. Frankfurt/M., 1977; *Stan und Ollie in Deutschland*, U. München, 1979). *Nepal* spiegelt die Sehnsucht nach einem bäuerlichen Land echter Gefühle in der durchtechnisierten und seelenlos anmutenden modernen Stadt. Widmer hatte das Stück ursprünglich in Basler Mundart verfasst, legte aber keinen Wert auf einen bestimmten Dialekt. Er schlug vor, die Sprache an fremden Spielorten der dortigen anzupassen, denn die Lebensverhältnisse und -probleme seien inzwischen überall gleich.

Zu einem Kassenschlager entwickelte sich *Top Dogs* (U. Zürich, 1996), ein Stück über arbeitslos gewordene Manager, die in Seminaren ihre veränderte Situation aufzuarbeiten suchen und darauf vorbereitet werden, sich neu zu orientieren. »Es muss eine Zeit kommen, da wir Menschen uns mit Würde begegnen. Ja. Da wir unsere Bedürfnisse stillen, ohne uns niederzutreten im Kampf um immer mehr.« (→ S. 535, 561)

THOMAS HÜRLIMANN behandelt in *Großvater und Halbbruder* (U. Zürich, 1981) ein weiteres Mal den Umgang der Schweizer mit der Flüchtlingsproblematik in der Zeit des Zweiten Weltkriegs und setzt sie ironisch ins Licht: Ein jüdischer Flüchtling aus Deutschland, der sich vor dem auch in der Schweiz grassierenden Antisemitismus fürchtet, gibt sich als Hitlers Halbbruder aus. *Der Gesandte* (U. Zürich, 1991) fragt nach den Gründen, die die Schweiz im Zweiten Weltkrieg vor einem deutschen Angriff bewahrt haben und der Rolle des Schweizer Gesandten in Berlin, der sich zur Kollaboration bereitfindet, um Schlimmeres zu verhüten – das Stück ist im Einzelnen nicht historisch, sein Modellcharakter zielt auf den Selbstbetrug und den latenten Geschäftsgeist der Verantwortlichen. *Carleton* (U. Zürich, 1996) erörtert das traurige Scheitern des Agronomen Marc Alfred Carleton, der in einer Krise der amerikanischen Landwirtschaft zu Hilfe gerufen wurde, aber ein allzu widerstandsfähiges Korn züchtete, was zur Überproduktion und zum Zusammenbruch führte.

Auch für LUKAS BÄRFUSS (1971) ist die Auseinandersetzung mit seiner Heimat, »wo man Dinge wirklich konsequent vergisst, die eigene Befindlichkeit und wie es einem ging und was man für eine Haltung hat – das muss alles vergessen werden, damit man es opportunistisch neu definieren kann«, ein bestimmendes Element seiner Arbeit. Bärfuss hatte als Tabakbauer, Gabelstapelfahrer, Eisenleger, Gärtner und Buchhändler gearbeitet, bevor er für einen Freund eine Strichfassung von Sophokles' *Ödipus* erstellen sollte. Da er sich zu einer Kürzung des Dramas nicht in der Lage sah, schrieb er eine neue Fassung, die von einer freien Theatergruppe aufgeführt wurde (*Sophokles' Ödipus*, U. Zürich, 1998). In rascher Folge kamen weitere Stücke von ihm auf die Bühne, die ihn über die Schweiz hinaus bekannt gemacht haben und in denen er jedes Mittel zur Distanzierung anwendet – auch Verfremdung, die allerdings nicht im Brecht'schen Sinne enthüllend, sondern doppelbödig-verrätselnd wirkt. In *Siebzehn Uhr Siebzehn* (U. Zürich, 2000), einem »Stück über den Weltuntergang«, treffen sich Schüler zum letzten Mal auf dem Schulhof, der gleichzeitig ein Raumschiff in den Tod ist, in *74 Sekunden – Monolog* (U. Zürich, 2000) wird die Zeit zwischen der Ankunft der Astronauten

auf Cape Canaveral und der Explosion der Challenger gezeigt, in *Die Reise von Klaus und Edith durch den Schacht zum Mittelpunkt der Erde* (U. Bochum, 2001) lässt Bärfuss die beiden Titelfiguren auf drei verlaufende Grundfarben treffen, die sich allmählich zu düsterem Graubraun mischen, *Meienbergs Tod* (U. Basel, 2001) zeigt die »Schweizer Intellektuellen-Ikone« (A. Schäfer) in der Zeit Dantons und der Gegenwart. Sein 2003 in Basel uraufgeführtes Stück *Die sexuellen Neurosen unserer Eltern* wurde als »pointierter Text mit einer ganz eigenen lakonisch-naturalistischen Atmosphäre« begrüßt.

Exkurs: Hör- und Fernsehspiel

Auch im Hinblick auf das Hörspiel sind unter den Schweizer Autoren zunächst MAX FRISCH und FRIEDRICH DÜRRENMATT zu nennen, die sich der vergleichsweise unerschlossenen und zu Beginn der zweiten Jahrhunderthälfte besonders wichtigen Kunstform zuwandten. Dabei spielte es, wie Dürrenmatt gelegentlich selbst zu erkennen gab, nicht zuletzt eine Rolle, dass die Funkhäuser (wie später die Fernsehanstalten) ihren Autoren relativ auskömmliche Honorare bieten konnten, die diese als »freie«, aber noch unberühmte Schriftsteller brauchten. Aber das Medium eröffnete darüber hinaus künstlerisch neue Wege und erweiterte das Spektrum innerhalb dessen ein Stoff auf seine Wirksamkeit erprobt werden konnte. Zumeist war das Hörspiel die erste Form, der dann später eine Bühnenfassung, Erzählprosa oder ein Fernsehspiel folgte, doch gab es auch den umgekehrten Weg: Dürrenmatts *Die Panne* entstand zunächst als Erzählung.

Frischs *Biedermann und die Brandstifter* ging ein Hörspielentwurf (1945/50) und die 1952/53 produzierte Fassung eines 1955 erschienenen Hörspiels voraus, dem Roman *Stiller* das Hörspiel *Rip van Winkle* (U. 1953). Auch *Triptychon* wurde zunächst für den Funk geschrieben und 1979 gesendet.

In noch stärkerem Maße sekundieren die Hörspiele Dürrenmatts den Dramen und stellen nicht selten Vorstufen für diese dar wie *Herkules und der Stall des Augias* (U. 1954). *Das Unternehmen der Wega* (U. 1955) parodiert das Thema der Eroberung des Weltraums, *Nächtliches Gespräch mit einem verachteten Menschen* (U. 1952) ist eine Auseinandersetzung zwischen der Staatsmacht und einem Einzelnen, *Abendstunde im Spätherbst* (U. 1957) stellt einen zynischen Groß-Schriftsteller dar, der – was nach seiner Meinung die Öffentlichkeit weiß und toleriert – mordet und seine Morde beschreibt. Als sein Opfer fällt auch jener Theologiestudent, der seinen Spuren gefolgt ist, ihn durchschaut zu haben meint und nun vergeblich um Gnade bittet. »Für die Beschäftigung mit Literatur«, antwortet der Schriftsteller, »gibt es keine Gnade.«

Der Prozess um des Esels Schatten (U. 1952) knüpft an die griechische Fabel an, die auch in Wielands Roman *Die Abderiten* eingegangen ist. Dürrenmatts wirkungsvolle Schlusspointe besteht in der Frage des Langohrs: »Wer war in dieser Geschichte der Esel?« Weitere Hörspiele sind *Stranitzky und der Nationalheld* (U. 1952) und *Der Doppelgänger* (U. 1960). *Der Besuch der alten Dame, Abendstunde im Spätherbst, Die Physiker* und *Frank V.* wurden auch als Fernsehspiele produziert, ferner wurden *Der Richter und sein Henker* 1957 und *Das Versprechen* u. d. T. *Es geschah am hellichten Tag* 1958 und 1996 verfilmt.

Auch ADOLF MUSCHG schrieb für Funk und Fernsehen. Das Hörspiel *Das Kerbelgericht* (U. 1969) spiegelt, auch im Nachwort, Resignation im Hinblick auf sein politisches Verhalten, empfindet er sich doch selbst als »nur mit dem schlechten Gewissen ein Linker, von Geschmack ein Konservativer […], im Milieu der Herrschaften erzogen […], mit denen die Rebellen aufräumen wollen. Wenn sie – mit meinem Segen – damit fertig werden, wird mein Segen nichts mehr bedeuten.« Auch dass er über das angenommene Versagen nunmehr ein Hörspiel schrieb, rechnete er sich kritisch an. Als einzig möglicher Ausweg aus dem schriftstellerischen Dilemma erschien ihm schon 1970 die Absage an den Leerlauf der Virtuosität, um »endgültig aus dem Winkel wegzukommen, wo meine Sprache die Sache blendet, statt sie zu zeigen«. Auf verwandter Ebene bewegt sich der Versuch, Situationen im Hinblick auf die in ihnen enthaltenen Möglichkeiten nicht vollends auszuspielen, sondern wirklich nur als Möglichkeiten zu vergegenwärtigen, wie ihn das Hörspiel *Why, Arizona* (U. 1977) darstellt. Hörspiele schrieben auch JÜRG FEDERSPIEL (*Tod eines Fohlens*, U. 1964; *Herr Hugo oder Die Flüsterer*, U. 1965; *Die Märchentante*, U. 1974; *Kilroy was here*, U. 1980), PETER BICHSEL (*Inhaltsangabe der Langeweile*, U. 1971), WALTER MATTHIAS DIGGELMANN (*Das Unrecht der Gerechtigkeit*, 1970), HANSJÖRG SCHNEIDER (*Der Schützenkönig*, U. 1976; *Sennentuntschi*, U. 1981; *Die schwarze Spinne*, nach Jeremias Gotthelf, U. 1983) und besonders URS WIDMER, der für den Funk mit *Wer nicht sehen kann, muss hören* (U. 1969) debütierte und danach in annähernd jährlicher Folge mit einem oder sogar mehreren Stücken hervortrat, darunter auch mit Funkfassungen von *Stan und Ollie in Deutschland* (U. 1979) und *Der neue Noah* (U. 1983). *Indianersommer* (1985) suggeriert eine Auswanderung aus der Wirklichkeit in die Bildwelt eines Himmelfahrtsgemäldes. WOLFGANG HILDESHEIMER griff mit *Maxine* (U. 1969) auf eine Figur seines Romans *Masante*, mit *Mary auf dem Block* (U. 1971) auf die von ihm ebenfalls bereits behandelte Maria-Stuart-Thematik zurück, das waren insofern Nebenprodukte, aber dann beteiligte er sich mit *Hauskauf* (U. 1974) und *Biosphärenklänge* (1977) noch einmal an der aktuellen Erörterung um die Zersiedelung der Landschaft und die Naturzerstörung durch die technisch-industrielle Zivilisation. Vor allem das zweite der beiden Hörspiele ist von tiefem Pessimismus geprägt, das Endstadium der Zerstörung ist erreicht; ungewöhnlich für den späten Hildesheimer ist jedoch die bei dieser Gelegenheit zu Tage tretende Wiederkehr eines echten Dialogs. Kein verzweifelter Einzelner spricht, sondern ein Mann und eine Frau tauschen sich aus im vertrauten Gespräch.

Dem künstlerischen Experiment bot das Hörspiel reichere Möglichkeiten als das Fernsehspiel. Es war an räumliche und zeitliche Begrenzungen nicht gebunden und eröffnete der Imagination ein weiteres Feld. Das schnell populär werdende Fernsehen blieb demgegenüber vergleichsweise stets »realistisch«, materiell war die neue Form zudem aufwändiger und zwang die Studios zu Kompromissen. Das Fernsehspiel stellte sich als ein »reduziertes Theater« (A. Andersch) dar. Das ist Stücken wie *Skorpione* (1964) von HERBERT MEIER (1928) und *Familienabend* (1972) von WERNER SCHMIDLI (1939) anzumerken, die beengtes kleinbürgerliches Leben zeigen und dabei, wie nebenher, die drei aristotelischen Einheiten wieder zum Vorschein bringen – Berührungen des ganz Alten mit dem ganz Neuen.

Lyrik

»Die Göttin wurde Stein: So zeigt der Stein sie. / Die Völker, die sie liebte, sind nicht mehr. […] Du siehst es nicht. / Und sprangst doch auf bei eines Rosses Schnauben / Und wittertest der fernen Lanze Blitz / Und flogst voran, wenn die Trompete schrie!« In formstrengen, auf zeitlose Schönheit bedachten Versen, die Worte wie Kleinode hütend, wandte sich WERNER ZEMP (1906–1959), ein geistiger Nachfahr Georges und Hofmannsthals, Herausgeber (Mörike) und Übersetzer (Valéry), an ein Bildnis der toten Pallas Athene, »seiner« Göttin. Er war frei genug, andere Autoren zu würdigen, die neue Wege einschlugen – etwa HANS SCHUMACHER (1910–1993), der in seinem Gedichtband *Der Horizont* (1950) die Technik thematisierte –, aber ihm selbst ging es nicht um das Erfahren und Aneignen von Gegenwart. Überaus streng auch gegen sich selbst und einer letztlich französisch inspirierten *poésie pure* verpflichtet, wirkte er mit der letzten, erweiterten Ausgabe seiner *Gedichte* (1954) noch auf die Nachkriegszeit, bewahrte jedoch ihren Erscheinungen gegenüber künstlerisch Distanz.

Andere – HERMANN HILTBRUNNER (1893–1961, *Glanz des Todes*, G. 1948), PAUL ADOLF BRENNER (1910–1967, *Die ewige, Stimme*, G., 1943) – zeigten sich ungezwungener in der Darstellung persönlichen Empfindens, ohne darum in einer den veränderten Zeitumständen entsprechenden Weise »moderner« zu sein. Der Schweiz der Jahre nach dem Zweiten Weltkrieg fehlte es nicht an lyrischen Neuerscheinungen, aber sie traten neben denen der Bühnenkunst und vor allem der Prosa an Bedeutung zurück. Vorherrschend war ein Schaffen nach überkommenen Mustern, »eine ästhetische Form der Selbstbesinnung, eine private Lyrik« (E. Pulver) mit nur geringem Gegenwartsbezug. Zu den Ausnahmen zählte MAX RYCHNER der sich in seinem zweiten Gedichtband *Glut und Asche* (1945) der Form des Dialogs bediente und sogar Chorgruppen sprechen ließ, um die Isolation des lyrischen Ichs aufzuheben oder doch zu mindern. Auch ERWIN JAECKLE (1909–1997) suchte den Anschluss an das moderne Gedicht (*Schattenlos*, 1947; *Nachricht von den Fischen*, 1969; *Die Zungenwurzel ab*, 1971, u.a.), deren Ausdrucksformen er in begleitenden Aufsätzen untersuchte (*Zirkelschlaf der Lyrik*, Ess., 1967).

Wirklichkeitserfahrung und -aussage

Was Herkommen, Bildungschancen und Lebensstellung anbetrifft, ist die »kleine« Schweiz ein Land großer Gegensätze. Die Biografien der Lyriker lassen das im besonderen Maße erkennen, da Gedichte wie überall in der Welt nicht leicht einen Verleger finden und kaum Honorare abwerfen. Neben dem poeta doctus, das ist nicht selten ein studierter Germanist, der in bürgerlichen Verhältnissen lebt, oft auch nur nebenher oder zu einer bestimmten Zeit seines Lebens Gedichte schreibt, stehen Lyriker, deren Existenzbedingung es ist, Gedichte zu schreiben, die sich auf irgendeine Weise durchschlagen müssen, weil sie Förderung erst spät oder im unzureichenden Maße erfahren.

Fast immer tritt der poeta doctus auch als Mittler auf, als Herausgeber, Übersetzer, Hochschullehrer oder Interpret. KUNO RAEBER (1922–1992, *Die verwandelten Schiffe*, G., 1957; *Gedichte*, 1960; *Flussufer*, G., 1963) hatte über Sebastian Franck, einen auch literarisch bedeutenden Theologen der Reformationszeit promoviert und wirkte als Leiter der Schweizer Schule in Rom und in universitären Funktionen, HANS RUDOLF HILTY (*Nachtgesang*, 1948; *Eingebrannt in den Schnee*, 1956, u.a) besorgte als Editor und Redakteur Werke älterer und neuerer Lyriker, MANFRED GSTEIGER (1930, *Zwischenfrage*, G., 1962) wirkte als Komparatist und übertrug französische Lyrik, HERMANN BURGER, der bereits als Student einen ersten Gedichtband *Rauchsignale* (1967), später *Kirchberger Idyllen* (1980), veröffentlichte, schrieb seine Dissertation über Celan und habilitierte sich in Zürich mit *Studien zur zeitgenössischen Schweizer Literatur*. Ihre Funktionen und Verbindungen erlaubten es ihnen, Brücken zu bauen, für die oftmals mittellosen »Nur-Lyriker« konnte eine verständnisvolle Förderung von entscheidender Bedeutung sein.

ALEXANDER XAVER GWERDER (1923–1952) musste erst sterben (er wählte in Arles den Freitod), um wirklich bekannt, anerkannt zu werden. Nur ein schma-ler Gedichtband wurde zu seinen Lebzeiten gedruckt (*Blauer Eisenhut*, 1951), postum erschienen mehrere Titel in rascher Folge, darunter *Dämmerklee* (1955) und *Land über Dächer* (1959), letzterer Band begleitet von einem Beitrag Karl Krolows, der mit Gwerder durch eine intensive Brieffreundschaft verbunden gewesen war und ihm später seine *Elegien auf dem Tod eines jungen Dichters* widmete (in *Wind und Zeit*, G., 1954). Kritiker haben in Gwerder zunächst einen Benn-Epigonen gesehen – dem er verpflichtet war, über den hinaus er aber zu eigenem Ausdruck fand. »Nach seinem Tod wurde er für eine ganze Generation von Schweizer Autoren zur Symbolfigur«, bemerkte Peter von Matt in seiner Interpretation von Gwerders *Ich geh unter lauter Schatten* und verwies, an die Eingangsverse anknüpfend – »Was ist denn das für eine Zeit –? / Die Wälder sind voll von Traumgetier. / Wenn ich nur wüsste, wer immer so schreit?« – auf ein anderes lyrisches Œuvre von epochentypischer Wirkung:

Ein Jahr nach seinem Tod kam Ingeborg Bachmanns erster Gedichtband heraus. Der Tod war freiwillig. Der ihn sich zufügte, 1952, stand in seinem dreißigsten Jahr. Wenn man seine Gedichte heute liest, kommt es einem vor, als kündigten sie die Strophen der Österreicherin an: Verwandt ist die Bildlichkeit, verwandt die Freiheit im Setzen der Metaphern, verwandt die langsam wachsende Verzweiflung. »Zieh Wälder groß«, heißt es bei Ingeborg Bachmann, »dass mein Mund ganz im Schatten liegt.« [...] Ähnlich erscheinen die Wälder bei Alexander Xaver Gwerder. [...] Nur liegen sie näher am tödlichen Rand. Solche letzten Laute, solche blinkenden Gespinste der Einsamkeit, in die niemand mehr eindringt [...] finden sich bei Ingeborg Bachmann erst in der Zeit des »Todesarten«-Projekts. Dort könnte auch der Satz stehen, der dieses Gedicht hier so unheimlich macht: »Wenn ich nur wüsste, wer immer so schreit.« (Frankfurter Anthologie, Bd.12, 1989)

Die wissenschaftliche Auseinandersetzung mit dem Werk des Frühvollendeten hat DIETER FRINGELI (1942 bis 1999) in seiner Dissertation aufgenommen (*Die Optik der Trauer. Alexander Xaver Gwerder – Wesen und Wirken*, 1970). Wie kein anderer Schweizer Autor der Nachkriegsgeneration ist Fringeli, der sich selbst beizeiten mit Lyrik zu Wort meldete (*Zwischen den Orten*, 1965; *Was auf der Hand lag*, 1968; *Das Nahe suchen*, 1969), als vielseitiger Publizist hervorgetreten. Länger als ein Jahrzehnt arbeitete er als Literaturredakteur, als Lehrbeauftragter an verschiedenen Universitäten, besorgte Anthologien und Auswahlsammlungen, veröffentlichte Interviews und kritische Stellungnahmen (*Mach keini Schprüch. Schweizer Mundartlyrik des 20. Jahrhunderts*, 1972; *Taschenbuch der Gruppe Olten*,

1974; *Dichter im Abseits. Schweizer Autoren von Glauser bis Hohl*, 1974; *Von Spitteler zu Muschg. Literatur der deutschen Schweiz seit 1900*, 1975, u. a.). Sein eingehendes Wissen um die Besonderheiten der Schweizer Literatur gründet bereits in seinem Herkommen (sein Vater war der Solothurner Mundartdichter ALBIN FRINGELI, 1899–1993, *Der Holderbaum*, G., 1949; *Am stille Wäg*, G., 1957). Den Einschränkungen regionaler Enge, unter denen Gwerder so gelitten hatte, wusste er sich gleichwohl erfolgreich zu widersetzen. Sammelbände seiner Gedichte erschienen wiederholt (*Ich bin nicht mehr zählbar*, 1978; *wortwund*, 1988).

Ähnlich Gwerder waren GERHARD MEIER (1917) und RAINER BRAMBACH (1917–1983) gezwungen, ihr Gedichtwerk dem Leben gleichsam abzutrotzen. Meier, der zunächst als Arbeiter, dann als Angestellter auf dem Lande lebte, begann erst im fünften Lebensjahrzehnt zu veröffentlichen (*Das Gras grünt*, G., 1964; *Im Schatten der Sonnenblumen*, G., 1967) – mit großer Selbstständigkeit, »in der Abgeschiedenheit des Dorfes ist das Ferne, die Stadt, sind Partikeln der Welt von Anfang an präsent« (E. Pulver). Brambachs Lyrik, im Umfang schmal, bewahrte sich aber auch da, wo Vorbilder erkennbar sind, die eigene Note (*Sieben Gedichte*, 1947, Privatdruck; *Tagwerk*, 1959; *Ich fand keinen Namen dafür*, 1969; *Auch im April*, 1983). Günter Eichs Tendenz zur Verknappung war ihm gemäß, im Gedicht *In jener Zeit* scheint der lyrische Duktus Brechts spürbar:

In jener Zeit, von der ich dir erzähl,
War ich ein Erdarbeiter, aß mein Brot am Zaun,
Trug grobes Hemd, Manchesterhose, Garibaldihut
Und schnäuzte meine Nase mit der bloßen Hand.

Es regnete im März, verdrossen
Hob ich die Erde aus und stand
Im Graben im August, Gesicht nach unten,
Lautlose Staubgewitter über mir.

Wohl acht Etagen tiefer als der Maulwurf
Schlug ich mit Wucht die Hacke in den Kies.
Im Stein glomm kaltes Feuer, Funken fuhren
Gegen die Holzverschalung hin.

Der Schnee lag auf dem Erdwall dann beim Kabelziehen –
Dezember und ein Himmel aus Zement.
Da half nur noch die selbst gedrehte Zigarette,
Der Burrus bleu, der ledern roch.

Brambach hatte eine Lehre absolviert und in verschiedenen Berufen, so als Anstreicher, Torfstecher und Gartenbauarbeiter, seinen Unterhalt verdient. Gedichte hat er auch zusammen mit JÜRG FEDERSPIEL (*Marco Polos Koffer*, 1968) und FRANK GEERK (1946, *Thadeus*

Pfeifer, 1970; *Kneipenlieder*, 1974, vermehrt 1982) veröffentlicht. Postum erschien, von Geerk betreut, der Band *Zeit wär's. Gedichte und Prosa aus dem Nachlaß von Rainer Brambach* (1985) sowie das »gesamte Werk« *Heiterkeit im Garten* (1989).

Im Schaffen des geborenen Holsteiners Frank Geerk, der früh in der Schweiz ansässig wurde, dort auch studierte und der »Gruppe Olten« beitrat, fließt scheinbar Widerstreitendes zusammen: unverkrampfte Lebenslust, wie sie sich in den *Kneipenliedern*, dem seinen Kind gewidmeten Band *Zorn & Zärtlichkeit. Gedichte zur Begrüßung eines neuen Erdbewohners* (1981) und dem erotisch beflügelten *Lob des Menschen. 53 Gedichte* (1986) – eine Liebeserklärung an »Jenny« – manifestiert, und von linker Theorie angeleitete, provokante Kritik restaurativer gesellschaftlicher Entwicklung und eines in seiner Darstellung von Grund auf verderbten kapitalistischen Lebensstils. Als eine Art Gegenwelt zeigt er die Kultur der Indianer, die er in den USA – Geerk lehrte 1980 als Gastprofessor für deutsche Literatur in Austin/Texas – kennen lernte und ihn wiederholt als Herausgeber tätig werden ließ (*Geflüsterte Pfeile. Lyrik der Indianer. Gedichte und Botschaften in zwei Sprachen*, 1982).

Die extremen Spannungen in Geerks Verhältnis zur Welt (die er wohl in gewisser Weise genoss) prägten sich auch in der Diskrepanz zwischen Form und Inhalt aus. Wie andere Lyriker, die in den Siebzigerjahren zuerst hervortraten, schrieb er »verständliche« Verse und kehrte zum vergleichsweise unproblematisch wirkenden gereimten Gedicht zurück. Die vorgebliche Harmlosigkeit des Gedichts *Nagasaki* – das zunächst nur durch seinen Titel auffällig ist – entwickelt jedoch konsequent einen »Widerspruch von der ersten bis zur letzten Strophe« (E. Pulver):

Einst hab ich Ziegen gehütet,
Holunderflöten geschnitzt,
faul in der Sonne gebrütet,
da lachte die Sonne verschmitzt. [...]

Und als dann der Himmel genickt hat
und gelb dann die Bombe geblitzt,
kein Bäumchen verschont, keine Stadt,
Da lachte die Sonne verschmitzt. (*Notwehr*, G., 1975)

Nach Romanen und seinem Engagement für das grenzüberschreitende Projekt »humanitas 1996«, das bestrebt war, »die Würde des Menschen auf eine neue, von mehreren Kulturen gestützte Basis zu stellen« – in diesem Zusammenhang entstanden essayistische, biografische und dramatische Arbeiten –, veröffentlichte Geerk wieder sehr persönliche Gedichte: *Vom Licht der Krankheit* (2000) und *Wortmedizin* (2001), »Blätter für Wartezimmer aller Bereiche ärztlicher Praxis«, in denen er sich – zwischen Verzweiflung und Hoffnung – mit seiner eigenen Krankheit auseinander setzt.

Wo die privaten Lebensumstände die Entfaltung der Individualität nicht unüberwindlich hinderten oder sogar günstig waren, eroberten sich Ursprünglichkeit und Phantasie eine eigene Ausdruckswelt. Die Dichterin ERIKA BURKART (1922) definierte Elfen als »Energien der Seele«. Zurückgezogen lebend auf dem Besitztum ihrer Familie, der einstigen Sommerresidenz der Äbte von Muri, veröffentlichte sie, beginnend mit *Der dunkle Vogel* (1953) und *Sterngefährten* (1955) beharrlich über die Jahrzehnte hinweg Gedichtbände, Erlebnislyrik, aber doch zunehmend kontrolliert und verschlüsselt (*Die Transparenz der Scherben*, 1973; *Sternbild des Kindes*, 1984; *Die Zärtlichkeit der Schatten*, 1991; *Langsamer Satz*, 2002). Viele ihrer Gedichte handeln von der Welt des Kindes: »Als ich ein Kind war und Kronen verteilte / das Wasser mich trug, der Spiegel mich einließ, / vogelgestaltig der Dämon mich anflog /[…]/ überfloss die Zeit.« *(Als ich ein Kind war)* Naturerfahrung durchdringt ihr gesamtes Werk, nachdenkend, nicht naiv: »EINE / Flocke / hexagonal / der sechste Sinn freut sich / am Signum eines Gesetzes, / das über unser Auge Bescheid weiß: / Wir lieben es, einen Stern zu sehn.« *(Flocke um Flocke)* SILJA WALTER veröffentlichte *Die ersten Gedichte* 1944, denen nach ihrem 1948 erfolgten Eintritt ins Kloster, der gesegneten »Wüste«, weitere Bände folgten (*Die gesammelten Gedichte*, 1950; *Der Tanz des Gehorsams*, 1970; *Die Feuertaube*, 1985). Tiefer Ernst prägt die Verse der jungen Dichterin, aus denen ein großes Talent sprach, das auch sogleich als solches wahrgenommen wurde.

Der Tanz ist aus. Mein Herz ist süß wie Nüsse,
Und was ich denke, blüht mir aus der Haut.
Wenn ich jetzt sacht mir in die Knöchel bisse,
Sie röchen süßer als der Sud Melisse,
Der rot und klingend in der Kachel braut.

Sprich nicht von Tanz und nicht von Mond und Baum
Und ja nicht von der Seele, sprich jetzt nicht
Mein Kleid hat einen riesenbreiten Saum,
Damit bedeck ich Füße und Gesicht [...]

Sprich nicht von Tanz und nicht von Stern und Traum
Und ja nicht von der Seele, lass uns schweigen.
Mein Kleid hat einen riesenbreiten Saum,
Drin ruht verwahrt der Dinge Sinn und Reigen. (Tänzerin)

Mundartgedichte und »Bärner Umgangsschprach«

Wie die Mundartliteratur insgesamt, die im 19. Jahrhundert bereits totgesagt worden war, sich aber ungeachtet der Massenmedien, der vermehrten Mobilität und des Fremdenverkehrs behauptete, fand auch das Mundartgedicht weiterhin Anklang und wurde durch Sprachpfleger gefördert. Als die politische Unabhängigkeit der Schweiz gefährdet schien, gewann die Mundartpflege zeitweilig sogar patriotische Bedeutung, aber das blieb eine Episode, denn der Ruf nach einer schweizerdeutschen Schriftsprache fand keinen Widerhall, der 1904 gegründete Deutschschweizerische Sprachverein hielt an dem Grundsatz der doppelten Sprachpflege fest. Der von GEORG THÜRER (1908 bis 2000) besorgte Band *Holderblüscht* (1962) orientierte sich bezeichnenderweise nicht an der staatlichen Grenzziehung, sondern sammelte alemannische Gedichte insgesamt. Autoren wie JOSEF REINHART (1857 bis 1957) und ALBERT STREICH (1897–1960) vertraten die Mundartdichtung auf künstlerisch hohem Niveau. Aber der legitime Vorsatz, die angestammten Dialekte möglichst unverfälscht zu bewahren, hatte auch eine problematische Seite: Je mehr die Autoren sich bemühten, das überkommene Sprachgut treu zu tradieren und Neuerungen abzuwehren, nahm die Mundartliteratur museale Züge an, zumal auch ihr Themenkreis sich kaum veränderte.

Es war in erster Linie KURT MARTI, dessen vielseitige Begabung vor allem in seinem lyrischen Werk zu Tage tritt, der aus dieser Sackgasse einen Weg ins Freie wies. Der konkreten Poesie verpflichtet, aber auch klar politisch engagiert (*boulevard bikini*, 1958; *republikanische gedichte*, 1959, vermehrt 1971), ein Theologe, der dichtete (der Titel des Bandes *gedichte am rand*, 1963, ist wörtlich zu verstehen, es handelt sich um Randglossen zum Text der Bibel) und den Tod nicht mystifizierte (*leichenreden*, G., 1969), suchte er auch bei der Wahl seiner Sprache nach dem unverbrauchten Ausdruck (»e schprach / und die wäri / so schtarch / und so frei / dass / sech niemer / getrouti / se z'rede«), wofür ihm weder die Hochdeutsche noch die überlieferte Mundartdichtung genügte. Als Pfarrer hatte er sich darin geübt, seine schriftsprachlich ausgeführten Predigten auf der Kanzel in die Umgangssprache seiner Gemeinde, also in eine durch das Schriftdeutsche und durch Fremdwörter beeinflusste, städtische Sprache zu übersetzen. Eben diese Norm legte er zugrunde, als er begann, selbst Mundartgedichte zu schreiben, und bezeichnete sie bereits im Untertitel des ersten Bandes sehr genau (*rosa loui. vierzg gedicht ir bärner um-*

gangsschprach, 1967). Auch der Titel des zweiten Bandes hielt an der bewussten Abgrenzung fest (*undereinisch. gedicht ir bärner umgangsschprach,* 1973).

Bei der Erneuerung der Mundartdichtung, die auch auf das Kabarett übergriff und zeitweise modischen Charakter trug, handelte es sich nicht um einen auf die Schweiz beschränkten Vorgang. Eine vergleichbare Entwicklung gab es auch in Österreich. Hier wie dort arbeitete man experimentell, also nicht ohne ein artistisches Element. Sogar Eugen Gomringer erscheint unter den Vätern dieser Kunstrichtung mit auf dem Dialekt gründenden, lautlichen Kombinationen.

Eugen Gomringer (1925) – Konkrete Poesie

Jahrzehnte – und, wenn man will noch weiter – zurück reichen die Anfänge einer experimentellen Literatur, die hauptsächlich unter der Bezeichnung »konkrete Poesie«, aber auch als »visuelle Poesie« bekannt geworden ist. Den Ausdruck »konkrete Poesie« hat Gomringer in Anlehnung an den von Hans Arp und Max Bill benutzten Begriff der »konkreten Malerei« geprägt. (»konkrete kunst«, hatte Bill anlässlich der gleichnamigen Ausstellung in Basel erklärt, »nennen wir diejenigen kunstwerke, die aufgrund ihrer ureigenen mittel und gesetzmäßigkeiten, ohne anlehnung an die naturerscheinungen, also nicht durch abstraktionen entstanden sind.«) Mallarmé und Apollinaire, die Dadaisten und Futuristen werden als Anreger der konkreten Poesie genannt. Mallarmé hat als Erster den Versuch unternommen, eine poetische Konzeption wesentlich durch typografische Mittel zu verwirklichen. »Der Leser wird zum ersten Mal aus der starr fixierten linearen Lesung entlassen, das Weiß der Druck- und Lesefläche wird zum visuellen Äquivalent des Schweigens.« (P. Weiermair) Apollinaire griff auf das emblematische Gedicht des Barock zurück und spiegelte den Inhalt des Gedichts in der äußeren Form wider. Der Futurismus entwickelte einen Gedichttypus, der das Zeichensystem preisgab, die Syntax sprengte und dem Wortelement eine neue Bedeutung gab. Die provokativen Spielformen des Dada sind in diesem Zusammenhang zu nennen, auch Christian Morgenstern, der *Fisches Nachtgesang,* »das tiefste deutsche Gedicht«, erdachte. Nun gab der in Bolivien geborene Deutschschweizer Gomringer wesentliche Anstöße, wird wohl auch als der eigentliche Begründer dieser literarischen Richtung bezeichnet. Er begann mit *konstellationen* (1953), denen er weitere Sammlungen (*5 mal 1 konstellation,* 1960; *33 konstellationen,* 1960; *die konstellationen,* 1964; *15 konstellationen,* 1965; *das stundenbuch,* 1965) folgen

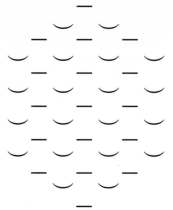

Christian Morgenstern:
Fisches Nachtgesang – das tiefste deutsche Gedicht

ließ. 1969 veranstaltete Helmut Heißenbüttel die Ausgabe *worte sind schatten. die konstellationen 1951–68,* die auch theoretische Arbeiten einschloss.

Gomringer, Bürger der viersprachigen Schweiz, verwendet auch nichtdeutsche Wörter. Entscheidend ist die Beschränkung auf eine Gruppe von Wörtern, die einen Vorgang formulieren, der auf verschiedene Lebensgebiete anwendbar ist. »Immer wieder versuchen Gomringers Konstellationen einheitliche Formgesetze verschiedenster Lebensvorgänge sichtbar zu machen. Daher ihre Reduktion auf das unbedingt Notwendige, ihre Formelhaftigkeit.« (K. Marti) Dabei geht der Text durch seine Anordnung eine bestimmte Einheit mit der Fläche ein. Die Fläche wird zur Textkonstituente, die Konstellationen sind Objekte. Es entsteht eine Spannung zwischen graphischer und begrifflicher Dimension.

schweigen schweigen schweigen
schweigen schweigen schweigen
schweigen   schweigen
schweigen schweigen schweigen
schweigen schweigen schweigen

In der Schweiz begründete Gomringer im strengen Sinn keine Schule, wirkte aber anregend auf eine Reihe von Autoren. In Österreich und in Deutschland war der Niederschlag sehr viel stärker, sowohl Jandl als auch Heißenbüttel sind wesentlich von ihm beeinflusst worden. Bemerkenswert scheint nicht zuletzt, dass die als eher konservativ bekannte deutschschweizerische Literatur mit einem Male als Vorreiter bei der Erprobung einer ausgeprägt »modernen« Kunstform in Erscheinung trat – die sich freilich bisweilen als »allzu glatt […], allzu integrierbar in einen modernistisch-technokratischen Code, fast systemkonform« (R. Schnell) erwies, für Werbung verwertbar, nicht unbedingt Sand, wie es doch Auftrag der Kunst ist, sondern Öl im Getriebe der Welt.

Erzählprosa

Über die historische Wegmarke 1945 hinaus weist das Schaffen und vor allem die Nachwirkung einiger schweizerischer Erzähler, die auf anspruchsvollem Niveau der Tradition des bürgerlichen Romans verpflichtet blieben. An erster Stelle steht MEINRAD INGLIN (1893–1971), der mit seinem *Schweizerspiegel* (1938, Zweitfassung 1955) am Beispiel einer fiktiven Zürcher Honoratiorenfamilie ein detailreiches Gemälde der Schweiz, wie er sie kannte und sehen wollte, entworfen hat. Der Roman, entstanden vor dem Hintergrund der faschistischen Bedrohung – nicht zuletzt als ein Werk geistiger Landesverteidigung wurde er später rezipiert, obgleich Inglin gezwungen war, ihn in einem deutschen Verlag erscheinen zu lassen –, handelt in der Zeit von 1912 bis 1919, reflektiert die Erschütterungen des imperialistischen Weltkriegs und stellt ihnen die überkommenen Werte demokratischer Vernunft und Schweizer Bürgertugend entgegen. Auch in Darstellungen der helvetischen Frühzeit (*Jugend eines Volkes*, E., 1933–39) und der napoleonischen Epoche (*Ehrenhafter Untergang*, R., 1952), der Landesnatur und der mit ihr verbundenen sozialen Probleme (*Die graue March*, R., 1935; *Urwang*, R., 1954) wird Inglin zum poetischen Geschichtsschreiber der Schweiz, in seinem Hauptwerk, dem *Schweizerspiegel*, ein Schüler von Tolstois *Krieg und Frieden*. Stilistisch erscheint er noch von der Neuen Sachlichkeit beeinflusst, aber die Strenge seines Stils ist immer auch Ausdruck seiner eigenwilligen Persönlichkeit, wie sie besonders in dem autobiografischen Roman *Werner Amberg* (1949, Zweitfassung 1969) zu Tage tritt.

Zu nennen ist weiterhin KURT GUGGENHEIM mit *Alles in Allem* (1952–55) und *Gerufen und nicht gerufen* (1973), zwei Romane, die Zürichs Geschichte weiterschreiben, insofern sie nicht nur gegenüber dem *Schweizerspiegel* veränderte Akzente setzen, sondern auch untereinander differieren, freilich aufgrund einer zunehmend pessimistischen Perspektive. *Gerufen und nicht gerufen* »könnte tatsächlich ›Martin Salander 1970‹ heißen« (E. Pulver).

Andere seiner Bücher zeigen eine wachsende Neigung, den Umweg über die Fiktion zu vermeiden und in einer mehr dokumentarischen Weise zu erzählen: über Gottfried Keller in *Das Ende von Seldwyla* (1965), über Zola und Cézanne in *Minute des Lebens* (1969), über Goethes dritte Schweizerreise in *Der labyrinthische Spazierweg* (1975). In anderer Weise suchte RUDOLF JAKOB HUMM (1895–1977) einen neuen Kontext für das erzählerische Vorgehen, wenn er in *Spiel mit Valdivia* (R., 1964) den Entstehungsprozess einer Erzählung in die Darstellung einbezog – ähnlich wie in seinem frühen Roman *Die Inseln* (1936), der seinen Titel nach den Inseln der Erinnerung trägt, die im Rückblick das gestaltlose Meer der Kindheit konturieren.

Für THOMAS MANN, den berühmtesten Gast in der Schweizer Literaturlandschaft jener Jahre, zählte als zeitgemäßer Roman damals allerdings nur noch, was im eigentlichen Sinn kein Roman mehr war, vielmehr Parodie der überlieferten Muster. Seine Grundhaltung als Erzähler ist konsequent ironisch, auch bei Sujets, die von grotesker Verkennung der Wirklichkeit und damit verbundenem Leid handeln und daher anstößig wirken (*Die Betrogene*, E., 1953). Mit dem Fragment gebliebenen Bildungsroman *Bekenntnisse des Hochstaplers Felix Krull* (1954) gelang ihm eine geistvolle Erneuerung pikarischen Erzählens, ein Werk bestrickenden Humors, das umso bemerkenswerter ist, als die einzelnen Teile während eines Jahrzehnte umfassenden Zeitraums entstanden sind.

In »völliger Muße und Zurückgezogenheit«, nämlich im Gefängnis, zeichnet der Ich-Erzähler in der »sauberen und gefälligen Handschrift, die mir eigen ist«, seine Geständnisse auf: »Der Memoiren erster Teil« umfasst die Kindheits- und Jugenderfahrungen des hübschen Felix, Sohn eines bankrotten Schaumweinfabrikanten im Rheingau, dessen vielseitige, aber zumeist imitatorische Talente früh erkennbar werden (bei der Nachahmung der Unterschrift des Vaters, beim Schulschwänzen, beim Vortäuschen körperlicher Gebrechen vor der Musterungskommission u.a.), der sich in einem Pariser Hotel vom Liftboy zum Liebeskünstler entwickelt, mit einem Marquis den Namen tauscht und stellvertretend für ihn auf Weltreise geht. Felix ist ein pervertierter Künstler, der aber, indem er in seiner Rolle täuschend aufgeht, Sehnsüchte stillt und seiner Scheinexistenz einen so ephemeren wie melancholischen Reiz verleiht. Hochstapelei erscheint nicht als krimineller Fehltritt, sondern – Parodie auf den Bildungsroman – als von leichtsinnigen Grazien inspirierte Entfaltung eines Talents. Thomas Mann hatte den 1922 als *Buch der Kindheit* veröffentlichten Teil des Werkes, der bis zur Musterungsszene reicht, bereits vor dem Ersten Weltkrieg geschrieben.

Max Frisch

an: »Sieh, darum ist es so schwer, sich selbst zu wählen, weil in dieser Wahl die absolute Isolation mit der tiefsten Kontinuität identisch ist, weil durch sie jede Möglichkeit, etwas anderes zu werden, vielmehr sich in etwas anderes umzudichten, unbedingt ausgeschlossen ist.« Nicht anders als Frischs dramatisches Werk macht das erzählerische deutlich: Der Mensch ist sich selbst entfremdet; sein eigentliches Ich wird verstellt durch die Bilder, die andere von ihm haben.

Der Bildhauer Stiller ist aus Unfähigkeit, »sich selbst anzunehmen«, wiederholt gescheitert: in seinem Beruf, als Freiwilliger im Spanischen Bürgerkrieg, in seiner Ehe. Unter fremdem Namen kehrt er aus dem Ausland zurück, um noch einmal neu anzufangen und »kein anderes Leben zu suchen als dieses, das er nicht von sich werfen kann«, wird allerdings beim Grenzübertritt verhaftet. Vom Staatsanwalt dazu aufgefordert, sein Leben niederzuschreiben, beginnt er seine Aufzeichnungen mit den Worten: »Ich bin nicht Stiller!« Sein Versuch, »sich in etwas anderes umzudichten«, scheitert, er erkennt, dass man sich selbst annehmen muss als der, der man ist.

Der Publikationserfolg stellte sich nicht sofort ein, aber Thema und Darstellungsform des *Stiller* fanden die Anerkennung der Kritik und erregten im wachsenden Maße Interesse bei einer großen Leserschaft. Frisch hatte zu seinem Stil, einer unpathetisch wirkenden Modernität, gefunden. Drei Jahre später erschien *Homo faber. Ein Bericht* (R., 1957). Hier geht es um einen nüchternen Techniker, dem alles berechenbar erscheint, der Begriffe wie Schicksal nicht gelten lässt, aber in eine tragische Verstrickung gerät.

Der Ingenieur Walter Faber – »Homo Faber« hat ihn seines naturwissenschaftlich-mathematischen Weltverständnisses wegen seine frühere Freundin Hanna Landsberg genannt – bereist im Auftrag der UNO Länder der Dritten Welt. Unterwegs nach Caracas durch eine Panne seines Flugzeugs aufgehalten, kurz vor einer geplanten Operation, der er sich in Athen unterziehen wird, fertigt er Aufzeichnungen an, die seine zwei Jahrzehnte zurückliegende Beziehung zu Hanna vergegenwärtigen. Er, damals (1936) Assistent an der Züricher TH, hatte sich bereit erklärt, die Münchner Kunststudentin, eine Halbjüdin, die ein Kind von ihm erwartete, mit Rücksicht auf ihre gefährdete Situation zu heiraten, sie aber hatte, durch die Kälte seiner Werbung verletzt, abgelehnt. Lange hatte er sie tot geglaubt, inzwischen aber erfahren, dass sie die Frau seines früheren Freundes Joachim geworden ist und als Archivarin in Athen lebt. Auf der Überfahrt von Amerika nach Frankreich freundet er sich mit einer 20-jährigen Studentin an, deren »Hanna-Mädchen-Gesicht« ihn nicht loslässt. Sie reisen gemeinsam weiter durch Italien nach Griechenland, er schläft mit ihr und will sie heiraten. Zwar weiß er inzwi-

Mit Thomas Mann schließt ein großes Kapitel der Romangeschichte, aber sie war damit nicht zu Ende, die Wandlungsfähigkeit der Gattung nicht erschöpft. In der Schweiz war es Max Frisch, der nunmehr als Romancier Weltruhm gewann.

Max Frisch als Erzähler

Frisch ist als Erzähler bereits Mitte der Dreißigerjahre hervorgetreten. Der in Dalmatien spielende Roman *Jürg Reinhart. Eine sommerliche Schicksalsfahrt* (1934), der Bergroman *Antwort aus der Stille* (1937), *J'adore ce qui me brûle oder Die Schwierigen* (R., 1943, veränderte Ausgabe 1957) und *Bin oder Die Reise nach Peking* (E., 1944) bleiben jedoch in der Erörterung der für ihn charakteristischen Probleme noch sehr im Allgemeinen und überschreiten kaum die Grenzen unpolitischer Belletristik. Der Reifeprozess des Erzählers, der sich im Tagebuch abgezeichnet hatte, trat erst mit *Stiller* (R., 1954) überzeugend ans Licht.

»Wie soll einer denn beweisen, wer er in Wirklichkeit ist? Ich kann's nicht. Weiß ich denn selbst, wer ich bin?«, argumentiert der Ich-Erzähler. Die Identitätskrise, die Frischs ganzes Werk bestimmt, klingt schon im von Kierkegaard stammenden Motto des Romans

Plakat zur Verfilmung von *Homo Faber* 1991

Beziehungen eines Mannes zu den sieben Frauen, die ihm nahe gestanden haben. Vom Vorwurf des Mordes an seiner ehemaligen Ehefrau aus Mangel an Beweisen freigesprochen, wird er durch die quälende Konfrontation mit den anderen Partnerinnen zu einem Geständnis getrieben.

Erzählwerke Friedrich Dürrenmatts

Kürzer und, soweit sich erkennen lässt, unkomplizierter, verlief der Weg des Erzählers Dürrenmatt zu sich selbst. Der mittellose und noch wenig bekannte junge Schriftsteller wurde nicht durch seine umstrittenen frühen Dramen, sondern durch Erzählwerke einem großen Publikum bekannt. Dies gilt vor allem für *Der Richter und sein Henker* (1952), eine Auftragsarbeit, die zuerst als Fortsetzungsroman im *Schweizerischen Beobachter* gedruckt wurde und später, nicht zuletzt durch die Schule, millionenfache Verbreitung fand.

Dem aktuellen Geschehen geht eine um Jahrzehnte zurückliegende Wette voraus. Als junger Polizeioffizier in der Türkei hat der todkranke Berner Kriminalkommissar Bärlach gegenüber einem Unbekannten die Meinung vertreten, die meisten Verbrechen würden entdeckt, weil sich die menschlichen Verhaltensweisen und somit auch das Umfeld krimineller Handlungen nicht kalkulieren ließen. Hingegen behauptete seine Zufallsbekanntschaft gerade von dieser Unbestimmtheit, dass sie den Täter begünstige und seine Schuld verbergen helfe. In Bärlachs Gegenwart werde er ein Verbrechen ausführen und doch werde ihm die kriminelle Handlung nicht nachzuweisen sein. Tatsächlich beging er drei Tage später vor dessen Augen einen Mord, wusste sich aber der Verurteilung zu entziehen. Von da an verfolgte Bärlach vergeblich den skrupellosen Unbekannten, der unter wechselnden Namen immer größere Untaten beging. Nunmehr ist ein junger Polizeileutnant ermordet worden, den Bärlach auf »Gastmanns« – wie er sich gegenwärtig nennt – Spur gesetzt hatte. Bei dem Täter handelt es sich, wie Bärlach zu Recht annimmt, um einen von Ehrgeiz und Eifersucht getriebenen Kollegen des Toten. Ihn beauftragt Bärlach mit den Ermittlungen und verleitet ihn gegen Gastmann vorzugehen, für den Schuldigen eine vermeintliche Chance, unentdeckt zu bleiben. Im Verlauf der Intrige findet Gastmann den Tod, der wahre Täter bleibt für die Öffentlichkeit unentdeckt, wählt aber, nachdem Bärlach ihm zu erkennen gegeben hat, dass er alles weiß, selbst den Tod.

schen, dass sie Hannas Tochter ist, aber er redet sich ein, Joachim sei der Vater. Durch einen Unfall, den er mitverursacht hat, kommt Sabeth ums Leben. Faber erfährt in Athen von Hanna, dass sie *seine* Tochter war. Die Operation erwartend, ahnt er, dass er an Krebs erkrankt ist und sterben wird.

Auch im folgenden Roman *Mein Name sei Gantenbein* (1964) geht es um Lebensmöglichkeiten des einzelnen Menschen und das damit verbundene Problem der Willensfreiheit. »Jedermann erfindet sich früher oder später Geschichten, die er für sein Leben hält«, heißt es dort. Gantenbein gibt sich als Blinder aus, probiert Rollen, erfindet und wechselt die Gegenspieler, skizziert diese oder jene Möglichkeit des Menschenlebens. Die Einheit des Ich wird zugunsten vielfältiger »Entwürfe zu einem Ich« aufgegeben, die Freiheit der Variation setzt sich durch.
Montauk (E., 1975), Aufzeichnungen eines Schriftstellers an der Schwelle des Alters, hebt die Grenze zwischen fiktiver und nichtfiktiver Prosa auf: Unverhüllt benutzt die Erzählung Erfahrungen des Autors, und so durchdringen Poesie und Autobiografie einander. *Der Mensch erscheint im Holozän* (E., 1979) thematisiert die Erfahrungen von Alter und Tod, *Blaubart* (R., 1982) die

Dürrenmatts erster Detektivroman hält sich noch insoweit an das überlieferte Muster, als er der »mächtig und gelassen« agierenden Hauptfigur – dem Detektiv, der die Fäden zieht – ihre nahezu omnipotente Stellung belässt. Bereits im folgenden Roman *Der Verdacht* (1953) wird sich dies ändern, büßt Bärlach die Kontrol-

Friedrich Dürrenmatt

em auf einen Kriminalroman, 1958) erweist sich als unlösbar, und zwar aus Gründen (einem Autounfall), denen keine sinnstiftende Bedeutung unterlegt werden kann. Die Lehre der Dürrenmatt'schen Prosa stimmt mit der seiner Bühnenwerke überein. »Je planmäßiger die Menschen vorgehen, desto wirksamer vermag sie der Zufall zu treffen.« *(21 Punkte zu den Physikern)* Bereits am Beginn des Romans lautet die Kritik eines Kriminalrats an den Schriftstellern: »[…] in euren Romanen spielt der Zufall keine Rolle, und wenn etwas nach Zufall aussieht, ist es gleich Schicksal und Fügung gewesen; die Wahrheit wird seit jeher von euch Schriftstellern den dramaturgischen Regeln zum Fraß vorgeworfen.« *(Das Versprechen)*

Seitens der Kritik ist der Erzähler Dürrenmatt neben dem Bühnendichter eher vernachlässigt worden (*Pilatus,* E., 1949; *Der Nihilist,* 1950; *Die Stadt. Prosa I–IV,* 1952). Die auch als Hörspiel ausgearbeitete Erzählung *Die Panne* (1956) wird zuweilen, wenn auch kaum überzeugend, zu den Detektivromanen gezählt. Gemessen an der umfangreichen dramatischen Produktion blieb das erzählerische Oeuvre auch in der Folge relativ schmal. Die Erzählung *Der Sturz* (1971) versammelt die nur nach den 15 ersten Buchstaben des Alphabets bezeichneten Mitglieder des obersten Parteigremiums in einem totalitären Staat, entfaltet mit großer atmosphärischer Kunst hinter den gleichförmigen Abkürzungen menschliche Schicksale und endet mit der Liquidierung des A. In Dürrenmatts später Schaffenszeit erschienen noch die Romane *Justiz* (1985), die mit vielen Vor- und Rückblenden erzählte Geschichte eines Justizirrtums, und *Durcheinandertal* (R., 1989), eine Satire auf Schweizer Behörden, Gendarmerie und Militär.

Die Erfahrung des Absurden – Wolfgang Hildesheimer

Wie Max Frisch erlebte der nur fünf Jahre jüngere Wolfgang Hildesheimer die Herrschaft Hitlers aus räumlicher Distanz, aber doch als emotional und intellektuell tief Beteiligter – wie sehr, das lässt noch sein erzählerisches Spätwerk erkennen. Er arbeitete als Simultandolmetscher und Redakteur bei den Nürnberger Prozessen, später als Maler und Grafiker, ehe er 1950 zu schreiben begann. Die damals anbrechende Restaurationsperiode erfuhr er als Falschmünzerei, sie verlockte zu den zunächst noch eher verspielten Gesten der Entlarvung, die sein Frühwerk prägen. Die Scheu, in Deutschland seinen endgültigen Wohnsitz zu nehmen, teilte er mit vielen, die Lehre, die er aus der

le über das Geschehen ein und wird nur durch einen Zufall gerettet. Hier wie dort aber verliert das Genre sein überliefertes Profil, insofern der durch die entschlüsselnde Kraft der Ratio verbürgte Sieg der Gerechtigkeit gerade nicht mehr gewährleistet ist. Der Reiz der Denksportaufgabe entfällt, die Gesetze erweisen sich als unwirksam, weil die Täter mit der bürgerlichen Ordnung paktieren, während die Detektive, wollen sie den als schuldig Erkannten der Strafe zuführen, es auf ungesetzlichem Wege tun müssen. Auch sie haben als Identifikationsfiguren an Glaubwürdigkeit verloren.

Dürrenmatts rasch verfasste Detektivromane vermochten im Detail nicht immer zu überzeugen; sie trafen aber einen Nerv der Zeit, weil gerade das Gewicht, das sie auf die unberechenbare Macht des Zufälligen legten, ihnen ein Schein von größerer Wirklichkeitsnähe verlieh. In konsequenter Umkehrung des von Edgar Allan Poe begründeten Musters erscheint sein dritter und letzter Detektivroman geradezu als Parodie der Gattung. Der von dem Kriminalrat Dr. Matthäi untersuchte Fall (*Das Versprechen. Ein Requi-*

Erfahrung des Absurden zog (»Die Zeit ist niemals in den Fugen gewesen. Hamlet neigt zu Pathos«, wird der Ich-Erzähler von *Masante* bemerken), fiel jedoch in seinem Fall besonders geschichtspessimistisch aus. Hildesheimer gelangte zu dem Entschluss, als Autor zu verstummen, seine beiden Romane, die nach der Übersiedlung in die Schweiz entstanden, bezeugen seine wachsenden Zweifel am Sinn literarischer Betätigung. *Tynset* (1965, ohne Gattungsbezeichnung) erscheint als nächtlicher Monolog eines Alternden, der Darstellung des Absterbens in Becketts *Malone meurt* (R., 1951) unmittelbar benachbart.

Der Ich-Erzähler von *Tynset*, ein von der Welt enttäuschter, von seinen Erinnerungen an die NS-Zeit geängstigter Mann, hat Deutschland verlassen, weil er die Vergangenheit dort nicht wirklich als überwunden ansieht. In das Gebirge, in dem der Vereinsamte mit seiner Haushälterin wohnt, dringen nur Berichte über Lawinen, den Straßenzustand, das Wetter; im norwegischen Kursbuch steht die Stadt Tynset verzeichnet. Der Mann, der an chronischer Schlaflosigkeit leidet, beschließt, nach Tynset zu fahren, gibt jedoch den Versuch der vorgestellten und realen Schwierigkeiten wegen wieder auf. Neben dem Bewusstseinsstrom des Erzählers stehen »Intermezzi« über verschiedene Themata. Nach dem Verzicht auf sein Vorhaben beschließt der Erzähler, »für immer« im Bett zu bleiben.

Masante (R., 1973) versetzt den Ich-Erzähler in eine Bar am Rande einer Wüste.

Er hat Masante verlassen, Cal Masante, ein Haus in Italien, das ihm Zuflucht war und viel bedeutete. In Masante war das Klima offenbar angenehmer als dort, wo er »früher wohnte, im Gebirge«. Gleichwohl hat er auch Masante aufgegeben, hat sich der Wüste, als einer letzten Fluchtmöglichkeit, zugewandt. Was er nun erlebt, scheint freilich trivial: Seine Erinnerungen und Reflexionen werden nur von den Erzählungen Maxines unterbrochen, einer Trinkerin, die zusammen mit dem einstigen Franziskaner Alain eine Bar betreibt. Sie hat viele Lebensläufe, gibt sich als die Tochter einer berühmten Sängerin aus oder kommt aus einer Blockhütte in den Wäldern Amerikas, ihr Vater war Sir Archibald Douglas, einer der größten Whiskytrinker seiner Zeit oder das Glied einer heruntergekommenen französischen Aristokratenfamilie, der sich als Trauergast an Hinterbliebene vermietet – Maxine aber, so viel scheint gewiss, war ein schönes Kind. Es ist nicht die Trivialität seiner Bar-Erlebnisse, die den Erzähler beunruhigt, sie sind angesichts des Pessimismus seiner Weltsicht gut genug. Stärker beschäftigt ihn sein Altern, dessen Stationen, gegenwärtige und künftige, er sich detailliert ausmalt. Er verfügt über einen Zettelkasten mit Bruchstücken von Geschichten, die er sich noch einmal vergegenwärtigt, die ihn jedoch so unbefriedigt lassen, wie ihre erzählerische Notwendigkeit offen bleiben muss. Sein Ende bleibt unbestimmt, es scheint,

dass er nach dem Ablegen des letzten Zettels in der Wüste verschwindet.

Aus den Ich-Erzählern der beiden Romane spricht, wie Hildesheimer in einem Werkstattgespräch zu erkennen gab, unverhüllt der Autor selbst, so wird ihr Schicksal zuletzt das seine:

Ja letzten Endes kann ich über nichts anderes schreiben, als über ein potenzielles Ich, also über mich selbst. […] Am Ende von »Tynset« hatte ich diesen Ich-Erzähler noch. Am Ende von »Masante« ist er wahrscheinlich in der Wüste verloren gegangen. Jetzt habe ich niemand mehr. Ich kann nicht einen Roman spinnen mit fiktiven Figuren.

Hildesheimers Verständnis der Literatur des Absurden führte ins Verstummen, folgerichtig auch zum Tod des Romans. Der Ausweg einer praktischen Philosophie gelebter Solidarität, den Camus und andere in der Krise beschritten (mit ihren Mitteln auch die Autoren der so genannten Trümmerliteratur), zeichnete sich für ihn nicht ab. Der Fundus der Werte, nicht zuletzt die der abendländischen Tradition (*Masante* ergeht sich nicht ungern in kritischen Reflexionen über die Absurdität christlicher Glaubensvorstellungen und Verhaltensweisen), erschien ihm verbraucht. Seine intellektuelle Redlichkeit und sein Witz hörten gleichwohl nicht auf, zu überzeugen. Urs Widmer erzählt: »Als er begraben wurde, läuteten – für ihn, den Juden! – zum ersten Mal in der Geschichte des Tals die Glocken der katholischen *und* protestantischen Kirche gemeinsam. […] Er sah mehr und mehr wie Moses aus – sein Vater war Rabbiner gewesen – und dank ihm kann ich mir einen *lachenden* Moses vorstellen.« *(Fragmentarisches Alphabet zur Schweizer Literatur)*   (→ S. 739, 783)

Um 1960 und später: Eine neue Generation

Die Sechzigerjahre signalisieren das Erwachen einer neuen Deutsch schreibenden Schriftstellergeneration in der Schweiz. Neben Frisch und Dürrenmatt erlangten zunächst Otto F. Walter und Adolf Muschg Bedeutung, im geringeren Maß auch Walter Matthias Diggelmann und Jürg Federspiel, eine ganze Reihe jüngerer Talente folgte. Es gab auch Werke, die im gewissen Sinn zu früh kamen, so CHRISTOPH MANGOLDS (1939) bedeutender Roman *Konzert für Papagei und Schifferklavier* (1969), der nur wenige Jahre nach seinem Erscheinen verramscht wurde – der totale Misserfolg von Mangolds missglücktem Erstling *Manöver* (R., 1962) mochte dabei nachwirken. Satiren, die er unter dem Titel *Christoph Mangolds Agenda* (1970) erscheinen ließ, lassen die unter den jüngeren Autoren vorherrschende Unruhe erkennen. Der fingierte Zeitungsbericht *Umsturz in der Schweiz* meldet eine unblutige Revolution:

Bis jetzt sind nur die Namen der neuen Machthaber bekannt: Neuer Bundespräsident ist Hanspeter Tschudi (bisher Hanspeter Tschudi) [...] Auch auf dem Sektor Kultur wurden sämtliche Spitzen neu besetzt: Der Präsident des Schweizerischen Schriftstellervereins heißt Maurice Zermatten (bisher Maurice Zermatten), sein Sekretär Seidler (bisher Seidler). Die neuen Führer der geistigen Opposition heißen Friedrich Dürrenmatt (bisher Friedrich Dürrenmatt) und Max Frisch (bisher Max Frisch).

Walter Matthias Diggelmann (1927–1979)

In Zürich geboren, hatte als der uneheliche Sohn einer Vollwaise eine schwere Jugend in Kinderheimen und bei Pflegeeltern, ohne die Möglichkeit einer höheren Schulbildung. Hilfsarbeiter in Italien, Fremdarbeiter in Deutschland, Flucht aus Dresden, Verhaftung in Nürnberg, Gefängnis und Irrenhaus, 1956 Dramaturg bei Radio Zürich, 1958 Entlassung. Werbetexter, später freier Schriftsteller. Gestorben in Zürich.

Diggelmanns Hauptinteresse gilt neben Erzählungen vor allem dem Roman, im Besonderen sozialkritischen Romanen, deren Thematik das schwierige Verhältnis Jugendlicher zu ihren Eltern, zerrüttete Familienverhältnisse, die Machenschaften gerissener Emporkömmlinge und Ähnliches ist. Kennzeichnend sind bereits einige Titel wie *Zwillich-Zwielicht* (1957), *Das Verhör des Harry Wind* (1962), *Die Rechnung* (1963), *Die Hinterlassenschaft* (1965), *Freispruch für Isidor Ruge* (1967), *Die Vergnügungsfahrt* (1969), *Die Unschädlichmachung* (1970). Er hat in solchem Zusammenhang aber auch die Frage nach der politischen Haltung der Schweiz aufgeworfen und ihr Verhältnis zu Kommunisten und Flüchtlingen vor dem Nazismus kritisch dargestellt. In dem Roman *Die Hinterlassenschaft* finden die Eltern des jungen David im Konzentrationslager den Tod, weil sie kein Einreisevisum in die Schweiz erhalten konnten.

Otto F[riedrich] Walter (1928–1994)

In Aarau als Sohn eines Verlegers geboren, absolvierte Walter, der die Kindheit in Rickenbach (Solothurn) verlebte und den Vater früh verlor, nach Abbruch des Gymnasiums in Zürich eine Buchhändlerlehre, volontierte in einer Kölner Druckerei und übernahm 1956 den Aufbau eines anspruchsvollen literarischen Programms im Walter-Verlag in Olten. Nach Auseinandersetzungen mit der Verlagsleitung 1967 Wechsel zum Luchterhand-Verlag. 1973 Rückkehr in die Schweiz. Gestorben in Solothurn.

Walter veröffentlichte 1956 seine ersten Erzählungen, durch seinen Roman *Der Stumme* (1959) wurde er einer größeren Öffentlichkeit bekannt.

Dem Roman ist eine Notiz vorangestellt, aus der hervorgeht, dass in den Wäldern vor dem Pass nach Fahris ein Mord geschah; am Ende der Geschichte erfährt der Leser, ein junger Mann habe sich viele Wochen später als der Täter bekannt, sein Vater sei von ihm auf der Baustelle vor dem Pass getötet worden. Der Ermordete ist der Hausierer Ferro, der mit seiner Frau und zwei Kindern in Armut lebte. Mit dem Motorrad brachte er Waren von Haus zu Haus, ging dann oft ins Wirtshaus, trank, suchte die Gesellschaft von Mädchen. Sein Sohn Loth, der ihn manchmal begleitete, sah und ahnte manches. In einer Nacht wird die Mutter vom Vater niedergeschlagen und stirbt, Ferro erhält eine Gefängnisstrafe, Loth verliert die Sprache. Fortan ist er »der Stumme«, aber als der Vater einen Diebstahl begeht und der Verdacht auf den Stummen fällt, übernimmt dieser die Sühne: Er führt die zur Strafe festgesetzte Sprengung, die letzte und gefährlichste des Jahres, aus. Der Vater wird von dem niedergehenden Sprenggut erschlagen.

Drei Jahre später folgte der in einem fiktiven Ort Jammers spielende psychologische Roman *Herr Tourel* (R., 1962), in dem das Schicksal einer Schwester des Stummen behandelt wird, sodann Walters ohne nachhaltigen Erfolg unternommener Versuch, auf der Bühne Fuß zu fassen. Einen Neuansatz brachte erst der in fünfjähriger Arbeit entstandene Roman *Die ersten Unruhen* (1972), in dem Walter, z. T. mit Mitteln der Dokumentation, die Probleme der Studentenbewegung und der Politisierung der Literatur behandelt. Nach wiederum mehrjähriger Pause erscheinen *Die Verwilderung* (R., 1977) und *Wie wird Beton zu Gras? Fast eine Liebesgeschichte* (E., 1979). In diesem schmalen Werk versucht Walter im Unterschied zur betont männlichen Perspektive seiner ersten Romane erstmals eine Darstellung aus dem Blickwinkel einer Frau. Auf *Das Staunen der Schlafwandler am Ende der Nacht* (R., 1983) folgte der umfangreiche Roman *Zeit des Fasans* (1988), der die Verfallsgeschichte einer Industriefamilie mit einem Zeitbild der Schweiz im 20. Jahrhundert verbindet und somit auch an das Schaffen Meinrad Inglins anschließt.

Der in Berlin lebende Historiker Thomas (Thom) Winter besucht mit seiner Freundin Lis das noch von seiner Schwester und ihren Angehörigen bewohnte Winterhaus der Familie in dem im Niedergang befindlichen (fiktiven) Ort Jammers in Solothurn. Er ist Verfasser einer Jubiläumsfestschrift der Familienfirma, deren Aufstieg zu Beginn des 19. Jahrhunderts einsetzte, die inzwischen aber in fremde Hände übergegangen ist. Thom geht nach Berlin, um Abstand von der Familie zu gewinnen, gegenwärtig beschäftigt ihn die Haltung der Schweiz während des Zweiten Weltkriegs. Ein Tagebuchfund in der Bibliothek veranlasst ihn, in Jammers zu bleiben, während Lis die Urlaubsreise nach Frankreich fortsetzt. Nun werden in Kindheitserinnerungen, Briefen, Auszügen aus der Festschrift die Familienbegebenheiten vergegenwärtigt, die mit der wirtschaftlichen und politischen Zeitgeschichte in problematischer Weise verflochten sind, aber auch Anklänge an das Schicksal der Atriden und Thoms Mutterbindung erkennen lassen. Er erleidet einen Zusammenbruch, Lis wird zurückgerufen, am Schluss steht die Hoffnung auf Thoms seelische Gesundung und eine von der Last der Vergangenheit befreite Zukunft.

Als kritischer Realist profilierte sich auch JÜRG FEDERSPIEL (1931), der 1961 seinen ersten Band Erzählungen *Orangen und Tode* vorlegte. Es folgten die Romane *Massaker im Mond* (1963), *Die Märchentante* (1971) und *Geographie der Lust* (1989) sowie die Erzählbände *Der Mann, der Glück brachte* (1969), *Paratuga kehrt zurück* (1973), *Die beste Stadt für Blinde* (1980) und *Eine Halbtagsstelle in Pompeji* (1993). Federspiel beherrscht auch die parabolische Darstellung, ist sensibel und ironisch. Das erzählerische Werk begleiteten Reiseberichte (*Museum des Hasses. Tage in Manhattan,* 1969), Essays (*Träume aus Plastic. Aufsätze zu Literatur, Kunst und Film,* 1972) und Fabeln (*Die Liebe ist eine Himmelsmacht,* 1985).

Adolf Muschg (1934)

Geboren in Zollikon (Kanton Zürich), Halbbruder des Basler Literaturhistorikers Walter Muschg und der Jugendbuchautorin ELSA MUSCHG (1899–1976), studierte Germanistik, Anglistik und Philosophie, promovierte bei Emil Staiger mit einer Arbeit über Barlach, wurde Gymnasiallehrer, dann Dozent an deutschen, japanischen, amerikanischen und schweizerischen Universitäten, 1970 Professor für Literaturwissenschaft an der Eidgenössischen Technischen Hochschule in Zürich. Verheiratet mit der Roman- und Kinderbuchautorin Hanna Johansen. Adolf Muschg, wiederholt ausgezeichnet und Mitglied dreier Akademien, erhielt 1994 den Büchner-Preis, 2003 wurde er in Berlin zum Präsidenten der Akademie der Künste gewählt.

Muschg gehört zu jenen Autoren, deren Werke über ihr Land hinaus bekannt wurden kraft einer klaren Diktion und eines Erzählens, das sich nicht in Modernismen verliert, sondern Sprache als unverfälschtes Instrument gebraucht.
Schon sein erster Roman *Im Sommer des Hasen* (1965) erwies ihn als einen kunstvollen Erzähler, der in der Grundkonstellation an Boccaccios *Decamerone* anknüpft und für das Zeitgerüst des Romans die Vergan-

Adolf Muschg

genheit als Erzählzeit und die Gegenwart als erzählte Zeit verwendet.

Der Roman spielt überwiegend in Japan und beschreibt die Erfahrungen, die sechs junge Schweizer Schriftsteller – im »Jahr des Hasen« japanischer Rechnung – dort sammeln können, nachdem ein Werbefachmann, vorgeblich aus Anlass des Firmenjubiläums und um an langjährige gute Geschäftsverbindungen mit dem östlichen Land zu erinnern, ihnen den Aufenthalt ermöglicht hat. Sein wirklicher Auftrag ist es, geeigneten Nachwuchs für den Konzern anzuwerben. Zu den Geschichten der sechs Autoren tritt als siebte die des Veranstalters, die ursprünglich als Rechenschaftsbericht an den Chef geplant war. Als Resümee verzichtet er auf seinen Posten und empfiehlt den als Nachfolger unter den sechs, der mit Worten am sparsamsten war.

Das humane Problem des Romans wird in den folgenden Werken *Gegenzauber* (R., 1967), *Fremdkörper* (En., 1968), *Mitgespielt* (R., 1969) noch stärker herausgestellt: In einer Welt der Ausnutzung erscheinen Hilfsbereitschaft und Güte fast als abwegige Formen.
Muschgs *Liebesgeschichten* (En., 1972) erzählt von Menschen, die verwundet und verstört wurden, sich nicht widersetzen konnten, sondern hinnahmen, was ihnen an Ungutem geschah. In *Albissers Grund* (R., 1974) wird aus ironischer Distanz erörtert, warum der

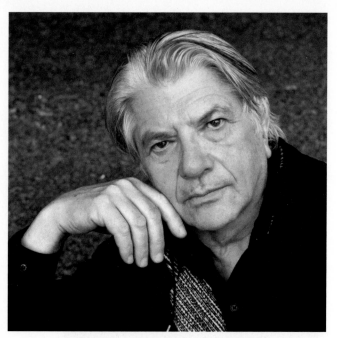

Paul Nizon

Gymnasiallehrer Albisser seinen Psychotherapeuten Zerutt niedergeschossen hat. Sein Opfer, ein Ausländer, stirbt und entgeht so der Ausweisung; Albisser erhält die Freiheit. In perspektivischer Technik ergibt sich aus den Ermittlungen der Gerichtsbehörde und den Äußerungen Zerutts sein Charakterbild. *Baiyun oder die Freundschaftsgesellschaft* (R., 1980) vereint Elemente des Reise- und des Kriminalromans und führt nach China in der Zeit nach Mao Zedongs Tod.

In *Der Rote Ritter. Eine Geschichte von Parzivâl* (1993) folgt Muschg zwar weitgehend der Vorlage von Wolfram von Eschenbach, was die äußere Handlung, Figuren und Konflikte anbelangt, doch durch Kommentare, psychoanalytische Erklärungen, Wechsel der Zeit- und Erzählebenen erreicht er einen neuen Zugriff auf den Stoff. Der Band *Herr, was fehlt euch* (1994) sammelt Aufsätze, die während der Arbeit an dem Roman entstanden sind und die Vorgehensweise kommentieren. *Sutters Glück* (R., 2001) thematisiert die Möglichkeiten der Sprache, auf die Realität einzuwirken.

(→ S. 535, 538, 545, 548)

Nach Paris und Berlin – Paul Nizon, Urs Jaeggi

Der zunächst angestrebte wissenschaftliche Berufsweg führt PAUL NIZON (1929) schon bald über die Schweizer Grenzen hinaus – eine Entscheidung, die auch für den Schriftsteller bestimmend wurde.

Geboren in Bern, als Sohn eines russischen Einwanderers und einer Bernerin, studierte Nizon Kunstgeschichte, promovierte und lebte als Kunsthistoriker in verschiedenen Städten, in Paris wurde er 1977 dauerhaft ansässig. Seit 1971 Mitglied der »Gruppe Olten«. Zahlreiche Literaturpreise.

Nizons nach *Die gleitenden Plätze* (Pr., 1959) zweiter Prosatext *Canto* (1963) fand besonders in Frankreich große Aufmerksamkeit. Es ist ein »Antiroman«, der sich keiner Gattung zuordnen lässt, und berichtet vom Leben eines jungen Kunsthistorikers in Rom, aber auch vom Leben in seiner Geburtsstadt. Der bezeichnende Anfangssatz lautet: »Mir wird zu eng, ich halte das nicht mehr aus.« Das von ihm in seinem Essay *Diskurs in der Enge* beschriebene Dilemma kennzeichnet seine Erzählwerke der folgenden Jahre (*Im Hause enden die Geschichten*, R., 1971; *Untertauchen. Protokoll einer Reise*, E., 1972) bis hin zu *Das Jahr der Liebe* (R., 1981). Von seiner Mietwohnung am Montmartre, seinem »Schachtelzimmer«, aus beschreibt er seinen »Lebensneubeginn«. In den fünf längeren Erzählungen des Sammelbandes *Im Bauch des Wals* (1989) stellt ein Ich-Erzähler die verschiedenen um einen »Marschierer« gruppierten Personen vor, reflektiert dabei das eigene Leben und die Tätigkeit des Schreibens. Der Erzähler von *Hund. Beichte am Mittag* (R., 1998) ist ein Clochard, »ein zur Freiheit verdammter Bursche«, der Möglichkeitsformen des Unglücks erforscht.

URS JAEGGI (1931), Professor für Volkswirtschaft und Soziologie in Bern, Bochum, New York und Berlin, verknüpft literarische und wissenschaftliche Sprache. Seine Werke behandeln Menschen, die ein intensiveres Leben suchen, neue Erfahrungen machen wollen und deshalb aus ihrer angestammten Umgebung auszubrechen versuchen. Der Montageroman *Brandeis* (1978) hat die Studentenbewegung zum Thema und gilt als Jaeggis »gültigstes«, »wichtigstes« Buch jener Zeit. Der Soziologieprofessor Brandeis – der Name, ein Oxymoron, verweist auf seine Spontaneität und zugleich auf Reflexion und Distanz – setzt sich für die Belange der Studenten ein und wird dadurch zum »Spinner« und gleichzeitig zum »Scheißliberalen«. *Grundrisse* (R., 1981) zeigt einen Architekten in Berlin, der vor dem Hintergrund des »Verletzungszustands« dieser Stadt mit den damals entstehenden unsäglichen Neubauten einerseits und verfallenden Wohngebieten andererseits seine Arbeit der Planens als sinnlos ansieht und einen Neuanfang will, indem er versucht, Vorhandenes zu sanieren. In *Soulthorn* (R., 1990) besucht der Protagonist Kocher mit einer Freundin Solothurn

(die Geburtsstadt von Jaeggi), und der »Seelensta-
chel«, den der Titel andeutet, reißt alte Wunden auf.

Peter Bichsel (1935)

Bichsel wurde als Sohn eines Handwerkers in Luzern geboren, Primarlehrer (Volksschullehrer) im kantonalen Schuldienst (Solothurn), 1969 Deutschlehrer an der Zürcher
Kunstgewerbeschule. Während eines Amerika-Aufenthalts
1972 arbeitete er als »writer in residence« am Oberlin College, Ohio. Er erhielt 1965 den Preis der »Gruppe 47«, 1970
den Deutschen Jugendbuchpreis. In den Siebziger-, Acht-
ziger- und Neunzigerjahren mehrere Aufenthalte an deutschen, amerikanischen und britischen Universitäten als
Gastprofessor und writer in residence. Lebt in Bellach bei
Solothurn.

Peter Bichsel steht mit seiner Sammlung Kurzgeschichten *Eigentlich möchte Frau Blum den Milchmann
kennenlernen* (1964) in der Tradition Hebels. Seine
Weise zu beschreiben gibt einfachen, alltäglichen Dingen Nähe und Kontur: eine Technik der Verkürzung,
die das Vertraute auf seinen Kern reduziert und es dadurch unvertraut macht und ihm neue Möglichkeiten
der Bedeutung eröffnet: eine Welt im Kleinen. Sein
Buch *Die Jahreszeiten* (1967) führt die Form der lakonischen Mitteilung weiter. Er ist ein Beobachter, der
sein Objekt einkreist, ausdauernd verfolgt, um am Ende ein ebenso präzises wie knappes Ergebnis zu bieten.
Auch Bichsels *Kindergeschichten* (1969) machen in hohem Maße seine Überzeugung deutlich, dass eine Geschichte auf dem Papier geschieht: eine Formulierung,
die ihm und seiner Schreibform der Aussparung, die
so viel beinhaltet, genau entspricht – nicht als Bonmot, sondern als schlichte, knappe Erkenntnis. Weitere Bände folgten mit *Der Busant. Von Trinkern, Polizisten und der schönen Magelone* (1985) und mit *Zur Stadt
Paris* (1993), Sammlungen, in die auch ältere Geschichten aufgenommen wurden.   (→ S. 538)

»Es fällt [...] schwer zu sagen, was genau [...] vorging«, diese Charakterisierung eines Films, die der Ich-
Erzähler in *Der blaue Siphon* (1992) vornimmt, mag
auch für URS WIDMERS Erzählprosa gelten, bei der die
Betonung weniger auf stringenter Handlungsführung
liegt, als auf Vor- und Rückgriffen, Exkursen, Binnen-
geschichten. Mit einer Mischung aus Leichtigkeit und
Tiefsinn lädt Widmer seine Leser zu Reisen in die
Phantasie ein, um gleichzeitig die realen Gegebenheiten zu kritisieren: in *Die Forschungsreise* (1974) z. B.
zu einer abenteuerlichen Expedition, die in der gewünschten Form in der heutigen Welt nicht mehr zu
haben ist, in *Das enge Land* (1981) gen Süden, in *Der
Kongress der Paläolepidopterologen* (1989) nach Jerusa-

Gerold Späth

lem zu dem im Titel genannten Kongress der Schmet-
terlingsforscher, in *Im Kongo* (1996) nach Afrika. »Die
Künstler«, sagt Widmer, »haben nie vergessen – die
Phantasie ist ein besonders gutes Gedächtnis der
Wirklichkeit –, dass die Welt einmal schön war. [...]
An einzelnen Orten ist sie es immer noch.«
KURT MARTI legte den Roman *Die Riesin* (1975) vor.
Als die bedeutendsten Erzähler der Siebzigerjahre er-
scheinen Gerold Späth und Hermann Burger.

Gerold Späth (1939)

Der in Rapperswil am Zürichsee geborene Sohn eines Or-
gelbauers wurde zum Exportkaufmann ausgebildet, erlernte aber daneben das Handwerk seines Vaters, in dessen
Betrieb er arbeitete. 1979 mit dem von Günter Grass gestifteten Alfred-Döblin-Preis ausgezeichnet, lebt er nach Reisen und Studienaufenthalten in Berlin und Rom als freier
Schriftsteller in Rapperswil, in Italien und Irland.

Als erster Roman Späths erschien *Unschlecht* (1970),
die Geschichte eines Waisenkinds, das es in der Schule
nur bis zur dritten Klasse bringt, aber, nach Erlangung
der Großjährigkeit Erbe eines riesigen Vermögen wird,
in dramatische Fährnisse gerät und seltsame (Liebes-)
Abenteuer erlebt – ein vitaler Schelmenroman. Auch
in dem in der Ich-Form erzählten Roman *Stimmgänge*
(1972) geht es um bunte Erfahrungen und viel Geld,

Hermann Burger

die »Suada der Verzweiflung, die Eloquenz der Todesangst« (M. Reich-Ranicki). Literatur und Literaturbetrieb werden ironisch behandelt *(Der Büchernarr, Die Leser auf der Stör)*. In seinem ersten Roman *Schilten. Schulbericht zuhanden der Inspektorenkonferenz* (1976) bereitet der Held des Romans, der Dorfschullehrer Peter Stirner, in einem aargauischen Gebirgsdorf seine Schüler nicht für das Leben, sondern für den Tod vor; anstatt Heimatkunde unterrichtet er Friedhofskunde. In vielen Fassungen legt er den für die vorgesetzte Behörde bestimmten Bericht über seine Tätigkeit mit den Schülern nieder. Auch die *Kirchberger Idyllen* (1980) und die den Titel einer Novelle von C. F. Meyer parodierende Erzählung *Der Schuß auf die Kanzel* (1988) zehren von Motiven und vom Personal des ersten Romans. Einen breiteren Publikumserfolg erzielte Burger zuerst mit dem Erzählband *Diabelli* (1979) und vor allem mit *Die künstliche Mutter* (R., 1982), der Geschichte eines unter einem Mutterkomplex leidenden Dozenten. Wie einst Tannhäuser in den Venusberg zieht sich der mit Impotenz geschlagene Intellektuelle in ein vom Autor erfundenes unterirdisches Gotthardsanatorium zurück. Burger hat Thomas Bernhard zu seinen Lehrern gezählt; seine Erzählkunst, für ihn eine Art Selbsttherapie, ist reich an Witz, Phantasie und Wortkunst ohne Hass und Negativität (*Blankenburg*, En., 1986). Burgers letztes, umfangreiches Erzählvorhaben, die »Stumpenroman«-Tetralogie *Brenner*, blieb Fragment, nur der erste Teil, *Brunsleben* (R., 1989), ist in seinem Todesjahr erschienen.

Brunsleben ist Brunegg im Aargau, dem »Stumpenland«, die Zahl der Kapitel entspricht der Zahl der Zigarren in einer üblichen Kiste. »Stumpen« verweist aber auch auf den Erzähler als Junge. Hermann Arbogast ist der Abkömmling von Zigarrenfabrikanten, verblieben sind ihm jedoch vom Familienbesitz nur eine Rente und Erinnerungen. Brenner, ein gebildeter, ironischer »Causeur«, verbreitet im Wortsinn »blauen Dunst«, er genießt, während er erzählt, jeweils andere Zigarrenmarken, seine Gesprächspartner sind aber nicht notwendig anwesend. Er spricht mit ihnen über Literatur (Fontane, Thomas Mann, Proust) und Literaturkritik, über Musik, über frühere Bücher von Burger und sehr pedantisch über Tabak. Brenner ist eine Figur, die mit dem Leben versöhnter umzugehen weiß als die Protagonisten der früheren Erzählwerke Burgers. Aber der Roman verschweigt nicht die Gefährdungen, die ihn gleichwohl bedrohen und lässt seinen nahen Tod erahnen. (→ S. 549)

das aber ausbleibt, denn das Testament, das den Orgelbauer Jakob Haslocher zum reichen Mann machen soll, erweist sich als Niete. *Die heile Hölle* (R., 1974), die Geschichte einer aus vier Personen bestehenden kaputten Familie, ist noch böser, als der zweideutige Titel in Aussicht stellt, *Balzapf oder Als ich auftauchte* (R. 1977) wieder ein erzählgewaltiger picardischer Roman. Bei *Commedia* (1980) ebenso wie bei *Sindbadland* (1984) handelt es sich um Rollenprosa: Die vielen Personen sprechen ihre eigene Sprache, die Leser können sich ihre Romanhandlung zusammenreimen. *Sacramento* (En., 1983) verwendet kalendergeschichtliche Elemente. Ohne Gattungsbezeichnung erschienen *Barbarswila* (1988) und *Stilles Gelände am See* (1991), die nicht an die Vielschichtigkeit der früheren Werke heranreichen.

Hermann Burger (1942–1989)

Geboren in Burg (Schweiz), studierte Germanistik, Kunstgeschichte und Pädagogik, promovierte mit einer Abhandlung *Paul Celan. Auf der Suche nach der verlorenen Sprache* (1974), habilitierte sich mit *Studien zur zeitgenössischen Schweizer Literatur* (auszugsweise in *Ein Mann aus Wörtern*, 1983), war Privatdozent in Zürich, nebenher Feuilletonredakteur beim *Aargauer Tagblatt*. Seine Frankfurter Poetik-Vorlesung erschien unter dem auf einen Aufsatz Heinrich von Kleists anspielenden Titel *Die allmähliche Verfertigung der Idee beim Schreiben* (1986). Wählte in Brunegg (Aargau) den Freitod.

Der 1970 erschienene Prosaband *Bork* schlägt für Burgers späteres Werk bereits charakteristische Töne an:

Selbstanalyse und Not der Existenz

OTTO MARCHIS (1942) Roman *Sehschule* (1983) zeigt die Auseinandersetzung des Historikers Georg Anderhalden mit seiner eigenen direkten Vergangenheit: Er muss feststellen, dass aufgrund seiner Arbeit als Historiker seine eigene Geschichte – die Ereignisse um 1968 – an ihm vorbeigegangen ist. Sein Blickpunkt verlagert sich, er erlebt die Umwelt wie die eigene Lebensgeschichte bewusster und subjektiver. Der Roman *Landolts Rezept* (1989) erinnert mit dem Namen der Titelfigur an Gottfried Kellers *Der Landvogt von Greifensee*, die Handlung ist jedoch gegenüber der Novelle von Grund auf verändert. Die Erinnerung an verflossene Liebschaften ist nicht wachgehalten, sondern verdrängt worden, die neue Partnerin erzwingt ein verändertes Rollenverständnis.

Die Romane von MARKUS WERNER (1944), der 1975 über Max Frisch promovierte, zunächst unterrichtete und seit 1990 als freier Schriftsteller lebt, kreisen um Ausbruchs- oder Krisensituationen. Den Anfang machte *Zündels Abgang* (1984), eine Ehegeschichte, die zu einer zunächst zeitweiligen Trennung, später zur endgültigen Flucht des Mannes, eines enttäuschten Gymnasiallehrers, führt. Tagebuchaufzeichnungen übermittelt er aus Kanada einem befreundeten Pfarrer, der sie ergänzend kommentiert. *Froschnacht* (1985) vergegenwärtigt in einer Art Dialog die Schwierigkeiten einer Vater-Sohn-Beziehung in einer konfliktbeladenen Familie, der Vater Bauer und im Nebenberuf Totengräber, der Sohn Theologe und – nachdem er den Pfarrerberuf wegen einer Affäre mit einer Minderjährigen aufgeben musste – Therapeut. Wie ein »Frosch im Hals« würgt ihn seine Vergangenheit, die im Dialekt gehaltenen Monologe der beiden Pechvögel (auch der verstorbene, von der Enge seines Lebens bedrückte Vater kommt zu Wort, der Sohn spricht zuweilen in Jamben) tönen schwer von Frustration und Zorn. *Die kalte Schulter* (1989) behandelt die Liebesgeschichte eines seiner Kunst überdrüssig gewordenen Malers und einer Zahnhygienikerin, die dem Mann Kraft und Halt gibt, bis sie einem banalen Unfall (sie ist Bienenstichallergikerin) erliegt. *Bis bald* (1992) schildert in der Haupthandlung einen Denkmalspfleger, der bei der Besichtigung von Altkarthago einen Herzinfarkt erleidet, mit Glück gerettet, aber rückfällig wird und auf die rettende Transplantation wartet (eingeschoben ist die Nacherzählung des mittelhochdeutschen Epos *Der arme Heinrich*). Schließlich wird er auf das zur Überbrückung der Wartezeit angebotene Kunstherz verzichten und nach Hause zurückkehren. *Festland* (1996) beschreibt einen Fünfzigjährigen in seiner Midlife-crisis und seine Haltsuche, parallel dazu die Situation der Tochter, die sich soeben von ihrem Partner getrennt hat. Werner legt sich seine Gestalten

und ihre Schicksale phantasievoll zurecht, mischt Tragik und Humor und komponiert sorgfältig jede Szene. JÜRG AMANNS (1947) auf eine Kafka-Dissertation (*Das Symbol Kafka. Eine Studie über den Künstler*, 1974) folgende erste Prosawerke (*Hardenberg. Romantische Erzählung aus dem Nachlaß des Novalis*, 1978; *Verirren oder Das plötzliche Schweigen des Robert Walser*, 1978) beschäftigen sich mit Künstlerleben, die er – die historischen Fakten bewusst verändernd – von innen heraus zu begreifen versucht oder wie in *Nachgerufen. Elf Monologe und eine Novelle* (1983) aus der Sicht von Frauen beschreibt, die Berühmtheiten nahe standen (Wilhelmine von Zenge und Henriette Vogel über Heinrich von Kleist, Susette Gontard über Hölderlin usw.). Im abschließenden Beitrag dieses Bandes bringt sich der Autor selbst ins Spiel, eine Unbekannte schreibt über eine Figur, die seine Züge trägt und deren Unfähigkeit zur Liebe in der Bindung an die Kunst ihre Ursache hat. *Die Kunst des wirkungsvollen Abgangs* (E., 1979), *Die Baumschule. Berichte aus dem Réduit* (1982), *Tod Weidigs* (E., 1989) beschäftigen sich ebenfalls offen oder versteckt mit Künstlerproblemen. Einmal mehr erweist sich die selbstgenügsame Beschränkung auf die artifizielle Welt des schönen Scheins beziehungsweise die Unfähigkeit, sich dem Leben unbefangen zu öffnen, als die schwerste Versuchung der ästhetischen Existenz.

SILVIO BLATTER (1946) wurde im Umfeld der Studentenbewegung politisiert und brach sein Germanistikstudium ab. *Brände kommen unterwartet* (En., 1968), *Schaltfehler* (En., 1972) und *Genormte Tage, verschüttete Zeit* (E., 1976) lassen sich der Literatur der Arbeitswelt zuordnen. Sein Hauptwerk bildet die so genannte *Freiamts-Trilogie*, benannt nach einer katholischen Enklave im Kanton Aargau, die die Romane *Zunehmendes Heimweh* (1976), *Kein schöner Land* (1983) und *Das sanfte Gesetz* (1988) umfasst, Werke, die zur Gattung des kritischen Heimatromans zählen. In dieser Trilogie zeigt Blatter das »vernetzte Risiko der späten Achtzigerjahre«, malt ein Zeit- und Sittengemälde einer eng begrenzten Gegend. Der Neigung zur Depression gibt er nicht nach, *Das sanfte Gesetz* schließt mit dem Vorsatz: »Das Leben bejahen, darauf verschwor er sich. Es war ein Beweggrund, es schuf die Voraussetzung, um sich zu wehren. Er sah darin eine Form von Widerstand.« Auch der stark autobiografische Roman *Wassermann* (1986) bezeugt seinen mit Selbstanalyse verbundenen Behauptungswillen, ein späterer Roman (*Das blaue Haus*, 1990) stellt das Leben des Großvaters dar. Der Ich-Erzähler berichtet der

Thomas Hürlimann

elfjährigen Tochter von diesem »Hanns-Guck-in-die-Luft«, der als »Schausteller, Gaukler und Bärenführer« mit einem Wanderzirkus unterwegs war und sich als »Kostümschneider und Lockensammler«, »Weltreisender und Schwindler« betätigte. Auch *Avenue Amerika* (R., 1992) nimmt, nicht immer ganz geglückt, phantastische Elemente auf.

Der Gattung des kritischen Heimatromans lässt sich auch BEAT STERCHIS (1949) von der Kritik mit viel Lob aufgenommenes Erstlingswerk *Blösch* (R., 1983) zuordnen – »ein wahnsinniges Buch, das wie eine stampfende, dampfende, röhrende, kesselnde Maschine daherkommt« (R. Stumm). Der Roman erzählt von dem spanischen Fremdarbeiter Ambrosio, der sich als Melker in einem Schweizer Dorf nicht behaupten kann und eine Anstellung im Schlachthof annehmen muss, wo er Blösch, der einstmals stattlichen Leitkuh des Bauern, bei dem er gearbeitet hat, wieder begegnet. Die friedlich anmutende Welt des Dorfes mit ihren bedächtigen Menschen und die fürchterliche Todesmaschinerie des Schlachthofes, in der sich Ambrosio als machtloser Leidensgefährte des Tieres begreift, stehen kontrastreich nebeneinander.

Thomas Hürlimann (1950)

Hürlimann wurde als Sohn eines späteren Bundesrats in Zug geboren. Er besuchte das Gymnasium der Benediktiner im Stift Einsiedeln, studierte in Zürich und Berlin Philosophie, arbeitete danach als Regieassistent und Dramaturg am Berliner Schillertheater. Im Herbst 2000 übernahm er einen Lehrauftrag am Deutschen Literaturinstitut in Leipzig.

Die Tessinerin (En., 1981), Hürlimanns erste Prosaveröffentlichung, eine Sammlung von sechs autobiografisch bestimmten, zugleich sehr schweizerischen Geschichten, erzielte bereits als Manuskript eine ungewöhnliche Wirkung: Eine kurze Einsichtnahme gab den Anlass zur Gründung des Verlags, in dem es erschien und der mit ihm sein Programm eröffnete. Seitdem ist der Erfolg Hürlimann treu geblieben und hat ihn im Lauf zweier Jahrzehnte zu einem der bekanntesten Autoren seiner Region werden lassen (*Das Gartenhaus*, N., 1989; *Die Satellitenstadt*, En., 1992). Oft handelt es sich um Probleme aus dem engsten Lebensumkreis des Autors, die mit uneitler Gründlichkeit behandelt werden. Den Anstoß zu schreiben hat Hürlimann der Krebstod seines Bruders gegeben. *Der große Kater* (R., 1998) kreist um die Beziehung zum Vater und um die Ehe der Eltern, *Fräulein Stark* (2001) um die Entdeckung des anderen Geschlechts. (→ S. 547)

PETER STAMM (1963) (*Agnes*, R., 1998; *Blitzeis,* En., 1999; *Ungefähre Landschaft*, R., 2001; *In fremden Gärten,* E., 2003) schreibt alltägliche unprätentiöse Geschichten, die sich häufig um Liebe drehen und in denen sich die »Dramen der Leidenschaft so geräuschlos ereignen, als läge überall dichter Schnee« (U. Greiner) – und das ist nicht nur metaphorisch gemeint. Stamm verwendet das Wetter konsequent zur Widerspiegelung seelischer Vorgänge.

Weibliches Schreiben und männlich dominierte Literatur

Die Bernerin VERENA STEFAN (1947) hatte mit ihrer in Berlin entstandenen ersten Publikation *Häutungen* (1975) in autobiografisch-subjektiver Darstellung einen frühen wesentlichen Beitrag zu einer dem eigenen Selbstverständnis gemäßen feministischen Literatur geliefert. Das in einem alternativen Verlag, der Münchner »Frauenoffensive«, erschienene Werk hatte sich, angeregt auch durch kontroverse Diskussionen, zu einem Kultbuch entwickelt. Auf dieser Höhe des Erfolgs konnte die Autorin sich zwar nicht behaupten, zumal spätere Publikationen sehr kritisch aufgenommen wurden (*Wortgetreu ich träume*, Pr., 1987), ihr Ruf nach einer neuen weiblichen Ästhetik verhallte jedoch nicht ungehört. Für eine solche setzte sich nicht nur eine junge Generation ein, darunter Autorinnen, deren literarische Biografie – anders als die Verena Stefans – mit der Schweiz verbunden blieb.

HELEN MEIER (1929) trat als Autorin erst mit 55 Jahren an die Öffentlichkeit. Ihre Lebenserfahrung erlaubt ihr einen unpathetischen und zugleich mitfühlenden Stil.

Beim Ingeborg-Bachmann-Wettbewerb las sie aus ihrem wenig später erschienenen Band *Trockenwiese* (1984) die Erzählung *Lichtempfindlich*, die von der Liebe eines geistig behinderten Jungen zu seiner Lehrerin handelt. Die »Zauberin, die mit wenig auskommt« (G. Köpf), hat man Helen Meier genannt, von »funkelnden Geschichten« (P. Reinacher) gesprochen. Es ist die lakonische Erzählweise, die ihrer Prosa Glanz verleiht, denn berichtet wird von kleinen, eher alltäglichen Begebenheiten. Die Protagonisten regiert zumeist ein starker Lebenswille, heftiges Begehren nach einem anderen Dasein, doch der Rahmen der Verhältnisse, der sie einspannt, ist nicht minder fest gefügt; sie kratzen an den Konventionen, suchen für sich ein bisschen Glück, aber das Scheitern ist vorprogrammiert. Den sinnlichen Zug ihrer Glückssuche bringt die Erzählung unverblümt zum Vorschein (*Das einzige Objekt in Farbe*, 1985; *Das Haus am See*, 1987; *Nachtbuch*, 1992). So knapp wird referiert, dass auch das Überraschende und Beunruhigende den Anschein des Selbstverständlichen gewinnt: »Der Tod ist kein Problem für die Toten.« (*Nachtbuch*) Helen Meier hat zwischenzeitlich auch zwei Romane veröffentlicht (*Lebenleben*, 1989; *Die Novizin*, 1995), besonders beim zweiten fiel das Urteil der Kritik zurückhaltender aus. In den zuletzt erschienenen Büchern kehrte sie zu der ihr besonders gemäßen Form kurzer Prosa zurück (*Letzte Warnung*, 1996; *Liebe Stimme*, 2000).

EVELINE HASLERS (1933) Schaffen kann in zwei Phasen unterteilt werden. In ihrer ersten Phase schrieb sie bevorzugt problemorientierte Kinder- und Jugendliteratur (*Der Sonntagsvater*, R., 1973; *Die Insel des blauen Arturo*, R., 1978; *Die Vogelmacherin*, 1997), ab 1979 wendet sie sich mit der Erzählung *Novemberinsel* auch einer erwachsenen Leserschaft zu und entwickelt den biografisch-dokumentarischen Roman (*Anna Göldin, letzte Hexe*, 1982; *Die Wachsflügelfrau. Geschichte der Emily Kempin-Spyri*, 1991; *Der Zeitreisende. Die Visionen des Henry Dunant*, 1994; *Aline und die Erfindung der Liebe*, 2000).

ADELHEID DUVANEL (1936–1996) zeichnet eine besondere Kunst lakonischer Darstellung aus, ihre knappen Geschichten (*Das Brillenmuseum,* 1982; *Anna und ich,* 1985; *Das verschwundene Haus,* 1988; *Gnadenfrist,* 1991; *Die Brieffreundin,* 1995), die zuweilen weniger als zwei Seiten umfassen, handeln von Einsamkeit und Entfremdung, skizzieren Lebensläufe oder auch nur Ausschnitte daraus von Menschen, häufig Kindern und Jugendlichen, am Rand der Gesellschaft.

»Falsche Bilder, die das Leben erschweren,« will HANNA

Hanna Johansen   Gertrud Leutenegger

JOHANSEN (1939), in Bremen geboren, seit 1972 wohnhaft in Kilchberg bei Zürich, entlarven. Der Roman *Die stehende Uhr* (1978) zeigt die Ich-Erzählerin beobachtend während einer Zugfahrt, wie unter einer Glasglocke abgekoppelt von der Welt, jedoch gleichzeitig in sie eingeschlossen. Nichts ist am Ende gelöst, alle Prämissen müssen aufgegeben werden, weil sie das Warten auf ein Ziel aufgegeben hat. Nunmehr empfindet sie die Reise als eine zu sich selbst – der Schlusssatz des Romans lautet: »Ich war überglücklich.« Johansons Methode, die auch ihre weiteren Werke (z. B. *Trocadero*, R., 1980; *Die Analphabetin*, E., 1982; *Zurück nach Oraibi*, R., 1986; *Universalgeschichte der Monogamie*, R., 1997; *Lena,* R., 2002) kennzeichnet, ließe sich als skeptisch-empirisch bezeichnen. Mit Ironie und Langsamkeit – über Umwege, Analogien und Bilder – beobachtet sie, spürt dem Normalfall, der für sie das Unbegreifliche ist, nach. Hanna Johanson wurde, wie Eveline Hasler, auch für ihre Kinderbücher, hauptsächlich für Leser im Vor- und Grundschulalter, bekannt (so *7x7 Siebenschläfergeschichten*, 1985; *Dinosaurier gibt es nicht*, 1992; *Sei doch mal still*, 2001).

GERTRUD LEUTENEGGER (1948), die, beginnend mit *Vorabend* (R., 1975) eine Reihe von Romanen vorlegte, zeigte sich weder an einer bestimmten Thematik noch an einer fest umrissenen Handlung interessiert, vielmehr reiht ihre lyrische Prosa eine fortlaufende Folge von Eindrücken und Assoziationen aneinander (*Ninive*, R., 1977; *Gouverneur*, R., 1981; *Kontinent*, R., 1985; *Meduse*, R., 1988; *Acheron*, 1994 u. a.). Gleichwohl erscheint besonders ihr erster Roman, der große Beachtung fand, exemplarisch für die Übergangssituation, in der weibliches Schreiben zu einer festen Größe innerhalb einer bis dahin männlich dominierten Literatur wurde. Der Titel *Vorabend* wirkt, so betrachtet, wie eine Ankündigung. Konkret weist er voraus auf eine Demonstration, die am folgenden Tag in Zürich stattfinden wird. Die Ich-Erzählerin begeht die elf Straßen, durch die der Zug der Demonstranten führen wird, ihre Wahrnehmungen, Erinnerungen und Ausblicke während dieses Spaziergangs füllen die elf Kapitel des Romans, der – ungeachtet aller Verschiedenheit – seinen historischen Ort zeitnah Verena Stefans *Häutungen* findet. Gertrud Leutenegger hat auch in ihren anderen Romanen bevorzugt Situation geschildert, in denen Übergänge – der Annäherung oder Entfernung – sich gleichsam fließend vollziehen.

So auch in *Pomona* (R., 2004), Frucht einer zehn Jahre währenden Wartezeit, in der Gertrud Leutenegger keinen neuen Roman veröffentlich hatte. Wiederum geht es um einen langen Entscheidungsprozess, der in eine Trennung mündet, in Verbindung damit aber auch um die Vergegenwärtigung von längst Vergangenem.

»Am Ende behält man nur wenig von einer Kindheit; Geruch, eine Lichtstimmung, eine Geste. Alles andre ist zum Stoff geworden, aus dem wir atmen, handeln, vergessen.« An die jüngst verstorbene Mutter sich erinnern bedeutet für die Ich-Erzählerin, eine verheiratete junge Frau, sich der Apfelbäuerin erinnern, durch die sie mit dem sinnlichen Überfluss der Natur, den verschiedensten Apfelsorten, vertraut gemacht wurde – vielfältige Düfte und Geschmacksreize, die das standardisierte Angebot der Gegenwart nicht länger kennt. Eine Begebenheit steht ihr besonders vor Augen: Wie die altrömische Göttin der Fruchtbarkeit reicht die Mutter im Vorratskeller des dörflichen Hauses dem Kind, das diese Frucht besonders liebt, eine erste „Berner Rose" der neuen Ernte. Der „Rosenapfel" wird zum Auslöser vieler Erinnerungen, erdnäher noch, so empfindet der Leser, als das berühmte Madeleine-Gebäck in Prousts *A la recherche du temps perdu*. Die Erzählerin hat nun selbst eine Tochter – und einen wenig lebenssicheren Mann, den Architekten Orion (die Vorliebe der Autorin für die antike Mythologie hat überdauert), der nicht nur mit seinem Teleskop am liebsten nach den Sternen greift und seinen überschießenden Ehrgeiz mit Alkohol kompensiert. Die Ich-Erzählerin unternimmt es, der Tochter zu erklären, warum sie ihr Tessiner Dorf und diesen Mann, dem sie in Liebe verbunden war, zuletzt doch zu verlassen sich entschlossen hat. Sie zieht mit dem Kind in die Stadt.

Was das Verhältnis der Geschlechter und ihre letztendliche Unvereinbarkeit anbetrifft, so übernimmt in diesem mythologisch gestimmten Roman gewissermaßen die Biologie die symbolische Beweisführung – entstanden ist ein sehr persönliches, eindringliches Sprachkunstwerk – »Poesie als Prosa verkleidet« (N. Blazon).

Die in Zürich lebende Österreicherin MELITTA BREZNIK (1961) wird gemeinhin zur Schweizer Literaturszene gezählt; indirekt gibt das einen Hinweis darauf, dass die nationale Zugehörigkeit für die jüngere Generation nur noch wenig wichtig ist. Wenn die beruflich als Ärztin tätige Autorin mit großer Nüchternheit und medizinisch geschultem Blick von Krankheit und Schwäche, wie sie ihr in ihrem Berufsalltag begegnen, oder von Problemen erzählt, die das Scheitern der elterlichen Ehe für die Kinder bedeutet, fallen staatliche Grenzziehungen auch inhaltlich kaum ins Gewicht (*Nachtdienst*, 1995; *Das Umstellformat*, 2002). Eine in noch stärkerem Maße aller regionalen Bindungen ledige Autorin gewann die Schweizer Literatur in der aus Bukarest stammenden, als Zirkusartistin aufgewachsenen AGLAJA VETERANYI (1962–2002), die sich nach einem mühsamen Bildungsweg erst spät durchsetzen konnte (*Warum das Kind in der Polenta kocht*, R., 1999; *Das Regal der letzten Atemzüge*, R., 2002 postum). Aglaja Veteranyi erzählt unverhohlen autobiografisch, besonders der zweite Roman vergegenwärtigt den Druck, der auf der Zirkusfamilie auch nach der Emigration in die Schweiz 1977 lastete, ihr Zuhausesein überall und nirgends, den inneren Zerfall. Die Fähigkeit der Autorin »den Sprachfluss zu kontrollieren und die Sätze einzukochen« (P. Reinacher) bot Schutz vor der Gefahr der Sentimentalität, ihr Freitod bald nach dem Erfolg verwies noch einmal auf die Last der Biografie.

Zurückhaltend, aber sehr präzis beschreibt ZOË JENNY (1974) in ihrem ersten Roman *Das Blütenstaubzimmer* (1997) das Leben von Jo, die zumeist bei ihrem Vater aufwächst, von ihrer Mutter immer wieder abgewiesen und sogar verleugnet wird: Beim neuen Liebhaber gibt sie das Kind als Schwester aus. Es ist die Generation der Achtundsechziger, die nun selbst zum Objekt literarischer Behandlung wird, ohne Mitleid gesehen von ihren Kindern. Denen fehlt es an Halt und Vertrauen, der materielle Wohlstand, in dem sie aufwachsen, vermag die fehlende Lebenssicherheit nicht zu ersetzen. Zu sehr waren ihre Eltern auf sich selbst bedacht, auf ihre vorgebliche Freiheit und Selbstverwirklichung. Der Roman der Dreiundzwanzigjährigen wurde hoch gelobt und ein für Schweizer Verhältnisse exorbitanter Auflagenerfolg, übersetzt in mehr als zwei Dutzend Sprachen. Auch in ihren bislang weiteren Romanen, *Der Ruf des Muschelhorns* (2000) und *Ein schnelles Leben* (2002) schöpfte Zoë Jenny aus eigenen Erfahrungen, konnte jedoch nicht in gleichem Umfang den Nerv der Zeit treffen, wie mit ihrer ersten Veröffentlichung, stürzte im Urteil der Kritik sogar jäh ab.

DIE LITERATUR IN ÖSTERREICH UND IN SÜDTIROL SEIT 1945

Die deutsche Niederlage 1945 machte Österreich zum zweiten Mal in einem Jahrhundert zum Objekt der Siegermächte. Seine Wiederherstellung entsprach auch diesmal deren Interessen, offen blieb allerdings bis zu einem gewissen Grade das Wann und Wie. Bereits während des Krieges hatten die USA, Großbritannien und die UdSSR die Okkupation durch das Deutsche Reich für nichtig erklärt und angekündigt, die Grenzen von 1938 wiederherstellen zu wollen. Ein britischer Vorschlag zur Begründung eines Donaubunds unter Einbeziehung Ungarns und Süddeutschlands (mit dem erkennbaren Ziel einer politischen Stabilisierung Mitteleuropas) scheiterte am Widerspruch der Sowjetunion. Ende März 1945 drang die Rote Armee ins Burgenland ein, zwei Wochen später fiel Wien und bereits am 27. April wurde dort, als der Kampf um Berlin noch im Gange war, ein zweites Mal die Republik ausgerufen.

Der Wiedergewinn der Unabhängigkeit

Die Autorität der provisorischen Regierung unter dem späteren ersten Staatspräsidenten Karl Renner, dem führenden Sozialisten der Vorkriegszeit, reichte zunächst nicht weiter als die sowjetische Befehlsgewalt. Im schon bald sich abzeichnenden Ost-West-Konflikt blieb Österreich jedoch eine Teilung erspart. Kein »Eiserner Vorhang« wirkte trennend, die in Wien gebildete Regierung fand nach Hinzuziehung von Vertretern aus den westlichen Besatzungszonen Anerkennung. Nach dem Tod Stalins führten die Verhandlungen über den künftigen Status des Landes zum im Mai 1955 zwischen den Außenministern Österreichs und der vier Siegermächte im Wiener Schloss Belvedere abgeschlossenen Staatsvertrag. Fortan nahm die erneuerte Republik politisch eine selbstständige Entwicklung und wurde 40 Jahre später Mitglied der Europäischen Union, ein Weg auf dem ihr 2004 die Anrainerstaaten Tschechien, Slowakei, Ungarn und Slowenien folgten, sodass die mit dem Zusammenbruch des Habsburgerreiches zerklüftete Einheit des mitteleuropäischen Raumes im größeren Rahmen ihre Erneuerung fand. Überkommene historische Probleme im Verhältnis zu den deutschen und italienischen Nachbarn, die inzwischen vertragliche Regelung gefunden hatten, konnten nunmehr vollends als erledigt gelten. Innereuropäische Grenzen verloren an Bedeutung, Tirol wuchs wieder zusammen.

Für einen erneuten »Anschluss« an Deutschland plädierte 1945 und danach niemand mehr. Die Alliierten unterbanden zunächst vorsorglich alle Kontakte dorthin, »Reichsdeutsche« mussten das Land verlassen, und die Distanzierung der österreichischen Behörden ging so weit, dass Deutsch in der Schule vorübergehend nur noch als »Unterrichtssprache« bezeichnet wurde. Der Zusammenbruch des übersteigerten Nationalismus, der auch in Österreich tiefe Wurzeln gehabt hatte, war offenkundig, die geschichtlich begründete kulturelle Eigenart des Landes rechtfertigte wie selbstverständlich das Bestreben nach einer selbstständig gestalteten Zukunft. Zwar war diese Eigenart auch weiterhin nicht leicht zu charakterisieren, aber dergleichen war ein Definitionsproblem, mit dem sich das Leben nicht notwendig aufhielt. Der allgemein als

»österreichisch« anerkannte Philosoph Ludwig Wittgenstein, der einen Großteil seines Lebens in England verbringen musste, wo er in Cambridge lehrte, hat die Frage nach dem »Wesen des Österreichischen« einmal dahingehend beantwortet, dass dieses nicht gesagt, sondern nur gezeigt werden könne. Historisch betrachtet trat dieses Österreichische räumlich und zeitlich in wechselnden äußeren Verhältnissen in Erscheinung, erfahrbar gewesen war es nicht zuletzt an der Peripherie des einstigen Großstaats. Politisch, noch nicht in demselben Maße auch kulturell, war dies Vergangenheit, dem verbliebenen Kernraum aber war nunmehr ein stabiler Umriss gesichert, der politisch nicht länger beunruhigte und mit dem sich pragmatisch umgehen ließ. Das nahm auch der beschwerlichen Erörterung über die Besonderheit der österreichischen Literatur manches von ihrer Befangenheit.

Literatur und geschichtliches Erbe

Wie immer man Dauer und Umfang ihres Geltungsbereichs bezeichnen mochte (berücksichtigte man ihr nahes Verhältnis zur Musik, führten Minnesang und geistliches Lied bis an den Wiener Herzogshof der Babenberger zurück, glaubte man dem Bekenntnis der Autoren, hatte Österreich keine treueren Anhänger als seine ostgalizischen Juden), diese Literatur besaß traditionsbildende Kraft, über deren Besonderheit auch in ihrem Verhältnis zu nächsten Nachbarn ohne Ressentiment gesprochen und wohl auch gescherzt werden konnte. Hatte nicht bereits Alfred Polgar bemerkt, Deutschland und Österreich seien durch die gemeinsame Sprache getrennt? In einem Kapitel seines Romans *Der Mann ohne Eigenschaften* hatte Robert Musil diese Erscheinung wie beiläufig auf den Punkt gebracht – nach einer vorangegangenen gleichsam märchenhaften Beschreibung des Landes »Kakanien«, die an elegischem Glanz ihresgleichen suchte:

Dort, in Kakanien, diesem seither untergegangenen, unverstandenen Staat, der in so vielem ohne Anerkennung vorbildlich gewesen ist, gab es auch Tempo, aber nicht zu viel Tempo. So oft man in der Fremde an dieses Land dachte, schwebte vor den Augen die Erinnerung an die weißen, breiten, wohlhabenden Straßen aus der Zeit der Fußmärsche und Extraposten, die es nach allen Richtungen wie Flüsse der Ordnung, wie Bänder aus hellem Soldatenzwillich durchzogen und die Länder mit dem papierweißen Arm der Verwaltung umschlangen. Und was für Länder! Gletscher und Meer, Karst und böhmische Kornfelder gab es dort, Nächte an der Adria, zirpend von Grillenunruhe, und slowakische Dörfer, wo der Rauch aus den Kaminen wie aus aufgestülpten Nasenlöchern stieg und das Dorf zwischen zwei kleinen Hügeln kauerte, als

hätte die Erde ein wenig die Lippen geöffnet, um ihr Kind dazwischen zu wärmen. Natürlich rollten auf diesen Straßen auch Automobile; aber nicht zu viel Automobile! Man bereitete die Eroberung der Luft vor, auch hier; aber nicht zu intensiv. Man ließ hie und da ein Schiff nach Südamerika oder Ostasien fahren; aber nicht zu oft. Man hatte keinen Wirtschafts- und Weltmachtehrgeiz; man saß im Mittelpunkt Europas, wo die alten Weltachsen sich schneiden; die Worte Kolonie und Übersee hörte man wie noch etwas gänzlich Unerprobtes und Fernes. Man entfaltete Luxus; aber beileibe nicht so überfeinert wie die Franzosen. Man trieb Sport; aber nicht so närrisch wie die Angelsachsen. Man gab Unsummen für das Heer aus; aber doch nur gerade so viel, dass man sicher die zweitschwächste der Großmächte blieb. Auch die Hauptstadt war um einiges kleiner als alle anderen größten Städte der Welt, aber doch um ein Erkleckliches größer als es bloß Großstädte sind. Und verwaltet wurde dieses Land in einer aufgeklärten, wenig fühlbaren, alle Spitzen vorsichtig beschneidenden Weise von der besten Bürokratie Europas, der man nur einen Fehler nachsagen konnte: Sie empfand Genie und geniale Unternehmungssucht an Privatpersonen, die nicht durch hohe Geburt oder einen Staatsauftrag dazu privilegiert waren, als vorlautes Benehmen und Anmaßung. Aber wer ließe sich gern von Unbefugten dreinreden! Und in Kakanien wurde überdies immer nur ein Genie für einen Lümmel gehalten, aber niemals, wie es anderswo vorkam, schon der Lümmel für ein Genie. [...] Es ist passiert, sagte man dort, wenn andre Leute glaubten, es sei wunder was geschehen; das war ein eigenartiges, nirgendwo sonst im Deutschen oder einer anderen Sprache vorkommendes Wort, in dessen Hauch Tatsachen und Schicksalsschläge so leicht wurden wie Flaumfedern und Gedanken.

Allerdings wurde die Argumentation noch immer durch das aktuelle Interesse beeinflusst, wie dies auch in der bereits zitierten bejahenden Äußerung Thomas Manns auf die Rundfrage: »Gibt es eine österreichische Literatur?« zum Ausdruck gekommen war. Ging es vor 1938 darum, Österreich vor dem deutschen Zugriff zu verteidigen, so nach 1945 um die Wiedererlangung der Unabhängigkeit. Was lag da näher als der Hinweis auf das einzigartige geschichtliche Erbe? Auch Germanisten der DDR – das war ein Reflex des Strebens *ihres* Staates nach Anerkennung – unterstützten die Idee einer österreichischen Nationalliteratur. Insgesamt sehr viel zurückhaltender reagierte die österreichische Germanistik: Dass der 1945 seines Amtes entsetzte Wiener Ordinarius Josef Nadler eine *Literaturgeschichte Österreichs* (1948) vorlegte, die an den Prämissen seiner durch die Änderungen in der Hitlerzeit diskreditierten, stammes- und landschaftsgebundenen gesamtdeutschen Literaturgeschichte festhielt, wurde als Herausforderung verstanden. Aber auch andere Erklärungsversuche für die besondere Entwicklung der österreichischen Literatur (etwa mit Hilfe des viel diskutierten »Habsburgischen Mythos«), wurden als zu kurzschlüssig zurückgewiesen. Die wissenschaftlichen Sachverhalte waren wie stets komplex, Vereinfachungen schienen eher schädlich. Die Dichter bemächtigten sich der schwierigen Materie auf ihre Weise: »jo seizn es kane daitschn? / no oeso des samma wiaggli ned / owa eia dichterschbrooch is do daitsch / es heazzas jo – oder ned?« (Ernst Jandl, *nationalliteratur*)

Die Diskussion ging über den akademischen Raum hinaus, denn die historisch und geografisch begründete Mittlerstellung Österreichs und die daraus resultierenden Besonderheiten seiner Entwicklung hörten nicht auf, Schriftsteller und Publizisten zu beschäftigen. Die sieben Jahre der »Ostmark« von 1938 bis 1945 erschienen demgegenüber wie ein nur zu gern vergessener Spuk. Unverkennbar waren die Autoren, die noch im Kaiserreich aufgewachsen waren, von der kulturellen Atmosphäre »Kakaniens« geprägt – mochten sie nun aus Böhmen oder aus der Bukowina, aus Galizien oder den Südprovinzen, aus den im engeren Sinn österreichischen Ländern oder aus Wien selbst stammen. Noch Jahrzehnte nach dem Untergang des Reiches legte die Literatur in Zustimmung und Ablehnung davon Zeugnis ab. In den Nachkriegsjahren, und in den Fünfzigern wiederholte sich verstärkt, was sich bereits in der Zwischenkriegszeit angebahnt hatte. Autoren traten auf den Plan – Celan bietet das bemerkenswerteste Beispiel –, die in den Nachfolgestaaten Österreich-Ungarns aufgewachsen waren, nur selten oder gar nicht in Österreich lebten und sich dennoch als »österreichische« verstanden. Sie optierten gewissermaßen für das, womit sie sich relativ noch am leichtesten identifizieren konnten. Das Verhältnis dieser zumeist jüdischen Autoren zu Deutschland und zur deutschen Sprache war ein tragisches, für sie war – je nach den Umständen – die bevorzugte Sprache ihrer literarischen Bildung zugleich die der erlittenen Barbarei, die Muttersprache die Sprache der Mörder.

Von der Casa d'Austria zum Forum Stadtpark

Auch manche der Jüngeren, die im klein und eng gewordenen Österreich aufgewachsen waren und, wie Ingeborg Bachmann, Hitlers Ostmark als verstörend erinnerten, zeigten sich emotional bewegt, wenn nicht traumatisiert. Mit ihrer Sympathie umfing die Klagenfurterin den Grenzbereich ihrer engeren Heimat, wo das Deutsche, Windische und Slowenische sich mischten, in ihrer dichterischen Phantasie glänzte und irrlichterte die »Casa d'Austria«, von der die Ich-Erzählerin in *Malina* sich Rechenschaft zu geben versucht:

Am liebsten war mir immer der Ausdruck »das Haus Österreich«, denn er hat mir besser erklärt, was mich bindet, als alle Ausdrücke, die man mir anzubieten hatte. Ich muss gelebt haben in diesem Haus zu verschiedenen Zeiten, denn ich erinnre mich sofort, in den Gassen von Prag und im Hafen von Triest, ich träume auf böhmisch, auf windisch, auf bosnisch, ich war immer zu Hause in diesem Haus [...].

Wie stark die Vergangenheit auf jüngere Autoren wirkte, zeigt auch eindringlich Gerhard Fritschs Roman *Moos auf den Steinen*. Demselben Autor gelang in seinem zweiten Roman *Fasching* aber auch die Hinwendung zur Gegenwart, die ihm die veränderte Zeit abverlangte. Der Salzburger Literarhistoriker Walter Weiß hat den Weg Fritschs 1971 als »repräsentativ für die Wandlungen und Spannungen in der österreichischen Literatur des letzten Jahrhunderts« bezeichnet. Gleichwohl kann österreichische Literatur nach 1945 überwiegend nur noch bedeuten: Literatur der Zweiten österreichischen Republik, nicht mehr deutsche Literatur aus den Territorien des einstigen Habsburgerreiches – die freilich außer im Restösterreich auch kaum noch entstand, weil dem historischen Zusammenbruch eine Bevölkerungsverschiebung größten Umfangs gefolgt war. Der endgültige Rückzug aus den Grenzen eines von vielen Völkern bewohnten imperialen Staates auf die Abmessungen einer kleinen, zur Neutralität bestimmten europäischen Republik musste die Literatur dieses Kern- oder Restraums auf die Dauer substantiell verändern. In einem stufenweisen Prozess wurde sie »provinziell« und zugleich in einer neuen Weise übernational.

Übereinstimmend mit der erneuten Entdeckung der »habsburgischen Atlantis« (K. Lipiński, *Auf der Suche nach Kakanien. Literarische Streifzüge durch eine versunkene Welt*, 2000) betonten in den Fünfzigern Germanisten und Kritiker, aber auch jüngere Schriftsteller wie Herbert Eisenreich (*Das schöpferische Misstrauen oder Ist Österreichische Literatur eine österreichische Literatur?*, Ess., 1962), die Kontinuität als das eigentlich Charakteristische des österreichischen Geistes. Zwischen den Generationen – Eisenreich nannte die Grillparzer-Generation, die Generation um 1900 und die junge, in und um den Ersten Weltkrieg geborene – schien, wie von Pfeilern getragen, eine Verbindung gewährleistet, die den gültigen Ausdruck österreichischer Geistesart über alle Umbrüche hinweg sicherte. Unter solchem Vorzeichen standen Heimkehr und kulturpolitische Rolle von Emigranten wie Hans Weigel und Friedrich Torberg, die Wiederentdeckung von Autoren, die in der Emigration geblieben oder zugrunde gegangen waren wie Ödön von Horváth, Joseph Roth oder Johannes Urzidil, die weltweite Anerkennung von Autoren, deren Stunde jetzt erst gekommen schien, wie Heimito von Doderer.

Aber die Realität, in der sich die jungen Autoren einrichten mussten, war eine andere, als sie der elegische Blick auf die Vergangenheit suggerierte. Auch Illusionen über die künftige Rolle Österreichs, die in den ersten Nachkriegsjahren vorübergehend aufkamen, verflogen rasch: Schneller als die westdeutsche Ruinenlandschaft und die zunächst restriktive Haltung der Siegermächte es erwarten ließen, erholte sich die Bundesrepublik Deutschland wirtschaftlich und ihr übermächtiges Potential verwies den um vieles kleineren Nachbar auf einen zweiten Platz.

Bevorzugte Drehscheibe des literarischen Lebens und Mittlerin zum Ausland war naturgemäß Wien, dessen Glanz als kaiserliche Haupt- und Residenzstadt inzwischen ebenso Vergangenheit war wie das Großstadtelend, das es einst ebenfalls beherbergt hatte – der zu groß geratene, bis zum Ende des Ost-West-Konflikts an den Rand des westlichen Europa gerückte Regierungssitz einer Alpenrepublik, deren Einwohnerzahl weit hinter der des benachbarten Bayern zurückblieb. Während der vom »Austrofaschismus« der letzten Jahre der Ersten österreichischen Republik unter der Halbdiktatur des ideell nach dem Vorbild der päpstlichen Sozialenzykliken geformten »Christlichen Ständestaats« hatte es etwas wie eine amtlicherseits geförderte Opposition der Provinz gegen die Dekadenz und soziale Verwahrlosung des modernen Lebens gegeben, die vorgeblich in Wien zu Tage traten. In der Zweiten Republik wurde die Dominanz und repräsentative Funktion der Hauptstadt nicht in Frage gestellt, aber neben den etablierten älteren Einrichtungen und Institutionen entwickelte sich eine vitale moderne Szene, wie sie die Aktivitäten der »Wiener Gruppe« zeigen. Um die Jahrtausendwende wurde Wien geradezu zum Magneten nicht nur für Menschen aus den verschiedensten Weltregionen, sondern auch aus der Provinz: »Die erste Frage, die mir in Wien gestellt zu werden pflegt, lautet: Warum leben Sie noch immer in Salzburg? Gemeint ist: Wie kann man nur! Wo man doch auch die Möglichkeit hätte, hierher zu übersiedeln.« (Karl-Markus Gauß, *Mit mir, ohne mich*, 2002) In den Sechzigerjahren hatte sich vorübergehend Graz neben Wien zum wichtigsten literarischen Austragungsort entwickelt – also gerade das lokale Zentrum, das in der NS-Zeit den Titel »Stadt der Volkserhebung« erhalten hatte. Als Grenzland hatte sich die Steier-

mark, deren überwiegend slowenischer Süden nach dem Ersten Weltkrieg jugoslawisch geworden war, für großdeutsche Aktivitäten besonders anfällig gezeigt. In der einstigen »Pensionopolis« der Monarchie – »gestern weilte er noch unter uns und heute ruht er schon im kühlen Graz«, sagte man von verabschiedeten Generalen und Ministern – revoltierten junge Nationalsozialisten mit besonderem Elan gegen die »alte Welt«. Eine geistige Auseinandersetzung mit dieser fragwürdigen Vergangenheit gab es kaum noch, die verführten jungen Wortführer von einst waren nun selbst beruhigte Bürger, das gesellschaftliche Klima der zweitgrößten Stadt Österreichs und ihre kulturellen Gewohnheiten zeigten die kontinuierlichen Wärmegrade der Provinz. Helmut Qualtinger fiel 1948 mit seinem ersten Stück *Jugend vor den Schranken* in Graz durch. Aber es gab dort sogar vergleichsweise gegenwartsnahe literarische Projekte, wie die in den Fünfzigern im konservativen Stiasny-Verlag erscheinende, von Amts wegen geförderte Porträtreihe *Das österreichische Wort*, die 98 Titel umfasste. Sie reichte von Walther von der Vogelweide bis Christine Busta und Gerhard Fritsch, bezog also auch jüngere Autoren ein.

Unter verändertem Vorzeichen sah das »Forum Stadtpark« – räumlich handelte es sich um ein aufgelassenes Gartencafé – wiederum einen Aufstand der Jugend gegen die ältere Generation. Die ersten Anreger waren bildende Künstler, doch wurde das Forum und seine 1960 begründete Hauszeitschrift, die von Alfred Kolleritsch redigierten *manuskripte*, vorzugsweise literarisch ein Begriff. Eine Generation trat auf den Plan, die sich – teilweise mit außerordentlichem Erfolg, wie er besonders Peter Handke und Thomas Bernhard zuteil wurde – Aufmerksamkeit für neue Fragen und Darstellungsweisen erkämpfte. Die Probleme der Vergangenheit traten demgegenüber zurück, ihre Behandlung in einem der Tradition verhafteten geistigen Klima wurde vielmehr als reaktionär empfunden. Aus dem Forum Stadtpark ging 1972 auch die »Grazer Autorenversammlung« (GAV) hervor, die schon bald ihren Sitz in Wien nahm und sich für die »Förderung der ideellen und materiellen Interessen« der Schriftsteller engagierte. Den eher zufälligen Anstoß für die Entstehung der GAV gab der Rücktritt Alexander Lernet-Holenias als Präsident des österreichischen P.E.N.-Clubs nach der Verleihung des Nobelpreises an Heinrich Böll. Man erwog, den als skandalös betrachteten Vorgang mit der Gründung eines zweiten autonomen österreichischen P.E.N.-Zentrums, möglicherweise in Graz, zu beantworten. Dazu kam es nicht, aber der einmal unternommene Schritt in die Politik blieb nicht folgenlos und nicht ohne ironische Pointe. Die rebellische Avantgarde erkämpfte sich einen Platz; was ihr die Gunst des abstinenten Publikums weiter vorenthielt, ersetzten ihr schon bald staatliche Subventionen. In mehr sukzessiver Weise ließ die 1955 ebenfalls in Graz begründete Zeitschrift *Wort in der Zeit* die Veränderung der literarischen Szene erkennen. Mit ministerieller Unterstützung sollte sie dem Schaffen einer mittleren Generation österreichischer Autoren, die im Ausland unbekannt geblieben waren, vermehrte Wirkung ermöglichen. Auch dafür gab es einen eher zufälligen Anlass, Friedrich Sieburg hatte in einem Vortrag in Wien die nach dem Krieg zu geringe Präsenz Österreichs im deutschen Kulturraum beklagt. Besorgt von Rudolf Henz, der bereits im Ständestaat kulturpolitisch tätig gewesen war, zeigte diese erste offizielle österreichische Literaturzeitschrift zunächst eine katholisch-konservative Tendenz, die ab 1960 von Gerhard Fritsch als zweitem Herausgeber im progressiven Sinne abgewandelt wurde. Ein Verlagswechsel und ein neuer Name (aus *Wort in der Zeit* wurde *Literatur und Kritik*) wiesen in die gleiche Richtung. Nach dem Tod von Gerhard Fritsch übernahm JEANNIE EBNER (1918 bis 2004) das Blatt und öffnete es endgültig auch der jungen und jüngsten Literatur. Seit 1991 wird die Zeitschrift von Karl-Markus Gauß herausgegeben.

Der habsburgische Mythos verblasst

Zeigte nicht auch ein solcher Neuanfang, dass die österreichische Literatur mehr war als nur eine Gefangene des habsburgischen Mythos? Die diesem Terminus zugrunde liegende Abhandlung, der Geniestreich des jungen Triestiner Germanisten Claudio Magris (*Il mito absburgico nella letteratura austriaca moderna*, 1963; *Der habsburgische Mythos in der österreichischen Literatur*, 1966), hatte eine überwiegend literatursoziologische Erklärung für die Entwicklung der österreichischen Literatur vom Beginn des 19. Jahrhunderts bis hin zu Autoren wie Musil, Stefan Zweig, Joseph Roth, Werfel und Doderer gegeben. Er beschrieb die Ausbildung ihrer Besonderheit im engsten Zusammenhang mit der politischen Geschichte des Reiches und seiner notgedrungen auf Beharrung gerichteten Geistesart. Mit dem partiell gelenkten, zumindest begünstigten Aufkommen des habsburgischen Mythos habe der österreichische Staat auf die französische Revolution reagiert, die die Vorherrschaft der Aristokratie und damit die Grundlagen der Monarchie zerstörte. Magris deklarierte die andernorts als Wesenszug

verstandene traditionsverhaftete Haltung der österreichischen Dichter als Reflex einer geschichtlichen Situation. Vermeintlich durch das Bedürfnis des Gemeinwesens motiviert, war sie in Wirklichkeit Ausdruck eines falschen Bewusstseins, das in morbider Weise andauerte, wie die Verklärung des Gewesenen in der nachhabsburgischen Zeit und die nekrophile Todesnähe ihrer Werke zu bezeugen schienen.

Die österreichische Germanistik unterließ nicht, das Missverständliche dieser Generalabrechnung aufzuzeigen; Magris, so wurde bemerkt, hatte einen Gegen-Mythos installiert. Gleichwohl verfehlten seine Thesen – die ähnlich bereits der »österreichische Lessing« Ferdinand Kürnberger in Aufsätzen seiner Sammlung *Literarische Herzenssachen* (1877) ausgesprochen hatte – rezeptionsgeschichtlich ihre Wirkung nicht. »Die österreichische Literatur ist keine Gefangene des habsburgischen Mythos, aber österreichische Historiker und Literarhistoriker sind es nicht selten gewesen.« (W. Weiss) Nachhaltigen Eindruck machte Magris' Studie nicht zuletzt deshalb, weil er – ähnlich wie der Krakauer Germanist Krzysztof Lipiński – unwillkürlich eine tiefe Sympathie für das »kakanische« Österreich spüren ließ, das mithin seine Verteidiger nunmehr gerade dort fand, wo es ehedem dem nationalen Befreiungsbedürfnis im Wege gestanden hatte, während es zur selben Zeit in seinem deutschsprachigen Kernland als hinderlich für die Zuwendung zur Gegenwart erscheinen musste.

Der Vorstellung junger und jüngster Literatur aus dem gesamten deutschen Sprachraum eröffnete der 1977 begründete Ingeborg-Bachmann-Wettbewerb einen Schauplatz. Die Kandidaten, die der Einladung einer unabhängigen Jury folgen, konkurrieren um einen vorzugsweise vom ORF gesponserten, relativ hoch dotierten Preis und die nebenher sich einstellende Aufmerksamkeit der Verlage. Die Liste der Kritiker und Schriftsteller, die zeitweilig der Jury angehörten, weist viele berühmte Namen auf, anfänglich waren darunter auch nicht wenige Mitglieder der »Gruppe 47«. Anders als die Treffen dieser Vereinigung – deren Vorbild Marcel Reich-Ranicki, dem ersten Sprecher der Klagenfurter Jury, gewiss vor Augen stand – finden die Lesungen nunmehr zeitgemäß bei voller Medienpräsenz statt, was zu den unterschiedlichsten Stellungnahmen von heftiger Polemik bis gelangweilter Ablehnung Anlass gibt.

So zeigt sich die österreichische Szene voller Gegensätze. Dabei war der Spielraum für literarische Prozesse im Grunde klein, die materiellen Möglichkeiten der

Verlage begrenzt (nur der Salzburger Residenz-Verlag entwickelte einige Bedeutung), das Publikum für neue Entwicklungen nur bedingt aufgeschlossen. Der Weg österreichischer Autoren führte daher auch künftig meist ins benachbarte deutsche Ausland. Verleger, Kritiker und Publikum jenseits der Grenzen haben wesentlich zur Entfaltung der österreichischen Gegenwartsliteratur beigetragen, die im deutschen Sprachraum zeitweise überproportional vertreten war und weltweit wirkte.

Stichworte zur politischen Geschichte

6. 4. bis 13. 4. 1945 Eroberung Wiens durch die Rote Armee, Vordringen amerikanischer Truppen von Norden nach Tirol, der Briten nach Kärnten. Begründung einer »Provisorischen Österreichischen Staatsregierung« mit Karl Renner als Staatskanzler – unter sowjetischer Kontrolle. Aufteilung des Landes in vier Besatzungszonen der Siegermächte. 1947 Beginn einer zwei Jahrzehnte währenden Großen Koalition zwischen ÖVP (Christlichsoziale Volkspartei) und SPÖ (Sozialistische Partei Österreichs). 15. 5. 1955 Staatsvertrag über die Wiederherstellung der Souveränität, verbunden mit der Verpflichtung, die Eigenständigkeit des Landes, besonders gegen Deutschland, zu bewahren. Nach Abzug der Besatzungstruppen im Oktober 1955 Beschluss (formell unabhängig vom Staatsvertrag) des Nationalrats über die immerwährende Neutralität Österreichs. 1969 Verständigung mit Italien über Südtirol (»De-facto«-Autonomie der Provinz Bozen). 1970–83 Bruno Kreisky (SPÖ) Bundeskanzler. 8. 6. 1986 Kurt Waldheim (nach Auseinandersetzungen über seine Kriegsvergangenheit) zum Bundespräsidenten gewählt. 10. 6. 1992 Offizielle Beilegung des Auslegungsstreits zwischen Österreich und Italien über das »Autonomiepaket« für Südtirol. 1. 1. 1995 Österreich wird Mitglied der Europäischen Union.

Gesellschaft und Kultur

Die in der Ersten Republik verfeindeten politischen Lager, bürgerlich-bäuerliche Christlichsoziale und kleinbürgerlich-proletarische Sozialisten, finden sich in der Not der Stunde zur Zusammenarbeit bereit. Die Große Koalition ermöglicht die weitgehende Verstaatlichung der Grundstoffindustrie, der Elektrizitätswirtschaft und der Banken sowie eine durch den Staat unterstützte Sozialpartnerschaft zwischen Gewerkschaften, Unternehmern und Bauern. Die in der Zwischenkriegszeit, insbesondere während der Weltwirtschaftskrise, nach Verlust ihres nördlichen und östlichen Hinterlands zum »Armenhaus Europas« deklassierte Donau- und Alpenrepublik entwickelt sich, begünstigt durch die wirtschaftlichen Strukturveränderungen in der Zeit des »Anschlusses« und durch die Hilfsaktionen des Marshall-Plans, in den Sechzigerjahren zu einem modernen Industriestaat, in dem die tief greifenden sozialen Besitzunterschiede weitgehend eingeebnet werden. Negativ beeinflusst wird das gesellschaftliche Klima allerdings durch die mit der Koalition der großen Parteien einherge-

Friedensreich Hundertwasser: 224 *Der große Weg*
© Joram Harel, Wien

henden Proporzlösungen und das Fehlen einer kraftvollen Opposition. 1972 tritt der Präsident des Österreichischen P.E.N.-Clubs aus Protest gegen die Verleihung des Nobelpreises an Heinrich Böll zurück. 1978 Erste Volksabstimmung der Zweiten Republik: Entscheid gegen die Inbetriebnahme eines Kernkraftwerks. Mehr denn je entwickelt sich der Sport zu einer wichtigen Quelle der nationalen Identifikation. Österreich ist eine »Schigroßmacht« (K. Vocelka), was nicht ohne Auswirkungen auch auf den Fremdenverkehr bleibt, der kulturell auch in Wechselwirkung zum florierenden Festspielwesen steht, das von Bregenz bis Mörbisch das ganze Land erfasst.

1947 Gründung der Wiener Sektion des »Art Clubs« (Präsident Albert Paris Gütersloh), der u. a. Hans Fronius (1903 bis 1988), Ernst Fuchs (1930) und der die Tradition des österreichischen Jugendstils fortführende Friedensreich Hundertwasser (1928–2000) angehören. Die »Hundsgruppe«, eine surrealistische Malervereinigung um Edgar Jené (1904–1984) und Ernst Fuchs, zu der auch Rudolf Hausner (1914–1995), Wolfgang Hutter (1928), Arik Brauer (1928), Helmut Kies und Anton Lehmden (1929) zählen, kreieren den Phantastischen Realismus der »Wiener Schule«. Hier wie dort bestehen enge Beziehungen auch zu Schriftstellern mit Auswirkungen besonders auf das lyrische Schaffen. Fritz Wotruba (1907–1975) und Alfred Hrdlicka (1928) erwerben sich als Bildhauer, Gustav Peichl (1928), Günther Domenig (1934) und Hans Hollein (1934) als Architekten überregionales Ansehen.

Musik: Nach Ende der Kampfhandlungen sofort einsetzende Bemühungen um Wiederbelebung der glänzenden musikalischen Tradition, insbesondere der Oper (Aufführungen von Mozarts *Figaros Hochzeit* und Puccinis *La Bohème* bereits im Mai 1945 in der noch intakten Wiener Volksoper). Nikolaus Harnoncourt (d. i. Nikolaus de la

Fontaine Graf d'Harnoncourt-Unverzagt, 1929) gründet 1953 das Ensemble »Concentus Musicus« mit dem Ziel authentischer Interpretationen vor allem alter Musik (*Musik als Klangrede*, 1982). 1955 Wiedereröffnung der zerstörten Wiener Staatsoper. Egon Wellesz (1885–1974), Symphonien (Vierte Symphonie *Austriaca*, 1950), *Duineser Elegien*; Ernst Krenek (1900–1991), *Karl V.* (Oper, 1954, e. 1932/33); *Kehraus um St. Stephan* (musikalische Satire, e. 1930, U. Wien, 1990); Gottfried von Einem (1918–1996), Opern nach literarischen Sujets: *Dantons Tod* (U. Salzburg, 1947), *Der Prozess* (U. Salzburg, 1953), *Der Zerrissene* (U. Hamburg, 1964), *Der Besuch der alten Dame* (U. Wien, 1971), *Kabale und Liebe* (U. Wien, 1976), *Jesu Hochzeit* (Libretto von Lotte Ingrisch, U. Wien, 1980). Neben der traditionellen »ernsten Musik« gewinnt die U-Musik ein zunehmend größeres Publikum und Relevanz.

Weltliteratur (Ostmittel- und Südeuropa) 1951–1990

Albanien: Ismail Kadaré (1936), *Der General der toten Armee* (*Gjenerali i ushterise se vdekur*, R., 1963).

Griechenland: Giorgos Seferis (1900–1971, Nobelpreis 1963), *Drei geheime Gedichte* (*Tria krypha poiemata*, G., 1966); Odysseas Elytis (1911–1996, Nobelpreis 1979), *Gepriesen sei* (*To axion esti*, G., 1959).

Italien: Giuseppe Tomasi di Lampedusa (1896–1957), *Der Leopard* (*Il gattopardo*, R., 1958); Alberto Moravia (1907 bis 1990), *La Noia* (*La noia*, R., 1960), *Inzest* (*L'attenzione*, 1965); Natalia Ginzburg (1916–1991), *Mein Familienlexikon* (*Lessico familiare*, R., 1961); Pier Paolo Pasolini (1922–1975), *Vitale Jungen* (*Ragazzi di vita*, R., 1955), *Gramscis Asche* (*Le ceneri di Gramsci*, G., 1957); Dario Fo (1926, Nobelpreis 1997), *Nur Kinder, Küche, Kirche* (*Tutta casam letto e chiesa*, Dr., 1977); Umberto Eco (1932), *Der Name der Rose* (*Il nome della rosa*, R., 1980), *Das Foucaultsche Pendel* (*Il pendolo di Foucault*, R., 1988); Dacia Maraini (1936), *Die stumme Herzogin* (*La lunga vita di Marianna Ucria*, R., 1990).

Jugoslawien: Miodrag Bulatović (1930–1991), *Der Held auf dem Rücken des Esels* (*Heroj na magarcu*, R., 1964); Danilo Kiš (1935–1989), *Sanduhr* (*Peščanik*, R., 1972).

Spanien: Vicente Aleixandre (1898–1984, Nobelpreis 1977), *Geschichte des Herzens* (*Historia del corazón*, G., 1954).

Tschechoslowakei: Bohumil Hrabal (1914–1997), *Tanzstunden für Erwachsene und Fortgeschrittene* (*Tanečni hodiny pro starši a pokročilé*, En., 1964), *Ich habe den englischen König bedient* (*Obsluhoval jsem anglického krále*, R., 1971), *Hochzeiten im Haus* (*Svatby v dome*, R., 1987); Milan Kundera (1929), *Der Scherz* (*Žert*, R., 1967), *Die unerträgliche Leichtigkeit des Seins* (*Nesnesitelná lehkost byti*, R., 1984); Vaclav Havel (1936), *Largo Desolato* (Sch., 1985), Jaroslav Seifert (1901–1986, Nobelpreis 1984), *Das Konzert auf der Insel* (*Koncert na ostrove*, G., 1965).

Ungarn: Sándor Márai (1900–1989), *Tagebuch* (*Napló*, 5 Bde., 1945–84); László Németh (1901–1975), *Kraft des Erbarmens* (*Irgalom*, R., 1965); Imre Kertesz (1929, Nobelpreis 2002), *Roman eines Schicksallosen* (*Sorstalanság*, R., 1975); György Konrád (1933), *Der Komplize* (*A cynkos*, R., 1980); Péter Nádas (1942), *Buch der Erinnerung* (*Emlékiratok könyve*, R., 1986). (→ S. 530, 647, 725)

Sachliteratur und Essayistik

Ein 1986 erschienener Sammelband vereinigt Erinnerungen von Politikern, Schriftstellern, Künstlern und Publizisten an das Kriegsende und den Weg vom »Reich« zu Österreich. Ihren damaligen Lebensumständen entsprechend vergegenwärtigen sie unterschiedliche Eindrücke, aber auch die seither gesammelten Erfahrungen färben auf die Darstellung ab. Der Publizist OTTO SCHULMEISTER (1916–2001) betitelt seinen Beitrag *Reifeprüfung auf Tod und Leben*. Mit 1945 verbindet sich für ihn nicht nur aktuelle Bedrängnis, sondern die endgültige Absage an den Glauben seiner Jugend, der nicht das Dritte Reich meinte, sondern etwas nicht mehr Darstellbares, das allenfalls wie romantisch-pubertäre Verranntheit erscheint: »Was ›Reich‹ mir, den Altersgenossen aus der Jugendbewegung, bedeutet hatte, das heute jungen Leuten zu erklären, habe ich längst aufgegeben.« Der Kabarettist und Stückeschreiber, Theaterkritiker, Essayist und verdienstvolle Molière-Übersetzer HANS WEIGEL (1908 bis 1991), der den Ungeist früh durchschaut hat und mit sich im Reinen ist, beschreibt *Eine Bilderbuch-Heimkehr*. Die allzu rasche Wiederkehr einer fragwürdigen Normalität spürend, überliefert er die vorwurfsvolle Frage des Innsbrucker Theaterdirektors: »Sie kommen aus der Schweiz und haben mir nicht das ›Dreimäderlhaus‹ mitgebracht?« Der Dramaturg, Historiker und Kulturpublizist FRIEDRICH HEER (1916 bis 1983) erinnert sich seiner Verhaftung durch die Russen bei der Rückkehr ins eigene Haus – sie halten ihn für den höheren SS-Führer, der dort Wohnung genommen hatte. Alt-Bundeskanzler JOSEF KLAUS (1910–2001, *Macht und Ohnmacht in Österreich*, 1971) gedenkt der Ermutigung für den geistigen Widerstand gegen Hitler, die von der Literatur, besonders von den Schriften Werner Bergengruens und Reinhold Schneiders ausgegangen sei. GERTRUD FUSSENEGGER beschreibt illusionslos und ohne Spott die wenigen Arbeitsgänge mit Schere und Nadel bei der Umänderung einer Hakenkreuzfahne in eine provisorische österreichische, wie sie es in Tirol erlebte, als anlässlich der Ausrufung der Zweiten Republik Flaggenschmuck angeordnet war.

Auch die nichtfiktionale Literatur setzt subjektiv Akzente, erweitert aber das Spektrum der dichterisch geformten Bilder und übertrifft es zuweilen an Farbigkeit. Welche Bedeutung ihr gelegentlich zukommt, belegt ILSE AICHINGERS in der Zeitschrift *Plan* veröffentlichter *Aufruf zum Misstrauen* (1946), mit dem nach der Auffassung Hans Weigels die österreichische Nachkriegsliteratur erst wirklich begann. Zurückgenommenheit des Ausdrucks, ein wachsames, bis an die Grenze des Verstummens beherrschtes Verhältnis zur Sprache sollte zur Leitlinie der Schriftstellerin werden. Solche Disziplinierung schließt vehemente Parteinahme gegen Lüge und Selbstbetrug nicht aus. Ilse Aichinger war die Enkelin eines k.-u.-k. Offiziers und einer Jüdin, die zusammen mit anderen nahen Angehörigen 1942 ohne Wiederkehr deportiert worden war. Der selbstkritische Appell ließ keine Ausflucht zu:

Beruhigen Sie sich, armer, bleicher Bürger des XX. Jahrhunderts! Weinen Sie nicht! Sie sollen ja nur geimpft werden.[…] Sie sollen im kleinsten Maße die Krankheit an sich erfahren, damit sie sich im größten nicht wiederhole. […] Sie sollen nicht Ihrem Bruder misstrauen, nicht Amerika, nicht Russland und nicht Gott. S i c h s e l b s t m ü s s e n S i e m i s s - t r a u e n. Ja? Haben Sie richtig verstanden?

Mit unverstellten Worten sprach sie von der Schuld und der Verführungskraft der Vergangenheit:

Sagten Sie nicht, Sie hätten lieber im vorigen Jahrhundert gelebt? Es war ein sehr elegantes und vernünftiges Jahrhundert. Jeder, der einen vollen Magen und ein weißes Hemd hatte, traute sich selbst. Man pries seine Vernunft, seine Güte, seine Menschlichkeit. Und man bot tausend Sicherungen auf, um sich gegen die Schmutzigen, Zerrissenen und Verhungerten zu schützen. Aber keiner sicherte sich gegen sich selbst. So wuchs die Bestie unbewacht und unbeobachtet durch die Generationen. Wir haben sie erfahren! […] Trauen wir dem Gott in allen, die uns begegnen, und misstrauen wir der Schlange in unserem Herzen.

Reinhold Schneider, »Winter in Wien«

Des ehemaligen Bundeskanzlers Klaus' Hinweis auf die literarische und – bei seinen wenigen Aufenthalten in Österreich – menschliche Wirkung Reinhold Schneiders hilft einen Autor vergegenwärtigen, der nicht zu den »Insidern« der austriakischen Szene zählte und dessen in seinem letzten Lebensjahr entstandenen Aufzeichnungen *Winter in Wien. Aus meinen Notizbüchern 1957/58* (1958) gemäß den geläufigen Definitionen sicherlich nicht zur »österreichischen Literatur« zu zählen sind. Er schrieb als ein Landfremder, aber umso tiefer beteiligt nach Wissen und Sympathie. »Reinhold Schneiders *Winter in Wien* – aus diesen Zusammenhängen immer ausgespart – gehört zum inneren Kreis einer Literatur des habsburgischen Mythos.« (W. Frühwald) Gesundheitlich erschöpft, erstrebt Schneider keine geschlossene Darstellung, aber eben das gereicht seinen Impressionen zum Vorteil. Er will nur

Hören, Empfangen […], in dieser Stadt, die Stern und Verlockung für mich war in frühesten Jahren und die zum ersten Mal zu betreten ich erst in diesem Sommer den Mut fand. Wie zu erwarten oder zu befürchten war, hat sie das Netz über mich geworfen […].

Er zeigt sich offen und dankbar für alles, was ihm begegnet, für große Worte Stifters (»Mäßigung besiegt den Erdkreis«) anlässlich einer Ehrung Max Mells, wie für die Kunst der Operette in Franz von Suppés *Bettelstudent*. Die fast autobiografisch lesbare Geste, die ihn aus dem Libretto notieren lässt: »Dieser Fürst Liwinsky, / War nur ein kleiner Scherz« mutet »österreichisch« an, macht den so Empfindenden zu einem Nachfahren von Grillparzers armem Spielmann. Schneider fühlte sich gewissermaßen als ein Pilger, geschichtsbeladen, wie er war, allerdings zugleich auch als Tragiker. In der Burg probte man sein Drama um den Rücktritt eines Papstes (*Der große Verzicht*, 1950). Er war verwirrt, nicht zuletzt durch die Geschichtsmüdigkeit und Ahnungslosigkeit, die ihm im Gespräch mit namhaften Persönlichkeiten gerade in der Stadt begegnete, wo jeder Stein Historisches in sich verschloss. *Winter in Wien* wurde sein Vermächtnis, die Stadt erwies sich als »unauslotbar«. (→ S. 729, 738, 754)

Um eine Standortbestimmung Österreichs oder um eine Schau seines Wesens (das war problematischer) versuchten sich damals und später noch andere Beobachter im nahen Deutschland. In Freiburg, dessen Universität eine habsburgische Gründung war und wo die Erinnerung an das einstige (Vorder-)Österreich nie ganz verloren ging, lehrten GERHART BAUMANN (1920) und der gebürtige Österreicher WOLFRAM MAUSER (1928) Literaturwissenschaft. Charakteristisch bereits durch ihre Titel sind Baumanns Untersuchungen über *Grillparzer. Sein Werk und das österreichische Wesen* (1957), eine Darstellung, die in vielen Zügen an Auffassungen Hofmannsthals anknüpft, sowie über *Österreich als Form der Dichtung* in *Spectrum Austriae* (1957). ULRICH GREINER (1945) schrieb, der Perspektive Magris' verpflichtet, aber aus größerer Distanz, Aufsätze, Porträts und Kritiken zur österreichischen Gegenwartsliteratur (*Der Tod des Nachsommers*, 1979).

Franz Tumler, »Das Land Südtirol«

Um eine Standortbestimmung anderer Art handelte es sich bei Franz Tumlers bedeutendem »Sachbuch« *Das Land Südtirol. Menschen. Landschaft. Geschichte* (1971), seinem Gehalt nach ein gedankenreicher Essay und abschließende Auseinandersetzung mit einem Lebensthema, das auch in Tumlers Erzählprosa zu Tage tritt – die als Schuld wahrgenommene Loslösung des Sohnes vom Land seiner Herkunft, das den Mittelpunkt der Welt seines Vaters gebildet hatte. (Ein von diesem hinterlassenes unabgeschlossenes Manuskript zu einem ladinischen Wörterbuch bildete den Ausgangspunkt für die Recherchen des Sohnes.) Der gereifte Schriftsteller war wie wenige ein strenger Richter über sich selbst: »[…] das habe ich mein Leben lang gemacht: mich an die Sprache angepasst, in der die andern reden. Bin fix, habe es gelernt, mich anzupassen […] Ideale, Bekenntnisse, Pflichten, Redensarten, die ich unverändert übernahm […]«. *Das Land Südtirol* braucht keine Kritik zu scheuen, es sucht als Einführung in die Kultur einer Region seinesgleichen. Tumlers Kunst der Landschaftsbeschreibung ist auch in kleineren essayistischen Arbeiten gegenwärtig (*Der Gardasee*, 1958; *Österreichische Landschaft*, 1961).

Der fünfte Stand – die Intellektuellen

In seiner zuerst 1967 erschienenen Studie *Die Zukunft Österreichs* stellt Schulmeister die Frage nach der künftigen Entwicklung seines Landes angesichts eines unverkennbaren Existenzbruchs. Die Darstellung ist untergliedert in die Abschnitte »Die Zeit der Großväter oder die Erbschaften«, »Die Zeit der Väter oder die Elemente« und »Die Zeit der Söhne oder die Ziele«, und das Fazit des Autors, filtriert aus dem Erfahrungsschatz dreier Generationen, lautet, Österreich müsse sich einen neuen Entwurf geben, um sich selbst in dem zu finden, was ihm Zukunft gibt: seine europäische Funktion.

Schulmeister war damals Mitherausgeber der Zeitschrift *Wort und Wahrheit* (1946–1973), die später zu den »Leitfossilen« für geistige Entwicklungen in der Nachkriegsepoche der Zweiten Republik und einen modernen Katholizismus gezählt wurde, und Chefredakteur der führenden Wiener Zeitung *Die Presse,* er schrieb fesselnd, gestützt auf gründliches Wissen. Seinen Ausgangspunkt bildete der aktuelle Zustand Österreichs, das sich in einem rasanten gesellschaftlichen und wirtschaftlichen Wandel befand, nicht das »Kakanien« der Dichter, aber er wusste, was Vergangenheit in diesem Land und für dasselbe bedeutete – übereinstimmend mit dem Kunstphilosophen und Essayisten RUDOLF KASSNER, den er zitiert: »Österreich ist ein Gebilde der Geschichte wie kein anderes in Europa, ein Gefüge geschichtlichen Willens […], aus keiner nationalen Wurzel heraus gewachsen, von keiner nationalen Idee gehalten.« (*Die innere Struktur*

Österreichs, 1958) In dem von ihm betreuten Sammelband *Spectrum Austriae* (1957) hatte er es selbst bereits ähnlich formuliert:

Denn das, was Österreich zu dem macht, was es ist, ist seine Geschichte. Die Konfiguration seines Wesens, die Züge seines Charakters, die Herkunft seiner Probleme erschließen sich nur in historischer Perspektive: Die Gegenwart bleibt ohne die tausend Jahre Vergangenheit stumm. (Zwischen Gestern und Morgen)

Rudolf Kassner, »auf den der Begriff ›innere Emigration‹ in Österreich am ehesten anwendbar ist« (H. Spiel), hatte sich in den sieben Jahren der ›Ostmark‹ aller Publikationen enthalten. Nunmehr erschienen zwischen den *Transfigurationen* (1946) und *Der Gottmensch und die Weltseele* (1960, postum) eine Reihe von Veröffentlichungen, darunter besonders *Das neunzehnte Jahrhundert. Ausdruck und Größe* (1947). Einer mystischen Religiosität verpflichtet war sein Alterswerk von der Gegenwart bereits durch eine tiefe Kluft getrennt, wenngleich Kassner im konservativen *Turm* noch als einer der Repräsentanten der Gegenwartsliteratur vorgestellt wurde. Er lebte zuletzt in der Schweiz, dem neuen Österreich stand der Freund Hofmannsthals und Rilkes fremd gegenüber.

Eine selbstverständliche Heimat für Intellektuelle war dieses Österreich zu keiner Zeit, und nach der fast völligen Verdrängung des jüdischen Elements umso weniger. Viel eher wird sich von einem verbreiteten Antiintellektualismus reden lassen, auch dies nach 1945 in vermehrtem Umfang, denn nicht so sehr zweifelnde Unruhe war gefragt als pragmatische Lebensklugheit und die kommode Kunst des Vergessens. RUDOLF HENZ (1897–1987), Schriftsteller und einflussreicher Kulturfunktionär, hat in seiner Laudatio auf Hans Carl Artmann anlässlich der Verleihung des Großen Österreichischen Staatspreises 1974 abwägend davon gesprochen:

Dieses Land der Mitte, geopolitisch, sozial und geistig, war stets ein Ärgernis der hundertprozentigen Nationalisten rundum und im Lande selbst, ist aber auch heute ein Ärgernis für die hundertprozentigen Intellektuellen, die vor lauter abgrundtiefer Intellektualität und Progressivität längst nicht mehr wissen, was Poesie ist oder wo St. Achatz am Walde liegt […] Da geht dann alles zu langsam, da kommen Moden erst durch, wenn sie anderswo passé sind oder sie werden überhaupt nicht ernst genommen. […] Vermischt sich freilich diese an sich sehr fruchtbare, ja schöpferische Ausgeglichenheit mit einem latenten Spießertum, Dummheit und reichlich unbewältigten primitiven Vorstellungen, dann können auch die besten unsicher werden […].

Besonders schwer hatten es linke Intellektuelle wie ERNST FISCHER (1899–1972), mochten sie sich auch immer als Kenner der österreichischen Dichtung ausgewiesen haben (*Von Grillparzer zu Kafka. Sechs Essays*, 1962). Fischers Resümee in *Kunst und Koexistenz. Ein Beitrag zu einer modernen marxistischen Ästhetik* (1966) ist aus vielen Gründen nur vorsichtig optimistisch:

Die Ohnmacht der Kunst ist offenkundig, ihre Macht geringer denn je. Aber war sie je eine Macht? War sie es als K u n s t oder nur im Bündnis mit Magie, mit Religion, mit Mächten jenseits des Ästhetischen? Selten war sie imstande d i r e k t an gesellschaftlichen Veränderungen mitzuwirken. […] Doch nicht in diesem von Zeit zu Zeit möglichen direkten Einfluss auf die Ereignisse besteht die wesentliche Macht der Kunst; solche gesellschaftlichen Wirkungen können von so guten Theaterstücken wie »Die Hochzeit des Figaro« und von so schlechten Romanen wie »Onkel Toms Hütte« ausgehen, sind also nicht so sehr das Ergebnis künstlerischer als außerkünstlerischer Faktoren. Wenig vermag die Kunst – weniger als die sie fürchtenden, bestechenden oder zertretenden Machthaber mutmaßen – mehr, als sie zu ahnen vermögen: Träne zu sein, in der ein Traum sich spiegelt, Hauch des Irgendwann und Nirgendwo, Schritt und Schimmer des Unsichtbaren, das Auge der Medusa, das im Sterben den Mörder versteint.

Friedrich Heer hatte nach eigenem Zeugnis bereits zwischen 1933 und 1938 »als ein katholischer Student, der mitten im Selbstverrat führender Kreise des österreichischen Katholizismus seinen Weg suchte«, bleibende seelische Verwundungen erfahren. Im März 1938 war er sofort verhaftet worden. In den auf die Heimkehr aus der Kriegsgefangenschaft folgenden Jahren brachte er es durch Artikel in der wesentlich von ihm inspirierten Zeitschrift *Die Furche* und durch Vorträge (*Gespräch der Feinde*, 1949, im Kontrast zum Kalten Krieg) dazu, »in relativ kurzer Zeit als ›Linkskatholik‹, ›Verräter am Abendland‹, ›Roter Hund‹, ›Schwarzes Schwein‹, ›Saujud‹ [!] etc. ›entlarvt‹ zu werden«. Heer, der damals durch Begeisterungsfähigkeit und Mut eine große Ausstrahlung besaß, »eine Figur von leuchtender Phantasie und enormem Wissen« (W. Kraus), machte die Idee Europas und das zwischen den Gegensätzen vermittelnde Streben des Humanismus zu seinen Leitthemen (*Aufgang Europas*, 1949; *Die Tragödie des Heiligen Reiches*, 1952; *Europäische Geistesgeschichte*, 1953; *Die dritte Kraft*, 1960; *Europa – Mutter der Revolution*, 1964). Er schrieb unter dem Pseudonym Hermann Gohde auch (wenig bedeutende) Romane, war in Wien Professor, Mitherausgeber der Zeitschrift *Neues Forum*, 1961 Chefdramaturg am Burgtheater, aber auch jederzeit ein Stein des Anstoßes (*Scheitern in Wien*, 1974). Seine Bücher erschienen größtenteils in deutschen Verlagen und wurden in Österreich kaum rezensiert.

Glücklicher operierte der vielen Autoren unvergessliche WOLFGANG KRAUS (1924–1998), der Gründer und langjährige Leiter der »Österreichischen Gesellschaft für Literatur«. Kulturell erfahren in vielen Reisen diesseits und jenseits des »Eisernen Vorhangs«, beschrieb er die Rolle der Intellektuellen in den gesellschaftlichen Veränderungsprozessen und hob – zutreffend, wie sich später erwies – ihre Bedeutung für die mittel- und osteuropäischen Volksdemokratien hervor (*Der fünfte Stand. Aufbruch der Intellektuellen in Ost und West*, 1966). Ein wachsamer Beobachter der Zeit, behandelte er in mehreren Bänden die Lebens- und Überlebensmöglichkeiten des Einzelnen in einer von alten und neuen Gefahren umstellten Welt, den von einer Philosophie revolutionärer Denker zu einer Massenneurose mutierten Nihilismus und – als unentbehrliche Gegenmacht – das Wirken der Ideale, »Spuren des Paradieses«, in der Geschichte (*Die stillen Revolutionäre. Umrisse einer Gesellschaft von morgen*, 1970; *Kultur und Macht. Die Verwandlung der Wünsche*, 1975; *Die Wiederkehr des Einzelnen*, 1980; *Nihilismus heute oder die Geduld der Weltgeschichte*, 1983; *Die Spuren des Paradieses. Über Ideale*, 1985).

Der Titel dieses zuletzt erschienenen Essays erinnert an HERBERT ZANDS letztes Buch *Kerne des paradiesischen Apfels. Aufzeichnungen* (1971), das postum im Rahmen der von Wolfgang Kraus als Nachlassbetreuer besorgten fünfbändigen Gesamtausgabe erschien. Ungeachtet seiner niederdrückenden Erfahrungen hat Zand bestritten, dass in den zurückliegenden Schreckensperioden die Humanität verloren gegangen sei. Sie gehöre vielmehr zum Menschen und könne sich jederzeit äußern. »Es ist nicht wahr, dass alles nur da sei, um uns zu verderben, […] und sich keiner niederbeugen würde, um die Not zu lindern, die wir leiden.«

Herbert Zands Fragmente gehören zu den kostbarsten Vermächtnissen der österreichischen Literatur. […] Von seinen jungen Jahren an trug er den Tod in sich, sah ihn und hielt ihm stand. Seine Worte sind vom Schweigen genährt: Es wird den Lärm, der uns mit Taubheit schlägt, überdauern. (E. Canetti)

HERBERT EISENREICH (1925–1986) schrieb über das Verhältnis von Landschaft und Geschichte und seine Bedeutung für die Gegenwart (*Carnuntum. Geist und Fleisch*, Ess., 1960). Als Kritiker machte er am rechten

Flügel der österreichischen Literaturszene von sich reden (*Reaktionen. Essays zur Literatur*, 1964). Als er in einer Fernsehdiskussion das Gespräch auf das politische Engagement der deutschen Schriftsteller, besonders der »Gruppe 47«, gegen den bundesdeutschen Staat und ihre Gesellschaft lenkte und kritisierte, dass dieser Protest sich gegen Mängel richte, die immer und überall gegeben, somit in der Schöpfungsordnung angelegt seien, entgegnete ihm Martin Walser ironisch, dass er den Schöpfungsplan nicht kenne; er reagiere nur auf Missstände, die er nach Möglichkeit verändern wolle. (→ S. 600, 622)

Mit MICHAEL SCHARANG (1941) hätte Walser sich leichter verständigen können. Uneingeschränkt verteidigte dieser aus dem Autorenkreis der *manuskripte* hervorgegangene vielseitige Künstler, der über Robert Musil promoviert hatte, auch in Essays, Polemiken und Glossen die Verpflichtung des Schriftstellers zu revolutionärem Engagement und einem »neuen Realismus« (*Zur Emanzipation der Kunst*, 1971; *Die List der Kunst*, 1986; *Das Wunder Österreich oder Wie es in einem Land immer besser und dabei immer schlechter wird*, 1991; *Bleibt Peymann in Wien oder kommt der Kommunismus wieder. Geschichten, Satiren, Abhandlungen*, 1993). Er beschrieb den »Boden der Macht« als einen Teppich, »unter den alles gekehrt wird«. Die Kunst könne die Welt nicht verändern, aber es sei ihre Aufgabe, diesen Teppich wegzureißen, denn der »unverstellte Blick« auf die Realität sei eine Vorbedingung für ein befreiendes Handeln der Menschen (*Wiener Vorlesung zur Literatur*, 1987). Wenn Scharang in seiner prononciert linken Literaturauffassung für seine Generation auch nicht als schlechthin repräsentativ erscheint, so lässt doch der von ihm betreute Sammelband *Geschichten aus der Geschichte Österreichs* (1984) den erfolgten Paradigmenwechsel erkennen. Seine *Vorbemerkung* rechnet schonungslos ab mit einer Republik, die alles getan habe, »damit die emigrierten Schriftsteller, Canetti etwa und Fried, dort blieben, wo sie waren«, und mit dem »lächerlichen, vom Staat ausgehaltenen Literaturbetrieb. Er war dem des Austrofaschismus (1934–1938) nicht unähnlich, wenngleich nun sozialpartnerschaftlich besetzt und kontrolliert.« Im Vergleich mit der von Magris beklagten affirmativen Haltung hatte sich das Profil der Literatur verändert: Sie war zum schärfsten Kritiker des Staates geworden. Als eine »Biografie der Zweiten Republik« hat Scharang seine Sammlung bezeichnet. Nähert man sich dem, was Autoren über sich selbst schrieben, treten wieder die individuellen Erfahrungen in den Vordergrund. (→ S. 600, 628)

Um Kritik am Staat und dem Umgang mit dem Gewesenen geht es auch bei ROBERT MENASSE (1954, *Die sozialpartnerschaftliche Ästhetik. Essays zum österreichischen Geist*, 1990; *Das Land ohne Eigenschaften. Essay zur österreichischen Identität*, 1992; *Hysterien und andere historische Irrtümer*, 1996) und bei JOSEF HASLINGER (1955) in seinem anlässlich der Präsidentschaftskandidatur Kurt Waldheims verfassten Essay *Politik der Gefühle. Ein Essay über Österreich* (1987). Nach sorgfältigen Recherchen wandte er sich gegen den durch seine (Kriegs-)Vergangenheit belasteten Kandidaten und beklagte die »Inszenierung des Erinnerns und die Inszenierung des Vergessens«: »Die Politik der Gefühle ist wie ein Feuerwerk: entzündete Gegenwart, die keine Vergangenheit kennt. Sie ist die Meisterschaft des erinnerungslosen Hier und Jetzt. Sie pendelt zwischen einem Unterhaltungsgewerbe und einem Verschönerungsverein, der seinen Erlös in die Verwüstung reinvestiert.« Dieser Essay, der Haslinger als Kritiker der österreichischen Szene etablierte, wurde von Rezensenten aufmerksam gewürdigt, mit viel Lob bedacht, aber auch mit landestypischer Gelassenheit aufgenommen (»noch net a mol ignorieren«). Gesellschaftskritische Literaten entfachten keine weitreichenden Kontroversen. So scheint es konsequent, dass Haslinger in der Essaysammlung *Hausdurchsuchung im Elfenbeinturm* (1996) Kunst und Politik als »weitgehend getrennte Sphären« beschreibt. Vorangegangen war der Sammelband *Das Elend Amerikas. Elf Versuche über ein gelobtes Land* (1992), der die Zielrichtung der Kritik bereits im Titel erkennen lässt. (→ S. 634)

Tagebuch und Autobiografie

Der lebensgewandte und vielfältig erfahrene GREGOR VON REZZORI schrieb über seine Erlebnisse, die ihn von Czernowitz durch viele Länder in die Toskana führten, in Reiseberichten aus Italien und Frankreich sowie in autobiografischen Büchern (*Greisengemurmel*, 1964; *Memoiren eines Antisemiten*, 1979; *Mir auf der Spur*, 1997). In vergleichbarer Weise aufschlussreich sind die Erinnerungen des Schauspielers FRITZ KORTNER (1892–1970) *Aller Tage Abend* (1959).

ALBERT DRACH veröffentlichte einen Bericht über seine Emigration, dessen Titel *Unsentimentale Reise* (1966) ironisch an Sternes *Sentimental Journey* erinnert, und einen zweiten, »*Z. Z.*« das ist die Zwischenzeit (1968) über die Jahre zwischen der Ermordung des österreichischen Bundeskanzlers Dollfuß 1934 bis zum »Anschluss« an Deutschland und seiner Flucht nach Triest 1938 – ein Protokoll gegen sich selbst, denn er handelt auch von Schuldigwerden aus Schwäche, vom Zurücklassen der Mutter, um das eigene Leben zu retten. HEIMITO VON DODERER stellte mit *Tangenten. Tagebuch eines Schriftstellers 1940 bis 1950* (1964) vorzugsweise Material zum Verständnis seines Romanwerks bereit. Er sieht in seinen Tagebüchern, die er seit 1920 beinahe lückenlos führte, den »Quellgrund, aus welchem alles, was kam, Form gewann« *(Vorwort)*; Zeitgeschichte und private Biografie treten demgegenüber zurück und bleiben in einem wohl nicht zufälligen Helldunkel. Ergänzt wurden die *Tangenten* postum durch die *Commentarii* (2 Bde., 1976–86), die die Jahre von 1951 bis zum Tod des Autors umfassen.

Die Schriftstellerin und Publizistin HILDE SPIEL hat Doderer, mit dem sie befreundet war, in ihrer Autobiografie zu den letzten der Generation gezählt, »denen die Urbanität, eine aus vielen Sprachen und Kulturen stammende Bildung des habsburgischen Imperiums noch ganz natürlich zu Eigen war«. Zutreffend hat man diese Charakterisierung auch auf sie selbst bezogen. Die Politik griff auch in ihr Leben entscheidend ein – die erste journalistische Arbeit der Zweiundzwanzigjährigen war eine Kritik von Erika Manns Kabarett »Die Pfeffermühle« in Zürich (»Dies ist mehr als Zeitvertreib: Es ist vielleicht schon Zeitgericht«). Sie emigrierte 1936 nach England, von wo sie, verheiratet mit Peter de Mendelssohn, erst 1993 endgültig nach Wien zurückkehrte. Als Korrespondentin berichtete sie jahrzehntelang aus London und Wien, ihre Erinnerungen umfassen die kulturelle Sphäre beider Metropolen und ihre dortigen privaten Beziehungen mit intensiver, wenngleich ungleicher Sympathie – ohne England könne sie nicht arbeiten, ohne Wien nicht leben, hat sie mit einem Wort Ludwig Wittgensteins das Phänomen erklärt (*Die hellen und die finsteren Zeiten. Erinnerungen 1911–1946*, 1989; *Welche Welt ist meine Welt? Erinnerungen 1946–1989*, 1990). Die autobiografischen Aufzeichnungen verbinden sich mit ihrer Essayistik und ihrer Korrespondenz zu einem Gesamtbild der Wiener Kultur des Jahrhunderts (*Das Haus des Dichters, Literarische Essays, Interpretationen, Rezensionen*, 1992; *Briefwechsel*, 1995). ERNST LOTHAR (1890–1974) beschrieb in seiner Autobiografie, in deren Zentrum die politischen Ereignisse des Jahrhunderts stehen, *Das Wunder des Überlebens* (1960).

GERTRUD FUSSENEGGER gab mit *Ein Spiegelbild mit Feuersäule. Lebensbericht* (1979) eine glaubwürdige Darstellung ihrer Erfahrungen, ohne literarische Attitüde, Selbstmitleid und Beschönigung. Der erworbene Abstand auch zu sich selbst erlaubte ihr die nüchterne

Konfrontation mit dem Gewesenen – und sie hatte viel zu erzählen. Einer vergleichbaren Disposition gemäß verfolgte sie in essayistischer Prosa die großen Lebensfragen nach Freiheit und Verhängnis, Aufgang und Untergang. Als angemessene Leistung des Menschen in den ihn umdrängenden Katastrophen, so wird in novellistisch zugespitzter Betrachtung exemplifiziert, gelten Vernunft, Unvoreingenommenheit, Sachverstand und Mut (*Der große Obelisk,* Ess., 1977). Einen Nachtrag in doppelter Weise bildete die Publikation der Erinnerungen von SOMA MORGENSTERN *In einer anderen Zeit. Jugendjahre in Ostgalizien* (1995). Vom Autor nicht mehr abschließend für den Druck vorbereitet (auch der Titel stammt vom Herausgeber), erschienen sie erst Jahrzehnte nach ihrer Niederschrift und führen zurück in eine noch tiefere Vergangenheit, in jüdisches Leben im habsburgischen Galizien, das sie authentisch vergegenwärtigen.

Übereinstimmendes Merkmal aller autobiografischen Aufzeichnungen bleibt gleichwohl ihr subjektiver Charakter, der umso stärker hervortritt, je mehr es sich um Werke der Erinnerung handelt und je stärker ein Epochenumbruch sich bemerkbar macht. Wer aus der Perspektive der zweiten Jahrhunderthälfte die erste überblickte, sah sich, je älter er war, umstürzenden Veränderungen gegenüber, wobei nur zu häufig die Verlusterfahrung überwog. Nicht anders als in vielen Romanen wird daher auch in Autobiografien – Stefan Zweig hatte das berühmteste Beispiel geliefert – die »Welt von gestern« oftmals verklärend beschworen. In den postum erschienenen Erinnerungen des aus dem Burgenland stammenden Kunsthistorikers HANS SEDLMAYR (1896–1984), *Das goldene Zeitalter. Eine Kindheit* (1986), verschmelzen die konkreten historischen und geografischen Umstände – er wuchs auf einem Gut in Slawonien, also im ungarischen Teil der habsburgischen Monarchie, auf – mit den als selbstverständliche Vollkommenheit wahrgenommenen Gegebenheiten einer Welt vor aller Geschichte, in der ohne Bedrückung zu leben möglich ist und die in der Seele Bilder des Bleibenden hinterlässt. (Geplant war eine Tetralogie, ein »silbernes«, ein »ehernes Zeitalter« sowie die »Rückkehr des goldenen Zeitalters«.)

Autobiografische Texte jüngerer Autoren lassen die Verletzungen in Kindheit und Reifezeit erkennen. *Jugend in einer österreichischen Stadt* (1959) der Klagenfurterin INGEBORG BACHMANN bildet einen Schlüsseltext zum Verständnis ihres Werkes und erklärt die private Problematik in enger Verbindung mit dem Zeitgeschehen.

THOMAS BERNHARD beschrieb die Geschichte seiner Jugend in fünf Bänden. Als erster Band erschien *Die Ursache. Eine Andeutung* (1975) über seine Zeit in den Jahren 1943 bis 1946 in einer Salzburger Schule, die er im »Jahr Null« aus einer nationalsozialistischen Erziehungsanstalt in ein katholisches Internat umgeformt erlebt. »Meine Heimatstadt ist in Wirklichkeit eine Todeskrankheit«, hält auch die Autobiografie über die vom Autor oft geschmähte barocke Festspielstadt fest. »Eine solche weltberühmte Schönheit in Verbindung mit einem solchen menschenfeindlichen Klima ist tödlich.« *Der Keller. Eine Entziehung* (1976) beschreibt das Leben des Lehrlings nach Abbruch des Gymnasiums, *Der Atem. Eine Entscheidung* (1978) und *Die Kälte. Eine Isolation* (1980) die mehrjährige Lungenerkrankung. Der fünfte Band *Ein Kind* (1982) führt in die Anfänge eines Lebens zurück, die schwerwiegende Belastungen (die Ablehnung durch die Mutter), aber auch trostreiche Erfahrungen und wegweisende Anregungen (die Liebe des Großvaters, des Schriftstellers JOHANNES FREUMBICHLER, 1881–1949), beinhalteten.

»Der Wille zur Wahrheit ist, wie jeder andere, der rascheste Weg zur Fälschung und zur *Ver*fälschung eines Sachverhalts«, bemerkt Bernhard in *Der Keller*. Angesichts solcher Skepsis kann nicht überraschen, dass es ihm in seiner Autobiografie augenscheinlich nicht darum geht, abgewogen zu berichten, sondern dass er in kaum geringerem Maße als in seinen fiktiven Texten subjektiven Stimmungen Freiraum gewährt. Das skizzierte Bild Salzburgs – der katholische Stadtpfarrer, Bernhards einstiger Internatsleiter »Onkel Franz«, strengte ein Verfahren gegen *Die Ursache* an – könne natürlich nicht gerecht sein, bemerkte Marcel Reich-Ranicki: »Ohnehin war es nie Bernhards Ehrgeiz, eine nachprüfbare Realität wiederzugeben, sondern eine Realität zu schaffen, die suggestiv genug wäre, um ihre Überprüfung entbehrlich zu machen.« Bernhard selbst hat sich wiederholt im selben und ähnlichen Sinne geäußert.

Die Sprache ist unbrauchbar, wenn es darum geht, die Wahrheit zu sagen, Mitteilung zu machen, sie lässt dem Schreibenden nur die Annäherung, immer nur die verzweifelte und dadurch auch nur zweifelhafte Annäherung an den Gegenstand, die Sprache gibt nur ein gefälschtes Authentisches wieder, das erschreckend Verzerrte, so sehr sich der Schreibende auch bemüht, die Wörter drücken alles zu Boden und verrücken alles und machen die totale Wahrheit auf dem Papier zur Lüge. (Die Kälte)

Elias Canetti

Für Bernhard behauptete die Autobiografie neben den Bühnenwerken und der fiktiven Prosa allenfalls einen gleichberechtigten Platz. Für Canetti wurde sie zum Zentrum seines Schaffens.

Elias Canettis autobiografisch-essayistisches Werk

In *Die gerettete Zunge. Geschichte einer Jugend* (1977) erzählt Canetti zum ersten Mal von sich und seiner Herkunft, vom spanischen Ursprung der Familie, dem Elternhaus, dem Ausbruch des Ersten Weltkriegs, der Kriegs- und Nachkriegszeit in Zürich, dem Aufbrechen von zärtlichen und stolzen, eifersüchtigen und unterdrückten Gefühlen: von der Liebe zum Vater, dessen früher Tod ihn tief trifft, der fast zu starken Bindung an die Mutter, mit der er in der Literatur lebt – und schließlich von jenem Faktum, das dem Buch den Titel gab: Canetti hat trotz aller Wechselfälle, trotz verschiedener Schulsysteme, die er als Knabe an mehreren Orten erlebt, die Zunge, die deutsche Sprache, in der er seine Bücher schreibt, bewahren können.

Der zweite Teil *Die Fackel im Ohr. Lebensgeschichte 1921 bis 1931* (1980) berichtet von den letzten Schuljahren in Frankfurt am Main, von den Studienjahren in Wien und dem Berlin von 1928. Zu Tage tritt der Werdegang eines Menschen, seine Bestimmung zum Schriftsteller und zugleich die Geschichte der kulturell so spannungsreichen, wirtschaftlich-politisch so problematischen Zwanzigerjahre. In zahlreichen, ebenso präzis erlebten wie suggestiv erzählten Begegnungen und Episoden entwickelt Canetti seine originelle Sicht dieser Zeit. Er schildert Brecht, Isaak Babel, Karl Kraus – auf dessen Lesungen und sprachkritische Texte sich der Titel des Bandes bezieht –, den Rathenau-Mord und den Wiener Arbeiteraufstand. Im Mittelpunkt bleiben stets die eigene Entwicklung und die Beziehung zu den Menschen des engsten privaten Lebenskreises. Mit der Konzeption des Romanzyklus, aus dem die *Blendung* hervorgeht, endet der Band.

Im abschließenden dritten Teil *Das Augenspiel. Lebensgeschichte 1931–1937* (1985) schildert er im Rahmen für ihn wichtiger Begegnungen und Leseerfahrungen seine Lektüre Georg Büchners, sowie Gespräche mit Broch, Musil, Alban Berg und Fritz Wotruba, in denen er die Genannten, aber auch immer sicherer sich selbst porträtiert. Dr. Sonne, Enkel eines vermögenden Juden aus Przemyśl, wird zu Canettis wichtigster humaner Erfahrung. Er nimmt sich diesen umfassend gebildeten, philanthropisch gesinnten und angelsächsisch zurückhaltenden Mann in vielem zum Vorbild. Der letzte Besuch des Sohnes bei der sterbenden Mutter und ihr Tod beschließen die Autobiografie.

Canettis Diktion ist klar und ausgewogen. Ständig umgeben von der englischen Sprache, schrieb er das reinste Deutsch und hielt sich, entgegen den herrschenden Gepflogenheiten, von sprachlichen Modernismen frei. Die Lektüre der anspruchsvollen Texte wird dadurch erleichtert. Die Bedeutung fortgesetzter Reflexion für Canettis Schreiben hatte bereits *Die Blendung* erkennen lassen. Wie in Musils und Brochs Erzählprosa gewinnen die gedanklichen Erörterungen eigenes Gewicht.

Schon vor der Niederschrift seines Romans dachte Canetti an ein Werk über die Masse:

Den Plan zu einem Buch über ›die Masse‹ fasste ich schon 1925, als ich 20 war [...] Ich schrieb mir schon damals viel dazu auf und sammelte von überallher Material. 1931 erkannte ich, dass ein solches Buch ohne eine ergänzende Studie der Macht wertlos bleiben musste und erweiterte den Plan. So hat das Buch mich eigentlich 35 Jahre begleitet und 20 davon, in England, habe ich mich ausschließlich darauf konzentriert.

Die Konzentration, die Eindringlichkeit und Präzision der Darstellung wird in *Masse und Macht* (1960) überall spürbar. Das »Art Verbot«, mit dem Canetti während der Entstehungszeit des Werkes jede »rein literarische Arbeit« belegt hatte, verlangte jedoch, wie er selbst schreibt, nach einem »Ventil«. Er fand es in den *Aufzeichnungen*, die er 1942 begann und die einen weiteren wichtigen Teil seines Gesamtwerkes bilden (*Aufzeichnungen 1942–1948*, 1965; *Alle vergeudete Verehrung,*

Aufzeichnungen 1949–1960, 1970; *Die Stimmen von Marrakesch. Aufzeichnungen nach einer Reise,* 1968; *Die Provinz des Menschen. Aufzeichnungen 1942–1972,* 1973; *Das Geheimherz der Uhr. Aufzeichnungen 1973–1985,* 1987).

Ergänzt wird das essayistische Werk durch weitere Titel. Bereits in *Die Blendung* hatte Canetti Kafka, dessen »ungeheure Strenge« ihn faszinierte, »das reinste aller Vorbilder« genannt. Als in den Sechzigerjahren Kafkas Briefe erschienen, stellte er sie als Dokumente neben Pascal, Kierkegaard und Dostojewski:

Ich für mich kann nur sagen, dass diese Briefe in mich eingegangen sind wie ein eigentliches Leben, und sie sind mir so rätselhaft und so vertraut, als gehörten sie mir seit jeher an, seit ich versucht habe, Menschen ganz in mich aufzunehmen, um sie immer wieder von neuem zu begreifen.

Der andere Prozeß. Kafkas Briefe an Felice (1969) ging aus dieser Erfahrung hervor. Es folgten *Die gespaltene Zukunft* (1972), *Macht und Überleben* (1972), *Der Ohrenzeuge. Fünfzig Charaktere* (1974), *Das Gewissen der Worte* (1975). Postum erschien Canettis düsterstes Buch, das unvollendet blieb, weil er hinter die leidenschaftliche Auseinandersetzung, die ihm zugrunde liegt, bewusst keinen Schlusspunkt setzen wollte: »Die größte Anstrengung des Lebens ist, sich nicht an den Tod zu gewöhnen.« (*Über den Tod,* Redaktion Penka Angelova, 2003)

Wie Canetti ist Manès Sperber bedeutend als Essayist, Romancier und Autobiograf.

Manès Sperber (1905–1984)

Sperber wurde in dem Städtchen Zablotow bei Kolomyja (Galizien) als erster Sohn einer der chassidischen Tradition verpflichteten, wohlhabenden jüdischen Familie geboren und besuchte den Cheder, die jüdische Religionsschule. Nach wiederholter, zunächst provisorischer Flucht vor den Kriegshandlungen, die 1915 auch Zablotow erreichten, zog die Familie 1916 nach Wien, wo Sperber das Gymnasium (ohne Abschluss) besuchte. Er schloss sich einer linken zionistischen Jugendbewegung an, publizierte bereits seit 1923 sozialpolitische Aufsätze und hörte die Vorlesungen des Individualpsychologen Alfred Adler, dessen Lieblingsschüler und Mitarbeiter er wurde. Nach dem »Scharniererlebnis« (an W. Kraus, 24.2.1975) des Justizpalastbrandes verließ Sperber 1927 Wien und lebte bis 1933 als Dozent an der Hochschule für Politik, vielseitig tätig, in Berlin. Sogleich nach seiner Ankunft wurde er Mitglied der KPD. Nachdem er im März 1933 sechs Wochen in »Schutzhaft« genommen worden war und nur durch eine Intervention des polnischen Botschafters die Freiheit wiedergewonnen hatte, emigrierte er über Prag nach Zagreb, von dort auf Anweisung der Partei nach Paris. 1937

Abwendung vom Kommunismus, vorübergehende Rückkehr nach Wien, dann erneut in Frankreich, im Dezember 1939 Eintritt in die Légion étrangère, im August 1940 demobilisiert, Aufenthalt zunächst im unbesetzten Teil Frankreichs. 1942 Flucht in die Schweiz. Nach Kriegsende Rückkehr nach Paris, 1946 Kulturoffizier in der französischen Zone, dann Verlagsdirektor und Professor in Paris. Sperber schrieb in französischer und deutscher Sprache. 1975 Büchner-Preis, 1977 Großer Österreichischer Staatspreis für Literatur. Gestorben in Paris.

Vom Dach einer Scheune bewarf Sperber als kleiner Junge den Himmel mit Kieselsteinen, um Gott an die versprochene Sendung des Messias zu erinnern. Der Enkel eines Rabbiners brach als Dreizehnjähriger mit dem im Schtetl praktizierten Glauben, bewahrte ihm aber eine lebenslange Anhänglichkeit. Ebenfalls mit dreizehn dachte er unter dem Einfluss von Dostojewskis *Schuld und Sühne* zuerst daran, Schriftsteller zu werden – erkennbar war seine Begabung ebenfalls schon früh. Zu keiner Zeit war sie isoliert auf das Ästhetische gerichtet. Sein erstes Referat, das er 1921 in Adlers Kurs hielt, trug den Titel *Die Psychologie des Revolutionärs*. Sperber wurde Kommunist, dann Exkommunist, zuletzt militanter Antikommunist. Psychologie und Erziehung als Wege zu mehr Gerechtigkeit spielten in seinem Denken stets eine bevorzugte Rolle.

Zwischen den Weltkriegen erschienen Würdigungen und Polemiken in kontrastreichem Nebeneinander: der Essay *Alfred Adler. Der Mensch und seine Lehre* (1926), die den verehrten Mentor als das »soziale Genie unserer Zeit« würdigte, die grundlegende Auseinandersetzung *Was ist Kultur* (1930), in der Sperber den Kleinbürger (den Hund an der Leine der Bourgeoisie, der laut belle, er sei frei), den Pazifismus (der die Unvermeidlichkeit von Kriegen in der bestehenden Gesellschaftsordnung verkenne), aber auch die proletarische Kunst und selbst Marx (wegen seiner Auffassung, Religion sei Opium fürs Volk) ironisch kritisierte, und *Zur Analyse der Tyrannis. Das Unglück, begabt zu sein* (1938), eine Sammlung von Essays zum übergreifenden Thema des Totalitarismus. Der Lagerbestand wurde 1940 von der Gestapo in Paris vernichtet.

Sowohl seine Tätigkeit in Deutschland nach Kriegsende als auch ein Aufenthalt in Wien hatten Sperber in der Erkenntnis bestätigt, dass eine Wiederanknüpfung an sein früheres Leben nicht möglich war. Er wurde Pariser, schrieb »in sprachlicher Bigamie« seine Essays nunmehr hauptsächlich französisch. Auf Deutsch erschienen *Die Achillesferse* (1960), *Zur täglichen Weltge-*schichte (1967), *Alfred Adler oder Das Elend der Psychologie* (1970), das bereits Jahrzehnte früher entstandene Dokument seiner Loslösung vom einstigen Lehrer, *Wir und Dostojewski. Eine Debatte mit Heinrich Böll* (1972), *Leben in dieser Zeit. Sieben Fragen zur Gewalt* (1972).

Die dreiteilige Autobiografie, zusammengefasst u. d. T. *All das Vergangene*, bietet im ersten Teil, *Die Wasserträger Gottes* (1974), Erinnerungen an die Kindheit in Ostgalizien und an die Wiener Leopoldstadt, den zweiten (von vielen Juden bewohnten) Gemeindebezirk, wo die Familie Zuflucht gefunden hatte. Im zweiten Teil, *Die vergebliche Warnung* (1975), gibt Sperber eine Darstellung des Aufenthalts in der Sowjetunion 1931, die noch immer die einstige Faszination erkennen lässt. Der abschließende Teil, *Bis man mir Scherben auf die Augen legt* (1977), behandelt das Münchner Abkommen 1938 als entscheidenden Grund für den Krieg, den Eintritt in die Fremdenlegion und den Übertritt in die Schweiz nach dem Zusammenbruch Frankreichs. Die Dankesrede für den Friedenspreis des Deutschen Buchhandels 1983 – die Verleihung erfolgte in einer innenpolitisch brisanten Situation und war dementsprechend umstritten –, die Sperber seiner geschwächten Gesundheit wegen nicht mehr selbst halten konnte, stellt noch einmal seine Überzeugungen dar *(Leben im Jahrhundert der Weltkriege)*. Als Psychologe und politischer Erzähler, als »Ostjude und trotzdem ein der deutschen Kultur in schmerzlicher Untrennbarkeit verbundener Schriftsteller« vermittelt Sperber die Erfahrungen eines Intellektuellen und »Altösterreichers« im 20. Jahrhundert aus einer Haltung des – wie er es nennt – »negativen Staunens«, die es ihm erlaubt, das Vergangene sowohl einfühlsam zu schildern als auch kritisch zu bewerten.

(→ S. 622)

Entscheidend durch das persönliche Erlebnis geprägt ist auch das essayistische Werk von Jean Améry.

Jean Améry (1912–1978)

Eigentlich Hanns Mayer, geboren in Wien, Literatur- und Philosophiestudium in Wien, 1938 Flucht nach Belgien, dort 1943 als Mitglied der Widerstandsbewegung verhaftet, bis 1945 im KZ Bergen-Belsen. Lebte danach in Brüssel, publizierte in den ersten Nachkriegsjahren unter französischem Namen zunächst nur für Schweizer Zeitungen, später auch in Deutschland. Freitod in Salzburg.

Améry ist, wie er selbst wiederholt erklärte, wesentlich durch die Philosophie Sartres geprägt worden. Was er schrieb, lässt sich nach Gattungen nur in mehr äußerlicher Weise klassifizieren: Seine autobiografischen

H(ans) G(ünther) Adler   Ruth Klüger

Schriften (*Jenseits von Schuld und Sühne. Bewältigungs-versuche eines Überwältigten,*1966; *Unmeisterliche Wanderjahre,* 1971), philosophischen Essays (*Über das Altern. Revolte und Resignation,* 1968; *Sartre. Größe und Scheitern,* 1974; *Hand an sich legen. Diskurs über den Freitod,* 1976), Erörterungen politischer und literaturkritischer Fragen (*Rechts und links – überholte Begriffe? Ein Klärungsversuch,* 1977; *Flaubert: Bürgerliche Neurose und Meisterschaft,* 1977;) und Rezensionen beeindrucken durch ihre ebenso zarte wie entschiedene Darstellung von Grenzsituationen, in denen das Ich des Autors zuweilen offen hervortritt, bei anderer Gelegenheit aber wiederum distanziert von außen betrachtet wird. Der wiederholte Perspektivenwechsel verleiht der Darstellung ein großes Maß an Intensität; sie wird beglaubigt durch das Charisma des Schreibers. Améry kennt Folter und Tod sowie die Anfechtungen von Schwermut und Entfremdung (»Entfremdung ist das Dasein in einer Welt ohne Liebe«). Indem er den Menschen phrasenlos in seine Grenzen verweist, zeigt er zugleich, was Humanität real bedeutet. In seinem letzten Buch *Charles Bovary, Landarzt. Porträt eines einfachen Mannes* (1978) verteidigt er (»Kein Tölpel ist nur Tölpel«) den bourgeoisen Durchschnittsbürger gegen einen übermächtigen Gegner – gegen Flaubert und die Literatur.

Die Aktualität von Auschwitz – H. G. Adler und Ruth Klüger

Der aus dem assimilierten deutsch-jüdischen Bürgertum stammende Prager H(ANS) G(ÜNTHER) ADLER (1910–1988), dessen Versuch zu emigrieren 1938 miss-

lungen war, der fünf Konzentrationslager überlebte (dort allerdings viele nächste Angehörige, darunter die Eltern und die Frau, verlor) und nach der Befreiung 1945 als Erzieher von Waisenkindern wirkte, wanderte erst 1947 nach London aus, wo er fortan als Privatgelehrter (promoviert hatte er an der Karls-Universität über ein Klopstock und die Musik betreffendes Thema) und freier Schriftsteller lebte. Von der Judenverfolgung und der Herrschaft der (bürokratischen) Diktatur hatte er zu berichten gelobt und widmete ihr jahrzehntelang sein wissenschaftliches und literarisches Schaffen. Letzteres vermochte sich nicht durchzusetzen und blieb, ungeachtet der Fürsprache berühmter Autoren wie Canetti und Böll, zu großen Teilen sogar ungedruckt. Mit *Theresienstadt 1941–1945. Das Antlitz einer Zwangsgemeinschaft. Geschichte, Soziologie, Psychologie* (1955), *Die Erfahrung der Ohnmacht. Beiträge zur Soziologie unserer Zeit* (1964), *Der verwaltete Mensch. Studien zur Deportation der Juden aus Deutschland* (1974) und weiterer Editionen, frühen Standardwerken, gewann er allerdings internationales Ansehen. Adler sichtete seinerzeit noch weithin unbekannte Dokumente und sammelte Zeugenaussagen. »Als die Israelis 1960 Adolf Eichmann, dem Organisator der Endlösung, in Jerusalem den Prozess machten, gaben sie ihm Adlers Theresienstadt-Buch zu lesen, damit er sich besser erinnern könne.« (J. Serke, *Böhmische Dörfer. Wanderungen durch eine verlassene literarische Landschaft,* 1987) Adler hatte die Willkür der Gewalt unter wechselnden Systemen erlebt – seinen Prager Doktorvater Gustav Becking, der in der Zeit der deutschen Okkupation verhindert hatte, dass die Bibliothek des Klosters Strahov, Böhmens wertvollste Büchersammlung, verschleppt wurde, stellten die Tschechen 1945 ohne Umstände an die Wand, nachdem er sich als Parteimitglied bekannt hatte. Was Adler aufgrund seiner Erfahrungen befürchtete, war aber fast mehr noch die geordnete Gewalt der Exekutive. Über Montesquieu hinausgehend, erstrebte er nicht nur die Teilung der Gewalten, sondern die Trennung der Gewalt von der Verwaltung, die unter der nationalsozialistischen Herrschaft als Vernichtungsmaschinerie funktioniert hatte. Der Kritik unterzog Adler auch die Sprache des totalitären Verführungsapparats – ein unermüdlicher Anwalt humaner Freiheit, geehrt, aber zuletzt ein heimatloser Spätexilant und niemals populär.

Die Kontroverse um die so genannte Auschwitzlüge – in der extremsten Form die Unterstellung, der millionenfache Mord an den Juden sei eine propagandistische Erfindung – sowie der Historikerstreit der Siebziger- und Achtzigerjahre um die Singularität der nationalsozialistischen Verbrechen beziehungsweise ihre Vergleichbarkeit mit anderen Massenverbrechen des Jahrhunderts hatten ihre bevorzugten Austragungsstätten nicht in Österreich (wo revisionistische Strömungen sich eher latent behaupteten), sondern im benachbarten, 1989 wiedervereinigten Deutschland. In der anhaltenden literarischen Auseinandersetzung darüber, wie denn über den Holocaust (oder die Shoah, einer weniger mit religiösen Konnotationen besetzten Namensgebung) überhaupt angemessen gesprochen werden könne, meldete sich eine Wiener Jüdin mit einem Lebenszeugnis von singulärer Kraft zu Wort.

RUTH KLÜGER (1931) gelang mit *weiter leben. Eine Jugend* (1992) ein Plädoyer »gegen trügerische Identifikation […] aber auch ein Plädoyer gegen die entgegengesetzte Strategie, die Zuflucht in die historisierende Distanz« (I. Heidelberger-Leonard). Obwohl die Autorin seit Jahrzehnten als Literaturwissenschaftlerin in den USA lebt und ihre aktuellen Berührungen mit dem deutschen Kulturraum vor allem nach Göttingen weisen (wo sie auch wegweisende Anregung empfing), wirken in ihrem Buch österreichische Eigentümlichkeiten doch bestimmend fort: »Ich komm nicht von Auschwitz her, ich stamm aus Wien. Wien lässt sich nicht abstreifen, man hört es an der Sprache. […] Wien ist ein Teil meiner Hirnstruktur und spricht aus mir […].« Allerdings handelt es sich um die seelische Bindung an eine Herkunft, die die Autorin, wie sie reflektiert, nur unzureichend kennt. »Alle, die nur ein paar Jahre älter waren, haben ein anderes Wien erlebt als ich, die schon mit sieben Jahren auf keiner Parkbank sitzen und sich dafür zum auserwählten Volk zählen durfte. Wien ist die Stadt, aus der mir die Flucht nicht gelang.« *(weiter leben)*

Der Eingangsteil »Wien« berichtet von der Kindheit in einer Stadt, in der die Tochter aus bildungsbürgerlichem Haus nur ein halbes Jahr nach ihrer Einschulung, die auf die deutsche Besetzung folgenden antisemitischen Ausschreitungen und die sich ständig verschärfende amtliche Verfolgung bis zur Deportation nach Theresienstadt 1942 erlebte. Ein zweiter Teil teilt die Lagererfahrungen in Theresienstadt, Auschwitz-Birkenau und dem Außenlager Christianstadt des Konzentrationslagers Groß-Rosen in Niederschlesien mit. Der dritte Teil behandelt die Flucht aus diesem KZ und die Nachkriegsjahre in Bayern, der vierte das Leben in New York. Ein Epilog »Göttingen« berichtet von den Umständen, die der Niederschrift des Buches vorausgingen, das seine Entstehung bis zu einem gewissen Grad einem lebensgefährlichen Unfall verdankt.

Ruth Klüger, die bis zu ihrer Flucht aus dem KZ noch keine weiterführende Schule besucht hatte, absolvierte in den USA ein Studium und einen erfolgreichen Berufsweg bis zur Germanistikprofessorin. Um zunächst »auf historisch neutralem Boden zu bleiben« promovierte sie über das barocke Epigramm, wandte sich dann aber, wie spätere Sammelpublikationen erkennen lassen, im zunehmenden Maße der Widerspiegelung problematischer Entwicklungen in der jüngeren deutschen und österreichischen Geschichte wie dem Antisemitismus zu (*Katastrophen. Über deutsche Literatur,* Ess., 1994) und favorisierte feministische Themen (*Frauen lesen anders,* Ess., 1996). Die Darstellung des eigenen Leidensweges, die sie aus großem zeitlichem Abstand unternahm, erfolgte mithin vor dem Hintergrund eines hohen Reflexionsniveaus über die Ursachen und die nachträgliche »Bewältigung« des Genozids.

weiter leben präsentierte sich gleichwohl völlig unakademisch, emotional bewegt und doch sehr nüchtern, von großer Offenheit in der Bezeugung extremer Gefühle, und kämpferisch immer da, wo es um Fragen weiblicher Selbstbehauptung ging beziehungsweise das Übergewicht männlich dominierter (auch sprachlicher) Vorstellungsweisen (»Dem Onkel wurde leider die Tante vergewaltigt«). Ruth Klüger schrieb ein herbes Buch, das keine vorschnelle Einfühlung erlaubte, zugleich aber manche Diskussion vom Kopf auf die Füße stellte, so wenn sie – vor dem Hintergrund des bekannten Diktums von Theodor W. Adorno, dass es barbarisch sei, nach Auschwitz ein Gedicht zu schreiben – bekannte, dass es Gedichte waren, fremde und eigene, die ihr in Auschwitz das Überleben ermöglicht hätten. Es war, mit anderen Worten, die Bestätigung dessen, was Rose Ausländer im Czernowitzer Ghetto erfahren hatte.

Das alltägliche, unentdeckte Österreich – Karl-Markus Gauß

Jenseits der Welt poetischer Erfindungen, die in ihrem Übermaß den Konsumenten gelegentlich zu ermüden droht, behauptet die unvermittelte Darstellung des als wirklich Erfahrenen ihre eigentümliche Qualität. Als ein Beispiel aus der jüngsten Gegenwart kann das von dem Salzburger KARL-MARKUS GAUSS (1954) veröffentlichte »Jahresbuch« *Mit mir, ohne mich. Ein Journal* (2002) gelten, das den Zeitraum von August 2000 bis Juli 2001 umfasst – ein Höhepunkt im bisherigen essayistischen Schaffen des Autors (*Das Europäische Alphabet,* 1997; *Ins unentdeckte Österreich. Nachrufe und Attacken*, 1998; *Die sterbenden Europäer. Unterwegs zu den Gottscheer Deutschen, Arbereshe Sorben, Aromunen und Sepharden von Sarajewo*, 2001). Gauß, der gern kleine Völker und historische Randgebiete zum Gegenstand seiner Recherchen wählt, gibt in seiner Darstellung, gewissermaßen aus dem Zentrum eines hochkultivierten Bewusstseins, Rechenschaft über die unterschiedlichsten Aspekte gegenwärtigen Lebens. Er schreibt engagiert und, wie es sich für einen modernen Schriftsteller gebührt, ohne Illusionen, sein Resümee zitiert die Einsicht des ungarischen Romanciers und Tagebuchschreibers Sándor Márai: »›Geziemender wäre es zu verstummen. Aber Schweigen ist langweilig.‹ So ist es.« Wo der Schreiber untertreibt, darf der Leser ergänzen, gewinnen die strapazierten Worte ihre Qualität zurück.

Drama. Hörspiel und Fernsehspiel

Hitler hatte befohlen, die Stadt zu verteidigen, solange noch ein Stein über dem anderen liege, und nun konnte es scheinen, als seien die Russen des Theaters wegen gekommen. Keine drei Wochen nach Beendigung der Kämpfe, noch vor der deutschen Kapitulation am 8. Mai 1945, ungeachtet der noch andauernden desolaten Lebensverhältnisse, wurde auf Wiener Bühnen wieder gespielt. Die sowjetischen Kulturoffiziere unterstützten das nicht nur, sie forderten es. Das nächtliche Standrecht war noch nicht aufgehoben, deshalb begannen die Vorstellungen am späten Nachmittag, man zeigte an improvisierten Plätzen – denn die Häuser der Staatsoper, des Burgtheaters und des Theaters in der Josefstadt waren zerstört – Inszenierungen aus der Kriegszeit, so Grillparzers *Sappho* und Nestroys *Das Mädl aus der Vorstadt*. Die zart rosenfarbene Rokoko-Antike in Grillparzers klassizistischem Künstler- und Liebesdrama war schon für sich genommen Kunstprodukt genug; zusammen mit der ebenfalls längst durchschauten vorgeblichen Gemütlichkeit des Biedermeier bildeten sie den denkbar größten Kontrast zur Wirklichkeit in der in weiten Teilen verwüsteten Stadt. Die Zuschauer wurden erstaunte Zeugen einer Bemühung, zu der auch das Ensemble der Staatsoper mit einem *Figaro* in Starbesetzung und der russische Geiger David Oistrach mit einem spektakulären Konzert beitrugen.

In den Grundzügen verfuhren die sowjetische Kulturpolitiker an der Donau nicht anders als die Zuständigen an Elbe und Spree, dem militärischen Sieg über

Helmut Qualtinger in der Rolle des »Herrn Karl«

den Faschismus sollte eine geistige Erneuerung unter Einbeziehung des klassischen Erbes folgen. Die im eroberten Ostdeutschland schon bald einsetzende politische Indoktrination und erzwungene Gleichschaltung blieb den Österreichern infolge der unterschiedlichen Gesamtentwicklung erspart, Lernprozesse subtilerer Art traten an ihre Stelle. Akteure und Publikum empfingen gewissermaßen eine Anleitung, das Spiel mit der Illusion, dessen sie ohnedies nicht unkundig waren, von neuem zu beginnen. »Die Nazis schlossen das Burgtheater, die Russen öffneten es wieder«, schrieb der in Dalmatien aufgewachsene Publizist und Kritiker OSKAR MAURUS FONTANA (1889–1969), der 1946 Präsident des Österreichischen P.E.N.-Clubs wurde, in der von Ernst Fischer geführten Tageszeitung *Neues Österreich*. In solcher Formulierung deutete sich an, was schon bald Teil eines gern geglaubten und vielerorts verbreiteten Selbstverständnisses, aber auch Zielpunkt der Kritik einer jüngeren Schriftstellergeneration werden sollte: die durch Übermacht erzwungene Opferrolle Österreichs in den zurückliegenden Katastrophen. Sechzehn Jahre später hielten CARL MERZ (1901–1979) und HELMUT QUALTINGER (1928–1986) ihren Landsleuten in dem berühmt und populär gewordenen Einpersonenstück *Der Herr Karl* (1961) dazu einen satirischen Spiegel vor – der erbitterte Abwehrreaktionen auslöste.

Die alliierten Kulturoffiziere im Westteil des Landes, die sich mit dem Vorsprung der östlichen Besatzungsmacht konfrontiert sahen, setzten sich ebenfalls für die Theater ein. Die Salzburger Festspiele gingen bereits im August 1945 wieder in Szene. Oftmals waren es gut informierte deutsche oder österreichische Emigranten, die in den Uniformen der fremden Heere ins Land kamen und, was besonders wichtig war, für die Wiederaufnahme des kulturellen Austauschs über die Grenzen hinweg sorgten.

Lebenswille und Spielfreude traten in ihr Recht, aber von einem Neubeginn konnte angesichts von so viel um Normalität bemühter Eile kaum die Rede sein. Vielmehr verspätete man sich im Sinne einer echten Moderne gerade deswegen, weil es so wenig Widerstand gab, das Überkommene zu restaurieren. Für die österreichische Dramatik bezeichnete das Ende des Zweiten Weltkriegs keine Zäsur, sondern nur die Wiederaufnahme eines während der letzten sieben Jahre partiell beeinträchtigten Repertoires. Innerhalb so gezogener Grenzen sorgten vorzügliche Regisseure und Schauspieler für sehenswerte Inszenierungen, bewahrten Publikum und Kritik ihr anspruchsvolles Niveau. Die Rückkehr namhafter Emigranten aus dem Exil (Felix Braun, Ferdinand Bruckner, Franz Theodor Csokor, Hans Weigel) trug dazu ebenso bei wie die fortdauernde Präsenz in Österreich verbliebener Autoren (Richard Billinger, Max Mell, Walter Henz, Alexander Lernet-Holenia, Friedrich Schreyvogl), die mit ihren Stücken wesentlich die Spielpläne bestimmten.

Der restaurative Zug im österreichischen Kulturleben der Nachkriegszeit kam vor allem durch das Theater zur Geltung, das seiner Natur entsprechend öffentlich war, und in dem traditionell theaterfreudigen Land mehr Aufmerksamkeit fand – Musik ausgenommen – als alle anderen Kunstformen. Der weitaus größte Teil der staatlichen Subventionen floss in seine Kassen. Was ungeduldige Kritiker bereits antiquiert nennen mochten, war, mit mehr Abstand betrachtet, keineswegs schlechthin zeitfremd. In Bezug auf die ausländische Dramatik bestand Nachholbedarf. Die im süddeutsch-österreichischen Raum verwurzelte katholisch-konservative Literatur erlebte eine Nachblüte. Dabei handelte es sich um kein isoliertes Phänomen, denn im benachbarten westlichen »Abendland«, von dem jetzt viel die Rede ging, waren Hoffnungen auf eine christliche Erneuerung lebendig. Die den religiö-

sen Dramen zugrunde liegenden Stoffe verwiesen auf die Haltung des Einzelnen im Konflikt mit den totalitären Systemen der Gegenwart und die damit verbundenen Probleme der Macht. Darin verbargen sich Fragen von existentieller Bedeutung, die aber, wie sich schon bald erweisen sollte, von einer jüngeren Generation doch sehr anders formuliert wurden.

Geschichte als Lehrmeisterin der Zeiten war wiederum aktuell und fand gebildete Vermittlung, aber man behandelte im Burgtheater noch mit Feierlichkeit, was zur selben Zeit von Frisch und Dürrenmatt (etwa in des Letzteren *Romulus der Große*, »eine ungeschichtliche historische Komödie«) bereits parodistisch angegangen wurde. Unkonventionelles aus inländischer Produktion suchte sein Glück am besten im Ausland. Der als abseitig-verspielt, häufiger als radikal-destruktiv und blasphemisch wahrgenommene Avantgardismus der »Wiener Gruppe«, insbesondere ihr Befremden erregender Umgang mit der Sprache, blieb unbeachtet oder wurde als Provokation zurückgewiesen. Erst die Erfolge Thomas Bernhards und Peter Handkes, die nicht mehr ignoriert werden konnten, brachten den umso nachhaltigeren Umschwung. Am Ende des Jahrhunderts ergab sich die merkwürdige Situation, dass sich die Intendanten um Stücke von Bernhard rissen, obwohl dieser sie für österreichische Bühnen testamentarisch gesperrt hatte.

Von 1945 bis zu den frühen Sechzigern

Der älteste unter den noch für die Bühne aktiven Autoren war MAX MELL. Er fand mit seinem bei den Bregenzer Festspielen uraufgeführten Drama *Jeanne d'Arc* (1956) – dem »trotz Claudel […] bedeutendsten Beitrag zum christlichen Theater der Gegenwart« (S. Melchinger) – Anerkennung auch bei Kritikern, die ihm fern standen, und erzielte selbst 1969 in Graz noch einen Erfolg, als dort bereits die Autoren des »Forums Stadtpark« den Ton angaben. Sein Tod 1971 ersparte dem Hochbetagten die Erfahrung, wie schnell er danach in Vergessenheit geriet. Auch FELIX BRAUN, wie Mell ein früherer Freund Hofmannsthals, pflegte religiöse Stoffe. Er war vom Judentum zum Katholizismus konvertiert, der Idee Alt-Österreichs verbunden, künstlerisch Traditionalist, mit einer erkennbaren Liebe für den romanischen Stil (er hatte in Palermo und Padua Literatur gelehrt), aber auch auf der Suche nach volkstümlichen Formen, wie sein im englischen Exil entstandenes »Laienspiel in einem Akt« *Die Tochter des Jairus* zeigt, das 1952 im »Theater im Palais Eszterhazy«, gespielt wurde, wo man sich der katholischen Dramatik besonders widmete. Braun ließ seinem bereits 1936 am Burgtheater aufgeführten *Karl der Fünfte* das dramatische Gedicht *Rudolf der Stifter* (U. 1953) folgen. Aus Geschichte und Mythos wuchsen ihm weitere Stoffe zu (*Beatrice Cenci*, e. 1926, U. Linz, 1958; *Orpheus*, U. Bregenz, 1961), aber nur ein Bruchteil seiner insgesamt 19 veröffentlichten Bühnenwerke ist zur Aufführung gelangt.

Ein religiöser Dichter im Sinne der französischen »Renouveau catholique«, künstlerisch in der Nachfolge Max Mells, war RUDOLF HENZ, der sich in der Anschlusszeit zeitweise als Glasmaler durchgeschlagen hatte. Sein Paulus-Drama *Die große Entscheidung* (U. 1953) war jedoch bereits bei der Premiere umstritten und wurde nur der Persönlichkeit des Autors wegen mit Respekt aufgenommen. Auch bei seinem Stück *Der Büßer* (U. 1955), das den Stoff der auch von Hartmann von Aue und Thomas Mann behandelten *Gregorius*-Legende aufgreift, stand der religiöse Dichter dem Dramatiker im Wege.

FRANZ THEODOR CSOKOR erlebte die Genugtuung, dass sein Drama *Dritter November 1918* 1949 am Theater in der Josefstadt zum ersten Mal in originaler Gestalt aufgeführt wurde. Im Burgtheater war 1937 eben die Passage gestrichen worden, die den bewegenden Höhepunkt des Stückes bildete, die Stelle, an welcher der jüdische Militärarzt »Erde aus Österreich« auf das Grab seines Offizierskameraden streut. *Dritter November 1918* blieb sein populärstes Werk, das er mit einem älteren Stück über den Streit um die Ruhr (*Besetztes Gebiet*, 1930) und dem Partisanenschauspiel *Der verlorene Sohn* (1947) zu einer *Europäischen Trilogie* (1952) vereinigte. Mit Dramen über antike Stoffe, der Trilogie *Olymp und Golgatha* (bestehend aus *Kalypso*, 1946, *Cäsars Witwe*, 1954, und *Pilatus*, 1949,) sowie einer *Medea Postbellica*, 1946), erzielte er, ähnlich wie FERDINAND BRUCKNER (*Pyrrhus und Andromache*, 1952), nur mehr Achtungserfolge. ELIAS CANETTI fand mit *Die Befristeten* (e. 1952, U. Oxford, 1956), seinem einzigen nach 1945 verfassten Bühnenwerk, erst 1967 den Weg auf die deutsche Bühne. Seine vor der Emigration in Wien entstandenen Stücke *Hochzeit* und *Komödie der Eitelkeit*, beide 1965 in Braunschweig uraufgeführt, wurden 1969 und 1970 in Graz gespielt – zu spät für die inzwischen gründlich verwandelte dramatische Landschaft. FRIEDRICH SCHREYVOGL (1899 bis 1976), ein Nachkomme des mit Grillparzer befreundeten einstigen Burgtheaterdirektors, der in der Ersten Republik Stücke über habsburgische Stoffe und in der NS-Zeit, die er als Mitglied einer getarnten Or-

ganisation vorbereiten half, erfolgreiche Komödien geschrieben hatte, blieb mit *Die kluge Wienerin* (1941), angesiedelt im römischen Vindobona, weiterhin im Wiener Repertoire. Er wurde 1954 Vizedirektor, fünf Jahre später Chefdramaturg des Burgtheaters. Die Bühnenstücke von ALBERT DRACH, von ihm selbst »Verkleidungen« genannt (*Sowas*, U. 1965; *Andere Sorgen*, U. 1966; *Das Kasperlspiel vom Meister Siebentot*, U. 1967), von denen nur *Andere Sorgen* in Wien seine Premiere erlebte, verleugneten weder ihre Herkunft vom Volkstheater noch ihre Tendenz zum Absurden.

Die abendliche Begegnung eines zu Gast befindlichen fremden Monarchen mit einem ›süßen Mädel‹ im Volkspark, die zwei Polizisten abzuschirmen beauftragt sind, nimmt eine unerwartete Wendung, denn das Mädel wird ermordet. Am nächsten Tag wiederholt sich der Vorfall. Dienstlich wagen die beiden Beamten nicht einzuschreiten, als sie später privat um Aufklärung bemüht sind, erfolgen zwei weitere Morde – diesmal sind sie die Opfer. *(Sowas)*

HANS WEIGEL erzielte seinen größten Bühnenerfolg mit seinem dramatischen Erstling, der »tragischen Revue« *Barabbas oder Der fünfzigste Geburtstag* (U. 1946), die als Zeitstück begrüßt wurde. Weitere Stücke, die in rascher Folge zur Aufführung kamen, zunächst als »dramatische Phantasien« bezeichnet, erzielten wenig Wirkung; Weigel schrieb danach wieder vermehrt Komödiantisches, wurde ein gefürchteter Kritiker, übersetzte aus dem Französischen und förderte junge Talente in einer Reihe von *Stimmen der Gegenwart* betitelten Anthologien, die seit 1951 erschienen. ALEXANDER LERNET-HOLENIA verfasste mit leichter Hand und vielschichtigem Zynismus Lustspiele, bei denen es sich wiederholt um Neufassungen älterer Stücke handelte (*Die Frau des Potiphar*, 1934/47; *Spanische Komödie*, 1949/55). FRANZ PÜHRINGER (1906–1977) dramatisierte Fontanes Novelle *Unterm Birnbaum* (*Abel Hradscheck und sein Weib*, U. 1954).

Der führende Dramatiker der mittleren Generation nach 1945 war FRITZ HOCHWÄLDER. Sein *Meier Helmbrecht*, dessen Stoff der Dichtung von Wernher dem Gartenaere entnommen ist, wurde 1946 im Theater in der Josefstadt uraufgeführt. Das als Lehrstück gestaltete Drama erörterte die Schuldproblematik der NS-Zeit und geriet in einen heftigen Meinungsstreit. Die Komödie *Hôtel du Commerce* (U. Prag, 1946) behandelte nach Maupassants Novelle *Boule de suif* das Problem der Kollaboration. Wiederum erhob sich heftiger Widerstand eines Teils der Wiener Kritik, der Hochwälder nun marxistischer Tendenzen bezichtigte. *Der öffentliche Ankläger* (U. Stuttgart, 1948) allerdings setzte ins Licht, dass die Auseinandersetzung des Autors jeder Form terroristischer Regierung galt. Nun erfolgten Angriffe von kommunistischer Seite. Das ursprünglich glücklose *Heilige Experiment* kam 1947 ins Burgtheater und fand 1952 durch die französische Übersetzung von Richard Thieberger und durch einen Artikel von François Mauriac in *Paris international* Eingang in viele Bühnen des Auslands. 1953 folgte *Donadieu*, ein Drama aus der Zeit der Hugenottenkriege, das sich dazu bekennt, die Schuld bei beiden Gegnern zu suchen und das Gericht Gott anheim zu stellen. Die Vorlage bildete Conrad Ferdinand Meyers Ballade *Die Füße im Feuer*.

Danach wandte Hochwälder sich von den historischen Stoffen ab, hielt aber am Ideendrama und seiner Form fest, gelegentlich ausweichend in Harlekinade und Zauberstück. *Die Herberge* (U. 1957 am Burgtheater) erörtert das Problem der Gerechtigkeit an einem nicht weiter lokalisierten Schauplatz und zu unbestimmter Zeit als Konflikt zwischen dem natürlichen Recht des Menschen und dem Gesetz; *Der Unschuldige* (U. Wien, 1958) zeigte in der Attila Hörbiger zugedachten Hauptrolle ein weiteres Mal die Bühnengewandtheit des Autors, kam aber erst nach viermaliger Überarbeitung auf die Bühne und blieb als Stück umstritten. Auch das »moderne Mysterienspiel« *Donnerstag* (U. Salzburg, 1959), das Stück *1003* (U. 1964 im Theater in der Josefstadt), die Komödie *Der Himbeerpflücker* (U. 1965 am Züricher Schauspielhaus), die Dramen *Der Befehl* (U. 1968 am Burgtheater) und *Lazaretti oder Der Säbeltiger* (U. 1975, Salzburger Festspiele) ließen Hochwälders fortdauernde Bindung an die klassische Dramaturgie und seine Beziehung zur Tradition des Wiener Volkstheaters erkennen. »Die Theatereindrücke, die ich in meiner Jugend empfing, waren im besten Sinne wienerische«, hat er in einem Interview formuliert. »Sie sind es, die meine Bemühungen als Bühnenschriftsteller immer wieder bestimmen […] Die Wiener Luft hat mir Unschätzbares gegeben: Klarheit des Gedankens, Sinn für Form, Theaterblut.« Das hinderte freilich nicht, dass Hochwälders Stücke, ungeachtet ihrer handwerklichen Vorzüge, bereits in den Siebziger- und Achtzigerjahren kaum noch gespielt wurden (*Die Prinzessin von Chimay*, U. Graz, 1982).

»Wiener Gruppe« und »Grazer Forum« – Theater und Antitheater

Die »Wiener Gruppe« stellte eine lose, in wechselnder Zusammensetzung auftretende Vereinigung von Autoren dar, von der vielfältige Wirkungen ausgingen, die aber zur Zeit ihrer bemerkenswertesten Initiativen wenig bekannt war und sich, als sie zu Beginn der Sechzigerjahre in der Öffentlichkeit stärker beachtet zu werden begann, bereits wieder auflöste. Zu ihren Anregern zählten wichtige Autoren der europäischen Moderne aus Expressionismus, Dadaismus und Surrealismus, über die man sich zunächst mühsam zu informieren suchte, lokale Aspekte standen nicht im Vordergrund, obwohl das kritisch reflektierte Verhältnis zur Sprache und die Pflege der Dialektdichtung im Zusammenhang mit der einheimischen Überlieferung steht. Die wichtigeren Vertreter der Gruppe, allen voran H. C. Artmann, sind auch unabhängig vor ihr mit eigenständigen Arbeiten hervorgetreten. Die verspätete Rezeption ließ die »Wiener Gruppe« vom Grazer »Forum Stadtpark« oftmals nicht deutlich abgehoben erscheinen, tatsächlich kommt ihr im Verhältnis zu diesem aber eine Vorreiterrolle zu.

Happeningähnliche Veranstaltungen zielten, dem Vorbild der Dadaisten folgend, auf ein »totales Theater«, an dem möglichst auch das Publikum beteiligt sein sollte. Die äußerste Zuspitzung solcher Bemühungen stellt der so genannte »Wiener Aktionismus« dar, dem das Orgien-Mysterien-Theater von HERMANN NITSCH (1939) zuzurechnen ist. Manche der Aktionisten wussten ihre die Grenzen der Literatur überschreitenden, ausufernden Veranstaltungen geschickt zu vermarkten, ein Gegenbeispiel bietet der jung durch Freitod geendete RUDOLF SCHWARZKOGLER (1941 bis 1969), der jede Öffentlichkeit mied und um den sich daher schon bald eine Legende bildete.

KONRAD BAYER (1932–1964), der sich ebenfalls das Leben nahm, hinterließ ein fragmentarisches Werk, dessen erste Gesamtausgabe 1966 sein Freund GERHARD RÜHM veranstaltete. Dazu zählen Einakter und kabarettistische Sketche wie *Der analfabet tritt in rudeln und einzeln auf, er überfällt ausflügler* (U. Darmstadt, 1969, e. 1956), *die boxer* (U. Zürich, 1971, e. 1956, Fragment) und *kasperl am elektrischen stuhl* (U. Wien, 1968, e. 1962/63). Zu Lebzeiten Bayers ist nur *bräutigall und anonymphe* (U. Wien, 1963) aufgeführt worden, ein »text zu einem singspiel«, das in barocken Wortausschweifungen wogt und schwelgt. Die »szene ist ein bett am meer«, der »bräutigall, ermattet von heftiger liebe« befreit sich aus den »saugnapfbewehrten armen der elenden anonymphe«, diese aber »in herzbrechender geste spreitet« ihr »geärm nach bräutigall«. Der Dialog weiß von »tränengaslaternen«, »treibhausfrauen«, »hirnverbranntwein«, »taufscheintoten« und »lebensdauerwellen«.

Wolfgang Bauer: *Gespenster*, Regie Bernd Fischerauer, München 1974. Lore (Gaby Herbst), Fritzi (Gabriela Dossi), Christa (Johanna Mertinz)

Der für die »Wiener Gruppe« charakteristische antibürgerliche Affekt tritt besonders in *kasperl am elektrischen stuhl* hervor. Kritik übt das Stück bereits durch seine Handlung: Kasperl hat seine Frau umgebracht, aber das genügt nicht für das von ihm erstrebte Todesurteil. Erst eine Ehrenbeleidigung im Amt bringt ihn ans Ziel. Wichtiger aber ist die den Texten immanente Sprachkritik, die aus der Überzeugung des Autors herrührt – die er mit Rühm und den anderen Mitgliedern der Gruppe teilte –, dass die Auseinandersetzung mit seinen Figuren über ihre Sprache führte. Das Antitheater braucht, so gesehen, keine Handlung. An ihre Stelle tritt die umso intensivere Beschäftigung mit dem, was gesagt wird und wie es geschieht.

ANDRÉ HELLER (1945) ist später in *King-Kong-King-Mayer-Mayerling* (U. Wien, 1972) Bayers Spuren gefolgt; das Stück, das im Titel an den jedem Österreicher bekannten Selbstmord des Kronprinzen Rudolf in Schloss Mayerling im Wienerwald anknüpft, handelt in der Wohnung eines kleinen Beamten, dessen Frau sich in die Rolle der Kaiserin Elisabeth (»Sisi«) hineinträumt, während er Kaiser Franz Joseph ist. Zuletzt zerstört er die Illusion, aber die Sehnsucht seiner Frau nach »Poesie« bleibt unbefriedigt.

Vom hoch entwickelten Sprachbewusstsein der »Wiener Gruppe« profitierte auch das »neue Hörspiel« und die Wiener Dialektdichtung, die mithin nicht im Dienst einer folkloristischen Heimatdichtung, sondern einer auf gesellschaftliche Wahrheit zielenden Gegenwartskunst wahrgenommen sein will.

Die Dialektdichtung konnte auch auf der Bühne große Erfolge verzeichnen, wo sie durch Nestroy, Karl Kraus und Horváth in lebendiger Erinnerung war. Obwohl der Dialekt hauptsächlich in der Lyrik verwendet wurde, entstand doch, teilweise in Gemeinschaftsarbeit, eine Reihe von Stücken: Zu nennen ist, neben Gerhard Rühm, vor allem H. C. ARTMANN mit *Kein Pfeffer für Czermak* (U. Wien, 1958, e. 1954), ein »Votivsäulchen für das goldene Wiener Gemüt«, das Artmanns erfolgreichstes Bühnenstück überhaupt bleiben sollte. Die Zahl der szenischen Arbeiten Artmanns (eine erste Sammlung erschien 1969 u. d. T. *die fahrt zur insel nantucket*), darunter viele Kasperlstücke, zählt nach Dutzenden, dazu kommen noch stilgerechte Übersetzungen aus der west- und südeuropäischen Komödienliteratur (Holberg, Lope de Vega, Musset). Kleists Lustspiel *Der zerbrochne Krug* verlegte Artmann 1982 ins 19. Jahrhundert und das Weinland Niederösterreichs, er reicherte es mit dem dortigen Dialekt und seinem eigenen Sprachwitz an.

Rühm, Bayer und dem Grazer Wolfgang Bauer gelang es, Sprachspiel und Antitheater durchzusetzen. Wie Rühm erläuterte, gingen sie davon aus, »dass das denken der menschen dem stand seiner sprache entspreche, daher die auseinandersetzung mit der sprache die auseinandersetzung mit dem menschen sein müsse, neue ausdrucksformen modifizieren die sprache und damit sein weltbild«.

Wolfgang Bauers
»naturalistisches Provokationstheater«

WOLFGANG BAUER (1941–2005) errang nach dramatischen Versuchen im »Forum Stadtpark« seinen ersten Theatererfolg mit *Magic Afternoon* (U. Hannover, 1968), dem provozierenden und grotesken Zeugnis einer verstörten Subkultur.

An einem schönen Nachmittag in einer österreichischen Provinzstadt empfängt Charly, der nach einem bald abgebrochenen Versuch, Schriftsteller zu werden (»Ich wüsst auch net, was man schreiben sollte«), ohne bestimmtes Ziel lebt, in seinem verrauchten Zimmer (die Eltern, bei denen er lebt, sind verreist) den Besuch seiner Freundin Birgit. Das Paar hört Platten (Wilson Pickett, die Beatles, die Stones) und führt ein unlustiges Gespräch. Charlys Freund Joe (ebenfalls Schriftsteller, schreibt auch nichts) kommt mit seiner Freundin Monika, aber das vermehrt nur die Langeweile und die sich daraus ergebende aggressive Stimmung. Es kommt zu Tätlichkeiten, Joe tritt Monika ins Gesicht, die mit zertrümmertem Nasenbein ins Krankenhaus gebracht wird, dann rauchen Charly und Joe Haschischzigaretten, beginnen sich zu küssen, beleidigen und schlagen Birgit. Diese ersticht Joe mit einem Küchenmesser (»das war Notwehr«), beginnt dann, immer noch von Musik begleitet, Charly zu verführen, gibt den Versuch aber bald auf und verlässt das Haus. Charly versteckt sich im Schrank.

Einen Vorläufer von *Magic Afternoon* hat man in Ferdinand Bruckners *Krankheit der Jugend* (U. Hamburg, 1926) gesehen. Die verwöhnte und gelangweilte bürgerliche Konsumgesellschaft war Bauers nächstliegendes Angriffsziel, nährte aber nicht allein seinen Lebensekel. Sein bereits 1961 entstandener Einakter *Batyscaphe oder Die Hölle ist los* (U. Graz, 1982) verdankt den zweiten Titel seinem Schauplatz, einer Kugel für Tiefseetauchversuche, deren überwiegend bereits tote Insassen nicht »nach oben« zurückkehren wollten und wollen. Bauers radikale Ablehnung, das spricht sich auch in seinen späteren Stücken aus, galt der Welt, wie sie ist. Zuflucht bieten Rausch und Traum (»A gsunde Alkohol-Paranoia, [...] a paar fesche Angstträume und das Leben verläuft Tag und Nacht spannender wie da beste Hitchcock«, *Gespenster*).
An Einfällen, wie haarsträubend sie immer sein mögen, fehlte es Bauer für sein »naturalistisches Provokationstheater« (K. Sauerland) nicht. *Change* (U. Wien, 1969) gipfelt in einem Kleider- und Rollentausch, der zum Selbstmord eines Malers führt. Er hatte aus Mutwillen und Überdruss einen anscheinend unbedarften Kollegen vom Lande erst »aufbauen« und dann zerstören wollen, ist aber erfolglos geblieben, denn dieser erweist sich als überlegen und führt mit dem von ihm inszenierten Rollentausch dem Attentäter das Verbrecherische seines Tuns vor Augen. Die *Party for Six* (U. Innsbruck, 1967, e. 1962) findet eigentlich nicht statt, jedenfalls spielt sie hinter der Bühne, und es bleibt den Zuschauern überlassen, sich vorzustellen, was in dem für sie nicht sichtbaren Wohnzimmer, von wo Musik und abgerissene Sätze herüberklingen, geschieht. Man lernt die Beteiligten, drei junge Männer und drei Mädchen, nur bei vergleichsweise unverfänglichen Tätigkeiten im Vorzimmer (das ist die Bühne) kennen, wo sie ihre Kleider aufhängen, auf dem Weg zum Klosett vorbeikommen oder eine Ruhepause auf der Couch einlegen. *Film und Frau* (U. Hamburg, 1971) zeigt das Kino als Lebensersatz und Spielvorlage. Die einen besuchen den Film »Shakespeare the Sadist«, die anderen wenden das Gesehene an, wobei nicht nur mit der Peitsche, sondern auch mit Shakespeares Sonetten gefoltert wird. In *Silvester oder Das Massaker im Hotel Sacher* (U. Wien, 1971) veranstaltet ein Stückeschreiber, dem nichts mehr einfällt, ein blutiges Happening. Das Tonbandprotokoll dieses Exzesses übergibt er einem deutschen Intendanten, der nach Wien gekommen ist, um das Manuskript des vereinbarten neuen Dramas in Empfang zu nehmen. Selbstironie steht neben brutaler Aggression, wortloser Abscheu neben trivialen Rührszenen. Wiederholt werden Produktionsschwierigkeiten zum Thema genommen, so der mit viel Alkohol verbundene vergebliche Versuch einer Ibsen-Bearbeitung (*Gespenster,* U. München, 1974).
Beklagt werden Kälte und Gleichgültigkeit der Welt, die auch durch die tiefsinnigste Spekulation nicht zu verstehen ist, Überdruss und Einsamkeit, die allenfalls durch Komödiantisches momentan zu lindern sind (*Woher kommen wir? Was sind wir? Wohin gehen wir?,* U. Bad Godesberg, 1982), sowie die Vergänglichkeit der Liebe (*Das kurze Leben der Schneewolken,* U. Stuttgart, 1983). Figuren der Literatur werden mit neuen Rollen bedacht, sie treten als Doppelagenten, »im Diesseits und im Jenseits« (*Herr Faust spielt Roulette,* U. Wien, 1987) oder als depressive Trinker auf (*Ach, armer Orpheus!,* U. Wien, 1991). Eine Mumie behauptet, vor 6000 Jahren Mathematiker am Nil, aber auch Statist in einem Hollywood-Film über das antike Ägypten gewesen zu sein (*Das Lächeln des Brian de Palma,* U. Graz, 1991) – Bauer reihte Stück an Stück (*Skizzenbuch,* U. Wien, 1996; *Die Menschenfabrik,* U. Graz, 1996). Man hat im Hinblick auf seine späteren Arbeiten von »postmodernem Konversationstheater« (D. Wenk, 1995) gesprochen. Er hat selbst empfunden (»Mein Witz beißt keinen mehr«), dass er sich zunehmend ins Beiläufige verlor: »Ich bin Wolfi, der Schriftsteller, ein Bazillus, der in das Leben dieser Stadt (= Graz) integriert ist, im Stadtkörper steckt und von dem niemand genau weiß, was zu bewirken er imstande ist.« In Graz ist er auch gestorben, privat ein »wunderbar naiver, menschlich herzlicher Phantast«. (H. Schödel)
Noch weniger als die »Wiener Gruppe« hatte das »Forum Stadtpark« eine feste Organisation, es gab dort auch kaum Produktionen im Kollektiv, kein Programm und eine deutlich geringere Neigung zum Experiment um seiner selbst willen. Aufgrund übereinstimmender Erfahrungen verfolgte man gemeinsame Ziele, künstlerische in erster Linie, aber doch auch gesellschaftliche, denn das Bewusstsein der Gesellschaft, in der man lebte, und die eigene Kunst vertrugen sich nicht. Insofern war eine erste Phase des Wirkens der Grazer abgeschlossen, als der junge Peter Handke 1966/67 seine ungewöhnlichen Erfolge erzielte und die von der Gruppe vertretenen Tendenzen auf einmal tonangebend wurden.

Peter Handke (1942)

Handke wurde in Griffen (Kärnten) geboren, war Internatsschüler eines geistlichen Gymnasiums in Tanzenberg. Der »Kindheitstraum« schon des Zwölfjährigen ist die Schriftstellerei. 1961–65 als »Ausweg« Jurastudium in Graz. Erste Veröffentlichungen in *manuskripte* und Beiträge für den Rundfunk 1963/64. Nach Annahme seines ersten Romanmanuskripts Abbruch des Studiums. Teilnahme an der Tagung der »Gruppe 47« 1966 in Princeton. 1967 Heirat mit der Schauspielerin Libgart Schwarz. Wechselnde Wohnsitze, seit 1970 in Paris, seit 1979 in Salzburg, seit 1991 Chaville bei Paris, Ehe mit Sophie Semin. Zahlreiche Reisen, 1973 Büchner-Preis. Von Handke stammen auch Gedichte und kritische Arbeiten sowie Übersetzungen aus dem Griechischen (Aischylos, Sophokles), Französischen (René Char), Englischen (Walker Percy) und Slowenischen (Florjan Lipuš). Heftiges Engagement für die Lage auf dem Balkan (*Gerechtigkeit für Serbien*, 1996), Rückgabe des Büchner-Preises, Austritt aus der katholischen Kirche.

Handkes Werk, als Ganzes betrachtet, lässt ihn in erster Linie als Erzähler erscheinen. Mit seiner frühen Prosa hatte er jedoch erst wenig Beachtung gefunden, als sein Auftreten vor der »Gruppe 47« in Princeton und sein von Klaus Peymann inszeniertes Stück *Publikumsbeschimpfung* (U. Frankfurt/M., 1966) ihn in den Mittelpunkt des Interesses rückten. Anders als Thomas Bernhard, der sich als Romancier einen Namen machte, ehe er sich in einem zweiten Abschnitt seines Schaffens bevorzugt dem Theater zuwandte, gewann Handke zunächst als Stückeschreiber Profil, er trat als Dramatiker früher als Bernhard hervor.

Eigentlich war, was der ungestüme Außenseiter in Princeton unter Verletzung der geltenden Spielregeln mit nervöser Ungeduld in Frage stellte – denn nur über den einzelnen Text, nicht generell durfte diskutiert werden –, gar nicht so neu. Nestroys spöttische Erklärung, das habe der Fortschritt so an sich, dass er nicht so groß sei, wie er aussähe, stimmte auch in diesem Fall. Mehr dem Anschein als der Wirklichkeit nach ein Außenseiter, attackierte der Autor der *Hornissen* (1966) – eines mit peniblen Detailschilderungen angefüllten Romans – in einem damals noch als ungewöhnlich empfundenen Ton die »Beschreibungsimpotenz« seiner etablierten Kollegen – ein Vorwurf, den er noch im selben Jahr in der Zeitschrift *konkret* präzisierte*:* »Ich bin für die Beschreibung, aber nicht für die Art von Beschreibung, wie sie heutzutage in Deutschland als »Neuer Realismus« propagiert wird. Es wird nämlich verkannt, dass die Literatur mit der Sprache gemacht wird und nicht mit den Dingen, die mit der Sprache beschrieben werden.«

Peter Handke und Hermann Lenz

Handkes Angriff auf die wie ein Gerichtsverfahren inszenierten Treffen der »Gruppe 47« und deren Starkritiker erfolgte zu einem Zeitpunkt, an dem man begann, ihrer Alleinherrschaft müde zu werden. Ebenfalls zum dafür am besten geeigneten Zeitpunkt (die Demonstrationen auf den Straßen erschütterten viele überkommene Sicherheiten) stellte er klischeehaften Sprachgebrauch bloß und überhäufte die Besucher seiner *Publikumsbeschimpfung*, die von den »Brettern, die die Welt bedeuten«, Höflichkeiten, aber keine Beleidigungen erwarteten, mit harten, rhythmisierten Vorwürfen. Die Zuschauer waren zunächst ratlos, schließlich war ihre überkommene Rolle das Applaudieren. Oftmals reagierten sie gleichwohl heftig, dann war, wie Handke es angestrebt hatte, der »Spielraum« zerstört, die »Wand« niedergerissen, aber das Spiel zu Ende. Die mit dem Skandal verbundene Wirkung war bald verbraucht, zuletzt verbot Handke weitere Aufführungen.

Publikumsbeschimpfung lebte – kurzfristig – von dem »Paradox, auf dem Theater etwas gegen das Theater zu machen, das Theater zu benützen, um gegen das augenblickliche Theater zu protestieren«, wie Handke in einem Interview formulierte. Ein Spiel mit Handlung,

Dialogen und Personen als Handlungsträgern interessierte ihn wenig, jederzeit aber das dafür unentbehrliche Medium, die Sprache. Seine folgenden Stücke galten, stets in Verbindung mit einer avantgardistischen oder sich avantgardistisch gebenden Kritik, immer wieder diesem Thema. In *Kaspar* (U. Frankfurt/M., 1968) geht es um »Sprachfolterung«, eine Abrichtung durch Sprache, in *Das Mündel will Vormund sein* (U. Frankfurt/M., 1969) um Verstummen und Ersatz durch Pantomime. *Quodlibet* (1970), das, wie der Titel ankündigt, bunte Durcheinander der Figuren eines Welttheaters, die einander parodieren, zwingt das Publikum zu verstörenden sprachlichen Assoziationen.

Quodlibet war nach Auffassung des Autors nur ein »Vorspiel« zu *Der Ritt über den Bodensee* (U. Berlin, 1971), Handkes siebtem Bühnenstück, zugleich das erste, in dem er auch weibliche Figuren auftreten ließ. Die Titelmetapher erinnert an Gustav Schwabs Ballade: Dünn wie das Eis des Sees ist die Decke der Sprache, sie trägt nur, solange sie als fester Boden erachtet wird. Schwindet dieser Glaube, verliert der Sprecher seine Unbefangenheit und ist zuletzt zur Sprachlosigkeit verurteilt.

Handke hat die Figuren nach berühmten Mimen benannt: »Henny Porten« schreitet eine Treppe hinab, »Heinrich George« und »Emil Jannings« zählen laut die Stufen. Wenn sie eine Stufe zu wenig oder zu viel zählen, strauchelt die Gehende, ihr Verhalten ist durch die Sprache (in zuletzt fehlerhafter Weise) formalisiert. In anderen Szenen werden Forderungen durch Dialoge oder aber lediglich durch Gebärden ausgetragen, Letztere erweisen sich als wirksamer. Stets geht es um eine durch Sprache (oder Gesten) formulierte Ordnung, die aber nur so lange in Kraft bleibt, als sie von den Handelnden nicht hinterfragt wird.

Auch in den folgenden Jahren ist Handke mit seinen Stücken überwiegend erfolgreich gewesen, obwohl (oder weil?) sie ihre Abhängigkeit von der Zeitstimmung nicht durchgehend verleugnen. So schildert *Die Unvernünftigen sterben aus* (U. Zürich, 1974) die in den Selbstmord mündende Krise eines kapitalistischen Unternehmers (die fragwürdige Nutzanwendung steht im Titel). *Über die Dörfer* (U. Salzburg, 1982) ist die durch lange Monologe gekennzeichnete Geschichte dreier Geschwister, die miteinander im Erbstreit liegen, bis dieser durch eine Versöhnungsbotschaft, die ewigen Frieden in Aussicht stellt, seine Überhöhung findet: »Haltet Euch an dieses Dramatische Gedicht. Geht ewig entgegen. Geht über die Dörfer.« Ein »Traktat mit Konfession« ist entstanden, der

kein Publikum gebrauchen kann, »er braucht eine Gemeinde« (G. Hensel). *Das Spiel vom Fragen oder die Reise zum sonoren Land* (U. Wien, 1990) führt sieben Personen verschiedenen Alters, darunter das »Fast-noch-Kind« Parzival, zusammen, die gemeinsam eine Reise vom »Vorderland« ins »Hinterland«, das Land hinter dem hintersten Kontinent antreten. Die Fragen, die sie auf ihrer Reise leiten, verlieren allmählich an Gewicht, denn die ihnen von einem »Einheimischen« mitgeteilte Lehre lautet: »Fragefrei werden. Fraglos ausharren.« Während dieses handlungsarme Stück wieder sehr reich an Monologen ist, wiederholt das Schauspiel *Die Stunde, da wir nichts von einander wußten* (U. Wien, 1992) den bereits in *Das Mündel will Vormund sein* unternommenen Versuch, ohne Sprache auszukommen. Zwölf Schauspieler vergegenwärtigen auf einer Art Marktplatz zahlreiche Personen, darunter auch historisch oder literarisch wohlbekannte Größen wie Abraham, Aeneas, Papageno und Peer Gynt. Es bleibt dem Zuschauer überlassen, sich das auf der Bühne herrschende Schweigen zu erklären. In *Zurüstungen für die Unsterblichkeit* (U. Wien, 1997) hat Handke vom sprachlosen Theater wieder Abstand genommen, aber in anderer Weise für Dunkelheit gesorgt. Undeutlich sind Ort und Zeit dieses »Königsdramas«, in dem eine »Raumverdrängerrotte« am Werke ist, während die Betroffenen durch pathetisch überhöhte Sentenzen der Erzählerin teils getröstet, teils geängstigt werden. Letztlich ist die Welt des Dramatikers Handke von tiefem Pessimismus erfüllt, der aber keine klaren Worte findet, sondern sich zwischen seherischem, pseudoreligiösem Anspruch und übertünchter Ratlosigkeit bewegt. – Für die Salzburger Festspiele hat Handke den *Gefesselten Prometheus* des Aischylos übertragen (*Prometheus gefesselt*, 1986).

(→ S.600, 629)

Nicht minder pessimistisch, aber mit anderem Zugriff ist Thomas Bernhard zu Werke gegangen und ungeachtet seiner düsteren Botschaft zu einem Liebling des Theaters aufgestiegen.

Thomas Bernhard (1931–1989)

Unehelich geboren in Kloster Heerlen bei Maastricht, die Vorfahren stammen aus Salzburg und Oberösterreich (die Mutter ist eine Tochter des Schriftstellers Johannes Freumbichler). Das Kind wächst zunächst bei den Großeltern mütterlicherseits in Wien und am Wallersee auf. Abgebrochene Gymnasialausbildung am Salzburger Johanneum, Kaufmannslehre. 1949 Lungenkrankheit, später Tuberkulose, mehrjähriger Aufenthalt im Krankenhaus und in einer Lungenheilanstalt, in dieser Zeit Tod des Großvaters.

1952–57 Gesang-, Regie- und Schauspielstudium am Mozarteum Salzburg, während des Studiums Gerichtsreporter am *Demokratischen Volksblatt*. Lebte ab 1957 als freier Schriftsteller in Wien, auf dem Tonhof in Maria Saal bei dem Komponisten Gerhard Lampersberg, in London, seit 1965 auf einem Bauernhof in Ohlsdorf (Oberösterreich), auch in Spanien (Mallorca, Madrid). Zahlreiche Reisen in west-, süd- und osteuropäische Länder. 1968 Österreichischer Staatspreis, 1970 Büchner-Preis. Gestorben in Gmunden.

Kleinere Arbeiten für die Bühne hat Bernhard bereits in den Fünfzigerjahren geschrieben, so *Der Berg. Ein Spiel für Marionetten als Menschen oder Menschen als Marionetten* (e. 1956), das 1970 als Hörspiel uraufgeführt wurde, *Die rosen der einöde. fünf sätze für ballett, stimmen und orchester* (1959) und das Libretto zu einer Kammeroper von Gerhard Lampersberg (*Köpfe*, U. 1960). Profil als Dramatiker gewann er mit seinem ersten abendfüllenden Stück *Ein Fest für Boris* (U. Hamburg, 1970, e. 1967). Es war das Jahr, in dem Bernhard für seinen Roman *Das Kalkwerk* den Büchner-Preis erhielt. Das nach herkömmlichen Erwartungen befremdliche Werk, das aus zwei Vorspielen und dem »Fest« besteht, wurde in der Inszenierung von Claus Peymann sogar zu einem Publikumserfolg.

Boris ist ein beinloser Krüppel, seit zwei Jahren verheiratet mit der »Guten«, die ihre Beine durch Sturz in einen Lichtschacht verloren hat und sowohl ihre Pflegerin als auch ihren Mann schikaniert. Zur Feier seines Geburtstags sind neunzehn weitere beinlose Krüppel aus dem Asyl eingeladen. Unbemerkt von den andern stirbt Boris. Das Schlussgelächter der »Guten« verbirgt Enttäuschung. Sie hat Boris als Objekt ihrer Herrschsucht verloren.

Das folgende Stück, *Der Ignorant und der Wahnsinnige* (U. Salzburg, 1972), war ein Auftragswerk für die Festspiele der Mozart-Stadt und endete, wie kaum anders zu erwarten, mit einem Eklat, der zur Absetzung des Stückes führte – dem ersten der Theaterskandale, die Bernhards Schaffen fortan begleiten sollten.

Vor Beginn einer Aufführung der *Zauberflöte* warten in der Garderobe der Königin der Nacht der Vater der Künstlerin (der »Ignorant«) und der sie betreuende Arzt (der »Wahnsinnige«) auf das wie immer verspätete Eintreffen des Koloraturstars. Der Arzt, ein bekannter Anatom, unterhält den dem Alkohol verfallenen Vater mit Betrachtungen über das Wesen der Kunst, deren Anspruch die an einer tödlichen Lungenerkrankung leidende Sängerin so perfekt gerecht wird, und mit der detaillierten Beschreibung einer Leichenöffnung. Erst nach Beginn der Ouvertüre, als die

Spannung aufs Höchste gestiegen ist, erscheint die Künstlerin, wird zurecht gemacht und eilt auf die Bühne, um die Partie zum 222. Mal zu singen. Ihre berühmte Arie (»O zittre nicht, mein lieber Sohn«) klingt aus dem Lautsprecher, der Vorhang fällt. – Im Restaurant »Zu den drei Husaren« entspannt man sich von der ausgezeichneten Vorstellung. Der Arzt spricht wieder von Leichenöffnungen und der unerlässlichen absoluten Künstlichkeit der Kunst, die »Koloraturmaschine« – wie die Künstlerin in einer Rezension genannt wurde – scheint gelöster, sie will alle Verpflichtungen absagen und in die Berge fahren, aber immer wieder unterbricht ihr Husten die Unterhaltung. Es wird vollkommen dunkel auf der Bühne, das Gespräch endet mit den Worten der Sängerin: »Erschöpfung / nichts als Erschöpfung«, dann hört man nur noch das Geräusch umgeworfener Gläser und Flaschen.

Mit *Der Ignorant und der Wahnsinnige* hatte der Dramatiker Bernhard seinen Stil gefunden. Ungerührt – störrisch und monoton, wie sich ebenfalls sagen ließe – verfocht er den unbedingten Anspruch der Kunst vor dem Hintergrund der nicht minder absoluten Sinnlosigkeit des Lebens, ließ den Tod als allgegenwärtig erscheinen – und gewann all dem eine ungewöhnliche Komik ab. Der Unterhaltungswert seiner Diktion ist groß, und insofern sind seine Stücke bei allem vermeintlichen Pessimismus wieder ein Bekenntnis zum Leben. Allerdings verlangte Bernhard seinem Publikum Ungewöhnliches ab, und dies nicht nur, weil es an mildere Kost gewöhnt war. Seine gezielten Wiederholungen und Schmähreden wirkten auch erschöpfend.

Schauplatz des dreiaktigen Stücks ist ein Jagdschloss in einem großen, vom Borkenkäfer befallenen Wald. Der Schlossherr, ein politisch mächtiger General, der bei Stalingrad einen Arm verloren hat, weiß, da er am grauen Star leidet, nichts von dem bereits weit fortgeschrittenen Naturprozess, ebenso wenig von seiner tödlichen Nierenerkrankung. In den beiden Akten, die vor und während einer Jagd spielen, führen die Frau des Generals und ein von Kopfschmerzen geplagter Schriftsteller lange Gespräche, der dritte Akt ist hauptsächlich dem General und seinem Unmut über die Welt vorbehalten. Zu den von ihm kritisierten Personen und Dingen zählt auch der Schriftsteller, den er verdächtigt, Operetten zu schreiben und über die Vorgänge im Jagdschloss eine Komödie verfassen zu wollen. Aus dem Entwurf zu einer solchen Komödie, den der Schriftsteller daraufhin zu den Klängen von Mozarts Haffner-Sinfonie vorträgt, entnimmt der General die Wahrheit über seine Lage. Als der Schriftsteller später – wie schon zu Beginn des Dramas – aus Lermontows Roman *Ein Held unserer Zeit* vorliest, fällt im Nebenzimmer der Schuss, mit dem der General sich tötet. Dann hört man nur noch die Geräusche der mit dem Fällen der Bäume beschäftigten Holzarbeiter.

Der Schluss erinnert an Tschechows *Kirschgarten,* doch werden bei Bernhard die Bäume nicht aus Geschäftsinteresse gefällt. Die Abholzung, die den durch den Borkenkäfer verursachten Schaden verringern soll, ist Bestandteil eines vergeblichen Kampfes gegen die Natur. Der eigentliche Jagdherr in Bernhards drittem Theaterstück *Die Jagdgesellschaft* (U. Wien, 1974), das er selbst für sein bestes hielt, ist der Tod – sein als Stückeschreiber wie als Romancier vertrauter Gast, der Furcht, aber auch, gewissermaßen als Reaktion des Lebens, Komik weckt. Die Todeskrankheit erscheint als Allegorie eines Identitätszerfalls.

Mit seiner Komödie *Die Macht der Gewohnheit* (U. Salzburg, 1974), die er wiederum für die Festspiele verfasste, gelang es Bernhard nicht nur, die Stadt Augsburg vor den Kopf zu stoßen (wie seinerzeit in Salzburg prüfte man die Einleitung rechtlicher Schritte), sondern auch das Publikum und Teile der Kritik.

Die drei Szenen des Stücks spielen im Wohnwagen des Zirkusdirektors Caribaldi, der sich eine perfekte Einstudierung von Schuberts *Forellenquintett* zum Ziel gesetzt hat – seit 22 Jahren und ohne seinem Ziel näher zu kommen, denn die vier Mitglieder seiner Truppe, die er zur Mitarbeit zwingt, beteiligen sich an den Proben talent- und lustlos. Alle hassen das Forellenquintett, dessen künstlerisch vollkommene Wiedergabe dennoch die Aufgabe bleibt, von der sie nach Caribaldis Auffassung niemand entbinden kann. Der alltäglichen Berufspflicht, dem Auftritt in der Provinz (»Morgen in Augsburg« zieht sich als wiederkehrende Parole quer durch das Stück), kann angesichts des eigentlichen, selbst gesteckten, aber unerreichbaren Ziels ebenfalls nur mit Abneigung nachgekommen werden. Als nach einer weiteren vergeblichen Probe die Beteiligten am Schluss des Stücks erschöpft pausieren, klingt aus dem Radio in einwandfreier Interpretation das Forellenquintett.

Auf *Der Präsident* (U. Wien, 1975), die als Groteske behandelte Geschichte eines Attentats, und *Die Berühmten* (U. Wien, 1976), ein eher seichter Angriff auf den Kulturbetrieb, folgte Minetti. *Ein Porträt des Künstlers als alter Mann* (U. Stuttgart, 1976), eine abermalige, aber um bezeichnende Nuancen bereicherte Auseinandersetzung mit der Lebensform des Künstlers. Bernhard schrieb dieses Stück für den Schauspieler Bernhard Minetti, der die Titelrolle bei der Uraufführung gespielt hat – tatsächlich eine Rolle, denn der große Mime verkörperte einen Vergessenen, der sich bereithält, auf einer Provinzbühne den Lear zu spielen. Nichts spricht dafür, dass es zu dieser Aufführung kommt, denn der Flensburger Theaterdirektor, auf den »Minetti« wartet, trifft nicht ein.

Immanuel Kant. Komödie (U. Stuttgart, 1978) führt nicht, wie die Titelfigur während einer Atlantikreise sich vorgaukelt, in die Columbia-Universität zur Verleihung des Ehrendoktorats, sondern Pfleger eines Irrenhauses erwarten den vorgeblichen Philosophen in New York am Kai. Bis dahin aber ist sein Schiff Schauplatz zahlreicher Gespräche, besser gesagt, nebeneinander laufender Monologe, die, wie vom Autor nicht anders zu erwarten, die Komik in der Tristesse nicht verleugnen. *Vor dem Ruhestand. Eine Komödie von deutscher Seele* (U. Stuttgart, 1979) handelt von verdrängter Schuld. Ein hochrangiger früherer Jurist, ehemals KZ-Kommandant, und seine beiden Schwestern, von denen eine querschnittgelähmt ist, die andere seine Geliebte – »ein Inzest aus Hochmut« (G. Hensel) –, bestreiten das ungeachtet seiner formalen Eleganz deprimierende Dreipersonenstück. Von seiner Idee besessen wie der Gerichtspräsident und Alt-Nazi ist der philosophische Kopf in *Der Weltverbesserer* (U. Bochum, 1980). Selbstkritisch in Bezug auf Bernhards eigene Verfahrensweise muten die Wahrheiten an, die der Schriftsteller in *Am Ziel* (U. Salzburg, 1981) zu hören bekommt. »Ich richte mich in der Finsternis ein«, argumentiert er und bekommt zur Antwort: »Da machen Sie es sich gemütlich, / in der Finsternis.«

Die Komödie *Über allen Gipfeln ist Ruh. Ein deutscher Dichtertag um 1980* (U. Ludwigsburg, 1982) führt zunächst ein Schriftstellerehepaar, eine Doktorandin und einen Journalisten zusammen. Die Letztgenannten – beide »Brillenträger«, wie das Personenverzeichnis ausweist – sehen sich schnell zu Statisten degradiert, hingegen führt die Frau des Autors, die seinen Ruhm verwaltet und soeben eine Lesereise durch 47 (!) Städte organisiert hat, nicht minder ausdauernd wie er das Wort. Der Redefluss wird erst durch das Eintreffen des Verlegers gebremst, denn er ist letztlich der Betreiber der literarischen Maschinerie. Zutreffend hat man der »harmlosen Posse« (G. Hensel) vorgehalten, dass dieser vorgebliche deutsche Dichtertag um 1980 mit seinen pädagogischen Goethe-Reminiszenzen wohl eher als ein solcher von 1890 zu bezeichnen wäre.

Hingegen zeigt die Darstellung zweier alter Männer, die sich nach einem festen Ritual abwechselnd besuchen, in *Der Schein trügt* (U. Bochum, 1984) Bernhard wieder auf der Höhe seines Könnens. Das gilt nicht minder für das Drama *Der Theatermacher* (U. Salzburg, 1985), das (ähnlich wie *Minetti*) erneut eine Schauspielerexistenz und ihr Scheitern in den Mittelpunkt stellt.

Bernhard bleibt als Dramatiker bis zuletzt er selbst, ein

Der Schein trügt, Regie Claus Peymann,
Schauspielhaus Bochum, 1984. Bernhard Minetti als Karl

(Handlungszeit ist das Frühjahr 1988) das moralisch-geistige Klima in Österreich nicht mehr erträgt. Der Aufruhr um das Stück, an dem sich auch führende Politiker beteiligten, entzündete sich bereits vor der Premiere, nachdem einzelne Passagen durch Indiskretionen der Presse bekannt geworden waren. »Hinaus mit dem Schuft!«, forderte Jörg Haider, während Kurt Waldheim urteilte: »Ich halte dieses Stück für eine grobe Beleidigung des österreichischen Volkes [...].« Der große Übertreibungskünstler hatte eine letzte, nicht mehr widerrufbare Absage an das Land geschrieben, das ihn wie kein anderes beschäftigt hat und künstlerisch als Metapher für das Gefängnis des Lebens diente. Die testamentarische Verfügung, dass seine Stücke in Österreich nicht gespielt werden dürften, bekräftigte diese Absage noch über den Tod hinaus.

Bernhards dramatisches Werk kann die Einwände seiner Kritiker nicht durchgehend entkräften. In seinen besten Teilen von unübertrefflicher Originalität ist es auch in der Monotonie, die es insgesamt kennzeichnet, ein charakteristisches Zeugnis seiner Epoche. Die nach ihm kamen, verwies er allein durch seine Existenz auf neue Wege. (→ S. 579, 603, 626)

Peter Turrini (1944)

Geboren in St. Margarethen in Kärnten, aufgewachsen in Maria Saal, arbeitete Turrini nach der in Klagenfurt abgelegten Matura bis 1971 als Stahl- und Lagerarbeiter, Holzfäller, Werbetexter, Hotelsekretär in Italien. Lebt als freier Schriftsteller in Wien.

Provokationen stehen am Beginn der literarischen Karriere dieses Autors, der in vier Spielzeiten sieben Uraufführungen bestritt (*Rozznjogd*, U. Wien, 1971, in hochdeutscher Version auch u. d. T. *Rozznjogd/Rattenjagd*, 1988; *Zero Zero. Ein Kunststück*, U. Wien, 1971; *Sauschlachten*, U. München, 1972; *Der tollste Tag, frei nach Beaumarchais*, U. Darmstadt, 1972; *Kindsmord*, U. Klagenfurt, 1973; *Die Wirtin, frei nach Goldoni*, U. Nürnberg, 1973; *Deutschlandlied. Heil Dir*, U. Villach, 1974).

Es geht zu Ende!!!! Zu Ende mit den Worten der schönen Kunst, der erwählten Literatur, diesem Dreck auf dem schmackhaften Butterbrot einer verlorenen Sensibilität. Zu Ende mit den Worten der Werbung, diesen Büroklammern der Sprache, die als Nägel von den Fingern des Wohlstandes gerissen werden: Aauuuuaaaa schreit Elisabeth Arden. Zu Ende mit der Sprache der Ideologien, Programme, Ismen, diesem zähflüssigen Pesthauch in der humanistischen Schweinsblase des Bürgers. Zu Ende mit den Worten der Liebe [...] (Brief an den Verlag zu *Rozznjogd*)

manisch anmutender Wiederholungszwang lässt nur geringe Variationen zu. Ein Philosoph (man hat ihn soeben aus der Irrenanstalt abgeholt) und zwei inaktive Schauspielerinnen (seine ihn betreuenden Schwestern) stellen in *Ritter, Dene, Voß* (U. Salzburg, 1986) das Personal. *Einfach kompliziert* (U. Berlin, 1986) zeigt ein weiteres Mal einen ausgedienten, vorwurfsvollen, dabei halb größenwahnsinnigen Schauspieler, *Elisabeth II. Keine Komödie* (U. Berlin, 1989) den an den Rollstuhl gefesselten Großindustriellen Herrenstein, an dessen Jugendstilwohnung am Wiener Ring vorbei die britische Königin einen Staatsbesuch absolviert. Herrensteins Gäste, die gekommen sind, das Defilee zu beobachten, stürzen samt dem Balkon vom dritten Stock in die Tiefe.

Bernhards letztes Bühnenstück wurde *Heldenplatz* (U. Wien, 1988), entstanden im Auftrag von Klaus Peymann als Beitrag zum 100. Jahrestag des Wiener Burgtheaters. Es handelt vom Selbstmord eines jüdischen Professors, der 1938 vor den Nazis aus Wien geflohen war, nach dem Krieg zurückgekehrt ist, aber zuletzt

Von Horváth und der Fleißer herkommend, übertrifft Turrini in seinen frühen Theaterstücken Autoren wie Sperr und Kroetz noch in der Schärfe des Zugriffs. Er geht über die klassischen Vorlagen Beaumarchais' und Goldonis desillusionierend hinaus und versieht die Komödien aus der feudalen Welt mit brutalen Schlüssen (Figaro bringt den Grafen um; der reiche Cavaliere nimmt aus Rachsucht der Wirtin das Wirtshaus und steckt ihren Geliebten zu den Soldaten. »Was zählt, ist Geld. / Auf Wiedersehn. / Der Vorhang fällt«). Turrini bezeichnet sein Verhältnis zur Sprache selbst als »zynisch«. Auch sein Roman *Erlebnisse aus der Mundhöhle* (1972) liefert dafür ausreichendes Belegmaterial. Indes verzichtete der Autor schon nach wenigen Jahren darauf, derart literarisch zu prahlen. Den Übergang zu realistischer Schilderung der Provinz vollzog er charakteristischerweise, als er das Medium wechselte, die subventionierte Bühne mit dem Massenmedium Fernsehen vertauschte. Als Turrini ab 1981 sich wieder dem Theater zuwandte (*Josef und Maria,* U. Graz, 1980; *Die Bürger,* U. Wien, 1981; *Campiello,* U. Wien, 1982, wieder frei nach Goldoni; *Die Minderleister,* U. Wien, 1988), wusste er durch die Aufnahme verdrängter gesellschaftlicher Probleme, wie dem Personalabbau in der Stahlindustrie, sein Publikum bald erneut zu schockieren. Minderleister sind Arbeiter, deren Namen auf vorbereiteten Entlassungslisten stehen, der Werksbibliothekar – er heißt William Shakespeare – erklärt die Arbeiterschaft als das »Schlachtvieh der Geschichte / seit neuestem mit Eigenheim«. *Tod und Teufel. Eine Kolportage* (U. Wien, 1990), gewissermaßen eine Umkehrung der Passionsgeschichte, zeigte mit der inzwischen eingeschliffenen blasphemischen Drastik das Leiden eines Pfarrers an der Kirche.

Die Bände *Es ist ein gutes Land. Texte zu Anlässen* (1986) – der Titel spielt auf Ottokar von Hornecks Lobpreis Österreichs in Grillparzers *König Ottokars Glück und Ende* an – und *Mein Österreich. Reden, Polemiken Aufsätze* (1988) dokumentieren Turrinis letztlich in der eigenen Biografie wurzelnden sozialen Vorstellungen, deren künstlerische Gestaltung allerdings zunehmend weniger überzeugte. So wurden das sich sehr viel gemäßigter gebende Zwei-Personen-Stück *Alpenglühen* (U. Wien, 1993) – »eine Attacke gegen meine eigene Dramaturgie«, wie der Autor erklärte – und die wiederum betont provokante Verarbeitung des Bosnienkrieges in der Farce *Die Schlacht um Wien* (U. Wien, 1995) als Ausdruck einer längst fälligen Krise der Protestbewegung verstanden, »die nicht mehr den Puls der Zeit trifft, die sich von der Welt zurückgezo-

Peter Turrini   Elfriede Jelinek

gen hat [...] ins Nationaltheater« (W. Reiter). Zuletzt kamen *Endlich Schluss* (U. Wien, 1997), *Die Liebe in Madagaskar* (U. Wien, 1998) und die Oper *Der Riese vom Steinfeld* (2002) von Friedrich Cerha nach Turrinis Libretto auf die Bühne. (→ S. 600, 615)
Mehr noch als Turrini ist der ebenfalls aus Tirol stammende Felix Mitterer als Autor moderner Volksstücke bekannt geworden.

Felix Mitterer (1948)
Geboren in Achenkirch als dreizehntes Kind einer verwitweten Tiroler Kleinbäuerin wuchs Mitterer in einer Adoptivfamilie auf. Nach dreijährigem Aufenthalt in einer Lehrerbildungsanstalt, den ihm die Pflegeeltern ermöglicht hatten, riss Mitterer aus und arbeitete zehn Jahre als Zöllner in Innsbruck, bis er 1976 den Hörspielpreis des ORF gewann. Auch als Schauspieler in seinen eigenen Stücken tätig. Lebt in Irland.

Ein Volksdichter, der sich nach eigenem Bekenntnis gar nicht als Dichter fühlt, überzeugt Mitterer durch Mitgefühl und Mut zur Wahrheit. Er schreibt – immer wieder über Tirol – »Geschichten, die das Leben schreibt, das bekanntlich nicht schreiben kann« (S. Löffler). Seinem Erfolg liegt die Wirkung beklemmender Schicksale zugrunde, die phrasenlos, wenn auch nicht immer ohne Sentimentalität, gezeigt werden. In *Kein Platz für Idioten* (U. Innsbruck, 1977) geht es um einen – zahlreiche Male vom Autor selbst gespielten – »Dorfdeppen«, der in der Wirtsstube nicht länger geduldet wird, weil er den Fremdenverkehr beeinträchtigen könnte. Obwohl er sich vorübergehend als bildungsfähig erweist, wird er, krank, in eine Anstalt abgeschoben. *Stigma* (U. Telfs, 1982) behandelt das Leben einer Magd zu Beginn des 19. Jahrhunderts.

Elfriede Jelinek: *Stecken, Stab und Stangl*, Regie Thirza Bruncken, Schauspielhaus Hamburg 1996. Marlen Diekhoff, Monica Bleibtreu, Barbara Nüsse, Peter Brombacher

Das Heiraten ist Moid in ihrem Stand verboten, die Liebe der Ledigen verbieten Sitte und Religion. Die unterdrückte Sexualität der frommen Magd wendet sich Jesus zu, dem sie auch nachfolgt in seinen Worten, dem Ruf nach Gerechtigkeit. Sie hat Visionen, auf ihrem Körper erscheinen die Wundmale des Herrn. Sie wird exorziert, vergewaltigt, zuletzt von Gendarmen erschossen.

Der schon im Vorfeld der Telfser Inszenierung schein-fromm genährte ländliche Aufstand gegen Mitterers Stück (Sühneandachten und -wallfahrten, Bombendrohungen) brach angesichts der Überzeugungskraft des Dargestellten zusammen.
Besuchszeit, 4 Einakter (U. Wien, 1985) spielt im Gefängnis, im Altersheim und in der Heilanstalt. *Die wilde Frau* (U. Innsbruck, 1986), ein sprachloses, erotisch triebhaftes, den Männern todbringendes Wesen, ist einer Sage entnommen. Es folgte *Kein schöner Land* (U. Innsbruck, 1987), ein Stück über den Opportunismus im Umgang mit dem einzigen jüdischen Mitbewohner eines Dorfes und über einen aufrechten Pfarrer, sodann *Sibirien. Ein Monolog* (U. Telfs, 1989) über das Altersschicksal eines Heimbewohners, *Die Kinder des Teufels* (U. München, 1989) über einen Hexenprozess des 17. Jahrhunderts im Salzburgischen. *Munde* (1990) ein Dialektstück, behandelt einen Betriebsausflug zum Gipfel der Hohen Munde bei Telfs (dort wird

das Stück auch gespielt!). Wenig überzeugend blieb *Ein Jedermann* (U. Wien, 1991), eine im Auftrag des Theaters in der Josefstadt veranstaltete Neubearbeitung des Hofmannsthal'schen *Jedermann*, die den Stoff bemüht aktualisiert (Jedermann als Generaldirektor, die Buhlschaft als Sekretärin, der Tod als Bürodiener, der Teufel am Computer). (→ S. 601)

Elfriede Jelinek (1946)

Geboren in Mürzzuschlag, entstammt Elfriede Jelinek väterlicherseits einer politisch profilierten Familie proletarischer Herkunft (der Großvater war Mitbegründer der Sozialdemokratischen Partei Österreichs), mütterlicherseits dem katholischen Großbürgertum. Sie besuchte eine Klosterschule und maturierte in Wien, studierte Musik, Theaterwissenschaft und Kunstgeschichte (ihrer abgeschlossenen Ausbildung zur Organistin am Wiener Konservatorium ließ sie keine Berufspraxis folgen), vertauschte aber nach sechs Semestern die Universität mit der Literatur. Vielfach ausgezeichnet (1998 Büchner-Preis, 2004 Nobelpreis) lebt sie als freie Schriftstellerin in Wien.

Elfriede Jelineks erstes Theaterstück *Was geschah, nachdem Nora ihren Mann verlassen hatte, oder: Stützen der Gesellschaft* (U. Graz, 1979) schreibt, wie bereits der Titel anzeigt, Ibsen fort. Die von ihm geweckten Erwartungen bestätigt sie nicht, denn ihre Nora scheitert an der anhaltenden Vorherrschaft der Männer in der kapitalistisch organisierten Gesellschaft. Kaum anders lautet die Botschaft in ihrem Stück *Clara S.* (U. Bochum, 1982). Die Pianistin Clara Schumann opfert dem Werk des Gatten das eigene Talent. Gabriele d'Annunzio wird zum Inbegriff eines künstlerischen Narziss und Macho. In *Burgtheater* (U. Bonn, 1985) wird in für jeden Österreicher durchsichtiger Verhüllung die berühmte Künstlerfamilie Hörbiger/Wessely wegen politischer Konzessionen in der Hitlerzeit hasserfüllt angegriffen. Dass in Verbindung mit Elfriede Jelineks Werken von Hass zu sprechen keine Übertreibung ist, zeigt auch das folgende Stück *Krankheit oder Moderne Frauen* (U. Bonn, 1987): Ausfahrbare Schneidezähne sind die Vampirwerkzeuge der Krankenschwester Emily. *Totenauberg* (U. Wien, 1992) vergegenwärtigt den Wohnsitz Todtnauberg des Philosophen Martin Heidegger im Schwarzwald. Auf Kriegsfuß mit dem von diesem gepflegten Heimatbegriff, zugleich seine manierierte Sprache parodierend, entsendet sie ihn auf die Suche nach dem »Un-heim-lichen«. Heimat erweist sich als eine Spielzeuglandschaft, als Touristenfalle und als Weg der Juden ins Krematorium. Der Philosoph als alter Mann erklärt: »Es wird gehütet, aber wer hütet sich vor uns?«

In *Stecken, Stab und Stangl* (U. Hamburg, 1996) verknüpft Elfriede Jelinek den Genozid der Hitlerzeit mit der Ermordung von vier Roma 1995 im Burgenland. Der Titel des Stücks bezieht sich auf den Namen eines Kolumnisten der *Kronenzeitung* (Staberl), eines ehemaligen KZ-Kommandanten (Stangl), auf die Bibel (»Dein Stecken und Stab trösten mich«) und auf Verse Celans. Auch der Text, der verharmlosende Presselügen und Äußerungen ehemaliger Täter montiert, folgt einer sprachkritischen Intention. Die Autorin hatte 1995 verfügt, dass auch ihre Stücke in Österreich nicht mehr gespielt werden sollten. Aber bereits für die Uraufführung von *Sportstück* (U. Wien, 1998) – dabei geht es um das Verhältnis von Sport und Gewalt – wurde diese Entscheidung wieder zurückgenommen. Bis in die jüngste Gegenwart griff sie immer wieder Stoffe auf, die österreichische Verhältnisse kritisch beleuchten: *In den Alpen* (U. München, 2002) über das Bergbahn-Unglück in Kaprun, *Das Werk* (U. Wien, 2003) über den Bau des dortigen Wasserkraftwerks, wobei das Publikum einen »kunstvoll komponierten Sprachmüll aus Konsumphrasen, Wissenschaftsjargon und Heimattexten« (Burgtheater-Information) zu hören bekommt. (→ S. 600, 632)

Entwicklungen der Neunzigerjahre

Mit Marlene Streeruwitz und Werner Schwab traten auf dem österreichischen Theater neue Kräfte in Erscheinung.

MARLENE STREERUWITZ (1950), die aus dem katholischen Bürgertum stammt (der Vater war Bürgermeister von Baden) und zunächst Jura, dann Slawistik und Kunstgeschichte studierte, debütierte als Dramatikerin mit *Waikiki Beach.* (1989, U. Köln, 1992).

Schauplatz ist ein abbruchreifes Bürohaus, das nur von Ratten und der »Strotterin« bewohnt wird, aber Michael, dem Chefredakteur der Stadtzeitung, und Helene, Gattin des Bürgermeisters (!), während dieser mit dem Wahlkampf beschäftigt ist, als Liebesnest dient. Das Paar spricht Shakespeare-Texte, drei Greise, geführt von drei dicken Frauen als Pflegerinnen, treten auf und zitieren aus Aischylos' *Agamemnon*, die dicken Frauen interpretieren das Abbruchhaus als moderne Kunstausstellung, eine Bande von Schlägern dringt ein, foltert das Liebespaar und erschlägt zuletzt Helene und die Strotterin, während Michael Zuflucht bei dem gehörnten Ehemann sucht und das Geschehene des Wahlkampfs wegen verbergen hilft.

Zur gewollten, »perfekten Geschmacklosigkeit« des Stückes hat die Autorin sich ausdrücklich bekannt. Auch in ihren folgenden Stücken (*Sloane Square.*, 1990,

U. Köln, 1992; *Ocean Drive.*, 1991, U. Köln, 1993; *New York. New York.*, U. München, 1993; *Elysian Park.*, U. Berlin, 1993; *Tolmezzo. Eine symphonische Dichtung*, U. Wien, 1994; *Bagnacavallo.*, U. Köln, 1995) mit ihren stets irreführenden Titeln (*New York. New York.* spielt im Vorraum einer unterirdischen Wiener Bedürfnisanstalt) kombiniert Marlene Streeruwitz das gänzlich Unzusammenpassende: Punks und Gabriele d'Annunzio, Prometheus und Karl Bühl (Hofmannsthals »Schwierigen«), Uhrenhandel mit dem Eingangsmonolog von Goethes *Iphigenie* zum ostentativen Ausverkauf des klassischen Repertoires im rohen Ambiente der Gegenwart. Vergegenwärtigt man sich die zu Beginn dieses Kapitels beschriebene Wiederaufnahme des Theaterbetriebs nach 1945 unter gewissermaßen klassizistischem Vorzeichen, wird der rasante Veränderungsprozess deutlich, der sich während weniger Jahrzehnte vollzog. Der Wiederaufbau steht in einem ironischen Spannungsverhältnis zum ideellen Abbau von Konventionen und Sicherheiten, die als nicht mehr tragfähig erachtet werden. (→ S. 635)

Diesen Prozess bestätigt auch das Werk von WERNER SCHWAB (1958–1994), ein Grazer »Unterschichtskind«, wie er selbst sich bezeichnete, »ein Meteor«, wie ihn Kritiker nannten, Bildhauer vom Studium her, der, als Prosaschreiber wenig erfolgreich, sich der Bühne zuwandte, für die er innerhalb von drei Jahren nicht weniger als 16 Stücke schrieb. Aufgeführt zu seinen Lebzeiten wurden freilich nur wenige, *Die Präsidentinnen* und *Übergewichtig unwichtig Unform*, beide 1990, *Volksvernichtung oder meine Leber ist sinnlos* und *Mein Hundemund*, beide 1991, *Der reizende Reigen nach dem Reigen des reizenden Herrn Arthur Schnitzler* konnte aus urheberrechtlichen Gründen nur nach einer Verkürzung des Titels und in einer Privatvorstellung uraufgeführt werden (U. Zürich, 1995), *Troiluswahn und Cressidatheater* hatte, nachdem man in Hamburg die Proben abgebrochen hatte, ebenfalls 1995 in Graz Premiere – ein Stück, das, äußerlich an Shakespeares Drama *The Historie of Troylus and Cresseida* anknüpfend, allen Gegebenheiten des Theaters widerstrebt und letztlich kein Stück sein will.

Bereits *Die Präsidentinnen* hatte die Dramaturgie des Burgtheaters als »nicht aufführbar« abgelehnt, die Uraufführung war im Wiener Künstlerhaus erfolgt.

Drei alte Frauen, die Pensionistinnen Erna und Grete und die etwas jüngere Abortputzerin Mariedl, unterhalten sich über Ernas Sohn Hermann, einen Alkoholiker, der nicht heiraten will (so sind leider keine »Enkerln« zu erwarten), und Gretes Tochter Hannelore, die seit fast einem Jahrzehnt in Australien lebt und nur einmal von sich hören ließ. Grete bleibt zum Trost nur ihr Hund Lydi, die fromme Mariedl findet Halt in der Religion. In der letzten Szene beginnt das Stück von vorn, die Rollen der drei Alten werden nun von drei Jungen gespielt – »bösartig, übertrieben, kreischend« –, während die Alten im Publikum sitzen und zuschauen.

Das Theater stellt sich selbst aus, auch die gestelzte Kunstsprache der Figuren ist dazu bestimmt, jede naturalistische Anmutung zu verbannen, obwohl Schwabs »Volksstücke« von Hass, Hässlichkeit und Gemeinheit gleichsam überfließen. Schwab sagt von den Figuren seiner *Präsidentinnen*, dass sie »nicht sprechen, sondern gesprochen werden«, ähnlich über *Mein Hundemund*: »Die Sprache zerrt die Personen hinter sich her: wie Blechbüchsen, die man an einen Hundeschwanz angebunden hat.« Mithin gibt es in seinen Dramen keine wie immer geartete »Entwicklung« von Figuren, keine Möglichkeit einer Änderung der Verhältnisse oder Bedeutung, die über das Dargestellte hinausweist. Das Theater ist als Theater enttarnt und die Welt ist, wie sie ist. Uns begegnet eine »negative Theodizee« (E. Fischer).

Exkurs: Hörspiel

Wollte man das Hörspiel zum Maßstab für die Eigenständigkeit der österreichischen Literatur nehmen, so wäre es um diese schlecht bestellt. Zwar fehlt es nicht an vorzüglichen Autoren sowohl für das traditionelle als auch für das so genannte »neue Hörspiel«, aber produziert und gesendet wurden deren Arbeiten ganz überwiegend in Deutschland. Bereits INGEBORG BACHMANN bietet dafür das Exempel. Ihr erstes Hörspiel *Ein Geschäft mit Träumen* (U. 1952), entstanden nach der gleichnamigen Erzählung, wurde von der Wiener Sendergruppe Rot/Weiß/Rot ausgestrahlt. Dann arbeitete die Dichterin für deutsche Funkanstalten, was zu der ungleich größeren Wirkung der beiden noch folgenden Hörspiele entscheidend beigetragen hat.
Schauplatz von *Die Zikaden* ist eine südliche Insel, das Figurenensemble besteht größtenteils aus Zivilisationsflüchtlingen und unbefriedigten Verwöhnten unterschiedlicher Couleur. Ausnahmen bilden nur Benedikt, ein mit Sympathie gezeichneter politischer Flüchtling, und Antonio, ein Einheimischer, der Kraft und gleichmütige Ruhe ausstrahlt. Sein immer wiederholtes »Ja« lässt die Redenden gewähren, aber er verschließt sich allen utopischen Wünschen. Das gleichsam zeitlose Zirpen der Zikaden (die Musik des Hörspiels stammt von Hans Werner Henze) macht das unvermeidliche Scheitern spürbar.
Entstanden in der Zeit des aufkommenden deutschen Italientourismus ist das Hörspiel nicht ohne aktuelle Bezüge, gleichwohl ausgestattet mit einem beträchtlichen philosophischen Überbau, den hauptsächlich der kommentierende Erzähler zu tragen hat. Obwohl eine Anmerkung zur Druckfassung ausdrücklich fordert, bei der Realisation des

Hörspiels solle keiner der Sprechenden »in den Text Geheimnisse hineinlegen, die nicht vorhanden sind«, ist das Zikadenmotiv, das auf Goethe und Platon zurückgeht, doch von symbolträchtiger Bedeutung. »Mit der anonymen Einfachheit einer Sage« soll abschließend die Geschichte der Zikaden erzählt werden:

Denn die Zikaden waren einmal Menschen. Sie hörten auf zu essen, zu trinken und zu lieben, um immerfort singen zu können. Auf der Flucht in den Gesang wurden sie dürrer und kleiner, und nun singen sie, an ihre Sehnsucht verloren – verzaubert, aber auch verdammt, weil ihre Stimmen unmenschlich geworden sind.

Nicht weniger gleichgültig geht das Leben der großen Stadt – eine lärmende Wüste – über das Glücksverlangen des Einzelnen hinweg. *Der gute Gott von Manhattan* (U. 1958), der Bauform nach ein analytisches Drama, vergegenwärtigt es nicht ohne empfindsame Klage. Wie in *Die Zikaden* (U. 1955) geht es um die Erfahrung von Liebe und Einsamkeit, Liebesbedürfnis, das fast unvermeidlich in neue Einsamkeit mündet.
In einer Gerichtsverhandlung wird der »gute Gott von Manhattan«, der auch als »der gute Gott der Eichhörnchen« bekannt ist, ein Bombenattentäter, wegen des Anschlags zur Rechenschaft gezogen, bei dem eine junge Frau, Jennifer, zu Tode gekommen ist. Stets sind es junge Paare, die ihm zum Opfer fallen. Der Angeklagte verweist zu seiner Rechtfertigung auf die wie eine gefährliche Krankheit wirkende Kraft der Liebe, die »zu viel Trunkenheit und Selbstvergessen« auslöse, die davon Betroffenen isoliere und so dem Bedürfnis der Allgemeinheit widerstreite. Als Beweis dienen ihm die von ihm wahrgenommenen Stationen der »Krankheit«, die als Szenen in das Verhör eingeblendet sind. Jans Worte zu Jennifer: »Ich bin mit dir und gegen alles« rechtfertigen nach Meinung des »guten Gottes« das Attentat, das die Ordnung der Welt wiederherstellt. Auch der Richter räumt die Notwendigkeit dieser Ordnung ein. »Etwas anderes ist nicht möglich und gibt es nicht.« Jan, der das Attentat überlebt hat, schließt sich dieser Meinung an, der Angeklagte kann gehen, obwohl die Anklage aufrechterhalten wird.
Mit einer an Kleist gemahnenden Entschiedenheit des Gefühls sind Absolutheitsanspruch und Weltverlorenheit der Liebe dargestellt. Begünstigt wurde dieses Gelingen durch die völlig auf den akustischen Reiz abgestellte Form des Hörspiels, die jede Ablenkung ausschließt, intensive Aufmerksamkeit fordert und zugleich der nachgestaltenden Phantasie den weitesten Freiraum lässt.
ILSE AICHINGER war das Hörspiel als Kunstform besonders gemäß. Ernst Jandl hat 1977 in einer *Einleitung* zu *Besuch im Pfarrhaus* (U. 1962) die Qualität dieses Hörspiels gerühmt, »die Ruhe dieses Textes, das Leise daran«. *Besuch im Pfarrhaus* war Ilse Aichingers viertes Hörspiel, vorangegangen waren *Knöpfe* (U. 1953), *Französische Botschaft* (U. 1960) und *Weiße Chrysanthemen* (U. 1960). Erst nach mehrjähriger Pause wurden weitere Hörspiele von ihr ausgestrahlt, 1968 *Nachmittag in Ostende* und 1969 *Die Schwes-*

tern *Jouet,* 1970 *Auckland,* das bereits im Jahr zuvor für einen (1991 erweiterten) Sammelband titelgebend gewesen war. Es folgten noch *Gare Maritime* (U. 1976) und *Belvedere* (U. 1995).

Nach der Erarbeitung von Techniken des Sprech- und Lautgedichts sowie der Montage in lyrischen Texten, war für ERNST JANDL die Hinwendung zum längeren Text, wie ihn das Hörspiel fordert, eine begreifliche Konsequenz. 1957, in dem Jahr, als mehr als die Hälfte der Gedichte des Bandes *Laut und Luise* entstand, schrieb er *die auswanderer, ein groteskes spiel um die jahrhundertwende,* in dem er Sprechgedichte, Lautgedichte und Montage der Technik nach vereinigte. Ein Kaleidoskopbild der Vergangenheit, eine idyllische Utopie wird in Geräuschen und Versen vergegenwärtigt. Ein Knabe geht mit seinem Vater durch den Park, Erinnerungen tauchen auf, ein Schiff mit Auswanderern verlässt den Hafen. Zu dem Gedicht *Das Röcheln der Mona Lisa* (1970), ein »akustisches Geschehen für eine Stimme und Apparaturen«, dessen Regie und Vortrag er selber übernahm, notierte Jandl: »Was dieses Hörspiel [...] zu sagen hat, sagt es selbst, und etwas darüber zu sagen wäre für den, der es hören wird, nicht mehr, sondern weniger [...] Was immer das Hörspiel sonst noch bringt, in jedem Fall sollte dieses geschehen – dass Dinge eintreten, die nicht erwartet werden.«

FRIEDERIKE MAYRÖCKER schrieb allein zwischen 1968 und 1977 21 Hörspiele, davon vier zusammen mit Ernst Jandl, die, vermehrt vom Akustischen her konzipiert, den neuen Typus des Hörspiels begründen halfen (*Fünf Mann Menschen,* 1968; *Der Gigant,* 1968; *Spaltungen,* 1970; *Gemeinsame Kindheit,* 1971). Für *Fünf Mann Menschen* erhielten die beiden Autoren 1969 den begehrten »Hörspielpreis der Kriegsblinden« für 1968.

Die Realisation von *Fünf Mann Menschen* dauert lediglich 14 Minuten, besteht aber aus ebenso vielen Szenen, die örtlich genau bestimmt sind: »Gebärklinik«, »Im Elternhaus«, »Schule«, »Kino«, »Berufsberatung« usw., bis die 14. Szene wieder in die »Gebärklinik« zurückführt. Fünf Lebensläufe werden modellhaft vergegenwärtigt, bis sich mit der 14. Szene der Kreis, ein Circulus vitiosus, schließt. Jede Szene wird vom Ansager durch eine Art Vor- oder Leitspruch charakterisiert: »Solange es Kinder gibt, / wird es Kinder geben« (Szene 1 und 14), »In die Schule sollst du gehen, / oder an der Ecke stehen« (Szene 4), »Der Junge wird zum Mann, / Filme regen an« (Szene 5) usw. Die (vermeintlichen) Unterschiede in den fünf Lebensläufen werden in äußerster Kürze dargestellt, so nennen im Krankenhaus fünf Patienten jeweils eine Zahl und die Schwester antwortet »Fieber« oder »Fieberfrei«.

Das traditionelle Hörspiel war ein durch den Funk vermitteltes Wortkunstwerk. Das »neue Hörspiel« – der Terminus geht auf den Radio-Essay eines Redakteurs beim WDR Klaus Schöning (*Tendenzen im neuen Hörspiel,* 1968) zurück –, das mehrere Entwicklungsphasen durchlief, entzieht sich einer ebenso eindeutigen Definition. Seinen ästhetischen Ansatzpunkt fand es im Dadaismus und dessen experimentellen Verhältnis zur Sprache sowie in den sprachkritischen Erfahrungen der konkreten Poesie. Zu

nehmend gewann das akustische Element an selbstständiger Bedeutung, dem gesprochenen Wort traten noch andere Klang- und Geräuschelemente zur Seite, was den Herstellungsprozess veränderte (»Die Autoren produzierten nicht mehr *für* den Rundfunk, sondern *mit* ihm«, B. Lermen) und auch zu neuen Benennungen Anlass gab (»Sprachspiel«, »Hörstück«, »Schallspiel« »O-Ton-Hörspiel« usw.). In der Begründung der Jury für die Auszeichnung von *Fünf Mann Menschen* wurde hervorgehoben, dass die Preisträger »zum ersten Mal im Hörspiel die Möglichkeiten der konkreten Poesie beispielhaft eingesetzt« hätten. Wie sehr für Friederike Mayröcker die Sprache – und zwar nicht nur als Experiment – gleichwohl im Mittelpunkt des künstlerischen Schaffensprozesses blieb, lässt ihre Dankrede erkennen.

Schreiben ist für mich nicht nur Analyse eines Atemzugs, eines Blicks, einer Reise an Orte der Kindheit, eines Tatbestandes, sondern auch die Beziehung zur Verbalwelt von gestern und heute, letztlich also: Intuition und Intellekt, Berauschung und Nüchternheit. Eine künstliche Welt schaffen, und dazwischen immer wieder der Griff in die Weite, wie ein Regenbogen von einer Unbegrenztheit zur andern. [...] Alles, was zu mir gehört, also vor allem meine Poesie, ist so etwas wie ein Mobile, eine wundervolle, von mir gleicherweise geliebte wie gehasste Unordnung, die sich ihr Gleichgewicht erhält, solange kein zweiter eine Verlagerung der Schwerpunkte vornimmt.

In den Jahren, die der Auszeichnung Jandls und Friederike Mayröckers folgten, wurden nur Autoren des »neuen Hörspiels« mit dem Hörspielpreis der Kriegsblinden ausgezeichnet. Über die Ziele und Möglichkeiten des Hörspielschaffens entwickelte sich eine lebhafte Auseinandersetzung zwischen den Vertretern der älteren und der neueren Richtung. Schon bald zeigte sich, dass Letztere nur einen kleinen Teil des nach Millionen zählenden Publikums erreichte. Eine einseitige Bevorzugung des akustischen Experiments, wie es sich etwa in der Gleichbehandlung aller Stimmen und Geräusche ausdrückte, verfehlte das im politischen und sozialen Bereich damals sehr lebendige Probleminteresse. Sozialreportagen, wie sie mittels des O-Ton-Hörspiels ausgestrahlt werden konnten, erschlossen mehr oder minder unverstellte Wirklichkeit, blieben aber ohne ästhetische Relevanz. Die Musikalisierung des »neuen Hörspiels« durch Komponisten wie Maurizio Kagel bewegte sich artistisch auf hohem Niveau, entfernte die nunmehr entstandene Mischform aber immer weiter von der Literatur. So kann es nicht verwundern, und das war nicht nur eine Reaktion auf die zeitweise stark rückläufigen Einschaltquoten, dass auch weiterhin zahlreiche »traditionelle Hörspiele« verfasst und gesendet wurden. Eine Änderung erfolgte aber insofern, als sich das Hörspiel mehr als früher an strukturellen Problemen des sozialen Gefüges interessiert zeigte.

Zahlreiche österreichische Autorinnen und Autoren haben Hörspiele geschrieben, oftmals leisteten die Rundfunkanstalten einen unentbehrlichen Beitrag zur Sicherung ihrer materiellen Existenz. Nur wenige Autoren können, stellvertretend für andere, hier genannt werden. HERBERT EISENREICHS einziges Hörspiel, die Ehegeschichte *Wovon wir leben und woran wir sterben* (1958), wurde von allen deutschen Sendern ausgestrahlt; FRANZ HIESEL (1921), der ganz überwiegend für den Funk arbeitete, griff bevorzugt soziale, aber auch historische Stoffe wie den Türkensturm von 1683 auf (*Die gar köstlichen Folgen einer missglückten Belagerung*, 1975). Er erhielt bereits 1959 den Hörspielpreis der Kriegsblinden. Gemeinsam mit GERHARD FRITSCH verfasste er den Fünfteiler *Die Reise nach Österreich* (1960), Fritsch ließ noch *Der Kastellan* (1963) folgen – immer neue Auseinandersetzungen mit dem imaginären Österreich der Vergangenheit, der »Insel der Seligen« (Paul VI.). Auch Barbara Frischmuth, Gerhard Rühm, Michael Scharang und Jutta Schutting leisteten zahlreiche Beiträge. Die Konkurrenz der visuellen Medien nahm dem Hörspiel nicht wenig von seiner Attraktivität, die es für Verfasser und Publikum hatte, konnte es aber nicht vollends verdrängen.

Zu den produktivsten österreichischen Autoren in den Siebziger- und Achtzigerjahren zählten PETER HANDKE, von dessen Bühnen- und Erzählwerken zumeist auch Hörspielfassungen (von *Der Hausierer*, 1968, bis *Die Krankheit Tod*, 1985, nach M. Duras) existieren, und ELFRIEDE JELINEK, deren zahlreiche Hörspiele sämtlich von bundesdeutschen Sendern ausgestrahlt wurden (*Wenn die Sonne sinkt, ist für manche schon Büroschluß*, U. 1972; *Für den Funk dramatisierte Ballade von drei wichtigen Männern sowie den Personenkreis um sie herum*, U. 1974; *Was geschah, nachdem Nora ihren Mann verlassen hatte*, U. 1979; *Frauenliebe – Männerleben*, U. 1982; *Erziehung eines Vampirs*, U. 1986; *Die Klavierspielerin. Hörstück auf Texte*, U. 1988, um nur diese zu nennen). Gelegentlich gingen Hörspielfassungen der Dramatisierung voraus, so im Falle von Peter Handkes *Kaspar* (U. 1968), aber es gab auch das Umgekehrte wie Ernst Jandls »Sprechoper« *Aus der Fremde* (U. 1980), entwickelt aus einem Theaterstück, das bereits an vielen Bühnen aufgeführt worden war.

Die »Sprechoper« stellt ein Gespräch zwischen einem Schriftsteller und einer mütterlichen Freundin dar, dessen nummerierte Einzelpositionen im Konjunktiv aufgezeichnet sind, beispielsweise:

73

er

ob sie nicht bloß
wenn sie das sage
ihn aufmuntern wolle [...]

75

sie

dass sie ihm immer noch
aufrichtig
ihre meinung gesagt habe [...]

77

er

dass ihn ihr urteil
überaus freue
beinahe glücklich mache   *(klingen zweier Gläser,*
trinken)

78

käme herr jesus wäre er ihr gast
und würde segnen
was er ihnen bescheret hätte

Exkurs: Fernsehspiel

Die sechsteilige TV-Serie *Alpensaga* (U. 1976–80), für die PETER TURRINI zusammen mit Wilhelm Pevny die Drehbücher schrieb und die ihn einem Millionenpublikum bekannt machte, zeigt die Veränderung eines österreichischen Dorfes von der am Ende der Kaiserzeit beginnenden Industrialisierung bis zum Neuanfang in der Zweiten Republik. Die Widerstände, auf die dieses Vorhaben zunächst stieß – der Name des Autors schien den konservativen Kräften im und besonders auf dem Lande nichts Gutes zu verheißen –, erwiesen sich als unbegründet. Nach sorgfältigen Recherchen und Überprüfungen durch von der Fernsehanstalt verpflichtete Historiker entstand eine spannende, sachlich plausible, historisch detailtreue Szenenfolge. Turrinis zeitweilige Wandlung zum realistischen »Heimatdichter« – als den er sich vordem ironisch bezeichnet hatte – vollzog sich mithin nicht auf der subventionierten Bühne, sondern im Massenmedium Fernsehen, wirkte aber auf die Bühne zurück, wie bald darauf *Josef und Maria* (U. Graz, 1980) – 1981 auch als Hörspiel ausgeführt – zeigte: die Begegnung zweier einsamer Alter, des Nachtwächters Josef und der Putzfrau Maria am Heiligen Abend in einem leeren Kaufhaus. Die vierteilige Serie *Arbeitersaga* (U. 1988–92, *Müllomania; Die Verlockung; Das Plakat; Das Lächeln der Maca Daracs aus Nyergesujfalu*, zusammen mit Dieter Berner) stieß in der Herstellung wieder auf Schwierigkeiten und veranlasste die Kritiker zu bissigen Repliken. Turrini hatte führende Gestalten des Sozialismus von Karl Marx bis Bruno Kreisky ironisch behandelt

Für MICHAEL SCHARANG, der engagiert und verständlich für ein großes Publikum wirken wollte, bildeten die optischen Medien selbstverständlich ein willkommenes Instrument. Den Beginn bildete *Ein Verantwortlicher entlässt einen Unverantwortlichen* (1972) nach der gleichnamigen Erzählung. Bei *Der Sohn eines Landarbeiters wird Bauarbeiter und baut sich ein Haus* (1975) lag es umgekehrt, der Film unter der Regie von Axel Corti ging dem Roman voraus. Nicht immer entging Scharang der Versuchung zur Kolportage. Seine Fernsehspiele *Der Lebemann* (U. 1979, nach dem gleichnamigen Roman), »eine schicke Love-Story, an der leider kein Wort wahr ist« (S. Löffler), und *Das doppelte Leben* (1981) wurden von der Kritik einhellig abgelehnt.

Das doppelte Leben zeigt einen Wissenschaftler, der wegen seiner sozialkritischen Gesinnung und Praxis an der Universität nicht anerkannt wird und auch privat in Bedrängnis gerät (seine Freundin hat einen anderen Freund). Er wird Häusermakler, um sich an der Gesellschaft mit Hilfe ihrer eigenen korrupten Praktiken zu rächen. Aber alles wird zuletzt gut, er wendet sich vom Kommerz schließlich wieder ab und wird Entwicklungshelfer in Äthiopien. Scharang hat den Irrweg später erkannt (*Harry. Eine Abrechnung*, 1984).

FELIX MITTERER sieht im Fernsehen das wahre Volkstheater unserer Zeit. Bühnen-, Hörspiel- und Fernsehfassungen existieren von mehreren seiner Stücke, so wurde beispielsweise *Die wilde Frau* bereits 1978 als Hörspiel gesendet, das gleichnamige Fernsehspiel 1987. Anderes blieb dem Fernsehen vorbehalten, so das Spiel *Egon Schiele* (U. 1979), für das Mitterer das Drehbuch schrieb und in dem er selbst die Rolle des Malers spielte. Seine wiederholt ausgestrahlten Fernsehspiele *Verratene Heimat* (U. 1988/89) und *Die Piefke-Saga* (U. 1991), die die Schicksale der Südtiroler unter dem Faschismus und die späteren Auswüchse des Tourismus behandeln, trugen ihm zunächst auch heftige Ablehnung ein. Das in Verdrängungen befangene Verhältnis vieler seiner Landsleute zum Nationalsozialismus, das Mitterer für den österreichisch gebliebenen Teil Tirols bereits in *Kein schöner Land* (1988 auch als Hörspiel) behandelt hatte, spielte auch in der Frage der Option der Südtiroler für »Großdeutschland« eine Rolle. *Verratene Heimat* ist 1989, die *Piefke-Saga*, vermehrt um die bei der Verfilmung gestrichenen Szenen, 1991 auch im Druck erschienen. Mitterer schrieb ferner das Drehbuch zu dem Film *Andreas Hofer: Die Freiheit des Adlers* (U. 2002), das für den in ungezählten älteren Theaterstücken, Prosatexten und Gedichten verklärten Freiheitskämpfer, wegen seiner bigotten Religiosität aber auch zunehmend kritisch beurteilten naiven Bauernführer, Verständnis zu wecken suchte. »Als Mensch ist er mir nahe gekommen. Der Nationalheld interessiert mich nicht.«

Lyrik

Die lyrische Szene im Österreich der ersten Nachkriegsjahre zeigt mit der in Westdeutschland verwandte Züge. Hier wie dort gab es eine ältere Generation von Autoren, die schon in der Republik publiziert und die Hitlerjahre mit mehr oder weniger Distanz zum amtlicherseits geförderten Kulturbetrieb überdauert hatte. Nun sammelten sie ihr Werk und suchten wohl auch den Kreis ihres Schaffens zu runden, der freilich nur noch in seltenen Fällen Überraschungen bereithielt. Zur selben Zeit meldete sich eine jüngere Generation zu Wort, die unter anderen Voraussetzungen aufgewachsen war und schon bald auch neue Wege suchte. Früher als die Autoren in Westdeutschland zeigte sie sich dem Experiment aufgeschlossen, möglicherweise weil der Druck durch Fragen der politischen Verantwortung oder Mitschuld am Zurückliegenden

weniger fühlbar war. Gerade diese dem künstlerischen Wagnis aufgeschlossenen Autoren hatten es allerdings besonders schwer, aus der relativen Anonymität kleiner Gruppen den Weg in die breite Öffentlichkeit zu finden.

»Sonett« kommt nicht von »so nett«

Ferner gab es, nicht anders als in Deutschland, zahlreiche junge Schreiberinnen und Schreiber, die zum Gedicht drängten, jedoch in ein vorwiegend gefühlsbestimmtes, intellektuell und künstlerisch abgestandenes Fahrwasser gerieten. Dass man sich an einheimischen Meistern höchsten Ranges orientierte – in Österreich besonders an Georg Trakl, der nunmehr stärker als Rainer Maria Rilke wirkte –, gereichte nur den Wenigen zum Vorteil, die auch Kraft zu selbstständigem Ausdruck mitbrachten. Diejenigen, die sich mit den durch langen Gebrauch abgeschliffenen Worten und Vorstellungsweisen begnügten, verharrten in einem Niemandsland des Gefühls. Der konventionellen Metaphorik entsprachen erprobte Formen. Sonette wurden so fleißig geschrieben, dass bereits 1946 ADELBERT MUHR (1896–1977), der für *Plan* hauptsächlich Theaterkritiken schrieb, mahnend darauf hinwies, dass Sonett nicht von »so nett« komme, auch wenn die Verse »zeitgemäß über das bombengeschädigte Wien klagen«.

»Das Traummotiv in allen seinen Variationen, die einer eigenen Analyse bedürften, verrät einiges von der seelischen Verfassung der jungen Poeten, die, als sie sich nach dem ›bösen Traum‹ die Augen rieben, weder dem neuen Morgen noch sich selbst recht trauen wollten.« (A. Berger, *Schwieriges Erwachen. Zur Lyrik der jungen Generation in den ersten Nachkriegsjahren, 1945–1948*, 1984) Bergers Durchsicht der Anthologie *Die Sammlung. Junge Lyrik aus Österreich* (1947) zeigt am Beispiel dieses überaus verbreiteten Motivs das Ausmaß der sentimentalen Unbestimmtheit: »Ampel des Traums«; »Es blüht der Traum«; »Schoß der vergangenen Träume«; »Tief im Traum liegt Hof und Haus«; »die wir im Traum unsrer Stärke / Mauern und Türme gebaut«; »könnten wir endlich des Traumes uns begeben«; »Aus dem Traum gesprochen«; »Des bösen Traumes Nachklang schmerzt mich noch«; »Vieles ist Traum«; »Siehe, so wirst du mich finden: im Schlafe, erfahren in Träumen«; »der Morgen findet mich im Traum«; »Träume fliegen oft wie Schatten«; »Augen, die den Traum erwidern«; »O träumender Jüngling«. Noch der Greis ist »voll Träumen«.

Zwei programmatische Zeitschriften –
»Der Turm« und »Plan«

Die im August 1945 gegründete Zeitschrift *Der Turm* verstand sich als ein Sammelbecken der »gesicherten und gültigen Werte des österreichischen Kulturbesitzes«. An Hofmannsthal erinnerte nicht nur der Titel des Periodikums, sondern auch – gewissermaßen programmatisch im ersten Heft – der auf Abgrenzung zielende Wiederabdruck seines Schemas *Der Preuße und der Österreicher* (1919). Obgleich es an selbstgewissen Wegweisungen nicht fehlte, die mehr als nur bedenklich anmuten (so wenn Alexander Lernet-Holenia in einem Brief an die Redaktion erklärte, »wir sind, im besten und wertvollsten Verstande, unsere Vergangenheit, wir haben uns nur zu besinnen, *dass* wir unsere Vergangenheit sind – und sie wird unsere Zukunft werden«), verschloss sich *Der Turm* jedoch weder den dringend benötigten Anregungen aus dem Ausland noch neu zu entdeckenden einheimischen Stimmen. »Soweit eine Zeitschrift zur Genesung des geistig-künstlerischen Bewusstseins in Österreich beitragen konnte, tat dies *Der Turm* in den drei Jahren seines Bestehens.« (H. Spiel)

Den »linken« Widerpart zum *Turm* bildete Otto Basils Zeitschrift *Plan*, die, nicht minder programmatisch, in ihrer ersten Nummer unter dem Titel *Vom österreichischen NS-Parnass* eine mit Textproben angereicherte Liste von Autoren veröffentlichte, die mit Hitlers Drittem Reich sympathisiert hatten. Beide Zeitschriften, *Plan* allerdings in weitaus höherem Maße, druckten auch junge Autoren, und die Rubriken verzeichnen bereits viele der später für die Lyrik der zweiten Jahrhunderthälfte maßgebenden Namen.

Einen ersten Startversuch hatte *Plan* als »Zeitschrift für Kunst und Kultur« bereits 1937 erlebt, der im folgenden Frühjahr nach drei Nummern mit dem deutschen Einmarsch in Österreich abbrach. OTTO BASIL (1901–1983), der Gründer der Zeitschrift, war 1930 in einer *Anthologie junger Lyrik aus Österreich* selbst mit Gedichten hervorgetreten. Im Oktober 1945 handelte es sich um eine Wiedergründung, nunmehr rief Basil, politische Akzente setzend (es geht um »die Festigung des demokratisch-republikanischen Staatsgedankens« und um die »Wiederaufrichtung eines geistigen Österreichertums von europäischem Zuschnitt«), zu einer Erneuerung der Literatur auf und wandte sich dabei ausdrücklich an die Jugend. *Plan* bemühte sich pronociert um Linderung des Nachholbedarfs, der in Bezug auf die Kenntnis der Literatur des Auslands und des Exils bestand und öffnete seine Spalten auch für

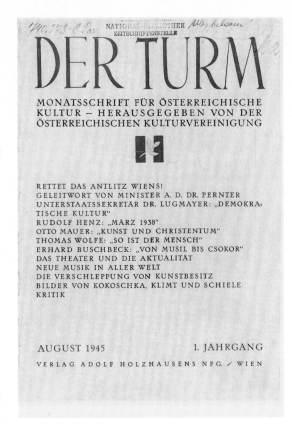

Titel

rebellische Köpfe wie den späteren Germanisten PETER DEMETZ (1922), der unter dem Pseudonym Peter Toussell die Klischees, die »schäbige Kulisse der Schönheit« der ungelenken Schreiber satirisch auflistete:

Ihre Zeitrechnung hört beim Biedermeier auf. [...] In einem Gedicht muss deshalb alles ›schön‹ sein. Wasserfälle müssen ferne rauschen; die unvermeidliche Trauerweide (des achtzehnten Jahrhunderts) über dem Teich stehen; Gevatter Tod kehrt seine Sanduhr um; und was, was muss vor der traulichen Hütte herniederrieseln? Polgarleser wissen die Antwort. In Gumpendorf kann es nichts anderes sein als Mondlicht. (P. Toussell, *Gumpendorfer Literaturbrief, neuere Lyrik betreffend,* 1947)

Als Gedichte Josef Weinhebers in einem Nachlassband (*Hier ist das Wort*, 1947) erschienen, antwortete er auf dessen einst berühmten Hymnus auf die deutsche Sprache (»Du unverbraucht wie dein Volk! / Du tief wie dein Volk! / Du schwer und spröd wie dein Volk! Du wie dein Volk niemals beendet! // Sprache unser! Die wir dich sprechen in Gnaden, dunkle Geliebte! [...]«) mit einer polemischen Klage:

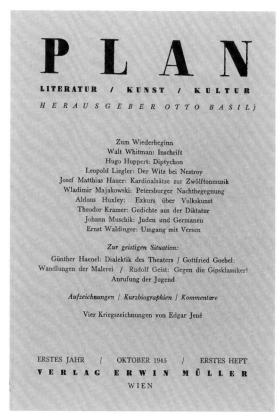

Titel

Deutsche Sprache, Du, versteigert zum billigsten Preis, nackt den Schreiern am Markt, die Dir / vom Antlitz die singenden Schleier gerissen, / Zu schmücken die schleimigen Zungen. // Du, Speichel im Mund der herrischen Mörder, [...] Schlange, Du, züngelnd durch tägliche Zeitung, / gezähmt eine schäbige Äffin, / speiend im Käfig des Rundfunks, [...]. / Leg dich zu mir, enge, noch enger, dass Dich / bescheidener heilt des Liebenden Atem. (Klage über die Sprache)

Das war gewissermaßen das Pendant zur Kampfansage der *Ruf*-Autoren in Westdeutschland an die Kalligraphen, auch Ausdruck der unter den Autoren Österreichs seit langem virulenten Sprachskepsis. Widerspruchsfrei verliefen die Grenzen jedoch nicht, auch Exilautoren wie Franz Theodor Csokor, Erich Fried und Theodor Kramer setzten sich für den »Heurigenhölderlin« ein, zollten seinem Können Respekt, auch wenn sie das politische Fehlverhalten schonungslos aufdeckten (so Kramer in dem Gedicht *Requiem für einen Faschisten*).

Der *Plan* hielt sich nur wenig länger als *Der Turm*, beide Zeitschriften wurden ein Opfer des nach der Währungsreform veränderten Konsumverhaltens. Die bedeutendste lyrische Erstveröffentlichung enthielt die letzte Ausgabe mit 19 Gedichten von Paul Celan (für das folgende Heft bereits gesetzte Texte Hans Carl Artmanns sind nicht mehr erschienen). Auch Gedichte von Christine Busta, Erich Fried und Friederike Mayröcker gelangten im *Plan* zum Druck, neben vielen anderen stärker zeitgebundenen Autoren. Der aus der Sowjetunion zurückgekehrte politische Publizist HUGO HUPPERT (1902–1982) trug Übersetzungen von Majakowski und Boris Pasternak bei. *Plan* berücksichtigte Interessen der sowjetischen Kulturpolitik, was aber in Wien – »ein ideales Auslagenfenster Moskaus in den Westen« (W. Kraus) – kaum beengend wirkte, weil sich diese dort freier artikulierte.

Zwischen gestern und morgen

Auch in anderen Zeitschriften, so im *Lynkeus* und im in Innsbruck wieder begründeten *Brenner*, in Anthologien oder mit selbstständigen Veröffentlichungen traten junge Lyriker hervor, darunter solche, die sich später vorzugsweise in anderen Gattungen profilierten und ihre Gedichte erst spät sammelten. Dazu zählten MICHAEL GUTTENBRUNNER (1919–2004, *Schwarze Ruten*, G., 1947), JEANNIE EBNER (*Gedichte*, 1965) und HERBERT ZAND (*Die Glaskugel*, 1953): »Meine arme geschundene Sprache, / wie oft bist du das dünne Seil gewesen, / an dem ich mich gerettet habe, / der Strohhalm, / der Mantel im Winter, / Wasser in der Wüste / und tägliches Brot.«

GERHARD FRITSCH errang erste Erfolge mit Gedichten und Prosaskizzen (*Zwischen Kirkenes und Bari*, 1952) sowie den Gedichtbänden *Lehm und Gestalt* (1954) und *Dieses Dunkel heißt Nacht* (1955). Auch THOMAS BERNHARD publizierte Lyrik, 1957 erschien der Band *Auf der Erde und in der Hölle*, 1958 *In hora mortis* und *Unter dem Eisen des Mondes*, alle drei Werke schon durch die Titel gekennzeichnet in ihrer Schwere und Dunkelheit. Anklänge an Trakl sind auch bei Bernhard zu bemerken, seine metaphernreiche Sprache transportiert Depression und Klage, ist aber auch voll Verlangen nach Befreiung von dem, was als lastender Zwang erkannt wird. Die kritische Darstellung der Provinz, die zuletzt auch Gerhard Fritschs Thema geworden war, ist bei Bernhard von Anbeginn präsent.

ILSE AICHINGER veröffentlichte Gedichte zunächst nur vereinzelt, eine erste Sammlung Jahrzehnte später (*Verschenkter Rat*, 1978). Oft bestehen diese Gedichte nur aus wenigen Prosazeilen, in denen sich ein Höchstmaß an Bedeutung verbirgt.

Mein Vater

Er saß auf der Bank,
als ich kam.
Der Schnee stieg vom Weg auf.
Er fragte mich nach Laudons Grab,
aber ich wusste es nicht.

Zwischen den Generationen, zwischen Vergangenheit und Gegenwart steht die Frage nach Maria Theresias berühmtem General, die beide einsam macht, weil sie für den Vater viel, für das Kind nichts bedeutet.

Erst ein Jahr vor seinem Tod kehrte THEODOR KRA-MER, »ein sehr seltenes ›Gebilde‹, ein sozialistischer Heimatdichter« (E. Fried), aus England nach Österreich zurück, wo er in Wien starb. Der Sohn eines jüdischen Gemeindearztes und Kriegsinvalide hatte schon Jahrzehnte früher zu veröffentlichen begonnen (*Die Gaunerzinke*, G., 1929), sein Name stand neben Peter Huchel und Günter Eich auch in der *Kolonne*. Über seine Soldatenzeit berichtete er anklagend in dem Gedichtband *Wir lagen in Wolhynien im Morast* (1931). Der kämpferische Obmann der »Vereinigung Sozialistischer Schriftsteller« sah sein Eintreten für das im damaligen Österreich bitterarme Proletariat in Stadt und Land anerkannt, erhielt Preise, seine Identifikation mit den Verlorenen wurde ihm im wörtlichen Sinne honoriert, einige Jahre konnte Kramer vom Ertrag seiner Gedichte leben (*Mit der Ziehharmonika*, 1936). Ins Exil zu gehen zwangen ihn nicht nur die NS-Rassengesetze, sondern auch seine in der Öffentlichkeit wohlbekannte politische Haltung, die übliche Folge aber war, dass er schon bald in Vergessenheit geriet. Nach dem Krieg erschienen zunächst die Bände *Wien 1938 – Die grünen Kader* (1946) und *Die untere Schenke* (1946) mit im Ausland entstandenen Gedichten, dann setzte sich besonders Michael Guttenbrunner für Kramer ein, in dem er Österreichs »letzten Volksdichter« sah. Den Anschluss an die Sprache der modernen Lyrik fand Kramer nicht mehr, suchte ihn wohl auch nicht, wollte er doch weiterhin, wie einer seiner Gedichttitel lautet, *Für die, die ohne Stimme sind* schreiben. Auf Reimstrophen hat er nie verzichtet, der konventionelle Ausdruck genügte ihm, wenn es nur an Deutlichkeit nicht fehlte: »Nicht fürs Süße, nur fürs Scharfe / und fürs Bittre bin ich da; / schlag, ihr Leute, nicht die Harfe, / spiel die Ziehharmonika.«

Der postum erschienene Band *Lob der Verzweiflung* (1972), der seit 1948 im Manuskript fertig vorlag, aber keinen Verleger gefunden hatte, thematisierte die Beschwernisse des Alters. In Kramers Nachlass fanden

sich noch ungezählte (Viktor Suchy sprach von über 10 000) ungedruckte Gedichte. (→ S. 471)

Das lyrische Feld war dicht besetzt, vieles blieb unbeachtet oder an den Tag gebunden. Die »Re-Patrierung« der Exillyrik erwies sich als ein langwieriger Prozess. Da gewann 1953 eine Autorin die Aufmerksamkeit des Publikums, die mit ihren Arbeiten zunächst erfolgreicher war als alle anderen jungen Gedichteschreiber seit Kriegsende im gesamten deutschen Sprachraum – Ingeborg Bachmann.

Ingeborg Bachmann (1926–1973)

Geboren in Klagenfurt als Tochter eines Schuldirektors (der Italienisch unterrichtete), entstammte Ingeborg Bachmann väterlicherseits einer im Gailtal ansässigen Bauernfamilie protestantischer Zuwanderer, mütterlicherseits einer katholischen Familie aus dem Waldviertel. Studium der Philosophie in Innsbruck, Graz und Wien, Promotion 1950 *(Die kritische Aufnahme der Existentialphilosophie Martin Heideggers)*. Aufenthalt in Paris, 1951–53 Redakteurin beim Wiener Rundfunk, 1953 Preis der »Gruppe 47«, danach freie Schriftstellerin, 1955 Reise in die USA. Lebte in Rom, Berlin, München, Zürich; 1958 Hörspielpreis der Kriegsblinden, 1959/60 Gastdozentin für Poetik an der Universität Frankfurt a. M., 1964 Büchner-Preis, 1968 Großer Österreichischer Staatspreis für Literatur. Gestorben in Rom.

Ingeborg Bachmann debütierte 1948 in der Zeitschrift *Lynkeus*, und manche der dort veröffentlichen Verse zeigen auch sie im Bann der Trakl'schen Metaphorik und Sprachmelodie (»Abends frag ich meine Mutter / heimlich nach dem Glockenläuten, / wie ich mir die Tage deuten / und die Nacht bereiten soll«). Aber daneben stand schon das Gedicht *Entfremdung*, von dem gesagt wurde, dass es »die ganze Situation der damaligen Zeit und Generation unerbittlich und scharf, so ganz unweiblich und ohne Ressentiment« (H. Hakel) zum Ausdruck gebracht habe. Vor der »Gruppe 47« las Ingeborg Bachmann zuerst 1952; schon im folgenden Jahr war sie Preisträgerin. Die moderne Existenzproblematik tauchte sie in das Licht einer südlichen Klassizität: »Die große Fracht des Sommers ist verladen, / das Sonnenschiff im Hafen liegt bereit, / wenn hinter dir die Möwe stürzt und schreit. / Die große Fracht des Sommers ist verladen.« *(Die große Fracht)*

Eine ungewöhnliche Faszination ging von ihren Gedichten (schon bald auch von ihren Hörspielen) aus, keine geringere von ihrer Person. Das Nachrichtenmagazin *Der Spiegel* widmete ihr nach dem Erscheinen ihres Gedichtbands *Die gestundete Zeit* (1953) eine Titelgeschichte – das war so ungewöhnlich wie charakteristisch. Diese Lyrikerin, so schien es, schrieb Gedichte

Ingeborg Bachmann

schließt. Auf die Philosophie angewandt, hieß das: »Die richtige Methode der Philosophie wäre eigentlich die: Nichts zu sagen, als was sich sagen lässt, also Sätze der Naturwissenschaft – also etwas, was mit Philosophie nichts zu tun hat – und dann immer, wenn ein anderer etwas Metaphysisches sagen wollte, ihm nachzuweisen, dass er gewissen Zeichen in seinen Sätzen keine Bedeutung gegeben hat.« Philosophie war für Wittgenstein hauptsächlich Sprachkritik.

Als Intellektuelle kannte Ingeborg Bachmann die der Sprache gezogenen Grenzen, die sie als Autorin zu erweitern suchte. Das Dilemma von Ausdruckswunsch und Ausdrucksnot, das sich aus der Unzulänglichkeit der Sprache ergab, vermochte nach ihrer Überzeugung allein die Kunst zu beheben. Nur die dichterische Sprache, die über die der Rationalität gezogenen Beschränkungen hinausführte, konnte das nicht Sagbare vergegenwärtigen oder doch darauf hindeuten. Daraus folgerte sie, dass es nicht möglich war, die dichterischen Ausdrucksformen zu bereden, ohne sie ihrer Kraft zu berauben, ihre Wirkung zu zerstören.

Sowohl in ihrer Lyrik als auch später in ihren Hörspielen arbeitete Ingeborg Bachmann mit Bildern und Analogien, die eine Vielfalt von Assoziationen ermöglichten. Gemeinsam ist ihnen jedoch der Ernst des Aufbruchs in eine unvertraute Wirklichkeit, die der Mensch schutzlos erfährt. Die Gedichte der Sammlung *Die gestundete Zeit,* mehr noch die ihres zweiten und letzten Lyrikbandes *Anrufung des Großen Bären* (1956) thematisieren Einsamkeit, Krieg und Gewalt. Die geschichtliche Erfahrung lehrt den Menschen, dass ihm nur wenig Spielraum verbleibt, denn seine Zeit ist befristet, eine bereits gestundete Schuld: »Es kommen härtere Tage. / Die auf Widerruf gestundete Zeit / wird sichtbar am Horizont. […] / Sieh dich nicht um. / Schnür deinen Schuh. / Jag die Hunde zurück. / Wirf die Fische ins Meer. / Lösch die Lupinen!«

Im Anschluss an diese erste Schaffensphase, deren Erfolg sie als ein Missverständnis empfand, ist Ingeborg Bachmann für die Öffentlichkeit als Lyrikerin verstummt. »Nichts mehr gefällt mir. / Soll ich / eine Metapher ausstaffieren / mit einer Mandelblüte? / […] / Soll ich / einen Gedanken gefangen nehmen, / abführen in eine erleuchtete Satzzelle? / […] / Mein Teil, es soll verloren gehen«, heißt es in dem Gedicht *Keine Delikatessen.* Sie selbst war es, die sich zuerst in Frage stellte, nicht das Publikum, nicht die Kritik, die ihr mit seltener Einmütigkeit applaudierte. An die Stelle der Lyrik trat als bevorzugte Ausdrucksform die Prosa, ein Tausch, der – wie im Falle Hofmannsthals – zunächst

nicht nur für Leute ihresgleichen, sie versöhnte die Gesellschaft mit der Poesie. Dem Geheimnis dieser Wirkung spürten viele Interpretationen nach. Die Kritiker würdigten »klare Benennung mit ausgreifender Bedeutung, bildhafte Anschaulichkeit mit abstrakter Thematik und sinnliche Melodik mit gedanklicher Kühle. Herb und schön, dunkel, aber nicht unverständlich, voller Anklänge an die lyrische Überlieferung«, suchten diese Gedichte zugleich »eine neue Sprache« (K. Rothmann).

Ingeborg Bachmann selbst hat es stets abgelehnt, ihre Texte zu erklären, ein solcher Versuch widersprach ihrer Grundauffassung vom Wesen der Sprache. In ihrer Dissertation hatte sie einen scharfen Angriff gegen den »Irrationalismus« der Heidegger'schen Philosophie vorgetragen. Sie hatte sich in dieser Auseinandersetzung an der asketischen Rationalität des Wiener Philosophen Ludwig Wittgenstein (1889–1951) orientiert, der die Funktion der Sprache darin sah, klar zu bezeichnen, was wahrgenommen werden kann, aber keinesfalls mehr: Denn »wovon man nicht sprechen kann, darüber muss man schweigen«, wie sein frühes Hauptwerk *Tractatus logico-philosophicus* (1922) als defizitär verstanden wurde, zumal das, was folgte, umstritten blieb, wohl auch umstritten bleiben musste, weil es im viel stärkeren Maß als das Frühwerk gesellschaftliche Probleme aufzeigte, über die kein Konsens bestand. Eine Intellektuelle mit einem schier unbegrenzten »romantischem« Potential, fragil, dabei scheinbar unverwüstlich (»Ich habe ein Herz wie ein Pferd«), stets umgeben von einer Aura der Schutzbedürftigkeit (die ihr bewusst war und von der sie Gebrauch machte), eine Priesterin, zuweilen auch eine Diva der Sprache, ging Ingeborg Bachmann ihren Weg mit selbstzerstörerischer Kraft. Aus ihrem Nachlass stammt das Gedicht *Böhmen liegt am Meer,* Ausdruck todeswilliger Verlorenheit und Hingabe. (Der Titel spielt auf Shakespeares Komödie *The Winter's Tale* an, wo im 3. Akt ein Schiff an Böhmens »desert shore« landet.)

[…]
Kommt her, ihr Böhmen alle, Seefahrer Hafenhuren und
  Schiffe
unverankert. Wollt ihr nicht böhmisch sein, Illyrer,
  Veroneser,
und Venezianer alle. Spielt die Komödien, die lachen machen

Und die zum Weinen sind. Und irrt euch hundertmal,
wie ich mich irrte und Proben nie bestand,
doch hab ich sie bestanden, ein um das andre Mal.
Wie Böhmen sie bestand und eines schönen Tags
ans Meer begnadigt wurde und jetzt am Wasser liegt.

Ich grenz noch an ein Wort und an ein andres Land,
ich grenz, wie wenig auch, an alles immer mehr,

ein Böhme, ein Vagant, der nichts hat, den nichts hält […].

Ingeborg Bachmann war auch eine sensible Übersetzerin italienischer Lyrik (Giuseppe Ungaretti, *Gedichte,* 1961) und Librettistin (Hans Werner Henze, *Der Prinz von Homburg,* Oper nach Heinrich von Kleist, U. Hamburg, 1960, und *Der junge Lord,* Oper nach Wilhelm Hauff, U. Berlin, 1965). Die Summe ihrer dichtungstheoretischen Einsichten sammelt der Band *Die Wahrheit ist den Menschen zumutbar. Essays, Reden, Kleinere Schriften* (1981 postum). (→ S. 578, 598, 625)
Gleichfalls durch die Sprachproblematik bestimmt erwies sich das Werk eines aus Rumänien stammenden Lyrikers, mit dem Ingeborg Bachmann 1948 in Wien bekannt geworden war: Paul Celan. Auch seine künstlerische Entwicklung trieb der Krise zu, strenger noch als Bachmann neigte er zu einer immer stärker hermetischen Verwendung des Wortmaterials. Sein lyrisches Werk gilt weithin als »Höhepunkt und Vollendung der klassischen Moderne« (C. Lubkoll).

Czernowitz und die Literatur der Bukowina

Um 1935 begann der Czernowitzer Gymnasiast Paul Antschel Verse in seiner deutschen Muttersprache zu schreiben. Damals schien die Entwicklung einer deutschen Literatur in der Bukowina nach fast zwei Jahrzehnten von den rumänischen Staatsorganen betriebener Romanisierung bereits an ein Ende gekommen zu sein. Tatsächlich aber drückten noch zwei weitere künftige deutsche Dichter mit Antschel die Schulbank, IMMANUEL WEISSGLAS (1920–1979) und ALFRED LIQUORNIK (1920–1981, Pseudonym Alfred Gong). Die späte Blüte einer Czernowitzer, überwiegend von Juden getragenen deutschsprachigen Literatur in einem fremdsprachigen Umland erinnert unwillkürlich an die Verhältnisse in Prag, ein Vergleich, der auch insofern zutrifft, als es sich nicht um eine mundartlich gefärbte Regionalliteratur handelt. Man schrieb, wie man sprach (mit gewissen, dem Prager Deutsch vergleichbaren Eigentümlichkeiten), und war über die kulturelle Entwicklung in Europa gut informiert, während man umgekehrt im Westen von den dortigen Verhältnissen wenig wusste. Alfred Gong nannte die Bukowina das »Vineta unserer Zeit«.

Topografie

Auf dem Ringplatz zertrat seit 1918
der steinerne Auerochs den k. u. k. Doppeladler.
Den Fiakerpferden ringsum war dies pferdeapfelegal.
Vom Rathaus hing nun Rumäniens Trikolore
und die Steuerbeamten nahmen Bakschisch
und sprachen rumänisch. Alles andere sprach:
jiddisch, ruthenisch, polnisch und ein Deutsch
wie z. B.: »Ich gehe fahren mich baden zum Pruth.«
Auch hatte Czernowitz, wie sie vielleicht nicht wissen,
eine Universität, an der zu jedem Semesterbeginn
die jüdischen Studenten von den rumänischen heroisch
  verprügelt wurden.

Sonst war dies Czernowitz eine gemütliche Stadt:
die Juden saßen im »Friedmann« bei Fisch und Piroggen,
die Ruthenen gurgelten in Schenken und Schanzen,
die Rumänen tranken vornehmlich im »Lucullus«
(wo, wie man annehmen darf, auch der junge Gregor von
Rezzori an einem Viertel Cotnar mäßig nippte).
Den Volksgarten nicht zu vergessen, wo sich sonn- und
feiertäglich Soldaten und Dienstmädchen bei
  vaterländischen
Märschen näher kamen. Wochentags schwänzten hier
Gymnasiasten und -innen ihre Gymnasien.

(Man konnte gelegentlich hier dem
Schüler Paul Celan mit Trakl unterm Arm
zwischen den Büschen begegnen.)
[…]

Paul Celan (1920–1970)

Paul Antschel (Ancel, danach 1947 anagrammatisch Celan), geboren in Czernowitz in der ehemals habsburgischen Bukowina, stammte aus deutschsprachiger jüdischer Familie; studierte seit 1938 Medizin in Tours, kehrte 1939 nach Czernowitz zurück, das 1940 als Folge des Hitler-Stalin-Paktes von der UdSSR annektiert wurde. Studium der Romanistik an der dortigen Universität, nach dem deutschen Angriff 1941 im Ghetto, dann im Arbeitslager, 1944 Rückkehr ins erneut sowjetisch besetzte Czernowitz und Wiederaufnahme des Studiums, 1945 Ausreise aus der UdSSR, Lektor und Übersetzer in Bukarest; 1947 in Wien, 1948 in Paris, dort seit 1950 freier Schriftsteller. 1960 Büchner-Preis. Zahlreiche weitere Preise. Freitod in Paris.

Celan gewann Anschluss an den Kreis, den ALFRED MARGUL-SPERBER (1898–1967) in Czernowitz um sich versammelte und dem auch Rose Ausländer angehörte. Die Bukowinadeutschen, vor allem die Juden, hatten sich eine besondere Anhänglichkeit an Alt-Österreich und an Wien bewahrt, was mit dem Charakter der Bukowina als einem Kronland der cisleithanischen (also österreichischen) Reichshälfte der Doppelmonarchie zusammenhing. Anders als für die Banater Schwaben und die Siebenbürger Sachsen, die zum (ungarischen) Transleithanien gehörten, war für sie Deutsch nicht nur Muttersprache, sondern bis 1918 auch Staatssprache, und die Wiener Behörden hatten durch die 1875 erfolgte Gründung einer Universität das deutsche Kulturelement gezielt gefördert. Celan sprach später mit leiser Ironie von der »postkakanischen Existenz« seiner Landsleute. »Wir blieben Österreicher, unsere Heimat war Wien, nicht Bukarest«, hat Rose Ausländer erklärt. 1944, als Czernowitz ein zweites Mal von den Sowjets eingenommen wurde, suchte Margul-Sperber mit anderen seines Kreises Zuflucht in Bukarest. Die Flüchtlinge trugen dazu bei, dass auch im Rumänien der kommunistischen Ära ein deutschsprachiges Element erhalten blieb (die »fünfte deutsche Literatur«, wie sie oft bezeichnet wurde, zu der man aber die jüdischen deutschen Autoren der Bukowina nicht rechnen wird).

1947 erschienen erste Gedichte Celans in einem rumänischen Sammelband, der auch deutsche Texte enthielt. Als er im selben Jahr mit einem Empfehlungsbrief Margul-Sperbers nach Wien kam, zeigte sich Otto Basil von seiner überragenden Begabung sogleich überzeugt. Beeinflusst vom französischen Surrealismus, den er während seines Aufenthalts in Frankreich 1937 kennen gelernt hatte, und Else Lasker-Schüler, in seinen Anfängen, so in der *Todesfuge* erkennbar Bezug nehmend auch auf Texte von Yvan Goll und Immanuel

Paul Celan

Weissglas, schuf Celan bilder- und assoziationsreiche Gedichte von schwermütiger Melodie, belebt von biblischen Bildern und vom Schicksal des jüdischen Volkes – in einer Sprache, die, wie er selber sagt, »durch furchtbares Verstummen hindurchging«. In seiner Dankrede anlässlich der Verleihung des Literaturpreises der Stadt Bremen (1958) hat er über seine Herkunft gesprochen:

Die Landschaft, aus der ich – auf welchen Umwegen! aber gibt es das denn: Umwege? – zu ihnen komme, dürfte den meisten von ihnen unbekannt sein. Es ist die Landschaft, in der ein nicht unbeträchtlicher Teil jener chassidischen Geschichten zu Hause war, die Martin Buber uns allen auf Deutsch erzählt hat. Es war, wenn ich diese topographische Skizze noch um einiges ergänzen darf, das mir, von sehr weit her, jetzt vor Augen tritt, – es war eine Gegend, in der Menschen und Bücher lebten. Dort, in dieser nun der Geschichtslosigkeit anheim gefallenen ehemaligen Provinz der Habsburgermonarchie [...] Das Erreichbare, fern genug, das zu Erreichende hieß Wien. Sie wissen, wie es dann durch Jahre auch um diese Erreichbarkeit bestellt war. – Erreichbar, nah und unverloren blieb inmitten der Verluste dies eine: die Sprache.

Ein erster, in Wien zum Druck gelangter Band *Der Sand aus den Urnen* (1948) wurde wegen zahlreicher Druckfehler vom Autor zurückgezogen und makuliert, doch ging ein Teil der darin enthaltenen Gedichte in den Band *Mohn und Gedächtnis* (1952) ein, so die berühmt gewordene *Todesfuge*, die in bildmagischer Darstellung den Mord an den Juden gestaltet.

[…] Schwarze Milch der Frühe wir trinken dich nachts
wir trinken dich mittags der Tod ist ein Meister aus
  Deutschland
wir trinken dich abends und morgens wir trinken und
  trinken
der Tod ist ein Meister aus Deutschland sein Auge ist blau
er trifft dich mit bleierner Kugel er trifft dich genau
ein Mann wohnt im Haus dein goldenes Haar Margarete
er hetzt seine Rüden auf uns er schenkt uns ein Grab in der
  Luft
er spielt mit den Schlangen und träumet der Tod ist ein
  Meister
aus Deutschland

dein goldenes Haar Margarete
dein aschenes Haar Sulamith

Der Band schließt mit dem Gedicht *Zähle die Mandeln*.

Zähle die Mandeln,
zähle, was bitter war und dich wach hielt,
zähl mich dazu:

Ich suchte dein Aug, als du's aufschlugst und niemand dich
  ansah,
ich spann jenen heimlichen Faden,
an dem der Tau, den du dachtest,
hinunterglitt zu den Krügen,
die ein Spruch, der zu niemandes Herz fand, behütet.

Dort erst tratest du ganz in den Namen, der dein ist,
schrittest du sicheren Fußes zu dir,
schwangen die Hämmer frei im Glockenstuhl deines
  Schweigens
stieß das Erlauschte zu dir,
legte das Tote den Arm auch um dich,
und ihr ginget selbdritt durch den Abend.

Mache mich bitter.
Zähle mich zu den Mandeln.

Man hat Celans Gedichte mit phantastischen Mosaiken und Glasfenstern oder auch mit den Bildern ungegenständlicher Malerei verglichen. Die Suggestion, die von ihnen ausging, wurde, ähnlich wie bei Ingeborg Bachmann, durch die Wirkung seiner Persönlichkeit vermehrt. Celan war ein ungemein feinnervi-

ger Autor, der beim Vortrag seiner Verse absolute Stille forderte. Das bedeutete nicht im Geringsten eine Anmaßung – und er wusste alle seine Zuhörer zu überzeugen, sobald er mit leiser, ausdrucksvoller Stimme zu sprechen begann.

Celans frühe Gedichte hielten das, was darzustellen war, noch für sagbar. Die Sammlungen *Von Schwelle zu Schwelle* (1955) und *Sprachgitter* (1959) deuten jedoch einen »unheimlichen Bereich«. Celan verliert die Sprache; »er wird von ihr zurückgelassen, sie übersteigt ihn« (P. Kruntorad). Aber noch in seinen späten Gedichtbänden erscheinen seine chiffrierten Wortformeln durch die Einbeziehung jüdischer Tragik und Geschichte erhellt und vertieft: »Lippe wusste, Lippe weiß. / Lippe schweigt es zu Ende.«

Postum erschienen die Bände *Zeitgehöft* (1976) und *Eingedunkelt und Gedichte aus dem Umkreis von Eingedunkelt* (1991). Wesentliche Autoren der europäischen Moderne wurden von Celan übersetzt (Alexander Blok, *Die Zwölf*, 1958; Arthur Rimbaud, *Das trunkene Schiff*, 1958; Ossip Mandelstam, *Gedichte*, 1959; Paul Valéry, *Der junge Parze*, 1960; Sergej Jessenin, *Gedichte*, 1961; Giuseppe Ungaretti, *Das verheißene Land. Das Merkbuch des Alten*, 1967).

Freunde Celans waren der Grazer MAX HÖLZER (1915 bis 1984) und der Wiener KLAUS DEMUS (1927), die auf die Ausbildung des surreal-hermetischen Gedichts durch ihre Veröffentlichungen Einfluss genommen haben: Demus mit den eindrucksvollen Versen des Bandes *Das schwere Land* (1958), Hölzer mit vier innerhalb eines Jahrzehnts erschienenen Lyrikbüchern (*Entstehung eines Sternbilds. Gedichte in Prosa*, 1958; *Der Doppelgänger*, 1959; *Nigredo*, 1962; *Gesicht ohne Gesicht*, 1968). Wie Celan hat Hölzer, der seinen Wohnsitz ebenfalls zeitweilig in Paris nahm, auch als Übersetzer gewirkt (André Breton, Georges Bataille).

Unter geschichtlichem und regionalem Aspekt wird Celan öfters zusammen mit Rose Ausländer genannt, der bekanntesten Dichterin der Czernowitzer Talentschmiede, doch verdienen neben ihr noch andere Erwähnung, so SELMA MEERBAUM-EISINGER (1924 bis 1942), die 18-jährig im KZ ermordet wurde, und KLARA BLUM (1904–1971), die die Shoah überlebte: »Geboren auf Europas Hintertreppen, / Geneigt zu Pathos und Verstiegenheit, / Bereit, des Denkens schwerste Last zu schleppen, / Und unter dieser Last noch sprungbereit, / Wuchs ich heran als Kind des Pulverfasses […]«.

Was Celan mit Rose Ausländer verbindet, sind weniger die künstlerischen Mittel (die sie, bis zu einem gewissen Grad von dem jüngeren Freund zu übernehmen suchte, aber ohne seine Konsequenz) als das mit der Herkunft verbundene gemeinsame Schicksal von Verfolgung und Exil.

Rose Ausländer (1907–1988)

Geboren in Czernowitz als Tochter eines k. u. k. Beamten, kam Rose Ausländer zuerst als Flüchtling 1916 für zwei Jahre nach Wien. Nach dem Tod des Vaters war sie gezwungen, das begonnene Philosophiestudium im inzwischen rumänischen Czernowitz abzubrechen. 1921 wanderte sie in die USA aus, wo sie zunächst im Mittelwesten an einer deutschen Zeitung, ab 1922 in New York als Bankangestellte und als Redakteurin deutschsprachiger Jahresanthologien arbeitete. Eine frühe Ehe scheiterte. 1931 kehrte sie zur Pflege ihrer Mutter nach Czernowitz zurück, arbeitete in verschiedenen Berufen und verbrachte vier Jahre in ständiger Gefahr im 1941 dort eingerichteten Ghetto. 1945 befreit, ging sie zunächst nach Bukarest. 1946 wieder in die USA, wo sie bis 1964 blieb. Seit der Rückkehr nach Europa, lebte sie zeitweilig auch in Wien, von 1972 bis zu ihrem Tod im Nelly-Sachs-Haus der jüdischen Gemeinde in Düsseldorf.

Rose Ausländer erlebte früh Literatur als eine Lebensmacht, fand aber erst später zu eigener künstlerischer Sprache. Die Gedichte ihrer ersten Buchveröffentlichung *Der Regenbogen* (G., 1939) tragen noch konventionelle Züge. Als sie im Czernowitzer Ghetto lebte, zuletzt in Kellerverstecken, um der Deportation zu entgehen, wurde die Literatur ihr einziger Halt. Ihr mehrere tausend Gedichte und Gedichtentwürfe umfassendes Werk ist also nicht allein als ästhetisches Gebilde, sondern mehr noch als das Zeugnis einer existentiellen Erfahrung zu verstehen. »Wir zum Tode verurteilten Juden waren unsagbar trostbedürftig. Und während wir den Tod erwarteten, wohnten manche von uns in Traum-Worten – unser traumatisches Heim in der Heimatlosigkeit. Schreiben war Leben. Überleben.«
Während ihres zweiten USA-Aufenthalts schrieb Rose Ausländer Gedichte in englischer Sprache, kehrte aber 1956 zum Deutschen zurück. Wichtig für ihr weiteres Schaffen wurde die Wiederbegegnung mit Celan, den sie aus dem Ghetto kannte, 1957 in Paris. Er regte sie an, herkömmliche Motive zu meiden und Anschluss an die Schreibweise moderner Lyrik zu suchen. Beginnend mit *Blinder Sommer* (1965) veröffentlichte sie zahlreiche Gedichtbücher (*36 Gerechte*, 1967; *Inventar*, 1972; *Ohne Visum*, 1974; *Andere Zeichen*, 1975), ab 1975 fast jährlich einen Band (*Noch ist Raum*, 1976; *Doppelspiel*, 1977; *Mutterland*, 1978; *Ein Stück weiter*, 1979; *Im Atemhaus wohnen*, 1980; *Nacht*, 1981; *Mein Venedig versinkt nicht*, 1982; *Ich spiele noch. Neue Gedichte*, 1987;

Der Traum hat offene Augen. Gedichte 1965–1978, 1987). Postum erschien *Gelassen atmet der Tag* (1992). Sehr viel leichter zugänglich als die Dichtung Celans gewannen Rose Ausländers Verse ein großes Publikum. Mit Ingeborg Bachmann und Rose Ausländer drang Dichtung von Frauen weit über die Landesgrenzen hinaus. Im stärkeren Maße regionale Erscheinungen blieben Autorinnen von ausgeprägt religiöser oder eher unauffälliger Eigenart. Das Beispiel GERTRUD FUSSENEGGERS, die ihre gesammelten Gedichte u. d. T. *Gegenruf* (1986) vorlegte, zeigt, dass es solcher vergleichsweise konventioneller Lyrik keineswegs an Welterfahrung und entschiedenem Urteil fehlt: »Vom Scheitern will ich nicht mehr schreiben, / seit es in aller Munde ist.« Nicht »in aller Munde« war die elementare Erfahrung des Religiösen.

Christine Lavant (1915–1973)

Eigentlich Christine Habernig, geb. Thonhauser, in Großedling bei St. Stefan im Lavanttal (Kärnten) in ärmlichen Verhältnissen geboren und aufgewachsen (neuntes Kind eines Bergarbeiters); die schulisch kaum gebildete Autorin musste viele Jahre ihren Lebensunterhalt durch Strickereiarbeiten verdienen. Nach ihrer Verheiratung 1939 lebte sie in St. Stefan. Neben Lyrik entstanden auch Erzählungen (*Das Kind*, 1948; *Babuscha*, 1952; *Das Ringelspiel*, 1963; *Nell*, 1969). 1954 und 1964 Trakl-Preis, 1970 Großer Österreichischer Staatspreis für Literatur. Gestorben in Wolfsberg. Postum erschienen ihre *Aufzeichnungen aus einem Irrenhaus* (2001), beklemmendes Resümee ihrer Eindrücke in einer Heilanstalt, die sie im Alter von 20 Jahren nach einem missglückten Suizidversuch freiwillig aufgesucht hatte.

Christine Lavants religiös bestimmte Lyrik (*Die Bettlerschale*, 1956; *Spindel im Mond*, 1959; *Der Sonnenvogel*, 1960; *Der Pfauenschrei*, 1962) liegt abseits einer rational kontrollierten Kunst. In der ersten Gedichtsammlung überwiegen noch Demut und Leidensbereitschaft, später trägt sie, zwischen Ergebung und Aufbegehren schwankend, Erlebtes in sinnlich kräftigen Bildern und kühnen Assoziationen vor. »Das Schreiben«, so hat sie von sich selbst gesagt, »kommt über mich und führt dann aus, was weder in meinem Gehirn noch in meinem Gemüt je wissentlich geplant gewesen ist.« Christine Lavants »Lästergebete« (L. v. Ficker) sind von archaischer Großartigkeit: Wenn sie die Muttergottes auffordert, auf das Schwert in ihrem Herzen zu achten (»Ich weiß, du darfst nicht niedersteigen«), wenn sie Gott anklagt, er habe ihren Osterleib zerstört (»du bist mir das Auferstehen schuldig«). Gebunden an ihre enge und karge Heimat, äußert sich ihre Sehnsucht nach einem anderen Sein als rücksichtslose Forderung: »Das war mein Leben, Gott, vergiss das nicht, / sag keins der lauen Worte deiner Frommen! / Ich will ja nicht in ihren Himmel kommen.« Die Eruptionen Christine Lavants sind in ihrem Jahrhundert ohne Vergleich, neben ihr sind »alle ›katholischen‹ und ›evangelischen‹ Dichter sanfte Sozialarbeiter« (M. Krüger). Zugleich belebt ihr dichterisches Gefühl die Natur mit einer an die Droste gemahnenden Kraft.

Der Mond kniet auf

Der Mond kniet auf. Im Laub der Feuerbohnen
verstummt die Grille, langsam füllt der Tau
die gelben Teller aller Sonnenblumen.
Mit langen Fingern greift das Grummetgras
die Nebelkatze, die am Fluss sich streckt,
ins graue Fell. Das Schilf verbirgt die scheuen
Schwärme der Vögel, die nicht weiterkönnen.
Manch einer ruft sehr lange vor sich hin;
das klingt so traurig, dass der Weidenzweig,
vor dem ich stehe, über mir erzittert.
Vielleicht ist's Tau, vielleicht Zykladenschaum,
was jetzt herabtropft über meine Wangen.

Eine »sanfte Sozialarbeiterin« wäre, wollte man einen so rigiden Maßstab anlegen, wohl auch CHRISTINE BUSTA (1915–1987) zu nennen, deren poetische Anfänge (*Jahr um Jahr*, 1950; *Der Regenbaum*, 1951) die Vorbilder Trakl und Weinheber nicht verleugnen, die aber ihr Grundthema, »die Verwandlung der Furcht, des Schreckens und der Schuld in Freude, Liebe und Erlösung«, später sicher zu gestalten wusste (*Lampe und Delphin*, 1955; *Die Scheune der Vögel*, 1958; *Salzgärten*, 1975; *Inmitten der Vergänglichkeit*, 1985; *Der Himmel im Kastanienbaum*, 1989 postum; *Der Atem des Wortes*, 1995 postum). Naturnahe Religiosität spricht aus ihren Vorlesegedichten vom Kinderfreund Herrn Habakuk, seinem Löwen Haferschluck und anderen liebenswürdigen Erscheinungen (*Die Sternenmühle*, 1959). Wärme des Gefühls, Heiterkeit, Phantasie und Maß zeichnen ihre Arbeiten aus (*Verse zu den gefundenen Dingen eines Knaben*).
Die Generation, die Christine Bustas Gedichte im Kinderzimmer las, reagierte, ins Studium gekommen, um 1967 recht unsanft. Ihre Aufmerksamkeit fand für sein zeitkritisches Engagement wie kein anderer Lyriker Erich Fried.

Erich Fried (1921–1988)
Der in Wien geborene Sohn eines Spediteurs und einer Grafikerin erlebte 1938 als Gymnasiast die Verhaftung der Eltern und den Tod des Vaters als Folge eines Gestapo-Ver-

hörs (1942 auch die Ermordung der Großmutter in Auschwitz). Er emigrierte nach England (London), begann 1940 Gedichte in Exilzeitschriften und Anthologien zu veröffentlichen, verdiente seinen Unterhalt in verschiedenen Berufen und war in kommunistischen Jugendorganisationen tätig. Bis 1968 war er Mitarbeiter des BBC, lebte dann als freier Schriftsteller weiterhin in London, zeitweilig aber auch in (West-)Berlin. Er engagierte sich gegen die Kriege in Algerien und in Vietnam und zu Fragen der bundesdeutschen Außen- und Innenpolitik. 1987 erhielt er den Büchner-Preis. Gestorben in Baden-Baden.

Fried begann mit den Gedichtbänden *Deutschland* (1944) und *Österreich* (1945) und fand – wie Hans Magnus Enzensberger – den Weg zum politischen Gedicht, das er wiederholt nach aktuellen Ereignissen bildete (*Gedichte*, 1958; *Reich der Steine. Zyklische Gedichte*, 1963; *Warngedichte*, 1964; *Überlegungen*, 1965; *und VIETNAM und*, 1966; *Anfechtungen*, 1967; *Zeitfragen*, 1968; *Befreiung von der Flucht. Gedichte und Gegengedichte*, 1968; *Die Beine der größeren Lügen*, 1969; *Unter Nebenfeinden*, 1970; *Die Freiheit, den Mund aufzumachen*, 1972; *Höre, Israel!*, 1974; *So kam ich unter die Deutschen*, 1977; *100 Gedichte ohne Vaterland*, 1978; *Lebensschatten*, 1981; *Es ist was es ist*, 1983; *Um Klarheit. Gedichte gegen das Vergessen*, 1985; *Unverwundenes. Liebe, Trauer, Widersprüche*, 1988). Frieds Gedichte sind, wie er selbst sagt, »in einer Zeit und in einer Umwelt entstanden, in der einem Angst und Bange werden kann«; sie zeigen eine zunehmende Tendenz zum marxistischen Engagement, zum Protest, nehmen Partei für die sozial und politisch Unterdrückten. Ein Foto aus der Zeit des Siebentagekrieges von 1967, das die aneinander gereihten Schuhe ägyptischer Soldaten zeigt, regte ihn zu dem heftig umstrittenen Gedicht *Höre Israel* an, das an die prophetische Tradition des Alten Testaments anschließt: »Als wir verfolgt wurden / War ich einer von euch / Wie kann ich das bleiben / Wenn ihr Verfolger werdet? / […] Der Eindruck der nackten Füße / Im Wüstensand / Überdauert die Spur / Eurer Bomben und Panzer.«
Neben agitatorischer hat Fried auch sehr persönliche Lyrik verfasst und gerade für diese viele Leser gefunden. Der Band *Liebesgedichte* (1979) erreichte in fünf Jahren eine Auflage von 140 000 Exemplaren und wurde damit zum seit 1945 meistverkauften Gedichtband überhaupt. Fried war auch ein bedeutender Übersetzer (Arnold Wesker, T. S. Eliot, Dylan Thomas, Wilfred Owen und vor allem Shakespeare). (→ S. 471)
Gleichaltrig mit Fried war Hans Carl Artmann, der auf die politischen Zeitereignisse ebenfalls engagiert rea-

gierte, dessen vielseitige Begabung, sich aber in unter ganz unterschiedlichen Aspekten und in mehreren Gattungsformen als schöpferisch erwies.

H[ans] C[arl] Artmann (1921–2000)

Artmann wurde als Sohn eines Schuhmachers im Wiener Vorort Breitensee geboren, besuchte die Hauptschule, nahm am Zweiten Weltkrieg teil, war von 1945–49 Dolmetscher in der amerikanischen Armee, machte Reisen durch Frankreich, Belgien, die Niederlande, Italien, Spanien, übersiedelte 1961 nach Stockholm, 1962 nach Berlin, 1963 nach Lund und Malmö. Er gehörte mit Wieland Schmied und Herbert Vesely zur »Mödlinger Gruppe« und war die Hauptfigur der »Wiener Gruppe« (neben Friedrich Achleitner, Konrad Bayer, Gerhard Rühm, Oswald Wiener). 1973 wurde er Präsident der »Grazer Autorenversammlung«. Seine ungewöhnliche Sprachbegabung zeigte sich auch in Übersetzungen aus dem Schwedischen, Spanischen, Keltischen und Französischen. Artmann erhielt zahlreiche Preise und Auszeichnungen, darunter 1997 den Büchner-Preis. Gestorben in Wien.

Für die materielle und geistige Situation der Literatur in Österreich um 1950 ist es kennzeichnend, dass eine so überragende Begabung wie Artmann Schwierigkeiten hatte zu publizieren. An fehlenden Manuskripten lag es nicht: Bereits als vierzehnjähriger Schüler verteilte er unter dem Pseudonym John Hamilton handgeschriebene Detektivgeschichten, und inzwischen verstreute er seine vielfältigen Schöpfungen, ohne auf ihren Verbleib und ihre Sicherung zu achten, bei kollegialen und privaten Anlässen, als ein wieder auferstandener Erzpoet und Proteus der Literatur, der alles, auch das eigene Leben, zu Dichtung werden ließ. Beginnend mit seinem vorgeblichen Geburtsort St. Achatz am Walde, der mit erklärenden Zusätzen wie »Niederösterreich« auch in seriöse Lexika Einzug hielt, den aber kein Kartograf je ausfindig machen konnte, hat Artmann, getrieben von der Lust am mythisierenden Spiel, immer wieder andere Vexierbilder der Wirklichkeit entworfen. Er brachte das Kunststück fertig, einen Dialekt zu erfinden, der ein möglicher Dialekt war und sich als solcher recht fruchtbar in der Dialektdichtung erwies. Aus Verballhornungen, Redewendungen der Straße, des Milieus, erfundenen Wörtern und verfremdeten Zitaten aus fremden Sprachen oder barocker Dichtung ergaben sich amüsante neuartige Möglichkeiten einer Spracherweiterung. Die »Inhalte« seiner Gedichte, waren nicht weniger phantasievoll, oft bizarr, befeuert von einem schwarzen Humor: »ganz versteckt in wildem wein // haust des wieners mütterlein, / schneeweiß weht ihr blondes haar, /

H. C. Artmann als »armer Poet«, 1974

weil sie nie beim zahnarzt war. […] // mutter sein ist gar nicht leicht, / weil dabei die zeit entfleicht; / alle kinder fliegen aus, / mütterlein nur bleibt zuhaus.« Artmann ist ein erotischer Dichter par excellence (»als des morgens wangenröte / ilsebell aus träumen schob, / war das alpha ihrer worte: / meister artmann frauenlob«). Er hat werbende Gedichte geschrieben: »ich liebe dich, mein heller altar, / meine sommerfadenfarbene wildnis / ich bitte dich um einlass … / es sind zwei junge tiere aus der wärme / deiner beiden brüste entstiegen / und ich bin herbeigeeilt / um für sie in mir eine hütte aufzubauen […].« Die berechnend-spöttischen Versionen sind in ihrer Gezieltheit nicht minder treffend: »faschdek ma se gengseitech / en de eigana hoa / das unsa heazzschlog schee launxam / und launxam wida zoat wiad / und ruich wiad wia windlichta r en suma / waun wo gaunz en da weidn / di zigeina schbün … / kum / moch ma daugnzua …« *(drei gedichta fia d moni)*

Diese Dialektdichtung begann 1954/55 mit ersten Mundartgedichten Artmanns und Rühms, den Höhepunkt ihrer Wirkung erreichte sie mit Artmanns *med ana schwoazzn dintn. Gedichte aus bradnsee* (1958). Vom »gehobenen« Kulturbetrieb lange geschnitten oder zusammen mit seinen Kreis durch Überschriften wie »›Ent-artmänner‹ in der Sezession« schlimmsten Assoziationen ausgesetzt, wurde Artmann plötzlich berühmt, allerdings doch sehr eingeengt als »Dialektdichter«, ein durch den bald folgenden zweiten Band (*hosn rosn baa*, 1959, zusammen mit Friedrich Achleitner und Georg Rühm) eher noch bekräftigtes Missverständnis. Die Mundart erweist sich der Schriftsprache in mancher Hinsicht als überlegen, weil sie witziger,

origineller und konkreter ist, aber Artmanns Sprach-
virtuosität, die er auch als Parodist barocker Formen
und Übersetzer unter Beweis stellte, geht weit über
alles regional Gebundene hinaus (*ein lilienweißer brief
aus lincolnshire. gedichte aus 21 jahren,* 1969; 1979 um
unveröffentlichte Gedichte erweitert).   (→ S. 588)
Gedichte schrieben neben Artmann, Achleitner und
Rühm noch andere Mitglieder der Wiener Gruppe wie
Konrad Bayer und der Gruppe nahe stehende Autoren
wie Ernst Jandl und Friederike Mayröcker. FRIEDRICH
ACHLEITNER (1930), Architekt, kombinierte Dialekt
mit Wortmontagen, GERHARD RÜHM (1930), Musiker
vom Studium her, suchte Kompositionstechniken der
Musik aber auch der bildenden Kunst in seine lyri-
schen Versuche einzubringen (*konstellationen,* 1961; *be-
wegung,* 1964; *rhythmus r,* 1968; *adelaides locken,* 1979).
Zur Bekanntheit der »Wiener Gruppe« in Deutsch-
land trugen Jandls Verbindungen nach West-Berlin als
Mitglied der dortigen Akademie der Künste, zu Walter
Höllerers »Literarischem Colloquium« und als Autor
des Wagenbach-Verlags bei, wo man auch gemeinsam
publizierte (dort erschien 1974 *Gott schütze Österreich.
Durch uns: Achleitner, Friedrich; Artmann, H. C.; Bauer,
Wolfgang; Bisinger, Gerald; Jandl, Ernst; Mayröcker,
Friederike; Navratil, Leo; Priessnitz, Reinhard; Rühm,
Gerhard; Steiger, Dominik u. a.)* Mit Friederike May-
röcker und Ernst Jandl bildete Artmann das »Wiener
Triumvirat« (kein exklusives Männerbündnis mehr!);
auch in diesem Kreis entstand Dialektdichtung.

Ernst Jandl (1925–2000)

Geboren in Wien, studierte Jandl nach der Kriegsgefangenschaft 1946 in Wien Germanistik und Anglistik, promovierte über die Novellistik Arthur Schnitzlers und wurde
Gymnasiallehrer. Er war Mitglied des »Forums Stadtpark«
und Mitbegründer der »Grazer Autorenversammlung«
(1973), wirkte als Visiting German Writer an der University
of Texas in Austin, auf einer im ministeriellen Auftrag in
die USA unternommenen Vortragsreise (zusammen mit
Friederike Mayröcker) und war Mitglied mehrerer Akademien. 1984 Großer Österreichischer Staatspreis für Literatur und Büchner-Preis. Gestorben in Wien.

Jandls erster Gedichtband *Andere Augen* (1956) gehört
noch in die Zeit seiner vorexperimentellen Arbeiten,
zeigt aber sein soziales Engagement, das auch die spätere Produktion Jandls nie ganz verleugnen konnte. Er
hat zu keiner Zeit Anlass gesehen, sich von seinem
Frühwerk zu distanzieren, hat vielmehr wiederholt
ältere Gedichte (zum Teil überarbeitet) in spätere
Sammlungen aufgenommen, »realistische Gedichte«

Ernst Jandl

finden sich dort neben betont »experimentellen«. Die
ausgedehnten Fünfzigerjahre stehen für ein besonders
intensives Versuchsstadium. Jandl spielt mit der Sprache, aber dieses Spiel erscheint nach Absolvierung eines geordneten Bildungswegs stärker als bei Artmann
intellektuell geprägt. Er operiert mit Versuchen, die
durch Sprachverformung auffallen und den Leser verwirren, aber auch eine spontane Freude am Mitvollzug
in ihm wecken: »Ich bekreuzige mich / Vor jeder kirche
/ Ich bezwetschkige mich / Vor jedem obstgarten //
Wie ich erstes tue / Weiß jeder katholik / Wie ich letzteres tue / Ich allein.« *(Zweierlei handzeichen)*
Solche Sprachspiele waren bei Jandl (er war seit 1951
Mitglied der Sozialistischen Partei Österreichs) auch
nicht ohne politische Reminiszenzen: »manche meinen / lechts und rinks / kann man nicht / velwechsern. /
werch ein illtum!« *(lichtung)* In *Calypso* spielt der An-
glist mit einer nur zu originalgetreuen Transkription
als Englisch gemeinter Laute: »ich was not yet / in
brasilien / nach brasilien / wulld i laik du go // wer de
wimen / arr so ander / so quait ander / denn anderwo
[…].«

Die in rascher Folge erscheinenden Gedichtbände fanden im zunehmenden Maße ein interessiertes, von diesem Autor – wie in vergleichbarer Weise vielleicht von Morgenstern – fasziniertes Publikum: *lange gedichte* (1964), *klare gerührt* (1964), *mai hart lieb zapfen eibe hold* (1965), *Hosi-Anna!* (1965), *Laut und Luise* (1968), *Sprechblasen* (1968), *der künstliche baum* (1970), entstanden als visuelles Gedicht.

Erscheint der »künstliche Baum« sehr raumgreifend, so kann die visuelle Darstellung bei anderer Gelegenheit auch eine Form poetischer Verkürzung bedeuten, etwa in dem Gedicht *markierung einer wende*, das unter der Jahreszahl 1944 lapidar zwölfmal »krieg« verzeichnet, unter 1945 viermal »krieg«, danach »mai«. Jandl appelliert an die mit Worten gegebenen Bild- und Farbvorstellungen und schafft durch seinen Witz neue Verbindungen, so in seinem Gedicht *eine fahne für österreich* über die Nationalfarben:

rot
ich weiß
rot

Jandl brachte alle Voraussetzungen mit, über moderne Poesie auch theoretisch Auskunft zu geben. Davon legen mehrere Sammelbände Zeugnis ab: *für alle* (G., Pr., Ess., 1974), *die schöne kunst des schreibens* (1976), *Das Öffnen und Schließen des Mundes. Frankfurter Poetik-Vorlesungen* (1985). Weitere Gedichtbände sind *dingfest* (1973), *der gelbe hund* (1980), *selbstporträt des schachspielers als trinkende uhr* (1983), *idyllen* (1989), *stanzen* (1992), *peter und die kuh* (1996). *Letzte Gedichte* erschienen 2001 postum, darin Verse von äußerster Verknappung: »Als katholischer christ / beharre ich auf der / sinnlosigkeit des / menschlichen lebens.«

(→ S. 599)

Friederike Mayröcker (1924)

Die geborene Wienerin trat 1946 als Sprachlehrerin in den öffentlichen Schuldienst und veröffentlichte seitdem in Zeitschriften und Anthologien. Seit 1954 war sie befreundet mit Ernst Jandl, mit dem sie jahrzehntelang zusammenarbeitete. Sie näherte sich 1956 der »Wiener Gruppe« und wurde Mitglied der »Grazer Autorenversammlung«. 2001 Büchner-Preis.

Friederike Mayröcker veröffentlichte metaphernreiche Gedichte zuerst in der Zeitschrift *Plan*.

O Schwärme silberleibiger Tauben über dem geborstenen Helm meines Kirchturms; o gezähnte Kontur verwaschener Mauern ins Stehende hin eines Himmels, der da blendet in

Friederike Mayröcker

flächiger Bläue; o Zifferblatt meiner Kirche, stilles in vielen Sonnen gebleichtes Gesicht, wie blickst du mich an – schau, drüben hängt noch der Mond wie ein vergessener Gast im verhaltenen Jubel des Lichts. Und das Leuchten nimmt zu. (*An meinem Morgenfenster*)

Trotz gemeinsamer Arbeit sind Friederike Mayröckers künstlerische Absichten von denen Jandls verschieden. Im Gegensatz zu ihm nimmt sie keine Zerlegung der Wörter in Laute vor. Für sie bleiben Wörter, die einzeln oder in Gruppen zusammengefasst, sich zu Sätzen formieren, das belebende und weiterführende Element, das durch unübliche Zusammenstellungen überraschende und neuartige Einsichten verschafft: »Bedeutungshöfe aufschließen«, hat Helmut Heißenbüttel dieses Vorgehen genannt.

Friederike Mayröcker fand erst spät Gelegenheit, einen ersten Gedichtband zu veröffentlichen (*metaphorisch*, 1965). Nachhaltige Anerkennung erhielt der zwei Jahre später erschienene Band *Tod durch Musen* (1966). Von da an erschien ihre Lyrik in stetiger Folge: *Winterglück. Gedichte 1981–1985* (1986), *Das besessene Alter. Gedichte 1986–1991* (1992), *Notizen auf einem Kamel. Gedichte 1991–1996* (1996), *Mein Arbeitstirol. Gedichte 1996–2001* (2003). (→ S. 599)

Kritische Dialektdichtung

Sozialkritik und politische Satire brauchen die Autoren einer oftmals aggressiv-boshaften Poesie wie der Wiener Dialektdichtung nicht zu proklamieren. Sie entstehen von selbst, wo die Sprache enthüllend wirkt und ihren Rezipienten ins Bild setzt. Das zeigte CHRISTINE NÖSTLINGER (1936), die vielfach preisgekrönte Kinder- und Jugendbuchautorin (*Wir pfeifen auf den Gurkenkönig*, 1972), in *Iba de gaunz oaman kinda* (1974).

Mei voda sogd: / Aufghengd gheans! / De wos de fraun iba-
foin, / ghean aufghengd. / De wos de goschn aufreisn, / ghean
aufghengd. / De wos de bang ausrama, / ghean aufghengd./
Und de wos de laungan hoa haum, / de a. // Olaweu wüla, /
das ole aufghengd ghean. / Nia reda vom daschlogn, / oda da-
schiasn, / oda dastechn, / oda dawiagn, / oda vagifdn. // I hob
eam gfrogd, / wosa / gegn de aundan todesoatn hod. / Do ho-
da gsogd, / de, de de leid daschlogn, / oda daschiasn, / oda da-
stechn, oda dawiagn, / oda vagifdn, / de ghean a aufghengd.

Durch lebhaften Erfolg belohnt, ließ Christine Nöstlinger, das Objekt der Betrachtung abwandelnd, zunächst den Band *Iba de gaunz oaman fraun* (1982) folgen – danach wurde sie Kolumnistin beim Massenblatt
Kurier, der für sie mit dem Slogan warb: »Die Frau, die
endlich schreibt, was jede Frau berührt« – , abschließend aber *Iba de gaunz oaman mauna* (1987). Nicht
ohne Selbstironie vergegenwärtigt sie unterdrücktes
Leiden und ressentimentbeladene Phantasien: »Wau-
nama / ane drugd, / hobi no nia / mid da Wimpa zugd.
/ [...] Oba / richdig aufbegean / und mi echd wean, /
des schded sie / ned davua.« Das Gedicht *Olle Mauna*
vergegenwärtigt zunächst, was alle Männer »haum«,
sodann was sie »san« und zuletzt, was man mit ihnen
tun »muas« –»Nua d Fraun diafn übableim!« Nicht
weniger Schrecken erregend sind die Inneren Monologe der Männer, die etwa in dem Wunschtraum gipfeln
»dasi / bis ibas joa / mei gaunze / famülie / daschlog.«
Verwendete Christine Nöstlinger eine Wiener Mundart, so ANNEMARIE REGENSBURGER (1948) für ihre
Gedichte einen Tiroler Dialekt (*Zfrieden sein, was isch
deas*, 1983; *All Ding a Weil*, 1985; *Stolperer*, 1988; *Fassn
nach Leben*, 1991). Ihre Stimme klingt gedrückter, in
gewissem Sinn kunstloser als die der Nöstlinger, weil
der kritische Ernst nicht durch Witz gemildert erscheint. Der Dialekt als die der Autorin gemäße Sprache trägt wirkungsvoll dazu bei, diesen Ernst zum Ausdruck zu bringen, er ist kein »folkloristisches« Element, sondern gewinnt in seiner Spannung einen Zug
von Unbeugsamkeit. ANNA NÖST (1961) ging noch einen Schritt weiter, sie veröffentlichte, »weil der Dialekt
eine Sprechsprache ist«, ihre *Linzer Kipferl. 30 Gedichte
und Litaneien im Südoststeirischen Dialekt* (1993) als
CD (eine Übersetzung in die Hochsprache lieferte das
Beiheft). Mit »Litanei« wird auf die tautologische Ton-
art des Südoststeirischen angespielt, die die ohnmächtige Klage der sozial Schwächeren gegen »die da oben«
wirkungsvoll untermalt: »Kounnsd e nix mochan /
Kounnsd e nix douan / Wos wüllst n douan / dei hearn
do oubn doum e was wölln / dei hearn do oubn / doum
e wos wölln / do oubn / dei hearn«. *(Dei do oubm)*

Die Dialektdichtung, inhaltlich nun oft eine modischer
Züge nicht entbehrende Anti-Heimatdichtung, griff
seit den Siebzigerjahren auf alle Bundesländer (und
ihre besonderen Regionen) über. Im benachbarten
Südtirol schrieb JOSEPH ZODERER Dialektgedichte
(*S' Maul auf der Erd oder Dreckknuidelen kliabn. Südtiroler Mundarttexte*, 1974). »Den künstlerischen Wert
ihrer Produktion kann freilich nur derjenige wirklich
beurteilen, der die angewandten und weiterentwickelten Idiome aus eigener Spracherfahrung beherrscht.«
(K. Klinger)

Das lustvolle, subversive Spiel mit der Sprache

Das Spiel mit der Sprache erweist sich gerade für die
künstlerisch modernen unter den österreichischen
Autoren und damit für die österreichische Lyrik der
Gegenwart als charakteristisch. So auch für ANDREAS
OKOPENKO (1930), einem aus Košice (Kaschau) gebürtigen Mitglied der Grazer Autorenversammlung: »Die
Heiligen / muss man pfeilgen, // die Seligen / pfähli-
gen, // die Sündigen / zündigen – // und den Neutralen /
alle restlichen Qualen.« *(Apokryph)*
Okopenko begann als Neunzehnjähriger Gedichte zu
veröffentlichen, begründete 1951 die hektografierte,
damals einzige Avantgardezeitschrift Österreichs, *publikationen*, in der die noch unbekannten Namen Artmann, Bayer, Mayröcker und Jandl auftauchten, legte
1957 einen ersten Gedichtband *Grüner November*, 1980
Gesammelte Lyrik, 1983 *Lockergedichte. Ein Beitrag zur
Spontanlyrik* vor. Weitere ›Lockergedichte‹ folgten.
FRITZ HERRMANN (1922) glossierte in seinem vielstro-
phigen Gedicht *Trara Trara die Hochkultur!* Persönlichkeiten und fragwürdige Erscheinungen des Kulturlebens, verbunden mit einer Befragung der Besucher
zweier Stehweinhallen: *Was isn deesn, die Hochkultur?*

Am schönsten wann s im Telewischn
den Wolfgang Kraus dazwischenmischn!
Ein Mann, noch fixer als sein Jour –
den gunn i ihr,
der Hochkultur. [...]

Buchautor bitt' um Bucheinsicht,
Verleger sagt: »Das spiel m'r nicht,
fünfhundert – und wir sind a jour!«
Ein Buckerl vor
der Hochkultur! [...]

Aus Musils Buch zog Kreisky Kraft
jetzt hat er jede Eigenschaft
von jener großen Hauptfigur –
trara trara
die Hochkultur.

Da Herrmann – ein Beamter im Kulturministerium! – sich eingehend auch mit Herbert von Karajan befasst hatte (»Mozart g-moll, Profit in Dur«), löste er erheblichen Wirbel aus.

ROBERT SCHINDEL (1944), ein führendes Mitglied der – soweit es das in Österreich gab – radikalen Studentenbewegung, näherte sich mit politischer Lyrik den Positionen Erich Frieds (*Zwischen den Maulschellen des Erklärens*, 1970), erwies sich aber in späteren Publikationen (*Ohneland. Gedichte vom Holz der Paradeiserbäume 1979–1984*, 1986; *Ein Feuerchen im Hintennach. Gedichte 1986–1991*, 1992) als ein ungebundener, mutwillig-witziger Stadtstreicher der »Vergessenshauptstadt«: »Ich bin ein Jud aus Wien, das ist die Stadt / Die heiße Herzen, meines auch, in ihrem Blinddarm hat. / Die schönste Stadt direkt am Lethefluss. / Ich leb in ihr, in der ich so viel lachen muss.« *Immernie. Gedichte vom Moos der Neunzigerhöhlen* (2000) haben – ohne Resignation – die Katastrophen der Neunzigerjahre und die Hilflosigkeit des Einzelnen gegenüber dem Geschehen zum Thema.   (→ S. 636)

PETER TURRINI hingegen, mit Schindel gleichaltrig, zielte mit seinen Gedichtveröffentlichungen, nicht anders als mit seinen Theaterstücken, schon bald weniger auf die Anerkennung der Kritik als auf breite Publikumswirkung. Im »Dilemma« betitelten Vorwort zur Buchausgabe der ersten Folge seiner *Alpensaga* konstatierte er: »Lyrikbände erreichen kaum die Auflage etwa eines Fachbuches für Gartenschläuche.« Entsprechend seiner dort vertretenen Auffassung: »Nicht der Künstler ist wichtig, sondern die Menschen, von denen er redet. Nicht die Kunst ist wichtig, sondern die Form, in der man mit möglichst vielen Menschen reden kann«, publizierte er Gedichte vorzugsweise in den Pausen seiner Tätigkeit als Dramatiker und Fernsehautor, jede esoterische Geste meidend um ein Höchstmaß von Verständlichkeit bemüht (*Ein paar Schritte zurück*, 1980; *Im Namen der Liebe*, 1993). »Ist die Müdigkeit / die mich plötzlich überfällt / der Mantel über alle Tränen / meiner Kindheit?«, lautet die Eingangsfrage in *Ein paar Schritte zurück*, und die Antwort ist nicht ohne Melodramatik: »Die Kindheit ist ein schreckliches Reich. / Die Hände, die dich streicheln, schlagen dich. / Der Mund, der dich tröstet, brüllt dich an. / Die Arme, die dich hochheben, erdrücken dich. / Die Ohren, die dir zuhören, verstehen alles falsch […]«. Aber das österreichische Gedicht kennt auch die unspektakulären Gesten und Worte wie in den wenigen Zeilen des Gedichts *Liebespaar* von PETER ROSEI.

Die Frau lehnt sich an ihren Mann, die Hand hat sie unter sein Jackett geschoben, fest an seine Brust gelegt, während er sie um die Mitte hält. Sie liebt ihn, und er liebt sie.

Über den österreichischen Kontext hinaus weist der habilitierte Komparatist und »weltläufige«, »staunende« Poet (somit für manche Kritiker ein »entlaufener Philologe«) RAOUL SCHROTT (1964) in seinem Bestreben, europäische Poesie im Zusammenhang konstruktiv zu erfassen. Gemäß seiner Herkunft – auf einer Schiffsüberfahrt nach Brasilien geboren, in Tunis, Zürich und Landeck aufgewachsen, Studium in Innsbruck, Norwich und Paris, später Aufenthalt an verschiedenen Orten und zahlreiche Reisen – und seines wissenschaftlichen Hintergrunds vermittelt Schrott zwischen den Kulturen und Zeiten, er ist als Übersetzer und Nachdichter (so in *Die Erfindung der Poesie. Gedichte aus den ersten viertausend Jahren*, 1997) und Herausgeber (z. B. Ladislaus E. Almásy, Jorge L. Borges) tätig. Der 1995 erschienene Gedichtband *Hotels* hat die titelgebenden »eigentlichen Tempel unseres Jahrhunderts«, die die Flüchtigkeit der Existenz dokumentieren, zum Thema. In 33 Abschnitten beschreibt Schrott, jeweils mit Daten versehen, Aufenthalte in Hotels und verbindet sie mit mythischen Bezügen. In dem Band *Tropen* (1998), dessen Untertitel *Über das Erhabene* sich an Schillers Abhandlung zur Ästhetik anlehnt, versucht er »mit den Dingen und der ihnen zugrunde liegenden, elementaren Wirklichkeit zu Rande zu kommen«.   (→ S. 633)

Erzählprosa

Gab es in Österreich keine »Stunde Null«, so doch die Stimmen einiger junger Autorinnen und Autoren, die bald nach Kriegsende an die Öffentlichkeit traten und in einer sehr direkten Weise von bedrückenden Erfahrungen, Enttäuschungen und gleichwohl lebendigen Hoffnungen sprachen. Beispielhaft für diese Haltung sind Ilse Aichinger, Herbert Zand und Gerhard Fritsch; in der ersten Hälfte der Zwanziger geboren, gehörten sie Jahrgängen an, die Krieg und NS-Herrschaft bewusst erlebt hatten und durch sie, wenngleich aus unterschiedlichen Gründen, besonders betroffen wurden. Dagegen belastet sie der Graben zwischen einer älteren und einer jüngeren Autorengeneration, der später sehr fühlbar werden sollte, noch nicht in erkennbarer Weise. Ihr Blick richtete sich auch nicht auf die ökonomischen Bedingungen des Wiederaufbaus und des literarischen Marktes, wozu sie wenig zu sagen vermocht hätten. Im Niemandsland der bestehenden Übergangszeit verlangten sie nach einem anderen, von Schuld nicht belasteten Leben. Die Schatten über ihrer Jugend bedrängten sie, und sie waren auf der Suche nach ihrer eigenen Stimme.

Herbert Zand (1923–1970)

Geboren in Knoppen bei Bad Aussee aus bäuerlicher Familie, war schon als Jugendlicher an die Front geschickt worden und schwer verwundet heimgekehrt. 1953 Verlagslektor, 1961 Mitarbeiter der österreichischen Gesellschaft für Literatur und freier Schriftsteller. Gestorben in Wien.

Zands erster Roman *Die Sonnenstadt* (1949) handelt in einem Berghaus, dessen Gästen die Lösung ihrer in Hass und Liebe verwirrten Beziehungen durch einen Brand angekündigt wird, der das Haus vernichtet. Die Sprache ist reich an Metaphern, Stimmungsmalerei und poetisch angehauchte Beschreibungen beanspruchen viel Platz. Stärker beachtet als dieses Erstlingswerk wurde der folgende Roman *Letzte Ausfahrt. Roman der Eingekesselten* (1953), der in einer von der Roten Armee eingeschlossenen ostdeutschen Stadt handelt. Die Situation der Belagerten steht beispielhaft für die menschliche Existenz, in der kein Fluchtweg offen steht. Mit diesem Buch fand Zand zu sich selbst, gelang ihm die Abkehr von einem Stil, durch den er einer früheren Generation ähnlicher war als seiner eigenen. Die Erzählung *Der Weg nach Hassi el emel* (1955) berichtet von einem über der Wüste abgestürzten Piloten, dem es nach größten Schwierigkeiten gelingt, sich zu retten. *Erben des Feuers* (R., 1961) sind Menschen, die zwischen alter und neuer Zeit stehen, Überlebende des Krieges.

Der Erzähler und Lyriker Herbert Zand gehörte mit Gerhard Fritsch zu den Sprechern jener mittleren Generation von Österreichern, die zwar die Ambivalenz des Traditionsbegriffs erkannt hatten, jedoch nie den endgültigen Bruch mit den Überlieferungen einer francisco-josephinischen Vergangenheit wagten. […] Der Protest gegen die Restauration der Zweiten Republik wurde von Heimweh nach versunkenen Formen überlagert. (H. Graf in *Frankfurter Allgemeine Zeitung*, 26. 9. 1972) (→ S. 576, 603)

Gerhard Fritsch (1924–1969)

In Wien geboren, nach Kriegsdienst, Gefangenschaft, Geschichts- und Deutschstudium kurze Zeit Lehrer, dann Verlagslektor, Bibliothekar, zuletzt freier Schriftsteller. 1949 Promotion *(Die Industrielandschaft in ihrer Darstellung durch die deutsche Lyrik)*. Erste literarische Erfolge mit Gedichten und Prosaskizzen (*Zwischen Kirkenes und Bari*, 1952) und den Gedichtbänden *Lehm und Gestalt* (1954) und *Dieses Dunkel heißt Nacht* (1955). 1962–65 Redakteur der Zeitschrift *Wort in der Zeit*, ab 1966 Mitherausgeber von *Literatur und Kritik* sowie der *Protokolle;* Übersetzer (W. H. Auden, Miroslav Krleža). Gestorben (vermutlich selbst gewählter Tod) in Wien.

Fritschs Roman *Moos auf den Steinen* (1956) beschwor, Jahrzehnte nach dem Untergang des Kaiserreiches, ein weiteres Mal die Vergangenheit.

Die für das alte und das neue Österreich symbolische Handlung spielt nach dem Ende des Zweiten Weltkriegs im verfallenden Barockschloss Schwarzwasser auf dem Marchfeld. Die Schwierigkeiten der Nachkriegsjahre und das Nützlichkeitsdenken der Gegenwart beherrschen den Tag, die verklärt gesehene Vergangenheit das Lebensgefühl einiger der Beteiligten (der jüdische Journalist Lichtblau trägt Züge Joseph Roths). Der Erzähler weiß um die Vergänglichkeit alles Bestehenden. Was er in seine Liebe einschließt und retten will, ist eine innere Haltung – und das Moos auf den Steinen.

Der von Sentimentalität nicht freie Roman, der die Klage einer älteren Autorengeneration um das einstige Österreich wieder aufnimmt, besitzt ungeachtet seiner künstlerischen Schwächen dokumentarischen Wert. Die artistischen Mängel geben indirekt einen Hinweis auf die problematischen Inhalte, die hier zu Ende gelebt werden. Ein für ihn charakteristisches Thema wählte Fritsch auch mit seinem zweiten Roman *Feldherr wider Willen. Das Leben des Feldzeugmeisters Ludwig von Benedek* (1966), der, hundert Jahre nach der Schlacht bei Königgrätz, die Niederlage der österreichischen Armee in ihren Ursachen beschreibt.
Einen Neuanfang signalisiert Fritschs Roman *Fasching* (1967), mit dem er ein weiteres Mal künstlerisch in die Krise geriet, aber doch in interessanter Weise, als wenn er nach konventionellem Muster erfolgreich gewesen wäre.

Ein desertierter junger Soldat wird von einer in einer kleinen steirischen Stadt gesellschaftlich tonangebenden Dame, der Witwe eines Majors, die ihn sich als Liebhaber wünscht, gerettet und überlebt als »Hausgehilfin« verkleidet. Beim Einmarsch der Roten Armee bewahrt er die Stadt vor der Zerstörung, kommt dann aber in ein sowjetisches Straflager. Als er nach zwölf Jahren in die Stadt zurückkehrt, wird er von den Honoratioren, die noch immer den Geist der Vergangenheit pflegen und an Problematisches nicht erinnert sein wollen, nach Kräften mundtot gemacht und gedemütigt. Der einstige Deserteur wird genötigt in Anspielung auf seine einstige Verkleidung bei einem Ball die Faschingsbraut zu spielen. Als der Alkohol die Gemüter erhitzt, gerät er in Lebensgefahr, wird noch einmal von der Majorswitwe gerettet.

Fasching ist eine Satire auf das »verkleidete« Österreich, das nach der geflissentlich verbreiteten und bereitwillig akzeptierten Version 1938 »okkupiert« und 1945 »befreit« worden ist, auf jenen Typus, von dem Hermann Broch im amerikanischen Exil in einem Brief schrieb: »Ich möchte diese Leute nicht mehr sehen; der Ekel, von dem ich während meiner letzten Monate durchschüttelt gewesen bin, war eigentlich mein ärgstes Hitler-Erlebnis.« Gereizt reagierte Fritsch auch auf die kleinstädtischen Verhältnisse und das österreichische Wirtschaftswunder, das er bereits in der Kurznovelle *Kärntnerstraße* (1955) glossiert hatte. Atmosphäre und Charakterzeichnung, die für den ersten Roman bestimmend waren, wichen einer provokanten Darstellungsweise.

Als Zeitschriftenredakteur in Österreich hat Fritsch sich nicht zuletzt um die Literatur anderer Nachfolgestaaten des Habsburgerreiches vermittelnd bemüht. Sein Freitod hat 1987 zur Stiftung eines »Gerhard-Fritsch-Literaturpreises« geführt, der jungen Schriftstellern das Schicksal des Namensträgers ersparen sollte, der zeitlebens der Hektik des Broterwerbs durch literarische Arbeit ausgeliefert blieb. Postum erschienen *Katzenmusik. Prosa* (1974) und *Mondphasen. Fragment eines Romans* (1977) in der Zeitschrift *Protokolle*.

(→ S. 600, 603)

Zeit für ein künstlerisch ausgereiftes Werk war von den drei Genannten nur Ilse Aichinger gegeben. Ihre frühe Prosa ist nicht mehr repräsentativ für ihr gesamtes Schaffen, aber von eigenem Wert.

Ilse Aichinger (1921)

Geboren in Wien als Tochter einer jüdischen Ärztin und eines Lehrers, Kindheit in Linz und Wien. Als Halbjüdin nicht zum Studium zugelassen, dienstverpflichtet. 1942 Deportation der Großmutter und der jüngeren Geschwister der Mutter nach Minsk. Nach dem Zweiten Weltkrieg abgebrochenes Medizinstudium, erste Veröffentlichungen (*Aufruf zum Misstrauen* in *Plan*), 1950 Lektorin im S. Fischer Verlag, 1951 Mitwirkung am Aufbau der Hochschule für Gestaltung in Ulm. 1952 Preis der »Gruppe 47«, 1953 Heirat mit Günter Eich. 1995 Großer Österreichischer Staatspreis für Literatur.

Ilse Aichinger schuf mit ihrem ersten, wegen seiner poetischen Sprache für die deutschsprachige Nachkriegsliteratur ganz untypischen Roman *Die größere*

Ilse Aichinger

Hoffnung (1948) eines der bleibenden Werke jener Jahre und ein glaubwürdiges menschliches Zeugnis. Der Roman, in dem stilistisch noch Einflüsse Kafkas spürbar sind, dem aber eigene Erlebnisse zugrunde liegen, vergegenwärtigt eine Grenzsituation: Es geht um die Verfolgung jüdischer Kinder in der NS-Zeit und ihre vergebliche Hoffnung, nach Amerika auswandern zu können. Ihre »größere« Hoffnung auf Frieden und ein neues Leben symbolisiert inmitten der Zerstörungen des Krieges ein Stern. Der Schluss des Romans vermittelt ihre tödliche, zugleich den Tod überwindende Erfahrung.

»Georg, die Brücke steht nicht mehr!«
»Wir bauen sie neu!«
»Wie soll sie heißen?«
»Die größere Hoffnung, unsere Hoffnung!«
»Georg, Georg, ich sehe den Stern!«
Die brennenden Augen auf den zersplitterten Rest der Brücke gerichtet, sprang Ellen über eine aus dem Boden gerissene, emporklaffende Straßenbahnschiene und wurde, noch ehe die Schwerkraft sie wieder zur Erde zog, von einer explodierenden Granate in Stücke gerissen.
Über den umkämpften Brücken stand der Morgenstern.

Sprachlich verknappt – und damit beginnt eine für die Autorin charakteristische Entwicklung – sind ihre prägnanten Erzählungen: *Der Gefesselte* (1953), *Spiegelgeschichte* (1954), *Eliza, Eliza* (1965), *Schlechte Wörter* (1976), *Meine Sprache und ich* (1978). Aus diesen Kurzgeschichten sollen die Leser beunruhigt entlassen werden und – wie in der modernen Lyrik – für das Fragwürdige der erschütterten menschlichen Existenz offen bleiben. In der *Spiegelgeschichte* führt die meisterhaft geübte Erzähltechnik Station um Station zurück in die Vergangenheit: Es sind Erfahrungen einer Sterbenden, die noch einmal ihr Leben durchläuft. Die Umkehrung der Zeitfolge gibt der alltäglichen Wirklichkeit ein verändertes Ansehen und einen anderen Sinn.

Herbheit des Ausdrucks prägte den Stil Ilse Aichingers, die Schreiben als Alternative zum Selbstmord begreift, besonders in ihren späten Erzählungen weiterhin bis zu dem zuletzt erschienenen Prosaband *Kleist, Moos, Fasane* (1987).

Ich gebrauche jetzt die besseren Wörter nicht mehr. D e r R e g e n , d e r g e g e n d i e F e n s t e r s t ü r z t. Früher wäre mir da etwas ganz anderes eingefallen. Damit ist es jetzt genug. Der Regen, der gegen die Fenster s t ü r z t. Das reicht. Ich hatte übrigens gerade noch einen anderen Ausdruck auf der Zunge, er war nicht nur besser, er war genauer, aber ich habe ihn vergessen, während der Regen gegen die Fenster stürzte oder das tat, was ich im Begriff war, zu vergessen. Ich bin nicht sehr neugierig, was mir beim nächsten Regen einfallen wird, beim nächstsanfteren, nächstheftigeren, aber ich vermute, dass mir eine Wendung für alle Regensorten reichen wird. Ich werde mich nicht darum kümmern, ob man s t ü r z e n sagen kann, wenn er nur schwach die Scheiben berührt, ob es dann nicht zu viel gesagt ist. Oder zu wenig, wenn er im Begriff ist, die Scheiben einzudrücken. Ich lasse es jetzt dabei, ich bleibe bei s t ü r z e n, um den Rest sollen sich andere kümmern. (Schlechte Wörter)

Von ihrer Sprache redet die Dichterin wie von einer fremden Begleiterin, deren Eigenheiten und Wandlungen sie gleichwohl nur zu gut kennt:

Meine Sprache und ich, wir reden nicht miteinander, wir haben uns nichts zu sagen. [...] Meine Sprache hatte früher einen lila Schal, aber er ist weg. Ich fürchte, dass wir uns hier die Gesundheit verderben. Wenn meine Sprache die Stimme verliert, hat sie einen Grund mehr, das Gespräch mit mir sein zu lassen. [...] Der lila Schal stand ihr gut, er verdeckte ihren zu langen Hals und gab ihrer unausgesprochenen Erscheinung zugleich Sanftmut und Entschiedenheit. Das ist alles dahin. (Meine Sprache und ich)

Auch Ilse Aichinger wurde in der Bundesrepublik »durchgesetzt«. Für die literarische Öffentlichkeit Österreichs (soweit von einer solchen gesprochen werden konnte, es handelte sich in jedem Fall um ein sehr pflegebedürftiges Reis) gab es neben den literarischen Debütanten naturgemäß viele andere, mehr oder weniger bekannte Schreiber. Auch manche für die geistige Eigenart des Landes charakteristische ältere Schriftsteller waren und blieben nur Namen, während, aber das war keine spezifisch österreichische Erscheinung, künstlerisch bequeme und politisch fragwürdige Autoren populär waren. (→ S. 573, 598, 603)

Fritz von Herzmanovsky-Orlando (1877–1954)

Geboren in Wien, hatte väterlicherseits mährische, mütterlicherseits italienische und byzantinische Vorfahren, absolvierte das Theresianum, gab wegen eines Lungenleidens 1917 den Architektenberuf auf und lebte als Schriftsteller und Grafiker auf dem Familienschloss Rametz in Meran seinen Neigungen. Freund Alfred Kubins. Gestorben in Meran.

Herzmanovsky-Orlando wurde als Erzähler wie als Zeichner erst wirklich entdeckt, als 1957 *Gesammelte Werke*, besorgt von Friedrich Torberg, postum zu erscheinen begonnen. Am Beginn stand die Neuausgabe des zuerst 1928 veröffentlichten Romans *Der Gaulschreck im Rosennetz*, ein verspieltes und verschnörkeltes Buch von unberechenbarem Einfallsreichtum, nicht anders als *Maskenspiel der Genien* (1958, e. 1928). Das »Tarockanien« dieses zweiten Romans ist, wie Claudio Magris geurteilt hat, »die äußerste Auflösung des alten Kakanien [...], schwärmt der Autor von einer österreichisch-byzantinisch-mediterranen Synthese, die jedoch augenblicklich an seinen phantastischen Abschweifungen zerbricht«. Dem entspricht es, dass der Romanist Johannes Hösle einem Essay über Herzmanovsky-Orlando den Untertitel »Österreich und Byzanz« gegeben hat. Friedrich Torberg hat diesen Roman – wie auch die folgenden Werke – einer glättenden und kürzenden Überarbeitung unterworfen (*Lustspiele und Ballette*, 1963; *Cavaliere Huscher und andere Erzählungen*, 1963). So problematisch sein Vorgehen unter philologischem Gesichtspunkt erscheint und so wenig definitiv die gefundene Lösung sein konnte, ist derart doch eine Wirkung Herzmanovsky-Orlandos angebahnt worden, die die 1983 bis 1994 erschienene Gesamtausgabe seiner Werke im originalen Wortlaut ermöglichte. Im Schaffen des Südtirolers HERBERT ROSENDORFER (1934), besonders in seinem ersten Roman *Der Ruinenbaumeister* (1969), aber auch in Erzählungen wie *Herkulesbad. Eine österreichische Geschichte* (1985), ist noch der Nachhall der skurrilen Welt Herzmanovsky-Orlandos spürbar.

Albert Paris Gütersloh (1887–1973)

Albert Conrad Kiehtreiber, wie Güterslohs bürgerlicher Name lautet, stammte aus Wien. Er war Klosterschüler in Melk und Bozen, Schauspieler unter Max Reinhardt in Berlin, Malschüler unter Gustav Klimt, schrieb mit *Die tanzende Törin* einen der ersten expressionistischen Romane, gab 1918/19 mit Franz Blei die Zeitschrift *Die Rettung. Blätter zur Erkenntnis der Zeit* heraus, war Regisseur und Bühnenbildner in München, 1929 Professor an der Wiener Kunstgewerbeschule, 1939 Hilfsarbeiter, 1953 Rektor der Akademie der bildenden Künste in Wien. 1961 Großer Österreichischer Staatspreis für Literatur. Gestorben in Baden bei Wien.

Nach mehr als zwanzigjähriger, zum Teil durch die politischen Verhältnisse erzwungener Pause trat Gütersloh bald nach dem Krieg wieder mit Romanen, Novellen und poetischen Tagebüchern hervor, so 1946 mit dem bereits zwanzig Jahre früher entstandenen Roman *Eine sagenhafte Figur*, den *Fabeln vom Eros* (1947) und mit *Musik zu einem Lebenslauf* (1957). Kunst und Moral, das Nebeneinander heidnischer Sinnenfreude und christlicher Jenseitsfrömmigkeit waren seine bevorzugten Themen, Kleist und Hebel, Stendhal und Sterne seine Vorbilder. Er schrieb einen schwierigen, ja dunklen, barock verschnörkelten Stil. 1962 erschien sein Hauptwerk, *Sonne und Mond. Ein historischer Roman aus der Gegenwart*, der »totale Roman«, eine »Universalchronik« oder »Katholische Chronik«, wie er selbst es nannte – ein Roman der Umwege und Abschweifungen, Anekdoten und Ironie. Gütersloh hat als Autor eher auf Umwegen gewirkt: Heimito von Doderer sah in ihm »seinen einzigen Lehrer«; auch Herbert Eisenreich und manche Jüngere haben sich auf ihn berufen. 1969 behandelte Gütersloh das Faustthema in dem »sokratischen Roman« *Die Fabel von der Freundschaft*.

Der Maler Gütersloh (*Bekenntnisse eines modernen Malers*, 1926) gilt als Anreger einer modernen Richtung des Surrealismus, der Wiener Schule des Phantastischen Realismus, in der sich Vision und Realität durchdringen. Für Doderer, der ebenso wie Gütersloh in seinem Frühwerk vom Expressionismus beeinflusst war, bildete die Lektüre der *Bekenntnisse* 1929 eine entscheidende Weichenstellung für seinen Weg zur Literatur, seine »Bekehrung zur Sprache«. In *Der Fall Gütersloh. Ein Schicksal und seine Deutung* (Es., 1930) hat er von dieser Erfahrung berichtet. (→ S. 437)

Zurückgekehrte Emigranten

Nur allmählich nahmen im Zusammenhang des »Anschlusses« emigrierte Schriftsteller wieder ihren Wohnsitz in Österreich. Die Mehrzahl, darunter berühmte Romanciers, kam nicht wieder. Die Gründe dafür waren so verschieden wie die private Situation und die Lebensverhältnisse in den Asylländern. Der später wiederholt erhobene Vorwurf, man sei behördlicherseits an einer Rückkehr von potentiellen Störenfrieden, die den Mythos vom »befreiten Österreich« in Frage stellen mochten, gar nicht interessiert gewesen, trifft pauschal jedenfalls nicht zu. Das Österreich der Nachkriegsjahre war arm und konnte den Rückkehrern nur wenig Unterstützung bieten. Das Land erschien vor Abschluss des Staatsvertrags auch politisch als ein unsicheres Domizil. Die Nachbarsstaaten Tschechoslowakei, Ungarn, Jugoslawien waren kommunistisch geworden, besonders der Staatsstreich in Prag 1948 wirkte abschreckend. War dergleichen vielleicht auch im sowjetisch umstellten Wien möglich? Und wohin kehrte man überhaupt zurück? Von den 200 000 Wiener Juden, die vor 1938 die größte jüdische Gemeinde Europas gebildet hatten, lebten dort nach dem Krieg noch 200. Für Literaten war dies nicht mehr die Stadt, die sie verlassen hatten. Nicht wenige zogen es vor, die unheimliche Heimat nur noch besuchsweise, etwa wie Leo Perutz während regelmäßiger Sommeraufenthalte, in Augenschein zu nehmen.

Zuweilen mündete die Heimkehr in eine zweite Emigration. Ein Beispiel dafür bietet ERNST LOTHAR, der in seinem zuerst auf Amerikanisch erschienenen Generationenroman *Der Engel mit der Posaune* (*The Angel with the Trumpet*, 1944, dt. 1947) für ein amerikanisches Publikum ein überaus positives Bild seiner Heimat im Sinne eines vorangestellten Grillparzerwortes entworfen hatte (»Wüssten die Österreicher besser, was Österreich ist, sie wären bessere Österreicher; wüsste die Welt besser, was Österreich ist, die Welt wäre besser.«). Am Beispiel der Geschichte einer Wiener Familie erzählte er in gefälliger Weise österreichische Geschichte von der Krise der Monarchie bis zur Anschlusszeit. Hingegen spricht sein Roman *Die Rückkehr* (1949) unverhohlen von seiner Enttäuschung, wenngleich *Der Engel mit der Posaune* auch im deutschen Sprachraum ein Erfolg war – er gründete, wie Lothar erkennen musste, auf Täuschungen. Der Jubel um Hitler auf dem Wiener Heldenplatz, den er zum größeren Teil für ein Werk bayerischer Parteigenossen erklärt hatte, sollte österreichische Autoren noch wiederholt beschäftigen.

Enttäuschung spricht auch aus dem Roman *Unvollendete Symphonie* (1951) von HANS WEIGEL, dessen sofortige Rückkehr aus der Geborgenheit der Schweiz

1945 in das Not leidende Wien keine selbstverständliche Entscheidung gewesen war. Die unterschiedlichen Erfahrungen der Wiederkehrer lassen auch private (Liebes-)Beziehungen nicht unberührt.

Für ALBERT DRACH (1902–1995) stellte sich auch nach seiner Rückkunft aus dem Exil 1947/48 der literarische Erfolg, um den er sich schon in der Ersten Republik mehr oder weniger vergeblich bemüht hatte, nur zögernd ein, am ehesten aber doch mit Erzählprosa. *Das große Protokoll gegen Zwetschkenbaum* (R., 1964) beschreibt das Schicksal eines armen Ostjuden in Österreich, des Talmudschülers Schmul Leib Zwetschkenbaum, der nach dem Ersten Weltkrieg in der Mühle der Justiz zugrunde geht. Der Autor mischt österreichisches Kanzleideutsch, Jiddisch und eigene, satirisch-parodistische Wortbildungen. Die Form des fingierten Protokolls blieb für seine Prosa auch weiterhin bestimmend (*Die kleinen Protokolle und das Goggelbuch*, 1965; *Untersuchung an Mädeln*, 1971). »Drachs Texte stammen aus Kafkas Universum, scheinen von Herzmanovsky vorformuliert und von Karl Kraus redigiert.« (U. Weinzierl) Die Geistesverwandtschaft ist unübersehbar. Drach berief sich freilich auch gern auf Grabbe und de Sade, über den er in den Zwanzigerjahren ein »Satansspiel« (*Marquis de Sade,* Dr., 1929) geschrieben hatte, und brachte noch eine spezifische Kälte sowie Sinn für das Groteske in diese brisante Mischung ein. Die »grausame Zufallskomödie der Welt« stellte er wie wenige ungeschönt dar. (→ S. 458, 577, 586)

FRIEDRICH TORBERG kehrte 1951 aus der Emigration in Amerika nach Wien zurück. In dem Roman *Hier bin ich, mein Vater* (1948, e. 1943–46) beschrieb er das Schicksal eines Juden im Dritten Reich, in dem historischen Roman *Süßkind von Trimberg* (1972) nach wenigen, historisch unsicheren Anhaltspunkten das Leben des jüdischen Minnesängers, der durch zwölf Gedichte in der *Manessischen Liederhandschrift* bekannt ist. Seine erfolgreichen Erinnerungsbücher *Die Tante Jolesch oder Der Untergang des Abendlandes in Anekdoten* (1975) und *Die Erben der Tante Jolesch* (1978) behandeln drastisch und wehmütig die Wiener und Prager Szene.

HILDE SPIEL ließ zunächst in englischer Sprache erschienene Romane nun auch auf Deutsch erscheinen: *Flöte und Trommeln* (1958, *Flute and Drums*, 1939), in neuer Fassung *Lisas Zimmer* (1965, *The Darkened Room*, 1961), ein mit deutlich autobiografischen Zügen sehr charakteristischer Roman, insofern er die Außenseitersituation von Emigranten beschreibt, die sich als Überlebende eines Österreichs empfanden, das es

nicht mehr gab. Von diesem vergangenen Österreich sprach indirekt auch die in Triest angesiedelte Erzählung *Mirko und Franca* (1980), eine Liebesgeschichte.

Heimito von Doderer (1896–1966)

Doderer wurde in Hadersdorf-Weidlingau bei Wien in einer Familie namhafter Techniker und Architekten geboren, wuchs in Wien auf, geriet als junger Reserveoffizier 1916 in russische Gefangenschaft; lebte bis 1920 in Sibirien, wo er zu schreiben begann (1923 erschien sein Gedichtband *Gärten und Straßen*). Er studierte in Wien und promovierte bei dem Historiker Oswald Redlich (*Zur bürgerlichen Geschichtsschreibung in Wien während des 15. Jahrhunderts*, 1925). Später freier Schriftsteller, trat er 1933 der illegal bestehenden nationalsozialistischen Partei bei und lebte zeitweilig in Bayern (Dachau). 1939 konvertierte er zum Katholizismus. Ab 1940 erneut Soldat, geriet er in Norwegen in englische Kriegsgefangenschaft, kehrte 1946 nach Wien zurück und wurde 1950 Mitglied des Instituts für Österreichische Geschichtsforschung. Gestorben in Wien.

Doderer, der als Schriftsteller erst in den Fünfzigerjahren, dann aber umso stärkere Resonanz fand, entwirft in seinen Wiener Romanen ein Zeitbild aus den Jahren 1910 bis 1927. Er belebt das großstädtische Panorama mit vielen Gestalten, deren Lebensläufe und Schicksale nebeneinander beschrieben und zugleich miteinander verknüpft werden und zusammen einen Querschnitt durch alle Stände, Berufe und Lebenskreise bieten. Sprachlust, Detailfreude und skurriler Humor erinnern an Jean Paul, ungezählte erzählerische Arabesken überlagern die lineare Komposition.

Einen Zugang zu seiner Darstellungsweise eröffnet die Erzählung *Die erleuchteten Fenster oder Die Menschwerdung des Amtsrates Julius Zihal* (1951, e. 1939), die aus dem viel umfangreicheren Roman *Die Strudlhofstiege oder Melzer und die Tiefe der Jahre* (1951), Doderers künstlerisch bedeutendster Leistung, ausgegliedert wurde. Die gleichnamige Wiener Stiegengasse bildet den räumlichen Mittelpunkt dieses verschlungenen Erzählwerks, das in den Jahren 1923/25 – mit Rückblendung auf die Vorkriegszeit 1910/11 – spielt. Protagonist ist der ehemalige Major und nunmehrige Amtsrat der österreichischen Tabakregie Melzer, der in einer zwiespältigen und morbiden Welt die Aufgabe meistert, in Denken und Handeln »Zivilverstand« und eine gelassene Heiterkeit zu erwerben.

Das Buch zeigt, was alles zum Dasein eines verhältnismäßig einfachen Menschen gehört. Und welcher lange Hebel – von Konstantinopel bis Wien, von Budapest bis Buenos Aires – das Leben bedarf und sich bedient und wie vielerlei Kräfte es daran wendet, um auch nur einen einzigen solchen einfachen

Mann durch die Etappen seines Schicksals zu bewegen; welches so sehr zum Kreuzungspunkte vieler Schicksale wird, dass es mitunter fast nur als deren Verbindendes erscheint. (*Tangenten*, 28. 1. 1948, »Entwurf für den Verlag«)

Doderer hat *Die Strudlhofstiege* als »Rampe« zu dem mit über 1300 Seiten noch umfassenderen Roman *Die Dämonen. Nach der Chronik des Sektionsrates Geyrenhoff* (1956) bezeichnet. Seinerseits wirkt das spätere Werk erweiternd und vertiefend auf das frühere zurück. Eine Vielzahl von Personen tritt in Erscheinung, z. T. sind sie mit solchen in den zwei erstgenannten Romanen identisch. Die besonders in den *Dämonen* ungebremste Detailfülle und zuweilen chaotisch anmutende Kombinationskraft macht es den Lesern allerdings nicht leicht, sich die zugrunde liegenden Handlungsstrukturen zu vergegenwärtigen – der Autor entwarf sie am Reißbrett, aber bezeichnenderweise fehlte in kaum einer Rezension der Hinweis auf die Schwierigkeit einer Inhaltsangabe. Das Zeittypische und charakteristisch Wienerische von Doderers »Trilogie«, von der man unter Einbeziehung der *Erleuchteten Fenster* gesprochen hat, ergibt sich vielmehr aus dem erzählerischen Ganzen, das mehr vermittelt als die Summe seiner Teile. Oftmals bleiben die Vorgänge, die Doderer erzählt, für sich genommen banal, er lässt sich auch auf das Nebensächlichste bereitwillig ein, um dem Anspruch einer durch kein Vorurteil verstellten Wirklichkeit gerecht zu werden.

Der Titel *Die Dämonen* folgt dem gleichnamigen Werk Dostojewskis, die Handlung umfasst, beginnend im Sommer 1926, ein Jahr, nämlich bis zum Brand des Wiener Justizpalastes am 15. Juli 1927. Dieses Ereignis kündigte nach Doderers Überzeugung die Katastrophen des Massenzeitalters an, das »Cannae der österreichischen Freiheit«. Das Datum des Justizpalastbrandes bildet aber auch den Wendepunkt in der Biografie mehrerer Romangestalten, deren private Schicksale bis hin zu den abschließenden Hochzeiten gängigen Romankonventionen folgen. Der Schluss formuliert die Hoffnung, dass der Bann der doktrinären und totalitären Mächte zu brechen ist, solange Menschen die Kraft haben, zu ihrem eigentlichen Wesen zurückzufinden.

Die Entstehungszeit der *Dämonen* umfasst mehr als zwei Jahrzehnte, der erste Teil des Romans lag bereits 1937 vor, wurde aber von Autor und Verlag aus politischen Rücksichten zurückgehalten. Die entschiedene Absage an jede Ideologie ist Ergebnis eines langsamen Reifeprozesses, dessen konservative Grundierung der Zeitstimmung in der Frühzeit der Zweiten Republik allerdings vorzüglich entsprach. Nicht minder trug

Heimito von Doderer vor der Strudlhofstiege: »Wenn die Blätter auf den Stufen liegen / herbstlich atmet aus den alten Stiegen / was vor Zeiten über sie gegangen. / Mond darin sich zwei dicht umfangen / hielten, leichte Schuh und schwere Tritte, / die bemooste Vase in der Mitte / überdauert Jahre zwischen Kriegen. // Viel ist hingesunken uns zur Trauer / und das Schöne zeigt die kleinste Dauer.«

zum Erfolg der Romane Doderers bei, dass das Wiener Publikum sich in ihrem Figurenpersonal noch immer wiederfinden konnte. Außenstehenden Betrachtern wiederum erschienen sie wie ein »Sesam-öffne-dich« in die österreichische Geistesart.

Daneben entstanden kleinere Arbeiten: Die Erzählung *Das letzte Abenteuer* (1953), der »in der Hauptsache nebenhin« verfasste Roman *Die Merowinger oder Die totale Familie* (1962), die groteske Geschichte des letzten Merowingersprosses Childerich III., eine Satire mit selbstironischen Elementen, handelt es sich bei dem Erzählten doch, wie der Epilog ausweist, um den »Mordsblödsinn« des Schriftstellers »Doctor Döblinger«, der im Roman selbst auftritt. Postum erschien das *Repertorium. Ein Begreifbuch von höheren und niederen Lebens-Sachen* (1969). Sein letztes umfangreiches Projekt konnte Doderer nicht mehr verwirklichen. Der Roman *Die Wasserfälle von Slunj* (1963), der in der Donaumonarchie der Jahre 1880 bis 1910 spielt, bildet den ersten Teil des auf vier Bände berechneten Vorhabens. Das ebenfalls postum publizierte Romanfragment *Der Grenzwald* (1967) setzt Ende des Weltkriegs ein. (→ S. 437, 578)

Formkunst und Tradition

Doderer brach als Romancier und Stilist mit Konventionen, er gab dem Umgangssprachlichen sowie dem Grammatisch-Eigenwilligen Raum. Anders ALEXANDER LERNET-HOLENIA, dessen erzählerisches Spätwerk (*Der Graf von Saint-Germain*, R., 1948; *Der junge Moncada*, R., 1952; *Der Graf Luna*, R., 1955) Eleganz und Heiterkeit erkennen lässt, sowie sein fortdauerndes bevorzugtes Interesse für die Klasse, die im Kaiserreich gesellschaftlich tonangebend gewesen war. Wenn Lernet-Holenia sich immer weiter von der sozialen Wirklichkeit der Epoche entfernte, so blieb er doch zeitlebens eine österreichische Institution und seine Formkunst ein graziöser Protest gegen den gleichmacherischen Geist der Zeit.

Ein Autor der jüngeren Generation, an den sich in den Fünfzigerjahren beträchtliche Erwartungen knüpften und dessen Entwicklung weniger extrem als die des annähernd gleichaltrigen Gerhard Fritsch verlief, war der besonders als Kritiker einflussreiche HERBERT EISENREICH. Neben Doderer und Gütersloh zählte Faulkner zu seinen Vorbildern (*Einladung, deutlich zu leben*, E., 1951; *Auch in ihrer Sünde*, R., 1953; *Böse schöne Welt*, En., 1957; *Sozusagen Liebesgeschichten*, En., 1965; *Die blaue Distel der Romantik*, En., 1976). In der Tradition Lichtenbergs schrieb Eisenreich auch Aphorismen (*Groschenweisheiten*, 1985). Nur ein Jahr vor seinem Tod erschien das Fragment des Romans *Die abgelegte Zeit* (1985, ursprünglich u. d. T. *Sieger und Besiegte* geplant), an dem Eisenreich über 30 Jahre gearbeitet hatte.

Boulevardromane

Der erfolgreichste Autor von Unterhaltungsliteratur wurde der aus Wien gebürtige JOHANNES MARIO SIMMEL (1924), dessen erste Publikationen noch Zeugnisse einer echten Auseinandersetzung des Autors mit der Epoche sind. Paul Kruntorad vergleicht die Novellensammlung *Begegnung im Nebel* (1947) mit frühen Arbeiten von Ilse Aichinger und Herbert Zand. *Mich wundert, daß ich so fröhlich bin* (R., 1949) erzählt, offensichtlich inspiriert von Thornton Wilders damals viel gelesenem Roman *Die Brücke von San Luis Rey*, von den Schicksalen von sieben bei einem Luftangriff auf Wien verschütteter Personen, von der Solidarität und den Anfechtungen der Eingeschlossenen sowie den Umständen ihrer Befreiung. Eine human-aufklärende Tendenz, nicht zuletzt in der Darstellung von Problemen zur Zeit der nationalsozialistischen Herrschaft blieb in Simmels Romanen auch dann noch bemerkbar, als er sich künstlerisch immer weniger risiko-freudig zeigte, vielmehr in der Anwendung bewährter Muster marktsichere Virtuosität erlangt hatte (*Gott schützt die Liebenden*, 1956; *Affäre Nina B.*, 1958; *Es muß nicht immer Kaviar sein*, 1960; *Liebe ist nur ein Wort*, 1963; *Lieb Vaterland magst ruhig sein*, 1965; *Alle Menschen werden Brüder*, 1967; *Und Jimmy ging zum Regenbogen*, 1970; *Der Stoff, aus dem die Träume sind*, 1971; *Die Antwort kennt nur der Wind*, 1973; *Niemand ist eine Insel*, 1975; *Bitte laßt die Blumen leben*, 1983; *Doch mit den Clowns kamen die Tränen*, 1987; *Im Frühling singt zum letzten Mal die Lerche*, 1990; *Herzen im Sturm*, 1992). Politik und Liebe, Geschäft und Spionage bildeten den bevorzugten Inhalt dieser Romane, die in viele Sprachen übersetzt wurden und auch als Filme erfolgreich waren. Der Roman *Träum den unmöglichen Traum* (1996) trägt autobiografische Züge. Simmel schrieb ferner Drehbücher, Kinderbücher und die Komödie *Der Schulfreund* (1959), in dem er das Schicksal eines Wiener Geldbriefträgers darstellt, der sich, um Protektion zu erlangen, als Schulfreund Hermann Görings ausgibt.

Auch MILO DOR (eigentlich Milutin Doroslovac, 1923) war von Kruntorad mit Simmel verglichen worden. Er stammte aus serbischer Familie, war in Budapest, im Banat und in Belgrad aufgewachsen, kam als Widerstandskämpfer 1942 in deutsche Haft, 1943 als Zwangsarbeiter nach Wien, wo er blieb und auf Deutsch zu schreiben begann (*Unterwegs*, En., 1947). *Tote auf Urlaub* (1952) erschien als erster Teil einer mit *Nichts als Erinnerung* (1959) und *Die weiße Stadt* (1969) fortgeführten weitgehend autobiografischen Romantrilogie. Das kultur- und zeitgeschichtlich interessante Werk, das auch die Geschichte seiner Familie einschloss, fand Anerkennung, aber wenig Käufer. Milo Dor schrieb daher, teilweise zusammen mit seinem Freund REINHARD FEDERMANN (1923–1976), um des Broterwerbs willen, auch viel leichtgängig Belletristisches (*Romeo und Julia in Wien*, 1954; *Othello von Salerno*, 1956 u. a.), 1982 einen Roman über das Attentat von Sarajewo (*Der letzte Sonntag*). Mitteleuropa und der Balkan blieben seine Welt auch als verdienstvoller Übersetzer slawischer Autoren (Ivo Andrić, Danilo Kiš, Miroslav Krleža).

Romanciers aus Galizien und der Bukowina

MANÈS SPERBERS Romantrilogie *Wie eine Träne im Ozean* behandelt aufgrund eigener Erfahrungen das Leben linker europäischer Intellektueller vor dem Zweiten Weltkrieg und während desselben. »Die Saga des Komintern« hat André Malraux, der mit Sperber befreundet war, das an Schauplätzen und Situationen reiche Werk genannt, das Missbrauch und Entstellung der revolutionären Bewegung durch die kommunistische Führung darstellt. Der erste Teil, *Der verbrannte Dornbusch* (1949) von dem francophilen Autor mit bitterer Wahrheitsliebe gestaltet, zeigt Frankreich wie es sich in den Erfahrungen Exilsuchender spiegelt, die beiden folgenden Teile sind *Tiefer als der Abgrund* (1950) und *Die verlorene Bucht* (1951) betitelt. Das Vorwort der Trilogie schließt mit den Sätzen: »Wie so viele andere Schriftsteller vor ihm hat der Autor seinen Lesern nur eines angeboten – mit ihm seine Einsamkeit zu teilen. Vielleicht ist dies die einzige Form der Gemeinschaft, in der jene zueinander finden, die aus der gleichen Quelle den Mut schöpfen müssen, ohne Illusionen zu leben.«

Im Zuge der postumen Wiederentdeckung SOMA MORGENSTERNS trat auch sein bisher nur teilweise auf Deutsch erschienenes Romanwerk wieder ans Licht. Der Freund Joseph Roths im Korrespondententeam der *Frankfurter Zeitung* hatte sich im Exil entschlossen, den Journalismus aufzugeben und sich ganz der Literatur zu widmen. Von seiner Romantrilogie *Funken im Abgrund* erschien der erste Band *Der Sohn des verlorenen Sohnes* (1935) noch in Deutschland, die beiden anderen Teile erst nach dem Krieg in den USA in englischer Übersetzung (*In My Fathers Pastures*, 1947; *The Testament of the Lost Son*, 1950). Die deutsche Gesamtausgabe der Trilogie kam 1996 heraus, gefolgt von dem Roman *Die Blutsäule. Zeichen und Wunder am Sereth* (1997, e. 1946–53), der zunächst ebenfalls auf Englisch erschienen war (*The Third Pillar*, 1955), 1964 auch in einer deutschen Ausgabe, die kaum Beachtung gefunden hatte. (→ S. 445, 578)

Morgensterns Erzählweise erinnert an die russische Epik des 19. Jahrhunderts, an Jeremias Gotthelf und Gottfried Keller. Der Wert seiner detailfreudigen Romane, ebenso wie der seiner bereits erwähnten Jugenderinnerungen, liegt in ihrer Authentizität, besonders auch in seiner Darstellung der religiösen Welt des Ostjudentums.

Keiner mühsamen Wiederentdeckung bedurfte es im Falle GREGOR VON REZZORIS (eigentlich Gregor d'Arezzo, 1914–1998), Abkömmling einer ursprünglich sizilianischen Familie, die es im 18. Jahrhundert nach Wien verschlagen hatte, der als Sohn eines k. u. k. Beamten in Czernowitz geboren wurde und in Rumänien und Österreich aufgewachsen war. Für seine satirisch aufgefassten *Maghrebinischen Geschichten* (1953) und den nicht minder unterhaltsamen Roman *Ein Herme-*

lin in *Tschernopol* (1958) fand er ein dankbares Publikum. Wenn die Hauptfigur in *Der Tod meines Bruders Abel* (R., 1976) sich als »Findelkind« des Habsburger Mythos bezeichnet, sieht ihm der Autor über die Schulter, so eng ist sein erzählerisches Werk mit der oftmals phantastisch anmutenden Welt der östlichen Grenze, dem, wie er es nannte, »Balkanischen Operettenland« verbunden. (→ S. 577)

Erzähler aus Böhmen

GEORGE SAIKO (1892–1962) veröffentlichte 1948 seinen ersten Roman, zugleich sein Hauptwerk: *Auf dem Floß*, der mit vielen psychoanalytischen Bezügen die Welt eines feudalen Großgrundbesitzers in der Zeit nach dem Ersten Weltkrieg beschreibt. Der nationalsozialistische Putsch in Österreich im Juli 1934 bot den Stoff für *Der Mann im Schilf* (R., 1955). Von den Putschisten entkommt einer in das undurchdringliche Schilf am Ufer eines Sees im Salzburgischen. Zuerst nur in den Protokollen, später auch im Bewusstsein der Zeugen wird er zum Alleinschuldigen, zur Personifizierung des Opfers, dem alle Sünden angelastet werden. Auch in diesem Zeitroman, der mehr sein will als die Darstellung eines bestimmten politischen Geschehens, überwiegt das tiefenpsychologische Interesse. Die Teilnehmer des Putsches werden auf ihre Motive hin analysiert, die Frage des Autors gilt Antriebskräften und Verhaltensmustern, die jederzeit wirksam sind. Er hat für seine Romane und Erzählungen (*Der Opferblock*, En., 1962 u. a.) Anerkennung von berufener Seite – so von Doderer und Canetti – gefunden, aber nur wenig Erfolg beim Leserpublikum.

GERTRUD FUSSENEGGER beschrieb in der Romantrilogie *Die Brüder von Lasawa* (1948), *Das Haus der dunklen Krüge* (1951), *Das verschüttete Antlitz* (1957) den Weg Böhmens durch die Jahrhunderte. 1960 erschien der Roman *Zeit des Raben, Zeit der Taube* um Madame Curie und Léon Bloy, weiterhin *Die Pulvermühle* (R., 1983), *Sie waren Zeitgenossen* (R., 1983, später u. d. T. *Sie waren Zeitgenossen und sie erkannten ihn nicht*, eine Variante des berühmten Satzes aus der Emmaus-Erzählung des Lukas-Evangeliums) und *Jirschi oder Die Flucht ins Pianino* (R., 1955) sowie mehrere Bände mit Erzählungen. Beherrscht und differenziert setzt sie die Worte; sie begreift und macht begreiflich, enthält sich jeder literarischen Attitüde.

Tiroler Autoren

FRANZ TUMLER, derselben Generation wie Gertrud Fussenegger angehörig und als Südtiroler ebenfalls von der Erfahrung des leidvollen und produktiven Nebeneinanders zweier Völker geprägt, sucht wie sie von der Zeit zu lernen, ohne sich ihr auszuliefern. In seinen nach 1945 verfassten Romanen dominieren zunächst Gefühle von Einsamkeit und Resignation (*Der alte Herr Lorenz*, R., 1949; *Heimfahrt*, R., 1950). Die artistische Bemühung gewinnt darüber noch an Intensität. *Ein Schloß in Österreich* (1953) und *Der Schritt hinüber* (1956) sind nach Fabel und Psychologie konventionell, aber die Thematisierung der Zeit als Erfahrungsproblem verrät den modernen Erzähler. Die neun Jahre später beendete *Aufschreibung aus Trient* (1965) ist in einer neuen Weise konkret: Ein erarbeitetes Geschichts- und Gegenwartsbewusstsein wird spürbar und dokumentiert, dass der Autor sich von früher eingenommenen politischen Positionen gelöst hat. Der Roman ist ebenso wie der landeskundliche Report *Das Land Südtirol* ein um historische Gerechtigkeit bemühter Beitrag zur Aufarbeitung des Nationalitätenproblems und zur Kenntnis einer Region. Über seine Erzähltechnik hat Tumler sich geäußert in *Wie entsteht Prosa* (1962, später u. d. T. *Volterra. Wie entsteht Prosa*, 1965). Er verweist hier auf die etymologische Nähe von »Erzähler« und »Zählen«: »Nichts auslassen« und »Alles gleich wichtig nehmen«: Das Beispiel liefern Geschichte und Gegenwart einer mittelitalienischen Stadt.

JOSEPH ZODERER (1935) erzählte in *Das Glück beim Händewaschen* (R., 1976) von einem Südtiroler Optantenkind, das durch die Hilfe des Pfarrers während des Krieges Aufnahme in einem von Franziskanerpatres geleiteten Schweizer Internat findet, das es zuletzt aus eigenem Entschluss vorzeitig verlässt. Es war seine eigene Geschichte. *Die Walsche* (R., 1982) handelt von einer Frau, der geglückt ist, was ihr Vater, ein heruntergekommener Lehrer, vergeblich gewünscht hatte: Weggehen zu können, das Dorfleben mit dem in der Stadt zu tauschen. Als sie zum Begräbnis des Vaters besuchsweise zurückkehrt, stößt sie, die inzwischen mit einem Italiener lebt, auf unüberbrückbare Ablehnung. Die folgenden Romane lassen Zoderers Bestreben erkennen, von der engeren Heimat räumlich und stofflich Abstand zu gewinnen. *Lontano*, 1984, bietet ein bezeichnendes Beispiel, *Das Schildkrötenfest*, 1995, ist in Mexiko angesiedelt.

Zoderer hat für sein Schaffen Anerkennung und öffentliche Förderung erfahren. Für NORBERT CONRAD KASER (1947–1978) blieben sie aus oder kamen zu spät. Armut begleitete den aus Brixen stammenden zeitweiligen Franziskanernovizen und Aushilfslehrer von Kind auf. Als er zu trinken begann, verlor er bald den

Marlen Haushofer, Ende der Fünfzigerjahre

Halt. Obwohl er eine Fülle von Manuskripten unterschiedlicher Art angehäuft hatte, gelang ihm zu seinen Lebzeiten niemals eine selbstständige Veröffentlichung. *Kalt in mir. Ein Lebensroman in Briefen* (1981) besorgt von Hans Haider, zog das Resümee einer Existenz, mit deren Problemen sich viele junge Autoren der Region identifizierten.

Marlen Haushofer (1920–1970)

Eigentlich Marie-Helene Frauendorfer, geboren in Frauenstein/Steiermark, lebte nach einem abgebrochenen Germanistikstudium das Leben einer bürgerlichen Hausfrau, Mutter und Sprechstundenhilfe ihres Mannes (Zahnarzt). Unter ihren wenigen literarischen Kontakten war besonders der zu Hans Weigel, der sie förderte, von Bedeutung. 1968 Österreichischer Staatspreis für Literatur. Gestorben in Wien, in Steyr begraben.

Marlen Haushofers Erzählwerk hat zu ihren Lebzeiten nur wenig Beachtung gefunden, obwohl bereits ihre erste Buchveröffentlichung *Das fünfte Jahr* (E., 1952) einen staatlichen Förderungspreis erhielt, der Roman *Die Wand* (1963) und der Erzählband *Schreckliche Treue* (1968) ebenfalls ausgezeichnet wurden. Die Nichtbeachtung und die damit verbundene Isolation der Autorin verwundern insofern nicht, als das Thema ihrer Romane und Erzählungen selbst die Geschichte einer Isolation und Entfremdung ist. In immer neuen Variationen beschreibt sie Schicksale von Frauen, die sich in einer sozialen Ordnung gefangen sehen, aus der kein Entkommen möglich ist und in der sogar das Bewusstsein des Wunsches nach Veränderung unterdrückt ist. Nicht in die Emanzipation, sondern in die Beziehungslosigkeit führt konsequenterweise der Weg dieser Frauen. Die Folge der Erzählungen nach Erscheinungsdaten entspricht nicht der Chronologie der Entstehung (*Die Tapetentür*, R., 1957; *Wir töten Stella*, 1958; *Himmel, der nirgendwo endet*, R., 1966; *Die Mansarde*, R., 1969). Als Marlen Haushofers Werk in den Achtzigerjahren wiederentdeckt wurde, fand *Die Wand* besondere Beachtung, weil das in diesem Roman geschilderte Desaster nicht allein als Darstellung weiblicher Isolation (durch eine plötzlich entstandene unsichtbare Wand zwischen der Ich-Erzählerin und der Welt), sondern auch als Hinweis auf eine mögliche technische oder kriegerische Katastrophen größten Umfangs gelesen werden konnte.

Marlen Haushofer schrieb auch Kinderbücher (*Bartls Abenteuer*, 1964; *Brav sein ist schwer*, 1966; *Müssen Tiere draußen bleiben?*, 1967; *Wohin mit dem Dackel?*, 1968; *Schlimm sein ist auch kein Vergnügen*, 1970).

Ingeborg Bachmanns Prosa

Ingeborg Bachmann begann früh, Prosa zu schreiben. Eine historische Erzählung aus dem Jahre 1813 *Das Honditschkreuz*, die vermutlich 1944 entstand, erschien postum (1972). Ein früher, ungedruckt gebliebener Roman *Stadt ohne Namen* ist bis auf Bruchstücke verloren.

Die erste selbstständige Prosaveröffentlichung *Das dreißigste Jahr* (1961) umfasst sieben Erzählungen. Das übereinstimmende Grundthema bildet das Verhältnis des Einzelnen zur Welt, den (zuletzt immer vergeblichen) Versuch, sich Freiheit des Handelns und des Verhaltens vor den »Fallen« zu bewahren, mit denen er umstellt ist. Dementsprechend pessimistisch ist die Bilanz, die bereits die Titelgeschichte zieht: »Er« – die Hauptfigur bleibt wie noch in anderen Erzählungen ohne Namen – erkennt in seinem »dreißigsten Jahr«, dass die Zukunft nur um den Preis gelebt werden kann, die Welt und sich selbst anzunehmen und für die anderen »verbindlich« zu sein. »Jetzt weiß er, dass auch er in der Falle ist«, bemerkt das Erzähler-Ich. *Alles* handelt vom vergeblichen Versuch eines Vaters, in seinem Sohn zu verwirklichen, was ihm selbst misslang, *Ein Schritt nach Gomorrha* den Einbruch einer lesbischen Erfahrung in eine geordnet scheinende Ehe, die abschließende Erzählung *Undine geht* die Unvereinbarkeit eines auf absolute Freiheit zielenden Verhaltens, das sich im Verhältnis von Mann und Frau mit keiner wie immer begrenzenden Ordnung zu arrangieren bereit ist, vielmehr in der Klage über die Unzulänglichkeit des Partners, allerdings auch im Bekenntnis der Liebe zu ihm ohne Hoffnung verharrt.

Der Widerstreit von Individuum und Gesellschaft, der unbedingte Anspruch des Gefühls – im Kern nicht neue Erfahrungen – wurden von Ingeborg Bachmann mit ungewöhnlicher Intensität vorgetragen und, wie ihre Biografie im zunehmenden Maße zu bestätigen schien, auch gelebt. Von der Klage der Frau in *Undine geht* führt ein Bogen zu den quälenden Phantasien der Ich-Erzählerin in dem Roman *Malina* (1971). »Deine Einsamkeit werde ich nie teilen«, sagt Undine, die immer wieder in ihr Element zurückkehrt, »weil da die meine ist, von länger her, noch lange hin«. Das ist in Abwandlungen immer wieder Ingeborg Bachmanns Thema gewesen, die sich nicht zu schützen wusste gegen die »ungeheuerliche Kränkung, die das Leben ist«. *Malina* entstand als Teil eines Romanzyklus *Todesarten*, dessen andere Teile die unvollendeten Romane *Der Fall Franza* und *Requiem für Fanny Goldmann* (1979) bilden sollten. Der zweite Band Erzählungen *Simultan* (1972) beschreibt Lebenssituationen von fünf unverheiratet lebenden Frauen. Durch Umfang, autobiografische und intertextuelle Bezüge fällt *Drei Wege zum See* besonders auf. Erzählt wird vom Besuch einer in Paris lebenden erfolgreichen Journalistin bei ihrem Vater in Klagenfurt. Unter verschiedenen Beziehungen zu Männern, die sie eingegangen ist, war die zu dem durch Selbstmord geendeten Franz Joseph Trotta von besonderer Bedeutung für sie, weil sie durch Trotta, der in Paris im Exil lebte, auch in ihrem Berufsethos geprägt worden war. Der Name verweist über Joseph Roth auf das habsburgische »Haus Österreich«, dem sich Ingeborg Bachmann, die inzwischen Italien zu ihrer Wahlheimat gemacht hatte, weiterhin verbunden fühlte.

Seitdem die Dichterin den Übergang vom lyrischen zum epischen Schaffen (welches allerdings bis zuletzt lyrische Züge behielt) vollzogen hatte, war sie in der Kritik umstritten. Während die einen (vor allem Kritikerinnen) die Bedeutung ihrer Lyrik als vergleichsweise konventionell inzwischen niedriger veranschlagten und der Prosa vermehrte Aktualität zubilligten, sahen andere darin einen künstlerischen Verlust und tadelten modische und sentimentale Aspekte ihrer Prosa.

Die erschreckenden Begleitumstände ihres Todes durch einen Brandunfall, der sogar Ermittlungen der römischen Polizei wegen eines vermuteten Anschlages zur Folge hatte, der seit längerem erkennbare Prozess einer durch Tablettenabhängigkeit geförderten Selbstzerstörung trugen zur Legendenbildung bei. Erinnerungswerke und Nekrologe bezeugten noch einmal die Faszination, die von ihr ausgegangen war. Uwe Johnson widmete ihr den Bericht *Eine Reise nach Klagenfurt* (1974). Kuno Raeber schrieb in verklärenden Worten von der »Allliebe« einer mädchenhaften Frau, die nur Liebe ausströmte. »Dieser Mensch war ohne Hüllen und Wände, ihre Seele war immer ganz da, teilte sich rückhaltlos mit in jedem Wort und jeder Geste.«

»Alles ist die Hölle« – Thomas Bernhard

Die oftmals höchst unwillige Aufmerksamkeit des Publikums hat Thomas Bernhard zuerst mit seiner erzählenden Prosa gefunden, die völlig auf Krankheit, Elend und Entsetzen konzentriert erscheint: »Alles ist die Hölle. Himmel und Erde und Erde und Himmel sind die Hölle.« Zugleich aber wusste Bernhard, eines der großen komödiantischen Talente der deutschsprachigen Literatur, seine Philippiken und öffentlich ausgetragenen Querelen, seine vom Schreibzwang bestimmte »Übertreibungskunst« in ein ursprünglich religiös bestimmtes Weltbild ironisch einzuordnen.

Frost (1963), sein erster Roman, enthält den in der Ich-Form geschriebenen Bericht eines Medizinstudenten über Sterben und Tod eines Malers, der nach einem qualvollen Leben in einem abgelegenen Gebirgsdorf zugrunde geht. Was der Romantitel ankündigt, physisch und psychisch erfahrene Kälte bis zum Erfrieren im Schnee, lösen die Aufzeichnungen und Briefe des Studenten, den diese Erfahrung überfordert, ohne Schonung ein.

Amras (E., 1964) behandelt das in Auflösung und Tod führende Schicksal einer Innsbrucker Familie, *Verstörung* (R., 1967) schildert die Eindrücke eines Arztsohnes, der seinen Vater begleitet, angesichts Irrer und Sterbender. Nicht anders beschreiben die Texte der Sammlung *Prosa* (1967) und *Ungenach* (E., 1968) eine Welt der Deformation und Morbidität. In *Das Kalkwerk* (R., 1970) wird in Form eines Gerichtsprotokolls von Zeugenaussagen die Verirrung eines Misanthropen entwickelt, der in strenger Isolation an der Durchführung einer fixen Idee, einer Studie über das Gehör, arbeitet, dabei aber scheitert; die Auseinandersetzungen mit seiner gelähmten Frau treiben ihn schließlich zu deren Ermordung. Unüberbrückbar erscheint der

Thomas Bernhard

Gegensatz zwischen der Perfektion der Technik und der Unzulänglichkeit des Menschen, eine Möglichkeit der Heilung ist nicht in Sicht, bestenfalls Einsicht in eine Situation der Hoffnungslosigkeit.

Der Roman *Korrektur* (1975) berichtet vom Scheitern eines österreichischen Mathematikprofessors in Cambridge, der für seine Schwester als gleichsam ideales Bauwerk einen Wohnkegel entwirft und errichtet, dessen Anblick ihren Tod verursacht. Die von ihm verfasste Darstellung dieser verstörenden Erfahrung hebt er bei der (Fahnen-)Korrektur wieder auf. Zuletzt vollzieht er die letzte Korrektur – den Freitod. Drei Bände mit kürzeren Erzählungen folgten. Aufsehen und Protest auch in außerliterarischen Kreisen erregte der Roman *Holzfällen* (1984), eine wütende Attacke Bernhards gegen den Wiener Kulturbetrieb: Der Komponist Gerhard Lampersberg sah sich in der Gestalt des Auersperg herabsetzend porträtiert. 1985 erschien der – vom Autor im Untertitel als »Komödie« bezeichnete – Roman *Alte Meister*, 1986 *Auslöschung – Ein Zerfall* – 651 Seiten großer Prosa ohne einen einzigen Absatz, Bernhards »Kunst der Fuge«, wie ein Kritiker urteilte.

»Weder ahnungsloser Optimismus, noch Ästhetizismus oder alles zerstörender Pessimismus, sondern der tiefe Ernst eines Mitleidenden prägt seine Prosa.« (W. Schwedler) Frühe Prosaskizzen, Kurzerzählungen, poetische Miniaturen und Aphorismen erschienen postum (*In der Höhe*, 1990).

Die Grazer Literaturszene

Eine von Peter Laemmle und Jörg Drews besorgte Publikation *Wie die Grazer auszogen, die Literatur zu erobern* (1975) bot einem größeren deutschen Publikum erstmals Gelegenheit, sich zusammenfassend über die Entwicklung zu informieren, die in der Hauptstadt der Steiermark annähernd einhalb Jahrzehnte früher in Gang gekommen war. *Über die Entstehung der Poesie in der Republik Österreich* war das einleitende Gedicht von Michael Krüger betitelt, und mit leichter künstlerischer Hand gefertigt waren noch andere Beiträge des »Texte, Porträts, Analysen und Dokumente« untertitelten Bandes. Sie stellten klar, dass es sich bei den dem »Forum Stadtpark« und seiner 1960 begründeten Zeitschrift *manuskripte* verbundenen Schriftstellern niemals um Vertreter einer bestimmten Stilrichtung gehandelt hatte, die Zugehörigkeit oftmals auch nur eine lockere war, die die Autoren aus anderen Bindungen nicht löste (auch im Folgenden kann daher nur ergänzend auf einige Autoren aufmerksam gemacht werden, die nicht schon in anderem Zusammenhang behandelt wurden oder wegen der Vielseitigkeit ihres Werkes gesonderte Behandlung erfuhren). Einigend auf die Grazer Gruppe wirkte »die konsequente Abgrenzung gegenüber dem traditionellen literarischen Bestand«, eine Abgrenzung, die »als Schutzwall für die Entwicklung einer neuen Literatur« (M. Mixner) dienen sollte, der man sich in praktischer, auf das Experiment gestellter Arbeit zuwandte. Die abgedruckten Selbstzeugnisse der Autoren, über ihre Wege und auch unfreiwilligen Umwege zur Literatur, zeigten alle Attribute spielerischen Ernstes, der in befreiender Weise auf Pathos verzichtete. So berichtete ALFRED KOLLERITSCH (1931), Herausgeber der *manuskripte*, philosophisch geschult (er hatte über Heidegger promoviert) und selbst Lyriker und Romanautor (*Die Pfirsichtöter. Ein seismographischer Roman*, 1972; *Die grüne Seite*, R., 1974; *Allemann*, 1989), von seinen Schreibanfängen als fünfjähriger Linkshänder (eine Technik, die ihm ein Schlosspfarrer beigebracht hatte, um den Lehrer zu ärgern) und die sich daran anschließenden folgenreichen Katastrophen: »Ich werde weiterschreiben und meine linke Hand suchen und wieder das finden, was mich der Schlosspfarrer gelehrt hat, und dazu die genauere, unverstelltere Welt suchen und die Erfahrungen, deretwegen man überhaupt die Augen öffnet.«

Der Müllersohn und Klagenfurter Literaturprofessor ALOIS BRANDSTETTER (1938) zitierte Carl Ludwig Schleich: »Wenn man die Wissenschaft allzu ernst nimmt, wird man bös. Bewusstsein und Lustigkeit des Gedankenspiels machen gütig und tolerant.« Augenzwinkernd beschrieb er seine im Studium erworbenen vielseitigen Kenntnisse.

Ich schrieb Referate über die Rolle der Westindischen Kompanie, die Kindertotenlieder bei Eichendorff und Rückert, die Querela de divisione imperii des Florus von Lyon, über Ferdinands II. Verhältnis zu den Schönen Künsten und die Damnatio memoriae der frühen römischen Kaiserzeit. Ich wurde zuletzt mit meinen laut- und bedeutungskundlichen Untersuchungen an der Mundart von Pichl bei Wels zum Doktor der Philosophie promoviert.

Für Brandstetter, den »Mann aus Pichl« und »katholischen Misanthropen«, wie er in einer von Egyd Gestättner besorgten Anthologie zu seinem 60. Geburtstag genannt wird, ist die literarische Form der »Schwadronade« charakteristisch, das sind kürzere Monologe von Innen- und Außenseitern, die über ein regional begrenztes, aber überregional bedeutungsvolles Geschehen naiv-kritisch räsonieren (*Überwindung der Blitzangst*, 1971; *Ausfälle. Natur- und Kunstgeschichten*, 1972; *Daheim ist Daheim. Neue Heimatgeschichten.* 1973). »Schwadronierendes Erzählen« findet sich auch in seinen Romanen. In *Zu Lasten der Briefträger* (1974) beschwert sich ein anonymer Kunde in einer Reihe von Briefen beim Postmeister des niederbayerischen Ortes Prach, in *Die Mühle* (1981) schreibt ein Müller und Berufsschullehrer in einem langen Brief an seinen Neffen, dem er die Mühle übergeben hat, sein Leben auf, in *Hier kocht der Wirt* (1995) erläutert der Gasthofbesitzer von Gerlamoos, einem Dorf in Oberkärnten, einem Wiener Kunstgeschichtler seine Sicht der Welt und der Dinge, in *Die Zärtlichkeit der Eisenkeils* (2000) schließlich tritt der Autor selbst als Ich-Erzähler auf und lässt um den Eisvogel, der oberösterreichisch »Eisenkeil« genannt wird, allerlei Geschichten ranken. Gelegentlich sah sich Brandstetter dem Vorwurf ausgesetzt, »professorale Prosa« (G. Stöcker) zu schreiben.

Für die studierte Orientalistin BARBARA FRISCHMUTH (1941) boten die *manuskripte* die erste Möglichkeit zu publizieren. 1968 erschien ihre erste Erzählung *Die Klosterschule*, ein autobiografischer Bericht über ein von Ordensfrauen geführtes Gymnasium und Internat in Gmunden am Traunsee. Es geht um »autoritätsgläubige Erziehung, wie sie in fast allen Internaten jeglicher Färbung üblich« sei. Zweifel an der Sprache, Gemeingut ihrer Generation, äußerte Barbara Frischmut schon früh.

Langsam spürte ich, wie sich meine Sinne geschärft hatten, wie ich für Phrasen, Redundanzen, Manipulationen hellhörig wurde [...]. Ich exerzierte weiter: Kindersprache, Sportjargon [...] Ich zitierte und manipulierte vorgeformtes Material, um es durchschaubar zu machen, um die speziellen Ideologien, die dahinter steckten, deutlich zu machen.

Sie erwies sich jedoch als eine sehr produktive Autorin. In rascher Folge erschienen Kinderbücher (*Philomena Mückenschnabel*, 1970; *Biberzahn oder der Khan der Winde*, 1990), Erzählungen und Romane. *Die amoralische Kinderklapper* (En., 1969) spielt auf die *Moralische Kinderklapper* (1787) von JOHANN KARL AUGUST MUSÄUS (1735–1787) an und nimmt eine im Vergleich zur *Klosterschule* gelassene Haltung ein. Es folgten *Geschichten für Stanek* (En., 1969), *Rückkehr zum vorläufigen Ausgangspunkt* (En., 1973), *Bindungen* (E., 1980), *Herrin der Tiere* (E., 1986) bis hin zu *Mörderische Märchen und andere Erzählungen* (1989). Die Reihe der Romane begann mit *Das Verschwinden des Schattens in der Sonne* (1973), der Geschichte des Aufenthalts einer Orientalistikstudentin in der Türkei; und führte über *Amy oder die Metamorphose* (1978), *Kai und die Liebe zu den Modellen* (1979), *Kopftänzer* (1984), *Über die Verhältnisse* (1987), *Einander Kind* (1990) bis hin zu *Die Schrift des Freundes* (1998).

MICHAEL SCHARANGS Begabung entfaltete sich am überzeugendsten im Essay, aber auch er war ein engagierter Erzähler. Der schöne Schein war seine Sache nicht, vom Ästhetischen strebte er weg zur Realität des gesellschaftlichen Prozesses. Als Ziel winkte eine Politisierung der Kunst, wie sie Walter Benjamin vorgeschwebt hatte. Auf sprachlich anspruchsvolle erste Fingerübungen (*Verfahren eines Verfahrens*, En., 1969; *Schluß mit dem Erzählen und andere Erzählungen*, 1970) folgte als erstes größeres Prosawerk *Charly Traktor* (1973), ein proletarischer Roman – nicht eben eine durch Modernität glänzende Gattung –, die Geschichte eines vom Lande stammenden Wiener Arbeiters und seiner Freundin, der Verkäuferin Elfi.

Charly Traktor, wie er wegen seiner amerikanischen Mütze und eines daran befestigten Abzeichens genannt wird, Sohn einer fast wie eine Leibeigene gehaltenen Magd, hat sich in seinen ersten Jahren in Wien in verschiedenen Betrieben naiv ausbeuten lassen. Die Gegenwartshandlung des Romans beginnt mit seiner kurzfristigen Tätigkeit in einer Zündmaschinenfabrik, die er mit Hilfe seiner Freundin Elfi gefunden hat: Auf einer Betriebsversammlung, auf der sonst nur Gewerkschaftsfunktionäre die Sache der Arbeiter vertreten, ergreift er das Wort, fordert weitreichende Verbesserungen, organisiert, als er erfolglos bleibt, einen »wilden«, mithin ungesetzlichen Streik und schlägt, als auch dieser misslingt und ihm Bestrafung angedroht wird, mit einer Brechstange die Stempeluhr zusammen. Er wird entlassen, will künftig nur für sich selbst sorgen, lässt sich auf Kredite ein und erkennt erst nach einem längeren Besinnungsprozess, in dessen Verlauf Elfi sich umzubringen versucht, sein Fehlverhalten. »Als Arbeiter«, erklärt ihm die Frau eines kommunistischen Betriebskollegen, »kann man nur zusammen mit der Arbeiterklasse etwas erreichen.«

Auch der folgende Roman *Der Sohn eines Landarbeiters* (1976) behandelte den Lebensweg eines jungen Mannes vom Land in die Stadt, aber pessimistischer im Ergebnis, denn der Ausbruch des Protagonisten aus der Enge seines burgenländischen Heimatdorfes endet mit dem Freitod im Gefängnis. Darin kam auch eine künstlerische Krise zum Ausdruck. Scharang, der die kommunistische Partei, der er 1973 beigetreten war, fünf Jahre später wieder verließ, blieb zwar auch in der Folge marxistischen Positionen verpflichtet, aber eine unmittelbare Umsetzung gesellschaftspolitischer Ziele in sein erzählerisches Schaffen versuchte er fortan nicht mehr, wie zunächst sein dritter Roman *Der Lebemann* (1979) erkennen lässt, die Geschichte des Managers einer Großbank, der dem geplanten Coup einer Gangsterbande dazu nützt, den Tresor der Bank im eigenen Interesse auszuräumen – seine Freundin wird ihm allerdings auf seinem schnöden Weg nicht folgen. Eher überraschend muteten danach die beiden transatlantischen Romane Scharangs an, *Auf nach Amerika* (1992) und, daran anschließend, *Das jüngste Gericht des Michelangelo Spatz* (1998), die streckenweise ein fast schwärmerisches Bild von Amerika entwerfen (parallel zur fortwährenden Österreichschelte).

Der junge, auf dem Lande herangewachsene, namenlos bleibende Ich-Erzähler ist mit seiner aus dem Großbürgertum stammenden Freundin Maria nach Amerika geflüchtet, sie ihres Vaters wegen, der sich an ihrer Freundin sexuell vergangen hat, er um seine verschollene Großmutter zu suchen; sie durchstreifen das Land und leben bei einem Indianerstamm. Nach langer Trennung treffen sie sich in Wien wieder – er nunmehr mittlerer Beamter am Völkerkundemuseum, Maria, die eine glänzende Karriere gemacht hat, als Beraterin des Kanzlers. Beider Verhältnis zu Österreich ist gestört. (*Auf nach Amerika*) Der nunmehr 54-jährige Erzähler besucht New York als Gast in Marias

Luxuswohnung, bleibt, von der Stadt fasziniert, länger als geplant und begegnet dem hoch begabten Komponisten Michelangelo Spatz wieder, den er bereits unter tragikomischen Umständen in Wien kennen gelernt hatte. Zusammen planen sie eine Fernsehserie, für die sie Vorschuss kassieren, die aber nicht zu Stande kommt. Von einem Haftbefehl bedroht, flüchtet der Erzähler zurück nach Europa in sein gewohntes Leben. *(Das jüngste Gericht des Michelangelo Spatz)*

In merkwürdiger Weise wechseln nachdenkliche, gelegentlich brillante Beobachtungen und Exkurse mit keiner Unwahrscheinlichkeit scheuender Komik.

GERHARD ROTH (1942), der nicht nur in mehr allgemeiner Weise aus der »Grazer Genie-Ecke« stammt, von der Kenner liebevoll-ironisch sprachen, sondern aus der Stadt selbst, begann mit »Miniromanen« wie *die autobiographie des albert einstein* (1972) und *Der Ausbruch des Ersten Weltkriegs. Ein Spionageroman* (1972), die in einer Folge von Kurzkapiteln – manche umfassen nur wenige Zeilen – Einzelszenen eines größeren Vorgangs vergegenwärtigen, der als solcher immer nur partiell erkennbar wird. Nicht von der politischen Vorgeschichte des großen Krieges wird erzählt (darüber erfährt man nichts), sondern von ungewöhnlichen, auch pathologischen Taten Einzelner. In Darstellung und Selbstdarstellung des kranken Individuums wird ein veränderter Blick auf die Realität möglich, ein künstlerisches Experiment, um das es Roth in seinem Frühwerk eigentlich geht.

In 13-jähriger, nicht chronologischer Folge entstand sein siebenteiliger, erst 1994 zusammengestellter Zyklus *Die Archive des Schweigens* (e. 1980–91), der mit dem Text- und Fotoband *Im tiefen Österreich* (1990) beginnt, mit *Der Stille Ozean* (R., 1980), *Landläufiger Tod* (R., 1984), *Am Abgrund* (R., 1986), *Der Untersuchungsrichter. Die Geschichte eines Entwurfs* (R., 1988) Fortsetzung findet und mit *Die Geschichte der Dunkelheit. Ein Bericht* (1991) sowie der ergänzenden Essaysammlung *Eine Reise in das Innere von Wien* (1991) schließt. Den örtlichen Mittelpunkt bildet ein Dorf in der Südsteiermark (Roths Wohnort Obergreith), verbindend figuriert seit *Landläufiger Tod* ein stummer Erzähler, Franz Lindner. Diese Figur erscheint zum ersten Mal in Roths Erzählung *Circus Saluti* (1981), die er, überarbeitet, in den *Landläufigen Tod* übernahm.

Gemeinsam mit einem Freund, dem Jurastudenten Jenner besucht Lindner einen Wanderzirkus, der unweit des Friedhofs sein blaugelbes Zelt aufgeschlagen hat. Sie beobachten die Tiere in ihren engen Käfigen, die Zirkusarbeiter, gestrandete und abhängige Existenzen, die Besucher, die sich

vom trickreichen Zirkusdirektor, der selbst auftritt, willig täuschen und beherrschen lassen. Lindners schriftliche Äußerungen und Fragen – er leidet unter dem, was er sieht – werden von dem skrupellosen Unternehmer geschickt manipuliert, zuletzt bietet er Lindner an, als Clown in seinem Unternehmen aufzutreten.

Roth gelingt in seiner meisterhaften Erzählung eine Mitleid gebietende Vergegenwärtigung menschlicher und kreatürlicher Not, hintergründig eine Parabel über die Außenseiterrolle und Machtlosigkeit des Schriftstellers. In *Am Abgrund* begegnen Lindner als Insasse einer Heilanstalt, Jenner als Mörder ohne Motiv, der seine Taten nüchtern, aber auch fasziniert betrachtet – weil sie straflos bleiben, während ein Unschuldiger verurteilt wird. Daran knüpft sich die folgende, wiederum Motive des Kriminalromans aufnehmende Erzählung *Der Untersuchungsrichter*.

Auch der Roman *Der Plan* (1998) kann als ein »intelligenter und raffinierter Thriller« (R. Schneider) gelesen werden.

Ein Bibliothekar der Österreichischen Nationalbibliothek erliegt der Versuchung, einen entwendeten Ausriss aus Mozarts *Requiem*, der ihm vom Dieb, bevor dieser Selbstmord beging, ausgehändigt wurde, nicht zurückzugeben. Er erhält das mysteriöse Kaufangebot eines japanischen Händlers und fährt, eine Vortragsverpflichtung vorschützend, nach Tokyo. Dort gerät er in Komplikationen, sodann unter Mordverdacht. Das Autograph geht während eines Erdbebens verloren.

Die Globalisierung wirft ihre Schatten, der österreichische Roman wird weltläufig.

Prosa Peter Handkes

Handkes Romane, Erzählungen und Prosabücher gelten letztlich den möglichen Wirkungen der Sprache, der Beziehung von Verhaltens- und Sprachformen: *Die Hornissen* (R., 1966), *Die Angst des Tormanns beim Elfmeter* (E., 1970), *Der kurze Brief zum langen Abschied* (E., 1972), *Die Stunde der wahren Empfindung* (E., 1975), *Die linkshändige Frau* (E., 1976), *Langsame Heimkehr* (E., 1979), *Kindergeschichte* (E., 1981), *Nachmittag eines Schriftstellers* (1987), *Mein Jahr in der Niemandsbucht. Ein Märchen aus den neuen Zeiten* (1994). Einen besonderen Platz in seinem Werk nimmt die Erzählung *Wunschloses Unglück* (1972) ein, in dem er vom Leben seiner Mutter berichtet. Handke begann diese formal am leichtesten überschaubare seiner Prosaarbeiten bereits sieben Wochen nach deren Freitod. Der chronologisch angelegte Lebensbericht wird immer wieder von Reflexionen des Erzählers unterbrochen: Der Erinnerungsprozess ist in den Prozess des Schreibens, dieser in die Darstellung integriert.

Anfangs ging ich deswegen auch noch von den Tatsachen aus und suchte nach Formulierungen für sie. Dann merkte ich, daß ich mich auf der Suche nach Formulierungen schon von der Tatsache entfernte. Nun ging ich von den bereits verfügbaren Formulierungen, dem gesamtgesellschaftlichen Sprachfundus aus statt von den Tatsachen und sortierte dazu aus dem Leben meiner Mutter die Vorkommnisse, die in diesen Formeln schon vorgesehen waren; denn nur in einer nicht-gesuchten, öffentlichen Sprache könnte es gelingen, unter all den nichtssagenden Lebensdaten die nach einer Veröffentlichung schreienden herauszufinden. Ich vergleiche also den allgemeinen Formelvorrat für die Biographie eines Frauenlebens satzweise mit dem besonderen Leben meiner Mutter, aus den Übereinstimmungen und Widersprüchlichkeiten ergibt sich dann die eigentliche Schreibtätigkeit.

Diese Erzählung, ein großes und würdiges Wagnis, ist zugleich Vergegenwärtigung der Kindheitswelt des Autors, die bereits den *Hornissen* stofflich zugrunde lag und die er sich auch in dem dreiteiligen Erzählwerk *Die Wiederholung* (1986) zu erschließen sucht: Der nunmehr 45-jährige Ich-Erzähler erinnert sich seiner 25 Jahre zurückliegenden Erfahrung einer Reise aus dem südlichen Kärnten nach Slowenien und greift in solchem Zusammenhang noch weiter in die Kindheit zurück. Besonders im ersten Teil (»Das blinde Fenster«) klingen Motive aus *Wunschloses Unglück* an.
Wie seinerzeit die Schriftsteller-Kollegen in Princeton und das Publikum in seinem ersten Theaterstück hat Handke auch die Kritiker immer wieder zu provozieren vermocht. Sein Werk ist vielumstritten.

Kritische Heimatliteratur
Eine kritische Darstellung der österreichischen Provinz warf schon ein Jahrzehnt nach dem Krieg ihre Schatten voraus. Einer ihrer Anreger war ein Wiener Großbürgersohn und Wagner-Tenor, Neffe Alban Bergs, HANS LEBERT (1919–1993), der seit 1952 Erzählungen und Gedichte veröffentlichte. Im Krieg war er wegen »Wehrkraftzersetzung« angeklagt gewesen, hatte eine psychische Erkrankung vorgetäuscht und in einem Versteck in den steirischen Bergen überlebt. In seiner Erzählung *Das Schiff im Gebirge* (1955) geht es um die ländlichen Lebensverhältnisse, besonders um die politische Verstocktheit bei der Aufarbeitung der NS-Vergangenheit. Auch Leberts Hauptwerk, der Roman *Die Wolfshaut* (1960), der in einem nur ungenau lokalisierten österreichischen Dorf namens Schweigen

nahe einer Grenze spielt, handelt von der Schuld der Vätergeneration. Die Geschehnisse eines Winters werden aus dem Abstand mehrerer Jahre erzählt.

Die Erschießung von sechs ausländischen Zwangsarbeitern durch die »Ortswacht« in den letzten Kriegstagen fordert weitere Opfer. Ein alter Mann wird auf Veranlassung eines der Dorfhonoratioren ermordet, weil man fürchtet, dass er, senil geworden, zu viel erzählen könnte. Seine Andeutungen haben Johann Unfreund, einen Einzelgänger im Dorf, bereits auf die Spur gebracht, warum sein Vater – der an der Erschießung beteiligt war – sich erhängt hat. Ein aus einer Haftanstalt ausgebrochener Landstreicher wird durch Schläge gefügig gemacht, sich als Mörder an dem geschwätzigen Alten zu bekennen und nach dem falschen Geständnis »auf der Flucht« erschossen. Es ereignen sich noch weitere Todesfälle, bei denen ein rätselhafter Wolf(smensch) beteiligt sein soll (tatsächlich handelt es sich um einen streunenden Hund). Unfreund scheitert bei seinem Bemühen, das Geschehene aufzuklären, am einhelligen Widerstand der Dorfbewohner. Er übersteht durch Zufall einen Anschlag und verlässt den Ort, in dem der Hauptschuldige, der ehemalige Ortsgruppenleiter, zwar bekannt ist, aber der Bestrafung entgehen wird und einer neuen Karriere als Landtagsabgeordneter entgegensieht. Vorangestellt ist dem Roman die Klage des Sohnes aus Wagners *Walküre*: »Doch ward ich vom Vater versprengt: Seine Spur verlor ich, je länger ich forschte. Eines Wolfes Fell nur traf ich im Forst; leer lag das vor mir: Den Vater fand ich nicht.«

Lebert bedient sich sowohl der Wir-Form (der Berichterstatter als Bewohner des Dorfes) als auch der Ich-Erzählung und der Aussagen von Zeugen. Er bietet Innenansichten des winterlich-dunklen Dorfes (das Wirtshaus, »die Worte der Herren vom Stammtisch haben Gewicht, gleich jenen Hintern, unter denen sich die Bank biegt«), aber auch beeindruckende Naturschilderungen von apokalyptischer Symbolik:

Der Morgen zwang sich zur Ruhe (so kam es uns vor; reglos döste er unter dem schieferfarbenen Himmel, unter einer glatten, hohen Wolkenschicht, die bisweilen zu beben schien wie die Haut eines Tieres. Das Land lag dunkel und triefend unter der Haut […], abermals in jenen Verwesungsfarben des Herbstes, aber durchwühlt und durchtränkt und geschwärzt von der nächtlichen Flut.

Dem Leben auf dem Lande wandte auch GERT FRIEDRICH JONKE (1946) seine Aufmerksamkeit zu, sein *Geometrischer Heimatroman* (1969) erweist sich jedoch an einer bestimmten Fabel – eine begonnene Erzählung wird immer wieder unterbrochen – und den mit ihr verbundenen Eigentümlichkeiten uninteressiert. Ihm geht es um das Modell einer Beschreibung,

wie sie sich aus dem sprachlichen Material klischeehaft ergibt. Die Vorlage lieferten ihm die provinzielle
Presse, aber auch amtliche Verordnungen, in deren
bürokratischen Fängen er die örtlichen Rituale und
Arbeitsprozesse vorgeordnet sieht. Jonke hat den in
seinem Romanerstling eingeschlagenen Weg auch in
späteren Prosaarbeiten weiterverfolgt und der Darstellung des Erzählprozesses immer neue Varianten abge-
wonnen: *Glashausbesichtigung* (R., 1970); *Schule der
Geläufigkeit* (R., 1977); *Der ferne Klang* (R., 1979); *Erwachen zum großen Schlafkrieg* (R., 1982). Dem Sohn
einer Pianistin und eines Instrumentenbauers, der Mu-
sikwissenschaft studiert hat, sind musikalische Kom-
positionsprinzipien vertraut, eine seiner Erzählungen
trägt den Titel *In der Form einer Quadrupelfuge*. Der
schon bald geläufig werdende Typus des gesellschaftskritischen Anti-Heimatromans war also von Anfang
an nicht das Ziel von Jonkes Erzählkunst, doch lässt
sich der *Geometrische Heimatroman* auch als Satire auf
die triviale Dorfgeschichte lesen.

»Aus der Welt gefallen« (K.-M. Gauß), »Gescheitert
wie seine Romanfiguren« (P. Mohr), »Langer Abschied
– Als Kind ist er der Hölle mit knapper Not entkommen, als Debütant wurde er in den Himmel gelobt, als
Schriftsteller wurde er totgeschwiegen« (W. Paterno),
»Ein Davonmüssen von sich selbst« (J. Birgfeld) – dies
sind einige der Reaktionen auf den Selbstmord jenes
Autors, der zur Symbolfigur der Antiheimatliteratur
werden sollte, die in den Siebzigerjahren ihren Höhepunkt erreichte. FRANZ INNERHOFER (1944–2002)
dokumentiert in der Trilogie *Schöne Tage* (R., 1974),
Schattseite (R., 1975), *Die großen Wörter* (R., 1979) mit
nahezu volkskundlicher Genauigkeit seine Kindheit
und Jugend. Der unehelich geborene Holl lebt auf dem
väterlichen Hof in einer archaischen Welt.

*Ein Tag-hinter-sich-Bringen war es. Die Dienstboten und
Leibeigenen wurden, sobald einer den Kopf aus der finsteren
Dachkammer reckte, sofort in die Finsternis zurückgetrieben.
Jahraus, jahrein wurden sie um die Kost über die grelle Land-
schaft gehetzt, wo sie sich tagein, tagaus bis zum Grabrand
vorarbeiteten, aufschrien und hineinpurzelten.*

Holl schafft den Absprung, weil er es als Einziger lernt,
mit dem technischen Gerät, das auf dem Hof Einzug
hält, umzugehen. In *Schattseite* verlässt er den Hof, um
in der Stadt Lehrling zu werden. Doch auch hier macht
er alles andere als positive Erfahrungen: »Nichts ist
leichter, als einem Lehrling mit jedem Arbeitsgang
gleichzeitig zu zeigen, dass er ein Idiot ist.« In *Die
großen Wörter* – er schafft es weiter bis zum Studium –

Franz Innerhofer

setzt sich die Desillusionierung fort: Holl, der schon in
Schattseite vom Er-Erzähler zum die eigene Situation
stärker reflektierenden Ich-Erzähler – Franz Holl – geworden war, stellt fest, dass die »großen Wörter« das
Herrschaftssystem zwar analysieren, aber nicht ab-
schaffen können.

Das in diesen Werken dargestellte Milieu vermittelte
nicht mehr die »Exotik« des ersten großen Erfolges,
und die Kritik fand bereits einiges auszusetzen, mehr
noch an der Erzählung *Der Emporkömmling* (1982), die
Holls Weg zurück in die Arbeitswelt darstellt. *Um die
Wette leben*, nach langer Pause 1993 erschienen und als
Roman bezeichnet, wurde von der Kritik nur noch mit
Ablehnung aufgenommen. So bemerkt Karl-Markus
Gauß, der Autor sei nicht »an den Wunden, die ihm in
seiner Kindheit auf dem rauen Land geschlagen wurden«, zugrunde gegangen, »sondern an der Gleichgültigkeit, auf die er in der Welt der ›großen Wörter‹ gestoßen war«. Die Unterstützung von Kollegen kam zu
spät: Bei der Gedenkveranstaltung zu Innerhofers Tod
im Wiener Burgtheater kündigten Elfriede Jelinek, Peter Turrini, Michael Scharang und Gernot Wolfgruber
an, dass sie bis 2004 eine Werkausgabe in die Wege leiten wollten, die auch unveröffentlichte Arbeiten enthält.

JOSEF WINKLERS (1953) erste Romane *Menschenkind* (1979), *Der Ackermann aus Kärnten* (1980), *Muttersprache* (1982), zu einer Trilogie *Das wilde Kärnten* zusammengefasst, wurden als Wiederaufnahme dessen verstanden, was Innerhofer in *Schöne Tage* geleistet hatte. Doch Winkler zeigt Blitzlichter aus meist nur aus wenigen Sätzen bestehenden einander zugeordneten Textteilen. In realistischer, zuweilen auch ekstatischer Sprache trägt er die Leiden seiner Kindheit und Jugend vor, traumatische Erfahrungen wie der gemeinsame Selbstmord zweier Freunde im Stadl des Pfarrhofs. Er versuche schreibend, seine Herkunft, »die sich zwischen zuckenden, blutigen Hahnenköpfen, trottenden Pferden, tänzelnden Kälbersticken bewegte, zu ermorden«. Kreuzförmig ist der Grundriss des Dorfes, bemerkt der Erzähler in *Der Ackermann aus Kärnten*, dem entspricht die Gliederung des Romans, der von Haus zu Haus führt und dessen zentrales Kapitel das elterliche Bauernhaus beschreibt; »wo sich senkrechter und lotrechter Balken treffen, ist das Herz des Kruzifix, der Knotenpunkt meines Romans«. Der abschließende Teil der Trilogie *Muttersprache* (1982) kreist mit besonderer Eindringlichkeit um den Versuch für die eigenen Erfahrungen eine Sprache zu finden. Den bäuerlichen Hintergrund fasst der folgende Roman *Der Leibeigene* (1987) zusammen und behandelt in inhaltlichen Längsschnitten Familienmitglieder, Knechte, Mägde, die eigene Außenseiterposition. Auf Winklers Homoerotik verweisen auch *Das Zöglingsheft des Jean Genet* (1992) und auf Hans Henny Jahnn, Hubert Fichte (dem der *Ackermann aus Kärnten* gewidmet ist) und Oscar Wilde bezügliche Zitate. Der realistische Zugriff bleibt in Winklers weiteren Werken (»Ich möchte so wenig wie möglich eingreifen, ich möchte beobachten und aufzeichnen«) erhalten: *Der Friedhof der bitteren Orangen* (1990) spielt im katholischen Süditalien – Winkler reiht darin Unglücks- und Todesgeschichten aneinander: »Ich arbeite an einer Sprachmaschine, die den Tod in alle Einzelteile meiner Knochen zerlegen wird.« In der »römischen Novelle« *Natura morta* (2001) erzählt Winkler von den »unerhörten Begebenheiten«, die den Händlern und Kunden des Markts auf der Piazza Vittorio Emmanuele und den Besuchern des Vatikans widerfahren. Gleichzeitig zeichnet er Stillleben (dieser in seiner Logik entgegengesetzte Begriff wird in der bildenden Kunst synonym mit »Natura morta« verwendet), eingefrorene Momente von hoher Konzentration, arrangiert tierische Kadaver und menschliche Kreaturen. Es zeigt sich eine »Verfallenheit an den Tod, dem auf Dauer bekanntlich überhaupt nicht,

kurzfristig aber doch mit immer neuen metaphorischen Anläufen beizukommen ist« (J. Strutz).

Neue Erzählentwürfe

ELFRIEDE JELINEK schrieb mit *wir sind lockvögel, baby* (1970) einen Montageroman, in dem das herkömmliche Personal durch Figuren der Popkultur ersetzt ist (Batman, Supermann, die Beatles usw.). *Die Liebhaberinnen* (R., 1975) ist eine kritische Studie über junge Fabrikarbeiterinnen auf dem Lande, deren alleiniges Streben auf Heirat und die mit ihr verbundene soziale Geborgenheit gerichtet ist. *Die Ausgesperrten* (1980) sind Jugendliche, die sich des Einflusses der Erwachsenen entledigen möchten und sich deshalb zu einer Bande zusammenschließen, die Passanten ausraubt und misshandelt. Der Roman, dem ein authentischer Fall zugrunde liegt, setzt die österreichische Wirtschaftswundergesellschaft ironisch ins Licht:

> *Viele der jugendlichen Zuschauer, die sich als Mittelpunkt vorkommen, weil in diesem Film das Mädel von nebenan die Hauptheldin ist, träumen bereits von einem Auto oder einer Vespa, kaum haben die Eltern ihr kriegsbeschädigtes Leben wieder ordentlich zurückerhalten und es in dumpfer Enge zaghaft zu etwas gebracht. Ob es noch funktioniert oder ob es eingerostet ist? Es kann aber gar nicht einrosten, weil die Eltern keine Zeit zum Rasten haben. Sie müssen ihr Vaterland wieder aufbauen. Da müssen egoistische Wünsche schweigen, und nur die Wünsche nach einem neuen Staubsauger, Kühlschrank, einer neuen Musiktruhe dürfen sich hervorwagen, damit ein Handel und ein Wandel entsteht.*

Der viel beachtete Roman *Die Klavierspielerin* (1983) beschreibt die Deformation von Erika Kohut, einer Klavierlehrerin, durch die von der Mutter gesteuerte Abrichtung zur Virtuosin, gleichzeitig wird sie als sexuelles Wesen unterdrückt, ihre Beziehung zu ihrem Schüler Klemmer endet im Desaster. Die Thematik bewirkte, dass Elfriede Jelinek ein Star der Medien wurde, die in ihr die »provozierende und Tabu brechende Feministin« (U. Haß) sahen. Der Medienrummel setzte sich fort mit dem Erscheinen ihres nächsten Romans *Lust* (1989), den Kritiker als »weiblichen Porno« ansahen, eine Rezeption, die Elfriede Jelinek als »massenmediale Katastrophe« empfand: »*Lust* ist ein Text, den ich nie wieder schreiben werde, er ist in seiner sprachlichen Dichte das Äußerste, was ich kann.« (Interview mit P. v. Becker 1992) In diesem Roman deckt Jelinek, wie in ihren anderen Werken auch, »mit chirurgischer Seziergenauigkeit Krankheitsherde im menschlichen Verhalten« auf, sie sucht »männlich bestimmte Pornographie zu konterkarieren und die

Gewalt und Unterdrückung bestimmter Geschlechterbeziehungen aufklärerisch zu demaskieren« (M. Durzak). 1995 legte Elfriede Jelinek mit *Die Kinder der Toten* einen Anti-Heimatroman vor, in dem sie die verleugneten Toten der NS-Zeit beklagt, auf das unsichere Fundament der neuen Republik verweist.

In *Fasnacht* (R., 1981) erzählt INGRID PUGANIGG (1947) in verknappter Sprache von Karl und Martha Dubronski, er zwergwüchsig und sie durch einen Hundebiss entstellt, zwei »beschädigten Menschen«, die sich aufgrund ihrer Andersartigkeit aneinander gebunden haben und doch nicht gemeinsam stärker werden. Während in *Fasnacht* noch Handlung zu finden ist, werden in dem Kriminalroman *La Habanera* (1984) nur noch Ansätze einer Story angeboten, spätere Werke, wie *Laila. Eine Zwiesprache* (1988) und *Hochzeit. Ein Fall* (1992), bilden ausschließlich eine Aneinanderreihung von Notaten.

PETER ROSEI (1946) geht es als Autor um »das Törichtte, Traurige und Schmerzliche des Lebens: das Schöne«. Gleichzeitig sucht er beim Schreiben »immer etwas Neues, etwas anderes«; er wolle »spielen, mich aufs Spiel setzen; vor allem: mich selber überraschen (harmlos ausgedrückt): explodieren«. So umfassen seine Werke stilistisch ein weites Spektrum. Die ersten Veröffentlichungen (*Landstriche*, En., 1972; *Wege*, En., 1974) reihen eher protokollarisch-nüchtern Beobachtungen aneinander, das Gefühl einer »Orientierungs und Ziellosigkeit des Geschehens« wird vermittelt, »die sich in der Ohnmacht der Theorie gegenüber der blinden Gesetzmäßigkeit des Wirklichen spiegelt«. Spätere Werke tendieren zu einer multiperspektivischen Sichtweise. *Die Milchstraße. Sieben Bücher* (R., 1981) besteht aus Episoden um den Protagonisten Ellis (erinnernd an Elis Fröbom aus E. T. A. Hoffmanns *Die Bergwerke von Falun* und Lewis Carrolls *Alice in Wonderland*). In den Neunzigerjahren schließlich »zerfallen die Werke immer mehr in disparate, ja desintegrierte Elemente« (M. Wetzel). ROBERT MENASSE, promovierter Germanist (*Der Typus des Außenseiters im Literaturbetrieb*), stützte sich für seine Romantrilogie *Phänomenologie der Entgeisterung* auf einen philosophischen Ansatz, der Titel des ersten Romans *Sinnliche Gewißheit* (1988) ist ein Hegel-Zitat. Auch für den zweiten Teil *Selige Zeiten. Brüchige Welt* (1991) spielt Hegel eine bedeutende Rolle, denn der männliche Protagonist des Romans, ein Sohn österreichischer Juden, denen die Flucht nach Brasilien gelang, arbeitet als Student in Wien an einem großen Werk über den Philosophen des Weltgeistes. Als er wegen Erbschaftsangelegenheiten nach Brasilien zurückkehrt, gerät er in Konflikt mit der Realität Südamerikas, bringt es mit Hilfe eines Verwandten, der an sein Werk glaubt, zwar fast bis zum Universitätsprofessor, scheitert aber, als bei einem politischen Umschwung der Onkel seinen Einfluss verliert. *Schubumkehr* (1995) ist wieder in Österreich angesiedelt und beschreibt den gescheiterten Versuch, in dem niederösterreichischen Grenzdorf Kompertz einen Öko-Hof zu begründen. Zeuge der vergeblichen Bemühungen seiner Mutter wird Roman, ein in Sao Paulo lebender Filmemacher. Er kehrt nach Brasilien zurück, Kompertz sucht sich mit »sanftem Tourismus« der neuen Zeit anzupassen. RAOUL SCHROTT entwickelt in *Tristan de Cunha oder die Hälfte der Erde* (2003) eine »Pathologie des Fernwehs«, die zugleich eine »Chronik menschlicher Enttäuschungen« (A. Dorschel) darstellt – dabei handelt es sich nicht selten um eine irregeleitete Sehnsucht, Folge einer durch halb verstandene Lektüre vermittelten Halbbildung, die der primären Kenntnis ermangelt. Schrotts mit großer Sprachkraft erzählter Roman, der an ein Lebensthema auch des Lyrikers und Essayisten, die Erfahrung ferner und fremder Lebensräume, anschließt, wird so zugleich zu einem Instrument der Desillusionierung in den Spuren von Flauberts *Madame Bovary* und *Bouvard et Pécuchet*.

Letzte Welten – Christoph Ransmayr

CHRISTOPH RANSMAYR (1954) wurde in Wels geboren und wuchs in Roitham und Gmunden auf. Er studierte in Wien Philosophie und war mehrere Jahre Kulturredakteur und Mitarbeiter an verschiedenen Zeitungen. Seit 1982 lebt er als freier Schriftsteller in Wien.

Ransmayr behandelt in seinem ersten Roman, *Die Schrecken des Eises und der Finsternis* (1984), die österreichisch-ungarische Nordpolexpedition von 1872 bis 1874.

Der Erzähler berichtet von einem (fiktiven) Nachfahren eines der Expeditionsteilnehmer, der es 1981 unternimmt, die gefahrvolle Tour nachzuvollziehen. Er kehrt aus dem arktischen Eis nicht zurück. Sein Schicksal gibt Veranlassung, aus Tagebuchaufzeichnungen, Erinnerungen und Briefen Beteiligter sowie aus fiktiven Einschüben ein eindringliches Bild des Expeditionsverlaufs zu entwerfen, der nach Entbehrungen und Todesgefahren zuletzt in die Enttäuschung der Heimgekehrten mündet. Die Opfer haben sich nicht gelohnt. Der Kommandant der Expedition hinterlässt bei seinem Tode 1915 prophetisch anmutende Notizen über die russische Revolution, millionenfachen Tod in zerstörten Städten, schließlich den Untergang der Welt als eines Schandflecks des Sonnensystems.

Christoph Ransmayr

In *Morbus Kitahara* (R., 1995; der Titel verweist auf eine Augenkrankheit, bei der sich Bereiche des Sehfeldes verdunkeln und an der ein Protagonist leidet) zeigt Ransmayr wiederum eine letzte Welt. Sie liegt diesmal in Mitteleuropa, das unter dem Morgenthau-Plan, der als Alternative zum Marshall-Plan in der Diskussion gestanden hatte, in ein Agrarland zurückverwandelt wird und in Ransmayrs Darstellung steinzeitliche Züge trägt. Der detailüberladene Roman wurde zwiespältig aufgenommen, da viele seiner internen Bezüge willkürlich und konstruiert erscheinen.

Giftgas und Computerspiele – Josef Haslinger

JOSEF HASLINGER, seit 1996 Professor am Deutschen Literaturinstitut in Leipzig, legte mit *Der Konviktskaktus und andere Erzählungen* (1980) eine erste selbstständige Prosapublikation vor, fand vermehrte Aufmerksamkeit mit der im Waldviertel angesiedelten Novelle *Der Tod des Kleinhäuslers Ignaz Hajek* (1985). Weithin bekannt wurde er mit seinem ersten Roman (*Der Opernball*, 1995), der Geschichte eines rechtsradikalen Terroranschlags, die nachträglich wie eine Vorwegnahme des 11. September 2001 anmuten mochte: Wie bei der Zerstörung des Weltwirtschaftszentrums in New York handelt es sich beim fiktiven Massenmord im Wiener Opernhaus um einen Angriff auf die Identität des attackierten Staates und seiner Gesellschaft, zugleich aber um ein – Medienereignis.

Wesentliche Motive dieses zunächst relativ wenig beachteten Werkes kehren in Ransmayrs zweitem Roman *Die letzte Welt* (1988) wieder, der den Autor in der literarischen Welt berühmt machte. Wiederum wird in paradigmatischer Weise eine Endzeit vergegenwärtigt.

Der fiktive Held dieses Romans ist Cotta, der, verleitet durch ein Gerücht über den Tod Ovids an dessen Verbannungsort Tomi, die Erzkocherstadt am Schwarzen Meer, aufsucht, um das Manuskript der *Metamorphosen* zu retten. Die merkwürdigen Menschen, denen der Verleger am Ziel seiner Reise begegnet, stammen, wie nur der Leser weiß, aus Ovids Dichtung. Zuletzt erkennt der Reisende, der nicht nach Rom zurückkehren wird, dass er sich in einer Welt befindet, die er im Mythos gesucht hat – es bedarf der dichterischen Erzählung nicht mehr, denn sie entspricht der verwandelten Realität.

Ransmayr verdankt die erste Anregung zu diesem Roman einem Vorschlag Enzensbergers, Ovids *Metamorphosen* neu zu übersetzen. Die Lösung, die er fand, folgt Ovids Motto: »Keinem bleibt seine Gestalt.« Er verfremdet Ovids Figuren, scheut keinen Anachronismus und schafft so ein schwieriges, gleichwohl durch künstlerische Kühnheit und Konsequenz beeindruckendes Werk.

Der private Fernsehsender European Television (ETV) hat sich erfolgreich um die exklusive Übertragung des Wiener Opernballs bemüht, dem er durch die Einladung aller Präsidenten und Ministerpräsidenten Osteuropas noch zusätzlich Gewicht zu geben suchte. »Die Entschlossenen«, eine Gruppe rechtsradikaler Fanatiker, plant unterdessen den Massenmord durch Einleitung von Blausäure über die Belüftungsschächte. Der bei ETV beschäftigte Reporter Kurt Fraser, der die Berichterstattung über das repräsentative Gesellschaftsereignis zu koordinieren beauftragt ist, wird Zeuge des Attentats, dem mehr als 3000 Ballbesucher zum Opfer fallen, ein weltweit ausgestrahlter Tod. Die »Entschlossenen«, gewissermaßen Piraten des Mediums, haben ihr Ziel erreicht, auch bei ETV, wo man mit einem Anschlag zumindest rechnen musste, ist man letztlich zufrieden. Anders Fraser, ein abgebrühter Reporter und zugleich ein sorgender Vater. Es verstärkt die kolportagehaften Züge dieses Polit-Thrillers, dass er überdies auch der Sohn eines jüdischen Emigranten ist. Wie die Zuschauer, die Angehörige unter den Opfern befürchten, bangt der Reporter um seinen Sohn, den er im Saal weiß und sterben sieht. Nach dem Anschlag unternimmt er es, die Hintergründe aufzuklären, und gerät dabei im zunehmenden Maße in rechtsradikale Kreise.

Haslingers zweiter Roman, bemerkten kritische Stimmen, bleibe hinter dem ersten zurück. *Das Vaterspiel* (2000) ist eigentlich ein »Vatervernichtungsspiel«, ausgedacht und exekutiert am Computer.

Kontrastierend zum Familiendrama (der Vater ist ein erfolgreicher Funktionär der SPÖ und Minister, der nach dem Prinzip »Links reden und rechts leben« handelt, die Mutter stammt aus bürgerlichem Haus und flüchtet vor der Untreue des Mannes in den Alkohol, der Sohn ein Nichtsnutz, der dem Vater auf der Tasche liegt, ihn aber in Gedanken – siehe oben – umbringt) wird in einer Parallelhandlung und mit zurückhaltenderen Stilmitteln die Geschichte zweier litauischer Familien erzählt, deren Angehörige zu den Opfern, aber auch zu den Tätern der Pogrome gehören.

Haslinger führt die Handlungsstränge geschickt zusammen und hält mit Abneigung und Sarkasmus gegen das politische System nicht zurück, aber der Eindruck drängt sich auf, dass sich die österreichische Gegenwartsliteratur in der Wahl ihrer Motive wiederholt.

Frauenbiografien – Marlene Streeruwitz

Ähnlich provokant wie ihre Stücke sind die Prosaarbeiten von MARLENE STREERUWITZ. In ihrem Debüt *Verführungen.* (R., 1996) beschreibt sie den Alltag ihrer Heldin Helene Gebhardt zwischen Kindern, Küche und ihrem Job in einer PR-Agentur. Ihre Prosa ist – wie schon die Titel ihrer Werke ankündigen – dominiert vom Schlusszeichen: »Sie hämmert einen harten Beat, notiert kurze, auch torsohaft zusammengeschlagene Sätze, übersät den Text mit Punkten und Pausen, reinigt ihn von fast allen Nebensätzen, fegt die Adjektiva raus. So entsteht diese zugleich atemlose, doch heftige, kräftige Prosa.« (R. Baumgart) Streeruwitz empfindet den vollständigen Satz als Lüge, in den Pausen dazwischen »ist das Suchen zu finden. Nach sich. Nach Ausdruck.« In der als Heftchenroman aufgemachten Fotostory *Lisa's Liebe.* (1997), einem »Arztroman ohne Arzt«, spielt sie mit dem Genre des Kitschromans. Die Volksschullehrerin Lisa Liebich schreibt dem Arzt Dr. Adrian, in den sie sich verliebt hat, einen Brief und wartet nun auf Antwort. In *Nachwelt.* (R., 1999) spürt die Journalistin Margarete Doblinger dem Leben von Anna Mahler, der Tochter von Gustav und Alma Mahler, nach, doch die Beschreibung dieses Lebens, wie auch die des eigenen, bleibt Mosaik. Der Titel von *Majakowskiring.* (2000) verweist auf die Gegend in Berlin, in der die Politikprominenz der früheren DDR ihr Domizil hatte. Die Protagonistin Lore lebt hier vorübergehend in verfallendem

Marlene Streeruwitz

DDR-Ambiente und sinniert in ihrer reduzierten Sprache über ihre Vergangenheit. *Partygirl.* (2002) ist alles andere als ein Partygirl: Madeline Ascher – der Titel erinnert an Edgar Allan Poes *Der Untergang des Hauses Usher* –, 60 Jahre alt, blickt in gegenläufiger Chronologie zurück auf 50 Jahres eines in anderer Weise schaurigen Nicht-Lebens.

Schlaflose Liebe und Magie – Robert Schneider

Schlafes Bruder von ROBERT SCHNEIDER (1961) war 1992 die literarische Sensation. Über zwanzig Verlage hatten den Roman zuvor – wohl wegen stilistischer und inhaltlicher Unstimmigkeiten – abgelehnt, der zu diesem Zeitpunkt kriselnde Leipziger Reclam Verlag kam »mit Robert aus dem Schneider«, wie das *Börsenblatt* schrieb. In der Form einer Chronik wird die Geschichte des Johannes Elias Alder aus Eschberg in Vorarlberg erzählt, der als Fünfjähriger ein Wunder erlebt, »das Universum tönen« hört und darin den Herzschlag eines ungeborenen Kindes. »Es war das Herzschlagen jenes Menschen, der ihm seit Ewigkeit vorbestimmt war. Es war das Herz seiner Geliebten.« Bewusst oder unbewusst nahm Schneider, der seinen Roman im frühen 19. Jahrhundert ansiedelte, die romantische Liebeslehre Zacharias Werners wieder auf (Mann und Frau als zwei von Ewigkeit her füreinander bestimmte Hälften), romantisch war auch sein Begriff von Kunst und Künstler. Alder wird ein genialer Organist. Doch die Liebe zu seiner Cousine Elsbeth führt ihn zu dem Entschluss, nicht mehr zu schlafen, was schließlich seinen Tod bewirkt.

In ernüchternder Weise erwies sich Schneiders zweiter Roman als Prüfstein für das Können seines Verfassers. *Die Luftgängerin* (1998), dessen Protagonistin Maudi Latuhr wiederum übernatürliche Kräfte besitzt – sie ist ein »Mensch, der nur auf sein Herz hört«, der vor nichts und niemandem Angst hat und daher auch der Schwerkraft nicht unterworfen ist, zwiegeschlechtlich angelegt –, wurde von der Kritik nahezu einhellig verrissen, man begegnete dem »wüsten Sprachgestümper eines unsäglich missratenen Romans« (S. Löffler). An der mystischen Motivik und Konzeption von *Schlafes Bruder* hatte sich gleichwohl nichts verändert, erschöpft war nur die vorübergehend vorhandene Bereitschaft, Bedenken zurückzustellen. In den recht unverbundenen Nebenlinien der Haupthandlung finden sich sogar einige realistische Elemente. Solche Elemente gewannen vermehrtes Gewicht im dritten Band der so genannten »Rheintalischen Trilogie« *Die Unberührten* (2000) – die weibliche Hauptfigur Antonia Sahler verlässt die Heimat und macht als Sängerin Karriere.

Geboren nach Auschwitz – Robert Schindel

Nach der ersten größeren – sehr fragmentarischen und experimentellen – Prosaarbeit *Kassandra* (R., 1970) hat der zunächst als Lyriker bekannt gewordene ROBERT SCHINDEL 1992 den Roman *Gebürtig* vorgelegt, in dem er sich mit seiner jüdischen Herkunft auseinander setzt und der in den Achtzigerjahren in Wien spielt. Die Figuren lassen verschiedene Möglichkeiten erkennen, wie mit dem Judentum in einer nicht-jüdischen Gesellschaft umgegangen werden kann. Von diesem Roman wurde gesagt, er sei »*Der Weg ins Freie* ein Jahrhundert später« (Th. Rothschild), das bedeutet nach dem Genozid, der bei Schnitzler, ungeachtet wahrgenommener Schatten des wachsenden Antisemitismus, noch nicht einmal als Denkmöglichkeit erscheint, während er für Schindel und seine Generation – »gebürtig« nach Auschwitz –, die durch nichts auszulöschende Erfahrungs- und Denkgrundlage bildet. Tatsächlich gleichen sich beide Romane in dem Verfahren, die Frage nach der jüdischen Identität im Kontext der Assimilation durch eine Vielzahl von Protagonisten diskutieren zu lassen, auch sind hier wie dort Figuren nach erkennbaren Vorbildern gearbeitet, so in *Gebürtig* Konrad Sachs nach dem Journalisten Niklas Frank, dem Sohn des NS-Politikers Hans Frank, der 1939 Generalgouverneur in Polen und wegen der dort verübten Verbrechen hingerichtet worden war. Die Vergangenheit war nicht tot, Schuld und Versagen der Väter lastete auf den Söhnen. Melancholie und Opportunismus gaben sich die Hand, noch immer legten stumme Tragödien und mehr oder weniger seriöse Komödien davon Zeugnis ab. In *Die Nacht der Harlekine* (En., 1994) hat Schindel vom Leben in Wien, »der mistigen Stadt« an der Donau, ein weiteres figurenreiches Panorama entworfen.

Sprachmächtiger Archivismus – Wolf Haas

Was die »neuen Archivisten«, die Popliteraten der Neunzigerjahre, als unabdingbare Voraussetzung für eine gegenwartsnahe Literatur betrachteten, die Integration der Alltagssprache und des Wortmaterials der modernen Waren- und Medienwelt in die Kunst-Literatur, gelang WOLF HAAS (1960), studierter Linguist (*Sprachtheoretische Grundlagen der konkreten Poesie*, 1990), Werbetexter und nachmaliger Kriminalautor aus Maria Alm am Steinernen Meer, mit scheinbar leichter Hand. Dem Leser begegnet er auf vertrautem Fuß, er erzählt in einem mündlich gefärbten österreichischen Hochdeutsch, verwendet seine nicht minder österreichischen Motive und Zitate wie abgegriffene Münzen (gültige Zahlungsmittel gleichwohl und stetig im Umlauf), parodiert wie nebenher Rilke und Robert Schneider und schreibt bei alldem – Kriminalromane, die so stereotyp wie glücklich beginnen: »Jetzt ist schon wieder etwas passiert.« (*Auferstehung der Toten*, 1996; *Der Knochenmann*, 1997; *Komm süßer Tod*, 1998; *Das ewige Leben*, 2003)

So verschieden die Erfahrungen und die Blickwinkel der Autoren sind, der Buchmarkt vereinigt, allerdings nur in höchst äußerlicher Weise von einem literarischen Herbst zum anderen, die Vielzahl der Stimmen. Für die wegen ihrer quantitativen Fülle vom einzelnen Leser nicht mehr überschaubare Romanliteratur (eine oft beklagte Überproduktion) gilt dies im besonderen Maße. Von der Werbung benutzte oder überhaupt erst geschaffene Trends täuschen eine real nicht vorhandene Übereinstimmung vor, schleifen Besonderheiten oder verweisen sie doch in nicht ohne weiteres aufzufindende Nischen. Es spricht für die Vitalität der österreichischen Literaturregion, dass sie, weit stärker als die begrenzten räumlichen Dimensionen und materiellen Ressourcen es erwarten ließen, ihr Profil zu bewahren vermochte – nicht nur was spezifische soziale und gesellschaftliche Probleme anbetrifft, für deren Behandlung der Roman ein gut handhabbares Instrument darstellt, sondern auch in Rücksicht auf Prosa als sprachliches Kunstwerk.

DIE LITERATUR IN DER DEUTSCHEN DEMOKRATISCHEN REPUBLIK 1949–1990

Die Erörterung darüber, ob mit Beginn der Fünfzigerjahre eine eigenständige sozialistische Nationalliteratur der DDR entstanden sei und sich in den folgenden Jahrzehnten entfaltet und ausgebildet habe, mithin im geteilten Deutschland seither zwei Literaturen existierten, wurde nicht von denjenigen ausgelöst, die diese vorgebliche Entwicklung zuallererst betraf. Die Autoren, als Künstler an Theorie nur bedingt interessiert, benötigten für ihre Arbeit die damit zusammenhängende Auseinandersetzung offenbar nicht (an der Diskussion haben sie sich kaum beteiligt), und die Praxis ihres Handwerks verwies sie fortwährend auf das ihnen gemeinsame Material der Sprache. Soweit die Literaten im östlichen Deutschland lebten oder doch von dort stammten, war ihnen die gedachte Grenzziehung eher im Wege, denn schon bald nach der Gründung des neuen Staates hatte die Entwicklung eingesetzt, die eine Zuordnung nach räumlichen Kategorien auch später schwierig machen sollte. Es gab Schriftsteller, die im Osten lebten, aber zeitweise oder überhaupt nur im Westen publizierten – welchem Teil der deutschen Literatur waren sie zuzurechnen? Andere hatten die DDR verlassen, galten also, wenn es ohne Zustimmung der Behörden geschehen war, als »republikflüchtig«, zeigten sich aber in dem, was sie schrieben, weiterhin dem Land ihrer Herkunft verpflichtet. Wieder andere waren zur Ausreise gedrängt oder gar – so geschah es Wolf Biermann während einer Westtournee – ausgebürgert und an der Rückkehr gehindert worden. Die Opfer der politischen Teilung reagierten begreiflicherweise vermehrt empfind-

lich, wenn im Anschluss daran von einer literarischen die Rede war.

Die Meinungen waren und blieben geteilt. Für Hans Joachim Schädlich, der in die Bundesrepublik übersiedelte, weil er für seine Arbeiten nur dort Verleger fand, war die Bezeichnung »DDR-Literatur« ein »propagandistischer Hokuspokus«. Hingegen bekannte sich Christoph Hein in einem Interview bald nach der Wende auf Befragen sehr wohl zu allmählich entstandenen und fortbestehenden Unterschieden. Er rechne »durchaus mit Jahrzehnten« bis es wieder »eine einheitliche Literatur in Deutschland« geben würde.

Literatur und Nation

Auch nach Beginn des Kalten Krieges der Großmächte wirkten in Verlautbarungen der DDR ältere Zielsetzungen nach: »Gegen die Kräfte der Amerikanisierung setzen wir das gemeinsame Streben deutscher Künstler und deutscher Wissenschaftler in Ost und West nach Zusammenarbeit und für ein neues kulturelles Schaffen, würdig der großen Schöpfungen in der Kulturgeschichte unseres Volkes.« (*Programmerklärung des Ministeriums für Kultur der Deutschen Demokratischen Republik zur Verteidigung der Einheit der deutschen Kultur*, 1954) Von zwei deutschen Literaturen war die Rede, seit die These von der Existenz einer besonderen »sozialistischen deutschen Nation« in Umlauf kam, die sich aber erst der VIII. Parteitag der SED 1971 definitiv zu Eigen machte, wobei die sozialistische Produktionsweise – im Unterschied zur kapitalistischen – als für den Nationenbegriff bestimmend galt. Bezeichnenderweise wurde die auch für die Programmatiker der Partei nicht ohne weiteres schlüssige Definition genau zu dem Zeitpunkt offiziell, an dem die bisher geltende Beschreibung des Verhältnisses zur Bundesrepublik (»zwei Staaten – eine Nation«) in Bonn von dem sozialliberalen Kabinett Brandt/Scheel im Zuge einer neuen Ostpolitik übernommen wurde und die Führung der SED mit verschärfter Abgrenzung reagierte. Mit der Entstehung zweier Staaten auf dem Territorium des 1871 gegründeten Reiches, denen eine antagonistische Gesellschaftsordnung zugrunde lag, sei die Voraussetzung für eine gemeinsame kulturelle Entwicklung der Deutschen in Ost und West entfallen. Das Sein, so hatte Karl Marx erkannt, bestimmte das gesellschaftliche Bewusstsein, mithin musste auch der geistige Überbau, Wissenschaft, Kunst und Literatur, im »real existierenden Sozialismus« der DDR und in der kapitalistisch dominierten Bundesrepublik notwendig unterschiedliche Formen annehmen.

Die Literaturgeschichtsschreibung der DDR bestätigte die vom politischen Interesse geleitete Doktrin und erklärte, warum der »Begriff der sozialistischen Nationalliteratur« der tatsächlichen Entwicklung »nicht von Anfang an« entsprochen habe.

Die durch den Faschismus in Deutschland herbeigeführte Verwirrung war so groß, dass sich die politischen und weltanschaulichen Auffassungen vieler Schriftsteller – besonders derer, die zwischen 1933 und 1945 im Lande gelebt hatten – erst auf widerspruchsvolle und langwierige Weise derjenigen der revolutionären Arbeiterklasse und des Sozialismus annäherten. Noch länger dauerte es, bis sich diese Annäherung auch in den literarischen Werken bemerkbar machte. (Geschichte der deutschen Literatur. 11. Band. Literatur der Deutschen Demokratischen Republik, 1976)

Aber nicht die Schriftsteller, die weltpolitische Lage hatte sich unwiderruflich verändert, und die zunehmende Verhärtung (markiert durch die Ereignisse der Jahre 1956, 1961 und 1968) wirkte verstörend auf den eher labilen Kultursektor zurück. Insbesondere der Bau der Berliner Mauer hatte Fakten geschaffen. Manche Schriftsteller verbanden mit dem »antifaschistischen Schutzwall« sogar Hoffnungen auf eine Verbesserung ihrer Lage, die sich jedoch als irrtümlich erwiesen, denn die Staatsführung nahm die äußere Stabilisierung nicht zum Anlass, im Inneren vermehrte Freiheit zu gewähren. Der Titel eines 1961 erschienenen Romans von Brigitte Reimann, ließe sich daher nachträglich auch als zeichenhaft für die normative Kraft des Geschehenen lesen: *Ankunft im Alltag*. Die Vorstellun-

gen, die sich mit dem nach diesem Roman geprägten Begriff »Ankunftsliteratur« verbanden, waren jedoch zunächst betont optimistischer Natur. Es handelt sich um eine Gruppe von jüngeren Autoren verfasster sozialistischer Entwicklungsromane, die zwar von Konflikten wissen, aber ausnahmslos zum vorbestimmten guten Ende, der Herausbildung des neuen Menschen, führen.

Die Schriftsteller und ihr Staat. Johannes R. Becher

Die Verteidigung des sozialistischen Aufbaus, sowohl in Auseinandersetzung mit der überkommenen bürgerlichen Kultur als auch mit der Entwicklung im kapitalistischen Ausland, war die selbstverständliche Pflicht von Künstlern und Intellektuellen. Von ihrem Schaffen wurde erwartet, dass es den fortschrittlichen Prozess in der DDR spiegeln und klärend begleiten würde. Eine pädagogische Aufgabe hatte die Partei der Literatur von Anfang an zugeschrieben, über ihre Erfüllung wachte gewissermaßen in erster Instanz der 1952 als selbstständige Organisation gegründete Deutsche Schriftstellerverband (DSV, seit 1973 SV, Schriftstellerverband der DDR), als dessen Präsidentin bis 1978 Anna Seghers amtierte. Ihr Nachfolger bis 1989 wurde Hermann Kant. Die Mitgliedschaft war mit dem Bekenntnis zur führenden Rolle der SED beim Aufbau des Sozialismus und zum sozialistischen Realismus als Schaffensmethode verbunden. In Krisenzeiten ließ sich diese formale Maßgabe als schwerwiegendes Druckmittel verwenden. Wer nicht Mitglied des Verbandes war oder ausgeschlossen wurde, sah sich als Autor zu einem Nischendasein verurteilt. Zwar traf ihn nicht – wie in der NS-Zeit bei fehlender Zugehörigkeit zur Reichskulturkammer – ein totales Publikationsverbot, aber alle wichtigen Verlage waren ihm verschlossen. Jegliche Förderung entfiel.

Und der Staat pflegte seine Autoren – nicht nur materiell durch Stipendien und lukrative Arbeitsverträge, die deutlich über den im Westen üblichen Bedingungen angesiedelt waren, sondern auch durch ein hohes Sozialprestige, das mehr als nur Fassade war. Der Arbeiter-und-Bauern-Staat wollte auch »ein Staat der Schriftsteller« sein (H. Mayer, *Der Turm von Babel. Erinnerung an eine Deutsche Demokratische Republik*, 1991). Allerdings winkte die privilegierte Stellung eben nur den Autoren, die der ihnen zugedachten Rolle entsprachen. Ließen sie es daran fehlen, so verfügte derselbe Staat über zunehmend perfektionierte behördliche Druckmittel, die bis zur Kriminalisierung der Betroffenen reichten. Angelegt war der Konflikt mit dem auf Autonomie bedachten Selbstverständnis des modernen Künstlers somit von Anfang an, gleichwohl schien die Zukunft offen und erwies sich auch tatsächlich als keineswegs geradlinig. Wie bei anderen Gelegenheiten in einem an Täuschungen und Selbsttäuschungen reichen Jahrhundert resultierte das Handeln der Beteiligten aus Fehleinschätzungen und aus der Not geborenen, nicht selten in sich widerspruchsvollen Beweggründen.

Kaum überraschend war, dass die reale Entwicklung der marxistischen Lehre nicht entsprach. Die Gründe dafür waren vielfältig, in Erscheinung traten sie zu verschiedener Zeit. Bei der gesellschaftlichen Umwälzung in der DDR handelte es sich um einen von der Besatzungsmacht gelenkten und nach fremden Rezepten ausgeführten, von den Interessen des Siegers geleiteten Prozess. Die älteren Schriftsteller, die in der DDR ihren Wohnsitz nahmen – darunter Träger weltberühmter Namen –, waren nur zum kleineren Teil Rückkehrer aus Stalins Sowjetunion und nur diese, die dort Zuflucht gesucht hatten, schienen – soweit er sie nicht hatte umbringen lassen! – dem misstrauischen Georgier im sich zuspitzenden Ost-West-Konflikt hinreichend zuverlässig. Die anderen brachten Erfahrungen aus vielen Ländern mit, auch ästhetische Auffassungen, die sich mit der geltenden Theorie nicht vertrugen (Brechts episches Theater stand im diametralen Gegensatz zum von der sowjetischen Kunstdoktrin favorisierten Stil Konstantin Stanislawskis). Viele von ihnen waren bürgerlicher Herkunft und vermochten weder die Anschauungen noch die Lebensgewohnheiten der Vergangenheit vollends abzustreifen. Sie bekannten sich als »Antifaschisten«, wie eine von der Staatsmacht favorisierte, als Sammelbecken für die politische Mehrheitsbildung dienliche Bezeichnung lautete, deren Bedeutung kaum zu überschätzen ist – der Kampf gegen den Faschismus gehört zum »Gründungsmythos« (W. Emmerich) der DDR –, aber ihr Verhältnis zur Partei warf Zweifel auf. Gespalten waren sie auch deswegen, weil sie während ihres oft seit Jahrzehnten währenden Kampfes auf Seiten des Kommunismus Moskauer Prägung ernüchternde Erfahrungen gesammelt hatten. Ihre Treue war vermischt mit Furcht, alle wussten von den Schicksalen einstiger Gesinnungsgenossen, die den berüchtigten »Säuberungen« zum Opfer gefallen waren. Johannes R. Becher, dem im Januar 1954 das neu gebildete Ministerium für Kultur übertragen wurde, stellt den einflussreichsten und in sich widersprüchlichsten Vertreter dieser Gruppe dar.

Das im Leipziger VEB Verlag Enzyklopädie erschienene *Lexikon deutschsprachiger Schriftsteller von den Anfängen bis zur Gegenwart* hat Becher noch 1974 fast hymnisch gerühmt: »führender Repräsentant der sozialistischen deutschen Nationalliteratur«, »hervorragender marxistischer Essayist und Kulturpolitiker« sind die bestimmenden Charakteristika (die weiteren Kennzeichnungen, »Lyriker, auch Erzähler und Dramatiker«, kommen ohne Attribute aus). Ein bedeutender Lyriker ist der junge Becher unstrittig gewesen, aber der nunmehrige »Repräsentant« hatte die Kraft seiner expressionistischen Anfänge längst eingebüßt, vor dem Hintergrund der Expressionismus-Debatte der Dreißigerjahre tat er im Interesse seiner politischen Rolle sogar gut daran, sie zu verleugnen (allerdings widerstand er der Versuchung nicht, als Gottfried Benn in einer Anthologie frühe Gedichte von ihm zu drucken wünschte). Becher hatte die Moskauer Prozesse überlebt, er war unter seinen Kollegen umstritten, sogar gehasst, aber lange Zeit kaum angreifbar als der Mann Walter Ulbrichts, der ihn äußerlich noch stützte, als er bereits weitgehend entmachtet war. Er war parteigehorsam und hatte sich dem Personenkult unterworfen, etwa in Versen auf den toten Stalin (»Vor Stalin neigte sich herab zum Kuss / auf seine Stirne Lenins Genius«). Dem neuen Staat hatte er auch die Hymne geschrieben, die aber nur noch gespielt, nicht mehr gesungen werden durfte, weil darin von »Deutschland, einig Vaterland« die Rede war – *dieses* Bekenntnis war Becher leicht gefallen, er empfand sich als deutscher Patriot, der sich unter der Maßgabe »Deutsche an einen Tisch« um grenzüberschreitende Kontakte bemühte und nicht zum internationalen Schriftstellerkongress nach *Wroclav* fuhr, weil er in seinem Herzen nicht akzeptierte, dass *Breslau* wieder eine polnische Stadt geworden war. In der Bundesrepublik, die die Oder-Neiße-Grenze während vieler Jahre nicht anerkannte, mochte dergleichen angehen, in der DDR, die sich demonstrativ zur »Friedensgrenze« bekannte, war es inakzeptabel und durfte keinesfalls öffentlich werden.

Bereits als Präsident des »Kulturbundes zur demokratischen Erneuerung Deutschlands« hatte Becher seit 1945 zu wichtigen Neugründungen beigetragen (der Aufbau-Verlag, die Komische Oper, das Berliner Ensemble); Erfolge konnte er auch in seinem neuen Amt verzeichnen. Das Ministerium für Kultur war dazu bestimmt, die von den Schriftstellern wegen ihrer verständnislosen und restriktiven Haltung verabscheute Staatliche Kommission für Kunstangelegenheiten abzulösen, und tatsächlich suchte Becher der sich ausbreitenden geistigen Enge zu wehren. Die in Moskau von dem Parteitheoretiker Andrej Alexandrowitsch Shdanow 1946 zunächst gegen sowjetische Komponisten entfesselte, zählebige Formalismus-Debatte, die seit Jahren das kulturelle Klima vergiftete, wurde zurückgedämmt. Literatur galt Becher als »das höchst entwickelte Organ eines Volkes zu seiner Selbstverständigung und Bewusstwerdung«. Wie bereits im Goethejahr 1949, als er Thomas Mann in Weimar begrüßt hatte, bemühte er sich mit kulturellen Mitteln um Anerkennung für die weltweit immer noch im Abseits stehende DDR. Einen Beitrag dazu leistete auch die UdSSR: Während Bechers Amtszeit kehrten die Sixtinische Madonna und andere bedeutende Gemälde nach Dresden zurück, der Pergamonaltar gelangte wieder an seinen Standort in Berlin.

Was die Produktion von Büchern – sie waren ungewöhnlich preiswert – und die amtlicherseits gemessene Bereitschaft des Publikums zu lesen anbetraf, nahm die Republik im Weltvergleich schon bald einen vorderen Platz ein. Das Verlagswesen bot seinen Mitarbeitern Sicherheit, an seiner Spitze der Aufbau-Verlag im »Haus in der Französischen Straße« in Berlin, der 60 Lektoren beschäftigte und in dem annähernd jeden zweiten Tag ein Buch erschien. Zwischen 1945 und 1984 waren es 7012 Titel in rund 107 Millionen Exemplaren, darunter fast 4000 Erstauflagen. Allein in der editorisch sorgfältig betreuten »Bibliothek deutscher Klassiker« erschienen bis 1982 9,2 Millionen Bände, eine singuläre Volksbibliothek mit einer Spannweite von Luther bis Fontane. Auch in der Pflege von Schriftstellern des 20. Jahrhunderts fand der Aufbau-Verlag ein wichtiges Arbeitsfeld. Andere Entwicklungen entsprachen allerdings nicht Bechers Wünschen. In Leipzig entstand nach dem Vorbild des Moskauer Gorki-Instituts ein Literaturinstitut zur Ausbildung junger Schriftsteller, von dem der Minister aber persönlich nichts hielt – er glaubte an das Genie, nicht an den Nürnberger Trichter. Ironischerweise erhielt das Institut nach Bechers Tod seinen Namen und wurde um 1960 zur Pflanzstätte der Arbeiterschriftsteller des »Bitterfelder Weges«. Viele später sehr bekannte Autoren haben dort studiert, von fachkundigen Lehrern wie dem Lyriker Georg Maurer unterrichtet.

Die gut geölte Maschinerie funktionierte, die DDR förderte nicht nur die Schriftsteller, sondern das Buchwesen insgesamt, neigte allerdings aus Devisenmangel zum Lizenzbetrug und verkaufte Altbestände aus Bibliotheken ins Ausland. Zur Aussonderung bestimmte

Literatur wurde großzügig als »faschistisch« deklariert. Opponenten auch gegen unbezweifelbare Gesetzwidrigkeiten sahen sich alsbald selbst verklagt. Wie zu allen Zeiten gab es sie dennoch, wie einst den Juristensohn Becher selbst, der durch sein kommunistisches Bekenntnis zum Außenseiter der wilhelminischen Gesellschaft geworden war. In seinem ursprünglich in Moskau erschienenen autobiografischen Roman *Abschied. Einer deutschen Tragödie erster Teil. 1900–1914* (1940) hat Becher die Probleme seiner Jugend parteikonform dargestellt. Eine Fortsetzung folgte nicht, in der in der DDR in hohen Auflagen verbreiteten Ausgabe des Romans fehlt der Untertitel. Der Staatsfunktionär und Minister für Kultur schrieb noch immer sehr viel, die Bibliografie seiner Veröffentlichungen im zweiten ihm gewidmeten Sonderheft der Zeitschrift *Sinn und Form* umfasst 97 Seiten, darunter ungezählte Sonette, »gereimte und ungereimte Leitartikel« (W. Haas). Der einstige Visionär wurde unter dem Druck der realen Bedingungen ein emsig harmonisierender Traditionalist und sozialistischer Hofprediger. Dass er, der die Literatur nicht auf tagespolitische Themen beschränkt sehen wollte, im zunehmenden Maße als Minister zu vertreten hatte, was er als Künstler ablehnte, war vor dem Hintergrund der Entwicklung, die die DDR insgesamt nahm, wohl noch nicht einmal das größte Gewissensproblem. Es ging nicht nur um Verse, es ging auch um Menschen, die Zuchthäuser waren wieder mit politischen Häftlingen besetzt. (→ S. 653)

Heimkehrer und Flakhelfer – die Kriegsgeneration. Literaturpolitik im Zeichen der Abgrenzung

Auch die in vielfacher Weise geförderten Nachwuchsautoren, die nicht selten eine nationalsozialistische Kindheit und Jugend hinter sich hatten und nun den einen Glauben mit dem anderen tauschten, konnten den Zielvorstellungen der Politkader nur bedingt entsprechen. Nicht wenige stammten aus den seit 1945 polnisch oder sowjetisch gewordenen Ostgebieten und trugen so bereits ein erstes Tabu mit sich herum – das der Vertreibung, über die nur in vorgefertigten Formeln von der Schuld des Faschismus gesprochen werden durfte. Zwar gab es genügend gelehrige Schüler der Parteilinie, aber denen fehlte es oft an Talent. Die es besaßen, machten schon bald auf die Widersprüche zwischen Schein und Wirklichkeit aufmerksam. Von einem grundlegenden geistigen Neuanfang und einer sozial gerechteren Welt handelten alle, die überhaupt zu publizieren Gelegenheit fanden. Viele verfochten diese Ziele schon bald nur mehr verbal, aber andere erwiesen sich als nicht korrumpierbar. Ihr unverbrauchtes Engagement verknüpfte sich wie von selbst mit einem hohen literarischen Anspruch. Im zunehmenden Maße entwickelten sie ein kritisches Bewusstsein und sahen sich darin – ein weiterer Widerspruch zwischen Theorie und Praxis – in einer ähnlichen Rolle wie ihre Kollegen in der Bundesrepublik auch. Was ihnen, mehr als diesen, bei den Lesern einen Vertrauensbonus einbrachte, war, dass sie, solange sie in der DDR lebten, persönliche Risiken eingingen, wenn sie unerwünschte Kritik übten. Solcher Widerspruch war etwas anderes als die Provokation um des Aufsehens willen, zu der ein für Sensationen anfälliger Literaturbetrieb geschickte Schreiber im Westen schon bald verleiten mochte (der sich auch der Ostautoren bevorzugt dann annahm, wenn es marktgängig war).

Die Programmatiker der SED und mit ihnen die Autorenkollektive der staatlichen Literaturgeschichtsschreibung bestritten mit eher wachsender Entschiedenheit, was sich immer deutlicher abzeichnete. Von Anfang an prägte die Kulturpolitik der DDR der Grundwiderspruch, dass sie zwar einer Demokratisierung der Literatur – im Sinne des Abbaus bestehender Bildungsschranken und der Entwicklung einer mündigen »Literaturgesellschaft« (J. R. Becher) – das Wort redete, zugleich aber das Ziel dieser Entwicklung festlegte und es mit immer härteren Maßnahmen durchzusetzen suchte, als die Auflehnung dagegen bereits offenkundig war. Erneut war auf deutschem Boden ein totalitärer Staat entstanden, der seinen Machtanspruch auch über das literarische Leben ausdehnte, dieses zwar förderte, jedoch in seiner Eigenständigkeit keinen Wert sah, die Literatur vielmehr als Waffe benutzte.

Die Funktionäre an den Schalthebeln wurden gelegentlich ausgewechselt, auch Todesfälle veränderten die Szene. In den vier Jahrzehnten, in denen die DDR bestand – die Strecke eines halben Menschenlebens, aber doch ein Zeitraum mehr als dreimal so lang wie die Dauer des »tausendjährigen« Dritten Reiches und fast so beständig wie das Kaiserreich von 1871, das 47 Jahre währte –, stiegen nach Charakter und Intelligenz sehr unterschiedliche Personen in die leitenden Stellungen auf. Für literarische Belange mit mehr oder weniger Verständnis begabt, walteten sie ihres Amtes zumeist situationsbezogen. Manche waren für die Sache, um die es ging, ein Glücksfall, andere ein Schrecknis. Am letztlich völligen Scheitern der Kulturpolitik der SED kann jedoch kein Zweifel bestehen, sie büßte das Vertrauen der Schriftsteller ebenso ein wie das des Volkes. Dem letzten Politbüro hat Christoph Hein in seiner Komödie *Die Ritter der Tafelrunde*, die im Frühjahr 1989 in Leipzig noch gespielt wurde – nicht als »Uraufführung«, sondern als »Voraufführung«, um das Vorläufige der Aufführungserlaubnis zu betonen –, ein makabres Denkmal gesetzt.

Es war die aus der weltpolitischen Entwicklung resultierende Teilung Deutschlands, von der die Kulturpolitik der SED entscheidend bestimmt wurde. Ihre Wirkungsmöglichkeiten, die schon bald auf den eigenen Machtbereich beschränkt waren – bereits 1947 erfolgte das Verbot des Kulturbunds in Berlin (West) –, wurden innerhalb desselben umso hartnäckiger genutzt. Im Januar 1949 forderte die Parteikonferenz der SED, die Kultur nunmehr entschlossen auf der Grundlage des Marxismus-Leninismus aufzubauen. Die 5. Tagung des Zentralkomitees der SED im März 1951 verfügte den Kampf gegen den »Formalismus in Kunst und Literatur, für eine fortschrittliche deutsche Kultur«. Der »Deutsche Schriftstellerverband« und sein 1953 gegründetes Publikationsorgan, die Zeitschrift *Neue Deutsche Literatur,* dienten unter diesen Umständen ebenfalls der gesellschaftlichen Formierung und weltanschaulichen Blockbildung. Auch solche Autoren, die den Aufbau einer sozialistischen Gesellschaft aus Überzeugung zu unterstützen bereit waren, sahen sich in ihrem Schaffen behindert. Jahrzehntelang lähmte die Kunstdoktrin des sozialistischen Realismus die Freiheit des künstlerischen Ausdrucks und begünstigte einen unwahren Optimismus, der den Forderungen eines bedeutenden literarischen Realismus gerade nicht entsprach. So wurden Autoren wie Stephan Hermlin und Georg Maurer wegen ihrer lyrischen Bildsprache angegriffen, ließen Erzähler wie Anna Seghers und Strittmatter in ihrer Gestaltungskraft eklatant nach, als sie sich der Doktrin unterwarfen, die in sich formalistischer war als alle bekämpften Formalismen zusammengenommen. Sogar einige Werke Brechts wurden vom Standpunkt jener engen Konzeption kritisiert. Die vom Künstler geforderte »Parteilichkeit« verpflichtete ihn gegebenenfalls zu einer Stellungnahme wider besseres Wissen, seine Produktivität aber musste zuletzt versiegen, wenn er seine Unabhängigkeit und das Recht auf freies Bekenntnis verlor. Gerade daran fehlte es, die Partei verlangte Akklamation.

Verkrampfung und Ablehnung auch auf Seiten des Lesepublikums waren die unvermeidliche Folge. Ladenhüter waren in den Buchhandlungen der DDR während einer Reihe von Jahren nicht selten gerade Werke der jüngsten Literatur, in denen sich doch die Probleme des Tages gespiegelt finden sollten. Jürgen Rühle überliefert in seinem Buch *Literatur und Revolution. Die Schriftsteller und der Kommunismus* (1960) eine Anekdote, die, obgleich in dieser Form nicht authentisch, die verquere Situation beschreibt.

Am 17. Juni 1953, so wird erzählt, rief Bertolt Brecht das Büro des sowjetzonalen Schriftstellerverbandes an, das sich in der Berliner Friedrichstraße, also im Zentrum der Unruhen befand. »Wie steht's bei euch?«, fragte Brecht. Die Schriftsteller antworteten, die Straße sei zwar voll von Demonstranten, aber das Büro noch ungeschoren, man habe sich darauf eingerichtet, es zu verteidigen. Brecht legte den Hörer nieder und meinte: »Die Schriftsteller verbarrikadieren sich, ihre Leser kommen.«

Die Arbeiterunruhen des 17. Juni führten zu widersprüchlichen Ergebnissen. Das Politbüro sah sich zu einigen Zugeständnissen veranlasst, die den kulturellen Sektor einschlossen, aber der nach Stalins Tod im März 1953 auch in der DDR eingesetzte Liberalisierungsprozess verlor an Kraft, denn durch den Aufstand und sein Scheitern wurde die bereits gefährdete Stellung Ulbrichts, des einst von Stalin eingesetzten Statthalters, wieder befestigt. In Ungarn, wo die »Tauwetter«-Periode – so genannt nach dem zweiteiligen Roman *Ottepel'* (1954–56) von Ilja Ehrenburg – länger andauerte, wurde sie 1956 durch eine erneute sowjetische Invasion blutig unterdrückt. Danach fanden auch in der DDR wieder Prozesse und Repressionen im Geiste des toten Diktators statt. Der Philosoph WOLFGANG HARICH (1921), der Schriftsteller Erich Loest, der Leiter des Aufbau-Verlages WALTER JANKA (1914 bis 1994) wurden zu Zuchthausstrafen verurteilt. Die problematische Rolle, die Johannes R. Becher und Anna Seghers in seinem Prozess spielten, hat Janka in seinen Erinnerungen *Schwierigkeiten mit der Wahrheit* (1989) angemahnt. Becher verlor nun allen Einfluss, blieb aber im Amt. Ernst Bloch, einer der Hoffnungsträger seiner Leipziger Studenten, wurde zwangsemeritiert und erhielt Hausverbot für die Universität, fast wäre auch er in den Prozess hineingezogen worden. Da die wegen angeblich konterrevolutionärer Umtriebe Verurteilten Wortführer des Reformflügels waren, löste ihr Scheitern in den folgenden Jahren eine Auswanderungswelle unter Professoren und Künstlern aus. Ernst Bloch kehrte nicht in die DDR zurück, nachdem ihn während eines Urlaubs in Bayern die Nachricht vom Bau der Berliner Mauer erreicht hatte, er wurde Professor in Tübingen. Hans Mayer verließ 1963 die DDR.

Literatur des »Bitterfelder Weges«

Gemessen an den Ansätzen zu einer proletarisch-revolutionären Literatur in der Weimarer Republik waren die ersten Jahre der DDR im Hinblick auf die Arbeitswelt kaum progressiv zu nennen. Zwar fehlte es nicht an Romanen und Reportagen aus der Produktion, aber sie stammten zumeist von älteren Schriftstellern, denen die gegenwärtigen Verhältnisse nur noch bedingt vertraut waren. Auf dem 4. Schriftstellerkongress 1956 wurde die Unzulänglichkeit der bis dahin erschienenen »Aufbauliteratur« von namhaften Autoren heftig gerügt, es ging um das Niveau künstlerischen Schaffens schlechthin.

Die Partei nützte das ihrerseits für eine ideologische Kampagne. Offensichtlich fehlte es den Intellektuellen an Kenntnis des Volkes und der Arbeitswelt, war es andererseits an der Zeit, die Werktätigen auch in den Freiräumen der Kultur Herr im Hause sein zu lassen. Der V. Parteitag der SED 1958 formulierte entsprechende Ziele, die vom Mitteldeutschen Verlag organisierte erste Bitterfelder Autorenkonferenz im April 1959, die 150 Schriftsteller und die doppelte Zahl schreibender Arbeiter und Volkskorrespondenten vereinigte, setzte diese in kulturrevolutionär anmutende Beschlüsse um, schienen sie doch von den Schriftstellern eine von Grund auf veränderte Lebensweise zu fordern. Aber schon bald zeigte sich, dass diese in ihrer überwiegenden Mehrheit für längere Mitarbeit in den Betrieben nicht zu gewinnen waren, sich vielmehr auf kurze Besuche und die Übernahme von »Patenschaften« beschränkten. Die Kluft zwischen Kunst und Leben ließ sich auf diesem Wege offenbar nicht beseitigen, der literarische Gewinn war eher unbeträchtlich, und wo er sich abzeichnete, missfielen die gewonnenen Einsichten der Partei. Nur vergleichsweise bessere Ergebnisse lieferte die Förderung der Laien-Initiativen (»Kumpel, greif zur Feder, die sozialistische Nationalliteratur braucht dich!«). Es entstand das offene Genre des Brigadetagebuchs, in dem ein Kollektiv von Autoren über seine Arbeit, aber auch über vieles andere berichtete oder gar Poetisches zu Papier brachte. Solche Zirkel gab es vorübergehend in großer Zahl, aber die »Keimzellen der Nationalliteratur« – wie eine euphemistische Metapher lautete – sahen sich durch die unerfüllbaren Erwartungen schon bald überfordert. Die offizielle Kulturpolitik war in eine weitere Sackgasse geraten. Die zweite Konferenz in Bitterfeld 1964 schränkte die ursprüngliche Zielsetzung unauffällig ein: Die Zirkel schreibender Arbeiter sollten nun eine Vorschule für eine professionelle literarische Tätigkeit, die Teilnehmer also gewissermaßen ein Reservoir an Talenten bilden.

Der geteilte Himmel. Ende des Prager Frühlings

Auch die Rezeption der DDR-Literatur in der Bundesrepublik kam nur langsam in Gang. Sie war von Vorurteilen belastet, anfänglich auch von Desinteresse. Der Pariser Existentialismus, das absurde Theater, moderne amerikanische Romanciers, Gottfried Benn fesselten die intellektuelle Neugier. Alle diese Erscheinungen galten im Sinne der schrillen Formalismus-Debatte als volksfremd und dekadent. Umgekehrt schien, was an neuer Kunst aus dem »Arbeiter-und-Bauern-Staat« bekannt wurde, genau zu Shdanows Forderungen zu passen. Es handelte sich um für den bürgerlichen Geschmack befremdliche Themen wie Probleme der Planerfüllung auf dem Lande oder auf den Baustellen, erzählt von in der Produktion tätig gewordenen Schreibern, die den vorgeblichen Fortschritt im Dienst einer gleichmacherischen Gerechtigkeit feierten. Der überkommene Antikommunismus fand im ästhetischen Versagen der Parteiliteratur ein dankbares Feld, nur zu gern zitierte man belustigende Beispiele von Agitationsparolen und einer von diesen kaum unterscheidbaren Aufbau- und Traktorenlyrik: »Mein Liebster ist ein Traktor, / hab ich mein Soll erfüllt, / dann bin auch ich ein Faktor / im großen Aufbaubild.« Der von der SED propagierte »Bitterfelder Weg«, die Begegnung von Schriftstellern und Arbeitern in den Betrieben, war geeignet, die abfällige Beurteilung noch zu verstärken. Verließen nicht zur gleichen Zeit in einem kontinuierlichen Strom Hunderttausende um einer besseren und freieren Zukunft willen den sozialistischen Staat? Die menschlichen Tragödien hinter den politischen Ereignissen lösten Gesten der Solidarität aus, die Parteinahme verfehlte aber nicht selten ihr Ziel, traf den Falschen. Der S. Fischer Verlag ließ den ersten Band der *Wundertäter*-Trilogie von Erwin Strittmatter, den er vom Aufbau-Verlag in Lizenz erworben hatte, nach Errichtung der Berliner Mauer, die den wichtigsten Fluchtweg nach Westen versperrte, makulieren, weil Strittmatter – wie praktisch alle DDR-Autoren – der Vorgehensweise seiner Regierung zugestimmt hatte. Mittels welcher Pressionen und indirekten Nötigungen es zu dieser Zustimmung gekommen war, blieb unerörtert.

Ungeachtet aller Unterschiede wuchsen jedoch seit Mitte der Sechzigerjahre Interesse und Verständnis, dazu trug auch das veränderte politische Klima in der Bundesrepublik bei. Für die Diskriminierung von Autoren der DDR wie Bertolt Brecht war kein Platz mehr, noch weniger für arrogante Gesten von Repräsentanten des Staates (im Frühjahr 1957 verglich Außenminister Bernhard von Brentano die späte Lyrik Brechts mit dem Horst-Wessel-Lied) oder von Behörden im aufgereizten Klima Berlins. Bei der Wiedereröffnung des Schiller-Theaters mit *Wilhelm Tell* 1951 musste der Intendant Boleslaw Barlog die von ihm eingeladenen Intendantenkollegen aus Berlin (Ost), unter ihnen Wolfgang Langhoff und Walter Felsenstein, auf dienstliche Anordnung hin wieder ausladen und ihnen mitteilen, dass diese Anordnung auch das Verbot beinhalte, künftige Premieren zu besuchen. »Sie sind zu klug, um anzunehmen, es könne einen westdeutschen und einen ostdeutschen Schiller geben«, antworteten in einem offenen Brief die Ausgeladenen, die damals noch »die Zerreißung Deutschlands« anklagend »das größte Unglück Deutschlands« nannten.

Christa Wolfs Roman *Der geteilte Himmel*, 1963 in einem kleinen Berliner Verlag erschienen, löste bereits eine lebhafte Diskussion aus, ihr folgender Roman *Nachdenken über Christa T.* wurde fünf Jahre später fast enthusiastisch aufgenommen – anders als von den Kritikern in der DDR – und bildete eine Lektüre, mit der nicht wenige Frauen sich identifizierten. Auch Wolf Biermann, Günter de Bruyn, Johannes Bobrowski, Franz Fühmann, Günter Kunert, Sarah Kirsch, Reiner Kunze hörten auf, für die westlichen Leser leere Namen zu sein. Betroffen begegneten sie einer Kunst der ungesagten Worte und einer Fähigkeit der Rezeption, wie sie sich – das war im Prinzip keine neue Erfahrung, nur die Modalitäten änderten sich – in Systemen der Unfreiheit entwickelte. Die Lyrik Reiner Kunzes, die sehr populär wurde, bietet dafür bezeichnende Beispiele:

Erster Brief der Tamara A.

Geschrieben habe dir
Tamara A., vierzehn jahre alt, bald
mitglied des Komsomol

In ihrer stadt, schreibe sie, stehen
vier denkmäler: Lenin
        Tschapajew
        Kirow
        Kuibyschew
Schade, daß sie nichts erzähle
von sich

Sie erzählt
von sich, tochter (R. Kunze)

Demonstration von ca. 500 000 Menschen
auf dem Berliner Alexanderplatz am 04. 11. 1989

Die These von der allmählichen Entstehung zweier
deutscher Literaturen fand nun partiell auch im Westen Anklang, die Sympathie für die Ost-Autoren (später sprach man von einem »DDR-Bonus«) trug dazu
ebenso bei wie das skeptische Verhältnis vieler junger
Intellektueller zu den in der Bundesrepublik tonangebenden wirtschaftlichen und gesellschaftlichen Kräften. Während hier linke Schriftsteller den Kapitalismus kritisierten – unbehelligt, aber ohne erkennbare
Wirkung und ohne sich ernst genommen zu fühlen –,
stritten sie dort auf der Grundlage des real existierenden Sozialismus für seine Verwirklichung, und die Abwehrreaktionen des Staates zeigten, dass ihr Einsatz
nicht vergeblich war.
In der DDR wuchs das Selbstvertrauen der Schriftsteller in den Sechzigerjahren erkennbar an. Auch junge und jüngste Autoren bestätigten das der Literatur
eingeborene kritische Vermögen. Ermutigende Impulse empfingen sie zeitweilig von der im Prager Frühling um einen freiheitlichen Weg zum Sozialismus
bemühten Tschechoslowakei, bis die Sowjetunion als
Führungsmacht des Warschauer Paktes (das bedeutete, mit Unterstützung der DDR) 1968 auch dort militärisch eingriff. Der Überfall erinnerte in fataler Weise
an die Besetzung Prags 1939 durch die »Faschisten«,
glaubwürdig vermitteln ließ sich die Berechtigung zu
solchem Vorgehen nicht. In gewisser Weise handelte es
sich um eine Verlängerung der Berliner Mauer, nämlich um die mit unverhüllter Gewalt getätigte Sicherung des eigenen Machtbereichs. Ulbrichts Regiment

trug in seiner Schlussphase politisch und ideologisch
rein defensiven Charakter. Hatte Becher die »nationale
Sendung der Literatur in der DDR« noch darin gesehen, »den Charakter der gesamtdeutschen Literatur
wesentlich zu bestimmen«, so zielte die offizielle Argumentation nunmehr nur noch auf Abgrenzung. In der
Zeitschrift *Neue Deutsche Literatur* hatten die bisher
üblichen zahlreichen Hinweise auf die literarische
Szene in der Bundesrepublik schon 1965 aufgehört. Bis
1971, also bis zu Ulbrichts Rücktritt, wurde die möglichst vollständige Abschließung von Westdeutschland
charakteristisch für die vom Staat geforderte Linie.

Die Ära Honecker. Ausbürgerung Biermanns

Dem Machtantritt Erich Honeckers folgte zunächst ei-
ne Entspannung im Verhältnis des Staates zu seinen
Dichtern, schien er doch nicht weniger anzukündigen
als einen grundsätzlichen Wandel in der Kulturpolitik.
Auf dem VIII. Parteitag der SED im Juni 1971 erklärte der Nachfolger Ulbrichts, die gesellschaftliche
Entwicklung lege »ein weites Feld für schöpferisches
Künstlertum frei, das sich von festen sozialistischen
Positionen aus an den verschiedenen Themen, in den
verschiedensten Ausdrucksweisen« entfalten könne.
Noch deutlicher formulierte Honecker den Kurswech-
sel ein halbes Jahr später vor dem 4. Plenum des Zentralkomitees:

*Wenn man von der festen Position des Sozialismus ausgeht,
kann es meines Erachtens auf dem Gebiet von Kunst und Literatur keine Tabus geben. Das betrifft sowohl die Fragen der
inhaltlichen Gestaltung als auch des Stils – kurz gesagt: die
Fragen dessen, was man künstlerische Meisterschaft nennt.*

Das klang ermutigend, obwohl Skeptiker sogleich fragen mochten, wie die »festen Positionen des Sozialismus« aufzufassen seien. Gleichwohl machte sich im
literarischen Leben der DDR vorübergehend ein gewisser Pragmatismus geltend, der im Umgang mit der
Administration immer dann einen gewissen Spielraum erlaubte, wenn diese sich nicht herausgefordert
und zu Überreaktionen veranlasst sah. Im Falle von
Ulrich Plenzdorfs Erzählung *Die neuen Leiden des
jungen W.*, die im März 1972 in *Sinn und Form* erschien
und seit dem folgenden Sommer in einer Dramatisierung mit größtem Erfolg auf vielen Bühnen der DDR
gespielt wurde, blieb eine solche noch aus, obwohl sich
der Text in Rücksicht auf den landesüblichen pietät-
vollen Umgang mit den Klassikern höchst vorlaut gab
und auch eines positiven Helden ermangelte. In Rücksicht auf ein verändertes Verständnis der Erbeauf-

fassung zeigte sich die Partei kompromissbereit: Ein lange aufgestauter Unmut der Schriftsteller wünschte, weniger die Kontinuität der Entwicklung als die Diskontinuität betont zu sehen, weil die Lebensverhältnisse der Gegenwart einen anderen, »freieren« Umgang mit der Vergangenheit gestatte. Aber schon in den folgenden Jahren gab es Anzeichen für eine erneute Verhärtung. Die Kampagnen gegen Kunze und Biermann verliefen nach den bekannten Mustern, vor allem die Ausbürgerung des Letzteren 1976 war ein Eklat. Dem vergeblichen Versuch von zwölf der namhaftesten Schriftsteller in einem offenen Brief – über siebzig weitere Künstler und Intellektuelle schlossen sich binnen weniger Tage mit ihrer Unterschrift an – eine Änderung der amtlichen Haltung zu erreichen, die folgenden Restriktionen von staatlicher Seite (Ausschlüsse aus der Partei und dem Schriftstellerverband, Publikationsverbote) setzten der Vision von der »Literaturgesellschaft« der DDR sichtbar ein Ende. Die Schriftsteller haben damals in gewissem Sinne Geschichte gemacht, Enttäuschung und Zorn der Menschen haben zum Niedergang des Staates, der nicht nur politischer und wirtschaftlicher, sondern auch ideeller Natur war, beigetragen.

Im Westen publizierende, als oppositionell eingeschätzte Autoren riskierten nunmehr fast immer Behinderungen, im Einzelfall sogar juristische Verfolgung wegen »Devisenvergehen«. Bewilligt wurden hingegen relativ zügig die von ihnen gestellten Ausreiseanträge – offensichtlich wollte man die Undankbaren los sein.

Das Ende

Der Exodus war freilich nicht neuen Datums. Bereits 1957 hatten Alfred Kantorowicz, Gerhard Zwerenz und Ralph Giordano der DDR den Rücken gekehrt, 1958 Martin Gregor-Dellin und Peter Jokostra, 1959 Heinar Kipphardt und Uwe Johnson, 1964 Christa Reinig, 1965 Manfred Bieler und Hartmut Lange, 1966 Helga M. Novak (ausgebürgert), 1971 Peter Huchel, 1974 Siegfried Heinrichs (ausgebürgert), 1976 Thomas Brasch und Bernd Jentzsch, 1977 Sarah Kirsch, Reiner Kunze und Hans-Joachim Schädlich, 1979 Bernd K. Tragelehn. In den Achtzigerjahren folgten Wolfgang Hilbig, Uwe Kolbe, Katja Lange-Müller und Monika Maron. Insgesamt hat man über 100 Schriftsteller gezählt, die die DDR verließen. Es war die Umkehr einer Bewegung, die nach 1945 Autoren aus aller Welt, auch junge Schreiber aus den Westzonen, in das Land geführt hatte, das sie als Deutschlands »bessere Hälfte« (W. Biermann) ansahen.

Günter Kunert, Klaus Poche, Rolf Schneider, Joachim Seyppel, um nur diese zu nennen, nahmen ihren Wohnsitz in der Bundesrepublik oder in Berlin (West), nachdem sie ein zeitlich befristetes Visum erhalten hatten, und veröffentlichten ihre Arbeiten – ebenso wie andere Autoren, die in der DDR blieben – zuerst oder ausschließlich in der Bundesrepublik, wo sie das literarische Leben wesentlich mitbestimmten und oft sehr viel bekannter waren als in ihrer Heimat. Das machte es noch schwerer als bisher, abzugrenzen, wer von ihnen und wie lange mit seinen Werken der Literatur in der DDR zuzurechnen war. Für die Leser verwischten sich die Grenzen auch dadurch, dass Mitte der Achtzigerjahre zahlreiche Veröffentlichungen bislang tabuisierter westdeutscher Autoren bald nach dem ersten Erscheinen in Lizenzausgaben Eingang auf dem Buchmarkt der DDR fanden. Die Löwen der staatlichen Kulturpolitik waren müde geworden, die Rehabilitierung der Moderne begann. Angesichts des immer deutlicheren Auseinanderklaffens von Anspruch und Wirklichkeit waren die alten Dogmen nicht mehr durchsetzbar.

Die auf Bewahrung der Einheit (auch der Literatur) wirkenden Kräfte erwiesen sich nunmehr als die stärkeren. In Rücksicht auf ihren künstlerischen Auftrag trennte die echten Schriftsteller in Ost und West wenig oder nichts. Die gemeinsame Sprache, die den Austausch erleichterte, wirkte als ein weiteres, auch über die Funkmedien wirksames Band. Beiderseits der Grenzzäune lebten Menschen, die, wenn sie das nur wollten und man sie nicht massiv daran hinderte, miteinander zu kommunizieren fähig waren. Offensichtlich stimmte der von der SED in Anspruch genommene Satz von Marx auch in der Umkehrung, das Bewusstsein bestimmte das Sein.

Die ihrem Ergebnis nach stets nur hinderlichen und bremsenden Eingriffe der SED in die sensiblen künstlerischen Prozesse lieferten dafür indirekt die Bestätigung. Zugespitzt gesagt, bestand die Sonderstellung der DDR-Literatur in einer Verspätung, weil bestimmte Entwicklungen erst zeitversetzt eintraten oder überhaupt ausblieben. Lockerte sich der staatliche Druck wurde der Abstand zu dem, was jenseits ihrer Grenzzäune geschah, wieder geringer. Die einzelnen Autoren, die gegen den Sog des Kollektiven die eigene Sprache suchten, zeigten möglicherweise ebenfalls Symptome einer Verspätung. Zunächst zwischen Elbe und Oder, aber wohl auch im entfernten Ausland – man denke an Uwe Johnson – entstanden durch spezifische Merkmale gezeichnete Werke, die ihre geistige Her-

kunft offen legten. Sie wirkten auf das Erscheinungsbild der deutschen Nachkriegsliteratur differenzierend
und bereichernd, beeinträchtigten aber nicht dauerhaft ihre Zusammengehörigkeit.

Gleichwohl bedeutete das Ende der deutschen Teilung
für die Schriftsteller der einstigen DDR einen ein-
schneidenden Wandel bis hin zur Gefährdung der Existenz. Ihre Bücher, soweit sie in ehemaligen DDR-Verlagen erschienen waren, wurden großenteils unver-
käuflich. Sie wurden Zeuge eines so nicht erwarteten
Zusammenbruchs, als dessen im Hinblick auf den
literarischen Sektor grellstes Zeugnis die Halden vom
Großhandel weggeworfener Bücher auf Deponien und
Kippen des Braunkohletagebaues dienen konnten. In
eine offene Gesellschaft versetzt, deren öffentliche
Meinung im großen Umfang von den Medien bestimmt wurde, verloren auch ehemals arrivierte Autoren schnell ihr Publikum; für ihre Manuskripte fiel
es schwer, noch Verleger zu finden. Sie sahen sich in
Frage gestellt, was die Rolle anbetraf, die sie in dem
untergegangenen Staat gespielt hatten. Die Selbstzensur, die sie sich auferlegt oder zu der sie sich hatten bestimmen lassen, erschien nun in einem anderen Licht.
Ihre Arbeit hatte kritisch, aber zugleich systemstabili-
sierend gewirkt. Sie täuschten sich, als sie, furchtsam
oder versteckt opportunistisch, das reformunfähige
System als wandlungsfähig ansahen und beschrieben,
während es doch politisch und moralisch bereits gescheitert war. Fälle von Spitzeltum wurden offenbar.
Das Viertel des Prenzlauer Bergs in Berlin, ein von Sub-
kultur-Legenden getränkter, als oppositionell einge-
schätzter Bereich der literarischen Szene, wurde als
von der Staatssicherheit kontrolliert und beeinflusst
erkannt. Worte Christoph Heins, die er im September
1989 vor dem Ostberliner Schriftstellerverband gesprochen hatte, erwiesen sich als in unvermuteter Weise
prophetisch:

*Noch haben wir unsere eigene Geschichte, die unseres Landes
und des Sozialismus und der mit uns verbundenen sozialistischen Staaten nicht ausreichend geschrieben. Und nicht ausreichend geschrieben, heißt: nicht geschrieben, das sollten
Literaten wie Geschichtsschreiber wissen. Denn ein mit ge-
wichtigen Lücken entstandenes Gebäude existiert nicht wirklich, mit dem ersten Wind wird es zusammenbrechen. (Die
fünfte Grundrechenart, Ess., 1990)*

Der bald nach der Vereinigung einsetzende »deutsch-
deutsche Literaturstreit« veränderte die Meinungen
über die Rolle der DDR-Schriftsteller, auch die über
die gesellschaftskritische Wirksamkeit von Kunst ins-

gesamt. Das Interesse an der Literatur, wie sie bis 1990
zwischen Elbe und Oder entstand, hat diesen Streit jedoch überdauert. Auch in dem, was sie schuldig bleibt
oder durch ihr Schweigen verrät, ist sie Darstellung des
zweiten deutschen Staates und der Geschichte seiner
Menschen.

Stichworte zur politischen Geschichte

19. 3. 1949 Entwurf einer »Verfassung für eine deutsche
demokratische Republik«. 7. 10. Gründung der DDR. 1950
Walter Ulbricht wird Generalsekretär der SED, der im
April 1946 aus der (Zwangs-)Vereinigung von KPD und
SPD entstandenen Sozialistischen Einheitspartei Deutschlands. 9.–12. 7. 1951 Die SED beschließt den Aufbau des Sozialismus. 26. 5. 1952 Die DDR beginnt mit der Abriegelung
der innerdeutschen Grenze. 5. 3. 1953 Tod Stalins. 17. 6. 1953
Arbeiterunruhen in Berlin erfassen weite Teile der DDR.
14. 5. 1955 Warschauer Pakt der Ostblockstaaten. 23. 10. 1956
Beginn des Volksaufstands in Ungarn, dessen Nieder-
schlagung durch sowjetische Truppen von der SED begrüßt wird. In der Folge politische Prozesse auch in der
DDR. 12. 9. 1960 Ulbricht wird Vorsitzender des Staatsrats.
13. 8. 1961 Baubeginn der Berliner Mauer (»Antifaschistischer Schutzwall«). 8. 4. 1968 Eine neue Verfassung definiert die DDR als »sozialistischen Staat deutscher Nation«.
20./21. 8. 1968 Militärische Intervention der Sowjetunion
in der Tschechoslowakei, Ende des »Prager Frühlings«.
3. 5. 1971 Rücktritt Ulbrichts als Erster Sekretär der SED,
Nachfolger Erich Honecker. 21. 12. 1972 Vertrag zwischen
beiden deutschen Staaten auf der Grundlage der Gleichberechtigung. März 1985 Michail Gorbatschow wird Generalsekretär der KPdSU. 7.–11. 9. 1986 Staats- und Parteichef
Honecker auf Staatsbesuch in der Bundesrepublik. März
1989 Erste so genannte Montagsdemonstrationen in Leipzig im Anschluss an Friedensgebete in der Nikolaikirche.
10. 9. Ungarn öffnet für DDR-Bürger die Grenze nach
Österreich. 7. 10. Protestdemonstrationen bei den offiziellen Feiern zum 40. Jahrestag der DDR. 18. 10. Amtsent-
hebung Honeckers, Nachfolger Egon Krenz. 4. 11. Demonstration von ca. 500 000 Menschen auf dem Berliner -
Alexanderplatz mit Ansprachen bekannter Schriftsteller.
9./10. 11. Öffnung der Berliner Mauer. 18. 3. 1990 Freie und
geheime Wahlen in der DDR. 3. 10. Beitritt der DDR zur
Bundesrepublik.

Gesellschaft und Kultur

1. 7. 1951 Gründung des Amts für Literatur- und Verlagswesen. 12. 7. Errichtung der Staatlichen Kommission für
Kunstangelegenheiten. 7. 1. 1954 Johannes R. Becher Minister für Kultur. 30. 10. 1955 Eröffnung des Literaturinstituts
in Leipzig (1959 »Literaturinstitut Johannes R. Becher«).
23. 4. 1960 Erste Bitterfelder Konferenz der schreibenden
Arbeiter. 24./25. 4. 1964 Zweite Bitterfelder Konferenz.
25. 2. 1965 Gesetz über das sozialistische Bildungssystem.
12. 1. 1966 Nach Abberufung Hans Bentziens, dem Nachfolger Johannes R. Bechers, Klaus Gysi Kulturminister.

16.11.1976 Ausbürgerung Wolf Biermanns während seiner Tournee in der Bundesrepublik, Proteste prominenter Schriftsteller führen zu Sanktionen auch gegen diese Autoren. Eine größere Anzahl von Autoren verlässt 1977, nur zum Teil freiwillig, die DDR. Dezember 1980 Wiederaufstellung des Reiterstandbildes Friedrichs des Großen Unter den Linden. 31.12.1990 Selbstauflösung des DDR-Schriftstellerverbandes.

Musik: 1.10.1984 Wiedereröffnung des Schauspielhauses am Platz der Akademie (Gendarmenmarkt) als Konzerthaus. 13.2.1985 Wiedereröffnung der Dresdner (Semper-) Oper mit Webers *Der Freischütz*.

Film: Für das kulturelle Interesse breiter Bevölkerungsschichten, als gesellschaftspolitische Vermittlungsinstanz und agitatorische Waffe im Interesse der Partei spielte der Film und in diesem Zusammenhang auch die Verfilmung von Literatur seit Bestehen der DDR und lange vor einer annähernd vergleichbaren Bedeutung des Fernsehens eine kaum zu überschätzende Rolle. Staatlicherseits wurden die damit verbundenen Möglichkeiten auch gesehen, was umso weniger überraschen kann, als besonders das sowjetische Filmschaffen der Zwanzigerjahre, aber auch die Propagandafilme der Hitlerzeit Beispiele genug für die aufwühlende Wirkung des Mediums boten. An begabten Regisseuren, Scriptschreibern und Schauspielern fehlte es nicht, die im Westen schon bald einsetzende kommerziell bedingte Trivialisierung der Produktion bildete keine Gefahr. Der von Wolfgang Staudte nach dem Roman Heinrich Manns gedrehte Film *Der Untertan* (1951) ist bis in die Gegenwart als Beispiel einer geglückten Literaturverfilmung in Erinnerung geblieben. Als hinderlich erwies sich ein weiteres Mal die Furcht vor dem Risiko, die parteipolitischen Rücksichten folgte, aber formal-ästhetisch begründet wurde. Das Filmschaffen der DDR ist reich an künstlerischen Erfolgen und einer nicht minder langen Liste von Restriktionen und Verboten.

Weltliteratur (osteuropäische Literatur) 1951–1990

Polen: Czesław Miłosz (1911–2004, Nobelpreis 1980), *Poem für Erwachsene* (*Poemat dla dorosłych*, G., 1955); Wisława Szymborska (1923, Nobelpreis 1996), *Deshalb leben wir* (*Dlatego zyjemy*, G., 1952), *Menschen auf der Brücke* (*Ludzie na moscie*, G., 1986); Stanisław Lem (1921), *Transfer* (*Powrót z gwiazd*, R., 1961), *Solaris* (R., 1961).

UdSSR: Leonid Leonow (1899–1994), *Der russische Wald* (*Russkij les*, R., 1953); Boris Pasternak (1890–1960, Nobelpreis 1958), *Doktor Schiwago* (*Doktor Zivago*, R., 1957); Tschingis Aitmatow (1928), *Dshamilja* (*Dzamilja*, E., 1960), *Der Richtplatz* (*Placha*, E., 1986); Michail Bulgakow (1891 bis 1940), *Der Meister und Margarita* (*Master i Margarita*, R., 1966–1967); Alexander Solschenizyn (1918, Nobelpreis 1970), *August 1914* (*Avgust cetyrnadcatogo*, R., 1969), *Der Archipel GULAG* (*Archipel GULAG*, Bericht, 1973–75), *Preußische Nächte* (*Prusskie noci*, Poem, 1974); Joseph Brodsky (1940, Nobelpreis 1987), *Die Verben* (*Gagoly*, G., 1962).

(→ S. 530, 573, 725)

Sachliteratur und Essayistik

In den Formen der nichtfiktionalen Prosa ist in der DDR eine umfangreiche Literatur erschienen, die jedoch nach der politischen Wende von 1989, als ihr die Stütze im staatlich gelenkten Literaturbetrieb entzogen war, zu großen Teilen in Vergessenheit geriet. Der Ruf der Parteilichkeit, der ihr berechtigterweise vorausging, lässt allerdings leicht übersehen, dass bereits in den Achtzigerjahren ein Revisionsprozess eingesetzt hatte, der bisherige Tabuthemen nicht länger aussparte: Er betraf die lange vernachlässigten ökologischen Folgen der ungebremsten Industrialisierung (HANNS CIBULKA, 1920–2004, *Swantow. Die Aufzeichnungen des Andreas Flemming*, 1982; *Seedorn*, 1985; WOLF SPILLNER, *Wasseramsel*, 1984, ein Kinderbuch), die mit den Atomkraftwerken verbundenen Gefahren (CHRISTA WOLF, *Störfall. Nachrichten eines Tages*, 1987), aber auch zurückliegende Vorgänge, die Schicksale deutscher Kommunisten in der Sowjetunion während der Stalinzeit, Kriegsende und Vertreibung.

Für die staatlicherseits lange tabuisierten Themen gab es ein von belastenden Erfahrungen ungezählter Einzelner gespeistes Informationsbedürfnis. Auch in erzählender Form nahmen sich Autoren dieser Themen an. Die Zensur reagierte, für Monika Marons Roman *Flugasche*, einer fiktiven Industriereportage, wurde keine Druckerlaubnis erteilt. Aber die Stimmen, die nach freier Erörterung verlangten, ließen sich seit dem Machtantritt Gorbatschows und der von ihm beförderten Politik der Glasnost in der UdSSR nicht mehr unterdrücken; die Forderung Günter de Bruyns und Christoph Heins auf dem X. Schriftstellerkongress im Dezember 1987 nach Aufhebung des Druckgenehmigungsverfahrens (sprich: der Zensur) bot dafür das markanteste Beispiel. Auch das Problem der Selbstzensur wurde thematisiert, *Sinn und Form* druckte dazu einen bislang unbekannten Text Johannes R. Bechers von 1957. In den Erinnerungen Beteiligter kam zur Sprache, was das offizielle Geschichtsbild, Medien und Schulen noch immer verschwiegen. Bis zum Ende der DDR 1990 setzte sich dieser Prozess, stärker werdend, fort, um – wie im abschließenden Kapitel dargestellt – in den Neunzigerjahren mit den Autobiografien Günter de Bruyns und Heiner Müllers seinen stärksten Ausdruck zu finden.

»Vor Ort«, in den Jahrzehnten der uneingeschränkten Parteiherrschaft, litten auch die Autoren der nichtfiktionalen Literatur an den rigiden weltanschaulichen und politischen Vorgaben, die weder der freien Erörterung der Gedanken, wie sie der Essay kennt, noch einer gleichmäßig durch Quellen gestützten historischen Darstellung oder der aktuellen Reportage günstig waren, von verspielten Formen des Feuilletons zu schweigen. Ebenfalls problematisch stand es um das persönliche Zeugnis. Was dem Tagebuch anvertraut wurde, blieb zumeist besser verborgen und konnte, wie etwa die Aufzeichnungen Brigitte Reimanns, unverkürzt erst später gedruckt werden. Autobiografien hätten vor der gleichen Schwierigkeit gestanden, aber ihre Zeit war für die damals im Vordergrund stehenden Autoren größtenteils noch nicht gekommen, die sie schrieben, entstammten einer älteren Generation. Sie handelten von den Mühen der Arbeiterbewegung, vom Kampf gegen den Faschismus bis hin zum Spanienkrieg und der Zeit des Exils oder der Teilnahme am Widerstand, die Aufbaujahre des Arbeiter- und Bauernstaates bildeten nur den Beschluss. Für alle in Frage kommenden Gattungen gab es ein Lesebedürfnis, sogar einen Lesehunger. Die stereotype Propaganda in Presse und Rundfunk weckte das Bedürfnis nach Büchern, die vom Alltäglichen wegführten und einen weiten Horizont in Aussicht stellten. Im Hinblick auf das westliche Ausland fühlten sich die Menschen in der DDR, für die es in der ganz überwiegenden Mehrheit keine Reiseerlaubnis gab, eingesperrt. Seit 1961 war dies ein Hauptgrund der alltäglichen Unzufriedenheit, auch und gerade seit der Lebensstandard stieg. Die Grenze trennte Familien, aber sie bremste auch die Neugier nach dem als überlegen empfundenen Westen. Nur der Augenschein hätte dem abhelfen können, aber die staatlicherseits vermittelten Informationen waren objektiv unzulänglich und befriedigten nicht.

Die DDR verfügte über keinen neuen Egon Erwin Kisch, Joseph Roth oder – wie die Propaganda der Hitlerzeit, die sich auch kultivierter bürgerlicher Federn bedient hatte – über keinen Friedrich Sieburg. Letztlich wusste jeder Autor bis hin zum so genannten Volkskorrespondenten, was von ihm erwartet wurde: Es ging weniger um stilistischen Glanz als um Inhalte, und für diese wiederum war Linientreue geboten. Ideologische Abweichungen waren aber in der Sachbuchliteratur im Regelfall leichter dingfest zu machen als in poetischen Texten, deren Verfassern »der Dichtung Schleier aus der Hand der Wahrheit«, von dem Goethes Gedicht *Zueignung* spricht, behilflich war. Die Betroffenen suchten sich mit ihren Mitteln zu helfen, aber das gab dem, was sie schrieben, oftmals einen kryptischen Charakter für Eingeweihte.

In der Hochblüte des Personenkults waren Redner und Aufsatzschreiber mit Rücksichten beschäftigt, die aus späterer Sicht grotesk anmuten. Ohne die »richtigen« Zitate marxistischer Klassiker und stilgerechte Ergebenheitsadressen ging es nicht ab. Hans Mayer hat im Rückblick auf seine Leipziger Jahre anschauliche Beispiele überliefert. »Sie haben vergessen, dass Stalin auch der größte Philosoph unserer Zeit genannt werden muss«, sah sich ein Dozent nach einem Vortrag erinnert. Der Neuhistoriker Walter Markov wurde nach einer pflichtgemäß abgeleisteten Festrede von dem zuständigen sowjetischen Kulturoffizier angesprochen. »Nun, Genosse Markov, was haben Sie gegen den Genossen Stalin?« – »Wie meinen Sie das?« – »Nun, Sie haben ihn bloß viermal erwähnt.«

Aber es gab Autoren, denen ein größeres Maß an Unabhängigkeit zugestanden wurde, weil man sie nicht entbehren mochte, auch Zeiten politischer Veränderungen, in denen man freier atmen konnte.

Die Zeitschrift »Sinn und Form«

Johannes R. Becher gelang 1949 die Gründung der schon länger geplanten Zeitschrift *Sinn und Form*, die er zunächst mit dem greisen bürgerlichen Literaturhistoriker PAUL WIEGLER herausgab. Die Leitung des Periodikums, das als Zweimonatsschrift erschien und mit seinem Titel an Thomas Manns Exilzeitschrift *Maß und Wert* erinnerte, übertrug er PETER HUCHEL. Für die Bedeutung, die *Sinn und Form*, ungeachtet der relativ niedrigen Auflage (anfänglich 2500, später 5000 bis 6000 Exemplare, von denen fast die Hälfte ins Ausland ging), schon bald gewinnen sollte, war diese Wahl entscheidend, denn Zeitschriften unterlagen nicht wie Bücher der jeweiligen Druckerlaubnis durch das Ministerium für Kultur. Huchel sicherte sich überdies einen Sondervertrag, verfügte also über einen gewissen Freiraum. Sein unbestechliches Qualitätsgefühl ließ *Sinn und Form* zu einer der besten Zeitschriften werden, die die deutsche Literaturgeschichte kennt, europäisch im besten Sinne, weltweit anerkannt.

Noch vor Beginn der regelmäßigen Folge erschien ein Bertolt Brecht gewidmetes Sonderheft in einer einmaligen Auflage von 8000 Exemplaren. Es enthielt Vorabdrucke noch unveröffentlichter Werke (*Kleines Organon für das Theater; Der kaukasische Kreidekreis*, das »Tagebuch« *Unser Herr C.* aus dem Romanfragment *Die Geschäfte des Herrn Julius Cäsar; Gedichte*) sowie kritische Arbeiten des Theaterkritikers Herbert Ihering, Hans Mayers und Ernst Niekischs, dazu eine Brecht-Bibliografie – ein herausragender Empfang

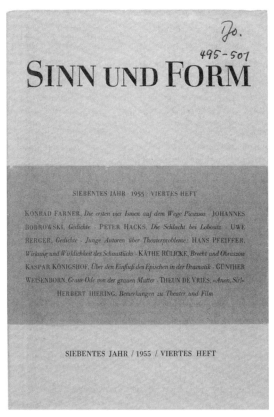

Titel

für den nach Deutschland heimgekehrten und (soweit überhaupt bekannt) keineswegs unumstrittenen Dichter. Solche Sonderhefte erschienen 1951 und 1952 auch für Johannes R. Becher und Arnold Zweig, ein zweites Sonderheft für Brecht 1957, für Becher 1959. Huchel veröffentlichte zwischen 1949 und 1962 in seiner Zeitschrift unter weitestgehender Ignorierung der weltanschaulichen Grabenkämpfe Arbeiten beispielhafter Autoren aus Ost und West, dichterische Originalbeiträge, vor allem aber Essays, Reden und Kritiken aus allen Bereichen der Geisteswissenschaften sowie über Kunst und Musik. So erschienen wiederholt Beiträge von Ernst Bloch, der, aus den USA zurückgekehrt, 1949 Professor in Leipzig geworden war (etwa *Dargestellte Wunschlandschaft in Malerei, Oper, Dichtung*, ein Vorabdruck aus *Die Hoffnung*), des Romanisten Werner Krauss, der das KZ überlebt hatte und nun ebenfalls in Leipzig lehrte (*Literaturgeschichte als geschichtlicher Auftrag*, 1950), des Österreichers Ernst Fischer (*Robert Musil. Versuch einer Würdigung*, 1957), von Wolfgang Harich, Ulbrichts späterem Opfer (*Heinrich Heine und das Schulgeheimnis der deutschen

Philosophie, 1956), Hans Mayer (*Richard Wagners geistige Entwicklung*, 1953) und Anna Seghers (*Tolstoi*, 1953). Mit einzelnen kritischen Beiträgen kamen auch Friedrich Beißner (*Der Streit um Hölderlins Friedensfeier*, 1955), Walter Benjamin (*Über einige Motive bei Baudelaire*, 1949), Ruth Berlau (*Poesie der Regie*, 1957), Walter Felsenstein (*Zum Tode Bertolt Brechts*, 1957), Max Horkheimer/Theodor W. Adorno (*Odysseus oder Mythos und Aufklärung*, 1949), Hermann Kasack (*Oskar Loerke. Die Jahre des Unheils*, 1949), Thomas Mann (*Versuch über Tschechow*, 1954) und Herbert Marcuse (*Existentialismus. Bemerkungen zu Jean-Paul Sartres »L'être et le néant«*, 1950) zu Wort.

Diese knappe Auswahl, die zudem nur deutsche Autoren umfasst, kann allenfalls andeutungsweise einen Eindruck von der geistigen Spannweite des Blatts vermitteln.

Schon bald weckte Huchels Selbstbewusstsein das Ressentiment der Funktionäre. Auch sein Verhältnis zu Johannes R. Becher, der sich schnell brüskiert fühlte, blieb nicht störungsfrei, ein erstes Mal drohte ihm die Ablösung von seinem Posten – F. C. Weiskopf sollte an seine Stelle treten – bereits 1953. Auslösend wirkte ein Artikel des damals noch in Polen lebenden Marcel Reich-Ranicki, der in einer Würdigung für den verstorbenen Erich Weinert nebenher an Bechers expressionistische Anfänge erinnert hatte. Damals trug Brecht entscheidend dazu bei, der Zeitschrift ihren Redakteur zu erhalten. Nach dem Bau der Berliner Mauer schien Huchels Gegnern ein weiteres Mal die Gelegenheit gekommen, ihn stärker auf die Linie der staatlichen Kulturpolitik zu verpflichten, aber ein Gespräch zwischen dem Parteisekretär Kurt Hager und dem Literaten führte zu keinem Konsens. Die Zeitschrift erinnere ihn an einen englischen Lord, bemerkte Kurt Hager, und Huchel antwortete: »Das Wort ›englisch‹ zum Lord hätte ich Ihnen, Herr Hager, in einem Manuskript sofort gestrichen. Damit Sie sehen, in welchem Geist ich redigiere.« (H. Mayer, *Ein Deutscher auf Widerruf. Erinnerungen. II*) Westliche Kritiker haben bemerkt, dass die Zeitschrift so, wie sie war, jedenfalls nicht die DDR repräsentierte. Das trifft zu, zeigt aber doch, was dort unter anderen Rahmenbedingungen möglich gewesen wäre.

Ende 1962 wurde Huchel, der sich mit der Zeitschrift wie mit einem zweiten Lebenswerk neben seiner Lyrik identifizierte, unter unwürdigen Umständen als Chefredakteur abgelöst und mit Schreibverbot belegt. Im letzten von ihm betreuten Heft druckte er nicht ohne Ironie Jean-Paul Sartres Rede *Die Abrüstung der Kultur* und Brechts bereits 1936 entstandenen, noch unveröffentlichten Essay *Rede über die Widerstandskraft der Vernunft.* »Tatsächlich kann das Denkvermögen in erstaunlicher Weise beschädigt werden«, stand da zu lesen. »Dies gilt für die Vernunft der Einzelnen wie der ganzer Klassen und Völker.« Dieser Text folgte unmittelbar auf die einleitende Erklärung des Präsidenten der Akademie der Künste Willi Bredel, in der behauptet wurde, dass Huchel auf eigenen Wunsch ausscheide.

Nachfolger wurde der aus Mexiko zurückgekehrte Schriftsteller BODO UHSE, nach dessen bald darauf folgenden Tod der marxistische Literaturwissenschaftler WILHELM GIRNUS (1906–1985), später für kurze Zeit der Schriftsteller und Übersetzer PAUL WIENS (1922–1982), dem 1983 MAX WALTER SCHULZ (1921 bis 1991) folgte. Bis zu einem gewissen Grade zehrte das Blatt nun von seinem unter Huchel erworbenen Ruhm, aber auch die Ära Girnus ist für die DDR-Literatur wichtig gewesen. Der einstige Stalinist, der in den Fünfzigerjahren in der Kommission für Kunstangelegenheiten »vor allem […] als Verhinderer und Verbieter gewaltet hatte« (H. Mayer), gab sich inzwischen im Hinblick auf Gegenwartsautoren konzessionsbereit, druckte Auszüge aus Christa Wolfs Roman *Nachdenken über Christa T.* (Heft 1, 1973) und Erich Loests autobiografische Erzählung *Pistole mit sechzehn* (Heft 1, 1977). Ulrich Plenzdorfs *Die neuen Leiden des jungen W.* (H. 2, 1972) erschien sogar vollständig im Vorabdruck – ein prekärer Text, behandelte er doch einen möglichen Freitod im Sozialismus (der jedoch auch als Unfall interpretiert werden konnte). Weil es unaufhebbare Widersprüche, die das Individuum in den Tod treiben – der also gar kein Freitod ist –, nicht mehr geben durfte, stellte Plenzdorfs Unterfangen nach älterer Auffassung zweifellos einen Tabubruch dar. Allerdings sollte es Tabus nach Honeckers Versicherung von 1971, so man nur fest auf dem Boden des Sozialismus stand, nicht mehr geben. Wo stand nun Plenzdorf, der mit Goethes Roman so locker experimentiert hatte?

Die Zeitschrift wurde zum Austragungsort einer Debatte über Fragen der Klassikrezeption, wie sie 1973 auch andernorts in der DDR geführt wurde, und erwies sich als Wortführerin für ein zeitgerechteres Verständnis. Girnus förderte auch den in Leipzig promovierten Germanisten und Essayisten KURT BATT (1931 bis 1975), der als Cheflektor des Rostocker Hinstorff Verlags im weitgehend gleichgeschalteten Verlagswesen der DDR für junge Autoren eine Anlaufstelle schuf und bei der Arbeit mit ihnen die Theorie beiseite

ließ. Ulrich Plenzdorfs von anderen Verlagen abgelehnten *Neuen Leiden des jungen W.* erschienen unter seiner Obhut, sie zogen dem (parteilosen!) Cheflektor heftige Angriffe zu, die wohl zu seiner Ablösung geführt hätten, wäre er nicht vorher einem Infarkt erlegen. Als Kritiker richtete Batt seinen Blick auch über die Grenze (*Revolte intern. Betrachtungen zur Literatur in der Bundesrepublik Deutschland,* 1975; *Widerspruch und Übereinkunft. Aufsätze zur Literatur,* 1978 postum). Vom »überlegenen, nie arroganten Niveau« der Aufsätze Batts hat sein westdeutscher Kollege Reinhard Baumgart respektvoll geschrieben.

Wege und Irrwege der Literaturtheorie

Die Literaturpolitik der SED fußte auf der Kunstlehre des sozialistischen Realismus, der, dem sowjetischem Vorbild folgend, in allen Staaten des Ostblocks, wenngleich in Abwandlungen, maßgebend war. In der DDR hat er sich relativ lange behauptet, einen Ausgleich schuf dort jedoch die gelegentlich museale Züge annehmende Kanonisierung der deutschen bürgerlich-humanistischen Kultur der Neuzeit, die höchstes Ansehen genoss und in der »sozialistischen Menschengemeinschaft« ihre endliche Erfüllung finden sollte. Mit dem Begriff »Erbe« ersetzte die marxistische Theorie seit den Dreißigerjahren bewusst den älteren Terminus »Tradition«. Der aus der Rechtssprache übernommene Ausdruck bezeichnete Besitzanspruch und Verfügungsrecht der Arbeiterklasse an der kulturellen Hinterlassenschaft der Vergangenheit. Der Vorbildcharakter der Weimarer Klassik, gipfelnd in Leben und Werk Goethes und zwar besonders der Faustgestalt als Prototyp des sich »gesellschaftlich und tätig bewährenden Menschen«, galt als unanfechtbar. Auch dem bürgerlichen Realismus des 19. Jahrhunderts kam hohe Wertschätzung zu. Er konnte als eine Übergangsstufe zur Gegenwart betrachtet werden, die in der aktuellen Ausprägung realistischer Kunst, nämlich im sozialistischen Realismus, ihr Ziel fand. Die nunmehr führende politische Kraft, die Arbeiterklasse, vollstreckte das Erbe der Klassik und gelangte ihrerseits erstmals zur vollgültigen Teilhabe am kulturellen Besitz der Nation.

Inhalte und Formen der Kunst, Stiltendenzen, die diese Entwicklung zu gefährden schienen – auch solche der Vergangenheit –, traf das Verdikt der Partei. Günter de Bruyn hat als einstiger Bibliothekar in seiner Autobiografie darüber berichtet, wie sich die DDR unerwünschter Bücher entledigte: Sie hat sie nicht öffentlich verbrannt, aber ihre Aussortierung und prompte

Abgabe an die Papiermühlen angeordnet. Heiner Müller beklagte 1977 den »verzweifelten Rückgriff unqualifizierter Funktionäre auf das 19. Jahrhundert« und die »Farce der Stellvertreterkriege (gegen Jazz und Lyrik, Haare und Bärte, Jeans und Beat, Ringelsocken und die Guevara-Poster, Brecht und Dialektik)«. Auf die »Wachsamkeit« der Partei, zu der sie sich regelmäßig selbst ermahnte und beglückwünschte, war Verlass. Wer die optimistischen Inhalte der staatlichen Berichterstattung (oder die allzu zielgerichteten Ankunftsromane und -dramen) langweilig fand, Zuversicht im gesetzmäßigen Fortschritt vermissen ließ oder gar mit dem Verfall sympathisierte, formalen Experimenten einen nicht zu rechtfertigenden Vorsprung einräumte, hatte Grund, sie zu fürchten. »Formalismus« stellte letztlich einen Sammelbegriff für jede vorgebliche Entartung dar, in der die Entwicklung nicht im gewünschten Sinne stimmte.

Die Wertschätzung und besondere Pflege des klassischen Erbes, die weder den Inhabern der germanistischen Lehrstühle, wie die Eroberer sie 1945 vorfanden, noch den Resten des gebildeten Bürgertums unwillkommen sein konnten und denen insofern auch eine Spannungen ausgleichende Funktion zukam, blieb in der DDR bis zuletzt unumstritten, abgesehen von der bedeutsamen Kurskorrektur zu Beginn der Siebzigerjahre, die im Ergebnis jedoch wiederum entlastend wirkte. In der Germanistik führte inzwischen eine jüngere Generation das Wort: »Wirkendes Moment der Befreiung, der Ablösung von der Herrschaft der Vergangenheit über die Gegenwart« (H. Kaufmann) sollte die Funktion des Erbes sein. Auch der Realismus-Begriff erfuhr einige differenzierende Veränderungen, nicht zuletzt weil der führende Literaturtheoretiker in der Aufbauphase der DDR, der Ungar GEORG LUKÁCS (1885–1971), ein bedeutender Kenner auch der deutschen Literatur (Deutsche Realisten des 19. Jahrhunderts, 1951), der ein Ministeramt in der »konterrevolutionären« Regierung Nagy angenommen hatte, 1956 seine »Monopolstellung« (A. Abusch) über Nacht verlor. Der Abweichler verfiel nun der schärfsten offiziellen Kritik, wurde aus dem geistigen Leben verdrängt und erst viel später bedingt rehabilitiert. In den Achtzigerjahren hatte der sozialistische Realismus Kraft und Verbindlichkeit weitgehend eingebüßt, von den Autoren wurde er nicht mehr ernst genommen.

Besonders in ihren Anfängen aber war die Kulturpolitik der SED im höchsten Maße problematisch für die ungestörte Entwicklung einer der Gegenwart verpflichteten Literatur.

Zugespitzt lässt sich sagen, dass die DDR-Version des »sozialistischen Realismus« als Doktrin eine merkwürdige, ja monströse Mixtur darstellte: Ihrem ideologischen Gehalt nach folgte sie der (schematisierten) materialistischen Geschichtsauffassung; ästhetisch aber sanktionierte sie den Formenkanon einer bestimmten Entwicklungsetappe bürgerlicher Kunst als überhistorisch gültig. Künstler und Theoretiker, die diese Kombination ablehnten, gerieten in die Defensive und mussten sich ständig legitimieren (Brecht, Eisler, Dessau, später z. B. H. Müller, Kunert u. a.). (W. Emmerich, *Kleine Literaturgeschichte der DDR. Erweiterte Neuausgabe*, 1996)

Der Konflikt betraf auch Autoren der klassischen Moderne, die, wie Franz Kafka, im westlichen Ausland inzwischen im höchsten Ansehen standen. Der Ost-West-Konflikt spielte da hinein, die von Anfang an bestehende Abhängigkeit der politischen Führung der DDR von der sowjetischen Vormacht, die keinen Bereich des geistigen Lebens aussparte, wirkte sich grenzüberschreitend aus. Opposition fiel schwer, zuweilen war sie unmöglich. HANS MAYER (1907–2001), der mit einer noch im Wiesbadener Limes-Verlag erschienenen Studie *Georg Büchner und seine Zeit* (1946) seinen Ruf als Literaturhistoriker begründet hatte und 1948 in die DDR ging, wo er sich von Johannes R. Becher als »Nachfolger von Lukács« gefeiert sah, beharrte auf selbstständigen Auffassungen. Aber auch die Schwierigkeiten dieses brillanten Intellektuellen wuchsen, der Verzicht auf seine Leipziger Professur erfolgte wenige Monate, nachdem die Behörden seine Teilnahme an der internationalen Kafka-Konferenz in Liblice bei Prag (1963) verhindert hatten – ein Treffen, bei dem Ernst Fischer und einige andere Teilnehmer Kafkas Entfremdungsparabeln auch unter realsozialistischen Verhältnissen für aktuell erklärten.

Von Lukács' Entthronung profitierte auf Umwegen Theodor Fontane. In einem Kapitel der *Jahrestage*, das eine jäh abgebrochene Unterrichtseinheit über *Schach von Wuthenow*, die »Erzählung aus der Zeit des Regiments Gensdarmes«, in einer mecklenburgischen Schule humorvoll beschreibt, hat Uwe Johnson Lukács ohne ausdrückliche Namensnennung vorgestellt – er ist »der amtierende Fachmann für sozialistische Theorie in der Literatur«, der Fontanes Gesellschaftskritik für Zufall und also unverbindlich erklärt. Tatsächlich hatte Lukács dem Dichter von *Vor dem Sturm* und *Effi Briest* den Rang eines großen Realisten – im Vergleich mit Werken wie Tolstois *Krieg und Frieden* und *Anna Karenina* – abgesprochen. Nun veröffentlichte HANS-HEINRICH REUTER (1926–1978) über ihn eine grundlegende Monographie. Dem Gesetz des Pendelschlags folgend, schrieb sie Fontanes Preußenkritik freilich einen unzweifelhaften, gleichsam abschließenden Charakter zu – eine Interpretation, die, als Rauchs Reiterstandbild Friedrichs des Großen 1980 seinen Platz Unter den Linden zurückerhielt, auch aus der Sicht der DDR-Forschung bereits wieder ergänzungsbedürftig schien (*Fontane*, 1969, 2 Bde.). Die so genannte Fontane-Renaissance, die sich in beiden deutschen Staaten annähernd gleichzeitig ereignete, bis zu einem gewissen Grad mit dem neu erwachten Interesse an Preußen korrespondierte und 1998 (100. Todestag) einen Höhepunkt erreichte, ließ Fontane zum nunmehr bekanntesten deutschen Autor der zweiten Hälfte des 19. Jahrhunderts werden.

Eine Dichterbiografie von literarischem Eigenwert schuf GÜNTER DE BRUYN mit *Das Leben des Jean Paul Friedrich Richter* (1975), die Würdigung eines Autors, der sich, wiewohl Zeitgenosse der Weimarer Dioskuren, den Normen des Klassischen widersetzt hatte. Wie bereits dargestellt, war in die Diskussion über die Pflege des Erbes Bewegung gekommen; auch der Begriff hatte eine Erweiterung erfahren. Das Verhältnis von Klassik und Romantik wurde nicht mehr ausschließlich als Gegensatz von Fortschritt und Reaktion verstanden. De Bruyn griff in die Diskussion, die Ende der Siebzigerjahre zur Anerkennung der Romantik als einer für den Marxismus erbwürdigen Epoche führte, nicht direkt ein, betonte vielmehr – in Ausführungen über Jean Pauls *Flegeljahre* – umso mehr den Reiz selbstständiger Lektüre:

Welche Leselust: ein Gipfelwerk der Literatur der klassischen Periode, das ganz frisch und rein genossen werden kann! Weil nie Schulaufsätze darüber geschrieben werden mussten, weil niemand einem gesagt hat, dies und das bedeutet, beinhaltet, symbolisiert, beweist. […] Und es hat Humor. Schon deshalb gilt es als für Bildungszwecke ungeeignet. Man kann es also aufschlagen nur zur eigenen Freude.

Reiseberichte und Reportagen

Zunächst waren es Reisen in befreundete kommunistische Staaten, die Schriftstellern Gelegenheit boten, über den Aufbau dort zu berichten. Charakteristisch dafür sind Buchveröffentlichungen eher unbekannter Autoren wie *Sommerliche Reise ins Nachbarland. Ein junger Schriftsteller erlebt das neue Polen* (1953), *In den Hütten der Hoffnung* (1955), der Bericht von einer Korea-Reise, oder *Sturm aus Bambushütten* (1956) über das vom Krieg gequälte Vietnam. Aus der Sowjetunion berichtete, naturgemäß mit propagandistischem Schwung, der einflussreiche Kulturfunktionär ALFRED KURELLA (1895–1975, *Ich lebe in Moskau*, 1947; *Im schönen Kaukasus*, 1956). Reiseberichte boten gelegentlich auch Möglichkeiten zu vorsichtiger Distanzierung von der »zu Hause« vorherrschenden Doktrin und wurden dementsprechend genutzt. Zahlreich waren Reporte über den chinesischen Weg zum Kommunismus (F. C. WEISKOPF, *Die Reise nach Kanon*, 1953; STEPHAN HERMLIN, *Ferne Nähe. China-Reportage*, 1954; BODO UHSE, *Tagebuch aus China*, 1956). LUDWIG RENN berichtete *Vom alten und neuen Rumänien* (1952).

ERICH ARENDT wurden Studienreisen nach Südeuropa ermöglicht (*Inseln des Mittelmeeres. Von Sizilien bis Mallorca*, 1959; *Griechische Inselwelt*, 1962; *Säule – Kubus – Gesicht. Bauen und Gestalten auf 60 Mittelmeerinseln*, 1966). Eine Auseinandersetzung mit der eigenen Vergangenheit leistete FRANZ FÜHMANN in dem lebendig erzählten Bericht über einen Aufenthalt in Budapest (*22 Tage oder Die Hälfte des Lebens*, 1973). Wenn der Erfahrung einer Ferne unmittelbare Bedeutung für Leben und Werk des Reisenden zukommt, gewinnt, was sonst gefällige Routine wäre, eine neue Qualität: In ihren Frankfurter Poetik-Vorlesungen, die 1983 u. d. T. *Voraussetzungen einer Erzählung: Kassandra* erschienen sind, hat CHRISTA WOLF von ihrer Reise nach Griechenland 1980 erzählt, aus der sie die Anschauungskraft für ihre Wiederaufnahme des antiken Stoffes zog. In den Schilderungen von ROLF SCHNEIDERS Roman *Die Reise nach Jaroslaw* wirken erkennbar die Erfahrungen des Autors selbst nach, wie er sie in seinem Buch *Polens Hauptstädte. Poznan, Kraków, Warszawa* (1975) dargestellt hat. Schneider hat das Genre des Reiseberichts noch mit weiteren sympathischen Beiträgen bedient: *Von Paris nach Frankreich* (1975), nach der »Wende« *Potsdam. Garnison und Arkadien* (1994) und *Leben in Wien* (1994).

Nachdem die von der DDR ausgestellten Reisepässe auch außerhalb des sozialistischen Lagers anerkannt wurden (der Durchbruch zu internationaler Anerkennung gelang dem zweiten deutschen Staat erst 1972), wurde der Radius der Autoren größer, GÜNTER KUNERT eröffnete mit *Der andere Planet* (1974) eine Reihe von Publikationen über die USA. FRITZ RUDOLF FRIES, ein Schüler von Werner Krauss, durch die private Biografie, Übersetzungen und philologische Arbeiten (*Lope de Vega*, 1977) der romanischen Kultur verbunden, wusste fundiert zu berichten (*Mein spanisches Brevier 1976/1977*, 1977).

Reportagen aus der DDR behandelten zumeist die Welt der Industrie oder der der Industrie nahen Technik, so schrieb EDUARD CLAUDIUS über den Aufbau des Fischereiwesens (*Seemannsgarn neu gesponnen. Heringsflotte auf großer Fahrt,* 1954). Der gelernte Maurer aus dem Ruhrgebiet berichtete auch über den Maurer Hans Garbe (*Vom schweren Anfang,* 1950), dem bei der Erneuerung eines Brennofens eine besondere Aufbauleistung geglückt war, die später auch Brecht und Heiner Müller beschäftigt hat. Über die Bundesrepublik verfasste Claudius ebenfalls eine Reportage (*Paradies ohne Seligkeit,* 1955) – er bewies die »politische, wirtschaftliche und militärische Restauration des Imperialismus in der BRD«, wie die »offizielle« Literaturgeschichte der DDR noch 1976 hervorhob. FRANZ FÜHMANN schrieb über eine Schiffswerft in Rostock (*Kabelkran und Blauer Peter,* 1961) und die Tätigkeit der Volkspolizei (*Spuk. Aus den Erzählungen des Polizeileutnants K.,* 1961). Den »Bitterfelder Weg«, betonte er sehr viel später, »brauchte man mir nicht zu protokollieren, dahin drängte es mich« (Interview 1983). ARNOLT BRONNEN, den Johannes R. Becher eingeladen hatte, seinen Wohnsitz in der DDR zu nehmen, bezeugte in der Reportage *Deutschland – Kein Wintermärchen* (1956) die letzte seiner wiederholten weltanschaulichen Wandlungen, wie sie bereits in die Autobiografie eingegangen war (*Arnolt Bronnen gibt zu Protokoll,* 1954). Dagegen ließ STEFAN HEYM, der nach seinem Umzug in die DDR zunächst Reportagen (*Im Kopf sauber. Schriften zum Tage,* 1954; *Offen gesagt. Neue Schriften zum Tage,* 1957; *Das kosmische Zeitalter,* 1959) und bis 1956 eine wöchentliche Kolumne für die *Berliner Zeitung* verfasste, von Anfang an erkennen, dass er, der in den USA das Handwerk des Journalisten erlernt hatte, zum Mitläufer verdorben und bereit war, mit seiner Berichterstattung bis an die Grenzen des Möglichen zu gehen.

Autoren über andere und sich selbst

Leser waren sie alle. GÜNTER DE BRUYN, der zunächst Bibliothekar wurde, ehe er dem Schriftsteller in sich Raum gab, drückt es mit schöner Selbstverständlichkeit aus (*Lesefreuden. Über Bücher und Menschen,* Ess., 1986). Die Literatur kommt von der Literatur, das Schreiben vom Lesen. Gerade darum aber spielt die Lektüre im Leben der produktiven Künstler eine besondere Rolle, sie ist niemals nur Studium, sondern immer schon Auswahl, Umformung, Verwertung in Rücksicht auf das eigene Schaffen. An dieser Konstante änderte sich auch im Sozialismus nichts, und sie verhalf Autoren, die nach offizieller Doktrin als »dekadent« galten, zu unverhofften Wirkungen, zunächst in

der Empfänglichkeit eines Einzelnen, unter günstigen Umständen später in einem größeren Kreis. Ein Beispiel dafür bietet FRANZ FÜHMANNS Beschäftigung mit Georg Trakl, dargestellt in seiner letzten größeren Publikation (*Vor Feuerschlünden. Erfahrungen mit Georgs Trakls Gedicht,* 1982, in der westdeutschen Lizenzausgabe u. d. T. *Der Sturz des Engels*). Die erste Trakl-Lektüre des jungen Soldaten fällt mit der Untergangserfahrung des letzten Kriegsjahres zusammen, gerät in Widerstreit mit allen Glaubenssätzen des sozialistischen Realismus und erweist sich im Resümee des Autors, als das »bestimmende Ereignis« seiner letzten Lebensjahre.

In mehreren Essays, in der Reportage *Ein Besuch* (1969), in den autobiografischen Prosastücken *Blickwechsel* (1970) und *Zu einem Datum* (1971), alle gesammelt in dem Band *Lesen und Schreiben* (1971), hat Christa Wolf ihr Verhältnis zu Tradition und Wirklichkeit sowie ihre künstlerischen Intentionen dargestellt. Sie wendet sich gegen die naturalistische Technik, betont die Subjektivität des Erzählens, zugleich aber auch die gesellschaftliche Verantwortung des Autors. »Das Bedürfnis, auf eine neue Art zu schreiben, folgt, wenn auch mit Abstand, einer neuen Art, in der Welt zu sein.« Volker Braun und Günter Kunert schrieben in den späten Sechziger- und frühen Siebzigerjahren in Essays und Tagebüchern Vergleichbares.

JOHANNES R. BECHER veröffentlichte Betrachtungen und autobiografische Skizzen – mit bei diesem Autor eher ungewohnt kritischen Akzenten – u. d. T. *Auf andere Art so große Hoffnung. Tagebuch 1950* (1951), denen er später noch eine von ihm selbst getroffene knappe Auswahl folgen ließ (*Dreimal bebende Erde. Ausgewählte Prosa,* 1953). Die sehr persönlichen Texte lassen über die menschliche Problematik des Staatsdichters hinaus auch »Größe und Elend« – ein von Becher benutzter Terminus zur Kennzeichnung der Widersprüche der Zeit – seiner gesellschaftlichen Rolle und der von ihm repräsentierten Institution erkennen.

Bechers Expressionismus bricht wieder durch: Die Erde bebt ein erstes Mal, wenn ein Mensch sich seiner selbst bewusst wird, sie bebt, wenn er erkennt, dass er es ist, der Macht über sein Schicksal hat, und sie bebt ein drittes Mal, wenn er sich zu anderen Menschen hinwendet und sie vereint sich anschicken, die Welt zu verändern. Eine andere Episode erzählt von einem sterbenden Dichter, dessen letzter Wunsch es ist, eine winzige Korrektur an einem seiner Gedichte vorzunehmen. Der bis zuletzt andauernde Wille zur Berichtigung lässt ihn diese unscheinbare Korrektur als

Johannes R. Becher   Peter Hacks

»die große Korrektur seines Lebens« begreifen. Geständnis eigenen Ungenügens und ekstatische Hoffnung sind bei Becher stets gegenwärtig, das Leiden an unüberbrückbaren Gegensätzen und unterdrückte Schuldgefühle münden in Glaubensbereitschaft und Erlösungssehnsucht. Aus dem labilen Münchner Gymnasiasten und Jurastudenten, der in einer protestantischen Familie aufwuchs, aber katholisch zu empfinden glaubte und religiöse Verse schrieb, nicht »gut tat« und durch eine hoffnungslose pubertäre Liebschaft mit blutigem Ausgang wohl endgültig aus der Bahn geworfen worden wäre, wenn Protektion ihn nicht gerettet hätte, wurde ein exemplarischer expressionistischer Dichter und ein von den großen Dichtern der »heiligen« russischen Literatur erweckter Kommunist und Parteisoldat, aus dem einstigen idealistischen Pazifisten ein dem Gebrauch und Genuss der Macht nicht abgeneigter Funktionär – eben der Minister für Kultur der DDR, den, wie Hans Mayer mitteilt, auf seinem Krankenlager nur noch die bayerische Heimat und der angestammte Glaube beschäftigte.

Seine theoretischen Schriften vereinigte Becher unter dem Sammeltitel *Bemühungen* (*Verteidigung der Poesie. Vom Neuen in der Literatur*, 1952; *Poetische Konfession*, 1954; *Macht der Poesie*, 1955; *Das poetische Prinzip*, 1957). (→ S. 683)

Neben der – auch in der Analyse künstlerischer Gegenwartsprobleme – überragenden Erscheinung Brechts ist es wohl am ehesten der freilich sehr anders geartete, einer erneuerten Klassizität zustrebende PETER HACKS, der eine in sich geschlossene Darstellung seiner ästhetischen Auffassungen vorgelegt hat (*Die Maßgaben der Kunst*, 1977). Sein mit spielerischer Eleganz erzählter Essay *Geschichte meiner Oper* (1976) bietet eine Beschreibung seiner problematischen Begegnung mit der Opernregie und eine verdeckte, der Kunst des

großen Regisseurs keineswegs gerecht werdende Auseinandersetzung mit Walter Felsenstein.

WALTER FELSENSTEIN (1901–1975) ist oft als der künstlerische Antipode Brechts gesehen worden, eine Auffassung, die er selbst allerdings abgelehnt hat. Sein Begriff des Musiktheaters, dem der gebürtige Wiener in berühmt gewordenen Inszenierungen Gestalt verlieh, gab Werken, deren dramatische Form in einer routinierten, nur auf sängerischen Glanz abgestellten Aufführungspraxis oft bis zur Unkenntlichkeit verdunkelt war, ihre ursprüngliche Frische und Spannkraft zurück. Es ging also gleichberechtigt auch um die Libretti – um Literatur –, gewiss nicht um ihrer selbst willen, aber in der magischen Einheit des musikalischen Theaterkunstwerks. Mit nachdrücklicher Unterstützung von Aleksandr Dymschiz, dem Leiter der Kulturabteilung der Sowjetischen Militäradministration, und Johannes R. Becher wurde Felsenstein zum Initiator der 1947 begründeten »Komischen Oper« in Berlin. In Ansprachen und Interviews hob er gern hervor, dass die Bedeutung der französischen Bezeichnung »Opéra Comique« weiter reiche als die wörtliche deutsche Übersetzung; um den damit verbundenen musikalischen und geistigen Anspruch war es ihm zu tun. Er hat dem von ihm geleiteten Haus in der Berliner Behrenstraße international ein vergleichbares Ansehen erobert wie Brecht und Helene Weigel dem Berliner Ensemble. Felsenstein hat bei zahlreichen Gelegenheiten für seine Ideen geworben, mit Aushängen für das Ensemble und Kritikbriefen an Darsteller das Erreichte unermüdlich präzisiert (gesammelt in *Schriften. Zum Musiktheater*, 1976). Weitergeführt wurde die Kunst der Opéra Comique von dem Dresdner JOACHIM HERZ (1924), der bei Felsenstein assistierte und 1959 Operndirektor in Leipzig wurde (Walter Felsenstein /Joachim Herz, *Musiktheater. Beiträge zur Methodik und zu Inszenierungskonzeptionen*, 1976).

Frauenprotokolle, -tagebücher, -briefe

Der von SARAH KIRSCH besorgte Band *Die Pantherfrau. Fünf unfrisierte Erzählungen aus dem Kassetten-Recorder* (1973) steht am Beginn einer in der DDR noch unbekannten Spielart der Literatur. Die neue Technik versprach Unmittelbarkeit und Authentizität. Eine lebhafte Diskussion verursachte aber erst die von MAXIE WANDER (1933–1977), einer gebürtigen Österreicherin, zusammengestellte Dokumentation *Guten Morgen, du Schöne. Protokolle nach Tonband* (1977) – zunächst im Ostberliner Buchverlag Der Morgen, schon bald aber auch in der Bundesrepublik, wo das

Buch 1978 in Lizenz erschien. Christa Wolf schrieb das engagierte Vorwort. Die besondere Popularität, die die Protokolle in der DDR erlangten, ist verständlich vor dem Hintergrund einer in der Literatur vielfach geschönten Wirklichkeit. Demgegenüber erschienen die Protokolle glaubwürdig in einem Maße, wie es den fiktiven Darstellungen nicht oder nur selten gegeben war. Obwohl es sich dabei im gewissen Umfang um eine Täuschung handelte – die Gespräche waren bearbeitet, ferner wiederholt Äußerungen mehrerer Interviewpartnerinnen zu einem Protokoll verschmolzen worden –, war ihre befreiende Wirkung offensichtlich. Auch die professionellen Schreiber zeigten sich beeindruckt: »In keinem Roman der letzten Zeit fand ich solche Reichtümer«, schrieb Irmtraud Morgner, im gleichen Sinn Thomas Brasch: »Ganze Passagen in Maxie Wanders Interview-Buch gehören zur wichtigsten Literatur, die ich in den letzten Jahren gelesen habe.« Dieser Publikation folgte in den Achtzigerjahren eine Reihe von Büchern, die echte Dokumentarliteratur boten, ohne allerdings den Erfolg von Maxie Wanders Buch wiederholen zu können.

Maxie Wanders Verlag ließ schon 1979 *Tagebücher und Briefe* seiner inzwischen verstorbenen Autorin folgen. Auch künftig fanden Aufzeichnungen von Frauen oftmals gerade dann besonderes Interesse, wenn es sich nicht um in literarischer Absicht verfasste Texte, sondern um Lebenszeugnisse handelte, Tagebücher und Briefe. Dazu zählen *Brigitte Reimann in ihren Briefen und Tagebüchern 1947–1972* (1983), eine Ausgabe, die unter verändertem Titel auch in der Bundesrepublik erschien (*Die geliebte, die verfluchte Hoffnung. Tagebücher und Briefe*, 1984) und in den Neunzigerjahren durch eine vermehrte, zweibändige Ausgabe der Tagebücher ersetzt wurde, sowie ihre Korrespondenz mit Christa Wolf (*Sei gegrüßt und lebe. Eine Freundschaft in Briefen 1964–1973*, 1993) und Irmgard Weinhofen (*Grüß Amsterdam. Briefwechsel 1956–1973*, 2003). »Ein Parlando, in dem der Odem großer Literatur weht«, urteilte Marcel Reich-Ranicki über die Neuausgabe der Tagebücher. »Dieses Buch hat die Qualität eines Romans und die Vorzüge eines Tagebuchs.«

Rückblicke und Autobiografien

Die Autoren der ersten Autobiografien, die in der DDR erschienen, waren erprobte Kommunisten, die ihre Bindung an die Partei nicht gelöst hatten und große Reputation genossen, was sich auch in den hohen ihnen zugebilligten Auflagen niederschlug (INGE VON WANGENHEIM, 1912–1993, *Mein Haus Vaterland*, 1950; FRIE-

Walter Felsenstein

Brigitte Reimann

DEL BEHREND, 1897–?, *Eine Frau in zwei Welten*, 1963; EDUARD CLAUDIUS, d. i. Eduard Schmidt, 1911–1976, *Ruhelose Jahre*, 1968; FRITZ SELBMANN, 1899–1975, *Alternative, Bilanz, Credo*, 1969). Papierkontingente waren nicht das unwichtigste Regulierungsmittel.

LUDWIG RENNS Autobiografie *Anstöße in meinem Leben* (1980), die bis zu seinem Beitritt zur KPD 1928 führt, erschien postum, doch waren ihr weitere Berichte bereits vorangegangen (*Meine Kindheit und Jugend*, 1957; *Zu Fuß zum Orient*, 1964; *Ausweg*, 1967). Auch sein Buch *Der spanische Krieg* (1955) ist als autobiografischer Bericht verfasst.

Später kamen Memoirenschreiber sehr verschiedener Herkunft und Berufstätigkeit hinzu, ehemalige Offiziere und Politiker, die sich für die DDR entschieden hatten (WOLFGANG GANS EDLER HERR ZU PUTLITZ, *Unterwegs nach Deutschland. Erinnerungen eines ehemaligen Diplomaten*, 1956; RUDOLF PETERSHAGEN, 1901–1969, aktiver Reichswehroffizier, zuletzt Kampfkommandant von Greifswald, der durch rechtzeitige Kapitulation die Stadt vor der Zerstörung rettete, *Gewissen im Aufruhr*, 1957; MANFRED VON BRAUCHITSCH, *Ohne Kampf kein Sieg*, 1964; BRUNO WINZER, *Soldat in drei Armeen*, 1968), Wissenschaftler wie MANFRED VON ARDENNE (1907–1997), der Enkel des historischen Urbilds von Fontanes Effi Briest (*Ein glückliches Leben für Technik und Forschung*, 1972), Künstler (oft Altkommunisten) und Persönlichkeiten, deren Wirken mit kulturellen Zentren (Dresden, Weimar) verbunden war, rundeten das Bild der sozialistischen Gesellschaft ab und wurden wieder und wieder gedruckt.

Ohne je ausdrücklich erwähnt zu werden, ist die DDR gegenwärtig in STEPHAN HERMLINS autobiografischer Erzählung *Abendlicht* (1979), und die Schatten des Abschieds, die über des Autors schöner Prosa liegen, fallen unwillkürlich auch auf sie. Wie andere Texte aus seiner Feder, die kunstvoll zu überblenden und auszulassen wissen (*Äußerungen 1944–1982*, 1983), sind Hermlins Kindheitserinnerungen auf Selbststilisierung bedacht und nicht ohne prätentiöse Gebärde, gleichwohl weckt ihre musische Gestimmtheit Sympathie und Respekt. Das Motto von Robert Walser (»Man sah den Wegen im Abendlicht an, dass es Heimwege waren«), die Emmaus-Zitate (»Bleibe bei uns«), muten im Rahmen der DDR-Literatur, die gewissermaßen professionell auf Zukunft ausgerichtet war, merkwürdig an. An keiner Stelle stellt Hermlin seine Bindung an den Sozialismus in Frage, verleugnet der Großbürgerssohn und Ästhet den eingeschlagenen Weg; aber es ist wie ein Bekenntnis ohne Hoffnung.

Die bereits 1964 im Manuskript abgeschlossene Autobiografie von TRUDE RICHTER (1899–1989, *Totgesagt*, 1989), von der bis dahin nur ein Teildruck u. d. T. *Die Plakette* 1972 erschienen war, berichtete vom Überlebenskampf während der im GULAG verbrachten Jahre. In anderer Art viel zu erzählen hatte MARKUS WOLF (1923), ein Sohn des Dichters Friedrich Wolf und viele Jahre Leiter der Hauptabteilung Aufklärung im Ministerium für Staatssicherheit, in seinem Buch *Die Troika* (1989), in dessen Mittelpunkt sein Bruder Konrad Wolf, der bedeutendste Filmregisseur der DDR, steht. Im selben Jahr erschienen auch HEDDA ZINNERS Erinnerungen u. d. T. *Selbstbefragung* (sie fiel nur bedingt selbst*kritisch* aus), vor allem aber WALTER JANKAS Bericht über seinen Prozess 1956 (*Schwierigkeiten mit der Wahrheit*, 1989), ein Kapitel aus seiner damals noch ungedruckten, ursprünglich für die Aufbewahrung in einem Archiv bestimmten Autobiografie. Janka ließ den Bericht in einem westdeutschen Verlag erscheinen, dennoch wurde er sogleich DDR-öffentlich, denn bereits Ende Oktober dieses entscheidungsschweren Jahres las Janka im Berliner Deutschen Theater in der Schumannstraße daraus vor. Dementsprechend groß waren Anteilnahme und Erschütterung. Die Diktatur war am Ende, bis zur Öffnung der Grenzübergänge sollten nur noch wenige Tage vergehen.

Drama. Hörspiel und Fernsehspiel

Wie bereits 1945 durch die sowjetische Militäradministration sahen sich die Theater nach Gründung der DDR als kulturpolitisches Instrument von staatlicher Seite anerkannt und gefördert. Mehr als die anderen literarischen Gattungen boten Schauspiel und Komödie die Möglichkeit, auf die weltanschauliche und politische Meinungsbildung Einfluss zu nehmen. Was das dramatische Spiel auszeichnete, war die besondere Art der Rezeption durch das Publikum, die gemeinsame Erfahrung. Die Bühne war die Kanzel einer säkularisierten Welt. Europa kannte seit der Aufklärung eine Reihe von Beispielen dafür, wie der Mitvollzug des Gesehenen und Gehörten umschlug in revolutionäre Erregung – bis hin zu direkter Aktion. Seitdem war die Geschichte der Staaten allerdings auch eine Geschichte der Zensur. Die Regierungen lernten es, sich zu wehren, allerdings stets doch nur mit begrenztem Erfolg, denn auf jeden Akt der Unterdrückung reagierte das Publikum, mit vermehrter Aufmerksamkeit für die unscheinbarsten Signale, für Halb- oder Ungesagtes und nonverbale Zeichen. Das oppositionelle Element, geschützt durch die spontane Reaktion vieler, beziehungsweise durch die relative Anonymität im dunklen Zuschauerraum, blieb durch Verbote nicht unterdrückbar. Sogar die Nationalsozialisten hatten das erfahren, so virtuos sie »Volksaufklärung und Propaganda« – wie das zuständige Ministerium benannt war – auch von der Bühne her betrieben.

Es war nicht zweifelhaft, dass auch die SED ihre Botschaft, eine als Wissenschaft ausgewiesene Verheißung, auf diesem »geistigen Kampfplatz« (F. Wolf), vortragen würde. Zur stufenweisen Verwirklichung der künftigen klassenlosen Gesellschaft bedurfte es eines ideologisch gelenkten, effizient arbeitenden Plansystems, möglicherweise in Erscheinung tretende Subjektivität musste sorgfältig kontrolliert werden. Ein Vorhaben wie in Brechts *Katzgraben*-Notaten mochte bereits als unkontrollierbar und bedenklich erscheinen: »Ich wollte auf das Theater den Satz anwenden, dass es nicht nur darauf ankommt, die Welt zu interpretieren, sondern sie zu verändern.« Brecht hatte Marx' berühmten, auf die Philosophen gemünzten Satz auf das Theater übertragen, er hatte ferner – mit Bezug auf die Interpretation – ein »nicht« durch ein »nicht nur« ersetzt, also an Recht und Notwendigkeit der Interpretation festgehalten.

Was die Partei vor dem Hintergrund der deutschen Teilung von Dramaturgen und Stückeschreibern forderte, war weniger und mehr zugleich. Es ging um ein sozialistisches Nationaltheater, das die in der Weimarer Klassik Gestalt gewordenen Ideen zur Darstellung brachte und weiterentwickelte. Dem eigenen Selbstverständnis zufolge bewahrte die DDR, nicht die amerikanisch infiltrierte Bundesrepublik, die kulturelle Tradition. Wolfgang Langhoffs »werktreue« Goethe-Inszenierungen am Deutschen Theater von *Egmont* (1951) bis *Iphigenie* (1964) konnten in diesem Sinne als musterhaft gelten. Stücke aus der Gegenwart, die vom Schaffen der Werktätigen handelten, bildeten konzeptionell die schlüssige Fortsetzung. Alexander Abusch, Bechers Nachfolger als Minister für Kultur, hat in seiner Rede *Weimar und Bitterfeld* (1960) das Programm als nah der Verwirklichung beschrieben:

Weimar, wo die großen Dichter des bürgerlichen Humanismus einst gewaltet, und Bitterfeld, wo arbeitende Menschen unserer Tage neue humanistische Maße und Werte schaffen, indem sie auf sozialistische Art zu arbeiten, zu lernen und zu leben begonnen haben –, diese beiden Begriffe werden eins in dem Begriff des sozialistischen Humanismus und in der Arbeit für seine weiteste Ausstrahlung in das Leben.

Auch der »real existierende Sozialismus« kannte die sonntägliche Festrede, aufgewertet durch hochrangige Persönlichkeiten (sozusagen das Politbüro in der Königsloge). Wie auf dem literarischen Feld insgesamt waren Richtungskämpfe und Krisen nicht zuletzt eine Folge der ebenso rigiden wie hypertrophen Zielvorstellungen. Richtig gestellt wurden sie von Einzelnen, individuellen Bekundungen gegen die unisono verkündete Doktrin der Macht. Liest man die frühen Stücke Volker Brauns, eines Dichters, der in der DDR aufgewachsen und sozialisiert worden war, meint man zuweilen die Stimme des jungen Schiller zu hören, wenn er sich gegen fürstliche Willkür empört. In den anarchischen Arbeiter-Helden seiner frühen Dramen kehrt Karl Moor auf die Bühne zurück, sie wagen die Auflehnung und erfahren ihr Scheitern. Als desillusioniert beschreibt Braun in *Tinka* auch die Verantwortlichen auf einer mittleren Ebene des Leitungssystems. »Formulieren – das ist eine Wissenschaft. Unsere Lehre ist allmächtig, weil sie wahr ist. Aber bleib mal bei der Wahrheit, wenn du nicht allmächtig bist«, bekennt ein Parteisekretär bei der gemeinsamen Abfassung eines Briefes an das Ministerium, die folgenden Sätze beklagen mentale Kränkung und Selbstverlust:

Taktieren – ist eine Berufskrankheit: Da wirst du schnell behandelt mit deinen Bitten. Aber ich sag dir, hüte dich davor. Du kriegst sie nicht mehr los. Eh du es dir zugibst, bist du ein schwerer Fall und hast eine zweite Natur. Du weißt nicht mehr: Denkst du selber, was du sagst? Bist du das, oder eine Maske? Keiner kennt dich mehr. Deine Frau – geht mit dir fremd. Du kannst dich scheiden lassen. – Schreib den Brief selber ab.

Keine andere Gattung hatte so mit der Zensur zu kämpfen wie das Drama. Wichtige Stücke der besten Autoren sind in der DDR nicht oder nur mit großer Verspätung zur Aufführung gelangt. Peter Hacks' *Margarete in Aix* oder Volker Brauns *Die Kipper,* um zwei Beispiele zu nennen, antworteten auf eine aktuelle Problematik, Jahre später erstmals in Szene gesetzt, waren sie ihrer möglichen Wirkung beraubt. Ungeachtet dieser für das Theater paradoxen Situation versiegte das dramatische Schaffen im östlichen Deutschland jedoch nicht. Sein Beitrag zur Literatur der zweiten Jahrhunderthälfte ist dem in der Bundesrepublik zumindest ebenbürtig und mehr als dort behandelte es eine öffentliche Sache.

Theaterlandschaft im Sozialismus

Auf dem Gebiet der DDR, besonders im historischen Mitteldeutschland – Thüringen und Sachsen –, gab es aus feudaler und bürgerlicher Zeit ein dichtes Netz ehemaliger Hof-, Stadt- und Privattheater. Als für Propaganda und zwischenzeitliche Zerstreuung gut geeignet hatte bereits die NS-Zeit die Musentempel erkannt, erst als sich die militärische Niederlage abzeichnete, waren die Theater geschlossen worden. Nach der Wiedereröffnung »volkseigen«, gelangten sie sämtlich in staatliche Trägerschaft. Wirtschaftlich entlastete das die Intendanten, der Zwang zu materiellem Erfolg drückte sie nicht, insofern waren sie gegenüber ihren Kollegen in Westdeutschland, als sich die generelle Krise des Theaters hier wie dort bemerkbar machte, sogar in der günstigeren Lage. Eine Besonderheit war die Begründung eigener Kinder- und Jugendtheater, für die schon bald – wie in der NS-Zeit ging es um die Herzen und Hirne der nächsten Generation – neue Stücke geschrieben wurden (GUSTAV VON WANGENHEIM, *Du bist der Richtige,* 1950; *Wir sind schon weiter,* 1951; HEDDA ZINNER, *Spiel ins Leben,* 1951; *Leistungskontrolle,* 1960). Gemessen an der Einwohnerzahl gab es zwischen Elbe und Oder höhere Subventionen, mehr Spielstätten und Theaterbesucher als im westlichen Nachbarland. In der Saison 1955/1956, als der Höchststand erreicht war – danach kehrte die Einführung des Fernsehens die Entwicklung drastisch um –, waren es 77 Bühnen in der DDR zu 121 in der Bundesrepublik beziehungsweise 17,9 zu 21,4 Millionen Besucher. Die hohe Zahl hing allerdings auch mit einem 1953 nach Auflösung der Volksbühnenorganisation eingeführten, gewerkschaftlich verwalteten Anrechtssystem für die Abgabe von Eintrittskarten an Betriebe zusammen. Das Ziel war, die Publikumsstruktur zu verändern, was auch bis zu einem gewissen Grade gelang. 1954 kam in Berlin (Ost) mehr als die Hälfte der Zuschauer aus diesem Sektor, in der DDR insgesamt ein Drittel aus der Landbevölkerung.

Das Vorhaben – wer konnte ihm widersprechen? –, auch Werktätigen aus Industrie und Landwirtschaft die ihnen bisher zumeist unzugängliche Bildungswelt des Theaters zu öffnen, wirkte auf die Spielpläne zurück. Aber hinter den geübten Rücksichten verbarg sich Ideologie, unbotmäßige Autoren bekamen das zu spüren, wenn ihre Darstellungen es an Optimismus oder an positiven Helden fehlen ließen. Zeigten sie sich uneinsichtig, zögerten sie, zur Pflege des ein weiteres Mal in Anspruch genommenen »gesunden Empfindens« beizutragen, griffen entsprechend instruierte Besucher protestierend ein. Die Verantwortlichen waren Funktionäre, den vorgeblichen Volksbildnern fehlte es an Mut, nicht selten hatte man den Bock zum Gärtner gemacht. Das Bildungsziel und die gelenkte Rezeption passten nicht zusammen. Zur mehr tragikomischen Seite des planwirtschaftlichen Alltags gehörte, dass auch auf die »Genossen Zuschauer« nur bedingt Verlass war; sie blieben weg, wenn das Gebotene sie nicht lockte. Die Karten waren vergeben, aber die Plätze blieben leer; mit Veranstaltungen auf offener Straße warben die Bühnen um Akzeptanz.

Im Verlauf von vier Jahrzehnten änderte sich die Theaterlandschaft quantitativ und qualitativ. Zunächst hatten neue künstlerische Entwicklungen ihren Platz nahezu ausschließlich in Berlin. Die DDR war zentralistisch gegliedert, auch Theatergeschichte wurde in der Metropole geschrieben. An die Stelle von fünf Ländern waren 1952 14 Bezirke ohne historische Identität getreten. Für eine »verspätete« Nation, wie die deutsche es war, wog dieser Eingriff schwer. Nur einzelne Städte bewahrten aus eigener Kraft ein kulturelles Eigenleben, mit dem sie auch auf ihr Umland ausstrahlten. Nirgendwo, bemerkt Hans Mayer in seinen *Erinnerungen*, habe er ein so gutes Publikum gefunden wie in Dresden. Als die von dort stammenden jungen Talente sich mehrten, scherzte man beziehungsreich über die »sächsische Dichterschule« – sie hatte nur keinen Bestand. Die Musiker hatten es leichter, ein Publikum um sich zu scharen, das galt nicht nur im allgemeinen Sinn (die Barockmusik, um ein Beispiel zu nennen, war allgegenwärtig, wo blieb daneben in Deutschland die barocke Literatur?), sondern in sehr zeitnaher Weise: Die Tonkunst war weniger als die Literatur mit Politik belastet, deren man oft herzlich müde war und deren triviale Eindeutigkeit neben

der universalen Sprache großer Kunst nicht bestehen konnte. Das zerstörte Elbflorenz, das nur langsam aus den Brandruinen des Krieges wieder erstand, zehrte von seiner Gemäldegalerie, der makellosen Musikpflege seiner Staatskapelle und des Kreuzchors, Leipzig vom Gewandhausorchester und den Thomanern, von seiner vitalen Universität, Buchmesse und Verlagstradition, Weimar von seinen Museen, Forschungs- und Gedenkstätten, der (ungeteilt gebliebenen) Goethe-Gesellschaft, seiner chamäleonhaften Klassikrezeption. Heinrich Lilienfein, seit 1920 Generalsekretär der Deutschen Schillerstiftung, schöngeistiger Autor (*Weimarer Frühling. Dichternovellen*, 1925), Empfänger von NS-Literaturpreisen, wurde 1952 Weimarer Ehrenbürger. Nichts hat »die Epoche des Faschismus und die Grauen des Krieges so ungebrochen überlebt […] wie die Klassiker, allen voran Goethe« (K. R. Mandelkow). Als kurz vor dem Zusammenbruch der DDR eine Flüchtlingswelle ungeahnten Ausmaßes einsetzte, ließ sich das Schild mit der galgenhumorigen Aufschrift »Wir bleiben hier«, das man dem Denkmal der beiden Dioskuren vor dem National-Theater umgehängt hatte, zugleich als Anspielung auf eine dringend notwendige Entmythisierung lesen.

Berlin war in der Fontanezeit zu einer Weltstadt geworden. Auch das »gespenstische Trümmerfeld« (F. Wolf) von 1945, das die Heimkehrer erwartete, ließ es noch spüren. In Bezug auf das Schauspiel besaß es innerhalb der DDR einen uneinholbaren Vorsprung. In den ersten Nachkriegsjahren zeichnete sich dort die breite Palette kultureller Interessen ab, die die Besatzungsmächte in den vier Sektoren der noch ungeteilten Stadt konkurrierend zur Geltung brachten. Der Kalte Krieg machte diesem produktiven Nebeneinander ein Ende, aber nun ließ die Regierung der DDR dem von ihr verwalteten Ostteil der Stadt bevorzugte Förderung angedeihen, um seine Funktion als Hauptstadt der Republik hervorzuheben. Wer sich als Theaterdichter ausbilden und zur Geltung bringen wollte, ging nach Berlin. Dort fielen auch die maßgeblichen kulturpolitischen Entscheidungen, fast stets war es dort, wo sich das Schicksal eines Stückes entschied (nicht selten bereits vor der Premiere). In der Provinz fand eher das Überkommene Pflege.

Als Brechts Übersiedlung in die DDR zur Diskussion stand, hätte er für seine Arbeit keine andere Stadt als Berlin akzeptiert. Bühnen im Umland nutzte er, um Produktionen von Mitarbeitern seines Ensembles auszuprobieren, bevor sie in die Hauptstadt kamen. Er handelte pragmatisch, was er durchsetzen wollte, war

Modernität, *seine* Modernität. Brechts Rückkehr bedeutete für das Theaterwesen der Republik eine folgenreiche Weichenstellung, allerdings nicht in dem Sinn, dass er zu seinen Lebzeiten ihr allseits anerkannter und gleichmäßig verbreiteter Autor geworden wäre.

Das Gegenteil war der Fall, die Reserve, mit der ihm die für die Spielpläne Verantwortlichen begegneten, schien unübersehbar. Alle, die der weiterhin gültigen Kunstlehre Stanislawskis – also des Einfühlungstheaters – folgten, Theoretiker und Praktiker, standen zu ihm in Opposition. Niemand bestritt offen sein überragendes Talent, aber man beklagte doch (oder verurteilte) dessen Verirrung. Studierende am 1947 von dem Altkommunisten Maxim Vallentin in Weimar gegründeten Deutschen Theaterinstitut sahen sich mit Relegierung bedroht, wenn sich herausstellte, dass sie Aufführungen des Berliner Ensembles besucht hatten. Brechts Gegner saßen auch in der Hauptstadt, so FRITZ ERPENBECK (1897–1975), der aus Moskau heimgekehrte nunmehrige Chefredakteur der 1946 gegründeten Fachzeitschrift *Theater der Zeit*. Vallentin bekam dort 1949, also im selben Jahr wie Brecht, eine eigene Truppe, das »Junge Ensemble«, aus dem 1952 das Maxim-Gorki-Theater hervorging. Unter dem 4. März 1953 notierte Brecht in seinem *Arbeitsjournal:* »unsere aufführungen in berlin haben fast kein echo mehr. in der presse erscheinen kritiken monate nach der erstaufführung und es steht nichts drin, außer ein paar kümmerlichen soziologischen analysen.« Außerhalb Berlins aber wurde der Begründer des nichtaristotelischen Theaters, von den erwähnten Probeinszenierungen abgesehen, kaum gespielt. Brecht hat noch in seinem Todesjahr, auf dem 4. Schriftstellerkongress, darüber Klage geführt, dass »zu den wenigen Theatern in Europa, die meine Stücke nicht aufführen«, ausgerechnet die Bühnen der DDR gehörten. Andere, oft mittelmäßige Autoren aus der Übergangszeit nach 1945 oder noch älteren Datums, standen im Vordergrund.

Gewiss, sie hatten keinen Einfluss auf die nächste Generation. *Die* blickte auf Brecht und wenn sein Theater auch keine direkte Nachfolge fand, so war seine Wirkung auf die jungen Dramatiker doch unübersehbar. Die weitere Entwicklung führte aber sehr bald von ihm weg, und sie minderte zuletzt auch den ausschließlichen Vorrang Berlins. Der Widerstand, den Brecht auslöste, die Impulse, die gleichwohl von ihm ausgingen, wirkten belebend auf die Theaterlandschaft insgesamt. Aus der Ferne zunächst kaum beachtet, auch nicht leicht zu beobachten, weil die DDR kein Land war, in dem man unbeschwert reisen konnte, gewannen die »Subzentren« Terrain zurück. Dafür gab es unterschiedliche Gründe. Die »Ankunft im Alltag«, von der Brigitte Reimann geschrieben hatte, konnte nach dem Umbruch der Gründerzeit partiell auch die Rückkehr zum Gewohnten bedeuten. Was in Berlin demonstrativ verurteilt wurde, blieb anderen Orts zuweilen unbeachtet oder wurde geduldet, später griff man sogar zum Aushilfsmittel, die Aufführung brisanter Zeitstücke einer »zuverlässigen« Bühne in der Provinz zu überlassen (wie etwa des russischen Autors Michail Schatrow *Diktatur des Gewissens* dem Theater in Leipzig, wo das ZK-Mitglied Karl Kayser als Intendant amtierte). Freilich gab es auch die Umkehrung, Autoren, die über gute Verbindungen zur Hauptstadt verfügten, konnten versuchen, die lokalen Machthaber, »die Provinz-Satrapen« (J. Seyppel), zu überspielen.

Mit Wolfgang Engel (Dresden), Rolf Winkelgrund (Potsdam), Christoph Schrot (Schwerin) wurden einige Groß- und Mittelstädte zu Wirkungsorten begabter Regisseure, von denen einzelne ihre Karriere sogar in kaum bekannten Kleinstädten begonnen hatten. Wenn man will, war das ein später Erfolg des alten Stadttheaters, das, wenngleich viel belächelt, in der Vergangenheit sich so oft als Talentschule bewährt hatte. Frank Castorfs Weg führte über Senftenberg nach Anklam und von dort nach Karl-Marx-Stadt (d. i. Chemnitz), wo er mit Hilfe des dortigen Generalintendanten Gerhard Meyer 1986 Heiner Müllers viel umstrittenes Stück *Der Bau* durchsetzte. Eine besondere Stellung kam schon früh Rostock zu, mit Seereederei, Werft und Hafen für die DDR nunmehr das »Tor zur Welt«, mit einer alten Universität und einer vergleichsweise jungen Bevölkerung. Am Rostocker Volkstheater und seinen Spielstätten im Umland wurden mehr westliche Stücke gezeigt als irgendwo anders zwischen Elbe und Oder, es entwickelte sich, wie Gegner des Intendanten Hanns Anselm Perten missvergnügt bemerkten, zur »Lizenzbühne für Westdramatik«. Tatsächlich gelang es Perten, weltoffen und parteilich zugleich zu sein, in Rostock war man, wie die Spottrede weiter ging, fähig, auch Becketts *Warten auf Godot* im Sinne des sozialistischen Realismus zu inszenieren, ohne den Text zu ändern. Perten erzielte seinen bemerkenswertesten Erfolg, als es ihm gelang, Peter Weiss als Autor zu gewinnen: Die Rostocker Aufführung der *Verfolgung und Ermordung Jean Paul Marats durch die Schauspielgruppe des Hospizes zu Charenton unter Anleitung des Herrn de Sade* 1964 bot eine neue, auch für den Autor wichtige Interpretation des Dramas (gewissermaßen den Sieg Marats über de Sade). Mehrere von Weiss'

Bertolt Brecht und Helene Weigel bei der Kundgebung zum
1. Mai 1954

Reiserlaubnis erkundeten sie ihre Möglichkeiten in der
Bundesrepublik und kamen nur noch zu Gastinsze-
nierungen zurück. Für die DDR bedeutete das einen
Substanzverlust, aber für das Theaterwesen in Deutschland insgesamt einen Gewinn, weil es der drohenden
Entfremdung wehrte, wenn große Bühnen in der Bundesrepublik, wie das Düsseldorfer Schauspielhaus oder
das Hamburger Thalia-Theater, mit B. K. Tragelehn
und Alexander Lang von Intendanten geleitet wurden,
die Erfahrungen aus dem anderen Deutschland mitbrachten. Auch populäre Schauspieler wie Angelica
Domröse, Katharina Thalbach, Manfred Krug und
Arnim Müller-Stahl verließen das Land, für dessen
spezifisches Lebensgefühl sie auch auswärts zu Sympa-
thieträgern geworden waren. Die Wanderungs-
bewegung künstlerischer Talente, die nach 1945 von
West nach Ost verlaufen war, hatte auch unter dem
»fahrenden Volk« vom Theater die Richtung geändert,
bis sie nach der politischen Wende von 1989 ihre zeichenhafte Bedeutung verlor.

Brechts Weg nach Berlin

Der Dichter des *Galilei* und des *Kaukasischen Kreidekreises* kehrte aus dem Exil 1947 mit einer grundlegend
neuen Konzeption seiner Dramaturgie zurück, von
der er allerdings noch nicht wusste, wo er sie würde
realisieren können.

Außer seinem engsten Kreis kannte niemand seine Pläne;
die Vorstellungen, die man sich in Deutschland oder in
Kreisen des Exils von ihm machte, knüpften zumeist an das
an, was er vor 1933 gezeigt hatte. Die Folge waren eher un-
zutreffende Erwartungen beziehungsweise Inszenierungen,
die er nicht billigte. Das größte Vertrauen hatte er zu den
Freunden und Kollegen in Zürich, wo man sich auch während des Krieges um sein Werk bemüht hatte und wo besonders Therese Giehse als Mutter Courage in Erinnerung
geblieben war. Aber auch diese Inszenierung, die dem Haus
am Pfauen vorübergehend den Ruf der führenden deutschsprachigen Bühne eintrug und 1946 in Wien bei einem
Gastspiel im Theater in der Josefstadt ein großer Erfolg
war, betrachtete er als eine Verkennung seiner Absichten.
Übereinstimmend hoben die Besprechungen die tiefe
emotionale Bewegung des Publikums hervor, eine Wirkung, die man weder verleugnen konnte noch wollte.
Paris, wo er zuerst wieder europäischen Boden betrat und
einige Tage verweilte, führte ihm vor Augen, dass man ihn
dort so wenig kannte wie in Hollywood und dass Autoren
und Stiltendenzen im Mittelpunkt des kulturellen Interesses standen, die ihn zu bissiger Gegenrede herausforderten. Er sah André Gides Bühnenbearbeitung von Kafkas
Der Prozeß in der berühmten Inszenierung von Jean-Louis
Barrault und notierte: »Brillante Aufführung, viele Tricks,
statt Darstellung der Verwirrung nur verwirrte Darstel-

späteren Dramen wurden an Pertens Volkstheater uraufgeführt. Weiss erhielt so in Rostock und der DDR
vorübergehend eine politische Heimat.
In Berlin aber spürte man nicht zuletzt im Umkreis der
Theater die mit dem Mauerbau verbundene Isolation,
Unsicherheit und Enttäuschung. Auch das Vermächtnis Brechts, das vielfach privilegierte Berliner Ensemble, blieb davon nicht unberührt. Peter Palitzsch, der
im Herbst 1961 am Stadttheater Ulm gastweise Regie
führte (er inszenierte den *Prozeß der Jeanne d'Arc zu
Rouen 1431*, eine Bearbeitung Brechts nach Anna Seghers, das Stück zeigte die Ohnmacht, aber auch die
Befreiung des Volkes durch das Wirken einer nationalen Identifikationsfigur, anzügliche Stimmen wurden
laut), blieb, als man ihn wegen der aktuellen Situation
zur Rückkehr aufforderte, im Westen. Ruth Berghaus,
durch moderne Inszenierungen ausgewiesen und weit
über die Grenzen der DDR hinaus bekannt, konnte
sich an der Spitze des Ensembles nicht halten. Benno
Besson, den Brecht in Zürich kennen gelernt und für
die Arbeit in Berlin gewonnen hatte, wo er sich später
besonders um die Volksbühne, verdient gemacht hatte,
verließ 1977 die DDR.
Das war ein janusköpfiges Phänomen: Zumeist unfreiwillig »exportierte« man Regisseure, im Besitz der

lung; Versuch, die Furcht aufs Publikum zu übertragen.« Das Verdikt war hart, denn seine Idee des epischen Theaters zielte auf das genaue Gegenteil, sie sollte zu Distanz und in der Folge zu Einsicht verhelfen. Ermutigend war ein Gespräch mit Anna Seghers, die berichtete, dass in Berlin einige erstrangige Regisseure, Kritiker und Schauspieler – darunter Erich Engel, Walter Felsenstein, Herbert Ihering, Wolfgang Langhoff –, aber auch sowjetische Kulturoffiziere, denen bestimmender Einfluss zukam, seine Rückkehr wünschten und darüber nachdachten, welche Möglichkeiten man ihm bieten konnte.

Brecht fuhr zunächst nach Zürich. Er wollte sich über das dortige Programm informieren und mit Hilfe der Freunde insgesamt einen besseren Überblick gewinnen. Das Bühnenwesen in Deutschland hielt er für gründlich verdorben, auch die Leistungen während der Hitlerzeit in Deutschland zu Ansehen gelangter Bühnenstars wie Horst Caspar und Will Quadflieg verwarf er, weil er fand, dass ihre auf Wirkung berechnete Kunst inhaltlich nicht legitimiert sei. In Konstanz betrat er zum ersten Mal wieder ein deutsches Theater, sah Max Frischs *Santa Cruz* und notierte: »Hier muß man ja wieder ganz von vorn anfangen.« Was er von dem großen Schauspieler und Regisseur Fritz Kortner über Darstellungen in Berlin hörte (»eine falsche Sachlichkeit, die vom Redestil der Nazizeit übriggeblieben ist«), wies in die gleiche Richtung.

Brecht und Helene Weigel, die ihm inzwischen gefolgt war, blieben fast ein Jahr in Zürich. Sein Verhältnis zur Schweiz war in undramatischer Weise gespalten, als Staatswesen ließ sie ihn gleichgültig (ebenso wie er die offizielle Schweiz), persönlich fühlte er sich in Zürich wohl, sprach mit vergleichsweise mildem Spott von den Villen als von »älteren Sünden« ihrer Besitzer und ließ sich nicht ungern einladen. Mit Dürrenmatt und Frisch lernte er die beiden künftig wichtigsten eidgenössischen Dramatiker kennen, zu Letzterem fand er näheren Kontakt. Ein neues Stück, *Der Wagen des Ares,* an dem er arbeitete, wandte sich allerdings in provokanter Weise gegen eine merkantile Gesinnung, die auch am Krieg verdiente.

Hauptfigur war der griechische Kriegsgott Ares, anders als der römische Mars eine den Menschen verhasste und als zerstörerisch angesehene Gottheit. Die Idee zu *Der Wagen des Ares* stammte bereits aus Santa Monica, nun lebte sie wieder auf. Im März 1947 schlug er die Inszenierung vor.

Der im Krieg verkrüppelte, impotente Gott kehrt in die Nachkriegswelt zurück. Seine Zeit scheint vorbei, aber nach erfolgter Rehabilitierung (als Kriegsverbrecher vor Gericht gestellt, kann er beweisen, dass er kein Roter ist und wird freigesprochen) gelingt es ihm, die Göttin des Handels und der Industrie, mit der ihn eine alte Liebe verbindet, wieder für sich zu gewinnen. Sie hatte ihn fallen lassen, nicht wegen seiner Verbrechen, sondern wegen des Scheiterns seiner Verbrechen. In der Hochzeitsnacht besteigt er erneut den Kriegswagen. Da er inzwischen Atomphysik studiert hat, hofft er auf baldige siegreiche Heimkehr.

Der Wagen des Ares blieb Fragment. Dagegen führte Brecht eine Bearbeitung der *Antigone* des Sophokles aus (U. Chur, 1948), für die sich Hans Curjel, der Intendant des Churer Stadttheaters, wahlweise entschieden hatte. Brecht interessierten die epischen Elemente des Stückes: Chöre, Masken, Botenbericht. Der Überarbeitung legte er die wortmächtige Übersetzung Hölderlins zugrunde – nach den Jahren des Exils eine »Liebeserklärung an die deutsche Sprache« (W. Mittenzwei). Er entdeckte in seiner Vorlage »schwäbische Tonfälle und gymnasiale Lateinkonstruktionen«, die ihn an seine Augsburger Jugendtage erinnerten. Was die Liebe betrifft, so blieb sie nicht ohne Gewalt: Mit wenigen Strichen veränderte Brecht das Werk gründlicher als Sartre und Anouilh ihre antiken Stoffe. Anders als sie aktualisierte er die Fabel nur wenig, seine Zuschauer sollten das Drama in seiner Fremdheit verstehen – aber eben in dem von ihm angeleiteten Sinne, das hieß (unter Ausschaltung der griechischen »moira«, des Schicksalhaften): den Krieg als einen Raubkrieg, Kreon als einen Gewaltherrscher, den Chor als dessen willfährige Schützenhilfe. Gleichzeitig ließ er erkennen, dass die vier Alten aus Thebens beherrschender Schicht den brutalen König als Strohmann benutzten. Der Mythos als überzeitliche Form der Wahrheit ging darüber zu Bruch. Auch vermischte Brecht die Verse Hölderlins mit eigenen, wie er es im Umgang mit Texten gewohnt war – nicht so seine Zuschauer. Ernst Ginsberg stieß der Stilbruch so sehr ab, dass er die bereits erteilte Zusage, die Titelrolle in Shakespeares *Richard III.* zu spielen, unter Vorbehalt stellte, als er hörte, dass Brecht das Stück vorher bearbeiten wolle: Erst müsse er diese Bearbeitung kennen lernen. Gänzlich neu schrieb Brecht für die *Antigone* nur den in Knittelversen abgefassten Prolog, den Heiner Müller später besonders bewundert hat. Helene Weigel stand seit vielen Jahren zum ersten Mal wieder auf der Bühne, die Achtundvierzigjährige spielte die Antigone. Ungenannt führte Brecht selbst Regie.

Die Inszenierung galt ihm als »Preview für Berlin«, die Kritik war anerkennend, aber in Chur war das Stück kein Erfolg. Es gab nur drei Wiederholungen vor halb leerem Haus, was hauptsächlich mit der Überforderung des Publikums zusammenhängen mochte. Im Zürcher Schauspielhaus wurde die Bearbeitung nur im Rahmen einer Sonntagsmatinee der Churer Inszenierung gezeigt. Brecht äußerte sich gleichwohl nicht enttäuscht, zumal ihn der Beifall bei der dortigen Uraufführung von *Herr Puntila und sein Knecht Matti* wenige Monate später für den Misserfolg mehr als entschädigte. Die neue Spielweise kam also an, und sie ließ sich mit dem, was herkömmlicherweise Theater war, verbinden. Was Brecht aber immer noch fehlte, war ein Spielort, an dem er nach seiner Maßgabe kontinuierlich arbeiten konnte.

Max Frisch hat in einem Interview 1985 berichtet, dass er von einem Besuch in Berlin Brecht einen Brief von Aleksandr Dymschiz mitgebracht habe. Es war die Aufforderung, nach Berlin zu kommen und dort ein Theater zu leiten. »Helene Weigel war begeistert und sofort dafür, Brecht erfreut, aber prüfend.« Offenbar fiel ihm die Entscheidung nicht leicht.
Tatsächlich stand man bereits im vierten Jahr nach Kriegsende, als er, nunmehr einer von Johannes R. Becher vorgetragenen Einladung des Kulturbunds folgend, im Oktober 1948 zusammen mit Helene Weigel aufbrach. Über Salzburg und Prag fuhren sie in die bereits zunehmend vom beginnenden Kalten Krieg der Großmächte überschattete einstige Hauptstadt. Wiederum sammelte Brecht zunächst Informationen. Gleich nach seiner Ankunft in Berlin sah er *Haben* (1938) des zumeist deutsch schreibenden Ungarn JULIUS HAY (1900–1973), eine von der Kritik einhellig gelobte Aufführung, und fand sie »hysterisch verkrampft, völlig unrealistisch« (*Arbeitsjournal*, 23. 10. 1948). Er stritt dem Schauspiel auch die marxistische Tendenz ab, da es nur die Raffgier im Allgemeinen, nicht aber den Kapitalismus als Gesellschaftsform kritisiere. Auch die Menschen auf der Straße enttäuschten ihn, sie schienen ihm politisch uneinsichtig. Aber Partei und Staat zeigten Entgegenkommen, sein Besuch dehnte sich aus. Die Einladung, eines seiner Stücke im Deutschen Theater zu zeigen, ebnete den weiteren Weg. Brecht kehrte nur noch einmal in die Schweiz zurück, um abschließende Vorbereitungen zu treffen. Im Januar 1949, kurz vor der Premiere der für das Deutsche Theater ausgewählten *Mutter Courage*, begannen konkrete Verhandlungen über das »Theaterprojekt«: sein späteres »Berliner Ensemble«. So konnte Brecht in Zürich bereits Vereinbarungen mit Schauspielern treffen, die er für Berlin zu gewinnen hoffte.

Brecht war gewillt, »das echte, radikale, epische Theater« durchzusetzen – vor dem Hintergrund der realen gesellschaftlichen Verhältnisse nach dem Zusammenbruch von 1945 und der seitherigen Entwicklung im sowjetischen Machtbereich. In einer Rede vor dem gesamtdeutschen Kulturkongress 1951 hat er später noch einmal zusammengefasst, welche Probleme er im Hinblick auf das Theater der Vergangenheit und seine künftige Neugestaltung sah.

Das Poetische war ins Deklamatorische entartet, das Artistische ins Künstliche, Trumpf war Äußerlichkeit und falsche Innigkeit. Anstatt des Beispielhaften gab es das Repräsentative, anstatt der Leidenschaft das Temperament. [...] Wie sollte man mit so depraviertem, geistig wie technisch ruinier-

tem Theater die neuen Aufführungen für die neuen Zuschauer veranstalten? Wie sollte damit der neue Mensch konstituiert werden, der diesem Erdteil so sehr vonnöten ist? [...] Die Frage enthält schon die Antwort: Nicht durch besonders leichte Aufgaben konnte das verkommene Theater wieder gekräftigt werden, sondern nur durch die allerschwersten.

Die von ihm in Verbindung mit Erich Engel, seinem alten Weggefährten, inszenierte Aufführung der *Courage* im Deutschen Theater – eine geschlossene Vorstellung für die Gewerkschaften – wurde beim Publikum und dem überwiegenden Teil der Kritik ein ungewöhnlicher Erfolg. Vor allem war es ein Triumph Helene Weigels, deren Darstellung der Titelrolle in die Theatergeschichte eingegangen ist. Was die tadelnde Kritik anbetrifft, so entzweite sie nicht Ost und West, sondern die Marxisten. Fritz Erpenbeck sprach zwar respektvoll von der »hohen dichterischen Kunst« des Autors, aber in einem Fragesatz eben doch von »volksfremder Dekadenz«. Der junge Wolfgang Harich dagegen verteidigte Brecht mit kompromissloser Schärfe, und auch die maßgebende Zeitung der SED, das *Neue Deutschland*, schlug sich mit der Begründung auf seine Seite, dass es sich bei den von ihm eingeführten Begriffen wie »episches Theater« und »Lehrstück« um Stationen des Experimentierens handle, auf die das Formalismusverdikt nicht angewendet werden könne. Brecht vermutete, dass hinter Erpenbecks Kritik noch andere, ungenannt gebliebene Gegner stünden, andererseits wusste er, dass er auch im Parteiapparat, bis hinauf zu Wilhelm Pieck, dem späteren ersten Staatspräsidenten, Unterstützung fand. Entscheidend war wohl, dass die sowjetischen Kulturoffiziere, namentlich Aleksandr Dymschiz, von ihrer Autorität zu seinen Gunsten Gebrauch machten.

Eine weniger bekannte Initiative, über die in der DDR später bemüht Schweigen bewahrt wurde, verlief parallel zu diesen Vorgängen. Bereits im Februar 1948 hatte der Komponist Gottfried von Einem, der zum Direktorium der Salzburger Festspiele gehörte, Brecht in Feldmeilen bei Zürich besucht und ihm die Mitarbeit bei einer Erneuerung der Festspiele angetragen. Brecht zeigte sich interessiert und erklärte sich in einer Folge von Briefen und weiteren Gesprächen bereit, seine Stücke für Salzburg zur Verfügung zu stellen. Er erbot sich, für Salzburg einen Totentanz zu schreiben, der geeignet war, Hofmannsthals *Jedermann* zu ersetzen. Auch an eine Verbindung seiner Berliner und Salzburger Pläne dachte er und an eine Zusammenarbeit mit dem Burgtheater. Zugleich ließ er erkennen, an welcher Gegengabe er besonders interessiert war: an Pässen für sich und seine Frau, die, obwohl Österreicherin von Geburt, mittlerweile wie er als staatenlos galt. Im Entwurf

eines Schreibens an den Salzburger Landeshauptmann erklärte er: »Meine Sehnsucht nach Österreich ist keineswegs
auf äußere Umstände zurückzuführen, sondern daraus
zu erklären, dass ich, nunmehr fünfzig Jahre alt, in einem
Lande geistig arbeiten möchte, welches die entsprechende
Atmosphäre dazu bietet. Das ist Österreich. [...] Ich be-
tone, daß ich mich nur als Dichter fühle und keiner bestimmten politischen Ideologie dienen oder gar als deren
Exponent ausgegeben werden möchte.« Tatsächlich erhielt
Brecht im April 1950 für sich und seine Frau die Urkunde
über die Verleihung der Staatsbürgerschaft. Dagegen konnte sich von Einem mit seinen Plänen in Salzburg nicht
durchsetzen, und im Oktober 1951 folgte der nachträglich
bekannt gewordenen Einbürgerung Brechts eine heftige
Polemik in der konservativen Presse. Von Einem verlor
darüber sein Amt als Direktoriumsmitglied.

Das Fragment des *Salzburger Totentanzes,* an dem
Brecht im Dezember 1950 und auch noch im folgenden Jahr zusammen mit Caspar Neher arbeitete (Auszüge wurden 1963 veröffentlicht), lässt erkennen, dass
Brecht ein Gegenentwurf zu Hofmannsthals *Jedermann*-Spiel vorschwebte. Zeigt dieses in Übereinstimmung mit den Totentänzen des Mittelalters die Gleichheit aller vor dem Tod, so Brechts polemischer Text,
dass Hofmannsthals Titelfigur eben gar kein »Jedermann« ist, sondern – ein Reicher. Teure, aber gute
Ärzte, Nahrung und Medizin erlauben es den Wohlhabenden, die dem Menschen gewährte Lebenszeit
auszuschöpfen, was den Armen versagt bleibt. Der Tod
erscheint somit nicht, oder doch nicht allein, als eine
absolute, sondern als eine gesellschaftliche Kategorie.
Weitaus mehr noch als der für Zürich bestimmte *Wagen des Ares* wirkt Brechts *Totentanz* als ein für Salzburg und in Konkurrenz zu Hofmannsthal gedachtes
Vorhaben seltsam irreal, verständlich wohl nur aus der
Entstehungszeit, kaum noch aus späterer Perspektive.
Für den aus dem Exil in den USA zurückgekehrten
Wiener Fritz Kortner war der *Jedermann* ein Text der
»komfortablen Gewissensbesänftigung«, die »stück-
gewordene österreichische Sehnsucht nach keinem
Richter, zumindest keinem irdischen, in der Hoffnung, es sich mit dem Höchsten irgendwie richten zu
können«. Der Jedermann-Ruf auf dem Salzburger
Domplatz sollte so schnell nicht verhallen.

Das Berliner Ensemble
Im Frühjahr 1949 führten die Pläne für ein von Helene
Weigel geleitetes besonderes Ensemble, das zunächst
auch ihren Namen tragen sollte, zu einem Gründungs-
beschluss des Politbüros. Erstmals für die Spielzeit
1949/50 sollten drei fortschrittliche Werke einstudiert

und in das Repertoire des Deutschen Theaters beziehungsweise der angegliederten Kammerspiele integriert werden. Als endgültiges Domizil für das Ensemble war bereits das Theater am Schiffbauerdamm vorgesehen.
Brecht brachte aus Zürich ein neues Stück mit: *Die
Tage der Commune* (U. Karl-Marx-Stadt, 1956). Als –
von ihm zunächst überschätzte – Vorlage diente das
Schauspiel *Die Niederlage* (1937, dt. 1947) des norwegischen Dichters Nordahl Grieg (1902–1943).

Zuerst nannte Brecht das Stück *Der Untergang der Kommune* (er benutzte stets die *K*-Schreibung, um zu zeigen, dass
er den Stoff aus der Perspektive der Gegenwart behandelte), dann *Die 72 Tage.* Anders als Grieg, der die vorgefallenen Gewaltakte nicht unterdrückte, stellt er dar, dass
das Proletariat, nachdem es mit der *Androhung* von Gewalt
erfolgreich war, später auf deren *Anwendung* verzichtete
und so seinen Feinden in die Hände spielte. Als weitere
Fehler der proletarischen Revolution erscheinen die gewährten Freiheiten (Pressefreiheit usw.), die nur der Bourgeoisie nützten, und das Versäumnis, sich gegen den Teil
des Volkes durchzusetzen, ihm notfalls die Commune auf-
zuzwingen, der, »verwirrt durch Schule, Kirche, Presse und
Politiker«, noch den alten Gewalten anhing: Mit »dem
Bettelstab in der Hand« verteidigt der Bauer den Besitz,
»selbst den des Diebes, der ihn bestohlen hat«. Da die Klas-
seninteressen stärker wiegen als die nationalen, verbündet
sich die französische mit der deutschen Bourgeoisie – auch
Thiers und Bismarck treten auf – und kann so den Aufstand besiegen, dem die Begründung eines neuen Lebensentwurfs dennoch bleibende Bedeutung verleiht. Brechts
Straßenszenen, die sozialistische Solidarität abbilden, suchen das zu zeigen. Individuelle Helden kennt das Stück
nicht mehr, die Führer des Bürgertums sind als Karikaturen behandelt.

Das Drama, ein »Schulstück« für das Ensemble, wie
Brecht an Helene Weigel schrieb, ist zugleich sein »ra-
dikalstes und im Hinblick auf die Errichtung einer sozialistischen Gesellschaft kompromisslosestes Stück«
(J. Knopf). In der Brecht-Forschung der DDR spielte
es dementsprechend später eine wichtige Rolle, in der
Bundesrepublik blieb es fast unbeachtet. Das zeitweilige Vorhaben, mit den *Tagen der Commune* sein Theater zu eröffnen, ließ Brecht aufgrund taktischer Überlegungen wieder fallen. Nicht zuletzt sprach gegen das
Stück, dass es »eine Machtübernahme durch die Niederen« zeigte, »bei der die Partei keine führende Rolle
spielte und bei der das Zerschlagen einer Ordnung verlangt wurde, die jetzt aber nötig war« (K. Völker).
Stattdessen wurde *Herr Puntila und sein Knecht Matti*
im November 1949 – inzwischen war die erste Regierung der DDR im Amt – für die erste Vorstellung des

Proben zu *Mutter Courage und ihre Kinder*
am Theater am Schiffbauerdamm, Helene Weigel, Bertolt
Brecht, Angelika Hurwitz, Erwin Geschonneck, 1954

aus den USA zurückgekehrten Wiener Schriftsteller, Dramaturgen und Filmregisseur in Hollywood BERT-HOLD VIERTEL (1885–1953), der davon ausging – und Brecht akzeptierte es –, dass sich bei Gorki der Schauspieler mit seiner Rolle identifizieren *müsse*. Mit Therese Giehse in der Titelrolle erzielte Viertel einen nicht geringeren Erfolg als Brecht und Erich Engel mit ihrer Modellinszenierung des *Puntila*, aber er verließ Berlin alsbald wieder, und sein Regiestil fand im Rahmen des Brecht-Ensemble keine Fortsetzung.

Das nächste Stück war im April 1950 *Der Hofmeister,* Brechts satirisch verschärfte Bearbeitung von Jakob Michael Reinhold Lenz' Komödie *Der Hofmeister oder die Vorteile der Privaterziehung.* In seinen im Exil in Form von Sonetten verfassten *Studien* – von Dante bis Kleist und Nietzsche – hatte er die traurige »Komödie« im Vergleich mit Beaumarchais' aus wahrhaft komödiantischem Geist geborener *Mariage de Figaro* als »bürgerliches Trauerspiel« deklariert: »Hier habt ihr Figaro diesseits des Rheins!« Lenz' unheldischen Titelhelden, dem Theologiestudenten und Hofmeister Läuffer, fehlte es bis hin zu seiner Selbstentmannung aus Reue nicht an tragischen Zügen, einer anderen Hauptfigur, dem aufgeklärten Geheimen Rat von Berg, nicht an selbstkritischer Einsicht – Brecht opferte das eine wie das andere zugunsten der unnachsichtigen Darstellung des Knechtssinns deutscher Schulmeister und Intellektueller. Wie in der *Antigone*-Bearbeitung zeigen die Figuren daher ein verändertes Profil: Der Geheime Rat redet nur aufklärerische Phrasen, der Lehrer Wenzeslaus zieht aus den von ihm gebrochenen Schülern nun »Teutsche Hermanne« heran, der Hofmeister entmannt sich quasi vorsorglich, bereits der Prolog verkündet seine Kapitulation: »Der Adel hat mich gut trainiert / Zurechtgestutzt und exerziert / Daß ich nur lehre, was genehm / Da wird sich ändern nichts in dem. / Wills euch verraten, was ich lehre: / Das Abc der Teutschen Misere!«

Stück und Inszenierung fanden höchstes Lob: »Eine fast vollendete Aufführung. […] Sie korrigiert die Literaturgeschichte. Sie korrigiert das Theater. Sie verwandelt ein historisches Literaturklischee in ein aktuelles Theaterereignis.« (P. Rilla) Die kollegiale Haltung des aus berühmten und ganz unbekannten Schauspielern gebildeten Ensembles wurde besonders gelobt. Allerdings blieb nicht unbemerkt (später wurde es deutlicher ausgesprochen), dass Brecht den unglücklichen Sturm-und-Drang-Dichter Lenz gewissermaßen gegen seinen einstigen Jugendfreund, den Klassiker Goethe, ausgespielt hatte.

Ensembles gewählt und der erhoffte große Erfolg. *Die Tage der Commune* wurden erst 1956, inszeniert von den Brecht-Schülern Benno Besson und Manfred Wekwerth, im traditionell mit der Arbeiterbewegung verbundenen ehemaligen Chemnitz (seit 1953 Karl-Marx-Stadt) uraufgeführt und lösten dort überwiegend Befremden aus. Aber Brechts Tod lag erst ein Vierteljahr zurück – an der Inszenierung hatte er noch mitgearbeitet –, so war dem Stück eine ehrenvolle Aufnahme gesichert.

Bis 1951 brachte das Berliner Ensemble, wie vorgesehen, sechs Inszenierungen heraus; sie wurden in einer besonderen, von Brecht und mehreren Mitarbeitern besorgten Veröffentlichung dokumentiert (*Theaterarbeit. Sechs Aufführungen des Berliner Ensembles,* 1952). Auf das populäre Herr-Knecht-Spiel – *Puntila* wurde zum Renner auch in der Bundesrepublik – folgte zunächst Maxim Gorkis Drama *Wassa Schelesnowa* (*Vassa Zelesnova,* 2. Fassung, U. 1936), inszeniert von dem

Gorkis *Die Mutter*, von Ruth Berlau in Leipzig vorinszeniert, blieb fast zwei Jahrzehnte auf dem Spielplan und erreichte bis zum Tod Helene Weigels 248 Vorstellungen. Mit *Biberpelz und roter Hahn*, einer Bearbeitung, die zwei Stücke Gerhart Hauptmanns zusammenzog, folgte Brecht einer Anregung Therese Giehses. In veränderter Besetzung wurde *Mutter Courage und ihre Kinder* in den Spielplan übernommen.

Bereits im Sommer 1949 hatte Brecht mit der DEFA die Verfilmung seiner *Mutter Courage* vereinbart. An den neuen Medien Funk und Film war er schon früh interessiert gewesen und hatte für sie Konzepte entwickelt. Bereits die Verfilmung seiner *Dreigroschenoper* (1932) unter der romantisierenden Regie von Georg Wilhelm Pabst war ein großer Erfolg, bot allerdings bereits ein Beispiel für eine in solchem Zusammenhang mögliche Entstellung des ursprünglichen Konzepts. Die Arbeiten an einem nach den Prinzipien des sozialistischen Realismus gefertigten Drehbuch für den *Courage*-Film zogen sich jahrelang hin, die Dreharbeiten wurden erst im August 1955 aufgenommen, wegen der von Brecht erhobenen Einwände aber bald wieder abgebrochen. 1960 stellten Peter Palitzsch und Manfred Wekwerth eine dem Modell Brechts folgende Dokumentarverfilmung der Aufführung des Berliner Ensembles her (U.1961).

Die erstmalige Verleihung der neu geschaffenen Nationalpreise 1949 sah das Ensemble bereits unter den Ausgezeichneten (ein zweiter Preis, da die beiden ersten Preise Heinrich Mann und Johannes R. Becher vorbehalten waren). Gastspiele führten 1952 nach Warschau, 1953 nach Wien, 1954 zum Festival de Paris, wo die Truppe mit der *Mutter Courage* den ersten Preis gewann (1955 noch einmal mit dem *Kaukasischen Kreidekreis*). Im Frühjahr 1954 wurde das Haus am Schiffbauerdamm bezogen, im Herbst desselben Jahres gelangte dort der *Kaukasische Kreidekreis* zur Uraufführung – Brechts unter verbesserten Arbeitsbedingungen sorgfältig vorbereitete, wohl schönste Inszenierung. Die internationale Anerkennung, die sich das Ensemble inzwischen errungen hatte, stellte für die DDR einen kulturpolitischen Aktivposten dar. Von ideologischen Angriffen blieb es daher weitgehend verschont, nicht zuletzt dank des Geschicks von Helene Weigel, die sich etwa bei der für Brecht nicht ungefährlichen ersten deutschen Stanislawski-Konferenz 1953 in Berlin als Sprecherin des Ensembles davor verwahrte, zwischen den Arbeitsweisen Stanislawskis und Brechts eine künstliche Kluft aufzureißen: »Brecht selbst kennt eine solche Kluft nicht.«
Inszeniert wurden schon bald auch klassische Stücke (Kleist, *Der zerbrochene Krug;* Goethe, *Urfaust*), zumeist in Bearbeitungen (Shakespeare, *Coriolan;* Molière, *Don Juan*), aber auch solche aus der jüngeren Vergangenheit (Johannes R. Bechers *Winterschlacht*), Historisches von Gegenwartsautoren (nach einem Hörspiel von Anna Seghers, *Der Prozeß der Jeanne d'Arc zu Rouen 1431*), schließlich mit Erwin Strittmatters *Katzgraben. Szenen aus dem Bauernleben* ein Stück aus der Gegenwart der DDR. Stücke Brechts wurden z.T. in gegenüber der Uraufführung veränderten Fassungen inszeniert (so 1957 *Das Leben des Galilei*), bei erneuter Wiederaufnahme gemäß aktuell veränderter Konzepte (*Die Gewehre der Frau Carrar,* 1952 von Egon Monk, 1971 von Ruth Berghaus).

Brechts Tätigkeit für das Theater bestand in seinen letzten Lebensjahren überwiegend in Regiearbeit und in den Bearbeitungen für die Aufführung vorgesehener Stücke, an denen er in unterschiedlicher und nicht immer leicht zu klärender Weise mitwirkte. Er hat für das Ensemble ein Höchstmaß von Kraft und Zeit aufgeboten (auch das seiner Mitarbeiter, insbesondere der Frauen, die für ihn tätig waren), gleichwohl ging sein Schaffen, wie besonders die großartige Alterslyrik zeigt, nicht völlig darin auf. Viele dramatische Pläne (auch ältere, die er wieder aufgriff) blieben Fragment oder ganz unausgeführt, sodass sie eine Fassung, in der sie für das Ensemble verwendbar werden konnten, gar nicht erreichten. Die Veränderungen des kulturpolitischen Klimas, die seit Jahresbeginn 1951 zu spüren waren, wirkten auf alle Überlegungen zwangsläufig ein. Den Beginn bildete ein Artikel *Wege und Irrwege der modernen Kunst*, der in der *Täglichen Rundschau*, der Zeitung der sowjetischen Militäradministration, erschienen und »N. Orlow« – offensichtlich ein Pseudonym – gezeichnet war. Viele, besonders realistische Künstler, sowie Persönlichkeiten und Institutionen, die für sie eintraten, sahen sich durch »N. Orlow« radikal in Frage gestellt, der schärfste Angriff galt wegen der vorgeblichen »Hässlichkeit« seiner Bilder dem Bühnenbildner Teo Otto, der bereits in Zürich für Brecht tätig gewesen war. Für das Ensemble konnte er danach nicht mehr beschäftigt werden.
Brecht taktierte, versuchte zuweilen hinter den Kulissen zu retten, was zu retten war. Für die Öffentlichkeit ging er mit Kritik sicher um: »Man wird ihr begegnen oder sie verwerten, das ist alles«, erklärte er anlässlich der Kampagne gegen Paul Dessaus Oper *Das Verhör des Lukullus,* für die er auf der Grundlage seines Hörspiels von 1939 das Libretto geschrieben hatte. Nach einer ersten geschlossenen Aufführung wurde das Werk zunächst abgesetzt und eine Aussprache anberaumt,

an der führende Politiker bis hinauf zum Staatspräsidenten teilnahmen. Getadelt wurde überwiegend der Komponist, am heftigsten wandte sich Walter Ulbricht gegen eine für die Arbeiter unverständliche, partiell der Zwölftontechnik verpflichtete, »formalistische« Musik. Im Hinblick auf das Libretto wurde Klarstellung gefordert, wie die anscheinend unterschiedslose Verurteilung des Krieges gemeint sei. »Wo sonst in der Welt gibt es eine Regierung, die so viel Interesse und Fürsorge für ihre Künstler zeigt«, kommentierte Brecht ironisch. Er unterwarf sich nach außen hin (für seine bei Suhrkamp erscheinenden *Versuche* behielt er die ursprüngliche Fassung bei) und nahm entsprechende Änderungen vor. Nur der Angriffskrieg verfällt der Ächtung, ein Gesang der in Asien gefallenen Legionäre ist eingefügt, in dem diese bekennen, dass sie sich missbrauchen ließen und den Überfallenen nicht halfen, ihr Land zu verteidigen. In dieser Form und unter dem neuen Titel *Die Verurteilung des Lukullus* gelangte das Werk, das auch den verantwortlichen Minister Paul Wandel, der es gefördert hatte, in Schwierigkeiten brachte, im Oktober 1951 in den Spielplan der Staatsoper.

Noch ein anderes Opernlibretto verstrickte Brecht in ideologische Auseinandersetzungen, Hanns Eislers *Johann Faustus*. Nachdem der Komponist einige Proben der *Urfaust*-Inszenierung im Berliner Ensemble gesehen hatte, brachte er Brecht im August 1952 das Manuskript. Er hatte Faust in die Zeit der Bauernkriege versetzt und ihn als den vor der Revolution zurückschreckenden deutschen Humanisten geschildert. Das war noch problematischer als der Rückgriff auf einen Goethe *vor* Weimar. Der kulturpolitisch etablierten Klassikauffassung stand Eisler wahrscheinlich näher als Brecht, dessen Ressentiment gegen den Olympier ihm bei den Proben zum *Urfaust* aufgefallen war. Die Auseinandersetzung konzentrierte sich aber ganz auf ihn (Alexander Abusch warf Eisler vor, sein *Faustus* sei die Zurücknahme des Goethe'schen von links), und er gab sein Vorhaben schließlich resigniert auf, während Brecht geschont wurde. Als nach der Premiere des *Urfaust* in Potsdam zu lesen stand, die Inszenierung sei »durch die konzeptionelle Deutung des Regisseurs« der »Gefahr des Formalismus« erlegen, erklärte er die darauf folgende Aufführung in Berlin, ohne etwas Wesentliches zu ändern, für eine »völlige Neuinszenierung« – diese wurde dann bald abgesetzt, er selbst blieb unangefochten.

Im Sommer 1953 entstand das einzige Stück, das Brecht in seinen DDR-Jahren beenden konnte, die Komödie *Turandot oder Der Kongreß der Weißwäscher* (U. Zürich, 1969), im Anschluss an Pläne und Vorarbeiten, die bis in die Jahre 1930/31 zurückführen und

ihn schon im Exil beschäftigt haben. Brecht verknüpfte den auch von Carlo Gozzi und Schiller behandelten morgenländischen Märchenstoff mit Motiven aus seinem unausgeführt gebliebenen *Tui*-Roman, einer Auseinandersetzung mit den Intellektuellen, den *Tellekt-Uell-Ins*, die den Meinungshandel als Geschäft betreiben. Als ein Vorbild für die »Weißwäscher« benutzte er auf Anregung Hanns Eislers die Wortführer des Frankfurter soziologischen Instituts, also neben Max Horkheimer und Friedrich Pollock vor allem Theodor W. Adorno. Auch an Thomas Mann hat man bei dem eitlen, primadonnenhaft auftretenden Munka Du gedacht (K. Völker/J. Knopf). Das Konzil der Tui, der Kongress der Weißwäscher, ist damit beschäftigt, den Kaiser von dem Verdacht zu reinigen, er habe den Baumwollhandel manipuliert. Der, dem es am besten gelingt, soll die Tochter des Kaisers zur Frau erhalten. Umstritten ist der aus zeitlichen Gründen nahe liegende Zusammenhang des Stücks mit den Ereignissen des 17. Juni 1953, sicher scheint jedoch, dass nicht nur westliche Intellektuelle Brecht als Angriffsziel dienten. Das Problem des Tuismus, so hatte er erkannt, war mit der Begründung einer sozialistischen Gesellschaftsordnung nicht erledigt.

Am 10. August 1956 nahm Brecht noch einmal an einer Probe teil (zu *Galilei*); vier Tage später starb er.

Ich benötige keinen Grabstein

Ich benötige keinen Grabstein, aber
Wenn ihr einen für mich benötigt,
Wünschte ich, es stünde darauf:
Er hat Vorschläge gemacht. Wir
Haben sie angenommen.
Durch eine solche Inschrift wären
Wir alle geehrt.

Der geschickten Taktik Helene Weigels gelang es, nach Brechts Tod die Fortexistenz des Berliner Ensembles zu sichern. Ungeachtet interner Krisen stieg sein internationaler Ruhm immer noch an, 1970 lobte Friedrich Luft die Prinzipalin als »Leiterin der erfolgreichsten Bühne deutscher Sprache«. Nach ihrem Tod wurde 1971 Ruth Berghaus, die durch ihre Operninszenierungen ausgewiesene Frau des Komponisten Paul Dessau, Intendantin der Brecht-Bühne. Sie wagte unorthodoxe Neueinstudierungen und gewährte jüngeren Regisseuren wie B. K. Tragelehn und Einar Schleef Freiraum für Inszenierungen, die heftige Auseinandersetzungen auslösten. Gegen den anfänglichen Widerstand des Ministeriums setzte sie 1973 Heiner Müllers *Zement* durch, »eine heroische Anstrengung und ganz wichtig für meine Rehabilitierung in der DDR«, wie der längere Zeit nahezu verfemte Autor in seiner Autobiografie später darlegte. Gegenspieler im Ensemble und die Brecht-Erben, die sich für die ältere Aufführungspraxis einsetzten, brachten Ruth Berghaus schließlich zu Fall. 1977 kehrte Manfred Wekwerth als Intendant zurück und mit ihm der überlieferte Stil, Brecht zu inszenieren, der das Haus am Schiffbauerdamm zur Pflegestätte einer erstarrten Tradition werden ließ. (→ S. 684)

Gegenwartsstücke. Industrie- und Agrodramen

Während Brechts letzter Lebenszeit warf die zukünftige Entwicklung der Literatur beunruhigende Fragen auf. Das Gegenwartsdrama, vielmehr dessen Fehlen, bot dafür ein gravierendes Beispiel. Wie sollte es beschaffen sein? Bereits 1952 hatte der Vorsitzende des Ministerrats Georgij Malenkow auf dem XIX. Parteitag der KPdSU die Autoren offiziell zur Kritik aufgefordert. Weiterhin verlautete aus Moskau, Stalin habe Schriftstellern, die ihn gefragt hätten, was sozialistischer Realismus sei, geantwortet: »Schreibt die Wahrheit.« (H. Kipphardt in *Theater der Zeit*, 1954) Nach Berlin (Ost) gelangte dergleichen immer mit einiger Verspätung.

Schauspiele aus der Welt der Produktion waren schon bald nach Gründung der DDR auf die Bühne gekommen. KARL GRÜNBERG (1891–1972) schrieb *Golden fließt der Stahl* (U. 1950), über Sabotage und ihre Entlarvung, später *Elektroden* (U. 1954), über die Entscheidung eines bürgerlichen Wissenschaftlers für den Aufbau in einem volkseigenen Betrieb, HERMANN WERNER KUBSCH (1911–1983) *Die ersten Schritte* (U. 1950), über Probleme der Aktivistenbewegung. Künstlerische Mängel dieser Dramen räumte auch die DDR-Kritik ein, in schematischer Weise beschrieben sie den Klassenkampf als Sieg über den Klassenfeind, eine Entwicklung von Charakteren kannten sie nicht. Da die aktuelle Kulturpolitik auf Zusammenarbeit mit den bürgerlichen Kräften zielte, um sie für ein Gesamtkonzept zu gewinnen, kam so viel Vereinfachung überdies ungelegen. Die Verfasser waren enttäuscht, sie wähnten sich zurückgesetzt. Ein Hindernis trat in Erscheinung, das sich auch später als hemmend erweisen sollte, das Ressentiment alter Gefährten aus der Kampfzeit gegenüber nach Herkunft und Bekenntnis weniger rigoros geprägten, differenzierteren Kollegen.

Anders lag es mit FRIEDRICH WOLF, der in seiner Komödie *Bürgermeister Anna* (U. Dresden, 1950) die soziale Umwälzung auf dem Lande mit Problemen der Emanzipation verknüpfte und seine mutige Heldin auch mit Anweisungen der neuen Machthaber streiten ließ. Das wiederum fand die Partei nicht lustig, ein Film, der parallel zu den Proben für die Uraufführung entstanden war, wurde zurückgezogen, nur eine Ar-chivkopie blieb erhalten. Wolf hat danach kein Zeitstück mehr geschrieben, einen Stoff aus der industriellen Arbeitswelt plante er in Romanform (*Drug Trafo* über das Transformatorenwerk in Dresden), stellte es aber zugunsten eines historischen Schauspiels *Thomas Münzer, der Mann mit der Regenbogenfahne* (U. Berlin/ Ost, 1953) zurück. Wolf starb im Jahr der Uraufführung.

Von PAUL HERBERT FREYER (1920–1983) stammten *Der Dämpfer* (1953, über den Wettbewerb in einem Spinnereibetrieb), *Kornblumen* (1954, über die genossenschaftliche Arbeitsweise auf dem Lande) und *Die Straße hinauf* (1954, über eine Maurerbrigade). Wie Titel und Themen bereits vermuten lassen, das Zeitstück blieb problematisch, schon bald wurde es in amüsanter Weise selbst zum Thema.

Wenige Tage nach den dramatischen Vorgängen des 17. Juni 1953, als die abendliche Ausgangssperre in Berlin (Ost) soeben aufgehoben worden war, hatte am Deutschen Theater das Lustspiel eines bisher unbekannten Autors Premiere. Das Stück hieß *Shakespeare dringend gesucht*.

Amadeus Färbel, Dramaturg eines Stadttheaters, leidet unter den niveaulosen, unkritisch parteigläubigen Manuskripten, die er zu lesen bekommt: »In diesen Stücken geht es zu wie in einem Kuhmagen, nur, dass statt Gras Gedanken und altes Zeitungspapier wiedergekäut werden.« Leider hat Färbel in seinem Unmut versehentlich das einzige wirkliche Nachwuchstalent vor die Tür gesetzt. Die Suche nach ihm ist mit vielen Verwicklungen und Verwechslungen verbunden. Nachdem er es endlich gefunden hat, beginnt Färbels zweiter, noch schwierigerer Kampf – mit dem Amt für Kunst.

Der Autor war der Chefdramaturg des Hauses in der Schumannstraße selbst, HEINAR KIPPHARDT (1922 bis 1982), Nachfolger Herbert Iherings.

Kipphardt hatte den Krieg als Soldat an der Ostfront erlebt und war 1949 als junger Arzt aus Westdeutschland nach Berlin übersiedelt, beschäftigt zunächst an der Charité, dann, wie es seinen Wünschen entsprach, im nahe gelegenen Theater, wo er das Vertrauen Langhoffs erwarb und rasch Karriere machte. Sein Vater war Sozialdemokrat und zweimal ins Konzentrationslager gekommen, das wirkte in dem Entschluss des Sohnes nach. Er misstraute den »restaurativen Tendenzen« im Westen, hatte zwar auch in Bezug auf die künftige DDR »nicht riesige Illusionen«, glaubte aber, dass im Osten eher »ein gründliches Umdenken« möglich wäre. »Und ich dachte, es ist richtig, dorthin zu gehen.«

Shakespeare dringend gesucht hatte bei der Kulturbürokratie zunächst schlechte Karten, die Proben wurden misstrauisch beobachtet. Langhoffs Entscheidung für die Aufführung traf den richtigen Moment, die Zuschauer, die ihre Erfahrungen wiedererkannten, reagierten mit Ovationen. »Da trat der Ministerpräsident Grotewohl bis an die Brüstung vor und klatschte lang anhaltend.« (J. Rühle) Das Lustspiel wurde zum erfolgreichsten Gegenwartsstück am Deutschen Theater. Kipphardt, der bereits im selben Jahr einen Nationalpreis III. Klasse erhielt, trat in der DDR noch mit *Der staunenswerte Aufstieg des Alois Piontek* (U. Berlin/Ost, 1956), einer Diamantenfälscheraffäre, Satire auf das bundesrepublikanische Wirtschaftswunder, hervor.

O süße Himmelsgabe,
o reine Macht der Banknote.
die du erweckest die Todsüchtigen
und erleuchtest die Kleingläubigen.
Singen machst du die Dichter
und denken die Professoren.

Auch dies kam an, wenngleich der Erfolg von *Shakespeare dringend gesucht* sich nicht wiederholte. Bei dem folgenden Stück aber, das zunächst *Esel schreien im Dunkeln* heißen sollte, verweigerte die DDR-Bürokratie ihre Zustimmung (es wurde 1961 u. d. T. *Die Stühle des Herrn Szmil* in Wuppertal uraufgeführt). Langhoff und Kipphardt sahen sich wegen einer vorgeblich »revisionistischen Theaterpolitik« und ihrer »unter ästhetischen Vorwänden getarnten Ablehnung, sozialistische Stücke zu spielen« – wie Kipphardt später Behörden der Bundesrepublik erklärte – einer gezielten Pressekampagne ausgesetzt. Langhoff beugte sich der Forderung, Selbstkritik zu üben und seinen Spielplan zu ändern. Eine Dramatisierung von Michail Scholochows Roman *Neuland unterm Pflug* und Gustav von Wangenheims von ihm bisher als belanglos abgelehnte *Studentenkomödie* (U. 1959) über Probleme der kollektiven Erziehung an den sozialistischen Hochschulen fanden Aufnahme, seinen Dramaturgen musste er opfern, Kipphardt kündigte. Die ihm ersatzweise angebotene Leitung des Dresdner Hygienemuseums (dort gab es, eine fragwürdige Vorbedeutung, den aus Glas gefertigten durchsichtigen Menschen zu sehen) lehnte er ab, vereinbarte vielmehr mit dem Düsseldorfer Intendanten Karl-Heinz Stroux einen Arbeitsaufenthalt am dortigen Schauspielhaus. (→ S. 739)
Vor dem Hintergrund der Unzulänglichkeit früherer Versuche erklärt sich Brechts Bemerkung, »das erste Stück, das den modernen Klassenkampf auf dem Dorf« ins Theater brachte, sei ERWIN STRITTMATTERS von ihm für die Aufführung vorbereiteter dramatischer Erstling *Katzgraben* (U. Berlin/Ost, 1953) gewesen. Tatsächlich ist in Strittmatters »Szenen aus dem Bauernleben« (Untertitel), die Brecht bereits als »historische Komödie« auffasste, weil sich die Dorfwirklichkeit jetzt schnell veränderte, ein »neues ansteckendes Lebensgefühl« spürbar, neben dem andere Agrodramen recht papieren wirken. Strittmatter schrieb über die folgende Entwicklung fünf Jahre später u. d. T. *Katzgraben 1958* noch einige ergänzende Szenen. Dagegen weist sein Schauspiel *Die Holländerbraut* (U. Berlin/Ost, 1960) zurück in die Kriegs- und ersten Nachkriegsjahre.

Die Tochter eines Landarbeiters Hanna Tainz erwartet von dem Großbauernsohn, den sie liebt, ein Kind, sieht sich jedoch von ihm verraten – er streut das Gerücht, der Vater sei ein holländischer Fremdarbeiter. Aus dem KZ, in das man sie gebracht hat, heimgekehrt und als Bürgermeisterin eingesetzt, gibt die »Holländerbraut« den Namen des für ihr Leid Verantwortlichen – ihr Kind hat sie verloren – zunächst nicht preis, verhilft ihm sogar zu einer Neubauernstelle. Erst als sie begreift, dass sie ihn nicht zu ändern vermag, nennt sie den »Klassenfeind« öffentlich als den Schuldigen.

Am Deutschen Theater wurde 1955 – noch von Kipphardt gefördert – *Die Dorfstraße,* das erste Drama von ALFRED MATUSCHE (1909–1973), uraufgeführt, eines der Arbeiterbewegung seit langem verbundenen Autors, der bereits vor 1933 Gedichte und Hörspiele geschrieben hatte. *Die Dorfstraße* handelt an der 1945 neu gezogenen Grenze zu Polen und widmet sich der nachbarlichen Versöhnung. Ebenso wie *Nacktes Gras* (U. Berlin/Ost, 1958), Matusches am Maxim-Gorki-Theater inszeniertes zweites Drama über das Schicksal einer Offiziersfrau in der Hitlerzeit (aus Liebe zu einem Widerstandskämpfer beteiligt sie sich an dessen Aktionen, aus Enttäuschung erschießt sie ihren Mann, der sie denunziert hat), wurde *Die Dorfstraße* jedoch nach der Premiere sofort abgesetzt. Kritisiert wurde die zu subjektive Sichtweise. Matusche fand erst wenige Jahre vor seinem Tod Anerkennung (*Das Lied meines Weges,* U. 1969; *Kap der Unruhe,* U. 1970, über einen beim Plattenbau tätigen Kranführer); das in *Sinn und Form* abgedruckte Drama *Van Gogh* (1966) handelt von der Bitterkeit einer isolierten Künstlerexistenz.
Andere machten es sich leichter: Der aus Rumburg in Böhmen stammende HELMUT BAIERL (1926–2005) beschrieb in dem Lehrstück *Die Feststellung* (1957) die von Mitgliedern einer Landwirtschaftlichen Produkti-

onsgenossenschaft (LPG) durchgeführte Untersuchung der Gründe für die Republikflucht und anschließende Rückkehr des Bauern Finze. (Er hat in der Bundesrepublik die gesellschaftlichen Errungenschaften nicht gefunden, die ihm längst zur Selbstverständlichkeit geworden sind.) Die Komödie *Frau Flinz* (U. 1961) behandelt die Wandlung einer Mutter, Umsiedlerin aus Nordböhmen, die ihre fünf Söhne zunächst davon abhalten will, im Rahmen der neuen Produktionsbedingungen tätig zu werden. Als sie dennoch gehen, legt Frau Flinz, bislang nur eine »unbewusste Passionaria«, ihr falsches Bewusstsein ab und nimmt selbst am Aufbau des Sozialismus teil – eine Mutter Courage, die lernt. Eine besondere Pointe war, dass Helene Weigel, auf deren Anregung hin das Stück entstanden war, die Titelrolle spielte.

Um 1960 und später schrieben nicht wenige Autoren ein oder mehrere Stücke über die industrielle und dörfliche Szene. Was Einzelne bereits von sich aus begonnen hatten, die Erkundung der Arbeitswelt, war als »Bitterfelder Weg« zur Leitlinie erhoben worden. Neben Peter Hacks, Heiner Müller und Volker Braun, deren einschlägige Titel im Rahmen ihres gesamten Schaffens behandelt werden sollen, ist vor allem noch HARTMUT LANGE (1937) zu nennen, der nach seiner wegen »Renitenz« erfolgten Verweisung von der Babelsberger Filmhochschule als Dramaturg am Deutschen Theater tätig war. Sein erstes Drama, *Senftenberger Erzählungen oder die Enteignung* (1960), erregte unter Fachleuten Aufsehen, blieb aber unaufgeführt, die Thematik war heikel: Der frühere Besitzer einer vom Staat enteigneten, verwahrlosten Kohlengrube, erhält den Auftrag, sie wieder instand zu setzen und konkurrenzfähig zu machen. Lange kannte das Senftenberger Braunkohlengebiet, er war als Unterprimaner dorthin durchgegangen. In der 1962/63 entstandenen Komödie *Marski* ging es um die zweite Stufe der Eigentumsumwandlung auf dem Lande, die auf die Bodenreform folgende Kollektivierung. Die Uraufführung war zunächst in den Kammerspielen des Deutschen Theaters vorgesehen (u.d.T. *Tod und Leben des Herrn Marski*). Als Verzögerungen eintraten, wandte sich Lange, der zu den gewünschten Änderungen offenbar nicht bereit war, nach Potsdam. Die auch dort für 1965 bereits angekündigte Uraufführung wurde abgesagt, der Autor hatte einen Aufenthalt im blockfreien Jugoslawien zum Übertritt nach Berlin (West) benutzt. (→ S. 798)

An Brecht (seinen *Puntila*) erinnert in dieser Komödie nicht nur die sinnenfreudige Hauptfigur, sondern auch die Methode des dialektischen Theaters, die Lange sogar auf einen Konflikt der unmittelbaren Gegenwart anzuwenden weiß – ohne alle Lehrhaftigkeit, in unmittelbar dichterischer Weise. Peter Hacks hat in Lange den Vorboten einer neuen Klassik gesehen:

Dieser Knabe sucht, ohne jedes Minderwertigkeitsgefühl, die Gesellschaft der allerfeinsten Leute. Er spaziert mit dem Goethe und dem Aristophanes, dem Shakespeare und dem Rabelais. Er nimmt sich, was er braucht, aus ihren Taschen, und mit einem solchen poetischen Recht, dass kein kritischer Gerichtshof der Welt wagen dürfte, das Genommene zurückzufordern. Unter den Bestohlenen fehlt Brecht. Auch das ist bezeichnend für die Neuesten; undenkbar ohne Brecht, ähneln sie ihm nicht. (Über Langes »Marski«)

Peter Hacks (1928–2003)

Hacks, in den Siebzigerjahren der international meistgespielte deutsche Dramatiker, galt zeitweilig auch als der bedeutendste Schüler Brechts und als ein »sozialistischer Klassiker« – »Der Marxist von Sanssouci« betitelte die *Frankfurter Allgemeine Zeitung* ihren Nachruf.

Geboren in Breslau, Abitur in Wuppertal, studierte der Sohn eines Rechtsanwalts und Notars in München Germanistik, Theaterwissenschaft und Soziologie, übersiedelte 1955 in die DDR, arbeitete beim Brecht-Ensemble, war 1960–63 Dramaturg am Deutschen Theater in Berlin, danach freier Schriftsteller. 1977 erhielt er den Nationalpreis der DDR. Gestorben in Groß Machnow bei Berlin.

Hacks' politisches Interesse wurde bereits durch sein sozialdemokratisches Elternhaus geweckt. Er las Hegel und Marx, zur während der Kanzlerschaft Konrad Adenauers sich abzeichnenden künftigen Entwicklung der Bundesrepublik stand er, ähnlich Heinar Kipphardt, im scharfen Widerspruch. Das Thema seiner Doktorarbeit behandelte eine Restaurationsperiode (*Das Theaterstück des Biedermeier 1815–1840. Versuch einer Gesamtdarstellung*, 1951, ungedruckt), Vergleiche lagen nahe. Münchner Inszenierungen der *Mutter Courage* und des *Puntila* sah er voller Bewunderung für den Autor, dem es gelungen war, den Marxismus auf der Bühne zur Darstellung zu bringen. Er schickte Brecht sein erstes Stück, später fragte er bei ihm an, ob er in die DDR übersiedeln solle. Obwohl er eine ausweichende, eigentlich abratende Antwort erhielt, führte er sein Vorhaben aus. Bei der ersten Begegnung mit Brecht in Berlin war er von ihm auch persönlich fasziniert: »Er war höflich und leise. Ein Wunder an sympathischer Aufgeschlossenheit.« (Gespräch mit W. Mittenzwei, 1984) Hacks machte sich beim Berliner Ensemble nützlich, verweigerte sich aber dem Ritual eines Meister-Schüler-Verhältnisses, wie Brecht es eigentlich erwartete (regelmäßiger Besuch der Proben, stete Verfügbarkeit).

Hacks studierte Brechts Theatertheorie und -praxis, ging jedoch schon früh einen eigenen Weg. Er behandelte geschichtliche und mythologische Vorgänge aus marxistischer Sicht, unternahm aber nicht den Versuch, Modelle für die Gegenwart zu entwerfen: Am Beginn seines dramatischen Werkes stehen vier zwischen 1953 und 1957 zur Aufführung gelangte Stücke über historische Stoffe. Die Idee zu *Das Volksbuch von Herzog Ernst oder Der Held und sein Gefolge* (U. Mannheim, 1967) verdankte er einem Zufallsfund, der 1913 erschienenen Neuedition des spätmittelalterlichen Volksbuchs und der darin enthaltenen zeittypisch nationalistischen Interpretation. Hacks' Dramatisierung unterwirft den auch von Uhland behandelten Stoff einer kritischen Prüfung, erweist das Heldentum als »Funktion des sozialen Orts«. *Die Eröffnung des indischen Zeitalters* (U. München, 1955, Neufassung u. d. T. *Columbus, oder: Die Weltidee zu Schiffe,* U. Zaragoza, 1975) spielt im Übergang vom Feudalismus zum Kapitalismus, es geht um die Bemühungen des künftigen Entdeckers, für die Ausrüstung seiner Schiffe zu Geld zu kommen. *Die Schlacht bei Lobositz* (Lsp., U. Berlin/Ost, 1956) schöpft aus der Selbstbiografie des Schweizers ULRICH BRÄKER (1735–1798), *Lebensgeschichte und natürliche Ebentheuer des armen Mannes im Tockenburg* (1789), und setzt den feudalen Militärapparat und seine durchsichtigen Interessen ins Licht – nicht ohne Anspielung auf den Neuaufbau einer Armee in der Bundesrepublik. Ebenfalls in der friderizianischen Welt angesiedelt ist *Der Müller von Sanssouci. Ein bürgerliches Lustspiel* (U. Berlin/Ost, 1958), bei dessen Ausführung Hacks einer Anregung Brechts folgte. Den Ausgangspunkt bildet die bekannte Anekdote, aber sie erhält einen veränderten Sinn. Nicht der Müller, sondern König Friedrich beruft sich auf das Kammergericht, er nutzt den Streit um die Mühle dazu, die Unabhängigkeit der preußischen Justiz und den Respekt vor ihr propagandistisch zu verklären.

Bis dahin war alles gut gegangen. Hacks' aggressiver, aber durch Charme gemilderter Witz ist schon in diesen frühen Stücken virulent, die mehr oder weniger plausiblen Entlarvungen von Geschichtslügen und patriotischen Legenden trugen dem Verfasser sogleich Anerkennung und Preise ein. Als er sich aber in dem Schauspiel *Die Sorgen und die Macht* (U. Senftenberg, 1960, 3. Fassung 1963), das Probleme des gesellschaftlichen Wandels in der DDR behandelt, der Gegenwart zuwandte, stieß er auf Widerstand. Die Satire *Ekbal, oder eine Theaterreise nach Babylon,* die Hacks' 1977 erschienene »Poetik« *Die Maßgaben der Kunst* einleitet, geht auf Erfahrungen zurück, die er damals gesammelt hat. Sein Spott zielt hauptsächlich auf das staatliche

Prüfverfahren und seine kunstfremde Anmaßung, lässt aber auch die lebenden oder verstorbenen Nutznießer des DDR-Literaturbetriebs nicht aus. Helmut Baierl und seine Komödie *Frau Flinz* sind nur zu leicht zu identifizieren: Er ist der berühmte Theaterdichter mit dem Spitznamen »der Bey«, der zusammen mit neunzehn »Schriftstellhelfern« das Theaterstück *Frau Nzifl* verfasst hat und nun den größten Teil des Tages in den Kolonnaden des »Palasts« zubringt. Ähnlich steht es mit dem Berliner Ensemble: Im »Babylonischen Eng-Tempel«, der »Gründung eines eurasischen Heiligen namens Bebe«, waltet der »jetzige Hauptpriester Wewe« (= Manfred Wekwerth) im Kleidermuseum, das, wie alle anderen Räumlichkeiten des Tempels, Bebes Andenken gewidmet ist. Dort sieht Ekbal einen grauen Mönchsrock auf einem Stuhl und bemerkt in dem Tuch eine »wandernde Ausbeulung [...]. ›Vorsicht‹, rief er, ›eine Ratte.‹ – ›Nicht doch‹, erwiderte sein Führer, ›das ist unser Wewe, er trägt die Sachen des Alten auf.‹«

In *Die Sorgen und die Macht* – der Titel bedient sich einer Formulierung Walter Ulbrichts – geht es um die Entwicklung des politisch zunächst eher indifferenten Brikettarbeiters Fidorra bis zu seiner »Ankunft« im Sozialismus. Ein Prolog in fünffüßigen Jamben geht dem überwiegend in Prosa verfassten Stück voran:

Fidorra Max, ein junger Brikettierer,
Gewinnt, mit Geld und guten Worten, Herz
Und Bett von Hede Stoll, Sortiererin
In einer Glasfabrik. Fidorra ist reich,
Stoll arm, warum? In der Brikettfabrik
Machen sie elende Briketts, wurmstichige
Presslinge, Affen ihrer Gattung, aber
Von denen viel, und viel ist einträglich;
Und liefern diese schlechten, vielen und
Einträglichen Briketts der Glasfabrik,
Deren Maschinen sich den Magen dran
Verrenken und stillstehn. Also ist Stoll arm
Durch Schuld Fidorras, ist Fidorra reich
Auf Kosten Scholls. Doch Zeit und Ändrung kommt.
Denn neunzehnhundertsechsundfünfzig, im Oktober,
Setzt Eifer mächtig ein der Kommunisten
Und Anstrengung, die Güte der Briketts
Zu bessern, was bedeutet, erst die Güte
Zu bessern der Partei [...]

Die Partei war nicht zufrieden und vielleicht hatte sie von ihrem Standpunkt aus sogar Recht – es war ein Ton in den Versen dieses Westankömmlings, der, auch wenn er sich dem Staat und seiner Philosophie ergeben zeigte, nichts Gutes erwarten ließ. Eine spätere Wertung von germanistischer Seite bestätigte, die Partei der Arbeiterklasse befände sich in *Die Sorgen und die Macht*, soweit überhaupt anwesend, »ständig im Nachtrab«, Denkende, »in der Anstrengung ihres Bewusstseins handelnde Menschen« kämen kaum ins Spiel, das poetische Bild der Arbeiter erscheine »auf primitiv-materielle oder sentimentale Bedürfnisse reduziert. Es ermangelt jeder Anlage zur ethisch neuartigen Persönlichkeit.« (R. Rohmer) Als das Stück in der dritten Fassung kurz nach der Erstaufführung vom Spielplan abgesetzt wurde, kündigte Hacks seine Mitarbeit beim Deutschen Theater auf.

Auch die Komödie *Moritz Tassow* (U. Berlin/Ost, 1965), die Probleme der Bodenreform und der Kollektivierung behandelt, stieß auf Kritik. Der DDR-Alltag erschien zu grau dargestellt, das Stück wurde wegen seiner »rüpelhaften Obszönität« vom Spielplan abgesetzt, obwohl es bei den Ostberliner Festwochen 1965 ein Erfolg gewesen war.

Moritz Tassow (gesprochen ist der Name von dem des italienischen Dichters, Goethes Bühnenhelden, nicht zu unterscheiden), ein Intellektueller, hatte das Dritte Reich, einen Taubstummen spielend, lesend im Schweinekoben verbracht. Im Herbst 1945 gründet er nach Vertreibung des Gutsherrn die »Kommune 3. Jahrtausend«. Mattukat, der Kommissar für die Bodenreform, lässt ihn zunächst gewähren, weil er annimmt, der revolutionäre Überschwang werde sich von selbst legen. Tatsächlich scheitert das in ausgiebigen Gelagen gefeierte Unternehmen an der fehlenden Disziplin der Dorfbewohner, von denen jeder nur an den eigenen Nutzen denkt. Erst Mattukats Eingreifen sorgt für Ordnung und die Landzuteilung an Einzelne für Fleiß und Ertrag. Damit ist die Voraussetzung für die künftige Kollektivierung geschaffen. Zuletzt zeichnet sich jedoch ab, dass die Zukunft nicht dem tüchtigen Mattukat gehören wird, sondern einem farblosen Funktionär. Tassow wechselt den Beruf: »Ich werde Schriftsteller […] das ist der einzige Stand, / in dem ich nicht verpflichtet bin, kapiert / zu werden oder Anhänger zu haben.«

Nach diesen Erfahrungen wandte sich Hacks von Zeitstücken zugunsten mythologischer und historischer Stoffe ab. Wie er erklärte, bildete für den Sozialismus im postrevolutionären Stadium seiner Entwicklung nicht der Realismus, sondern eine »sozialistische Klassik« den angemessenen Stil. Seine Bearbeitungen *Die Kindermörderin* (U. Wuppertal, 1959, Schauspiel nach Heinrich Leopold Wagner), *Der Frieden* (U. Berlin/Ost, 1962, Komödie nach Aristophanes), *Polly oder Die Bataille am Bluewater Creek* (U. Halle, 1965, einer operettenhafte Fassung von John Gays *Polly: an Opera*, Fortsetzung der *Bettleroper*) fanden zumeist Anklang, vor allem *Die schöne Helena* (U. 1964, als »Operette für

Schauspieler« nach Halévy und Offenbach), die von Benno Besson in den Kammerspielen des Deutschen Theaters glänzend in Szene gesetzt wurde. Offenbachs Satire auf das Second Empire Napoleons III. passte in Hacks' Bearbeitung auch auf die Mächtigen des Arbeiter- und Bauernstaats, wurde so verstanden und – toleriert.

Viel beklatschte Höhepunkte bildeten die Orakelszene sowie der von Hacks erfundene Auftritt Homers. Das jährlich eintreffende Orakel des großen Jupiter ist unfehlbar (nur die Interpreten können irren), wurde bislang aber immer erst verstanden, nachdem es eingetroffen war. Als »eine höchst mutige Neuerung« kündigt Agamemnon an, man wolle versuchen, den diesjährigen Weisheitssatz zu verstehen, bevor es sich bewahrheitet: »Hüte Dein Lamm, gehörneter Wolf, vor dem reißenden Schäfer, / sonst ist ihm süßer Tod, Dir saures Leben bestimmt.« Menelaos' Lösungsvorschlag hört sich an, als ob man sich mit einem ZK-Beschluss abquält; Achill folgert: »Achilles ist der erste Held Griechenlands« und verzichtet (mit Griff zum Schwert) auf jede Begründung. Homer soll im Palast eine Orgie künstlerisch verschönen, seine Stimme wird unhörbar, er resümiert enttäuscht: »Wie die mich behandeln. Ich muss sie noch mehr loben.«

Hacks' (Kunst-)Märchen *Der Schuhu und die fliegende Prinzessin* (Musik: Hans-Dieter Hosalla), 1966 von einem Jahrgang der Staatlichen Schauspielschule Berlin im BAT (Berliner Arbeitertheater) uraufgeführt, diente dem Dresdner Komponisten Udo Zimmermann als Textgrundlage für das Libretto seiner gleichnamigen Oper (U. 1976). Hacks begann am Ende der Sechzigerjahre, als seine Stücke sich auch im westlichen Ausland zunehmender Beliebtheit erfreuten, mit einer Reihe weiterer Komödien, zumeist geistvoller Umdeutungen überlieferter Stoffe: *Amphitryon* (U. Göttingen, 1968), *Margarete in Aix* (U. Basel, 1969), *Omphale* (U. Frankfurt/M., 1970), *Adam und Eva* (U. Dresden, 1973), eine Parabel der Schöpfungsgeschichte, die auf der These basiert, dass Gottvater in seiner Allwissenheit die Vertreibung aus dem Paradies vorhergesehen haben muss und das erste Menschenpaar also nach seinem Willen den eigenen Weg beginnt, *Rosie träumt* (U. Berlin/Ost, 1975), ein Stück um Hrotsvith von Gandersheim, und *Prexaspes* (U. Dresden, 1976). Hacks' Neuauslegungen seiner biblischen, mythologischen und historischen Stoffe stießen auch auf Kritik. Gegen die »gotteslästerliche Verskomödie« wurde in der Bundesrepublik mit Transparenten demonstriert, ferner ironisch geltend gemacht, dass »die Konflikte zwischen Adam und Eva, Mann und Frau also, keineswegs gesellschaftlich vermittelt, sondern gottgewollt oder (und?) geschlechtsspezifisch begründet« seien (J. Kaiser). Sie wussten aber stets durch treffsicheren Witz und souveräne Ironie zu bezaubern. Als Theoretiker seiner »postrevolutionären Dramaturgie« forderte Hacks die Reduzierung des Stofflichen zugunsten der Konzentration auf den allgemein menschlichen Gehalt. Er verminderte die Figurenzahl und setzte umso mehr auf die der Sprache eigene Kraft. Das fünfaktige Monodrama *Ein Gespräch im Hause Stein über den abwesenden Herrn von Goethe* (U. Dresden, 1976) beschreibt in sarkastischer Weise Goethes ohne Rücksicht auf dritte Personen ausgelebten Drang zur Verwirklichung seiner selbst. Zeit der Handlung ist der Oktober 1786, ein Monat nach der heimlichen Abreise des Dichters nach Italien:

Ein »Gespräch« findet nicht statt: Charlotte von Steins unmusischer Ehemann ist nur als Puppe anwesend. Umso beredter (und enthüllender) entfaltet sich der Monolog seiner Frau, die ihren Mann über ihre Beziehung zu Goethe ins Licht zu setzen unternimmt, sich dabei aber sukzessive in Widersprüche verwickelt. Betont sie zunächst die ihr unverlangt zugefallene pädagogische Rolle (»Er war ein Lump; ich erzog ihn; jetzt haben wir einen erzogenen Lumpen: ein Genie«), so bekennt sie später, dass sie es war, die wirklich geliebt hat, sie allein. Sie ist von Goethes Egoismus enttäuscht, gleichwohl wünscht sie kein Ende der Beziehung, sondern zeigt sich sogar bereit, mit ihrem Mann und der Weimarer Gesellschaft zu brechen. Als Goethes lang erwarteter Brief eintrifft, hofft sie, wider besseres Wissen, dass es ein Heiratsantrag sei. Das beigefügte Geschenk, ein Gipsabdruck des Herakles Farnese, entgleitet ihr, der Versuch, ihn »an der Keule festzuhalten«, misslingt, er geht zu Bruch. Als sie den Brief endlich öffnet, begegnet ihr ein sich in Belanglosigkeiten ergehender Text, hauptsächlich schreibt Goethe über das Wetter in Italien.

Nicht nur weil Intendanten Einpersonenstücke schätzen – sie sparen Kosten –, wurde Hacks' Monodram landauf, landab gespielt: So keck war das nach aller Erfahrung unerschöpfliche Thema von Goethes Liebesverhältnissen, besonders das seiner Beziehung zu Frau von Stein, das von den Biografen in Wolken von Weihrauch gehüllt worden war, kaum je behandelt worden. Dennoch begann der bisherige Publikumsliebling damals an Sympathie zu verlieren. Es war das Jahr der Ausbürgerung Biermanns. Dass Hacks, mittlerweile ein berühmter Autor, der mithin aus relativ sicherer Position heraus sich äußern konnte, die Maßnahmen der Regierung ausdrücklich billigte, stieß auf Unverständnis. Seine taktlosen Äußerungen über die Zuflucht, die Heinrich Böll dem Ausgebürgerten gewährt hatte, verstärkten die Entrüstung.

Die folgenden Jahre bestätigten, dass Hacks' Stücke den Zenit ihrer Wirkung überschritten hatten. Zwar folgten auch weiterhin im Abstand von jeweils ein oder zwei Jahren neue Premieren: *Armer Ritter* (U. Göttingen, 1978, Kinderstück), *Die Fische* (U. Göttingen, 1978), *Senecas Tod* (U. Berlin/Ost, 1980), *Die Vögel* (U. Göttingen, 1981), *Pandora* (nach Goethe, U. Göttingen, 1982), *Barby* (Lsp., zusammen mit Rudi Strahl, Halle, 1983), *Fredegunde* (U. Braunschweig, 1989). Nicht zuletzt unter seinen Kollegen in der DDR aber ließ das Interesse an Hacks' von der Alltagswirklichkeit so weit entfernten Klassizismus erkennbar nach. »Die Pose des Klassikers erfordert homerische Blindheit«, hatte Heiner Müller, offenbar mit Bezug auf Hacks, bereits 1975 geschrieben. Man mag sich an die »silberne Klassik« des ebenfalls überaus produktiven Paul Heyse im 19. Jahrhundert und an sein Unverständnis in Bezug auf das Lebensgefühl einer jüngeren Generation erinnert fühlen. Das Dahinschwinden seiner Popularität trug andererseits dazu bei, dass Hacks auf die Veränderungen der Wendejahre fast zynisch reagierte.

(→ S. 654, 680, 696, 750, 816)

Schwerer nach Herkunft und Lebensweg hatte es Heiner Müller. Ungleich spröder und widerspenstiger als Hacks' gefälliger Klassizismus ist sein Werk, das ihn wiederholt in Krisen stürzte und für das er erst spät Anerkennung fand.

Heiner Müller (1929–1995)

Geboren in Eppendorf (Sachsen), wurde der Sechzehnjährige noch zum Volkssturm eingezogen und geriet in amerikanische Gefangenschaft. Nach dem Abitur war Müller in einer Bücherei tätig, lebte seit 1951 in Berlin (Ost) und schrieb für den *Sonntag*, die Wochenzeitung des Kulturbunds, später auch für die *Neue Deutsche Literatur* und die Monatszeitschrift *Junge Kunst*. 1954/55 war er als wissenschaftlicher Mitarbeiter beim Deutschen Schriftstellerverband, 1958/59 am Berliner Maxim-Gorki-Theater beschäftigt. Zusammen mit seiner ersten Frau, der Lyrikerin Inge Müller, erhielt er 1959 den Heinrich-Mann-Preis. 1961 Ausschluss aus dem Schriftstellerverband, 1970–76 Dramaturg beim Berliner Ensemble, danach an der Ostberliner Volksbühne. Amerikareisen 1975 und 1978. Mitunterzeichner der Petition um Rücknahme der Ausbürgerung Biermanns. 1985 Büchner-Preis, 1986 Nationalpreis der DDR. Gestorben in Berlin.

Müller hatte mit einfach gebauten, lehrstückähnlichen Bühnenwerken, die Agitprop-Elemente aufweisen, begonnen, in denen es um Probleme der industriellen Produktion ging: *Der Lohndrücker* (U. Leipzig, 1958, zusammen mit Inge Müller, über den bereits von

Claudius behandelten Garbe-Stoff) und *Die Korrektur* (in zwei Fassungen 1957/58 zuerst als Hsp., ebenfalls mit Inge Müller, U. Berlin/Ost, 1958). Diese Stücke bereiteten zwar einige Schwierigkeiten, wurden aber doch akzeptiert, zuletzt sahen sich die Autoren sogar ausgezeichnet, Müller überdies durch ein Stipendium gefördert.

Das änderte sich mit dem Agrodrama *Die Umsiedlerin oder Das Leben auf dem Lande* (1961, veränderte Fassung 1964 u. d. T. *Die Bauern*), das Müller 1956–61 nach einer Erzählung von Anna Seghers verfasste – ein hartes Stück ohne Harmonisierung und Scheindialektik: »So sah sie aus, die neue Zeit: nackt, wie Neugeborene immer, nass von Mutterblut – beschissen auch.« Politische Brisanz gewann das Dargestellte, wie Müller in seiner Autobiografie beschreibt, jedoch erst durch die Kollektivierung in der Landwirtschaft, die in die Entstehungszeit der Arbeit fiel, mit Konsequenzen, die auch von dem Regisseur B. K. Tragelehn, einem früheren Meisterschüler Brechts, nicht bedacht worden waren. Das Stück sollte zunächst von Studenten der Hochschule für politische Ökonomie einstudiert, dann vom Deutschen Theater übernommen werden, wurde jedoch 1961 sofort nach der Uraufführung abgesetzt und bis 1979 auf keiner großen Bühne gespielt. Müller, dem vorgeworfen wurde, dass er sich alle politischen Lügen des Klassenfeindes über das Leben in der DDR zu Eigen gemacht habe, wurde aus dem Schriftstellerverband ausgeschlossen, Tragelehn zur Bewährung als Gleisbauarbeiter in den Braunkohlentagebau geschickt. Das elitäre Berliner Ensemble, so Müllers Vorwurf, ließ ihn fallen.

Die Probleme des Sozialismus finden sich am deutlichsten in Müllers 1965 in *Sinn und Form* erschienenen, aber erst 1980 in Berlin (Ost) zur Uraufführung gelangten Produktionsstück *Der Bau*, verfasst nach Motiven aus Erik Neutschs Roman *Spur der Steine*. Wiederum stieß er auf Ablehnung.

Auf einer Großbaustelle ergeben sich den Arbeitern nur zu bekannte Schwierigkeiten: Änderungen der Konzeption, Terminnöte, Materialmangel und -mängel. Eine Brigade reagiert darauf, wie die Parteidisziplin es verlangt, in strikter Beachtung des Plans – aber unproduktiv, eine andere schreckt noch nicht einmal davor zurück, sich Material anzueignen, das ihr nicht zusteht – sie verhält sich ungesetzlich, aber kommt voran, unterstützt von einem neuen Parteisekretär und zwei Ingenieuren – Vertretern der Intelligenz, von denen die Arbeiter eigentlich längst nichts mehr erwarten. Die Grundstimmung des Stücks erscheint nicht als resignativ, aber als illusionslos. Gearbeitet wird für die Verwirklichung der sozialistischen Idee, ein in der Ferne

Heiner Müller vor dem Denkmal von Bertolt Brecht in Berlin

liegendes Ziel, das selbst noch zu erreichen die Beteiligten wenig Hoffnung haben. Insofern fühlen sie sich nicht weniger ausgebeutet als je unter einem kapitalistischen System. Die bürgerlichen Gesellschaftsstrukturen sind noch nicht beseitigt, sondern lediglich in ihrer Ausprägung verändert worden.

Nach seinen bedrückenden Erfahrungen wandte sich Müller Mitte der Sechziger-, Anfang der Siebzigerjahre antiken Stoffen zu, die ihm jedoch als Parabeln für die Gegenwart und nicht, wie bei Hacks, klassizistischen Zielen dienten. In dem »Satyrspiel« *Herakles 5* (1966, U. Berlin, 1974, der Titel spielt auf die fünfte Tat des Herakles an) soll der proletarische Held die Thebaner von dem die Pest bringenden Rindermist befreien. Wie in den vorangegangenen Produktionsstücken, wird hier die entfremdete, unmenschliche Arbeit dargestellt, die geleistet werden muss, um eine menschlichere Gesellschaft aufzubauen. Herakles, der darüber fast seine Identität verliert, gelingt die Reinigung des Augiasstalls durch die Nutzung technischer Hilfsmittel, an die Stelle von Kraft tritt Erfindungsgeist und Vernunft. Auf *Ödipus Tyrann* (e. 1964, U. Bochum, 1967, Bearbeitung nach Sophokles und Hölderlin) folgte *Philoktet* (1966, U. München, 1968), wiederum nach der Vorlage des Sophokles, aber ein weitgehend selbstständiges Werk, mit dem Müllers Erfolg in der Bundesrepublik begann, wo es zunächst als Antikriegsstück verstanden wurde. Seine vielschichtige Problematik erinnert an Müllers autobiografisches Prosastück *Der Vater* (1958): Ein junger Mensch, zwischen Opfer und Täter stehend, Macht wie Ohnmacht gleichermaßen verachtend, wird schuldig, gerade weil er nicht Partei ergreifen und sich dem Konflikt entziehen will. Weitere antike Stoffe behandelte Müller mit *Prometheus* (1969, nach Aischylos) und *Der Horatier* (e. 1968, U. Berlin/Ost, 1973).

Daneben entstanden das Stück *Drachenoper* (1968), das als Libretto für eine Oper *Lanzelot* (U. Berlin/Ost, 1969) von Paul Dessau diente, die Bearbeitungen *Macbeth* (U. Brandenburg, 1972) und *Zement* (U. Berlin/Ost, 1973) nach Shakespeare und Fjodor Gladkow, *Die Schlacht* (e. 1951–74, U. Berlin/Ost, 1975), Darstellung menschlicher Beziehungen zwischen 1933 und 1945, eine Art »Gegenentwurf« (G. Schulz) zu Brechts *Furcht und Elend des Dritten Reiches* und zugleich mit dem Nachkriegsstück *Traktor* (e. 1955–61) uraufgeführt. *Germania Tod in Berlin* (e. 1971, U. München, 1978) verknüpft in phantastischen, z. T. überaus grotesken Szenen Stationen aus der Entwicklung der DDR mit solchen aus deutscher Mythologie und Geschichte, die Szenenfolge (mit kumulativem Titel) *Leben Gundlings Friedrich von Preußen Lessings Schlaf Traum Schrei* (1977, U. Frankfurt/M., 1979) führt ebenfalls in die alptraumartig erlebte Vergangenheit. Die Enttäuschung über die gesellschaftliche Entwicklung, die dem Sozialismus auf deutschem Boden nur im Schutz fremder Panzer ein Überleben ermöglicht und zuletzt in Agonie mündet, prägte Müllers Stücke der Siebziger- und frühen Achtzigerjahre. Beginnend mit *Mauser* (e. 1970, U. Austin/Texas, 1975), der »Variation auf ein Thema aus Scholochows Roman *Der stille Don*«, einem Stück über revolutionäre Gewalt, das in der DDR nicht veröffentlicht wurde (Abdruck 1976 in der Westberliner Zeitschrift *alternative*), setzte sich diese Tendenz in den folgenden Theaterstücken fort, die Unterdrückung und Aufbegehren, Gewalt und Gegengewalt als aussichtslosen Kreislauf darstellen, nicht zuletzt die

verzweifelte Weigerung der Figur, ihre Rolle zu spielen (*Hamletmaschine*, U. Saint-Denis, 1979; dt. Erstaufführung Essen, 1979). *Verkommenes Ufer Medeamaterial Landschaft mit Argonauten* (U. Bochum, 1983) schließlich zeichnet das Bild der Geschichte, in der die Revolution ausbleibt. Müller, der bis zur *Bildbeschreibung* (U. Graz, 1985) in zunehmendem Maße auf die traditionellen dramatischen Ausdrucksmittel verzichtet hatte, griff für die Szenenfolge *Wolokolamsker Chaussee I–II* (U. Berlin/Ost, 1985), wohl unter dem Einfluss der neuen politischen Impulse aus der Sowjetunion, wieder auf diese zurück, thematisch reiht sich dieses Bühnenwerk jedoch ein in die Folge seiner anderen Stücke, die »wie Steine zwischen den Fronten« (H. Laube) liegen.

In den letzten Jahren vor dem Zusammenbruch der DDR hatte Müller im Urteil von Theaterkritikern und Germanisten Hacks erkennbar den Rang abgelaufen, sie sahen nun in ihm den bedeutendsten Dramatiker seit Brecht. Dies scheint umso bemerkenswerter, als es sich um ein nur schwer überblickbares Werk handelt (Müller betonte den Entwurfscharakter seiner Arbeiten, wie Brecht verfasste er »Versuche«, die fortgesetzten Änderungen unterlagen, die Fristen zwischen den Entstehungs- und Aufführungsdaten waren lang). Uraufführungen erfolgten mehrheitlich im westlichen Ausland, aber bis zuletzt auch in der DDR. Georg Hensel würdigte den ungewöhnlich kompromisslosen Autor 1992 in ambivalenter Weise:

Solange Heiner Müller Lehrstücke schrieb, war er seinem Range nach mindestens ein Oberlehrer. [...] Je weiter sich Heiner Müller von der Eindeutigkeit seiner Lehrstücke der Sechzigerjahre entfernt hat, desto mehr Missverständnisse fordert er heraus. Ob seine surrealistische Hamletmaschine *[...], eine Montage aus vieldeutigen Vexierbildern etwas lehren will, bleibt unerkennbar. Die* Hamletmaschine *vermittelt mehr Gefühle als Gedanken, und es sind Gefühle einer nicht nur linken Resignation: Lebenshass und eine universale Daseinsverzweiflung. (Spielplan)* (→ S. 812, 816, 818)

Volker Braun (1939)

Geboren in Dresden, wurde Braun, da er nach dem Abitur keinen Studienplatz erhielt, zunächst Druckerei-, dann Tiefbauarbeiter und absolvierte 1959/60 eine Ausbildung als Maschinist für Tagebaugroßgeräte, 1960–64 Studium der Philosophie in Leipzig. Nach Erwerb seines Diploms nahm er seinen Wohnsitz 1965 in Berlin und war dort 1965/66 sowie ab 1977 als Dramaturg beim Berliner Ensemble, dazwischen am Deutschen Theater tätig. Vielfach ausgezeichnet, wurde er 1988 auch Nationalpreisträger, 2000 erhielt er den Büchner-Preis.

Volker Braun

hältnis von Individuum und sozialer Gruppe. Er zeigte den ›anarchischen Einzelgänger‹, der scheitert, aber das Kollektiv stimuliert. In dem Drama *Die Kipper* (U. Leipzig, 1972) wird die monotone Arbeit in der Produktion thematisiert, Braun schrieb an dem Stück seit 1962 (erste unveröffentlichte Fassung: *Der totale Mensch*) und arbeitete es mehrfach um. Eine *Kipper Paul Bauch* betitelte, bereits »gezähmte« Fassung, die das Berliner Ensemble 1966 herausbringen wollte, blieb unaufgeführt, nachdem der Text in der Studentenzeitung *Forum* abgedruckt worden war. Der verantwortliche Redakteur wurde abgelöst, die Proben abgebrochen. Erst nach dem Machtantritt Honeckers kam das Stück, das Ende der Fünfzigerjahre spielt, auf die Bühne.

Kipper sind ungelernte Arbeiter, die den beim Braunkohlentagebau anfallenden Abraum auf die Halden transportieren. Der Kipper Paul Bauch will Leben, Lust und Arbeit zusammenzwingen, er macht es sich zum Sport, die Normen zu übertreffen. Als er dadurch einen schweren Unfall verursacht, wird die Parteisekretärin Reppin, die nicht rechtzeitig eingeschritten ist, strafversetzt, er selbst mit Gefängnis bestraft. Bei der Rückkehr findet er die Kollegen seiner Brigade verändert, sie haben es gelernt, rationell zu arbeiten und eine schrittweise Verbesserung der Produktionsbedingungen anzustreben. Der Preis, den sie dafür zu entrichten haben, ist die Eingliederung in einen mechanischen Prozess, der ihnen keine Entfaltung ihrer Fähigkeiten erlaubt. Bauch verlässt den Arbeitsplatz, wo er als der, der er sein will, nicht mehr benötigt wird.

Dramenfragmente Brauns sind bereits aus der ersten Hälfte der Sechzigerjahre überliefert, aber größere Aufmerksamkeit als Stückeschreiber fand er erst im folgenden Jahrzehnt, nachdem er zuvor vor allem Lyrik veröffentlicht hatte. Manches gab es zudem zunächst nur zu lesen, in Bezug auf die Zeiträume zwischen Entstehung, Erstpublikation und Uraufführung behauptet Braun unter den DDR-Autoren einen traurigen Rekord. Am längsten blieb *Lenins Tod* (Sch., e. 1970, U. Berlin/Ost, 1988) liegen.

Fast unmittelbar nach Abschluss seines Studiums war Braun auf Einladung Helene Weigels beim Berliner Ensemble tätig geworden. Seine Aufmerksamkeit für Brecht war rückblickender Art, die Darstellung des Klassenkampfes auf dem Theater war für ihn mit Brecht abgeschlossen. Seinen eigenen Platz suchte er zwischen dem »glänzenden Hacks« und dem »großartigen Müller«, und tatsächlich zeigte er sich fähig, beiden in ihrer Eigenart gerecht zu werden. Er verfügte wie Hacks über ein großes Sprach- und Formtalent, aber er teilte auch Müllers tiefen Ernst in der Erfassung gesellschaftlicher Probleme. Nur in ihre Extreme wollte er ihnen nicht folgen, nicht in Hacks' kalten Ästhetizismus, nicht in Müllers graue Herbheit und Hoffnungslosigkeit. Sein bevorzugtes Thema war das Ver-

Brauns zweites Stück, ursprünglich *Hans Faust* (U. Leipzig, 1968) betitelt, wurde nach der Uraufführung abgesetzt und nicht publiziert. Eine zweite Fassung u. d. T. *Hinze und Kunze* erschien 1973, eine dritte 1981. Wiederum ging es um Probleme der Produktion.

Auch die Titelheldin in *Tinka* (U. Karl-Marx-Stadt, 1976) scheitert, da sie kompromisslos sofortige Veränderungen fordert. »Wir sind mehr die Erben von Newton als die von Marx«, lautet ihre ungeduldige Kritik. *Guevara oder der Sonnenstaat* (Sch., U. Mannheim, 1977, Erstaufführung in der DDR erst 1984) kreist ebenfalls um das Schicksal des starken Einzelnen, der sich verbraucht, dessen Kampf aber nicht ohne Wirkung bleibt. Das anarchische Potential in Brauns Stücken war nicht die Sache der DDR-Kulturbehörden. Immerhin gelangte das nach Asien verlegte Geschichtsdrama *Großer Frieden* 1979 in Berlin (Ost) zur Uraufführung.

Braun, der sich zunächst an Brecht, den er selber nicht mehr kennen gelernt hatte, orientierte, wurde zeitweise, wie auch Heiner Müller und STEFAN SCHÜTZ (1944), von Antonin Artauds »Theater der Grausamkeit« beeinflusst: *Tinka* wird brutal erschlagen, die Heldin in *Schmitten* (U. Frankfurt/M., 1981) rächt sich an ihrem Liebhaber, indem sie ihn gemeinsam mit einer Freundin entmannt. Erst mit *Siegfried Frauenprotokolle Deutscher Furor* (U. Weimar, 1986) grenzte Braun sich wieder vom »Theater der Grausamkeit« ab. An seinem Anspruch, im Hier und Heute das Lebenswerte zu finden, frei nach seinem Motto »das kann nicht alles sein«, hielt er in allen Wandlungen des gelenkten Kulturbetriebs fest.

»Die toten Fische schwimmen mit dem Strom«, heißt es in Brauns erster, bereits 1982 entstandener Komödie *Die Übergangsgesellschaft* (U. Bremen, 1987, Erstaufführung in der DDR 1988):

In ebenso geistreicher wie enthüllender Weise legt Braun dem Personal seiner Komödie Figuren aus Tschechows *Drei Schwestern* zugrunde. So macht er fast ohne Worte deutlich, wie wenig sich seit den Tagen des vorrevolutionären Dichters verändert hat – nur die Utopie, an die Tschechows Werschenin noch glaubte, hat ihre Kraft verloren. Der Schriftsteller Paul Anton erinnert daher nicht nur an Werschenin, sondern zusätzlich an Trigorin aus *Die Möwe* – und bedient sich Formulierungen Heiner Müllers.

(→ S. 657, 691, 697, 712, 816, 818, 825)

Fragen der jüngeren Vergangenheit. Dokumentartheater

Die DDR hatte sich dem antifaschistischen Kampf verschrieben, mithin blieb die Auseinandersetzung mit der jüngeren politischen Vergangenheit Deutschlands, aber auch das antiimperialistische Zeitstück ein Dauerthema, das für die Autoren überdies unproblematischer war als das Gegenwartsdrama über den Aufbau des Sozialismus, denn die Grundlinien der Interpretation für diese eindeutig propagandistischen Zwecken dienenden Stücke lagen die längste Zeit fest. Ursprünglich bestehende Lücken im Spielplan schlossen ältere Werke der Exilautoren, von denen einige auch neue Stücke schrieben. So verfasste die aus der Sowjetunion zurückgekehrte gebürtige Österreicherin HEDDA ZINNER die Dramen *Der Teufelskreis* (U. 1953) über den Reichstagsbrandprozess, *General Landt* (U. 1957) über die Mitschuld der deutschen Generalität am Zweiten Weltkrieg, *Ravensbrücker Ballade* (U. 1961) über Solidarität und Widerstandskampf von Frauen im KZ. KARL EGON EGEL (1919) handelte über die Gefahren der Atombombe (*Hiroshima*, 1950), RUDOLF LEONHARD (1889–1953) über den Krieg in Korea (*Der*

38. Breitengrad, 1950), PAUL HERBERT FREYER über den Kolonialkrieg der Franzosen in Vietnam (*Auf verlorenem Posten,* 1951) und den nationalen Befreiungskampf in Afrika (ebenfalls 1951), HARALD HAUSER (1912–1994) über Auseinandersetzungen zwischen Demokraten und Neofaschisten in Berlin (West) (*Prozeß Wedding,* 1953) und ebenfalls über die Atomkriegsgefahr (*Weißes Blut,* 1959). Alle diese Stücke und viele andere sind vergessen und von lediglich zeittypischem Interesse.

Von deutschen Autoren des Auslands erlangte vor allem Peter Weiss Heimatrecht auf den Bühnen der DDR, aus der Bundesrepublik war es vor allem Rolf Hochhuth, der mit *Der Stellvertreter* erfolgreich war. ROLF SCHNEIDER führte die Auseinandersetzung mit der Vergangenheit in *Prozeß in Nürnberg* (U. Berlin, 1967) auf der Grundlage von Originaldokumenten, wobei er im Hinblick auf die Stücke von Hochhuth, Kipphardt und Weiss die Situation des Nachzüglers nicht scheute. (Unter den Autoren, die die DDR verlassen hatten, bildet Kipphardt insofern eine Ausnahme, als er mit seinen szenischen Dokumentationen dort weiterhin ungeteilte Anerkennung fand und auch gespielt wurde.)

Problemstücke der jüngeren Generation

Der in der Bundesrepublik bekannteste Stückeschreiber aus der DDR wurde ein Autor, der von Haus aus für den Film, nicht für die Bühne schrieb – ULRICH PLENZDORF (1934).

Der als Sohn eines Arbeiters in Berlin-Kreuzberg geborene Autor, dessen Eltern beide im kommunistischen Widerstand aktiv waren und inhaftiert wurden, studierte nach dem Abitur Marxismus-Leninismus in Leipzig; war 1955 bis 1958 Bühnenarbeiter, 1958–59 Soldat der Nationalen Volksarmee, studierte 1959–63 an der Filmhochschule Babelsberg. Bis 1989 Szenarist und Filmdramaturg der DEFA.

Plenzdorf, der mit Filmdrehbüchern begonnen hatte, war in der DDR fast, in der Bundesrepublik ganz unbekannt, als er mit dem Stück *Die neuen Leiden des jungen W.* (Prosafassung zuerst in *Sinn und Form*; die im gleichen Jahr entstandene Theaterfassung zuerst 1974 in *Spectaculum*) starken Widerhall, vor allem bei jungen Zuschauern, fand. Die Uraufführung 1972 in Halle führte nach dem VIII. Parteitag der SED zu einer Literaturdiskussion und erwies sich als Gradmesser der vorsichtig liberaleren Kulturpolitik unter Honecker. In der Bundesrepublik wurden *Die neuen Leiden* in der Spielzeit 1974/75 zum meistgespielten Stück.

W. – Edgar Wibeau –, 17 Jahre alt, ein Außenseiter, von zu Hause weggelaufen, von der Kunsthochschule abgelehnt, vorübergehend als Anstreicher in einer Maurerbrigade tätig, ist verliebt in die Kindergärtnerin Charly, die verlobt ist und heiratet, für ihn also unerreichbar bleibt. In der Laube, in der er haust, arbeitet er eigensinnig an der Erfindung eines Farbspritzgeräts. Schließlich kommt er beim Basteln durch Strom ums Leben.

Dieser Tod wird vom Autor vorweggenommen, und Wibeau selbst ist es, der in Rückblenden darüber berichtet, was der Handlung parodistische Züge verleiht. Das gilt gleichermaßen für den Bezug auf Goethes *Werther*, dessen Text Wibeau auf dem »Plumpsklo« kennen lernt. In seine an einen Freund adressierte Schilderung dieser unvermuteten literarischen Begegnung schaltet Plenzdorf den Jargon der Jugendlichen ein – was, neben der Problematik, in die sich Wibeau hineingestellt sieht, zur Identifikation einlädt. Plenzdorf hatte den Stoff zunächst als Drehbuch ausgeführt (1969); der Film konnte jedoch in der Ära Ulbrichts nicht produziert werden.

Die Kritik in der DDR rügte – soweit sie sich nicht auf harsche Anwürfe beschränkte – die blasse Zeichnung der Nebengestalten, die Wibeau ein außerordentliches Übergewicht gab und ihn als Opfer seiner Umwelt erscheinen ließ. Plenzdorf habe die Symptome der Geschehnisse überzeugender gestaltet als ihre Ursachen und die aus Goethes *Werther* übernommene Problematik stellenweise in einen missverständlichen Kontext gesetzt. Die dramatisch originelle Form und der inhärente Hinweis auf die Probleme junger Menschen beim Hineinwachsen in die sozialistische Gesellschaft wurden bemüht anerkannt. Letztlich hatte Plenzdorf es seinen Kritikern leicht gemacht, das Hauptproblem geschickt umschifft. Wibeau kann gewissermaßen als irregeleiteter Erfinder erscheinen, der für die Zukunft noch hoffen lässt. Plenzdorf hat diese Erörterung als Dramatiker nicht weitergeführt. 1976 folgte die Uraufführung von *Buridans Esel. 46 Szenen nach Günter de Bruyns Roman gleichen Namens*, eine Ehegeschichte, 1987 *Freiheitsberaubung*, wiederum nach de Bruyn. Mit der Bühnenfassung seines Romans *Die Legende von Paul und Paula* erhielt er »Hauptstadtverbot«.

Was ist das für ein Land, wo ich ein Stück schreibe nach einem eigenen Roman [...], das angenommen und probiert, aber kurz vor der Premiere in Berlin einfach abserviert wird. Verboten, auf Deutsch gesagt. Dann brauche ich vier Jahre, um das Stück weit, weit, in der Provinz, in einer Stadt, die kein Mensch kennt, in Schwedt, auf die Bühne zu bringen. Schwedt, das ist unsere Erdölstadt. Dann wurden zwei Vor-

Die neuen Leiden des jungen W., Regie: Klaus Emmerich, Münchner Kammerspiele 1973

stellungen in Leipzig genehmigt. Die halbe Stadt stand Kopf, die stürmten das Theater. So, und schließlich wurde das Stück auch langsam in Süden der Republik gezeigt. Ich habe das genau verfolgt: Von Inszenierung zu Inszenierung wird dem Stück ein politischer Zahn nach dem anderen rausgebrochen, und jetzt nach vier Jahren läuft das Stück offiziell in Leipzig, aber es läuft ein Stück, das ich nicht mehr erkenne. Ich müsste es eigentlich verbieten. (Interview 1987 in der *Wiener Wochenpresse*).

(→ S. 711)

Andere traten für ihn ein. JÜRGEN GROSS (1946) schrieb *Match* (U. Berlin/Ost, 1978), ein Stück über Randale und einen Mord bei einem Fußballspiel, die fünf vor der Volkspolizei flüchtige junge Leute über Nacht in einer Baubude zusammenführen. Einer von ihnen wird sich als der Mörder erweisen, aber er hat kein Motiv. Ins Auge fällt die Bindungslosigkeit einer Jugend, die wenig Halt in sozialistischen Idealen findet. Die erweisen sich auch in Groß' weiteren Stücken als brüchig, an ihrer Stelle werden Besitzgier sichtbar (*Geburtstagsgäste*, U. Berlin/Ost, 1980) oder skeptische Zweifel an der Zukunft der Welt und des Menschen insgesamt (*Denkmal*, U. Berlin/Ost, 1983). Auch ALBERT WENDT (1948, *Die Kellerfalle*, 1981), HEINZ DREWNIOK (1949, *Die Jungs*, 1981) und GEORG SEIDEL (1945–1990, *Jochen Schanotta*, 1985) sind in solchem Zusammenhang zu nennen.

Christoph Hein (1944)

Geboren in Heinzendorf/Schlesien, verlebte er die Kindheit in Düben bei Leipzig, besuchte, da ihm als Pfarrerssohn in der DDR der Weg zum Abitur verwehrt war, ein Gymnasium in Berlin (West) und kam in dem Schülerwohnheim, in dem er lebte, auch mit späteren Mitgliedern des Sozialistischen Deutschen Studentenbundes zusammen. Nach seiner Rückkehr in die DDR arbeitete er in verschiedenen Berufen, studierte von 1967–71 Logik und Philosophie in Leipzig und an der Humboldt-Universität, versuchte sich nach dem Studium als Dramaturg, ab 1974 als Autor bei der Volksbühne Berlin. Seit 1979 freiberuflicher Schriftsteller.

Hein entwickelte sich neben dem einige Jahre älteren Volker Braun zum wichtigsten Dramatiker der »mittleren Generation« in der DDR. Wie in seiner Prosa variierte er in seinen Theaterstücken zunächst nur wenige Themen. Zu diesen gehörte von Anfang an die Frage nach der gesellschaftlichen Rolle der Intellektuellen. Im September 1974 brachte die Ostberliner Volksbühne das Stück *Vom hungrigen Hennecke* und die Komödie *Schlötel oder Was solls*, Letztere in Szene gesetzt von den auch um das Werk Heiner Müllers verdienten Regisseuren Manfred Karge und Matthias Langhoff.

Ein junger Intellektueller aus der bundesdeutschen Studentenbewegung geht zum Zwecke der Selbstprüfung in die DDR, wo es ihm jedoch nicht gelingt, sich zu integrieren. Er scheitert, weil die Bürger der DDR sich nicht von einem Außenstehenden über ihre Interessen aufklären lassen wollen.

Für die Druckfassung 1981 änderte Hein den Stoff entscheidend. Schlötel ist nun ein Absolvent der Leipziger Universität, der sich in die Produktion versetzt sieht und dessen Belehrungen – er nimmt Marx beim Wort – bei seinen Brigadekollegen auf Unverständnis stoßen. An ihrem, ihm borniert erscheinenden Realismus geht Schlötel zugrunde.
Hein hat Schlötels Selbstmord als Schluss einer Komödie ins Werk gesetzt. In den folgenden Theaterstücken ging er der Frage nach, wo die Brüche in einer revolutionären Bewegung beginnen. Das Interesse für Geschichte diente ihm bei der Suche nach Stoffen von aktueller Bedeutung. *Cromwell* (U. Cottbus, 1980) ist die Geschichte eines Mannes, der vom Revolutionär zum fast monarchistischen Herrscher wird und vorgreifendes Denken brutal unterdrückt. Er bleibt ebenso erfolglos wie der Protagonist in *Lassalle* (U. 1980 in Düsseldorf, gedruckt u.d.T. *Lassalle fragt Herrn Herbert nach Sonja*, erst 1987 in Leipzig nachgespielt), einem Salonstück, das neben dem öffentlichen den privaten

Lassalle zeigt. Sein Tod im Duell erscheint jedoch als ein durch das politische Scheitern verursachter, kaum kaschierter Suizid. Das einer chinesischen Novelle nachgebildete, tief skeptische Stück *Die wahre Geschichte des Ah Q* (U. Berlin/Ost, 1983) wurde sein erster großer Erfolg.

Das Stück beschreibt Ah Qs untätige Erwartung der Revolution, seine unter demütigenden Lebensumständen entwickelten anarchistischen Ressentiments, seine jäh aufflammende Erwerbsgier, als die vermeintliche Umwälzung der öffentlichen Verhältnisse sich ereignet, seinen ungesühnten bleibenden Mord an einer jungen Nonne, schließlich seine Hinrichtung wegen einer Tat, die er nicht begangen hat. Was sich als Revolution ausgibt, ist eine Farce, nur die Bezeichnungen werden ausgewechselt (aus dem gnädigen Herrn wird der revolutionäre Herr, aus dem Kloster zur Unbefleckten Empfängnis, das revolutionäre Kloster zur Unbefleckten Empfängnis usw.). Die wahre Revolution bleibt ein Traum, auch Wang, der Gefährte von Ah Q, ein mit seinen Büchern beschäftigter alter Mann, vermag zu seiner Verwirklichung nichts beizutragen.

Das »Kammerspiel in drei Akten« *Passage* (U. Essen, 1987) versammelt in einem Dorfrestaurant an der spanisch-französischen Grenze Flüchtlinge auf dem Weg ins amerikanische Exil und ihre einheimischen Beschützer, es stellt neben wiederum eher hilflosen Intellektuellen (eine der Figuren ist Walter Benjamin nachgebildet) auch selbstlose Charaktere vor und solche, die sich erst in der Stunde der Not bewähren. *Die Ritter der Tafelrunde* (K., »Voraufführung« Dresden, 1989) hingegen erfahren die Entwertung alter Werte. Hein war ein in diesem Ausmaß nicht zu erwartendes Zeitstück gelungen, die Artusrunde wurde als Abbild des greisen Zentralkomitee verstanden.

Niemand, auch keiner der Ritter, will vom Gral noch etwas wissen: »Wir haben unser Leben für eine Zukunft geopfert, die keiner haben will«, stellt Keie resigniert fest, Lancelot ist stumm geworden ob des Spottes, auf den er stößt, Parzival gibt eine Zeitschrift heraus, lediglich Artus gelingt es, in dieser Situation standzuhalten, er sieht im Scheitern den Beginn von etwas Neuem. (→ S. 646, 715, 817, 824)

Exkurs: Hörspiel

Wie in den anderen deutschsprachigen Ländern war das Hörspiel auch in der DDR eine von vielen Autoren favorisierte Form. Allerdings war das Interesse an ihr doch sehr ungleich, während in der Bibliographie mancher Autoren Hörspiele völlig fehlen, haben andere mehr als ein Dutzend von ihnen geschrieben, wobei oftmals bereits die Titel erkennen lassen, dass es sich um die erneute (oder erstmalige) Fassung eines auch erzählerisch oder dramatisch

Die Ritter der Tafelrunde, Regie Klaus Dieter Krist, Staatsschauspiel Dresden 1989
u. a. Lancelot (Peter Herden), Orilus (Jochen Kretschmer), Ginevra (Regina Jeske), König Artus (Rudolf Donath),
Keie (Joachim Zschokke), Jeschute (Helga Werner), Mordret (Thomas Stecher), Parzival (Hanns Jörn Weber)

bearbeiteten Stoffes handelt. Die Mehrfachverwertung populärer Werke, besonders wenn sie von der Partei favorisiert oder zumindest toleriert wurden, war verbreitet, beispielsweise entstand von BRUNO APITZ' 1958 erschienenem Roman *Nackt unter Wölfen* 1960 je eine Hörspiel- und Fernsehspielfassung, 1963 ein Film.

ROLF SCHNEIDER debütierte mit Hörspielen, die ihn schon bald auch außerhalb der DDR bekannt machten. Er verfügte über eine breite Palette ernster und heiterer Vorlagen. Da war *Das Gefängnis von Pont-l'Évêque* (1956), das seinen Direktor gut ernährt, denn die Häftlinge gehen für ihn auf Diebstahlsreisen, und *Der König und sein Dieb* (1958), ein Stück über – wie schon von Egon Erwin Kisch behandelt – Friedrich II., den Meisterdieb Käsebier und das belagerte Prag. Der Stoff zu *Widerstand* (1957) war der jüngeren Vergangenheit entnommen, in *Verliebt in Mozart* (1960) und *Jupiter-Sinfonie* (1962) ließ Schneider seinen Kunstsinn spielen, in *Ankunft in Weilstedt* (1964) beschrieb er beziehungsreich den Alltag in der DDR. Für das im Auftrag des Bayerischen Rundfunks entstandene Hörspiel *Zwielicht* (1966), die Geschichte eines Krakauer Juden, erhielt er 1966 den Hörspielpreis der Kriegsblinden. Was Schneider anpackte, war, wie Marcel-Reich-Ranicki alsbald urteilte, »alles aus zweiter Hand«, aber unstreitig war es mit leichter Hand geschaffen.

Aussagekräftig für im Vordergrund stehende gesellschaftliche Probleme waren Hörspiele GÜNTHER RÜCKERS (1924) wie *Die letzte Schicht* (1952), *Pierrot und Kolumbine* (1955),

sein Monologstück *Der Platz am Fenster* (1962), BERNHARD SEEGERS (1927) *Unterm Wind der Jahre* (1961–66), eine Trilogie, die den Übergang zu genossenschaftlicher Arbeit behandelt, und HELMUT SAKOWSKIS (1924) *Eine Frau kommt ins Dorf* (1959) und *Verlorenes Land* (1960). Vergleichsweise wenig beachtet blieben der vor allem für den Sender Leipzig tätige ALFRED MATUSCHE (*Die gleiche Strecke*, 1960; *Unrast*, 1961) und HELGA SCHÜTZ (*Es ist wunderbar, daß niemand an Böhmen denkt*, 1983), während STEPHAN HERMLIN mit der historischen Montage über Hölderlin *Scardanelli* (1970) ebenso wie später CHRISTA WOLF mit *Kein Ort, Nirgends* (1982) auch in Westdeutschland Erfolg hatten. Zuweilen arbeiteten die Autoren den Hörspielstudios auch als Übersetzer zu, so REINER KUNZE mit *Neugier* (1964) und *Der Abend aller Tage* (1967) nach Ludvik Kundera. Analog zur Pflege des Kinder- und Jugendtheaters wurde das Kinder- und Jugendhörspiel staatlicherseits gepflegt und in besonderen Festwochen vorgestellt (SARAH KIRSCH, *Die betrunkene Sonne*, 1963; zusammen mit RAINER KIRSCH, *Der Stärkste*, 1965).

Exkurs: Fernsehspiel, Literaturverfilmung

Wie allerorten erwuchs mit der Einführung des Fernsehens (Januar 1956) Theater und Hörfunk besonders in der Provinz ein starker Konkurrent, zumal sich das neue Medium schnell verbreitete (zehn Jahre später besaßen 54 von hundert Familien einen Fernsehapparat): Dass das vorhandene dichte Netz von Theatern nicht rasch ausgedünnt wurde (wie es in den Neunzigerjahren geschah), erklärt sich mit den anhaltenden staatlichen Subventionen, die die Eintrittspreise niedrig hielten. Die Anzahl neuer Hörspiele ging zurück, ältere wurden umgearbeitet, so Seegers *Unterm Wind der Jahre* zur Fernsehspiel-Trilogie *Die Erben des Manifests* (1967). Die Fernsehdramatik wurde von den Kulturfunktionären der DDR als Instrument von überragender Bedeutung für die politisch-kulturelle Erziehung gezielt gefördert. Dabei gaben der Kalte Krieg, besonders die Spannungen im Verhältnis zur Bundesrepublik, der Beschäftigung mit Gegenwartsproblemen zunächst einen ausgesprochen polemischen Charakter. Anfang der Sechzigerjahre bildete die Auseinandersetzung mit dem »Adenauer-Staat« das propagandistisch wichtigste Thema. Die Bundesrepublik wurde als klassenfeindlich, militaristisch und revanchistisch gezeigt, das entstandene negative Bild sollte der Republikflucht entgegenwirken, später den Mauerbau rechtfertigen helfen. So erzählt *Karin* (1962) des sehr erfolgreichen Kinderbuchautors BENNO PLUDRA (1925) die Geschichte eines Mädchens, das mit den Eltern in die Bundesrepublik flieht, dann aber enttäuscht allein zurückkehrt. HANS OLIVA (d. i. Hagen, 1922) verfasste zusammen mit RUDOLF PETERHAGEN nach dessen Autobiografie den fünfteiligen Fernsehfilm *Gewissen im Aufruhr* (1961). Entwicklungsprobleme der sozialistischen Gesellschaft bildeten einen weiteren zentralen Themenbereich.

Die Eigenständigkeit des neuen Mediums, das in nicht eindeutig zu bestimmender Weise zwischen Theater und Film zu suchen war, blieb zunächst umstritten, künstlerisch befriedigten diese frühen Produktionen, wie auch die spätere DDR-Literaturgeschichtsschreibung einräumte, nur sehr bedingt, kritische Notate wie »Neigung zu agitatorischer Beredsamkeit«, »teilweise zu didaktisch vordergründig angelegt« lassen die ideologische Ausrichtung erkennen. Den Durchschnitt überragten bereits damals die Arbeiten von GERHARD BENGSCH (1928, *Nachtdienst*, 1960; *Hoffnung auf Kredit*, 1961; *Manko*, 1962), der sich zu einem der renommiertesten Drehbuchautoren der DDR entwickeln sollte. In der zweiten Hälfte des Jahrzehnts entstanden vermehrt auf den szenischen Dialog hin orientierte Fernsehspiele von Spielfilmlänge und mehrteilige Fernsehromane, ohne dass diese Formen sich streng voneinander abgrenzen ließen. Mit ihren Arbeiten bekannt wurden KARL GEORG EGEL (*Ich Axel Cäsar Springer*, 1968/70), der 1948 als Journalist aus dem Westen in die DDR übersiedelt war, HELMUT SAKOWSKI, *Wege übers Land*, (5 Tle., 1968), Darstellung des Lebenswegs einer Landarbeitertochter zur LPG-Vorsitzenden, der ebenfalls als Hörspielautor tätige BERNHARD SEEGER mit Stücken über die Umgestaltung der ländlichen Produktionsverhältnisse (*Hannes Trostberg*, 1966, 3 Tle.) und BENITO WOGATZKI (1932), der über wissenschaftlich-technische Probleme der industriellen Produktion und ihre Meisterung durch den sozialistischen Menschen schrieb (dreiteiliger Spielzyklus *Meine besten Freunde*, 1965–67; *Die Zeichen der Ersten*, 1969). GERHARD BENGSCH schuf 1967 die Fernsehadaption des in der Bundesrepublik erschienenen Romans Max von der Grüns *Irrlicht und Feuer*. Sein Fünfteiler *Krupp und Krause* (1969/70)

stellte die Lebensschicksale des bekannten Industriellen und eines seiner Arbeiter einander gegenüber. Was der Roman aus der persönlichen Sicht des Autors darstellte, wurde hier aus klassenkämpferischem Geist gewissermaßen lehrbuchgerecht ausgeführt. Zuweilen behandelten couragierte Autoren auch unerwünschte Probleme, wie GÜNTER KUNERT als Textdichter der – in der ČSSR ausgezeichneten – Fernsehoper über einen Republikflüchtigen (*Fetzers Flucht*, 1959), eine »bedenkliche Fehlleistung«, wie die DDR-Kritik attestierte.

Die politische Indoktrination via Bildschirm fiel jedoch schwer, denn die 1961 erfolgte Abschließung des Landes mit Hilfe von Mauern und Stacheldraht versagte im Äther. Das Publikum wehrte sich gegen die vorherrschende Schwarz-Weiß-Malerei auf seine Weise, es richtete die Antennen nach Westen aus: Abgesehen von einem relativ kleinen Gebiet im Südosten der DDR (dem »Tal der Ahnungslosen«, wie es scherzhaft genannt wurde) konnten Sender der Bundesrepublik überall empfangen werden.

Die Filmemacher sahen sich 1971 durch Erich Honecker aufgefordert, »eine bestimmte Langeweile« des Programms zu überwinden. In den folgenden Jahren traten neben der unverändert virulenten antifaschistischen Thematik, Problemen des beruflichen Erfolgs und der Produktion auch Partnerschaftsfragen in den Vordergrund. GÜNTHER RÜCKER behandelte in *Der Fall Gleiwitz* (1961) die Rechtfertigungslüge um den deutschen Angriff auf Polen 1939, in *Die besten Jahre* (1965) die Tätigkeit eines jungen Lehrers, in *Der Dritte* (1972, zusammen mit EGON GÜNTHER) Berufsweg und Partnerwahl einer Frau im sozialistischen Deutschland der Nachkriegsjahrzehnte. BENITO WOGATZKI stellte in *Broddi* (1975) das Nebeneinander einer Liebesgeschichte und der Entwicklung eines Betriebs dar, wobei die private Problematik des Protagonisten allmählich an Bedeutung verliert. Die Diskussion um Wogatzkis Fernsehspiel *Tull* (1978) führte zu der (allerdings nicht eben ungewöhnlichen) Einsicht: »Für uns ist etwas anderes repräsentativer geworden – die Entdeckung des Menschen auf eine Art und Weise, wie sie sich der Publizistik entzieht: eine die Individualität und ihre sozialen wie menschlichen Beziehungen akzentuierende Gestaltung.« (L. Bellag)

Der formgewandte PETER HACKS war schon früh auch mit Fernsehspielen hervorgetreten *Die unadlige Gräfin* (1958) ist eine Zofe, die zu Beginn der Französischen Revolution in der Rolle ihrer Herrin auf die Adelsvorrechte verzichtet. Daraufhin greift die echte Gräfin abwehrend ein und – die Revolution nimmt neuen Aufschwung. *Falsche Bärte und Nasen* (1961) ist eine satirische Komödie wider »Kapitalisten«. Später bediente sich Hacks des neuen Mediums nur noch selten (*Der Mann, der bei Scirocco kam*, 1982). Dagegen begannen nicht wenige der in der DDR aufgewachsenen Autoren ihre Karriere mit Fernsehspielen und Filmen auch heiterer Provenienz (so JUREK BECKER, *Wenn ein Marquis schon Pläne macht*, 1962; *Ohne Paß in fremden Betten*, 1965; *Jungfer, sie gefällt mir*, 1968, nach Kleists *Der zerbrochne Krug*). Auch Beckers autobiografische Erfahrungen am Ende des Zweiten Weltkriegs verarbeitender Film *Meine Stunde Null* (1970) lässt die Absicht erkennen, schwierige Probleme durch eine ironische, wenn nicht gar humoristische Behandlung biegsamer erscheinen zu lassen. Die Autoren verfassten Filmszenarien eigener Prosawerke (so FRANZ FÜHMANN, mit *Betrogen bis zum jüngsten Tag*, nach seiner Novelle *Kameraden*, 1955). Am bekanntesten wurde ULRICH PLENZDORF (*Mir nach, Canaillen!*, 1964; *Weite Straßen – stille Liebe*, 1969; *Die Legende von Paul und Paula*, 1972; *Die neuen Leiden des jungen W.*, 1976). Auch ROLF SCHNEIDER schrieb eine Reihe von Fernseherzählungen und -spiele, so *Mein Bruder* (1966, nach dem Briefwechsel zwischen Heinrich und Thomas Mann), *Das Porträt Nr. 1* über den Industriellen Friedrich Flick (1970), *Das Porträt Nr. 2* (1977).

Die gesellschaftspolitischen Vorgaben der Partei galten selbstverständlich auch für die Spielfilmproduktion der DEFA (ursprünglich Deutsche Film AG, später Deutsche Filmgesellschaft), sollte diese doch ebenfalls »auf den Intellekt und die Emotionen der Zuschauer Einfluss nehmen, die neue sozialistische Denk- und Lebensweise durchsetzen helfen« und »neue Bedürfnisse (einschließlich ästhetische) im Menschen wecken« (M. Gerbing). Die 1954 gegründete Deutsche Hochschule für Filmkunst (ab 1970 Hochschule für Film und Fernsehen der DDR) bildet die dringend benötigte neue Generation von Regisseuren und Autoren heran – die ältere hatte nach 1945 größtenteils im Westen Arbeit gesucht. Eine Reihe späterer Schriftsteller studierte an dieser Hochschule. An Berührungen zwischen der Welt des Films und der Literatur fehlte es mithin nicht, zumal auch Film und Fernsehen in der Produktion zusammenwirkten und Literaturverfilmungen schon bald eine erhebliche Rolle spielten (Friedrich Wolfs *Professor Mamlock*, 1960/61, nach einem Buch von Karl Georg Egel und Konrad Wolf, *Die Abenteuer des Werner Holt*, nach Dieter Noll 1965, Wolfgang Luderers *Effi Briest*-Verfilmung 1968, *Die Toten bleiben jung*, nach Anna Seghers 1968, *Goya*, 1970/71 nach Lion Feuchtwanger, *Ursula*, nach Gottfried Keller 1968, *Glück im Hinterhaus*, nach Günter de Bruyns Roman *Buridans Esel*, Drehbuch Ulrich Plenzdorf, 1979, *Romanze mit Amélie*, 1981 nach Benito Wogatzki, um nur Beispiele zu nennen).

Nicht selten sorgten die Produktionen der Regisseure für ideologische Debatten und Verbote, so der Altmeister des DDR-Films und Nationalpreisträger Kurt Maetzig mit *Das Kaninchen bin ich* (1965) nach einem Szenarium von MANFRED BIELER, dessen gleichnamiger »Liebesroman aus Ost-Berlin« von der Hauptverwaltung Verlage nicht zur Veröffentlichung freigegeben worden war. Der Film wurde 1966 verboten, eine abgeänderte Fassung des Romans erschien später in der Bundesrepublik u. d. T. *Maria Morzek oder das Kaninchen bin ich*. Hauptfigur ist eine Abiturientin, Maria Morzek, die sich als Kellnerin durchschlägt, weil sie wegen ihres aufgrund von politischen Äußerungen zu einer Zuchthausstrafe verurteilten Bruders nicht zum Studium zugelassen wird. Sie verliebt sich in den Staatsanwalt, der den Fall bearbeitet und aus Karrieregründen für eine harte Bestrafung plädiert hatte. Sie löst die Beziehung zu ihm, als sie seinen Opportunismus durchschaut. Ungeachtet solcher enthüllender Auseinan-

dersetzungen, wirkte der staatlicherseits geförderte, weniger als der westdeutsche Film durch kommerzielle Rücksichten belastete, anspruchsvolle DDR-Film kulturpolitisch auch über die Grenzen, das Wissen um die Begleitumstände gab ihm ein nicht nur künstlerisches Interesse.

Nach dem Bau der Berliner Mauer 1961 hatte es zwischen den west- und ostdeutschen Fernsehanstalten jahrelang keine Kontakte gegeben, aber 1968 erwarben die Hessische und der Südwestdeutsche Rundfunk Verfilmungen nach Hans Fallada *Wolf unter Wölfen* und Max von der Grün *Irrlicht und Feuer*. Seit 1970 folgten von Arnold Zweig *Der Streit um den Sergeanten Grischa*, *Junge Frau von 1914* und *Erziehung vor Verdun*, mehrere Romane Fontanes, Eichendorffs *Taugenichts* und Heinrich Manns Roman *Ein ernstes Leben*. Während politisch-aktuelle Stoffe der tendenziösen Gestaltung wegen weiterhin reserviert aufgenommen wurden, eroberten sich Verfilmungen älterer Werke verdienten Respekt, einer der Regisseure, EGON GÜNTHER, erhielt bereits 1974 den Preis der Akademie der Künste in Berlin (West) für das beste Fernsehspiel des Jahres. Als Günther mit Katharina Thalbach *Die Leiden des jungen Werthers* in Angriff nahm, wurde der Film schon vorab für die Bundesrepublik erworben.

Mit der Verfilmung von Thomas Manns Roman *Lotte in Weimar* (1975) bot Günther einen Stoff in gewissermaßen doppelter Brechung, stand er doch vor der Aufgabe, sich sowohl mit dem Olympier als auch mit dem von Thomas Mann vermittelten Bild auseinander zu setzen. Die Einfügung von Szenen aus dem *Werther* setzte den Weimarer Dichterfürsten zudem in ein ironisches Licht – letztlich ließ sich der Film sogar als »Polit-Parabel auf den Personenkult im Sozialismus« (H. Drawe) betrachten. *Die Leiden des jungen Werthers*, die Günther ein Jahr später folgen ließ, waren im starken Maße auf den Konflikt zwischen Obrigkeit und Individuum hin konzentriert und enthielten sogar – entgegen der Romanvorlage – eine Bücherverbrennungsszene. Bereits 1974 war eine Adaption der *Wahlverwandtschaften*, verfilmt von Siegfried Kühn, in die Kinos gekommen. Auch hier lag die Betonung auf dem Recht des Individuums, festgemacht am Schicksal der Ottilie, die, anders als im Roman, ihr Schweigen bricht. In dem Mitte der Siebzigerjahre vorherrschenden Klima der Entspannung stellten diese Filme interessante Denkanstöße dar.

Wie auf dem künstlerischen Sektor insgesamt wechselten Phasen einer gewissen Konsolidierung (und Lockerung) mit solchen vermehrter Indoktrination – dann wurden des »Skeptizismus« verdächtige Streifen zurückgezogen oder kamen gar nicht in die Kinos –, insgesamt aber war der dem Film gewährte Spielraum größer als der der Fernsehdramatik. Auch der Kinder- und Jugendfilm und Formen anspruchsvoller Unterhaltung wurden gepflegt, so erfreuten sich die seit 1966 produzierten Verfilmungen der Indianerromane der Schriftstellerin und Historikerin LISELOTTE WELSKOPF-HENRICH (1901–1979) großer Beliebtheit (*Die Söhne der großen Bärin*, R., 1951; *Harka*, R., 1961; *Top und Harry*, R., 1963).

In den Achtzigerjahren erfuhr der Bereich Fernsehdramatik spürbare Einbußen (durch die Bevorzugung massenwirksamer Kinofilme und durch weitere Beeinträchtigung des künstlerischen Freiraums), das Bestreben der Mitarbeiter, gestützt auf Brechts Radiotheorie, das Fernsehspiel von einem Distributionsmittel der Parteiideologie zu einem Kommunikationsmittel der Gesellschaft (zur Erörterung der von den Menschen real erlebten Probleme) weiter zu entwickeln, blieb unerfüllt. So wirkte das DDR-Fernsehen de facto sogar entpolitisierend. Repräsentative Literaturverfilmungen, die es weiterhin gab, vermochten die Lücke nicht zu schließen. GERHARD BENGSCH schrieb, in dem Bestreben das Hemmnis zu unterlaufen, unter Pseudonym für den Hessischen Rundfunk den Fernsehfilm *Karambolage* (1989), über die Begegnung zweier Ehepaare aus Ost- und Westdeutschland, der auch in der DDR (ein halbes Jahr vor der Maueröffnung) offensichtlich ein starkes Echo fand.

Nach dem Untergang der DDR wurde der Deutsche Fernsehfunk (DFF), Nachfolger des Fernsehens der DDR, zum 31. Dezember 1991 abgewickelt. An seine Stelle traten als neue öffentlich-rechtliche Anstalten ORB und MDR, mit aus Kostengründen eingeschränktem Produktionsvolumen. Anstelle der Kontrolle durch die Partei beschränkten nun die Bedingungen der Medienlandschaft die künstlerische Kreativität. Die Hoffnungen auf ein »neudeutsches Fernsehspiel« erwiesen sich unter den vorherrschenden Umständen als unrealistisch.

Lyrik

Als das empfindlichste Medium unter den Gattungen erwies sich die Lyrik. Allerdings mochte der zufällige erste Eindruck öfters ein anderer sein, denn auch sie wurde als »Waffe« eingesetzt: Ungezählte Gedichte und Lieder feierten den sozialistischen Aufbau, dienten der Agitation im »Kampf« für den Frieden und gegen den Klassenfeind, nicht selten in so durchsichtiger Weise, dass sie wie eine unbeabsichtigte Parodie ihrer selbst erscheinen konnten und nach dem Untergang der DDR gelegentlich auch so behandelt wurden. Andere waren nicht ohne Schwung und proletarisches Pathos, aber die Überzeugungskraft der inhaltlich stereotypen Beschwörungen war zuletzt gering, beim Wort genommen, kollidierten sie mit der Wirklichkeit in zunehmender Weise. Doch sie appellierten ja keineswegs an den Verstand, wie in der Hitlerzeit – und manche der *damals* gesungenen Lieder für die Jugend erlebten ein Comeback, ihr verschwommener Enthusiasmus machte sie gewissermaßen zeitlos – waren sie eher geeignet, das Denken auszuschalten.

Zur selben Zeit aber entstanden in der DDR Gedichte,

die fraglos zum bleibenden Bestand der deutschen Literatur zählen, sodass sich die Zuordnung nach veränderlichen Staatsgrenzen erübrigt: Verse und gebundene Prosa, in denen die Ausdrucks*mittel* dem ungezwungen Ausdrucks*wunsch* ihrer Autoren entsprechen, die Sprache gewissermaßen bei sich selbst ist. Die Lyrik Brechts bietet das Beispiel für ein dichterisches Vermögen, das die »Parteilichkeit« des Autors weit übertrifft, weil das Willentliche der Aussage ohne Rest aufgelöst scheint. Der zeitliche Abstand – ein Filter im Sinne einer Aussiebung des nicht vollständig Geglückten, einer immanent wirksamen Selbstreinigungskraft – zeigt bereits Wirksamkeit. Der *politische* Vorbehalt, der auch der Lyrik Brechts in Westdeutschland zeitweilig begegnete, hat keine Bedeutung mehr.

Soweit die im zweiten deutschen Staat entstandene Lyrik oppositionelle Züge trägt, mochte sie zunächst wie der Kampf Davids gegen Goliath erscheinen: Die getarnte Zensur (Druckerlaubnis, Papierkontingentierung) verschonte die Schreiber von Gedichten so wenig wie die Dramatiker und Romanciers, viele erreichten ihr Publikum erst spät oder auf Umwegen. Gleichwohl war ihre Wirkung nicht gering. Am Liedermacher Biermann entzündete sich der bekannteste Konflikt zwischen dem Politbüro und den Literaten. Andere Auseinandersetzungen, wie die um Huchel und die beschämende Behandlung, die ihm widerfuhr, spielten sich nahezu im Verborgenen ab. Dem rückblickenden Betrachter begegnen unverwechselbare Autorenschicksale sowie nach Form und Gehalt sehr unterschiedliche Werke: von klassischer Odendichtung inspirierte Zyklen, Natur- und Erlebnisgedichte, versifizierte Dialektik, Bänkelsang und Chanson.

Agitprop und Klassizismus

ERICH WEINERTS Gedichte aus der Weimarer Zeit, die nun gesammelt erschienen (*Das Zwischenspiel. Deutsche Revue von 1918 bis 1933*, 1950) lassen weitaus mehr treffsicheren Witz erkennen als seine Nachkriegsproduktion. Dem 1945 aus dem Exil Zurückgekehrten blieben nur noch wenige Jahre zu leben. Staat und Partei ehrten den Altgewordenen mit zweimaliger Verleihung des Nationalpreises und einer Reihe von Einzelpublikationen, nach seinem Tode mit einer umfangreichen Edition seines Œuvres, soweit es Krieg und Verfolgung überdauert hatte (*Gesammelte Werke,* 9 Bde., 1955 bis 1960).

Die bekanntesten Autoren sozialistischer Kampflieder neben Weinert wurden LOUIS FÜRNBERG (1909–1957) und KUBA (d. i. Kurt Barthel, 1914–1967).

Louis Fürnberg, auch musikalisch begabt, stammte aus Iglau (Mähren), dem Geburtsort Gustav Mahlers, dessen Musik ebenso zu seinen Jugenderfahrungen gehörte wie die Lyrik Rilkes – eine genuin bürgerliche, »österreichische« Prägung, die auch seine ersten Gedichtveröffentlichungen in Prager Zeitungen bestimmte, die er aber, seit 1928 Mitglied der Kommunistischen Partei, zunächst als ästhetizistisch verwarf (»Was soll uns Vers, was Bildnis und Musik, / wenn's uns an Kleidung fehlt, an Dach und Brot«, *Zeitkantate*), später der humanistischen Botschaft der Revolution anzuverwandeln suchte. Von 1932–36 war er Leiter (zugleich Textschreiber, Komponist und Klavierspieler) der proletarischen Spieltruppe »Echo von links«, der bekanntesten deutschen Agitpropgruppe in der Tschechoslowakei. Die Okkupationsjahre hatte er, nach vorausgegangener Gestapo-Haft in Palästina überlebt. 1946 wieder in Prag, wohin die Rückkunft nur wenigen deutschen Juden möglich war, zeigte Fürnberg sich auch unter den veränderten Verhältnissen der Partei treu ergeben, arbeitete vorzugsweise als Journalist und Essayist (*Gustav Mahlers Heimkehr*, 1946) und im diplomatischen Dienst seines Landes (1949–52 als Botschaftsrat in Berlin). Nach dem antisemitisch eingefärbten Slánský-Prozess übersiedelte er 1954 nach Weimar, wo er, zusammen mit dem Germanisten Hans Günther Thalheim, die *Weimarer Beiträge. Zeitschrift für deutsche Literaturgeschichte* gründete und stellvertretender Direktor der Nationalen Forschungs- und Gedenkstätten der klassischen deutschen Literatur wurde. Persönliche Aufschlüsse ermöglicht *Der Briefwechsel zwischen Louis Fürnberg und Arnold Zweig – Dokumente einer Freundschaft* (1978).

Fürnbergs Lyrik (*Wanderer in den Morgen*, 1951; *Pauke, Flöten und Gitarren*, 1956; *Das wunderbare Gesetz*, 1956) ist neben der mit »glühender Naivität« (K. Franke) betriebenen Agitation auch Ausdruck subjektiven Empfindens und umschließt sogar eine Autobiografie (*Bruder Namenlos. Ein Leben in Versen*, 1947; erweitert und verändert 1955), gewann aber, soweit sie sich unpolitisch äußerte, auch innerhalb der DDR keine Eigenbedeutung. Hingegen wurden die Lieder, die er vor dem Krieg für deutsche Arbeiter in Böhmen verfasst hatte *(Das neue Leben; Du hast ja ein Ziel vor den Augen)*, nach dem Krieg von der Jugend jenseits des Erzgebirges gesungen. *Das Lied von der Partei*, 1949 von ihm zunächst auf Tschechisch gedichtet und komponiert, wurde neben der Staatshymne *Auferstanden aus Ruinen* wohl das bekannteste Kampflied der DDR. In der deutschen Fassung (1950) wurde Stalins Name später getilgt.

KUBA, der als Funktionär der Sozialistischen Arbeiterjugend vor dem NS-Staat in die Tschechoslowakei geflohen war, war eine Entdeckung Fürnbergs. Der spätere Mitbegründer der FDJ, Dramaturg in Rostock, viermalige Nationalpreisträger und Erste Sekretär des Schriftstellerverbandes (als solchen hat ihn Brecht in seinem Gedicht *Die Lösung* verewigt), ist vor allem als Autor rühmender Gedichte auf die Sowjetunion und ihren Diktator in Erinnerung geblieben (*Kantate auf Stalin*, 1949). Er schuf auch die deutsche Nachdichtung eines von Schostakowitsch komponierten Liedes *Für den Frieden der Welt* (»Herr-

schaft des Volkes begann! / Pflüger, die Erde bestellt. / Wer dieses Leben lieb gewann, / Kämpft für den Frieden der Welt.«). Der überzeugte Parteibarde, der sich gelegentlich auch zum Denunzianten hergab, war für Kritiker der DDR-Literatur bereits durch seinen eigenwillig gewählten Namen (ein Akt der Distanzierung von einem anderen Barthel mit nazistischer Vergangenheit) ein dankbares Objekt. KUBA dichtete mit Fürnberg auch gemeinsam, etwa das von Hanns Eisler komponierte Lied *Ohne Kapitalisten geht es besser* (»Was in der Welt von gestern / Noch unvereinbar schien / Zwei liebevolle Schwestern / Sind Moskau und Berlin.«).

Zur Agitprop-Liedkunst trugen auch namhafte deutsche Komponisten wie Hanns Eisler mehr oder minder freiwillig bei, in dem Liedersänger Ernst Busch, dem »Barrikaden-Tauber«, fand sie einen hervorragenden Interpreten. Inhaltlich gab sie sich, wenn sie an die verfolgten Parteigenossen in den nichtsozialistischen Ländern erinnerte, zuweilen gefühlvoll-mahnend oder, wie in dem zitierten Lied von den liebevollen Schwestern, forciert-munter, aber immer optimistisch. Zuletzt gedieh die Bewusstseinsspaltung zum blanken Zynismus, so in dem Lied *Die 13* auf den Bau der Berliner Mauer (»Was war das für 'ne Lust / am 13. August […].«)

An Entstehungszeit und -umstände gebunden blieben auch die klassizistischen Schöpfungen JOHANNES R. BECHERS und derer, die ihm auf seinem Weg gefolgt waren, sowie seine im Stil einer neuen Einfachheit gehaltenen, um Volkstümlichkeit bemühten Gedichte (»Es sind die alten Weisen, / die neu in uns erstehen«), die, wie die von ihm gedichtete Staatshymne, dem kollektiven Bekenntnis Ausdruck zu geben bestimmt waren (*Neue deutsche Volkslieder*, 1950). Die trügerische Naivität des imitierten Volkstons entlarvte sich durch das, was sie verschwieg, die rhetorisch überladene Formkunst konnte ihre inneren Brüche nicht auf Dauer verdecken. In der verkrampften Tyrannenhuldigung verlor sie jedes Maß (»Dort wirst du, Stalin, stehn, in voller Blüte / Der Apfelbäume an dem Bodensee. / Und durch den Schwarzwald wandelt seine Güte / Und winkt zu sich heran ein scheues Reh«, *Danksagung*, 1953). Problematisch ist für Becher auch die von ihm so sehr favorisierte Form des Sonetts geworden (*Deutsche Sonette*, 1952). Dessen strophischer Bau entsprach dem dialektischen Dreischritt (These – Gegenthese – Synthese) so selbstverständlich, dass Bechers für den Leser vorhersehbar gewordenen Appelle und Zustimmungsadressen keinen Widerstand im Gefüge des Gedichts mehr fanden. Nicht Spannung und

Dynamik, sondern Leerlauf, zuletzt Langeweile waren die Folge; der »gespaltene Dichter« (C. Gansel), hat es, wie seine Tagebuchaufzeichnungen erkennen lassen, in selbstkritischen Stunden gewusst.

Zwei Meister – Bert Brecht und Peter Huchel

Der Gründer des Berliner Ensembles und der Redakteur von *Sinn und Form* befanden sich während einiger Jahre nachbarlich in kulturellen Schlüsselpositionen. Beide verknüpften mit ihrer Parteinahme für den Sozialismus vorrangig künstlerische Ziele. Während jedoch Brecht sich bereit zeigte, der Regierung (oder der Partei, da war kein Unterschied) weit entgegenzukommen, verhielt sich Huchel, eine pragmatische, im Grunde unpolitische Natur, weitaus zurückhaltender. Aus seinen Versen sprach soziales Gerechtigkeitsgefühl, aber kein Programm. Die Herrschenden reagierten in ihrer Weise: Der eine Dichter starb, ungeachtet gelegentlicher Anfeindungen, von Staats wegen geehrt, der andere wurde nach dem Tod seiner Fürsprecher – in diesem Sinn wirkten Brecht und Becher – aus seinem Redaktionszimmer vertrieben, erfuhr Publikationsverbot und jahrelange Isolation. Die Enttäuschungen, die sie beide erlitten, wogen schwer, denn für den einen bildeten die Jahre in der DDR eine späte, für den anderen die letzte Lebenszeit. Respekt und Ruhm, die Huchel im Westen zuteil wurden, konnten seinen zunehmenden, auch krankheitsbedingten Rückzug ins Schweigen nicht wehren. Letztlich war es mehr das Opfer der SED als der Dichter, den man feierte, wie umgekehrt das Beispiel Brechts zeigt: Ihm wurde seine politische Mitläuferrolle vorgehalten, die Gedichte mit Vorliebe auf versteckte Schuldbekenntnisse hin untersucht.

Niedergeschlagenheit und tief gehende Zweifel waren, ungeachtet seiner Erfolge und rastlosen Tätigkeit, dem späten BERTOLT BRECHT wohl tatsächlich nicht fremd. Die besondere Bedeutung, die der Lyrik innerhalb seines Gesamtwerks zukommt (»Sie steht im Zentrum des Brecht'schen Oeuvres«, urteilte Walter Jens bereits 1964), wird durch seine damalige Produktion eindrucksvoll bestätigt. Eine Eingangsphase zeigt ihn noch überwiegend der politischen Auseinandersetzung verpflichtet, sie verzeichnet in solchem Zusammenhang auch mit Genugtuung den eigenen Erfolg. (»Das Theater des neuen Zeitalters / Ward eröffnet, als auf die Bühne / Des zerstörten Berlin / Der Planwagen der Courage rollte. / Ein und ein halbes Jahr später / Im Demonstrationszug des 1. Mai / Zeigten die Mütter ihren Kindern / Die Weigel und / Lobten den Frie-

den.«) Später bemühte sich Brecht nach Kräfte verschleißenden Erfahrungen mit der bürokratischen Alltagswirklichkeit des SED-Staates um mehr Abstand vom Tagesgeschehen. Mit souveräner Knappheit gestaltete er Eindrücke und Stimmungen, die die Interpreten später von »Alterskunst« sprechen ließen, wiewohl der Autor erst im sechsten Lebensjahrzehnt stand. Sein Witz verließ ihn nicht.

Auf den Arbeiteraufstand des 17. Juni reagierte Brecht – nach einer vorangegangenen, an Ulbricht adressierten Loyalitätsbezeugung – mit dem später berühmt gewordenen Gedicht *Die Lösung*, das in seinem Nachlass gefunden wurde.

Nach dem Aufstand des 17. Juni
Ließ der Sekretär des Schriftstellerverbands
In der Stalinallee Flugblätter verteilen
Auf denen zu lesen war, daß das Volk
Das Vertrauen der Regierung verscherzt habe
Und es nur durch verdoppelte Arbeit
Zurückerobern könne. Wäre es da
Nicht doch einfacher, die Regierung
Löste das Volk auf und
Wählte ein anderes?

Viele seiner späten Gedichte, so, ebenfalls oft zitiert, *Der Radwechsel*, entstanden in Buckow in der Märkischen Schweiz, wohin sich Brecht seit 1953 öfters zurückzog: »Ich sitze am Straßenrand. / Der Fahrer wechselt das Rad. / Ich bin nicht gern, wo ich herkomme. / Ich bin nicht gern, wo ich hinfahre. / Warum sehe ich den Radwechsel / Mit Ungeduld?« Die nach dem Entstehungsort benannten *Buckower Elegien*, als abgeschlossene Sammlung erst 1964 erschienen, enthalten vieldeutige und erschütternde Gedichte wie *Böser Morgen*:

Die Silberpappel, eine ortsbekannte Schönheit
Heut eine alte Vettel. Der See
Eine Lache Abwaschwasser, nicht rühren!
Die Fuchsien unter dem Löwenmaul billig und eitel.
Warum?
Heut nacht im Traum sah ich Finger, auf mich deutend
Wie auf einen Aussätzigen. Sie waren zerarbeitet und
Sie waren gebrochen.

Unwissende! schrie ich
Schuldbewußt.

Brecht entwickelte eine Technik der poetischen Verkürzung, die ihn zum Lehrmeister einer späteren Autorengeneration machen sollte: »In der Frühe / Sind die Tannen kupfern. / So sah ich sie / Vor einem halben Jahrhundert / Vor zwei Weltkriegen / Mit jungen Augen.« *(Tannen)* Noch knapper fasst sich ein *Schwächen* betiteltes Spruchgedicht: »Du hattest keine. / Ich hatte eine: / Ich liebte.«

PETER HUCHEL hat in den Jahren seiner Tätigkeit für *Sinn und Form* keinen Gedichtband veröffentlicht. Dunkle Töne und Metaphern bestimmen den Tenor seiner späten Lyrik. Als »Grundtendenz« seiner Gedichte in den Fünfzigerjahren gelten »zunehmende Traurigkeit, selten pathetisch, Klage, Resignation« (M. Dierks) sowie die Zunahme südlicher, antiker und biblischer Motive. Erinnerungen an die Wanderjahre der Jugend mögen bei dieser Verlagerung aus der beengenden Gegenwart in eine mediterrane Welt im Spiel sein, trockene Herbheit *(Unter der Wurzel der Distel wohnt nun die Sprache)* spricht aus Sentenzen und Bildern, die ohne semantischen Zusammenhang in Erscheinung treten. Hart und knapp in der Prägung vermittelt diese Kunst dennoch die Erfahrung einer völlig unbeschädigten Substanz.

Im letzten von ihm besorgten Heft von *Sinn und Form* hat Huchel sechs Gedichte veröffentlicht, darunter den Hans Mayer gewidmeten *Winterpsalm* und – korrespondierend – *Der Garten des Theophrast.* Beide Gedichte kreisen um die Erfahrung von 1962, den Beginn seiner Verbannung, während aber *Winterpsalm* bereits die Perspektive des Nachher aufnimmt, steht *Der Garten des Theophrast* für ein Vorher, insofern das Werk der Vernichtung zwar in Gang gesetzt, aber noch nicht zu Ende geführt ist.

Wenn mittags das weiße Feuer
Der Verse über den Urnen tanzt,
Gedenke, mein Sohn, gedenke derer
Die einst Gespräche wie Bäume gepflanzt.
Tot ist der Garten, mein Atem wird schwerer,
Bewahre die Stunde, hier ging Theophrast,
Mit Eichenlohe zu düngen den Boden,
Die wunde Rinde zu binden mit Bast.
Ein Ölbaum spaltet das mürbe Gemäuer.
Und ist noch Stimme im heißem Staub.
Sie gaben Befehl, die Wurzel zu roden.
Es sinkt dein Licht, schutzloses Laub.

Die Verfemung Huchels wurde so konsequent gehandhabt, dass seine Gedichte in der DDR lange fast unbekannt blieben. Anders lag es mit Erich Arendt und Georg Maurer, die viel gelesen wurden, dagegen außerhalb der DDR-Grenzen nur geringe Wirkung entfalteten.

Erich Arendt (1903–1984)

Arendt wurde als Kind armer Eltern in Neuruppin geboren, arbeitete nach dem Besuch des Lehrerseminars bis 1933 als Kulissenmaler, Aushilfskraft in einer Bank, Journalist bei der *Märkischen Zeitung* und schließlich im erlernten Beruf an einer sozialistischen Versuchsschule in Berlin. Seit 1926 war er Mitglied der KPD. Er emigrierte 1933 über die Schweiz nach Spanien und nahm 1936–39 auf republikanischer Seite als Zeitungsberichterstatter und Bibliothekar in Frontnähe am Bürgerkrieg teil. Arendt wurde danach in Frankreich interniert, erreichte 1941 Kolumbien, wo er sich in verschiedenen Berufen durchschlug und in der mexikanischen Emigrantenzeitschrift *Freies Deutschland* zu publizieren Gelegenheit fand. Die Rückkehr nach Europa im Sommer 1950 führte in die DDR, in der er als Übersetzer und freier Schriftsteller lebte. 1952 erhielt er den Nationalpreis. Gestorben in Wilhelmshorst bei Berlin.

Arendts expressionistische Anfänge – er war zuerst 1926 in Herwarth Waldens *Sturm* mit Versen hervorgetreten, die das Vorbild August Stramms erkennen lassen – entsprachen nicht den ästhetischen Theorien und Zielsetzungen des Bundes proletarisch-revolutionärer Schriftsteller, dem er 1928 beitrat. Das führte zu einer Schaffenskrise, die ihn als Lyriker vorübergehend verstummen ließ. Zur Selbstständigkeit fand er durch das Exil, als er die Natur und Kultur des westlichen Mittelmeerraums, vor allem Spaniens, später der südamerikanischen Tropen kennen lernte. Reifend wirkten auf ihn auch die Erfahrungen des spanischen Bürgerkriegs, er schrieb, wie er selbst formuliert, »von der Leidseite, von der Erleidensseite« her (*Trug doch die Nacht den Albatros,* 1951; *Bergwindballade,* 1952). Obwohl er sich nunmehr traditioneller Formen bediente, entstanden so doch Schöpfungen von unverwechselbarer Eigenart. Der Zyklus *Tolú* (1956) beruht auf den Eindrücken eines längeren Aufenthalts in einem kolumbianischen Dorf unter Indios und Nachkommen afrikanischer Sklaven. Arendt geriet nach seiner Ankunft in der DDR erneut in eine Krise, weil Kulturpolitik und gesellschaftliche Atmosphäre gerade damals in diametralem Gegensatz zur Idee einer menschlichen sozialistischen Gesellschaft standen, für die er gearbeitet hatte. Offenbar hat er erst ab 1954 wieder eigene Gedichte geschrieben, nachdem er jahrelang vor allem in Übersetzungen ausgewichen war. Autoren der südamerikanischen Moderne wie Rafael Alberti, Nicolas Guillén, Pablo Neruda wurden von ihm übertragen, Auftragsreisen zur Erarbeitung kultur- und kunstgeschichtlicher Bücher wirkten anregend (*Ägäis,* G., 1967; *Feuerhalm,* G., 1973; *Memento und Bild,* G., 1976; *Entgrenzen,* G., 1981). Seine Gedichtbände haben die jüngere Lyrikergeneration mitgeprägt. (→ S. 652)

Georg Maurer (1907–1971)

Maurer wurde in Sächsisch-Regen in Siebenbürgen, also in der ungarischen Hälfte der habsburgischen Doppelmonarchie als Sohn eines Lehrers und Musikers geboren, zog 1911 mit den Eltern nach Bukarest, begann als Neunjähriger Hochdeutsch zu lernen, studierte in Berlin und Leipzig Kunstgeschichte, Germanistik und Philosophie, war Kunstkritiker und Journalist. Erste Gedichte erschienen 1926 in der deutschsprachigen Kronstädter Zeitschrift *Klingsor*. »Etwa zwischen meinem 18. und 38. Lebensjahr war mir die Welt ein Alptraum […]. Selbst mit Mitteln, die mir die Demagogie bot, versuchte ich das ›Leben‹ zu begreifen […]. Ein Traumlicht hatte ich. Es waren die klassischen humanistischen Ideale und ein Gottesbild, das ich vor dem Zugriff der mich bedrängenden Gewalten zu retten suchte, bis es außerhalb der Welt stand, in der ich geblieben war.« 1940 wurde er Soldat. Nach der Rückkehr aus sowjetischer Kriegsgefangenschaft 1945 arbeitete er zunächst beim Mitteldeutschen Rundfunk und als freier Schriftsteller, wurde 1955 Dozent, 1961 Professor am Leipziger Literaturinstitut. Gestorben in Potsdam.

Maurer hat größere Wandlungen durchgemacht, als der äußere Lebensweg erkennen lässt. Seine religiös gestimmte frühe Lyrik (*Ewige Stimmen*, G., 1936; *Gesänge der Zeit. Hymnen und Sonette*, 1948) ist von Rilke beeinflusst, im zweiten Band tritt die Erfahrung von Krieg und Gefangenschaft hinzu. In den Fünfzigerjahren verfasste er zahlreiche Gedichte und Poeme, die seine fortschreitende Wandlung zum Sozialisten marxistischer Prägung erkennen lassen (*Bewußtsein*, 1950; *Zweiundvierzig Sonette*, 1953; *Die Elemente*, 1955). Er zeigt sich fasziniert von der Freisetzung menschlicher Schöpferkraft durch die gesellschaftlichen Veränderungen und behandelt den Klassenkampf in besonderen Situationen der Menschheitsentwicklung. Zum wichtigsten Thema wird die Frage nach der Reaktion des Einzelnen auf die sich verändernde soziale Umwelt. Der Band *Poetische Reise* (1959) umfasst drei Poeme, *Poetische Reime* sind den Aufbauleistungen in der DDR gewidmet, *Mahnende Heimat* vergegenwärtigt die Gefahren für die Natur (in Westdeutschland), *Hochzeit der Meere* rühmt den Wolga-Don-Kanal als eine der Großbauten des Kommunismus in der Sowjetunion. Immer wieder zeigt sich Maurer an lyrischen Vorbildern aus verschiedenen Epochen orientiert – von der Antike über Shakespeare bis Hölderlin. Neben den anspruchsvollen Versmaßen der klassischen Tradition benutzt er auch einfache lyrische Formen (*Dreistrophenkalender*, 1961), huldigt sinnlicher Lebensfreude (*Lob der Venus*, 1958) und engagiert sich für humane Werte (*Gestalten der Liebe*, 1964). Seine lebenslange Faszination durch Rilke mündet zuletzt in eine Gegenkonzeption, die der Klage des Rilke'schen Spätwerks in mehreren Gedichtzyklen eine für den Menschen optimistische Perspektive folgen lässt (*Das Unsere*, 1962; *Stromkreis*, 1964; *Im Blick des Uralten*, 1965).

Maurer übersetzte neuere rumänische Dichter, rezensierte (KUBA, Becher, Arendt, Fühmann) und schrieb über allgemeine Fragen der Literatur (*Was vermag Lyrik? Essays, Reden, Briefe*, 1982). Um den Literaturlehrer in Leipzig sammelten sich die Autoren der so genannten »Sächsischen Dichterschule«.

»Eine schwächlich gezimmerte Gartenlaube«

Die jüngeren Lyriker, die sich in den Fünfzigerjahren zu Wort meldeten, waren oft Heimkehrer aus sowjetischer Kriegsgefangenschaft, manche von ihnen durch die Antifa-Schule (»Antifa« für »antifaschistisch«) gegangen. Nur wenige verfügten wie Huchel, Maurer, Bobrowski bereits über handwerkliche Sicherheit. Georg Maurer bemerkte angesichts der sich ausbreitenden harmlosen Zustimmungslyrik, in vielen Gedichten erscheine der Weg zum Sozialismus als ein »Spaziergang unter ewig blauem Himmel auf eine schwächlich gezimmerte Gartenlaube hin«. Letztlich handelte es sich – bei geändertem Vorzeichen – um ein auch in den anderen Staaten des deutschen Sprachraums zu Tage tretendes Phänomen, ein epigonaler Grundzug war vielerorts bemerkbar, das Spezifikum der DDR war der zukunftsgläubige Enthusiasmus, mit dem die jungen Schreiber gutwillig – aber auch auftragsgemäß – Völkerfreundschaft, Solidarität der Werktätigen und revolutionären Umbruch feierten (ARMIN MÜLLER 1928, *Hallo, Bruder aus Krakau*, G., 1949; *Heimat, dich werden wir hüten*, G., 1952; KURT HUHN, 1902–1976, *Nur der Gleichschritt der Genossen siegt …*, G., 1958).

Die »Lieder junger Traktoristen« in FRANZ FÜHMANNS erstem Gedichtband *Die Nelke Nikos* (1953), dessen Restauflage beim Verlag er später einstampfen ließ, bieten dafür anrührende Beispiele:

Mädel, du Schönste, für uns braust der Maiwind,
für uns quillt heute der Chor von Schalmein.
Da wir im Glück der Millionen daheim sind,
ist mir nicht bang für ein Glück zwischen zwein.

Vom im selben Jahr erschienenen Poem *Die Fahrt nach Stalingrad* bemerkt Fühmanns Biograf Hans Richter, dass es »für den nicht berufsmäßigen Leser inzwischen kaum noch rezipierbar« sei. Fühmann hatte bereits in Dritten Reich Gedichte veröffentlicht, gläubige Zustimmungslyrik zunächst, später in der Zeitung *Das Reich* – nach eigener Erklärung eher unbewusst, denn seine Begeisterung war ungebrochen – relativ dunkle Töne angeschlagen. Nach seiner Ankunft in der DDR hatte er sich sogleich in einem verehrungsvollen Schreiben an Johannes R. Becher gewandt, der ihm daraufhin in der Zeitschrift *Aufbau* die ersten Schritte ebnete. Auch das war zu früh, wie Fühmann später selbst erkannte, was er zu Papier brachte, waren »HJ-Gedichte mit FDJ-Vorzeichen« (M. Reich-Ranicki), aber für ihn selbst dennoch nicht ohne Nutzen, denn Fühmanns Wahrheitssuche bezog ihren kritischen Impetus bevorzugt aus seinen vorangegangenen Irrtümern.

Die folgenden Bände (*Aber die Schöpfung soll dauern,* 1957; *Die Richtung der Märchen,* 1962) markieren die Stationen eines mühsamen Wegs zu sich selbst. Nebenher war auch Fühmann ein gewandter Übersetzer, er widmete sich tschechischen, polnischen und ungarischen Autoren. Der Staat alimentierte über die Verlage diese Tätigkeit, für die Schriftsteller war es eine Form der materiellen Versorgung, sie arbeiteten mit von Fachleuten erstellten Interlinearversionen.

Ein »Eisheiliger« – Stephan Hermlin

Hermlin hatte in den Dreißigerjahren vereinzelt Gedichte und vor Ende des Zweiten Weltkriegs im Exil einen ersten Gedichtband veröffentlicht. In der Nachkriegszeit gewann er als Lyriker (*Zwölf Balladen von den Großen Städten,* 1945) sowie als Übersetzer und Nachdichter (Paul Éluard, *Politische Gedichte,* 1949; Pablo Neruda, *Beleidigtes Land,* 1949) einen bedeutenden Ruf. Er zeigte sich beeinflusst von Benn und Heym, von Aragon und Éluard. Sein Künstlername Stephan Hermlin, mutmaßlich zusammengezogen aus Stéphane Mallarmé und Hölderlin, ließ sich als Ausdruck zweier weiterer zentraler literarischer Erfahrungen verstehen. Er bediente sich verschiedener Gedichtformen, verknüpfte den politischen Appell mit surrealistischen Bildern.

Aus *Die Straßen der Furcht* (G., 1946) sprechen Gefühle der Einsamkeit und schmerzliche Erlebnisse der Emigrationszeit. Noch stärker ist die Erfahrung jener Zeit in die Balladen eingegangen, die Hermlin seit 1940 geschrieben hat. Die *Ballade für die guten Leute, auf allen Märkten zu singen,* im Frühjahr 1945 in Süddeutschland als Flugblatt verbreitet, erinnert daran,

Günter Grass und Stephan Hermlin
bei der »Zweiten Berliner Begegnung. Den Frieden erklären«
in Berlin (Ost) 1983

dass auf »Wahrsager […] kein Verlass« sei und fordert Vertrauen für den, der Erfahrungen gesammelt und gelernt hat. »Wie einer, der sein Werkzeug wählt«, mahnt Hermlin eine neue Sprache an für das, was er »meine Sache« nennt, den politischen Kampf gegen eine Wiederkehr des Faschismus (*Ballade von den alten und den neuen Worten*).

Hermlins frühe Lyrik wurde in der DDR zeitweise als subjektivistisch und formalistisch getadelt, aber seine Schwierigkeiten mit Zentralkomitee und Schriftstellerverband eskalierten nicht zu einem offenen Konflikt. Auf Akte der Opposition ließ er Gesten der Anpassung folgen, kam in einigen seiner Dichtungen der offiziellen Kunstdoktrin weit entgegen und schrieb auch die obligaten Verse zum Lobpreis Stalins (*Der Flug der Taube,* 1952). In öffentlichem Auftrag entstand anlässlich der 750-Jahr-Feier des Mansfelder Kupferbergbaus das *Mansfelder Oratorium* (1950, Musik von W. H. Meyer), das die Geschichte der Arbeiter*klasse* und in der eingearbeiteten Ballade *Die Fahne von Kriwoi-Rog* den Arbeiter*helden* rühmt. Nach 1955 übersetzte er auch türkische (Nâzim Hikmet) und ungarische (Attila József) Autoren, schrieb aber nur noch wenige eigene Gedichte. In den Sechzigerjahren wirkte er vornehmlich als Erzähler, Hörspielautor und Essayist. Ein Beispiel für Hermlins Verbindung aktueller (zugleich systemkonformer) Thematik mit überlieferten Formen bietet das 1957 entstandene Sonett *Die Vögel und der Test* über einen Atomwaffenversuch:

Von den Savannen übers Tropenmeer
Trieb sie des Leibes Notdurft mit den Winden,
Wie taub und blind, von weit- und altersher,
Um Nahrung und um ein Geäst zu finden.

Nicht Donner hielt sie auf, Taifun nicht, auch
Kein Netz, wenn sie was rief zu großen Flügen,
Strebend nach gleichem Ziel, ein schreiender Rauch,
Auf gleicher Bahn und stets in gleichen Zügen.

Die nicht vor Wasser zagten noch Gewittern
Sahn eines Tags im hohen Mittagslicht
Ein höheres Licht. Das schreckliche Gesicht

Zwang sie von nun an ihren Flug zu ändern.
Da suchten sie nach neuen sanfteren Ländern.
Lasst diese Änderung euer Herz erschüttern …

Hermlins Bedeutung liegt eher in seiner geistigen Mittlerrolle – die allerdings ebenfalls Fragen aufwirft – als in seinen Dichtungen. Er gehörte zu den wenigen Intellektuellen in der DDR, die sich für die Rezeption moderner Dichtung einsetzten, in solchem Zusammenhang wagte er auch die Auseinandersetzung mit der Staatsmacht (der er, wie Skeptiker meinten, als eines ihrer respektheischenden Aushängeschilder diente). So wenig er aber als »spätbürgerlicher Dichter«, als der er sich verstand, von unkundigen Parteifunktionären kritisiert sein wollte, so wenig wünschte er den sozialistischen Staat insgesamt in Frage gestellt zu sehen, auch nicht von den »jungen Wilden« des Prenzlauer Bergs. Das politische Drama der Wendezeit ließ ihn zu einem der »Eisheiligen« des Vergangenen werden.

Johannes Bobrowski (1917–1965)

Bobrowski wurde in Tilsit als Kind eines Eisenbahnbeamten und seiner aus einer Hugenottenfamilie stammenden Frau geboren. Die Familie zog 1925 in ein Dorf bei Rastenburg (Ketrzyn), 1928 nach Königsberg, wo er das humanistische Gymnasium besuchte (einer seiner Lehrer war Ernst Wiechert), und er das Abitur ablegte. Er gehörte dem »Bund deutscher Bibelkreise« für Schüler an, fand nach 1933 Anschluss an die »Bekennende Kirche« und pflegte früh musikalische und literarische Interessen. 1937–39 studierte Bobrowski Kunstgeschichte in Königsberg und Berlin, war 1939–45 Soldat, 1945–49 Kriegsgefangener in der Sowjetunion; 1947 und 1949 besuchte er Antifa-Schulen. Arbeitete nach seiner Rückkehr 1950 als Verlagslektor in Berlin (Ost), seit 1959 als Cheflektor im der Ost-CDU gehörigen Union-Verlag, Befreundet mit Christoph Meckel, der für die Publikation seines ersten Gedichtbands in einem westdeutschen Verlag sorgte. Erhielt 1962 den Preis der »Gruppe 47«. Gestorben in Berlin (Ost).

Für den Absolventen der Königsberger Domschule wurden Hamann und Herder zu anregenden Vorbildern. Vermittelt durch Ina Seidel veröffentlichte Bo-

Johannes Bobrowski

browski Gedichte zuerst 1944 in der von Paul Alverdes und Karl Benno von Mechow herausgegebenen Zeitschrift *Das Innere Reich,* nach dem Krieg in *Sinn und Form,* wo Huchel 1955 seine *Pruzzische Elegie* druckte. »Alle Versuche, im Jahr 45 eine Stunde Null zu sehen, sind ein Nonsens«, zeigte sich Bobrowski überzeugt. »Sich von der Geschichte (also auch von der Sprache) zu dispensieren ist Unfug.« Der prägende Hintergrund seiner Lyrik vor und nach 1945 waren die Kriegserlebnisse.

Zu schreiben habe ich begonnen am Ilmensee 1941, über russische Landschaft, aber als Fremder, als Deutscher. Daraus ist ein Thema geworden, ungefähr: die Deutschen und der europäische Osten. Weil ich um die Memel herum aufgewachsen bin, wo Polen, Litauer, Russen, Deutsche miteinander lebten, unter ihnen allen die Judenheit. Eine lange Geschichte aus Unglück und Verschuldung, seit den Tagen des deutschen Ordens, die meinem Volk zu Buch steht. Wohl nicht zu tilgen und zu sühnen, aber eine Hoffnung wert und einen redlichen Versuch in deutschen Gedichten. Zu Hilfe habe ich einen Zuchtmeister: Klopstock. (Mein Thema, geschrieben 1961 auf Anregung Hans Benders, einige Worte über seine Arbeiten zu sagen)

Die östlichen Stromlandschaft, »Sarmatien«, eine von antiken Geschichtsschreibern gebrauchte, halb mythische Bezeichnung für den von Slawen bewohnten Raum zwischen Weichsel und Wolga, wird von Bobrowski mit einer seelischen Intensität vergegenwärtigt, die einer Liebeserklärung gleichkommt (*Sarmatische Zeit*, G., 1961). Bobrowski erfuhr sich in dieser Begegnung, die ihn als Lyriker entscheidend geprägt hat, ungeachtet seiner tiefen Sympathie als Eindringling – als Soldat auf eroberter Erde. Das einleitende Gedicht *Anruf* beginnt mit der Nennung zweier altberühmter Städte, in der letzten Strophe mit dem Verweis auf heilige Zeichen (dem Fisch als Christussymbol):

Wilna, Eiche
Du –
Meine Birke,
Nowgorod –
Einst in Wäldern aufflog
Meiner Frühlinge Schrei, meiner Tage
Schritt erscholl überm Fluss.

[…]

Heiliges schwimmt,
ein Fisch,
durch die alten Wälder, die waldigen
Täler noch, der Väter
Rede tönt noch herauf:
Heiß willkommen die Fremden
Du wirst ein Fremder sein. Bald.

Sarmatische Zeit bildet zusammen mit *Schattenland Ströme* (G., 1962) und *Wetterzeichen* (G., 1966) einen Zyklus, in dem, wie Bobrowskis autobiografische Aufzeichnung *Mein Thema* erkennen lässt, nicht zufällig der Raum um Nowgorod mehrmals in Erscheinung tritt – so in den Gedichten *Ilmensee 1941, Kathedrale 1941, Kloster bei Nowgorod* und *Nowgorod (Ankunft des Heiligen)*. Auch Wilna wird wiederholt genannt (*Alter Hof in Wilna*). Die Sammlung enthält aber auch Gedichte auf Bobrowski nahe stehende Autoren (*Ode auf Thomas Chatterton; Hölderlin in Tübingen; Gertrud Kolmar; Else Lasker-Schüler; Nelly Sachs*). Erinnerungen an die Kindheit treten hinzu. In Bildern und Zeichen beschwört er eine Welt, die vergangen ist und auf die er doch nicht verzichten will.

Aber
wer erträgt mich,
den Mann mit geschlossenen Augen,
bösen Mundes, mit Händen,
die halten nichts, der dem Strom
folgt, verdurstend,
der in dem Regen atmet die andere Zeit,
die nicht mehr kommt. (Gegenlicht)

Das Gedicht *Absage* endet: »Dort / war ich. In alter Zeit. / Neues hat nie begonnen. Ich bin ein Mann, / mit seinem Weibe ein Leib, / der seine Kinder aufzieht / für eine Zeit ohne Angst.« Gedichte aus dem Nachlass erschienen zuerst 1970 (*Im Windgesträuch*), der *Briefwechsel* mit Peter Huchel 1993. (→ S. 704)

Einzelgängerinnen

INGE MÜLLER (1925–1966), die erste Frau des Dramatikers Heiner Müller, schrieb gemeinsam mit ihrem Mann, war aber auch eine eigenständige Lyrikerin. Nach ihrem Freitod dauerte es fast noch zwei Jahrzehnte, ehe ihre Gedichte als Buch erschienen (*Wenn ich schon sterben muß*, 1985).

Liebe

Gelernt hab ich
Was hab ich gelernt
Was nicht passt wird entfernt
Was entfernt wird passt.
Ich bitte mich zu entfernen.

Ein Verbrecher bin ich. Halt nichts von Geld
Ich will alles von der Welt.
Du hast Märchen und hast sie schön erzählt
Könnt ich abtragen was dich quält
Wo sind die Freunde hin
Im Geist und im Sinn,

Ach du lieber Augustin
Wie fröhlich ich bin.

CHRISTA REINIG (1926), aus einem Berliner Arbeiterviertel stammend, war Fabrikarbeiterin, dann Blumenbinderin am Alexanderplatz. Von 1950 bis 1953 studierte sie nach dem Abendabitur an der »Arbeiter- und Bauernfakultät«, die Mitarbeiterin an der satirischen Zeitschrift *Ulenspiegel* erhielt aber schon 1951 Publikationsverbot – sie hatte bis dahin kaum etwas veröffentlicht. »Aufbauend«, wie es gewünscht war, äußerte sie sich nicht, ihr Humor gibt sich berlinisch schnoddrig (*Die Ballade vom blutigen Bomme*), begleitet die Outcasts unsentimental, aber mit trockener Sympathie:

Der alte Pirat

Er wollte wohl kein handwerk schustern
und lieber räuber sein und frei
er ging zur see und ließ sich mustern
als bootsmann auf dem »höllenhai«,

doch eines schlimmen tages fischte
ein kriegsschiff kaper samt bemannung
und unser held bestand gerichte,
zuchthäuser, prügel und verbannung.

Bei Sydney ist er ausgeschifft,
sitzt auf dem kai und hält sich stille,
er blättert in der heilgen schrift
und blinzelt über seine brille. (In: *Die Dichterbühne*, 1950)

Die Ablehnung dieser jungen Autorin durch die DDR-Zensurbehörden beruhte keineswegs auf einem Missverständnis. Christa Reinig konnte noch ganz andere Seereisen beschreiben: »Wir kreisen und kreisen um Finisterre / Und schütteln das Eis aus den Haaren. / Die Axt an die Planke! Wir fahren / Kopfüber ins Imaginär.« (*Finisterre*, e. 1949) In einer Satire *Ein Dichter erhielt einen Fragebogen* eröffnete sie den Kulturbehörden der DDR *ihre* Ansicht über die Bedürfnisse des Kulturbetriebs:

Welches halten Sie für die günstigste Voraussetzung zum feh-
lerlosen Ablauf ihres Schaffensprozesses? – ergriffenheit –
Können Sie uns ein Arbeitsmittel nennen, das in unserem
Wirtschaftsbereich nicht als Mangelware eingeplant ist? –
geduld – Welches Material halten Sie bei der Herstellung
Ihrer Kunstwerke für besonders unumgänglich? – wahrheit.

Christa Reinig studierte später an der Humboldt-Universität Kunstgeschichte und Christliche Archäologie, ihr erster Gedichtband erschien 1960 bereits in einem westdeutschen Verlag, 1964 wechselte sie endgültig in die Bundesrepublik. Die DDR hatte, wie sich noch erweisen sollte, eine bemerkenswerte Autorin eingebüßt. (→ S. 799)

EVA STRITTMATTER (1930) literarischer Start vollzog sich in konventionelleren Bahnen. Sie studierte Germanistik, wurde Lektorin und Redakteurin, dann freie Schriftstellerin. Ihr Name erscheint als Autorin neben dem ihres Mannes, Erwin Strittmatter. Dreiundvierzigjährig veröffentlichte sie einen ersten Gedichtband (*Ich mach ein Lied aus Stille*, 1973), dem bald weitere folgten (*Ich schwing mich auf die Schaukel*, 1974; *Ich wart' auf dich im Abendwind*, 1974; *Mondschnee liegt auf den Wiesen*, 1975; *Die eine Rose überwältigt alles*, 1977; *Zwiegespräch*, 1980; *Atem*, 1988). Sie wurde eine erfolgreiche, viel gelesene Autorin, allerdings sah die Kritik sie zuweilen zu sehr in der Nähe der Idylle.

Ich würde gerne etwas sagen,
Was d i r gerecht wird und genügt.
Du hast mich, wie ich bin, ertragen
Und mir, was fehlte, zugefügt.

Es ist nicht leicht, mit mir zu leben,
Und oft war ich dir ungerecht.
Und nie hab ich mich ganz ergeben.
Du hattest auf ein Ganzes Recht.

Doch ich hab viel für mich behalten.
Und dich ließ ich mit dir allein.
Und du halfst mir, mich zu gestalten
Und gegen dich m i r treu zu sein.

Günter Kunert (1929)

Geboren in Berlin, vom Besuch der Oberschule ausgeschlossen und für »wehrunwürdig« erklärt, da er unter die Rassengesetze des Dritten Reiches fiel, wurde Kunert 1943 zunächst Lehrling in einem Textilgeschäft und studierte nach dem Krieg an der Hochschule für angewandte Kunst in Berlin-Weißensee. Von Johannes R. Becher wurde er für die Literatur entdeckt, arbeitete auch für die Funkmedien, geriet aber immer wieder in Konflikt mit den offiziellen Stellen. Er gehörte zu den Erstunterzeichnern der Biermann-Petition und wurde daher 1977 aus der SED ausgeschlossen, deren Mitglied er bereits 1949 geworden war. 1979 kam Kunert mit einem mehrjährigen Visum in die Bundesrepublik, wo er sich bei Itzehoe ansiedelte. In die DDR kehrte er nicht zurück.

Wie Christa Reinig begann Kunert 1947/48 mit Beiträgen für den *Ulenspiegel*, konnte aber danach in der DDR mehrere Bände Gedichte und Satiren veröffentlichen (*Wegschilder und Mauerinschriften*, G., 1950; *Der ewige Detektiv und andere Geschichten*, 1954; *Unter diesem Himmel*, G., 1955; *Tagwerke*, G., 1961). Bereits in dem ersten Gedichtband wird über die Last der jüngsten deutschen Vergangenheit reflektiert, in dem Gedicht *Über einige Davongekommene* folgt dem »Niewieder« ein sarkastisches »jedenfalls nicht gleich«. Kunert, der Marx und Brecht als seine »wesentlichsten Bekanntschaften« bezeichnet hat, verbreitete nach dem Urteil der SED gelegentlich eine »Philosophie der Lebensangst«. Der bereits 1962/63 fertig gestellte Gedichtband *Der ungebetene Gast* (1965) konnte nach dem Vorabdruck einiger Gedichte 1963 in der *Weltbühne* zunächst nicht erscheinen.

ALS UNNÖTIGEN LUXUS
Herzustellen verbot, was die Leute
Lampen nennen,
König Xantos von Tarsos, der
von Geburt Blinde.

Mit *Erinnerung an einen Planeten. Gedichte aus fünfzehn Jahren* (1963) veröffentlichte Kunert zum ersten Mal ein Lyrikbuch im Westen. Aus den Sammlungen *Unschuld der Natur. 52 Figurationen leibhafter Liebe* (1966) und *Offener Ausgang* (1972) sind zahlreiche Gedichte unter den Titeln *Verkündigung des Wetters* (1966) und *Warnung vor Spiegeln* (1970) auch in der Bundesrepublik erschienen, in der er fortan bevorzugt publizierte (*Im weiteren Fortgang*, G., 1974; *Unterwegs nach Utopia*, G., 1977; *Unruhiger Schlaf*, G., 1979; *Abtötungsverfahren*, G., 1980; *Stilleben*, G., 1983; *Berlin bei zeiten*, G., 1987), ohne dass jedoch die Verbindungen zu Ost-Verlagen, wo gelegentlich auch Nachdrucke erschienen sind, abgerissen wären.

Gelegentlich satirisch, immer intellektuell kontrolliert, mit einer Neigung zu sentenziöser Verkürzung, sprachen diese Gedichte ein modernes Lebensgefühl an und waren daher diesseits und jenseits der Grenzen erfolgreich. Von Kunerts anfänglicher Hoffnung auf eine menschenwürdige Zukunft ist in seinen späten Gedichten, die sich auch in der Form gewandelt zeigen, nichts mehr zu spüren. Nach eigener Aussage nahm er Ende der Siebzigerjahre »Abschied von der Utopie, vom Prinzip Hoffnung«. Das unverkennbare Merkmal seiner Lyrik, die Darstellung der fortschreitenden Versteinerung des Lebens und im Gegenzug die Verlebendigung der Steine, blieb durch alle Jahre unberührt.

Was ist denn in dir
und was soll geliebt sein?

Was deine Brüste vortreibt
Die Hüften kurvt was
Wölbung und Bauchung und Regung
und zuckt und da ist?
Was rosenrot schneeweiß und schwarz?
Armkraft Lachmuskel Salzträne?

Was denn wenn nicht
das aller Natur Allerfernste gestempelt
mit dem verachteten veralteten verlogenen
abwaschbaren Wort Mensch.   (→ S. 652, 680, 819)

Die »sächsische Dichterschule«

Wenn es in den frühen Sechzigerjahren die Lyrik ist, die in der DDR am stärksten die für Literatur empfänglichen Gemüter – und die Staatsmacht – erregt, so liegen diesem Phänomen nicht, wie man es von Gedichten eigentlich gewohnt ist, die Schöpfungen von Einzelgängern zugrunde; vielmehr sind sie Ausdruck des Wir-Gefühls einiger Jahrgänge, denen spezifische Erfahrungen und Anliegen gemeinsam sind. Konkret handelt es sich um eine Gruppe von Autoren, die zumeist die Dreißig noch nicht erreicht haben, also etwa um 1935 bis 1940 geboren wurden, eine jähe Häufung von Talenten. Mehrere von ihnen sind Schüler Georg Maurers in Leipzig und merkwürdigerweise alle aus Sachsen gebürtig. Die Gruppe hat einen Mentor, den Düsseldorfer ADOLF ENDLER (1930), der 1955 in die DDR übersiedelt war und von 1955 bis 1957 ebenfalls

am Leipziger Literaturinstitut studiert hatte. Scherzhaft-bewundernd bringt er für seine Schützlinge die Bezeichnung »sächsische Dichterschule« in Umlauf, spricht wohl auch von der »Plejade«, andere sagen »die Generation Volker Brauns«, Sarah Kirsch einfach »unsere Truppe«.

Aus Dresden stammen HEINZ CZECHOWSKI (1935, *Nachmittag eines Liebespaares*, 1962; *Wasserfahrt*, 1967; *Schafe und Sterne*, 1975; *Was mich betrifft*, 1981; *Ich und die Folgen*, 1987), KARL MICKEL (1935–2000, *Lobverse und Beschimpfungen*, 1963; *Vita nova mea, Mein neues Leben*, 1966; *Eisenzeit*, 1975, *Palimpsest*, 1990), BERND K. TRAGELEHN (1936) und VOLKER BRAUN (*Provokation für mich*, 1965, erweitert u. d. T. *Vorläufiges*, 1966; *Wir und nicht sie*, 1970; *Gegen die symmetrische Welt*, 1974; *Training des aufrechten Gangs*, 1979; *Anatomie*, 1989), aus Chemnitz RICHARD LEISING (1934), aus Döbeln RAINER KIRSCH (1934), aus Oelsnitz REINER KUNZE, aus Plauen BERND JENTZSCH, aus der Gegend von Meißen WULF KIRSTEN (1934, *satzanfang*, G., 1970; *der bleibaum*, G., 1977).

Was verbindet diese jungen Lyriker, die zum Teil zunächst nur in Anthologien Gedichte veröffentlichen können und die sehr lebhaft (auch in Versen) miteinander kommunizieren? Es ist ein mit Selbstbewusstsein untermischtes Gefühl, unterwegs zu sein, in eine Zukunft, die veränderungsbedürftig, aber auch veränderungswürdig ist. Volker Braun hat dafür in seinem Gedicht *Anspruch* (in *Vorläufiges*) bezeichnende Worte gefunden.

Kommt uns nicht mit Fertigem. Wir brauchen Halb-
*   fabrikate.*
Weg mit dem Rehbraten – her mit dem Wald und dem
*   Messer.*
Hier herrscht das Experiment und keine steife Routine.
Hier schreit eure Wünsche aus: Empfang beim Leben.
[...]
Für uns sind die Rezepte nicht ausgeschrieben, mein Herr.
Das Leben ist kein Bilderbuch mehr, Mister und keine
*   peinliche Partitur, Fräulein*
Hier wird ab sofort Denken verlangt.
Raus aus den Sesseln, Jungs. Feldbett – meinetwegen
Nicht so feierlich, Genossen, das Denken will heitere Stirnen.
Wer sehnt sich hier nach wilhelminischem Schulterputz?
Unsere Schultern tragen einen Himmel von Sternen. [...]

Ihre Sozialisation haben sie bereits in dem neuen Staat empfangen, der zunächst auch für ihre Zukunft den selbstverständlichen Bezugsrahmen ihres Lebens darstellt und den sie daher als den ihren betrachteten. Sie haben studiert (manche erst nach Umwegen), der

Marxismus bildet für sie eine unabdingbare Bildungsvoraussetzung, der sie sich aber keineswegs blind ausliefern und die sie gelegentlich sogar spielerisch zu nutzen wissen. Rainer Kirsch inszeniert den Dialog seiner Liebenden u. d. T. *Die Dialektik* (»›Des Bleibens ist kein Ort‹– ›Wir sind der aber.‹ / ›Er geht mit uns.‹ – ›So tauch den Blick derweil.‹ / ›Das Licht schmilzt hin.‹ – ›Sein wir die Kandelaber.‹ / ›Tod spaltet die.‹ – ›Ja, stumpfen wir sein Beil.‹ / ›So sehr sagst du, gefalln dir meine Brüste?‹ / › Ich sagte es, wenn ich zu reden wüsste.‹«). Er hat, wie er von sich selbst sagt, Petrarca »nördlich versetzt«, sein *Sonett* weiß auch ganz unpolitisch von den Freuden der Liebe zu reden.

Zugleich sind diese Autoren der »sächsischen Dichterschule« nicht ohne ein spezifisches kulturelles Bewusstsein, das sich in den Themen niederschlägt, die sie behandeln, und im Ton, mit dem sie diese Themen aufgreifen (Karl Mickel, *Alte Dresdner Häuser;* Heinz Czechowski, *Ewald Christian von Kleist*). Bei WULF KIRSTEN (1934), der etwas später in Erscheinung tritt, ist die Bindung an Natur und Kultur der Region besonders spürbar *(Radewitzer Höhen; Gottfried Silbermann).* Der Gedichtband für den er 1987 den Peter-Huchel-Preis erhält, trägt den Titel *die erde bei Meißen* (1986). Aber die Rede ist auch von dem, was alle Spuren einer historischen Landschaft für immer vernichtet, dem Braunkohlenbergbau (Volker Braun, *Durchgearbeitete Landschaft*).

Diese Angehörigen der »mittleren Generation« von DDR-Autoren sind philologisch gebildet und wirken auch als Übersetzer und Lektoren. Ihre gemeinsamen literarischen Vorbilder sind Klopstock, Hölderlin und Erich Arendt. Erfüllt haben sich ihre Zukunftshoffnungen nur zum kleinsten Teil oder gar nicht. Perspektivisch betrachtet sind ihre Gedichtbände fast immer Zeugnisse einer stetig wachsenden Skepsis gegenüber der politischen Ordnung, in der sie aufgewachsen sind, am Anfang aber steht der Versuch zu gemeinsamer konstruktiver Mitwirkung. Vom Wir-Gefühl der Gruppe legen auch Sammelveröffentlichungen Zeugnis ab (*Bekanntschaft mit uns selbst. Gedichte junger Menschen,* G., 1961). BERND JENTZSCH (1940), der Jüngste unter den Genannten, veröffentlichte als Einundzwanzigjähriger den Band *Alphabet des Morgens* (1961), um erst 17 Jahre später wieder mit Gedichten in Erscheinung zu treten. Im Herbst 1976 arbeitete er in Bern an der Zusammenstellung einer Anthologie schweizerischer Dichtung, wandte sich von dort in einem offenen Brief an Honecker gegen die über Biermann und Kunze verhängten Maßnahmen und kehrte nicht mehr in die DDR, wo ihm Gefängnis drohte, zurück. 1992 wurde er Gründungsdirektor des Deutschen Literaturinstituts Leipzig – ein Kreis hatte sich geschlossen.

Gedichte der genannten Autoren bildeten den Kernbestand der Anthologie *In diesem besseren Land* (1966), die von Adolf Endler und Karl Mickel verantwortet wurde. Der Qualitätsanspruch erstreckte sich zweifellos auch auf die Gedichte; was das »bessere Land« betraf, so hatten die Herausgeber eine distanzierte Haltung zu beiden deutschen Staaten erkennen lassen. Die Anthologie löste heftige Diskussionen aus. Endler, der selbst Gedichte schrieb (*Erwacht ohne Furcht,* 1960; *Die Kinder der Nibelungen,* 1964; *Verwirrte klare Botschaften,* 1979; *Akte Endler. Gedichte aus 25 Jahren,* 1981) und sich durch Nachdichtungen aus dem Russischen, Georgischen und Armenischen einen Namen machte, blieb die Auseinandersetzung mit der SED auch persönlich nicht erspart; 1979 wurde er wegen seines Eintretens für Stefan Heym aus dem Schriftstellerverband ausgeschlossen. Für die Subszene am Prenzlauer Berg wurde er später eine der Leitfiguren.

In der Bundesrepublik am bekanntesten wurde von den Genannten zunächst Reiner Kunze.

Reiner Kunze (1933)

Der Sohn eines Bergarbeiters wurde in Oelsnitz im Erzgebirge geboren und zunächst aller Privilegien des im Aufbau befindlichen »Arbeiter- und Bauernstaats« teilhaftig, zu dem er sich uneingeschränkt bekannte. Als Student (Philosophie und Journalistik 1951–55) sowie als Assistent an der Universität Leipzig Zeuge (auch gegen ihn gerichteter) politischer Kampagnen, verlor er jedoch den Glauben an das marxistisch-leninistische Dogma. Es folgte eine physische und psychische Krise, in der auch seine erste Ehe zerbrach. Nach seiner vor der Promotion erfolgten Entlassung als Assistent zunächst Hilfsschlosser im Schwermaschinenbau, 1961/62 in der ČSSR, die er seine »literarische Heimat« nennen wird, danach, verheiratet mit einer tschechischen Ärztin, freier Schriftsteller in Greiz (Thüringen). Kunze trat im Anschluss an die Besetzung der ČSSR durch Truppen des Warschauer Pakts aus der SED aus. Ein daraufhin gegen ihn erlassenes Publikationsverbot wurde erst 1973 partiell aufgehoben. Nach Erscheinen des Prosabandes *Die wunderbaren Jahre* in der Bundesrepublik wurde er 1976 aus dem Schriftstellerverband ausgeschlossen und übersiedelte in die Bundesrepublik, er lebt in Obernzell bei Passau. Kunze erhielt zahlreiche westliche Literaturpreise, 1977 den Büchner-Preis. Mitglied der Bayerischen Akademie der Schönen Künste.

Kunzes dem sozialistischen Realismus verpflichtete Anfänge sind künstlerisch blass, nach seinem eigenen

Reiner Kunze

späteren Urteil nur »peinlich-billige Illustrationen« (*Vögel über dem Tau*, G., 1959; *Aber die Nachtigall jubelt. Liedtexte*, 1962). Seine späteren Gedichte knüpfen an die Kunst Brechts an, dessen schlichten Ausdruck, Technik der Verkürzung und melancholische Tönung er übernommen und um eine unaufdringliche metaphorische Sprechweise erweitert hat. Von befreiender Wirkung war für ihn vor allem die Begegnung mit der tschechischen und slowakischen Dichtung. Sensibler Humor, sensible Sinnlichkeit und ein unantastbarer Mut zeichnen viele seiner Verse aus. Mit wenigen Worten gelingt es ihm, seine bitteren Erfahrungen in einen Kontext zu stellen. Dem Druck des totalitären Staates begegnet er zurückgenommen, aber unmissverständlich, als ein Autor, der nicht vergisst: »Peter Huchel verließ die / Deutsche Demokratische Republik / (Nachricht aus Frankreich) // Er ging / Die Zeitungen meldeten / Keinen Verlust«. *(Gebildete Nation)* Vielsagend ist auch das Gedicht *Das Ende der Kunst* aus der Sammlung *Sensible Wege* (G., 1969), das in erster Fassung bereits 1962 u. d. T. *Prolog* erschien: »Du darfst nicht, sagte die eule zum auerhahn / du darfst nicht die sonne besingen / Die sonne ist nicht wichtig // Der auerhahn nahm / die sonne aus seinem gedicht // Du bist ein künstler, / sagte die sonne zum auerhahn // Und es war schön finster«.

Die Zeilen »der auserlesene Findling / Kind ohne Kindheit / Fremder in eigener Heimat und / verhöhnt«, mit denen Kunze Edgar Allen Poe zu porträtieren suchte, gelten auch ihm selbst (*Zimmerlautstärke*, G., 1972).

Er hat sich schon früh auch als Herausgeber um die Vermittlung von Lyrik bemüht (*Mein Wort ein junger Vogel. Anthologie junger deutscher Lyrik*, 1961).

Als Nachdichter tschechischer Autoren (u. a. Jan Skácel, Jaroslav Seifert) hat Kunze vor, während und nach dem Prager Frühling eine wichtige Mittlerrolle gespielt (*Der Wind mit Namen Jaromir. Nachdichtungen aus dem Tschechischen*, 1961; *Die Tür. Nachdichtungen aus dem Tschechischen*, Anth., 1964). Die Verbundenheit mit den tschechischen Freunden bezeugen auch Zitate aus Kunzes Prosaband *Die wunderbaren Jahre*, die, den auf den Menschen liegenden Druck vergegenwärtigend, gleichsam zu Chiffren eingeschmolzen sind: »1968 // Kommt ins Slavia, wir werden schweigen / Jiri Mahen.« Mahen, ein namhafter Schriftsteller und Redakteur der Zwischenkriegszeit, hatte 1939 Selbstmord begangen. Das Zitat bezieht sich auf das Café Slavia in Brünn, das in den Zwanziger- und Dreißigerjahren ein Künstlertreffpunkt war, erinnert mit dem provokativen Titel *1968* aber auch an die erneute Besetzung der Tschechoslowakei und ihre tragischen Folgen. Kunzes *Die wunderbaren Jahre* bezeugten, noch ehe er die DDR verlassen hatte, dass er für seine Person jeden Kompromiss mit der inhumanen Gewalt verwarf. (→ S. 643, 799)

Sarah Kirsch (1935)

Geboren als Ingrid Bernstein in Limlingerode (Südharz), wechselte die Enkelin eines evangelischen Pfarrers ihren Vornamen aus Protest gegen den von ihrem Vater ungeachtet jüdischer Vorfahren vertretenen Antisemitismus und studierte nach einer abgebrochenen Forstlehre in Halle Biologie, dann am Institut für Literatur »Johannes R. Becher« in Leipzig. 1958 Heirat mit Rainer Kirsch, der in Halle Geschichte und Philosophie studiert hatte, als Anhänger der Philosophie Ernst Blochs aus der Partei ausgeschlossen und von der Universität verwiesen worden war, Zusammenarbeit mit ihm. Als freie Schriftstellerin lebte sie seit 1968 in Berlin (Ost). Nach ihrer Weigerung, die Unterschrift unter die Biermann-Petition zurückzuziehen, aus der SED und dem Schriftstellerverband ausgeschlossen, 1977 Genehmigung ihres Ausreiseantrags nach Berlin (West). 1996 Büchner-Preis. Sarah Kirsch nahm ihren dauernden Wohnsitz in Schleswig-Holstein.

Im biografischen, nicht räumlichen Sinn gehörte auch Sarah Kirsch zur »sächsischen Dichterschule«. Die Landschaft ihrer Kindheit, der Harz, vermittelte ihr prägende Natureindrücke, Adalbert Stifter eine grundlegende literarische Erfahrung; seit Anfang der Sechzigerjahre ist sie als sensible Lyrikerin (*Gespräch mit dem Saurier*, G., zusammen mit Rainer Kirsch; *Landaufent-*

Sarah Kirsch

halt, G., 1967) bekannt geworden. Ihre frühen Gedichte sind von einer ausgeprägten Bildhaftigkeit, sie meiden fließende Formen, wirken stockend und widersetzen sich häufig üblicher Wahrnehmung. Die Schwierigkeit sich zurechtzufinden zwischen dem Bedürfnis, ungestört nur sich selbst zu gehören, und der Sehnsucht nach Nähe, Geborgenheit und Liebe, findet sich als durchgehendes Thema – Glück erscheint daher nicht selten in Verbindung mit Trauer und umgekehrt. Auch politische Ernüchterung und Desillusionierung spielen in ihren vielschichtigen Gedichten eine wichtige Rolle. Der letzte in der DDR erschienene Gedichtband *Rückenwind* (1976) enthält den Zyklus *Wiepersdorf*, so benannt nach dem gleichnamigen märkischen Dorf mit dem Arnim'schen Schloss, das Schriftstellern zu zeitlich befristeten Arbeitsaufenthalten diente. Sarah Kirsch spricht von ihrer Einsamkeit und unbestimmten Erwartung, spielt an auf Bettina von Arnims Anklageschrift *Dies Buch gehört dem König* und erinnert zugleich an das Polizeiregime des SED-Staates:

Dieser Abend, Bettina, es ist
Alles beim alten. Immer
Sind wir allein, wenn wir den Königen schreiben
Denen des Herzens und jenen
Des Staats. Und noch
Erschrickt unser Herz
Wenn auf der anderen Seite des Hauses
Ein Wagen zu hören ist.

Ähnlich doppelbödig ist das Gedicht *Der Schnee liegt schwarz in meiner Stadt* – unter dem Schnee liegt der vergessene Judenfriedhof. Die Natur wird von Sarah Kirsch intensiv vergegenwärtigt, sie findet aber nicht um ihrer selbst willen Erwähnung, sie ist literarisch überhöht, transportiert Bedeutung.

Sarah Kirsch gehörte zu den ersten Autorinnen und Autoren, die sich gegen die Ausbürgerung Wolf Biermanns wandten, die daraus entstandene Auseinandersetzung hatte ihren Umzug in die Bundesrepublik zur Folge. (→ S. 654, 803, 819)

Wolf Biermann (1936)

Geboren in Hamburg. Biermanns Vater, Jude und Kommunist, Mitarbeiter Ernst Thälmanns und als Maschinenbauer auf der Deutschen Werft im Widerstand tätig, wurde im Geburtsjahr des Sohnes inhaftiert und 1943 im KZ Auschwitz ermordet. Auch die Mutter war aktive Kommunistin, sie erzog den Sohn im Geiste des Vaters und der Partei. Biermann wurde – die KPD war im Westdeutschland der Nachkriegszeit noch nicht verboten – Mitglied der »Jungen Pioniere«, nahm 1950 am Weltjugendtreffen in Berlin (Ost) teil und übersiedelte 1953 in die DDR, wo er zunächst politische Ökonomie studierte, von 1957–59 als Regieassistent am Berliner Ensemble arbeitete und von 1959–63 noch ein Philosophie- und Mathematikstudium anschloss. Für das von ihm 1961/62 gegründete »Berliner Arbeiter- und Bauerntheater« in einem alten Hinterhofkino am Prenzlauer Berg wurde ihm noch vor der ersten Aufführung die Betriebserlaubnis entzogen. Biermann selbst wurden Auftritte 1962 befristet, 1965 dauernd untersagt. Verbunden damit war ein Veröffentlichungs- und Ausreiseverbot, sodass Biermann nur im Westen publizieren konnte und von seinem Publikum in beiden deutschen Staaten weitgehend isoliert blieb; seine Lieder wurden allerdings unter der Hand weiterverbreitet. 1976, im selben Jahr, in dem er erstmals wieder in einer evangelischen Kirchengemeinde in Prenzlau hatte auftreten dürfen, wurde er während einer von der IG Metall organisierten Konzertreise in der Bundesrepublik von den DDR-Behörden ausgebürgert. Er lebt in Hamburg-Altona. 1991 Büchner-Preis.

Im denkbar größten Gegensatz zu den leisen Stilmitteln eines Reiner Kunze stand die vehemente Provokationslust Biermanns. Neben Villon und Heine fand der von Hanns Eisler geförderte Liedermacher in Brecht sein wichtigstes Vorbild, sah sich allerdings in eine Situation versetzt, die keinen ermutigenden Ausblick in die Zukunft erlaubte. Im Anschluss an Brechts bekanntes Gedicht *An die Nachgeborenen* hat er die Perspektive, die sich ihm bot, aufgezeigt: »Auch das, Meister, sind – und in Prosa – deine / Nachgeborenen: nachgeborene Vorgestorbene / Voller Nachsicht nur mit sich selber / Öfter noch als die Schuhe die Haltung

Wolf Biermann während seines Konzerts in Köln am 13.11.1976

Drahtharfe, 1965), wurde daraus abgeleitet, er habe den Klassenstandpunkt des Proletariats verlassen und eine grundsätzliche Abkehr vom Sozialismus in der DDR vollzogen. »Skeptizismus« und »spießbürgerliches, anarchistisches Verhalten« (E. Honecker) lauteten nun die Vorwürfe, die ihn verstummen machen sollten – vergeblich, wie sich zeigte: »Es senkt das deutsche Dunkel / Sich über mein Gemüt / Es dunkelt übermächtig / in meinem Lied // Das kommt, weil ich mein Deutschland / So tief zerrissen seh / Ich lieg in der besseren Hälfte / Und habe doppelt Weh.«

Die in den folgenden Sammlungen (*Mit Marx- und Engelszungen*, 1968; *Für meine Genossen. Hetzlieder*, 1972; *Deutschland, ein Wintermärchen*, 1972) enthaltenen Gedichte zeigen neben Zügen der bereits genannten Vorbilder solche des Soldatenlieds und des Bänkelsangs. Biermann, der darauf beharrte, eine für einen humanen Sozialismus notwendige Kritikerrolle zu vertreten (»Die Zufrühgekommenen sind nicht gern gesehen / Aber ihre Milch trinkt man dann«, heißt es in *Frühzeit*), legte sich seinerseits keine Zurückhaltung mehr auf.

»Wenn Biermann solche Lieder singt
Dann wird ihm was passieren
Dann kommt mal statt des Milchmanns früh
Wer anders zum Kassieren.«
– Die Drohung schrie Horst Sindermann
Der Gouverneur in Halle

Wie aber wird der Herr erst schrein
Im umgekehrten Falle:
Wenn eines schönen Morgens die
Bier- und Milchmänner quasi
Vor seiner Tür stehn, aber nicht
Die Jungens von der Stasi

»Ach Sindermann, du blinder Mann
Du richtest nur noch Schaden an
Du liegst nicht schief du liegst schon quer!
du machst mich populär« …
»Und steht der Vers auf ‚Sindermann'
Im Lesebuch der Kinder dann
Wird er was er gern heut schon wär
– Na was wohl? – populär«

wechselnd / Stimmt: ihre Stimme ist nicht mehr heiser / – Sie haben ja nichts mehr zu sagen / Nicht mehr verzerrt sind ihre Züge, stimmt: / Denn gesichtslos sind sie geworden. Geworden / Ist endlich der Mensch dem Wolfe ein Wolf // Brecht, deine Nachgeborenen / Von Zeit zu Zeit suchen diese mich heim.«

Auch Biermann wollte verändernd wirken, denn »die Gegenwart […] schreit nach Veränderung«. Seine Lieder und Balladen, die er zur Gitarre sang oder sprach, hatten von Anfang an eine aggressive, moritatenähnliche oder sarkastische Note. Die von Stephan Hermlin als Sekretär der Sektion Lyrik bei der Deutschen Akademie der Künste angeregte Lesung junger Autoren im Dezember 1962 ist vor allem als das Debüt Biermanns in Erinnerung geblieben. Bereits dieser Auftritt führte zu einem sechsmonatigen Verbot weiterer Darstellungen und zum Parteiausschluss. Als Biermann fortfuhr zu kritisieren, das bürokratische Zwangsregime der SED ebenso wie den amerikanischen Krieg in Vietnam, und einen ersten Band mit Liedern und Gedichten in einem Westberliner Verlag erscheinen ließ (*Die*

Biermanns Konsequenz ist »nicht Hass, sondern Trauer« (F. J. Raddatz). Die Frage nach dem Menschen ist für ihn durch die Veränderung des Systems nicht erledigt. Sein *Portrait eines alten Mannes* beschreibt mahnend einen gescheiterten »Weltveränderer: Die Welt / Er hat sie verändert, nicht aber sich selbst / Seine Werke, sie sind am Ziel, er aber ist am Ende. […] // Das seht, Genossen, und zittert.«

(→ S.801)

Rückblicke. Fehlende Hoffnungen

Die Lyrik der Siebziger- und Achtzigerjahre erscheint, auf das Ganze hin betrachtet, von Unsicherheit und Resignation geprägt. Die Wortführer der ersten Stunde, soweit sie am Leben und in der DDR geblieben waren, ebenso wie die mittlere Generation, die nach 1960 hervortrat, sahen ihre Erwartungen von einst als unerfüllt an. Volker Braun hat die erfolgte »Konsolidierung« in dem Gedichtband *Langsamer knirschender Morgen* (1987) erbittert beschrieben.

Auf der obersten Sprosse, jubelbefohlen
Mit starrem Lächeln, zeitungsreif
Voll Errungenschaften mit ausgefallenen Haaren
Schreitet sie, pausenlos von sich selber sabbernd
An diesem zukurzgekommenen Morgen
Der sich bürokratisch verheddert zwischen 9 und 10
Schreitet sie, den Status quo im Schilde
Schleimscheißend, zähneknirschend, wirsch
Der Lude der Macht, ohne nach dir zu fragen
Schreitet sie herrlich auf der Stelle fort
Ihr totes Kind verborgen im flatternden Schoß.

Von den zwischen 1944 und 1949 Geborenen – unter ihnen THOMAS ROSENLÖCHER (1947, *Ich lag im Garten bei Kleinzschachwitz*, 1981) und RICHARD PIETRASS (*Freilichtmuseum*, 1982; *Spielball*, 1987) hat man von einer »Zwischengeneration« gesprochen, die von keiner Aufbruchstimmung mehr, aber auch noch nicht von einer ungeteilten Verweigerungshaltung geprägt war. Die Jungen aber, die nun ihren Weg beginnen, begegneten nur noch den Symptomen einer tiefen geistigen Krise. Das deutlichste Zeichen dafür war die fortgesetzte Abwanderung von Schriftstellern, die staatlicherseits mittlerweile toleriert, wenn nicht gefördert wurde. Der fortgesetzte Substanzverlust ließ neue Gruppierungen kaum entstehen, Einzelgänger aber – und angehende Lyriker sind das gewissermaßen von Natur – neigten nun vermehrt dazu, sich sozial nicht zu binden, sondern einen Platz am Rand der Gesellschaft zu suchen. Quartiere wie der Prenzlauer Berg in Berlin bezogen daher ihre Anziehungskraft. In welchem Maße gerade die »Boheme« vom Staatssicherheitsdienst unterwandert war, wurde erst später bekannt.

Die Produktion der Verlage vermittelte allerdings einen anderen Eindruck. Etablierte Autoren legten Sammelbände vor, und in ihnen ist noch viel von einer älteren Zeitstimmung lebendig. Von PETER HACKS erschien eine Gesamtausgabe *Die Gedichte* (1988), die auch die zahlreichen Lieder aus den Stücken von *Die Schlacht bei Lobositz* und *Margarete in Aix* sowie die Arien und Ensembles zu *Noch einen Löffel Gift,*

Liebling? und *Omphale* einschloss. Den Gedichtautor Hacks zeichnen alle Vorzüge und Eigenarten des Dramatikers aus, das bedeutet, ein Lyriker ist er eigentlich nicht und bekennt es auch – aber er ist formgewandt und voller Witz, demonstriert eine heitere, diesseitige Sinnlichkeit und nimmt auch gelegentlichen Anflügen von Melancholie alle Schwere: »Liebe und Rohheit, zwei Schiffe, sie fahren / Über den Ozean der Zeit. / Die Rohheit kommt abhanden mit den Jahren. / Die Liebe bleibt in Ewigkeit« (*Die schöne Helena*, Schlusschor). Nicht enthalten waren Hacks liebenswürdige Gedichte für Kinder (*Der Flohmarkt,* 1965). FRITZ RUDOLF FRIES, der bis dahin als Lyriker nicht hervorgetreten war, überraschte mit einem Gedichtband *Herbsttage in Niederbarnim* (1988), der Texte aus drei Jahrzehnten umfasste – Gelegenheitsgedichte, aber auch an Künstler und Schriftsteller adressiert, die Fries geistig nahe standen.

Manche Autoren der jüngeren Generation verhielten sich ihren Vorläufern gegenüber bereits sehr distanziert, so der Mecklenburger BERT PAPENFUSS-GOREK (1956, *dreizehntanz*, G., 1988), gelernter Elektrofacharbeiter, dann an Bühnen in Schwerin und Berlin (Ost) tätig, der mit Rockgruppen zusammenarbeitete, Künstler des Dada, Arno Schmidt und Ernst Jandl zu seinen Leitbildern zählte, dagegen Wolf Biermann Sentimentalität vorwarf (»Liedermacherei bei Kerzenschein«). Papenfuß-Gorek publizierte gelegentlich zusammen mit SASCHA ANDERSON (1953), der sich 1991 allerdings als Informant des Staatssicherheitsdienstes entpuppte. Als solcher hatte er noch nach seinem Übertritt in die Bundesrepublik 1986 Kollegen, die vor ihm ausgereist waren, observiert. (→ S. 818)

Eine Ausnahmeerscheinung bildete WOLFGANG HILBIG (1941), von dem 1983 der Band *stimme stimme* erschien, eine auch mit Prosa angereicherte, neue Zusammenstellung seiner ersten Lyrikpublikation in der Bundesrepublik (*abwesenheit,* 1979). Hilbig war in einer Bergarbeiterfamilie aufgewachsen, hatte verschiedene praktische Berufe ausgeübt (in den Siebzigerjahren war er Heizer) und war fast ohne Kontakte zur literarischen Szene. Entdeckt hatte ihn Franz Fühmann. Hilbigs Lyrik wirkt düster und schwer, aber sie ist kraftvoll und neigt zu hymnischen Formen. 1985 verließ er die DDR.

UWE KOLBE (1957) verfügte, wie bereits die ersten Gedichte zeigten, die er 1976 als Neunzehnjähriger in *Sinn und Form* veröffentlichte, über eine ausgeprägte poetische Sensibilität. Subjektive Schreibhaltung, nüchterne Sprache und ein schnörkelloser Rhythmus bestimmten von Anfang an seinen Ton: »die schuldigen / sterben, leider, meist / an schnupfen / in einem großen bett / nahe beim flughafen / also / eines natürlichen todes.« 1980 erschien sein erster Gedichtband *Hineingeboren*, dessen Titel die Situation der jungen Schriftsteller in der DDR ins Auge fasst, die keinen anderen Staat kennen. Wie noch andere seiner Generation versuchte Kolbe, aus der Zwangsgesellschaft DDR auszubrechen, indem er sich weigerte, die »Kollektivlüge der herrschenden Sprache« zu übernehmen. Er brach jedoch nicht mit sprachlichen, orthographischen und formalen Konventionen, sondern bediente sich zumeist alter Muster. Seine Gedichte erinnern an Gottfried Benn, auch an Pablo Neruda und Wladimir Majakowski. Sie verweigern sich jeder Hoffnung, die auf Ideologien setzt, zeigen das in der subjektiven Wahrnehmung Gegebene, verzichten auf Kommentierung. So heißt es in dem Gedicht *Für den Anfang:* »Ich aber suche endets dreist im Wahne / ein undeutsch (und drum ungeteiltes) Land, / gleich weit entfernt von Daimlerland / und Preußen.« Kolbes zweitem Gedichtband *Abschiede und andere Liebesgedichte* (1981) folgte nach einem faktischen Berufsverbot in den Jahren 1982 bis 1985 die Gedichtsammlung *Bornholm II* (1986). 1990 erschienen unter dem Titel *Vaterlandkanal. Ein Fahrtenbuch* kurze Prosastücke und Gedichte, die sich mit der Identitätskrise derer beschäftigen, denen die Heimat von einst fraglich geworden war und die das, was sich ihnen neu eröffnete, nur distanziert aufzunehmen vermochten.

Am härtesten traf der Prozess der Wende die Gruppe der Reformsozialisten, die bis zuletzt an der Vision eines »Sozialismus mit menschlichem Antlitz« festgehalten und die große Kundgebung vom 4. November 1989 auf dem Berliner Alexanderplatz in völliger Verkennung der Realität sogar als Hoffnungszeichen gewertet hatten. Unter dem 4./5. August 1990 veröffentlichte das *Neue Deutschland* auf der ersten Seite ohne Überschrift VOLKER BRAUNS Gedicht *Das Eigentum* (später auch u. d. T. *Nachruf*).

Da bin ich noch: mein Land geht in den Westen.
KRIEG DEN HÜTTEN FRIEDE DEN PALÄSTEN.
Ich selber habe ihm den Tritt versetzt.
Es wirft sich weg und seine magre Zierde.
Und ich kann bleiben, wo der Pfeffer wächst.
Und unverständlich wird mein ganzer Text.
Was ich niemals besaß, wird mir entrissen.
Was ich nicht lebte, werd ich ewig missen.
Die Hoffnung lag im Weg wie eine Falle.
Mein Eigentum, jetzt habt ihrs auf der Kralle.
Wann sag ich wieder m e i n und meine alle.

Erzählprosa

An einem fehlte es der jungen DDR gewiss nicht: an älteren Erzählern. Der »erste Arbeiter-und-Bauern-Staat auf deutschem Boden« war nicht so uneingeschränkt »der Zukunft zugewandt«, wie es seine Hymne und die inflationär verwendeten Spruchbänder verhießen, die das bereits Erreichte und die sicher bevorstehenden künftigen Erfolge feierten. In gewisser Weise war dies eine unvermeidliche Folge des Zurückliegenden: Die das Neue in Aussicht stellten und einleiteten, die Schriftsteller nicht anders als die übrige geistige und politische Führungsschicht, waren allesamt Überlebende. Nach dem erzwungenen Exodus am Beginn der NS-Zeit bildete ihre ehrenvolle Rückkehr und Versorgung mehr als nur einen Akt der Gerechtigkeit. Unbelastete Fachleute und Vorbilder waren rar, sie waren willkommen. Das Bekenntnis der »antifaschistischen« Literaten zum dereinst sozialistischen Staat, war für den Wiederaufbau ein Gewinn, der mit Stolz quittiert wurde. Gleichwohl war um die Paten des Neuen bereits ein Hauch des Gestrigen, sie repräsentierten eine zwar noch nicht lange zurückliegende, aber doch vergangene Epoche, gewissermaßen verlängerten sie mit ihren Kunstmitteln das epische neunzehnte Jahrhundert. Zwei Weltkriege lagen hinter ihnen, anders ausgedrückt, ein zweiter Dreißigjähriger Krieg, Revolution, Gewaltherrschaft, und das alles war noch wirklich nicht zu Ende. Zur Schauseite totalitärer Systeme – ein solches war die DDR von Anfang an – gehört die erklärte oder doch schweigende Zustimmung aller, mithin auch die vorgebliche Eintracht zwischen den Generationen. Aber nur die jeweils jüngste von ihnen erlebt die Gegenwart ohne die Bürde des Gewesenen und ohne Abstand. Die älteren Erzähler, fast allesamt Exilheimkehrer, mochten sich der unbelehrten Jugend nahe fühlen, aber sie verwalteten das Imperfekt. Ihre Romane passten nur bedingt zu den realen Nöten der Nachkriegsjahre, wenn sie das Warum der eingetretenen Katastrophe und den einzuschlagenden Weg in die bessere Zukunft zu weisen suchten.

Im Präsens lebte, was noch ungefiltert, ergebnisoffen war, die ihrer selbst noch kaum bewussten Erwartungen – und erneute, so ungehemmte wie lautstarke politische Indoktrination. Der historische Prozess bedarf der folgerichtigen Erklärung, also geht es nicht ohne Geschichte. Aber nicht immer hilft die Kenntnis der Zusammenhänge, wie eine ältere Generation sie verstanden hat und weitergibt, den Nachfolgenden. Auch in der DDR gab es ein Heute, das nicht nach Gründen fragte, das unbefangen nur leben wollte und seine Maßstäbe nicht zuletzt danach wählte, wie man sich anderswo einrichtete.

Zielsuchende aus aller Welt

Untereinander waren die Ankömmlinge sehr verschieden. Von einigen der mittlerweile alt gewordenen oder doch an der Schwelle des Alters stehenden Autoren ließe sich sagen, dass sie mehr aus politischen und sozialen als aus künstlerischen Rücksichten zum Schreiben angeregt worden waren, so von dem aus Mexiko heimgekehrten LUDWIG RENN, dessen einst weltweites Ansehen zuletzt darauf gründete, dass er den Krieg beschrieben hatte, wie er ihn kannte. Ihm ging es um die ganz unliterarische, einfach scheinende Wahrheit, er bedurfte keiner heroischen oder melodramatischen Pose, wenn ihn an Phantasie, Imaginationskraft und Stil viele übertrafen, tangierte das den menschlichen Wert seiner Aussage nicht. Aus adliger, dem Herrscherhaus nahe stehender Familie, war er seit Jahrzehnten ein zuverlässiger Genosse, um den die Nationalsozialisten vergeblich geworben hatten. Es gab noch andere solcher schriftstellernder Parteisoldaten und mit deutlich begrenzterer Weltkenntnis, als Renn sie gewonnen hatte: Was sie wussten, hatten sie erzählt, ein respektables, mittlerweile abgeschlossenes Kapitel. Für manche von ihnen bedeutete die DDR ein endlich erreichtes Ziel: »Ich bin doch nur angekommen in dem Land, zu dem ich immer unterwegs war«, resümierte Eduard Claudius 1947 seine Übersiedlung aus Westdeutschland nach Potsdam.

Wieder andere Schreiber waren (groß-)bürgerlicher Herkunft, manche von ihnen erfahrene, ihres Publikums sichere Romanciers, in mehr oder weniger ausgeprägter Weise politisch links orientierte Gegner und Opfer der kulturellen Barbarei, die zwölf Jahre lang das Land terrorisiert hatte. Die DDR, den übergreifenden Konsens suchend, warb auch um sie, und aus allen Himmelsrichtungen kehrten sie zurück, aus der Sowjetunion, aus Amerika und Palästina, sogar Ausländer wie der aus dem Proletariat stammende dänische Romancier und Novellist Martin Andersen Nexö (1869 bis 1954), der 1941 verhaftet und über Schweden in die UdSSR geflohen war; er starb in Dresden.

Hans Mayer hat gelegentlich von einer »Ersatz-Klassik« gesprochen, mit der die »volksdemokratische« Republik sich gleich zu Anfang umgeben habe. Der literarischen Moderne gehörten auch die Bedeutendsten unter den Ankömmlingen nicht an. Dies galt unter den gegebenen Umständen allerdings nicht als Man-

gel, denn Verbindungen zu den Kunstrichtungen, die im westlichen Ausland die Zeitstimmung repräsentierten, waren eher unerwünscht, gegebenenfalls problematisch. Seltener als in den benachbarten Volksdemokratien (das trug der DDR dort sogar gelegentlich Geringschätzung ein) wagte man, die aus Moskau kommenden Aufforderungen zu überhören. Die SED-Kulturgewaltigen hatten das Pulver gegen die Moderne nicht erfunden, aber sie unterließen es auch nicht, mit den Wölfen zu heulen. Den Ruch der Barbarei, wie ihn die Nazis verdientermaßen bald auf sich gezogen hatten, brauchten sie dennoch nicht zu fürchten. In den Augen der Weltöffentlichkeit bildete die Garde linker Schriftsteller, mit der sie sich umgeben hatten, immerhin eine literarische Elite aus eigenem (älterem) Recht, mit der man »Staat machen« konnte.

Heinrich Mann, den der Tod an der geplanten Übersiedlung gehindert hatte, stand neben Johannes R. Becher an der Spitze dieser Hierarchie. Kaum geringeres Ansehen genoss Anna Seghers, die sich stets zum Kommunismus bekannt und bei ihrer Rückkehr nach Europa bewusst für die DDR entschieden hatte. Aber auch gesellschaftskritische Schriftsteller der Weimarer Republik, die mit dem politischen Neuanfang zwischen Elbe und Oder zumindest sympathisierten, wenngleich sie wie der von der kalifornischen und der Tantiemen-Sonne verwöhnte Lion Feuchtwanger auf einen Umzug verzichteten, wurden dort zu den literarischen Wegbereitern gezählt. Sie sahen sich in jeder nur erdenklichen Weise geehrt, ihre Werke waren in hohen Auflagen verbreitet. In den Anfangsjahren der DDR bestimmte die in der NS-Zeit verdrängte »antifaschistische« Literatur fast gänzlich das Erscheinungsbild – nicht eigentlich des buchhändlerischen Marktes, denn von einem solchen ließ sich in der Planwirtschaft nicht sprechen, aber des verwalteten Kulturlebens. Die Literatur der Jungen gewann erst später bestimmendes Gewicht, einen der »Gruppe 47« vergleichbaren Zusammenschluss gab es zu keiner Zeit.

Drei Generationen

Ungeachtet der ihnen gewährten, vermeintlich günstigen Bedingungen fanden sich die Rückkehrer in der veränderten Umwelt künstlerisch nur schwer zurecht. Sie übernahmen kulturpolitische, auch diplomatische Funktionen und Ämter, aber als Autoren blieben sie hinter dem, was sie früher geschrieben hatten, zurück. Ihre Privilegien erschwerten ihnen den Zugang zu den Alltagsproblemen der Menschen, denen sie vorwiegend bei Lesungen begegneten. Aufgrund ihres Ansehens einigermaßen vor doktrinärer Kritik geschützt, waren sie gleichzeitig in ihrer Freiheit eingeengt, Mitglieder eines Establishments, das viel zu verlieren hatte und das das in den Jahren des Kampfes Erlittene respektiert sehen wollte. Zweifel am eingeschlagenen Weg mochten sie gelegentlich beschleichen, aber die durften nicht offenbar werden.

Und auch die Vergangenheit, vielmehr deren künstlerische Behandlung, war problematisch. Erklärtes Ziel der staatlichen Kulturpolitik der Nachkriegsjahre war die »demokratische Erneuerung Deutschlands« auf dem Wege der Bündelung aller nicht durch die »Reaktion« infiltrierten Kräfte, mithin das stets wiederholte Bestreben, das Anna Seghers nach ihrer Rückkehr aus dem mexikanischen Exil 1947 als Frage formuliert hatte: »Was muss geschehen, damit das Grauen nie mehr wiederkommt?« Mit Brecht und vielen anderen war sie der Meinung, gerade die Literatur müsse den Prozess des Umdenkens unterstützen. Zumindest bei der jüngeren Generation war die Bereitschaft zu einer veränderten Sicht der deutschen Verhältnisse und zu einem Neubeginn gegeben. Von Anfang an standen jedoch diejenigen, die über das Geschehene aufklären sollten, vor dem Problem, dass sie zwar über die historische Rolle und die Verbrechen des »Faschismus«, nicht aber über die des Stalinismus zu sprechen gehalten waren. Die parteiamtliche Terminologie unterschied nicht zwischen dem Nationalsozialismus und anderen rechtstotalitären Systemen. Das Gegeneinander der Weltanschauungen wurde in das marxistische Schema des Klassenkampfes gepresst, in dem für die irrationale Seite des deutschen Faschismus – seinen verhängnisvollen Rassenwahn, seinen übersteigerten Nationalismus – gar kein Platz war. An den Konzentrationslagern interessierte vor allem der kommunistische Widerstand, vom Mord an den Juden war kaum die Rede. Es lief alles auf den Kampf zwischen Reaktion und Fortschritt, mit dem vorgeblich gesetzmäßigen Sieg des Letzteren hinaus. Das Schweigen über die Verbrechen des Stalinismus, der stattdessen angesagte Stalinkult und überschwängliche Philosowjetismus bedeutete ein verhängnisvolles Tabu. Ausführungen über problematische Vorgänge in der Geschichte der Bruderpartei beziehungsweise der Sowjetunion wurden auch in den Manuskripten bekannter Autoren mit deren mehr oder weniger erzwungenem Einverständnis gestrichen. Die Bekenntnisse Chruschtschows in seiner Geheimrede auf dem XX. Parteitag der KPdSU 1956 kamen unerwartet und man zeigte sich zunächst beflissen um Schadensbegrenzung bemüht.

Dem Geschichtsbild der DDR fehlte es an Glaubwürdigkeit, darunter litt auch der Wahrheitsanspruch der ersten Autorengeneration, der es an Wissen und historischer Erfahrung nicht fehlte. Insofern hatte es die folgende, »mittlere« Generation anfänglich leichter, weil sie an zurückliegenden Fehlentwicklungen keine persönliche Mitschuld trug und sich ein Weltbild zimmerte mit den Bausteinen, die man ihr reichte. Die DDR begriff sie als *ihren* Staat, der zwar als veränderungsbedürftig erschien, ihr aber zugleich als veränderungs*fähig* galt, auf den sie um der uneingelösten Utopie eines wirklichen Sozialismus willen gewissermaßen wider die Hoffnung setzte und daher mehrheitlich nicht preisgab.

Die Desillusionierung erfolgte in unterschiedlicher Weise, sie ließ aber keinen Autor aus. Das grundsätzliche Dilemma konnte kein Kompromiss und kein wie immer geartetes Taktieren aus der Welt schaffen. Singulär, gewissermaßen wie im Zeitraffer, verlief die Entwicklung des bedeutendsten Erzählers, der in der DDR aufwuchs, UWE JOHNSON. Bereits sein erster Roman *Ingrid Babendererde* (postum 1985, e. 1953) spiegelt, beeinflusst durch den Kirchenkampf, wie ihn der Zweiundzwanzigjährige als Student und FDJ-Sekretär in Rostock erlebte, den verlorenen Glauben an einen humanen Neuanfang. Bei DDR-Verlagen war Johnson mit seinem Manuskript durchweg auf Ablehnung gestoßen, zu politischen Änderungen wie der Aufbau-Verlag sie anmahnte, war er im geforderten Umfang nicht bereit. Abgelehnt wurde dieser noch nach traditionellem Muster erzählte Roman damals zwar auch von Peter Suhrkamp und seinen Lektoren. Er war jedoch vielversprechend genug, dass die folgenden, künstlerisch ungleich moderneren *Mutmaßungen über Jakob* von Anfang an durch den Frankfurter Verlag gefördert wurden. Noch im Erscheinungsjahr verließ Johnson die DDR, er blieb dort auch künftig ungedruckt. Die Kritik in der Bundesrepublik erkannte sogleich den Rang seines zweiten Buches, sah in ihm überdies den »Roman der beiden Deutschland« (G. Blöcker) – eine Zuschreibung gegen die sich Johnson heftig wehrte. Hans Magnus Enzensberger sprach von den *Mutmaßungen* damals als von der »großen Ausnahme«: Sie hatten in seiner Sicht »den unschätzbaren Vorzug, weder hierher noch dorthin zu gehören.«

Die dritte und letzte Autorengeneration, die in den späten Siebziger- und Achtzigerjahren zu schreiben begann, war kaum noch von positiven Erwartungen geleitet. In weitaus geringerem Maße als ihre Vorgänger sahen sie sich mit ideologischen Forderungen konfrontiert. Der vorherrschenden politischen und wirtschaftlichen Stagnation entsprach eine vergleichsweise gesichtslose Kulturpolitik, zuweilen konnte man den Eindruck gewinnen, als erwarte die Partei von den Schriftstellern nichts mehr und wollte sich nur ihrerseits möglichst wenig in Frage gestellt sehen. Es ging also eher um eine Art Burgfrieden als um Konfrontation. Die Zensur ließ gelegentlich die Muskeln spielen, aber dem folgten wieder Akte der Nachgiebigkeit. Auch der Schriftstellerverband hatte an Bedeutung verloren. Sein Präsident Hermann Kant redete, wie stets, die Dinge schön. Auf dem IX. Schriftstellerkongress 1983 sprach ein Mitglied das Problem der Altersstruktur an. »Im vorliegenden Rechenschaftsbericht lesen wir, dass der Verband 832 Mitglieder zählt. Von ihnen ist ein einziges Mitglied unter dreißig Jahre alt, es repräsentiert 0,1 Prozent der Gesamtmitgliedschaft. Im Alter zwischen einunddreißig und vierzig sind 62 Mitglieder; ihr Anteil am Gesamtverband beträgt 7,4 Prozent.« (H. Mager) Bereits vor der Öffnung der Grenzen bewegte sich die Literatur der beiden deutschen Staaten wieder aufeinander zu, erscheint die Literatur der DDR für sich allein genommen fast orientierungslos. Die wichtigsten Neuerscheinungen, etwa die Romane Monika Marons, wurden sogleich (und nur) im Westen verlegt. Die jungen Autoren sahen die Wirklichkeit offensichtlich ohne Illusionen. Aber die meisten von ihnen waren noch nicht überregional bekannt, als der Untergang der DDR die literarische Szene von Grund auf veränderte.

Ein Jahr vor dem Fall der Mauer, 1988, erschien in der *Neuen Deutschen Literatur* unter dem an die DEFA-Wochenschauen erinnernden Titel *Der Augenzeuge* eine bezeichnende Anekdote von Volker Braun:

Als ein Arbeiter in S., der schon Rente bezog, und der im Parteilehrjahr einen Vortrag über den faulenden und sterbenden Kapitalismus gehört hatte – worüber dann weitläufig gesprochen worden war –, von einer Reise zu seinem Sohn im Westen zurückkehrte und, halb im Scherz, beim nächsten Zirkelabend gefragt wurde, wie es denn nun im faulenden und sterbenden Kapitalismus gewesen sei?, sagte er bedächtig: »Ja, Genossen – aber es ist ein schöner Tod.«

Nur eine ausführliche Interpretation könnte die – damals für jeden DDR-Bürger verständliche – Fülle von Anspielungen, die diese in ihrer lakonischen List an Kleist geschulte Anekdote enthält, aufschlüsseln. Da wir über die Vorgeschichte und die Gedanken der Beteiligten nur das Nötigste erfahren, kann sie auch bis zu einem gewissen Grad unterschiedlich gelesen

werden. In ihrem ironischen Kern ist sie jedoch ohne weiteres verständlich, in der Erkenntnis, getäuscht worden zu sein und Teil gehabt zu haben an einer Täuschung, bis unübersehbar vor Augen trat, was noch immer nur verklausuliert ausgesprochen werden konnte. »Halb im Scherz« wird der Arbeiter gefragt – es ist, als wüsste man schon um die Wahrheit. Die Pointe liegt in der Fassung, die der Antwortende der Wahrheit zu geben weiß: Indirekt setzt er ins Licht, was er zur Hälfte noch verhüllt.

Was jeder erlebt und, soweit er der Argumentation der Partei gefolgt war, als Desillusionierung erlitten hatte, Niedergang und Scheitern der DDR im Kampf der politischen Systeme, war mehr als aller anderen das Problem der Schriftsteller, deren Handwerk es war, für das Geschehene Worte zu finden. Die Erzähler unter ihnen sahen sich der speziellen Schwierigkeit gegenüber, die Fülle der Erscheinungen unverkürzt einzufangen, die Kunst des Entfaltens war ebenso ihre Aufgabe wie die des Verdichtens. Ihre Romane spiegelten die Welt – *welche* Welt, das eben war die Frage, die von den Lebenslügen der DDR nicht zu trennen war. Eng verbunden mit der politischen (Wahrheits-)Problematik, war die der literarischen Stilmittel, konkret die Frage nach dem (sozialistischen) Realismus.

Aber wenn die Autoren in der DDR auch unter übereinstimmenden Rahmenbedingungen lebten und arbeiteten – sie hatten doch jeder eine eigene Biografie. Keine wie immer geartete Gruppierung kann das differenzierte Verständnis für die Besonderheit der individuellen Entwicklung ersetzen.

Das gleichsam horizontale Schema der Generationenfolge wird durchbrochen von den Vertikalen einzelner Lebensläufe, die an allen Stadien des vierzigjährigen Ostberliner Politdramas teilhaben.

Gründerjahre

Als die DDR gegründet wurde, waren die Exil-Schriftsteller, die sich entschlossen hatten, den sozialistischen Teil Deutschlands zu ihrer neuen Wahlheimat zu machen, größtenteils bereits eingetroffen. Der Älteste von ihnen war der aus Palästina zurückgekehrte ARNOLD ZWEIG, dem in den Jahren, die ihm noch zu leben blieben, eine im Wesentlichen repräsentative Rolle zufiel. Mit dem Ehrendoktor und dem Professorentitel sowie bereits 1950 mit dem Nationalpreis ausgezeichnet, wurde er Präsident der im selben Jahr gegründeten Akademie der Künste (AdK) und des deutschen P.E.N.-Zentrums (das sich 1951 spaltete). Zweig arbeitete weiter an seinem vielbändigen Zyklus *Der große*

Krieg der weißen Männer über die letzten Jahre des Kaiserreichs: an *Die Feuerpause* (1954), am einleitenden Band *Die Zeit ist reif* (1957) und am Schlussband *Das Eis bricht*, den er nicht mehr vollenden konnte. In dem Roman *Traum ist teuer* (1962) variierte er das Grischa-Motiv, hielt sich aber auch mit diesem Buch in Distanz zur Gegenwart. Sie holte ihn in unvermuteter Weise ein: Der nach seinem Roman *Das Beil von Wandsbek* abgedrehte Film, der gegen aktuelle Prinzipien der Kulturpolitik verstieß, gelangte wegen »Objektivismus« nicht in die Kinos: Es fehlte an einem »positiven Helden«, die Hauptfigur, die sich in ihrer Existenznot den Nazis als Henker zur Verfügung stellt und sich später selbst das Leben nimmt, konnte nicht als solcher gelten.

Anders erging es WILLI BREDEL (1962 Präsident der AdK), der den Wiederbeginn nach 1945, besonders das Verhältnis der russischen Besatzungsmacht zur deutschen Bevölkerung, in der Romantrilogie *Ein neues Kapitel* (1959–64) so schönfärberisch behandelte, dass sogar die DDR-Kritik sich distanzierte. Aber für seine zusammen mit dem aus Wilna stammenden Drehbuchautor MICHAEL TSCHESNO-HELL (1902–1980) verfertigten Filmszenarien *Ernst-Thälmann – Sohn seiner Klasse* (1953) und *Ernst Thälmann – Führer seiner Klasse* (1955) erntete er höchstes Lob, hatte er sich doch mit ihnen vorgeblich »ein unvergängliches Verdienst um die sozialistische Dt. Nationalkultur« erworben (*Lexikon deutschsprachiger Schriftsteller*, 1974).

Die Auseinandersetzung mit dem Faschismus fand bereits eine zunehmend stereotype Behandlung. Einen erprobten Regisseur wie Slatan Dudow, der zusammen mit Brecht *Kuhle Wampe* gedreht hatte, enttäuschte der nach Bredels Szenarien gedrehte Film (U. 1955) gründlich: »Wir wären froh gewesen, wenn manche Szene […] lebendiger, echter und überzeugender gewesen wäre.« Auch HANS MARCHWITZA (1890 bis 1965), ehemals Bergarbeiter im Ruhrgebiet, dessen erste Romane *Sturm auf Essen* (1930; 1931 verboten, 1952 in erweiterter Fassung) und *Schlacht vor Kohle* (1931) in der Reihe »Der Rote 1–Mark-Roman« erschienen waren, stieß mit seinem Roman *Roheisen* (1955), der den Bau eines Eisenhüttenkombinats in der DDR beschreibt, auf Vorbehalte, obwohl er für dieses Buch ein zweites Mal mit dem Nationalpreis ausgezeichnet wurde. EDUARD CLAUDIUS, der in den Internationalen Brigaden mitgekämpft und während seiner späteren Internierung in der Schweiz einen Roman über seine spanischen Kriegserlebnisse geschrieben hatte (*Grüne Oliven und nackte Berge*, erschienen 1945 in

Zürich), veröffentlichte, nachdem er 1947 nach Potsdam umgezogen war, neben Erzählungen die Romane *Menschen an unserer Seite* (1951) und *Von der Liebe soll man nicht nur sprechen* (1957). Die Vorlage zum erstgenannten Roman lieferte wiederum der beispielhafte Ringofenbau Hans Garbes: Der Maurer Hans Aehre entwickelt sich ungeachtet niederdrückender Kindheitserlebnisse auf einem pommerschen Gut zum eigenverantwortlichen Werktätigen und wirkt dadurch verändernd auch auf Vorgesetzte und Kollegen.

Später erzählte Claudius Märchen und Legenden aus Vietnam, Laos und Kambodscha (*Als die Fische die Sterne schluckten*, 1961). Neue Literatur für Kinder und Jugendliche war gefragt, für den Staat ein Teil der sozialistischen Bewusstseinsbildung. LUDWIG RENN, der Professor für Anthropologie in seiner Geburtsstadt Dresden wurde, schrieb romanhafte Erzählungen für die Jugend über revolutionäre Kämpfe in der Karibik (*Trini*, 1954; *Der Neger Nobi*, 1955) und Stoffe der germanischen Vorzeit (*Herniu und der blinde Asni*, 1956; *Herniu und Armin*, 1958), die deren überlieferte deutschtümelnde Behandlung zu ersetzen bestimmt waren, sowie das Kinderbuch *Camilo. Eine ungewöhnliche Geschichte aus Kuba von einem tapferen kleinen Jungen und seinem Großvater* (1963).

BODO UHSE konnte seinen Roman über den Widerstand im Dritten Reich während des Zweiten Weltkriegs nicht vollenden (*Die Patrioten*, 1. Buch, *Abschied und Heimkehr*, 1954; 1965 um das »Fragment des 2. Buches« erweitert). Stofflich handelte es sich um eine Fortsetzung seines im mexikanischen Exil entstandenen Romans *Leutnant Bertram* (1943), der in den Jahren vor dem zweiten Weltkrieg spielt. Uhse entstammte einer preußischen Offiziersfamilie und war bis 1930 Mitglied der NSDAP. Die Beweggründe und Irrtümer der »faschistischen« Figuren darzustellen gelang ihm überzeugender als die Charakterisierung der positiven Helden – ein Problem, mit dem auch andere Autoren bürgerlicher Herkunft bis hin zu Anna Seghers zu kämpfen hatten.

BRUNO APITZ, Schauspieler und Redakteur, acht Jahre Häftling in Buchenwald, war fast sechzig Jahre alt, als er seinen ersten Roman *Nackt unter Wölfen* (1958) erscheinen ließ, den auf authentischen Vorgängen beruhenden Bericht von der Rettung eines Kindes im Konzentrationslager.

Ein polnischer Häftling bringt, in einem Koffer versteckt, einen dreijährigen Jungen in das Lager. Mit dem Versuch, ihn vor den den Bewachern zu retten, ist das gesamte Geschen des Romans verknüpft. Der Konflikt für die illegale Lagerleitung liegt darin, dass die Rücksicht auf das Kind ihre konspirativen Pläne und damit das Schicksal von 50 000 Gefangenen gefährdet.

Der Roman ist den »toten Kampfgefährten aller Nationen gewidmet«; er gestaltete das aktive Aufbegehren des Individuums – »nicht ein spontanes, sondern ein organisiertes, das mit dem bewussten Widerstand seiner Klasse im Kampf um eine menschenwürdige Zukunft verschmilzt« (E. Reißland). *Nackt unter Wölfen* fand weite Verbreitung, war bei seinem Erscheinen in der DDR aber dennoch ideologisch umstritten, weil der Konflikt zwischen Gefühl und Vernunft zugunsten des Gefühls entschieden wird, der Aufstand der Häftlinge zuletzt aber dennoch gelingt. Das Werk entstand unter dem Lektorat von MARTIN GREGOR-DELLIN (1926 bis 1988, *Jüdisches Largo*, R., 1956), der für den Mitteldeutschen Verlag in Halle wirkte, bis er 1958 die DDR verließ. Zusammen mit *Der Regenbogen* (1976) und *Schwelbrand* (1983 postum, zu Ende geführt von Wolfgang Weiß) bildet *Nackt unter Wölfen* einen Zyklus, der die Geschichte der deutschen Arbeiterbewegung zwischen 1900 und 1945 nachzuzeichnen versucht.

Anna Seghers' Spätwerk

ANNA SEGHERS, von 1952 bis 1978 Präsidentin des Schriftstellerverbandes und mit Ehrungen bedacht wie keine andere Autorin der DDR, schuf mit *Die Toten bleiben jung* (R., 1949) ein figurenreiches Zeitbild der Jahre 1918 bis 1945. Die Gestaltungsprinzipien erinnern in vielen Einzelzügen an Dos Passos' *Manhattan Transfer*, waren also formalismusverdächtig, dennoch gewann der 1969 verfilmte Roman (Drehbuch von Christa Wolf und Joachim Kunert), als Epochenbilanz nahezu kanonische Geltung. Die politischen Entwicklungslinien wurden von Anna Seghers tief in die Vergangenheit verlängert (etwa zur Preußen-Kritik in Fontanes *Schach von Wuthenow* zustimmend in Beziehung gesetzt), aber auch in die Nachkriegszeit ausgedehnt, um verhängnisvolle Tendenzen in der Bundesrepublik zu geißeln. Es entspricht den historischen Gegebenheiten, dass die konservativen beziehungsweise reaktionären Gesellschaftsschichten, weil vielfältig einflussreich, ausführlicher behandelt werden als die politische Linke und der Widerstand. Unübersehbar bleibt, dass sie glaubwürdiger gezeichnet sind als die den Wunschbildern des sozialistischen Realismus verpflichteten Arbeiterfiguren. Anna Seghers' Bereitschaft, sich den ästhetischen Maßgaben der Partei

weitgehend zu unterwerfen, hat ihr als Autorin in zunehmendem Maß geschadet. Über Probleme der Gegenwart hat sie in *Die Entscheidung* (R., 1959) und *Das Vertrauen* (R., 1968) geschrieben, erreichte aber weder in diesen Romanen noch in einer Reihe von Erzählungen (*Der Bienenstock,* En., 1953; *Die Kraft der Schwachen,* En., 1965) die künstlerische Höhe von *Das siebte Kreuz.*

Als Schauplatz hat sie noch wiederholt Mittelamerika gewählt (*Karibische Geschichten,* En., 1962; *Das wirkliche Blau. Eine Geschichte aus Mexiko,* 1967), nicht zuletzt in ihrer letzten Lebenszeit (*Drei Frauen aus Haiti,* En., 1980; *Wiedereinführung der Sklaverei in Guadeloupe,* 1989 postum). Zweifellos spielte die Erinnerung an ihre Exiljahre dabei eine maßgebliche Rolle, überdies boten die geschichtlichen und wirtschaftlichen Verhältnisse in diesen noch immer vom Kolonialzeitalter gezeichneten Territorien bezeichnendes Lehrmaterial für die Dringlichkeit sozialer Veränderung. Wie viel einfacher (jedenfalls von außen gesehen) schien die dortige Welt für das humane Empfinden in Gut und Böse geschieden gegenüber der Entwicklung im geteilten Mitteleuropa, die Richtungskämpfe im »sozialistischen Lager« eingeschlossen. Anna Seghers hatte keine Antwort darauf, warum so viele Hindernisse den Weg in die Zukunft säumten, aber sie zögerte, ihre Unsicherheit zu erkennen zu geben, also schwieg sie über vieles, was sie bewegte. Die in der Zeit des Janka-Prozesses entstandene Erzählung *Der gerechte Richter* (1990) über einen Juristen, der sich weigert, einen Schauprozess durchzuführen und selbst verurteilt wird, hielt sie zu ihren Lebzeiten zurück.

Stefan Heym (1913–2001)

Heym, eigentlich Helmut Flieg, Sohn eines jüdischen Kaufmanns, 1931 wegen eines gegen den Chef der Reichswehr v. Seeckt gerichteten Gedichts vom Gymnasium relegiert, emigrierte 1933 zunächst in die Tschechoslowakei, 1935 in die USA; 1937–39 war er Chefredakteur der Wochenzeitung *Deutsches Volksecho* in New York, wurde amerikanischer Offizier in der Abteilung für psychologische Kriegsführung, 1945 in München unter Hans Habe Mitbegründer und Redakteur der *Neuen Zeitung,* aber nach der Weigerung, einen antikommunistischen Leitartikel zu schreiben, in die USA zurückversetzt und aus der Armee entlassen. 1952 übersiedelte er nach Berlin (Ost), wurde freier Schriftsteller, erhielt 1959 den Nationalpreis der DDR. 1979 aus dem Schriftstellerverband der DDR ausgeschlossen. 1994 wurde Heym für die PDS Mitglied des Deutschen Bundestags und fungierte als dessen Alterspräsident, gab aber 1995 sein Mandat zurück. Gestorben in Tel Aviv, wo er an einem Heinrich-Heine-Symposium teilnahm.

Stefan Heym eröffnet am 10. 11. 1994 als Alterspräsident
die erste Sitzung des 13. Deutschen Bundestages

Bereits im Exil, und zwar zunächst in englischer Sprache, hatte Heym Romane zu publizieren begonnen:
Hostages (1942, in den USA verfilmt, deutsch u. d. T.
Der Fall Glasenapp) behandelte die tschechische Widerstandsbewegung. Ein internationaler Erfolg wurde
The Crusaders (1948, in der DDR 1950 u. d. T. *Kreuz-
fahrer von heute;* in der Bundesrepublik im gleichen
Jahr u. d. T. *Der bittere Lorbeer*), ein figurenreiches Panorama der Kriegs- und Nachkriegszeit, in dem der
Autor seine Erfahrungen als amerikanischer Offizier,
besonders über die psychologische Kriegsführung der
US-Truppen gestaltet hat; *The Eyes of Reason* (1951,
deutsch u. d. T. *Die Augen der Vernunft*, 1955) führten
noch einmal in die Tschechoslowakei und zeigten die
Entwicklung einer bürgerlichen Familie in der nach
1945 beginnenden sozialistischen Umwälzung; *Goldsborough* (1953; deutsch u. d. T. *Goldsborough oder Die
Liebe der Miss Kennedy*, 1954) schildert einen Berg-
arbeiterstreik.
Der Titel des ersten in der DDR erschienenen Bandes
mit Erzählungen *Schatten und Licht* (1960) lässt bereits
erkennen, worum es Heym geht: Aufmerksamkeit für
krisenhafte Erscheinungen des Lebens im Sozialismus.

Es folgten ein Roman um den badischen Aufstand
1848/49 (*Die Papiere des Andreas Lenz*, 1963, 2 Bde., in
der Bundesrepublik als *Lenz oder Die Freiheit*, 1965),
der biografische Roman *Lassalle* (1969 zuerst in der
Bundesrepublik, erst fünf Jahre später in der DDR)
über den Gründer der sozialdemokratischen Bewegung in Deutschland Ferdinand Lassalle, und die historische Novelle um den Autor des Robinson Crusoe,
Die Schmähschrift oder Königin gegen Defoe (1970).
Auch diese Arbeit über die Wirkung von Literatur auf
ein Publikum erschien in der DDR verspätet.
Trotz Honeckers Erklärung auf dem Plenum des Zentralkomitees im Dezember 1971 und der damit verbundenen vorübergehenden kulturpolitischen Libe-
ralisierung dauerten Heyms Schwierigkeiten mit den
Behörden fort – überraschend war es freilich nicht,
auch *Der König David Bericht* (R., 1972) war für Zensoren keine kurzweilige Lektüre, es geht um die Verantwortung des Geschichtsschreibers, der die historische Wahrheit im Dienste eines blutbefleckten Machthabers verschleiern soll.

König Salomon hat den »Einen und Einzigen Wahren und
Autoritativen, Historisch Genauen und Amtlich Anerkannten Bericht« über seinen Vorgänger König David in Auftrag
gegeben, und der Historiker Ethan ben Hoshaja soll daran
mitarbeiten. Seine Nachforschungen ergeben, dass David
durch eine erfolgreiche Verschwörung und nicht, wie Salomon es als Ergebnis des Berichtes will, durch göttlichen
Auftrag zur Macht gekommen ist. Ethan wird ermahnt,
unsichere Befunde im erwünschten Sinn zu deuten, er aber
bringt seine »schädlichen« Wahrheiten dennoch im Text
unter. Er wird vor Gericht gestellt, die Vorwürfe, die man
gegen ihn erhebt, entsprechen auf ein Haar den Anschuldigungen der Stalinära. Das »salomonische« Urteil lautet
nicht auf Tod, sondern auf Todgeschwiegenwerden.

Der König David Bericht erschien um ein Jahr verspätet in der DDR, der Roman *5 Tage im Juni*, dessen erste, ungedruckt gebliebene Fassung (*Der Tag X*)
bereits 1959 entstanden war – die Ereignisse um den
17. Juni 1953 bildeten ein besonders brisantes Thema –
erst 1974. *Ahasver* (1981) wurde bis 1988 zurückgehalten, der Roman behandelte auf unterschiedlichen Zeitebenen und Schauplätzen (in der Reformation, in der
DDR und in Israel) die mythische Erscheinung des
ewigen Juden, während die Figur des eifernden Lu-
therschülers Paul von Eitzen implizit als Kritik am
Funktionärswesen verstanden werden konnte. In der
DDR vollends unterdrückt wurden *Collin* (1979), ein
Roman über die Probleme der schriftstellerischen Existenz, der den Versuch beschreibt, die eigene Identität

durch die Niederschrift »ehrlicher« Memoiren wiederherzustellen, und *Schwarzenberg* (R., 1984), die fiktive,
nur wenige Wochen während Geschichte einer Mus-
terrepublik, angesiedelt im Landkreis Schwarzenberg
im Erzgebirge, der 1945 bei der Grenzziehung zwischen
Russen und Amerikanern vergessen und vorübergehend unbesetzt geblieben war. Einige Figuren in *Collin*
ließen in durchsichtiger Verhüllung prominente Persönlichkeiten der DDR erkennen, und auch auf die
Utopie eines demokratischen Sozialismus in *Schwarzenberg* verzichteten die Machthaber gern.

(→ S. 653, 803, 812)

Erwin Strittmatter (1912–1994)

Der Sohn eines Bäckers und Landarbeiters aus Spremberg
(Niederlausitz) erlernte selbst das Bäckerhandwerk, arbeitete in einer Vielzahl von Berufen, versuchte sich aber
schon früh als Schriftsteller. Er wurde 1934 kurz inhaftiert,
desertierte aus der Wehrmacht, trat 1947 der SED bei, wurde Amtsvorsteher einiger kleiner Gemeinden, 1951 Redakteur, zuletzt freier Autor. Strittmatter erhielt mehrere Nationalpreise, war seit 1959 Erster Sekretär, 1969–83 einer der
vier Vizepräsidenten des Schriftstellerverbandes. Gestorben in Dollgow.

Strittmatters Erfahrungsschatz bildete die bäuerlich-
proletarische Welt der Mark und der Lausitz, lite-
rarisch hat man ihn in der Nachfolge Fritz Reuters und
Wilhelm Raabes gesehen, auch auf Uwe Johnson im
Zusammenhang dieser Traditionslinie hingewiesen.
Neben Christa Wolf, Erik Neutsch und Hermann
Kant, die sämtlich jünger waren, gehörte er in den
Sechzigerjahren zur Spitzengruppe der im neuen Staat
herangewachsenen Erzähler. Wie Kant war er zudem
Schulbuchautor, ihm aber an Originalität weit über-
legen. Im Laufe der folgenden Jahrzehnte wuchs der
Erfolg seiner vitalen Sonderlinge beim DDR-Publi-
kum kontinuierlich an. Stand in der Bundesrepublik
Christa Wolf im Vordergrund, so er im östlichen Teil-
staat – auch über dessen Untergang hinaus.
Strittmatters erster Roman, *Ochsenkutscher* (1950; Urfassung 1945), behandelte die ersten Jahrzehnte des
Jahrhunderts bis zum Machtantritt der Nationalsozialisten, *Tinko* (1954), der Lebensroman eines Landarbeiters, führte weiter bis zum Zusammenbruch
1945. Die teilweise autobiografische Romantrilogie
Der Wundertäter (1957, 1973, 1980) und *Ole Bienkopp*
(1963), lange Zeit Strittmatters bekanntester Roman,
fanden ihr Thema in den veränderten Produktionsver-
hältnissen im Zuge von Bodenreform und Kollektivierung.

Ole Hansen ist als Hütejunge und Waldarbeiter aufgewachsen, mit dem Wagen für seine Bienenvölker fährt er
über Land und praktiziert ein unstetes Leben. Von den
Dorfbewohnern wird er als Ole Bienkopp verlacht. Er interessiert sich nur wenig für das politische Zeitgeschehen,
auch sein Freund, der Kommunist Anton Dürr, kann ihn
zunächst nicht für gesellschaftliche Anliegen gewinnen,
aber nach seinen Kriegserlebnissen als Soldat ändert er
seinen Sinn. Durch die Bodenreform erhält er einen Neu-
bauernhof und einige Hektar zur Bewirtschaftung, engagiert sich als Vorsitzender der Gegenseitigen Bauernhilfe
und wird zum Erben der Ideen seines Freundes Dürr, der
bei einem absichtlich herbeigeführten Unfall ums Leben
gekommen ist. Beim Aufbau der »Neuen Bauerngemein-
schaft«, der LPG »Blühendes Feld«, erwachsen Ole Bienkopp die größten Schwierigkeiten in den eigenen Reihen,
dennoch gibt es Fortschritte, und als er, der eigensinnig zu
sehr auf seine eigenen Kräfte vertraut hat, zuletzt den Er-
schöpfungstod stirbt, zeichnet sich ab, dass das Kollektiv
der Genossenschaftsbauern sein Werk erfolgreich weiterführen wird.

Strittmatter verfasste ferner den *Schulzendorfer Kram-
kalender* (1966), eine Zusammenstellung kleiner Prosa,
die er mit *Ein Dienstag im September – 16 Romane im
Stenogramm* (1969), *3/4 hundert Kleingeschichten*
(1971) und weiteren Sammlungen fortsetzte. Seine Erzählweise ist von seinen persönlichen (Kindheits- und
Jugend-)Erfahrungen bestimmt und gewinnt von daher die Glaubwürdigkeit sowie ihren auch in der Darstellung kleiner Verhältnisse unverwechselbaren, gelegentlich sehr handfesten Charme. Der ländlichen
Lausitz von einst und ihren Menschen hat er ein bleibendes Denkmal gesetzt (*Als ich noch ein Pferderäuber
war. Geschichten*, 1982; *Der Laden. Autobiografischer
Roman*, 2 Bde., 1983 und 1987, erweitert zur R.-Trilogie
1992). Auch Kinderbücher (*Pony Pedro*, 1959; *Die alte
Hofpumpe*, 1979; *Zirkus Wind*, 1982; *Ponyweihnacht*,
1984) gehen auf ihn zurück. (→ S. 668)

Vieldeutige Heimat – Johannes Bobrowski

Der Erzähler JOHANNES BOBROWSKI teilt mit dem
Lyriker dasselbe Grundthema, das Verhältnis der Deutschen zu ihren östlichen Nachbarvölkern. »Ich benen-
ne es also Verschuldungen – der Deutschen –, und ich
versuche, Neigung zu erwecken zu den Litauern, Russen, Polen usw.« Die Erfahrung der Wehrlosigkeit gegenüber der Barbarei spielt dabei eine besondere Rolle. Im Gegensatz zu seiner Lyrik, die erst relativ spät
Resonanz zeitigte, fand Bobrowskis Prosa auch in der
Bundesrepublik sofort Beachtung. Den Beginn machte *Levins Mühle. 34 Sätze über meinen Großvater* (R.,
1964).

Der Roman handelt im 19. Jahrhundert im damaligen Westpreußen. Hauptfigur ist der Großvater des Erzählers, der, einziger Mühlenbesitzer des Dorfes, durch den Juden Levin Konkurrenz bekommt. Er lässt die von diesem erbaute Mühle wegschwemmen und weiß es zu erreichen, dass der sich anschließende Prozess zunächst vertagt, dann zu seinen Gunsten entschieden wird. Endgültig schaltet er Levin aus, indem er ihn nach Glauben und Nation als Feind diffamiert.

Die beiden Bände *Boehlendorff und andere* (En., 1965) und *Mäusefest und andere Erzählungen* (1965) sind zuerst in Westverlagen erschienen, die Titelgeschichte des ersten Bandes verweist auf den deutschbaltischen Dichter und Freund Hölderlins Casimir Anton Ulrich Boehlendorff (1775–1825). Ein weiterer Prosaband folgte postum (*Der Mahner*, 1967). Postum erschien auch der Roman *Litauische Claviere* (1966), der 1936 im damals von Litauen verwalteten, von nationalen Spannungen beunruhigten Memelland spielt.

Gymnasialprofessor Voigt und Konzertmeister Gawehn, beide aus Tilsit, planen eine Oper um den litauischen Pfarrer, Nationaldichter, Thermometermacher und Klavierbauer Kristijonas Donelaitis aus dem preußisch-litauischen Dorf Tolmingkehmen. Material erhoffen sie sich von dem Volksschullehrer, Volksliedsammler und Sprachforscher Potschka in Willkischken, den sie am Johannisfest besuchen. Dabei werden sie Zeuge patriotischer Vereinsveranstaltungen beider Volksgruppen. Die Nationalsozialisten, deren Ziel die Rückgabe des Memellands an Deutschland ist, inszenieren blutige Krawalle, die den beiden Reisenden das Vergebliche ihres Vermittlungsversuchs vor Augen führen. Das Ende des Romans bleibt in gewissem Sinne offen und gewährt so der Interpretation weiten Spielraum.

Franz Fühmann (1922–1984)

Der Sohn eines wohlhabenden Apothekers aus Rochlitz (Rokytnice), einer Kleinstadt in Nordböhmen, kam als Zehnjähriger aus der katholisch geprägten Welt seiner Familie für vier Jahre in das Jesuiteninternat Kalksburg bei Wien, besuchte das Gymnasium in Reichenberg (Liberec), trat unter dem Einfluss seines Vaters dem (Sudeten-)Deutschen Turnverein bei und wurde nach dem »Anschluss« Mitglied der (Reiter-)SA. Nach dem Notabitur 1941 am Gymnasium in Hohenelbe (Vrchlabí) Reichsarbeitsdienstmann und Soldat, geriet am letzten Kriegstag in sowjetische Gefangenschaft, erlebte eine politisch-moralische »Bekehrung«, besuchte ab 1946 die Zentrale Antifa-Schule in Noginsk bei Moskau, wurde dort und an zwei anderen Antifa-Schulen Assistent, Lehrer und Lehrgruppenleiter, kam Ende 1949 in die DDR und machte eine schnelle Funktionärskarriere in der Nationaldemokratischen Partei (NDPD), die als Auffangbecken für ehemalige Nationalsozialisten und Wertmachtsangehörige diente. Er wurde Vorstands-

mitglied der Partei und ihr Hauptabteilungsleiter für Kultur, 1953 in den Vorstand des DSV und in den Präsidialrat des Kulturbunds gewählt. Zeitweilig Informant der Stasi, 1957 Nationalpreisträger III. Klasse, gab im folgenden Jahr die Parteitätigkeit auf, um als freier Schriftsteller über die Arbeitswelt schreiben zu können, trat 1966 auch aus dem Vorstand des DSV zurück, geriet aus jahrelanger Alkoholabhängigkeit (erste Entziehungskur 1968) in lebensbedrohlichen Krisen, gewann aber als Autor und als Kritiker der Literaturpolitik in der DDR zunehmend eigenes Profil. Fühmann schrieb auch Kinderbücher (*Reineke Fuchs,* 1964; *Das hölzerne Pferd,* 1968; *Das Nibelungenlied,* 1971) und gemeinsam mit Manfred Bierwisch *Die dampfenden Hälse der Pferde im Turm von Babel. Ein Spielbuch in Sachen Sprache. Ein Sachbuch der Sprachspiele, Ein Sprachbuch voll Spielsachen* (1978). Gestorben in Berlin.

Fühmanns krisenreicher Weg lässt keine der ideologischen Fallen des Jahrhunderts aus. Er verfiel ihnen in extremer Weise, aber es gelang ihm doch immer wieder, sich zu befreien. In exzessiver Zuspitzung gestaltete er auch seine Themen, zu denen zunächst bevorzugt die Aufarbeitung des Nationalsozialismus zählte (*Stürzende Schatten,* En., 1958; *Das Judenauto,* E., 1962; *König Ödipus,* 1966; *Der Jongleur im Kino oder Die Insel der Träume. Studien zur bürgerlichen Gesellschaft,* En., 1970). Mit *Kameraden, Das Judenauto,* der satirischen Erzählung *Die Verteidigung der Reichenberger Turnhalle* gelangen ihm viel beachtete Texte. Vom Wir-Pathos seiner lyrischen Anfänge gelangte er zu den selbstkritischen Bekenntnissen seiner Ich-Erzähler, kaum verhüllt autobiografisch beschreibt er die Geschichte einer verführten Generation, seine wiederholten weltanschaulichen Wandlungen, die nicht als opportunistische Anpassungsbereitschaft, sondern als immer von neuem enttäuschte Sinnsuche erscheinen. Auch scheinbar periphere Arbeiten wie die Science-fiction-ähnlichen Erzählungen des Bandes *Saiäns-fiktschen* (1981) sind von dieser Bemühung geprägt, handelt es sich bei dem fiktiven Land »Uniterr« doch um einen Austragungsort von Widersprüchen des real existierenden Sozialismus. *Pavlos Papierbuch,* die abschließende Erzählung der Sammlung, bekennt sich ein weiteres Mal zur befreienden Macht der Literatur. Distanz und Unabhängigkeit, zu denen Fühmann erst spät gelangte, hat er vorzugsweise im Medium der Kunst gefunden. (→ S. 652, 653, 681, 686)

Der Schriftstellerfunktionär Hermann Kant

In Hamburg als Sohn eines Gärtners geboren, absolvierte HERMANN KANT (1926) eine Elektrikerlehre; geriet 1945 als Soldat in polnische Kriegsgefangenschaft, unterrichtete an der Antifa-Schule, studierte 1949–52 an der Arbeiter- und Bauernfakultät in Greifswald, 1952–56 als FDJ-Sekretär Germanistik an der Humboldt-Universität in Berlin, wurde danach wissenschaftlicher Assistent. Redakteur der Studentenzeitung *Tua res,* schrieb Satiren für das *Neue Deutschland,* später freier Schriftsteller. 1973 und 1983 Nationalpreis der DDR, 1978 Präsident des Schriftstellerverbandes, nach der politischen Wende im Dezember 1989 unter dem Druck der Öffentlichkeit, die ihm mangelnde Solidarität mit bedrängten Kollegen und Regimehörigkeit vorwarf, zurückgetreten.

Kant trat zunächst mit Feuilletons und Erzählungen (*Ein bißchen Südsee,* 1962) hervor. Mit seinem Roman *Die Aula* (1965), der thematisch an Erich Loests *Das Jahr der Prüfung* (1954) anknüpft, wurde er in beiden deutschen Staaten bekannt. Kant bietet viel Selbsterlebtes, verwendet moderne Erzähltechniken; seine Sprache ist beweglich, geneigt zur Ironie und parodistischem Spiel.

Die Arbeiter- und Bauernfakultät (ABF) in Greifswald hat ihre Aufgabe erfüllt und wird geschlossen. Der Journalist Robert Iswall, der die Festrede halten soll, geht seinen Erinnerungen an die Jahre 1949–52 nach, als er und seine Kommilitonen von der ABF die »Gründerzeit« der DDR miterlebten. Der Auftrag zu einer Reportage über die Hamburger Flutkatastrophe – der Roman spielt 1962 – ergibt zusätzliches Material für den Versuch, Bilanz zu ziehen, denn ein früherer Freund, der republikflüchtig wurde, lebt in der Hansestadt als Wirt der Kneipe »Zum toten Rennen«. Die Auseinandersetzung mit den Schicksalen der einstigen Studiengefährten führt auch zur Einsicht in eigene Versäumnisse.

Der große Erfolg, erklärte der Autor, machte ihn »stutzig – weil ich ja in diesem Buch, wie ich glaube, auch etwas kritisch gewesen bin«. Tatsächlich wird bei verschiedener Gelegenheit die Frage nach dem Gewinn der gesellschaftlichen Veränderungen gestellt, die Rückblicke in die Vergangenheit gehen jedoch mit einer tendenziös wertenden Darstellung zusammen. Insofern entspricht der Roman dem von Kant gewählten Motto aus Heinrich Heines *Französische Zustände* (»Der heutige Tag ist ein Resultat des gestrigen. Was dieser gewollt hat, müssen wir erforschen, wenn wir zu wissen wünschen, was jener will«) nur sehr begrenzt, denn die Kritik gewann nirgends grundsätzlichen Charakter, indirekt bestätigte sie vielmehr das System. Im folgenden Roman *Das Impressum* (1972, Teilabdruck bereits 1969 in der Zeitschrift *Forum*) trat Kants Talent, »die Widersprüche schick aufzurauen, um sie anschließend umso zuverlässiger wieder zu glätten« (W. Emmerich), noch stärker zu Tage.

David Groth, einst Botenjunge, jetzt Chefredakteur einer DDR-Zeitschrift, soll Minister werden und stellt sich die Frage, warum die Wahl gerade auf ihn gefallen ist. Wie in *Die Aula* setzt ein Erinnerungsprozess ein, der als kritische Prüfung der Vergangenheit angelegt ist, aber die Wegmarken des Gewesenen, so die Ereignisse vom 17. Juni 1953, in parteilicher Weise beurteilt.

Es folgten Sammelbände (*Eine Übertretung,* En., 1975; *Der dritte Nagel,* Pr., 1981; *Bronzezeit. Geschichten aus dem Leben des Buchhalters Farßmann,* 1986) und der Roman *Der Aufenthalt* (1977) über das Schicksal eines unschuldig als Kriegsverbrecher angeklagten Soldaten. Kant schrieb mit diesem Roman, der an seine polnische Kriegsgefangenschaft anknüpft, sein vielleicht bestes Buch – ein Autor, dessen Standfestigkeit seinem beweglichen Talent nicht jederzeit entsprach. »[…] man muss sich mit Kunststücken durchzuwinden suchen, wenn es mit einem schönen geraden Leben nicht geht«, hat er erklärend zu *Der Aufenthalt* zitiert – diesmal nicht Heine, sondern Kafka. (→ S. 811) Langsamer, weniger anpassungswillig als Kant, aber um vieles überzeugender, entwickelte sich der gleichaltrige Günter de Bruyn.

»Märkische Forschungen« Günter de Bruyns

GÜNTER DE BRUYN (1926), geboren in Berlin, 1943 Luftwaffenhelfer, 1944 zur Wehrmacht eingezogen, 1945 in Kriegsgefangenschaft, 1946 Neulehrerkurs in Potsdam, bis 1949 Lehrer in einem märkischen Dorf, von 1949–53 Ausbildung an einer Bibliothekarsschule und Beschäftigung an einer Volksbücherei in Berlin (Ost), zwischen 1956–61 wissenschaftliche Mitarbeit am Zentralinstitut für Bibliothekswesen, seit 1961 freiberuflicher Schriftsteller, lebt in Berlin und in Beeskow bei Frankfurt/Oder.

In *Der Hohlweg* (R., 1963) behandelte de Bruyn die Konflikte und frühen Lebensentscheidungen eines jungen Menschen in der Zeit nach 1945. Rückblickend betrachtet lässt dieses von ihm später als »Holzweg« verworfene Erstlingswerk bereits Züge jener grüblerischen Genauigkeit und Differenziertheit erkennen, die ihn zunehmend zu einem jeder ideologischen Phrase abholden, der Wahrheit des Worts verpflichteten Erzähler gemacht haben. Der »Liebes-, Frauen-, Ehe-, Moral-, Bibliothekars-, Gegenwarts-, Gesellschafts- und Berlinroman« *Buridans Esel* (1968), humorvolle Auseinandersetzung mit den Anpassungsmechanismen der DDR-Gesellschaft, machte ihn auch in der Bundesrepublik bekannt. 1972 folgte der Roman *Die Preisverleihung* über die Versuchungen des Konformismus.

Günter de Bruyn

Der Literaturwissenschaftler Theo Overbeck soll eine Laudatio auf ein preisgekröntes Buch halten, das sich jedoch als »hoch gelobter Ladenhüter und preisgekrönter Staubfänger« entpuppt, für den man keine lobenden Worte finden kann: »Kritisches über den Preisträger müsste gesagt werden.« In der Auseinandersetzung mit seinem Vorgesetzten erweist sich Overbeck jedoch als zu schwach, um die eigene Überzeugung entschieden zu vertreten.

Der belesene einstige Bibliothekar hat auch eine Nacherzählung in Prosa von Gottfrieds *Tristan und Isolde* (1975) veröffentlicht. Der Lebensraum aber, in dem de Bruyn seine Stoffe mit Vorliebe ansiedelte, war schon früh die Mark Brandenburg, die er kannte, wie vielleicht nur noch Fontane vor ihm. In *Märkische Forschungen. Erzählung für Freunde der Literaturgeschichte* (1978) hat er einen redlichen Lokalforscher und einen von seinem Ehrgeiz getriebenen Professor einander gegenübergestellt, Detailgelehrsamkeit und Formen wissenschaftlicher Korruption und Hochstapelei satirisch treffend beschrieben. Der »äußerlich nasskalte, innerlich aber von Schreibgedanken erwärmte« Lehrer Pötsch könnte einem Roman Jean Pauls entstiegen sein.

Denn Pötsch liebte, was ihm nah war, und nahm es dadurch in Besitz, dass er es so genau wie möglich kennen lernte. [...] Sein Wissen war begrenzt, doch innerhalb der Grenzen universal. Er hatte kein ausgeprägtes Interesse für Botanik, doch die Kiefern, die das Dorf umstanden, interessierten ihn bis hin zur Struktur des Holzes. Bautechnik war sein Fach nicht, aber wie man vor 150 Jahren, als das Haus, in dem er wohnte, gebaut wurde, die Feldsteine gespalten hatte [...], wollte er wissen. Das Ausheben einer Baugrube regte ihn zu geologischen Studien an, ein Gespräch mit Landvermessern zu mathematischen. Jede Fahrt in eine andere Gegend wurde eine des Vergleichs, und der schönste Teil der Reise war die Heimkehr. Er war kein kühner Denker, aber ein genauer, Fanatiker des Details, Polyhistor des Vertrauten.

Auf den Prosaband *Babylon* (1980) folgte der Roman *Neue Herrlichkeit* (1984), der bereits in die Endzeit der DDR gehört. (→ S. 652, 811, 813, 814)

Erich Loest (1928)

Der Kaufmannssohn aus Mittweida wurde 1944 als Schüler Soldat, erlebte das Kriegsende als so genannter »Werwolf« und geriet kurz in Gefangenschaft. Nach Gelegenheitsarbeiten, nachgeholtem Abitur und Eintritt in die SED 1947 bis 1950 Volontär, dann Redakteur der *Leipziger Volkszeitung*. Aufgrund einer massiven Kritik seines ersten Romans in der *Täglichen Rundschau* entlassen, wurde er »freier Schriftsteller« wider Willen, 1952 Leipziger Bezirksvorsitzender des Schriftstellerverbandes, erfuhr aber nach einer Analyse des 17. Juni 1953 im *Börsenblatt des Deutschen Buchhandels* erneut scharfe Kritik. 1955–56 Student am Literaturinstitut »Johannes R. Becher« in Leipzig, wo er Vorlesungen bei Hans Mayer hörte und sich einem Diskussionszirkel anschloss, dem auch Gerhard Zwerenz angehörte. Die Gruppe wurde denunziert, Loest 1957 verhaftet und wegen »konterrevolutionärer Gruppenbildung« zu siebeneinhalb Jahren Gefängnis verurteilt, die er in Bautzen verbüßte. 1979 Austritt aus dem Schriftstellerverband, 1981 mit Hilfe eines Dreijahresvisums Übertritt in die Bundesrepublik, lebte in Osnabrück, dann in Bad Godesberg und seit 1990 auch wieder in Leipzig.

Erich Loests erster Roman *Jungen, die übrig blieben* (1950) hatte bereits – ähnlich Franz Fühmanns 1955 erschienener Novelle *Drei Kameraden* – zum Inhalt, was Christa Wolf 1957 darzustellen forderte, »den tieferen Konflikt eines von der faschistischen Ideologie betörten jungen Menschen«. Er produzierte rasch, mit zuweilen der Kolportage nahen Romanen wie *Die Westmark fällt weiter* (1952) und mit *Sportgeschichten* (1953) fand er viele Leser. Für die Probleme des sozialistischen Weges »vom Ich zum Wir« unterbreitete er damals allerdings so glatte Lösungsangebote, dass diese selbst von der DDR-Kritik in Frage gestellt wurden. Der XX. Parteitag der KPdSU 1956 und die folgenden

Christa Wolf am 4. 11. 1989 auf dem Berliner Alexanderplatz

Christa Wolf (1929)

Geboren in Landsberg/Warthe, Tochter eines Kaufmanns, 1945 Flucht und Ansiedlung in Mecklenburg, 1949 Abitur, Studium der Germanistik in Jena und Leipzig, Diplomarbeit bei Hans Mayer über Hans Fallada. Lektorin, Redakteurin der Zeitschrift *Neue Deutsche Literatur*. Eheschließung 1951 mit Gerhard Wolf, seit 1962 freie Schriftstellerin. Nationalpreis der DDR, 3. Klasse 1964, 1. Klasse 1987. 1980 Büchner-Preis.

In ihren Beiträgen für die *Neue Deutsche Literatur* bemühte sich die junge Redakteurin in den Fünfzigerjahren, dem sozialistischen Realismus den Weg zu bereiten: Artikel von »rein ideologisierende(r) Germanistik«, über die sie 1972 sagte: »Das sind natürlich Aufsätze, die ich heute nicht mehr gedruckt sehen möchte, aber ich will und kann sie nicht verleugnen, sie gehören zu meiner Entwicklung.« Als Erzählerin trat sie zuerst mit der *Moskauer Novelle* (1961) hervor, auf die der Roman *Der geteilte Himmel* (1963; 1964 von Konrad Wolf verfilmt) folgte, der die aus der Teilung Deutschlands erwachsenen menschlichen Probleme als Hintergrund hat – hier für zwei Liebende in der DDR, deren verschiedene Weltansichten zur Trennung führen. Er bleibt im Westen, sie kehrt nach einem dort verbrachten Tag in die DDR zurück. Uwe Johnson hat diese Thematik in seinem Roman *Mutmaßungen über Jakob*, Brigitte Reimann in ihrer Erzählung *Die Geschwister* verfolgt.

Scheinbar noch ganz den kulturpolitischen Forderungen der Zeit verpflichtet, durchbricht Christa Wolf jedoch die auf glatte Anpassung hinauslaufende Schilderung des Eingliederungsprozesses in die Gesellschaftsform der DDR und erweitert die Perspektive, indem sie der Frage nach dem Nutzen für die Allgemeinheit den Wert der subjektiven Wahrheit gegenüberstellt.

Im zweiten Roman *Nachdenken über Christa T.* (1968), der von der DDR-Literaturkritik mehr Ablehnung als Zustimmung erfuhr, wird, ausgehend vom frühen Tod, das Bild eines Frauenlebens aus Gesprächen, Briefen und Tagebuchnotizen zusammengesetzt.

Der Roman macht schon im Titel deutlich, dass es sich um ein Erzählen subjektiver Eindrücke von Wesensart und Lebensform der Christa T. handelt und die Ich-Erzählerin sich Erinnerungen zu vergegenwärtigen hat, die das Bild der früh verstorbenen Freundin zurückrufen. Es geht um Christa T.s Kindheit in der Hitlerzeit, ihre Jugend in den Nachkriegsjahren und in der sich als zweiter deutscher Staat herausbildenden DDR, um ihren »nicht enden wollenden Weg zu sich selbst«. Am Ende »gibt sich Christa T. schließ-

Ereignisse in Polen und Ungarn rissen ihn mit und veränderten sein Leben: Er geriet, wie er ironisch formuliert, »ins ideologische Handgemenge«, Prozess, Verurteilung und Gefängnis waren die Folge. Der biografische Roman über seinen sächsischen Landsmann Karl May *Swallow, mein wackerer Mustang* (1981) transportiert auch eigene Hafterfahrungen. Nach seiner Entlassung wandte sich Loest mit einer Reihe von (zumeist unter dem Pseudonym Hans Walldorf) schnell geschriebenen Kriminal- und Abenteuerromanen einem in der DDR eher stiefmütterlich behandelten Genre zu. Einen höheren literarischen Anspruch stellte erst wieder der Roman *Es geht seinen Gang oder Mühen in unserer Ebene* (1978), der dem in den Siebzigerjahren sich abzeichnenden Trend zur Beschäftigung mit individuellem Glücksverlangen und dem zumeist glücklosen Alltag der Protagonisten folgte (wie später exemplarisch bei Christoph Hein *Der fremde Freund*). Erneut begannen die Probleme. Nachdem die Erstauflage des Romans sofort vergriffen war, wurde die dem Mitteldeutschen Verlag erteilte Druckgenehmigung für die zweite Auflage einem kleinen Verlag übertragen und auf lediglich 10000 Exemplare beschränkt. Dieses »Entstehen und Sterben eines Romans in der DDR« dokumentiert Loest in dem Bericht *Der vierte Zensor* (Köln, 1984), inzwischen hatte er mit einem Dreijahresvisum den Übertritt in die Bundesrepublik vollzogen. (→ S. 803, 811, 823)

lich nicht als alltäglicher, sondern als ein zur Alltäglichkeit gezwungener Mensch zu erkennen, dessen Schicksal wenig über ihre wahren Fähigkeiten, viel aber über die Welt verrät, in der sie lebte«. (U. Wittstock)

Während Loest und andere sich in den Siebzigerjahren mit dem unmittelbaren Alltag in der DDR beschäftigten, begannen Autoren wie Helga Schütz, Hermann Kant und Karl-Heinz Jakobs (1929; *Wilhelmsburg*, R., 1979) die nationalsozialistische Vergangenheit als Vorgeschichte auch der DDR zu begreifen. »Wie sind wir so geworden, wie wir sind?«, fragt auch Christa Wolf in ihrem dritten Roman *Kindheitsmuster* (1976).

Das Vergangene ist nicht tot; es ist nicht einmal vergangen. Wir trennen es von uns ab und stellen uns fremd. – Frühere Leute erinnerten sich leichter: eine Vermutung, eine höchstens halbrichtige Behauptung. Ein erneuter Versuch, dich zu verschanzen. Allmählich, über Monate hin, stellte sich das Dilemma heraus: sprachlos bleiben oder in der dritten Person leben, das scheint zur Wahl zu stehen.

(→ S. 647, 652, 679, 714)

Windungen des »Bitterfelder Weges«

ERIK NEUTSCH (1931) beschreibt in *Die Spur der Steine* (R., 1964) im Sinne des »Bitterfelder Weges« die Verhältnisse im industriellen Bereich. In *Auf der Suche nach Gatt* (R., 1973) geht es um das Schicksal eines 1945 aus amerikanischer Kriegsgefangenschaft heimgekehrten Bergarbeiterjungen, der in der sozialistischen Gesellschaft immer wieder scheitert. Diese Gesellschaft gibt Strauchelnde jedoch nicht auf. Auch der Arzttochter und Medizinstudentin Ruth, die sich zunächst in kleinbürgerlichen Anschauungen befangen zeigt, hilft sie dabei, Ordnung in ihr Leben zu bringen. Wie im ersten Roman stellt Neutsch die endgültige Lösung nicht dar, sondern deutet die mögliche Entwicklung nur an. Er erzählt aus verschiedener Perspektive, um die Vielschichtigkeit der Geschehnisse begreiflich zu machen.

Über Tätigkeiten als Lehrerin, Buchhändlerin, Reporterin führte der Weg von BRIGITTE REIMANN (1933 bis 1973) zur Literatur. Ihr Roman *Ankunft im Alltag* (1961) zeigt noch Spuren ihrer schriftstellerischen Anfänge, die, literarisch wenig bedeutend, ihren jugendlich-idealistischen Glauben an eine künftige sozialistische Gesellschaft bezeugen. Bereits der Titel des Romans macht aber deutlich, worum es ihr geht: um eine nüchterne Erfassung der Lebenswirklichkeit, die angenommen und bewältigt sein will. Die Probe aufs Exempel liefert das praktische Jahr dreier junger Leute in der Produktion, zu dem sie sich vor ihrem Studium zusammenfinden. Das Lausitzer Braunkohlenkraftwerk »Schwarze Pumpe« ist Schauplatz des Lernprozesses, der, wie nicht anders zu erwarten, im Sinne einer sozialistischen Bewusstseinsbildung verläuft.

Die »Ankunft im Alltag« und die Vergangenheit

Brigitte Reimanns *Ankunft im Alltag* ist ein Roman des »Bitterfeldes Weges«, er weist aber über die spezifischen Merkmale dieses von der Partei initiierten Verfahrens hinaus. Ein Gleichgewicht zu finden zwischen den hoch gesteckten gesellschaftlichen Zielen, den privaten Erwartungen und Wünschen und den gravierenden Mühen und Enttäuschungen, die die reale Entwicklung bereitete, war eine Aufgabe, die sich allerorts stellte. Die »Ankunftsliteratur« – wie eine im Anschluss an Brigitte Reimanns Roman in Umlauf gekommene Bezeichnung lautete, ist zunächst in stereotyp anmutender Weise optimistisch geprägt. Gleichwohl kam eine Entwicklung in Gang, der sich auf Dauer nicht kanalisieren ließ. Brigitte Reimann selbst bezeugte das mit ihrem folgenden Romanen *Die Geschwister* (1963) und *Franziska Linkerhand* (1974 postum). Ungeachtet aller ihrer Bemühungen (»es muss, es muss sie geben, die kluge Synthese zwischen Heute und Morgen«) ist dieser Roman, den sie nicht mehr beenden konnte, viel eher das Dokument einer Überforderung als einer befreienden »Ankunft« im Sozialismus. Dabei lassen nicht zufällig die Frauen beredter als ihre männlichen Kollegen die bestehenden Probleme erkennen. Ankunftsliteratur aus weiblicher Feder ist, sofern sie dem gestellten Anspruch gerecht wird, immer auch Literatur der Emanzipation.

HELGA SCHÜTZ' (1937) erzählerisches Werk vermittelt in unaufdringlicher Weise Erfahrungen des gesellschaftlichen und privaten Lebens aus den Jahren vor der Entstehung und aus der Gegenwart der DDR. Im südlichen Schlesien spielt *Vorgeschichten oder Schöne Gegend Probstein* (En., 1970), zugrunde liegen Kindheitserinnerungen der Autorin, die im Bober-Katzbachgebirge geboren wurde. *Das Erdbeben bei Sangershausen und andere Geschichten* (En., 1972) bilden chronologisch die Fortsetzung; berichtet wird von Flucht, Kriegsende und Vertreibung. *Julia oder die Erziehung zum Chorgesang* (R., 1980) behandelt die Zwänge und Konventionen einer Jugend in der DDR, *In Annas Namen* (R., 1986) eine unglückliche Liebe vor dem Hintergrund der Ost-West-Problematik. Anna, eine Ostdeutsche, verliert den Mann, den sie liebt, an eine westdeutsche Konkurrentin, die ihre überlegenen materiellen Mittel ungehemmt nutzt.

KLAUS SCHLESINGER (1937–2001) beschrieb in *Michael* (R., 1971, in der Schweiz 1972 u. d. T. *Capellos Trommel*) die existentielle Verunsicherung eines Studenten, der dem Leben seines Vaters nachforscht, von dem er vermutet, dass er während des Zweiten Weltkriegs in Polen einem Exekutionskommando angehört habe. Aber nicht nur in der Erinnerung an die Vergangenheit kann das Vertrauen in die Stabilität des alltäglichen Lebens entgleiten. *Alte Filme* (E., 1975), eine »Berliner Geschichte«, handelt von einem Ausbruchsversuch aus dessen banaler Ordnung, eine der Geschichten des Bandes *Berliner Traum* (En., 1977) erzählt von einem Angestellten, der sich im Traum im westlichen Teil der Stadt befindet. (→ S. 803)

Feminismus in der Erzählkunst

HEDDA ZINNERS (1905–1994) biografischer Roman um Louise Otto-Peters *Nur eine Frau* (1954) kann als repräsentativ für eine Reihe von Erzählwerken gelten, die bereits in den ersten Jahren der DDR vorbildhafte weibliche Lebensläufe vor dem Hintergrund der veränderten sozialen Bedingungen nachgestalteten. In ihrer Roman-Trilogie *Ahnen und Erben* (*Regina*, 1968; *Die Schwestern*, 1970; *Fini*, 1973) behandelte die gebürtige Österreicherin gleich mehrere Frauenschicksale. Die Bildungswege der einer Bühnenkarriere zustrebenden Halbjüdin Regina, ihrer Töchter und ihrer Enkelin spielen zwischen dem letzten Viertel des 19. Jahrhunderts und dem Machtantritt der Nationalsozialisten. Die an die slawische Welt angrenzende Peripherie des Habsburgerreiches und Wien mit ihren spezifischen Problemen bilden der Autorin vertraute Schauplätze. In den Siebzigerjahren führten eine Anzahl von Schriftstellerinnen der DDR die von Christa Wolf begonnene Diskussion über die Möglichkeit »Weiblichen Schreibens« fort und setzten sich mit den gewachsenen Ansprüchen der Frauen an die (Männer-)Gesellschaft auseinander. Neben Brigitte Reimann sind vor allen GERTI TETZNER (1936; *Karen W.*, R., 1974) und HELGA SCHUBERT (1940; *Lauter Leben*, En., 1975) zu nennen. In enger Verbindung zu *Kassandra* und *Störfall* von Christa Wolf steht *Respektloser Umgang* (E., 1986) von HELGA KÖNIGSDORF (1938).

Eine tödliche Krankheit veranlasst eine erfolgreiche, von ihrem Beruf überzeugte Mathematikerin, über ihr bisheriges Tun nachzudenken. Als Naturwissenschaftlerin fühlt sie sich für die Gefahr eines Atomkriegs indirekt verantwortlich. Es kommt zu einer fiktiven Auseinandersetzung mit der an der Entdeckung der Kernspaltung beteiligten verstorbenen Physikerin Lise Meitner.

Die mit unabsehbaren Risiken verbundene Atomforschung erscheint als »männlich«, die Wissenschaftlerin selbst als an »männlichen Mustern orientiert«. Aber genauso wenig wie bei Christa Wolf wird in dieser Erzählung das Ende der Rationalität als Lösung gesehen, denn, so die Protagonistin, gefährlicher als der Mythos von der Allmacht der Wissenschaft »ist der Glaube, wir kämen ohne neue Erkenntnis aus«.

(→ S. 824)

Irmtraud Morgner (1933–1990)

Die Tochter eines Lokomotivführers, geboren in Chemnitz, studierte in Leipzig Germanistik und Literaturwissenschaft, war Redaktionsassistentin der Zeitschrift *Neue Deutsche Literatur*. Einige Jahre verheiratet mit Paul Wiens. Seit 1958 freie Schriftstellerin in Berlin (Ost), wo sie auch starb.

Irmtraud Morgner debütierte mit einer vom Kultur-Ministerium preisgekrönten Lokomotivführer-Geschichte (*Das Signal steht auf Fahrt*, E., 1959) und dem Roman *Ein Haus am Rand der Stadt* (1962). Mit ihrem zweiten Roman *Hochzeit in Konstantinopel* (1968), der schon bald auch in einer westdeutschen Ausgabe erschien, gewann sie künstlerisch Profil.

Nur in der Vorstellung der weiblichen Hauptfigur handelt es sich beim Schauplatz des Romans um Konstantinopel, in Wahrheit um ein Städtchen an der jugoslawischen Adria, wo ein junges Paar seine vorgezogene Hochzeitsreise verbringt. Die Probe auf ein späteres gemeinsames Leben missrät. Bele nimmt es nicht hin, dass der ehrgeizige Paul, ein junger Physiker, das Nebeneinander von Arbeit und Liebe gleichsam nach fertigen Konzepten lebt. Vor Erreichen des Standesamtes steigt sie (wörtlich und im übertragenen Sinne) aus.

Die *Gauklerlegende. Eine Spielfraungeschichte* (1970) weist in der originellen Behandlung verschiedener Zeitebenen bereits auf Irmtraud Morgners als Trilogie geplantes Hauptwerk voraus. Ausgeführt wurden davon nur *Leben und Abenteuer der Trobadora Beatriz nach Zeugnissen ihrer Spielfrau Laura. Roman in dreizehn Büchern und sieben Intermezzos* (1974), ein Gegenwartsroman, der durch die auf zauberhafte Weise in die Jetztzeit versetzte Protagonistin seine besondere Aura empfängt, und *Amanda. Ein Hexenroman* (1983).

Die Trobadora verdankt ihren Namen einer provenzalischen Minnesängerin aus dem 12. Jahrhundert (Beatriz de Dia). Enttäuscht von der Männerwelt des Mittelalters hat sie sich in Schlaf versetzen lassen, nach 810 Jahren, zur Zeit der Pariser Studentenrevolte 1968, erwacht sie, 843 Jahre

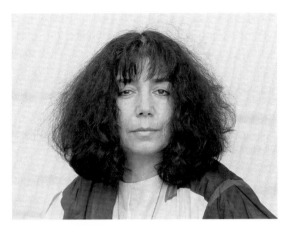

Irmtraud Morgner

manns, 1979 aus dem Schriftstellerverband der DDR ausgeschlossen, blieb aber in der DDR wohnhaft und publizierte in Verlagen beider deutscher Staaten.

Bereits Schneiders erste Buchveröffentlichung *Aus zweiter Hand. Literarische Parodien* (1958) ließ das virtuose Geschick des Sechsundzwanzigjährigen zu ironischer Nachahmung und Stilisierung erkennen: Als Zielscheibe dienten ihm Kafka, Thomas Mann, Benn, Brecht, Jünger, Rilke und Johannes R. Becher. Ironie und Parodie, dominieren auch in der Rollenprosa der Bände *Brücken und Gitter. Ein Vorspruch und sieben Geschichten* (En., 1965) und *Nekrolog. Unernste Geschichten* (1973). Die Romane *Die Tage in W.* (1965) und *Der Tod des Nibelungen. Aufzeichnungen des deutschen Bildschöpfers Siegfried Amadeus Wruck, ediert von Freunden* (1970) spielen in der Spätphase der Weimarer Republik und in der Zeit der NS-Herrschaft, der zweite Roman, eine Travestie auf Ernst von Salomons Roman *Der Fragebogen,* greift sogar bis in die wilhelminische Kaiserzeit zurück. Bereits durch seinen Titel erinnert der Roman zugleich an Thomas Manns *Doktor Faustus.* Schneiders bekanntester Roman *Die Reise nach Jaroslaw* (1974) ist nicht ohne das Vorbild Plenzdorfs und die literaturpolitische Diskussion um *Die Leiden des jungen W.* zu denken. Allerdings lässt Schneider seine Hauptfigur – bei der es sich, eine bezeichnende Variante, diesmal um ein Mädchen handelt – zuletzt nicht scheitern. Auf die in ihrem realen Verlauf ungeplante »Bildungsreise« nach Polen folgen Ansätze zu gesellschaftlicher Integration. Besonders mit ihrer routiniert verfassten, schnoddrigen Sprache hat die junge Aussteigerin Gittie ihr literarisches Vorbild in Plenzdorfs Edgar Wibeau. In den Romanen *Das Glück* (1976) und *November* (1979) thematisierte Schneider wiederum aktuelle Entwicklungen in Deutschland, etwa die Vorgänge um die Ausbürgerung Wolf Biermanns. Dieser selbst hat Schneider »so etwas wie Opposition aus Opportunismus« vorgeworfen. Schneiders vielseitiges Talent hat auch in Hörspielen und Fernsehfilmen, den bereits genannten Reiseberichten und literaturkritischen Arbeiten Ausdruck gefunden. (→ S. 652, 676, 679, 681)

alt, aber wohlkonserviert zu neuem Leben. Bald belehren sie schlimme Erfahrungen (sie wird vergewaltigt, beraubt), dass sich in der Welt nichts gebessert hat. Über Paris gelangt sie in die DDR, wo sie die S-Bahn-Fahrerin Laura Salman, eine geschiedene Germanistin und allein erziehende Mutter, kennen lernt, mit der sie sich zu gemeinsamer (Auftrags-)Dichtung und den Blick erweiternden Reisen zusammenschließt. Nebenhandlungen, etwa die Geschichte einer Geschlechtsumwandlung, stärken die Hoffnung auf ein künftiges, durch weniger Aggressionen belastetes menschliches Zusammenleben. 1973 stürzt die Trobadora nach einer Feier anlässlich eines Wahlsieges der französischen Linken beim Fensterputzen tödlich ab. Laura Salman wird Mitglied einer emanzipatorischen Tafelrunde.

»*Trobadora Beatriz* handelt nicht nur von Emanzipation, es ist auch seiner Form nach selbst ein Stück Emanzipation innerhalb der Literatur«, urteilte ein westdeutscher Kritiker, die Resonanz im westlichen Ausland reichte bis in die USA. Wer sich nicht zufrieden zeigte, war die Autorin selbst, die sich vorwarf, Laura Salman »zum Sinnbild der durchschnittlichen berufstätigen Frau mit dem Tugendsortiment fleißiggenügsam-willig-unauffällig-verzichtgeneigt-aufopferungsgemut hinabstilisiert« zu haben. Mit dem – weniger erfolgreichen – Roman *Amanda* (1983), von ihr als – noch immer nicht ausreichende – Korrektur verstanden, schrieb sie die Geschichte Lauras phantasievoll fort.

Rolf Schneider (1932)

Geboren in Chemnitz, wurde Schneider nach seinem Germanistik- und Pädagogik-Studium an der Universität Halle-Wittenberg leitender Redakteur der Monatsschrift *Aufbau* in Berlin. Seit 1958 freier Schriftsteller, Teilnahme an Zusammenkünften der »Gruppe 47«, 1976 Mitunterzeichner der Protestresolution gegen die Ausbürgerung Bier-

Prosa für die junge Generation

ULRICH PLENZDORFS 1973 gleichzeitig in der DDR und der Bundesrepublik erschienene Erzählung *Die neuen Leiden des jungen W.* stellt die ausführlichste Fassung des von ihm mehrfach verwendeten Stoffes dar. Neben Goethes Bestseller findet sie ihr Vorbild

Ulrich Plenzdorf

Die kleine Erzählung *Kein runter, kein fern* (Hamburg 1979) konfrontiert den inneren Monolog eines Ostberliner Jugendlichen, dessen Mutter in den Westen gegangen ist, mit der biederen Sprache eines Radioreporters, der von den Feierlichkeiten zum 20. Jahrestag der DDR berichtet, und mit der autoritären Sprache des Vaters.

Auch VOLKER BRAUN handelte mit seiner Erzählung *Unvollendete Geschichte* (1975) von der jungen Generation. Sie erschien in der DDR allerdings nur in *Sinn und Form,* also an renommierter, aber für das breite Publikum schwer erreichbarer Stelle .

Karin, 18 Jahre alt, die soeben ihre Schulzeit (erweiterte Oberstufe) abgeschlossen hat, wird von ihrem Vater einem höheren Funktionär, vor dem Jungen gewarnt, den sie liebt. Frank, durch die Trennung seiner Eltern seelisch aus der Bahn geworfen, hatte sich einer Bande jugendlicher Krimineller angeschlossen und war straffällig geworden. Inzwischen resozialisiert, arbeitet er als Fernmeldetechniker. Informationen, deren Inhalt unbestimmt bleibt, machen den »Rowdy« in den Augen von Karins Vater jedoch erneut verdächtig. Karin zeigt sich zunächst fügsam und trennt sich von Frank. Ein Volontariat in seiner Heimatstadt führt sie wieder mit ihm zusammen, sie wird schwanger und sieht sich erneut massivem Druck seitens ihrer Familie ausgesetzt. Sie verlässt Frank, obwohl sie weiß, dass die gegen ihn umlaufenden Verdächtigungen (Westkontakte, beabsichtigte Republikflucht?) falsch sind, erneut. Erst nach seinem misslungenen Selbstmordversuch findet sie die Kraft zur Selbstbestimmung. »Hier begannen, während die eine nicht zuende war, andere Geschichten.«

»Die Glaubwürdigkeit eines Staates wird an zwei Jugendlichen zuschanden, deren Integrität und Loyalität zu diesem Staat nie unglaubwürdig war.« (B. Lücke) Den existentiellen Anspruch, der Karins Entscheidung zugrunde liegt, macht eine Lektüreerfahrung deutlich. Sie liest Plenzdorfs *Neue Leiden,* sie findet der »junge W.« sei

zu jung, zwei Jahre wenigstens: sie verstand ihn, aber verstand sich davon nicht besser. Er sprach sich mal herrlich aus – aber der Werther, den er immer zitierte, hing noch anders mit der Welt zusammen. Das hatten sie in der Schule behandelt. Der stieß sich an ihrem Kern. W. stieß sich an allem Äußeren, das war lustig, und ging per Zufall über den Jordan. Das Ungeheure in dem »Werther« war, daß da ein Riß durch die Welt ging, und durch ihn selbst. Das war eine alte Zeit. Und auch da war in all dem Äußeren ein I n n e r e s, W. drang nur nicht hinein, ein tieferer Widerspruch, den man finden müßte! Wie würde ein Buch sein – und auf sie wirken, in dem einer heute an den Riss kam … in den er stürzen mußte. Sie würde das Buch vielleicht hassen.

auch in Jerome D. Salingers Roman *The Catcher in the Rye* (1951, dt. u. d. T. *Der Fänger im Roggen,* 1954), der nicht umsonst Edgar Wibeaus Lieblingslektüre darstellt. Er und Salingers Protagonist Holden Caulfield sprechen – auf ihre jeweilige Sprache bezogen – einen ähnlichen Jargon. Edgar Wibeaus Sprache ist die Sprache von Angehörigen der ersten in der DDR geborenen Jahrgänge, die sich von den Aufbauleistungen der Vätergeneration wenig beeindruckt zeigen und mit ihren eigenen Bedürfnissen weder verstanden noch angenommen fühlen. Die Partei hatte an ihnen und in späteren Jahren an ihren Nachfolgern bis zum Untergang des Staatswesens wenig Freude, zumal es sich um Erscheinungen handelte, die es gemäß den Aufbauplänen der sozialistischen Gesellschaft gar nicht geben sollte.

Aus dem Drehbuch zu dem 1973 abgedrehten Film *Die Legende von Paul und Paula* ging Plenzdorfs Roman *Legende vom Glück ohne Ende* (1979) hervor, der in einem zweiten Teil Pauls Geschichte über Paulas Tod hinaus weitererzählt, doch seine neue Partnerin, Laura, ist keine zweite Paula, sondern eine Frau mit eher pragmatischen Vorstellungen. Eine dem Film vergleichbare Ausstrahlung – die von Angelica Domröse in ihrem sozialen Umfeld genau gezeichnete Figur der Paula wurde mit ihrem absoluten Anspruch auf persönliches Glück eine der großen Frauengestalten des DDR-Films – gewann der Roman allerdings nicht.

Jurek Becker

Jurek Becker (1937–1997)

Geboren in Lódz als Sohn polnisch-jüdischer Eltern, überlebte er als Kind das dortige Ghetto und die Konzentrationslager Ravensbrück und Sachsenhausen. Erst 1945, als er nach Berlin kam, erlernte er die deutsche Sprache. Nach dem Abitur Studium der Philosophie an der Humboldt-Universität, 1957 Mitglied der SED (1976 Ausschluss wegen seines Protests gegen die Ausbürgerung Biermanns). 1960 freier Schriftsteller. 1975 Nationalpreis der DDR, 1977 Austritt aus dem Schriftstellerverband und Umzug nach Berlin (West). 1978 Vorlesungen am Oberlin-College in Ohio. Gestorben in Berlin.

Becker schrieb zunächst Drehbücher für Fernseh- und Spielfilme und schließlich seinen viel beachteten ersten Roman *Jakob der Lügner* (1969 und 1999 verfilmt) über das Leben im Ghetto.

Jakob Heym ist, was noch keinem Juden gelungen war, lebend dem deutschen Polizeirevier entkommen. Durch die Umstände dazu gedrängt, gibt er vor, im Besitz eines Radios und daher mit Nachrichten versorgt zu sein, die eine baldige Befreiung des Ghettos erhoffen lassen. Die Verzweiflung seiner Mitgefangenen zwingt ihn zu immer neuen Lügen, bis die Wahrheit seiner erfundenen Mitteilung offenbar wird: Die Front nähert sich tatsächlich, aber gerade das bedeutet für die Gefangenen den Tod, denn das Ghetto wird vor dem Eintreffen der Befreier liquidiert.

Becker ist spürbar von der jiddischen Tradition geprägt. Er weiß zu erschüttern, ohne ins Sentimentale abzugleiten, in schwer fassbarer Weise behält die Rea-

lität nicht das letzte Wort, vielmehr macht ein spielerisches Element den Umgang mit dem Grauen erträglich. Becker selbst sah den Roman als »sprachlich unfertig« an. »Jemand, der ein erstes Buch schreibt, ist kein Schriftsteller«, hat er argumentiert. »Danach ist man Schriftsteller.« (Interview mit H. L. Arnold). Sein zweiter Roman *Irreführung der Behörden* (1973) erzählt von einem Jurastudenten in Berlin (Ost), der sein Studium vernachlässigt und ein staatlicherseits geförderter konformistischer Romanschriftsteller wird, von Freundschaften und einer gescheiterten Ehe. Er glänzt »im ironischen oder grotesken Detail« (R. Michaelis) und lässt seine Meinung über den DDR-Kulturbetrieb durchscheinen.

Als dritter Roman folgte *Der Boxer* (1976), die Geschichte eines jüdischen KZ-Häftlings, der den Krieg als Einziger seiner Familie überlebt hat. Er kümmert sich um einen verlassenen Jungen und erfindet für ihn die Geschichte von dem großen Boxer, der er nie war. Mit *Schlaflose Tage* (1978), dem »Roman eines Lehrers, der Arbeiter wird« (1978), endete das Schaffen Beckers in der DDR, die Drucklegung dort wurde abgelehnt, – im Erscheinungsjahr wechselte er seinen Wohnsitz.

(→ S. 680, 802, 811)

Eine Schelmennatur wie Becker war auch Fritz Rudolf Fries, sein ideologischer Standort erwies sich für die Zensoren als noch schwieriger zu bestimmen.

Fritz Rudolf Fries (1935)

Als Sohn eines Kaufmanns in Bilbao (Spanien) geboren, 1942 Übersiedlung der Familie nach Deutschland, Studium der Anglistik und Romanistik in Leipzig, von 1958 an Übersetzer, 1960–66 Assistent an der Akademie der Wissenschaften in Berlin (Ost). Nach der Veröffentlichung von *Der Weg nach Oobliadooh* verlor er seine Assistentenstelle und lebte seit 1966 als freier Schriftsteller in Petershagen. Veröffentlichte auch *Hörspiele* (1984, darin *Der Traum des Thomas Feder; Der Mann aus Granada*) und den Essayband *Bemerkungen anhand eines Fundes oder Das Mädchen aus der Flasche* (1985).

Mit seinem ersten Roman *Der Weg nach Oobliadooh* (Frankfurt/M., 1966) folgte Fries Uwe Johnson, der mit seinem frühen erzählerischen Werk den zu der Zeit wohl radikalsten Bruch mit der »außengelenkten Ästhetik« (H. Küntzel) vollzogen hatte. So lag es nicht nur am Inhalt, sondern auch an der Erzählweise, dass Fries' Roman in der DDR nicht gedruckt wurde. Der Verzicht auf einen durchgehenden Erzähler lässt den Leser an dem Bewusstseinsstrom der Hauptfigur teilhaben.

Fritz Rudolf Fries

Christa Wolfs »Kassandra« und spätere Prosa

Als Fünfzigjährige hatte CHRISTA WOLF den Zenit ihrer öffentlichen Wirkung erreicht, sie war eine in beiden deutschen Staaten mit den höchsten literarischen Auszeichnungen geehrte, nicht zuletzt in den germanistischen Seminaren, viel gelesene Autorin. Ihre Erzählung *Kein Ort. Nirgends* (1979) beschreibt eine fiktive Begegnung zwischen Karoline von Günderrode und Heinrich von Kleist, dem nach Lukács' Dekadenzvorwurf in der DDR lange Verfemten. Aber es geht Christa Wolf nicht nur um das Aufzeigen kulturpolitischer Repressionen, sondern vor allem um Karoline von Günderrode. »Kleist geht eine Zeile durch den Kopf, die er der Günderrode nicht zitieren will: An eigne Kraft glaubt doch kein Weib. – In dieser Frau, denkt er, könnte ihr Geschlecht zum Glauben an sich selber kommen.« Freilich hatten die historischen Vorbilder beider Protagonisten ihrer Erzählung Selbstmord verübt, das warf indirekt ein eher düsteres Licht auf die von ihr repräsentierte sozialistische Gesellschaft, in der Krisenzeichen sich mehrten.

Ihren größten Erfolg in der vom Wettrüsten der Supermächte und ökologischen Zukunftssorgen bedrängten Gegenwart erzielte Christa Wolf mit der mythologisch stilisierten Parabel *Kassandra* (E., 1983).

Kassandra, Tochter der Hekabe und des trojanischen Königs Priamos, deren warnenden Voraussagen niemand Glauben schenkte, denkt als Gefangene Agamemnons in Mykene, den Tod vor Augen, über ihre Vergangenheit nach. Sie reflektiert über Macht und Machtmissbrauch, über Krieg und Vorkrieg, über Sprache als Instrument der Herrschaft, über die Rolle der Frau und eine weibliche Utopie. »Laßt Euch nicht von den Eignen täuschen«, lautet eine ihrer Warnungen.

Der Schriftsteller Arlecq und der Zahnarzt Paasch finden sich mit dem sozialistischen Alltag, wo jeder auf Leistung und Nützlichkeit bedacht ist, nicht ab und erträumen sich ein Reich der Empfindsamkeit. Sie fliehen in die Welt des Jazz, besuchen illegal Westberlin und kommen, in die DDR zurückgekehrt, in ein Irrenhaus, ohne gefunden zu haben, was sie suchen.

Menschen, die auf phantastische oder unwahrscheinliche Art eine Entwicklung durchlaufen, die sie fortführt von der festgefügten Realität des Alltags in eine eigene, davon abweichende Wirklichkeit, finden sich erneut in Arbeiten der Achtzigerjahre, zum Beispiel in ADOLF ENDLERS Erzählungen *Schichtenflotz. Papiere aus dem Seesack eines Hundertjährigen* (1987) oder in MONIKA MARONS Roman *Die Überläuferin*. Nach *Oobliadooh* veröffentlichte Fries den Erzählband *Der Fernsehkrieg* (1969), die Sammlung *See-Stücke* (1973), die Romane *Das Luft-Schiff* (1974), *Alexanders neue Welten* (1982) und den bereits 1967 geschriebenen satirischen Tagebuchroman *Verlegung eines mittleren Reiches* (1984), der als eine Art Fortsetzung von *Oobliadooh* betrachtet werden kann. (→ S. 652, 696, 822)

Auch aus Christa Wolfs *Frankfurter Poetik-Vorlesungen,* in denen sie ihre *Kassandra* betreffenden Reiseerfahrungen, ihre Stellung zur Friedensbewegung und ihre Erfahrungen über die »Bedingungen weiblichen Schreibens« darlegt, sowie aus Beiträgen des Sammelbandes *Die Dimension des Autors* (1986) spricht Sorge über die atomare Hochrüstung. Sie wendet sich gegen eine wissenschaftliche (»männliche«) Vorgehensweise, die dazu neigt, »nur noch diejenigen Fakten, die sie zu Tage fördert, für real zu halten, nur noch, was sie bezeichnen kann, für existent«. *Störfall. Nachrichten eines Tages* (E., 1987) behandelt die Katastrophe von Tschernobyl als das Ergebnis solchen Denkens. In der DDR wurde *Kassandra* nur mit kenntlich gemachten Auslassungen veröffentlicht. 1989 erschien in Frankfurt/M. ihr in Teilen schon 1982/83 geschriebenes Sommerstück, 1990 die überarbeitete Fassung der bereits 1979 entstandenen Erzählung *Was bleibt*, die vor allem wohl wegen des Zeitpunkts der Veröffentlichung in der Bundesrepublik den »Deutschen Literaturstreit« (U. Greiner) beziehungsweise die »mühsame Arbeit des Differenzierens« (H. Riehl-Heyse) in Gang setzte.

Günter de Bruyns Roman »Neue Herrlichkeit«

Neue Herrlichkeit ist von Kritikern 1984 als des Autors bis dahin bestes Werk bezeichnet worden. Der Roman machte bereits durch seine Druckgeschichte auf sich aufmerksam.

Der Sohn eines hoch gestellten Funktionärs kommt auf Betreiben seiner Mutter in das märkische Erholungsheim »Neue Herrlichkeit« des Außenministeriums, um dort ungestört an seiner Dissertation arbeiten zu können, die ihm den Einstieg in die vom Vater bereits angebahnte Diplomatenkarriere ermöglichen wird. Thema seiner Untersuchung ist die Politik Preußens zur Zeit der französischen Revolution (»das stand alles in den Büchern, er brauchte sie nur zu lesen«), aber er macht keine Fortschritte, umwirbt stattdessen das Zimmermädchen und überlässt sich vorübergehend dem Gefühl, er könnte einem selbstbestimmten Leben vor dem Staatsdienst den Vorrang geben. Viel zu angepasst, wie er bereits ist, lässt er Thilde – deren Mutter im Westen lebt, für ihn gegebenenfalls ein maßgebliches Karrierehindernis – sitzen und findet, von der Versuchung »genesen«, in seine ursprüngliche Rolle zurück.

Jean-Paul-, Fontane- und Thomas-Mann-Motive von *Hesperus* über *Irrungen, Wirrungen* und *Der Stechlin* bis *Der Zauberberg* fallen ins Auge, sie stellen mehr dar als nur ein parodistisches Spiel. Die DDR erweist sich als das, was sie am wenigsten sein will, ein Klassenstaat, der überdies, wie eine Nebenhandlung zeigt, alte Menschen rücksichtslos in Heime abschiebt und dahinsiechen lässt. Die »neue Zeit« hat ihre Versprechungen nicht gehalten, der Spott des Erzählers über ihre Entwicklung trägt abschließenden Charakter, *Neue Herrlichkeit* erweist sich als Beschreibung einer Endzeit.

Nachdem der Autor einer Reihe von Änderungswünschen nachgegeben hatte (so wurde der Vater der Hauptfigur von der höchsten Funktionärsebene heruntergenommen), nahmen der Mitteldeutsche Verlag und die ministerielle Hauptverwaltung das Manuskript im Sommer 1983 an. Im folgenden Frühjahr erschien die westdeutsche Lizenzausgabe noch vor der aus technischen Gründen verzögerten Originaledition. Als bundesdeutsche Rezensenten den kritischen Wagemut des Verfassers lobten, kam in der DDR

Christoph Hein

ein Revisionsprozess in Gang. Verlagsleiter, Cheflektor und Lektor gaben selbstkritische Erklärungen ab, Ersterer verteidigte sich aber auch: »Wir können nicht nur Bücher ablehnen, wir müssen auch Bücher machen.« Gerade erst habe man Manuskripte von Hanns Cibulka, Volker Braun, Werner Heiduczek, Adolf Endler und Gerti Tetzner abgewiesen, den Vorabdruck von *Neue Herrlichkeit* in der FAZ verhindern können. Gleichwohl wurde die Druckgenehmigung widerrufen und die gesamte Auflage von 20 000 Exemplaren vernichtet. Nun wurde die Westausgabe ein beliebtes Schmuggelgut und der Roman fand wie immer in solchen Fällen vermehrte Aufmerksamkeit, eine Entwicklung, vor der der zuständige Minister Klaus Höpcke bereits gewarnt hatte. Dem Verlag wurde daraufhin bedeutet, um eine neue Druckgenehmigung einzukommen und diese für nunmehr 15 000 Exemplare erteilt, die 1985 ausgeliefert wurden.

Prosa Christoph Heins

Das Verhältnis des Einzelnen, vorzugsweise des Intellektuellen, zur Gesellschaft war für den Erzähler CHRISTOPH HEIN von Anfang an in ähnlicher Weise problematisch wie für den Dramatiker. Auch formal verleugnete er seine Herkunft vom Theater nicht – im Vordergrund stehen Dialoge, auch lange Monologe der Figuren. In der Bundesrepublik wurde Hein zunächst vor allem durch seine Prosa bekannt. Die in der Sammlung *Einladung zum Lever Bourgeois* (1980;

u. d. T. *Nachtfahrt und früher Morgen* ohne das Prosastück *Der Sohn*, Hamburg 1982) erschienenen Erzählungen blieben noch ein Geheimtip, hingegen wurde *Der fremde Freund* (N., 1982; u. d. T. *Drachenblut*, westdeutsche Lizenzausgabe 1983) zu einem besonders von der jüngeren Generation aufmerksam rezipierten Text, in dem sie Elemente ihres eigenen Lebensgefühls angesprochen fand – ein weiteres Anzeichen für die sich verstärkende Wiederannäherung der Literaturen.

Das Erzähler-Ich, eine vierzigjährige tüchtige Klinikärztin, geschieden, berichtet von ihrer Beziehung zu einem verstorbenen Freund und insgesamt von ihrem Leben. Beruflich und privat zeigt sie sich bemüht, nur ein Minimum an Gefühlen zu investieren, sie lebt gewissermaßen sogar in Distanz zu sich selbst. »Ich lebe mit mir zusammen, ohne viele Fragen zu stellen. […] Ich habe bemerkt, dass man bei allen alles finden kann, wenn man erst anfängt, danach zu suchen.« Sie will unverwundbar sein. »Ich habe in Drachenblut gebadet, und kein Lindenblatt ließ mich irgendwo schutzlos. Aus dieser Haut komme ich nicht mehr heraus.« Ihre Selbsterzählung lässt vermuten, dass ihrer Haltung ein Verrat zugrunde liegt, den sie als Schülerin, während einer atheistischen Kampagne, an ihrer besten Freundin, einem gläubigen Mädchen, begangen hat. Noch aus ihrem Resümee am Schluss der Novelle spricht eine unbewältigte Erfahrung: »Alles, was ich erreichen konnte, habe ich erreicht. Ich wüsste nicht, was mir fehlt. Ich habe es geschafft. Mir geht es gut. Ende.«

Es gab in der DDR auch Leser, die auf die zur Schau gestellte Abgebrühtheit der Ich-Erzählerin entrüstet mit einem »So sind wir nicht« antworteten. Diese Reaktion beruht insofern auf einem Missverständnis, als sie den »Untertext« nicht zur Kenntnis genommen hat, der die Aussage des »Obertextes« ergänzt und gelegentlich in sein Gegenteil verkehrt. Auf einen solchen Subtext hat Christoph Hein sich in einem Interview ausdrücklich berufen (*öffentlich arbeiten*, 1987), und damit das Verständnis des Lesers für eine Kunst der Prosa angemahnt, die bereits in den Werken großer Realisten – Fontanes etwa – zu beobachten ist und den »Obertext« in ungeahnter Weise zu erschließen und zu vertiefen vermag. Angewandt auf *Drachenblut* bedeutet dies hinter der Verhärtung und vermeintlich

wunschlosen Resignation der Hauptfigur die Mechanismen der Verdrängung und ihren wahren Seelenzustand zu erspüren.

Horns Ende (1985), ein Roman über »Geschichte, über Geschichtsverständnis, auch über Geschichtsschreibung« (C. Hein, 1988), behandelt einen Selbstmord aus Verachtung.

Der Historiker Horn wird nach einem Parteiverfahren 1953 in das (fiktive) Provinzstädtchen Bad Guldenberg als Direktor des lokalen Museums strafversetzt. Als ihm aufgrund des Vorwurfs, erneut ein von der Parteinorm abweichendes Geschichtsbild verbreitet zu haben, ein zweites Verfahren droht, bringt er sich um. Ein Vierteljahrhundert später berichten fünf Einwohner der Stadt in einem mühsamen Erinnerungsprozess über den letzten Sommer vor Horns Tod, wobei die Leser über Horn selbst nur wenig, viel jedoch über Guldenberg in der NS-Zeit erfahren.

Auch *Der Tangospieler* (R., 1989) handelt von einem Historiker, diesmal von tragikomischen Erfahrungen.

Der Hochschulassistent Dallow hat in einem Studentenkabarett als Pianist einen Tango begleitet, ohne den Text zu kennen, und ist »wegen Verächtlichmachung führender Persönlichkeiten des Staates« verurteilt worden. Nach 21 Monaten Haft vermag er im Leipzig des Jahres 1968 nicht wieder Fuß fassen. Zwar bietet man ihm eine Dozentur an, aber um den Preis der Spitzeltätigkeit für den Staatssicherheitsdienst. Dallow lehnt ab, schlägt sich in Aushilfsberufen durch, betreibt als Kellner auf Hiddensee zahlreiche Liebschaften, dann bekommt er unverhofft erneut die Chance, an die Universität zurückzukehren. Sein Nachfolger im Institut, ein einst mit ihm konkurrierender Kollege, der – vor Erscheinen der Morgenzeitungen – seinen Studenten gegenüber die Beteiligung von DDR-Soldaten bei der Intervention der Staaten des Warschauer Paktes zur Unterdrückung des Prager Frühlings als westliche Provokation abgetan hat, muss gehen, Dallows Platz ist wieder frei. Den gegen Ulbricht gerichteten Tango, dessentwegen er verurteilt wurde, darf man inzwischen singen. Dallow beschließt, vor Erscheinen der Morgenzeitungen keine Vorlesungen zu halten.

Von Roland Gräf verfilmt kam *Der Tangospieler* 1991 als letzte Produktion der DEFA in die Kinos – als Zeitkritik konzipiert, nunmehr bereits Historie.

DIE LITERATUR IN DER BUNDESREPUBLIK DEUTSCHLAND 1949–1990

Das Werk einer grundlegenden Erneuerung Deutschlands bildete eine Aufgabe, die sich aus dem Zusammenbruch von 1945 zwingend ergab, aber ebenso unvermeidlich an Rahmenbedingungen geknüpft war, die von der Politik der Siegermächte bestimmt wurden. Verbündete im Krieg entzweiten sie sich sogleich, als die Waffen ruhten, ihr Konflikt führte zur deutschen Teilung. Die Gründung zweier Staaten, zunächst der Bundesrepublik, dann der DDR, auf dem Territorium der vier Besatzungszonen schloss diese Entwicklung vorerst ab und schuf Konstanten für unbestimmte Zeit. Die DDR-Regierung, die in der Gründung der Bundesrepublik einen Verstoß gegen das Potsdamer Abkommen erblickte, nahm in Anspruch, die Interessen des gesamten deutschen Volkes zu vertreten; an der Einheit Deutschlands hielt sie als Leitvorstellung zunächst fest. Der von der Bundesregierung in Bonn erhobene Alleinvertretungsanspruch schloss ebenfalls die Erwartung ein, dass der Prozess einer dauerhaften Friedensregelung in Mitteleuropa noch nicht zum Abschluss gekommen war. Die Teilung widersprach dem deutschen nationalen Interesse, insofern nicht zweifelhaft sein konnte, dass sie beim künftigen Wiederaufbau zu unterschiedlichen Lösungsansätzen führen würde, gleichwohl begünstigte der Wettkampf der Systeme das stärkere Modell und eröffnete Aussichten für seine Durchsetzung. Ob und, wenn ja, wann sich der deutsche Nationalstaat wiederherstellen ließe, blieb offen; die reale Entwicklung ließ die deutsche Einheit zunächst zu einem Fernziel werden, das auch auf indirektem Weg (»Wandel durch Annäherung«) und modifiziert (»Eine Nation in zwei Staaten«) angestrebt wurde.

Literatur und Demokratie

Für die Schriftsteller und Publizisten, die sich zunächst um den *Ruf* versammelt und dann in der »Gruppe 47« eine neuen Zusammenschluss gefunden hatten, bedeutete die Gründung der Bundesrepublik eine folgenreiche Enttäuschung. Politisch motiviert waren diese Autoren im hohen Maße, Einflussnahme auf das Zeitgeschehen gehörte nach ihrem Selbstverständnis zu den Pflichten des Literaten. Die Freiheit aller verteidigt man nicht im Elfenbeinturm, und hatte nicht die jüngste deutsche Geschichte die politische Unmündigkeit der Massen erwiesen? Auch die Demokratie bedurfte einer intellektuellen Elite, die über den Tag hinaus dachte. Hans Werner Richter und seine Freunde sprachen nicht für alle Schriftsteller, sondern vorzugsweise für einige Jahrgänge jüngerer Kriegsheimkehrer, aber der große literarische Erfolg der Gruppe in der Folgezeit und der allmähliche Generationenwechsel sicherten ihnen ein unverhältnismäßiges Gewicht. Was sie erstrebt hatten, war ein einiges Vaterland, das nicht an die divergierenden politischen Blockbildungen gefesselt war – und dabei zerrissen wurde –, sondern zwischen Ost und West einen »dritten Weg« zeigen konnte. Das zerstörte Reich, darin lag die Chance der vermeintlichen »Stunde Null«, war frei für einen Neuanfang in Selbstbestimmung und sozialer Gerechtigkeit. Die Grundstimmung der jungen Intellektuellen, die, wie die »Kahlschlag«-Literatur erkennen ließ, an die Stunde Null glaubten, war demokratisch und sozialistisch – wobei »jung«, wie einst im Vormärz, weniger eine Altersangabe als ein Bekenntnis darstellte. Das Beispiel eines radikalen Neubeginns konnte dazu beitragen, den autokratisch versteinerten Osten für die Freiheit, den kapitalistischen Westen für eine Wirtschaftsordnung zu öffnen, die den Interessen des Menschen dienlicher war als die pure Marktökonomie. Weiterführende Hoffnungen richteten sich auf ein sozialistisches Europa – aber nur ein ungeteiltes Deutschland konnte die ihm zugedachte Mittlerfunktion übernehmen.

Diese visionär anmutenden Überlegungen waren nicht völlig neu und blieben auch nicht ohne Fortsetzung. Sie hatten schon nach 1918 eine Rolle gespielt und lebten noch in Bewegungen wie dem Prager Frühling wieder auf. Westbindung und Wiederbewaffnung der Bundesrepublik standen ihnen offensichtlich im Wege. Tatsächlich sahen sich die Skeptiker zunächst bestätigt. Mit dem Fortbestehen des Ost-West-Gegensatzes entwickelten sich die wirtschaftlichen Gegebenheiten und Lebensformen in beiden Staaten stetig auseinander, es bildeten sich im Gefolge davon unterschiedliche Mentalitäten aus. Dabei nahm der Vorsprung der »Bonner Republik«, die von Anfang an die stärkere war, nicht nur in materieller Hinsicht stetig zu. Wenn DDR-Schriftsteller gelegentlich den Anspruch erhoben, ungeachtet noch bestehender vielfältiger Mängel, das bessere, fortschrittlichere Deutschland zu vertreten, so hätten westdeutsche Autoren dies für ihren Staat mit mindestens gleichem Recht sagen können. Die Entwicklung der Bundesrepublik während der ersten vier Jahrzehnte ihres Bestehens war eine Erfolgsgeschichte, wirtschaftlich, außenpolitisch und zuletzt auch ideell. Partieller Unzulänglichkeiten ungerechnet, erwuchs auf ihrem Boden eine funktionierende Demokratie, die Strukturen des Obrigkeitsstaates, die bis weit ins 20. Jahrhundert hinein das Bild der deutschen Gesellschaft bestimmt hatten, verloren an Kraft.

Der allmähliche Bewusstseinswandel war zuallererst eine Generationenfrage. Zu einem Teil aber war er sicherlich auch ein Werk der Schriftsteller, und sie haben dafür, die großzügig vergebenen Literaturpreise abgerechnet, wenig Dank gefunden. Die Palette verbaler Entgleisungen ranghöchster Politiker reichte vom viel zitierten »kleinen Pinscher« über die »Gruppe 47« als »geheimer Reichsschrifttumskammer« bis hin zu »Ratten und Schmeißfliegen«. Schlimmer war, denn da handelte es sich nicht um die Anwürfe Einzelner, dass man die freischwebenden Intellektuellen fühlen ließ, dass man sie nicht zu brauchen meinte. Die Macht begriff sich nicht als Gegenwelt des Geistes, sie verfügte über dienstbare Fachleute. Die Schriftsteller, die in manchen dieser einflussreichen Mandarine und Berater in der Beamtenhierarchie schuldbeladene Helfer von einst wiedererkannten, sahen darin vor allem Übermut und Ignoranz, zu welchen nach den desaströsen Abläufen der zurückliegenden Jahrzehnte weniger Anlass bestand als je. Freilich ließen sie ihrerseits oftmals ein gestörtes Verhältnis zum Staat erkennen, sie agierten hochmütig und beladen mit Ressentiments, den verwöhnten und zugleich vernachlässigten Kindern der Überflussgesellschaft nicht unähnlich. Enttäuschung und Misstrauen hatten an der Wiege ihrer Beziehung zu dieser Republik gestanden, und das wirkte fort. Leistungen, insbesondere der CDU/CSU geführten Regierungen, anzuerkennen, fiel ihnen schwer (es gab solche, wie die Versöhnung mit Frankreich, mit Israel, die doch uneingeschränkt ihre Billigung finden mussten), und was die Interessen der Menschen anbetraf, für die sie sprachen oder zu sprechen meinten, so war es mit ihrer Nähe zum Volk zumeist nicht weit her. Es half wenig, dass sie sich mit der Überzeugung wappneten, die kleinen Leute wüssten eben nicht, was ihnen fehlte, denn sie seien »entfremdet«. Geborene Einzelgänger, waren sie schon bald untereinander uneins – vom linksliberalen Heinrich Böll bis zum kommunistischen Max von der Grün und theoriegläubigen Peter Weiss entwickelten sie sich im zunehmenden Maße unterschiedlich. Für den inneren Kreis und bei differenzierter Betrachtung gab es »die Schriftsteller« nicht, aber es war ja das (Vor-)Urteil von außen, das die Meinungen bestimmte.

Nein, der Staat und die tonangebende Gesellschaft von alten und neuen Reichen brauchten sie nicht, jedenfalls nicht für die von ihnen gewünschte Rolle. Schnell wieder erstarkt, repräsentationsbedürftig, wünschte die Öffentlichkeit von den Künsten vor allem Bestätigung; dafür dankte sie in überlieferter Weise mit feiertäglichen Ehrungen. Die Künstler, die Literaten zumal, ließen merken, dass sie in der geistigen Landschaft des »Wirtschaftswunders« und gegenüber den Widersprüchen einer mit unaufhebbaren Spannungen belasteten Politik wenig Neigung empfanden, mitzuspielen. Es ließe sich sagen: Dergleichen widersprach ihrem Renommee. Mithin erhielten sie von den Regierungsbänken des Parlaments keine oder schlechte Zensuren.

Allen Beteiligten, die Intellektuellen eingeschlossen, fehlte es an Abstand, und das galt nicht nur für die Gegenwart, sondern auch für die jüngere Vergangenheit. Noch wurde die NS-Zeit überwiegend aufgrund von Emotionen verurteilt, Entsetzen kam zu Wort, auch ästhetische Aversion. Der moralische Impetus rührte an die Gewissen, aber er deckte die historischen Wurzeln des Geschehenen nicht auf – die Schriftsteller schrieben dagegen an, aber sie konnten nicht allein bewältigen, worauf sich auch historische und Sozialwissenschaften erst allmählich besannen. Die zunehmende Gegnerschaft der jungen Literatur zur »Restauration« war in anderer Weise, aber nicht weniger tief, von Gefühlen mitbestimmt.

Das traditionell problematische Verhältnis von Macht und Geist, der dunkle Bodensatz der »teutschen Misere«, blieb also auch in der Bonner Republik unerledigt. Das insgesamt optimistische Resümee scheint aber nicht unerlaubt, dass die Konflikte zwischen Schriftstellern und Staat der Preis waren für das Mehr an Demokratie, das die bundesdeutsche Gesellschaft erlernte.

Zäsuren im Zeitstrom

Die historisch belastete, als Reizwort wirkende Vokabel »Restauration« war von dem katholischen Publizisten WALTER DIRKS 1950 in einem Beitrag für die *Frankfurter Hefte,* einer in der geistigen Ausrichtung dem *Ruf* nahe stehenden Zeitschrift, verwendet worden (*Der restaurative Charakter der Epoche,* 1950; ähnlich ebendort Eugen Kogon, *Die Aussichten der Restauration. Über die gesellschaftlichen Grundlagen der Epoche,* 1952). Zwischen den Vorstellungen der kritischen Intellektuellen und der realen Entwicklung in Politik und Wirtschaft zeichnete sich bereits eine tiefe Kluft ab. Die im Zeichen des Kalten Krieges strikt antikommunistische Politik der Westmächte, speziell der USA, stärkte auch im Kulturleben die konservativen Kräfte jeglicher Couleur. Die linken Schriftsteller und Publizisten gerieten ihnen gegenüber rasch in die Defensive. Was die Menschen nach den entbehrungsreichen Kriegs- und Nachkriegsjahren erstrebten, war vor allem Normalität. Die allmähliche wirtschaftliche Erholung lenkte die Interessen auf den materiellen Sektor. Die bundesdeutschen Literaten taten sich damit ebenso schwer wie später manche Autoren der DDR nach der »Wende«. Man war realistisch genug gewesen anzunehmen, dass die Mehrheit der Bevölkerung für eine mit Opfern verbundene Reformpolitik nicht ohne weiteres bereit sei, aber man glaubte an die klärende

Die »Gruppe 47«: eines der ersten Treffen

Kraft der Argumente. Die Schriftsteller überschätzten sich und momentan vielleicht auch die Macht der Literatur. Solche Überschätzung ist die eigentliche Versuchung des Literaten, weil das Vertrauen auf diese Macht zugleich seine Kraft bildet. So verdunkelt sich sein Blick für die wirklichen Verhältnisse. Die Allgemeinheit empfindet nicht wie er. Die Überschätzung der Literatur teilt er allenfalls mit anderen Literaten, die dann, wie er, der wirklichen Macht erliegen.

Ein zweiter Irrtum war, dass der einigermaßen inflationär verwendete Begriff »Restauration« die reale Entwicklung nur sehr pauschal erfasste; in bestimmter Hinsicht war die Bezeichnung schlechthin falsch. Die Fünfzigerjahre bildeten möglicherweise ein Refugium für kleinbürgerlichen Geschmack, ein obsoletes Kunstverständnis und eine insgesamt stehen gebliebene Lebensweise, sie waren aber gleichwohl eine Zeit des technischen Fortschritts, der wirtschaftlichen Modernisierung und damit verbunden auch des sozialen Wandels. Die Schreiber begegneten der scheinbaren Wiederkehr des Abgestandenen und Verbrauchten mit tiefer Irritation. Der ästhetische Mensch war als Zeitrichter überfordert. Die intellektuelle Ungeduld verlangte von den Institutionen (den Kirchen, Universitäten, dem Behörderapparat, dem Kulturwesen) Reformen, für deren Vollzug eine neue Generation erst heranwachsen musste. Zugleich fehlte es ihr an Aufmerksamkeit für den objektiv gegebenen Veränderungsprozess, zusammengefasst, an nüchterner Einschätzung der realen Möglichkeiten. Zu lernen blieb in einem langwierigen Prozess ein verändertes Selbstverständnis und eine mehr als nur geschmäcklerische Argumentation, um die – als solche nicht strittige, aber

Dale A. Smith von Black Power, der deutsche Studentenführer Rudi Dutschke und der chilenische Schriftsteller Gaston Salvatore auf einer Studentendemonstration am 1. 2. 1968

gendeinem Parnaß, zwischen Musen und Weihrauch, nicht in feinsinnig erdachten Gelehrtenrepubliken sind wir steuerpflichtig und wahlberechtigt, sondern hier, in der Bundesrepublik gilt es, zu zahlen und den Mund aufzumachen, gilt es, tagtäglich neu zu beleben die teuer erkaufte, geliebte und penetrante, in Kerkern ersehnte und leichtsinnig aufs Spiel gesetzte, immerfort unzulängliche, heilig-nüchterne Demokratie [...]. (Über das Selbstverständliche, 1968).

Siegfried Lenz, Hans Werner Richter, Max von der Grün, Paul Schallück setzten sich in einer Günter Grass vergleichbaren Weise ein, Nicolas Born, F. C. Delius, Hubert Fichte, Peter Härtling und Günter Herburger kooperierten im »Wahlkontor deutscher Schriftsteller« in Berlin. Unter Kollegen stieß diese Parteinahme für *eine* Partei, als mit der künstlerischen Unabhängigkeit nicht vereinbar, auch auf Ablehnung, und als die SPD ihren Wahlerfolg dazu nutzte, als Juniorpartner in eine Große Koalition einzutreten, war die Enttäuschung nicht gering. Günter Grass fand sich, wenn auch grollend, mit dem taktischen Manöver ab, das den echten Regierungswechsel vorbereiten sollte, er und noch andere leisteten auch bei den folgenden Bundestagswahlen der SPD aktiven Beistand. Vorübergehend unterstützten sie nun nicht die Opposition, sondern die Regierungspartei, was, wenn man den überlieferten Antagonismus von Geist und Macht zugrunde legte, einen Widerspruch in sich darstellte, tatsächlich aber wohl ein Akt der Normalisierung war. Denn so wenig der Geist seiner Natur nach links ist, so wenig ist er dazu verurteilt, stets nur Opposition zu sein.

Von links überholt wurden die Schriftsteller bereits 1967, als Vertreter der Außerparlamentarischen Opposition (APO) protestierend im oberfränkischen Landgasthof »Pulvermühle« erschienen, wo die »Gruppe 47« ihre Tagung abhielt, die die letzte bleiben sollte. Nicht einmal als ein »Papiertiger«, als ein »Schoßhund« (K. M. Michel), erschien die Vereinigung den Studenten.

Häuser und Schauplätze

Die unterschiedlichen Interessen von Politik und Literatur drückten sich schon in den verschiedenen Schauplätzen aus, an denen sie gemacht wurden. Während die alte politische und literarische Hauptstadt Berlin für die westlich geprägte Bundesrepublik an Gewicht verlor, entwickelten sich Bonn zum neuen politischen, München zum literarischen Zentrum. Daneben gewannen (oder behielten) auch Hamburg, Frankfurt und Stuttgart als Verlagsstädte Bedeutung. Der 1950

auch bald zum Gemeinplatz abgesunkene – gesellschaftskritische Aufgabe des Schriftstellers erfolgreich vertreten zu können.

Zu Beginn der Sechzigerjahre verschärfte sich die oppositionelle Haltung der Schriftsteller gegenüber der regierungsamtlichen Politik, zugleich aber kamen in die festgefahrene Situation Anzeichen von Bewegung. Aus Anlass der Bundestagswahl 1961 warb eine Gruppe von Schriftstellern erstmals gezielt für den Regierungswechsel. Die CDU gewann die Wahl, konnte aber ihren Erfolg von 1957 nicht wiederholen. Bald darauf grenzte der Bau der Berliner Mauer die DDR vollends von der Bundesrepublik ab, für die Kritiker der Bonner Deutschland-Politik ein weiteres Zeichen, dass man sich in eine Sackgasse manövriert hatte. In der *Spiegel*-Affäre 1962 solidarisierten sich die Autoren in großer Zahl mit dem inhaftierten Herausgeber des Magazins, der Bundestagswahlkampf 1965 sah Günter Grass als Redner oder gar Sänger *(Loblied auf Willy)* für die SPD und ihren Kanzlerkandidaten engagiert.

Denn der Ort des Schriftstellers ist inmitten der Gesellschaft [...]. Darum fort mit allem geistigen Hochmut und dünkelhaftem Elitegeist! Ihr Utopisten und Sektierer in Eurem schönen, windstillen Gehäuse: Tretet vor die Tür! Stoßt Euch Knie und Stirn wund an unserer Realität! Genie wohnt nicht mehr im holden Wahnsinn, sondern in unserer nüchternen Konsumgesellschaft. Die Heiligen sind Pragmatiker geworden. Kein Anlaß besteht, den antiquierten Gegensatz zwischen Geist und Macht neu zu konstruieren. Denn nicht auf ir-

von Peter Suhrkamp gegründete, nach dessen Tod 1959 von Siegfried Unseld geleitete Suhrkamp Verlag erlangte für das intellektuelle Leben der Republik so bestimmendes Gewicht, dass die Rede von der »Suhrkamp-Kultur« gebräuchlich wurde. Weniger stark im Scheinwerferlicht, aber als im engeren Sinn literarischer Verlag kaum weniger wichtig, entwickelte sich der Carl-Hanser-Verlag unter der Leitung von Michael Krüger.

Die Republik und die Frankfurter Buchmesse hatten das Gründungsjahr gemeinsam, und in der Paulskirche verlieh der Börsenverein des deutschen Buchhandels seine höchste Auszeichnung, den Friedenspreis. Die Main-Metropole trat konkurrierend neben das traditionsreiche Leipzig. Das war eine unmittelbare Folge der grundlegend gewandelten wirtschaftlichen Bedingungen, eine Veränderung, die sich als dauerhaft erweisen sollte. Einen gravierenden Substanzverlust hatte Leipzig bereits 1945 erlitten. Als die Stadt bei der Abgrenzung der Besatzungszonen von den Amerikanern, die zuerst gekommen waren, den Sowjets übergeben wurde, folgte den abziehenden Truppen ein Konvoi von ausgesuchten Verlegern samt fachkundigen Mitarbeitern und unentbehrlichen Dokumenten. Die Buchstadt Leipzig wurde gewissermaßen evakuiert, der Stammsitz wichtiger Verlage wechselte in den Westen, was in den folgenden Jahrzehnten auch zu Doppelungen klangvoller Namen (Brockhaus, Edition Peters, Kiepenheuer, Insel, Reclam) und Konflikten rechtlicher Art führte. Die erste Frankfurter Buchmesse, die in der (innen vereinfacht) wiederaufgebauten Paulskirche stattfand, hielt sich noch in bescheidenen Grenzen, entwickelte sich aber zu einer von Jahr zu Jahr umfänglichere Formen annehmenden Leistungsschau des Verlagswesens, neben der Leipzig auch nach dem Ende der Teilung mit der nun besonders gepflegten Frühjahrsmesse nur einen zweiten Platz behaupten konnte.

Weit über die Standortwechsel hinaus handelte es sich, rückblickend betrachtet, um einen Paradigmenwechsel des Verlags- und Buchwesens mit der Tendenz zu Konzentration und Kommerzialisierung, die aber nicht sogleich in den Vordergrund trat. Der Verleger Ernst Rowohlt betonte 1949 in seiner Ansprache vielmehr die Wiederkehr des Gewohnten: »Wir leben in einer Zeit, die sich normalen Verhältnissen nähert – das heißt für uns: Es ist schwer, gute Bücher zu verkaufen.« Die im Vorjahr erfolgte Währungsreform veränderte über den Markt auch die Literatur. Viele der nach 1945 neu gegründeten Verlage und Zeitschriften konnten sich nicht behaupten; die übrig blieben, mussten sich der veränderten Nachfrage anpassen. Das Sachbuch gewann an Boden, ferner Romanprosa, die für ein breites Publikum berechnet war. Letzteres bedeutete nun ebenfalls eine Rückkehr »zu normalen Verhältnissen«, denn Bestseller von Erfolgsautoren hatte es auch in der Kaiserzeit und in der Weimarer Republik gegeben.

»Normalität« war in vielen Bereichen des kulturellen Lebens schon bald ein anderes Wort für die Wiederkehr des Gewohnten. Die öffentlichen Bildungseinrichtungen (Theater, Bibliotheken, Museen, Kunstvereine) behielten ihre Bedeutung beziehungsweise gewannen sie zurück, auch für sie hatte die Währungsreform einen materiellen Einschnitt bedeutet, der aber im Zuge des wirtschaftlichen Wiederaufbaus bald vernarbte. Es handelte sich um subventionierte Einrichtungen, Länder und Städte zählten es zu ihren selbstverständlichen Aufgaben, sie zu erhalten oder nach den Zerstörungen des Krieges neu zu errichten. Literarische Aufgaben nahmen auch einige Akademien wahr, die nach dem Zweiten Weltkrieg neu gegründet wurden: 1948 die Bayerische Akademie der Schönen Künste in München, 1949 die Deutsche Akademie für Sprache und Dichtung in Darmstadt, 1950 die freie Akademie der Künste in Hamburg, 1954 die Akademie der Künste in Berlin (West). Die Akademie der Wissenschaften in Mainz gliederte sich eine Literaturklasse an.

Das Kabarett, das bis zur Währungsreform 1948 eine Blütezeit erlebt hatte, konnte sich, wenngleich mit Einschränkungen, weiterhin behaupten – eine zeitgemäße Kunstform, die mit geringen materiellen Mitteln ins Werk zu setzen war. Sowohl der tiefen Ernüchterung nach dem Ende des »tausendjährigen Reiches« als auch dem neu erwachten resoluten Lebenswillen suchte es Ausdruck zu geben. In vielen Städten wurde auf mehr oder weniger improvisierten Bühnen gespielt. Der Name mancher Neugründung wurde ein Begriff: Erich Kästner gründete in München 1945 »Die Schaubude«, 1949 »Die kleine Freiheit«, in Düsseldorf entstand 1947 das »Kom(m)ödchen«, in Berlin feierten 1949 »Die Stachelschweine« Premiere. Die »Münchner Lach- und Schießgesellschaft«, gegründet 1955, entwickelte sich von Anfang an in Auseinandersetzung mit dem restaurativen Zeitgeist. War unmittelbar nach dem Krieg vielfach an die Texte der »Gebrauchslyrik« und Sketchs überwiegend verfemter Autoren aus der Weimarer Republik angeknüpft worden, so forderten Wirtschaftswunder und Kalter Krieg schon bald eine veränderte Sprache. Der Wechsel im politischen Klima der Bundesrepublik Deutschland in der zweiten Hälfte der Sechzigerjahre nahm dem Kabarett manche Reibefläche. Doch entstanden, nicht zuletzt im

Anschluss an die Studentenbewegung, auch Neugründungen (»Das Bügelbrettl«, 1959 in Heidelberg gegründet, seit 1965 in Berlin; »Floh de Cologne«, Köln 1966; »Reichskabarett«, Berlin 1969).

In den Funkhäusern erwuchsen den jungen Schriftstellern Tempel des Mäzenatentums – so sie sich ihnen erschlossen. Heinrich Böll hat dort Mächtigen in einer seiner frühen Satiren das Denkmal gesetzt – ungerecht, verständlicherweise, wie Literatur es immer sein muss, wenn sie es unternimmt, das Charakteristische zu beleuchten (*Doktor Murkes gesammeltes Schweigen*, 1958). Die neuen Medien traten neben das Druckwesen in den Dienst der Vermittlung von Literatur. Für eine Reihe von Jahren gewann das Hörspiel, eine bis dahin eher randständige Form, überragende Bedeutung. Dann verlagerte sich der Schwerpunkt der Aufmerksamkeit in die Studios der Film- und Fernsehanstalten.

In die Schulen hielt die Kurzgeschichte Einzug, die in Deutschland um 1920 entstanden war, als die Zeitungen Feuilletontexte für den eiligen Leser benötigten. Nach 1945 waren es Knappheit und unprätentiöse Nüchternheit, die sie vor anderen Prosaformen auszeichneten. Ungeachtet ihrer Vielfalt, die sich der Festlegung entzieht – sodass Interpreten und Herausgeber von Sammelbänden, um den Gattungsbegriff zu vermeiden, wohl auch einfach von »kurzer Prosa« sprechen –, näherte sie sich als Erzählform doch insgesamt am ehesten der ästhetischen Norm des »Kahlschlags«, von der Wolfgang Weyrauch geschrieben hatte. Sie wurde zu einer von vielen jüngeren Autoren bevorzugten und nicht selten meisterhaft beherrschten Form, die für den Literaturunterricht in der Schule auch künftig wichtig blieb.

Ein anderer Schau- oder auch Spielplatz für die Exekution von Literatur war die Universität. Die Studentenzahlen stiegen, ungeachtet zahlreicher Neugründungen von Hochschulen unterschiedlichen Typs wuchs die Überfüllung. Die Verbreiterung des Bildungswesens förderte den Vertrieb interpretatorischer Hilfen. Darüber hinaus entstand eine unübersehbare Sekundärliteratur. Diesen Erscheinungen stand aber die Klage von Lehrenden gegenüber, dass immer weniger gelesen werde und dass besonders die Beschäftigung mit älterer Literatur fast aufgehört habe. Germanistische Wissenschaft und Didaktik problematisierten und erweiterten den Literaturbegriff, Reformen des Deutschunterrichts nahmen dem überkommenen Kanon ein Gutteil seines Gewichts. In diesem Zusammenhang gewann zunächst die mit dem Jahr 1945 verbundene epochale Wende neue Bedeutung. Was vor ihr lag, erschien als Literaturgeschichte, eine von der Gegenwart abgelöste Vergangenheit. Inzwischen sind auch die Gründungsjahre der Bundesrepublik und der DDR für die Jugend Geschichte geworden, mit der sie sich beschäftigt wie mit anderen historischen Epochen auch.

Die Germanistik als wissenschaftliche Disziplin sah sich zu einer längst fälligen Selbstprüfung ihrer eigenen Entwicklung veranlasst, erwies sich dabei allerdings erneut als überaus ideologieanfällig. Eine selbstquälerische Neigung war vielen Germanisten schon längst nicht mehr fremd. Nun zielten Unzufriedene auf die Abschaffung des Fachs überhaupt, als einen weiteren gefährlichen Gegner identifizierten sie merkwürdigerweise die Literatur. »Schlagt die Germanisten tot, / Färbt die blaue Blume rot!«, stand nun auf Spruchbändern zu lesen. Die gesellschaftspolitischen Aktivitäten, die mit dem Jahr 1968, dem Beginn der Studentenbewegung, verbunden waren, schienen nicht weniger als den Entwurf einer Gegenkultur zu beinhalten, die den »Tod der Literatur« auf ihre Fahnen geschrieben hatte. Sie erschien als ein durch Subventionen unterhaltenes, bürgerliches Relikt in einer technisierten Welt, die aus sich selbst heraus funktionierte, als eine fiktive Ordnung, die eigenen Regeln gehorchte und dabei letztlich dem Ästhetischen verhaftet blieb. Zumindest schien es erforderlich, die Kluft zu verringern, die sie von den alltäglichen Bedürfnissen und Wünschen einer Mehrzahl der Menschen trennte.

Von den Schlagwörtern und spektakulären Demonstrationen dieser Jahre ist wenig geblieben. Das literarische Kommunikationsnetz überdauerte weitgehend unversehrt. Da es nicht nur schale Konventionen und marktgängige Interessen, sondern vitale Erfordernisse befriedigte, war es unersetzlich. Unsicherheit, Wankelmut und Opportunismus erwiesen sich, spätestens nach einigen Jahren, als gegenstandslos: Die totgesagte Literatur lebte, statistisch betrachtet war sie sogar verbreiteter als je, moderne Produktions- und Vertriebsformen (Buchgemeinschaften, die massenhafte Verbreitung des Taschenbuchs) öffneten ihr ungezählte Türen. Gleichwohl bedeutete die Krise der Germanistik mehr als nur die einer Fachwissenschaft. Die Literatur, nach einem Wort Joseph Roths »die Aufrichtigkeit selbst«, muss die wahre Befindlichkeit des Menschen artikulieren – in einer Zeit schneller und umfassender Veränderungen eine nicht leicht erfüllbare Forderung.

Die Leser

Das Publikum begleitete den Weg der Literaten von der Restauration der Fünfzigerjahre in die »Neue Unübersichtlichkeit« (J. Habermas) der Achtziger auf seine Weise. Zunächst scharte es sich um ältere Dichter, bei denen ihm die von früher vertrauten Haltungen wieder begegneten – elitärer Anspruch oder eine dem Menschen zugewandte Humanität –, aber auch jungen Schreibern wuchsen schon bald Anhänger zu. Abgekürzt gesagt, es gab Benn und Jünger, Bergengruen und Carossa, aber auch Borchert und Böll. Daneben vollzog sich gleitend eine Auswanderung der Leser aus der schöngeistigen Literatur hin zu einer mehr auf Fakten bezogenen, dokumentarischen Schreibweise. Davon profitierten Sachbücher im Allgemeinen, aber auch literarische Gattungen und Formen im engeren Sinn, die Zeit- und Wirklichkeitsnähe versprachen.

In den Sechzigerjahren, dem im Wortsinn »dramatischen« Jahrzehnt der Bundesrepublik, war es das dokumentarische Theater, das die größte Aufmerksamkeit erregte – bei gelegentlich durchaus zweifelhafter ästhetischer Qualität –, in den späten Siebzigern gelangten einige Bücher zu starker Wirkung, deren Verfasser bzw. Verfasserinnen auf künstlerische Stilisierung der Realität fast vollständig verzichteten und direkt von ihrer persönlichen Erfahrung ausgingen. Unvermittelt und im Ton einer neuen Solidarität sprachen sie zu anderen von sich selbst. Das Publikum sah es gern, wenn der Autor oder die Autorin sich »einbrachte«. Zuweilen lief der Wechsel des Lesestoffs auf ein kurzschlüssiges Missverständnis hinaus, denn auch in den stärker sachlich – oder persönlich – sich gebenden Literaturformen wurde der »Konsument«, wie man nun sagte, mit Worten bedient, die nach der Maßgabe von Spannung und Wirkung geordnet waren. Ebenso hat der Autor schlichter Wahrnehmungsprotokolle keine Gewissheit, mehr »Wahrheit« literarisch evident zu machen als der kunstverständige Schriftsteller. Auch wer unverstellt oder absichtsvoll das »Ich« nicht verbirgt, kann sich und andere über sich selbst täuschen (der unter diesem Aspekt verwirrende und erschütternde Roman-Essay *Die Reise*, 1977, von BERNWARD VESPER, 1938–1971, bot dafür ein Beispiel). Aber in der Radikalität ihres Ansatzes und in ihrem Bemühen um eine adäquate Sprache waren diese Vertreter einer jüngeren Generation mit der Generation nach 1945 vergleichbar. Die immer von neuem problematische Beziehung der Literatur nicht nur zu Politik und Gesellschaft, sondern zur Wirklichkeit insgesamt fand so ihren Ausdruck.

Vermehrtes Gewicht gewann die Kinder- und Jugendliteratur. Sie trat aus dem Schatten einer länger als ein Jahrhundert währenden Vernachlässigung heraus und erkämpfte sich auch in der Öffentlichkeit Ansehen. Möglich wurde dies vor allem dadurch, dass – ein in allen Ländern des deutschen Sprachraums zu beobachtendes Phänomen – bedeutende Autorinnen und Autoren sich ihren jungen Lesern mit nicht geringerer Aufmerksamkeit zuwandten als ihrem übrigen Publikum. Sie schrieben altersgerecht, aber ohne besserwisserisches Vorurteil, sprachen gewissermaßen zu Ebenbürtigen und mit einer inneren Freude an der kindlichen und jugendlichen Welt, die sie ihren Texten mitteilte. Allerdings gilt das positive Fazit nicht für den gesamten in diesem Kapitel behandelten Zeitraum. In den Fünfzigerjahren überwog auch bei dem für Kinder- und Jugendliche gedachten »Schrifttum« – neben vielen neuen Vokabeln, die in den Vordergrund drängten, überlebten in Nischen immer noch die alten – die Tendenz zu einem mehr oder weniger unreflektierten Wiederanknüpfen an obsolete Traditionen und zur Aussparung der jüngsten Zeitgeschichte. Dagegen profitierte diese Literatur von dem im folgenden Jahrzehnt einsetzenden Demokratisierungsprozess und dem damit verbundenen Abbau von Hierarchien insgesamt, der ihr viel von ihrer Unmündigkeit nahm. Auch Übersetzungen ausländischer Autoren haben zusätzlich befreiend gewirkt. Der Titel eines Verlagsalmanachs *Gebt uns Bücher, gebt uns Flügel*, entnommen dem Buch *Kinder, Bücher und große Leute* (*Les livres, les enfants et les hommes*, 1932) des französischen Literaturwissenschaftlers und Jugendliteraturforschers Paul Hazard, entsprach einer unabweisbaren Verpflichtung und einer nicht minder großen Hoffnung.

Über alle Grenzen hinweg und trotz aller politischen Repressionen erwies die Literatur ein weiteres Mal ihre erhellende und verbindende Kraft. Die deutschsprachigen Autoren Österreichs, der Schweiz und der DDR sowie der »fünften«, der rumäniendeutschen Literatur fanden ihr Publikum, wenngleich zuweilen auf verschlungenen Wegen und zeitversetzt. Die Teilung zwischen West und Ost blieb eine temporäre Erscheinung.

Stichworte zur politischen Geschichte

Die großen Kolonialreiche (England, Frankreich, Portugal, die Niederlande) büßen ihre überseeischen Besitzungen fast restlos ein. Viele der neu entstandenen oder wieder in den Besitz ihrer Unabhängigkeit gelangten Staaten Afrikas und Asiens sehen sich in revolutionäre Auseinandersetzungen und Bürgerkriege verwickelt, die zum Teil auch als Stellvertreterkriege zwischen Ost und West ausgetragen werden. Infolge des schnellen Bevölkerungswachstums, von Kriegsschäden und unzureichender wirtschaftlicher Entwicklung verschärft sich die Armutskrise in vielen Ländern der Dritten Welt. Aufstieg Japans, sodann Chinas zu Wirtschaftsgroßmächten im Fernen Osten. Stufenweiser Ausbau der Europäischen Gemeinschaft.

1950–53 Koreakrieg. 1956 Suez-Krise, Ungarn-Aufstand. 1959 Revolution in Kuba. 1962 Kuba-Krise. 1963 Ermordung John F. Kennedys. 1965 Verstärkung des militärischen Engagements der USA in Vietnam (Waffenstillstand und Rückzug der US-Truppen 1973). 1968 Studentenunruhen in mehreren Ländern Europas. »Prager Frühling« durch Intervention von Truppen des Warschauer Paktes unterdrückt. 21.12.1972 Vertrag über die Beziehungen zwischen den beiden deutschen Staaten auf der Grundlage der Gleichberechtigung. 1973 Jom-Kippur-Krieg im Nahen Osten. 1979 sowjetischer Einmarsch in Afghanistan (Rückzug der Truppen nach langwierigen Kämpfen erst 1986). 1982 Falkland-Krieg. 1990 Auflösung des Warschauer Paktes.

Bundesrepublik: 23.5.1949 Inkrafttreten des Grundgesetzes, 15.9. Konrad Adenauer (CDU) zum Bundeskanzler gewählt. 19.–23.10.1954 Pariser Verträge. Beendigung des Besatzungsregimes, Gründung der Westeuropäischen Union (WEU). 5.5.1955 Proklamation der vollen Souveränität. 9.5. Eintritt der Bundesrepublik in die NATO. 1.1.1958 Römische Verträge über EWG und Euratom treten in Kraft. 8./9.12. Ankündigung der »Hallstein-Doktrin«. 13.8.1961 Bau der Berliner Mauer, Abschließung der DDR zum Westen. 26.10.1962 Beginn der *Spiegel*-Affäre. 15.10.1963 Rücktritt Adenauers, Nachfolger Ludwig Erhard (CDU). 30.11.1966 Rücktritt Erhards. Kurt Georg Kiesinger Bundeskanzler einer Großen Koalition aus CDU/CSU und SPD. 2.6.1967 Tod des Studenten Benno Ohnesorg bei einer Demonstration in Berlin. 11.4.1968 Attentat auf den Studentenführer Rudi Dutschke. In den folgenden Tagen Ausschreitungen in verschiedenen deutschen Städten, vorzugsweise gegen das Verlagshaus Axel Springer. 30.5. Verabschiedung der Notstandsgesetze. 21.10.1969 Willy Brand als erster Sozialdemokrat Bundeskanzler. Koalition SPD und FDP. 7.12.1970 Warschauer Vertrag, Anerkennung der Oder-Neiße-Grenze, diplomatische Anerkennung Polens. 20.10.1971 Bundeskanzler Brandt erhält den Friedensnobelpreis. 18.9.1973 Aufnahme der Bundesrepublik und der DDR in die Vereinten Nationen. 6.5.1974 Rücktritt Willy Brandts als Bundeskanzler. Nachfolger Helmut Schmidt. 12.–13.1.1980 Gründungskongress der Grünen in Karlsruhe. 1.10.1984 Helmut Kohl (CDU) durch konstruktives Misstrauensvotum zum Bundeskanzler gewählt. Maueröffnung 1989. 1990 Deutsche Wiedervereinigung.

Gesellschaft und Kultur

Bei der Gründung des Suhrkamp Verlags 1950 optieren von 48 angeschriebenen Autoren, deren Werke bis dahin im S. Fischer Verlag erschienen waren, 33 für Suhrkamp, darunter Hermann Hesse. Der erste Friedenspreis des Deutschen Buchhandels 1950 wird an Max Tau verliehen, der erstmals verliehene Preis der »Gruppe 47« geht an Günter Eich. Die Bayreuther Festspiele werden 1951 wieder zu einer regelmäßigen Einrichtung. Im selben Jahr vergibt die deutsche Akademie für Sprache und Dichtung zum ersten Mal den neu begründeten Georg-Büchner-Preis. 1952 spaltet sich das deutsche P.E.N.-Zentrum, dessen westdeutsche Vertreter sich von DDR-Mitgliedern majorisiert fühlen. Ebenfalls 1952 kommt die erste Ausgabe der *Bild*-Zeitung

auf den Markt. Die erste documenta in Kassel 1955 zeigt Kunst des 20. Jahrhunderts. 1963 erscheinen die ersten Bände der regenbogenfarbenen Taschenbuch-Reihe »edition suhrkamp«, die für eine Generation junger Leser prägende Bedeutung gewinnt. Die nach Plänen von Hans Scharoun erbaute Neue Philharmonie (»Zirkus Karajan«) in Berlin wird 1963 fertig gestellt. 1967 Beginn der Studentenrevolte. 1968 Die Neue Nationalgalerie in Berlin, Auftragsarbeit des aus dem Exil zurückgekehrten Ludwig Mies van der Rohe, wird eröffnet. 1969 wird in Köln der Verband deutscher Schriftsteller gegründet, der sich später der IG Druck und Papier anschließt. 1976 100-Jahrfeier der Bayreuther Festspiele, umstrittene Neuinszenierung des *Ring der Nibelungen*. 1976 Erscheinungsbeginn der feministischen Zeitschrift *Emma*, 1979 der links-alternativen *tageszeitung* (taz).

Große Ausstellungen zu Geschichte (»Die Zeit der Staufer«, Stuttgart 1977, »Preußen – Versuch einer Bilanz«, Berlin 1981) und Kunstgeschichte (»Caspar David Friedrich«, Hamburg 1974, »Die Parler und der schöne Stil«, Köln 1978) finden überaus regen Publikumszuspruch, der im deutlichen Gegensatz zur oft beklagten »Geschichtsmüdigkeit« steht.

Während und nach dem Zweiten Weltkrieg entwickelt sich die informelle Kunst: eine gegenstandsfreie Malerei und Plastik, die abgegrenzte Formen und feste Kompositionsregeln meidet; in den Bildern von Wols (d.i. Alfred O.W. Schulze, 1913–1951) Weiterentwicklung zum Tachismus. Unmittelbarer Ausdruck seelischer Regungen in Farbflecken (»taches«), die ohne bewusste Pinselführung entstehen (in Amerika action painting, angeregt durch Jackson Pollock, 1912–1956).

Seit den Sechzigerjahren werden die USA und England zur Heimstatt der Pop-Art, vertreten durch Andy Warhol (1927 bis 1987), Tom Wesselmann (1931), Roy Lichtenstein (1923), Francis Bacon (1909–1992), Richard Hamilton (1922), die, ausgehend von der bildenden Kunst, verschiedene Kunst- und Lebensbereiche erfasst. Pop (in den USA bezogen auf »popular«) will Realität, und zwar gerade Objekte des Massenkonsums, als Kunst bieten. Pop ist gegen die Kontemplation und die Nuance, der Einsatz greller, undifferenzierter Mittel soll die Trennung zwischen Kunst und alltäglichem Leben aufheben. Op-Art (Victor de Vasarely, 1908, Bridget Riley, 1931) bietet Farbfeldmalerei, Signalkunst. Die Kinetische Kunst verwendet auf fotografischen Vorlagen beruhende Formen.

Zunehmende Verbreitung der Zwölftonmusik (Hans Werner Henze, 1926, Luigi Nono, 1924–1990, Pierre Boulez, 1925, Karlheinz Stockhausen, 1928). Postume Uraufführung von Arnold Schönbergs Oper *Moses und Aron* (NDR Hamburg 1954). Elektronische Musik (Herbert Eimert, 1897–1972). Das »Elektronische Studio« im Kölner Funkhaus wird zu einem Zentrum dieser neuen Musik. Musique concrète (Pierre Schaeffer, 1910). Experimentelle Musik (John Cage, 1912–1992). Denaturierung der Instrumental- und Klangfarbe. Diese Kompositionen fordern eine individuell verschiedene Notation.

Wols: Die Windmühle, 1951

Weltliteratur (nord- und westeuropäische Literatur) 1951–1990

Frankreich: François Mauriac (1885–1970, Nobelpreis 1952), *Das Lamm* (*L'Agneau*, R., 1955); Eugène Ionesco (1912 bis 1994), *Die Stühle* (*Les Chaises*, Farce, 1952); Alain Robbe-Grillet (1922), *Der Augenzeuge* (*Le Voyeur*, R., 1955); Paul Valéry (1871–1945), *Tagebücher* (*Cahiers*, 1956ff.); Henri de Montherlant (1896–1972), *Der Kardinal von Spanien* (*Le Cardinal d´Espagne*, Sch., 1960); Jean Anouilh, *Die Taube* (*Colombe*, Sch., 1952); Claude Simon (1913–2005, Nobelpreis 1985), *Triptychon* (*Tryptique*, R., 1973).

Großbritannien und Irland: Samuel Beckett (Irl./Fr., 1906 bis 1989, Nobelpreis 1969), *Warten auf Godot* (*Waiting for Godot*, Sch., 1955; frz. *En attendant Godot*, 1952); Christopher Fry, *Das Dunkel ist Licht genug* (*The Dark is Light Enough*, K., 1954); Sir William Golding (1911–1993, Nobelpreis 1983), *Herr der Fliegen* (*Lord of the Flies*, 1954); Dylan Thomas (1914–1953), *Unter dem Milchwald* (*Under Milk Wood*, Dr., 1954); Doris Lessing (1919), *Das goldene Notizbuch* (*The Golden Notebook*, R., 1962); Harold Pinter (1930, Nobelpreis 2005), *Der Hausmeister* (*The Caretaker*, Sch., 1960); V. S. Naipaul (1932, Nobelpreis 2001), *Ein Haus für Mister Biswas* (*A House for Mr. Biswas*, R., 1961); Seamus Heaney (1939, Nobelpreis 1995), *Tod eines Naturforschers* (*Death of a Naturalist*, G., 1966).

Island: Halldor Laxness (1902–1998, Nobelpreis 1955), *Heldengeschichte* (*Gerpla*, R., 1952).

Schweden: Pär Lagerkvist (1891–1974, Nobelpreis 1951), *Barrabas* (R., 1950), *Mariamne* (R., 1967); Eyvind Johnson (1900–1976, Nobelpreis 1974), *Wolken über Metapont* (*Molnen över Metapontion*, R., 1957); Harry Martinson (1904 bis 1978, Nobelpreis 1974), *Aniara. Eine Revue vom Menschen in Zeit und Raum* (*Aniara. En revy om männikan i tid och rum*, Ep., 1956). (→ S. 530, 573, 647)

Sachliteratur und Essayistik

Lange ehe die Diskussion um die Erweiterung des Literaturbegriffs begann und schnell modisch wurde, entsprach ihr die gesellschaftliche Realität insofern, als der Anteil der nichtfiktionalen Literatur an der Buchproduktion stetig größer wurde. Der wissenschaftlich-technische Fortschritt weckte ein Publikations- und Informationsbedürfnis von bisher nicht gekanntem Ausmaß, das eine gleichermaßen uferlose Fachliteratur hervorrief, deren wichtigstes Instrument zunächst noch die Druckmedien darstellten. Oftmals unter Benutzung einer besonderen Terminologie geschrieben, genügte diese Literatur für Eingeweihte den Bedürfnissen der »Laien« nicht – und Laie war auf dem weiten Feld der Forschung im Zuge der fortschreitenden Spezialisierung zuletzt jeder, abgesehen von dem ständig kleiner werdenden Bereich, für den er hinreichend qualifiziert war. Je genauer die Wissenschaft die Welt erklärte und in gewisser Weise entzauberte, desto größer wurde für den Einzelnen, der an den neuen Erkenntnissen interessiert war, sie aber nur unzureichend verstand, die Erklärungsnot. Eine neuere These besagte, es handle sich vorzugsweise um den Widerstreit zwischen zwei Kulturen, die sich nur noch bedingt verständigen konnten, denn naturwissenschaftliche und literarische Intelligenz sprachen mit verschiedenen Zungen.

Offenkundig schien, welche der beiden Sprachen es zunächst zu »übersetzen« galt, wenn man einen besseren Austausch erstrebte: die neuere der Wissenschaften, denn auf ihr beruhte die Organisation der modernen Welt. Über die ältere der Bilder und Mythen, die sich umgekehrt dem agnostischen »Homo faber« zunehmend verschloss, bedurfte es allerdings ebenfalls der Verständigung, auf ihr gründete der Zusammenhang der überlieferten Kultur. Benötigt wurden mithin Autoren, die sowohl über gediegene Kenntnisse als auch über ein spezifisches schriftstellerisches Talent zur Vermittlung verfügten.

Das Grundproblem war damit allerdings nicht gelöst, die Popularisierung des Anspruchsvollen brachte sogar neue Schwierigkeiten hervor. Weiterhin bedurfte es noch einer anderen Bemühung – die anregendste Form dafür war immer noch der Essay –, die, ohne sich eng an Einzeldisziplinen und spezielle Fragen zu binden, die allgemeinen Probleme der Gesellschaft und die bedrohte Einheit der Welt gedanklich zu ihrem Thema machte. Ein nahe liegendes Beispiel dafür bietet die Sprache, die durch die aktuellen Herausforderungen in ungewöhnlicher Weise beansprucht und in gewisser Weise überfordert war. Unvermeidlich drangen in die ehemals durch die individuelle Erfahrung genährte Alltags- oder Gemeinsprache (in der man redet, wie einem »der Schnabel gewachsen ist«) Wörter aus der Wissenschaft ein, die geeignet schienen, die Sache auf den Begriff zu bringen, bei dieser Wanderung aber ihre ursprüngliche Prägnanz verloren und einen pseudowissenschaftlichen Charakter annahmen. Von »Amöbenwörtern« (I. Illich) oder »Plastikwörtern« hat der Freiburger Germanist UWE PÖRKSEN (1935) in solchem Zusammenhang gesprochen (*Plastikwörter. Die Sprache einer internationalen Diktatur*, Es., 1988). Sie dienten der öffentlichen Rede als bequeme Instrumente, obwohl sie bis zur Substanzlosigkeit aufgeschwemmt, bis zur Beliebigkeit verformt waren.

Weder die eine noch die andere Weise zu schreiben – sach- und detailgerecht, gleichwohl fesselnd, um Vermittlung, nicht um Forschung bemüht oder essayistisch auf hohem Niveau und mit einer Tendenz zur Provokation – mussten neu erfunden werden, aber es gab qualitative und quantitative Veränderungen, und sie gingen auf Kosten der fiktionalen Formen, wenngleich es neue Romane weiterhin überreich gab. Unruhige Geister meinten schon bald, die »schöne« Literatur vollends entbehren zu können.

Das »Sachbuch«

Bereits die Buchmesse 1949 stellte den Prototyp des neuen Sachbuchs vor: *Götter, Gräber und Gelehrte. Roman der Archäologie* von C. C. CERAM (eigentlich Kurt W. Marek, 1915–1972). Die Neuerscheinung durfte mit dem Interesse einer breiten Leserschaft rechnen und gab gemeinverständlich Auskunft über die Ergebnisse – im Wortsinn goldglänzenden Funde – einer Disziplin, der es auch an wissenschaftlichen Legenden und Unregelmäßigkeiten nicht fehlte. Weniger an Sensationen interessiert, aber im Kern einer ähnlichen Aufgabenstellung folgend, hatten bereits im 19. Jahrhundert Gelehrte für ein allgemein gebildetes bürgerliches Publikum geschrieben, angeregt von Verlegern, die sich um einen neuen Markt und um die Gewinnung geeigneter Autoren bemühten. Mommsens berühmte *Römische Geschichte* verdankte einer solchen Initiative ihre Entstehung. Auch Schriftsteller und Journalisten, etwa Gustav Freytag mit seinen kulturgeschichtlichen Werk *Bilder aus der deutschen Vergangenheit* oder Fontane mit seinen *Wanderungen durch die Mark Brandenburg,* hatten sich bereits damals erklärtermaßen um Popularisierung der Geschichte bemüht, wobei

das Mischungsverhältnis von Faktentreue und narrativer Phantasie unbestimmt blieb. In dem Maße wie naturwissenschaftliche und wirtschaftliche Sachverhalte thematisiert wurden, nahm, gewiss auch den Wünschen der Leser entsprechend, die Tendenz zu einer auf quellengenauen Recherchen beruhenden Darstellungsweise zu. Allerdings wünschte das Publikum, wie nicht nur die erfolgreichen Biografien Emil Ludwigs und Stefan Zweigs zeigten, keineswegs trockene Belehrung. »Die junge Literatur wird immer mehr Tatsachen-Literatur werden, und nur nach dieser Richtung sehe ich für sie Erfolge«, hatte Ernst Rowohlt 1930 prophezeit. In seinem Verlag schrieb HEINRICH EDUARD JACOB (1889–1967) *Sage und Siegeszug des Kaffees* (1934), ein vom Publikum begierig aufgenommenes Buch, das aber keineswegs auf Tatsachen reduziert war, vielmehr eine fast mythische Züge annehmende »Biografie« des drogenverdächtigen Getränks darstellte, die noch immer Jacobs expressionistische Anfänge fühlbar machte. Auch beim Sachbuch – es gab den Begriff bereits, er war aber noch nicht durchgesetzt, Ceram selbst sprach von einem »Tatsachenroman« – ging es mithin nach 1945 keineswegs um eine Stunde Null. Die zugrunde liegenden Bedürfnisse änderten sich nicht so schnell, überdies las das Publikum – zuweilen ohne es zu wissen – Autoren von einst. Als Autor des Marine- und Gebirgsjägerbuches *Wir hielten Narvik* (1941) hatte Marek, zunächst mit dem Stalling-Verlag, die ersten Pläne zu seiner Darstellung der Archäologie erörtert, die er nach Kriegsende als »Ceram« ausführte und die in einen Welterfolg mündeten. Danach war Ceram berühmt genug, um auch einen vergleichsweise spröden Stoff wie die Geschichte der Hethitologie erfolgreich behandeln zu können (*Enge Schlucht und schwarzer Berg. Die Entdeckung des Hethiterreiches,* 1955).

Das Publikum wollte vom Sachbuch unterrichtet, aber auch fasziniert sein, anscheinend wünschte es den »Tatsachenroman«, nur »Roman« sollte er besser nicht heißen, deswegen setzte sich von den vielen im Umlauf befindlichen Bezeichnungen – neben »Tatsachenroman« auch »Sachroman«, »Fachroman«, »Laienbuch«, »Volkstümliche Wissenschaft«, »erzählte Kulturgeschichte« usw. – das knappe »Sachbuch« durch, nicht zuletzt nachdem für eine von vierzehn Verlagen (später kam noch Ullstein hinzu) gestartete Buchreihe die Bezeichnung »Das moderne Sachbuch« (dms) eingeführt worden war. Die Reihe war höchst unterschiedlich zusammengesetzt, was verlagsinterne Gründe hatte, zugleich aber die Unschärfe des Sachbuchbegriffs erkennen lässt. Sie erschien, rund hundert Titel umfassend, zwischen 1962 und 1971; dann war ihre »Modernität« verbraucht und die Zeit der »kritischen Aufklärung« gekommen. Die Autoren waren nach ihrer Qualifikation sehr verschieden, auch ältere Titel fanden Aufnahme, wie KARL VON FRISCHS (1886 bis 1982) *Du und das Leben* (1936) und WALTER GREILINGS *Chemie erobert die Welt* (1938).

Unter der Bezeichnung »Sachbuch« ließ sich zuletzt alles subsumieren, was »non fiction« war, allerdings bildete eine leserfreundliche Darstellung im engeren Sinn doch weiterhin die bestimmende Messlatte. Journalisten, nicht zuletzt Auslandskorrespondenten, schrieben über ihnen nahe liegende Themen, daneben gab es gewissermaßen professionelle Sachbuchschriftsteller und Verlage, die in Verbindung mit ihnen geeignete Vorhaben sorgfältig planten. Nicht unbedingt waren die erfolgreichsten Autoren die lesenswertesten. Der Schweizer ERICH VON DÄNIKEN (1935), von dem im Econ-Verlag zunächst *Erinnerungen an die Zukunft* (1968) erschienen, wurde bis 1975 in 26 Sprachen übersetzt, mit einer Weltauflage seiner Bücher von 31 Millionen Exemplaren. Für das seriöse Sachbuch waren Dänikens Kombinationen, die archäologische und Raumfahrt-Interessen mit religiöser Sinnsuche bündelten, nicht repräsentativ, aber keines der damals zahlreich erscheinenden Werke über Astronomie und Weltallforschung bis hin zum Mondflug fanden im selben Maße Anklang. Der Markt war schwer berechenbar, aber lukrativ. Immer wieder gab es Neuerscheinungen, die sich als Bestseller, wie der neue Ausdruck lautete, erwiesen und die Absatzzahlen für schöngeistige Literatur weit übertrafen. Dabei wurden auch Stoffbereiche, die im 19. Jahrhundert eindeutig von der Kunstprosa beherrscht waren – wie das weite Feld der Geschichtserzählung im historischen Roman – nunmehr von der Sachprosa übernommen, die dem verstärkten Bedürfnis nach Wirklichkeit besser entsprach. Soweit sich fiktive Darstellungen in der geschichtlichen Jugendliteratur behaupteten, waren sie oft deutlich von der Sachprosa beeinflusst.

Die das geistige Profil der Republik betreffende ideologische Unruhe, die in den Sechzigerjahren zunahm, spielte kommerziell eine vergleichsweise geringe Rolle. Es bedurfte keiner plakativen Todesanzeige der (bürgerlichen Kunst-)Literatur – die sich ja auch als verfrüht herausstellen sollte –, auf den Tischen der Buchhändler fand das eine neben dem anderen Platz. Die Produktions-, Vertriebs- und Rezeptionswege waren dieselben oder einander doch ähnlich, und in der Praxis sogar voneinander abhängig. Die Kalkulation der Verleger und Buchhändler umschloss beide Formen, zuweilen kam in Folge einer »Mischkalkulation« die eine der anderen zu Hilfe.

Erstmals in *Kindlers Literaturgeschichte der Gegenwart seit 1945* (1978) wurde der Versuch unternommen, die deutschsprachige Sachliteratur gleichberechtigt in die Darstellung einzubeziehen – eine Verspätung, die der Herausgeber einleitend für »nicht recht begreifbar« erklärt, denn »je nach Zuordnung wechselnder Bereiche der Literatur« seien »bis zu 80% der gegenwärtigen Buchproduktion der so genannten Sachliteratur« zuzurechnen. Aber er benennt auch die Schwierigkeiten, die dem Pioniervorhaben entgegenstanden: die enormen Dimensionen des Untersuchungsfeldes, von dem nur »ein möglichst breit angelegtes Panorama« entworfen werden konnte, die Unschärfe des Sachbuchbegriffs, dessen definitive Klärung zurückgestellt werden musste, und die notgedrungene Willkür jeglicher Auswahl, als deren Kriterium die »Relevanz für das öffentliche Bewusstsein« erscheint.

Im Folgenden kann von keinem Panorama, sondern allenfalls von Beispielen die Rede sein, die auf charakteristische Tendenzen der Entwicklung aufmerksam zu machen suchen. Bevorzugt berücksichtigt werden, wie schon bisher, Darstellungen aus den Bereichen Essayistik und Geistesgeschichte, die bereits durch ihre stilistische Formung literarischen Rang beanspruchen dürfen, ferner Biografie und Autobiografie, Tagebuch und Reisebericht. Die Abgrenzung dieser Formen untereinander und zur schönen Literatur bleibt oft unbestimmt, sie wird von den Autoren häufig auch gar nicht angestrebt, sondern ihren jeweiligen Absichten entsprechend vorgenommen. Oftmals sind es rein äußere Rücksichten, die Anlass geben, als fiktiv zu erklären, was in Wahrheit (autobiografischer) Bericht ist, oder umgekehrt als Faktum zu beschreiben, was aus durchaus persönlichen Gründen verändert wurde. Im Widerstreit historischer und novellistischer Interessen bleibt häufig das Novellistische siegreich, daher fehlt es nicht an romanhaften Biografien, deren Maßgaben das Publikum willig folgt, eben weil es sich vermeintlich um keine Fiktion handelt. Das eigentliche Ziel eines Textes mag aber auch eine gedankliche Erörterung sein, sie bedient sich dafür jedoch nicht notwendig der Form des Essays, sondern unterschiedlicher Einkleidungen bis hin zu Roman und Erzählung. Für die moderne Literatur ist das Verfließen der Gattungsgrenzen charakteristisch. Alfred Anderschs *Die Kirschen der Freiheit* ist ein autobiografischer Bericht über seine Desertion mit einigen romanhaften Zügen, der zugleich, weit über die eigene Erfahrung hinaus, in grundsätzliche Gedanken über Willensfreiheit und moralische Entscheidungen mündet. Essay und Erzählung sind verschmolzen.

Standortbestimmungen

Klaus Günther Justs Literaturgeschichte (*Von der Gründerzeit bis zur Gegenwart*, 1973) beschreibt die essayistische Prosa als die wichtigste literarische Leistung des Vierteljahrhunderts nach dem Zweiten Weltkrieg. Nach 1945 wurden Essays zunächst bevorzugt in den neu gegründeten Zeitschriften publiziert, daneben erfolgten zahlreiche Einzel- und Sammelveröffentlichungen. Der geistige Hunger war groß, das Verhältnis zur Literatur der jüngeren Vergangenheit eher gestört. Es ist eine andere Form der Auseinandersetzung mit den »Kalligraphen«, die hier zum Austrag kommt, der eingetretene Vertrauensverlust verlangt nach glaubwürdiger Klärung. Behandelt werden literarische und ästhetische Fragen, ferner Themen der Zeitgeschichte und der Kulturentwicklung. Der Problemhorizont ist umfassend und überwindet alle nationalen und regionalen Besonderheiten. Der Essay verteidigt die im Jahrhundert der Ideologien vielfach bedrohte zivilisatorische Einheit der Welt; die Grenzen, die seiner Verbreitung gezogen werden, erscheinen als Einschränkungen der Humanität. Große Autoren der Vergangenheit wie Rudolf Kassner finden wieder Platz in den Rubriken der Journale, schon bald aber auch eine jüngere, von Krieg und Niederlage geprägte Generation. Kritische Aufsätze zur Literatur und zum Zeitgeschehen haben später im großen Umfang auch Schriftsteller vorgelegt, die sich hauptsächlich der im engeren Sinn dichterischen Gattungen bedienten. Viele dieser Arbeiten reflektieren indirekt das eigene Schaffen, andere erörtern Probleme der Gesellschaft und zielen innerhalb dieses Rahmens ebenfalls auf Selbstverständigung.

GOTTFRIED BENNS in seinen letzten Lebensjahren starke öffentliche Wirkung gründete neben der Lyrik im essayistischen Werk, das er durch weitere wichtige Arbeiten ergänzte (*Monologische Kunst. Ein Briefwechsel zwischen Alexander Lernet-Holenia und Gottfried Benn*, 1953; *Altern als Problem für Künstler*, 1954; *Soll die Dichtung das Leben bessern? Zwei Reden*, zusammen mit Reinhold Schneider, 1956). Von den zuweilen provokanten Gesten ihres Mentors ließ sich die Benn-Gemeinde nicht irritieren. Das gilt im noch stärkeren Maße von den Lesern ERNST JÜNGERS, die es als

Bestätigung empfinden durften, den geistigen und künstlerischen Rang seines Oeuvres auch jenseits der deutschen Grenzen anerkannt zu sehen. Sammlungen von Essays (*Sprache und Körperbau*, 1947; *Über die Linie*, 1950; *Der Waldgang*, 1951; *Der Gordische Knoten*, 1953; *Das Sanduhrbuch*, 1954; *Rivarol*, 1956; *An der Zeitmauer*, 1959; *Der Weltstaat*, 1960) und Aphorismen (*Sgraffiti*, 1960) bezeugen ungebrochene intellektuelle Neugier und Produktivität. In den Sechziger- und Siebzigerjahren blieb dieses Potential erhalten und nahm wohl noch zu: Jünger stößt in die verschiedenen Bereiche von philosophischen über psychologische und soziologische Überlegungen bis zur Mythenkunde vor (*Typus – Name – Gestalt*, 1963; *Grenzgänge*, 1965; *Subtile Jagden*, 1967; *Annäherungen. Drogen und Rausch*, 1970; *Zahlen und Götter. Philemon und Baucis*, 1970; *Der Tod in der mythischen und in der technischen Welt*, 1972; *Über Sprache und Stil*, 1979).

Autobiografie und Tagebuch

Nur zum weitaus geringeren Teil sind die nach 1945 entstandenen Erinnerungswerke und Erfahrungsberichte »Autobiografien« im klassischen Sinn, also Geschichte des eigenen Lebens, das dem Schreiber als ein unverwechselbares Ganzes vor Augen steht und dessen Entwicklungsgesetz er zu zeigen sucht. In den Krisen des Jahrhunderts, die dem Einzelnen seine Abhängigkeit, das gewissermaßen Zufällige seiner Existenz vor Augen führen, handelt es sich viel eher um das, was mit einem älteren Ausdruck »Memoiren« genannt wird, um Erlebtes und Erlittenes. Die Darstellung erfolgt aus subjektiver Sicht, also mit einer Tendenz zur Stilisierung. Überwiegt das überpersönliche Interesse, ist der zeitgeschichtliche Informationswert groß. Es fehlt nicht an Offenlegungen vormals unterdrückter Sachverhalte (WOLFGANG LEONHARD, 1921, *Die Revolution entlässt ihr Kinder*, 1955), erschütternden Erfahrungen (SUSANNE LEONHARD, 1895–?, *Gestohlenes Leben. Schicksal einer politischen Emigrantin in der Sowjetunion*, 1956), Bekenntnissen überwundener Irrtümer (MARGARETE BUBER-NEUMANN, 1901–1989, *Als Gefangene bei Stalin und Hitler*, 1949; *Von Potsdam nach Moskau. Stationen eines Irrweges*, 1957) und Rechtfertigungsversuchen (FRANZ VON PAPEN, 1879–1969, *Der Wahrheit eine Gasse*, 1952).

Aus manchen Texten spricht neu gewonnene oder in Glaubenskrisen bewährte religiöse Erfahrung. Aus der Feder DIETRICH BONHOEFFERS (1906–1945) erschien postum *Widerstand und Ergebung – Briefe und Aufzeichnungen aus der Haft* (1951), HELMUT GOLLWIT-

ZER (1908–1993) schrieb den viel gelesenen Bericht über seine Soldatenzeit und Kriegsgefangenschaft *… und führen wohin du nicht willst* (1952). REINHOLD SCHNEIDER veröffentlichte die Autobiografie *Verhüllter Tag* (1954) und *Der Balkon. Aufzeichnungen eines Müßiggängers in Baden-Baden* (1957). Auf sein tief pessimistisches Spätwerk *Winter in Wien. Aus meinen Notizbüchern 1957/58*, das – in der Kirchlichkeit der Fünfzigerjahre von diesem Autor *so* nicht erwartet – den Status quo von Staat, Kirche und Gesellschaft rückhaltlos in Frage stellt, wurde in österreichischem Zusammenhang bereits hingewiesen. HANS CAROSSA sucht nicht so sehr das jüngst Vergangene zu erklären als mahnend zu trösten: »Versöhne sich jeder mit seiner Seele, einmal wird er mit ihr allein sein.« Weltverwandlung reift in totgesagten Völkern (*Ungleiche Welten*, 1951). Infrage gestellt wurden diese Werke oder vielmehr ihre Verfasser von verschiedener Seite. Ein pazifistisches Christentum war der Politik im Wege, Schneiders religiöse Verzweiflung an der etablierten Kirche, Carossas Lebensvertrauen, verbunden mit seiner Unfähigkeit, die NS-Barbarei kritisch zu erfassen, galt der linken Intelligenz als Ausdruck einer in der Wirkung restaurativen Mentalität der »heilen Welt«. Diese Auseinandersetzung war lange abgeklungen und Schneiders Glaubenskrise hatte eine eher prophetische Dimension gewonnen, als LUISE RINSER mit *Den Wolf umarmen* (1981) in anderer Weise auf Kritik stieß: Ihre auf Selbststilisierung bedachte Lebenserzählung hüllte ihre literarischen Anfänge im NS-Staat noch immer in ein absichtsvolles Dunkel.

Den überlebenden Autoren der »Inneren Emigration« mochte man ihre Ohnmacht, gelegentlich auch Schwäche attestieren, Zyniker waren sie nicht. Das lag anders bei Schreibern, die aus den Scheinheiligkeitskomödien der großen Politik die Lehre gezogen hatten, dass Bußfertigkeit nicht am Platze war. ERNST VON SALOMON (1902–1972), der ursprünglich Offizier werden wollte, Freikorpssöldner, beteiligt an der Ermordung Walther Rathenaus und deswegen zu fünf Jahren Zuchthaus verurteilt, war zunächst mit den Romanen *Die Geächteten* (1930) und *Die Stadt* (1932) hervorgetreten, Zeitdokumenten, aus denen nicht zuletzt die fragwürdige Landsknechtsmentalität ihres Verfassers sprach. Das autobiografische Buch *Die Kadetten* (1933) verstand sich als preußisches Gegenstück zu Musils *Die Verwirrungen des Zöglings Törleß*. Nach dem Krieg und nach seiner zeitweiligen Internierung veröffentlichte Salomon die Geschichte *Boche in Frankreich* (1950), sodann den schon erwähnten umstrittenen, aber höchst erfolgreichen Lebensbericht *Der Fragebogen*, in dem er den Fragebogen der amerikanischen Militärregierung zur Grundlage einer sarkastischen Auskunft über seinen politischen Weg von 1919 bis 1945 machte.

HANS HABE, der als Literatur- und Tageskritiker konservativer Prägung wiederholt in anfechtbarer Weise in das Tagesgeschehen eingegriffen hatte, belebte auch seine Autobiografie mit weltanschaulichen Kontroversen (*Ich stelle mich*, 1954). Fast einen Gegenpol dazu in Auffassung der Welt und im Stil bilden PETER RÜHMKORFS zeitgeschichtlicher Rückblick *Die Jahre, die ihr kennt. Anfälle und Erinnerungen* (1972) und HILDE DOMINS betont subjektive Aufzeichnungen von Selbsterlebtem (*Von der Natur nicht vorgesehen*, 1974; *Aber die Hoffnung. Autobiographisches. Aus und über Deutschland*, 1982). Auch ALFRED ANDERSCHS Essays (*Die Blindheit des Kunstwerks*, 1965) und Reisebücher (*Wanderungen im Norden*, 1962; *Hohe Breitengrade oder Nachrichten von der Grenze*, 1969) tragen, wie schon die *Kirschen der Freiheit*, einen sehr persönlichen Charakter.

HANS MAYER erzählte autobiografisch u. d. T. *Ein Deutscher auf Widerruf. Erinnerungen* (2 Bde., 1982 bis 1984). GOLO MANNS *Erinnerungen und Gedanken. Eine Jugend in Deutschland* (1986) beschreiben das vom Vater überschattete Elternhaus, Bildungseindrücke in Schule und Universität, die Krise, schließlich die Selbstaufgabe der Weimarer Republik, die Rede ist von vielen Irrtümern und Enttäuschungen. Dennoch ist dieses Bekenntnisbuch, das Golo Manns viel gelesene *Deutsche Geschichte des 19. und 20. Jahrhunderts* (1958) in aufschlussreicher Weise ergänzt und (aus späterer Perspektive) weiterführt, »aller Bitterkeit zum Trotz, zugleich auf seine Art heiter« (M. Reich-Ranicki).

ERNST JÜNGERS Tagebücher *Strahlungen* (1949) und *Jahre der Okkupation* (1958) fassen Aufzeichnungen aus Kriegs- und Nachkriegszeit zusammen. In einer Zeit, die ihm fremd ist und an der er, wie er selbst erklärt, leidet, die aber ihrerseits in ihm – wenn auch nicht einhellig – einen ihrer repräsentativen Schriftsteller erblickt, sieht er seine Aufgabe in der Bewahrung der inneren Freiheit, wovon noch weitere Tagebuchpublikationen über Reisen, Landschaftserlebnisse und Fragen der Symbolforschung Zeugnis ablegen (*Atlantische Fahrt*, 1947; *Ein Inselfrühling*, 1948; *Am Kieselstrand*, 1951; *Serpentara*, 1957; *Siebzig verweht*, 1980/81, 2 Bde.; *Aus der goldenen Muschel. Gänge am Mittelmeer*, 1984; *Zwei Mal Halley*, 1987). Im Vorwort zu *Strahlungen* hatte er erklärt, »der Tagebuchcharakter [...] werde neuerdings zu einem Kennzeichen der Literatur.« (→ S.770)

Die Intellektuellen und der Staat

Der aus Budapest gebürtige, in London gestorbene Soziologe KARL MANNHEIM (1893–1947), vor dem Machtantritt Hitlers Professor in Frankfurt, hatte den Intellektuellen eine Position zwischen den Parteien und die Fähigkeit zur Bildung einer Synthese aus den einander widerstreitenden Ansichten zugewiesen (*Ideologie und Utopie*, 1929). Ein geistiger Führungsanspruch, verbunden mit Distanz zum politischen Tageskampf, lag nach dem Zweiten Weltkrieg den Stellungnahmen nicht weniger Intellektueller in der Bundesrepublik zugrunde, erwies sich allerdings bald als irreal. Zu Beginn der Sechzigerjahre belegen Sammelbände mit Beiträgen verschiedener Autoren den Meinungswechsel zu direktem Engagement (*Ich lebe in der Bundesrepublik. Fünfzehn Deutsche über Deutschland*, 1960, hg. von Wolfgang Weyrauch; *Die Alternative oder Brauchen wir eine neue Regierung?*, 1961, hg. von Martin Walser). Zunächst zögernd unternommen und wohl auch nur als »Passionseinheit« (W. Rühmkorf) gekennzeichnet, nahm diese Initiative zur Zeit der Kanzlerschaft Willy Brandts zeitweilig festere Formen an, ging aber auch über die Reformansätze der Regierungsparteien zuweilen deutlich hinaus. Eine vergleichbare Stellungnahme auf konservativer Seite blieb aus, allerdings fehlte es den linken Schriftstellern nicht an Kritik (HELMUT SCHELSKY, 1912–1984, *Die Arbeit tun die anderen. Klassenkampf und Priesterherrschaft der Intellektuellen*, 1975; ARNOLD GEHLEN, 1904–1976, *Das Engagement der Intellektuellen gegen den Staat*, 1978).

Das politische und gesellschaftliche Engagement der Schriftsteller zeitigte eine Fülle von Publikationen, die sich vor allem in Zeitschriften und der Presse, aber auch in Buchform und in späteren Sammlungen niederschlug. WALTER DIRKS (1901–1991) und EUGEN KOGON (1903–1987) entwickelten in den *Frankfurter Heften* das Programm eines christlichen Sozialismus. Auch die Erwartungen HEINRICH BÖLLS gingen, ohne dass er sich deswegen einer bestimmten Partei anschloss, in diese Richtung, die wirtschaftliche und gesellschaftliche Entwicklung in den Fünfzigerjahren enttäuschte ihn, aber er resignierte nicht, sondern mischte sich zunehmend ein. Ungewollt widersprüchlich bestimmte er seine Position, wenn er es ablehnte, zwischen dem, was der Literat und der Bürger veröffentlichte, einen Unterschied zu machen. Er wies es nachdrücklich zurück, wenn man ihm eine herausgehobene Stellung zuerkannte (als »Praeceptor Germaniae«, wie man respektvoll schrieb). Andererseits erklärte er aber doch im Konfliktfall, dass er, als der Schriftsteller, der er sei, eine partiell andere Sprache benutze, in der bestimmte Begriffe (»Gnade«) anders besetzt seien als in der Sprache der staatlichen Institutionen, deren bestimmter Sinn sich jedoch aus dem Kontext seines Werkes ergäbe. Im Unterschied zu Grass zielte er nicht auf das in der jeweiligen Situation taktisch Erreichbare. Seine Essayistik begleitet die politische Entwicklung der Bundesrepublik bis zu seinem Tod und überzeugt durch ihr glaubwürdiges Ethos auch da, wo man seine Positionen nicht teilt (*Brief an einen jungen Katholiken*, 1958; *Will Ulrike Meinhof Gnade oder freies Geleit?*, 1972).

Auch HANS MAGNUS ENZENSBERGER teilte nicht Grass' pragmatische Vorgehensweise, seine Kritik am Bestehenden schien keine Kompromisse zu erlauben, er argumentierte im Namen einer kommenden Ordnung. Der Intellektuellenschelte, die er auf sich zog, begegnete er mit intellektueller Brillanz. Seinen Gedichten stellte er schon bald Essaybände zur Seite, die Kolportagen, Reiseberichte und Stellungnahmen zu Zeitfragen enthielten (*Einzelheiten*, 1962; *Politik und Verbrechen*, 1964; *Deutschland, Deutschland unter anderm. Äußerungen zur Politik*, 1967; *Politische Brosamen*, 1982; *Ach, Europa!*, 1987). GÜNTER GRASS sammelte politische Stellungnahmen – Reden, Aufsätze, Briefe – zuerst u. d. T. *Über das Selbstverständliche* (1968), später folgten *Der Bürger und seine Stimme* (1974) und *Denkzettel* (1978). Seinen Kindern erzählte er in *Aus dem Tagebuch einer Schnecke* (1972), warum er unter die Wahlhelfer der »Espede« gegangen sei, eine Geschichte, die mit der Verfolgung und Vertreibung der Danziger Juden beginnt. Die Schnecke schreibt ein politisches Tagebuch, sie liefert Informationen, Schneckenideologie. MARTIN WALSER hielt, anders als Grass, an dem Wunsch nach Vereinigung der beiden deutschen Staaten fest, sah dafür auch eine Chance (*Über Deutschland reden*, Ess., 1988). SEBASTIAN HAFFNER (eigentlich Raimund Pretzel, 1907 bis 1999), ein genuin politischer Kopf, wurde mit einer Reihe von historischen Überblicksdarstellungen (*Die sieben Todsünden des Deutschen Reiches*, 1965; *Anmerkungen zu Hitler*, 1978; *Preußen ohne Legende*, 1978), Biografien und Essays (*Zur Zeitgeschichte*, 1982; *Zwischen den Kriegen*, 1997) sowie als Kolumnist weit bekannt.

Theater-, Kunst- und Literaturkritik

Der führende Berliner Theaterkritiker war der populäre FRIEDRICH LUFT (1911–1990), ein durch seine regelmäßigen Beiträge für den Rundfunk im amerikanischen Sektor Berlins (RIAS) während vier Jahrzehnten auch in der DDR wohlbekannter, am Vorbild Theodor Fontanes und Alfred Polgars geschulter Publizist, dessen straff antikommunistische Ausrichtung künstlerisch nicht ohne Konsequenzen blieb, wie sich etwa in seiner zwiespältigen Stellung zu Brecht zeigte (*Berliner Theater 1945–1961. Sechzehn kritische Jahre*, 1961). Längerfristig wirkte durch seine Publikationen GEORG HENSEL (1923–1996, *Das Theater der siebziger Jahre. Kommentar, Kritik, Polemik*, 1980; *Spiel's noch einmal. Das Theater der achtziger Jahre*, 1990; *Spielplan. Der Schauspielführer von der Antike bis zur Gegenwart*, 1992, 2 Bde). Ergänzend sind BENJAMIN HENRICHS (*Beruf: Kritiker*, 1978) und PETER IDEN (*Theater als Widerspruch*, 1984, zusammen mit IVAN NAGEL, 1931; *Liebe! Liebe! Liebe ist die Sache des Genies*, 1996) zu nennen. Der Leiter der literarischen Beilage der *Frankfurter Zeitung* in den schwierigen Jahren der NS-Zeit und spätere Botschafter in Paris WILHELM HAUSENSTEIN (1882–1957) verleugnete auch als Publizist den Kunsthistoriker nicht (*Was bedeutet die moderne Kunst?*, 1949; *Vom Genie des Barock*, 1920, erweitert 1956); zusammen mit BENNO REIFENBERG (1892–1970; *Lichte Schatten*, 1953; *In den Tag gesprochen*, 1962) wirkte er auch monografisch (*Max Beckmann*, 1949). Die Auseinandersetzung mit der lange verfemten Moderne in Nachkriegsdeutschland bestritt im besonderen Maße der österreichische Kunsthistoriker HANS SEDLMAYR mit seinen heftig umstrittenen, von der weiteren Entwicklung auch bald überholten kulturphilosophischen Werken *Verlust der Mitte. Die bildende Kunst des 19. und 20. Jahrhunderts als Symptom und Symbol der Zeit* (1948) und *Die Revolution der modernen Kunst* (1955), für das geistige Klima der Jahrhundertmitte kennzeichnende Darstellungen.

Der Pfarrerssohn und Germanist HANS EGON HOLTHUSEN, der 1937 über Rilkes *Sonette an Orpheus* promoviert hatte, war in der Bundesrepublik der Fünfzigerjahre ein sensibler Literaturkritiker der ersten Stunde (*Der unbehauste Mensch*, 1951; *Ja und Nein*, 1954; *Das Schöne und das Wahre*, 1958; *Kritisches Verstehen*, 1961), der aber zunehmend in Widerspruch zum politischen Engagement der jungen Literatur geriet (*Kreiselkompaß. Kritische Versuche zur Literatur der Epoche*, 1976). KARL AUGUST HORST (1913–1973; *Die deutsche Literatur der Gegenwart*, 1956; *Das Spektrum des modernen Romans*, 1960; *Strukturen und Strömungen*, 1963) und CURT HOHOFF (1913; *Geist und Ursprung*, 1954; *Schnittpunkte*, 1963) schrieben Essays und Rezensionen, WALTER JENS Literatur- und Fernseh-

kritiken für *Die Zeit* (Pseudonym Momos). FRIEDRICH SIEBURG, 1948–55 Mitherausgeber der Zeitschrift *Die Gegenwart*, 1956 leitender Redakteur des Literaturteils der *Frankfurter Allgemeinen Zeitung*, sammelte Betrachtungen und Kritiken in *Nur für Leser. Jahre und Bücher* (1955) und *Lob des Lesers* (1958).

Der rheinische Jude HANS MAYER, der sich im Alter als »der letzte Vertreter der bürgerlichen Gesellschaft« verstand; wählte nach seinem Weggang aus der DDR Tübingen zum dauernden Wohnsitz und entfaltete von dort und von seinem Germanistik-Lehrstuhl in Hannover aus eine weitgespannte Tätigkeit als Literaturhistoriker und -kritiker. Seiner berühmt gewordenen Essaysammlung *Außenseiter* (1975) folgte – in Anlehnung an einen von Hegel in seiner *Phänomenologie des Geistes* geprägten Terminus – *Das unglückliche Bewusstsein. Zur deutschen Literaturgeschichte von Lessing bis Heine* (1986). Hegel hatte unter diesem Titel den Übergang von der Antike zum Mittelalter beschrieben, Mayer ging es um die Zeit zwischen untergehendem Ancien Régime und der aufsteigenden, aber noch ohnmächtigen bürgerlichen Epoche. Das Nachwort berichtet von den Debatten im Berliner Ensemble anlässlich Brechts Bearbeitung des *Hofmeisters* von Jakob Michael Reinhold Lenz, an denen Mayer beratend teilgenommen hatte und in denen er nun die Keimzelle des Werkes vermutete.

WOLFGANG KOEPPENS Rezensionen und sehr persönliche Porträts von Schriftstellern der Weltliteratur gab Marcel Reich-Ranicki heraus (*Die elenden Skribenten*, 1981), HERMANN KASACK veröffentlichte *Mosaiksteine. Beiträge zu Literatur und Kunst* (Ess., 1956). HERMANN KESTEN (1900–1996) wirkte origineller als in seinen Romanen in den Essaysammlungen *Meine Freunde, die Poeten* (1953), *Dichter im Café* (1959), *Filialen des Parnaß* (1961) und *Lauter Literaten* (1963), in denen er auf die vielfältigen Erfahrungen eines langen Schriftstellerlebens zurückblicken konnte.

PETER RÜHMKORFS literaturhistorische Essays sind in enger Verbindung mit seinem eigenen Schaffen, nicht zuletzt seinen Parodien entstanden (*Walther, Klopstock und ich*, 1975; *Dreizehn deutsche Dichter*, 1989). Wiederholt engagierte er sich als Herausgeber, so von Gedichten Erich Kästners (1981). Ein Essayist und Literaturkritiker von besonderer Eigenwilligkeit war ARNO SCHMIDT (*Fouqué und einige seiner Zeitgenossen*, 1958; *Dya na Sore. Gespräche in einer Bibliothek*, 1958; *Belphegor. Nachrichten von Büchern und Menschen*, 1961; *Die Ritter vom Geist. Von vergessenen Kollegen*, 1965; *Sitara und der Weg dorthin. Eine Studie über Wesen, Werk und Wirkung Karl Mays,* 1963). Als Übersetzer pflegte er vor allem englische und amerikanische Erzähler des 19. Jahrhunderts (Cooper, Poe, Bulwer, Wilkie Collins), zunächst mit großer, sich jeder Eigenmächtigkeit enthaltenden Strenge, später mit wachsender Unbefangenheit den eigenen Stileigentümlichkeiten Einlass gewährend. ALFRED ANDERSCH, ein Freund und im besonderen Maße ein Bewunderer Schmidts, sammelte seine bedeutenderen Essays und Aufsätze aus zwei Jahrzehnten u. d. T. *Norden Süden rechts und links* (1972). Als FRITZ J. RADDATZ (1931, *Eros und Tod. Literarische Porträts,* 1980) 1979 in *Die Zeit* seinen umstrittenen Beitrag *... wir werden weiter dichten, wenn alles in Scherben fällt* veröffentlichte (»Die These lautete bisher: 1945 war Kahlschlag und Nullpunkt. Die These ist falsch. Die deutsche Nachkriegsliteratur begann im Krieg«), schloss Andersch, bereits schwer krank, sich ihm selbstkritisch an und revidierte einige seiner Auffassungen.

Eine singuläre Stellung als Kritiker eroberte sich der Publizist MARCEL REICH-RANICKI (1920).

Als Kind jüdischer Eltern (der Vater stammte aus dem russischen Teil Polens, die Mutter, eine geborene Auerbach aus Preußen, die Vorfahren waren väterlicherseits Kaufleute, mütterlicherseits Rabbiner) in Wloclawek an der unteren Weichsel geboren, besuchte in Berlin das Gymnasium, wurde 1938 als polnischer Staatsbürger nach Polen deportiert, überlebte das Warschauer Ghetto, arbeitete 1946 in der Polnischen Militärmission in Berlin, 1948/49 als polnischer Konsul in London, ab 1950 als Verlagslektor und freier Schriftsteller in Warschau. Erhielt 1953 aus politischen Gründen ein generelles Publikationsverbot, blieb 1958 nach einer Studienreise in der Bundesrepublik, lebte bis 1973 in Hamburg als Literaturkritiker der *Zeit,* danach als Literatur-Redakteur der *Frankfurter Allgemeinen Zeitung* auf dem Stuhl Friedrich Sieburgs in Frankfurt. Erhielt zahlreiche Preise, Ehrendoktorate, wurde 1974 Honorarprofessor in Tübingen.

Reich-Ranicki, neben Mayer ein maßgeblicher Kritiker bereits als Mitglied der »Gruppe 47«, wurde 1973 leitender Redakteur für Literatur der *Frankfurter Allgemeinen Zeitung.* In dieser einflussreichen Position wuchs ihm in den folgenden Jahren eine allenfalls mit der Alfred Kerrs in der Weimarer Republik vergleichbare Autorität zu. »Er schreibt über mich, also bin ich«, betitelte Wolfgang Koeppen 1985 eine für die Öffentlichkeit bestimmte Würdigung, Heinrich Böll bekennt ironisch, dass er die Kriterien nicht herausfinden könne, nach welchen der Groß-Kritiker Lob oder Tadel verteilt. »Bis heute begreife ich nicht, beim allerbesten Willen nicht, wieso Martin Walsers *Jenseits*

der Liebe ein so entsetzlich schlechtes Buch gewesen sein kann und dann *Ein fliehendes Pferd* ein so unbeschreiblich gutes. Ich fand die beiden gleich gut.« Vehement in Lob und Tadel, dementsprechend umstritten, zieht Reich-Ranicki die Aufmerksamkeit und die Emotionen auf sich. Seine bis zur deutschen Vereinigung erschienenen deutschsprachigen Rezensionen und Studien sind in einer Reihe von Bänden, wiederholt in erweiterten Neuausgaben, gesammelt (u. a. *Deutsche Literatur in West und Ost. Prosa seit 1945,* 1963; *Literatur der kleinen Schritte. Deutsche Schriftsteller heute,* 1967; *Die Ungeliebten. Sieben Emigranten,* 1968; *Lauter Verrisse,* 1970; *Über Ruhestörer. Juden in der deutschen Literatur,* 1973; *Entgegnung. Deutsche Literatur der siebziger Jahre,* 1979; *Lauter Lobreden,* 1985).

(→ S. 812)

Biografien

Ungeachtet hervorragender Einzelleistungen – und im Verhältnis zur angelsächsischen Welt verspätet – gewann die literarische Biografie als Kunstform nur langsam Profil. Kennzeichnend blieb vielmehr die Unterscheidung zwischen der wissenschaftlichen Biografie und der (von den Fachleuten nur zu oft mit Geringschätzung betrachteten) populären Lebensdarstellung.

Unter den Biografien, die über Größen des Nationalsozialismus geschrieben wurden, ragt JOACHIM C. FESTS (1926) *Hitler* (1973) als eine besondere Leistung hervor. Lebensbeschreibungen, die Gestalten des Widerstands gewidmet wurden, berücksichtigen fast ausschließlich die militärische, kirchliche und bürgerliche Opposition (kommunistische Widerstandskämpfer blieben Biografen in der DDR überlassen).

Letztlich standen große, wohl auch von Geheimnissen umgebene Gestalten der Vergangenheit im Zentrum eines Publikumsinteresses, das, im Besitz neu geschaffenen Wohlstands, sich wieder auf das eher ungefährliche Abenteuer des Historischen einließ. FRIEDRICH SIEBURG erweiterte mit *Napoleon* (1956) und *Chateaubriand* (1959) einen bereits 1935 erschienenen *Robespierre* zu einer dreiteiligen Zyklus des revolutionären, kaiserlichen und romantischen Frankreich. GOLO MANN (1909–1994), der zweite Sohn des »Zauberers«, wagte mit *Wallenstein. Sein Leben erzählt von Golo Mann* (1971) eine romanhafte Biografie von epischer Breite und sah sich ebenfalls durch Erfolg bestätigt. Die Verlage gingen kein allzu großes Risiko ein, wenn sie gewandte Autoren wie ECKART KLESSMANN (1933), der vorzugsweise über Gestalten der Romantik schrieb, in ihr Programm aufnahmen. Entsprechendes gilt für EBERHARD HORST (1924), der sich dem Stauferkaiser Friedrich II. zuwandte, einer die Biografen seit der großen Darstellung von ERNST KANTOROWICZ (1895–1963, *Kaiser Friedrich der Zweite*, 1927–31) immer von neuem faszinierenden Gestalt.

Dichterbiografien entstanden, wenn sie die Anerkennung der Zunft finden wollten, vorzugsweise als Werkbiografien (FRIEDRICH SENGLE, 1909–1994, *Wieland*, 1949; BENNO VON WIESE, 1903–1987, *Friedrich Schiller*, 1959). Die Fähigkeit, auch ein fachlich nicht spezialisiertes Publikum anzusprechen, stellten wiederholt Emigranten unter Beweis, die sich die Stilmittel der angelsächsischen Biografik zu Eigen gemacht hatten (RICHARD FRIEDENTHAL, 1896–1979, *Goethe, sein Leben und seine Zeit*, 1963; HANNAH ARENDT, *Rahel Varnhagen, Lebensgeschichte einer deutschen Jüdin aus der Romantik*, 1959).

Die Emanzipation der Frau bildet einen der fruchtbarsten Themenkreise der Gegenwartsliteratur. Dabei handelt es sich bei den im Zuge dieser Entwicklung am weitesten fortgeschrittenen Texten keineswegs nur um die Erörterung einer historischen Thematik, sondern um eine spezifische Erfahrung der Welt, die sich auch in der Sprache niederschlägt – in der Strukturierung alltäglicher Wirklichkeit, in der Aufmerksamkeit für das Detail erprobt sich solches Schreiben und findet so mittelbar seine Identität.

URSULA KRECHEL gab in ihrer Studie *Selbsterfahrung und Fremdbestimmung* (1975) reflektierend und erzählend einen »Bericht aus der Neuen Frauenbewegung« wie der Untertitel lautet. ELISABETH PLESSEN veröffentlichte gemeinsam mit Michael Mann die auf Gesprächen beruhenden *Ungeschriebenen Memoiren* (1974) Katia Manns.

Reiseberichte

»Zu den Eigentümlichkeiten unserer Zeit gehört das Massenreisen«, beginnt eine 1873 verfasste Plauderei Fontanes. »Sonst reisten bevorzugte Individuen, jetzt reist jeder und jede.« *(Modernes Reisen)* Einhundert Jahre später hätte er zu diesem Thema viele neue Eindrücke sammeln können. Für das erprobte Genre des Reiseberichts bedeutete die auf Autobahnen und Flugplätzen jährlich steigende Flut, dass berühmte, aber allzu populäre Reiseziele ihren literarischen Kurswert verloren. Noch das ehrwürdigste Objekt erwies sich als Touristenfalle. Entfernte oder doch nur schwer erreichbare Ziele (die Länder des Ostblocks) traten an ihre Stelle, eine andere Behandlungsweise war angesagt.

In den Darstellungen der Fünfzigerjahre überwiegt noch ein älterer Stil, zumal es sich oft um Reprisen handelt. FRIEDRICH SIEBURG sammelte seine Reiseberichte unter den Titeln *Geliebte Ferne* (1952) und *Lauter letzte Tage* (1961). Das legendäre Frankreich-Buch des einstigen Korrespondenten der *Frankfurter Allgemeinen Zeitung* in Paris (*Gott in Frankreich*, 1929) wurde 1954 unter deutlich veränderten Rezeptionsbedingungen wieder aufgelegt – Dokument eines bewundernden Interesses an der Nachbarnation, Deutschlands nächstem Partner in einem Europa der Zukunft. WILHELM HAUSENSTEINS zuerst 1932 erschienenes »Reisetagebuch 1926–1932« *Europäische Hauptstädte* wurde 1954 neu aufgelegt und um das *Reisetagebuch eines Europäers* vermehrt. Erfolgreiche Reiseberichte schrieb auch ERHART KÄSTNER, der mit *Ölberge, Weinberge* (1953) eine Neufassung seines *Griechenland*-Buches von 1942 vorlegte. Auf die Vergegenwärtigung einer lichterfüllten Natur und Landschaft folgte mit *Die Stundentrommel vom heiligen Berg Athos* (1956) eine geistliche Einkehr, die gottergebene Seelenruhe orthodoxen Mönchsdaseins wird mit der ziellosen Unrast des modernen Lebens verglichen. »Überzeugender als der gleichzeitige Roman, der sich gesellschaftskritisch gibt, ohne es zu sein, stellt dieses Reisebuch Kästners eine Kritik an der ökonomisch verblendeten Gegenwart dar.« (K. G. Just) Das Tagebuch *Die Lerchenschule* (1964), *Aufstand der Dinge. Byzantinische Aufzeichnungen* (1964) und *Griechische Inseln* (1975, postum) beschlossen Kästners Werk.

Reiseberichte unterschiedlicher Prägung lieferten HORST KRÜGER (1919), der mit einem autobiografischen Buch beginnt (*Das zerbrochene Haus*, 1966), danach die bundesrepublikanische Szene beschreibt (*Stadtpläne*, 1967; *Deutsche Augenblicke*, 1969), sodann andere Staaten, besonders auch die DDR, in die Betrachtung einbezieht (*Fremde Vaterländer. Reiseerfahrungen eines Deutschen*, 1971), und WOLFGANG KOEPPEN, dem Alfred Andersch die Chance eröffnet hatte, für den Süddeutschen Rundfunk zu schreiben. Der viel versprechende Romancier, den schon damals ungeduldige Erwartungen begleiteten, arbeitete weiter mit anderen Mitteln, mit anderem Material (*Nach Rußland und anderswohin. Empfindsame Reisen*, 1958; *Amerikafahrt*, 1959; *Reisen nach Frankreich*, 1961). Koeppen beabsichtigte keine politische Auseinandersetzung mit der Gesellschaftsordnung in diesen Ländern, sondern er rekapitulierte seine Eindrücke in einer sehr sinnlichen, poetischen Prosa. Zu einem Teil mochte die Anerkennung, die er dafür auch bei Rezensenten fand, die seine Romane missbilligt hatten, darauf beruhen, dass man den scharfen Zeitkritiker gezähmt glaubte. DAGMAR NICK (1926) gelang mit ihrer *Einladung nach Israel* (1963) zu einem historisch günstigen Zeitpunkt ein Brückenschlag zum jungen israelischen Staat und

Günter Wallraff

zu einem in seiner geschichtlichen Bedeutung nur unzureichend bekannten Territorium der Mittelmeerwelt, der die Bände *Einladung nach Rhodos* (1967), *Sizilien* (1976) und *Götterinseln der Ägäis* (1981) folgten.
Uneingeschränkt der Gegenwart zugewandt ist GÜN-
TER GRASS' Bericht (mit einem eingefügten zwölfteiligen Gedicht) über seinen und seiner Frau mehrmona-
tigen Aufenthalt in Kalkutta (*Zunge zeigen*, 1988), dessen Eindrücke auch eine Rede vor dem Club of Rome
resümiert (*Zum Beispiel Calcutta*, 1989).

Soziale Reportagen und Protokolle

ERIKA RUNGE (1939) gab in *Bottroper Protokolle* eine
Probe dokumentarischer Literatur: Das Vorwort
schrieb der damals zwischen DKP und SPD orientierte
Martin Walser. Es handelt sich um mikrophonisch
konservierte Berichte und Meinungen von Arbeitern,
Frauen und Jugendlichen aus einer Stadt im Ruhrgebiet. In der Sprache dieser sozialen Gruppe, zusammengesetzt aus schichtenspezifischen Sprachelemen-
ten und solchen der Mittelstandssprache, sollten die
Mechanismen der Repression, aber auch emanzipato-
rische Ansätze erkennbar werden.
In dem Aufsatz *Überlegungen beim Abschied von der
Dokumentarliteratur* (1976) hat die Autorin später eingeräumt, dass die *Bottroper Protokolle* nach Auswahl
und Anordnung doch in gewisser Weise manipuliert
gewesen seien. Inzwischen hatte sie ihr Verfahren zwar
in weiteren Dokumentationen fortentwickelt (*Frauen.

Versuche zur Emanzipation, 1969; *Reise nach Rostock,
DDR*, 1971; *Südafrika – Rassendiktatur zwischen Elend
und Widerstand. Protokolle und Dokumente zur Apart-
heid*, 1974), räumte jedoch ein, die »Beispiele gelungener Emanzipation« noch immer »zu optimistisch« behandelt zu haben, während der Bericht aus dem anderen Deutschland belastet war durch das methodische
Problem der »behördlich vermittelten Gesprächspartner«, die in ihrer »Selbstdarstellung zu respektieren«
dennoch die Aufgabe blieb. Die Auffassung, dass Literatur unmittelbar politische Prozesse in Gang setzen
könne, schien ihr 1976 überlebt. Eine wirklichkeitsnahe Berichtliteratur aus der Arbeitswelt vermochte
allerdings weiterhin Aufmerksamkeit zu finden und
Folgen zu zeitigen.

Günter Wallraff (1942)

Geboren in Burscheid bei Köln als Sohn einer Fabrikan-
tentochter und eines Arbeiters, wurde Wallraff zunächst
Buchhändler. Nach vergeblicher Bemühung um Anerkennung als Wehrdienstverweigerer wurde er nach seinem
Dienst bei der Bundeswehr Fabrik- und Werftarbeiter, Redakteur der Zeitschriften *Pardon* und *konkret*, seit 1967
freier Schriftsteller. Er war Mitglied der »Gruppe 61« und
begründete den »Werkkreis 70« mit.

Wie so viele andere begann Wallraff mit Gedichten,
aber erst mit seinem *Tagebuch aus der Bundeswehr
1963 / 64* fand er zum journalistischen Engagement als
seiner eigentlichen Bestimmung. Er wollte »selbst erfahren [...], was hinter dem Gerede von ›Wirtschaftswunder‹, ›Sozialpartner‹ und den anderen schönen
Begriffen« steckt. Seinen Berichten, denen genaue Recherchen und gezielte Ausspähungen zugrunde lagen,
gab er einen dokumentarischen Charakter, es ging um
»soziale Wahrheit« (*Wir brauchen dich. Als Arbeiter in
deutschen Industriebetrieben*, Reportagen, 1966; *13 unerwünschte Reportagen*, 1969; *Von einem der auszog
und das Fürchten lernte*, Reportagen, 1970; *Neue Reportagen*, 1972; *Der Aufmacher. Der Mann, der bei ›Bild‹
Hans Esser war*, 1977; *Zeugen der Anklage. Die ›Bild‹-
beschreibung wird fortgesetzt*, 1979; *Das ›Bild‹-Hand-
buch bis zum Bildausfall*, 1981). Als Wallraff in die Rolle
eines türkischen Gastarbeiters schlüpfte, wurde ihm
für seinen Bericht *Ganz unten* (1985) binnen weniger
Monate ein beispielloser Auflagenerfolg zuteil. Nicht
nur Raubdrucke und Prozesse waren die Folge, sondern auch die Verschärfung von Schutzbestimmungen
für ausländische Arbeitnehmer. Wallraff sah sich jedoch auch dem Vorwurf ausgesetzt, ungenannt gebliebene Mitarbeiter beschäftigt zu haben.

F(RIEDRICH) C(HRISTIAN) DELIUS (1943), »freier Mitarbeiter der Klassenkämpfe«, betrieb Ideologiekritik mit satirisch-parodistischen Effekten. Er verkürzte Protokolle des Wirtschaftstages der CDU in Düsseldorf 1965 auf ein Fünftel und veröffentlichte sie als »Originalmarktdeutsch«, »gesetzt in falsche Verse« (*Wir Unternehmer. Über Arbeitgeber, Pinscher und das Volksganze*, 1966). Mit der »Dokumentarsatire« *Unsere Siemens-Welt. Eine Festschrift zum 125-jährigen Bestehen des Hauses S* (1972) zog er sich einen Prozess zu, eine spätere Satire auf die FAZ *Konservativ in 30 Tagen. Ein Hand- und Wörterbuch Frankfurter Allgemeinplätze* (1988) zeigte ihn nicht gebessert.

Drama. Hörspiel und Fernsehspiel

Die Theater der jungen Bundesrepublik florierten, für ihre äußere Erneuerung war viel geschehen. Annähernd die Hälfte der Gebäude lag 1945 in Trümmern, fast ausnahmslos waren sie restauriert oder durch Neubauten ersetzt worden. Aber nicht nur für die räumliche Repräsentation, auch für den Theaterbetrieb war in vergleichsweise reichhaltiger Weise gesorgt. Länder und Städte ließen sich die Pflege ihrer Bühnen angelegen sein, und das überkommene Abonnementwesen bildete eine zweite Säule der wirtschaftlichen Sicherheit. Anders stand es mit den Programmen und der Entstehung einer zeitgemäßen Dramatik, da wirkten Subventionen und Abonnements eher bremsend. Die Vergabe der öffentlichen Mittel erfolgte ohne bestimmte Auflagen, aber doch nicht ohne Erwartungen, dem Experiment oder den Mut zum Wagnis zeigten sich Behörden selten geneigt. Das überwiegend bürgerliche Stammpublikum der Abonnenten wünschte, ohne dass man dergleichen aussprechen musste, ebenfalls, seine Anschauungen respektiert zu sehen – es gab da nach den vielen Irrwegen der Geschichte durchaus einige nationale, soziale und ästhetische Tabus. Eine neue Kundenschicht, die noch wenig theaterbewanderten Besucher vom Lande, denen verbesserte Verkehrsbedingungen die Teilnahme erlaubten, war hinzugekommen. Dies alles wollte berücksichtigt sein, während doch weder Intendanten noch Regisseure, weder alte noch junge Dramatiker – Brecht ausgenommen, dessen Stunde jedoch noch nicht gekommen war – über ein weiterführendes Konzept für die Zukunft verfügten. Es fehlte in dieser Situation nicht an warnenden Stimmen. Namhafte Kulturkritiker hatten nach 1945 sogar das Ende des Theaters prophezeit, das ihnen in der bestehenden Form anachronistisch erschien, ein feiertägliches Relikt der Bourgeoisie. Die Entwicklung in den frühen Fünfzigerjahren, als die Zuschauerzahlen stetig stiegen, zeigte gleichwohl, dass das Theater auch so, wie es sich darstellte, gebraucht wurde. Es gab keinen Neuanfang wie nach 1918 – den konnte es in der materiellen und geistigen Trümmerlandschaft von 1945 nicht geben –, wohl aber das drängende Streben vieler nach Teilnahme am kulturellen Leben, nach einer über das Alltägliche hinausführenden Existenz. »Warum benehmen sich die Italiener in der Kirche eigentlich wie im Theater«, soll der deutschlandkundige Nuntius Pacelli, der spätere Pius XII., einmal gefragt worden sein. »Aus demselben Grund, aus dem sich die Deutschen im Theater wie in der Kirche benehmen«, lautete die diplomatische Antwort. Tatsächlich bestanden für den Theaterbesuch noch immer – oder wieder – quasi sonntägliche Verhaltensweisen und Erfahrungen, die Garderobe war gepflegt, der Applaus obligatorisch. Der rote Vorhang, der sich gehorsam öffnete und schloss, beflügelte Träume und (ausgewählte) Erinnerungen. Zumindest für den ersten Augenschein dominierte also, wie in anderen Lebensbereichen, in der Welt der Muse Thalia die Restauration, verdeckt vollzog sich gleichwohl ein langsamer Wandel – *zu* langsam, wie der spätere, jähe Umbruch verrät.

Das Subventionstheater als »imaginäres Museum«
Überliefert ist der Ausruf eines Architekten: »Wir bauen Theater, von denen keiner uns sagen kann, wie sie aussehen sollen!« (S. Melchinger, *Theater der Gegenwart*, 1956) Aus den Turnhallen, Kellern und Zimmern, in denen nach 1945 gespielt worden war, kehrten die Menschen zurück in die wieder instand gesetzten oder neu erbauten großen Häuser und behaglichen Provinztheater. Was den Kritikern des umhegten und institutionalisierten Betriebs als mögliche Alternative vor Augen stand, ein Mehr an demokratischer Öffentlichkeit oder ein Refugium für einen auch inhaltlich radikalen Neubeginn, zugespitzt ausgedrückt, die Arena oder die Katakombe, schien »von utopischen Nebeln umschleiert«.

Weil Bedarf nach mehr Wiederholungen bestand, gab es, verglichen mit früher, weniger Neuinszenierungen. Gleichwohl pflegte das Theater in Westdeutschland und in Westberlin, in Ermangelung eines bestimmten Ziels, sehr Verschiedenes. Es zeigte Dramatik des Auslands und zwar sowohl aktuelle Stücke als auch solche der bereits klassisch gewordenen Moderne, für die

Nachholbedarf bestand; jüngere deutschsprachige Autoren, die zu einem Teil unbekannt geblieben oder fast in Vergessenheit geraten waren, weil sie nach 1933 nicht gespielt wurden; Repertoirestücke aller Länder und Stile, eingeschlossen den (nicht länger verkürzten) Kanon der Klassik. Neben Berlin, das in seiner Insellage an Bedeutung verlor, boten regionale Zentren wie Düsseldorf, Göttingen, Hamburg, München, Frankfurt/M. und Stuttgart Theater auf handwerklich hohem Niveau – ansatzweise ein »musée imaginaire«, wie André Malraux, auf den man sich berief, das Nebeneinander (und die Verfügbarkeit) aller Epochen und Stile im Kunstleben der Gegenwart bezeichnet hatte. Aber darin steckte eben auch Perspektivlosigkeit, und was die neuen Stücke deutscher Autoren anbetraf, so vermochten sie der anspruchsvollen Konkurrenz schwerlich gerecht zu werden, Brecht ein weiteres Mal ausgenommen. Der Dichter der *Courage* und des *Kreidekreises* wurde eine Reihe von Jahren gezielt boykottiert, seine verspätete Rezeption wirft indirekt ein Licht auf die mentalen Verdrängungsprozesse im politischen Leben in der Adenauer- und Erhardzeit, die auch auf das Theater abfärbte. Umso wichtiger war der Schweizer Max Frisch, der unbefangener als Brecht kritische Fragen stellen konnte. Nach der Uraufführung von *Andorra* übernahmen 25 deutschsprachige Bühnen das Stück in ihr Programm. Von den Autoren der Zwischenkriegszeit gelang zunächst Zuckmayer die Rückkehr auf das bundesdeutsche Theater, der Zuspruch, den er fand, war dem von Frisch und Dürrenmatt vergleichbar.

Eine Brücke zur Weimarer Republik schlugen auch zurückgekehrte Regisseure, Fritz Kortner, Erwin Piscator, Berthold Viertel. »Da ich die besten Mannesjahre im Exil verbracht hatte, muss ich diese meine Spätjahre zu meinen besten machen. Und siehe da, es geht!«, schrieb der siebenundsechzigjährige Kortner in seinem Erinnerungsbuch *Aller Tage Abend* (1959). Als Schauspieler fand er höchste Anerkennung, auch seine Inszenierungen wurden zumeist gelobt, aber insgesamt schieden sich an dem Eigenwilligen die Geister. Er war ein kompromissloser Künstler und unbequemer Kollege, als Verfasser von Erinnerungen nicht unbedingt zuverlässig, aber dergleichen, spottete Friedrich Torberg, »versteht sich. Schließlich schreibt man ja keine Selbstbiografie um den anderen Recht zu geben« *(In sämtlichen Rollen: Fritz Kortner)*. Nach seinem Selbstverständnis war dieser Störenfried »ein Linker […], aber ein bürgerlicher, ein liberaler«, er sprach und schrieb konkret, unverhehlt politisch, mischte sich ein,

sogar mit eigenen Stücken und Bearbeitungen, beispielsweise mit einem Fernsehspiel nach der Komödie des Aristophanes *Die Sendung der Lysistrata* (1961), die alle Anstalten des ARD mit Ausnahme des Bayerischen Rundfunks ausstrahlten, er opponierte gegen die Wiederbewaffnung und Franz Joseph Strauß. Auch Piscator, »der als Provinzregisseur, immer vom Kommunismusverdacht verfolgt, eine Art zweite Emigration erlebte« (J. Berg), hatte zu kämpfen, führte ebenso wie Kortner zunächst nur als Gast Regie, bis er 1962 die Intendanz des Neuen Theaters der Freien Volksbühne Berlin erhielt und dort wesentlich dazu beitrug, das Dokumentartheater durchzusetzen, das in Hochhuth, Weiss und Kipphardt seine Autoren fand.

Werktreue. Beuys, das Pferd und Iphigenie

Kortner und Piscator verstanden sich nicht als Anwälte eines von der Stückvorlage emanzipierten Regietheaters, wie es später die Oberhand gewann, gleichwohl wirkten ihre Inszenierungen aktualisierend. Unverkennbar standen sie im Gegensatz zu einem Modell der Werktreue, wie es Gustav Gründgens vertrat und ein auf dessen Betreiben entstandenes *Düsseldorfer Manifest* (1952) eigens postulierte. Ausgegrenzt werden sollte die »willkürliche Interpretation der Dichtung durch ungerechtfertigte Experimente, die sich zwischen Werk und Zuhörer drängen«. Der Stern des großen Mimen strahlte heller denn je. Bei anderer Gelegenheit beschrieb Gründgens die Schauspieler damals als im Grunde unpolitische Menschen, die sich »zum großen Teil nie von dem Nationalsozialismus betroffen fühlten«. Daran mochte es wohl liegen, dass manche Inszenierungen und Interpretationen solchen der Hitlerzeit so verzweifelt ähnlich sahen, werktreu hatte man ja unter Göring schon inszeniert, alte und neue Praxis legitimierten sich wechselseitig. Dies bereits damals zu erkennen, bedurfte es allerdings einer gewissen Erfahrung. Dem Publikum begegnete eine Welt großer Kunst und überzeitlicher Werte, im Kampf mit ihr eine dunkle Gegenwelt, zu der mittlerweile unzweifelhaft der NS-Staat gehörte (so bestätigten es auch Kritiker, die diesen früher als Verteidiger der Ideale beschrieben hatten), aber nicht wenige Vokabeln waren so tauglich wie eh und je. Noch immer war »Europa« vom »Materialismus« bedroht, war, wie der Regisseur und Intendant der Recklinghauser Ruhr-Festspiele Karl Pempelfort 1951 den Spielplan erklärte, die Welt »voll dämonischer Triebkräfte, derer man sich mit Hilfe der Klassiker geistig erwehren« sollte. Zwei Jahre zuvor hatte Pempelfort die »von edelstem Menschentum beseelte ›Iphigenie‹« und den »von sakralem Geist durchwebten ›Lohengrin‹« gerühmt (*Vom Sinn der Ruhr-Festspiele*, 1949). 1935 hatte derselbe Mann für das *Königsberger Tageblatt*, anlässlich einer Aufführung von Shakespeares *Der Kaufmann von Venedig* ein Musterbeispiel antisemitischer Propaganda geliefert.

Ein historisch und künstlerisch so fragwürdiges Stück wie Hochhuths *Stellvertreter* schlug Anfang der Sechzigerjahre, für jedermann augenfällig, die Bresche. Die Politisierung der Spielpläne begann, folgerichtig begleitet von einem veränderten Regiestil, der sich die Erneuerung des Theaters zum Ziel gesetzt hatte. Die Vorgänge auf den Bühnen waren Teil eines gesamtgesellschaftlichen Prozesses, von ihm empfingen sie ihre Schubkraft, aber sie wirkten auch ihrerseits verstärkend. Nicht zuletzt waren sie geeignet, ein älteres Publikum zu alarmieren. Wer durch die Bundesrepublik reiste, konnte nicht das Gefühl haben, sich in einem revolutionär gestimmten Land zu befinden. Im Theater wurde man möglicherweise eines Besseren belehrt. Das Unerwartete geschah nicht nur auf der Bühne (bereits 1966 inszenierte Peter Zadek in Bremen Schillers *Räuber* im Pop-Art-Stil, 1969 agierte Joseph Beuys in einer Frankfurter Aufführung der *Iphigenie* neben einem Pferd), es kam auch von außen. Die Uraufführung eines Oratoriums von Hans Werner Henze (*Das Floß der Medusa*, U. Hamburg, 1968) musste abgebrochen werden, da der Chor sich weigerte, vor sozialistischen Studenten mit roten Fahnen zu singen, die auf Einladung des Komponisten gekommen waren. Peter Weiss' *Vietnam-Diskurs* (1968) war unverhüllte marxistische Agitation, kein Geringerer als Peter Stein hatte das Stück ins Szene gesetzt, nach der Aufführung riefen Studenten zu Spenden für den Vietkong auf.

In der weiteren Folge schlug das (bis dahin oftmals sehr abstrakte) politische Theater ins Sozialkritische um und überschritt so für das Bewusstsein vieler Zuschauer ein weiteres Mal einen Rubikon. Jedoch handelte es sich auch diesmal um keine grundsätzlich neue Thematik, sondern um Wiederaufnahme. Horváth und Marieluise Fleißer wurden ein zweites Mal entdeckt, Anwälte einer (zumeist sprachlosen) Klage, der sich das Gerechtigkeitsgefühl nicht verschließen konnte. In der Mitte der Siebzigerjahre wurde vorübergehend Kroetz zum meistgespielten Autor, die »Ingolstädter Schule« fand ein Publikum – und ermüdete es zuletzt. Als die Zeit der »alten« Bundesrepublik zur Neige ging, war die gesellschaftliche Unruhe schon längst wieder abgeklungen, der Name des eher melancholischen Botho Strauß stand auf den Theaterzetteln.

Carl Zuckmayer

Irrationale Mächte

Mit *Der Gesang im Feuerofen* (U. Göttingen, 1950) bezog sich CARL ZUCKMAYER auf einen Prozess vor dem Militärtribunal von Lyon. Er wählte dafür ein neues Verfahren. In der ursprünglichen Fassung erinnerte das Drama an ein Mysterienspiel.

Irdischer Schauplatz ist ein Ort in Savoyen, doch beginnt das Stück mit einem himmlischen Gericht, vor das der junge Louis Creveaux, Sohn eines deutschen Kriegsgefangenen aus dem Ersten Weltkrieg, gestellt wird. Er hat Widerstandskämpfer an die Gestapo verraten; seine Opfer erscheinen mit Aschenkreuzen auf der Stirn. Dennoch wird über die Schuld des Verräters auf der Bühne nicht entschieden, denn alle Beteiligten sind in der einen oder anderen Weise in die verhängnisvollen Vorgänge verstrickt.

Wie *Des Teufels General* war das Stück bei der Kritik umstritten. Der Publikumserfolg blieb hinter dem des zugkräftigen Fliegerdramas zurück. Den theatererfahrenen Autor konnte dies kaum überraschen; worum es ihm bei der Gestaltung von Zeitproblemen ging, waren Fragen des Gewissens. Er hat den *Gesang im Feuerofen* später einer straffenden Bearbeitung unterzogen. Wie auch in seinen folgenden Stücken erwies sich die Vermischung von Elementen des dokumentarischen Theaters mit Mitteln der Kolportage, die den privaten Konflikten vermehrte Wirkung zu vermitteln bestimmt waren, als Problem (*Das kalte Licht*, U. Hamburg, 1955; *Die Uhr schlägt eins*, U. Wien, 1961). *Das kalte Licht* knüpfte an das Schicksal des Atomphysikers Klaus Fuchs an.

Kristof Wolters, ein aus Deutschland emigrierter, hochbegabter Nachwuchsforscher der theoretischen Physik, begeht Verrat nicht aus Eigennutz oder aus politischem Fanatismus, sondern aus Opposition gegen den möglichen Missbrauch der Atomwaffen durch eine überlegene Macht. »Das Thema des Stückes«, sagt der Autor im Nachwort, »ist nicht die Spaltung des Atoms, sondern die Krise des Vertrauens. Weiter gespannt: die Denk- und Glaubenskrise der Gegenwart.«

REINHOLD SCHNEIDER behandelte religiöse Fragestellungen in seinen Dramen *Der große Verzicht* (1950); *Die Tarnkappe* (1951) und *Innozenz und Franziskus* (1952). Auch bei dem Balten BERNT VON HEISELER (1907 bis 1969) zeichnete sich die religiöse Motivation vermehrt ab, seinem *Cäsar* (Dr., 1941) ließ er, anknüpfend an ein Vorhaben Schillers, *Die Malteser* (Dr., 1957) folgen.

Auch von den Stücken damals jüngerer Autoren hat zunächst nichts überdauert. Am erfolgreichsten und in Übersetzungen auch im Ausland gespielt war KARL WITTLINGER (1922–1994), der nach Kriegsdienst, Gefangenschaft und seinem mit einer Shakespeare-Dissertation abgeschlossenem Anglistik-Studium (Theaterkenntnis hatte er auch als Leiter einer Studentenbühne erworben) Regisseur wurde und eine eigene kleine Theatergruppe begründete. *Kennen Sie die Milchstraße?* (U. Köln, 1956) ist ein Stück für zwei Personen, einen Heimkehrer mit falschen Papieren, der in die Irrenanstalt gekommen ist, und einen Arzt. Als Spiel im Spiel rekapitulieren die beiden die Stationen eines abenteuerlichen Schicksals. Die von Borchert exemplarisch vertretene Heimkehrerthematik bildet hier den Hintergrund für die Flucht eines einsamen Menschen in die Illusion. In der Folge kam Wittlinger dem Unterhaltungsbedürfnis weit entgegen. *Die Kinder des Schattens* (1957), *Zwei rechts, zwei links* (1960), *Zum Frühstück zwei Männer* (1963), ein Drei-Personen-Stück, *Seelenwanderung* (1964), in Umformung des gleichnamigen Fernsehspiels (1962) zusätzlich mit einem Conférencier als Kommentator ausgestattet, *Corinne und der Seebär* (1966) und *Scheibenschießen* (1968) sind leichte Komödien und Tragikomödien, die den Einfluss Anouilhs und die durch ihn modisch gewordenen theatralischen Mittel erkennen lassen.

RICHARD HEY (1926–2004) begann mit einem Schauspiel *Revolutionäre* (U. Berlin, 1953) und behandelte dann in *Thymian und Drachentod* (U. Stuttgart, 1955) in allegorischer Verhüllung die deutsche Ost-West-Problematik. Der Held des Stückes, Jussam, flüchtet vor der Diktatur in das Land jenseits der Grenze, das die Freiheit repräsentiert, aber sich als kraftlos und starr, bigott und verlogen erweist und dem Suchenden

keine Zuflucht ist. In späteren Stücken behandelte Hey mit wechselndem Glück die Rolle der Medien und des Journalismus, die Konflikte von Außenseitern mit der modernen, vom Kommerz bestimmten Gesellschaft sowie Zukunftsprobleme (*Der Fisch mit dem goldenen Dolch*, U. Stuttgart, 1958; *Weh dem, der nicht lügt*, U. Hamburg, 1962, im Titel an Grillparzer erinnernd, wie *Kandid*, U. Ulm, 1972, an Voltaire; *Das Ende des friedlichen Lebens der Else Reber*, U. Wuppertal, 1977).

DIETER WALDMANN (1926–1971) brachte in seiner von Gustaf Gründgens erfolgreich inszenierten Komödie *Von Bergamo bis morgen früh* (U. Hamburg, 1960) die Figuren der Commedia dell'arte auf die Bühne zurück. Als ein besonders geschickter Vermittler historischer Stoffe, die er auch mit Problemen der Gegenwart zu verbinden wusste, die der »Bewältigung« harrten, der also sein Publikum zugleich belehrte und unterhielt, ohne es zu überfordern, erwies sich LEOPOLD AHLSEN (eigentlich Helmut Alzmann, 1927).

Geboren in München, wurde er 1944 Soldat, desertierte 1945, studierte nach Kriegsende Germanistik und Theaterwissenschaft, besuchte gleichzeitig die Deutsche Schauspielschule in München, wurde Schauspieler und Regisseur an süddeutschen Stadttheatern, Lektor des Bayerischen Rundfunks, 1960 freier Schriftsteller.

Ahlsen behandelte in *Pflicht zur Sünde* (U. 1952) die russische Revolution von 1905, in *Wolfszeit* (U. 1954) die Kollektivierung der Landwirtschaft unter Stalin, in *Philemon und Baucis* (U. 1956) das antike Idyllenmotiv, das Ovid in den *Metamorphosen*, Goethe im zweiten Teil seines *Faust* verwertet hat.

Der Mythos berichtet von dem Paar, dem von den Göttern als Dank für freundliche Aufnahme und Bewirtung der Wunsch erfüllt wird, gemeinsam sterben zu dürfen. Ahlsens Stück beschreibt das Schicksal eines alten Bauernehepaars in den Bergen Griechenlands, das während der Besatzungszeit im Zweiten Weltkrieg sowohl den Partisanen als auch verwundeten deutschen Soldaten Hilfe leistet. Ungewollt tragen die beiden dadurch zu Geiselerschießungen bei. Von den Partisanen werden sie schließlich zum Tode verurteilt.

Am Schicksal der Friedfertigen und Mitleidenden wird die Inhumanität des gerechten wie des ungerechten Krieges gezeigt – und zugleich das Gewissen des deutschen Publikums geschont, denn es sind nicht die deutschen Besatzungssoldaten, denen das Paar zum Opfer fällt. *Raskolnikoff* (U. 1960), nach Dostojewski, war ursprünglich bereits für das Fernsehen konzipiert, dem Ahlsen sich nunmehr zuwandte. In den Dramen

Sie werden sterben, Sire (U. 1964, als Hörspiel u. d. T. *Tod eines Königs*) und *Der arme Mann Luther* (U. 1967, als Hörspiel bereits 1965) gestaltete Ahlsen am Beispiel des Todes Ludwigs XI. von Frankreich und des Reformators Krisensituationen politischer und geistlicher Macht.

Satire und absurdes Theater

Zur Sinnkrise der Zeit gehörte das Interesse für das Absurde. Auf der Bühne dargeboten, war es für das Publikum im Parkett nicht ohne kulinarischen Aspekt. Auf den, der es Ernst nahm, wirkte es allerdings nachhaltig verstörend. WOLFGANG HILDESHEIMER bekannte gelegentlich, dass er ein Theaterstück, das nicht absurd sei, eigentlich nur als absurd empfinden könne. In *Der Drachenthron* (U. Düsseldorf, 1955, Neubearbeitung 1961 u. d. T. *Die Eroberung der Prinzessin Turandot*) hatte er den von ihm auch als Hörspiel ausgeführten berühmten Märchenstoff behandelt. Die erste Fassung zeigt die – in Schillers Bearbeitung des Stoffes sehr wohl ethisch motivierte – Prinzessin als kaltherzige Intrigantin, die aus ihren Rätseln ein einträgliches Geschäft macht. Der falsche Prinz, der sie besiegt, ein Intellektueller, verzichtet zugunsten seiner Freiheit auf den Drachenthron. So bleibt in unbefriedigender Weise alles beim Alten, abgesehen von unbestimmten Hoffnungen, die man an sein künftiges Tun knüpfen mag. In der zweiten Fassung ist die Prinzessin zunächst nur Opfer der Geschehnisse, aber sie und der Prinz werden ein Paar, das, mittels vorgeschobener Figuren, das Volk geschickt zu lenken weiß. Kein wie immer gearteter Sinn bleibt siegreich, aber wie in jeder guten Satire enthält die Darstellung des Sinnwidrigen indirekt einen Appell an den Rezipienten. Der Zuschauer wird freilich auf keine einfache Probe gestellt.

Hildesheimers folgende, zum absurden Theater tendierenden Ein- und Zweiakter *Pastorale oder Die Zeit für Kakao* (U. 1958), *Die Uhren* (U. 1959), *Landschaft mit Figuren* (U. München, 1959) und *Der schiefe Turm von Pisa* (U. Celle, 1959) fanden wenig Anklang, später befreundeten sich Kritik und Publikum jedoch zunehmend mit seinem unverwechselbaren Ton. Im hohen Maße ironisch ist die Bezeichnung *Pastorale* für ein Stück, das sich an Unnatur und bösen Einfällen nicht genug tun kann. *Die Verspätung* (U. Düsseldorf, 1961) spielt in dem fast schon entvölkerten, im Abbruch befindlichen Dorf Dohlenmoos, in dem unvermutet ein vermeintlicher Paläontologe erscheint und von seiner fabelhaften Entdeckung, dem »Guricht«, der »Krone des Vogelreichs«, und seinen wissenschaftlichen Kontroversen berichtet. Er rät den wenigen verbliebenen Dorfbewohnern, Dohlenmoos zu verlassen, damit der Vogel bei seiner Ankunft nicht gestört werde. Später erscheint dieser tatsächlich, aber er sieht anders aus als erwartet, und die Welt des falschen Professors bricht zusammen. *Nachtstück* (U. Düsseldorf, 1963) ist schon vom tiefen Pessimismus der Romanprosa bestimmt, der Hildesheimer sich nun vorzugsweise zuwandte.

GÜNTER GRASS begann als Dramatiker mit absurdgrotesken Theaterstücken (*Hochwasser*, U. Frankfurt/ M., 1957; *Onkel, Onkel*, U. Köln, 1958; *Noch zehn Minuten bis Buffalo*, U. Bochum, 1959; *Beritten hin und zurück*, U. Hamburg, 1959; *Die bösen Köche*, U. Berlin, 1961).

In *Die bösen Köche* geht es um eine nicht besonders gut schmeckende Suppe, deren Besonderheit eine geheimnisvolle Asche bildet, mit der ein Graf und Amateurkoch sie würzt. Ein Kollektiv von fünf Köchen jagt nach dem unbekannten Rezept, einer von ihnen überlässt dem Grafen als Gegengabe seine Freundin Martha. Die Vereinbarung scheitert, der Graf hatte das Rezept nur im Kopf, und im liebesseligen Zusammenleben mit Martha hat er es, weil nunmehr überflüssig, vergessen. Als die Köche kommen, begehen Martha und er aus Scham über das gebrochene Versprechen Selbstmord.

Dokumentarische Zeitstücke

Schon 1926 hat HERBERT IHERING (1888–1977), von 1918–1933 Feuilletonchef beim liberalen *Berliner Börsen-Courier*, auch Dramaturg und Regisseur, anlässlich einer Piscator-Aufführung vom »dokumentarischen Zeitstück« geschrieben. Aber erst nach dem Zweiten Weltkrieg, mit den Stücken von Kipphardt, Hochhuth und Weiss, war diesem Genre in Deutschland eine breite Wirkung beschieden.

HEINAR KIPPHARDT wurde in der Bundesrepublik, in der er seit 1959 wieder lebte, vor allem durch das Dokumentarstück *In der Sache J. Robert Oppenheimer* (U. München, 1964) bekannt: Entwickelt aus dem Protokoll über die Verhandlung des Sicherheitsausschusses der amerikanischen Regierung gegen den bekannten Atomphysiker, fragt es nach der Mitverantwortung der Wissenschaftler – in diesem Fall des »Vaters der Atombombe« – an der Anwendung ihrer Forschungsergebnisse durch die Politiker. Daneben beschäftigte sich das Schauspiel *Der Hund des Generals* (U. München, 1962; auch Fernsehspiel und Hörspiel) mit der westdeutschen Nachkriegsszene. Politisches Theater machte Kipphardt auch mit seinem *Joel Brand. Die Geschichte eines Geschäfts* (U. München, 1965; zuerst als Fernsehspiel), das eine grausige Episode aus der Zeit der Judenverfolgung darstellt.

In der Sache J. Robert Oppenheimer. Regie: Erwin Piscator
Gerhard Schinschke, Günter Tabor, Elmar Schulte, Peter Capell, P. W. Jacob und Dieter Borsche, Freie Volkbühne Berlin, 1964

Es geht um den von der SS 1944 geplanten Tausch von einer Million Juden gegen zehntausend Lastwagen. Vorausleistungen, Lieferbedingungen und -fristen sowie die Zusicherung, dass die gelieferten Autos nur an der Ostfront eingesetzt werden, gehören zu den Einzelheiten des Angebots, mit dem zwei Emissäre nach Istanbul entsandt werden, während die Deportation der Opfer nach Auschwitz vierzehn Tage unterbrochen wird. Die Erpressung kommt nicht zustande, die westlichen Verhandlungspartner gehen auf das Angebot nicht ein.

Joel Brand war weniger ein Dokumentarstück als ein historisches Schauspiel, aber es stützte sich auf authentisches Material. Ein Trend zum Dokumentarischen, im Sinne der Verwendung von Zeugnissen, die tatsächlich Geschehenes festhalten, kennzeichnete auch künftig Kipphardts Schaffen. Er verfasste eine Neubearbeitung von J. M. R. Lenz' *Die Soldaten* (U. Düsseldorf, 1968) und aus Anlass der hundertsten Wiederkehr der Schlacht bei Sedan eine *Sedanfeier. Montage aus Materialien des 70er Krieges* (U. München, 1970). Ein Jahr später endete Kipphardts Wirken als Chefdramaturg an den Münchner Kammerspielen. »Es gab da eine bestimmte Arbeitskrise nach dieser Zeit der Hoffnung auf politische Veränderungen in unserm Land, in der ich, wie viele andere, eine politische Praxis suchte, die über die schriftstellerische Arbeit hinausging« (Interview 1976). Es dauerte ein Jahrzehnt, bis wieder ein Theaterstück von ihm die Bühnen erreich-

te, *März, ein Künstlerleben* (U. Düsseldorf, 1980), die dramatische Version eines von ihm wiederholt behandelten Stoffes. *Das Leben des schizophrenen Dichters Alexander März* (1975) lautete der Titel des Fernsehspiels, *März* (1976) der des Romans. Kipphardt, vom Studium her selbst Mediziner, hat authentisches Material verwendet, Psychiaterberichte, Gesetzblätter, Statistiken, Gedichte eines Kranken. Beschrieben wird das Scheitern eines Heilungsversuches, nach einem anfänglichen Erfolg erweist sich das etablierte System der Psychiatrie als stärker als die Bemühung eines einzelnen Arztes, die Isolation des Patienten zu durchbrechen. Mitangeklagt ist eine kranke Gesellschaft.
Postum erschien das Schauspiel *Bruder Eichmann* (U. München, 1983), dessen Titel auf Thomas Manns Aufsatz *Bruder Hitler* (1939) anspielt. Das Stück handelt im ersten Teil im Untersuchungs-, im zweiten im Strafgefängnis, wo der zum Tode Verurteilte auf seine Hinrichtung wartet. 21 Analogieszenen unterbrechen das Schauspiel von Eichmanns Ende. Sie zeigen die als fortbestehend beschriebenen Bedingungen, aus denen sein Verhalten hervorging.

Rolf Hochhuth (1931)
Geboren in Eschwege (Nordhessen), absolvierte der Sohn eines Schuhfabrikanten eine Buchhändlerlehre, arbeitete an einem autobiografischen Roman, der Fragment und unveröffentlicht blieb *(Victoriastraße Nr. 4)*, wurde Lektor beim Bertelsmann-Lesering, machte sich in dieser Funk-

tion um die Wiederentdeckung des Werkes von Otto Flake verdient, besorgte Werkausgaben und Erzählanthologien. Seit 1963 als freier Schriftsteller in Riehen bei Basel ansässig; dort Förderung durch Karl Jaspers und Walter Muschg.

Hochhuth hat mit seinem ersten zur Aufführung gelangten Drama *Der Stellvertreter* (U. Berlin, 1963, in zweiter Fassung 1967 mit dem Untertitel »Ein christliches Trauerspiel«) Theatergeschichte geschrieben, die Inszenierung Erwin Piscators trug dazu bei, dass die Auseinandersetzung darüber sogleich mit voller Heftigkeit einsetzte. Bei der Titelfigur handelt es sich um Pius XII., einen damals weit über Konfessionsgrenzen hinweg respektierten Papst. Seine an die Gestalten El Grecos gemahnende, aristokratische Erscheinung stellte für viele Zeitgenossen etwas wie das Idealbild eines römischen Pontifex dar, als den »pastor angelicus« wies die (unechte) Malachias-Prophetie ihn aus. Ausgerechnet dieser Papst sollte, wie Hochhuth ihn anklagt, durch sein Schweigen über Hitlers Massenmord an den Juden dem Anspruch seines Amtes nicht gerecht geworden sein. Ein unbekannter Jesuitenpater, nicht der Papst, wird zum Zeugen der Wahrheit und nimmt freiwillig den Tod im Vernichtungslager Auschwitz auf sich. Der Erregung war groß, der Streit um die historische Rolle Pius' XII. hat bis in die Gegenwart nicht geendet. Hochhuths zweites Drama *Die Soldaten. Nekrolog auf Genf* (U. Berlin, 1967) handelt ebenfalls während des Zweiten Weltkriegs. Im Mittelpunkt steht der britische Premierminister Winston Churchill, der in der Auseinandersetzung um das Verhältnis von Macht und Moral noch deutlicher versagt als der Papst (Entscheidung über den Luftangriff auf Dresden; Mitschuld am Tod des polnischen Generals Sikorski). Hochhuth zögert nicht einen Augenblick, den vielschichtigen historischen Prozess auf das verantwortliche Handeln seiner Protagonisten zurückzuführen. In dem großen Gespräch zwischen dem Papst und dem Pater scheint Schillers Geschichtsdrama wieder aufzuerstehen. In *Soldaten* ist dem Gespräch zwischen Churchill und dem Bischof von Chichester die Aufgabe übertragen, Hochhuths Axiom von der auch in der Gegenwart weiter bestehenden Rolle der großen Einzelnen darzustellen. Auf der Fragwürdigkeit dieser Annahme gründen die stärksten Zweifel an der historischen Signifikanz des Gezeigten.

Mit beiden Stücken ist Hochhuth international bekannt geworden. Von einem der Wirkung angemessenen künstlerischen Rang kann kaum die Rede sein, dagegen ist die zeitgeschichtliche Bedeutung groß: *Der Stellvertreter* setzte ein dokumentarisches Theater durch, das mit dem Anspruch auftrat, Geschichte in der Auffassung und im Urteil des Dichters auf der Bühne sichtbar zu machen. Ein Prozess wurde in Gang gesetzt, dem sich die Betroffenen nicht entziehen konnten und der, ungeachtet aller Missverständnisse, die er schuf, nicht ohne Auswirkungen auf sie blieb. Beide Stücke beruhten auf ausgedehnten, aber nicht eben unparteiischen Quellenstudien. Für die Buchausgaben zog Hochhuth weiteres historisches Material heran. Die Stoffe waren spannungsgeladen; die Gestalten, die er in den Mittelpunkt stellte, genossen in der Öffentlichkeit legendäres Ansehen. Hochhuths Anschuldigungen zielten auf das Zentrum ihrer historischen Aufgabe und, über die Personen hinaus, auf die Prinzipien, die sie vertraten.

Die folgenden Stücke waren geeignet, die Vorbehalte gegenüber Hochhuths Vorgehensweise zu verstärken. Was er bot, war Kolportage, leider fehlte es ihm dabei völlig an Selbstironie. Aber er hatte weiterhin internationalen Erfolg. Das Drama *Guerillas* (U. Stuttgart, 1970) propagierte eine Revolution von oben, den Staatsstreich eines amerikanischen Senators für soziale Gerechtigkeit, der tragisch scheitert, *Die Hebamme* (U. gleichzeitig in Zürich und an fünf weiteren Bühnen, 1972) ist ein nicht minder gut gemeintes soziales Rührstück. Die Hebamme, Oberschwester Sophie, gibt sich als Witwe eines von Hitlers Feldmarschällen aus und finanziert mit der Pension den Umzug von Slumbewohnern einer westdeutschen Großstadt in eine eigentlich für Angehörige der Bundeswehr bestimmte Siedlung. *Lysistrate und die Nato* (U. Essen und Wien, 1974) empfiehlt den auf Aristophanes zurückgehenden kollektiven Ehestreik als unverändert aktuelle Waffe der Frauen, um die Einrichtung eines Flottenstützpunktes zu verhindern. *Tod eines Jägers* (U. Salzburg, 1977), ein Monodrama um Hemingway, vergegenwärtigt dessen gesellschafts- und selbstkritische Reflexionen unmittelbar vor dem Suizid, *Juristen* (U. gleichzeitig in Göttingen Hamburg und Heidelberg, 1980) behandelt den Fall des über seine Vergangenheit als Marinerichter gestürzten baden-württembergischen Ministerpräsidenten Filbinger, *Ärztinnen* (U. Mannheim, 1980) die Korruption im Gesundheitswesen, *Judith* (U. Glasgow, 1984) die Problematik des politischen Attentats, *Sommer 1914, Ein Totentanz* (U. Wien, 1990) in 13 Szenen die Verstrickungen führender Politiker am Vorabend des Ersten Weltkrieges. (→ S. 815)

Peter Weiss (1916–1982)

Der Sohn eines jüdischen Textilfabrikanten österreichisch-ungarischer Herkunft – mit tschechischem Pass – und einer Schauspielerin wurde in Nowawes (heute Potsdam-Babelsberg) geboren, wuchs in Berlin und Bremen auf, emigrierte 1934 mit den Eltern zunächst nach London, 1936 nach Warnsdorf in Nordböhmen. Im folgenden Jahr begann er gegen den Wunsch der Eltern an der Prager Kunstakade-

Plakat zur Verfilmung des *Marat/Sade* durch Peter Brook,
Großbritannien, 1966

mie das Studium der Malerei. Bei dem von ihm verehrten
Hermann Hesse, den er wiederholt im Tessin aufsucht, findet er Hilfe in seinem Bestreben, Künstler zu werden. 1938
weitere Emigration über die Schweiz nach Schweden, wo er
im von seinem Vater geleiteten Textilbetrieb arbeitet. 1944
erste Eheschließung mit einer schwedischen Malerin, seit
1945 schwedischer Staatsbürger, 1947 als Reporter einer
schwedischen Zeitung in Deutschland, sucht er sich immer
wieder als Maler, Autor, später auch als Regisseur avantgardistischer und sozialkritischer Filme selbstständig zu machen, bleibt aber bis zu seinem *Marat*-Drama erfolglos.
Später ausgedehnte Reisen u. a. nach Vietnam. Gestorben
in Stockholm. 1982 Büchner-Preis (postum).

Weiss debütierte als deutschsprachiger Autor mit 44
Jahren, frühe Arbeiten wurden erst spät publik, so ein
an Strindberg gemahnendes Stück *Die Versicherung*
(e. 1952, U. Essen, 1971). Sein Drama *Die Verfolgung und
Ermordung Jean Paul Marats dargestellt durch die Schauspielgruppe des Hospizes zu Charenton unter Anleitung
des Herrn de Sade* (U. Berlin, 1964; revidierte Fassung
1965, verfilmt 1966), das ein Welterfolg wurde, handelt
auf der historischen Ebene (Ermordung Marats) 1793,
auf der Spielebene (Darstellung in Charenton) 1808.

Schauplatz ist der zu einem Theater umfunktionierte Bade-
saal der Heilanstalt, Marat und de Sade äußern sich in Rede
und Gegenrede vor Mitspielern und Zuhörern, die von den
Irren und Kriminellen des Hospizes verkörpert werden.
Der politisch motivierte Mann der Tat und der skeptische
Intellektuelle verstehen sich nicht. Charlotte Corday, eine
neue Judith, wird den von einem Hautleiden gequälten Revolutionär in der Badewanne töten, aber vorher wird ihm
der Mann gezeigt, der die Revolution beenden wird. Napo-

leon erscheint zunächst mit dem Rücken zum Publikum,
als er sich umwendet, ist es der Tod. Der ideologische Disput zwischen den beiden Kontrahenten endet in der Erstfassung des Stücks unentschieden, die unerlässlichen Kürzungen machen den Regisseur zum Interpreten. Weiss hat
im Zusammenhang der Rostocker Inszenierung geäußert,
dass er das Prinzip Marats, des Mannes der politischen Tat,
als das überlegene ansähe, er hat das Drama in der revidierten Fassung als »marxistisches Stück« betrachtet. Es ist
gleicherweise entfesseltes oder Totaltheater, das viele Formen miteinbezieht – von der Reflexion, von Gesang und
Pantomime, Rede und Widerrede bis zur Einzel- und Mas-
senszene.

Die Ermittlung. Oratorium in 11 Gesängen (U. gleichzeitig in Berlin und in verschiedenen anderen Städten,
1965) ist ein Dokumentarspiel über den Auschwitz-
Prozess von statischem Charakter, wie bereits die Bezeichnung »Oratorium« betont. Das Stück zieht seine
erschütternde Wirkung aus Inhalt und Sprache der
Dokumente, die durch kein theatralisches Mittel und
durch keine Rhetorik übertroffen werden könnte. Die
Einteilung in 33 Abschnitte – wie bereits im *Marat*-
Drama und später in *Der neue Prozeß* – erinnert an die
gleiche Zahl von Gesängen über das Inferno beziehungsweise das Purgatorium in Dantes *Göttlicher
Komödie*. Die rhythmisierte Sprache nähert sich dem
Vers.

Weiss bejahte die Tendenz: Der *Gesang vom lusitanischen Popanz* (U. Stockholm, 1967) prangert den portugiesischen Kolonialismus in Angola an und bezeichnet eine weitere Station auf dem Weg einer totalen
Politisierung der Kunst, die als solche nur legitimiert
erscheint, wenn sie den Zielen eines kämpferischen
Sozialismus dient. Der *Diskurs über [...] Viet Nam*
(1968) – der vollständige Titel umfasst fünf Druck-
zeilen – bezeichnet den vorläufigen Endpunkt dieser
Entwicklung und arbeitet mit plakativen Mitteln. In
Trotzki im Exil (U. Düsseldorf, 1970), entstanden unter
dem Eindruck der gewaltsamen Beendigung des Prager Frühlings 1968, hat Weiss sich von der machtpoliti-
schen Praxis der Warschauer-Pakt-Staaten distanziert.
Dass man ihn daraufhin »ideologischer Sabotage«
zieh, enttäuschte ihn tief. *Hölderlin* (U. Stuttgart, 1971)
wurde wieder in Ost und West gespielt, mit seinen
mehr als gewagten historischen Konstruktionen hatte
Weiss aber seinerseits Empfindlichkeiten verletzt.

Das Stück zeigt Hölderlin im Tübinger Stift, wo die Ideen
der Französischen Revolution begierig aufgenommen werden, als Hauslehrer, der ihre Ideen zu propagieren sucht,
als Autor, der aus dem *Empedokles* vorliest und von Goethe
und Schiller zur Mäßigung ermahnt wird. Weiss' eigenwil-

ligste Erfindung ist der Besuch von Karl Marx im Turm in Tübingen, wo der Kranke wohnt. Der Revolutionär segnet den Dichter als seinen Vorläufer und zieht ihn an die Brust.

Das vom Autor wiederholt umgeformte Stück ist inspiriert von der Interpretation französischer Germanisten wie Pierre Bertaux, die eine jakobinische Grundhaltung Hölderlins erkannten, geht aber noch weit über diese umstrittene Auffassung hinaus und stieß daher besonders bei den Anhängern des überlieferten Hölderlin-Bildes auf Ablehnung. Weiss wandte sich nun stärker der Epik zu, doch entstand auf Anregung von Ingmar Bergman als Auftragsarbeit eines Theaters in Stockholm 1974 noch *Der Prozeß* (U. Bremen, 1975), ein »Stück in zwei Akten nach Franz Kafkas gleichnamigem Roman«, das allerdings in der Bundesrepublik erfolglos blieb. Die Neubearbeitung (*Der neue Prozeß*, U. Stockholm, 1982), die Weiss kurz vor seinem Tod abschloss, berechtigte noch stärker zu dem kritischen Vorbehalt, dass die Vielschichtigkeit des Kafka'schen Werkes einer verengenden Interpretation nach bekanntem Muster gewichen war.

Bereits während des Studiums in Prag hatte Weiss Kafkas Roman gelesen, in den ersten Jahren in Schweden sich erneut mit ihm beschäftigt. »In allen Büchern, die mir ihre Welt gezeigt hatten, dass ich mich darin wiedererkenne, hatte es noch Rückzugsmöglichkeiten gegeben, in eine Mystik, oder in den Begriff einer Schönheit, in ein Idyll, oder in eine Liebesillusion. In allen Büchern wurden mir Vorbehalte und Ausflüchte deutlich, die es in Kafkas Welt nicht mehr gab.« Eines von Weiss' frühen Stücken, *Wie dem Herrn Mockinpott das Leiden ausgetrieben wird* (e. 1963, U. Hannover, 1968), erinnert an die Weltbetrachtung Kafkas. Auch in einem Interview über *Die Ermittlung* kommt Weiss auf sein Verhältnis zu Kafka zu sprechen, auf seine »Sicht des subjektiven Alptraums«, die er nun durch eine »objektive Ansicht« zu ersetzen versucht habe. Seine Dramatisierung des Romans zeigt einerseits das Bemühen um eine denkbar große, auch sprachliche Nähe zum Original, er sprach sich entschieden gegen eine falsche Aktualisierung aus. Andererseits bekannte er sich zu einer marxistischen Deutung des Romans, dem er anlässlich der Neufassung seiner Bühnenadaption ein einschlägiges Handlungsmuster unterlegte. (→ S. 784)

Politisierung der Spielpläne

Stücke wie Weiss' *Hölderlin* und *Der Prozeß* waren charakteristisch für das aktuelle Interesse am Verhältnis des Dichters zur Gesellschaft. Es waren die Jahre der Studentenrevolte und ihrer auf Veränderung des Bestehenden zielenden Initiativen, die für eine zweckfreie Literatur so wenig Raum ließen wie für eine iso-

lierte Künstlerexistenz. Die kritische Prüfung des Vergangenen äußerte sich auch in Neuinterpretationen klassischer Werke: Peter Steins Bremer Inszenierung von Goethes *Torquato Tasso* 1969, die auch bei der Theaterbiennale in Venedig im selben Jahr und danach an vielen europäischen Bühnen gezeigt wurde, gewann epochale Bedeutung.

Das Bremer Theater hatte sich in den Sechzigerjahren unter dem Intendanten Kurt Hübner zu einer der führenden deutschen Bühnen entwickelt. Hübner verpflichtete avantgardistische Regisseure wie Peter Zadek und Rainer Werner Fassbinder zu (in der Stadt heftig umstrittenen) Neuinterpretationen. Stein berief er nach dessen Münchner Inszenierung von Weiss' *Vietnam-Diskurs*. In Bremen, wo er zunächst Schillers *Kabale und Liebe* inszenierte, fand er in Edith Clever, Bruno Ganz, Jutta Lampe und anderen auch für seinen *Tasso* hoch motivierte Darsteller, die ihm später nach Berlin an die Schaubühne am Halleschen Ufer folgten. Die Bremer Inszenierung steht somit am Beginn der Schaubühne, obwohl sie dort nicht produziert, allerdings später oft aufgeführt wurde. Sie zeigte den Dichter als angepassten Höfling, der mit seiner Spezialbegabung den Herrschenden hilft, das Elend der Welt erträglich zu machen. Regisseur und Schauspieler gingen von der Erfahrung aus, dass sie in der bürgerlichen Welt eine ähnliche Rolle zu spielen bestimmt waren wie Tasso im Feudalzeitalter. In Berlin fanden sie mit der Schaubühne ein aus dem Studententheater hervorgegangenes Privatunternehmen mit traditionell »linken« Spielplänen, ein Mitbestimmungsstatut sicherte vor allem den Schauspielern vermehrte Einflussmöglichkeiten. Mit Ibsens *Peer Gynt* und Kleists *Prinz Friedrich von Homburg* entstanden dort schon bald weitere viel beachtete Inszenierungen, allerdings kam Stein dem Ruf linker Kritiker nach politischer Aufklärung schon bald nicht mehr nach. Was das Publikum – darunter Theaterleute aus aller Welt – sah, war Kleists Traum vom Prinzen Homburg. Ein Höhepunkt des Programms wurden 1974 Gorkis *Sommergäste* in Bearbeitung von Stein und Botho Strauß. 1981 fand die Schaubühne ein neues Haus am Lehniner Platz, dort gingen 1984 – ein weiterer Höhepunkt – Tschechows *Drei Schwestern* in Szene.

SIEGFRIED LENZ veranschaulichte in *Zeit der Schuldlosen* (U. Hamburg, 1961) die Wirkung politischer Pressionen auf verschiedene Charaktere, JOSEPH BREITBACH in *Genosse Veygond* (U. Frankfurt/M., 1970) den Konflikt von Macht und Moral auf der Ebene der Parteipolitik. Der Stückeschreiber MARTIN WALSER blieb im Schatten des Erzählers, sah aber »manchmal einem Dramatiker schon zum Verwechseln ähnlich« (G. Hensel). Er behandelte in satirischer Form private Konflikte bis hin zum geplanten Mord (*Der Abstecher*, U. München, 1961; *Die Zimmerschlacht. Übungsstück für ein Ehepaar*, U. München, 1967), wandte sich schon bald auch Stoffen der NS-Vergangenheit zu und gelangte von da wie selbstverständlich zu Problemen der bundesrepublikanischen Gesellschaft (*Eiche und Angora. Eine deutsche Chronik*, U. Berlin, 1962; *Der Schwarze Schwan*, U. Stuttgart, 1964) und ihrer kapitalistischen Wirtschaftsform (*Überlebensgroß Herr Krott. Requiem für einen Unsterblichen*, U. Stuttgart, 1963; *Ein Kinderspiel*, U. Stuttgart, 1971; *Die Ohrfeige*, U. Darmstadt, 1986). Auch wenn Walser einem historischen Vorwurf folgte, ging es im tieferen Sinn um die Gegenwart. *Das Sauspiel. Szenen aus dem 16. Jahrhundert* (U. Hamburg, 1975) behandelt Klassenkonflikte im Nürnberg der Reformationszeit; *In Goethes Hand. Szenen aus dem 19. Jahrhundert* (U. Wien, 1982) das Schicksal Johann Peter Eckermanns, der sich redigierend und protokollierend bis an sein Lebensende unbezahlt für das Genie verbraucht, auf eine selbstständige Zukunft als Autor hoffend, die niemals kommt.

Von GÜNTER GRASS stammen zwei politische Zeitstücke, *Die Plebejer proben den Aufstand. Ein deutsches Trauerspiel* (U. Berlin, 1966) und *Davor* (U. Berlin, 1969).

Die Plebejer proben den Aufstand behandelt das Verhältnis des Dichters zur Wirklichkeit. Der nach dem Vorbild Brechts gezeichnete »Chef« wird, als er mit seinen Schauspielern den Volksaufstand für eine Aufführung von Shakespeares *Coriolan* probt, von einem realen Aufstand überrascht. Arbeiter dringen in das Theater ein. Der Chef schließt sich dem Aufstand nicht an, verwertet ihn aber ästhetisch für seine Theaterarbeit. »Die Massen wird man auseinandertreiben; / dies Material jedoch wird bleiben«, kommentiert er das Geschehene. Grass' Darstellung von Brechts Verhalten am 17. Juni 1953 entspricht nicht den Tatsachen, gegen entsprechende Kritik verteidigte er sich mit der Erklärung, er habe ihn nicht persönlich gemeint, sondern nur eine exemplarische Situation – ohne damit die Vorbehalte ganz ausräumen zu können, denn der Zuschauer fühlt sich durch biografische Züge fortgesetzt an Brecht erinnert. Die realistisch scheinende Darstellung hatte Fakten verwirrt, die noch der Zeitgeschichte angehörten und als solche bekannt waren. – *Davor* zeigt Anklänge an den Roman *örtlich betäubt*. Es geht um die richtige Form politischen Handelns, den Vorwurf bietet diesmal der Vietnam-Krieg. Als Protest gegen das amerikanische Vorgehen will der Schüler Scherbaum seinen Dackel auf dem Kurfürstendamm verbrennen, das wird die hundefreundlichen Passanten rühren, die der Tod eines Menschen längst kalt lässt. In dreizehn Bildern äußern sich verschiedene Personen – Scherbaums Lehrer, seine linke Freundin, sein Zahnarzt – für und wider das Vorhaben. Zuletzt siegt die Vernunft, Scherbaum lässt den Dackel leben, aber mehr als ein Austausch von Argumenten hat auf der Bühne nicht stattgefunden.

HEINRICH BÖLL übersetzte und bearbeitete zusammen mit seiner Frau Annemarie Böll Stücke des irischen Dramatikers Brendan Behan (1923–1964), der wegen seiner Verbindung zur verbotenen Untergrundgruppe IRA zu einer langjährigen Haftstrafe verurteilt worden war und aus seinem Erfahrungswissen heraus schrieb (*The Quare Fellow*, dt. Erstaufführung u. d. T. *Der Mann von morgen*, Berlin, 1959; *The Hostage*, dt. *Die Geisel*, U. Ulm, 1961; *The Big House*, dt. *Ein Gutshaus in Irland*, 1962). Bölls eigene Bühnenwerke verleugnen die Sympathie für das Absurde nicht (*Ein Schluck Erde*, U. Düsseldorf, 1961; *Aussatz*, U. Aachen, 1970). PETER RÜHMKORF verfasste *Lombard gibt den Letzten* (U. Dortmund, 1972) als »Parabel für den absterbenden« Mittelstand« dargestellt am Konkurrenzkampf zweier Gastwirte. In *Was heißt hier Volsinii? Bewegte Szenen aus dem klassischen Wirtschaftsleben* (U. Düsseldorf, 1973), *Die Handwerker kommen. Ein Familiendrama* (U. 1974) persiflieren das Absurde streifende Szenen die fortgesetzte Verschönerung eines Wohnzimmers mit einer Großmutter als Insassin.

MAX VON DER GRÜN bemühte sich in *Notstand oder Das Straßentheater kommt* (U. Recklinghausen, 1969) um die Erneuerung des Arbeitstheaters. ERIKA RUNGE, wie von der Grün Mitglied der »Gruppe 61« und Mitbegründerin des »Werkkreises Literatur der Arbeitswelt«, dramatisierte ihre *Bottroper Protokolle* u. d. T. *Zum Beispiel Bottrop*, 1971.

DIETER FORTE (1935) behandelte in seinem Erstling *Martin Luther* & *Thomas Münzer oder Die Einführung der Buchhaltung* (U. Basel, 1971) »die Verflechtungen von Kirchengeschichte, politischer Geschichte und Wirtschaftsgeschichte«. Das überaus lange Stück – ungekürzt neun Stunden Spieldauer – war provozierend gemeint, ein *Stellvertreter*-Drama für Protestanten: Es zeigt Luther als Werkzeug der Fürsten, die Reformation im Dienste des Frühkapitalismus. Ökonomisch begründet sind auch die Widersprüche und unvermittelten Gegensätze in Motivation und historischer Wirkung von Fortes Protagonisten in *Jean Henry Dunant oder Die Einführung der Zivilisation* (U. Darmstadt, 1978). Der Begründer des Roten Kreuzes ist im Zwiespalt zwischen seinem humanen Anliegen und den Interessen der Aktionäre. *Kaspar Hausers Tod* (U. Wiesbaden, 1979) malt das vormärzliche Deutschland, meint aber die Bundesrepublik – fast ein Lehrstück für verfehlte Aktualisierung. *Das Labyrinth der Träume oder Wie man den Kopf vom Körper trennt* (U. Basel, 1983) zeigt einen Sexualmörder, den »Vampir von Düsseldorf« Peter Kürten, und den potentiellen politischen Massenmörder Adolf Hitler. Kürten wird zur Hinrichtung geführt, Hitler lockt die ihm gläubig folgenden Massen ins Dritte Reich. Fortes Schuldspruch trifft Hitler, während er den Lustmörder als psychisch krank für unverantwortlich erklärt. Aber auch das Auftreten des demagogischen Politikers vermittelt den Anschein unabwendbarer Fatalität. (→ S. 820)

Tankred Dorst (1925)

Der in Oberlind bei Sonneberg (Thüringen) geborene Sohn eines Fabrikanten wurde 1942 Soldat, war Kriegsgefangener bis 1947, studierte nach dem Abitur 1950 zunächst in Bamberg, ab 1952 in München Germanistik, Kunstgeschichte, Theaterwissenschaft (ohne Abschluss). Arbeitete im Verlagswesen für Film und Funk, als Übersetzer aus dem Französischen (Molière, Diderot) und Englischen (O'Casey), als »Writer in Residence« am Oberlin College in Ohio sowie als freier Schriftsteller in München. 1986 wurde ihm die Grimm-Professur an der Gesamthochschule Kassel zugesprochen, 1990 erhielt er den Büchner-Preis.

Als Stückeschreiber arbeitete Dorst zuerst für das von Studenten betriebene Münchner Marionetten-Studio »Kleines Spiel«. Der Marionettenbühne verdankt er wesentliche Anregungen, die Aufmerksamkeit für die mit der Figur fest verbundene Rolle und deren mögliche Diskrepanz zur aktuellen Situation. Als er für die Menschenbühne zu schreiben begann, suchte er in diesem Sinne mit Mitteln eines ironisch-grotesken Realismus zeitkritisch zu wirken.

Der Einakter *Die Kurve* (U. Lübeck, 1960) hat zwei neben einer gefährlichen Straßenkurve idyllisch angesiedelte Brüder als Hauptfiguren. Der eine bestattet die Opfer, der andere repariert die Autos, auf ihr geheucheltes Mitleid ist Verlass. Gegen einen Umbau der Kurve wehren sie sich durch die Ermordung des zuständigen Beamten. *Freiheit für Clemens* (U. Bielefeld, 1960) wird es nicht mehr geben, denn mit dem Alltag im Gefängnis verbunden ist ein Mechanismus der Abrichtung, der ihn für ein anderes Leben untauglich macht. *Gesellschaft im Herbst* (U., Mannheim 1960) und *Die Mohrin* (U. Frankfurt / M., 1964, nach einer altfranzösischen Novelle) beschreiben den Automatismus von Illusionen: Man konkurriert darum, das alte Schloss der verschuldeten Gräfin zu erwerben, weil geschickt verbreitet wurde, in ihm läge ein Schatz vergraben, die Phantasie ist besetzt von der geträumten Nicolette, sodass für die reale keine Aufmerksamkeit übrig bleibt.

Toller. Szenen aus einer deutschen Revolution (Sch., U. Stuttgart, 1968) zeigt die Verwechslung von Politik und Spiel: Dem politisch engagierten Dichter gerät die Revolution zum expressionistischen Theaterstück. Dorst griff auf Tollers Darstellung der bayerischen Räterepublik zurück, die er psychologisch auslotete: »Das war dramatisch arrangiert, die revolutionären Vorgänge hatten sich in Theaterszenen verwandelt. Toller dramatisiert sich selbst.« Um den poesieverdächtigen Revolutionär gründlich zu überführen, setzte Dorst die Bruckner'sche Simultanbühne, das Stilmittel des expressionistischen Theaters, parodistisch ein. Aktuell war der Stoff gewiss, das Stück wurde zunächst als Dokumentarspiel missverstanden. *Eiszeit* (Sch., U. Bochum, 1973) beschreibt am Beispiel eines greisen norwegischen Dichters – verarbeitet sind Züge der Biografie von Knut Hamsun – den zum Scheitern verurteilten Versuch der »Bewältigung« von Vergangenheit. Für den alten Mann stellen sich die Zusammenhänge ganz anders dar als für die Untersuchungskommission, die seine Beziehungen zum Faschismus klären soll. Nur widerwillig stellt er sich der nachträglichen Auseinandersetzung, deren Sinn er nicht versteht. Auch *Goncourt oder Die Abschaffung des Todes* (zusammen mit HORST LAUBE, U. Frankfurt/M., 1977) behandelt das politische Dilemma des Intellektuellen. Es verwertet ein von Edmond de Goncourt während der deutschen Belagerung von Paris und der Tage der Commune verfasstes Tagebuch und zeigt den bürgerlichen Dichter als aufmerksamen, letztlich aber nur ästhetisch reagierenden Beobachter des Zeitgeschehens.

Zu einer zehnteilig geplanten multimedialen Chronik der eigenen Familie – die auch die Prosatexte bzw. Fernsehfilme *Dorothea Merz* (1976) und *Klaras Mutter* (1978) einschließt – gehören *Heinrich oder Die Schmerzen der Phantasie* (U. Düsseldorf, 1985), *Die Villa* (U. Stuttgart und Düsseldorf 1980) sowie die auch als Hörspiel gesendete Komödie *Auf dem Chimborazo* (U. Berlin, 1975).

Der Gymnasiast und Großbürgerssohn Heinrich Merz meldet sich, für Hitler begeistert, noch 1944 kriegsfreiwillig zur Marine und erlebt den Zusammenbruch. – Inmitten des gesellschaftlichen Umbruchs in der SBZ 1948 beginnt Heinrich zu schreiben, seinen Lebensunterhalt bestreitet er illegal. – Dorothea Merz, Heinrichs Mutter und Witwe, besteigt mit zwei Söhnen und zwei Begleiterinnen einen in der Nähe der Grenze zur DDR gelegenen Berg. Man lebt nun in der Bundesrepublik (die Familie ist enteignet), sie beabsichtigt, als Zeichen der Verbundenheit mit den Freunden in der thüringischen Heimat, auf dem Gipfel ein Feuer zu entzünden. Während des Aufstiegs kommt es zum Ausbruch unterdrückter Spannungen.

Merlin oder Das wüste Land (Dr., U. Düsseldorf, 1981), unter Mitarbeit von Ursula Ehler entstanden, erörtert die Künstlerproblematik unter dem Aspekt von Mythos und Geschichte.

»*Merlin* ist eine Geschichte aus unserer Welt: das Scheitern von Utopien«, hat Dorst sein Projekt beschrieben. Er hat Quellen von Chrétien de Troyes bis Richard Wagner, Mark Twain und Tolkien herangezogen, mischt sprachlich und stilistisch alle Stillagen, lässt Mark Twain an König Artus' Tafelrunde erscheinen und versetzt Golgatha als Bild des Grals auf einen begrünten Schuttberg in der modernen Großstadt. Das Stück, das auf der Bühne mindestens acht Stunden benötigt, bietet ein zeitloses Panorama des Weltgeschehens. Die Last der Geschichte, der Traditionen und Rollen, von der König Artus sich ebenso zu befreien wünscht wie der Zauberer Merlin, wird in der Mischung all dieser Elemente ironisch gebrochen. »Ich bin ein Künstler, was geht es mich an!«, erklärt Merlin. So endet dieses Stück von faustischem Zuschnitt zwar mit einem mörderischen Kampf der Heere von Vater und Sohn – Artus' und Mordreds –, aber aus dem Scheitern aller Utopien ergibt sich paradoxerweise ein Element von Hoffnung.

Es folgten, wieder zusammen mit Ursula Ehler, *Eisenhans. Ein Szenarium* (1983), *Ich, Feuerbach* (U. München, 1986), *Parzival. Ein Szenarium* (U. Hamburg, 1987), *Karlos. Ein Drama* (U. München, 1990). (→ S. 815)

Sozialkritische Dialektstücke

Zwischen dem Wiedererscheinen der Bühnenwerke Ödön von Horváths – manche gelangten nun erstmals zur Aufführung – auf Bühnen der Bundesrepublik in der zweiten Hälfte der Sechzigerjahre und der gewachsenen Aufmerksamkeit für die Probleme unterprivilegierter gesellschaftlicher Gruppen bestand eine Wechselwirkung. Die Horváth-Renaissance wurde zusätzlich angeregt durch die Forschungen zur Geschichte der Weimarer Republik und eine neue Wertschätzung des politischen Schriftstellers. Junge Autoren beriefen sich auf Horváth und das mit seinem Namen verbundene »neue Volksstück«, ungeachtet gewisser begrifflicher Unschärfen, die mit der inflationären Verwendung dieses Terminus verbunden waren. Wie seinerzeit bei Horváth sah die Kontrafaktur des Überlieferten – das Volksstück älterer Prägung suchte in erster Linie zu unterhalten, es wirkte komisch, ohne zu verletzen und förderte zuletzt die Illusion – seine Aufgabe in der *Des*illusionierung. Horváth zeigte verinnerlichte Herrschaft, die der Gewalt gar nicht mehr bedarf, Hilflosigkeit, die sich in Gewalt entlädt, Unfähigkeit zur eigenen Sprache, die ersetzt wird durch einen von den modernen Medien und von unverstandenen Autoritäten diktierten Jargon. Aber hier begannen bereits die Missverständnisse. Der Bildungsjargon, wie er ihn dingfest

machte, duldete keine Verwechslung mit den Eigentümlichkeiten des Dialekts. Horváths Figuren waren in sehr bestimmter Weise von den politischen und wirtschaftlichen Bedingungen ihrer Zeit geprägt und insofern von denen seiner Nachfolger gründlich verschieden. Gemeinsam war diesen mit Horváth dagegen – unfreiwilligerweise – »der notwendigerweise zum Scheitern bestimmte Versuch, Stücke für das Volk zu schreiben und Theater für das Volk [...] zu machen« (H. Motekat). Es waren Stücke *über* das Volk, das eigentlich gemeinte Publikum wandte sich von diesem Spiegelbild ab.

Neben Horváth galt auch MARIELUISE FLEISSER als Vorbild für die Generation der Kroetz, Fassbinder und Sperr. Sie erblickten die in der erneuten Wortmeldung der schon vergessen Geglaubten und in Neuaufführungen ihrer Stücke Anzeichen eines neuen, »kritischen« Realismus. Mit dem 1950 entstandenen, 1956 als Fernsehspiel gesendeten Volksstück *Der starke Stamm* (U. München, 1959) kehrte die Ingolstädterin auf die Bühne zurück. Sie zeigt sich engagiert, also nicht ohne Tendenz, aber der Stoff und seine Behandlung passen zusammen. Die überkommene bayerische Bauernkomödie wird mit Menschen der Gegenwart belebt, deformierten Kleinbürgern, die einig sind im Streben nach Geltung und Besitz.

Horváth und Marieluise Fleißer am nächsten stand MARTIN SPERR (1944–2002).

Der Sohn eines Lehrer-Ehepaares, geboren in Steinberg in Niederbayern, besuchte die Zwergschule in Wendelskirchen, ein katholisches Knabeninternat in Algasing und die Handelsschule in Landshut. Er wurde bekannt als Autor von Dramen, Jugendbüchern, Hör- und Fernsehspielen und war zeitweise als Regieassistent und als Schauspieler an verschiedenen Theatern tätig. Nach einer Gehirnverletzung und -operation verlor Sperr 1972 jahrelang das Gedächtnis und alle kreativen Fähigkeiten. Ab 1976 hauptsächlich als Schauspieler tätig, 1983 Ensemblemitglied des neu gegründeten Münchner Volkstheaters. Gestorben in Landshut.

Zu einer »bayerischen Trilogie« schloss er die Dramen *Jagdszenen aus Niederbayern* (U. Bremen, 1966), *Landshuter Erzählungen* (U. München, 1967) und *Münchner Freiheit* (U. Düsseldorf, 1971) zusammen, die in einem Dorf, einer Kleinstadt und in München spielen.

In drastischer, stilisierter Dialektsprache und mit nur scheinbar primitivem, berechnetem Realismus schildern die *Jagdszenen* ländliche Schicksale. Es geht um die Ablehnung andersartiger Einzelner durch eine Gruppe. Der Gejagte, ein halbwüchsiger Flüchtling aus dem Osten, mit durch einen Prozess bekannt gewordenen homosexuellen Neigungen, lässt sich, um dem Vorwurf der Abartigkeit zu entgehen, mit einer Magd ein; als sie ein Kind erwartet, tötet er sie. Er wird gestellt, im Dorf aber ist man zufrieden, wieder unter sich zu sein. – Die *Landshuter Erzählungen* beschreiben den Konkurrenzkampf zweier Bauunternehmer und wiederholen, pervertiert, das Romeo-und-Julia-Motiv. – *Münchner Freiheit*, verknüpft politische, wirtschaftliche und erotische Motive in gezielt provozierender Weise: Leben und Tod eines Brauereibesitzers, seiner geschäftstüchtigen Frau und seiner skrupellosen Tochter, die in einer Kommune mit einem radikalen Studenten lebt, dann aber den Liebhaber der Mutter heiratet.

Koralle Meier. Geschichte einer Privaten (U. Stuttgart, 1970) schildert die Manipulierbarkeit der Gefühle, die Abrichtung der Opfer zu Henkern an einem Stoff aus der NS-Zeit. Mit *Die Spitzeder* (U. Bonn, 1977), Umarbeitung eines bereits für ein Fernsehspiel verwandten historischen Stoffes, gelang Sperr nach seiner langen Erkrankung wieder ein Bühnen-Comeback. Es geht um eine betrügerische Geldverleiherin im Biedermeier.

RAINER WERNER FASSBINDER (1945–1982) erregte Aufmerksamkeit zuerst mit dem von ihm gegründeten Münchner »antitheater«. Auf diesen Beginn folgte eine vielseitige Tätigkeit als Filmautor und Dramatiker, Schauspieler und Regisseur. Dabei hat Fassbinder Effekte des Kinos und des Theaters verschmolzen. »Die Pioniere in Ingolstadt, das Kleinstadtsoziogramm der Marieluise Fleißer, sind das eine große Vorbild für Fassbinder – die Hollywood-Melodramen von Douglas Sirk das andere. Die kleinen Leute und das große Kino, der Hinterhof und Hollywood: Fassbinders Erfahrungswelten – und natürlich ist dies keine bloß willkürliche Komposition. Denn die großen Illusionen des Kinos sind Flucht- und Traumwelt für die kleinen Leute.« (B. Henrichs) *Katzelmacher* (U. München, 1968), Marieluise Fleißer gewidmet, stellt einen griechischen Gastarbeiter in den Mittelpunkt, der von einer Gruppe junger Arbeiter terrorisiert wird, *Blut am Halse der Katze* (U. Nürnberg, 1971) die Comic-Heldin Phoebe Zeitgeist, die die auf Tarnung abgestellte Redeweise der Menschen nicht erlernen kann und sich deshalb in Gestalt eines Vampirs an diesen rächt, *Bremer Freiheit* (U. Bremen, 1971) die Giftmischerin Gesche Gottfried, die, um sich zu emanzipieren, das Verbrechen und die damit verbundene Freiheit wählt, auf die der Titel des Stücks ironisch anspielt. Eine jahrelange Diskussion erregte die Szenenfolge *Der Müll, die Stadt und der Tod* (U. Frankfurt/M., 1985). Die Figur eines als Immobilienmakler tätigen »reichen Juden«, seine skrupellosen

Geschäfte und provozierende Selbstäußerungen schienen die schlimmsten antisemitischen Klischees zu bestätigen, zumal als Vorbild offensichtlich eine in der Öffentlichkeit bekannte Persönlichkeit gedient hatte. Der Suhrkamp-Verlag hatte den Erstdruck des Stückes nach dem Erscheinen 1976 zurückgezogen, die von Fassbinder für das von ihm geleitete Frankfurter »Theater am Turm« geplante Inszenierung unterblieb, die Aufführung 1985 wurde von der Frankfurter Jüdischen Gemeinde verhindert. Fassbinder hat nach diesem Stück, dem Motive von Gerhard Zwerenz' Roman *Die Erde ist unbewohnbar wie der Mond* zugrunde liegen, nichts mehr für die Bühne geschrieben und sich ganz dem Film zugewandt. (→ S. 752)

Franz Xaver Kroetz (1946)

Kroetz wurde als Sohn eines Finanzbeamten in München geboren, verlebte seine Kindheit in Simbach (Niederbayern). Mit 17 Jahren Schauspielschüler, zunächst in München, dann am Max-Reinhardt-Seminar in Wien. Danach wechselnde Berufe, schließlich freier Schriftsteller. Zugang zur Bühne fand Kroetz zuerst 1968 mit Bearbeitungen von Shakespeares *Julius Cäsar* und Gontscharows *Oblomow*. Er schrieb in rascher Folge mehr als 30 Stücke, führte auch selbst Regie; daneben Verfasser und Regisseur von Hör- und Fernsehspielen sowie des Romans *Der Mondscheinknecht* (1981).

Wie Horváth und Marieluise Fleißer geht es Kroetz vor allem um das Volksstück und das dieser Form inhärente Problem der Sprache, wobei er, über seine Vorbilder hinausgehend, weniger die Unzulänglichkeit als die Unfähigkeit zur Kommunikation in ihren heillosen Konsequenzen behandelt. Es gibt bei Kroetz Zirkelsätze, die das fehlende Vermögen, anderen und sich selbst über eine Situation Auskunft zu geben, beklemmend hörbar machen: »Ich geh weg von dir, Willy, weil ich dich verlasse.« (Martha in *Heimarbeit*) Gesten der Annäherung sind im Wortsinn zumeist körperlicher Natur, die irgendwann versagen. Kroetz stellt dar, dass Menschen, deren Ausdrucksmöglichkeiten unterbunden sind, asozial werden. Fast alle Figuren seiner Stücke gehören den untersten sozialen Schichten an, wobei er in ihren kriminellen Ausbrüchen den allgemeinen Zustand zu zeigen beabsichtigt.

In dem Stück *Wildwechsel* (U. Dortmund, 1971) – das Fassbinder 1973 für das Fernsehen verfilmte – provoziert der Vater die Rebellion der noch nicht volljährigen Tochter, die ihren Freund dazu aufwiegelt, ihren Vater zu erschießen, um endlich mit ihm zusammenleben zu können. Die beiden Einakter *Hartnäckig* und *Heimarbeit* (U. München, 1971) handeln von einem verkrüppelt von der Bundeswehr heimkehrenden jungen Mann, der Braut und Erbe verliert und von sozialem und familiärem Unglück als Unfallfolge, *Männersache* (U. Darmstadt, 1972) beschließt die trostlose Geschichte der Kuttlerin Martha und des Arbeiters Otto mit Mord. *Stallerhof* (U. Hamburg, 1972) und die Fortsetzung *Geisterbahn* (U. Wien, 1975) beschreiben die Geschichte einer debilen Bauerntochter, die eine Liebesbeziehung zu einem alternden Knecht eingeht, ein Kind empfängt und es schließlich in der Stadt, in die sie zieht, tötet. Auch *Lieber Fritz* (U. Darmstadt, 1975), die Posse *Dolomitenstadt Lienz* (U. Bochum, 1972) und *Oberösterreich* (U. Heidelberg, 1972) zeigen soziale Konflikte kleiner Leute in Verbindung mit erotischer Not. *Wunschkonzert* (U. Stuttgart, 1973) ist ein sprachloses Stück: Es stellt die stummen Vorbereitungen einer Selbstmörderin dar.

Ausdrücklich für politische Anlässe geschrieben waren nur zwei Stücke: *Globales Interesse* (U. München, 1972) und *Münchner Kindl* (U. München, 1973), eine »bayrische Ballade«, wie der Autor das Stück nannte, in dem es um Wohnungsspekulation und Mietwucher geht. Mit den Hebbel-Bearbeitungen *Maria Magdalena* (U. Heidelberg, 1973) und *Agnes Bernauer* (U. Leipzig, 1977) hat Kroetz sich zeitweise auch in einer »großen Form« versucht. – Von den Stücken der letzten Jahrzehnte seien genannt *Herzliche Grüße aus Grado* (U. Düsseldorf, 1976), *Reise ins Glück* (U. Zürich, 1976), *Sterntaler* (U. Braunschweig, 1977), *Mensch Meier* (U. Düsseldorf, 1978), *Jumbo-Track* (U. Tübingen, 1983), *Furcht und Hoffnung der BRD. Szenen aus dem deutschen Alltag des Jahres 1983* (U. Bochum, 1984), *Der Weihnachtstod. Ein bayerisches Requiem* (U. 1986), *Der Nusser* (U. München, 1986), *Heimat* (U. 1987), *Der Dichter als Schwein* (U. 1996). Kroetz zeigt Entfremdung und Verstümmelung der menschlichen Begegnung, das Ende ist Stumpfsinn; das Volksstück schlägt um in absurdes Theater.

HERBERT ACHTERNBUSCH schuf Theaterstücke und zahlreiche Filme, wobei er häufig Drehbuchautor, Regisseur und Hauptdarsteller in einem war.

Spätzeit des Theaters – die Achtzigerjahre

Wie immer man die Veränderung des Lebensgefühls und die sich anbahnende politische Tendenzwende in der Mitte der Siebzigerjahre beurteilen wird, dem Theater bekamen sie nicht. Für die Bundesrepublik gilt das noch stärker als für die DDR. Hätte es nicht Autoren von dort (Heiner Müller vor allem) und aus Österreich (Thomas Bernhard, Peter Handke) gegeben, der Spielplan der bundesrepublikanischen Bühnen wäre arm an sehenswerten deutschsprachigen Neuerscheinungen gewesen. Die Anstöße, die von den Stücken

der Nachkriegszeit und des dokumentarischen Theaters ausgegangen waren, hatten an Kraft verloren. Was die Bühne an Möglichkeiten bis hin zu Schock und Effekt um ihrer selbst willen bot, wurde genutzt, aber dahinter stand keine neue Idee, die aus der Gesellschaft kam und auf sie zurückwirkte, Utopieverlust bewahrt vor Täuschungen, Resignation und Melancholie verfeinern den Sinn für das Private, den dramatischen Atem stärken sie nicht. FRIEDERIKE ROTHS (1948) wiederholt variiertes Thema ist das Sterben und das unvermeidliche Scheitern der Liebe: zunächst in einer sehr lyrischen Sprache (*Klavierspiele,* U. Hamburg, 1981), handfester in *Der Ritt auf die Wartburg* (U. Stuttgart, 1982), Darstellung des Ausflugs von vier bundesdeutschen Frauen in die DDR und ihrer Begegnung mit vier NVA-Soldaten. *Krötenbrunnen* (U. Köln, 1984) versammelt Unbefriedigte der Kulturszene auf der Suche nach der Liebe zu einem an Schnitzler gemahnenden Reigen, *Die einzige Geschichte* (U. Bremen, 1985) bringt vier alte Männer und zwei Frauen auf die Bühne, die ihre Erfahrungen rekapitulieren, während im Nebenzimmer eine alte Frau stirbt – nicht rasch genug, wie es scheint, denn: »Kaum fängt man an, ihr die Fußsohlen zu salben für den letzten schweren Weg, wird sie kitzlig und zwinkert und blinzelt.« Neben einigen bereits seit längerem erfolgreichen Autoren wie Tankred Dorst war es vor allem Botho Strauß, der die Aufmerksamkeit auf sich zog.

Botho Strauß (1944)

Strauß wurde in Naumburg/Saale geboren, wuchs aber in Westdeutschland auf. Der Sohn eines Chemikers (Lebensmittelberaters) besuchte das Gymnasium in Remscheid und Bad Ems. Das Studium der Germanistik, Theaterwissenschaft und Soziologie in Köln und München (Plan einer Dissertation *Thomas Mann und das Theater*) brach er nach fünf Semestern ab. Er arbeitete 1967–70 für die Zeitschrift *Theater heute,* ab 1970 als Dramaturg an Peter Steins Berliner Schaubühne am Halleschen Tor. Lebt als freier Schriftsteller in Berlin. 1989 Büchner-Preis.

Strauß' literarische Anfänge fallen in die Jahre der Studentenbewegung, ihr Scheitern hat seine folgende Entwicklung bestimmt. Das politische Stichwort erlaubt allerdings nur eine erste Orientierung, den Facettenreichtum des Zeitgeists erfasst er nicht. Als Bestätigung von Strauß' großem Talent mag gelten, wie sehr er mit diesem Zeitgeist kommunizierte. Feinsinnig, skeptisch und nicht ohne Talent für die Attitüde, wusste er sein Publikum zu faszinieren und zu verwirren; Kritik und Interpretation spaltete er in zuweilen gegensätzliche Lager. Der Respekt vor seiner Begabung und sein Erfolg in In- und Ausland wurden dadurch nicht beeinträchtigt. Das Irrationale wartete nur darauf, wieder salonfähig zu werden, und Strauß, gewissermaßen ein bundesdeutscher Peter Handke, lieh ihm die Worte.

Für Peter Steins Aufsehen erregende Berliner Inszenierung von Ibsens *Peer Gynt*, 1971, bearbeitete er den Text. Die Reaktion auf sein erstes eigenes, im Amsterdam des Jahres 1901 spielendes Stück *Die Hypochonder* (U. Hamburg, 1972) schwankte noch zwischen halbem Interesse und Ablehnung. Aber die Vorherrschaft des »kritischen Realismus« auf den Bühnen begann abzubröckeln, Strauß' »sensibler Realismus« (H. Schödel) war demgegenüber noch unverbraucht. Die Schaubühnen-Bearbeitungen *Kleists Traum vom Prinzen Homburg* (1972) und *Sommergäste* (1975, nach Gorki, später auch erfolgreich verfilmt) machten ihn bekannt. Die Komödie *Bekannte Gesichter, gemischte Gefühle* (U. Stuttgart, 1975), die Satire auf den Kulturbetrieb *Trilogie des Wiedersehens* (U. Hamburg, 1977), die Szenenfolge *Groß und klein* (U. Berlin, 1978), die Dramen *Kalldewey, Farce* (U. Hamburg, 1982) und *Der Park* (U. Freiburg/Br., 1984, entstanden aus einer geplanten Bearbeitung von Shakespeares *Sommernachtstraum*), der Zweiakter *Die Fremdenführerin* (U. Berlin, 1986) bildeten Stufen für seinen Aufstieg als Theaterautor. Die Darstellung der Gesellschaft in der Bundesrepublik Deutschland während der Sechziger- und Siebzigerjahre in ihren mannigfachen Deformationen und Krisen wurde Strauß' bevorzugtes Thema. Von einer »Ästhetik des Verlustes« (H. Schödel) hat man im Hinblick auf sein Schaffen gesprochen. Neben Thomas Bernhard und Heiner Müller gewann Strauß, der jüngste dieser Trias, in den Achtzigerjahren dominierenden Einfluss auf die Spielpläne (*Sieben Türen. Bagatellen*, U. Wien, 1988; *Die Zeit und das Zimmer*, U. Berlin, 1989). (→ S. 789, 815)

Exkurs: Hörspiel

Das Hörspiel, das bereits aus der Zeit zwischen den beiden Weltkriegen in Deutschland bekannt ist, gewinnt in den Fünfzigerjahren durch eine verbesserte Technik an akustischen Ausdrucksmitteln. Das im engeren Sinn literarische Hörspiel spielt zwar für die Programmgestaltung insgesamt nur eine sekundäre Rolle, genießt aber hohe Wertschätzung. Hörspiele werden zu festen Wochenterminen und zu bester Abendzeit gesendet, erreichen Einschaltquoten in Millionenhöhe und erscheinen auch im Druck; so gab Gerhart Prager in Stuttgart seit 1950 ein jährlich erscheinendes Hörspielbuch heraus. Der Bedarf der Rundfunkanstalten liegt bei etwa 1000 Sendungen pro Jahr, darunter 120–300 Neuproduktionen, die an den zehn Hörspielstätten der Republik eingespielt werden.

Die neuen Wege für Produktion und Darbietung entheben die Autoren der Schwierigkeiten mit einer bestimmten Bühne und einem wie auch immer festgelegten Publikum und sichern ihnen einen großen Hörerkreis sowie noch unverbrauchte Gestaltungsmöglichkeiten. Der Hörspieldichter genießt alle Freiheiten eines Erzählers, kann mit Zeit und Raum nach seiner Absicht frei schalten, aber auch dramatische Spannung aufbauen. Die lyrische Sprechweise ist ihm ebenfalls gemäß. In den Fünfzigerjahren findet sich unter den Hörspielautoren eine Häufung lyrischer Talente (Günter Eich, Wolfgang Weyrauch, Marie Luise Kaschnitz, die Österreicherinnen Ingeborg Bachmann und Ilse Aichinger). Die in den Jahren des wirtschaftlichen Aufschwungs schon bald reichlich fließenden Mittel gestatten den Rundfunkanstalten eine mäzenatische Rolle, sie fördern alle Formen an den Funk gebundener Literatur und suchen die besten Kräfte dafür zu gewinnen.

Neben den Honoraren winken auch Preise: Den 1951 gestifteten, begehrten Hörspielpreis der Kriegsblinden erhält in diesem Jahr ERWIN WICKERT (1915–?) für *Darfst Du die Stunden rufen?*, 1952 GÜNTER EICH für *Die andere und ich*, 1953 HEINZ OSKAR WUTTIG für *Nachtstreife*, 1954 WOLFGANG HILDESHEIMER für *Prinzessin Turandot*, 1955 LEOPOLD AHLSEN für *Philemon und Baucis*, 1957 BENNO MEYER-WEHLACK für *Versuchung*, 1958 INGEBORG BACHMANN für *Der gute Gott von Manhattan*, 1959 FRANZ HIESEL für *Auf dem Maulwurfshügel*, 1960 DIETER WELLERSHOFF für *Der Minotaurus*, 1961 WOLFGANG WEYRAUCH für *Totentanz*, 1964 RICHARD HEY für *Nachtprogramm* (nach seinem Drama *Weh dem, der nicht lügt*), 1965 PETER HIRCHE, *Die seltsamste Liebesgeschichte der Welt*.

GÜNTER EICH wurde der unbestrittene Meister der neuen Form (*Die gekaufte Prüfung*, 1950; *Geh nicht nach El Kuwehd!*, 1950; *Sabeth*, 1951; *Träume*, 1951; *Blick auf Venedig*, 1952, Neufassung 1960; *Der Tiger Jussuf*, 1952; *Die Brandung von Setúbal*, 1957; *Man bittet zu läuten*, 1964). Das erste der

Botho Strauß

genannten Hörspiele hatte noch einen Gegenwartsstoff behandelt, danach wählte Eich ferner liegende Schauplätze und Handlungszusammenhänge. Mit Mitteln der Akustik blendete er von einer Szene und Ebene auf die andere über, wodurch die Grenzen zwischen Traum und Wirklichkeit fließend wurden. Seine Stücke machen den Hintergrund von Ereignissen und Gefühlen sichtbar, rufen zum Mitleiden auf und deuten die bedrohte Existenz des Menschen. Die Ursendung des Hörspiels *Träume* gilt vielfach als die eigentliche Geburtsstunde der Gattung, obwohl das, historisch betrachtet, nicht stimmt, das Hörspiel vielmehr bereits eine längere, teilweise verdrängte Geschichte hinter sich hatte, für die »Geburtsstunde« auch Borcherts *Draußen vor der Tür* in Anspruch genommen wurde (mit vermehrt zeitkritischer Akzentuierung), die Reaktion eines Teiles des Publikums negativ war (protestierende Anrufe setzten bereits während der Sendung ein), die Kritik sich überwiegend ablehnend äußerte und der 1951 erstmals verliehene Hörspielpreis der Kriegsblinden an dem Stück vorbeiging. Die öffentliche Meinung änderte sich jedoch schon bald; *Träume* wurde in den folgenden Jahrzehnten in unterschiedlichen Fassungen viele Male wiederholt. Auch das Erscheinen im Druck – dies gilt für das Hörspiel insgesamt – wurde wichtig für die Rezeption. (Der berühmte Satz: »Seid Sand, nicht Öl im Getriebe der Welt« findet sich erst in der Buchausgabe zwei Jahre nach der Ursendung.) Als beispielhaft für Eichs Hörspielwerk gilt *Die Mädchen aus Viterbo* (1953; Neufassung 1958). Die Handlung spielt auf zwei Ebenen. Ein Jude und seine Enkelin, die sich in einem Mietshaus in Berlin verborgen halten, erleben in der Phantasie das Schicksal einer Mädchenklasse aus Viterbo, die sich mit ihrem Lehrer in den Katakomben von Rom verirrt hat. Die beiden Juden hoffen, unentdeckt zu bleiben, die Mädchen, gefunden zu werden.

FRED VON HOERSCHELMANN (1901–1976; *Die verschlossene Tür*, 1952; *Das Schiff Esperanza*, 1953; *Der Palast der Armen*, 1956; *Der Käfig*, 1962) vertrat mit den mehr als ein Dutzend Arbeiten aus seiner Feder das Modell eines »realistischen Problemhörspiels« (H. Schwitzke, *Das Hörspiel*, 1963), in dem fatalistische Züge vorherrschen. *Die verschlossene Tür* handelt von einem deutsch-baltischen Baron, der als Entschädigung für seinen bei Reval verlorenen Besitz ein Gut erhalten hat, das einem jüdisch-polnischen Bankier gehört. Er versteckt und beschützt diesen vor den Nazis und später vor polnischen Partisanen. Humanes Handeln wendet sich nicht gegen die politisch Schuldigen, sondern gegen eine dunkle Schicksalsmacht, ein unerkennbares »ES«. Ähnlich in *Das Schiff Esperanza*: Der geldgierige Kapitän des Schiffes, das seinen Namen sehr zu Unrecht trägt, setzt die blinden Passagiere, die für die Überfahrt nach Amerika teuer bezahlt haben, auf Sandbänken aus, wo sie bei Flut ertrinken. Diesmal ist, was er nicht weiß, sein Sohn, der als Matrose auf der Esperanza angeheuert hat und nicht in die Fußstapfen des Vaters treten will, unter den Opfern. Der Passagier, mit dem er den Platz getauscht hat, preist unter dem sternklaren Nachthimmel die Wunder der Natur, während das kaltblütige Verbrechen und das Selbstopfer ihren Lauf nehmen.

Schein und Sein, Betrug und Selbstbetrug, mit denen er ironisch spielt und die er ins Absurde übersteigert, bilden die Thematik der Hörspiele von WOLFGANG HILDESHEIMER, deren Sujets er wiederholt seinen *Lieblosen Legenden* entnommen hat (*Das Ende kommt nie*, 1952; *Begegnung im Balkanexpreß*, 1953; *An den Ufern der Plotinitza*, 1954; *Das Atelierfest*, 1955; *Das Opfer Helena*, 1955; *Die Bartschedel-Idee*, 1957; *Pastorale oder Die Zeit für Kakao*, 1958; *Landschaft mit Figuren*, 1958). Einige Themenkomplexe haben Hildesheimer immer wieder beschäftigt: So existieren zwei Hörspielfassungen der von ihm auch dramatisch behandelten *Prinzessin Turandot* (1954). PETER HACKS hatte bereits vor seiner Übersiedlung in die DDR mit Hörspielen debütiert (*Der gestohlene Ton*, 1953; *Das Fell der Zeit*, 1954). Wesentliche Anregungen verdankt das Hörspiel auch WOLFGANG WEYRAUCH (1904–1980, *Die Minute des Negers*, 1954; *Die japanischen Fischer*, 1955), in dem Martin Walser den »radikalsten« der ihm bekannten Autoren sah, und PETER HIRCHE (1923; *Die seltsamste Liebesgeschichte der Welt*, 1953; *Nähe des Todes*, 1958).

WOLFDIETRICH SCHNURRES frühe Hörspiele sind gesammelt in den Bänden *Die Gläsernen* (1963) und *Spreezimmer möbliert* (1967), weitere kamen bis 1985 zur Aufführung. Eine größere Anzahl von Hörspielen schrieb auch MARTIN WALSER (*Die Dummen*, 1952; *Nero lässt grüßen*, 1986; dazwischen noch 20 weitere Titel). Vom Problem der Lebensform des Künstlers handelt LEOPOLD AHLSENS *Denkzettel* (1971) über Carl Michael Bellmann, einen schwedischen Dichter des 18. Jahrhunderts. Mehrere der Bühnenwerke Ahlsens liegen in Fassungen für Funk und Fernsehen vor, er ist vor allem durch sie bekannt geworden.

Hörspiele schrieben ferner ALFRED ANDERSCH (*Biologie und Tennis*, 1950; *Strahlen der Melancholie*, 1953; *Der Albino*, 1960; *Russisches Roulette*, 1961; *Tochter* 1969); WALTER JENS (*Ein Mann verläßt seine Frau*, 1951; *Der Besuch des Fremden* 1952; *Ahasver*, 1956, über die Odyssee eines jüdischen Arztes, beginnend 1933); HEINRICH BÖLL (*Existenz in Gott und in der Armut. Léon Bloy*, 1952; *Der Heilige und der Räuber oder die Reise nach Beguna*, 1953; *Zum Tee bei Dr. Borsig*, 1955; *Eugenie Grandet*, 1958; *Klopfzeichen*, 1960); SIEGFRIED LENZ (*Das schönste Fest der Welt*, 1953; *Die Muschel öffnet sich langsam*, 1956; *Haussuchung*, 1963); GÜNTER GRASS (*Zweiunddreißig Zähne*, 1959; *Noch zehn Minuten bis Buffalo*, 1962; *Eine öffentliche Diskussion*, 1963; *Die Plebejer proben den Aufstand*, 1966; *Hochwasser*, 1977); DIETER WELLERSHOFF (*Am ungenauen Ort*, 1960; *Das Schreien der Katze im Sack*, 1970); WOLFDIETRICH SCHNURRE (*Die Gläsernen*, 1960); TANKRED DORST, *Große Schmährede an der Mauer*, 1963; *Korbes*, 1987; *Die wahre Geschichte des Infanten Karlos*, 1990); GABRIELE WOHMANN (*Komm donnerstags*, 1964; *Der Nachtigall fällt auch nichts Neues ein*, 1977; *Glücklicher Vorgang*, 1985); PETER RÜHMKORF (*Im Sperrmüll*, 1974).

In den Fünfzigerjahren behauptete sich das literarische Hörspiel auf einer wie mühelos erreichten künstlerischen Höhe, dann wurde es technisch und formal durch das so genannte »Neue Hörspiel«, politisch durch die »Neue Linke«, in Frage gestellt, die es pauschal als reaktionär brandmarkte.

Besondere Bedeutung für die Entwicklung des »Neuen Hörspiels« gewannen FRANZ MON (*wer ist dran*, 1962; *bringen um zu kommen*, 1970; *das gras wies wächst*, 1969; *blaiberg funeral*, 1970; *ich bin der ich bin die*, 1971; *pinco pallino in verletzlicher umwelt*, 1972; *da du der bist*, 1973; *lachst du wie ein hund*, 1985; *Montagnacht. Für Stimmen und Flöte*, 1987); WOLF WONDRATSCHEK (*Freiheit oder ça ne sait rien*, 1967; *Zufälle*, 1969; *Paul oder die Zerstörung eines Hörbeispiels*, 1969; *Zustände und Zusammenhänge*, zusammen mit PETER M. LADIGES, 1970; *Einsame Leichen*, 1970); HELMUT HEISSENBÜTTEL (*Max unmittelbar vorm Einschlafen*, 1970; *Was wollen wir überhaupt senden?*, 1970; *Marlowes Ende*, 1971); URSULA KRECHEL (*Die Entfernung der Wünsche am hellen Tage*, 1977; *Der Kunst in die Arme geworfen*, 1982; *Stadtluft und Liebe*, 1988) und ERIKA RUNGE (*Die merkwürdigen Abenteuer einer zuverlässigen und keineswegs aufsässigen Chefsekretärin*, 1979).

Von den arrivierten Autoren war es vor allem MARTIN WALSER (*Ohne einander*, 1993; *Kaschmir in Parching oder Chronisch deutsch*, 1995), der sich auch am Ende des Jahrhunderts noch immer zum Hörspiel bekannte, doch verlor es als eigenständige Kunstform zunehmend an Gewicht. Wenn populäre Hochliteraturautoren in den Neunzigerjahren noch Hörspiele präsentierten, dann waren das keine reinen und eigens für das Medium geschriebenen Radiogeschichten mehr, sondern zunehmend, ja fast ausschließlich adaptierte Romane oder Theaterstücke. Das Hörspiel entwickelte sich zu einem Element (und manchmal auch nur Etikett) einer abgestimmten multimedialen Verwertung: Buch, Film, Bühne, Hörspiel, CD – auch wenn die Verwertungskette nicht immer alle Medien einbezog.

Der Bayerische Rundfunk griff auf expressionistische Autoren wie CARL EINSTEIN, WALTER SERNER (1889–1942) und vor allem RICHARD HUELSENBECK zurück. Unveröffentlichte autobiografische Fragmente von Huelsenbeck wurden von Herbert Kapfer und Regina Moths zu einem Pop-Hörspiel geformt (*Dr. Huelsenbecks mentale Heilmethode*, 1992), seine Novelle *Verwandlungen* (1918) von Ulrich Gerhardt bearbeitet (U. 1992). Aber auch der fast vergessene ERNST KREUDER erlebte eine Radio-Renaissance, sein biografischer Bericht *Vorgänge der unbegreiflichen, ununterbrochenen Gegenwart oder Warum hat er zuviel Bier getrunken* (1954) wurde für den Funk eingerichtet. Von modernen deutschen Autoren wurde besonders W. G. SEBALD für das Hörspiel entdeckt (*Max Aurach*, 1994; *Aurachs Mutter*, 1995). Hörspiele wurden inzwischen nicht mehr nur in Rundfunkanstalten produziert; Dank der digitalen Technik konnten sie auch im heimischen Studio hergestellt werden, eine Möglichkeit, die sich Autoren im zunehmenden Maße zunutze machten.

Exkurs: Film und Fernsehspiel

Der bundesdeutsche Film der Fünfzigerjahre suchte neue Wege nur höchst selten. Begründet lag dies zunächst in der weitgehenden personellen Identität seiner Drehbuchautoren, Regisseure und Schauspieler mit denen des UFA-Films der NS-Zeit. Literaturverfilmungen spielten eine wichtige Rolle, denn der Bedarf an Stoffen war groß, von künstle-

rischen Wagnissen konnte jedoch kaum je die Rede sein, zumal die Adaptionen häufig mit Rücksicht auf berühmte Darsteller erfolgten (»der Star ist das Drehbuch«). Bezeichnenderweise ist kaum ein bedeutender deutscher Gegenwartsautor bei diesen Verfilmungen berücksichtigt worden. Ausnahmen waren Thomas Mann und Carl Zuckmayer. Verfilmt wurden in erster Linie gefällige Werke der Unterhaltungsliteratur, oftmals auch gefeierte Inszenierungen älterer Bühnenwerke und Romane (Goethe, Grillparzer, Raimund, Hauptmann, Storm, Fontane). Biederkeit und Gegenwartsferne kennzeichneten besonders das geläufige Genre des Heimatfilms, der auch auf Autoren des poetischen Realismus und Naturalismus zurückgriff und die mitunter bereits reichlich obsoleten Vorlagen noch weiter sentimentalisierte (Anzengruber, Ebner-Eschenbach, Ganghofer, Löns, Rosegger, Sudermann). Die Filme ließen keinen Versuch zu erneuter Aneignung oder kritischer Auseinandersetzung aus der Sicht einer veränderten Zeit, sondern eine mehr oder weniger konventionell aufgearbeitete Vergangenheit erkennen. Indem sie sich an aktuellen Problemen eher uninteressiert zeigten oder sie nach überlieferten Klischees behandelten, wirkten diese vermeintlich politikfernen Filme durchaus politisch. Von Werken der neueren deutschen Literatur sind es eher die Verfasser trivialer Romane wie Hans Hellmut Kirst mit seinen *08/15*–Kriegsfilmen, die das Publikum anlockten. Alfred Andersch hat 1961 die Schriftsteller für die Mittelmäßigkeit des damaligen deutschen Films verantwortlich gemacht: »Die Misere [...] ist nicht, wie ein weit verbreiteter Irrtum vorgibt, auf die Unbildung und Profitgier der Produzenten zurückzuführen, sondern auf die vollständige Interesselosigkeit der deutschen Literatur am Film. Der deutsche Dichter geht nicht ins Kino.« (*Das Kino der Autoren*)

Vorwiegend zu einem Autorenfilm wird der junge deutsche Film, der sich von der französischen »Nouvelle Vague« und dem Experimentalfilm anregen lässt; in dem von Herbert Vesely nach Heinrich Bölls Roman gedrehten Streifen *Das Brot der frühen Jahre* (1961) findet er seinen ersten Vertreter. 1962 tritt die »Oberhausener Gruppe« – junge Kurzfilmregisseure – mit dem *Manifest Oberhausen* an die Öffentlichkeit, in dem sie den konventionellen deutschen Film, dessen Niveau in den zurückliegenden Jahren immer weiter abgeglitten ist, kritisieren und die stärkere Berücksichtigung von Gegenwartsproblemen fordern. Idee und Gestaltung eines neuen Films liegen fortan oft in einer Hand, 1965 kommt *Es* von Ulrich Schamoni in die Kinos, *Der junge Törleß* (nach Musil) von Volker Schlöndorff und *Nicht versöhnt* von Jean-Marie Straub nach Bölls Roman *Billard um halb zehn*.

Der Filmpionier ALEXANDER KLUGE (1932), 2003 mit dem Büchner-Preis ausgezeichnet, war Sprecher der Oberhausener Cineasten-Gruppe und Leiter des Instituts für Filmgestaltung an der Hochschule für Gestaltung in Ulm, gleicherweise ein avantgardistischer Erzähler und Romancier. Er sammelte, als es ihm noch an Möglichkeiten zum Filmen fehlte, erfundene und reale *Lebensläufe* (1962; erweitert 1974) aus den Jahren nach 1933, in *Schlachtbeschreibung*

(1964, später u. d. T. *Der Untergang der sechsten Armee*) dokumentierte und beschrieb er die Katastrophe von Stalingrad, weiterhin *Lernprozesse mit tödlichem Ausgang* (1973), und *Neue Geschichten. Unheimlichkeit der Zeit* (1977). Wie niemand anders verkörperte er die neue Verbindung von Literat und Filmemacher, die der Hinwendung des Publikums zu den optischen Medien Rechnung trug und dem Film neues psychologisches und gesellschaftskritisches Gewicht gab. Mit *Abschied von gestern* (1966), einer Episode aus *Lebensläufe*, hatte Kluge zuerst Erfolg. Sein zweiter Film *Die Artisten in der Zirkuskuppel: ratlos* (1968), der die damalige Situation der deutschen Jungfilmer reflektiert, erhielt beim Filmfestival in Venedig den Goldenen Löwen. Er drehte weiterhin *Der große Verhau* (1970), *Willi Tobler und der Untergang der 6. Flotte* (1971), *Gelegenheitsarbeit einer Sklavin* (1973), *In Gefahr und größter Not bringt der Mittelweg den Tod* (1974), *Der starke Ferdinand* (1976) und *Die Patriotin* (1979). Zusammen mit anderen Filmemachern, u. a. Volker Schlöndorff und Rainer Werner Fassbinder, drehte er *Deutschland im Herbst* (1978), mit Volker Schlöndorff *Der Kandidat* (1980), ein Film über F. J. Strauß, mit E. Reitz einen *Biermann-Film* (1982), ferner *Der Angriff der Gegenwart auf die übrige Zeit* (1985), um nur eine Auswahl zu nennen.

Indessen gibt es auch Beispiele einer engen Zusammenarbeit zwischen Schriftstellern und Regisseuren: So macht GÜNTER HERBURGER (1932) mit Peter Lilienthal die Fernsehfilme *Der Beginn* (1966) – Anfang des Berufslebens – und *Abschied* (1966), mit Volker Vogeler *Das Bild* (1967), mit Johannes Schaaf den Spielfilm *Tätowierung* (1967). MARTIN WALSER arbeitete an Filmdrehbüchern, die er allein oder mit anderen verfasste. Nicht selten hat er eigene Stoffe wieder aufgenommen, so existiert etwa die Novelle *Ein fliehendes Pferd* jeweils in einer Hörspiel-, Fernsehfilm- und Bühnenfassung.

RAINER WERNER FASSBINDER, als Cineast ein Allround-Talent, produzierte sowohl Spielfilme (*Liebe ist kälter als der Tod, Katzelmacher, Götter der Pest*, sämtlich 1969) als auch Fernsehspiele (der Fünfteiler *Acht Stunden sind kein Tag*, 1972, verbindet das Genre der Familienserie mit gesellschaftskritischen Inhalten) und anspruchsvolle Literaturverfilmungen, die sich oftmals weit von der Vorlage entfernen und radikal seinem eigenen Welt- und Kunstverständnis folgen (*Zum Beispiel Ingolstadt*, 1968, nach Marieluise Fleißers *Pioniere in Ingolstadt*; *Theodor Fontane: Effi Briest – oder Viele, die eine Ahnung haben von ihren Möglichkeiten und ihren Bedürfnissen und trotzdem das herrschende System in ihrem Kopf akzeptieren durch ihre Taten und es somit festigen und durchaus bestätigen* (1974), *Berlin Alexanderplatz*, 1980, TV-Serie, nach Döblin).

Noch auf andere bedeutende Literaturverfilmungen ist hinzuweisen, so auf die Arbeiten von HARALD BRAUN (1901–1960), *Königliche Hoheit* (1953, nach Thomas Mann), HELMUT KÄUTNER (1908–1980), *Des Teufels General* (1955) und *Der Hauptmann von Köpenick* (1956) nach Zuckmayer, VOLKER SCHLÖNDORFF (1939), *Der junge Törleß* (1966, nach Musil), *Die verlorene Ehre der Katharina Blum* (1975, nach Böll), *Die Blechtrommel* (1979, nach Grass), ISTVÁN

SZABO (1938), *Mephisto* (1980, nach Klaus Mann), BERNHARD WICKI (1919–2000), *Das falsche Gewicht* (1978) und *Das Spinnennetz* (1989) nach Joseph Roth.

HERBERT ACHTERNBUSCH produzierte alljährlich neue Filme (*Übernachtung in Tirol*, 1973; *Jeder für sich und Gott gegen alle*, 1974; *Das Andechser Gefühl*, 1975; *Die Atlantikschwimmer*, 1976; *Herz aus Glas*, 1976; *Bierkampf*, 1977; *Servus Bayern*, 1978; *Der junge Mönch*, 1978; *Der Komantsche*, 1979; *Der Neger Erwin*, 1981; *Das letzte Loch*, 1981; *Der Depp*, 1982; *Die Olympiasiegerin*, 1982; *Das Gespenst*, 1983, als blasphemisch heftig umstritten; *Rita Ritter*, 1984; *Wanderkrebs*, 1984; *Blaue Blumen*, 1985; *Die Föhnforscher*, 1985; *Heil Hitler!*, 1986; *Punch Drunk*, 1987; *Wohin?*, 1988).

Mit dem Fernsehen kam das Fernsehspiel und die Verfilmung von Literatur für ein Millionenpublikum. Literaturadaptionen spielten für das neue Medium von Anfang an eine wesentliche Rolle, für die zunächst vorherrschende Live-Produktion (das jeweilige Stück wurde, anders als im Film, von Anfang bis Ende gespielt und direkt gesendet) wurde besonders auf die Theaterliteratur zurückgegriffen, von deutschen Autoren kamen häufig die Klassiker und Dramatiker der Jahrhundertwende zum Zuge; Frisch, Dürrenmatt, Zuckmayer sowie Vertreter der »Inneren Emigration« mit Stücken religiöser Thematik, Brecht erst ab 1957. Auch epische Werke wurden eingespielt, darunter die ersten Mehrteiler (Josef Martin Bauer, *Soweit die Füße tragen*, 1959; Hans Scholz, *Am grünen Strand der Spree* und Wolfgang Leonhard, *Die Revolution entlässt ihre Kinder*, 1962). Die kritische Gegenwartsdarstellung gewinnt namentlich durch Egon Monk in den frühen Sechzigerjahren an Boden, *Wilhelmsburger Freitag* (1964), Darstellung des Alltags eines jungen Arbeiterehepaars, weist auf die Dokumentationen Erika Runges und anderer voraus.

HORST LOMMER schuf in Verbindung mit dem Regisseur Peter Beauvais ab 1962 in jährlicher Folge Fernsehfilme, die die Wirtschaftswunderzeit komödiantisch ins Bild setzten und den Weg ebneten für das anspruchsvolle literarische Fernsehspiel namhafter Autoren. KARL WITTLINGERS *Seelenwanderung* (1962) und *Nachruf auf Egon Müller* (1966) spiegeln und ironisieren ebenfalls das »Wirtschaftswunder«. Später bearbeitete Wittlinger für das Fernsehen auch populäre Romane, bis hin zu Eugenie Marlitt (*Das Geheimnis der alten Mamsell*, 1972; *Im Hause des Kommerzienrats*, 1974 u. a.).

LEOPOLD AHLSEN schrieb Fernsehspiele auch nach Werken anderer Autoren (so 1961 *Sansibar* nach Andersch, 1963 *Kleider machen Leute* nach Gottfried Keller, 1965 *Der Ruepp* nach Thoma, 1968 *Berliner Antigone* nach Hochhuth, 1969 *Langeweile* nach Gorki, 1970 *Sterben* nach Schnitzler, 1977 *Die Dämonen* nach Dostojewski), ähnlich – nach seinem Übertritt in die Bundesrepublik – MANFRED BIELER (*Einladung zur Enthauptung*, nach Nabokov, 1973; *Väter und Söhne*, nach Turgenjew, 1976; *Oblomows Liebe*, nach Gontscharow, 1977; *Am Südhang*, nach Keyserling, 1980; *Ein Held unserer Zeit*, nach Lermontow, 1980 u. a.). ERIKA RUNGE verfasste Fernsehspiele und gesellschaftspolitisch engagierte Dokumentarfilme, vorzugsweise über Probleme der Arbeitswelt (*Warum ist Frau B. glücklich?*, 1968; *Ich heiße*

Erwin und bin 17 Jahre, 1970; *Ich bin Bürger der DDR*, 1973; *Michael oder die Schwierigkeiten mit dem Glück*, 1975 u. a.), GABRIELE WOHMANN analysiert seelische Zustände, gelegentlich auch mit parodistischen Mitteln (*Die Gäste*, Hsp., 1965; *Das Rendez-vous*, Fsp., 1965; *Kurerfolg*, Hsp., 1974). »Wohmanns Hör- und Fernsehspiele sind dramatische Dichtungen, ihrer Prosa kongenial.« (F. Lennartz) Auch Filmdrehbücher gehen auf sie zurück (*Entziehung*, 1973; *Nachkommenschaften*, 1977).

Von nun an wurde die plötzliche erneute Aktualität eines Buches nicht selten durch das Fernsehprogramm bestimmt. Werke der Weltliteratur von eher esoterischem Anspruch wie Fontanes *Der Stechlin* (1975, Regie Rolf Hädrich) wurden in Fortsetzungen an mehreren aufeinander folgenden Abenden gesendet. Zunehmend bürgerte sich die »Mehrfachverwertung« von Stoffen ein, literarische Texte unterschiedlicher Provenienz dienten als Vorlage für Bearbeitungen in den Studios der Funk- und Fernsehanstalten (und umgekehrt).

WALTER JENS' anspruchsvolle Fernsehspiele spiegeln die Welt seiner literarischen Neigungen und seines Denkens. *Der tödliche Schlag* (1975) behandelt an einem antiken Beispiel das Verhältnis des Intellektuellen zur Macht, *Der Teufel lebt nicht mehr, mein Herr! Ein Totengespräch zwischen Lessing und Heine* (1979) vermittelt zwischen Theologie und Literatur, die Bearbeitung von Fontanes *Frau Jenny Treibel* (1982) verwertet in reizvoller Weise Elemente der Thomas Mann'schen *Buddenbrooks*. So macht Jens die Hamburger Familie Munk zur Besitzerin einer traditionsreichen Überseehandelsfirma, die aber durch eine dem Gauner Grünlich in den *Buddenbrooks* ähnlichen Figur wirtschaftlich geschwächt ist. Das gibt der Berliner Kommerzienrätin im entscheidenden Moment das Übergewicht.

Für das Fernsehspiel als die wichtigste fiktionale Form des Fernsehens bildete die Vereinigung der beiden deutschen Staaten ein Thema von beherrschender Aktualität, dem es sich zunächst auch engagiert zuwendete. Der Höhepunkt des Interesses war jedoch bereits 1992 erreicht, als die mit der überraschenden »Wende« verbundenen Probleme ins Blickfeld traten und an die Stelle der anfänglichen Euphorie Enttäuschung und erster Überdruss traten. Da mit der Einführung des Dualen Systems auch das Fernsehspiel den Druck der Quotenorientierung zu spüren bekam, verlor das Ost-West-Thema für die Programmdirektoren in der Folge rasch an Relevanz. In der Zeit der politischen Teilung hatten bei seiner Behandlung im Westfernsehen private Schicksale im Vordergrund gestanden, während auf östlicher Seite der gesellschaftliche Prozess vor dem individuellen Glücksanspruch dominierte. Soweit es die Wahl hatte, gab das Publikum im Allgemeinen den westdeutschen Kreationen, die als lebensnäher erschienen, den Vorzug.

ULRICH PLENZDORF schrieb die Drehbücher zu bemerkenswerten Verfilmungen: *Der Verdacht* (1991, nach Volker Brauns *Unvollendete Geschichte*), *Der Trinker* (1995, nach Fallada), *Der Laden* (1998, nach Erwin Strittmatter), *4 Tage im Mai* (2001, nach Johnsons *Reifeprüfung*), ferner 13 Folgen *Liebling Kreuzberg* (1994, als Fortsetzung der von JUREK BECKER begonnenen TV-Serie).

Lyrik

Nach 1945 sahen sich die Lyriker einem Dilemma gegenüber, das ihre Kunst als die persönlichste unter allen dichterischen Sprechweisen besonders betraf: Unrecht und Leiden der jüngsten Vergangenheit mahnten, zugleich aber schien es unmöglich, für das Geschehene Worte zu finden. Für gemordete Angehörige und Freunde, für besondere Begegnungen mochte das möglich sein; aber der organisierte, millionenfache Völkermord entzog sich der literarischen Gestaltung. Was den Opfern geschehen war, konnten allenfalls Betroffene artikulieren, die überlebt hatten oder denen zu sprechen noch Zeit geblieben war – die Paul Celan, Nelly Sachs, Elisabeth Langgässer, Rose Ausländer, Gertrud Kolmar. Welche Worte, die nicht eitel oder nach Selbstrechtfertigung klangen, blieben den anderen, die das Geschehene aus mehr oder weniger großer Nähe miterlebt, die mehr oder weniger informiert, hilflos (oder nur mutlos?) geschwiegen hatten.

Mit Postulaten, wie sie Theodor W. Adorno in dieser Situation »nach Auschwitz« exemplarisch gegen das Schreiben von Gedichten aufstellte (*Kulturkritik und Gesellschaft*, 1949), hielt das Leben sich nicht lange auf. Gedichte entstanden in großer Zahl, es waren Gedichte *nach* Auschwitz, allerdings merkte man es ihnen oft nicht an. Zuweilen fehlte es aus alter oder neuer Ahnungslosigkeit schlicht an Reflexion, zuweilen regierte Verdrängung oder ein harter Ästhetizismus, der beiseite schob, was nicht gestaltbar war, beziehungsweise nur indirekt gestaltet werden konnte. Nicht minder unterschiedlich war die mögliche Reaktion der Rezipienten, waren die auf Grund ihrer Erfahrungen mit Gedichten unterschiedlichen Erwartungen. Die folgenden Jahrzehnte sollten lehren, dass nicht zuletzt die Verfasser dieser fragwürdigen Wortgebilde unter ihnen ganz Unvergleichbares verstanden, nämlich: das vollkommene Kunstwerk oder »Kleinigkeiten«.

Kleinigkeiten würde ich sagen, Gedichte macht man nebenher. Man lässt ab und zu ein wenig Dampf ab, schreibt ein paar Linien, die nicht wie üblich von einem Rand zum andern reichen, über ein Thema, zu dem einem nicht mehr einfällt. Wer Verstopfung hat, nimmt Abführpillen, wer glaubt, eine Idee zu haben und Zeit sparen will, der macht ein Gedicht. (G. Herburger, *Dogmatisches über Gedichte*, 1967)

Stereotypen und Wandlungen des Naturgedichts

Überzeugender als die religiöse Zeitdichtung, deren Wirkung an die Jahre des Zusammenbruchs gebunden blieb, behauptete sich das Naturgedicht, das in seinen künstlerischen Mitteln ungleich stärker durchgebildet war. Ursprünglichkeit und Verknappung des Ausdrucks bildeten seinen nicht weiter aufschließbaren Kern. ELISABETH LANGGÄSSERS *Metamorphosen* (1951 postum) blieben Fragment. Bei Wilhelm Lehmann, der für eine ganze Richtung stand, sind die antiken Traditionen der Naturlyrik deutlich erkennbar. GÜNTER EICH, der einstige Autor der *Kolonne*, schöpfte aus solcher Zugehörigkeit zumindest die Distanz, die seinen Versen den sicheren, unpathetischen Ton gab (*Botschaften des Regens*, 1955; *Zu den Akten*, 1964; *Anlässe und Steingärten*, 1966). Seine Themen bewegen sich zwischen Sachlichkeit und Vision. Alltagserfahrungen (stofflich, wenn man will, bereits ein Vorklang auf das später propagierte »Alltagsgedicht«), wie sie Trümmerplatz und Landstraße, Schutthalde und Garten bieten, werden mit gegenständlicher Genauigkeit benannt, aber im Rahmen des rhythmischen Gedichtganzen zur Chiffre einer verhüllten Wirklichkeit. Durch einfache und sachliche Aussage sucht sich Eich aufs Neue der Dinge und kleinen Gegenstände der Welt zu vergewissern und deutet zugleich mit der Wendung »Nichts bleibt als das Unsichtbare« den Rückzug in das eigene Innere an. Die Gedichte der Sammlung *Zu den Akten* sind stenogrammartig verkürzte Notizen.

Gottfried Benns Spätwerk

»Lyrik muss entweder exorbitant sein oder gar nicht. Das gehört zu ihrem Wesen«, hat GOTTFRIED BENN in seinem Marburger Vortrag *Probleme der Lyrik* (1951) als Imperativ formuliert. Benn, der im selben Jahr den Büchner-Preis erhielt, gewann mit diesem Vortrag, in Verbindung mit den zuvor erschienenen Bänden *Statische Gedichte* (1948) und *Trunkene Flut* (1949), für einige Jahre ein fast kanonisches Ansehen in der literarischen Öffentlichkeit der Bundesrepublik.

Während der Entstehung des Manuskripts zeigte sich Benn eher unsicher, bat Ernst Robert Curtius, das Manuskript daraufhin zu prüfen, »ob ich mit einigem Anstand in dem Milieu bestehen kann« (1. 8. 1951), und schrieb im Anschluss an den Vortrag an F. W. Oelze: »Ein Glück, daß Sie nicht da waren! Ging schief! Zu großer Hörsaal, zu viel Leute und miserable Akustik, die hintere Hälfte schrie ›lauter‹, peinliche Sache, ich mußte kürzen. [...] Einmal und nie wieder.« (22. 8. 1951) Im folgenden Jahr nahm er in Knokke-le Zoute an der Biennale Internationale de Poésie teil und war wieder nicht zufrieden: »Was ich vorgetragen habe, ist nicht bemerkenswert, es geht im wesentlichen auf meinen Marburger Vortrag *Probleme der Lyrik* zurück. Diesmal habe ich also meine Arien auf französisch gesun-

gen, ich hatte den Eindruck, es kam nicht an.« (An J. Moras, 22. 10. 1952) Der auch als Sonderdruck verbreitete Vortrag wirkte jedoch programmatisch. Worauf Benn bestand, war ganz und gar artifizielle Charakter des Gedichts. Das Gedicht ist Form, es entsteht nicht, es »wird gemacht«, es ist, weil einzig auf das Wort gestellt, das Unübersetzbare, sein Charakter ist nicht kommunikativ, sondern monologisch. Einen Inhalt hatte dieses Gebilde allenfalls insofern, als es möglicherweise eine Erinnerung an das bewahrte, was für seine Entstehung auslösend gewesen war oder doch dazu beigetragen hatte. »Wenn Sie vom Gereimten das Stimmungsmäßige abziehen«, redete er seine Hörer an, »was dann übrig bleibt, wenn noch etwas übrig bleibt, das ist dann vielleicht ein Gedicht.« Was Benn vorschwebt, ist das »absolute Gedicht, das Gedicht ohne Glauben, das Gedicht ohne Hoffnung, das Gedicht an niemanden gerichtet, das Gedicht aus Worten, die Sie faszinierend montieren«.

Das meiste von dem, was nach dem Zweiten Weltkrieg und auch noch in den Fünfzigerjahren an Gedichten erschien, kann im Sinne Benns nicht als »exorbitant« gelten – das war in der Bundesrepublik nicht anders als in den übrigen deutschsprachigen Ländern. Um ein Beispiel zu geben: Die Lyrik REINHOLD SCHNEIDERS (*Achtzig ausgewählte Gedichte*, 1951; *Die Sonette von Leben und Zeit, dem Glauben und der Geschichte*, 1954) konnte Benns Anspruch nicht genügen, sie transportierte Erfahrungen und Überzeugungen, die sie in eine überlieferte Form brachten, aber sie suchte ihren Sinn nicht in sich selbst. Diese Lyrik hatte ihren geistigen Ort in den Stimmungen und Ideen der Zeit, ist historisches Zeugnis; gleichwohl war sie in den Augen derer, die, wie Dieter Wellershoff in seiner gleichnamigen Monographie, in Benn den *Phänotyp der Stunde* (1958) erkannten, künstlerisch obsolet. Benn und Schneider führten 1955 im Kölner Funkhaus eine öffentliche Diskussion unter der Fragestellung: »Soll die Dichtung das Leben bessern?« – »blödes Thema«, wie Benn, der zur selben Zeit Schneiders Autobiografie *Verhüllter Tag* mit Respekt las, an Friedrich Sieburg schrieb (11. 11. 1955).

Die Dichtung bessert nicht, aber sie tut etwas viel Entscheidenderes: sie verändert. Sie hat keine geschichtlichen Ansatzkräfte, wenn sie reine Kunst ist, keine therapeutischen und pädagogischen Ansatzkräfte, sie wirkt anders: sie hebt die Zeit und die Geschichte auf, ihre Wirkung geht auf die Gene, die Erbmasse, die Substanz – ein langer innerer Weg. Das Wesen der Dichtung ist unendliche Zurückhaltung, zertrümmernd ihr Kern, aber schmal ihre Peripherie, sie berührt nicht viel, das aber glühend. Alle Dinge wenden sich um, alle Begriffe und Kategorien verändern ihren Charakter in dem Augenblick, wo sie unter Kunst betrachtet werden, wo sie sie stellt, wo sie sich ihr stellen.

Während einer Reihe von Jahren fast vergessen, war Benn wieder ein berühmter Autor geworden, und sein zweiter Ruhm übertraf den ersten beträchtlich. Nicht wenigen Kritikern erschien er damals als die führende Gestalt in der neueren deutschen Lyrik. Dabei war unter den gegebenen Umständen seine öffentliche Wirkung widersprüchlich. Ästhetisch oder – mit einem von ihm gern verwendeten Ausdruck – »artistisch« betrachtet, erschien der Mittsechziger fast als Avantgardist, der nun auch Eifersucht weckte (mit Alexander Lernet-Holenia, der ihn taktlos angriff, führte er eine öffentliche Auseinandersetzung), zugleich aber passte er sehr gut in die »restaurative« Grundstimmung der Adenauerzeit. »Zweifellos gibt es einen Zusammenhang zwischen der frühen politischen Entwicklung der Bundesrepublik, gegen deren konservativ-liberale Antriebskräfte sich der Wille zu grundlegenden gesellschaftlichen Veränderungen nicht durchsetzen konnte, und einer Dichtungsauffassung, die der Lyrik den Zugriff zur konkreten geschichtlichen Situation verwehrte.« (W. Hinck) Nun beherrschte die Dichtung Benns die lyrische Szene in der Bundesrepublik zwar keineswegs allein. Was aber ihr Desinteresse an konkreten Gegenwartsproblemen anbetraf, so schien ihr die unverändert florierende Naturdichtung der Lehmann-Schule nur wenig nachzugeben. Den Gegenpol zu Benns Spätwerk bildete die gleichzeitige Lyrik Brechts, die wesensgemäß kommunikativ und auf den gesellschaftlichen Prozess ausgerichtet war, doch rückte dies infolge der Ost-West-Barriere erst später deutlicher ins Bewusstsein.

Benns Spätwerk ist nicht schlechthin statisch; es spiegelt einen fortdauernden Erfahrungsprozess (*Fragmente*, 1951; *Destillationen*, 1953; *Aprèslude*, 1955). »Licht und Trauer« des Jahrhunderts habe er darin eingefangen, meinte der Dichter. Das Licht besteht in der Schöpferkraft des Geistes, der den Nihilismus durch das künstlerische Gebilde bannt und überwindet. Benn nennt es »das Erkämpfen der Form gegen den europäischen Verfall«. Leben bedeutet Verfall, das Gedicht kann die Dinge durch das Wort zur Statik bannen: »Es ist: das Sein.« In den *Destillationen* werden Begriffe eingekreist, gefiltert, »destilliert«. Die Gedichte in *Aprèslude* sind von der Ahnung des baldigen Todes durchdrungen: »Halten, Harren, sich gewähren / Dunkeln, Altern, Aprèslude.« Nur in der Kunst wird dem Leben noch ein eigentliches Sein gegeben, sie allein ermöglicht es dem Menschen, einem Stück des verströmenden Lebens Gestalt – und das heißt zeitenthobene Dauer – zu geben.

Ein Wort, ein Satz –: aus Chiffren steigen
Erkanntes Leben, jäher Sinn,
Die Sonne steht, die Sphären schweigen,
Und alles ballt sich zu ihm hin.

Ein Wort – ein Glanz, ein Flug, ein Feuer,
Ein Flammenwurf, ein Sternenstrich –
Und wieder Dunkel, ungeheuer,
Im leeren Raum um Welt und Ich.

In Benns Gedichten schwindet allmählich das herausfordernde Aufbegehren. Neben den improvisiert wirkenden Rhythmen seiner Sprechtonlyrik, in der salopper Großstadtjargon mit mythischen und geschichtlichen Erinnerungen verwoben wird, stehen klangschöne Formgebilde elegischer Dichtung. Sie sind »ein Selbstgespräch des Leides und der Nacht«: herbstlich getönte Visionen.

Die Frage nach dem Sinn dieses Lebens, nach dem unbekannten Gott lässt sich nicht abweisen, Traum und Rausch bieten keine endgültige Lösung. »Durch so viele Formen geschritten, / Durch Ich und Wir und Du, / Doch alles blieb erlitten / Durch die ewige Frage: Wozu?«

Je reifer sich Benns Kunst entfaltete, umso mehr wird die Sehnsucht spürbar, die Leere um das »verlorene Ich« zu durchstoßen. Er beschwört die Erinnerung an die Knabenzeit, möchte »aller Töne Grund« erfahren, tastet sich in die Todesstunde vor, in der er in die »Flut eines anderen Meeres« eintauchen wird. Und so endet sein *Epilog 1949*, mit dem er die Ausgabe seiner *Gesammelten Gedichte* (1956) schließt:

Die vielen Dinge, die du tief versiegelt
durch deine Tage trägst in dir allein,
die du auch im Gespräche nie entriegelt,
in keinen Brief und Blick sie ließest ein,

die schweigenden, die guten und die bösen,
die so erlittenen, darin du gehst,
die kannst du erst in jener Sphäre lösen,
in der du stirbst und endend auferstehst.

Benns literarische Wirkung bis in die Sechzigerjahre hinein war groß. Aber »die große Faszination verlor sich schneller, als zu erwarten gewesen« war, wie Karl Krolow 1973 bemerkt. Der strenge Einzelgänger hat seinerzeit zwar Imitatoren, im weiteren Verlauf der Entwicklung jedoch, was einleuchtend scheint, keine Nachfolger gefunden. Erst als um 1990 der junge Durs Grünbein die lyrische Bühne betrat, erspürten die Kritiker Benn wiederum als »poetischen Impulsgeber« und eine »geheime Wahlverwandtschaft« (R. Schnell) Grünbeins mit dem Autor der *Statischen Gedichte*.

Marie Luise Kaschnitz (1901–1974)

Geboren in Karlsruhe, aus dem badisch-elsässischen Geschlecht von Holzing-Berstett, wuchs die Tochter eines Generals in preußischen Diensten in Berlin auf und heiratete nach einer Buchhandelslehre 1925 den Archäologen Guido Freiherr von Kaschnitz-Weinberg, mit dem sie bis 1932 in Rom lebte, dann in verschiedenen Universitätsstädten. Ausgedehnte Forschungs- und Studienreisen an der Seite ihres Mannes und wiederholte Aufenthalte in Rom, wo sie auch starb. Büchner-Preis 1955.

Marie Luise Kaschnitz wollte nach ihren eigenen Worten den Blick »auf die wunderbaren Möglichkeiten und die tödlichen Gefahren des Daseins« lenken. Als Künstlerin ergibt sich für sie daraus die Forderung, sich von literarischen Vorbildern zu befreien und nach neuen prägnanten Ausdrucksmitteln zu suchen (*Warum ich nicht wie Georg Trakl schreibe*, 1967). Ihre ersten Lyrikveröffentlichungen in der Nachkriegszeit umfassen eine Gruppe von *Südliches Gelände* betitelten, durch frühere Studienreisen angeregten Gedichten, aber auch die *Hiroshima*-Ballade, sie sprechen von Leiderfahrung und Lebensangst, von Vergänglichkeit und Todesnot, von dem »fremden, ungeheuren Element« im Menschen, von Überwindung und Durchbruch zum Dennoch (*Gedichte*, 1947, zusammen mit dem Theaterstück *Totentanz* auch in *Totentanz und Gedichte zur Zeit*, 1947). Auch dort, wo das Leid überwiegt oder die Grenze zwischen Traum und Wirklichkeit aufgehoben ist, bleiben klare Form und sprachliche Zucht erhalten.

Genazzano am Abend

Winterlich
Gläsernes Klappern
Der Eselshufe
Steilauf die Bergstadt.
Hier stand ich am Brunnen
Hier wusch ich mein Brauthemd
Hier wusch ich mein Totenhemd,
Mein Gesicht lag weiß
Im schwarzen Wasser
Im wehenden Laub der Platanen.
Meine Hände waren
Zwei Klumpen Eis
Fünf Zapfen an jeder
Die klirrten.

1965 wurden in dem Band *Überallnie* ausgewählte Gedichte der Jahre 1928 bis 1965 zusammengestellt. Für Marie Luise Kaschnitz – und gleichfalls für Dagmar Nick – hat man die Formel »Überwindung der Tradition« verwendet, die ihre späteren Veröffentlichungen immer stärker gerechtfertigt haben (*Ein Wort weiter*, G., 1965; *Kein Zauberspruch*, G., 1972; *Gesang vom Menschenleben*, G., 1974).

(→ S. 768)

Die »intellektuelle Heiterkeit des Gedichts«

KARL KROLOW (1915–1999) hat sich nach eigener Mitteilung am stärksten von Wilhelm Lehmann beeinflusst gefühlt, aber hinter dem »Chlorophyll-Vorhang« (M. Korte) der Naturlyrik mochte er sich auf Dauer nicht einrichten. Wandlungsfähig und ein Kenner der romanischen Literaturen (er hat, beginnend mit Baudelaire und Verlaine, moderne französische und spanische Dichter vorzüglich übersetzt), überdies unaufhörlich produktiv, schuf er ein vielgestaltiges Werk, das am Ausgang der Sechzigerjahre sogar so genannte »Alltagsgedichte« einschloss. Ein Gedicht, so argumentierte er damals, müsse sofort gelingen. Es vertrage keine Polierarbeit, sondern sei ein schneller Bewusstseinsreflex auf die Zumutung der Welt. Kurt Drawert hat diesen Satz als Understatement bezeichnet, charakteristisch sei vielmehr die Berufung auf eine »unbedingte Authentizität von Wahrnehmung und sprachlicher Reaktion« (*Neue Zürcher Zeitung*, 2.7.1999). Krolows Bemühung gilt der Leichtigkeit des Ausdrucks, einer mentalen Grazie, die er gewissermaßen auch auf den Entstehungsprozess ausgedehnt sehen will. Von der »intellektuellen Heiterkeit des Gedichts« hat er gesprochen, was nicht bedeutet, dass er Schweres und Hässliches von seiner Stoffwelt fernhält, er zeigt sich im Gegenteil bemüht, es zu benennen, denn es ist die Benennung, die ihm die Schwere nimmt.

Der 1956 mit dem Büchner-Preis ausgezeichnete Autor hat trotz zunehmender Hinfälligkeit bis zuletzt geschrieben. Er hat zahlreiche Gedichtbände veröffentlicht (u.a. *Auf Erden*, 1949; *Die Zeichen der Welt*, 1952; *Tage und Nächte*, 1956; *Fremde Körper*, 1959; *Unsichtbare Hände*, 1962; *Landschaften für mich*, 1966; *Alltägliche Gedichte*, 1968; *Nichts weiter als Leben*, 1970; *Zeitvergehen*, 1972; *Der Einfachheit halber*, 1977; *Schönen Dank und vorüber*, 1984; *Die andere Seite der Welt*, 1987; *Gedichte, die von Liebe reden*, 1997). *Gesammelte Gedichte* erschienen 1999 in vier Bänden, Peter Härtling und Rainer Weiss besorgten die erste Edition aus dem Nachlass (*Im Diesseits verschwinden*, 2002). Führt die eine Spur von Krolows Lyrik über Loerke und Trakl bis auf Annette von Droste-Hülshoff zurück, so weist die andere auf die artistischen Experimente der europäischen surrealistischen Gegenwartsdichtung. Bilder und Metaphern erzeugen symbolische und phantastische Landschaften, in denen Naturdinge, Erinnerungen und Assoziationen ineinander verwoben sind. Zuweilen sind virtuos Akzente gesetzt, die schockieren und fesseln, wohl auch befremden – der Vorwurf des Manierismus blieb nicht aus. »Leuchtend und bitter« nennt Krolow den Grund des Seins. Er bezeichnet damit die Spannung seiner Lyrik und die Ambivalenz seines Lebensgefühls. Man spürt hinter dem Rühmen der »nicht zu verwundenden Schönheit der Dinge« die Unruhe eines Menschen, der sich »dem scharfen Wind der Ewigkeit« ausgesetzt fühlt. Diese Wendung stammt aus dem Gedicht *Verlassene Küste*, das ein Bild eines Lebens entwirft, das auf unheimliche Weise dem Verfall, der Auflösung und dem Tod preisgegeben ist.

Marie Luise Kaschnitz   Karl Krolow

Verlassene Küste

Segelschiffe und Gelächter,
Das wie Gold im Barte steht,
Sind vergangen wie ein schlechter
Atem, der vom Munde geht,

Wie ein Schatten auf der Mauer,
Der den Kalk zu Staub zerfrisst.
Unauflöslich bleibt die Trauer,
Die aus schwarzem Honig ist,

Duftend in das Licht gegangen,
Feucht wie frischer Vogelkot
Und den heißen Ziegelwangen
Auferlegt als leichter Tod.

Kartenschlagende Matrosen
Sind in ihrem Fleisch allein.
Tabak rieselt durch die losen
Augenlider in sie ein.

Ihre Messer, die sie warfen
Nach dem blauen Vorhang Nacht,
Wurden schartig in dem scharfen
Wind der Ewigkeit, der wacht.

und zu bestehen vermag. Spiegel und Gleichnis des menschlichen Lebens ist sein Gedicht *Die Furt*.

Schlinggewächs legt sich um Wade und Knie,
Dort ist die seichteste Stelle.
Wolken im Wasser, wie nahe sind sie!
Zögernder lispelt die Welle.

Waten und spähen – die Strömung bespült
Höher hinauf mir die Schenkel.
Nie hab ich so meinen Herzschlag gefühlt.
Sirrendes Mückengeplänkel.

Kaulquappenrudel zerstieben erschreckt,
Grundgeröll unter den Zehen.
Wie hier die Luft nach Verwesendem schmeckt!
Flutlichter kommen und gehen.

Endlose Furt, durch die Fährnis gelegt –
Werd ich das Ufer gewinnen?
Strauchelnd und zaudernd, vom Springfisch erregt,
Such ich der Angst zu entrinnen.   (→ S. 784)

Noch von GEORG VON DER VRING selbst gesammelt sind *Die Lieder des Georg von der Vring 1906 bis 1956* (1956). Daneben stehen seine Übersetzungen aus dem Französischen und Englischen, so seine Anthologie *Angelsächsische Lyrik aus sechs Jahrhunderten* (1962).

HEINZ PIONTEK (1925), der 1976 den Büchner-Preis erhielt, bildete in melodiösen und bildhaften Versen (*Die Furt*, 1952; *Die Rauchfahne*, 1953) die moderne Naturlyrik auf seine Weise fort. *Klartext* (G., 1966) enthält straffe und konzentrierte poetische Texte. Piontek fühlt sich als Vertreter einer Generation, die durch »Vorsicht, Misstrauen und Schweigsamkeit« geprägt ist. Um das Tödlich-Gefährliche und Chaotische des Daseins wissend, bemüht er sich um eine Haltung, die im »Miteinander-Ausharren« die Zeit zu überstehen

HILDE DOMIN (1909) ist in ihrer künstlerischen Entwicklung vom französischen und spanischen Gedicht beeinflusst worden, mit dem die Emigrantin sich auseinander gesetzt hatte. Erst 1951 begann sie zu schreiben (*Nur eine Rose als Stütze*, G., 1959; *Rückkehr der Schiffe*, G., 1962; *Hier*, G., 1964; *Ich will dich*, 1970). Das Exil hat sie als »äußerstes Paradigma der Existenz des Dichters überhaupt« erfahren. Den konventionellen Themen ihrer Poesie (Leid und Ungeborgenheit, Heimatlosigkeit, Glücksverlangen und Verzicht) hat sie durch einen – besonders in den späteren Bänden – äußersten Lakonismus der Darstellung unangreifbare Würde gegeben. So wird das Wort für sie zur tödlichen Gefahr (»Lieber ein Messer als ein Wort. / Ein Messer kann stumpf sein«, *Rückkehr der Schiffe*), aber auch zum Schutz. Mit der Rose im Titel des ersten Gedichtbandes ist die Sprache gemeint. Das eifersüchtig gehütete Wort lebt von einem Kontext unausgesprochener Wörter. Um die zeitgemäße Weiterbildung lyrischen Ausdrucks hat sich Hilde Domin auch in kritischen Arbeiten (*Wozu Lyrik heute. Dichtung und Leser in der gesteuerten Gesellschaft*, 1968) und als Herausgeberin (*Doppelinterpretationen*, 1966) verdient gemacht. Die Sammlung *Abel steht auf* (1979) bot neben Gedichten auch Prosa und Theorie. (→ S.729,789)

CYRUS ATABAY (1929–1996), ein deutsch schreibender persischer Prinz, suchte das Schöne und die Wahrheit »mit der Zärtlichkeit des Geistes« (*Einige Schatten*, G., 1956; *An- und Abflüge*, G., 1958; *Meditation am Webstuhl*, G., 1960; *Die Linien des Lebens*, G., 1986).

Konkrete Poesie

Nicht auf die in ihren Möglichkeiten ausgereizt erscheinende *Funktion* der Sprache als Träger einer Mitteilung, sondern auf ihren Materialcharakter zielten, über Landesgrenzen hinweg, die Bestrebungen einer Anzahl meist jüngerer Autoren. Das »Dichten von der Sprache her« (H. Friedrich, *Die Struktur der modernen Lyrik*, 1965) wurde von ihnen als die eigentliche Aufgabe verstanden. Auf den Deutschschweizer Eugen Gomringer als einen der wesentlichen Anreger und seine spätere Wirkung auf Heißenbüttel und die Wiener Gruppe um Jandl ist bereits hingewiesen worden. *Transit* (1956) und *movens* (1960) lauten die Titel einer Gedichtanthologie und einer Sammlung sprachexperimenteller Texte, die auf den Übergangscharakter der Jahrhundertmitte hinweisen und auf Veränderung zielen. Das Interesse der Herausgeber (*Transit* hat Walter Höllerer allein besorgt, *movens* zusammen mit Franz Mon und Manfred de la Motte) beruht unmittelbar auf den sprachlichen Phänomenen und auf einer neuen Weise mit ihnen umzugehen. Als visuelle oder akustische, »konkrete« Poesie entwickelte sich in den folgenden Jahren relativ rasch eine Kunstform, die ein großes Publikum, nicht zuletzt über den Hörfunk und die Schulen erreichte.

In den frühen Fünfzigerjahren war die Konkrete Poesie noch die Sache kleiner avantgardistischer Blätter. Die Zeitschrift *Fragmente. Internationale Revue für moderne Dichtung*, die von 1948–1954 erschien und von CLAUS BREMER (1924) und RAINER M. GERHARDT (1927–1954) herausgegeben wurde, brachte Montagen und Kombinationen von Texten, deren Anwendung und Bedeutung nicht festgelegt sein und den Leser zur Teilnahme am künstlerischen Prozess einladen sollte. FRANZ MON (1926, eigentlich Franz Löffelholz) zeigte

sich fasziniert von der Poesie der »Fläche« – dem unbeschriebenen Blatt und den überaus vielfältigen Möglichkeiten unter Verzicht auf Linearität Wörter und Buchstaben darauf anzuordnen. Es ging um die bildhafte Natur und den Bildcharakter der Schrift, wenn er in seinen Plakattexten eine Druckfolge in horizontale und vertikale Streifen zerlegte; sie verweisen, soweit noch lesbar, auf das »in ihnen noch immer verborgene Gedicht« (*artikulationen*, 1959; *protokoll an der kette*, 1960/61; *sehgänge. Texte*, 1964; *einmal nur das alphabet gebrauchen. Textbilder*, 1967). Mon fand in seinen theoretischen Ausführungen (*Texte über Texte*, 1970) für ihn typische Begriffe wie »poetisches Feld« und »Vokabelraster«. Im Raster erscheint »jeweils ein ganzes Vokabelfeld, in dem nicht genau festlegbar ist, ob Laute, Silben, Wörter, Sätze die tragenden Einheiten sind. [...] im Raster erfasst der lesende Blick eine Vielzahl wechselnder Beziehungen und Andeutungen, ohne zu einem eindeutigen Ergebnis zu kommen.« Seit Mitte der Sechzigerjahre wandte Mon dem Rundfunk (Neues Hörspiel) besondere Aufmerksamkeit zu, verfasste aber auch weiterhin Texte zum Lesen (*herzzero. Doppeltext*, 1968; *maus in mehl*, 1976; *fallen stellen. texte aus mehr als elf jahren*, 1981; *hören ohne aufzuhören. Collagen und Texte*, 1983; *Knöchel des Alphabets. 33 visuelle Texte*, 1989; *einsilbige eingriffe*, 1994).

Helmut Heißenbüttel (1921–1996)

Geboren in Rüstringen (eingemeindet in Wilhelmshaven), 1942–45 (nach schwerer Verwundung) Studium der Architektur, Kunstgeschichte und Germanistik in Dresden und Leipzig, nach dem Krieg in Hamburg. 1955–57 Lektor im Claassen-Verlag, dann Redakteur beim Rundfunk. 1969 Büchner-Preis. Heißenbüttel äußerte sich auch kritisch und theoretisch über sich selbst (*So etwas wie eine Selbstinterpretation*, 1964) und über andere Vertreter der experimentellen Lyrik. Gestorben in Glückstadt.

Auch Heißenbüttel arbeitete mit seinen Poesien an einer neuen Dichtungsart, die von der »veränderten Verwendung der Sprache« ausgeht und die Grenze zwischen Lyrik und Prosa aufhebt: Die Gedichte der Sammlungen *Kombinationen* (1954) und *Topographien* (1956) sind von einer äußersten Strenge des Ausdrucks. Die Sprache wird skelettiert. Nicht Gefühle, sondern »Kombinationen«, nicht Landschaftsschilderungen, sondern »Topographien«, nicht Gedichte, sondern »Texte« finden Gestalt.

In den Sechzigerjahren entstand eine Reihe von sechs *Textbüchern*, die 1970 mit den beiden zuerst erschienenen Gedichtbänden u. d. T. *Das Textbuch* vereinigt wurden. Es folgten *Gelegenheitsgedichte und Klappentexte* (1973), *Das Durchhauen des Kohlhaupts. 13 Lehrgedichte* (1974), *Ödipuskomplex made in Germany. Gelegenheitsgedichte, Totentage, Landschaften 1965–1980* (1981). 1987 war der Autor nach zahlreichen weiteren Titeln bei *Textbuch 11 in gereinigter Sprache* angelangt. Heißenbüttels Bekenntnis »Distanz ist Schönheit« entspricht der Definition des Textbegriffs in Max Benses Schrift *Programmierung des Schönen* (1960):

Der Begriff Text reicht auch ästhetisch weiter als der Begriff Literatur. Natürlich ist Literatur immer Text und Text nicht immer Literatur, aber Text liegt tiefer im Horizont des Machens als Literatur, er verwischt nicht so leicht die Spuren der Herstellung, er beweist die vielfältigen Stufen der Übergänge, und genau auf diesem Umstand beruht seine Funktion der Erweiterung des Begriffs Literatur.

Der Entwicklung des modernen Gedichts als Autor, Anreger und Kritiker besonders verpflichtet zeigte sich Walter Höllerer – poeta doctus wie Heißenbüttel.

Walter Höllerer (1922–2003)

Höllerer, geboren in Sulzbach-Rosenberg (Oberpfalz), war Soldat, studierte in Erlangen, Göttingen und Heidelberg, promovierte 1949 über *Gottfried Kellers ›Leute von Seldwyla‹ als Spiegel einer geistesgeschichtlichen Wende*, war seit 1959 Professor für Literaturwissenschaft an der TU Berlin. Mitglied der »Gruppe 47«. 1954–67 (mit Hans Bender) Herausgeber der Zeitschrift *Akzente*, 1956 der Anthologie *Transit*. 1961 Herausgeber der Zeitschrift *Sprache im technischen Zeitalter*, 1963 Gründer des Literarischen Colloquiums Berlin, zahlreiche weitere literarische und wissenschaftliche Aktivitäten. Gestorben in Berlin.

Höllerers erster Gedichtband *Der andere Gast* (1952), mit klassischen Versmaßen und freien Rhythmen, zeigt Einflüsse von Gottfried Benn und Günter Eich. Hier sind noch Landschaftserlebnisse mit solchen aus Krieg und Technik verbunden.

Der lag besonders mühelos am Rand
Des Weges. Seine Wimpern hingen
Schwer und zufrieden in die Augenschatten.
Man hätte meinen können, dass er schliefe.

Aber sein Rücken war (wir trugen ihn,
Den Schweren, etwas abseits, denn er störte sehr
Kolonnen, die sich drängten), dieser Rücken
War nur ein roter Lappen, weiter nichts.

Und seine Hand (wir konnten dann den Witz
Nicht oft erzählen, beide haben wir
Ihn schnell vergessen) hatte, wie ein Schwert,
Den hartgefrorenen Pferdemist gefasst.

Den Apfel, gelb und starr,
Als wär es Erde oder auch ein Arm
Oder ein Kreuz, ein Gott: ich weiß nicht was.
Wir trugen ihn da weg und in den Schnee.

Die späteren Sammlungen (*Gedichte*, 1964; *Außerhalb der Saison*, 1967; *Systeme. Neue Gedichte*, 1969; Gesamtausgabe u.d.T. *Gedichte 1942–1982*, 1982) öffnen sich den verschiedenartigsten Bildern und Eindrücken. Höllerer strebte zum experimentellen Gedicht beziehungsweise nach einer Alternative zum eher wortarmen hermetisches Gedicht. Seine »Thesen zum langen Gedicht« werben für eine kommunikative Lyrik, deren Inhalte diskutierbar sind und insofern das Gespräch der Gegenwart bereichern können. Im Streit der Sechzigerjahre um das Gedicht und seine Funktion spielte er eine – als solche freilich kaum beachtete – vermittelnde Rolle, denn er wollte das Überlieferte nicht verdrängen, sondern ihm nur zur Seite stellen, was zeitgemäßer schien. »Eine Doktrin der Gedichtentstehung und Zielsetzungen des Gedichts halte ich für lyrikfeindlich.«

Alle Feiertäglichkeit weglassen […] Im langen Gedicht will nicht alles beladen sein […] Das lange Gedicht gibt eher Banalitäten zu, macht Lust für weiteren Atem […] Subtile und triviale, literarische und alltägliche Ausdrücke finden somit notgedrungen im langen Gedicht zusammen, spielen miteinander – wie Katz und Hund. (→ S. 783)

Kirschen, Blut und Windhühner – Günter Grass

GÜNTER GRASS, der zuerst mit Gedichten bekannt geworden ist (*Die Vorzüge der Windhühner*, 1956), hat sich auf gegenwartsferne Abstraktion und ein wie immer bemänteltes Priestertum des lyrischen Ich zu keiner Zeit eingelassen. »In meinen Gedichten versuche ich, durch überscharfen Realismus fassbare Gegenstände von aller Ideologie zu befreien […]«, schrieb er 1958. Solange der Prosaschreiber sich noch nicht endgültig gefunden hatte, war Grass' charakteristische Stimme vor allem in seinen Gedichten gegenwärtig. Er verfügte über eine poetische und zugleich eigentümlich konkrete Bildwelt.

Polnische Fahne

Viel Kirschen die aus diesem Blut
im Aufbegehren deutlich werden,
das Bett zum roten Inlett überreden.

Der erste Frost zählt Rüben, blinde Teiche,
Kartoffelfeuer überm Horizont,
auch Männer halb im Rauch verwickelt.

Die Tage schrumpfen, Äpfel auf dem Schrank,
die Freiheit fror, jetzt brennt sie in den Öfen,
kocht Kindern Brei und malt die Knöchel rot.

Im Schnee der Kopftücher beim Fest,
Pilsudskis Herz, des Pferdes fünfter Huf,
schlug an die Scheune, bis der Starost kam.

Die Fahne blutet musterlos,
so kam der Winter, wird der Schritt
hinter den Wölfen Warschau finden.

Ein erzählerisches Element lebte in seinen Gedichten, oftmals sehr verknappt durch Schlichtheit des Ausdrucks und einen spielerischen Zug: »Als die Spitzengruppe / von einem Zitronenfalter / überholt wurde, / gaben viele Radfahrer das Rennen auf.« *(Tour de France)* Dies alles war jedoch, wie Peter Rühmkorf urteilte, »Vorform zu Größerem«, nämlich zu Grass' Erzählkunst. Weitere Gedichtbände folgten (*Gleisdreieck*, 1960; *Ausgefragt*, 1967; *Mariazuehren. Hommageamaria. Inmarypraise,* mit Fotos von Maria Rama, 1973; *Liebe geprüft,* 1974; *Nachruf auf einen Handschuh,* sieben Radierungen und ein Gedicht, 1982; *Die Gedichte 1955–1986,* 1988; *Novemberland,* 1993).

Zeitdichtung und Politik

GÜNTER BRUNO FUCHS (1928–1977), Grafiker und Schriftsteller, wurde als phantasievoller Großstadtlyriker bekannt (*Nach der Haussuchung,* 1957; *Brevier eines Degenschluckers,* 1960; *Trinkermeditationen,* 1962; *Pennergesang,* 1965; *Blätter eines Hof-Poeten,* 1967; *Nach der Haussuchung,* 1978). Die spezifisch berlinische Färbung dieser Poesie erinnert an Kerr, Klabund und Tucholsky; »ein dicker Mann mit Herz und Liebhaber von Kinderzeichnungen«, hat Karl Krolow zur Physiognomie des Künstlers geschrieben. Fuchs betätigte sich auch als Herausgeber zeitgenössischer Nonsensverse (*Die Meisengeige,* 1964). Witz und Ernst, Parodie und Melancholie gingen im Schaffen dieses trinkfesten Dichters eine unlösliche Verbindung ein. Soziales Empfinden hat ihn zur Politik prädestiniert.

Schularbeiten

Der Fortschritt
hat keene Lust, sich
zu kümmern um
mir. Und wat mir anjeht, habick
keene Lust, mir
um dem Fortschritt
zu kümmern. Denn
unsereins

war ja
als Mensch
wohl zuerst da.

So, mein Kind, das
schreibste
in dein Schulheft
rein.

WOLFDIETRICH SCHNURRE sammelte seine Lyrik in den Bänden *Kassiber* (1956, erweitert u. d. T. *Kassiber und neue Gedichte,* 1979) und *Abendländler. Satirische Gedichte* (1957).

Zeitkritisches Engagement zeigte in der Folge eine nicht geringe Zahl junger Lyriker; als der maßgebende künstlerische Lehrmeister erwies sich immer noch Bertolt Brecht. FRANZ JOSEF DEGENHARDT (1931), »Väterchen Franz«, kam mit seinen zur Gitarre vorgetragenen antibürgerlichen Balladen und Chansons vom politischen Kabarett der Weimarer Republik her. Er vermischte das Lebensgefühl eines Vaganten in der Nachfolge François Villons mit der Bereitschaft zu sozialem Protest und revolutionärer Utopie. Als der Vietnam-Krieg stärker ins Bewusstsein der Öffentlichkeit trat, die Große Koalition (1966–69) und die Notstandsgesetze das gesellschaftliche Klima erhitzten, fühlten er und andere »Liedermacher« – wie die jungen Songdichter damals gern genannt wurden – sich zunehmend zur direkten Agitation herausgefordert (»Zwischentöne sind bloß Krampf / im Klassenkampf«). Über ein Dutzend Schallplatten und Tonbänder trugen zur großen Verbreitung seiner Lieder bei (*Spiel nicht mit den Schmuddelkindern,* 1967; *Da habt ihr es!,* 1968; *Im Jahr der Schweine,* 1970; *Laßt nicht die roten Hähne flattern, ehe der Habicht schreit,* 1974; alle Lieder gesammelt in *Kommt an den Tisch unter Pflaumenbäumen,* 1979). HANS ARNFRID ASTEL (1933) schrieb politische Epigramme, die er auch zusammen mit Gerichtsdokumenten veröffentlichte (*Zwischen den Stühlen sitzt der Liberale auf seinem Sessel. Epigramme und Arbeitsgerichtsurteile,* 1974), und naturverbundene Gedankendichtung (*Die Amsel fliegt auf. Der Zweig winkt ihr nach,* 1982). YAAK KARSUNKE (1934) und F[RIEDRICH] C[HRISTIAN] DELIUS (*Kerbholz,* G., 1965; *Die unsichtbaren Blitze,* G., 1981) suchten mit knappen Versen, die sensibel und direkt sind, ohne Umwege zu wirken. Der Deutsch schreibende Chilene GASTON SALVATORE (1941), der sich in Berlin als Studentenführer engagiert hatte, fand Aufmerksamkeit für seinen Band *Der langwierige Weg in die Wohnung der Natascha Ungeheuer* (1971). ROLF DIETER BRINK-

MANN (1940–1975) nahm amerikanische Lyrik der Nach-Beat-Generation, die er auch übersetzt hat, in seine eigene Verssprache auf (*Was fraglich ist wofür,* 1967; *Die Piloten,* 1968; *Gras,* 1970; *Westwärts 1 & 2,* 1975). Der Dichter spricht von sich selbst und von der Welt im Ton einer neuen, unverstellten Nähe.

Peter Rühmkorf (1929)

Geboren in Dortmund begann Rühmkorf nach dem Abitur ein Studium der Pädagogik und Kunstgeschichte, später der Germanistik und Psychologie in Hamburg. Mitarbeit an Studentenbühnen und -zeitschriften: *Studentenkurier* (später *konkret*), Kabarett »Die Pestbeule«, »Neue Studentenbühne«, »arbeitskreis progressive kunst«. Reisen nach Polen und China. Nach Aufgabe des Studiums 1958 bis 1964 Rowohlt-Lektor, danach freier Schriftsteller. Mitglied der »Gruppe 47«. Gastdozenturen an amerikanischen Universitäten. Zahlreiche Preise und Auszeichnungen (1993 Büchner-Preis).

Rühmkorf schreibt seine Lyrik »kontrovers«: Neben Einfachem steht Schwieriges, neben Ironie Hymnisches, neben Andacht Aufsässigkeit. Er beginnt, noch Student, zusammen mit Werner Riegel (1925–1956), als Gründer und Herausgeber der Zeitschrift *Zwischen den Kriegen – Blätter gegen die Zeit.* Der »Lyrik-Schlachthof« ist seine Kolumne, die er unter dem Pseudonym Leslie Meier bedient. Zielscheibe seiner Kritik sind die Vertreter der traditionalistischen und der »absoluten« Poesie. »Die schönsten Verse der Menschen / – nun finden sie schon einen Reim! – sind die Gottfried Benn'schen«, wird es im *Lied der Benn-Epigonen* lauten, abgedruckt in dem Gedichtband *Irdisches Vergnügen in g* (1959), dessen Titel eine Kontrafaktur von *Irdisches Vergnügen in Gott,* einem Werk des zwischen Barock und Aufklärung angesiedelten Barthold Hinrich Brockes, darstellt. Rühmkorf verfügt über Bildung, Witz und Reimtalent. Seine aggressiven Poesien bilden im staats- und kulturfrommen Klima der Fünfzigerjahre eine nicht geringe Provokation. Noch vor dem *Irdischen Vergnügen in g* hat er 1956, ebenfalls zusammen mit Werner Riegel, *Heiße Lyrik* erscheinen lassen; 1962 folgt der Band *Kunststücke,* dem er theoretische Auslassungen beigefügt hat, »Anleitungen zum Widerspruch«. Das parodistische Kunststück beinhaltet die Kunst des »kategorischen Konjunktivs«, es ist »Vorüberlied und Dennochlied in einem«.
Auch in der Folge hat sich der Lyriker Rühmkorf als Meister der Parodie erwiesen. Dabei ist er formal und thematisch bewusst Traditionalist. Mit Vorliebe hat er Liebes- und Naturgedichte geschrieben, den Mond und die Wiege behandelt. Der Hymnen- und Odendich-

Peter Rühmkorf   Hans Magnus Enzensberger

tung des 18. und 19. Jahrhunderts, dem Volkslied und dem romantischen Stimmungsgedicht, aber auch der expressionistischen Dichtung entnimmt er das Wort- und Klangmaterial, die rhythmische Fügung. Rühmkorfs mitreißende Intelligenz bringt es zuwege, dass der Geist der alten Dichtungen in der unfeierlichen Form seiner Parodien stärker erfahrbar wird als in so manchen rühmenden Interpretationen. In seinem 1975 erschienenen Buch *Walther von der Vogelweide, Klopstock und Ich* hat Rühmkorf – in diesem Fall auch Übersetzer –, wie er erklärt, »zwei Literaturdenkmäler aus dem reaktionären Traditionsbett gelöst, sie kühn […] an die eigene Brust gerissen und sie neu beatmet«. Danach erschienen die Gedichtbände *Phoenix voran!* (1977), *Wer Lyrik schreibt, ist verrückt* (1983), *Außer der Liebe nichts* (1986), *Einmalig wie wir alle* (1989), *Aus der Fassung* (1989), *Gedichte* (1996).

(→ S. 729, 731, 744, 792, 812)

Hans Magnus Enzensberger (1929)

In Kaufbeuren im Allgäu geboren, wuchs Enzensberger in Nürnberg auf, wurde im Winter 1944/45 noch Volkssturmmann, nach Kriegsende zeitweilig Barmann und Dolmetscher, besuchte 1946–49 noch die Oberschule in Nördlingen, studierte von 1949–54 in Erlangen, Freiburg, Hamburg und Paris Germanistik und Philosophie. Promotion 1955 in Erlangen: *Über das dichterische Verfahren in Clemens Brentanos lyrischem Werk.* 1955–57 Rundfunkredakteur unter Alfred Andersch, Gastdozent an der Hochschule für Gestaltung in Ulm. Reisen in die USA, nach Mexiko, in die UdSSR und in den Nahen Osten. Längere Aufenthalte in Norwegen und in Italien, Lektor beim Suhrkamp-Verlag (1960/61). 1963 Büchner-Preis. Gastdozent an der Wesleyan University in Connecticut (1968), dann Aufenthalt in Kuba. 1965–75 Herausgeber der Zeitschrift *Kursbuch,* die sich rasch zu einem Forum der intellektuellen Linken entwickelt, und seit 1985 der »Anderen Bibliothek«. 2000 Mitglied des Ordens »Pour le Mérite«.

Enzensberger errang früh Ansehen als Zeitkritiker und wurde, als »zorniger junger Mann«, während einer Reihe von Jahren in der Bundesrepublik zum Typus des Linksintellektuellen. Schon 1958 urteilte Andersch: »Dieser eine hat geschrieben, was es in Deutschland seit Brecht nicht mehr gegeben hat: das große politische Gedicht.« Enzensberger begriff seine Gedichte als Bedarfsartikel »wie Waffen und Hüte« und wünschte ihnen eine Wirkung, wie sie Inschriften, Plakate und Flugblätter haben. Den beiden ersten Bänden *verteidigung der wölfe* (1957) und *landessprache* (1960) gab er daher eine Gebrauchsanweisung mit. Auch unterschied er in seinem ersten Lyrikband »freundliche«, »traurige« und »böse« Gedichte. Für ihn handelte es sich beim Zeitgedicht nicht um eine vordergründige Thematisierung der gesellschaftlichen Wirklichkeit. Vielmehr sah er den politischen Charakter des Gedichts gerade dann gefährdet, wenn es sich unvermittelt politisiert. Wie einst Heine im Vormärz polemisierte er gegen die »schlechte Tendenzdichtung«, reflektierte er, auch selbstkritisch, über *Zwei Fehler*.

Ich gebe zu, seinerzeit
habe ich mit Spatzen auf Kanonen geschossen.

Daß das keine Volltreffer gab,
sehe ich ein.

Dagegen habe ich nie behauptet,
nun gelte es ganz zu schweigen.

Schlafen, Luftholen, Dichten:
das ist fast kein Verbrechen.

Ganz zu schweigen
von dem berühmten Gespräch über Bäume.

Kanonen auf Spatzen, das hieße doch
in den umgekehrten Fehler verfallen.

Er hielt am artistischen Anspruch fest, aber er betonte auch – und praktizierte – den Mitteilungscharakter der Poesie. Den politischen Lehrgedichten des späten Brecht verpflichtet, sagte er der Ästhetik Benns und deren antihistorischer Tendenz entschieden ab; er wollte das dichterische Wort nicht überfordern. »Gute Gedichte«, sagte er, »haben eine lange Lebensdauer und können einen gewissen Grad von Ehrwürdigkeit erlangen. Sie sind aber so wenig unsterblich oder ewig wie ein alter Baum oder ein Schälmesser aus der Steinzeit.« Die Handhabung der literarischen Mittel jedoch zeigte ihn seinem großen Vorgänger verpflichtet, so entschie-

den ihn auch die künstlerische Absicht von ihm trennte. Er hat durch sein Verfahren Kritik sowohl von konservativer wie von marxistischer Seite ausgelöst und in dem Band *blindenschrift* (1964) darauf geantwortet: »ich höre aufmerksam meinen feinden zu. / Wer sind meine feinde? / die schwarzen nennen mich weiß, / die weißen nennen mich schwarz, / das höre ich gern, es könnte bedeuten: / ich bin auf dem richtigen weg, / (gibt es einen richtigen weg?)«

Es folgten der Sammelband *Gedichte 1955 bis 1970*, (1971), das Versepos in 33 Gesängen *Der Untergang der Titanic* (1978) und *Die Furie des Verschwindens* (G., 1980), Zeugnisse von Enzensbergers Talent ebenso wie von seiner fortdauernden Beschäftigung mit gesellschaftspolitischen Themen – die für den Vielgewandten aber letztlich literarisches Material sind. »Wann hat man schon das Glück, in Deutschland eine Revolution zu erleben«, hat er 1983 erklärt. »Die Studentenbewegung war zwar nur die Parodie einer Revolution, aber immerhin: das war doch toll. Als Schriftsteller mußte ich dabei sein.« (→ S. 730, 765, 815, 817)

Auch Grass, Fuchs und Rühmkorf verfügen von Anfang an über die Fähigkeit, mit dem lyrischen Material zu spielen. Virtuosität und Einfalt sind ihnen Geschwister. Wie Peter Härtling, Horst Bingel und Christoph Meckel, wie Christa Reinig und Elisabeth Borchers befinden sie sich, wenn auch nur vorübergehend und auf unterschiedliche Weise, als Autoren spielerisch verschmitzter Verse im Einflussbereich von HANS ARP, dessen Wiederentdeckung nach dem Zweiten Weltkrieg dem deutschen Nachkriegsgedicht zugute gekommen ist (*Behaarte Herzen. Könige vor der Sintflut*, 1953; *Wortträume und schwarze Sterne*, 1954; *Mondsand*, 1959).

PETER HÄRTLING hat, bevor er sich überwiegend mit Prosa zu beschäftigen begann, vier Gedichtbände vorgelegt (*Poeme und Songs*, 1953; *Yamins Stationen*, 1955; *Unter den Brunnen*, 1958; *Spielgeist, Spiegelgeist*, 1962). Sie zeigen sich inspiriert von einer inneren Freude an der kindlichen Welt. Der Versuch, sie ins Wort zu binden, wird überschattet von dem Bewusstsein, dass eine wirkliche Rückkehr zu Auffassung und Sprache des Kindes für den Dichter letztlich nicht möglich ist. Aber Härtling verfügt über Phantasie und sinnliche Zartheit; er zeigt den ernsten Hintergrund des Spiels. Lyrikbände erschienen weiterhin: *Ausgewählte Gedichte 1953–1979* (1979), *Die Gedichte. 1953–1987* (1989), *Das Land, das ich erdachte. Gedichte 1990–1993* (1993) und *Horizonttheater. Neue Gedichte* (1997). Für HORST BINGEL (1930, *Kleiner Napoleon*, 1956; *Auf der Acker-*

winde zu Gast, 1960; *Wir suchen Hitler,* 1965) war das spielerische Gedicht nur eine Durchgangsstufe zum politischen. Vermittelnde Erscheinungen zur Kinderwelt ist sein *Wunderlicher Pom* – wie Härtlings *Yamin.*

Christoph Meckel (1935)

Geboren in Berlin als Sohn des Schriftstellers und Johann-Peter-Hebel-Forschers Eberhard Meckel, aufgewachsen in Freiburg i. Br., dessen Zerstörung er 1944 erlebte; Kunststudium in Freiburg und München (bei Richard Seewald). 1959 erster Graphikband. Lebte in Berlin, auf Korsika und in Südfrankreich. Gastprofessuren in USA; über 30 Ausstellungen, zahlreiche Literaturpreise.

Meckel begann mit dem Gedichtband *Tarnkappe* (1956), es folgten *Hotel für Schlafwandler* (1958), *Nebelhörner* (1959), *Wildnisse* (1962), das *Gedichtbilderbuch* (1964), *Bei Lebzeiten zu singen* (1967), *Jasnandos Nachtlied* (1969), *Wen es angeht* (1974), *Säure* (1979), *Souterrain* (1984), *Vakuum,* (1990), *Gesang vom unterbrochenen Satz* (1995), *Zähne* (2000). Wie Grass und Fuchs ist Meckel eine Doppelbegabung, er vermag seine groteske Bilderwelt auch als Graphiker zu realisieren. Auch ihn führte sein Engagement zum politischen Gedicht, er bewahrte sich aber dabei stets die sinnliche Vorstellungskraft des Künstlers, wie das *Gedicht über das Schreiben von Gedichten* zeigt, dessen dritte Strophe lautet:

Ich machte Wände um den Tisch
und um die Gräte einen Fisch
und einen Himmel um den Wind
und für den Wind die Augen blind
und machte meinem Fass den Wein
und Trauer meinem schwarzen Kleid
und eine Wüste für den Stein
dem Rauch ein langes Feuerscheit
und nahm mein Haben und mein Soll
und warf mein Füllhorn damit voll.

Wolf Wondratscheck (1943)

Der in Rudolstadt/Thüringen geborene, in Karlsruhe aufgewachsene Professorensohn studierte Literaturwissenschaft, Philosophie und Soziologie an westdeutschen Universitäten. 1964/65 Redakteur der Zeitschrift *Text + Kritik,* seit 1967 freier Schriftsteller. Befreundet mit Daniel Cohn-Bendit, Nähe zur Frankfurter Außerparlamentarischen Opposition. Veröffentlichte Gedichte, Hörspiele und Filmskripte, ab 1974 auch im Selbstverlag. Hörspielpreis der Kriegsblinden (1969).

Wondratschek gewann sehr schnell die Sympathie seiner Generation, zunächst auch die vieler älterer Kritiker. *Omnibus* (1972) sammelte neben verstreut publizierter Kurzprosa auch Filmskripte und Feuilleton-

beiträge, die den Autor als Kenner der amerikanischen Kulturszene, der Beat- und Pop-Lyrik, auswiesen. Wondratscheks »Sound« hat von dieser Begegnung, bei der ihm Rolf Dieter Brinkmann und F. C. Delius vorangegangen waren, profitiert.

Kurze Prosatexte erschienen zuerst in den Bänden *Früher begann der Tag mit einer Schußwunde* (1969) und *Ein Bauer zeugt mit einer Bäuerin einen Bauernjungen, der unbedingt Knecht werden will* (1970). Die Textcollagen (oder Literaturcollagen) bestehen aus losen Satzgruppen, Sätzen und Satzteilen. Sie sollen nach der Absicht des Autors als Einzelelemente verstanden werden, die keine Geschichte ergeben. Das Verfahren trägt der Diskontinuität der Wahrnehmungen und Gedankenfolgen des Menschen Rechnung. Bereits Robert Walser hatte es vor dem Ersten Weltkrieg unternommen, Wirklichkeit, wie sie das Individuum erfährt, in solcher Weise zu protokollieren; in der Gegenwart war ihm Peter Bichsel gefolgt.

Eine Reihe von Jahren schrieb Wondratscheck vorzugsweise Lyrik, die durch ihre kalkulierte Simplizität und durch die Vertriebsweise – angezeigt neben Rockmusik, Comics, Ramsch und Reprints – ungewöhnlich erfolgreich war. Im Frühjahr 1981 hatten seine vier bis dahin erschienenen Gedichtbände eine Auflage von insgesamt 100 000 Exemplaren erreicht (*Chucks Zimmer,* 1974; *Das leise Lachen am Ohr eines anderen,* 1976; *Männer und Frauen,* 1978; *Letzte Gedichte,* 1980). Als fünfter Gedichtband folgten, einigermaßen überraschend, Sonette (*Die Einsamkeit der Männer,* 1983), die mit Rilke und Benn abgelauschten Effekten spielten. In den Neunzigerjahren erschienen *Liebesgedichte* (1997) und eine karge, prosanahe Ballade in 35 Teilen, *Das Mädchen und der Messerwerfer* (1997).

Michael Krüger (1943)

»Himmel und Meer / sind überfüttert mit Schriftzeichen«, formuliert Krüger, der als Lyriker mit dem Gedichtband *Reginapoly* (1976) debütierte, und: »Du befindest dich auf einem riesigen Stück Papier«. So mag bereits der Leser empfinden, so wird es vermehrt der Schreibende als Problem wahrnehmen, der wie Krüger als Verlagsbuchhändler, Herausgeber (der Zeitschrift *Akzente* und mehrerer Anthologien) und Kritiker in mehreren Rollen am literarischen Gegenwartsgeschehen teilhat (*Was alles hat Platz in einem Gedicht? Aufsätze zur deutschen Lyrik seit 1965,* hg. zusammen mit Hans Bender, 1977). Der Weg zurück in die durch Schriftzeichen unverstellte Wirklichkeit des Lebens ist immer von neuem zu suchen, das Paradoxon der literarischen Existenz besteht darin, dass es sich dabei um einen Weg der Reflexion und der erneuten Schreibübung handelt.

Reginapoly sammelt »lange« Gedichte, sensibel beobachtete Bewusstseinszustände. »In diesem Haus«, teilt er in *Widmung* mit, »ist Platz für vieles. [...] Und was alles hineinpasst! Kürzlich sah ich mich / am Fenster stehen und dich beobachten wie du das Haus betrittst.« Es ist auch Platz für die »Druckfehler« in den »Träumen, die die Anmut in Armut verwandeln: / eine ko(s)mische Katastrophe«. Die Literatur, behauptet das *Vorgedicht*, hat sich an das Unglück gewöhnt (sie ist / mit ihm aufgewachsen, gegenseitig haben / sie sich Geschichten erzählt; später / Briefe gewechselt; schließlich, nach langen Jahren / gegenseitiger Verehrung, beschlossen sie, / gemeinsam alt zu werden.« Verdrehte, aber auch sehr phantasievoll inszenierte Situationen erscheinen *Im Tageslicht der Vernunft*. Abrechnung wird gehalten *Im Winter, im Süden* (»Andererseits, sagte sie, diese neue Ich-Seuche, / diese Ich-Pest. Hör doch nicht auf diese / schwitzenden Ich-Sager, glaube doch nicht dieser Rede / in einfachen Aussagesätzen«), dort gibt es auch Krisen (»In Mailand wollte sie unbedingt wieder zurück. Oder / Für immer bleiben. Tauben, fand sie, / sind eh keine Vögel«). Ein Freund in Kalifornien wird informiert über das Deutschland von 1975 (*Archäologie*), schließlich erfährt man sogar viel *Über die Entstehung der Poesie in der Republik Österreich* und den »Druck«, der auf die felix austria und seine Bewohner gewirkt habe: »Das wurde, sagte sie, dann sehr plötzlich / zusammengedrückt: und zwar auf den engsten Raum. / Die kulturellen Flächen, die Monarchie, die großen flächigen Träume, / Die ganze südosteuropäische Einbildungskraft wurde plötzlich – und jetzt schrie sie / bereits, sie brüllte, ohne dass einer der Gäste aufsah, – / diese ganze südosteuropäische Einbildungskraft sackte / plötzlich in sich zusammen. [...] / Aber die Folge / des starken Zusammendrucks, die eigentliche Folge, – / die wolle sie nun erklären [...].«

Krügers lyrisches Werk macht den Leser vertraut mit einer unverkennbaren Sprachmelodie (*Diderots Katze*, G., 1978; *Nekrologe*, G., 1979; *Lidas Taschenmuseum*, G., 1981; *Stimmen*, G., 1983; *Wiederholungen*, G., 1983; *Die Dronte*, G., 1985; *David Rokeah: Nicht Tag, nicht Nacht*, G., 1986; *Nachts unter Bäumen*, G., 1996; *Wettervorhersage*, G., 1998). (→ S. 827)

Die Grammatik der Frauen

Noch nicht selbstverständlich ist, als die Geschichte der Bundesrepublik beginnt, der gleichberechtigte Anteil der Frauen am literarischen Leben. Das bedeutet nicht, dass sie abwesend wären. Sie arbeiten als Lektorinnen, Übersetzerinnen, Editorinnen von hoher, oft

höchster Qualität, sie leben gewissermaßen in den Sätzen anderer, und da sie sehr viel wissen und den literarischen Betrieb gut kennen, haben sie als *gelehrte* Frauen gewissermaßen noch eine zweite Hürde zu überwinden, wenn sie sich selbst ins Licht setzen sollen: die Last der Tradition, das Übermaß des schon Gedachten, Gesagten, Geformten. Zuweilen bleibt es dann beim phantasievollen Spiel mit Möglichkeiten, die unausgenutzt bleiben.

ELISABETH BORCHERS (1926) hat die Literatur in vielfältiger Weise bereichert: Als Lektorin, als Übersetzerin und Herausgeberin, besonders im Verhältnis zu Frankreich, als Kinderbuchautorin, vor allem auch als Lyrikerin (*gedichte*, 1961; *Wer lebt*, 1986; *Von der Grammatik des heutigen Tages*, 1992; *Was ist die Antwort*, 1998). In der kunstvollen Form der Paralipse, der Stilfigur, die hervorhebt, was sie angeblich übergeht, rühmt sie in dem Gedicht *Ich betrete nicht* die grammatischen poetischen Reichtümer, die verfügbar sind, wenn man nur mit ihnen umzugehen weiß.

Ich betrete nicht den Festsaal der Sätze
Die Gemächer der vor Grazie
   Sich biegenden Nebensätze
Die würdigen Hügel des Partizips.
Ich überlasse mich nicht
   Den geschmeidigen Perioden
Dem rauschhaften Absturz
Den komödiantischen Untiefen.
Ich verweigere den Müßiggang der Addition
Das Manöver der Unklarheit
Die Dämmerung der Klarheit.
Ich stimme nicht an das Lied zur Verführung
   Der minderjährigen Ewigkeit.
Ich lehne ab das Plagiat der Klage des Windes
   Und des Flächenbrandes.
Ich bediene mich der Notdürftigkeit:
Sie ist gestorben
Verdorben
Und verfalle der irdischen Einfalt
Dem Trost des himmlischen Fests.

Eine Generation weiter hatte sich schon vieles verändert, zum Guten und auch zum Unkompliziert-Gefälligen. In mehreren Gedichtbänden (*Nach Mainz!*, 1977; *Verwundbar wie in den besten Zeiten*, 1979; *Rehschnitt*, 1983; *Vom Feuer lernen*, 1985; *Kakaoblau*, 1989; *Landläufiges Wunder*, 1995) thematisierte URSULA KRECHEL (1947) ihre Selbstfindung, in Auseinandersetzung mit der überkommenen Literatur, auch ihre Selbstfindung als Autorin. In ihrer Untersuchung der »Funktion des patriarchalischen Gedächtnisses« (*Irmgard Keun: die Zerstörung der kalten Ordnung. Auch ein Versuch über das Vergessen weiblicher Kulturleistungen,* 1979) wird ein weiteres Mal dargetan, dass die bestehende Literatur von Männern geschrieben ist und den Mann bestätigt.

Episode am Ende

Kaum hat der unbequeme junge Schriftsteller
die Schlösser seines Koffers zuschnappen lassen
kaum hat er seiner Freundin, der kurzweiligen
noch einmal über das Haar gestrichen, ich
komme ja wieder. Bestimmt, sagt er aber
mit seinem Kopf ist er schon weg.
Halte dich aufrecht, Mädchen!

Sie weiß nicht, ob sie weinen soll. Schließlich
hat sie keine Übung im Umgang mit Männern wie ihm.
Kaum ist er ins Taxi gestiegen, das hier sonnengelb ist
hat diese knappe Liebe und diese Stadt
mein Gott, diese wahnsinnige Stadt am anderen Ende
der Welt, in der einer wie er ein Mädchen braucht
wie das tägliche Brot, wie Toast, was sag ich
wie Buchweizenpfannkuchen mit Sirup
zuhause wird er es selbst nicht mehr glauben
hinter sich gelassen am Nachmittag
kaum ist er im Flughafengebäude sein Körper
flüchtig abgetastet von einem Uniformierten
sitzt er schon im Flugzeug, Fensterplatz, Raucher
angeschnallt zwischen jetzt und später
macht es sich bequem in seinen fliegenden Schuhen
und schreibt ein Gedicht: kaum hab ich
die Schlösser meines Koffers zuschnappen lassen. (→ S.789)

»Auf festen Versesfüßen« – Ulla Hahn

Einige Jahre später als Ursula Krechel wurde ULLA HAHN (1946) als Lyrikerin bekannt und erzielte, im besonderen Maße von Reich-Ranicki gefördert, bereits mit ihrem ersten Gedichtband einen ungewöhnlichen, wenngleich umstrittenen Erfolg (*Herz über Kopf,* 1981), der zugleich symptomatisch schien für eine Tendenzwende. Die Zeit des »Alltagsgedichts« war offensichtlich vorbei, zugleich kündigte sich eine Rückkehr zu den überlieferten Formen an, die die Dichterin ironisch-übermütig bestätigte (»Danke, ich brauch keine neuen / Formen ich stehe auf / festen Versesfüßen [...]«, *Ars Poetica*). Ulla Hahns Erfolg beim Publikum setzte sich, wenn auch abgeschwächt, fort (*Spielende,* 1983; *Freudenfeuer,* 1986; *Unerhörte Nähe,* 1988; *Klima für Engel,* 1993; *Epikurs Garten,* 1995; *Galileo und zwei Frauen,* 1997), die Thematik blieb eingängig, sie schrieb bevorzugt Liebesgedichte in einem munteren unfeierlichen Tonfall. Und erklärte im Nachwort (*für den, der fragt*) zu *Unerhörte Nähe*, die geschlechtliche Liebe als Ausdruck einer Allliebe und insofern als aufklärerisch und politisch relevant.

Parodie und Komik

Die Lyrikerin Ulla Hahn ist, allerdings nicht zufällig, eine Ausnahme. Was Gedichte anbetrifft, so klagen die Verleger, dass sie leichter Autoren finden als Leser. Zwar kennt auch das jüngstvergangene Jahrhundert einige Lyriker hohen und höchsten Ranges, die ungewöhnliche Popularität erlangten, und das neu erwachte Bildungsbedürfnis ruft (auch) nach Gedichten. Es orientiert sich aber doch gern an bereits eingeführten Namen, während es Gegenwartsautoren schwer fällt, bekannt zu werden, und der lyrische Gestus in der modernen Welt insgesamt eher fremd anmutet.

Leichtigkeit und Humor scheinen am ehesten geeignet, einem solchen Vorurteil zu begegnen. Der gebürtige Balte ROBERT GERNHARDT (1937), Mitbegründer und ein Jahrzehnt lang Hauptautor des Satiremagazins *Titanic*, Mitglied der (selbstironisch so genannten) »Neuen Frankfurter Schule (NFS)« hat für sein vielseitiges Künstlertum – er ist auch als Zeichner, Erzähler (*Die Blusen des Böhmen,* 1977, u. a.), Filmemacher und Kinderbuchautor hervorgetreten – vor allem als Lyriker Anerkennung gefunden. Seine Lyrik spielt gewandt mit allen Formen (*Wörtersee,* 1981; *Hier spricht der Dichter. 120 Bildgedichte,* 1985; *Körper in Cafés,* 1987; *In Zungen reden. Stimmenimitationen von Gott bis Jandl,* 2000). Aus (dem) *Wörtersee* stammt das Gedicht *Paris Ojaja.*

Oja! Auch ich war in Parih
Oja! Ich sah den Luver
Oja! Ich hörte an der Sehn
Die Wifdegohle-Rufer.

Oja! Ich kenn' die Tüllerien
Oja! Das Schöhdepohme
Oja! Ich ging von Notterdam
A pjeh zum Plahs Wangdome

Oja! Ich war in Sackerköhr
Oja! Auf dem Mongmatter
Oja! Ich traf am Mongpahnass
Den Dichter Schang Poll Satter

Oja! Ich kenne mein Parih.
Mäh wih!

HANS MAGNUS ENZENSBERGERS 1985 unter dem Pseudonym Andreas Thalmayr erschienenes Buch *Das Wasserzeichen der Poesie oder Die Kunst und das Vergnügen, Gedichte zu lesen* zeigt in »hundertvierundsechzig Spielarten« übermütige Formensicherheit und poetische Intelligenz wie in der folgenden Lenau-Parodie (vgl. das Original, S. 229):

In dos Daich, dos regungslose
Schaugt dos ungorische Mond,
Glaichsam steckend saine Nose
In ain Glos – ist so gewohnt!

Wondelt Hirsch vorbai on Higerl,
Nocht ist etwos dunkel zwor
Ober Hirsch ist stolz wie Gigerl –
Hirsch ist eben: Mogyor!

Wann ich seh dos, muß ich sogen:
Dos ist scheen: Teremtete!
Dos geht Ainem durch den Mogen
Wie ain haißer Nochtcoffee!
Niémetz Lenau Ferencz Miklós (Pseudonym)

Aus MICHAEL ENDES Buch *Die Schattennähmaschine*
(1982) stammt das Gedicht

Der wirkliche Apfel
Hommage an Jacques Prévert

Ein Mann der Feder berühmt und bekannt
als strenger Realist,
beschloss einen einfachen Gegenstand
zu beschreiben, so wie er ist:
Einen Apfel zum Beispiel, zwei Groschen wert,
mit allem, was dazugehört.

Er beschrieb die Form, die Farbe, den Duft,
den Geschmack, das Gehäuse, den Stiel,
den Zweig, den Baum, die Landschaft, die Luft,
das Gesetz, nach dem er vom Baume fiel …
Doch das war nicht der wirkliche Apfel, nicht wahr?
Denn zu diesem gehörte das Wetter, das Jahr,
die Sonne, der Mond und die Sterne …

Ein paar tausend Seiten beschrieb er zwar,
doch das Ende lag weit in der Ferne;
denn schließlich gehörte er selber dazu,
der all dies beschrieb, und der Markt und das Geld
und Adam und Eva und ich und du
und Gott und die ganze Welt …

Und endlich erkannte der Federmann,
dass man nie einen Apfel beschreiben kann.
Von da an ließ er es bleiben,
die Wirklichkeit zu beschreiben.
Er begnügte sich indessen
damit, den Apfel zu essen.

Erzählprosa

In den Fünfzigerjahren gewann das Profil einer künftigen deutschen Literatur feste Umrisse, als maßgebend dafür galten vor allem Werke der Erzählkunst, die von Autoren der »Gruppe 47« stammten und auch im Ausland Aufmerksamkeit fanden. Alfred Andersch, Heinrich Böll, Günter Grass, Wolfgang Hildesheimer, Walter Jens, Siegfried Lenz, Arno Schmidt, Wolfdietrich Schnurre, Martin Walser und Gabriele Wohmann waren, wiewohl durch zum Teil erhebliche Altersunterschiede getrennt, repräsentative Vertreter dieses Typus von Nachkriegsschriftstellern, die von den Sympathien vorzugsweise einer jüngeren Lesergeneration getragen wurden. Die »Gruppe 47«, ein locker verfasster, keineswegs homogener Literatenzirkel, beeinflusste so auch das politische Meinungsbild, obwohl sie nach dem Willen ihres Gründers Hans Werner Richter eine solche Wirkung nicht anstrebte und bei ihren Treffen für außerkünstlerische Betätigungen auch keinen Raum bot. Der Aufstieg der Gruppe vollzog sich jedoch annähernd parallel zum Fortschreiten der »Restauration« unter der Kanzlerschaft Konrad Adenauers, und das ließ sie angesichts des bestehenden oppositionellen Verhältnisses von Politik und Literatur wie von selbst zum »Zentrum der Gegenrestauration« (R. Schnell) werden. Ein liberalkonservativer Kritiker wie Friedrich Sieburg betrachtete die Konstellation allerdings noch 1954 eher ironisch. »In unserem Lande sind die Machtverhältnisse eindeutig, aber sie sind auch diskret gruppiert. […] Mit anderen und etwas gröberen Worten: die Politik ist ›rechts‹ und die Kunst ist ›links‹. Diese Verteilung der Akzente gibt unserem Gemeinwesen den viel beneideten Anstrich des Musterhaften.« Innerhalb der Gruppe wirkte der Konflikt verbindend, Auflösungstendenzen setzten folgerichtig ein Jahrzehnt später ein, als sich die gesellschaftlichen Voraussetzungen geändert hatten.

Eine Ausnahmeerscheinung blieb Wolfgang Koeppen, der Anfang der Fünfzigerjahre drei in ihrer Wirkung hochpolitische Romane schrieb, aber jeder Bindung an eine Gruppe auswich. Ein Schlüsseldatum für die deutsche Nachkriegsliteratur wurde das Jahr 1959, das gewissermaßen eine Springflut interessanter Romane mit sich führte, darunter Heinrich Bölls *Billard um halb zehn*, Günter Grass’ *Die Blechtrommel* und Uwe Johnsons *Mutmaßungen über Jakob*. Die *Blechtrommel* wurde weltweit gelesen, Böll und Grass erhielten später den Nobelpreis.

Eine breite Akzeptanz für die »jungen« Autoren ergab sich erst nach einem längeren Entwicklungs- und Klärungsprozess. Politisch und künstlerisch war die »Rasselbande« (Th. Mann) umstritten und musste sich ihren Platz erobern. Die Gegenwart, der sie ihre Namen einschrieb, war kein weißes Blatt. Im Vordergrund des Interesses standen bekannte ältere Schriftsteller, die weiterhin publizierten und deren Werke den Lesegewohnheiten entsprachen. Daneben winkte wieder ein verwirrend reiches Angebot an Weltliteratur.

Kennzeichnend für den modernen Roman – und erst wirklich zu entdecken – war eine Kunst des Bewusstseins, zu der sich bereits in den späteren Werken von Henry James und Joseph Conrad Anregungen fanden. Einige große Einzelwerke eröffneten gleichsam unbekannte, im Zusammenhang chaotischer Assoziationsketten auftauchende psychische Kontinente (James Joyce, *Ulysses;* Marcel Proust, *Auf der Suche nach der verlorenen Zeit*) beziehungsweise verschiedene Ebenen des Denkens und des Gefühls, erschlossen von einem sensiblem Kunstverstand (Virginia Woolf, *Die Fahrt zum Leuchtturm*). Eine nicht leicht zu überwindende Zäsur trennte auch den syntaktisch wenig gegliederten Erzählstrom eines William Faulkner von älteren Gestaltungsweisen. Französische Autoren von André Gide bis François Mauriac, von Albert Camus bis Antoine de Saint-Exupéry wirkten auf das Lebensgefühl, sie faszinierten durch eine existenzielle Gebärde, die sich überlieferter Bindungen und Sicherheiten entledigt hatte. Populäre amerikanische Schreiber wie Thomas Wolfe, Thornton Wilder und vor allem Ernest Hemingway luden zur Identifizierung ein und weckten Neugier und Sympathie.

Zu den Schriftstellern, die mit ihrem Schaffen den modernen Roman entscheidend geprägt hatten, zählten neben fremd- auch deutschsprachige, die es ein zweites Mal zu entdecken galt oder deren Stunde erst jetzt gekommen war. Auf das Werk Franz Kafkas, das Jahrzehnte vorher fast unbeachtet entstanden war, wurde allerorten Bezug genommen; nicht wie ein Klassiker der Moderne, sondern eher wie ein unmittelbarer Zeitgenosse wurde der Prager Dichter gelesen. Auch Hermann Broch, Robert Musil und in gewisser Weise Thomas Mann harrten der Rezeption. (Allerdings übertrafen die Auflagenziffern Hemingways sogar die Thomas Manns um ein Beträchtliches.)

Noch andere Autoren, die bereits in der Zeit zwischen den Kriegen hervorgetreten waren, publizierten auch nach 1945 mit teilweise großem Erfolg, der sich nicht zuletzt aus der traditionellen Erzählweise erklärt, zu der sie sich weiterhin bekannten. So unterschiedlich sie profiliert waren, sie vermittelten den Anschein einer Kontinuität, die dem konservativen Zeitgeist entgegenkam. Unter ihnen waren Meister wie Hermann Hesse und Ernst Jünger. Um manche von ihnen scharte sich eine Lesergemeinde, der sie Lebenshilfe oder doch Entspannung und Belehrung boten. Der gesellschaftliche Umbruch der Sechziger- und Siebzigerjahre machte mit manchen dieser Gralshüter wenig Federlesens, auch wenn sie künstlerisch mehr zu bieten hatten als die brüchige Geborgenheit in der bereits zum Schlagwort abgesunkenen »heilen Welt«. Ins Abseits gerieten aber auch Autoren, die künstlerisch und thematisch Neues brachten, daher nur langsam und mit bis in die Gegenwart reichender Verzögerung Aufnahme fanden, sowie solche, deren Selbstgefühl und tiefgründige Negation des Lebens jedwedem Aktionismus widerstrebte. Im Falle des hanseatisch geprägten Hans Erich Nossack bedeutete das auch Distanz zur »Gruppe 47«.

Hans Erich Nossack (1901–1977)

Nossack wurde in Hamburg als Sohn eines wohlhabenden Importkaufmanns geboren, besuchte dort das humanistische Gymnasium Johanneum, studierte Jura und Philosophie in Hamburg und Jena, stand vorübergehend rechtsnationalen Kreisen nahe, vollzog dann aber einen weltanschaulichen Frontwechsel bis hin zu zeitweiliger Mitgliedschaft in der KPD, übte verschiedene Berufe aus, bis er 1933 in die väterliche Firma eintrat. Schrieb ungedruckt gebliebene Theaterstücke (*Lenin* in den Zwanzigerjahren, *Der hessische Landbote* um 1935) und veröffentlichte 1942, vermittelt durch Hermann Kasack, in der *Neuen Rundschau* erste Gedichte. Nach eigener (von der Forschung nicht bestätigter) Angabe mit Schreibverbot belegt, verlor er bei einem Luftangriff auf Hamburg 1943 sämtliche Manuskripte. Ein 1948 erschienener Bericht über die Zerstörung der Stadt (*Der Untergang,* e. 1943) machte ihn zuerst bekannt. Seit 1956 freier Schriftsteller, 1961 Büchner-Preis. Gestorben in Hamburg.

Nossack war, als er nach 1945 zu veröffentlichen begann, kein Anfänger, sondern, wie sein Förderer Hermann Kasack, ein ausgereifter Autor. Sachlicher Bericht und surrealistische Perspektive kennzeichnen die ersten Romane, der Einfluss Kafkas ist spürbar. Den französischen Existenzialisten hat Nossack sich bis zuletzt verbunden gefühlt. Jean-Paul Sartre hat in ihm den »wichtigsten deutschen Autor der Nachkriegszeit« gesehen, auch eine erste Übersetzung ins Französischen vermittelt. »Wer spricht denn von Heimkehr? Ich spreche vom Scheitern«, ist ein Leitwort für Nossacks Schaffen. Der Brand Hamburgs im Bombenkrieg verstand er sinnbildlich für den allgegenwärtigen Zugriff zerstörerischer Mächte; wie Kasack beschrieb er eine tote Stadt (*Nekyia. Bericht eines Überlebenden,* R., 1947).

Seinen Erzählerfiguren dient der Monolog als Mittel der Selbsterkenntnis, die Sprache ist verhalten, oft nüchtern, gibt seelischen Vorgängen aber dennoch Raum. Der Zyklus *Interview mit dem Tode* (Nn., 1948, später u. d. T. *Dorothea*) lehrt das Gleiche oder stets Wiederholbare vom Untergang Trojas bis zur Zerstörung der Heimatstadt. Die Einsamkeit des Menschen ist unaufhebbar, Gefühle täuschen eine trügerische Sicherheit vor, Aktivität verdeckt die Sinnlosigkeit der Existenz (*Spätestens im November,* R., 1955; *Spirale. Roman einer schlaflosen Nacht,* 1956; *Der jüngere Bruder,* R., 1958; *Nach dem letzten Aufstand,* R., 1961). *Das Testament des Lucius Eurinus* (E., 1965) erzählt vom Freitod eines römischen Beamten, *Der Fall d'Arthez* (R., 1968) von dem Mann, der nach überstandener KZ-Haft den Namen einer Gestalt aus Balzacs Roman *Illusions perdues* annimmt und auf der Suche nach der (verlorenen) Zukunft ist. Alles wird zur Rolle, er selbst Pantomime, aber ein »Berichterstatter«, der das Geschehen überliefert, wird zuletzt verstehen, dass d'Arthez durch diese Tarnung zu innerer Freiheit gelangt.

Von William Blake stammt der Text zu dem Gesang, der dem Roman *Die gestohlene Melodie* (1972) den Namen gibt: »Der Engel, der an meiner Wiege stand, / Der sprach: Glückseliger kleiner Unverstand, / Geh hin und liebe! Helfen wird dir keine Hand.« Noch ein zweites Schlüsselwort findet sich für die Erfahrung, die dieser perspektivenreiche Roman vermittelt: »Nur jenseits von Verzweiflung gibt es vielleicht eine Möglichkeit, einem andren zu helfen.« *Bereitschaftsdienst. Bericht über die Epidemie* (R., 1973) handelt von einer unerklärlichen Suizid-Welle, die fünf Jahren zuvor (also 1968!) weltweit grassierte und vor der nur Strafgefangene gefeit waren – das sind jene, die noch auf Freiheit hoffen. Der Ich-Erzähler, ein Chemiker, der bei der Bergung der Opfer geholfen hat, bricht seine Chronik nach dem zehnten Kapitel ab.

Nossacks nicht selten allegorisch-utopische Darstellungsweise ist dem, was er zu sagen hat, kongruent. Es geht darum, »das Antlitz der Menschen vor der Verzerrung durch ihre Zeitgeschichte zu bewahren«. In seinem letzten Roman *Ein glücklicher Mensch. Erinnerungen an Aporée* (1975) fasste er noch einmal seine wichtigsten Themen zusammen und griff zu diesem Zweck auch auf Texte der Fünfzigerjahre zurück. Bei Aporée – das ist Europa, rückwärts gelesen – handelt es sich um ein Künstlerlokal in *Der jüngere Bruder*, eine Zuflucht.

Erzählung und Meditation – Marie Luise Kaschnitz

MARIE LUISE KASCHNITZ hatte bereits vor dem Krieg Prosa in unterschiedlichen Formen veröffentlicht, von Romanen (*Liebe beginnt*, 1933; *Elissa*, 1937) bis hin zur Romanbiografie (*Gustave Courbet*, 1949) und Essayistik (*Griechische Mythen*, 1943; *Engelsbrücke. Römische Betrachtungen*, 1955). Dennoch galt sie vor allem als Lyrikerin. In der Titelgeschichte der Sammlung *Das dicke Kind* (En., 1952) werden Gegenwart und Erinnerung in einer Art Selbstbegegnung verknüpft. Der Band *Lange Schatten* (En., 1960) zeigt die Spannweite ihres Talents von genauer Wiedergabe der Realität bis zu surrealistischen Zügen. Die *Beschreibung eines Dorfes* (E., 1966) lässt die ihr eigentümliche Vorgehensweise besonders deutlich erkennen: Es handelt sich eigentlich um ein Protokoll der *beabsichtigten* Vorgehensweise, die Autorin vergegenwärtigt sich, was sie im Verlauf von drei Wochen Tag für Tag beschreiben *wird*. Ein von der Erinnerung genährter meditativer Prozess bringt das Dorf, das sie offenbar genauestens kennt, sukzessive zum Vorschein. Wesentlich autobiografisch sind auch die Bände *Wohin denn ich. Aufzeichnungen* (1963), *Ferngespräche* (En., 1966) sowie *Tage, Tage, Jahre* (1968) und *Orte. Aufzeichnungen* (1973). *Steht noch dahin* (1970) sammelt einige Dutzend knapper Texte von zumeist wenig mehr als einer halben Seite Umfang, Gedichte in Prosa.

Ob wir davonkommen ohne gefoltert zu werden, ob wir eines natürlichen Todes sterben, ob wir nicht wieder hungern, die Abfalleimer nach Kartoffelschalen durchsuchen, ob wir getrieben werden in Rudeln, wir haben's gesehen. Ob wir nicht noch die Zellenklopfsprache lernen, den Nächsten belauern, vom Nächsten belauert werden, und bei dem Wort Freiheit weinen müssen. Ob wir uns fortstehlen rechtzeitig auf ein weißes Bett oder zugrunde gehen am hundertfachen Atomblitz, ob wir es fertig bringen mit einer Hoffnung zu sterben, steht noch dahin, steht alles noch dahin.

Schreibtische in Paris und anderswo

Eine Anzahl von Schriftstellern, die in der ersten Jahrhunderthälfte Deutschland verlassen hatte, blieb – ohne sich weiterhin provokativ als Emigranten zu verstehen, wiewohl gerade sie es im Wortsinn waren – im Ausland. Zu ihnen gehörte der vorzugsweise durch einen von ihm gestifteten bedeutenden Literaturpreis in Erinnerung gebliebene JOSEPH BREITBACH (1903 bis 1980).

Der Sohn einer Österreicherin und eines Lothringers, geboren in Koblenz, lebte seit 1929 in Paris als freier Schriftsteller und schrieb seine Werke größtenteils deutsch und französisch. 1937 Mitbegründer von Thomas Manns Zeitschrift *Maß und Wert*, büßte seine 23 Jahre lang geführten Tagebücher und das Manuskript eines Romans *Clemens* bei der Beschlagnahme durch die Gestapo ein. Arbeitete für französische (*Figaro*) und deutsche Zeitungen (*Die Zeit*), erhielt deutsche und französische Preise. Gestorben in München.

Wie für Annette Kolb und René Schickele war die deutsch-französische Verständigung Breitbachs besonderes Anliegen. Bereits 1929 hatte er einen Band Erzählungen *Rot gegen Rot* und 1932 den zur Zeit der Rheinlandbesetzung spielenden Roman *Die Wandlung der Susanne Dasseldorf* veröffentlicht. Mit dem politischen Roman *Bericht über Bruno* kehrte er 1962 zur deutschen Literatur zurück.

Ein Politiker und Wirtschaftsführer berichtet über seinen Enkel, den er erzogen hat und von dem er später politisch bekämpft und gestürzt worden ist. Der Generationenkonflikt zwischen den beiden Personen ist in die soziale und gesellschaftliche Sphäre verlegt. In der Auseinandersetzung zwischen Liberalismus und Terrorismus unterliegt jener; darin beschlossen liegt auch eine Niederlage der Liebe. Künstlerisch sicher gestaltet – die geistige Nähe des Autors zur französischen Literatur ist spürbar – nimmt der Roman inhaltlich Probleme vorweg, die sich um 1960 eben erst abzuzeichnen begonnen.

Breitbach sah die gefährlichsten Zeitübel im dilettantischen und scheinheiligen Umgang mit den Forderungen der politischen Wirklichkeit. Er moralisiert nicht, erstrebt Toleranz (*Die Rabenschlacht,* En., 1973; *Das blaue Bidet oder Das eigentliche Leben,* R., 1978).

JOACHIM MAASS gelang mit dem Roman *Der Fall Gouffé* (1952) über eine französische Kriminalaffäre des 19. Jahrhunderts und in Verbindung damit die Macht des Bösen und Dämonischen sein bedeutendstes Werk. In biografischen Romanen hat er Friedrich Ludwig Schröder, Carl Schurz und Heinrich von Kleist behandelt. Maass starb in New York.

MAX TAU (1897–1976), der zwischen den Kriegen Lektor im Cassirer-Verlag gewesen und erst 1938 emigriert war, danach in Skandinavien weiter als Lektor gearbeitet hatte, schrieb Romane, aus deren Titeln schon das Engagement deutlich wird (*Glaube an den Menschen,* 1948; *Denn über uns ist der Himmel,* 1955), und autobiografische Bücher (*Das Land, das ich verlassen mußte,* 1961), die nicht minder eine durch keine bittere Erfahrung zu entmutigende Humanität und Versöhnungsbereitschaft bezeugen.

STEFAN ANDRES wählte 1961 erneut Italien zum Aufenthalt bis zu seinem Tod in Rom. Die Romantrilogie *Die Sintflut* (*Das Tier aus der Tiefe,* 1949; *Die Arche,* 1951; *Der graue Regenbogen,* 1959) beschreibt anhand der im Buch Genesis der Bibel überlieferten Sage Nationalsozialismus, Diktatur und Nachkriegszeit in Deutschland, das zum Modellfall der von einer Katastrophe betroffenen Menschheit wird. Auch »nachher« lässt sie es an einem echten Neuanfang fehlen. Die Romane *Der Mann im Fisch* (1963) und *Der Taubenturm* (1966), die Geschichte eines nach Italien emigrierten deutschen Professors und seiner Familie, spinnen solche Betrachtungen fort.

»Innere Emigranten« in der »Restauration«

WERNER BERGENGRUEN kehrte in einigen seiner späten Werke bewusst in die »vergehende Welt des Pferdes und des Kavaliertums« zurück, von der er ausgegangen war (*Der letzte Rittmeister,* Nn., 1952; *Die Rittmeisterin,* Nn., 1954). Baltisches Erbe lebt in den Erzählungen und Anekdoten dieser sehr persönlichen Bücher wieder auf. HANS CAROSSAS späte Prosa ist überwiegend autobiografisch geprägt, in *Der Tag des jungen Arztes* (1955) erzählt er von weit Zurückliegendem. Weitere Titel lauten *Die Frau vom guten Rat* (1956) und *Der Zauberer* (1960).

EMIL BARTH (1900–1958) hatte in den Entwicklungsromanen *Das verlorene Haus* (1936) und *Der Wandelstern* (1939) in einem Carossa verwandten Geist seine Kindheit dargestellt, später in *Das Lorbeerufer* (R., 1942) das Sappho-

Motiv aufgenommen. Eine Tagebucheintragung vom 26. März 1945 lautet: »Wohin wir blicken, sehen wir den deutschen Menschen in der grausamsten Schule für die Zukunft vorbereitet werden, die entweder in seiner Innerlichkeit oder nirgends gelegen sein wird.« 1947 erschienen Tagebücher unter dem Titel *Lemuria,* 1948 die *Xantener Hymnen.* Die Erzählung *Der Enkel des Odysseus* (1951) handelt von einem Flieger des deutschen Afrikakorps. Es folgten weitere Arbeiten in Lyrik und Prosa, die Barth um Formgebung, Selbstbehauptung und poetische Überhöhung bemüht zeigen – sowie stets auch im Bann einer »Innerlichkeit«, die ihn für die Wirklichkeit des Jahrhunderts nicht sehender machte.

ERNST PENZOLDT (1892–1955) war bereits zwischen den Weltkriegen mit Romanen (*Der arme Chatterton,* 1928; *Die Powenzbande,* 1930) sowie als Maler und Bildhauer hervorgetreten. Sein schrulliger Humor lässt ihn mit Kurt Kluge, dem Autor von *Der Herr Kortüm* (R., 1938), verwandt erscheinen, doch wirkt seine Prosa schärfer pointiert; sein Schalk graziöser, die Versponnenheit künstlerischer. In dem Jahr, als der Vernichtungskrieg gegen die Sowjetunion begann, erinnerte *Korporal Mombour* (E., 1941) an soldatischen Anstand und Menschlichkeit. In der Nachkriegszeit erschien *Der Kartoffelroman* (1948), dann *Squirrel* (1954, 1955 dramatisiert) sowie Prosa aus dem Nachlass (*Die Liebende,* 1958; *Zugänge,* 1982; *Hier bin ich gewachsen,* 1987).

Erzählkunst und Religion

Die religiöse Prosa der Jahrhundertmitte suchte auf die Frage nach der Stellung des Menschen eine heilsgeschichtliche Antwort. Ihren Höhepunkt hatte sie bereits in den Romanen Elisabeth Langgässers gefunden. GERTRUD VON LE FORT führte ihr novellistisches Werk weiter: Weibliche Opferbereitschaft beschreibt *Die Tochter Farinatas* (1950), des Ghibellinenführers, die ihre Vaterstadt Florenz durch Hingabe des eigenen Glücks rettet, indem sie den Streit der beiden konkurrierenden Parteien überwindet; *Die Frau des Pilatus* (1955) findet als Märtyrerin zum unter Pontius Pilatus gekreuzigten Christus. Um symbolische Erfahrung der Wirklichkeit kreisen die Erzählungen *Plus ultra* (1950), die Beichte einer Liebenden, *Gelöschte Kerzen* (1953), *Der Turm der Beständigkeit* (1957), ein Hugenotten-Stoff, *Die letzte Begegnung* (1959) und die Novelle *Das fremde Kind* (1961), die die jüdische Thematik berührt.

INA SEIDEL gestaltete in *Das unverwesliche Erbe* (R., 1954) das Nebeneinander von katholischem und evangelischem Christentum am Beispiel einer konfessionell gemischten Ehe. Der Roman ist mittels der Figuren mit den früheren Romanen verbunden. Autobiografischen Charakter tragen *Vor Tau und Tag* (1962) und *Lebensbericht* (1970). LUISE RINSER schrieb Romane und Erzählungen, Hörspiele und Essays und wandte sich dabei vermehrt religiösen und moralischen Problemen zu, die sie aus der Geisteshaltung eines offenen Katholizismus heraus behandelte, ohne künstlerisch jederzeit überzeugen zu können (*Mitte des Lebens*, R., 1950; *Daniela*, R., 1953; *Abenteuer der Tugend*, R., 1957; *Ich bin Tobias*, R., 1966; *Der schwarze Esel*, R., 1974; *Mirjam*, R., 1983; *Silberschuld*, R., 1987). Titel wie *Im Dunkeln singen* (1985) und *Wachsender Mond* (1988) artikulieren mystische Erfahrungen. Die von ALBRECHT GOES in *Unruhige Nacht* (N., 1950) behandelte Problematik – Desertion, Verurteilung zum Tode, Beistand durch den Feldgeistlichen – wurde in der Bundesrepublik, wo der Stoff auch verfilmt wurde, im Zuge der Wiederbewaffnung schon bald wieder diskutiert. Auch *Das Brandopfer* (E., 1954) erzählt von den Schrecken der jüngsten Vergangenheit. Das Opfer, als das sich die Heldin für die verfolgten Juden anbietet, nimmt Gott nicht an: Von einem Juden wird sie gerettet; sie wird weiterleben, damit sie den Glauben an die »winzige, wunderbare Möglichkeit des Menschen« bewahren kann gegen die immer neu als Gefährdung sich abzeichnende »Fratze der Macht«. »Geschehenes beschwören: aber zu welchem Ende? Nicht damit der Hass dauere. Nur ein Zeichen gilt es aufzurichten im Gehorsam gegen das Zeichen des Ewigen, das lautet: ›Bis hierher und nicht weiter.‹«

Auch EDZARD SCHAPER verknüpfte in seinem Doppelroman *Macht und Freiheit* (1961, zusammengefügt aus *Die Freiheit des Gefangenen,* 1950, und *Die Macht der Ohnmächtigen,* 1951) die Problematik von Diktatur und politischer Unterdrückung mit der Stellung des Menschen zu Gott. Beide Werke spielen im napoleonischen Frankreich, das Schaper als den Vorläufer der modernen diktatorischen Regime betrachtet. In der Gefangenschaft erfährt Leutnant Pierre du Molart, der sich in einer Kleists Prinz von Homburg vergleichbaren Situation befindet, die wahre Freiheit als im Glauben fundiert. Der historische Roman *Der Gouverneur* (1954) aus dem frühen 18. Jahrhundert behandelt die Schuld eines Offiziers, die ihm durch innere Wandlung vergeben wird. Um den Aspekt der »Ewigkeit hinter der Zeit« geht es in *Das Tier* (R., 1958). Die Not von Ostflüchtlingen wird einem ungehemmten Vergnügungs- und Geschäftsbetrieb gegenübergestellt. *Der vierte König* (R., 1961) erzählt eine Legende, die den Bericht von den Heiligen Drei Königen weiterführt: Der vierte König findet Christus nicht wie diese in der Krippe, sondern nach dreißigjährigen Irrwegen am Kreuz. BERNT VON HEISELER, der 1935 zu publizieren begonnen hatte, veröffentlichte weitere von vaterländisch-christlicher Gesinnung getragene, klassizistische Schöpfungen, darunter formstrenge Prosa (*Versöhnung*, R., 1953; *Sinn und Widersinn,* Nn., 1958) und Gedichte.

Späte Prosa Ernst Jüngers

Leidenschaftliche Zeitnähe, die sich in der Bemühung um Völkerversöhnung manifestierte, und äußerste, auf Verachtung gründende Zeitabgewandtheit waren in den Neuerscheinungen gegenwärtig – in Hervorbringungen unterschiedlichen künstlerischen Ranges und ungleicher Suggestivkraft.

ERNST JÜNGERS Erzählung *Am Sarazenenturm* (1955) bringt in musterhaften Beschreibungen die Landschaft Sardiniens dem Leser fast körperlich nah; was sich von den Romanen *Gläserne Bienen* (1957), *Eumeswil* (1977) und *Aladins Problem* (1983) in gleicher Weise nicht sagen lässt. Es ist eine Jünger'sche Prägung des Romans, kühl, gedanklich überlegen und reich an utopischen Entwürfen. Geschichtliche Vorgänge werden aus einer Perspektive jenseits aller Geschichte beschrieben, denn die Geschichte ist tot. Wie schon in *Heliopolis* fehlt es nicht an Herrscherfiguren und den ihnen ergebenen, wenngleich glaubenslosen Dienern. Selbstbeherrschung und ein Höchstmaß von Unabhängigkeit ist das ihnen verbliebene Ziel.

Mit Hilfe eines allwissenden Geräts, dem Luminar, vermag sich Martin Venator, der fiktive Tagebuchschreiber in *Eumeswil,* der sich als »Anarch« versteht – ein Gegentypus zum Anarchisten, der immerhin noch Bezüge zum Sozialen hat, was Venator gerade vermeiden will –, als Historiker in jede Zeit zu versetzen, ohne seine Distanz aufzugeben. In seinem Tagebuch notiert er: »Ich hüte mich, wie gesagt, vor Sympathie, vor innerer Anteilnahme. Als Anarch muss ich mich davon freihalten. Dass ich irgendwo Dienste leiste, ist unvermeidlich, ich verhalte mich dabei wie ein Condottiere, der seine Kräfte zeitlich, doch im Innersten unverbindlich zur Verfügung stellt. […] Als Historiker bin ich von der Unvollkommenheit, ja der Aussichtslosigkeit jeder Anstrengung überzeugt.«

Als der »umfassende Versuch einer Selbstrechtfertigung« (H. J. Bernhard) ist *Eumeswil* kritisch charakterisiert worden, als »zusammengesetzt, alexandrinisch, maskenhaft und eitel« (K. H. Horst) das Figurenpersonal. Ungleich größere Zustimmung fanden Jüngers vor dem Ersten Weltkrieg in einer großen norddeutschen Stadt spielender Roman *Die Zwille* (R., 1973), der die wilhelminische Ordnungswelt und die Leiden eines Arbeiterjungen im Gymnasium thematisiert, sowie *Eine gefährliche Begegnung* (1985). Diese 1888 in

Paris angesiedelte Sherlockiade kombiniert Elemente ganz verschiedener Gattungen: Kriminalerzählung, Künstler- und Gesellschaftsnovelle, Liebesgeschichte – gelungene Realisierung einer von ihm zuvor entworfenen »Theorie des Kriminalromans« (*Autor und Autorschaft*, 1984).

An vielfältigen Ehrungen durch kulturelle Gremien und von staatlicher Seite – auch des europäischen Auslands – hat es dem späten Ernst Jünger nicht gefehlt. Unverändert schieden sich an ihm die Geister, aber der Meinungsstreit des Tages tangierte ihn in seinem biblischen Alter nicht mehr. Eine Woche vor seinem 91. Geburtstag reiste er in den Fernen Osten, um in Kuala Lumpur nach 76 Jahren ein zweites Mal in seinem Leben den Halleyschen Kometen zu sehen (*Zwei Mal Halley*, 1987). Er arbeitete, ältere Werke wurden vor der Aufnahme in die »Ausgabe letzter Hand« revidiert und manchmal wesentlich gekürzt.

Rechtskonservatismus und Ost-West-Konflikt

Auch für national- beziehungsweise rechtskonservative Autoren bildeten die Verfehlungen der Vergangenheit und die Veränderungen in der Gegenwart ein zentrales Thema. Ihr Bestreben war es, das Bild eines »anderen« Deutschland zu bewahren oder wiederherzustellen, gestützt auf Traditionen, die sie auch durch die eingetretene politische Katastrophe nicht für endgültig zerstört ansahen. Das schloss partiell die gewissenhafte Anerkenntnis der deutschen Schuld, etwa im Verhältnis zu den Juden, durchaus ein, insgesamt aber blieb die Wahrnehmung, auch was den Widerstand gegen Hitler anbetraf, selektiv. Die so genannte Preußen-Renaissance warf ihre Schatten voraus. Der Kalte Krieg begünstigte besonders in der »Frontstadt« Berlin eine scharf antikommunistische Tendenz (HANS SCHOLZ, 1911–1988, *Am grünen Strand der Spree. So gut wie ein Roman*, 1955). Als ERNST VON SALOMONS letztes Buch erschien postum *Der tote Preuße. Roman einer Staatsidee* (1973).

Ein Beispiel für die in den Fünfzigerjahren noch andauernde Empfänglichkeit der Gesellschaft für nationalkonservative Ideen liefert die – von einem jähen Absturz gefolgte – zeitweilig starke Wirkung des Werkes von GERD GAISER (1908–1976).

Gaiser, Pfarrerssohn aus Oberriexingen (Württemberg), promovierte über spanische Barockplastik, war Jagdflieger, dann in englischer Kriegsgefangenschaft. Nach dem Krieg Kunsterzieher im Schuldienst, zuletzt Professor an der Pädagogischen Hochschule Reutlingen. Gestorben ebenda.

Gaiser hatte zuerst Gedichte veröffentlicht (*Reiter am Himmel*, 1941), als Erzähler machten ihn der Sammelband *Zwischenland* (1949) sowie der Heimkehrerroman *Eine Stimme hebt an* (1950) bekannt. Hans Egon Holthusen würdigte *Die sterbende Jagd* (R., 1953) als »Prosaepos über den Untergang eines deutschen Jagdfliegerkorps [...], das beste Kriegsbuch in Romanform überhaupt. [...] Das Buch ist realistisch und symbolisch zugleich, die technisch-kriegerische Welt erscheint in einem hochpoetischen Licht.« *Schlußball* (1958), der Versuch eines kritischen Gegenwartsromans, erzählt in Monologen und aus wechselnder Erzählperspektive von einer nach dem Krieg aufblühenden schwäbischen Industriestadt und den Folgen des »Wirtschaftswunders«. Einen Querschnitt durch Gaisers Schaffen geben die Sammlungen anekdotischer und novellistischer Prosa *Einmal und oft* (1956), darin *Gianna aus dem Schatten,* die Geschichte eines deutschen Italientouristen und Kriegsteilnehmers, der auf seiner Hochzeitsreise nach Italien von einer Partisanin erschossen wird, die ihn wiedererkennt, und *Gib acht in Domokosch* (En., 1959). Gaiser ist deutlich von Ernst Jünger beeinflusst worden, seine Kritik an der Gegenwart ist eine Kritik von rechts. Eine 1960 von Walter Jens und Marcel Reich-Ranicki begonnene Polemik gegen die Romantisierung des Krieges und eine verkappte Herrenmenschenideologie in Gaisers Werk ließen seinen literarischen Kurswert rasch sinken. Die Literaturkritik war eine Macht.

Die Spannweite des Trivialen

Spannend zu schreiben setzte in Deutschland nicht nur Professoren dem Verdacht mangelnder Kompetenz aus. Auch effektsichere Schriftsteller galten gegebenenfalls schnell als unseriös, hatten allerdings über mangelnden Erfolg beim Publikum nicht zu klagen. ERICH MARIA REMARQUE schrieb auf von Hemingway gebahnten Wegen einen zweiten Weltbestseller, den in Paris spielenden Roman eines emigrierten deutschen Arztes *Arc de Triomphe* (1946) – nicht zuletzt ein Triumph des Calvados, der in jeder Lebenslage getrunken wird. Andere Romane umkreisen die Welt der Konzentrationslager (*Der Funke Leben*, 1952), die Zeit des Zweiten Weltkriegs (*Zeit zu leben und Zeit zu sterben,* 1954) und der Weimarer Republik (*Der schwarze Obelisk*, 1956). Auf dem Weg zum Boulevardautor gab es für Remarque kein Zurück (*Der Himmel kennt keine Günstlinge,* R., 1961; *Die Nacht von Lissabon,* R., 1962; *Schatten im Paradies,* R., 1971). Bestseller wie *Arc de Triomphe* wurden auch Romane des gebürtigen Ungarn HANS HABE, der mit einem romanhaften Tatsachenbericht vom Zusammenbruch der französischen Armee (*A Thousand Shall Fall,* 1941; deutsch u. d. T. *Ob Tausend fallen,* 1943) einen durchschlagenden Erfolg in den USA hatte, wo er auf Roosevelts Liste von führenden Anti-Nazi-Autoren stand. Als Abwehroffizier kehrte er nach Europa zurück, war von großem Einfluss beim Wiederaufbau des deutschen Pressewesens und schrieb mehr oder weniger reißerische Romane über aktuelle Stoffe. *Der Weg ins Dunkel* (1951) behandelt die Liebe eines farbigen Soldaten zu einem deutschen Mädchen, seine Desertion und Verurteilung, *Off Limits* (1955) politische Nachkriegsprobleme in Deutschland, *Die rote Sichel* (1959) die Geschicke Ungarns vom Königtum unter dem Reichsverweser Horthy bis zur Volksdemokratie. Als Reportage gibt sich Habes Darstellung von Kennedys Ermordung *Der Tod in Texas. Eine amerikanische Tragödie* (1964). Er schrieb ferner den Exilroman *Ilona* (1960), die Mordgeschichte einer russischen Gräfin (*Die Tarnowska,* R., 1962), *Das Netz* (R., 1969) und *Palazzo* (R., 1974).

Nicht nur bekannte Autoren der Zwischenkriegszeit hatten mit Boulevardromanen Erfolg, sondern auch jüngere Schreiber, die populäre Themen der Zeitgeschichte aufgriffen. HANS HELLMUT KIRST (1914 bis 1989) schrieb die Romantrilogie *08/15* (1954–55) über den deutschen Landser im Zweiten Weltkrieg; WILLI HEINRICH (1920–2005) den an die harte Darstellungsweise Norman Mailers erinnernden Kriegsroman *Das geduldige Fleisch* (1955) und weitere Romane, in denen er die militärische Thematik zunehmend mit der sexuellen vertauschte. HEINZ KONSALIK (1921–1999, eigentlich Heinz Günther) erlebte seinen Durchbruch mit *Der Arzt von Stalingrad* (R., 1958). Von da an wurden noch andere seiner in Kaufhäusern und Supermärkten die Taschenbuchständer füllenden Romane zu Bestsellern (*Strafbataillon 999,* 1959; *Liebesnächte in der Taiga,* 1966; *Wer stirbt schon gern unter Palmen,* 1973). Bis zu seinem Tod erschienen unter seinem Namen 155 Romane, die in 42 Sprachen übersetzt und 83 Millionen Mal verkauft wurden. HENRY JAEGER (1927) schrieb unterkühlt über die westdeutsche Nachkriegsszene, über die Benachteiligten der Gesellschaft, besonders über Mängel im Strafvollzug, die er in einem bewegten Leben selbst kennen gelernt hatte (*Die Festung,* 1962; *Die bestrafte Zeit,* 1964; *Das Freudenhaus,* 1966; *Jakob auf der Leiter,* 1973; *Amoklauf,* 1982): Romane, in denen zunehmend die kolportagehaften Züge überwogen.

Triviale Literatur, im neueren verengten Sprachgebrauch allwöchentlich in Millionenauflagen verbreitete Heftchen-Romane, aber auch marktgängige Illustrierten-Romane, die danach noch einmal in Buchform erschienen, gewannen wieder einen breiten Anteil auf dem literarischen Markt: Arzt-, Berg-, Schloss-, Frauen-, Gesellschafts-, Heimat- und – die genannten Gruppen übergreifend – Liebesromane, von anonymen Verfassern nach vorgegebenen Mustern gefertigt, zuweilen unmittelbar nach den Wünschen der Konsumenten geschrieben (der Ausgang mancher Fortsetzungsromane war bei Erscheinungsbeginn noch offen, die Stellungnahmen der Leser entschieden über den Fortgang), insgesamt – ähnlich der Operette – an den gesellschaftlichen, moralischen und sozialen Wertvorstellungen der Vergangenheit orientiert. Von der Literaturwissenschaft ursprünglich vollständig vernachlässigt, wurden sie in den Sechzigerjahren zum bevorzugten Gegenstand literatursoziologischer Forschung und zum Stoff auch des Deutschunterrichts. Dasselbe gilt für die Comics (comic strips = komische Bildstreifen), aus Bildreihen, Erzähltexten und Dialogen zusammengesetzte Bildgeschichten, die bevorzugt von Tieren (Mickey Mouse, Donald Duck), historischen oder pseudohistorischen Helden (Prinz Eisenherz, Asterix) oder mit übernatürlichen Kräften ausgestatteten Rettern und Abenteurern (Tarzan, Superman, Phantom usw.) handeln. Von den mittelalterlichen Bildteppichen und Miniaturen bis zu den Bildgeschichten Wilhelm Buschs sind zahlreiche Vorläufer für sie in Anspruch genommen worden. Die Asterix-Reihe wurde einer neuen Generation von Jugendlichen und Kindern so selbstverständlich vertraut wie einst die Wildwesterzählungen von Karl May den vorangegangenen. Dieser Volkserzähler des 19. Jahrhunderts wurde auch nach dem Zweiten Weltkrieg noch gelesen und nach dem Ablauf der Schutzfrist ein letztes Mal Objekt der Verlagsspekulation, verlor danach aber wohl endgültig seine Faszination.

Der unersättliche Bedarf der Druckmaschinen, der Zwang zur Produktion, der als Verdrängungswettbewerb geführte Konkurrenzkampf, gab Anlass zu Neuausgaben noch anderer älterer Werke der Abenteuerliteratur. So kamen etwa die Amerikaromane von FRIEDRICH GERSTÄCKER (1816–1872) wieder heraus. Nach altmodischem Stil und konventioneller Technik künstlerisch überholt, aus ihrem Zeitbezug gelöst, befriedigten sie doch ein romantisches Fernweh. Die »schwarze Romantik« bediente der Schauerroman, findige Editoren verfolgten ihn bis zu den englischen »Gothic Novels« des 18./19. Jahrhunderts zurück. Auf das einheimische Milieu spezialisierte Mode- und Trivialautoren der Vergangenheit bis hin zu den Romanen der Hedwig Courths-Mahler widerfuhr ein ähnliches Schicksal. Wie das alles in aufgeklärter Weise zu verstehen war, erfuhr der Leser im Nachwort. Die ausgedehnte ideologiekritische Auseinandersetzung mit den Erzeugnissen der Massenliteratur war nicht gegenstandslos, aber sie verbrauchte viel Zeit, sodass das bereits zitierte ironische Wortspiel um den Erfolgsroman *Das Geheimnis der alten Mamsell* gewissermaßen ein zweites Mal aktuell wurde.

Der Markt nahm das Unterschiedlichste auf, sentimentalen Kitsch und geschliffene Prosa.

Kurt Kusenberg (1904–1983)

Geboren in Göteborg, Studium der Kunstgeschichte in München, Berlin und Freiburg i. Br.; Kunstkritiker der *Weltkunst* und der *Vossischen Zeitung*, 1935–43 Redakteur der Zeitschrift *Koralle*. Nach dem Zweiten Weltkrieg Lektor, Herausgeber von rowohlts monographien. Gestorben in Hamburg.

Kusenbergs vielseitige künstlerische Tätigkeit als Kritiker und Herausgeber, als Anthologist (*Lob des Bettes. Eine klinophile Anthologie*, 1956; *Der ehrbare Trinker. Eine bacchische Anthologie*, 1965) und Übersetzer (Jacques Prévert, *Gedichte und Chansons*, 1950) gipfelt in seiner meisterhaften kleinen Prosa, die seit 1940 in Sammelbänden zu erscheinen begann (*La Botella*, 1940; *Der blaue Traum*, 1942; *Die Sonnenblumen*, 1951; *Mal was andres*, 1954; *Wein auf Lebenszeit*, 1955; *Im falschen Zug*, 1960; *Zwischen unten und oben*, 1964). Als ein »Paul Klee der Literatur«, wie man ihn genannt hat, schuf er mit zarten poetischen Mitteln eine phantastische Welt voller Witz und Originalität. E. T. A. Hoffmann und Gustav Meyrink gleichermaßen verpflichtet, auch durch die knappen, dichten Prägungen Johann Peter Hebels mitbestimmt, wusste er sich dieser Traditionslinien aufgrund seines modernen Empfindens und seiner geistigen Kultur sicher zu bedienen. Wirklichkeit und Phantastik sind verbunden, ohne dabei an Schärfe der Konturen und an Freiheit beeinträchtigt zu werden. Abgeneigt der Phrase und der Wiederholung, ein skeptischer Betrachter der im Vordergrund des Interesses stehenden Form des Romans, erwies sich Kusenberg auch als ein scharfsinniger Kunstschriftsteller und Kritiker. In seinem Aufsatz *Über die Kurzgeschichte* unreißt er seine Theorie der Gattung.

Dies knappe Gebilde sollte in der Substanz größer sein als im Format: so wie manche Häuser, die innen geräumiger wirken, als man es von außen vermutet. […] Substanz hat eine Kurzgeschichte, wenn sie über einen potentiellen Reichtum verfügt, der im Leser den Wunsch weckt, der Autor hätte ruhig ausführlicher sein können. Der Eindruck erzählerischen Reichtums entsteht vor allem durch leicht hingesetzte, nicht weiter ausgesponnene Nebenmotive, die das Zeug zu Hauptmotiven in sich haben. Die gute Kurzgeschichte ist das, was die Franzosen »une fausse maigre« nennen: eine Frau, die angezogen sehr schlank wirkt, in Wirklichkeit aber über genug Rundungen verfügt – dort, wo sie willkommen sind.

Wolfgang Koeppen (1906–1996)

Koeppen, unehelich geboren, stammt aus Greifswald, besuchte das Gymnasium in Ortelsburg (Szczytno), fuhr ein halbes Jahr als Küchenjunge zur See, hörte – da ohne Abitur – germanistische und theaterwissenschaftliche Vorlesungen in Greifswald, Berlin und Würzburg als Gaststudent, versuchte sich als Schauspieler und Dramaturg, arbeitete in Berlin als freier Journalist für *Die Rote Fahne* und die *BZ am Mittag*; fand endlich 1931 eine feste Anstellung beim *Börsen-Courier* (der Ende 1933 eingestellt wurde). 1934 suchte Koeppen Zuflucht bei Freunden in Holland, kehrte aber, weil er sich dort nicht länger behaupten konnte, 1939 nach Deutschland zurück und hielt sich, unterstützt von Herbert Ihering und Erich Engel, mit Drehbüchern für den Film über Wasser. In den späten Fünfzigerjahren im Auftrag des Rundfunks ausgedehnte Reisen. 1962 Büchner-Preis, 1982 Gastdozent für Poetik in Frankfurt/M. Gestorben in München.

Ungewöhnlich wie die private Biografie ist auch die des Schriftstellers Koeppen. Seine beiden ersten Romane veröffentlichte er im nach der Machtergreifung Hitlers zunächst noch fortbestehenden Berliner Verlag Bruno Cassirers (*Eine unglückliche Liebe*, 1934; *Die Mauer schwankt*, 1935, Neuausgabe ohne Koeppens Wissen u. d. T. *Die Pflicht*, 1939). Allerdings wurden Neuerscheinungen in jüdischen Verlagen kaum noch rezensiert, sodass beide Romane wenig beachtet wurden. Bekannt und berühmt machten ihn seine drei in rascher Folge erschienenen, formal sehr unterschiedlichen Nachkriegsromane. Der erste von ihnen, *Tauben im Gras* (1951), entwickelte mit filmisch anmutenden Mitteln eine Fülle von durch einen Erzähler nur locker verbundenen Szenen, die, kurz nach der Währungsreform, an einem einzigen Tag in München spielen.

Es war die Zeit, in der die neuen Reichen sich noch unsicher fühlten, in der die Schwarzmarktgewinne noch Anlagen suchten und die Sparer den Krieg bezahlten. Die neuen deutschen Geldscheine sahen wie gute Dollar aus, aber man traute doch mehr den Sachwerten, und viel Bedarf war nachzuholen, der Bauch war endlich zu füllen, der Kopf war von Hunger und Bombenknall noch etwas wirr, und alle Sinne suchten Lust, bevor vielleicht der dritte Weltkrieg kam.

Dagegen bot *Das Treibhaus* (1953) eine durchgehende Handlung, damit verbunden eine satirische Darstellung der neuen Bundeshauptstadt Bonn und ihrer Menschen. Hauptfigur ist der frühere Parlamentsabgeordnete Keetenheuve, ein Emigrant, dessen Versuch einer Heimkehr nach Deutschland scheitert. *Der Tod in Rom* (1954) wiederum ist zentriert um einen eher zufälligen Anlass, ein Konzert, das einige mit dem Erbe der Hitlerjahre belastete und mit einer fragwür-

Wolfgang Koeppen   Hermann Lenz

digen neuen Karriere beschäftigte Menschen zusammenführt.

Der ehemalige SS-General Gottlieb Judejahn will als Beauftragter eines arabischen Staates in Rom illegal Waffen kaufen. Sein Schwager Pfaffrath, einst Parteigenosse, nun christlich-konservativ und Oberbürgermeister, soll ihm bei einer eventuellen Rückkehr nach Deutschland behilflich sein. Die Söhne der beiden Männer, Adolf Judejahn und Siegfried Pfaffrath, der eine Priester, der andere ein avantgardistischer Komponist, haben mit ihren Eltern gebrochen. Die Begegnung mit dem Onkel lässt für Siegfried, der homosexuell ist, die Erinnerung an die Vergangenheit aufleben. Judejahn erschießt irrtümlich eine Jüdin, dann findet er selbst den Tod.

Was Koeppen als einer der Ersten beschrieb, war die vom wirtschaftlichen Erfolg ausgelöste, von Verdrängung begleitete neue Geltungssucht, auch in eher kleinen Verhältnissen. Wie Tauben im Gras fristen die Menschen ihr Dasein, ohne das Vergangene in seiner Bedeutung zu begreifen, ohne auf das Zukünftige Einfluss zu nehmen. Das »Treibhaus« Bonn brütet die Krankheiten der deutschen Seele aus, Keetenheuve, der Protagonist des »anderen« Deutschland, wählt den Freitod im Rhein. *Der Tod in Rom* verschärft die Restaurationsproblematik durch das unterstellte Wiedererstarken von Elementen der NS-Vergangenheit. An Thomas Manns *Der Tod in Venedig* erinnern, über den Romantitel hinaus, mit der Künstlerexistenz Siegfried Pfaffraths verbundene Motive der Décadence. Koeppen verfolgte, seiner eigenen Erklärung gemäß (Gespräch mit Marcel Reich-Ranicki 1985), bei der Niederschrift seiner Romantrilogie keine unmittelbaren

gesellschaftskritischen Absichten. Er beobachtete und wollte schreiben. Die Kritik äußerte sich dazu gespalten wie selten, sie reichte von Bewunderung für die »zarteste und biegsamste Prosa, die unsere verarmte Literatur in diesem Augenblick besitzt« (H. M. Enzensberger) bis zur schärfsten Ablehnung einer nestbeschmutzenden Verzerrung der Wirklichkeit.

Der wiederholt angekündigte Roman *In Staub mit allen Feinden Brandenburgs* erschien nicht, den Reiseberichten, die Koeppen, die Routine fürchtend, nicht fortsetzte, folgte nur kleine Erzählprosa (*Romanisches Café*, 1972). Von den Erfahrungen seiner an wechselnden Schauplätzen durchlebten schwierigen Werdejahre fabuliert der in Teilen schon früher erschienene, neu bearbeitete autobiografische Bericht *Jugend* (1976), der große Anerkennung fand und den Wunsch erneuerte, der zurückgezogen lebende Autor möge noch einmal zu ausgedehnter Produktion zurückfinden. Aber diese Hoffnung trog, Koeppen wurde der Öffentlichkeit lediglich als Autor des Romans *Aufzeichnungen aus einem Erdloch* (1992) bekannt, der zuerst unter dem Namen eines Jakob Littner erschienen war, auf dessen Erinnerungen an die Zeit der Verfolgung in einem polnischen Ghetto der Roman zurückgeht.

Als sich später herausstellte, dass der Anteil Littners an dem nunmehr Koeppen zugeschriebenen Text größer war als angenommen, folgte schon bald der von den Medien in solchen Fällen gern geäußerte Plagiatsverdacht. Es scheint, dass Littner und Koeppen während ihrer von Letzterem aus materiellen Gründen eingegangenen Zusammenarbeit einander zunehmend entfremdeten, weil ihre Ziele nicht übereinstimmten. Littner ging es um das Wirkliche, Koeppen um das Denkbare, sein Partner hatte sich für ihn zunehmend in eine Romanfigur verwandelt. Auch seine späteren von der Presse kolportierten Erklärungen entbehrten nicht ganz romanhafter Züge.

Unveröffentlichte Erzählungen und Romanfragmente Koeppens blieben erhalten, insgesamt mehrere tausend Seiten Manuskripte. Ein Nachlassband ist erschienen (*Auf dem Phantasieroß*, 2000). (→ S. 731, 733)

Hermann Lenz (1913–1998)

Geboren in Stuttgart, wuchs der Sohn eines Zeichenlehrers in Künzelsau (Hohenlohe) auf, studierte zunächst Theologie, dann Kunstgeschichte, Archäologie und Germanistik in Heidelberg und München, wurde 1940 Soldat und geriet in amerikanische Kriegsgefangenschaft, behauptete sich ab 1946 (in Verbindung mit Nebentätigkeiten, 1951–71 Sekretär des Süddeutschen Schriftstellerverbands) als freier Schriftsteller in Stuttgart, ab 1975 in München. 1978 Büchner-Preis. Gestorben in München.

Unter den bedeutenden deutschen Erzählern der zweiten Hälfte des vergangenen Jahrhunderts war Hermann Lenz sicherlich der die längste Zeit am wenigsten beachtete. Obwohl er, dessen Entschluss, Schriftsteller zu werden, früh feststand, bereits ein umfangreiches Werk geschaffen hatte, ging die Kritik an ihm vorbei. Ein Aufsatz des jungen Peter Handke bewirkte den Wandel (*Tage wie ausgeblasene Eier. Einladung, Hermann Lenz zu lesen*, 1973).

Lenz' unaufdringliche Kunst, in deren Mitte eine eher ereignisarme, neunbändige Autobiografie in Romanform steht, kam dem Interesse des Literaturmarkts allerdings nicht eben entgegen.

Erzählt wird überwiegend aus der Perspektive der Hauptfigur, Lenz' Alter Ego, Eugen Rapp. Die Geschichte seiner Herkunft, Kindheit, Jugend und Mannesjahre beginnt mit dem Roman *Verlassene Zimmer* (1966) und führt mit dem siebenten Band *Seltsamer Abschied* (1988) bis zum Ende der Stuttgarter Jahre. Die Erzählung beginnt um die Wende zum 20. Jahrhundert und beschreibt zunächst das Leben der Großeltern des Helden, sodann dessen innere Entwicklung mit einer an Proust gemahnenden Sensibilität und Detaildichte. Rapp, der seinem als Bestimmung erlebten Ziel, Schriftsteller zu werden, unbeirrbar folgt, ist ein unzeitgemäßer Autor eigentlich zu jeder Zeit, gewissermaßen der geborene »innere Emigrant«, bedingt durch die seismografische Genauigkeit, mit der Eindrücke verzeichnet werden, entsteht mittelbar dennoch ein Bild der Epoche, vermittelt die Lektüre einen »poetischen Geschichtsunterricht« (P. Handke). Rapps »innerer Dialog«, ein permanentes Selbstgespräch, begleitet die Pflichten des Brotberufs als Sekretär des Schriftstellerverbands ebenso wie Wanderungen im Bayerischen Wald (*Andere Tage*, 1968; *Neue Zeit*, 1975; *Tagebuch vom Überleben und Leben*, 1978; *Ein Fremdling*, 1983; *Der Wanderer*, 1986).

Ein weiteres großes Werkkonvolut bilden drei Romane, die Lenz 1980 u. d. T. *Der innere Bezirk* zusammenfasste. In stärkerem Maße als in den Rapp-Romanen wird darin auch aktive Tätigkeit – in Auseinandersetzung mit der NS-Diktatur – thematisiert, unverändert aber gegenüber der äußeren Welt ein Widerstandsraum im Innern stoisch behauptet. Weitere Erzählwerke versetzen den Leser in die Zeit des Biedermeier und nach Wien (*Der Kutscher und der Wappenmaler*, R., 1972; *Dame und Scharfrichter*, E. 1973). (→ S. 827)

Arno Schmidt (1914–1979)

In Hamburg als Sohn eines Polizeiwachtmeisters geboren, wuchs Schmidt nach dem Tod des Vaters in Schlesien auf. Auf das Abitur in Görlitz 1933 folgte – nach eigener, offensichtlich unzutreffender Angabe – ein aus politischen Gründen abgebrochenes Mathematik- und Astronomiestudium in Breslau. Er arbeitete als Gedächtniskünstler, fand 1934 Anstellung in einer Textilfabrik, heiratete 1937 seine Arbeitskollegin Alice Murawski, wurde 1940 Soldat, 1945 britischer Kriegsgefangener, 1947 freier Schriftsteller, seit 1958 in Bargfeld, Kreis Celle, ansässig. Gestorben in Celle.

Schmidt brach in seinen Romanen, Erzählungen und sonstigen literarischen Äußerungen mit allen überkommenen Gepflogenheiten. Er war einer der konsequentesten, auch umstrittensten Autoren seiner Zeit. Eine kleine Sammlung früher Erzählungen, *Leviathan* (1949), autobiografische Aufzeichnungen von den letzten Augenblicken dreier Männer, besteht, gegliedert durch Aussparungstechnik, aus drei inneren Monologen. *Das steinerne Herz. Historischer Roman aus dem Jahre 1954* (1956) ist als innerer Monolog des Sammlers Walter ebenfalls in »Rastertechnik« ausgeführt: Sie hebt den Bewusstseinsinhalt isolierter Augenblicke aus dem Fluss der Zeit heraus, wobei, wie in anderen Werken, Einflüsse von Joyce, Döblin und Benn erkennbar werden. Ob es sich um die meisterhafte, 1955 in *Texte und Zeichen* erschienene Erzählung *Seelandschaft mit Pocahontas*, um die Romane *Aus dem Leben eines Fauns* (1953), *Die Gelehrtenrepublik* (1957) und *Kaff auch Mare Crisium* (1960) oder um spätere Erzählungen (*Kühe in Halbtrauer*, 1964) handelt, stets ist es ein intellektuelles Erzähler-Ich, aus dessen Perspektive Welt und Menschen gesehen werden – und sie geben Anlass zu einem unerschöpflichen Strom nüchtern-sarkastischer, auch gelehrter Kommentare. *Zettels Traum* (1970), halb Roman, halb Essay, wächst in Umfang und Format ins Überdimensionale. Das faksimilierte Typoskript umfasst 1334 Seiten im Format DIN A 3.

Der alternde Schriftsteller und Edgar-Allan-Poe-Übersetzer Daniel Pagenstecher erhält in seinem Haus in der Lüneburger Heide den Besuch eines befreundeten Übersetzerehepaars aus Lünen in Westfalen und ihrer 16-jährigen Tochter Franziska. Die Gespräche bei Mahlzeiten und Spaziergängen kreisen um die Problematik des Übersetzens, speziell um Poes Persönlichkeit und Werk. Der sich anbahnenden Neigung zwischen Pagenstecher und Franziska eröffnet der alternde Mann keinen Raum. Die Gäste treten die Heimreise an.

Das dreispaltige Typoskript enthält in der Mittelspalte die eigentliche Erzählung, in der linken Spalte Zitate aus Poes Werken, in der rechten Einfälle und Assoziationen Pagenstechers. Der Titel verweist auf den Weber Zettel in Shakespeares *Ein Sommernachtstraum*.

Arno Schmidt   Alfred Andersch

Schmidts Darstellungsweise ist auch in den späteren Werken geprägt durch Reflexionen, Monolog-Bruchstücke, jegliche Form von Sprachexperimenten, die im Druckbild herausgehoben sind – eine nicht selten verwirrende Lektüre, wie bereits die Titel erkennen lassen: *Die Schule der Atheisten. Novellen = Comödie in sechs Aufzügen* (1972) und *Abend mit Goldrand. Eine MärchenPosse. 55 Bilder aus der Ländlichkeit für Gönner der VerschreibKunst* (1975). Dabei handelt es sich um eine Art dialogisch abgefasster Romane.

Bereits 1972 wurde Schmidts Schaffen zum Gegenstand einer eigenen Zeitschrift. Freunde, die sich zum »Arno-Schmidt-Dechiffrier-Syndikat« zusammengeschlossen hatten, begannen mit der Herausgabe des *Bargfelder Boten. Materialien zum Werk Arno Schmidts*. Das war mehr als nur Liebhaberei, denn tatsächlich hatten Schmidts Editoren beträchtliche Schwierigkeiten zu überwinden, die auch den Abschluss der seit 1986 erscheinenden *Bargfelder Ausgabe* verzögerten.

(→ S. 731)

Alfred Andersch (1914–1980)

Geboren in München, Gymnasium und Buchhändlerlehre, kommunistischer Jugendleiter; 1933 im KZ Dachau, danach kaufmännischer Angestellter; 1944 Desertion an der Front in Italien, amerikanische Kriegsgefangenschaft, 1945/46 Redaktionsassistent bei der *Neuen Zeitung*, 1946/ 1947 Mitherausgeber der Zeitschrift *Der Ruf*. Mitglied der »Gruppe 47«. 1955–57 Herausgeber von *Texte und Zeichen*. Gestorben in Berzona bei Locarno.

Das bereits in *Die Kirschen der Freiheit* (R., 1952) behandelte Problem der Desertion im Zusammenhang mit dem Versuch der Selbstfindung wurde von An-

dersch abgewandelt noch wiederholt thematisiert. Das Heraustreten aus bestehenden Bindungen ist die Voraussetzung der Freiheit, allerdings kann diese nie auf Dauer gewonnen werden, sondern nur »zwischen Gefangenschaft und Gefangenschaft«, vor dem Eintritt in neue Bindungen. Für den »einen einzigen Augenblick der Freiheit« sind Flucht und Verrat, Ungeborgenheit und Verlassenheit kein zu hoher Preis. In *Sansibar oder der letzte Grund* (R., 1957) führt die »Sinnlosigkeit des Zufalls« an einem Oktobertag 1937 in der fiktiven Hafenstadt Rerik fünf Menschen zusammen, die aus verschiedenen Gründen auf der Flucht sind, in *Die Rote* (R., 1960) verlässt eine Frau von wenig über dreißig Jahren auf einer Geschäftsreise in Mailand scheinbar unvermittelt ihren Mann, sie bricht mit einer unwürdigen Situation. Mittellos um irgendeine Arbeit bemüht, mit der Sorge um eine unerwünschte Schwangerschaft belastet, ergeben sich schon bald andere, unerwartete Konstellationen. Die Neufassung des Romans (1972) hat einen offenen Schluss – der ursprüngliche wurde als künstlerisch wenig überzeugend getadelt –, Franziskas Zukunft bleibt ungewiss. Auch *Efraim* (R., 1967) ist die Geschichte eines Ausbruchsversuchs, Darstellung der Krise eines 42-jährigen jüdischen Berliner Emigranten, vor dem Hintergrund der NS-Zeit und der Nachkriegsjahre in Europa. *Winterspelt* (R., 1974) behandelt das befehlswidrige Vorhaben eines deutschen Offiziers, sein Bataillon in militärisch aussichtsloser Lage (der Roman spielt im Herbst 1944 in der Eifel) in amerikanische Gefangenschaft zu führen.

Fluchtversuche können auch scheitern, wie die Titelgeschichte zweier Bände mit Erzählungen anzeigen. *Ein Liebhaber des Halbschattens* (En., 1963) enthält außer der Titelgeschichte auch noch die *Opferung eines Widders* und *Alte Peripherie*. Teilweise autobiografische Züge tragen die neun Erzählungen der Sammlung *Mein Verschwinden in Providence* (1971). Die Schulgeschichte um den Münchner Gymnasiallehrer Gerhard Himmler, ebenfalls autobiografisch angelegt, ist in ihrer Authentizität umstritten (*Der Vater eines Mörders*, E., 1980, Hörspielfassung 1982). (→ S. 729, 732)

Heinrich Böll (1917–1985)

Geboren in Köln als Sohn eines Bildhauers und Schreinermeisters, katholisch geprägte Kindheit, nach dem Abitur Buchhandelslehre (abgebrochen), 1938/39 Reichsarbeitsdienst, ein Semester Germanistik und Altphilologie, während des Zweiten Weltkriegs Soldat in Frankreich, der Sowjetunion, Ungarn und Rumänien. Lazarettaufenthalte, kurzfristige Kriegsgefangenschaft. Dezember 1945 vorübergehend Wiederaufnahme des Studiums in Köln, 1947 Publikation erster Kurzgeschichten. 1951 Preis der »Gruppe 47«, freier Schriftsteller. Seit 1954 längere Auslandsaufenthalte und Reisen (besonders in Irland). Neben dem umfangreichen erzählerischen Werk erschienen auch *Gedichte* (1972), Schauspiele, Rezensionen, Reden, Aufsätze und Übersetzungen. 1967 Büchner-Preis, 1970–72 Präsident des P.E.N.-Zentrums der Bundesrepublik, 1971–74 des internationalen P.E.N., 1972 Nobelpreis. Zahlreiche Auszeichnungen und Ehrungen. Gestorben in Langenbroich.

Bölls Erfahrungen in der Kriegs- und Nachkriegszeit ließen ihn zu einem politisch engagierten Bürger und Schriftsteller werden. Was der »praeceptor Germaniae und rheinische Schelm« (M. Reich-Ranicki) miterlebte, verarbeitete er in seinem Werk. Ernst und Glaubwürdigkeit der Darstellung sicherten ihm eine Wirkung weit über die Grenzen des deutschen Sprachraums hinaus. Bekannt wurde er zuerst durch kurze Erzählungen aus den Kriegsjahren, die er seit 1947 in literarischen Zeitschriften veröffentlichte und die in Form und Stil von der amerikanischen Short Story, besonders von Hemingway, inhaltlich von Borchert beeinflusst erscheinen (*Der Zug war pünktlich*, E., 1949; *Wanderer, kommst du nach Spa*, En., 1950; *Die schwarzen Schafe*, E., 1951; *So ward Abend und Morgen*, En., 1955; *Das Brot der frühen Jahre*, 1955) und zuweilen eine franziskanisch anmutende Spiritualität erkennen lassen (*Unberechenbare Gäste*, En., 1956). Mit Erzählungen war Böll auch weiterhin erfolgreich (*Im Tal der donnernden Hufe*, 1957, eine Knabengeschichte; *Der Bahnhof von Zimpren*, 1959; *Als der Krieg ausbrach. Als der Krieg zu Ende war*, 1962; *Du fährst zu oft nach Heidelberg*, 1979 usw.), ebenso mit autobiografischer Prosa (*Was soll aus dem Jungen bloß werden*, 1981).

Die – künstlerisch noch unzulänglichen – Anfänge von Bölls Romanschaffen wurden erst aus dem Nachlass bekannt (*Das Vermächtnis*, R., e. 1948/49; *Der Engel schwieg*, R., e. 1949/50). Der Roman *Wo warst du, Adam?* (1951), dessen eine Frage der Bibel aufnehmender Titel aus Theodor Haeckers *Tag- und Nachtbüchern* stammt, behandelt die Sinnlosigkeit des Krieges und die problematische Existenz des Soldaten. Es folgten *Und sagte kein einziges Wort* (R., 1953), mit wechselnden Monologen zweier an den Kriegsfolgen leidender Menschen, deren Ehe zu scheitern scheint, sowie *Haus ohne Hüter* (R., 1954), über das Schicksal von Kriegerwitwen und -waisen. Sie zeigen die Welt der Ausgegrenzten und Opfer, deutlich getrennt von dem Lebens- und Wirkungskreis der Erfolgreichen und Mächtigen, der Skrupellosen und Scheinfrommen. In *Und sagte kein einziges Wort* verwendet Böll zum ersten Mal

Annemarie und Heinrich Böll als Teilnehmer des Mutlanger Friedenscamps, 1. 9. 1983

das Bild von den Büffeln und den Lämmern: von denen, die bereit sind, sich der Gewalt (des Krieges, der Macht) zu bedienen, und denen, die Gewalt nur erleiden und ihr erliegen.

Die Restauration der Fünfziger- und Sechzigerjahre wurde zu Bölls zentralem Thema. Dabei gelangen ihm Meisterwerke der Satire wie *Nicht nur zur Weihnachtszeit* (E., 1952), die Geschichte einer allabendlich stattfindenden Christfeier, die mit Rücksicht auf eine verrückte Tante gespielt wird und an der zuletzt nur noch ein pensionierter Prälat und eigens engagierte Schauspieler teilzunehmen bereit sind. Die Titelgeschichte des Bandes *Doktor Murkes gesammeltes Schweigen und andere Satiren* (1958), die zuerst in den *Frankfurter Heften* erschien, ironisiert die Betriebsamkeit der Rundfunkanstalten.

Dr. Murke, ein Mitarbeiter der Abteilung Kulturelles Wort, erhält den Auftrag, die Vortragsbänder des berühmten Intellektuellen Bur-Malottke zu überarbeiten, der in Rücksicht auf das veränderte geistige Klima nachträglich das Wort »Gott« durch die Wendung »jenes höhere Wesen, das wir verehren«, zu ersetzen wünscht. Es handelt sich um insgesamt 27 Stellen, für die Bur-Malottke die neue Fassung auf Band sprechen muss – und das nicht nur im Nominativ! –, die 27 herausgeschnittenen Schnipsel »Gott« werden in einer anderen Sendung an Stellen montiert, wo bisher Schweigen vorgesehen war, Murke aber behält die Schweigen-Schnipsel für seinen privaten Gebrauch.

Billard um halb zehn (R., 1959) erzählt die ineinander geblendete Geschichte dreier Generationen einer Architektenfamilie, deren berufliche Schicksale mit einer 1908 erbauten Abtei verbunden sind, die 1945 gesprengt wurde und 1958 wieder aufgebaut werden soll. Die politischen Formen haben gewechselt; hingegen haben sich die menschlichen Verhaltensweisen kaum verändert, eine fatale Kontinuität zeichnet sich ab. Das Personal des Romans scheint in zwei voneinander geschiedene Gruppen geteilt, die vom »Sakrament des Lammes« oder dem des Büffels gegessen haben.

Noch schärfer spitzte Böll in den *Ansichten eines Clowns* (R., 1963) die Problematik zu.

Im Verlauf eines Abends lässt der 27 Jahre alte Clown Hans Schnier in seiner Bonner Wohnung sein Leben an sich vorbeiziehen. Der Sohn eines erfolgreichen Industriellen konnte sich in die von ihm als verlogen erfahrenen gesellschaftlichen, politischen und religiösen Konventionen nicht fügen. Obwohl protestantisch ließen ihn die Eltern aus Opportunismus katholisch erziehen, seine Mutter, einst für Hitler begeistert, ist inzwischen Präsidentin einer Gesellschaft zur Überbrückung rassischer Gegensätze usw. Der Außenseiter bedient sich der Clownsmaske aus Ekel und Abscheu. Endgültig warf ihn aus der Bahn, dass sich seine Freundin Marie, Tochter eines Linkssozialisten, nach einer fünf Jahre währenden Beziehung vom ihm getrennt hat, weil er es ablehnt, das Zusammenleben mit ihr kirchlich sanktionieren zu lassen. Sie heiratet einen führenden Funktionär im »Dachverband katholischer Laien«. Als Clown geschminkt, singt Schnier auf der Treppe zum Portal des Hauptbahnhofs, durch das Marie, sobald sie von der Hochzeitsreise zurückkehrt, kommen muss, und nimmt das Kleingeld an, das man ihm spendet.

Hans Schnier verkörpert den »nicht angepassten menschlichen Menschen, der in einer funktionalen und verwaltungswütigen Welt der Inhumanität im Grunde der einzig Normale und Humane ist« (K. Jeziorkowski) und eben darum scheitern muss. Der viel diskutierte Roman wurde zu einer Etappe in Bölls Auseinandersetzung mit der Amtskirche. Auf *Entfernung von der Truppe* (E., 1964) folgte die Erzählung *Ende einer Dienstfahrt* (1966), in der Böll die früh erlernte Abneigung gegen das Militärwesen in einer fiktiven Gerichtsverhandlung über die künstlerisch gestaltete Zerstörung eines Bundeswehrjeeps aktualisierte.

Gruppenbild mit Dame (R., 1971) erweist sich als ein Querschnitt durch die Gesellschaft vor allem der Dreißiger- und Vierzigerjahre, während die Gegenwartshandlung um 1970 spielt. Der Roman schildert in dokumentarischer Verfahrensweise das Schicksal einer

Frau im Arbeitsprozess, ihre Liebe zu einem russischen Kriegsgefangenen und ihre Sorge um den Sohn aus dieser Verbindung. *Die verlorene Ehre der Katharina Blum oder: Wie Gewalt entstehen und wohin sie führen kann* (E., 1974) ist eine literarische Auseinandersetzung mit der Boulevardpresse. Zusammen mit Margarethe von Trottas und Volker Schlöndorffs Verfilmung (1975) fand die Erzählung weite Verbreitung und wurde zu einem Dokument der gesellschaftlichen Krise Mitte der Siebzigerjahre. Am Schluss von Bölls Erzählwerk – das künstlerisch nicht durchgehend gleichwertig ist, so gilt *Fürsorgliche Belagerung* (R., 1979) nicht zu Unrecht als misslungen – steht der »Roman in Dialogen und Selbstgesprächen« *Frauen vor Flußlandschaft* (1985), mehr dramatische Skizze als ausgeführte Erzählung, ein im Korrekturgang nicht mehr ganz abgeschlossenes, insofern bewegend »offenes« Buch.

(→ S. 730, 744)

Siegfried Lenz (1926)

Der Sohn eines Zollbeamten, geboren und aufgewachsen in Lyck (poln. Elk, Masuren), wurde nach Gymnasium und Notabitur zur Marine eingezogen. Er desertierte nach der Zerstörung seines Schiffes und geriet 1945 in Dänemark, wo er sich verbarg, in englische Kriegsgefangenschaft, studierte nach seiner Entlassung in Hamburg Anglistik, Germanistik und Philosophie; schrieb bereits im Studium für Zeitungen und wurde 1951 Feuilletonredakteur der *Welt*. Nach Erscheinen seines ersten Romans 1951 endgültiger Abbruch des Studiums und freier Schriftsteller; Mitglied der »Gruppe 47«, zahlreiche Preise. 2004 Ehrenbürger von Schleswig-Holstein.

Lenz' erster, Dostojewski und Faulkner, vor allem dem französischen Existenzialismus verpflichteter Roman *Es waren Habichte in der Luft* (1951) spielt nach dem Ersten Weltkrieg in Finnland.

Thema ist das Böse, hier die politische Macht, die Misstrauen und Angst entstehen lässt. Stenka, ein Dorfschullehrer, den die Revolutionsregierung sucht, will untertauchen, wird jedoch kurz vor der Grenze gefasst und »erledigt«. Sinnbildlich wird das Böse verdeutlicht durch in der Luft schwebende Habichte, die dem Menschen suggerieren, in Gefahr zu sein. Der Roman beginnt lapidar: »Es waren Habichte in der Luft. Roskow bemerkte sie nicht.«

Auch der Titel des folgenden Romans *Duell mit dem Schatten* (1953) ist symbolisch: Der Schatten ist eine alte Schuld, der ein Oberst in Afrika, der als irre gilt, aber medial begabt ist, unterliegt. Weniger spektakulär als die beiden philosophisch überfrachteten Erstlingswerke gibt sich *Der Mann im Strom* (R., 1957). Am Beispiel eines Tauchers, der sich durch gefälschte Papiere den Arbeitsplatz erhalten will, wird das Problem des Alterns in der Arbeitswelt geschildert. Auch *Brot und Spiele* (R., 1959) zeigt die Bedeutung des Alterns, die der Langstreckenläufer Bert Buchner vergeblich zu leugnen bemüht ist.

Die Sammlung *So zärtlich war Suleyken. Masurische Geschichten* (1955) zeigt Lenz von seiner besten Seite als humorvollen Meister der kleinen Form. Mit *Stadtgespräch* (R., 1963) beginnt eine dritte Schaffensperiode, in der Lenz die Grundthemen nicht mehr variiert, sondern zusammenfasst. In einem Ort in Norwegen macht das Böse als Gerücht aus einem tapferen Widerstandskämpfer nachträglich einen gewissenlosen Menschen. Ein internationaler Erfolg wurde Lenz' bis dahin umfangreichster Roman, *Deutschstunde* (1968).

Die Rahmenhandlung spielt im Jahre 1954. Der Ich-Erzähler, Siggi Jepsen, Insasse einer Jugendstrafanstalt, soll einen Aufsatz über das Thema »Die Freuden der Pflicht« schreiben, gibt ein leeres Heft ab und muss unter verschärften Bedingungen neu beginnen. In Siggi steigen Erinnerungen an seinen Vater auf, der während des Zweiten Weltkriegs als Polizeibeamter in Schleswig-Holstein Dienst getan hat. – Damit beginnt die Haupthandlung, die bis in das Jahr 1943 zurückführt. Siggis Vater überbringt einem ihm befreundeten Kunstmaler – die Figur dieses Künstlers erinnert an Emil Nolde – das Malverbot, dessen Einhaltung er strikt durchzusetzen bemüht bleibt. Siggi nimmt die Partei des Malers, warnt ihn, wenn dies notwendig ist, und versteckt seine Bilder. Vater und Sohn verrennen sich derart in ihre Aufgabe, dass sie sich auch nach dem Krieg unter völlig veränderten Verhältnissen nicht davon zu lösen vermögen. Das trägt Siggi, als er Bilder des Malers aus einer Ausstellung entfernt, die Jugendstrafe ein. Nach Abschluss der Strafarbeit wird er wegen guter Führung vorzeitig entlassen; sein weiteres Schicksal bleibt offen.

Lenz hat einen atmosphärisch dichten Schleswig-Holstein-Roman geschaffen und überzeugt durch moralischen Ernst, aber politische und psychologische Analyse sind nicht von gleichem Gewicht. So originell der Einfall ist, auf dem die Erzählperspektive beruht, der jugendliche Ich-Erzähler ist überfordert, wenn es sich um die Darstellung des NS-Staates und der seelischen Verstrickungen handelt, die auf den Menschen lasten. Künstlerisch und stofflich bleiben somit ungelöste Fragen, die in Rücksicht auf die breite Wirkung des Romans nicht unterdrückt werden können. Allerdings hat wohl gerade Lenz' durchaus konventionelle Weise der Wirklichkeitsvermittlung, die den Prozess der Wahrnehmung und des Erinnerns nirgends problematisiert, zum wie mühelosen Erfolg des Romans beigetragen.

Siegfried Lenz und Hans Werner Richter beim Treffen der »Gruppe 47« 1967

Auch *Das Vorbild* (R., 1973) zeigt Lenz der aktuellen Problematik von Zeitkritik und Pädagogik verbunden. Drei mit der Herausgabe eines neuen Lesebuches beschäftigte Lehrer stehen vor der Aufgabe, der Jugend ein zeitgemäßes »Vorbild« vor Augen zu stellen – und erfahren, wie von Grund auf fragwürdig alle überkommene Autorität geworden ist. Es werden geboten: die Geschichten der drei Lehrer, ihre Diskussionen über das Geschriebene und die Schicksale der Vorbildsucher. Lenz variiert Erzählformen und -stile – Bericht, Brief, Dialog, einfaches Erzählen –, in den als Lesebuchstoff vorgeschlagenen Geschichten.

Neben weiteren Romanen (*Heimatmuseum*, 1978; *Der Verlust*, 1981; *Exerzierplatz*, 1985; *Klangprobe*, 1990) schrieb Lenz kleine Prosa, die durch dramatisch geraffte oder zugespitzte Fabeln, eine solide, kräftige Sprachform, Einfallsreichtum, satirisches Geschick ausgezeichnet sind und bereits für sich genommen genügen würden, ihn als geborenen – wenngleich ausgeprägt traditionellen – Erzähler auszuweisen. Neben den Darstellungen aus seiner ostpreußischen Heimat und aus der Nachkriegszeit (*Lehmanns Erzählungen oder So schön war mein Markt. Aus den Bekenntnissen eines Schwarzhändlers*, 1964) stehen die Sammlungen *Jäger des Spotts. Geschichten aus dieser Zeit* (1958), *Das Feuerschiff* (1960), *Der Spielverderber* (1965) und *Der Geist der Mirabelle. Geschichten aus Bollerup*

Der schwedische König Karl XVI. Gustav überreicht Günter Grass am 10.12.1999 den Literaturnobelpreis

Der Autor erzählt die Geschichte der ersten Hälfte des Jahrhunderts, vor allem jene des Zweiten Weltkriegs und der darauf folgenden Jahre – gesehen von Oskar Matzerath, der als Dreijähriger beschlossen hat, nicht mehr zu wachsen, und in seinem dreißigsten Jahr als Insasse einer Heil- und Pflegeanstalt zu erzählen beginnt. Für den Zwerg gibt es keine Tabus. Er zeigt die Realität mit allen krassen, bösen, sinnlosen, grotesken Zügen – von seinen Jugendeindrücken in Danzig bis zu seiner Tätigkeit als Künstler des Fronttheaters, als Steinmetz, als Modell und als Jazzmusiker bis zu seiner Einlieferung in die Anstalt. Der Zwerg ist ein Schelm, der die Mächtigen kennt, wie sie sind, weil sie es für überflüssig halten, sich vor ihm zu verstellen.

Das Dritte Reich aus satirisch-grotesker Perspektive: ein Wendepunkt in der deutschen Nachkriegsliteratur, die an den Traumata der Vergangenheit schwer zu tragen gehabt hatte. Im Danziger Milieu spielt auch *Katz und Maus* (E., 1961). Hauptfigur ist der Schüler Mahlke, dessen körperliche Deformation, die »Maus« (ein riesiger Adamsapfel), ihn zu einer Karriere antreibt, die er als Ritterkreuzträger beendet. *Hundejahre* (R., 1963) behandelt in starken, aber auch übersteigerten Passagen die Zeit von 1920 bis 1958. Erneut wird ein Bild von Danzig und seiner Umgebung entworfen. Wie die *Blechtrommel* ist auch dieser Roman aus drei Teilen aufgebaut, hier »Frühschichten«, »Liebesbriefe« und »Materniaden« (nach Walter Matern, dem Erzähler des letzten Romanteils) genannt. Der Roman *örtlich betäubt* (1969), dessen Handlung Anfang 1967 in Berlin spielt, ist wieder der Deutungsversuch einer Biografie – hier jener eines Studienrats während einer Kieferbehandlung. Wie das Kriechtier in *Aus dem Tagebuch einer Schnecke* ist die Zahntechnik Symbol, Kennzeichen des stetigen Fortschritts einer Partei. Auch auf mancherlei Um- und Abwegen erweist sich Grass erneut als Meister des Komischen und Grotesken.

Der Butt (R., 1977) entwickelte sich aufgrund des aktuellen Themas (Frauenemanzipation) und der Erzählbegabung des Autors schnell zu einem großen Erfolg. Die historische Rolle der Frauen seit der Jungsteinzeit wird am Beispiel von neun Köchinnen unter wechselnden sozialen Bedingungen dargestellt. Das Symbol der Männerherrschaft, der frauenfeindliche Butt, ist dem Grimm'schen Märchen *Vom Fischer und syn Fru* entnommen. Grass zeigt das Versagen des männlichen Prinzips, aber auch dem weiblichen als bloßer Umkehrung der bisherigen Verhältnisse gesteht er keinen wahren Fortschritt zu, da sich bislang nur eine Bereicherung des Küchenzettels anhand neuer Rezepte abzeichnet. *Das Treffen in Telgte* (E., 1979), Hans Werner

(1975). *Ein Kriegsende* (N., 1984) behandelt die Vorgänge auf einem in Dänemark stationierten deutschen Minensuchboot im Mai 1945, dessen Mannschaft einen offensichtlich sinnlos gewordenen Einsatzbefehl verweigert. Von einem Wehrmachtsgericht werden daraufhin noch nach der erfolgten Kapitulation neben Freiheitsstrafen zwei Todesurteile verhängt, die auch vollstreckt werden. Um eine moralische Problematik handelt es sich auch bei der Titelgeschichte des Bandes *Das serbische Mädchen* (En., 1987). Von einem tiefen Gefühl für einen deutschen Soldaten geleitet (der sich kaum noch an sie erinnert), gelangt die Protagonistin nach Deutschland, bei der Rückreise gerät sie in die Hände von Schmugglern und zuletzt in die Mühlen der Justiz.

(→ S. 743)

Günter Grass (1927)

Als Kind kaschubisch-deutscher Eltern in Danzig geboren, wurde Grass Luftwaffenhelfer und Soldat, verwundet und kriegsgefangen, war Landarbeiter, Bergmann, Jazzmusiker und Student an der Kunstakademie in Düsseldorf sowie an der Hochschule für Bildende Künste in Berlin, absolvierte ein Bildhauerstudium bei Karl Hartung, erhielt 1958 den Preis der »Gruppe 47«, 1965 den Büchner-Preis, war 1983 bis 1986 Präsident der Akademie der Künste, aus der er 1989 austrat, empfing 1999 den Nobelpreis.

Grass wurde durch seinen Schelmenroman *Die Blechtrommel* (1959) schlagartig bekannt – kein anderes deutschsprachiges Werk der Nachkriegszeit hatte bis dahin einen solchen Erfolg zu verzeichnen.

Richter gewidmet, ist Verwandlung einer Zusammenkunft der »Gruppe 47« in ein fiktives Literatentreffen am Ende des Dreißigjährigen Krieges. 1980 erschien das aus Grass' engagierter Parteinahme im Wahlkampf hervorgegangene Buch *Kopfgeburten oder Die Deutschen sterben aus*, 1986 der »Roman« – Grass hat auf eine Gattungsbezeichnung verzichtet – *Die Rättin*. Nach der Vernichtung der Erdbevölkerung durch einen Neutronenblitz ist die Rättin die einzige Überlebende außer dem Ich-Erzähler, mit dem zusammen sie in einer Raumkapsel den Erdball umkreist.

(→ S. 730, 734, 739, 744, 759, 818, 821, 823)

Martin Walser (1927)

Geboren in Wasserburg/Bodensee, studierte Walser 1946 bis 1951 Literaturwissenschaft und Geschichte in Regensburg und Tübingen, promovierte bei Friedrich Beißner mit einer Arbeit über Kafka (*Beschreibung einer Form*, 1961). Rundfunkredakteur, erhielt 1955 den Preis der »Gruppe 47«, wurde 1957 freier Schriftsteller. 1981 Büchner-Preis. Walser hat aus dem Englischen und Französischen übersetzt (D. H. Lawrence, G. B. Shaw, Christopher Hampton, Molière) und ist wiederholt mit Publikationen und Stellungnahmen zu politischen und kulturellen Themen hervorgetreten.

Walsers erstes Buch stellt Menschen in ihrer Abhängigkeit von gesellschaftlichen Mächten und anonymen Kräften dar; die zeittypische Beschäftigung mit Kafka, in seinem Fall durch das Dissertationsthema doppelt begründet, wirkt auch bei ihm nach (*Ein Flugzeug über dem Haus und andere Geschichten*, 1955). In *Ehen in Philippsburg* (R., 1957) wird, älterem literarischem Muster folgend, die Geschichte eines jungen Mannes vom Lande erzählt, der in einer Provinzstadt die bürgerliche Gesellschaft kennen lernt: Sie erscheint routiniert, verlogen, auf ihre Geschäfte konzentriert, egoistisch und leidenschaftlicher Gefühle unfähig. In *Halbzeit* (R., 1960) empfängt dieses deprimierende Studium seine beredsame Fortsetzung. Während in dem ersten Roman die Hauptfiguren aus ihrer Perspektive geschildert wurden, ist ihre Darstellung jetzt einem Ich-Erzähler überlassen, dem Vertreter und Werbefachmann Anselm Kristlein, einem gescheiterten Studenten, der in dem dritten Roman, *Das Einhorn* (1966), auch als Verfasser eines Liebesromans Schiffbruch erleidet. Eloquenz wird nunmehr zur Geschwätzigkeit, die Suche nach der verlorenen Liebe wird zu einem Problem der Sprache und der Sprachfindung, Redeüberschwang und »wortabstoßender Gegenstand« widerstreiten einander, Anselm Kristlein – und mit ihm der Autor – steht sich mit seiner Virtuosität und sarkastischen Geisteshaltung zunehmend selbst im Wege.

Die 1964 erschienenen *Lügengeschichten* hatten bereits die Gefahr gezeigt, in der sich Walser befand, die Wirklichkeit über der sprachlichen Erörterung aus den Augen zu verlieren. *Fiction* (1970) schrieb diese Krise fort, der Autor sucht sie gesellschaftlich und politisch zu erklären. *Die Gallistl'sche Krankheit* (R., 1972) beschreibt die Heilung des Johann Georg Gallistl, der sich vom Leistungszwang, von Subjektivismus und Individualismus der bürgerlichen Literatur befreit und sich einer menschlichen Solidarität in einer sozialistischen Ordnung verpflichtet weiß. *Der Sturz* (R., 1973) führte die Kristlein-Geschichte weiter und zu Ende. Dann folgte mit *Jenseits der Liebe* (1976) wiederum ein besonders umstrittener Roman – aber noch im schneidend negativen Urteil Marcel Reich-Ranickis ernst genommen als das Werk eines ungewöhnlich begabten Autors.

Mit *Ein fliehendes Pferd* (1978) gewann Walser die Anerkennung der Kritik zurück, die Novelle wurde »so outriert gelobt [...] wie die Romane verrissen« (M. Hielscher). Neben der Wortflut der großen Prosakonvolute bestach die musterhaft berechnete Novelle durch ihre fast unangreifbare Perfektion (einige Kritiker haben sie gerade deswegen getadelt).

Zwei Ehepaare treffen in einem Urlaubsort am Bodensee zusammen. Die Männer, ein Studienrat (Halm) und ein Journalist (Buch), kennen einander aus ihrer mehr als zwei Jahrzehnte zurückliegenden Studienzeit. Bei einer Wanderung begegnet ihnen ein galoppierendes Pferd, das Buch geschickt einfängt, als es auf einer Wiese zur Ruhe gekommen ist. Den von Komplexen gequälten Halm reizt Buchs Erfolgsattitüde, bei einer Segelpartie stößt er ihn während eines aufkommenden Sturms (unabsichtlich) ins Wasser. Nach seiner Rückkehr ans Ufer bekennt ihm Buchs Frau die wahre Situation des vermeintlich Verunglückten. Er ist beruflich gescheitert, seine Extrovertiertheit ist dazu bestimmt, über sein Versagen hinwegzutäuschen. Beide Männer, Halm mit seinen Verdrängungen, Buch mit seiner Hektik, sind »fliehende Pferde«. Wider Erwarten kann sich auch Buch ans Land retten, die Paare trennen sich und reisen ab.

Es folgten *Seelenarbeit* (R., 1979), *Das Schwanenhaus* (R., 1980) und *Brief an Lord Liszt* (R., 1982), die wiederum wenig Lob fanden. Anders der größtenteils in Amerika angesiegelte Roman *Brandung* (R., 1985), in dem Walser ein weiteres Kapitel aus dem Leben Helmut Halms (bekannt aus *Das fliehende Pferd*) erzählt.

Mit Frau Sabine (sie sind nun 25 Jahre verheiratet) und Tochter Lena (sie hat sich soeben von ihrem Mann getrennt) folgt Halm der Einladung Rainer Mersjohanns, eines einstigen Studienkollegen, gegenwärtig Professor und

Martin Walser

Chairman an der Universität Oakland in Kalifornien, im Herbstsemester vertretungsweise zwei Deutschkurse und einen Vortrag über Heine zu halten. Dem Gleichmaß seines Lebens in Deutschland entflieht Halm gern, er genießt die Weite und Freiheit Amerikas und schon in der ersten Kursstunde die Begegnung mit der blonden Studentin Fran Webb. »Das war ein Augenblick, in dem er lebendiger gewesen war als vorher und nachher.« Mit ihr übersetzt er Rilkes Gedicht *Der Panther*, auch ist er ihr behilflich bei der Shakespeare-Interpretation. Den dem Panther nicht möglichen Ausbruch aus seinem eingesperrten Dasein versucht er (symbolisch) mittels eines Badeausflugs am Pazifik, leider mit dem Ergebnis, dass ihm im »tosend zusammenstürzenden Kristallpalast« der Brandung »ein paar Knochen verrenkt« werden. Die Kontakte mit den Kollegen des deutschen Fachbereichs und ihren Familien erschöpfen sich in zwangloser Freundlichkeit und versteckten Animositäten, problematisch ist besonders die Beziehung zu Mersjohann, dessen Lebenskrise in den Suizid mündet. Halms Heine-Vortrag findet nicht statt, er bricht auf dem Podium zusammen. Als er nach Ablauf der Semesters nach Deutschland zurückkehrt, erhält er dort die Nachricht von Frans Unfalltod in der Brandung des Pazifik. Er trägt sich mit dem Gedanken, seiner Frau ein platonisches Verhältnis zu beichten.

Der Versuch, Erlebtes zu erzählen, führt in Walser-Romanen zur Ansammlung einer schier uferlosen Fülle von Detailwahrnehmungen, wie sie das Bewusstsein seiner Figuren reproduziert. Wahrnehmungen sind aber stets bereits Interpretation, ob und inwieweit sie mit dem Wirklichen übereinstimmen bleibt fraglich. Dahinter steckt als »Problem: die literarische Wahrnehmbarkeit einer gestaltlos gewordenen Welt« (R. Schnell). Auf die Novellensammlung *Dorle und Wolf* (1987) folgte der Roman *Die Jagd* (R., 1988), in dem Walser das Thema der Midlife-Crisis-Affären von Akademikerehepaaren ein weiteres Mal durchspielte.

(→ S. 730, 743, 751, 752, 811, 820)

Eine Generation von Zeitzeugen

Deutsche, die in jüngeren Jahren das Hitlerreich und den Zweiten Weltkrieg erlebt hatten, waren – so unterschiedlich sie das Erlebte verarbeiten mochten – durch eine gemeinsame Erfahrung verbunden. Die »Gruppe 47« fand ihre Mitglieder überwiegend in diesen Jahrgängen und wurde wesentlich durch sie geprägt. Die Zugehörigkeit zu ihr bildete aber naturgemäß für die Betroffenen nicht die Regel. Längst nicht alle wurden zu den Treffen eingeladen, wie das Beispiel Nossacks und Koeppens zeigt, wurde die Zugehörigkeit auch nicht in jedem Falle gesucht.

Zu den Gründungsmitgliedern der Gruppe gehört WOLFDIETRICH SCHNURRE (1920–1989).

Schnurre wurde in Frankfurt/Main als Sohn eines Bibliothekars (Naturwissenschaftler) geboren, besuchte in Berlin zunächst eine sozialistische Schule, dann ein humanistisches Gymnasium, war 1939–45 Soldat, zuletzt in einer Strafkompanie. Begann vor 1945 zu publizieren, nach dem Krieg arbeitete er für *Die Neue Zeitung* und die Zeitschriften *Horizont*, *Der Ruf* und *Deutsche Rundschau*. Seit 1950 lebte er als freier Schriftsteller in Berlin, in Schleswig-Holstein und in Italien. 1983 Büchner-Preis. Gestorben in Kiel.

Zunächst noch von Haltungen und Sprechweisen der Vergangenheit geprägt, entwickelte Schnurre einen an Hemingway und Faulkner orientierten Stil. Von ihnen lernte er, wirkungsvolle Short stories zu schreiben, Kurzgeschichten, die ihn jahrzehntelang zum Lesebuchklassiker werden ließen. Zur sozialen und politischen Stellungnahme fühlte er sich verpflichtet. Eine seiner theoretischen Arbeiten trägt den charakteristischen Titel *Auszug aus dem Elfenbeinturm* (*Schreibtisch unter freiem Himmel. Polemik und Bekenntnis*, Ess., 1964). Ironisch, skurril und unpathetisch fand Schnurre seinen Platz unter den Autoren einer Littérature engagée, er wollte »so klar, so menschlich, so wahrhaftig wie möglich« schreiben, die Fabelsammlung *Protest im Parterre* (1957), der »Roman in Geschichten« *Als Vaters Bart noch rot war* (1958), viele Bände mit Erzählungen, darunter *Die Rohrdommel ruft jeden Tag* (1950), *Eine Rechnung, die nicht aufgeht* (1958), *Steppenkopp* (1958), *Man sollte dagegen sein* (1960), *Jenö war mein Freund* (1960) und *Rapport des Verschonten* (1968), Parabeln (*Barfußgeschöpfe*, 1958) sowie die Chronik *Das Los unserer Stadt* (1959) legen davon Zeugnis ab: ein vielgestaltiges Werk bis hin zu den Aphorismen *Aufzeichnungen des Pudels Ali* (1962), in denen sich der Satz findet: »Was wollen wir Pudel denn schon? Doch nichts als in Sanftmut dahingehen.« In *Der Schattenfotograf* (1978) betitelten Aufzeichnungen zog er (selbst-)kritisch Bilanz seiner Arbeit als Schriftsteller, der Roman *Ein Unglücksfall* (1981), dem er vor allem Breitenwirkung wünschte, behandelt das Scheitern des deutsch-jüdischen Zusammenlebens und die sich daran anschließenden Verbrechen.

WALTER JENS (1923) wurde 1950 Mitglied der Gruppe, fand Beachtung zunächst als Romancier, später als einer ihrer einflussreichsten Kritiker.

Geboren in Hamburg, besuchte Jens das dortige Gymnasium Johanneum, studierte 1941–45 in Hamburg und Freiburg/Br. klassische Philologie und Germanistik; habilitierte sich in Tübingen und erhielt dort, seit 1956 Professor, 1963 den Lehrstuhl für Allgemeine Rhetorik. Jens war 1976 bis 1982 Präsident des P.E.N.-Zentrums der Bundesrepublik, ist Mitglied mehrerer Akademien, Autor einer Geschichte der Universität Tübingen (1977) und literaturwissenschaftlicher Arbeiten. Er übertrug Homer, Aischylos und Euripides in freien Nachdichtungen.

Jens schrieb seine erste Novelle *Das weiße Taschentuch* (1948) unter dem Pseudonym »Walter Freiburger« über einen Studenten, der wahrnimmt, dass es bei der Wehrmacht nur dunkle Taschentücher gibt – weiße könnten es erleichtern, sich zu ergeben. Sein utopischer Zeitroman *Nein. Die Welt der Angeklagten* (1950) zeigt Stilzüge Kafkas und Kasacks, wie andere europäische Intellektuelle (Camus, Koestler, Orwell, Silone, Konrad) behandelte er den Kampf des geistigen Menschen mit der Tyrannei.

In einem totalitären Staat, der sich extremen Terrors bedient, wird der ehemalige Dozent Walter Sturm vor den obersten Richter geladen und inhaftiert. Eine wahrheitsgemäße Aussage über die politische Gesinnung seiner Geliebten (er sagt, sie sei seiner eigenen vergleichbar) setzt auch diese der Verfolgung aus; sie opfert sich für ihn und nimmt Gift. Als der oberste Richter Sturm die Nachfolge in seinem Amt anbietet, verurteilt dieser sich selbst zum Tod und wird hingerichtet.

Es folgten *Der Blinde* (E., 1951), *Vergessene Gesichter* (R., 1952) und *Der Mann, der nicht alt werden wollte* (R., 1955), die fiktive Biografie eines alten Wissenschaftlers über einen genialen Literaten nach dem Vorbild von Thomas Manns *Doktor Faustus*, schließlich *Herr Meister. Dialog über einen Roman* (1963), das Briefgespräch eines Schriftstellers und eines Literarhistorikers über ein geplantes Prosawerk. Das ursprüngliche Vorhaben erlahmt, stattdessen nimmt der Dialog in sich auf, was Erzählung sein sollte, und wird so zu einem Roman neuer Prägung.

Ein führendes Mitglied der »Gruppe 47« war auch WOLFGANG HILDESHEIMER, dessen *Lieblose Legenden* (1952, erweiterte Neuauflage 1962) »eine Prise vom Salz der Kritik und von der Resignation über ihre Vergeblichkeit« (R. H. Wiegenstein) darstellten. Beide Charakterisierungen untertrieben, ein künftiger Wortführer des Absurdismus meldete sich zu Wort. 1953 folgte das *Paradies der falschen Vögel*, ein »heiterer Roman« über die Antiquitätenfälscherei. Von WALTER HÖLLERER erschien der Roman *Die Elephantenuhr* (1973), der, wie man sagte, »eigentlich ein langes, überlanges Gedicht« darstellt, eine »Welt aus Sprache«, wie eine von Höllerer 1972 in Berlin veranstaltete semiologische Ausstellung benannt war.

Das Werk der nach 1930 geborenen Mitglieder der Gruppe zeigt nicht zufällig veränderte Schwerpunkte. GABRIELE WOHMANN (1932) beschrieb mit sensibler, an angelsächsischem Vorbild geschulter Erzählkunst alltägliche Vorgänge aus dem Leben durchschnittlicher Menschen – mit einem Realismus, der die Groteske zum Hintergrund hat (*Mit einem Messer*, En., 1958; *Jetzt und nie*, R., 1958; *Sieg über die Dämmerung*, En., 1960; *Abschied für länger*, R., 1965; *Ernste Absicht*, R., 1970; *Paulinchen war allein zu Haus*, R., 1974; *Alles zu seiner Zeit*, En., 1976; *Frühherbst in Badenweiler*, R., 1978; *Ach wie gut, daß niemand weiß*, R., 1980; *Der Irrgast*, En., 1985; *Der Flötenton*, R., 1987; *Kassensturz*, En., 1989). Der letzte Preisträger der »Gruppe 47«, eine völlig selbstständige Erscheinung, wurde JÜRGEN BECKER (1932; *Felder*, Pr., 1964; *Ränder*, Pr., 1968; *Umgebungen*, Pr., 1970; *Erzählen bis Ostende*, Pr., 1981; *Die Türe zum Meer*, Pr., 1983). Wiederholt publizierte Becker Prosa zusammen mit Bildern seiner Frau, der Malerin Rango Bohne (*Frauen mit dem Rücken zum Betrachter*, 1989).

JENS REHN (eigentlich Otto Jens Luther, 1918–1983),

der der Gruppe nicht angehörte, hat in seiner Erzählprosa Sinnbilder für die Grundsituation des Menschen gesucht. *Nichts in Sicht* (E., 1954) schildert das Ende eines deutschen U-Bootfahrers und eines amerikanischen Fliegers, die als einzige Überlebende eines Kampfes im Atlantik hilflos im Schlauchboot treiben. Zuerst stirbt der schwer verwundete Pilot, dann der Seemann, was sie erfahren, ist »die notorische Gleichgültigkeit des Raumes gegenüber unseren Entwürfen und Auflehnungen« (S. Lenz). *Feuer im Schnee* (R., 1956) erzählt von dem Überlebenden eines Flüchtlingstrecks, der in einer ziellosen Irrfahrt alles Vergangene von sich wegschiebt, sich in das Unabänderliche fügt und in das eigene Selbst rettet. In *Die Kinder des Saturn* (R., 1959) wird das Schicksal dreier Überlebender eines Atomkriegs behandelt. Weitere Prosa sammelten die Bände *Der Zuckerfresser* (En., 1961), *Die 10 Gebote* (En., 1967) und *Nach Jan Mayen und andere Geschichten* (1981).

Ähnliches gilt für GERT LEDIG (1925–1999), ein längere Zeit fast vergessener Autor, an den man sich erst am Ende des Jahrhunderts wieder erinnerte, als der gegen Deutschland geführte Luftkrieg verspätet Medienaktualität gewann. Ledig hatte den Krieg mit einer Härte beschrieben, die beim Erscheinen noch Anstoß erregte (*Die Stalinorgel*, R., 1955; *Vergeltung*, R., 1956; *Faustrecht*, R., 1957).

Auch der Lyriker HEINZ PIONTEK war Kriegsteilnehmer, aber seine künstlerischen Ziele waren von denen Ledigs völlig verschieden. Er versuchte sich als Prosaschreiber zunächst an kurzen Erzählungen (*Vor Augen*, 1955; *Kastanien aus dem Feuer*, 1963), veröffentlichte später aber auch Romane (*Die mittleren Jahre*, 1967; *Stunde der Überlebenden*, 1989) und Essays. Piontek bekannte sich zu den alten geistigen und literarischen Werten, und das bedeutete auch Mäßigung im Erzählen, die Grenze des Zumutbaren nicht zu überschreiten.

Max von der Grün und die »Gruppe 61«

Am Karfreitag 1961 gründeten der Dortmunder Bibliotheksdirektor FRITZ HÜSER (1908–1980), der Schriftsteller Max von der Grün und eine Anzahl weiterer Autoren aus Nordrhein-Westfalen die »Gruppe 61 – Arbeitskreis für die künstlerische Auseinandersetzung mit der modernen Arbeitswelt«. Im Stil der Veranstaltungen bestand Ähnlichkeit mit der »Gruppe 47«, doch war im Unterschied zu dieser der freie Zugang für Interessenten gewährleistet. Neben von der Grün zählten zur »Gruppe 61« auch Günter Wallraff, Erika

Runge, PETER SCHÜTT (1939) und ANGELIKA MECHTEL (1943–2000). 1970 spaltete sich in Köln der »Werkkreis Literatur der Arbeitswelt« ab, der den »schreibenden Arbeiter«, eine Literatur der Lohnabhängigen, zu fördern bemüht war. Im selben Jahr erschien die erste Anthologie *Ein Baukran stürzt um. Berichte aus der Arbeitswelt*. Es folgten die Sammlung von Industriereportagen *Ihr aber tragt das Risiko* (1971) und die Dokumentation *Realistisch schreiben* (1972).

MAX VON DER GRÜN (1926–2005), ein aus einer verarmten bayerischen Adelsfamilie stammender ehemaliger Bergmann, der als Kriegsgefangener in der Lagerzeitschrift *Der Ruf* ein erstes Publikationsorgan gefunden hatte, wurde nach dem Erstlingswerk *Männer in zweifacher Nacht* (1962) mit *Irrlicht und Feuer* (R., 1963) und *Zwei Briefe an Pospischiel* (R., 1968) wegweisend für die Tätigkeit der »Gruppe 61«, deren Mitglied er bis zu ihrer Auflösung war.

Irrlicht und Feuer stellt ein Jahr aus dem Leben eines Arbeiters im Ruhrgebiet dar. Jürgen Fohrmann, zunächst Bergmann, wird nach Schließung der Zeche Verladearbeiter. Später arbeitet er auf dem Bau und schließlich in einer Elektrofabrik am Fließband. Der technische Fortschritt am Arbeitsplatz erscheint von seinem menschlichen Zweck getrennt. – Protagonist der *Zwei Briefe an Pospischiel* ist ein Arbeiter in einem Dortmunder Elektrizitätswerk.

Auf *Fahrtunterbrechung* (En., 1965) und *Urlaub am Plattensee* (En., 1970) folgte eine Reihe weiterer Romane (*Stellenweise Glatteis*, 1973; *Flächenbrand*, 1979; *Die Lawine*, 1986; *Springflut*, 1990 usw.), die Probleme der kapitalistischen Arbeitswelt aufzeigen und von denen manche, auch in Ländern des ehemaligen Ostblocks, weite Verbreitung fanden. Von der Grüns Position erhellt der Band *Klassengespräche. Aufsätze, Reden, Kommentare* (1983), der Arbeiten aus 15 Jahren umfasst.

Prosa von Peter Weiss

Der »Mikro-Roman« *Der Schatten des Körpers des Kutschers* (1960, e. 1952) machte auf den Prosaisten PETER WEISS aufmerksam und wies auf Veränderungen in der Erzählliteratur hin, die in der Folge viele junge Autoren beeinflussten.

Weiss beschränkte sich, wie er ausdrücklich erklärte, auf die Wiedergabe von Wahrnehmungen. Aus streng beschränkter Perspektive wird mit äußerster Genauigkeit beschrieben. In der Konsequenz führt dies dahin, dass eine Liebesszene als Schattenspiel auf einem hellen Fenster dargestellt wird – diesem Einfall verdankt das Buch seinen Titel.

Peter Weiss

Die Schatten wurden, wie ich berechnete, von der Lichtquelle der in der Mitte der Küche befindlichen herabziehbaren Lampe geworfen, und in Anbetracht der Lage der Schatten musste die Lampe, wahrscheinlich zur Erhellung des Fußbodens, den die Haushälterin zu putzen gedachte, ungefähr bis zur Brusthöhe herabgezogen sein; so sah ich deutlich über dem Schatten des Fensterbretts den Schatten der Kaffeekanne hervorragen, und seitwärts, etwa vom Platz aus, an dem die Haushälterin bei den Mahlzeiten zu sitzen pflegt, beugte sich der Schatten der Haushälterin mit vorgestrecktem Arm über den Tisch und ergriff den Schatten Kaffeekanne. Nun legte sich der Schatten des Kutschers, niedrig aus der Tiefe der Küche hervortretend, und über den Schatten der Tischkante, der in gleicher Höhe mit dem Schatten des Fensterbretts lag, hinauswachsend, neben den Schatten der Haushälterin; der Schatten seiner Arme streckte sich in den Schatten des Arms der Haushälterin hinein, auch der Schatten des anderen Arms der Haushälterin schob sich in den zu einem Klumpen anschwellenden Schatten der Arme, worauf sich die Schattenmasse des Körpers der Haushälterin der Schattenmasse des Körpers des Kutschers näherte und mit ihr zusammenschmolz [...]

Es folgten autobiografische Berichte – *Abschied von den Eltern* (E., 1961) sowie *Fluchtpunkt* (R., 1962), in denen Weiss die »Suche nach einem eigenen Leben« darstellte, in Stil und Komposition jedoch wieder konventioneller verfuhr. *Das Gespräch der drei Gehenden* (R.-Fragment, 1963) bot dann erneut eine mikroskopische Technik des Erzählens, die der Wirklichkeit surreale Effekte abgewann. Weiss' umfangreiches Prosawerk, ein »großer Entwurf gegen den Zeitgeist« (H. Vormweg) ist der dreiteilige Roman *Die Ästhetik des Widerstands* (1975/78/81).

Der Ich-Erzähler, ein junger Arbeiter, Sohn eines Sozialdemokraten, der ihn über die politischen Erfahrungen seiner Generation belehrt hat, beschreibt seine Entwicklung in den Jahren 1933 bis 1945. Durch Hitlers Machtantritt zum Abbruch seiner Ausbildung gezwungen, nutzte er alle freie Zeit, um sich gemeinsam mit Freunden weiterzubilden, Literatur und Kunst sind für ihn Instrumente zum Verständnis der Welt und seiner selbst. Auch während er auf republikanischer Seite am Spanischen Bürgerkrieg teilnimmt, führt er seine Studien weiter. Nach dem Sieg Francos gelangt er über Paris nach Stockholm. Dort lernt er Brecht kennen, arbeitet als Bote im kommunistischen Untergrund und beginnt über die politische Situation und den Widerstand gegen die Diktatur zu schreiben.

Das Werk ist als »proletarischer Bildungsroman« bezeichnet worden, von Weiss selbst, der im Sozialismus spät seine gültige Wahrheit fand, als »Wunsch-Autobiografie«. Ästhetik wird in diesem Roman, wie Weiss in einem seiner *Notizbücher* formuliert hat, »nicht mehr definiert anhand von Kunstwerken und Ausdruckanalysen«, sondern schlägt sich direkt nieder. Die Kunst dient als Medium der Erklärung und des Lernens. Geschichtliche Vorgänge sind namen- und faktengetreu in das Romangeschehen integriert.

Die »Kölner Schule« des Neuen Realismus

Besonders die so genannte »Kölner Schule« prägte die Bemühungen um einen neuen Realismus. Ihr Gründer und Theoretiker war DIETER WELLERSHOFF (1925), Verlagslektor, dann freier Schriftsteller, der 1965 dem vorherrschenden, vor allem von Günter Grass vertretenen Prosastil mit eigenen Vorstellungen entgegentrat: »[...] die phantastische, groteske, satirische Literatur hat die Gesellschaft kritisiert, indem sie ihr ein übersteigertes, verzerrtes Bild gegenüberstellte, der neue Realismus kritisiert sie immanent durch genaues Hinsehen.« Als Lektor stand er im Austausch mit jungen Autoren, die er in seinem Sinn förderte, bereits 1962 war seine Anthologie *Ein Tag in der Stadt* erschienen, mehrere der Beiträger sind schon bald bekannt geworden: GÜNTER HERBURGER (*Eine gleichmäßige Landschaft*, En., 1964; *Die Messe*, R., 1969; *Die Eroberung der Zitadelle*, E., 1972; *Flug ins Herz*, R., 1977), ROLF DIETER BRINKMANN (*Die Umarmung*, 1965; *Raupenbahn*, R., 1966; *Keiner weiß mehr*, R., 1968; *Rom, Blicke*, Aufzeichnungen, 1979) und LUDWIG HARIG (1927, *Reise nach Bordeaux*, R., 1965; *Rousseau*, R., 1978; *Ordnung ist das ganze Leben. Roman meines Vaters*, 1986). Die Bezeichnung »Kölner Schule« bleibt allerdings im Verhältnis zu anderen Zuordnungen (in gegebenenfalls irreführender Weise) unbestimmt, weil der Verwendungsbereich nicht definiert ist und die Grenzen sich überschneiden. Um eine stabile Gründung hat es sich jedenfalls nicht gehandelt, die »Schüler« entwickelten sich in unterschiedliche Richtungen. Besonders Wellershoffs eigene Romane lassen jedoch erkennen, dass das von ihm angewandte Verfahren (angeregt nicht zuletzt durch die Stilmittel des »nouveau roman«) künstlerisch produktiv war, Genauigkeit und Sensibilität gleichermaßen begünstigte. Zwar erschien für die flüchtige Wahrnehmung das Ergebnis kaum spektakulär. *Ein schöner Tag* (R., 1966) beschrieb nicht mehr und nicht weniger als zwei alltägliche Wochen im Leben einer Kölner Familie, das Geflecht der Beziehungen aus der Perspektive von Vater, Tochter und Sohn, *Die Schattengrenze* (R., 1969) psychische Desintegration und Zusammenbruch eines von den Steuerfahndern verfolgten Mannes. Was diese Romane jedoch auszeichnete, war – mit Wellershoffs eigenen Worten – »eine bewegte, subjektive Optik, die durch Zeitdehnung und Zeitraffung und den Wechsel zwischen Totale und Detail, Nähe und Ferne« vermeintlich bekannten Vorgängen eine neue Erfahrung abgewann (*Einladung an alle*, R., 1972; *Doppelt belichtetes Seestück*, En., 1974; *Die Schönheit des Schimpansen*, R., 1977). *Die Sirene* (N., 1980) profitierte zusätzlich von der griffigen Fabel, einer gleichsam nach innen verlegten »unerhörten Begebenheit«, die den Vorzügen von Wellershoffs Schreibstil besondere Entfaltungsmöglichkeiten bot.

Ein Pädagogikprofessor erhält unvermutet den Anruf einer ihm unbekannten Frau, die ihn ihrerseits aus einer Fernsehsendung kennt. Sie ist depressiv, sucht seine Hilfe und zieht ihn in fortgesetzten Telefonaten zunehmend in ihren Bann, denn sein Versuch, Anteil zu nehmen, lässt seine eigenen Sicherheiten brüchig werden. Als er den Kontakt zu ihr zuletzt abrupt abbricht, bleibt er als ein Geschlagener zurück. »Warum fühlte er sich auf einmal so leer?«

Das Schicksal der Frau bleibt ungewiss (im Mythos, auf den sich der Titel bezieht, würde die »Sirene« dieses Ende allerdings nicht überleben), das von dem Professor – der sich gerade in einem Freisemester befindet – geplante Buch »Selbsterkenntnis oder die Entstehung des Ich« möglicherweise ungeschrieben. Wellershoff argumentierte mit dem Begriff »Realismus« inzwischen zunehmend seltener, schrieb aber weiterhin Romane (*Der Sieger nimmt alles*, 1983) bis hin zu dem künstlerisch besonders geglückten *Ein Liebeswunsch* (2000).

Noch weitere Autoren sind in ihren Anfängen dem Umkreis der »Kölner Schule« zuzurechnen. Für RENATE RASP (1935; *Ein ungeratener Sohn*, R., 1967) und GÜNTER SEUREN (1932–2003; *Das Gatter*, R., 1964; *Lebeck*, R., 1966; *Das Kannibalenfest*, R., 1968; *Der Abdecker*, R., 1970; *Die fünfte Jahreszeit*, R, 1979) wurde später der Begriff des »Schwarzen Realismus« in Anspruch genommen, um die aggressive und gelegentlich bösartig anmutende Schärfe ihrer Beschreibungen zu bezeichnen. NICOLAS BORN (1937–1979) sah sich für den auf seinen Erstling (*Der zweite Tag*, 1965) folgenden zweiten Roman *Die erdabgewandte Seite der Geschichte* (1976) als einer der Initiatoren der »Neuen Subjektivität« gefeiert, die damals schnell an Bedeutung gewann. Mit der »Kölner Schule« hatte sie zumindest die Abkehr vom Primat der Politik gemeinsam. Es geht nunmehr um das Recht auf Privatheit, das in einem, wie das Jahr 1968 belegt, enttäuschenden und ins Leere verlaufenden historischen Prozess ins Hintertreffen geraten ist. Wirklichkeit und Wirklichkeitsdarstellung bilden, wie Borns letzter Roman *Die Fälschung* (1979) belegt, auch weiterhin ein bestimmendes Problem. Der Roman verdankt seinen Titel der Erkenntnis des »Helden«, eines deutschen Journalisten in Beirut, dass sein Handwerk die Wirklichkeit verfälscht. Als einen berufsmäßigen Voyeur betrachtet er sich. Er kündigt, aber er nimmt seine Erkenntnis auch in sein privates Leben mit. *Die Fälschung* ist eine »Parabel menschlicher Entfremdung« (F. C. Delius).

Walter Kempowski (1929)

Geboren in Rostock als Sohn eines Schiffsmaklers, besuchte Kempowski ein Realgymnasium, musste aber 1946 die Schule verlassen und begann eine kaufmännische Lehre. Weil er Geschäftsunterlagen über die Demontage des väterlichen Betriebs in den Westen gebracht hatte, wurde er von einem sowjetischen Militärgericht zu 25 Jahren Arbeitslager verurteilt. Nach achtjähriger Haft in Bautzen wurde er entlassen, ging in die Bundesrepublik, holte das Abitur nach und studierte in Göttingen Pädagogik. Er wurde 1965 Grundschullehrer in Nartum, wo er noch immer lebt, und war von 1980–90 Lehrbeauftragter an der Universität Oldenburg sowie Gastdozent an weiteren deutschen und amerikanischen Universitäten. Auch Hörspiele, Kinderbücher und pädagogische Materialien gehen auf ihn zurück.

Kempowski stellte in seinem ersten Prosawerk *Im Block. Ein Haftbericht* (1969), das er als Vierzigjähriger erscheinen ließ, in einer Folge wie Momentaufnahmen geordneter kurzer Texte das Leben in Gefangenschaft dar. Der autobiografische Gesichtspunkt tritt dabei stark zurück. Es folgten die viel gelesenen Romane

Tadellöser & Wolff (1971) und *Uns geht's ja noch gold* (1972), in denen er von einer Kindheit in der NS-Zeit und von der Nachkriegszeit in der Sowjetischen Besatzungszone berichtet. Wieder schreibt er aus persönlicher Kenntnis, ohne die eigene Perspektive in den Vordergrund zu stellen. Schon in diesen frühen Romanen spielt vielmehr das Zitat eine besondere Rolle. Kempowski blieb seiner Thematik und seinem schriftstellerischen Verfahren auch in der Folge treu. Er behandelte in *Ein Kapitel für sich* (R., 1975) noch einmal die Jahre seiner Haft, um den Stoff in eine geplante mehrbändige Familienchronik einzuarbeiten, schrieb mit *Aus großer Zeit* (1978) die Vorgeschichte, einen Familienroman aus der Wilhelminischen Epoche, und schloss mit *Schöne Aussicht* (1981) die noch verbliebene Lücke zwischen 1920 und 1938. Seine *Deutsche Chronik*, die ihre Herkunft aus Archiv und Zettelkasten nicht verleugnet, fand mit *Herzlich willkommen* (1984) ihre Fortsetzung bis in die Sechzigerjahre. Kempowski ermöglicht seinen Lesern das »Wiedererkennen« ähnlich selbst erlebter Situationen der Vergangenheit.

Peter Härtling (1933)

Geboren in Chemnitz als Sohn eines Rechtsanwalts, kam Härtling 1941 ins Protektorat nach Olmütz; 1946 Flucht nach Zwettl (Niederösterreich), von dort Umsiedlung nach Nürtingen. Tod des Vaters in sowjetischer Kriegsgefangenschaft, Freitod der Mutter. Nach Abbruch der Gymnasialausbildung Journalist (1956–62 Feuilletonredakteur der *Deutschen Zeitung* in Köln, 1964–70 Mitherausgeber der Zeitschrift *Der Monat*, 1967–73 Cheflektor beim S. Fischer Verlag, Frankfurt/Main). Danach freier Schriftsteller. Zahlreiche Literaturpreise (u. a. Deutscher Jugendbuchpreis 1976, Hölderlin-Preis 1987).

Härtling trat als Romancier zuerst mit dem Heimkehrerroman *Im Schein des Kometen* (1959) hervor. Der erotische Roman *Niembsch oder Der Stillstand* (1964) setzte in Form einer musikalischen Suite Begebenheiten aus dem Leben Nikolaus Lenaus mit dem Don-Juan-Motiv in Verbindung. Weitere literarisch bekannte Personen treten unter verändertem Namen auf: Aus Uhland wurde Roller, aus Kerner Kürner, aus Sophie von Löwenthal Karoline von Zarg. Es geht um Zeit und Stillstand der Zeit, den absoluten Moment, dessen Inbegriff die Umarmung ist. *Janek. Porträt einer Erinnerung* (R., 1966) behandelt die Geschichte eines böhmischen Halbjuden, der den Verlust der Eltern als Verlust der Vergangenheit erlebt. Es folgten *Das Familienfest oder Das Ende der Geschichte* (R., 1969) und der autobiografische Bericht *Zwettl. Nachprüfung einer Erinnerung* (1973), Erzählung eines Kindheitserlebnisses.

Peter Härtling

Härtlings Sensibilität und Einfühlungskraft bestätigte erneut der Roman *Eine Frau* (1974), der siebzig Jahre deutscher Geschichte vom Wilhelminischen Kaiserreich bis zur Bundesrepublik mit den Hauptschauplätzen Dresden, Prag, Brünn und Stuttgart umfasst. *Hölderlin* (R., 1976) und *Hubert oder Die Rückkehr nach Casablanca* (R., 1978) zeigen Härtling wiederum bemüht um die Probleme von Geschichte und Biografie. Wie einst Janek ist auch der heimatlose Hubert, Sohn eines SS-Obersturmbannführers, auf der Suche nach dem Vater. Wie sein Idol Humphrey Bogart, auf dessen berühmtesten Film *Casablanca* der Titel des Romans hinweist, spielt Hubert den Außenseiter. Härtling nahm sein Thema erneut auf in dem autobiografischen Bericht *Nachgetragene Liebe* (1980), der die Kindheit des Autors bis zum frühen Tod des Vaters behandelt, von dem es eingangs heißt: »Er hinterließ mich mit einer Geschichte, die ich seit dreißig Jahren nicht zu Ende schreiben kann.« *Die dreifache Maria* (E., 1982) stellt Mörikes Begegnung mit Maria Meyer dar, *Das Windrad* (R., 1983) umwelt- und tagespolitische Probleme im schwäbischen Lebensraum, aber auch mit böhmischen Zügen, wie es für Härtling charakteristisch scheint. Der Roman *Waiblingers Augen* (1987) über den früh vollendeten WILHELM WAIBLINGER (1804–1830) rundete Härtlings Darstellungen über Hölderlin und Mörike zu einer Trilogie württembergischen Dichterlebens. (→ S. 762, 793)

Hubert Fichte (1935–1986)

Geboren in Perleberg als Sohn eines jüdischen Vaters, der zu emigrieren versuchte und als verschollen gilt. Aufgewachsen in Hamburg, in Oberbayern, wo die Mutter den halbjüdischen Jungen verstecken wollte, und in Liegnitz.

Hubert Fichte

Schauspieler auf Hamburger Nachkriegsbühnen, erhielt 1952 ein Reisestipendium des französischen Botschafters François-Poncet, studierte an der Universität von Poitiers, war 1958–61 Schafhirte in der Provence, seit 1963 freier Schriftsteller; Lebens- und Arbeitsgemeinschaft mit der Fotografin Leonore Mau. Aufenthalte in den Niederlanden, in Schweden (auf der Suche nach dem Vater), in der Karibik und in Südamerika. Teilnahme an Tagungen der »Gruppe 47«, Stipendiat der Villa Massimo in Rom. Eine Nebenarbeit zu den autobiografischen und Reisewerken, im Anschluss an eine Hörspielversion entstanden, bildete *Lohensteins Agrippina, bearbeitet von Hubert Fichte* (1978), Zeugnis einer eigenwilligen Vertiefung in das Werk des Barocks. Fichte starb in Hamburg.

In seinen Romanen und Erzählungen beschrieb Fichte die Situation von Außenseitern: eines halbjüdischen Kindes in der NS-Zeit (*Das Waisenhaus*, R., 1965), eines Gammlers im Hamburger Milieu. Er kennt die von ihm beschriebene Wirklichkeit detailgenau und weiß sie erzählerisch zu vergegenwärtigen. »Nichts über Halleluja und Barbara berichten. Sie nachmachen in Wörtern«, heißt es bezeichnend an einer Stelle in *Die Palette* (R., 1968). In *Detlevs Imitationen ›Grünspan‹* (R., 1971), wo auch die Hamburger Bombennächte behandelt werden, verschränkt Fichte die Welten Detlevs und Jäckis, der Helden der beiden ersten Bücher: In *Versuch über die Pubertät* (R., 1974) fallen beide Figuren in dem Ich-Erzähler zusammen – und er trägt den Namen des Verfassers. Frühe fiktive Prosa enthalten darüber hinaus der vorzugsweise in Schweden entstandene Band *Der Aufbruch nach Turku* (En., 1963) und *Im Tiefstall* (E., 1965).

Fichtes Veröffentlichungen wurden immer stärker zu »Erkundungen« in die Gesellschaft tabuisierter Lebensbereiche (*Interviews aus dem Palais d'Amour*, 1972, erweiterte Fassung u. d. T. *Wolli Indienfahrer*, 1978; *Hans Eppendorfer. Der Ledermann spricht mit Hubert Fichte*, 1977). Auch diese Interviews haben einen starken Bezug zur Person des Autors, daher überrascht es nicht, wenn Stoffe wiederholt Verwendung finden und die Grenze zwischen den Gattungen fließend wird. So ist das vierte Kapitel von *Versuch über die Pubertät* eine Montage aus Eppendorfers Antworten.

Fichtes bedeutendste Reisebücher sind seine Darstellungen über die Welt der afroamerikanischen Religionen, bei denen es sich um ein Erbe der Kolonialzeit und des Sklavenhandels in Mittel- und Südamerika handelt (*Xango*, 2 Bde., 1976; *Petersilie*, 2 Bde., 1980; *Lazarus und die Waschmaschine, Kleine Einführung in die Afroamerikanische Kultur*, 1985). Diese Werke bestehen neben Text- auch aus Fotobänden, die aus der Zusammenarbeit mit Leonore Mau hervorgingen.

Hans Mayer hat Fichte – neben Arno Schmidt, Grass und Johnson – zu den vier bedeutendsten deutschen Schriftstellern seit dem Ende des Zweiten Weltkriegs gezählt. Der Büchner-Preis blieb ihm versagt. Unvollendet blieb sein in enormen Dimensionen geplantes Hauptwerk, die auf 19 Bände berechnete *Geschichte der Empfindlichkeit* (1987–1995), die neben Romanen auch Studien und Glossen umfasst und deren postume Edition nur in veränderter Form erfolgte.

Herbert Achternbusch (1938)

Geboren in München, aufgewachsen in Mietraching, Studium der Malerei an der Kunstakademie in Nürnberg, übte verschiedene Tätigkeiten aus (Zigarettenverkäufer auf dem Oktoberfest), erhielt mehrere Preise, sah sich aber auch wiederholt in Prozesse und Auseinandersetzungen öffentlich-rechtlicher Art verwickelt. Lebt in Gauting.

Auch Achternbusch brachte seine Subjektivität rückhaltlos in das literarische Schaffen ein und suchte sie verbindlich zu machen in einer sehr persönlichen Sprache und Darstellungsweise. Die ersten Ausgaben seiner Erzählungen (*Hülle*, 1969; *Das Kamel*, 1970) setzen sich sowohl über die Duden-Rechtschreibung als auch über die Regeln zur Zeichensetzung und Silbentrennung hinweg, sie weisen noch nicht einmal Seitenzahlen auf. Kunstbegriffe, Lesererwartungen, gesellschaftlich akzeptierte Formen von Moral und Pietät schienen Achternbusch eher zu provozieren. Er war und blieb ein aufsässiger Einzelgänger, über den die Kritik sich nicht einigen konnte. Mit dem Widerstand gegen das Bestehende korrespondiert die Suche nach einer freien Existenz. »Irgendwo draußen ist Leben möglich, sonst hätten wir nicht diese verrückte Idee danach.«

Die Erzählung *Die Macht des Löwengebrülls* (1970) trägt ihren Titel nach dem Kinderbuch, zwischen dessen Umschlagdeckel ein Naturgeschichtslehrer an einer Volksschule das Manuskript seiner schriftlich fixierten Erfahrungen und Träume eingelegt hat. In seiner realen Existenz vielfach enttäuscht, wünscht sich der Lehrer zu den Orang-Utans auf Borneo. Als Schreibender bleibt er sich jedoch gleichzeitig seiner Ohnmacht bewusst.

Achternbusch schrieb die Romane *Die Alexanderschlacht* (1971), *Der Tag wird kommen* (1973), *Die Stunde des Todes* (1975), *Land in Sicht* (1977), *Hundstage* (1995) und eine Reihe anderer Werke, die sich einer bestimmten Gattung nicht zuordnen lassen, wie *L'état c'est moi* (1972), in denen Prosa, dramatischer Dialog, Filmdrehbuch und Lyrik aufeinander folgen. *Wellen* (1983) vereinigt neun groteske Texte erzählenden und dramatischen Charakters – das Ziel dieser Wellen sind Sintflut und Untergang. (→ S. 748, 752)

Die »Neue Innerlichkeit«

Marcel Reich-Ranicki schloss seine Besprechung von BOTHO STRAUSS' *Die Widmung* (E., 1977) mit den Sätzen: »Dieser Mann ist eine große Hoffnung unserer Literatur. Vielleicht wird von ihm der Roman seiner Generation kommen.« Der Literaturchef der FAZ stand mit dieser Meinung keineswegs allein, Kritik und Publikum hatten Strauß' Studie einer erotischen Obsession fasziniert aufgenommen. *Die Widmung* bestätigte den Trend zur »Neuen Subjektivität« oder »Neuen Innerlichkeit«, der ein Kennzeichen der späten Siebzigerjahre werden sollte. Was Reich-Ranicki zu rühmen wusste, war Strauß' »Sensibilität für Psychologisches einerseits und seine exakte Beobachtung von Alltäglichkeiten andererseits, sein makabrer Humor und sein Sinn für Details, deren Symbolkraft ebenso treffend wie unaufdringlich ist«. Als Erzähler debütiert hatte Strauß' 1963 – als Achtzehnjähriger – mit einer dörflichen Wirtshausgroteske *(Schützenehre)*, in Buchform zwölf Jahre später mit *Marlenes Schwester* (En., 1975). Auf *Die Widmung* folgte mit *Rumor* (R., 1980) erneut die Geschichte eines Zusammenbruchs, mit *Paare, Passanten* (Pr., 1981) eine Reihe kleiner Prosatexte, die aus der Perspektive eines Ich-Erzählers westdeutsche Lebensverhältnisse ins Licht setzen. Die Zustimmung für Strauß war bereits einer gewissen Ernüchterung gewichen, genauer ausgedrückt, die Resonanz war geteilt, ein Prozess, der sich nach dem Erscheinen von *Der junge Mann* (R., 1984) noch verstärkte. Zuweilen als ein Werk in der Tradition der deutschen Bildungsromane apostrophiert, ist der Roman von Strauß' Befürwortern am entschiedensten positiv bewertet worden, während Gegner eine Prosa heraufziehen sahen, die sie warnend als »konservativen Kitsch« bezeichneten (*Niemand anderes*, Pr., 1987; *Fragmente der Undeutlichkeit*, Pr., 1989; *Kongreß. Die Kette der Demütigungen*, Pr., 1989).

UWE PÖRKSENS Roman *Weißer Jahrgang* (1979), interessant als ein Dokument der Fünfzigerjahre, beschreibt den Versuch eines norddeutschen Studenten (»Captivus« nennt der Autor seinen Helden), die eigene Position in der Zeit nach dem Nationalsozialismus zu bestimmen. Er geht auf die Trennung Deutschlands ein, auf die Situation der Universitäten und vieles mehr. Gedankenreich, in einer eigenen Sprache geschrieben, voller literarischen Anspielungen oder Echos wirkt der Roman bereits wie aus einer fernen Zeit stammend. Pörksen veröffentlichte noch weitere Prosa (*Die Ermordung Kotzebues oder Kinder der Zeit*, En., 1984; *Schauinsland*, R., 1984).

Erzählerinnen weiblicher Emanzipation

Die fiktive Prosa der Lyrikerin HILDE DOMIN ist autobiografisch orientiert (*Das zweite Paradies*, R., 1968; *Die andalusische Katze*, E., 1971). Die Erfahrungen jahrzehntelangen Aufenthalts in der Fremde (Domin ist ein Pseudonym nach ihrem zeitweiligen Exil Santo Domingo), die für ihr Verhältnis zur Sprache bestimmend sind, finden darin wie selbstverständlich ihren Niederschlag und begründen ihre Fähigkeit zu ungebrochener Mitteilung bei zugleich sicherer Distanz.

In der Literatur der Siebzigerjahre wählen besonders Frauen den betont subjektiven Ausdruck. Das in seinen Möglichkeiten scheinbar schon ausgeschöpfte »lyrische Ich« gewinnt in der Darstellung des für viele Autorinnen zentralen Themas der Emanzipation wieder ästhetische Berechtigung: Als so noch nicht wahrgenommenes Ich einer Frau drückt es seine Stimmungen, Erlebnisse und Gefühle aus. Die neue, »weibliche« Sicht der Dinge äußert sich in vielen Formen. URSULA KRECHEL (1947) behandelte in ihrem ersten Werk (*Erika*, Sch., 1974) Rollenzwang und Selbstverwirklichung im Berufs- und Privatleben. Ihre fiktive Prosa (*Annemette, ein Künstlerleben*, E., 1977; *Das Aufflammen der Ungewißheit*, E., 1978; *Zweite Natur. Szenen eines Romans*, 1981), Hörspiele und kritisch-essayistische Arbeiten fügen sich in den skizzierten Zusammenhang. Ihre Vielseitigkeit in der Wahl der Gattungen zeigt das Bestreben, in Abkehr vom tradierten Typ des Schriftstellers Erfahrungen möglichst unmittelbar auszusprechen. Wie in ihrem Essay *Das Verschwinden des Schriftstellers* dargelegt, erscheint als Ziel eine »authentische Literatur«, geschrieben von denen, die etwas zu sagen haben: eine neue Variante im alten Streit um Wahrheit in der Kunst.

Problematik und Rolle der Frau bilden das bevorzugte Thema nicht weniger Autorinnen der Siebziger- und Achtzigerjahre. KARIN STRUCK (1947) stellte in *Klassenliebe* (R., 1973) bekenntnishaft-subjektiv ihr Verhältnis zu zwei Männern dar, in *Die Mutter* (R., 1975) aus der Perspektive einer Ich-Erzählerin ihre schwierige Rolle als Frau, Mutter und Künstlerin. Die von ihr vertretene Ansicht, dass die Unter-, nicht Überbewertung des Mütterlichen die Krise der modernen Gesellschaft wesentlich bedinge, setzte sie allerdings bereits in Widerspruch zu den Tendenzen der Neuen Frauenbewegung, die sich in der Auseinandersetzung um den § 218 formiert hatte. In der Folgezeit begegnete Karin Struck vermehrt dann ablehnenden Kritiken, wenn sie, ihren persönlichen Erfahrungsbereich überschreitend, allgemeine Themen der Emanzipation aufgriff (*Lieben*, R., 1977; *Zwei Frauen*, R., 1982; *Finale*, R., 1984), während sie umgekehrt künstlerisch glaubwürdiger erschien, wenn sie »bekannte« (*Trennung*, E. 1978; *Kindheits Ende* 1982). Erst der Erfolg von *Bitteres Wasser* (R., 1988) befreite sie von dem, was sie als Belastung empfand, immer über sich selbst schreiben zu sollen.

Nicht zuletzt ökonomische Interessen sicherten Autorinnen und Problemen der Frau größere Aufmerksamkeit. Auch auf zu Unrecht wenig beachtete ältere Schriftstellerinnen beziehungsweise Einzelwerke fiel damit neues Licht. Bereits 1969 hatte INGEBORG DREWITZ (1923–1986) als Erste die Biografie der Bettina von Arnim geschrieben (*Bettine von Arnim. Romantik Revolution Utopie*). Darstellungen von Frauenschicksalen aus Klassik und Romantik finden sich auch bei KARIN RESCHKE (1940, *Verfolgte des Glücks. Findebuch der Henriette Vogel*, 1982), SIGRID DAMM (1940; *Cornelia Goethe*, 1985) und bei CAROLA STERN (1925; *Ich möchte mir Flügel wünschen. Das Leben der Dorothea Schlegel*, 1990). Aufmerksamkeit richtete sich jedoch auch auf ungewöhnliche weibliche Schicksale aus späteren Epochen. BRIGITTE HAMANN (1940) schrieb die Biografie der 1898 in Genf ermordeten Gattin Franz Josephs I. (*Elisabeth. Kaiserin wider Willen*,

1982) als die einer Frau, die sich von den Vorurteilen ihres Standes und ihrer Zeit zu befreien sucht, und der Schriftstellerin und Friedensnobelpreisträgerin Bertha von Suttner. URSULA KRECHEL, die sich bereits um die Wiederentdeckung Irmgard Keuns verdient gemacht hatte, arbeitete auch über Vicki Baum (*Ich bin eine erstklassige Schriftstellerin zweiter Güte. Die Karriere der Vicki Baum*, zusammen mit H. Wiesner, 1985). Ein Debüt, das hoch gespannte Erwartungen auslöste, konnte eher gefährlich sein, weil es schwer fiel, diesen auch künftig zu entsprechen. ELISABETH PLESSEN (1944), der die Zeitstimmung zunächst entgegenkam, bietet dafür ein Beispiel.

Elisabeth Gräfin Plessen, geboren in Neustadt/Holstein, studierte Germanistik und Geschichte in Paris und Berlin, promovierte 1971 bei Walter Höllerer über *Zeitgenössische Epik im Grenzgebiet von fiction und nonfiction* und lebt als freie Schriftstellerin und Übersetzerin (Werke von Hemingway und Robert Lowell, zusammen mit Ernst Schnabel, ferner John Websters *Die Herzogin von Malfi*, 1985, und Shakespeares *Julius Cäsar*, 1986; *Der Kaufmann von Venedig*, 1989, u. a.).

Ihr erster Roman *Mitteilung an den Adel* (1976) sicherte der bis dahin noch weitgehend unbekannten Literatin Aufmerksamkeit bei Kritik und Publikum: Die autobiografischen Bezüge des Buches, die Nähe der Autorin zur Generation der »68er«, ihre Auseinandersetzung mit Vater und Elternhaus, wurden als Ausdruck einer zeittypischen, zugleich fortdauernden Problematik verstanden.

Eine Münchner Journalistin erhält unvermutet die Nachricht vom Tod ihres Vaters. Sie erklärt sich bereit, zu seinem Begräbnis in das adelsstolze Elternhaus, das sie in Auflehnung gegen ihre Erziehung verlassen hatte, zurückzukehren. Auf der langen Autofahrt nach Norden rekapituliert sie die Stationen ihrer Entfremdung, u. a. das Milieu der Berliner APO (Außerparlamentarische Opposition), das der Vater bei einem Besuch der Tochter kennen gelernt hatte. Zu- und Abneigung, Verbundenheit und kritische Distanzierung halten sich in der Vater-Tochter-Beziehung die Waage, zuletzt überwiegt das Trennende. Kurz vor dem Ziel kehrt die junge Frau um: Sie will von ihrer früheren Entscheidung nichts zurücknehmen.

Mit *Kohlhaas* (R., 1979) wandte sich die Autorin dem, wie sie erklärte, »Stiefkind der zeitgenössischen Literatur«, dem historischen Roman, zu, durch den Vergleich, der sich mit Kleists berühmter Novelle unwillkürlich ergab, stellte sie sich einem hohen Anspruch. Stofflich war ein neuer Zugang insofern möglich, als die Dokumente über den historischen Hans Kohlhaas erst nach Kleists Tod zusammengetragen worden sind. Die betont reflexive Gestaltung rückte die Erzählerin und ihre Überlegungen ins Blickfeld, um das Dargestellte als vermittelt kenntlich zu machen. Der Gegenwartsbezug des ersten Romans blieb so – allerdings auf mehr formale Weise – auch im *Kohlhaas* noch erhalten. In späteren Arbeiten, so in *Stella Polare* (R., 1984), wurde er von der Kritik zu Recht vermisst.

LIBUŠE MONÍKOVÁ (1945–1998) gelang mit ihrem zwischen Friedland in Nordböhmen und dem fernsten Sibirien angesiedelten Roman *Die Fassade* (1987) eine Grenzen überschreitende Prosaerzählung.

Geboren in Prag, promovierte Libuše Moníková über Brechts Bearbeitung von Shakespeares *Coriolan*, kam 1971 in die Bundesrepublik, arbeitete als Literaturwissenschaftlerin über Kafka, J. L. Borges, Wedekind und Arno Schmidt. 1990 erschien *Das Schloss als Diskurs* (Ess.). Gestorben in Berlin.

Eine Schädigung (E., 1981) ist die Geschichte einer vergewaltigten Studentin, *Pavane für eine verstorbene Infantin* (R., 1983) erzählt, Motive Kafkas aufnehmend, von der Exilexistenz einer jungen Philologin, die nach dem Ende des Prager Frühlings ihre Heimatstadt verlassen hat. Der zweiteilige Roman *Die Fassade* (1987) thematisiert dubiose Erfahrungen:

Der erste Teil, *Böhmische Dörfer*, erzählt in Verbindung mit der Fassadenrenovierung von Schloss Frýtland (Friedland), die zwei Maler und zwei Bildhauer mehrere Jahre beschäftigt, tschechische Geschichte von den Hussiten bis 1968. Der Verfall der Fassade hält, wie den Restauratoren bewusst ist, mit dem Fortschritt der Renovierung Schritt. »Sie freuen sich auf die Arbeit«, lautet der Erzählerkommentar, »wie Sisyphos auf seinen herabgerollten Stein.« – Der zweite Teil, *Potjemkinsche Dörfer*, berichtet von den Erlebnissen der vier während einer Reise, deren eigentliches Ziel Japan ist, die sie aber stattdessen in die UdSSR führt. Nach der Wiederkunft kehren sie auf ihr Baugerüst zurück.

Unpathetisch, genau und mit kräftigem Humor erzählt Libuše Moníková von einem Herzland Europas, das in Deutschland einen übermächtigen Nachbarn hat, der wenig von ihm weiß («Wann werden die *kleinen Völker* endlich begreifen, dass es von einer Sprache zur anderen für beide Seiten gleich weit ist?«, lautet die rhetorische Frage in einem Dialog), obwohl doch bereits der Name des in Rede stehenden Schlosses von gemeinsamer Geschichte Zeugnis ablegt. 1992 erschien *Treibeis* (R.), 1996 *Verklärte Nacht* (E.), 2000 *Der Taumel* (R.) bereits aus dem Nachlass.

Libuše Moníková · Brigitte Kronauer

Brigitte Kronauer (1940)

Geboren in Essen, begann sie schon als Achtjährige mit der Niederschrift kleiner Geschichten; Studium der Pädagogik, bis 1971 im Schuldienst in Aachen und Göttingen, danach freie Schriftstellerin, seit 1974 in Hamburg. Büchner-Preis 2005.

Brigitte Kronauers Weg zur Literatur verlief, von innerer Notwendigkeit gedrängt, konsequent: Sie wollte, wie sie erzählt hat, schon als Jugendliche unbedingt Schriftstellerin werden. Erzählprosa veröffentlichte sie zuerst 1974 u. d. T. *Der unvermeidliche Gang der Dinge*, der 1975 *Die Revolution der Nachahmung* und 1977 *Vom Umgang mit der Natur* (beide Bände in Kleinverlagen) folgten. Jedoch vermochten erst die Romane *Frau Mühlenbeck im Gehäus* (1980) und *Rita Münster* (1983) nachhaltig auf sie aufmerksam zu machen. Ihr dritter Roman *Berittener Bogenschütze* (1986) wurde von der Kritik mit fast einhelliger Zustimmung aufgenommen, Brigitte Kronauer als eine der stärksten Begabungen ihrer Generation gerühmt. »Die Autorin schreibt eine Prosa der Bedachtsamkeit und Allmählichkeit, deren Faszination in der deutschen Literatur der Gegenwart ohne Beispiel ist.« (W. Genazino). Während die beiden ersten Romane um weibliche Hauptfiguren angeordnet sind, spielt im *Berittenen Bogenschützen* ein Mann die Hauptrolle.

Erzählt wird annähernd ein Jahr aus dem Leben des Literaturdozenten Matthias Roth, sein Alltag und seine Bemühung um das Werk Joseph Conrads. Hier wie dort beschäftigt ihn das Phänomen der Leidenschaft. Die Wirklichkeit der Kunst und die Wirklichkeit der Natur, der Roth auf einer Italienreise begegnet, setzen in ihm einen Prozess in Gang, der in eine befreiende Erfahrung der Wirklichkeit übergeht. Seine Isolation mündet in eine bewusst gelebte Einsamkeit, die Todesahnung, die ihn zunehmend erfüllt, steigert sein Lebensgefühl. Erzählt wird auch von Roths Freunden und von Menschen seines Lebensumkreises. Wiederum geht es weniger um ihre Beziehungen untereinander als um bezeichnende Momente ihres Alltags, die eindringlich und genau dargestellt werden.

Entwicklungen der Achtzigerjahre

Die Literatur der Achtzigerjahre, häufig unter dem allerdings unscharfen Begriff der »Postmoderne« gefasst, trägt Übergangscharakter. Neue Autoren treten ins Blickfeld, aber sie erscheinen noch nicht abschließend profiliert. Auch in der Bundesrepublik – also ähnlich wie in der DDR, wenngleich unter anderen Rahmendingungen – liegt etwas wie Ermüdung über der Literatur. Die Geschichte hält den Atem an.

Selbstverständlich duldet der Markt gleichwohl keine Pause. Es gibt Buchmessen mit zahlreichen Neuerscheinungen, es gibt Bestseller. Für das größte Aufsehen sorgt *Das Parfum. Die Geschichte eines Mörders* (R., 1985) von PATRICK SÜSKIND (1949), die von einem gnomhaft hässlichen Triebtäter handelt, der ohne eigenen Körpergeruch ist, aber ein unvergleichliches Geruchsvermögen besitzt und zum Mörder wird, um in den Besitz der Düfte seiner Opfer zu gelangen. Zuletzt wird er von den Parisern – der Roman handelt im Frankreich des 18. Jahrhunderts – eines von ihm benutzten Parfums wegen verspeist. Langsamer wuchs, gegründet auf drei mit leichter Hand geschriebene Romane, die verdiente Reputation von STEN NADOLNY (1942), Sohn des Schriftstellerehepaares Isabella (1917 bis 2004; *Seehamer Tagebuch*, 1962; *Vergangen wie Rauch, Geschichte einer Familie*, 1964) und Burkhard Nadolny (1905–1968; *Louis Ferdinand, Leben eines preußischen Prinzen*, 1967).

Netzkarte, (R., 1981) ist die Geschichte eines (zunächst) ziellos Reisenden, der durch das Lehrerexamen fallen will (was ihm auch gelingt), um einen Beruf ergreifen zu können, »in dem ich weder mich noch andere krank machen muss«. Später reist er, um die Mutter und Freunde zu besuchen, und Lehrer wird er zuletzt doch, nämlich Reitlehrer. »Es wurde Zeit, dass die deutsche Didaktik auch beim Dressurreiten angewandt wird.« *Die Entdeckung der Langsamkeit* (R., 1983) knüpft an die Biografie des britischen Polarforschers und Reiseschriftstellers John Franklin an. Nadolny schreibt eine Wahrnehmung von nachgerade epochaler Qualität auch seiner Gegenwart – und nicht zuletzt den Literaten – gelassen ins Stammbuch: Die Aufforderung, langsam zu werden. Auch *Selim oder die Gabe der Rede* (R., 1990) behandelt eine Problematik, deren grundsätzliche Bedeutung die vordergründige Handlung, die Geschichte eines

jungen Türken in Deutschland und seines annähernd gleichaltrigen deutschen Freundes Alexander, bei weitem übersteigt. Es geht um die Gabe zu erzählen – Selim ist ein Naturtalent, Alexander versucht seine Geschichte aufzuschreiben – in einem gewissermaßen interkulturellen Dialog. Es geht um Verständigung mit dem Fremden in einem von Fremdenfeindlichkeit bedrohten Land.

HANNS-JOSEF ORTHEIL (1951) fand als Erzähler seine Stoffwelt zunächst im westlichen Deutschland der Gegenwart, begann mit den Fluchterfahrungen eines Bundeswehrdeserteurs (*Fermer*, R., 1979), dessen Name an Ludwig Tiecks Erzählung *Fermer, der Geniale* anknüpft, und der Erzählung *Hecke* (1983), der Geschichte einer (enthüllten) Mutterbindung, zugleich einer sprachlichen Emanzipation. Ein größeres Publikum gewann Ortheil mit dem Roman *Schwerenöter* (1987), der die ersten Jahrzehnte der bundesrepublikanischen Geschichte am Beispiel eines Zwillingspaares erzählt, das ungleiche Leitbilder findet: Sepp Herberger und Willy Brandt der eine, Adenauer, Adorno und Beuys der andere. *Agenten* (R., 1989) ist in der Kultur- und Jugendszene der Achtzigerjahre angesiedelt, vorzugsweise mit Wiesbaden als Schauplatz. (→ S. 827)

PETER RÜHMKORF, als Lyriker, Parodist und autobiografischer Schreiber mittlerweile erfahren wie wenige, gab sich, wenn er Fiktives zu Papier brachte, als Märchenerzähler (*Auf Wiedersehen in Kenilworth, Ein Märchen in 13 Kapiteln*, 1980). Noch deutlicher ließ die folgende Veröffentlichung erkennen, wie er die volkstümliche Gattung zu nutzen gedachte (*Der Hüter des Misthaufens. Aufgeklärte Märchen*, 1983). Das Titelmärchen spendet Trost und Ermutigung in scheinbar heilloser Lage. Die beiden älteren Söhne des Königs, bevorzugte Erben, haben das Land verkommen lassen, der Jüngste, dem nur der Königliche Misthaufen zuteil geworden war, lässt dessen »Bestände« großzügig verteilen und bringt das Reich Tellurien wieder zum Grünen. Ungebrochen subversiv, mit einer gewissen Alterssimplizität und Brecht'scher List düngt der Autor von *Die Jahre, die ihr kennt*, seinerseits die literarische Landschaft.

»Gebt uns Bücher, gebt uns Flügel« – Jugendliteratur

»Ich könnte euch Verschiedenes erzählen, / was nicht in euren Lesebüchern steht. / Geschichten, welche im Geschichtsbuch fehlen, / sind immer die, um die sich alles dreht«, reimte ERICH KÄSTNER (*Ein alter Herr geht vorüber*, 1946). Zu den Ehrentiteln des lebenslangen Kinderbuchautors gehört, dass er die Kinder ernst genommen hat. Er schrieb *Die Konferenz der Tiere* (1950) im Dienst einer

Didaktik des Friedens und sah seine bereits wieder aktuell gewordene Thematik – der Ost-West-Konflikt eskalierte, der Koreakrieg überschattete als einer der nun folgenden Stellvertreter-Kriege die Weltpolitik – alsbald von vielen Autoren aufgegriffen und in ihrer Bedeutung für das jugendliche Lesepublikum diskutiert. MAX VON DER GRÜN, der mit seinem Jugendbuch *Vorstadtkrokodile* (1976), der Geschichte eines behinderten Jungen, als Jugendautor bekannt wurde, unternahm es in *Wie war das eigentlich? Kindheit und Jugend im Dritten Reich* (1979) einem jugendlichen Publikum unter Einbeziehung eigener Erfahrungen von der Vergangenheit Rechenschaft zu geben. Didaktisch angelegt als Auseinandersetzung mit dem Nationalsozialismus war auch die nicht zuletzt in den Schulen viel gelesene Erzählung *Damals war es Friedrich* (1961) von HANS P. RICHTER (1925). Nachdem während einer Reihe von Jahren Hitlerzeit und Krieg mehr oder weniger nur unter dem Aspekt der Vertriebenenschicksale Berücksichtigung gefunden hatten, folgte nun eine wahre Welle von »Bewältigungsliteratur«.

Zur gleichen Zeit schrieben OTFRIED PREUSSLER (1923, *Die kleine Hexe,* 1957; *Der Räuber Hotzenplotz,* 1962, *Krabat,* 1971) und JAMES KRÜSS (1926–1997; *Timm Thaler oder das verkaufte Lachen,* 1962) ihre phantastisch-komischen Erzählungen, Formen, die sich, mal mythisch, mal surreal variiert, auch bei nachfolgenden Autoren wie Michael Ende, Christine Nöstlinger und PAUL MAAR (1937, *Eine Woche voller Samstage,* 1973; *Lippels Traum,* 1984; *Türme,* 1987) finden.

Die stärkste Wirkung bei der jungen Generation – obwohl er nicht allein für diese schreibt – erzielte während einer Reihe von Jahren MICHAEL ENDE (1929–1995). Der Sohn des surrealistischen Malers Edgar Ende, geboren in Garmisch-Partenkirchen, absolvierte ein Schauspielstudium und spielte an verschiedenen Provinztheatern. Seit 1954 war er freier Schriftsteller. In seinen Büchern vermischen sich in ungewöhnlicher Weise »Spannung und wahre Poesie, Märchenhaftes und reale Welten, witziger Dialog und lustige Charakterzeichnungen« (B. Hürlimann). Gleichwohl fiel ihm der Erfolg nicht leicht zu. Sein Erstling *Jim Knopf und Lukas der Lokomotivführer,* 1954 abgeschlossen, erschien erst 1960. Im folgenden Jahr erhielt er dafür den Deutschen Kinderbuchpreis. Für *Momo oder Die seltsame Geschichte von den Zeit-Dieben und von dem Kind, das den Menschen die gestohlene Zeit zurückbrachte* (1973) folgte 1974 der Deutsche Jugendbuchpreis: In einem unbekannten Reich, das im Nie und Nirgends liegt und in dem es daher nur Gegenwart gibt, ist eine Gesellschaft grauer Herren am Werk, die Menschen zum Zeitsparen zu verleiten und dabei in Wirklichkeit um die Zeit und um das Leben zu betrügen. Momo, die kleine Heldin der Geschichte, kämpft, nur mit einer Blume und mit einer Schildkröte, gegen die grauen Herren und siegt.

Für *Die unendliche Geschichte* (1979) sprach dann nicht nur Endes inzwischen bekannt gewordener Name, sondern auch die Gunst der Erscheinungsstunde. Ende zeigte seinen Lesern wieder eine Welt der Phantasie und des Gefühls. Bastian, der Held der *Unendlichen Geschichte,* kommt in das Land Phantásien und erhält ein Medaillon mit der Inschrift »Tu, was du willst«. Zunächst verliert er sich in ungezügelten Phantasien, dann lernt er seinen eigentlichen Willen zu suchen. Sein Freund Koriander, ein Antiquitätenhändler, erklärt: »Es gibt Menschen, die können nie nach Phantásien kommen, und es gibt Menschen, die können es, aber die bleiben für immer dort. Und dann gibt es noch einige, die gehen nach Phantásien und kehren wieder zurück. So wie du, Bastian. Und sie machen beide Welten gesund.«
(→ S. 766)

Anfang der Siebzigerjahre zeichnete sich ein verstärktes Engagement ab, die Jugendbücher problemorientiert und realistisch zu gestalten, wobei auch Inhalte der antiautoritären Pädagogik eine Rolle spielten. WALTER KEMPOWSKI schrieb Kinderbücher auch aus beruflicher pädagogischer Erfahrung (*Der Hahn im Nacken,* 1973; *Alle unter einem Hut,* 1976; *Unser Herr Böckelmann,* 1979; *Herrn Böckelmanns schönste Tafelgeschichten,* 1983). Im besonderen Maße gelang es PETER HÄRTLING, die für Kinder geschriebene Literatur näher an die Realität heranzuführen und doch kindgerecht und poetisch zu schreiben. Die Kluft zwischen Jugend- und Erwachsenenliteratur verliert darüber an Bedeutung, die Bücher sind voller sprachlicher Einfälle, die Vergnügen und Spannung erzeugen. ... *und das ist die ganze Familie. Tagesläufe mit Kindern* (1970) beschrieb alltägliche Wirklichkeit, *Das war der Hirbel* (1973) schilderte, wohl erstmalig in der Kinderliteratur, ein verhaltensgestörtes Heimkind, *Oma* (1975) näherte sich der Erfahrung des Todes, der Kinderroman *Theo haut ab* (1977) ist eine Ausreißer- und Kriminalgeschichte, *Ben liebt Anna* (1979) ein »Kinderliebesroman«. Es folgten *Sophie macht Geschichten* (1980), *Alter John* (1981), *Jakob hinter der blauen Tür* (R. für Kinder, 1983) und *Geschichten für Kinder* (1988).

Wie Peter Härtling, der durch sein Können neue Maßstäbe setzte, erstrebten noch andere Autoren, Wirklichkeit unverfremdet, mit all ihren Widersprüchen aufzuzeigen, ohne gleichzeitig fertige Lösungen anzubieten. Bisher gemiedene Themen wie Tod, Liebe, Sexualität, Randgruppen und Dritte Welt wurden behandelt, wobei besonders der Themenkomplex Dritte Welt eine erstaunliche Entwicklung erfuhr und seit Mitte der Achtzigerjahre deutliche Tendenzen weg von stereotypen, durch Vorurteile belasteten Betrachtungsweisen aufwies. In wachsendem Maße wurde versucht, den jungen Lesern die »Perspektive des andern« (M. Dahrendorf) verständlich zu machen. Autoren wie WILLI FÄHRMANN (1929, *Der lange Weg des Lukas B.,* 1980) und TILMAN RÖHRIG (1945, *In dreihundert Jahren vielleicht,* 1983) griffen historische Themen auf, ohne sie, wie eine geläufige Praxis es wollte, auf bloße Helden- und Abenteuergeschichten zu reduzieren. Aber auch aktuelle Ereignisse dienten schon bald als Auslöser, etwa die Katastrophe von Tschernobyl, die GUDRUN PAUSEWANG (1928) das Schreckenszenario in einem Jugendbuch behandeln ließ (*Die Wolke. Wie es wäre, wenn bei uns in der BRD ein Atomkraftwerk-Unfall geschähe,* 1987).

Grenzgänger.
DDR-Autoren im Westen

Fast ausnahmslos war das Bestreben, künstlerisch un-
behindert arbeiten und publizieren zu können, der
Beweggrund der Autoren, die, in Einzelfällen bereits
in den Fünfzigerjahren, hauptsächlich aber nach 1976,
die DDR verließen und sich, wiederum nur mit wenigen Ausnahmen, in der Bundesrepublik ansiedelten.
Einige wurden durch Ausbürgerung dazu gezwungen,
mehr oder weniger unfreiwillig handelten sie alle. Sie
verließen die Welt, die sie kannten (die oftmals auch
künftig ihre *Stoff*welt darstellte), um einer Freiheit willen, die, zumindest auf absehbare Zeit, auch Fremde
bedeutete. Wolf Biermann erklärte 1977 sogar, er würde sich in Moskau weniger im Exil fühlen, weil er
dort die Gesellschaft besser verstünde. Aber das blieb
die Äußerung eines Einzelnen, die er so vermutlich
auch nicht wiederholt hätte. Der Begriff einer »zweiten deutschen Exilliteratur«, den Fritz J. Raddatz 1977
vorschlug, stieß mehrheitlich auf Ablehnung, unan-
gemessen im Vergleich mit den Exilbedingungen in
der NS-Zeit. Anders als die Dissidenten aus den übrigen Ostblockstaaten blieben die DDR-Schriftsteller im
Raum der eigenen Sprache und vor materieller Not im
Regelfall bewahrt. Der Weg in das »andere« Deutschland gestaltete sich für die Einzelnen allerdings unterschiedlich schwierig.

Die Literatur der Bundesrepublik wurde durch sie in
vielfältiger Weise bereichert; eine abgesonderte Gruppe bildeten sie nicht. Vielmehr wurden sie Autoren wie
andere auch, jedenfalls in dem Maße, in dem man ihnen dies gestattete. Zunächst galt ihnen stets ein vor-
dringlich politisches Interesse, war das, was sie schrieben, »Belegliteratur« für das andere Deutschland.

Dissidenten der Fünfzigerjahre

Unter den ersten (künftigen) Schriftstellern, die in die
Bundesrepublik kamen, waren Dissidenten, die in der
DDR inhaftiert gewesen waren: Walter Kempowski,
der noch nichts veröffentlicht hatte und erst sehr viel
später hervortrat, und HORST BIENEK (1930–1990).

Bienek, deutsch-polnischer Herkunft, stammte aus Oberschlesien. Zunächst Redaktionsvolontär bei der *Tagespost*
in Potsdam, dann Assistent Martin Gregor-Dellins beim
Kulturellen Beirat für das Verlagswesen in Berlin (Ost), war
er in Huchels *Sinn und Form* mit Gedichten hervorgetreten
und 1951 in Brechts Theaterklasse aufgenommen worden,
als er wegen Verteilung von Flugblättern verhaftet und von
einem sowjetischen Militärtribunal zu 25 Jahren Zwangs-

arbeit verurteilt wurde. Vier Jahre lebte er in Gefängnissen
in Moskau und Nowosibirsk sowie in einem Arbeitslager in
Workuta. 1955 amnestiert, wechselte er in die Bundesrepublik, wurde Literaturredakteur beim Hessischen Rundfunk, Lektor in München, zuletzt freier Schriftsteller.

Bieneks Werk ist von den Erfahrungen der Vertreibung
und Gefangenschaft geprägt (*Traumbuch eines Gefangenen,* G., 1957; *Nachtstücke,* En., 1959; *Die Zelle,* R.,
1968; *Gleiwitzer Kindheit,* G., 1979). Eine Folge von
vier Romanen erzählt von Oberschlesien und seinen
Menschen. *Die erste Polka* (1975) vergegenwärtigt den
letzten Friedenstag 1939, der Handlungsspielraum von
Septemberlicht (1977) und *Zeit ohne Glocken* (1979) ist
ebenfalls eng begrenzt. Aneinander gereiht bilden die
Romane Stationen der Zeitgeschichte im Fortschreiten von Verfolgung und Tyrannei. Der Kampf um Stalingrad ist beendet, die letzten Juden sind nach Auschwitz verschickt und die Glocken zum Einschmelzen
demontiert. Der Schlussband der Tetralogie, *Erde und
Feuer* (1982), greift weiter aus, beschreibt Fluchterleb-
nisse und die Zerstörung Dresdens im Februar 1945.
Als Zeitzeuge und schlesischer Dichter wird überdies
Gerhart Hauptmann zu einer Figur des Romans.
Neben und nach seinem Hauptwerk veröffentlichte
Bienek weitere Erzählungen (*Königswald oder Die
letzte Geschichte,* 1984), Erinnerungsprosa (*Reise in
die Kindheit. Wiedersehen mit Schlesien,* 1988), seine
Münchner Poetik-Vorlesungen (*Das allmähliche Er-
sticken von Schreien. Sprache und Exil heute,* 1987), Es-
says (*Auf der Suche nach Proust,* 1988) und bis in sein
Todesjahr Gedichte (*Die Zeit der Fluss der Wind,* 1990).
Auch als Übersetzer blieb ihm die Welt des Ostens nah,
zusammen mit Salcia Landmann übertrug er An Ski,
Der Dibbuk. Dramatische jüdische Legende (1976).

MARTIN GREGOR-DELLIN, der den jungen Horst Bienek vorzüglich porträtiert hat (*H. B. Nach dem Leben
gezeichnet*), kam 1958 in die Bundesrepublik. Auch er
wurde zunächst Rundfunkredakteur, dann (wie schon
in Halle) Lektor, war schon bald etabliert in verschiedenen literarischen Gremien bis hin als Juror im Ingeborg-Bachmann-Wettbewerb, widmete sich dabei aber
zunehmend eigenen Arbeiten. Es erschienen die Romane *Der Nullpunkt* (1959) und *Der Kandelaber* (1962),
den er – wie bereits sein *Jüdisches Largo* – in seiner
thüringischen Heimat Weißenfels ansiedelte und in
dem er sich mit dem Leben in der DDR auseinander
setzte, wie er es kennen gelernt hatte. Weitere Erzählprosa, Essays (*Im Zeitalter Kafkas,* 1979), Hör- und
Fernsehspiele, vor allem aber zwei epochale Biografien
(*Richard Wagner. Sein Leben, sein Werk, sein Jahrhun-*

dert, 1982; *Heinrich Schütz. Sein Leben, sein Werk, seine Zeit*, 1984) folgten. Besonders *Wagner*, »mehr [...] als eine Biografie, ein roman vrai, ja eine faszinierende comédie humaine« (W. Jens), fand hohes Lob. Selbst musikalisch ambitioniert, ein genauer Kenner des mitteldeutschen Raums, dem Wagner entstammte, gestützt auf neue Quellen der Forschung, deren Mitherausgeber er war (u. a. der Tagebücher Cosima Wagners), würdigte Gregor-Dellin mit diesem Werk einen der bedeutendsten und zugleich umstrittensten Künstler des 19. Jahrhunderts überzeugend im Kontext seiner Zeit.

Der Vogtländer GERHARD ZWERENZ (1925), gelernter Kupferschmied, 1943 Soldat, desertierte 1944 zur Roten Armee, wurde 1948 nach Entlassung aus der Gefangenschaft für drei Jahre Volkspolizist, studierte in Leipzig bei Ernst Bloch Philosophie und floh 1957 in die Bundesrepublik, wo er 1959 mit *Aufs Rad geflochten* und *Die Liebe der toten Männer* die Reihe seiner politischsatirischen Zeitromane eröffnete. Der Sozialist und Republikflüchtling rechnet ab mit der SED, der er seit 1949 als Mitglied angehört hatte, bezieht aber auch seine frischen bundesrepublikanischen Erfahrungen ironisch ein. So veröffentlichte er fast unmittelbar nach der Guillaume-Affäre und dem darauf folgenden Rücktritt Willy Brandts einen einschlägigen Agenten-Thriller (*Die Quadriga des Mischa Wolf*, 1975). Als »freier« Autor im Westen, der seinen Platz zu erkämpfen bestrebt war, probierte Zwerenz gewissermaßen alles: kritische Prosa (*Ärgernisse – Von der Maas bis an die Memel*, 1961; *Wider die deutschen Tabus – Kritik der reinen Unvernunft*, 1962), »Liebeslieder« (*Gesänge auf dem Markt*, 1962), Erzählungen (*Heldengedenktag*, 1964), Süffisant-Geschlechtsspezifisches (*Casanova oder Der Kleine Herr in Krieg und Frieden*, 1966; *Erbarmen mit den Männern*, 1968), erotische Trivialliteratur, deren spezifische Problematik er in »106 Fußnoten« auch essayistisch abhandelte (*Bürgertum und Pornographie*, 1971), Theaterstücke (*Kupfer*, 1967; *Büchner-Rede*, 1975; *Karussell der Kundschafter*, 1977), Hörspiele und Autobiografisches. In *Kopf und Bauch* (R., 1971), der »Geschichte eines Arbeiters, der unter die Intellektuellen gefallen ist«, beschreibt Zwerenz seine Jugend im Dritten Reich, die Studienjahre in der DDR, seine Existenz als Schriftsteller in der Bundesrepublik. Eine aufschlussreiche Quelle zur Kenntnis des intellektuellen Klimas in Leipzig Mitte der Fünfzigerjahre bildet *Der Widerspruch. Autobiographischer Bericht* (1974), dem später noch die »autobiografische Deutschland-Saga« *Vergiss die Träume deiner Jugend nicht* (1989) folgte.

Zwerenz schrieb auch *Kurt Tucholsky. Biographie eines guten Deutschen* (1979) und als Nachruf *Der langsame Tod des Rainer Werner Fassbinder* (1982). Der Titel *Der plebejische Intellektuelle* (Ess., 1972) lieferte die treffende Formel für sein Leben, in dem er es an Kraft, Mut und Engagement nicht fehlen ließ, frühzeitig schwierige Themen wie den wieder erwachenden Antisemitismus aufgriff und es hinnahm, sich als der »Simmel für Linke« (K.-R. Röhl) etikettiert zu sehen.

Im selben Jahr wie Zwerenz gelangte ALFRED KANTOROWICZ, seit 1950 Professor und Direktor des Germanistischen Instituts an der Berliner Humboldt-Universität, in den Westen. Die Weigerung, nach Niederwerfung des Ungarnaufstands 1956 eine zustimmende Erklärung abzugeben, hatte zu dem schon länger sich ankündigenden Bruch mit der DDR-Regierung geführt. Nach dem Übertritt sah der Altkommunist und Spanienkämpfer sich dem Vorwurf ausgesetzt, dass er dem SED-Regime zu lange gedient habe. Sein *Deutsches Tagebuch* (2 Bde., 1959–61) ließ den Streit darüber erneut aufflammen. Zwischen 1947 und 1949 hatte Kantorowicz in Berlin (Ost) die auf einen geistigen Brückenschlag ausgerichtete Zeitschrift *Ost und West* herausgegeben. Bereits 1948 hatte das Zentralkomitee der SED die (von sowjetischen Kulturoffizieren abgewendete) Einstellung des Journals gewünscht, die dann nach der Staatsgründung der DDR verwirklicht wurde. Nun gehörte Kantorowicz in den Augen seiner Gegner zu den Unentschiedenen, die zwar den Schutz des Westens in Anspruch nahmen, sich aber nicht eindeutig bekennen mochten. Sein *Spanisches Tagebuch*, dessen Erstausgabe im Aufbau-Verlag 1948 vom Politbüro unterdrückt worden war, erschien 1966 in der Bundesrepublik (u. d. T. *Spanisches Kriegstagebuch*). In einem weiteren Buch *Im zweiten Drittel unseres Jahrhunderts* (1967) hat er die »Illusionen, Irrtümer, Widersprüche, Einsichten, Voraussichten«, an denen er teilhatte, beschrieben. Der junge RALPH GIORDANO (1923), der aus Hamburg in die DDR gekommen war, am Leipziger Literaturinstitut studiert und wie Zwerenz mit dem Zirkel um Wolfgang Harich sympathisiert hatte, ging schon 1957 frustriert in den Westen zurück (*Die Partei hat immer recht*, 1961).

Uwe Johnson (1934–1984)

Der Sohn eines Diplomlandwirts und „Obertierzuchtwarts" mit schwedischen Vorfahren, in der pommerschen Kreisstadt Cammin (Kamién Pomorski) geboren, kam – physiognomisch das Muster eines »nordischen« Kindes – als Zehnjähriger in eine »Deutsche Heimschule« in Kosten (Koscian) im in den besetzten polnischen Gebieten errich-

Uwe Johnson

Hauptfigur ist der Eisenbahner Jakob Abs, der aus seiner überschaubaren Welt im Befehlsturm eines Bahnhofs in die Verstrickungen der Zeitgeschichte gerät. Er soll für den Osten spionieren, weigert sich, geht nach Westdeutschland – und kehrt befremdet zurück, weder im Westen noch im Osten des Landes heimisch. Aber das alles sind nachträgliche Mutmaßungen, die beginnen, als er, von einer Lokomotive erfasst, tödlich verunglückt. Der erste Satz des Romans lautet: »Aber Jakob ist immer quer über die Gleise gegangen.«

Johnson hat sich einen unkonventionellen Stil geschaffen, der in Bericht und Reflexion, Monolog und Dialog die deutschen Lebensverhältnisse registriert und erschließt. Um die Entfremdung zwischen den beiden Teilen Deutschlands geht es auch in *Das dritte Buch über Achim* (R., 1961).

Der Hamburger Journalist Karsch vermag dem ihm erteilten Auftrag für ein neues Buch über den Radrennfahrer Achim, ein Sportidol der DDR, nicht zu entsprechen. Bereits zwei Bücher sind über ihn verfasst worden, das dritte soll den Beweis führen, dass Achims Geschichte mit dem Aufstieg des sozialistischen Staates aus den Ruinen der faschistischen Diktatur exemplarisch verbunden sei. Karsch gelingt es nicht, diese Vorgabe mit Achims Leben in Verbindung zu bringen, er scheitert darüber hinaus in noch weiterem Sinn: Was er über Achims Biografie ermittelt hat, fügt sich nicht zu einem Ganzen. Dabei ist Achim selbst ihm im Wege, der seine Erfahrungen im Hinblick auf ein bestimmtes Ziel (Telos) hin vorordnet, verdrängt oder uminterpretiert. Weil Karsch durch die Welt, aus der er kommt, bereits wesentlich anders geprägt ist als Achim, bleibt dessen Telos ihm fremd. Er durchschaut das Achims Selbstverständnis zugrunde liegende teleologische Modell als Konstruktion, vermag die Trümmer, die diese Erkenntnis zurücklässt, aber nicht zu ordnen. Er hat Erkenntnis gewonnen, aber das dritte Buch über Achim bleibt ungeschrieben.

Leichter zugänglich in Aufbau und Sprache ist die Erzählung *Zwei Ansichten* (1965), in ihr werden die beiden deutschen Staaten durch zwei Personen, Mann und Frau, charakterisiert, die eine begonnene Beziehung wieder lösen, weil die Meinungsverschiedenheiten zunehmen und es im Grunde keine Verständigung gibt. 1970 erschien der erste Band der Tetralogie *Jahrestage. Aus dem Leben von Gesine Cresspahl*, bei ihrem Abschluss 1983 der nach Meinung vieler bedeutendste deutschsprachige Roman nach dem Zweiten Weltkrieg.

Mit Gesine Cresspahl steht im Mittelpunkt des Werkes eine bereits aus den *Mutmaßungen über Jakob* bekannte Figur. Neben dem gegenwärtigen Leben der Heldin, die mit ihrer und Jakobs inzwischen zehnjährigen Tochter Marie als

teten Reichsgau Wartheland. 1945 Flucht der Familie nach Mecklenburg, Verhaftung und Deportation des Vaters, die er nicht überlebte. Der Sohn besuchte 1948–52 das Gymnasium in Güstrow, studierte 1952–54 Germanistik in Rostock (vorübergehend relegiert, weil er sich der Agitation gegen die evangelische Junge Gemeinde verweigerte), seit 1954 in Leipzig, wo er als Schüler von Hans Mayer schon bald dessen Aufmerksamkeit auf sich zog. Diplomarbeit über Ernst Barlachs Roman *Der gestohlene Mond*. 1959 Übertritt nach Berlin (West), freier (und sogleich sehr erfolgreicher) Schriftsteller, erste Amerikareise auf Einladung Henry Kissingers, 1962 Heirat mit seiner ehemaligen Leipziger Kommilitonin Elisabeth Schmidt. Aufenthalte in Italien (Stipendiat der Villa Massimo in Rom), 1971 Büchner-Preis, 1977 Trennung der Ehe, 1979 Dozentur für Poetik an der Universität Frankfurt / M. Seit 1974 wohnhaft in Sheerness-on-Sea, wo er vereinsamt starb.

Im Jahr des »Umzugs« nach Berlin (West) erschien im Frankfurter Suhrkamp-Verlag der Roman *Mutmaßungen über Jakob* (1959), für den Johnson 1960 den Fontane-Preis der Stadt Berlin erhielt. Den Stoff dieses ersten Erzählwerks, das der damals Fünfundzwanzigjährige veröffentlichen konnte, bilden private Konstellationen und die allgemeinen Lebensverhältnisse in der DDR, mittelbar die Teilung Deutschlands. Die

Bankdolmetscherin in New York lebt, bildet auch ihre Vergangenheit und die Geschichte der Familie Cresspahl den Stoff des Romans. Gesine erzählt Marie von Deutschland, wie sie es – zum Teil selbst aus Erzählungen – kennt. Weimarer Republik, das Dritte Reich, die beiden deutschen Nachkriegsstaaten geraten ins Blickfeld. Gesines Erinnerungen, die zugleich eine strenge Selbstprüfung darstellen, werden immer wieder unterbrochen durch die Lektüre der *New York Times*, die Zeitung dient der Leserin als »Tagebuch der Welt«, als »erprobte Lieferantin von Wirklichkeit«. Zahlreiche Zitate, die vom Vietnam-Krieg, von Rassenunruhen, von der Ermordung Martin Luther Kings handeln, machen die Gegenwart Amerikas bewusst. Allerdings ist neben der Kritik auch die Faszination, die von der modernen Weltstadt ausgeht, spürbar. Viele Gespräche kreisen um die Hoffnung auf einen humanen Sozialismus.

Die Intention des Autors, »den Zustand und die Vorgeschichte einer bestimmten europäischen Person in New York« zu beschreiben, ergibt in der Durchführung ein kunstvolles Mosaik aus Vergangenem und Gegenwärtigem. Die erzählte Zeit umfasst ein Berichtsjahr, davon entfallen jeweils vier Monate auf die ersten beiden Bücher, jeweils zwei auf die noch folgenden; angefügt sind ergänzende Rückblicke. Der Roman schließt mit dem 20. August 1968, dem Tag, an dem mit der Besetzung der Tschechoslowakei durch Truppen des Warschauer Paktes der mit dem Namen von Alexander Dubcek verbundene »Prager Frühling« endete. Johnsons Frankfurter Vorlesungen, 1980 u. d. T. *Begleitumstände* erschienen, erläutern die Probleme biografischer Art, die der Vollendung des großen Romanwerks entgegenstanden; aus seiner Sicht, in fiktiver Form berichtet davon auch die Max Frisch gewidmete *Skizze eines Verunglückten* (E., 1982).

Die durchweg im Konjunktiv gehaltene Erzählung beschreibt das Schicksal des Schriftstellers Joe Hinterhand, der nach zwanzigjähriger Ehe während der Arbeit an einer Lebensbeschreibung seiner Frau entdeckt, dass diese für eine ausländische Nachrichtenorganisation arbeitet und ihn von Anfang an belogen hat. Durch diese Erkenntnis wird das Vertrauen des Künstlers in sich selbst zerstört. Sein Werk scheint unglaubwürdig geworden. Hinterhand tötet seine Frau, er selbst endet in einer Heilanstalt.

Johnsons letzte Lebens- und Schaffensjahre wurden durch die private Krise überschattet.

Für den Vorwurf, seine Frau habe ihn im Auftrag des tschechischen Geheimdienstes ausspioniert, gibt es keine Anhaltspunkte. Dagegen hat sie ihm ihre gelegentliche Untreue selbst bekannt. Seine wahnhafte Übersteigerung des Vorgefallenen, der Vernichtungswunsch, mit dem er auf ihr Bekenntnis reagiert, inkommensurabel und bar jeder Einsicht, ist verständlich nur vor dem Hintergrund seiner kompromisslosen künstlerischen Wertvorstellungen. Was Joe Hinterhand als Forderung auf seine Frau, dem einzigen für ihn unentbehrlichen Menschen, projiziert, ist sein Glaube an die rückhaltlose Aufrichtigkeit, mit der er – noch in der Selbsttäuschung – als Autor verfährt und verfahren muss, soll er das Vertrauen in den Sinn seines Tuns nicht verlieren. Es ist der Kleist'sche Anspruch auf Unbedingtheit, der nicht gelebt werden kann – nur tödlich erlitten.

Eine von Johnson geplante Sammlung *Inselgeschichten* (1995 postum) aus Mitteilungen von Einwohnern der Grafschaft Kent – mindestens ein Dutzend hielt er für erforderlich – erreichte den angestrebten Umfang nicht, weil er fürchtete, dass man sein Verhalten als Bruch der Gastfreundschaft missdeuten könnte. Nur vier Erzählungen wurden mit ausdrücklicher Lizenz der Betroffenen zu Lebzeiten veröffentlicht.

Johnsons erster, zunächst unveröffentlicht gebliebener Roman *Ingrid Babendererde. Reifeprüfung 1953* (e. 1956) gelangte 1985 postum zum Druck. Die Bedenken, auf die er seinerzeit bei westdeutschen Lektoren gestoßen war (ein etwas naiv-romantischer, mecklenburgischer Heimatroman?), traten nun völlig zurück, denn nicht nur im Kontext des Gesamtwerks gelesen war dieser Erstling von ungewöhnlichem Interesse. Er behauptete sich, auch für sich allein genommen, durch zeittypische, mittlerweile bereits historisch gewordene Schilderungen, Johnsons auch in dieser frühen Entwicklungsstufe charakteristische Sprache, für die man nunmehr ein genaueres Ohr hatte, und eine unironische Emphase der Darstellung: »Segelwetter, Stalinismus, Mädchenschönheit« (M. Hofmann) lautet eine bezeichnende Zusammenfassung. Auch der allwissende Erzähler erliegt der Bezauberung durch Ingrid Babendererde:

Ik hew all dacht du keemst nich: sagte das braune Gesicht vor ihm mit der herzstockenden Ingridschönheit; es ist unglaublich anzuhören, wie sie das gesagt hat aus ihrer Kehle, diese Göre, dies Frauenzimmer, dessen Arme er um seine Schultern fühlte, dem er nun vorsichtig an den Augen entlangstrich mit seinem ungeschlachten Zeigefinger, dessen Kopf er in seiner Hand hielt, während der Wind seine Finger streichelte, mit diesen Haaren. (→ S. 699)

Vom Mauerbau bis zur Ausbürgerung Biermanns

Als PETER HUCHEL *Chausseen, Chausseen* (G., 1963) im Westen drucken ließ, war er als Chefredakteur von *Sinn und Form* bereits entlassen. Die Ausreise, die ihm nach wiederholten, auch internationalen Interventionen 1971 endlich gestattet wurde, führte ihn nach einem Jahr in Rom als Gast der Villa Massimo nach Staufen im Breisgau, wo er bis zu seinem Tod hoch geehrt lebte, sich gleichwohl zunehmend in sich verschloss. In den beiden zuletzt erschienenen Gedichtsammlungen (*Gezählte Tage*, 1972; *Die neunte Stunde*, 1979) setzt sich die schon früher einsetzende Tendenz zum Hermetischen fort. In der DDR wurde er erst nach seinem Tod wieder gedruckt. Paul Wiens veröffentlichte im ersten von ihm betreuten Heft 1982 in einer vier verstorbenen Dichtern gewidmeten Rubrik *Memorial* vier Gedichte Huchels. »Mit dem Memorial ehren wir noch einmal vier Dichter, die mit uns verbunden waren, jeder auf seine Weise. Peter Huchel leitete unsere Zeitschrift von ihrer Gründung 1949 bis 1962.« Wer mit »wir« gemeint war, ließ die knappe Erklärung offen.

Huchels Absage an die DDR war so beherrscht wie unmissverständlich. Anders HARTMUT LANGE, er legte, als er in Westberlin ansässig wurde, Wert darauf, dass er nicht aus der DDR geflohen sei, sondern nur seinen Wohnsitz gewechselt habe. Das westdeutsche Theaterwesen attackierte er heftig, fasste aber schnell in ihm Fuß. *Marski*, in Potsdam vom Spielplan abgesetzt, wurde schon 1966 in Frankfurt/M. uraufgeführt.

Marski, ein reicher Bauer, trägt Züge eines Gargantua. Die Kleinbauern, mit denen er ausgiebig feiert, aber auch sehr eigennützig zusammenarbeitet, erinnern ihn im Traum an Leckerbissen. »Euer Haar war zu Blumenkohl gekräuselt, ihr wart barhäuptig, denn es regnete braune Butter und Muskat. Ihr flogt in Wohlgerüchen dahin! Ich war nicht faul, ich ritt an eurer Seite, auf einer Ente, die war mit Granatäpfeln geröstet. [...] Ich aß [...], ihr lächeltet mir zu, ich sah euch in die Augen, und was ich dort sah, es lässt sich nicht beschreiben! Es war die Freundschaft.« Aber gerade seine tüchtigsten Gefährten wenden sich als Erste von ihm ab, nachdem der Beitritt zu einer LPG ihnen ein wirtschaftlicheres Arbeiten erlaubt, als es in der unfreiwilligen Verbindung mit dem Großbauern möglich gewesen war. Marski hilft sich zunächst dadurch, dass er die Übriggebliebenen vermehrt belastet. Zuletzt verlassen ihn alle, er ist materiell und menschlich ruiniert: Seinen Hof kann er allein nicht ökonomisch führen, seine Lebensfreude allein nicht ausleben. Er will sich erhängen, aber die bisherigen Kleinbauern – als Gleichberechtigte jetzt wahrhaft seine Freunde – durchschneiden den Strick: Ein neuer Marski ist geboren, der sich entschließt, ebenfalls der LPG beizutreten und nach vollbrachter genossenschaftlicher Arbeit seine Kollegen lehren wird – hier hilft ihm seine besondere Erfahrung –, wie man genießen kann.

Beim westdeutschen Publikum fand dieses Stück, das Peter Hacks fasziniert hatte, aber die zunehmende Entfernung zwischen Ost und West deutlich spiegelte, nur

begrenzt Interesse. Die Intendanten jedoch, die Langes Talent erkannten, hielten die Hand über ihn, er wurde Mitarbeiter der Schaubühne am Halleschen Ufer, die 1966 unter Langes Mitregie Hacks' *Die Schlacht bei Lobositz* und 1968 seine Bearbeitung von Shakespeares *König Johann* herausbrachte, ferner zwei der Auseinandersetzung mit Stalin gewidmete Einakter (*Der Hundsprozeß / Herakles*, U. 1968). Der erste, bereits in der DDR entstanden, war eine scharfe Verurteilung der politischen Schauprozesse in Form einer Groteske, der zweite verglich, für das Publikum verwirrend genug, Herakles und seine Taten mit denen des Georgiers und rühmte dessen Leistung, die sozialistische Revolution für Russland gerettet zu haben, als bleibendes Verdienst. Lange hatte im Osten den Stalinismus problematisiert, im Westen wollte er dem Antikommunismus keinen Vorschub leisten, die unterschiedliche Bewertung blieb gleichwohl befremdlich.

Die Gräfin von Rathenow (U. Köln, 1969), Langes erfolgreichste Komödie, versetzt die wahre Begebenheit, die Kleists Novelle *Die Marquise von O...* zugrunde lag, wieder in den Norden zurück, der Vorgang erhält symbolische Bedeutung. Die Gräfin ist bewusstlos schwanger geworden durch einen französischen Offizier. Napoleon hat Preußen zu seinem Nutzen Gewalt angetan, Resultat sind die Stein'schen Reformen – allerdings, es gibt da zunächst noch die Metternich'sche Reaktion, die alles wieder zu verderben droht …

Ihr seht in diesem Stück den preußischen Staat
Oder was Napoleon 1806 davon übrig gelassen hat
Genauer: Die Mark Brandenburg und ihre ländliche Jauche
Von Rathenow bis Brandenburg [...]
Andererseits seht ihr, an Beispielen wurde nicht gespart
Die Überlegenheit der linksrheinischen Lebensart
Die Gewalt eines Leutnants, das provenzalische Genie
Und die Überlegenheit der französischen Artillerie
Dann seht ihr noch: Wie Kiefern, Sand, der
*   brandenburgische Mist*
Alle Überlegenheit am Ende doch wieder auffrisst [...]

Verdächtigt, ein Verhältnis mit dem Stallknecht zu haben, trotzt die Gräfin dem Urteil der Gesellschaft und erklärt sich bereit, ihn zu heiraten.

Trotzki in Coyoacan (U. Hamburg, 1972) setzt sich mit Peter Weiss' *Trotzki im Exil* auseinander, das daneben »wie ein idealistisches und redseliges Diskussionsstück aus der Studentenperspektive von 1968/69« (J. Schröder) anmutet. Trotzki, der Moralist der Revolution, wird im »Epilog« des Autors kritisch abgefertigt: »Ich ziehe den Hut, aber es wäre wichtiger gewesen, sie hätten Herrn Stalin 1927 ermordet. Der Mörder Trotzki wäre der Welt jetzt nützlicher als der reine marxistische Engel, der in Coyoacan auf die Exekution durch einen Agenten der GPU wartet.« Das Urteil über Stalin aber bleibt wie in *Herakles* geteilt: »Wer gegen Stalin kämpft, um gegen den Terror zu kämpfen, kämpft auch gegen Stalin, der wesentlich Züge der Revolution beibehält.« *Staschek oder Das Leben des Ovid* (U. Stuttgart, 1973) bringt eine Figur aus *Marski*, den Bauern Staschek, wieder auf die Bühne. Weitere Stücke transportierten zunehmend auch die Depression ihres Verfassers (*Frau von Kauenhofen*, U. Berlin-West, 1977; *Pfarrer Koldehoff*, U. Berlin-West, 1979). »Die ›Bewusstwerdung seiner eigenen Vergänglichkeit‹ legte sich wie Blei auf seine Stücke.« (K. Völker) In *Gerda Andernach* (U. Göttingen, 1983) verkörpern drei Generationen einer Familie diametral unterschiedliche Weltanschauungen und Lebenshaltungen. *Requiem für Karlrobert Kreiten* (U. Berlin-West, 1987) behandelt das Schicksal eines in der NS-Zeit verfolgten Pianisten. Im letzten Jahrhundertviertel wendet Lange sich allmählich von der Bühne ab und der Prosa zu. *Die Selbstverbrennung* (R., 1982) nimmt den Stoff von *Pfarrer Koldehoff* auf, *Deutsche Empfindungen. Tagebuch eines Melancholikers. Aufzeichnungen der Monate Dezember 1981 bis November 1982* (Pr., 1983) und *Die Waldsteinsonate* (Nn., 1984) behandeln in sorgfältiger Gestaltung ebenfalls extreme Situationen.

CHRISTA REINIG, die für ihren in der Bundesrepublik veröffentlichten Band *Gedichte* (1963) den Literaturpreis der Stadt Bremen erhalten hatte, kehrte von der Preisverleihung nicht in die DDR zurück; sie lebte fortan in München. Ihr erster Roman *Die himmlische und die irdische Geometrie* (1975) trägt autobiografische Züge, die folgenden Prosaarbeiten *Entmannung* (R., 1976), *Der Wolf und die Witwen* (En., 1980), *Die ewige Schule* (En., 1982) und *Die Frau im Brunnen* (R., 1984) zeigen ihr Engagement für die Frauenbewegung. Satirische Schärfe und schwarzen Humor lässt sie nicht nur der Männerwelt angedeihen, auch ihre Frauengestalten werden von ihr lakonisch, aber nicht ohne verstecktes Zartgefühl beschrieben. So auch ihr Gedichtband *Müßiggang ist aller Liebe Anfang* (1979), der in Form eines gemeinsam geführten poetischen Tagebuchs die Liebesbeziehung zweier Frauen behandelt.

HELGA M(ARIA) NOVAK (1935, eigentlich Maria Karlsdottir) verschloss sich das Literaturwesen der DDR fast von Anfang an. Im Berlin der NS-Zeit aufgewachsen, studierte sie von 1954 bis 1957 in Leipzig Journalistik und Philosophie, heiratete nach Island und kehrte

1965 in die DDR zurück, um das Literaturinstitut »Johannes R. Becher« zu besuchen. Bereits ihr erster Gedichtband (*Die Ballade von der reisenden Anna*, 1965) erschien in einem West-Verlag. Im Jahr darauf wurde ihr die Staatsbürgerschaft der DDR aberkannt, nach einem erneuten Aufenthalt in Island übersiedelte sie 1967 in die Bundesrepublik. Auch ihre späteren Gedichtbände *Balladen vom kurzen »Prozeß«* (1975) und *Margarete mit dem Schrank* (1978), sowie der autobiografische Bericht über ihre von präfaschistischen Kleinbürgern und als kaltherzig wahrgenommenen Adoptiveltern dominierte Kindheit (*Die Eisheiligen*, 1979) handeln von Verstörung, Fluchtträumen und -räumen. Die DDR erschien ihr als Fortsetzung der preußisch-deutschen Zwangswelt, dass sie nach eigenem Bekenntnis für die Stasi gearbeitet hatte, vergrößerte nur die Verwirrung ihres Gefühls.

MANFRED BIELER (1934–2002) war 1964 aus der DDR nach Prag übersiedelt und tschechischer Staatsbürger geworden. Nach dem Einmarsch der Truppen des Warschauer Pakts 1968 blieb er in der Bundesrepublik, wo er sich besuchsweise aufhielt. *Der Mädchenkrieg* (R., 1975) ist in der tschechischen Hauptstadt angesiedelt und beschreibt die Geschichte einer dortigen Familie vom Beginn der Dreißigerjahre bis zum Ende der deutschen Okkupation. *Ewig und drei Tage* (R., 1980) und *Der Bär* (R., 1983) zehren stofflich und atmosphärisch von Bielers Erfahrungen mit dem ostdeutschen Staat, während *Der Kanal* (R., 1978) in Bielers neuem Wohnort München spielt. (→ S. 681)

Auch für REINER KUNZES endgültige Lossagung von der DDR und seinen Grenzübertritt 1977 waren die Vorgänge in der Tschechoslowakei von bestimmender Bedeutung. Sein im Frankfurter S. Fischer Verlag erschienener Prosaband *Die wunderbaren Jahre* (1976) – der Titel ist in ironischer Umkehrung Truman Capotes *Die Grasharfe* entnommen – ist eine bittere Anklage gegen den realen Sozialismus Ulbricht'scher Prägung, der vierte Hauptteil *Café Slavia* vereinigt unter den Jahreszahlen 1968 und 1975 jeweils eine Anzahl kleinerer Texte, die an der Parteinahme des Autors für den brutal unterdrückten Reformversuch im sozialistischen Nachbarland keinen Zweifel lassen. Nicht minder beredt ist der einleitende Abschnitt *Friedenskinder*, der kurze Gespräche mit Heranwachsenden unterschiedlichen Alters und Nachrichten über bezeichnende Erfahrungen mit den staatlichen Instanzen, bis hin zu Bespitzelung und Gefängnis, enthält. Mit wenigen Worten gelingt es Kunze, die permanente Indoktrination in der Schule und in Jugendorganisationen in ihrer pervertierenden Wirkung aufzuzeigen. Die Zensurbehörde hatte die Druckgenehmigung für die Westausgabe erteilt, ohne das Manuskript zu prüfen, umso heftiger war die Reaktion nach Erscheinen des Buches, das, auch in Verbindung mit der bald darauf folgenden Ausbürgerung Biermanns, weite Verbreitung fand und das negative Bild der DDR nachhaltig vertiefte.

Weitere Gedichtbände Kunzes waren *Auf eigene Hoffnung* (1981), *eines jeden einziges leben* (1986) und der für Kinder bestimmte Band *Wohin der Schlaf sich schlafen legt* (1991). Als Vermittler insbesondere lyrischer Dichtung wirkte Kunze auch weiterhin durch Übersetzungen in Einzeleditionen und Auswahlsammlungen (*Fährgeld für Charon. Gedichte aus dem Tschechischen*, 1990) und als Essayist (*Das weiße Gedicht*, 1989).

Thomas Brasch (1945–2001)

In Westow/Yorkshire geboren kehrte Brasch als Zweijähriger – seine Eltern waren jüdische Emigranten, der Vater, Horst Brasch, Mitglied der Kommunistischen Partei – in die damalige sowjetische Besatzungszone zurück. Der Vater wurde 1963 Mitglied des Zentralkomitees der SED, 1965 erster stellvertretender Minister für Kultur, der Sohn besuchte von 1956 bis 1960 die Kadettenschule der Nationalen Volksarmee und begann nach dem Abitur 1964 in Leipzig das Studium der Journalistik, wurde aber im folgenden Jahr wegen »Verunglimpfung führender Persönlichkeiten der DDR« relegiert und musste sich in verschiedenen Berufen durchschlagen. 1967 durfte er an der Filmhochschule Potsdam-Babelsberg weiterstudieren, wurde nach der Abfassung von Flugblättern gegen den Einmarsch in die ČSSR 1968 ein zweites Mal relegiert und mit Gefängnis bestraft (der Vater verlor seinen Posten als Minister). 1969 auf Bewährung entlassen, arbeitete er zunächst als Fräser, erhielt 1971 eine Anstellung am Brecht-Archiv, die er nach dem Tod Helene Weigels wieder verlor, und erlangte 1976 unter Beibehaltung der Staatsangehörigkeit die Genehmigung zur Ausreise aus der DDR, 1983 einjähriger Aufenthalt in Zürich, ansonsten freier Autor in West-Berlin, wo er auch starb.

Der Generationenkonflikt, wie Brasch ihn durchlebte, beruhte auf der Erfahrung, dass der Sieg, den die Väter errungen zu haben meinten, nicht zu der Wirklichkeit passte, die die Söhne wahrnahmen. Anders ausgedrückt: Diese Wirklichkeit lohnte das Überlegenheitsgefühl nicht. Für anarchische Ungeduld aber gab es in der rigide disziplinierten sozialistischen Republik am wenigsten Raum. Braschs Versuche, sich dort als Schriftsteller zu etablieren, scheiterten fast vollständig. Als er 1976 in die Bundesrepublik übersiedelte, verwies er neben anderen literarischen Arbeiten auf sechs Dramen, für die er weder einen Verlag noch eine Bühne gefunden hatte. Nun war er auf der Suche nach einem

»anderen Land«, lehnte es aber ab, seine Beschreibungen der Situation in der DDR als systemkritisch zu erklären (*Spiegel*-Interview, Januar 1977). Er betrachtete sich nicht als einen »typischen Fall«, erklärte sich – weil Schriftsteller – als ideologisch uninteressiert und nur auf seine eigenen Erfahrungen bedacht. Vermutlich war dies die überzeugendste Werbung für den politischen Fall, den er in westlichen Augen gleichwohl darstellte und der durch sein erstes Buch, das schon bald in sechs Sprachen übersetzt wurde, noch weiter an Interesse gewann (*Vor den Vätern sterben die Söhne*, 1977). Eben diese geplante Veröffentlichung hatte zum Bruch zwischen ihm und den Kulturbehörden der DDR geführt, aber im westlichen Europa erschienen seine Stücke nun in rascher Folge. *Der Papiertiger,* uraufgeführt von einem Studententheater in Austin/Texas, war 1976 vorangegangen.

Den Reigen eröffnete *Die argentinische Nacht* (U. Tübingen, 1977), ein Stück über die Diktatur in dem südamerikanischen Land, Bearbeitung der *Argentinischen Geschichten* von Osvaldo Dráguns, als Auftragsarbeit für die Ost-Berliner Volksbühne entstanden, die sich aber zuletzt entschlossen hatte, lieber das Original zu bringen (in Braschs Übersetzung). Es folgte *Rotter. Ein Märchen aus Deutschland* (U. Stuttgart, 1977), die Geschichte eines Mitmachers und willigen Befehlsempfängers in der NS-Zeit und in der DDR vom Hitlerjungen bis zum Helden der Arbeit, der zuletzt, alkoholisiert, unter Lorbeerkränzen zusammenbricht. Seinen Gegenspieler Lackner, der ihn durch seine unabhängige Haltung verunsichert und von dem er zu hören bekommt: »Drei Jahre von meinem Leben sind besser als deine fünfzig Jahre Sterben«, wird er töten. Lackner ist ein zynischer Einzelgänger, von Brasch mit Sympathie gezeichnet. Die Kritik wählte *Rotter* 1978 zum Stück des Jahres. Die Szenenfolge *Lovely Rita* (U. Berlin, 1978) verweist mit ihrem harmlos klingenden Titel auf einen populären Song der Beatles. Tatsächlich handelt es sich um den von brutaler Gewalt dominierten Leidensweg einer jungen Berlinerin nach dem Zusammenbruch 1945, ihr Abgleiten in Prostitution, Mord und Suizid, bei der Premiere gespielt von Katharina Thalbach, die mit Brasch in den Westen übersiedelt war und noch weitere seiner weiblichen Hauptrollen verkörperte. *Lieber Georg* (U. Bochum, 1980) vergegenwärtigt den beim Eislaufen auf der Havel tödlich verunglückten jungen expressionistischen Lyriker Georg Heym nach seinen Tagebüchern, Briefen und Träumen, eine egozentrische Künstlerexistenz, Brasch nur zu nahe. »Nachher hat man's wie gehabt«, schrieb der Kritiker Heinrich Vormweg: »Das Drama vom einsamen Dichter im Widerstreit mit der sinnlosen Welt.« Tatsächlich hielten sich die Stücke auf den Bühnen nicht lange, und der Widerstand der Kritik wuchs. Getadelt wurden die chaotische Struktur des Gebotenen, die überspannte Symbolik und die gelegentlich kunstgewerblich anmutende Erhitzung der Sprache, ihr verbrauchter Expressionismus. Braschs Bearbeitungen klassischer Stücke (Shakespeares, Tschechows, Gorkis) waren zwar nicht ohne Bühnenwirkung, erschienen aber als philologisch unzulänglich. Der Gescholtene, nicht unbedingt ein guter Verlierer, tadelte seinerseits die Unzulänglichkeit des bundesdeutschen Theaters und konstruierte gewagte »Versuchsanordnungen«: *Mercedes* (U. Zürich, 1983) beschreibt die Tötung eines älteren Mannes in einem Mercedes-Luxus-Cabrio (über seine Lebensumstände verlautet Widersprüchliches) durch einen jungen Arbeitslosen und eine Gelegenheitsdiebin, *Frauen, Krieg. Lustspiel* (U. Wien, 1988) ist aus drei Textblöcken zusammengefügt (in der zweiten Fassung, Hamburg 1990, nur noch aus zwei), die in sehr gesucht anmutender Weise unterschiedliche Zeiträume, Schauplätze und Charaktere in Beziehung setzen, anscheinend konnte das Stück überhaupt nur durch dramaturgische Eingriffe spielbar gemacht werden. *Liebe Macht Tod oder das Spiel von Romeo und Julia* (U. Berlin, 1990) aktualisiert und banalisiert das Drama Shakespeares. Verona ist Berlin, »Mompero« steht für den damaligen Berliner Bürgermeister Momper, »Imperio Kohlerio« für den Bundeskanzler, Romeo fragt: »Soll Berlin denn Hauptstadt werden?« Bis hin zu dem fragwürdigen Titel (der auch als »Liebe macht Tod« verstanden werden kann) drängen sich Kalauer vor.

Braschs erster Spielfilm *Engel aus Eisen* (1981) erzählt die authentische Geschichte der Gladow-Bande zur Zeit der Berlin-Blockade 1948/49. 1982 folgte die Low-Budget-Produktion *Domino*, die einige Tage im Leben einer Schauspielerin zeigt. Erinnerungen an die deutsche Vergangenheit und die Kälte der Gegenwart führen zur Verzweiflung. Dem Fernsehfilm *Mercedes* (1985) – nach Braschs gleichnamigem Bühnenstück – folgte der unter Mitarbeit von Jurek Becker entstandene Spielfilm *Der Passagier – Welcome to Germany* (1988).

Der Hollywood-Regisseur Cornfield will einen Film über den deutschen Regisseur Körner drehen, der, unter dem falschen Versprechen der späteren Freilassung, 1942 in einem Film jüdische KZ-Häftlinge als Komparsen einsetzte, um größtmögliche Authentizität zu erreichen. Ein Häftling durchschaute die Situation und wollte fliehen, wurde jedoch verraten – was nicht nur ihm, sondern allen Häftlingen zum Verhängnis geriet. Die merkwürdige Haltung Cornfields während der Dreharbeiten lässt vermuten, er selbst könnte der Verräter gewesen sein, der sich durch Verrat rettete.

Auf Vorschlag Christa Wolfs hatte Brasch 1987 den Kleist-Preis erhalten, was den Meinungsstreit über die künstlerische Qualität seines Werkes erneut erregte. Ein Jahr später erschien erstmals ein Auswahlband seiner Stücke in der DDR. Noch immer (oder wieder) bezeichnete er sie als »mein Land«.

Der große Exodus

Bereits 1974 hatten die DDR-Behörden WOLF BIERMANN anlässlich einer von ihm geplanten Westreise das Angebot gemacht, unter Verzicht auf die Staatsbürgerschaft im Westen zu bleiben. Zwei Jahre später erzwangen sie, was er freiwillig nicht akzeptiert hatte. Im Schaffen des Liedermachers bedeutete die Ausbürgerung einen tiefen Einschnitt, denn aus dem Lebensgefühl der Bundesrepublik heraus zu schreiben, wie vordem aus dem der DDR, war für ihn, wenn überhaupt, nur nach längerer Eingewöhnung möglich. In Hamburg, wo er nun lebte, sah er sich auf seine Herkunft zurückverwiesen. (»Ich bleibe, was ich immer war / Halb Judenbalg und halb ein Goij.«) Neben seinem Vater waren noch mehr als zwei Dutzend weitere Mitglieder seiner Familie ermordet worden. Biermanns Identifikation mit dem jüdischen Schicksal liegt seiner Nachdichtung von Jizchak Katzenelsons Epos *Dos lied vunem ojsfehargetn jidischen volk* zugrunde (*Großer Gesang des Jizchak Katzenelson vom ausgerotteten jüdischen Volk*, 1994). Neben verschiedenen Sammelbänden (*Preußischer Ikarus. Lieder, Balladen*, 1978) und vielen Schallplatten entstanden auch Essays (*Klartext im Getümmel*, 1989).

Unter den Repressionsmaßnahmen, die den Protesten gegen die Ausbürgerung Biermanns folgten, hatte am meisten der aus einer Arbeiterfamilie in Reichenbach stammende JÜRGEN FUCHS (1950–1999) zu leiden, der als Schüler durch seine Kontakte zu dem im nahen Greiz lebenden Reiner Kunze zuerst ins Visier der Staatssicherheit geraten war. Als Student war er befreundet mit Biermann und dem Regimekritiker Robert Havemann, eine öffentliche Lesung führte bereits 1975 zu Exmatrikulation und Veröffentlichungsverbot. Als Fuchs in einem dpa-Interview gegen die Ausbürgerung Biermanns protestierte, kam er in Untersuchungshaft. Nachdem man vergeblich versucht hatte, ihn, auch unter Einsatz von Psychopharmaka, zum Hauptbelastungszeugen gegen Havemann aufzubauen, wurde er 1977 nach West-Berlin abgeschoben. Dort trat Fuchs mit zahlreichen Veröffentlichungen hervor, u. a. Gedichten (*Tagesnotizen*, 1979; *Pappkameraden*, 1981), Romanen (*Fassonschnitt*, 1984; *Das Ende einer Feigheit*, 1988), berichtender Prosa (*Gedächtnisprotokolle*, 1977), Essays (*Einmischung in eigene Angelegenheiten. Gegen Krieg und verlorenen Frieden*, 1984). Zentrales Thema ist die (auch durch die Korrespondenz mit Manés Sperber angeregte) Auseinandersetzung mit dem Totalitarismus, die neue Nahrung erhielt, als ihm 1990 seine Stasi-Akten zugänglich wurden (*Magdalena. MfS Memphisblues Stasi Die Firma VEB Horch und Gauck – ein Roman*, 1998). Fuchs hatte sich auch durch Kontakte zur Solidarnosc und zur tschechischen Menschenrechtsbewegung aktiv politisch engagiert, er galt als Staatsfeind der DDR, die verschiedene Aktionen gegen ihn plante, darunter auch die, ihn radioaktiv zu verstrahlen. Ob sein früher Tod, verursacht durch einen seltenen Blutkrebs, die Folge eines Anschlags ist, blieb ungeklärt.

HANS JOACHIM SCHÄDLICH (1935) gehörte ebenfalls zu den Unterzeichnern der Petition gegen die Ausbürgerung Biermanns.

Für den Kaufmannssohn aus Reichenbach im Vogtland war der Zugang zur Universität wegen seiner bürgerlichen Herkunft an ein mit Auszeichnung bestandenes Abitur geknüpft. Schädlich legte es am ehemals Joachimsthalschen Gymnasium in der Uckermark ab. Er begann ein Germanistik-Studium in Berlin (Ost), wechselte aber, da er sich dort nur indoktriniert fühlte, nach Leipzig, wo er von Theodor Frings 1960 mit einer sprachwissenschaftlichen Dissertation promoviert wurde. Von 1959 bis zu seiner Entlassung als Mitunterzeichner der Biermann-Petition 1977 arbeitete er an der Akademie der Wissenschaften in Berlin (Ost) auf dem Gebiet der deutschen Dialektologie und Phonologie, ein von ihm gestellter Ausreiseantrag wurde im Dezember 1977 genehmigt. Schädlich lebte danach als freiberuflicher Schriftsteller in Berlin (West).

Zwischen 1969 und 1977 entstandene Prosatexte, die Schädlich in der DDR nicht veröffentlichen konnte, erschienen durch Vermittlung von Günter Grass im Rowohlt-Verlag (*Versuchte Nähe*, 1977). Seit Uwe Johnson, so Grass, sei vom Alltag »im mittleren Land« - in Mitteldeutschland, also in der DDR – nicht mehr auf so hohem literarischem Niveau berichtet worden. Den dortigen Behörden galt Schädlich nach dieser Veröffentlichung ebenfalls als Staatsfeind. Brutalität und Undurchsichtigkeit des stalinistischen Terrors hat er in dem Prosastück *Der Vater* angeprangert.

Der Generalsekretär der Kommunistischen Partei der Sowjetunion (Bolschewiki), Josef Wissarionowitsch Stalin, trug dem 18. Parteitag der Kommunistischen Partei der Sowjetunion (Bolschewiki) den Rechenschaftsbericht des Zentralkomitees der Kommunistischen Partei der Sowjetunion (Bolschewiki) vor. Nach den Sätzen »Einige Journalisten der ausländischen Presse schwätzen, dass die Säuberung der sowjetischen Organisationen von Spionen, Mördern und Saboteuren wie Trotzki, Sinowjew, Kamenew, Jakir Tuchatschewski, Rosengolz, Bucharin und anderen Ausgeburten die sowjetische Regierungsform ›erschüttert‹ und dass diese Säuberung eine ›Zersetzung‹ hervorgerufen habe. Über dieses abgeschmackte Gewäsch kann man lediglich lachen« – nieste jemand. Josef Wissarionowitsch Stalin unterbrach seinen Bericht, blickte auf und fragte: »Wer hat da geniest?« Niemand meldete sich. Josef Wissarionowitsch Stalin rief ein Kommando der Geheimpolizei in den Saal und befahl, die erste Reihe der Delegierten des Parteitages niederzuschießen. Wieder fragte Josef Wissarionowitsch Stalin: »Wer hat da geniest?« Auch diesmal meldete sich niemand. Josef Wissarionowitsch Stalin befahl, die zweite Reihe der Delegierten des Parteitages niederzuschießen. Zum dritten Mal fragte Josef Wissarionowitsch Stalin: »Wer hat da geniest?« In der letzten Reihe der Delegierten erhob sich ein Delegierter und sagte: »Ich, Genosse Stalin.« Daraufhin sagte der Generalsekretär der Kommunistischen Partei der Sowjetunion (Bolschewiki), Josef Wissarionowitsch Stalin: »Gesundheit!, Genosse.«

Der Sprachabschneider (1980), noch in der DDR entstanden, handelt vom Verzicht auf das Denk- und Sprachvermögen – und dessen Folgen. Schädlich suchte eine Metapher für Opportunismus, Zensur und Selbstzensur. Von der problematischen Phase des Einlebens im Westen, dessen Werte für ihn gleichwohl nicht in Frage stehen, berichtet er in *Irgend etwas irgendwie* (En., 1984). Entschiedener als viele seiner Kollegen bekennt er sich zu dem Land, das ihn aufgenommen hat: »Seit ich in der Bundesrepublik lebe, hat sich in mir der Wunsch verstärkt, dass das, was man die parlamentarische Demokratie nennt, überlebt, dass das bleibt. [...] Trotz aller Mängel hat dieses System für mein Leben die besten Konditionen geboten.« *Tallhover* (R., 1986) protokolliert die 136 Jahre eines Polizeispitzels. Zwischen Vormärz und dem Stasisystem der Ära Ulbricht nimmt er an allen wesentlichen Stationen der deutschen Geschichte teil. (Günter Grass übernahm die Idee zu dieser Figur für *Das weite Feld*, in dem Tallhover als Hofthaler fortlebt.) Auch die Erzählungen *Ostwestberlin* (1987) beschäftigen sich mit den »vergegenständlichten Träume(n) des instrumentalen Denkens« (C. Wolf).   (→ S. 811, 827)

JUREK BECKER übersiedelte ebenfalls 1977 nach Westberlin. Sein Roman *Schlaflose Tage* (1978), der in der DDR nicht mehr erscheinen konnte, handelt von ei-

nem Lehrer, der sich seines Berufes durch vorge-
täuschte Untauglichkeit entledigt, seine Familie verlässt und seine materiellen Bedürfnisse auf das Äußerste reduziert, um sich auf diese Weise allen Ansprüchen des Staates entziehen zu können. Es folgten
Nach der ersten Zukunft (En., 1980), *Aller Welt Freund*
(R., 1982) und *Bronsteins Kinder* (R., 1986).

Der zwanzigjährige Hans aus Berlin (Ost) beobachtet, wie
sein Vater, der einst den Lagern der Nationalsozialisten hatte
entrinnen können, gemeinsam mit zwei Leidensgefähr-
ten, einen ehemaligen Aufseher aus Neuengamme verhört
und quält. Hans, der sein Judentum bisher als belanglosen
Zufall betrachtet hatte, gerät in großen innerlichen Konflikt, denn er kann in dieser Situation in dem SS-Mann nur
den Hilflosen, den Gequälten sehen, aber jeder Versuch, jenem zu helfen, würde sich gegen den Vater richten. Erst
dessen Tod führt zur Befreiung des Gefangenen durch
Hans.

Von SARAH KIRSCH waren bereits 1969 Gedichte in
der Bundesrepublik gedruckt worden. 1974 erschien in
West-Berlin der Gedichtband *Es war dieser merkwürdige Sommer,* dem weitere Publikationen folgten
(*Wintergedichte. Poetische Wandzeitung,* 1978; *Drachen-
steigen,* 1979). Die Prosagedichte in *La Pagerie* (1980),
die Gedichte in *Erdreich* (1982) und die Texte in *Katzen-
leben* (1984) erwecken den Anschein großer Einfachheit. Die Herbheit der frühen »trotzige(n) Elegien« (R.
Michaelis) erscheint immer mehr zurückgenommen,
eine gewisse Sprödigkeit jedoch bleibt.
Viele Gedichte widmen sich der Landschaft, vor allem
der Schleswig-Holsteins. Ihre Idylle ist vordergründig,
auch in ihnen ist der »sanfte Schrecken« allgegenwärtig. Die Angst vor einer nahen Katastrophe ist auch
in der Sammlung *Schneewärme* (G., 1989) spürbar, in
dem das Gedicht *Die Insel* mit den Zeilen: »Auch in
diesem Winter / Bin ich nicht verrückt geworden« beginnt.
Weitere Publikationen waren die Prosabände *Irrstern*
(1986), *Die ungeheuren bergehohen Wellen auf See* (1987)
und die »Chronik« *Allerlei-Rauh* (1988), in der die Ich-
Erzählerin von ihrem Leben in einem friesischen Dorf
berichtet und die dortigen Eindrücke mit früheren Erfahrungen poetisch verknüpft, ferner *Tiger im Regen*
(G., 1990).
ERICH LOEST beschrieb in *Durch die Erde geht ein Riß.
Ein Lebenslauf* (1981) seine in Bautzen bei striktem
Schreibverbot durchlittene Gefängniszeit. Der Roman
Völkerschlachtdenkmal (1984) behandelt in den Ab-
schnitten eines imaginierten Verhörs 150 Jahre Leipzi-
ger Stadtgeschichte, die dem sächsischen Autor auch

Gelegenheit bieten, sowohl die konfliktreiche Beziehung seines Heimatlandes zum übermächtigen
preußischen Nachbarn als auch die Ulbricht-Jahre zu
erörtern, in die die Sprengung der Leipziger Univer-
sitätskirche fiel. Noch in seinen Irrtümern ist es ein
Zeitdokument, denn das Lob des Pfarrers, der als Einziger unter den Stadtverordneten gegen die Sprengung
opponierte, erwies sich nach Öffnung der Stasiakten
als verfehlt: Er handelte im Staatsauftrag und sollte
durch seinen vorgeblichen Widerstand das Vertrauen
der Bespitzelten gewinnen. Sächsische Geschichte
scheint auch im Roman *Zwiebelmuster* (1985) auf. Ein
in der DDR lebender Autor historischer Romane, der
auf der Suche nach einem Thema ist, das Studien im
Ausland erforderlich macht, bekommt einen Vertrag
über – Meißner Porzellan. Daneben veröffentlichte
Loest Texte von Vorlesungen über DDR-Schriftsteller
und die Literaturverhältnisse insgesamt (*Bruder
Franz. Drei Vorlesungen über Franz Fühmann,* 1985
u. a.). Mit weniger Glück behandelte er den Alltag in
der westlichen Welt in Reisebildern (*Saison in Key
West,* 1986) und einem Roman (*Froschkonzert,* 1987).
KLAUS SCHLESINGER, der 1980 mit einem unbefris-
teten Visum nach Berlin (West) übersiedelte, ließ noch
im selben Jahr seine Erzählung *Leben im Winter* (ursprünglich vorgesehener Titel *Kalt in Deutschland*)
erscheinen, die ein Familienfest im östlichen Teil der
Stadt beschreibt, zu dem Verwandte aus beiden Teilen
Deutschlands zusammentreffen. Am Rande der Geburtstagsfeier lauern Hoffnungslosigkeit und Depression bis hin zum Vorhaben eines Suizids. Vier Jahre
später beschrieb Schlesinger einen Fall sozialer Kälte
in Berlin-Kreuzberg, also im westlichen Teil der Stadt
(*Matulla und Busch,* R., 1984), die Geschichte zweier
Rentner und eines besetzten und zum Abriss vorgese-
henen Hauses. Obwohl der eine der beiden Männer als
Mitglied einer Erbengemeinschaft ein Anrecht auf das
Haus hat und sich mit den Besetzern befreundet, kann
er sich nicht durchsetzen. Matulla stirbt und das Haus
wird demoliert.
In *Ein Deutscher auf Widerruf. Erinnerungen II* (1984)
hat HANS MAYER die fünfzehn Jahre seines Wirkens
in Leipzig beschrieben, der bereits zitierte Band *Der
Turm von Babel* trug dazu noch viele Ergänzungen bei.
STEFAN HEYM legte 1988 einen fast 1000 Seiten umfassenden Lebensbericht vor, dem er mit dem Titel *Nachruf* einen abschließenden Charakter gab. Das Buch erschien in einem westdeutschen Verlag, aber die DDR
existierte noch, allerdings erkennbar defekt. Eine Reform des sozialistischen Staatenblocks »an Haupt und

Monika Maron

asche (1981) die Vernichtung der natürlichen Umwelt infolge zerstörerischer Eingriffe durch den Menschen. Dieses in der DDR lange tabuisierte Thema (wie die folgenden Werke der Verfasserin konnte der Roman zunächst nur in der Bundesrepublik erscheinen) erlaubte ihr zugleich, die Bedingungen journalistischer Arbeit in der DDR kritisch darzustellen.

Eine Industriereportage über Bitterfeld, »die schmutzigste Stadt Europas«, verstrickt die junge Journalistin Josefa Nadler in Auseinandersetzungen sowohl mit den betroffenen Arbeitern als auch mit ihren durch den korrumpierenden Berufsalltag zynisch oder gleichgültig gewordenen Kollegen. Ihre zunehmende Isolation, die sie nicht zuletzt als Frau erfährt und die verstärkt Wünsche nach weiblicher Autonomie in ihr weckt, wird durch die utopische Wende am Schluss des Romans (von höchster Stelle wird die Stilllegung des veralteten Kraftwerks verfügt) nicht wirklich aufgehoben. »Sie betrügen mich um mich und meine Eigenschaften. Alles, was ich bin, darf ich nicht sein«, lautet Josefas Erkenntnis, die aus den Hinweisen auf Leistungen und Erfolge der Gesellschaft, in die sie hineingewachsen ist, keine Ermutigung mehr zu ziehen vermag.

Es folgten, von der Kritik zurückhaltend aufgenommen, *Das Mißverständnis. Vier Erzählungen und ein Stück* (1982), sodann, nach mehrjähriger Pause, *Die Überläuferin* (R., 1986), ihr künstlerisch bis dahin anspruchsvollstes Werk.

Eine junge Wissenschaftlerin sieht sich durch die eines Morgens eingetretene Lähmung ihrer Beine an ihr Zimmer gebunden. Sie kann ihr bisheriges Leben nicht weiterführen, aber weder von ihren Freunden noch von ihren Berufskollegen wird sie vermisst. An die Stelle ihrer bisherigen äußeren Kontakte und Erfahrungen treten nun ausschließlich innere. Ihre Ängste und Wünsche, Überlegungen und Erfahrungen, Obsessionen und Hoffnungen werden zu Stimmen, die das Zimmer der Kranken mit dramatischem Leben erfüllen. Der so entstandene Freiraum der Phantasie reicht weiter als der der Wirklichkeit. Die Freiheit in der Isolation ist allerdings nur eine der gedanklichen Entwürfe. Sie kann die Erfüllung in der Realität nicht ersetzen, aber sie kann auch nicht durch die Realität widerlegt werden. (→ S. 714, 811, 822, 826)

Im Jahr vor der deutschen Vereinigung trat mit dem Dresdner DURS GRÜNBEIN (1962) noch einmal ein bedeutendes lyrisches Talent an die Öffentlichkeit. Sein erster Gedichtband *Grauzone morgens* (1988) wurde als ein Zeugnis für das Lebensgefühl seiner Generation, besonders auch in der DDR gelesen – bezeichnenderweise handelte es sich jedoch wiederum um ein Debüt außerhalb ihrer Grenzen. (→ S. 819)

Gliedern« hielt der Autor, der wenige Jahre später Alterspräsident des ersten gesamtdeutschen Bundestages werden sollte, für unerlässlich, eine Prognose zu den Erfolgsaussichten wagte er nicht. Heyms Erfahrungen mit der DDR bilden aber nur einen Teil seiner bewegten Schicksale. Erzählt wird das stationenreiche Leben eines jüdischen Intellektuellen in einem von Katastrophen zerrissenen Jahrhundert. Noch andere, schon früher entstandene Autobiografien konnten nur im Westen erscheinen, so die polemischen Rückblicke auf die in der DDR verbrachten Jahre von PETER JOKOSTRA (1912; *bobrowski & andere. die chronik des peter jokostra*, 1967) und JOACHIM SEYPPEL (1919, *Ich bin ein kaputter Typ – Bericht über Autoren in der DDR*, 1982). In einem vorangegangenen Roman hatte Seyppel das Berlin seiner Jugend beschworen (*Die Mauer oder das Café am Hackeschen Markt*, 1981).

Monika Maron (1941)
Geboren in Berlin, 1951 Übersiedlung von Berlin (West) nach Berlin (Ost), Stieftochter des ehemaligen DDR-Innenministers (1955–63) Karl Maron; nach dem Abitur Fräserin, danach Studium der Theaterwissenschaft und Kunstgeschichte, Arbeit als Regieassistentin beim Fernsehen, als Aspirantin an einer Schauspielschule und mehrere Jahre als Reporterin. 1976 freiberufliche Schriftstellerin in Berlin (Ost). Sie arbeitete zeitweilig für den Staatssicherheitsdienst, wurde aber auch selbst als »feindliche Person« observiert. Mit einem Dreijahresvisum lebte sie seit Juni 1988 in Hamburg, später in West-Berlin.

Bereits einige Jahre vor Christa Wolf mit ihrer Erzählung *Störfall* und literarisch anspruchsvoller beschrieb Monika Maron in ihrem ersten Roman *Flug-*

AUSBLICK. DIE LITERATUR DER GEGENWART SEIT 1990

Mit dem Beitritt der DDR zum Geltungsbereich des Grundgesetzes der Bundesrepublik am 3. Oktober 1990 endete die 45 Jahre dauernde Teilung Deutschlands. Die Krise des von der Sowjetunion gestützten und abhängigen SED-Staates hatte eine lange Vorgeschichte. Den in Moskau von Michail Gorbatschow unter weltpolitischem und wirtschaftlichem Druck eingeleiteten unumgänglichen Reformen hatte sich die SED-Führung unter Erich Honecker zäh widersetzt. Gorbatschows »Glasnost« und »Perestrojka« machten die Erosion des im Warschauer Pakt verbundenen Imperiums vorhersehbar. Als im September 1989 ungarische Soldaten den Grenzzaun nach Österreich öffneten, vollzog sich der Zusammenbruch des »sozialistischen Lagers« binnen weniger Wochen. Im November legte die Regierung der Bundesrepublik ein »Zehn-Punkte-Programm« zur Überwindung der Teilung Deutschlands und Europas vor. Bonns vorsichtige und zugleich wirkungsvolle Politik führte binnen Jahresfrist zum erhofften Ziel: Die Vereinigung war ein noch kurze Zeit vorher unerwartetes, in der westlichen Welt auch nicht überall gewünschtes Ereignis, das mit stärksten Emotionen und mit ebenso drängenden Erwartungen verbunden war.

Erfahrene Beobachter wiesen schon früh darauf hin, dass der Zusammenschluss von zwei auf antagonistischen politischen und wirtschaftlichen Systemen gegründeten Gemeinwesen und dementsprechend unterschiedlich ausgebildeten gesellschaftlichen Mentalitäten eine überaus schwierige Aufgabe darstelle. Die letzten freien Wahlen auf dem Territorium der DDR hatte es 1932 gegeben, wer ständig dort gelebt hatte, war also 1990 mindestens 79 Jahre alt. Ansprüche auf Vermögensrückgabe erforderten gesetzliche Regelungen mit für den Einzelnen bitteren Konsequenzen und führten zu zahlreichen Prozessen. Als besonders folgenreich erwiesen sich die Maßnahmen zur Umstellung von Währung und Wirtschaft, weil politisch bedingte Vorgaben einschneidende Konsequenzen erwarten ließen. Entsprechende Warnungen verhallten in der mit den aktuellen Vorgängen verbundenen Euphorie.

Die verbreitete Empfindung, an einer Zeitenwende zu stehen, trog indessen nicht. Eine Epoche war zu Ende gegangen, die mit der kommunistischen Oktoberrevolution 1917 ihren Anfang genommen und somit dem größten Teil des 20. Jahrhunderts ihren Stempel aufgedrückt hatte. Eine Zeitenwende also auch für die Literatur. Für die Schriftsteller in der DDR war die Entscheidung am 4. November 1989, dem Tag der großen Kundgebung auf dem Berliner Alexanderplatz, gefallen.

Deutsche Debatten

Es waren nicht die Streitgespräche der Intellektuellen, die maßgeblich die Welt verändert hatten, so viel hatten die Vorgänge der Jahre 1989–90 gezeigt. Indirekt zeigten sie dennoch Wirkung, trugen dazu bei, Entwicklungen vorzubereiten (oder auch zu verzögern), und waren wichtig für die Schriftsteller und somit für die Literatur selbst. Am Ende des Jahrhunderts bildete die deutsch-deutsche (Wieder-)Vereinigung das vordringliche gesellschaftspolitische Thema, an dem mittelbar auch die Literaten Anteil hatten. Vorangegangen war der Historikerstreit der späten Achtzigerjahre um die Frage, ob es erlaubt sei, den Holocaust im Zusammenhang mit anderen Genoziden der neueren Geschichte zu sehen (wie Jost Nolte es für gerechtfertigt ansah) oder ob eine solche Betrachtungsweise das singuläre Verbrechen relativierte (wie Jürgen Habermas entgegnete). Weichenstellungen der nationalen Geschichte wie die Gründung des Bismarck-Reiches wurden aus der durch die Wende veränderten Perspektive wieder aktuell und nicht nur von Fachhistorikern erörtert. Weitere Auseinandersetzungen folgten: 1991 um Wolf Biermanns Büchner-Preis-Rede mit Sascha Anderson betreffenden Stasi-Offenlegungen (anschließend um die Verstrickungen noch anderer Schriftsteller), 1993 um Botho Strauß' als rechtskonservativ betrachteten Essay *Anschwellender Bocksgesang*, der ein Gesellschaftsbild zeichnete, in dem wenige Einzelgänger sich einer dumpfen Masse gegenüber sehen, 1995 um Günter Grass' Fontane-Roman *Ein weites Feld*. Die Biografie des märkischen Dichters und der unter ästhetischem Aspekt fragwürdige Roman waren nur Auslöser für einen Presseaufruhr um Grass' politisches Credo und in der Folge davon um die Praktiken des Literaturbetriebs. Im folgenden Jahr wirkte Peter Handkes Verteidigung der Politik Serbiens im Konflikt um den Kosovo provozierend, angesichts nicht zu widerlegender Fakten unbegreiflich für die meisten, aber doch eine pauschale Darstellung durch die Medien zurechtrückend, 1998 die Debatte anlässlich der Rede Martin Walsers zur Verleihung des Friedenspreises des deutschen Buchhandels. Walser plädierte dafür, das Gedenken an den Holocaust aus dem Bereich der öffentlichen Erörterung zu verbannen, worauf er von Ignatz Bubis, damals Präsident des Zentralrats der Juden, der »geistigen Brandstiftung« bezichtigt wurde, weil er damit als erster Intellektueller einen gesellschaftlichen Grundkonsens aufgekündigt und populistische Positionen rechter Organisationen eingenommen habe. Erneuert wurde der Antisemitismusvorwurf gegenüber Walser bei Erscheinen seiner Erzählung *Tod eines Kritikers* (2002), in der ein »Literaturpapst«, leicht zu entschlüsseln als Marcel Reich-Ranicki, (scheinbar) einem Mordkomplott zum Opfer fällt.

Ein heftiger Meinungsstreit galt den Schriftstellern selbst und der ihnen gemäßen gesellschaftlichen Rolle. Waren sie nicht einem Selbstbetrug zum Opfer gefallen, hatten sie nicht in unverantwortlicher Weise geirrt? Unerachtet der Freude über das Ende der Teilung gab es offene Fragen, auch gesellschaftlichen Zwiespalt. Die Auseinandersetzung um Christa Wolf, einer im Osten – dort war sie kurze Zeit sogar als mögliche Staatspräsidentin im Gespräch – wie im Westen hoch angesehenen Autorin, beleuchtete exemplarisch die Verstrickung der ostdeutschen Autoren in das politische Zeitgeschehen. Freiwillig oder unfreiwillig hatten sie dazu beigetragen, das SED-Regime zu stabilisieren. Von den westdeutschen Literaten sagte man, dass sie sich, ohne dazu gezwungen zu sein, zu sehr mit außerliterarischen Themen aufgehalten, das Ästhetische darüber vernachlässigt hätten. Die Figur des Mittlers, mehr noch: des wegweisenden geistigen Mentors war gefragt, zugleich aber war die Rolle der selbst ernannten Wortführer problematischer denn je.

Es waren die Vierzigjährigen und Älteren, die sich an diesen Auseinandersetzungen beteiligten, Jüngere kaum. Was diese anbetrifft, so erklärten sie sich im zunehmenden Maße durch das Zurückliegende nicht betroffen. Wann, wenn nicht jetzt, sollten sie sich mit ihrem eigenen Lebensgefühl zu Wort melden?

Von der Bonner zur Berliner Republik

Der Einigungsvertrag bestätigte, was seit 1945 ungezählte Male, allerdings mehr formal denn als reales politisches Ziel, gesagt und geschrieben worden war: Berlin war unverändert die Hauptstadt Deutschlands. Das Parlament löste 1991 diesen Anspruch ein, als es den (an und für sich nicht zwingend notwendigen) Umzug der wichtigsten Regierungsbehörden nach Berlin beschloss. Wurde die »katholische« Bonner Republik zu einer wieder überwiegend »protestantischen« im ostelbischen Berlin? Damit verbundene Spekulationen erwiesen sich schnell als gegenstandslos. Der seit Jahrzehnten gegebene schleichende Prozess der Entchristlichung beschleunigte sich und enthüllte gerade in den neuen Bundesländern, Kerngebieten der Reformation, seinen ganzen Umfang. Aber die Wandlung der überlieferten Volkskirche zur – im besten Falle – Kirche im Volk kennzeichnete hier wie dort die Lage der Konfessionen. Begünstigt durch den demografischen Wandel vollzog sich ein Traditionsbruch von ungeahntem Ausmaß, der die gesamte Kultur, die Literatur eingeschlossen, betrifft. An der oftmals in den protestantischen Gemeinden angesiedelten Bürgerrechtsbewegung in der DDR hatten auch Schriftsteller ihren Anteil gehabt. Der Germanist Heinz Schlaffer zitiert in *Die kurze Geschichte der deutschen Literatur* (2002) Günter de Bruyns Autobiografie: »Lesungen in märkischen und mecklenburgischen Dorfkirchen, wo die überfüllten Emporen immerfort knarrten, die dicken Feldsteinmauern vor der feindlichen Welt zu schützen schienen und ein barocker Kanzelaltar an die Bedeutung des wahren Worts gemahnte, gehören für mich zu den schönsten Erinnerungen dieser Jahre.« Nach dem Ende der politischen Unterdrückung blieben diese Kirchen leer.

Die Medien hatten inzwischen meist andere Sorgen. Nicht nur die unterschiedlichen Erwartungen und Verhaltensweisen von »Ossis« und »Wessis« – wie man nun sagte – waren unter einen Hut zu bringen. Seit den Siebzigerjahren war ein »mentaler Pluralismus« gewachsen, der sich in der Folge zum »Spielfeld eigenwilliger Individualismen« (H. L. Arnold) entwickelte. Über die Wahrnehmung und Bewertung der Lebenszusammenhänge entschied die Zugehörigkeit zu einer bestimmten Gruppe wie Geschlecht, Kultur, Ethnie. Die Literatur der Neunzigerjahre erschien von den »kulturräumlichen, politisch-sozialen und geschlechtsspezifischen ›Rändern‹« her geschrieben, sie zeigte »Unübersichtlichkeit vielfältigster koexistierender und konkurrierender Tendenzen« (G. Kaiser).

Der Einschnitt, den das Jahr 1990 bedeutete, wurde vertieft durch den Tod vieler Schriftsteller, die die Literatur der vorhergehenden Jahrzehnte bestimmt hatten und in den Neunzigerjahren starben: 1990 Horst Bienek, Friedrich Dürrenmatt und Irmtraud Morgner, 1991 Max Frisch und Wolfgang Hildesheimer, 1993 Hans Werner Richter und Hans Sahl, 1995 Heiner Müller, 1996 Helmut Heißenbüttel, Hermann Kesten und Wolfgang Koeppen, 1997 Jurek Becker und Stephan Hermlin, 1998 Hermann Lenz und Ernst Jünger, 1999 Karl Krolow. Zwar fehlte es nicht an Autoren, die schon vor 1990 veröffentlicht hatten und für Kontinuität sorgten, gleichwohl geisterte der Begriff einer »zweiten Stunde Null« durch die Presse. Als charakteristisch für die Haltung der so genannten Enkelgeneration betrachtete man eine unbekümmerte Losgelöstheit von Früherem: »Die junge Generation dieser Stunde Null will keine epochalen Werke mehr schreiben, und das ist gerade ihre Stärke.« (I. Radisch)

Mit dem Ende der DDR und der damit verbundenen Wandlung der »Bonner« zur »Berliner Republik« veränderte sich auch die räumliche Situation der deutschen Literatur. Sie gewann mit Berlin ein neues Zentrum. Aber ihre Bedeutung in der Öffentlichkeit schien eher geschwächt.
Die Soziologen sprachen von »89ern« beziehungsweise einer »Generation Berlin«. Mit Berlin verbanden sich Erwartungen, denn in den Zwanzigerjahren hatte

die Stadt eine weit über die nationalen Grenzen hinaus wirksame kulturelle Ausstrahlungskraft besessen und nach der Wiederherstellung der Einheit schien ihr eine erneute Führungsrolle gemäß. Ob die Voraussetzungen dafür nach den Aderlässen der Vergangenheit noch bestanden, war freilich eine andere Frage. Während die bisher von Ost und West großzügig (und konkurrierend) geförderten berühmten Institutionen (Schauspielbühnen, Opernhäuser, Orchester) sich schon bald rigorosen Sparzwängen unterworfen sahen, etablierte sich eine laute Szenekultur, die auch literarisch einige Jahre erfolgreich war. »Dem simplifizierenden zweiwertigen Modell von *mainstream* und *underground*, langweilig-erstarrter deutschsprachiger Gegenwartsliteratur und spritzig-lebendiger Popschreibe, arbeiteten die Jungautoren bewusst zu.« (U. Schütte)

Literatur und Massenkultur

Parallel zu dieser Entwicklung wurde Literatur zu einem Bestandteil der Massenkultur – zum Event. Mancher Autor gerierte sich als »Popstar zum Anfassen; falls noch nicht so berühmt, dann bitte wenigstens telegen und medienkompatibel« (Th. Kraft). Literaturhäuser in allen größeren Städten sorgten für eine gewisse Präsenz von Schriftstellern im kulturellen Leben, Talkshows, Festveranstaltungen oder Partys mit Musik bemühten sich um Vermittlung. Poetry Slams – Wettbewerbe, bei denen in dieser Darbietungsform erprobte Autoren gegeneinander antraten, ihre Produkte mehr oder weniger wirksam zum Besten gaben und um die Gunst eines Publikums buhlten, das sich mit Beifalls- und Unmutsbekundungen als aktiver Teilnehmer am Event sah – wurden zu einem Ritual der Neunzigerjahre: »Spontaneität, Alltagsnähe, Gegenwartsbezug, Sprachwitz, Lustprinzip und Unmittelbarkeit spielen darin eine weit größere Rolle als die abstrakte, auf ein Expertenpublikum zielende Kunstanstrengung« (A. Neumeister / M. Hartges).

Bei Poetry Slams dürfen die Rezipienten aktiv sein, mit den in den Neunzigerjahren entwickelten und sich ausbreitenden technologischen Möglichkeiten durften sie gar interaktiv sein. Literatur im Internet und auf elektronischen Datenträgern bot neue Möglichkeiten der Darstellung, der Verbreitung und der Rezeption. Unterschieden werden konnte hierbei zwischen Netzliteratur, die die Möglichkeiten vernetzter Literatur nutzt, und Literatur im Netz, die im Internet publiziert wird. Hypertexte – das sind elektronische Texte mit Links zu anderen Texten – wurden zum »viel diskutierten ästhetischen Aushängeschild der elektronischen Literatur« (Th. Wegmann). Auf narrative Chronologie wurde verzichtet, die Leser wandelten sich zu

Navigatoren in einem assoziativen Textgewebe, sie erstellten per Mausklick die individuelle Version eines Textes, eine endgültige Fassung gibt es nicht. Häufiger wird das Internet als Publikationsforum genutzt. RAINALD GOETZ (1954) erregte Aufsehen, als er vom 4. Februar 1998 bis zum 10. Januar 1999 aktuelle Überlegungen und Notizen u. d. T. *Abfall für alle* veröffentlichte. Hier, wie auch in anderen Fällen, war das gedruckte Buch dennoch Ziel des Bemühens: *Abfall für alle* erschien im Herbst 1999 als *Roman eines Jahres* auf 864 Seiten.

Der Werkcharakter von Literatur schien zu verblassen zugunsten eines eher unverbindlichen Spiels, bei dem es jedoch um viel Geld ging. Immer weniger Konzerne schluckten die kleineren Verlage, und die Großen und Mächtigen zögerten nicht, die Fusionen zu ihrem Vorteil zu nutzen. Gegebenenfalls – nur Rentabilitätsüberlegungen wirkten einschränkend – kamen die übermächtigen Mittel der Werbung zum Einsatz. Groß angelegte Kampagnen mit Anzeigen, Plakaten, Ständern, Pappfiguren rückten Erfolg versprechende Titel ins rechte Licht, andere Titel, die diese Förderung nicht erfuhren, überlebten nur noch in abseits der Einkaufsmeilen gelegenen Nischenläden, die sich als Teil des kulturellen Lebens begreifen mochten, solange noch genügend Nischenleser nach ihnen suchten.

Wenn sie denn überlebten. Die Literaturkritik ordnete sich oft dem Eventcharakter unter. Ihr gingen die neuen Titel als Vorausexemplare zu, nicht immer konnten Rezensionen mit der gebührenden Gründlichkeit erarbeitet werden. »Die klassische Rezension ist weithin ersetzt durch den schnellen Buchtipp, durch literarische Verbraucherberatung, Daumen rauf oder runter.« (U. Greiner) Bücher, die es nicht schnell genug in die literarischen Feuilletons schafften, hatten kaum eine Chance, es sei denn das Fernsehen, das mediengerecht mitmischte, kam ihnen zu Hilfe. Welchen Einfluss es auch auf das Schicksal von Büchern zu gewinnen vermag, hat Marcel Reich-Ranicki mit dem von ihm 1988 installierten »Literarische Quartett« während einer Reihe von Jahren in singulärer Weise gezeigt.

Stichworte zur politischen Geschichte

3. 10. 1990 Die DDR tritt gemäß Artikel 23 des Grundgesetzes der Bundesrepublik bei. Auflösung des Warschauer Paktes. 20. 6. 1991 Entscheidung des Bundestags, den Sitz von Parlament und Regierung größtenteils nach Berlin zu verlegen. Erster Golf-Krieg. Gescheiterter Putsch in der UdSSR, danach Verbot der Kommunistischen Partei. Wiederherstellung der Selbstständigkeit der seit 1940 sowjetisch beherrschten baltischen Republiken. Nach Unabhängigkeitserklärungen Sloweniens und Kroatiens Bürgerkrieg in Jugoslawien. Auflösung der Sowjetunion, an deren Stelle die GUS (Gemeinschaft Unabhängiger Staaten) tritt. Dezember 1991 Maastrichter »Vertrag über die Europäische Union« (Wirtschafts- und Währungsunion, Einleitung einer gemeinsamen Außen- und Sicherheitspolitik. 11. 9. 2001 Terroranschlag auf das World Trade Center in New York. 2003 Zweiter Golfkrieg. Besetzung des Irak durch Truppen der USA und verbündeter Staaten. 2004 Beitritt von zehn süd- und ostmitteleuropäischen Republiken zur EU. Nach Niederlagen der Regierungskoalition in mehreren Landtagswahlen strebt Bundeskanzler Schröder im Sommer 2005 Neuwahlen an.

Gesellschaft und Kultur

An der Jahrtausendwende sieht sich die Bevölkerung der Bundesrepublik vor ungewöhnlichen Problemen, deren ganzes Ausmaß erst allmählich ins Bewusstsein tritt. Als langfristig unabwendbar zeichnet sich ein Rückgang der Einwohnerzahl ab, der auch durch verstärkte Zuwanderung nur gemildert, nicht aufgefangen werden kann. Infolge der aus wirtschaftlichen Gründen noch immer anhaltenden Ost-West-Wanderung betrifft er vor allem die neuen Bundesländer, die sich von der im Verlauf der Wiedervereinigung eingetretenen Deindustrialisierung noch nicht erholt haben und weiter zurückzufallen drohen. Die Republik steht vor wirtschaftlichen Problemen, die zu millionenfacher Arbeitslosigkeit geführt haben. Der überlieferte Sozialstaat ist nicht mehr finanzierbar, Globalisierung und Vernetzung der Produktion, die Erweiterung der Europäischen Union eröffnen zwar Chancen, zwingen aber auch zu unpopulären Reformen, die wegen der demographischen Veränderungen das Verhältnis der Generationen zu belasten geeignet sind.

Auch die kulturellen und Bildungsziele sind von den Einsparungen betroffen. Das Niveau des Konzert- und Ausstellungswesens ist gleichwohl nach wie vor hoch und regional breit gestreut. In den neuen Bundesländern ergaben sich für Theater, Verlage, Buchhandlungen Anpassungsprobleme, der »Aufschwung Ost« eröffnet aber zugleich neue Möglichkeiten. Die revolutionären Vorgänge in Osteuropa seit 1990 beseitigen Grenzen auch des literarischen Marktes.

Berlin profitiert von seiner neuen Rolle als Hauptstadt der Republik, wie nicht zuletzt bedeutende Bauten (Restauration des Reichstags, Daniel Libeskind, Jüdisches Museum) erkennen lassen. Auch in den neuen Bundesländern fallen Leistungen des Wiederaufbaus ins Auge (Frauenkirche in Dresden). Für die in der DDR vernachlässigten historischen Innenstädte, Landkirchen usw. handelte es sich vielfach um eine Rettung in letzter Stunde. Die Infrastruktur in den neuen Bundesländern (Straßen, Kommunikationsmittel) erfährt eine grundlegende Erneuerung. Was dagegen auf sich warten lässt, ist die mentale Wiedervereinigung, die Differenzen des Bewusstseins scheinen eher verstärkt.

Im September 2004 erleidet die Anna-Amalia-Bibliothek in Weimar durch einen Brand schwere Schäden.

Weltliteratur (seit 1991)

China: Gao Xingjian (1940, Nobelpreis 2000), *Flucht* (Dr., 1992).

Dänemark: Peter Hoeg (1957), *Fräulein Smillas Gespür für Schnee* (*Fröken Smillas fornemmelse for sne*, R., 1992).

Frankreich: Jean Rouaud (1952), *Der Porzellanladen* (*Pour vos cadeaux*, R., 1998); Michel Houellebecq (1958), *Ausweitung der Kampfzone* (*Extension du domaine de la lutte*, R., 1994).

Großbritannien: Joanne K. Rowling (1965), *Harry Potter und der Stein der Weisen* (*Harry Potter and the Sorcerer's Stone*, Fantasy-R., 1997); Salman Rushdie (1947), *Des Mauren letzter Seufzer* (*The Moor's Last Sigh*, R., 1995); Ian McEwan (1948), *Amsterdam* (R., 1999).

Italien: Umberto Eco, *Baudolino* (R., 2003).

Mexiko: Carlos Fuentes, *Die Jahre mit Laura Diaz* (*Los anos con Laura Diaz*, R., 1999).

Niederlande: Harry Mulisch (1927), *Die Entdeckung des Himmels* (*De ontdekking van de hemel*, R., 1993); Cees Nooteboom (1933), *Wie wird man Europäer* (*De ontvoering van Europa*, Ess., 1993).

Norwegen: Jostein Gaarder (1952), *Sofies Welt* (*Sofies Verden*, R., 1991).

Peru: Mario Vargas Llosa, *Das Fest des Ziegenbocks* (*La fiesta del chivo*, R., 1999).

Portugal: José Saramago (1922, Nobelpreis 1998), *Die Geschichte von der unbekannten Insel* (*O conto dailha desconhecida*, R., 1998); António Lobo Antunes (1942), *Das Handbuch der Inquisitoren* (*O manual dos inquisidores*, R., 1996).

Schweden: Henning Mankell (1948), *Mörder ohne Gesicht* (*Mördare utan ansikte*, R., 1991).

Südafrika: Nadine Gordimer, *Die Hauswaffe* (*The House Gun*, R., 1997); John M. Coetzee, *Schande* (*Disgrace*, R., 1999).

Türkei: Orhan Pamuk (1952), *Rot ist mein Name* (*Benim Adim Kirmizi*, R., 1998).

Ungarn: Péter Esterházy (1950), *Harmonia Caelestis* (R., 2000).

USA: Saul Bellow, *Ravelstein* (2000), Philip Roth, *Der menschliche Makel* (*The Human Stain*, R., 2000); Harold Brodkey (1930–1996), *Die flüchtige Seele* (*The Runaway Soul*, R., 1991); Don DeLillo (1936), *Unterwelt* (*Underworld*, R., 1997); Richard Ford (1944), *Unabhängigkeitstag* (*Independence Day*, R., 1995); Jonathan Franzen (1959), *Die Korrekturen* (*The Corrections*, R., 2001).

Sachliteratur und Essayistik

Die geistigen und politischen Auseinandersetzungen, die Ende 1989 heftig aufbrachen, haben sich vor allem in der nichtfiktionalen Literatur niedergeschlagen. Zu einem Teil waren sie provoziert. Essays, Reden, Interviews und Rezensionen dienten dem raschen Austausch und wirkten auslösend für neue Debatten.

Die Intellektuellen und die Wende

Viele Autoren waren von den Ereignissen völlig überrascht worden und gerade die politisch Engagierten standen ihnen eher skeptisch bis ablehnend gegenüber. Günter Grass schrieb noch im Dezember 1989 im Zusammenhang einer geplanten Ausgabe seiner politischen Aufsätze und Reden im Aufbau-Verlag: »Da ich ein strikter Anhänger einer ›Vertragsgemeinschaft‹ bis hin zur Konföderation zweier deutscher Staaten bin und mich vehement gegen einen deutschen Einheitsstaat im Sinne von Wiedervereinigung ausspreche, ist dieses Buch für die Leser in beiden deutschen Staaten gleichermaßen aktuell.« (An Elmar Faber, 15.12.1989) Die Vorstellung, in der DDR doch noch einen demokratischen Sozialismus verwirklichen zu können, hatte sich schnell als Illusion erwiesen. Während der genannten, von einer halben Million Menschen besuchten Kundgebung auf dem Alexanderplatz hatten sich Schriftsteller wie Christoph Hein ihrem Ziel nahe geglaubt. Dann überschlugen sich die Ereignisse, deren wichtigstes die Öffnung der Grenzen war, und schon bald hatten die Literaten jede Steuerungsmöglichkeit verloren: Die Bevölkerung fragte in ihrer großen Mehrheit nicht nach der Zukunft der DDR, sondern wollte die Vereinigung mit der Bundesrepublik, die mit dem Vollzug der Währungs-, Wirtschafts- und Sozialunion am 1. Juli 1990 in der Praxis bereits vollzogen wurde. Die Schriftsteller wurden in dieser Situation aus Wortführern wieder zu den Außenseitern, als die sie, historisch betrachtet, ohnedies galten.

Umstritten waren sie in Deutschland stets gewesen. Fragwürdig war ihr Habitus, Unterstützung fand Kritik an ihnen von verschiedener Seite. Wie es das Vorurteil wollte, handelte es sich um (Nur-)Verstandesmenschen, mit wenig praktischem Sinn und Lebensnähe, oftmals auch Unbemittelte und daher für das Besitzdenken Verantwortungslose. Ein berühmter Soziologe (Alfred Weber) hatte sie etwas sybillinisch als »sozial frei schwebende Intelligenz« klassifiziert. Oftmals waren sie in unselbstständigen Berufsfeldern tätig, was den Respekt vor ihnen nicht unbedingt vermehrte, Wilhelm II. etwa nannte Journalisten »verkommene Gymnasiasten«. Aber es gab noch ein anderes Bildnis und Selbstbildnis dieser Männer und Frauen der Feder, wie es bevorzugt im westlichen Europa begegnete: Ungebunden, interesselos im höchsten Sinne, nur dem Gemeinwohl verpflichtet, war der durch seine rationale Souveränität auch moralisch legitimierte Intellektuelle ein Idealtypus, von dessen mahnendem und richtendem Auftreten in der Geschichte berühmte Beispiele zeugten – wie Émile Zolas »J'accuse!« im Dreyfus-Prozess. Damals hatte man Menschen, die in der Öffentlichkeit für den heuchlerisch beschuldigten jüdischen Hauptmann eintraten, zunächst abschätzig »Intellektuelle« genannt, aber die Gerechtigkeit war Sieger geblieben. Wer konnte für Aufklärung und Humanität überzeugender eintreten als der »freie« Schriftsteller, der mit seiner Parteinahme einer unabweisbaren Pflicht folgte? Jean-Paul Sartre, Simone de Beauvoir haben diesen Typus – mit weltweiter Ausstrahlung – überzeugend repräsentiert. Aber wie weit reichte der Anspruch des Publikums an den durch solche Verantwortung möglicherweise doch Überforderten? Max Frisch hat bereits 1958 in seiner Rede »Öffentlichkeit als Partner« sehr nüchtern argumentiert: »Plötzlich soll man etwas zu sagen haben, bloß weil man ein Schriftsteller ist. [...] So rächt sich die Öffentlichkeit dafür, daß wir sie angesprochen haben.« Gewissermaßen nahm er eine Erörterung vorweg, die in Frankreich Michel Foucault angestoßen hatte, als er den Typus des »universellen Intellektuellen« für historisch überholt erklärte und ihm den »spezifischen Intellektuellen« entgegenstellte, den öffentlich engagierten Fachmann. Bereits der Begriff des Intellektuellen an sich verlangt mithin nach näherer Spezifizierung, wer denn jeweils gemeint sei: In literarischem Zusammenhang waren das neben den Schriftstellern auch Literaturwissenschaftler, Lektoren und Kritiker. Aber hatte es in der DDR überhaupt Intellektuelle gegeben, da deren genuin kritische Haltung dem Staat gegenüber doch deutlich zu kurz gekommen war? Konservative Stimmen bestritten es und verwendeten stattdessen den Ausdruck »Intelligenz«. Eine gründliche Untersuchung, wiewohl von ihrem Verfasser seit langem geplant, ließ auf sich warten (Werner Mittenzwei, *Die Intellektuellen. Literatur und Politik in Ostdeutschland 1945–2000*, 2001).

Auch in der ehemaligen Bundesrepublik änderte sich die Stellung der Schriftsteller. Im Hinblick auf die historische Entwicklung in Deutschland bedeutete der Streit gerade hier die Wiederkehr einer dem kulturellen Prozess seit den Tagen des Vormärz inhärenten Eigentümlichkeit: Die geringe Achtung vor den Intellektuellen, die man in der Mehrheit als unzuverlässige Außenseiter, unpatriotisch und mehr oder weniger käuflich betrachtete, hatte Tradition. Im zurückliegenden Vierteljahrhundert hatte das obrigkeitsstaatliche Ressentiment gewiss an Kraft verloren, ein (zumeist jüngerer) Teil der Bevölkerung verband mit der Sympathie für einige repräsentative Autoren der Bundesrepublik inzwischen auch die Wertschätzung ihres demokratischen Engagements, ihr Eintreten für die Rechte des Individuums und sozial deklassierter Gruppen. Als Schulbuchautoren erlangten sie im Wortsinn kanonischen Rang. Prominente Schriftsteller der DDR – es genügt an die ungewöhnliche Popularität Christa Wolfs zu erinnern – hatten ebenfalls von dieser veränderten Einstellung profitiert. Die nach 1989 einsetzenden politischen und wirtschaftlichen Richtungskämpfe ließen zusammen mit dem notwendigen Klärungsprozess die alten Vorbehalte jedoch schon bald wieder auferstehen. Offenbar hatte sich nichts geändert, »alle geheimen oder auch eingestandenen Phobien gegen Intelligenzbestien, Querdenker, Außenseiter blieben virulent« (H. Mayer, *Der Turm von Babel*, 1991). Auf die fatale Ähnlichkeit der Hetze gegen die Intellektuellen als die ewigen »Neinsager« in der Weimarer Republik, der

Goebbels-Propaganda und rechtslastigen Massenblättern 1990 hat Ivan Nagel hingewiesen (*Die Volksfeinde. Literaturstreit und Intellektuellenjagd*, 1990). Mit dem »Intellektuellen« war stets der »Linksintellektuelle« gemeint.

Viele erschienen in ihren Auffassungen gründlich widerlegt und – soweit sie auf diesen beharrten – als realitätsblind. Keine außerpolitische Aura schützte sie fernerhin, die sich im Tageskampf anscheinend so gründlich verirrt hatten. Das unvermutete Groß-Ereignis führte zu zahlreichen Autoren-Statements, die Medien riefen nach ihnen oder gaben ihnen doch bereitwillig Raum, als kennzeichnend erscheint vorrangig jedoch die relative Folgenlosigkeit des intellektuellen Disputs. Politik und gesellschaftlicher Alltag gingen andere Wege als die literarischen Wortführer es mehrheitlich wünschten und vorschlugen. Die Meinung (und später der partielle Stimmungswandel) des Publikums wurde nicht oder doch nicht maßgebend von den Schriftstellern bestimmt. »Das lächerliche Pathos alter Schwärmer« (H. Noll) – der so formulierte, war der Sohn eines ebenso bekannten wie loyalen Autors der DDR, die er 1984 im Konflikt mit den Behörden verlassen hatte – sah sich schon bald polemisch diskreditiert. Zuweilen erregten sie auch durch ihr Verhalten nach Aufdeckung einer Stasi-Vergangenheit Befremden (Monika Maron, *Nach Maßgabe meiner Begreifungskraft*, 1993).

Der deutsch-deutsche Literaturstreit

Die Auseinandersetzung begann mit Christa Wolfs Erzählung *Was bleibt* (1990), einer schmalen Prosaarbeit, 1979 entstanden, im November 1989 überarbeitet und im folgenden Frühsommer erschienen, mithin noch vor dem Vereinigungstag. Erzählt wird von einem im Leben der Autorin viele Jahre zurückliegenden Vorgang: Damals hatte sie bemerkt, dass der Staatssicherheitsdienst sie beobachtete. In *Was bleibt* zeigte sie sich darüber tief betroffen. *Die Zeit* und die *Frankfurter Allgemeine Zeitung* reagierten mit schärfsten Verrissen. Die Rezensenten fragten, warum Christa Wolf den Vorgang erst jetzt öffentlich mache. Ausgerechnet sie, die den Status einer privilegierten Künstlerin genossen habe, spiele sich nun als Opfer des Unrechtssystems auf. Christa Wolf fand Verteidiger, aber als sich in der Folge herausstellte, dass sie in den Sechzigerjahren selbst für die Stasi tätig gewesen war, wurde alles noch peinlicher. Von Anbiederung und Heuchelei war die Rede. Alsbald stand nicht nur die »Staatsdichterin der DDR«, sondern die allzu gefügige ostdeutsche Literatur insgesamt unter Anklage. Attackiert wurden Einzelne, gemeint waren alle, ihre Verführbarkeit und mangelnde Kompetenz, die »Gesinnungsästhetik«, die KARL HEINZ BOHRER (1917) im *Merkur* und ULRICH GREINER in *Die Zeit* verwarfen – ein anderes Wort für künstlerische Zweitrangigkeit.

Mitgemeint waren die »linken« Schriftsteller der Bundesrepublik. Der Streit mündete in eine Grundsatzdiskussion über die deutsche Literatur der Nachkriegszeit. FRANK SCHIRRMACHER (1959, *Das Methusalem-Komplott*, 2004), als Feuilletonchef des Literaturteils der *FAZ* Nachfolger Marcel Reich-Ranickis, später einer der fünf Herausgeber der Zeitung, verkündete als Aufmacher der Buchmessenbeilage im Oktober 1990 den *Abschied von der Literatur der Bundesrepublik*. Die Scheltrede von der Gesinnungsästhetik wurde von Schirrmacher nunmehr auch gegen repräsentative ältere Schriftsteller der Bundesrepublik aus dem Umkreis der »Gruppe 47« geführt: Die Zeit dieser Literatur sei abgelaufen, einer jüngeren Autorengeneration hätten die Grass und Härtling nichts mehr zu sagen.

»Wende-Literatur«. DDR-Kritik und »Ostalgie«

Über Deutschland reden (1988, erweiterte Neuauflage 1989) hatte MARTIN WALSER gefordert, einer der nicht eben zahlreichen Autoren, die an der Idee der deutschen Einigung festhielten, als sie in Politik und Öffentlichkeit zunehmend aus dem Blickfeld rückte. JUREK BECKER resümierte vor Studenten seine Auffassung von der Rolle der Literatur in unterschiedlichen gesellschaftlichen Systemen und der sich wandelnden modernen Welt. Seine Gastdozentur im Sommersemester 1989 war bereits von der krisenhaften Zuspitzung in der DDR überschattet (*Warnung vor dem Schriftsteller. Drei Vorlesungen in Frankfurt*, 1990). HANS MAYER gab mit *Der Turm von Babel. Erinnerung an eine Deutsche Demokratische Republik* ein betont subjektives, aber kenntnisreiches Resümee. In *Über Deutsche und Deutschland* (Ess., 1993) ordnete er seine Überlegungen in den weiteren Zusammenhang der Entwicklung seit 1789 ein. LOTHAR BAIER (1942–2004) mahnte zur Geduld (*Volk ohne Zeit. Essay über das eilige Vaterland*, 1990), GÜNTER DE BRUYN reflektierte bedachtsam (*Jubelschreie, Trauergesänge. Deutsche Befindlichkeiten*, 1991); anders HELGA KÖNIGSDORF, die mit *Adieu DDR – Protokolle eines Abschieds* (Ess., 1991) eine fortdauernde Auseinandersetzung begann. Noch im selben Jahr erschien *Aus dem Dilemma eine Chance machen. Aufsätze und Reden*, danach – dieser Band zusammen mit Bruno Weber – *Deutschland um die Jahrhundertwende* (1995) und *Unterwegs nach Deutschland. Über die Schwierigkeit, ein Volk zu sein: Protokolle eines Aufbruchs* (1995). MONIKA MARON titelte *Quer über die Gleise. Essays, Artikel, Zwischenrufe* (2000) – der berühmte Anfangssatz aus Johnsons *Mutmaßungen über Jakob* fand Nachfolger. Ein familiengeschichtlicher Bericht (*Pawels Briefe*, 1999), der um den von den Nationalsozialisten Ermordeten, um die Großmutter und um die Mutter-Tochter-Beziehung kreiste, war vorangegangen. In Aufsätzen und Reden bemühte sich HANS JOACHIM SCHÄDLICH weiterhin um Aufarbeitung der Hinterlassenschaft des SED-Staates (*Über Dreck, Politik und Literatur*, 1992; *Aktenkundig*. 1992).

Autobiografie, Tagebuch und Zeitgeschichte

Zu einem Schauplatz der Auseinandersetzung wurden auch Lebenszeugnisse ostdeutscher Schriftsteller. WALTER JANKAS Autobiografie *Spuren eines Lebens* (1991) basierte auf einem Text, dessen Niederschrift mehr als ein Dutzend Jahre zurücklag. »An eine Veröffentlichung war nicht gedacht. Denn zur Destabilisierung der DDR wollte ich nicht beitragen.« Janka brach sein Schweigen, als er nach seinem 75. Geburtstag unvermutet den Vaterländischen Verdienstorden in Gold verliehen erhielt, ohne dass das frühere Zuchthausurteil zurückgenommen oder auch nur erwähnt wurde. Er ließ dem Prozessbericht noch eine zweite, von neu aufgefundenen Dokumenten begleitete Darstellung folgen (*Die Unterwerfung. Eine Kriminalgeschichte aus der Nachkriegszeit*, 1994). Aus anderer Interessenlage veröffentlichte der Erzähler und Kinderbuchautor WERNER HEIDUCZEK (1926) Erinnerungen (*Im gewöhnlichen Stalinismus. Meine unerlaubten Texte. Tagebücher, Briefe, Essays*, 1991), sein bester Roman (*Tod am Meer*, 1977) war nach der zweiten Auflage verboten worden. Heiduczek hatte in diesem Roman einen in der Todesstunde um Wahrheit bemühten Schriftsteller vorgestellt, mit einer ihm erkennbar ähnlichen Biografie, darüber hinaus an ein Tabu gerührt, die Ausschreitungen der Roten Armee in den von ihr eroberten Gebieten. ERICH LOEST wählte für seine Erinnerungen den ironischen Titel *Die Stasi war mein Eckermann oder Mein Leben mit der Wanze* (1991). Wortreich und wenig selbstkritisch entsprach HERMANN KANT ein weiteres Mal seiner zweideutigen Rolle (*Abspann*, 1991). In einer besonderen Situation befand sich die aus einer pommerschen Fischersfamilie stammende Journalistin CAROLA STERN (eigentlich Erika Assmus), die über ihre Jugend im Dritten Reich bereits früher berichtet hatte (*In den Netzen der Erinnerung*, 1986). Nun legte sie offen, dass sie eine überzeugte Kommunistin niemals gewesen war, sondern eine amerikanische Agentin (*Doppelleben. Eine Autobiografie*, 2001).

GÜNTER DE BRUYN gelang mit einer zweibändigen Selbstdarstellung (*Zwischenbilanz. Eine Jugend in Berlin*, 1992; *Vierzig Jahre. Ein Lebensbericht*, 1996) sein vielleicht bedeutendstes Werk.

Kaum ein zweiter Bericht über eine deutsche Kindheit im 20. Jahrhundert ist von gleichem Reichtum individueller Details und zeitgeschichtlicher Signifikanz. Von den in der DDR verlebten Jahrzehnten handelt der zweite Band. De Bruyn verzichtet auf Effekte und Indiskretionen, berichtet glaubwürdig und uneitel – er hat »die Arroganz bis zum letzten Hauch aus seiner Sprache getilgt und die Fairness zur Arbeitsmoral erhoben« (S. Wirsing). Der Vergleich mit Heinrich Böll, über den er sich wiederholt mit Sympathie geäußert hat, bietet sich an, und er gereicht beiden Autoren zur Ehre. Es ist eine Kunst des Gewissens, die sie für bestimmte Regionen und Zeitabschnitte der Nachkriegsgeschichte repräsentativ erscheinen lässt. Zweifellos war es zunächst das Vorbild des Älteren, das eine Art geistiger Nachfolge schuf, allein, um es mit de Bruyn zu sagen, »wer will entscheiden, ob wir lieben, was uns ähnlich ist, oder ob wir dem ähnlich werden, was wir lieben?« *(Märkische Forschungen. Erzählung für Freunde der Literaturgeschichte)*

Ungleich herber, illusionslos bis zum vorgeblichen Zynismus, präsentiert sich der Lebensbericht HEINER MÜLLERS, dem er die nüchterne, gleichwohl sehr spontan wirkende Form der Tonbandaufzeichnung zugrunde legte, Gespräche mit Katja Lange-Müller, Helga Malchow und Renate Ziemer, die von diesen gekürzt und für eine abschließende Überarbeitung durch den Autor vorbereitet wurden *(Krieg ohne Schlacht. Leben in zwei Diktaturen, 1992).*

»Mein Interesse an meiner Person reicht zum Schreiben einer Autobiographie nicht aus«, erklärte Müller in einer Nachbemerkung *(Erinnerung an einen Staat).* Auch Zeitmangel behinderte ihn. Er war Mitintendant des Berliner Ensembles, bekleidete noch andere Ämter und publizierte in Sammelbänden ältere Arbeiten zu kulturpolitischen Themen *(Zur Lage der Nation, 1990; Jenseits der Nation, 1992).* Adäquaten Ausdruck für das, was ihn persönlich bewegte, fand er in seiner damals entstandenen Lyrik. An anderer Stelle hat er bezeugt, dass ihm letztlich allein am Schreiben gelegen war, es erschien ihm wichtiger als jedes gesellschaftliche Engagement, so sehr ihn dieses auch in seinen Bann ziehen mochte. Was aber begünstigte das Schreiben? Nicht vorrangig ein politisches oder wirtschaftliches Erfolgsrezept, besonders dann nicht, wenn es kalte Abneigung und Verachtung hervorrief, wie er sie in der Nachwendezeit empfand. Auch für ihn hatte Gorbatschows Programm zu Anfang ein Hoffnungssignal dargestellt, den Untergang der DDR sah er bereits Ende 1987 gekommen, als von den Prüfbehörden Manuskripte ohne verbindliche Entscheidung zurückgegeben wurden. Müller folgerte: »Wenn sie nicht mehr verbieten können, ist es aus.« Im Vergleich mit dem, wie er es sah, Sieg des Banalen schien das sozialistische Experiment allerdings noch im Scheitern ein großes Thema. In der DDR, so formulierte er es gegenüber Hans Magnus Enzensberger, sei »alles schief gegangen«, das sei die »beste Voraussetzung für Kunst und Literatur«.

STEFAN HEYM berichtete unter dem an Shakespeare gemahnenden Titel *Der Winter unseres Missvergnügens* (1996) »aus den Aufzeichnungen des OV Diversant«, nämlich von der vom Staatssicherheitsdienst als »operativer Vorgang« bezeichneten Ausspähung seiner Person (Deckname »Diversant«). ANETTA KAHANE (1954), als Kind jüdischer Eltern in der DDR aufgewachsen, erzählte von Erfahrungen, die für ihr späteres antirassistisches Engagement grundlegend wurden *(Ich sehe was, was du nicht siehst. Meine deutschen Geschichten, 2004).*

Poetisch reizvolle Erinnerungen, die sich nur in einem abschließenden Kapitel mit den Anfangsjahren der DDR beschäftigten, schrieb WULF KIRSTEN *(Die Prinzessin im Krautgarten. Eine Dorfkindheit, 2000).*

Sein hoher Bekanntheitsgrad und frühzeitig erschienene, durchgehend zustimmende Rezensionen sicherten MARCEL REICH-RANICKIS für seine Autobiografie *Mein Leben* (1999) sogleich einen ungewöhnlichen Erfolg, der sich auch international fortsetzte. Gerade die scheinbare Kunstlosigkeit der Darstellung trug zu diesem Ergebnis bei. Die Erzählung, die in der Beschreibung des Warschauer Ghettos und der Flucht daraus ihren Höhepunkt fand, trug sich selbst, kein Roman hätte den ungeheuren Stoff bewegender vermitteln können. Darüber hinaus ist das Buch reich an Erfahrungen im Umgang mit Literatur und mit Schriftstellern.

SEBASTIAN HAFFNERS mit jahrzehntelanger Verspätung erschienene *Geschichte eines Deutschen. Die Erinnerungen 1914–1933* (2000, postum) wurde sein größter Erfolg, der noch weitere Sammlungen verstreut erschienener Texte nach sich zog. Obwohl die Zeitumstände den jungen Haffner nötigten, sich politisch bedeckt zu halten, erinnern seine Beiträge für Journale an Tucholsky und Alfred Kerr *(Das Leben der Fußgänger. Feuilletons 1933–1938, 2004).* In der *Geschichte eines Deutschen,* die kurz vor Beginn des Zweiten Weltkriegs in der Emigration entstand, präsentierte er sich als der, der er war: Mit einem untrüglichen Sinn für das Aktuelle begabt, angriffslustig, vorausschauend und urteilssicher. Als einer der großen Publizisten der Bundesrepublik wird er in Erinnerung bleiben.

DIETER WELLERSHOFF beschrieb eindringlich Erinnerungen an den Tod des Bruders *(Blick auf einen fernen Berg,* 1991) und Kriegserlebnisse *(Der Ernstfall. Innenansichten des Krieges,* 1995), die für ihn von prägender Bedeutung waren. Zurückhaltend und elegant, wie man es von ihm als Kritiker gewohnt war, erzählte REINHARD BAUMGART (1929–2003) aus einen im seltenen Maße geglückten Leben *(Damals. Ein Leben in Deutschland,* 2004). Mit gewohntem Freimut legte PETER RÜHMKORF offen, was sich der Konvention gemäß der Mitteilung entzog, aber nicht ungesagt bleiben sollte (*Tabu I. Tagebücher 1989–1991*, 1995; *Tabu II. Tagebücher 1971–1972*, 2004). Die Tagebücher EINAR SCHLEEFS (1944–2001) begannen in einer auf fünf Bänden berechneten Ausgabe zu erscheinen, als erster Abschnitt über die in Thüringen verlebten Jahre das *Tagebuch 1953–1963 Sangerhausen* (2004). HELMUT KRAUSSER (1964) führte Tagebuch nur einen Monat im Jahr, eine Praxis, die er 1992 begann und in aufsteigender Linie regelmäßig fortsetzte (auf Mai 1992 folgte Juni 1993, die Veröffentlichung jeweils im Jahr danach). Neben dem, was sie vom Schicksal der Einzelnen zu berichten wussten, war es ihre Aussagekraft in Rücksicht auf die Zeitgeschichte, was diesen Büchern herausragendes Interesse verlieh. Dass das von ihnen vermittelte Zeitbild beziehungsweise Selbstporträt im hohen Maße subjektiv ist, versteht sich von selbst. Über Wahrheit und Dichtung in der Autobiografie schrieb, das Beispiel seiner eigenen Darstellungen vor Augen, GÜNTER DE BRUYN (*Das erzählte Ich*, 1995). Selbstkritisch zeigte er am Beispiel Jean Pauls und Fontanes die dem selbst verfassten Lebenslauf gezogenen Grenzen:

[...] da das Wissen über das eigene Leben so groß ist, dass Tausende von Seiten damit gefüllt werden könnten, kommt kein autobiografischer Schreiber ohne das Auswählen aus. Er muss, will er sein Leben erzählen, die großen und kleinen Teilchen desselben sondern und wägen, Wichtiges von Unwichtigem trennen, [...]. Die Kriterien dafür werden ihn, nicht anders als beim Bewerbungsschreiben, seine Absichten und Zwecke liefern, die man in literarischen Bereichen vielleicht besser Antriebe oder Motivationen nennt. [...] Nie kann Autobiografie Biografie ersetzen.

Auch der Biograf wählt aus, aber er sieht und urteilt von außen. Bei der unter bedrängenden Zeitumständen entstandenen Niederschrift von Selbstdarstellungen fehlt es den Verfassern möglicherweise auch an Kenntnis der Fakten, sodass es ihnen schwer fällt, die historischen Abläufe insgesamt zu erfassen. Unter den Lebensbedingungen der Diktatur ist dies fast die Regel, so war der Widerstand gegen den NS-Staat komplex zusammengesetzt und genötigt, weitgehend unverbunden und im Verborgenen zu wirken. Den auch im Deutschland der Nachkriegszeit noch umstrittenen Männern des Attentats auf Hitler hat JOACHIM FEST ein literarisch bemerkenswertes Denkmal gesetzt (*Staatsstreich. Der lange Weg zum 20. Juli*, 1994). Wie nicht anders zu erwarten, gibt es auch zu diesem hier als Beispiel gewählten Thema eine überaus reichhaltige Literatur aus Erinnerungen, Briefen, Tagebüchern

und Einzeluntersuchungen. Fest schlug die Brücke zwischen Fachwissenschaft und Öffentlichkeit und trug durch seine abgewogene Darstellung wesentlich dazu bei, dass der Widerstand gegen Hitler einen ehrenvollen Platz in der Geschichtsschreibung und im Selbstverständnis des demokratischen Staates fand. Seiner Hitler-Biografie ließ Fest mit *Der Untergang. Hitler und das Ende des Dritten Reiches* (2002) eine Darstellung der Berliner Apokalypse 1945 folgen.

»Heimatkunde« in Gänsefüßen. Reiseberichte

Für die Generation, die nach 2000 zu veröffentlichen begonnen hat, sind die Verkrampfungen im deutschdeutschen Verhältnis bereits ein Problem der Überlieferung. Die alten Reizworte erscheinen nur noch in ironischem Zusammenhang, der Tonfall ist frech und provokativ. Der Dresdner PETER RICHTER (1973) versuchte »ein Westdeutscher zu werden. Dabei wurde er zu dem Ostdeutschen, der er vorher unmöglich gewesen sein konnte«. Aus dem »Tal der Ahnungslosen« führte sein Weg »in die vielleicht selbstgewisseste Stadt der BRD: Hamburg. Er landete in Harburg und es sah aus wie Halle-Neustadt« (Klappentext zu *Blühende Landschaften. Eine Heimatkunde*, 2004). Vergleichbar locker äußert sich AXEL HACKE (1956, *Deutschlandalbum*, 2004), voll nachdenklichem Ernst hingegen JANA SIMON (1972), eine Enkelin Christa Wolfs, Mitherausgeberin von *Das Buch der Unterschiede. Warum die Einheit keine ist* (2000) und *Denn wir sind anders. Die Geschichte des Felix S.* (2002). Für ihre zunächst im *Tagesspiegel* erschienenen Reportagen *Alltägliche Abgründe. Das Fremde in unserer Nähe* (2004) erhielt Jana Simon journalistische Preise.

»Unheimliche Heimat« – W. G. Sebald

WINFRIED GEORG SEBALD (1944–2001) wurde in Wertach im Allgäu geboren, studierte in Freiburg und in der französischen Schweiz Germanistik, war Lektor in Manchester und Lehrer in St. Gallen, wurde 1970 Dozent, später Professor an der University of East Anglia in Norwich. Bei einem Autounfall in Norwich gestorben.

Sebalds faszinierendes Werk entzieht sich fast jeder Klassifizierung. Er mischt Recherche, Essay und Autobiografie, spricht von »Roman« und »Erzählung« beglaubigt das Erzählte aber durch faktengetreue Dokumente und Abbildungen. Der melancholische Grundton wirkt nirgends ermüdend, denn berichtet wird mit einem Reichtum des Details, der die eher unauffällige Fabel gleichmäßig und mit nicht selten leuchtender Prägnanz grundiert.

Bekannt wurde Sebald zuerst durch literaturgeschichtliche Untersuchungen (*Die Beschreibung des Unglücks. Zur österreichischen Literatur von Stifter bis Handke*, 1985), die er später fortführte (*Unheimliche Heimat. Essays zur österreichischen Literatur*, 1991; *Logis in einem Landhaus. Über Gottfried Keller, Johann Peter Hebel, Robert Walser und andere*, 1995). Die vier Erzählungen des Bandes *Schwindel, Gefühle* (1990) kreisen vor allen um Henri Beyle, alias Stendhal, und Franz Kafka, *Die Ausgewanderten. Vier lange Erzählungen* (1992) rekapitulieren in diskreter Verknüpfung mit der eigenen Biografie jüdische Schicksale in Mittel- und Osteuropa. Es handelt sich um einen Arzt, einen Lehrer, einen Diener und einen Maler. Erzählt wird in jedem Fall von ihrem Tod, sodann von ihrem Weggang beziehungsweise ihrer Flucht aus Deutschland und ihren Tätigkeiten. *Die Ringe des Saturn. Eine englische Wallfahrt* (1995) berichtet von einer Wanderung des Ich-Erzählers durch die Grafschaft Suffolk, die gleichsam gehemmt einsetzt – wir begegnen ihm zunächst als Ischiaspatienten im Krankenhaus. Das unterwegs Beobachtete wird sodann in glanzvoller Weise entfaltet. Das Sichtbare wird zum Ausgangspunkt für vielfältige Betrachtungen und Wissenszusammenhänge, die auf chronologische Reihung verzichten und in Zeit und Raum frei schalten. Sebald schrieb auch das Langgedicht *Nach der Natur* (1988) sowie *Luftkrieg und Literatur. Mit einem Essay über Alfred Andersch* (1999). Der Lyrikband *Unerzählt* erschien postum (2003). Höhepunkt des Werkes wurde der in Sebalds Todesjahr erschienene Roman *Austerlitz*. (→ S. 821)

Gedenkjahre und Biografien

Je nach Temperament mochte man in runden Geburts- oder Todestagen großer Persönlichkeiten, in der kalendarischen Wiederkehr epochaler Ereignisse (etwa im Preußenjahr 2000) eine Chance oder eine Plage sehen, Ersteres waren sie gewiss, wenn es darum ging, Ausstellungen, Symposien, Editionen und Biografien ins Werk zu setzen, die sich nur bei entsprechender öffentlicher Aufmerksamkeit finanzieren ließen. Regelmäßig begleiteten zahlreiche Neuerscheinungen unterschiedlichsten Ranges solche Ereignisse, aber nicht nur, was den Mythos nährte, auch was ihn behutsam auflöste, mochte von ihnen profitieren (GÜNTER DE BRUYN, *Die Finckensteins. Eine Familie im Dienste Preußens*, 1999; *Preußens Luise. Vom Entstehen und Vergehen einer Legende*, 2001). Auch von den Dichtergedenkjahren gilt, dass die Resonanz, die sie finden, vom aktuellen »Kurswert« des Gefeierten und von äußeren Zufällen abhängig ist. 1991 zog Mozart, nicht Grillparzer die Aufmerksamkeit auf sich, 1998 konnte sich Fontane neben Bismarck immerhin behaupten, dieses Jahr bezeichnete den Höhepunkt der so genannten Fontane-Renaissance (HELMUTH NÜRNBERGER, *Fontanes Welt*, 1997). Das Jahr

2004 zeitigte mehrere Titel zum Leben Eduard Mörikes. Vorbereitend zu den Gedenkfeiern der 200. Wiederkehr von Schillers Tod erschienen die Biografien von SIGRID DAMM, *Das Leben des Friedrich Schiller* (2004) und RÜDIGER SAFRANSKI, *Friedrich Schiller oder die Erfindung des deutschen Idealismus* (2004). Zahlreich waren auch weiterhin Lebensbilder beziehungsweise Romanbiografien von Dichterinnen und Ehefrauen / Gefährtinnen berühmter Literaten.

Als die erfolgreichste Neuerscheinung im Goethe-Jahr 1999 erwies sich SIGRID DAMMS Recherche *Christiane und Goethe* (1998). Das Buch lag fristgerecht vor, fand sogleich das Lob der Kritik und behauptete sich über das Gedenkjahr hinaus auf Spitzenplätzen der Bestsellerlisten neben herausragenden Titeln wie Reich-Ranickis Autobiografie. Mit der Anerkennung, die das Werk fand, durften alle zufrieden sein: die Goethe-Forscher, denn die geschulte Germanistin hatte das Quellenmaterial zur Biografie erweitert und sachgerecht verarbeitet; die Goethe-Liebhaber, die einer Darstellung begegneten, in der über den Olympier unverbildet, aber ohne Anbiederung, mit sicher gewahrter Distanz gesprochen wurde; die vielen nicht spezifisch Informierten, sogar die durchaus Goethe-Unkundigen, die einen Zugang zur Erscheinung des Dichters und der Wirklichkeit des klassischen Weimar erst suchten und sich unprätentiös unterrichtet sahen. Der oft genug überheblich beurteilten Christiane wurde Gerechtigkeit zuteil.

RENATE FEYL (1944) ließ ihrer Darstellung der Ehe der Gottschedin (*Idylle mit Professor*, 1986) Darstellungen der Sophie von La Roche (*Die profanen Stunden des Glücks*, 1996) und der Caroline von Wolzogen (*Das sanfte Joch der Vortrefflichkeit*, 1999) folgen. GABRIELE KREIS schrieb »*Was man glaubt, gibt es*«. *Das Leben der Irmgard Keun* (1991), GOTTHARD ERLER, *Das Herz bleibt immer jung. Das Leben der Emilie Fontane* (2002), CAROLA STERN, *Der Text meines Herzens. Das Leben der Rahel Varnhagen* (1997) und *Alles, was ich in der Welt verlange. Das Leben der Johanna Schopenhauer* (2003).

Drama

Als »die Stunde des Theaters« ist der historische Moment der deutschen Vereinigung von Praktikern der Bühne gesehen worden, geleitet von der »Genugtuung, dass politisches Theater wieder überlebensnotwendig wird« (A. Kirchner). Tatsächlich fehlte es den Spielstätten der Neunzigerjahre in Ost und West nicht an politischen Stücken, die die veränderte Situation reflektierten, aber von tieferer Wirkung auf das öffentliche Leben kann schwerlich die Rede sein. Der verringerte Einfluss von Künstlern und Intellektuellen auf den gesellschaftlichen Prozeß zeigte sich auch in der Resonanz, die Dramatiker (noch) fanden. Zuallererst war es eine Abstimmung mit den Füßen: Die Besucherzahlen in der Sparte Schauspiel gingen nahezu stetig zurück, eine Entwicklung, die zwar nicht neuen Datums war, aber doch erkennen ließ, dass von einer Trendwende oder gar »Stunde des Theaters« kaum die Rede sein konnte. In den alten Bundesländern verminderte sich die Zahl der Besucher von über zehn Millionen in der Spielzeit 1964/65 auf knapp sechs Millionen 1984/85 und noch einmal um knapp einhalb Millionen bis 1994/95.

An Gründen für diesen Bedeutungsverlust fehlte es nicht, sie reichen von allbekannten Erklärungsversuchen wie dem Einfluss des Fernsehens auf die Freizeitgewohnheiten bis zu wirtschaftlichen Gesichtspunkten (gestiegene Kartenpreise), vom durch Überalterung und Ablehnung mancher Auswüchse des Regietheaters verursachten Schwund des alten Stammpublikums bis zur mangelnden Faszination durch die neu hinzugekommenen Autoren und ihre Stücke. Dabei fehlte es nicht an Nachwuchskräften (die Zeitschrift *Theater heute* listete 1997 40 junge Dramatikerinnen und Dramatiker auf, die in den zurückliegenden Jahren ihr Debüt gegeben hatten), aber nur wenige von ihnen kamen über einen Anfangserfolg hinaus. Ein strukturelles Problem des Theaterwesens trat in solchem Zusammenhang zu Tage. Für Intendanten und Regisseure war es offenbar attraktiver, mit einem noch unbekannten Autor zu experimentieren, als das bereits aufgeführte Stück eines solchen nachzuspielen, wenn es sich nicht überzeugend herausgestellt hatte.

»Postdramatisches Theater«

Am bekanntesten – sieht man von österreichischen und Schweizer Autoren wie Peter Handke, Elfriede Jelinek, Werner Schwab und Urs Widmer ab – blieb BOTHO STRAUSS, der mit einem dreiaktigen *Schlußchor* (U. München, 1991) einen Blick auf das Ende der DDR und den deutschen Zusammenschluss eröffnete; um freilich bereits am Ende des ersten Aktes zu dem Ergebnis zu gelangen, dass Ost und West keinerlei Gemeinsinn verbindet. Im Zentrum des dritten Akts steht eine junge preußische Adlige, die im Zoo einen Adler befreit, ihn aber tötet – sie beschimpft und zerreißt ihn, eine zweite Penthesilea –, nachdem er sich als unfähig erweist, ihren intimen Wünschen zu entsprechen. »Das Thema der Vereinigung ist zu groß für den feinfingrigen, in mythische Golfkrümel verliebten Strauß; er kann Menschen den Puls fühlen, nicht der

Politik.« (G. Hensel) Mit ins Mythische führenden Anspielungen beladen ist auch das »Nachtstück in zwei Teilen« *Angelas Kleider* (U. Graz, 1991). Bedeutend durch die unerschöpfliche Vorlage ist *Ithaka. Schauspiel nach den Heimkehr-Gesängen der Odyssee* (U. München, 1996), im Wesentlichen nach der Handlungsführung Homers in Szene gesetzt von der Ankunft des Helden auf der ihm nach zwanzig Jahren Abwesenheit fremd gewordenen heimatlichen Insel bis zu dem von Zeus und Athene gestifteten versöhnenden Vertrag zwischen ihm und dem Volk. *Die Ähnlichen* (U. Wien, 1998) und *Der Kuß des Vergessens* (U. Zürich, 1998) behandeln in der Gegenwart angesiedelte Beziehungskrisen. HANS MAGNUS ENZENSBERGER bekräftigte auch als Theaterautor seine Abkehr von den Zielsetzungen der Sechzigerjahre. Der Autor des Dokumentarspiels *Das Verhör von Habana* (1970) über die amerikanische Invasion in der Schweinebucht übersetzte und bearbeitete nun Stoffe spanischer und französischer Klassiker (*Calderón: Die Tochter der Luft*, U. Essen, 1992; *Voltaires Neffe. Eine Fälschung in Diderots Manier*, U. Berlin, 1997) und blieb auch im Goethejahr der Aktualität auf den Fersen (*Nieder mit Goethe. Eine Liebeserklärung*, U. Weimar, 1996). Viel gespielt blieb TANKRED DORST, der nun nicht selten ebenfalls auf Vorlagen zurückgriff (*Fernando Krapp hat mir diesen Brief geschrieben. Ein Versuch über die Wahrheit*, nach Miguel de Unamuno, U. Wien, 1992; *Was sollen wir tun. Variationen über ein Thema von Tolstoi*, U. Bad Godesberg und Dresden, 1997; *Die Legende vom armen Heinrich*, U. München, 1997). *Herr Paul* (U. Hamburg, 1994) handelt von Immobilienspekulanten in der einstigen DDR (auf den Bühnen in Ost und West der am häufigsten in Erscheinung tretende Typus der Wende-Dramatik). Weitere Stücke folgten nahezu alljährlich (*Die Schattenlinie*, U. Wien, 1995; *Die Geschichte der Pfeile*, U. Köln, 1996, *Wegen Reichtum geschlossen. Eine metaphysische Komödie*, U. München, 1998, u. a.). Die Mitarbeit von Ursula Ehler wird in jedem Fall auf den Titelblättern vermerkt.

Anstößig blieb ROLF HOCHHUTH, nicht durch seine Kunstmittel (die, darin zeigte zumindest das bürgerliche Feuilleton sich einig, waren hoffnungslos überholt), sondern durch den plakativen Furor, mit dem er seine Themen abhandelte (*Wessis in Weimar. Szenen aus einem besetzten Land*, U. Berlin, 1993; *Effis Nacht*, U. München, 1998; *Arbeitslose*, U. Salzburg, 1999; *Hitlers Dr. Faust*, U. Berlin, 2001; *McKinsey kommt*, U. Brandenburg, 2004). Weniger die Verblendung Einzelner als die von Generationen, sozialen Gruppen, Nationen, der Menschheit zuletzt, bildet sein Angriffsziel, der wahnhafte, selbstmörderische Egoismus, sei es der des nationalen Großmachtstrebens, der Forschung oder des Shareholder-Kapitalismus. Um *McKinsey kommt* gab es Erregung schon vor der Premiere, denn das Stück enthielt eine unklare Morddrohung gegen den Chef der Deutschen Bank. Nicht in der Hauptstadt wurde das Stück uraufgeführt, sondern in einer nahe gelegenen Provinzstadt mit rund zwanzig Prozent Erwerbslosen, in einem von Schließung bedrohtem Theater.

MORITZ RINKE (1967) erstellte für die Wormser Nibelungen-Festspiele eine Neufassung des mittelalterlichen Stoffes (*Die Nibelungen*, 2002).

KLAUS POHL (1952) vereinigte *Die schöne Fremde* (U. Recklinghausen, 1991) und *Karate Billi kehrt zurück* (U. Hamburg, 1991) mit dem älteren Stück *Das Alte Land* (U. Wien, 1984) zur so genannten *Deutschland-Trilogie*. Karate Billi ist ein Republikflüchtling, der in eine psychiatrische Anstalt eingewiesen worden war und, nach der Wiedervereinigung befreit, einen ehemaligen Stasi-Offizier ersticht, woraufhin er in die Psychiatrie zurückkehren muss, die »schöne Fremde«, eine Amerikanerin, wird, nachdem sie Zeugin eines aus fremdenfeindlicher Aggression begangenen Mordes an einem Polen geworden ist, durch Drohungen eingeschüchtert und vergewaltigt. Sie rächt sich blutig, drei Männer, sie selbst und ein Schäferhund kommen zu Tode. Weitere Stücke des inzwischen in New York wohnhaften Autors waren *Wartesaal Deutschland* (U. Berlin, 1995), *Vinny* (U. Wien, 1996), *Jud Süß* (U. Stuttgart, 1999). Auf ein lebhaftes Für und Wider angelegt waren auch die Stücke von RAINALD GOETZ, die ebenfalls wiederholt in die Psychiatrie führen. Im Wendejahr 1989 spielen die drei Theaterstücke *Kritik in Festung, Festung* und *Katarakt*, die zusammengenommen *Festung* als Obertitel wieder aufnehmen und mit *Materialien 1989* und den Berichten *Kronos* einen Werkkomplex bilden, der ebenfalls den Titel *Festung* (1993) führt. *Katarakt* (U. Frankfurt/M., 1993), das wirkungsvollste der drei Stücke, ist der Monolog eines alten Mannes, der Rückschau auf sein Leben hält, das er als misslungen und abstoßend empfindet, der Titel bezieht sich auf seine teils gestaute, teils überfließende Art zu reden. Auf Schockwirkungen legte HELMUT KRAUSSER es (auch) als Bühnenautor an (*Lederfresse (mit der WRROOMMM Kettensäge)*, U. Hamburg, 1994), doch beschäftigte er sich mit Musikkritikern (*Spät Weit Weg. Groteske! Bubenstück, infames!*, U. Darmstadt,

1997) und den verschlungenen Erzählstrukturen seines Librettos zu Moritz Eggerts Oper *Helle Nächte* (U. München, 1997) nach Knut Hamsuns *Mysterien* und den *Erzählungen aus Tausendundeiner Nacht*.

Tabus kannten die jungen Dramatiker üblicherweise nicht, das galt bis hin zu *Abso-fuckin-lutely. The Best of Lulu* (U. Bochum, 2004) von MORITZ VON USLAR (1970) nach Frank Wedekind.

Dramatiker der einstigen DDR

Der Schrumpfungsprozess, dem in den ersten Jahren nach der Wende auf dem Territorium der einstigen DDR eine große Anzahl von Bibliotheken und kulturelle Einrichtungen zum Opfer fielen und der schon bald auch die Verlage ereilte, betraf die Theater nicht in gleicher Weise; ihre Zahl blieb zunächst konstant. Von Grund auf aber änderte sich die Situation der Autoren. Was gerade die Dramatiker erfuhren, war »die Erschütterung, schließlich das Ortloswerden der sozialistischen Vision« (W. Emmerich), der gerade die Reformer unter ihnen verpflichtet waren.

HEINER MÜLLER blieb präsent als Regisseur, Interviewpartner, Autobiograf. Mit neuen Stücken trat er kaum noch hervor, doch schloss er während eines Erholungsaufenthalts in Kalifornien sein düsteres zweites *Germania*-Stück ab (*Germania 3 Gespenster am Toten Mann,* U. Bochum und Berlin, 1996), wie das erste »eine Materialkunde deutschen Geistes. Und Gewaltgeschichte. Sie zeigen, woraus und worauf dieses Land gebaut ist, das wir Deutschland nennen« (A. Ostermaier). VOLKER BRAUN ging mit einer satirisch aufgefassten *Iphigenie in Freiheit* (U. Frankfurt/M., 1992) vorübergehend unter sein Niveau: Nicht genug, dass Thoas die Züge Gorbatschows annimmt (er entlässt die DDR aus seiner Gewalt), Orest und Pylades, geschäftstüchtige Griechen, holen die zum Konsum Befreite (»Heim ins Reich«) in den Supermarkt, wo sie, wehrlos gegenüber der Werbung, ein weiteres Mal zum Opfer wird. Noch weitere Stücke Brauns konnten sich auf der Bühne nicht lange behaupten (*Böhmen am Meer*, U. Berlin, 1992; *Der Staub von Brandenburg*, U. Cottbus, 1999; *Limes. Mark Aurel*, U. Kassel, 2002). PETER HACKS hat auch nach der »Schreckenswende«, von der eines seiner Gedichte spricht, effektsichere Dialoge geschrieben, so in dem anzüglichen Konversationsstück *Der Maler des Königs* (1991), das Fragonard und Boucher, zwei aus der Mode gekommene Hofmaler, zusammenführt: »Ich kann mir«, erklärt Boucher, »keine Modelle leisten. Früher, da drängten sich die niedlichsten Mädchen vor meiner Haustür. Jede hoffte, ich könnte sie dem König empfehlen, und wie vielen tat ich nicht den Gefallen. Jetzt ist mir O'Murphy geblieben und ihr runzliger Hintern.« – »Aber wahrhaftige Hintern, das ist, was heute gefragt ist.« – »Ich kann nur schöne Hintern malen. Wahrhaftige kann ich nicht. Zum Genie gehört, dass man bestimmte Dinge sich zu können weigert. Ich kann nur schöne Hintern malen wollen.« Als »altberühmter Fall von Verleumdung« wird die mittelalterliche Genovefa-Legende in *Genovefa* (U. Chemnitz, 1995) dargestellt. Eine Werkausgabe in 15 Bänden, von ihm selbst redigiert, hat Hacks vor seinem Tod noch abschließen können.

Auch CHRISTOPH HEIN behandelte in mehreren Stücken die problematischen Umstände der aktuellen Deutschland-Thematik, in *Randow* (K., 1994) bringt er skrupellose Glücksritter aus Ost und West im Kampf um Immobilien auf die Bühne, ein Sammelband (*Bruch, in Acht und Bann, Zaungäste, Himmel auf Erden*, 1999) vereinigte die Texte von vier weiteren Stücken, die im selben Jahr in Düsseldorf, Weimar und Chemnitz gespielt wurden. Ein Jahr später folgte *Mutters Tag* (U. Berlin, 2000). GEORG SEIDEL, der, gebremst durch den gelenkten Literaturbetrieb, zu spät bekannt wurde (*Jochen Schanotta*, 1985, und *Carmen Kittel*, 1988, wurden in der DDR nicht gespielt), erlebte die Premiere von *Villa Jugend* (U. 1991) durch das Berliner Ensemble nicht mehr. Das tief pessimistische Resümee, das er seinen Protagonisten ziehen lässt, ist von seinen DDR-Erfahrungen gespeist, aber aussagekräftig über deren Grenzen hinaus:

Chamäleons, alles Chamäleons – der Mensch ist noch nicht, was er sein soll oder was er vorgibt zu sein. Er tut immer nur so. Und dann sein Fortschrittsgerede. Wenn er nicht weiter weiß, dann redet er von Fortschritt und Freiheit, Fortschritt, Freiheit und Zukunft. Er denkt plötzlich an Bäume, an die gestorbenen Maikäfer, an Rainfarn, Ginster und Kornblume, er stellt sich in ein Licht, das er gar nicht erzeugt hat oder das es noch gar nicht gibt, und baut sich einen Heiligenschein um seinen Schädel, in dem doch nur Intrigen gesponnen werden und ein alle anderen Menschen verachtender Egoismus herrscht. Ich weiß, was ich sage, aber ich leide nicht mehr.

Lyrik

Ausgeprägter als je scheint die Verschiedenheit des Gleichzeitigen, die Spannweite des lyrischen Ausdrucks, und vielleicht bildet diese Unterschiedlichkeit nicht zuletzt den Grund für die zunächst überraschende Beobachtung, dass es wieder ein zunehmendes Interesse an Lyrik gibt. Überraschend scheint diese Wahrnehmung deswegen, weil sich diese Lyrik dem Leser oftmals nur schwer erschließt, sei es, weil sie das zu Sagende spröde verknappt oder dem Mitteilungscharakter von Sprache überhaupt absagt, sei es, weil sie, wie die Pop-Lyrik, gezielt trivialisiert und die – nach überlieferter Vorstellung – Aura des Gedichts zerstört. Ferner scheinen Zeiten vermehrter politischer oder gesellschaftlicher Dynamik wie die Wende- und Nachwendezeit für die Entstehung und besonders für die Rezeption von Gedichten nicht eben günstig. Oftmals fehlt es den Autoren an Abstand, und die Öffentlichkeit hat für sie noch weniger Aufmerksamkeit als sonst. Von einer der Prosa vergleichbaren Breitenwirkung kann, wie ein Blick in die Schaufenster der Buchhandlungen lehrt, auch weiterhin nicht die Rede sein. Die Klagen von Lyrikverlegern und -autoren sind bekannt, gewissermaßen genereller Natur. »Wer Lyrik schreibt, ist verrückt. Wer sie für wahr nimmt, wird es«, hat Peter Rühmkorf, ein unermüdlicher und relativ erfolgreicher Gedichteschreiber formuliert (*Hochseil*, 1976). Ginge es jedoch nach den Büchnerpreisträgern der Neunzigerjahre, so fände man die Lyriker gut platziert, denn allein fünf von ihnen – darunter Rühmkorf – sind unter den Ausgezeichneten. Ein Trend zum gebundenen, zumindest verknappten sprachlichen Ausdruck wäre angesichts der Wortflut der ungezählten Romane und sonstigen Erzählliteratur nur zu verständlich. Häufig sind es Anthologien, denen die Nachfrage gilt, es sind nicht nur solche, die den lyrischen Reichtum der Vergangenheit rekapitulieren, sondern sie suchen auch das Lebensgefühl der Gegenwart, werben um Verständnis für neue Kunstmittel. JOACHIM SARTORIUS (1946, *Ich habe die Nacht*, G., 2003) besorgte die Auswahl *Atlas der neuen Poesie* (1995) und *Minima Poetica. Für eine Poetik des zeitgenössischen Gedichts* (1999).

Ein – naturgemäß vorläufiges – Resümee der Situation in Deutschland lässt gravierende Verschiedenheiten zwischen den Generationen, aber auch innerhalb derselben erkennen. Dies gilt vor allem für die älteren Jahrgänge, die infolge der politischen Teilung im stärkeren Maße ideologisch geprägt waren. Nach längerer Pause ließ HANS MAGNUS ENZENSBERGER wieder eigene Gedichte erscheinen: *Zukunftsmusik* (1991) ist skeptischer und zurückhaltender im Ton als frühere Sammlungen, aber noch in der privat erscheinenden Mitteilung Ausdruck der intellektuellen Energie ihres Verfassers. Nicht anders präsentiert er sich in *Kiosk*

(1995): »Schwindelfrei / wie ein alter Dachdecker, / behende, von denen / die auf dem Boden / der Tatsachen bleiben, / nicht weiter beachtet […]«.

Ost-West-Reminiszenzen

Für die in der Bundesrepublik sozialisierten Autoren (die Übersiedler aus der DDR eingeschlossen, die sich sogar bestätigt sehen mochten) bedeutete die »Wende« kein existenzielles Problem, mochten sie auch wie GÜNTER GRASS ihre Unlust über die gesellschaftliche Entwicklung gelegentlich zum Thema von Sonetten machen (*Novemberland*, 1993). Anders lag es »drüben«. Späte autobiografische Verse von HEINER MÜLLER, die in die Sammeledition der *Gedichte* (1992) Aufnahme fanden, lassen das Ausmaß seiner Irritation erkennen:

Meine Herausgeber wühlen in alten Texten
Manchmal wenn ich sie lese überläuft es mich kalt. Das
Habe ich geschrieben. IM BESITZ DER WAHRHEIT
Sechzig Jahre vor meinem mutmaßlichen Tod
Auf dem Bildschirm sehe ich meine Landsleute
Mit Händen und Füßen abstimmen gegen die Wahrheit
Die vor vierzig Jahren mein Besitz war
Welches Grab schützt mich vor meiner Jugend

»Wenn ein Staat ins Gras beißt, singen die Dichter«, resümierte der aus der »Prenzlauer Berg Connection« stammende BERT PAPENFUSS-GOREK (*mors ex nihilo*, 1994), gewissermaßen übernahm er den »Part des komödiantischen Aristophanes« (H. Korte). Die Anspielungen auf die Antike waren nicht zufällig, DDR-Autoren hatten griechische und lateinische Stoffe aufgegriffen. Heiner Müller galt Wolf Biermann als »unser Sophokles«. Jetzt fühlte man sich durch Niedergang und Fall des sowjetischen Imperiums an die Geschichte Roms erinnert, Klassenkampf damals wie heute.

Müllers Langgedicht, *Mommsens Block* (1993), bezieht sich auf den ungeschrieben gebliebenen vierten Band der *Römischen Geschichte* des Historikers, dessen einschlägige Vorlesung aus Mitschriften rekonstruiert worden war (*Römische Kaisergeschichte*, 1992). In Müllers Verständnis hatte es sich um eine politisch begründete Schreibhemmung gehandelt.

Er mochte sie nicht die Cäsaren der Spätzeit / Nicht ihre Müdigkeit nicht ihre Laster […] Schon CÄSARS TOD ZU SCHILDERN hatte er / Wenn er gefragt wurde nach dem ausstehenden / Vierten Band NICHT MEHR DIE LEIDENSCHAFT / Und DIE FAULENDEN JAHRHUNDERTE nach ihm / GRAU IN GRAU SCHWARZ IN SCHWARZ Für

wen / Die Grabschrift Daß der Geburtshelfer Bismarck / Zugleich der Totengräber des Reiches war / Der Nachgeburt einer falschen Depesche / konnte geschlossen werden aus dem dritten Band […]

Müller setzt Mommsens »Blockade« in Beziehung zur eigenen Situation, während er in einem Nobelrestaurant die »Lemuren des Kapitals, Wechsler und Händler« beobachtet (»Tierlaute Wer wollte das aufschreiben / Mit Leidenschaft Hass lohnt nicht Verachtung läuft leer«). Er fand den Zeitbezug auch in dem Sockel, auf dem in der Eingangshalle der Humboldt-Universität »einen Staat lang« das Denkmal von Marx gestanden hatte, das nach der Wende entfernt worden war, er redete den Bismarck-Gegner und »Genossen Professor« Mommsen kollegial an (»Der Sockel ist wieder Ihr Standort / Vor der Universität«). Müllers Depression überschattete die kurze Schaffenszeit, die ihm noch gegeben war (*Ajax zum Beispiel*, 1994). Nicht weniger bitter, aber elegischer im Ton äußerte sich VOLKER BRAUN (*Der Stoff zum Leben 1–3*, 1990; *Lustgarten. Preußen*, 1996; *Tumulus*, G., 2000), dessen Gedicht *Mein Eigentum* schon zitiert wurde: Klage über das Scheitern eines Lebensentwurfs und einer überpersönlichen Hoffnung, wie sie sich, leiser und weniger anklagend, noch bei anderen Autoren findet, etwa bei HEINZ CZECHOWSKI (*Nachtspur. Gedichte und Prosa 1967–1992*, 1993; *Mein Westfälischer Frieden. Ein Zyklus*, G., 1998; *Seumes Brille*, G., 2001) und KARL MICKEL (*Geisterstunde*, G., Privatdruck 1999, postum verteilt), gewissermaßen den Versprengten der »Sächsischen Dichterschule«, Einzelgänger längst und unterschiedlich positioniert, was den Platz anbetrifft, den sie der Politik in ihrem Werk noch einräumten. Das vielleicht größte Maß an Unabhängigkeit vom Tagesgeschehen bewahrte sich WULF KIRSTEN (*Stimmenschotter*, G., 1992; *Wetterwinkel*, G., 1996; *Zwischen Standort und Blickfeld. Gedichte und Paraphrasen*, 2001). Weiterhin setzte sich Kirsten auch für das Werk anderer ein, so besorgte er eine Edition von Gedichten und Prosa Heinz Czechowskis, *Auf eine im Feuer versunkene Stadt* (2000).

KURT DRAWERT (1956) wehrte sich entschieden gegen jede Verklärung der gescheiterten Utopie. Er hatte den Bruch mit der Vergangenheit vollzogen, sein erster Gedichtband, *Zweite Inventur* (1987), noch in der DDR erschienen, an Günter Eichs berühmtes Nachkriegsgedicht erinnernd, kündigte die illusionslose Bestandsaufnahme bereits an. *Privateigentum* (1989) erschien bei Suhrkamp, Drawert nahm seinen Wohnsitz im Westen. »Nirgends bin ich angekommen. / Nirgends war ich zuhaus. // Das stelle ich fest / ohne Trauer.« Aber auch ihm machte der *Ortswechsel* zu schaffen: »Meine Freunde im Osten / verstehe ich / nicht mehr, im Landstrich / zwischen Hamme und Weser // kenne ich keinen. Gelegentlich grüßt mich / der taubstumme Bauer / von gegenüber […]« (*Wo es war*, G., 1996; *Frühjahrskollektion*, G., 2002). UWE KOLBE schloss mit dem Vergangenen ab (*Vineta*, G., 1998; *Die Farben des Wassers*, G., 2001).

Mit DURS GRÜNBEIN zog endgültig jene Generation die Aufmerksamkeit auf sich, die sich allein von der Gegenwart bestimmt zeigte (*Schädelbasislektion*, G., 1991; *Falten und Fallen*, G., 1994; *Nach den Satiren*, G., 1999; *Erklärte Nacht*, G., 2002). »Es ist die Generation […], die Geschichte nicht mehr als Sinngebung des Sinnlosen durch Ideologie, sondern nur noch als sinnlos begreifen kann«, hat Heiner Müller »die Untoten des kalten Krieges« in seiner Laudatio auf Grünbein, den Büchnerpreisträger von 1995, beschrieben.

Die Zweiteilung im Ästhetischen

Wichtiger als die »weltanschauliche« erscheint eine ästhetische Grenzziehung. Theo Elm, Herausgeber einer Anthologie *Lyrik der neunziger Jahre* (2000), verweist auf die »Zweiteilung der deutschen Lyrik-Szene«, die sich schon im vorangegangenen Jahrzehnt angebahnt habe. Sie trennt eine »Bewusstseinspoesie der alten Art«, wie sie fast programmatisch ULLA HAHN (*Epikurs Garten*, G., 1995) vertritt, von der Gruppe um Grünbein, der dem »Ich« als Medium personaler Identität und somit aller wie immer gearteten Erlebnisdichtung als illusionär abgesagt hat. Der weitere Verbleib auf den gebahnten Wegen erscheint als »nekrophiles, ältliches Vergnügen«, wie Grünbein, der sich schon früh auch literaturtheoretisch zu Wort gemeldet hat (*Galilei vermißt Dantes Hölle und bleibt an den Maßen hängen. Aufsätze 1989–1995*, 1996; *Das erste Jahr. Berliner Aufzeichnungen*, 2001), drastisch formuliert: »Der neue Künstler hat kein Programm mehr, sondern nur noch Nerven.«

Das erinnert an das »unrettbare Ich« und die »Nervenkunst« der vorangegangenen Jahrhundertwende, gibt sich allerdings betont gelassen (»cool«, wie das allgegenwärtige Modewort lautet). Alles schmelzende Gefühl, Müdigkeit der Seele, Untergangseuphorie von einst sind verbannt, allerdings ebenso aller poetische Wohllaut und Schönheitsglaube. Eine Vokabel der zurückliegenden Jahrhundertmitte taucht wieder auf, wenn man sich Walter Höllerers maßstabsetzender Anthologie *Transit* erinnert: Man spricht nun vom »Transitorischen der heutigen Kunst« (D. Grünbein). BRIGITTE OLESCHINSKI (1955, *Mental Heat Control*, G., 1990; *Your Passport is Not Guilty*, G., 1997; *Reizstrom in Aspik. Wie Gedichte denken*, Es., 2002), THOMAS KLING (1957–2005, *nacht. sicht. gerät*, G., 1993; *morsch*, G., 1996; *Botenstoffe*, Ess., 2001), BARBARA KÖHLER (1959, *Blue Box*, G., 1995) und DIRK VON PETERSDORFF (1966, *Wie es weitergeht*, G., 1992; *Zeitlösung*, G., 1995; *Bekenntnisse und Postkarten*, G., 1999; *Verlorene Kämpfe*, Ess., 2001) erscheinen in solchem Kontext. Die am Ausdruck persönlicher Erfahrung festhalten, Ältere zumeist, aktualisieren ihn als Erinnerung an zurückliegende Begegnungen und Situationen. So entspricht es ihren Lebensjahren und es verleiht ihren Versen vor dem Hintergrund der Epoche einen spätzeitlichen Zug – was eine gelegentlich in Erscheinung tretende Vollkommenheit lyrischen Ausdrucks allerdings durchaus nicht beeinträchtigt. So gelang etwa DORIS RUNGE (1943), die erst spät bekannt wurde, bei äußerster stilistischer Verknappung und genauer Umsetzung vom Bild ins Wort ein Höchstmaß sinnlicher Anschauung und Bedeutung (*jagdlied*, G., 1985; *kommt zeit*, G., 1988; *wintergrün*, G., 1991; *grund genug*, G., 1995; *trittfeste schatten*, G., 2000).

»In der Kindheit / habe ich das Universum erkannt. / Es war außerordentlich / klein und bewegte sich / in einem Lichtstrahl, / den die Gardine ins Zimmer ließ. / Unzählbare Welten stiegen und / kreisten und sanken. Und ich / blies meinen Atem / in die scheinbare Fülle, / wie Gott / es an meiner Stelle getan hätte.« (*Gottgleich*, in: GÜNTER KUNERT, *Nachtvorstellung* G., 1999). »Rechtzeitig habe ich / einbalsamiert, was ich liebte: / damit ich dich eines Nachts, / wenn ich an nichts mehr glaube, / weil alle Wunder verbraucht sind / wieder finde […] und wieder von Anfang an lerne / zu lieben, was mir / nicht gehört« (DAGMAR NICK, *Vorsorge*, in: *Gewendete Masken*, G., 1996). »Wie verzaubert ich bin – Pflanzen / Überwachsen die Fenster die Steine der / Treppe Vögel fliegen im Haus, das / Gesicht durch fremder Leute / Falten und weiße Strähnen getarnt / Gehe ich um und durch die Spiegel« (SARAH KIRSCH, *Fremder*, in: *Bodenlos*, G., 1996). »meine flügel ließ ich dir / du rupftest sie / für unser daunenbett / nun träume ich nachts / vom fliegen« (DORIS RUNGE, 1943, *fliegen*, in: *jagdlied*, G., 1985). Von ähnlicher Faszination sind Gedichte des bekannten Universitätsgermanisten HEINRICH DETERING (1959, *Schwebstoffe*, G., 2004), sie spiegeln Wahrnehmungen in sorgfältiger Auswahl, sparsam auch im Gebrauch von Assoziationen. *Einzug* beschreibt die »silberne Schleppe« schwebender Pappelsamen, »lautlos im sonnigen Nachmittagshauch / herüber herüber herbei«, ihr (vergeblicher) Flug in die halboffene Terrassentür erinnert vieldeutig an Eichendorffs *Mondnacht* (»als kämen sie ans Ziel«).

Erzählprosa

Literatur ist Gedächtnis, eine inkommensurable Summe menschlicher Erfahrungen und Phantasien, sie ist als Erinnerung immer auch Liebe, Bindung an Gewesenes, womit ihr konstruktives und erhellendes oder auch destruktives und verdunkelndes Potential allerdings noch nicht definiert ist. Zuerst sind es die Autoren, die, was sie ergreift, zu begreifen und zu formen versuchen. Dabei hängt die besondere Bedeutung, die Erinnerung in der Literatur um die Jahrhundertwende gewinnt, auch damit zusammen, dass die seinerzeit jungen Autoren, die in den ersten Jahrzehnten der Bundesrepublik die literarische Entwicklung prägten, inzwischen alt geworden sind und zurückblicken. Die veränderten Verhältnisse laden überdies zu einer solchen Rückschau ein.

Die Gegenwart des Vergangenen

MARTIN WALSER hat in den Neunzigerjahren in zwei Romanen Rechenschaft vom Vergangenen gegeben, wobei er in *Die Verteidigung der Kindheit* (1991) das Leben eines anderen, in *Ein springender Brunnen* (1998) die eigene Biografie zugrunde legte.

Der aus Dresden stammende, hochmusikalische Jurist Alfred Dorn – für die Figur gab es ein reales Vorbild, über das Walser durch erhalten gebliebene Briefe und Materialien unterrichtet war – verzichtet auf eine Künstlerkarriere, weil er an seinem Talent und seiner Belastbarkeit zweifelt. Nachdem er die DDR, wo er aus politischen Gründen zweimal durchs Examen fiel, verlassen hat, ist er nach Abschluss seines Studiums in Westberlin und einem gescheiterten Zwischenspiel in einer Anwaltskanzlei Beamter geworden. Sein Beruf, der ihn in ein westdeutsches Ministerium führte, interessiert ihn jedoch wenig. Was ihn beschäftigt, ist die (naturgemäß vergebliche) Bemühung, die Vergangenheit zu bewahren beziehungsweise zu rekonstruieren. Er versäumt darüber sein wirkliches Leben, 1987 tötet er sich mit Schlaftabletten. – Die Handlung von *Ein springender Brunnen* umfasst die Jahre 1932 bis 1945, im Wesentlichen den Zeitraum der NS-Herrschaft und spielt in dem idyllischen Örtchen Wasserburg am Bodensee. Der Roman vergegenwärtigt aus provinziell begrenzter Perspektive die politischen Vorgänge und die privaten Erfahrungen eines Heranwachsenden. »Als das war, von dem wir jetzt sagen, dass es gewesen sei, haben wir nicht gewusst, dass es ist.«

DIETER FORTE hatte als Kind die Bombennächte erlebt. In drei zusammengehörigen Romanen suchte er sich von traumatischen Erfahrungen der Kriegs- und Nachkriegszeit zu befreien (*Das Muster*, 1992; *Der Junge mit den blutigen Schuhen*, 1995; *In der Erinnerung*,

1998). WALTER KEMPOWSKI, der die Reihe seiner hauptsächlich in den Achtzigerjahren erschienenen zeitgeschichtlichen Romane nunmehr u. d. T. *Deutsche Chronik* zusammenfasste, ging mit *Echolot. Ein kollektives Tagebuch. 1. Januar 1943 bis 28. Februar 1943* (1993, 4 Bde.) zu einer nichtfiktionalen Darstellungsweise über. Der ausgewählte Zeitraum zielt auf die durch die deutsche Niederlage bei Stalingrad offensichtlich gewordene Kriegswende, die von Kempowski aus seiner riesigen Materialsammlung herangezogenen und unkommentiert belassenen Texte unterschiedlichster Provenienz sind dazu bestimmt, ein Zeitpanorama zu entwerfen, wie es an Vielstimmigkeit, Detailreichtum und Wirklichkeitsnähe durch keine fiktionale Erzählung eines Einzelnen erreicht werden könnte. Den thematisch gegliederten Zeugnissen vorangestellte Motti, Zwischentexte und erklärende »Ausblicke« tragen dazu bei, das Material zu strukturieren und lassen die Perspektive des Autors/Herausgebers erkennen.

BERNHARD SCHLINK (1944), von Beruf Jurist, schrieb über die NS-Jahre nicht mehr als direkter Zeitzeuge. Die Nachwirkungen holten aber die Jahrgänge der im Krieg Geborenen noch fühlbar ein. Das lassen bereits seine mit beziehungsvollen Titeln ausgestatteten Kriminalromane erkennen (*Selbs Justiz*, zusammen mit Walter Popp, 1987; *Selbs Betrug*, 1992; *Selbs Mord*, 2001). Der alte Privatdetektiv Selb ist nicht nur durch seine Ermittlungsaufträge mit der Vergangenheit beschäftigt; er war selbst einer von Hitlers Juristen. Das Nachdenken über Recht und Unrecht durchzieht Schlinks literarisches Schaffen. Sein Spionagethriller *Die gordische Schleife* (1988) erschien in dem Jahr, in dem er Richter des Verfassungsgerichtshofes für Nordrhein-Westfalen wurde. Mit seinem in zahlreiche Sprachen übersetzten Roman *Der Vorleser* (1995) hatte er ungewöhnlichen Erfolg, auch im angelsächsischen Raum. In der Art, wie zu Beginn unklare Zusammenhänge im Verlauf der Erzählung enthüllt werden, folgt auch *Der Vorleser* dem Muster des Kriminalromans.

Der Ich-Erzähler Michael Berg, ein Schüler, hat eine Beziehung mit der 36-jährigen Straßenbahnschaffnerin Hanna Schmitz. Ritualisiert verlaufen ihre Zusammenkünfte: Sie duschen, Michael liest ihr aus Werken der Weltliteratur vor, dann schlafen sie miteinander. Von einem Tag auf den anderen verschwindet Hanna. Jahre später sieht Michael, inzwischen Jurastudent, Hanna in einem Prozess über KZ-Verbrechen wieder, in dem sie angeklagt ist, am Tod von Häftlingen mitschuldig zu sein. Hanna war 1943, als ihr eine Stelle als Vorarbeiterin bei Siemens angeboten worden war, zur SS gegangen und Aufseherin in einem Außenlager von Auschwitz geworden. Während des Prozesses erkennt Michael den Grund für ihr Verhalten; sie ist Analphabetin, und sie hat sich, immer wenn dieser Makel, ans Licht zu kommen drohte, weiter in Schuld verstrickt. Hanna wird verurteilt. Michael schickt ihr von ihm selbst besprochene Tonkassetten ins Gefängnis, sie lernt auch lesen. Als sie nach zehn Jahren begnadigt werden soll, trifft Michael Vorkehrungen für ihr weiteres Leben, doch am Tag ihrer Entlassung begeht sie Selbstmord.

Der Roman fragt danach, wie mit den Verbrechen des Dritten Reiches umgegangen werden soll. »Aufarbeitung! Aufarbeitung der Vergangenheit! Wir Studenten des KZ-Seminars sahen uns als Avantgarde der Aufarbeitung. Wir rissen die Fenster auf und ließen die Luft herein, den Wind, der endlich den Staub aufwirbelte, den die Gesellschaft über die Furchtbarkeiten der Vergangenheit hatte sinken lassen.« Dieser selbstgerechte Ton kehrt sich schnell ins Gegenteil, als Michael bewusst wird, dass auch er durch seine Liebe sich ins Vergangene verstrickt hat. An Hanna ist nichts Außergewöhnliches und dennoch diente sie gehorsam den Mördern, wurde eine von ihnen. Wie viele andere bezeugt sie durch ihr Handeln die Banalität des Bösen, an das Hannah Arendt denkt, wenn sie bemerkt, »dass diese vielen weder pervers noch sadistisch, sondern schrecklich und erschreckend normal waren und sind«.

Der Vorleser blieb umstritten. Vor allem in England wurde kritisiert, dass er »in seiner gepflegten Distanz gegenüber dem Grauen historische Ereignisse durch die Subjektivität eines Erzählers filtert, bis sie jegliche Verbindung mit dem tatsächlichen Geschehen verloren haben«, er stecke »voller Unwahrscheinlichkeiten, schlechten Beschreibungen und mehr oder minder großen Irrtümern« (J. Adler). Schlink ließ den Erzählband *Liebesfluchten* (2000) folgen, in dem neben den NS-Jahren auch die DDR-Zeit den Handlungshintergrund bildet.

»Als Nachkomme von Schweigegeneration und Antwortgeneration« beschäftigt sich MARCEL BEYER (1965) mit den »Verheerungen, die die Jahre 1933 bis 1945 in den Gemütern hinterlassen haben« (E. Osterkamp). Der Roman *Flughunde* (1995) beruht auf intensiven Quellenstudien, u. a. der Tagebücher von Joseph Goebbels aus den letzten Kriegsjahren, die Personen sind bis auf die Figur des Erzählers historisch verbürgt – aber auch diese hat ein Vorbild in dem Wachmann im Führerbunker, der den Alliierten Hitlers Tod vermeldete.

Hermann Karnau, war für die Beschallung der nationalsozialistischen Massenveranstaltungen zuständig, bei den Eindeutschungsaktionen im Elsass spürte er »resistenten Fremdsprachlern« nach, an der Front konservierte er die letzten Laute von Sterbenden, nun erlebt er Hitlers und Goebbels' Ende. Zeitweise obliegt ihm die Betreuung der Kinder des Letzteren – Helga, Hilde, Holde, Hedda, Heide und Helmut. Er erzählt aus seiner Perspektive, aber seine verzerrten Beobachtungen werden von der achtjährigen Helga korrigiert, die – eine zweite Erzählstimme – die Lügen der Erwachsenen durchschaut.

Der Mitläufer Karnau wird zur Inkarnation der Handlanger des Dritten Reiches. Er, der die menschlichen Stimmfärbungen kartografieren will, um so in das Innere der Menschen einzudringen, sorgt gleichzeitig für ihre Beherrschung während der Propagandaveranstaltungen mittels durchdringender Beschallung. Die titelgebenden Flughunde hingegen, fledermausähnliche Nachttiere, verkörpern die Stille einer den Menschen verschlossenen Welt. Auch in *Spione* (R., 2000), einer Familiengeschichte, geht es um Einzelschicksale vor dem Hintergrund der Zeitgeschichte.

Der gebürtige Hamburger GEORGES-ARTHUR GOLDSCHMIDT (1926) erzählt in *Die Absonderung* (R., 1996) von in der Jugend erlittenen Demütigungen, als er, Jude und vor den Deutschen auf der Flucht, in einem Heim in Südfrankreich und in abgelegenen Bauernhöfen Zuflucht gesucht hatte. Goldschmidt, der als französisch schreibender Autor bekannt geworden war und sich erst spät dem Deutschen wieder zuwandte, verfügt über eine ungewöhnliche Kraft der Beschreibung auch der Natur, die ihn in Verfolgungssituationen unauslöschlich beeindruckt hatte. In gewiss sehr anderer Lebenslage, nämlich als Soldat, aber mit einem empfindsamen Künstlerauge begabt, erlebte HANNS CIBULKA Italien (*Sonnenflecken über Pisa*, R., 2000).

GÜNTER GRASS entwarf, unterstützt von einem eigens engagierten Historiker, ein Bild des zu Ende gehenden Jahrhunderts in 100 kurzen Prosastücken unterschiedlichen Charakters und Anspruchs (*Mein Jahrhundert*, 1999). *Im Krebsgang* (N., 2002) beschreibt die Versenkung des mit Flüchtlingen überfüllten einstigen KdF-Schiffes *Wilhelm Gustloff* durch ein sowjetisches Unterseeboot in den letzten Kriegstagen 1945 – die mit annähernd 9000 Todesopfern größte Katastrophe auf See – und verbindet diese »unerhörte Begebenheit« mit einer zweiten: der Ermordung eines vermeintlichen Juden durch einen rechtsradikalen Jugendlichen im wiedervereinigten Deutschland.

In tief beeindruckender Weise hat sich W. G. SEBALD

mit *Austerlitz* (R., 2001) der Thematik der Shoa gestellt. Der namenlose Erzähler des Romans – Sebalds Alter Ego – berichtet, was ihm Jacques Austerlitz, der 1939 als Vierjähriger mit einem Kindertransport von Prag nach Wales gelangte und dort in einer Predigerfamilie unter englischem Namen aufwuchs, in wiederholten Gesprächen, zwischen denen Jahrzehnte vergehen, über sich in Erfahrung gebracht hat. Von seiner wahren Identität erfuhr er erst gegen Ende seiner Schulzeit, die Suche nach seinen jüdischen Eltern, die ihn auch nach Theresienstadt und Gurs führt, hebt das Gefühl von Fremdheit nicht auf. Örtlichkeiten wecken Erinnerungen stärker als Menschen, Festungsbauten und Bahnhöfe ziehen ihn an, aber dass er in London neben einem jüdischen Friedhof wohnt, nimmt er erst wahr, als er seine Herkunft kennt.

Die DDR und die Wiedervereinigung im Roman

In *Stille Zeile Sechs* (1991) hat MONIKA MARON noch einmal mit der Welt abgerechnet, aus der sie kam, und zugleich einen Generationenkonflikt behandelt. Sie lässt einen alt gewordenen sozialistischen Funktionär einer jungen Frau – es ist die dem Leser aus der *Überläuferin* bereits bekannte Rosalind Polkowski – seine Erinnerungen diktieren. Die mit bösem Blick begabte Schreiberin lernt ihren Auftraggeber hassen, nach seiner Beerdigung wird sie ihn noch einmal in der Vorstellung töten. »Monika Maron hat den schrecklichen deutschen Mustervater an die Wand geschrieben.« (I. Radisch)

Elemente des Schelmenromans benutzt FRITZ RUDOLF FRIES in zwei intertextuell anspruchsvollen Prosawerken. In *Die Nonnen von Bratislava. Ein Staats- und Kriminalroman* (1994) bezieht sich der studierte Romanist auf den – auch in seinen früheren Erzählungen und Essays versteckt gegenwärtigen – spanischen Moralphilosophen Balthasar Gracián.

Gracián bietet in seinen Werken eine Kunst des rechten Lebens, er führt seine Helden zur höchstmöglichen Welterkenntnis, zur Desillusion. Da die Welt Kopf steht, besonders in der strengen Etikette des Hofes Tugend und Laster vertauscht sind, bedarf es des Abstands zu ihr. Taktische Anpassung ermöglicht das Überleben. »Das praktische Wissen besteht in der Verstellungskunst. Wer mit offenen Karten spielt, läuft Gefahr zu verlieren«, ebenso »Wir alle lügen gelegentlich mit der Wahrheit«. Fries' akademischer Lehrer, der Leipziger Romanist Werner Krauss, hatte in der Haftanstalt Plötzensee, auf seine Hinrichtung wartend, eine Studie über die Morallehre des Jesuiten verfasst (*Graciáns Lebenslehre,* 1947). Fries' Hauptfigur, Dr. Alexander Retard, »abgewickelter« Experte für französische Aufklä-

rung an der Ostberliner Akademie der Wissenschaften, denkt am Ende einer stationenreichen Reise, die ihn durch mehrere europäische Länder und nach Mexiko führt, in einem russischen Schriftstellerheim in der Nähe Moskaus über seine Irrtümer nach. Gestützt auf seine Lektüre des Gracián beschließt er die Rückkehr nach Berlin, um – nunmehr im Dienst der Max-Planck-Gesellschaft – sich wiederum seinem Arbeitsfeld, der Aufklärung, zu widmen.

Der raffiniert komponierte Roman enthält noch weitere, mit dem Gracián-Motiv verschlungene Handlungslinien, herauspräpariert wird hier nur ein Element, das kennzeichnend erscheint für die Nachwende-Situation, wie Fries sie verarbeitet. Bei Retard handelt es sich um eine dem Leser bereits aus Fries' »akademische(m) Kriminalroman« *Alexanders neue Welten* (1982) bekannte Figur. Der Schelm als Anti-Held spielt eine das Herrschaftssystem entlarvende Rolle – nun ist die DDR zusammengebrochen, aber konzeptionell hat sich an dem pikarischen Gestus nichts geändert. Für den Roman *Der Roncalli-Effekt* (1999) erfindet Fries den Clown August Augustin, der beim »Staatscircus« der DDR Karriere machte, nach der Wende in der Popularität abstürzte und in italienischer Untersuchungshaft seine Erinnerungen schreibt. Die Stilmittel sind gegenüber der DDR-Zeit etwas weniger codiert, die Effekte etwas hemdsärmeliger geworden. Bereits 1990 hatte Fries ironisch geklagt: »[…] ach, wie viele Möglichkeiten bot doch das *ancien régime* zur Subtilität, zur poetischen Metapher und zum Untertauchen« *(Braucht die Republik neue Autoren?).*

REINHARD JIRGL (1953), nach einer Lehre als Elektromechaniker und einem Studium der Elektronik aufgrund seiner literarischen Interessen als Beleuchtungstechniker an der Volksbühne tätig, hat seit 1975 in der DDR geschrieben und wurde von Heiner Müller gefördert. Ein 1985 beim Aufbau Verlag eingereichtes Manuskript, wurde mit der Begründung, dass es eine »nicht-marxistische Position« vertrete, erst abgelehnt, 1989 aber dann doch veröffentlicht (*MutterVaterRoman*). Jirgl zeigt in experimentierfreudiger Prosa – ständiger Perspektivenwechsel, Aufbrechen der Satzgrenzen, eigenwillige Interpunktion und unkonventionelle Rechtschreibung – den sinnentleerten DDR-Alltag. In seinem Roman *Abschied von den Feinden* (1995) erzählt er – »nachdem die Grenze verschwunden war innerhalb einer Nacht, so, wie Gespenster verschwinden« – von zwei Brüdern, von denen der eine im Osten bleibt, der andere in den Westen geht:

Er war aus dem Land geschwemmt worden in 1 Exoduswelle bürokratisch gestützter Flucht, durch Labyrinthe polizeilicher Kloaken, seinerzeit, als es noch ein Risiko war, den Willen zu äußern zur eigenen Flucht – Und Ausreise war Flucht nicht allein im Vokabular gekränkter Funktionäre & Parteigänger (die über Jahre hinweg wie Schweine sich benommen & andere Menschen als Dreck behandelt hatten, & dann aufschrien im beleidigten Tyrannenwahn, sobald der Dreck nicht länger Dreck sein wollte –).

Die komplizierte Geschichte der Brüder, ihre Traumata und ihr Buhlen um eine Frau werden aus ihrer wechselnden Perspektive sowie durch die Kollektivstimme der fremdenfeindlichen Bewohner einer Stadt in Mecklenburg dargestellt. Doch Jirgls zynische Note über die seelischen Verhärtungen und Demütigungen von DDR-Bürgern weisen über die konkrete historische Situation hinaus, für ihn wird die DDR-Geschichte zu einem »Reservoir an Beispielen für die bizarren Bilder von den Qualen, die anscheinend jedes Individuum in der Menschheitsgeschichte von Troja bis Berlin durchmachen muss« (E. Grimm). Jirgls folgender Roman *Die Unvollendeten* (2003) behandelt am Beispiel von drei Generationen das Schicksal von Vertriebenen: Aus Böhmen ausgewiesen suchen drei Frauen, die Urgroßmutter, Großmutter und Großtante des Erzählers, im Berlin der Nachkriegszeit Fuß zu fassen, durchlebt seine Mutter die (amtlich verschwiegene) Flüchtlingsproblematik während der Gründungsjahre der DDR, erzählt der tödlich an Krebs erkrankte Sohn die Geschichte einer vergeblichen Bemühung zu Ende.

Einen diametral entgegengesetzten Umgang mit der Vergangenheit pflegt THOMAS BRUSSIG (1965). Sein erster Roman *Wasserfarben* (1991), unter dem Pseudonym Cordt Berneburger veröffentlicht, jugendlich-schnoddrig und im Tonfall Ulrich Plenzdorf und Jerome D. Salinger verpflichtet, erzählt von den Problemen der Sozialisation im »realen Sozialismus« – man hat nicht ohne Erstaunen bemerkt, dass in der DDR der in der Kaiserzeit verbreitete Typus der Schulgeschichte wieder auflebte. In *Helden wie wir* (R., 1995, auch dramatisiert und verfilmt) zeichnet er die Karikatur des DDR-Bürgers Klaus Uhltzscht von seiner Geburt 1968 – die Panzer rollen gerade zur tschechischen Grenze, um den Prager Frühling zu beenden – bis zum Fall der Mauer, den er als »phallische Groteske« (J. Magenau) umerzählt. Mildere Töne stimmte Brussig in dem Episodenroman *Am kürzeren Ende der Sonnenallee* (1999) an, der nach dem Drehbuch zu dem zuvor entstandenen Film, das er zusammen mit Leander Haussmann

entwickelt hat, entstanden ist. Im Schatten der Mauer, am kürzeren Ende der Sonnenallee (der Leser kennt sie bereits aus *Wasserfarben*, der Rest dieser Straße befindet sich im Westen), ist der Treffpunkt von Micha Kuppisch und seiner Freunde, die sich an der westlichen Jugend- und Szenekultur zu orientieren versuchen.

ERICH LOESTS Roman *Nikolaikirche* (1995) trägt seinen Namen nach der Leipziger Kirche, von der die Montagsdemonstrationen des Jahres 1989 ihren Ausgang nahmen. Die folgenreichen politischen Vorgänge, die in der Massendemonstration vom 9. Oktober kulminierten, werden aus der Perspektive und anhand der Schicksale einer in der älteren Generation systemkonformen, zunehmend aber an der DDR (ver)zweifelnden Familie erzählt. Ihre kommunistische Prägung empfing sie von dem bereits verstorbenen Vater: Albert Bacher hat auf der Seite der sowjetischen Partisanen gekämpft und ist in der DDR General der Volkspolizei geworden. Sein Sohn Alexander ist Hauptmann des Staatssicherheitsdienstes, gegen seine inneren Zweifel sucht er dem Vorbild des Vaters zu folgen. Die Tochter aber, Stadtplanerin, hat dem System abgesagt und ist in Friedensgruppen aktiv. Der Gemeindepfarrer der Nikolaikirche wächst unter dem Druck der Verantwortung zu einer überragenden Figur. Ein weiterer Leipzig-Roman folgte (*Reichsgericht*, 2001).

GÜNTER GRASS behandelte die Probleme der deutschen Vereinigung in einem Roman, in dem er dem in den Neunzigerjahren überaus populären Theodor Fontane gleichsam einen Wiedergänger zur Seite stellte (*Ein weites Feld*, 1995).

Theo Wuttke ist am 30. Dezember 1919 – also auf den Tag 100 Jahre nach Fontanes Geburtstag – in Neuruppin zur Welt gekommen. Auch seine weitere Biografie zeigt zu der Fontanes auffallende Entsprechungen. Ermöglicht wird dies durch Wuttkes immer perfektere Fontane-Kennerschaft, die ihm in verschiedenen Lebenslagen, nicht zuletzt in Berührung mit den herrschenden politischen Systemen, Möglichkeiten der Identifikation eröffnet. Fontane wird auf diese Weise zu einer exemplarischen Figur, die zwar selbst nicht auftritt, aber in Zitaten, Anspielungen, Situationen gegenwärtig ist. Die – nicht zuletzt politisch begründeten – Brüche *seiner* Biografie werden einsichtig aus der Erfahrung der Gegenwart. Aber auch in dem von den historischen Umbrüchen gebeutelten Wuttke kann der Leser sich erkennen, besonders wenn er, wie Wuttke, ein Bürger der DDR gewesen ist. Das von der Kritik überwiegend verrissene Werk wurde im Osten Deutschlands mit deutlich größerer Zustimmung aufgenommen als im Westen. Der Roman ist gut recherchiert und in dem, was er mittelbar, nämlich in den fiktiven Schicksalen Wuttkes, zum

Fontane-Bild hinzuerfindet, nicht ohne Witz. So lässt ein der Stoffgeschichte von *Irrungen, Wirrungen* nachempfundenes Dresdner Liebeserlebnis Wuttkes an Lücken der biografischen Forschung über Fontanes Jugendgeschichte denken, entzieht sich Wuttke dem Tod (und der deutschen Wirklichkeit) durch die Rückkehr in die Cevennen. Über Längen vermögen solche Einfälle allerdings nicht jederzeit hinwegzutrösten.

Von der unnachahmlichen Grazie, der souveränen Gelassenheit des späten Fontane ist Grass' Roman weit entfernt, insofern hatte die Kritik leichtes Spiel. Befremden erregte darüber hinaus die aus Schädlichs *Tallhover* übernommene beziehungsweise wieder belebte Figur des ewigen Spitzels, die ebenso parteiisch wirkte wie Grass' indirekte Verteidigung der DDR, insofern er sich deren genereller Verurteilung nicht anschloss. Sein Ressentiment war spürbar und wurde als besserwisserisch und arrogant empfunden. Um ein abwägendes Urteil zeigten sich nur wenige Kritiken bemüht.

Nach seinen ersten für ihn gültigen Texten *33 Augenblicke des Glücks* (1995), die in St. Petersburg kurz nach dem Zerfall der Sowjetunion spielen, versuchte INGO SCHULZE (1962) mit seinem »Roman aus der ostdeutschen Provinz« *Simple Storys* (1998) den Zusammenbruch der DDR literarisch zu fassen. Beeinflusst von amerikanischen Vorbildern wie Ernest Hemingway, Sherwood Anderson und Raymond Carver erzählt er in 29 kurzen Geschichten, die miteinander verwoben sind, von Menschen aus Altenburg in Thüringen, lässt ein »Mosaik der postkommunistischen Befindlichkeit anhand von tragikomischen Momentaufnahmen menschlicher Schicksale und zwischenmenschlicher Beziehungen« (M. Auer) entstehen. Der Alltag hat die Euphorie der Wende längst eingeholt, die Ostdeutschen sind zum zweiten Mal die Verlierer – nun die Verlierer der Vereinigung –, Enttäuschung, Angst, Verunsicherung und Orientierungslosigkeit beherrschen die Gefühle. Immer wieder kommt die Sprache auf Arbeitslosigkeit, Neonazis, Fremdenfeindlichkeit, SED und Stasi – »ostalgische« Verklärung hat bei Schulze keinen Platz.

HELGA KÖNIGSDORF schrieb *Ungelegener Befund* (E., 1990), die »Nach-Wende-Erzählung« *Gleich neben Afrika* (1992), die die Geschichte einer lesbischen Liebesbeziehung mit einem kriminellen Manöver, der Flucht mit Parteigeldern, verknüpft, und mit *Im Schatten des Regenbogens* (1993) ihren ersten Roman. CHRISTA WOLF unternahm mit *Medea. Stimmen* (R., 1996) nach *Kassandra* ein weiteres Mal den Versuch, eine Frauengestalt des antiken Mythos gegenwartsbezogen zu interpretieren – bis zu dem Punkt, an dem sie sich selbst mit der Figur identifizieren konnte. Medea verlässt das patriarchalische Kolchis, wo sie sich durch ihre Wahrheitsliebe unbeliebt gemacht hat, sieht sich aber im westlich zivilisierten Korinth als abtrünnige Barbarin verachtet und des Mordes an ihren Kindern angeklagt. Eine positive Wendung nimmt die Darstellung einer schweren Immunschwäche im Anschluss an einen Blinddarmdurchbruch, die die Protagonistin in den Monaten des Zusammenbruchs der DDR ereilt (*Leibhaftig*, 2001, E.). Ihre Reflexionen über das Warum und Wann dieser Krise führt sie zu dem Schluss, dass der Ausbruch der Krankheit zugleich den Beginn des Heilungsprozesses darstellt.

BRIGITTE BURMEISTERS (1940) Roman *Unter dem Namen Norma* (1994) spielt zweieinhalb Jahre nach dem Fall der Mauer vorzugsweise in Ostberlin, die Ich-Erzählerin, Romanistin (sie überträgt soeben eine Biografie St. Justs), ist Endvierzigerin, also annähernd so alt wie die Autorin. Erinnerungen an den 17. Juni 1953 beschäftigen sie ebenso wie noch unbestimmte Zukunftspläne. Ihr Mann sucht einen beruflichen Neuanfang im Westen, die Ehe driftet auseinander. Als sie ihn in Mannheim besucht, fühlt sie sich durch eine dort versammelte Gesellschaft so provoziert, dass sie sich fälschlich als frühere Stasi-Informantin (IM »Norma«) bekennt.

Bei CHRISTOPH HEIN wird die DDR und ihr Untergang zu einem Hintergrundsthema, seine Aufmerksamkeit ist den aktuellen Erscheinungen der Gegenwart zugewandt. Das gilt für das *Napoleon-Spiel* (R., 1993) ebenso wie für die autobiografische Erzählung *Von allem Anfang an* (1997) und den von der Kritik besonders gelobten Roman *Willenbrock* (2001). Der ehemalige Ingenieur in einem DDR-Betrieb, der sich mit den neuen Verhältnissen geschickt arrangiert hat und in Berlin einen Autohandel betreibt, wird durch mafiose Machenschaften aus seinen Sicherheiten gerissen, die Brüchigkeit der vermeintlich bestehenden Ordnung lässt nur noch den Versuch der Selbsthilfe zu – das Gesetz des Dschungels wird dominant. *Eine Landnahme* (R., 2004) spielt – wie *Horns Ende* – in einem Städtchen mit dem fiktiven Namen Guldenberg an der Mulde, eine für diesen Autor nahe liegende Ortswahl, der aber – und das ist das Bemerkenswerte – kaum noch spezifische Bedeutung zukommt.

Die »Wende« ist Geschichte, das stärkere Wirtschaftssystem hat sich durchgesetzt. Die Aufbauleistungen in Guldenberg sind beträchtlich, aber die Gesichtslosigkeit des kleinen Provinzstädtchens hat eher noch zugenommen. Es geht um einen aus Schlesien stammenden Vertriebenen, der sich mit Fleiß und Energie aus anfänglicher Missachtung zu einem erfolgreichen Geschäftsmann und einer in der Stadt anerkannte Persönlichkeit entwickelt hat. Seine Biografie wäre mit geringen Modifikationen auch in der Bundesrepublik vorstellbar. Sicher nicht zufällig heißt der Protagonist, von dem aus der Perspektive von fünf Personen erzählt wird, Haber – es ist ein sprechender Name wie der des Städtchens, der an ein Zahlungsmittel und an eine bekannte Fernsehserie erinnert.

VOLKER BRAUN stellte in seiner Erzählung *Das unbesetzte Gebiet* (2004) noch einmal die von Stefan Heym in *Schwarzenberg* behandelte Geschichte des kleinen Territoriums im Erzgebirge dar, das 1945 für eine Minute der Weltgeschichte von den Siegermächten vergessen worden war. Das mochte, und nicht zuletzt aus der Feder dieses Autors, künstlerisch als ein Wagnis erscheinen: Der Stoff war nostalgieverdächtig. Kürze (eine Reihe von Prosaminiaturen, 128 Seiten), Faktentreue, die sich aller Andeutungen in Bezug auf unerfüllte Möglichkeiten enthält, und Humor (das Sächsische in Dialogen und im Erzählerkommentar: »Was sollte jetzt wern? Man gehörte zu garniemandem. [...] *Man war halt ähmd gelähmt*«) haben dieses Risiko glücklich gebannt.

Popromane

Jahrzehntelang kennzeichnete die Erzählliteratur der Nachkriegszeit eine rückwärts gewandte Perspektive, es ging, gerade in ihren besten Werken, um Bewältigung der lastenden Vergangenheit, die auch in der Gegenwart noch problematisch fortwirkte. Die sprichwörtlich gewordene Rede von der »Gnade der späten Geburt« ist von einem Politiker in die Welt gesetzt worden, die Schriftsteller taten sich mit dem Ausstellen von Freibriefen schwer, auch wo es eines solchen kaum bedurft hätte. Die Suche nach dem unbefangenen Wort blieb missverständlich und komplexbeladen, oft vergeblich. Doch in den Neunzigerjahren treten Autoren auf den Plan, »die sich, begnadet durch eine noch spätere Geburt, um überhaupt nichts mehr scheren« (M. Politycki) beziehungsweise zu scheren vorgeben. Angefangen mit CHRISTIAN KRACHTS (1966) *Faserland* (R., 1995) – von der von FLORIAN ILLIES (1971) propagierten *Generation Golf* (2000) als Befreiungsschlag enthusiastisch rezipiert –, werden Texte veröffentlicht, die »nicht auf Entlarvung eines schönen Scheins hin angelegt« (M. Baßler) sind, sondern lustvoll die kapitalistische Warenwelt abbilden

und archivieren. Sie haben sich einem »minimierten Kunstanspruch und nicht selten einem abgeklärten Lifestyle-Realismus verschrieben«, pflegen einen »heiteren Konsumfetischismus« (I. Radisch), bieten gefällige »Benutzeroberflächen« ohne kritisches Potential. Sie trafen einen Nerv der Zeit. Ihr Erfolg zeigt sich an hohen Auflagenzahlen und eigens in den Buchhandlungen eingerichteten Präsentiertischen, die Bücher von mehr oder weniger dieser Richtung zuzurechnenden Autoren ins Blickfeld der möglichen Käufer rückten (BENJAMIN VOM STUCKRAD-BARRE, 1975; *Soloalbum*, R., 1998; *Livealbum*, R., 1999; *Remix*, 1999; *Black Box*, 2000; ALEXA HENNIG VON LANGE, 1973, *Relax*, 1998; ANDREAS NEUMEISTER, 1959, *Gut laut*, 1998; der in Berlin lebenden Salzburgerin KATHRIN RÖGGLA, 1971, *Niemand lacht rückwärts*, 1995; *Abrauschen*, 1997; *Irres Wetter*, 2000; THOMAS MEINECKE, 1955, *Tomboy*, 1998; SIBYLLE BERG, 1966, *Ein paar Leute suchen das Glück und lachen sich tot*, 1997; *Sex II*, 1998; *Amerika*, 1999). Doch die Büchertische wurden bald wieder abgebaut und 2003 stand zu lesen: »Die Popliteraten, einst als Überwinder literarischer Langeweile mit skeptischer Freude begrüßt, sind längst als Oberflächensurfer, Digitalrealisten und metaphysische Nullen enttarnt, die vielleicht so etwas wie einen kapitalistischen Realismus zustande bringen, aber nicht viel mehr.« (K. Döbler)

Transkulturelle Erfahrungen

Am Ende des Jahrtausends wird die deutschsprachige Literatur in einer neuen Weise multikulturell: Die Zahl nichtdeutschstämmiger Autoren, die ihre Werke auf Deutsch verfassen, ist erkennbar im Wachsen begriffen. Historisch betrachtet, handelt es sich um keinen neuen Vorgang: Wie andere Literaturen hat auch die deutsche von Zuwanderern profitiert, die freiwillig oder unfreiwillig den Sprachraum ihrer Herkunft verließen und in ihren Gast- oder Zufluchtsländern heimisch wurden, wo sie, wie die Hugenotten, gelegentlich sogar eine kulturelle Führungsrolle übernahmen. Für die Gegenwart bezeichnend sind die Vielzahl der Herkunftsländer und ihre kulturelle Verschiedenheit. Dementsprechend mannigfaltig sind die Stimmen der ethnischen Subkulturen, die das nationale Profil nicht unverändert lassen und noch weiter verändern werden.
Zuallererst sind türkische Autorinnen und Autoren zu nennen, Angehörige der zuweilen bereits in der dritten Generation in Deutschland ansässigen Minderheit. EMINE SEVGI ÖZDAMAR (1946) war 1965 als Gastarbeiterin erstmals nach Deutschland gekommen. Ihr Weg zur Literatur führte über das Theater, sie war Regieassistentin und Schauspielerin an der Volksbühne in Berlin (Ost), ging 1978 mit Benno Besson nach Paris und arbeitete an französischen und deutschen Bühnen, schrieb auch zwei Theaterstücke (*Karagöz in Alamania*, U. Frankfurt/M., 1986;

Keloglan in Alamania, 1992) über Gastarbeiterschicksale, hatte aber erst mit ihren Romanen nennenswerten Erfolg (*Das Leben ist eine Karawanserei / hat zwei Türen / aus einer kam ich rein / aus der anderen ging ich raus,* 1992; *Die Brücke vom goldenen Horn,* 1998; *Seltsame Sterne starren zur Erde,* 2003). Bilderreich und in produktiver Auseinandersetzung mit der ihr zunächst noch unvertrauten fremden Sprache erzählt sie von ihrer Kindheit in der Türkei, von ihrem Leben als Fabrikarbeiterin, beim Theater und in der von Otto Mühl gegründeten Kommune in Berlin (West). Es sind private Erfahrungen von großer Originalität vor dem Hintergrund der Zeitgeschichte. »Damit ist die deutsche Literatur über den Bosporus gegangen – und reich beschenkt zurückgekehrt.« (W. Schütte) 2004 erhielt die Autorin den Kleist-Preis.

FERIDUN ZAIMOGLU (1964) kam schon als Kleinkind nach Deutschland. Der Sohn eines Dolmetschers und Konsulatsangestellten machte regulär in Bonn sein Abitur und hatte früh Kontakte zu Zeitschriften und zur Bühne. Auf der Grundlage von Interviews erzählte er Episoden aus dem Leben türkischstämmiger Jugendlicher in einer aus deutschem, türkischem und amerikanischem Slang gemischten Sprache (*Kanak Sprak. 24 Mißtöne vom Rande der Gesellschaft,* 1995; *Koppstoff – Kanaka Sprak vom Rande der Gesellschaft,* 1998), verschaffte sich auch in Aufsätzen über diese Thematik Respekt und Gehör (*Kopf und Kragen. Kanak-Kultur-Kompendium,* 2002). *Abschaum – Die wahre Geschichte des Ertan Ongun* (R., 1997) beruht auf den Mitteilungen eines sozial Entwurzelten und Drogenabhängigen, *Liebesmale, scharlachrot* (R., 2000) ist ein Briefroman in Kanaksprache mit einem »Amanci«, einem »Deutschländer«, als Protagonisten – also einem in Deutschland lebenden Türken –, der in das Haus seiner Eltern an der Ägäis geflohen ist, weil seine Beziehungen zu in Deutschland lebenden Frauen ihn bedrängen. Erst nach ausgedehnten Briefwechseln findet er nach Deutschland zurück. In *German Amok* (R., 2002) wütet Zaimoglu gegen die Bohemiens der Metropole, auch in *Zwölf Gramm Glück* (En., 2004) geht es drastisch zu, aber zugleich nicht ohne liebedürftige Emotionen – »Herzblut« erscheint als das Wort, das der Autor, der 2003 den Ingeborg-Bachmann-Preis erhielt, von allen deutschen Wörtern am meisten ins Herz geschlossen hat.

Unter den literarischen Zuwanderern aus fremden Kulturen sind der Moskauer WLADIMIR KAMINER (1967, *Russendisko,* En., 2000; *Schönhauser Allee,* En., 2001; *Militärmusik,* R., 2001), der Bulgare ILIJA TROJANOW (1965, *Die Welt ist groß und Rettung lauert überall,* R., 1996; *Autopol. Ein Internetroman,* 1997), der aus Damaskus gebürtige Syrer RAFIK SCHAMI (eigentlich Suheil Fadél, 1946, *Der ehrliche Lügner,* 1992), der »ultradoitshe« Brasilianer ZÉ DO ROCK (1956, *fom winde ferfeelt,* 1995), ein lächelnder Beobachter der Rechtschreibreform (»muss ich sagen, so eine komplizirte vereinfachung ham nur die die deutshen geshafft«), und die aus Japan stammende kultivierte Erzählerin YOKO TAWADA (1960, *Opium für Ovid. Kopfkissenbuch von 22 Frauen,* 2000). Keineswegs nur Zaungäste des Literaturbetriebs, haben sie einen bemerkenswerten Bekanntheitsgrad gewonnen.

Die Rumäniendeutschen

Auch die Autoren, die – überwiegend in der zweiten Hälfte der Achtzigerjahre – aus Rumänien in die Bundesrepublik kamen, brachten transkulturelle Erfahrungen mit, allerdings handelte es sich bei ihnen um Abkömmlinge der dortigen, zahlenmäßig einst bedeutenden deutschen Minderheit, die seit Jahrhunderten im Banat und in Siebenbürgen ansässig gewesen war. Manche von ihnen hatten bereits in Rumänien auf Deutsch publiziert; nun ließen sie sich häufig in Berlin nieder und machten sich als eine eigenständige Gruppe rasch einen Namen. Zu ihnen zählten DIETER SCHLESAK (1934, *Vaterlandstage und die Kunst des Verschwindens,* R., 1986; *Der Verweser,* R., 2002), JOHANN LIPPET (1951, *Der Totengräber,* E., 1997; *Die Tür zur hinteren Küche,* R., 2000) und RICHARD WAGNER (1952, *In der Hand der Frauen,* R., 1995; *Miss Bukarest,* R. 2001). Erfolgreich war vor allem HERTA MÜLLER (1953), die zusammen mit ihrem Mann Richard Wagner 1987 ausreisen konnte.

Die zuerst in Bukarest publizierte Sammlung *Niederungen* (En., 1982) über ihre Kindheit im Banat erschien 1984 auch in der Bundesrepublik und machte Herta Müller sofort bekannt. In *Der Fuchs war damals schon der Jäger* (R., 1992) erzählt sie von dem Terrorregime des 1989 gestürzten Diktators Nicolae Ceausescu und der auf den Menschen lastenden Angst. Auch der Sturz des verhassten Staatschefs bringt keine Befreiung. Die Romane *Herztier* (1994) und *Heute wäre ich mir lieber nicht begegnet* (1997) handeln ebenfalls von der Ära Ceausescu, tragischen Schicksalen, die in Tod und Freitod münden, aber auch vom täglichen Überlebenskampf mit seinen quälenden Erinnerungen und Befürchtungen (wie sie etwa die Stationenfolge einer Straßenbahnfahrt auf dem Weg zum Verhör begleiten).

Liebe und Liebesverlust

Der Roman wäre nicht der Roman, wenn erotische Beziehungen in hundertfältiger Variation nicht als Thema allgegenwärtig wären. Weil das so ist, ist zu ihrer Darstellung ein naiver Zugang allerdings noch weniger möglich als anderswo im künstlerischen Schaffensprozess.

MONIKA MARON erzählt in *Animal triste* (R., 1996) von einer erotischen Dreierbeziehung vor dem Hintergrund der »Wende«-Jahre und resümiert: »Man kann im Leben nichts versäumen als die Liebe.« *Endmoränen* (R., 2002) beschreibt die kurze Affäre einer alternden Schriftstellerin mit einem Russen, der an deutschen Frauen besonders ihre Selbstständigkeit schätzt und ihre Fähigkeit, die deutschen Männer zu ertragen. GERHARD KELLING (1942) thematisiert den

Partnerverlust: Die Frau geht, der Mann bleibt zurück (*Beckersons Buch*, R., 1999). Auch Kellings zweiter Roman *Jahreswechsel* (R., 2004) handelt von den Erfahrungen eines Verlassenen. Es geschieht zart, ohne Wehleidigkeit, sogar mit zuweilen heiteren Akzenten. Im Schaffen BODO KIRCHHOFFS (1948), der seit Ende der Siebzigerjahre neben Prosa (*Die Einsamkeit der Haut*, 1981; *Zwiefalten*, R., 1983; *Ferne Frauen*, En., 1987) auch Schau- und Hörspiele geschrieben hatte, bezeichnet *Infanta* (R., 1990) den Durchbruch beim Publikum und die künftig überwiegende Hinwendung zum Roman (*Parlando*, R., 2001; *Wo das Meer beginnt*, R., 2004).

UNDINE GRUENTER (1952–2002) hatte bereits in den Achtzigerjahren zu publizieren begonnen, fand aber erst mit ihren postum erschienenen letzten Prosaarbeiten zum durchgehend eigenen Ton und die mehr als nur achtungsvolle Anerkennung der Kritik. Die Wahlfranzösin war der Literatur und Lebensart des Nachbarlandes tief verpflichtet (*Sommergäste in Trouville*, E., 2003). *Der verschlossene Garten* (R., 2004) ist ein »Liebesroman über Intellektuelle und für Intellektuelle« (M. Reich-Ranicki), mithin auch aus intellektueller Sicht (aber aus männlicher Perspektive) geschrieben, die Inszenierung einer Liebe im künstlichen Paradies des »verschlossenen Gartens«, der die ungleichen Partner (er ist fast sechzig, sie Anfang zwanzig) zuletzt in die Einsamkeit entlässt, die sie eigentlich von Anfang an umgab und über die auch das Hinzukommen eines Dritten nur vorübergehend hinwegtäuschen konnte. ULLA HAHN beschreibt die Befreiung aus sexueller Hörigkeit durch eine aggressiv gehandhabte erniedrigende Unterwerfung des Partners (*Ein Mann im Haus*, R., 1991).

Von Goethes Rom-Aufenthalt erzählt HANNS-JOSEF ORTHEIL in *Faustinas Küsse* (R., 1998) aus dem Blickwinkel des Tagelöhners Giovanni Beri, der den Dichter im Auftrag des Vatikans bespitzelt, aber an ihn seine Freundin verliert, die Goethes Geliebte wird. Ortheil blieb der Mittelmeerwelt auch in einem Gegenwartsroman nah (*Die große Liebe*, 2003).

Vielfältiger Reichtum, »Schriftstellerverrücktheit« (W. Genazino)

Das Werk nicht weniger Autoren entzieht sich jedem Versuch, es auf einen leicht fasslichen Begriff zu bringen. Bekanntheit, gegebenenfalls Ruhm, wachsen daher nur langsam, denn es ist gerade ein solcher mehr oder weniger trivialer Leisten, über den Werbung und Marketing es zu schlagen versuchen. »Freier Schriftsteller« – was nach Theodor Fontane gleich nach »reisender Schauspieler« kommt – ist eine schwierige Existenzform, nicht nur aus ökonomischen Gründen. Sie stellt die Existenz auf das Wort mit einer Ausschließlichkeit, die selbstzerstörerische Züge annehmen kann. Autoren, die sich entschlossen dem künstlerischen Experiment oder relativ entlegenen Stoffen widmen, können daher erst allmählich, wenn überhaupt, mit Resonanz rechnen – bis dahin bleiben sie gewissermaßen Erzähler ohne Publikum (ein wenig wohl auch eine lokale Besonderheit, in der »schwierigen« deutschen Literatur jedenfalls weiter verbreitet als in der angelsächsischen, die entschlossener ihr Publikum sucht).

HERMANN LENZ konnte vor seinem Tode mit *Herbstlicht* (1992) noch einen neuen (achten) Roman seiner autobiografischen Erzählungen um Eugen Rapp vollenden. HANS JOACHIM SCHÄDLICH gelang mit *Schott* (1992) gleichsam ein Gegenstück zu den berühmten Texten seines Bandes *Versuchte Nähe*, von ihm erstmals ausdrücklich als »Roman« deklariert. WILHELM GENAZINO (1943) sah sich 2004 mit dem Büchnerpreis belohnt, rund vier Jahrzehnte, nachdem er seinen ersten Roman veröffentlicht hatte (*Laslinstraße*, 1965), dem zahlreiche Hörspiele, eine Romantrilogie aus der Welt der Angestellten (*Abschaffel*, 1977), weitere Romane (*Die Ausschweifung*, 1981; *Fremde Kämpfe*, 1984; *Der Fleck, die Jacke, die Zimmer, der Schmerz*, 1989; *Ein Regenschirm für diesen Tag*, 2001) autobiografische und experimentelle Prosa (*Die Liebe zur Einfalt*, 1990; *Leise singende Frauen*, 1992; *Die Obdachlosigkeit der Fische*, 1994) gefolgt waren. Auch ARNOLD STADLER (1954, *Der Tod und ich, wir zwei*, R., 1996) war als Büchnerpreisträger für das Publikum 1999 eine Überraschung, leicht machte er es ihm auch weiterhin nicht (*Ein hinreißender Schrotthändler*, R., 1999; *Sehnsucht. Versuch über das erste Mal*, 2002). Später als der Lyriker gewann der Erzähler MICHAEL KRÜGER bestimmte Konturen. In den Achtzigerjahren hatte er in drei Erzählungen voll trockener Komik einen Intellektuellen vorgestellt, der in Liebesbeziehungen, als Vortragsreisender und Grabredner selten reüssiert (*Was tun? Eine altmodische Geschichte*, 1984; *Warum Peking? Eine chinesische Geschichte*, 1986; *Wieso ich? Eine deutsche Geschichte*, 1987). Er reflektierte in Erzählprosa über die Krise des Erzählens (*Das Ende des Romans. Eine Novelle*, 1990) und ließ in seinem ersten Roman einen Schriftsteller zur Einsicht über seine Lebenslüge gelangen (*Himmelfarb*, 1993). Krüger ist ein satirisches Talent vom Schlage Heinrich Bölls, aus genauer Kenntnis des Handwerks und Verantwortungsgefühl (*Aus dem*

Leben eines Erfolgsschriftstellers, En., 1998; *Das Schaf im Schafspelz und andere Satiren aus der Bücherwelt*, 2000). Der vielseitig begabte HELMUT KRAUSSER, spielend zwischen Pop und Mythos, überwältigte sein Publikum mit der so genannten Hagen-Trinker-Romantrilogie (in chronologischer Folge *Könige über dem Ozean*, 1989; *Fette Welt*, 1992; *Schweine und Elefanten*, 1999, e. 1987/88), schrieb über Musik in *Melodien oder Nachträge zum quecksilbernen Zeitalter* (R., 1993), über die Schwäbische Alb in einem romantisch-finsteren Psychokrimi (*Thanatos. Das schwarze Buch*, R., 1996) und wieder über die Welt der Oper, nämlich über den angeblichen einstigen Schoßhund von Maria Callas, inzwischen ein Kaufhaus-Detektiv oder der Teufel selbst (*Der große Bagarozy*, R., 1997).

In Klagenfurt und anderswo – neue Erzähler

Die Verleger, das gehört zu ihrem Beruf, sind auf der Suche nach Talenten, erzählerischen Talenten vor allem. Wo immer solche in Erscheinung treten, werden sie nach Kräften gefördert, häufig wohl auch in einer für sie gefährlichen Weise, weil sie den in sie gesetzten Erwartungen nicht zu entsprechen vermögen. Gleichwohl *gibt* es solche Talente, sie scheinen sogar zahlreich – *Soviel Erzählen war nie* titelte 2004 das ansonsten als eher skeptische bekannte Nachrichtenmagazin *Der Spiegel*.

Die Romane der studierten Slawistin und Theaterwissenschaftlerin PETRA MORSBACH (1956) spiegeln überzeugend und unaufdringlich die eigene Erfahrungswelt: *Plötzlich ist es Abend* (1995) ihre Beziehung zu Russland, der an lebensnahen und erheiternden Szenen reiche *Opernroman* (1998) den Alltag auf und hinter der Bühne eines Provinztheaters, die *Geschichte mit Pferden* (2001) bundesrepublikanische Gesellschaftsbilder im Umkreis eines Pferdehofs. Als eine Art Fortschreibung von Krachts *Faserland*-Prosa unter umgekehrten Vorzeichen können JUDITH HERMANNS (1970) Geschichten (*Sommerhaus, später*, En., 1998; *Nichts als Gespenster*, 2003) gelesen werden. »Ich habe zu viele Geschichten in mir, die machen mir das Leben schwer«, weiß die Ich-Erzählerin von *Rote Korallen*, der Geschichte, mit der *Sommerhaus, später* beginnt. Judith Hermann erzählt mit einfachen, gedrängten Worten – gedrängt, insofern es zwischen ihnen nichts Überflüssiges gibt. Die Perfektion dieser jungen Autorin, die spürbar war gewissermaßen mit dem ersten Satz ihres Debüts, fand nahezu enthusiastische Anerkennung.

Die Sache des Menschen

Literaturgeschichte ist ein (niemals abzuschließender) Versuch, Zusammenhänge zu erkennen. Mit den Worten Heinrich Heines ist sie »die große Morgue, wo jeder seine Toten aufsucht, die er liebt oder womit er verwandt ist« (*Die romantische Schule*, 1. Buch). Die muntere Ironie der Formulierung verdankt sich der Tatsache, dass es sich bei diesem Akt des Wiedererkennens um eine uralte Erfahrung handelt. »Wo ist dein Selbst zu finden?«, fragt Hofmannsthal, und er antwortet: »Immer in der tiefsten Bezauberung, die du erlitten hast.«

Die Literatur behandelt die Sache des Menschen. Der Autor, der die Wahrheit seines Lebens auszudrücken weiß, spricht zu allen. Freilich haben Bücher ihre Schicksale (die ihnen nicht zuletzt die Leser bereiten), sie finden oder verfehlen ihre Stunde. Literarische Wert- und Unwerturteile erweisen sich nur sehr bedingt als beständig. Auch in weniger lärmerfüllten Epochen als der gegenwärtigen fiel es schwer, das Bleibende zu erkennen. Der österreichische Lyriker und Essayist Ernst Freiherr von Feuchtersleben (1806 bis 1849) dichtete im so genannten »Biedermeier«: »Ist doch – rufen sie vermessen – / ›Nichts im Werke, nichts getan!‹ / Und das Große reift indessen / Still heran. // Es erscheint nun; niemand sieht es, / Niemand hört es im Geschrei: / Mit bescheidner Trauer zieht es / Still vorbei.«

Indessen muss die beste Lektüre nicht immer »das Große« sein. »Gut ist das Buch, das mich entwickelt«, hat der dänische Literarhistoriker Georg Brandes geurteilt. Die Literatur kann dazu beitragen, Gräben zu überwinden, sie drängt ihrem Wesen nach über die Abgrenzungen von Staat und Nation hinaus. Nicht nur Deutschland, auch die deutsche Sprache und Literatur finden nach zwei Weltkriegen ihren Platz wieder in der Mitte Europas, in einer geistigen Mittlerfunktion zwischen Ost und West. Der mitteleuropäische Raum birgt ein Übermaß an verschütteten Erinnerungen und Erwartungen. In oft unvermuteter Weise werden sie individuell immer wieder neu erfahren und gelebt.

WEITERFÜHRENDE LITERATUR, QUELLENANGABEN

Die folgenden Angaben beschränken sich zumeist auf Quellen, aus denen wörtlich zitiert wurde.

Der Anordnung folgt der Kapiteleinteilung der Literaturgeschichte, epochenübergreifende Darstellungen und Editionen werden in Rücksicht auf ihre Relevanz für besondere Zeitabschnitte, ansonsten nach chronologischen Gesichtspunkten verzeichnet. Verzichtet werden musste auf Literatur zu einzelnen Autoren und zu speziellen Fragestellungen. Die vorliegende Überblicksdarstellung wäre nicht möglich gewesen, ohne den Rückgriff auf ungezählte Monografien, deren Detailreichtum und Präzision sich der Verfasser verpflichtet weiß. Eine bibliografische Verzeichnung ist jedoch nicht nur aus Raumgründen unmöglich, sie würde auch dem Zweck und den unserer Darstellung inhaltlich gezogenen Grenzen nicht entsprechen.

Nicht in jedem Fall konnten die Inhaber der Rechte an zitierten Texten fristgerecht ermittelt werden. Gegebenenfalls bittet der Verlag um Nachricht, damit er seinen Verpflichtungen nachkommen kann.

Lexika und Chroniken. Nachschlagewerke. Reihen

Frenzel, Herbert A. und Elisabeth: Daten deutscher Dichtung. Chronologischer Abriss der deutschen Literaturgeschichte. Köln: Kiepenheuer & Witsch 1953 (diverse Auflagen bei dtv)

Reallexikon der deutschen Literaturgeschichte. Begründet v. Paul Merker u. Wolfgang Stammler. 4 Bde. Hg. v. Werner Kohlschmidt u. Wolfgang Mohr. Berlin: Walter de Gruyter ²1954–1984

Lexikon der Kinder- und Jugendliteratur. Personen-, Länder- und Sachartikel zu Geschichte und Gegenwart der Kinder- und Jugendliteratur. 3 Bde. Hg. v. Klaus Doderer. Weinheim/Basel: Beltz ²1977 (Ergänzungs- und Registerband 1982)

Kritisches Lexikon zur deutschsprachigen Gegenwartsliteratur (KLG). Hg. v. Heinz Ludwig Arnold. München: edition text + kritik 1978ff. (Loseblattsammlung)

Deutsche Literatur von Frauen. Bd. 1: Vom Mittelalter bis zum Ende des 18. Jahrhunderts. Bd. 2: 19. und 20. Jahrhundert. Hg. v. Gisela Brinker-Gabler. München: C. H. Beck 1988

Kindlers neues Literaturlexikon. Hg. v. Walter Jens. München: Kindler 1988

Literaturlexikon. Autoren und Werke deutscher Sprache. Hg. v. Walther Killy. Gütersloh/München: Bertelsmann Lexikon Verlag 1988

Metzler Literatur Lexikon. Begriffe und Definitionen. Hg. v. Günther u. Irmgard Schweikle. Stuttgart: Metzler ²1990

Metzler Autoren Lexikon. Deutschsprachige Dichter und Schriftsteller vom Mittelalter bis zur Gegenwart. Hg. v. Bernd Lutz. Stuttgart/Weimar: Metzler ²1997

Meid, Volker: Metzler Literatur Chronik. Werke deutschsprachiger Autoren. Stuttgart/Weimar: Metzler ²1998

Wilpert, Gero von: Sachwörterbuch der Literatur. Stuttgart: Kröner ⁸2001

Lexikon der deutschsprachigen Gegenwartsliteratur seit 1945. Begründet v. Hermann Kunisch, fortgeführt v. Herbert Wiesner, Sybille Cramer u. Dietz-Rüdiger Moser, neu hg. v. Thomas Kraft. 2 Bde. München: Nymphenburger Verlagshandlung 2003

Von den Anfängen bis zur Stauferzeit

Curtius, Ernst Robert: Europäische Literatur und lateinisches Mittelalter. Bern/München: Francke 1948

Wehrli, Max: Geschichte der deutschen Literatur vom frühen Mittelalter bis zum Ende des 16. Jahrhunderts. Stuttgart: Reclam 1980

Wehrli, Max: Literatur im deutschen Mittelalter. Eine poetologische Einführung. Stuttgart: Reclam 1984

Kartschoke, Dieter: Geschichte der deutschen Literatur im frühen Mittelalter. München: dtv ²1994

Deutsches Mittelalter. Ausgewählt v. Friedrich von der Leyen und eingeleitet von Peter Wapnewski. Frankfurt/M.: Insel 1962

Die Edda. Bd. 2: Götterdichtung und Spruchdichtung. Übertragen v. Felix Genzmer. Jena 1934 (S. 11: *Spruchdichtung* der *Edda*)

Lateinische Osterfeiern und Osterspiele. Hg. v. W. Lipphardt. 5 Bde. Berlin: de Gruyter 1990 (S. 21)

Höfisch-ritterliche Dichtung

Mittelalter I + II. Hg. v. Hans Jürgen Koch. Stuttgart: Reclam 1976 (Die deutsche Literatur. Ein Abriss in Text und Darstellung, Bd. 1+2)

Bumke, Joachim: Höfische Kultur. Literatur und Gesellschaft im hohen Mittelalter. 2 Bde. München: dtv 1986

Bumke, Joachim: Geschichte der deutschen Literatur im hohen Mittelalter. München: dtv ²1993

Borries, Ernst und Erika: Mittelalter, Humanismus, Reformationszeit, Barock. München: dtv 1991 (Deutsche Literaturgeschichte, Bd. 1)

Das Nibelungenlied. Hg. v. Siegfried Gross. Stuttgart: Reclam 2004 (S. 37)

Deutsche Dichtung des Mittelalters. 3 Bde. Hg. v. Michael Curschmann u. Ingeborg Glier. München: Hanser 1980, Bd. 1, S. 484f. (S. 34: Friedrich von Hausen: *Mein Herz und mein Leib*)

Deutsche Lyrik des Mittelalters. Aus dem Mittelhochdeutschen übers. v. Max Wehrli. Zürich: Manesse 1955, S. 42f. (S. 32: Kürenberger: *Ich zog mir einen Falken*)

Freidanks Bescheidenheit. Auswahl mittelhochdeutsch – neuhochdeutsch. Übertragen, hg. u. mit einer Einleitung v. Wolfgang Spiewok. Leipzig: Reclam 1985 (S. 31)

Walther von der Vogelweide: Gedichte. Üs. v. Peter Wapnewski. Frankfurt/M.: S. Fischer Verlag 1963 (S. 36: *Ich saß auf einem Stein*)

Wolfram von Eschenbach: Parzival. München: Langen Müller 2005 (S. 29)

Spätmittelalter

Europäisches Spätmittelalter. Hg. v. Willi Erzgräber. Wiesbaden 1978

Cramer, Thomas: Geschichte der deutschen Literatur im späten Mittelalter. München: dtv ²1995

Knapp, Fritz Peter: Die Literatur des Spätmittelalters in den Ländern Österreich, Steiermark, Kärnten, Salzburg und Tirol von 1273–1439. 1. Halbband. Graz: Akademische Druck- und Verlagsanstalt 1999

Die Lieder Oswalds von Wolkenstein. Hg. v. Karl Kurt Klein. Zweite, neubearb. u. erweiterte Auflage v. Hans Moser, Norbert Richard Wolf u. Notburga Wolf. Tübingen: Niemeyer 1975

Oswald von Wolkenstein: Lieder. Mittelhochdeutsch und neuhochdeutsch. Hg., übers. u. erläutert v. Burghart Wachinger: Stuttgart: Reclam 1964, S. 36f.; © Langewiesche-Brandt, Ebenhausen (S. 55: *Es fügte sich, als ich zehn Jahre alt war …*)

Anbruch der Neuzeit

Friedell, Egon: Kulturgeschichte der Neuzeit. Die Krise der europäischen Seele von der schwarzen Pest bis zum Ersten Weltkrieg. 3 Bde. München: C. H. Beck 1927–1931

Burger, Heinz Otto: Renaissance – Humanismus – Reformation. Deutsche Literatur im europäischen Kontext. Bad Homburg u. a.: Gehlen 1969

Renaissance, Humanismus, Reformation. Hg. v. Josef Schmidt. Stuttgart: Reclam 1976 (Die deutsche Literatur. Ein Abriss in Text und Darstellung, Bd. 3)

Kristeller, Paul O.: Humanismus und Renaissance. 2 Bde. München: Fink ²1980

Lohse, Bernhard: Martin Luther. Eine Einführung in sein Leben und Werk. München: C. H. Beck ²1982

Walz, Herbert: Deutsche Literatur der Reformationszeit. Eine Einführung. Darmstadt: Wissenschaftliche Buchgesellschaft 1988

Brant, Sebastian: Das Narrenschiff. Faksimile der Erstausg. Basel 1494. Hg. v. Dieter Wuttke. Baden-Baden: Koerner 1994 (S. 67)

Fischart, Johann: Sämtliche Werke. Hg. v. Hans-Gert Roloff, Ulrich Seelbach u. W. Eckehart Spengler. Stuttgart-Bad Cannstadt: Frommann-Holzboog 2002 (S. 68)

Sachs, Hans: Werke in zwei Bänden. Hg. v. d. Nationalen Forschungs- und Gedenkstätten der klassischen Literatur in Weimar. Weimar/Berlin: Aufbau 1966 (S. 70)

Barock

Deutsche Barockforschung. Dokumente einer Epoche. Hg. v. Richard Alewyn. Köln: Kiepenheuer & Witsch 1965

Das Zeitalter des Barock. Texte und Zeugnisse. Hg. v. Albrecht Schöne. München: C. H. Beck ²1968

Der literarische Barockbegriff. Hg. v. Wilfried Barner. Darmstadt: Wissenschaftliche Buchgesellschaft 1975

Barock. Hg. v. Renate Fischetti. Stuttgart: Reclam 1975 (Die deutsche Literatur. Ein Abriss in Text und Darstellung, Bd. 4)

Szyrocki, Marian: Die deutsche Literatur des Barock. Stuttgart: Reclam 1979

Emrich, Wilhelm: Deutsche Literatur der Barockzeit. Königstein/T.: Athenäum 1981

Wir vergehn wie Rauch von starken Winden. Deutsche Gedichte des 17. Jahrhunderts. 2 Bde. Hg. v. Eberhard Haufe. München: C. H. Beck 1985

Abraham a Sancta Clara: Werke. Hg. v. der Akademie der Wissenschaften in Wien. Bearb. v. Karl Bertsche. Wien: Holzhausen Nachfolger 1943 (S. 90: *Merk's Wien*)

Angelus Silesius: Sämtliche poetische Werke. Hg. v. Hans Ludwig Held. Nachdruck der erw. Auflage von 1952. Wiesbaden: Fourier 2002 (S. 77: Sie beklagte ...; S. 82: *Epigramme*)

Böhme, Jakob: Schriften. Hg. v. Hans Kayser. Leipzig: Insel 1980 (S. 90)

Gerhardt, Paul: Dichtungen und Schriften. Hg. v. Eberhard von Cranach-Sichart. München: Müller 1957 (S. 78: *Die güldne Sonne; Nun ruhen alle Wälder*)

Grimmelshausen, Hans Jakob Christoffel von: Simplicissimus Teutsch. Hg. v. Jan Hendrik Scholte. Tübingen: Niemeyer 1954 (S. 88)

Gryphius, Andreas: Gesamtausgabe der deutschsprachigen Werke. Hg. v. Marian Szyrocki u. Hugh Powell. Tübingen: Niemeyer 1986 (S. 76f.: *Es ist alles eitel; Tränen des Vaterlandes*; S. 85: *Catharina von Georgien*)

Günther, Johann Christian: Sämtliche Werke. 6 Bde. Hg. v. Wilhelm Krämer. Darmstadt: Wissenschaftliche Buchgesellschaft 1964 (S. 81: *Ach, Gott ...; Mit dem im Himmel*)

Hofmannswaldau, Christian Hofmann von: Gedichte. Hg. v. Helmut Heißenbüttel. Frankfurt/M.: Fischer 1968 (S. 80f.: *Wo sind die Stunden ...*)

Opitz, Martin: Buch von der deutschen Poeterey. Hg. v. Cornelius Sommer. Stuttgart: Reclam 1970, S. 33 (S. 74)

Paul Flemings deutsche Gedichte. Hg. v. Johann Martin Lappenberg. Stuttgart: Literarischer Verein 1969 (S. 79: *Wenn du ...; An sich*)

Spee, Friedrich von: Lied und Leid. Auswahl v. Wilhelm Bondzio. Berlin: Union 1961 (S. 78: *Traur-Gesang von der Not Christi ...; Ein kurz poetisch Christ-Gedicht ...*)

Aufklärung

Kaiser, Gerhard: Aufklärung, Empfindsamkeit, Sturm und Drang. München: Francke 1976

Aufklärung und Rokoko. Hg. v. Otto F. Best. Stuttgart: Reclam 1976 (Die deutsche Literatur. Ein Abriss in Text und Darstellung, Bd. 5)

Sturm und Drang und Empfindsamkeit. Hg. v. Ulrich Karthaus. Stuttgart: Reclam 1976 (Die deutsche Literatur. Ein Abriss in Text und Darstellung, Bd. 6)

Pütz, Peter: Die deutsche Aufklärung. Darmstadt: Wissenschaftliche Buchgesellschaft 1978

Zwischen Absolutismus und Aufklärung. Rationalismus – Empfindsamkeit – Sturm und Drang 1740–1786. Hg. v. Horst Albert Glaser. Reinbek bei Hamburg: Rowohlt 1980

Deutsche Aufklärung bis zur Französischen Revolution 1680–1789. Hg. v. Rolf Grimminger. München/Wien: Hanser 1980 (Hansers Sozialgeschichte der deutschen Literatur vom 16. Jahrhundert bis zur Gegenwart. Bd. 3)

Jørgensen, Sven Arge u. a.: Aufklärung, Sturm und Drang, frühe Klassik (1740–1789). München: C. H. Beck 1990 (Geschichte der deutschen Literatur von den Anfängen bis zur Gegenwart, Bd. VI)

Borries, Ernst und Erika: Aufklärung und Empfindsamkeit. Sturm und Drang. München: dtv 1991 (Deutsche Literaturgeschichte, Bd. 2)

Brockes, Barthold Hinrich: Im grünen Feuer glüht das Laub. Ausgewählte Gedichte. Weimar: Kiepenheuer 1975 (S. 96: *Kirschblüte bei Nacht*)

Bürger, Gottfried August: Sämtliche Werke. Hg. v. Günter Häntschel. München: Hanser 1987 (S. 123: *Lenore*)

Claudius, Matthias: Der Wandsbecker Bote. Hg. v. Werner Weber. Zürich: Manesse 1988 (S. 123: *An meinen Sohn Johannes; Auf den Tod der Kaiserin*)

Gellert, Christian Fürchtegott: Sämtliche Fabeln und Erzählungen, geistliche Oden und Lieder. München: Winkler 1965 (S. 99: *Das Kutschpferd*)

Hagedorn, Friedrich von: Gedichte. Hg. v. Axel Anger. Stuttgart: Reclam 1968 (S. 100: *Der Tag der Freude*)

Herder, Johann Gottfried: Werke in drei Bänden. München: Hanser 1984 (S. 114: *Journal meiner Reise* 1769; S. 137: *Ich wünschte ...*)

Hölty, Ludwig Christoph Heinrich: Gesammelte Werke und Briefe. Hg. v. Walter Hettche. Göttingen: Wallstein 1998 (S. 122: *Auftrag*)

Klopstock, Friedrich Gottlieb: Ausgewählte Werke. Hg. v. Karl A. Schleiden. München: Hanser 1962, S. 53, 74, 92 (S. 103: *Das Rosenband*; S. 102: *Der Zürchersee; Die Frühlingsfeier*)

Lessing, Gotthold Ephraim: Werke. 7 Bde. Hg. v. Herbert G. Göpfert. München: Hanser 1973–76; Bd. 1, S. 640f. (S. 110: *Minna von Barnhelm*); Bd. 2, S. 297f. (S. 111: *Nathan der Weise*)

Klassische und gegenklassische Dichtung

Klassik. Hg. v. Gabriele Wirsich-Irwin. Stuttgart: Reclam 1974 (Die deutsche Literatur. Ein Abriss in Text und Darstellung, Bd. 7)

Schulz, Gerhard: Die deutsche Literatur zwischen Französischer Revolution und Restauration. Erster Teil. Das Zeitalter der Französischen Revolution 1789–1806. München: C. H. Beck 1983 (Geschichte der deutschen Literatur von den Anfängen bis zur Gegenwart, Bd. VII)

Borries, Erika und Ernst: Die Weimarer Klassik. Goethes Spätwerk. München: dtv 1991 (Deutsche Literaturgeschichte, Bd. 3)

Borries, Erika und Ernst: Zwischen Klassik und Romantik. Hölderlin, Kleist, Jean Paul. München: dtv 1993 (Deutsche Literaturgeschichte, Bd. 4)

Borchmeyer, Dieter: Weimarer Klassik: Porträt einer Epoche. Weinheim: Beltz Athenäum 1994

Goethe, Johann Wolfgang von: Sämtliche Werke nach Epochen seines Schaffens. München: Hanser 1985ff. (S. 102, S. 118: *Die Leiden des jungen Werthers*; S. 115: *Schmück dich ...*; S. 116: *Dichtung und Wahrheit*; S. 120: *Auf dem See*; S. 138: An J. Fahlmer, Ch. v. Stein; S. 139: *Wandrers Nachtlied; Ein Gleiches; Lied des Harfners*; S. 140: *Iphigenie*; S. 141: *Torquato Tasso*; S. 142: *Römische Elegie VII*; S.

149: *Hermann und Dorothea*; S. 184: *Mächtiges Überraschen*; S. 186: *Marianne von Willemer: Ach, um deine feuchten Schwingen; Buch Suleika*; S. 187: *Wilhelm Meisters Wanderjahre*; S. 188: *Ur-worte. Orphisch; Trilogie der Leidenschaft*; S. 189: *Faust*)

Hölderlin, Friedrich: Sämtliche Werke. Hg. v. Dietrich E. Sattler. Frankfurt/M.: Stroemfeld/Roter Stern 1975ff. (S. 157: An Neuffer; S. 158: *An die Parzen; Hyperions Schicksalslied. So kam ich unter die Deutschen.*)

Jean Paul: Sämtliche Werke. 10 Bde. in 2 Abteilungen. Hg. v. Norbert Miller. München 1960; 1. Abt., Bd. 1, S. 431 (S. 155: *Leben des vergnügten Schulmeisterlein Wuz ...*); Bd. 5, S. 882 (S. 156: *Friedens-Predigt an Deutschland*)

Kleist, Heinrich von: Sämtliche Werke und Briefe. 2 Bde. Hg. v. Helmut Sembdner. München: Hanser ²1961; Bd. 1, S. 427f. (S. 162: *Penthesilea*); Bd. 2, S. 345, 633, 887 (S. 163: *Über das Marionettentheater*; S. 160: An W. von Zenge, 22. 3. 1801; S. 165: An U. von Kleist, 21. 11. 1811)

Schiller, Friedrich: Werke und Briefe. Frankfurt/M.: Deutscher Klassiker Verlag 2004 (S. 127: *Don Carlos*; S. 144: *Geschichte des Abfalls der Vereinigten Niederlande ...*; S. 145: *Brief an Körner; Das Ideal und das Leben*; S. 146: *Die Künstler*; 146f.: *Brief an Goethe*; S. 150f.: *Wallenstein*; S. 151: *Maria Stuart*; S. 152: *Jungfrau von Orleans*; S. 153: *Die Braut von Messina; Wilhelm Tell*)

Wieland, Christoph Martin: Ausgewählte Werke in 3 Bänden. Hg. v. Friedrich Beißner. München: Winkler Verlag 1965, Bd. 1, S. 9 (S. 136: *Oberon*)

Romantik

Begriffsbestimmung der Romantik. Hg. v. Helmut Prang. Darmstadt: Wissenschaftliche Buchgesellschaft 1968

Die europäische Romantik. Hg. v. Ernst Behler. Frankfurt/M.: Athenäum 1972

Romantik I+II. Hg. v. Hans-Jürgen Schmitt. Stuttgart: Reclam 1974 (Die deutsche Literatur. Ein Abriss in Text und Darstellung, Bd. 8+9)

Schulz, Gerhard: Die deutsche Literatur zwischen Französischer Revolution und Restauration. Zweiter Teil. Das Zeitalter der Napoleonischen Kriege und der Restauration 1806–1830. München: C. H. Beck 1989 (Geschichte der deutschen Literatur von den Anfängen bis zur Gegenwart, Bd. VIII)

Salons der Romantik. Beiträge eines Wiepersdorfer Kolloquiums zu Theorie und Geschichte des Salons. Hg. v. Hartwig Schulz. Berlin/New York: Walter de Gruyter 1997

Borries, Erika und Ernst: Romantik. München: dtv 1997 (Deutsche Literaturgeschichte, Bd. 5)

Brentano, Clemens: Werke in zwei Bänden. Hg. v. Friedhelm Kemp unter Mitwirkung v. Wolfgang Frühwald. München: Hanser 1972; Bd. 2, S. 643f. (S. 181: *Was reif in diesen Zeilen steht ...*)

Eichendorff, Joseph von: Werke in einem Band. Hg. v. Wolfdietrich Rasch. München: Hanser ²1959 (S. 197: *Der Abend*; S. 198: *Mondnacht; Der Einsiedler*)

Hoffmann, E. T. A.: Werke in fünf Bänden. Hg. v. Wolfgang Kron. München: Winkler 1960ff. (S. 196)

Novalis: Gedichte und Prosa. Hg. v. Herbert Uerlings. Düsseldorf/Zürich: Artemis & Winkler 2001 (S. 177: *Hymnen an die Nacht*; S. 178: *Die Christenheit oder Europa*)

Schlegel, Friedrich: Kritische Schriften. Hg. v. Wolfdietrich Rasch. München: Hanser: 1970 (S. 173: 116. *Athenäumsfragment*)

Tieck, Ludwig: Werke. Hg. v. Marianne Thalmann. München: Winkler 1963 (S. 176: *Kaiser Oktavianus*)

Uhland, Ludwig: Ausgewählte Werke. Hg. v. Hermann Bausinger. München: Winkler 1987 (S. 199: *Frühlingsglaube*)

Zwischen Restauration und Revolution

Sengle, Friedrich: Biedermeierzeit. Deutsche Literatur im Spannungsfeld zwischen Restauration und Revolution 1815–1848. 3 Bde. Stuttgart: Metzler 1971ff.

Magris, Claudio: Der habsburgische Mythos in der modernen österreichischen Literatur. Wien: Zsolnay ²2000 (Il mito absburgico nella letteratura austriaca moderna. Turin: Einaudi 1963)

Vormärz. Hg. v. Florian Vaßen. Stuttgart: Reclam 1975 (Die deutsche Literatur. Ein Abriss in Text und Darstellung, Bd. 10)

Bauer, Roger: „Laßt sie koaxen, Die kritischen Frösch' in Preußen und Sachsen". Zwei Jahrhunderte Literatur in Österreich. Wien: Europa Verlag 1977

Rinsum, Annemarie und Wolfgang van: Frührealismus. München: dtv 1992 (Deutsche Literaturgeschichte, Bd. 6)

Büchner, Georg: Werke und Briefe. Nach der historisch-kritischen Ausg. v. Werner R. Lehmann. München: Hanser 1988, S. 76, 112, 176 (S. 242: *Lenz*; S. 223: *Leonce und Lena; Woyzeck*)

Droste-Hülshoff, Annette von: Sämtliche Werke. Hg. v. Clemens Heselhaus. München: Hanser 1966, S. 84, 89, 124, 882 (S. 228: *Dunkel, dunkel im Moor; Der Weiher; Am Turme*; S. 242: *Die Judenbuche*)

Grillparzer, Franz: Sämtliche Werke. 4 Bde. Hg. v. Peter Frank u. Karl Pörnbacher. München: Hanser ²1969; Bd. 1, S. 1044 (S. 215: *König Ottokars Glück und Ende*); Bd. 2, S. 342f., 361f. (S. 217: *Libussa; Ein Bruderzwist in Habsburg*); Bd. 3, S. 432 (S. 213: *Tagebuch*)

Heine, Heinrich: Sämtliche Schriften. 6 Bde. Hg. v. Klaus Briegleb. München: Hanser 1968–76; Bd. 1, S. 183 (S. 226: *Die Nordsee*); Bd. 2, S. 34 (S. 234: *Briefe aus Berlin*); Bd. 4, S. 301, 644 (S. 226: *Leise zieht durch mein Gemüt*; S. 227: *Deutschland. Ein Wintermärchen*; S. 232: *Die Tendenz*)

Immermann, Karl Leberecht: Werke. Hg. v. Benno von Wiese. Frankfurt/M.: Athenäum 1971 (S. 234: *Die Epigonen*)

Lenau, Nikolaus: Werke und Briefe. Hg. v. Herbert Zeman. Stuttgart: Klett-Cotta 1989 (S. 229: *Schilflied*)

Mörike, Eduard: Werke und Briefe. Stuttgart: Klett-Cotta 1967ff. (S. 229f.: *Peregrina*; S. 230: *Gebet; Septembermorgen; Auf eine Lampe*; S. 237: *Mozart auf der Reise nach Prag*)

Platen-Hallermünde, August Graf von: Sämtliche Werke. Hildesheim: Olms 1969 (S. 226: *Tristan*)

Raimund, Ferdinand: Werke. München: Winkler 1966 (S. 219: *Der Verschwender*)

Stifter, Adalbert: Werke und Briefe. Hg. v. Alfred Doppler u. Wolfgang Frühwald. Stuttgart: Kohlhammer 1997ff. (S. 238: *Bunte Steine*)

Bürgerlicher Realismus und Gründerzeit

Martini, Fritz: Deutsche Literatur im bürgerlichen Realismus, 1848–98. Stuttgart: Metzler 1962

Just, Klaus Günther: Von der Gründerzeit bis zur Gegenwart. Geschichte der deutschen Literatur seit 1871. München: Francke Verlag 1973

Bürgerlicher Realismus. Hg. v. Andreas Huyssen. Stuttgart: Reclam 1974 (Die deutsche Literatur. Ein Abriss in Text und Darstellung, Bd. 11)

Cowen, Roy C.: Der Poetische Realismus. Kommentar zu einer Epoche. München: Winkler 1985

Bürgerlicher Realismus und Gründerzeit 1848–1890. Hg. v. Edward McInnes u. Gerhard Plumpe. München/Wien: Hanser 1996 (Hansers Sozialgeschichte der deutschen Literatur, Bd. 6)

Sprengel, Peter: Geschichte der deutschsprachigen Literatur 1870–1900. Von der Reichsgründung bis zur Jahrhundertwende. München: C. H. Beck 1998 (Geschichte der deutschen Literatur von den Anfängen bis zur Gegenwart Bd., IX/1)

Rinsum, Annemarie und Wolfgang van: Realismus und Naturalismus. München: dtv 1994 (Deutsche Literaturgeschichte, Bd. 7)

Fontane, Theodor: Werke, Schriften und Briefe. 20 in 22 Bänden in vier Abteilungen. Hg. v. Walter Keitel u. Helmuth Nürnberger. München: Hanser 1962–1997; 1. Abt., Bd. 1, S. 679 (S. 263: *Schach von Wuthenow*); Bd. 4, S. 275 (S. 307: *Effi Briest*); Bd. 6, S. 380, 666f. (S. 232: *Burg*; S. 309: *Publikum*); 3. Abt. Bd. 3/I, S. 30f. (S. 273: *Ein Sommer in London*); Bd. 2, S. 820 (S. 248: Über Gerhart Hauptmann: *Vor Sonnenaufgang*); Bd. 4, S. 184 (S. 208: *Von Zwanzig bis Dreißig*); 4. Abt., Bd. 2, S. 163 (S. 262: An W. Hertz, 17. 6. 1966); Bd. 3, S. 35, 630 (S. 262: An G. Karpeles, 30. 6. 1879; S. 305: An M. Lazarus, 8. 9. 1888)

Groth, Klaus: Quickborn. Volksleben in plattdeutschen Gedichten. Neuausgabe des Neudrucks in Meersburg und Leipzig 1930. Berlin: Haude & Spener 1968, S. 318f. (S. 285: *He sä mi so vel*)

Hebbel, Friedrich: Werke. 5 Bde. Hg. v. Gerhard Fricke, Werner Keller u. Karl Pörnbacher. München: Hanser 1966/67.; Bd. 1, S. 540, 751 (S. 276f.: *Herodes und Mariamne; Agnes Bernauer*); Bd. 2, S. 319 (S. 278: *Die Nibelungen*)

Herwegh, Georg: Werke in einem Band. Hg. v. Hans-Georg Werner. Berlin: Aufbau 1980 (S. 281: *Bundeslied für den allgemeinen deutschen Arbeiterverein*)

Hoffmann von Fallersleben, August Heinrich: Gedichte und Lieder. Hg. v. Hermann Wendebourg u. Anneliese Gerbert. Hamburg: Hoffmann und Campe 1974, S. 232 (S.281: *Die Arbeit ...*)

Keller, Gottfried: Sämtliche Werke in drei Bänden. Hg. v. Clemens Heselhaus. München: Hanser 1958; Bd. 2, S. 126ff. (S. 259f.: *Romeo und Julia auf dem Dorfe*; Bd. 3, S. 202, 300f. (S. 285: *Du milchjunger Knabe; Abendlied*)

Meyer, Conrad Ferdinand: Sämtliche Werke. Bern: Benteli 1963 (S. 265: *Die Versuchung des Pescara; Angela Borgia*; S. 285: *Huttens letzte Tage*; S. 286: *Der römische Brunnen; Zwei Segel*)

Raabe, Wilhelm: Sämtliche Werke. Hg. v. Karl Hoppe u. Jost Schillemeit. Göttingen: Vandenhoeck & Rupprecht 1969ff. (S. 266: Vorwort zu *Christoph Pechlin*)

Storm, Theodor: Sämtliche Werke in vier Bänden. Hg. v. Karl Ernst Laage u. Dieter Lohmeier. Frankfurt/M.: Deutscher Klassiker Verlag 1987/88; Bd. 1, S. 23, 93 (S. 283: *Hyazinthen*; S. 284: *Über die Heide*)

Naturalismus und Spätrealismus

Soergel, Albert: Dichtung und Dichter der Zeit. Eine Schilderung der deutschen Literatur der letzten Jahrzehnte. Leipzig: A. Voigtländer-Verlag 1911 (Völlig neu bearbeitete Neuauflage u. d. T. Soergel, Albert/Hohoff Curt: Dichtung und Dichter der Zeit. Vom Naturalismus bis zur Gegenwart. 2 Bde. Düsseldorf: August Bagel 1964)

Naturalismus. Hg. v. Walter Schmähling. Stuttgart: Reclam 1977 (Die deutsche Literatur. Ein Abriss in Text und Darstellung, Bd. 12)

Hauptmann, Gerhart: Sämtliche Werke. Berlin: Propyläen Verlag in der Ullstein Buchverlage GmbH, Berlin 1996 (S. 291f.: *Die Weber; Der Biberpelz; Fuhrmann Henschel*; S. 297: *Bahnwärter Thiel*; S. 334: *Hanneles Himmelfahrt*)

Holz, Arno: Werke. Hg. v. Wilhelm Emrich u. Anita Holz. Neuwied/Berlin: Luchterhand 1961ff. (S. 299: *Zum Eingang*)

Kerr, Alfred: Werke in Einzelbänden. Frankfurt/M.: S. Fischer Verlag 1998 (S. 294: Kritik zu Sudermanns *Die Ehre*; S. 402: gereimte Kritik – G. Hauptmann)

Liliencron, Detlev von: Gesammelte Werke. 8 Bde. Hg. v. Richard Dehmel. Berlin: Schuster & Löffler 1911ff.; Bd. 2, S. 85 (S. 298: *Schwalbensiziliane*)

Saar, Ferdinand von: Sämtliche Werke. 6 Bde. Hg. v. Jakob Minor. Leipzig: Hesse 1909 (S. 302: *Herbst*)

Stilpluralismus der Jahrhundertwende

Impressionismus, Symbolismus und Jugendstil. Hg. v. Ulrich Karthaus. Stuttgart: Reclam 1977 (Die deutsche Literatur. Ein Abriss in Text und Darstellung, Bd. 13)

Lehnert, Herbert: Geschichte der deutschen Literatur vom Jugendstil zum Expressionismus. Stuttgart: Reclam 1978 (Geschichte der deutschen Literatur von den Anfängen bis zur Gegenwart, Bd. 5)

Deutsche Literatur der Jahrhundertwende. Hg. v. Viktor Žmegač. Königstein/T.: Athenäum u. a. 1981

Die österreichische Literatur. Ihr Profil von der Jahrhundertwende bis zur Gegenwart (1880–1890). 2 Tle. Hg. v. Herbert Zeman. Graz: Akademische Druck- und Verlagsanstalt 1989

Das 20. Jahrhundert. Hg. v. Herbert Zeman. Graz: Akademische Druck- und Verlagsanstalt 1999 (Geschichte der Literatur in Österreich von den Anfängen bis zur Gegenwart, Bd. 7)

Sprengel, Peter: Geschichte der deutschsprachigen Literatur 1900–1918. Von der Jahrhundertwende bis zum Ende des Ersten Weltkriegs. München: C. H. Beck 2004 (Geschichte der deutschsprachigen Literatur von den Anfängen bis zur Gegenwart, 9/1)

Leiß, Ingo/Stadler, Hermann: Wege in die Moderne 1890–1918. München: dtv 1997 (Deutsche Literaturgeschichte, Bd. 8)

Dehmel, Richard: Gesammelte Werke in drei Bänden. Berlin: Fischer 1918 (S. 327: *Der Arbeitsmann*)

George, Stefan: Sämtliche Werke in 18 Bänden. Hg. v. Ute Oelmann. Stuttgart: Klett-Cotta 2003ff. (S. 324: *Die Spange*; S. 325: *Wer die Flamme ...*)

Hesse, Hermann: Sämtliche Werke. Frankfurt/M.: Suhrkamp 2002 (S. 353: Offener Brief zu *Peter Camenzind*; Bd. 10, Die Gedichte: S. 505: *Im Nebel; Stufen*; S. 522: *Das Glasperlenspiel*; S. 523: Über *Wilhelm Meister*)

Hofmannsthal, Hugo von: Gesammelte Werke in Einzelausgaben. 15 Bde. Hg. v. Herbert Steiner. Stockholm [später:] Frankfurt/M.: S. Fischer Verlag 1945–1959: Gedichte und lyrische Dramen, S. 11, 19, 43ff., 502 (S. 328f.: *Reiselied; Manche freilich*; Prolog zu dem Buch *Anatol*; S. 326: *Der Prophet*); Prosa III, S. 155 (S. 156: *Blick auf Jean Paul*); Prosa IV, S. 96 (S. 303: *Ferdinand von Saar, „Schloß Kostenitz"*)

Briefwechsel zwischen George und Hofmannsthal. Hg. v. Robert Boehringer. München: Küpper ²1953 (S. 326: Über die Begegnung mit George)

Huch, Ricarda: Gesammelte Werke. 11 Bde. Hg. v. Wilhelm Emrich. Köln/Berlin: Kiepenheuer & Witsch 1966–1974 (S. 327: *Wo hast du all die Schönheit hergenommen ...*)

Keyserling, Eduard von: Werke. Hg. v. Rainer Gruenther. Frankfurt/M.: S. Fischer Verlag 1973, S. 275, 321, 330 (S. 343: *Beate und Mareile*)

Mann, Thomas: Essays. Bd. 1. Frankfurt/M.: Fischer Taschenbuch Verlag 1993 (S. 321: *Friedrich und die große Koalition* (© S. Fischer Verlag, Frankfurt/M.); Tonio Kröger. Frankfurt/M.: S. Fischer Verlag 1970, S. 31ff. (S. 352); Altes und Neues. Frankfurt/M.: S. Fischer 1953, S. 603ff. (S. 448: Brief an den Dekan der philosophischen Fakultät Bonn; *Deutsche Hörer!*); Große kommentierte Frankfurter Ausgabe. Werke – Briefe – Tagebücher. Frankfurt/M.: S. Fischer Verlag 2000ff. (S. 391: *Die Stellung Freuds in der modernen Geistesgeschichte*; S. 431: *Gibt es eine österreichische Literatur?*)

Miegel, Agnes: Gesammelte Werke. Düsseldorf/Köln 1954/55; © Deutsche Schillergesellschaft, Marbach/N. (S. 328: *Die Mär vom Ritter Manuel*)

Morgenstern, Christian: Gesammelte Werke in einem Band. München: Piper ⁸2001 (S. 332: *Der Werwolf*)

Musil, Robert: Gesammelte Werke. Hg. v. Adolf Frisé. Reinbek bei Hamburg: Rowohlt Verlag GmbH 1978 (S. 353, S. 432f.: *Curriculum Vitae*; S. 434, S. 568: *Der Mann ohne Eigenschaften*)

Nietzsche, Friedrich: Werke in drei Bänden. Hg. v. Karl Schlechta. München: Hanser 1966 (S. 318: *Dionysos und die ewige Wiederkehr*; S. 323: *Ecce Homo; Die Sonne sinkt*)

Rilke, Rainer Maria: Werke. Hg. v. Manfred Engel, Ulrich Fülleborn, Horst Nalewsky u. August Stahl. Frankfurt/M.: Insel 2004 (S. 330: *Die Weise von Liebe und Tod des Cornets Christoph Rilke*; S. 331: *Das Stundenbuch; Der Panther*; S. 410: Brief an L. Andreas-Salomé; *Die Sonette an Orpheus*)

Walser, Robert: Sämtliche Werke in Einzelausgaben. Frankfurt/M.: Suhrkamp 2003 (S. 349: *Jakob van Gunten*)

Expressionismus und Prager deutsche Literatur

Menschheitsdämmerung. Symphonie jüngster Dichtung. Hg. v. Kurt Pinthus. Berlin: Rowohlt 1920. Mit Biographien u. Bibliographien neu hg. v. Kurt Pinthus. Hamburg: Rowohlt 1959

Expressionismus. Aufzeichnungen und Erinnerungen der Zeitgenossen. Hg. u. mit Anmerkungen v. Paul Raabe. Olten/Freiburg im Breisgau: Walter 1965

Expressionismus und Dadaismus. Hg. v. Otto F. Best. Stuttgart: Reclam 1974 (Die deutsche Literatur. Ein Abriss in Text und Darstellung, Bd. 14)

Vietta, Silvio/Kemper, Hans-Georg: Expressionismus. München: Fink 1975

Prager deutsche Literatur. Vom Expressionismus bis zu Exil und Verfolgung. Hg. v. Ernest Wichner u. Herbert Wiesner. Berlin: Literaturhaus Berlin 1995

Becher, Johannes R.: Werke. Berlin: Aufbau 1976 (S. 361: *Der Mensch steht auf!*)

Benn, Gottfried: Sämtliche Gedichte. Stuttgart: Klett-Cotta 1998, S. 11, 323 (S. 360: *Kleine Aster*; S. 755: *Epilog V*); Statische Gedichte. Zürich/Hamburg: Arche Verlag AG 1948/2000 (S. 510: *Verlorenes Ich; Einsamer nie*; S. 755: *Ein Wort*); Sämtliche Werke. Stuttgarter Ausgabe. In Verb. m. Ilse Benn hg. v. Gerhard Schuster (Bde. I–V) u. Holger Hof (Bde. VI+VII). Bd. VI: Prosa 4 (1951-1956). Stuttgart: Klett-Cotta 2001, S. 240 (S. 754: *Soll die Dichtung das Leben bessern?*)

Ehrenstein, Albert: Werke. In fünf Bänden. Hg. v. Hanni Mittelmann. Bd. 4/I: Gedichte. München: Boer 1986, S. 45, 340; © Wallstein Verlag, Göttingen (S. 365: *Leid; Deutschland*)

Einstein, Carl: Werke. Berliner Ausgabe. Bd. 1: Schriften 1907–1918. Berlin: Fannei & Walz Verlag 1996 (S. 374: *Bebuquin*)

Goering, Reinhard: Seeschlacht. Stuttgart: Reclam 1986 (S. 370: *Seeschlacht*)

Goll, Yvan: »Appell an die Kunst«. In: Die Aktion 7 (17. 11. 1917), Sp. 599f. © Wallstein Verlag, Göttingen. Alle Rechte vorbehalten (S. 366: *Und du, Dichter …*); Die Lyrik in vier Bänden. Bd. IV: Späte Gedichte 1930–1950. Hg. u. kommentiert v. Barbara Glauert-Hesse im Auftrag der Fondation Yvan et Claire Goll, Saint-Dié-des-Vosges; © 1996 Argon Verlag GmbH, Berlin, S. 173. Alle Rechte bei und vorbehalten durch Wallstein Verlag, Göttingen (S. 474: *Heute großes Schlachtfest*)

Heym, Georg: Gedichte 1910–1912. Historisch-kritische Ausgabe aller Texte in genetischer Darstellung. Hg. v. Günter Dammann, Gunter Martens u. Karl L. Schneider. Tübingen: Niemeyer 1993 (S. 363: *Der Krieg*)

Hoddis, Jakob van: Weltende. Die zu Lebzeiten veröffentlichten Gedichte. Zürich: Arche 2001; © Jipp Helmuth, RA (S. 359: *Weltende*)

Kafka, Franz: Gesammelte Werke. Nach der kritischen Ausgabe. Hg. v. Hans G. Koch. Frankfurt/M.: Fischer 2001 (S. 380: Brief an Max Brod; S. 381: *Vor dem Gesetz*)

Kisch, Egon Erwin: Gesammelte Werke in Einzelausgaben. Hg. v. Bodo Uhse. Berlin/Weimar: Aufbau 1968 (S. 377: *Marktplatz der Eitelkeiten*)

Lasker-Schüler, Else: Sämtliche Gedichte. Hg. v. Friedhelm Kemp. München: Kösel 1984, S. 12, S. 204 (S. 360: *Weltflucht*; S. 442: *Die Verscheuchte*)

Lichtenstein, Alfred: Dichtungen. Hg. v. Klaus Kanzog. Zürich: Arche 1989 (S. 359: *Rückkehr des Dorfjungen*)

Stadler, Ernst: Der Aufbruch. Gedichte. Hamburg/München: Ellermann 1962, S. 80 (S. 364: *Gratia Divinae …*)

Stramm, August: Die Dichtungen. Hg. v. Jeremy Adler. München: Piper 1990 (S. 364: *Patrouille*)

Trakl, Georg: Das dichterische Werk. Auf Grund der historisch-kritischen Ausgabe v. Walther Killy u. Hans Szklenar. München: dtv 1972, S. 25, 35, 94f. (S. 362: *Verfall; Menschheit; Grodek*)

Watzlik, Hans: O Böhmen!. Leipzig 1917 (S. 377)

Werfel, Franz: Gedichte aus den Jahren 1908–1945. Frankfurt/M.: S. Fischer Verlag 1992 (S. 361: *An den Leser*)

Von den Kaiserreichen zur Diktatur: Weimarer und österreichische Republik

Neue Sachlichkeit. Literatur im ›Dritten Reich‹ und im Exil. Hg. v. Henri R. Paucker. Stuttgart: Reclam 1974 (Die deutsche Literatur. Ein Abriss in Text und Darstellung, Bd. 15)

Berg, Jan u. a.: Sozialgeschichte der deutschen Literatur von 1918 bis zur Gegenwart. Frankfurt/M.: S. Fischer Verlag 1981

Österreichische Literatur der dreißiger Jahre. Ideologische Verhältnisse – Institutionelle Voraussetzungen – Fallstudien. Hg. v. Klaus Amann u. Albert Berger. Wien u.a.: Böhlau 1985

Schütz, Erhard: Romane der Weimarer Republik. München: W. Fink 1986

Leiß, Ingo/Stadler, Hermann: Weimarer Republik 1918–1933. München: dtv 2003 (Deutsche Literaturgeschichte, Bd. 9)

Benjamin, Walter: Gesammelte Schriften. Hg. v. Rolf Tiedemann u. a. Frankfurt/M.: Suhrkamp 1972 (S. 397: *Gut Schreiben*)

Blei, Franz: Gesammelte Werke. Hg. v. Rolf-Peter Baacke. Bd. 2: Das große Bestiarium der [modernen] Literatur. Hamburg: Europäische Verlagsanstalt 1995 (S. 412: *Genaue Beschreibung Derer Tiere Des Literarischen Deutschlands*)

Brecht, Bertolt: Werke. Große kommentierte Berliner und Frankfurter Ausgabe. Frankfurt/M.: Suhrkamp 1988–1993 (Lyrik Band 11–15)(S. 404: *Mann ist Mann*; S. 417: *Gegen Verführung; Aus einem Lesebuch für Städtebewohner*; S. 441: *1940*; *Ode an einen hohen Würdenträger*; S. 442: *Rückkehr*; S. 466: *Das Verhör des Lukullus*; S. 467: *Der gute Mensch von Sezuan; Leben des Galilei; Das Lied von der Moldau*; S. 470: *An die Nachgeborenen*; S. 502: *Kälbermarsch*; S. 662: Rede vor dem gesamtdeutsche Kulturkongress 1951; S. 684f.: *Die Lösung; Radwechsel; Böser Morgen; Tannen; Schwächen*)

Carossa, Hans: Sämtliche Werke. Frankfurt/M.: Insel 1978 (S. 392: *Geheimnisse des reifen Lebens*; S. 461: Über Werfels *Das Lied der Bernadette*; S. 488: *Ungleiche Welten*)

Eich, Günter: Gesammelte Werke. Frankfurt/M.: Suhrkamp 1989 (S. 415: *Der Anfang kühlerer Tage*; S. 511: *Inventur*)

Feuchtwanger, Lion: Gesammelte Werke in Einzelbänden. Berlin: Aufbau 1991 (S. 385: *Die Konstellationen der Literatur*)

Horváth, Ödön von: Gesammelte Werke. Hg. v. Traugott Krischke, Susanna Floral-Krischke. Frankfurt/M.: Suhrkamp 1983ff. (S. 407: *Selbstäußerung*)

Huchel, Peter: Gesammelte Werke in zwei Bänden. Frankfurt/M.: Suhrkamp 1984 (S. 415: *Damals*; S. 508: *Der Rückzug; Heimkehr*; S. 685: *Der Garten des Theophrast*)

Kaléko, Mascha: Das lyrische Stenogrammheft. Kleines Lesebuch für Große. Hamburg: Rowohlt Verlag GmbH 1956 (S. 420: *Interview mit mir selbst*)

Le Fort, Gertrud von: Gedichte und Aphorismen. München: Ehrenwirth 1991; © 1988 Verlagsgruppe Lübbe GmbH & Co. KG, Bergisch Gladbach (S. 412: *Heiligkeit der Kirche*)

Leitgeb, Joseph: Gedichte. Hg. v. Sabine Frick. Innsbruck/Wien: Tyrolia 1997 (S. 411: *Gesang einer gefangenen Amsel*)

Loerke, Oskar: Gedichte. Frankfurt/M.: Suhrkamp 1984 (S. 416: *Die Einzelpappel, Pansmusik*)

Mehring, Walter: Chronik der Lustbarkeiten. Die Gedichte, Lieder und Chansons 1918–1933. Berlin: Claassen Verlag in der Ullstein Buchverlage GmbH 1981 (S. 418: *Tempo Synkopen*); Staatenlos im Nirgendwo. Die Gedichte, Lieder und Chansons 1933–1974. Berlin: Claassen Verlag in der Ullstein Buchverlage GmbH 1981 (S. 471: *Von der Kröte, die groß wie ein Ochs sein wollte*)

Roth, Joseph: Werke. 6 Bde. Hg. v. Fritz Hackert u. Klaus Westermann. Köln: Kiepenheuer & Witsch 1989–90, Bd. 2, S. 827 (S. 394: *Juden auf Wanderschaft*; © Köln: Kiepenheuer & Witsch/Amsterdam:

Allert de Lange 1976, 1985); Bd. 3: Das journalistische Werk 1929–1939., S. 122f. (S. 386: *Der Merseburger Zauberspuch*; S. 395: *Bücherbesprechung*; ©Köln: Kiepenheuer & Witsch/ Amsterdam: Allert de Lange 1991); Bd. 5, S. 243 (S. 460: *Radetzkymarsch*)

Seghers, Anna: Werkausgabe. Bearb. v. Helen Fehervary u. Jennifer Wilhelm. Berlin: Aufbau 2002; (S. 429: *Aufstand der Fischer von St. Barbara*; S. 456: *Das siebte Kreuz*)

Seidel, Ina: Die tröstliche Begegnung. Gedichte. Stuttgart/Berlin: Deutsche Verlags-Anstalt 1933, S. 115 (S. 413: *Terzinen vom Leiden*); alle Rechte bei Prof. Andreas Raedler-Seidel, Hamburg

Tucholsky, Kurt: Gesammelte Werke. Reinbek bei Hamburg: Rowohlt Verlag GmbH 1960 (S. 419: *Augen in der Groß-Stadt*)

Vring, Georg von der: Gedichte. Gesamtausgabe. Mit einem Nachwort v. Christoph Meckel. Hg. v. Christiane Peter u. Kristian Wachinger. Ebenhausen bei München: Langwiesche Brandt 1989/1996 (S. 413: *Schwarz*)

Weiß, Konrad: Dichtungen und Schriften in Einzelausgaben. München: Kösel 1949; © Deutsche Schillergesellschaft, Marbach/N. (S. 412: *Ein Hymnus dachte ich zu sein Dir ...*)

Literatur im Exil

Verboten und verbrannt. Deutsche Literatur 12 Jahre unterdrückt. Hg. v. Richard Drews u. Alfred Kantorowicz. Berlin/München: Kindler 1947. Neu hg. u. mit einem Vorwort v. Helmut Kindler u. einem Nachwort v. Walter Jens. München: Kindler 1983

Deutsche Literatur im Exil 1933–1945. Texte und Dokumente. Hg. v. Michael Winkler. Stuttgart: Reclam 1977

Mittenzwei, Werner: Exil in der Schweiz. Frankfurt/M.: Röderberg 1979

In der Sprache der Mörder. Eine Literatur aus Czernowitz, Bukowina. Ein Ausstellungsbuch. Hg. v. Ernest Wichner u. Herbert Wiesner. Berlin: Literaturhaus Berlin 1993

Riegel, Paul/Rinsum, Wolfgang van: Drittes Reich und Exil. München: dtv 2000 (Deutsche Literaturgeschichte, Bd. 10)

Mann, Heinrich: Gesammelte Werke. Bd. 24. Ein Zeitalter wird besichtigt. Berlin/Weimar: Aufbau 1973, S. 448 (S. 449)

Mann, Klaus: Der Wendepunkt. Ein Lebensbericht. Reinbek bei Hamburg: Rowohlt Taschenbuch Verlag GmbH 1984 (S. 446); Zur Situation des jungen geistigen Europas (Heute und Morgen). Aus: Die neuen Eltern. Aufsätze, Reden, Kritiken 1924–1933. Hg. v. Uwe Naumann u. Michael Töteberg. Reinbek bei Hamburg: Rowohlt Taschenbuch Verlag GmbH 1992 (S. 454)

Sachs, Nelly: Fahrt ins Staublose. Frankfurt/M.: Suhrkamp 1991 (S. 472: *Chor der Geretteten*; Dankrede anlässlich der Verleihung des Friedenspreises des deutschen Buchhandels)

Sahl, Hans: Wir sind die Letzten. Heidelberg: Schneider 1976; alle Rechte bei Nils Ulrich Kern, Berlin (S. 474: *Die Letzten*)

Wolfskehl, Karl: Gesammelte Werke. Hamburg: Claassen 1960; © Deutsche Schillergesellschaft, Marbach/N. (S. 473: *Die Stimme spricht*; 1939 II)

Literatur im Dritten Reich und der frühen Nachkriegszeit

Denkler, Horst/Prümm Karl (Hg.): Die deutsche Literatur im Dritten Reich. Themen, Traditionen, Wirkungen. Stuttgart: Reclam 1976

Wulf, Joseph: Kultur im Dritten Reich. Bd. 1: Presse und Funk im Dritten Reich. Bd. 2: Literatur und Dichtung im Dritten Reich. Bd. 3: Die Bildenden Künste im Dritten Reich. Bd. 4: Theater und Film im Dritten Reich. Bd. 5: Musik im Dritten Reich. Eine Dokumentation. Frankfurt/M./Berlin: Ullstein, 1989 (S. 482: Goebbels: Verbot der Kritik – Bd. 2)

Reichel, Peter: Der schöne Schein des Dritten Reiches. Faszination und Gewalt des Faschismus. München/Wien: Hanser 1991

Ketelsen, Uwe-K.: Literatur und Drittes Reich. Schernfeld: SH-Verlag 1992

Forster, Heinz/Riegel, Paul: Nachkriegszeit. München: dtv 1995 (Deutsche Literaturgeschichte, Bd. 11)

Sarkowicz, Hans/Mentzer, Alf: Literatur in Nazi-Deutschland. Ein biografisches Lexikon. Erweiterte Neuausgabe. Hamburg/Wien: Europa 2002

Die deutschsprachige Sachliteratur. Hg. v. Rudolf Radler. Zürich/München: Kindler 1978

Britting, Georg: Sämtliche Werke. Hg. v. Walter Schmitz u. Wilhelm Haefs. München: Süddeutscher Verlag 1987ff. Bd. 2, S. 32; © Ingeborg Schuldt-Britting, Höhenmoos (S. 507: *Gras*)

Hocke, Gustav René: Deutsche Kalligraphie. © Herrsching AVA international GmbH Roman Hocke (S. 490)

Johst, Hanns: Schlageter; © Krista Johst, Siegsdorf (S. 495)

Jünger, Ernst: Sämtliche Werke. Bd. 3: Strahlungen II. Stuttgart: Klett-Cotta 1979 (aus: Die Hütte im Weinberg. Jahre der Okkupation) (S. 485); Bd. 7: Betrachtungen zur Zeit. Stuttgart: Klett-Cotta 1980 (aus: Über den Schmerz), S. 168 (S. 485); Bd. 2. Strahlungen I. Stuttgart: Klett-Cotta 1979 (aus: Gärten und Straßen, Das erste Pariser Tagebuch), S. 37 (S. 485: 16. 4. 1939), S. 85 (S. 485: 2. 12. 1939), 324 (S. 485: 6. 4. 1942), S. 215 (S. 486); Bd. 3: Strahlungen II. Stuttgart: Klett-Cotta 1979 (aus: Das zweite Pariser Tagebuch), S. 217 (S. 486: 27. 5. 1944)

Kolmar, Gertrud: Weibliches Bildnis. Sämtliche Gedichte. München: dtv 1987, S. 651; © by Kösel-Verlag, München (S. 503: *Mein Sohn*)

Langgässer, Elisabeth: Gesammelte Werke. Bd. 3: Gedichte. Berlin: Claassen Verlag in der Ullstein Buchverlage GmbH 1959 (S. 503: *Frühling* 1946)

Lehmann, Wilhelm: Gesammelte Werke in acht Bänden. Hg. v. Agathe Weigel-Lehmann, Hans Dieter Schäfer u. Bernhard Zeller. Bd. 1: Sämtliche Gedichte. Hg. v. Hans Dieter Schäfer. Stuttgart: Klett-Cotta 1982, S. 89 (S. 506: *Fliehender Sommer*)

Merker, Emil: Die große Trunkenheit. Frankfurt/M.: Umschau 1950 (S. 509: *Lebenskranz*)

Möller, Wolfgang: Das Frankenburger Würfelspiel. In: Mulot, Arno: Die Deutsche Dichtung unserer Zeit. Stuttgart: Metzler ^{2}1944, S. 151 (S. 493)

Radetzky, Robert von: An die toten Freunde. Berlin: Minerva 1948, S. 9 (S. 504: *Wie die Finger zweier lieben Hände*)

Schneider, Reinhold: Gesammelte Werke. Frankfurt/M.: Insel 1979 (S. 504: *Allein den Betern kann es noch gelingen ...*; S. 519: Auszug aus Brief; S. 574: *Winter in Wien*)

Die deutschsprachige Literatur in der Schweiz

Gegenwart. Hg. v. Gerhard R. Kaiser. Stuttgart: Reclam 1975 (Die deutsche Literatur. Ein Abriss in Text und Darstellung, Bd. 16)

Die zeitgenössischen Literaturen der Schweiz. Hg. v. Manfred Gsteiger. Aktualisierte Ausgabe. Frankfurt/M: Fischer 1980

Reinacher, Pia: Je Suisse. Zur aktuellen Lage der Schweizer Literatur. München/Wien: Nagel & Kimche 2003

Brambach, Rainer: Gesammelte Gedichte. Zürich: Diogenes Verlag AG 2003 (S. 550: *In jener Zeit*)

Frisch, Max: Gesammelte Werke in zeitlicher Folge. Hg. v. Hans Mayer u. Walter Schmitz. Frankfurt/M.: Suhrkamp 1976ff. (S. 528: *Nachtrag zur Reise*; S. 531: *Tagebuch 1966–1971*; S. 542: *Die chinesische Mauer*)

Geerk, Frank: Notwehr. 77 Gedichte. Karlsruhe: von Loeper Literaturverlag 1975 (S. 550: *Nagasaki*)

Gomringer, Eugen: Gesamtwerk. Wien: Edition Splitter 1995 (S. 552: *Schweigen*)

Guggenheim, Kurt: Werke. Bd. II. Hg. v. Charles Linsmayer. Frauenfeld: Huber 1992; erschien erstmals im Artemis Verlag, Zürich (S. 539: *Sandkorn für Sandkorn*)

Mangold, Christoph: Agenda. Düsseldorf: Benziger 1979 (S. 558: *Umsturz in der Schweiz*)

Matt, Peter von: Nah am tödlichen Rand (Alexander Xaver Gwerder,

Ich geh unter lauter Schatten) In: Frankfurter Anthologie. Bd. 12. Frankfurt/M.: Insel 1989, S. 233 (S. 549)

Meienberg, Niklaus: Reportagen. Ausgewählt v. Marianne Fehr, Erwin Künzli, Jürg Zimmerli. Zürich: Limmat 2000 (S. 537: *Wer will unter die Journalisten*)

Walter, Silja: Gesamtausgabe. Bd. 8. Freiburg (Schweiz): Paulusverlag 2003 (S. 551: *Tänzerin*)

Zorn, Fritz: Mars. Frankfurt/M.: Fischer [18]1996; © 1977 by Kindler Verlag GmbH, München (S. 535)

Zuckmayer, Carl: Als wär's ein Stück von mir Horen der Freundschaft. Erinnerungen. Frankfurt/M.: S. Fischer Verlag 1966 (S. 532)

Die Literatur in Österreich und in Südtirol

Die zeitgenössische Literatur Österreichs. Hg. v. Hilde Spiel. Zürich/München: Kindler 1976

Wie die Grazer auszogen, die Literatur zu erobern. Texte, Porträts, Analysen und Dokumente junger österreichischer Autoren. Hg. v. Peter Laemmle u. Jörg Drews. München: edition text + kritik 1975

Zwischenbilanz. Eine Anthologie österreichischer Gegenwartsliteratur. Hg. v. Walter Weiß u. Sigrid Schmid. Salzburg: Residenz 1976

Greiner, Ulrich: Der Tod des Nachsommers. Aufsätze, Porträts, Kritiken zur österreichischen Gegenwartsliteratur. München/Wien: Hanser 1979

Sebald, W. G.: Unheimliche Heimat. Essays zur österreichischen Literatur. Salzburg: Residenz 1991

Forster, Heinz/Riegel, Paul: Gegenwart. München: dtv 1998 (Deutsche Literaturgeschichte, Bd. 12)

Aichinger, Ilse: Gesammelte Werke. Hg. v. Richard Reichensperger. Frankfurt/M.: S. Fischer Verlag 1991 (S. 574: *Aufruf zum Misstrauen*; S. 604: *Mein Vater*); Die größere Hoffnung. Frankfurt/M.: Fischer 1991 (S. 617); Schlechte Wörter. Frankfurt/M.: Fischer 2002 (S. 618)

Artmann, H. C.: Sämtliche Gedichte. Hg. v. Klaus Reichert. Salzburg: Jung u. Jung 2003 (S. 611: Auszüge aus Gedichten)

Bachmann, Ingeborg: Werke. 4 Bde. Hg. v. Christine Koschel, Inge von Weidenbaum, Clemens Münster. München/Zürich: Piper Verlag GmbH 1978; Bd. 1, S. 34, 37, 167, 172, 268 (S. 604f.: *Die große Fracht; Die gestundete Zeit; Keine Delikatessen; Böhmen liegt am Meer*; S. 598: *Die Zikaden*); Bd. 3, S. 99 (S. 569: *Malina*)

Bernhard, Thomas: Werke. Hg. v. Wendelin Schmidt-Dengler u. Martin Huber. Frankfurt/M.: Suhrkamp 2003ff. (S. 579: *Die Kälte*)

Brandstetter, Alois: Überwindung der Blitzangst. Kurzprosa. Salzburg: Residenz 1971 (S. 627)

Canetti, Elias: Gesammelte Werke. München: Hanser 2005 (S. 576: Über Herbert Zands Fragmente; S. 580: Über *Masse und Macht*; Über Kafkas *Briefe*)

Celan, Paul: Werke. Historisch-kritische Ausgabe. Frankfurt/M.: Suhrkamp 2003ff. (S. 607: Dankrede anlässlich der Verleihung des Literaturpreises der Stadt Bremen; S. 608: *Todesfuge. Zähle die Mandeln*)

Doderer, Heimito von: Tangenten. Tagebuch eines Schriftstellers 1940–1950. München: C. H. Beck 1964 (S. 620f.); Die Strudlhofstiege. München: C. H. Beck 1951 (S. 621). Die ersten Auflagen dieser Werke sind im Biederstein Verlag erschienen.

Frischmuth, Barbara: Die Klosterschule. Salzburg: Residenz 2002 (S. 628)

Gong, Alfred: © Aachen: Rimbaud (S. 606: *Topografie*)

Handke, Peter: Wunschloses Unglück. Salzburg: Residenz 2004 (S. 630)

Herrmann, Fritz: © Wien: Monte Verita (S. 614: *Trara Trara die Hochkultur*)

Innerhofer, Franz: Schöne Tage. Salzburg: Residenz 1974 (S. 631)

Jandl, Ernst: Poetische Werke. Hg. v. Klaus Siblewski. München: Luchterhand Literaturverlag 1997 (ein Unternehmen der Verlagsgruppe Random House GmbH) (S. 612f.: *Zweierlei Handzeichen: lichtung; Calypso; eine fahne für österreich*); Aus der Fremde. Sprechoper. Obermichelbach: Scholz G 1995 (S. 600)

Jelinek, Elfriede: Die Ausgesperrten. Reinbek bei Hamburg: Rowohlt Verlag GmbH 1980 (S. 632)

Lavant, Christine: Die Bettlerschale. Salzburg: Otto Müller Verlag [7]2002 (S. 610: *Der Mond kniet auf*)

Lebert, Hans: Die Wolfshaut. Hamburg: Europa-Verlag 2005 (S. 630)

Mayröcker, Friederike: Gesammelte Gedichte 1949–2003. Frankfurt/M.: Suhrkamp 2004 (S. 613: *An meinem Morgenfenster*)

Okopenko, Andreas: Gesammelte Lyrik. Wien: Droschl 1980 (S. 614: *Apokryph*)

Rosei, Peter: Viel früher. Gedichte. Wien: Droschl 1998 (S. 615: *Liebespaar*)

Turrini, Peter: Ein paar Schritte zurück. Hg. v. Silke Hassler. Frankfurt/M.: Suhrkamp 2002 (S. 615: *Ein paar Schritte zurück*. S. 594: Brief an den Verlag zu *Rozznjagd*)

Die Literatur in der Deutschen Demokratischen Republik

Geschichte der deutschen Literatur. Bd. 11. Literatur der Deutschen Demokratischen Republik. Hg. v. einem Autorenkollektiv unter Leitung v. Horst Haase u. a. Berlin (DDR) 1977

Franke, Konrad: Die Literatur der Deutschen Demokratischen Republik. Aktualisierte Ausgabe. Zürich/München: Kindler 1984

Die Literatur der DDR. Hg. v. Hans-Jürgen Schmitt. München/Wien: Hanser 1983 (Hansers Sozialgeschichte der deutschen Literatur, Bd. 11)

Emmerich, Wolfgang: Kleine Literaturgeschichte der DDR. Erweiterte Neuausgabe. Leipzig: Kiepenheuer 1996 (S. 651)

Rühle, Jürgen. Literatur und Revolution. Die Schriftsteller und der Kommunismus. Köln: Kiepenheuer & Witsch 1960 (S. 642)

Hensel, Georg: Spielplan. Der Schauspielführer von der Antike bis zur Gegenwart. Bd. 2. München: Paul List 1992, S. 1169 (S. 674: Über H. Müller)

Jäger, Manfred: Kultur und Politik in der DDR. 1945–1990. Köln: Verlag Wissenschaft und Politik. 1994 (S. 644: Honecker vor dem 4. Plenum des ZK; S. 677: Interview Ulrich Plenzdorf mit der Wiener *Wochenpresse* 1987)

Abusch, Alexander: Humanismus und Realismus in der Literatur. Leipzig: Reclam 1969 (S. 657: *Weimar und Bitterfeld*)

Biermann, Wolf: Alle Gedichte. Köln: Kiepenheuer & Witsch 1995 (S. 694f.: *Auch das, Meister ...; Es senkt das deutsche Dunkel ...; Wenn Biermann solche Lieder singt ...*)

Bobrowski, Johannes: Gesammelte Werke. Bd. 1. Stuttgart/München: Deutsche Verlags-Anstalt GmbH 1998 (S. 688f.: *Mein Thema; Anruf; Gegenlicht*)

Braun, Volker: Texte in zeitlicher Folge. Leipzig: Mitteldeutscher Verlag 1989ff. (S. 657: Tinka; S. 691: *Anspruch*; S. 696: *Auf der obersten Sprosse ...*; S. 697: *Nachruf*; S. 700: *Der Augenzeuge*; S. 712: *Unvollendete Geschichte*)

Bruyn, Günter de: Das Leben des Jean Paul Friedrich Richter. Frankfurt/M.: S. Fischer Verlag 1976 (S. 652); Märkische Forschungen. Halle/Leipzig: Mitteldeutscher Verlag 1978, S. 15f. (S. 707), © S. Fischer Verlag, Frankfurt/M., Das erzählte Ich. Über Wahrheit und Dichtung in der Autobiographie. Frankfurt/M.: S. Fischer Verlag 1995, S. 26f., 62 (S. 813)

Fühmann, Franz: Autorisierte Werkausgabe in acht Bänden. Rostock: Hinstorff 1984 (S. 686: *Mädel, du Schönste ...*)

Hacks, Peter: Ausgewählte Dramen. Bd. 2. Berlin: Aufbau 1976; © Eulenspiegel Verlagsgruppe, Berlin (S. 670: *Die Sorgen der Macht*)

Hein, Christoph: Der Ort. Das Jahrhundert. Frankfurt/M.: Suhrkamp 2003 (S. 646: *Die fünfte Grundrechenart*)

Hermlin, Stephan: Gesammelte Gedichte. München: Hanser 1979 (S. 688: *Von den Savannen übers Tropenmeer*)

Kipphardt, Heinar: Shakespeare dringend gesucht. Gesammelte Werke in Einzelausgaben. Hg. v. Uwe Naumann unter Mitarbeit v. Pia Kipphardt. Reinbek bei Hamburg: Rowohlt Taschenbuch Verlag GmbH 1988; mit freundlicher Genehmigung des Rowohlt Verlags, Reinbek bei Hamburg, (S. 668: *Der staunenswerte Aufstieg des Alois Piontek*)

Kirsch, Rainer: Werke. Berlin: Eulenspiegel 2004 (S. 692: *Die Dialektik*)

Kirsch, Sarah: Werke in fünf Bänden. Stuttgart/München: Deutsche Verlags-Anstalt GmbH 1999 (S. 694 *Wiepersdorf*; S. 819: *Fremder*)

Kolbe, Uwe: Hineingeboren. Gedichte 1975–1979 Frankfurt/M.: Suhrkamp 1981 (S. 697: *die schuldigen ...*)

Kunert, Günter: Der ungebetene Gast. Berlin/Weimar: Aufbau 1965. Nachtvorstellung. München/Wien: Hanser 1999 (S. 690: *Als unnötigen Luxus ...; Was ist denn in dir ...*; S. 819: *Gottgleich*)

Kunze, Reiner: Gedichte. Frankfurt/M: S. Fischer Verlag 2001 (S. 643: *Erster Brief der Tamara A.*; S. 693: *Gebildete Nation; Prolog; Sensible Wege*)

Müller, Inge: Dass ich nicht ersticke am Leisesein. Gesammelte Texte. Hg. v. Sonja Hilzinger: Berlin: Aufbau 2002 (S. 689: *Liebe*)

Reinig, Christa: Sämtliche Gedichte. Düsseldorf: Verlag Eremiten-Presse 1984, S. 17, 15, 13 (S. 689f.: *Der alte Pirat*; S. 690: *Finisterre*; *Ein Dichter erhielt einen Fragebogen*)

Strittmatter, Eva: Hundert Gedichte. Berlin: Aufbau 2001 (S. 690: *Ich würde gern etwas sagen*)

Wolf, Christa: Kindheitsmuster. München: Luchterhand Literaturverlag 1989 (ein Unternehmen der Verlagsgruppe Random House GmbH) (S. 709)

Die Literatur in der Bundesrepublik Deutschland

Literatur in der Bundesrepublik Deutschland bis 1967. Hg. v. L. Fischer. München/Wien 1986 (Hansers Sozialgeschichte der deutschen Literatur. Bd. 10)

Die Literatur der Bundesrepublik Deutschland. Hg. v. Dieter Lachmann. Aktualisierte Ausgabe. Frankfurt/M.: Kindler 1984

Demetz, Peter: Fette Jahre, magere Jahre. Deutschsprachige Literatur von 1965 bis 1985. München: Piper 1988 (After the Fires. Recent Writing in the Germanies, Austria and Switzerland. New York: Harcourt u. a. 1986)

Gegenwartsliteratur seit 1968. Hg. v. Klaus Briegleb u. Sigrid Weigel. München: Hanser 1992 (Hansers Sozialgeschichte der deutschen Literatur, Bd. 12)

Vaterland, Muttersprache. Deutsche Schriftsteller und ihr Staat seit 1945. Zusammengestellt v. Klaus Wagenbach, Winfried Stephan, Michael Krüger u. Susanne Schüssler. Mit einem Vorwort von Peter Rühmkorf. Berlin: Klaus Wagenbach 1979 (bis 1990 weitergeführte Neuauflage 1993)

Arnold, Heinz Ludwig: Die westdeutsche Literatur 1945–1990. Ein kritischer Überblick. München: dtv ²1996

Müller, Helmut L.: Die literarische Republik. Mit einem Vorwort von Kurt Sontheimer. Weinheim/Basel: Beltz 1982

Schnell, Ralf: Geschichte der deutschsprachigen Literatur seit 1945. Stuttgart/Weimar: ²Metzler 2003

Borchers, Elisabeth: Alles redet, schweigt, ruft. Gesammelte Gedichte. Frankfurt/M.: Suhrkamp 1998 (S. 764: *Ich betrete nicht*)

Drawert, Kurt: Privateigentum. Frankfurt/M.: Suhrkamp 1989 (S. 818: *Ortswechsel*)

Ende, Michael: Die Schattennähmaschine. Stuttgart/Wien: Thienemann Verlag GmbH 1982 (S. 766: *Der wirkliche Apfel*)

Enzensberger: Hans Magnus: Gedichte 1955–70. Frankfurt/M.: Suhrkamp 1971, S. 162 (S. 762: *Zwei Fehler*)

Thalmayr, Andreas (d.i. H.M. Enzensberger): Wasserzeichen der Poesie oder die Kunst und das Vergnügen, Gedichte zu lesen. In hundertvierundsechzig Spielarten vorgestellt. Nördlingen: Greno 1985, S. 237 (S. 766: *Is dos Daich*)

Fuchs, Günter Bruno: Werke in drei Bänden. Hg. v. Wilfried Ihrig. München/Wien: Hanser 1990ff. (S. 760: *Schularbeiten*)

Gernhardt, Robert: Wörtersee. Frankfurt/M.: Zweitausendeins 1981 (S. 765: *Paris Ojaja*)

Grass, Günter: Werkausgabe. Hg. v. Volker Neuhaus u. Daniela Hermes. Göttingen: Steidl 1997 (S. 720: *Über das Selbstverständliche*. S. 759f.: *Polnische Fahne*)

Höllerer, Walter: Der andere Gast. Lyrikedition 2000. München: 2000; erstmals 1952 im Carl Hanser Verlag, München (S. 759: *Der andere Gast*)

Johnson, Uwe: Ingrid Babendererde. Reifeprüfung 1953. Frankfurt/M.: Suhrkamp 1985, S. 40 (S. 797)

Kaschnitz, Marie Luise: Überallnie. Ausgewählte Gedichte 1928–1965. Berlin: Claassen Verlag in der Ullstein Buchverlage GmbH 1965 (S. 756: *Genazzano am Abend*); Gesammelte Werke in sieben Bänden. Hg. v. Christian Büttrich u. Norbert Miller. Frankfurt/M.: Insel 1981ff. (S. 768: *Steht noch dahin*)

Koeppen, Wolfgang: Tauben im Gras. Frankfurt/M.: Suhrkamp 1974 (S. 773)

Krechel, Ursula: Frankfurter Anthologie. Gedichte und Interpretationen. Bd. 4. Hg. v. Marcel Reich-Ranicki. Frankfurt/M./Leipzig: Insel 1976ff. (S. 765: *Episode am Ende*)

Krolow, Karl: Gesammelte Gedichte. Frankfurt/M.: Suhrkamp 1997 (S. 757: *Verlassene Küste*)

Krüger, Michael: Reginapoly. Gedichte. München/Wien: Hanser 1976, S. 7, 9, 18, 64, 72 (S. 764: *Widmung; Vorgedicht; Im Winter, im Süden; Über die Entstehung der Poesie in der Republik Österreich; Archäologie*)

Kusenberg, Kurt: Theorie der Kurzgeschichte. In: Merkur 19, 1965 (S. 773) © Kurt Kusenberg-Erben, Hamburg (S. 773)

Lange, Hartmut: Die Gräfin von Rathenow. Frankfurt/M.: Suhrkamp 1969 (S. 798)

Meckel, Christoph: Werkauswahl. Lyrik/Prosa/Hörspiel. Zusammengestellt v. Wilhelm Unverhau. München: Nymphenburger Verlagshandlung ²1981, S. 64f. (S. 763: *Gedicht über das Schreiben von Gedichten*)

Piontek, Heinz: Indianersommer. Ausgewählte Gedichte. Würzburg: Bergstadtverlag Wilhelm Gottlieb Korn GmbH 1990 (S. 757: *Die Furt*)

Schädlich, Hans Joachim: Über Dreck, Politik und Literatur. Aufsätze, Reden, Gespräche, Kurzprosa. Reihe Text und Porträt. Berlin: Literarisches Colloquium Berlin/Berliner Künstlerprogramm des DAAD 1992, S. 135; © Hans Joachim Schädlich (S. 802: *Der Vater*)

Weiss, Peter: Der Schatten des Körpers des Kutschers. Frankfurt/M.: Suhrkamp 1960 (S. 785)

Ausblick. Die Literatur der Gegenwart

DDR-Literatur der neunziger Jahre. Hg. v. Heinz Ludwig Arnold. München 2000

Lyrik der neunziger Jahre. Hg. v. Theo Elm. Stuttgart: Reclam 2000

Gegenwart II. Hg. v. Gerhard R. Kaiser. Stuttgart: Reclam 2000 (Die deutsche Literatur. Ein Abriss in Text und Darstellung, Bd. 17)

aufgerissen. Zur Literatur der 90er. Hg. v. Thomas Kraft. München/Zürich: Piper 2000

Bestandsaufnahmen. Deutschsprachige Literatur der Neunziger aus interkultureller Sicht. Hg. v. Matthias Harder. Würzburg: Königshausen & Neumann 2001.

Baßler, Moritz: Der deutsche Poproman. Die neuen Archivisten. München: C.H. Beck 2002

Pop-Literatur. Hg. v. Heinz Ludwig Arnold. München: edition text + kritik 2003

Jirgl, Reinhard: Abschied von den Feinden. München: Hanser 1995 (S. 822)

Müller, Heiner: Gedichte. Berlin: Alexander 1992. Drucksache. Bd. 1: Mommsens Block. Berlin: Alexander 1999 (S. 818: *Meine Herausgeber ...; Mommsens Block*)

Nick, Dagmar: Gewendete Masken. Aachen: Rimbaud 1996 (S. 819: *Vorsorge*)

Runge, Doris: Jagdlied. Stuttgart/München: Deutsche Verlags-Anstalt GmbH 1985, S. 7 (S. 819: *fliegen*)

Seidel, Georg: Villa Jugend. Das dramatische Werk in einem Band. Hg. v. Andreas Leusink. Berlin: Henschel-Schauspiel-Theaterverlag 1992 (S. 817)

PERSONENREGISTER

Berücksichtigt wurden Namen von Autoren und mit dem literarischen Leben befasster Personen. Die Hauptfundstelle (mit Lebensdaten) ist jeweils **fett** gesetzt, weitere wichtige Fundstellen sind *kursiv*. In den Übersichten zur europäischen bzw. Weltliteratur genannte fremdsprachliche Autoren sind nur dann verzeichnet, wenn sie auch im Text genannt werden.

Abaelardus, Petrus 45
Abraham a Santa Clara (d.i. Johann Ulrich Megerle) 72, **89f.**
Abusch, Alexander 428, 446, 657, 666
Achleitner, Friedrich 611, **612**
Achternbusch, Herbert *748, 752,* **788f.**
Adamov, Arthur 539
Addison, Joseph 93
Adenauer, Konrad 766, 792
Adler, Alfred 580f.
Adler, H[ans] G[ünther] **582f.**
Adorno, Theodor W. 169, **397,** 504, 583, 649, 666, 753, 792
Ahlsen, Leopold (d.i. Helmut Alzmann) **738f.,** *749, 750, 752*
Aichinger, Ilse, 511, *573f.,* 598, *603f.,* 615, **617f.,** 622, 749
Aischylos 161, 426, 498, 590, 591, 597, 783
Alberich von Bisinzo (Besançon) 23
Albert, Heinrich **79**
Alberti, Conrad **296**
Albertus Magnus 41, **45**
Albrecht von Halberstadt 27
Alembert, Jean-Baptiste Le Rond d' 92, 114
Alewyn, Richard 89, 95, 341
Alexis, Willibald (d.i. Wilhelm Häring) 202, **235,** 241, 262, 438
Alfieri, Vittorio 173, 250
Alkuin von York 15, 16
Altenberg, Peter 342, **344,** 349, 411
Alverdes, Paul **424,** 688
Amann, Jürg **563**
Améry, Jean (d.i. Hanns Mayer) **581f.**
Anakreon 100, 250
Andersch, Alfred 480, 532, 548, *727, 729, 732, 733, 750, 751, 752, 761, 762, 766,* **776,** *814*
Andersen Nexö, Martin 477, 698
Anderson, Sascha **696,** 806
Anderson, Sherwood 358, 824
Andreas-Salomé, Lou 330, 410
Andres, Stefan **516,** 769
Andrian-Werburg, Leopold Freiherr von **345,** 399
Andric, Ivo **443,** 622
Angelus Silesius (d.i. Johannes Scheffler) 72, 76, 77, 82, 90, 363
Anna Amalia, Herzogin von Sachsen-Weimar 104, 132ff., 808
Anouilh, Jean 264, **442,** 499, 661, 725

Anselm von Canterbury 45
Anton Ulrich, Herzog von Braunschweig-Wolfenbüttel **87**
Anzengruber, Ludwig 252, **279f.,** *291, 297, 751*
Apitz, Bruno **520,** *679, 701f.*
Apollinaire, Guillaume **358,** 552
Aragon, Louis **687**
Archipoeta 33
Ardenne, Manfred von **655**
Arendt, Erich 469, 652, **685f.,** 692
Arendt, Hannah **489,** *733,* 821
Arent, Wilhelm **298**
Ariosto, Ludovico 58, 104, **179**
Aristophanes 70, 134, 137, 280, 426, 818
Aristoteles 60, 61, 108, 120
Arminius → Hermann
Arndt, Ernst Moritz 170, **195,** 202, 210
Arnim, Achim von 54, 89, 90, 106, 180, **182,** 192, 193, 197, 198, 235
Arnim, Bettine von 106, 182, **192f.,** 272, 694, 790
Arnstein, Guda von 22
Arp, Jean (Hans) **376,** 493, 552, *762*
Artaud, Antonin 676
Artmann, H. C. 546, 575, 587, *588,* 603, **611f.,** 614
Astel, Hans Arnfrid **760**
Aston, Louise **231**
Atabay, Cyrus **758**
Auerbach, Berthold (d.i. Moses Baruch) 251, 259
Augustinus 10, **14,** 49
Ausländer, Rose 583, 607, 608, **609,** 753
Ava (Frau) **22**
Avancini, Nicolaus von **84**

Baader, Franz Xaver von 200
Babel, Isaac **388,** 580
Bach, Johann Sebastian 73, 78, 93, 104, 132
Bachmann, Ingeborg 537, 549, 564, 569, 571, *578,* 598, **604ff.,** 608, 609, *625f.,* 749, 826
Bahr, Hermann 289, 312, 314, 317, **319f.,** 323, 328, *400*
Baier, Lothar **811**
Baierl, Helmut **668f.,** 670
Ball, Hugo **375**
Balzac, Honoré de **204,** 211, 234, 247, 248, 350, 389, 396, 428, 465, 491, 767

Bang, Herman **290,** 343
Bärfuss, Lukas **547**
Barlach, Ernst 188, 334, **371,** 559, 796
Barlog, Boleslaw 643
Barrès, Maurice 319
Bartel, Kurt (KUBA) **682f.,** 686
Barth, Emil **769**
Barthel, Max **365**
Bartsch, Rudolf Hans **346**
Basedow, Johann Bernhard 93, 119
Basil, Otto **602,** 607
Basile, Giambattista 73, 181
Bataille, Georges 608
Batt, Kurt **650**
Baudelaire, Charles 197, **246,** 311, 314, 325, 356, 361, 410, 756
Baudissin, Wolf Graf von 173, 179
Bauer, Felice 382
Bauer, Josef Martin **514f.,** 752
Bauer, Wolfgang **588f.,** 612
Bäuerle, Adolf **219**
Bauernfeld, Eduard von **220,** 398
Baum, Oskar 379, **382,** 383
Baumann, Gerhart **574**
Baumann, Hans **502**
Baumgart, Reinhard 635, 650, **812**
Bayer, Konrad **587,** 588, 611f., 614
Beaumarchais, Pierre-Augustin Caron de 93, 119, 135, 468, 594f., 664
Beauvais, Peter 752
Beauvoir, Simone de **442,** 810
Becher, Johannes R. 359, **361,** 429, *464, 470f.,* 477, 500, *638ff.,* 642, 644, 646, 648f., 651, *653f.,* 657, 665, *683f.,* 686, 690, 698, 711
Beck, Karl Isidor **231**
Becker, Jurek 680, *713,* 753, 801, *802f.,* 807, 811
Becker, Jürgen **783**
Becker, Nikolaus **208**
Beckett, Samuel 539, 557, 659, **725**
Beer, Johann 72, **88f.**
Beer-Hoffmann, Richard **345,** 431
Beethoven, Ludwig van 99, 131, 132, 140, 172, 322, 403
Behan, Brendan 744
Behrend, Friedel **655**
Beißner, Friedrich 159, 649
Bellow, Saul **531,** 809
Bender, Hans 759, 763
Benedikt von Nursia 10
Bengsch, Gerhard **680,** 682
Benjamin, Walter 148, 396, **397,** 440, 500, 501, 628, 649

Benn, Gottfried 318, 358, 359, **360f.,** *375, 413f.,* 415, 416, 440, 444, 446, 454, 483, *490, 510,* 549, 639, 643, 687, 697, 711, 723, *728, 754f., 759,* 761, 762, 763, 775
Benoît de Sainte-Maure 27, 40
Bense, Max 759
Béranger, Pierre Jean de 211, 281
Berg, Alban 358, 580, 630
Berg, Leo **244,** 290
Berg, Sibylle **825**
Bergengruen, Werner 484f., *504,* 512, **517f.,** 573, 723, *769*
Berghaus, Ruth 151, 660, 666f.
Bergner, Elisabeth 432, 454
Bergson, Henri 315, 318
Berlau, Ruth 403, 465, 649, 665
Bernanos, Georges 427, **442,** 485, 499
Bernard, Claude 288
Bernart de Ventadour 34
Bernhard von Clairvaux 22
Bernhard, Thomas 570, *579,* 585, 590, **591ff.,** *603, 626f.,* 748
Bertaux, Pierre 281
Berthold von Regensburg **44**
Bertrand de Born 34
Besson, Benno 660, 664, 671, 825
Beumelburg, Werner **424**
Beuys, Josef 736f., 792
Beyer, Marcel 821
Bichsel, Peter 529, *538f.,* 548, **561,** 763
Bidermann, Jacob 84, 399
Bieler, Manfred 645, *681, 752,* **799**
Bienek, Horst 473, **794,** 807
Bierbaum, Otto Julius **344**
Biermann, Wolf 643, 645, 647, 672, 682, 690, *692f.,* **694f.,** 696, 711, 713, 797, 800, *801,* 802, 806, 818
Bill, Max 530, 552
Billinger, Richard 359, **401,** 585
Binding, Rudolf Georg **521f.**
Bingel, Horst **762f.**
Birken, Sigmund von 75, 77, 80
Bischoff, Friedrich **413**
Bisinger, Gerald 376, 612
Bismarck, Otto von 245, 264, 272, 289f., 322, 395, 814
Björnson, Björnsterne 288
Blake, William 768
Blankenburg, Christian Friedrich von **105**
Blatter, Silvio **563f.**
Blei, Franz 412, 619
Bleibtreu, Karl 289, **296,** 298

Bloch, Ernst **396**, 397, 446, 447, 450, 501, 642, 649, 693, 795

Bloch, Joseph S. 400

Blok, Alexander 358, 608

Bloy, Léon 485

Blum, Klara **608**

Blumauer, Johannes Aloys **300**

Bobrowski, Johannes 502, 643, 686, **688**, *704f.*

Boccaccio, Giovanni **43**, 51, 65, 111, 147, 250

Bodenstedt, Friedrich von **250**, *283*

Bodmer, Johann Jakob 98, **99f.**, 103, 104

Boethius 19, 485, 486

Böhlau, Helene **297**

Böhme, Jakob 72, 77, 82, **90**, 113

Bohne, Rango 783

Bohrer, Karl Heinz 311, **810**

Boie, Heinrich Christian 122

Boileau-Despréaux, Nicolas 97

Boisserée, Sulpiz 184

Böll, Annemarie 744

Böll, Heinrich 510, 523, 570, 572, 581, 672, 722, *723*, *730*, 732, *744*, *750*, 751, 752, 766, **776ff.**, 811, 827

Bölsche, Wilhelm **289**, 291

Bondy, Luc 432

Bonhoeffer, Dietrich **728**

Bonifatius (d.i. Winfried) 10, 14

Bora, Katharina von 62

Borchardt, Rudolf **391**, 411, *414*, *421*, *428*, *455f.*, *471*

Borchers, Elisabeth 327, 762, **764**

Borchert, Hertha 499

Borchert, Wolfgang 478, **499f.**, 501, *526*, 723, 738, 750, 777

Borchmeyer, Dieter 139, 153, 165

Borges, Jorge Luis **442**, 615, 791

Born, Nicolas 720, **786**

Börne, Ludwig (d.i. Löb Baruch) 192, 193, 207, **209f.**, 211, 212, 239, 269

Boucher, François 93, 99

Bourget, Paul 319

Bracciolini, Gian Francesco (gen. Il Poggio) 58, 65

Bräker, Ulrich **670**

Brambach, Rainer **550**

Brandes, Georg (d.i. Morris Cohen) 193, 324, 828

Brandstetter, Alois **627**

Brandt, Willy 792, 795

Brant, Sebastian 57, **66f.**

Brasch, Thomas 645, 655, **800f.**

Brauchitsch, Manfred von **655**

Braun, Felix **400**, *585f.*

Braun, Harald 752

Braun, Volker 653, 657, 669, **674ff.**, *691f.*, 697, 700, *712*, 715, 753, *816*, *818*, 825

Brecht, Bertolt 121, 372, 387, 397, 400, **403ff.**, 406, 407, 408, 409, *416f.*, 419, 424, 426, *441f.*, 446,

462, *465ff.*, *469f.*, 471, 477, 482, 487, 499, 500, 501, 502, 512, 528*f.*, 537*f.*, 542, 543, 547, 550, 580, 639, 641, 643, 648ff., 653, 654, 656, 658f., *660ff.*, 673ff., 682f., *684f.*, 690, 693, 694, 699, 701, 711, 731, 735, 736, 744, 752, 755, 760, 762, 785, 791, 792, 794, 800

Brecht, Walther 325f.

Bredel, Willi 426, **445**, 446, 477, 487, 650, *701*

Brehm, Bruno **437**, *514*, 515

Breitbach, Joseph 743, **768f.**

Breitinger, Johann Jakob 96, 97f., **99f.**

Bremer, Claus 758

Brenner, Paul Adolf **548**

Brentano, Bettine → Arnim, Bettine von

Brentano, Clemens 54, 69, 106, 170, **180f.**, 182, 192, 193, 196, 197, 198, 200, 226

Brentano, Maximiliane → Maximiliane La Roche

Brentano, Pietro Antonio 106, 117, 180, 192

Breton, André 608

Breznik, Melitta **566**

Brinckmann, John 252, *285*

Brinkmann, Rolf Dieter **760f.**, *763*, *785*

Brion, Friederike 116

Britting, Georg **506f.**, *521*

Broch, Hermann 398, 411, 431, **434f.**, 438, *461f.*, 580, 616, 767

Brockes, Barthold Hinrich 92, **95f.**, 97, 761

Brock-Sulzer, Elisabeth **535**

Brod, Max 240, 376, 378ff., **382**, 383, 473

Bröger, Karl **365**

Bronnen, Arnolt 372, **405**, 653

Browning, Robert 328, 334

Bruckner, Ferdinand (d.i. Theodor Tagger) **406f.**, 408, 447, *462f.*, *465*, 468, 585, 586, 589, 745

Brussig, Thomas **823**

Bruyn, Günter de 643, 647, 650, 652*f.*, 681, **706f.**, 715, 807, *811f.*, *813*, *814*

Buber-Neumann, Margarete **728**

Bubis, Ignatz 806

Buchner, August 74

Büchner, Georg 121, 202, 208, 209, 212, 213, **222f.**, *242*, 274, 275, 287, 297, 335, 356, 366, 370, 403, 525, 537, 539, 540, 543, 559, 580, 581, 590, 592, 596, 604, 610, 611, 612, 613, 791, 806, 817, 819, 827

Büchner, Ludwig **244**

Buff, Charlotte (Kestner, Charlotte) 117, 451

Bülow, Hans Guido Freiherr von 317, 322

Burckhardt, Carl Jacob 390, 398, **534**, 535

Burckhardt, Jacob 71, 245, 264, 268, 269, **270f.**, 347, 389, 534

Bürger, Gottfried August 92, 122, **123f.**

Burger, Hermann 536, *549*, **562**

Burkart, Erika **551**

Burmeister, Brigitte **824**

Busch, Wilhelm **282f.**, 772

Busta, Christine 570, 603, **610**

Byron, George Gordon Noël Lord 173, 184, 189, 205f., 210, 212, 303, 328

Calderón de la Barca, Pedro **73**, 83, 173, 179, 199, 216, 398, 399, 815

Camões, Luis de 58, 173

Camus, Albert **442**, 499, 540, 557, 767, 783

Canetti, Elias **438**, 576, 577, *579f.*, 586, 623

Capote, Truman 799

Carl August, Herzog von Sachsen-Weimar 120, 132ff., 137, 144, 188

Carossa, Hans 392, **425f.**, 461, 477, 488, *504*, 520, 538, 723, 729, 769

Carroll, Lewis 633

Cassiodor 10

Cassirer, Bruno 320, 332, 349

Castelli, Ignaz Franz **195**

Castle, Eduard 239, 240

Castorf, Frank 659

Catull 60, 100

Celan, Paul (d.i. Paul Antschel) 473, 549, 562, 569, 597, 603, 606, **607f.**, 609, 753

Celtis, Konrad (d.i. Konrad Bickel oder Pickel) 18, 19, **60**

Ceram, C.W. (d.i. Kurt W. Marek) **726**

Cervantes Saavedra, Miguel de **58**, 104, 105, 173, 532

Chamfort, Nicolas de (d. i. Sébastien-Roch Nicolas) 112, 208

Chamisso, Adelbert von 170, 193, **194**, 196, 200, 281

Chateaubriand, François René de 173, 491

Chaucer, Geoffrey 41, **43**, 136

Chrétien de Troyes **26**, 27, 28, 746

Christ, Lena **430**

Churchill, Winston **388**, 741

Cibulka, Hanns **647**, 715, *821*

Cicero 60, 61, 104

Claudel, Paul 371, **388**, 499 585

Claudius, Eduard *653*, **655**, 698, *701*

Claudius, Matthias 92, 115, **122f.**, 167, 198, 413

Coblenz, Ida 327

Coetzee, J. M. **530**, 809

Columbanus 10

Comte, Auguste 288

Conrad, Joseph **315**, 521, 767, 791

Conrad, Michael Georg 289, **295**, 351

Conradi, Hermann **296**, 298

Cooper, James Fenimore **173**, 204, 234

Corinth, Lovis 290, 313, 342, 344

Corneille, Pierre **73**, 83, 108

Corti, Axel 600

Cotta, Johann Friedrich 228

Coudenhove-Kalergi, Richard Nikolaus Graf von 389

Courths-Mahler, Hedwig 772

Cramer, Carl Gottlob **168**

Cramer, Karl Friedrich 122

Cranach, Lucas d. Ä. 58, 59, 63

Crotus Rubeanus **61f.**

Cruciger, Elisabeth 65

Csokor, Franz Theodor **400**, 585, *586*, 603

Curtius, Ernst Robert 14, 60, 316

Czechowski, Heinz **691f.**, *818*

Czepko von Reigersfeld, Daniel **81f.**

D'Annunzio, Gabriele 313, 350, **358**, 596, 597

Dach, Simon 79

Dahn, Felix **249**, 250, 251, 512

Dalberg, Wolfgang Heribert Reichsfreiherr von 125

Damm, Sigrid 121, 188, **790**, *814*

Däniken, Erich von 727

Dante Alighieri 41, **43**, 50, 57, 120, 173, 179, 247, 265, 325, 328, 414, 742

Darwin, Charles 245, 287

Däubler, Theodor **326**, 356, 386, 420

Dauthendey, Max **327**, 420

David von Augsburg 44

David, Jakob Julius 344

Defoe, Daniel **93**, 536

Degenhardt, Franz Josef **760**

Dehmel, Richard 313, 323, **327**, 364, 367, 399, 420

Delbrück, Hans **272**

Delius, F[riedrich] C[hristian] 720, **735**, *760*, 763

Demetz, Peter (Pseudonym Peter Toussell) 262, **602**

Demus, Klaus **608**

Descartes, René 92, 93

Dessau, Paul 466, 467, 665f., 674

Detering, Heinrich 533, **819**

Dethleffs, Sophie **285**

Deutsch, Ernst 369, 383

Devrient, Ludwig 196

Dickens, Charles **204**, 248, 265, 396

Diderot, Denis 92, 93, 815

Dietmar von Eist 32

Dietrich von Bern 10, 12, 37, 38

Diggelmann, Walter Matthias *538*, 545, *548*, 557, **558**

Dilthey, Wilhelm 104, **318**
Dingelstedt, Franz von 230, **231**
Dirks, Walter *719*, **730**
Döblin, Alfred 355, *366f.*, 372f.,
   373f., 386, 400, 435, 462, 477,
   479, 500, 561, 775
Doderer, Heimito von *437*, 522,
   570, 571, *578*, 619, **620f.**, 622,
   623
Domin, Hilde *729*, *757*, *789*
Dor, Milo (d.i. Milutin Doroso-
   vac) **622**
Dorst, Tankred **745f.**, *750*, 815
Dos Passos, John 374, **388**, 702
Dostojewski, Fjodor 155, **246**,
   248, 288, 396, 522, 580, 581, 621,
   752, 778
Drach, Albert *458*, *577*, *586*, **620**
Dráguns, Osvaldo 800
Drawert, Kurt 756, **818f.**
Drewitz, Ingeborg 790
Drewniok, Heinz **677**
Droste-Hülshoff, Annette von
   123, 200, 202, 206, 207, 225,
   227f., *241*, 301, 610, 756
Droysen, Johann Gustav 268,
   269, *272*
Dudow, Slatan 387, 701
Dumas, Alexandre fils, d. J. **173**,
   248, 294
Dumas, Alexandre père **173**, 211
Duns Scotus, Johannes **45**
Dürer, Albrecht 18, 55, 58, 59, 176
Dürrenmatt, Friedrich 528, 529,
   534, 535, 541, 542, **543ff.**, *547*,
   555f., 557, 585, 661, 736, 752, 807
Duvanel, Adelheid **565**
Dwinger, Edwin Erich **424f.**
Dymschiz, Aleksandr 654, 662

Ebers, Georg **249**
Ebert, Karl Egon **376**
Ebner, Jeannie **571**, *603*
Ebner-Eschenbach, Marie von
   251, *272*, *275*, 300, **301f.**, 751
Eckart, Dietrich **483**
Eckermann, Johann Peter 187, 234
Eckhart von Hochheim, Meister
   42, **45f.**, 515
Eco, Umberto **573**, 809
Edschmid, Kasimir (d.i. Eduard
   Schmidt) 357, **373**
Edvardson, Cordelia 503
Egel, Karl Egon **676**, *680*, 681
Eggerts, Moritz 816
Ehler, Ursula 745, 746, 815
Ehrenburg, Ilja 642
Ehrenstein, Albert **365**
Eich, Günter *415*, 500, 502, 506,
   510f., 550, 604, 617, 724, *749f.*,
   754, 759, 818
Eichendorff, Joseph von 87, 171,
   180, 182, 193, **197ff.**, 207, 384,
   681, 819
Eichmann, Adolf 582
Eilhart von Oberge **26**

Einem, Gottfried von 544, 573,
   662
Einhard 15
Einstein, Carl 361, 373, **374**, 375,
   440, *751*
Eisenreich, Herbert 569, **576f.**,
   600, 619, 622
Eisler, Hanns 388, 467, 500, 666,
   683, 694
Ekkehart von St. Gallen 18
Eleonore Herzogin von (Ober-)
   Österreich **53**
Eleonore von Aquitanien 34
Eliot, Thomas Stearns 264, **388**,
   410, 499, 610
Elisabeth, Gräfin von Nassau-
   Saarbrücken **53**
Elm, Theo 819
Éluard, Paul 687
Ende, Michael *766*, **793**
Endler, Adolf **691**, 692, *714*, 715
Engel, Erich 662, 661, 664, 773
Engelke, Gerrit **364f.**
Engels, Friedrich **205**, 210, 212,
   245, 289
Enghaus, Christine 224
Enzensberger, Hans Magnus 610,
   634, 699, *730*, **761f.**, *765f.*, 774,
   812, 815, *817f.*
Erasmus von Rotterdam (d.i.
   Gerard Gerards) 57, **60f.**, 63,
   449
Erler, Gotthard 814
Ernst, Paul **420**, *427*, 492, 497
Erpenbeck, Fritz **659**, 662
Eschenburg, Johann Joachim 107
Eschstruth, Nataly von **245**
Euringer, Richard **492**, 500
Euripides 134, 137, 139, 215, 369,
   399, 498, 783
Eyb, Albrecht von **51**
Ezzo **21**

Faber, Elmar 809
Faesi, Robert **534**
Fährmann, Willi **793**
Falke, Konrad (d.i. Frey, Karl) 447
Fallada, Hans (d.i. Rudolf Dit-
   zen) **429**, 478, 681, 753
Fassbinder, Rainer Werner 743,
   746, **747**, *752*, 795
Faulkner, William **388**, 443, 767,
   778, 782
Faust, Georg 59
Federmann, Reinhard **622**
Federspiel, Jürg *548*, 550, 557, **559**
Fehling, Jürgen 496
Fehrs, Johann Hinrich **285**
Fehse, Willi 415
Felsenstein, Walter 643, 649, **654**,
   661
Fest, Joachim 270, 492, **732**, *813*
Feuchtersleben, Ernst Freiherr
   von 213, **828**
Feuchtwanger, Lion (d.i. Jacob
   Arje) 385, 405, **426**, 428, 446,

   449, 450, *455f.*, 467, 477, 487,
   681, 698
Feuerbach, Anselm 246, 280
Feuerbach, Ludwig **205**, 244, 257
Feyl, Renate 167, **814**
Fichte, Hubert 632, 720, **787f.**
Fichte, Johann Gottlieb 157, 171,
   174, 180, 192, 193, 195
Ficker, Ludwig von 358, 411, 609
Fielding, Henry **93**, 105, 112, 154
Fischart, Johannes 57, 66, **67f.**
Fischer, Ernst **576**, 584, 598, 649,
   651
Fischer, Gottfried Bermann 450
Fischer, Samuel 351, 643
Flake, Otto 321, **428**
Flaubert, Gustave **246**, 248, 305,
   314, 312, 343, 350, 379, 389, 435,
   581, 633
Fleißer, Marieluise (d.i. M.
   Haindl) **405f.**, 408, *430*, 595,
   737, *746*, *747*, 752
Fleming, Paul 72, 76, **79**
Flesch, Hans **500**
Folz, Hans **49**
Fontana, Oskar Maurus **584**
Fontane, Emilie 308, 814
Fontane, Martha (Mete) 306
Fontane, Theodor 65, 123, 195,
   206, 208, 212, 230, 231, **232**, 234,
   236, 243, 244, 247, 248, 249,
   253, 255, *261ff.*, 268, *272ff.*, 310,
   275, *281*, 287, 289, 295, 303,
   305ff., 310, 313, 320, 323, 329,
   334, 338, 377, 389, 398, 428, 434,
   501, 507, 533, 534, *651f.*, 655,
   681, 702, 707, 715, 726, 731, 733,
   751, 753, 806, 813, 814, 824, 827
Forster, Georg 54, 165, **166**, 190,
   427
Forte, Dieter **744**, *820*
Foucault, Michel 810
Fouqué, Friedrich de la Motte
   170, **193**, 196, 204
Francke, August Hermann 93,
   101
François, Marie Louise von **249f.**
Frank, Bruno **428**, *447*
Frank, Leonhard **373**, 462, 477
Frankenberg, Abraham von 81
Frankl, Ludwig August 304
Franz von Assisi (d.i. Giovanni
   Bernardone) 43, 57
Franzos, Karl Emil 223, 268, **274**,
   301, *304f.*
Frei, Bruno (d.i. Benedikt Frei-
   stadt) **445**, 446
Freidank 31, 39
Freiligrath, Ferdinand 202, 228,
   230, **231**, *281*, 364
Frenssen, Gustav **346**
Freud, Sigmund 298, 314, 396,
   432, 437
Freumbichler, Johannes **579**, 591
Frey, Alexander Moritz **423**
Freyer, Paul Herbert **667**, *676*

Freytag, Gustav 248, 249, **253f.**,
   271, *275*, 726
Fried, Erich *471*, 577, 603, 604,
   610, 615
Friedenthal, Richard **733**
Friedlaender, Georg 308
Friedrich Christian, Herzog von
   Schleswig-Holstein-Augus-
   tenburg 144, 245
Friedrich II. der Große, König
   von Preußen 99, 100, 104, 117,
   132
Friedrich von Hausen 34
Fries, Fritz Rudolf *652*, *696*, **713f.**,
   822
Fringeli, Albin **550**
Fringeli, Dieter 528, 536, **549f.**
Frisch, Karl von **727**
Frisch, Max 153, 528, **537f.**, *541ff.*,
   545, *547*, *554f.*, 556, 557, 563, 585,
   661, 662, 736, 752, 797, 807, 810
Frischmuth, Barbara 600, **627f.**
Fritsch, Gerhard 569, 570, 571,
   600, *603*, 615, **616f.**, 622
Fröhlich, Katharina 213
Fry, Christopher **442**, 725
Fuchs, Günter Bruno **760**, 762,
   763
Fuchs, Jürgen **801f.**
Fuentes, Carlos **530**, 809
Fühmann, Franz 483, *643*, 652,
   653, 681, *686f.*, 696, **705**, 707
Fürnberg, Louis **682f.**
Fussenegger, Gertrud 301, **488**,
   522, 573, *578*, 609, 623

Gaiser, Gerd **771**
Gan, Peter (d.i. Richard Moe-
   ring) **509**
Ganghofer, Ludwig 311, **346**, 399,
   751
Ganz, Bruno 164, 743
Garbe, Hans 653, 701
Gauß, Karl-Markus 570, 571,
   583f., 631
Gautier, Théophile 311, 314
Geerk, Frank **550f.**
Gehlen, Arnold **730**
Geibel, Emanuel 38, 250, 251, *278*,
   283, 289
Gellert, Christian Fürchtegott 91,
   98f., 116
Genazino, Wilhelm **827**
George, Heinrich 496
George, Stefan 155, 159, 312, 314,
   317, 323, **324ff.**, 340, 358, 367,
   390, 410, *414*, 425, 435, 440, 532,
   548
Gerhardt, Paul 72, 76, **78**, 413
Gerhardt, Rainer M. **758**
Gernhardt, Robert **765**
Gerstäcker, Friedrich **772**
Gerstenberg, Heinrich Wilhelm
   von **120**
Gervinus, Georg Gottfried **272**
Geßner, Salomon 91, **101**

Gide, André **388**, 410, 444, 509, 660, 767

Giehse, Therese 462, 467, 531, 660, 664f.

Giordano, Ralph 645, **795**

Girnus, Wilhelm **650**

Glaeser, Ernst 419, **424**

Gleich, Joseph Alois 219

Gleim, Johann Wilhelm Ludwig 91, 97, 99, **100**, 120, 122, 124, 281

Gmelin, Otto **515**

Goebbels, Joseph 477, 482, 491, 493, 810, 821

Goering, Reinhard 357, **369f.**, 423

Goes, Albrecht 483, **509**, *770*

Goes, Gustav 492

Goethe, August 142, 188

Goethe, Christiane von 138, 142, 184, 187f.

Goethe, Cornelia 116, 790

Goethe, Johann Caspar 115

Goethe, Johann Wolfgang (von) 38, 53, 66, 69, 70, 81, 92, 99, 100, 101, 104, 106, 109, 112, 113, 114, **115ff.**, 120, 121, 122, 123, 129, 130, 132, 133, 134, 135, 136, 137, *138ff.*, 144, *146f.f.*, 154, *148f.*, 152, 154, 155, 157, 162, 163, 165, 167, 170, 172, 173, 174, 179, 180, 181, *184ff.*, 194, 198, 206, 210, 213, 214, 221, 222, 225, 234, 238, 241, 246, 272, 274, 276, 299, 304, 323, 325, 343, 345, 349, 363, 389, 393, 425, 447, 471, 496, 498, 523, 532, 545, 553, 593, 597, 598, 650, 665, 666, 711, 738, 751

Goethe, Katharina Elisabeth 115, 180

Goetz, Rainald **808**, *816*

Goeze, Johann Melchior 111

Gogol, Nikolaj 168, 197, **204**, 248, 435

Goldoni, Carlo **93**, 594, 595

Goldschmidt, Georges-Arthur **821**

Goll, Claire (d.i. Klara Aischmann) **366**, *473*

Goll, Yvan (d.i. Isaac Lang) 366, 469, *473f.*, 607

Gollwitzer, Helmut **728f.**

Gomringer, Eugen **552f.**, 758

Goncourt, Edmond Huot de **246**, 745

Goncourt, Jules de **246**

Góngora y Argote, Luis de **73**, 80

Gontard, Susette 157, 563

Gontscharow, Iwan Alexandrowitsch **246**, 752

Gorbatschow, Michail 646, 647, 805, 812, 816

Gordimer, Nadine **530**, 809

Göring, Hermann 443, 622

Gorki, Maxim **358**, 664f., 752

Görres, Johann Joseph von 53, 54, 170, **182f.**, 197, 200

Gottfried von Straßburg 26, 27, **29f.**, 40, 707

Gotthelf, Jeremias (d.i. Albert Bitzius) 155, 202, 206, 207, 235, **235ff.**, *251*, 259, 264, 548, 623

Gottschall, Karl Rudolf von 275

Gottsched, Johann Christoph 91, **97f.**, 99, 108, 116, 143

Gottsched, Luise Adelgunde **98**, 814

Götz, Johann Nikolaus 91, **100**

Gozzi, Carlo **93**, 154

Grab, Hermann **384**

Grabbe, Christian Dietrich 202, 208, **221f.**, 221, 356, 403, 620

Gracián, Balthasar 822

Graf, Oskar Maria **430**, 447, 477

Grass, Günter 561, 720, *730, 734, 739, 744, 750, 752, 759f.*, 762, 763, 766, **780f.**, 785, 788, 802, 806, 809, 811, *818, 821, 823f.*

Gregor-Dellin, Martin 645, **702**, *794*

Gregorovius, Ferdinand 268, **271**

Greif, Martin **250**

Greiffenberg, Catharina Regina von 75, **77**

Greiling, Walter 727

Greinz, Rudolf 346

Greiner, Ulrich 564, **574**, 808, *810*

Grieg, Nordahl 663

Griese, Friedrich **430**

Grillparzer, Franz 182, 195, 199, 202, 204, 206, **213ff.**, 218, *242*, 281, 300, 301, 346, 379, 485, 493, 569, 574, 576, 586, 595, 619, 751, 814

Grimm, Herman 186, **272**

Grimm, Jacob 170, 171, **183**, 203, 780

Grimm, Wilhelm 38, 170, 171, 182, **183**, 272

Grimmelshausen, Hans Jakob Christoffel von 72, **87f.**, 89, 465

Groß, Jürgen **677**

Großmann, Stefan 405

Grosz, George 387, 447

Groth, Klaus **285**

Gruenter, Undine 827

Grün, Anastasius (d.i. Alexander Graf von Auersperg) **231**, 232

Grün, Max von der 681, 720, *744, 784, 793*

Grünbein, Durs 755, **804**, *819*

Grünberg, Karl **667**

Gründgens, Gustav 368, 428, 454, 496, 497, 736, 738

Gryphius, Andreas 72, 75, **76f.**, 78, 79, 80, 83, *84f.*, 192, 470, 508

Gsteiger, Manfred 549

Guggenheim, Kurt **539**, *553*

Guillaume, Günter 795

Guillén, Nicolas 685

Günderrode, Karoline von **193**, 714

Gundolf, Friedrich 324, 407

Günther, Egon 680, 681

Günther, Johann Christian 72, **81**

Gutenberg, Johann 42, 58

Gütersloh, Albert Paris (d.i. Albert Konrad Kiehtreiber) *437*, 572, **619**, 622

Guttenbrunner, Michael **603**, 604

Gutzkow, Karl 207, **212**, 221, 223, 242, *252*, 253, 262, *275*

Gwerder, Alexander Xaver **549**, 550

Haas, Willy 378, 383, 500

Haas, Wolf **636**

Habe, Hans (d.i. H. Békessy) **479**, 532, *729, 772*

Habermas, Jürgen 806

Hacke, Axel **813**

Hacks, Peter 121, **654**, 657, **669ff.**, *680*, 696, 750, 798, *816f.*

Haeckel, Ernst 245, 287

Haecker, Theodor **411**, *487*

Haffner, Sebastian (d.i. Raimund Pretzel) *730*, *812*

Hagedorn, Friedrich von 91, 92, 96, **100**

Hagelstange, Rudolf **508**, **509f.**

Hahn, Johann Friedrich **122**

Hahn, Ulla **765**, *827*

Haider, Jörg 594

Halbe, Max **295**, 342, 386

Haller, Albrecht von 91, **96**, 100

Halm, Friedrich (d.i. Eligius Freiherr von Münch-Bellinghausen) 220

Hamann, Brigitte **790**

Hamann, Johann Georg 92, **113**, 116, 170, 688

Hamm, Peter 416

Hammer-Purgstall, Joseph von 186, 225

Hamsun, Knut 289, 313, **315**, 332, 358, 443, 745, 816

Händel, Georg Friedrich 73, 93, 103, 104

Handel-Mazzetti, Enrica von **346**

Handke, Peter 570, 585, 589, **590f.**, *600*, *629f.*, 748, 749, 775, 806, 814, 815

Hänny, Reto **537**

Harich, Wolfgang **642**, 649, 662, 795

Harig, Ludwig **785**

Harlan, Veit 401, 522

Harsdörffer, Georg Philipp **75**, 80, *86*

Hart, Heinrich 289, 291, **298**, 332

Hart, Julius 289, 291, **298**, 332

Hartlaub, Felix **486**

Hartlaub, Gustav Friedrich 385

Hartleben, Otto Erich **336**

Härtling, Peter 720, 756, 762, 763, 787, *793*, 811

Hartmann von Aue 26, **27f.**, 32, 334, 452, 586

Hartmann, Moritz **376**

Hašek, Jaroslav **388**, 467

Hasenclever, Walter **369**, 370, 383, 440, *468*

Hasler, Eveline **565**

Haslinger, Josef **577**, *634*

Hätzlerin, Klara 54

Hauff, Wilhelm 171, **200**, 606

Haupt, Moritz 34

Hauptmann, Carl **350**

Hauptmann, Gerhart 39, 280, 289, **291ff.**, 294, 295, **296f.**, 305, 323, **333ff.**, *349*, 364, 367, 378, *401ff.*, 423, 478, 488, 498, 520, 533, 665, 751, 794

Hausenstein, Wilhelm **731**, *733*

Hauser, Harald **676**

Hauser, Heinrich **394**

Haushofer, Albrecht **508f.**

Haushofer, Marlen **624**

Hausmann, Manfred 479, 483

Hausmann, Raoul **376**

Haussmann, Leander **823**

Havemann, Robert 801

Hay, Julius **662**

Haym, Rudolf **272**

Heartfield, John (d.i. Helmut Herzfeld) **376**, 397

Hebbel, Friedrich 38, 121, 164, 202, 206, **224f.**, 245, 270, 272, 275, **276ff.**, 279, **284**, 485, 748

Hebel, Johann Peter 130, 165, **167**, 196, 285, 339, 561, 619, 773, 814

Heer, Friedrich **573**, 576

Heermann, Johannes 77

Hegel, Georg Wilhelm Friedrich 157, 174, **240f.**, 243, 275, 633, 731

Hegner, Jakob 412

Heidegger, Martin **489f.**, 596, 604, 605, 627

Heiduczek, Werner **715**, **811**

Hein, Christoph 637, 641, **646**, **678**, 708, **715f.**, 809, 815, *817*, *824f.*

Heine, Heinrich 130, 155, 164, 166, 199, 200, 202, 204, 207, 208, 209, **210ff.**, 212, 221, 225, **226f.**, 233, 234, 239, 252, 269, **280f.**, 439, 449, 537, 694, 706, 762, 828

Heine, Thomas Theodor 313, 347

Heinrich der Teichner 54

Heinrich von Melk **22**

Heinrich von Morungen **34**, 35

Heinrich von Nördlingen 45

Heinrich von Veldeke **26f.**, *34*, 73

Heinrich, Willi **772**

Heinrichs, Siegfried 645

Heinse, Johann Jakob Wilhelm 92, 119, **124**, 158

Heinsius, Daniel 74

Heiseler, Bernt von **738**, *770*

Heißenbüttel, Helmut 552, 613, *751*, **758f.**, 807

Heller, André **588**

Hellingrath, Norbert von 159, 324

Hemingway, Ernest 423, **443**, 531, 741, 767, 777, 782, 790, 824
Henckell, Karl **298**
Hennig von Lange, Alexa **825**
Hennings, Emmy (auch Ball-Hennings) **375**, 532
Henrichs, Benjamin 731
Hensel, Georg 399, 528, 590, 593, 731, 815
Hensel, Luise 180
Henz, Rudolf 571, **575**, *586*
Henze, Hans Werner 193, 598, 606, 737
Herbort von Fritzlar **27**, 40
Herburger, Günter 720, **752**, *785*
Herder, Johann Gottfried 54, 64, 92, 103, 104, **113f.**, 116, 122, *137f.*, 140, 144, 154, 170, 184, 185, 389, 688
Herger → Spervogel
Hermann (Arminius) 103
Hermann, Judith **828**
Hermann-Neisse, Max **473**
Hermlin, Stephan (d.i. Rudolf Leder) 469, 507, **524ff.**, 641, *652, 655f., 679, 687f.*, 695, 807
Herrmann, Fritz **614f.**
Hertz, Wilhelm 262
Hervé, Julian Auguste 355
Herwegh, Georg 202, 208, 212, 230, **231f.**, *281*, 284, 322, 364
Herz, Henriette **192**, 193, 209
Herz, Joachim **654**
Herzfelde, Wieland (d. i. Herzfeld) **376**, 450
Herzlieb, Minna 185
Herzmanovsky-Orlando, Fritz von **618**, 620
Hesse, Hermann 349, 350, **353**, *419, 422f.*, 440, 505, 520f., *522f.*, 532, *533f.*, 724, 742, 767
Hettner, Hermann 257, 258
Heuss, Theodor 483
Hey, Richard **738**, *749*
Heym, Georg **362f.**, 363, 403, 429, 507, 800
Heym, Stefan 653, 687, 692, **702ff.**, *803f., 812*
Heyne, Christian Gottlob 177, 190
Heyse, Paul 197, 242, 245, 246, 248, 249, **250f.**, 257, 259, *275*, 283, 287, 289, 439, 672
Hieronimus, Kirchenlehrer 63
Hieronymus von Prag 42
Hiesel, Franz **600**, *749*
Hilbig, Wolfgang 645, **696**
Hildegard von Bingen **22**
Hildesheimer, Wolfgang 532, **539ff.**, *548, 556f., 739*, 749, 750, 766, *783*, 807
Hille, Peter **296**, 344, 359
Hillebrand, Joseph 272
Hiller, Kurt 358, 413
Hilpert, Heinz 408, 409
Hiltbrunner, Hermann 548
Hilty, Hans Rudolf **541**, *549*

Himmler, Heinrich 483
Hindemith, Paul 358, 414
Hirche, Peter **749**, *750*
Hirschfeld, Kurt 462
Hitler, Adolf 387, 415, 435, 439, 440, 441, 444, 445, 448, 462, 471, 472, 473, 475, 480, 481, 482, 483, 484, 491, 492, 493, 495, 496, 497, 514, 520, 537, 547, 556, 568, 569, 573, 584, 596, 601, 602, 617, 739, 749, 750, 766, 783, 813, 820, 821
Hitzig, Julius Eduard 193, 194
Hobbes, Thomas 92, 93
Hochhuth, Rolf 676, 736, 737, 739, **740f.**, *752, 815f.*
Hochwälder, Fritz **465**, *586f.*
Hocke, Gustav René **490f.**
Hoddis, Jakob van (d.i. Hans Davidsohn) **359**, 546
Hoerschelmann, Fred von **750**
Hoffmann von Fallersleben, August Heinrich 202, **230**, 231, 253, *281*
Hoffmann, E[rnst] T[heodor] A[madeus] 171, 180, 182, 193, 194, 195, **196f.**, *421*, 500, 518, 633, 773
Hoffmann, Gert 121
Hoffmann, Heinrich **282**
Hofmannsthal, Hugo von 70, 147, 155, 197, 303, 312, 313, 314, 317, *318f.*, 320, 323, 324, *325f.*, **328f.**, 337, *339ff., 345f.*, 361, 379, *390f.*, 397, *398f.*, 400, 401, 410, 411, 412, 415, 425, 432, 437, 524, 534, 548, 574, 575, 585, 596, 602, 605f., *662f.*, 828
Hofmannswaldau, Christian Hofmann von 72, **80**
Hohlbaum, Robert **515**
Hohoff, Curt 449, **731**
Hölderlin, Friedrich 113, 129, 154, **156ff.**, *170, 174*, 325, 362, 396, 402, 414, 422, 525, 563, 661, 687, 692, 705, 743, 787
Holitscher, Arthur **396**
Höllerer, Walter 612, 758, **759**, *783, 790*
Holthusen, Hans Egon 413, 479, *490*, **508**, 509, *731*
Hölty, Ludwig Christoph Heinrich 92, **122**, 123
Holz, Arno 289, **294f.**, *296, 298f.*, 344
Hölzer, Max **608**
Homer 60, 114, 116, 328, 392, 412, 414, 783, 815
Honecker, Erich 644, 646, 650, 692, 695, 703, 805
Horaz 18, 74, 100, 103, 104, 403, 412
Hörbiger, Attila 587
Horkheimer, Max 169, **397**, 649, 666
Horst, Eberhard **733**

Horst, Karl August **731**
Horváth, Ödön von 405, **407ff.**, *437, 459, 463, 468f.*, 570, 588, 595, *737*, 746, 747
Hosemann, Theodor 206
Houwald, Ernst Christoph von **195**
Hrabanus Maurus **16**, 17
Hradek, Ludvik von 51
Hrotsvith von Gandersheim **18f.**, 60, 671
Huber, Therese 165, 190
Hübner, Kurt 743
Huch, Friedrich 322
Huch, Ricarda 170, 179, 258, 317, **322f.**, *327, 347*, 477, 478, *484*, 485
Huchel, Peter 415, *500f.*, 506, **507f.**, 604, 645, *648ff.*, 682, 684, *685, 686*, 688, 693, 794, *797f.*
Huelsenbeck, Richard **376**, *751*
Hugenberg, Alfred 387, 409
Hugo von Montfort **31**
Hugo von Trimberg 35
Hugo, Victor 155, *173*, 197, 211, 224, 231, 327, 389
Huhn, Kurt **686**
Humboldt, Alexander von **166**, 192, 231
Humboldt, Wilhelm von 131, 192, 195
Hume, David 92, 93
Humm, Rudolf Jakob **553**
Huppert, Hugo **603**
Hürlimann, Thomas *547*, **564**
Hus, Jan 42, 50
Hüser, Fritz **784**
Hutten, Ulrich von 58, 59, **61f.**
Huysmans, Joris-Karl 311, 319, 344, 485

Ibsen, Henrik 246, 288, **290**, 332, 344, 378, 589, 596, 749
Iden, Peter 731
Iffland, August Wilhelm 194
Ignatius von Loyola 83
Ihering, Herbert 403, 405, 407, 408, 648, 661, 667, *739*, 773
Illies, Florian **825**
Immermann, Karl Leberecht **221**, *234*
Inglin, Meinrad **553**, 558
Ingrisch, Lotte 573
Innerhofer, Franz **631**
Ionesco, Eugène 539, **725**

Jacob, Heinrich Eduard **726**
Jacobi, Friedrich Heinrich 119, **124**
Jacobsen, Jens Peter **290**, 313, 343, 358
Jacobsohn, Siegfried **395**
Jaeckle, Erwin 536, **549**
Jaeger, Henry **772**
Jaeggi, Urs **560f.**
Jahnn, Hans Henny 372, *374*, 429, 513, 632

Jakobs, Karl-Heinz 709
James, Henry **290**, 316, 767
Jandl, Ernst 552, 569, 598, 599, 600, **612f.**, 614, 696, 758
Janka, Walter **642**, 656, 702, 811
Jannings, Emil 357
Jaspers, Karl 407, **489**
Jean Paul (d.i. Johann Paul Friedrich Richter) 129, 148, **154ff.**, 210, 238, 265, 325, 460, 524, 652, 707, 715, 813
Jelinek, Elfriede 595, **596f.**, *600*, 631, 632, 815
Jelusich, Mirko 497, **514**, 515
Jenny, Zoë 566
Jens, Walter 535, 684, *731*, *750*, 753, 766, 771, **783**
Jentzsch, Bernd 645, *691*, **692**
Jerusalem, Carl Wilhelm 117
Jesenská, Milena 383
Jessenin, Sergej 608
Jirgl, Reinhard **822f.**
Johann von Neumarkt **49f.**
Johann von Tepl (Johann von Saaz) 42, 49, **50f.**
Johansen, Hanna 559, **565**
Johnson, Uwe 626, 645, 651, 699, 704, 708, 713, 753, 766, 788, **795ff.**, 802, 811
Johst, Hanns 403, *405*, 454, 491, **494f.**, 500
Jokostra, Peter 645, **804**
Jonke, Gert Friedrich **630f.**
Joyce, James 358, 374, 388, 435, 518, 523, 540, 767, 775
Julian Apostata, römischer Kaiser 10
Jung, Carl Gustav 414, 422, 530
Jünger, Ernst **391f.**, 424, 477, *485f.*, 488, 489, *513f.*, 711, 723, *728*, *729, 767, 770f.*, 807
Jünger, Friedrich Georg **509f.**, 513
Jungk, Ernst 383
Jung-Stilling, Johann Heinrich **101**
Just, Klaus Günther 316, 317, 386, 429, *728*
Justi, Carl **272**

Kafka, Franz 349, 357, 365, 377f., **379ff.**, 437, 448, 462, 518, 523, 563, 576, 617, 620, 651, 660, 711, 743, 767, 781, 783, 791, 794, 814
Kagel, Maurizio 599
Kahane, Anetta **812**
Kahler, Erich von 523
Kaiser, Georg **371f.**, 477, 528, 532
Kalckreuth, Wolf Graf von **410**
Kaléko, Mascha **419f.**, 532
Kaminer, Wladimir **826**
Kant, Hermann 638, 700, 704, **705f.**, *709*, *811*
Kant, Immanuel **94**, 113, 130f., 137, 144, 147, 159, 174, 194
Kantorowicz, Alfred 324, 382, **445**, 645, *795*

Kantorowicz, Ernst 733
Karajan, Herbert von 481, 615
Karge, Manfred 678
Karl I., der Große, römischer
  Kaiser 10, 14f., 23, 26
Karpeles, Gustav 262
Karsch, Anna Luisa 100f.
Karsunke, Yaak 760
Kasack, Hermann 415, 500, 523f.,
  649, 731, 767, 783
Kaschnitz, Marie Luise (d.i. M.L.
  Freifrau von K.-Weinberg)
  749, 756, 768
Kaser, Norbert Conrad 624
Kassner, Rudolf 317, 342, 532, 575,
  728
Kästner, Erhart 488, 733
Kästner, Erich 419, 429, 430, 483,
  731, 792
Katzenelson, Jizchak 801
Kaufmann, Arthur 447
Käutner, Volker 752
Keller, Gottfried 82, 148, 229, 236,
  237, 243, 246, 251, 255, 257ff.,
  264, 275, 284 f., 287, 289, 324,
  353, 389, 489, 527, 529, 535, 546,
  553, 563, 623, 681, 752, 814
Kellermann, Bernhard 386, 478
Kelling, Gerhard 826f.
Kempowski, Walter 786f., 793,
  794, 820
Kerling → Spervogel
Kerner, Justinus 171, 200, 228, 787
Kerr, Alfred 294, 353, 400, 402,
  406, 407, 408, 409, 481, 483,
  531, 732, 760, 812
Kerr, Judith 531
Kessler, Harry Graf 341, 402
Kesten, Hermann 429, 450, 454,
  459, 731, 807
Kestner, Charlotte → Charlotte
  Buff
Kestner, Johann Christian 117
Keun, Irmgard 394, 428, 790
Keyserling, Eduard Graf von 312,
  342ff., 449, 752
Kierkegaard, Sören 155, 411, 487,
  554, 580
Kipphardt, Heinar 121, 645, 667f.,
  676, 736, 739f.
Kirchhoff, Bodo 827
Kirchner, Ernst Ludwig 195, 358,
  363
Kirsch, Rainer 679, 691f., 693f.
Kirsch, Sarah 643, 645, 654, 679,
  693f., 803, 819
Kirst, Hans Hellmut 751, 772
Kirsten, Wulf 691, 692, 812, 818
Kiš, Danilo 573, 622
Kisch, Egon Erwin 377, 382, 393,
  394, 445, 648
Kissinger, Henry 796
Klabund (d.i. Alfred Henschke)
  365f., 373, 467, 760
Klaiber, Julius 237
Klaj, Johann 75, 80

Klaus, Josef 573, 574
Klee, Paul 357, 358
Kleist, Ewald Christian von 91,
  97
Kleist, Heinrich von 117, 129, 136,
  154, 160ff., 170, 182, 193, 195,
  215, 241, 246, 356, 396, 514, 562,
  563, 588, 606, 619, 665, 700,
  714, 769, 770, 790f., 797, 798
Kleist, Ulrike von 159, 165
Klemperer, Victor 440, 477, 487
Klepper, Jochen 486f., 515, 519
Klessmann, Eckart 732
Klettenberg, Susanne Katharina
  von 116, 157
Kling, Thomas 819
Klingemann, Ernst August Frie-
  drich 172, 197
Klinger, Friedrich Maximilian
  92, 120f.
Klopstock, Friedrich Gottlieb 92,
  94, 102ff., 104, 108, 112, 119, 121,
  122, 138, 142, 300, 323, 582, 692
Kluge, Alexander 751f.
Kluge, Kurt 492, 769
Klüger, Ruth 582f.
Knebel, Karl Ludwig von 133
Koeppen, Wolfgang 415, 483, 731,
  732, 733, 766, 773f., 782, 807
Koestler, Alfred 445, 457, 459, 783
Kogon, Eugen 490, 719, 730
Köhler, Barbara 819
Kokoschka, Oskar 356, 358, 365,
  367, 532
Kolb, Annette 428, 449, 768
Kolbe, Uwe 645, 696f., 819
Kolbenheyer, Erwin Guido 497,
  515
Kolbenhoff, Walter (d.i. Walter
  Hoffmann) 480, 526
Kolleritsch, Alfred 570, 627
Kollwitz, Käthe 292
Kolmar, Gertrud (d.i. G. Chod-
  ziesner) 503, 753
Kommerell, Max 324
Kompert, Leopold 252
Königsdorf, Helga 710, 811, 824
Konrad (Pfaffe) 23f.
Konrad von Würzburg 40
Konrad, György 783
Konsalik, Heinz (d.i. Heinz
  Günther) 772
Köppen, Edlef 423
Korff, Hermann August 130
Körner, Christian Gottfried 125,
  144, 195
Körner, Theodor 170, 195, 502
Kornfeld, Paul 369, 379, 384
Korrodi, Eduard 532
Kortner, Fritz 577, 661, 663, 736
Kosegarten, Gotthard Ludwig
  259
Kotzebue, August von 165, 167,
  172, 204
Kracauer, Siegfried 358, 395
Kracht, Christian 825, 828

Kramer, Theodor 471, 603, 604
Kraus, Karl 312, 317, 320, 344, 359,
  361, 365, 383, 387, 399, 400, 411,
  580, 588, 620
Kraus, Werner 357
Kraus, Wolfgang 576, 580, 603,
  614
Krauss, Werner 649, 822
Krausser, Helmut 813, 816, 828
Krechel, Ursula 733, 751, 764f.,
  789f., 790
Kreis, Gabriele 814
Kreisky, Bruno 471, 572, 600, 614
Krenek, Ernst 358, 388, 573
Kretzer, Max 295f., 305, 364
Kreuder, Ernst 524, 751
Krleža, Miroslav 388, 616, 622
Kroetz, Franz Xaver 595, 737, 746,
  747f.
Krolow, Karl 483, 502, 506, 549,
  756f., 760, 807
Kronauer, Brigitte 791f.
Kröner, Adolf 346
Krüger, Horst 733
Krüger, Michael 610, 627, 721,
  763f., 827
Kruntorad, Paul 608, 622
Krüss, James 793
KUBA → Barthel, Kurt
Kubin, Alfred 342, 348, 618
Kubsch, Hermann Werner 667
Kuby, Erich 480
Kügelgen, Wilhelm von 272, 507
Kugler, Franz 261
Kuhlmann, Quirinus 90
Kühn Dieter 39, 56
Kühne, Ferdinand Gustav 207
Kunert, Günter 643, 645, 652,
  680, 690f., 819
Küng, Hans 534f.
Kunze, Reiner 643, 645, 679, 691,
  692f., 694, 799f., 801
Kurella, Alfred (d.i. Bernhard
  Ziegler) 446, 449, 652
Kürenberger, Der 32
Kürnberger, Ferdinand 253, 257,
  571
Kurz, Hermann 236, 347
Kurz, Isolde 347
Kusenberg, Kurt 773
Kutscher, Arthur 403, 407
Kutzleb, Hjalmar 515

La Bruyère, Jean de 112
La Fontaine, Jean de 73, 471
La Roche, Maximiliane 106, 117,
  180, 192
La Roche, Sophie von 91, 106f.,
  117, 180, 814
La Rochefoucauld, François VI.,
  Duc de 73, 112
Lachmann, Karl 34, 37, 254
Ladiges, Peter M. 751
Lafontaine, August Heinrich
  Julius 167f.
Lagerlöf, Selma 316, 472

Lamenais, Félicité Robert de 210
Lampersberg, Gerhard 592, 626
Lamprecht (Pfaffe) 23
Landauer, Walter 450
Landmann, Salcia 794
Landshoff, Fritz H. 444
Lang, Fritz 38, 357, 447
Lange, Gerard de 450
Lange, Hartmut 645, 669, 798f.
Lange, Horst 500, 502, 507, 521
Lange-Müller, Katja 645, 812
Langgässer, Elisabeth (d.i. E. L.
  Hoffmann) 415, 503f., 506, 507,
  518f., 753, 754, 769
Langhoff, Wolfgang 462, 520,
  643, 657, 661, 668, 677
Lasker-Schüler, Else 344, 359f.,
  361, 367, 419, 443, 607
Lasswitz, Kurd 348
Laube, Heinrich 207, 213, 221, 236
Laube, Horst 745
Lautensack, Heinrich 367
Lavant, Christine (d.i. Christine
  Habering) 411, 609f.
Lavater, Johann Kaspar 119, 136
Le Fort, Gertrud von 412, 426f.,
  515f., 769
Lebert, Hans 630
Lechter, Melchior 325
Ledig, Gert 784
Lehmann, Max 272
Lehmann, Wilhelm 483, 505f.,
  754
Lehnert, H. 319, 370
Leibniz, Gottfried Wilhelm 94,
  107, 132
Leisewitz, Johann Anton 121, 122,
  127
Leising, Richard 691
Leitgeb, Joseph 411
Lenau, Nikolaus (d.i. Nikolaus
  Niembsch Edler von Streh-
  lenau) 202, 205, 225, 228, 228f.,
  265, 787
Lengefeld, Charlotte von 144
Lensing, Elise 224
Lenz, Hermann 590, 774f., 807, 827
Lenz, Jakob Michael Reinhold
  92, 121f., 124, 242, 335, 664, 731
Lenz, Siegfried 720, 743, 750,
  778ff.
Leonhard, Rudolf 676
Leonhard, Susanne 728
Leonhard, Wolfgang 728, 752
Lermontow, Michail Jurjewitsch
  173, 592, 752
Lernet-Holenia, Alexander 400,
  437, 521, 570, 585, 586, 602, 622,
  754
Lersch, Heinrich 364f.
Lesch, Walter 532
Lessing, Gotthold Ephraim 83,
  91, 96, 97, 98, 99, 105, 107ff., 112,
  114, 116, 121, 122, 126, 132, 133,
  147, 167, 179, 225, 253, 261, 300,
  304, 389, 468, 498, 571

Lessing, Theodor 440
Leutenegger, Gertrud **565f.**
Levetzow, Ulrike von 188
Levin, Rahel → Varnhagen, Rahel
Lewald, Fanny 231
Lichtenberg, Georg Christoph 112, 122, 166, **538**, 622
Lichtenstein, Alfred **359**
Lichtwer, Magnus Gottfried **95**
Liebermann, Max 313, 315
Liebknecht, Karl 387
Liliencron, Detlev von 289, **298**, 313, 327
Lilienfein, Heinrich 658
Lilienthal, Peter 752
Lindau, Paul **248**, 289, 296
Linde, Otto zur **326**
Lindtberg, Leopold 462, 467, 528
Lipiński, Krzysztof 569, 571
Lippet, Johann **826**
Liquornik, Alfred (Pseudonym Alfred Gong) **606**
Littner, Jakob 774
Llosa, Mario Vargas, **530**, 809
Locke, John 92, 93, 130
Loerke, Oskar 372, **415f.**, 483, 506, 757
Loest, Erich 642, 650, 706, **707f.**, 709, *803*, *811*, *823*
Loetscher, Hugo 529, **536**
Loewy, Ernst 520
Löffler, Sigrid 595, 600, 635
Logau, Friedrich von 72, 75, **82**, 261
Lohenstein, Daniel Casper von 80, **85f.**, 87, 97
Lommer, Horst 752
Löns, Hermann 332, **346**, 751
Lope de Vega (d. i. Lope Felix de Vega Carpio) 73, 173, 216
Loris, Loris Melikow → Hugo von Hofmannsthal
Lortzing, Albert 193, 203
Lothar, Ernst **578**, *619*
Lowell, Robert 790
Löwenthal, Sophie von 787
Ludvik von Königgrätz 51
Ludwig, Emil **396**, 532, 726
Ludwig, Otto 243, 244, 248, **253**, 258, *275*
Ludwig, Paula **473**
Lufft, Friedrich 64
Luft, Friedrich 483, 666, **730f.**
Lukács, Georg 263, **446**, *651*, 714
Lukian 104, 123, 365
Luther, Martin 57, 58, 61, **62ff.**, 67, 69, 70, 78, 103, 113, 132, 184, 409
Luxemburg, Rosa 387
Lyly, John 80

Maar, Paul **793**
Maass, Joachim 455, **522**, *769*
Mach, Ernst 313, **319**, 433
Machiavelli, Niccolò 57, 59
Mackay, John Henry **296**

Macpherson, James 114f., 116, 123
Maeterlinck, Maurice **315**, 319, 354, 354, 433
Magris, Claudio 303, 571, 574, 577, 618
Mahler, Gustav 225, 315, 383, 635, 683
Mahler-Werfel, Alma 383, 449, 635
Mailer, Norman 772
Majakowski, Wladimir **388**, 603, 697
Malchow, Helga 812
Mallarmé, Stéphane 314, **315**, 324, 325, 364, 473, 552, 687
Malraux, André **388**, 622, 736
Mandelstam, Ossip 608
Mangold, Christoph 557
Mann, Erika 444, 447, 454, 531, 578
Mann, Golo 449, 532, *729*, **732**
Mann, Heinrich 247, 295, 311, 322, **350f.**, 352, 386, 387, *389*, 407, *419*, *421*, *443*, 444, 446, 447, *449*, 450, *452f.*, 459, 462, 477, 647, 665, 681, 698
Mann, Katia 351, 733
Mann, Klaus 402, 415, **428**, 440, 442, **443f.**, 445f., 446, 447, *454f.*, 531, 752
Mann, Michael 733
Mann, Thomas 28, 128, 198f., 264, 283, 295, 303, 309, 312, 313, 317, 320, *321*, 322, 337, 349, 350, **351ff.**, 379, 382, 384, 386, *389f.*, 391, 419, *420f.*, 422, 428, 431, 435, 439, 440, 443, 446, 447, *448*, 449, *450ff.*, 455, 458, 470, 476, 477, **478f.**, 490, 512, 521, 522, 523, 528, *532f.*, 534, *553f.*, 568, 640, 648f., 666, 681, 711, 715, 740, 751, 752, 753, 767, 768, 774, 783
Mannheim, Karl **730**
Manuel, Niklas **69**
Manzoni, Alessandro 173, 184, 206, 250
Márai, Sándor **573**, 584
Marc, Franz 350, 357, 358, 359
Marcabru 34
March, Werner 492
Marchi, Otto **562f.**
Marchwitza, Hans **701**
Marcuse, Herbert 649
Marcuse, Ludwig 449
Margul-Sperber, Alfred **607**
Marinetti, Filippo Tommaso 355, 356
Marino, Giambattista 73, 80
Marlitt, Eugenie **245**
Marlowe, Christopher 188
Maron, Monika 645, 647, 700, *714*, **804**, 810, *811*, *822*, 826
Marti, Kurt **541**, *551*, 552, *561*
Martini, Fritz 129, 164, 244
Marwitz, Alexander von der 192

Marx, Karl **205**, 211, 231, 244, 245, 289, 358, 403, 544, 581, 600, 645, 690, 818
Matt, Peter von **535**, 537, 549
Matusche, Alfred **668**, *679*
Mau, Leonore 788
Maupassant, Guy de **290**, 297, 351, 586
Maurer, Georg 641, **686**, 691
Mauriac, François **388**, 587, 725, 767
Mauser, Wolfram **574**
Mauthner, Fritz **296**, *319*
May, Karl 240, **245**, 373, 772
Mayer, Hans 154, 478, 501, 524, 544, 638, 642, 648, 649, 650, **651**, 654, 658, 698, 707, *729*, *731*, 732, 788, 796, *803*, 810, *811*
Mayröcker, Friederike 599, 603, 612, **613**, 614
Mechow, Karl Benno von **424**, 688
Mechtel, Angelika **784**
Mechthild von Magdeburg 42, **44f.**
Meckel, Christoph 688, 762, **763**
Meerbaum-Eisinger, Selma 608
Mehring, Franz 315, 334, **418**, 462, *471*
Meienberg, Niklaus **536f.**, 547
Meier, Helen **564f.**
Meier, Gerhard 550
Meier, Herbert **548**
Meinecke, Friedrich **388**, 534, *490*
Meinecke, Thomas **825**
Meinhold, Wilhelm **236**
Meisl, Karl **219**
Meissner, Alfred **376**
Meister Eckhart → Eckhart von Hochheim
Melanchton, Philipp 63
Melchinger, Siegfried 585
Mell, Max 38, **401**, *437*, 497, 574, *585*, 586
Menasse, Robert 577, 633
Mendelssohn, Moses **108**, 179, 192
Mendelssohn, Peter de 578
Mentelin, Johann 63
Menzel, Wolfgang 203, **207**, 210
Mercier, Louis-Sébastien 121
Merck, Johann Heinrich 117
Mereau, Sophie **180**
Merker, Emil **384**, *509*
Merz, Carl **584f.**
Metternich, Klemens Wenzel Fürst von 202, 221
Meyer, Conrad Ferdinand 62, 123, 155, 244, 245, 247, 248, 249, 250, **263ff.**, *285f.*, 306, 311, 314, 344, 347, 527f., 533, 562, 587
Meyer, Maria 229, 787
Meyer, Richard Moritz 272
Meyer-Wehlack, Benno 749
Meyrink, Gustav **348**, 378, 384, 773
Meysenbug, Malwida von 272
Michelangelo 58, 59, 73, 179, 297, 410

Mickel, Karl **691**, 692, *818*
Mickiewicz, Adam 184
Miegel, Agnes 38, 123, **329f.**, *430*
Mikszáth, Kálmán 469
Miller, Johann Martin 124, 132
Milton, John 73, 96, 100, 103
Minetti, Bernhard 593, 594
Mittenzwei, Werner 528, 532, 810
Mitterer, Felix **595f.**, *601*
Mnouchkine, Ariane 454
Moissi, Alexander 357
Molière (d.i. Jean-Baptiste Poquelin) 73, 83, 98, 161, 280, 340, 341, 573, 665, 781
Möller, Eberhard Wolfgang **492ff.**, 500
Molo, Walter von 386, 459, **479**, 515
Mombert, Alfred **326**, 477, 488
Mommsen, Theodor 245, 268, 270, **283**, 726, 818
Mommsen, Tycho **283**
Mon, Franz (d.i. Franz Löffelholz) *751*, *758*
Mönch von Salzburg **53**, 54
Monk, Egon 665, 752
Montesquieu, Charles de Secondat 92, 93, 121, 582
Montherlant, Henri de 725
Moníková, Libuše **791**
Morata, Olympia **60**
Morgenstern, Christian **332**, 418, 552, 612
Morgenstern, Soma 435, **445**, *578*, 623
Morgner, Irmtraud 655, **710f.**, 807
Mörike, Eduard 123, 148, 182, 202, 206, 207, 225, **229f.**, *237f.*, 548, 787, 814
Moritz, Karl Philipp **165f.**, 304
Morsbach, Petra **828**
Moscherosch, Johann Michael **87**
Möser, Justus 114
Motte, Manfred de la 758
Mozart, Wolfgang Amadeus 104, 131, 140, 398, 483, 572, 592, 615, 629, 814
Mühl, Otto **826**
Mühlberger, Josef 384
Muhr, Adelbert **601**
Müllenhoff, Karl **285**
Müller, Adam Heinrich 159, 171, 193, 195, 197
Müller, Armin **686**
Müller, Heiner 647, 651, 653, 659, 661, 666, 669, **672ff.**, 748, 749, 807, *812*, 816, *818*, 819, 822
Müller, Herta **826**
Müller, Inge **689**
Müller, Johannes von 153
Müllner, Adolf **195**, 215
Munch, Edvard 355, 356
Münchhausen, Börries Freiherr von 38, 123, 327, **329**

Mundt, Theodor 207, 246
Murner, Thomas 57, 66, **67**
Musäus, Johann Karl 628
Muschg, Adolf 29, 433, 527, 529, *535, 538, 545f., 548*, 557, **559f.**
Muschg, Elsa 559
Muschg, Walter 258, 415, **535**
Musil, Robert 303, **353f.**, *400*, 431, *432ff.*, 435, 438, 448, 477, 462, 568, 571, 577, 580, 614, 729, 752, 767
Muskatplüt 54
Musset, Alfred de 204, 206, 588
Muth, Karl 411, 430

Nabokov, Vladimir **388**, 531, 752
Nadler, Josef **400f.**, 501, 568
Nadolny, Burkhard 792
Nadolny, Isabella 792
Nadolny, Sten 792
Nagel, Ivan **731**, 810
Napoleon I. 118, 119, 131, 163, 171, 180, 182, 183, 195, 202, 203, 495, 514, 525, 796
Navratil, Leo 612
Neidhart (von Reuental) **39**, 40, 52
Neruda, Pablo 442, 536, 685, 687, 697
Nestroy, Johann Nepomuk 202, 213, **219f.**, 408, 584, 588, 590
Neuber, Caroline 97, 98, 107, 132
Neumann, Alfred **457f.**, 462
Neumann, Angelo 378, 383
Neumeister, Andreas 825
Neutsch, Erik 673, 704, **709**
Newton, Isaac 72, 143
Nick, Dagmar **733f.**, 756, *819*
Nicolai, Friedrich 108, 109, 110, *124*, 175, 300
Niebelschütz, Wolf von *508*, **524f.**
Niebergall, Ernst Elias **221**
Nietzsche, Friedrich 155, 156, 246, 247, 289, 312, **317f.**, 320, 322, *323f.*, 325, 326, 327, 332, 335, 344, 366, 390F., 396, 427, 433, 451, 486
Niklas von Wyle **51**
Nikolaus von Kues **46**
Nitsch, Hermann **587**
Nizon, Paul *538*, **560**
Nolde, Emil 358, 779
Nolte, Jost 806
Nordau, Max 312
Nossack, Hans Erich **767f.**, 782
Nöst, Anna 614
Nöstlinger, Christine **613f.**, 793
Notker I. (Balbulus oder der Stammler) 11, **20**
Notker III. von St. Gallen (Labeo oder Teutonicus) **19**
Novak, Helga M(aria) (d.i. Maria Karlsdottir) 645, **799**
Novalis (d.i. Georg Friedrich Philipp Freiherr von Harden-

berg) 170, 172, **177f.**, 197, 390, 397, 398, 433, *177*, 563
Nürnberger, Helmuth 814

O'Neill, Eugene 499, **531**
Oberkofler, Johann Georg **411**
Oberlin, Johann Friedrich 242
Odoaker 12
Oelze, Friedrich Wilhelm 360
Oeser, Adam Friedrich 116
Okopenko, Andreas 614
Oleschinski, Brigitte **819**
Oliva, Hans **680**
Ophüls, Max 338, 432
Opitz, Martin **73f.**, 75, 78, 81, 82, 86
Oprecht, Emil 450
Orff, Carl 481
Orlof, Ida 334
Ortheil, Hanns-Josef 792, *827*
Orwell, George 783
Ossian → James Macpherson
Ossietzky, Carl von 483
Oswald von Wolkenstein 31, 42, 50, 51, 54, **55f.**
Otfrid von Weißenburg **17**
Otten, Karl 365
Otto, Louise **231**
Ovid 27, 60, 81, 143, 633, 738
Özdamar, Emine Sevgi **825f.**

Pabst, Georg Wilhelm 665
Palacký, František 304
Palitzsch, Peter 660, 665
Pallenberg, Max 398
Pannwitz, Rudolf 326
Paoli, Betty 302
Papen, Franz von 728
Papenfuß-Gorek, Bert **696**, *818*
Paracelsus von Hohenheim 59, 90
Pascal, Blaise 485, 580
Pasternak, Boris 603, **647**
Paul, Jean → Jean Paul
Pauli, Johannes 65
Pausewang, Gudrun 793
Pazi, Margerita 379, 384
Pechel, Rudolf 395
Pempelfort, Karl 736
Penzoldt, Ernst 569
Perten, Hanns Anselm 659f.
Perutz, Leo 384, **437f.**, 514, 619
Pestalozzi, Johann Heinrich 131, 187
Petersdorff, Dirk von 819
Petersen, Jan (d.i. Hans Schwalm) 520
Petershagen, Rudolf **655**, *680*
Petrarca, Francesco 43, 49, 57, 79, 179
Petzold, Alfons 365
Pevny, Wilhelm 600
Peymann, Claus 590, 592, 594
Pfeffel, Gottlieb Konrad 97
Pfefferkorn, Johannes 60
Pfemfert, Franz 358

Pfitzner, Hans 315, 481
Pichler, Caroline **300**
Pietrass, Richard 696
Pindar 116, 414
Pinthus, Kurt 359, 365
Piontek, Heinz **757**, *784*
Piper, Reinhard 502
Pirckheimer, Caritas **60**
Pirckheimer, Willibald 58
Piscator, Erwin 398, **406**, 408, 428, 447, 492, 736, 741
Platen-Hallermünde, August Graf von 195, 292, 211, **225f.**, 250, 389
Platon 61, 157, 598
Plautus 51, 60, 69, 70, 84, 161
Plenzdorf, Ulrich 644, 650, **676f.**, *681, 711f.*, **753**, 823
Plessen, Elisabeth (Gräfin von) *733*, **790f.**
Plievier, Theodor (bis 1933 Plivier) 423, *525f.*, 532
Pludra, Benno **680**
Poche, Klaus 645
Poe, Edgar Allan 197, **204**, 348, 372, 635, 693
Pohl, Klaus **816**
Polenz, Wilhelm von **297**
Polgar, Alfred **393**, 418, 419, 462, 532, 568, 731
Politzer, Heinz **473**
Pope, Alexander 96, 136
Popp, Adelheid 315
Popp, Walter 820
Pörksen, Uwe **726**, *789*
Preussler, Otfried **793**
Prévert, Jacques 773
Priessnitz, Reinhard 612
Primisser, Alois 38
Pringsheim, Katia → Mann, Katia
Prokop 10
Proust, Marcel 358, 518, 566, 767
Przybyszewski, Stanislaw 344
Pückler-Muskau, Hermann Fürst von **212**, 213
Puganigg, Ingrid 633
Pühringer, Franz **586**
Putlitz, Wolfgang Gans Edler Herr zu 655
Pyrker von Oberwart, Johann Ladislav 220

Quadflieg, Will 142, 661
Qualtinger, Helmut 460, 570, **584f.**
Querido, Emanuel 450

Raabe, Wilhelm 206, 244, 246, 249, **265ff.**, 282, 287, 289, *309f.*, 347, 704
Rabelais, François 58, 67
Racine, Jean **83**, 154
Raddatz, Fritz J. 513, **732**, 794
Radetzky, Robert von **504**
Raeber, Kuno **549**, 626

Raimund, Ferdinand (d.i. F. Jacob Raimann) 202, 213, **218f.**, 751
Rainald von Dassel 33
Ramler, Karl Wilhelm 97
Ranke, Leopold von 268, 269, 271
Ransmayr, Christoph **633f.**
Rasp, Renate 786
Raspe, Rudolf Erich 123
Rathenau, Walter 387, 580, 729
Rau, Luise 229, 230
Raupach, Ernst **278**
Rebhun, Paul 69
Reck-Malleczewen, Friedrich Percyval 471, **487**
Redwitz, Oskar von **232**, *281*
Regensburger, Annemarie 614
Reger, Erik **394**
Regler, Gustav 445
Rehberg, Hans **492**, *497f.*, 501
Rehn, Jens (d.i. Otto Jens Luther) **783f.**
Reich-Ranicki, Marcel 462, 562, 571, 579, 649, 655, 679, 687, 731, **732**, 765, 771, 774, 777, 781, 789. 806, 808, 811, *812*, 814, 827
Reifenberg, Benno **394**, 731
Reimann, Brigitte 638, 648, 655, 659, 708, **709**, 710
Reimarus, Hermann Samuel 111
Reinacher, Pia 527, 565, 566
Reinerová, Lenka 384
Reinhardt, Max (d.i. Max Goldmann) 335, 340, 342, 357, 369, 402, 403, 407, 408, 418, 447, 454, 492, 493, 619
Reinhart, Josef **551**
Reinig, Christa 645, **689f.**, 762, *799*
Reinmar von Hagenau **34f.**
Remarque, Erich Maria (d.i. E. Paul Remark) **423f.**, 532, *771*
Renn, Ludwig (d.i. Arnold Vieth) 423, 428, **445**, 446, 652, 655, 698, *701*
Renner, Karl 567, 572
Reschke, Karin **790**
Reuchlin, Johannes **60**, 62
Reuter, Christian 72, **89f.**
Reuter, Fritz, 248, **252**, *285*, 704
Reuter, Gabriele **297f.**
Reuter, Hans-Heinrich 651
Reventlow, Franziska Gräfin zu **344**
Rezzori, Gregor von (d.i. Gregor d'Arezzo) *577*, 606, **623**
Richardson, Samuel 93, 105, 106
Richter, Hans 686
Richter, Hans P. **793**
Richter, Hans Werner 480, *490*, 511, 717, 720, 766, *780f.*, 807
Richter, Ludwig 172, 203, 272
Richter, Peter **813**
Richter, Trude 656
Riegel, Werner 761
Riehl, Wilhelm Heinrich *250*, 271

Rilke, Rainer Maria 313, 314, 317, **330f.**, 342, *347*, 354, 365, *377*, 379, 380, 402, *410*, 414, 425, 430, 437, 534, 575, 601, 683, 686, 711, 763
Rimbaud, Jean Arthur 314, 324, 356, 361, 365, 608
Rinckart, Martin **78**
Ringelnatz, Joachim (d.i. Hans Böttcher) **418**, 419
Rinke, Moritz 816
Rinser, Luise **516f.**, *729*, *769f.*
Rock, Zé do 826
Rodenberg, Julius 265, 306, 395
Rodin, Auguste 330, 331, 371f.
Röggla, Kathrin **825**
Röhrig, Tilman **793**
Rolland, Romain **315**, 521
Ronsard, Pierre 68, 74
Roquette, Otto **282**
Rosegger, Peter 238, 252, **346**, 751
Rosei, Peter 615, **633**
Rosenberg, Alfred 387, 477, 482, 488, 494, 496
Rosendorfer, Herbert **618**
Rosenlöcher, Thomas **696**
Rosenplüt, Hans **49**
Rossé, Josef 485
Roswitha von Gandersheim → Hrotsvith von Gandersheim
Roth, Friederike **748**
Roth, Gerhard **629**
Roth, Joseph 213, 274, 303, 304, 354, 383, 386, **394**, 395, 400, 419, 423, 432, **435ff.**, *445f.*, 450, *459f.*, 570, 571, 616, 623, 625, 648, 722, 752
Roth, Philip **531**, 809
Rousseau, Jean-Jacques 92, **93**, 105, 113, 116, 157, 187
Rowohlt, Ernst 379, 419, 721, 726
Rücker, Günther 679, *680*
Rückert, Friedrich 173, **225**
Rudolf von Ems **40**
Rühle, Jürgen 642
Rühm, Gerhard 587, 588, 600, 611, **612**
Rühmkorf, Peter 416, 526, *729*, *731*, *744*, 750, 760, **761**, 762, *792*, 812, 817
Runeberg, Johan Ludvig 465
Runge, Doris **819**
Runge, Erika **734**, *744*, *751*, *752*, 784
Rychner, Max 532, **535**, *549*

Saalfeld, Martha **508**
Saar, Ferdinand von 275, 283, 301, **302f.**, 346, 435, 437
Sacer, Gottfried Wilhelm **83**
Sacher-Masoch, Leopold von **303f.**
Sachs, Hans 49, 55, 57, **70**, 342
Sachs, Nelly 469, **472f.**, 609, 753
Safranski, Rüdiger 814
Sahl, Hans **473**, 807

Saiko, George **623**
Saint-Exupéry, Antoine de **388**, 442, 509, 767
Sakowski, Helmut **679**, *680*
Salinger, Jerome D. 712, 823
Salis, Jean Rudolf von **534**
Salomon, Ernst von 478, **729**, *771*
Salvatore, Gaston 720, **760**
Sämund der Weise 11
Sand, George 204, 208, 211, 234, **246**, 389
Sandrock, Adele 337
Sappho 167
Sardou, Victorien 246, 248, 294
Sartorius, Joachim **817**
Sartre, Jean-Paul 442, 499, 581, 582, 649, 661, 767, 810
Sattler, Dietrich Eberhard 160
Sauer, August **400**
Saussure, Ferdinand de 319
Savigny, Friedrich Carl von 171, 193
Schaaf, Johannes 752
Schack, Adolf Friedrich Graf von **250**, 251, **283**, 299
Schädlich, Hans Joachim 637, 645, **802**, *811*, 824, *827*
Schadow, Johann Gottfried 131, 192
Schaefer, Oda 502, **507**
Schäfer, Wilhelm 386, **407**
Schallück, Paul 720
Schami, Rafik (d.i. Suheil Fadél) 826
Schamoni, Ulrich 751
Schaper, Edzard (Hellmuth) **516**, *770*
Scharang, Michael 577, *600f.*, *628*, 631
Scharrer, Adam **423**
Schaukal, Richard von **345**, 427
Schauwecker, Franz **424**
Schedel, Hartmann 54
Scheerbart, Paul 344, 348
Scheffel, Joseph Victor von 18, **249**, *282*
Scheffler, Johannes → Angelus Silesius
Schelling, Caroline von → Schlegel, Caroline
Schelling, Friedrich Wilhelm Joseph von 157, 171, 172, **174**, 190, 191, 200, 243
Schelsky, Helmut **730**
Schenkendorf, Max von 170, **195**
Scherer, Wilhelm 41, 64, 246
Scherr, Johannes 210
Schickele, René **321f.**, *428*, 440, 445, 448, **455**, 459, 477, 768
Schikaneder, Emanuel 398
Schiller, Friedrich von 90, 92, 96, 104, 113, 120, 121, 123, **124ff.**, 129, 130, 133, 134, 137, 138, 140, 141, 142, *143ff.*, *146f.*, *149ff.*, 154, 155, 157, 161, 165, 167, 170, 179, 184, 194, 195, 200, 225, 232, 272, 274,

275, 277, 278, 280, 294, 304, 378, 395, 423, 431, 479, 496, 533, 615, 657, 814
Schiller, Johann Caspar 125
Schimmelmann, Heinrich Ernst Graf 144
Schindel, Robert **615**, 636
Schinkel, Karl Friedrich 131, 172
Schirach, Baldur von 496, 497, **502**
Schirokauer, Arno **500**
Schirrmacher, Frank **811**
Schlaf, Johannes 289, **294f.**, *296*
Schlaffer, Heinz 806
Schleef, Einar 666, **813**
Schlegel, August Wilhelm 170, 172, 173, **178f.**, 180, 190, 193, 294, 210, 239
Schlegel, Dorothea 178, 179, **192**, 197, 198, 790
Schlegel, Friedrich 108, 110, 172, 173, 178, **179**, 181, 190, 191, 192, 193, 195, 197
Schlegel-Schelling (Michaelis-Böhmer) Caroline 178, **190f.**, 197, 200
Schleich, Carl Ludwig 627
Schleiermacher, Friedrich 171, 172, **174**, 177, 179, 190, 192
Schlesak, Dieter 826
Schlesinger, Klaus 710, *803*
Schlink, Bernhard **820f.**
Schlöndorff, Volker 354, 751, **752**, 778
Schmeller, Johann Andreas 183
Schmidli, Werner 548
Schmidt, Arno 212, 696, **731f.**, 766, **775f.**, *788*, 791
Schmidt, Elisabeth 796
Schmidt, Erich 120, **272**
Schmidt, Julian 254, 275
Schmitt, Carl **483**, 485
Schnabel, Ernst 790
Schnabel, Franz 388
Schnack, Friedrich 416
Schneider, Hansjörg 546, *548*
Schneider, Peter 242
Schneider, Reinhold 478, *484f.*, 486, *504*, **519**, 573, *574*, *729*, *738*, *754*
Schneider, Robert **635**
Schneider, Rolf 645, 652, 676, *679*, *681*, **711**
Schnitzler, Arthur 320, 328, **336ff.**, 340, 343, *344f.*, 400, *431f.*, 437, 460, 597, 612, 636, 748, 752
Schnurre, Wolfdietrich 502, *750*, *760*, 766, **782f.**
Scholochow, Michail **388**, 668
Scholtis, August 483
Scholz, Hans 752, **771**
Scholz, Wilhelm von 386, **414**, *427*, 497
Schönemann, Anna Elisabeth 119, 120

Schönherr, Karl **295**
Schöning, Klaus 599
Schönkopf, Käthchen 116
Schopenhauer, Adele 227
Schopenhauer, Arthur 168, **206**, 246, 279, 282, 303, 344, 352, 389, 486
Schopenhauer, Johanna 168, 814
Schottel, Justus Georg **75**
Schreyvogel, Joseph 213
Schreyvogl, Friedrich 585, **586**
Schröder, Friedrich Ludwig 769
Schröder, Rudolf Alexander **412f.**, *471*, 485, *509*
Schrot, Christoph 659
Schrott, Raoul 615, *633*
Schubart, Christian Friedrich Daniel 122, **124**
Schubert, Franz 172, 226, 593
Schubert, Gotthilf Heinrich 171, 200
Schubert, Helga **710**
Schücking, Levin 228
Schulmeister, Otto 573, 575
Schulz, Gerhard 129, 146
Schulz, Max Walter **650**
Schulze, Ingo 824
Schumacher, Hans 548
Schumann, Gerhard **502**
Schumann, Robert 172, 197, 226
Schurmann, Anna Maria **101**
Schurz, Carl 769
Schütt, Peter **784**
Schutting, Jutta 600
Schütz, Heinrich 73, 74, 86
Schütz, Helga **679**, *709*
Schütz, Stefan **676**
Schwab, Gustav 171, **200**, 227, 591
Schwab, Werner **597f.**, 815
Schwarzenbach, Annemarie **529f.**
Schwarzkogler, Rudolf 587
Schwarzschild, Leopold 446
Schwind, Moritz von 163, 172, 206
Schwitters, Kurt 375, **376**
Scott, Walter 173, 184, 200, 202, 234, 235, 239, 248, 249, 262, 267
Scribe, Eugène 248, 294
Sealsfield, Charles (d.i. Karl Postl) 208, 213, **239ff.**, 253, 377
Sebald, W[infried] G[eorg] *751*, **813**, *821f.*
Sedlmayr, Hans 578, *731*
Seegers, Bernhard **679**, *680*
Seghers, Anna (d.i. Netty Radványi, geb. Reiling) **428f.**, 446, *456f.*, 477, 500, 638, 641f., 649, 660, 661, 665, 681, 698f., 701, *702*
Seidel, Georg **677**, *817*
Seidel, Ina 413, **427**, *516*, 688, *769*
Seifert, Jaroslav 443, 573, 693
Selbmann, Fritz **655**
Seneca 61, 69, 76
Sengle, Friedrich 104, 201, 202, 213, 234, **733**

Serner, Walter **751**
Seuren, Günter **786**
Seuse, Heinrich 42, **46**
Seyppel, Joachim 645, **804**
Shaftesbury, Anthony Ashley Cooper, Earl of 100
Shakespeare, William 58, 76, 104, 108, 111, 114, 116, 117, 121, 127, 134, 136, 137, 148, 154, 161, 173, 176, 191, 219, 223, 246, 259, 275, 291, 325, 328, 402, 496, 497, 545, 589, 597, 606, 610, 661, 665, 749, 775, 790, 791, 798, 801, 812
Shaw, George Bernhard 152, **358**, 781
Shdanow, Andrej Alexandrowitsch 640, 643
Sibylle Ursula von Braunschweig 87
Sieburg, Friedrich **395**, *484*, *488*, *571*, 648, *731*, *732*, *733*, *754*, 766
Silone, Ignazio (d.i. Secondo Tranquilli) **388**, 783
Simmel, Johannes Mario **622**
Simon, Jana **813**
Simrock, Karl 17, 38, 54, 227
Skácel, Jan 693
Snorri Sturluson 11
Sokrates 61, 113
Sommer, Ernst 379, **384**
Sophokles 114, 153, 157, 161, 340, 498, 547, 590, 818
Sorge, Richard Johannes **368f.**
Späth, Gerold **561f.**
Spee von Langenfeld, Friedrich 72, **78**
Speeth, Margarete von 229
Spener, Philipp Jacob **101**
Spengler, Oswald **389**, 392, 414
Sperber, Manès **580f.**, *622f.*, 802
Sperr, Martin 595, **746f.**
Spervogel (Herger, Kerling) **31**
Speyer, Wilhelm 462
Spiel, Hilde 457, **459**, *578*, 602, 620
Spielhagen, Friedrich *248*, **253**, 264, 308
Spiess, Heinrich **168**
Spillner, Wolf 647
Spinoza, Baruch von 94
Spitteler, Carl **324**, 420
Spoerl, Heinrich **514**
Spranger, Eduard 483
Sprickmann, Matthias 227
Spunda, Franz **515**
Srbik, Heinrich Ritter von **389**, 483
Staden, Siegmund Gottlieb 73, 86
Stadion-Warthausen, Friedrich Graf von 104, 106
Stadler, Arnold **827**
Stadler, Ernst 321, 360, **363f.**
Staël, Madame de 156, **173**, 176, 178, 192, 468
Stagel, Elsbeth **46**

Staiger, Emil **535**, 559
Stalin, Jossif Wissarionowitsch 446, 462, 567, 642, 646, 648, 687, 798, 799, 802
Stamm, Peter **564**
Stanislawski, Konstantin 639, 659
Steckel, Leonard 462
Steele, Richard 93
Stefan, Verena **564**, 566
Steffens, Henrik 171
Steffin, Margarete 403, 465
Steiger, Dominik 612
Stein, Charlotte von 138ff., 141, 188
Stein, Peter 164, 217, 737, 743, 748, 749
Steinbach, Erwin von 116
Steinbeck, John **443**, 531
Steinhöwel, Heinrich **51**
Stendhal (d.i. Henri Beyle) 204, 247, 269, 350, 389, 395, 396, 428, 619, 814
Sterchi, Beat **564**
Stern, Carola (d.i. Erika Assmus) **790**, *811*, *814*
Sterne, Laurence 93, 105, 112, 154, 577, 619
Sternheim, Carl 336, 361, **367f.**
Stieglitz, Charlotte Sophie **207**
Stieler, Caspar 80
Stifter, Adalbert 148, 156, 202, 206, 235, **238f.**, 242, 249, *254f.*, 300, 376, 379, 425, 574, 693, 814
Stirner, Max (d.i. Johann Kaspar Schmidt) **205**
Stockfleth, Maria Katharina von 75
Stolberg-Stolberg, Christian Graf zu 119, **122**
Stolberg-Stolberg, Friedrich Leopold Graf zu 119f., **122**
Storm, Theodor 182, 244, 245, 246, 247, 248, **255ff.**, *283ff.*, 389, 751
Strachwitz, Moritz Graf von **329**
Stramm, August 358, **364**, 376, 685
Straub, Jean-Marie 751
Strauß und Torney, Lulu von 123, **330**
Strauß, Botho 737, 743, **748f.**, *789*, 806, *815*
Strauß, David Friedrich 62, 171, **205**, 244
Strauß, Emil 147, **520**
Strauss, Richard 290, 315, 340, 398, 481, 524
Streeruwitz, Marlene **597**, 635
Streich, Albert **551**
Streicher, Julius 483
Stricker, Der 40
Strindberg, August 290, 289, 332, 356, 366, 372
Strittmatter, Erwin 641, 643, 665, 668, 690, **704**
Strittmatter, Eva 690

Struck, Karin **790**
Stuckrad-Barre, Benjamin von **825**
Suchensinn 54
Suchenwirt, Peter 54
Sudermann, Daniel 294
Sudermann, Hermann 291, **294**, *297*, 367, 751
Sue, Eugène 234, 253
Suhrkamp, Peter 440, **483**, 533, 537f., 699, 721
Süskind, Patrick **792**
Suttner, Bertha von 314, 790
Sveinsson, Brynjolfr 11
Swift, Jonathan 93, 112, 123
Sybel, Heinrich von 268, **269**
Szabó, István 454, 752

Tacitus 10, 60, 247, 414
Taine, Hippolyte 288
Tasso, Torquato, 58, 179
Tau, Max 724, **769**
Tauler, Johannes 42, **46**
Tawada, Yoko **826**
Terenz 18, 60, 69, 70, 84
Tersteegen, Gerhard **101**
Tetzel, Johannes 62
Tetzner, Gerti **710**, 715
Textor, Katharina Elisabeth → Goethe, Katharina Elisabeth
Thackeray, William Makepeace **204**, 248, 265
Theodulf 15
Theokrit 100, 101
Thieberger, Richard 587
Thieß, Frank **428**, 439, 479, *521*
Thoma, Ludwig **295**, *346*, 752
Thomas von Aquin 41, **45**
Thomas, Dylan 610, **725**
Thukydides 60
Thürer, Georg 551
Tieck, Dorothea 173, 179
Tieck, Ludwig 148, 170, 172, 174, **175f.**, 179, 181, 191, 193, 198, 792
Tillich, Paul 447
Tischbein, Johann Friedrich 104, 166
Tischbein, Johann Heinrich Wilhelm 131, 143
Tizian 58, 59, 176
Toller, Ernst **370f.**, *445*, 447, *448*, 450, *463*, *468*
Tolstoi, Leo N. **246**, 248, 288, 290, 295, 396, 533, 553, 815
Torberg, Friedrich (d.i. Kantor-Berg) 384, **437**, 569, 618, 620, 736
Tragelehn, Bernd K. 645, 660, 666, 673, 691
Trakl, Georg 358, 359, **361f.**, 363, 365, 411, 414, 601, 603, 604, 606, 609, 610, 653, 756
Treitschke, Heinrich von 268, **269**
Trojanow, Ilija **826**
Trotta, Margarethe von 778
Tschechow, Anton 197, 248, 313, 315, 351, 533, 593

Tschesno-Hell, Michael **701**
Tucholsky, Kurt **395f.**, *418f.*, 430, 440, 483, 760, 795, 812
Tumler, Franz 483, **522**, *574f.*, *623f.*
Turgenjew, Iwan 246, 248, 255, 301, 303, 313, 351, 752
Turrini, Peter **594f.**, *600*, 615, 631
Tutilo 10, 11
Tzara, Tristan **375f.**

Uhland, Ludwig 34, 54, 123, 171, 194, **199f.**, 225, 227, 670, 787
Uhse, Bodo 428, **445**, 446, 650, 652, 701
Ulbricht, Walter 639, 642, 644, 646, 666, 684, 799, 802
Ulfilas (Wulfila) 13, 63
Ulrich von Lichtenstein *31*, **39**
Unamuno, Miguel de **388**, 519, 815
Ungar, Hermann 379, **383f.**
Ungaretti, Guiseppe 358, 606
Unruh, Fritz von **369**, 477
Unseld, Siegfried 721
Urzidil, Johannes 378, 379, 383, 384, 570
Uslar, Moritz von **816**
Uz, Johann Peter 91, **100**

Valéry, Paul 410, 548, 608, **725**
Varnhagen von Ense 192
Varnhagen, Rahel 190, **192**, 193, 209, 210, 814
Vega, Lope de 73, 173, 216, 588
Veit, Dorothea → Schlegel, Dorothea
Vergil 18, 26, 101, 411, 412
Verlaine, Paul 314, 324, 361, 403, 756
Vesely, Herbert 611, 751
Vesper, Bernward 502, **723**
Vesper, Will **501**, *521*
Veteranyi, Aglaja **566**
Viebig, Clara **297**
Viertel, Berthold 447, **664**, 736
Villon, François (d.i.F. de Montcorbier oder des Loges) 41, **43**, 365, 493, 694, 760
Vischer, Friedrich Theodor 171, **243**, 247, 265, 278
Vischer, Peter 58, 59
Viëtor, Karl 140, 185
Vogel, Henriette 160, 165, 563, 790
Vogeler, Volker 752
Voltaire 93, 98, 152, 328, 389, 815
Vormweg, Heinrich 801
Voß, Johann Heinrich 92, **122**, 148, 252
Vring, Georg von der **413**, *423*, *757*
Vulpius, Christian August 142, 165, **168**
Vulpius, Christiane → Goethe, Christiane von

Wackenroder, Wilhelm Heinrich **174**, 176, 193
Wagner, Cosima 795
Wagner, Heinrich Leopold 92, **121**
Wagner, Richard 38, 54, 70, 193, 197, 204, 246, 272, 275, 276, **278f.**, 317, 322, 389, 481, 496, 630, 746, 794f.
Wagner, Richard **826**
Waiblinger, Wilhelm 171, **787**
Walden, Herwarth (d.i. Georg Lewin) 358, 375, 685
Waldheim, Kurt 572, 577, 594
Waldis, Burkhard 57, **69f.**
Waldmann, Dieter **738**
Wallraff, Günter 734, 784
Walser, Martin 576, *730*, 732, 734, *743*, *750*, 751, *752*, 766, **781f.**, 806, *811*, 820
Walser, Robert **349**, 528, 529, 563, 656, 763
Walter, Johann 65
Walter, Otto F. *545*, 557, **558**
Walter, Silja *545*, *551*
Wälterlin, Oskar 462
Walther von der Vogelweide 28, *31*, 32, 34, **35f.**, 36, 39, 41, 54, 178, 570
Wander, Maxie **654f.**
Wangenheim, Gustav von **463f.**, 468, 477, 498, 657, 668
Wangenheim, Inge von **655**
Wapnewski, Peter 36, 41, 279
Wassermann, Jakob **421f.**, 477
Watteau, Jean Antoine 93, 98, 99
Watzlik, Hans **346**, 377
Weber, Alfred 407, 809
Weber, Bruno 811
Weber, Friedrich Wilhelm **282**
Weber, Peter 529
Weber, Werner **535**
Webster, John 790
Wedekind, Frank **335f.**, 342, 357, 366, 367, 368, 372, 403, 791, 816
Wedekind, Pamela 367
Weerth, Georg **212**, 364
Wegener, Paul 357
Wehner, Josef Magnus **426**
Weidig, Friedrich Ludwig 208
Weigel, Hans 569, **573**, 574, 585, *586*, **619f.**, 624
Weigel, Helene 403, 466, 573, 654, 660, **661ff.**, **665f.**, 669, 675, 800

Weill, Kurt 388, 404, 467
Weinert, Erich 418, **470**, *682*
Weinheber, Josef **414f.**, *501*, 502, 602, 610
Weininger, Otto 367
Weise, Christian 72, **84**, 89
Weisenborn, Günther **499**
Weiskopf, F. C. **382**, 395, 649, 652
Weiß, Ernst 379, **382**, 437, 440, *458*
Weiss, Konrad **411f.**
Weiss, Peter 157, **659f.**, 676, 736, 737, 739, **741ff.**, *784f.*, 798
Weiss, Rainer 756
Weiß, Walter 569, 571
Weiße, Michael **65**
Weissglas, Imanuel **606**, 607
Wekwerth, Manfred **664f.**, 667, 670
Wellershoff, Dieter 483, *749*, *750*, 754, **785f.**, *812*
Welskopf-Henrich, Liselotte **681**
Wendt, Albert **677**
Werfel, Franz 358, 359, *361*, 369, 377f., 379, **383**, 384, 449, *460f.*, *468*, 477, 571
Werner, Josef Magnus **424**
Werner, Markus **562**
Werner, Zacharias 184, **194**, 215, 635
Wernher (Priester) **22**
Wernher der Gartenaere **40f.**, 586
Wernicke, Christian **83**
Wesker, Arnold 610
Wessel, Horst 502
Wessely, Paula, 337, 596
Westheim, Paul 507
Weyrauch, Wolfgang 502, 722, 730, *749*, **750**
Whitman, Walt 356, 364
Wichern, Johann Hinrich 245
Wickert, Erwin **749**
Wicki, Bernhard **752**
Wickram, Jörg 58, **68f.**
Wiclif, John → Wyclif(fe), John
Widmer, Urs 529, 535, **546f.**, *548*, 557, *561*, 815
Wiechert, Ernst **487**, *521*, 538
Wied, Martina **411**, *458*
Wiedmann, Matthias 492
Wiegler, Paul 384, *648*
Wieland, Christoph Martin 91, 99, **104ff.**, 121, 132, 133, 134, *135ff.*, 144, 159, 161, 165, 170, 184, 185, 200, 547
Wienbarg, Ludolf **207**

Wiener, Oswald 611
Wiens, Paul **650**, 798
Wiese, Benno von 152, 483, *733*
Wiesner, Heinrich *531*, 538
Wilbrandt, Martin von **250**
Wilde, Oscar 315, 320, 632
Wildenbruch, Ernst von **280**, 298, 334
Wilder, Thornton **388**, 499, 622, 767
Wilhelm IX., Graf von Poitiers (Poitou), Herzog von Aquitanien 31, 34
Willemer, Marianne von **186**
Willkomm, Ernst Adolf **207**, 265
Winckelmann, Johann Joachim 71, 108, 115, 130, 174
Winder, Ludwig 379, **382**, 459
Windhorst, Ludwig 300
Winkler, Josef **632**
Winzer, Bruno **655**
Witkop, Philipp **393**, 492
Wittenwiler, Konrad 39, 41, **51f.**
Wittgenstein, Ludwig 568, 578, 605
Wittlinger, Karl **738**, *752*
Wogatzki, Benito **680**, 681
Wohlgemuth, Otto **365**
Wohmann, Gabriele *750*, *753*, 766, **783**
Wolf, Christa 643, *647*, 650, *652f.*, *654f.*, *679*, *702*, 704, 707, **708f.**, *710*, *714f.*, 801, 804, 806, *810*, 813, *824*
Wolf, Friedrich 398, **406**, 463, 450, 477, 499, 500, 528, 656, 667, 681
Wolf, Hugo 197, 229, 246, 451
Wolf, Konrad 463, 656, 708
Wolf, Markus **656**
Wolfe, Thomas **443**, 767
Wolfenstein, Alfred 440
Wolff, Christian 91, **94**, 97, 98
Wolff, Julius **249**
Wolff, Kurt 358, 365, 379, 411
Wölfflin, Heinrich 71
Wolfgruber, Gernot 631
Wolfram von Eschenbach 26, **28f.**, 35, 36, 38, 39, 54, 178, 363, 560
Wolfskehl, Karl 13, **324**, *473*
Wolzogen, Caroline von **167**, 814
Wolzogen, Ernst von **296**, 298, 344
Wolzogen, Henriette von 125

Wondratschek, Wolf *751*, **763**
Woolf, Virginia **388**, 767
Wotruba, Fritz 572, 580
Wulfila → Ulfilas
Wuttig, Heinz Oskar 749
Wyclif(fe), John 43, 50

Xenophon 137

Young, Edward 120

Zadek, Peter *737*, 743
Zaimoglu, Feridun **826**
Zand, Herbert *576*, *603*, 615, **616**, 622
Zech, Paul 360, 365, 446, *455f.*
Zelter, Karl Friedrich 184, 187
Zemp, Werner **548**
Zenge, Wilhelmine von 159, 160, 563
Zerkaulen, Heinrich 492, 494
Zesen, Philipp von 72, **74**, 75, 80, 87
Ziemer, Renate 812
Zigler und Kliphausen, Heinrich Anselm von **87**
Zille, Heinrich 290
Zillig, Winfried 401
Zimmermann, Bernd Alois 121
Zinner, Hedda 656, *657*, *676*, **710**
Zinzendorf, Nikolaus Ludwig Reichsgraf von **101**
Zoderer, Joseph 614, **624**
Zoff, Marianne 403
Zola, Émile 248, 287, 288, 289, **290**, 295, 296, 297, 305, 389, 553, 809
Zorn, Fritz **535**, 539
Zschokke, Alexander 530
Zschokke, Johann Heinrich Daniel 162
Zuckmayer, Carl **407**, 408, *464*, 499, 521, 529, 532, 736, *737*, 751, 752
Zur Mühlen, Hermynia 457, **459**
Zweig, Arnold 423, **425**, 447, 456, 649, 681, **700f.**
Zweig, Stefan 394, **396**, 437, 440, 445, *448f.*, 449, 457, 458, 459, 477, 481, 571, 578, 726
Zwerenz, Gerhard 645, 707, 747, 795
Zwingli, Ulrich 61

Das Register verzeichnet wichtigere oder ausführlicher behandelte Werke vorzugsweise der bedeutenderen Autoren. In allen anderen Fällen sind die Werke in den Seitenangaben zu den jeweiligen Verfassern im Personenregister inbegriffen. Das Register umfasst ferner Titel von anonym erschienenen Werken sowie eine Auswahl der im Text genannten Zeitungen, Zeitschriften und Almanache (gerade Schrift). Längere Titel werden z. T. in verkürzter Form angegeben.

A la recherche du temps perdu 358, 566, 767
A Midsummer Night's Dream 104, 136, 275, 775
Abendländische Elegie 504
Abendlicht 655f.
Abfall für alle 808
Abgelegene Gehöfte 510f.
Abrogans, Deutscher → *Deutscher Abrogans*
Abschied von den Feinden 822f.
Abschied. Einer deutschen Tragödie erster Teil 640
Absurda Comica. Oder Herr Peter Squentz 85
Abu Telfan 266
Abwässer – ein Gutachten 536
Adam und Eva 671
Adjutantenritte und andere Gedichte 298
Affentheurliche und ungeheurliche Geschichtsschrift vom Leben, Rhaten und Thaten der Helden Gargantoa und Pantagruel 67
Afrikanische Spiele 485
Agamemnons Tod 498
Agimos oder die Weltgehilfen 524
Agnes Bernauer 276f., 748
Agnes von Lilien 167
Agrippina 86
Ahasver 703
Ahnen und Erben 710
Ahnung und Gegenwart 198
Akzente 759, 763
Albissers Grund 560f.
Alemannische Gedichte 167
Alexanderlied 23
Alfred Adler. Der Mensch und seine Lehre 581
Algabal 324
All das Vergangene 581
Alle Männer in Europa haben versagt 449
Aller Tage Abend 577, 736
Allgemeine Zeitung 212, 231, 271
Almanach Cabaret Voltaire 376
Alpensaga 600, 615
Als der Fremde kam 459
Als der Krieg zu Ende war 542
Als Hitler das rosa Kaninchen stahl → *When Hitler Stole Pink Rabbit*
Als ich noch ein Waldbauernbub war 252
Als Vaters Bart noch rot war 783
Als wär's ein Stück von mir 532
Also sprach Zarathustra 318
Altdeutsche Genesis 21
Altdeutsche Volks- und Meisterlieder 54
Alte hoch- und niederdeutsche Volkslieder 54
Altershausen 310
Altes Sigurdlied 11, 12, 37
Am Abgrund 629
Am Himmel wie auf Erden 517, 518
Am kürzeren Ende der Sonnenallee 823
Am Sarazenenturm 770
Am Ziel 593

Amadisroman 86
Amanda 710f.
Amaranth 281f.
Ambraser Heldenbuch 38
Amphitryon 161
Amras 626
An den christlichen Adel deutscher Nation 62
An den Leser 361
An die Freude 133
An die Nachgeborenen 470, 694
An die Parzen 158
Anatol 328, 337
Andere Augen 612
Andeutungen über Landschaftsgärtnerei 298
Andorra 542f.
Andreas Hartknopf 166
Andreas oder Die Vereinigten 345f.
Angela Borgia 265
Animal triste 826
Ankunft im Alltag 638, 659, 709
Anmerkungen zu Hitler 730
Anna Göldin, letzte Hexe 565
Anna Karenina 246, 288, 651
Annolied 21
Anrufung des großen Bären 605
Anschwellender Bocksgesang 806
Ansichten eines Clowns 778
Ansprache im Goethejahr (Th. Mann) 532
Antigone (Sophokles) 661
Anton Reiser 166, 305
Antwort eines Deutschen 521
Aphorismen (Ebner-Eschenbach) 302
Apis und Este 513
Aprèslude 755
Aquis submersus 256
Arbeiter-Zeitung 430
Arbeitsjournal (Brecht) 659, 662
Arc de Triomphe 771
Ardinghello 92, 124, 177
Arminius 62
Armut, Reichtum, Schuld und Buße der Gräfin Dolores 182
Arnsteiner Mariengebet 22
Asmus omnia secum portans → *Der Wandsbecker Bothe*
Ästhetik oder Philosophie der Kunst 243, 275
Ästhetik oder Wissenschaft des Schönen (Vischer) 244
Ästhetische Feldzüge 207
Athenäum 170, 173, 174, 178, 179, 191
Atlilied 11, 10, 37
Atta Troll 208, 227
Auf andere Art so große Hoffnung 653
Auf dem Chimborazo 745
Auf dem See 120
Auf den Marmorklippen 513

Auf der Suche nach der verlorenen Zeit → *A la recherche du temps perdu*
Auf der Suche nach Gatt 709
Auf der Suche nach Kakanien 569
Auf eine Lampe 230
Aufbau 447, 478, 687, 711
Aufgeklärte Märchen 792
Aufruf zum Misstrauen 573f.
Aufs Rad geflochten 795
Aufsatz, den sichern Weg des Glücks zu finden 160
Aufschreibung aus Trient 624
Aufstand der Fischer von St. Barbara 429
Aufstieg und Fall der Stadt Mahagonny 404
Aufzeichnungen aus einem Erdloch 774
Augsburger Anzeiger 479
*Aurora, das ist: Morgenröthe … * 90
Aus dem Leben eines Taugenichts 171, 198f., 681
Aus dem Tagebuch einer Schnecke 730, 780
Aus der Fremde 600
Aus der Triumphgasse 347
Aus Eduard Allwills Papieren 124
Aus einem Lesebuch für Städtebewohner 417, 495
Aus guter Familie 297f.
Aus Halb-Asien 274
Aus meinem Leben. Dichtung und Wahrheit 81, 99, 114, 116, 122, 127, 142, 185
Ausdruckswelt 490
Außer Dienst 303
Austerlitz 822
Austria as it is 213, 240, 377
Auszug aus dem Elfenbeinturm 782

Baal 403f.
Bahnwärter Thiel 296f.
Baiyun oder die Freundschaftsgesellschaft 560
Barbara oder die Frömmigkeit 377, 383
Bargfelder Bote 776
Batyscaphe oder Die Hölle ist los 589
Beate und Mareile 343
Bebuquin oder Die Dilettanten des Wunders 374
Becket oder die Ehre Gottes 265
Begegnung im Nebel 622
Beichte eines Mörders 459
Beiträge zur Kritik der Sprache 319
Beiträge zur Theorie und Technik des Romans 248, 253
Bekannte Gesichter, gemischte Gefühle 749
Bekenntnisse → *Confessiones*
Bekenntnisse des Hochstaplers Felix Krull 353, 553f.
Bekenntnisse eines modernen Malers 619
Benediktbeurer Handschrift 30
Benediktbeurer Weihnachtsspiel 47
Bericht über Bruno 768

Berittener Bogenschütze 791f.
Berlin Alexanderplatz 374, 435, 752
Berlin W. 298
Berliner Abendblätter 163, 165, 193
Berliner Börsen-Courier 394, 739, 773
Berliner Figaro 281
Berliner Kindheit um Neunzehnhundert 397
Berliner Tageblatt 395
Berner Volkszeitung 543
Beschreibung eines Dorfes 768
Besy (Die Dämonen) 288, 621
Betrachtungen eines Unpolitischen 322, 351
Bettleroper 404
Bibelübersetzung des Ulfilas 13f.
Biedermann und die Brandstifter 547
Bildbeschreibung 674
Bilder aus der deutschen Vergangenheit 254,
    271, 726
Billard um halb zehn 751, 766, 778
Biographie. Ein Spiel 542f.
Biosphärenklänge 548
Bis bald 563
Bis man mir Scherben auf die Augen legt 581
Blätter für die Kunst 326
Blätter und Steine 485
Blaubart 555
Blechschmiede 299
Blick auf Jean Paul 156
blindenschrift 762
Blinder Sommer 609
Blitzeis 564
Blösch 564
Blut am Halse der Katze 747
Blütenstaub 178
Blütezeit der Romantik 322
Bohemia 382, 393
Böhmen liegt am Meer 606
Böhmische Bezauberungen 488
Böhmische Juden 252
Bordesholmer Marienklage 48
Bork 562
Börsenblatt des deutschen Buchhandels 635
Bottroper Protokolle 734, 744
boulevard bikini 551
Božena 301
Brände kommen unterwegs 563
Brandeis 560
Brandung 781f.
Brat'ja Karamazovy 288, 290
bräutigall und anonymphe 587
Bremer Beiträge 98
Brief an den Dekan der philosophischen Fakul-
    tät 448
Brief an den Vater 381
Brief an Deutschland (Hesse) 533
Briefe (Hesse) 533
Briefe des Zurückgekehrten 316
Briefe aus England 112
Briefe aus Paris 209
Briefe eines Verstorbenen 212
Briefe nebst einer Abhandlung von dem guten
    Geschmack in Briefen 99
Briefe über den heiligen Hieronymus 49
Briefe, die neueste Literatur betreffend 91, 108
Brigitta 238f.
Bronsteins Kinder 803

Brot und Spiele 779
Bruder Eichmann 740
Brunsleben 562
Brutalitäten 296
Buch der Hymnen 20
Buch der Lieder 199, 225, 226
Buch von der deutschen Poeterey 74
Bücherbesprechung 395
Büchlein der ewigen Weisheit 46
Büchlein der Wahrheit 46
Buckower Elegien 684
Buddenbrooks 295, 350, 351f., 420, 435, 753
Bundeslied für den allgemeinen deutschen Ar-
    beiterverein 281
Bunte Steine 238f.
Burg 232
Bürgermeister Anna 667
Burgtheater 596
Buridans Esel 677, 681
BZ am Mittag 773

Cabanis 235
Camaradas 470
Canossa 497
Canterbury Tales 41, 43, 136
Canto 560
Carleton 547
Carmina Burana 30, 33, 47
Casanovas Heimfahrt 431
Caspar Hauser 421
Castellio gegen Calvin 449
Catharina von Georgien 85
Cenodoxus 84, 399
Change 589
Chanson de Roland 23
Charles Bovary, Landarzt. Porträt eines einfa-
    chen Mannes 582
Charlotte Stieglitz, ein Denkmal 207f.
Charly Traktor 628
Chausseen, Chausseen 797f.
Childe Harold's Pilgrimage 206
Christian Friedrich Scherenberg und das litera-
    rische Berlin 308
Christiane und Goethe 188, 814
Christinas Heimreise 340f.
Christoph Pechlin 266
Chronika eines fahrenden Schülers 182
Clara S. 596
Clavigo 119
Clemenceau 445
Clemens Brentanos Frühlingskranz 192
Cleopatra 86
Codex argenteus 13f.
Colberg 275
College Crampton 292
Collin 703f.
Confessiones 14
Critische Abhandlung von dem Wunderbaren
    in der Poesie 100
Cromwell 678

D. Katzenbergers Badereise 156
DADA 376
Dada Almanach 376
Dafnis 299
Damals war es Friedrich 793

Dämmerungen für Deutschland 156
Danae oder die Vernunftheirat 524
Dantons Tod 222f., 287, 370, 573
Daphne 86
Das Abenteuer meiner Jugend 488
Das abenteuerliche Herz 392
Das alte Wagnis des Gedichts 416
Das Amulett 264
Das Augenspiel 580
Das Augsburger Liederbuch 54
Das Beil von Wandsbek 456, 701
Das Bergwerk von Falun 339
Das Bettelweib von Locarno 165
Das blaue Haus 563f.
Das Blütenstaubzimmer 566
Das Brandopfer 770
Das Brot der frühen Jahre 751, 777
Das Buch Annette 116
Das Buch der Zeit 298
Das Cajütenbuch 241
Das Dekameron → Il Decamerone
Das dicke Kind 768
Das dreißigste Jahr 625
Das dritte Buch über Achim 796
Das dritte Geschlecht 344
Das Eigentum 697
Das einfache Leben 521
Das Einhorn (Walser) 781
Das Einhorn (Wied) 458
Das Ende der Fiktionen 540
Das Erbe am Rhein 428
Das Erlebnis des Marschalls von Bassompiere
    345
Das Erlebnis und die Dichtung 318
Das erzählte Ich 813
Das Fähnlein der sieben Aufrechten 261
Das falsche Gewicht 459f., 752
Das fließende Licht der Gottheit 44f.
Das Fossil 368
Das Fräulein von Scuderi 196
Das fünfte Jahr 624
Das Geheimnis der alten Mamsell 245, 772
Das geistliche Jahr 228
Das Gemeindekind 301
Das Gesetz 508
Das Glasperlenspiel 423, 440, 522f.
Das Glück 711
Das Glück beim Händewaschen 624
Das Glückhaft Schiff von Zürich 68
Das goldene Vließ 215
Das goldene Zeitalter 578
Das gottgelobte Herz 515
Das Göttingische Magazin der Wissenschaf-
    ten und der Literatur 166
Das Grab im Busento 226
Das große Protokoll gegen Zwetschkenbaum
    458, 620
Das große Welttheater 398
Das Haus Reichegg 303
Das heilige Experiment 465, 587
Das Honditschkreuz 625
Das Ideal und das Leben 145
Das Impressum 706
Das Innere Reich 488, 489, 507, 688
Das Inselreich 484
Das Jahr der Seele 325

Das Judenauto 705
Das junge Europa 207, 221
Das jüngste Gericht des Michelangelo Spatz 628f.
Das Kalkwerk 626
Das kalte Licht 737f.
Das Kapital 245
Das Käthchen von Heilbronn 117, 162f.
Das Kerbelgericht 548
Das Krähennest 458
Das Kunstblatt 507
Das kunstseidene Mädchen 428
Das Kutschpferd 99
Das Labyrinth 427
Das Lalebuch → Die Schiltbürger
Das Land Südtirol 574f.
Das Leben der schwedischen Gräfin von G... 99
Das Leben des Feldmarschalls Grafen Neidhardt von Gneisenau 272
Das Leben des Feldmarschalls Grafen Yorck von Wartenburg 272
Das Leben des Jean Paul Friedrich Richter 652
Das Leben ein Traum → La vida es sueño
Das Leben Jesu, kritisch bearbeitet 205, 244
Das Lied von Bernadette 461
Das Lied von der Glocke 146
Das liet von Troye 27
Das literarische Deutschland 427
Das Lochamer Liederbuch 54
Das Mädchen aus der Feenwelt 219
Das Mädchen von Treppi 250
Das Märchen (Schnitzler) 337
Das Marmorbild 198
Das Münchener Liederbuch 54
Das Mündel will Vormund sein 591
Das Narren Schyff 66
Das Nest der Zaunkönige 271
Das neue Reich 414
Das neunzehnte Jahrhundert. Ausdruck und Größe 575
Das Nordlicht 326f.
Das Odfeld 309
Das Opfer 494
Das österreichische Wort 570
Das Parfum 792
Das Recht der Mutter 297
Das Reich 483, 512
Das Reich der Dämonen 521
Das Röcheln der Mona Lisa 599
Das Rollwagen büchlin 68
Das Rosenband 103
Das Schiff Esperanza 750
Das Schiff im Gebirge 630
Das Schloß 380
Das Schloß Dürande 198
Das schöpferische Mißtrauen 569
Das schwarze Korps 482, 483
Das Schweißtuch der Veronika 427, 516
Das serbische Mädchen 780
Das siebte Kreuz 429, 456f., 702
Das Sinngedicht 261
Das Slawenlied 382
Das Spiel vom Fragen 591
Das Spiel von Job dem Deutschen 492
Das steinerne Herz 775
Das Stundenbuch 331

Das Tagebuch 405
Das Tage-Buch 483
Das Tal von Lausa und Duron 522
Das Treffen in Telgte 780
Das Treibhaus 773
Das trunkene Schiff → Le bateau ivre
Das unauslöschliche Siegel 518
Das unbesetzte Gebiet 825
Das unglückliche Bewußtsein 731
Das unverwesliche Erbe 769
Das Urteil 382
Das Vaterspiel 634
Das Verhör des Lukullus 466, 665f.
Das Verhör von Habana 815
Das verlorene Paradies → Paradise Lost
Das Vermächtnis Kains 303
Das Verschwinden des Schattens in der Sonne 628
Das Verschwinden des Schriftstellers 790
Das Versprechen 548, 556
Das Volksbuch von Herzog Ernst (Hacks) 670
Das Vorbild 779
Das Waisenhaus 788
Das war der Hirbel 793
Das Wasserzeichen der Poesie 765
Das Weberlein → Tkadleček
Das Weiberdorf 297
Das weiße Taschentuch 783
Das Wesen des Christentums 244
Das wilde Kärnten 632
Das Wort 426, 446, 449, 469, 487
Das Wunschkind 427
Das wüste Land → The Waste Land
Das Zöglingsheft des Jean Genet 632
Das zwanzigste Jahrhundert 351
Datterich 221
David Copperfield 204, 248
Davor 744
De civitate Dei 14
De parabell vam verlorn Szohn 69f.
Decision 444, 447
Deine Söhne, Europa 511
Demetrius (Hebbel) 278
Demetrius (Schiller) 154, 278
Demian 422
Den Wolf umarmen 729
Denkrede auf Jean Paul 210
Denkwürdigkeiten (Pirkheimer) 60
Denkwürdigkeiten aus meinem Leben (Pichler) 300
Denkwürdigkeiten und Erinnerungen eines Arbeiters 315
Der Abend 197
Der abentheurliche Simplicissimus 72, 87f., 465
Der Abituriententag 383
Der Ackermann aus Böhmen und der Tod 49, 50f.
Der Ackermann aus Kärnten 632
Der Alpenkönig und der Menschenfeind 219
Der alte Fontane 320
Der Amerikamüde 253
Der Anfang kühlerer Tage 415
Der Antichrist 445, 446
Der Arbeiter. Herrschaft und Gestalt 392
Der arme Heinrich 28, 563
Der arme Spielmann 242, 250, 301, 574

Der Arzt Gion 425f.
Der Arzt von Stalingrad 772
Der Aufruhr in den Cevennen 176
Der Augenzeuge 700
Der Ausbruch des Ersten Weltkriegs 629
Der Ausflug der toten Mädchen 457
Der Barometermacher auf der Zauberinsel 219
Der Bau 673, 689
Der bekränzte Weiher 521
Der Besuch der alten Dame 544, 548
Der Biberpelz 292, 333, 367,665
Der Biedermann 97
Der blaue Kammerherr 524
Der blaue Siphon 561
Der Blinde 543
Der blonde Eckbert 176
Der böse Geist Lumpazivagabundus 219
Der Boxer 713
Der Brenner 358, 411, 603
Der Butt 780
Der Büttnerbauer 297
Der Cicerone 271
Der Dada 376
Der Demokrat 359
Der deutsche Teufel 304f.
Der Einzige und sein Eigentum 205
Der Engel mit der Posaune 619
Der entfesselte Wotan 371
Der Erbförster 275
Der erste Tag 522
Der Erwählte 28, 452
Der Fall Gouffé 769
Der Fall Gütersloh 619
Der Fall Wagner 317
Der falsche Woldemar 235
Der farendt Schueler im Paradeiss 70
Der Findling 165
Der Fragebogen 478, 711, 729
Der fremde Freund → Drachenblut
Der Friedhof der bitteren Orangen 632
Der fröhliche Weinberg 407
Der Frühling 97
Der Fuchs war schon damals der Jäger 826
Der fünfte Stand 576
Der Fürst → Il principe
Der Garten der Erkenntnis 345
Der Garten des Theophrast 685
Der Gastfreund 215
Der gerechte Richter 702
Der Gesandte 547
Der Gesang im Feuerofen 737
Der Gesellschaftsvertrag → Du contrat social
Der gestiefelte Kater 170, 176
Der gestohlene Himmel 460f.
Der geteilte Himmel 643
Der Glückssucher und die sieben Lasten 470
Der goldene Topf 196
Der goldne Spiegel 105, 106, 133
Der Goldtfaden 69
Der Golem 348, 384
Der Gouverneur 770
Der Graf von Ratzeburg 371
Der große Krieg der weißen Männer 423, 425, 700f.
Der große Krieg in Deutschland 323
Der große Kurfürst 497

Der große Verzicht 574
Der Großtyrann und das Gericht 512, 517
Der grüne Heinrich 243, 244, 257f., 260, 353
Der grüne Kakadu 338
Der grünenden Jugend überflüssige Gedanken 84
Der gute Gerhard 40
Der gute Gott von Manhattan 598, 749
Der gute Mensch von Sezuan 466f., 528
Der habsburgische Mythos in der österreichischen Literatur → Il mito absburgico nella letteratura austriaca moderna
Der Hagestolz 239
Der Haß 443
Der Hauptmann von Köpenick 407, 752
Der Hausierer 600
Der Heilige 264f.
Der helle Tag 502
Der Henker 516
Der Herr Karl 585
Der Hessische Landbote 208, 209, 222
Der Hofmeister 121, 664, 731
Der Hohlweg 706
Der Horizont 548
Der Hungerkünstler 382
Der Hungerpastor 266, 309
Der Hüter des Misthaufens 792
Der Ignorant und der Wahnsinnige 592f.
Der innere Bezirk 775
Der Judenstaat 315
Der junge Gelehrte 107, 109
Der junge Mann 789
Der jüngste Tag 464
Der Katzensteg 297
Der kaukasische Kreidekreis 467f., 648, 660
Der Keller 579
Der Ketzer von Soana 423
Der kleine Herr Friedemann 351
Der Knabenteich 415
Der König 491
Der König David Bericht 703
Der Kopf 421
Der Kopflohn 456
Der Kühlpsalter 90
der künstliche baum 613
Der Landvogt von Greifensee 261, 563
Der lange Weg des Lukas B. 793
Der Lebemann 628
Der Leibhaftige 521
Der letzte Advent 516
Der letzte Held von Marienburg 199
Der Leutnant Yorck von Wartenburg 524f.
Der Leviathan 459
Der Lohndrücker 672
Der Löwe 514
Der Mädchenkrieg 799
Der Maler des Königs 816f.
Der Mann im Schilf 623
Der Mann im Strom 778f.
Der Mann ohne Eigenschaften 354, 400, 433f., 568
Der Mann von Asteri 516
Der Marquis von Keith 336
Der Meineidbauer 279
Der Mensch erscheint im Holozän 555
Der Mensch steht auf 361

Der Merseburger Zauberspruch (Roth) 386, 394, 395
Der Messias 92, 103, 104
Der Meteor 545
Der Monat 787
Der Müll, die Stadt und der Tod 747
Der Müller von Sanssouci 670
Der Mythos des 20. Jahrhunderts 482
Der Mythos von Sisyphos → Le mythe de Sisiphe
Der Nachsommer 254
Der Narr in Christo Emanuel Quint 350
Der neue Ahasver 296
Der Nibelunge Not 497
Der Nordische Aufseher 102
Der Nullpunkt 794
Der Opernball 634
Der Opfergang 522
Der Panther 331, 782
Der Patriot 96
Der Pfarrer von Kirchfeld 252, 279
Der Phantasus 299
Der Plan 629
Der plebejische Intellektuelle 795
Der Pojaz 305
Der Prager Kreis 378, 382
Der Primator 304
Der Proceß (Kafka) 380
Der Prozeß (Weiss) 743
Der Prozeß der Jeanne d'Arc zu Rouen 500, 660, 665
Der Ptolemäer 490
Der Rabbi von Bacharach 252
Der Rangierbahnhof 297
Der rasende Reporter 393
Der Raubgraf 249
Der Richter und sein Henker 548, 555
Der Ring 41, 51f.
Der Ring des Nibelungen 38, 193, 246, 278f.
Der Ritt auf die Wartburg 748
Der Ritt über den Bodensee 591
Der römische Brunnen 286
Der Rosenkavalier 341
Der Rosenroman 41, 43
Der Rote Ritter 29, 560
Der Rückzug 508
Der Ruf 480, 490, 603, 717, 719, 776, 782, 784
Der Ruinenbaumeister 618
Der Sand aus den Urnen 608
Der Schatten des Körpers des Kutschers 784f.
Der Schattenfotograf 783
Der Schein trügt 593
Der Schimmelreiter 256f.
Der Schleier der Beatrice 338
Der Schüdderump 267f.
Der Schuhu und die fliegende Prinzessin 671
Der Schüler Gerber hat absolviert 437
Der Schuß auf die Kanzel 562
Der Schuß von der Kanzel 265
Der Schwierige 319, 341, 397, 398, 597
Der siebente Ring 325, 358
Der Sieg der Natur über die Schwärmerei 105
Der Snob 368
Der Sohn 369
Der Sohn eines Landarbeiters 600, 628
Der Spaziergang 146

Der Spiegel 479, 604, 720, 828
Der Spiegel des Hafis 226
Der Sprachabschneider 802
Der SS-Staat 490
Der starke Stamm 746
Der staunenswerte Aufstieg des Alois Piontek 668
Der Stechlin 307f., 715, 753
Der Stellvertreter 676, 737, 741, 744
Der Steppenwolf 422
Der sterbende Cato 98
Der Stern des Bundes 325
Der Sternsteinhof 252
Der Streit um den Sergeanten Grischa 425, 681
Der Sturm 358, 358, 359, 364, 367, 373
Der Stürmer 483
Der Sturz 556
Der Sturz des Engels 653
Der Sülfmeister 249
Der Talisman 219
Der Tangospieler 716
Der Teppich des Lebens 325
Der Teutsche Merkur 133, 134, 136, 144
Der Theatermacher 593
Der Thronfolger 382f.
Der Thyrsosstab 514
Der Tod des Empedokles 159, 402
Der Tod des Kleinbürgers 383
Der Tod des Tizian 339
Der Tod des Vergil 461f.
Der Tod in Rom 773f.
Der Tod in Venedig 353, 420, 774
Der Tod meines Bruders Abel 623
Der Tod von Reval 517
Der tolle Invalide auf dem Fort Ratonneau 265
Der tolle Professor 297
Der Tor und der Tod 339
Der tote Tag 371
Der Totenwald 487
Der Traum ein Leben 216
Der Traum vom Reich 514f.
Der Trompeter von Säckingen 282
Der Tröster 519
Der Turm 575, 602f.
Der Turm von Babel 638, 803, 810, 811
Der Unbestechliche 398
Der unentwegte Platoniker 374
Der Untergang 767
Der Untergang der Titanic 762
Der Untergang des Abendlandes 389
Der Untertan 350, 351, 453, 454
Der Vater (Klepper) 486, 515
Der Vater (Müller) 674
Der Vater (Schädlich) 802
Der Vater (Strindberg) → Fadren
Der Vater eines Mörders 776
Der Verdacht 555f.
Der verschlossene Garten 827
Der Verschwender 219
Der veruntreute Himmel 460
Der vierundzwanzigste Februar 195
Der Vorleser 820
Der Vulkan 454
Der Wagen des Ares 661, 663
Der Waldbruder 124
Der Wandsbecker Bothe 122

Der Waschküchenschlüssel und andere Helvetica 529
Der Webstuhl 524
Der Weg ins Freie 345, 636
Der Weg nach Hassi el emel 616
Der Weg nach Oobliadooh 713f.
Der Wehrwolf 332, 346
Der Weibsteufel 295
Der Weltfreund 361, 383
Der Weltverbesserer 593
Der Wendepunkt 444, 446, 531
Der Winter unseres Missvergnügens 812
Der Zauberberg 402, 420f., 435, 532, 715
Der Zauberring 193
Der zerbrochne Krug 161f., 588, 680
Der Zug nach dem Westen 248
Der Zug war pünktlich 777
Der Zürchersee 102
Des Alkibiades Ausgang 220
Des Jungen Knaben Spiegel 68f.
Des Knaben Wunderhorn 54, 90, 170, 180, 182, 198
Des Lebens Überfluß 176
Des Meeres und der Liebe Wellen 215f.
Des Schweizers Schweiz 538
Des Teufels General 464, 499, 529, 737, 752
Deutsche Arbeit 331
Deutsche Blätter 446
Deutsche Chronik 787
Deutsche Geschichte (Huch) 484
Deutsche Geschichte des 19. und 20. Jahrhunderts (G. Mann) 729
Deutsche Geschichte im 19. Jahrhundert (Treitschke) 269
Deutsche Hörer! 448
Deutsche Kalligraphie 490f.
Deutsche Literatur im bürgerlichen Realismus 244
Deutsche Passion 1933 492
Deutsche Rundschau 265, 349, 395, 782
Deutsche Schaubühne 98
Deutsche Zeitung 787
Deutscher Abrogans 10
Deutscher Geist 332
Deutscher Musenalmanach 200
Deutscher Sinn-Getichte Drey Tausend 82
Deutsches Tagebuch (Kantorowicz) 795
Deutsches Wörterbuch 183
Deutschland – Kein Wintermärchen 653
Deutschland im Herbst 752
Deutschland. Ein Wintermärchen 227
Deutschstunde 779
Dialog vom Tragischen 319
Diatribe 61
Dichter im Abseits 528
Die Abderiten 135f., 547
Die Ahnen 249, 254
Die Ahnfrau 213, 214
Die Akten des Vogelsangs 310
Die Aktion 359, 363, 374, 375, 376, 473
Die Albigenser 205
Die Alpen 97
Die Alternative oder Brauchen wir eine neue Regierung? 730
Die Anarchisten 296
Die andalusische Katze 789

Die andere Seite 348
Die Angst des Tormanns beim Elfmeter 629
Die Archive des Schweigens 629
Die argentinische Nacht 800
Die Argonauten 215
Die Ästhetik des Widerstands 785
Die Atriden-Tetralogie 498
Die Aufgeregten von Goethe 545
Die Aufzeichnungen des Malte Laurids Brigge 331, 365, 347f.
Die Augen der Vernunft 703
Die Aula 706
Die Ausgesperrten 632
Die Ausgewanderten 814
die auswanderer 599
die autobiographie des albert einstein 629
Die Befreiten 463
Die Befristeten 586
Die Begründung des deutschen Reiches durch Wilhelm I. 269
Die Beichte des Narren 295
Die Bekenntnisse des Hochstaplers Felix Krull 553
Die Bergbahn 408
Die Betrogene 553
Die Betrogenen 295
Die Bildschnitzer 295
Die Blechtrommel 752, 766, 780
Die Blendung 438, 580
Die Blumen des Bösen → Les fleurs du mal
Die Blutsäule 623
Die Braut von Messina 152f., 194
Die Brücke von San Luis Rey → The Bridge of San Luis Rey
Die Brüder Karamasow → Brat'ja Karamazovy
Die Brüder von Lasawa 522
Die Bücher der Hirten- und Preisgedichte ... 324f., 326
Die Büchse der Pandora → Lulu
Die Bürger von Calais 371f.
Die Büste des Kaisers 459
Die Canterbury-Geschichten → Canterbury Tales
Die Chinesische Mauer 542
Die Christenheit oder Europa 178
Die Chronik der Sperlingsgasse 266, 347
Die Dämonen (Doderer) 621
Die Dämonen (Dostojewski) → Besy
Die demolierte Literatur 320
Die deutsche Gelehrtenrepublik 104
Die deutschen Kleinstädter 168
Die Dimension des Autors 714
Die Dorfstraße 668
Die Drahtharfe 695
Die drei gerechten Kammacher 258
Die Dreigroschenoper 404, 418, 544
Die dritte Stiege 342f.
Die durchleuchtige Syrerin Aramena 87
Die Ehe des Herrn Mississippi 544
Die Ehre 291, 294, 367
Die Eiche Goethes in Buchenwald 446
Die einzige Geschichte 748
Die Eisheiligen 799
Die Elephantenuhr 783
Die Elixiere des Teufels 196
Die Epigonen 234

Die erdabgewandte Seite der Geschichte 786
Die Erde ist unbewohnbar wie der Mond 747
Die Erfindung der Poesie 615
Die Ermittlung 742
Die Ermordung einer Butterblume 373
Die Eroberung der Prinzessin Turandot 739
Die Eröffnung des indischen Zeitalters 670
Die ersten Unruhen 558
Die Ertzbetrügerin und Landstörtzerin Courasche 87, 465
Die Erziehung des Gefühls → L'éducation sentimentale
Die Erziehung des Menschengeschlechts 111
Die Europamüden 207, 253
Die ewige Frau 516
Die Fabel von der Freundschaft 619
Die Fackel 312, 344, 365, 383, 387, 399
Die Fackel im Ohr 579f.
Die Fahrt zum Leuchtturm → To the Lighthouse
Die Fälschung 786
Die Familie Schroffenstein 161
Die Familie Selicke 294f.
Die Familien Zwirn, Knieriem und Leim 219
Die Fassade 791
Die Feststellung 668f.
Die Feuerprobe 517
Die Feuerzangenbowle 514
Die Finsternisse 498
Die Forschungsreise 561
Die Frau des Pilatus 769
Die Frau ohne Schatten 399
Die Freier 199
Die Freiherren von Gemperlein 302
Die fünfte Grundrechenart 646
Die Furche 576
Die Fürstengruft 124
Die Furt 757
Die Füße im Feuer 286
Die Gallistl'sche Krankheit 781
Die Gänse von Bützow 268
Die Gartenlaube 251, 305, 309, 346
Die Geburt der Tragödie aus dem Geiste der Musik 317
Die gefesselte Phantasie 219
Die geflügelte Erde 327
Die Gegenwart 480, 731
Die geharnschte Venus 80
Die gelibte Dornrose 85
Die gerettete Zunge 579
Die Geschichte des reichen Jünglings 458
Die Geschichte des Tom Jones → The History of Tom Jones 93, 105
Die Geschichte von der 1002. Nacht 460
Die Geschwister 708, 709
Die Geschwister Oppenheim 425
Die Gesellschaft 295, 351
Die Gesellschaft mit Dachboden 524
Die gestundete Zeit 604, 605
Die Geuchmat 67
Die Gewehre der Frau Carrar 465f., 665
Die gläsernen Ringe 516
Die Glückssucher und die sieben Lasten 470
Die Göttinnen oder die drei Romane der Herzogin von Assy 311, 350f.

Die Göttliche Komödie → La Divina Commedia

Die Gräfin von Rathenow 798
Die Grenzboten 275
Die große Entscheidung 586
Die großen Wörter 631
Die größere Hoffnung 617
Die Gründung Prags 182
Die Günderrode 192
Die Haimonskinder 53
Die Hebamme 741
Die heile Hölle 562
Die heile Welt 504
Die heilige Cäcilie 165
Die heilige Johanna der Schlachthöfe 404f., 500
Die Heimsuchung des europäischen Geistes 445
Die hellen und die finsteren Zeiten 578
Die Herberge 587
Die Hermannsschlacht (Grabbe) 222
Die Hermannsschlacht (Kleist) 163
Die Hinterlassenschaft 558
Die Hochzeit der Feinde 516
Die Hochzeit des Mönchs 265
Die Hohenzollern 484
Die Horen 123, 147, 161, 167
Die Hornissen 590, 629, 630
Die Hose 368
Die Hosen des Herrn von Bredow 235, 438
Die Hundeblume 526
Die hundert Tage 459
Die Illegalen 498, 499
Die innere Struktur Österreichs 575
Die Insel der großen Mutter 423
Die Intellektuellen. Literatur in Ostdeutschland 1945–2000 810
Die Jagdgesellschaft 592f.
Die Jahre, die ihr kennt 792
Die Jahreszeiten 561
Die Jerominkinder 521
Die Juden (Lessing) 109
Die Juden von Barnow 274, 304
Die Judenbuche 241f.
Die Jüdin von Toledo 216
Die Jungfrau von Orleans 130, 151f., 170, 232, 275, 404
Die Kälte 579
Die kalte Schulter 563
Die Kapuzinergruft 383, 460
Die Kartause von Parma → La chartreuse de Parme
Die Käserei in der Vehfreude 237
Die Kinder der Toten 633
Die Kindesmörderinn 121
Die Kipper 657, 675
Die Kirschen der Freiheit 727f., 729, 776
Die Klavierspielerin 600, 632
Die Klosterschule 627f.
Die klugen Jungfrauen 295
Die Kolonne 415, 416, 507, 510
Die Konferenz der Tiere 792f.
Die Korrektur 673
Die Kreuzelschreiber 279f.
Die Kronenwächter 182
Die kühle Blonde 296
Die Kultur der Renaissance in Italien 264, 270f.
Die Kunst der Interpretation 535

Die Kunst, in drei Tagen ein Originalschriftsteller zu werden 210
Die Kunst. Ihr Wesen und ihre Gesetze 289
Die Künstler 146
Die künstliche Mutter 562
Die Kurve 745
Die kurze Geschichte der Literatur 806f.
Die Lage der arbeitenden Klassen in England 212
Die lange Nacht der Detektive 546
Die Legende vom Glück ohne Ende 712
Die Legende vom heiligen Trinker 460
Die Leiden des jungen Werthers 66, 102, 117ff., 141, 454, 677, 681
Die Leiden eines Knaben 265
Die Letzte am Schafott 427
Die letzte Reckenburgerin 249f.
Die letzte Welt 634
Die letzten Tage der Menschheit 320, 399f.
Die letzten Zettel 539
Die leuchtenden Feste über der Trauer 507
Die Leute aus dem Walde 267
Die Leute von Seldwyla 258f., 260
Die Liebesschaukel 516
Die Liebhaberinnen 632
Die linkshändige Frau 629
Die literarische Welt 395, 397, 436, 501
Die Lokalbahn 295
Die Macht der Finsternis → I svet vo t'me svetit
Die Macht der Gewohnheit 593
Die Macht des Löwengebrülls 789
Die Mädchen aus Viterbo 750
Die Magdeburgische Hochzeit 515f.
Die Majoratsherren 182
Die Mappe meines Urgroßvaters 239
Die Marquise von O... 165, 798
Die Maßgaben der Kunst 654, 670
Die Matrosen von Cattaro 406, 463
Die Meisengeige 760
Die Meistersinger von Nürnberg 55, 70, 197, 246, 279
Die Metamorphose der Pflanzen 143
Die Milchstraße 633
Die Mitschuldigen 116
Die Mohrin 745
Die Moorsoldaten 520
Die Morgenlandfahrt 423
Die Mühle 627
Die Musik und das Musische 540
Die Mutter 790
Die Naturgeschichte des Volkes auf der Grundlage einer deutschen Sozialpolitik 271
Die natürliche Tochter 149
Die naturwissenschaftlichen Grundlagen der Poesie 289
Die Neue Rundschau 306, 351, 432, 483, 767
Die Neue Zeitung 430, 479, 776, 782
Die neuen Leiden des jungen W. 644, 650, 676f., 681, 711f.
Die Nibelungen 38, 278
Die Nonnen von Bratislava 822
Die Nordsee 226
Die Opale 374
Die Palette 788
Die Panne 556
Die Pantherfrau 655

Die Pest 442, 540
Die Pflicht 459
Die Physiker 545, 548
Die Piccolomini 149, 277
Die Piefke-Saga 601
Die Plebejer proben den Aufstand 744, 750
Die Poggenpuhls 307
Die Präsidentinnen 597f.
Die Preisverleihung 706
Die Presse 575
Die Quitzows 280
Die Rassen 462f.
Die Ratten 293f., 333
Die Rättin 781
Die Räuber 120, 125f., 146, 737
Die Räuberbande 373
Die Reise 502, 723
Die Reise nach Jaroslav 652, 711
Die Reise nach Tilsit 297
Die Rettung. Blätter zur Erkenntnis der Zeit 619
Die Richterin 265
Die Ringe des Saturn 814
Die Ritter der Tafelrunde 641, 678
Die Ritter vom Geist 253
Die romantische Schule 211
Die Rote 776
Die Rote Fahne 773
Die Rougon-Macquart → Les Rougon-Macquart
Die Rundköpfe und die Spitzköpfe 465
Die Sammlung 442, 444, 479
Die Schattengrenze 786
Die Schattennähmaschine 766
Die Schaubühne 395
Die Schelmen Zunfft 67
Die Schiltbürger 53, 66
Die Schlacht bei Lobositz 670, 696, 798
Die Schlafwandler 434f.
Die schlimme Botschaft 374
Die schöne Helena 671
Die schöne Magelone 53
Die schönsten Sagen des klassischen Altertums 200
Die Schrecken des Eises und der Finsternis 633
Die Schuldfrage 489
Die Schuldlosen 462
Die Schule der Atheisten 776
Die Schwärmer 400, 433
Die schwarze Galeere 266
Die schwarze Spinne 237
Die sechste Puppe im Bauch der fünften Puppe ... 536
Die siegreiche Frömmigkeit → Pietas victix
Die Sintflut 769
Die Sirene 786
Die Soldaten (Hochhuth) 741
Die Soldaten (Lenz) 121, 740
Die Sonette an Orpheus 410, 531
Die Sonne sinkt 323
Die Sonnenstadt 616
Die Sorgen und die Macht 670f.
Die Sozialisten 296
Die Spange 324
Die Stadt hinter dem Strom 523f.
Die Stadt Lucca 204

Die Stasi war mein Eckermann 811
Die stehende Uhr 565
Die Steinklopfer 303
Die sterbende Kirche 516
Die Stimme hinter dem Vorhang 755
Die Stimme spricht 473
Die Strudlhofstiege 620f.
Die Stunde, da wir nichts voneinander wussten 591
Die Tage der Commune 663f.
die tageszeitung 724
Die Tante Jolesch 620
Die Tessinerin 564
Die Teutschen Volksbücher 183
Die Tierkreisgedichte 507
Die Tochter des Jairus 585
Die Tochter Farinatas 769
Die Toten bleiben jung 702
Die toten Seelen → Mërtvye duši
Die traurigen Geranien 526
Die Treppe zum Nordlicht 326f.
Die Troglodytin 303
Die Übergangsgesellschaft 676
Die Überläuferin 714, 804
Die Überwindung des Naturalismus 320
Die Umsiedlerin 673
Die unadlige Gräfin 680
Die Unauffindbaren 524
Die Unbekannte aus der Seine 468f.
Die unendliche Geschichte 793
Die unsichtbare Loge 156
Die Unvernünftigen sterben aus 591
Die Unvollendeten 823
Die unwiederbringliche Zeit 522
Die Ursache 579
Die Vereinigten Staaten 240
Die Verfolgung und Ermordung Jean Paul Marats … 659, 742
Die vergebliche Warnung 581
Die verlorene Ehre der Katharina Blum 752, 778
Die Vernünftigen Tadlerinnen 97
Die verschlossene Tür 750
Die Verschwörung des Fiesco zu Genua 126
Die Verstümmelten 384
Die Versuchung des Pescara 265
Die versunkene Glocke 334, 402
Die Verteidigung der Reichenberger Turnhalle 705
Die Verwandlung 382
Die Verwirrungen des Zöglings Törleß 342, 354, 433, 729, 751
Die vierzig Tage des Musa Dagh 383
Die Vögel und der Test 687f.
Die Volksfeinde. Literaturstreit und Intellektuellenjagd 810
Die Vorzüge der Windhühner 759
Die Waage 209
Die Waffen nieder 314
Die Wahl des Herkules 134
Die Wahlverwandtschaften 130, 182, 185, 343, 681
Die wahre Geschichte des Ah Q 678
Die Walsche 624
Die Wand 624f.
Die Wandlung 480
Die Wasserfälle von Slunj 621
Die Wasserträger Gottes 581

Die Weber 291f., 333
Die Weise von Liebe und Tod des Cornets Christoph Rilke 330f.
Die Weisheit des Brahmanen 225
Die weißen Blätter 322, 348, 473
Die Welt als Wille und Vorstellung 206, 246
Die Welt ohne Transzendenz 490
Die Welt von Gestern 448f., 578
Die Weltbühne 370, 393, 395, 426, 430, 483, 690
Die Weltwoche 532, 533, 537
Die Widmung 789
Die Wiederholung 630
Die Wiedertäufer 543
Die wilde Frau 596, 601
Die Wildente → Vildanden
Die Witwe Bosca 455
Die Wolke 793
Die wunderbaren Jahre 692, 693, 799f.
Die wunderlichst unerhörtest Legend und Beschreibung des … Hütleins 68
Die Zärtlichkeit des Eisenkeils 627
Die Zeit 731, 732, 768, 810
Die Zeit der Gemeinsamkeit 525
Die Zeitschwingen 209
Die Zerstörung der deutschen Literatur 535
Die Zikaden 598
Die Zukunft Österreichs 575
Die Zwille 770
Dies Buch gehört dem König 192, 694
Dionysos und die ewige Wiederkehr 318
Dionysos-Dithyramben 323
Discourse der Mahlern 100
Diskurs in der Enge 538, 560
Doctor Murners Narren Beschwerung 67
Dogmatisches über Gedichte 753
Doktor Bürgers Ende 425
Doktor Faustus 451f., 523
Doktor Murkes gesammeltes Schweigen 722, 777
Don Carlos 127f.
Don Juan kommt aus dem Krieg 464, 468
Don Juan oder die Liebe zur Geometrie 542
Don Juan und Faust 221
Don Juan von Kolomea 303
Don Quijote 58, 105
Doppelleben 811
Dorf- und Schloßgeschichten 301
Dorle und Wolf 782
Dorothea Angermann 402
Douaumont 493, 494
Drachenblut 708, 716
Draußen vor der Tür 478, 499f., 526, 750
Drei Frauen 433
drei gedichta fia d moni 611
Dreimal bebende Erde 653f.
Dreizehn Briefe einer Deutsch-Französin 449
33 Augenblicke des Glücks 824
Dritter November 1918 400, 586
dû bist mîn 32
Du contrat social 112f.
Duell mit dem Schatten 778
Duineser Elegien 410, 414, 573
Dunkelmännerbriefe 62
Durch die Erde geht ein Riß 803
Durch die Wüste 245
Durcheinandertal 556
Düsseldorfer Manifest 736

Ecbasis cuiusdam captivi 19
Ecce Homo 335
Echolot 820
Edda (Ältere Edda, Lieder-Edda) 11, 12, 16, 37
Effi Briest 307, 651, 681, 752
Efraim 776
Egmont 140f., 657
Ehen in Philippsburg 781
Eiche und Angora 744
Eigentlich möchte Frau Blum den Milchmann kennenlernen 561
Ein Bericht für eine Akademie 365, 382
Ein Brief des Philipp Lord Chandos … 317, 318f.
Ein Bruderzwist in Habsburg 217f., 305, 493
Ein Deutscher auf Widerruf. Erinnerungen 649, 658, 729, 803
Ein deutscher Krieger 220
Ein Engel kommt nach Babylon 544
Ein Fest für Boris 592
Ein fliehendes Pferd 752, 781
Ein geistlich Spiel von der gottesfurchtigen und keuschen Frauen Susannen 69
Ein Geschäft mit Träumen 598
Ein Gespräch im Hause Stein über den abwesenden Herrn von Goethe 672
Ein Gleiches 139
Ein Jedermann 596
Ein Kampf um Recht 304
Ein Kampf um Rom 249, 512
Ein Kind unserer Zeit 459
Ein Kriegsende 780
Ein Landarzt 382
ein lilienweißer brief aus lincolnshire 612
Ein schöner Tag 786
Ein Sommer in London 272, 273
Ein Sommernachtstraum → A Midsummer Night's Dream
Ein Spiegelbild mit Feuersäule 578
Ein spil von konig Salomon und Markolffo 49
Ein springender Brunnen 820
Ein Tag in der Stadt 785
Ein weites Feld 806, 823f.
Ein Zeitalter wird besichtigt 449
Eine ägyptische Königstocher 249
Eine Bilderbuch-Heimkehr 573
Eine Duplik 107f.
Eine Fahrt nach Klagenfurt 626
Eine gefährliche Begegnung 770f.
Eine Jugend in Deutschland 448
Eine Landnahme 824f.
Eine sagenhafte Figur 619
Einen Jux will er sich machen 220
Einhart der Lächler 350
Einige weit verbreitete Missverständnisse über die deutsche Romantik 169
Einsamer nie 510
Eisgang 295
Eiszeit 745
Ekbal 670
Ekkehart 249
El Greco malt den Großinquisitor 516
Elektra (Hauptmann) 498
Elektra (Hofmannsthal) 340
Elio oder eine fröhliche Gesellschaft 545
Elisabeth II. Keine Komödie 594
Elisabeth von England 406f.

Ellen Olestjerne 344
Ellernklipp 226
Else von der Tanne 268
Emil oder Über die Erziehung → Émile ou De l'éducation
Émile ou De l'éducation 93, 112
Emilia Galotti 91, 109, 110f., 126, 225
Emma 724
Ende einer Dienstfahrt 778
Eneas 26
Engel aus Eisen 801
Engelhard 40
Entzückter Staub 506
Epicharis 86
Erben der Feuers 616
Erde und Feuer 794
Erdgeist → Lulu
Erec und Enide 26
Erinnerung an den Tod 22
Erinnerungen → Ein Deutscher auf Widerruf
Erinnerungen an die Zukunft 727
Erinnerungen schöner Tage 316
Erinnerungen und Gedanken. Eine Jugend in Deutschland 729
Erinnerungen von Ludolf Ursleu dem Jüngeren 347
Erlebnisse aus der Mundhöhle 595
Erniedrigte und Beleidigte → Uniž ennye i oskorblënnye
Ernst Thälmann – Sohn seiner Klasse 701
Erster Brief der Tamara A. 643
Es fügt sich, do ich was von zehen jaren alt 55f.
Es geht eine helle Flöte 502
Es geht seinen Gang oder Mühen in unserer Ebene 708
Es geht um Realismus 446
Es ist alles eitel 76
Es steht geschrieben 543
Es war 297
Es waren Habichte in der Luft 778
Es werde Deutschland 484
Escape to Life 454
Et dukkehjem 288, 290
Etliche Fabeln aus dem Esopo verdeutscht 63
Eukleria 101
Eulenspiegel Reimenweisz 58
Eumeswil 770
Europa 231
Evangelienharmonie 17
Exerzitien mit Papst Johannes 540
Ezelin von Romano 199
Ezzolied 21

Fabeln und Erzählungen (Gellert) 98f.
Fabian 430
Fadren 290, 366
Fahrt über die Kölner Rheinbrücke bei Nacht 363
Familie Selicke 294f.
Fasching 569, 616f.
Fasnacht 633
Faust (Volksbuch, Historia von D. Johann Fausten) 53, 59, 69, 188, 451
Faust 188f., 738
Faustinas Küsse 827
Fegefeuer in Ingolstadt 405

Feldherr wider Willen 616
Fermer 792
Feuer im Schnee 784
Figaro lässt sich scheiden 469
Film und Frau 589
Finisterre 690
Flegeljahre 155f., 652
Fleisch 360
Fliegende Blätter 202, 282
Florentin 192
Florian Geyer 293
Floridsdorf 463
Flöte und Trommeln 459
Flucht in den Norden 454
Flucht in die Finsternis 432
Flugasche 647, 804
Flughunde 821
Fontane (Reuter) 652
Fortunatus 53, 219
Fragmente 758
Fragmente eines Ungenannten 111
Frankenburger Würfelspiel 492ff.
Frankfurter Allgemeine Zeitung 731, 732, 733, 789, 810
Frankfurter Hefte 719, 730, 777
Frankfurter Zeitung 394, 395, 397, 430, 436, 483, 488, 623, 731
Franz Sternbalds Wanderungen 170, 176
Franziska 336
Franziska Linkerhand 709
Französische Zustände 209, 211
Frau Berta Garlan 345
Frau Erdmuthens Zwillingssöhne 250
Frau Flinz 669, 670
Frau Fönss → Fru Fønss
Frau Jenny Treibel 231, 248, 306, 753
Frau Nzifl 670
Frau Regel Amrain und ihr Jüngster 258
Frau Sorge 297
Frauen lesen anders 583
Frauen vor Flußlandschaft 778
Frauen, Krieg. Lustspiel 801
Frauendienst 39
Frauenzimmer Gesprächsspiele 75
Fräulein Else 432
Fräulein Julie → Fröken Julie
Freiamts-Trilogie 563
Freie Liebe 295
Freies Deutschland 393, 428, 446
Freiheit für Clemens 745
Freiwild 338
Friedenspredigt für Deutschland 156
Friedrich und die große Koalition 321
Frische teutsche Liedlein 54
Fröken Julie 290, 366
Froschnacht 563
Frost 626
Fru Fønss 313
Früher begann der Tag mit einer Schußwunde 763
Frühling 1946 503
Frühlings Erwachen 335f.
Frühlingsfeier 102
Fuhrmann Henschel 293
Fünf Mann Menschen 599
Fünf Schlösser 274

Funken im Abgrund 623
Furcht und Elend des Dritten Reiches 465, 674

Gabriele 168
Galgenlieder 332
Galizische Geschichten 303
Gänseliesel 245
Ganz unten 734
Gargantua und Pantagruel 58, 67
Gärten und Straßen 485f., 488
Gas I, II 372
Gaudeamus 282
Gebet (Mörike) 230
Gebranntes Kind sucht das Feuer 503
Gebürtig 636
Gedancken über die Nachahmung der Griechischen Wercke … 71, 130
Gedanken und Erinnerungen (Bismarck) 272
Gedichte (Fontane) 309
Gedichte eines Lebendigen 212, 231
Geheimnisse des reifen Lebens 392, 520
Gehirne 375
Geist der Zeit 195
Geistliche Lieder (Novalis) 178
Geistliche Lieder (Luther) 65
Geistliche Oden und Lieder (Gellert) 99
Geistliche Sonnette / Lieder und Gedichte 77
Geistreiche Sinn- und Schlussreimen (Cherubinischer Wandermann) 82
Genazzano am Abend 756
Generation Golf 825
Genoveva 169
Geometrischer Heimatroman 630f.
Georgslied 17
Gerhart Hauptmann (Th. Mann) 533
Germania illustrata 60
Germania Tod in Berlin 674
Gerufen und nicht gerufen 553
Gesang der Deutschen 159
Gesang im Feuerofen 737
Gesang vom lusitanischen Popanz 742
Geschichte der Empfindlichkeit 788
Geschichte der preußischen Politik 269
Geschichte der Stadt Rom im Mittelalter 271
Geschichte des Abfalls der Vereinigten Niederlande 141, 144
Geschichte des Agathon 105
Geschichte des Dreißigjährigen Krieges 145
Geschichte des Fräuleins von Sternheim 91, 106f.
Geschichte des Herrn William Lovell 176, 181
Geschichte eines Deutschen 812
Geschichte meiner Oper 654
Geschichte vom braven Kasperl und dem schönen Annerl 181
Geschichten aus Alt-Preußen 329
Geschichten aus dem Wienerwald 408
Geschichten zur falschen Zeit 539
Geschlecht im Advent 522
Geschnittener Lorbeer 345
Gespenster (Bauer) 588, 589
Gespräch büchlin 62
Gespräch der Feinde 576
Gestern 339
Ghaselen 226
Gibt es eine österreichische Literatur? 431

Gibt es eine schweizerische Nationalliteratur?
527
Glaube an den Menschen 769
Glaube Liebe Hoffnung 463f.
Gleichheit 315
Glut und Asche 549
Gockel, Hinkel und Gackeleia 181
Godwi 181
Goethes Briefwechsel mit einem Kinde 192
Goncourt oder Die Abschaffung des Todes 745
Gott schütze Österreich 612
Götter, Gräber und Gelehrte 726
Götter, Helden und Wieland 134
Gottfried Benn. Geschichte einer Verirrung 444
Göttinger Musenalmanach 122, 123
Götz von Berlichingen 117f., 128
Graf Oederland 542
Gregorius 27f., 586
Greisengemurmel 577
Grete Minde 262, 500
Grillparzer (Roth) 445
Grillparzers politisches Vermächtnis 390
Grodek 362
Großes Tiroler Neidhartspiel 49
Großmütiger Rechtsgelehrter / oder Sterbender
Aemilius Paulus Papinianus 84
Großvater und Halbbruder 547
Grundlegung einer deutschen Sprachkunst 97
Grundrisse 560
Grundsätze der Philosophie der Zukunft 205
Gründung des Klosters Gandersheim 19
Gruppenbild mit Dame 778
Gudrunlied → Kudrunlied
Guevara oder der Sonnenstaat 675
Gumpendorfer Literaturbrief 602
Gustav Adolfs Page 265
Guten Morgen, du Schöne 655
Gyges und sein Ring 277f.

Halbtier! 297
Halbzeit 781
Hamburgische Dramaturgie 91, 108, 110
Hamlet 58, 127, 208, 275
Hamlet in Wittenberg 498
Hanneles Himmelfahrt 333f., 350
Hannibal 222
Hans und Heinz Kirch 256
Hasper a Spada 168
Hastenbeck 310
Haus ohne Hüter 777
Hausdurchsuchung im Elfenbeinturm 577
Hauspostille 409, 416f., 495
Häutungen 564, 566
Hebräische Balladen 359
Hedda Gabler 288
Heidelberg 159
Heidelberger Liederhandschrift, große (Manes-
se Handschrift) 28, 30, 31, 36, 39, 261, 620
Heidelberger Liederhandschrift, kleine 30
Heilige Seelen-Lust oder geistliche Hirten-Lie-
der ... 77
Heimarbeit 747f.
Heimat 294
Heimkehr 508
Heimkehr in die Fremde 526
Heinrich von Ofterdingen 170, 177f.

Helden wie wir 823
Heldenplatz 594
Heliand 16f., 183
Heliopolis 513, 770
Henri Quatre 452f., 459
Herakles 5 673f.
Herbstbild 284
Herkules und der Stall des Augias 545, 547
Hermann und Dorothea 149, 237
Hermanns Schlacht (Klopstock) 103f.
Herodes und Mariamne 276
Heroische Komödie 468
Herr Meister. Dialog über einen Roman 783
Herr Puntila und sein Knecht Matti 467, 529,
661f., 663f., 669
Herr Tourel 558
Herr, was fehlt euch 560
Herz auf Taille 419
Herzensergießungen eines kunstliebenden
Klosterbruders 170, 174f.
Herzog Ernst (Volksbuch) 53
Herzog Ernst (Epos) 24
Hesperus 155
Heute und Morgen 454
Heute wäre ich mir lieber nicht begegnet 826
Hieb und Stich 520
Hier kocht der Wirt 627
Hildebrandslied 12f.
Hineingeboren 697
Hinkemann 370f.
Hinze und Kunze 675
Hiob 436
Hirtenfeuer 228
Hitler (Fest) 481, 492, 732
Hochland 411, 426
Hochzeit in Konstantinopel 710
Höfisches Gebetbuch 49f.
Hölderlin (Härtling) 787
Hölderlin (Weiss) 742f.
Holzfällen 626
Homo faber 554f.
Homosexualität und Fascismus 454
Horacker 268
Horizont 782
Horns Ende 716, 824
Horribilicribrifax 85
hortulus 541
Hosi-Anna! 613
hosn rosn baa 611
Hubert oder Die Rückkehr nach Casablanca 787
Hug Schapeler 53
Hundejahre 780
Huttens letzte Tage 62, 285f.
Hyazinthen 283
Hymnen an Deutschland 412
Hymnen an die Kirche 412
Hymnen an die Nacht 170, 177
Hyperion 374
Hyperion oder Der Eremit in Griechenland
158f.
Hyperions Schicksalslied 158

I svet vo t'me svetit 288, 290, 295
Iba de gaunz oaman kinda 613f.
Ibrahim Sultan 86
Ich – der Augenzeuge 458

Ich lebe in der Bundesrepublik 730
Ich saz ûf eime steine 36
Ich will Zeugnis ablegen bis zum Letzten 487
Ich Wolkenstein 56
Ich zôch mir einen valken 32
Ideen zu einer Philosophie der Natur 174
Ideen zur Philosophie der Geschichte der
Menschheit 137, 140
Ideologie und Utopie 730
Idyllen (Gessner) 101
Il cantico delle creature 43
Il Decamerone 43, 65, 111, 140, 147, 182, 559
Il mito absburgico nella letteratura austriaca
moderna 303, 571
Il principe 57, 59
Ilias 122, 138, 412
Im alten Eisen 309
Im Bauch des Wals 560
Im Block 786
Im Dickicht der Städte 404
Im Krebsgang 821
Im Nebel 505
Im Sommer des Hasen 559
Im Sperrkreis 486
Im Westen nichts Neues 423f.
Imago 324
Immanuel Kant. Komödie 593
Immensee 255
In Annas Namen 709
In den Wohnungen des Todes 472
In der Sache J. Robert Oppenheimer 739
In diesem besseren Land 692
In einer anderen Zeit. Jugendjahre in Ost-
galizien 578
In Phantas Schloß 332
In Stahlgewittern 392, 514
Indipohdi 402
Ingrid Babendererde 699, 797
Innocens 302
Innsbrucker Osterspiel 47
Internationale Kultur 470
Internationale Literatur 446
Inventur 511
Iphigenie auf Tauris 136, 137, 139f., 141, 166, 214,
597, 657, 737
Iphigenie in Aulis 498
Iphigenie in Delphi 498
Iphigenie in Freiheit 816
Irdisches Vergnügen in g 761
Irdisches Vergnügen in Gott 96
Irgend etwas irgendwie 802
Irreführung der Behörden 713
Irrlicht und Feuer 680, 784
Irrungen, Wirrungen 248, 263, 289, 305f., 715
Isegrimm 235
Italienische Dichter seit der Mitte des 18. Jahr-
hunderts 250
Italienische Nacht 408
Italienische Reise 142, 498
Iwein 28

Jacobowski und der Oberst 468
Jagdszenen aus Niederbayern 746f.
Jahrestage 651, 796f.
Jahrgang 1902 424
Jahrmarkt der Eitelkeit 204, 248

Jakob der Lügner 713
Jakob von Gunten 349
Jan Lobel aus Warschau 517
Jeanne d'Arc (Mell) 585
Jedermann 70, 341f., 398, 596, 663f.
Jedermanns Vorladung 70
Jedermann-Spiel 58
Jenaer Liederhandschrift 30
Jenseit des Tweed 272f.
Jesse und Maria 346
Joel Brand 739f.
Johannisfeuer 294
Josephs-Roman 450f., 512
Josephus-Trilogie 455
Journal meiner Reise 113f.
Jud Süß 426
Judas Der Ertzschelm 90
Juden auf Wanderschaft 274, 394
Judith Trachtenberg 304
Jugend (Koeppen) 774
Jugend 290, 312, 407
Jugend in einer österreichischen Stadt 578
Jugend ohne Gott 459
Jugend von Langemarck 492
Jugend vor den Schranken 570
Jugend. Ein Liebesdrama 295
Jugenderinnerungen eines alten Mannes 272
Jugendgeschichte einer Arbeiterin 315
Julie oder Die neue Heloise → Julie ou La nou-
    velle Héloise
Julie ou La nouvelle Héloise 93, 117
Julius Cäsar → Julius Ceasar
Julius Ceasar 291
Julius von Tarent 121, 127
Jungen, die übrig blieben 707
Jürg Jenatsch 264
Juristen 741
Justiz 556

Kabale und Liebe 120, 126f., 225, 454, 573, 743
Kaiser Oktvianus 176
Kaiserchronik 23
Kalt in mir 624
Kanak Sprak 826
Karl Stuart 263, 275
Karl und Anna 373
Kärtnerstraße 617
Kaspar 591
kasperl am elektrischen stuhl 587f.
Kassandra 710, 714, 824
Katastrophen 583
Katechismus der Deutschen 195
Katharina Knie 407
Katz und Maus 780
Katzelmacher 747, 752
Katzgraben 665, 668
Kein Ort. Nirgends 193, 679, 714
Kein Pfeffer für Czermak 588
Kein Platz für Idioten 595f.
Kein runter, kein fern 712
Kein schöner Land 596
Kellers Abend 546
Kennen Sie die Milchstraße? 738
Kerne des paradiesischen Apfels 576
Ketzerbrevier 418
Kind dieser Zeit 444

Kinder der Eifel 297
Kinder der Welt 250f.
Kinder- und Hausmärchen 183
Kindertotenlieder 225
Kindheitsmuster 709
King-Kong-King-Mayer-Mayerling 588
Kirchhoffs-Gedancken 76
Kirschblüte bei Nacht 96
Klein Zaches, genannt Zinnober 197
Kleine Aster 360
Kleiner Mann – was nun? 429
Klinginsherz 299
Knulp 422
Kohlhaas 790f.
Kombinationen 758
Kommunistisches Manifest 205, 208, 245
Komtesse Muschi 302
König Johann 545
König Ödipus 153
König Ottokars Glück und Ende 215, 595
König Rother 24
Königliche Hoheit
konkret 590, 734, 761
konstellationen (Rühm) 612
Konzert für Papagei mit Schifferklavier 557
Kopf und Bauch 795
Kopfgeburten oder Die Deutschen sterben aus
    781
Koralle 773
Koralle Meier 747
Korrektur 626
Kraft und Stoff 244
Krambambuli 302
Krankheit der Jugend 406, 589
Krankheit oder Moderne Frauen 596
Kreuzzüge eines Philologen 113
Krieg 423
Krieg ohne Schlacht 812
Krieg und Frieden (Hesse) 533, 534
Krieg und Frieden → Vojna i mir
Kriegsbriefe gefallener Studenten 392
Kriegsgefangen 274
Kritik der praktischen Vernunft 131, 140
Kritik der reinen Vernunft 130f.
Kritische Waffengänge 289
Kudrunlied 38
Kuhle Wampe 701
Kulturkritik und Gesellschaft 504, 753
Kunst und Koexistenz 576
Kursbuch 761

L'Adultera 262
L'Arrabiata 250
L'éducation sentimentale 246
La Balance 209
La Caricature 215
La chartreuse de Parme 204, 247, 268
La Divina Commedia 41, 43, 120, 325, 414, 447
La vida es sueño 399
Lakonische Zeilen 538
Lancelot 26
landessprache 762
Landläufiger Tod 629
Landolts Rezept 563
Landshuter Erzählungen 746f.
Landstriche 633

Lange Schatten 768
Laokoon oder Über die Grenzen der Malerei
    und Poesie 91, 108f., 130
Las Casas vor Karl V. 519
Lassalle 678
Laut und Luise 613
Lauter Verrisse 732
Le bateau ivre 314
Le mythe de Sisiphe 540
Le rouge et le noir 204, 247, 268
Le Tartuffe ou L'imposteur 73, 280
Leben des Galilei 467, 660, 665
Leben des vergnügten Schulmeisterlein Maria
    Wuz on Auenthal 155
Leben Gundlings Friedrich von Preußen Les-
    sings Schlaf Traum Schrei 674
Leben im Winter 803
Leben Jesu (Frau Ava) 22
Leben Jesu (Strauß) 244
Leben und Abenteuer der Trobadora Beatrix …
    710f.
Leben und Tod der heiligen Genoveva 176
Lebensansichten des Katers Murr 196
Lebensgeschichte eines modernen Fabrikarbei-
    ters 315
Lebenslauf eines dicken Mannes, der Hamlet
    hieß 521
Lebensläufe 751f.
Lebenstanz 521
Leib Weihnachtskuchen und sein Kind 304
leichenreden 551
Lennacker 516
Lenore 92, 123
Lenz 121, 242, 297
Leo Armenius, oder Fürsten-Mord 85
Leonce und Lena 223
Les fleurs du mal 246, 314, 325
Les Rougon-Macquart 288, 290, 295
Lesefreuden. Bücher über Literatur und Men-
    schen 653
Lesen und Schreiben 653
Letzte Ausfahrt 616
Letzte Ernte 298
Leutnant Bertram 701
Leutnant Burda 303
Leviathan (Schmidt) 775
Levins Mühle 704f.
Libussa 216f.
Lichtenstein 200
Liebe Macht Tod oder das Spiel von Romeo und
    Julia 801
Liebelei 338
Lieber Georg 800f.
Liebesgeschichten (Muschg) 559
Lieblose Legenden 750, 783
Lied des Harfners 139
Lieder eines kosmopolitischen Nachtwächters
    231
Lieder Gedichte Chöre (Brecht) 469
Liederbuch der Klara Hätzlerin 54
Lieutenant Gustl 345, 432
Linzer Kipferl 614
Lisa's Liebe. 635
Lisas Zimmer 620
Litauische Claviere 705
Litauische Geschichten 297

Literarische Herzenssachen 571
Literarischer Sansculottismus 134
Literatur als Therapie 535
Literatur und Kritik (Wort in der Zeit) 571, 616
Literatur und Revolution 642
Literatur unterm Hakenkreuz 520
Literaturgeschichte der deutschen Stämme und Landschaften 400f.
Literaturgeschichte und Volkskunde 400
Loblied auf Willy 720
Lockergedichte 614
Lohengrin 246, 279
Loher (Lother) 53
Lorscher Bienensegen 10
Lotte in Weimar 447, 451, 681
Lotti, die Uhrmacherin 301
Lovely Rita 800
LTI. Lingua Tertii Imperii 440, 477
Lucien Leuwen 241
Lucinde 179, 181, 191
Ludwigslied 17
Lulu (Erdgeist, Die Büchse der Pandora) 336
Lust 632f.
Lutetia 211
Lutetias Töchter 295
Lynkeus 603, 604
Lyrisches Stenogrammheft 419
Lysistrata 280

Macht und Freiheit 770
Macht und Mensch 389
Macht und Ohnmacht in Österreich 573
Mächtiges Überraschen 184
Madame Bovary 246, 314
Madonna. Unterhaltungen mit einer Heiligen 207
Magdalena (Thoma) 295
Magdalena. MfS Memphisblues Stasi Die Firma VEB Horch und Gauck 802
Maghrebinische Geschichten 623
Magic Afternoon 588f.
Majakowskiring. 635
Majestätsbeleidigung 296
Maler Nolten 237
Malina 569, 625
Manche freilich 329
Manesse Handschrift → Heidelberger Liederhandschrift, große
Manhattan Transfer 374, 702
Mann ist Mann 404
manuskripte 570, 577, 590, 627
Marbot 540f.
Märchen (Hauff) 200
Margarete in Aix 657
Margarethe Minde 500f.
Maria Magdalene 121, 224, 748
Maria Morzek oder das Kaninchen bin ich 681
Maria Schweidler, die Bernsteinhexe 235
Maria Stuart 151
Marianne 302
Marienleben 22
Mariensequenz 22
Mario und der Zauberer 421
Märkische Argonautenfahrt 519
Märkische Forschungen 707, 812

Mars 535, 539
Mars und Widder 521
Marski 669, 798, 799
Martin Luther & Thomas Münzer 744
Martin Salander 261, 553
Mary Stuart 540
März, ein Künstlerleben 740
Masante 548, 557
Maskenspiel der Genien 618
Maß und Wert 447, 450, 648, 768
Masse Mensch 370
Masse und Macht 580
Match 677
Mathilde Möhring 306
Matulla und Busch 803
Mauser 674
Max und Moritz 282
McKinsey kommt 816
med ana schwoazzn dintn 611
Medea (Grillparzer) 215
Medea (Jahnn) 372
Medea. Stimmen 824
Meditationen über die metaphysischen Grundlagen der Philosophie 93
Meienbergs Tod 547
Meier Helmbrecht (Hochwälder) 586
Meier Helmbrecht (Wernher) 40
Mein Armenbuch 193
Mein Hundemund 597f.
Mein Jahrhundert 821
Mein Kampf 492, 512
Mein Leben (Reich-Ranicki) 812
Mein Name sei Gantenbein 555
Meine Erinnerungen an Grillparzer 302
Meine Kinderjahre (Ebner-Eschenbach) 272, 302
Meine Kinderjahre (Fontane) 272, 308
Meine Sprache und ich 618
Meister Floh 197
Meister Martin der Küfner 197
Meister Oelze 295
Meister Timpe 296
Melusine 53
Memoiren einer Idealistin 272
Memoiren eines Antisemiten 577
Menschen an unserer Seite 701
Menschenhass und Reue 168
Menschenkind 632
Menschheitsdämmerung 359
Menschliche Komödie 204
Menzel, der Franzosenfresser 210
Mephisto 454, 752
Mercedes 801
Merk's Wien 90
Merkur 490
Merlin oder Das wüste Land 745f.
Merlin. Eine Mythe 221
Merseburger Zaubersprüche 13
Mêrtvye duši 204, 248
Metamorphosen (Langgässer) 754
Metamorphosen (Ovid) 27, 69
Meum es propositum 33
Mich wundert, daß ich so fröhlich bin 622
Michael 710
Michael Kohlhaas 165
Michael Unger 347

Mîn herze und mîn lîp 34
Minetti 593
Minna von Barnhelm 85, 91, 109f., 111, 133
Miß Sara Sampson 109
Mit dem Kopf durch die Wand 469
Mit Marx- und Engelszungen 695
Mit mir, ohne mich 570, 583
Mit Verbot und Befehl 221
Mitteilung an den Adel 790
Moabiter Sonette 508
Moby Dick 246
Moderne Dichter-Charaktere 298
Modernes Schweizer Theater 541
Mogens 313
Mohn und Gedächtnis 608
Mohrenlegende 488, 522
Mommsens Block 818
Momo 793
Monadologie 94
Mondnacht 198
Monographie der deutschen Postschnecke 210
Montauk 555
Moos auf den Steinen 569, 616
Moral 295
Morbus Kitahara 634
Mord im Dom → Murder in the Cathedral
Mörder und Knaben 383f.
Mörder, Hoffnung der Frauen 367
Morgenblatt für die gebildeten Stände 200, 210
Morgue-Gedichte 358, 360, 483
Moritz Tassow 671
Moschko von Parma 304
movens 758
Mozart (Hildesheimer) 540
Mozart (Kolb) 449
Mozart auf der Reise nach Prag 237
Münchhausen 234f.
Münchner Bilderbogen 282
Münchner Freiheit 746f.
Münchner Neueste Nachrichten 395, 411
Münchner Zeitung 479
Munde 596
Murder in the Cathedral 264, 388
Musarion 105f.
Musenalmanach für das Jahr 1797, 1798 147
Musiktheater. Beiträge zu Methode und zu Inszenierung 654
Muspilli 16, 183
Müßiggang ist aller Liebe Anfang 799
Mutmaßungen über Jakob 699f., 708, 766, 796, 811
Mutter Courage und ihre Kinder 465f., 528, 660, 662, 665
Mutter Erde 295
Muttersprache 632
MutterVaterRoman 822

Nachdenken über Christa T. 643, 650, 708f.
Nachgetragene Liebe 787
Nachruf 803f.
Nachtbuch 565
Nachtrag zur Reise 528
Nachts unter der steinernen Brücke 384, 438
Nachtwachen 197
Nachwelt 635

Nackt unter Wölfen 679, 701f.
Nana 287
Napoleon oder die hundert Tage 222
Narrenweisheit oder Tod und Verklärung des
   Jean-Jacques Rousseau 455
Narziß und Goldmund 422f.
Nathan der Weise 91, 109, 111f., 468, 498
Natura morta 632
Natürliche Schöpfungsgeschichte 245, 287
Neidhart Fuchs 49
Neidhart mit dem Veilchen 48f.
Nein. Die Welt der Angeklagten 783
Nepal 546
Netzkarte 792
Neue Deutsche Literatur 641, 644, 700, 708,
   710
Neue deutsche Volkslieder 683
Neue Herrlichkeit 715
Neue Land- und Seebilder 240
Neue Leipziger Zeitung 430
Neue Preußische (Kreuz-)Zeitung 261
Neue Rheinische Zeitung 231
Neue Zürcher Zeitung 532, 535, 537, 538
Neuer deutscher Novellenschatz 242
Neues Deutschland 662, 697, 706
Neues Forum 576
Neues Tagebuch 446
Nibelungenlied 12, 36ff., 278
Nicht der Mörder, der Ermordete ist schuldig
   369, 383
Nicht nur zur Weihnachtszeit 777
Nichts in Sicht 784
Nie wieder Friede! 468
Niederungen 826
Niels Lyhne 290, 313
Niembsch oder Der Stillstand 787
Nikolaikirche 823
Noch einmal der alte Fontane 533
Nora oder Ein Puppenheim → Et dukkehjem
Novelle 187
Novellen (Novellenbuch) aus Österreich 302f.
Novellen um Claudia 425
November 711
Nun singen sie wieder 541f.
Nur eine Frau 710
Nußknacker und Mausekönig 197

O Mensch 320
Ob Tausend fallen 772
Oberammergauer Passionsspiel 48
Oberon 136, 170
Oden (Klopstock) 92, 102
Odyssee 122, 412, 504
Ohne einander 751
Oktavianus 53
Ole Bienkopp 704
Oliver Twist 204, 248
Olympischer Frühling 324
Oma 793
Orangen und Tode 559
Orendel 24
Orestie 498
örtlich betäubt 744, 780
Ost und West 795
Österreich, wie es ist → Austria as it is
Osterspiel von Muri 47

Oswald 24

Paare, Passanten 789
Palmström 332
Pan 344
Pandora 185
Pankraz der Schmoller 258
Panthea 98
Papa Hamlet 296
Paradise Lost 73, 100, 102
Pardon 734
Parerga und Paralipomena 246
Parsifal 246, 279, 317
Party for Six 589
Partygirl. 635
Parzival 28f., 363
Passage 678
Pastor Ephraim Magnus 372
Pastor Hall 463
Pastoral-Tragikkomödie von der Daphne 74
Patmos 159
Pauli Gerhardi geistliche Andachten 78
Penthesilea 162, 194
Peregrina 229
Perrudja 374
Peter Camenzind 350, 353
Peter Schlemihls wundersame Geschichte 170,
   194
Pfaffe Amîs 40
Pfisters Mühle 309
Phantasien über die Kunst 175
Phantasiestücke in Callots Manier 171, 196
Phantasus 299
Philemon und Baucis 738, 749
Philoktet 674
Philipp II. oder Religion und Macht 484
Philosophia practica universalis 98
Philosophie de l'art 288
Phöbus 163, 193
Physica 22
Physiogrnomische Fragmente 119
Pietas victix 84
Pioniere in Ingolstadt 405f., 747, 752
Plan 573, 601, 602f., 613, 617
Plastikwörter 726
Plautus im Nonnenkloster 265
Play Strindberg 545
Plebs 296
Poetischer Trichter 75
Poggfred 298
Pole Poppenspäler 255f.
Politik der Gefühle 577
Polnisch Blut 245
Polnische Judengeschichten 303
Pomona 107
Pomona (Leutenegger) 566
Ponce de Leon 182
Pontus und Sidonia 53
Prager Pitaval 393
Prager Presse 432
Prager Tagblatt 394, 395
Prestuplenie i nakazanie (Schuld und Sühne)
   246, 288, 581
Preuße und Österreicher 390
Preußische Komödie 492
Preussische Kriegslieder (Gleim) 100

Prinz Friedrich von Homburg 163f., 215, 606,
   743, 749
Prinzessin Brambilla 197
Probleme der Lyrik 754
Professor Bernhardi 339
Professor Mamlock 463, 499, 528, 681
Professor Unrat 351, 387, 407
Programmierung des Schönen 759
Prometheus und Epimetheus 324
Proserpina 518
Protokolle 616, 617
Prozeß in Nürnberg 676
Publikum 309
Publikumsbeschimpfung 590f.

Quatuor libri amorum 60
Quitt 263
Quodlibet 591

Radetzkymarsch 354, 383, 435, 436f., 450
Rainer Maria Rilkes Schweizer Jahre 534
Randow 817
Reaktionen. Essays zur Literatur 577
Rede vor dem gesamtdeutschen Kulturkongress
   662
Redentiner Osterspiel 48
Reformatio 541
Reginapoly 763f.
Reichsgräfin Gisela 245
Reifeprüfung auf Tod und Leben 573
Reigen 338
Reineke Fuchs 66, 143
Reise um die Welt 166
Reisebilder 211
Reiselied 328
Reisen eines Deutschen in England im Jahre
   1782 166
Reitergeschichte 345
Respektloser Umgang 710
Revolution der Literatur 296, 298
Revolution der Lyrik 299
Reynke de Vos 65
Rheinisches Osterspiel 47
Rheinlied 208
Richelieu 534
Ritter der Gerechtigkeit 516
Ritter Harolds Pilgerfahrt → Childe Harold's
   Pilgrimage
Ritterholds von Blauen Adriatische Rosemund
   87
Robert Guiskard 161
Roheisen 701
Rolandslied 23
Romane um Ruland 428
Romanzen vom Rosenkranz 182
Romanzero 280f.
Romeo and Juliet 58, 259, 801
Romeo und Julia → Romeo and Juliet
Romeo und Julia auf dem Dorfe 259, 280
Römische Elegien 142f.
Römische Geschichte 270, 726
Römischer Katholizismus und politische Form
   483
Romulus der Große 544, 585
Rose Bernd 293
Rosmersholm 288, 290

Rot und Schwarz → Le rouge et le noir
Rotter 800
Rozznjagd/Rattenjagd 594
Rückenwind 694
Rückkehr der Schiffe 757
Ruhe ist die erste Bürgerpflicht 235
Rumänisches Tagebuch 392
Rumor 789
Rumpelstilz 545
Ruodlieb 19

S'Maul auf der Erd ... 614
Sage und Siegeszug des Kaffees 726
Saiäns-fiktschen 705
Salammbô 246
Salman und Morulf 24
Salzburger Totentanz 663
Samfundets støtter (Stützen der Gesellschaft) 288, 290
Sandkorn für Sandkorn 539
Sansibar oder der letzte Grund 776
Santa Cruz 541, 545
Sappho (Grillparzer) 214f., 584
Sappho (Saar) 303
Sarmatische Zeit 689
Schach von Wuthenow 195, 262f., 651, 702
Schachnovelle 458
Schatten und Licht 703
Schattseite 623
Schatzkästlein des rheinischen Hausfreundes 167, 197
Schauplätze 531, 538
Schelmuffsky 89
Schillers Leben (Wolzogen) 167
Schimpf vnd Ernst 65
Schinderhannes 407
Schlafes Bruder 635
Schlaflose Tage 713, 802f.
Schlageter 405, 495f.
Schloß Kostenitz 303
Schlötel oder Was solls 678
Schlußball 771
Schlußchor 815
Schollenbücher 495
Schöne Tage 631, 632
Schreckliche Treue 624
Schreib das auf, Kisch 393
Schreie auf dem Boulevard 321
Schubumkehr 633
Schuld und Sühne (Verbrechen und Strafe) → Prestuplenie i nakazanie
Schutt 361, 413
Schwarze Weide 521
Schwarzenberg 704, 825
Schwarzwälder Dorfgeschichten 251
Schweizerspiegel 553
Schwerenöter 792
Schwierigkeiten mit der Wahrheit 642, 656
Scivias 22
Sebastian im Traum 361
Seeschlacht 369
Sehschule 562f.
Sein und Zeit 489
Selige Zeiten, brüchige Welt 633
Selim oder die Gabe der Rede 792
Sendbrief vom Dolmetschen 64

Senftenberger Erzählungen 669
Sennentuntschi 546
Sensible Wege 693
Septembermorgen 230
Shakespeare (Herder) 114
Shakespeare dringend gesucht 667f.
Siddharta 422
Sidonie von Borcke 262
Sieben Legenden 260
Siebenkäs 155
Siegfried Frauenprotokolle Deutscher Furor 676
Siegwart 124
Sigurdlied 37
Silvester oder Das Massaker im Hotel Sacher 589
Simon Bolivar 465
Simple Storys 824
Simplicianischer Welt-Kucker 89
Simplicissimus 346, 347, 348, 351, 347, 386, 407
Sindbadland 562
Sinn und Form 507, 640, 644, 647, 648, 673, 684f., 688, 696, 712, 794, 797
Skizze eines Verunglückten 797
Sladek, der schwarze Reichswehrmann 408
Slâfest du, friedel ziere 32
So weit die Füße tragen 515
So zärtlich war Suleyken 779
Sodom's Ende 294
Söhne 360
Sokratische Denkwürdigkeiten 113
Soldat im Prager Korps → Schreib das auf, Kisch
Soll und Haben 248, 253f.
Sommerhaus, später 828
Son- und Feyrtags-Sonnete 76
Sonette aus Venedig 226
Sonne und Mond 619
Sonnengesang → Il cantico delle creature
Sophonisbe 86
Soulthorn 560f.
Sowas 586
Spanisches Kriegstagebuch 795
Spectrum Austriae 574, 575
Spener'sche Zeitung 251
Sphinx und Strohmann 367
Spiegel, das Kätzchen 260
Spiegelgeschichte 618
Spiel von Frau Jutten 48
Spiel von Theophilus 48
Sportstück 597
Sprache im technischen Zeitalter 759
Sprachgitter 608
Spuk in zwölf Nächten 521
Spur der Steine 673, 709
Spuren eines Lebens 811
St. Gallener Ostertropus 20f.
St. Pauler Neidhartspiel 48f.
St. Trudberter Hohelied 44
Stalingrad 525f.
Stallerhof 748
Statische Gedichte 510, 754
Stecken, Stab und Stangl 597
Steht noch dahin 768
Stein. Der Roman eines Führers 515
Stella 119
Sterben 344

Stern 537
Stern der Ungeborenen 461
Sternstunden der Menschheit 396
Sterzinger Neidhartspiel 49
Stille Zeile Sechs 822
Stiller 547, 554
Stilpe 344
Stimmen der Völker in Liedern 54, 115
Stimmgänge 561f.
Stine 306
Stopfkuchen 310
Störfall 647, 710, 714, 804
Strahlungen 485f., 729
Straßburger Eide 15
Studentenkomödie 668
Stufen 505
Stumpfnäschen 167
Sturm und Drang 120
Stürmisches Wiegenlied 468
Stützen der Gesellschaft → Samfundets støtter
Styx 359
Sudelbücher 112
Summe der Theologie 45
Süßes Mädel 337
Svendborger Gedichte 469
Swallow, mein wackerer Mustang 708
Symphonie pathétique 454

Tadellöser und Wolf 787
Tag- und Nachtbücher 487
Taganrog 519
Tagebuch aus dem Gefängnis 373
Tagebuch mit Bäumen 541
Tagebücher (Frisch) 531, 537F.
Tagebücher (Grillparzer) 213f.
Tagebücher (Hebbel) 272
Tagebücher (Th. Mann) 533
Tages-Anzeiger 537
Tagespost 794
Tallhover 802, 824
Tambi 303
Tangenten 578
Tannhäuser 246, 279
Tarabas 459
Tartuffe → Le Tartuffe ou L'imposteur
Taten Ottos des Großen 19
Tauben im Gras 773
Telegraph für Deutschland 212, 242
Tendenzen im neuen Hörspiel 599
Terzinen über Vergänglichkeit 329
Terzinen vom Leiden 413
Teütsche Poemata 74, 79
Text + Kritik 763
Texte und Zeichen 776
Thalia 127, 144
The Bridge of San Luis Rey 388, 622
The Guardian 93, 98
The Origins of Totalitarism 489
The Spectator 93, 98
The Stars and Stripes 445
The Tatler 93
The Waste Land 388, 410
Theater der Zeit 659, 667
Theater heute 748, 815
Theaterarbeit. Sechs Aufführungen des Berliner Ensembles 664

Theaterprobleme 542, 543
Theophiluslegende 18
Theresienstadt 582
Thomas Paine 495
Thüringisches Zehnjungfrauenspiel 48
Thymian und Drachentod 738
Till Eulenspiegel (Hauptmann) 402, 423
Till Eulenspiegel (Volksbuch) 53, 66
Tinka 657, 675f.
Titan 155
Titanic 762
Titurel 28, 29
Tkadleček 51
To the Lighthouse 388, 767
Tod eines Kritikers 806
Tod und Teufel. Eine Kolportage 595
Todesarten 625
Todesfuge 608
Toller 745
Tonio Kröger 128, 283, 312, 337, 352f.
Top Dogs 546f.
Topografie 606
Torquato Tasso 141f., 743
Totenauberg 596
Tränen des Vaterlandes 76f.
Transit 457
Trara Trara die Hochkultur! 614
Trauerspiel in Tirol 221
Traumbuch eines Gefangenen 794
Träume 749f.
Treffpunkt im Unendlichen 428
Trilogie der Leidenschaft 188
Triptychon 543, 547
Tristan 29f., 707
Tristan da Cunha 633
Tristan und Isolde (Wagner) 246, 279, 317
Tristan und Isolde (Volksbuch) 53
Tristrant und Isalde 26
Triumph und Tragik des Erasmus von Rotter-
    dam 448f.
Trockenwiese 565
Trojanerkrieg 40
Trommeln in der Nacht 403f.
Tröst Einsamkeit 182
Trotzki im Exil 742, 798
Trotzki in Coyoacan 798f.
Trunkene Flut 754
Trutz Nachtigall 78
Tubutsch 365
Turandot oder Der Kongreß der Weißwäscher
    666
Tynset 557

Über allen Gipfeln ist Ruh 593
Über Anmut und Würde 145
Über Charaktere im Roman und im Drama 316
Über das Marionettentheater 163
Über den Gebrauch der Chors in der Tragödie
    152f.
Über den Granit 143
Über den Schmerz 485
Über den Tod 580
Über den Ursprung der Arten 245, 287
Über den Ursprung der Sprache 115
Über Deutschland 156, 173
Über Deutschland reden 730

Über die ästhetische Erziehung des Menschen
    145f., 185
Über die bildende Nachahmung des Schönen
    166
Über die Dörfer 591
Über die Heide 284
Über die Kurzgeschichte 773
Über die Religion 174
Über dramatische Kunst und Literatur (A. W.
    Schlegel) 179
Über Literatur und Öffentlichkeit 535
Über Ludwig Börne 210, 212
Über naive und sentimentalische Dichtung 146
Uhu 449
Ulenspiegel 689, 690
Uli der Pächter 236
Ulk 395
Ulysses 374, 388, 767
Umbra Vitae 363
Und euch zum Trotz 471
Und Pippa tanzt 334
Und sagte kein einziges Wort 777
und VIETNAM und 610
Undine (Fouqué) 170, 193
Undine geht 625
Ungeduld des Herzens 458
Ungenach 626
Ungleiche Welten 488, 729
Uniž ennye i oskorblënnye 288
Unordnung und frühes Leid 421
Unpolitische Lieder 231f.
Unruhe und Ordnung 541
Unruhige Gäste 309f.
Unruhige Nacht 770
Unschlecht 561
Unsere lyrische und epische Poesie 243
Unsere Straße 520
Unseres Herrgotts Kanzlei 267
Unter dem Namen Norma 824
Unter dem Schatten deiner Flügel 487
Unterhaltungen deutscher Ausgewanderten 147,
    182, 246, 345
Unterm Birnbaum 263, 586
Unterm Rad 353
Unterwegs 384
Unvollendete Geschichte 712, 753
Unvollendete Symphonie 619
Unvorgreifliche Gedanken betreffend die Aus-
    übung und Verbesserung der deutschen
    Sprache 94
Unwiederbringlich 263, 306
Unzeitgemäße Betrachtungen 320f., 390f.
Ursprung der Sprache 115
Urworte. Orphisch 188
Ut de Franzosentid 252
Ut mine Festungstid 252
Ut mine Stromtid 252

Vae victis 303
Vanadis. Der Schicksalsweg einer Frau 347
Vatermord 405
Venezianische Epigramme 143
Venezianisches Credo 509f.
Venus im Pelz 303
Verdi. Roman der Oper 383
Verfall der Romantik 322

Verführungen. 635
Verkommenes Ufer Medeamaterial Landschaft
    mit Argonauten 674
Verlassene Zimmer 775
Verlibtes Gespenste 85
Verlorene Illusionen 247
Verratene Heimat 601
Verschenkter Rat 603
Verstörung 626
Versuch einer critischen Dichtkunst vor die
    Deutschen 91, 97
Versuch einer deutschen Prosodie 166
Versuch einer Theorie des geselligen Betragens
    190
Versuch einiger Gedichte oder erlesener Proben
    poetischer Nebenstunden 100
Versuch über die Pubertät 788
Versuch über Schiller 533
Versuch über Tschechow 533
Versuchte Nähe 802, 827
verteidigung der wölfe 762
Verwandlungen. Vier Legenden 374
Vier Bücher der Liebe → Quatuor libri
    amorum
Vietnam-Diskurs 737, 743
Vildanden 288, 290
Villa Jugend 817
Vita Caroli Magni 15
Vittoria Accorombona 176f.
Vojna i mir (Krieg und Frieden) 246, 288, 553, 651
Völkerschlachtdenkmal 803
Völkischer Beobachter 409, 482, 512
Volkslieder → Stimmen der Völker
Volksmärchen (Tieck) 176
Volterra. Wie entsteht Prosa 624
Völuspa 11
Vom gelehrten Nichtwissen 46
Vom Gottesstaat → De civitate Dei
Vom neuen Drama 495
Vom schweren Anfang 653
Von der Freiheit eines Christenmenschen 62f.
Von deutscher Art und Kunst 114f.
Von deutscher Baukunst 114, 116
Von deutscher Republik 389
Von guten und bösen Nachbarn 69
Von morgens bis mitternachts 372
Von unserem Fleisch und Blut 526
Von unten gesehen 486
Von Zwanzig bis Dreißig 231, 308
Vor dem Ruhestand 593
Vor dem Sturm 195, 262, 651
Vor den Vätern sterben die Söhne 800
Vor Sonnenaufgang 280, 291, 294, 295, 323
Vor Sonnenuntergang 402f.
Vorabend 565f.
Voraussetzungen für eine Erzählung: Kassand-
    ra 652
Vorstadtkrokodile 793
Vorwärts 395
Vossische Zeitung 262, 263, 276, 305, 395, 419,
    507, 522, 773
Vulgata 43, 63

Wahn 431
Waikiki Beach 597
Wälder und Menschen 521

Walladmor 235
Wallenstein 149ff.
Wally, die Zweiflerin 207, 212
Waltharius (Waltharilied) 18, 249
Walther von der Vogelweide, Klopstock und Ich 761
Wanderer, kommst du nach Spa 777
Wanderjahre in Italien 271
Wanderungen durch die Mark Brandenburg 262, 273f., 726
Wandrers Nachtlied 139
Warum schweigt die junge Generation? 490
Was bleibt 715, 810
Was die Isar rauscht 295
Was geschah, nachdem Nora ihren Mann verlassen hatte 596, 600
Was heißt und zu welchem Ende studiert man Universalgeschichte? 144
Was ist Kultur 581
Wasserfarben 823
Waverley-Novels 173
Wege und Irrwege der modernen Kunst 665
Weh dem, der lügt! 213, 216
Weib und Welt 327
Weimar und Bitterfeld 657
Weimarer Beiträge 683
Weimarische Wöchentliche Anzeigen 132
Weingartner Liederhandschrift 30
Weißer Jahrgang 789
Weite und Vielfalt der realistischen Schreibweise 446, 469
weiter leben 583
Weltchronik 1939–1945 534
Weltchronik 40
Weltende 359
Weltgeschichtliche Betrachtungen 270
Weltkunst 773
Wer will unter die Journalisten 537
Wert und Ehre deutscher Sprache 391
Wessobrunner Gebet 16
West-östlicher Divan 186, 225
When Hitler Stole Pink Rabbit 531
Wider die mörderischen und räuberischen Rotten der Bauern 62
Wie Anne Bäbi Jowäger haushaltet 236

Wie die Grazer auszogen, die Literatur zu erobern 627
Wie eine Träne im Ozean 622
Wie ich es sehe 344
Wie liest man ein Gedicht? 506
Wie Uli der Knecht glücklich wird 236
Wiener Hundesegen 10
Wienerinnen 320
Wiepersdorf 694
Wildwechsel 747
Wilhelm Meisters Lehrjahre 101, 130, 148, 170, 173, 1776., 305, 398, 523
Wilhelm Meisters Wanderjahre 187
Wilhelm Tell 153, 643
Wilhelm Tell für die Schule 153
Will Ulrike Meinhof Gnade oder freies Geleit? 730
Willehalm 28, 29
Willenbrook 824
Winckelmann und seine Zeitgenossen 272
Winnetou, der rote Gentleman 245
Winter in Wien 574, 729
Winterspelt 776
Wir hielten Narvik 726
Wir lagen in Wolhynien im Morast 604
wir sind lockvögel, baby 632
Wir sind Utopia 516
Witiko 254f., 376
Wo warst du, Adam? 777
Woldemar 124
Wolf unter Wölfen 681
Wolokolamsker Chaussee I-II 674
Wölundlied 11
Wort in der Zeit 571, 616
Wort und Wahrheit 575
worte sind schatten 552
Wörtersee 765
Woyzeck 223f., 287
Wozu Lyrik heute 758
Wunderbare Reise zu Wasser und zu Lande 123
Wunderliche und Warhafftige Gesichte Philanders von Sittewald 87
Wundertäter-Trilogie 643
Wunderwelt. Eine brasilianische Begegnung 536
Wunschloses Unglück 629f.

Wüstenwind 546

Xenien 147, 155f., 184

Yvain oder der Löwenritter 26

Zähle die Mandeln 608
Zärtlichkeit und Schmerz 541
Zeit des Fasans 558
Zeitgehöft 608
Zeitgeist und Bernergeist 259
Zeitschrift für Sozialforschung 397
Zeitung der freien Stadt Frankfurt 209
Zeitung für Einsiedler 182
Zeltbuch in Tumiland 488
Zerbin oder die neuere Philosophie 124
Zettels Traum 775
Zu ebener Erde und erster Stock 219
Zu früh und zu spät 514
Zu Lasten der Briefträger 627
Zug der Schatten 432
Zum Schäkespears Tag 116
Zum Zeitvertreib 307
Zundels Abgang 563
Zur Analyse der Tyrannis 581
Zur Emanzipation der Kunst 577
Zur Geschichte der Religion und Philosophie in Deutschland 211
Zürich, Anfang September 537
Züricher Novellen 261
Zurüstungen für die Unsterblichkeit 591
Zwei Ansichten 796
Zwei Fehler 762
Zwei Mal Halley 771
Zwei Segel 386
Zweikampf um Deutschland 515
Zwiebelmuster 803
Zwischen den Kriegen – Blätter gegen die Zeit 761
Zwischen den Maulschellen des Erklärens 615
Zwischen Himmel und Erde 253
Zwischenbilanz 811f.
„Z.Z." das ist die Zwischenzeit 577f.